lonely planet

Zentralamerika

für wenig Geld

Carolyn McCarthy

Greg Benchwick, Joshua Samuel Brown,
John Hecht, Tom Spurling, Iain Stewart, Lucas Vidgen, Mara Vorhees

REISE-PLANUNG

ALFREDO MAIQUEZ / GETTY IMAGES ©

CONGO-TÄNZERIN, PANAMA-STADT S. 696

CULTURA TRAVEL/BEN PIPE PHOTOGRAPHY / GETTY IMAGES ©

ANTIGUA, GUATEMALA S. 113

REISEZIELE IN ZENTRALAMERIKA

Inhalt

REISEZIELE IN ZENTRALAMERIKA

TIER UND NATURFOTOGRAFIE J UND C SOHNS / GETTY IMAGES ©

Inhalt

PRAKTISCHE INFORMATIONEN

SPECIALS

Willkommen in Zentralamerika

Türkisfarbenes Meer, großartige Mayaruinen, üppige Nebelwälder, bunte Märkte und Kaffeeplantagen – Zentralamerika präsentiert sich so entspannt oder spannend, wie man es gern möchte.

Outoor-Abenteuer

Zentralamerikas Natur wartet auf Entdeckung, ob man die Ruinen spanischer Festungen an der Karibikküste erforscht oder in einem Einbaum tief in indigene Gebiete vordringt. Tiere begegnen einem überall: ein prächtiger Quetzal an einem Hochlandweg, Brüllaffen im Dschungel oder ein Wal, der eine Fährfahrt zum Event macht. Man kann an Seilrutschen durch die Regenwälder rauschen, mit Meeresschildkröten schwimmen oder in fabelhaften Nebelwäldern wandern. Acht Länder mit über 300 Vulkanen und zwei ausgedehnten tropischen Küsten – hier findet jeder sein persönliches Abenteuer.

Ruinen

Mit ihrer 4000 Jahre alten Kultur gelten die Mayas im Allgemeinen als die bedeutendste präkolumbische Zivilisation. Ihr Territorium zog sich vom heutigen Mexiko bis nach Honduras – Ruinen finden sich in fünf zentralamerikanischen Ländern: von den versunkenen Tempeln von Tikal im guatemaltekischen Dschungel bis zu Palenque und Tulum in Mexiko. Lebensgroße Jaguar-Statuen beeindrucken Besucher im honduranischen Copán, und Chichén Itzá gilt zu Recht als eines der „Sieben neuen Weltwunder".

Kultur

Zentralamerika ist gerade mal so groß wie Spanien, aber die kulturelle Vielfalt ist umwerfend. Das wahre indigene Kernland der Region ist Guatemala, wo noch über 20 Maya-Sprachen gesprochen werden, und auch in den anderen Ländern halten viele Ethnien an ihren Traditionen fest. Die Spanier hinterließen u. a. prächtige Plazas. An der Karibikküste sind mit den Trommelrhythmen der Garifuna afrikanische Spuren erkennbar. Und im letzten Jahrhundert kam noch der Rest der Welt hinzu: Asiaten, Europäer und Nordamerikaner. In Panama-Stadt etwa, wo sich heute koloniale Ambiente mit Wolkenkratzern mischt, ist das Nachtleben wahrhaft kosmopolitisch.

Strände

Mit jeder Menge unbewohnter Inseln, coolen Karibik-Vibes auf der einen und eindrucksvollen Pazifikwellen auf der anderen Seite bietet Zentralamerika die beste aller Strandwelten. Im Pazifik kann man mit Walhaien tauchen, vor Belize im zweitgrößten Korallenriff der Welt schnorcheln oder im indigenen Territorium Kuna Yala in Panama die Segel setzen, wo auf jungfräulichen Inseln kaum ein Fußabdruck zu finden ist. Weltklasse-Breaks locken Surfer an. Ein Paradies!

Warum ich Zentralamerika liebe

Von Carolyn McCarthy, Autorin

Durch Regenwälder wandern, indigene Kulturen kennenlernen und zwischen unberührten Karibikinseln umhersegeln – all das hat mich in Staunen versetzt. Ob in berühmten Nationalparks oder am Stadtrand, wohin sich vielleicht ein Faultier verirrt hat, überall kann man wunderbar Tiere beobachten. Für mich ist die Region eine mitreißende, aufregende Mischung aus Naturschönheiten, lebendigen Kulturen und vielfältigen Glaubensformen, vereint im schwingenden Chaos des lateinamerikanischen Alltags.

Weitere Informationen über unsere Autoren siehe S. 838.

Little Corn Island (S. 550), Nicaragua

Zentralamerika

0
200 km
84°W
82°W
80°W
78°W
76°W
20°N
18°N
16°N
14°N
12°N
10°N
8°N
KARIBIK
JAMAIKA
KINGSTON
Islas Santanilla
(Schwaneninseln, Honduras)
Guanaja
Corn Islands
Karibik für wenig
Geld (S. 549)
Laguna de
Caratasca
La Moskitia
Río Patuca
Río Coco
(Segovia)
Cayos Miskitos
(Nicaragua)
Parque Nacional
Tortuguero
Wasserwege und Natur (S. 606)
Bilwi
(Puerto
Cabezas)
NICARAGUA
Isla de
Providencia
(Kolumbien)
Isla de
San Andrés
(Kolumbien)
Archipiélago de
Bocas del Toro
Türkisfarbenes Meer (S. 739)
Pearl
Lagoon
Boaco
Rama
Bluefields
Corn Islands
(Islas del Maíz,
Nicaragua)
Lago de
Nicaragua
Isla de
Ometepe
San
Carlos
Bahía
Punta
Gorda
Los Chiles
El Castillo
Panama-Stadt
Kosmopolitische Hauptstadt
am Panamakanal (S. 696)
Liberia
El Coco
Volcán Arenal
(1633 m)
Tortuguero
Parque Nacional
Tortuguero
Península
de Nicoya
Puntarenas
SAN
JOSÉ
Puerto Limón
Cahuita
Montezuma
Golfo
de Nicoya
Quepos
COSTA
RICA
Volcán
Barú
(3475 m)
Bocas del
Toro
Golfo de
los Mosquitos
Colón
PANAMA-
STADT
Archipiélago
de San Blás
Lago
Bayano
Comarca de
Kuna Yala
Río
Chucunaque
San Vito
Boquete
Parque Nacional
Corcovado
Península
de Osa
David
PANAMA
Penonomé
Bahía de
Panamá
La Palma
Yaviza
Santiago
Chitré
Archipiélago
de las Perlas
Golfo de
Chiriquí
Parque Nacional
Corcovado
Riesige Artenvielfalt (S. 673)
Isla de
Coiba
Santa
Catalina
Península
de Azuero
Golfo de
Panamá
KOLUMBIEN

Zentralamerikas Top 16

Bocas del Toro, Panama

1 Kein Wunder, dass diese karibische Inselkette das Urlaubsziel Nummer eins in Panama ist. Auf der Isla Bastimentos (S. 750) kann man beim improvisierten Calypso mitsummen und am Wasser in einer strohgedeckten Hütte ein entspanntes Abendessen genießen. An Unterkünften gibt's alles von billigen Bleiben bis zu den Luxusresorts auf den äußeren Inseln. Wer nicht surft, kann inmitten großer prächtiger Korallen und übergroßer Seesterne schnorcheln oder bei Freiwilligenprojekten Meeresschildkröten retten.

Cayos Zapatillas (S. 749), Bocas del Toro

Tikal, Guatemala

2 Die restaurierten Dschungeltempel beeindrucken auch heute noch durch ihre monumentale Größe und ihre architektonische Brillanz, von der man sich frühmorgens an der Gran Plaza überzeugen kann. Sie sind Zeugnis der kulturellen und künstlerischen Höhen, zu denen sich diese rund 1600 Jahre lang bestehende Dschungelkultur aufschwang. Ein Highlight ist der Blick vom hoch aufragenden Tempel IV am Westrand der Anlage. Ebenso faszinierend ist die vielfältige Tierwelt, der man zwischen den verschiedenen Zeremonialbezirken begegnet. (S. 214)

ALFREDO MAIQUEZ / GETTY IMAGES ©

2

Granada, Nicaragua

3 Granada (S. 496) übt eine starke Anziehungskraft aus. Den Reiz der Stadt machen vor allem malerische Kopfsteinpflasterstraßen und bunte Kolonialhäuser und -kirchen aus, die die bewegte Vergangenheit Granadas in die Gegenwart transportieren. Am besten lässt sich das alles zu Fuß erkunden: Mit einem Bummel zu Galerien, Restaurants und Kolonialkirchen lässt sich problemlos fast ein ganzer Tag füllen. Und in der Nähe harren Wildnisgebiete, Inseln, Vulkane und Kunsthandwerksdörfer der Erkundung.

Bay Islands, Honduras

4 Ein karibischer Traum: zuerst an einem weißen Sandstrand in türkisfarbenem Wasser baden und dann den Sonnenuntergang mit einem Drink begrüßen. Die Bay Islands mit ihrer faszinierenden britischen und Piratengeschichte sind heute für ihre Korallenriffe und Tauchreviere berühmt. Vor Utila (S. 454) kann man nach großen Walhaien suchen, oder man erkundet vor Roatán (S. 447) Schiffswracks. Und abends genießt man frische Meeresfrüchte und macht die Kneipen unsicher.

Unterwasserwelt von Roatán (S. 448)

3

MLENNY PHOTOGRAPHY / GETTY IMAGES ©

4

STEPHEN FRINK / GETTY IMAGES ©

MANUEL ROMARIS / GETTY IMAGES ©

CHRISTER FREDRIKSSON / GETTY IMAGES ©

CHRISTOPHER P. BAKER/ GETTY IMAGES ©

Palenque, Mexiko

5 Bei der Besichtigung dieser beeindruckenden Ruinen (S. 82) taucht man in die Welt der Maya ein. Pyramiden erheben sich aus den Wipfeln des Dschungels, und Brüllaffen liefern aus der dichten Vegetation den passenden Sound dazu. Im labyrinthischen Palacio schaut man hoch zu dessen einzigartigem Turm. Vom Templo de las Inscripciones, dem Mausoleum für Pakal, den mächtigsten Herrscher von Palenque, bietet sich ein toller Blick über die weitläufige Anlage. Bergab lockt der Fluss Otulum mit seinen Wasserfällen, und den Abschluss bildet ein Besuch in den hervorragenden Museen.

Panama-Stadt, Panama

6 Panama-Stadt (S. 696) ist wie ein gedoptes Lateinamerika, mit *ceviche* (mariniertem Seafood), Kasinos und einer Skyline aus Wolkenkratzern. Die rund eine Million Einwohner zählende Stadt steht im Zeichen des Wandels: Am Wasser entstehen neue Parkanlagen, bald wird das Museum der Artenvielfalt eröffnet, und es wird eine U-Bahn gebaut. Der Verkehr hier ist verheerend, und doch bewahrt sich die Stadt ihren Reiz. Die Natur ist nie weit entfernt, und auch das schwer zu Vereinbarende besitzt seinen Reiz.

Die Skyline von Panama-Stadt vom Casco Viejo (S. 698)

Parque Nacional Manuel Antonio, Costa Rica

7 Nicht umsonst ist der Parque Nacional Manuel Antonio (S. 661) der beliebteste Nationalpark Costa Ricas: Dieses grüne Juwel ist mit atemberaubenden Stränden, wunderbaren Wanderwegen und jeder Menge Tieren gesegnet. An einem perfekten Tag folgen auf die Ausschau nach Tieren ein entspanntes Picknick unter wogenden Palmen und ein Bad im Pazifik. Fürs Abendessen bietet sich ein Restaurant auf einer Klippe an, während die Sonne den Horizont in ein Flammenmeer taucht. *Pura vida* fürwahr.

CHRISTER FREDRIKSSON / GETTY IMAGES ©

WAYNE WALTON / GETTY IMAGES ©

Monteverde, Costa Rica

8 Die Reserva Biológica Bosque Nuboso Monteverde (S. 622) liegt auf der kontinentalen Wasserscheide Costa Ricas. Hier wehen warme, feuchte Passatwinde von der Karibik hinauf, wo sie abkühlen und zu Wolken kondensieren, die sich hier und über der nahen Reserva Santa Elena sammeln. Das Resultat sind zwei wunderbare Nebelwälder mit einer umwerfenden Artenvielfalt, in denen flechtenüberwucherte Bäume himmelwärts streben, exotische Vögel Gesänge anstimmen und Orchideen und Bromelien blühen.

Caye Caulker, Belize

9 Direkt von den Bootsanlegern ins Wasser eintauchen, beim Kitesurfen den Adrenalinkick suchen und das belizische Barriereriff erkunden: Das relaxte Caye Caulker (S. 253) verzaubert mit seinen paradiesischen Reizen alle Besucher. Im berühmten Blue Hole schwimmen Taucher unter Stalaktiten inmitten von Tiger- und Hammerhaien. Freunde des guten Essens genießen Kebabs mit Kokosnuss, gegrillten Hummer und Gerichte direkt von Straßengrills. Caye Caulker liegt zentraler als Placencia und ist chilliger als Ambergris Caye.

BRENDA THARP / GETTY IMAGES ©

JEAN-PIERRE LESCOURRET / GETTY IMAGES ©

Lago de Atitlán, Guatemala

10 Der Atitlán (S. 127), vielleicht das schönste Ziel in Guatemala, entlockt selbst den abgebrühtesten Reisenden poetische Ausbrüche. Der teils stille, teils stürmische See ist umgeben von Vulkanen und Dörfern wie Santiago Atitlán (S. 137) mit seiner blühenden indigenen Kultur und San Marcos La Laguna (S. 143), einem Mekka für Leute auf der Suche nach der kosmischen Energie des Sees. Und dazu sorgen Paragliding in Santa Catarina Palopó, Kajaktouren um Santa Cruz La Laguna und Wanderungen auf den herrlichen Uferwegen für Abwechslung.

Chichén Itzá, Mexiko

11 Seitdem Chichén Itzá (S. 52) zu einem der „Sieben Weltwunder der Neuzeit" ernannt wurde, ist es schwer in Mode. Die massige Pyramide El Castilo, eine Art Wahrzeichen für die Kultur der Mayas, ist besonders zur Frühjahrs- und Herbst-Tagundnachtgleiche umwerfend: Dann scheinen die Schatten auf der Treppe eine gefiederte Schlange darzustellen. Aber auch zu anderen Zeiten ist Chichén Itzá eine Wucht – das Zeugnis einer der am weitesten entwickelten prähispanischen Kulturen Lateinamerikas.

12

FABIENNE FOSSEZ / ALAMY ©

13

STEFANO PATERNA / ALAMY ©

14

AFP / GETTY IMAGES ©

Copán, Honduras

12 In Zentralamerika gibt es zwar hunderte Mayastätten, aber nur wenige können es in puncto Schönheit mit Copán (S. 419) aufnehmen. Die Lage in einem idyllischen Flusstal inmitten kiefernbewachsener Hügel mit Hellroten Aras und anderen herrlichen Vögeln ist einfach fabelhaft. Auch die Stätte selbst hat einiges zu bieten, z. B. eine hoch aufragende Hieroglyphentreppe und eine große Plaza mit imposanten, wunderbar verzierten Stelen und Altären. Eine reizende Basis für die Erkundung der Mayatempel ist das nette Städtchen Copán Ruinas (S. 412) ganz in der Nähe.

Bauschmuck am Ballspielplatz von Copán

Ruta de las Flores, El Salvador

13 Eine Fahrt vorbei an Kaffeeplantagen und kleinen Bergdörfern hört sich nach einer ruhigen Veranstaltung an, aber die 60 km lange „Blumenroute" (S. 342) über die vulkanische Apanecakette wartet mit zahlreichen Wasserfällen, Abendmärkten, kulinarischen Festen und Wanderwegen auf. Am nördlichen Ende der Strecke liegt Tacuba (S. 341), ein Tor zum spektakulären Parque Nacional El Imposible (S. 341) an der Grenze zu Guatemala. Und an der Südspitze liegt der Lago de Coatepeque (S. 333), ein unberührter Vulkansee.

Kirche in Juayúa (S. 342)

Playa El Tunco, El Salvador

14 Die Playa El Tunco (S. 329) ist der berühmteste Strand in El Salvador, bekannt für seine ausgelassenen Wochenendpartys, Weltklasse-Surfbedingungen und die vielen Besucher aus dem Ausland. Wer lieber chillen möchte: In vielen der umliegenden Strandsiedlungen geht es weit weniger hektisch zu. Barra de Santiago (S. 346) am westlichen Ende ist wild und windgepeitscht, Meereschildkröten legen hier ihre Eier ab. Weiter östlich finden sich einsame Traumstrände.

Altun Ha, Belize

15 Altun Ha (S. 263) ist zwar nicht die größte Mayastätte in Belize, jedoch die bekannteste. Die 600 ha große Anlage nicht weit von Belize City umfasst einen zentralen Zeremonialbezirk mit zwei Plazas zwischen zwei Tempeln, dem Temple of the Green Tomb und dem Temple of the Masonry Altars – Letzterer findet sich auch auf dem Label von Beliken Beer und einer belizischen Banknote. Nach einem langen Tag voller Erkundungen kann man sich im Maruba Spa, 24 km nördlich der Ruinen, verwöhnen lassen.

Isla de Ometepe, Nicaragua

16 Die beliebte, entspannte Insel im Lago de Nicaragua hat alles: archäologische Stätten, Wasserfälle, Vögel, Affen und ans Ufer plätschernde Wellen. Abenteuerlustige können zwei Vulkane erklimmen, üppige Berghänge durchstreifen, an Ziplines entlangrauschen und das Paradies per Kajak, Fahrrad oder zu Fuß erkunden. Dazu locken coole Hostels, Campingplätze und eine relaxte Travellerszene. Hier gibt es alles von exklusiven Lodges bis zu Hippie-Hütten; auf Ometepe ist Platz genug für alle. (S. 512)

DENNIS MACDONALD / ALAMY ©

JOHN COLETTI / GETTY IMAGES ©

Gut zu wissen

Weiteres siehe Praktische Informationen für die einzelnen Länder

Flugzeug
Jedes Land hat einen internationalen Flughafen, außerdem Inlands- und Charterflüge.

Bus
Das Haupttransportmittel in der Region. Von komfortablen, klimatisierten Fernbussen bis zu abgewrackten früheren Schulbussen.

Auto
Mit einem Mietwagen darf man das jeweilige Land gewöhnlich nicht verlassen.

Schiff/Fähre
Bootsverkehr jeglicher Art von Einbäumen bis zu Fähren; Motorboote und Charter-Segelboote von Panama nach Kolumbien.

Fahrrad
Leihräder gibt es in den meisten Touristenorten.

Eisenbahn
Beschränkt auf die Strecke von Panama-Stadt nach Colón in Panama.

Reisezeit

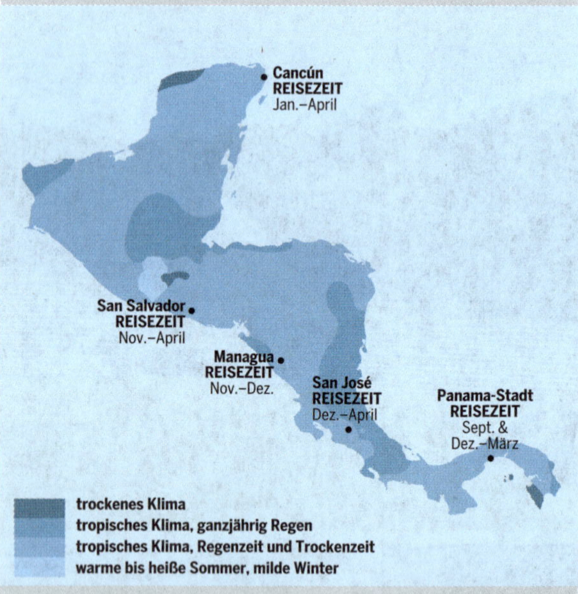

Hochsaison
(Sommer: Mitte Dez.–Mitte April)

- Trockenzeit auf der Pazifikseite.
- Höhere Preise und größere Nachfrage nach Hotels.

Absolute Hochsaison
(Ferien)

- Weihnachten, Neujahr und Osterwoche.
- Hotelpreise können sich verdoppeln.
- Resorts, Festivalorte und Strände sind voll mit Urlaubern aus dem Inland.

Nebensaison
(Winter: Mitte April–Anfang Dez.)

- Regenzeit im Großteil der Region; Hurrikansaison zwischen Juni und November.
- Viele Ziele sind trotzdem gut zu bereisen – siehe regionale Klimakarten.
- Günstigere Übernachtungspreise.

Websites

Mundo Maya (www.mayadiscovery.com) Artikel über die Mayas und Reiseinformationen.

Planeta (www.planeta.com) Artikel über die Region und über Events, Infomaterial und Links, mit Schwerpunkt auf nachhaltigem Reisen.

OAS (Organization of American States; www.oas.org) Regionale Fragen und Kulturevents.

Lonely Planet (www.lonelyplanet.com/central-america) Traveller-Forum, Reisenachrichten und nützliche Links.

Visa

Gewöhnlich nicht erforderlich für Aufenthalte von bis zu 90 Tagen. Aufenthaltsdauer in Belize 30 Tage.

Centro America 4 (CA-4) Regionales Abkommen zwischen Nicaragua, Honduras und El Salvador; die 90-Tage-Regelung bezieht sich auf die gesamte CA-4-Region.

Geld

Geldautomaten sind außer in abgelegenen Gebieten weit verbreitet.

Kreditkarten werden nur von einigen gehobenen Hotels, Restaurants und Anbietern von Abenteuertouren angenommen.

Auf Märkten und bei informellen Transaktionen darf gefeilscht werden.

Tagesbudget

Variiert von Land zu Land; am billigsten ist Guatemala, am teuersten sind Mexiko und Belize.

Budget: 18–43 US$

- Bett im Mehrbettzimmer: ab 7 US$
- Essen: *comidas corrientes* (Tagesmenüs), auf Märkten und an Straßenständen

Mittelklasse: 44–180 US$

- Doppelzimmer in Mittelklassehotel: ab 30 US$
- Ab und zu gutes Essen, Aktivitäten wie Baumwipfel-Touren sowie Regionalflüge

Spitzenklasse: ab 180 US$

- Doppelzimmer in Hotel, Resort oder Lodge der Spitzenklasse: ab 120 US$
- Touren mit zweisprachigen Naturkunde-Guides, Inlandsflüge und Mietwagen

Spartipps

- Reisen in der Nebensaison
- Reisen per Bus, Unternehmungen auf eigene Faust
- In Unterkünften auf eigenes Bad und wenn möglich Klimaanlage verzichten
- In billigen *cafeterias* oder *comedores*, an Straßenständen und in Bäckereien essen

Ankunft in Zentralamerika

Belize Belize City Philip SW Goldson International Airport (BZE)

Costa Rica San José Aeropuerto Internacional Juan Santamaría (SJO; S. 689)

El Salvador San Salvador Aeropuerto Internacional Comalpa (SAL; S. 323)

Guatemala Guatemala-Stadt Aeropuerto Internacional La Aurora (GUA; S. 110) oder Flores Aeropuerto Internacional Mundo Maya (FRS; S. 212)

Honduras San Pedro Sula (SAP; S. 411), Tegucigalpa (TGU; S. 401) oder Roatán (RTB; S. 453)

Mexiko Cancún Aeropuerto Internacional de Cancún (CUN; S. 48)

Nicaragua Managua Augusto C Sandino (MGA; S. 493)

Panama Panama-Stadt Tocumen International Airport (PTY; S. 712) oder David Aeropuerto Enrique Malek (DAV; S. 729)

Verantwortungsvoll reisen

Über Land fahren Mit dem Bus fahren statt fliegen

Richtig spenden Kindern Geld zu geben fördert das Betteln; besser direkt an Schulen oder Krankenhäuser spenden

Buy local In Familienbetrieben essen und übernachten und Gemeindeservices nutzen

Freiwilligenarbeit Z. B. Schutz von Schildkröten, Englischunterricht oder in einer gemeinnützigen Organisation

Müll reduzieren Nur größere Wasserflaschen kaufen und möglichst nachfüllen

Traditionen achten In Kirchen und traditionellen Siedlungen angemessene Kleidung tragen

Neugierig sein Mit den Einheimischen in Kontakt treten und ein bisschen deren Sprache sprechen

Mehr zum Thema S. 806

Zentralamerika für Einsteiger

Siehe auch Praktische Informationen für die einzelnen Länder

Checkliste

- Ist der Reisepass noch gültig?
- Visaregelungen und amtliche Reisehinweise prüfen
- Auslandsreisekrankenversicherung abschließen
- Höchstgewicht für Gepäck und Regelungen für Mitnahme von Camping- und Outdoorausrüstung prüfen
- Sind Impfungen nötig?
- Schließt der Kreditkartenvertrag Mietwagenversicherung ein?

An alles gedacht?

- Sprachführer
- Flipflops
- Poncho oder Regenjacke
- Fernglas
- Insektenschutz mit DEET
- Trinkflasche
- Wer ein Auto mieten möchte: Führerschein
- Bestimmungsbuch Flora und/oder Fauna
- Akkus und Ladegeräte
- Taschenlampe

Top-Tipps für die Reise

- Nur die Hälfte von dem mitnehmen, was man zu brauchen glaubt. Wäsche kann man vor Ort billig waschen lassen.
- Außerhalb der Städte haben auch gute Unterkünfte zum Teil Probleme mit E-Mail und Webseiten. Wer auch nur ein bisschen Spanisch spricht, sollte besser anrufen.
- Zentralamerikaner sind gewohnt, dass sich Ausländer über die Verhältnisse im Land mokieren. Besser ist es zu fragen, warum Dinge so sind, wie sie sind – und schon ist man mitten in einem interessanten Gespräch.

Kleidung

Die Einheimischen tragen außer am Strand kaum Shorts. Leichte lange Hosen oder Röcke und kurzärmelige Shirts mitnehmen. In den Hauptstädten kann es abends in Restaurants, Bars und Clubs recht formell zugehen – dementsprechend formellere Abendkleidung mitnehmen. Für unterkühlte Restaurants und Busse braucht man einen dünnen Pullover, fürs Hochland eine Fleecejacke und leichte Outdoorjacke. Beim Wandern schützen lange Ärmel und eine schnell trocknende lange Hose vor Insekten.

Übernachten

Außer für die Hauptreisezeiten – dann sollte man insbesondere in Badeorten zwei bis sechs Monate im Voraus buchen – müssen Unterkünfte kaum reserviert werden.

- **Hotels** Gibt es in allen Variationen. Günstig sind Doppelzimmer in Hostels.
- **Camping** Richtige Campingplätze sind eher selten, jedoch gibt es in Nationalparks und Naturreservaten Einrichtungen für Camper.
- **Pensionen/B&Bs** Eine gute Mittelklasseoption, gewöhnlich von Familien geführt und klein.
- **Hostels** Nicht unbedingt nur für junge Traveller; von ruhigen Häusern bis zu Partyhostels.
- **Lodges** Von rustikal bis luxuriös; gut fürs Eintauchen in die Natur, zumeist im Dschungel und im Hochland.

Feilschen

Auf Märkten und an Straßenständen darf gefeilscht werden, jedoch sollte man sich zunächst über angemessene Preise und die Qualität des Angebotenen informieren.

Trinkgeld

➡ **Restaurants** 10 %, aber zuerst nachschauen, ob das Trinkgeld schon im Rechnungsbetrag enthalten ist.

➡ **Taxis** Wer möchte, kann den Betrag aufrunden, besonders abends.

➡ **Guides** Bei Tagestouren 1–2 US$ pro Person, mehr für Guides mit Fachkenntnissen.

Der Sound Zentralamerikas

Man denkt vor allem an Salsa, Calypso, Soca und Steeldrums. Aber heute gibt es noch viel mehr. Sehr beliebt sind Reggaetón und Punta, stark beeinflusst von afro-karibischer Perkussion. Interessant sind z. B.:

➡ **Rubén Blades** Panamaische Salsa-Ikone und ehemaliger Präsidentschaftskandidat; Zusammenarbeit mit Calle 13

➡ **Café Tacvba** Mexikanische Rockband mit modernen Beats

➡ **Gaby Moreno** Singer-Songwriterin aus Guatemala mit üppigem Latino-Sound

➡ **Sonido Gallo Negro** Party-Rhythmen, z. B. *Cumbia Salvaje*

➡ **Rodrigo y Gabriela** Schnelle, rhythmische Akustik-Gitarrenmusik

➡ **Aurelio Martínez** Musiker, Politiker und Star der Punta-Szene. Seine Alben *Garifuna Soul* und *Laru Beya* sind in den höchsten Tönen gepriesen worden

JEREMY WOODHOUSE / GETTY IMAGES ©

Guatemaltekische Frau in traditioneller Kleidung

Etikette

➡ **Um Hilfe bitten** Man sagt *disculpe*, um jemanden anzusprechen, und *perdón*, um um Entschuldigung zu bitten.

➡ **Distanz** Der als angemessen empfundene Körperabstand zu den Mitmenschen ist geringer als in Europa oder Nordamerika.

➡ **Indigene Siedlungen besuchen** Beim Fotografieren, besonders von Kindern, vorher um Erlaubnis fragen; sich angemessen kleiden; Feilschen ist vielleicht beim Kauf von Kunsthandwerk möglich, jedoch nicht bei Unterkunft und Essen; die besten Geschenke für Kinder sind nützliche Dinge wie Stifte, Papier, Notizbücher, Lernspiele und Bücher.

➡ **Surfen** Anfänger sollten darauf achten, dass sie erfahreneren Surfern und Schwimmern nicht in die Quere kommen.

Sprache

Außerhalb des englischsprachigen Belize ist Spanisch die wichtigste Sprache Zentralamerikas. Ein paar Brocken Spanisch zu können ist nicht nur höflich, sondern auch erforderlich. An der Karibikküste wird teils Englisch gesprochen. Wer eine indigene Siedlung besucht, sollte vorher ein paar Wörter in der jeweiligen Sprache lernen – das erleichtert den Zugang.

Mehr zum Thema siehe S. 811.

Wie wär's mit ...

Schnorcheln

Isla Holbox, Mexiko Abgelegene Golfinsel mit Meeresschildkröten, Barrakudas und Mantarochen (S. 48).

Utila, Honduras Das ultimative Schnorchelerlebnis: die Begegnung mit riesigen Walhaien (S. 455).

Belize Ein wundervolles endloses Riff macht Belize zum Paradies für Schnorchler (S. 253).

Bocas del Toro, Panama Mit großen Seesternen und bunten Korallen ist dieser tropische Archipel ein perfektes Schnorchelrevier (S. 740).

Manzanillo, Costa Rica In diesem malerischen karibischen Außenposten kann man bei guten Bedingungen direkt am Strand losschnorcheln (S. 621).

Wandern

Volcán Mombacho, Nicaragua Gut zugänglicher Nebelwald mit tollen Wanderwegen und noch besseren Möglichkeiten zur Vogelbeobachtung (S. 506).

Parque Internacional La Amistad, Panama Echtes Wildniswandern ohne die Probleme des Darién; Zugang übers Hochland oder von der Karibikküste (S. 738).

Parque Nacional Cusuco, Honduras Dramatische Bergpfade vorbei an Riesenfarnen, Zwergwäldern und versteckten Quetzals (S. 412).

Parque Nacional Chirripó, Costa Rica Ein echtes Abenteuer: der Weg auf den Cerro Chirripó, den höchsten Berg Costa Ricas (S. 669).

Volcán Tajumulco, Guatemala Recht einfache Wanderung zum höchsten Punkt Zentralamerikas, besonders wenn man sich zwei Tage Zeit lässt (S. 157).

Juayúa, El Salvador Perfekt für Tageswanderungen und nette Caféabende. Schöne Führungen über Kaffeeplantagen und zu Wasserfällen. (S. 342).

Tierbeobachtung

Península de Osa, Costa Rica Affen und Aras, Faultiere und Schlangen – auf der ganzen Halbinsel gibt es jede Menge Tiere (S. 666).

Refugio de Vida Silvestre Los Guatuzos, Nicaragua Perfekt erhaltene Feuchtgebiete mit tollen Möglichkeiten zur Vogelbeobachtung tagsüber und zu spannenden Begegnungen mit Krokodilen abends (S. 555).

Isla Bastimentos, Panama Im Juli und August legen an der Nordküste Unechte und Echte Karett-, Suppen- und Lederschildkröten ihre Eier ab (S. 750).

Moskitia, Honduras Riesige Feuchtgebiete, Savannen und Tropenwälder – der beste Ort in Honduras für die Suche nach Jaguaren und Tapiren (S. 461).

Monterrico, Guatemala Eine Schildkröte retten, einen Wal erspähen oder in den Mangroven Vögel beobachten (S. 179).

Playa El Cuco, El Salvador In der Trockenzeit schlüpfen Meeresschildkröten. Delphine und Adler schauen zu (S. 360).

Tauchen

Parque Nacional Coiba, Panama Mit Hammerhaien tauchen und durch gewaltige Fischschwärme schwimmen – hier lockt eine wundervolle Tierwelt (S. 726).

Roatán, Honduras Erstklassiges Steilwandtauchen am Rand des Cayman-Grabens, Steinkorallen, Weichkorallen und jede Menge Meerestiere (S. 447).

The Blue Hole, Belize In diesem tiefblauen Cenote schwimmt man unter Stalaktiten zusammen mit Stier- und Hammerhaien (S. 254).

Isla Cozumel, Mexiko Die berühmten Riffe vor dieser Insel locken Tauchfreaks aus aller Welt an (S. 62).

(Oben) Blue Hole, Belize

(Unten) Zweifingerfaultier, Costa Rica

Isla del Caño, Costa Rica Meeresschildkröten und Buckelwale machen diese Insel zu einem beliebten Ziel auf Tauchtrips ab Bahía Drake und Quepos (S. 670).

Abseits der ausgetretenen Pfade

Pearl Keys, Nicaragua Auf diesen winzigen, idyllischen Karibikinseln kann man Robinson Crusoe spielen (S. 548).

Bahía de Jiquilisco, El Salvador Tosende Brandung, üppige Mangroven, Fischerdörfer und ein Biosphärenreservat schaffen ein echtes Wunderland (S. 354).

Darién, Panama Voller indigener Kultur und exotischer Wildnis – aber auch mit Reisegenehmigungen, Checkpoints und Verzögerungen (S. 765).

Mal País, Costa Rica Unberührte Strände, tolle Brandung und gute Vibes an der Spitze der Península de Nicoya (S. 656).

La Campa, Honduras Unglaublich hübscher *pueblo* im Herzland. Seilrutschen über Canyons, authentische Keramiken und geführte Bergwanderungen (S. 427).

Tilapita, Guatemala Sehr ruhiger Badeort am Pazifik mit gemächlichem Lebensrhythmus (S. 176).

Kolonialstädte

Antigua Guatemalas Vorzeige-Kolonialstadt beeindruckt mit wunderbaren Kopfsteinpflasterstraßen, Ruinen und eleganten Kirchen (S. 113).

Granada Nicaraguas herrlich erhaltene Kolonialstadt geizt wahrlich nicht mit ihren Reizen (S. 496).

Suchitoto, El Salvador Malerische Stadt voller Kriegsgeschichte und Kunstgalerien. An den meisten Wochenenden finden Feste statt (S. 366).

Casco Viejo, Panama-Stadt Super für einen Abend auf der Piste – und zwischen den Bars, Kneipen, Weinlokalen und Livemusikläden wandelt man über Kopfsteinpflaster (S. 698).

Comayagua, Honduras Entspannt und wohlhabend, mit historischem Kern mit eleganten Kirchen und Gebäuden rund um den hübschen Zentralplatz (S. 403).

Surfen

Dominical, Costa Rica Manche Surfer wollen nie mehr weg aus diesem relaxten Ort (S. 664).

Santa Catalina, Panama Staubiges Dorf ohne Andenkenläden, aber mit Weltklassewellen, und von den Hostels hat man den besten Blick darauf (S. 724).

Pavones, Costa Rica Hierher lockt der weltweit längste Lefthander Surfer aus aller Welt (S. 675).

Playa Hermosa, Nicaragua Außer Wellen gibt es hier eines der besten Strandhostels weit und breit (S. 523).

Las Flores, El Salvador Das Surfmekka im einsamen Osten von El Salvador zählt zu den besten Lateinamerikas (S. 361).

Ruinen

Tikal, Guatemala Dieser Superstar unter den Ruinenstätten lohnt mit seinen Tempelpyramiden inmitten des Dschungels trotz des Touristenrummels einen Besuch (S. 214).

Chichén Itzá, Mexiko Kürzlich zu einem der „Sieben neuen Weltwunder" ernannt – das sagt alles (S. 52)!

Copán, Honduras Exquisite Stätte mit wundervollen Steinverzierungen, einer Akropolis und Dutzenden von Tempeln und Monumenten (S. 419).

Tulum, Mexiko Mayaruinen auf einer Klippe mit atemberaubendem Ausblick auf die Karibik (S. 65).

Caracol, Belize Allein der Blick von der Ka'ana-Pyramide lohnt die Anreise (S. 278).

Tazumal, El Salvador Der Name der eindrucksvollsten Mayaruinen in El Salvador bedeutet „Der Ort, an dem die Opfer verbrannt wurden" (S. 339).

Vulkane

Volcán Rincón de la Vieja, Costa Rica Über die Vulkanhänge führen Wege zu bunten Fumarolen, warmen Quellen, blubbernden Schlammtöpfen und einem spuckenden *volcancito* (kleiner Vulkan; S. 640).

Volcán Masaya, Nicaragua Hier nisten in den Schwefelgaswolken oberhalb der Lavabecken Sittiche (S. 511).

Volcán Arenal Der berühmteste Vulkan Costa Ricas hat sich inzwischen wieder beruhigt, aber mit dem Dampf, der aus seinem Kegel austritt, wirkt er immer noch bedrohlich (S. 631).

Pacaya, Guatemala Dieser dampfende, Lava tröpfelnde Gipfel nicht weit von Antigua ist ein Lieblingsziel von Wanderern (S. 118).

Volcán Barú, Panama Unheimlich steil, hart und immer neblig und schlammig – aber wo sonst kann man beide Ozeane zugleich sehen? (S. 736)

El Salvador Im Land der Vulkane ist der Santa Ana zwar der größte, aber am eindrucksvollsten ist der Kegel des Izalco (S. 332).

Strände

Kuna Yala, Panama Perfekte winzige Inselchen inmitten türkisfarbener Gewässer (S. 760).

Playa Grande, Las Baulas Dieser costa-ricanische Strand mit warmem Wasser und kräftiger Brandung lockt Meeresschildkröten an (S. 646).

West Bay, Roatán Der honduranische Karibikstrand bietet nicht nur weißen Sand und Kokospalmen, sondern vor der Küste auch ein tolles Korallenriff (S. 415).

Little Corn Island, Nicaragua Auf dieser zauberhaften Insel trifft funkelndes türkises Wasser in einsamen Buchten auf schneeweißen Sand (S. 550).

Hopkins Wie lange noch bleibt der beste Badeort in Belize ein halbwegs gut gehütetes Geheimnis? (S. 283)

Playa El Tunco, El Salvador Zu Freudenfeuern am schwarzen Sandstrand finden sich hier Surfprofis und junge Traveller ein (S. 329).

Monat für Monat

TOP-EVENTS

Día de los Muertos, 1. November

Carnaval, Februar oder März

Semana Santa, März oder April

Bolas de Fuego, 31. August

Garifuna Settlement Day, 19. November

Januar

Der Höhepunkt der Trockenzeit ist ein sehr wichtiger Reisemonat in der Region. Im Januar ist der Pazifik am wärmsten, aber es weht auch genügend Wind – beste Bedingungen zum Kitesurfen und Baden. Im Nebelwald von Monteverde in Costa Rica beginnt die Zeit für die Quetzal-Beobachtung (bis Juli).

Nicaraguanische Baseballmeisterschaft

Das wichtigste nicaraguanische Freizeitvergnügen findet seinen Höhepunkt mit dem Ende der Baseballmeisterschaft Mitte Januar. (S. 490)

Panama Jazz Festival

Das einwöchige Festival gehört zu den größten Musikevents in Panama und lockt internationale Topmusiker aus z. B. Jazz, Blues und Salsa an. Findet in der ganzen Stadt statt; Freiluftkonzerte sind gewöhnlich gratis. (S. 700)

Februar

Die beste Zeit zum Surfen an der Pazifik- und der Karibikküste. Die Hauptreisezeit endet langsam. Im Februar oder März ist in allen zentralamerikanischen Ländern Karneval.

Carnaval in Mexiko

Karneval wird als riesige Straßenparty mit Umzügen, Musik, Tanz und jeder Menge Spaß in Mérida, Campeche und auf der Isla Cozumel gefeiert.

Festival de Diablos y Congos, Panama

Bei diesem alle zwei Jahre stattfindenden Fest in Portobelo werden auf Tanzveranstaltungen mit Masken und Kostümen rebellische Sklaven der Vergangenheit gefeiert. Die Teilnehmer schlüpfen in die Rollen entflohener Sklaven und nehmen auf der Straße Zuschauer gefangen.

März

Ostern im März oder April ist ein wichtiges Fest. Zur Semana Santa (Karwoche) gehören Nachstellungen der Passion Christi. Am Karfreitag finden in ganz Zentralamerika Prozessionen statt.

Desfile de Bufos, Guatemala

Am Freitag vor Karfreitag veranstalten die Studenten der Universität von Panama-Stadt einen Narrenumzug, um die Politik aufs Korn zu nehmen.

April

Das Ende der Trockenzeit im größten Teil Zentralamerikas. Im Dschungeltiefland von Guatemala sind März und April Hitzemonate; gleichzeitig ist dies die beste Zeit für die Beobachtung von Walhaien vor Utila in Honduras oder Placencia in Belize.

Día de Juan Santamaría, Costa Rica

Am 11. April wird des costaricanischen Nationalhelden gedacht, der 1856 beim Befreiungskampf gegen den amerikanischen Söldner William Walker starb. Die einwöchigen Feierlichkeiten umfassen u. a. Paraden und Feste, besonders in Santamarías Heimatstadt Alajuela.

Mai

Beginn der Regenzeit. Im Mai fängt in der Karibik die fünf- bis sechsmonatige Nistzeit der Unechten Karett- und der Suppenschildkröten an.

Feria de Cultura de las Flores y las Palmas, El Salvador

Bei diesem bunten Fest in Panchimalco in der Nähe von San Salvador werden Schönheitsköniginnen gekrönt und grelle Blumenarrangements präsentiert.

Toledo Cacao Festival, Belize

Mitte Mai kommen alle Liebhaber der Schokolade zusammen: Produzenten, Verkäufer und Genießer. Außerdem wird Toledos Geschichte und Kultur präsentiert.

La Feria de San Isidro

Die größte Fiesta in Honduras findet auf den Straßen und in den Clubs von La Ceiba statt; Höhepunkt sind die Umzüge Ende Mai mit 250 000 Zuschauern. Kostümierte Tänzer und Feiernde füllen die Stadt bis zum Bersten.

Palo de Mayo, Nicaragua

Bluefields feiert mit einer Reihe von Straßenpartys die Fruchtbarkeit; Höhepunkt ist am letzten Samstag des Monats ein bunter und lauter Karneval. Beim abschließenden Tulululu zieht man um Mitternacht mit einer Blaskapelle durch die Straßen. (S. 546)

SEMANA SANTA IN GUATEMALA

Obwohl die Semana Santa in ganz Guatemala gefeiert wird, ist in der Karwoche nirgends mehr los als in Antigua. Hunderte Menschen nehmen jeden Tag in purpurne Gewänder gehüllt an Prozessionen teil, die an die Passion Christi erinnern. Dichte Weihrauchschwaden umnebeln die Umzüge, und die Straßen sind mit aufwändigen *alfombras* (Teppichen) aus buntem Sägemehl und Blumenblüten geschmückt.

Am meisten ist am Karfreitag los: Frühmorgens beginnt an der Kirche La Merced eine Prozession, am späten Nachmittag eine weitere an der Iglesia de la Escuela de Cristo. Im Parque Central wird manchmal zudem die Kreuzigung Jesu nachgestellt. Übernachtungen für diese Zeit müssen weit im Voraus gebucht werden, oder man nächtigt in Guatemala-Stadt oder anderswo in der Nähe und pendelt zu den Feierlichkeiten.

Schon vorher finden an jedem Wochenende der 40-tägigen Fastenzeit vor Ostern Prozessionen, *velaciones* (Totenwachen) und andere Feierlichkeiten statt. Die Touristeninformation hält Veranstaltungsübersichten sowie die Broschüre *Lent and Holy Week in Antigua* von Elizabeth Bell bereit.

Anscheinend machen sich in der Karwoche alle Taschendiebe aus Guatemala-Stadt nach Antigua auf den Weg; lohnende Opfer sind vor allem ausländische Touristen.

Juni

Von Juni bis November ist Hurrikansaison, jedoch treten schwere Stürme nur sporadisch auf und sind schwer vorherzusagen. Vierzig Tage nach Ostern wird im Mai oder Juni in der gesamten Region Fronleichnam gefeiert.

Hummerfest, Belize

Beim Fest zu Ehren des Hummers fließen die Getränke in Strömen. Mitte Juni in San Pedro, in der letzten Juniwoche in Placencia und Anfang Juli auf Caye Caulker.

Juli

Zur Mitte der Regenzeit ist das Wetter auf der Karibikseite recht trocken, und in Belize kann es unangenehm warm sein. Touristen lockt die Nebensaison mit niedrigeren Preisen.

Rabin Ajau

Das eindrucksvollste indigene Fest Guatemalas findet Ende Juli oder Anfang August in Cobán statt.

August

Im Pazifik sind Buckelwale zu erspähen. Die Regenzeit geht weiter.

Festival de Invierno, El Salvador

Zum Winterfest strömen hippe, linke Studenten ins Bergstädtchen Perquín und feiern wilde Partys.

Sun Jam, Honduras

Auf der Suche nach der perfekten Welle? Zu dieser Party legen international bekannte DJs auf. Schauplatz ist eine winzige Wüsteninsel vor Utila.

Bolas de Fuego, El Salvador

Die örtlichen Flegel malen sich Teufelsfratzen ins Gesicht und bewerfen einander mit Feuerkugeln – nicht ganz ungefährlich! Am 31. August in Nejapa.

September

Höhepunkt der Hurrikansaison im Norden; in Panama-Stadt ist es trockener; in Honduras sind Überschwemmungen möglich.

Costa-ricanischer Unabhängigkeitstag

Im Mittelpunkt steht ein Fackellauf, bei dem eine „Freiheitsfackel" von Guatemala nach Costa Rica gebracht wird. Am Abend des 14. September erreicht die Fackel Cartago; die Costa-Ricaner stimmen die Nationalhymne an.

Oktober

In fast der gesamten Region ist der 12. Oktober der Día de la Raza (Kolumbustag) – eine zwiespältige Angelegenheit, zu der jedoch jede Schulband lautstark in die Tröten bläst. An der Pazifikküste nisten bis März Unechte Karettschildkröten.

Nogapope, Panama

In Panama treffen sich auf der Isla Tigre indigene Kunas zu einem dreitägigen traditionellen Tanzmarathon – sehr schön anzuschauen und ganz authentisch. Vom 10. bis zum 12. Oktober folgen dann kulturelle Darbietungen und Kanurennen.

Noche de Agüizotes, Nicaragua

Dieses unheimliche Fest am letzten Freitag im Oktober in Masaya erweckt Figuren aus Horrorgeschichten der Kolonialzeit mit ausgefeilten Kostümen zum Leben.

November

Die Regenzeit ist zumeist zu Ende, außer an der Nordküste von Honduras, wo bis Februar Überschwemmungen möglich sind. In Panama feiert das ganze Land verschiedene Unabhängigkeitstage.

Día de Todos los Santos, Guatemala

In Santiago Sacatepéquez und Sumpango nicht weit von Antigua lässt man zu Allerheiligen bunte Drachen steigen. In den Straßen des winzigen Bergdorfs Todos Santos Cuchumatán finden am 1. November Pferderennen statt.

Día de los Muertos, Mexiko

Am 2. November errichten die Familien in ihren Häusern Altäre und gehen mit Girlanden und Geschenken auf die Friedhöfe, um mit ihren Toten zusammen zu sein.

Garifuna Settlement Day, Belize

Mit Tanz, Getränken und Trommeln wird die Ankunft der ersten Garifuna per Kanu in Belize gefeiert, am schönsten in Dangriga und Hopkins. Am 19. November.

Dezember

Einer der kühlsten Monate an der Pazifikküste, von Nicaragua bis zum Dschungeltiefland Guatemalas. Zur Weihnachtszeit strömt alles an die Strände.

Las Fiestas de Zapote, Costa Rica

Eine Woche lang wird in Zapote südöstlich von San José alles Costa-ricanische gefeiert – mit Rodeos, frittierten Speisen und jeder Menge Alkohol.

Reiseplanung

Reiserouten

5 WOCHEN Guatemala, Mexiko, Belize, Honduras & El Salvador

Diese Route umfasst viele der Natur- und Kultur-Highlights des Nordens wie Mayaruinen, Märkte, Höhlen- und Dschungelexpeditionen. Am besten reist man kurz vor oder nach der Hauptreisezeit (Dez.–April) – dann sind auch die meisten Tropenstürme vorbei.

Von **Guatemala-Stadt** geht es zunächst für ein paar Tage nach **Antigua**, mit Vulkanbesteigung und vielleicht einem Crashkurs in Spanisch. Danach fährt man mit „Hühnerbussen" zu anderen Attraktionen des Hochlands: Am umwerfenden **Lago de Atitlán** bilden ein paar Tage Wandern und Baden beim schönen Seedorf **San Marcos La Laguna** eine willkommene Abwechslung zum Touristenrummel von Panajachel. Danach geht's weiter nach **Chichicastenango** mit seinem berühmten Mayamarkt.

Dann führt die Route weiter nach Mexiko zu einer Rundtour durch Chiapas. Nach einem Besuch in der Kolonialstadt **San Cristóbal de las Casas** und in nahen Mayadörfern erkundet man die Ruinen von **Palenque**. Wieder in Guatemala geht es auf dem Weg nach **Tikal**, der berühmteten aller Mayastätten, vorbei an den Ruinen von **Yaxchilán**. Als nächstes

DOELAN YANN / GETTY IMAGES ©

Markt in Chichicastenango (S. 145), Guatemala

steht Belize auf dem Programm, wo man bei **San Ignacio** Tubing- und Höhlenabenteuer erleben kann. Schließlich lädt das entspannte **Caye Caulker** zu einem Bad in der Karibik ein.

Nach Stopps im entspannten **Hopkins** oder in **Placencia** erreicht man per Schiff **Lívingston** in Guatemala, um eine echte Dschungelbootstour auf dem Río Dulce zu unternehmen. Weiter geht's in die Kopfsteinpflasterstadt **Copán Ruinas** in Honduras; hier warten die gleichnamigen Ruinen, Tubing-Trips und Ausritte in die Berge. Danach führt die Tour über La Ceiba zum besten Tauchrevier der Region, den **Bay Islands**. Utila bietet die Chance, großen Walhaien zu begegnen. Wenn man genug gechillt hat, geht es zurück nach Copán und weiter per Bus durch Honduras zur Kolonialstadt **Gracias** in der Nähe des Parque Nacional Celaque mit seinen prächtigen Quetzals.

Richtung Süden hält man in El Salvador im kitschigen Bergort **La Palma**, um spannende Wanderungen zu unternehmen. San Salvador lässt man links liegen, um die „Surfdörfer" der **Costa del Bálsamo** am Pazifik anzusteuern. Von San Salvador fährt schließlich ein Bus zurück nach Guatemala-Stadt.

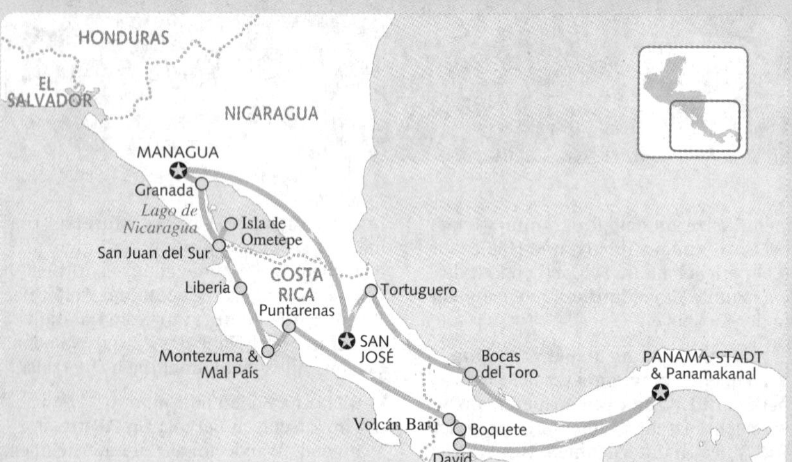
HONDURAS
EL SALVADOR
NICARAGUA
MANAGUA
Granada
Lago de Nicaragua
Isla de Ometepe
San Juan del Sur
Liberia
COSTA RICA
Puntarenas
Tortuguero
SAN JOSÉ
Montezuma & Mal País
Bocas del Toro
PANAMA-STADT & Panamakanal
Volcán Barú
Boquete
David
PANAMA

CHRISTIAN HEEB / GETTY IMAGES ©

ROY TOFT / GETTY IMAGES ©

Oben: Volcán Barú (S. 736), Panama
Unten: Erdbeerfröschchen, Tortuguero (S. 606), Costa Rica

3 WOCHEN Costa Rica, Panama & Nicaragua

Von Vulkanen bis zu sonnenverwöhnten Badeorten: Das südliche Zentralamerika bietet zugleich Abenteuer und Entspannung. Die meisten Traveller zieht es zunächst ins paradiesische Costa Rica; Nicaragua und Panama bieten zudem lebendige Kulturen, ein sehr präsentes Kolonialerbe und allerlei ungewöhnliche Attraktionen.

Von **San José** geht's per Bus und Boot an die englischsprachige Karibikküste und nach **Tortuguero**; hier kann man durch das afrokaribische Dorf schlendern und inmitten üppiger Vegetation über Kanäle paddeln, um nach Manatis und Pfeilgiftfröschen Ausschau zu halten.

In Panama wird anschließend der karibische Archipel **Bocas del Toro** mit seinen weißen Stränden und türkisfarbenen Gewässern angesteuert, vielleicht um ein wenig zu schnorcheln. Einen krassen Gegensatz dazu bildet die kosmopolitische Hauptstadt Zentralamerikas **Panama-Stadt** mit ihrem schrillen Nachtleben, dem angesagten Kolonialbezirk Casco Viejo und der Erweiterung des **Panamakanals**.

Über David geht's dann nach Westen in die kühlen Nebelwälder um **Boquete**. Neben Wildwasserrafting und Kaffeeplantagentouren bietet sich hier ein Aufstieg auf den **Volcán Barú** an, um sich den Atem vom Rundumpanorama auf den Pazifik und das Karibische Meer rauben zu lassen. Zurück in Costa Rica fährt eine Fähre von Puntarenas zum Badeort **Montezuma**, wo die Alternativkultur blüht und von wo aus sich die Gegend wunderbar erkunden lässt. Weiter geht's zu den wilden Stränden der Nicoya-Halbinsel und den tückischen Wellen von **Mal País**.

Von Liberia führt die Route anschließend nach Nicaragua. Im entspannten **San Juan del Sur** locken Rum, Brandung und Hängematten. Hier kann man auch ganz in Ruhe seine Tour zur **Isla de Ometepe** planen, eine Vulkaninsel inmitten eines Binnenmeeres, auf der sich wunderbar wandern lässt. Mit weiteren Vulkanen in der Umgebung wartet die Kolonialstadt **Granada** auf – diesmal erwarten einen aufregende Nachtwanderungen. Schließlich besteigt man in Managua einen Direktbus zurück nach San José.

2 WOCHEN

An der Pazifikküste bis nach Panama

Die Pazifikküste bietet etwas für jeden, von Sonnenanbetern bis zu Surfern. Wer es nicht mit den Monsterwellen und langen Lefthandern aufnehmen will, kann einfach die Badeorte abklappern und nach dem perfekten Platz an der Sonne suchen.

Von San Salvador geht's direkt zur nahen **Costa del Bálsamo**, dem Surfmekka des Landes, mit phantastischen Breaks gleich vor La Libertad. Die Strände El Zonte und Sunzal warten mit Unterkünften am Meer und Unterricht für Surfanfänger auf. Dann geht's hinüber nach Nicaragua; von Managua aus wird **San Juan del Sur** angesteuert, ein hipper internationaler Badeort, an dessen Stränden für Luxus-Surfcamper ebenso gesorgt ist wie für Backpacker mit kleinem Budget.

Vom südlich gelegenen Liberia führt ein Abstecher zur berühmten Spitze der Península de Nicoya. Hier wird unter Palmen gechillt und an Yogapositionen gefeilt, und die Surfer zieht es natürlich zu den legendären Wellen vor **Mal País** und **Santa Teresa**. Eine Abkürzung zum Festland bildet die Fähre nach Puntarenas. Hardcore-Surfer sollten dann **Dominical** weiter südlich ansteuern. Ansonsten geht's weiter nach Panama mit seiner aufstrebenden Szene. Von Santiago an der Interamericana fahren kleine Küstenbusse nach **Santa Catalina**, einem echten Highlight für Surfer.

Wer noch Zeit hat, kann sich zum lockeren **Playa Venao** auf der Península de Azuero auf den Weg machen, einem ländlichen Gebiet, das für seine wilden Straßenfeste in Kolonialdörfern bekannt ist. Von Las Tablas geht's per Bus nach **Panama-Stadt** oder Richtung Norden nach David, um mit einem Fernbus nach San Salvador zurückzufahren.

Wer vom Surfen genug hat, kann noch ein paar Tage im Hochland östlich des Küste dranhängen. Hier bieten die **Ruta de los Flores** in El Salvador, **Monteverde** in Costa Rica und **Boquete** in Panama kühlere Bergluft, Kaffeeplantagen und Wanderwege.

Am besten plant man diese Reise nach der jeweiligen Surfsaison. In El Salvador und Nicaragua ist die beste Zeit von März bis Dezember, weiter südlich ist es Februar und März. Anfänger sollten lieber Zeiten mit schwächerer Brandung anpeilen.

RYAN CREARY / GETTY IMAGES ©

REBECCA E MARVIL/ GETTY IMAGES ©

Oben: San Juan del Sur (S. 518), Nicaragua
Unten: Boquete (S. 731), Panama

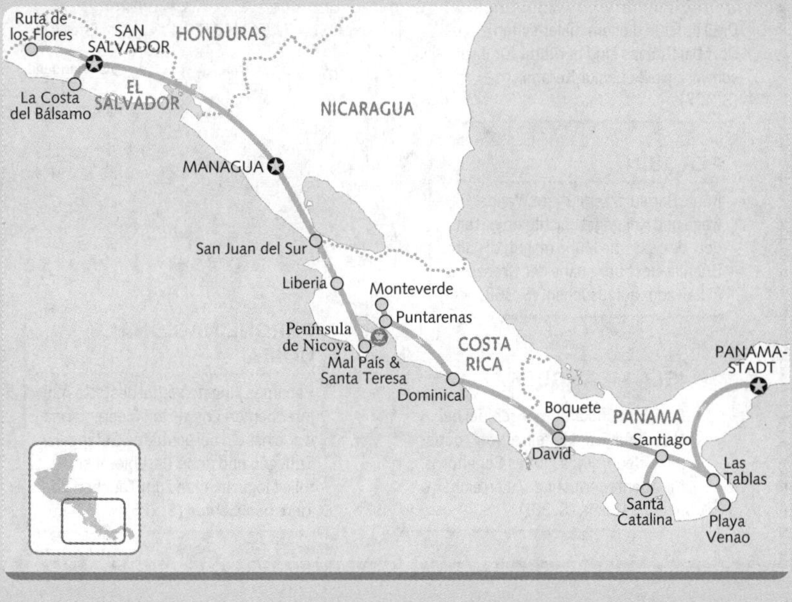
Ruta de los Flores
SAN SALVADOR
HONDURAS
La Costa del Bálsamo
EL SALVADOR
NICARAGUA
MANAGUA
San Juan del Sur
Liberia
Monteverde
Puntarenas
Península de Nicoya
Mal País & Santa Teresa
COSTA RICA
Dominical
PANAMA-STADT
Boquete
PANAMA
David
Santiago
Las Tablas
Santa Catalina
Playa Venao

Zentralamerika: Abseits der üblichen Pfade

CHAPÍN ABAJO

Das Community-Tourismus-Projekt dieses winzigen Dorfes am wenig besuchten Südwestufer von Guatemalas größtem See führt Besucher per Boot ins nahegelegene Wildschutzgebiet Bocas del Polochic. (S. 194)

LA CAMPA

Die Töpfer in diesem malerischen Dorf bei Gracias sind berühmt für ihre schwarz-weiße Lenka-Keramik. (S. 427)

PERQUÍN

Kühle Bergluft, zerklüftete Wanderwege und Kriegsgeschichte erwarten den, der sich die Mühe macht, die alte Guerilla-Hochburg nahe der Grenze zu El Salvador aufzusuchen. (S. 363)

ISLA MEANGUERA

Der einst umkämpfte Archipel bei Nicaragua war lange frei von Tourismus. Neuerdings gibt es Segeltörns für Abenteuerlustige. Zu erreichen über La Unión. (S. 361)

PARQUE NACIONAL COIBA

Panamas jüngste Welterbestätte mit ihrer bemerkenswerten Meeresfauna war einst ein berüchtigtes Gefängnis. Entlegen und unberührt bietet sie tolle Möglichkeiten zum Tauchen und Tiere beobachten (S. 726)

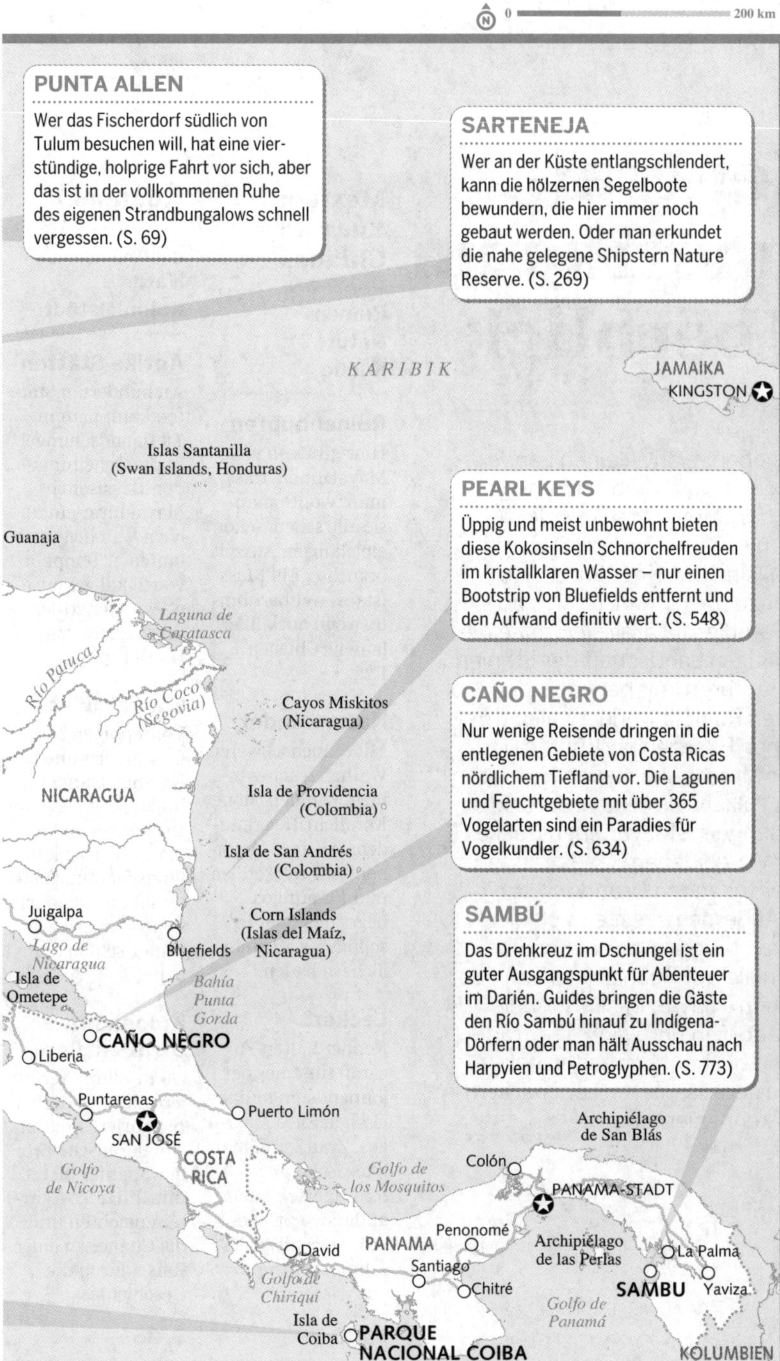

PUNTA ALLEN

Wer das Fischerdorf südlich von Tulum besuchen will, hat eine vierstündige, holprige Fahrt vor sich, aber das ist in der vollkommenen Ruhe des eigenen Strandbungalows schnell vergessen. (S. 69)

SARTENEJA

Wer an der Küste entlangschlendert, kann die hölzernen Segelboote bewundern, die hier immer noch gebaut werden. Oder man erkundet die nahe gelegene Shipstern Nature Reserve. (S. 269)

PEARL KEYS

Üppig und meist unbewohnt bieten diese Kokosinseln Schnorchelfreuden im kristallklaren Wasser – nur einen Bootstrip von Bluefields entfernt und den Aufwand definitiv wert. (S. 548)

CAÑO NEGRO

Nur wenige Reisende dringen in die entlegenen Gebiete von Costa Ricas nördlichem Tiefland vor. Die Lagunen und Feuchtgebiete mit über 365 Vogelarten sind ein Paradies für Vogelkundler. (S. 634)

SAMBÚ

Das Drehkreuz im Dschungel ist ein guter Ausgangspunkt für Abenteuer im Darién. Guides bringen die Gäste den Río Sambú hinauf zu Indígena-Dörfern oder man hält Ausschau nach Harpyien und Petroglyphen. (S. 773)

Zentralamerika im Überblick

Die sieben relativ kleinen Länder zwischen Nord- und Südamerika plus der Südteil Mexikos, die zusammen Zentralamerika ausmachen, sind auf einer Weltkarte leicht zu übersehen. Doch sind sie ein Paradies für Traveller: mit einer vielfältigen Landschaft der Ethnien und Kulturen, mit bedeutenden uralten Ruinen, wundervollen tropischen Pflanzen und Tieren und jeder Menge Abenteuer. Hier kann man Vulkane ersteigen, durch den Dschungel zu Mayaruinen trekken oder vor goldenen Sandstränden in der tosenden Brandung surfen. Außerdem lässt es sich hier günstig tauchen, in einer coolen Kolonialstadt Spanisch lernen oder in einem Maya-, Miskito- oder Kunadorf, in dem sich alte Traditionen bis heute gehalten haben, einen geruhsameren Lebensrhythmus kennenlernen.

Mexiko: Yucatán & Chiapas

Ruinen
Natur
Küche

Ruinenhüpfen

Hier gibt's so viele Mayaruinen, dass man, wollte man sie alle sehen, schon eine längere Auszeit bräuchte. Ein Muss ist das weltberühmte, wenn auch überlaufene Chichén Itzá.

Naturwunder

Mit tonnenschweren Walhaien schwimmen, wunderschöne Korallenriffe erkunden, bei einer Motorboottour Krokodilen und Flamingos begegnen oder in schönen Kalksteinlöchern baden.

Lecker!

Kenner halten Yucatán für eines der lohnendsten kulinarischen Ziele Mexikos. Zwar kann man klassische *yucateco*-Speisen auch anderswo probieren, aber nirgends schmecken sie so gut wie hier!

S. 40

Guatemala

Ruinen
Natur
Kolonialstädte

Antike Stätten

An hunderten Stätten kann man im Tieflanddschungel in die Geheimnisse der klassischen Mayakultur eintauchen – an den überlaufenen Tempeln von Tikal genauso wie an der stillen Sternwarte von Uaxactún.

Ein Paradies

Von üppigen Nebelwäldern und Karibikstränden bis zu dampfendem Dschungel und dramatischen Vulkanlandschaften: Guatemala präsentiert Zentralamerika von seiner schönsten Seite.

Koloniale Straßenzüge

Ob in Würde verfallen oder wunderbar restauriert – das architektonische Erbe der Spanier bietet unzählige Postkartenansichten und die Chance zu einer Reise durch die Geschichte.

S. 95

Belize

Wassersport
Ruinen
Küche

Meeresabenteuer

Mit einer langen Küste, unzähligen Inseln und einem spektakulären Riff bietet Belize endlose Wassersportmöglichkeiten.

Die Welt der Mayas

Nach dem vermeintlichen Ende der Welt 2012 ist der Zeitpunkt perfekt für den Besuch bedeutender Mayaruinen wie Caracol und Lamanai oder kleinerer Stätten um San Ignacio und in Toledo. Modernes Mayaleben bieten die Dörfer im tiefen Süden.

Kulinarische Traditionen

Mexikanische *ceviches,* Maya-Hühnersuppe, Garifuna-Spezialitäten und Hummer auf den Inseln: Die belizische Küche ist so vielfältig und einzigartig wie das Land selbst.

S. 244

El Salvador

Landschaften
Geschichte
Surfen

Mini-Wunderland

El Salvador bietet in einem Radius von nur 130 km schwarzsandige Strände, Vulkanseen, Mayaruinen, hippe Kaffeestädtchen und ein wildes Nachtleben – Zentralamerika im Miniaturformat.

Kriegsgeschichten

In abgeschiedenen Bergdörfern, wo im Bürgerkrieg die heftigsten Kämpfe stattfanden, kann man den Wandel der Geschichte miterleben. Den Hintergrund liefern ausgezeichnete Regionalmuseen sowie Galerien in San Salvador.

Tolle Wellen

Die sanftesten Wellen Lateinamerikas hat man fast für sich allein, ob an der Costa del Bálsamo oder an abgeschiedeneren Orten im Osten.

S. 304

Honduras

Tauchen und Schnorcheln
Nationalparks
Kolonialstädte

Tauchen für wenig Geld

An wenigen Orten kann man so billig tauchen lernen wie auf den Bay Islands. Utila und Roatán bietet mit tollen Riffen, berühmten Wracks und jeder Menge Meerestieren denkwürdige Taucherlebnisse.

Tropisch vielfältig

Zu den schönsten der über 20 Nationalparks in Honduras zählen die Nebelwälder des Parque Nacional Cusuco, die Feuchtgebiet- und Mangrovenreservate bei Tela und die Region Río Plátano in La Moskitia.

Kolonialer Charme

Koloniale Pracht bieten die ehemalige Hauptstadt Comayagua, der reizende Hochlandort Gracias und die hübsche Universitätsstadt Santa Rosa de Copán.

S. 388

Nicaragua

Surfen
Geschichte
Abenteuer

Surferparadies

Bessere Wellen gibt's an nicht vielen anderen Orten. Und nach dem Surfen an den legendären Stränden Hermosa und Maderas kann man bei cooler Musik mit netten Leuten im Hängemattenparadies am Strand chillen.

Kolonialgeschichte

Von der sehr komplexen Geschichte Nicaraguas zeugen Architektur, Feste, Kunst und Kultur der Kolonialstädte wie Granada and León.

Inselleben

Die Isla de Ometepe und der nicaraguanische Teil der Karibikküste sind noch unentdeckte Paradiese mit Petroglyphen, Vulkanen, kleinen Buchten, die man per Kajak ansteuern kann, und coolen Traveller-Enklaven am Rand der Wildnis.

S. 477

Costa Rica

Surfen
Tiere
Wälder

Wellenreiten

Point- und Beachbreaks, Left- und Righthander, Riffe und Flussmündungen – warmes Wasser und ganzjährige Brandung machen Costa Rica zu einem legendären Surferziel.

Tropensafari

Die Artenvielfalt ist erstaunlich: Hier gibt's 850 Vogelarten, 380 Arten Reptilien und Amphibien, sechs Wildkatzen-, vier Affen-, drei Ameisenbären- und zwei Faultierarten – und den tolpatschigen Baird-Tapir.

Märchenwald

Nebelwälder bedecken nur 0,25 % der Erdoberfläche: Sie bilden einen seltenen, geheimnisvollen Lebensraum voller Ranken, Farne und Bromelien und sprudelnder Bäche – ein echtes Füllhorn der Natur.

S. 576

Panama

Ingenieurskunst
Tiere
Inseln

Panamakanal

Dank der Erweiterung des 80 km langen Wunders der Ingenieurskunst hat man noch mehr Grund für einen Besuch. Und abseits der Schifffahrtsrinnen kann man Tiere beobachten, angeln und Kajak fahren.

Dschungel

Gleich vor den Toren von Panama-Stadt bieten sich Regenwaldabenteuer und wunderbare Gelegenheiten zur Tierbeobachtung. Mit noch mehr Natur warten der Darién und der Parque Nacional Coiba auf.

Kuna-Yala-Archipel

Die idyllischen Inseln im glitzernden türkisfarbenen Wasser sind wirklich unschlagbar. Auf den Ferieninseln stehen kaum mehr als strohgedeckte Hütten mit Hängematten – aber was braucht man mehr?

S. 692

Reiseziele in Zentralamerika

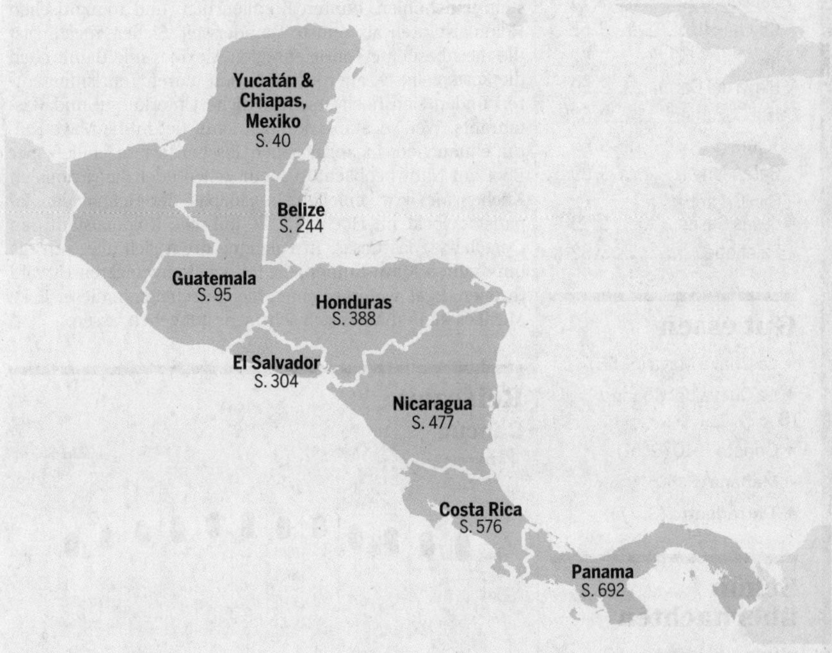

Mexiko: Yucatán & Chiapas

52 / 8,9 MIO. EW. (BUNDESSTAATEN YUCATÁN, QUINTANA ROO, CAMPECHE UND CHIAPAS)

Inhalt ➡

Gut essen

- La Chaya Maya (S. 58)
- La Cueva del Chango (S. 62)
- Conato 1910 (S. 51)
- Mañana (S. 50)
- Tierradentro (S. 77)

Schön übernachten

- Poc-Na Hostel (S. 50)
- Nómadas Hostel (S. 57)
- Hotel López (S. 72)
- El Jardín de Frida (S. 66)
- Posada La Media Luna (S. 75)

Auf nach Yucatán & Chiapas

Die von der türkisblauen Karibik und der artenreichen Golfküste flankierte Halbinsel Yucatán offenbart sich mit ihren wabernden Dunstschleiern, Mayaruinen, malerischen Kalkstein-Badehöhlen, bunten Korallenriffen und romantischen Kolonialstädten als reinste Wunderwelt. Sicher, Yucatán ist die meistbesuchte Touristenregion Mexikos und damit auch die kostspieligste, aber selbst in den teuren Tourismuszentren finden sich noch erschwingliche Unterkünfte und Restaurants. Wer Yucatán erkundet, kann tief in die Maya-Kultur eintauchen, in abgelegenen Fischerdörfern chillen, per Boot auf Naturbeobachtungstour gehen oder die regionalen Küchen Mexikos genießen. In Chiapas, der Heimat der Zapatistas, lockt im Hochland die hübsche Kolonialstadt San Cristóbal de las Casas. In Palenque dreht sich alles um die imposanten Maya-Ruinen, die im nebelschwangeren Urwald thronen. Egal, wohin es einen hier verschlägt, in dieser Ecke Mexikos kann man es sich sehr, sehr gut gehen lassen.

Reisezeit

Cancún

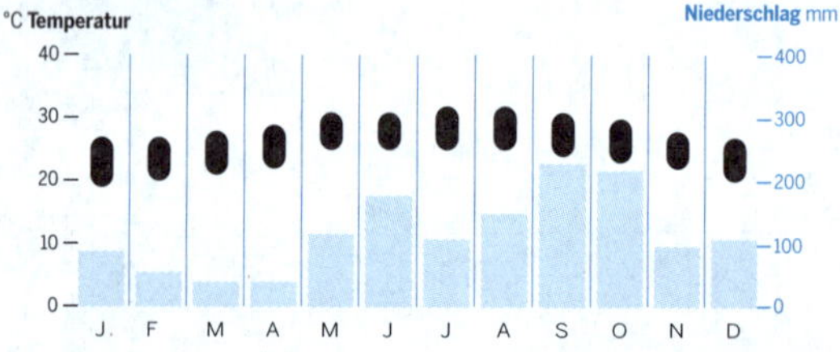

März Nicht versäumen: Zur Tag- und Nachtgleiche erscheint in Chichén Itzá eine Schattenschlange.

Mai–Sept. Mit gigantischen Walhaien vor der Isla Holbox schwimmen.

Okt.–Nov. Dank kühleren Wetters und günstigerer Unterkünfte ist die Nebensaison ideal für einen Besuch.

Von Land zu Land

Kurze Ausflüge nach Guatemala bieten sich an von San Cristóbal de las Casas (nach Quetzaltenango) und Palenque (nach Tikal). Corazal in Belize ist über Chetumal südlich von Tulum zu erreichen. Für eine längerfristige Einreise nach Guatemala eignen sich die Grenzübergänge in Ciudad Cuauhtémoc (nahe La Mesilla in Guatemala) oder in Tapachula weiter im Südwesten. Details s. S. 93.

YUCATÁN & CHIAPAS FÜR EINSTEIGER

Eine Woche

Der erste Tag beginnt in **Cancúns** Zona Hotelera mit einem Sprung ins türkisblaue Wasser. Danach lockt die Innenstadt mit preiswerten Restaurants und wilden Partynächten. Ein tolles Ausflugsziel ist die nahe gelegene **Isla Mujeres**, deren Strände zu den schönsten der mexikanischen Karibik zählen. Zurück auf dem Festland geht es weiter nach Süden, wo sich das ultraschicke Partystädtchen **Playa del Carmen** als Ausgangspunkt für Touren zur **Isla Cozumel** mit ihren weltberühmten Tauchgefilden anbietet. Als Nächstes imponiert **Tulum** mit seinen spektakulären, direkt am Meer gelegenen Maya-Ruinen. Und wenn noch Zeit ist, empfiehlt sich ein Abstecher ins Landesinnere zu der Maya-Dschungelstätte **Cobá**.

Zwei Wochen

Von Cobá geht's über die koloniale Kleinstadt **Valladolid** gen Westen nach **Chichén Itzá** zur Mutter aller Maya-Ruinen. **Mérida**, die kulturelle Hauptstadt der Halbinsel, lädt dazu ein, tagelang der yucatekischen Küche zu frönen und das breite Unterhaltungsangebot auszukosten. Weiter südlich beeindruckt die Stadt **Campeche** mit ihrer bestens erhaltenen Festungsmauer. Auf dem Weg in den Bundesstaat Chiapas lohnen die archäologischen Stätten **Edzná** und **Calakmul**. Selbst wenn nach den vielen Ruinen Ermüdungserscheinungen aufkommen – der Abstecher nach **Palenque** mit seinen überwältigenden Maya-Bauten inmitten traumgleich verschleierter Nebelwälder ist ein absolutes Muss! Zum Ausklang trumpft im Hochland die charmante Kolonialstadt **San Cristóbal de las Casas** mit jeder Menge Flair auf.

Essen & Trinken

- **Cochinita pibil** Langsam geschmortes Schweinefleisch, mariniert mit Zitrussäften und einer Gewürzmischung aus *annatto*-Samen
- **Sopa de lima** Suppe mit Truthahnstreifen, Limetten und Tortilla
- **Papadzules** Mit gewürfelten, hart gekochten Eiern gefüllte Tortillas, dazu Saucen aus Kürbiskernen und Tomaten
- **Panuchos** Frittierte, mit Bohnen gefüllte Tortillas, belegt mit Hühnerfleisch, Salatblättern und eingelegten roten Zwiebeln

AUF EINEN BLICK

Währung Mexikanischer Peso (Mex$)

Sprachen Spanisch und Maya

Geld In den meisten Städten gibt's Geldautomaten

Visa Für Angehörige vieler Staaten nicht erforderlich (S. 91)

Zeitzone MEZ minus 7 Std., während der Sommerzeit MESZ minus 7 Std.

Kurzinfos

- **Fläche** Yucatán-Halbinsel und Chiapas 220 700 km^2
- **Bundesstaat-Hauptstädte** Chetumal (Quintana Roo), Tuxtla Gutiérrez (Chiapas), Campeche (Campeche), Mérida (Yucatán)
- **Notruf** ☎ 066

Preise

- **Hostelbett/Budgetzimmer** 150/500 Mex$
- **Abendessen** 100 Mex$
- **Busticket** 180 Mex$ (dreistündige Fahrt)
- **Eintritt Ruinen** 50–180 Mex$

Infos im Internet

- **Yucatán Today** (www.yucatantoday.com) Infos über Yucatán und Campeche
- **Yucatán Tierra de Maravillas** (www.yucatan.travel) Alles rund um Yucatán
- **Campeche Travel** (www.campeche.travel) Seite der Tourismusbehörde von Campeche

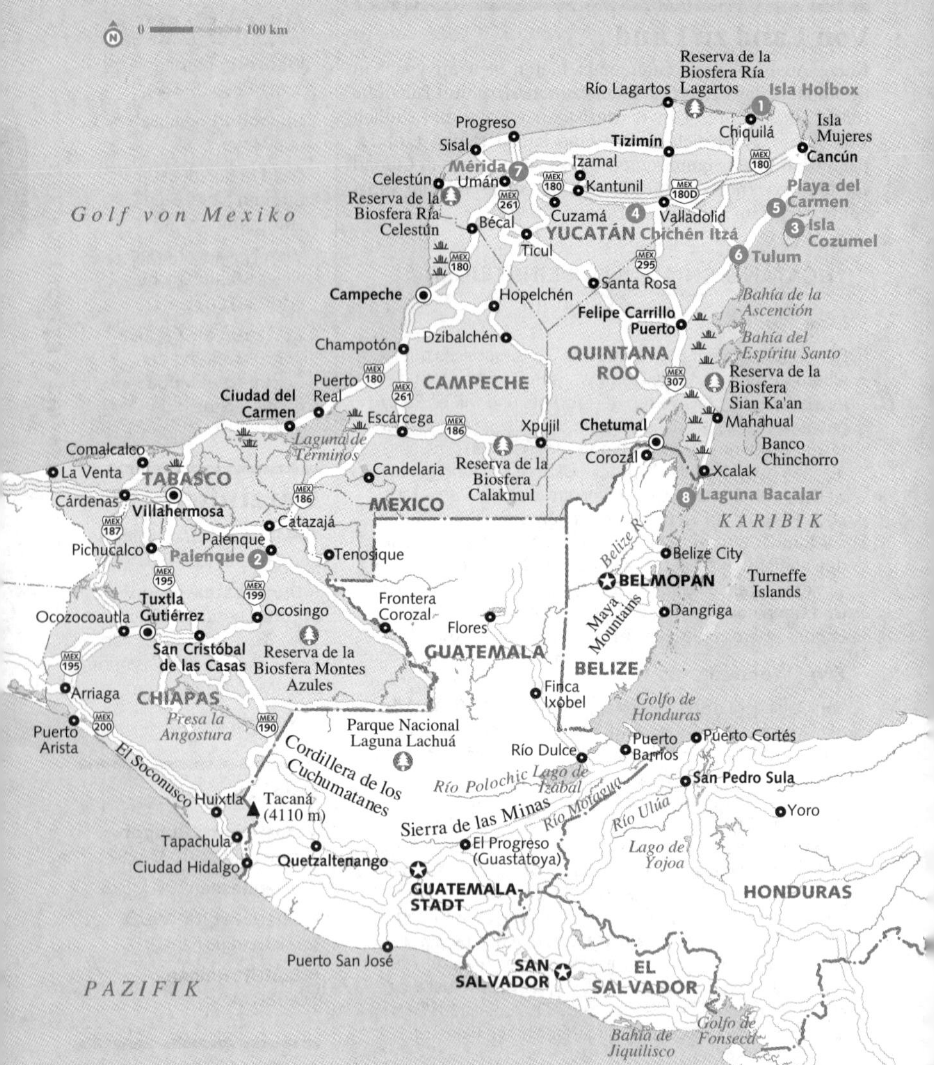

Highlights

1. Vor der **Isla Holbox** (S. 48) mit riesigen Walhaien schnorcheln
2. Die beeindruckenden Dschungelruinen von **Palenque** (S. 82) erkunden
3. In die bunte Unterwasserwelt der **Isla Cozumel** (S. 64) abtauchen
4. Die berühmten Maya-Ruinen von **Chichén Itzá** (S. 52) bewundern
5. Im superschicken Strandstädtchen **Playa del Carmen** (S. 59) die Nacht zum Tag machen
6. In **Tulum** (S. 66) vor brandungsumtosten Maya-Ruinen schwimmen
7. Die köstliche regionale Küche in **Mérida** (S. 58) genießen
8. Ins tiefblaue Wasser der **Laguna Bacalar** (S. 66) springen

YUCATÁN

Yucatán ist eine wahre Wundertüte voller Überraschungen und bis zum Rand gefüllt mit Maya-Ruinen, karibischen Bilderbuchstränden, Kolonialstädten mit Alte-Welt-Charme, berühmten Tauchgebieten und jeder Menge Naturwundern.

Cancún

☎998 / 628 300 EW.

Cancún besteht eigentlich aus zwei Städten. Da ist einerseits die glamouröse Zona Hotelera mit ihren berühmten wasserstoffblonden Sandstränden, einer aufmüpfigen Partyszene und erlesenen Seafood-Restaurants und andererseits die eigentliche Stadt, deren Lokalkolorit sich am besten in der Bar um die Ecke oder an der Tacobude erleben lässt.

Genau das macht Cancún so interessant. Wer genug von dem lauten Diskotrubel in der Zona Hotelera hat, kann einfach in einem Salsaclub in der Innenstadt weitertanzen. Und wer keine Lust mehr auf seinen Hotelpool in der Ciudad Cancún hat, besteigt den nächstbesten Bus in die Zona Hotelera und hüpft dort ins saphirblaue Meer.

Cancún eignet sich zudem bestens als Basislager für Ausflüge auf die Inseln Holbox, Contoy und Mujeres.

Strände

Nach mexikanischem Gesetz haben Reisende das Recht, an allen Stränden im ganzen Land spazieren zu gehen und zu schwimmen, außer an jenen in militärischen Anlagen. In der Praxis ist es jedoch oft schwierig, einzelne Strandstreifen zu erreichen, ohne durch die Lobby eines Hotels gehen zu müssen, besonders in der Zona Hotelera – am besten tut man so, als gehöre einem der ganze Laden. Öffentliche Zugänge zu den Stränden befinden sich an Km 6,5, Km 9,5 und Km 18.

Die schönsten karibikblauen Gewässer gibt's südlich von **Punta Cancún** (Km 9). Allerdings ist die Strömung hier mitunter sehr gefährlich. Die Strände nördlich von Cancún sind badefreundlicher. Viele Hotels in der Zona Hotelera vermieten Schnorchelausrüstungen, Bodyboards und Kajaks.

Wassersport

Museo Subacuático de Arte TAUCHEN, SCHNORCHELN
(MUSA Unterwassermuseum; www.musacancun.com; Schnorcheltour 380 Mex$, 1 Flasche 700–1145 Mex$) Diese einzigartige Unterwasserausstellung mit 403 lebensgroßen Skulpturen auf dem Meeresgrund vor Cancún und der Isla Mujeres soll Taucher von dem angeschlagenen Korallenriff zu dessen Entlastung fortlocken. Scuba Cancún hat verschiedene Trips zu den Skulpturengärten im Programm.

Scuba Cancún TAUCHEN
(☎849-7508; www.scubacancun.com.mx; Blvr Kukulcán Km 5,2; 1/2 Flaschen 702/884 Mex$, Leihausrüstung kostet extra) Der familieneigene Betrieb bietet Schnorchel-, Angel- und Tauchtouren (auch nachts und in Cenoten).

Sehenswertes

Ruinen

San Miguelito ARCHÄOLOGISCHE STÄTTE
(☎885-3842; Blvr Kukulcán Km 17; Eintritt inkl. Museo Maya de Cancún 57 Mex$; R-1) Cancúns neueste archäologische Stätte präsentiert mehr als ein Dutzend restaurierte Maya-Bauten, darunter die 8 m hohe Gran Piramide (Große Pyramide). Der Eintrittspreis beinhaltet den Besuch des brandneuen Museo Maya (Maya-Museum).

Museo Maya de Cancún MUSEUM
(Maya-Museum; www.inah.gob.mx; Blvr Kukulcán Km 17,5; Eintritt inkl. San Miguelito 57 Mex$; Di–So 10–19 Uhr; R-1) Dieses neue, moderne Museum beherbergt eine der bedeutendsten Maya-Sammlungen Mexikos. Es bietet eine willkommene Abwechslung in der eher für ihre Partyszene als für Kulturattraktionen bekannten Stadt. Die 350 zu bestaunenden Exponate stammen von den zentralen Ausgrabungsstätten der Halbinsel und näheren Umgebung.

Zona Arqueológica El Rey ARCHÄOLOGISCHE STÄTTE
(Blvr Kukulcán Km 17,5; Eintritt 42 Mex$; 8–17 Uhr; R-1) In El Rey befinden sich auf der Westseite des Boulevard Kukulcán zwischen Km 17 und 18 ein kleiner Tempel und verschiedene Zeremonien-Plattformen. Die Ruinen hier sind kompakt und einfach zu erkunden, aber weniger überwältigend als einige der größeren Maya-Stätten in der Region.

Yamil Lu'um ARCHÄOLOGISCHE STÄTTE
(am Blvr Kukulcán Km 12,5; R-1) GRATIS Der verwitterte Maya-Tempel sitzt auf einem Strandhügel in einer parkähnlichen Anlage zwischen den Hotels Park Royal und Westin Lagunamar. Die Stätte ist über die Hotels oder den Strand zu erreichen – vom Boulevard aus gibt's keinen direkten Zugang.

Yucatán

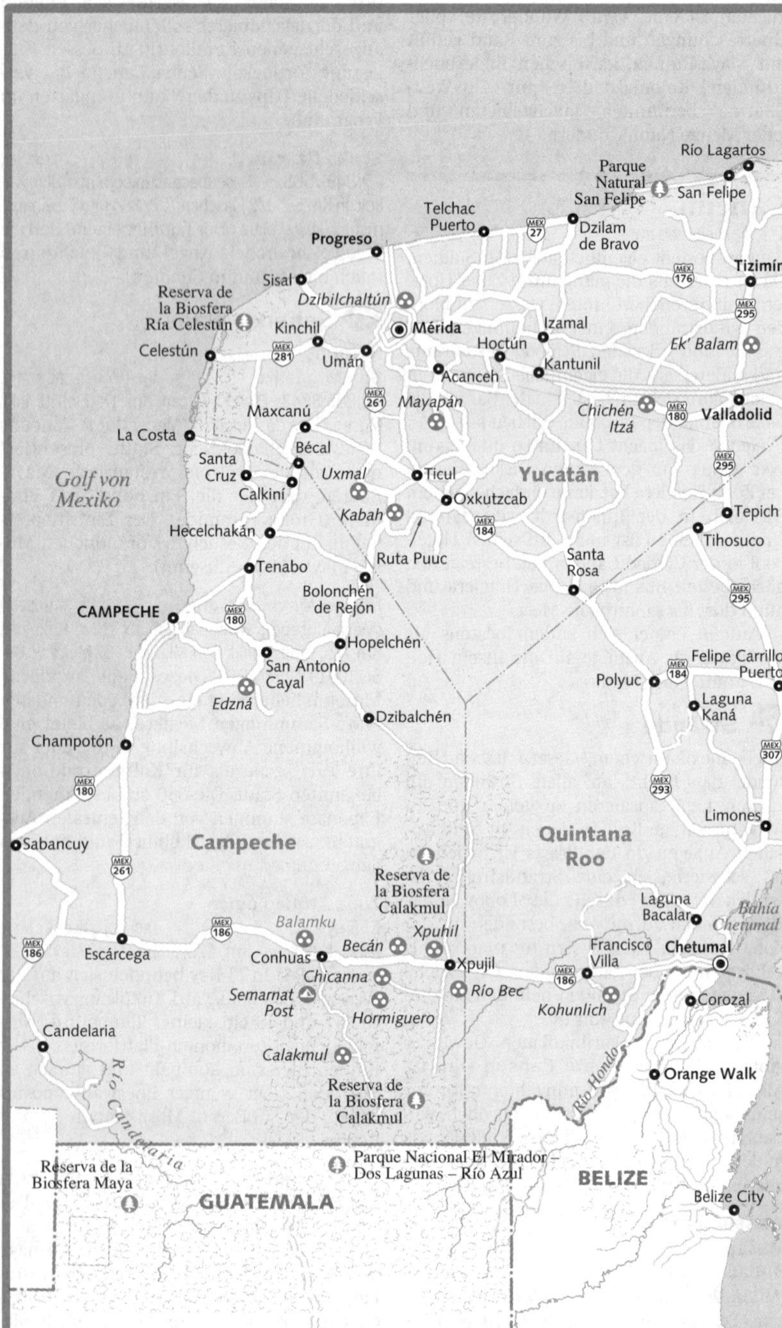
Río Lagartos
Parque Natural San Felipe
San Felipe
Telchac Puerto
Dzilam de Bravo
Progreso
Tizimín
Sisal
Reserva de la Biosfera Ría Celestún
Dzibilchaltún
Kinchil
Mérida
Izamal
Celestún
Umán
Hoctún
Ek' Balam
Kantunil
Acanceh
Mayapán
Maxcanú
Chichén Itzá
Valladolid
La Costa
Bécal
Santa Cruz
Uxmal
Ticul
Yucatán
Golf von Mexiko
Calkiní
Oxkutzcab
Kabah
Tepich
Hecelchakán
Tihosuco
Ruta Puuc
Tenabo
Santa Rosa
Bolonchén de Rejón
CAMPECHE
Hopelchén
Felipe Carrillo Puerto
San Antonio Cayal
Polyuc
Edzná
Laguna Kaná
Dzibalchén
Champotón
Limones
Sabancuy
Campeche
Quintana Roo
Reserva de la Biosfera Calakmul
Laguna Bacalar
Bahía Chetumal
Balamku
Xpuhil
Francisco Villa
Chetumal
Escárcega
Becán
Conhuas
Xpujil
Chicanna
Semarnat Post
Río Bec
Kohunlich
Corozal
Hormiguero
Candelaria
Calakmul
Orange Walk
Río Hondo
Río Candelaria
Reserva de la Biosfera Calakmul
Parque Nacional El Mirador – Dos Lagunas – Río Azul
Reserva de la Biosfera Maya
BELIZE
GUATEMALA
Belize City
MEX 27
MEX 176
MEX 295
MEX 281
MEX 261
MEX 180
MEX 184
MEX 307
MEX 293
MEX 186

Schlafen

Rund um den Parque de las Palapas stehen mehrere Hostels und andere Budgetoptionen zur Auswahl.

Hostel Mundo Joven HOSTEL **$**
(☎898-2104; www.mundojovenhostels.com; Av Uxmal 25; B/DZ mit Frühstück ab 180/550 Mex$; ❄@📶; 🚌R-1) Das HI-Hostel bietet auf seinen Gemeinschaftsflächen eine Dachterrassen-Bar und einen Außenwhirlpool – nicht schlecht, oder? Die Schlafsäle sind sauber, gegen einen kleinen Aufschlag sind klimatisierte Räume zu haben. Wer es luxuriöser mag, kann ein Privatzimmer mit eigenem Whirlpool (750 Mex$) beziehen.

Hostal Mayapan HOSTEL **$**
(☎883-3227; www.hostalmayapan.com; Blvr Kukulcán Km 8,5; B mit Frühstück 200–240 Mex$, Zi. 600 Mex$; ❄@📶; 🚌R-1) Die einzige Budgetoption in der Zona Hotelera ist in einem verlassenen Einkaufszentrum untergebracht. Die Schlafsäle und Zimmer sind supersauber. Oben lockt ein Atrium (der ehemalige Gastrobereich?) zum Abhängen.

Hostel Ka'beh HOSTEL **$**
(☎892-7902; www.facebook.com/hostelkabeh; Alcatraces 45; B mit Frühstück ab 150 Mex$; ❄@📶; 🚌R-1) Das zentrale kleine Hostel nahe dem quirligen Parque de las Palapas wirkt sehr belebt (manche mögen das unaufgeräumt nennen) und die Stimmung ist äußerst entspannt. An vielen Abenden werden Gemeinschaftsaktionen angeboten, meist mit Essen und Trinken.

Soberanis Hotel HOTEL **$$**
(☎884-4564, 800-101-0101; www.soberanis.com.mx; Av Cobá 5; B/DZ mit Frühstück 200/595 Mex$; @📶; 🚌R-1) Preiswert und in guter Lage – ein netter Ort, um neue Freunde zu finden. Alle Zimmer haben sehr gemütliche Betten, Kabelfernsehen und hübsch ausgestattete Bäder. Obwohl es in erster Linie ein Mittelklasse-Hotel ist, verfügt das Soberanis auch über hostelähnliche 4-Bett-Zimmer.

Essen

In Cancúns Innenstadt gibt's zahlreiche gute Budgetoptionen, viele davon in den Mercados 23 und 28. Selbstversorger können sich im **Comercial Mexicana** (Ecke Avs Tulum & Uxmal) eindecken, einem zentralen Supermarkt beim Busbahnhof.

El Paisano del 23 MEXIKANISCH **$**
(Mercado 23; Tacos 12 Mex$, Tortas 30 Mex$; ⏲6–15 Uhr; 🚌R-1) Das Paisano ist seit über 40 Jah-

Cancún Centro

N 0 180 m

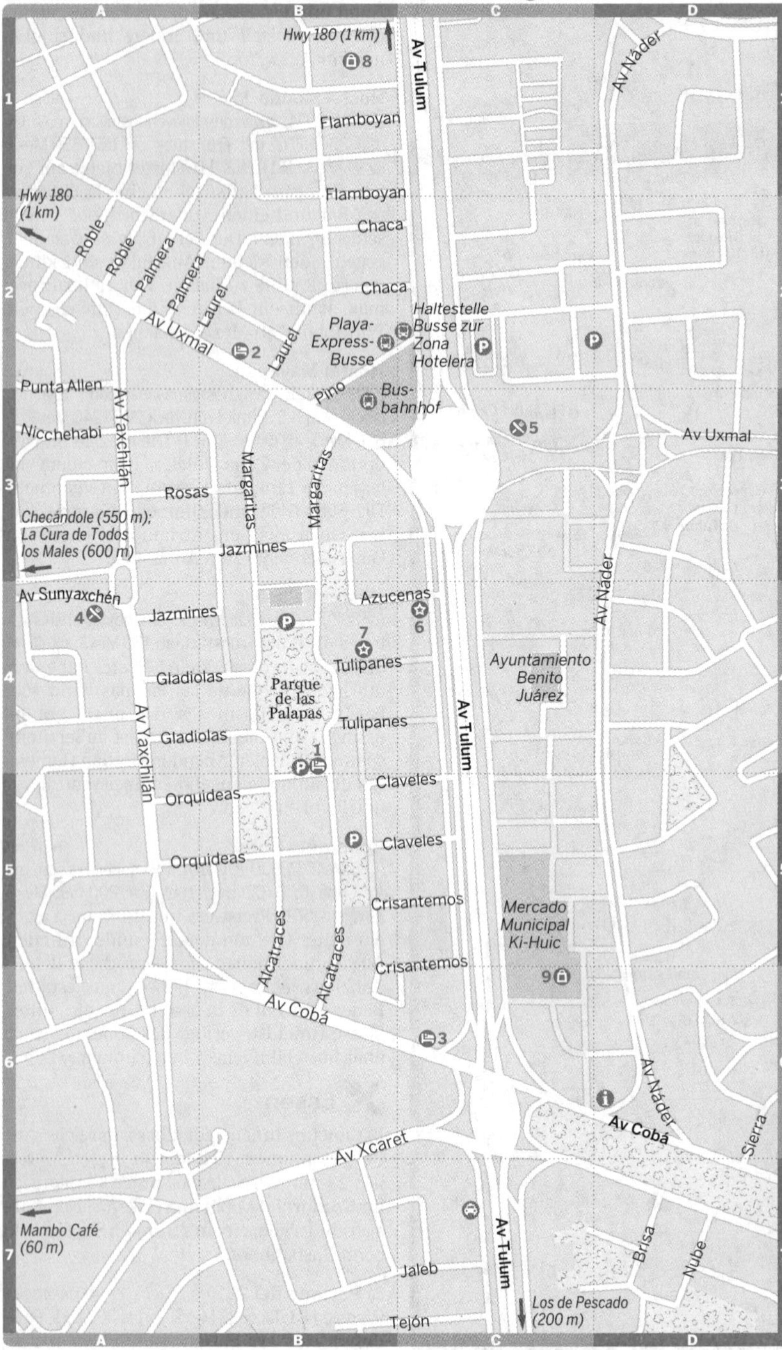

Cancún Centro

Schlafen
1 Hostel Ka'beh B4
2 Hostel Mundo Joven B2
3 Soberanis Hotel C6

Essen
4 100% Natural A4
5 Comercial Mexicana C3
El Paisano del 23 .... (s. 8)

Unterhaltung
6 Karamba C4
7 Roots B4

Shoppen
8 Mercado 23 .... B1
9 Mercado Municipal Ki-Huic C6

ren eine feste lokale Größe. Die in Rotwein marinierte *pierna* (Schweinehaxe) kommt auf den Punkt gegart auf den Tisch und die *tortas* (Sandwiches) sind am Wochenende schnell ausverkauft.

Los de Pescado SEAFOOD **$**
(Av Tulum 32; Tacos & Tostadas 24–26 Mex$, Ceviche 78–117 Mex$; 9–18.30 Uhr; R-27) Das Pescado ist eines der besten Budgetlokale der Innenstadt. Es gibt leckere Fischtacos und *ceviche*, dazu schmeckt das kühle Bier besonders gut.

Surfin' Burrito IMBISS **$**
(Blvr Kukulcán Km 9,8; 49–75 Mex$; 24 Std.; R-1) Günstige Restaurants sind in der Zona Hotelera dünn gesät. Diese kleine Burritobude serviert Rindfleisch-, Fisch-, Garnelen- und vegetarische Varianten mit vielen schmackhaften Extras.

★ **Checándole** MEXIKANISCH **$$**
(884-7147; Av Xpujil 6, Ecke Av Tankah; Hauptgerichte 59–128 Mex$; Mo–Sa 12–20 Uhr; R-2) Wer nur Zeit hat, um in einem Restaurant Cancúns zu essen, sollte dieses wählen. Das *menú del día* (festes 3-Gänge-Menü) kostet nur 50 Mex$ – absolut preiswert.

100 % Natural MEXIKANISCH **$$**
(Cien Por Ciento Natural; 884-0102; www.100natural.com.mx; Av Sunyaxchén 62; Hauptgerichte 64–136 Mex$; 7–23 Uhr;) Vegetarier und Fans von gesundem Essen werden die gesundheitsbewusste Kette nahe der Avenida Yaxchilán lieben.

Ausgehen & Nachtleben

Die Clubs in Ciudad Cancún sind in der Regel entspannter als die in der feierwütigen Zona Hotelera, die oft teure Getränke-Flatrates veranschlagen. Wer in der Innenstadt die Avenida Yaxchilán in Richtung Parque Las Palmas entlangschlendert, stolpert unterwegs garantiert über irgendwas (oder irgendjemanden), das einem gefällt.

La Cura de Todos los Males BAR
(Mercado 28, Av Xel-Ha, Ecke Erizo; Mo–Sa 14–1, So 18–1 Uhr; R-2) Die hippe *mezcal* Bar huldigt der mexikanischen Popkultur sowie allem möglichen Retro-Schnickschnack und zieht ein junges, überwiegend einheimisches Publikum an.

Roots JAZZ
(884-2437; www.rootsjazzclub.com; Tulipanes 26; Do–Sa 19–2 Uhr; R-1) Die so ziemlich coolste Bar und beste Livemusik in Ciudad Cancún.

Mambo Café CLUB
(884-4536; www.mambocafe.com.mx; Ecke Avs Xcaret & Tankah; Mi–Sa 22.30–6 Uhr; R-2) Powackeln zu Livebands, die mit kubanischer Salsa und anderen tropischen Rhythmen einheizen.

Karamba SCHWUL-LESBISCH
(884-0032; www.karambabar.com; Av Tulum 9, Ecke Azucenas; Di–So 22.30–6 Uhr; R-1) Club mit buntem Publikum aus Schwulen, Lesben und Transvestiten.

Coco Bongo CLUB
(883-5061; www.cocobongo.com.mx; Forum Mall, Blvr Kukulcán Km 9,5; 22–4 Uhr; R-1) In der riesigen Disco in der Zona Hotelera herrscht das ganze Jahr der Party-Ausnahmezustand.

Dady'O CLUB
(800-234-9797; Blvr Kukulcán Km 9,5; 22–4 Uhr; R-1) Das Dady'O in der Zona Hotelera zählt zu den stilvolleren Clubs von Cancún.

Shoppen

Mercado 23 MARKT
(Av Tulum s/n; R-1) Diesen Markt steuern vor allem die Einheimischen an. Zwischen Schuhen und Klamotten gibt's auch viele günstige Imbissstände.

La Europea SPIRITUOSEN
(www.laeuropea.com.mx; Blvr Kukulcán Km 12,5; Mo–Sa 10–21, So 11–18 Uhr; R-1) Faire Preise, fachkundige Beratung und die zweifellos beste Spirituosenauswahl Cancúns. Salud!

Mercado Municipal Ki-Huic MARKT
(Av Tulum; R-1) Das wuselige Labyrinth aus Ständen und Läden bietet eine große Auswahl an Souvenirs und Kunsthandwerk.

ABSTECHER

FLUCHTEN AUS CANCÚN

Hier zwei wunderschöne, entspannte Inseltrips vor den Toren von Cancún:

➡ **Parque Nacional Isla Contoy** Diese unbewohnte Insel ist ein echtes Paradies für Vogelfreunde und nur im Rahmen einer geführten Tour zu bewundern. Pro Tag dürfen gerade mal 200 Besucher das Eiland betreten – eine traumhafte Auszeit vom Getümmel in Cancún. **Asterix** (☎886-4270; www.contoytours.com; Blvr Kukulcán Km 5,2; Erw./5–11 J. 1300/750 Mex$; ⏲Touren Di, Do & Sa 9–19 Uhr) bietet Ausflüge ab Marina Scuba Cancún in der Zona Hotelera. Im Preis inbegriffen sind ein Führer, Frühstück, Mittagessen, Getränke und eine Schnorchelausrüstung.

➡ **Isla Holbox** Mit Walhaien zu schwimmen (Mitte Mai bis Mitte September) ist gerade der letzte Schrei und die chillige Stimmung auf der Insel ist unschlagbar, um einfach ein paar Tage abzuhängen. **Hostel Tribu** (☎875-2507; www.tribuhostel.com; Av Pedro Joaquín Coldwell; B/Zi. 150/400 Mex$; ❄📶) ist die beste Budgetoption. Auch einen Versuch wert ist das **Hostel Ida y Vuelta** (☎875-2358; www.holboxhostel.com; Av Paseo Kuka; Stellplätze & Hängematten 80 Mex$, B/Bungalow/Haus mit Küche 100/390/500 Mex$; 📶). Fähren zur Isla Holbox verkehren regelmäßig ab Chiquilá. Vom Busbahnhof in Cancún fahren um 7.50 und 12.40 Uhr Busse nach Chiquilá (86 Mex$).

ℹ Praktische Informationen

Cancúns Zona Hotelera mit den Resorts und Stränden erstreckt sich entlang des Boulevard Kukulcán, der sich um eine L-förmige Sandbank (eigentlich eine Insel) windet. In der Ciudad Cancún, gleich westlich, befindet sich *el centro* (Innenstadt). Internetcafés sind in Cancúns Innenstadt zahlreich, schnell und billig. Auf der Avenida Tulum, zwischen den Avenidas Cobán und Uxmal, gibt's mehrere Banken mit Geldautomaten. Die Touristeninformation Cancún hat eine informative Website: www.cancun.travel.

Hauptpost (☎884-1418; Ecke Avs Xel-Há & Sunyaxchén; ⏲Mo–Fr 8–18, Sa 9–13 Uhr)

Hospital Playa Med (☎140-5258; Av Náder 13, Ecke Av Uxmal; ⏲24 Std.; 🚌R-1) Moderne medizinische Einrichtung, rund um die Uhr geöffnet.

Städtische Touristeninformation (☎887-3379; www.cancun.gob.mx; Av Náder s/n, Ecke Av Cobá; ⏲Mo–Fr 8–16, Sa 9–12.30 Uhr)

Touristenpolizei (☎885-2277)

ℹ An- & Weiterreise

Details zu Verbindungen zur Isla Mujeres s. S. 50.

BUS

Vom **Busbanhof** (Ecke Avs Uxmal & Tulum), der in fußläufiger Nähe der meisten innerstädtischen Unterkünfte liegt, starten 1.- und 2.-Klasse-Verbindungen. Gegenüber vom Busterminal, ein paar Schritte von der Avenida Tulum entfernt, befinden sich das Ticketbüro und das Mini-Terminal von **Playa Express** (Calle Pino). Der Anbieter betreibt bis zum frühen Abend etwa alle 30 Minuten Shuttlebusse entlang der Karibikküste nach Tulum.

ZIEL	PREIS (MEX$)	DAUER (STD.)
Chetumal (nach Belize)	302–362	5½–6
Chichén Itzá	119–194	3–4
Mérida	180–490	4–7
Mexiko-Stadt	1536–1788	24–26
Palenque	684–816	12–13½
Playa del Carmen	34–45	1–1¼
Tulum	80–104	2½–3
Valladolid	150–158	2–3

FLUGZEUG

Aeropuerto Internacional de Cancún (☎848-7200; www.asur.com.mx; Carretera Cancún-Chetumal Km 22) Etwa 8 km südlich vom Stadtzentrum

ℹ Unterwegs vor Ort

ADO-Busse (☎800-009-9090; www.ado.com.mx) nach Ciudad Cancún (52 Mex$) fahren vom Flughafen zwischen 8.15 und 23 Uhr alle 30 Minuten. Die Abfahrt erfolgt vom Parkplatz am internationalen Ankunftsterminal.

In der Stadt fahren die Busse die Avenida Tulum hoch und stoppen auf Anfrage fast überall. Die gleichen ADO-Flughafenbusse (Aeropuerto Centro) starten regelmäßig vom Busbahnhof in Ciudad Cancún zum Flughafen.

Yellow Transfers (☎800-021-8087; www.yellowtransfers.com) hat Ticketschalter in jedem Flughafenterminal und betreibt einen Shuttleservice von und nach Ciudad Cancún und zur Zona Hotelera (160 Mex$ pro Pers.).

Colectivos (Sammeltaxis) fahren von einer Haltestelle vor dem Hotel Cancún Handall in der Avenida Tulum, etwa einen Block südlich der Avenida Cobá. Sie verkehren von früh morgens bis abends, kosten 40 Mex$ pro Person und fahren ab, sobald sie voll sind. Der Preis für private Taxis beträgt 170 Mex$.

Taxifahrten innerhalb der Zona Hotelera oder der Innenstadt kosten etwa 25 bis 50 Mex$.

Um die Zona Hotelera von der Innenstadt aus zu erreichen, kann man in jeden Bus mit der Aufschrift „R1", „Hoteles" oder „Zona Hotelera" steigen, da sie alle auf der Avenida Tulum in Richtung Avenida Cobá und dann auf der Avenida Cobá nach Osten fahren. Eine einfache Fahrt kostet 8,50 Mex$.

Puerto Juárez und die Fähren zur Isla Mujeres erreicht man mit einem Bus der Ruta 13 („Pto Juárez" oder „Punta Sam") nach Norden auf der Avenida Tulum. Auch einige R1-Busse fahren diese Strecke.

Isla Mujeres

998 / 12 600 EW.

Wer nur eine von Quintana Roos Inseln besucht, ist auf der Isla Mujeres bestens aufgehoben. Sie ist nicht so überfüllt und es gibt jede Menge zu sehen und zu tun. Sicher, auch hier lauern einige abgeschmackte Touristenläden, aber die Leute tuckern immer noch per Golfmobil über die Insel und die Strände mit Sand aus zerbröselten Korallen sind erstklassig.

Der Name Isla Mujeres (Insel der Frauen) geht mindestens bis zu den spanischen Freibeutern zurück, die (so will es die Legende) ihre Geliebten hier in sicherer Abgeschiedenheit hielten. Vermutlich kommt der Name daher, dass die Insel einst ein Zwischenstopp der Maya auf ihrem Weg zur Anbetung ihrer Fruchtbarkeitsgöttin Ixchel auf der Isla Cozumel war.

Sehenswertes

Isla Mujeres Schildkrötenfarm SCHILDKRÖTENAUFZUCHTSTATION

(Isla Mujeres Tortugranja; 888-0705; Carretera Sac Bajo Km 5; Eintritt 30 Mex$; 9–17 Uhr;) Eine schöne Abwechslung bietet die Schildkrötenfarm Isla Mujeres Tortugranja südlich der Stadt. Hier werden jedes Jahr Zehntausende der bedrohten Meeresschildkröten an Teichen und geschützten Stränden aufgezogen und in die freie Natur entlassen.

Punta Sur AUSSICHTSPUNKT & PARK

(Eintritt Ruine 30 Mex$) Auf der dramatischen Punta Sur an der Südspitze der Insel (8 km außerhalb der Stadt) thronen ein romantischer Leuchtturm und eine stark verwitterte Maya-Ruine.

Aktivitäten

Schwimmen

Praktischerweise eignet sich auf der Insel die **Playa Norte** (Nordstrand; Nordwest, um genau zu sein) in der Stadt am besten zum Schwimmen. Die Lagune, die den Avalon Reef Club vom Rest der Insel trennt, bietet einen famosen flachen Badeplatz, der als **Yunque-Riff** bekannt ist.

Tauchen & Schnorcheln

Rund um die Insel liegen eine Handvoll hübscher Tauchplätze nur eine kurze Bootsfahrt entfernt, z.B. Ultrafreeze und Manchones. Man sieht mit ziemlicher Sicherheit Meeresschildkröten, Rochen und Barrakudas sowie eine große Vielfalt an Stein- und Weichkorallen.

Mit Walhaien direkt vor der Isla Holbox zu schnorcheln (1500 Mex$, Mitte Mai–Sept.), ist gerade der neueste Hype. Die folgenden Tauchshops organisieren verschiedene Tauch- und Schnorchelausflüge:

Aqua Adventures TAUCHEN

(Handy 998-236-4516; www.diveislamujeres.com; Av Juárez, Ecke Morelos; 1/2 Flaschen 850/1100 Mex$, Walhai-Tour 1500 Mex$; 9–19 Uhr) Tolle Möglichkeit, um mit Walhaien zu schnorcheln und am Riff zu tauchen.

Mundaca Divers TAUCHEN

(999-2071; www.mundacadiversisla.com; Zazil Ha s/n, im Avalon Reef Club; 1/2 Flaschen 650/800 Mex$, Schnorcheltouren 455–585 Mex$) Ob Schnorchelausflüge zum Unterwasser-Skulpturenmuseum MUSA (S. 43) oder Tauchabenteuer in Haihöhlen – hier gibt's alles.

Fischerkooperative TOUREN

(877-1363; Av Rueda Medina, Ecke Madero; Schnorcheln inkl. Mittagessen 330–450 Mex$; 8–17 Uhr) Die Fischerkooperative hat ihren Sitz nahe der Tankstelle in einer *palapa* (offener Stand mit Palmblätterdach) und bietet preiswerte Schnorcheltrips. Auf dem Programm stehen auch Bootsausflüge zur Isla Contoy (9–15 Uhr; 750 Mex$;).

Hotel Garrafón de Castilla SCHNORCHELN

(877-0107; Carretera Punta Sur Km 6; Eintritt 50 Mex$; 9–17 Uhr) Der Strandclub am Hotel Garrafón de Castilla 7 km südlich der Stadt ist ein netter Ort zum Schnorcheln. Außerdem ist es hier relativ günstig, besonders für alle, die ihre eigene Ausrüstung mitbringen.

Schlafen

★ Poc-Na Hostel
HOSTEL $

(☎877-0090; www.pocna.com; Matamoros 15; B mit Ventilator/Klimaanlage 115/175 Mex$, Zi. mit/ohne Klimaanlage & Bad 400/300 Mex$;) Nur einen Sprung von einem der schönsten Strände der Insel entfernt und hübsch mit Muscheln und Hibiskusblüten geschmückt. Mexikos ältestes Hostel ist auch eines seiner besten.

Apartments Trinchan
APARTMENTS $

(☎Handy 998-166-6967; atrinchan@prodigy.net.mx; Carlos Lazo 46; Zi. 400–450 Mex$, Apt. 450–500 Mex$;) Diese Budgetunterkunft hat keine Website, aber versprochen – sie ist eine der besten der Stadt und der Strand ist direkt um die Ecke.

Hotel D'Gomar
HOTEL $

(☎877-0541; Av Rueda Medina 150; DZ ab 500 Mex$;) Ein sympathisches Hotel der alten Schule gegenüber dem Fähranleger. Die gepflegten Zimmer verteilen sich auf vier Stockwerke und sind mit Doppelbetten, Minibar und Kabel-TV ausgestattet. Im Treppenaufgang erinnert ein verzerrter Spiegel an Jahrmarktbesuche.

Essen

★ Mañana
CAFÉ $

(☎877-0555; Ecke Matamoros & Guerrero; Gerichte 40–85 Mex$; 8–16 Uhr;) Ein angenehmer, stimmungsvoller Laden mit bunten, handbemalten Tischen, superfreundlichem Service und ausgezeichneten vegetarischen Alternativen.

Mercado Municipal
MARKT $

(Guerrero; 6–16 Uhr) Draußen vor dem umgebauten Mercado Municipal verkaufen mehrere Stände regionales Essen zu günstigen Preisen (30–70 Mex$).

Pita Amore
MEDITERRAN $

(Guerrero; Sandwiches 35–45 Mex$; Mo–Sa 12.30–22 Uhr;) In dieser bescheidenen Hütte kommen nur drei Sandwichvarianten auf den Tisch und die sind verdammt gut. Kreiert hat die Hühnchen-, Rindfleisch- und Gemüsepitas ein ehemaliger Schüler des New Yorker Culinary Institute.

Mininos
SEAFOOD $$

(Av Rueda Medina; Hauptgerichte 70–150 Mex$; 12–21 Uhr) Der winzige, farbenfroh bemalte Schuppen mit Sandboden direkt am Wasser fährt in dieser Ecke das beste Seafood auf, obendrein gibt's Marimbamusik.

Olivia
MEDITERRAN $$

(☎877-1765; www.olivia-isla-mujeres.com; Matamoros; Hauptgerichte 88–180 Mex$; Di–Sa 17–21.30 Uhr) Ob marokkanische Fischgerichte oder *Shawarma* aus Hühnchenfleisch – in diesem reizenden, von Israelis betriebenen Restaurant wird alles selbst gemacht.

Ausgehen & Nachtleben

Der Großteil des Nachtlebens von Isla Mujeres spielt sich rund um die Calle Hidalgo ab.

Fenix Lounge
BAR

(☎274-0073; www.fenixisla.com; Zazil-Ha; Di–So 11–24 Uhr;) In dieser Loungebar direkt am Wasser sorgen DJs, Reggae-, Salsa- und Jazzbands für beste Stimmung.

Poc-Na Hostel
BAR

(www.pocna.com; Matamoros 15; Mo–Sa 23–3 Uhr;) Beliebte Strandbude mit Lagerfeuerromantik; nach ein paar Drinks wird hier jeder zum Hippie.

Praktische Informationen

HSBC Bank (Av Rueda Medina, Ecke Morelos)

Internetcafé (Ecke Matamoros & Guerrero; pro Std. 10 Mex$; Mo–Sa 9–22 Uhr)

Medizinisches Zentrum (Guerrero zw. Madero & Morelos)

Polizei (☎877-0082)

Post (☎877-0085; Ecke Guerrero & López Mateos; Mo–Fr 9–16 Uhr)

Touristeninformation (☎877-0767; Av Rueda Medina; Mo–Fr 8–20, Sa & So 9–14 Uhr)

An- & Weiterreise

Wer mit dem Boot von Cancún zur Isla Mujeres reist, kann an verschiedenen Stellen einsteigen. Von Puerto Juárez (4 km nördlich von Ciudad Cancún; einfache Fahrt 70 Mex$) verkehren die Fähren häufig, von der Zona Hotelera legen sie seltener ab und sind teurer (110–140 Mex$). Weitere Informationen auf www.granpuerto.com.mx.

Der R1-Bus „Ultramar", der über die Avenida Tulum und den Boulevard Kukulcán fährt, bedient alle Fähranleger der Zona Hotelera und den Hafen Puerto Juárez.

Unterwegs vor Ort

Verschiedene Läden verleihen Fahrräder, Motorroller und Golfmobile.

Nahverkehrsbusse fahren ungefähr alle 25 Minuten vom Fährdock ab und machen mehrere Zwischenstopps auf der Av Rueda Medina. Die Taxipreise werden von der Gemeinderegierung festgelegt und hängen am Taxistand südlich des Docks der Passagierfähre aus.

Fiesta (Av Reuda Medina zw. Morelos & Bravo; pro Std./Tag 30/100 Mex$; ⌚8–17 Uhr) vermietet Mountainbikes und Strandcruiser.

Gomar (☎877-1686; Av Rueda Medina, Ecke Bravo; Golfmobile pro Std./Tag 180/600 Mex$, Motorroller 250 Mex$ pro Tag) vermietet Golfmobile und Motorroller.

Valladolid

☎985 / 49 000 EW.

Yucatáns drittgrößte Stadt, die auch „Sultanin des Ostens" genannt wird, ist für ihre ruhigen Straßen und sonnendurchfluteten, pastellfarbenen Mauern bekannt. Sie ist auf jeden Fall „heiß" und es wert, dass man ihr ein paar Tage oder sogar eine Woche widmet. Diese Provinzstadt ist ein ausgezeichnetes Basislager für Ausflüge zum Río Lagartos, nach Chichén Itzá, Ek' Balam und zu einer Reihe von Cenoten.

Sehenswertes & Aktivitäten

Templo de San Bernardino & Convento de Sisal KIRCHE
(Kirche San Bernardino; Ecke Calle 49 & 51; Eintritt Kloster 30 Mex$; ⌚Mo–Fr 9–18, Sa 9–15 Uhr) Die Kirche und das Kloster liegen 700 m südwestlich der Plaza. Beide Gebäude wurden zwischen 1552 und 1560 erbaut und erfüllten eine Doppelfunktion als Kirche und Festung. Die Kirche schmückt sich u. a. mit einigen Fresken aus dem 16. Jh. sowie rosafarbenen Wänden und Gewölbebögen.

Museo de San Roque MUSEUM
(Calle 41; ⌚Mo–Fr 8–20, Sa & So 9–18 Uhr) GRATIS Das kleine Museum zwischen Calle 38 und 40 zeigt Modelle und Exponate zur Geschichte der Stadt und der Region.

Cenote Zací SCHWIMMEN
(www.cenotezaci.com.mx; Calle 36; Eintritt 15 Mex$; ⌚7–18 Uhr) Es gibt zwar beeindruckendere Cenoten außerhalb der Stadt, aber Zací ist nichtsdestotrotz einen Besuch wert.

Cenote Dzitnup SCHWIMMEN
(Xkekén & Samulá; Eintritt 56 Mex$; ⌚8–17 Uhr) Der 7 km westlich der Plaza gelegene Höhlensee imponiert mit seiner gigantischen Kalksteinformation und den von der Decke herabwachsenden Stalaktiten. Etwas störend ist allerdings die künstliche Beleuchtung.

Cenote Samulá SCHWIMMEN
(Eintritt 56 Mex$; ⌚8–17 Uhr) Unter den Pappelwurzeln, die von den Höhlenwänden dieses einladenden Teichs herabwuchern, badet es sich wie im Märchenwald. Leihräder für den Weg hierher vermietet **Rudy Tours** (☎985-113-1565, 856-2026; Calle 40, zw. Calle 37 & 39; Touren 250 Mex$, Rad pro Std. 20 Mex$). Eine weitere Möglichkeit sind Taxis oder Sammelvans. Letztere kosten 20 Mex$ und starten an der Ecke Calle 41 und 44.

Schlafen & Essen

La Aurora HOTEL $
(☎856-1219; www.hotelcoloniallaaurora.blogspot.mx; Calle 42 No 192; EZ/DZ/3BZ 420/490/570 Mex$; P❄📶🏊) Ach, wären doch nur mehr Budgethotels so wie das im Kolonialstil erbaute Aurora! Gut ausgestattete Zimmer überblicken einen hübschen Hof mit Pool und Topfpflanzen. Beim letzten Besuch wurde auf dem Dach gerade ein Außenwhirlpool installiert. Weniger empfehlenswert sind die lauten Zimmer zur Straße.

Hostel La Candelaria HOSTEL $
(☎856-2267; www.hostelvalladolidyucatan.com; Calle 35 No 201F; B/Zi. mit Frühstück 120/330 Mex$; @📶) Ein sympathisches Haus an einem ruhigen kleinen Platz. Kann manchmal recht überfüllt und heiß werden, aber es gibt zwei Küchen, einen gemütlichen Gartenbereich mit Hängematten, einen reinen Frauenschlafsaal und jede Menge Platz zum Abhängen.

★ **Conato 1910** MEXIKANISCH $
(Calle 40 No 226; Hauptgerichte 50–80 Mex$; ⌚Mi–Mo 17–24 Uhr; 🖉) Anfang des 20. Jhs. war dieses historische Gebäude ein Treffpunkt der Revolutionäre. Heute beherbergt es ein stimmungsvolles Restaurant mit vegetarierfreundlicher Speisekarte.

Bazar Municipal MARKT $
(Ecke Calle 39 & 40; Frühstück 30–50 Mex$; ⌚6–22 Uhr) An der Nordostecke der Plaza versammeln sich mehrere Imbisse, die wegen ihrer großen, günstigen Frühstücksportionen beliebt sind.

An- & Weiterreise

Der wichtigste **Busbahnhof** (Ecke Calle 39 & 46) liegt zwei Blocks westlich der Plaza. Es fahren häufig Busse nach Cancún (90–150 Mex$, 2–3 Std.), Mérida (90–150 Mex$, 2–3 Std.) und Chichén Itzá (23–62 Mex$, 45 Min.).

Colectivos nach Pistén und Chichén Itzá (23 Mex$, 40 Min.) fahren nördlich vom ADO-Busterminal ab, nach Tizimín (30 Mex$, 40 Min.) von der Calle 40 zwischen Calle 35 und 37. *Colectivos* nach Ek' Balam (40 Mex$) fahren an der Ecke Calle 44 und 37 ab.

Chichén Itzá

Die berühmteste und bestrestaurierte Maya-Stätte Yucatáns **Chichén Itzá** (Mund des Brunnens der Itzá; am Hwy 180, Pisté; Eintritt 182 Mex$, Parken 22 Mex$, Licht-und-Ton-Show 75 Mex$, Führer 600 Mex$; ⌚April–Sept. 8–18, Okt.–März 8–17.30 Uhr) lässt selbst den abgestumpftesten Besucher staunen, auch wenn sie völlig überlaufen ist. Schließlich versucht jeder Hinz und Kunz die neuen sieben Weltwunder abzuklappern. Die Gestaltung der hiesigen „Zeittempel" spiegelt und erklärt viele Mysterien des astronomischen Maya-Kalenders.

Chichén Itzá war eine bescheidene spätklassische Stadt, bevor kriegsgebeutelte Tolteken aus Tula in Zentralmexiko sie 987 n. Chr. eroberten. Es folgte eine erstaunlich harmonische Phase, während der erfahrene Maya-Architekten die Bilder der gefiederten Schlange des Tolteken-Kultes um Quetzalcóatl (Kukulcán auf Maya) meisterhaft in ihre Arbeit einfließen ließen. Die Stadt wurde um 1224 verlassen.

Um die Stätte zu erkunden, beginnt man am besten auf der **Plaza Grande**, etwa 100 m hinter dem Tor. Die imposante Pyramide **El Castillo** (Die Burg) in ihrer Mitte wurde erbaut, um den Maya-Kalender in Stein festzuhalten. Die vier Treppen haben jeweils 91 Stufen, zusammen mit der Sockelstufe des Hochtempels ergibt das die Zahl 365 entsprechend der Anzahl von Tagen in einem Jahr. Berühmt ist die Stätte auch für die Sinnestäuschung der sich bewegenden Schlange auf der Treppe, die während der Tagundnachtgleiche im Frühling und Herbst zu sehen ist. Im Inneren der Pyramide steht eine prätoltekische Pyramide mit rotem Jaguar-Thron; sie ist über eine winzige Kammer zugänglich, die heute aber geschlossen ist.

Gleich nordöstlich (ein Stück zurück links, wenn man den Platz betritt), befindet sich der **Gran Juego de Pelota**, der größte Ballspielplatz in Mesoamerika. Die Akustik ist grandios und ermöglicht sogar einen Plausch mit jemandem, der auf der anderen Seite steht.

Von El Castillo aus auf der anderen Seite des Platzes führt ein 300 m langer Pfad nach Norden zum **Cenote Sagrado** (Heiliger Cenote), wo einst Menschenopfer zum Sprung in die Unterwelt gezwungen wurden.

Wieder auf der Plaza steht auf der Ostseite der beeindruckende **Templo de los Guerreros** (Kriegertempel) mit einem *chacmool* (Maya-Opferstein), der über den mit Kriegerreliefs verzierten Säulen thront. In seinem Schatten steht die **Grupo de las Mil Columnas** (Gruppe der Tausend Säulen). Dahinter führt ein Pfad durch den Wald vorbei am **Mercado** (Markt) mit versunkenem Innenhof, der von Säulen gesäumt wird.

Der Pfad endet am Nachbau eines **traditionellen Wohnhauses**; dahinter erreicht man über einen weiteren Weg Richtung Süden nach ein paar Hundert Metern die ungewöhnliche **Caracol** (Schnecke), die einst als Observatorium genutzt wurde. Gleich dahinter liegt das **Edificio de las Monjas** (Nonnenkloster).

ℹ An- & Weiterreise

In Pisté, dem nächstgelegenen Städtchen, unterhält Oriente am westlichen und östlichen Ortsende Ticketschalter. Die meisten 2.-Klasse-Busse, die durch den Ort fahren, halten unterwegs fast überall. 1.-Klasse-Busse halten normalerweise an den Ruinen und dem westlichen Ortsende in der Nähe des mautpflichtigen Highways.

Orientes 2.-Klasse-Busse fahren von Pisté stündlich nach Mérida (64 Mex$, 2½ Std.), neunmal täglich nach Valladolid (22 Mex$, 50 Min.) und siebenmal täglich nach Cancún (115 Mex$, 4½ Std.). Zudem gibt's täglich einen 2.-Klasse-Bus nach Tulum (85 Mex$, 3 Std.), Playa del Carmen (123 Mex$, 4 Std.) und Cobá (58 Mex$, 2 Std.).

1.-Klasse-Busse fahren nach Mérida (120 Mex$, 1¾ Std., 17.15 Uhr), Cancún (202 Mex$, 3 Std., 16.30 Uhr) und Tulum (148 Mex$, 2½ Std., 8.25 & 16.30 Uhr).

Sammeltaxis nach Valladolid (20 Mex$, 40 Min.) fahren regelmäßig durch die Stadt.

Mérida

☎999 / 830 700 EW.

Seit der Eroberung ist Mérida die kulturelle Hauptstadt der gesamten Halbinsel. Manchmal provinziell, dann wieder sehr kosmopolitisch, ist dies eine Stadt, die tief in ihrer Kolonialgeschichte verwurzelt ist, mit schmalen Straßen, weiten zentralen Plätzen und den besten Museen der Region. Sie ist außerdem ein perfektes Drehkreuz, um den Rest des Staates Yucatán zu erkunden. Man kann hier günstig essen, die Hostels und Hotels sind gut, die Märkte lebendig, und fast jeden Abend wird irgendwo in der Innenstadt etwas anderes geboten.

Sehenswertes

Wer kann, sollte versuchen, an einem Sonntag in Mérida zu sein, um den Wochen- und Kunsthandwerksmarkt auf der zentralen Plaza Grande zu besuchen.

Plaza Grande PLATZ

Die Plaza Grande wird von Méridas wichtigsten historischen Gebäuden gesäumt, wobei die meisten von ihnen aus den Steinen demontierter Maya-Pyramiden erbaut wurden.

Catedral de San Ildefonso KATHEDRALE

(Calle 60 s/n; ⌚6–13 & 16–19 Uhr) Das auffälligste historische Bauwerk Méridas sind die 42 m hohen Türme der Catedral de San Ildefonso (Mesoamerikas älteste Kathedrale von 1598) – ein Großteil ihres Inneren wurde während der Mexikanischen Revolution (1910–29) zerstört.

Casa de Montejo MUSEUM

(Museo Casa Montejo; www.casasdeculturabanamex.com/museocasamontejo; Calle 63 No 506, Palacio de Montejo; ⌚Di–Sa 10–19, So 10–14 Uhr) GRATIS Die Casa de Montejo am Südende der Plaza Grande war einst die Residenz der Gründer-Konquistadoren. Das Gebäude stammt von 1549 und beherbergt heute ein Museum mit Möbeln aus dem Viktorianischen Zeitalter, dem Neorokoko und der Neorenaissance.

Palacio de Gobierno ÖFFENTLICHE KUNST

(Calle 61; ⌚8–21.30 Uhr) GRATIS Am Palacio del Gobierno aus dem Jahr 1892, der auf die Nordost-Ecke der Plaza blickt, kann man an den bewaffneten Wachen vorbeigehen und oben Fernando Castro Pachecos eindrucksvolle Wandgemälde bewundern, die die gesamte Mauer einnehmen.

Iglesia de Jesús KIRCHE

(Calle 60) Direkt hinter dem schattigen Parque Hidalgo erhebt sich die Iglesia de Jesús aus dem 17. Jh., auch Iglesia de la Tercera Orden genannt. Die 1618 von Jesuiten erbaute Kirche ist das einzige erhaltene Bauwerk eines ganzen Gebäudekomplexes, der einst den gesamten Stadtblock umfasste. Die Kirche wurde aus den Steinen eines zerstörten Maya-Tempels errichtet, der einst an dieser Stelle stand. Wer genau hinschaut, kann in der Westmauer gegenüber dem Parque Hidalgo zwei Steine mit Maya-Gravuren finden.

Mercado Municipal Lucas de Gálvez MARKT

(Ecke Calle 56A & 67) Méridas größter Markt ist ein wuseliges, sich stets weiterentwickelndes Labyrinth mit Ständen, die alles Mögliche verkaufen: von *panuchos* (frittierte, mit Bohnen gefüllte Tortillas, belegt mit Fleisch und Gemüse) bis hin zu Ponchos. Die umliegenden Straßen sind alle Teil des großen Marktbezirks.

Museo Regional de Antropología MUSEUM

(Regionales Anthropologiemuseum von Yucatán; ☎923-0557; www.palaciocanton.inah.gob.mx; Paseo de Montejo No 485; Eintritt 46 Mex$; ⌚Di–So 8–17 Uhr) Das neun Blocks nördlich der Plaza im verschnörkelten Palacio Canton untergebrachte Museum erklärt, weshalb die Maya die Schädel ihrer Kinder deformierten, und zeigt Schmuck, Schnitzereien und Artefakte (mit Beschreibungen auf Englisch).

Gran Museo del Mundo Maya MUSEUM

(www.granmuseodelmundomaya.com; Calle 60 Nte No 299E; Erw./unter 12 J. 150/50 Mex$; ⌚Mi–Mo 8–17 Uhr) Das neue, der Maya-Kultur gewidmete Museum zeigt eine Dauerausstellung mit 500 Exponaten, die von Steinskulpturen und Schmuck über Keramiken und Radierungen reichen. Die Sammlung verteilt sich auf sechs Abteilungen: antike Maya-

INSIDERWISSEN

KURZTRIPS RUND UM MÉRIDA

Wir haben eine Einheimische nach den besten Kurztrips rund um Mérida gefragt. Noch mehr Tipps verraten www.redecoturismo.com.mx oder www.yucatantoday.com.

➜ **Celestún** Dieses Küstenreservat mit jeder Menge Flamingos und anderen Wasservögeln lädt zu faszinierenden Vogelbeobachtungstouren ein.

➜ **Cuzamá** Pferdeschienenwagen kutschieren die Besucher zu spektakulären Cenoten, wo ätherische Lichtstrahlen in tiefblaues Wasser eintauchen.

➜ **Dzibilchaltún und Progreso** Auf dem Weg zur Küstenstadt Progreso lohnt ein Stopp bei den Maya-Ruinen Dzibilchaltún samt erfrischendem Bad in einem 40 m tiefen Cenoten.

➜ **Uxmal und Ruta Puuc** Zuerst geht's nach Uxmal, einer der bedeutendsten Maya-Stätten der Welt. Danach freuen sich die weniger besuchten Ruinen in den Hügeln entlang der Ruta Puuc über Gäste. Zum krönenden Abschluss wartet mit **Loltún** eines der größten Trockenhöhlensysteme der Halbinsel darauf, erforscht zu werden.

Chichén Itzá

Es wird schnell klar, warum die Maya-Stätte Chichén Itzá einer von Mexikos beliebtesten Touristenmagneten ist. Hinter dem Haupteingang erhebt sich direkt die majestätische Burgpyramide **1 El Castillo** und man kommt aus dem Staunen gar nicht mehr heraus. Chichén Itzá lässt sich bequem an einem Tag bewältigen. Nur einen Steinwurf von der Burg entfernt gibt es den weltgrößten **2 Ballspielplatz** der Maya zu bewundern. Daneben erwartet einen der Tempel der Jaguare sowie die Plattform der Schädel mit gruseligen Eingravierungen von Totenköpfen und Adlern, die Herzen verspeisen. Auf der anderen (östlichen) Seite befinden sich die reich verzierte **3 Gruppe der Tausend Säulen** und der **4 Tempel der Krieger**. Ein kurzer Spaziergang von der Burgpyramide gen Norden führt zum abgründig tiefen **5 Heiligen Cenoten**, einer einst bedeutenden Pilgerstätte. Südwestlich von El Castillo wachen riesige Schlangen aus Stein über das Grab des Hohepriesters, auch bekannt als El Osario. Ganz im Süden des Areals beeindrucken das **6 Observatorium** mit seiner spiralförmigen Kuppel, das imposante Nonnenkloster und Akab-Dzib, eine der ältesten Ruinen.

Beim Durchstreifen des 47 ha großen Geländes macht es Spaß, sich vorzustellen, dass Chichén Itzá zu seiner Hochzeit geschätzte 90 000 Einwohner hatte und sich über eine Fläche von etwa 30 km² erstreckte. Im Grunde ist hier also nur ein kleiner Teil der einst großen Stadt zu sehen.

WICHTIGES IN KÜRZE

» **Früh um 8 Uhr** auf der Matte stehen, dann hat man noch drei Stunden Ruhe, bevor massenweise Reisebusse und Händler anrollen.

» **Dran denken**, dass Chichén Itzá der Name der Stätte ist, die benachbarte Stadt heißt Pisté.

ADINA TOVY/GETTY IMAGES ©

El Caracol
Observatorium
Heute würden sie wohl eine Website nutzen, aber damals verkündeten die Priester die anstehenden Rituale und Feierlichkeiten von der Kuppel des kreisrunden Baus.

Grupo de las Mil Columnas
Gruppe der Tausend Säulen
Eine Art Vorläufer des Walk of Fame in Hollywood – auf den Säulen, die den Tempel umringen, sind Götter, Würdenträger und gefeierte Krieger verewigt.

ROSS BARNETT/GETTY IMAGES ©

LONELY PLANET/GETTY IMAGES ©

El Castillo

Die Burg

Selbst diese mächtige Pyramide ist dem Ansturm von einer Mio. Besuchern pro Jahr nicht gewachsen und darf nicht erklommen werden, aber allein der Anblick ist überwältigend.

AFP/GETTY IMAGES ©

Gran Juego de Pelota

Großer Ballspielplatz

Wie ist es möglich, jemanden zu verstehen, der am anderen Ende dieses langen Spielfeldes spricht? Bis heute ist diese meisterhafte Akustik ein Rätsel.

Cenote Sagrado

Heiliger Cenote

Tauchexpeditionen förderten Hunderte wertvoller Gegenstände aus dem Cenoten (wasserführende Kalksteingrube) zutage, ganz zu schweigen von den Knochen der Menschenopfer, die man hier zum Sprung in die Unterwelt zwang.

Templo de los Guerreros

Tempel der Krieger

Die Maya assoziierten Krieger mit Adlern und Jaguaren, wie die Friese der Tempel zeigen. Besonders der Jaguar wurde als Sinnbild für Stärke und Gewandtheit verehrt.

EDUCATION IMAGES/UIG/GETTY IMAGES ©

JUAN CARLOS MUNOZ/GETTY IMAGES ©

Mérida

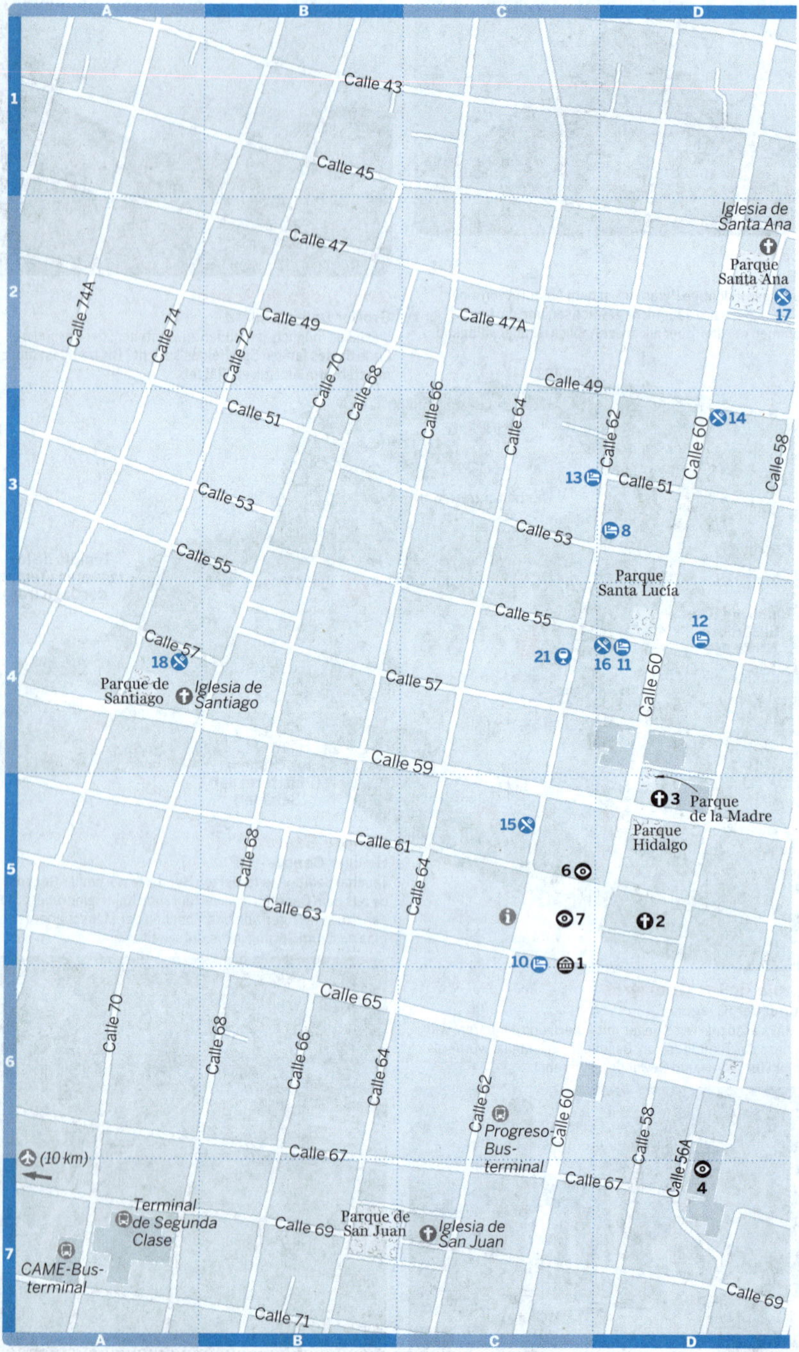
A
B
C
D
1
2
3
4
5
6
7
Calle 43
Calle 45
Calle 47
Calle 47A
Calle 49
Calle 51
Calle 53
Calle 55
Calle 57
Calle 59
Calle 61
Calle 63
Calle 65
Calle 67
Calle 69
Calle 71
Calle 74A
Calle 74
Calle 72
Calle 70
Calle 68
Calle 66
Calle 64
Calle 62
Calle 60
Calle 58
Calle 56A
Iglesia de Santa Ana
Parque Santa Ana
17
14
13
8
Parque Santa Lucía
12
21
16
11
18
Parque de Santiago
Iglesia de Santiago
3
Parque de la Madre
Parque Hidalgo
15
6
7
2
10
1
Progreso-Bus-terminal
4
(10 km)
Terminal de Segunda Clase
Parque de San Juan
Iglesia de San Juan
CAME-Bus-terminal

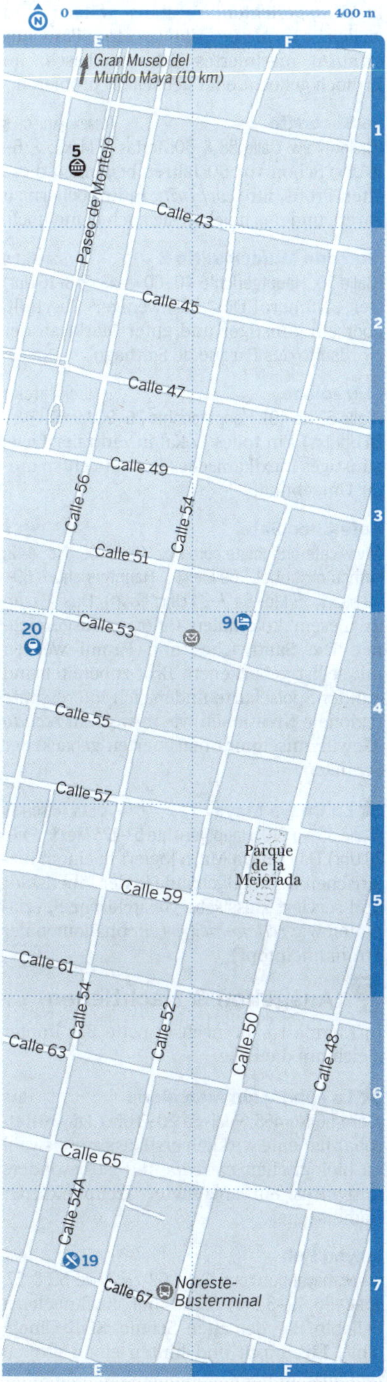

Mérida

Sehenswertes
1 Casa de Montejo C5
2 Catedral de San Ildefonso D5
3 Iglesia de Jesús D5
4 Mercado Municipal Lucas de Gálvez D7
5 Museo Regional de Antropología E1
6 Palacio de Gobierno C5
7 Plaza Grande C5

Schlafen
8 Álvarez Family Guest House D3
9 Casa Ana B&B F4
10 Hostel Zocalo C5
11 Hotel Santa Lucía D4
12 Luz en Yucatán D4
13 Nómadas Hostel C3

Essen
14 Café Chocolate D3
15 El Trapiche C5
16 La Chaya Maya D4
17 La Socorrito D2
Mercado Municipal Lucas de Gálvez .... (s. 4)
18 Mercado Municipal No 2 .... A4
19 Super Bodega E7

Ausgehen & Nachtleben
20 La Fundación Mezcalería E4
21 Mayan Pub C4

Geschichte, modernes Maya-Leben, Kultur und Natur, Kunst und Wissenschaft, Gesellschaft sowie Kosmovision der Maya (Weltanschauung). Das Museum befindet sich etwa 12 km nördlich der Innenstadt. Busse fahren von der Calle 58, zwischen Calle 57 und 59, zur Gran Plaza Mall, von dort ist es nur ein kurzer Fußweg.

Schlafen

★ Nómadas Hostel HOSTEL $
(☎ 924-5223; www.nomadastravel.com; Calle 62 No 433; B mit Frühstück 129 Mex$, DZ mit Frühstück mit/ohne Bad 420/320 Mex$; P @ 📶 🏊) Dies ist das Hauptquartier von Méridas Backpackerszene. Das beste Hostel der Stadt punktet mit gemischten und reinen Frauenschlafsälen, Privatzimmern, Salsakursen (gratis) und einem sehr verlockenden Pool hinter dem Haus.

Hostel Zocalo HOSTEL $
(☎ 930-9562; hostal_zocalo@yahoo.com.mx; Calle 63 No 508; B mit Frühstück 100 Mex$, Zi. mit Frühstück mit/ohne Bad 330/280 Mex$; @ 📶) Die

grandiose Lage und das schöne alte Kolonialgebäude machen dieses Hostel einzigartig. Die Betten sind hart, das große Frühstücksbuffet ist inklusive. Manchmal gibt's Probleme mit dem Warmwasser.

Hotel Santa Lucía HOTEL $
(☎928-2672; www.hotelsantalucia.com.mx; Calle 55 No 508; EZ/DZ/3BZ 410/490/550 Mex$; P❄📶🏊) Das zentral gelegene Hotel gegenüber dem gleichnamigen Park ist sauber, sicher und beliebt. Es hat eine einladende Lobby, einen kleinen, aber sauberen Pool und Zimmer mit TV und Telefon. Die Betten sind so lala. Irgendwer scheint hier ein Faible für Topfpflanzen zu haben.

Álvarez Family Guest House PENSION $
(☎924-3060; www.casaalvarezguesthouse.com; Calle 62 No 448 zw. Calle 51 & 53; DZ mit Ventilator/Klimaanlage 500/600 Mex$, Suite 700 Mex$; P❄📶🏊) Das in einem Wohnhaus untergebrachte „Hostel mit Extras" ist makellos sauber und bietet ein freundliches, familiäres Ambiente, nette Duschen, klinisch reine Bäder und Kühlschränke auf den Zimmern.

Casa Ana B&B B&B $
(☎934-0005; www.casaana.com; Calle 52 No 469; Zi. mit Frühstück ab 520 Mex$; ❄📶🏊) Es liegt zwar etwas abseits, aber das Casa Ana ist ein intimer Zufluchtsort und das beste Budget-B&B der Stadt. Der hübsche Pool ist umgeben von einem überwucherten Garten und kubanischen Tabakpflanzen (ein Andenken der Besitzer an ihre Heimat).

★Luz en Yucatán BOUTIQUEHOTEL $$
(☎924-0035; www.luzenyucatan.com; Calle 55 No 499; Zi. 700–850 Mex$, Haus 1800 Mex$; P❄📶🏊) Wer es sich richtig gut gehen lassen will, steigt in diesem Hotel im Stadtzentrum ab. Neben den individuell gestalteten Zimmern überzeugen die stilvollen Gemeinschaftsbereiche samt wunderschöner Terrasse und Pool. Zu dem Hotel gehört auch ein idyllisches Ferienhaus für sieben Personen auf der anderen Straßenseite.

Essen

Ein paar Blocks östlich der Plaza Grande reihen sich die Supermärkte (Calle 56) dicht an dicht. Außerdem gibt's eine Filiale der Kaufhauskette **Super Bodega** (Ecke Calle 67 & 54A).

Mercado Municipal Lucas de Gálvez MARKT $
(Ecke Calle 56A & 67; Hauptgerichte & Ceviche 60 Mex$; ⏲6–17 Uhr) Hier kann man in Mérida am günstigsten essen, dabei aus sämtlichen Lieblingsgerichten Yucatáns wählen und vielleicht *cochinita pibil* (in einer Paste aus *annatto* mariniertes Schweinefleisch, im Erdloch gekocht oder gebacken) probieren.

La Socorrito MEXIKANISCH $
(Calle 47 zw. Calle 58 & 60; Tortas 17 Mex$; ⏲6–14 Uhr) Schon vor 60 Jahren begannen diese alten Profis, ihre *cochinita* in Erdlöchern zu garen, und das machen sie auch heute noch.

Mercado Municipal No 2 MARKT $
(Calle 70; Hauptgerichte 40–60 Mex$; ⏲8–16 Uhr) Der „Número Dos" ist weniger überfüllt, aber ein günstiger und guter Markt an der Nordseite des Parque de Santiago.

El Trapiche MEXIKANISCH $
(Calle 62 No 491; Hauptgerichte 26–90 Mex$; ⏲8–24 Uhr; ✎) Ein tolles Lokal in zentraler Lage, günstiges mexikanisches Essen in entspannter Umgebung.

Café Chocolate CAFÉ $
(www.cafe-chocolate.com.mx; Calle 60 No 442; Frühstücksbuffet 69 Mex$, Hauptgerichte 69–89 Mex$; ⏲Mo–Sa 7–24 Uhr; 📶✎) Das Essen in diesem kolonialen Café ist ausgezeichnet. Die Sandwiches und Panini werden mit selbst gebackenem Brot zubereitet und auf der Speisekarte finden sich interessante regionale Kreationen wie in weißem *recado* (Gewürzmischung) marinierter, gebackener Schinken.

★La Chaya Maya MEXIKANISCH $$
(Calle 55 No 510; Hauptgerichte 57–175 Mex$; ⏲7–23 Uhr) Das Chaya Maya logiert in einem malerischen Kolonialgebäude in der Innenstadt und serviert klassische yucatekische Spezialitäten wie *relleno negro* (ein phänomenaler Truthahneintopf).

Ausgehen & Nachtleben

In Mérida ist die nächste nette Bar immer gleich um die Ecke.

★La Fundación Mezcalería BAR
(Calle 56 No 465; ⏲Mi–Sa 20–3 Uhr) Diese Retrobar hat eine wirklich erstklassige Auswahl an biologischen *mezcals* und ist besonders mittwochs ein angesagter Treffpunkt der Radlerszene.

Mayan Pub BAR
(www.mayanpub.com; Calle 62 zw. Calle 55 & 57; ⏲Mi–So 19–3 Uhr) Eine bei Backpackern beliebte Bar der alten Schule. Statt Chichi gibt's Livemusik und hinten einen großen Biergarten.

BUSSE AB MÉRIDA

ZIEL	PREIS (MEX$)	DAUER (STD.)
Campeche	122–180	2½–3½
Cancún	180–290	4½–6½
Celestún	49	2½
Chichén Itzá	68–114	1½
Izamal	23	1½
Mexiko-Stadt	1322–1558	21
Palenque	242–366	8
Playa del Carmen	446	8
Progreso	16	1
Ruta Puuc (hin & zurück)	187	8
Tulum	152–220	5–8
Uxmal	47	1½
Valladolid	90–150	2½–3½

☆ Unterhaltung

Mérida bietet zahlreiche folkloristische und musikalische Veranstaltungen in Parks und historischen Gebäuden, die von ziemlich talentierten einheimischen Künstlern auf die Bühne gebracht werden. Die Website www.yucatantoday.com veröffentlicht jeden Monat Neuigkeiten und Informationen zu den Veranstaltungshighlights der Saison.

ℹ Praktische Informationen

Banken, Geldautomaten und Internetcafés sind im Zentrum leicht zu finden.

Hauptpost (☎928-5404; Calle 53 No 469 zw. Calle 52 & 54; ⌚Mo–Fr 9–16, Sa nur für Briefmarken 9–13 Uhr)

Hospital O'Horán (☎930-3320; Av de los Itzáes, Ecke Av Jacinto Canek)

Städtische Touristeninformation (☎942-0000; Plaza Grande, Calle 62; ⌚Mo–Sa 8–20, So 8–14 Uhr) Bietet um 9.30 Uhr kostenlose Stadtspaziergänge an.

ℹ An- & Weiterreise

Méridas winziger, aber moderner Flughafen liegt 10 km südwestlich der Plaza Grande abseits des Highway 180 (Av de los Itzáes). Unter www.boletotal.mx bekommt man gute Ticket-Infos.

CAME-Busterminal (☎Reservierungen 920-4444; Calle 70 zw. Calle 69 & 71) Méridas größter Busbahnhof wird hauptsächlich von 1.-Klasse-Bussen genutzt.

Noreste-Busterminal (Calle 67 zw. Calle 50 & 52) Die 2.-Klasse-Buslinien Noreste, Sur und Oriente nutzen diesen Terminal.

Progreso-Busterminal (Calle 62 No 524) Ein zusätzlicher Terminal nur für Progreso.

Terminal de Segunda Clase (Calle 69) ADO, Mayab und Oriente unterhalten hier hauptsächlich 2.-Klasse-Busse zu verschiedenen Zielen im Bundesstaat und auf der ganzen Halbinsel.

Playa del Carmen

☎984 / 150 000 EW.

Das einstige Fischerstädtchen Playa del Carmen hat sich zu Quintana Roos drittgrößter Stadt gemausert. An den lässig im Windschatten der Insel Cozumel gelegenen Stränden tummeln sich massenweise Bikini-Gazellen und durchtrainierte Muskelpakete. Das Wasser ist zwar nicht ganz so klar wie in Cancún oder Cozumel, aber das tut dem Ansturm auf diese hippe Spielwiese keinen Abbruch und die Stadt wächst und wächst.

Aktivitäten

Neben faszinierenden Tauchexpeditionen im Meer veranstalten die meisten Anbieter auch Tauchtrips in Cenoten. Die Preise sind bei fast allen Läden ähnlich: Resort-Tauchen (1400 Mex$); 1/2 Flaschen (630/900 Mex$); Cenote-Tauchen (1400 Mex$); Schnorcheln (450 Mex$); Walhai-Tour (2500 Mex$); Zertifikation fürs offene Wasser (5000 Mex$).

Dive Mike TAUCHEN
(☎803-1228; www.divemike.com; Calle 8; Tour 455 Mex$) Organisiert Schnorchelausflüge zu Riffen und abgeschiedenen Stränden.

Scuba Playa TAUCHEN
(☎803-3123; www.scubaplaya.com; Calle 10) Ein PADI-Fünf-Sterne-Resort, das auch Kurse für technisches Tauchen anbietet.

Playa del Carmen

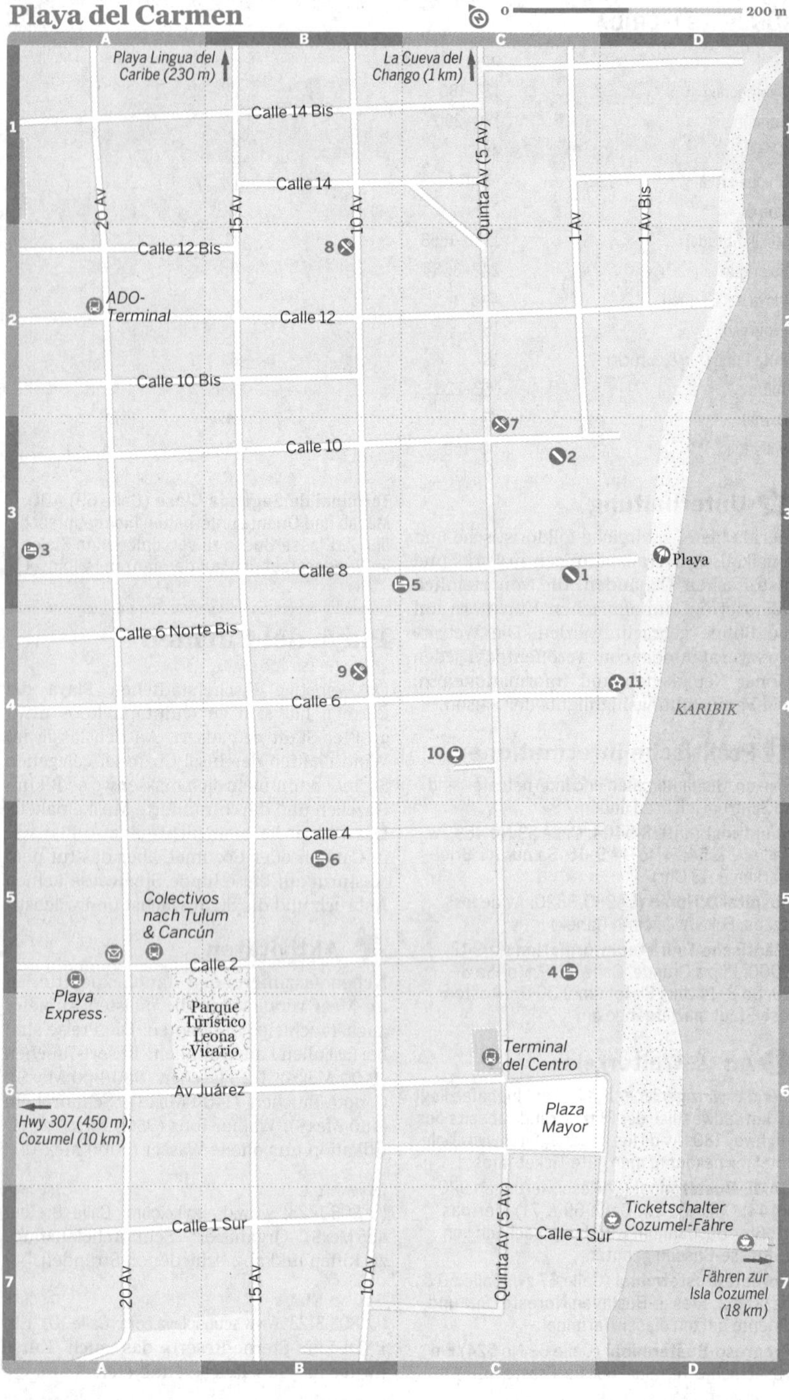

Playa del Carmen

Aktivitäten, Kurse & Touren
1 Dive Mike C3
2 Scuba Playa C3

Schlafen
3 Hostel Playa A3
4 Hostel Quinta Playa C5
5 Hostel Río Playa C3
6 Hotel Casa Tucán B5

Essen
7 100% Natural C3
8 Don Sirloin B2
9 Markt B4

Ausgehen & Nightlife
10 Playa 69 ..... C4

Unterhaltung
11 Fusion D4

Kurse

Playa Lingua del Caribe SPRACHKURSE
(☎873-3876; www.playalingua.com; Calle 20; 1 Woche mit/ohne Privatunterkunft 2925/5200 Mex$) Die Sprachschule hat Spanisch- und Maya-Kurse im Programm und vermittelt Gastfamilien.

Schlafen

Hostel Playa HOSTEL $
(☎803-3277; www.hostelplaya.com; Calle 8; B/DZ/3BZ mit Frühstück 160/420/630 Mex$; P 📶) Herzstücke dieses Hostels sind der zentrale Gemeinschaftsbereich, ein schöner Garten und die himmlische Dachterrasse. Die Zimmer sind einfach, aber ordentlich genug und das Personal ist extrem hilfsbereit.

Hostel Río Playa HOSTEL $
(☎803-0145; siehe www.hostelworld.com; Calle 8; B mit Frühstück 245–270 Mex$, Zi. ohne Bad mit Frühstück 450–500 Mex$; ❄@📶🏊) Das Río Playa ist eine gute Budgetoption mit einfachem Strandzugang und reinem Frauenschlafsaal. Außerdem gibt's eine Gemeinschaftsküche, eine coole Dachbar, einen Chill-Out-Bereich – mit bemerkenswert flachem Pool – und Klimaanlagen in allen Zimmern.

Hostel Quinta Playa HOSTEL $
(☎147-0428; www.quintaplaya.com; Calle 2 zw. Quinta Av & Strand; B mit/ohne Klimaanlage 200/170 Mex$; ❄@📶🏊) Dieses Hostel punktet mit seiner Lage. Zum Strand sind's nur 30 m, der Busbahnhof ist einen Block und die Fähre nach Isla Cozumel zwei Blocks entfernt. Wenn das nicht bequem ist!

Hotel Casa Tucán HOTEL $$
(☎873-0283; www.casatucan.com.mx; Calle 4; Zi. mit Ventilator/Klimaanlage 600/720 Mex$, Suite 1200 Mex$; P❄📶🏊) Das von Deutschen betriebene Hotel beherbergt ein Sammelsurium von 30 verschiedensten Zimmern. Manche haben Ventilatoren oder Klimaanlagen, einige sind mit Küchenzeilen, andere mit Minibars ausgestattet. Das angeschlossene Café serviert gutes, erschwingliches Essen.

Essen

Wer günstiges, leckeres Essen sucht, sollte die Touristenzone links liegen lassen oder auf dem kleinen **Markt** (Av 10 zw. Calle 6 & 8; Hauptgerichte 30–70 Mex$; ⌚9–16 Uhr) die preiswerte Hausmannskost probieren.

Don Sirloin MEXIKANISCH $
(10 Av; Tacos 13 Mex$; ⌚12–7 Uhr) *Al pastor* (mariniertes Schweinefleisch) und Rinderlendenstücke werden in dieser beliebten Tacobude direkt vom Spieß geschnitten – und das die ganze Nacht.

BUSSE AB PLAYA DEL CARMEN

ZIEL	PREIS (MEX$)	DAUER (STD.)
Aeropuerto Internacional de Cancún	120	1
Chetumal (nach Belize)	190–252	5–5½
Chichén Itzá	130	4
Cobá	72–92	1¾–2
Mérida	334–404	4¼–5
Palenque	448–750	11–12
San Cristóbal de las Casas	540–796	16½–18
Tulum	38–66	1
Valladolid	106–150	2½–3½

★La Cueva del Chango MEXIKANISCH $$
(www.lacuevadelchango.com; Calle 38 zw. Quinta Av & Strand; Frühstück 60–68 Mex$, Mittag- & Abendessen 74–158 Mex$; ⏲8–23 Uhr) Auf den Tisch kommen frische, naturbelassene Zutaten und die Preise sind ausgesprochen fair.

100% Natural VEGETARISCH $$
(Cien Por Ciento Natural; www.100natural.com.mx; Ecke Quinta Av & Calle 10; Hauptgerichte 64–136 Mex$; ⏲7–23 Uhr; ✎) Die Markenzeichen dieser schnell wachsenden Kette – frische Säfte, Salate, diverse Gemüse- und Hühnchengerichte und andere gesunde Alternativen – sind mindestens ebenso köstlich wie sättigend.

☆ Ausgehen & Nachtleben

Die Party startet üblicherweise auf der trubeligen Quinta Avenida, danach geht's auf der Calle 6 runter Richtung Strand.

★Fusion LIVEMUSIK
(www.fusionhotelmexico.com; Calle 6; ⏲19–2 Uhr) Groovige Beats im Mondschein am Strand.

Playa 69 SCHWUL-LESBISCH
(www.rivieramayagay.com; Callejón an der Quinta Av zw. Calle 4 & 6; ⏲Di 20–2, Mi–So 20–6 Uhr) Angesagter schwulenfreundlicher Dance-Club.

ℹ Praktische Informationen

Banamex (Ecke Calle 12 & 10 Av)

Kiosk der Touristenpolizei (☎873-2656; Plaza Mayor; ⏲24 Std.)

Lavandería & Internet Estrella (Calle 2 No 402; pro Std. 10 Mex$; ⏲Mo–Sa 8–22 Uhr) Praktisches Multitasking: Internetcafé und Waschsalon unter einem Dach.

Playa International Clinic (☎803-1215; Ecke 10 Av & Calle 28; ⏲9–20.30 Uhr) Ausgezeichnete Klinik mit Überdruckkammer.

Post (Ecke 20 Av & Calle 2; ⏲Mo–Fr 9–16 Uhr)

ℹ An- & Weiterreise

BUS

Playa hat zwei Busbahnhöfe. Der neuere, **Terminal ADO** (20 Av), liegt gleich östlich der Calle 12; hier fahren die meisten 1.-Klasse-Busse ab und kommen auch hier an. Der alte Busbahnhof, **Terminal del Centro** (Ecke Av Juárez & Quinta Av), wird von allen 2.-Klasse-Bussen (von Unternehmen wie Mayab *intermedio* genannt) genutzt. **Playa Express** (Calle 2 Norte) bietet für 34 Mex$ schnelle Verbindungen in Cancúns Innenstadt.

COLECTIVOS

Colectivos sind eine tolle Möglichkeit für günstige Reisen nach Tulum im Süden (40 Mex$, 45 Min.). Sie fahren zwischen 5 und 22 Uhr alle 15 Minuten an der Calle 2 in der Nähe der 20 Avenida ab und halten überall entlang dem Highway zwischen Playa und Tulum. Die Fahrt kostet ab 20 Mex$, für Gepäck ist nicht allzu viel Platz. An derselben Stelle kann man sich auch ein Colectivo nach Cancún (30 Mex$) schnappen.

SCHIFF/FÄHRE

Nach Isla Cozumel verkehren regelmäßig **Fähren** (einfache Fahrt 156 Mex$), normalerweise zwischen 7 und 21 Uhr. Die Fahrpläne der beiden Fährbetreiber finden sich auf www.granpuerto.com.mx und www.mexicowaterjets.com. Tickets gibt's an den Häuschen in der Calle 1 Sur.

Isla Cozumel

☎987 / 77 200 EW.

Die etwa 70 km südlich von Cancún gelegene Isla Cozumel ist mit 53 mal 14 km Mexikos größte Insel. Das von den ersten Einwohnern Ah-Cuzamil-Peten (Schwalbeninsel) genannte Eiland hat sich zu einem weltberühmten Tauch- und Kreuzfahrtziel entwickelt.

Die hiesigen Maya-Siedlungen stammen von 300 n. Chr. Während der Postklassik-Periode erlebte Cozumel als Handelszentrum und – viel wichtiger – als zeremonielle Stätte ihre Blütezeit. Von jeder Maya-Frau auf und außerhalb der Yucatán-Halbinsel wurde erwartet, dass sie wenigstens eine Pilgerreise hierher zum Tempel Ixchels, der Göttin der Erde, der Fruchtbarkeit und des Mondes, unternahm.

👁 Sehenswertes

Die einzige Stadt der Insel, San Miguel de Cozumel, lässt sich bequem zu Fuß durchstreifen. Die Uferpromenade verläuft entlang der Avenida Melgar und die Plaza Mayor liegt gegenüber dem Fähranleger.

Um die Insel ausführlich zu erkunden, muss man sich ein Auto mieten oder Taxi fahren; Radfahrer müssen gegen die häufig sehr starken Winde kämpfen. Der Küstenstreifen im Osten ist der wildeste Teil der Insel und umfasst einige wunderschöne Meereslandschaften und zahlreiche kleine Blaslöcher. An weiten Teilen der Ostküste ist das Schwimmen aufgrund von Unterströmungen und Sogen gefährlich.

Museo de la Isla MUSEUM
(☎872-1434; www.cozumelparks.gob.mx; Av Melgar; Eintritt 50 Mex$; ⏲9–17 Uhr) Die Exponate dieses lehrreichen Museums veranschaulichen detailliert die Flora, Fauna, Geografie und Geologie der Insel und entführen die Besucher

San Miguel de Cozumel

San Miguel de Cozumel

Sehenswertes
1 Museo de la Isla de Cozumel C2

Aktivitäten, Kurse & Touren
2 Deep Blue C3

Schlafen
3 Hostelito C2
4 Hotel Pepita C3

Essen
5 Cocina Económica Las Palmas C4
6 Kinta C2
7 Mercado Municipal C4
8 Taquería El Sitio C2

Ausgehen & Nachtleben
9 Ambar C3

auf eine Reise in die Geschichte der Maya. Ein guter Ort, um etwas über Korallen zu lernen, bevor man selbst auf Tauchstation geht; unbedingt einen Besuch wert!

El Cedral ARCHÄOLOGISCHE STÄTTE

GRATIS Die Maya-Ruine von El Cedral ist die älteste auf der Insel. Sie hat die Größe eines kleinen Hauses, zeigt keinerlei Verzierungen und war vermutlich eine wichtige Kultstätte. Die kleine Kirche, die heute neben der winzigen Ruine steht, zeugt davon, dass diese Stätte immer noch von religiöser Bedeutung für die Einheimischen ist. Der Abzweig zur Ruine befindet sich am südlichen Küsten-Highway zwischen Km 17 und Km 18. Am besten ist die Stätte per Auto oder Taxi zu erreichen.

Playa Palancar STRAND

Etwa 17 km südlich der Stadt liegt die Playa Palancar, ein traumhafter Strand, an dem

Schnorchelausrüstungen und Kajaks verliehen werden.

Parque Punta Sur NATURSCHUTZGEBIET
(☎872-4014; www.cozumelparks.gob.mx; Carretera Costera Sur Km 27; Erw./3–11 J. 156/104 Mex$; ⏲Mo–Sa 9–16 Uhr) Der Ökotourismus-Park an der südlichen Inselspitze umfasst ein maritimes Museum, einen Leuchtturm und ein Strandrestaurant. Außerdem werden drei mittägliche Bootstouren angeboten, bei denen sich Krokodile und Zugvögel beobachten lassen. Die Taxifahrt hierher kostet 300 Mex$.

San Gervasio ARCHÄOLOGISCHE STÄTTE
(www.cozumelparks.gob.mx; Eintritt 90 Mex$; ⏲8–16 Uhr) Hier gibt's die einzigen gut erhaltenen Maya-Ruinen der Insel zu bewundern. Historiker nehmen an, dass in San Gervasio einst das Heiligtum von Ixchel, der Göttin der Fruchtbarkeit, stand und die Stätte ein wichtiges Pilgerziel war, an dem die Maya-Frauen der Gottheit huldigten.

Aktivitäten

Zu den besten Tauchspots der Gegend gehören die Riffe **Santa Rosa**, **Punta Sur** und **Colombia Shallows** sowie die **Palancar-Gärten**. Die Preise variieren, aber generell kann man mit 1000 bis 1600 Mex$ für einen 2-Flaschen-Tauchgang, 910 Mex$ für einen Einführungs-„Resort"-Kurs und 5500 bis 6000 Mex$ für eine PADI-Zertifikation im offenen Wasser rechnen. Die besten Schnorchelplätze sind nur per Boot zu erreichen; eine Halbtagestour mit dem Boot kostet 400 bis 650 Mex$.

Deep Blue TAUCHEN
(☎872-5653; www.deepbluecozumel.com; Calle Rosado Salas 200; 2 Flaschen 1000–1200 Mex$, Resort-Kurse 910 Mex$) Hier lassen sich Tauch- und Schnorchelausflüge buchen.

Parque Chankanaab ERLEBNISPARK
(☎872-4014; www.cozumelparks.gob.mx; Carretera Costera Sur Km 9; Erw./3–11 J. 273/182 Mex$; ⏲Mo–Sa 8–16 Uhr; 👪) Der Park liegt 7 km südlich der Stadt und umfasst u. a. einen botanischen Garten und beliebte Schnorchelgewässer – ein tolles Ausflugsziel für Kinder. Ein Taxi aus der Stadt kostet für die einfache Strecke 130 Mex$.

Schlafen

Hostelito HOSTEL $
(☎869-8157; www.hostelcozumel.com; Av 10 Norte zw. Av Benito Juárez & Calle 2 Norte; B 150 Mex$, DZ/4BZ mit Klimaanlage ab 450/650 Mex$; ❄📶) Die Hostelwerbung sagt alles: Das Hostelito ist in der Tat erschwinglich *und* sauber. Unten gibt's einen gemischten Schlafsaal und (wie versprochen) blitzsaubere Duschen. Oben warten eine grandiose Terrasse, eine Gemeinschaftsküche und Privatzimmer für bis zu neun Personen.

Hotel Pepita HOTEL $
(☎872-0098; www.hotelpepitacozumel.com; Av 15 Sur No 120; Zi. mit Klimaanlage 400 Mex$; ❄📶) Die Besitzerin, Maria Teresa, ist stolz auf ihre Arbeit und das sieht man auch. Es ist das beste Budgethotel der Stadt: freundlich und mit ordentlichen Zimmern um einen Garten.

Amigo's Hostel HOSTEL $
(☎872-3868; www.cozumelhostel.com; Calle 7 Sur No 57; B/Zi. mit Frühstück 156/585 Mex$; ❄@📶🏊) Im Gegensatz zu manch anderen beengten Billigunterkünften trumpft dieses Hostel mit einem großen Garten, einem einladenden Pool und einem geschmackvollen Loungebereich. Einigen Gästen ist es zu weit weg vom Touristenzentrum, andere genießen es, den Horden von Kreuzfahrturlaubern entfliehen zu können.

Essen

Die billigste Option sind die *loncherías* (Mittagessensstände) auf dem kleinen Markt neben dem **Mercado Municipal** (Calle Rosado Salas zw. Avs 20 & 25 Sur; ⏲7–16 Uhr).

Taquería El Sitio MEXIKANISCH $
(Calle 2 Norte; Tacos & Tortas 10–33 Mex$; ⏲7.30–12.30 Uhr) Hier werden fabelhafte Tacos und *tortas* (Sandwiches) gezaubert.

Cocina Económica Las Palmas MEXIKANISCH $
(Ecke Calle 3 Sur & Av 25 Sur; Menü 60 Mex$; ⏲Mo–Sa 9–19 Uhr) Zum Mittagessen strömen die Einheimischen hierher. Trotz der brütenden Hitze schmecken die *chicharrones* (frittierte Schweineschwarten) und Maya-Lieblingsgerichte wie *poc chuc* (gegrilltes Schweinefleisch) unschlagbar gut.

★**Kinta** MEXIKANISCH $$
(☎869-0544; www.kintacozumel.com; Av 5 Nte; Hauptgerichte 120–195 Mex$; ⏲Di–So 17.30–23 Uhr) Dieses schicke Bistro ist eines der besten Restaurants der Insel und serviert ausgeklügelte Gourmetvariationen der mexikanischen Klassiker. Die gegrillten Jakobsmuscheln und Garnelen mit Tomaten-Mais-Salsa und Korianderpesto sind einfach köstlich.

ABSTECHER

CRISTALINO CENOTE

An der Westseite des Highways, südlich von Playa del Carmen, locken gleich mehrere wunderschöne Cenoten. Zu ihnen gehört auch der **Cristalino Cenote** (Eintritt 40 Mex$; 6–17.30 Uhr) direkt südlich des Barceló Maya Resort. Er ist leicht zugänglich und nur 70 m vom Eingangstor entfernt, das sich quasi direkt neben dem Highway befindet. Zwei weitere Karsttrichter, Cenote Azul und El Jardín del Edén, liegen ein Stück weiter südlich am Highway, aber der Cristalino Cenote ist der beeindruckendste der drei.

Ausgehen & Nachtleben

Cozumels Nachtleben ist recht verhalten und beschaulich, aber rund um die Plaza Mayor ist auch spätabends immer was los.

Ambar BAR
(Av 5 Sur; Mo–Fr 8–24, Sa 8–4, So 12–24 Uhr) Gute Musik, ein Billardtisch und ein Biergarten hintendran – was braucht es mehr?

La Hach LIVEMUSIK
(www.lahachcozumel.com; Av Melgar Km 2,9; So–Di 10–1, Mi–Sa 10–3 Uhr) Cozumel hat keine nennenswerte Livemusik-Szene, das ist auch den Coverbands anzumerken, die hier auftreten. Aber dafür sind die Lage und der Blick aufs Meer erstklassig. Vom Stadtzentrum fährt man zehn Minuten mit dem Taxi.

Praktische Informationen

San Miguel de Cozumel ist der Hauptort der Insel. An der Plaza gibt's Geldautomaten, Banken und Internetcafés.

Cozumel International Clinic (872-1430; Calle 5 Sur zw. Av Melgar & Av 5 Sur) Klinik mit Überdruckkammer.

Touristeninformation (1. OG, Plaza del Sol, Plaza Mayor; Mo–Fr 8–15 Uhr)

An- & Weiterreise

FLUGZEUG

Die Linien Delta, Frontier, United und American Airlines bieten Direktflüge aus den USA. Flüge aus Europa sind üblicherweise mit Zwischenlandungen in den USA oder Mexiko-Stadt verbunden.

SCHIFF/FÄHRE

Von Playa del Carmen verkehren Passagierfähren zur Isla Cozumel. Wer nicht mit dem Auto unterwegs ist, nimmt am besten die Personenfähre von **México Waterjets** (www.mexicowaterjets.com) oder **Ultramar** (www.granpuerto.com.mx). Beide Verbindungen kosten einfach 155 Mex$. Normalerweise fährt zwischen 6 und 21 Uhr jede Stunde eine Fähre von und nach Cozumel.

Unterwegs vor Ort

AUTO & MOTORRÄDER

Die Leihwagenpreise beginnen bei 500 Mex$, alles inklusive. Die Preise für Motorroller und Motorräder schwanken zwischen 250 und 500 Mex$ pro Tag.

Rentadora Isis (872-3367; rentadoraisis@prodigy.net.mx; Av 5 Nte; 8–18.30 Uhr) Vermietet für 400 Mex$ pro Tag einen VW Käfer, Motorroller kosten 250 Mex$.

FAHRRAD

Shark Rider (Av 5 Norte zw. Av Benito Juárez & Calle 2 Norte; Mountainbike/Rennrad pro Tag 130/195 Mex$; 8–19 Uhr) Der Anbieter in einer Gasse an der Avenida 5 vermietet Strandcruiser und Mountainbikes sowie etwas teurere Rennräder.

TAXI

In San Miguel und Umgebung kostet eine Fahrt 40 Mex$, ein Tagestrip rund um die Insel 700 bis 1000 Mex$.

Tulum

984 / 18 200 EW.

Tulums spektakulärer Küstenstreifen mit seinem Puderzucker-Sand, jadegrünem Wasser, angenehmen Brisen und entspannt-internationalem Flair ist einer der besten Strände Mexikos. Wo sonst bekommt man all das und eine dramatisch gelegene Maya-Ruine obendrauf? Günstige Restaurants und Unterkünfte finden sich in Hülle und Fülle in Tulum Pueblo, dem weiter im Landesinneren gelegenen Stadtzentrum. An der Küste sind die Budgetoptionen sehr viel rarer gesät, aber es gibt sie auch dort. Die nahen Cenoten, die Maya-Ruinen von Cobá und die riesige Reserva de la Biosfera Sian Ka'an sind alle faszinierende Ziele für einen Tagesausflug.

Sehenswertes

Tulum-Ruinen ARCHÄOLOGISCHE STÄTTE
(Eintritt 57 Mex$; 8–17 Uhr; P) Was die Szenerie und Aussicht betrifft, kann keine andere Maya-Stätte mit dieser direkt am Meer auf einer Klippe thronenden Ruine mithalten. Es stimmt zwar, dass es hier nicht so gran-

diose Bauten wie in anderen alten Maya-Städten gibt, aber die privilegierte Lage macht das wett, ebenso wie der Strand zu ihren Füßen, der zu einem erfrischenden Bad einlädt.

Historiker nehmen an, dass Tulum während der postklassischen Hochzeit (1200–1521) eine wichtige Hafenstadt war. Der ihr von den Spaniern verliehene Name Tulum bedeutet „Mauer", der ursprüngliche Name der Maya für die Stadt war Zama, also „Morgendämmerung" – wer sich den Sonnenaufgang hier anschaut, versteht, warum. Tulum war etwa 75 Jahre nach der spanischen Eroberung eine der letzten antiken Städte Mexikos, die verlassen wurden.

Für 20 Mex$ können Besucher mit einem Zug vom Eingang zum Kartenhäuschen fahren – die 300 m sind aber auch gut zu Fuß zu bewältigen. Taxis aus der Stadt kosten 50 Mex$. Von der Nordseite der Zona Hotelera erreicht man einen weniger genutzten Fußgängereingang. Der Weg zu den Ruinen führt am Kartenhäuschen vorbei zur Nordwest-Ecke der kompakten, rechteckigen Anlage.

Die erste Station ist die **Casa del Cenote** (Haus des Cenoten), die nach dem kleinen Teich an ihrer Südseite benannt ist. Etwas weiter oberhalb öffnet sich der Blick über die gesamte Stätte – gleich südlich liegt auf einem Felsvorsprung am Ufer der **Templo del Dios del Viento** (Tempel des Windgottes). Dahinter steht das größte Bauwerk, **El Castillo** (Die Burg), dessen *kukulcanes* (gefiederte Schlangen) im Tolteken-Stil Zeugnisse der späten postklassischen Periode sind. Gleich südlich befinden sich die Stufen, die zum Strand hinunterführen, und auf den Klippen darüber warten jede Menge berauschende Postkartenmotive.

Westlich, ungefähr in der Mitte der Stätte, steht der interessante zweistöckige **Templo de las Pinturas** (Gemäldetempel), den Reliefmasken und (auf der unzugänglichen Innenmauer) Wandgemälde zieren.

Aktivitäten

Ob Höhlen- und Rifftauchen, Schnorcheltrips oder Surfen – in Tulum geht alles.

Xibalba Dive Center TAUCHEN
(☎871-2953; www.xibalbadivecenter.com; Andromeda7;1/2FlaschenCenote-Tauchen940/1500 Mex$, Schnorcheln 390–585 Mex) Dieser Tauchshop, der dafür bekannt ist, Sicherheit ganz großzuschreiben, hat sich aufs Höhlen- und Grottentauchen spezialisiert. Aber Xibalba organisiert auch Riff-Tauchgänge und Schnorchelausflüge. Der Laden ist an ein Hotel angeschlossen und es gibt attraktive Übernachtungspakete mit Tauchangeboten.

Sian Kite Watersports KITESURFEN
(☎Handy 984-127-1125, Handy 984-116-3774; Carretera Tulum-Boca Paila Km 4,5, beim Papaya Playa Project; Surfen/Kitesurfen pro Std. 520/900 Mex$) Angeboten werden u. a. einstündige Einführungskurse ins Kitesurfen (nach Gruppenrabatten fragen) sowie Surfkurse.

Schlafen

Zum Übernachten bietet sich entweder die teurere Zona Hotelera an der Küste oder Tulum Pueblo an. Einige Hostels im Ort stellen ihren Gästen kostenlos Fahrräder zur Verfügung oder chauffieren sie äußerst kostengünstig zum Strand.

El Jardín de Frida HOSTEL $
(☎871-2816; www.fridastulum.com; Av Tulum, Tulum Pueblo; B/Zi. mit Frühstück 200/600 Mex$; P 📶) Die Schlafsäle und Zimmer gruppie-

ABSTECHER

LAGUNA BACALAR & UMGEBUNG

Für alle, die weiter nach Süden fahren, ist die traumhafte Laguna Bacalar (auch bekannt als „Lagune der sieben Farben") ein Muss. Die gleichnamige Stadt ist recht verschlafen, punktet aber mit einer imposanten Kolonialfestung. Zum Baden lockt hier auch der **Cenote Azul** (www.cenoteazul.com; Hwy 307; Rettungswesten 35 Mex$; ⏱8–18 Uhr; P) mit seinem 90 m tiefen Wasser.

Noch weiter im Süden tummeln sich Tauchsportler und Strandhippies in den tiefenentspannten Fischerdörfern **Mahahual** und **Xcalak**.

Von Tulum fährt täglich ein ADO-Bus nach Laguna Bacalar. Nach Mahahual besteht eine Busverbindung mit Umstieg in Felipe Carrillo Puerto (95 km südlich von Tulum). Von dort fahren täglich zwei Busse in den Küstenort.

ren sich hinten um einen hübschen Garten. Vorne zur Straße betreibt das Hostel ein nettes Open-Air-Restaurant mit Bar.

Cabañas Playa Condesa HÜTTEN $
(Carretera Tulum-Boca Paila Km 3, Zona Hotelera; Zi. mit/ohne Bad 500/400 Mex$) Die strohgedeckten *cabañas* (Hütten) sind eine reizvolle Budgetalternative und liegen nur 1 km nördlich der T-Kreuzung (die Avenida Cobá bis zur Küstenstraße nehmen und dann links abbiegen). Zu den schlichten, ziemlich sauberen Zimmern bekommen die Gäste auch äußerst nützliche Moskitonetze ausgehändigt.

Cabañas Xbalamque HÜTTEN $
(984-146-6021; xbalamquetulum@hotmail.com; Carretera Tulum-Boca Paila Km 10, Zona Hotelera; B 150 Mex$, Stellplatz mit Zelt 150 Mex$, Hütte mit Gemeinschaftsbad 500 Mex$;) Die billigste Budgetunterkunft an der Küste ist nur 50 m vom Strand entfernt. Es gibt Schlafsäle, Privathütten, einen Zeltplatz und einen großen Cenoten auf dem Gelände (Achtung, Krokodile!).

Weary Traveler HOSTEL $
(871-2390; www.wearytravelerhostel.com; Av Tulum, Tulum Pueblo; B/Zi. mit Frühstück ab 150/375 Mex$;) Das Weary Traveler ist ein toller Ort, um Leute kennenzulernen, und bekannt für sein üppiges Frühstück. Außerdem lockt ein großer Hof mit Hängematten und Picknickbänken.

Diamante K HÜTTEN $$
(984-876-2115; www.diamantek.com; Carretera Tulum-Boca Paila Km 2,5; Hütte mit/ohne Bad 1200/600 Mex$;) Eine schöne Unterkunft am Strand für den mittleren Geldbeutel. Die Hüttenausstattung reicht von günstig-rustikal bis edel-rustikal. Die Modelle mit Bad variieren stark in Größe und Gestaltung. Es lohnt sich also, mehrere zu begutachten.

Essen

Erschwingliche Restaurants sind in Tulum Pueblo zahlreicher vertreten. In der Zona Hotelera bieten einige Budget- und Mittelklassehotels eine erschwingliche Speisekarte. Eine gute Adresse für Lebensmittel ist **Súper Express** (Av Tulum 81, Ecke Luna; 7–22 Uhr) in der Stadt.

Los Aguachiles SEAFOOD $$
(802-54-82; Av Tulum, Ecke Palenque; Tostadas 33 Mex$, Hauptgerichte 89–159 Mex$; Di–So 12–19 Uhr;) Das Restaurant kommt wie eine mexikanische *cantina* daher, aber die hier aufgetischten Fisch-Tacos oder kunstvoll angerichteten Thunfisch-Tostadas sind um Klassen besser, als man es sonst in Tavernen gewohnt ist.

El Camello SEAFOOD $$
(Av Tulum, Ecke Av Kukulcán; Hauptgerichte 90–150 Mex$; Mo, Di & Do–Sa 10.30–21, So 10.30–18 Uhr) Das enorm beliebte Straßenrestaurant wurde von einer einheimischen Fischerkooperative gegründet und serviert garantiert fangfrische Fisch- und Seafood-Spezialitäten. Besonders köstlich sind die *ceviches* mit Meeresfrüchten.

La Nave ITALIENISCH $$
(871-2592; Av Tulum; Hauptgerichte 95–170 Mex$; Mo–Sa 7–23 Uhr) Das italienische Freiluft-Restaurant an der Avenida Tulum ist immer gut gefüllt.

Ausgehen & Nachtleben

Curandero BAR
(www.facebook.com/curandero.tulum; Av Tulum, Ecke Beta; Di–So 19–2 Uhr) An vier Abenden in der Woche treten Livebands auf. Innen ist die Bar mit cooler Recyclingdeko geschmückt.

ABSEITS DER ÜBLICHEN PFADE

MEHR ENTDECKEN IN YUCATÁN

Auf den Karten dieses weiten Staates klaffen einige Lücken. Hier ein paar erste Anregungen für Trips in Eigenregie:

➜ **Río Lagartos** Von diesem kleinen Fischerdorf an der Golfküste lassen sich Abenteuerexpeditionen in ein nahe gelegenes Naturschutzgebiet unternehmen. Auf dem Weg dorthin kann man an der gut erhaltenen archäologischen Stätte **Ek' Balam** (Erw./7–12 J. 98/6 Mex$, Führer 600 Mex$; 8–17 Uhr;) Halt machen.

➜ **Izamal** Rund um die gelbe Stadt gibt es massenweise unerforschte Ruinen.

➜ **Von Ticul nach Tihosuco** Ein Teil der Strecke wird Ruta de los Conventos (Route der Klöster) genannt, da jedes dieser winzigen Dörfer eine Kathedrale oder eine Kirche hat, viele in wunderbar baufälligem Zustand.

Papaya Playa Project BAR
(www.facebook.com/papayaplayaproject; Carretera Tulum-Boca Paila Km 4,5) Das Designhotel Papaya Playa Project veranstaltet regelmäßig Partys und Musik-Events im hoteleigenen Club Tribal Room am Strand. Von der Stadt die Avenida Cobá bis zur T-Kreuzung mit der Küstenstraße, von dort 1 km nach Süden.

Praktische Informationen

In Tulum Pueblo gibt's Internetcafés, Geldautomaten und Wechselstuben.

HSBC Bank (Av Tulum; Mo–Sa 8–17 Uhr;) Bietet gute Wechselkurse; der Geldautomat ist 24 Stunden geöffnet.

Post (Orión, Ecke Venus; Mo–Fr 8–16.30, Sa 8–12 Uhr)

An- & Weiterreise

Der Busbahnhof befindet sich am südlichen Ende der Stadt.

Wer nach Valladolid möchte, sollte sichergehen, dass der Bus über die kurze Strecke durch Chemax und nicht über Cancún fährt.

Colectivos fahren von der Avenida Tulum nach Playa del Carmen (35 Mex$, 45 Min.) und Punta Allen (14 Uhr, 240 Mex$, 4 Std.).

ZIEL	PREIS (MEX$)	DAUER (STD.)
Cancún	98	2
Chetumal (nach Belize)	142–194	3½–4
Chichén Itzá	92–148	3½
Cobá	44	¾
Mérida	228	4
Playa del Carmen	62	1
Valladolid	84	2

Unterwegs vor Ort

Abgesehen von den Shuttles, die die Hostels anbieten, fahren keine *colectivos* zum Strand. Die Taxipreise sind fix und ziemlich niedrig. Eine Fahrt von Tulum Pueblo zu den Ruinen kostet 50 Mex$, eine Fahrt zum Strand (Zona Hotelera) zwischen 80 und 130 Mex$. Oder man schwingt sich aufs Leihrad. Mountainbikes und Strandcruiser vermietet z. B.

I BikeTulum (Av Cobá; pro Tag inkl. Ausrüstung 100 Mex$; 9–18 Uhr).

Rund um Tulum

Gran Cenote

Ein Taxi von Tulums Innenstadt zu diesem **Kalksteinbadeloch** (Schnorcheln 100 Mex$; 8–17 Uhr) kostet einfach etwa 60 Mex$, aber der Cenote ist auch leicht per Fahrrad zu erreichen.

Cobá

Die faszinierenden **Cobá-Ruinen** (www.inah.gob.mx; Eintritt 57 Mex$, Führer 500–750 Mex$; 8–17 Uhr; P) liegen tief im tropischen Urwald, 48 km nordwestlich von Tulum. Sie sind enger mit dem entfernten Tikal als mit Tulum oder Chichén Itzá verbunden. Cobá war eine Maya-Stadt aus der Klassischen Ära, zu Hochzeiten (800–1100) lebten hier 55 000 Mayas. Zahlreiche atemberaubende *sacbeob* (steingepflasterte Straßen) der Region führten hierher. Die längste erstreckt sich über 100 km bis nach Yaxuna in der Nähe von Chichén Itzá. Der Name – vom Maya-Wort *koba* (das wahrscheinlich „gekräuselte Wasser" bedeutet) – geht vermutlich auf die schilfigen, von Krokodilen bewohnten Seen zurück.

Frühaufsteher, die direkt morgens kommen, werden in den ersten Stunden kaum einer Menschenseele begegnen. Wer viel sehen möchte, kann sich hier über mehrere Kilometer die Sohlen ablaufen. Alternativ vermietet ein Stand kurz hinter dem Eingang Fahrräder für 35 Mex$ pro Tag. Diese dürfen aber nur auf dem Gelände benutzt werden und lohnen sich für alle, die auch die entlegeneren Ecken der Stätte erkunden wollen.

Nur ein paar der geschätzt 6500 Bauten wurden ausgegraben. Die vier Hauptgruppen liegen weit auseinander. Nach etwa 100 m erreicht der Hauptpfad die **Grupo Cobá** mit einer mächtigen Pyramide und Kraggewölbe-Passagen. Nach 500 m gabelt sich der Weg: Der linke Pfad führt zur Nohoch-Mul-Pyramide, der rechte zur Grupo Macanxoc. Beide Wege führen am **Conjunto Pinturas** (Gemäldesammlung) vorbei, der 100 m weiter liegt und einige Stelen umfasst.

Wenn die Zeit drängt, kann man die 500 m weiter gelegene **Grupo Macanxoc** auslassen (wo es ein paar erodierte Stelen mit Darstellungen von Frauen aus Tikal gibt), vorbei an der **Grupo Nohoch Mul** nach Nordosten gehen und dann rechts (nach Osten) zum halbkreisförmigen Xaibé-Bau abbiegen, an dem sich vier *sacbeob* treffen. Im Norden, hinter einigen weiteren Bauten, sieht man die 42 m hohe **Nohoch Mul** (Großer Mund), eine Pyramide, die man erklimmen kann, um über das Urwalddach zu schauen.

Schlafen

In der Stadt Cobá gibt's zwei unspektakuläre, günstige Hotels an der Hauptstraße, beide in fußläufiger Nähe der Ruinen. Wer Lust auf eine Stadt mit mehr Nachtleben und einer größeren Restaurantauswahl hat, sollte im nahe gelegenen Tulum absteigen.

Hotel Sac-bé HOTEL **$**
(☎984-144-3006; Zi. mit Ventilator/Klimaanlage 350/450 Mex$; ❄) Das saubere und freundliche Hotel liegt an der Hauptstraße auf dem Weg in die Stadt und ist die beste Adresse vor Ort. Die Hühner sind morgens ein bisschen laut und die Betten nur mittelprächtig, aber das Hotel hat ein Restaurant und warmes Wasser fließt auch.

Hotel El Bocadito HOTEL **$**
(☎984-807-2071; Zi. mit Ventilator/Klimaanlage 200/450 Mex$; ❄) Sehr einfache Zimmer, nur zu empfehlen, wenn das Hotel Sac-bé voll ist.

An- & Weiterreise

Die meisten Busse, die Cobá anfahren, machen einen Schlenker zu den Ruinen, um ihre Fahrgäste dort an einer kleinen Haltestelle rauszulassen. Einige Busse fahren nur bis zum Hotel El Bocadito, wo sich die andere Bushaltestelle des Ortes befindet. Sechs- bis achtmal täglich verkehren Busse zwischen Tulum und Cobá (36–44 Mex$, 45 Min.) und Playa del Carmen (66–86 Mex$, 1¾ Std.). Außerdem fahren Busse nach Valladolid (40–62 Mex$, 45 Min.) und Chichén Itzá (68–90 Mex$, 1½ Std.).

Reserva de la Biosfera Sian Ka'an

Über 5000 km² mit tropischem Urwald, Sumpfland, Mangroven und Inseln an Quintana Roos Küste wurden von der mexikanischen Regierung zu einem Biosphärenreservat erklärt. 1987 nahm die Unesco dieses einzigartige Naturjuwel in ihre Weltnaturerbe-Liste auf.

Wer auf dem Landweg über die Straße nach Punta Allen ins Schutzgebiet fährt, passiert die **Boca Paila Camps** (Cesiak; ☎984-871-2499; www.cesiak.org; Carretera Tulum-Boca Paila; Zi. ab 1470 Mex$; P), wo fünfstündige Kajakexpeditionen (650 Mex$) zur Vogelsafari einladen. Etwa 1 km weiter südlich liegt das **Centro de Visitantes Reserva de la Biosfera Sian Ka'an** mit naturgeschichtlichen Ausstellungen und einem Aussichtsturm.

Am Ende der Straße versteckt sich das äußerst geruhsame Strandörtchen **Punta Allen** (40 km südlich von Tulum), das unter Sportfischern für seinen Bestand an Grätenfischen bekannt ist. Auch die Jagd (mit anschließender Freilassung) auf Tarpune und Snooks (eine Barschart) ist beliebt. Eine einstündige Tour durch die Lagune inklusive Schildkröten- und Vogelbeobachtung sowie Schnorcheln kostet 700 bis 800 Mex$. Im Hotel kann man sich über Anbieter informieren. In der Stadt gibt's weder Geldautomaten noch Internetcafés.

Am Ortseingang bietet das **Hotel Costa del Sol** (☎984-113-2639; reservaciones@bungaloscostadelsol.com; Zeltplatz 200 Mex$, Zi. 1100 Mex$) idyllische, ventilatorgekühlte Bungalows am Strand und ein entspanntes Flair. Das Restaurant ist ganz okay und am Wochenende sorgen Karaoke-Abende für heisere Kehlen.

An- & Weiterreise

Community Tours Sian Ka'an (☎871-2202; www.siankaantours.org; Osiris Ecke Sol; ⏲Büro 7–20 Uhr) organisiert Touren von Tulum aus, die ihre Teilnehmer auch in der Zona Hotelera abholen. Die Trips kosten etwa 1300 Mex$. Das Schutzgebiet ist von Tulum aus auch mit **Colectivos nach Punta Allen** (☎984-115-5580) zu erreichen. Täglich fährt eins um 14 Uhr im Zentrum Tulums ab und kommt etwa vier Stunden später an.

Campeche

☎981 / 259 000 EW.

Campeche ist ein koloniales Märchenland: Die von einer Mauer umgebene Innenstadt ist eine enge Enklave mit perfekt renovierten, pastellfarbenen Gebäuden, schmalen Pflasterstraßen, Festungswällen und gut erhaltenen Herrenhäusern. Die Hauptstadt des Bundesstaates wurde 1999 in die Liste des Unesco-Weltkulturerbes aufgenommen und so gewissenhaft restauriert, dass man sich fragt, ob dies wirklich eine echte Stadt ist.

Campeche

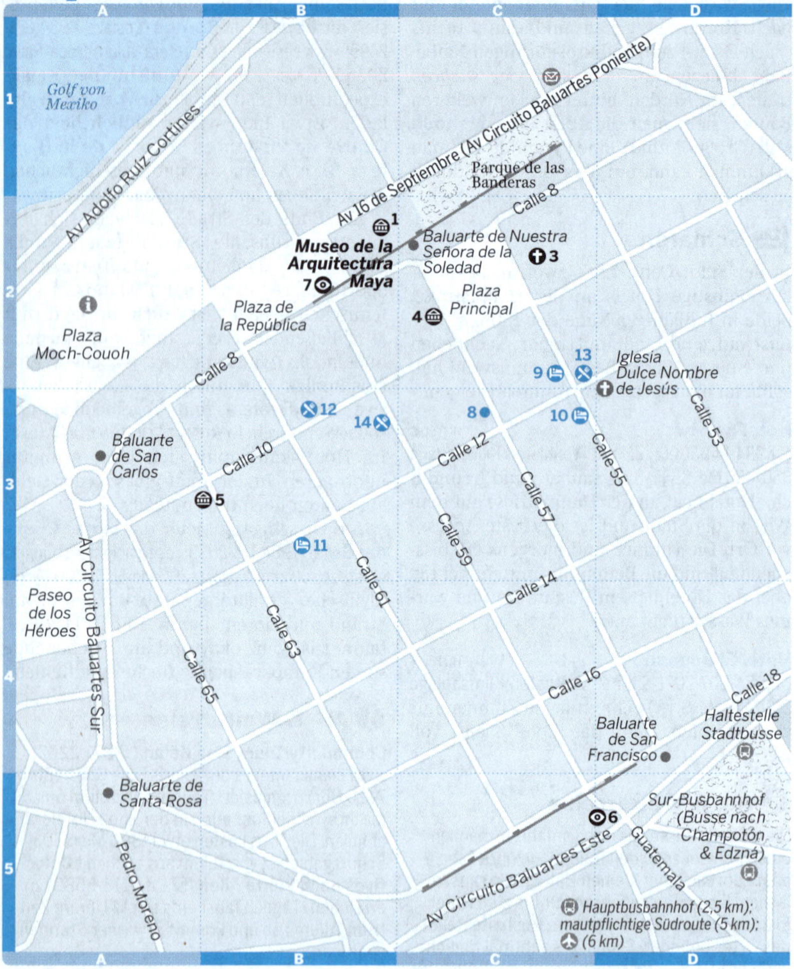

Sehenswertes & Aktivitäten

Plaza Principal & Umgebung

Campeches sympathisch bescheidene Plaza Principal erblickte 1531 als Militärlager das Licht der Welt. Heute ist sie von ausladenden, Schatten spendenden Johannisbrotbäumen gesäumt. Von einem Belle-Époque-Kiosk verlaufen strahlenförmig breite Fußwege und gekachelte Bänke laden zum Verweilen ein.

Catedral de Nuestra Señora de la Purísima Concepción KATHEDRALE
(6.30–21 Uhr) Mit ihren zwei Türmen dominiert die Kathedrale die Ostseite der Plaza. In den Nischen der Barockfassade finden sich Statuen vom hl. Petrus und hl. Paulus. Gemälde aus der Kolonialzeit schmücken das nüchterne, einschiffige Innere.

Centro Cultural Casa Número 6 HISTORISCHES GEBÄUDE
(816-1782; Calle 57 No 6; Eintritt 10 Mex$, Audioguide 15 Mex$; Mo–Fr 8–21, Sa & So 9–21 Uhr)

Campeche

Highlights
1 Museo de la Arquitectura Maya B2

Sehenswertes
2 Baluarte de San Pedro E4
3 Catedral de Nuestra Señora de la Purísima Concepción C2
4 Centro Cultural Casa Número 6.........C2
5 Ex-Templo de San José.......................B3
6 Puerta de Tierra..................................D5
7 Puerta del Mar B2

Aktivitäten, Kurse & Touren
8 Xtampak Tours C3

Schlafen
9 Hostal La Parroquia.............................C2
10 Hotel Guarandocha Inn C3
11 Hotel López B3

Essen
Café La Parroquia..........................(s. 9)
12 Cafetería Atrapa Sueño B3
13 Chef Color C2
14 Luz de Luna..B3

Die Villa aus der Zeit vor der Revolution vermittelt einen Eindruck davon, wie die High Society der Stadt einst lebte. Der vordere Salon ist mit Möbeln im kubanischen Stil jener Epoche ausstaffiert.

Ex-Templo de San José HISTORISCHES GEBÄUDE
(Ehemalige Kirche San José; Ecke Calle 10 & 63) Die ehemalige Kirche wurde Anfang des 18. Jhs. von Jesuiten erbaut, die hier auch ein Kolleg unterhielten, bis sie 1767 aus dem spanischen Hoheitsgebiet vertrieben wurden. Heute dienen die Räume als Ausstellungsort.

Baluartes

Nach einem besonders mörderischen Piratenangriff 1663 machten sich die verbliebenen Einwohner Campeches daran, rund um ihre Stadt Schutzmauern zu errichten. Den Mauern durch die Stadt zu folgen, ist eine tolle Möglichkeit, eine Reihe von Museen und anderen Sehenswürdigkeiten an nur einem Tag zu besuchen. Zu den beliebtesten Zwischenstopps gehören zwei der Haupteingänge, die den ummauerten Ort mit der Außenwelt verbanden – die **Puerta del Mar** (Meerestor; Ecke Calle 8 & 59), die zu einer Werft führt, und die **Puerta de Tierra** (Landtor; Calle 18; Eintritt 10 Mex$; 9–18 Uhr), in der heute eine Licht-und-Ton-Show gezeigt wird.

★ Museo de la Arquitectura Maya MUSEUM, FESTUNGSMAUER
(Calle 8; Eintritt 35 Mex$; Di–So 9–17.30 Uhr) Dieses faszinierende Museum gehört zum Pflichtprogramm und logiert im Baluarte de Nuestra Señora de la Soledad. Es vermittelt einen ausgezeichneten Überblick über die archäologischen Stätten im ganzen Bundesstaat Campeche und die wichtigsten dort vertretenen Architekturstile.

Baluarte de San Pedro MUSEUM, FESTUNGSMAUER (Ecke Avs Circuito Baluartes Este & Circuito Baluartes Nte; 9–21 Uhr) GRATIS Hinter der Iglesia de San Juan de Dios beherbergt der Baluarte de San Pedro die **Galería y Museo de Arte Popular**, die wunderschönes indigenes Kunsthandwerk zeigt.

Schlafen

Hotel Guarandocha Inn HOTEL $
(811-6658; rool_2111@hotmail.com; Calle 55 zw. 12 & 14; DZ mit Frühstück 350–450 Mex$, 3BZ mit Frühstück 600 Mex$) Das einfache, aber angenehme Hotel bietet ein gutes Preis-Leistungs-Verhältnis. Die Zimmer sind hübsch und geräumig, wobei die neueren Räume im oberen Stockwerk heller und offener (und ein bisschen teurer) sind.

Hostal La Parroquia HOSTEL $
(816-2530; www.hostalparroquia.com; Calle 55 No 8; B 95 Mex$, DZ/4BZ ohne Bad mit Frühstück 250/400 Mex$) Das günstig gelegene, einfache Hostel ist nur einen halben Block von der Plaza Principal entfernt und residiert in einer heruntergekommenen Villa aus dem späten 16. Jh. Die Gemeinschaftsbereiche sind ziemlich renovierungsbedürftig, aber zumindest gibt's Frühstück und Leihräder.

★**Hotel López** HOTEL $$
(816-3344; www.hotellopezcampeche.com.mx; Calle 12 No 189; DZ/3BZ/4BZ/Suite 620/670/720/900 Mex$) Dieses elegante Hotel ist eine von Campeches besten Mittelklasse-Optionen. Die kleinen, aber modern und gemütlich eingerichteten Zimmer mit verschnörkelten Art-déco-Balkons gruppieren sich um einen ovalen, schön begrünten Hof.

Essen

Café La Parroquia MEXIKANISCH $
(816-2530; Calle 55 No 8; Hauptgerichte 45–150 Mex$, Mittagessen 70–80 Mex$; 24 Std.) Das von Einheimischen und Touristen gern besuchte Lokal serviert eine große Bandbreite an Gerichten – von Brathähnchen und gegrilltem Schweinefleisch bis hin zu Truthahnsuppe und regionalen Spezialitäten.

Chef Color MEXIKANISCH $
(811-4455; Ecke Calle 55 & 12; halber/ganzer Teller 30/50 Mex$; Mo–Sa 12.30–17.30 Uhr) Dieses Restaurant mit Glastresen im Stil einer Cafeteria tischt mexikanische Küche mit zentralamerikanischem Einschlag auf. Das Essen ist lecker und günstig und die Portionen sind riesig. Einfach auf das gewünschte Gericht zeigen.

Cafetería Atrapa Sueño VEGETARISCH $
(816-5000; Calle 10 No 269; Hauptgerichte 30–80 Mex$; 8–20 Uhr, April–Nov. So geschl.) Das von Deutschen betriebene New-Age-Bistro hat eine gute Auswahl an vegetarischen Speisen, darunter leckere Sandwiches und Suppen. Außerdem werden hier Meditations- und Yogakurse angeboten.

★**Luz de Luna** INTERNATIONAL $$
(811-0624; Calle 59 No 6; Hauptgerichte 75–110 Mex$; Mo–Sa 8–22 Uhr) Bunt bemalte Tische mit Schnitzmustern und die folklo-

ABSTECHER

MEHR ENTDECKEN IN CAMPECHE

Man kann auch einfach mal den Reiseführer beiseitelegen und sich in die weniger erkundeten Ecken Campeches aufmachen. Für Leute, die ohne Auto unterwegs sind, organisiert **Xtampak Tours** (811-6473; www.toursencampeche.com; Calle 57 No 14; Mo–Sa 8–20, So 8–14 Uhr) Ausflüge zu den folgenden Ziele:

➡ **Chenes-Stätten** Der Nordosten des Bundesstaates Campeche ist mit über 30 Stätten im charakteristischen Chenes-Stil gespickt, der an den Ungeheuermotiven rund um die Eingänge leicht zu erkennen ist.

➡ **Calakmul** (555-150-2073; Eintritt 46 Mex$; Straßenerhaltungsgebühr pro Auto 56 Mex$ zzgl. pro Pers. 28 Mex$, Eintritt Biosphärenreservat pro Pers. 54 Mex$; 8–17 Uhr) Es ist zwar nicht so leicht, diese abgeschiedene Maya-Stätte zu erreichen, die von Mexikos größtem Biosphärenreservat umschlossen wird, aber sie ist den zusätzlichen Aufwand allemal wert.

➡ **Edzná** (Eintritt 46 Mex$; 8–17 Uhr) Die Campeche am nächsten gelegenen größeren Ruinen – und mit die eindrucksvollsten auf der ganzen Halbinsel – sind auf einem Tagesausflug von der Stadt aus leicht zu erreichen. **Combis** (Minibusse; 35 Mex$, 1 Std.) zu der Stätte fahren in Campeche in der Calle Chihuahua in der Nähe des Marktes ab.

ristische Einrichtung verleihen dem beliebten Restaurant in der Fußgängerzone eine rustikale Note. Ebenso anregend ist die Speisekarte, sehr zu empfehlen sind z. B. der Krabbensalat und der vegetarische Burrito.

✩ Unterhaltung

Ausnahmslos jeden Samstag- und Sonntagabend ab ca. 18.30 Uhr werden auf der Plaza Principal diverse Vorführungen geboten. Campeches heißeste Bars und Clubs findet man 1 km außerhalb des Stadtzentrums am *malecón* (Uferpromenade) hinter dem Torres del Cristal.

ℹ Praktische Informationen

In der Innenstadt gibt's mehrere *cibers* (Internetcafés). Banken und Geldautomaten sind südlich der Plaza in der Calle 10 vertreten.

Hauptpost (Ecke Av 16 de Septiembre & Calle 53; Mo–Fr 8.30–16, Sa 8–11.30 Uhr)

Hospital Dr Manuel Campos (811-1709; Av Circuito Baluartes Nte)

Secretaría de Turismo (127-33-00; www.campeche.travel; Plaza Moch-Couoh; Mo–Fr 8–21, Sa & So 8–20 Uhr)

ℹ An- & Weiterreise

BUS

Campeches **Hauptbusbahnhof** (811-9910; Av Patricio Trueba 237), normalerweise ADO- oder 1.-Klasse-Terminal genannt, liegt 2,5 km südlich der Plaza Principal und ist über die Avenida Central erreichbar.

Das **2.-Klasse-Busterminal** (811-9910; Av Gobernadores 289), oft als „alter ADO-Busbahnhof" bezeichnet, befindet sich 1,5 km östlich des Mercado Principal.

Zum neuen Busbahnhof fahren von der Hauptpost alle Busse mit der Aufschrift „Las Flores", „Solidaridad" oder „Casa de Justicia". Zum 2.-Klasse-Busterminal fährt von hier der Bus „Terminal Sur".

ZIEL	PREIS (MEX$)	DAUER (STD.)
Cancún	450–550	7
Mérida via Bécal	136–162	2½
Mérida via Uxmal	94–105	4½
Mexiko-Stadt	1175–1400	18
Palenque	300	6
San Cristóbal de Las Casas	435	10

FLUGZEUG

Der Flughafen liegt 6 km südöstlich des Zentrums. **Aeroméxico** (800-021-4010; www.aeromexico.com) betreibt Flüge nach Mexiko-Stadt.

ℹ Unterwegs vor Ort

Die meisten Nahverkehrsbusse (5,50 Mex$) haben ihre **Haltestelle** am oder beim Markt.

Die Sehenswürdigkeiten lassen sich auch gut per Rad entlang dem *malecón* (Uferpromenade) im wahrsten Sinne des Wortes abklappern. Leihräder vermietet **Buenaventura** (144-3388; www.viajesbuenaventura.com.mx; Av 16 de Septiembre 122 Local 3; Leihrad pro erste/weitere Std. 30/20 Mex$, pro Tag inkl. Helm & Schloss 150 Mex$; Mo–Sa 9–15 & 17–20 Uhr). Innerstädtische Taxifahrten kosten zwischen 25 und 50 Mex$.

CHIAPAS

Kühles Hochland mit Kiefernwäldern, schwüle Dschungel und gut erhaltene Kolonialstädte existieren in Mexikos südlichstem Staat Seite an Seite. In dieser Region ist das Erbe der spanischen Herrschaft allgegenwärtig und es gibt einige faszinierende Hinterlassenschaften der antiken Maya-Zivilisation zu bestaunen. In Chiapas lebt die zweitgrößte indigene Bevölkerung des Landes. Die modernen Mayas konnten hier ihre traditionelle Kultur bis heute erhalten und stellen so ein direktes Verbindungsglied zur Vergangenheit dar. Im Herzen der Region pulsiert die charmante Stadt San Cristóbal de las Casas. Einst war sie die zentrale Bastion der Zapatistas, die aber gegenüber den 1990er-Jahren an Einfluss verloren haben.

San Cristóbal de las Casas

967 / 185 900 EW. / 1940 M

Die in einem traumhaften Hochlandtal gelegene Kolonialstadt San Cristóbal ist seit Jahrzehnten ein beliebtes Reiseziel. Es macht Spaß, ihre Pflasterstraßen und Märkte zu erkunden und das einzigartige Ambiente samt herrlich klarem Hochlandlicht in sich aufzusaugen. Die mittelgroße Stadt punktet auch mit einem netten Mix aus urbanem und ländlichem Charme: Renovierte, jahrhundertealte Häuser gehen in Weiden mit grasendem Vieh und Maisfelder über. Zudem ist San Cristóbal von Dutzenden traditionellen Tzotzil- und Tzeltal-Dörfer umringt und ein großartiges Basislager für die Erkundung der näheren und weiteren Umgebung.

ABSTECHER

MEHR ENTDECKEN IN CHIAPAS

Wenigstens ein paar dieser Abenteuer auf eigene Faust sollte man sich nicht entgehen lassen:

- **Agua Azul & Misol-Ha** Diese spektakulären Naturschönheiten – die donnernden Kaskaden von Agua Azul und der 35 m hohe Urwaldwasserfall Misol-Ha (www.misol-ha.com) – sind beide auf einem kurzen Abstecher von der Straße zwischen Ocosingo und Palenque zu erreichen.
- **Lagos de Montebello** Die gemäßigten Kiefern- und Eichenwälder entlang der guatemaltekischen Grenze östlich von Chinkultic sind mit über 50 kleinen Seen in unterschiedlichsten Farbtönen gespickt. Die nahen **Chinkultic-Ruinen** tragen ein Übriges zur geheimnisvollen Atmosphäre bei.
- **Ocosingo** bietet eine Erholungspause von den kühlen Hochlandtemperaturen und der Dampfsauna im Tieflanddschungel. Die lebendige regionale Marktstadt liegt in einem malerischen Tal auf halber Strecke zwischen San Cristóbal und Palenque. Die beeindruckenden Maya-Ruinen von **Toniná** (☎ 919-108-22-39; Eintritt 41 Mex$; ⏲ 8–17 Uhr) sind nur ein paar Kilometer entfernt.
- **Reserva de la Biosfera la Encrucijada** Das riesige Biosphärenreservat umfasst einen 1448 km² großen Küstenstreifen mit Lagunen, Sandbänken und Feuchtgebieten.
- **Sima de las Cotorras** (☎ 968-689-0289; simacotorras@hotmail.com) Rund um den dramatischen Karsttrichter von 160 m Breite und 140 m Tiefe haben sich Tausende Papageien angesiedelt. Er ist etwa 1½ Autostunden von Tuxtla Gutiérrez entfernt.

Sehenswertes

Plaza 31 de Marzo PLATZ

Auf dem grünen zentralen Platz kann man San Cristóbal de la Casas' unaufgeregte Hochland-Atmosphäre wunderbar genießen.

Kathedrale Nuestra Señora de la Asunción KATHEDRALE

(Plaza 31 de Marzo) Auf der Nordseite der Plaza wurde mit dem Bau der Kathedrale bereits 1528 begonnen; sie wurde aufgrund verschiedener Naturkatastrophen aber erst 1815 endgültig fertig. Prompt schlugen 1816 und 1847 erneut Erdbeben zu und verursachten große Schäden, aber zwischen 1920 und 1922 wurde das Gotteshaus wieder aufgebaut. Das mit Blattgold verzierte Innere enthält fünf vergoldete Altarbilder, darunter auch Gemälde von Miguel Cabrera aus dem 18. Jh.

Hotel Santa Clara HISTORISCHES GEBÄUDE

(Südost-Ecke der Plaza) Das Hotel Santa Clara wurde von Diego de Mazariegos, dem spanischen Eroberer Chiapas', erbaut. Sein Wappen ist über dem Hauptportal eingraviert. Das Haus ist ein seltenes säkulares Beispiel des plateresken Stils in Mexiko.

Cerro de San Cristóbal & Cerro de Guadalupe AUSSICHTSPUNKT

Einmal den besten Ausblick der Stadt genießen? Nun, dafür muss man was tun, denn in dieser Höhe können die Stufen über die Hügel eine echte Plackerei sein. Beide Aussichtspunkte krönen Kirchen und die **Iglesia de Guadalupe** verwandelt sich rund um den Día de la Virgen de Guadalupe (12. Dez.) zum Hotspot für das religiöse Volk. Vorsicht! Diese Gegenden gelten nachts nicht als sicher.

Templo & Ex-Convento de Santo Domingo KIRCHE

(⏲ 6.30–14 & 16–20 Uhr) GRATIS Gleich nördlich des Zentrums steht der Templo de Santo Domingo aus dem 16. Jh., San Cristóbals schönste Kirche. Die barocke Front mit ihren außergewöhnlich filigranen Stuckarbeiten wurde im 17. Jh. angefügt und zeigt auch den doppelköpfigen Habsburger Adler, seinerzeit das Symbol der spanischen Monarchie. Das Innere ist üppig vergoldet, vor allem die aufwendige Kanzel.

Rund um Santo Domingo und den benachbarten **Templo de la Caridad** (1712 erbaut) ziehen Frauen aus Chamulan und eine Reihe unkonventioneller Gestalten aus ganz Mexiko Tag für Tag einen bunten Kunsthandwerkermarkt auf. Das ehemalige Kloster, das Santo Domingo angeschlossen ist, beinhaltet zwei interessante Ausstellungsorte: den Verkaufsraum der Weber von Señora Jolobil und das **Centro Cultural de los Altos** (☎ 678-16-09; Calz Cárdenas s/n; Eintritt 46 Mex$; ⏲ Di–So 9–18 Uhr), zu dem auch ein spanischsprachiges Museum zur Geschichte der Region San Cristóbal gehört.

Na Bolom HISTORISCHES GEBÄUDE
(☎678-1418; www.nabolom.org; Guerrero 33; Eintritt 40 Mex$, inkl. Tour 50 Mex$; ⏲7–19 Uhr) Das stimmungsvolle Museum und Studienzentrum widmet sich der Erforschung der indigenen Kulturen und der Natur Chiapas' und setzt sich für deren Erhalt ein. So organisiert Na Bolom u. a. Gemeinde- und Umweltschutzprogramme in indigenen Gebieten. Die hauseigene Bibliothek mit 9000 Büchern und Dokumenten ist eine wichtige Wissensquelle rund um die Maya-Kultur.

Mercado Municipal MARKT
(⏲draußen 6–18, drinnen 8–15 Uhr) Wer das Leben hier näher kennenlernen möchte – und sich einem Angriff auf die Sinne gewachsen fühlt –, sollte San Cristóbals geschäftigem städtischem Markt acht Blocks nördlich des Hauptplatzes einen Besuch abstatten.

Museo de la Medicina Maya MUSEUM
(☎678-5438; Av Salomón González Blanco 10; Eintritt 20 Mex$; ⏲Mo–Fr 9–17, Sa & So 9–16 Uhr; P) Dieses preisgekrönte Museum stellt seinen Besuchern die traditionelle Medizin vor, die noch immer von zahlreichen Mayas im Hochland Chiapas' angewandt wird. Von der Plaza führt ein zwanzigminütiger Spaziergang gen Norden hierher.

Centro Cultural El Carmen KULTURZENTRUM
(Hermanos Domínguez s/n; ⏲Di–So 9–18 Uhr) GRATIS Der **Arco del Carmen** stammt aus dem späten 17. Jh. und war einst das Tor der Stadt. Das ehemalige Kloster gleich östlich ist ein wunderschönes Kolonialgebäude mit einem großen, friedlichen Garten. Heute beherbergt es ein Kulturzentrum mit Kunst- und Fotoausstellungen sowie gelegentlichen Musikveranstaltungen.

Café Museo Café MUSEUM, CAFÉ
(☎678-7876; MA Flores 10; Eintritt 30 Mex$; ⏲7–22 Uhr) Dieses Café und Kaffeemuseum ist ein Projekt von Coopcafé, einem Zusammenschluss von über 17 000 kleinen (meist indigenen) Kaffeebauern aus Chiapas.

Museo del Ámbar de Chiapas MUSEUM
(☎678-9716; www.museodelambar.com.mx; Plazuela de la Merced; Eintritt 20 Mex$; ⏲Di–So 10–14 & 16–20 Uhr) Dieses Museum erklärt alles rund ums Thema Bernstein und zeigt und verkauft einige aufwendig gefertigte Stücke, teilweise mit eingeschlossenen Insekten.

Kurse

El Puente Spanish Language School SPRACHKURSE
(☎678-3723; www.elpuenteweb.com; Real de Guadalupe 55) Hier kann man Spanisch lernen und bekommt auf Wunsch Gastfamilien vermittelt.

La Casa en el Árbol SPRACHKURSE
(☎967 674-52-72; www.lacasaenelarbol.org; Real de Mexicanos 10; Einzel-/Gruppenunterricht pro Std. 143/91 Mex$, 7 Tage Unterkunft in einer Gastfamilie 1885 Mex$) Sozial engagierte Schule, die Tzeltal, Tzotzil und Spanisch unterrichtet. Sie bietet viele außerschulische Aktivitäten an und ist Anlaufstelle für Freiwilligenprogramme.

Geführte Touren

Explora ABENTEUERTOUREN
(☎674-6660; www.ecochiapas.com; Calle 1 de Marzo 30; ⏲Mo–Fr 9.30–14 & 16–20, Sa 9.30–14 Uhr) Lust auf Wildwasserabenteuer im Fluss? Dieser Veranstalter ist spezialisiert auf drei- bis sechstägige Kajak- und Raftingtouren in den Urwaldgebieten der Lakandonen.

Jaguar Adventours FAHRRADVERLEIH
(☎631-5062; www.adventours.mx; Av Belisario Domínguez 8A; Leihrad pro Std./Tag 40/200 Mex$; ⏲Mo–Sa 9–14.30 & 15.30–20, So 9–14.30 Uhr) Dieser Fahrradverleih veranstaltet auch Ausflüge per Rad nach Chamula (20 km) und Zincantán (32 km) sowie längere Radtouren (bis 80 km).

Festivals & Events

Feria de la Primavera y de la Paz RELIGIÖS
(Frühlings- & Friedensfest) Am Ostersonntag beginnt das einwöchige Stadtfest mit Paraden, Musikveranstaltungen, Stierkämpfen etc.

Festival de las Culturas KULTURELL
(www.conecultachiapas.gob.mx) Von Mitte bis Ende Oktober bringt dieses kostenlose einwöchige, Kulturprogramm spannende Musik-, Tanz- und Theaterdarbietungen auf die Bühne.

Schlafen

Posada La Media Luna HOTEL $
(☎631-5590; www.hotel-lamedialuna.com; Hermanos Domínguez 5; EZ/DZ/3BZ/4BZ/Apt. 400/500/600/700/1300 Mex$; @ᯤ) Das nette, gepflegte Hotel in italienischem Besitz ist eine tolle Budgetoption. Die Zimmer sind bequem und hübsch, haben Kabel-TV und gruppieren sich um einen überdachten In-

Chiapas

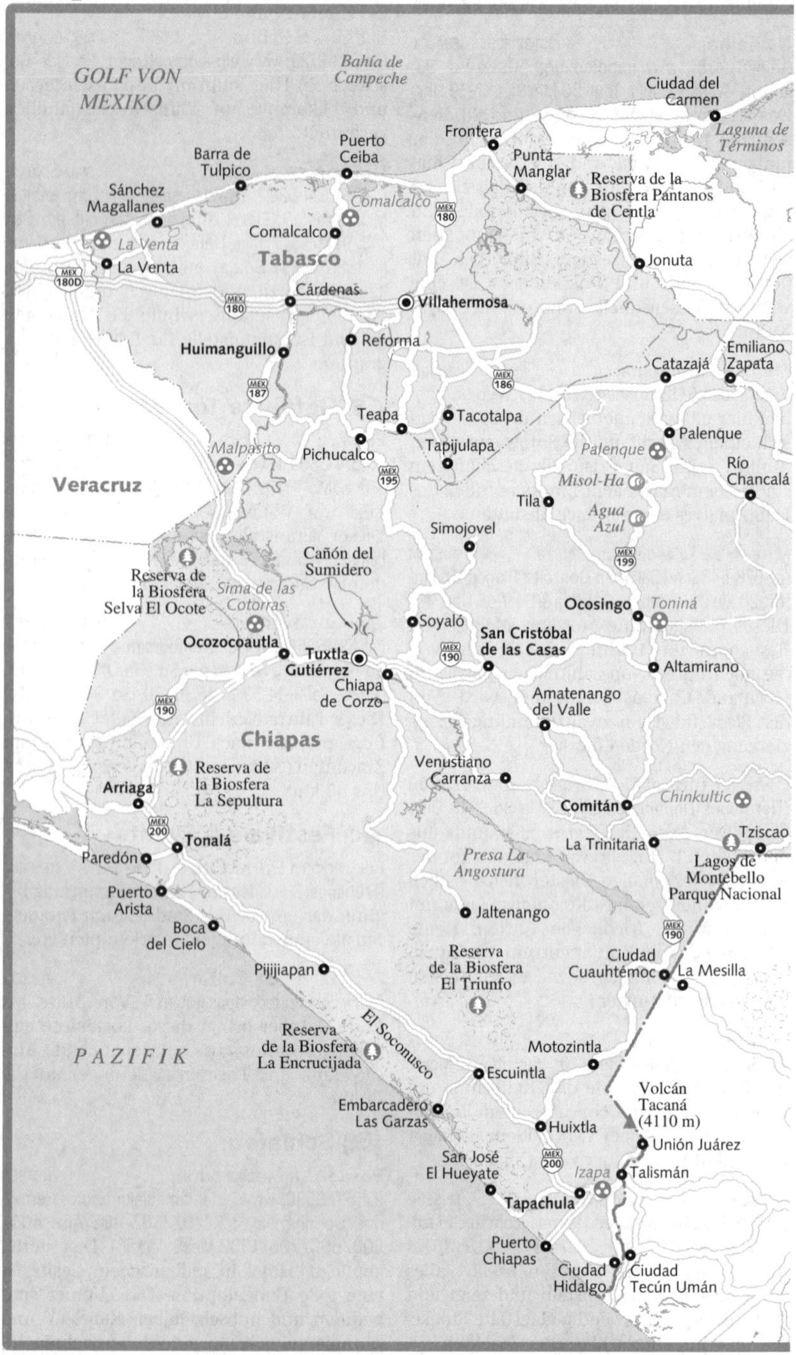

GOLF VON MEXIKO
Bahía de Campeche
Ciudad del Carmen
Laguna de Términos
Frontera
Puerto Ceiba
Barra de Tulpico
Sánchez Magallanes
Punta Manglar
Reserva de la Biosfera Pantanos de Centla
Comalcalco
Comalcalco
La Venta
La Venta
Tabasco
Jonuta
Cárdenas
Villahermosa
Reforma
Huimanguillo
Catazajá
Emiliano Zapata
Teapa
Tacotalpa
Palenque
Pichucalco
Tapijulapa
Malpasito
Palenque
Río Chancalá
Veracruz
Misol-Ha
Tila
Agua Azul
Simojovel
Cañón del Sumidero
Reserva de la Biosfera Selva El Ocote
Sima de las Cotorras
Ocosingo
Toniná
Soyaló
San Cristóbal de las Casas
Ocozocoautla
Tuxtla Gutiérrez
Altamirano
Chiapa de Corzo
Amatenango del Valle
Chiapas
Reserva de la Biosfera La Sepultura
Venustiano Carranza
Arriaga
Comitán
Chinkultic
Tonalá
Tziscao
La Trinitaria
Paredón
Lagos de Montebello Parque Nacional
Presa La Angostura
Puerto Arista
Jaltenango
Boca del Cielo
Reserva de la Biosfera El Triunfo
Ciudad Cuauhtémoc
La Mesilla
Pijijiapan
El Soconusco
Reserva de la Biosfera La Encrucijada
Motozintla
PAZIFIK
Escuintla
Volcán Tacaná (4110 m)
Embarcadero Las Garzas
Huixtla
Unión Juárez
San José El Hueyate
Izapa
Talismán
Tapachula
Puerto Chiapas
Ciudad Hidalgo
Ciudad Tecún Umán

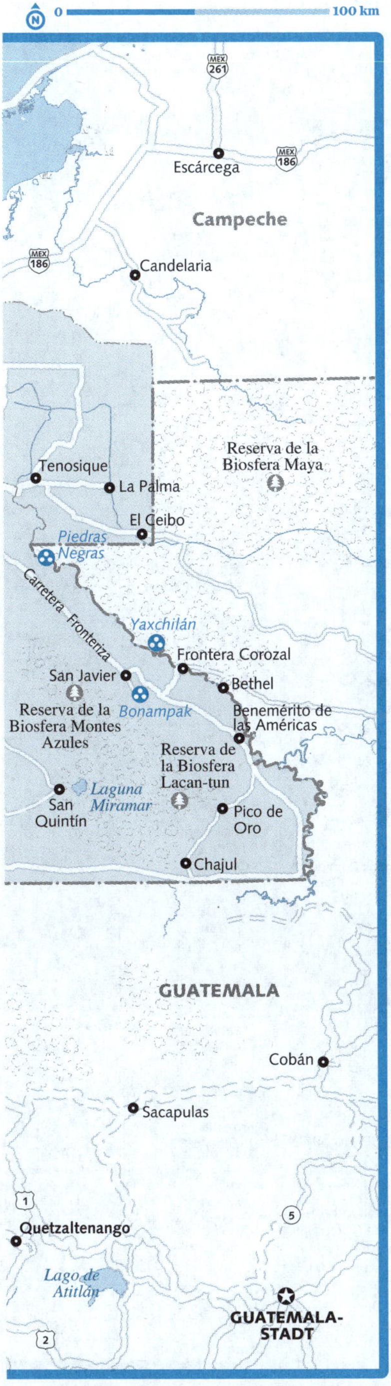

nenhof mit Topfpflanzen. Aber Achtung, die Kirchenglocken in der Nachbarschaft haben es in sich!

Rossco Backpackers HOSTEL $
(☎ 674-0525; www.rosscohostel.com; Real de Mexicanos 16; B mit Frühstück 165–185 Mex$, DZ/3BZ/4BZ mit Frühstück 500/700/800 Mex$; P @ 📶) Das sympathische Hostel logiert in einem alten Gebäude, die Zimmer sind um einen idyllischen Garten angeordnet. Die Schlafsäle sind okay, aber etwas beengt. Die großzügigen Privatzimmer haben Hotelqualität, sind mit rustikalen Möbeln sowie zu Tieren gefalteten Handtüchern bestückt und verfügen teilweise über Dachfenster.

México Hostel HOSTEL $
(☎ 678-0014; www.himexico.com; Josefa Ortiz de Domínguez 12; B 160 Mex$, Zi. mit Gemeinschafts-/eigenem Bad 400/440 Mex$; P @ 📶) Eine große Hofanlage mit atemberaubendem Ausblick auf die Berge und einem beschaulichen Garten. Das HI-Hostel bietet gute helle Zimmer und Schlafsäle (einer nur für Frauen), eine Küche und viele einladende Gemeinschaftsbereiche.

Hostal Rincón de los Camellos HOSTEL $
(☎ 967 116-0097; www.loscamellos.over-blog.com; Real de Guadalupe 110; B 80 Mex$, EZ/DZ/3BZ/4BZ ohne Bad 160/220/270/340 Mex$, mit Bad 220/280/330/400 Mex$) Ein sauberes, friedliches Plätzchen, das von einem herzlichen französisch-mexikanischen Trio geführt wird. Die hell gestrichenen Zimmer liegen rund um zwei Innenhöfe und hinten wartet ein kleiner Garten mit Rasenfläche.

Hotel Posada Tepeyac HOSTEL $
(Real de Guadalupe 40) Ein kleines, feines Hotel im Herzen der Calle Real de Guadalupe und ihrer Backpackerszene. Die 33 reinlichen Zimmer versammeln sich um mehrere kleine Terrassen und ein charmantes Foyer mit kunterbunten Fenstergläsern.

Essen

Selbstversorger können sich im zentral gelegenen Supermarkt **Super Más** (Real de Guadalupe 22; ⏲ 8–21.30 Uhr) mit Lebensmitteln eindecken.

Tierradentro MEXIKANISCH $
(☎ 674-6766; Real de Guadalupe 24; Menü 65–100 Mex$; ⏲ 8.15–22.30 Uhr; 📶) Ein angesagter Treffpunkt der Kaffee schlürfenden, Laptop tragenden Einheimischen. In diesem großen überdachten Hof-Restaurant und Café kann man wunderbar die Zeit totschlagen.

San Cristóbal de las Casas

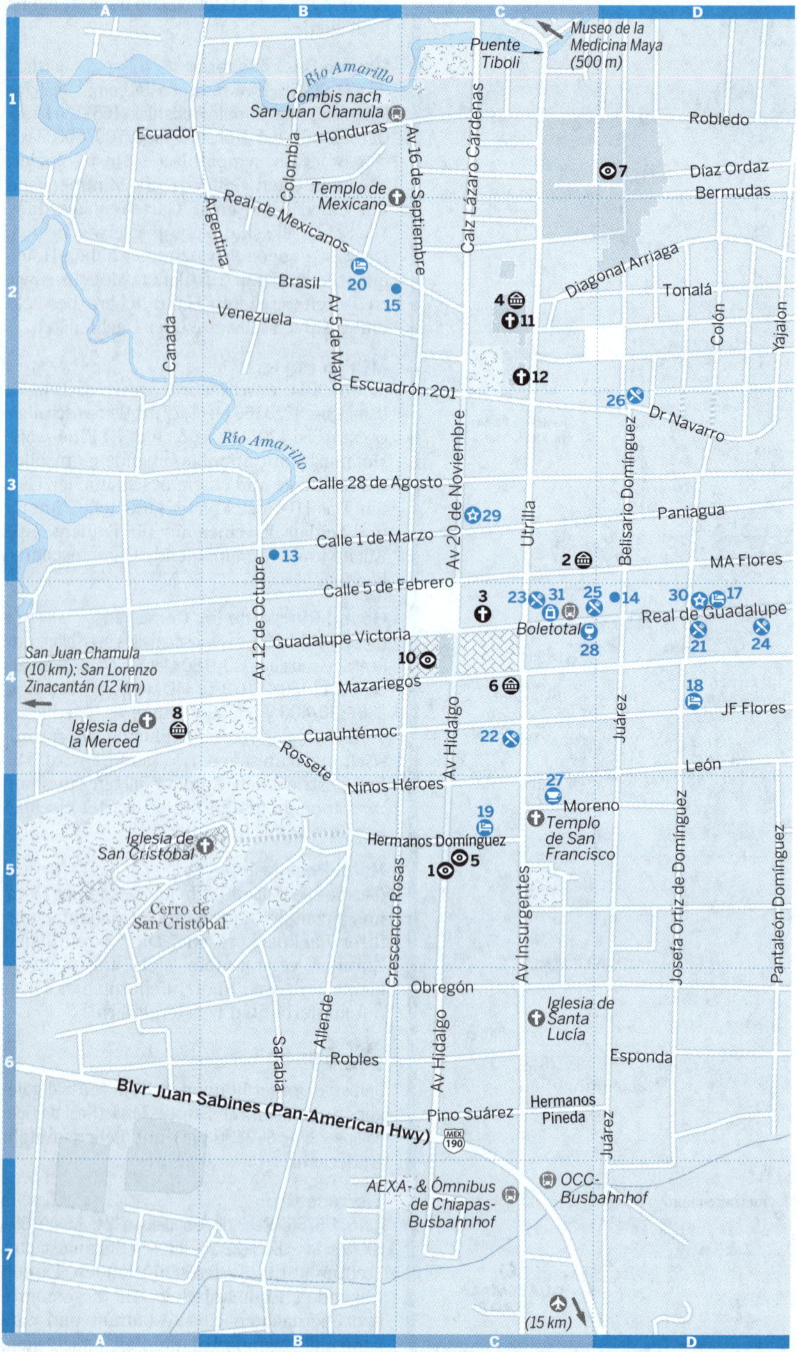

San Cristóbal de las Casas

Sehenswertes
1 Arco del Carmen C5
2 Café Museo Café C3
3 Kathedrale C4
4 Centro Cultural de los Altos C2
5 Centro Cultural El Carmen C5
6 Hotel Santa Clara C4
7 Mercado Municipal D1
8 Museo del Ámbar de Chiapas A4
9 Na Bolom F2
10 Plaza 31 de Marzo C4
11 Templo & Ex-Convento de Santo Domingo C2
12 Templo de la Caridad C2

Aktivitäten, Kurse & Touren
El Puente Spanish Language School .... (s. 24)
13 Explora B3
14 Jaguar Adventours D4
15 La Casa en el Árbol B2

Schlafen
16 Hostal Rincón de los Camellos F4
17 Hotel Posada Tepeyac D4
18 México Hostel D4
19 Posada La Media Luna C5
20 Rossco Backpackers B2

Essen
21 Arez D4
22 El Caldero C4
23 El Horno Mágico C4
24 La Casa del Pan Papalotl D4
25 Tierradentro C4
26 Trattoria Italiana D3

Ausgehen & Nachtleben
27 Kakao Natura C5
28 La Viña de Bacco C4

Unterhaltung
29 Cafe Bar Revolución C3
30 Cocoliche D4

Shoppen
31 Super Más C4

Es wird von Zapatista-Anhängern geführt, die hier oft kulturelle Veranstaltungen und Konferenzen organisieren. Das einfache, aber vorzügliche *menú del día* (Tagesmenü 65–100 Mex$) wechselt täglich.

Arez ORIENTALISCH
(☎967 678-6308; Real de Guadalupe 29; Wraps 25–45 Mex$, Hauptgerichte 60–90 Mex$; ⏰12–23 Uhr) Lamm-Shawarma und andere Köstlichkeiten veredeln die Karte dieses neuen libanesischen Falafel-Hauses. Besonders gut

ist das „Barbecue Arez" mit gegrilltem Rindfleisch, Hühnchen, Zwiebeln und Paprika.

La Casa del Pan Papalotl MEXIKANISCH $
(☎678-7215; Real de Guadalupe 55; Hauptgerichte 50–100 Mex$; ⌚Mo–Sa 8–22 Uhr; ✍) Das ausgezeichnete vegetarische Hof-Restaurant bietet zwischen 13.30 und 16.30 Uhr ein ausgesprochen sättigendes Mittagsbuffet (100 Mex$) an. Frisches Brot und regionale Biozutaten sind hier Programm.

El Caldero MEXIKANISCH $
(Insurgentes 5; Suppen 49 Mex$; ⌚11–22 Uhr) Ein einfaches, kleines, liebenswürdiges Lokal. Die Spezialität des Hauses sind leckere, gehaltvolle mexikanische Suppen wie *pozole* (Brühe mit geschnetzeltem Schweinefleisch) und *mondongo* (Kutteln und Rindfleisch), die alle mit Tortillas, Zwiebeln und Gewürzen gereicht werden.

El Horno Mágico BÄCKEREI $
(Utrilla 7; Brot & Gebäck unter 25 Mex$; ⌚8.30–20.30 Uhr) Die Baguettes zählen zu den besten der Stadt und auch das Gebäck ist himmlisch.

Trattoria Italiana ITALIENISCH $$
(☎678-5895; Dr Navarro 10; Hauptgerichte 120–145 Mex$; ⌚Mo & Do–Sa 14–22, So 14–17.30 Uhr) Das von Mutter und Tochter betriebene italienische Restaurant kredenzt täglich frische, selbst gemachte Ravioli. Die Saucen sind göttlich, der Renner ist die mit Mango, *chipotle* und Gorgonzola.

Ausgehen

La Viña de Bacco WEINBAR
(☎119-1985; Real de Guadalupe 7; ⌚Mo–Sa 14–24 Uhr) San Cristóbals beliebteste Weinbar schenkt neben internationalem *vino* auch Bier, Tequila und Kaffee aus. An warmen Abenden sind die Tische auf dem Gehweg schwer belagert.

Kakao Natura CAFÉ
(Moreno 2A; ⌚Mo–Sa 8–22 Uhr) Die heiße Schokolade in dieser *chocolatería* ist zum Reinlegen gut. Die Varianten Klassisch, Halbbitter und Bitter werden gekrönt von Extras wie Kardamon, Vanille oder sogar Chilis und das alles für ein paar Pesos.

Unterhaltung

Café Bar Revolución LIVEMUSIK
(1 de Marzo 11; ⌚12–3 Uhr) Jeden Tag treten hier ab 20.30 Uhr Livemusiker unterschiedlichster Couleur auf – montags ist Blues und Elektro dran, dienstags Salsa, mittwochs Reggae und Jazz. Für die alkoholische Untermalung sorgen Cocktails wie Mojito und Caipirinha.

Cocoliche LIVEMUSIK
(Colón 3; ⌚12–24 Uhr) Tagsüber ist das Cocoliche ein buntes Restaurant mit Alternativambiente, abends gibt's hier Livemusik mit mexikanischen Bands und ab und zu internationale Gastauftritte.

Praktische Informationen

Banamex (⌚Mo–Sa 9–16 Uhr) Hat einen Geldautomaten; wechselt Dollar und Euro.

Hauptpost (☎678-0765; Allende 3; ⌚Mo–Fr 7.30–19, Sa 8.30–15.30 Uhr)

Städtische Touristeninformation (☎678-06-65; Palacio Municipal, Plaza 31 de Marzo; ⌚8–21 Uhr)

An- & Weiterreise

Eine schnelle *autopista* (Schnellstraße; 45 Mex$ für Autos) führt schnurstracks von Chiapa de Corzo hierher. Dank der erhöhten Militär- und Polizeipräsenz hat sich die Anzahl der Überfälle auf dem Highway 199 zwischen Ocosingo und Palenque verringert, aber es ist wahrscheinlich trotzdem besser, bei Tageslicht über diesen Streckenabschnitt zu reisen.

AUTO

San Cristóbals einziger Autoverleih **Optima** (☎674-5409; optimacar1@hotmail.com; Mazariegos 39), vermietet VW Käfer für 500 Mex$ pro Tag und 3000 Mex$ pro Woche, hat aber auch andere Wagentypen im Angebot. Die Autovermietung befindet sich im Hotel Mansión del Valle; Barzahler sollten nach einem Rabatt fragen.

BUS, COLECTIVO & VAN

Der Hauptbusbahnhof ist der **OCC-Terminal** (☎678-0291; Ecke Pan-American Hwy & Insurgentes) für 1.-Klasse-Busse. Tickets werden auch im Stadtzentrum bei **Boletotal** (☎678-0291; www.boletotal.mx; Real de Guadalupe 16; ⌚7.30–22.30 Uhr) verkauft.

Die 1.-Klasse-Busse von AEXA und das 2.-Klasse-Unternehmen Ómnibus de Chiapas teilen sich einen Busbahnhof an der Südseite des Highways. In derselben Gegend am Highway haben auch verschiedene Taxidienste ihre Depots und offerieren Fahrten im *combi* und *colectivo* nach Ocosingo, Tuxtla und Comitán (ein irres Getümmel, in dem brüllende Fahrer um Passagiere buhlen).

ZIEL	PREIS (MEX$)	DAUER (STD.)
Campeche	415	11
Cancún	795–950	18
Ciudad Cuauhtémoc (Grenze zu Guatemala)	95	3½
Mérida	532	14
Mexiko-Stadt (TAPO)	350–1060	13–14
Palenque	80–166	5
Villahermosa	232	6

FLUGZEUG

San Cristóbals Flughafen, 15 km außerhalb der Stadt an der Straße nach Palenque, bietet keine regelmäßigen Passagierflüge an; der wichtigste Flughafen für die Stadt ist in Tuxtla Gutiérrez. Täglich verkehren fünf Minibusse von OCC (170 Mex$, 1¼ Std.) zwischen dem Flughafen Tuxtla und dem wichtigsten Busbahnhof von San Cristóbal; vorab buchen!

ℹ Unterwegs vor Ort

San Cristóbal lässt sich dank seiner geraden Straßen, die die sanften Hügel hinauf- und hinunterführen, prima zu Fuß erschließen. Die Panamericana (Hwy 190, Blvr Juan Sabines) verläuft durch den südlichen Teil der Stadt und fast alle wichtigen Transportzentren befinden sich entlang diesem Highway oder ganz in der Nähe. *Combis* (Minibusse; 5 Mex$) fahren von der Panamericana auf der Calle Crescencio Rosas in die Stadtmitte.

Vom OCC-Busterminal führt die Insurgentes über sechs Blocks nach Norden zum zentralen Platz, der Plaza 31 de Marzo.

Taxis kosten innerhalb der Stadt 25 bis 30 Mex$ und nachts etwa 35 Mex$.

Croozy Scooters (☎ 683-2223; croozyscooters@live.com.mx; Belisario Domínguez 7; Motorroller 3 Std./Tag 250/400 Mex$; ⏲10–18 Uhr, nach Absprache auch später) verleiht Fahrräder und gut gewartete Motorroller; Pass und Kaution erforderlich. Jaguar Adventours (S. 75) vermietet auch hochwertige Mountainbikes mit Helm und Schloss.

Rund um San Cristóbal

Die Einwohner des schönen Chiapas-Hochlands stammen von den alten Maya ab und haben sich einige ihrer einzigartigen Glaubensvorstellungen, Bräuche und Trachten erhalten.

Tagsüber sollten Wanderungen, Ausritte oder Radtouren auf den Hauptstraßen nach San Juan Chamula und San Lorenzo Zinacantán kein Risiko darstellen; es ist jedoch nicht besonders clever, sich in menschenleere Ecken oder auf abgeschiedene Wege zu wagen.

Von verschiedenen Haltestellen rund um den Mercado Municipal in San Cristóbal werden Nahverkehrsverbindungen in die meisten Dörfer angeboten. *Combis* nach San Juan Chamula (12 Mex$) fahren regelmäßig zwischen 4 und ca. 18.30 Uhr von der Calle Honduras ab; von einem Hof abseits der Robledo fahren zwischen 5 und 18 Uhr mindestens stündlich *combis* (12 Mex$) und *colectivos* (14 Mex$) nach Zinacantán.

San Juan Chamula

3300 EW. / 2200 M

Die Einwohner von Chamula sind eine stark autonomiebestrebte Gruppe von Tzotzil, deren Volk über 80 000 Mitglieder umfasst. Ihr Hauptdorf, San Juan Chamula, liegt 10 km nordwestlich von San Cristóbal. Sonntags ist Markttag, dann strömen die Menschen aus den Hügeln ringsum ins Dorf, um einzukaufen, zu handeln und die Hauptkirche zu besuchen. Da sonntags auch viele Reisebusse anrollen, herrscht dann immer ein ziemliches Gedränge.

Die weiße Fassade des **Templo de San Juan**, Chamulas Hauptkirche, schmückt sich mit farbenfrohen grünen und blauen Akzenten. Im Inneren flackern Hunderte Kerzen, der Boden ist mit Kiefernnadeln bedeckt und die Kirchgänger knien mit gesenkten Köpfen inmitten wabernder Weihrauchwolken. Es kann vorkommen, dass singende Medizinmänner oder -frauen die Körper ihrer Patienten mit Eiern oder Knochen einreiben oder dass ein oder zwei Hühner geopfert werden. Nicht schwer vorzustellen, dass das alles mächtig Eindruck macht.

Besucher dürfen die Kirche betreten, müssen aber vorher eine Eintrittskarte (20 Mex$) kaufen. Normalerweise steht ein Ticketverkäufer an der Kirchentür, ansonsten gibt's die Tickets in der **Touristeninformation** (⏲7–18 Uhr) in dem orangefarbenen Gebäude vor (bzw. seitlich von) dem vorderen Kirchhof.

Im Inneren der Kirche ist das Fotografieren verboten.

San Lorenzo Zinacantán

3800 EW. / 2558 M

Das aufgeräumte Dorf San Lorenzo Zinacantán, 11 km nordwestlich von San Cristóbal, ist das Hauptdorf der Zinacantán-Gemeinde (36 500 Mitglieder). Die Zinacantán gehören, wie die Bewohner Chamulas, zum Volk der Tzotzil.

Sonntags und an Feiertagen findet bis 12 Uhr ein kleiner **Markt** statt. Die riesige zentrale **Iglesia de San Lorenzo** (Eintritt 15 Mex$) wurde nach einem Feuer 1975 wieder aufgebaut. In der Kirche und im Innenhof ist das Fotografieren verboten. Das kleine **Museo Jsotz' Levetik** (Eintritt gegen Spende) mit Strohdach liegt drei Blocks entfernt unterhalb des Basketballplatzes. Es zeigt Ausstellungen zu lokaler Kultur sowie einige feine Textilien und Musikinstrumente.

Palenque

☎916 / 42 900 EW.

Die mächtigen, von Urwald umringten Tempel von Palenque sind ein Nationalheiligtum und ein Paradebeispiel für die Maya-Architektur in Mexiko. Die moderne Stadt Palenque, ein paar Kilometer weiter östlich, ist ein verschwitzter, langweiliger Ort ohne allzu große Anziehungskraft. Sie dient einzig als Ausgangspunkt für einen Besuch der Ruinen, auch wenn die Renovierung einiger Blocks in der Hauptstraße in der Nähe des Parks ihr kürzlich etwas mehr Glanz verliehen hat.

Der Highway 199 trifft Palenques Hauptstraße, die Avenida Juárez, an der Glorieta de la Cabeza Maya, einer Kreuzung mit einer großen Statue des Kopfes eines Maya-Häuptlings am Westrand der Stadt. Von hier führt die Avenida Juárez 1 km nach Osten zum zentralen Platz El Parque. Die wichtigsten Bushaltestellen sind an der Avenida Juárez, gleich östlich der Maya-Statue.

Ein paar Hundert Meter südlich der Maya-Statue zweigt die Pflasterstraße zu den 7,5 km entfernten Palenque-Ruinen Richtung Westen vom Highway 199 ab. Diese Straße führt nach 6,5 km auch am Museum der Stätte vorbei und schlängelt sich dann über 1 km bergauf zum Haupteingang der Ruinen.

Geschichte

Der Name Palenque (Palisade) stammt aus dem Spanischen und steht in keinem Zusammenhang mit dem antiken Namen der Stadt, die einst möglicherweise Lakamha (Großes Wasser) hieß. Palenque wurde erstmals um 100 v. Chr. besiedelt und erlebte seine Blütezeit von 640 bis 740 n. Chr. Unter dem Anführer Pakal, der von 615 bis 683 regierte, erlangte die Stadt Berühmtheit. Archäologen fanden heraus, dass Pakal mit den Hieroglyphen für Sonne und Schild dargestellt wurde und den Beinamen Escudo Solar (Sonnenschild) trug. Er starb im damals unglaublichen Alter von 80 Jahren.

Pakals Sohn, Kan B'alam II. (reg. 684–702), mit den Hieroglyphen für Jaguar und Schlange dargestellt (und auch Jaguar-Schlange II. genannt), trieb Palenques Ausdehnung und künstlerische Entwicklung weiter voran. Während der Herrschaft von Kan B'alam II. erweiterte Palenque seinen Einfluss bis zum Río Usumacinta, wurde jedoch bald von der rivalisierenden Maya-Stadt Toniná, 65 km weiter südlich, herausgefordert.

Kan B'alams Bruder und Nachfolger, K'an Joy Chitam II. (Edler Pekari), wurde 711 von Truppen aus Toniná gefangen genommen und dort vermutlich hingerichtet. Palenque konnte sich dann zwischen 722 und 736 unter Ahkal Mo' Nahb' III. (Schildkröten-Ara-See), der zahlreiche beachtliche Gebäude errichten ließ, eines erneuten Aufschwungs erfreuen. Nach 900 n. Chr. war Palenque weitgehend verlassen.

Sehenswertes

Ruinen von Palenque ARCHÄOLOGISCHE STÄTTE
(Eintritt 57 Mex$; ⌚8–17 Uhr, letzter Einlass 16.30 Uhr) Das antike Palenque ist nur 8 km von der gleichnamigen Stadt entfernt und steht genau an der Stelle, an der die ersten Hügel sich aus der Golfebene erheben. Der dichte Urwald, der diese Hügel bedeckt, bildet den perfekten Hintergrund für Palenques grandiose Maya-Architektur. Hunderte verfallener Gebäude liegen auf 15 km² verstreut, aber nur ein recht kompakter Bereich in der Mitte der Anlage wurde ausgegraben. Im Wald rund um diese Tempel leben noch immer Brüllaffen, Tukane und Ozelote.

Die Ruinen und die umliegenden Wälder bilden den Nationalpark Parque Nacional Palenque, für den man auf Km 4,5 an der Straße zu den Ruinen zusätzlich 27 Mex$ Eintritt bezahlen muss.

Palenques außergewöhnliches **Museo de Sitio** (☎345-26-84; Carretera Palenque-Ruinas Km 7; Eintritt frei mit Ruinenticket; ⌚Di–So 9–16.30 Uhr) ist unbedingt einen Besuch wert. Es zeigt Funde der Stätte und erzählt

Ruinen von Palenque

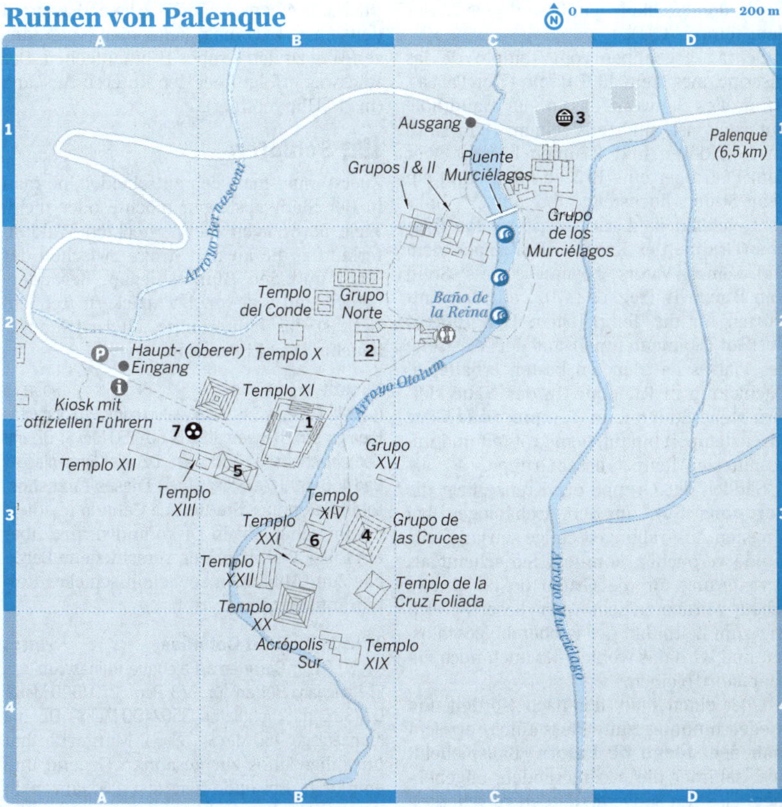

die Geschichte Palenques nach. Das Highlight hier ist die lebensgroße Nachbildung des steinernen, mit Gravuren verzierten Sarkophagdeckels von Pakal (der mächtigste Herrscher von Palenque).

Autorisierte **Führer** (2-Std.-Tour für bis zu 7 Pers. auf Englisch 960 Mex$) warten in der Nähe des Eingangs und sind an ihren Abzeichen zu erkennen. Es gibt auch nicht autorisierte Führer, deren Touren günstiger sind.

Transportes Chambalú (☎345-2849; Hidalgo) und **Transportes Palenque** (Ecke Allende & Av 20 de Noviembre) bieten täglich zwischen 6 und 18 Uhr etwa alle 15 Minuten *combis* zu den Ruinen (einfache Strecke 10 Mex$). Sie sammeln Passagiere überall an der Straße zwischen der Stadt und den Ruinen auf bzw. setzen sie dort ab.

Wenn man die Stätte betritt, erhebt sich zur Rechten vor dem Urwald eine Reihe von Tempeln, die etwa 100 m weiter ihren Höhepunkt im **Templo de las Inscripciones** (Tempel der Inschriften) finden, dem

Ruinen von Palenque

Sehenswertes

1 El Palacio B3
2 Juego de Pelota B2
3 Museo de Sitio C1
4 Templo de la Cruz B3
5 Templo de las Inscripciones Gruppe B3
6 Templo del Sol B3
7 Grab von Alberto Ruz Lhuillier A3

höchsten und stattlichsten Gebäude Palenques. Von seiner Spitze führen im Inneren Stufen zum **Grab von Pakal** hinunter (das auf unbestimmte Zeit geschlossen wurde, um weitere Schäden durch die Feuchtigkeit, die die Besucher abgeben, zu vermeiden). Genau hier entdeckte Alberto Ruz Lhuillier 1952 Pakals mit Edelsteinen geschmücktes Skelett und die Totenmaske mit Jademosaik. Es war einer der größten archäologischen Maya-Funde der Geschichte. Das

Grab des Archäologen befindet sich vor dem Templo XIII).

Schräg gegenüber vom Templo de las Inscripciones steht **El Palacio** (Der Palast), ein großes Bauwerk, das in vier Haupthöfe unterteilt ist und aus einem Labyrinth an Korridoren und Räumen besteht. Wer dem Pfad über eine Brücke folgt, dann ein paar Stufen hochsteigt und am „Y" links geht, gelangt bald zur **Grupo de las Cruces** (Gruppe der Kreuze). Kurz nach dem Tod seines Vaters begann Pakals Sohn Kan B'alam II. (reg. 684–702) mit den Entwürfen für die Tempel hier. Der **Templo del Sol** (Sonnentempel) auf der Westseite des Platzes hat den am besten erhaltenen Dachkamm in Palenque. In der Nähe klettern steile Stufen zum **Templo de la Cruz** (Kreuztempel) hinauf, dem größten und imposantesten Tempel dieser Gruppe.

Südlich der Gruppe der Kreuze liegt die **Acrópolis Sur**, an der Archäologen bei jüngsten Ausgrabungen einige sensationelle Funde verbuchen konnten. Sie scheint als Erweiterung für die Grupo de las Cruces erbaut worden zu sein. Aber dieser Bereich war zum Zeitpunkt der Recherche geschlossen und wird das wohl leider auch noch ein paar Jahre bleiben.

Über einen Pfad, der nach Norden und wieder hinunter zum Fluss führt, erreicht man den **Juego de Pelota** (Ballspielfeld) und dahinter die faszinierenden, angenehmerweise von Souvenirständen verschonten Gebäude der **Grupo Norte** (Nordgruppe). Von dort geht es auf einem steilen Pfad hinunter zu der nicht ganz so interessanten Grupo II. Noch besser ist es aber, auf den ursprünglichen Pfad zurückzukehren, diesem über den Fluss zu folgen und ein paar steile Treppen zur **Grupo de los Murciélagos** (Fledermausgruppe) hinabzusteigen. Danach überquert eine hübsche Brücke mit Blick auf einen kleinen, felsigen Wasserfall den Fluss. Wer mag, kann hier einen kurzen Weg zu den Grupos II hinaufgehen. Der Rückweg erfolgt über den unteren Ausgang (bis 16 Uhr geöffnet).

Schlafen

Zuerst muss man sich entscheiden, ob man in der Stadt absteigen möchte oder nicht. Viele bevorzugen die versteckten Waldunterkünfte, die an der Straße zwischen der Stadt und den Ruinen liegen. Besonders beliebt und v. a. von Backpackern frequentiert ist das kunterbunte, alternativ angehauchte Dorf El Panchán.

Yaxkin HOSTEL $

(☎345-0102; www.hostalyaxkin.com; Prolongación Hidalgo s/n; Hängematte/B 60/150 Mex$, DZ mit Gemeinschaftsbad 300 Mex$, DZ mit Klimaanlage & Bad 450–600 Mex$; ❄@📶) Dieses Luxushostel in Palenques Stadtteil La Cañada residiert in einer ehemaligen Disko und verfügt über ein tolles Wohnzimmer, verschiedene Bereiche zum Abhängen sowie ein schickes Restaurant samt Bar.

Margarita & Ed Cabañas HOTEL $

(☎111-9112; Carreterra Palenque-Ruinas Km 4,5, El Panchán; Hütten für 2/3 Pers. 270/300 Mex$, DZ/3BZ mit Ventilator 350/400 Mex$, DZ mit Klimaanlage 450 Mex$; P❄) Margarita hat unzählige Infos zur gesamten Gegend und empfängt Reisende seit fast 20 Jahren in ihrem heimeligen Haus in El Panchán. Die sauberen, freundlichen Zimmer sind mit guten Moskitonetzen bestückt, auch die eher rustikalen, im Urwaldgrün verborgenen *cabañas* sind gut in Schuss.

Hotel Canek HOTEL $

(☎345-0150; www.hotelcanek.com; 20 de Noviembre 43; Zi. mit Ventilator/Klimaanlage 450/550 Mex$; ❄📶) Eine gute, gepflegte Budgetoption in

UNTERWEGS NACH TIKAL, GUATEMALA

Die Reise von Palenque nach Flores (nahe Tikal) ist am einfachsten mit einem kompletten Reisepaket (zwei Busse und ein Boot) von einem der Reisebüros in Palenque. Das Tourpaket umfasst in der Regel einen Van mit Klimaanlage nach Frontera Corozal, eine Flussfahrt auf dem Río Usumacinta nach Bethel in Guatemala und einen Nahverkehrsbus nach Flores. Alles zusammen dauert neun oder zehn Stunden und kostet ca. 350 Mex$. 2-Tages-Pakete nach Flores mit einem Besuch in Bonampak und Yaxchilán kosten etwa 1200 Mex$.

Reisebüros in Palenque, die diese Route anbieten, sind:

Viajes Kukulcán (☎345-1506; www.kukulcantravel.com; Juárez 8)

Viajes Misol-Ha (☎345-2271, 345-0911; Juárez 148)

der Stadt mit einfachen, nicht zu kleinen Zimmern, die z. T. allerdings etwas dunkel sind – möglichst eins zur Straße raus nehmen. Auf der lauschigen Dachterrasse gibt's Hängematten und eine *palapa*.

Mayabell HOTEL, CAMPING **$$**
(☎341-6977; www.mayabell.com.mx; Carretera Palenque-Ruinas Km 6; Leih-Hängematte 20 Mex$, Stellplatz pro Pers. 60 Mex$, zzgl. pro Auto 30 Mex$, Fahrzeugstellplatz mit Stromanschluss 180 Mex$, Zi. mit Ventilator/Klimaanlage 750/950 Mex$, Baumhaus 120–150 Mex$; P ❄ 📶 ≋) Hier ist für jeden was dabei: Hängematten, Zeltstellplätze, ein Wohnwagenbereich, normale Hotelzimmer und sogar ein rustikales Baumhaus. Die großzügige Anlage mit viel grünem Gras ist 400 m vom Museo de Sitio entfernt.

Hotel Lacandonia HOTEL **$$**
(☎345-00-57; Allende 77; EZ/DZ/3BZ/4BZ 500/600/700/800 Mex$; P ❄ 📶) Das moderne Hotel im Zentrum hat Stil. Die sauberen, großen Zimmer sind geschmackvoll eingerichtet und mit schmiedeeisernen Betten samt guten Matratzen, Leselampen und Kabel-TV ausgestattet.

Essen

In der Nähe des ADO- bzw. AEXA-Busterminals finden sich einige günstige Optionen, manche nur mit Steh-, andere mit Sitzplätzen.

★ **Don Mucho's** MEXIKANISCH, INTERNATIONAL **$**
(☎112-8338; Carretera Palenque-Ruinas Km 4,5, El Panchán; Hauptgerichte 40–120 Mex$; ⏲7–23 Uhr) Der angesagteste Laden von El Panchán. Serviert preiswerte Gerichte in Dschungelumgebung, abends bei schöner Kerzenlicht-Atmosphäre. Die umfassende Speisekarte reicht von mexikanischen Spezialitäten über selbst gemachte Pasta bis hin zu Holzofenpizza.

Café de Yara CAFÉ **$**
(☎345-0269; Hidalgo 66; Frühstück 38–70 Mex$, Touristenmenü 65–100 Mex$; ⏲7–23 Uhr) Ein sonniger Start in den Tag – das schmucke, moderne und vegetarierfreundliche Café lockt mit großartigen Frühstücksvariationen und erstklassigem, in Chiapas angebautem Bio-Kaffee.

El Huachinango Feliz SEAFOOD **$**
(☎345-4642; Hidalgo s/n; Hauptgerichte 70–120 Mex$; ⏲9–23 Uhr) Beliebtes, stimmungsvolles Restaurant im grünen Stadtteil La Cañada. Vorne gibt's eine einladende Terrasse mit Tischen und Schirmen, weitere Plätze bietet eine überdachte Veranda im ersten Stock. Die Spezialität des Hauses ist Seafood.

Restaurant Las Tinajas MEXIKANISCH **$**
(☎345-4970; Ecke Av 20 de Noviembre & Abasolo; Hauptgerichte 50–100 Mex$; ⏲7–23 Uhr) Es ist wahrlich kein Wunder, dass das offene Eckrestaurant immer rappelvoll ist. Auf den Tisch kommen riesige Portionen exzellenter Hausmannskost und die Auswahl ist breit gefächert.

La Selva MEXIKANISCH **$$**
(☎345-03-63; Hwy 199; Hauptgerichte 70–175 Mex$; ⏲11.30–23.30 Uhr; P) Palenques edelstes Restaurant kredenzt gut zubereitete Spezialitäten und traditionelle Gerichte unter einem riesigen *palapa*-Dach. Sonntags verwöhnt es seine Gäste mit einem Nachmittagsbrunch (155 Mex$). Das La Selva liegt auf der Straße zu den Ruinen 150 m südlich der Statue mit dem Maya-Kopf.

ℹ Praktische Informationen

In der Stadt gibt's mehrere Internetcafés und Banken mit Geldautomaten.

Clínica Palenque (☎345-0273; Velasco Suárez 33; ⏲8.30–13.30 & 17–21 Uhr)

Kiosk der Touristeninformation (El Parque; ⏲Mo–Fr 9–14 & 18–21 Uhr)

Post (Independencia; ⏲Mo–Fr 8–20.30, Sa 8–12 Uhr)

Touristeninformation (☎345-0356; Carretera Catazajá-Palenque Km 27,5, Ecke Dr Manuel Velasco Suárez; ⏲Mo–Fr 8–16 Uhr)

ℹ An- & Weiterreise

Die Zeiten, in denen es regelmäßig Highway-Überfälle gab, sind eigentlich vorbei. Dennoch ist es ratsam, den Highway 199 zwischen Palenque und San Cristóbal nachts zu meiden.

Am Flughafen von Palenque verkehren keine kommerziellen Flüge. Der nächste größere Flughafen ist in Villahermosa.

ADO (☎345-1344; Av Juárez) verfügt über den größten Busbahnhof. Er bietet Luxus- und 1.-Klasse-Verbindungen, einen Geldautomaten sowie eine Gepäckaufbewahrung und wird auch von den Bussen von OCC (1. Klasse) und TRT (2. Klasse) genutzt. **AEXA** (☎345-2630; Av Juárez 159), mit 1.-Klasse-Bussen, und Cardesa (2. Klasse) befinden sich anderthalb Blocks weiter östlich. Transportes Palenque unterhält Vans nach Tenosique, wo Anschlussverbindungen nach Guatemala bestehen.

BUSSE AB PALENQUE

ZIEL	PREIS (MEX$)	DAUER (STD.)
Campeche	285–300	5
Cancún	470–685	13
Mérida	425–450	8
San Cristóbal de las Casas	90–160	5
Tulum	478–566	11
Villahermosa	120	2½

Unterwegs vor Ort

Taxis kosten 50 Mex$ (nachts 70 Mex$) nach El Panchán und 60 Mex$ zu den Ruinen. *Combis* (10 Mex$) fahren von 6 bis 18 Uhr zu den Ruinen und können unterwegs überall halten.

Bonampak, Yaxchilán & die Carretera Fronteriza

Die antiken Maya-Städte Bonampak und Yaxchilán, südöstlich von Palenque, sind dank der Carretera Fronteriza leicht zu erreichen. Diese gut ausgebaute Asphaltstraße verläuft von Palenque bis zu den Lagos de Montebello am Rande des lakandonischen Urwalds parallel zur mexikanisch-guatemaltekischen Grenze.

Bonampak, für seine Fresken berühmt, liegt 152 km von Palenque entfernt. Das größere, bedeutendere Yaxchilán, in unvergleichlicher Urwaldumgebung am breiten, rasanten Río Usumacinta, erreicht man nach 173 km auf dieser Straße, denen weitere 22 km mit dem Boot folgen. Beide Orte lassen sich an einem langen Tag besuchen.

Geführte Touren

Wer ohne Auto unterwegs ist, kann Bonampak und Yaxchilán am einfachsten im Rahmen einer organisierten Tour von Palenque aus besuchen. Das ist zeiteffektiver, weniger stressig und letztlich auch billiger, als sich mit öffentlichen Verkehrsmitteln herumzuschlagen – und es bleibt für jede der beiden Stätten genug Zeit. Die verschiedenen Anbieter in Palenque verlangen für diesen Ausflug gleich viel – je nach Saison 550 bis 650 Mex$ pro Person. Im Preis enthalten sind die Eintrittsgelder, zwei Mahlzeiten und alle Transportkosten (bis auf eine Hafengebühr von 15 Mex$ in Yaxchilán), nicht jedoch die Führer (Letztere können an den Stätten vor Ort angeheuert werden).

Über das Dschungelgebiet rund um Bonampak haben die indigenen Lakandonen das alleinige Besitz- und Nutzungsrecht. Hier ist zu beachten, dass alle Reisenden (egal ob Selbstfahrer oder Tourteilnehmer) an einem Kontrollposten nach etwa 3 km auf der Seitenstraße zur Ruine anhalten und in einen Zubringerbus der *indígenas* umsteigen müssen. Pro Person kostet die 19 km lange Hin- und Rückfahrt 70 Mex$, aber der Preis ist in den Tagestourpaketen von Palenque enthalten.

Für Selbstfahrer gibt's an der Carretera Fronteriza eine Pemex-Tankstelle in Chancalá und eine in Benemerito. Wegen der Nähe des Highways zu Guatemala ist mit einigen militärischen Straßenkontrollen zu rechnen, bei denen nach illegalen Einwanderern oder Drogen gesucht wird. Nachts sind diese Straße am besten zu meiden.

Mesoamerican Ecotourism Alliance TOUREN (www.travelwithmea.org) Dieser Ökotourismus-Veranstalter organisiert All-Inclusive-Trips in die Region, u. a. zu den Lakandonen-Dörfern Nahá und Metzabok.

Bonampak

Die Stätte **Bonampak** (Eintritt 46 Mex$; ⌚8–16.30 Uhr) erstreckt sich über 2,4 km², aber die wichtigsten Ruinen stehen rund um die rechteckige Gran Plaza. Bonampak war nie eine bedeutende Stadt und verbrachte den Großteil der Klassischen Periode unter dem Einfluss von Yaxchilán. Die eindrucksvollsten erhaltenen Monumente wurden unter Chan Muwan II. erbaut, einem Neffen von Yaxchiláns Itzamnaaj B'alam II., der 776 n. Chr. den Thron von Bonampak bestieg. Die 6 m hohe **Stele 1** auf der Gran Plaza zeigt Chan Muwan, der auf dem Höhepunkt seiner Herrschaft einen Zeremonienstab hält. Er ist auch auf **Stele 2** und **Stele 3** der Acrópolis zu sehen, die sich am Südende des Platzes erhebt.

Es sind jedoch die lebendigen Fresken im Inneren des bescheiden wirkenden **Templo de las Pinturas** (Edificio 1), die Bonampak zu Ruhm verhalfen – und zu seinem Namen, der in der Sprache der yucatekischen Maya „Bemalte Mauern" bedeutet.

Die Stätte Bonampak grenzt an die Reserva de la Biosfera Montes Azules und ihre reiche Tier- und Pflanzenwelt.

An- & Weiterreise

Wer mit öffentlichen Verkehrsmitteln von Palenque nach Bonampak fahren will, besteigt einen der stündlich verkehrenden *combis* Richtung Frontera Corozal oder Benemerito und lässt sich in San Javier (60 Mex$, 2 Std.) absetzen. Dort fahren am Abzweig zur 12 km entfernten Ruine die Zubringerbusse der Lakandonen ab (Hin- und Rückfahrt mit zweistündigem Aufenthalt 70–80 Mex$ pro Pers.).

Die *combis* nach San Javier starten von einem kleinen Busdepot südlich der Statue mit dem Maya-Kopf am Ortseingang von Palenque; ein gutes Erkennungszeichen ist der schwarze Gitterzaun neben dem Schild „Carne Suprema". Außerdem fahren sie am Busbahnhof von Transportes Montebello ab, der ein paar Blocks nordwestlich des Zentrums liegt (Velasco Suárez nahe der Ecke zur Calle 4A Poniente Norte).

Yaxchilán

Die von Urwald umschlossene Stätte **Yaxchilán** (Eintritt 49 Mex$; ⏲8–16.30, letzter Einlass 15.30 Uhr) liegt grandios über einer Hufeisenschleife des Río Usumacinta. Da diese Lage der Stadt die Kontrolle über den Flusshandel ermöglichte und sie eine Reihe erfolgreicher Bündnisse und Eroberungen verbuchen konnte, entwickelte sich Yaxchilán während der Klassischen Periode zu einer der wichtigsten Maya-Städte der Usumacinta-Region. Archäologisch ist Yaxchilán für seine aufwendig verzierten Fassaden und Dachkämme sowie die beeindruckenden steinernen Türstürze berühmt, die mit eingemeißelten Zeremonien- und Eroberungsszenen versehen sind. Eine Taschenlampe ist für die Erkundung einiger Teile der Stätte hilfreich.

Brüllaffen *(saraguates)* bewohnen die hohen Bäume und sind ein ganz besonderes Highlight. Mit ziemlicher Sicherheit hört man ihre durchdringenden Schreie und die Chancen stehen gut, dass sich einige auch blicken lassen. Klammeraffen und vereinzelte rote Aras sind hier ebenfalls hin und wieder zu beobachten.

Yaxchilán erreichte den Höhepunkt seiner Macht und Herrlichkeit zwischen 681 und 800 n. Chr. unter der Herrschaft der Regenten Itzamnaaj B'alam II. (Schild-Jaguar II., 681–742), Pájaro Jaguar IV. (Vogel-Jaguar IV., 752–68) und Itzamnaaj B'alam III. (Schild-Jaguar III., 769–800). Die Stadt wurde um 810 n. Chr. verlassen. Die hier gefundenen Inschriften erzählen mehr über die Geschichte der „Jaguar"-Dynastie, als über fast jeden anderen führenden Maya-Clan bekannt ist. Das Schild-und-Jaguar-Symbol erscheint auf vielen Gebäuden und -Stelen von Yaxchilán; die Hieroglyphe von Pájaro Jaguar IV. ist eine kleine Dschungelkatze mit Federn auf dem Rücken und einem Vogel auf dem Kopf.

Wenn man sich auf die Ruinen zubewegt, führt ein ausgeschilderter Pfad rechts zur **Pequeña Acrópolis** hinauf, einer Gruppe von Ruinen auf einem kleinen Hügel – man kann sie später noch besuchen. Der Hauptweg erreicht bald die verwirrenden Pfade des **El Laberinto** (Edificio 19), das zwischen 742 und 752 während der Phase zwischen den Regierungen von Itzamnaaj B'alam II. und Pájaro Jaguar IV. erbaut wurde. Dutzende von Fledermäusen finden heute unter dem Dach des Baus Schutz. Hinter diesem komplizierten zweistöckigen Gebäude kommt man am Nordwestrand der weitläufigen **Gran Plaza** wieder heraus.

Auch wenn nur schwer vorstellbar ist, dass irgendjemand es hier gerne noch heißer gehabt hätte, als es ohnehin schon ist, war das **Edificio 17** allem Anschein nach ein Schwitzhaus. Etwa auf der Hälfte des Platzes ist die **Stele 1** von den verwitterten Skulpturen eines Krokodils und eines Jaguars flankiert und zeigt Pájaro Jaguar IV. bei einer Zeremonie, die 761 n. Chr. stattfand. **Edificio 20**, aus der Zeit von Itzamnaaj B'alam III., war das letzte bedeutende Gebäude, das in Yaxchilán erbaut wurde; seine Türstürze sind heute in Mexiko-Stadt. **Stele 11** an der Nordostecke der Gran Plaza wurde ursprünglich vor dem Edificio 40 gefunden. Die größere der beiden darauf sichtbaren Figuren ist Pájaro Jaguar IV.

Eine imposante Treppe klettert von Stele 1 zum **Edificio 33** hinauf, dem am besten erhaltenen Tempel in Yaxchilán, bei dem noch etwa die Hälfte des Dachkamms intakt ist. In die letzte Stufe vor dem Gebäude sind Szenen eines Ballspiels eingraviert und phänomenale Reliefschnitzereien schmücken die Unterseite der Türstürze. Im Inneren befindet sich eine Statue von Pájaro Jaguar IV. ohne Kopf. Den haben sich im 19. Jh. schatzsuchende Holzfäller unter den Nagel gerissen.

Von der Lichtung hinter dem Edificio 33 führt ein Pfad in den Wald. Nach etwa 20 m links bergauf abbiegen, dann nach ca. 80 m an einer weiteren Gabelung ebenfalls links gehen, um nach etwa zehn Minuten, meist bergauf, drei Gebäude auf einem Hügel zu erreichen: **Edificio 39**, **Edificio 40** und **Edificio 41**.

An- & Weiterreise

Von Palenque fahren stündlich *combis* nach Frontera Corozal (100 Mex$, 2¾ Std.), wo man pro Person 15 Mex$ zahlt, um den *embarcadero* (Bootsanleger) zu betreten.

Von hier geht es per *lancha* (Motorboot) 40 Minuten flussabwärts zu den Ruinen.

Alle Bootsanbieter verlangen den gleichen Preis. Die Hin- und Rückfahrt mit 2½ Stunden Aufenthalt kostet 700 Mex$ für ein bis drei Personen. Die Boote legen von 7 bis 13.30 Uhr regelmäßig ab, manchmal kann man sich mit anderen Reisenden oder einer Tourgruppe zusammentun, um die Kosten zu teilen.

Es ist möglich, per *combi* von einer Ruine zur anderen zu fahren. Zuerst besucht man Yaxchilán und lässt sich dann von einem *combi* mit Fahrtziel Palenque in San Javier absetzen. Man sollte immer nachfragen, wann der letzte *combi* zurück nach Palenque fährt; je nach Saison ist das meist zwischen 16 und 17 Uhr.

YUCATÁN & CHIAPAS VERSTEHEN

Yucatán & Chiapas akuell

Der Tourismus ist die treibende Kraft in Yucatán und hat einen enormen Einfluss auf die Politik, die Wirtschaft und etliche wichtige soziale Fragen der Region. Cancún und Mérida, die beiden geschäftigsten Tore zur Halbinsel, verzeichneten 2012 einen Anstieg der internationalen Touristenankünfte um 5 % – gute Nachrichten für die vielen Hotels, Restaurants und Touranbieter, die darauf angewiesen sind, dass jedes Jahr kontinuierlich genügend Dollars in die Kassen fließen.

Trotz des Tourismusbooms ist Armut nach wie vor ein drängendes Problem. Geschätzte 51 % der Mexikaner leben unterhalb der Armutsgrenze. Die Ärmsten der Armen sind oft *indígenas*, die in ländlichen Gemeinden leben, wo es an Essen, medizinischer Versorgung und Arbeit mangelt. Einkommensunterschiede sind besonders im Staat Yucatán ein heißes Eisen, dessen indigener Bevölkerungsanteil einer der größten Mexikos ist.

Nach zwölf Jahren Pause kehrte die frühere Regierungspartei PRI 2012 an die Macht zurück. Der telegene Präsidentschaftskandidat Enrique Peña Nieto besiegte seinen linken Gegenkandidaten Andrés Manuel López Obrador in einer Wahl, die mutmaßlich grob manipuliert war. Die PRI regiert auch alle drei Bundesstaaten der Halbinsel. Vor 2000 war die PRI in Mexiko 70 Jahre lang ununterbrochen an der Macht. Zu den Wahlversprechen der Regierung von Peña Nieto zählen weitreichende Reformen in Kernbereichen wie Bildung, Energie und Telekommunikation.

DIE ZAPATISTEN

Wer mehr über die Zapatisten wissen will, schaut auf www.ezln.org.mx (spanisch) vorbei. Weitere Hintergrundinformationen findet man in *The Zapatista Reader*, einer Anthologie von Schriftstellern wie Octavio Paz, Gabriel García Márquez oder dem Zapatista-Führer Marcos persönlich, sowie auf den Websites von **SiPaz** (www.sipaz.org) und **Radio Zapatista** (www.radiozapatista.org).

Geschichte

Die Mayas gründeten zahlreiche Stadtstaaten im weiten Süden Mexikos, auch wenn deren Bevölkerung und Aktivitäten bereits abnahmen, bevor die Spanier eintrafen. Zwei Spanier – Diego de Mazariegos im heutigen Chiapas und Francisco de Montejo in Yucatán – brachten die Region Mitte des 16. Jhs. unter spanische Kontrolle. Mexiko errang 1821 die Unabhängigkeit von Spanien und holte sich 1824 Chiapas von den Vereinigten Provinzen Mittelamerikas zurück.

Lange von Spaniern und *criollos* (Lateinamerikaner spanischer Abstammung) unterdrückt, erhoben sich die Maya 1847 im Kastenkrieg. Während dieses Krieges wurden reihenweise Kirchen zerstört und unzählige Massaker angerichtet. Das überbordende Gefühl der Ungerechtigkeit ließ sich auch durch den Friedensschluss 1901 nicht unterdrücken. Als 1994 das Nordamerikanische Freihandelsabkommen (NAFTA) in Kraft trat, stürmte die hauptsächlich aus

Mayas bestehende Gruppe der Zapatistas San Cristóbal de las Casas. Heute sind ihnen fünf autonome Zonen (*caracoles* genannt, wörtlich: „Schnecken") vor den Toren von San Cristóbal unterstellt und es ist etwas stiller um ihren Befreiungskampf geworden.

Die Menschen

Reisende berichten oft vom offenen, freundlichen, geselligen Wesen der Menschen, insbesondere der Mayas, in Yucatán. Hier findet man, scheinbar mehr als irgendwo sonst in Mexiko, eine große Bereitschaft zum Austausch und ein aufrichtiges Interesse an Fremden. Diese Offenheit ist umso bemerkenswerter, wenn man bedenkt, dass die Menschen auf der Yucatán-Halbinsel sich so lange Zeit gegen Fremdherrschaft zur Wehr setzen mussten – und dies auch heute noch müssen. Ein Großteil des Grundbesitzes ist in ausländischer Hand und die Mayas haben im Allgemeinen nicht viel zu sagen, wenn es um größere infrastrukturelle Entscheidungen geht.

PRAKTISCHE INFORMATIONEN

Allgemeine Informationen

AKTIVITÄTEN

Tauchen ist eines der großen Highlights in Yucatán: Vor der gesamten Küste von Quintana Roo, besonders vor der Isla Cozumel, locken grandiose Tauchspots. Schnorcheln und Tauchen in den Cenoten zwischen Playa del Carmen und Tulum bringen ebenfalls viel Spaß – in Ek' Balam kann man sich in einen von ihnen abseilen lassen. Die Reserva de la Biosfera Sian Ka'an ist ein paradiesisches Revier für Kajaktouren und im Hochland bieten sich von San Cristóbal de las Casas aus schöne Radtouren an.

BOTSCHAFTEN & KONSULATE

Die meisten Botschaften befinden sich in Mexiko-Stadt; in Cancún sind verschiedene Konsulate zu Hause und auch in Mérida gibt's ein paar diplomatische Außenposten.

Belizianisches Konsulat (☎983-285-35-11; conbelizeqroo@gmail.com ; Av Génova 369, Colonia Benito Juárez)

Deutsches Konsulat (☎998-884-15-98; cancun@hk-diplo.de; Punta Conoco 36, SM 24, Cancún)

Französisches Konsulat (☎998-147-74-48; consulatcancun@aol.com; Blvr Colossio 760, SM 311, Mérida)

Guatemaltekisches Konsulat (☎962-626-12-52; 5a Nte 5, Tapachula)

Österreichisches Konsulat (☎998-884-1598; konsul_a@yahoo.com.mx; Punta Conoco 36, SM 24, Cancún)

Schweizer Konsulat (☎998-884-8446; mex.vertretung@eda.admin.ch; Av Coba No. 12, local 214, SM 5, Cancún)

Konsulat der USA (☎998-883-02-72; cancunagency@gmail.com; Despacho 301, Torre La Europea, Blvr Kukulcán Km 13, Zona Hotelera, Cancún)

BÜCHER

Wer nach Oaxaca, Mexiko-Stadt oder weiter ins Landesinnere der Yucatán-Halbinsel reisen möchte, kann sich mit den Lonely Planets *Mexiko* (auf Deutsch) oder *Cancún, Cozumel & Yucatán* informieren.

ERMÄSSIGUNGEN

Mit dem ISIC-Studentenausweis, der IYTC-Karte für Reisende unter 26 Jahren und der ITIC-Karte für Lehrer bekommt man in studentischen oder Jugend-Reisebüros manchmal Ermäßigungen bei Flugtickets nach oder von Mexiko. Wer in Hostels absteigt, die Hostelling International (HI) angehören, spart pro Nacht etwa 10 Mex$.

ESSEN

Immer nach *comidas corridas* oder *comidas económicas* Ausschau halten – diese einfachen Menüs werden zum Mittagessen (und bis in den Nachmittag) serviert, sind weit verbreitet und billig. Sie bestehen in der Regel aus einer Suppe, einem Fleischgericht mit Reis, einem Getränk und einem Dessert.

FEIERTAGE & FERIEN

Die wichtigsten Feiertage bzw. Ferien sind in der Zeit von Weihnachten bis Neujahr, in der Semana Santa (sie umfasst die Woche vor Ostern und bis zu einer Woche danach) sowie von Mitte Juli bis Mitte August. Weitere nationale Feiertage:

- **Día de la Constitución** (Tag der Verfassung) 5. Februar
- **Día de Nacimiento de Benito Juárez** (Geburtstag von Benito Juárez) 21. März
- **Día del Trabajo** (Tag der Arbeit) 1. Mai

PREISKATEGORIEN ESSEN

Die in diesem Kapitel angegebenen Preise beziehen sich auf die Kosten für ein Hauptgericht:

$	Weniger als 80 Mex$
$$	80–150 Mex$
$$$	Über 150 Mex$

- **Día de la Independencia** (Unabhängigkeitstag) 16. September
- **Día de la Revolución** (Tag der Revolution) 20. November

FREIWILLIGENARBEIT

Freiwilligenarbeit ist eine tolle Möglichkeit, etwas zurückzugeben und von der Reise zu lernen. Die Organisation **Flora, Fauna y Cultura** (☎984-871-5244; www.florafaunaycultura.org; Schildkrötenbeobachtung 390 Mex$; ⏰Juli–Sept. Mo–Fr 9–15 Uhr) bietet verschiedene Freiwilligenprogramme, u. a. eins zum Schutz der Meeresschildkröten in Xcacel-Xcacelito. Auch an den Hostels und Sprachschulen vor Ort kann man sich über Möglichkeiten informieren. Für die meisten Programme muss man sich mindestens einen Monat verpflichten, einige verlangen einen Beitrag für Kost und Logis.

GEFAHREN & ÄRGERNISSE

Trotz der oft alarmierenden Medienberichte und offiziellen Warnungen für Mexiko im Allgemeinen sind die Yucatán-Halbinsel und Chiapas nach wie vor recht sichere Reiseziele und mit einigen Vorsichtsmaßnahmen lässt sich das Risiko für eventuelle Schwierigkeiten verringern.

In Nachtbussen, am Strand und auf überfüllten Märkten ist es sehr ratsam, immer besonders auf seine Habseligkeiten zu achten.

Frauen ohne männliche Begleitung, auch wenn sie zu zweit sind, sollten keine abgeschiedenen Strände oder Urwaldgegenden besuchen. Statt Taxis auf der Straße anzuhalten, sollte man auf jeden Fall ein *taxi de sitio* an Taxiständen nehmen oder per Telefon bestellen.

Kokain und Marihuana sind in Mexiko weit verbreitet und der Besitz kleiner Mengen zum persönlichen Gebrauch ist mittlerweile legal – trotzdem gibt's im Umfeld des Drogenhandels noch viel Gewalt. Am einfachsten geht man dem aus dem Weg, indem man Drogen meidet.

Der internationale Drogenhandel und die illegale Auswanderung Richtung Norden sorgen im Grenzgebiet von Guatemala für Probleme. Am Highway entlang der guatemaltekischen Grenze von Palenque bis zu den Lagos de Montebello sind Militärkontrollen keine Seltenheit. Diese Kontrollen tragen zu mehr Sicherheit für Reisende bei, aber es ist am besten, den Highway vor Einbruch der Dunkelheit zu verlassen. Aus ähnlichen Gründen passiert man auch alle Grenzübergänge nach Guatemala besser früh am Tag.

Indigene Dorfgemeinschaften sind oft sehr eng zusammengewachsen. Die Einwohner sind Fremden gegenüber teilweise recht misstrauisch und besonders sensibel, wenn es darum geht, sie zu fotografieren. In einigen Dörfern sind Kameras bestenfalls geduldet – manchmal nicht einmal das. Wer ohne Erlaubnis fotografiert, setzt sich möglicherweise körperlichen Gefahren aus. Immer zuerst fragen.

GELD

Ein mexikanischer Peso (Mex$) besteht aus 100 Centavos.

Am einfachsten bekommt man in Mexiko Pesos an den weithin verfügbaren Geldautomaten *(cajeros automáticos)*, die die Systeme Cirrus und Plus nutzen. In Banken und in zahlreichen *casas de cambio* (Wechselstuben) kann man Bargeld wechseln oder Reiseschecks einlösen. Euros lassen sich normalerweise problemlos wechseln.

Nicht viele billige Unterkünfte oder Restaurants akzeptieren Kreditkarten, wohl aber die meisten Reisebüros, die Flugtickets verkaufen.

In den meisten Restaurants wird ein Trinkgeld in Höhe von 10 bis 15 % erwartet.

INTERNETZUGANG

Internetcafés sind in den meisten Orten Yucatáns und Chiapas' leicht zu finden, außer in Punta Allen und an den entlegenen Ruinen. Surfen kostet zwischen 10 und 15 Mex$ pro Stunde.

SCHWULE & LESBEN UNTERWEGS

Cancún und Playa del Carmen sind die beliebtesten Ziele. Hier ein paar Websites mit guten Adressen und nützlichen Tipps:

- **Gay Mexico Map** (www.gaymexicomap.com)
- **GM** (www.gaymexico.com.mx)
- **Out Traveler** (www.outtraveler.com)
- **IGLTA** (www.iglta.com)

KARTEN & STADTPLÄNE

Zu den besseren Regionalkarten gehört die detaillierte Karte *Yucatán Peninsula Travel Map* von **ITMB** (www.itmb.ca) im Maßstab 1:500 000.

Guía Roji (www.guiaroji.com.mx) veröffentlicht einen jährlich aktualisierten nationalen Straßenatlas namens *Mapa Turístico Carreteras de Mexico* (99 Mex$). Dieser ist fast überall in Mexiko und auch über die Website erhältlich.

Eine gute Internetquelle ist **Maps of Mexico** (www.maps-of-mexico.com) mit detaillierten Karten aller Bundesstaaten.

KLIMA

Auf der Yucatán-Halbinsel und rund um Palenque ist es immer heiß. Während der Regenzeit von Mai bis Oktober wird die Luft schwül-heiß. Die Hurrikansaison dauert von Juni bis November, wobei die heftigsten Stürme zwischen Mitte August und Mitte September auftreten. Im Chiapas-Hochland sind die Temperaturen niedriger und schwanken das ganze Jahr zwischen 10 und 20 °C.

ÖFFNUNGSZEITEN

Die meisten Läden, die sich an Einheimische (nicht an Touristen) richten, sind montags bis samstags von 9 bis 19 Uhr geöffnet, mit einer ein- bis zweistündigen Mittagspause. Museen sind oft montags geschlossen und die meisten archäologischen Stätten empfangen ihre Besucher von 8 bis 17 Uhr. Postämter sind üblicherweise von Montag bis Freitag und manche auch samstagvormittags geöffnet.

RECHTSFRAGEN

Nach mexikanischem Recht gilt ein Angeklagter als schuldig, bis seine Unschuld bewiesen ist. Wer verhaftet wird, hat das Recht, seine Botschaft oder sein Konsulat zu kontaktieren.

Wer auf Mexikos Straßen unterwegs ist, muss mit gelegentlichen Polizei- oder Militärkontrollen rechnen. Normalerweise suchen sie nach Drogen, Waffen oder illegalen Einwanderern.

SPRACHKURSE

Spanische Sprachschulen sind in Mexiko teurer als im Rest Zentralamerikas. San Cristóbal de las Casas bietet die fortschrittlichsten Sprachschulen, aber auch in Playa del Carmen gibt's Schulen.

TELEFON

Casetas de teléfono (Telefonshops) sind ziemlich verbreitet und mitunter günstiger als Kartentelefone. Viel Geld sparen lässt sich mit Voice-over-IP-Telefonaten (VoIP) per Internet, z. B. über Anbieter wie Skype.

Die Ortsvorwahlen sind dreistellig, Telefonnummern siebenstellig. Um aus dem Ausland ins mexikanische Festnetz zu telefonieren, wählt man Mexikos Landesvorwahl (0052) gefolgt von der zehnstelligen Nummer. Für Anrufe ins Handynetz kommt zwischen die Landesvorwahl und die zehnstellige Nummer eine (1) hinzu.

Um von Mexiko ins Ausland zu telefonieren, muss man die (00) vorwählen, dann die Landesvorwahl gefolgt von der Ortsvorwahl und der Telefonnummer.

Für Ferngespräche innerhalb Mexikos wählt man die (01), dann die Ortsvorwahl und die Telefonnummer.

Handys

Der in Mexiko am weitesten verbreitete Mobilfunkanbieter ist **Telcel** (www.telcel.com). Handys sind in Mexiko billig, es ist also sinnvoller, sich dort eins zu kaufen, als das eigene von zu Hause mitzubringen. In den meisten kleinen Lebensmittelläden und einigen Zeitungskiosken kann man sich sein Handy-Guthaben aufladen.

Telefonkarten

Um ein Telmex-Kartentelefon benutzen zu können, braucht man die Telefonkarte *tarjeta Ladatel.* Sie wird überall an Kiosken und in Läden verkauft.

Anrufe von Telmex-Kartentelefonen kosten 3 Mex$ ohne Zeitbeschränkung für Ortsgespräche (1,50 Mex$ pro Minute für Anrufe aufs Handy); 2,50 Mex$ pro Minute für Ferngespräche innerhalb Mexikos (3 Mex$ pro Minute für Anrufe aufs Handy); 5 Mex$ pro Minute in die kontinentalen USA, nach Kanada und Zentralamerika und schließlich 10 Mex$ pro Minute für alle anderen Telefonate.

PREISKATEGORIEN SCHLAFEN

Die in diesem Kapitel angegebenen Preise gelten für die Hochsaison, die meistens von Dezember bis März dauert. Wenn nicht anders angegeben, beziehen sich die Preise auf Doppelzimmer mit eigenem Bad.

$	Weniger als 550 Mex$
$$	550–1200 Mex$
$$$	Über 1200 Mex$

TOURISTENINFORMATION

Fast jeder für Touristen interessante Ort in Yucatán und Chiapas hat eine städtische oder staatlich geführte Touristeninformation. Außerdem kann man rund um die Uhr das Büro des nationalen Tourismusministeriums **Sectur** (☎078; www.sectur.gob.mx) in Mexiko-Stadt anrufen und sich dort – auch auf Englisch – informieren lassen.

Zu den staatlich geführten Websites gehören die Folgenden:

Campeche (☎981-811-9229, 800-900-2267; www.campeche.travel)

Chiapas (☎961-617-0550, 800-280-3500; www.turismochiapas.gob.mx)

Quintana Roo (☎983-835-0860; http://sedetur.qroo.gob.mx)

Tabasco (☎993-316-3633, 800-216-0842; www.visitetabasco.com)

Yucatán (☎999-930-3760; www.yucatan.travel)

UNTERKÜNFTE

Wem ein Schlafsaal reicht, sollte mit 100 bis 170 Mex$ pro Bett rechnen; „Privatsphäre" kostet in Quintana Roo mehr als im Rest der Yucatán-Halbinsel und in Chiapas. In einigen billigen Unterkünften braucht man ein eigenes Handtuch und Seife; in manchen Budgetunterkünften mangelt es an Moskitonetzen (aber nicht an Moskitos). Unterkünfte am Strand und in Palenque verlangen 100 Mex$ für einen Zelt- oder Hängemattenplatz.

VISA & DOKUMENTE

Jeder Tourist benötigt eine Touristenkarte der mexikanischen Regierung, die einfach zu bekommen ist. Reisende aus manchen Ländern müssen außerdem ein Visum beantragen.

SCHON DIE „GEBÜHR FÜR NICHT-IMMIGRANTEN“ BEZAHLT?

Die Gebühr für die Touristenkarte (eine Art Touristenvisum) namens *derecho para no inmigrante* (DNI; Gebühr für Nicht-Immigranten) beträgt 294 Mex$. Sie entfällt aber für alle, die auf dem Landweg einreisen und weniger als sieben Tage bleiben. Bei Flugreisenden ist die Gebühr im Ticket inbegriffen.

Wer auf dem Landweg ankommt, muss sie irgendwann bei einer Bank in Mexiko bezahlen, bevor er das Grenzgebiet bei der Ausreise aus Mexiko erneut betritt (oder bevor er am Flughafen eincheckt, um Mexiko per Flugzeug zu verlassen). An den meisten mexikanischen Grenzposten sind vor Ort Bankschalter eingerichtet, an denen die DNI-Gebühr gezahlt werden kann. Beim Bezahlen stempelt die Bank die Touristenkarte ab, um die Einzahlung zu dokumentieren.

Die Touristenkarte sollte gut aufbewahrt werden, da sie beim Verlassen des Landes evtl. vorgezeigt werden muss. Wer sie dann nicht hat, muss mit einer Strafgebühr rechnen.

Staatsangehörige der EU-Länder und der Schweiz brauchen kein Visum, um als Touristen nach Mexiko einzureisen. Die Website des **Instituto Nacional de Migración** (INM, National Migration Institute; ☎800-004-6264; www.inm.gob.mx) listet die Länder auf, deren Bürger in Mexiko auch als Urlauber ein Visum benötigen.

Touristen (auch Transitreisende), die über die USA nach bzw. von Mexiko ein- oder ausreisen, sollten sich rechtzeitig über die komplizierten Visabestimmungen der USA informieren – z. B. bei einem US-Konsulat (S. 89) oder auf den Websites des **US State Department** (www.travel.state.gov) und der **US Customs and Border Protection** (www.cbp.gov).

Die mexikanische Touristenkarte (offiziell *forma migratoria multiple* oder FMM) ist ein kleines Papierdokument, das bei der Einreise ausgefüllt und von der mexikanischen Einwanderungsbehörde abgestempelt wird. Sie muss bis zur Ausreise aufbewahrt werden und ist erhältlich an allen offiziellen Grenzübergängen, internationalen Flughäfen, Häfen und oft auch bei den Fluggesellschaften und mexikanischen Konsulaten. Wer auf dem Landweg einreist, erhält sie in der Regel nicht automatisch, sondern muss danach fragen.

Mit einer Touristenkarte dürfen Reisende nur sogenannten touristischen Aktivitäten nachgehen. Die maximale Aufenthaltsdauer beträgt für die meisten Staatsangehörigen 180 Tage. Es ist aber sinnvoll, den Einwanderungsbeamten genau zu sagen, wie lange man bleiben will, weil sie sonst manchmal sehr viel weniger Tage (mitunter 15 oder 30) eintragen.

VERANTWORTUNGSBEWUSST REISEN

Mit den folgenden Maßnahmen können Reisende zum Umweltschutz in Yucatán und Chiapas beitragen:

- Wasserfilter oder Wassertabletten (Chlordioxid) benutzen, um Müll durch Plastikflaschen zu vermeiden.
- Keine Souvenirs aus bedrohten Pflanzen oder Tieren kaufen, die illegal erworben wurden.
- An archäologischen Stätten oder Korallenriffen keine „Mitbringsel“ abbrechen oder vom Boden aufheben.
- Beim Schnorcheln oder Tauchen vorsichtig sein, was man berührt bzw. wohin man seine Füße setzt.
- Wasser sparen; die Wasservorräte sind auf der Halbinsel Yucatán größtenteils begrenzt.
- Ohne Sunblocker, Lotion, Parfum, Insektenschutz oder andere verunreinigende Stoffe in den Cenoten baden.

ZOLL

Bei der Einreise nach Mexiko mit dem Flugzeug bestehen die normalen Formalitäten aus dem Ausfüllen einer Zollerklärung (auf der die zollfreien Einfuhrgrenzen aufgeführt sind), die man dann in einen Automaten steckt. Wenn das Licht am Automaten auf Grün schaltet, kann man ohne Durchsuchung einreisen, leuchtet es rot auf, wird das Gepäck überprüft.

An- & Weiterreise

BUS

Mexikos Bussystem ist luxuriös und umfasst häufige Verbindungen (im Gegensatz zum großen Rest Zentralamerikas); viele Busse bieten eine Klimaanlage, Toiletten, Platzreservierungen und Filme. Dafür zahlt man allerdings auch – die Preise sind wesentlich höher als in anderen Teilen Zentralamerikas.

Die meisten Städte und größeren Orte auf der Halbinsel und in der Umgebung haben einen Hauptbusbahnhof, wo alle Fernbusse ankommen und abfahren. Wenn es keinen Hauptterminal gibt, unterhalten die Busunternehmen eigene Terminals, die sich über die Stadt verteilen. **Grupo ADO** betreibt die meisten Buslinien in Yucatán und Chiapas. Die günstigeren und langsameren Busse der *Segunda (2a) clase* (2.-Klasse-Busse) fahren kleine Städte und Dörfer an.

FLUGZEUG

Die meisten Besucher erreichen Yucatán auf dem Luftweg. Direktflüge starten meist von Drehkreuz-Flughäfen und Anschlussflüge oft von Mexiko-Stadt. Der Großteil der Flüge auf die Halbinsel landet auf dem geschäftigen Aeropuerto Internacional de Cancún (S. 48). Die anderen Tore der Region sind **Cozumel** (CZM; ☎987-872-2081; www.asur.com.mx; Av 65 & Blvr Aeropuerto; 📶), **Mérida** (MID; ☎999-940-6090; www.asur.com.mx) und Campeche (CPE).

Flüge aus anderen Teilen Mexikos landen an den Flughäfen Cancún, Campeche, Cozumel, Mérida und **Tuxtla Gutiérrez** (☎961-153-6068). Letzterer dient auch San Cristóbal de las Casas in Chiapas als Flughafen.

Fluglinien

Mexikos größte Fluggesellschaft für Inlands- und internationale Flüge ist **Aeroméxico** (☎Mexiko 800-021-4000; www.aeromexico.com). Sie ist in der Regel teurer als die Billigfluglinien **Viva-Aerobus** (☎Mexiko-Stadt 55-4777-5050, USA 888-935-9848; www.vivaaerobus.com), **Volaris** (☎800-122-8000; www.volaris.com) und **Interjet** (☎800-011-2345; www.interjet.com).

Hier nur einige der vielen Airlines, die Yucatán anfliegen:

Airberlin (☎Deutschland 030-34343434; www.airberlin.com)

Air France (☎Mexiko 800-123-1628; www.airfrance.com)

AirTran Airways (☎USA 800-247-8726; www.airtran.com)

American Airlines (☎Mexiko 800-904-6000; www.aa.com)

British Airways (☎USA 866-835-4133; www.britishairways.com)

Condor (☎Deutschland 0180-6767767; www.condor.com)

Delta Airlines (☎866-0660; www.delta.com)

Frontier Airlines (☎USA 800-432-1359; www.flyfrontier.com)

United Airlines (☎Mexiko 800-900-5000; www.united.com)

GRENZÜBERGÄNGE

Mexiko grenzt im Süden an Guatemala und Belize. Entlang der Grenze finden sich zahlreiche Übergänge.

Belize

Von Quintana Roo können Reisende mit Bussen über Chetumal, nördlich des belizischen Corozal, nach Belize (oder nach Flores in Guatemala) fahren. Von Chetumal verkehren häufig Busse in die belizischen Städte Corozal (35–40 Mex$, 1 Std.) und Orange Walk (35–50 Mex$, 2 Std.). Die Abfahrt erfolgt am **Nuevo Mercado Lázaro Cárdenas** (Calzada Veracruz) und einige Busse fahren weiter nach Belize-Stadt. Der Anbieter **Gibson's Tours & Transfers** (☎501-423-8006; www.gibsonstoursandtransfers.com; Grenze Santa Elena–Corozal) chauffiert seine Kunden auf dem Landweg für 290 Mex$ nach Corozal und hat auch andere belizische Ziele im Programm. Bei der Ausreise aus Mexiko sollte man sich darauf einstellen, einen Nachweis über die bezahlte „Gebühr für Nicht-Immigranten" zeigen zu müssen.

Jeder, der aus Belize nach Mexiko ausreist, muss eine Ausreisegebühr zahlen – für einen Aufenthalt von weniger als 24 Stunden 30 BZ$ und 37,50 BZ$ für einen längeren Aufenthalt. Alle Gebühren müssen bar bezahlt werden (in belizischer oder US-Währung) und die Beamten haben in der Regel kein Wechselgeld für US-Dollar.

Guatemala

Von Chiapas aus gibt's drei größere Grenzübergänge nach Guatemala.

Südöstlich von Palenque kann man in Frontera Corozal mit einem Boot nach Bethel übersetzen und dort einen Bus nehmen. Organisierte Touren vereinfachen das Unterfangen dieser Reise, Details s. Kasten S. 84.

Südlich von San Cristóbal de las Casas ist es am bequemsten, über den Grenzposten zwischen Ciudad Cuauhtémoc und La Mesilla nach Guatemala einzureisen. Einige OCC-Busse fahren von San Cristóbal de las Casas nach Ciudad Cuauhtémoc (100 Mex$, 11.30–17.30 Uhr, 3 Std.). Alternativ fahren von Comitán häufig Vans, *combis* und Busse nach La Mesilla (zwischen 5 und 17 Uhr etwa alle 20–30 Min.).

Von La Mesilla geht's per Mototaxi zum Busdepot. Dort verkehren regelmäßig Busse nach Huehuetenango und Quetzaltenango mit Anschlussverbindungen nach Guatemala-Stadt.

AUSREISESTEUER

Für alle internationalen Flüge aus Mexiko fällt eine Art Ausreisesteuer von umgerechnet etwa 48 US$ an. Sie ist üblicherweise im Ticketpreis enthalten, aber falls nicht, muss man sie beim Check-in am Flughafen bar bezahlen

Für Inlandsflüge fallen zweierlei Steuern an: die Mehrwertsteuer IVA (16 %) und die TUA, eine Flughafensteuer von etwa 16 US$. In Mexiko sind die Steuern normalerweise in den aufgeführten Flugpreisen enthalten und werden bezahlt, wenn man das Ticket kauft. Wer sein Ticket allerdings außerhalb Mexikos gekauft hat, muss die TUA bezahlen, wenn er in Mexiko am Flughafen eincheckt.

Banken und Geldwechselstellen gibt's dies- und jenseits der Grenze.

In San Cristóbal bieten einige Unternehmen täglich Verbindungen per Van nach Quetzaltenango (350 Mex$, 8 Std.), Panajachel (350 Mex$, 9 Std.) und Antigua (450 Mex$, 11 Std.) in Guatemala.

Eine andere Möglichkeit ist, von der mexikanischen Grenzstadt Tapachula weiter im Südwesten nach Guatemala einzureisen. Die Busse von **Trans Galgos Inter** (www.transgalgosinter.com.gt) fahren dreimal am Tag von Tapachula nach Guatemala-Stadt (290 Mex$, 6 Std.).

ℹ Unterwegs vor Ort

AUTO & MOTORRAD

Wer ein Auto oder einen Motorroller ausleihen will, muss einen gültigen Führerschein (der jeweilige nationale Führerschein genügt) und eine der gängigen Kreditkarten vorlegen.

BUS

Die Busse in Yucatán sind nur selten voll, aber für die Nachtbusse zwischen Yucatán und Chiapas ist es trotzdem sinnvoll, vorab zu reservieren. Bei **Boletotal** (☎800-009-9090; www.boletotal.mx) kann man einige 1.-Klasse-Busse buchen.

ADO GL (☎800-900-0105; www.adogl.com.mx) und **OCC** (☎800-900-0105; www.occbus.com.mx) bieten Luxusverbindungen. **ADO** (☎800-900-0105; www.ado.com.mx) legt den 1.-Klasse-Standard fest. Die größten 2.-Klasse-Unternehmen sind Mayab, Oriente und **Noreste** (☎800-280-1010; www.noreste.com.mx).

1.-Klasse-Busse kosten normalerweise etwa 60 bis 70 Mex$ pro Reisestunde (70–80 km). Luxusbusse können 10 bis 20 % teurer sein als die 1. Klasse, Superluxusbusse bis zu 50 %. 2.-Klasse-Busse sind 20 % billiger als die 1. Klasse.

Man sollte wissen, dass es im Lauf der Jahre bei Überlandbussen auf den Highways gelegentlich zu Überfällen gekommen ist. Man kann sein Gepäck aber in sicheren Gepäckfächern verstauen.

NAHVERKEHR

Die meisten Einheimischen bevorzugen es, sich in Vans oder *colectivos* (Sammeltaxis oder Minibusse) zu quetschen, die auf kürzeren Strecken verkehren. Sie kosten etwa genauso viel wie 2.-Klasse-Busse, fahren aber häufiger.

SCHIFF/FÄHRE

Fähren verbinden Cancún mit der Isla Mujeres und Playa del Carmen mit der Isla Cozumel. Von Chiquilá, einige Stunden nördlich von Cancún gelegen, fahren außerdem Fähren zur Isla Holbox ab. Die meisten Besucher von Yaxchilán kommen mit dem Boot dorthin.

Guatemala

☎ 502 / 16,2 MIO. EW.

Inhalt ➡

Gut essen

➡ Restaurante Buga Mama (S. 202)

➡ Xkape Koba'n (S. 185)

➡ Tienda La Canche (S. 122)

➡ Taberna El Pelicano (S. 180)

➡ La Fonda de la Calle Real (S. 123)

Schön schlafen

➡ Quetzalroo (S. 104)

➡ Earth Lodge (S. 126)

➡ Hotel Kangaroo (S. 195)

➡ Posada del Cerro (S. 213)

➡ Finca Santa Elena (S. 173)

Auf nach Guatemala

Guatemala ist pure Magie. Wer sich für die Mayas, hohe Berge, quirlige Märkte, Faulenzen an einem See oder die Erkundung stimmungsvoller präkolumbischer Ruinen und wundervoller Kolonialdörfer begeistert, kann sich in dem Land verzaubern lassen.

Morgens surfen und nachmittags Spanisch lernen? Kein Problem! Von einem Vulkan runtersteigen, kurz duschen und zum Abendessen in die Sushi-Bar? Warum nicht? Einen Maya-Tempel besuchen und bei Sonnenuntergang in einer Hängematte am Strand schaukeln? Los geht's!

Guatemala hat zwar auch seine problematischen Seiten und eine gute Reisevorbereitung im Hinblick auf die Gefahren des Landes ist unabdingbar. Aber wer die Risiken kennt, kann sie meiden und mehr oder weniger alles machen, wonach ihm der Sinn steht ... ach, wenn man nur mehr Zeit hätte!

Reisezeit

Guatemala-Stadt

Dez.–Mai
Feste wie Weihnachten und Ostern werden mit großer Hingabe gefeiert.

April–Sept.
In der Regenzeit fallen die Preise und die Besucherströme nehmen ab.

Okt.–Nov.
Der Regen lässt nach – eine tolle Zeit zum Wandern.

AUF EINEN BLICK

Währung Quetzal (Q)

Sprache Spanisch (Amtssprache), 21 Maya-Sprachen, Garifuna

Visa Für Aufenthalte bis drei Monate gewöhnlich nicht erforderlich.

Geld Geldautomaten sind weit verbreitet. Kreditkarten werden in gehobenen Einrichtungen akzeptiert.

Zeit MEZ minus sieben Stunden, MESZ minus acht Stunden

Kurzinfos

- **Fläche** 108 890 km²
- **Hauptstadt** Guatemala-Stadt
- **Notruf** Englisch ☎1500, Spanisch ☎110

Preise

- **Hostelbett** 60–100 Q
- **Menü** 25–40 Q
- **Dreistündige Busfahrt** 20 Q

Infos im Internet

- **Lanic Guatemala** (http://lanic.utexas.edu/la/ca/guatemala) Ausgezeichnete Sammlung von Guatemala-Links.
- **EntreMundos** (www.entremundos.org) Soziale und politische Fragen und NGO-Datenbank.
- **Lonely Planet** (www.lonelyplanet.com/guatemala) Informationen, Hotelbuchungen, Traveller-Forum und mehr.

Von Land zu Land

Von Mexiko aus reist man über Ciudad Hidalgo oder Ciudad Cuauhtémoc nach Guatemala ein, von El Salvador über Anguiatú, von Honduras über Agua Caliente und von Belize über Benque Viejo del Carmen. Nähere Informationen siehe Praktische Informationen S. 241.

GUATEMALA FÜR EINSTEIGER

Eine Woche

Wer nur eine Woche Zeit hat, kann sicher nicht das ganze Land sehen, aber zumindest die „Großen Drei“ ansteuern. Zuerst geht's nach **Antigua**, wo man zwei Tage lang in kolonialer Pracht weilt und Vulkane erklimmt, bevor es weitergeht zum **Lago de Atitlán**. Von einem passenden Dorf aus, vielleicht dem quirligen Panajachel oder dem abgeschiedenen San Juan, werden der See und seine Umgebung per Boot, Kajak, Pferd oder Fahrrad erkundet. Von hier geht's zurück nach **Guatemala-Stadt** und dann mit dem Bus oder Flugzeug nach **Flores**, Ausgangspunkt für die bedeutendste aller Maya-Ruinen, **Tikal**.

Zwei Wochen

In der zweiten Woche ist Zeit für ein Bad in den hübschen Kalksteinbecken von **Semuc Champey** und eine Bootstour den **Río Dulce** hinunter. Ein Tag sollte für die phantastischen Museen in Guatemala-Stadt eingeplant werden.

Essen & Trinken

- **Wohin zum Essen?** Das billigste Essen gibt's an den Essensständen um den Hauptplatz oder den Busbahnhof – dabei sollte man jedoch seinen gesunden Menschenverstand walten lassen. Etwas teurer sind dann die familienbetriebenen *comedores* (Kantinen) mit ihren oft sehr preisgünstigen Menüs. Am größten ist die Auswahl in touristischen Orten wie Antigua und Panajachel: Hier gibt's alles bis hin zu erstklassigen Restaurants mit Fusionsküche.
- **Was essen?** An Tortillas geht kein Weg vorbei – warum auch, denn wenn sie richtig zubereitet werden, sind sie köstlich. Die üblichsten Varianten bestehen aus Gelb- oder Weißmaismehl, aber auch die aus Blaumaismehl und Weizenmehl sind interessant. Die Augen offen halten sollte man auch nach regionalen Spezialitäten wie *tapado* (ein Meeresfrüchte-Eintopf, der vor allem an der Karibikküste gegessen wird), *pepián* (eine würzige Sesamsauce, die zu Huhn oder Truthahn gereicht wird) und *jocón* (ein Eintopf mit Huhn oder Schwein sowie Gemüse und Kräutern, den es im Hochland gibt) sowie *boxbol* (Maisteig und fein gehacktes Fleisch, z. B. Huhn), einem Standardgericht im Gebiet des Ixil-Dreiecks.
- **Was trinken?** Das beste Getränk weit und breit sind *licuados*, frische Obstsaftmischungen mit Milch oder Wasser.

GUATEMALA-STADT

1,1 MIO. EW. / 1500 M

Zu Guatemalas Hauptstadt – allgemein als „Guate“ bekannt – hört man unterschiedliche Meinungen: Die einen finden sie groß, dreckig, gefährlich und getrost zu vernachlässigen, andere hingegen groß, dreckig, gefährlich und faszinierend. Wie auch immer – es besteht kein Zweifel, dass die Stadt eine Energie ausstrahlt, die man im Rest Guatemalas nirgendwo findet. Und die Extreme, die das ganze Land kennzeichnen, sind hier nicht zu übersehen.

In Guatemala-Stadt blasen heruntergekommene Busse neben nagelneuen BMWs und Hummers Qualm in die Luft, während Wolkenkratzer ihre Schatten auf Elendsviertel werfen und sich Arbeiter aus ländlichen Gebieten und Einwanderer aus anderen Teilen Zentralamerikas – kaum beachtet von der Elite des Landes – mehr schlecht als recht durchs Leben kämpfen.

Guatemala-Stadt ist die Kulturhauptstadt des Landes – die meisten Schriftsteller, Denker und Künstler leben und arbeiten hier. Die besten Museumsexponate landen grundsätzlich in der Kapitale des Landes. Und auch wenn fast alle Bewohner der Stadt davon träumen, am Wochenende nach Antigua oder Monterrico zu entfliehen, verbringen sie ihre meiste Zeit doch hier – eine Tatsache, die sich in den immer edleren Restaurants und Bars der Stadt widerspiegelt.

Sehenswertes & Aktivitäten

Die wichtigsten Sehenswürdigkeiten liegen in Zona 1 (dem historischen Zentrum) und in den Zonas 10 und 13, in denen die meisten Museen beheimatet sind. Wer sonntags in der Stadt ist, kann sich der selbst geführten Tour **SubiBaja** (9–14 Uhr) GRATIS der Transmetro anschließen. Man kann alle 20 Minuten in einem Transmetro-Bus mit Klimaanlage eine Schleife mitfahren und unterwegs an zehn Haltestellen aussteigen, u. a. am Parque Central, am Centro Cívico, am La Aurora Zoo (und an den Museen), in der Zona Viva, beim Pasos y Pedales, im Cuatro Grados Norte und an der Mapa en Relieve. Freiwillige Touristenführer geben während der Fahrt Erläuterungen und in jedem Bus fährt ein Mitglied der Verkehrspolizei mit. SubiBaja ist eine ausgezeichnete Möglichkeit, viele Sehenswürdigkeiten zu sehen, ohne sich Gedanken um öffentliche Verkehrsmittel oder Taxis machen zu müssen.

Zona 1

Parque Central PLAZA

(Plaza de la Constitución; Karte S. 102; Parque Central) Die meisten beachtenswerten Sehenswürdigkeiten in Zona 1 befinden sich in der Nähe des Parque Central, der von den Calles 6a und 8a und den Avenidas 6a und 7a begrenzt wird.

Jede Stadt in der Neuen Welt hatte einen Platz, der für militärische Übungen, Paraden und Zeremonien genutzt wurde. An der Nordseite der Plaza befand sich stets der *palacio de gobierno* (kolonialer Regierungshauptsitz). An einer der anderen Seiten, vorzugsweise an der Ostseite, stand eine Kirche (oder Kathedrale). Die anderen Seiten des Platzes waren oft von zusätzlichen Verwaltungsgebäuden oder imposanten Herrenhäusern gesäumt. Der Parque Central ist ein gutes Beispiel für diese klassische Städteplanung.

Am besten besucht man ihn am Sonntag, wenn die Einwohner der Stadt hier flanieren, in den Springbrunnen spielen, klatschen und tratschen, knutschen und zu Salsa-Klängen tanzen. Andernfalls kann man auch um die Mittagszeit oder am Spätnachmittag vorbeischauen. Für welche Zeit man sich auch entscheidet, man wird von Schuhputzjungen, Polaroid-Fotografen und Kitschverkäufern belagert.

Palacio Nacional de la Cultura HISTORISCHES GEBÄUDE

(Karte S. 102; 2253-0748; Ecke 6a Av & 6a Calle; Eintritt 30 Q; Mo–Sa 9–11.45 & 14–16.45 Uhr) Der prächtige Palacio Nacional de la Cultura wurde unter der Herrschaft von Diktator Jorge Ubico (1931–1944) erbaut und verursachte enorme Kosten. Er ist bereits der dritte Palast an dieser Stelle. Im Innern sind oft Wechselausstellungen zu sehen, u. a. mit Werken von zeitgenössischen guatemaltekischen Künstlern.

Man kann sich allein umschauen oder sich einer kostenlosen Tour anschließen, die durch das Labyrinth aus glänzendem Messing, poliertem Holz, Steinschnitzereien und von Alberto Gálvez Suárez bemalten Arkaden führt. Zu den interessantesten Details gehören der 2 t schwere Leuchter aus Gold, Bronze und böhmischem Kristall im Empfangssalon sowie zwei Innenhöfe im maurischen Stil.

Centro Cultural Metropolitano KULTURZENTRUM

(Karte S. 102; 7a Av 11-67; Mo–Fr 9–17 Uhr) Dieses überraschend avantgardistische Kultur-

Highlights

1 Aus gutem Grund ist **Tikal** die beliebteste Touristenattraktion des Landes – daher: die Reisegruppen einfach ignorieren (S. 214)

2 Spanisch lernen, in der Nähe von Guatemalas kosmopolitischster und malerischster Stadt **Antigua** auf Vulkane klettern und dabei gut essen, trinken und schlafen (S. 113)

3 In der Garifuna-Enklave **Lívingston** an der Karibik eine andere Seite Guatemalas kennenlernen (S. 187)

4 Im **Westlichen Hochland** die besten Wanderrouten des Landes erkunden (S. 157)

5 Herausfinden, warum **Semuc Champey** als der schönste Ort des ganzen Landes gilt (S. 187)

6 Bei **Lívingston** auf dem **Río Dulce** eine spektakuläre Bootsfahrt durch einen von Urwald gesäumten Canyon machen (S. 203)

7 Das hübsche, traditionelle Seeuferdörfchen **San Juan La Laguna** erkunden (S. 144)

8 In **Santa Lucía Cotzumalguapa** Steinskulpturen einer Prä-Maya-Kultur bestaunen (S. 174).

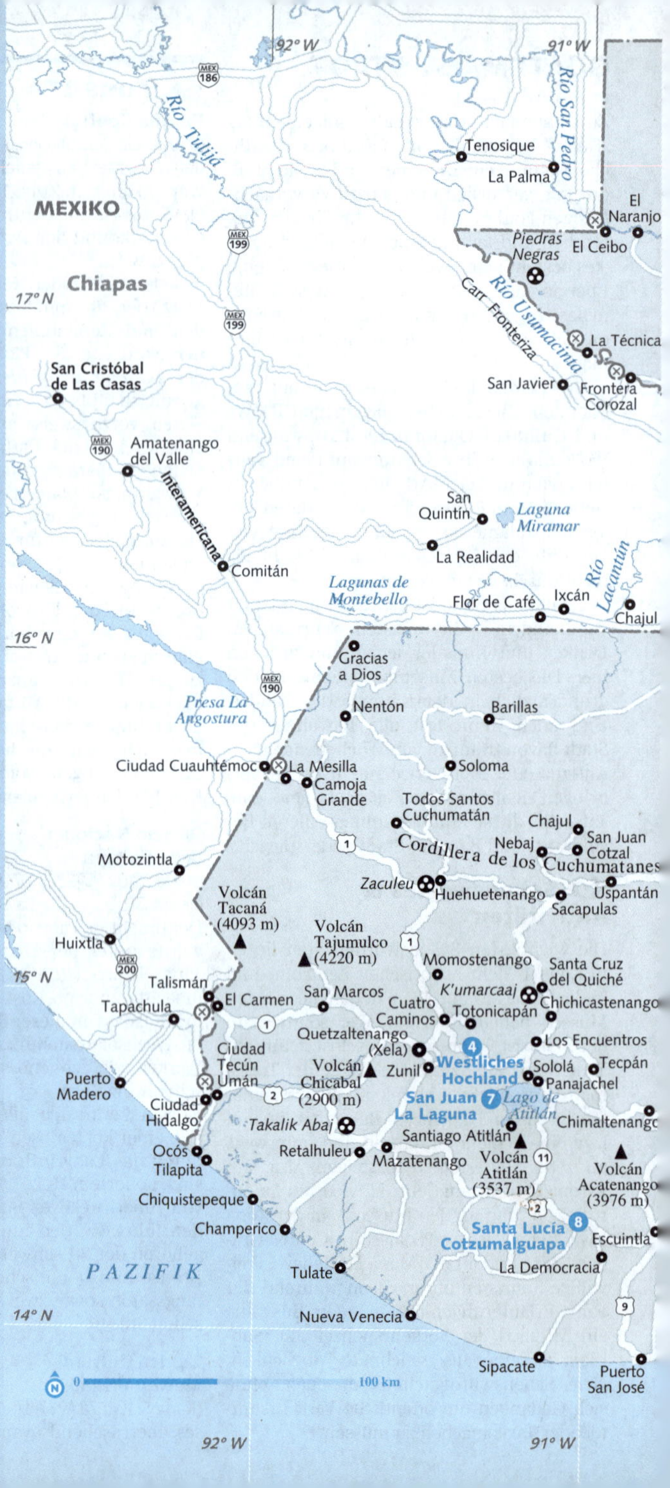

90° W
89° W
El Mirador
Carmelita
Uaxactún
El Perú
El Zotz
Río San Pedro
1 Tikal
Río Azul
Belize River
Belize City
Fähre
BELMOPAN
San Ignacio
Laguna Perdida
Lago de Petén Itzá
Yaxhá
Benque Viejo del Carmen
Laguna Yahjá
Melchor de Mencos
Flores
El Cruce
Santa Elena
17° N
Dangriga
Sierra del Lacandón
Río Mopán
Chiquibul Branch River
Macal River
Stann Creek
Barrier Reef
BELIZE
Bethel
Río de la Pasión
El Subín
Río San Juan
13
Sayaxché
Ceibal
Benemérito de las Américas
Big Creek
Cuevas de Poptún
Poptún
Río Machaquilá
Monkey River
Río Salinas
5
KARIBIK
Punta Gorda
Moho River
13
Fähre
16° N
Bahía de Amatique
Golfo de Honduras
Playa Grande
San Antonio Las Cuevas
Modesto Méndez
Fray Bartolomé de Las Casas
Punta de Manabique
Chisec
Sebol
Biotopo Chocón Machacas
3 Livingston
Sierra de Chamá
Puerto Barrios
Finca La Inca
Río Dulce
6 El Golfete
Cuyamel
Río Dulce
IZABAL
El Chinchado
Grutas de Lanquín
El Estor
El Castillo de San Felipe
Corinto
5
Lanquín
5 Semuc Champey
Lago de Izabal
San Cristóbal Verapaz
Cobán
Mariscos
4
Río Polochic
ZACAPA
Quiriguá
Biotopo del Quetzal
Purulhá
Carretera de Occidente
Río Ulúa
Sierra de las Minas
Salamá
14
9
Rabinal
Sierra de Chuacús
Río Hondo
La Entrada
15° N
Estanzuela
Zacapa
Carretera al Atlántico
Río Motagua
11
Santa Bárbara
El Florido
Santa Rita de Copán
10
Chiquimula
Copán Ruinas
Copán
Santa Rosa de Copán
5
9
CHIQUIMULA
GUATEMALA-STADT
18
Quetzaltepeque
Jalapa
Ipala
Esquipulas
4
2 Antigua
Volcán de Ipala (1650 m)
Agua Caliente
19
San José Pinula
Interamericana
Laguna de Ayarza
Anguiatú
Lago de Amatitlán
Anguiatú
Nueva Ocotepeque
El Progreso
Metapán
HONDURAS
Jutiapa
La Esperanza
Cuilapa
1
Lago Güija
San Cristóbal Frontera
4
Carretera al Pacífico
8
San Cristóbal
Río Lempa
Chiquimulilla
12
2
Valle Nuevo
Las Chinamas
Chalatenango
14° N
Iztapa
Santa Ana
Embalse Cerrón Grande
Ciudad Pedro de Alvarado
El Congo
Monterrico
Apaneca
EL SALVADOR
Ciudad Barrios
7
La Hachadura
Lago de Coatepeque
SAN SALVADOR
Embalse 15 de Septiembre
90° W
Sonsonate
89° W

zentrum bietet Kunstausstellungen, Buchvorstellungen, Kunsthandwerksworkshops und Filmabende.

Casa MIMA KULTURZENTRUM
(Karte S. 102; 8a Av 14-12; Mo–Sa 10–17 Uhr) Das Museum und Kulturzentrum präsentiert sich auf großartige Weise und ist in einem Haus aus dem späten 19. Jh. untergebracht. Die Besitzer des Hauses waren Sammler mit äußerst eklektischem Geschmack, der von französischem Neo-Rokoko über chinesische Kunst und Art déco bis zu indigenen Artefakten reicht. Das Museum ist aufgemacht wie ein ganz normales Wohnhaus und voller Kuriositäten und Möbel aus mehreren Jahrhunderten.

Museo de Ferrocarril MUSEUM
(Eisenbahnmuseum; Karte S. 102; www.museofegua.com; 9a Av 18-03; Di–Fr 9–16, Sa & So 10–16 Uhr) GRATIS Das Eisenbahnmuseum ist eines der spannenderen Museen der Stadt. Es dokumentiert die goldenen Zeiten des angeschlagenen Eisenbahnsystems Guatemalas und zeigt einige skurrile Artefakte, z. B. handgezeichnete Diagramme von Entgleisungen und eine Küche voller Gegenstände, die in den Speisewagen benutzt wurden. Man darf durch die Passagierwaggons klettern, nicht aber in die Lokomotive.

Museo Nacional de Historia MUSEUM
(Karte S. 102; 2253-6149; 9a Calle 9-70; Eintritt 50 Q; Mo–Fr 9–17.30 Uhr) Das Nationalgeschichtliche Museum ist ein Sammelsurium historischer Relikte mit Schwerpunkt auf Fotografien und Porträts. Die Frisuren der Politiker aus dem 19. Jh. sind auf jeden Fall einen Blick wert.

Zona 2

Nördlich der Zona 1 schließt sich die Zona 2 an, die größtenteils ein Wohngebiet der Mittelklasse ist. An ihrem nördlichen Rand befindet sich allerdings der große Parque Minerva, der von Golf- und Sportplätzen und den Gebäuden der Universidad Mariano Gálvez umgeben ist.

Parque Minerva PARK
Minerva, die römische Göttin der Weisheit, des Gewerbes und des Handwerks, zählte zu den Lieblingen von Präsident Manuel Estrada Cabrera. Ihr Park ist ein angenehmer Ort, in dem man wunderbar zwischen Eukalyptusbäumen schlendern und ein kühles Getränk genießen kann. Man sollte sich aber vor Trick- und Handtaschendieben in Acht nehmen.

Mapa en Relieve MONUMENT
(Reliefkarte; www.mapaenrelieve.org; Av Simeón Cañas Final; Eintritt 25 Q; 9–17 Uhr) Die bedeutendste Sehenswürdigkeit im Parque Minerva ist die Mapa en Relieve, eine riesige Reliefkarte von Guatemala, die 1904 unter der Leitung von Francisco Vela angefertigt wurde. Sie zeigt das Land im Maßstab 1:10 000, die Höhe des Gebirgsterrains jedoch wurde auf 1:2000 „aufgeblasen“, um das Ganze etwas dramatischer zu gestalten. Es fällt auf, dass auch Belize auf der Karte zu sehen ist – das liegt daran, dass die meisten Guatemalteken es noch immer als guatemaltekisches Territorium betrachten. Die Mapa en Relieve und der Parque Minerva liegen 2 km nördlich des Parque Central an der 6a Avenida, die allerdings eine Einbahnstraße in Richtung Süden ist.

Centro Cívico Area

Der Komplex des Gemeindezentrums wurde in den 1950er- und 1960er-Jahren erbaut und erstreckt sich rund um die Schnittstelle der Zonas 1, 4 und 5. Hier befinden sich der **Palacio de Justicia** (Gerichtshof; Karte S. 102; Ecke 7a Av & 21a Calle, Zona 1), die Hauptstelle des Instituts für Soziale Sicherheit in Guatemala (IGSS), die **Banco de Guatemala** (Karte S. 102; 7a Av, Zona 1; Mo–Fr 9–17 Uhr), die **Municipalidad de Guatemala** (Rathaus; Karte S. 102; 22a Calle, Zona 1) und das Inguat-Hauptbüro (S. 109). Das Gebäude der Banco de Guatemala zieren Reliefs von Dagoberto Vásquez, die die Geschichte seines Heimatlandes erzählen. Im Rathaus ist ein riesiges Mosaik von Carlos Mérida zu sehen.

Centro Cultural Miguel Ángel Asturias KULTURZENTRUM
(Karte S. 102; www.teatronacional.com.gt; 24a Calle 3-81, Zona 1) Auf einem Hügel gegenüber vom Centro Cívico befindet sich das Centro Cultural Miguel Ángel Asturias, in dem das Nationaltheater, ein Kammertheater, ein Freilufttheater und ein kleines Museum untergebracht sind, das alte Rüstungen zeigt.

Zona 10

Östlich der Avenida La Reforma gelegen, beherbergt die schicke Zona 10 zwei der wichtigsten Museen der Stadt, das Museo Ixchel und das Museo Popol Vuh, die beide in großen neuen Gebäuden in der Universidad Francisco Marroquín untergebracht sind.

Museo Ixchel MUSEUM

(Karte S. 104; ☎ 2361-8081; www.museoixchel.org; 6a Calle Final; Eintritt 35 Q; ⊙ Mo–Fr 9–17, Sa 9–13 Uhr) Das Museo Ixchel del Traje Indígena ist nach Ixchel benannt, der Frau des Maya-Himmelgottes Itzamná und u. a. Göttin des Mondes, der Frauen, der Fortpflanzung und der Textilien. Fotografien und Ausstellungsstücke indigener Gewänder, Textilien und anderer Kunsthandwerksstücke zeigen die unglaubliche Vielfalt der traditionellen Hochlandkunst. Wer sich für lateinamerikanische Textilien interessiert, muss dieses Museum unbedingt besuchen.

Museo Popol Vuh MUSEUM

(Karte S. 104; ☎ 2338-7896; www.popolvuh.ufm.edu; 6a Calle Final; Erw./Kind 35/10 Q; ⊙ Mo–Fr 9–17, Sa 9–13 Uhr) Hinter dem Museo Ixchel del Traje Indígena befindet sich das Museo Popol Vuh, in dem gut zusammengestellte bunte Keramiken, Figurinen, Räuchergefäße, Graburnen, geschnitzte Holzmasken und traditionelle Textilien mehrere Ausstellungsräume füllen. In den weiteren Räumen warten koloniale Gemälde und Holz- und Silberartefakte. Eine originalgetreue Kopie des Dresdner Kodexes, eines der wertvollen „gemalten Bücher" der Maya, zählt zu den interessanteren Exponaten. Fazit: eine bedeutsame Sammlung, besonders angesichts ihres präkolumbischen Schwerpunkts.

Jardín Botánico GARTEN

(Karte S. 102; Calle Mariscal Cruz 1-56; Eintritt 10 Q; ⊙ Mo–Fr 8–15.30, Sa 8–12 Uhr) Die Universidad de San Carlos de Guatemala hat einen großen, herrlich grünen Jardín Botánico am Nordrand der Zona 10. Im Eintritt inbegriffen ist das **Museo de Historia Natural** (Naturgeschichtliches Museum; Karte S. 102; ⊙ Mo–Fr 8–15.30, Sa 8–12 Uhr) der Universität, das sich ebenfalls auf dem Gelände befindet.

Pasos y Pedales SPAZIERGANG

(Karte S. 104; www.pasosypedales.com; ⊙ So 10–14 Uhr) Sonntags kann man beim Pasos y Pedales vorbeischauen, einem wunderbaren Gemeindeprojekt, bei dem die Avenida de las Americas (Zona 10) und ihre Verlängerung, die Avenida la Reforma in Zona 13, auf 3 km Länge für den Verkehr gesperrt sind und von Jongleuren, Clowns, Inlinern, Spaziergängern mit Hunden, Essensverkäufern, Tai-Chi-Klassen, Skateparks und Kinderspielplätzen beschlagnahmt werden. Man kann wunderbar flanieren oder sich entlang der Straße Fahrräder oder Inliner ausleihen und eine sehr entspannte, gesellige Seite der Stadt kennenlernen, die sich sonst nur selten zeigt.

Zona 13 & Umgebung

Die Hauptattraktion der südlichen Ausläufer der Stadt ist der Parque Aurora, in dem ein Zoo, Kinderspielplätze, Rummelplätze und verschiedene Museen warten.

Museo Nacional de Arqueología y Etnología MUSEUM

(Karte S. 104; ☎ 2475-4399; www.munae.gob.gt; Sala 5, Finca La Aurora; Eintritt 60 Q; ⊙ Di–Fr 9–16, Sa & So 9–12 & 13.30–16 Uhr) Eines der Museen im Parque Aurora ist das maurisch anmutende Museo Nacional de Arqueología y Etnología, das eine Sammlung mit Maya-Artefakten aus allen Teilen Guatemalas zeigt, u. a. Steinschnitzereien, Jade-Arbeiten, Keramiken, Statuen, Stelen und ein Grab. Modelle zeigen die Ruinen von Tikal und Zaculeu. In den Ausstellungen in der ethnologischen Abteilung erfahren Besucher viel Wissenswertes über die diversen indigenen Völker und Sprachen Guatemalas, wobei der Schwerpunkt auf traditionellen Gewändern, Tänzen und Alltagsgegenständen liegt.

Museo Nacional de Arte Moderno GALERIE

(Karte S. 104; ☎ 2472-0467; Sala 6, Finca La Aurora; Eintritt 30 Q; ⊙ Di–Fr 9–16, Sa & So 9–12.30 & 14–16 Uhr) Gegenüber dem Museo Nacional de Arqueología y Etnología steht das Museo Nacional de Arte Moderno, in dem eine Sammlung guatemaltekischer Kunst aus dem 20. Jh. zu sehen ist, hauptsächlich Gemälde und Skulpturen.

Museo Nacional de Historia Natural Jorge Ibarra MUSEUM

(Karte S. 104; ☎ 2472-0468; 6a Calle 7-30; Eintritt 50 Q; ⊙ Di–So 9–16 Uhr) In der Nähe des Museo Nacional de Arte Moderno befindet sich das Museo Nacional de Historia Natural Jorge Ibarra, das sich mit seiner großen Sammlung an Tierpräparaten ein Stückchen Ruhm sichern möchte. Ein paar Hundert Meter östlich dieser Museen trifft man auf den offiziellen Kunsthandwerkermarkt der Stadt: Der **Mercado de Artesanías** (Karte S. 104; ☎ 2475-5915; Ecke 5a Calle & 11a Av, Zona 13; ⊙ 9.30–18 Uhr) liegt etwas abseits der Zufahrtsstraße zum Flughafen. An dem verschlafenen Ort bieten die Händler dieselben Sachen feil, die auch in den Geschenkläden der Hotels erhältlich sind.

Guatemala-Stadt – Nord

Guatemala-Stadt – Nord

La Aurora Zoo ZOO
(Karte S. 104; ☎2472-0507; www.aurorazoo.org.gt; 5a Calle; Erw./Kind 25/10 Q; ⏲Di–So 9–17 Uhr) Der La Aurora Zoo ist ein ziemlich hübsch gestalteter Zoo; die schöne, parkähnliche Anlage allein ist schon den Eintrittspreis wert.

X-Park ABENTEUERSPORT
(☎2380-2080; www.xpark.net; Av Hincapié Km 11,5; Eintritt 15 Q; ⏲Mo–Fr 10–19, Sa 10–21, So 10–19 Uhr) Etwa zehn Autominuten vom Flughafen entfernt befindet sich der X-Park, ein sehr gut umgesetzter „Abenteuersport-Park". Ein Taxi aus der Zona 10 hierher sollte um die 30 Q kosten.

Schlafen

Zona 1

Traveller mit knapper Kasse steuern in der Regel direkt auf die Zona 1 zu. Die Preise in Guate sind höher als im Rest des Landes, doch es gibt dennoch ein paar Schnäppchen zu ergattern. Viele der günstigeren Unterkünfte der Stadt sind zehn bis 15 Fußminuten vom Parque Central entfernt.

Hotel Ajau HOTEL $
(Karte S. 102; ☎2232-0488; hotelajau@hotmail.com; 8a Av 15-62; EZ/DZ 160/205 Q, ohne Bad 85/120 Q; @ 📶) Für alle, die aus Cobán kommen oder dorthin wollen, ist das Ajau die logische Wahl, da es sich direkt neben der Bushaltestelle Monja Blanca befindet. Mit seinen hübsch polierten Bodenfliesen und den kühlen, sauberen Zimmern ist es auf jeden Fall ein recht nettes Schnäppchen.

Hotel Spring HOTEL $
(Karte S. 102; ☎2230-2858; www.hotelspring.com; 8a Av 12-65; EZ/DZ ab 160/200 Q, ohne Bad 110/140 Q; @ 📶) Mit seiner schönen Innenhoflage besitzt das Spring viel mehr Stil als andere Hotels in der Zona 1. Es liegt zentral und bietet ruhige, sonnige Innenhöfe. Die 43 Zimmer fallen sehr unterschiedlich aus, die meisten sind jedoch hoch, geräumig und sauber – am besten erst mal umschauen. Alle Zimmer haben Kabelfernsehen. Es lohnt sich, vorab zu buchen.

Hotel Fenix HOTEL $
(Karte S. 102; ☎2232-2839; 15a Calle 6-56; EZ/DZ 100/160 Q) Das klassische Budget-Hotel der Zona 1 hat ein neues Zuhause gefunden, gleich um die Ecke von seinem früheren Standort. Die recht geräumigen, schnörkellosen Zimmer sind wirklich sehr günstig.

Hotel Capri HOTEL $
(Karte S. 102; ☎2232-8191; 9a Av 15-63; EZ/DZ 150/195 Q, ohne Bad 95/140 Q) Ein modernes, vierstöckiges Haus in anständiger Lage. Am besten ein Zimmer abseits der lauten Straße vorne nehmen.

Guatemala-Stadt – Süd

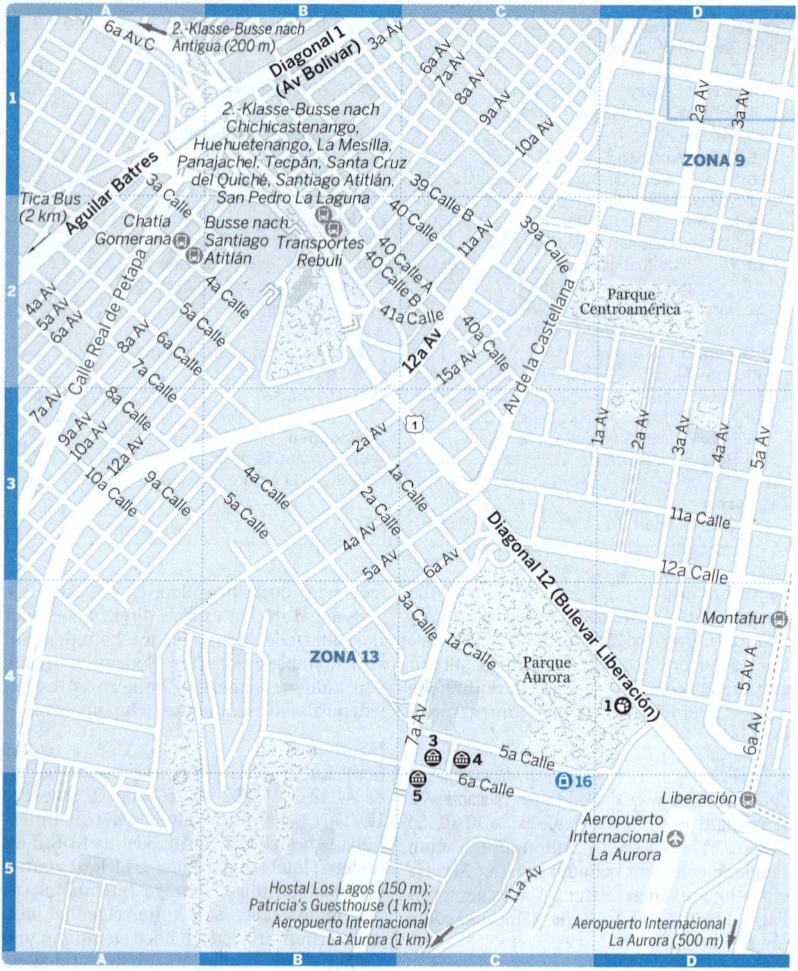

Hotel Quality Service HOTEL $$

(Karte S. 102; ☎2251-8005; www.qualityguate.com; 8a Calle 3-18; EZ/DZ 180/240 Q; @ 📶) Das Hotel versprüht ein angenehm altmodisches Flair, das perfekt zu den angemessen modernen Zimmern passt. Die erste Wahl in Parknähe.

Zonas 10 & 13

In einer Mittelklasse-Wohngegend in Zona 13 schießen Pensionen wie Pilze aus dem Boden. Sie liegen praktisch nahe am Flughafen – man kann sich dort abholen oder absetzen lassen. Hier draußen gibt's keine Restaurants, die Pensionen bieten jedoch Frühstück an und man kann aus dem kompletten Spektrum der Fast-Food-Bringdienste wählen.

Quetzalroo HOSTEL $

(Karte S. 104; ☎5746-0830; www.quetzalroo.com; 6a Av 7-84, Zona 10; B/EZ/DZ ohne Bad 140/200/280 Q; @ 📶) Das beste Hostel im Zentrum von Guatemala-Stadt wartet mit passablen Zimmern und Dorms, einem engen Küchenbereich und einer tollen Dachterrasse auf. Und es liegt günstig zum Restaurant- und Ausgehviertel Zona Viva. Wer sich kostenlos vom Flughafen oder Busbahnhof

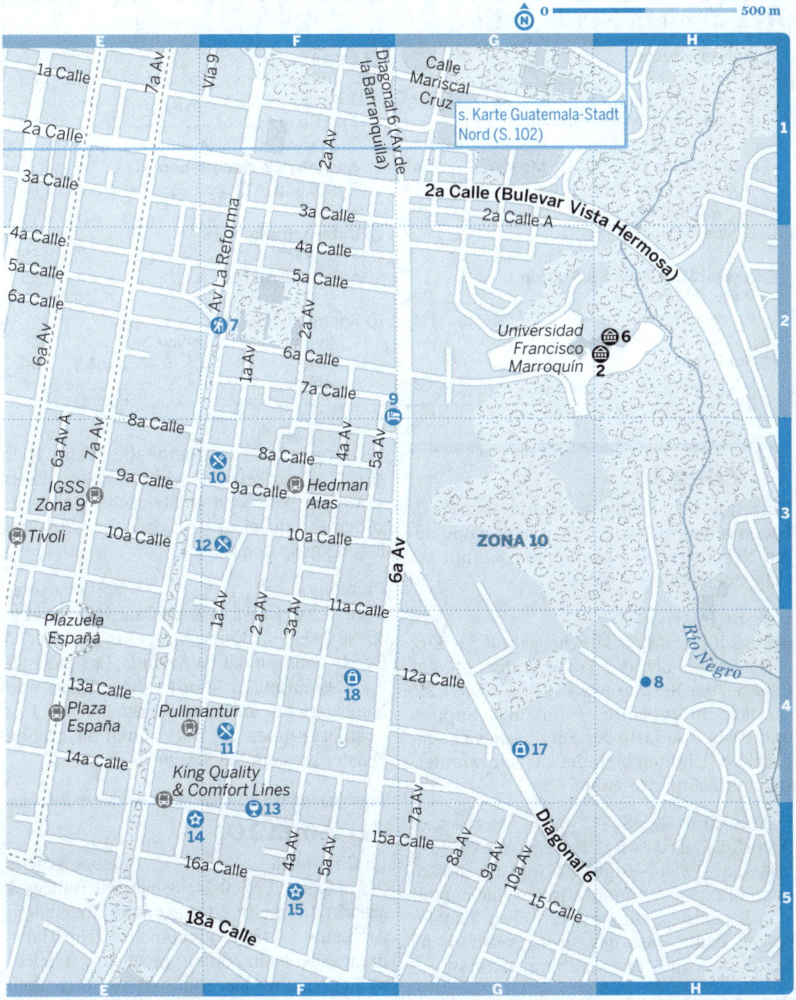

abholen lassen möchte, kann einfach im Quetzalroo anrufen.

Patricia's Guest House PENSION $

(☎2261-4251; www.patriciashotel.com; 19 Calle 10-65, Aurora II; Zi. ohne Bad 115 Q/Pers.; @) Entspannt und gemütlich, mit süßem kleinem Hinterhof, in dem die Gäste abhängen können. Mit privatem Fahrdienst durch die Stadt und zu den Busbahnhöfen.

Hostal Los Lagos HOSTEL $

(☎2261-2809; www.loslagoshostal.com; 8a Av 15-85, Aurora I; B/EZ/DZ 120/Q200/320 Q; @) Die Option in Flughafennähe, die am ehesten einem Hostel gleicht. Die Schlafsäle sind luftig und geräumig, zudem gibt es ein paar private Zimmer zu vernünftigen Preisen.

Essen

Dank etlicher Fast-Food-Läden und Imbisse ist günstiges Essen leicht zu finden. Wer wirklich Geld sparen will, sollte den Parque Concordia in Zona 1 ansteuern, der von der 5a und 6a Avenida und der 14a und 15a Calle begrenzt wird. An der Westseite des Platzes verkaufen Stände von frühmorgens bis spätabends spottbillige Sandwiches und Snacks. Edle Restaurants findet man in Zona 10.

Guatemala-Stadt – Süd

Sehenswertes
1 La Aurora Zoo ... D4
2 Museo Ixchel ... H2
3 Museo Nacional de Arqueología y Etnología ... C4
4 Museo Nacional de Arte Moderno ... C4
5 Museo Nacional de Historia Natural Jorge Ibarra ... C5
6 Museo Popol Vuh ... H2

Aktivitäten, Kurse & Touren
7 Pasos y Pedales ... F2
8 Productos Mundiales ... H4

Schlafen
9 Quetzalroo ... F2

Essen
10 Cafetería Patsy ... F3
11 Kacao ... F4
12 La Chapinita ... F3

Ausgehen & Nachtleben
13 Bajo Fondo ... F5

Unterhaltung
14 Kahlua ... E5
15 Rattle & Hum ... F5

Shoppen
16 Mercado de Artesanías ... C5
17 Oakland Mall ... G4
18 Sophos ... F4

Zona 1

Dutzende von Restaurants und Fast-Food-Läden reihen sich in der 6a Avenida und deren Nebenstraßen zwischen der 8a und 15a Calle aneinander.

Café de Imeri CAFÉ $
(Karte S. 102; 6a Calle 3-34; Hauptgerichte 30–50 Q; Mo–Sa 8–19 Uhr;) Völlig anders als der Großteil der Restaurants in Zona 1. Das Café serviert interessantes Frühstück, Suppen und Pasta. Die Liste der Sandwiches ist eindrucksvoll, hinten befindet sich ein wunderschöner kleiner Innenhof.

Restaurante Rey Sol VEGETARISCH $
(Karte S. 102; 11a Calle 5-51; Hauptgerichte 20–30 Q; Mo–Sa 7–19, So 7–16 Uhr;) Gute, frische Zutaten und eine der innovativsten Küchen mit z. B. Sojapastete und vegetarischen Tamales sorgen dafür, dass das streng vegetarische Restaurant zur Mittagszeit immer voll ist.

Café-Restaurante Hamburgo GUATEMALTEKISCH $
(Karte S. 102; 15a Calle 5-34; Menüs 30–50 Q; 7–21.30 Uhr) Die lebhafte Option auf der Südseite des Parque Concordia serviert gute guatemaltekische Gerichte (darunter einige extrem köstliche *chiles rellenos* – gefüllte Paprikaschoten), wobei die Köche auf der einen Seite des Lokals brutzeln, während orange beschürzte Kellnerinnen um sie herumwirbeln. Am Wochenende heizt eine Marimba-Band die Atmosphäre an.

Fu Lu Sho CHINESISCH $
(Karte S. 102; 6a Av 12-05; Hauptgerichte 30–60 Q; 8–23 Uhr) Dieser klassische, alteingesessene Zona-1-Chinese ist eine verlässliche, wenn auch nicht gerade spannende Wahl. Hier gibt's schnörkelloses chinesisches Essen sowie ein paar guatemaltekische Standardgerichte – quasi unschlagbar für günstiges Essen am späten Abend.

Picadilly INTERNATIONAL $$
(Karte S. 102; Ecke 6 Av & 11a Calle; Hauptgerichte 45–90 Q; 11–21.30 Uhr) Mitten im Herzen des Geschehens auf der 6a Avenida. Das geschäftige Restaurant tischt ordentliche Pizzas und Nudelgerichte und gute Steakteller auf. Das Lokal ist sauber, der Blick durch die großen Fenster raus auf die Straße faszinierend.

Zona 10

La Chapinita GUATEMALTEKISCH $
(Karte S. 104; 1 Av 10-24; morgens, mittags & abends) In mehr oder weniger formellem Ambiente servierte guatemaltekische Hausmannskost ist in Zona 10 nicht ganz so leicht zu finden, aber hier gibt's sie zu guten Preisen. Die Tische draußen auf der schattigen Terrasse sind kühl und luftig und das *churrasco* (auf offener Flamme gegrilltes Steak) ist ein perfekt einfaches und ehrliches Essen.

Cafetería Patsy CAFÉ $
(Karte S. 104; Av La Reforma 8-01; Mittagsmenüs ab 35 Q; 7.30–20 Uhr) Ein heller, freundlicher Laden, der bei den Büroangestellten der Gegend beliebt ist. Diese lassen sich mit belegten Brötchen, Sandwiches und günstigen Menüs verköstigen. Genau das Richtige für Traveller mit kleinem Budget.

Kacao GUATEMALTEKISCH $$$
(Karte S. 104; 2a Av 13-44; Hauptgerichte 70–120 Q; Mo–Sa 12–15 & 19–23, So 12–16 Uhr) Unter

einem *palapa* (mit Palmblättern gedecktes Überdach) werden die Gerichte im Kacao, dem besten *típica*-Restaurant der Zona 10, zu sanften Marimba-Klängen serviert. Atmosphäre wie Essen sind wirklich ausgezeichnet und ganz besonders sticht der *subanick* hervor: ein pikanter Eintopf mit Schwein, Rind und Huhn, ein traditionelles Cakchiquel-Gericht.

Ausgehen & Unterhaltung

Das **Centro Cultural de España** (Karte S. 102; ☎4752-7226; www.centroculturalespana.com.gt; 6a Av 11-02, Zona 1; ⏲Mo–Fr 9.30–13 & 14–17, Sa 10–14 Uhr) und das **Centro Cultural Miguel Ángel Asturias** (Karte S. 102; ☎2332-4041; www.teatronacional.com.gt; 24a Calle 3-81, Zona 1), beide im Cuatro Grados Norte, veranstalten regelmäßig Theateraufführungen und andere Kunstdarbietungen. Es lohnt sich immer, dort vorbeizuschauen oder sich auf der Website zu informieren, was geboten wird.

Das englischsprachige *RevueMagazine* (www.revuemag.com) informiert ausführlich über verschiedene Veranstaltungen, konzentriert sich aber hauptsächlich auf Antigua. Die meisten Hotels haben eine Ausgabe oder wissen, wo man eine bekommt. Kostenlose spanischsprachige Zeitschriften kommen und gehen. Zur Zeit der Recherche bot *El Azar* (www.elazarcultural.blogspot.com) die besten Informationen. Es liegt in den Kulturzentren aus. Das Kinoprogramm und andere Veranstaltungen kann man der Zeitung *Prensa Libre* entnehmen.

Es gibt zwar ein paar erwähnenswerte Läden für schwule Männer, aber so gut wie keine für lesbische Frauen.

Zona 1

Es ist sicher nicht ratsam, auf den dunklen Straßen der Zona 1 von Bar zu Bar zu ziehen. Zum Glück befindet sich innerhalb eines Blocks südlich des Parque Central eine Reihe guter Kneipen.

Las Cien Puertas BAR
(Karte S. 102; 9a Calle 6-45, Pasaje Aycinena 8-44; ⏲12–1 Uhr) Diese unverkrampft ultrahippe kleine Bar ist ein Treffpunkt für alle möglichen kreativen Typen der Gegend und andere bunte Vögel. Sie befindet sich in einer schäbigen Arkade aus der Kolonialzeit, in der manchmal Livebands spielen.

El Gran Hotel KNEIPE
(Karte S. 102; 9a Calle 7-64; ⏲Di–So 18–1 Uhr) Die eher bescheidene, aber renovierte Lobby des klassischen ehemaligen Hotels ist eine der attraktiveren Bars der Innenstadt. Hier gibt's die ganze Woche über Poetry-Slams, Livemusik und Filmabende – Näheres auf der Website.

Los Lirios CLUB
(Karte S. 102; 7a Av 9-20; ⏲Mi–Sa 19–1 Uhr) Einer der verlässlichsten Tanzläden in der Innenstadt, mit zumeist jungem Publikum und Latino-Musik wie Salsa, Merengue und Reggaetón, manchmal auch Livemusik.

La Bodeguita del Centro LIVEMUSIK
(Karte S. 102; 12a Calle 3-55; ⏲Di–Sa 21–1 Uhr) In Guatemala-Stadt gibt's eine lebendige kreative Szene. Dieser große, unkonventionelle Laden ist einer der besten Orte, um sich darunterzumischen. Dienstags bis sonntags spielen fast jeden Abend Bands, normalerweise ab 21 Uhr.

Black & White Lounge SCHWULE
(Karte S. 102; www.blackandwhitebar.com; 11a Calle 2-54; ⏲Mi–Sa 19–1 Uhr) Eine etablierte schwule Diskobar in einem ehemaligen Privathaus nahe der Innenstadt; oft mit Strippern.

Zona 4

TrovaJazz LIVEMUSIK
(Karte S. 102; www.trovajazz.com; Vía 6 No 3-55) Jazz-, Blues- und Folk-Fans sollten sich auf jeden Fall das aktuelle Programm von Trova Jazz anschauen.

Genetic SCHWULE
(Karte S. 102; Ruta 3 3-08; Eintritt ab 30 Q; ⏲Mi–Sa 21–1 Uhr) Das ehemalige Pandora's Box ist seit den 1970er-Jahren das Zuhause der schwul-lesbischen Gemeinde Guatemalas. Dennoch ist das Publikum des Genetic sehr gemischt, da es zu den besten Trance- und Dance-Schuppen der Stadt gehört. Auf den zwei Ebenen und der Dachterrasse herrscht eine entspannte Atmosphäre. Freitags „All you can drink".

Zona 10

Der beste Ort für eine Kneipentour ist die Ecke rund um die 2a Avenida und die 15a Calle.

Bajo Fondo BAR
(Karte S. 104; 15a Calle 2-55; ⏲Mi–Sa 19–1 Uhr) Eine der stimmungsvolleren kleinen Bars der Gegend, mit guter Musik und gelegentlichen Jamsessions.

Kahlua CLUB
(Karte S. 104; 15a Calle & 1a Av; Eintritt ab 30 Q; ⌚ Do–Sa 19–1 Uhr) Elektronika und hippe junge Menschen.

Rattle & Hum LIVEMUSIK
(Karte S. 104; Ecke 4a Av & 16 Calle; ⌚ 12–1 Uhr) Einer der letzten Läden in Zona 10 mit Livemusik. Von Australiern geführt und mit freundlicher Atmosphäre.

Shoppen

Modeboutiquen, Elektrowaren und andere Requisiten der modernen Welt findet man in den großen Einkaufszentren, z. B. in der **Oakland Mall** (Karte S. 104; www.oaklandmall.com.gt; Diagonal 6 13-01, Zona 10; ⌚ 8–20 Uhr).

Eine eher typisch guatemaltekische Erfahrung bieten die Stände auf der **Plaza El Amate** (Karte S. 102; Ecke 18a Calle & 4a Av, Zona 1; ⌚ 8–18 Uhr): Hier gibt's billige kopierte CDs, Schuhe, Unterwäsche, Overalls und auch sonst noch alles Mögliche.

Mercado Central MARKT
(Karte S. 102; Ecke 8a Av & 8a Calle, Zona 1; ⌚ Mo–Sa 9–18, So 9–12 Uhr) Bis das Erdbeben von 1976 den Zentralmarkt zerstörte, kauften die Einheimischen hier Lebensmittel und andere Notwendigkeiten. Ende der 1970er wieder aufgebaut, ist der neue *mercado* auf Touristen ausgerichtet und verkauft Stoffe, Holzschnitzereien, Leder- und Metallwaren, Körbe und anderes Kunsthandwerk. Außer der einen oder anderen Reisegruppe verirren sich nicht viele Touristen hierher – wer knallhart feilschen kann, macht unter Umständen ein richtiges Schnäppchen. Gemüse und andere Artikel für den täglichen Bedarf werden auf der unteren Ebene verkauft – ein Abstecher hierher gleicht einem Festival der Sinne. Der echte „zentrale" Lebensmittelmarkt der Stadt befindet sich in Zona 4.

Sophos BÜCHER
(Karte S. 104; ☎ 2419-7070; www.sophosenlinea.com; 4a Av 12-59, Plaza Fontabella, Zona 10; ⌚ Mo–Sa 9–21, So 10–19 Uhr) Entspanntes Plätzchen, an dem man prima einen Kaffee trinken und lesen kann, wenn man gerade in der Zona Viva ist. Führt ein gutes Sortiment an englischen Büchern über Guatemala und die Mayas, außerdem Reiseführer und Karten.

Orientierung

Wie nahezu alle Städte Guatemalas wurde auch Guatemala-Stadt mit einem logischen Straßenraster angelegt. Avenidas verlaufen von Norden nach Süden, Calles von Ost nach West. Die Straßen sind normalerweise von Norden bzw. Westen (niedrigste) nach Süden bzw. Osten (höchste) durchnummeriert; die Hausnummern klettern in derselben Richtung. Wenn man sich nach Süden bzw. Osten bewegt, liegen die ungeraden Zahlen auf der linken, die geraden auf der rechten Seite. Das dicke Aber: Guatemala-Stadt ist in 25 *zonas* aufgeteilt, die jeweils eine eigene Version dieses Straßenrasters haben. Die 14a Calle in Zona 10 ist eine vollkommen andere Adresse als die mehrere Kilometer entfernte 14a Calle in Zona 1. Die wichtigsten Hauptverkehrsstraßen, z. B. die 6a Av oder die 7a Av, durchqueren allerdings mehrere Zonen.

Adressangaben sehen wie folgt aus: „9a Av 15-12, Zona 1" bedeutet die 9. Avenida jenseits der 15. Calle, Hausnummer 12, in Zona 1. Das Gebäude befindet sich also auf der 9. Avenida zwischen der 15. und 16. Straße, und zwar auf der rechten Seite, sofern man in Richtung Süden geht. Man muss außerdem auf Abweichungen achten, etwa die diagonalen *rutas* und *vías* und die leicht verwirrenden *diagonales*.

Den Bezeichnungen kurzer Straßen wird manchmal ein „A" angehängt, z. B. 14a Calle A, die zwischen der 14a Calle und der 15a Calle verläuft.

KARTEN

Nützliche Stadtpläne von Guatemala-Stadt findet man in der *Mapa Turístico Guatemala* von Intelimapas, der *Mapa Vial Turístico* von Inguat und in *Guatemala* von International Travel Maps.

Instituto Geográfico Nacional (IGN; ☎ 2248-8100; www.ign.gob.gt; Av Las Américas 5-76, Zona 13; ⌚ Mo–Fr 9–17 Uhr) Verkauft topografische Karten im Maßstab 1:50 000 und 1:250 000 von allen Ecken Guatemalas (jeweils 140 Q).

Praktische Informationen

GEFAHREN & ÄRGERNISSE

Die Straßenkriminalität hat sich in den letzten Jahren verschlimmert, auch die Zahl bewaffneter Überfälle ist angestiegen. Man sollte immer seinen normalen Großstädterverstand einschalten, also nicht mit einem Geldbeutel, der die hintere Hosentasche ausbeult, durch die Straßen schlendern und nachts nicht allein durch die Innenstadt laufen. Am besten legt man die Route fest, bevor man aufbricht, sodass man nicht an irgendwelchen Ecken steht und verloren wirkend auf einen Stadtplan starrt. Wer nach dem Weg fragen muss, tut das am besten in einem Café. Am frühen Abend ist es ungefährlich, durch die Innenstadt zu bummeln, solange man auf gut beleuchteten und frequentierten Straßen bleibt. Man sollte stets wachsam bleiben und Wertsachen im Hotel deponieren. Wertvolles trägt man besser nicht offen zur Schau. Nicht vergessen: Auch viele

Frauen und Kinder streifen als Taschendiebe umher. Rund um den 15. und gegen Ende jedes Monats nehmen die Diebstähle zu – dann erhalten die Arbeiter ihre Lohntüte.

Fast die gesamte Zona 1 ist abseits der Fußgängerzone 6a Avenida bei Dunkelheit eine Problemzone – nach einem Abend in der Stadt ist eine Taxifahrt eine weise Investition. Die wohlhabenderen Gegenden der Stadt – z. B. Zona 9, 10 und 14 – sind sicherer, doch auch hier steigt die Zahl der Überfälle auf Touristen und die Straßenkriminalität im Allgemeinen. In der Zona Viva in Zona 10 patrouilliert nachts die Polizei. Aber selbst hier ist man besser zu zweit unterwegs als allein. Und niemals – wirklich niemals! – sollte man versuchen, sich zu wehren, wenn man Opfer eines Überfalls wird.

GELD

Skimming, das illegale Ausspähen von Bank- und Kreditkartendaten, ist in Guatemala-Stadt weit verbreitet – daher ist es ratsam, Geldautomaten zu nutzen, die stets überwacht werden, wie etwa solche in Geschäften oder Einkaufszentren.

Visa-/MasterCard-Geldautomat, Zona 1 (18 Calle 6-85, Zona 1) Im Supermarkt Paiz.

Visa-/MasterCard-Geldautomaten, Zona 10 (16a Calle, Zona 10) Im Einkaufszentrum Los Proceres.

American Express (☎2331-7422; 12a Calle 0-93, Centro Comercial Montufar, Zona 9; ⏲Mo–Fr 8–17, Sa bis 12 Uhr) In einem Büro von Clark Tours.

Banco de la República (Aeropuerto Internacional La Aurora; ⏲Mo–Fr 6–20, Sa & So 6–18 Uhr) Geldwechsel im Abflugterminal des Flughafens.

MEDIZINISCHE VERSORGUNG

In Guatemala-Stadt gibt's viele private Krankenhäuser und Kliniken. Öffentliche Einrichtungen bieten kostenlose Sprechstunden, können aber ziemlich voll sein – man sollte versuchen, vor 7 Uhr da zu sein.

Hospital Centro Médico (☎2361-1649, 2361-1650; 6a Av 3-47, Zona 10) Empfehlenswertes Privatkrankenhaus mit ein paar Englisch sprechenden Ärzten.

Hospital General San Juan de Dios (☎2256-1486; 1a Av 10-50, Zona 1) Eines der besten öffentlichen Krankenhäuser der Stadt.

NOTFALL

Proatur (☎kostenlos, auf Englisch 1500; ⏲24 Std.)

POST

Hauptpost (Palacio de Correos; 7a Av 11-67, Zona 1; ⏲Mo–Fr 8.30–17, Sa 8.30–13 Uhr) Im riesigen gelben Palacio de Correos. Am Flughafen gibt's auch ein kleines Postamt.

TOURISTENINFORMATION

Die **Haupttouristeninformation** (☎2421-2854; www.visitguatemala.com; 7a Av 1-17; ⏲Mo–Fr 8–16 Uhr) befindet sich in der Lobby der Hauptstelle des Inguat (Instituto Guatemalteco de Turismo) im Centro Cívico. Das Infomaterial ist überschaubar, die Angestellten sind aber sehr hilfsbereit. Eine Filiale gibt's am **Aeropuerto Internacional La Aurora** (☎2322-5055; Ankunftshalle; ⏲6–21 Uhr).

ℹ An- & Weiterreise

BUS

Von Guatemala-Stadt aus fahren Busse in alle Regionen des Landes, ferner steuern sie Ziele in Mexiko, Belize, Honduras, El Salvador und darüber hinaus an. Die meisten Busunternehmen haben einen eigenen Busbahnhof, einige davon befinden sich in der Zona 1. Die Stadtverwaltung versucht seit einiger Zeit, die Fernbusunternehmen aus der Innenstadt zu verbannen – es kann also nicht schaden, sich bei Inguat oder im Hotel zu erkundigen, ob die angegebenen Adressen noch stimmen.

Busse nach Zentral- und Ost-Guatemala und nach Petén fahren zumeist vom Busbahnhof CentraNorte.

Internationale Busverbindungen

Die folgenden Unternehmen bieten täglich Erste-Klasse-Busverbindungen zu internationalen Zielen an. Auf vielen Langstreckenfahrten muss man unterwegs in einer der anderen Hauptstädte Zentralamerikas übernachten, was den Gesamtpreis erhöhen kann. Abfahrtszeiten und Einzelheiten gibt's auf der jeweiligen Website.

Hedman Alas (☎2362-5072; www.hedmanalas.com; 2a Av 8-73, Zona 10) Zahlreiche Ziele in Honduras.

King Quality & Comfort Lines (☎2337-2991; www.king-qualityca.com; Biltmore Hotel, 15 Calle 0-31, Zona 10) In die meisten zentralamerikanischen Hauptstädte.

Línea Dorada (☎2415-8900; www.lineadorada.com.gt; Ecke 10a Av & 16a Calle, Zona 1) Hat einen Bus nach Tapachula in Mexiko. Außerdem Luxusbusse zu Zielen in Guatemala wie Petén, Quetzaltenango, Huehuetenango, Río Dulce usw.

Pullmantur (☎2495-7000; www.pullmantur.com; Holiday Inn, 1a Av 13-22, Zona 10) Nach El Salvador und Honduras.

Tica Bus (☎2473-3737; www.ticabus.com; Calzada Aguilar Batres 22-55, Zona 12) Zentralamerika und Mexiko.

Transportes Galgos Inter (☎2232-3661; www.transgalgosinter.com.gt; 7a Av 19-44, Zona 1) Nach Tapachula in Mexiko; Anschlussverbindungen in Richtung Norden bis in die USA und Richtung Süden nach El Salvador möglich.

INTERNATIONALE BUSSE AB GUATEMALA-STADT

ZIEL	PREIS (Q)	DAUER (STD.)	FREQUENZ	UNTERNEHMEN
Copán, Honduras	520	5	2-mal tgl.	Hedman Alas
La Ceiba, Honduras	700	12	2-mal tgl.	Hedman Alas
Managua, Nicaragua	450–1500	16–35	3-mal tgl.	King Quality & Comfort Lines, Tica Bus
Panama-Stadt, Panama	1220	76	2-mal tgl.	Tica Bus
San José, Costa Rica	640–1200	40–63	3-mal tgl.	King Quality & Comfort Lines, Tica Bus
San Salvador, El Salvador	120–720	5	7-mal tgl.	King Quality & Comfort Lines, Tica Bus, Pullmantur, Transportes Galgos Inter
Tapachula, Mexiko	170–293	5–7	4-mal tgl.	Tica Bus, Línea Dorada, Transportes Galgos Inter
Tegucigalpa, Honduras	270–1370	10–35	6-mal tgl.	Hedman Alas, King Quality & Comfort Lines, Tica Bus, Pullmantur

Inlandsstrecken mit Pullman-Bussen

Die folgenden Busunternehmen bieten Pullman-Verbindungen zu verschiedenen Zielen innerhalb Guatemalas an. Alleinreisende Frauen sollten auf keinen Fall in Nachtbussen mitfahren.

ADN (☎2251-0610; www.adnautobusesdelnorte.com; 8a Av 16-41, Zona 1) Nach Flores und Quetzaltenango.

Fortaleza del Sur (☎2230-3390; CentraSur, Zona 12) An die Pazifikküste.

Fuente del Norte (☎2238-3894; www.grupofuentedelnorte.com; 17a Calle 8-46, Zona 1) Busse zu Zielen im ganzen Land.

Litegua (☎2220-8840; www.litegua.com; 15a Calle 10-40, Zona 1) Busse in den Osten und nach Antigua.

Los Halcones (☎2433-9180; Calzada Roosevelt 37-47, Zona 11) Nach Huehuetenango.

Monja Blanca (CentraNorte, Zona 18) Nach Cobán und zu Orten an der Strecke.

Rapidos del Sur (☎2232-7025; CentraSur, Zona 12) An die Pazifikküste und nach El Petén.

Rutas Orientales (☎5481-2946; CentraNorte, Zona 18) Deckt den Osten ab.

Transportes Álamo (☎2471-8646; 12a Av A 0-65, Zona 7) Nach Quetzaltenango.

Transportes Galgos (☎2253-4868; 7a Av 19-44, Zona 1) Nach Quetzaltenango und Retalhuleu.

Transportes Rebuli (☎2230-2748; 41 Calle zw. 6a & 7a Av, Zona 8) Nach Panajachel.

FLUGZEUG

Der **Aeropuerto Internacional La Aurora** von Guatemala-Stadt ist der wichtigste Flughafen des Landes. Sämtliche internationalen Flüge nach Guatemala-Stadt landen und starten hier. Zum Zeitpunkt der Recherche hatten die einzigen *planmäßig verkehrenden* Inlandsflüge ab Guatemala-Stadt Flores zum Ziel: **Grupo TACA** (☎2470-8222; www.taca.com; Avenida Hincapié 12-22, Zona 13) hat täglich zwei Hin- und Rückflüge (einer morgens, einer nachmittags) im Flugplan. **TAG** (☎2380-9494; www.tag.com.gt; Ecke Av Hincapie & 18 Calle, Zona 13) fliegt täglich einmal und verlässt Guatemala um 6.30 Uhr.

Tickets nach Flores kosten bei Grupo TACA einfach/hin & zurück etwa 1330/2300 Q, bei TAG 1250/2100 Q. Einige Reisebüros, besonders in Antigua, bieten satte Rabatte für diese Flüge an.

SHUTTLE-MINIBUS

Von Reisebüros in Antigua werden Shuttle-Verbindungen von Guatemala-Stadt zu beliebten touristischen Zielen wie Panajachel und Chichicastenango (via Antigua; jeweils um die 230 Q) angeboten.

ℹ Unterwegs vor Ort

BUS

Angesichts der in alarmierendem Ausmaß zunehmenden und oft gewalttätigen Verbrechen, die sich in den roten Stadtbussen in Guatemala-Stadt ereignen, wird Touristen von nahezu allen Seiten empfohlen, auf diese nur im äußersten Notfall zurückzugreifen. Die großen Ausnahmen bilden die TransMetro- und TransUrbano-Netze, die am nützlichsten für Fahrten zu den Busbahnhöfen CentraSur bzw. CentraNorte sind.

Ein bisschen Nervenkitzel gefällig? Dann sind unten die nützlichsten Routen der roten Busse genannt. Busse halten überall, wo sie einen Fahrgast erspähen, an Straßenecken und Ampeln kann man sie jedoch am besten heranwinken – einfach die Hand raushalten. Tagsüber kostet eine Busfahrt 1 Q (das kann sich aber an Feiertagen und je nach Lust und Laune des Busfahrers auch vervierfachen): Bezahlt wird beim Einsteigen direkt beim Fahrer oder seinem Assistenten. Abends und nachts auf Busfahrten verzichten!

Zona 1–Zona 10 (Bus 82 oder 101) Fährt entlang der 10a Av, dann über die 6a Av und die Ruta 6 in der Zona 4 und auf der Av La Reforma.

Zona 10–Zona 1 (Bus 82 oder 101) Fährt über die Av La Reforma, dann entlang der 7a Av in der Zona 4 und der 9a Av in der Zona 1.

Flughafen–Zona 1 (Bus 82) Fährt durch Zona 9 und 4.

Zona 1–Flughafen (Bus 82) Fährt über die 10a Av, Zona 1, und dann entlang der 6a Av in den Zonas 4 und 9.

TransMetro

Anfang 2007 packte die Stadtverwaltung die Probleme rund um die Stadtbusse (Sicherheit, Überlastung) an und brachte das **TransMetro-Netz** (http://transmetro.muniguate.com) auf den Weg. TransMetro-Busse unterscheiden sich von den alten roten Vehikeln in einigen Punkten: Man muss für die Fahrt vorab bezahlen (der Fahrer hat kein Geld dabei, um das Überfallrisiko zu verringern), die Busse sind auf eigenen Fahrspuren unterwegs und geraten so nicht in Staus, sie halten nur an ausgewiesenen Stationen und sind neu, komfortabel und auffällig grün.

Derzeit gibt es zwei Strecken: Eine verbindet die Plaza Barrios in Zona 1 mit dem Busbahnhof CentraSur, an dem nun die meisten Busse in Richtung Pazifikküste abfahren. Die andere Strecke führt von der Plaza Barrios Richtung Süden durch die Zonas 9 und 10.

Die Kriminalität hat in Guates normalen roten Bussen so überhandgenommen, dass Traveller davon abgeraten wird, sie zu benutzen. Die TransMetro-Busse sind jedoch sicher, schnell und komfortabel. Alle Fahrten kosten 1 Q, zu zahlen vor dem Einsteigen mit einer 1-Q-Münze an der Bushaltestelle.

TransUrbano

Eine weitere Neuerung im Busnetz von Guatemala-Stadt ist **TransUrbano** (www.transurbano.com.gt), ein erheblich größeres Netz von Bussen, die zwar nicht so schick wie die TransMetro-Busse sind, aber dennoch sicher,

PULLMAN-BUSSE AB GUATEMALA-STADT (INLANDSVERBINDUNGEN)

ZIEL	PREIS (Q)	DAUER (STD.)	ABFAHRT	FREQUENZ	UNTERNEHMEN
Antigua	64–70	1	tgl.	4-mal tgl.	Litegua, Hedman Alas
Chiquimula	50–60	3	4.30–18 Uhr	halbstündl.	Rutas Orientales
Cobán	50–60	4½	4–17 Uhr	stündl.	Monja Blanca
El Carmen	80	7	0.15–18.30 Uhr	halbstündl.	Fortaleza del Sur
Esquipulas	50–60	4½	4.30–18 Uhr	halbstündl.	Rutas Orientales
Flores/ Santa Elena	100–220	8–10	tgl.	26-mal tgl.	Fuente del Norte, Línea Dorada, ADN
Huehue-tenango	60–110	5	tgl.	4-mal tgl.	Los Halcones, Línea Dorada
La Mesilla	170	7	tgl.	3-mal tgl.	Línea Dorada
Panajachel	50	3	tgl. 5.15 Uhr	1-mal tgl.	Transportes Rebuli
Poptún	150–190	8	tgl.	3-mal tgl.	Línea Dorada
Puerto Barrios	60–100	5	3.45–19 Uhr	halbstündl.	Litegua
Quetzal-tenango	65–70	4	tgl.	11-mal tgl.	Transportes Galgos, Alamo, Línea Dorada, ADN
Retalhuleu	80	3	tgl.	5-mal tgl.	Fuente del Norte
Río Dulce	65	5	6–16.30 Uhr	halbstündl.	Litegua
Amatitlán	5	½	7–20.45 Uhr	alle 5 Min.	CentraSur
Antigua	9	1	7–20 Uhr	alle 5 Min.	Calz Roosevelt zw. 4a Av & 5a Av, Zona 7
Chichicaste-nango	25	3	5–18 Uhr	stündl.	Parada, Zona 8

zuverlässig und komfortabel. Da sie keine eigene Spur haben, sind sie langsamer, aber auf jeden Fall sicherer als die alten roten Busse: Zum Einsteigen ist eine wiederaufladbare Magnetkarte (Karte und erste Fahrt sind umsonst) nötig, die auf Vorzeigen des Passes oder eines guatemaltekischen Ausweises erhältlich ist. Die Karten gibt es an speziellen Kiosken; die für Besucher am praktischsten befinden sich an der Plaza Barrios in der Zona 1, am Busbahnhof CentroNorte und im Büro in Zona 10 an der Avenida Reforma.

VOM & ZUM FLUGHAFEN

Der Aeropuerto Internacional La Aurora befindet sich in Zona 13 im Südteil der Stadt, mit dem Taxi zehn bis fünfzehn Minuten von Zona 1 entfernt, mit dem Bus 30 Minuten.

Taxis warten vor dem Ankunftsterminal des Flughafens. Die „offiziellen" Preise betragen 60 Q in die Zona 9 oder 10 und 85 Q in die Zona 1, tatsächlich muss man aber wohl etwas mehr bezahlen. Man sollte Ziel und Preis immer vor der Fahrt festlegen. Die Preise für Taxis zum Flughafen, die man sich an der Straße ranwinkt, sind wahrscheinlich günstiger – etwa 60 Q aus Zona 1.

TAXI

Zahlreiche Taxis fahren durch die meisten Bezirke der Stadt. Preise sind Verhandlungssache; man sollte Ziel und Preis immer vor dem Einsteigen festlegen. Fahrten von der Zona 1 in die Zona 10 – oder umgekehrt – kosten etwa 40 bis 60 Q. Wer sich ein Taxi bestellen möchte: **Taxi Amarillo Express** (☎1766) hat Taxis mit Taxameter, die oft günstiger sind als die Konkurrenz, auch wenn alle waschechten *capitaleños* (Hauptstadtbewohner) felsenfest der Meinung sind, dass die Taxameter ohnehin alle manipuliert seien und man mit Feilschen viel billiger fahre.

2.-KLASSE-BUSSE AB GUATEMALA-STADT

Die meisten 2.-Klasse-Busse („Hühnerbusse") an die Pazifikküste fahren am CentraSur ab, einem großen Terminal in einem der südlichen Vororte der Stadt, das aus der Innenstadt mit Transmetro-Bussen zu erreichen ist. Busse ins westliche Hochland fahren in der Zona 8 an einer Reihe von paradas (Bushaltestellen) entlang der 41a Calle zwischen der 6a und 7a Av ab.

ZIEL	PREIS (Q)	DAUER (STD.)	ABFAHRT	FREQUENZ	UNTERNEHMEN
Ciudad Pedro de Alvarado	45	2½	5–16 Uhr	halbstündl.	CentraSur
Escuintla	20	1	6–16.30 Uhr	halbstündl.	CentraSur
Huehuetenango	60	5	7–17 Uhr	halbstündl.	Parada, Zona 8
La Democracia	20	2	6–16.30 Uhr	halbstündl.	CentraSur
La Mesilla	90	8	8–16 Uhr	stündl.	Parada, Zona 8
Monterrico	40	3	tgl.	3-mal	CentraSur
Panajachel	30	3	7–17 Uhr	halbstündl.	Parada, Zona 8
Puerto San José	20	1	4.30–16.45 Uhr	alle 15 Min.	CentraSur
Salamá	45	3	5–17 Uhr	halbstündl.	17a Calle 11-32, Zona 1
San Pedro La Laguna	40	4	2–14 Uhr	stündl.	Parada, Zona 8
Santa Cruz del Quiché	40	3½	5–17 Uhr	stündl.	Parada, Zona 8
Santiago Atitlán	35	4	4–17 Uhr	halbstündl.	Parada, Zona 8
Tecpán	15	2	5.30–19 Uhr	alle 15 Min.	Parada, Zona 8
Rivas *ordinario*	2	2	4–18 Uhr	halbstündl.	Huembes
San Carlos	7,50	9	5–13 Uhr	6-mal tgl.	Mayoreo
San Juan del Sur	3,25	2½	10 & 16 Uhr	–	Huembes
San Marcos Minibus	1	1	4–18 Uhr	wenn voll	Huembes
Siuna	9	10–12	4.30, 15 & 17 Uhr	–	Mayoreo
Somoto	4	4	7.15, 9.45, 11, 12.45, 13.45, 14, 15.45 & 16.45 Uhr	–	Mayoreo
Ticuantepe Minibus	0,35	40 Min.	5–18 Uhr	wenn voll	Huembes

WEITERREISE NACH ANTIGUA

Tür-zu-Tür-Minibusse fahren vom Flughafen zu jeder Adresse in Antigua (normalerweise pro Pers. 80 Q, 1 Std.); nach den Schildern in der Ausgangshalle des Flughafens oder Personen Ausschau halten, die Schilder mit der Aufschrift „Antigua Shuttle" hochhalten.

Der erste Shuttle verlässt Antigua gegen 7 Uhr, der letzte gegen 20 Uhr oder 21 Uhr; oft wartet ein Shuttle jedoch die letzte Fluganknft ab (gegen Mitternacht). Für Gruppen ist die andere Möglichkeit der Weiterreise ein Taxi (ca. 250 Q), wer aber allein oder zu zweit unterwegs ist, für den ist ein Shuttle günstiger, wenn auch ein bisschen langsamer und unbequemer.

ANTIGUA

58 150 EW.

Guatemalas touristisches Vorzeigestück ist bei Weitem nicht nur eine gewöhnliche Touristenattraktion, sondern ein Ort von seltener Schönheit, immenser historischer Bedeutung und lebendiger Kultur. Ein Muss auf jeder Reiseroute.

Als ehemalige Hauptstadt – der Regierungssitz wurde nach mehreren schweren Erdbeben noch während der Kolonialzeit nach Guatemala-Stadt verlegt – kann sich Antigua zahlreicher kolonialer Relikte in traumhafter Umgebung rühmen. Pastellfarbene Fassaden und Terrakottadächer säumen die Straßen, während drei mächtige Vulkane, Agua (3766 m), Fuego (3763 m) und Acatenango (3976 m), über die Szenerie wachen. Dank des angenehmen Klimas ist die seit 1979 zum Weltkulturerbe zählende Stadt ein idealer Ort für den einen oder anderen Spaziergang (auch wenn es nach Sonnenuntergang recht frisch werden kann). Während einige alte Kirchengebäude und städtische Bauten wunderschön renoviert wurden, haben sich andere den Charme des Niedergangs erhalten, sodass in parkähnlichen Anlagen zahlreiche Fragmente verstreut liegen, während zwischen zerbröckelnden Ruinen Bougainvilleen erblühen.

Dutzende im Ort ansässige spanische Sprachschulen haben Antigua zu einem Trendziel für Traveller aus aller Herren Länder gemacht. Es lockt mit feinen Restaurants, etlichen Unterkünften mit kolonialem Schick und einem fast schon aggressiv kosmopolitischen Nachtleben. Und dennoch: Die Anwesenheit der vielen Ausländer dominiert die Atmosphäre nicht. Stattdessen ist und bleibt Antigua eine lebendige guatemaltekische Stadt, deren Kirchen, Plätze und Märkte zu jeder Tageszeit vor pulsierender Energie nur so strotzen.

Vielleicht ist das wahre Wunder Antiguas seine Widerstandsfähigkeit. Destruktive Mächte – Erdbeben, Vulkanausbrüche und Überflutungen – verschworen sich gegen die Stadt, die praktisch völlig verlassen und jahrhundertelang vernachlässigt wurde. Trotzdem hat sich die Stadt entschlossen zurückgekämpft und durch den Stolz ihrer Einwohner neuen Auftrieb bekommen.

Geschichte

La Antigua wurde am 10. März 1543 gegründet. 233 Jahre diente es als koloniale Hauptstadt. Erst nachdem Antigua am 29. Juli 1773 von einem Erdbeben vollkommen zerstört worden war, wurde der Regierungssitz 1776 nach Guatemala-Stadt verlegt.

Die Stadt wurde nur langsam wieder aufgebaut und hat sich einen Großteil ihres ursprünglichen Charakters erhalten. 1944 erklärte die Gesetzgebende Versammlung Antigua zum Nationaldenkmal, seit 1979 ist sie Teil des Unesco-Weltkulturerbes.

Die meisten Gebäude Antiguas wurden im 17. und 18. Jh. erbaut, als die Stadt ein wohlhabender spanischer Außenposten war und der Aufstieg der katholischen Kirche zu einer machtvollen Instanz begann. Viele schöne, mächtige Kolonialbauten sind noch immer erhalten und auch verschiedene eindrucksvolle Ruinen wurden bewahrt und der Öffentlichkeit zugänglich gemacht.

Sehenswertes

Einst erstrahlten Antiguas Kirchen im Glanz vergoldeter barocker Pracht. Doch im Lauf der Geschichte setzten ihnen sowohl die Natur als auch der Mensch ordentlich zu. Der Wiederaufbau nach den Erdbeben bescherte den Kirchen dickere Mauern, niedrigere Türme und Glockenstühle und kahle Innenräume – und als der Regierungssitz nach Guatemala-Stadt umzog, wurde Antigua auch noch der Bevölkerung beraubt, die es gebraucht hätte, um seine Kirchen in ihrer alten Pracht zu erhalten. Nichtsdestotrotz sind die Gotteshäuser noch immer beeindruckende Zeugnisse. Neben den hier aufgeführten findet man in der

Antigua

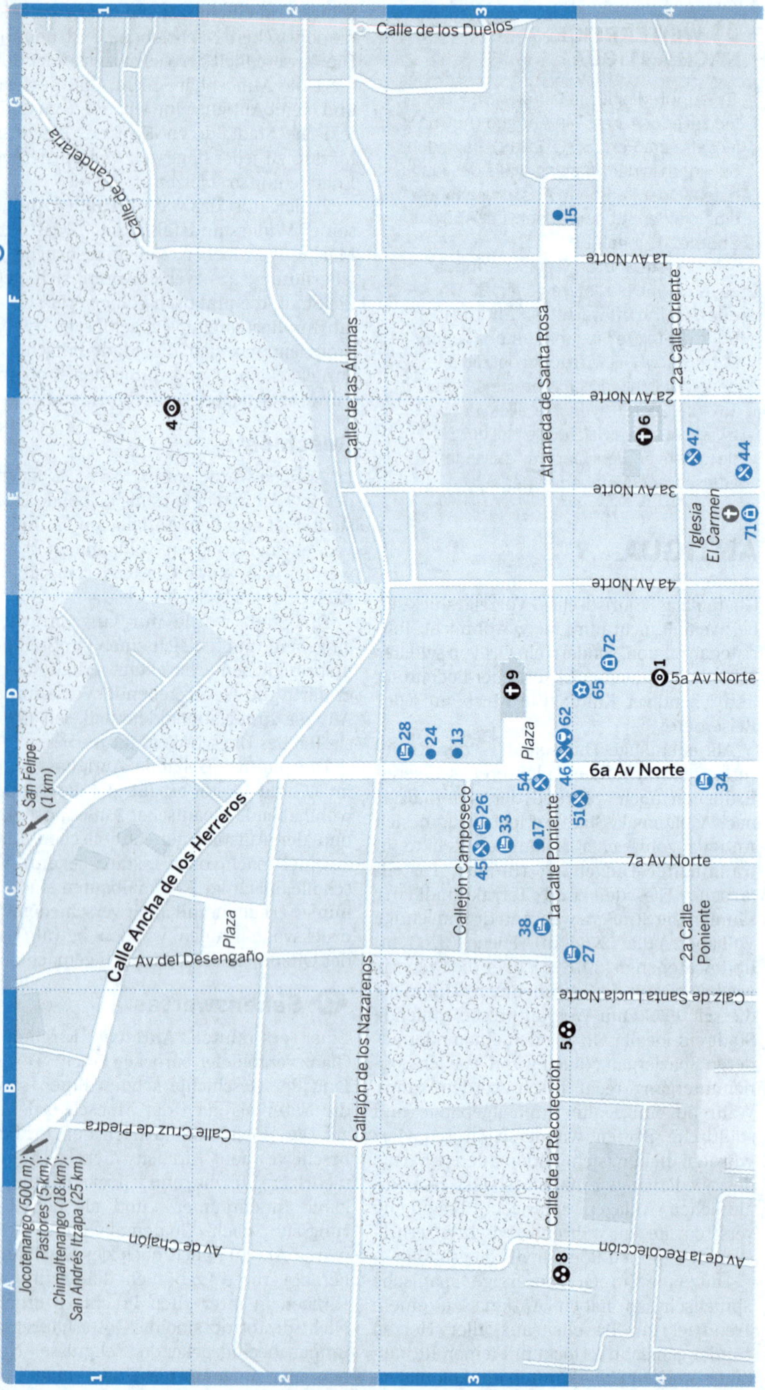
0
200 m
Calle de los Duelos
Calle de Candelaria
Calle de las Ánimas
Alameda de Santa Rosa
1a Av Norte
2a Av Norte
3a Av Norte
4a Av Norte
5a Av Norte
6a Av Norte
7a Av Norte
2a Calle Oriente
Iglesia El Carmen
Plaza
Callejón Camposeco
1a Calle Poniente
2a Calle Poniente
Calle Ancha de los Herreros
San Felipe (1km)
Av del Desengaño
Plaza
Calz de Santa Lucía Norte
Callejón de los Nazarenos
Calle de la Recolección
Calle Cruz de Piedra
Av de Chajón
Av de la Recolección
Jocotenango (500 m); Pastores (5 km); Chimaltenango (18 km); San Andrés Itzapa (25 km)
1
4
5
6
8
9
13
15
17
24
26
27
28
33
34
38
44
45
46
47
51
54
62
65
71
72
A
B
C
D
E
F
G
1
2
3
4

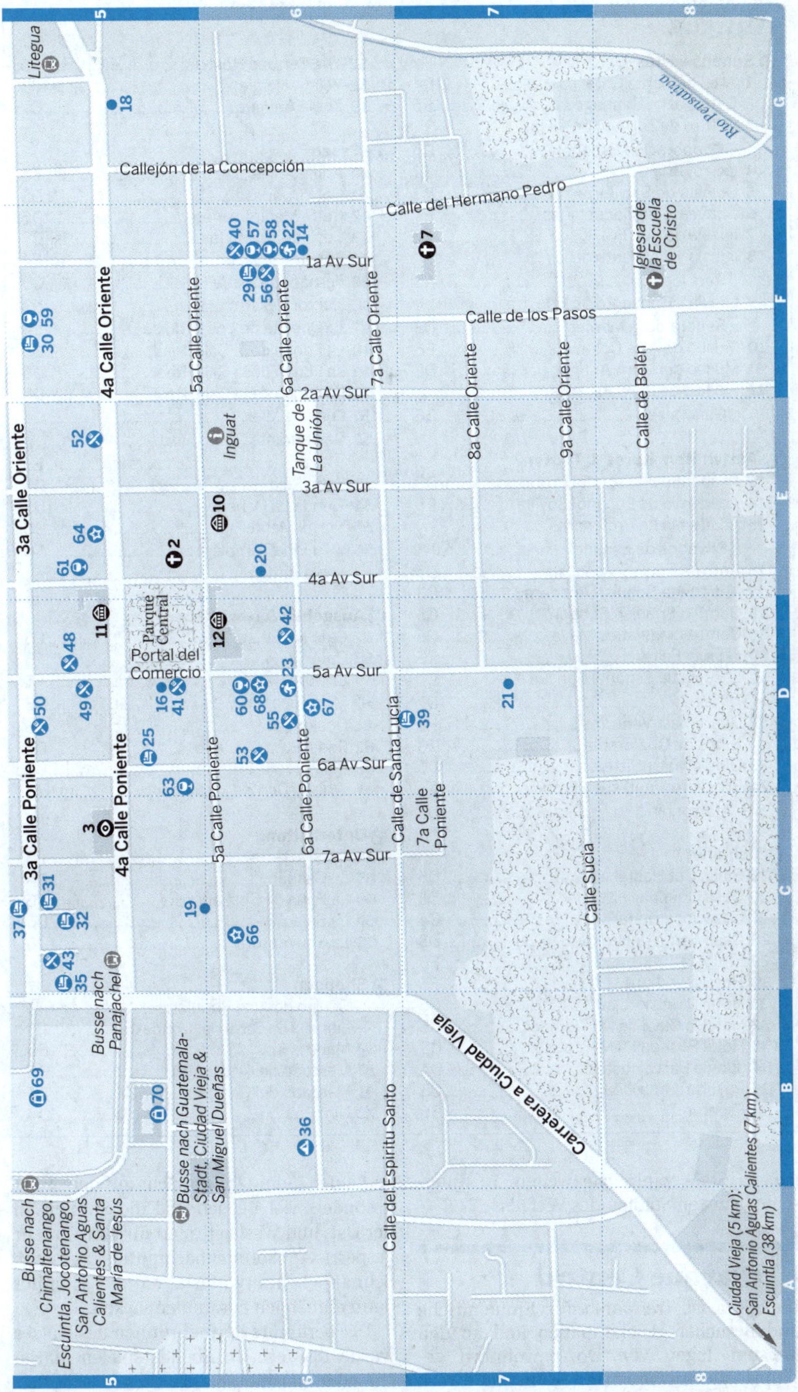

Litegua
18
Callejón de la Concepción
Calle del Hermano Pedro
Río Pensativo
4a Calle Oriente
3a Calle Oriente
5a Calle Oriente
6a Calle Oriente
7a Calle Oriente
8a Calle Oriente
9a Calle Oriente
1a Av Sur
2a Av Sur
3a Av Sur
4a Av Sur
5a Av Sur
6a Av Sur
7a Av Sur
Calle de los Pasos
Iglesia de la Escuela de Cristo
Calle de Belén
Tanque de La Unión
Inguat
Parque Central
Portal del Comercio
3a Calle Poniente
4a Calle Poniente
5a Calle Poniente
6a Calle Poniente
7a Calle Poniente
Calle de Santa Lucía
Calle Sucia
Carretera a Ciudad Vieja
Calle del Espíritu Santo
Busse nach Panajachel
Busse nach Guatemala-Stadt, Ciudad Vieja & San Miguel Dueñas
Busse nach Chimaltenango, Escuintla, Jocotenango, San Antonio Aguas Calientes & Santa María de Jesús
Ciudad Vieja (5 km); San Antonio Aguas Calientes (7 km); Escuintla (38 km)

Antigua

Sehenswertes
1 Arco de Santa Catalina ... D4
2 Catedral de Santiago ... E5
3 Centro de Formación de la Cooperación Española ... C5
4 Cerro de la Cruz ... E1
5 Colegio de San Jerónimo ... B3
6 Convento de Capuchinas ... E4
7 Iglesia de San Francisco ... F7
8 Iglesia y Convento de la Recolección ... A3
9 Iglesia y Convento de Nuestra Señora de la Merced ... D3
10 Museo de Arte Colonial ... E6
11 Museo del Libro Antiguo ... D5
12 Palacio de los Capitanes Generales ... D6

Aktivitäten, Kurse & Touren
13 Academia de Español Probigua ... D3
14 Academia de Español Sevilla ... F6
15 Academia de Profesores Privados de Español ... F3
16 Antigua Tours ... D5
17 Antigüeña Spanish Academy ... C3
18 Cambio Spanish School ... G5
19 Centro Lingüístico Maya ... C5
20 El Frijol Feliz ... E6
21 Escuela de Español San José el Viejo ... D7
22 Guatemala Ventures ... F6
Niños de Guatemala ... (s. 18)
23 Old Town Outfitters ... D6
24 Proyecto Lingüístico Francisco Marroquín ... D3

Schlafen
25 Black Cat Hostel ... D5
26 Casa Cristina ... C3
27 Casa Jacaranda ... C4
28 Casa Santa Lucía No 1 ... D3
29 El Hostal ... F6
30 Hotel Burkhard ... F5
31 Hotel Dionisio ... C5
32 Hotel la Casa de Don Ismael ... C5
33 Hotel Posada La Merced ... C3
34 Jungle Party Hostal ... D4
35 Posada Juma Ocag ... C5
36 Proatur ... B6
37 The Terrace Hostel ... C5
38 Yellow House ... C3
39 Zoola Antigua ... D7

Essen
40 Angie Angie ... F6
41 Café Condesa ... D5
42 Caffé Mediterráneo ... D6
43 Casa de las Mixtas ... C5
44 Epicure ... E4
45 Fernando's Kaffe ... C3
46 Hector's Bistro ... D3
47 La Cuevita de Los Urquizú ... E4
48 La Fonda de la Calle Real ... D5
49 La Fonda de la Calle Real ... D5
50 La Fonda de la Calle Real ... D5
51 Luna de Miel ... C4
52 Restaurante Doña Luisa Xicotencatl ... E5
53 Sabe Rico ... D6
54 Tienda La Canche ... D3
55 Travel Menu ... D6
56 Y Tu Piña También ... F6
Zoola Antigua ... (s. 39)

Ausgehen & Nachtleben
57 Café No Sé ... F6
58 Café Sky ... F6
59 El Muro ... F5
60 Monoloco ... D6
61 Ocelot Bar ... E5
62 Reds ... D3
63 Reilly's ... D5
Whisky Den & Coffee Bar ... (s. 61)

Unterhaltung
64 Circus Bar ... E5
65 La Casbah ... D4
66 La Peña de Sol Latino ... C6
67 La Sala ... D6
68 La Sin Ventura ... D6

Shoppen
Centro de Arte Popular ... (s. 64)
Librería La Casa del Conde ... (s. 41)
69 Markt ... B5
70 Mercado de Artesanías ... B5
71 Mercado del Carmen ... E4
72 Nim Po't ... D4

ganzen Stadt zahlreiche weitere in unterschiedlichsten Stadien des Verfalls.

Parque Central

Die Plaza ist Treffpunkt für Einheimische und Besucher gleichermaßen und an den meisten Tagen von Dorfbewohnern gesäumt, die an Touristen Kunsthandwerk verkaufen. Sonntags herrscht auf dem Platz besonders viel Betrieb und die Straßen an der Ost- und Westseite sind für den Verkehr gesperrt. Am Sonntagnachmittag kann man Schnäppchen ergattern, da die Händler dann allmählich zusammenpacken.

Der berühmte Springbrunnen des Platzes wurde 1738 erbaut. Abends spielen Mariachi- oder Marimba-Bands.

Palacio de los Capitanes Generales HISTORISCHES GEBÄUDE

Der 1558 begonnene Palast des Generalkapitäns war bis 1773 das Regierungszentrum von ganz Zentralamerika, von Chiapas bis Costa Rica. Die stattliche Doppelarkaden-Fassade, die sich stolz entlang der Südseite des Parque erstreckt, wurde in den frühen 1760er-Jahren angefügt.

Catedral de Santiago KATHEDRALE

(Eintritt zur Ruine 3 Q; ⌚ Ruine 9–17 Uhr) Die Catedral de Santiago auf der Ostseite des Parks wurde 1542 gegründet, viele Male durch Erdbeben beschädigt, 1773 schwer zerstört und zwischen 1780 und 1820 nur teilweise wieder aufgebaut.

Im 16. und frühen 17. Jh. prägten Antiguas Kirchen aufwendige Barockinnenräume, die meisten – so auch hier – verloren Glanz und Reichtum beim Wiederaufbau nach einem Erdbeben. Im Inneren enthält eine Krypta die Gebeine von Bernal Díaz del Castillo, dem 1581 verstorbenen Historiker der spanischen Eroberung. Wenn der Vordereingang geschlossen ist, kann man die Kirche auch hinten oder von der Südseite betreten.

Museo del Libro Antiguo MUSEUM

(Museum für alte Bücher; ☎7832-5511; Eintritt 30 Q; ⌚Di–Fr 9–16, Sa & So 9–12 & 14–16 Uhr) Das Museo del Libro Antiguo im Palacio del Ayuntamiento (Rathaus) zeigt Ausstellungen zu kolonialen Druck- und Bindeverfahren, darunter auch eine Replik der ersten guatemaltekischen Druckerpresse, die in den 1660er-Jahren in Betrieb genommen wurde.

Museo de Arte Colonial MUSEUM

(Eintritt 50 Q) Die heute in Guatemala-Stadt ansässige San-Carlos-Universität wurde 1676 in Antigua gegründet. Was einst ihr Hauptgebäude war, beherbergt nun das Museo de Arte Colonial, das einen halben Block östlich des Parks einige eindrucksvolle Heiligenskulpturen und Gemälde führender mexikanischer Künstler jener Zeit wie Miguel Cabrera und Juan de Correa zeigt.

Westlich des Parque Central

Iglesia y Convento de Nuestra Señora de la Merced KIRCHE, KLOSTER

(Klosterruine 5 Q; ⌚ Klosterruine 8.30–17.30 Uhr) Am Nordende der 5a Avenida befindet sich La Merced, Antiguas eindrucksvollste koloniale Kirche. Ihr Bau begann 1548, doch war man 1717 immer noch mit Verschönerungsarbeiten zugange, als ein Erdbeben die Kirche zerstörte.

Der Wiederaufbau wurde 1767 abgeschlossen, aber schon 1773 schlug erneut ein Erdbeben zu und legte das Kloster in Trümmer. Reparaturen an der Kirche wurden von 1850 bis 1855 durchgeführt, ihre Barockfassade stammt aus dieser Zeit. Im Inneren der **Klosterruine** steht ein Springbrunnen mit einem Durchmesser von 27 m – vielleicht der größte in ganz Zentralamerika.

Iglesia y Convento de la Recolección RUINE

(Av de la Recolección; Eintritt 40 Q; ⌚9–17 Uhr) Die Iglesia y Convento de la Recolección, eine mächtige Ruine am Westende der 1a Calle Poniente, gehört zu Antiguas eindrucksvollsten Baudenkmälern. Zwischen 1701 und 1708 erbaut, wurde sie durch das Erdbeben 1773 zerstört.

Colegio de San Jerónimo RUINE

(Real Aduana; Ecke Calz de Santa Lucía & Calle de la Recolección; Erw. 30 Q; ⌚9–17 Uhr) Das Colegio de San Jerónimo wurde 1757 von Mönchen des Mercedarier-Ordens erbaut. Da der Bau nicht königlich autorisiert worden war, ging er 1761 unter Karl III. in den Besitz der spanischen Krone über. Ab 1765 nutzte man es als Königliches Zollhaus, bis es wie viele der bedeutendsten Gebäude der Gegend durch das Erdbeben von 1773 zerstört wurde.

Östlich des Parque Central

Iglesia de San Francisco KIRCHE, KLOSTER

(Ecke 8a Calle Oriente & Calle do los Pasos; Museum & Kloster Erw./Kind 5/2 Q; ⌚9–16.30 Uhr) Die Kirche San Francisco stammt aus der Mitte des 16. Jhs. Von der ursprünglichen Bausubstanz ist nur wenig erhalten geblieben, die Wiederaufbau- und Renovierungsarbeiten haben dem Gotteshaus im Lauf der Jahrhunderte aber eine ansehnliche Architektur beschert. Das Einzige, das von der alten Kirche geblieben ist, ist die Ruhestätte von Hermano Pedro de San José Betancourt, einem Franziskanermönch, der ein Krankenhaus für die Armen gründete und sich so die Dankbarkeit vieler Generationen sicherte. Er starb hier im Jahr 1667; Kranke ersuchen ihn immer noch um seinen Beistand und beten an seinem Grab inbrünstig ihre Fürbitten.

Convento de Capuchinas KONVENT

(Iglesia y Convento de Nuestra Señora del Pilar de Zaragoza; Ecke 2a Av Norte & 2a Calle Oriente; Erw./Stud. 30/15 Q; ⌚9–17 Uhr) Las Capuchinas wurde 1736 von Nonnen aus Madrid gegründet. Wiederholt durch Erdbeben zerstört, dient das Gotteshaus heute als Museum mit Ausstellungen zum religiösen Leben während der spanischen Kolonialzeit. Das Gebäude hat einen ungewöhnlichen Aufbau mit 18 konzentrischen Zellen rund um einen runden Innenhof.

Cerro de la Cruz HÜGEL

(Kreuzhügel) An der Nordostseite der Stadt steht der Kreuzhügel, der eine tolle Aussicht über Antigua und auf den Volcán Agua im Süden bietet. Nicht ohne eine Eskorte der Touristenpolizei hierherkommen, da die Gegend für Straßenräuber berüchtigt ist! Die Touristenpolizei wurde wegen dieser Überfälle gegründet; Berichten zufolge hat sich auf dem Hügel seither kein solcher Zwischenfall mehr ereignet.

Aktivitäten

Zwei professionelle, etablierte und freundliche Veranstalter bieten eine Reihe von Aktivitäten an: Old Town Outfitters und Guatemala Ventures. Einfach mal persönlich vorbeischauen und fragen, was es alles gibt.

Freiwilligenarbeit

Viele Spanischschulen können auch mit Tipps für Volunteers weiterhelfen, auch wenn man dort keinen Unterricht nimmt. **EntreMundos** (www.entremundos.org) und **Idealist** (www.idealist.org) durchforsten kostenlos ihre Datenbanken nach passenden Freiwilligen-Jobs in Antigua.

Radfahren

Old Town Outfitters ABENTEUERSPORT

(☎5399-0440; www.adventureguatemala.com; 5a Av Sur 12C) Bietet in den Bergen um Antigua eine Reihe von halbtägigen geführten Mountainbike-Touren (380 Q/Pers.) in verschiedenen Schwierigkeitsgraden an. Zur zweitägigen Pedal and Paddle Tour (1960–2270 Q) gehören auch eine Kajaktour und Wandern auf bzw. am Lago de Atitlán.

Guatemala Ventures MOUNTAINBIKING

(Fax 7832-3383; 1a Av Sur 15) Veranstaltet verschiedene Radtouren, von Halb- oder Ganztagsausflügen durch das Antigua-Tal (235 Q) bis zu einwöchigen Trips, bei denen auch die Flanken der Vulkane, Hochlandwälder und pazifische Mangroven sowie der Lago Atitlán besucht werden. Eine weitere, gemächlichere Option ist ein Ausflug im Minibus zum Cerro Alto mit Rückfahrt entlang der Küste per Mountainbike (275 Q).

Reiten

Ravenscroft Riding Stables REITEN

(☎7830-6669; 2a Av Sur 3, San Juan del Obispo) Dieser Reiterhof 3 km südlich von Antigua an der Straße nach Santa María de Jesús bietet drei-, vier- und fünfstündige Ausritte, die die Teilnehmer in die wunderschöne Landschaft der Täler und Hügel rund um Antigua führen. Ausritte kosten 195 Q pro Person pro Stunde für erfahrene Reiter, 235 Q für Anfänger. Die Teilnehmer sollten relativ fit sein. Die Stallungen sind mit einem Bus Richtung Santa María de Jesús zu erreichen.

Vulkantouren

Alle drei Vulkane in der Umgebung von Antigua – Agua, Acatenango und Fuego – stellen verlockende Herausforderungen dar; wie nahe man aber an den Fuego herankommt, hängt vom Grad seiner jüngsten Aktivitäten ab. In vielerlei Hinsicht ist der zweizackige Acatenango (3976 m), der den Fuego überragt, der spannendste Gipfel. Wer allerdings eine wirklich „aktive" Vulkanerfahrung machen will, sollte es den vielen anderen Travellern gleichtun und eine Tour zum Pacaya (2552 m) 25 km südöstlich von Antigua buchen (die Fahrtzeit beträgt 1½ Std.).

Old Town Outfitters bietet anstrengende Wanderungen auf den Volcán Acatenango, die auf dem Weg zum Gipfel vier Ökosysteme durchqueren (980 Q, inkl. Mittagessen und Transport zum Startpunkt im Dorf La Soledad). Abfahrt ist um 5 Uhr morgens.

Die meisten Reisebüros bieten täglich siebenstündige Pacaya-Ausflüge für 80 Q an (Abfahrt in Antigua um 6 & 14 Uhr); Essen und Getränke sind nicht im Preis enthalten, der 50 Q teure Eintritt in das Pacaya-Reservat ebenfalls nicht. Der steile Aufstieg zum schwelenden gespaltenen schwarzen Kegel dauert etwa 1½ Stunden. Wenn einem die Puste ausgeht, verleihen einem Kinder Pferde für den Weg nach oben. Vom Gipfel eröffnen sich umwerfende Blicke Richtung Westen auf den Agua und Richtung Nordosten auf den Lago de Amatitlán. Bergab geht's dann schneller: Einfach den pulvrigen Hang hinunterschliddern.

Wer den Volcán de Agua besteigen möchte, fährt zum Dorf Santa María de Jesús an der Nordostflanke des Vulkans

(3,50 Q vom Busbahnhof). In der Touristeninformation am Parque Central von Santa María können von Inguat autorisierte Führer (175–250 Q/Pers., plus Parkeintritt 40 Q) angeheuert werden.

Kurse

Antigua ist weltberühmt für seine zahlreichen spanischen Sprachschulen. Preise, Qualität der Lehrer und Zufriedenheit der Schüler variieren von Anbieter zu Anbieter stark, also vorher umhören, nach Referenzen fragen und mit ehemaligen Teilnehmern sprechen. Inguat führt eine Liste renommierter Schulen.

Die Sprachkurse beginnen an den meisten Schulen montags, für gewöhnlich kann man sich aber an jedem beliebigen Tag einem Lehrer zuteilen lassen. Am meisten Betrieb herrscht im Januar und von April bis August – einige Schulen empfehlen für diese Zeiten eine Reservierung. Normalerweise gibt's Einzelunterricht, der zwischen 750 Q und 1515 Q pro Woche kostet und an fünf Tagen pro Woche vier Stunden täglich stattfindet. Man kann sich für bis zu zehn Stunden Unterricht täglich einschreiben. Die meisten Schulen bieten Kost und Logis bei einer Familie vor Ort an, wobei man oft ein eigenes Zimmer hat und normalerweise ein Gemeinschaftsbad benutzen kann; hierfür zahlt man ca. 700 Q pro Woche (inkl. dreier Mahlzeiten täglich außer sonntags). Indem die Schüler bei guatemaltekischen Familien unterkommen, sollen sie auch abseits des Unterrichtes in die neue Sprache eintauchen, allerdings sind oft mehrere Ausländer in einem Haus einquartiert, die dann von der Familie getrennt essen. Wer quasi rund um die Uhr spanisch reden möchte, sollte sich vorher über derartige Details informieren.

Nicht für jeden, der Spanisch lernen möchte, ist Antigua die richtige Adresse; hier gibt's so viele Ausländer, dass man eine gehörige Portion Disziplin braucht, um sich auf Spanisch und nicht in einer anderen Sprache zu unterhalten. Viele schätzen die gesellige Atmosphäre – wer aber glaubt, sie könne ihn eher stören, sollte vielleicht lieber einen Kurs in Quetzaltenango (Xela), El Petén oder anderswo machen, wo weniger Ausländer sind und man tiefer in die spanische Sprache eintauchen kann.

Academia de Español Probigua SPRACHKURSE
(☎7832-2998; www.probigua.org; 6a Av Norte 41B) Gut angesehene, gemeinnützige Schule, die ihre Gewinne spendet, um Büchereien in ländlichen Orten aufzubauen und zu betreiben.

Academia de Español Sevilla SPRACHKURSE
(☎7832-5101; www.sevillantigua.com; 1a Av Sur 17C) Diese Schule punktet mit einem guten kostenlosen Freizeitprogramm und einem Studentenwohnheim.

Academia de Profesores Privados de Español SPRACHKURSE
(☎7882-4284; www.appeschool.com; Alameda de Santa Rosa 15) Hat auch Kurse für Tourismus- und Bildungspersonal sowie Angestellte des Gesundheitswesens und bietet zudem die Möglichkeit, im Dörfchen San Juan del Obispo außerhalb von Antigua zum Unterricht zu gehen.

Antigüeña Spanish Academy SPRACHKURSE
(☎5375-4638; www.spanishacademyantiguena.com; 1a Calle Poniente 10) Eine sehr empfehlenswerte Schule, die nur erfahrene Lehrer anstellt. Kann außerdem bei der Vermittlung von Freiwilligenarbeit in der Gegend helfen.

Cambio Spanish School SPRACHKURSE
(www.cambiospanishschool.com; 4a Calle Oriente 41) Unterstützt **Niños de Guatemala** (☎7832-8033; www.ninosdeguatemala.org; 4a Calle Oriente 41), ein Bildungsprogramm für benachteiligte Kinder.

Centro Lingüístico Maya SPRACHKURSE
(☎7832-0656; www.clmaya.com; 5a Calle Poniente 20) Großes, professionell geführtes, etwas teureres Institut mit 30-jähriger Erfahrung im Unterrichten von Diplomaten und Journalisten.

Escuela de Español San José el Viejo SPRACHKURSE
(☎7832-3028; www.sanjoseelviejo.com; 5a Av Sur 34) Professionelle Schule, die von Guatemalas Bildungsministerium akkreditiert ist und inmitten sensationeller Gärten mit Tennisplatz, Pool und eigenen, geschmackvollen Unterkünften liegt.

Proyecto Lingüístico Francisco Marroquín SPRACHKURSE
(☎7832-1422; www.spanishschoolplfm.com; 6a Av Norte 43) Antiguas älteste Spanischschule. Sie wird von einer gemeinnützigen Stiftung geführt, die für den Erhalt der Sprache und der Kultur der Mayas kämpft. Bietet auch Einführungskurse in Maya-Sprachen an.

El Frijol Feliz KOCHKURSE
(☎7832-5274; www.frijolfeliz.com; 4a Av Sur 1; 3 Std. 360 Q) Gibt praxisnahe Anleitungen zur Zu-

bereitung guatemaltekischer Gerichte; die Teilnehmer können ihr Menü frei wählen.

Geführte Touren

Von Inguat autorisierte Führer bieten rund um den Parque Central Stadtspaziergänge an, die auch die Klöster, Ruinen und Museen einschließen und 100 bis 200 Q kosten. Ähnliche geführte Spaziergänge werden auch täglich von Reisebüros in Antigua wie dem **Adventure Travel Center** (www.adventravel-guatemala.com; 5a Av Norte 25B) und Atitrans (S. 126) angeboten. Ebenfalls im Angebot sind Trips in die umliegenden Dörfer und zu Kaffeeplantagen für jeweils etwa 200 Q.

Auch Touren in entferntere Orte sind möglich, so nach Tikal, in die Gegend um Cobán, nach Monterrico, Chichicastenango und an den Lago de Atitlán. Zweitägige Trips nach Tikal inklusive Flug ab Guatemala-Stadt nach Flores und zurück beginnen bei ca. 3000 Q pro Person. Zweitägige Landtouren nach Copán (einige einschließlich Quiriguá und Río Dulce) kosten etwa 1140 Q pro Person.

CATours (☎7832-9638; www.catours.co.uk; 6a Calle Oriente 14) bietet zweitägige Motorradtouren zum Lago de Atitlán oder nach Monterrico; Kostenpunkt: ab 1175 Q.

Antigua Tours SPAZIERGANG
(☎7832-5821; www.antiguatours.net; Portal del Comercio) Elizabeth Bell, eine Expertin der Geschichte Antiguas, und ihre kompetenten Mitarbeiter bieten dienstags, mittwochs, freitags und samstags um 9.30 Uhr sowie montags und donnerstags um 14 Uhr dreistündige kulturelle Spaziertouren durch die Stadt an (englisch- und/oder spanischsprachig); Kostenpunkt 160 Q. Reservierungen können über Antigua Tours im Café El Portal (Portal del Comercio 6) abseits des Parque Central vorgenommen werden; die Gruppen versammeln sich zur verabredeten Zeit am Springbrunnen im Park. Bells Buch *Antigua Guatemala: The City and Its Heritage* beinhaltet umfassende Beschreibungen aller Monumente und bietet eine schöne Einführung in die Geschichte der Stadt und ihrer Feste. Bell und ihr Unternehmen veranstalten außerdem Touren in die nahen Dörfer San Antonio Aguas Calientes und San Andrés Itzapa, bei denen man Weberateliers bzw. Maya-Schreine besucht.

As Green As It Gets FREIWILLIGENARBEIT
(☎5663-9764; www.asgreenasitgets.org) As Green As It Gets bietet Touren zu Kaffeeplantagen um San Miguel Escobar, einen Vorort von Ciudad Vieja, bei denen Anbau-, Ernte- und Verarbeitungsmethoden vorgestellt werden. Die Touren (200 Q/Pers.) beginnen täglich um 9 und 14 Uhr auf der zentralen Plaza von San Miguel Escobar.

Festivals & Events

Semana Santa RELIGIÖSES FEST
(Karwoche; ⏱Osterwochenende) In der Karwoche kleiden sich Hunderte Menschen in violette Gewänder und ziehen jeden Tag in Prozessionen durch die Straßen.

Schlafen

Wer sich eine Budget-Unterkunft anschaut, sollte sich vorher immer verschiedene Zimmer zeigen lassen, da deren Qualität oft beachtlich schwankt. Hotelzimmer können in Antigua durchaus knapp werden, besonders am Wochenende und an Feiertagen.

El Hostal HOSTEL $
(☎7832-0442; www.elhostal-antigua.com; 1a Av Sur 8; B 80 Q, EZ/DZ ohne Bad 130/260 Q; 📶) Ein halbes Dutzend ordentlicher Zimmer und Schlafsäle mit stabilen Einzel- oder großzügigen Stockbetten rund um einen freundlichen kleinen Innenhof mit Café.

Posada Juma Ocag HOTEL $
(☎7832-3109; Calz de Santa Lucía Norte 13; EZ/DZ 120/160 Q) Gemütlich und kreativ eingerichtet. Gute Dachterrasse und gepflegter kleiner Garten. Reservierungen nur persönlich möglich.

Zoola Antigua HOSTEL $
(☎7832-0364; http://zoolaantigua.wix.com/zoola; 7 Calle Poniente 15; B/Zi. mit Frühstück 75/200 Q; 📶) Das von Israelis geführte Zoola am Lago de Atitlán war so erfolgreich, dass 2012 eine Filiale in Antigua eröffnet wurde. Auch im neuen kolonialen Ambiente geht das Konzept auf: Die spärlich eingerichteten Zimmer umgeben einen offenen Innenhof, in dem die Traveller aus aller Welt unter regenbogenfarbenen Stoffbahnen chillen oder gesunde orientalische Snacks verspeisen.

Yellow House HOSTEL $
(☎7832-6646; yellowhouseantigua@hotmail.com; 1a Calle Poniente 24; B/DZ ohne Bad mit Frühstück 80/190 Q; @) Einfach, aber überlegt gestaltet und umweltbewusst – eine hervorragende Budgetoption. Die Zimmer fallen recht unterschiedlich aus, gemütliche Betten, versenkte Lichtspots und Moskitonetze vor den Fenstern sind allerdings die Regel.

Hotel Dionisio HOSTEL $
(☎ 7832-6078; hoteldionisioantigua.net; 3a Calle Poniente Callejón 19A; B 50 Q, Zi. mit/ohne Bad 200/150 Q; @ ☎) Die entspannteste von vier Pensionen in einer kleinen Sackgasse hat glänzend saubere und nett eingerichtete Zimmer rund um eine sonnige Terrasse, eine gut ausgestattete Küche und eine gemütliche Lounge.

Hotel la Casa de Don Ismael HOTEL $
(☎ 7832-1932; www.casadonismael.com; 3a Calle Poniente 6, Lotificación Cofiño 2a Callejón; EZ/DZ 120/175 Q, mit Frühstück 160/225 Q; ☎) Die gemütliche, bescheidene Pension liegt versteckt in einer kleinen Seitenstraße und wird von ihrem freundlichen, herzlichen Namensgeber geführt. Sieben rustikale Zimmer teilen sich drei Bäder mit warmem Wasser, zudem gibt es eine schöne Dachterrasse.

Black Cat Hostel HOSTEL $
(☎ 7832-1229; www.blackcathostels.net; 6 Av Norte 1A; B/DZ/3BZ 65/160/240 Q) Obwohl die Schlafsäle vollgestopft sind und man die Küche nicht benutzen kann, ist das Black Cat immer ausgebucht. Es bietet viele Touren an, obendrein gibt's kostenlose Filme und gute Tipps für Ausflüge in die Umgebung.

Jungle Party Hostal HOSTEL $
(☎ 7832-0463; www.junglepartyhostal.com; 6a Av Norte 20; B 60 Q; ☎) Mit Bar, Hängematten und dem berühmten „All you can eat"-Barbecue am Samstag schafft das Jungle Party eine großartige Atmosphäre. Das stets lächelnde Personal weiß genau, was des Travellers Herz begehrt.

The Terrace Hostel HOSTEL $
(☎ 7832-3463; www.terracehostel.com; 3a Calle Poniente 24; mit Frühstück B 65 Q, Zi. mit/ohne Bad 275/200 Q) Das wichtigste Merkmal dieser vergnüglichen Unterkunft ist die Dachterrasse, toll sowohl für Vulkanblicke als auch 10-Q-Brahvas (Happy Hour ab 12 Uhr). Die Zimmer selbst sind recht karg, aber sauber. Montags startet von hier aus um 15 Uhr eine Kneipentour.

Casa Santa Lucía No 1 HOTEL $
(☎ 7832-1386; 6a Av Norte 43; Zi. 183 Q) Hier muss man durch die Arkade mit ihren mächtigen freiliegenden Balken eine kleine Zeitreise tätigen, um die gut ausgestatteten, mit Farbklecksen verzierten Zimmer mit den heißen Powerduschen zu erreichen. Das Personal könnte ein bisschen mitteilsamer sein, die Lage gleich nördlich von La Merced ist allerdings einfach großartig.

Hotel Burkhard HOTEL $
(☎ 7832-4316; hotelburkhard@hotmail.com; 3a Calle Oriente 19A; Zi. 110 Q; ☎) Winziges Hotel mit einem Dutzend kompakter, phantasievoll eingerichteter Zimmer auf zwei Stockwerken.

Proatur CAMPINGPLATZ
(☎ 5978-3586; 6a Calle Poniente Final; ☎) GRATIS Man kann auf dem Gelände der Touristenpolizei Proatur ein Wohnmobil ab- oder ein Zelt aufstellen. Es kostet zwar nichts, aber es ist gern gesehen, wenn Camper nützliche Dinge wie Werkzeug oder Insektenspray beisteuern. Es gibt Toiletten, Duschen und Stromanschlüsse.

★ **Casa Jacaranda** HOSTEL $$
(☎ 7832-7589; www.hosteljacaranda.com; 1a Calle Poniente 37; mit Frühstück B 95 Q, EZ/DZ ohne Bad 120/240 Q; @ ☎) Die Zimmer des originellen, entspannten Hostels sind einfach, aber angenehm. Die Vier-Bett-Schlafsäle bieten jede Menge Ellenbogenfreiheit, die Gemeinschaftsbäder sind sorgfältig gestaltet. Auf dem Rasen des Innenhofs herrscht unter einem Jakaranda-Baum herrliche Ruhe.

Casa Cristina BOUTIQUEHOTEL $$
(☎ 7832-0623; www.casa-cristina.com; Callejón Camposeco 3A; EZ/DZ unten 200/240 Q, oben 320/360 Q; ☎) In dem gemütlichen kleinen, zweistöckigen Hotel, das in einer hübschen Nebenstraße nahe der La Merced liegt, gibt's nur ein Dutzend Zimmer. Alle sind mit Tagesdecken, frischen Pastelltönen und gebeiztem Holz eher altmodisch eingerichtet, die Dachterrasse (nur bis 20 Uhr geöffnet) ist ein netter Zufluchtsort. *Muy tranquilo*.

Hotel Posada La Merced HOTEL $$
(☎ 7832-3197; www.posadalamercedantigua.com; 7a Av Norte 43A; EZ/DZ ab 265/340 Q; ☎) Hinter den großen Holztüren verbirgt La Merced ein modernes Innenleben. Die Zimmer im hinteren Bereich haben ein bisschen mehr Flair, mit traditionellen Webarbeiten und Kolonialmöbeln. Weitere Pluspunkte sind die Dachterrasse, eine gut ausgestattete Gästeküche, der morgendliche Kaffee und das liebenswürdige Personal.

Essen

Für die Globetrotter unter den Gourmets ist Antigua ein Paradies: In einem Umkreis von zehn Fußminuten um den Parque Central kann man gut und preiswert italienisch, belgisch, französisch, thailändisch, indisch, irisch, israelisch, deutsch, dänisch, chinesisch, mexikanisch und salvadorianisch speisen.

Samstag- und sonntagabends werden vor dem Convento La Merced Tische aufgestellt: Hier gibt's dann u. a. Snacks, Hühnchensalat-Sandwiches, *rellenitos* (Schwarzbohnenmus in Kochbananen-Klößen), Enchiladas, Tamales und *chuchitos* mit scharfer Sauce und eingelegtem Kraut. Dazu gibt's Schüsseln mit *atol blanco* (ein Heißgetränk auf Maisbasis). Balsam für die Seele!

Die meisten formelleren Restaurants in Antigua addieren übrigens 10 % Trinkgeld zum Rechnungsbetrag. Es ist meistens ausgewiesen – wenn man sich nicht sicher ist, einfach nachfragen.

★Tienda La Canche GUATEMALTEKISCH **$**
(6a Av Norte 42; Mittagsmenü 20 Q) Nicht viel mehr als ein Loch in der Wand. Das Restaurant hinter einem Tante-Emma-Laden besteht aus zwei Tischen mit geblümten Tischdecken. Es gibt jeden Tag ein paar traditionelle Gerichte, z. B. *pepián de pollo* (herzhafter Hühnereintopf mit Kartoffelstücken und *huizquil*, einer Yucca-ähnlichen Knolle) und dazu einen Teller mit dicken Tortillas sowie selbst gepresste Obstsäfte.

Restaurante Doña Luisa Xicotencatl CAFÉ **$**
(☎7832-2578; 4a Calle Oriente 12; Sandwiches & Frühstücksgerichte 30–40 Q; ⌚7–21.30 Uhr) Dieses ist wahrscheinlich Antiguas bekanntestes Restaurant. Man kann beim Frühstück oder einem leichten Essen das Ambiente eines kolonialen Innenhofs genießen. Die angeschlossene Bäckerei verkauft die verschiedensten Brote und Brötchen; das Bananenbrot kommt täglich gegen 14 Uhr heiß aus dem Ofen.

Café Condesa CAFÉ **$**
(☎7832-0038; Portal del Comercio 4; Kuchen & Gebäck 18–26 Q; ⌚So–Do 7–20, Fr & Sa 7–21 Uhr) Dieses Restaurant befindet sich hinter der Buchhandlung La Casa del Conde am Innenhof eines Hauses aus dem 16. Jhs. Der Schwerpunkt liegt auf Gebäck wie Pasteten, Kuchen, Quiche, Scones und selbst gebackenem Vollkorn-Sandwichbrot. Sonntags gibt's von 9 bis 13 Uhr ein üppiges Buffet (78 Q) – eine echte Institution in Antigua.

Sabe Rico DELI **$**
(☎7832-0648; 6a Av Sur 7; Sandwiches & Salate 40 Q; ⌚Mo & Mi 8–19, Di 11–15, Do–Sa 8–20, So 9–16 Uhr) Köstliche Salate und Sandwiches, frisch gebackenes Brot, Brownies und feine Weine.

Fernando's Kaffe CAFÉ **$**
(Ecke 7a Av Norte & Callejón Camposeco; ⌚7–19 Uhr; 📶) Kaffee und Kuchen wird in Antigua in Hülle und Fülle geboten, aber Fernando's ist eine Art Café, in dem man den ganzen Tag verbringen und sich durch die Karte mit Salaten und Empanadas essen und den besten Kaffee der Stadt schlürfen könnte.

Zoola Antigua ISRAELISCH **$**
(www.zoola-antigua.com; Calle de Santa Lucia 15; ⌚8–22 Uhr; 🖉) Das Restaurant des Hostels Zoola wartet mit sehr authentischem Essen aus Israel auf: Falafeln, Kebabs und *sabich*-Sandwiches mit Hummus, Aubergine und Salat. Die Gäste sitzen umgeben von Kissen an niedrigen Kaffeetischen. Freitagabends wird ein Salatbuffet aufgefahren.

Luna de Miel CRÊPERIE **$**
(www.lunademielantigua.com; 6a Av Norte 40; ⌚10–22 Uhr; 📶) Das loungige Luna de Miel bietet Dutzende Varianten der klassischen Crêpe – die *chapín*-Variante z. B. ist mit Avocado, Käse und gebratenen Tomaten gefüllt – sowie tropische Smoothies. Und die graffitiverzierte Dachterrasse bietet das ideale Ambiente, um diese Sachen zu verzehren – gefolgt von einer entspannenden Wasserpfeife.

Y Tu Piña También SANDWICHES **$**
(1a Av Sur 10B; Sandwiches & Salate 30–35 Q; ⌚Mo–Fr 7–20, Sa & So 8–21 Uhr; 📶🖉) Verführerische Auswahl gesunder Sandwiches (Vollkornbrot, Pita oder Bagel), Salate und Crêpes. Leckeres Frühstück gibt es auch – Omeletts, Waffeln und jede Menge Obstsalate – und dazu ausgezeichneten Kaffee.

Casa de las Mixtas GUATEMALTEKISCH **$**
(3a Callejón; Hauptgerichte 20–30 Q; ⌚Mo–Sa morgens, mittags & abends) Wer Lust auf guatemaltekische Hausmannskost mit Stil hat, sollte in dem familiengeführten Lokal vorbeischauen, das in einer ruhigen Nebenstraße auf der anderen Seite des Markts beheimatet ist. Neben dem namensgebenden Snack – *mixtas* sind eine Art guatemaltekische, in Tortillas gewickelt Hotdogs – serviert es auch *paches*, die mit Tamales vergleichbar sind, aber aus Kartoffel- statt Maisteig bestehen. Es hat auch einige Frühstückmenüs.

Travel Menu INTERNATIONAL **$**
(6a Calle Poniente 14; Hauptgerichte 28–32 Q; ⌚12–19.30 Uhr; 🖉) Nicht annähernd so phantasielos wie der Name vermuten lässt.

Das kleine Bar-Restaurant serviert in intimer Kerzenlicht-Atmosphäre genau das Essen, nach dem man sich vielleicht schon so lange gesehnt hat (Chow Mein, Currys ...), frei nach dem Motto „kleines Lokal, große Portionen".

★Caffé Mediterráneo ITALIENISCH **$$**
(☎7882-7180; 6a Calle Poniente 6A; Hauptgerichte 90–130 Q; ⏲Mi–Mo mittags & abends) Hier gibt's das beste und authentischste italienische Essen in Antigua – wenn nicht sogar in ganz Lateinamerika –, in reizendem Kerzenlicht-Ambiente mit erstklassigem Service. Küchenchef Francesco aus Kalabrien zaubert aus saisonal erhältlichen Zutaten eine wundervolle Auswahl an Salaten und Pastagerichten.

La Fonda de la Calle Real GUATEMALTEKISCH **$$**
(☎7832-2696; 5a Av Norte 5: Hauptgerichte 70–80 Q, ⏲Di–So 12–22 Uhr; ☎7832-0507; 3a Calle Poniente 7: ⏲Di–So 12–22 Uhr; ☎7832-0507; 5a Av Norte 12: 5a Av Norte 12, ⏲8–22 Uhr) Die drei Filialen dieses Restaurants, alle in nettem kolonialem Stil, bieten eine gute umfassende Karte, die von großen Salaten und Sandwiches (40 Q) bis zu Grillfleisch (bis 99 Q) reicht. Die Spezialität ist *caldo real*, eine herzhafte Hühnersuppe, die eine gute Mahlzeit darstellt. Am schönsten ist die Filiale in der 3a Calle Poniente 7 mit mehreren Räumen und Innenhöfen.

Hector's Bistro FRANZÖSISCH **$$**
(☎7832-9867; 1a Calle Poniente 9A; Hauptgerichte 85–110 Q) Dieses winzige Bistro gegenüber von La Merced ist besonders bei in Antigua lebenden Ausländern beliebt und verfügt nur über ein paar Tische; die Küche ist hinter der Theke. Der aus Guatemala-Stadt stammende Hector hat sich mit seinen Versionen von *bœuf bourguignon*, gegrillter Entenbrust usw. eine Fangemeinde erkocht. Es gibt kein Schild im eigentlichen Sinn: Auf einer Schiefertafel sind die Tagesgerichte und die Quiche der Woche notiert.

Angie Angie ARGENTINISCH **$$**
(1a Av Sur 11A; Pasta 65–80 Q) Gleichermaßen Südkegel-Lokal, Kunstgalerie und geselliger Treffpunkt: Angie's lohnt immer einen Besuch, wenn auch nur, um sich im tropisch üppigen Garten zu entspannen. Neben den Empanadas, Grillgerichten und der hausgemachten Pasta gibt's auch ein preisgünstiges Mittagsmenü. Außerdem jeden Abend Freudenfeuer und Live-Blues und -Jazz am Wochenende.

Epicure DELI **$$**
(3 Av Norte 11B; Sandwiches 50–58 Q, Hauptgerichte 65–100 Q) In diesem Deli können sich Wanderer gut mit Proviant für ihre Vulkantour eindecken. Unter einer Gartenlaube lässt es sich auch elegant im Freien speisen.

La Cuevita de Los Urquizú GUATEMALTEKISCH **$$**
(☎4593-5619; 2a Calle Oriente 9D; Mittagsmenü 80 Q; ⏲mittags & abends) Herzhaftes *típico*-Essen ist Trumpf: Es wird vor dem Lokal in irdenen Töpfen warm gehalten, sodass es eigentlich unmöglich ist, daran vorbeizugehen. Man kann zwischen *pepián, kaq'ik* (würziger Truthahneintopf), *jocón* (Eintopf mit Hühnchen oder Schwein, grünem Gemüse und Kräutern) und anderen guatemaltekischen Lieblingsgerichten wählen. Dazu werden dann zwei Beilagen serviert.

Ausgehen & Unterhaltung

Antiguas Barszene bebt und wird durch eine landesweit gültige Sperrstunde um 1 Uhr etwas ausgebremst. Viele rollen freitags und samstags aus Guatemala-Stadt an, um sich in Antiguas wildes Getümmel zu stürzen.

Das **Centro de Formación de la Cooperación Española** (☎7932-3838; www.aecid-cf.org.gt; 6a Av Norte; ⏲9–18 Uhr) GRATIS zeigt mittwochabends Dokumentarfilme und ausländische Arthouse-Streifen.

TV-Übertragungen mit nordamerikanischem und europäischem Sport gibt's im Reds und Monoloco.

Das Café No Sé und das Angie Angie veranstalten Folk-, Rock- und Jazzkonzerte.

Reilly's BAR
(6a Av Norte 2) In Antiguas irischer Kneipe ist ab nachmittags während der ausgedehnten Happy Hour jede Menge los. Die Musik ist laut, das Essen köstlich und das Guinness mit 66 Q teuer. Der montägliche Quizabend ab 19 Uhr ist eine große Veranstaltung.

El Muro BAR
(3a Calle Oriente 19D; ⏲Mo–Sa 19–23 Uhr) „Die Mauer" ist eine freundliche Nachbarschaftskneipe. Es gibt mehrere Biersorten, eine vielfältige Auswahl an Snacks und jede Menge Sofas zum Lümmeln. Die Musik, oft Pop und Rock aus den Siebzigern und Achtzigern (Pink Floyd & Co), ist gerade so laut, dass man sich noch unterhalten kann.

Café No Sé BAR
(cafenose.com; 1a Av Sur 11C) Die entspannte kleine Bar dient als Bezugspunkt für Anti-

guas blühende Gemeinde junger Burroughs und Kerouacs. Sie ist außerdem das Herz einer lebendigen Musikszene – an den meisten Abenden hört man in irgendeiner Ecke des Raumes Künstler in Aktion.

Monoloco KNEIPE
(5a Av Sur 6, Pasaje El Corregidor) Die Stimmung kann ziemlich raubeinig werden, wenn zu fortgerückter Stunde zahlreiche neue Gäste in den Laden drängen. Er verteilt sich auf zwei Ebenen (Freiluft-Bar mit Bänken und langen Tischen oben). Auf etlichen Fernsehern laufen alle wichtigen Spiele.

Café Sky BAR
(☎7832-7300; 1a Av Sur 15) Die Dachterrasse erfreut sich zu recht großer Beliebtheit für einen Sonnenuntergangsdrink und Snacks. Darunter findet sich eine kerzenbeleuchtete Südseebar.

Reds BAR
(1a Calle Poniente 3) Gegenüber von La Merced. Das Reds ist ein entspanntes Clubhaus und lockt ein erfrischend gemischtes Publikum an, darunter oft mehr Guatemalteken als Gringos. Hier kann man Billard spielen (donnerstagabends Turniere), spottbillige Mojitos trinken und/oder Sport im Fernsehen glotzen.

La Sala LIVEMUSIK
(6a Calle Poniente 9; ⏲Di–So) Die Massen stürmen diese Halle förmlich, die Wandgemälde frenetischer Tänzer zieren, um den Rock-, Blues- oder Reggaebands zu lauschen – aber vielleicht liegt es auch am billigen Alkohol. Jeden Abend ab 21 Uhr stehen Bands auf der Bühne.

La Peña de Sol Latino LIVEMUSIK
(☎7882-4468; www.lapenaantigua.com; 5a Calle Poniente 15C) Dieser Supper Club ist nach seiner Stammband benannt, die mittwochs bis sonntags ab 19 Uhr ihre eigene Version progressiver Andenmusik spielt.

La Casbah CLUB
(☎7832-2640; 5a Av Norte 30; Eintritt 30 Q; ⏲Di–Sa 20.30–1 Uhr) Die Disko auf zwei Ebenen in der Nähe des **Arco de Santa Catalina** (5a Av Norte) lockt mit warmer Atmosphäre und ist Berichten zufolge schwulenfreundlich. An den meisten Abenden steppt hier ordentlich der Bär.

La Sin Ventura CLUB
(5a Av Sur 8; ⏲Di–Sa) Die lebendigste Tanzfläche der Stadt ist am Wochenende voll mit guatemaltekischen Jugendlichen. Donnerstagabends gibt's Live-Salsa und -Merengue.

Circus Bar LIVEMUSIK
(www.circusbar.com.gt; 4a Calle Oriente 10; ⏲12–24 Uhr) Der mit Balkonen versehene Club im Obergeschoss des Einkaufszentrums Casa Antigua El Jaulón bietet freitag- und samstagabends Flamenco.

Ocelot Bar BAR
(4a Av Norte 3; ⏲12–24 Uhr) Das Ocelot nicht weit vom Parque Central wirkt mit seinen langen Sofas, Rockplakaten und Brettspielen wie ein großes Wohnzimmer und verfügt außerdem über die am besten bestückte Bar von Antigua. Sehr beliebt bei den etwas älteren Ausländern der Stadt; sehr populär ist auch das Pubquiz am Sonntag.

Whisky Den & Coffee Bar CAFÉ
(4a Av Norte 3) Die kleine Lounge neben der Ocelot Bar lockt mit zwei wundervollen Sachen: tollen Whiskys aus aller Welt und Kaffee von einer regionalen Kooperative, deren Mitglieder sich beim Espresso-Brühen abwechseln.

Shoppen

Antiguas **Markt** (Calz de Santa Lucía Sur) – chaotisch, bunt und immer voll – erstreckt sich nördlich der 4a Calle. Die besten Tage sind die offiziellen Markttage Montag, Donnerstag und Freitag: Dann kommen die Dorfbewohner aus der Umgebung und präsentieren nördlich und westlich des Hauptmarktgebäudes ihre Angebote. Auf dem **Mercado de Artesanías** (4a Calle Poniente; ⏲8–19 Uhr) unmittelbar südlich werden massenweise Werke guatemaltekischer Kunsthandwerker verkauft – meist nicht gerade Spitzenqualität, dafür gibt es ein Riesensortiment an bunten Masken, Decken, Schmuck, Taschen usw. Keine Angst vorm Feilschen! Und auf dem **Mercado del Carmen** neben der Ruine der Iglesia del Carmen kann man wunderbar nach Textilien, Töpferwaren und Jade stöbern, besonders am Wochenende, wenn sich das Ganze bis zur 3a Avenida ausbreitet.

Nim Po't KUNSTHANDWERK
(☎7832-2681; www.nimpot.com; 5a Av Norte 29) Der Laden führt eine riesige Kollektion an Maya-Kleidern, Hunderte von Masken und andere Holzschnitzereien. Die großzügige Ladenfläche ist voller *huipiles* (lange, bestickte Tuniken), *cortes* (Wickelröcke), *fajas* (Taillenschärpen) und, und, und. Alles ist nach Regionen sortiert. Ein Besuch ist im-

mer faszinierend, egal, ob man etwas kaufen möchte oder nicht.

Centro de Arte Popular KUNST
(4a Calle Oriente 10; ⌚9.30–18.30 Uhr) Dieses Geschäft und Museum im Einkaufszentrum Casa Antigua El Jaulón zeigt in vier Galerien Tz'utujil-Ölgemälde, Zedernfigurinen, Masken und anderes Kunsthandwerk.

Librería La Casa del Conde BÜCHER
(Portal del Comercio 4) Ausgezeichnete Auswahl an Büchern über zentralamerikanische Geschichte, Politik und Natur auf Englisch, Literatur auf Spanisch und Lonely Planet Reiseführer.

ℹ Orientierung

Der Volcán Agua liegt südöstlich der Stadt und ist von den meisten Punkten aus sichtbar; der Volcán Acatenango befindet sich im Westen, der Volcán Fuego (Feuer) – an seiner Rauchfahne und dem roten Glühen leicht zu erkennen – im Südwesten. Die drei Vulkane, die auch das Stadtwappen schmücken, dienen als praktische Orientierungspunkte.

In Antigua stellen die Avenidas und Calles weitere Kompasslinien dar. Calles verlaufen von Ost nach West, die 4a Calle ist westlich des Parque Central also die 4a Calle Poniente. Avenidas führen von Norden nach Süden, die 3a Avenida firmiert folglich nördlich des Parque Central als 3a Avenida Norte.

Die meisten Busse kommen am Terminal de Buses an, einem großen offenen Platz an der 4a Calle Poniente, unmittelbar westlich des *mercado* bzw. vier Blocks westlich des Parque Central.

ℹ Praktische Informationen

GEFAHREN & ÄRGERNISSE

Normalerweise kann man sich bei einem Spaziergang durch Antigua sicher fühlen, doch auch hier ereignen sich Überfälle, sodass man dennoch wachsam bleiben sollte. Dies gilt besonders, wenn die Bars nach 1 Uhr morgens schließen und Straßenräuber auf der Suche nach beschwipsten Gästen sind. Nach 22 Uhr sollte man und besonders frau darüber nachdenken, mit dem Taxi zurück in die Unterkunft zu fahren. Taschendiebe gehen ihrem Gewerbe auf dem geschäftigen Markt nach und machen an Zahltagen zur Monatsmitte und am Monatsende Überstunden. Im Dezember (Weihnachtsgeld) schwappt eine weitere Raubwelle durch die Stadt.

Auch auf einigen abgelegeneren Wanderwegen kam es bereits zu Überfällen, aber seit die Polizeistreifen in den letzten Jahren erhöht wurden, hat die Zahl dieser Zwischenfälle abgenommen. Wer plant, auf eigene Faust zu einem der Vulkane zu wandern, sollte sich vorab bei Proatur (S. 126) über die aktuelle Lage informieren.

GELD

Banco Industrial (5a Av Sur 4; ⌚Mo–Fr 9–19, Sa 9–13 Uhr) Hat einen verlässlichen Geldautomaten und wechselt US-Dollar (bar & Reiseschecks). Ein weiterer nützlicher Geldautomat befindet sich im Café Barista auf der anderen Seite des Platzes.

Citibank (Ecke 4a Calle Oriente & 4a Av Norte; ⌚Mo–Fr 9–16.30, Sa 9.30–13 Uhr) Barauszahlungen mit Visa-Karte (MasterCard wird nicht akzeptiert). Eine zweite Filiale, einen Block östlich, wechselt US-Dollar und Euro.

Visa- & MasterCard-Geldautomat (Portal del Comercio) Am Parque Central.

MEDIEN

Das in Antigua ansässige **Revue Magazine** (www.revuemag.com) besteht etwa zu 90 % aus Werbung, enthält aber auch vernünftige Informationen zu kulturellen Veranstaltungen. Es ist überall erhältlich. **La Cuadra** (www.lacuadraonline.com), ebenfalls aus Antigua, mischt Politiknachrichten mit respektlosen Kommentaren.

MEDIZINISCHE VERSORGUNG

Farmacia Ivori Select (☎7832-1559; 6a Av Norte 19) Apotheke.

Hospital Nacional Pedro de Bethancourt (☎7831-1319) Öffentliches Krankenhaus in

BUSSE AB ANTIGUA

ZIEL	PREIS (Q)	DAUER	ABFAHRT	FREQUENZ
Chimaltenango	5	45 Min.	5–18.30 Uhr	alle 10 Min.
Ciudad Vieja, Bus nach San Miguel Dueñas nehmen	3	20 Min.	3–20 Uhr	alle 15 Min.
Escuintla	7	1 Std.	5–16 Uhr	halbstündl.
Guatemala-Stadt	9	1 Std.	5–19.30 Uhr	alle paar Min.
San Antonio Aguas Calientes	3,50	30 Min.	6–20 Uhr	halbstündl.

ABSTECHER

UMGEBUNG VON ANTIGUA

Antigua bietet so viel, dass man es hier gut ein paar Wochen aushält. Aber auch die umliegende Gegend lockt mit einigen Attraktionen. **San Lorenzo El Tejar** ist die 25-minütige Fahrt Richtung Nordwesten auf jeden Fall wert, wenn man gerne in den beliebten Thermalquellen baden möchte. Das nahe **Pastores** ist das Mekka für Lederwarenfans und der Ort für handgemachte Cowboystiefel und Lassos.

Der Öko-Park **Cerro Alux** (www.cerroalux.com) liegt auf einem Hügel in der Nähe des Dorfes San Lucas Sacatepéquez und hat Lehrpfade sowie gute Möglichkeiten zur Vogelbeobachtungen.

Die **Earth Lodge** (☎5664-0713; www.earthlodgeguatemala.com; B 50 Q, Hütte EZ/DZ/3BZ 100/170/195 Q) gehört zu einer 16 ha großen Avocado-Farm in den Hügeln über Jocotenango und hat sich sehr schnell zu einem Muss für Backpacker entwickelt. Infos zur Anreise stehen auf der Website.

San Felipe, 2 km nördlich des Zentrums, mit Notaufnahme.

Hospital Privado Hermano Pedro (☎7832-1190; Av de la Recolección 4) Nahe dem Busbahnhof. Das Privatkrankenhaus hat eine 24-Stunden-Notaufnahme und akzeptiert auch ausländische Versicherungen.

NOTFALL

Proatur (☎5578-9835; operacionesproatur@inguat.gob.gt; 6a Calle Poniente Final; ⏲24 Std.) Die hilfsbereite Touristenorganisation dient Touristen als Verbindungsglied zur Polizei.

POST

Postamt (Ecke 4a Calle Poniente & Calz de Santa Lucía Norte) Westlich des Parque Central, in der Nähe des Markts.

REISEBÜROS

Wohin man sich in Antigua auch wendet, man sieht Reisebüros, die Touren zu interessanten Stätten rund um die Stadt, zu anderen Orten Guatemalas sowie internationale Flüge, Shuttle-Minibusse u. v. m. anbieten.

Atitrans (☎7832-3371; www.atitrans.com; 6a Av Sur 8)

LAX Travel (☎7832-2674; laxantigua@intelnett.com; 3a Calle Poniente 12) Experte für internationale Flüge.

Onvisa Travel Agency (☎5226-3441; onvisatravel@hotmail.com; 6a Calle Poniente 40) Unterhält Shuttles nach Copán und in andere Orte.

National Travel (☎7832-8383; antigua@nationalgua.com; 6a Av Sur 1A) Bietet einfache Flüge, zum Teil auch mit Studenten- und Lehrerrabatten.

Rainbow Travel Center (www.rainbowtravelcenter.com; 7a Av Sur 8) Spezialisiert auf Flüge für Studenten und Lehrer.

TOURISTENINFORMATION

Inguat (☎7832-0787; info-antigua@inguat.gob.gt; 5a Calle Oriente 11; ⏲Mo–Fr 8–17, Sa & So 9–17 Uhr) Die Touristeninformation hat kostenlose Stadtpläne, Businformationen und ein hilfsbereites, zweisprachiges Personal.

Anreise & Unterwegs vor Ort

BUS

Busse aus Guatemala-Stadt, Ciudad Vieja und San Miguel Dueñas kommen am Mercado de Artesanías in einer Straße gleich südlich des Marktes an und fahren dort auch ab. **Busse nach Chimaltenango, Escuintla, San Antonio Aguas Calientes und Santa María de Jesús** starten hinter dem Hauptmarktgebäude. Wer in eines der umliegenden Dörfer fahren möchte, sollte sich am besten frühmorgens auf den Weg machen und nachmittags zurückkommen – abends verkehren nur noch sehr wenige Busse.

Um Orte im Hochland wie Chichicastenango, Quetzaltenango, Huehuetenango oder Panajachel zu erreichen, kann man einen der häufig verkehrenden Busse nach Chimaltenango auf dem Interamericana Highway nehmen und dort in einen Anschlussbus umsteigen. Das Umsteigen sollte kein Problem darstellen, da ständig freundliche Menschen zu Hilfe eilen, wenn man aus dem einen Bus steigt und sich nach dem nächsten umschaut. Auf jeden Fall auf das Gepäck achten!

Litegua (☎7832-9850; www.litegua.com; 4a Calle Oriente 48) bietet um 10 und 16 Uhr Pullman-Busse nach Guatemala-Stadt (45 Q) an, die vor dem Büro der Firma am östlichen Stadtrand starten. Nach Panajachel hat Transportes Rebulli täglich einen Pullman-Bus (36 Q, 2½ Std.); Abfahrt ist um 7 Uhr an der Panadería Colombia auf der 4a Calle Poniente, einen halben Block östlich des Markts.

SHUTTLE-MINIBUS

Zahlreiche Reisebüros bieten häufig verkehrende, sehr praktische Shuttle-Verbindungen nach Guatemala-Stadt, zum Aeropuerto Internacional La Aurora oder nach Panajachel und Chichicastenango an. Seltener (normalerweise am Wochenende) fahren sie auch in weiter entfernte Gegenden, u. a. zum Río Dulce, zu den Copán Ruinas (Honduras) und nach Monterrico. Eine Fahrt kostet deutlich mehr als mit herkömmlichen Bussen (z. B. 80 Q nach Guatemala-Stadt statt 9 Q im „Hühnerbus"), dafür aber sind sie komfortabel und bieten einen praktischen Tür-zu-Tür-Service an.

TAXI & TUK-TUK

Taxis und Tuk-Tuks warten an der Ostseite des Parque Central und dort, wo die Busse aus Guatemala-Stadt anhalten. Eine Fahrt im Taxi kostet innerhalb der Stadt etwa 25 Q, im Tuk-Tuk um die 10 Q. Tuk-Tuks sind im Stadtzentrum nicht erlaubt; man muss sich ein paar Blocks aus der Innenstadt entfernen, um eines zu finden.

DAS HOCHLAND

Guatemalas spektakulärste Region – das Hochland – erstreckt sich von Antigua bis zur mexikanischen Grenze nordwestlich von Huehuetenango. Die Hügel sind mit smaragdgrünem Gras, Maisfeldern und turmhohen Kiefern bedeckt und jede Stadt und jedes Dorf hat eine ganz eigene Geschichte zu erzählen.

Die traditionellen Werte und Bräuche der guatemaltekischen *indígenas* sind im Hochland am stärksten ausgeprägt. Maya-Dialekte sind die Muttersprache der Menschen, Spanisch mit großem Abstand die Zweitsprache. Die uralte Kultur, deren Grundlage der Mais ist – die Mayas glauben, die Menschen seien aus ihm erschaffen worden –, ist noch immer lebendig; eine rustikale Hütte inmitten eines üppigen *milpa* (Maisfeld) ist ein häufiger Anblick. Auf allen Straßen sieht man Männer, Frauen und Kinder, die schwere Lasten mit *leña* (Brennholz) schleppen, das zum Heizen und Kochen benötigt wird.

Dramatische Landschaft, traditionelle Dörfer, ausgezeichnete Wandermöglichkeiten und Quetzaltenango, die Oase aller Traveller, sind die wahren Schätze im Westen dieser Region. Straßen und Busse gehören zu den schlimmsten des Landes – eine Reise in diese Gegend ist daher zwar anstrengend, aber auch ein unvergessliches Erlebnis. Im Hochland liegt auch die Provinz Quiché – diese Ecke des Landes ist ziemlich in Vergessenheit geraten. Die meisten Besucher dieser Region statten nur dem berühmten Markt in Chichicastenango einen Blitzbesuch ab. Weiter nördlich liegt Santa Cruz del Quiché, die Provinzhauptstadt: Am Stadtrand befinden sich die Ruinen von K'umarcaaj (auch Gumarcaah oder Utatlán), der letzten Hauptstadt der Quiché-Mayas (K'iche'). Abenteuerfreudigere Zeitgenossen schätzen auch die ausgezeichneten Wandermöglichkeiten rund um Nebaj.

ℹ Anreise & Unterwegs vor Ort

Die kurvige Interamericana, auch als Centroamérica 1 (CA-1) bekannt, führt auf ihrer Route zwischen Guatemala-Stadt und der mexikanischen Grenze in La Mesilla durch das Hochland. Die 266 km lange Fahrt zwischen Guatemala-Stadt und Huehuetenango kann bis zu fünf Stunden dauern, die aber von einer wunderschönen Landschaft versüßt werden. Der untere Abschnitt der Carretera al Pacífico (CA-2) via Escuintla und Retalhuleu verläuft geradliniger – sie ist die bessere Alternative, wenn man so schnell wie möglich nach Mexiko gelangen will.

Die Interamericana ist mit Bussen vollgestopft. Da die meisten Orte, die man besuchen will, vermutlich abseits der Interamericana liegen, wird man sich oft an Kreuzungen wie Los Encuentros und Cuatro Caminos aufhalten und auf den nächsten Bus oder Pick-up warten, der einen mitnimmt. Am besten reist es sich an Markttagen und am Vormittag. Am Nachmittag oder frühen Abend sind weniger Busse unterwegs, der Betrieb auf kurzen Strecken wird zur Abendessenszeit eingestellt. Auf abgelegenen Routen muss man sich ohnehin eher darauf verlassen, mitgenommen zu werden, da man hier nur selten einen Bus erwischt.

Lago de Atitlán

Das Aushängeschild für Guatemalas natürliche Schönheit ist der von Vulkanen eingefasste Lago de Atitlán, der seit Jahrzehnten ein Touristenmagnet ist. Von kleinen Dörfern umgeben, kommt der See gut mit seiner Popularität zurecht, auch wenn eine üble Bakterienpest auf der Seeoberfläche Ende 2009 den Anwohnern die Risiken eines allzu schnellen Wachstums vor Augen führte. Der einzige wirklich ausgelaugt wirkende Ort ist Panajachel – die anderen Dörfer haben sich ihr entspanntes Flair bewahrt und trotzdem noch ein angenehmes Maß an Komfort zu bieten.

Lago de Atitlán

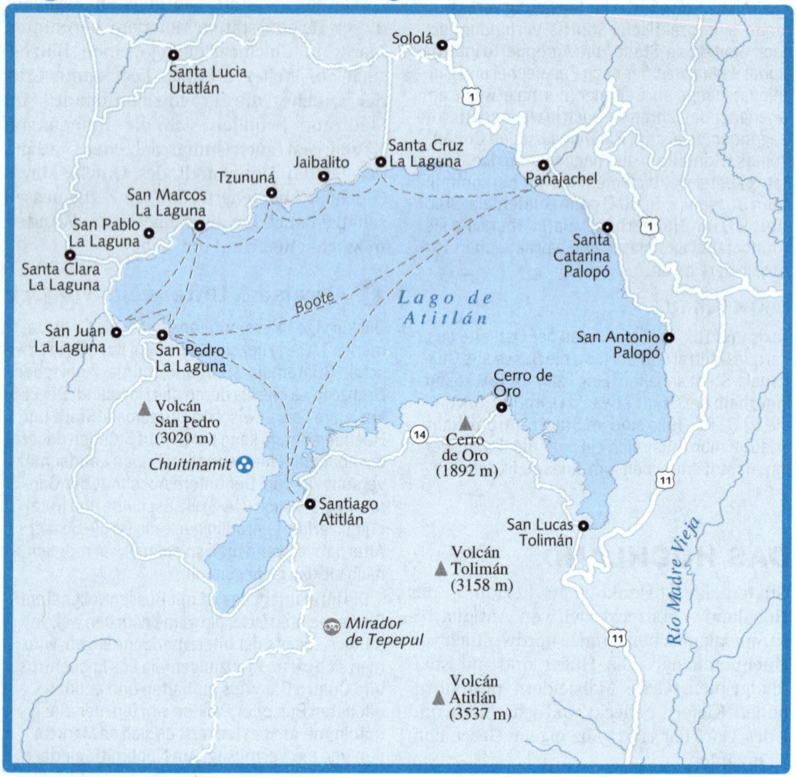

Praktische Informationen

GEFAHREN & ÄRGERNISSE

Die meisten Überfälle ereigneten sich leider an einigen der schönsten Orte, z. B. auf den Wegen rund um den Lago de Atitlán. Die Sicherheitslage ändert sich ständig – eine Wanderroute zwischen bestimmten Dörfern, die lange Zeit unbedenklich war, kann urplötzlich riskant sein. Proatur (S. 136) bietet die aktuellsten unabhängigen Informationen über problematische Wanderwege in der Gegend.

Wer wandern will, sollte seinen gesunden Menschenverstand einschalten – weder mehr Geld mitnehmen, als man braucht, noch irgendetwas, das man auf gar keinen Fall verlieren möchte.

Anreise & Unterwegs vor Ort

Wenn man der Interamericana von Chimaltenango aus 32 km nach Westen folgt, erreicht man die Nebenstraße zum Lago de Atitlán via Patzicía und Patzún. In der Umgebung dieser beiden Städte ereigneten sich in der Vergangenheit Überfälle durch Banditen (ebenso wie entlang der anderen Nebenstraße, die von Cocales am CA-2 nach San Lucas Tolimán führt. Man bleibt also besser auf der Interamericana in Richtung Tecpán, Ausgangspunkt für einen Besuch der Ruinenstadt Iximché (*iesch*-im-tschei), der Hauptstadt der Cakchiquel.

Weitere 40 km westlich von Tecpán erreicht man über die Interamericana die Kreuzung Los Encuentros. Der junge Ort ist eine praktische Anlaufstelle, um auf einen Bus zu warten. Die Straße rechts der Interamericana führt in Richtung Norden nach Chichicastenango und Santa Cruz del Quiché, die Straße links hinunter ins 12 km entfernte Sololá; nach weiteren 8 km erreicht man Panajachel am Lago de Atitlán.

Wer nicht mit einem Direktbus fährt, kann in Los Encuentros aus- und in einen anderen Bus oder einen Minibus umsteigen oder per Anhalter fahren, um nach Panajachel hinunter- oder nach Chichicastenango hinaufzugelangen; die Fahrt dauert jeweils eine halbe Stunde.

Die Straße von Sololá verläuft durch Kiefernwälder recht steil bergab – auf der 8 km langen Strecke nach Panajachel geht es 500 Höhenmeter runter. Man sollte sich einen Platz auf der rechten Seite sichern, um den atemberaubenden Ausblick auf den See und die Vulkane ungetrübt genießen zu können.

Panajachel

23 500 EW. / 1595 M

Panajachel – oder „Pana", wie praktisch das ganze Land den Ort nennt – ist die geschäftigste und wohl auch am meisten zugebaute Siedlung am Seeufer. Seine städtebauliche Entwicklung verlief planlos, das Ergebnis ist – wie nicht wenige finden – auch nicht besonders hübsch. Auf Panajachels staubigen Straßen tummeln sich verschiedene Kulturen.

Ladinos und Gringos haben die Tourismusindustrie fest in der Hand. Die Cakchiquel- und Tz'utujil-Mayas aus den umliegenden Dörfern kommen in den Ort, um Kunsthandwerk an Touristen zu verkaufen. Reisegruppen fallen für ein paar Stunden oder über Nacht in der Stadt ein.

Dank einer ausgezeichneten Verkehrsanbindung und eines pulsierenden Nachtlebens steht die Stadt bei Wochenendurlaubern aus ganz Guatemala hoch im Kurs. Während der Woche geht es etwas ruhiger zu, die Hauptstraße Calle Santander bleibt allerdings stets die Gleiche: Internetcafés, Kunsthandwerksläden, Restaurants und Reisebüros wohin das Auge reicht. Man muss jedoch nur einen Abstecher zum Seeufer machen, um daran erinnert zu werden, warum Pana so viele Besucher anzieht.

Sehenswertes & Aktivitäten

Der Lago de Atitlán bietet phänomenale Möglichkeiten zum **Wandern** und **Radfahren**. Man kann in etwa einer Stunde von Panajachel nach Santa Catarina Palopó und in einer weiteren Stunde nach San Antonio Palopó wandern; mit dem Fahrrad dauert die Tour über die hügeligen Straßen nur halb so lange. Man kann aber auch das Fahrrad auf dem Boot mit nach Santiago Atitlán, San Pedro La Laguna oder in eines der anderen Dörfer nehmen und eine Tour um den See machen. Verschiedene Läden entlang der Calle Santander verleihen Fahrräder.

Kajaks können am Pier am Fuß der Calle del Rancho Grande gemietet werden.

Für Besucher mit wenig Zeit ist eine Bootstour mit Stopps bei ein paar Dörfern eine gute Idee. Ausflüge nach San Pedro La Laguna (ca. 1½ Std. Aufenthalt) und Santiago Atitlán starten täglich um 8.30 und 9 Uhr am Anleger Playa Pública; Rückkehr ist um 15 bzw. 15.30 Uhr. Die frühere Tour führt auch nach San Antonio Palopó, die spätere nach San Marcos La Laguna; die Touren kosten 100 bzw. 150 Q. Reisebüros bieten auch teurere Touren (ca. 540 Q/Pers.) an, die Webstuhlvorführungen, einen Besuch des Schreins von Maximón in Santiago (S. 133) und Ähnliches einschließen können.

Oxlajuj B'atz' (S. 136), eine Organisation zur Stärkung der Position der Frauen , bietet Tagesausflüge (240 Q) nach Panajachel und in andere Dörfer am See inklusive Besuchen zu Webkooperativen.

Roger's Tours RADFAHREN

(☎7762-6060; www.rogerstours.com; Calle Santander) Roger's Tours bietet gute Mountainbikes für 30/120 Q pro Stunde/Tag an und veranstaltet eine Reihe von Radtouren (440 Q/Pers. inkl. Helm, Führer und Mittagessen).

Realworld Paragliding PARAGLIDING

(☎5634-5699; realworldparagliding.jimdo.com; Calle Santander, Centro Comercial San Rafael) Paragliding ist die neueste Wachstumsbranche am Atitlán – in Pana kann man sich beim sehr empfehlenswerten Anbieter Realworld Paragliding einspannen lassen. Die Flüge (700 Q pro Flug) dauern 20 Minuten bis eine Stunde, je nach Windbedingungen und Vorliebe der Passagiere.

Reserva Natural Atitlán PARK

(☎7762-2565; www.atitlanreserva.com; Erw./Kind 45/25 Q; ⏲8–17 Uhr) Die Reserva Natural Atitlán liegt an der Straße, die zum Hotel Atitlán führt, und eignet sich prima für einen Tagesausflug. Das durchdachte Naturschutzgebiet lockt mit Wanderwegen, einem Informationszentrum, Seilrutschen, Campingmöglichkeiten, einer Schmetterlingsfarm, einer kleinen Kaffeeplantage, jeder Menge Affen und einer Voliere. Wer länger bleiben will, kann eines der ausgezeichneten Zimmer mit Privatterrasse mieten oder einfach ein Zelt aufschlagen.

Kurse

Auch in Panajachel besteht die Möglichkeit, Spanisch zu lernen. Zwei gut geführte Schulen sind **Jardín de América** (☎7762-2637; www.jardindeamerica.com; Calle del Chalí) und **Jabel Tinamit** (☎7762-6056; www.jabeltinamit.com; Ecke Av de Los Árboles & Callejón Las Armonías). Ein Kurs mit täglich vierstündigem Einzelunterricht an fünf Tagen in der Woche kostet etwa 1500 Q pro Woche, die

Panajachel

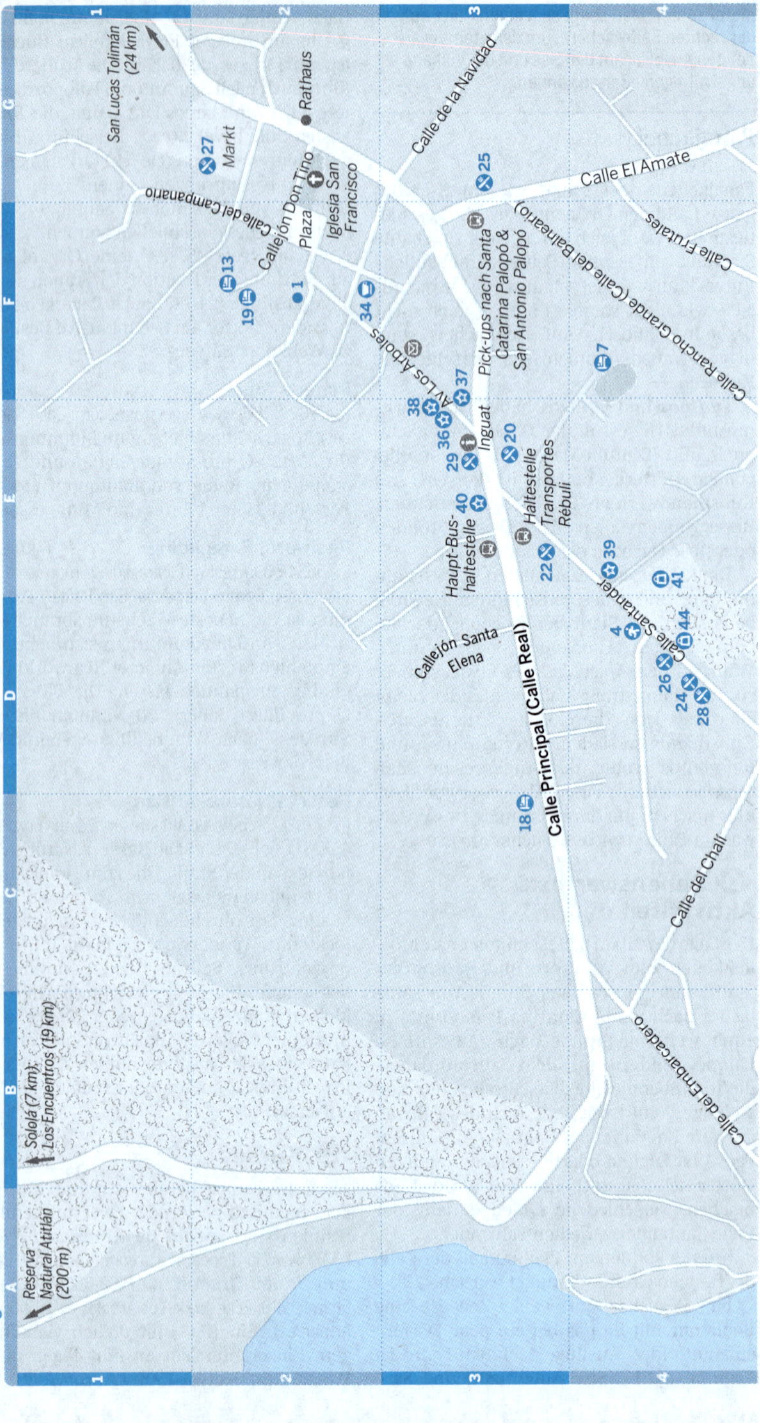
0
200 m
San Lucas Tolimán (24 km)
Sololá (7 km); Los Encuentros (19 km)
Reserva Natural Atitlán (200 m)
Rathaus
Markt
27
13
19
1
34
Calle del Campanario
Callejón Don Tino
Plaza
Iglesia San Francisco
Calle de la Navidad
Calle El Amate
25
Pick-ups nach Santa Catarina Palopó & San Antonio Palopó
Calle Rancho Grande (Calle del Balneario)
Calle Frutales
7
Av Los Árboles
38
37
36
29
Inguat
20
40
Haupt-Bushaltestelle
Haltestelle Transportes Rébuli
22
39
41
Calle Santander
4
44
26
24
28
Callejón Santa Elena
Calle Principal (Calle Real)
18
Calle del Chalí
Calle del Embarcadero
1
2
3
4
A
B
C
D
E
F
G

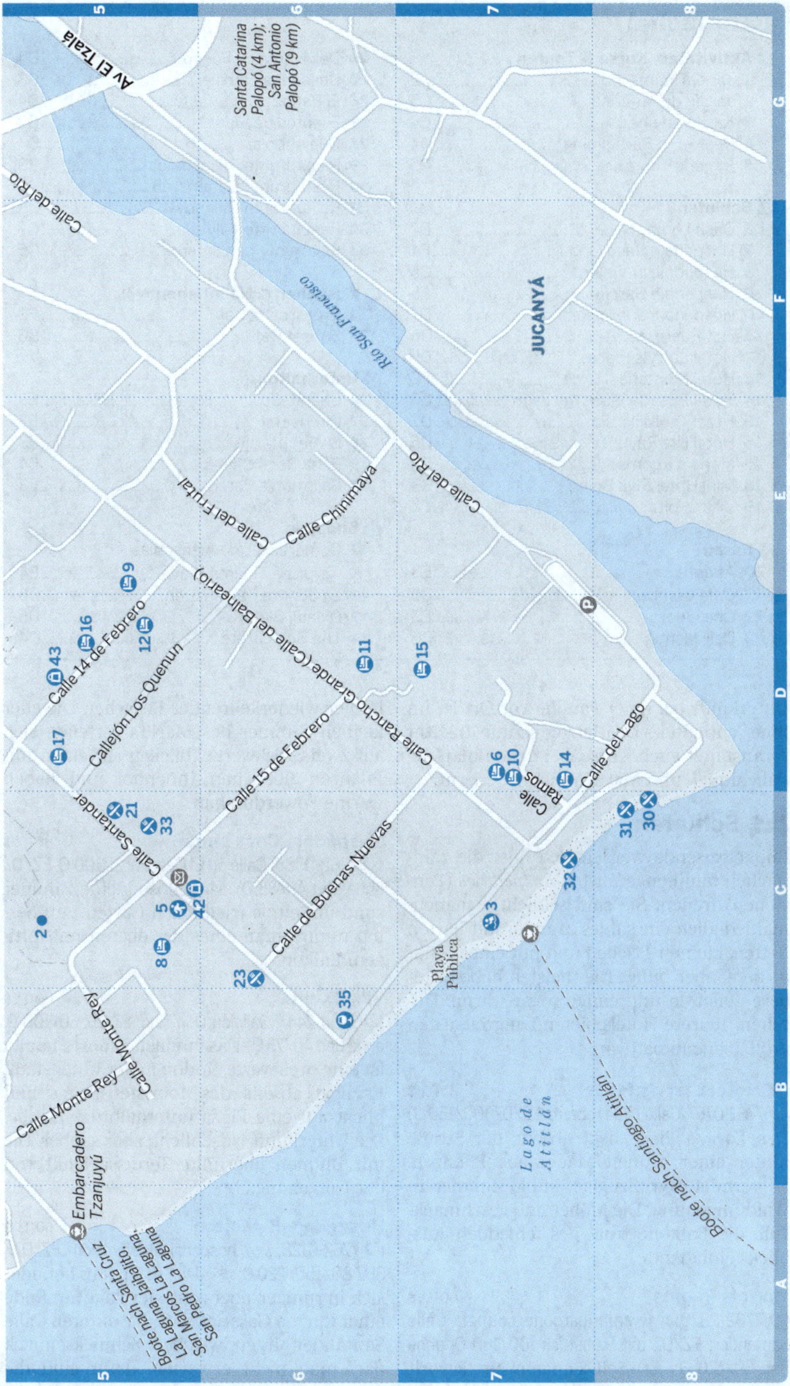
Av El Tzala
Calle del Río
Santa Catarina Palopó (4 km); San Antonio Palopó (9 km)
Río San Francisco
JUCANYÁ
Calle del Río
Calle del Frutal
Calle Chinimaya
Calle Rancho Grande (Calle del Balneario)
Calle 14 de Febrero
Callejón Los Quenun
Calle 15 de Febrero
Calle Santander
Calle de Buenas Nuevas
Calle Ramos
Calle del Lago
Playa Pública
Calle Monte Rey
Calle Monte Rey
Embarcadero Tzanjuyú
Boote nach Santa Cruz La Laguna, Jaibalito, San Marcos La Laguna & San Pedro La Laguna
Lago de Atitlán
Boote nach Santiago Atitlán
2
3
5
6
8
9
10
11
12
14
15
16
17
21
23
30
31
32
33
35
42
43
A
B
C
D
E
F
G
5
6
7
8

Panajachel

Aktivitäten, Kurse & Touren
1 Jabel Tinamit ... F2
2 Jardín de América ... C5
3 Kajakverleihe ... C7
4 Realworld Paragliding ... D4
5 Roger's Tours ... C5

Schlafen
6 Casa Loma ... D7
7 Hospedaje Casa Linda ... F4
8 Hospedaje El Viajero ... C5
9 Hospedaje García ... E5
10 Hospedaje Sueño Real ... D7
11 Hotel Jere ... D6
12 Hotel Larry's Place ... D5
13 Hotel Montana ... F2
14 Hotel Posada Viñas del Lago ... D7
15 Hotel Tzutujil ... D7
16 Hotel Utz Rajil ... D5
17 Mario's Rooms ... D5
18 Mini Hotel Riva Bella ... C3
19 Villa Lupita ... F2

Essen
20 Atlantis ... E3
21 Café Bombay ... C5
22 Chez Alex ... E3
23 Deli Jasmín ... C6
24 Deli Llama de Fuego ... D4
25 Despensa Familiar ... G3
26 El Patio ... D4
27 Fuentes de Vida ... G2
28 Guajimbo's ... D4
29 Restaurante Casablanca ... E3
30 Restaurante Catamarán ... C8
31 Restaurante Chichoy ... C8
32 Restaurante Taly ... C7
33 Ristorante La Lanterna ... C5

Ausgehen & Nachtleben
34 Crossroads Café ... F2
35 Sunset Café ... B6

Unterhaltung
36 Chapiteau ... E3
37 Circus Bar ... F3
38 El Aleph ... E3
39 Pana Rock Café ... E4
40 Salomon's Porch ... E3

Shoppen
41 Comerciales de Artesanías Típicas Tinamit Maya ... E4
42 La Señora de Cancuén ... C5
43 Oxlajuj B'atz' ... D5
44 The Book Store ... D4

Unterkunft bei einer Familie vor Ort ist im Preis enthalten. Das letztgenannte Institut veranstaltet auch Kurse, bei denen man die Cakchiquel- und Maya-Webkunst erlernt.

Schlafen

Budgetreisende werden sich über die zahlreichen familiengeführten *hospedajes* (Pensionen) freuen. Sie sind schlicht – manchmal lediglich ein kahles Zimmer mit harten Betten, kleinen Tischen und nur einer Glühbirne –, aber billig. Die meisten haben saubere Toiletten und einige sogar warme Duschen. Teurere Hotels bieten Langzeitgästen großzügige Rabatte an.

★ Hotel Larry's Place HOTEL $
(☎7762-0767; Calle 14 de Febrero; EZ/DZ 100/150 Q) Das Larry's Place liegt abseits der Straße hinter einer grünen Mauer aus Pflanzen. Es vermietet großzügige, kühle Zimmer in Waldumgebung. Die Möbel sind geschmackvoll, die Balkone trotz des fehlenden Ausblicks einladend.

Mario's Rooms HOTEL $
(☎7762-2370; www.mariosrooms.com.gt; Calle Santander; EZ/DZ mit Frühstück 100/160 Q, ohne Bad 60/120 Q; @) Seit Langem ein Favorit immer wiederkehrender Besucher. Die eher kleinen Zimmer des Mario's verteilen sich auf zwei Stockwerke, blicken auf einen mit Pflanzen übersäten Innenhof und haben warme Powerduschen.

Hospedaje Casa Linda HOTEL $
(☎7762-0386; Callejón El Capulin; Zi. 100 Q, EZ/DZ ohne Bad 49/85 Q) Makellose kleine Zimmer rund um einen friedlichen Garten. Am besten nimmt man eines der oberen mit luftigem Balkon.

Villa Lupita HOTEL $
(☎5054-2447; Callejón Don Tino; EZ/DZ 50/100 Q, ohne Bad 40/75 Q) Das familiengeführte Lupita ist eine preiswerte Option in der Innenstadt. Es liegt abseits des Touristenstroms und blickt auf eine Plaza unterhalb der Kirche. Die Unterkunft ist schlicht, aber sauber. Die mit Blumen überfüllte Terrasse lenkt von der Umgebung ab.

Hospedaje El Viajero HOTEL $
(☎7762-0128; www.hospedajeelviajero.com; EZ/DZ/3BZ 80/150/220 Q; 📶) Das El Viajero befindet sich in ruhiger, aber zentraler Lage am Ende einer kurzen Gasse abseits der unteren Calle Santander. Irgendwelchen Schnickschnack darf man nicht erwarten, dafür sind die

Zimmer aber geräumig und hell und haben große Balkone. Man kann den Kocher, die Mikrowelle und den Kühlschrank benutzen. Es gibt einen Wäscheservice und kostenloses Trinkwasser.

Hotel Jere HOTEL **$**

(☎7762-2781; www.hoteljere.com; Calle Rancho Grande; EZ/DZ 100/125 Q; @) Die großen, geschmackvollen Zimmer des Jere sind ein weiteres Highlight in diesem Teil der Stadt. Stoffe, Fotos, Karten und informative Poster hauchen dem Hotel Leben ein. Man kann an Ort und Stelle Shuttlebusse und Touren auf dem See buchen.

Hospedaje García HOTEL **$**

(☎7762-2187; Calle 14 de Febrero; EZ/DZ 80/160 Q, ohne Bad 60/110 Q) Die besten Zimmer sind die günstigeren – sie sind etwa doppelt so groß wie die anderen und haben einen Balkon mit Blick auf den Innenhof.

DIESER GOTT MACHT ORDENTLICH RAUCH

Die Spanier nannten ihn San Simón, die *ladinos* – Menschen mit gemischt indigener und europäischer Abstammung – gaben ihm den Namen Maximón und die Mayas kennen ihn als Rilaj Maam (rie-lah-mahm). Unter welchem Namen auch immer: Die synkretistische Verschmelzung aus Maya-Göttern, dem spanischen Konquistador Guatemalas, Pedro de Alvarado, und dem biblischen Judas ist eine im gesamten Hochland Guatemalas verehrte Gottheit. Guatemalteken aller Schichten bringen Opfergaben an der Statue von San Simón dar und bitten um seinen Segen. Die Statue „wohnt" für gewöhnlich im Haus eines Mitglieds der *cofradía* (religiöse Maya-Bruderschaft) und zieht jedes Jahr an einen anderen Ort um, ein Brauch, der – so glauben Anthropologen – entwickelt wurde, um das Machtgleichgewicht im Ort zu erhalten. Der Name, die Gestalt und die Zeremonien, die mit dieser Gottheit in Verbindung gebracht werden, unterscheiden sich von Dorf zu Dorf, eine Begegnung ist jedoch immer eine lohnende Erfahrung, ganz egal, wo man der Statue seine Aufwartung macht. Gegen einen Obolus darf man normalerweise Fotos machen und Zigaretten-, Alkohol- oder Kerzenspenden sind immer willkommen.

In Santiago Atitlán ist Maximón eine in bunte Seidenschals gehüllte Holzfigur, die eine fette Zigarre pafft. Die Einheimischen bewachen und verehren ihn, singen für ihn und verwalten die Opfergaben, die ihm dargebracht werden (inklusive des Eintritts in Höhe von 10 Q). Seine Lieblingsgeschenke sind Payaso-Zigaretten und Venado-Rum, oft aber muss er sich mit dem billigeren Feuerwasser Quetzalteca Especial zufriedengeben. Früchte und grelle, blinkende elektrische Lichter schmücken seine Kammer; Statuen von Jesus Christus und christlichen Heiligen liegen oder stehen zu beiden Seiten Maximóns und seiner Bewacher. Im äußeren Hof brennen manchmal Feuer, wenn ihm Opfergaben dargebracht werden.

In Nahualá, zwischen Los Encuentros und Quetzaltenango, steht eine Maximón-Figur à la Picasso: eine einfache Holzkiste, aus der Zigaretten herausragen. Der Figur werden dieselben Opfergaben dargebracht und sie wird um denselben Segen gebeten. In Zunil in der Nähe von Quetzaltenango heißt die Gottheit San Simón, ähnelt in Bräuchen und Gestalt aber dem Maximón in Santiago.

San Jorge La Laguna am Lago de Atitlán ist für die Hochland-Mayas ein sehr spiritueller Ort, an dem sie Rilaj Maam Ehre erweisen. Es ist möglich, dass die allererste Statue hier ganz in der Nähe gefertigt wurde; sie wurde aus dem Baum *palo de pito* geschnitzt, der zu den antiken Schamanen sprach und ihnen befahl, ihre Kultur, Sprache und Traditionen zu erhalten, indem sie Rilaj Maam schnitzten (das Rauchen der *palo de pito*-Blume hat halluzinative Wirkung). Die Statue in San Jorge sieht aus wie ein Possenreißer mit absurd langer Zunge.

In San Andrés Itzapa in der Nähe von Antigua hat Rilaj Maam ein dauerhaftes Zuhause; er wird am 28. Oktober aus seinem Zuhause geholt und im Rahmen eines unvergleichlich heidnischen Festivals in einer Parade durch die Straßen getragen. Das hedonistische Fest dauert die ganze Nacht, Tänzer ergreifen den Stab von Rilaj Maam, um seine Kraft nutzen zu können und magische Visionen zu erhalten. San Andrés liegt keine 10 km südlich von Chimaltenango entfernt, sodass man das Fest ganz leicht von Antigua aus besuchen kann.

Mini Hotel Riva Bella BUNGALOWS $
(☎7762-1348; Calle Principal 2-21; EZ/DZ 130/180 Q) Die properen 2-Zimmer-Bungalows liegen schön in einem parkähnlichen Gelände voller Kaffeepflanzen, nicht weit von der verpesteten Hauptstraße. Saubere und moderne Zimmer mit riesigen Bädern.

Hotel Tzutujil HOTEL $
(☎7762-0102; www.panajachel.com/tzutujil.htm; Calle Rancho Grande; EZ/DZ 75/125 Q) Liegt am Ende einer schmalen Gasse durch Maisfelder. Das Tzutujil ist ein freistehendes Haus mit Balkonen, Bogenfenstern und einer Wendeltreppe, die zu einer Dachterrasse führt. Abzüge gibt's für die kastenartigen Zimmer mit Budgetstandard: ungemütliche Betten und nicht sehr vertrauenswürdige Duschen hinter einem Raumteiler.

Hotel Posada Viñas del Lago HOTEL $
(☎7762-0389; Playa Pública; EZ/DZ/3BZ 75/125/175 Q; WLAN) Das nur wenige Schritte vom Seeufer entfernte, bunt gestrichene Hotel hat einfache Zimmer mit großartiger Aussicht (die besten sind Nr. 21–23).

Casa Loma HOTEL $
(☎7762-1447; Calle Rancho Grande; EZ/DZ 75/150 Q, ohne Bad 50/100 Q; WLAN) Einfache, holzgetäfelte Zimmer und eine hübsche Rasenfläche zum Entspannen.

Hotel Montana HOTEL $$
(☎7762-0326; Callejón Don Tino; EZ/DZ 150/250 Q) Das Montana liegt an einer Gasse nahe der Kirche und ist ein altmodisches Hotel mit wundervollen Balkonen voller Pflanzen. Die Zimmer im oberen Stock bieten durch die großen Fenster tolle Ausblicke auf die Berge.

Hospedaje Sueño Real HOTEL $$
(☎7762-0608; suenorealhotel@hotmail.com; Calle Ramos; EZ/DZ 150/225 Q; @WLAN) Das Sueño Real ist besser als die meisten anderen Budgetunterkünfte an dieser Gasse; es bietet fröhlich gestaltete, jedoch beengte Zimmer mit TV und Ventilator. Am besten sind die 3-Bett-Zimmer oben, die sich auf eine mit Pflanzen geschmückte Terrasse mit Seeblick öffnen.

Hotel Utz Rajil HOTEL $$
(☎7762-0303; gguated@yahoo.com; Calle 14 de Febrero; EZ/DZ/3BZ 125/200/275 Q) Das Utz Rajil (Cakchiquel für „guter Deal") ist ein modernes, dreistöckiges Hotel mit großen, gepflegten Zimmern, gutem Mobiliar sowie kühlen Balkonen, von denen sich das Treiben auf der Straße beobachten lässt. Nach 6 Uhr morgens ist es hier allerdings mit dem Schlaf vorbei.

Essen

Am günstigsten isst man am Strand und an der Mündung des Río San Francisco. In Hütten am Ufer wird spottbilliges Essen serviert, Gleiches gilt für die Stände rund um den Parkplatz. Auf der anderen Straßenseite kann man sich in einem der vielen kleinen Restaurants den Bauch für 30 Q vollschlagen, das Essen wird hier fast überall mit einem unbezahlbaren Blick auf den See garniert. Auf der Calle Santander reihen sich nachmittags und abends außerdem zahlreiche Taco- und Brathähnchenstände aneinander. Man kann es z. B. am trefflich benannten Humo en Tus Ojos (Rauch in Deinen Augen) versuchen, das zuletzt an der Kreuzung Calle Principal und Calle Santander gesichtet wurde; hier speist auch die Polizei.

Lebensmittel kann man im **Despensa Familiar** (Calle El Amate) am Nordende der Calle El Amate kaufen.

Wer etwas Günstiges mit Aussicht sucht, kann es in den Touristenrestaurants versuchen, die das Ostende der Calle del Lago einnehmen: z. B. im **Restaurante Taly** (Calle del Lago), **Restaurante Catamarán** oder **Restaurante Chichoy**, die alle eine Terrasse am See haben. Alle Strandrestaurants servieren Meeresfrüchte und *caldo de mariscos* (Meeresfrüchteeintopf), obwohl seit der Bakterienpest Ende 2009 kein Seefisch mehr serviert wurde.

Deli Llama de Fuego NATURKOST $
(☎7762-2586; Calle Santander; Speisen 25–45 Q; ⏲Do–Di 7–22 Uhr) In diesem Mekka für Freunde des gesunden Essens dreht sich alles um einen Afrikanischen Tulpenbaum *(llama de fuego)*.

Fuentes de Vida GUATEMALTEKISCH $
(Mittagessen 15 Q) Dies ist der größte einer Reihe von Essensständen hinter dem Marktgebäude, in der Nähe der Schweinefleischstände in einem bunten, von großen Bäumen umgebenen Hof. Es werden täglich ein halbes Dutzend Menüs geboten, allesamt mit Bohnen, Tortillas und einer feurigen Salsa aus getrockneten roten Chilis.

Deli Jasmín NATURKOST $
(☎7762-2585; Calle Santander; Speisen 25–45 Q; ⏲Mi–Mo 7–18 Uhr) Das friedliche Gartenrestaurant serviert eine Reihe gesunder Ge-

richte und Getränke zu den Klängen klassischer Musik. Frühstück gibt's den ganzen Tag. Man kann Vollkorn- oder Pitabrot mit Hummus oder Mangochutney zum Mitnehmen kaufen.

Guajimbo's STEAKHAUS **$$**
(Calle Santander; Hauptgerichte 50–90 Q; ⌚7.30–23 Uhr) Der uruguayische Grill ist eines der besten Restaurants in Pana. Auf den Tisch kommen großzügige Fleischportionen mit Gemüse, Salat, Knoblauchbrot und Reis oder Kartoffeln – hungrig geht niemand raus. Vegetarische Optionen, preiswertes Frühstück und Kaffee bis zum Abwinken gibt's auch.

El Patio GUATEMALTEKISCH **$$**
(☎7762-2041; Plaza Los Patios, Calle Santander; Hauptgerichte 35–65 Q; ⌚7–22.30 Uhr) Die Einheimischen kommen gern zum Mittagessen her. Wenn möglich, sollte man das El Patio montags besuchen und die *caldo de res* (Brühe mit großen Fleischstücken und Gemüse) probieren, das mit allem Drum und Dran serviert wird.

Café Bombay VEGETARISCH **$$**
(☎7762-0611; Calle Santander; Hauptgerichte 45 Q; ⌚Mi–Mo 11–22 Uhr; 🖉) Das gemütliche Lokal gibt sich international und serviert kreative vegetarische Gerichte aus 14 Ländern: Hier gibt's alles, von Spinatlasagne bis zu Miso und Currys und sogar einer vegetarischen Version des guatemaltekischen Klassikers *pepián* (serviert mit Gemüse, Reis und *chuchito*).

Restaurante Casablanca EUROPÄISCH **$$**
(☎7762-1015; Calle Principal; Hauptgerichte 55–96 Q; ⌚11–23 Uhr) Am Ende der Calle Santander ist das Casablanca leicht an dem Wandgemälde zu erkennen – das vom deutschen Honorarkonsul geführte Restaurant serviert Fondues, Steaks und Pasta. Sowohl oben als auch unten gibt es luftige Speiseräume und dazu eine ausgezeichnete Bar.

Atlantis SANDWICHES **$$**
(Calle Principal; Hauptgerichte 40–60 Q; ⌚7.30–24 Uhr; 📶) Die Café-Bar serviert ausgezeichnete belegte Baguettes (35 Q) und eher herzhafte Gerichte. Der Garten hinten ist an einem milden Abend ein wunderbarer Ort.

Ristorante La Lanterna ITALIENISCH **$$**
(Calle Santander 4-72; Hauptgerichte 80 Q; ⌚7–15 & 18–22 Uhr) Das italienische Restaurant im Hotel Dos Mundos macht seine Pasta selbst und hat eine eindrucksvolle Auswahl an Weinen aus dem Mutterland auf Lager. Das benachbarte Café zaubert aus erstklassigen guatemaltekischen Bohnen einen super Espresso. Und wer hier isst, darf auch den Pool des Hotels nutzen.

Chez Alex EUROPÄISCH **$$$**
(☎7762-2052; www.primaveraatitlan.com; Calle Santander, Hotel Primavera; Hauptgerichte 100–200 Q; ⌚mittags & abends) Hier kommt mit die beste Küche Panas auf den Tisch, mit jeder Menge europäischem Einschlag. Wer möchte, kann seine Mahlzeit (z. B. Muscheln in Weißweinsauce oder Lammkarree) mit einer kubanischen Zigarre krönen.

Ausgehen & Unterhaltung

Crossroads Café CAFÉ
(☎5292-8439; www.crossroadscafepana.com; Calle del Campanario 0-27; ⌚Di–Sa 9–13 & 14.30–18 Uhr) Der aus der Gegend der San Francisco Bay stammende Mike Roberts hat Panajachel zu einem wichtigen Mekka für Kaffeegourmets gemacht. Wenn er nicht gerade Bohnen röstet oder in seinem winzigen Café in Zentrumsnähe die Cimbali in Schwung hält, durchkämmt er das Hochland auf der Suche nach kleinen Kaffeeproduzenten, die er in sein Angebot aufnehmen kann, das z. B. den aromatischen Kaffee von den Hängen des Vulkans San Pedro umfasst.

Sunset Café BAR
(Ecke Calle Santander & del Lago) Das Open-Air-Lokal am Ende der Calle Santander ist der beste Ort, um die phänomenalen Sonnenuntergänge über den Vulkanen zu genießen. In der Hauptreisezeit gibt's allabendlich Livemusik.

Pana Rock Café LIVEMUSIK
(☎7762-2194; panarockcafe.com; Calle Santander) In dieser munteren kleinen Kneipe spielen jeden Abend ab 21 Uhr Bands. Besonders beliebt bei jungen Leuten aus Guatemala-Stadt, die sich mit einem *cubetazo* (Eimer Bier) oder auch zweien hier für den Abend niederlassen.

Circus Bar LIVEMUSIK
(☎7762-2056; Av Los Árboles; ⌚12–24 Uhr) Hinter den Saloon-Schwingtüren überrascht die Circus Bar mit Varieté-Atmosphäre. Jeden Abend gibt's von 20.30 bis 23 Uhr Livemusik. Flamenco, Folk oder Marimbas passen bestens zum gemütlichen Ambiente, genauso wie die große Auswahl an importierten Spirituosen, 10-Q-Cocktails und guter Pizza.

Salomon's Porch CLUB
(☎7762-6032; www.porchdesalomon.org; Centro Comercial El Dorado, Calle Principal; ⌚Di–Sa 12–22 Uhr; 📶) Salomon's Porch, ein Café in einem Einkaufszentrum, bietet Verschiedenstes von Billard über Filme bis zu Livemusik, oft mit Künstlern aus dem Ausland. Und sonntags um 16 Uhr findet ein Gebetstreffen mit kostenlosem Kaffee statt.

Chapiteau CLUB
(Av Los Árboles; Eintritt ab 20 Q) Wer seine Zappelbeine dabei hat, kann sich in diese mit Stroboskoplicht erleuchtete Disko-Bar im Herzen von Panas Zona Viva aufmachen, in der sich das Nachtleben abspielt.

El Aleph DJS
(Av Los Árboles) DJs halten die Massen mit einer Mischung aus Reggaetón, Merengue, Elektronika und Salsa am Kochen. Bier ist pro Eimer am billigsten.

Shoppen

Die Läden und Stände in der Calle Santander haben mit die günstigsten Souvenirs im ganzen Land. Auch unabhängige Händler und Kunsthandwerker stellen hier Tische auf oder legen Decken aus, besonders am Wochenende. Sie gehen außerdem am Strand und am Ende der Calle Rancho Grande ihren Geschäften nach.

Comerciales de Artesanías Típicas Tinamit Maya KUNSTHANDWERK
(⌚7–19 Uhr) Einer der größten Kunsthandwerkermärkte in Guatemala. Die Stände verkaufen traditionelle Kleidung, Jade, Lederwaren, Holzschnitzereien u. v. m. Wer Geduld beweist und feilscht, kann richtige Schnäppchen machen.

Oxlajuj B'atz' KUNSTHANDWERK
(Thirteen Threads; www.thirteenthreads.org; Calle 14 de Febrero) Dieser Fair-Trade-Laden unterstützt eine Initiative zur Stärkung der Frauen und verkauft auf natürliche Weise gefärbte Teppiche, Handtaschen, handgewebte Artikel und Perlenschmuck.

La Señora de Cancuén BEKLEIDUNG
(☎7762-2602; Calle Santander) Zeigt die innovative Kleidung der guatemaltekischen Designerin Ana Kayax; die Kleidung wird von einer Kooperative indigener Weberinnen hergestellt.

The Book Store BÜCHER
(Centro Comercial El Patio, Calle Santander) Von einem belesenen Gringo geführter Laden mit vielseitiger Auswahl an Belletristik und Sachbüchern. Mit Leihbücherei.

Praktische Informationen

GELD

Die folgenden Banken haben Geldautomaten für Visa-/MasterCard.

Banco de América Central (Centro Comercial San Rafael, Calle Santander; ⌚Mo–Fr 9–17, Sa 9–13 Uhr) Barauszahlungen auf Visa, American Express und MasterCard, Wechsel von US-Dollar.

Banco Industrial (Comercial Los Pinos, Calle Santander; ⌚Mo–Fr 9–16, Sa 9–13 Uhr)

MEDIZINISCHE VERSORGUNG

Das nächste Krankenhaus ist in Sololá.

Pana Medic (☎4892-3499; drzulmashalom@hotmail.com; Calle Principal 0-72) Von einem Englisch sprechenden Arzt geleitete Klinik.

NOTFALL

Proatur (Programa Asistencia al Turista; ☎5874-9450; proatur.solola@gmail.com; Calle Rancho Grande; ⌚9–17 Uhr)

POST

Postamt (Ecke Calle Santander & Calle 15 de Febrero) Etwa 200 m vom See.

Get Guated Out (☎Tel./Fax 7762-0595; gguated@yahoo.com; Comercial El Pueblito, Av Los Árboles) Englischsprachige Firma, die wichtige Briefe und Pakete per Luftfracht oder internationalem Kurier verschicken kann.

TOURISTENINFORMATION

Inguat (☎2421-2953; info-pana@inguat.gob.gt; Calle Principal 0-87; ⌚Di–Sa 9–13 & 14–19 Uhr) Diese Touristeninformation befindet sich an der verstopften Kreuzung von Calle Principal und Avenida Los Árboles. Der Englisch sprechende Direktor ist eine sehr gute Informationsquelle.

An- & Weiterreise

BUS

Die wichtigste **Bushaltestelle** der Stadt liegt an der Kreuzung von Calle Santander und Calle Real, gegenüber der Banco Agromercantil. Rébuli-Busse fahren vor dem Rébuli-Büro in der Calle Real ab. Für die meisten weiter entfernten Ziele ist es ratsam, einen der vielen Busse nach Los Encuentros zu nehmen und sich dort nach einem Anschlussbus umzuschauen. Nach **Santa Catarina Palopó** fährt man von der Ecke Calle Principal/Calle El Amate per Pick-up (3 Q, 20 Min.).

Die meisten Busse, die von Panajachel fahren, sind „Hühnerbusse", lediglich täglich um 11 Uhr fährt ein Pullman-Bus nach Antigua (45 Q, 2½ Std.) und weiter nach Guatemala-Stadt.

BUSSE AB PANAJACHEL

ZIEL	PREIS (Q)	DAUER	ABFAHRT	FREQUENZ
Chichicastenango	20	1½ Std.	7–15 Uhr	5-mal tgl.
Cocales	15	2½ Std.	6.30–17 Uhr	4-mal tgl.
Guatemala-Stadt	35	3½ Std.	5–13 Uhr	6-mal tgl.
Los Encuentros	6	35 Min.	6–19 Uhr	häufig
Quetzaltenango	25	2½ Std.	7–14 Uhr	3-mal tgl.
Sololá	3	15 Min.	6–19 Uhr	häufig

SCHIFF/FÄHRE

Passagierboote nach Santiago Atitlán (35 Min.) fahren an der Playa Pública (öffentlicher Strand) am Anfang der Calle Rancho Grande ab. Alle anderen legen am **Embarcadero Tzanjuyú** am Anfang der Calle del Embarcadero ab. Häufig fahren überdachte *lanchas* (kleine Motorboote) gegen den Uhrzeigersinn um den See nach San Pedro La Laguna, entweder direkt oder mit Stopps in Santa Cruz La Laguna (15 Min.), Jaibalito, Tzununá, San Marcos La Laguna (30 Min.), San Juan La Laguna und San Pedro La Laguna (45 Min.). Das letzte Boot legt gegen 19.30 Uhr ab. Nach San Lucas Tolimán fahren zwischen 8.30 und 17.30 Uhr täglich fünf Boote.

Eine einfache Fahrt nach San Pedro, Santiago oder San Lucas kostet 25 Q (Einheimische zahlen etwas weniger). *Lanchas* können an der Playa Pública oder am Embarcadero Tzanjuyú auch gemietet werden: Die Fahrt nach San Pedro La Laguna kostet dann rund 400 Q.

SHUTTLE-MINIBUS

Touristen-Shuttlebusse sind doppelt so schnell wie Busse am Ziel, kosten aber ein Vielfaches. Man kann sie in jedem Reisebüro in der Calle Santander buchen. Der Kiosk von **Microbuses y Taxis San Francisco** (☎7762-0556; Calle Principal) verkauft auch Fahrkarten für Shuttlebusse. Einige Ziele und Preise: Antigua (120 Q), Chichicastenango (55 Q), Guatemala-Stadt (200 Q), San Cristóbal de las Casas, Mexiko (275 Q), Quetzaltenango (200 Q).

Santiago Atitlán

50 500 EW. / 1606 M

Von Panajachel aus quer über den See liegt an dessen Südseite Santiago Atitlán, das meist nur kurz Santiago genannt wird. Eingerahmt wird es von den Vulkanen Tolimán und San Pedro und dem Ufer einer Lagune. Es ist das Dorf am See, in dem sich das einheimische Flair am stärksten erhalten hat, und zudem das Zuhause von Maximón (mah-schie-mohn; s. S. 133), der in der Semana Santa durch die Straßen getragen wird – ein guter Grund, um dem Ort an Ostern einen Besuch abzustatten. Für den Rest des Jahres wohnt Maximón bei einem „Wächter" und nimmt Opfergaben entgegen. Er wechselt alljährlich sein Zuhause, das aber sehr leicht zu finden ist, wenn man sich durchfragt. Wem das zu anstrengend ist: Kleine Kinder verraten Besuchern für ein kleines Trinkgeld, wo er ist.

Santiago lockt zwar nach Panajachel die meisten Besucher an, nichtsdestotrotz hält das Dorf sehr stark an der traditionellen Lebensweise und Kleidung der Tz'utujil-Mayas fest. Am besten besucht man es an einem Freitag oder Sonntag, den beiden wichtigsten Markttagen; es hat aber auch an allen anderen Tagen seinen Reiz.

Von einer Wanderung nach San Pedro La Laguna wird abgeraten, sofern sich die Sicherheitslage nicht verbessert hat; zum Zeitpunkt der Recherchen bestand auf der Route ein recht hohes Risiko, Opfer eines Überfalls zu werden.

Sehenswertes

Iglesia Parroquial Santiago Apóstol KIRCHE
Am Ende des Hangs befindet sich der Hauptplatz des Dorfes, der von einem Gemeindebüro und einer riesigen, jahrhundertealten Kirche flankiert wird. Im Inneren des Gotteshauses stehen Heiligenstatuen aus Holz, denen jedes Jahr neue, handgemachte Kleider angelegt werden.

An der mit Schnitzereien verzierten Kanzel sind Darstellungen von Maiskolben zu sehen, ein belesener Quetzal und Yum Kax, der Maya-Gott des Mais (dem Maya-Glauben zufolge ist der Mensch aus Mais geformt worden). Ähnliches Schnitzwerk befindet sich auf der Rückseite des priesterlichen Stuhls.

Eine Gedenktafel im hinteren Bereich erinnert an Vater Stanley Francis Rother, einen von den Einwohnern des Ortes geliebten Missionar und Priester aus Oklahoma, der 1981 von einem ultrarechten Todeskommando in der Kirche getötet wurde.

ABSTECHER

DÖRFER & RUINEN UM PANAJACHEL

Sololá

Neun steile Kilometer führen von Panajachel zu Sololás **Markt** (Dienstag, Freitag und Sonntag), der eher von Einheimischen als von Touristen besucht wird – auch deswegen ist er einer der besten Märkte des Hochlands. Die Plaza neben der Kathedrale erblüht in einem Farbenmeer aus bunten Trachten. Menschen aus den umliegenden Dörfern belagern die Stände und jeder verfügbare Zentimeter wird genutzt, um Fleisch, Gemüse, Obst, Haushaltswaren und Kleidung feilzubieten.

Jeden Sonntagmorgen zieht die religiöse Maya-Bruderschaft der *cofradías* feierlich zur Kathedrale, um ihre Andacht abzuhalten. An allen anderen Tagen schläft Sololá.

Santa Catarina Palopó

Vier kurvige Kilometer östlich von Panajachel liegt Santa Catarina Palopó. Hier führen schmale Pflasterstraßen an Lehmhäusern mit Stroh- oder Wellblechdächern vorbei, sodass die leuchtend weiße Kirche sofort die Aufmerksamkeit auf sich zieht. Recht interessant ist die Vorstellung, dass einst alle Dörfer am Seeufer so ausgesehen haben müssen. Wer Gefallen an dem Ort gefunden hat und länger bleiben will, kann sich in einfachen, günstigen Unterkünften einquartieren oder zum Essen bleiben. Die meisten Besucher verbringen aber nur einen Tag hier, oft auf der Suche nach einer der leuchtend indigoblauen *huipiles* (lange bestickte Tunika), die man rund um den Lago de Atitlán sieht.

San Antonio Palopó

An Santa Catarina vorbei, erreicht man nach 5 km San Antonio Palopó, ein größeres, aber ganz ähnliches Dorf, in dem Männer und Frauen in traditionellen Gewändern ihre Terrassenfelder bestellen und am Seeufer bergeweise Frühlingszwiebeln putzen. Das **Hotel Terrazas del Lago** (☎7762-0157; www.hotelterrazasdellago.com; EZ/DZ/3BZ 180/240/310 Q; 📶) ist ein attraktives Hotel mit großartigem Ausblick.

Iximché

Abseits der Interamericana befinden sich nahe der kleinen Stadt Tecpán die Ruinen von **Iximché** (Eintritt 50 Q; ⏲8–16.30 Uhr), der Hauptstadt der Cakchiquel-Mayas. Iximché, das Ende des 15. Jh. auf einem durch Klippen geschützten flachen Felsvorsprung gegründet wurde, ließ sich leicht gegen die feindlichen Quiché-Mayas verteidigen. Gegen die Spanier hatten sie weniger Fortune.

Rechts neben dem Eingang zur archäologischen Stätte kann man erst das Museum besuchen (Mo geschl.), bevor man sich dann den vier zeremoniellen Plätzen zuwendet, die von bis zu 10 m hohen Tempelbauten und Ballspielplätzen umgeben sind. Einige Bauten wurden freigelegt; auf manchen sieht man noch den originalen Gipsverputz.

Busse, die auf der Interamericana fahren, setzen Passagiere an der Ausfahrt nach Tecpán ab; von dort muss man ins Ortszentrum von Tecpán etwa 1 km zu Fuß zurücklegen (mit etwas Glück erwischt man einen Stadtbus). „Ruinas"-Microbusse zur Stätte (2,50 Q, 10 Min.) fahren einmal stündlich am Hauptplatz ab.

Parque de Paz DENKMAL

(Friedenspark) Santiago war das erste Dorf des Landes, das während des Bürgerkriegs die Armee erfolgreich vertrieb; zuvor waren am 2. Dezember 1990 bei einem berüchtigten Massaker 13 Dorfbewohner getötet worden. Der Ort des Massakers, an dem sich einst das Lager der Truppen befand, ist heute der Parque de Paz (Friedenspark); er befindet sich 500 m hinter der Posada de Santiago.

Cojolya Association of Maya Women Weavers MUSEUM

(☎7721-7268; www.cojolya.org; Comercial Las Máscaras, 2. OG, Calle Real; Spende erwünscht; ⏲Mo–Fr 9–17, Sa 9–13 Uhr) GRATIS Das kleine Museum widmet sich der Kunst des Webens am Bandwebstuhl. Die interessante Ausstellung zeigt die Geschichte und den Prozess vom Spinnen der Baumwollfäden bis zum fertigen Stoff. Täglich wird die spezielle Webmethode vorgeführt und es gibt einen kleinen Laden.

Aktivitäten

Rund um Santiago stehen verschiedene lohnende **Tageswanderungen** zur Auswahl. Leider ist es angesichts der Sicherheitslage höchst ratsam, sich immer einem Guide anzuschließen – einfach im Hotel nach einem zuverlässigen Führer fragen. Man kann die drei **Vulkane** der Umgebung, den **Mirador de Tepepul** (Aussichtspunkt) 4 km südlich von Santiago und den **Cerro de Oro** etwa 8 km nordöstlich besteigen. Führer für all diese Wanderungen kosten etwa 400 Q für zwei bis fünf Personen.

Geführte Touren

Asotur TOUR
(Asociación guías de Turismo 'Aj tz'ikin jaay'; 5160-9805; asotur@hotmail.es; Playa Pública; Mo–Sa 8–17 Uhr) Diese Vereinigung von einheimischen, von Inguat autorisierten Guides bietet eine Reihe faszinierender Touren in und um Santiago Atitlán.

Cojolya Association of Maya Women Weavers KULTURTOUR
(7721-7268; www.cojolya.org) Hier kann man sich einer „Triff die Weberinnen"-Tour (50 Q, auf Spanisch) anschließen. Dabei werden drei traditionelle Wohnhäuser besucht, wo die Frauen u. a. die *jaspe*-Technik demonstrieren, eine Form japanischer Schnurbatik, die Guatemala über indirekte Kontakte mit den pazifischen Handelsrouten der Spanier erreichte.

Dolores Ratzan Pablo KULTURTOUR
(5730-4570; dolores_ratzan@yahoo.com) Diese Englisch sprechende Tz'utujil-Frau führt Besucher in die Wunder der Geburtshilfe und Heilung nach Maya-Art ein, erläutert in der Kirche und bei den *cofradías* Beispiele des Synkretismus aus Maya-Kult und Katholizismus und beschreibt die Vorfälle, die 1990 zum Massaker im heutigen Friedenspark führten. Die Touren dauern in der Regel zwei Stunden und kosten 235 Q pro Person.

Schlafen & Essen

Oberhalb des Marktes neben der Plaza bieten jede Menge *comedores* billiges Essen.

Hotel Ratzán HOTEL $
(7721-7840; www.hotelyposadaratzan.blogspot.nl; Calle a la Playa Pública; EZ/DZ 100/150 Q) Santiagos beste Budgetunterkunft ist ein recht neues Etablissement in Zentrumsnähe mit hübschen Balkendecken und großen, modernen Bädern. Nur Zimmer 4 und 5 haben Außenfenster, da das Hotel aber nicht weit von der gigantischen neuen evangelikalen Kirche mit ihren allabendlichen lauten Gottesdiensten entfernt liegt, ist das vielleicht ganz gut.

Hotel La Estrella HOTEL $$
(7721-7814; www.hotel-laestrella.blogspot.com; Calle Campo; EZ/DZ 150/250 Q;) Dieser Neuling liegt einen kurzen Spaziergang nördlich des Fähranlegers an der Straße nach San Lucas und wartet mit modernen, komfortablen Zimmern mit hübschen Holzdecken und in der Gegend gewebten Bettdecken auf. Zimmer 13 neben der Dachterrasse macht am meisten aus der Lage des Hotels am See und bietet einen direkten Blick über die Bucht auf den Vulkan San Pedro.

Posada de Santiago LODGE $$
(7721-7366; www.posadadesantiago.com; EZ/DZ 235/400 Q, Häuschen EZ/DZ/3BZ 475/600/675 Q, Suite ab 755 Q; @) Die altbewährte *posada* hält gekonnt die Balance zwischen rustikalem Charme und Luxus – ein schönes Refugium. Sieben Häuschen und drei Suiten verteilen sich rund um die Gärten, die sich vom See bis ans Haus erstrecken. Die günstigeren Zimmer befinden sich in einem zweistöckigen Gebäude. Das Restaurant serviert leckere, authentische Kost. Die *posada* liegt 1,5 km vom Anleger entfernt. Man kann sich ein Tuk-Tuk (5 Q) nehmen oder eine *lancha* (70 Q) rüber zum Hotelanleger chartern.

Restaurant El Gran Sol GUATEMALTEKISCH $
(7721-7157; Hauptgerichte 55 Q; 7.30–19.30 Uhr) Zwei Blocks vom Anleger entfernt liegt linker Hand das familiengeführte Haus, das eine gute Alternative fürs Frühstück, Mittagessen oder einen Snack zwischendurch ist. Es hat eine schicke Küche und eine hübsche Terrasse mit Strohdach. Die aus Mexiko stammende Besitzerin liebt das Kochen – man kann sie fragen, ob sie eine ihrer Spezialitäten zaubern will.

Praktische Informationen

Unter www.santiagoatitlan.com (auf English) finden sich zahlreiche faszinierende Informationen zu Santiago.

Die **Banrural** (Mo–Fr 8.30–17, Sa 9–13 Uhr) einen Block südlich des Platzes hat einen Cajero-5B-Geldautomaten.

An- & Weiterreise

Stündlich verkehren Boote nach San Pedro La Laguna (20 Q, 30 Min.). Pick-ups nach Cerro de Oro und San Lucas Tolimán fahren vor dem Markt ab. Busse nach Guatemala-Stadt (40 Q,

3½ Std.) fahren zwischen 3 und 6 Uhr jede halbe Stunde, dann bis 15 Uhr jede Stunde vom Hauptplatz.

San Pedro La Laguna

11 500 EW.

Am Ende kommt es doch nur darauf an, was man sucht – dank des Preiskriegs zwischen den konkurrierenden Unternehmen gehört San Pedro zu den günstigsten Dörfern am Seeufer. Die wunderschöne Lage zieht auch Besucher an, die sich hier für einige Tage einquartieren und auf der Suche nach – in beliebiger Reihenfolge – feucht-fröhlichen Abenden, Feuerwirbel, afrikanischen Trommeln, Spanischkursen, Vulkanwanderungen und Hängematten sind.

Während all dies am Seeufer zu finden ist, folgt San Pedros Viertel auf dem Hügel eher einem traditionelleren Rhythmus. In ihre Trachten gehüllt, versammeln sich vorwiegend indigene *pedranos* (wie die Einwohner genannt werden) rund um den Marktplatz. An den Hängen des Vulkans kann man dabei zuschauen, wie Kaffee geerntet und zu Beginn der Trockenzeit auf weiten Flächen zum Trocknen ausgebreitet wird.

Aktivitäten

Unweit des Pana-Docks – hier rechts abbiegen – kann man sich für 15 Q pro Stunde ein Kajak ausleihen. Hatha-Yoga-Kurse (30 Q) finden montags und samstags um 9 Uhr in einem kreisrunden Garten neben dem Pfad unterhalb der Buddha Bar statt.

Schwimmen & Spas

Nachdem man den Sonnenuntergang bestaunt hat, gehört es zu den besten Attraktionen der Stadt, in den sonnenbeheizten **Solar Pools** (7a Av 2-22) zu baden; man erreicht sie über den kleinen Pfad neben der Buddha Bar. Am besten vorab buchen, damit das Becken schon vorgeheizt ist, wenn man kommt.

Wenn der See es inzwischen nicht geschluckt hat, kann man auch im **La Piscina** (Erw./Kind 20/10 Q; Di–So 11 Uhr–Sonnenuntergang; WLAN) planschen gehen. In dem 50 m vom Santiago-Anleger entfernten Schwimmbad trifft sich alle Welt rund um einen Pool. An den Wochenenden herrscht der meiste Betrieb, dann gibt es auch Barbecues und Boccia-Spiele.

Wandern

Der über der Stadt thronende Volcán San Pedro (3020 m) schreit beinahe danach, von jedem erklommen zu werden, der ein bisschen Energie und Abenteuerlust in sich spürt. Der Vulkan liegt seit Kurzem in einem Naturpark, der mit dem Ziel eingerichtet wurde, die Umweltschäden durch Wanderer zu verringern und die bis dahin nicht besonders rosige Sicherheitslage zu verbessern. **Excursion Big Foot** (☎7721-8203; 7a Av, Zona 2) gilt als sehr zuverlässiger Anbieter geführter Wanderungen; die Touren beginnen um 3 Uhr morgens, sofern mindestens sechs Personen am Start sind (je 100 Q). Am Panajachel-Anleger links halten; der Veranstalter findet sich nach 50 m an der ersten Kreuzung.

Eine weitere beliebte Wanderung führt zu einem Hügel westlich des Ortes, der **Indionase** genannt wird – seine Umrisse ähneln dem Profil eines antiken Maya-Würdenträgers. **Asoantur** (☎4379-4545; asoantur21@gmail.com; 7–19 Uhr), eine Vereinigung aus 25 Tz'utujil-Führern aus der örtlichen Gemeinde, wandert für 100 Q pro Person dort hinauf mit (Mindestteilnehmerzahl 2 Pers.). Sie bietet zudem kulturelle Touren durch San Pedro und nahe gelegene Kaffeeplantagen, Reittouren und einen Kajak-, Fahrrad- und Motorradverleih an. Das Büro befindet sich in einer Hütte an der Gasse, die zum Pana-Anleger führt.

Verschiedene **Wanderungen** zwischen San Pedro und den benachbarten Dörfern eignen sich wunderbar für herrliche Tagesausflüge, auch wenn bewaffnete Überfälle auf den einsamen Straßen zwischen den einzelnen Dörfern leider keine Seltenheit sind. Man kann Richtung Westen nach San Juan La Laguna (30 Min.), San Pablo La Laguna (1½ Std.), San Marcos La Laguna (3 Std.), Jaibalito (5 Std.) und schließlich Santa Cruz (ganzer Tag) wandern. In den drei letztgenannten Ortschaften kann man sich bis 15 Uhr ganz leicht eine *lancha* heranwinken, die einen zurück nach San Pedro bringt.

Kurse

Der Standardpreis für vier Stunden Spanisch-Einzelunterricht an fünf Tagen pro Woche beträgt rund 800 Q. Die Unterkunft bei einer Familie vor Ort kostet normalerweise 600 Q; man bekommt täglich außer sonntags drei Mahlzeiten. Die Schulen können aber auch andere Übernachtungsmöglichkeiten arrangieren.

Cooperativa Spanish School SPRACHKURSE
(☎5398-6448; www.cooperativeschoolsanpedro.com) Die als Kooperative geführte Sprachschule garantiert fairen Lohn für die Leh-

rer; ein Teil der Gewinne geht an bedürftige Familien rund um den See. Zu den außerschulischen Aktivitäten gehören Filmvorführungen, Diskussionsrunden, Salsakurse, Freiwilligenarbeit, Kajakausflüge und Wanderungen. Die Schule ist wärmstens zu empfehlen. Das Büro befindet sich auf halber Strecke auf dem Pfad zwischen den beiden Anlegern.

Corazón Maya SPRACHKURSE
(☎7721-8160; www.corazonmaya.com) Alteingesessene, von einer Familie geführte Schule in wundervoller Seelage mit Aktivitäten wie Kajakfahren, Besuchen bei Künstlern und Konferenzen zu guatemaltekischer Geschichte und Wirtschaft. Die Unterbringung erfolgt in Bungalows auf dem Gelände. Vom Santiago-Anleger die erste Straße links.

San Pedro Spanish School SPRACHKURSE
(☎5715-4604; www.sanpedrospanishschool.org; 7a Av 2-20) Gut organisierte Schule an der Straße zwischen den beiden Anlegern, die beständig gute Kritiken erhält. Der Unterricht findet in strohgedeckten Hütten in einem hübschen Garten statt. Die Schule unterstützt Niños del Lago, eine Organisation, die einheimischen Tz'utujil-Kindern Bildung, medizinische Versorgung und Ernährung bietet.

Schlafen

★ Hotel Gran Sueño HOTEL $
(☎7721-8110; 8a Calle 4-40, Zona 2; EZ/DZ 75/125 Q; 📶) Hinter einem mit Pflanzen bewachsenen Eingang führt eine Wendeltreppe in helle Zimmer mit buntem, abstraktem Design und mehr Stil als irgendwo sonst in der Stadt. Zimmer 9 und 11 bieten ein phantastisches Seepanorama. Das Hotel liegt in der Straße hoch vom Pana-Anleger links vom Hotel Mansión del Lago.

Zoola HOSTEL $
(☎5847-4857; B 35 Q, EZ/DZ 100/125 Q, ohne Bad 50/100 Q) „Entspannt" ist die treffende Beschreibung für dieses Haus unter israelischer Leitung – hier kann man nach einer nahöstlichen Schlemmerei im Restaurant nebenan wunderbar abhängen. Über einen langen, urwaldartigen Gehweg gegenüber vom Museo Tz'unun Ya' zu erreichen, bietet das Zoola acht leuchtend bunte Zimmer rund um einen friedlichen Garten. Mindestaufenthalt zwei Nächte.

Hotel Mansión del Lago HOTEL $
(☎7721-8124; www.hotelmansiondellago.com; Ecke 3a Vía & 4a Av, Zona 2; EZ/DZ/3BZ 100/150/225 Q) Das Betonmonstrum befindet sich vom Pana-Anleger aus geradeaus. Die großen Zimmer ziert ein Wolkenmotiv, ihre breiten Balkone blicken auf die Indionase.

Hotel Nahual Maya HOTEL $
(☎7721-8158; 6 Av 8C-12; EZ/DZ 75/100 Q; 📶) Der Wald aus Betonstahl auf dem Dach beeinträchtigt das Thema „Mediterrane Villa" etwas, die Zimmer aber sind blitzsauber und heimelig und haben vorne raus kleine Balkone mit Hängematten.

Hotel Peneleu HOTEL $
(☎7721-8182; 5a Av 2-20, Zona 2; EZ/DZ 30/60 Q, ohne Bad 20/40 Q; 📶) Die beste von vier Budgetunterkünften an einer Nebenstraße: Das Hotel in einem Betonturm bietet gepflegte, wenn auch nur bescheiden ausgestattete Zimmer. Hier dreht sich alles um die Ausblicke – man kann von der wundervollen Dachterrasse auch Drachen steigen lassen. Mit dem freundlichen Eigentümer Don Alberto können Langzeitgäste gern über den Preis verhandeln. Um zum Hotel zu kommen, vom Santiago-Anleger 500 m hoch und dann links gehen oder für den steilen Anstieg ein Tuk-Tuk nehmen.

Hotel Villa Cuba HOTEL $
(☎7959-5044; www.hotelvillacuba.com; Camino a la Finca, Zona 4; EZ/DZ 60/120 Q) Ein großes, modernes Hotel auf einem Anwesen, das bis an den See reicht. Die sieben Zimmer sind gut ausgestattet, man kann hier prima schwimmen und es ist nur eine Tuk-Tuk-Fahrt von der Bar- und Restaurantszene entfernt. Um es zu finden, vom Santiago-Anleger aus in die erste Straße links abbiegen und dann 2 km geradeaus.

Hotel San Antonio HOTEL $
(☎5953-1917; EZ/DZ 80/140 Q; 📶) Orangefarbene Trompetenblumen quellen über die Balkone des San Antonio, der letzten der vielen Unterkünfte östlich des Pana-Anlegers. In den Fluren des gemütlichen dreistöckigen Baus sind jede Menge Hängematten aufgespannt und es gibt eine praktische Gästeküche.

★ Hotel Sak'cari El Amanecer HOTEL $$
(☎7721-8096; www.hotel-sakcari.com; 7a Av 2-12, Zona 2; EZ/DZ ab 125/225 Q; 📶) 🍃 Links hinter der Cooperativa Spanish School gelegen. Im effizient geführten Sak'cari warten saubere, orangefarbene Zimmer mit vielen Regalen und Holzvertäfelungen. Die hinteren Zimmer sind die besten – mit großen Balkonen und Blick auf einen weiten, gepflegten Rasen.

Hotel Mikaso HOTEL $$
(☎7721-8232; www.mikasohotel.com; 4a Callejon A-88; B/DZ/4BZ 75/195/340 Q;) Dieser auffällige Turm, das einzige wirklich teurere Hotel in San Pedro, steht stolz am Seeufer. Die großen, kolonialzeitlich möblierten Zimmer werden von Deckenventilatoren gekühlt und fassen einen Garten ein, in dem es von Paradiesvögeln nur so wimmelt. Das Dachrestaurant mit Bar lockt mit einem phantastischen Blick auf den See.

Essen

Die Preise in San Pedro La Laguna sind generell niedrig. Wer richtig knapp bei Kasse ist, findet auf dem Hügel im Hauptteil der Stadt ein paar *comedores*.

★**Ventana Blue** FUSIONSKÜCHE $
(Hauptgerichte 30–46 Q; ⏲Mi–So 18–21.30 Uhr;) In dem gemütlichen Bistro, das in einer Kurve am Pfad zwischen den Anlegern liegt, gibt es nur vier Tische. Der am See geborene Santos Canel hat eine knappe, aber spannende Speisekarte mit asiatischen und guatemaltekischen Gerichten zusammengestellt. Serviert werden z B. thailändisches Curry oder *kaq-ik* (Hühnchen und Gemüse in feuriger Salsasauce). Das Highlight der sehr kreativen Cocktails ist der Diosa Blue.

Café La Puerta CAFÉ $
(☎4050-0500; 7a Av 2-20; Frühstück 25 Q; ⏲Mo–Sa 7–17 Uhr;) Es ist nicht nur die Lage am Seeufer (gleich unterhalb des Hotel Mikaso), die dieses ansprechende Café zu einem beliebten Ort zum Frühstück oder für Vogelbeobachtungen macht, es sind auch die vielfältigen, ursprünglichen Gerichte. Zum Mittagessen gibt's z. B. mexikanische Burritos, Tacos und Quesadillas.

D'Noz INTERNATIONAL $
(☎7721-8078; 4a Av 8-18; Hauptgerichte 36–45 Q; ⏲Mo–Sa 9–22 Uhr;) Das D'Noz gleich neben dem Pana-Anleger beeindruckt mit einer tollen Terrasse fürs Speisen mit Blick auf den See. Die Karte reist einmal um die Welt und reicht von Tempeh-Fajitas über chinesische Tacos bis zu Tecpán-Würsten. Der Laden ist San Pedros bester Versuch eines Kulturzentrums: Er zeigt kostenlos Filme und hat eine beliebte Bar und eine Leihbücherei.

Hummus-Ya ISRAELISCH $
(Falafel 25 Q; ⏲7.30–21 Uhr) *Sabich* (ein israelisches Sandwich, gefüllt mit hartgekochten Eiern, Hummus und gebratenen Auberginen) ist nur ein Highlight auf der Karte dieses freundlichen Freiluftlokals beim Pana-Anleger in der Nähe des Verbindungspfads. Samstagmorgens gibt's *jachnun,* jemenitische Brötchen, die über Nacht im Backofen lagern.

Shanti Shanti ISRAELISCH $
(8a Calle 3-93; Hauptgerichte 20–25 Q; ⏲7–20 Uhr;) Die terrassenartig angeordneten Sitzgelegenheiten reichen bis zum Seeufer. Hier gibt's prima Hippie-Essen wie Falafel, Currygemüse und herzhafte Suppen.

Ausgehen & Nachtleben

Während viele *pedranos* ihre Abende damit verbringen, bei evangelikalen Gottesdiensten lautstark den Herrn zu preisen, machen Besucher die Party-Kneipen des Orts unsicher.

Café Las Cristalinas CAFÉ
(⏲7–21 Uhr;) In dem strohgedeckten Café auf dem Weg vom Pana-Anleger hoch ins Zentrum gibt's Kaffee von den umliegenden Hängen, der hier vor Ort geröstet wird.

El Barrio KNEIPE
(7a Av 2-07, Zona 2; ⏲17–1 Uhr) Die ungestüme Kneipe am Pfad zwischen den Anlegern lockt mit einer der geschäftigsten Happy Hours der Stadt. Jeder Abend steht unter einem anderen Motto und der Höhepunkt der Woche ist hier der Freitag.

Alegre Pub KNEIPE
(8a Calle 4-10) Das etwas abgewrackte Alegre beim Pana-Anleger ist immer noch die Lieblingskneipe der einheimischen Originale. Im sehr entspannten Dachgarten kann man mit den Einheimischen Billard spielen – nach Tz'tujil-Regeln.

Buddha KNEIPE
(☎4178-7979; 2a Av 2-24; ⏲12–1 Uhr) Das Buddha kann man auf verschiedenen Ebenen genießen: Unten gibt's einen Billardtisch und eine laute Bar mit Dartscheibe und Videos von Rockkonzerten, in der Mitte ein Restaurant, das überzeugende thailändische, indische und nahöstliche Gerichte zubereitet. Und ganz oben kann man unter dem Strohdach der Lounge rauchen, quatschen und originelle Cocktails probieren.

Zoola ISRAELISCH
(⏲11–24 Uhr;) Das Zoola ist nach wie vor das wichtigste Chillzentrum von San Pedro. An niedrigen Tischen lümmeln sich auf Kissen Traveller und mampfen köstliche nahöstliche Speisen, lauschen groovigen

Klängen, spielen Brettspiele und lassen es sich generell einfach gut gehen. DJ-Sessions finden in der sensationellen neuen Lounge mit Pool am See statt, zu erreichen über einen Kopfsteinpflasterpfad.

An- & Weiterreise

Von San Pedro gibt es Bootsverbindungen nach Panajachel und Santiago Atitlán. Boote von San Pedro nach Santiago (20 Q, 30 Min.) fahren stündlich von 6 bis 16 Uhr. Boote von San Pedro nach Panajachel (25 Q) verkehren etwa halbstündlich von 6 bis 17 Uhr. Einige fahren direkt, andere halten unterwegs in San Juan, San Marcos (10 Q) und Jaibalito/Santa Cruz (20 Q).

Von San Pedro führen geteerte Straßen nach Santiago Atitlán (jedoch treiben an dieser Strecke Banditen ihr Unwesen) und zur Interamericana bei Km 148 (ca. 20 km westlich von Los Encuentros), Letzteres eine haarsträubende Fahrt mit spektakulären Ausblicken auf den See. Ein asphaltierter Zweig der San Pedro–Interamericana-Straße führt an der Nordwestseite des Sees von Santa Clara nach San Marcos La Laguna. Busse fahren an der katholischen Kirche im Zentrum von San Pedro von 5 bis 10.30 Uhr etwa stündlich nach Quetzaltenango (35 Q, 3 Std.) ab.

San Marcos La Laguna

4400 EW.

Ohne Zweifel das hübscheste Dorf am gesamten Seeufer. Am flachen Uferstreifen schlängeln sich Pfade durch Bananen- und Kaffeeplantagen oder Avocadowälder. Das Dorf hat sich zu einer Art Magnet für „Hippies mit Mission" entwickelt, die glauben, der Ort strahle eine besonders spirituelle Energie aus und sei besonders geeignet, um Meditationstechniken, ganzheitliche Therapien, Massieren, Reiki oder Ähnliches zu erlernen.

Für was man sich letztlich auch entscheidet, hier kann man auf jeden Fall wunderbar entspannen und den Alltag der Welt eine Zeitlang hinter sich lassen. Der Lago de Atitlán ist hier wunderschön und sauber. Es gibt ein paar kleine Stege, von denen aus man sich ins Wasser schwingen kann.

Vor dem San Marcos Holistic Center steht eine Informationstafel der Gemeinde, an der Events und Unterkünfte angekündigt werden. Unter www.atitlanresource.com findet man jede Menge nützliche Informationen und Links. Im **Prolink** (12 Q/Std.; Mo–Sa 9–19, So 10–17 Uhr) gegenüber vom Hotel Paco Real kann man online gehen.

Sehenswertes & Aktivitäten

Centro de Meditación Las Pirámides MEDITATION
(5205-7302; www.laspiramidesdelka.com) Die berühmteste Attraktion des Orts ist dieses Meditationszentrum am See, das seit über zwei Jahrzehnten besteht. Die meisten Bauten auf dem Gelände sind pyramidenförmig und an den vier Himmelsrichtungen ausgerichtet, so auch die beiden Tempel, in denen die Sessions stattfinden. Bei jedem Vollmond beginnt ein einmonatiger Kurs zur Persönlichkeitsentwicklung mit drei Sitzungen täglich.

MEHR ENTDECKEN UM DEN LAGO DE ATITLÁN

Von den Touristenmassen genervt? Dann sorgen vielleicht ein paar der bisher größtenteils unentdeckten Ecken am See für eine willkommene Abwechslung. Es lohnt sich!

Jaibalito

Das nur mit dem Boot oder zu Fuß zugängliche kleine Dorf zwischen San Marcos und Santa Cruz ist die Heimat eines der zauberhaftesten Hotels des Landes: Das **La Casa del Mundo** (5218-5332; www.lacasadelmundo.com; Zi. mit/ohne Bad 550/288 Q) wartet mit wunderschönen Gärten, Badelöchern und einem Whirlpool oberhalb des Seeufers auf. Im nahen **Club Ven Acá** (5051-4520; Sandwiches 55–75 Q, Hauptgerichte 80–100 Q) ein Stück weiter östlich locken Fusion-Gerichte, Mojitos mit rotem Basilikum, ein Whirlpool und ein Infinity-Pool.

San Juan La Laguna

Eine zehnminütige Tuk-Tuk-Fahrt und doch eine ganze Welt von San Pedro entfernt liegt das kleine Dorf, in dem immer noch alles seinen gewohnten Gang geht. Dennoch bietet es ausreichend Komfort für den Otto Normaltraveller, z. B. ein paar gute Budgethotels und Restaurants, eine Weberkooperative und zumindest zwei Spanischschulen.

San Marcos Holistic Centre MEDITATION
(www.sanmholisticcentre.com; ⏲Mo–Sa 10–17 Uhr) Dieses Zentrum bietet verschiedene Massagen, holistische Therapien und Kurse in Kinesiologie, EFT, Reiki, Shiatsu, Massage und Reflexzonenmassage. Es herrscht eine eher relaxte Einstellung und es gibt die Möglichkeit, sich vor der Buchung zunächst umfassend zu informieren. Die meisten Massagen und Therapien kosten etwa 250 Q für 90 Minuten.

Cerro Tzankujil PARK
(Eintritt 15 Q; ⏲8–18 Uhr) Das 2011 fertiggestellte Naturschutzgebiet auf einem heiligen Hügel westlich vom Dorf wartet mit gepflegten Schotterwegen auf, die zu Badestellen mit Unterständen am Ufer und einem Sprungturm führen. Das Wasser ist hier kristallklar. Ein Nebenweg führt zu einem Maya-Altar auf dem Gipfel, ein tiefer verlaufender zu einem Vulkan-Aussichtspunkt.

Jovenes Maya Kaqchikeles WANDERN
(☎5787-7728; atitlanresource.com/jovenesmayas_eng.htm; ⏲Mo–Sa 9–17 Uhr) Diese Gruppe von aufgeweckten, am Umweltschutz interessierten jungen Einheimischen, von denen einige Englisch sprechen, bietet geführte Wanderungen nach San Pedro La Laguna (2½ Std.) und Santa Cruz La Laguna (4 Std., jeweils 100 Q/Pers. inkl. *lancha* zurück). Wer Interesse hat, schaut einfach im Clubhaus oberhalb der Posada del Bosque Encantado vorbei und erkundigt sich nach den Möglichkeiten.

Schlafen

Hotel La Paz HOSTEL $
(☎5061-5316; www.lakeatitlanlapaz.com; B/Zi./Bungalow 50/150/250 Q) Das erholsame La Paz ist über einen Seitenpfad abseits des Weges hinter der Posada Schumann zu erreichen. Gäste des weitläufigen Anwesens können sich in einem der zwei Doppelzimmern und in fünf schlafsaalartigen Räumen einquartieren. Alle Unterkünfte sind in Bungalows aus traditionellem *bajareque* mit Strohdach untergebracht, einige haben auch Hochbetten. Der Bio-Garten, das vegetarische Restaurant, die traditionelle Maya-Sauna und die morgendlichen Yogasitzungen (40 Q) sind zusätzliche Attraktionen.

Hostel San Marcos HOSTEL $
(☎3009-5537; www.hostelsanmarcos.com; Zi. mit Frühstück 75 Q, ohne Bad 60 Q) Dieser Neuling verfügt in zwei separaten Reihen über sieben rustikale Hütten – drei aus Holz, vier aus Stein – mit großen Fenstern (die leider nicht geöffnet werden können). Das Restaurant mit Bar auf dem Gelände bietet Holzofenpizza. Vom Anleger die erste Straße links nehmen.

★ **Aaculaax** HOTEL $$
(☎5287-0521; www.aaculaax.com; Zi. 100–515 Q, Suite ab 800 Q; Wi-Fi) Ein künstlerisch angehauchtes, stimmungsvolles Hotel, das aussieht, als sei es direkt aus den Felsen herausgewachsen: Es wurde mit recycelten Materialien erbaut, z. B. alten Flaschen. Jedes Zimmer ist einzigartig, die meisten blicken auf den See. Im obersten Stock gibt es eine entspannte Lounge-Bar mit Brettspielen und gemütlichen Sitzmöglichkeiten.

Posada del Bosque Encantado HOTEL $$
(☎5208-5334; www.hotelposadaencantado.com; EZ/DZ 125/180 Q) Auf einem urwaldartigen Gelände, das auch gut ein verwunschener Wald sein könnte. Die Zimmer hier halten eine gute Balance zwischen rustikal und stilvoll. In jedem Zimmer stehen ein erhöhtes Doppelbett und ein zusätzliches Einzelbett. Die Wände sind aus Lehmziegeln, die Betten groß und hart und im ganzen Hotel verteilt finden sich Hängematten.

Essen

Ein paar *comedores* rund um den Hauptplatz verkaufen leckere, preiswerte Guatemala-Klassiker.

Blind Lemon's BURGER $
(www.blindlemons.com; Hauptgerichte 35 Q; ⏲12–22 Uhr; Wi-Fi) Besitzer Carlos benannte das Lokal nach einem seiner Blueshelden. Es zaubert das Flair des Mississippi-Deltas nach Atitlán, wöchentlich finden Bluessessions mit Carlos und besonderen Gästen statt. Auf der Karte stehen Hühnchengerichte, Cajun Blackened Fish, Pizza, Burger und anderes Gringo-Seelenfutter. Am Ende des westlichen Pfades.

Allala JAPANISCH $
(Hauptgerichte 35–45 Q; 🖉) Grooviger kleiner Schuppen am Bach östlich des Dorfs. Der japanische Besitzer Seiko zaubert eine klasse Miso-Suppe, dazu vegetarisches Sushi und Tempura-Platten und der Pflaumenwein ist einfach himmlisch. Zum Nachtisch wird umsonst Käsekuchen gereicht. Die Bedienung kann etwas langsam sein, aber dank der außergewöhnlichen Einrichtung gibt's immer was zu schauen.

Moonfish NATURKOST $
(Sandwiches & Burritos 30 Q; ⏲Mi–Mo 7–18 Uhr; 🖉) Nach einer morgendlichen Taucheinlage vor den Felsen kann man es sich auf der Seeterrasse des Moonfish gemütlich machen. Zu den Flower-Power-Gerichten gehören Tempeh-Sandwiches, Tofupfanne und frische Salate aus dem hauseigenen Garten.

Comedor Susy GUATEMALTEKISCH $
(Comedor Mi Marquensita; Parque Central; Mittagsmenü 30 Q; ⏲7–20 Uhr) In dem „Tante-Emma-Laden“ am Hauptplatz treffen sich viele Einwanderer, um billige Hausmannskost zu genießen. Dies erklärt vielleicht auch, weshalb Tofugerichte zwischen den Hühnchen- und Schweinesteaks auftauchen.

An- & Weiterreise

Das letzte verlässlich verkehrende Boot zurück nach Jaibalito, Santa Cruz und Panajachel legt normalerweise gegen 17 Uhr ab.

Eine gepflasterte Straße verbindet San Marcos mit Tzununá im Osten und San Pablo La Laguna und Santa Clara La Laguna in Richtung Westen; bei Santa Clara trifft sie auf die Straße, die von der Interamericana nach San Pedro führt. Man kann zwischen San Marcos und San Pedro in Pick-ups mitfahren, muss aber in San Pablo umsteigen.

Santa Cruz La Laguna

1700 EW.

Wie alle Dörfer am Atitlán-See ist auch Santa Cruz zweigeteilt: Es verfügt am See über ein Resort, wo auch der einzige Veranstalter am See residiert, der Tauchtrips anbietet, und ein indigenes Cakchiquel-Dorf etwa 600 m bergauf vom Anleger. Auf der Kopfsteinstraße den Berg hinauf schleppen die Dorfbewohner gewöhnlich Säcke voller Avocados oder Feuerholz nach oben. Die abgeschiedene Lage des Dorfs – es ist nur per Boot und zu Fuß erreichbar – behindert zwar seine Erschließung, verstärkt aber gleichzeitig seine rustikale Schönheit.

ATI Divers (☎5706-4117; www.atidivers.com) bietet Tauchkurse. **Los Elementos** (☎5359-8328; www.kayakguatemala.com) verleiht Kajaks und veranstaltet mehrtägige Kajakexpeditionen.

Schlafen & Essen

★ Hotel Isla Verde BUNGALOWS $$
(☎5760-2648; www.islaverdeatitlan.com; EZ/DZ 315/355 Q, ohne Bad 235/275 Q; 📶) Zehn Fußminuten westlich vom Anleger führt der Weg am Seeufer zu dieser hübschen Ansammlung von Hütten, die über den Hügel verstreut liegen. Die Einrichtung ist schlicht, aber ansprechend, das Restaurant mit atemberaubendem Ausblick serviert ausgezeichnetes Essen.

La Iguana Perdida LODGE $$
(☎5706-4117; www.laiguanaperdida.com; B 45 Q, Zi. ab 235 Q, EZ/DZ ohne Bad 95/125 Q; @) Das erste Hotel, das man sieht, wenn man vom Anleger kommt. Es hat verschiedene Zimmer, von primitiv (Schlafsäle ohne Strom in Nurdachhütten) bis luxuriös (neue Lehmbauten mit stilvollen Möbeln, Fenstern mit Seeblick und Balkon). Die Mahlzeiten werden in einem sehr familiären Rahmen serviert: Alle essen gemeinsam. Es gibt immer eine vegetarische Alternative.

Café Sabor Cruceño GUATEMALTEKISCH $
(Hauptgerichte 30–40 Q; ⏲Mo–Fr 11–15 Uhr) Dieser innovative *comedor* wird von einheimischen Studenten geführt, die lernen, guatemaltekische Gerichte auf internationalem Niveau zuzubereiten. Cakchiquel-Speisen wie *subanik* (eine Tomatensauce aus gemahlenen Samen und Chilis mit *tamalitos*) werden mit in der Gegend angebauten Kräutern und Gemüsesorten zubereitet und in einem Esssaal mit Blick auf die Bucht serviert.

Das Café befindet sich im CECAP-Trainingszentrum am unteren Ende des Hauptplatzes von Santa Cruz.

An- & Weiterreise

Auf Wunsch können Boote sowohl aus San Pedro als auch aus Panajachel kommend in Santa Cruz anlegen. Man sollte den Kapitän aber auf jeden Fall informieren, bevor man einsteigt – es ist kein regelmäßiger Zwischenstopp. Wer im Hotel Isla Verde absteigt, kann am dortigen Anleger aussteigen, um sich den Fußweg zu sparen.

Chichicastenango

72 000 EW. / 2172 M

Von Tälern umgeben, über denen die nahen Berge lauern, scheint Chichicastenango in Raum und Zeit gefangen und vom Rest Guatemalas völlig isoliert. Wenn die schmalen Pflasterstraßen und roten Ziegeldächer der Straßen von Nebel umhüllt werden, ist ihr Antlitz einfach magisch.

Chichi ist ein wunderschöner, interessanter Ort mit schamanischen und zeremoniellen Untertönen, die trotz des Klickens der Kameras der Reisegruppen deutlich zu vernehmen sind. Die *masheños* (Einwohner von Chichicastenango) sind bekannt dafür, an ihrem vorchristlichen religiösen Glauben und seinen Zeremonien festzuhalten. In und um die Iglesia de Santo Tomás und am Pascual-Abaj-Schrein am Rande der Stadt kann man häufig Spielarten dieser alten Bräuche beobachten.

Chichi ist seit jeher eine bedeutende Handelsstadt und noch heute garantieren die Märkte am Sonntag und Donnerstag ein großartiges Erlebnis. Wer seinen Aufenthalt flexibel planen kann, sollte sonntags in der Stadt sein, wenn die *cofradías* oft Prozessionen abhalten.

Geschichte

Einst Chaviar genannt, war der Ort lange vor der spanischen Eroberung ein wichtiger Handelsplatz der Cakchiquel. Kurz vor Ankunft der Konquistadoren, führten die Cakchiquel Krieg mit den Quiché (in K'umarcaaj ansässig, nahe des heutigen Santa Cruz del Quiché). Die Cakchiquel verließen Chaviar und zogen nach Iximché, das leichter zu verteidigen war. Die Konquistadoren kamen, sahen und eroberten K'umarcaaj. Viele Bewohner flohen nach Chaviar, das sie in Chugüilá (Über den Nesseln) bzw. Tziguan Tinamit (Von Canyons umgeben) umbenannten.

Die Quiché-Mayas verwenden diese Namen noch immer, auch wenn sonst alle Welt den Ort Chichicastenango nennt – und damit einen Begriff benutzt, der von den mexikanischen Verbündeten der Konquistadoren stammt.

Sehenswertes & Aktivitäten

Wandbild ÖFFENTLICHE KUNST

Man sollte unbedingt einen Blick auf das faszinierende Wandgemälde werfen, das an der Ostseite des Platzes die Mauer der **Municipalidad** (Rathaus) ziert – es ist den Opfern des Bürgerkriegs gewidmet und erzählt mithilfe der Symbolik des *Popol Vuh* die Geschichte des Krieges nach (dieses Buch wurde kurz nach der spanischen Eroberung von Mitgliedern des Maya-Adels zusammengestellt).

Markt MARKT

Maya-Händler aus den umliegenden Dörfern kommen mittwoch- und samstagabends nach Chichi, um ihre Vorbereitungen für den Markt zu treffen, der zu den größten in Guatemala gehört. Man kann ihnen dabei zuschauen, wie sie Bündel langer Stangen über den Platz tragen, ihre Lasten ablegen und Decken ausbreiten, um Abendessen zu kochen und in den Arkaden rundum ihr Nachtlager aufzuschlagen.

Sonntags und donnerstags werden dann die Stangen kurz nach Sonnenaufgang zu Ständen montiert, mit Stoffen behangen und mit Tischen ergänzt, auf denen sich später die Waren stapeln.

In der Regel verkaufen touristisch orientierte Stände geschnitzte Holzmasken und meterweise bestickte Stoffe und Gewänder. Diese Stände stehen an den äußeren Rändern des Marktes, wo sie am besten zu sehen sind. In der Mitte des Platzes richtet sich das Warenangebot dagegen eher nach den Bedürfnissen der Einheimischen.

Die meisten Stände werden am späten Nachmittag abgebaut. Die Preise sind kurz vor Marktende am niedrigsten, da die Händler lieber noch etwas billig loswerden, anstatt es wieder mit zurückzuschleppen.

Es ist sehr empfehlenswert, schon einen Tag vor dem Markt anzureisen, um noch ein Zimmer zu ergattern. Zudem ist man so ganz früh am Ort des Geschehens. Andernfalls kann man auch mit dem Bus oder einem der Shuttles anreisen, die an Markttagen von Antigua, Panajachel und Guatemala-Stadt aus eingesetzt werden und am frühen Nachmittag wieder zurückfahren.

Iglesia de Santo Tomás KIRCHE

Obwohl offiziell katholisch, ist diese einfache um 1540 entstandene Kirche öfter Schauplatz verschiedener Rituale, die nur sehr entfernt katholisch sind und ziemlich eindeutig dem Maya-Glauben entspringen. Die Vordertreppe der Kirche dient dabei demselben Zweck wie die großen Stufen, die zu den Maya-Pyramiden emporführten. Für den Großteil des Tages (besonders sonntags) sind die Stufen in eine Wolke aus Kopalduft gehüllt, während die *chuchkajaues* (Mutter-Väter) genannten indigenen Vorbeter Rauchfässer mit *estoraque* (Balsamduft) schwingen und magische Worte singen, mit denen sie ihre Vorfahren und den antiken Maya-Kalender ehren.

Es ist Brauch, dass die Vorderstufen und die Vordertür der Kirche nur von hohen Kirchenoffiziellen und den *chuchkajaues* genutzt werden – man sollte sich also nach rechts wenden und die Kirche durch den Seiteneingang betreten.

Chichicastenango

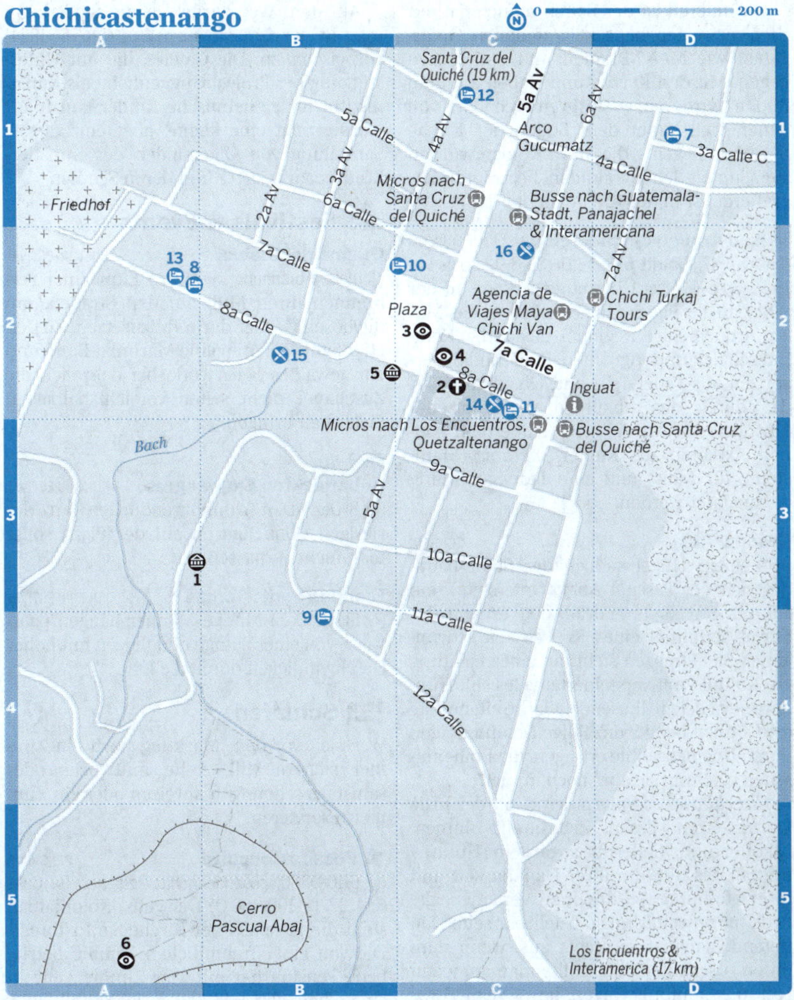

Chichicastenango

Sehenswertes

1	Galería Pop-Wuj	A3
2	Iglesia de Santo Tomás	C2
3	Markt	C2
4	Municipalidad Mural	C2 (s. 4)
5	Museo Arqueológico Regional	B2
6	Pascual Abaj	A5

Schlafen

7	Chalet House	D1
8	Hotel Mashito	A2
9	Hotel San Jerónimo	B4
10	Maya Lodge	C2
11	Posada Conchita	C2
12	Posada El Arco	C1
13	Posada El Teléfono	A2

Essen

14	Casa de San Juan	C2
15	Mayan Inn	B2
16	Tziguan Tinamit	C2

Im Inneren ist der Boden manchmal mit Kiefernzweigen bedeckt, auf denen Opfergaben wie Mais, Blumen und Spirituosen liegen. Mit den Kerzen und Gaben auf dem Boden wird den Vorfahren gedacht, von denen viele unter dem Boden der Kirche begraben liegen – die Maya-Könige wurden stets unter den Pyramiden beerdigt. Fotografieren ist in der Kirche nicht erlaubt.

Museo Arqueológico Regional MUSEUM
(5a Av 4-47; Eintritt 5 Q; ⌚Di–Sa 8–12.30 & 14–16.30, So 8–14 Uhr) Über einer Arkade an der Südseite des Platzes zu erreichen ist das Museo Arqueológico Regional, das antike Keramikschalen und -figurinen, Pfeil- und Speerspitzen aus Feuerstein und Obsidian (Glas, das durch das Abkühlen geschmolzener Lava geformt wurde) zeigt. Außerdem können Axtköpfe aus Kupfer, *metates* (Mahlsteine für Mais) und eine Jade-Sammlung begutachtet werden.

Pascual Abaj SCHREIN
Auf einem Hügel südlich der Stadt befindet sich der Pascual Abaj (Opferstein), ein Schrein für Huyup Tak'ah, den Erdgott der Mayas. Inmitten eines Kreises aus gedrungenen Steinkreuzen steht auf einer Lichtung ein Kultbild mit versteinertem Gesicht. Hunderte – vielleicht Tausende – Jahre alt, musste die Gottheit bereits unzählige Demütigungen durch Uneingeweihte ertragen, die Einheimischen verehren sie aber noch immer.

Chuchkajaues opfern dem Gott der Erde Duftessenzen, Essen, Zigaretten, Blumen, Alkohol und vielleicht sogar ein Huhn – und all das nur, um ihrer Dankbarkeit und ihrer Hoffnung Ausdruck zu verleihen, die Erde möge weiterhin so fruchtbar sein. Den Betenden macht es nichts aus, wenn man ihnen zuschaut, jedoch sollte man auf jeden Fall um Erlaubnis fragen, bevor man Fotos macht. Vielleicht wird man sogar gefragt, ob man selbst ein Opfer darbringen möchte.

Selbst wenn keine Zeremonien stattfinden, kann man sich immer noch das Götterbildnis anschauen und den Weg genießen, der den kiefernbewachsenen Berg hinaufführt. Man erreicht die Stätte von der Plaza, indem man den Hügel an der 5a Avenida hinuntergeht, rechts in die 9a Calle abbiegt und weiter bergab geht. Am Fuß des Hügels links halten und dem Pfad durch eines der *morerías* (Maskenateliers) folgen, die hier ausgeschildert sind. Dasjenige rechts umfasst ein Museum für Regionalkultur. Von hier führt der Pfad durch die Bäume den Berg hinauf.

Auf dem Weg zurück in die Stadt kann man in der **Galería Pop-Wuj** (☎7756-1324) vorbeischauen. Die Galerie, die mit Unterstützung des Project Guggenheim als Kunstinstitut für einheimische Kinder konzipiert wurde, zeigt eine kleine, aber einzigartige Sammlung von Ölgemälden des Künstlerbruderpaars Cortéz und deren Schüler.

Festivals & Events

Quema del Diablo KULTURFESTIVAL
(Teufelsverbrennung; ⌚7. Dez.) Einwohner verbrennen ihren Müll auf den Straßen, um die bösen Geister darin freizusetzen. Zu den Highlights gehören eine Marimba-Band und ein gewagtes Feuerwerk, bei dem sich die Zuschauer nicht selten vorsichtshalber in Sicherheit bringen.

Fest der Unbefleckten Empfängnis KULTURFESTIVAL
(⌚8. Dez.) Den frühmorgendlichen Tanz der riesigen Comicfiguren auf der Plaza sollte man nicht verpassen.

Fest des Santo Tomás KULTURFESTIVAL
(⌚13.–21. Dez.) Mutige Männer hängen paarweise von einer Stange und fliegen mit hoher Geschwindigkeit durch die Luft.

Schlafen

Wer sich vor dem Markttag noch ein Zimmer sichern will, sollte mittwochs oder samstags schon früh anreisen oder ein Zimmer reservieren.

★ **Posada Conchita** PENSION $
(☎5110-0866; posadaconchita@gua.net; 8a Calle 6-14; EZ/DZ 100/150 Q) Der gelbe Kolonialbau steht direkt neben der Kirche Santo Tomás. Die von einer freundlichen Familie betriebene Pension hat nur vier Zimmer, alle in einem heimeligen Stil eingerichtet mit Holzbalken, Kaminen und Gemälden.

Hotel Mashito HOTEL $
(☎5168-7178; 8a Calle 1-72; EZ/DZ 50/100 Q, ohne Bad 40/80 Q) Schlichte, aber gemütliche Zimmer in einem großen Wohnhaus.

Hotel San Jerónimo HOTEL $
(☎4929-1138; Final de 5a Av; EZ/DZ 75/150 Q, ohne Bad 50/100 Q) Einfache, aber makellose Zimmer mit harten Matratzen und edlen Fensterrahmen; einige haben auch einen hübschen Balkon.

Posada El Teléfono HOTEL $
(☎4624-5052; 8a Calle 1-64; EZ/DZ 30/60 Q) Nicht gerade Luxus, doch die Zimmer sind

recht gemütlich und preiswert. Allein der Blick vom Dach auf den bunten Friedhof lohnt den Besuch.

Chalet House PENSION $$
(☎3084-5691; www.chalethotelguatemala.com; 3a Calle C 7-44; EZ/DZ mit Frühstück 265/290 Q) Eine gemütliche Option mit guten Betten, heimeligen Details und eigenen Bädern mit Warmwasser. Je höher man geht, desto besser werden die Zimmer – einfach mal fragen, ob man sich ein paar anschauen darf.

Posada El Arco PENSION $$
(☎5883-3677; 4a Calle 4-36; EZ/DZ 225/240 Q) In der Nähe des Arco Gucumatz liegt eine von Chichis originelleren Unterkünften. Die Zimmer sind mit Maya-Webarbeiten, kolonialzeitlichen Bettgestellen und glänzenden Bädern eingerichtet. Vom hübschen Garten aus hat man einen schönen Blick auf die Berge. Reservierung empfohlen!

Maya Lodge HOTEL $$
(☎4258-8882; 6a Calle A 4-08; EZ/DZ 200/245 Q) Das Haus direkt am Platz bietet koloniales Flair, auch wenn es schon ein wenig in die Jahre gekommen ist. Die zehn mit Webteppichen und Bettgestellen im Maya-Stil ausgestatteten Zimmer liegen rund um einen mit Rosenbüschen gespickten Innenhof.

Essen

Sonntags und donnerstags isst man an den Ständen in der Mitte des Marktes am günstigsten. Man sollte sich von den zahlreichen Verkäufern am Rand, die frittiertes Essen anbieten, nicht abschrecken lassen – in der Mitte des Marktes gibt's gesündere Kost. An den restlichen Tagen kann man nach den kleinen *comedores* Ausschau halten, die in der Nähe der Post zu finden sind.

Tziguan Tinamit GUATEMALTEKISCH $
(Centro Comercial Chagüila, 6 Av; Sandwiches 30–45 Q; ⏲6–22 Uhr) Bei guatemaltekischen Touristen beliebtes, sauberes und modernes Lokal mit reichhaltigem traditionellem Frühstück. Der Service ist allerdings eher unbedarft.

Casa de San Juan GUATEMALTEKISCH $$
(☎7756-2086; 6a Av 7-28; Hauptgerichte 60 Q; ⏲Di–So 9.30–21.30 Uhr) Das San Juan ist eines der wenigen stilvollen Restaurants der Stadt – Kunst ziert Wände und Tische, auf denen Vasen mit Lilien stehen, während man auf schmiedeeisernen Stühlen Platz nimmt. Auch die vielseitige Karte ist großartig. Von den Tischen auf dem Balkon kann man auf den Markt schauen.

Mayan Inn GUATEMALTEKISCH $$
(☎5966 9127; 8a Calle A 1-91; Hauptgerichte 70–90 Q; ⏲7–22 Uhr) Die drei Speisesäle im edelsten Hotel von Chichi warten mit Einrichtungen im kolonialen Stil und Gemälden des bekanntesten guatemaltekischen Malers auf, Humberto Garabito. Die Kellner tragen Trachten, die aus der Kleidung spanischer Kolonialbauern entstanden sind. Weniger traditionell ist dagegen das Essen – Steakplatten, Grillhuhn, Grillplatten –, es wird jedoch sehr schön angerichtet und serviert.

Praktische Informationen

Die meisten Banken wechseln US-Dollar und Reiseschecks. Chichis zahlreiche Banken haben alle auch sonntags geöffnet.

Banco Industrial (6a Calle 6-05) Mit Visa-/MasterCard-Geldautomat.

Inguat (☎5966-1162; info-quiche@inguat.gob.gt; 7a Av 7-14; ⏲So–Do 8–16, Fr 8–12 Uhr) Hier können autorisierte Guides für Kulturtouren durch den Ort und zum Pascual Abaj gebucht werden.

An- & Weiterreise

Busse Richtung Süden nach Panajachel, Quetzaltenango und zu allen anderen Orten, die von der Interamericana aus erreichbar sind, fahren von der 5a Calle bei der Ecke mit der 5a Avenida ab, einen Block bergauf vom Arco Gucumatz. Busse Richtung Norden fahren die 7a Avenida hinauf und lesen Fahrgäste hinter der Kirche Santo Tomás auf.

BUSSE AB CHICHICASTENANGO

ZIEL	DAUER	PREIS (Q)	ABFAHRT	FREQUENZ
Guatemala-Stadt	2½ Std.	30	3–17 Uhr	halbstündl.
Los Encuentros	30 Min.	6	tgl.	häufig
Panajachel	2 Std.	15	6, 9, 12 & 13 Uhr	4-mal tgl.
Quetzaltenango	2 Std.	20	7–15 Uhr	5 Direktbusse
Santa Cruz del Quiché	35 Min.	6	6–23 Uhr	häufig

Wer mit dem Bus nach Antigua (3½ Std.) fahren möchte, nimmt einen Bus Richtung Guatemala-Stadt und steigt in Chimaltenango um. Nach Panajachel und Quetzaltenango gibt es direkte Verbindungen, alternativ steigt man in einen beliebigen Bus Richtung Süden und in Los Encuentros um.

Chichi Turkaj Tours (5372-1349; 7a Av 5-41) bietet montags und freitags um 9 Uhr und sonntags und donnerstags um 17 Uhr Shuttles nach Guatemala-Stadt (200 Q), Antigua (95 Q), Panajachel (55 Q) und Quetzaltenango (140 Q). Die **Agencia de Viajes Maya Chichi Van** (5007-2051; 6a Calle 6-45) steuert sonntags und donnerstags dieselben Ziele an, zu ähnlichen Preisen. Meistens sind mindestens fünf Fahrgäste nötig. Diese Unternehmen bieten außerdem Touren nach K'umarcaaj bei Santa Cruz del Quiché, nach Nebaj und zu anderen Orten.

Santa Cruz del Quiché

32 300 EW. / 1979 M

Santa Cruz, das normalerweise nur El Quiché oder Quiché genannt wird, ist die Hauptstadt der Provinz Quiché; es liegt 19 km nördlich von Chichicastenango. Die kleine, staubige Stadt ist ruhiger und gibt authentischer als Chichicastenango das Flair der ländlichen Gegenden Guatemalas wider. Samstag ist der wichtigste Markttag – dann ist der Ort ein bisschen interessanter und sehr viel voller.

Quichés **Touristeninformation** (7755-1106; turismoenquiche@gmail.com; Mo–Fr 8–16.30 Uhr) ist im Rathaus untergebracht und hält gute Informationen und eine Karte bereit. Die Banco Agromercantil am Nordende des Platzes hat einen Cajero-5B-Geldautomaten.

Die beste Zeit für einen Besuch ist Mitte August während der **Fiestas Elenas** (www.fiestaselenas.com). Bei dem einwöchigen Festival präsentierten die Menschen der Umgebung voller Stolz die indigenen Traditionen. Alle Feierlichkeiten münden im *convite femenino:* El Quichés Frauen setzen sich Masken auf und tanzen zu Marimba-Klängen wie wild durch die Stadt.

Sehenswertes

K'umarcaaj ARCHÄOLOGISCHE STÄTTE

(Gumarkaaj | Utatlán; Eintritt 30 Q; 8–16.30 Uhr) Die Ruinen der antiken Hauptstadt der Quiché-Mayas liegen 3 km westlich von El Quiché. Das Königreich Quiché wurde gegen Ende der postklassischen Periode von einem Volk gegründet, das aus der Vermischung einer indigenen Bevölkerungsgruppe mit mexikanischen Invasoren hervorgegangen war. Um 1400 gründete König Gucumatz seine Hauptstadt, eben K'umarcaaj, und eroberte die benachbarten Siedlungen. Schließlich erweiterte das Königreich Quiché seine Grenzen bis nach Huehuetenango, Sacapulas, Rabinal und Cobán und beeinflusste sogar die Völker der Region Soconusco in Mexiko.

Nachdem Pedro de Alvarado die Quiché besiegt hatte, luden sie ihn zu einem Besuch ihrer Hauptstadt ein, wo sie insgeheim seine Ermordung planten. Alvarado roch jedoch den Braten und rief seine Verbündeten zusammen (auch die mit Quiché verfeindeten Cakchiquel). Gemeinsam nahmen sie die Anführer der Quiché gefangen, verbrannten sie bei lebendigem Leibe und zerstörten K'umarcaaj.

Die Geschichte selbst ist interessanter als die Ruinenstadt, von der nur wenig mehr als ein paar grasbewachsene Hügel übrig geblieben sind. Trotzdem ist die Stätte, die im Schatten hoher Bäume und von Verteidigungsgräben umgeben liegt, ein wunderschöner Ort für ein Picknick. Und noch immer wird er von *indígenas* als Schauplatz religiöser Riten genutzt.

Die grauen „Ruinas"-Microbusse nach K'umarcaaj fahren alle 20 Minuten vor der Kathedrale in Santa Cruz ab (1 Q). Der letzte fährt um 18.50 Uhr zurück.

Schlafen & Essen

Die meisten Hotels gibt es nördlich des Busbahnhofs entlang der 1a Avenida (Zona 5), wobei sich in zwei Blocks mindestens fünf Hotels befinden, zwei weitere auf jeder Seite der 9a Calle. Wie überall in Guatemala ist auch hier die Gegend rund um den Markt der beste Ort, um günstig zu essen.

Hotel Rey K'iche HOTEL $

(7755-0827; 8a Calle 0-39, Zona 5; EZ/DZ 100/180 Q; @) Das Rey K'iche' zwischen dem Busbahnhof und dem Platz vermietet ordentliche Zimmer mit Ziegelwänden rund um einen ruhigen Innenhof. Oben gibt's ein anständiges Café.

Posada Santa Cecilia HOTEL $$

(5332-8811; Ecke 1a Av & 6a Calle; EZ/DZ 125/200 Q) Praktisch über einem Espressoladen gleich südlich des Hauptplatzes gelegen. Das moderne Haus hat ein paar helle, schicke Zimmer mit gemütlichen Betten und hübschen Überzügen.

BUSSE AB SANTA CRUZ DEL QUICHÉ

ZIEL	DAUER	PREIS (Q)	ABFAHRT	FREQUENZ
Chichicastenango	35 Min.	6	tgl.	häufig
Guatemala-Stadt	3 Std.	35	3–17 Uhr	alle 15 Min.
Huehuetenango	2 Std.	25	5–17.30 Uhr	halbstündl.
Nebaj	2 Std.	20	9–16.30 Uhr	5 Busse via Sacapulas
Sacapulas	1 Std.	12	bis 18.30 Uhr	halbstündl.
Uspantán	2 Std.	25	5.30–20.30 Uhr	Microbusse alle 20 Min.

Café San Miguel BÄCKEREI $

(☎7755-1488; 2 Av 4-42; Sandwiches 12 Q; ⏲8–20 Uhr) Die kleine Bäckerei gegenüber der Kathedrale ist ein beliebter Treffpunkt mit gutem Kaffee und frisch gebackenen Leckereien.

Restaurant El Chalet STEAKHAUS $$

(☎7755-0618; 1a Av 2-02, Zona 5; Hauptgerichte 55–70 Q; ⏲7–21 Uhr) Spezialität des Hauses ist Grillfleisch, das mit hausgemachter Salsa serviert wird. Man speist in einem hübschen Garten unter einer Laube. Das Chalet liegt nur ein paar Blocks östlich des großen Glockenturms.

An- & Weiterreise

El Quiché ist der Ausgangspunkt für Touren in den abgeschiedeneren Norden von Quiché, der sich bis an die mexikanische Grenze erstreckt. Der Hauptbusbahnhof, ein staubiges Stück Land in Zona 5, liegt vier Blocks südlich und zwei Blocks östlich der Plaza.

Microbusse nach Chichicastenango fahren von einem Parkplatz nahe der Südwestecke des Hauptplatzes. Microbusse nach Sacapulas fahren von der 1a Avenida nahe der Nordostecke des Hauptplatzes.

Nebaj

42 400 EW. / 2000 M

In einem tiefen Kessel in den dramatischen, weitgehend unberührten Cuchumatanes-Bergen liegt Nebaj, dessen ausländische Besucher zu gleichen Teilen aus Hardcore-Wanderern und Freiwilligen bestehen, die in den bettelarmen Gemeinden auf dem umliegenden Land arbeiten.

Die Einheimischen, die ihr Leben größtenteils fern aller modernen Einflüsse verbringen, halten unbeirrt und voller Stolz an ihrer traditionellen Lebensweise fest. Sie stellen ausgezeichnetes Kunsthandwerk her (meist Textilien); die Frauen aus Nebaj tragen wunderschöne *huipiles*.

Nebajs abgeschiedene Lage ist gleichermaßen Segen und Fluch: Die Spanier konnten es nur mit Mühen erobern. In jüngerer Vergangenheit erkoren dann Guerilla-Truppen die Gegend zu einem wichtigen Operationsstützpunkt, weshalb die Armee zu drastischen Maßnahmen griff, um die Widerstandskämpfer wieder zu vertreiben – besonders während der kurzen, brutalen Herrschaft von Ríos Montt. Die wenigen überlebenden Einwohner dieser Dörfer flohen über die Grenze nach Mexiko oder wurden in „strategischen Weilern“ zusammengepfercht (Siedlungen, die nur errichtet wurden, damit die Armee den Kontakt der Einwohner zur Guerilla unterbinden konnte). Noch immer kehren Flüchtlinge in ihre alte Heimat zurück.

Sehenswertes & Aktivitäten

Centro Cultural Kumool MUSEUM

(5a Av 1-32; Eintritt 10 Q; ⏲Mo–Fr 9–12 & 13–18, Sa 8–13 Uhr) Das kürzlich eröffnete Museum präsentiert vorwiegend in der Region Ixil ausgegrabene und nach historischen Epochen geordnete Keramiken.

Wandern

Las Cataratas, eine Reihe von Wasserfällen nördlich der Stadt, sind auch in Eigenregie leicht zu erreichen: 1,25 km entlang der Straße nach Chajul, vorbei am Hotel Ileb'al Tenam, bis man zu einer Brücke gelangt, die über den kleinen Fluss führt. Direkt vor der Brücke links (nach Norden) in eine Schotterstraße abbiegen und den Fluss entlang. Jetzt für 6 km dem Flusslauf folgen, wobei man zuerst mehrere kleine Wasserfälle passiert, bevor man den größeren, etwa 25 m hohen Wasserfall erreicht.

Wer lieber allein wandert, kann sich eine Ausgabe der *Guía de Senderismo Región Ixil* (50 Q) besorgen, mit detaillierten Beschreibungen und Karten (auf Spanisch) für

WANDERN IN QUICHÉ

Nebaj ist Ausgangspunkt für viele bezaubernde Wanderungen in Quiché. Hier nur ein paar Möglichkeiten:

- **Cocop**, eines der Dörfer, das am schwersten vom Bürgerkrieg betroffen war, ist eine leichte, vierstündige Wanderung von Nebaj entfernt.
- Auf einer dreitägigen Rundwanderung durch **Xeo**, **Cotzal** und **Ak'Txumbal** wird in gemeindeeigenen Lodges übernachtet.
- Mit dem Bus oder Pick-up geht es nach **Salquil Grande**, von wo aus der Weg in zwei herrlichen Stunden vorbei an Wasserfällen zum Dorf **Parramos Grande** führt.

20 Treks in der Region Ixil. Bei der Ankunft in den Dörfern ist es ratsam, sich um Unterkunft und Verpflegung in den *posadas comunitarias* zu kümmern, Gemeinde-Lodges mit Holzbetten, Trinkwasser und Toiletten. Diese bescheidenen Unterkünfte gibt es auf einer viertägigen Wanderroute in Xexocom, Chortiz und Parramos Grande westlich von Nebaj. Der Reiseführer wird in der Touristeninformation im Mercado de Artesanías verkauft.

Guías Ixiles WANDERN
(☎5847-4747; www.nebaj.com; 3a Calle, El Descanso Bldg, Zona 1; ⊙8–12.30 & 14–17 Uhr) Guias Ixiles veranstaltet Halbtagswanderungen zu Las Cataratas (1. Pers. 55 Q, jede weitere Pers. 25 Q) und Touren durch den Ort, bei denen man auch die heiligen Stätten der *costumbristas* besucht (*indígenas,* die noch immer nicht christliche Maya-Riten praktizieren). Guias Ixil führt außerdem dreitägige Treks über die Cuchumatanes nach Todos Santos Cuchumatán und zu vielen anderen Ziele; Infos s. Website.

Kurse

Nebaj Language School
(☎7756-0207; www.nebaj.com/nls.html; El Descanso Bldg, 3a Calle, Zona 1) Das zu El Descanso gehörende Institut bietet Spanischunterricht (600 Q für 20 Std. pro Woche). Zusammen mit Unterkunft bei einer einheimischen Familie inklusive zwei Mahlzeiten am Tag, zwei geführten Wanderungen zu Dörfern in der Nähe und Internetzugang kostet das Ganze 1300 Q. Eine weitere Möglichkeit ist Unterricht in der indigenen Sprache Ixil.

Außerdem kann man für 50 Q pro Stunde die Zubereitung regionaler Gerichte wie *boxboles* (Maisteig in Kürbisblättern mit pikanter Erdnusssauce) erlernen.

Festivals & Events

Nebajs jährliches Fest fällt mit Mariä Himmelfahrt (15. Aug.) zusammen und erstreckt sich über zehn Tage Mitte August.

Schlafen & Essen

Media Luna Medio Sol HOSTEL $
(☎5749-7450; www.nebaj.com/medialuna.html; 3a Calle 6-25; B 35 Q, Zi. 45 Q/Pers; 📶) Das schickste Hostel in Nebaj ist um die Ecke von der Trägerorganisation El Descanso, wo man auch eincheckt. Es hat zwei Schlafsäle mit sechs Betten und ein paar Privatzimmer mit sauberen Gemeinschaftstoiletten und -duschen. Eine Sauna, eine TV-Lounge und eine Küche vertreiben eventuell aufkommende Langeweile.

★ **Hotel Santa María** HOTEL $$
(☎4212-7927; www.hotelsantamarianebaj.com; Ecke 4a Av & 2a Calle; EZ/DZ 125/200 Q; 📶) Purpurrote gewebte Bettdecken, geschnitzte hölzerne Kopfbretter und andere Ixil-Handwerksartikel zieren die hellen, makellos sauberen Zimmer in diesem gepflegten Hotel drei Blocks nordwestlich des Hauptplatzes.

Comedor El Si'm GUATEMALTEKISCH $
(3a Av; Frühstück 15 Q; ⊙7–21 Uhr) Dieses Souterrain-Lokal abseits des Hauptplatzes eignet sich toll für ein klassisches *desayuno* mit Schüsseln voller *mosh* und frisch gebackenen Plätzchen sowie Kaffee bis zum Abwinken. Schon um 8 Uhr wimmelt es hier von Einheimischen.

El Descanso CAFÉ $
(3a Calle, Zona 1; Hauptgerichte 25–30 Q; ⊙morgens, mittags & abends) Das gemütliche Restaurant teilt sich seinen Standort mit der Nebaj Language School. Dem Ganzen sind eine Bar und Lounge-Bereiche angeschlossen und im alternativsten Ambiente Nebajs läuft gute Musik. Auf den Tisch kommt eine Auswahl an Snacks, Salaten und Suppen.

Asados El Pasabien STEAKHAUS $
(Ecke 5a Av & 9a Calle; Hauptgerichte 35–45 Q; ⊙12–21 Uhr) In dem bei Einheimischen beliebten Restaurant werden zu fachgerecht gegrillten Steaks, Hühnchen und Krabben große Portionen Kartoffelhälften, Salat und hausgemachte Salsas gereicht.

Shoppen

Mercado de Artesanías KUNSTHANDWERK
(Kunsthandwerksmarkt; Ecke 7a Calle & 2a Av, Zona 1; ⏲8–18 Uhr) Im Mercado de Artesanías steht eine breite Palette an lokalen Textilien zur Auswahl.

Praktische Informationen

Die **Touristeninformation** (☎7755-8182; 7a Calle & 2a Av; ⏲8–18 Uhr) im Mercado de Artesanías beantwortet Fragen, sofern sie auf Spanisch gestellt werden.

Die **Banrural** am Parque Central wechselt Reiseschecks; ein Cajero-5B-**Geldautomat** findet sich im Rathaus gegenüber vom Parque. Die **Post** (5a Av 4-37) liegt einen Block nördlich des Parque.

Gute Informationen zu Wanderungen, Freiwilligenjobs und Sprachkursen in dieser Gegend gibt's unter www.nebaj.com.

An- & Weiterreise

Microbusse über Sacapulas nach Santa Cruz del Quiché (25 Q, 2 Std.) fahren zwischen 4 und 17 Uhr jede halbe Stunde ab, und zwar hinter der Kirche an der Ecke 5a Avenida und 7a Calle. Um nach Huehuetenango im Westen zu gelangen, muss man in Sacapulas umsteigen. Nach Uspantán und Cobán an der Kreuzung Cunén (15 Q) aussteigen und einen Richtung Osten fahrenden Microbus anhalten.

Vom Hauptbusbahnhof hinter dem Markt verkehren hauptsächlich Busse in umliegende Dörfer wie Tzalbal, Vicalama und Palop; um Mitternacht fährt ein Bus die ganze Strecke bis nach Guatemala-Stadt (55 Q, 5½ Std.) via Chichicastenango.

Uspantán

Wenn man Sacapulas Richtung Osten verlässt, schlängelt sich die Straße über triste, abgeholzte Hänge, bevor sie das Dorf **Uspantán** erreicht. Rigoberta Menchú, die 1992 den Friedensnobelpreis erhielt, ist in der Region Quiché aufgewachsen, eine fünfstündige Wanderung von Uspantán entfernt. Man sollte wissen, dass Menchú und ihre oft kontroversen Thesen hier nicht nur auf Begeisterung stoßen.

Wer mit dem Bus nach Cobán (40 Q, 4 Std.) fährt, muss möglicherweise in Uspantán übernachten, da der letzte Minibus die Stadt um 16 Uhr verlässt. Hier kann es sehr kalt werden. Das **Hotel Don Gabriel** (☎7951-8540; hoteldongabriel@ yahoo.es; 7a Av 6-22; EZ/DZ/3BZ 75/150/210 Q) bietet ein ausgezeichnetes Preis-Leistungs-Verhältnis und jede Menge dicke Decken. Das **Hotel Posada Doña Leonor** (☎7951-8041; caluti54@hotmail.com; 6a Calle 4-25, Zona 1; EZ/DZ/3BZ 80/140/180 Q; 📶) ist wohl die beste Unterkunft am Ort und wartet mit festen Betten und großen, makellos sauberen Bädern mit heißen Duschen auf. Die Banrural eine Straße östlich der Kirche wechselt US-Dollar und hat einen Geldautomaten.

Quetzaltenango (Xela)

167 200 EW. / 2367 M

Selbst Einheimischen scheint der Name der Stadt Quetzaltenango zu kompliziert zu sein, weshalb sie ihn kurzerhand zu Xela (schell-ah) verkürzen. Dies wiederum ist eine Abkürzung des Originalnamens „Xelajú" der Quiché-Mayas. Xela also kann möglicherweise als die perfekte guatemaltekische Stadt gelten: nicht zu groß, nicht zu klein, genügend Besucher, um eine gute Auswahl an Hotels und Restaurants zu gewährleisten, aber nicht so viele, dass der Ort sein authentisches Flair verlieren würde. Der guatemaltekische „Schichteffekt" ist auch hier in der Innenstadt zu erkennen: Als die Spanier verschwanden, zogen die Deutschen nach. Deren Architektur verleiht dem Zentrum ein etwas düsteres – einige würden vielleicht sagen: gotisches – Ambiente.

Xela zieht Traveller an, die mit ihrer Reise mehr als „lediglich" Spaß und Sightseeing verbinden – Leute, die die spanische Sprache richtig erlernen und anschließend noch länger bleiben wollen, um sich in einem der zahlreichen vor Ort angebotenen Freiwilligenprojekte zu engagieren.

Die Stadt dient außerdem als Basislager für eine Reihe spektakulärer Wanderungen durch die umliegende Landschaft, z. B. zum stets aktiven Vulkan Santiaguito oder zum Vulkan Tajumulco, dem höchsten Punkt in den Zentralanden. Faszinierend ist auch die dreitägige Tour zum Lago de Atitlán.

Geschichte

Quetzaltenango fiel im 14. Jh. unter die Herrschaft der Quiché-Mayas. Zuvor gehörte es zum Territorium der Mam-Mayas.

Als sich Mitte des 19. Jhs. die Zentralamerikanische Konföderation gründete, beschlossen die Herren Quetzaltenangos anfangs, ein Bündnis mit Chiapas und Mexiko zu schmieden statt mit den zentralamerikanischen Nachbarn. Später änderte die Stadt ihre Meinung, schloss sich doch noch der Zentralamerikanischen Konföderation an

Quetzaltenango

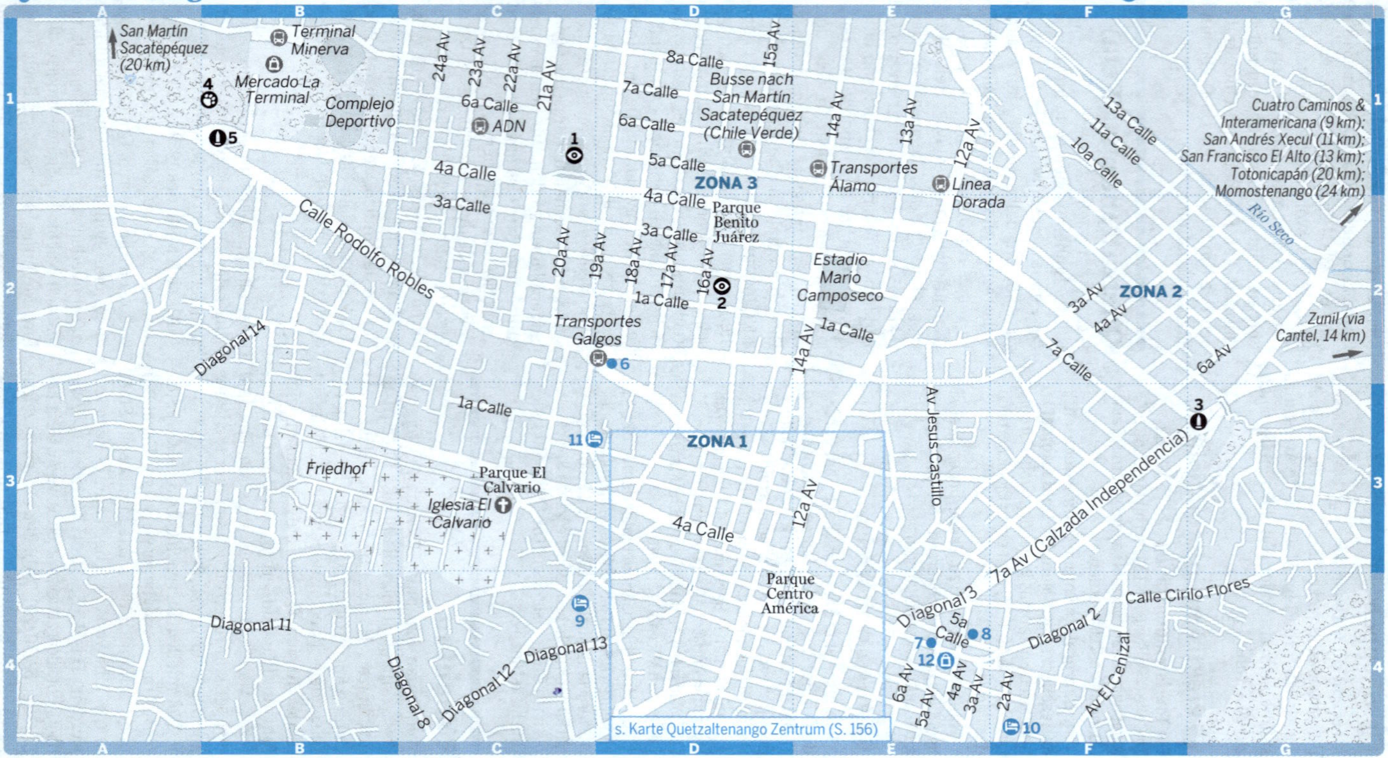

und wurde 1840 ein Teil Guatemalas. Ende des 19. Jhs. vergrößerte der Kaffeeboom auch Quetzaltenangos Wohlstand. Plantagenbesitzer kauften in der Stadt ihre Vorräte und Kaffeehändler eröffneten Lagerhäuser. Xela florierte, bis 1902 eine doppelte Katastrophe über den Ort hereinbrach: Ein Erdbeben und ein Vulkanausbruch richteten verheerende Zerstörungen an.

Auch später sicherte Xelas Lage als Kreuzungspunkt der Straßen zum Pazifikstreifen, nach Mexiko und nach Guatemala-Stadt dem Ort einen gewissen Wohlstand. Heute brummt der Handel hier wieder.

Sehenswertes

Parque Centro América — PLAZA

(Karte S. 156) Die meisten beeindruckenden Gebäude in Xela tummeln sich an der breiten zentralen Plaza, bekannt als Parque Centro América, und um diese herum.

An der Südostseite der Plaza beherbergt die Casa de la Cultura das **Museo de Historia Natural** (Karte S. 156; ☎7761-6427; 7a Calle; Eintritt 6 Q; ⌚Mo–Fr 8–12 & 14–18, Sa & So 9–17 Uhr), dessen Exponate sich den Mayas, der liberalen Revolution in Zentralamerikas Politik und dem Estado de Los Altos widmen, dessen Hauptstadt Quetzaltenango einst war. Marimbas, Webarbeiten, Taxidermie (Methode zur Tierpräparation) und andere lokale Bräuche finden hier ebenfalls Beachtung.

Die einst recht marode **Iglesia del Espíritu Santo** (Karte S. 156) wurde im Laufe der letzten Jahrzehnte wieder aufgebaut (na ja, zumindest die Fassade). Ein Stück weiter ziert der bombastische neoklassizistische Stil, der in diesem wilden Bergland weithin als Symbol für Kultur und Feingeistigkeit betrachtet wird, auch die **Municipalidad** (Rathaus; Karte S. 156).

Auf der Nordwestseite des Platzes wurde die palastartige **Pasaje Enríquez** (Karte S. 156; zw. 4a & 5a Calle) erbaut, um eleganten Läden ein Zuhause zu bieten; heute beherbergt sie stattdessen eine Ansammlung von Reisebüros, Sprachinstituten und Cafés sowie eine größere Bar.

Mercado La Democracia — MARKT

(Karte S. 154; 1a Calle, Zona 3) Auf dem Mercado La Democracia zehn Blocks nördlich des Parque Centro América kann man sich ins Getümmel eines echten guatemaltekischen Stadtmarktes stürzen.

Parque Zoológico Minerva — ZOO

(Karte S. 154; ☎7763-5637; Av Las Américas 0-50, Zona 3; ⌚Di–So 9–17 Uhr) 3 km nordwestlich des Parque Centro América befindet sich nahe dem Busbahnhof Terminal Minerva und einem weiteren großen Markt der Parque Zoológico Minerva, ein Zoo mit ein paar Affen, Coyoten, Waschbären, Hirschen und Mähnenschafen.

Templo de Minerva — MONUMENT

(Karte S. 154) Außerhalb des Zoos steht auf einer Straßeninsel in der Mitte der 4a Calle der neoklassizistische Templo de Minerva. Er wurde vom Diktator Estrada Cabrera zu Ehren der römischen Göttin der Weisheit, die die Guatemalteken zu neuen Höhen des Lernens inspirieren sollte, in Auftrag gegeben.

Centro Intercultural de Quetzaltenango — KULTURZENTRUM

(Karte S. 154; 4a Calle & 19 Av, Zona 3) Quetzaltenangos alter Bahnhof liegt 1 km östlich des Templo de Minerva an der 4a Calle. Im Bürgerkrieg diente er als Militärbasis, dann lag er jahrelang brach, bis die Stadt ihn in das Centro Intercultural de Quetzaltenango umfunktionierte. Drinnen gibt's das **Museo Ixkik'** (Karte S. 154; ☎7761-6472; 4a Calle & 19 Av, Zona 3; Eintritt 25 Q; ⌚9–13 & 14–18 Uhr), das sich Maya-Webarbeiten und traditionel-

Quetzaltenango – Zentrum

len Gewändern widmet, ein **Museum für moderne Kunst** (Karte S. 154; 4a Calle & 19 Av, Zona 3; Eintritt 6 Q; ⏲ 8–12 & 14–18 Uhr) und das **Museo del Ferrocarril** (Karte S. 154; 4a Calle & 19 Av, Zona 3; Eintritt 6 Q; ⏲ 8–12 & 14–18 Uhr), das das ambitionierte, aber kurzlebige Eisenbahnprojekt präsentiert, das Xela ein paar Jahre lang mit der Pazifikküste verband.

Aktivitäten

Freiwilligenarbeit

EntreMundos FREIWILLIGENARBEIT
(Karte S. 156; ☎ 7761-2179; www.entremundos.org; 6a Calle 7-31, Zona 1; ⏲ Mo–Do 14–17 Uhr) EntreMundos ist eine ausgezeichnete Quelle für Volunteers, die noch auf der Suche nach dem passenden Projekt sind (und umgekehrt). Auf der Website kann man kostenlos die Datenbank durchforsten und findet Einzelheiten zu Hunderten von freien Stellen. Wer für den etwas individuelleren Service persönlich vorbeischaut, wird um einen Unkostenbeitrag von 25 Q gebeten. Die Organisation sucht außerdem regelmäßig Freiwillige für von NROs betreute Hilfe-zur-Selbsthilfe-Projekte und für die Produktion ihrer zweimonatlich erscheinenden Zeitung.

Radfahren

Der Drahtesel eignet sich wunderbar, um die Umgebung zu erkunden oder zum Spanischunterricht zu kommen. Fuentes Georginas, San Andrés Xecul und die Dampfbäder in Los Vahos sind mögliche Ziele für einen Tagesausflug.

Vrisa Books RADFAHREN
(Karte S. 156; 15a Av 3-64, Zona 1) Verleiht Mountainbikes und Cityräder für 40/100/200 Q pro Tag/Woche/Monat und veranstaltet außerdem Radtouren.

Bike House RADFAHREN
(Karte S. 156; 15a Av 5-22) Straßenräder und Mountainbikes für 40/80 Q pro Tag.

Wandern

Der Volcán Tajumulco (4220 m) ist der höchste Punkt in Zentralamerika und eine anspruchsvolle zweitägige Wanderung von Quetzaltenango entfernt. Den Volcán Santiaguito (2488 m) und den Volcán Santa María (3772 m) kann man ebenfalls erklimmen.

Die meisten Tourveranstalter verlangen etwa 370 Q für eine zweitägige Tour zum Tajumulco, 150 Q für Vollmondtouren zum Gipfel des Santa María, 650 Q für den 3-Tages-Trek zwischen Quetzaltenango und dem Lago de Atitlán und 1100 Q für die fünf-

Quetzaltenango – Zentrum

Sehenswertes
1 Catedral ... E4
2 Municipalidad ... E4
3 Museo de Historia Natural ... D5
4 Parque Centro América ... D4
5 Pasaje Enríquez ... B6

Aktivitäten, Kurse & Touren
6 Adrenalina Tours ... A6
7 Altiplano's Tour Operator ... E3
8 Bike House ... B3
9 Celas Maya ... B4
10 EntreMundos ... F5
11 Inepas ... C3
12 Kaqchikel Tours ... B4
13 Monte Verde Tours ... C5
14 Tranvía de los Altos ... E4
15 Vrisa Books ... C2

Schlafen
16 Black Cat Hostel ... D3
17 Casa Renaissance ... D6
Guest House El Puente ... (s. 9)
18 Hostal Don Diego ... B3
19 Hostel Nim Sut ... F4

Essen
20 Artesano ... B4
21 Café El Árabe ... B5
22 Café Sagrado Corazón ... D6
23 Casa Ut'z Hua ... E2
24 Doña Cristy ... D5
25 Maya Café ... D4
26 Panorama ... B7
27 Restaurante Cardinali ... D3
28 Royal Paris ... C2
29 Sabor de la India ... C2

Ausgehen & Nachtleben
30 Café Baviera ... A6
31 Café El Balcón del Enríquez ... B6
32 Café El Cuartito ... D4
33 Café La Luna ... F4
34 Pool & Beer ... C6
35 Salón Tecún ... B6
36 Xela Café ... E4

Unterhaltung
37 Blue Angel Video Café ... B4
38 Casa No'j ... D4
39 La Parranda ... C3
40 Teatro Municipal ... D1
41 Teatro Roma ... D1

Shoppen
42 North & South ... B5
43 Trama Textiles ... E2
Vrisa Books ... (s. 15)

tägige Route von Nebaj nach Todos Santos Cuchumatán über die Cuchumatanes-Berge.

Kaqchikel Tours WANDERN
(Karte S. 156; ☎5010-4465; www.kaqchikeltoursxela.com; 7a Calle 15-36, Zona 1) Bietet eine anspruchsvolle 2-Tages-Wanderung an, die ganz nahe an den aktiven Volcán Santiaguito (600 Q) heranführt.

Monte Verde Tours WANDERN
(Karte S. 156; ☎5729-6279; www.monte-verdetours.com; 13a Av 8-34, Zona 1) Organisiert eine Reihe von Vulkanwanderungen und unkonventionelle Touren in Xela.

Quetzaltrekkers WANDERN
(Karte S. 154; ☎7765-5895; www.quetzaltrekkers.com; Diagonal 12 8-37, Zona 1) Eine von Freiwilligen geführte Organisation, die eine lokale Schule für Kinder aus einkommensschwachen Familien unterstützt. Bietet ein breites Spektrum an Wanderungen an – Näheres auf der Website.

Kurse

In den letzten Jahren haben sich die Spanischschulen Xelas einen guten Ruf erarbeitet. Anders als Antigua wird Xela nicht von Ausländern überrannt, nichtsdestotrotz gibt es auch hier eine kleine gesellige Studentenszene.

Die meisten Spanischschulen der Stadt partizipieren an sozialen Projekten des Quiché-Volkes und geben ihren Schülern die Möglichkeit, sich einzubringen. Der Standardpreis beträgt 920/1050 Q pro Woche für vier/fünf Stunden Unterricht pro Tag (Mo–Fr). Für 330 Q zusätzlich bekommt man ein Zimmer mit Vollpension bei einer Familie vor Ort. Einige Schulen erhöhen ihre Preise von Juni bis August um bis zu 20 %; zudem berechnen viele besonders bei Buchungen aus Europa eine Anmeldegebühr, die nicht rückerstattet wird. Studenten können sich für manche Kurse möglicherweise Credit Points anrechnen lassen. Die Website www.xelapages.com hält Informationen über viele der Schulen in Xela bereit.

Manos Creativas (S. 154) und Trama Textiles (S. 156), zwei Frauenkooperativen, bieten Unterricht im Bandweben an und betreiben Fair-Trade-Stoffläden. Bei beiden Einrichtungen kosten zehn Stunden Unterricht 325 Q; dabei weben die Teilnehmer einen Schal. Für 650 Q gibt's 20 Stunden Unterricht und einen selbst hergestellten, bestickten Tischläufer. Eine einfache Demonstration der Techniken kostet 35 Q.

Celas Maya SPRACHKURSE
(Karte S. 156; ☎ 7761-4342; www.celasmaya.edu.gt; 6a Calle 14-55, Zona 1) Geschäftige, professionelle Schule mit guter Bibliothek und Internetcafé. Offizielles Trainings- und Testzentrum für DELE (Test für Spanisch als Fremdspreche).

Centro de Estudios de Español Pop Wuj SPRACHKURSE
(Karte S. 154; ☎ 7761-8286; www.pop-wuj.org; 1a Calle 17-72, Zona 1) Pop Wujs Erlöse kommen Entwicklungsprojekten in nahe gelegenen Dörfern zugute, bei denen Studenten mit anpacken können. Die Schule bietet außerdem Sprachkurse für Mediziner und Sozialarbeiter an.

El Quetzal Spanish School SPRACHKURSE
(Karte S. 154; ☎ 7761-2784; www.xelawho.com/elquetzal; 6a Calle 5-52 A, Zona 1) Eines der wenigen von *indígenas* geführten Unternehmen der Stadt. Punktet mit einem breiten Freizeitprogramm und einem Lesesaal.

Inepas SPRACHKURSE
(Instituto de Español y Participación en Ayuda Social; Karte S. 156; ☎ 7765-1308; www.inepas.org; 15a Av 4-59) Studenten können bei einer Reihe wichtiger Projekte mitarbeiten, u. a. an einer von der Unesco anerkannten ländlichen Schule. Vermittelt günstige Unterkünfte, auch bei einheimischen Familien.

Proyecto Lingüístico Quetzalteco de Español SPRACHKURSE
(Karte S. 154; ☎ 7763-1061; www.plqe.org; 5a Calle 2-40, Zona 1) Dieses genossenschaftlich geleitete und politisch engagierte Institut leitet auch die Escuela de la Montaña, ein Sprachlernprogramm mit begrenzter Teilnehmerzahl auf einer Bio-Kaffee-Finca in der Nähe von Xela.

Geführte Touren

Adrenalina Tours GEFÜHRTE TOUREN
(Karte S. 156; ☎ 7761-4509; www.adrenalinatours.com; Pasaje Enríquez, Zona 1) Organisiert eine Reihe von Ausflügen rund um Xela und in wenig besuchte Teile der Provinz Huehuetenango.

Altiplano's Tour Operator KULTURTOUREN
(Karte S. 156; ☎ 7766-9614; www.altiplanos.com.gt; 12a Av 3-35, Zona 1) Veranstaltet einige interessante Halbtagestouren zu Dörfern und Märkten der *indígenas*, zu Kolonialkirchen und zu Kaffeeplantagen rund um Xela.

Tranvía de los Altos STRASSENBAHNTOUREN
(Karte S. 156; ☎ 7765-5342; www.tranviadelosaltos.com) Der als Straßenbahn-Oldtimer getarnte Bus gondelt auf verschiedenen Schleifen durch die Stadt. Begleitet werden die Touren von kompetenten spanischen Kommentaren und billigen Soundeffekten. Zweistündige Touren (50 Q/Pers.) beginnen um 11 Uhr und 15 Uhr am Rathaus auf der Ostseite des Parque Central.

Maya Viva KULTURTOUREN
(Karte S. 154; ☎ 7761-6408; www.amaguate.org; Ecke 5a Av & 6a Calle 6-17, Zona 1) Das kommunale Tourismusprogramm wird von der Asociación de Mujeres del Altiplano organisiert, einer Gruppe, die Maya-Frauen auf dem Land unterstützt. Besucher lernen Bräuche, Traditionen und den Alltag einer ländlichen Gemeinde nahe Quetzaltenango kennen.

Festivals & Events

Xela-Musikfestival MUSIKFESTIVAL
Bei dem von der Alianza Francaise organisierten ein- oder zweitägigen Festival werden ganze Straßen in der Stadt abgesperrt und fünf oder sechs Bühnen überall in der Innenstadt aufgebaut, auf denen dann Musiker aus der Region auftreten.

Feria de la Virgen del Rosario KULTURFESTIVAL
(Feria Centroamericana de Independencia) Xelas großes alljährliches Fest. Die Einwohner amüsieren sich auf dem Jahrmarkt am Stadtrand. Und an vielen Orten in der ganzen Stadt ist jede Menge Spaß geboten.

Schlafen

Die meisten Unterkünfte gibt es in Zona 1.

★ **Casa Renaissance** HOTEL $
(Karte S. 156; ☎ 3121-6315; www.casarenaissance.com; 9a Calle 11-26, Zona 1; Zi. 150 Q, ohne Bad 110 Q; 📶) Das Kolonialhaus ist als lockeres Gästehaus wieder auferstanden, mit fünf großen, schön restaurierten Zimmern an einem reizenden Innenhof. Das von freundlichen, gut informierten Holländern geführte Hotel verströmt eine entspannte Atmosphäre: Die Gäste bedienen sich aus dem Kühlschrank mit Getränken und können sich ihr Essen in der Küche selbst zubereiten oder sich aus einer umfassenden Sammlung ein Video anschauen. Unter der Woche erheblich günstiger.

Black Cat Hostel HOSTEL $
(Karte S. 156; ☎ 7756-8951; www.blackcathostels.net; 13a Av 3-33, Zona 1; B mit Frühstück 60 Q, Zi.

160 Q;) Ein toller Ort, wenn man sich gerne mit anderen Travellern austauschen möchte. Die „Schwarze Katze" punktet mit einem sonnigen Innenhof, einem Bar-Restaurant und einer Lounge mit Fernseher. Wenn auch nur spärlich möbliert, sind die Zimmer in beruhigenden Farben gestrichen und mit schönen Holzböden ausgestattet.

Hostel Nim Sut HOSTEL $

(Karte S. 156; 7761-3083; www.hostelnimsutquetzaltenango.weebly.com; 4a Calle 9-42, Zona 1; B 62 Q, EZ/DZ 140/170 Q, ohne Bad 95/115 Q) Das restaurierte Kolonialhaus einen Block östlich des Parque Centro América bietet große, unterschiedlich helle Zimmer mit einfachem Bettzeug und sauberen Parkettböden. Auf der Dachterrasse lässt sich bei schönem Blick über die Stadt gut ein Espresso aus dem Café unten genießen.

Guest House El Puente HOSTEL $

(Karte S. 156; 7761-4342; celasmaya@gmail.com; 15a Av 6-75, Zona 1; EZ/DZ 65/130 Q, ohne Bad 50/100 Q) Die vier Zimmer hier umgeben einen großen Garten; drei teilen sich ziemlich abgenutzte Gemeinschaftsbäder. Da das Hostel zur Spanischschule Celas Maya gehört, wird es oft von Spanischstudenten in Beschlag genommen, die sich in der Küche versammeln.

Casa Argentina HOSTEL $

(Karte S. 154; 7763-2320; casargentina.xela@gmail.com; Diagonal 12 8-37, Zona 1; B/EZ/DZ 25/35/50 Q) Das große Gästehaus westlich des Zentrums ist ein echtes Mekka für Sparfüchse, jedoch sollte man die furchtbar überfüllten Schlafsäle meiden und sich für eins der nur geringfügig teureren Privatzimmer entscheiden. Señora Argentina und Tochter Leonor umsorgen ihre Gäste gern.

Hostal Don Diego HOSTEL $

(Karte S. 156; 7763-1000; www.hostaldondiegoxela.com; 6a Calle 15-12, Zona 1; B 45 Q, EZ/DZ/3BZ ab 55/100/150 Q;) Spärlich möblierte Zimmer mit guten, harten Matratzen. Im Zentrum des Hostels liegt ein sonniger Innenhof. Niedrigere Preise für einwöchige oder einmonatige Aufenthalte.

Casa San Bartolomé B&B $$

(Karte S. 154; 7761-9511; www.casasanbartolome.com; 2a Av 7-17, Zona 1; EZ/DZ/3BZ mit Frühstück 205/287/350 Q;) Das stimmungsvolle alte Wohnhaus, das seit Generationen im Besitz einer Familie ist, wurde in ein gemütliches B&B umgebaut. Es gibt sechs Zimmer, drei Apartments (mit Küche) und eine Hütte, die allesamt mit wunderschönen Möbeln und moderner Kunst eingerichtet sind. Auf der hübschen Terrasse hinten wird ein aufwendiges Frühstück serviert. Langzeitgäste bekommen fette Rabatte.

Hostal 7 Orejas HOSTEL $$

(Karte S. 154; 7768-3218; www.7orejas.com; 2a Calle 16-92, Zona 1; B/EZ/DZ/4BZ 75/160/265/320 Q; @) Ein herzlich geführtes, penibel sauberes Hostel in einer ruhigen Straße nordwestlich des Zentrums. Die geräumigen, frisch duftenden Zimmer haben jeweils drei riesige Betten und holzgeschnitzte Kisten als Stauraum. Musik, Filme und Cocktails halten die Gäste oben in der Lounge El Orejón bei Laune.

Essen

Quetzaltenango verfügt in allen Preisklassen über eine gute Restaurantauswahl. Am billigsten isst man an den Essensständen am unteren Ende des Hauptmarktes, an denen Snacks und Hauptgerichte für 10 Q oder weniger verkauft werden. Das **Doña Cristy** (Karte S. 156), ein sehr beliebtes Frühstückslokal, serviert *atol de elote* (ein heißes Maisgetränk), Empanadas und *chuchitos*.

Casa Ut'z Hua GUATEMALTEKISCH $

(Karte S. 156; 7768-3469; 12a Av 3-05; Hauptgerichte 30–40 Q; 7–20 Uhr) Köstliche, authentisch guatemaltekische und quetzaltekische Gerichte sind in dieser kitschig eingerichteten Hütte Trumpf.

Artesano BÄCKEREI $

(Karte S. 156; 7a Calle 15-18; Sandwiches 30 Q; Mo–Sa 8–20, So 12–18 Uhr) In dieser Bäckerei können Wanderer sich bestens mit Proviant für eine Vulkantour eindecken: Hier gibt's Vollkorn-Sandwiches (mit Tofu, Tempeh, Aubergine, Käse), hervorragende Plätzchen und Müsli.

Maya Café GUATEMALTEKISCH $

(Karte S. 156; 13a Av 5-48; Hauptgerichte 25–30 Q; 7–18 Uhr) Das bei Einheimischen beliebte Restaurant serviert jede Menge *típica*-Xela-Gerichte. Das *quichom*, eine würzige Hühnchenkreation, sollte man probieren. Das Mittagessen wird mit Suppe und einem Glas Saft serviert.

Café Sagrado Corazón GUATEMALTEKISCH $

(Karte S. 156; 9a Calle 11-16; Mittagsgerichte 20–30 Q; 8–20 Uhr;) Das winzige Restaurant ist eine gute Wahl, wenn man guatemaltekisch essen möchte. Es serviert regionale Spezialitäten wie *pepián* und *jocón*. Die

Gerichte machen ordentlich satt, als Beilage werden eine Suppe, *tamalitos* (kleine Tamales), Reis, Kartoffeln, Avocados und Salat gereicht.

★ Sabor de la India INDISCH **$$**
(Karte S. 156; ☎ 7765-2555; 15a Av 3-64; Hauptgerichte 60–70 Q; ⏲ Di–So 12–22 Uhr; ✎) Das wohl authentischste indische Essen des Landes wird hier von einem freundlichen Gesellen aus Kerala zubereitet. Die Portionen sind riesig, die *thalis* – gemischte Gemüseplatten mit Curry – eine gute Wahl.

Panorama EUROPÄISCH **$$**
(Karte S. 156; ☎ 7765-8580; www.restaurantepanorama.com; 13a Av A, D16-44; Fondue 80 Q; ⏲ Di–So 12–24 Uhr) Das Restaurant in Schweizer Hand liegt zehn anstrengende Gehminuten am Südende der Stadt auf einem Hügel. Es serviert gute Menüs und Schweizer Raclette. Der Ausblick ist atemberaubend, die Lage sehr romantisch.

Royal Paris FRANZÖSISCH **$$**
(Karte S. 156; ☎ 7761-1942; 14 Av A 3-06; Salate 50 Q; ⏲ Di–So 12–22 Uhr; 📶) Von der französischen Konsulin höchstpersönlich geleitet, sollte dieses Bistro auf jeden Fall authentisch sein. Und die Schnecken, der gebackene Camembert und das Filet Mignon reichen tatsächlich an Pariser Standards heran. Mittwochs, freitags und samstags gibt's abends Livemusik (dann sind Reservierungen zu empfehlen).

Restaurante Cardinali ITALIENISCH **$$**
(Karte S. 156; ☎ 7761-0924; 14a Av 3-25; Pasta 65–85 Q; ⏲ 12–22 Uhr) Hausgemachte Pasta, gute Pizzas und eine umfangreiche Weinkarte.

Café El Árabe NAHÖSTLICH
(Karte S. 156; 4a Calle 12-22, Zona 1; Hauptgerichte 55 Q; ⏲ 12–24 Uhr; ✎) Authentisches Essen aus Nahost, frisch gebackene Pitas und jede Menge vegetarische Alternativen.

Ausgehen & Nachtleben

Kaffee spielt eine wichtige Rolle für Xelas Wirtschaft. Folgerichtig herrscht auch kein Mangel an Cafés, wenn man einen Koffeinschub nötig hat. Abends spricht man dann allerdings eher dem Bier zu.

★ Café La Luna CAFÉ
(Karte S. 156; ☎ 5174-6769; 8a Av 4-11; ⏲ Mo–Sa 9–21 Uhr; 📶) Das La Luna ist ein gemütliches, entspanntes Plätzchen, in dem man sich erholen und einen Kuchen, einen Salat oder ein Sandwich gönnen kann. Heiße Schokolade ist die Spezialität des Hauses – der Kaffee ist so lala. Man kann zwischen verschiedenen Räumen wählen; das Dekor erinnert an das Café Baviera, aus den Boxen kommt aber eher klassische Musik als Jazz.

Café Baviera CAFÉ
(Karte S. 156; ☎ 7761-5018; 5a Calle 13-14; ⏲ 7–20.30 Uhr; 📶) Das europäisch anmutende Café serviert guten Kaffee, der aus Bohnen zubereitet wirde, die direkt im Haus geröstet werden. Es ist eine prima Wahl fürs Frühstück oder für einen Snack (Crêpes, Croissants, Suppen und Salate, 30–40 Q). Unzählige Fotos und Zeitungsschnipsel zu Xela und internationalen Themen zieren die Holzwände.

Café El Cuartito CAFÉ
(Karte S. 156; 13a Av 7-09; ⏲ 9–23 Uhr; 📶) Xelas hippstes Café hat eine gute Auswahl an Snacks und Säften und Kaffee in allen möglichen Darreichungsformen. Am Wochenende legen oft DJs entspannte Tracks auf. Die Wände schmücken stets die Werke zeitgenössischer Künstler aus der Region.

Café El Balcón del Enríquez CAFÉ
(Karte S. 156; 12 Av 4-40, Pasaje Enríquez; ⏲ 8–22 Uhr) Essen und Kaffee in diesem Open-Air-Café im oberen Stock sind so lala, der Ausblick aber ist spektakulär.

Salón Tecún KNEIPE
(Karte S. 156; Pasaje Enríquez; ⏲ 9.30–0.30 Uhr) Den ganzen Tag bis in die Nacht hinein lebhaft und gut (aber nicht zu gut) gefüllt. Das Publikum besteht aus Guatemalteken und Ausländern: Das Tecún behauptet, die älteste Bar des Landes zu sein (seit 1935). Gute Bar-Snacks und Gringo-Seelenfutter, u. a. die wahrscheinlich besten Burger der Stadt.

Pool & Beer KNEIPE
(Karte S. 156; 12a Av 10-21; ⏲ Di–So 18–1 Uhr) Die Billardtische sind abgenutzt und die Queues verbogen – und dennoch, das Faulenzer-Clubhaus ist nach wie vor ein sympathischer, erfrischend unkonventioneller Laden. Wenn die Tische besetzt sind, kann man auch DJ spielen und aus den ca. 30 000 Songs auf dem PC wählen.

☆ Unterhaltung

Die Livemusikszene ist in Xela besonders ausgeprägt. Näheres zu aktuellen Gigs findet man in der *XelaWho* bzw. unter www.xelawho.com. Die meisten Läden liegen in Zona 1.

Auch wenn es im Stadtzentrum kein richtiges Kino gibt, veranstalten ein paar andere Locations wöchentliche Filmreihen, u. a. das Royal Paris und El Orejón im Hostal 7 Orejas. Außerdem zeigt das **Blue Angel Video Café** (Karte S. 156; 7a Calle 15-79, Zona 1; Eintritt 10 Q) jeden Abend um 20 Uhr Hollywoodstreifen und serviert nebenbei eine nette Auswahl an vegetarischen Gerichten, Kräutertees und heiße Schokolade. Das Programm steht im *XelaWho*.

Casa No'j DARSTELLENDE KÜNSTE
(Karte S. 156; ☎ 7768-3139; www.centroculturalcasanoj.blogspot.com; 7a Calle 12-12, Zona 1; ⌚ Mo–Sa 8–17 Uhr) Das kürzlich eingeweihte Casa No'j unweit der Südwestecke des Parque ist Xelas wichtigstes Kulturzentrum. Neben Foto- und Kunstausstellungen veranstaltet es das ganze Jahr hindurch Film- und Theatervorführungen und Poesiefestivals. Der Blog informiert über anstehende Events.

Teatro Municipal THEATER
(Karte S. 156; ☎ 7761-2218; 14a Av & 1a Calle) In diesem eindrucksvollen klassizistischen Gebäude an der 1a Calle finden Veranstaltungen von Ballett bis zur Krönung der Señorita Quetzaltenango statt.

Teatro Roma THEATER
(Karte S. 156; ☎ 3010-0100; 14a Av A-34) Gegenüber vom Teatro Municipal; zeigt manchmal interessante Filme.

La Parranda TANZ
(Karte S. 156; 14a Av 4-47, Zona 1; Eintritt Fr & Sa 30 Q; ⌚ Mi–Sa 21–0.30 Uhr) Die glitzernde, stroboskopbeleuchtete Disko bietet mittwochabends kostenlose Salsakurse an (Anfänger & Fortgeschrittene); an anderen Abenden legen Gast-DJs auf und es gibt Freigetränke.

Shoppen

North & South BÜCHER
(Karte S. 156; Ecke 8a Calle & 15a Av 13-77, Zona 1) Breite Auswahl an Titeln über Lateinamerika, Politik, Poesie und Geschichte und jede Menge neue und gebrauchte Reiseführer und Spanischlehrbücher.

Manos Creativas KUNSTHANDWERK
(Karte S. 154; ☎ 7761-6408; www.amaguate.org; Ecke 6a Calle & 5 Av 6-17) Manos Creativas, ein Geschäft der Frauenorganisation AMA, verkauft gute Stoffe und Bekleidung, die von Maya-Weberinnen hergestellt worden sind. **Trama Textiles** (Karte S. 156; ☎ 7765-8564; 3a Calle 10-56, Zona 1), gleich bergan von der Plaza, ist eine ähnliche Weberinnen-Kooperative, der 400 Maya-Frauen angehören.

Vrisa Books BÜCHER
(Karte S. 156; 15a Av 3-64) Ausgezeichnetes Sortiment an Secondhand-Büchern auf Englisch und anderen europäischen Sprachen, darunter auch Lonely Planets. Leihbibliothek (20 Q pro Buch pro Woche). Auch Fahrräder für Touren können ausgeliehen werden.

Praktische Informationen

GELD

In Geldangelegenheiten sollte man den Parque Centro América ansteuern: Hier gibt's Banken, die Geldautomaten sind allerdings nicht vertrauenswürdig. Die **Banco Industrial** (⌚ Mo–Fr 9–18.30, Sa 9–13 Uhr) hat Filialen auf der Nord- und Ostseite des Platzes, die Reiseschecks wechseln.

INFOS IM INTERNET

Xela Pages (www.xelapages.com) Vollgepackt mit Informationen über Xela und nahe gelegene Attraktionen. Außerdem ein nützliches Diskussionsforum.

MEDIEN

Die folgenden Veröffentlichungen in englischer Sprache sind kostenlos in Bars, Restaurants und Cafés in der ganzen Stadt erhältlich:

EntreMundos (☎ 7761-2179; www.entremundos.org) Wird alle zwei Monate von der gleichnamigen, in Quetzaltenango ansässigen Organisation veröffentlicht. Die Zeitung enthält zahlreiche Informationen zur politischen Entwicklung und zu Freiwilligenprojekten in der Region.

XelaWho (www.xelawho.com) Die kleine Monatszeitschrift bezeichnet sich selbst als Quetzaltenangos führendes „Kultur- & Szenemagazin", listet kulturelle Events in der Stadt auf und veröffentlicht ein paar ziemlich forsche Artikel über das Leben in Guatemala.

MEDIZINISCHE VERSORGUNG

Hospital Privado Quetzaltenango (☎ 7774-4700; Calle Rodolfo Robles 23-51) Normalerweise ist ein Englisch sprechender Arzt anwesend. 24-Stunden-Notaufnahme.

Hospital San Rafael (☎ 7761-4414; 9a Calle 10-41, Zona 1) 24-Stunden-Notaufnahme.

NOTFALL

Policía Municipal (☎ 7761-5805)

Proatur (☎ 4149-1104)

POST

Hauptpost (4a Calle 15-07, Zona 1)

TOURISTENINFORMATION

Inguat (☎7761-4931; info-xela@inguat.gob.gt; 7a Calle; ⏲Mo–Fr 9–17, Sa 9–13 Uhr) an der Südseite des Parque Centro América ist mal top, das andere Mal ein Flop: Das Personal reicht von hilfsbereit bis ahnungslos.

Es sind Unmengen von Touristenstadtplänen im Umlauf; man findet sie in Internetcafés, Sprachschulen und Hotels. Auch wenn sie im Grunde nur Werbeflyer sind, enthalten die besseren wie **Xelamap** (www.xelamaponline.com) recht nützliche Informationen.

ℹ An- & Weiterreise

PULLMAN-BUS

1.-Klasse-Busse nach Guatemala-Stadt fahren von eigenen Terminals. Der 4- bis 5-stündige Trip kostet bei allen Anbietern rund 70 Q.

ADN (☎6649-2089; www.adnautobusesdelnorte.com; 23a Av 5-06) Luxus-Non-Stop-Busse um 6 und 15 Uhr.

Linea Dorada (☎7767-5198; www.lineadorada.info; Ecke 12 Av & 5 Calle) Luxus-Non-Stop-Busse um 4 und 14.30 Uhr. Außerdem um 11.30 Uhr Busse nach Huehuetenango (40 Q).

Transportes Álamo (☎7767-4582; 14 Av 5-15, Zona 3) Sechs Busse zwischen 4.30 und 14.30 Uhr.

Transportes Galgos (☎7761-2248; Calle Rodolfo Robles 17-43, Zona 1) Pullman-Busse um 4 und 12.30 Uhr.

2.-KLASSE-BUSSE

2.-Klasse-Busse (s. Kasten unten) fahren regelmäßig draußen am **Terminal Minerva** (7a Calle, Zona 3) ab, einem staubigen, lauten, überfüllten Busbahnhof im Westen der Stadt. Sie steuern verschiedene Ziele im Hochland an. Auf ihrem Weg in der Stadt oder aus ihr heraus halten einige östlich des Zentrums an der *rotonda*, einem Kreisverkehr an der Calz Independencia, der vom **Monumento a la Marimba** (Karte S. 154) gekennzeichnet wird. Wer bei der Anreise nach Xela hier aussteigt, spart sich die zehn oder 15 Minuten, die der Bus braucht, um das Terminal Minerva am anderen Ende der Stadt zu erreichen.

Buses nach Almolonga und Zunil halten zusätzlich in der Innenstadt an der Ecke 8a Avenida/10a Calle südöstlich des Parque Centro América. Busse nach **San Martín Sacatepéquez** (Chile Verde) halten auch an der 6a Calle, zwei Blocks nördlich des Parque Benito Juárez.

Um nach Antigua zu gelangen, kann man einen beliebigen Bus nach Guatemala-Stadt mit Halt in Chimaltenango nehmen und dort umsteigen. Um El Carmen/Talismán an der mexikanischen Grenze zu erreichen, muss man mit dem Bus nach San Marcos (10 Q, 2 Std., alle 30 Min.) fahren, dort in einen Bus nach Malacatán (15 Q, 2 Std.) steigen und sich schließlich ein Sammeltaxi (5 Q) oder einen Microbus (4 Q) nach El Carmen nehmen.

SHUTTLE-MINIBUS

Die Shuttle-Minibusse von **Adrenalina Tours** (☎7761-4509; www.adrenalinatours.com; Pasaje Enríquez, Zona 1) und **Monte Verde Tours** (☎7761-6105; www.monte-verdetours.com; 13 Av 8-34, Zona 1) steuern diverse Ziele an, z. B. Guatemala-Stadt (270 Q), Antigua (230 Q),

2.-KLASSE-BUSSE AB QUETZALTENANGO

ZIEL	PREIS (Q)	DAUER	ABFAHRT	FREQUENZ
Almolonga	3	40 Min.	5.30–17 Uhr	alle 15 Min.
Chichicastenango	25	3 Std.	9–15.30 Uhr	stündl.
Ciudad Tecún Umán (mexikanische Grenze)	40	3 Std.	5–18 Uhr	stündl.
Guatemala-Stadt	40	4 Std.	6–16 Uhr	alle 15 Min.
Huehuetenango	20	2 Std.	5.30–19 Uhr	alle 15 Min.
La Mesilla (mexikanische Grenze)	40	3½ Std.	5–16 Uhr	stündl.
Momostenango	9	1½ Std.	5.45–19 Uhr	alle 15 Min.
Panajachel	25	3 Std.	10–16.30	stündl.
Retalhuleu	20	1½ Std.	4.30–19.30 Uhr	alle 10 Min.
San Andrés Xecul	4,50	40 Min.	6–15 Uhr	alle 15 Min.
San Martín Sacatepéquez (Chile Verde)	5	1 Std.	6–15 Uhr	alle 15 Min.
San Pedro La Laguna	35	3 Std.	10–16 Uhr	alle 2 Std.
Zunil	4,50	1 Std.	6.30–17.30 Uhr	alle 10 Min.

Chichicastenango (150 Q), Panajachel (150 Q) und San Cristóbal de las Casas in Mexiko (270 Q).

Unterwegs vor Ort

Inguat (S. 163) hält Informationen zu den Routen der Stadtbusse bereit. Stadtbusse kosten 1,25 Q, wobei sich der Preis nach 19 Uhr und an Feiertagen verdoppelt. Die häufig verkehrenden Minibusse pendeln zwischen dem Terminal Minerva und der Innenstadt. Die Rotonda-Bushaltestelle an der Calz Independencia wird auch von „Parque"-Microbussen angefahren, die auf dem Weg ins Zentrum sind.

Taxis warten am Taxistand an der Nordseite des Parque Centro América. Hart feilschen! Ein Taxi zwischen dem Terminal Minerva und der Innenstadt sollte etwa 30 Q kosten.

Rund um Quetzaltenango

Die wunderschöne Vulkanlandschaft rund um Quetzaltenango eignet sich ganz hervorragend für aufregende Tagesausflüge und wer einen Tag hier verbringen möchte, muss nur in einen der Busse steigen, die die traditionellen Dörfer in der ganzen Region anfahren.

Markttage in den umliegenden Städten sind der Sonntag in Momostenango, der Montag in Zunil, Dienstag und Samstag in Totonicapán und Freitag in San Francisco El Alto.

Fuentes Georginas

Das wirklich schönste natürliche **Thermalbad** (☎7763-0596; info@fuentesgeorginas.com; Eintritt 50 Q; ⌚8–17.30 Uhr) in ganz Guatemala. Die unterschiedlich temperierten Becken werden von warmen Schwefelquellen gespeist und von einer hohen Mauer aus tropischer Vegetation umgeben. Das Thermalbad wurde durch den Hurrikan Agatha 2010 fast vollständig zerstört. Inzwischen ist jedoch alles repariert bzw. wieder aufgebaut, nur die Straße zum Bad ist teilweise noch gefährlich beschädigt.

Zur Anlage gehören auch ein **Restaurant** (Mahlzeiten 60–75 Q; ⌚8–19 Uhr) und drei geschützte Picknicktische mit Grills (Brennmaterial selbst mitbringen). Im Tal stehen sieben rustikale **Hütten** (95 Q/Pers.) zur Verfügung, alle mit Dusche, Grillstelle und Kamin, der die kalte Bergluft am Abend vertreibt. Im Preis für die Hütten ist die Benutzung der Pools rund um die Uhr enthalten. Wanderwege führen zu zwei nahen Vulkanen: **Volcán Zunil** (einfache Strecke 3 Std.) und **Volcán Santo Tomás** (einfache Strecke 5 Std.). Für beide Touren stehen (unerlässliche) Führer bereit. Einfach im Restaurant nachfragen.

Fuentes Georginas hat täglich verkehrende Shuttles zur Anlage (hin & zurück inkl. Eintritt 75 Q), die um 9 bzw. 14 Uhr am **Xela Café** (Karte S. 156; 6a Calle 9-30) in Quetzaltenango abfahren und um 13 bzw. 18 Uhr zurückfahren.

San Francisco El Alto

42 100 EW. / 2582 M

Hoch auf einem Berg über Quetzaltenango befindet sich San Francisco El Alto, Guatemalas Textildistrikt. Jeder Zentimeter wird von Händlern genutzt, die Pullover, Socken, Decken, Jeans u. v. m. verkaufen. Stoffballen quellen aus überfüllten Ladenfenstern – und das nur an den ruhigeren Tagen! Freitags explodiert die Stadt förmlich, wenn der eigentliche **Markt** stattfindet. Der große Platz, der von der Kirche und der *municipalidad* flankiert wird und sich rund um einen kuppelartigen *mirador* (Aussichtspunkt) verteilt, läuft vor Waren regelrecht über. Die Stände dehnen sich bis in die angrenzenden Straßen aus und das Verkehrsaufkommen ist so heftig, dass eigens ein Einbahnstraßensystem entwickelt wurde. Wer an Markttagen mit Fahrzeugen in die Stadt will, muss eine kleine Gebühr bezahlen.

Der Markt gilt als der größte und authentischste des ganzen Landes, obwohl oder gerade weil hier nicht annähernd so viel Kunsthandwerkserzeugnisse wie auf den Märkten in Chichicastenango und Antigua verkauft werden. Doch auch hier heißt es: Immer auf Taschendiebe achten und wachsam bleiben!

Wenn sich am späten Vormittag die Wolken langsam verziehen, bietet sich in der ganzen Stadt ein Panoramablick, besonders vom Dach der Kirche. Der Kirchendiener lässt Besucher hinauf.

San Franciscos größte Party ist die **Fiesta de San Francisco de Asís**, die um den 4. Oktober mit traditionellen Tänzen wie La Danza de Conquista oder La Danza de los Monos gefeiert wird.

Das **Hotel Vista Hermosa** (☎7738-4010; Ecke 2a Calle & 3a Av; EZ/DZ 75/150 Q, ohne Bad 35/70 Q) bietet in der Tat einen wunderschönen Ausblick von seinen großen, gemütlichen Zimmern. Gute *chuchitos* (kleine Tamales), *chiles rellenos* und andere Speisen werden an Ständen auf dem Markt verkauft.

QUETZALTENANGO BESSER KENNENLERNEN

Auf der Suche nach ungeschöntem Dorfleben? Drei Orte in der Nähe vom Xela sind auf jeden Fall die geringen Mühen wert, die man für die Reise dorthin auf sich nehmen muss:

Los Vahos

Die eher provisorisch anmutenden Sauna-Dampfbäder **Los Vahos** (Die Dämpfe; Eintritt 10 Q; ⌚8–18 Uhr), etwa 3,5 km von Xelas Stadtmitte entfernt, bieten sich für eine kurze Wanderung an. Man kann in einen Bus nach Almolonga steigen und an der mit einem kleinen Schild gekennzeichneten Straße nach Los Vahos aussteigen. Von hier geht es 2, 3 km bergauf. **Altiplano's Tour Operator** (☎7766-9614; www.altiplanos.com.gt; 12a Av 3-35, Zona 1) organisiert Wanderungen hierher. Die Aussicht ist atemberaubend.

San Andrés Xecul

Etwa 10 km nordwestlich von Xela liegt die von fruchtbaren Hügeln umgebene Kleinstadt, die die vielleicht bizarrste **Kirche** überhaupt zu bieten hat: Farbenfrohe Heilige, Engel, Blumen und Kletterwein teilen sich auf der quietschend gelben Fassade den Platz mit skurrilen Tigern und Affen. Es verkehren regelmäßig Busse (4,50 Q, 40 Min.) zwischen Xela und San Andrés.

Zunil

Der hübsche, landwirtschaftliche Marktflecken liegt in einem herrlich grünen Tal und wird von einem gewaltigen Vulkan dominiert. Die weiße kolonialzeitliche Kirche glänzt über den roten Dachziegeln und verrosteten Blechdächern der niedrigen Häuser. Die Stadt hat eine besonders fotogene **Kirche** und ist außerdem das Zuhause der Kunsthandwerker-Genossenschaft **Cooperativa Santa Ana** (⌚8–18 Uhr), der über 600 Frauen der Gegend angehören. Weitere Attraktionen sind der allwöchentlich montags stattfindende Markt und das Abbild von **San Simón** (S. 133), die Statue eines örtlichen Maya-Heroen, der als (nicht katholischer) Heiliger verehrt wird. Die Statue zieht jedes Jahr in ein anderes Haus um; man kann jeden fragen, wo San Simón derzeit wohnt. Es wird jedoch ein paar Quetzal kosten, wenn man ihn besuchen und fotografieren möchte. Busse zwischen Zunil und Xela (7 Q, 1 Std.) halten an der Hauptstraße neben der Brücke.

Die **Banco Reformador** (2a Calle 3-23; ⌚Mo–Fr 9–16, Sa 9–13 Uhr) wechselt Reiseschecks und hat einen Visa-Geldautomaten.

In Quetzaltenango fahren Busse via Cuatro Caminos nach San Francisco (10 Q, 1 Std.) den ganzen Tag über häufig ab. Wer am Markttag in Quetzaltenango ankommt, sollte an der 4a Avenida oben auf dem Hügel aussteigen und von dort Richtung Kirche gehen.

San Miguel Totonicapán

56 700 EW. / 2500 M

San Miguel Totonicapán, eine hübsche guatemaltekische Hochlandstadt, ist für ihre Kunsthandwerker bekannt. Schuhmacher, Weber, Blechschmiede, Töpfer und Holzschnitzer produzieren und verkaufen ihre Waren direkt im Ort. Der **Markt** findet dienstags und samstags statt. Er richtet sich an Einheimische und nicht an Touristen; am späten Vormittag geht es bereits recht gemächlich zu.

Totonicapáns „Parque" – wie der zentrale Platz heißt – wird von der obligatorischen **Kolonialkirche** und einem wundervollen **Stadttheater** flankiert, das 1924 erbaut und vor wenigen Jahren renoviert wurde.

Aktivitäten

Aventura Maya K'iche' TOUR
(☎5630-0554; kiche78@hotmail.com; 8a Av 2-17)
Die Casa de la Cultura Totonicapense, einen kurzen Fußweg vom unteren Ende des Platzes entfernt, zeigt Ausstellungen, die sich indigener Kultur und Kunsthandwerk widmen. Es organisiert außerdem das wunderbare Programm „Triff die Kunsthandwerker": Touristen können Künstler und Familien aus der Stadt kennenlernen und erfahren, wie sie leben, arbeiten und ihre Freizeit verbringen. Die eintägigen Veranstaltungen, die man zwei Wochen im Voraus buchen muss, umfassen diverse Kunsthandwerkerateliers (Töpfer, Schnitzer von Holzmasken und Musikinstrumenten,

Weber usw.), ein bisschen Sightseeing, ein Marimbakonzert und ein traditionelles Mittagessen bei einer einheimischen Familie. Die Preise liegen bei 475 Q pro Person in Gruppen von vier Teilnehmern bzw. 655 Q mit Privatunterkunft inklusive zweier Mahlzeiten.

Sendero Ecológico El Aprisco NATURSCHUTZGEBIET
(☎ 5355-0280; Eintritt 25 Q; ⌚ 8–16 Uhr) Der ein 13 ha großes altes Waldgebiet umfassende Sendero Ecológico El Aprisco nordöstlich von Totonicapán ist ein wunderbares Wanderareal. Die gut ausgeschilderten Wege führen auch durch das gemeindeeigene Schutzgebiet. Pick-ups fahren vom Ostende der 7a Calle hierher. Alternativ kann auch Aventura Maya K'iche' für 175 Q pro Person Ausflüge ins Schutzgebiet organisieren.

Festivals & Events

Erscheinen des Erzengels Michael RELIGIÖSES FEST
(⌚ 8. Mai) Feuerwerk und traditionelle Tänze.

Feria Titular de San Miguel Arcángel RELIGIÖSES FEST
(Namenstag des Erzengels Michael; ⌚ 24.–30. Sept.) Das Festival erreicht am 29. September seinen Höhepunkt.

Festival Tradicional de Danza KULTURFESTIVAL
(⌚ Ende Okt.) Totonicapán hält die traditionellen Tänze mit dem Festival sehr leidenschaftlich am Leben.

Schlafen & Essen

Aventura Maya K'iche' kann Übernachtungen bei einheimischen Familien organisieren, die 360/425/500 Q pro Person in Gruppen von vier/drei/zwei Teilnehmern kosten; Abendessen und Frühstück sind im Preis enthalten.

Hospedaje Paco Centro HOTEL $
(☎ 7766-2810; 3a Calle 8-18, Zona 2; EZ/DZ 65/130 Q) Praktisch versteckt in einem Einkaufszentrum. Ein paar Blocks vom unteren Teil des Platzes entfernt, bietet dieses streng geführte Haus große, saubere Zimmer mit je drei oder vier Betten.

Restaurante Bonanza RESTAURANT $$
(7a Calle 7-17, Zona 4; Mahlzeiten 40–60 Q; ⌚ 7–21 Uhr; 📶) Totonicapáns konventionellstes Restaurant ist hauptsächlich ein Fleisch-und-Tortilla-Haus, in dem Bedienungen mit Fliege um den Hals bergeweise Steaks, Hühnchen und Meeresfrüchte servieren.

An- & Weiterreise

„Toto"-Busse aus Quetzaltenango (6 Q, 1 Std.) fahren den ganzen Tag über etwa alle 20 Minuten an der Rotonda in der Calz Independencia ab (über Cuatro Caminos). Der letzte Direktbus nach Quetzaltenango verlässt Totonicapán um 18.30 Uhr.

Momostenango

51 800 EW. / 2259 M

Hinter San Francisco El Alto und 35 km von Quetzaltenango entfernt liegt Momostenango, Guatemalas berühmtes Zentrum für *chamarras* (dicke, schwere Wolldecken). Die Dorfbewohner stellen außerdem Ponchos und sonstige Wollkleidung her. Wenn man den Platz betritt, sieht man Schilder, die auf Werkstätten hinweisen und Besucher dazu einladen, zuzuschauen, wie die Decken gemacht werden – und, natürlich, das fertige Produkt zu erwerben. Man sollte Momostenango möglichst während des sonntäglichen Marktes besuchen, wenn gilt: Feilschen ohne Ende.

An Markttagen sind die Straßen verstopft, Busse fahren dann oft an der 3a Calle ab. Von hier sind es ungefähr fünf Fußminuten zum Platz – einfach den Massen folgen oder auf die Kirchtürme zusteuern.

Momostenango ist aber auch bemerkenswert, weil die Stadt sich noch immer am Maya-Kalender orientiert und traditionelle Riten vollzieht. Zeremonien, die wichtige Tage dieses Kalenders begleiten, werden auf den Hügeln 2 km westlich des Platzes abgehalten. Es ist für Traveller nicht ohne Weiteres möglich, diesen Riten beizuwohnen, das Takiliben May Wajshakib Batz (s. u.) wäre allerdings eine geeignete Anlaufstelle für einen Versuch.

Aktivitäten

Takiliben May Wajshakib Batz KULTURTOUR
(☎ 7736-5537; www.alunajoy.com/wajshakib-batz.html; 3a Av A 6-85, Zona 3; ⌚ Di & Do 16–18 Uhr) Diese Einrichtung widmet sich dem Studium und der Vermittlung der Maya-Kultur und der heiligen Traditionen der Mayas. Der Direktor Rigoberto Itzep Chanchavac, ein *chuchkajau* (Maya-Priester), ist verantwortlich dafür, die Gemeinde von wichtigen Tagen des Maya-Kalenders zu unterrichten. Seine halb- und ganztägigen Workshops befassen sich mit Bräuchen, die Außenseitern gewöhnlich verborgen bleiben.

Die Maya-Mission bietet außerdem Touren nach Momostenango, mit Besuchen auf dem heiligen Berg Paclom und bei den rituellen warmen Quellen von Payashú (100 Q, inkl. Übernachtung bei einer einheimischen Familie).

Festivals & Events

Wajshakib Batz' (acht Fäden) markiert den Beginn des rituellen *tzolkin*-Kalenders und gilt als heiligster Tag des Zyklus, an dem die „Tageswächter" bestimmt werden. Während der Zeremonie, die gewöhnlich auf dem heiligen Hügel Paclom stattfindet (der vom Ende der 5a Calle zu erreichen ist), wird den Priesterkandidaten ein „heiliges Bündel" mit roten Samen und Kristallen überreicht, die sie für Prophezeiungen auf der Grundlage des Ritualkalenders benutzen; dann tanzen sie um das Zeremonialfeuer herum, während sie ihr Bündel festhalten. Da das Fest auf das Ende eines 260-Tage-Zyklus fällt, variiert das Datum von Jahr zu Jahr. Wann es aktuell stattfindet, ist bei Takiliben May zu erfahren.

Schlafen & Essen

Die Unterkünfte sind hier generell sehr schlicht.

Hotel Otońo HOTEL $
(☎7736-5078; gruvial.m@gmail.com; 3a Av A 1-48, Zona 2; Zi. 100 Q/Pers.) Momostenangos nobelste Unterkunft bietet 14 moderne Zimmer mit glänzenden Bodenfliesen und riesigen Bädern. Einige haben außerdem Balkone oder Panoramafenster mit Blick auf die umliegenden Hügel. Das Hotelrestaurant serviert alle drei Mahlzeiten des Tages.

Praktische Informationen

Banco Reformador (1a Avenida 1-13, Zona 1; ⏲Mo–Fr 9–17, Sa 8–12 Uhr) Wechselt Reiseschecks und hat einen Cajero-5B-Geldautomaten.

An- & Weiterreise

Von Quetzaltenangos Terminal Minerva (9 Q, 1½ Std.) und San Francisco El Alto (45 Min.) verkehren Busse nach Momostenango. Sie fahren etwa alle 15 Minuten ab. Der letzte Bus nach Quetzaltenango verlässt Momostenango normalerweise um 16.30 Uhr.

Laguna Chicabal

Der magische See auf 2712 m Höhe ist am Rand eines Nebelwaldes in einen Krater des Volcán Chicabal eingebettet. Als „kosmischer Konvergenzpunkt" ist er für die Mam- und Quiché-Mayas ein heiliger Ort und ein wichtiger Schauplatz für Zeremonien. An den vier Kardinalpunkten des Sees befinden sich Maya-Altäre und Mayas kommen von überall her, um Zeremonien zu vollführen und hier ihre Opfergaben darzubringen. Vierzig Tage nach Ostersonntag ist der 13. Qanil: Dann bitten die gläubigen Bauern hier um Regen. Indem sie sich den Wasserstand im See anschauen und prüfen, ob die Wurzeln der Bäume am Ufer im Wasser stehen, können sie ablesen, ob sie schon pflanzen sollen. Da der See und seine Umgebung von großer zeremonieller Bedeutung sind, sollten Wanderer und Camper größtmöglichen Respekt walten lassen.

Die geheimnisvolle Stimmung wird noch durch den über dem See tanzenden Nebel verstärkt: Mal verbirgt er den See, um ihn sogleich wieder freizugeben. Vogelfreunde erspähen hier vielleicht Quetzals, Zapfenguane und Rosenwaldsänger.

Zu erreichen ist die Laguna Chicabal über die Siedlung Toj Mech, südwestlich der Stadt San Martín Sacatepéquez (auch bekannt als Chile Verde) an der Straße nach Colomba. Microbusse von Xela fahren montags bis samstags alle 20 Minuten von 15a Avenida und 6a Calle in Zona 3 (5 Q). Fahrgäste steigen dann an einem Parkplatz in Toj Mech aus. Von hier kann einen ein freundlicher Geselle namens Juan in seinem roten Pick-up (60 Q, 15 Min.) die steile Holperpiste zum **Besucherzentrum** (☎4349-6870; www.lagunadechicabal.com; Eintritt 15 Q; ⏲7–15 Uhr) des Parks hinauffahren. Anschließend führt ein Pfad weitere 3 km den Berg hinauf zur Stätte. Nach etwa zwei Dritteln des Wegs erreicht man eine Gabelung: Rechts geht's direkt zum See, links zu einem *mirador* (Aussichtspunkt) und dann sage und schreibe 615 Stufen hinunter zum Seeufer. Je früher man aufbricht, desto besser ist die Sicht.

Beim Besucherzentrum gibt es gute, von den einheimischen Mam-Mayas gemanagte Unterkünfte, darunter zwei sechsseitige Bungalows mit je vier Betten (40 Q/Pers.), die sich ein Kaltwasser-Badehaus teilen, sowie eine zweistöckige Holzhütte mit Bad (DZ 75 Q/Pers.).

Huehuetenango

155 500 EW. / 1909 M

Huehue (*wei*-wei) dient in erster Linie als Ausgangspunkt für Touren zu sehenswerteren Orten und hat an sich nur wenig zu bieten, es gibt jedoch auch Reisende, die den

Huehuetenango

Huehuetenango

Sehenswertes
- 1 Kirche C2
- 2 Mapa en Relieve C1
- 3 Parque Central C1

Schlafen
- 4 Hotel Central B1
- 5 Hotel La Sexta B2
- 6 Hotel Mary C1
- 7 Hotel San Luis de la Sierra A2
- 8 Hotel Zaculeu B1
- 9 Royal Park Hotel B2

Essen
- 10 Cafetería Carilo C2
- 11 Cafetería Las Palmeras C2
- 12 La Fonda de Don Juan B1
- 13 Pastelería Monte Alto C1
- 14 Restaurante Lekaf B3

Ausgehen & Nachtleben
- 15 Museo del Café A3

„authentischen Charme" der Stadt schätzen. Wie man es auch sieht, über zu wenig Restaurants oder Schlafgelegenheiten wird man sich jedenfalls nicht beklagen können und die Landschaft ist ein Traum: Im Hintergrund erheben sich die Cuchumatanes, der höchste Gebirgszug Zentralamerikas.

Auf dem lebendigen *indígena*-Markt kommen Tag für Tag Händler aus den umliegenden Dörfern zusammen. Überraschenderweise ist dies so ziemlich der einzige Ort, an dem man Einheimische in traditionellen Kostümen zu sehen bekommt, denn ein Großteil der Stadtbevölkerung sind modern gekleidete *ladinos*. Kaffeeanbau, Bergbau, Schafzucht, Leichtindustrie und Landwirtschaft sind die wichtigsten wirtschaftlichen Standbeine der Region.

In Huehue machen vor allem Traveller Halt, die auf dem Weg nach Mexiko sind bzw. von dort kommen. Die Stadt drängt sich schon fast als Anlaufstelle für die erste Nacht auf guatemaltekischem Boden auf, ist aber auch eine praktische Basis für Ausflüge in die Sierra de los Cuchumatanes oder das Hochland.

Sehenswertes & Aktivitäten

Parque Central PLAZA

Die zentrale Plaza von Huehuetenango liegt im Schatten alter Bäume und ist von imposanten Gebäuden umgeben: der *municipalidad* (mit dem Musikpavillon im Obergeschoss) und der riesigen **Kolonialkirche**. Auf dem Platz befindet sich eine kleine **Mapa en Relieve** (Reliefkarte) des Departamentos Huehuetenango.

Zaculeu ARCHÄOLOGISCHE STÄTTE
(Eintritt 50 Q; ⌚8–16 Uhr) Der Zaculeu hat eine strategisch günstige Position: Er wird auf drei Seiten von Schluchten begrenzt. Dies bedeutete Sicherheit für die einstigen Bewohner des späten postklassischen religiösen Zentrums; sie waren Angehörige des Maya-Volks der Mam. Die Anlage fiel 1525 nach zweimonatiger Belagerung in die Hände Gonzalo de Alvarados, eines Cousins Pedros, und seines Gefolges. Die Mam mussten sich geschlagen geben, weil sie nach und nach dem Hungertod erlagen.

Die **archäologische Stätte** ist ca. 200 m² groß und erinnert an einen Park. Sie erstreckt sich 4 km westlich der Hauptplaza von Huehuetenango. Vor Ort werden kalte, alkoholfreie Getränke und Snacks verkauft. Ein kleines **Museum** zeigt u. a. Schädel und andere Gegenstände aus einem Grab, das unterhalb der Estructura 1, dem größten Bauwerk auf dem Gelände, gefunden wurde.

In den 1940er-Jahren wurden auf Geheiß der United Fruit Company Restaurationsarbeiten durchgeführt. Seither sind die Pyramiden, Ballspielfelder und Zeremonienplattformen von ergrauendem Gips überzogen. Viele Sanierungsmethoden zerstörten den authentischen Charakter der Anlage, dafür sieht sie heute so aus, wie sie wahrscheinlich früher einmal ausgesehen hat, als sie noch aktiv von Mam-Priestern und Gläubigen genutzt wurde. Was fehlt, sind die bunten Fresken, die einst die Fassaden geschmückt haben müssen. Die Architektur weist eindeutig mexikanische Einflüsse auf.

Busse zur Stätte (2,50 Q, 20 Min.) fahren ca. alle 30 Minuten (7.30–18 Uhr) vor der Schule an der Ecke 2a Calle und 7a Avenida ab. Eine Taxifahrt ab dem Stadtzentrum kostet 30 Q. Eine Stunde gibt ausreichend Zeit, das Gelände und das Museum zu erkunden.

Schlafen

Hotel Mary HOTEL $
(☎7764-1618; 2a Calle 3-52; EZ/DZ 80/130 Q) Großes, älteres Hotel mit spärlich möblierten Zimmern. Die Betten sind bequem, die Bäder groß und grün gekachelt. Nr. 310 (und vielleicht noch andere) wartet mit einem Balkon auf.

Hotel Central HOTEL $
(☎7764-1202; 5a Av 1-33; Zi. 30 Q/Pers.) Das rustikale, kleine Hotel im Zentrum ist vielleicht genau das Richtige für preisbewusste Traveller. Die Zimmer sind einfach, aber groß, die Bäder befinden sich unten. Der hölzerne Innenbalkon mit den Säulen verleiht dem Bauwerk einen Hauch von Charme.

Hotel La Sexta HOTEL $
(☎7764-7559; 6a Av 4-29; EZ/DZ 90/150 Q; @📶) Schlafzellen flankieren beide Seiten eines stallähnlichen Gebäudes, dessen Ambiente durch tropische Vögel und Pflanzen sowie von den aquamarinfarbenen Stühlen mit Lederimitat ein wenig aufgepeppt wird. Am besten nach einem möglichst weit hinten gelegenen Raum fragen, denn der Straßenlärm ist unerträglich.

★ **Hotel Zaculeu** HOTEL $$
(☎7764-1086; www.hotelzaculeu.com; 5a Av 1-14; EZ/DZ/3BZ 150/275/290 Q; @📶) Das 125 Jahre alte Hotel hat wirklich Charakter. Die 36 großen Zimmer sind in zwei Bereichen untergebracht: Die im „neuen Flügel" sind etwas teurer, aber auch heller und haben eine stilvollere Aufmachung. Nett sind der Patio und die Bar mit der entspannten Atmosphäre.

Royal Park Hotel HOTEL $$
(☎7762-7774; hotelroyalpark1@gmail.com; 6a Av 2-34; EZ/DZ 135/270 Q; @📶) Dieses Hotel der Businessklasse ist eines der edelsten in Huehue, mit reicht verzierten Bettdecken und riesigen Flachbild-TVs. Zimmer, die auf 08 enden, haben Bergblick.

Hotel San Luis de la Sierra HOTEL $$
(☎7764-9217; hsanluis@gmail.com; 2a Calle 7-00; EZ/DZ 120/185 Q) Die einfachen, eher kleinen Zimmer sind mit Kiefernmöbeln und heimeligen Details eingerichtet und zum Hotel gehört auch ein recht ordentliches Restaurant. Die eigentliche Attraktion jedoch ist der große Regenwaldgarten hinterm Haus mit seinen Wegen.

Essen & Ausgehen

Pastelería Monte Alto CAFÉ $
(2a Calle 4-24; Kuchen & Backwaren 8–15 Q; ⌚9–21 Uhr) Das altmodische Café nicht weit von der Plaza führt seine Kunden mit einem schönen Angebot an Käsekuchen, Eclairs, Pflaumenkuchen und anderem in Versuchung; dazu gibt's alle möglichen Kaffeevariationen.

Cafetería Las Palmeras GUATEMALTEKISCH $
(4a Calle 5-10; Hauptgerichte 25 Q; ⌚7–21 Uhr) Beliebte Adresse im südlichen Parque Central. Das Open-Air-Restaurant im Obergeschoss gewährt eine Aussicht auf den Platz. In der *caldo de pollo criollo* (25 Q) ist jede Menge Hühnchen, *güisquil* (Kürbis) und Mais.

Cafetería Carilo GUATEMALTEKISCH $
(5a Av 3-54; menú del día 25 Q; ⌚7–21 Uhr) Das bescheidene Restaurant am Hauptplatz füllt sich regelmäßig schnell mit Familien und Freundesgruppen, die sich an großzügigen Portionen herzhafter Hausmachereintöpfe gütlich tun; dazu werden Avocadoscheiben und Tortillas gereicht.

Restaurante Lekaf INTERNATIONAL $$
(☎7764-3202; 6a Calle 6-40; Hauptgerichte 40–80 Q; ⌚10–23 Uhr) Moderner, luftiger Speisesaal mit einer abwechslungsreichen Karte, auf der u. a. Sandwiches, Pizzas und Meeresfrüchtegerichte stehen. Donnerstags bis sonntags treten abends Bands auf, die Marimba und Folk spielen.

La Fonda de Don Juan PIZZERIA $$
(2a Calle 5-35; Pizza 45–75 Q; ⌚24 Std.) Die Anlaufstelle für Nachtschwärmer und Frühaufsteher. Hier gibt's verschiedene guatemaltekische und internationale Speisen, darunter auch günstige Pizza.

Museo del Café CAFÉ
(www.cafemuseohuehue.com; 4a Calle 7-40; ⌚Mo–Sa 7–21.30 Uhr; 📶) In dem „Museum" wird mit der beste Kaffee von ganz Huehue serviert, und das will was heißen! Aber hier gibt's nicht nur eine gut gebrühte Tasse Kaffee, sondern auch Hintergrundinfos über die Bohne, die einen so starken Einfluss auf die guatemaltekische Geschichte hatte. Von frühmorgens mit spätabends ist in den verschiedenen Räumen und dem hübschen Patio des Cafés immer was los.

Wer sich das alte Kaffeezubehör und ein paar Erläuterungen angeschaut hat, kann sich zum Mitnehmen sogar seine eigenen Bohnen rösten. Besitzer Manrique López, Sohn eines kleinen Kaffeeproduzenten aus Barrillas, bietet auch Plantagentouren an.

ℹ Praktische Informationen

Das Stadtzentrum liegt 4 km nordöstlich der Interamericana. Angeblich gibt's im Rathaus ein Büro von **Inguat** (☎5768-7078; Parque Central; ⌚8–12 & 14–17 Uhr), doch scheint dort selten jemand anwesend zu sein.

Die **Banco Industrial** (6a Av 1-26) eine Straße westlich des Hauptplatzes verfügt über einen zuverlässigen Geldautomaten.

ℹ An- & Weiterreise

Der Busbahnhof befindet sich in der Zona 4, 2 km südwestlich der Plaza an der 6a Calle. Verschiedene Busunternehmen bedienen dieselben Routen, allerdings werden die erforderlichen Infos nicht in nachvollziehbarer Form präsentiert. Infos über 2.-Klasse-Busse siehe Tabelle S. 171. Microbusse nach Cobán und Barrillas, via Soloma und San Mateo Ixtatán, gibt es an der Tankstelle in El Calvario, an der Ecke 1a Avenida und 1a Calle, vier Blocks nordöstlich des Parque Central.

Zwei Unternehmen mit Pullman-Bussen nach Guatemala-Stadt benutzen Privatterminals: **Transportes Los Halcones** (☎7765-7986; www.transportesloshalcones.com; 10a Av 9-12, Zona 1) fährt mindestens 5-mal am Tag (65 Q), mit Luxusbussen um 7 und 14 Uhr; **Línea Dorada** (☎7768-1566; www.lineadorada.com.gt; 8a Calle 8-70) hat einen Bus um 23 Uhr (110 Q).

Auf der Straße von Huehuetenango nach Cobán sind nur wenige Traveller unterwegs. Sie ist ein ziemlich holpriges Unterfangen, zumal ein großer Erdrutsch einen Teil der Strecke unter sich begraben hat, weshalb man nun einen haarsträubenden Umweg in Kauf nehmen muss. Wer früh genug aufbricht, kann die 150 km an einem Tag schaffen (mehrfaches Umsteigen erforderlich). Die Reise ist umständlich, führt aber durch eine herrliche Hochlandszenerie der Marke „definitiv sehenswert".

Eine andere Möglichkeit ist, in Huehue einen Bus nach Barrillas zu nehmen, in einem der einfachen, aber annehmbaren Hotels zu übernachten und tags drauf mit einem Pick-up nach Playa Grande (50 Q, 4 Std.) weiterzukurven. Von Playa Grande fahren regelmäßig Busse nach Cobán (50 Q, 3 Std.).

Rund um Huehuetenango

Todos Santos Cuchumatán

4100 EW. / 2450 M

Hoch oben im Hochland liegt das Dorf Todos Santos. Viel rustikaler geht es kaum. Ringsum erhebt sich ein umwerfendes Bergpanorama, die Straßen sind unbefestigt, zu essen gibt's Bohnen und Tortillas und um 21 Uhr werden die Bürgersteige hochgeklappt. Im Ort sind ein paar Sprachschulen ansässig. Außerdem ist er die letzte Station der phantastischen Wanderung, die in Nebaj beginnt. Auch die umliegenden Hügel laden zum Wandern ein. Der eigentliche Markttag ist der Samstag, aber auch am Mittwoch wird ein kleinerer Markt aufgebaut. Früher kippte man sich nach dem Markt ordentlich einen hinter die Binde, doch dieses Ritual gehört der Vergangenheit an, seitdem entsprechende Prohibitionsgesetze in Kraft getreten sind (der einzige Tag, an dem man sich noch legal betrinken darf, ist der 1. November).

Die Post und eine Banrural-Filiale finden sich an der zentralen Plaza. Die Bank tauscht US-Dollar und Reiseschecks um. Es gibt keinen Geldautomaten im Ort.

Wer im Winter nach Todos Santos kommt, sollte warme Kleidung im Rucksack haben.

Sehenswertes

Museo Balam MUSEUM

(Eintritt 5 Q; 8–18 Uhr) Das Museum von Todos Santos befindet sich in einem zweistöckigen Haus eine Straße östlich der Plaza. Die Sammlung von Trachten und Masken, traditionellen Küchenutensilien, archäologischen Funden und Musikinstrumenten erwacht erst dann so richtig zum Leben, wenn Fortunato, der Schöpfer des Museums und ein Gemeindevorsteher, seine Erläuterungen beisteuert.

Aktivitäten

In diesem spektakulären Wanderrevier gibt es jede Menge Wege, für die kein Führer nötig ist und die entweder im Ort selbst oder nur eine kurze Busfahrt entfernt beginnen. Am besten nach dem Weg zu **La Torre** erkundigen, dem höchsten nicht vulkanischen Punkt in Zentralamerika, oder zu **Las Cuevas**, einer heiligen Höhle, in der die einheimischen Mayas noch immer Rituale vollführen.

Rigoberto Pablo Cruz WANDERN

(5206-0916; rigoguiadeturismo@yahoo.com) Der kenntnisreiche, lockere und Englisch sprechende *todosantero* Rigoberto leitet Wanderungen durch die Gegend, so z. B. einen Aufstieg zum Gipfel des La Torre, gefolgt von einem Abstieg nach La Maceta. Eine andere von Rigos Wanderungen führt in rund fünf Stunden zur abgeschiedenen Bergsiedlung San Juan Atitán, wo die Frauen umwerfende *huipiles* tragen; zurück geht's mit dem Bus.

Außerdem bietet Rigo zweitägige Treks nach Nebaj (800 Q/Pers., mind. 2 Pers.) inklusive Verpflegung und Übernachtung in Gemeinde-Unterkünften an und obendrein noch Unterricht in Spanisch und Mam.

Festivals & Events

El Día de Todos los Santos

(1. Nov) Todos Santos ist berühmt für die jährlich stattfindenden Pferderennen, die am Día de Todos los Santos (Allerheiligen) ausgetragen werden und die Krönung einer einwöchigen Party darstellen. Am Vorabend der Rennen machen männliche Tänzer die Nacht zum Tage und es gibt *aguardiente* (Zuckerrohrschnaps) bis zum Abwinken. Tagsüber wird traditionelles Essen verkauft und man kann sich Maskentänze ansehen.

Schlafen & Essen

Hotel Casa Familiar HOTEL $

(7783-0656; adelamendozaj@yahoo.es; EZ/DZ/3BZ ohne Bad 60/90/120 Q) Wurde bei unserem Besuch gerade umfassend renoviert. Die zentral gelegene Unterkunft hat die heimeligsten Zimmer der ganzen Stadt: Böden aus Hartholz, traditionelle Tagesdecken, gute Duschen mit warmem Wasser und reichlich Decken. Neu sind der Gemeinschaftsraum

2.-KLASSE-BUSSE AB HUEHUETENANGO

ZIEL	PREIS (Q)	DAUER	ABFAHRT	FREQUENZ
Aguacatán	8	30 Min.	6–19 Uhr	alle 20 Min.
Barrillas	50	7 Std.	4.30–14.30 Uhr	stündl.
Cobán	70	6 Std.	13.40 Uhr	1-mal tgl.
Gracias a Dios (mexikanische Grenze)	30	4 Std.	10–16 Uhr	4-mal tgl.
Guatemala-Stadt	60	5 Std.	6–16 Uhr	halbstündl.
La Mesilla (mexikanische Grenze)	20	2½ Std.	3–18 Uhr	halbstündl.
Quetzaltenango	20	2 Std.	3–18 Uhr	alle 15 Min.
Sacapulas	20	2 Std.	11.30 & 12.45 Uhr	2-mal tgl.
Santa Cruz del Quiché	25	2 Std.	5–17 Uhr	alle 15 Min.
Soloma	25	3 Std.	4.30–14.30 Uhr	stündl.
Todos Santos Cuchumatán	25	2 Std.	4–14.30 Uhr	4-mal tgl.

mit Kamin und die Dachterrasse mit einer *chuj* (traditionelle Maya-Sauna).

Hotelito Todos Santos HOTEL $
(☎7783-0603; Zi. 125 Q, EZ/DZ ohne Bad 45/90 Q) Geht man den Hügel neben der Plaza ein Stück hinauf, knickt eine Seitenstraße nach links ab. Dort findet man diese Budgetunterkunft mit den kleinen, schmucklosen Zimmern, die jedoch gefliest und sehr sauber sind und mit soliden Betten aufwarten.

Comedor Katy GUATEMALTEKISCH $
(Mahlzeiten 22 Q) Frauen in traditioneller Kleidung kümmern sich um die Töpfe mit *pepián* und Hühnersuppe, die in diesem rustikalen Laden unterhalb der zentralen Plaza über glühenden Kohlen vor sich hin blubbern. Die Tische auf der Terrasse gewähren einen Blick auf den Markt.

Comedor Evelín GUATEMALTEKISCH $
(Mo–Sa 6–20 Uhr) Dieses oft volle Lokal besteht aus zwei Speisesälen; die Karte ist jeweils auf einer Tafel notiert. Mittags gibt's traditionelle Speisen wie *pepián de pollo* und *caldo de res*. 100 m östlich der Plaza, bei der Buchhandlung bergauf.

An- & Weiterreise

Busse und Microbusse fahren in der Hauptstraße zwischen der Plaza und der Kirche ab. Von 4.30 bis 14 Uhr gibt's ca. zehn Verbindungen nach Huehuetenango (25 Q, 2½ Std.). Microbusse fahren den ganzen Tag lang, wenn sie voll sind. Täglich verkehren drei Busse Richtung Nordwesten nach Jacaltenango (4.30, 5 und 6 Uhr). Der erste fährt ganz bis zur mexikanischen Grenze bei La Mesilla.

PAZIFIKEBENE

Die Ebene, die durch eine Vulkankette vom Hochland abgeschnitten ist und sich bis zum Pazifik erstreckt, wird unter dem Begriff La Costa (die Küste) zusammengefasst. Hier herrscht ein drückendes Klima; je nach Jahreszeit ist es entweder heiß und feucht oder heiß und trocken. Auf den nährstoffreichen vulkanischen Böden in den Höhenlagen wird Kaffee angebaut, weiter unterhalb gedeihen Ölpalmen und Zuckerrohr.

Die wichtigsten Sehenswürdigkeiten sind die archäologische Stätte Takalik Abaj und die Skulpturen rund um Santa Lucía Cotzumalguapa aus der Zeit vor der Olmeken-Kultur.

Die überwältigende Mehrheit der Einheimischen sind *ladinos*. Selbst die größten Städte sind sehr bescheiden – man wird vor allem niedrige Holz- oder Betonhäuser und hin und wieder ein mit Palmblättern gedecktes Dach zu sehen bekommen.

Der Strandtourismus steckt in Guatemala noch in den Kinderschuhen. Der einzige Ort mit zufriedenstellender Infrastruktur ist Monterrico, wo sich auch unter Naturschutz stehende Mangrovenwälder erstrecken. Fast jede Stadt am Strand bietet Unterkünfte für Touristen, sehr häufig sind diese jedoch ausgesprochen rustikal. Die beste Brandung bekommt Sipacate ab – der Ort entwickelt sich langsam zu einer Surferhochburg. Ambitionierte Wellenreiter werden aber wahrscheinlich in Mexiko und El Salvador bessere Bedingungen vorfinden.

Retalhuleu

43 700 EW.

Wenn man am Busbahnhof von Retalhuleu – von den meisten Guatemalteken kurz Reu (*re*-u) genannt – ankommt, wird man mit an Sicherheit grenzender Wahrscheinlichkeit überhaupt kein bisschen beeindruckt sein. Das umliegende Viertel ist ziemlich geschmacklos und billig und es wimmelt von heruntergekommenen Holz-*cantinas* und Straßenhändlern.

Das Zentrum ist nur fünf Blöcke entfernt, scheint jedoch einer anderen Welt anzugehören. Die majestätische, von Palmen bestandene Plaza wird von ein paar prächtigen alten Gebäuden flankiert, selbst die Polizei beteiligt sich aktiv an der Stadtverschönerung: Pflanzen zieren die Fassade der Hauptwache. Die Plaza findet man leicht, indem man sich zu den Zwillingskirchtürmen begibt.

Am Stadtrand findet man die Wohnhäuser wohlhabender Plantagenbesitzer, beeindruckende Wochenendresidenzen und von Zäunen eingefasste Siedlungen, die mittlerweile überall im Land entstehen.

Sehenswertes

Hauptanziehungspunkt für die meisten Besucher ist der Zugang zur Stätte Takalik Abaj. Und wenn man wirklich viel Zeit hat, könnte man sich auch die hervorragenden Freizeitparks **Xocomil** (☎7772-9400; www.irtra.org.gt; Carretera CITO Km 180,5; Erw./Kind 100/50 Q; Do–So 9–17 Uhr) und **Xetulul** (☎7722-9450; www.irtra.org.gt; Carretera CITO Km 180,5;

AGROTOURISMUS RUND UM RETALHULEU

Es war nur eine Frage der Zeit, bis der Agrotourismus in Guatemala Fuß fassen würde. Überall im Land findet man wunderschöne Fincas (Landhäuser) in traumhaft ländlicher Lage. Häufig übernachtet man im Originalbauernhaus und das „Tourangebot" beschränkt sich auf Spaziergänge auf dem Anwesen – das Ganze hat also kaum negative Folgen auf die Umwelt. Die folgenden Fincas sind nach wie vor in Betrieb; wer dort übernachten möchte, sollte sich ein paar Tage im Voraus bei den Besitzern anmelden. Hinweise zur Anreise sind den Websites zu entnehmen.

Aldea Loma Linda (☎ 4996-2110; www.asodill.org; Zi. ohne Bad Freiwillige/Besucher 25/50 Q/Pers.) Das wunderschöne Dorf liegt in den südlichen Vorbergen des Vulkans Santa María. Einfache, aber bequeme Schlafmöglichkeiten und Tätigkeiten für Freiwillige.

Finca Santa Elena (☎ 7772-5294; www.fincasantaelena.com; Carretera a Quetzaltenango Km 187; ohne Bad 125–140 Q/Pers.; WLAN) Eine der am leichtesten zugänglichen *fincas* in der Region. Die angebotenen Touren sind sehr informativ. Übernachtet wird in dem wunderschönen Bauernhaus.

Comunidad Nueva Alianza (☎ 5348-5290; www.comunidadnuevaalianza.org; B/EZ/DZ ohne Bad 65/85/170 Q; @) Liegt an einem Hang mit grandiosem Blick auf die Küste. Man kann eine tolle Wanderung zu einem nahe gelegenen Wasserfall unternehmen. Die kurzen Touren liefern jede Menge Infos. Zudem sind diverse Posten für Freiwillige zu besetzen (für kurze und längere Aufenthalte).

Erw./Kind 100/50 Q; ⏲ Do–So 10–18 Uhr) ganz in der Nähe anschauen.

Museo de Arqueología y Etnología MUSEUM
(6a Av 5-68; Eintritt 15 Q; ⏲ Mo–Fr 8.30–12.30 & 14–17.30, Sa 9–12.30 Uhr) In dem kleinen Museo de Arqueología y Etnología sind archäologische Artefakte ausgestellt. Im Obergeschoss findet man alte Fotos und ein Wandbild, das die Lage der 33 archäologischen Stätten rund um Retalhuleu zeigt.

Schlafen

La Estancia HOTEL $
(☎ 7771-3053; 10a Calle 8-50, Zona 1; EZ/DZ 100/180 Q; ❄ WLAN) Die beste Budgetunterkunft in der Stadt hat einfache, saubere Zimmer und ist nur ein paar Blocks vom Busbahnhof entfernt.

Hostal Casa Santa María HOTEL $
(☎ 7771-6136; www.hostalcasasantamaria.com; 4a Calle 4-23, Zona 1; EZ/DZ ab 160/250 Q; ❄ WLAN Pool) Eine der stimmungsvolleren Bleiben vor Ort. Das kleine Hotel beherbergt acht geräumige Zimmer mit minimalistischer, geschmackvoller Deko. Im Hof gibt's einen kleinen Swimmingpool.

Hotel Casa y Campo HOTEL $$
(☎ 7771-3289; 3a Calle 4-73, Zona 1; EZ/DZ 125/250 Q; ❄ WLAN) Gemütliche, preiswerte Zimmer nur zwei Straßen von der Plaza. Schnell ausgebucht, daher am besten vorher anrufen!

Essen

Die Einwohner von Reu scheinen total auf Pizza zu stehen, jedenfalls reiht sich in der 5a Avenida nördlich der Plaza eine Pizzeria an die andere.

Cafetería La Luna GUATEMALTEKISCH $
(Ecke 8a Av & 5a Calle, Zona 1; Hauptgerichte 25–60 Q; ⏲ 8–22 Uhr) Ein Favorit der Einheimischen eine Straße von der Plaza entfernt, mit reichhaltigen Gerichten in bescheidenem Ambiente.

Praktische Informationen

In der Stadt gibt es keine offizielle Touristeninformation, doch die Leute von der **Municipalidad** (Rathaus; 6a Av) gegenüber der Ostseite der Kirche helfen Touristen gern weiter.

Banco Agromercantil (5a Av) An der Plaza. Hier können US-Dollar und Reiseschecks getauscht werden. Der Automat akzeptiert MasterCard.

Banco Industrial (Ecke 6a Calle & 5a Av) Tauscht US-Dollar und Reiseschecks und hat einen Automaten, der Visa akzeptiert.

An- & Weiterreise

Die meisten Busse, die auf der Carretera al Pacífico unterwegs sind, machen einen Umweg nach Reu. Der Busbahnhof liegt nordöstlich der Plaza.

Wer nach El Asintal (zur Ruine Takalik Abaj) fahren möchte, nimmt am besten ein Gemeinschaftstaxi (7 Q). Diese Kombis findet man rund um die Bushaltestelle und die Plaza; an der Windschutzscheibe steht „Asintal".

BUSSE AB RETALHULEU

ZIEL	PREIS (Q)	DAUER	ABFAHRT	FREQUENZ
El Asintal	5	30 Min.	6–18 Uhr	halbstündl.
Champerico	10	1 Std.	6–19 Uhr	alle paar Min.
Tecún Umán (mexikanische Grenze)	15	1½ Std.	5–22 Uhr	alle 20 Min.
Guatemala-Stadt	50–80	3 Std.	2–20.30 Uhr	alle 15 Min.
Quetzaltenango	15	1 Std.	4–18 Uhr	halbstündl.
Santa Lucía Cotzumalguapa	25	2 Std.		halbstündl.

Parque Arqueológico Takalik Abaj

Die archäologische Ausgrabungsstätte Takalik Abaj (ta-ka-*liek* a-*ba*, Quiché: „stehender Stein") liegt 30 km westlich von Retalhuleu. Anhand der großen Olmeken-Steinköpfe konnte die Ruine als eine der ältesten Siedlungen des Maya-Reichs klassifiziert werden. Die **Stätte** (Eintritt 50 Q; ⌚7–17 Uhr) muss noch restauriert und „aufgehübscht" werden, man sollte also kein zweites Chichén Itzá oder Tikal erwarten. Wer jedoch angewandte Archäologie erleben möchte, ist hier an der richtigen Stelle. Es wird vermutet, dass Takalik Abaj einer der wenigen Orte war, an dem Olmeken und Maya zusammenlebten.

Auf dem Gelände einer Farm 2 km hinter dem Eingang zur archäologischen Stätte Takalik Abaj – und auf einem großen noch nicht ausgegrabenen Teil derselben – steht die **Takalik Maya Lodge** (☎2334-7693; www.takalik.com; Bungalow/Bauernhaus 490/330 Q), die mit Abstand luxuriöseste Unterkunft in der Umgebung. Man kann im alten Bauernhaus oder in den neuen Gebäuden im „Maya-Stil" inmitten des Waldes übernachten. Auf der Website werden Pauschalarrangements geboten: Unterkunft, Verpflegung sowie Führungen über die Kaffee-, Macadamia- und Kautschukplantagen und geführte Ausritte zu den Wasserfällen auf dem Gelände und zur Ruine. Die Pick-ups, die von El Asintal Richtung Takalik Abaj fahren, halten auf Wunsch am Eingang zur Lodge.

Will man den archäologischen Park mit öffentlichen Verkehrsmitteln erreichen, muss man ein Gemeinschaftstaxi von Retalhuleu nach El Asintal (5 Q, 30 Min.) nehmen, das 12 km nordwestlich von Retalhuleu und 5 km nördlich der Carretera al Pacífico liegt. Etwas seltener fahren Busse an der Haltestelle in der 5a Avenida A ab, 800 m südwestlich der Plaza von Reu (6–18 Uhr, Abfahrt ca. alle 30 Min). Von El Asintal gelangt man mit Pick-ups nach Takalik Abaj (5 Q); die Fahrt geht 4 km lang über eine befestigte Straße. Ein ehrenamtlicher Guide zeigt den Besuchern das Gelände, was mit einem Trinkgeld honoriert werden sollte. Takalik Abaj kann auch im Rahmen einer Tour von Quetzaltenango aus besichtigt werden.

Champerico

Von Xela aus ist der Strand von Champerico am unkompliziertesten zu erreichen. Dies ist nicht der schlechteste Ort für eine kleine Abkühlung, obwohl der mit Müll übersäte Sand und die starke Strömung eher ernüchternd sind. An den Wochenenden wimmelt es nur so von Sonnenanbetern, unter der Woche aber kann man es hier ganz gut aushalten. In den *comedores* am Strand werden günstige, leckere Meeresfrüchtegerichte zubereitet.

Wie gesagt: Die Strömung ist heftig und sollte nicht unterschätzt werden. Zudem sollte man am mittleren Teil des Strandes bleiben, denn an seinen Ausläufern leben zum Teil sehr arme und verzweifelte Menschen in heruntergekommenen Hütten. Einige Touristen wurden dort Opfer von Raubüberfällen. Die meisten Sonnenanbeter unternehmen nur einen Tagesausflug an den Strand, es gibt jedoch eine Reihe von günstigen Hotels und Restaurants vor Ort. Die beste Adresse ist das **Hotel Maza** (☎7773-7180; EZ/DZ 150/250 Q; ❄) am Strand. Die letzten Busse nach Quetzaltenango fahren gegen 18 Uhr, nach Retalhuleu gibt es auch noch ein wenig später ein paar Verbindungen.

Santa Lucía Cotzumalguapa

111 700 EW.

Santa Lucía ist eine sehr gewöhnliche Küstenstadt, die sich wie zufällig über mehrere Hügel erstreckt. Das verschlafene Nest hat nur wenig zu bieten, mal abgesehen von den bemerkenswerten archäologischen Stätten außerhalb der Stadt. Dort erheben sich auf Zuckerplantagen riesige Steinköpfe.

Die einheimische Bevölkerung stammt von den Pipil ab, einem indigenen Volk, das historische, sprachliche und kulturelle Gemeinsamkeiten mit den Nahuatl sprechenden Völkern Zentralmexikos aufweist. Während der frühen klassischen Periode pflanzten die Pipil Kakao an, zur damaligen Zeit die gängige Währung. Ihre Leidenschaft war das *juego de pelota* (Ballspiel) der Mayas und Azteken. Bei dem Spiel ging es wohl darum, einen harten Gummiball in der Luft zu halten, und zwar unter Einsatz aller Körperteile mit Ausnahme der Hände, des Kopfes und der Füße. Zudem spielten Todesriten und -mysterien eine große Rolle.

Die Kunst der Pipil ist nicht romantisch und überbordend wie die der Mayas, sondern nüchtern und streng. Was die „Mexikaner" mitten in das Hoheitsgebiet der Maya verschlug, ist nach wie vor ein Rätsel.

Sehenswertes

Am Hauptplatz von Santa Lucía warten Taxifahrer auf Kundschaft, die alle drei Stätten für etwa 200 Q ansteuern (man muss nicht allzu viel handeln). Da das Klima heiß und stickig ist, empfiehlt es sich, zumindest einen Teil des Wegs in einem Wagen zurückzulegen. Wer sich zu Fuß und mit dem Bus fortbewegen will, sollte sich etwas zu essen einstecken. Tipp: Auf dem Hügel von El Baúl kann man wunderbar picknicken.

Hügelstätte El Baúl — ARCHÄOLOGISCHE STÄTTE

Die Hügelstätte von El Baúl ist besonders interessant, da dieser Ort der Andacht noch heute von Einheimischen genutzt wird. Wer am Wochenende hier aufläuft, wird eventuell ein paar Gläubige antreffen; seit mehr als 1400 Jahren zollen Menschen den Götzenbildern an dieser Stelle Respekt.

Von den beiden hier zu sehenden Steinen ist der grotesk anmutende, halb vergrabene Kopf der interessantere. Er trägt einen aufwendigen Kopfputz, hat „blinde" Augen mit großen Tränensäcken und eine schnabelähnliche Nase. Sein süffisantes Grinsen passt so gar nicht zu seinem schwarz angelaufenen Gesicht und der Tatsache, dass er zur Hälfte im Boden versunken ist. Der Steinkopf ist mit Wachs- und Alkoholflecken übersät, zudem wird man die Asche abgebrannter Räucherstäbchen vorfinden – alles Teil der Götzenverehrung. Der andere Stein weist die Reliefdarstellung einer Figur auf, die von runden Motiven umgeben ist; vielleicht handelt es sich dabei um Datumsglyphen. Eine Kopie dieses Steins steht auf dem Hauptplatz von Santa Lucía.

El Baúl befindet sich 4,2 km nordwestlich der Iglesia El Calvario. Von der Kirche (bzw. der Kreuzung kurz dahinter) sind es zunächst 2,7 km bis zu einer Straßengabelung hinter einer Brücke; an der Gabelung befindet sich der Eingang zur Wohnsiedlung Ciudad España (auf der Strecke fahren Busse). Die rechte, unbefestigte Straße bringt einen nach 1,5 km zu einer Stelle, an der ein Trampelpfad den Weg kreuzt; rechter Hand erhebt sich inmitten der flachen Felder ein von Bäumen bestandener „Hügel". Dabei handelt es sich tatsächlich um eine große, nicht restaurierte Tempelplattform. Hat man das Feld überquert und die Südseite des Hügels umrundet, kann man dem Pfad hinauffolgen. Motorisierte Besucher können bis zu einem Punkt 50 m unterhalb der Spitze fahren.

Museo El Baúl — MUSEUM

(Mo–Fr 8–16, Sa 8–12 Uhr) GRATIS Das Museo El Baúl beherbergt unter freiem Himmel eine interessante Sammlung von Pipil-Steinskulpturen, die in den Zuckerrohrfeldern rund um die Finca El Baúl gefunden wurden. Am Eingang werden Besucher von einem großen steinernen Jaguar empfangen. Zu den weiteren Skulpturen zählen vier Menschen oder Affen mit über der Brust gekreuzten Armen, ein grinsender Kopf mit blinden Augen, der an denjenigen an der Hügelstätte erinnert, sowie Schädelskulpturen.

Von der Spitze des Hügels läuft man 1,5 km zurück zu der mit dem „Los Tarros"-Schild markierten Weggabelung. Diesmal folgt man der anderen (befestigten) Straße und erreicht nach 3 km die Hauptverwaltung der Finca El Baúl. (Wer zu Fuß unterwegs ist, kann von der Hügelstätte aus zu der ungepflasterten Straße zurücklaufen, sie geradeaus überqueren und dem Trampelpfad weiter folgen. Von diesem biegt dann die asphaltierte Straße zum Finca-Hauptgebäude rechts ab). Alle paar Stunden passiert ein Bus diese Straße und bringt die Raffinerie-Arbeiter ins Stadtzentrum bzw. aus der Stadt zur Arbeit.

Wenn man sich der Hauptverwaltung der Finca nähert, die vom Hauptplatz in Santa Lucía 6 km entfernt ist, muss man eine schmale Brücke überqueren. Danach

STRANDLEBEN AN DER PAZIFIKKÜSTE

An der Küste dreht sich natürlich alles um die Strände. Am beliebtesten bei ausländischen wie guatemaltekischen Touristen sind Champerico und Monterrico; sie liegen am nächsten an Quetzaltenango bzw. Antigua und haben erheblich unter der Besucherflut zu leiden. Es gibt jedoch darüber hinaus eine ganze Reihe kleiner Küstenstädte, die einen Abstecher wert sind, vor allem, weil man dort häufig der einzige Gast sein wird:

- Im Dorf **Tilapita** gibt es nur ein einziges Hotel – der perfekte Ort also, wenn man einfach mal alles hinter sich lassen möchte. Es können Ausflüge in die Mangrovensümpfe unternommen werden.
- **Tulate** ist einer der besten Badestrände Guatemalas. Hier fällt die Küste sanft zum Ozean ab.
- **Chiquistepeque** ist eine kleine Strandenklave mit entspannter Atmosphäre fernab der typischen Touristenroute: Die Gemeinde betreibt ein Bildungsprojekt zur Alphabetisierung; dort werden immer Freiwillige gesucht.

geht's bergauf; der Eingang zur Finca befindet sich linker Hand, zu erkennen an dem Schützenbunker. Dahinter liegen Arbeiterunterkünfte und rechts eine Zuckerraffinerie. Zuletzt erreicht man das Hauptgebäude. Ein Wächter wird das Tor öffnen, wenn man ihn darum bittet, das Museum besichtigen zu dürfen.

Bilbao-Steine ARCHÄOLOGISCHE STÄTTE

Die Blütezeit dieses zeremoniellen Zentrums datiert um 600 n. Chr. Pflüge haben in den letzten Jahrhunderten Unmengen von mit Reliefs verzierten Steinen ans Tageslicht gebracht (und beschädigt); viele wurden gestohlen. 1880 ließ man die besten Steine nach Berlin transportieren, wo sie heute im Museum für Völkerkunde zu sehen sind.

Das Monumento 21, von dem sich eine Kopie im Museo Cultura Cotzumalguapa befindet, steht zusammen mit drei anderen schönen behauenen Steinen in den Zuckerrohrfeldern der Finca Bilbao nordöstlich der Kirche El Calvario am Nordrand von Santa Lucía.

In der Vergangenheit haben Touristen diese Steine regelmäßig besichtigt und sich dafür oft von einheimischen Jungen durch das hohe Zuckerrohr zu Las Piedras (die Steine) führen lassen. Jedoch ist dies ein abgelegenes Gebiet und Überfälle auf Touristen sind keine Seltenheit – darum am besten vorher nach der aktuellen Sicherheitslage erkundigen.

Museo Cultura Cotzumalguapa MUSEUM

(Eintritt 25 Q; ⌚Mo–Fr 7–13 & 14–16, Sa 7–13 Uhr) Das überdachte Museum befindet sich in der Nähe der Bilbao-Steine – es gehört zur Finca, die die Bilbao-Zuckerrohrfelder kontrolliert – und ist dennoch schwieriger zu erreichen. Dafür wird man mit Unmengen von Gegenständen belohnt, die über Jahrhunderte hinweg in den Feldern gefunden wurden.

Nach ca. 1,5 km entlang der Carretera al Pacífico biegt östlich des Stadtzentrums kurz vor dem Tecún-Depot für Landwirtschaftsbedarf links ein Pfad ab, der Richtung Norden zum Museum verläuft. Nach 400 m ist man am Ziel.

Schlafen & Essen

Am schönsten isst man wahrscheinlich im **Robert's** (Carretera al Pacífico Km 89; Hauptgerichte 50–150 Q; ⌚11.30–22 Uhr), einem Steakhaus mit schattiger Terrasse. Auf der anderen Straßenseite befindet sich das **Beer House** (Carretera al Pacífico Km 89; Hauptgerichte 40–80 Q; ⌚13–23 Uhr), das gute Burger und ansonsten annehmbare Mahlzeiten serviert.

Hotel Internacional HOTEL $

(☎7882-5504; Callejón los Mormones; EZ/DZ 110/160 Q; ❄) Am Ende einer kurzen Straße (ausgeschildert), die von der Carretera al Pacífico abgeht, liegt das beste Budgethotel der Stadt. Saubere, ausreichend große Zimmer mit Ventilator, Duschen (nur kaltes Wasser) und TV. Für eine Klimaanlage zahlt man 70 Q extra. Im angeschlossenen Restaurant sind Mahlzeiten für 20 bis 40 Q erhältlich.

Hotel El Camino HOTEL $$

(☎7882-5316; Carretera al Pacífico Km 90,5; EZ/DZ 160/270 Q; ❄📶) Die Zimmer im Hotel El Camino sind irrsinnig groß, mit nur einigen wenigen Möbelstücken wie Kleiderständern und Schreibtischen. Auf der restlichen Fläche wäre Platz, um diverse Ballspiele auszutragen. Das angeschlossene Restaurant serviert Essen für 40 bis 80 Q.

Praktische Informationen

In der **Banco Industrial** (Ecke 4a Av & 4a Calle) einen Block nördlich der Plaza können US-Dollar und Reiseschecks eingetauscht werden. Der Geldautomat akzeptiert Visa-Karten.

An- & Weiterreise

Da der Highway 2 mittlerweile um Santa Lucía herumführt, machen auch viele Busse einen Bogen um die Stadt. Wer aus östlicher Richtung anreist, muss sehr wahrscheinlich in Escuintla umsteigen (11 Q, 30 Min.). Nähert man sich der Stadt von Westen her, muss man vermutlich in Mazatenango den Bus wechseln (15 Q, 1¼ Std.). 23 km westlich von Santa Lucía trifft in Cocales eine Straße vom Lago de Atitlán auf den Highway 2 und ermöglicht so eine direkte Verbindung ins Hochland. Täglich fahren zwischen 6 und 14 Uhr acht Busse von Cocales nach Panajachel (28 Q, 2½ Std., 70 km). Es wurde schon von Überfällen entlang dieser Strecke berichtet; man sollte sich vor Ort noch mal nach der aktuellen Sicherheitslage erkundigen.

La Democracia

17 500 EW.

La Democracia ist ein verschlafenes Nest in Strandnähe. Hier kann man mehr über die sagenumwobene alte Kultur erfahren, auf deren Konto die rund um Santa Lucía gefundenen Steinköpfe gehen.

Am Ortsrand von La Democracia erstreckt sich die archäologische Stätte **Monte Alto**, der Fundort riesiger Köpfe aus Basaltstein. Sie erinnern an die jahrtausendealten Olmeken-Steine in der Nähe von Veracruz, sind allerdings etwas grober gearbeitet. Heute können die Steine an der Hauptplaza von La Democracia besichtigt werden. Wenn man vom Highway aus in die Stadt fährt, folgt man dem Schild mit der Aufschrift *museo* (dreimal hintereinander links abbiegen).

Die Plaza flankieren eine Kirche, der bescheidene Palacio Municipal und das moderne **Museo Regional de Arqueología** (☎7880-3650; Eintritt 30 Q; ⏲Di–Sa 8–16 Uhr), in dem ein paar faszinierende Ausgrabungsgegenstände ausgestellt sind. Highlight ist eine Jademaske. Die kleine, aber bedeutsame Sammlung umfasst kleine Figuren, Reliefarbeiten und „Schläger", die bei Ballspielen zum Einsatz kamen.

Die einzige Unterkunft im Ort, das **Guest House Paxil de Cayala** (☎7880-3129; EZ/DZ ohne Bad 50/100 Q), ist einen halben Block von der Plaza entfernt. Für eine Nacht ist sie ganz okay. In den großen Zimmern sollte man vor Moskitos sicher sein. Ebenfalls unweit des Platzes befindet sich das einzige Lokal, das annähernd als Restaurant bezeichnet werden könnte: **Burger Chops** (Hauptgerichte 25–45 Q; ⏲8–21 Uhr). Die kleinen Straßenstände rund um die Plaza verkaufen Tortillas mit Fleischfüllung für nur 20 Q.

An der Plaza gibt es einen 5B-Geldautomaten.

Busse von Chatía Gomerana fahren zwischen 6 und 16.30 Uhr halbstündlich vom Terminal Centra Sur in Guatemala-Stadt via Escuintla nach La Democracia (20 Q, 2 Std.). Wer aus Santa Lucía Cotzumalguapa anreist, muss einen Bus Richtung Osten nach Siquinalá nehmen (8 km entfernt) und dort umsteigen.

Sipacate

Eineinhalb Stunden von Santa Lucía entfernt liegt Guatemalas Surferhochburg. Die Wellen sind im Schnitt 2 m hoch, die beste Zeit zum Wellenreiten ist von Dezember bis April. Zwischen Stadt und Strand verläuft der Canal de Chiquimulilla. Merkwürdigerweise wirkt der Strand noch relativ unberührt: Es gibt nur eine Handvoll Hotels; Budgetreisende sollten das **El Paradon** (☎4994-1842; www.paredonsurf.com; Zeltplätze/B 30/80 Q, EZ/DZ ab 240/320 Q) ansteuern, ein rustikales kleines Surfercamp östlich des Orts (Wegbeschreibung siehe Website). Es wird von guatemaltekischen Wellenreitern betrieben, die Bretter und Kajaks verleihen und darüber hinaus Surfstunden und gutes, einfaches Essen (50–80 Q) anbieten. Im Voraus reservieren!

Gegenüber von Sipacate liegt auf der anderen Seite des Kanals die **Rancho Carillo** (☎5517-1069; www.marmaya.com; Zi. 500 Q, Bungalows für 6 Pers. 1000 Q; ❄📶🏊). Die Bootsfahrt kostet hin & zurück 10 Q. Der einzige „Lärm", der einen hier nachts wach halten könnte, ist das Rauschen der Brandung. Wer telefonisch reserviert, kann eventuell einen besseren Preis aushandeln. Surfbretter werden vor Ort verliehen. In der Stadt gibt es ein paar günstigere, sehr einfache *hospedajes* (EZ/DZ 60/100 Q) – bevor man sich hier einquartiert, sollte man berücksichtigen, dass zum Strand immer eine Bootsfahrt fällig wird. Busse aus

Guatemala-Stadt (Terminal Centra Sur; 32 Q, 3½ Std.) passieren La Democracia alle zwei Stunden auf dem Weg nach Sipacate.

Escuintla

166 800 EW. / VERKEHRSKNOTENPUNKT

Escuintla ist heiß, laut und überbevölkert. Zahlreiche Busse verbinden die Stadt mit dem Rest des Landes – das war's dann aber auch fast schon. Die Banken sind rund um die Plaza ansässig, einen Block vom Busterminal den Hügel hinauf findet sich ein Geldautomat in der **Farmacia Herdez** (Ecke 13a Calle & 4a Av). Die Hotels und Restaurants sind kaum der Rede wert. Wer eine Unterkunft benötigt, könnte das **Hotel Costa Sur** (☎7888-1819; 12a Calle 4-13; EZ/DZ mit Ventilator 80/110 Q, mit Klimaanlage 110/130 Q; ❄) unweit der Banco Reformador ansteuern. Die Zimmer sind in Ordnung und angenehm kühl (mit TV & Ventilator); ein Zimmer mit Klimaanlage kostet 20 Q extra. Komfortabler ist das **Hotel Sarita** (☎7888-1959; Av Centro América 15-32; EZ/DZ 380/480 Q; ❄📶🏊) hinter dem gleichnamigen, herrlich klimatisierten Restaurant (Hauptgerichte 40–70 Q).

Alle am Terminal abfahrenden Busse passieren die 1a Avenida. Wer jedoch einen Sitzplatz will, muss sich zum Busbahnhof im Süden der Stadt aufmachen (ein Stück abseits der 4a Av). Am Eingang befindet sich eine Scott-77-Tankstelle. Busse nach Antigua (7 Q, 1 Std.) starten von 5.30 bis 16.30 Uhr ca. alle 30 Minuten. Verbindungen nach Guatemala-Stadt (20 Q, 1½ Std.) gibt's von 5 bis 18 Uhr ca. alle 20 Minuten (Abfahrt an der Straße vor dem Terminal). Ähnlich oft verkehren Busse nach Puerto San José (5–10 Q, 45 Min.), von denen einige weiter nach Iztapa fahren. Um 12.50 und 16.50 Uhr machen sich Busse nach Monterrico (25 Q, 1 Std.) auf den Weg; alternativ kann man einen Bus nach Puerto San José oder Iztapa nehmen und dort umsteigen. Busse, die über die Carretera al Pacífico fahren, setzen Reisende möglicherweise im Norden der Stadt ab; wenn man zum Hauptterminal gelangen will, steht einem ein schweißtreibender Marsch durch das chaotische Stadtzentrum bevor.

Monterrico

Monterrico ist ein recht hübsches und beliebtes Wochenendziel der Einheimischen sowie der Sprachschüler aus Antigua. Das Städtchen mausert sich langsam zu einem Badeort.

Vor allem am südlichen Stadtrand stehen ein paar ziemlich protzige Wochenendhäuser von Geschäftsleuten aus Guatemala-Stadt. Im Vergleich mit den einfachen, strohgedeckten Hütten veranschaulichen sie mehr als deutlich die riesige Kluft zwischen Arm und Reich in Guatemala.

Am Strand kann man ganz gut baden – und hin und wieder gibt es auch ein paar ordentliche Surfwellen. Doch Vorsicht: Die heimtückische Strömung fordert jedes Jahre mehrere Menschenleben!

Während es in Monterrico an den Wochenenden hoch hergehen kann, herrscht unter der Woche eine weit entspanntere Atmosphäre (dann sind auch Unterkünfte oft günstiger zu haben). Im Ort gibt's eine Post (Calle Principal), aber keine Bank. Eine nützliche Infoquelle für Touristen ist die Schule Proyecto Lingüístico Monterrico.

Hinterm Strand erstreckt sich ein Geflecht aus Mangrovensümpfen und Kanälen, die zum 190 km langen Canal de Chiquimulilla gehören. Auch ein großes Tierschutzgebiet und eine Aufzuchtstation für Meeresschildkröten und Kaimane befinden sich in der Nähe.

👁 Sehenswertes & Aktivitäten

Biotopo Monterrico-Hawaii TIERSCHUTZGEBIET
Eine besondere Attraktion ist das Biotopo Monterrico-Hawaii, ein 20 km langes Naturreservat. In den Mangrovensümpfen an der Küste leben Unmengen von Vögeln und Meeresbewohnern. Am Strand legen vom Aussterben bedrohte Leder- und Oliv-Bastardschildkröten ihre Eier ab.

Die Sümpfe sind von Kanälen durchzogen, die 25 versteckte Lagunen miteinander verbinden. Man kann sich einer **Bootsfahrt** durch das Reservat anschließen (1½–2 Std.; 75 Q/Pers., jede weitere Pers. 50 Q). Die besten Chancen, Tiere zu Gesicht zu bekommen, bieten sich bei Sonnenaufgang. Passionierte Vogelbeobachter sollten ihren Besuch am besten für den Januar oder Februar einplanen (Fernglas nicht vergessen!). Einheimische hauen Touristen auf der Straße an – manche haben beeindruckende Ausweise! – und bieten sich als Guide an. Wer aber Wert auf umweltbewusste Führer legt, sollte sich direkt an Tortugario Monterrico wenden (von Cecon betrieben).

Tortugario Monterrico TIERSCHUTZ
(Eintritt 50 Q; ⏲7–17 Uhr) Das Besucherzentrum von Tortugario Monterrico erreicht man nach kurzem Fußweg am Strand Rich-

tung Osten; von den Monterrico-Hotels aus liegt es dann wieder einen Block Richtung Landesinnere (linker Hand, wenn man Richtung Meer blickt). Dort werden verschiedene bedrohte Tierarten aufgezogen, z. B. Leder-, Oliv-Bastard- und Suppenschildkröten, Kaimane und Iguanas. Zu den Einrichtungen zählen ein interessanter **Lehrpfad** und ein kleines **Museum** mit in Flaschen konservierten Exponaten. Die Angestellten organisieren **Lagunenfahrten**, von September bis Februar auch **Nachtwanderungen** (50 Q), bei denen Schildkröteneier gesucht werden. Freiwillige Helfer sind herzlich willkommen.

Von September bis Januar setzen Angestellte am Strand vor dem *tortugario* Schildkrötenbabys aus. Für eine Spende von 10 Q können Besucher eine Schildkröte „kaufen" und sie freisetzen. Obwohl es alle machen – bitte keine Blitzlichter und Taschenlampen benutzen; die kleinen Tierchen haben wohl auch so schon genug Angst und das helle Licht kann ihre Augen schädigen.

Parque Hawaii TIERSCHUTZGEBIET

(☎4743-4655; www.arcasguatemala.com; ⊙8–17 Uhr) Der Parque Hawaii 8 km östlich von Monterrico ist über den Strand zu erreichen. Er schützt einen Brutplatz für Meeresschildkröten und bietet ein paar Kaimanen ein Zuhause. Das Reservat ist der „Konkurrent" von Cecon. Freiwillige sind das ganze Jahr über willkommen. Die eigentliche „Schildkrötensaison" dauert von Juni bis November; die meisten Eier legen die Tiere im August und September. Volunteers müssen pro Woche 580 Q für ein Zimmer zahlen, Mahlzeiten kosten extra (es besteht auch die Möglichkeit, bei Einheimischen zu wohnen). Am Anlegesteg von Monterrico fährt unter der Woche alle paar Stunden ein Bus (5 Q, 30 Min.) zum Schutzgebiet, am Wochenende sogar stündlich (die Fahrt ist ziemlich holprig). Auch Pick-ups (30 Q/Pers.) sind auf dieser Strecke unterwegs. Mehr Infos gibt's auf der Webseite von Arcas.

Geführte Touren & Kurse

Productos Mundiales BOOTSTOUR

(Karte S. 104; ☎2366-1026; www.productos-mundiales.com; 11 Av 10-13, Zona 10, Guatemala-Stadt) Der in Guatemala-Stadt beheimatete Veranstalter Productos Mundiales bietet Touren an, bei denen man diverse Meeresbewohner beobachten kann (ab 1560 Q/Pers., 6 Std.); Abfahrt im nahe gelegenen Puerto Iztapa. Die Chancen, Grindwale, Große Tümmler, Ostpazifische Delphine, Oliv-Bastard- und Lederschildkröten, Mantarochen und Walhaie zu sehen. Von Dezember bis Mai bekommt man eventuell auch Buckel- und Pottwale vor die Linse. Ohne Reservierung geht gar nichts (5 Tage im Voraus); mehr Infos auf der Webseite.

Proyecto Lingüístico Monterrico SPRACHKURSE

(☎5475-1265; espanolmonterrico@yahoo.com; Calle Principal) Das Proyecto Lingüístico Monterrico ist eine renommierte Sprachschule im Zentrum von Monterrico; 20 Unterrichtsstunden pro Woche kosten 710 Q, Unterricht mit Unterkunft bei einer Familie 1100 Q, mit Selbstverpfleger-Unterkunft 1200 Q.

Schlafen & Essen

Viele Hotels befinden sich am Strand. Um sich einen anstrengenden Marsch durch den Sand zu ersparen, sollte man in die letzte Straße vor dem Strand links abbiegen – mit Ausnahme des Hostel El Gecko sind alle Unterkünfte über diese zu erreichen. Die meisten haben hauseigene Restaurants, in denen fangfrische Meeresfrüchte und Fisch auf den Tisch kommen. In vielen Unterkünften gibt es zudem Rabatte, wenn der Aufenthalt drei oder mehr Nächte dauert. Wer am Wochenende anreist, sollte besser reservieren; andernfalls muss man eventuell auf der Suche nach einem freien Zimmer einen anstrengenden Spaziergang in brütender Hitze auf sich nehmen. Im Folgenden sind Wochenendpreise angegeben. Unter der Woche lässt sich eventuell ein Rabatt aushandeln.

Einige einfache Fischrestaurants säumen die Calle Principal. Das leckerste und zugleich günstigste Essen gibt's in den beiden namenlosen *comedores* in der letzten Straße rechter Hand vorm Strand. Dort kostet ein Teller mit Knoblauchkrabben, Reistortillas, Pommes frites und Salat nur 40 Q.

Brisas del Mar HOTEL $

(☎5517-1142; Zi. mit Ventilator/Klimaanlage 100/150 Q/Pers.; ❄≋) Hinter dem Johnny's steht einen Block vom Strand entfernt der beliebte Newcomer mit angenehm großen Zimmern und einem Restaurant mit Meerblick im 2. Stock.

Johnny's Place HOTEL $

(☎5812-0409; www.johnnysplacehotel.com; B 45 Q, EZ/DZ ohne Bad 70/140 Q, Zi. 240–650 Q, Bungalows 500–950 Q; ≋) Die erste Unterkunft, die man erreicht, wenn man am Strand abbiegt, und zugleich eine der größten. Die Zimmer sind sehr unterschiedlich und eigentlich gibt's was für jeden Geldbeutel – daher beherbergt Johnny ein bunt gemischtes Völkchen aus Backpackern und Familien.

Hostel El Gecko HOSTEL $
(☎ 5251-3522; B 50 Q; @) Wenn man von den übrigen Hotels aus in die entgegengesetzte Richtung geht – sprich: von der Calle Principal rechts abbiegt –, ist das El Gecko die erste Unterkunft, zu der man gelangt. Das sehr schlichte Hostel wird von einem jungen einheimischen Pärchen betrieben. Schnickschnack sucht man vergeblich. Dennoch ist das Hostel dank günstiger Betten und netter Atmosphäre bei Backpackern sehr beliebt.

Hotel Pez de Oro BUNGALOWS $$
(☎ 2368-3684; www.pezdeoro.com; EZ/DZ 350/440 Q;) Die wohl schickste Bleibe der Stadt. Geschlafen wird in gemütlichen kleinen Hütten und Bungalows, die sich über das schattige Gelände verteilen. Die Zimmer sind geschmackvoll eingerichtet, mit großen Deckenventilatoren ausgestattet und in fröhlichen Farben gehalten (Blau und Gelb). In dem hervorragenden Restaurant mit Meerblick gibt's italienische Küche und Seafood.

★ Taberna El Pelicano ITALIENISCH, SEAFOOD $$
(Hauptgerichte 40–110 Q; ⏲ Mi–Sa 12–14 & 18–22 Uhr) Das mit Abstand beste Restaurant der Stadt überzeugt mit einer umfangreichen Speisekarte und interessanten Spezialitäten, darunter Meeresfrüchte-Risotto (80 Q), Rindfleisch-Carpaccio (75 Q) und verschiedene Gerichte mit Riesengarnelen (140 Q).

Ausgehen & Nachtleben

Las Mañanitas BAR
(⏲ 12 Uhr bis spät) Am Strand am Ende der Hauptstraße befindet sich diese kleine Bar – genau die Art von Lokal, die in Monterrico gefehlt hat. Die Gäste machen es sich in Hängesesseln mit Blick auf den Strand gemütlich, die Auswahl an Getränken ist gut, die Musik angenehm.

Playa Club CLUB
In dem Club im Johnny's Place geht an den Wochenenden die Post ab. Das Publikum wird mit Reggaetón, House und speziellen Getränkeangeboten bei Laune gehalten.

An- & Weiterreise

Es gibt zwei Möglichkeiten, nach Monterrico zu gelangen: mit einem direkten Bus oder Shuttlebus von Guatemala-Stadt oder Antigua oder per Bus nach La Avellana und dann per Autofähre oder *lancha* nach Monterrico.

BUS

Wer aus Guatemala-Stadt oder Antigua anreist, nimmt am besten einen der Busse, die direkt durch Monterrico fahren, seitdem die Brücke bei Pueblo Viejo fertiggestellt wurde. Entlang des Streckenabschnitts zwischen Pueblo Viejo und Monterrico eröffnen sich faszinierende Einblicke in den guatemaltekischen Alltag.

Auch Shuttlebusse fahren von/nach Monterrico. Die verlässlichsten starten um 13 und 16 Uhr vom Proyecto Lingüístico Monterrico für 70/150 Q nach Antigua/Guatemala-Stadt. Fahrkarten und Infos über weitere Ziele gibt's in der Schule.

SCHIFF/FÄHRE

Option Nummer 2 führt nach La Avellana, wo *lanchas* und Autofähren nach Monterrico ablegen. Cubanita betreibt einige wenige Direktbusse, die zwischen La Avellana und Guatemala-Stadt (40 Q, 4 Std., 124 km) verkehren. Alternativ kann man erst nach Taxisco am Highway 2 fahren und dort in einen Bus nach La Avellana umsteigen. Zwischen 5 und 16 Uhr gibt es halbstündlich Verbindungen zwischen Guatemala-Stadt und Taxisco (35 Q, 3½ Std.). Auf der Strecke Taxisco–La Avellana (5 Q, 40 Min.) verkehren Busse von 7 bis 16.30 Uhr etwa stündlich; Taxifahrer werden einem jedoch weismachen wollen, dass man den letzten Bus gerade verpasst hat – egal, zu welcher Tageszeit. Eine Taxifahrt von Taxisco nach La Avellana kostet ca. 70 Q.

In La Avellana setzt man mit einer *lancha* oder Autofähre nach Monterrico über. Die *lanchas* benötigen eine halbe Stunde für die Fahrt auf dem Canal de Chiquimulilla, einem langen, von Mangroven gesäumten Kanal (5 Q/Pers.). Das erste Boot legt morgens gegen 4.30 Uhr ab, danach macht sich bis zum späten Nachmittag alle 30 bis 60 Minuten eine *lancha* auf den Weg. Wer bereit ist, mehr zu zahlen, kann ein Boot chartern. Die Autofähre kostet 85 Q pro Wagen.

ZENTRAL-GUATEMALA

Diese Region ist genau das Richtige, wenn man sich abseits ausgetretener Pfade bewegen möchte. Während Tourbusse ohne Unterlass auf der Strecke zwischen der Hauptstadt und Tikal hin- und hersausen, können unabhängige Individualreisende hier Unmengen unbekannter Attraktionen entdecken.

Semuc Champey und die Grutas de Lanquín stehen auf der To-do-Liste aller Guatemala-Besucher, doch es gibt Hunderte weiterer Höhlen, Wasserfälle und Naturwunder, die darauf warten, erkundet zu werden. Die meisten davon sind rund um die etablierte Traveller-Hochburg Cobán zu finden. Wer sich ein wenig inspirieren lassen möchte, sollte einen Blick auf die Website www.cobanav.net werfen.

Salamá & Umgebung

Salamá ist ein Musterbeispiel für das nicht zu heiße, aber auch nicht zu kühle Klima von Baja Verapaz – ideal, um die postkolonialen und indigenen Sehenswürdigkeiten in der Umgebung zu entdecken.

Die Stadt selbst ist bekannt für ihre reich verzierte **Kirche** (mit einer grausigen Christus-Darstellung), den quirligen **Sonntagsmarkt** sowie das fotogene Museum (früher eine Zuckerfabrik) und den eindrucksvollen **Steinaquädukt** in der Nachbarstadt San Jerónimo.

Höhlenbesichtigungen, Vogelbeobachtungen, Wanderungen, Ausritte und Ausflüge für Orchideenfans bietet **EcoVerapaz** (☎5722-9095; ecoverapaz@hotmail.com; 8a Av 7-12, Zona 1; 1-Tages-Tour 350 Q/Pers.).

Salamá wartet mit einigen guten Unterkünften auf, z. B. der **Posada de Don Maco** (☎7940-0083; 3a Calle 8-26; EZ/DZ 110/140 Q) und dem **Hotel Real Legendario** (☎7940-0501; 8a Av 3-57; EZ/DZ 140/150 Q; WLAN). Restaurants und Cafés säumen die Plaza. Wer die mit Fleisch gefüllten Tortillas im **Antojitos Zacapanecos** (Ecke 6a Calle & 8a Av; Hauptgerichte 20 Q; ⏲10–21 Uhr) nicht probiert, verpasst auf jeden Fall etwas.

Vom Busbahnhof im Zentrum von Salamé fahren regelmäßig Busse nach Cobán (25 Q, 1½–2 Std.), Guatemala-Stadt (35–50 Q, 3 Std.) und in alle benachbarten Dörfer.

Salamá ist außerdem ein guter Ausgangspunkt für eine Fahrt über Nebenstraßen nach Guatemala-Stadt, vorbei an **Rabinal**, dessen jährliche Fiesta San Pedro (19.–25. Jan.) eine faszinierende Mischung aus präkolumbischen und katholischen Traditionen darstellt, und **Cubulco**, wo auch heute noch die Tradition des *palo volador* geachtet wird. Sowohl in Rabinal als auch in Cubulco stehen einfache, aber passable *hospedajes* zur Verfügung.

Von dort sind es noch 100 km nach Guatemala-Stadt. Unterwegs kommt man an der Abzweigung nach **Mixco Viejo** vorbei, einer der am wenigsten besuchten, aber am spektakulärsten gelegenen Maya-Stätten im ganzen Land. Die ehemalige Poqomam-Hauptstadt liegt eingezwängt zwischen tiefen Schluchten, wobei es nur einen Zugang und Ausgang gibt. Die Poqomam befestigten die Stätte noch weiter, indem sie um die Stadt herum beeindruckende Steinwälle errichteten. Pedro de Alvarado benötigte mit seinen Truppen mehr als einen Monat hartnäckiger Angriffe, um die Stadt einzunehmen. Als er schließlich Erfolg hatte, ließ er sie ohne jede Gnade zerstören. Zu ihrer Glanzzeit sollen hier fast 10 000 Menschen gelebt haben. Heute sind davon noch mehrere Tempel und zwei Ballspielfelder zu sehen.

Biotopo del Quetzal

Entlang der Fernstraße CA-14 liegt 34 km nördlich der Abzweigung nach Salamá das Biotopo Mario Dary Rivera-Reservat, das unter dem Namen **Biotopo del Quetzal** (Hwy 14 Km 161; Eintritt 40 Q; ⏲7–16 Uhr) bekannt ist; in der Nähe liegt das Dorf Purulhá (keine touristische Infrastruktur). Die Fahrt ist ziemlich ernüchternd: Komplette Hänge wurden abgeholzt und sind mit großen schwarzen Plastikplanen abgedeckt, welche das Wachstum der xate begünstigen sollen, einer kleinen, grünen Palmenart, die für den Export bestimmt ist (sie wird für Blumengestecke verwendet).

Wer hergekommen ist, um einen Quetzal zu sehen, den Nationalvogel Guatemalas, muss auf eine Enttäuschung gefasst sein. Die Vögel sind selten und scheu, ihr natürlicher Lebensraum, der üppig grüne, hoch gelegene Nebelwald, ist nahezu vollständig zerstört. Am ehesten erspäht man die Tiere zwischen Februar und September. Die Nebelwälder sind aber auch ohne Begegnungen mit Quetzals einen Besuch wert.

Zwei gut ausgebaute Wanderwege führen durch das Reservat, vorbei an mehreren Wasserfällen, die sich zumeist in natürliche Schwimmbecken ergießen. Tief im Wald steht der etwa 450 Jahre alte **Xiu Ua Li Che** (Großvaterbaum), den es schon gab, als die spanischen Eroberer in den hiesigen Bergen gegen die Rabinal-Mayas kämpften.

Das Naturschutzgebiet wartet mit einem Besucherzentrum, einem kleinen Laden mit Getränken und Snacks und einem Zelt- und Grillbereich auf. Die Campingregeln ändern sich ständig. Am besten wendet man sich an **Cecon** (Centro de Estudios Conservacionistas de la Universidad de San Carlos; ☎2331-0904; biotoposcecon@gmail.com; Av La Reforma 0-63, Zona 10, Guatemala-Stadt); Cecon verwaltet dieses und weitere *biotopos*. Manchmal sind Wanderkarten auf Englisch und Spanisch (5 Q) im Besucherzentrum erhältlich. Sie enthalten auch eine Übersicht von 87 Vogelarten, die im Reservat heimisch sind. Außerdem lassen sich vielleicht Spinnenaffen und *tigrillos* (erinnern an Ozelots) blicken. Viel Glück!

Schlafen

★ Hotel Restaurant Ram Tzul HOTEL $$
(☎2355-1904; www.m-y-c.com.ar/ramtzul; Hwy 14 Km 158; EZ/DZ 250/350 Q;) Das vermutlich schönste Hotel in der Region Verapaz verfügt über einen Restaurant-/Aufenthaltsbereich in einem großen, strohgedeckten Gebäude mit Feuerstellen. Die Atmosphäre ist super und steht ganz unter dem Motto „rustikal mit Stil" – das gilt auch für die eleganten, geräumigen Zimmer und Bungalows. Wasserfälle und diverse Schwimmgelegenheiten runden das Bild ab.

Ranchitos del Quetzal HOTEL $
(☎4494-3694; ranchitosdelquetzal@yahoo.com; Hwy 14 Km 160,5; Zi. 100 Q/Pers.) Dieses Hotel befindet sich 200 m vom Eingang zum Biotopo del Quetzal an einem Hügel mitten im Urwald. Die schlichten Zimmer haben eine vernünftige Größe, mit (Lau-)Warmwasserduschen im älteren Gebäude und echten Warmwasserduschen im neueren Gebäude aus Beton. Es gibt zudem einfache, preisgünstige Mahlzeiten (Hauptgerichte ca. 30 Q; auch vegetarische Speisen).

An- & Weiterreise

Alle Busse ab/nach Guatemala-Stadt halten am Parkeingang. Für den Rückweg hält man am besten einen (Micro-)Bus nach El Rancho an und steigt dort um. Die Straße zwischen dem *biotopo* und Cobán ist ziemlich kurvig, aber in gutem Zustand. Wenn man in die immergrünen Wälder hinauffährt, wird man die eine oder andere tropische Pflanze entdecken.

Cobán

68 900 EW. / 1320 M

Cobán für sich betrachtet ist sicher keine Sehenswürdigkeit, doch können von hier aus sämtliche Naturwunder von Alta Verapaz problemlos erreicht werden. In der wohlhabenden Stadt herrscht eine optimistische Grundstimmung. Gäste, die schon einmal vor längerer Zeit hier waren, werden erstaunt feststellen, wie enorm sich der Ort gemacht hat.

Die Gegend war einst eine Bastion der Rabinal-Mayas, im 19. Jh. ließen sich dann deutsche Einwanderer nieder. Sie gründeten ausgedehnte Kaffee- und Kardamomfincas und verpassten Cobán das Aussehen und Flair einer deutschen Berggemeinde. Die Zeit der kulturellen und wirtschaftlichen Dominanz der deutschen Siedler endete im Zweiten Weltkrieg: Die USA setzten bei der guatemaltekischen Regierung durch, die einflussreichen Fincabesitzer auszuweisen, von denen viele Parteigänger der Nazis waren.

Rabin Ajau, das schönste Folklorefest Guatemalas, findet Ende Juli oder Anfang August statt.

Sehenswertes & Aktivitäten

Orquigonia GARTEN
(☎4740-2224; www.orquigonia.com; Hwy 14 Km 206; Eintritt 30 Q; ⌚7–16 Uhr) Orchideenfreunde sollten sich auf keinen Fall diese wunderbar informativen Führungen durch das Orchideen-Schutzgebiet nahe der Straße nach Cobán entgehen lassen. Die 1½- bis zweistündige Tour führt auf einem Waldpfad in die Geschichte des Orchideensammelns ein, angefangen bei den Mayas.

Um hierher zu gelangen, nimmt man von Cobán irgendeinen Bus Richtung Tontem und steigt beim Schild zum Orchideengarten aus, der sich etwa 200 m vom Highway entfernt an einer unbefestigten Straße befindet.

Parque Nacional Las Victorias PARK
(3a Calle, Zona 1; Eintritt 10 Q; ⌚8–16.30 Uhr, Wanderwege 9–15 Uhr) Der bewaldete, 82 ha große Nationalpark mitten in der Stadt wartet mit Teichen, Grill- und Picknickbereichen, Zelt- und Kinderspielplätzen, einem Aussichtspunkt und zahlreichen Wanderwegen auf. Der Eingang befindet sich unweit der Kreuzung zwischen der 3a Calle und der 9a Avenida in der Zona 1. Das Areal ist ein recht einsames Fleckchen Erde – am besten nicht allein, sondern in der Gruppe wandern.

Templo El Calvario KIRCHE
(3a Calle, Zona 1) Am nördlichen Ende der 7a Avenida Zona 1 führt eine lange Treppe zu der Kirche hinauf, die einen schönen Ausblick auf die Stadt bietet. *Indígenas* legen Opfergaben an Schreinen und Kreuzen vor dem Bauwerk nieder.

Geführte Touren

Aventuras Turísticas TOUR
(☎7951-2008; www.aventurasturisticas.com; 1a Calle 4-25, Zona 1) Organisiert Touren zur La-

guna Lachuá, den Höhlen von Lanquín, zum Semuc Champey, nach Tikal und Ceibal und passt das Programm an die jeweiligen Wünsche der Teilnehmer an. Die Führer sprechen Spanisch, Englisch und Französisch.

Casa D'Acuña TOUR
(☎7951-0484; www.casadeacuna.com; 4a Calle 3-11, Zona 2) Im gleichnamigen Hotel bietet Casa D'Acuña Touren zum Semuc Champey, zu den Grutas de Lanquín und anderen, weiter entfernten Orten an. Die Guides sind hervorragend.

Misterio Verde TOUR
(☎7952-1047; 2a Calle 14-36, Zona 1; ⌚8.30–17.30 Uhr) Fungiert als Buchungsagentur für verschiedene gemeindebasierte Tourismusprojekte in der Gegend. Man kann Ausflüge in den Chicacnab-Nebelwald (bei Cobán) und die subtropischen Regenwälder von Rokjá Pomtilá nahe der Laguna Lachuá unternehmen, wo die Teilnehmer in Dörfern bei Kekchí-Maya-Familien übernachten. Etwa 320 bis 400 Q reichen für einen Führer, zwei Übernachtungen und vier Mahlzeiten

Die Guides kennen Wanderungen zu interessanten Plätzen. Ihre Tätigkeit stellt eine nachhaltige Möglichkeit dar, den Lebensunterhalt für sich und ihre Familien zu bestreiten. Besucher müssen mindestens einen Tag vor der Anreise reservieren. Das Proyecto verleiht auch Stiefel, Schlafsäcke und Ferngläser zu vernünftigen Preisen – man muss sich also keinen Kopf machen, falls man nicht die richtige Ausrüstung für so ein „rustikales Erlebnis" mitgebracht hat. Es ist sinnvoll, zumindest ein paar Brocken Spanisch zu sprechen. Wer sich einen Monat im Voraus ankündigt, kann von Plattformen aus nach Quetzals Ausschau halten; mehr Infos gibt es im Büro.

Chicoj Cooperative KAFFEETOUR
(☎5524-1831; www.coffeetourchicoj.com; Touren 50 Q) Nur 15 Busminuten von der Stadt entfernt bietet diese Tourismusinitiative 2 km lange, 45-minütige Führungen über eine Kaffeeplantage. Unterwegs wird noch Seilrutschen durch die Baumwipfel eingeschoben und am Ende gibt's eine Tasse Kaffee aus vor Ort angebauten und gerösteten Bohnen.

Tourveranstalter in Cobán bieten diese Tour für 160 Q, wer jedoch auf eigene Faust direkt ins Dorf Chicoj fahren möchte, nimmt den Bus von der Haltestelle bei der Polizeiwache an der 1a Calle.

Finca Santa Margarita KAFFEETOUR
(☎7952-1586; 3a Calle 4-12, Zona 2; Eintritt 30 Q; ⌚Führungen Mo–Fr 8.30–11 & 14–16, Sa 8.30–11 Uhr) Diese Kaffeeplantage kann im Rahmen geführter Touren besichtigt werden. In 45 Minuten erfahren die Besucher alles über die Aussaat, das Rösten und den Export der Kaffeebohne. Zuletzt gibt's noch ein Tässchen des herrlichen Gebräus und wer möchte, kann ein Pfund frisch gerösteter Bohnen kaufen (25–40 Q). Der exzellente Führer spricht Englisch und Spanisch.

Schlafen

Hotel Central HOTEL $
(☎7952-1442; 1a Calle 1-79, Zona 1; EZ/DZ 120/170 Q; 📶) Zimmer mit guter Größe und hübsche Sitzbereiche im Freien machen dieses Hotel zu einer guten Wahl. Am besten wählt man eine Unterkunft im hinteren Teil – dort ist die Belüftung besser und man blickt auf die Stadt.

Casa Luna HOSTEL $
(☎7951-3528; www.cobantravels.com/casaluna; 5a Av 2-28, Zona 1; B/EZ/DZ ohne Bad mit Frühstück 50/75/150 Q; @📶) Die modernen Zimmer sind um einen hübschen, grünen Hof angeordnet. Die Mehrbettzimmer sind mit Schließfächern ausgestattet, die Einzelzimmer haben ein hübsches Dekor. Die Gemeinschaftsbäder sind blitzsauber.

Casa D'Acuña HOTEL $
(☎7951-0482; www.casadeacuna.com; 4a Calle 3-11, Zona 2; B/DZ ohne Bad 50/100 Q; 📶) Sauberes, sehr komfortables Hostel im europäischen Stil mit zwei Doppelzimmern und vier Mehrbettzimmern, in denen jeweils vier Betten stehen. Das Bad (inkl. guter warmer Duschen) wird mit anderen Gästen geteilt. Zur Anlage gehören das tolle Restaurant El Bistro und ein Souvenirladen; man kann seine Wäsche waschen lassen und günstige Touren buchen.

Parque Nacional Las Victorias Camping CAMPINGPLATZ $
(Parque Nacional Las Victorias; Zeltplätze 40 Q/Pers.) Zelten kann man im Parque Nacional Las Victorias mitten in der Stadt. Es gibt fließendes Wasser und Toiletten, Duschen allerdings nicht.

Hotel La Paz HOTEL $
(☎7952-1358; 6a Av 2-19, Zona 1; EZ/DZ 45/75 Q) Sauberes Hotel mit fröhlicher Atmosphäre und zahlreichen Blumenbeeten. Es liegt

Cobán

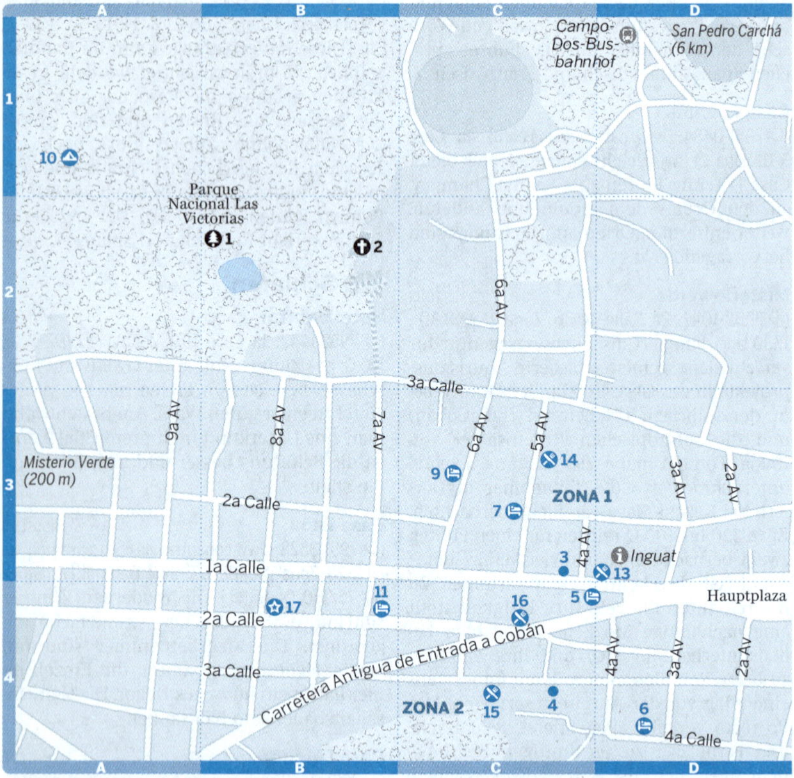

eineinhalb Blocks nördlich und drei Blocks westlich der Plaza. Tolles Preis-Leistungs-Verhältnis. Nebenan befindet sich eine gute Cafetería.

Casa Blanca Hostel HOSTEL $

(☎ 4034-9291; 1a Calle 3-25, Zona 1; B/EZ/DZ ohne Bad 35/50/100 Q) Sehr beliebt bei Backpackern. Toplage und vernünftige Mehrbettzimmer (4 Pers. in 2 Stockbetten). Im Patio findet man ein einfaches, aber gutes Café. Die jungen Angestellten sind erstklassige Infoquellen.

Posada de Don Antonio HOTEL $$

(☎ 7951-1792; www.hotelposadadedonantonio.com; 5a Av 1-51, Zona 4; EZ/DZ 180/330 Q; ❄ 📶) Stimmungsvolle Unterkunft in zweistöckigem Haus mit geräumigen Zimmern, die mit zwei, manchmal auch drei Doppelbetten, hohen Decken und liebevoller Hingabe zum Detail ausgestattet sind. Das im üppigen Innenhof servierte Frühstück (30–50 Q) ist ein guter Start in den Tag. Mit das beste Preis-Leistungs-Verhältnis in der Stadt.

Pensión Monja Blanca HOTEL $$

(☎ 7952-1712; 2a Calle 6-30, Zona 2; EZ/DZ 170/225 Q, ohne Bad 120/150 Q) Eine ruhige Pension trotz der Lage an einer viel befahrenen Straße. Die makellos sauberen Zimmer sind um einen üppig grünen Garten mit Obst- und Hibiskusbäumen angeordnet. Die Zimmer haben einen altmodischen Touch und sind mit zwei hochwertigen Einzelbetten mit traditionellen Bettdecken ausgestattet. Eine gute Adresse für Frauen, die allein unterwegs sind.

Essen & Ausgehen

Die meisten Hotels in Cobán haben ein eigenes Restaurant. Abends parken „mobile Küchen" rund um die Plaza, an denen es mit das günstigste Essen der Stadt gibt. Wie

Cobán

Sehenswertes
1 Parque Nacional Las Victorias B2
2 Templo El Calvario B2

Aktivitäten, Kurse & Touren
3 Aventuras Turísticas C3
Casa D'Acuña .... (s. 6)
4 Finca Santa Margarita C4

Schlafen
5 Casa Blanca Hostel C4
6 Casa D'Acuña D4
7 Casa Luna C3
8 Hotel Central E3
9 Hotel La Paz C3
10 Parque Nacional Las Victorias Camping A1
11 Pensión Monja Blanca B4
12 Posada de Don Antonio F3

Essen
13 Café Fantasia D3
El Bistro .... (s. 6)
14 El Peñascal C3
15 Kardamomuss C4
16 Xkape Koba'n C4

Unterhaltung
17 Bohemios B4

üblich orientiert man sich am besten an der Länge der Warteschlangen.

★ Xkape Koba'n
GUATEMALTEKISCH $

(2a Calle 5-13, Zona 2; Snacks 20 Q, Hauptgerichte 40 Q; 10–19 Uhr) Der perfekte Ort für ein kleines Päuschen oder einen entspannten Nachmittag. Hinter dem hübschen, kleinen Café befindet sich ein üppig grüner Garten. Auf der kleinen Speisekarte stehen ein paar interessante traditionell angehauchte Gerichte wie *b'ach-lancha* (pikanter Hühncheneintopf) und *kaq-ik* (Huhn und Gemüse in einer feurigen Salsa). Der Kuchen ist hausgemacht, der Kaffee köstlich und es steht interessantes Kunsthandwerk zum Verkauf.

Café Fantasia
CAFÉ $

(1a Calle 3-13, Oficinas Profesionales Fray Bartolomé de Las Casas; Frühstück 20–30 Q; Mo–Sa 8–19 Uhr) Gutes, zentral gelegenes Café mit gemütlicher Atmosphäre. Das Angebot umfasst verschiedene heiße Schokoladen, leckeres Frühstück, Gebäck und Kaffee sowie leichte Mahlzeiten. Auf der netten Terrasse kann man fernab vom Verkehr sitzen.

El Bistro
INTERNATIONAL $$

(4a Calle 3-11, Zona 2; Hauptgerichte 60–120 Q; 7–22 Uhr) Das Restaurant des Hostels Casa d'Acuña überzeugt mit authentischen italienischen und anderen europäischen Gerichten, die in dieser hübschen Oase der Ruhe zu den Klängen klassischer Musik auf den Tisch kommen. Neben proteinreichen Hauptgerichten gibt's verschiedene Pastagerichte (40–65 Q), Salate, hausgemachte Brote, Kuchen und hervorragende Desserts.

El Peñascal
GUATEMALTEKISCH $$

(5a Av 2-61; Hauptgerichte 55–90 Q; 11.30–21 Uhr) Das wahrscheinlich beste eigenständige Restaurant von Cobán serviert diverse regionale Spezialitäten, guatemaltekische Klassiker, Fleischplatten, Meeresfrüchte und Snacks und hat obendrein ein entspanntes, gehobenes Ambiente.

ABSTECHER

PARQUE NACIONAL LAGUNA LACHUÁ

Viele Veranstalter in Cobán bieten Ausflüge zur **Laguna Lachuá** (☎4084-1706; Eintritt Erw./Kind 50/25 Q, Stellplatz Erw./Kind 25/12 Q, Stockbett mit Moskitonetz 70/35 Q, Leihzelt 15 Q) an, einer wunderschönen von dichtem Urwald umgebenen Lagune, die zum gleichnamigen Nationalpark gehört. Den Trip kann man aber auch problemlos selbst organisieren. Busse ab Cobán fahren am Eingang zum Park vorbei. Neben der Lagune befindet sich eine hübsche Öko-*albergue*, in der man übernachten und sich selbst verpflegen kann (Proviant mitbringen!). Auch in der Gemeinde **Rocjá Pomtilá** (☎5381-1970; rocapon@yahoo.com; Zi. für 2 Nächte inkl. Guide & 4 Mahlzeiten 320–400 Q) am östlichen Ende des Parks werden Privatunterkünfte und Touren angeboten.

Kardamomuss FUSIONSKÜCHE **$$**
(3a Calle 5-34, Zona 2; Hauptgerichte 40–90 Q; 8–21 Uhr;) Das schicke neue Restaurant ein paar Straßen von der Plaza wartet mit der vielfältigsten Karte der Stadt auf. Die Fusionsküche bietet recht gute indische, chinesische und italienische Gerichte, oft unter Verwendung von Kardamom aus der Gegend.

Bohemios CLUB
(Ecke 8a Av & 2a Calle, Zona 2; Eintritt 10–25 Q; Do–Sa) Eine Riesendisco mit Sitzplätzen auf dem Balkon. Fliegen sind Teil der Arbeitskluft des Personals!

Praktische Informationen

In der Casa D'Acuña sind jede Menge Informationen erhältlich. Vor Telgua an der Plaza befindet sich eine Reihe von Kartentelefonen.

Banco Industrial (Ecke 1a Calle & 7a Av, Zona 1) Hat einen Visa-Geldautomaten, wechselt US-Dollar und Reiseschecks.

Inguat (☎3176-7469; 1a Calle 3-13, Zona 1; Mo–Sa 8–16, So 9–13 Uhr)

Lavandería Econo Express (7a Av 2-32, Zona 1; Mo–Sa 7–19 Uhr)

Post (Ecke 2a Av & 3a Calle) Einen Block südöstlich der Plaza.

An- & Weiterreise

Die Fernstraße von Cobán nach Guatemala-Stadt und zur Carretera al Atlántico ist die wichtigste Verbindung zwischen Cobán und der „Außenwelt". Die Straße Richtung Norden durch Chisec nach Sayaxché und Flores ist komplett asphaltiert, sodass die Strecke nach El Petén nun viel leichter zurückzulegen ist. Die Nebenstrecken Richtung Westen nach Huehuetenango und Nordwesten nach Fray Bartolomé de Las Casas und Poptún sind zumeist unbefestigt und bieten so noch ein bisschen Abenteuer (letztere Straße wurde zur Zeit der Recherche allerdings geteert). Die Straße nach Uspantan und Nebaj ist oft von Erdrutschen betroffen – hier sollte man sich vor der Fahrt nach der aktuellen Lage erkundigen.

Busse fahren von verschiedenen Stellen in der Stadt ab, u. a. am Busbahnhof Campo Dos. Mittlerweile kommen zusätzlich zu den bzw. anstatt der klapprigen „Hühnerbusse" auf vielen Strecken vermehrt Minibusse (Microbusse) zum Einsatz. Die Abfahrtszeit sollte am besten immer doppelt gecheckt werden, besonders bei Fahrten zu weniger oft angesteuerten Zielen. Folgende Ziele werden nicht vom Busterminal Campo Dos aus angefahren:

Cahabón (30 Q, 4½ Std., 85 km) Alle Busse Richtung Lanquín.

Guatemala-Stadt (50–65 Q, 4–5 Std., 213 km) Transportes **Monja Blanca** (☎7951-3571; 2a Calle 3-77, Zona 4) bietet von 2 bis 6 Uhr alle 30 Minuten, danach bis 16 Uhr im Stundentakt Fahrten nach Guatemala-Stadt an.

Lanquín (25 Q, 2½–3 Std., 61 km) **Transportes Martínez** (6a Calle 2-40, Zona 4) macht sich tagsüber mehrmals auf den Weg. **Minibusse** (Ecke 5a Calle & 3a Av, Zona 4) starten zwischen 7 und 16 Uhr; einige fahren weiter bis zum Semuc Champey. Am besten erkundigt man sich noch mal nach den exakten Zeiten; sie scheinen regelmäßig geändert zu werden.

San Pedro Carchá (3 Q, 20 Min., 6 km) Von 6 bis 19 Uhr geht's alle zehn Minuten auf dem Platz vor dem Terminal von Transportes Monja Blanca los.

Rund um Cobán

Lanquín

Eines der lohnendsten Ziele für einen Tagesausflug in der Nähe von Cobán ist das hübsche Dorf Lanquín 61 km weiter östlich. Außerhalb des Orts gibt's ein wunderbares Höhlensystem zu erkunden und Lanquín ist zudem ein guter Ausgangspunkt für einen Besuch bei den natürlichen Felsbecken von Semuc Champey.

Die mehrere Kilometer langen **Grutas de Lanquín** (Eintritt 30 Q; ⌚8–18 Uhr) befinden sich ein kleines Stück nordwestlich von Lanquín. Man wird skurrile Stalaktiten- und Stalagmitenformationen und jede Menge Fledermäuse zu sehen bekommen. Bei Sonnenuntergang verlassen sie den Eingang in riesigen Schwärmen und verdunkeln den Himmel. Ein kühler, sauberer Fluss schießt aus der Höhle hinaus; am Ufer gibt es ein paar warme Stellen. Die Höhlen sind beleuchtet, man sollte aber dennoch eine gute Taschenlampe mitbringen. Außerdem benötigt man Schuhe mit ordentlichem Profil – der Boden ist sehr glitschig.

Das wunderhübsch gelegene **El Retiro** (☎4513-6396; www.elretirolanquin.com; B 45 Q, Zi. mit/ohne Bad 200/100 Q, Hütte ohne Bad EZ/DZ 150/180 Q; @ 📶) liegt ca. 500 m außerhalb von Lanquín. Aber Achtung: Dies ist die Art Ort, an dem man monatelang verweilen könnte! *Palapas* gewähren einen Blick auf grüne Felder zu einem schönen, breiten Fluss – eben jenem Fluss, der aus den Lanquín-Höhlen hinausplätschert. Auf dem Gelände gibt es zudem ein sehr gutes Restaurant mit Bar.

Besonders beliebt bei Backpackern ist auch die **Zephyr Lodge** (☎5168-2441; www.zephyrlodgelanquin.com; Zeltplätze 30 Q/Pers., B 40–50 Q, Zi. 200–250 Q) auf einem Hügel weiter Richtung Stadtzentrum mit phantastischen Ausblicken. Die Lodge wartet mit allen möglichen Annehmlichkeiten und Einrichtungen auf, außerdem werden Touren angeboten.

Das **Restaurante Champey** (Hauptgerichte 20–50 Q; ⌚8–23 Uhr) ist ein großes Freiluftrestaurant auf halber Strecke zwischen der Stadt und El Retiro. Die Gäste werden mit großen Portionen Steak, Eiern und Reis verwöhnt. Abends wird's hier ziemlich laut und bierselig.

Die Banrural am Hauptplatz von Lanquín wechselt US-Dollar und Reiseschecks, hatte aber zur Zeit der Recherche keinen Geldautomaten.

Mehrmals täglich verkehren Busse zwischen Cobán und Lanquín (und weiter nach Cahabón). Zwischen 6 und 17.30 Uhr fahren acht Busse nach Cobán (30 Q, 3 Std.). Shuttles nach Semuc Champey (30 Q hin & zurück) fahren um 9.30 Uhr ab (im Hotel reservieren), Pick-ups (10–15 Q) sobald sie voll besetzt sind (Abfahrt einen halben Block abseits des Hauptplatzes).

Semuc Champey

11 km südlich von Lanquín liegt **Semuc Champey** (Eintritt 50 Q; ⌚8–18 Uhr), zu erreichen über eine schlecht ausgebaute Straße voller Schlaglöcher. Das Highlight ist eine 300 m lange Naturbrücke aus Kalkstein mit zahlreichen Becken, die von kühlem Flusswasser durchspült werden und zum Schwimmen einladen.

Der Río Cahabón verläuft größtenteils unterhalb der Kalksteinbrücke. Das paradiesische Fleckchen Erde ist nicht ganz leicht zu erreichen, aber der Aufwand lohnt sich: Die Lage der Becken ist traumhaft, das Wasser schimmert in allen Farbtönen zwischen Türkis und Smaragdgrün.

Bei geführten Touren klettert man manchmal eine Strickleiter zum niedrigsten

BUSSE AB COBÁN

Die meisten Busse halten nördlich der Stadt am **Busbahnhof Campo Dos** (Campo Norte). Zur Plaza sind es von hier 15 Minuten zu Fuß (2 km); eine Taxifahrt kostet 10 Q.

ZIEL	PREIS (Q)	DAUER
Biotopo del Quetzal	12	1¼ Std.
Chisec	20	2 Std.
Fray Bartolomé de Las Casas	40	4 Std.
Nebaj	60	5½–7 Std.
Playa Grande (für Laguna Lachuá)	50	3 Std.
Raxruhá	30	2½–3 Std.
Salamá	25	1½ Std.
Sayaxché	65	4 Std.
Tactic	8	40 Min.
Uspantán	35	4½ Std.

Pool am Fluss hinab, der zwischen den Steinen hervorschießt.

Im Reservat darf gecampt werden (50 Q pro Zelt), allerdings nur im oberen Bereich, da sich immer wieder Springfluten ereignen. Man sollte auf seine Habseligkeiten achten, will man nicht bestohlen werden. Eine gute Nachricht: Mittlerweile wird das Gelände rund um die Uhr bewacht. Die Campingausrüstung muss selbst mitgebracht werden. In dem schlichten Restaurant am Parkplatz gibt's annehmbares Essen (inkl. *cacki'ik*, 40 Q); es ist allerdings ein ganzes Stück von den Pools entfernt (besser ein Lunchpaket einpacken).

Direkt vor der Brücke zum Semuc Champey zweigt rechts der Weg zu den **Grutas K'anba** (Eintritt 50 Q) ab, einem Höhlensystem, das viele weit interessanter finden als die Höhlen von Lanquín. Man sollte für die zweistündige Tour eine Taschenlampe mitbringen, andernfalls muss man sich auf eine Stolperpartie bei Kerzenlicht einstellen. Im Preis ist gewöhnlich eine halbe Stunde Tubing auf dem Fluss inbegriffen.

In der Nähe vom Semuc Champey gibt es zwei hervorragende Unterkünfte: Das **Utopia** (☎3135-8329; www.utopiaecohotel.com; Zelten 25 Q/Pers., Hängematte/B 30/45 Q, Zi. mit/ohne Bad 400/150 Q; WLAN) im Dorf Semil, ca. 3 km von Semuc Champey, liegt an einer reizenden Flussbiegung und bietet Unterkünfte für jeden Geldbeutel. Wer möchte, kann anrufen und sich von Lanquín abholen lassen. **El Portal** (☎4091-7878; www.hostalelportaldechampey.com; B 40 Q, Zi. mit/ohne Bad 200/100 Q; WLAN) ist nur 100 m vom Eingang zum Semuc Champey entfernt. Recht geräumige Holzhütten (ohne Strom!) säumen das Flussufer. Die Besucher werden verpflegt und können Ausflüge buchen. Reservierung empfohlen!

Fray Bartolomé de Las Casas

Die Strecke von Cobán nach Poptún via Fray Bartolomé de Las Casas war einst nicht mehr als eine trostlose unbefestigte Straße. Heutzutage sind zahlreiche Busse und Pick-ups auf passabel ausgebauten Wegen unterwegs – eine tolle Route, wenn man den „Gringo Trail" hinter sich lassen und in das Herz von Guatemala vorstoßen will.

Das nette Fray Bartolomé de Las Casas, oft kurz als Fray betitelt, hat eine stattliche Größe gemessen an der Lage im Niemandsland. Innerhalb eines Tages schafft man es nicht von Cobán nach Poptún, man wird also in Fray übernachten müssen. Bei der Banrural-Filiale unweit der Plaza können US-Dollar und Reiseschecks gewechselt werden. Außerdem gibt's dort einen Geldautomaten. Post und Polizeiwache sind ganz in der Nähe. Die *municipalidad* liegt direkt an der Plaza.

Die besten Betten gibt's im netten **Hotel La Cabaña** (☎7952-0352; 2a Calle 1-92, Zona 3; EZ/DZ 70/140 Q, ohne Bad 35/75 Q). Restaurants sind spärlich gesät. Man könnte den **Comedor Jireh** und das **Restaurante Doris** an der Hauptstraße ansteuern. Eine weitere Option sind die einfachen Grillbuden, die abends entlang der Hauptstraße öffnen. Dort gibt's z. B. Steaks (mit Tortillas und Bohnen; 20 Q).

Mindestens zwei Busse täglich fahren morgens an der Plaza nach Poptún ab (35 Q, 5 Std.). Von 4 bis 16 Uhr gibt es stündliche Verbindungen nach Cobán. Manche Busse fahren über Chisec (40 Q, 3½ Std.), andere nehmen die langsamere Route via San Pedro Carchá.

OST-GUATEMALA

In den heißen, hügeligen Ebenen, die sich zur Grenze im Süden erstrecken, ist die Cowboykultur noch lebendig: In den Departamentos Zacapa und Chiquimula ist es nicht ungewöhnlich, eine Pistole zu halftern. Tatsächlich passt das ausgesprochen gut zu den riesigen Hüten und schweren Stiefeln, die Mann hier trägt. Touristen verschlägt es vornehmlich dann in diese Gegend, wenn El Salvador und Honduras die nächsten Reiseziele sind, manche wollen jedoch auch die Wallfahrt nach Esquipulas unternehmen oder das Dinosauriermuseum in Estanzuela besichtigen.

Zacapa ist nicht nur der Name des Departamentos, sondern auch seiner Hauptstadt. Sie liegt gleich östlich des Highways 10, ein paar Kilometer südlich von Estanzuela. Dieser Ort hat keine nennenswerte touristische Infrastruktur. Interessant ist eventuell, dass die Einheimischen Käse, Zigarren und hervorragenden Rum herstellen.

Im Departamento Izabal im östlichen Zipfel des Landes befindet sich eine Vielzahl von Sehenswürdigkeiten. Die traumhafte Gegend um Río Dulce und den Lago de Izabal ist größtenteils unberührt. In der Garifuna-Enklave von Lívingston offenbart sich eine ganz andere Seite von Guatemala. Und die kaum besuchten Ruinen von Quiriguá warten mit wunderschönen Sandsteingravuren auf, die ihresgleichen suchen.

Estanzuela

10 700 EW.

Auf dem Weg nach Chiquimula wechselt man von der Carretera al Atlántico auf die CA-10 und gelangt so ins Tal des Río Motagua, ein heißes und trockenes Tropengebiet, in dem vor Jahrmillionen Dinosaurier lebten. 3 km südlich der Carretera al Atlántico wird man auf der rechten (westlichen) Seite der Straße ein kleines Denkmal erblicken, das an das furchtbare Erdbeben vom 4. Februar 1976 erinnert.

Keine 2 km südlich vom Denkmal liegt die kleine Stadt Estanzuela. Dort befindet sich das **Museo de Paleontología, Arqueología y Geología Ingeniero Roberto Woolfolk Sarvia** (Hwy 10, Estanzuela; ⌚Mo–Fr 8–17 Uhr) GRATIS Zu den interessanten Exponaten zählen Dinosaurierknochen, ein Riesenfaultier (um die 30 000 Jahre alt), ein prähistorischer Wal und frühzeitliche Maya-Artefakte. Um zum Museum zu gelangen, muss man vom Highway 1 km gen Westen durch die Stadt fahren und den kleinen *museo*-Schildern folgen.

Chiquimula

55 400 EW.

Chiquimula ist die Hauptstadt des gleichnamigen Departamentos und befindet sich in einem Bergbau- und Tabakanbaugebiet an der CA-10, 32 km südlich der Carretera al Atlántico. Die bedeutende Marktstadt im Osten des Landes fungiert zugleich als wichtiger Verkehrsknotenpunkt – die meisten Traveller übernachten vor allem deswegen in Chiquimula, weil es sich auf dem Weg nach Copán in Honduras als Zwischenstation anbietet. Davon abgesehen steht Chiquimula vor allem für ein drückend heißes Klima, anständige Budgethotels und eine mit Blumen übersäte Hauptplaza.

Schlafen

Hotel Hernández HOTEL $

(☎7942-0708; 3a Calle 7-41, Zona 1; EZ/DZ mit Ventilator 80/120 Q, mit Klimaanlage 140/200 Q, ohne Bad 50/90 Q; ❄📶🏊) Das Hernández ist kaum zu toppen. Es steht schon seit Jahren bei Travellern hoch im Kurs und ist wie eh und je gut ausgelastet. Das liegt u. a. an der zentralen Lage, den einfachen, aber geräumigen Zimmern und dem nicht zu kleinen Swimmingpool.

Posada Perla de Oriente HOTEL $$

(☎7942-0014; 2a Calle 11-50, Zona 1; EZ/DZ mit Ventilator 120/220 Q, mit Klimaanlage 150/250 Q; ❄📶🏊) Überraschend ruhig angesichts der Lage in unmittelbarer Nähe des Busbahnhofs. Die Posada hat mit die besten Zimmer der ganzen Stadt: Sie sind groß und schmucklos, doch das Grundstück ist schön grün und es gibt einen großen Swimmingpool.

Hostal Maria Teresa HOTEL $$

(☎7942-0177; 6a Calle 6-21, Zona 1; EZ/DZ 190/350 Q; ❄📶) Hat einen wunderschönen Hof im Kolonialstil mit breiten, schattigen Durchgängen. Die Einzelzimmer sind etwas klein geraten, die Doppelzimmer aber bieten eine Menge Platz und sind sehr komfortabel (Kabel-TV, warme Duschen & Klimaanlagen).

Essen

Entlang der 8a Avenida hinter dem Markt gibt es eine Reihe von günstigen *comedores*. Abends findet man auf der 7a Avenida gegenüber dem Parque Ismael Cerna Snack- und Taco-Verkäufer. Nirgendwo in der Stadt bekommt man günstigeres Essen.

Corner Coffee CAFÉ $

(6a Calle 6-70, Zona 1; Bagels 30 Q, Frühstück 25–30 Q; ⌚Mo–Sa 7–22, So 15–22 Uhr) Klimatisierter Laden direkt am hübschen Parque Calvario. Hier gibt's die beste Auswahl an Sandwiches, Burgern und Bagels der Stadt.

Charli's INTERNATIONAL $$

(7a Av 5-55; Hauptgerichte 50–100 Q; ⌚8–21 Uhr) Das schickste Restaurant von Chiquimula (wow, Tischdecken!) wartet mit einer umfangreichen Speisekarte auf. Pasta, Pizza und Steaks werden in einem ordentlich klimatisierten Laden serviert. Freundliches Personal.

Parillada de Calero STEAKHAUS $$

(7a Av 4-83; Frühstück ab 30 Q, Hauptgerichte 50–100 Q; ⌚8–22 Uhr) Ein Freiluft-Steakhaus, in dem das saftigste Grillfleisch der Stadt serviert wird. Aber auch das Frühstück kann sich sehen lassen: Das „Tropical Breakfast" (Pfannkuchen mit einem Berg frischer Früchte; 40 Q) ist genau das Richtige in diesem Klima.

BUSSE AB CHIQUIMULA

ZIEL	PREIS (Q)	DAUER	ABFAHRT	FREQUENZ
Anguiatú (salvadorianische Grenze)	15	1 Std.	5–17.30 Uhr	wenn voll
El Florido (honduranische Grenze)	25	1½ Std.	5.30–16.30 Uhr	wenn voll
Esquipulas	20	45 Min.	5–21 Uhr	alle 20 Min.
Flores	100	7–8 Std.	tgl.	2-mal tgl.
Guatemala-Stadt	40	3 Std.	3–15.30 Uhr	halbstündl.
Ipala	6	1½ Std.	5–19 Uhr	stündl.
Puerto Barrios	45	4½ Std.	3.30–16 Uhr	halbstündl.
Quiriguá	30	2 Std.	3.30–16 Uhr	halbstündl.
Río Hondo	15	35 Min.	5–18 Uhr	alle 15 Min.

Praktische Informationen

Banco G&T (7a Av 4-75, Zona 1; Mo–Fr 9–20, Sa 10–14 Uhr) Einen halben Block südlich der Plaza, mit Visa- und MasterCard-Geldautomat.

Post (10a Av, zw. 1a & 2a Calle) Geht man um das Gebäude gegenüber vom Busbahnhof herum, gelangt man in eine Gasse mit dem Postamt.

An- & Weiterreise

Es gibt verschiedene Bus- und Microbus-Unternehmen im Ort; An- und Abfahrt an der 11a Avenida, zwischen der Calle 1a und der Calle 2a. **Litegua** (7942-2064; 1a Calle, zw. 10a & 11a Av) betreibt Busse nach El Florido, dem Grenzübergang auf der Strecke nach Copán; es hat ein eigenes Busterminal einen halben Block weiter nördlich. Wer zum Grenzübergang bei Agua Caliente gelangen will, nimmt einen Minibus nach Esquipulas und steigt dort um. Ist Jalapa das Fahrtziel, muss man in Ipala umsteigen. Reisende auf dem Weg nach Río Dulce nehmen einen Bus nach Flores. Alternativ kann man auch mit einem Bus nach Puerto Barrios bis zur Anschlussstelle La Ruidosa fahren und dort umsteigen. Wer unterwegs nach Esquipulas ist, sollte sich einen Sitzplatz auf der linken Seite des Busses suchen – dort hat man die bessere Aussicht auf die Basilika.

Esquipulas

Von Chiquimula aus gelangt man über die CA-10 nach Süden in die Berge. Dort ist das Klima kühler und somit etwas angenehmer. Nach einer Stunde Fahrt durch eine hübsche Landschaft führt der Highway in ein von Bergen umringtes Tal hinab. Auf halber Strecke – ca. 1 km vor der Stadt – gibt es einen *mirador* (Aussichtspunkt). Von dort hat man einen tollen Blick auf die phantastische Basílica de Esquipulas, die über der Stadt thront und strahlend weiß in der Sonne schimmert.

Am 15. Januar findet das jährliche Festival Cristo de Esquipulas statt. Dann strömen die frommen Pilger aus der Region in Scharen herbei, um am Altar des Schwarzen Christus (El Cristo Negro) zu beten.

Geschichte

Esquipulas war eventuell schon vor der Ankunft der Spanier ein wichtiger Wallfahrtsort. Der Name der Stadt soll auf den Maya-Herrscher zurückgehen, der über dieses Territorium herrschte, als die Europäer mit der Kolonialisierung Zentralamerikas begannen.

Nach der Ankunft der Mönche wurde die erste Kirche errichtet, 1595 eine aus schwarzem Holz geschnitzte Darstellung Jesu Christi aufgestellt, die unter dem Namen „Schwarzer Christus" bekannt ist. Die Zahl der Pilger schoss in die Höhe, nachdem hier 1737 der Erzbischof von Guatemala, Pedro Pardo de Figueroa, von einer chronischen Krankheit geheilt worden war.

Der Boom bewog den Prälaten dazu, eine riesige, neue Kirche bauen zu lassen, die 1758 fertiggestellt wurde. Seither ist der Pilgerverkehr die Haupteinnahmequelle der Gemeinde.

Davon abgesehen hat sich Esquipulas einen Platz in den Geschichtsbüchern gesichert: Präsident Marco Vinicio Cerezo Arévalo erwirkte hier 1986 die ersten Einigungen mit anderen zentralamerikanischen Amtsinhabern bezüglich wirtschaftlicher Zusammenarbeit und Konfliktlösungen. Sie bildeten die Grundlage des Friedensabkommens, das 1996 unterzeichnet wurde.

Sehenswertes & Aktivitäten

Basílica de Esquipulas KIRCHE

Durch einen hübschen Park und über ein paar Treppenstufen gelangt man zur Basilika, einem pompösen Steinklotz, der tapfer den Erdbeben der vergangenen knapp 250 Jahre getrotzt hat. Die beeindruckende Fassade und die Türme werden nachts angeleuchtet.

Drinnen nähern sich die Gläubigen dem **Cristo Negro** (Schwarzer Christus) mit größter Ehrerbietung. Viele rutschen auf den Knien. Weihrauchduft wabert durch das Gotteshaus, das vom Gemurmel der Betenden und dem schlurfenden Geräusch von Sandalen erfüllt ist. Bei einem besonders großen Ansturm von Pilgern muss auf den Seiteneingang ausgewichen werden, um die berühmte Christusfigur aus der Nähe betrachten zu können. Mit etwas Glück wird man vielleicht einen längeren Blick erheischen können, bevor einen die von hinten nachrückenden Menschenmassen weiterschieben. Erwartungsgemäß schnellt die Besucherzahl sonntags, an religiösen Feiertagen und vor allem anlässlich des erwähnten Festivals in die Höhe. Zu anderen Zeiten kann es vorkommen, dass man der einzige Besucher ist.

Centro Turístico Cueva de las Minas HÖHLE

(Eintritt 15 Q; ⌚8–16 Uhr) Die Highlights des Centro Turístico Cueva de las Minas sind die 50 m tiefe Höhle (Taschenlampe mitbringen!), grasbewachsene Picknickbereiche und der Río El Milagro (es soll Wunder wirken, in ihm zu baden!). Höhle und Fluss sind 500 m vom Eingangstor entfernt, das sich hinter dem Basilikafriedhof befindet (300 m südlich der Abzweigung in die Stadt, an der Straße, die Richtung Honduras führt). Vor Ort werden Getränke verkauft.

Parque Chatún FREIZEITPARK

(☎7873-0909; www.parquechatun.com; Erw./Kind inkl. Mittagessen ab 65/55 Q; ⌚Di–Sa 9–18 Uhr) Für Reisende mit oder auch ohne Kinder liefert der Vergnügungspark Parque Chatún eine nette Abwechslung zum ansonsten eher religiösen Sightseeing-Programm. 3 km außerhalb der Stadt warten Swimmingpools, eine Kletterwand, Zeltplätze und ein Streichelzoo. Außerdem werden Canopying und Bungeespringen angeboten. Im Eintrittsgeld ist die Nutzung all dieser Einrichtungen inbegriffen (lediglich die Canopy-Tour kostet extra). Wer keinen eigenen Wagen hat, kann den Minibus nehmen, der seine Runden durch die Stadt dreht, oder die Angestellten im Hotel bitten, ihn kommen zu lassen.

Schlafen

In Esquipulas gibt es eine Vielzahl an Unterkünften. An Feiertagen und während des jährlichen Festivals sind die Hotels dennoch allesamt ausgebucht und auch an den Wochenenden ist eine Menge los (dann sind die Preise um einiges höher als unter der Woche). Wer an einem herkömmlichen Wochentag anreist, könnte nach einem *descuento* (Rabatt) fragen. Soll die Bleibe möglichst günstig sein, steuert man am besten die Straßen gleich nördlich der hoch aufragenden Basilika an.

Hotel Monte Cristo HOTEL $$

(☎7943-1453; 3a Av 9-12, Zona 1; EZ/DZ 180/250 Q, ohne Bad 80/100 Q) Angemessen große Zimmer mit ein wenig Mobiliar und superheißen Duschen. Die Zimmer oben werden erst vergeben, wenn unten alles voll ist – man wird also eventuell im Erdgeschoss unterkommen.

Hotel La Favorita HOTEL $$

(☎7943-1175; 2a Av 10-15, Zona 1; Zi. 200 Q, EZ/DZ ohne Bad 60/100 Q) Genau das Richtige für Sparfüchse. Die Zimmer mit Gemeinschaftsbad sind etwas düster, die mit eigenem Bad ganz passabel.

Hotel Portal de la Fe HOTEL $$

(☎7943-4261; 11 Calle 1-70, Zona 1; EZ/DZ 250/450 Q; ❄@📶🏊) Eins der wenigen Hotels im Ort, die über einen Hauch von Stil verfügen. Die Zimmer im Untergeschoss sind erwartungsgemäß trostlos, treppauf sieht das Ganze jedoch schon um einiges ansprechender aus.

Hotel Mahanaim HOTEL $$

(☎7943-1131; 10a Calle 1-85, Zona 1; Zi. 350 Q; ❄@📶🏊) Das Hotel erstreckt sich rund um einen überdachten Innenhof über drei Stockwerke. Die Zimmer sind gemütlich, aber schlicht. Was das Hotel zu einem guten Deal macht, ist der große überdachte Pool hinterm Haus.

Essen

Die günstigen Restaurants von Esquipulas drängen sich rund um das nördliche Ende des Parks und sind leicht zu finden. Die meisten sind von 6.30 bis 21 oder 22 Uhr geöffnet.

Die Straße, die gegenüber der Kirche Richtung Norden führt (3a Av), wird ebenfalls von einigen Lokalen gesäumt.

Restaurante Calle Real GUATEMALTEKISCH $
(3a Av; Hauptgerichte 30–60 Q; ⌚8–22 Uhr) Ähnlich wie in den übrigen Restaurants in der Stadt gibt's auch in diesem großen Laden günstiges Essen für hungrige Pilger. Die Speisekarte ist umfangreich, die Beleuchtung grell, der Fernseher laut.

Restaurant El Angel CHINESISCH $$
(☎7943-1372; Ecke 11a Calle & 2a Av; Hauptgerichte 45–60 Q; ⌚11–22.30 Uhr) Dieser Chinese hat sämtliche Standgerichte auf der Karte sowie außerdem Steaks und eine gute Auswahl an *licuados* (Milchshakes). Mit Lieferservice.

La Rotonda FASTFOOD $$
(11a Calle; Hauptgerichte 50–100 Q; ⌚8–22 Uhr) Gegenüber dem Busbahnhof Rutas Orientales steht der Rundbau, in dem die Sitzplätze um eine ebenfalls runde Theke unter einer großen Markise angeordnet sind. La Rotonda ist ein sauberes, einladendes Restaurant mit guter Auswahl (u. a. Pizzas, Pasta und Burger).

City Grill STEAKHAUS $$
(Ecke 2a Av & 10a Calle, Zona 1; Hauptgerichte 40–120 Q; ⌚8–22 Uhr) Im besten Steakhaus der Stadt gibt's nicht nur Fleisch, sondern auch recht gute Meeresfrüchte- und Pastagerichte. Zum Restaurant gehören ein Café und eine Bäckerei; das Frühstück ist gut, wenn auch etwas teuer (45 Q).

ℹ Praktische Informationen

Die **Post** (6a Av 2-15) liegt ca. zehn Blocks nördlich des Zentrums. **Telgua** (Ecke 5a Av & 9a Calle) hat zahlreiche Kartentelefone in Betrieb. Die **Banco Internacional** (3a Av 8-87, Zona 1) wechselt US-Dollar und Reiseschecks und hat einen Visa-Geldautomaten.

ℹ An- & Weiterreise

Busse nach Guatemala-Stadt (50 Q, 4 Std.) fahren von 1.30 bis 16.30 Uhr stündlich vom Busbahnhof von **Rutas Orientales** (☎7943-1366; Ecke 11a Calle & 1a Av) am Ortseingang.

Minibusse nach Agua Caliente (honduranische Grenze; 20 Q, 30 Min.) fahren zwischen 5 und 17 Uhr halbstündlich auf der anderen Straßenseite ab; dort stehen auch Taxis parat. Sie kosten dasselbe wie die Minibusse, wenn mindestens fünf Fahrgäste zusammengekommen sind.

Minibusse nach Chiquimula (15 Q, 45 Min., 5–18 Uhr alle 15 Min.) fahren am östlichen Ende der 11a Calle ab.

Transportes Guerra (Ecke 5a Av & 10a Calle) bietet Busse nach Anguiatú (salvadorianische Grenze; 15 Q, 1 Std., 8–18 Uhr alle 30 Min.).

Nach Flores/Santa Elena (110 Q, 8 Std.) fahren vom Büro von **Transportes María Elena** (☎7943-0957; 11 Calle 0-54, Zona 1) drei Busse täglich. Sie passieren Quiriguá (45 Q, 2 Std.), Río Dulce (60 Q, 4 Std.) und Poptún (90 Q, 6 Std.).

Quiriguá

4800 EW.

Die archäologische Stätte von Quiriguá ist für die aufwendig verzierten Stelen bekannt, riesige, bis zu 10,5 m hohe Sandsteinmonolithen. Wie uralte Wächter stehen sie in einem ruhigen Park mit tropischer Vegetation. Von der Kreuzung Río Hondo sind es 68 km auf der Carretera al Atlántico bis zum Dorf Quiriguá.

Geschichte

Die Geschichte von Quiriguá erinnert an die von Copán. Tatsächlich war Quirigá die meiste Zeit der klassischen Periode von Copán abhängig. Aus dem Flussbett des nahe gelegenen Río Motagua förderten die Menschen riesige braune Sandsteinblöcke. Diese waren zunächst weich, härteten jedoch schnell aus – ideale Voraussetzungen, um die gigantischen verzierten Steinstelen zu schaffen. Herausragende Künstler aus Copán unterstützten die Steinmetze aus Quiriguá bei ihren faszinierenden Schöpfungen. Alles, was sie benötigten, war ein Anführer, der sie inspirierte – und für ihre Arbeit zahlte.

Solch eine Führungspersönlichkeit war Cauac Sky (725–784), der für Quiriguás Unabhängigkeit von Copán kämpfte. Cauac Sky nahm schließlich den König von Copán „18 Kaninchen" – auch bekannt als Waxaklajuun Ub'aah K'awiil – im Jahr 737 gefangen und ließ ihn kurze Zeit später enthaupten. Quiriguá war endlich unabhängig – Cauac Sky trommelte die Steinmetze zusammen und ließ sie in den folgenden 38 Jahren zu seinen Ehren riesige Stelen und Zoomorphen erschaffen.

Im frühen 20. Jh. kaufte die United Fruit Company das gesamte Land rund um Quiriguá und errichtete Bananenplantagen. Die UFC ist wieder verschwunden, die Bananen sind aber geblieben. 1981 erklärte die Unesco Quiriguá zur Welterbestätte.

Sehenswertes

Archäologische Stätte Quiriguá ARCHÄOLOGISCHE STÄTTE
(Eintritt 80 Q; ⌚8–16.30 Uhr) Hitze und Moskitogeschwader sind in der umwerfenden archäologischen Stätte von Quiriguá

schnell vergessen. Die gigantischen Stelen auf der Großen Plaza mögen verwittert und alt sein, ihren Zauber mindert dies jedoch kein bisschen.

Die Stelen A, C, D, E, F, H und J wurden in der Regierungszeit Cauac Skys gefertigt und tragen sein Bild. **Stele E** ist die größte bekannte Maya-Stele überhaupt: Sie ist 8 m hoch – wobei noch weitere 3 m in der Erde verbuddelt sind – und wiegt fast 60 t. Besondere Beachtung verdienen der aufwendige Kopfschmuck, die Bärte mancher Figuren (eine Rarität in der Welt der Maya), die Machtsymbole in den Händen des Königs und die Glyphen an den Seiten der Stelen.

Am Ende der Plaza befindet sich die **Akropolis**. Dort können verschiedene Zoomorphen besichtigt werden, gemeißelte Steinblöcke, die realen oder mythischen Tieren ähneln. Besonders beliebt waren Frösche, Schildkröten, Jaguare und Schlangen. Die niedrigen Zoomorphen sind nicht ganz so beeindruckend wie die hoch aufragenden Stelen, aber dennoch wunderschöne Kunstwerke mit mythischer Bedeutung, die von einem hohen Maß an Vorstellungskraft zeugen.

In einem kleinen Museum direkt hinterm Eingang findet man ein paar informative Darstellungen. Ein Modell der Ausgrabungsstätte illustriert, wie es hier in der Blütezeit ausgesehen haben mag. In der *tienda* (kleiner Laden) beim Eingang werden kalte Getränke und Snacks verkauft.

Schlafen & Essen

Hotel y Restaurante Royal HOTEL $
(☎ 7947-3639; EZ/DZ 100/150 Q) Das Hotel y Restaurante Royal ist das beste der wenigen Hotels im Ort und serviert gute, einfache Mahlzeiten.

An- & Weiterreise

Busse auf den Strecken Guatemala-Stadt–Puerto Barrios, Guatemala-Stadt–Flores, Esquipulas–Flores oder Chiquimula–Flores halten an der Abzweigung nach Quiriguá. Die Fahrer stoppen auf Wunsch auch an der Abzweigung zur archäologischen Stätte.

Der wichtigste Verkehrsknotenpunkt in der Gegend ist Morales, ca. 40 km nordöstlich von Quiriguá. Dieser Ort ist keine Schönheit, dafür fahren hier aber die Busse nach Río Dulce ab. Wem ein Sitzplatz nicht so wichtig ist, kann Morales auslassen und an der Kreuzung La Ruidosa in den Bus nach Río Dulce steigen.

Unterwegs vor Ort

Von der Abzweigung am Highway (1,5 km von Quiriguá entfernt) sind es 3,4 km bis zur archäologischen Stätte. Busse und Pick-ups fahren das Stück vom Highway bis zu den Stelen und zurück (einfache Strecke 5 Q). Sollte man gerade weder Bus noch Pritschenwagen erspähen, bleibt immer noch die Möglichkeit zu laufen; die Straße ist nagelneu (inkl. Spur für Fahrradfahrer/Tuk-Tuks) und führt an Bananenplantagen vorbei.

Wer in Quiriguá übernachtet und zu den Stelen spazieren will, kann eine Abkürzung entlang der Zuggleise vom Dorf durch die Bananenfelder nehmen; man überquert die Zufahrtsstraße unweit des Eingangs zur archäologischen Stätte. Eine Tuk-Tuk-Fahrt von Quiriguá zu den Stelen kostet ca. 15 Q.

Um vom Dorf zum Highway zu gelangen, muss man die Hauptstraße hinuntergehen, an der ersten Weggabelung nach rechts gehen und dann der Straße bei der Kurve nach links folgen.

Lago de Izabal

Immer mehr Reisende nehmen einen Besuch des größten Sees Guatemalas in ihr Urlaubsprogramm auf. Viele Touristen übernachten im Dorf Río Dulce. Dieses liegt nördlich der Brücke, über die die CA-13 den See überquert, um dann weiter nach Flores und Tikal im Norden zu führen. Östlich der Brücke verläuft der hübsche Río Dulce, der erst den See El Golfete passiert, bevor er bei Lívingston ins karibische Meer mündet. Eine Bootsfahrt auf dem Fluss zählt zu den Highlights im Osten Guatemalas.

Weitere Sehenswürdigkeiten am See sind die alte spanische Festung El Castillo de San Felipe und das Flussdelta Bocas del Polochic. Darüber hinaus kann man viele ruhige, herrlich entlegene Fleckchen Erde entdecken.

Río Dulce

Am östlichen Ende des Lago de Izabal – am Auslauf des Río Dulce aus dem See – befindet sich der hübsche Ort Río Dulce, der nach wie vor oft als Fronteras bezeichnet wird. Dieser Name stammt noch aus den Zeiten, als man den Fluss ausschließlich mit der Fähre überqueren konnte und der Ort das letzte bisschen Zivilisation war, bevor man die „Wildnis“ von El Petén erreichte.

Die Zeiten ändern sich – mittlerweile wurde eine riesige Brücke gebaut und die Straßen in Petén zählen zu den besten des Landes. Río Dulce wird derweil von immer mehr Touristen frequentiert. Darunter tummeln sich verblüffend viele Yachtbesitzer, seitdem die US-amerikanische Küstenwache hat verlauten lassen, der See sei für Boote während der Hurrikan-Saison der sicherste Ort in der westlichen Karibik. Die übrigen ausländischen Besucher lockt wohl vor allem der phantastische Bootstrip nach Lívingston an.

Geführte Touren

Am besten ist es, sich an einem der Yachthäfen nach Segelbooten umzuhören, die für die Fahrt auf dem Río Dulce gechartert werden können.

Aventuras Vacacionales SEGELN
(☎7873-9221; www.sailing-diving-guatemala.com) Aventuras Vacacionales organisiert tolle Fahrten an Bord des Segelboots *Las Sirenas*: Von Río Dulce geht es zu den Riffen und Inseln von Belize (ab 3200 Q, 7 Tage) oder zum Lago Izabal (ab 1250 Q, 4 Tage). Das Hauptbüro befindet sich in Antigua, man kann aber auch in Río Dulce Kontakt mit dem Veranstalter aufnehmen.

Schlafen

Die Unterkünfte außerhalb der Stadt am Wasser sind netter als die in der Stadt selbst. Reisende können von Bruno's (S. 195) aus anrufen oder funken, um sich abholen zu lassen.

Mit Ausnahme des Hotel Backpackers befinden sich die hier genannten Adressen nördlich der Brücke. Aussteigen sollte man in der Nähe des Río Bravo Restaurante, andernfalls darf man die unter den hier gegebenen Umständen wohl längste Brücke Zentralamerikas zu Fuß überqueren – das bedeutet 30 Minuten in glühender Hitze.

Hotel Backpackers HOSTEL $
(☎7930-5480; www.hotelbackpackers.com; B 30 Q, EZ/DZ 100/120 Q, ohne Bad ab 60/120 Q; @ 📶) Das alte, klapprige Haus südlich der Brücke ist beliebt bei Backpackern. Die Zimmer sind sehr einfach. Abends erwacht die Bar so richtig zum Leben. Wer mit der *lancha* oder dem Bus anreist, sollte den Fahrer bitten, einen hier abzusetzen, um sich den Weg über die Brücke zu sparen.

Hotel Vista al Río HOTEL $
(☎7930-5665; www.hotelvistario.com; B 40 Q, Zi. ab 160 Q, ohne Bad 100 Q; ❄ 📶) Das kleine Hotel mit Marina unter der Brücke unmittelbar südlich von Bruno's bietet geräumige, makellos saubere Zimmer, teils mit Flussblick. Das gute Restaurant serviert saftige Steaks, Küche der US-Südstaaten und reichhaltiges Frühstück.

Casa Perico HOSTEL $
(☎7930-5666; B 45–50 Q, Bungalow EZ/DZ 200/250 Q, ohne Bad ab 65/110 Q; @ 📶) Eine der unauffälligeren Unterkünfte in der Gegend. Sie liegt an einer kleinen Bucht ca. 200 m vom Hauptfluss entfernt. Die Hütten sind stabil gebaut und durch Stege miteinander verbunden. Die Betreiber sind Schweizer. Sie bieten Bootsfahrten an und richten ein hervorragendes Abendbuffet her (60 Q), es gibt jedoch auch Gerichte à la carte (Hauptgerichte 30–40 Q).

El Tortugal BUNGALOWS $$
(☎7742-8847; www.tortugal.com; B 100 Q, Zi. ohne Bad 300 Q, Bungalow ab 300 Q; 📶) Hier gibt's die hübschesten Bungalows am Fluss und

ABSEITS DER ÜBLICHEN PFADE

CHAPÍN ABAJO

Wer die ausgetretenen Pfade wirklich verlassen will, macht sich zu diesem reizenden kleinen Dorf am Südwestufer des Lago de Izabal auf den Weg. Das dortige **gemeindebasierte Tourismusprojekt** (☎4672-4773; www.turismocomunitarioguatemala.com/chapin_abajo.html) bietet Übernachtungsmöglichkeiten in netten hölzernen **Bungalows** (☎4672-4773; EZ/DZ 125/200 Q, ohne Bad 75 Q/Pers.) am See mit Blick aufs Wasser. Im Angebot sind auch einfache Mahlzeiten und Bootstouren (375 Q, 2 Std.). Das Dorf liegt 25 km westlich von Mariscos und ist über eine unbefestigte, aber passable Straße zu erreichen. Die Anreise auf diesem Weg ist allerdings nicht einfach: Man nimmt irgendeinen Bus, der auf der Carretera al Atlántico verkehrt, und steigt an der Kreuzung Trincheras (Km 218), der Abzweigung nach Mariscos, aus; von hier fahren Minibusse (10 Q) in den Ort. Von Los Amates oder Quiriguá fahren Minibusse direkt nach Mariscos. Von Mariscos verkehren Pick-ups (20 Q, 1 Std.) bis rund 10 Uhr nach Chapín Abajo. Auf dieser Strecke wird viel getrampt – mit den üblichen Risiken.

Am einfachsten kommt man mit einer *lancha* (15 Q, 20 Min.) von El Estor auf der anderen Seeseite hierher. Es fährt eine jeden Mittag und eventuell fahren noch weitere.

IZABAL JENSEITS VON RÍO DULCE

Río Dulce ist zwar ganz nett, die schönsten Unterkünfte finden sich jedoch in noch entlegeneren Gebieten. Hier eine kleine Auswahl:

Lagunita Creek (☎4113-0103; B 80 Q) Nordwestlich von Lívingston liegt die kleine Siedlung Lagunita Creek, wo ein gemeindebasiertes Tourismusprojekt Unterkunft in einer schlichten Ökolodge anbietet. Einfache Mahlzeiten kosten 50 bis 65 Q, Besucher können sich aber auch selbst verpflegen.

Zu den Highlights zählen Kajakfahrten auf dem herrlichen, türkisgrünen Fluss und geführte Wanderungen/Vogelbeobachtungen – alles im Preis inbegriffen. Die Anreise ist jedoch teuer: *lanchas* ab Lívingston kosten etwa 1200 Q pro Boot. Happy Fish Travel (S. 200) in Lívingston bietet Tagestouren (Q280) und Touren mit Übernachtung (480), es müssen jedoch mindestens sechs Personen teilnehmen.

Finca Tatin (☎4148-3332; www.fincatatin.com; B 50 Q, EZ/DZ ab 140/180 Q, ohne Bad ab 75/120 Q; 🛜) Ca. 10 km von Lívingston flussaufwärts liegt diese wunderschöne Finca im Wald. Die Gäste übernachten in individuell gestalteten Holzhütten mit Strohdach, die über das Urwaldgelände verteilt sind. Man kann wandern und Kajak fahren. *Lanchas* legen hier auf dem Weg von Río Dulce nach Lívingston (oder umgekehrt) an. Mehr Infos zur Anreise gibt's auf der Website.

Hotelito Perdido (☎5725-1576; www.hotelitoperdido.com; B 45 Q, Bungalow EZ/DZ ab 150/200 Q, ohne Bad 120/150 Q) Gegenüber von der Finca Tatin befindet sich am anderen Flussufer die wunderschöne, neue Unterkunft. Sie wird von jungen Travellern geführt und hat ein phantastisches Ambiente. Die gesamte Anlage entspricht ökologischen Standards (Sonnenenergie), ist klein und heimelig. Am besten im Voraus reservieren. Wenn man anruft, wird man in Lívingston abgeholt (40 Q). Alternativ lässt man sich von einem der Boote, die zwischen Lívingston und Río Dulce hin- und herfahren, dort absetzen.

Hotel Kangaroo (☎5363-6716, auf Englisch 4513-9602; www.hotelkangaroo.com; B 60 Q, Zi. 150–180 Q, Hütte 220 Q; @🛜) Am Río La Colocha steht gegenüber vom Castillo de San Felipe in den Mangroven das schlichte, aber schöne auf Pfählen errichtete Hotel. Es wird von Australiern betrieben. Hier kann man jede Menge wilde Tiere sichten, darunter blaue Grasmücken, Pelikane, einen mehr als 2 m langen Leguan und diverse Schildkröten. Nach vorherigem Anruf wird man in Río Dulce oder San Felipe abgeholt (kostenlos), selbst wenn man nur zum Mittagessen bleibt.

dazu jede Menge Hängematten, Duschen mit sehr heißem Wasser und Kajaks (Nutzung für Gäste kostenlos). Mit einer *lancha* benötigt man von der Stadt aus fünf Minuten (Richtung Osten fahren).

Hacienda Tijax HOTEL **$$**
(☎7930-5505; www.tijax.com; EZ 170–530 Q, DZ 230–590 Q; ❄🛜🏊) Die 200 ha große Hacienda befindet sich gegenüber von Bruno's auf der anderen Seite der Bucht (2 Min. mit dem Boot). Gäste erwartet ein ganz besonderer Ort: Man kann reiten, wandern, Vögel beobachten, Segelboottouren unternehmen und die Kautschukplantagen erkunden; außerdem wird Canopying angeboten. Geschlafen wird in hübschen kleinen Hütten, die durch einen Steg miteinander verbunden sind. Die meisten von ihnen gewähren einen Blick aufs Wasser. Zu guter Letzt gibt es einen tollen Pool-/Barbereich.

Bruno's HOTEL **$$**
(☎7930-5721; www.brunoshotel.com; B 50 Q, EZ 90–220 Q, DZ 125–300 Q; ❄🛜🏊) Vom nordöstlichen Ende der Brücke führt ein Pfad zu dieser Unterkunft am Fluss hinab. Die Mehrbettzimmer sind sauber und geräumig. Die Räumlichkeiten im neuen Gebäude zählen zu den komfortabelsten der ganzen Stadt: Sie sind klimatisiert und haben Balkone mit Flussblick. Familienfreundliche Ausstattung; hier haben bis zu sechs Personen Platz.

✕ Essen

Die meisten Hotels verfügen jeweils über eigene Restaurants. Im Bruno's (S. 195) gibt's leckeres Frühstück, typische Gringo-Leibspeisen und eine gut ausgestattete Bar. In der Hacienda Tijax (S. 195) ist mittags einiges los – einfach anrufen, um abgeholt zu werden.

★ **Sundog Café** INTERNATIONAL $
(Sandwiches 30 Q, Mahlzeiten ab 35 Q; ⌚12–21 Uhr) Vom Büro der Busgesellschaft Litegua aus geht's eine Gasse hinab zu diesem Bar-Restaurant unter freiem Himmel am Fluss, in dem aus hausgemachtem Brot tolle Sandwiches gezaubert werden. Außerdem gibt's eine gute Auswahl an vegetarischen Gerichten, köstlicher Pizza und Obstsäften. Die Angestellten geben gern Tipps und Infos, u. a. zu Unternehmungen in der Umgebung.

Praktische Informationen

In vier Banken in der Hauptstraße können Bargeld und Reiseschecks gewechselt werden. Der Geldautomat der **Banco Industrial** (⌚9–17 Uhr) akzeptiert Visa-Karten, die Automaten der Banrural nehmen Visa und MasterCard. Jede Menge Informationen über Río Dulce bietet die Website **Rio Dulce Chisme** (www.riodulcechisme.com; Río Dulce).

An- & Weiterreise

BUS

Ab 9.30 Uhr fahren täglich sieben Busse der Busgesellschaft Fuente del Norte Richtung Norden auf einer asphaltierten Straße nach Poptún (35 Q, 2 Std.) und Flores (65 Q, 4 Std.). Wer Glück mit den Verbindungen hat, kann es in schlappen sechs Stunden nach Tikal schaffen. Darüber hinaus gibt es Verbindungen nach San Salvador (El Salvador; 125 Q) und San Pedro Sula (Honduras; 135 Q); beide Busse fahren um 10 Uhr los.

Mindestens 11 Busse pro Tag (von Fuente del Norte und Litegua) steuern Guatemala-Stadt an (65 Q, 6 Std.). Línea Dorada hat 1.-Klasse-Verbindungen nach Guatemala-Stadt (130 Q; 13 Uhr) und nach Flores (130 Q; 15 Uhr) im Fahrplan; die Busse sind bis zu einer Stunde schneller als die regulären.

Die Minibusse nach Puerto Barrios (25 Q, 2 Std.) fahren los, sobald sie voll sind (am Straßenrand vor dem Hotel Las Brisas).

Täglich fährt vom Sundog Café um 13.30 Uhr ein Shuttlebus nach Lanquín (150 Q, 5 Std.).

Minibusse nach El Estor (20 Q, 1½ Std.) fahren an der Abzweigung nach San Felipe und El Estor mitten in der Stadt ab (7–18 Uhr, stündl.).

SCHIFF/FÄHRE

Colectivo lanchas fahren auf dem Río Dulce entlang einer wunderschönen Strecke nach Lívingston (Abfahrt am neuen Dock). Normalerweise legen sie erst ab, wenn acht bis zehn Passagiere zusammengekommen sind (einfache Strecke/hin & zurück pro Pers. 125/200 Q). Das Ganze ist wie eine Ausflugsfahrt mit mehreren Stopps. Abfahrt gewöhnlich von 9 bis 14 Uhr, wobei um 9.30 und 13.30 Uhr regulär zwei Boote ablegen. So ziemlich alle Einheimischen können eine *lancha*-Fahrt nach Lívingston oder anderswohin organisieren, verlangen dafür allerdings mehr Geld.

Von Río Dulce nach Flores

Nördlich des Orts Río Dulce verläuft die Straße nach El Petén – Traveller erwartet hier die ausgedehnte Urwaldprovinz des Landes. Bis Santa Elena und Flores sind es 208 km, weitere 71 km bis Tikal.

Der komplette Abschnitt von der Carretera al Atlántico bis Santa Elena ist asphaltiert, die Fahrt von Río Dulce zu den Ruinen von Tikal gestaltet sich also recht angenehm.

Die hiesigen Wälder verschwinden in einem beängstigenden Tempo. Sie fallen den Macheten der Bauern zum Opfer. Die Ernährungs- und Landwirtschaftsorganisation der Vereinten Nationen hat wiederholt berichtet, dass Bäume gefällt und Waldabschnitte niedergebrannt werden, damit ein paar Jahre lang Nutzpflanzen angebaut werden können, bis der sensible Urwaldboden ausgelaugt ist. Dann dringen die Bauern tiefer in die Wälder vor und die Brandrodung beginnt aufs Neue. Auch Viehbauern tragen zur Zerstörung der Wälder bei. Ein weiterer Faktor ist die Zunahme der Bevölkerungszahlen in El Petén: Immer mehr Städter ziehen in die Provinz.

El Castillo de San Felipe

Die **Festung** (Eintritt 20 Q; ⌚8–17 Uhr) von San Felipe de Lara, ca. 3 km westlich der Brücke, wurde 1652 erbaut, um den plündernden Piraten Einhalt zu gebieten, die es auf die Dörfer und Handelskarawanen in Izabal abgesehen hatten. Das funktionierte nur bedingt; Ein paar Freibeuter eroberten und verbrannten die Festung 1686. Am Ende des folgenden Jahrhunderts gehörten die Piraten in der Karibik jedoch der Geschichte an. Eine Zeit lang diente das Bauwerk mit seinen massiven Wänden noch als Gefängnis. Doch schon bald wurde es aufgegeben und verfiel. Was heute zu sehen ist, ist eine Rekonstruktion von 1956.

Das heutige Schloss ist Teil eines Schutzgebiets und gehört zu den Hauptattraktionen am See. Die Anlage umfasst einen großen Park mit Grill-/Picknickbereichen und Badestellen.

Unweit des *castillo* bietet das **Hotel Don Humberto** (☎7930-5051; EZ/DZ 50/90 Q) einfache Zimmer mit großen Betten und Moskitonetzen. Es ist nicht schick, der Standard ist aber angesichts des günstigen Preises absolut angemessen.

San Felipe liegt am Seeufer, 3 km westlich von Río Dulce. Der wunderschöne Spaziergang von einem Ort zum anderen dauert 45 Minuten. Ansonsten kann man auch einen Minibus nehmen (Abfahrten alle 30 Min., 10 Q). Sie halten in Río Dulce an der Highway-Anschlussstelle der Straße nach El Estor und in San Felipe vorm Hotel Don Humberto am Eingang zum Castillo.

Boote aus Lívingston halten auf Wunsch in San Felipe. Auch bei den Bootsausflügen ab Río Dulce kommt man gewöhnlich am Castillo vorbei; bei manchen Touren ist ein Besuch des Schlosses vorgesehen. Andernfalls kann man mit einem selbst gecharterten Boot von Río Dulce aus übersetzen.

Finca El Paraíso

An der Nordseite des Sees liegt zwischen San Felipe und El Estor die **Finca El Paraíso** (☎7949-7122; Eintritt 10 Q, Hütte mit Ventilator/Klimaanlage 200/250 Q), ein beliebtes Tagesausflugsziel, wenn man in Río Dulce und anderen Orten am See übernachtet. Auf dem Fincagelände kann man zu einem wunderschönen Plätzchen im Urwald spazieren: Dort ergießt sich ein breiter Wasserfall (12 m hoch) in ein tiefes Becken. Man kann in dem warmen Wasser baden, im „Pool" schwimmen oder unter dem Überhang eine Art Urwaldsauna genießen. Ferner können ein paar interessante Höhlen und tolle Wanderwege entdeckt werden. Neben dem Bauernhaus befindet sich das bescheidenere, aber preiswertere **Brisas del Lago** (☎7958-0309; Hütten 100 Q/Pers.).

Die Finca liegt an der Busroute Río Dulce–El Estor und ist ca. eine Stunde (10 Q) von Río Dulce bzw. 30 Minuten (7 Q) von El Estor entfernt. Den Wasserfall erreicht man, wenn man von der Straße aus nach Norden geht. Im Süden findet man das Bauernhaus und den See. Die letzten Busse in beide Richtungen kommen zwischen 16.30 und 17 Uhr vorbei.

El Estor

Die kleine Stadt hat eine herrliche Lage mit Blick auf den Lago de Izabal und die Sierra de las Minas dahinter. Dennoch verschlägt es Besucher nur selten hierher. Die meisten von denen, die kommen, brechen von hier aus ins **Refugio de Vida Silvestre Bocas del Polochic** auf, ein extrem artenreiches Tierschutzgebiet am westlichen Ende des Sees. El Estor ist aber auch der Zugang zur kaum benutzten und schwierigen Alternativroute nach Lanquín und Cobán.

Schlafen & Essen

Hungrigen Mäulern sei die Gegend rund um den Parque Central empfohlen. Eine ordentliche Auswahl an Gerichten (auch vegetarisch) gibt's z. B. im **Café Portal** (5a Av 2-65; Hauptgerichte 30–50 Q; ⊙7–21 Uhr). Das **Restaurante del Lago** (Hauptgerichte 40–80 Q; ⊙8–20 Uhr) auf der anderen Seite des Parks ist angenehm luftig, gewährt einen Blick auf den See und hat die umfangreichste Speisekarte der Stadt.

Restaurante Típico Chaabil HOTEL $
(☎7949-7272; 3a Calle; Zi. 150 Q) Am westlichen Ende der 3a Calle. Das Holzhütten-Image ist zwar ziemlich dick aufgetragen, doch die Zimmer bieten ein unschlagbares Preis-Leistungs-Verhältnis. Am besten nimmt man sich eins im Obergeschoss – dort gibt es mehr Tageslicht und einen schöneren Blick. Das Restaurant überzeugt mit einer hübschen Terrasse am See, auf der man leckeres Essen genießen kann, z. B. *tapado* (der Fisch- und Kokosnuss-Eintopf der Garifuna; 100 Q). Das Wasser ist kristallklar; man kann direkt am Hotelpier hineinhüpfen!

Hotel Villela HOTEL $
(☎7949-7214; 6a Av 2-06; EZ/DZ 75/150 Q) Die Zimmer sind zwar weniger schön als der propere Rasen und die Bäume, die sie umgeben, aber einige sind luftiger und heller als andere und alle verfügen über Ventilator und Bad.

Hotel Vista al Lago HOTEL $$
(☎7949-7205; 6a Av 1-13; EZ/DZ 150/200 Q) Das klassische, historische Gebäude steht direkt am Wasser und hat jede Menge Stil, wobei die Zimmer an sich eher gewöhnlich sind. Der Ausblick vom Balkon ist genial!

Praktische Informationen

An der Ostseite des Parque Central liegt das **Café Portal** (5a Av 2-65; ⊙6.30–22 Uhr). Dort werden Touren und Transportmöglichkeiten organisiert und man erhält erstklassige Infos. Bei der **Banrural** (Ecke 3a Calle & 6a Av; ⊙Mo–Fr 8.30–17, Sa 9–13 Uhr) können US-Dollar und American-Express-Reiseschecks gewechselt werden; zudem gibt's einen Geldautomaten. Die **städtische Polizei** (Ecke 1a Calle & 5a Av) ist unweit des Seeufers zu finden. Im nahe gelegenen Tierreservat Bocas del Polochic wird Ökotourismus großgeschrieben. Genaueres erfährt man über die **Fundación Defensores de la Naturaleza** (☎7949-7130; www.defensores.org.gt; Ecke 5a Av & 2a Calle).

An- & Weiterreise

El Estor ist leicht von Río Dulce aus zu erreichen. Busse von bzw. nach Río Dulce fahren von 7 bis 16 Uhr stündlich.

Die Straße, die im Westen via Panzós und Tucurú nach Tactic südlich von Cobán führt, hatte einst einen schlechten Ruf; hier ereigneten sich zahlreiche Raubüberfälle, besonders in der Nähe von Tucurú. Am besten erkundigt man sich vor Ort nach der aktuellen Sicherheitslage. Die Straße steht zudem während der Regenzeit häufig unter Wasser (auch diesen Punkt sollte man gegebenenfalls vor der Fahrt klären). Ein Lkw nach Cahabón (40 Q, 4–5 Std.) fährt um 10.30 Uhr am Parque Central ab; in Cahabón angekommen, kann man noch am selben Tag mit einem Bus oder Pick-up nach Lanquín weiterfahren. In umgekehrter Richtung muss man derzeit zu unchristlichen Zeiten aufbrechen und in Cahabón übernachten.

Puerto Barrios

86 400 EW.

Wenn man von der Kreuzung La Ruidosa Richtung Osten nach Puerto Barrios fährt, wird die tropische Vegetation immer dichter und das Klima feuchter. Hafenstädte stehen seit jeher in dem Ruf, ein wenig zwielichtig zu sein. Das gilt ganz besonders für diejenigen, die sich an einer Landesgrenze befinden. Vielleicht möchte der Stadtrat nur das Klischee bedienen, vielleicht ist die raue, etwas schäbige Atmosphäre von Puerto Barrios aber auch authentisch. Ausländische Besucher kommen jedenfalls in erster Linie in die Stadt, um so schnell wie möglich eines der Boote nach Punta Gorda in Belize oder nach Lívingston zu nehmen.

Riesige Ländereien im Tal des Río Motagua gehörten früher der einflussreichen United Fruit Company. Sie ließ Eisenbahnschienen bauen, um Güter zur Küste transportieren zu können – die Gleise führen noch immer mitten durch die Stadt. In Puerto Barrios, das erst im frühen 20. Jh. entstand, wurden die Waren auf Boote verladen, die Kurs auf New Orleans und New York nahmen. Lange, breite und schachbrettartig angeordnete Straßen prägen das Stadtbild. Viele der Holzrahmenhäuser im karibischen Stil stehen auf Pfählen.

Schlafen

Hotel Europa HOTEL $

(☎7948-1292; 3a Av zw. Calle 11a und 12a; EZ/DZ mit Ventilator 75/120 Q, mit Klimaanlage 110/150 Q; ❄📶) Die beste Budgetunterkunft im Hafenviertel liegt nur eineinhalb Blocks vom Muelle Municipal entfernt zwischen den Calles 11a und 12a und wird von einer netten Familie geführt. Die sauberen Zimmer mit TV sind um einen Hof mit Parkmöglichkeiten angelegt.

Hotel Ensenada HOTEL $

(☎7948-0861; hotelensenadapuertobarrios@hotmail.com; 4a Av zw. Calle 10 & 11; EZ/DZ 110/150 Q; ❄) Ordentliche kleine Zimmer mit gutem Bad und passablen Betten. Die Zimmer oben sind luftiger.

Hotel Lee HOTEL $

(☎7948-0685; 5a Av zw. Calle 9a und 10a; EZ/DZ mit Ventilator 60/100 Q, DZ mit Klimaanlage Q160; ❄) Nette, familienbetriebene Unterkunft in der Nähe der Busbahnhöfe. So wie in den meisten Budgethotels in Puerto Barrios sind die Zimmer auch hier schmucklos und nur annähernd sauber. Auf dem kleinen Balkon vorn weht ab und an ein laues Lüftchen.

Hotel El Reformador HOTEL $$

(☎7948-0533; reformador@intelnet.net.gt; Ecke 7a Av & 16a Calle; EZ/DZ mit Ventilator 113/173 Q, mit Klimaanlage 158/228 Q; ❄📶) Eine kleine Oase fernab der heißen, hektischen Straßen. Das Reformador überzeugt mit großen, kühlen Zimmern an hübsch begrünten Patios. Die klimatisierten Unterkünfte sind mit breiten Balkons zum Hof ausgestattet. Vor Ort gibt's ein Restaurant (Mahlzeiten 50–80 Q).

Hotel del Norte HOTEL $$

(☎7948-2116; 7a Calle; EZ/DZ mit Ventilator 90/160 Q, mit Klimaanlage 160/270 Q; ❄@🏊) Das 100 Jahre alte Hotel del Norte, ein großer, klassisch tropischer Holzbau mit Fluren, die durch Moskitonetze geschützt sind, spielt in einer eigenen Liga. Das verwitterte und windschiefe Gebäude verströmt jede Menge historisches Flair und die Bodenbretter sind in allen möglichen Winkeln zueinander verlegt. Das Zimmer sorgfältig auswählen: Einige sind quasi nur ein kleiner Holzkasten, andere verfügen über einen tollen Meerblick und werden von der Brise erfrischt.

Essen

Kaffa CAFÉ $

(8a Av zw. Calle 7 & 8; Sandwiches & Frühstück 30–50 Q; ⏲8.30–22 Uhr) Ein hippes Café in Puerto Barrios? Warum nicht? Mal schauen, wie lange es sich hält. Das Essen ist eher durchschnittlich, aber der Kaffee und die luftige Terrasse am Hauptplatz sind klasse.

La Habana Vieja KUBANISCH $$
(13 Calle zw. Av 6a & 7a; Hauptgerichte 40–80 Q; ⏲11–23 Uhr) Gute Auswahl an kubanischen Gerichten (u. a. *ropa vieja*, ein Eintopf mit Rindergeschnetzeltem) und schnörkellosen Sandwiches. Hat außerdem eine gute Bar für einen besinnlichen Drink.

Restaurante Safari SEAFOOD $$
(☎7948-0563; Ecke 1a Calle & 5a Av; Meeresfrüchte 60–120 Q; ⏲10–21 Uhr) Das netteste Restaurant der Stadt befindet sich auf einer Plattform mit Strohdach direkt überm Wasser, ca. 1 km nördlich des Zentrums. Meeresbrise garantiert! Das Safari ist sowohl bei Einheimischen als auch bei Touristen beliebt. Auf der Speisekarte stehen hervorragende Fischgerichte aller Art, darunter die köstliche Garifuna-Spezialität *tapado* (120 Q).

Gerichte mit Huhn, Schwein oder Rind sind günstiger (50–100 Q). An den meisten Abenden treten Livebands auf. Sollte das Restaurant ausgebucht sein, kann man das Cangrejo Azul nebenan ansteuern. Das Angebot ist ähnlich, das Ambiente etwas entspannter.

ℹ Orientierung

Im weitläufigen Stadtgebiet von Puerto Barrios müssen vergleichsweise große Distanzen zu Fuß oder motorisiert zurückgelegt werden. Die Busbahnhöfe im Stadtzentrum und das Muelle Municipal (Städtischer Kai) am Ende der 12a Calle – hier legen Passagierboote ab – sind 800 m voneinander entfernt. **El Muñecón** (Kreuzung von 8a Av, 14a Calle & Calz Justo Rufino Barrios), die Statue eines Dockarbeiters, ist ein wichtiges Wahrzeichen und Denkmal der Stadt.

ℹ Praktische Informationen

Banco Industrial (7a Av; ⏲Mo–Fr 9–17, Sa 9–13 Uhr) Hier können US-Dollar und Reiseschecks gewechselt werden. Außerdem gibt's einen Visa-Geldautomaten.

Einreisebehörde (Ecke 12a Calle & 3a Av; ⏲24 Std.) Einen Block vom Muelle Municipal entfernt. Hier erhält man seinen Einreise- bzw. Ausreisestempel, wenn man gerade aus Belize ankommt bzw. auf dem Weg dorthin ist. Falls Honduras das nächste Reiseziel ist: Den Ausreisestempel bekommt man in einem anderen Büro auf dem Weg zur Grenze.

ℹ Anreise & Unterwegs vor Ort

BUS & MINIBUS

Transportes Litegua (☎7948-1172; Ecke 6a Av & 9a Calle) fährt zwischen 1 und 16 Uhr regelmäßig über Quiriguá und Río Hondo nach Guatemala-Stadt (65–100 Q, 5–6 Std.). *Directos* lassen den halbstündigen Umweg nach Morales aus.

Die Minibusse nach Chiquimula (45 Q, 4½ Std.) fahren über Quiriguá; Abfahrt von 3 bis 15 Uhr halbstündlich an der Ecke 6a Avenida und 9a Calle. Dort starten auch die Minibusse nach Río Dulce (20 Q, 2 Std.).

SCHIFF/FÄHRE

Boote legen vom Muelle Municipal am Ende der 12a Calle ab.

Fünfmal am Tag nehmen zwischen 6.30 und 17 Uhr *lanchas* Kurs auf Lívingston (35 Q, 30 Min.). Die Fahrkarten sollte man so früh wie möglich am Tag der Abfahrt besorgen (sie können nicht zu einem früheren Datum gekauft werden), da die Anzahl der Tickets begrenzt ist.

Außerhalb dieser Zeiten legen *lanchas* auch dann ab, wenn sich sechs Passagiere eingefunden haben (50 Q).

Die meisten Verbindungen von Lívingston nach Puerto Barrios gibt's am Vormittag; die Boote kehren nachmittags zurück. Das letzte Boot ab Lívingston ist vermutlich die *lancha* um 17 Uhr, besonders in der Nebensaison, in der weniger Reisende den Bootsservice in Anspruch nehmen.

Dreimal täglich legt am Muelle Municipal eine *lancha* nach Punta Gorda in Belize (200 Q, 1 Std.) ab. Wer um 10 Uhr abfährt, kommt rechtzeitig in Punta Gorda an, um den Mittagsbus nach Belize City zu erwischen. Tickets gibt's am Anleger. Bevor man an Bord geht, muss man sich beim nahe gelegenen Einwanderungsamt einen Ausreisestempel besorgen.

TAXI

Für eine längere Fahrt im Stadtgebiet muss man mit einem Preis um die 20 Q rechnen.

Punta de Manabique

Das Kap nördlich von Puerto Barrios wird langsam und schonend fit gemacht für den Ökotourismus. Hier findet man die besten Karibikstrände Guatemalas, das Areal hat aber noch mehr zu bieten: Man kann Vögel beobachten, wandern, fischen und weitere Aktivitäten in freier Natur unternehmen. Übernachtungsmöglichkeiten gibt's in der Ökolodge der Gemeinde **Estero Lagarto** (☎5303-9822; www.turismocomunitarioguatemala.com/estero_lagarto_turismo.html). Dort werden auch einfache, aber gute Mahlzeiten zubereitet und Ausflüge rund ums Kap organisiert. Wer Infos zur Anreise braucht bzw. buchen will, muss sich an **Fundary** (Fundación Mario Dary; ☎7948-0944; www.fundary.org; 17a Calle) wenden.

Lívingston

26 300 EW.

Lívingston ist eine echte Rarität in Guatemala. Die Stadt, in der größtenteils Garifuna leben, ist schon für sich allein ein echtes Highlight. Doch damit nicht genug: Hier enden bzw. beginnen auch die Flussfahrten auf dem Río Dulce und in der Umgebung gibt es einige nette Strände.

Lívingston ist vom nationalen Straßennetz abgeschnitten. Die Stadt wird auch „Buga" genannt – das Garifuna-Wort für „Mund" bezieht sich auf die Lage an der Flussmündung. Entsprechend gut sind die Bootsverbindungen ausgebaut: Reisende können problemlos nach Belize, zu den Cayes, nach Honduras und Puerto Barrios gelangen.

Die Garifuna (Schwarze Kariben, Pluralform auch: Garinagu) aus Lívingston und dem südlichen Belize stammen von versklavten Afrikanern ab, die einst in die Neue Welt verschifft wurden. Nach einer Revolte auf der Karibikinsel St. Vincent vor Venezuela 1795 wurden die Garifuna von den Briten erst auf der benachbarten Insel Baliceaux, wenig später dann auf der honduranischen Insel Roatán angesiedelt. In der Folge ließen sich die Garifuna entlang der Karibikküste von Belize bis Nicaragua nieder. Mischehen mit anderen Kariben, Mayas und schiffbrüchigen Matrosen anderer Herkunft förderten das Entstehen einer vielfältigen Kultur. So enthält etwa die Sprache der Garifuna afrikanische, indigene und europäische Elemente.

Die Stadtstrände sind enttäuschend, da der Urwald bis ans Wasser heranreicht und sie zudem nicht zum Baden geeignet sind (das Wasser ist stark verschmutzt!). Schwimmen kann man in Los Siete Altares und an der Playa Blanca.

Sehenswertes & Aktivitäten

Die besten Strände in der Umgebung sind die **Playa Quehueche** – mit dem Taxi (20 Q) ca. zehn Minuten – und die **Playa Blanca** (Eintritt 10 Q) ca. 12 km nordwestlich von Lívingston, die aber in Privatbesitz und nur mit einem Boot zu erreichen ist.

Man sollte reichlich Insektenschutz auftragen und möglichst weitere Vorkehrungen treffen, um Stichen vorzubeugen, vor allem im Urwald. In Küstennähe leben Moskitos, die Malaria und Denguefieber übertragen.

Los Siete Altares WASSERFALL

(Eintritt 20 Q) Bei den „sieben Altären" handelt es sich um eine Reihe von Süßwasserfällen und Naturschwimmbecken ca. 5 km (zu Fuß ca. 1½ Std.) nordwestlich von Lívingston. Um das hübsche Ausflugsziel, das zum Picknicken und Schwimmen einlädt, zu erreichen, muss man einfach am Ufer der Bahía de Amatique Richtung Norden bis zur Flussmündung spazieren. Dann folgt man dem Strand bis zu dem Pfad, der einen in die Wälder direkt zu den Wasserfällen führt (ca. 30 Min.).

Es werden zwar Bootsfahrten zu den Siete Altares angeboten, Einheimische empfehlen allerdings die Wanderung auf eigene Faust, da man so die herrliche Natur besser erleben kann und unterwegs die Chance hat, ein paar Garifuna zu begegnen. Etwa auf halber Strecke steht hinter der Hängebrücke das Hotel Salvador Gaviota (S. 201). In dem angeschlossenen **Restaurant** (Hauptgerichte 40–80 Q; ⏲ morgens, mittags & abends) gibt's anständiges Essen, eiskaltes Bier und alkoholfreie Getränke.

Geführte Touren

Ein paar Anbieter organisieren Touren zu den Naturwundern in der Umgebung. **Exotic Travel** (☎ 7947-0133; www.bluecaribbeanbay.com; Restaurante Bahía Azul, Calle Principal) und **Happy Fish Travel** (☎ 7947-0661; www.happyfishtravel.com; Restaurante Happy Fish, Calle Principal) sind gut organisiert. Happy Fish unterstützt außerdem gemeindebasierte Tourismusprojekte in der Umgebung und gibt gerne Informationen weiter, wie Reisende die vielen Attraktionen der Gegend ohne Guide besuchen können.

Die von beiden Unternehmen angebotene beliebte „Öko-/Urwaldtour" (90 Q inkl. Mittagessen) umfasst eine Wanderung durch die Stadt, dann geht's nach Westen zu einem Aussichtspunkt und weiter zum Río Quehueche. Mit einem Kanu fährt man von dort aus weiter zur Playa Quehueche (30 Min.) und spaziert anschließend durch den Urwald nach Los Siete Altares. Wenn man sich umgeschaut hat, geht's am Strand entlang zurück nach Lívingston.

Die Playa-Blanca-Tour (mind. 2 Pers.; 100 Q/Pers.) führt zunächst mit dem Boot zu Los Siete Altares und dann zur Playa Blanca, dem besten Strand in der Gegend. Dort verweilt man zwei oder drei Stunden.

Happy Fish bietet eine Bootstour (200 Q) durch den Schluchtabschnitt des Río Dulce, den interessantesten und malerischsten Teil des Flusses, sowie den Transfer zu den gemeindebasierten Tourismusprojekten Cueva del Tigre (160 Q für die Tour oder die Organisatoren erklären, wie man auf eigene Faust dort hinkommt) und Lagunita Creek (S. 195).

Beliebt ist außerdem eine Exkursion (auch mit Übernachtung möglich) zu den Cayos Sapodillas (oder Zapotillas), ein ganzes Stück vor der Küste von Süd-Belize. Diese sind ein Paradies für Schnorchler (mind. 8 Pers.; 400/1000 Q für 1/2 Tage, plus Ausreisesteuer und Nationalparkgebühren von insgesamt 160 Q).

Kurse

Rasta Mesa KULTURGEBÄUDE
(☎4459-6106; Barrio Nevago; ⊙10–14 & 19–22 Uhr) Bringt Interessenten die Garifuna-Küche (50 Q/Pers.), Trommeln (100 Q/Pers.) und Massagen (150 Q) näher und vermittelt Freiwilligenarbeit in der Umgebung.

Festivals & Events

Semana Santa RELIGIÖSES FEST
(⊙Karwoche) In der Osterwoche wimmelt es in Lívingston von feierfreudigen Einheimischen.

Nationalfeiertag der Garifuna KULTURFESTIVAL
(⊙26. Nov.) Diverse Kulturveranstaltungen.

Schlafen

Am höchsten sind die Übernachtungspreise in Lívingston von Juli bis Dezember. Den Rest des Jahres sind die Tarife in den Mittel- und Spitzenklassehotels nur halb so hoch.

Casa de la Iguana HOSTEL $
(☎7947-0064; www.casadelaiguana.com; Calle Marcos Sánchez Díaz; Hängematte/B 20/45 Q, Hütte mit/ohne Bad 160/110 Q; 📶) Partyhostel, das fünf Gehminuten vom Hauptdock entfernt ist. Die Preise für die Holzhütten sind fair: Sie sind sauber und haben eine schlichte, aber elegante Ausstattung. Man kann auch zelten oder in einer Hängematte übernachten (20 Q/Pers.). Tolle Happy Hour.

Flowas BUNGALOWS $
(☎7947-0376; infoflowas@gmail.com; 100 Q/Pers.) Eine extrem relaxte Backpackeroase direkt am Strand, die rustikale Unterkünfte aus Holz und Bambus im 2. Stock bietet – inklusive gelegentlicher Brise. Die Atmosphäre ist entspannt und man kann gutes, günstiges Essen bestellen. Taxis (15 Q ab dem Dock) fahren bis auf ca. 150 m ans Eingangstor heran.

Hotel Ríos Tropicales HOTEL $$
(☎5755-7571; www.mctropic.webs.com; Calle Principal; EZ/DZ 150/200 Q, ohne Bad ab 60/120 Q; 📶) Die Auswahl großer Zimmer mit Blick auf einen zentralen Patio, in dem zahlreiche Hängematten hängen und viel Platz zum Faulenzen und Entspannen ist. Die Zimmer mit Gemeinschaftsbad sind geräumiger, die übrigen sind dafür hübscher gestaltet.

Hotel Salvador Gaviota BUNGALOWS $$
(☎7947-0874; www.hotelsalvadorgaviota.com; Playa Quehueche; mit/ohne Bad 140/70 Q pro Pers.; @) Schöne, einfache Zimmer aus Holz und Bambus ein paar hundert Meter von einem einigermaßen sauberen Strand entfernt. Tagesausflügler auf dem Weg nach bzw. auf dem Rückweg von Los Siete Altares legen hier einen Boxenstopp ein (Mahlzeiten 40–80 Q). Oft ist man jedoch auch ganz für sich. Das Hotel ist 500 m von der Hängebrücke entfernt, an der die Straße endet. Die Taxifahrt dorthin kostet ca. 15 Q.

Vecchia Toscana HOTEL $$
(☎7947-0884; http://livingston-vecchiatoscana.com; Barrio Paris; EZ/DZ ab 341/488 Q; ❄@📶🏊) Wunderschöne Bleibe, von Italienern geführt und gleich am Strand. Die Zimmer gehören zu den besten der ganzen Stadt – das Angebot umfasst unterschiedliche Zimmer bis zu Apartments für acht Personen. Die Anlage und die gemeinschaftlich genutzten Bereiche sind tadellos. Vorn befindet sich zudem ein gutes italienisches Restaurant mit Meerblick.

Ein Taxi vom Dock hierher kostet etwa 10 Q.

Essen

Lebensmittel sind vergleichsweise teuer in Lívingston. Mit Ausnahme von Fisch und Kokosnüssen muss nämlich so ziemlich alles mit Booten in die Stadt transportiert werden. Fisch und Meeresfrüchte sind dafür von erstklassiger Qualität und werden in für Guatemala untypischen Kreationen mit Kokosmilch oder als Curry zubereitet. Eine echte Köstlichkeit ist die hiesige Spezialität: *tapado*, ein mit Koriander gewürzter Eintopf mit Fisch, Krabben, Krustentieren, Kokosmilch und Kochbananen. Entlang der Calle Principal befinden sich zahlreiche Straßenküchen.

Restaurante Gaby GUATEMALTEKISCH $
(Calle Marcos Sánchez Díaz; Hauptgerichte 30–50 Q; ⌚8–21 Uhr) An Gaby kommt man nicht vorbei, wenn es einen nach guter, „ehrlicher" Küche in einem bescheidenen Ambiente gelüstet. Es gibt Hummer, tapado, Reis und Bohnen und gutes Frühstück zu vernünftigen Preisen und dazu kostenlose Unterhaltung in Form von *telenovelas* (TV-Seifenopern).

Antojitos Yoli's BÄCKEREI $
(Calle Principal; Backwaren 10–30 Q; ⌚8–17 Uhr) *Die* Adresse für Backwaren. Besonders zu empfehlen sind das Kokosbrot und der Ananaskuchen.

Happy Fish SEAFOOD $$
(Calle Principal; Hauptgerichte 40–100 Q; ⌚7–22 Uhr; 📶) In diesem munteren und luftigen Lokal an der Hauptstraße tummeln sich immer Einheimische und Touristen, sodass das Essen frisch und der Service auf Zack ist. Hier gibt's neben anderen Speisen auch den obligatorischen *tapado*.

Restaurante Buga Mama SEAFOOD $$
(Calle Marcos Sánchez Díaz; Hauptgerichte 60–100 Q; ⌚8–21 Uhr; 📶) Hat die schönste Lage von allen Restaurants im Ort. Die Einnahmen kommen der Asociación Ak Tenamit (S. 203) zugute. Man hat die Wahl zwischen Fisch und Meeresfrüchten, hausgemachter Pasta und Currys; auch der *tapado* (100 Q) ist phantastisch. Die meisten Kellner gehören zu einem von der Gemeinde betriebenen nachhaltigen Tourismusprojekt und sind noch in der Ausbildung – der Service lässt also eventuell zu wünschen übrig, doch sollte man da ein Auge zudrücken.

Ausgehen

Wer gern mal etwas Neues ausprobiert, sollte *guifiti* kosten, ein lokales Gebräu mit Kokosnussrum (und oft auch Kräutern), von dem es heißt, es habe heilende und entspannende Kräfte.

Am Strand steht eine Handvoll Bars (am Ende der Calle Principal muss man sich links halten). Dort finden sich zwischen 22 und 23 Uhr Traveller wie Einheimische ein. In der Ecke ist es ziemlich dunkel, man sollte entsprechend vorsichtig sein. Die Bars sind jeweils etwa fünf Gehminuten voneinander entfernt – man kann sich also problemlos ein wenig umsehen, um herauszufinden, wo am meisten los ist. Musikalisch wird alles von *punta* über Salsa und Merengue bis hin zu Techno und House geboten. Freitags fängt man an, sich auf den großen Partyabend einzustimmen, den Samstag. Dann wird häufig bis 5 oder 6 Uhr morgens gefeiert.

Die Happy Hour gehört zum Standard in den Restaurants entlang der Hauptstraße. Einer unserer Favoriten ist die Casa de la Iguana (S. 201).

☆ Unterhaltung

Das Equipment einer traditionellen Garifuna-Band besteht aus drei großen Trommeln, einem Schildkrötenpanzer, ein paar Maracas und einem großen Muschelhorn. Das Ergebnis sind eingängige Rhythmen und Melodien. Der Gesang erinnert an eine Litanei, wobei das Publikum häufig mit eingebunden wird. Die *punta* ist der Tanz der Garifuna, charakteristisch sind die kreisenden Hüftschwünge.

Oftmals spielen umherziehende Gruppen zur Abendessenszeit ein paar Lieder für die Restaurantgäste in der Calle Principal. Wenn einem die Musik gefällt, sollte man den Spielern ein bisschen Geld geben. Es gibt ein paar Lokale, in denen immer mal wieder Garifuna-Bands auftreten.

Café-Bar Ubafu LIVEMUSIK
(Calle al Cementerio; ⌚18 Uhr bis spät) Die wahrscheinlich verlässlichste Anlaufstelle, denn eigentlich sollen hier jeden Abend Musik- und Tanzvorführungen stattfinden. Am meisten los ist an den Wochenenden.

Hotel Villa Caribe LIVEMUSIK
(www.hotelvillacaribeguatemala.com; Calle Principal) Jeden Abend um 19 Uhr kommen die Restaurantgäste in den Genuss einer Garifuna-Show.

ℹ Praktische Informationen

Nach einer halben Stunde weiß man bereits, wo alles ist. Wer mehr über Lívingston erfahren will, sollte einen Blick auf die Website der Gemeinde werfen (www.livingston.com.gt).

EINREISE

Einreisebehörde (Calle Principal; ⌚6–19 Uhr) Stellt Einreise- und Ausreisestempel für Reisende aus, die gerade aus Belize oder Honduras ankommen bzw. auf dem Weg in eines der beiden Länder sind. Einfach anklopfen, wenn man außerhalb der Öffnungszeiten kommt.

GEFAHREN & ÄRGERNISSE

Lívingston ist ein teilweise recht raues, kriminelles Pflaster, daher sollten die normalen Sicherheitsmaßnahmen auf jeden Fall beachtet werden. Abgesehen davon ist es ratsam, reich-

ABSTECHER

BOOTSTOUREN AUF DEM RÍO DULCE

Die Reiseveranstalter im Ort wie auch ein Großteil der einheimischen Fischer am Pier organisieren Tagestouren nach Río Dulce auf dem gleichnamigen Fluss (einfache Strecke/hin & zurück 125/180 Q). Viele Traveller kehren nicht nach Lívingston zurück, sondern gehen in Río Dulce von Bord. Die Fahrt durch den tropischen Urwald ist überwältigend. Zur Zeit der Recherche unternahmen beide Boote des Tages (9.30 und 14.30 Uhr) die beschriebene Tour.

Zwar ist eine Bootsfahrt auf dem Río Dulce wirklich toll, aber für Reisende, die aus Guatemala-Stadt oder Puerto Barrios kommen, ist es sinnvoller, ein Boot von Puerto Barrios nach Lívingston zu nehmen und die Flusstour bei der Weiterreise von Lívingston zu unternehmen.

Kurz hinter Lívingston passiert man rechts die Einmündung des Nebenflusses Río Tatin; danach hält das Boot wahrscheinlich am **Museum für indigene Kunst** der Asociación Ak' Tenamit, eine NRO, die sich die Verbesserung der Lebensbedingungen der Q'eqchi'-Mayas in der Gegend auf die Fahnen geschrieben hat. Anschließend erreicht man die Schlucht **Cueva de la Vaca**. Die steilen Wände sind mit einem Gewirr aus Urwaldvegetation und Bromelien überwuchert und die Luft ist erfüllt vom Gesang tropischer Vögel. Ein Stück dahinter erhebt sich **La Pintada**, eine mit Graffiti übersäte Steinklippe. Danach gelangt man zu einer **Thermalquelle**: Schwefelhaltiges Wasser wird am Fuß der Klippe herausgepresst – eine tolle Gelegenheit für ein warmes Bad. Schließlich verbreitert sich der Fluss: **El Golfete**, ein seeähnliches Gewässer, bietet gewissermaßen einen Vorgeschmack auf den noch größeren Lago de Izabal weiter flussaufwärts.

Am Nordufer des Golfete erstreckt sich das **Biotopo Chocón Machacas**, ein 72 km² großes Naturschutzgebiet im Parque Nacional Río Dulce, das den Fluss, die kostbaren Wälder und die Mangrovensümpfe sowie die darin lebenden Tiere wie Tapir und Manati (Seekuh) schützt. Dank diverser Bootsrouten durch Dschungellagunen ist die hiesige Flora und Fauna aus nächster Nähe zu erleben. Außerdem kann man in dem von der Gemeinde geführten **Hotel** (☎5992-1853; www.lagunitasalvador.com; Zi. 185 Q, Bungalow 350 Q) in Lagunita Salvador übernachten; der Transport hierher muss jedoch separat arrangiert werden.

Wahrscheinlich fahren die Boote auch zu den **Islas de Pájaros**, zwei Inseln mitten im Golfete, auf denen Tausende von Wasservögeln leben. Hinter El Golfete nehmen die Boote weiter Kurs stromaufwärts und passieren immer mehr teure Villen und Bootshäuser auf dem Weg nach Río Dulce (wo die Fernstraße 13 über den Fluss hinwegführt) und zum **Castillo de San Felipe** am Lago de Izabal.

Diese Bootstour kann auch ab Río Dulce unternommen werden.

lich Insektenschutz auftragen und möglichst weitere Vorkehrungen zu treffen, um Stichen vorzubeugen, vor allem im Urwald. Die Moskitos hier übertragen Malaria und Denguefieber.

GELD

Banrural (Calle Principal; ⌚Mo–Fr 9–17, Sa 9–13 Uhr) Wechselt US-Dollar und Reiseschecks und hat einen Geldautomaten.

ℹ An- & Weiterreise

Häufig legen Boote aus Río Dulce oder Puerto Barrios bzw. Boote aus Honduras und Belize in Lívingston an.

Happy Fish (S. 200) und Exotic Travel (S. 200) bieten kombinierte Boots- und Shuttlebusfahrten nach La Ceiba an. Sie kosten etwa 450 Q pro Person (die günstigste Transportmöglichkeit zu den honduranischen Bay Islands; Mindestteilnehmerzahl: 4 Pers.). Wer Lívingston bis spätestens 6 Uhr morgens verlässt, erreicht La Ceiba rechtzeitig, um das Boot zu den Inseln zu erwischen. Es ist nahezu unmöglich, die eintägige Reise auf eigene Faust zu organisieren.

Täglich um 7 Uhr setzt ein Boot ohne Zwischenstopp nach Punta Gorda über (200 Q, 1½ Std.); Abfahrt am öffentlichen Pier in Lívingston. In Punta Gorda hat man Anschluss an einen Bus nach Placencia und Belize City. Wer in die andere Richtung unterwegs ist: Das Boot wartet in Punta Gorda, bis der Bus aus Placencia ankommt, bevor es gegen 10.30 Uhr nach Lívingston zurückkehrt.

Wer frühmorgens an Bord eines internationalen Boots geht, muss sich seinen Ausreisestempel einen Tag zuvor bei der Einwanderungsbehörde in Lívingston besorgen.

EL PETÉN

El Petén war einst ein Synonym für schlechte Straßen und undurchdringlichen Urwald, in den letzten Jahren hat sich hier jedoch einiges getan. Seit dem Exodus der Maya im 9. Jh. ist der Landstrich die am dünnsten bevölkerte Region des gesamten Landes, doch die kontinuierliche Besiedelungspolitik der Regierung hat zuletzt großen Erfolg gezeigt. In den 1950er-Jahren lag die Einwohnerzahl noch bei knapp 15 000, mittlerweile leben weit über 500 000 Menschen in El Petén; die meisten davon sind in einem anderen Teil Guatemalas geboren.

Die absolute Topattraktion ist natürlich Tikal, viele Besucher begeistern sich aber noch viel mehr für unbekanntere Ruinen, z. B. Yaxhá und die gigantischen, noch größtenteils unberührten Stätten El Mirador.

Im Jahr 1990 begründete die Regierung das 10 000 km² große Maya-Biosphärenreservat, das weite Teile des nördlichen El Petén umfasst. Es grenzt an das weitläufige Calakmul-Biosphärenreservat in Mexiko und das Schutzgebiet Río Bravo in Belize an. Zusammengenommen ergibt sich daraus eine geschützte Fläche von mehr als 20 000 km².

Viele Besucher quartieren sich in Poptún ein, einer kleinen Stadt 113 km südöstlich von Santa Elena, die schon seit vielen Jahren eine beliebte Backpackeroase ist. Um leicht nach Tikal zu gelangen, nächtigen die meisten Leute in der malerischen Inselstadt Flores, dem stillen Seedorf El Remate oder im Park selbst.

Anreise & Unterwegs vor Ort

Sämtliche Straßen nach El Petén sind mittlerweile asphaltiert, die Anreise gestaltet sich also schnell und angenehm. Die verbesserte Anbindung an den Rest des Landes hat leider eine Zuwanderungswelle von Landwirten und Viehzüchtern aus anderen Regionen nach sich gezogen, weshalb Ressourcen knapper werden und die Entwaldung noch rasanter fortschreitet als zuvor.

Die guatemaltekische Regierung hat die Städte Flores, Santa Elena und San Benito am Ufer des Lago de Petén Itzá zu den regionalen Tourismuszentren ausgebaut. Hier findet man einen Flughafen, Hotels etc. In Tikal gibt es ein paar kleinere Hotels und Restaurants, weitere Dienstleister sind dort jedoch spärlich gesät.

Sayaxché

Sayaxché liegt 61 km südwestlich von Flores am Südufer des Río de la Pasión. Von dort aus können neun oder zehn in der Umgebung verstreut liegende Maya-Stätten erreicht werden, z. B. Ceibal, Aguateca, Dos Pilas, Tamarindito und Altar de Sacrificios. Davon abgesehen hat der Ort nur wenig zu bieten; manche Traveller legen hier auf dem Weg von Flores nach Cobán oder umgekehrt einen Stopp ein.

Der **Hospedaje Yaxkín** (☎ 4053-3484; Bungalow 50 Q/Pers., ohne Bad 30 Q) liegt östlich des Zentrums und wartet mit 15 netten Bungalows auf, umgeben von einer beeindruckenden Vielfalt von Bäumen und anderen Pflanzen. In dem großen Freiluftrestaurant werden Pasta, Tacos und Fisch aus dem Fluss (50 Q) serviert. Die Unterkunft liegt vier Blocks östlich und einen Block südlich der Kirche. Nach vorherigem Anruf sammelt der freundliche Besitzer Rosendo seine Gäste auch gern am Dock ein.

Das beste Essen bietet wohl das **Café Maya** (Calle del Ferry; Hauptgerichte 40–60 Q; ⏲ 6.30–21 Uhr), ein lockeres halboffenes Lokal, morgens und abends ein beliebter Treffpunkt. Neben dem üblichen Brathuhn und Steak vom Grill kommt hier Fisch aus dem Fluss mit großen Portionen Salat, Bohnen, Reis und Pommes frites auf den Tisch,

Geht man vom Hotel Guayacán ein Stück die Hauptstraße hinauf, gelangt man zur **Banrural** (⏲ Mo–Fr 7.30–16.30, Sa 7.30–13 Uhr) mit Geldautomat. Hier können Euro und Reiseschecks von American Express gewechselt werden.

Minibusse und Busse aus Santa Elena halten am Nordufer des Río de la Pasión. Dort setzen regelmäßig Fähren nach Sayaxché über. Von Sayaxché fahren täglich zwischen 5 und 15 Uhr vier Microbusse Richtung Süden nach Cobán (60 Q, 4 Std.). Rund alle 25 Minuten fahren Microbusse Richtung Raxrujá zur Kreuzung San Antonio (30 Q, 1½ Std.), wo es regelmäßig Anschluss nach Cobán gibt. Die Busse findet man auf einem Platz hinterm Hotel Guayacán. An der Nordseite fahren alle 15 Minuten Micros nach Santa Elena ab (5.45–18 Uhr; 23 Q, 1½ Std.).

Ceibal

Während der klassischen Zeit war Ceibal noch unbekannt, danach aber wuchs die Stadt rasch: Um 900 n. Chr. lebten in ihr möglicherweise bis zu 10 000 Menschen. Der Boom war eventuell dem Zuwandererstrom aus dem heutigen Chiapas in Mexiko geschuldet; in dieser Zeit änderten sich Kunst und Kultur von Ceibal deutlich.

In der postklassischen Zeit verfiel Ceibal zunehmend und die Tempelruinen wurden bald vom Urwald geschluckt.

Ceibal ist nicht unbedingt eine der beeindruckendsten Maya-Stätten, die Reise dorthin ist allerdings unvergesslich: Nach zweistündiger Fahrt auf dem Río de la Pasión gelangt man zu einem einfachen Anleger. Von dort aus führt ein steiniger Pfad im Schatten riesiger Bäume und Kletterpflanzen zur archäologischen Stätte hinauf.

Ein paar kleinere Tempel, die teilweise noch immer oder wieder von der Urwaldvegetation überwuchert sind, umgeben zwei Hauptplätze. Vor ein paar Bauten, aber auch an den Urwaldpfaden stehen phantastische, gut erhaltene Stelen. Die Stätte zu erkunden nimmt etwa zwei Stunden in Anspruch.

Reiseveranstalter bieten Touren von Flores nach Ceibal an. Das **Café del Río** (Calle del Ferry; ⌚6.30–21 Uhr) in Sayaxché betreibt *lanchas* nach Ceibal (max. 3 Pers. 470 Q). **Viajes Don Pedro** (☎4580-9389; servlanchasdonpedro@hotmail.com) verlangt 500 Q für bis zu fünf Teilnehmer. Ein Guide sollte im Preis inbegriffen sein; er ist eventuell gleichzeitig der Bootsführer. In der Hauptsaison kann man die *lancheros* fragen, ob man sich einer Reisegruppe anschließen kann.

Wer mag, kann auf dem Landweg auch noch günstiger nach Ceibal gelangen. Man kann jeden Bus, Minibus oder Pick-up nehmen, der von Sayaxché auf dem Highway 5 nach Süden fährt (Richtung Raxruhá & Chisec). Nach 9 km muss man in Paraíso aussteigen. Von dort führt ein unbefestigter Pfad gen Osten nach Ceibal (8 km). Diese letzten 8 km muss man eventuell zu Fuß zurücklegen. In der Regenzeit sollte man sich erst vergewissern, ob der Pfad überhaupt passierbar ist.

ABSEITS DER ÜBLICHEN PFADE

DÖRFER & RUINEN IN EL PETÉN

El Petén hat mehr zu bieten als Tikal und Flores. In der Region befinden sich ein paar niedliche kleine Dörfer, die nur darauf warten, entdeckt zu werden.

➜ **San José** und **San Andrés** liegen an der Westseite des Lago de Petén Itzá und können von Flores/Santa Elena aus mit Booten oder Bussen erreicht werden. In beiden Orten findet man gute Billigunterkünfte, Spanischschulen und Jobangebote für Volunteers. San José trumpft zudem mit einem Wasserrutschenpark am See auf.

➜ Das **Museo Regional del Sureste de Petén** (⌚8–17 Uhr) in Dolores 25 km nördlich von Poptún ist definitiv sehenswert. Dort sind nämlich ein paar der wichtigsten archäologischen Funde aus der südlichen Petén-Region ausgestellt. Spaziert man eine Stunde Richtung Norden, gelangt man zur nur selten besuchten archäologischen Stätte **Ixcún** (Eintritt 30 Q; ⌚8–17 Uhr), wo die zweitgrößte Stele der Maya-Kultur bestaunt werden kann.

Finca Ixobel

Das nette und entspannte 160 ha große **Gut** (☎5410-4307; www.fincaixobel.com; @ 📶) 🍃 auf halber Strecke zwischen Río Dulce und Flores wartet mit Zeltplätzen (30 Q/Pers.), *palapas*, Bungalows (EZ/DZ 175/300 Q) und „Baumhäusern" (EZ/DZ 80/120 Q) sowie gutem hausgemachtem Essen auf (jede Menge Auswahl für Vegetarier!). Außerdem können die Gäste reiten, Zeltausflüge unternehmen, sich in Autoschläuchen den Fluss hinuntertreiben lassen oder die beliebte und ziemlich aufregende Höhlentour machen (man kann sich sogar in den Stromschnellen treiben lassen!). All diese Aktivitäten können täglich gebucht werden und kosten nicht die Welt.

Die Küche ist hervorragend. Es gibt z. B. ein „All you can eat"-Abendbuffet. Nach 21 Uhr ziehen viele Gäste in die Poolbar um, in der preiswerte Cocktails und andere Getränke serviert werden. Wer Englisch und Spanisch spricht, kann versuchen, ein wenig als Freiwilliger zu arbeiten (gegen freie Kost und Logis).

ℹ An- & Weiterreise

Die Finca liegt 5 km südlich von Poptún. Die Abzweigung zur Finca am Highway 13 ist ausgeschildert. Tagsüber kann man die Bus- bzw. Minibusfahrer bitten, einen dort abzusetzen; nach weiteren 15 Minuten Fußweg erreicht man das Finca-Gelände. Zu vorgerückter Stunde (oder wenn man keine Lust auf einen Spaziergang hat), kann man mit dem Bus bis Poptún fahren und dort ein Taxi (30 Q) oder Tuk-Tuk (20 Q) nehmen. Für den Rückweg: Die meisten Busse lesen Fahrgäste am Highway auf, allerdings nur bis zur Dämmerung. Zwischen der Finca und Flores gibt's einen Shuttleservice (50 Q). Die Shuttles aus Flores sollten bis zum Tor der Finca fahren

El Petén

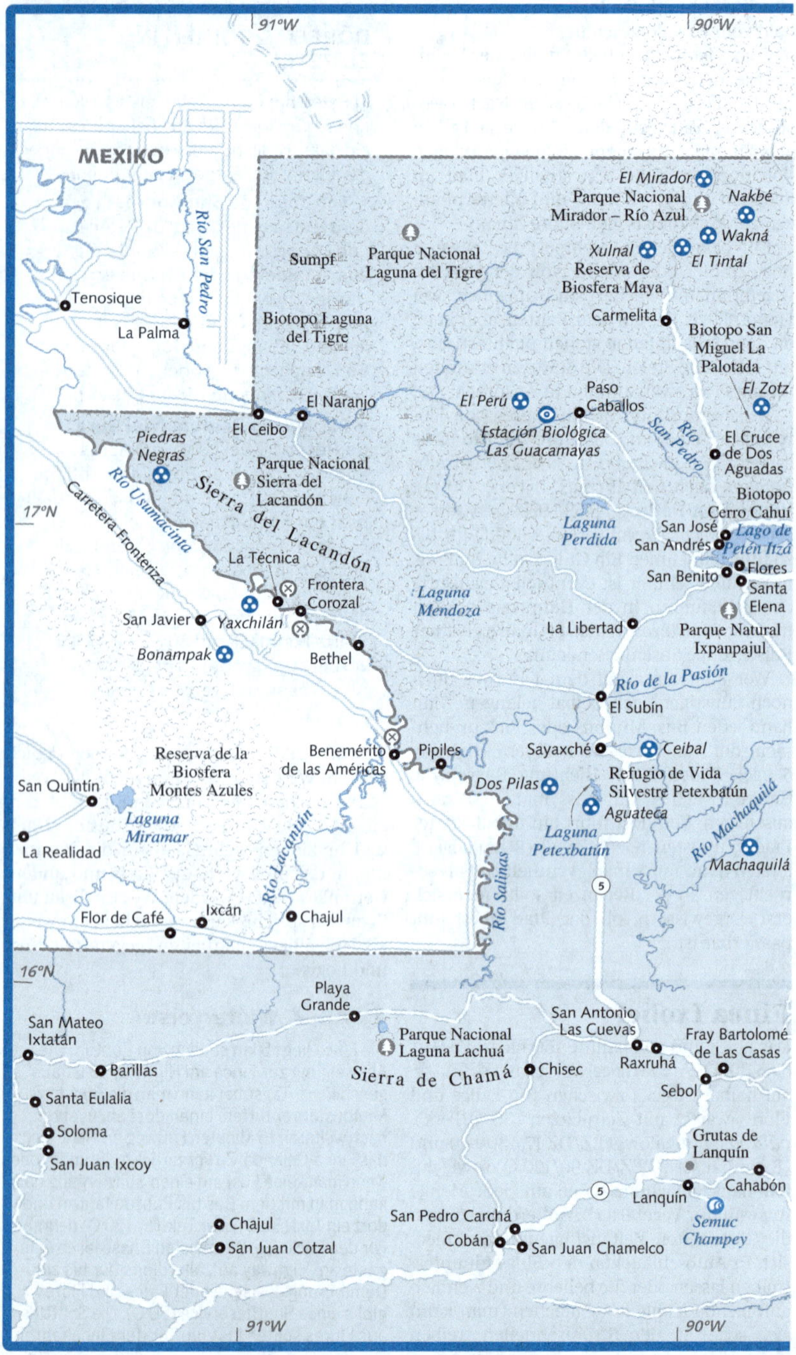
91°W
90°W
MEXIKO
Río San Pedro
Tenosique
La Palma
Sumpf
Parque Nacional
Laguna del Tigre
Biotopo Laguna
del Tigre
El Mirador
Parque Nacional
Mirador – Río Azul
Nakbé
Wakná
Xulnal
El Tintal
Reserva de
Biosfera Maya
Carmelita
Biotopo San
Miguel La
Palotada
El Zotz
El Naranjo
El Ceibo
El Perú
Paso
Caballos
Estación Biológica
Las Guacamayas
Río San Pedro
El Cruce
de Dos
Aguadas
Piedras
Negras
Parque Nacional
Sierra del
Lacandón
Sierra del Lacandón
Río Usumacinta
Carretera Fronteriza
17°N
Biotopo
Cerro Cahuí
San José
Lago de
Petén Itzá
San Andrés
Laguna
Perdida
Flores
San Benito
Santa
Elena
La Técnica
Frontera
Corozal
Laguna
Mendoza
San Javier
Yaxchilán
Bonampak
Bethel
La Libertad
Parque Natural
Ixpanpajul
Río de la Pasión
El Subín
Benemérito
de las Américas
Pipiles
Sayaxché
Ceibal
Reserva de la
Biosfera
Montes Azules
San Quintín
Laguna
Miramar
La Realidad
Dos Pilas
Refugio de Vida
Silvestre Petexbatún
Aguateca
Laguna
Petexbatún
Río Machaquilá
Machaquilá
Río Lacantún
Río Salinas
5
Flor de Café
Ixcán
Chajul
16°N
Playa
Grande
San Mateo
Ixtatán
Parque Nacional
Laguna Lachuá
San Antonio
Las Cuevas
Fray Bartolomé
de Las Casas
Raxruhá
Barillas
Sierra de Chamá
Chisec
Sebol
Santa Eulalia
Soloma
San Juan Ixcoy
Grutas de
Lanquín
Cahabón
Lanquín
Semuc
Champey
San Pedro Carchá
Chajul
Cobán
San Juan Cotzal
San Juan Chamelco
91°W
90°W

(vorher noch mal nachfragen!). Im Folgenden haben wir ein paar Busverbindungen ab Poptún aufgeführt:

Flores/Santa Elena (2 Std.; 113 km) Fahrten 1. Klasse mit der Línea Dorada um 4, 4.30 und 17 Uhr. Am besten nimmt man einen Minibus (30 Q; 6–18 Uhr, alle 10 Min.).

Guatemala-Stadt (7 Std.; 387 km) Línea-Dorada-Busse der 1. Klasse (150–190 Q) fahren um 11.30 und 23 Uhr, Verbindungen mit Fuente del Norte (80 Q) gibt's von 5.30 Uhr bis Mitternacht (etwa stündl.).

Río Dulce (50 Q; 2 Std.; 99 km) Alle Busse mit Fahrtziel Guatemala-Stadt halten in Río Dulce.

Flores & Santa Elena

Die Lage von Flores (30 700 Ew.) auf einer Insel im Lago de Petén Itzá ist wahrlich spektakulär. Kleine Hotels und Restaurants säumen die Straßen am Wasser, man muss also gar nicht viel Geld für ein Zimmer mit tollem Seeblick ausgeben. Der Ort ist allerdings ein bisschen zugebaut, weshalb einige Traveller auf dem Weg nach Tikal die authentischere Umgebung und die Stille des nahe gelegenen El Remate vorziehen.

Ein 500 m langer Damm verbindet Flores mit der Stadt Santa Elena (29 000 Ew.) am Seeufer, wo Banken, Supermärkte und Busse zu finden sind. Im Westen grenzt San Benito an Santa Elena. Dieser Ort hat nur wenig zu bieten, sofern man keine Lust verspürt, sich in einer der zahlreichen *cantinas* unters „gemeine Volk" zu mischen. Zusammen bilden die drei Städte eine Gemeinde, die gewöhnlich einfach als Flores bezeichnet wird.

Geschichte

Flores wurde von den Itzáes auf einer *petén* (Insel) gegründet, nachdem das Volk aus Chichén Itzá vertrieben worden war. Sie nannten diesen Ort Tayasal. 1524 kam es zu einem friedlichen Zusammentreffen zwischen Hernán Cortés und König Canek von Tayasal (Córtez befand sich auf dem Weg ins heutige Honduras). Erst im März 1697 unterwarfen die Spanier schließlich die Mayas aus Tayasal.

Zu diesem Zeitpunkt war Flores wahrscheinlich das letzte noch intakte größere Zeremonienzentrum der Mayas. Überall erhoben sich Pyramiden und Tempel, die mit Götterbilder ausgestattet waren. Die gottesfürchtigen spanischen Soldaten zerstörten die Gebäude, weshalb von ihnen heute nichts mehr zu sehen ist.

Flores

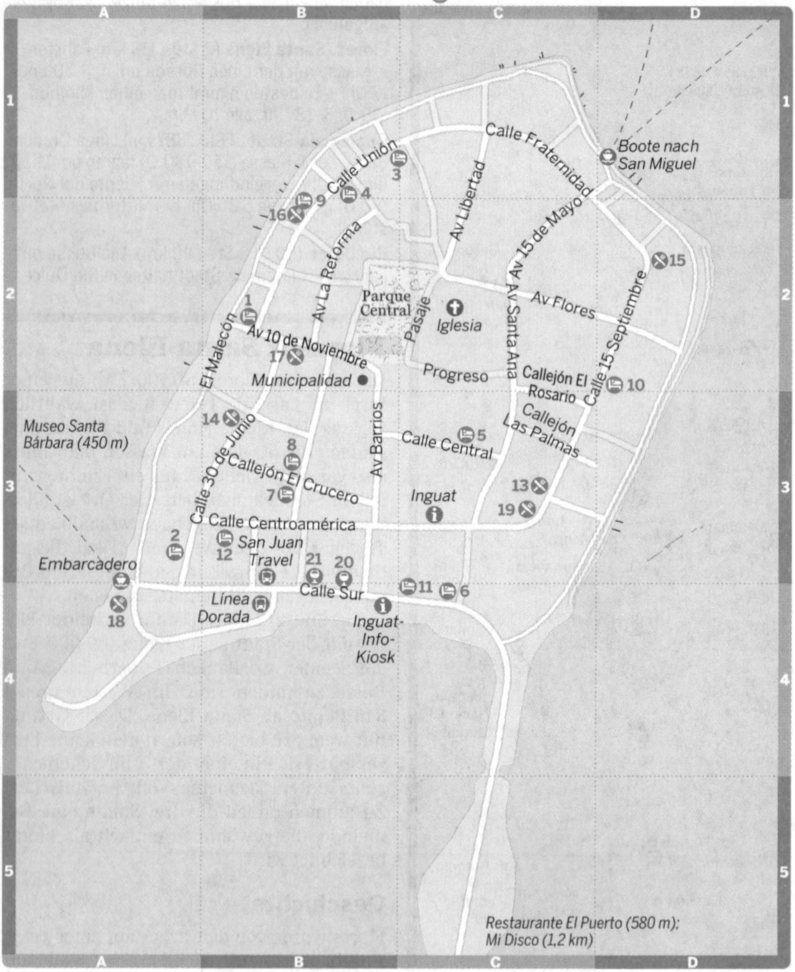

Flores

Schlafen

1 Casa Amelia ... B2
2 Green World Hotel ... A3
3 Hospedaje Doña Goya ... B1
4 Hospedaje Doña Goya 2 ... B1
5 Hostel Los Amigos ... C3
6 Hotel Casablanca ... C4
7 Hotel El Peregrino ... B3
8 Hotel La Mesa de los Mayas ... B3
9 Hotel La Unión ... B2
10 Hotel Mirador del Lago ... D2
11 Hotel Petenchel ... C4
12 Posada de la Jungla ... B3

Essen

13 Café Arqueológico Yax-ha ... C3
14 Capitán Tortuga ... B3
15 Cool Beans ... D2
16 Il Terrazo ... B2
17 La Luna ... B2
18 Raíces ... A4
19 Restaurante & Pizzería Picasso ... C3
Restaurante El Peregrino ... (s. 7)

Ausgehen & Nachtleben

20 Casa de Palmas ... B3
21 El Trópico ... B3

Die Mayas aus Tayasal flohen in den Urwald und wagten dort vielleicht einen Neuanfang. Jedenfalls kursierten bald Gerüchte von einer „verschwundenen" Maya-Stadt – manch einer vermutet, dass es sich dabei um El Mirador unweit der Grenze zu Mexiko handelte.

Sehenswertes

Cuevas de Actun Can HÖHLE

(Eintritt 25 Q; 7–18 Uhr) In den Kalksteinhöhlen Grutas de Actun Can gibt es keine Schlangen, auch wenn sie mitunter La Cueva de las Serpientes (Schlangenhöhle) genannt wird. Der Höhlenaufseher wird Besuchern aber eventuell die verschiedenen Steinformationen erklären, in denen Tiere, Menschen etc. wieder erkannt werden können. Man sollte eine Taschenlampe mitbringen und feste Schuhe tragen – der Boden kann recht rutschig sein. Die Tour dauert 30 bis 45 Minuten. Am Höhleneingang befindet sich ein schattiger Picknickplatz.

Actun Can ist ein tolles Ziel für einen Spaziergang ab Santa Elena. Man geht auf der 6a Avenida Richtung Süden am Telgua-Büro vorbei. Ca. 1 km vom Zentrum Santa Elenas entfernt biegt man links und nach 300 m am Elektrizitätswerk rechts ab. Von dort ist es noch 1 km bis zur Höhle. Eine Tuk-Tuk-Fahrt ab Flores sollte etwa 10 Q kosten.

Museo Santa Bárbara MUSEUM

(Insel Santa Bárbara; Eintritt 15 Q; 8–12 & 14–17 Uhr) Dieses Museum auf einem Inselchen westlich von Flores beherbergt ein buntes Sammelsurium an Maya-Artefakten von archäologischen Stätten in der Umgebung – alles in einen kleinen Raum gestopft. Dem Aufseher zufolge, der über jedes einzelne eine Geschichte erzählen kann, befinden sich hier mehr als 9000 Stücke. Vom San-Benito-Anleger ruft man entweder an (7926-0660) oder pfeift den Bootsmann herbei, der einen für 10 Q hinüberbringt.

Der Vater des Verwalters steuerte ein paar alte Funkinstrumente bei. Er war 40 Jahre lang Sprecher beim Sender Radio Petén, der von einem benachbaren Gebäude aus sendet. Nach dem Museumsbesuch wartet das Café am Anleger mit gekühlten Kokosnüssen als Erfrischung.

Schlafen

Mit Ausnahme einiger gehobener Unterkünfte am Wasser in Santa Elena ist Flores der weitaus angenehmere Ort für eine Übernachtung – es sei denn, man sehnt sich nach Verkehr und Staub.

Hostel Los Amigos HOSTEL $

(7867-5075; www.amigoshostel.com; Calle Central, Flores; B/Zi. 55/120 Q; @) Das einzige „echte" Hostel in Flores wartet mit einem 10-Bett-Zimmer, Hängematten und einem Baumhaus auf und bietet alles, was man als Traveller so „braucht": abendliche Lagerfeuer, Happy Hour, große Essensportionen aus Bio-Zutaten, Yogaunterricht und Urwaldtouren zu ermäßigten Preisen.

Hospedaje Doña Goya 2 HOTEL $

(7867-5516; hospedajedonagoya@yahoo.com; Calle Unión, Flores; EZ/DZ 80/120 Q, Zi. mit Balkon 160 Q; ❄@) Doña Goyas Unterkunft überzeugt mit einfachen, luftigen und sauberen Zimmern, in den meisten gibt's obendrein eine Aussicht. An den Fenstern sind Moskitonetze angebracht.

Hospedaje Doña Goya HOSTEL $

(7867-5513; Calle Unión, Flores; B 35 Q, EZ/DZ 80/120 Q, ohne Bad 70/90 Q;) Eine der besten Budgetunterkünfte in der Stadt. Die Betten sind bequem und es gibt eine strohgedeckte Dachterrasse mit Hängematten und Blick auf den See. Die Schlafsäle sind geräumig und blitzsauber.

Hotel Mirador del Lago HOTEL $

(7867-5409; Calle 15 de Septiembre, Flores; EZ/DZ 60/90 Q, Zi. mit Blick nach hinten raus 130/150 Q; @) Nicht übermäßig gut in Schuss, doch die Lage direkt am Damm ist prima. Ein weiteres Plus ist die Terrasse mit Seeblick. In den Zimmern im Obergeschoss kommt man in den Genuss der Nachmittagsbrise.

Hotel Petenchel HOTEL $

(7867-5450; Calle Sur, Flores; EZ/DZ 100/120 Q, mit Klimaanlage 150/170 Q; ❄) Acht große Zimmer mit Gewölbedecken und festen Matratzen in den Betten. Die Räume sind um einen schön begrünten Hof angeordnet.

Hotel La Unión HOTEL $

(7867-5531; gulzam75@hotmail.com; Calle Unión, Flores; EZ/DZ 90/130 Q;) Angesichts der Lage an der Uferpromenade ist diese gepflegte Anlage ein ziemliches Schnäppchen. Die Deko der Zimmer (mit Ventilator) ist recht stilvoll. Man sollte sich unbedingt einen Cocktail auf der Terrasse am See genehmigen.

Posada de la Jungla HOTEL $

(7867-5185; www.posadadelajungla.com; Calle Centroamérica 30, Flores; EZ/DZ/3BZ 100/150/200 Q) Schlankes dreistöckiges Gebäude mit Balkonen vorne. Die etwas beengten Zimmer sind recht gemütlich und verfügen über gute Betten.

Hotel El Peregrino HOTEL $

(☎7867-5701; peregrino@itelgua.com; Av La Reforma, Flores; EZ/DZ 120/150 Q, ohne Bad 70/125 Q; ❄) Große Zimmer mit gefliesten Böden, wirkungsvollen Deckenventilatoren und Fenstern mit Moskitonetzen.

Green World Hotel HOTEL $

(☎7867-5662; greenworldhotel@gmail.com; Calle 30 de Junio, Flores; EZ/DZ 110/160 Q, mit Klimaanlage 190/260 Q; ❄@) Ausreichend große, aber etwas schummerig beleuchtete Zimmer. Nr. 8 mit dem Balkon nach hinten raus ist mit Abstand die beste Wahl. Von der Terrasse oben blickt man auf den See.

Hotel Casablanca HOTEL $

(☎5435-6592; Calle Sur, Flores; EZ/DZ 80/120 Q; 📶) Das erste Hotel auf das man stößt, wenn man den Damm überquert hat, ist ein Familienbetrieb mit einfachen, geräumigen Zimmern und einer Terrasse mit Seeblick. Die Zimmer bekommen ein wenig Straßenlärm ab.

Hotel La Mesa de los Mayas HOTEL $$

(☎7867-5268; mesamayas@hotmail.com; Av La Reforma, Flores; EZ/DZ 125/150 Q, mit Klimaanlage 150/200 Q; ❄📶) Das an einer engen Gasse gelegene Mesa bietet ein tolles Preis-Leistungs-Verhältnis. Die Zimmer sind nett eingerichtet mit pyramidenförmigen Kopfenden an den Betten, karierten Bettdecken und Leselampen. Einige verfügen außerdem über Balkone voller Pflanzen.

Casa Amelia BOUTIQUEHOTEL $$

(☎7867-5430; www.hotelcasamelia.com; Calle Unión, Flores; EZ/DZ 220/340 Q; ❄@📶) Die Casa Amelia hat helle, stilvolle Zimmer mit herrlicher Aussicht aufs Wasser; auch von der Dachterrasse hat man einen tollen Blick.

Essen

Wie zu erwarten findet man in Flores jede Menge auf Touristen ausgerichtete Restaurants mit „internationaler" Küche für die Pauschalreisenden. Jedoch funkeln in der Masse auch einige Juwele.

In vielen Restaurants kann man verschiedene Gerichte mit dem Fleisch einheimischer Wildtiere kosten, z. B.: *tepezcuintle* (Paka, ein Dschungelnagetier in Kaninchengröße), *venado* (Wild), Gürteltier, *pavo silvestre* (wilder Truthahn) und *pescado blanco* (weißer Fisch). Achtung: Man sollte keine Vertreter seltener oder bedrohter Tierarten verspeisen.

Cool Beans CAFÉ $

(Calle 15 de Septiembre, Flores; Kaffee & Snacks 8–25 Q; ⏲Mo–Sa 7–22 Uhr; 📶) Auch als Café Chilero bekannt. Das Lokal mit der entspannten Atmosphäre bietet Sitzsalons mit WLAN zum Chatten, Videosgucken und Surfen. Der schöne Garten – hie und da erspäht man den See – ist extrem *tranquilo* und der richtige Ort für ein Frühstück oder einen Gemüseburger. Achtung: Die Küche stellt um Punkt 21.01 Uhr die Arbeit ein.

★ Il Terrazo ITALIENISCH $$

(Calle Unión, Flores; Pasta 65–75 Q; ⏲Mo–Sa 8–22 Uhr) Das italienische Feinschmeckerrestaurant nimmt eine Dachterrasse unter einem strohgedeckten Baldachin ein. Die Fettuccine, Tortellini und Taglioni sind hausgemacht. Es gibt Panini zum Mitnehmen. Die Frucht-Smoothies sind ein Traum!

Café Arqueológico Yax-ha CAFÉ $$

(www.cafeyaxha.com; Calle 15 de Septiembre, Flores; Hauptgerichte 35–65 Q; ⏲6.30–22 Uhr) Das Café-Restaurant, Sitz eines Veranstalters für archäologische Touren, ist mit Fotos und Artikeln zu hiesigen Maya-Stätten tapeziert. Die Spezialität sind die präkolumbischen und Itzá-Gerichte: Pfannkuchen mit Samen des *ramón* (Brotnussbaum), zerhackte Yucca mit *mora*-Kraut (Brombeere) oder Hühnchen in einer Sauce mit *chaya* (ein spinatähnliches Blattgemüse).

Restaurante & Pizzería Picasso PIZZERIA $$

(Calle 15 de Septiembre, Flores; Pizza 35–120 Q; ⏲So–Fr 14.30–22.30 Uhr) Der alteingesessene Italiener fertigt erstklassige Holzofenpizza und bietet im Innenhof genügend Platz zum Abhängen.

Restaurante El Peregrino GUATEMALTEKISCH $$

(☎7867-5115; Av La Reforma, Flores; Hauptgerichte 40–60 Q; ⏲7–22 Uhr) Hier kommen große Portionen hausgemachter Gerichte auf den Tisch, z. B. Schweinebaucheintopf und panierte Zunge. Die täglichen Mittagsmenüs (20 Q) sind ein echtes Schnäppchen.

Capitán Tortuga INTERNATIONAL $$

(Calle 30 de Junio, Flores; Pizza 45–100 Q; ⏲8–22.30 Uhr) Das an eine Scheune erinnernde Restaurant hat Terrassen mit Seeblick, auf denen lauter „Lieblingsgerichte" – vor allem Pizzas – zu moderaten Preisen serviert werden. Passionierte Biertrinker sollten die *cubetazos* bestellen: fünf Flaschen in einem Eimer für 75 Q.

La Luna MEDITERRAN $$

(Ecke Calle 30 de Junio & Av 10 de Noviembre, Flores; Hauptgerichte 60–120 Q; ⏲ Mo–Sa 12–23 Uhr; 🌶) Ein beliebtes Restaurant, das wirklich seinesgleichen sucht: Hier wird ein typisch tropisches Ambiente gepflegt. Und die innovativen Kreationen mit Huhn, Fisch und Rind sind landesweit ungeschlagen. Auch die Pasta- und vegetarischen Gerichte sind genial.

Raíces STEAKHAUS $$

(Calle Sur, Flores; Hauptgerichte 80–110 Q; ⏲ So–Do 16–22, Fr & Sa 16–1 Uhr) Die Hauptmerkmale dieses stilvollen Restaurants mit Bar am See sind die breite Terrasse und ein Grill mit offener Flamme. Spezialitäten sind entsprechend Fleisch und Seafood vom Grill, wobei man zwischen einem ganzen und einem halben Pfund wählen kann.

Restaurante El Puerto SEAFOOD $$

(1a Calle 2-15, Santa Elena; Hauptgerichte 100 Q; ⏲ 11–23 Uhr) Das Highlight in dem luftigen, offenen Restaurant am Seeufer sind Fisch und Meeresfrüchte. Man hat die Wahl zwischen Krustentiereintöpfen, verschiedenen *ceviches* oder dem berühmten *pescado blanco*, weißem Fisch aus dem See. Vorn befindet sich eine gut ausgestattete Bar.

Ausgehen & Unterhaltung

Flores ist nicht eben die absolute Partyhochburg, es gibt aber dennoch ein paar ganz nette Lokale, z. B. an der Playa Sur – dort befindet sich die kleine Zona Viva mit einer Handvoll Bars. Fast alle Restaurants am Seeufer von Santa Elena haben zudem nachmittags eine Happy Hour – eine gute Anlaufstelle, wenn man sich ganz entspannt den Sonnenuntergang anschauen möchte.

Wenn sich abends die Luft etwas abkühlt, versammeln sich die Einheimischen im Parque Central, um zusammen ein Gläschen zu trinken, einen Happen zu essen und zu entspannen. Manchmal tritt dort auch ein Marimba-Ensemble auf.

El Trópico BAR

(Calle Sur, Flores; ⏲ Mo–Sa 16.30–1 Uhr) Ein netter Ort, um den Abend einzuläuten: Bei schummerigem Kerzenlicht kann man auf der beleuchteten Terrasse den Blick übers Wasser schweifen lassen, in dem sich die Lichter von Santa Elena reflektieren. Dazu passt perfekt eine eisgekühlte *cerveza* (Bier).

Casa de Palmas BAR

(Calle Sur, Flores) Hier können Gäste nicht nur an den Terrassentischen ein Gläschen trinken und reden, sondern auch auf der immer vollen Tanzfläche abtanzen. Zumeist trifft sich hier die guatemaltekische Mittelschicht.

Mi Disco DISKO

(Ecke Calle Central & Av Santa Ana, Santa Elena; ⏲ Mo–Sa) „El Mi" ist die größte Disko von Santa Elena. Auf der großen Bühne treten Salsa-Combos auf. Wer lieber singt als tanzt, sollte montags bis mittwochs vorbeischauen – dann ist abends Karaoke angesagt.

Orientierung

Der Flughafen liegt an den östlichen Ausläufern von Santa Elena, 2 km von dem Damm entfernt, der Santa Elena und Flores verbindet. Die meisten Busse fahren am neuen Busterminal 1 km südlich des Damms ab.

Praktische Informationen

GELD

Die **Banrural** (Av Flores, Flores) beim Parque Central in Flores wechselt US-Dollar und Euro, Bargeld wie auch Reiseschecks. Praktisch gelegen ist der **Geldautomat** (Calle 30 de Junio, Flores) der Banco Industrial im Geschäft Fotomart gegenüber von Capitán Tortuga an der Calle 30 de Junio.

Weitere Banken mit Geldautomaten befinden sich auf der 4a Calle in Santa Elena.

Viele Reisebüros und Unterkünfte wechseln bare US-Dollar, manchmal auch Reiseschecks, jedoch zu ungünstigen Kursen.

NOTFALL

Proatur (Touristenpolizei; ☎5414-3594)

Hospital Privado de Petén (☎7926-1140; 3a Av 4-29, Zona 2, Santa Elena)

POST

Eine **Post** (4a Calle & 4a Av, im Centro Comercial Karossi, Santa Elena) gibt's in Santa Elena.

REISEBÜROS

Einige Reisebüros in Flores und Santa Elena bieten Ausflüge zu archäologischen Stätten, Fahrten mit Shuttle-Minibussen und weitere Dienstleistungen an.

Aventuras Turísticas (☎4034-9291; www.aventurasturisticas.com; Av Barrios, Flores) Shuttles nach Cobán, Tikal-Touren und Mietfahrräder.

Martsam Travel (☎7867-5093; www.martsam.com; Calle 30 de Junio, Flores) Reiseveranstalter für ganz Zentralamerika, spezialisiert auf maßgeschneiderte Touren. Unterstützt

Ökotourismus-Initiativen und gemeindebasierte Tourismusprojekte.

TOURISTENINFORMATION

Inguat (☎7867-5365; info-mundomaya@inguat.gob.gt; Calle Centroamérica; ⏰Mo–Fr 8–16 Uhr) Die offizielle Touristeninformation ist eher ein Geschäftszentrum als ein Lieferant von Informationen; besser ist der Kiosk in der Calle Sur (☎4210-9992; info-mundomaya@inguat.gob.gt; Calle Sur, Flores; ⏰9.30–17.30 Uhr). Ein weiterer Infokiosk (☎7926-0533) befindet sich am Aeropuerto Internacional Mundo Maya.

ℹ An- & Weiterreise

BUS & MINIBUS

Das Terminal Nuevo de Autobuses ist in der 6a Avenida in Santa Elena zu finden, ca. 1 km südlich des Damms, der nach Flores führt. Folgende Busunternehmen steuern den Busbahnhof an: **Autobuses del Norte** (☎7924-8131; www.adnautobusesdelnorte.com), **Fuente del Norte** (☎7926-2999) und **Línea Dorada** (☎7924-8535).

Am Busbahnhof Santa Elenas wartet aber auch eine ganze Reihe von Microbussen, die häufige Verbindungen zu diversen Orten anbieten. Die Kooperative **ACTEP** (☎7924-8215) unterhält ein Büro auf der linken Seite des Terminals und hat folgende Fahrtziele im Programm: Poptún, Melchor de Mencos, San Andrés, Bethel-La Técnica, Paso Caballos etc. Weitere Microbusse nehmen Kurs auf Sayaxché, El Remate und Tikal.

Traveller auf dem Weg nach Belize City können mit Microbussen bis zur Grenze fahren und dort umsteigen – das ist günstiger, aber auch langsamer. Ist Cobán das Reiseziel, spart man Bares, wenn man einen Bus nach Sayaxché nimmt und dort um 11 oder 15 Uhr in den Micro nach Cobán umsteigt. Um nach Puerto Barrios zu gelangen, muss man mit einem Bus von Fuente del Norte mit Ziel Guatemala-Stadt bis zur Anschlussstelle La Ruidosa südlich von Río Dulce fahren und dort umsteigen.

Fahrpläne können sich jederzeit ändern; vor der Abfahrt also stets noch einmal genau nachfragen!

FLUGZEUG

Der Aeropuerto Internacional Mundo Maya (Petén International Airport) liegt östlich von Santa Elena. Mindestens drei Flieger der **Grupo TACA** (www.taca.com) sind täglich zwischen Santa Elena und der Hauptstadt (einfache Strecke/hin & zurück 1255/2165 Q) unterwegs. Die belizische Fluggesellschaft **Tropic Air** (☎7926-0348; www.tropicair.com) bedient zweimal täglich die Strecke Santa Elena–Belize City; der einstündige Flug kostet 1015 Q (einfache Strecke).

SHUTTLE-MINIBUS

Aventuras Turísticas (siehe S. 211) schickt täglich Shuttles nach Cobán (125 Q, 4 Std.), Lanquín, Semuc Champey und Antigua. **San Juan Travel** (☎5461-6010; Calle Playa Sur) betreibt Minibusse nach Tikal (60 Q, einfache Strecke 1¼ Std.); Abfahrt stündlich zwischen 5 und 10 Uhr. Die meisten Hotels und Reisebüros übernehmen Buchungen für diese Shuttles. Praktisch: Die Fahrer holen einen an der eigenen Unterkunft ab. In Tikal machen sich die Minibus um 12.30, 14, 15, 16 und 17 Uhr auf den Rückweg. Wer schon vorher weiß, um wie viel Uhr es nach Flores zurückgehen soll, könnte den Fahrer bitten, einen Sitzplatz zu reservieren (eventuell auch in einem anderen Bus). Wer in Tikal übernachtet und mit dem Minibus nach Flores

BUSSE AB FLORES & SANTA ELENA

ZIEL	PREIS (Q)	DAUER	ABFAHRT	FREQUENZ
Belize City	160	4–5 Std.	7 Uhr	tgl.
Bethel (mexikanische Grenze)	35	4½ Std.	11–16 Uhr	5-mal tgl.
El Ceibo/La Palma (mexikanische Grenze)	35	4 Std.	4.40–18 Uhr	alle 20 Min.
El Remate	20	40 Min.	5–18 Uhr	halbstündl.
Esquipulas	110	8 Std.	6–14 Uhr	alle 4 Std.
Guatemala-Stadt	ab 110	8–9 Std.	3–23 Uhr	stündl.
Melchor de Mencos (belizische Grenze)	25	2 Std.	5.45–18 Uhr	stündl.
Poptún	25	1¾ Std.	5–18.30 Uhr	alle 10 Min.
Río Dulce	ab 60	4 Std.	3–23 Uhr	stündl.
Sayaxché	20	1½ Std.	5.45–18 Uhr	alle 15 Min.
Tikal	50	1¼ Std.	5–13 Uhr	alle 2 Std.

zurückkehren will, sollte bei einem der Busfahrer, die morgens ankommen, einen Sitzplatz reservieren.

Unterwegs vor Ort

Ein Taxi vom Flughafen nach Santa Elena oder Flores kostet 20 Q. Tuk-Tuk-Fahrer berechnen für Strecken zwischen Flores und Santa Elena bzw. innerhalb der Ortschaften 5 Q. Aventuras Turísticas (S. 211) verleiht Mountainbikes für 30 Q pro Tag.

El Remate

Dieser idyllische Ort am östlichen Ende des Lago de Petén Itzá ist eine gute alternative Basis für Reisende auf dem Weg nach Tikal – hier geht es entspannter zu als in Flores und El Remate liegt näher bei den archäologischen Stätten. Der Ort, der eigentlich nur aus zwei Straßen besteht, verfügt über einen ganz eigenen Reiz.

El Remate beginnt 1 km nördlich von Puente Ixlú, wo die Straße zur belizischen Grenze von der Straße nach Tikal abzweigt. Das Dorf erstreckt sich 1 km lang an der Straße nach Tikal bis zu einer weiteren Kreuzung, von wo eine Nebenstraße Richtung Westen am Nordufer des Sees entlangführt.

El Remate ist für Holzschnitzereien bekannt. An Ständen an der Hauptstraße werden schöne Holzartikel verkauft.

Sehenswertes & Aktivitäten

In den meisten Unterkünften in El Remate können zweistündige Bootsfahrten zum Vogel- bzw. nächtliche Fahrten zum Krokodilebeobachten (jeweils 100 Q/Pers.) gebucht werden. Wir empfehlen z. B. die Casa de Ernesto (S. 213) oder das Hotel Mon Ami (S. 214), das auch Sonnenuntergangstouren auf dem See mit Abstechern zu den Flüssen Ixlú und Ixpop (150 Q/Pers.) anbietet.

Bei Ascunción (bei der zweiten Temposchwelle von der Kreuzung am Nordufer des Sees) werden Kajaks (35 Q pro Std.), Fahrräder (pro Std./Tag 10/70 Q) und Pferde (für 2½ Std. 150 Q) ausgeliehen.

Biotopo Cerro Cahuí NATURSCHUTZGEBIET
(Eintritt 40 Q; ⏲7–16 Uhr) Am nordöstlichen Ende des Lago de Petén Itzá erstreckt sich ca. 3 km von der Flores–Tikal-Route entfernt das Biotopo Cerro Cahuí, das 651 ha subtropisches Waldgebiet umfasst. Hier wachsen Mahagoni- und Brotnussbäume *(ramón)*, Zedern, Ginster, Breiapfelbäume *(sapodilla)* und Cohune-Palmen und eine ganze Reihe von Kletterpflanzen und Epiphyten, zu denen z. B. Bromelien, Farne und Orchideen gehören. Das harte Holz des Sapodilla fand beim Bau der Türstürze an den Maya-Tempeln Verwendung; einige Beispiele aus der klassischen Periode sind bis heute erhalten. Der milchige *chicle*-Saft des Breiapfelbaums wird nach wie vor gesammelt.

Auf dem Parkgelände sind Spinnen- und Brüllaffen, Ozelots, Weißwedelhirsche, Waschbären, Gürteltiere, zahlreiche Fisch-, Schildkröten- und Schlangenarten und das Petén-Krokodil heimisch. Je nach Jahreszeit und Migrationsverhalten sieht man mit etwas Glück auch Eisvögel, Enten, Reiher, Falken, Papageien, Tukane, Spechte und Vertreter des wunderschönen (Petén-)Pfauentruthuhns, das tatsächlich an einen Pfau erinnert.

Ein Geflecht aus Rundwegen beginnt an der Straße; es geht bergauf, sodass man Ausblicke auf den Lago de Petén Itzá und die Lagunen Salpetén und Petenchel genießen kann. Eine Wegekarte findet man am Eingang.

Im Eintritt inbegriffen ist die Übernachtung im Zelt; alternativ darf man in den kleinen strohgedeckten Unterschlüpfen hinterm Eingang eine Hängematte befestigen. Toiletten und Duschen sind vorhanden.

Der Anleger gegenüber vom Eingang ist der beste Ort für ein Bad; generell ist das Seeufer eher schlammig.

Schlafen & Essen

Die meisten Hotels haben ein eigenes Restaurant. Darüber hinaus säumen einfache *comedores* die Hauptstraße.

Casa de Ernesto BUNGALOWS $
(☎4915-8309; hotelcasadernesto@gmail.com; Jobompiche Rd; EZ/DZ 100/150 Q, ohne Bad 40/80 Q; ❄) Ernesto und sein Clan quartieren die Gäste in kühlen, gemütlichen Lehmhütten in den Wäldern ein; sie sind strohgedeckt und mit gefliesten Böden und rustikal anmutenden, aber bequemen Betten ausgestattet. Eine Klimaanlage kostet 50 Q extra. Es werden verschiedene Aktivitäten organisiert: Man kann Kanus mieten, zur Laguna Salpetén reiten oder sich auf die Jagd nach dem köstlichen weißen Fisch begeben.

★ **Posada del Cerro** BUNGALOWS $$
(☎5376-8722; www.posadadelcerro.com; EZ/DZ 220/330 Q; 📶) 🍃 Diese umweltfreundliche Unterkunft passt sich wunderbar in ihr

Dschungelambiente ein – man ist hier nah genug beim Naturschutzgebiet Cerro Cahuí, dass man abends die Affen brüllen hört. In Häusern aus Stein und Hartholz und einsamen, über den Hang verstreuten Hütten befinden sich zehn sorgfältig eingerichtete Zimmer; eins ist zum Wald hin offen und verfügt über eine eigene Terrasse mit Seeblick.

Im hübschen, strohgedeckten Restaurant kommen in den regionalen Rezepten Kräuter aus dem Wald zum Einsatz.

Hotel Mon Ami HOTEL $$

(☎7928-8413; www.hotelmonami.com; Jobompiche Rd; B/EZ/DZ 50/150/200 Q; 📶) 15 Gehminuten von der Straße nach Tikal und nur einen Steinwurf vom Biotopo Cerro Cahui entfernt. Das Mon Ami schafft ein ausgewogenes Verhältnis zwischen Wildnis-Feeling und europäischer Kultiviertheit. Über von Kerzen beleuchtete Pfade durch einen Garten voller endemischer Pflanzen gelangt man zu den ungewöhnlich eingerichteten Hütten und Schlafsälen mit Hängematten. Das Badehaus könnte eine Generalüberholung nach Feng-Shui-Prinzipien vertragen. Liebhaber französischer Küche werden das Freiluftrestaurant zu schätzen wissen (Hauptgerichte 75–115 Q; morgens, mittags & abends).

Hostal Hermano Pedro HOSTEL $$

(☎4326-6253; www.hhpedro.com; B/EZ/DZ 96/152/208 Q; 📶) Das Hostal Hermano Pedro ist in einem zweistöckigen Haus aus Holz und Stein untergebracht; von der Hauptstraße aus geht's 20 m nach rechts. Die geräumigen Zimmer sind erfrischend einfach und komfortabel ausgestattet. Es gibt sogar ein paar „Extras" wie Spitzenvorhänge, große Ventilatoren und überdachte Balkons. Die Gäste können die Küche nutzen und sich eine Hängematte im Gemeinschaftsraum schnappen.

Las Orquideas ITALIENISCH $$

(☎5819-7232; Jobompiche Rd; Pasta 55–80 Q; ⏲Di–So 12–21 Uhr) Fast unmittelbar neben Doña Tonita. Der italienische Besitzer des Las Orquideas ist gleichzeitig der hiesige Chefkoch. Er zaubert geniale mediterrane Gerichte. Die Desserts sind verführerisch.

ℹ Praktische Informationen

Bei **Horizontes Mayas** (☎7928-8471; www.horizontesmayas.com) neben dem Hotel Las Gardenias kann man US-Dollar und Euro tauschen und seine Mails checken.

ℹ Anreise & Unterwegs vor Ort

Auf der Strecke zwischen El Remate und Flores verkehren zahlreiche Microbusse (20 Q).

Shuttles nach Tikal fahren in El Remate um 5.30 Uhr ab, Rückfahrt in Tikal um 14 Uhr (hin & zurück 50 Q). In sämtlichen Unterkünften in El Remate können Sitzplatzreservierungen vorgenommen werden. Alternativ kann man einen der stündlich fahrenden Shuttles (30–50 Q) nehmen, die El Remate auf dem Weg von Santa Elena nach Tikal passieren.

Wer nach Melchor de Mencos an der Grenze zu Belize fahren möchte, steigt in Puente Ixlú 2 km südlich von El Remate in einen Minibus oder regulären Bus.

Tikal

Hoch aufragende Pyramiden recken sich über dem grünen Urwalddach der Sonne entgegen. Brüllaffen schwingen sich in alten Bäumen von Ast zu Ast und machen dabei ihrem Namen alle Ehre, während prächtig bunte Papageien und Tukane ihren kaum weniger beachtlichen Beitrag zu einer Kakophonie aus Kreischlauten beisteuern. Wenn das vielstimmige Trällern und Tirilieren der geheimnisvollen Urwaldvögel nach und nach abebbt, setzt der Chor der Baumfrösche ein. Spätestens dann wird einem wohl bewusst werden, dass man sich tatsächlich auf heiligem Boden befindet.

Das gewiss auffälligste Charakteristikum der antiken Stadt **Tikal** (☎2367-2837; www.parque-tikal.com; Eintritt 150 Q; ⏲6–18 Uhr) sind die steilwandigen Tempel, von denen einige über 60 m hoch sind. Darüber hinaus unterscheidet sich Tikal natürlich auch aufgrund der Lage, liegt es doch anders als Copán, Chichén Itzá, Uxmal und die meisten anderen bedeutenden Maya-Stätten mitten im Urwald. Die zahlreichen Plätze wurden von Bäumen und Kletterpflanzen befreit und die Tempel freigelegt und teilweise restauriert, doch wer von einem Gebäude zum nächsten spaziert, wird sich immer wieder unter dem dichten Baldachin des Regenwalds wiederfinden. Der kräftige, lehmige Geruch nach Erde und Pflanzen, die friedliche Stimmung und die tierische Geräuschkulisse schaffen eine besondere Atmosphäre, mit der andere Maya-Stätten kaum konkurrieren können.

Wer mag, kann Tikal von Flores oder El Remate aus im Rahmen eines Tagesausflugs besuchen. Mehr hat man von dem Besuch aber, wenn man vor Ort übernachtet. So kann man die Ruinen intensiver erkunden und sich frühmorgens und spätabends umsehen, wenn die meisten Touristen wieder gegangen und die wilden Urwaldbewohner am aktivsten sind.

Geschichte

Tikal liegt auf einem niedrigen Hügel oberhalb einer morastigen Fläche – vielleicht haben sich die Mayas eben deshalb hier um 700 v. Chr. niedergelassen. Ein weiterer Grund war sicher das reichhaltige Vorkommen an Flintsteinen, aus denen Keulen, Speerspitzen und Messer hergestellt wurden. Das Material wurde auch exportiert und gegen andere Waren eingetauscht. Binnen 200 Jahren hatten die Mayas aus Tikal begonnen, religiöse Steinbauten zu errichten. Und um 200 v. Chr. erhob sich bereits ein Gebäudekomplex auf der Nordakropolis.

Klassische Zeit

Vor rund 2000 Jahren begann der Große Platz, seine heutige Form anzunehmen. In der frühen klassischen Zeit (um 250 n. Chr.) war Tikal bereits eine dicht besiedelte Stadt von großer religiöser, kultureller und wirtschaftlicher Bedeutung. König Yax Ehb' Xooc regierte ab ca. 230. Er war Begründer der herrschenden Dynastie.

Unter König Chak Tok Ich'aak I. (Große Jaguartatze, reg. Mitte des 4. Jhs.) gingen die Bewohner von Tikal zu einer neuen, brutalen Form der Kriegsführung über, die von den Herrschern von Teotihuacán in Zentral-Mexiko praktiziert wurde: Statt sich den Kontrahenten im Nahkampf zu stellen, kreisten die Krieger aus Tikal ihre Feinde von nun an ein und töteten sie mit Speeren, die sie aus sicherer Entfernung warfen. Als diese Form des „Luftangriffs" zum ersten Mal bei einer Auseinandersetzung zwischen den Mayas von Petén zum Einsatz kam, konnte Tikal Uaxactún unterwerfen und so zum herrschenden Königreich in der Region aufsteigen.

Etwa Mitte des 6. Jhs. hatte Tikal eine Fläche von etwa 30 km² und eine Bevölkerung von um die 100 000 Menschen. 553 bestieg Yajaw Te' K'inich II. (Lord Water) den Thron von Caracol im Südwesten des heutigen Belize. Dieser bediente sich derselben Kriegstaktiken wie das Gefolge aus Tikal, eroberte das Königreich 562 und opferte dessen Herrscher. Tikal und andere Reiche in Petén litten bis ins späte 7. Jh. unter dem Joch Caracols.

Tikals Renaissance

Um 700 herum bestieg ein neuer mächtiger König den Thron von Tikal: Jasaw Chan K'awiil I. (682–734, auch Ah Cacao oder Mond Doppelkamm genannt) war der 26. König nach Yax Ehb' Xooc. Er reorganisierte das Heer Tikals, das erneut die Vorherrschaft als prächtigste Stadt der Maya-Welt erlangte. Die meisten der erhaltenen Tempel am Großen Platz stammen aus der Zeit Ah Cacaus und seiner Nachfolger. Der große Herrrscher wurde unter dem schwindelerregend hohen Tempel I beigesetzt.

Der Stern Tikals verblasste um 900. Die Stadt teilte damit das Schicksal der Maya-Zivilisation in den Niederungen, die einen allgemeinen mysteriösen Verfall erlitt.

Es besteht kein Zweifel daran, dass die Itzáes aus Tayasal, dem heutigen Flores, in der späten postklassischen Periode (1200–1530) von der Existenz Tikals wussten. Vielleicht reisten sie sogar dorthin, um den Göttern in den Schreinen ihre Aufwartung zu machen. Die Aufzeichnungen spanischer Missionare enthalten kurze Hinweise auf die Bauwerke im Urwald. Die jahrzehntelange Lagerung in diversen Büchereien ist den Schriftstücken aber leider nicht gut bekommen.

Neuentdeckung

Erst 1848 entsandte die guatemaltekische Regierung eine von Modesto Méndez und Ambrosio Tut angeführte Expedition nach Tikal. 1877 machte sich der Schweizer Dr. Gustav Bernoulli auf in den Urwald, entfernte Türstürze von den Tempeln I und IV und brachte sie nach Basel, wo sie noch heute im Museum für Völkerkunde zu sehen sind.

Die wissenschaftliche Erforschung Tikals nahm ihren Lauf mit der Ankunft des englischen Archäologen Alfred P. Maudslay im Jahre 1881. Später setzten u. a. Teobert Maler, Alfred M. Tozzer und R. E. Merwin seine Arbeit fort. Tozzer erforschte Tikal von Beginn des 20. Jhs. bis zu seinem Tode 1954. Die Inschriften auf dem Gelände entschlüsselte Sylvanus G. Morley.

Seit 1956 sind die Universität von Pennsylvania und das guatemaltekische Instituto de Antropología e Historia für die Forschungs- und Ausgrabungsarbeiten in Tikal verantwortlich. Mitte der 1950er-Jahre entstand eine Landebahn, um den Zugang zu der Stätte zu vereinfachen. Als Anfang der 1980er-Jahre die Straße zwischen Tikal und Flores asphaltiert wurde, stellte man die Direktflüge wieder ein. Seit 1979 gehört der Parque Nacional Tikal zum Weltkulturerbe der Unesco.

Tikal

DIE KLASSISCHE MAYASTADT IM ÜBERBLICK

Das in verschiedenen Abschnitten über einen Zeitraum von mehreren hundert Jahren erbaute Tikal ist eine riesige, komplizierte Anlage mit Hunderten von Tempeln, Pyramiden und Stelen. Es ist nicht möglich, alles an einem Tag zu sehen, aber wer diesem Rundgang folgt, erlebt zumindest viele der Highlights. Zunächst sollte man sich im Besucherzentrum das Modell der Anlage anschauen, um sich dann im kleinen 1 **Museo Tikal** den Reichtum der Herrscher von Tikal anzuschauen. Bei der nahegelegenen Einlasskontrolle zeigt man seine Eintrittkarte vor; an der Tafel mit dem Übersichtsplan geht man links. Von hier sind es zwanzig Minuten bis zum einsamen 2 **Templo VI**, von dem ein netter Spaziergang den breiten Méndez-Damm entlang zur 3 **Gran Plaza**, dem zeremoniellen Kern von Tikal, führt. Dort kann man den antiken Bereich der 4 **Nordakropolis** erkunden. Anschließend verlässt man die Plaza Richtung Westen und nimmt den ersten Abzweig links einen gewundenen Pfad entlang zum 5 **Templo V**. Hinter dem Tempel führt rechts ein Weg um die größtenteils nicht freigelegte Südakropolis zur 6 **Plaza de los Siete Templos**. Unmittelbar westlich erhebt sich die große Pyramide des 7 **Mundo Perdido**. Von hier ist es ein kurzer Spaziergang zum 8 **Templo IV** und dann ein ziemlich anstrengender Aufstieg hinauf zur Spitze des höchsten Bauwerks in Tikal.

WICHTIGES IN KÜRZE

- » Proviant und Wasser mitnehmen.
- » Nach 16 Uhr gekaufte Tickets gelten auch für den nächsten Tag.
- » Wer in einem der Hotels in Tikal nächtigt, kann hier den Sonnenunter- und Sonnenaufgang erleben.
- » Um die Sonne vom Templo IV unter- oder aufgehen zu sehen, braucht man ein weiteres Ticket (100 Q).
- » Mückenschutz nicht vergessen!

DANIEL SCHECHTER

Templo IV
Am späten Nachmittag bietet sich vom Tempel IV ein wunderschöner Blick auf die Tempel I, II und III, die dann in ein magisches Licht getaucht sind. Wer Glück hat, erspäht über den Wipfeln des Dschungels vielleicht sogar einen Rotbrustfalken.

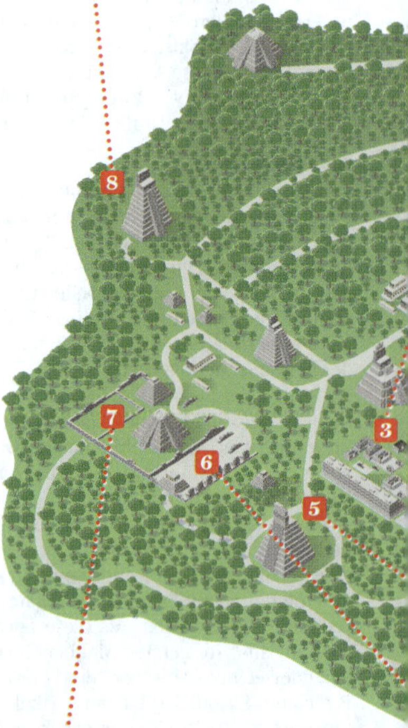

Mundo Perdido
Der kleinere Tempel westlich der großen Pyramide ähnelt mit seinem eleganten *talud-tablero*-Stufendesign Tempeln in Teotihuacán in der Nähe von Mexiko-Stadt und zeugt vom Einfluss dieses fernen Reiches.

DAVID CHEREPUSCHAK/ALAMY ©

DANIEL SCHECHTER

Gran Plaza

Während der hohe Templo I, ein Mausoleum für den spätklassischen Herrscher Ah Cacao, nicht erklommen werden darf, kann der fast genauso hohe Templo II gegenüber bestiegen werden.

Nordakropolis

Inmitten der zahlreichen kleineren und viel älteren Tempel an dem Hang nördlich des Hauptplatzes befinden sich in zwei strohgedeckten Schutzhütten auf einem Vorsprung zwei furchterregende Masken.

Museo Tikal

Über die Stele 31 sind schon Bände geschrieben worden; sie zeigt die Selbstkrönung des Herrschers Stürmischer Himmel, flankiert von zwei Kriegern, gekleidet im Stil von Teotihuacán.

DANIEL SCHECHTER

Templo VI

Auf der Rückseite des Dachkamms dieses abgelegenen Tempels befindet sich eine lange Glypheninschrift, die die Abfolge der Königreiche verzeichnet. Hier ist Geduld gefragt: Der verwitterte Stein ist schlecht zu entziffern.

Plaza de los Siete Templos

Die Ostseite dieses grasbewachsenen Platzes säumen sieben Minitempel. Vom größeren Palast am Südende blickt man auf das aufgereihte Septett.

DANIEL SCHECHTER

Templo V

Die genauso steile wie massive, zweithöchste Tempelpyramide Tikals verfügt über ungewöhnliche runde Ecken. Wer sie erklimmen möchte, nimmt nicht die breite vordere Treppe, sondern die fast senkrechte Holzleiter links.

DANIEL SCHECHTER

Sehenswertes

Gran Plaza

Schilder weisen den Weg zur Gran Plaza (Großer Platz). Der Pfad führt um den **Tempel I** – den Tempel des Großen Jaguars, der für König Jasaw Chan K'awiil I (Mond Doppelkamm) gebaut wurde – auf die Plaza. Vielleicht hat der König selbst die Baupläne ausgearbeitet, errichtet wurde der Tempel über seinem Grab jedoch von seinem Sohn, der ihm 734 auf den Thron folgte. Zu den Grabbeigaben zählten 180 wunderschöne Gegenstände aus Jade, 90 Knochen mit eingeschnitzten Hieroglyphen und Perlen und Rochenstachel, die bei rituellen Aderlässen zum Einsatz kam. Ganz oben in dem 44 m hohen Tempel befinden sich drei Räume unter einem Kraggewölbe. Der Dachkamm war ursprünglich mit Reliefs verziert und in kräftigen Farben gestrichen; vielleicht sollten die 13 Bereiche des Maya-Himmels dargestellt werden.

Nachdem zwei Menschen beim Erklimmen des Tempel I in den Tod gestürzt sind, hat man die Treppe gesperrt. Aber keine Sorge: Der Ausblick vom **Tempel II** gleich gegenüber ist ähnlich phantastisch. Dieser war einst beinahe so hoch wie Tempel I; heutzutage misst er 38 m (ohne den Dachkamm).

Die **Nordakropolis** (Acrópolis del Norte) ist nicht ganz so beeindruckend wie die Zwillingstempel, ihr kommt jedoch eine enorme Bedeutung zu: Archäologen haben etwa 100 Bauwerke freigelegt, die ältesten entstanden um 400 v. Chr. Die Mayas errichteten neue Gebäude auf den älteren – und die vielfältigen „Schichten" verliehen den Tempeln in Kombination mit aufwendigen Begräbnissen mehr Macht und Heiligkeit. Man sollte nach den beiden großen, eindrucksvollen Wandmasken Ausschau halten, die aus einem älteren Bauwerk stammen. Um 800 bestand die Akropolis aus mehr als zwölf Tempeln auf einer großen Plattform. Viele davon waren das Werk des Königs Jasaw Chan K'awiil I. (Mond Doppelkamm).

Auf der dem Platz zugewandten Seite der Nordakropolis wird man zwei **Stelenreihen** entdecken. Sie können denen in Copán oder Quiriguá zwar nicht das Wasser reichen, dienten allerdings demselben Zweck: Sie sollten an die großen Taten der Könige von Tikal erinnern und den umliegenden Bauwerken „Macht" verleihen.

Acrópolis Central

An der Südseite des Großen Platzes liegt die **Acrópolis Central** (zentrale Akropolis). Sie besteht aus einem Labyrinth aus Höfen, kleinen Räumen und Tempeln. Manche Forscher nehmen an, dass dort die Adeligen von Tikal wohnten, andere deuten die Malereien in den Räumen als Hinweis auf rituelle Zeremonien, die in ihnen stattgefunden haben könnten. Über die Jahrhunderte wurde die Gestaltung der Zimmer immer wieder geändert, was eventuell darauf schließen lässt, dass der „Palast" immer anderen Gruppen von Verwandten als Wohnsitz diente. Vor 100 Jahren diente ein Teil der Akropolis (**Malers Palast** genannt) dem Archäologen Teobert Maler während seiner Arbeiten vor Ort als Wohnstatt.

Templo III & Plaza Oeste

Die **Plaza Oeste** (Westplatz) liegt nördlich von Tempel II. An ihrer Nordseite erhebt sich ein großer Tempel aus spätklassischer Zeit, Richtung Süden, jenseits der Calzada Tozzer (Tozzer-Dammweg), steht der 55 m hohe **Tempel III**. Er ist noch nicht freigelegt und bietet somit genau den Anblick, der sich auch den letzten Mayas aus Tikal und den ersten Entdeckern geboten haben muss. Der Dammweg zum **Tempel IV** war einer von mehreren heiligen Wegen, die zwischen den Gebäudekomplexen angelegt wurden, was sicher astronomische wie auch ästhetische Gründe hatte.

Templo V & Acrópolis del Sur

Genau südlich des Großen Platzes erstreckt sich die **Acrópolis del Sur** (Südakropolis). Die Ausgrabungsarbeiten auf dem 2 ha großen Gelände haben erst kürzlich begonnen. Die zuletzt entstandenen Paläste stammen aus der spätklassischen Zeit, die darunter liegenden Bauten sind wahrscheinlich 1000 Jahre alt.

Der östlich an die Südakropolis angrenzende **Tempel V** ist 58 m hoch und wurde um 700 n. Chr. errichtet. Anders als die übrigen großen Tempel wartet dieser mit abgerundeten Ecken und einem winzigen Raum an der Spitze auf. Der Raum ist weniger als 1 m tief, die Wände aber sind bis zu 4,5 m dick. 1991 begannen die Restaurationsarbeiten.

Plaza de los Siete Templos

Die Plaza de los Siete Templos befindet sich auf der anderen Seite der Südakropolis. Die kleinen, dicht beieinander stehenden Tempel wurden in der spätklassischen Periode errichtet, die Baustrukturen darunter sind jedoch mindestens ein Jahrtausend alt. Sehenswert ist das Totenkopfsymbol am zentralen Tempel (zu erkennen an der Stele und dem Altar vorn). An der Nordseite des

Platzes erstreckt sich ein ungewöhnlicher **Ballspielplatz**; eine weitere, größere Anlage findet man gleich südlich des Tempels I.

El Mundo Perdido

Ca. 400 m südwestlich des Großen Platzes liegt **El Mundo Perdido** (die verlorene Welt), ein Komplex aus 38 Gebäuden, die um eine große Pyramide angeordnet sind. Während in anderen Teilen von Tikal spätklassische Bauten auf älteren Fundamenten hochgezogen wurden, findet man in El Mundo Perdido Bauwerke aus unterschiedlichen Epochen. Die **große Pyramide** soll aus präklassischer Periode stammen (wobei später ein paar Ausbesserungsarbeiten vorgenommen wurden), der **Templo del Talud-Tablero** oder Tempel der drei Räume ist frühklassisch, der **Templo de las Calaveras** (Tempel der Schädel) spätklassisch.

Die Treppen der 32 m hohen Pyramide – die Seitenlänge beträgt an der Basis 80 m – waren jeweils von großen Masken flankiert, ein abschließender Tempelbau oben fehlte jedoch. Jede Seite repräsentiert einen etwas anderen architektonischen Stil. Archäologen haben hier Tunnel gegraben und vier ähnliche Pyramiden unter der Außenfassade entdeckt. Der älteste (Bauwerk 5C-54 Sub 2B) stammt aus dem Jahre 700 v. Chr. und ist somit das älteste Maya-Gebäude von Tikal.

Templo IV & Complejo N

Der **Complejo N** in der Nähe des Tempels IV stellt ein Beispiel für die in spätklassischer Zeit beliebten **„Zwillingstempel"** dar. Diese Art von Bauten sollen an die Vollendung eines *katun* erinnert haben, eines 20-Jahres-Zyklus nach dem Maya-Kalender. Dieser Komplex wurde 711 von Jasaw Chan K'awiil I. zum Andenken an den 14. *katun* des *baktun* 9 errichtet (ein *baktun* sind etwa 394 Jahre). Das Konterfei des Königs ziert **Stele Nr. 16**, eine der schönsten von ganz Tikal.

Tempel IV ist mit einer Höhe von 64 m das höchste Gebäude von Tikal. Er wurde in der Regierungszeit des Sohnes von Jasaw Chan K'awiil I. um 741 fertiggestellt. Eine Reihe steiler Holzstufen und Leitern führen auf den Tempel hinauf.

Templo de las Inscripciones (Templo VI)

Verglichen mit Copán oder Quiriguá ist die Anzahl der Inschriften in Tikal relativ überschaubar. Die Ausnahme bildet der **Templo de las Inscripciones** (Templo VI) 1,2 km südöstlich des Großen Platzes. Die Rückseite des 12 m hohen Dachkamms ziert eine lange Inschrift und auch die Seiten und das Gesims des Dachkamms sind mit Glyphen versehen. Die Inschriften liefern eine Jahreszahl: 766 n. Chr. Die Stele 21 und der Altar 9 (vor dem Tempel) datieren aus dem Jahr 736. Die Stele war schwer beschädigt und wurde zwischenzeitlich restauriert.

Nördliche Gebäudekomplexe

Ca. 1 km nördlich des Großen Platzes erstreckt sich **Complejo P**. Wie bei Komplex N handelt es sich auch hierbei um einen Zwillingstempel aus spätklassischer Zeit, der wahrscheinlich an das Ende eines *katun* erinnern sollte. Der **Complejo M** nebenan wurde in spätklassischer Zeit teilweise niedergerissen, da die Mayas Baumaterial für den Dammweg benötigten, der nach Südwesten zum Tempel IV führt. Der Dammweg ist heute nach Alfred Maudslay benannt, der vor allem für seine Aufnahmen von zentralamerikanischen Ruinen bekannt ist.

Weitere spätklassische Zwillingspyramiden umfassen **Complejo Q** und **Complejo R**, etwa 300 m nördlich des Großen Platzes. Der erst kürzlich restaurierte Komplex Q liefert das wahrscheinlich beste Beispiel für die Zwillingstempelbauweise. Die **Stele 22** und der **Altar 10** veranschaulichen eindrucksvoll die spätklassische Reliefschnitzerei aus Tikal; sie entstanden 771.

Unmittelbar westlich davon liegt auf der Westseite der Calzada Maler (Maler-Damm) **Complejo O** mit einer unbearbeiteten Stele und einem Altar in der nördlichen Einfriedung. Die Funktion der Stelen war, an besondere Ereignisse zu erinnern – warum aber lässt diese jegliche Inschrift vermissen?

Museen

Museo Lítico MUSEUM

(Steinmuseum; Eintritt 10 Q, inkl. Museo Tikal; ⌚ 9–12 & 13–16.30 Uhr) Das größere der beiden Museen in Tikal, das Museo Lítico, ist im Besucherzentrum untergebracht und beherbergt eine Reihe von Stelen und Steinen mit Steinmetzarbeiten aus den Ruinen. Draußen befindet sich ein großes Modell, das das Tikal um 800 wiedergibt. Besonders interessant sind aber die Fotos von Alfred P. Maudslay und Teobert Maler, die die Urwaldtempel in verschiedenen Phasen der Ausgrabungsarbeiten während des späten 19. Jhs. zeigen.

Museo Tikal MUSEUM

(Eintritt frei mit Eintrittskarte zum Museo Lítico; ⌚ Mo–Fr 9–17, Sa & So 9–16 Uhr) Zu den faszinierenden Exponaten des Museo Tikal oder Museo Cerámico zählen Grabbeigaben von König Jasaw Chan K'awiil I., Jadeschnitzereien, mit Inschriften versehene Knochen, Muscheln, Stelen, Tonwaren und andere Ausgrabungsgegenstände.

Aktivitäten

Vogelbeobachtung

Etwa 300 Vogelarten (Zugvögel und endemische Arten) sind bislang in Tikal gesichtet worden. Die beste Chance, ein paar gefiederte Zeitgenossen zu erspähen, hat man morgens. Einfach im Besucherzentrum nach Touren am frühen Morgen oder späten Nachmittag fragen. Man sollte ein Fernglas und Geduld mitbringen und sich leise bewegen, um wahrscheinlich die Vertreter folgender Gattungen vor die Linse zu bekommen:

- Zwergmotmots (oder Sägeracken), vier verschiedene Trogon-Gattungen und Kronentyrannen in der Nähe des Templo de las Inscripciones
- zwei Arten von Goldamseln, Halsbandarassaris und Fischertukane in El Mundo Perdido
- Hokkohühner, drei Spechtarten, Haubenguans, Braunflügelguans und drei Tangaren-Arten rund um Komplex P
- drei Arten von Eisvögeln, Jacanas (Blatthühnchen), Blaureiher, zwei Strandläufergattungen und Schwefeltyrannen am Aguada Tikal beim Eingang
- Tigerreiher in dem großen Ceiba-Baum am Eingangsweg
- Gelbhosenpipra und Schnurrvögel nahe dem Komplex Q sowie Laucharassaris am Komplex R

Vogelbeobachtungstouren durch die Stätte bietet **Roxy Ortíz** (☎ 5197-5173; tikalroxy.blogspot.com), ein englischsprachiger Naturkundler, der die Tiere in Tikal schon seit Jahren studiert.

Wandern

Der Sendero Benilj'a'a, ein in drei Abschnitte unterteilter 3 km langer Wanderweg, beginnt vor der Jungle Lodge. Die Ruta Monte Medio und die Ruta Monte Medio Alto (beide 1 Std.) sind das ganze Jahre über zugänglich, die Ruta Monte Bajo (35 Min.) nur im Sommer. Ein kurzer Lehrpfad namens El Misterio de la Vida Maya (Das Mysterium des Maya-Daseins) führt zum Großen Platz.

Geführte Touren

In allen Hotels können geführte Touren zu den Ruinen oder anderen Orten in der Region gebucht werden. Tagestouren ab Flores/Santa Elena von Martsam Travel (S. 211).

Tikal Canopy CANOPYING
(☎ 5819-7766; www.canopytikal.com; Tour 248 Q; ⏱ 7–17 Uhr) Am Eingang zum Nationalpark kann man eine ziemlich teure einstündige Baumwipfeltour buchen. Man schlüpft in ein Gurtzeug und wird an Kabeln befestigt, die kreuz und quer zwischen den Baumkronen gespannt sind; die Bäume sind bis zu 300 m voneinander entfernt! Im Preis inbegriffen sind die Transfers nach Tikal und zurück.

Schlafen & Essen

Die Tage sind lange vorbei, als man einem Aufseher ein paar Dollar zusteckte und dann ungestört im Tempel IV übernachten konnte. Mittlerweile wird man vom Gelände „eskortiert", wenn man sich außerhalb der Öffnungszeiten dort erwischen lässt – aus Sicherheitsgründen. Wer Tikal ohne Menschenmassen erleben und frühmorgens ein paar wilde Tiere erspähen will, sollte am Eingang campen.

Außer Zelt und Isomatte gibt es nur wenige Übernachtungsmöglichkeiten vor Ort und diese sind häufig von Reisegruppen belegt.

Über Nacht in Tikal zu bleiben hat den Vorteil, dass man das Gelände bei Sonnenauf- und -untergang besuchen kann – zu dieser Zeit sind die Urwaldbewohner am aktivsten.

Wenn man in Tikal ankommt, wird man auf der rechten Straßenseite mehrere kleine *comedores* entdecken. Dort gibt's relativ uninspirierte Küche in rustikalem Ambiente, z. B. gegrilltes Huhn oder Steak (40–50 Q). Mitunter kann man auch vegetarische Platten mit gekochtem *güisquil* (Kürbis), Karotten, Bohnen und Kochbananen bestellen. Die Lokale sind täglich von 5 bis 21 Uhr geöffnet.

Das **Restaurante Café Tikal** im Besucherzentrum hat ein gehobeneres Flair, dabei sind die Preise kaum höher als in den *comedores*. Auf der Speisekarte stehen u. a. Pastagerichte und Hamburger. Das beste Hotelrestaurant hat die Jungle Lodge.

Überdachte Picknicktische findet man gleich neben dem Großen Platz. Dort stehen Getränkeverkäufer parat, Essen gibt es allerdings nicht. Wer den ganzen Tag auf dem Ruinengelände verbringen und seine Zeit nicht mit dem 20- bis 30-minütigen Fußmarsch zu den *comedores* vergeuden will, sollte ausreichend Proviant und Wasser einpacken.

Campingplatz CAMPINGPLATZ **$**
(Zeltplatz 50 Q/Pers., Hängematte mit Moskitonetz 85 Q) Wer sein Zelt auf dem Campingplatz hinter dem neuen Forschungszentrum aufstellen möchte, muss keinen Gedanken an eine Reservierung verschwenden. Auf dem großen, grasbewachsenen Gelände mit den sauberen Sanitäranlagen ist genügend Platz für Zelte. Und in den *palapas* können auch Hängematten aufgehängt werden.

Jaguar Inn HOTEL **$$$**
(☎7926-0002; www.jaguartikal.com; Zeltplatz 25 Q/Pers., mit Zelt 80 Q, EZ/DZ 395/590 Q; ❄@📶) Diese Unterkunft, vor allem bei jungen, unabhängigen Reisenden beliebt, bietet Bungalows mit zwei und vier Betten, Strohdächern und Hängematten auf den Veranden sowie ein nettes kleines Restaurant mit einer beliebten Terrasse. Leute mit sehr spärlich gefüllter Reisekasse können Zelte auf einem Podest mieten.

Jungle Lodge HOTEL **$$$**
(☎2477-0570; www.junglelodgetikal.com; EZ/DZ 622/772 Q, ohne Bad 298/338 Q; @🏊) Das dem Eingang zur Stätte am nächsten gelegene Hotel diente ursprünglich als Unterkunft für Archäologen, die in Tikal arbeiteten. Die voll ausgestatteten Bungalows und die billigeren Unterkünfte stehen in genügendem Abstand voneinander auf einem weitläufigen Urwaldanwesen. Das Restaurant mit Bar serviert in einem tropischen Ambiente Gemüse-Pastagerichte, Crêpes, Pfeffersteaks und andere internationale Speisen (Hauptgerichte 80–100 Q).

ℹ Orientierung

Das 550 km² große Gelände des Parque Nacional Tikal ist mit Tausenden von Ruinen übersät. Das Zentrum der Stadt war einst etwa 16 km² groß – mit mehr als 4000 Bauwerken. Die Straße aus Flores führt ca. 17 km südlich der Ruinen in den Nationalpark.

Vom Parkplatz der Stätte ist es nur ein kurzer Spaziergang zurück zur Kreuzung; dort gibt es einen Informationskiosk. Unmittelbar südlich der Kreuzung werden in einem Besucherzentrum Bücher, Karten, Souvenirs, Hüte, Insektenschutzmittel, Sonnencreme u. a. verkauft. Hier gibt's auch ein Restaurant und ein Museum. In der Nähe des Besucherzentrums befinden sich die Hotels von Tikal, ein Campingplatz, ein paar kleine *comedores* und ein zweites Museum.

Marschiert man vom Besucherzentrum aus 1,5 km Richtung Südwesten (20–30 Min.), erreicht man den Großen Platz. Wer alle bedeutenden Gebäudekomplexe besichtigen will, wird mindestens 10 km zurücklegen müssen – bequemes Schuhwerk ist sicher keine schlechte Idee.

ℹ Praktische Informationen

Der Eingang ist ab 6 Uhr geöffnet. Nach 16 Uhr gekaufte Tickets gelten auch für den gesamten nächsten Tag. Jeder muss am Eingangstor an der Zufahrtsstraße ein Ticket kaufen. Wer mehrere Tage bleibt, kann am Kartenkontrollhäuschen am Pfad zum Eingang der Stätte weitere Tickets erwerben. Von etwa Oktober bis März ist vom Tempel IV am westlichen Rand der Hauptstätte der Sonnenaufgang zu sehen; wer den Park jedoch vor oder nach den eigentlichen Öffnungszeiten betreten möchte, muss für 100 Q eine zusätzliche Eintrittskarte kaufen, wahrscheinlich für den Guide, der einen begleiten muss.

Noch mal zum Thema Schuhe: Eine ordentliche Gummisohle mit Profil ist für das Terrain am besten geeignet. Der Regen und Pflanzenbewuchs können die Erkundung der Ruinen zu einer ziemlich rutschigen Angelegenheit machen, besonders während der Regenzeit. Außerdem sollte man ausreichend Wasser mitbringen; wer in der Hitze umherläuft und nicht genug trinkt, wird schneller dehydriert sein, als ihm lieb ist. Und noch eine Bitte: auf keinen Fall die *pisotes* (Nasenbären) füttern!

Im Jaguar Inn können US-Dollar und Reiseschecks zu allerdings schlechten Konditionen getauscht werden. Internetzugang kostet hier 50 Q pro Stunde.

GUIDES

Mehrsprachige Guides können am Infokiosk engagiert werden. Die offiziellen Führer tragen ihren Ausweis deutlich sichtbar; darauf sind auch die Sprachen vermerkt, die sie sprechen. Vor 7 Uhr zahlt man 100 Q pro Person für eine Halbtagestour, später sind es 300 Q für eine Gruppe mit bis zu vier Personen (jede weitere Person 40 Q).

INFORMATIONEN

Umfassende Informationen über die Monumente in Tikal bietet das Buch *Tikal – A Handbook of the Ancient Maya Ruins* von William R. Coe, das in Flores und Tikal erhältlich ist. Eher vor der Reise würde man sich *The Lords of Tikal* von Peter D. Harrison besorgen, einen anschaulichen Abriss der Geschichte der Stadt. Am Ticketschalter werden „offizielle" Karten (10 Q) der Stätte verkauft, die mit der am Eingang aufgestellten identisch sind. Eine bessere Karte von Mapas de Guatemala gibt's im Besucherzentrum (20 Q).

ℹ An- & Weiterreise

Zwischen 6 und 15 Uhr fahren ab Flores (30 Q, 1½ Std.) vier Microbusse der **Asociación de**

Transportistas Imperio Maya (ATIM; ☎4478-5996). Die Rückfahrt von Tikal erfolgt um 12, 13.30, 15 und 17 oder 18 Uhr. Von Flores kann man auch den etwas langsameren Bus Richtung Uaxactún um 14 Uhr nehmen oder einen der vielen Shuttlebusse von Aventuras Turísticas (S. 211). Autobuses del Norte (S. 212) bietet um 6 und 8 Uhr einen Pullman-Bus nach Tikal (80 Q).

Von El Remate fährt um 5.30 Uhr ein Sammelshuttle nach Tikal, Rückfahrt um 14 Uhr (einfach/hin & zurück 30/50 Q). Alle Unterkünfte in El Remate können Plätze buchen.

Aus Belize kommend kann man einen Minibus Richtung Santa Elena bis nach Puente Ixlú (auch El Cruce genannt) nehmen und dort in einen der Minibusse umsteigen, die Richtung Norden fahren; bis Tikal sind es von dort aus noch 36 km. Achtung: Verbindungen nach Norden sind nach 11 Uhr nur noch spärlich gesät. Wer im Anschluss an den Besuch von Tikal nach Belize ausreisen möchte, sollte sich frühmorgens auf den Weg nach Puente Ixlú machen, um dort einen Bus oder Minibus Richtung Osten zu erwischen. Aufpassen sollte man mit den Shuttles nach Belize, die in Tikal angepriesen werden; es ist vorgekommen, dass die Fahrer einen Umweg über Flores machen, um mehr Passagiere einzusammeln.

Für einen Blitzbesuch in Tikal besteht die Möglichkeit, von Guatemala-Stadt nach Santa Elena zu fliegen. Grupo TACA bietet mindestens drei Flüge täglich (einfach/hin & zurück 1255/2165 Q).

Uaxactún

960 EW.

Uaxactún (wa-schack-*tun*) war in präklassischer Zeit der politische und militärische Rivale des Königreichs Tikal. Es ist über eine unbefestigte Straße durch den Urwald zu erreichen. Mitte des 4. Jhs. unterwarf König Chak Tok Ich'aak I. (Große Jaguartatze) die Siedlung 23 km nördlich von Tikal. Uaxactún blieb danach jahrhundertelang abhängig von der „großen Schwester" im Süden.

Die Häuser der Dorfbewohner säumen die Landebahn. Sie verdienen sich in den umliegenden Wäldern ihren Lebensunterhalt mit dem Sammeln von *chicle*, *pimienta* (Piment) und *xate* (*scha*-tei; ein Farnkraut, das an Blumenhändler weltweit verkauft wird).

Sehenswertes

Die Pyramiden von Uaxactún wurden freigelegt und stabilisiert, um den fortschreitenden Verfall zu stoppen, aber nicht restauriert. Risse und Bruchstellen wurden mit weißem Mörtel aufgefüllt, um das Eindringen von Wasser und Wurzeln zu verhindern.

Die Eintrittsgebühr von 50 Q wird am Tor zum Tikal-Nationalpark bezahlt, allerdings erfolgt in Uaxactún selbst keine Kartenkontrolle.

Touren nach Uaxactún können in Flores oder in den Hotels in El Remate und Tikal gebucht werden. Beide Hotels im Dorf bieten Touren zu den abgelegeneren Maya-Stätten wie El Mirador, El Zotz, Río Azul, Xultún, Nakbé und San Bartolo.

Grupos E & H

Wer rechts von der Landebahn abbiegt, gelangt nach 15 Minuten Fußweg zu den **Grupos E und H**. Der wahrscheinlich bedeutendste Tempel ist der **E-VII-Sub**, einer der ältesten intakten Tempel, die freigelegt wurden. Sein Fundament datiert möglicherweise auf 2000 v. Chr.! Der Tempel befand sich unter weit größeren Bauten, die inzwischen verschwunden sind. Auf dem flachen Dach sind Einbuchtungen für Pfähle zu sehen, die zu einem Holztempel mit Strohdach gehört haben.

Grupos A & B

20 Minuten nordwestlich der Landebahn liegen die **Grupos A und B**. Bei Gruppe A verschafften sich von Andrew Carnegie gesponserte Archäologen auf der Suche nach Grabstätten wahllos Zugang zu den Tempeln; manchmal verwendeten sie Dynamit. Auf diese Weise zerstörten sie zahlreiche Bauten, die jetzt rekonstruiert werden müssen.

Schlafen & Essen

Will man irgendjemanden in Uaxactún erreichen, muss man die ☎7783-3931 wählen und dann ein paar Minuten warten, bis der Telefonist den gewünschten Ansprechpartner an den Apparat geholt hat. Zum Zeitpunkt der Recherchen gab es hier noch keinen Handyempfang, das könnte sich jedoch mittlerweile geändert haben.

Essen bekommt man in den schlichten *comedores* Uaxactún und Imperial Okan Arin.

Aldana's Lodge HÜTTEN $

(Zeltplatz 20 Q/Pers., Zi. 25 Q/Pers.) Rechts von der Straße, die zu den Gruppen B und A führt, können Traveller in sechs Holzhütten mit dünnen Matratzen auf Pritschen übernachten. Alfido und sein Sohn Hector Aldaña arbeiten als Tourguides, Amparo kümmert sich um das Essen. Wer zelten möchte und dafür Ausrüstung benötigt, zahlt 20 Q pro Person.

Campamento, Hotel & Restaurante El Chiclero HOTEL $
(☎7926-1095; campamentochiclero@gmail.com; Zeltplatz 25 Q/Pers., Zi. 50 Q/Pers.) El Chiclero liegt an der Nordseite der Landebahn und bietet zehn spartanisch eingerichtete Zimmer unter einem Strohdach. Die Matratzen sind ordentlich, an den Decken und Fenstern sind Moskitonetze angebracht. Die sauberen Duschen und Toiletten befinden sich in einem Nebengebäude; um 21 Uhr wird das Licht ausgeschaltet. Die flotte Besitzerin Neria bereitet das beste Essen im Ort zu (Suppe & Hauptgericht mit Reis 50 Q). Die Übernachtungspreise sind verhandelbar.

An- & Weiterreise

Um 14 Uhr fährt in Santa Elena ein Pinita-Bus nach Uaxactún (35 Q) ab, der El Remate gegen 15 Uhr und Tikal gegen 16 Uhr passiert und um 6 Uhr am nächsten Morgen von Uaxactún nach Santa Elena zurückfährt. Man muss also zwei Übernachtungen in Uaxactún einplanen, wenn man sich die Ruinen ansehen will. Shuttles von **La Casa de Don David** (☎5306-2190; www.lacasadedondavid.com; Jobompiche Rd; EZ/DZ mit Frühstück ab 235/360 Q; ⏲Restaurant 6.30–21 Uhr; ❄@📶) von El Remate nach Uaxactún und zurück kosten 624 Q für bis zu fünf Personen.

Entlegene Maya-Stätten

Es gibt ein paar Stätten im Land, die nur für eine begrenzte Anzahl von Touristen zugänglich sind. Archäologiebegeisterte und echte Abenteurer könnten Ausflüge dorthin in Erwägung ziehen. Veranstalter wie Martsam Travel (S. 211) und Aventuras Turísticas (S. 211) arbeiten mit den örtlichen Comités Comunitarios de Ecoturismo (kommunale Ökotourismus-Komitees) in den entlegenen Dörfern zusammen, in denen die Trails beginnen. Wer sich für diese Anbieter entscheidet, unterstützt ein angesehenes Programm für nachhaltigen Tourismus. Die Guides sind bestens mit den Gegebenheiten vor Ort vertraut.

Der Komfort kommt auf den meisten dieser Touren zu kurz; man sollte sich auf äußerst rustikale Bedingungen einstellen. Gute Wegbeschreibungen zu diesen und anderen entlegenen Stätten findet man unter www.mostlymaya.com.

Yaxhá

Die Zeremonienstätte **Yaxhá** (☎5204-1851; Eintritt 80 Q; ⏲6–17 Uhr) liegt an dem gleichnamigen See ca. 48 km östlich von El Remate. Forscher vermuten, dass der Ort in klassischer Zeit ein Urlaubsziel der oberen Maya-Schicht war. Die Ruinen umfassen einen großen Platz und zwei Tempel. Und mitten im See steht ein verfallenes Observatorium auf der Insel Topoxté.

El Zotz

El Zotz liegt ca. 25 km westlich von Tikal. Zotz bedeutet „Fledermaus" – und man wird unterwegs einigen davon begegnen. Zu den zahlreichen unberührten Erdwällen und Ruinen gehört die **Teufelspyramide**. Sie ist so hoch, dass man von der Spitze die Tempel von Tikal erspähen kann. Ausflüge nach El Zotz können mit einer Wanderung nach Tikal kombiniert werden.

El Perú & Parque Nacional Laguna del Tigre

El Perú, 62 km nordwestlich von Flores im Parque Nacional Laguna del Tigre gelegen, befindet sich am Scarlet-Macaw-Wanderweg (ein *scarlet macaw* bzw. *guacamaya roja* ist ein Hellroter Ara). Ausgangspunkt ist Paso Caballos; dann geht's mit dem Boot auf dem Río San Pedro weiter. Ein paar wichtige Bauten datieren auf die Zeit zwischen 300 und 900 n. Chr. Archäologen sind überzeugt davon, dass El Perú ein bedeutendes Handelszentrum war.

Eine weitere Sehenswürdigkeit im Parque Nacional Laguna del Tigre, deren Besuch manchmal mit Ausflügen nach El Perú kombiniert wird, ist die **Estación Biológica Las Guacamayas** (☎4890-9797; www.lasguacamayas.org) am Río San Juan. Das Forschungszentrum ist von Regenwald umgeben, in dem neben hellroten Aras auch weiße Schildkröten und andere Tiere heimisch sind.

El Mirador

El Mirador (www.miradorbasin.com) liegt im entlegensten Urwald von El Petén, nur 7 km von der mexikanischen Grenze entfernt. Wer dorthin gelangen will, muss eine mühselige Wanderung (60 km) unter einfachsten Bedingungen auf sich nehmen. Blütezeit der früheren Metropole war von 150 v. Chr. bis 150 n. Chr., dann wurde die Stadt aus ungeklärten Gründen dem Verfall preisgegeben. In El Mirador steht die höchste Pyramide der Maya-Kultur: **El Tigre** ist mehr als 60 m hoch, das Fundament hat eine Fläche von mehr als 18 000 m². Die Zwillingspyramide **La Danta** (Tapir) ist eigentlich kleiner, wirkt jedoch höher, da sie auf einer Anhöhe errichtet wurde. El Mirador trumpft mit Hunderten von Bauwerken auf, von denen der Großteil jedoch nach wie vor unangetastet und von Urwaldpflanzen überwuchert ist.

Diese Wanderung ist nichts für Zartbesaitete. Wenn Geld keine Rolle spielt, kann man es sich leicht machen und den Hubschrauber nehmen. **Mirador Park** (www.miradorpark.com) organisiert ein- oder zweitägige „Heli-Touren" von Flores nach El Mirador; nach einer halben Stunde ist man bereits auf dem Ruinengelände.

GUATEMALA VERSTEHEN

Guatemala aktuell

Mitte Januar 2012 wurde Otto Fernando Perez Molina als Präsident von Guatemala vereidigt. Molina war während der Diktatur von Efraín Ríos Montt als Armeegeneral in der Region Ixíl stationiert, wo viele der schlimmsten Menschenrechtsverletzungen und Massaker des Bürgerkriegs stattfanden.

Molinas Wahlkampf war simpel: Er versprach einfach das, was die Guatemalteken Umfragen zufolge am meisten wollten – Sicherheit und Arbeit. Eine seiner ersten Maßnahmen war die Ankündigung, dass er in den gefährlichsten und am meisten von Kriminalität geplagten Ecken des Landes 7000 Soldaten auf die Straßen schicken würde. Aber während sich die Zahl der Verhaftungen erhöhte, blieb die Kriminalitätsrate gleich.

Die vergangenen Jahre haben gezeigt, dass die Sicherheitskräfte selbst oftmals die schlimmsten Verbrechen begehen. Anfang 2012 wurden innerhalb von nur einem Monat vier Polizisten wegen Körperverletzung, Verschwörung und krimineller Bandenbildung angeklagt. Mehrere Mitglieder des Geheimdienstes wurden beschuldigt, Mitglieder einer im ganzen Land operierenden Kidnappingbande zu sein.

Molinas weiße Weste in Sachen Korruption erhielt Flecke, als er drei Mitglieder seiner Regierung in Schutz nahm, die innerhalb von drei Monaten Reisespesen in Höhe von über 800 000 Q (rund 75 000 €) aufgehäuft hatten. Ihre Reisen wurden von Molina als notwendig verteidigt, damit das Land nicht „isoliert" werde. Gleichzeitig eröffnete sich der Kongress die Möglichkeit, die Diäten der Abgeordneten zu jedem Zeitpunkt beliebig zu erhöhen.

Viele Guatemalteken waren indes überhaupt nicht glücklich über mehr Soldaten im Straßenbild – sie sahen dies als ein schlechtes Zeichen. Ein sehr umstrittenes Thema im ländlichen Guatemala sind die großen, oft vom Ausland betriebenen Bauprojekte wie Staudämme für die Stromerzeugung und der Abbau von Bodenschätzen. Die Gegner von Molinas Truppenmobilisierung behaupten, dass das Sicherheitsargument nur vorgeschoben sei und die Soldaten lediglich diese Projekte schützen. Ganz so, als sollte gezeigt werden, dass die Kritiker recht haben, wurden im ganzen Land bei Anti-Bergbau- und Anti-Staudamm-Protesten Soldaten eingesetzt, um „die Ordnung wiederherzustellen". Ende 2012 feuerten Soldaten bei einem Protest in der Nähe von Totonicapán in die Menge: Sieben Menschen wurden getötet, 40 verletzt. Außenminister Harold Caballeros bezeichnete das Ereignis gegenüber ausländischen Medien als „keine große Sache".

Guatemala erholt sich langsam von den im Bürgerkrieg davongetragenen Wunden. Zum Teil ist dieser Prozess der Tatsache geschuldet, dass die Generationen, die den Bürgerkrieg erlebten, langsam sterben. Daneben ist aber auch die offizielle Anerkennung einiger Gräueltaten ein wichtiger Schritt der Aufarbeitung. Präsident Molina verglich die Tötungen mit Völkermord und es gibt eine Kampagne zur Exhumierung von Leichen auf Geheimfriedhöfen, die das Militär dazu benutzte, „verschwundene" Dissidenten zu begraben. Einige Kriegsverbrecher wurden auch schon vor Gericht gestellt. Die härteste Strafe traf bisher den ehemaligen Militärbeauftragten Lucas Tecún: Er wurde zu 7710 Jahren Haft verurteilt.

Im März 2012 räumte ein guatemaltekischer Richter die letzte Hürde aus dem Weg, die verhindert hatte, dass sich der ehemalige Diktator Efraín Ríos Montt für das Verbrechen des Völkermords verantworten musste: Es ist das erste Mal, dass ein ehemaliges lateinamerikanisches Staatsoberhaupt sich in einem Gericht seines Landes einer solchen Anklage stellen muss.

Geschichte

Forscher nehmen an, dass Menschen das heutige Guatemala frühestens 11 000 v. Chr. besiedelten. Der vorherrschenden Theorie zufolge wanderten die ersten Siedler über die damals existierende Landbrücke zwischen Sibirien und Alaska auf den amerikanischen Kontinent ein. Die Entwicklung der Landwirtschaft und die daraus resultierende sicherere Versorgung mit Nahrungsmitteln führten zu einem Bevölkerungswachstum sowie zur Entwicklung erster Kunstformen und einer Sprache, die als Basis zahlreicher heute noch gesprochener Maya-Sprachen gilt.

Aufstieg & Untergang der Mayas

Dank weiterer Fortschritte in den Anbaumethoden und eines anhaltenden Bevölkerungswachstums besaßen diese frühen Zivilisationen die Zeit und die Ressourcen, um künstlerische und architektonische Fertigkeiten zu entwickeln.

Zwischen 800 v. Chr. und 100 n. Chr. entstanden Siedlungszentren wie El Mirador in El Petén und auch Kaminaljuyú wurde durch Handel und Eroberungen immer größer, sodass Hunderte, wenn nicht Tausende Tempel und zeremonielle Zentren gebaut wurden – viele schlummern immer noch unentdeckt unter der Erde. Tikal, Guatemalas berühmteste Maya-Stätte, entstand zu Beginn der klassischen Periode um 250 n. Chr.

Die Entwicklung dieser und vieler anderer Stadtstaaten ging bestenfalls holprig vonstatten und war von nicht eingehaltenen Militärbündnissen, Nahrungsmangel und Dürren gekennzeichnet. Eines der besten, nicht allzu wissenschaftlichen Bücher zu dieser Epoche ist Nikolai Grubes reich bebildertes *Maya: Gottkönige im Regenwald.*

Zu Beginn des 16. Jhs. war die Maya-Zivilisation bereits im Niedergang. Einige Zentren wie El Mirador waren bereits verlassen, während andere wie Tikal oder Quiriguá das Dasein kleiner unbedeutender Städte fristeten. Verschiedene Theorien legen nahe, dass unzählige Bewohner El Petén verließen und ins Hochland zogen, wo sie große Städte wie K'umarcaaj (Gumarcaj), Iximché, Zaculeu und Mixco Viejo gründeten.

Diese neue Heimat brachte ihnen jedoch keinen Frieden – schon bald folgten ihnen toltekische Stämme aus Yucatán und übernahmen nach und nach die Kontrolle. Kämpfe zwischen einzelnen Stämmen sowie die Überbevölkerung und die daraus resultierende Nahrungsknappheit bereiteten den Boden für die Eroberungen der Spanier, die 1523 ins heutige Guatemala vordrangen.

Eroberung & Kolonialisierung

Die Spanier sind aber nicht einfach so einmarschiert. Sie trafen auf energischen Widerstand, hauptsächlich von den Quiché (in einer berühmten Schlacht wurden sie nahe dem heutigen Quetzaltenango von Tecún Umán angeführt). Die benachbarten Cakchiquel weigerten sich nicht nur, ihre Kräfte mit den Quiché zu vereinen, sie verbündeten sich sogar mit den Spaniern und kämpften gegen ihre Landsleute.

Es dauerte jedoch nicht lange, bis die Spanier sich auch gegen die Cakchiquel wendeten und schon bald befand sich der Großteil des einstigen Maya-Territoriums unter spanischer Kontrolle. Die Ausnahme bildeten die Rabinal, die ihre Kultur bis heute größtenteils bewahren konnten, und die Itzáes, die sich weit weg auf der erst 1697 eroberten Insel Flores in El Petén versteckten.

Unabhängigkeit & 19. Jahrhundert

Als sich die ersten Gedanken über eine Unabhängigkeit von Spanien in Guatemala breitmachten, war die Gesellschaft schon streng in soziale Schichten gegliedert. Nachdem ihnen wiederholt der soziale Aufstieg verwehrt worden war, zettelten die guatemaltekischen *criollos* (in Guatemala geborene Spanier) 1821 erfolgreich einen Aufstand an. Für die indigenen Bevölkerungsteile Guatemalas brachte die Unabhängigkeit jedoch kaum Veränderungen: Sie fristeten ihr Dasein weiterhin unter der Knute der Kirche und der Elite der Landbesitzer.

Während der kurzen Existenz der Zentralamerikanischen Konföderation brachte der liberale Präsident Francisco Morazán (1830–1839) Reformen auf den Weg, die drei dauerhafte Probleme beheben sollten: die Übermacht der Kirche, die Teilung der Gesellschaft in eine hispanische Ober- und eine indigene Unterschicht und die Bedeutungslosigkeit der Region auf den Weltmärkten. Doch die Konföderation zerbrach und Guatemala erlangte 1839 die Eigenstaatlichkeit.

Eine unpopuläre Wirtschaftspolitik, hohe Steuern und die Cholera-Epidemie von 1837 führten zu Aufständen der indigenen Bevölkerung, die dem konservativen Rafael Carrera zur Macht verhalfen. Carrera, der mit dreijähriger Unterbrechung bis 1865 regierte, machte viele von Morazás Errungenschaften zunichte.

Unter Präsident Justo Rufino Barrios, einem Kaffeeplantagenbesitzer, erlangten die Liberalen in den 1870er-Jahren erneut die Macht. Er brachte ein Modernisierungsprogramm auf den Weg, ließ Straßen, Eisenbahnstrecken und Schulen bauen und begründete ein modernes Bankensystem.

Und er tat alles nur Mögliche zur Förderung der Kaffeeproduktion und machte auch vor Zwangsumsiedlungen und Zwangsarbeit nicht halt. Die folgenden Regierungen behielten mehr oder weniger das altbekannte Schema bei: Die Macht lag in den Händen einer reichen Minderheit, die die Opposition unterdrückte.

Das frühe 20. Jahrhundert

Von 1898 bis 1920 regierte Manuel Estrada Cabrera als Diktator das Land. In der öffentlichen Darstellung stilisierte er sich zum „Lehrer und Beschützer der Jugend Guatemalas", der versucht, Kultur in ein rückständiges Land zu bringen. Gleichzeitig belastete er die Bevölkerung mit Ausnahme der herrschenden Oligarchie schwer.

Dem Sturz Cabreras folgte eine Phase der Instabilität. Sie endete 1931 mit der Wahl von General Jorge Ubico, der das Gesundheits- und Sozialsystem des Landes modernisierte, 1944 jedoch ins Exil getrieben wurde.

1945 kam der Philosoph Juan José Arévalo an die Macht. Er schuf ein Sozialversicherungssystem, eine Behörde für die Belange der *indígenas*, ein modernes öffentliches Gesundheitswesen und ein liberales Arbeitsrecht. In seiner sechsjährigen Amtszeit überstand er 25 Putschversuche des konservativen Militärs.

Arévalo folgte 1951 Oberst Jacobo Arbenz Guzmán nach, der die großen Farmen auflösen und die Produktivität kleinerer Betriebe steigern wollte. 1954 steuerte die US-Regierung schließlich bei einer der ersten dokumentierten verdeckten CIA-Operationen dieser Art eine Invasion von Honduras aus, die von zwei im Exil lebenden Militäroffizieren aus Guatemala geleitet wurde.

Arbenz wurde zum Rücktritt gezwungen, seine Landreform wurde nie umgesetzt. Es folgten Gewalt, Unterdrückung und Enteignungen, die zur Bildung linksradikaler Guerillagruppen führten.

Bürgerkrieg

In den 1960er- und 1970er-Jahren wuchs das wirtschaftliche Ungleichgewicht. Während die Gewerkschaftsbewegung aufkeimte, erreichten die Repressionen neue Dimensionen. Amnesty International schätzt, dass während der politischen Unruhen der 1970er-Jahre 50 000 bis 60 000 Guatemalteken getötet wurden. Darüber hinaus forderte 1976 ein Erdbeben 22 000 Todesopfer und machte rund 1 Mio. Menschen obdachlos.

1982 verfolgte General José Efraín Ríos Montt, der durch einen Putsch an die Macht gelangt war, eine erbarmungslose Politik der „verbrannten Erde": Zahllose Personen aus über 400 Dörfern, vorwiegend indigene Männer, wurden ermordet. Ríos Montt schrieb sich die Niederschlagung der Aufstände, die Stabilisierung des Landes und den Antikommunismus auf die Fahnen. Geschätzte 15 000 Zivilisten wurden gefoltert und massakriert; 100 000 Flüchtlinge flohen nach Mexiko. Als Antwort schlossen sich vier Guerilla-Organisationen zur URNG („Revolutionäre Nationale Einheit Guatemalas") zusammen.

Im August 1983 wurde Ríos Montt durch einen von General Oscar Humberto Mejía Victores geführten Putsch gestürzt, doch die Menschenrechte wurden auch in der Folge mit Füßen getreten. Nachdem die USA ihre militärische Hilfe eingestellt hatten, gewann 1985 der Zivilist und Christdemokrat Marco Vinicio Cerezo Arévalo die Wahl – jedoch erst, nachdem sich das Militär Immunität vor strafrechtlichen Verfolgungen gesichert hatte. Und in abgelegenen Gebieten tobten weiter bewaffnete Auseinandersetzungen.

Die Unterzeichnung des Friedensabkommens

1996 wurde Álvaro Enrique Arzú Irigoyen von der Mitte-Rechts-Partei PAN (Partido de Avanzada Nacional) zum Staatspräsidenten gewählt. Im Dezember unterzeichnete er ein Friedensabkommen mit der URNG, das den 36-jährigen Bürgerkrieg beendete – einen Krieg, in dem geschätzte 200 000 Guatemalteken getötet und 1 Mio. Menschen obdachlos wurden und in dem unzählige Tausend „verschwanden".

Das Abkommen sah vor, die Menschenrechtsverletzungen durch die Militärs aufzuklären und 1 Mio. Flüchtlinge wieder in ihre Heimat zurückzuholen. Es griff darüber hinaus Probleme wie die Identität und die Rechte der *indígenas* auf, das Gesundheitswesen, die Bildung und andere staatliche Sozialleistungen, die Rechte der Frauen, die Abschaffung des Militärdienstes und die Wiedereingliederung ehemaliger Guerillas in die Zivilgesellschaft.

Seit Ende des Krieges ist das Land einen steinigen Weg gegangen. Die größte Herausforderung für den Frieden stellen die Ungerechtigkeiten in den Machtstrukturen dar. Schätzungsweise 70 % des urbaren Landes sind im Besitz von nur 3 % der Bevölkerung.

Laut eines UN-Berichts verfügen die oberen 20 % der Bevölkerung über ein Einkommen, das 30-mal größer ist als das der unteren 20 %. Oder, wie es auch die meisten Guatemalteken ausdrücken: Es gibt sieben Familien, denen Guatemala „gehört".

Guatemala im 21. Jahrhundert

In den Jahren seit 1996 scheinen sich sämtliche Hoffnungen für eine wahrhaft gerechte und demokratische Gesellschaft als immer zerbrechlicher zu erweisen. Während internationale Organisationen die Menschrechtslage im Land regelmäßig kritisieren, werden guatemaltekische Menschenrechtler immer wieder bedroht oder verschwinden einfach, und das erschreckend regelmäßig. Nach wie vor weit von einer Lösung entfernt sind die größten Probleme des Landes: Armut, Analphabetismus und ein mangelhaftes Bildungs- und Gesundheitswesen (in ländlichen Gegenden, in denen überproportional Mayas leben, sind diese noch deutlich ausgeprägter).

Die Präsidentschaftswahlen im Jahr 1999 gewann Alfonso Portillo von der konservativen Frente Republicano Guatemalteco (FRG). Portillo wurde als Frontmann des FRG-Führers und Ex-Präsidenten und -Generals Efraín Ríos Montt angesehen. Am Ende seiner Präsidentschaft floh auch Portillo aus dem Land, als Anschuldigungen gegen ihn erhoben wurden, er habe 500 Mio. US$ aus der Staatskasse auf eigene Konten und die von Familienangehörigen verschoben.

Das guatemaltekische Verfassungsgericht erlaubte Ríos Montt, bei der Wahl 2003 anzutreten, obwohl die Verfassung dies Ex-Präsidenten verbietet, wenn sie bereits in der Vergangenheit durch einen Putsch an die Macht gekommen sind – wie auch Ríos Montt 1982.

Am Ende bescherten die guatemaltekischen Wähler Ríos Montt eine saftige Niederlage und wählten Oscar Berger von der gemäßigt-konservativen Gran Alianza Nacional zum Präsidenten. Berger gelang es, von politischen Skandalen relativ unbeschadet zu bleiben – Kritiker behaupten allerdings, dies habe allein an seiner Untätigkeit gelegen.

2006 ratifizierte Guatemala das Cafta (Central America Free Trade Agreement, auf Spanisch *Tratado de Libre Comercio*, TLC). Befürworter meinen, es mache das Land fit für den internationalen Wettbewerb, während Gegner warnen, das Abkommen sei ein schlechtes Geschäft für die ohnehin gebeutelte, verarmte Landbevölkerung.

Ende 2007 wurde Álvaro Colom von der Mitte-Links-Partei Unidad Nacional de la Esperanza zum Präsidenten Guatemalas gewählt. Colom folgte Oscar Bergers Beispiel einer Politik der ruhigen Hand und pflegte einen behutsamen Regierungsstil. Die Infrastruktur des Landes verbesserte sich ganz entscheidend, obwohl immer wieder Anschuldigungen erhoben wurden, die Coloms Mannschaft direkten Stimmenkauf sowie Deals hinter verschlossenen Türen vorwarfen, bei denen solchen Unternehmen Aufträge zugeschustert wurden, die in Coloms Wahlkampfkasse eingezahlt hatten.

Aber das wahrscheinlich Bizarrste während Coloms Präsidentschaft ereignete sich, als er aus dem Amt schied: Die guatemaltekische Verfassung verbietet es Mitgliedern der Familie des Präsidenten, sich für die nächste Präsidentschaft zu bewerben (vermeintlich als Maßnahme zur Verhinderung von Diktaturen). Also ließen sich Colom und seine Frau vor den Wahlen des Jahres 2011 scheiden, damit Frau Colom als Präsidentschaftskandidatin antreten konnte. Doch das Verfassungsgericht verbot ihr die Kandidatur und so übernahm Anfang 2012 der ehemalige Bürgerkriegsgeneral Otto Pérez Molina das Amt des Präsidenten.

Die Menschen

Mentalität

Wer zum ersten Mal nach Guatemala kommt, ist erstaunt, wie hilfsbereit, höflich und gelassen die Guatemalteken sind. Jeder hat Zeit, kurz ein Päuschen zu machen, ein Schwätzchen zu halten und einem zu erklären, was man wissen möchte. Die meisten Guatemalteken lernen andere Menschen lieber in aller Ruhe kennen und finden heraus, welche Gemeinsamkeiten sie haben bzw. welche Ansichten sie teilen.

Was sich hinter dieser höflichen Fassade abspielt, ist schwieriger zu fassen. Nur wenige Guatemalteken scheinen den Stress, die Sorgen und die Hektik einer „modernen" Gesellschaft zu kennen, was aber ganz offensichtlich nicht daran liegt, dass sie sich nicht um Geld oder Arbeit sorgen müssen. Dieses Volk leidet seit langer Zeit und hat die Hoffnung auf Wohlstand und eine vernünftige Regierung aufgegeben – die Menschen hier machen das Beste aus dem, was sie haben:

Freundschaft, Familie, gutes Essen und etwas nette Gesellschaft.

Nach außen hin scheinen die Familienbande stark zu sein, bei etwas genauerem Hinsehen stellt man aber fest, dass der wahre Grund für das Zusammenleben dreier Generationen in einem Haus eher wirtschaftlicher Natur ist und nicht zwangsläufig etwas mit gegenseitiger Zuneigung zu tun hat.

Die Guatemalteken sind ein religiöses Volk, Agnostiker und Atheisten sind nur sehr spärlich gesät. Man wird oft schon zu Beginn einer Unterhaltung gefragt, welcher Religion man angehört. Wer keine Lust auf eine derartige Diskussion verspürt, kann sein Gegenüber mit der Antwort „Ich bin Christ" in der Regel zufriedenstellen. Der katholisch-orthodoxe Glaube weicht unter den *ladinos* (Menschen gemischter, also indigener und europäischer Abstammung) immer mehr dem evangelikalen Protestantismus, während der animistisch-katholische Synkretismus der Mayas stets gegenwärtig ist.

Manch Beobachter meint, Guatemala habe keine Mittelschicht, sondern nur eine herrschende und eine ausgebeutete Klasse. Tatächlich wird Guatemala von einer kleinen, reichen *ladino*-Elite regiert, deren wichtigstes Ziel es zu sein scheint, ihren Wohlstand und ihre Macht um nahezu jeden Preis zu erhalten. Auf der anderen Seite des gesellschaftlichen Spektrums finden sich indigene Mayas wieder, die mehr als die Hälfte der Gesamtbevölkerung ausmachen, in der Regel arm, schlecht ausgebildet und schlecht versorgt sind.

Neben diesen beiden Gruppen existiert auch eine große Gruppe *ladinos* aus der Unter- und Mittelschicht, deren Sehnsüchte durch ihre Bildung, das Fernsehen, internationale Popmusik und die USA (wo viele Guatemalteken eigene Erfahrungen als Gastarbeiter gemacht haben) geprägt werden – und möglicherweise vom liberalen Gedankengut sozialer Gleichheit und Toleranz. Zu dieser Schicht gehören auch unkonventionelle Studenten und Künstler, die Ziele und Ansichten mit der Gruppe der gebildeten, nach vorne blickenden Mayas teilen und vielleicht am ehesten gewillt und auch in der Lage sind, eine gerechtere Gesellschaft zu verwirklichen.

Lebensart

Die meisten Guatemalteken leben in Ziegel- oder Betonhäusern mit nur einem Zimmer oder in den traditionellen *bajareque* mit Blech-, Ziegel- oder Strohdach. Die Häuser haben einen Boden aus Erde, einen Ofen oder eine Feuerstelle und eine minimale Einrichtung – oft nicht mehr als ein paar karge Betten und ein paar Töpfe. So lebt der Großteil der indigenen Bevölkerungsmehrheit, egal ob auf dem Land, in Dörfern oder in der Stadt.

Die wenigen wohlhabenderen *indígenas* und die meisten *ladino*-Familien haben größere Häuser in den Städten und größeren Dörfern, die aber ebenfalls selten aus viel mehr als ein oder zwei Zimmern und einer Küche bestehen, die gleichzeitig als Wohnzimmer dient. Familien der Mittelschicht in den reicheren Vororten von Guatemala-Stadt leben in großzügigen ein- oder zweistöckigen Häusern mit Garten. Die kleine Elite besitzt sowohl ländliche Anwesen als auch Immobilien in der Stadt, z. B. ein komfortables Gehöft am Pazifikgürtel oder eine Villa direkt am Meer bzw. in Küstennähe.

Trotz moderner Einflüsse sind die traditionellen Familienbande nach wie vor sehr stark. Die erweiterte Verwandtschaft trifft sich am Wochenende zum Essen oder für gemeinsame Unternehmungen. Auch altmodische Geschlechterrollen sind weit verbreitet: Viele Frauen haben zwar einen Job, um das Familieneinkommen aufzustocken, aber nur wenige bekleiden höhere Positionen. Homosexuelle wagen sich nur selten aus der Deckung: Lediglich in Guatemala-Stadt gibt's so etwas wie eine offene Szene, die allerdings fast ausschließlich homosexuellen Männern vorbehalten ist.

Dem World Factbook der CIA zufolge lebt mehr als die Hälfte der Guatemalteken in Armut. Der offizielle nationale Mindestlohn beträgt gerade einmal 56 Q (5 €) pro Tag – und bei Weitem nicht jeder hat Anspruch darauf. Ein ausgebildeter Lehrer verdient bis zu 1800 Q (ca. 170 €) pro Monat. Besonders stark ausgeprägt ist die Armut in ländlichen Gebieten, Heimat vieler *indígenas*, und ganz besonders im Hochland. Wohlstand, Industrie und Kommerz wird man fast ausschließlich im riesigen, verschmutzten Guatemala-Stadt antreffen.

Bevölkerung

Die große Mehrheit der 16 Mio. Einwohner Guatemalas lebt im Hochlandstreifen zwischen Guatemala-Stadt und Quetzaltenango, den beiden größten Städten des Landes. In dieser Region liegen verstreut zahlreiche weitere Städte und größere Dörfer.

Etwa 49 % der Bevölkerung leben in Städten, fast die Hälfte ist jünger als 19 Jahre.

41 % der Guatemalteken sind *indígenas*, diese Zahl hat aber nur bedingt Aussagekraft, da viele Menschen zwar indigene Vorfahren haben, sich selbst aber nicht als solche bezeichnen. Nahezu alle *indígenas* sind Mayas, daneben gibt es allerdings auch eine sehr kleine Bevölkerungsgruppe, die dem in der Südost-Ecke des Landes lebenden Volk der Chinka' (Xinca) angehören. Die Angehörigen der vier wichtigsten Maya-Bevölkerungsgruppen – Quiché (K'iche'), Mam, Kekchí (Q'eqchi') und Cakchiquel – sind vor allem im Hochland beheimatet. Der Rest der Bevölkerung Guatemalas besteht fast ausschließlich aus *ladinos*, die sowohl Mayas als auch europäische (meist spanische) Siedler unter ihren Vorfahren haben. Außerdem leben rund um die karibische Stadt Lívingston ein paar Tausend Garifuna, die von karibischen Inselbewohnern und schiffbrüchigen afrikanischen Sklaven abstammen.

Viele Mayas sprechen noch immer Maya-Sprachen, wobei in den einzelnen Regionen des Landes etwa 20 verschiedene Varianten in Gebrauch sind. Mayas, die unterschiedliche Maya-Sprachen sprechen, können sich nicht zwangsläufig untereinander verständigen. So bestimmt hauptsächlich die Sprache, welchem Maya-Volk man angehört. Obwohl viele Mayas etwas Spanisch sprechen, ist es stets ihre Zweitsprache – und viele *indígenas* sprechen auch überhaupt kein Spanisch.

Religion

Der Katholizismus ist zwar die vorherrschende Religion in Guatemala, aber nicht die einzige. Seit den 1980er-Jahren erfreuen sich evangelikal-protestantische Sekten wachsender Beliebtheit. Schätzungen zufolge gehören 30 bis 40 % der Guatemalteken einer evangelikalen Konfession an. Und die Zahl wächst stetig, werben doch die evangelikalen Kirchen eifrig um weitere Seelen.

Die Schwierigkeiten der katholischen Kirche haben ihren Ursprung auch teilweise im Bürgerkrieg. Katholische Priester waren und sind offene Verteidiger der Menschenrechte und wurden von den verschiedenen Diktatoren verfolgt; besonders Ríos Montt griff hart durch. Viele Gemeinden in ländlichen Gebieten wurden geschlossen, sodass evangelikale Kirchen nachziehen und die entstandene Lücke füllen konnten.

Die Anzahl der neuen evangelikalen Kirchen in einigen Städten und Dörfern, nicht zuletzt in Maya-Dörfern, ist verblüffend. Bei einem Bummel durch deren Straßen wird man zweifellos laute guatemaltekische Gospel-Gesänge vernehmen, mitunter wird die Kirchenmusik mitsamt Predigt über Lautsprecher im ganzen Ort verbreitet.

Der Katholizismus war in den Maya-Gegenden noch nie auf einer streng orthodoxen Linie. Die Missionare, die die Mayas im 16. Jh. zum neuen Glauben bekehrten, ließen auch Aspekten der alten animistischen, schamanischen Maya-Religion ihren Raum, die so neben den christlichen Bräuchen und dem Glauben weiter bestehen blieben. Indem Maya-Gottheiten mit christlichen Heiligen gleichgesetzt werden konnten, überlebte der Synkretismus bis heute. Eines der bizarreren Beispiele ist die Gottheit, die u. a. als Maximón bekannt ist (S. 133).

Die Mayas üben ihren Glauben noch immer in denselben heiligen Stätten aus wie in präkolumbischer Zeit. Dort bringen sie den Göttern ihrer Ahnen Gaben dar oder opfern ihnen Hühner. Jeder dieser Orte hat seine ureigene Götterschar – oder zumindest andere Namen für ähnliche Gottheiten.

An Orten wie dem Pascual-Abaj-Schrein (S. 148) in Chichicastenango, an den Altären der Laguna Chicabal (S. 167) vor den Toren von Quetzaltenango oder in El Baúl (S. 175) in der Nähe von Santa Lucía Cotzumalguapa haben Besucher mitunter die Möglichkeit, traditionelle Maya-Zeremonien zu beobachten; zu vielen traditionellen Riten wird Fremden jedoch der Zutritt verwehrt.

Kunst & Kultur

Literatur

Der guatemaltekische Schriftsteller Miguel Ángel Asturias (1899–1974) gewann 1967 den Literaturnobelpreis. Vor allem für seine nur sehr dünn verschleierte Schmähung lateinamerikanischer Diktatoren in *Der Herr Präsident* bekannt, schrieb Asturias auch Gedichte (erschienen in der Sammlung *Sien de alondra*). Weitere gefeierte guatemaltekische Schriftsteller sind der Dichter Luis Cardoza y Aragón (1901–92) und der Meister der Kurzgeschichten, Augusto Monterroso (1921–2003). *A Mayan Life* von Gaspar Pedro Gonzáles gilt als erster Roman eines Maya-Autors.

Musik

Musik ist ein sehr wichtiger Bestandteil der Gesellschaft Guatemalas. Quell des guatemaltekischen Stolzes ist, dass die Marimba (Xylophon) möglicherweise hier erfunden wurde (obwohl einige behaupten, dass sie zunächst von Sklaven aus Afrika eingeführt wurde). Die Mayas spielen ferner traditionelle Instrumente wie die mit der Oboe verwandte *chirimía* (arabischen Ursprungs) oder die Schilfflöte.

Der guatemaltekische Geschmack in Sachen Popmusik wird stark von dem beeinflusst, was andere lateinamerikanische Länder produzieren. Reggaetón ist extrem beliebt – die derzeitigen Favoriten sind Pitbull, Wisin & Yandel und Daddy Yankee. Das einzige Plattenlabel, das ernsthaft Künstler aus Guatemala fördert (die meisten aus der Urban/Hip-Hop-Ecke), ist **UnOrthodox Productions** (www.uoproductions.com) in Guatemala-Stadt.

Der guatemaltekische Rock erlebte sein goldenes Zeitalter in den Achtzigern und frühen Neunzigern. Bands aus dieser Zeit, z. B. Cambio, Bohemia Suburbana und Viernes Verde, haben noch immer treue Fans. Der berühmteste in Guatemala geborene Musiker ist Ricardo Arjona, der in den 1990ern nach Mexiko umsiedelte.

Weberei

In Guatemala haben die vielfältigen traditionellen *artesanías* (Handarbeiten) einen hohen Stellenwert, sowohl für den alltäglichen Gebrauch als auch für den Handel. Das Kunsthandwerk stellt Körbe, Keramik und Holzschnitzereien her, am häufigsten aber fertigen Maya-Frauen Webarbeiten, Stickereien und andere Textilkunstwerke an.

Das *huipil* (eine lange, ärmellose Tunika) ist eines von mehreren Kleidungsstücken, das schon in präkolumbischen Zeiten getragen wurde. Weitere farbenfrohe Exemplare sind der *tocoyal*, eine gewebte, oft mit bunten Quasten verzierte Kopfbedeckung, der *corte*, ein 7 oder 10 m langer Stoff, der als Wickelrock getragen wird, und die *faja*, eine lange, gewebte Taillenschärpe, die so gewickelt wird, dass man darin Dinge aufbewahren kann, die sich andere in die Hosentasche stecken würden.

Die bunte traditionelle Kleidung ist vor allem im von Mayas geprägten Hochland verbreitet, man sieht sie aber in allen Teilen des Landes. Die Vielfalt der Techniken, Materialien, Stile und Muster ist für Neulinge verwirrend. Einige der farbenfrohsten, aufwendigsten, auffälligsten und am weitesten verbreiteten Designs kann man in Sololá und Santiago Atitlán in der Nähe des Lago de Atitlán, in Nebaj im Ixil-Dreieck, in Zunil in der Nähe von Quetzaltenango und in Todos Santos und San Mateo Ixtatán im Cuchumatanes-Gebirge bestaunen.

Natur & Umwelt

Das Land

Guatemala erstreckt sich über eine Fläche von fast 109 000 km^2 und besteht hauptsächlich aus bergigem, bewaldetem Hochland und mit Urwald bewachsenen Ebenen. Im westlichen Hochland ragen 30 Vulkane in den Himmel, die südwestlich von Huehuetenango eine Höhe von über 4200 m erreichen. Weiter nordwestlich liegt in der Sierra de los Cuchumatanes (Cuchumatanes-Gebirge) das Land, das nicht für die *milpas* (Maisfelder) der Maya freigegeben ist; die hiesigen Kiefernwälder lichten sich jedoch rapide.

Am Pazifikgürtel gibt es fruchtbare Kaffee-, Kakao-, Obst- und Zuckerrohrplantagen. Im Tiefland trifft der Vulkanstreifen auf das Meer, so haben sich weite, glühend heiße Strände aus schwarzem Vulkansand gebildet.

Guatemala-Stadt liegt auf einer Höhe von etwa 1500 m. Im Norden weicht das Hochland Alta Verapaz allmählich El Petén, das in puncto Klima und Topographie der Halbinsel Yucatán ähnelt: heiß und feucht bzw. heiß und trocken. Südöstlich von El Petén befindet sich das von Bananenstauden übersäte Tal des Río Motagua, dessen Flussbett in einigen Gegenden trocken ist, anderswo aber auch noch Wasser führt.

Unter Guatemala stoßen drei tektonische Platten aufeinander, was immer wieder Erdbeben und Vulkanausbrüche verursacht. Große Beben erschütterten das Land in den Jahren 1773, 1917 und 1976. Zur dynamischen Geologie des Landes gehört außerdem ein erstaunliches Höhlensystem; das Karst-Terrain durchlöchert die Region Verapaces und hat Guatemala zu einem beliebten Ziel für Höhlenforscher gemacht. Einige Höhlen werden seit der Antike für Maya-Zeremonien genutzt.

Tiere

Die unglaubliche tierische Vielfalt des Landes umfasst 250 Säugetierarten, 600 Vogelarten, 200 Reptilien- und Amphibienarten und nicht zuletzt unzählige Schmetterlinge und Insekten.

Der Nationalvogel, der prächtige Quetzal, gilt oft als Symbol für ganz Zentralamerika. Die Männchen besitzen ein außergewöhnlich schönes Gefieder: einen blaugrün leuchtenden Körper, eine auffällig rote Brust und eine Schwanzfeder mit grellweißer Unterseite.

Weitere Vertreter der farbenfrohen Vogelwelt sind Tukane, Aras und Papageien. Tikal kann sich mit dem Pfauentruthahn („Petén-Truthahn") brüsten – einem großen, beeindruckenden, mehrfarbigen Vogel, der an einen Pfau erinnert. Nicht zuletzt seinetwegen ist die antike Stadt ein Mekka für Vogelkundler, in der bis heute um die 300 Tropen- und Wandervogelarten gesichtet wurden. Mehrere Spechtarten, neun verschiedene Kolibrispezies und vier Trogonarten sind nur der Anfang der Liste. In der Gegend leben außerdem Kanadareiher, Falken, Waldsänger, Eisvögel, die seltenen Harpyienadler u. v. a.

Auch wenn durch Guatemalas Wälder verschiedene Säugetiere und Reptilienarten streifen, sind viele von ihnen schwer zu beobachten. Besucher Tikals kommen aber mit ziemlicher Sicherheit in den Genuss der Possen des allgegenwärtigen *pizote* (Nasenbär), eines tropischen Säugetiers, das mit dem Waschbären verwandt ist; und vielleicht sehen sie auch Brüll- und Klammeraffen.

Tiefer in den Wäldern leben Jaguare, Ozelote, Pumas, Pekaris, Agutis, Opossums, Tapire, die nachtaktiven und auf Bäumen wohnenden Wickelbären, *tepezcuintles* (Pakas, bräunliche Nager mit weißen Punkten), Weißwedel- und Spießhirsche, Gürteltiere und sehr große Klapperschlangen. Zu den Reptilien und Amphibien im restlichen Guatemala zählen auch drei Meeresschildkrötenarten (Lederschildkröte, *tortuga negra* und Olive Bastardschildkröte) und zwei Krokodilarten; die eine lebt in El Petén, die andere im Río Dulce. Darüber hinaus sind Seekühe teils in den Gewässern rund um den Río Dulce heimisch.

Pflanzen

In Guatemala wachsen über 8000 Pflanzenarten in 19 verschiedenen Ökosystemen, die von Mangrovenwäldern an der Küste über die Kiefernwälder der Berge im Landesinneren bis zu hoch gelegenen Nebelwäldern reichen. Darüber hinaus sind in El Petén etliche Baumarten heimisch, u. a. Mahagoni, Zedern, Ramóns und Sapodillas.

Die Nationalblume, die *monja blanca* (weiße Nonnenorchidee), wurde angeblich schon so oft gepflückt, dass sie in der Wildnis mittlerweile sehr selten anzutreffen ist. Doch darüber hinaus gedeihen hier noch 600 weitere Orchideenarten, von denen ein Drittel endemisch ist.

Guatemala bietet außerdem das perfekte Klima für die *xate* (*scha*-te), eine niedrig wachsende Palmenart, die in El Petén häufig vorkommt und weltweit gern für Blumenarrangements genutzt wird.

Nationalparks & Naturschutzgebiete

In Guatemala gibt es 92 Schutzgebiete, darunter auch Biosphärenreservate, Nationalparks, geschützte Biotope, Tier- und private Naturschutzgebiete. Auch wenn einige dieser Reservate innerhalb anderer Schutzgebiete liegen, machen sie insgesamt 28 % der Landesfläche aus.

Viele Reservate sind abgeschieden und für Individualreisende nur schwer zu erreichen; die folgende Tabelle listet die auf, die am leichtesten zu erreichen und/oder besonders sehenswert sind (ausgenommen Vulkane, die nahezu alle unter Naturschutz stehen, und Gebiete von hauptsächlich archäologischem Interesse).

➡ **Parque Nacional Tikal** Vielfältige Urwaldtiere und -pflanzen inmitten Guatemalas eindrucksvollster Maya-Ruinen (S. 214).

➡ **Parque Nacional Laguna del Tigre** Abgeschiedener, großer Park in der Reserva Maya mit Süßwasser-Feuchtgebieten; darin Hellrote Aras, Affen, Krokodile (S. 223).

➡ **Parque Nacional Mirador – Río Azul** Nationalpark in der Reserva Maya mit der archäologischen Stätte El Mirador (S. 223).

➡ **Parque Nacional Río Dulce** Herrlicher, von Urwald gesäumter Unterlauf des Río Dulce zwischen dem Lago de Izabal und der Karibik; Manati-Schutzgebiet (S. 193).

➡ **Parque Nacional Grutas de Lanquín** Großes Höhlensystem, 61 km östlich von Cobán mit jeder Menge Fledermäusen (S. 184).

➡ **Biotopo del Quetzal** Leicht zugängliches Nebelwald-Schutzgebiet mit

Brüllaffen und Vögeln; Quetzal-Sichtung möglich (S. 181).

➡ **Biotopo Cerro Cahuí** Waldschutzgebiet am Lago de Petén Itzá mit zahlreichen Tieren und guten Wanderwegen (S. 213).

➡ **Refugio de Vida Silvestre Bocas del Polochic** Guatemalas zweitgrößtes Süßwasser-Feuchtgebiet am westlichen Ende des Lago de Izabal (S. 197) mit mehr als 300 Vogelarten.

➡ **Reserva Natural Monterrico y Parque Hawaii** Strände und Feuchtgebiete mit Vögeln und Meeresschildkröten (S. 178).

Umweltprobleme

Das Umweltbewusstsein ist in Guatemala nicht sonderlich ausgeprägt, was man angesichts der riesigen Müllberge, die überall im Land verstreut liegen, schnell feststellen wird.

Trotz der beeindruckenden Liste mit Parks und Reservaten ist ein nennenswerter wirksamer Schutz für diese Gebiete nur schwer zu bewerkstelligen. Dies liegt einerseits an stillen Absprachen der Behörden, die offizielle Vorgaben ignorieren, andererseits am Druck ärmerer Guatemalteken, die verzweifelt Land benötigen.

Die Abholzung ist daher in vielen Regionen ein ernsthaftes Problem, besonders in El Petén, wo der Urwald in alarmierendem Tempo gerodet wird – und zwar nicht nur zur Holzgewinnung, sondern auch, um Platz für Rinderfarmen, Ölpipelines, versteckte Landebahnen, neue Siedlungen und neue Maisfelder zu schaffen, die durch Brandrodung erschlossen werden.

Auf der dichter besiedelten Pazifikseite Guatemalas wird das Land hauptsächlich landwirtschaftlich genutzt oder wurde der Industrie überlassen.

Und auch die verbleibenden Wälder entlang der Pazifikküste und im Pazifikhochland werden nicht mehr lange erhalten bleiben, sollte der Abholzung kein Einhalt geboten werden. Die Gemeinden vor Ort sind jedoch auf das Holz zum Heizen und als Brennstoff angewiesen.

Dennoch leistet eine Reihe guatemaltekischer Organisationen wertvolle Arbeit und versuchen, die Umwelt und die biologische Vielfalt ihres Landes zu schützen. Diese NGOs sind gute Quellen für alle, die etwas mehr über Guatemalas Naturparks und Reservate erfahren möchten.

PRAKTISCHE INFORMATIONEN

Allgemeine Informationen

AKTIVITÄTEN

Caving (Höhlenwanderungen)

Höhlenwanderer aus der ganzen Welt zieht es nach Guatemala. Die Kalksteinformationen rund um Cobán sind besonders reich an verzweigten Höhlensystemen, deren Ausmaße noch lang nicht vollständig bekannt sind. Traveller können die Höhlen bei Lanquín (S. 184) besuchen. Weitere gibt es bei der Finca Ixobel (S. 205) und Flores (S. 209).

Klettern & Wandern

Die guatemaltekischen Vulkane stellen eine unglaubliche Herausforderung dar. Viele können von Antigua (S. 118) oder Quetzaltenango (S. 157) aus innerhalb eines Tages erklommen werden. Weitere tolle Ziele für Gipfelstürmer findet man im Ixil-Dreieck und in der Sierra de los Cuchumatanes nördlich von Huehuetenango, besonders rund um Nebaj (S. 151) und Todos Santos (S. 171).

Auch rund um den Lago de Atitlán findet man einige spektakuläre Wanderwege, es haben sich jedoch Raubüberfälle auf einigen Routen ereignet, die entsprechend gemieden werden sollten. Es ist durchaus möglich, mehrtätige Treks zu unternehmen; Reiseveranstalter in Antigua, Quetzaltenango und Nebaj können die Organisation übernehmen. Im Urwald von El Petén locken Wanderungen zu entlegenen archäologischen Stätten, z. B. nach El Mirador und El Perú (S. 223) – eine echte Herausforderung.

Radfahren

Das Hochland kann man kaum besser erleben als vom Sattel eines Drahtesels aus. Panajachel (S. 129), Quetzaltenango (S. 157) und Antigua (S. 118) sind besonders gute Ausgangspunkte für Touren. Diverse Veranstalter vor Ort organisieren Fahrten und verleihen Ausrüstung.

Reiten

Ausritte unterschiedlichster Länge lassen sich in der Nähe von Antigua (S. 118) und in El Remate und San Pedro La Laguna organisieren.

Wassersport

Am Lago de Atitlán hat man die nicht alltägliche Gelegenheit, in einem Vulkankrater zu schwimmen. Man kann ferner auf dem Río Cahabón in der Nähe von Lanquín raften, mit einem Boot aus dem Hafen von Río Dulce auslaufen oder die Wasserstraßen um Monterrico, Lívingston, die Bocas del Polochic oder die Punta de Manabique mit dem Kanu oder Kajak erkunden. Das Wellenreiten ist eine eher neue Sportart in Guatemala. Es gibt ein paar Orte, an denen man sich in die

Wellen stürzen kann. Am besten etabliert ist Sipacate.

ARBEITEN

Manche Traveller suchen sich einen Job in einer Bar, einem Restaurant oder Hotel in Antigua, Panajachel oder Quetzaltenango, das Gehalt ist allerdings nicht der Rede wert. Wer auf einem Boot anheuern möchte, um durch die Karibik oder gen Norden in die US-amerikanischen Hoheitsgewässer zu segeln, sollte sich nach Río Dulce begeben.

Bevor man in Guatemala eine Stelle annimmt, sollte man sich dessen bewusst sein, dass man eventuell einem Einheimischen die Möglichkeit nimmt, für seinen Lebensunterhalt zu sorgen.

BOTSCHAFTEN & KONSULATE

Österreich unterhält in Guatemala lediglich ein Honorargeneralkonsulat ohne Passbefugnis und Sichtvermerkbefugnis; falls die Dienste einer Botschaft benötigt werden, muss man sich an die diplomatische Vertretung in Mexiko-Stadt (www.bmeia.gv.at/botschaft/mexiko.html) wenden.

Belize (☎2367-3883; www.embajadadebelize.org; 5a Av 5-55, Europlaza 2, Büro 1502, Zona 14, Guatemala-Stadt)

Deutschland (☎2364-6700; www.guatemala.diplo.de; Edificio Reforma 10, 10. OG, Av La Reforma 9-55, Zona 10, Guatemala-Stadt)

El Salvador (☎2245-7272; EmbajadaGuatemala@rree.gob.sv; Av Las Américas 16-40, Zona 13, Guatemala-Stadt)

Honduras (☎2366-5640; embhond@intelnet.net.gt; 19a Av A 20-19, Zona 10, Guatemala-Stadt)

Mexiko (☎2420-3400; www.sre.gob.mx/guatemala/; 2a Av 7-57, Zona 10, Guatemala-Stadt)

Österreich (Honorargeneralkonsulat ☎2385-3584; consuladodeaustria.gua@gmail.com; Edificio Multimédica, Blvr Vista Hermosa 25-19; Zona 15 Nivel 12, Oficina 12-18, Guatemala-Stadt)

Schweiz (☎2367-5520; gua.vertretung@eda.admin.ch; Edificio Torre Internacional, 16 Calle 0-55, Zona 10, Guatemala-Stadt)

USA (☎2326-4501; http://guatemala.usembassy.gov; Av La Reforma 7-01, Zona 10, Guatemala-Stadt)

ESSEN & TRINKEN

Essen

Desayuno chapín, das guatemaltekische Frühstück, ist eine umfangreiche Mahlzeit mit Eiern, Bohnen, gebratenen Kochbananen, Tortillas und Kaffee. Frühstück gibt's gewöhnlich zwischen 6 und 10 Uhr.

Die wichtigste Mahlzeit des Tages ist das Mittagessen (12–14 Uhr). In den Restaurants wird normalerweise ein Gericht zu einem Fixpreis angeboten (*almuerzo* oder *menú del día*), das aus einer Suppe und einem Hauptgericht mit Fleisch und Reis oder Kartoffeln und einem kleinen Salat bzw. Gemüse besteht. Alternativ gibt es einen *plato típico:* Fleisch oder Huhn mit Reis, Bohnen, Käse, Salat und Tortillas.

La cena (das Abendessen) ist in Guatemala eine etwas leichtere Version des Mittagessens, die zwischen 19 und 21 Uhr serviert wird. Selbst in den Städten wird es schwer werden, nach 22 Uhr noch feste Nahrung aufzutreiben. In ländlichen Gegenden sollte man spätestens um 20 Uhr ins Restaurant gehen, um nicht eventuell hungrig ins Bett gehen zu müssen.

An der Küste kommen natürlich Fisch und Meeresfrüchte auf den Tisch. In Lívingston sollte man den köstlichen Kokos-Meeresfrüchte-Eintopf *tapado* kosten. Andernorts werden Fisch, Krabben & Co. üblicherweise gebraten serviert, es gibt jedoch auch die gekochte Variante *con ajo* (mit Knoblauch). Dazu werden Salat, Pommes frites und Tortillas gereicht. Lecker ist auch der *caldo de mariscos,* ein Eintopf mit Fisch, Krabben und Muscheln.

Ein Hauptgericht kostet in einem kleinen *comedor* im Schnitt ab 20 Q, in einem guten Restaurant können es um die 70 Q sein.

Getränke

Ron (rum) ist eine der favorisierten Spirituosen in Guatemala. Oft ist er billig und schmeckt entsprechend, ein paar guatemaltekische Sorten sind jedoch wirklich hervorragend. Rum sollte langsam getrunken werden, wie Cognac. Günstigerer Rum wird gern mit antialkoholischen Getränken gemixt. *Aguardiente* ist ein Feuerwasser auf Zuckerrohrbasis, der in *cantinas* und auf der Straße ausgeschenkt wird und schon manchen im Handumdrehen in einen absoluten Vollrausch versetzt hat.

Jugos (frische Obst- und Gemüsesäfte), *licuados* (Milchshakes) und *aguas de frutas* (große, gekühlte Getränke mit Fruchtgeschmack) sind zu Recht sehr beliebt. Sie werden in vielen Restaurants und Lokalen zubereitet und auf nahezu jedem Dorfmarkt und in jedem Busbahnhof gibt es einen Stand mit einer ganzen Batterie Mixer. Der klassische *licuado* ist eine Mischung aus Obst oder Saft mit Wasser und Zucker. Bei einem *licuado con leche* wird anstelle des Wassers Milch verwendet. Antialkoholische Getränke

PREISKATEGORIEN ESSEN

Die folgenden Preiskategorien gelten für ein Standard-Hauptgericht inklusive Steuern, aber ohne Trinkgeld.

$	bis 40 Q
$$	40–130 Q
$$$	über 130 Q

PRAKTISCH & KONKRET

- Für Maße und Gewichte wird in Guatemala das metrische System benutzt, nur an der Tankstelle gibt's statt Litern die *galón* (US-Gallone, 3,8 l) und manchmal werden Dinge wie Wäsche und Kaffee in US-Pfund (rund 450 g) gewogen.
- Kauf-Videos und -DVDs laufen mit dem Farbübertragungssystem NTSC statt mit PAL.
- Die Stromspannung beträgt 115 bis 125 V bei 60 Hz; Stecker haben zwei flache Stifte wie in den USA und Kanada.
- Die angesehensten Zeitungen sind **La Prensa Libre** (www.prensalibre.com), **Siglo Veintiuno** (www.sigloxxi.com), **La Hora** (www.lahora.com.gt) und **El Periódico** (www.elperiodico.com.gt). Die vielleicht kritischsten Journalisten des Landes schreiben für die Zeitschrift **Revista ...Y Qué?** (www.revistayque.com).
- Englischsprachige Artikel über Guatemala aus der ganzen Welt und dem Land selbst bietet die **Guatemala Times** (www.guatemala-times.com). **The Revue** (www.revuemag.com) ist ein kostenloses und weithin erhältliches, monatlich erscheinendes englischsprachiges Magazin mit viel Werbung und ein paar interessanten Artikeln.
- Fast jeder Fernseher hat Kabelanschluss, sodass der Empfang gut ist und in Hotels auch US-Sender zu sehen sind.

(Softdrinks) werden als *aguas* (Wasser) bezeichnet. Wer ein einfaches Glas Wasser wünscht, muss *agua pura* (reines Wasser) bestellen.

Das ultimative alkoholfreie Erfrischungsgetränk an der Küste ist der Saft von grünen Kokosnüssen, die man am Straßenrand aufgehäuft sehen wird. Die Verkäufer schneiden einfach den oberen Teil einer Nuss mit einer Machete ab, Strohhalm hinein und fertig.

FRAUEN UNTERWEGS

Alleinreisende Frauen sollten in Guatemala normalerweise keine Probleme aufgrund ihres Geschlechts haben. Der beste Ratschlag für Frauen ist, Kleidungsstücke mit Bedacht auszuwählen, denn ein sittsames Äußeres ist den Guatemalteken sehr wichtig – wer sich dezent kleidet, wird normalerweise respektvoll behandelt werden.

Vor allem kurze Hosen sollten ausschließlich am Strand getragen werden, nie in der Stadt (vor allem nicht im Hochland). Rocksäume sollten mindestens bis zum Knie reichen. Außerdem sollte man nie ohne BH losziehen, da das als Provokation gilt. Guatemaltekische Frauen tragen beim Schwimmen häufig ein T-Shirt über ihrem Badeanzug; es ist durchaus eine Überlegung wert, es ihnen gleichzutun.

Frauen, die allein unterwegs sind, können sich auf viel Aufmerksamkeit vonseiten der männlichen Bevölkerung einstellen. Oft sind sie nur neugierig und nicht auf „Eroberung" aus. Man sollte sich von ihren Avancen nicht einschüchtern lassen, die Situation analysieren – eine Anmache im Bus erfordert sicher eine andere Reaktion als eine Kontaktaufnahme in einer Bar – und immer schön selbstbewusst bleiben. Im Bus könnte man sich eventuell neben Frauen oder Kinder setzen, um „unangenehme" Begegnungen auszuschließen. Einheimische Frauen fangen nur selten ein Gespräch mit Ausländern an, haben aber viel Interessantes zu erzählen, wenn die Unterhaltung einmal ins Rollen gekommen ist.

Auch wenn kein Grund zur Panik besteht, gibt es immer wieder Vergewaltigungen und gewalttätige Übergriffe. Frauen sollten sich auf ihren gesunden Menschenverstand verlassen, nachts nicht allein durch menschenleere Straßen spazieren und niemals trampen.

FEIERTAGE & FERIEN

Die wichtigsten Urlaubszeiten und Feiertage sind die Semana Santa (Karwoche), Weihnachten und Neujahr und der August. Während der Semana Santa ziehen die Preise vielerorts an und es empfiehlt sich, Unterkünfte, Bustickets und Ähnliches im Voraus zu buchen.

Feiertage in Guatemala:

Neujahr 1. Januar
Ostern (Gründonnerstag–Ostersonntag) März/April
Tag der Arbeit 1. Mai
Tag der Armee 30. Juni
Mariä Himmelfahrt (Día de la Asunción) 15. August
Unabhängigkeitstag 15. September
Revolutionstag 20. Oktober
Allerheiligen 1. November
Heiligabend 24. Dezember
Weihnachten 25. Dezember
Silvester 31. Dezember

FOTOGRAFIEREN

Die weit verbreiteten Fotogeschäfte verkaufen Filme, vielleicht jedoch nicht die bevorzugte Marke. In den größeren Städten gibt es schnell arbeitende Fotolabore. Die meisten Internetcafés verfügen über Kartenlesegeräte *(lectores de tarjeta)*, sodass digitale Fotos hochgeladen und auf CD gebrannt werden können.

Menschen fotografieren

Fotografieren ist ein heikles Thema in Guatemala. Bevor man ein Bild von jemandem macht, muss man immer um Erlaubnis bitten, besonders wenn man Mayafrauen oder -kinder ablichten möchte. Häufig werden diese Bitten ausgeschlagen. Kinder posieren oftmals nur gegen Bezahlung (meist 1 Q). Es gibt Orte, an denen das Fotografieren strikt verboten ist, z. B. in der Kirche von Santo Tomás in Chichicastenango. Wer das Glück hat, einer Maya-Zeremonie beizuwohnen, muss die Kamera in der Tasche lassen (es sei denn, es wird ausdrücklich erlaubt, Fotos zu knipsen). Wenn Einheimische in irgendeiner Form deutlich machen, dass sie sich durch den Fotoapparat gestört fühlen, sollte man ihn sofort einstecken und sich entschuldigen – aus Respekt, aber auch im Interesse der eigenen Sicherheit. Niemals Aufnahmen von Militäreinrichtungen, bewaffneten Männern oder Ähnlichem machen.

FREIWILLIGENARBEIT

Will man tiefer in die guatemaltekische Realität eintauchen als ein 08/15-Traveller und hat noch dazu eine hilfsbereite Ader, könnte man sich als Freiwilliger versuchen. Freiwilligenarbeit ist eine echte Bereicherung und vermittelt Ausländern Einblicke in den Alltag der Einheimischen und ihre Kultur, die Durchschnittsreisenden häufig versagt bleiben. Die Einsatzgebiete sind ganz unterschiedlich: Volunteers können sich um vernachlässigte Kinder oder Tiere kümmern, beim Bestellen der Felder helfen usw. Sehr gefragt sind natürlich Touristen mit besonderen Fähigkeiten, z. B. Krankenschwestern, Ärzte, Lehrer und Webdesigner.

Meist wird von Freiwilligen erwartet, dass sie zumindest ein paar Brocken Spanisch sprechen und sich für einen bestimmten Zeitraum verpflichten. Je nach Organisation müssen die Freiwilligen für die Zeit des Aufenthalts für Kost und Logis bezahlen. Bevor man sich verpflichtet, sollte man mit vorherigen Freiwilligen sprechen und das Kleingedruckte des Vertrags lesen.

Eine gute Infoquelle für Freiwillige ist EntreMundos mit Sitz in Quetzaltenango (S. 157). EntreMundos betreut eine kostenlose Onlinedatenbank mit den unterschiedlichsten Stellen für Freiwillige. Weiterhin haben viele Sprachschulen enge Kontakte zu gemeinnützigen Organisationen und können Reisenden so Zugang zur Welt des *volunteering* gewähren. Die beste Webseite für Freiwilligenarbeit weltweit (mit vielen Tätigkeiten in Guatemala) ist übrigens www.idealist.org.

GEFAHREN & ÄRGERNISSE

Guatemala gilt als Land, in dem Reisende einem erhöhten Risiko ausgesetzt sind, Opfer von Kriminalität jeglicher Art zu werden. Das Auswärtige Amt veröffentlicht aktuelle Hinweise, die vor einer Reise auf jeden Fall konsultiert werden sollten. Darüber hinaus ist es ratsam, Informationen über Proatur zur aktuellen Situation an einzelnen Orten einzuholen.

Generell gilt: Tendenziell sollten Reisende ihren gesunden Menschenverstand nutzen und deutlich vorsichtiger sein als zu Hause. Spätnachts betrunken, allein, orientierungslos und mit jeder Menge Bargeld in den Taschen durch Guatemala zu torkeln, ist sicher eine sehr schlechte Idee. Ziemlich viele Leute lassen sich hier zu Dummheiten hinreißen, die ihnen zu Hause nie in den Sinn kämen. Manche haben Glück, andere nicht.

Überfälle auf Busse, Touristen-Shuttles oder Touristen in Mietwagen auf offener Landstraße scheinen sich zum Glück deutlich seltener zu ereignen als noch vor einiger Zeit. Dennoch ist Vorsicht geboten. Die Sicherheitslage kann sich sehr schnell ändern – wer das Land mit einem Mietwagen bereisen möchte, sollte sich bei Proatur (S. 109) nach der aktuellen Situation erkundigen.

Am besten reist man tagsüber und erreicht sein Ziel, solange es noch hell ist. Sollte das nicht machbar sein, sollte man sich für einen Nachtbus 1. Klasse entscheiden und nach der Ankunft mit einem Taxi zum jeweiligen Hotel fahren.

Heutzutage stellen Raubüberfälle auf Wanderwegen ein besonders großes Problem für Touristen dar.

Am häufigsten werden Reisende Opfer von Taschendiebstahl und Ähnlichem: Taschen werden dem Besitzer entrissen oder unbemerkt aufgeschlitzt und ausgeräumt. Aufpassen muss man in überfüllten Busbahnhöfen, Bussen, auf belebten Straßen und Märkten, aber auch in menschenleeren dunklen Straßen.

Wer auf einem aktiven Vulkan wandert, setzt sich natürlich einer gewissen Gefahr aus. Daher sollte man sich vor dem Losgehen über die aktuelle Lage informieren. In der Regenzeit am besten morgens wandern, bevor Regengüsse und möglicherweise auch Gewitter einsetzen.

Besonders in ländlichen Gebieten sollten Reisende vorsichtig sein, wenn sie mit kleinen Kindern sprechen – vor dem Fotografieren immer erst um Erlaubnis fragen und alles vermeiden, was missverstanden werden kann.

Sicherheitstipps

Generell gilt: Reisende sollten sich umsichtig verhalten und sich im Voraus gut informieren. Hier einige Tipps:

- Immer nur Geld, Karten, Schecks und Wertsachen in notwendiger Menge bei sich tragen. Den Rest in einem verschlossenen und unterschriebenen Umschlag im Hotelsafe lassen und für den Umschlag um eine Quittung bitten. Wenn das Hotel keinen Safe hat, Geld und

Wertsachen am besten an drei oder vier Stellen im Gepäck im Zimmer verstecken – das ist gewöhnlich sicherer, als alles mitzunehmen.

- Schmuck, Kameras und teuer aussehende Uhren sollten nicht offen zur Schau gestellt werden. Brieftasche und Portemonnaie sollten nicht sichtbar getragen werden.
- In Bussen sollten Reisende wichtige Sachen bei sich behalten und sie auch festhalten.
- An Geldautomaten sollten die üblichen Vorsichtsmaßnahmen getroffen werden – Skimming ist hier weit verbreitet.
- Das Wandern in großen Gruppen und/oder mit Polizeieskorte verringert das Risiko von Raubüberfällen.
- Wer sich Räubern widersetzt oder versucht wegzulaufen, verschlimmert die Situation normalerweise noch.

Abzocke

Eine beliebte Praktik ist, dem Opfer eine klebrige Flüssigkeit wie Ketchup auf die Kleidung zu spritzen. Als nächstes taucht ein Komplize auf und hilft beim Abwischen und Saubermachen. Dabei räumt er auch gleich noch die Taschen aus. Diebe bedienen sich auch weiterer Ablenkungsmanöver: Sie lassen ein Portemonnaie oder eine Münzen fallen oder täuschen eine Ohnmacht vor.

Leider sind mittlerweile auch in Guatemala „Geldkarten-Kloner" aktiv, die es auf Einheimische wie Traveller gleichermaßen abgesehen haben. Sie bringen einen eigenen Kartenleser an den Geldautomaten an (häufig im Kartenschlitz) und räumen das Konto, sobald sie die notwendigen Daten haben. Aus allen Regionen, in denen viele Touristen unterwegs sind, wurden bereits Betrugsfälle dieser Art gemeldet. Man kann sich eigentlich nur dagegen schützen, indem man Geldautomaten nutzt, die nicht so leicht manipuliert werden können (z. B. in Supermärkten, Einkaufszentren), oder indem man direkt in Bankfilialen mittels Kreditkarte Bargeld abhebt. Besonders vorsichtig muss man bei den Geldautomaten in kleinen, nicht abgeschlossenen Räumen vor den Bankfilialen sein.

Achtung: Um sich Zugang zu einem Raum mit Geldautomaten zu verschaffen, muss man niemals die PIN-Nummer eingeben!

Amtliche Reisewarnungen

Die folgenden amtlichen Websites bieten Reisehinweise zu aktuellen Gefahrengebieten. Dabei sollte immer auf Aktualität geachtet werden.

- **Auswärtiges Amt in Berlin** (www.auswaertiges-amt.de)
- **Österreichisches Außenministerium** (www.bmeia.gv.at)
- **Eidgenössisches Departement für auswärtige Angelegenheiten** (www.eda.admin.ch)

GELD

Die guatemaltekische Währung, der Quetzal (ket-*sal*, Q abgekürzt), ist recht stabil. Ein Quetzal besteht aus 100 Centavos.

Bargeld

In Guatemala wird bevorzugt bar bezahlt; wer allerdings zu viel Bargeld mit sich herumträgt und überfallen wird, wird sich umso mehr ärgern. In manchen Städten ist Kleingeld rar. Darum möglichst immer einen Vorrat an kleineren Banknoten griffbereit haben. Auch ist es keine schlechte Idee, für Notfälle US-Dollar in kleinen Scheinen dabeizuhaben; damit kann fast überall bezahlt werden, wenn auch zu unterschiedlichen Wechselkursen.

Alle anderen Fremdwährungen sind mehr oder weniger nutzlos, wenn auch hier und da inzwischen bare Euros getauscht werden.

Geldautomaten

Geldautomaten (*cajeros automáticos*), die Visa/Plus-Karten akzeptieren, findet man mit Ausnahme der kleinsten Ortschaften überall im Land; vielerorts gibt es auch Automaten für MasterCard/Cirrus-Karten. Es ist also ratsam, eine Kredikarte im Reisegepäck zu haben. Das 5B-System ist weit verbreitet und besonders nützlich, da es sowohl Visa- als auch MasterCard-Kreditkarten akzeptiert.

Wie überall ist das Skimming, also das Ausspionieren von Bankkartendaten, auch in Guatemala weit verbreitet. Daher sollten Geldautomaten gemieden werden, die nachts unbewacht sind (z. B. in einem kleinen Raum vor einer Bank), und solche genutzt werden, die sich in einem sicheren Umfeld befinden wie in Supermärkten, Einkaufszentren usw. Falls das nicht möglich ist, sollte bei der Eingabe der PIN das Eingabefeld mit der anderen Hand abgedeckt und der Kontostand im Internet überprüft werden.

Reiseschecks

Wer keine Kreditkarte besitzt, kann sich auch mit Reiseschecks und Bargeld (jeweils in US-Dollar) behelfen. Selbst Kartenbesitzer sollten Dollar und Reiseschecks als eiserne Reserve dabeihaben. Viele Banken im Land tauschen US-Dollar-Reiseschecks um und bieten außerdem die besten Wechselkurse. Am weitesten verbreitet sind die Reiseschecks von American Express.

Trinkgeld

In Restaurants werden 10 % Trinkgeld erwartet und in Orten wie Antigua automatisch auf die Rechnung geschlagen – eine Praxis, die sich auch in anderen Touristenorten ausbreitet. In kleinen *comedores* (einfachen, billigen Esslokalen) sind Trinkgelder freiwillig, aber am besten folgt man der üblichen Praxis und hinterlässt ein wenig Wechselgeld. Reiseleiter erhalten in der

Regel ein Trinkgeld von rund 10 %, besonders bei längeren Touren.

INTERNETZUGANG

Die Mehrzahl der Reisenden nutzt ständig Internetcafés und webbasierte E-Mail-Accounts. In den meisten Orten gibt es Cybercafés mit recht verlässlichen Verbindungen. Normalerweise kostet die Stunde zwischen 8 und 10 Q.

WLAN-Empfang hat man an immer mehr Orten im ganzen Land, wirklich darauf zählen kann man allerdings nur in großen Städten und Touristenhochburgen. In den meisten (aber nicht in allen) Hostels kann man kabellos ins Internet gehen, ebenso wie in vielen Hotels des mittleren und oberen Preissegments. Eine gute Anlaufstelle für WLAN-„Junkies" sind die Pollo-Campero-Restaurants. Filialen findet man in so ziemlich jeder Stadt; der Internetzugang ist kostenlos (ungesicherte Netzwerke).

KINDER

Allgemeine Informationen zum Reisen mit Kindern bietet der Lonely Planet Band *Travel with Children.*

Sachen wie Kindersitze in Mietwagen sind selten, doch fast jedes Restaurant kann so etwas wie einen Kinderstuhl herbeischaffen. Wer Windeln und Salben spezieller Marken benötigt, sollte so viel wie möglich mitbringen und sich ansonsten in Supermärkten eindecken. Frische Milch gibt's nur selten und eventuell ist sie nicht pasteurisiert – auch hier sind Supermärkte die beste Anlaufstelle. Weiter verbreitet sind H-Milch und Milchpulver. Falls das Kind spezielle Gläschen- oder verpackte Nahrung benötigt, sollte diese mitgenommen werden. Ein Baby in der Öffentlichkeit zu stillen ist unter nicht indigenen Frauen in den Städten nicht üblich und wenn es doch getan wird, geschieht es diskret.

ÖFFNUNGSZEITEN

Läden und Geschäfte sind in Guatemala generell montags bis samstags von 8 bis 12 und 14 bis 18 Uhr geöffnet, es gibt jedoch zahlreiche Ausnahmen. Banken sind typischerweise montags bis freitags von 9 bis 17 und samstags von 9 bis 13 Uhr geöffnet (auch hier gibt es Ausnahmen). Behörden sind montags bis freitags von 8 bis 16 Uhr zu erreichen; wichtige Behördengänge sollte man am besten morgens erledigen.

Restaurants bewirten Gäste normalerweise von 7 bis 21 Uhr, wobei Abweichungen von diesen Zeiten um bis zu zwei Stunden möglich sind. Die meisten Bars sind von 11 Uhr bis etwa Mitternacht geöffnet. Der *Ley Seca* („trockenes Gesetz"; Alkoholverkaufsverbot) zufolge müssen Bars und *discotecas* um 1 Uhr schließen, es sei denn, der nächste Tag ist ein offizieller Feiertag. In den großen Städten hält man sich strikt an diese Verordnung, in kleineren Orten und Dörfern pfeift man darauf.

Wenn Restaurants oder Bars einen Ruhetag haben, ist dies gewöhnlich der Sonntag.

POST

Die Post wurde 1999 privatisiert. Normalerweise sind Briefe und Pakete nach Europa zehn bis zwölf Tage unterwegs. In nahezu allen Groß- und Kleinstädten (nicht in Dörfern) gibt es eine Postfiliale, in der man Briefmarken kaufen und Briefe und Postkarten verschicken kann. Wer einen Kurierdienst in Anspruch nimmt, sollte sicherstellen, dass das jeweilige Unternehmen eine Niederlassung in der Stadt hat, in der man gerade verweilt, andernfalls muss man hohe „Verwaltungsgebühren" zahlen.

RECHTSFRAGEN

In Guatemala tragen Polizeibeamte häufig nicht zur Entspannung einer Konfliktsituation bei, sondern sind vielmehr Teil des Problems. Je weniger man mit ihnen zu tun hat, desto besser.

Von illegalen Drogen sollte man sich unbedingt fernhalten: Auf keinen Fall Drogen kaufen oder verkaufen, mit sich herumtragen oder sich mit Leuten aus der Szene umgeben, auch wenn Einheimische dies tun. Als Ausländer ist man immer deutlich im Nachteil und wird eventuell von anderen angeschwärzt oder hinters Licht geführt. Die Drogengesetze sind sehr strikt und die Strafen hoch.

REISEN MIT BEHINDERUNG

Es ist eine Herausforderung, Guatemala mit einer Behinderung zu bereisen. Zwar sind viele Bürgersteige in Antigua abgeschrägt und man wird kleine Kacheln entdecken, auf denen ein Rollstuhl dargestellt ist. Doch die Straßen haben Kopfsteinpflaster und die Rampen sind alles andere als glatt und eben.

Bei vielen Hotels handelt es sich um umgebaute Wohnhäuser; die Zimmer sind um Höfe angeordnet und für Rollstuhlfahrer zugänglich, die Bäder jedoch eventuell nicht. Spitzenklassehotels sind oft mit Rampen, Aufzügen und barrierefreien Toiletten ausgestattet. Die größte Hürde für Reisende mit eingeschränkter Mobilität in Guatemala ist es, von A nach B zu gelangen. Rollstuhlfahrer organisieren sich am besten einen Wagen mit Fahrer, da Busfahrten nicht zuletzt wegen des Platzmangels kaum zu meistern sind.

Mobility International USA (www.miusa.org) bietet Infos für Reisende mit Behinderung, führt Austauschprogramme durch (auch mit Guatemala) und ist Herausgeber einiger nützlicher Bücher. Ebenfalls empfehlenswert sind die Websites von **Access-Able Travel Source** (www.access-able.com) und **Accessible Journeys** (www.disabilitytravel.com) sowie von **My-**

Handicap Deutschland (www.myhandicap.de), der **Nationalen Koordinierungsstelle Tourismus für Alle e. V.** (www.natko.de) und **Mobility International Schweiz** (www.mis-ch.ch).

Transitions (www.transitionsfoundation.org) ist eine Organisation mit Sitz in Antigua, die es sich zum Ziel gemacht hat, den Interessen von Behinderten in Guatemala Gehör zu verschaffen.

SCHWULE & LESBEN UNTERWEGS

Nur wenige Orte in Lateinamerika sind wirklich schwulen- und lesbenfreundlich. Guatemala stellt da keine Ausnahme dar. Per Gesetz ist Homosexualität legal, sofern man 18 Jahre oder älter ist, im Alltag sieht das Ganze jedoch anders aus: Diskriminierung und Gewalt gegen Homosexuelle sind an der Tagesordnung. In Guatemala-Stadt und Quetzaltenango gibt es eine kleine Gruppe von transsexuellen Prostituierten, die häufig Opfer gewalttätiger Übergriffe werden. Man sollte nicht einmal im Traum daran denken, die Toleranzgrenze der Einheimischen angesichts öffentlicher Zuneigungsbekundungen auszutesten.

In Antigua gibt es eine sympathische Szene, die jedoch im Verborgenen agiert; die absolute Ausnahme bildet der Club La Casbah (S. 124). In Guatemala-Stadt zählen das Genetic (S. 107) und die Black & White Lounge (S. 107) derzeit zu den besten Anlaufstellen. Die meisten Schwulen und Lesben üben sich auf ihrer Reise durch Guatemala jedoch in Zurückhaltung – und werden Einzelbetten in Zwei-Bett-Zimmern zusammenrücken.

Gully (www.thegully.com) beinhaltet normalerweise ein paar relevante Artikel und Informationen zu Guatemala. Die beste Website ist **Gay Guatemala** (www.gayguatemala.com, auf Spanisch).

SPRACHKURSE

Guatemala rühmt sich seiner zahlreichen Sprachschulen. Bei einem Spanischkurs lernt man mehr als bloß die Sprache kennen; man bekommt Kontakt zu den Einheimischen und taucht in eine fremde Kultur ein. Viele Traveller, die Zentralamerika auf dem Weg nach Südamerika durchqueren, planen einen längeren Stopp in Guatemala ein, um dort die Spanischkenntnisse zu erwerben, die sie für ihre weitere Reise benötigen.

Die Sprachschulen in Guatemala gehören zu den preisgünstigsten der Welt, die Qualität kommt jedoch in den seltensten Fällen zu kurz. Es gibt so viele Anbieter, dass man sich unbedingt ein paar anschauen sollte, bevor man seine Wahl trifft.

In vielen Schulen ist es möglich, an jedem beliebigen Tag einzusteigen und so lange Unterricht zu nehmen, wie gewünscht. Wer in der Hauptsaison eine der beliebteren Schulen besuchen möchte, sollte seinen Unterricht allerdings besser vorausbuchen, obwohl viele Schulen für die Buchung per Telefon oder Internet 300 Q verlangen. In guten Schulen werden zudem diverse andere Unternehmungen organisiert, z. B. Salsakurse, Filmabende oder Vulkanwanderungen. Häufig wird neben Spanisch auch Unterricht in Maya-Sprachen angeboten.

Ortswahl

Bei Sprachschülern steht Antigua besonders hoch im Kurs. Quetzaltenango ist die zweitbeliebteste Anlaufstelle und oft die erste Wahl für diejenigen, die mit etwas mehr Ernst an die Sache herangehen wollen. Antigua trumpft indes mit einer lebhafteren Szene für Sprachschüler und Traveller auf. Im Schnitt kosten fünf Tage mit jeweils vier Stunden Privatunterricht plus Übernachtung bei einer Gastfamilie 900 bis 1200 Q.

In einer kleinen Stadt Spanisch zu lernen hat sowohl Vor- als auch Nachteile. Ein Vorteil ist, dass man vielleicht der einzige Ausländer weit und breit ist und nur Spanisch spricht. Ein Nachteil ist, dass Spanisch für die Dorfbewohner und vielleicht auch den Lehrer oder die Lehrerin nur die Zweitsprache ist und sie unter Umständen alle möglichen Fehler weitergeben.

Schulwahl

Unter all den Sprachschulen in Guatemala eine auszuwählen kann schwierig sein. Am besten zunächst nur für die kürzestmögliche Zeit (gewöhnlich eine Woche) zahlen, sodass bei Unzufriedenheit ein Wechsel der Schule möglich ist. Die Lernziele (Konversation, Grammatik, Vokabeln usw.) sollten zu Beginn klar benannt werden, damit die Schule einen Lehrplan konzipieren und einen passenden Lehrer aussuchen kann. Wer bestimmte Interessen hat (Politik, Medizin, Jura usw.), sollte auch diese nennen. Wer mit der Schule zufrieden ist, nicht aber mit

¿QUÉ ONDA VOS?

In Guatemala gibt es ein paar geniale Slang-Ausdrücke, die Gegenstand verschiedener Bücher sind (am besten ist *¿Qué onda vos?* von Juan Carlos Martínez). Hier eine kleine Auswahl an Begriffen:

canche – blondhaarige bzw. hellhäutige Person

chapín – Guatemalteke

chavo/a – Junge/Mädchen

de huevos – cool

papichulo/mamichula – attraktiver Mann/attraktive Frau

pisto – Geld

dem Lehrer, sollte so früh wie möglich um einen anderen bitten – schließlich muss die Chemie stimmen und vier oder fünf Stunden Einzelunterricht am Tag können mit jemandem, den man nicht mag, zur Tortur werden.

Bei der Suche nach einer geeigneten Schule sollten die folgenden Fragen berücksichtigt werden. Einige lassen sich beantworten, wenn man einfach bei der Schule vorbeischaut, andere können auf Anfrage bei der Schule geklärt werden und für manche muss man aktuelle oder frühere Schüler der Schule befragen.

- Wo findet der Unterricht statt – in einem ruhigen, schattigen Innenhof oder in heißen Klassenzimmern, an denen draußen Busse vorbeiröhren?
- Über welche Erfahrungen und Qualifikationen verfügen die Lehrer im Unterrichten einer Sprache?
- Ist Spanisch die Muttersprache des Lehrers?
- Welche Nachmittags- und Abendaktivitäten sind möglich?
- Viele Schulen machen Lockangebote wie eine halbe Stunde kostenlosen Internetzugang pro Tag, was einem eine Ersparnis von 2,50 Q am Tag einbringt – reicht das wirklich, um die Entscheidung für die Schule zu beeinflussen?
- Wie ist die allgemeine Atmosphäre an der Schule? Ernsthafte Sprachschüler passen wohl eher nicht an eine Schule, deren Aktivitäten z. B. ausgedehnte Kneipentouren umfassen, und Partylöwen passen nicht an eine Schule mit Namen wie Christian Spanish Academy.
- Bietet die Schule Möglichkeiten zur Freiwilligenarbeit, z. B. in einem Krankenhaus?
- Wenn die Schule von sich behauptet, in sozialen Projekten engagiert zu sein – ist das ein ernsthaftes Engagement oder ein Marketingtrick?

(Völlig subjektive) Besprechungen einiger guatemaltekischer Sprachschulen von Ex-Schülern finden sich auf www.guatemala365.com.

TELEFON

In Guatemala gibt es keine Ortsvorwahlen. Wer aus dem Ausland anruft, wählt zunächst die 00, dann die 502, die Landesvorwahl für Guatemala, und zuletzt die achtstellige Rufnummer. Innerhalb von Guatemala wählt man nur die achtstellige Nummer. Wer aus Guatemala ins Ausland telefonieren will, muss die 00 vorwählen.

In vielen von Touristen frequentierten Städten und Orten gibt es private Telefonzentren, in denen Auslandsgespräche zu fairen Preisen geführt werden können.

Viele Traveller legen sich z. B. ein Skype-Konto zu. Wer an einem Rechner hockt, auf dem kein Skype installiert ist, braucht nur wenige Minuten, um die Software herunterzuladen. Die übrige Ausstattung (Kopfhörer und Mikro) der guatemaltekischen Internetcafés ist unterschiedlich gut, manchmal auch nicht existent; am besten bringt man sich einen eigenen Kopfhörer mit Mikro von zu Hause mit.

Die meisten öffentlichen Fernsprecher in Guatemala stammen von der Telefongesellschaft Telgua. Um sie zu benutzen, braucht man eine Telgua-Telefonkarte *(tarjeta telefónica de Telgua)*, die an Kiosken und Ähnlichem verkauft wird; teils sind Verkaufsstellen mit roten Zeichen mit der Aufschrift *Ladatel de Venta Aquí* versehen. Es gibt verschiedene Varianten (zu 20, 30 und 50 Q). Die Karte wird in den Schlitz gesteckt, dann wählt man die jeweilige Nummer und auf der Anzeige wird angegeben, wie viel Restguthaben (Minuten) man noch hat.

Die schwarzen Telefone, die an strategischen Punkten in Touristenstädten stehen und kostenlose Gespräche versprechen, sollte man nur im absoluten Notfall verwenden. Sie funktionieren nach der Lockvogeltaktik: Das Gespräch wird über die Kreditkarte des Anrufers abgerechnet, der nach seiner Heimkehr verblüfft feststellen wird, dass er bis zu 20 US$ für die Minute gezahlt hat.

Auf Telgua-Telefonen ist vermerkt, dass man die 147-110 bei Inlands-R-Gesprächen und die 147-120 bei internationalen R-Gesprächen wählen soll.

Handys

Mobiltelefone sind weit verbreitet. Man kann sein eigenes Handy mitbringen, in Guatemala gegebenenfalls entsperren lassen (ca. 50 Q) und dann die heimische SIM-Karte gegen eine guatemaltekische austauschen. Bei manchen Telefonen funktioniert dies prima, bei anderen nicht – weshalb, scheint nicht mit den Grundsätzen der Logik erklärt werden zu können. Guatemaltekische Mobilfunknetze nutzen die Frequenzen 850, 900 oder 1900 MHz; mit Tri- oder Quadband-Handys sollten sich eigentlich keine Probleme ergeben.

Bleibt das Risiko, beklaut zu werden – Grund genug für die meisten Traveller, sich nach der Ankunft in Guatemala erst mal ein billiges Handy mit Prepaid-Karte zuzulegen. Diese gibt's so ziemlich überall, Kostenpunkt 100 bis 150 Q (oft inkl. eines Gesprächsguthabens in Höhe von 100 Q). Karten zum Wiederaufladen des Guthabens sind in nahezu jedem Laden erhältlich. Anrufe kosten landesweit 1,50 Q pro Minute, Gespräche nach Europa sind bis zu fünfmal so teuer.

Zum Zeitpunkt der Recherchen war Movistar der günstigste Anbieter (die Netzabdeckung war allerdings mehr oder weniger auf die größten Städte beschränkt). Tigo und Claro boten hingegen die beste Netzabdeckung.

TOILETTEN

In guatemaltekische Toiletten darf nichts hineingeworfen werden, auch kein Toilettenpapier. In den Bädern stehen kleine Behältnisse für gebrauchtes Papier. Toilettenpapier ist nicht immer vorhanden. Wenn man keins hat und welches braucht, fragt man im Retaurant nach *un rollo de papel* und macht ein panisches Gesicht – das führt in der Regel zum Ziel.

Öffentliche Toiletten sind selten. Stattdessen werden die in Cafés und Restaurants, im Hotel und an archäologischen Stätten benutzt. Auch Busse sind nur selten mit einer Toilette ausgestattet und wenn ja, ist kein Verlass darauf, dass sie funktioniert.

TOURISTENINFORMATION

Das nationale Tourismusinstitut **Inguat** (www.visitguatemala.com) unterhält Büros in den wichtigen Touristenzentren. In ein paar anderen Städten findet man von den Verwaltungsbezirken oder Gemeinden betriebene bzw. private Touristeninformationen. **Proatur** (☎ auf Englisch 1500), eine staatliche und private Gemeinschaftsinitiative, bietet eine kostenlose Info-Hotline für Touristen, die rund um die Uhr besetzt ist.

UNTERKUNFT

Guatemaltekische Unterkünfte reichen von Luxus- über Budgethotels bis zu superbilligen Pensionen, den *hospedajes, casas de huéspedes* oder *pensiones*.

Die Zimmer am unteren Ende der Budget-Preisskala sind üblicherweise klein, dunkel und nicht besonders sauber und die Sicherheit ist in diesen Unterkünften vielleicht nicht die beste. Am oberen Ende der Budgetunterkünfte sollten die Zimmer hingegen sauber, geräumig und luftig sein und neben einem Badezimmer auch einen Fernseher und – in den wärmeren Regionen – einen Ventilator oder gar eine Klimaanlage bieten.

Die Mittelklasse-Zimmer sind fast durchgehend recht komfortabel: mit Bad mit warmem Wasser, Fernseher, guten Betten, Ventilator und/oder Klimaanlage. Gute Mittelklassehotels bieten schöne Gemeinschaftsbereiche wie Speisesäle, Bars und Pools.

Die Unterkünfte am oberen Ende der Skala bilden hauptsächlich die Businesshotels nach internationalem Standard in Guatemala-Stadt, die besten Unterkünfte in Antigua und ein paar Strandresorts anderswo. Hier erhalten Gäste alle für den Preis zu erwartenden Einrichtungen und Serviceleistungen – oder sogar mehr.

In touristischen Orten klettern die Übernachtungspreise vielfach in der Semana Santa (Karwoche), rund um Weihnachten und Neujahr sowie im Juli und August in die Höhe. Die Semana Santa ist die wichtigste Urlaubswoche in Guatemala; die Preise können dann an der Küste und auf dem Land – also überall dort, wo Guatemalteken gerne relaxen – zwischen 30 und 100 % höher ausfallen als sonst. In dieser Zeit geht ohne Reservierungen fast gar nichts.

Egal auf welchem Preisniveau man sich bewegt: Wer länger als ein paar Tage in einer Unterkunft bleibt, sollte auf jeden Fall nach einem Rabatt fragen.

Achtung: Die genannten Zimmerpreise beinhalten zwei Steuern: 12 % Mehrwertsteuer und 10 % für das guatemaltekische Tourismusinstitut Inguat; es wird aber derzeit darüber beraten, die letztgenannte Steuer abzuschaffen. Einige der teureren Unterkünfte schließen die Steuern nicht ein, wenn sie ihre Preise nennen.

PREISKATEGORIEN SCHLAFEN

Die angegebenen Preiskategorien gelten für ein Doppelzimmer mit Bad in der Hauptsaison (jedoch nicht der absoluten Hochsaison). Falls nicht anders angegeben, beinhalten die Preise 22 % Steuern. Die meisten aufgeführten Unterkünfte liegen in den Kategorien $ und $$.

$	bis 180 Q
$$	180–500 Q
$$$	über 500 Q

VERSICHERUNG

Empfehlenswert ist eine Reiseversicherung gegen Diebstahl und Gesundheitsprobleme. Bei einigen Verträgen sind gefährliche Aktivitäten von der Haftung ausgeschlossen; darunter können z. B. Tauchen, Motorradfahren und sogar Wandern fallen.

Manche Reisende bevorzugen Versicherungen, die Arzt- und Krankenhausrechnungen direkt zahlen; ansonsten muss das Geld vor Ort vorgeschossen und nachher von der Versicherung zurückgefordert werden. In diesem Fall müssen unbedingt alle Quittungen usw. sorgfältig aufbewahrt werden.

Die Versicherungspolice sollte auch auf jeden Fall Krankenwagentransporte und Notfall-Rückflüge in die Heimat abdecken.

Weltweite Versicherungen finden sich auf der Website www.lonelyplanet.com/travel_services. Hier können jederzeit online Verträge abgeschlossen, erweitert und Schadensansprüche geltend gemacht werden, selbst von unterwegs.

VISA & REISEDOKUMENTE

Deutsche, österreichische oder schweizerische Staatsbürger benötigen kein Visum, wenn sie Guatemala ausschließlich als Touristen bereisen wollen. Es wird lediglich ein noch mindestens sechs Monate gültiger Reisepass benötigt, in den gewöhnlich eine 90-tägige Aufenthaltserlaubnis gestempelt wird (darauf achten, dass auch wirklich die Zahl 90 eingetragen wird).

Im August 2006 trat Guatemala dem Centro America 4 (CA-4) bei, einem Handelsabkommen mit Nicaragua, Honduras und El Salvador, das die Mobilität von Menschen und Gütern innerhalb der Region erleichtern sollte. Für ausländische Besucher hat dies eine wichtige Folge: Wer in die CA-4-Region einreist, erhält eine 90 Tage gültige Aufenthaltsgenehmigung *für die gesamte Region.* Diese kann einmal um weitere 90 Tage verlängert werden (ca. 120 Q). Die genauen Voraussetzungen, die für eine Aufenthaltsverlängerung erfüllt werden müssen, werden immer wieder neu definiert. Im Folgenden haben wir das bei Redaktionsschluss gängige Prozedere beschrieben: Touristen mussten sich zum **Departamento de Extranjería** (Ausländerbehörde; ☎2411-2411; 6a Av 3-11, Zona 4, Guatemala-Stadt; ⏲Mo–Fr 8–14.30 Uhr) begeben und folgende Unterlagen vorlegen:

- ein aktuelles Schwarz-Weiß-Passbild auf mattem Papier
- einen gültigen Reisepass
- zwei Fotokopien der Reisepass-Bildseite und eine Kopie der Seite mit dem Einreisestempel
- eine Kreditkarte plus Fotokopien beider Seiten oder Fotokopien von Reiseschecks im Wert von 400 US-Dollar
- ein Ticket für die Ausreise aus dem Land oder eine entsprechende Flugbuchung (auf dem Geschäftspapier des Reisebüros, vom Reisebüro unterzeichnet und gestempelt)

Die Verlängerung der Aufenthaltsgenehmigung kann bis zu einer Woche dauern, aber das ist sehr unterschiedlich – am besten vorab genau erfragen.

Visabestimmungen ändern sich regelmäßig. Es ist deshalb generell eine gute Idee, vor Reiseantritt die guatemaltekische Botschaft zu konsultieren.

Wer seine Aufenthaltsdauer voll ausgeschöpft hat, muss die zu den CA-4 gehörenden Länder für mindestens 72 Stunden verlassen (am praktischsten ist es, sich nach Belize oder Mexiko aufzumachen). Danach kann man erneut in die CA-4-Region einreisen und erhält abermals eine 90-tägige Aufenthaltserlaubnis. Einige Ausländer halten sich auf diese Weise schon seit Jahren in den CA-4-Ländern auf.

Aktuelle Infos zu Einreise- und Visabestimmungen gibt's auch unter www.botschaft-guatemala.de.

ZEIT

MEZ minus 7 Stunden: Wenn es in Guatemala 12 Uhr mittags ist, ist es in Berlin 19 Uhr.

ZOLL

In der Regel inspizieren die Zollbeamten das Gepäck der Reisenden nicht genau oder auch gar nicht. In Guatemala ist die Ein- und Ausfuhr bestimmter Dinge (Waffen, Drogen, große Mengen Bargeld usw.) wie auch anderswo üblich geregelt.

ℹ An- & Weiterreise

FLUGZEUG

Die beiden wichtigsten Flughäfen Guatemalas sind der Aeropuerto Internacional La Aurora in Guatemala-Stadt (S. 110) und der Aeropuerto Internacional Mundo Maya in der Nähe von Flores und Santa Elena (S. 212).

Es werden u. a. folgende Ziele angeflogen: Atlanta, Belize-Stadt, Cancún, Havanna, Houston, Los Angeles, Madrid, Managua, Mexiko-Stadt, Miami, Newark, Panama-Stadt, San José (Costa Rica) und San Salvador.

Airlines, die nach Guatemala fliegen, haben Filialen in Guatemala-Stadt. Viele unterhalten außerdem ein Büro am Aeropuerto Internacional La Aurora.

GRENZÜBERGÄNGE

Guatemala ist mit Chiapas (Mexiko) mittels zweier Highways verbunden; nach Belize führt eine Landstraße und auch Honduras und El Salvador erreicht man über zahlreiche Überlandrouten.

Von Mexiko aus sind die beliebtesten und am leichtesten zugänglichen Einreisepunkte nach Guatemala Tecún Umán/Ciudad Hidalgo und La Mesilla/Ciudad Cuauhtémoc. Etwas abenteuerlichere Routen führen mit Bus und Boot von Yaxchilán in Chiapas über den Río Usumacinta oder den Río de la Pasión nach El Petén.

Direkte internationale Busverbindungen führen von Guatemala-Stadt u. a. nach Belize-Stadt, Managua (Nicaragua), San Salvador (El Salvador), Tapachula (Mexiko), Tegucigalpa und in andere Städte in Honduras.

El Salvador

Nach Santa Ana via Anguiatú Die Kreuzung Padre Miguel, 35 km von Chiquimula und 14 km von Esquipulas entfernt, ist gleichzeitig die Abzweigung nach Anguiatú an der Grenze von El Salvador (19 km bzw. 1 Std. Fahrt entfernt). Häufig kommen Minibusse aus Chiquimula, Quezaltepeque und Esquipulas vorbei.

Der Grenzübergang bei Anguiatú ist rund um die Uhr geöffnet. Auf der Strecke sind viele Lkws unterwegs. Von Angiatú aus fahren alle 30 Minuten Microbusse nach Metapan. Dort gibt's Verbindungen nach Santa Ana und in weitere Städte in El Salvador.

Nach Santa Ana via San Cristóbal Stündlich fahren Busse von El Progreso (Guatemala) zum Grenzübergang bei San Cristóbal.

Nach Las Chinamas Zahlreiche Minibusse verkehren auf der Strecke Guatemala-Stadt–

AUSREISESTEUER

Für alle internationalen Flüge ab Guatemala fällt eine Ausreisesteuer in Höhe von 30 US$ an. Die Ausreisesteuer ist normalerweise (aber nicht immer) bereits im Ticketpreis enthalten. Alle Passagiere auf Inlandsflügen müssen am Flughafen eine Abflugsteuer in Höhe von 10 Q bezahlen.

Cuilapa–Valle Nuevo (von Valle Nuevo an der Grenze gelangt man nach Las Chinamas in El Salvador). Zwischen Cuilapa und der Grenze gibt es übrigens keine empfehlenswerten Unterkünfte.

Honduras

Nach Copán Ruinas Zahlreiche Busse fahren von Chiquimula zum Grenzort El Florido; dort muss man zu Fuß über die Grenze gehen und dann für die letzten 12 km nach Copán Ruinas einen Minibus nehmen. Hedman Alas (S. 109) betreibt Luxus-Direktbusse von Guatemala-Stadt nach Copán und auch viele Reisebüros in Antigua bieten diese Strecke an.

Nach Corinto Zwischen 5 und 17 Uhr fahren in Puerto Barrios in der 6a Avenida vor dem Markt alle 20 Minuten Minibusse zur honduranischen Grenze ab (25 Q, 1¼ Std.). Die Straße zur Grenze zweigt bei Entre Ríos 13 km südlich von Puerto Barrios vom CA-9 ab. Von Entre Ríos aus fahren Busse und Minibusse in alle Richtungen und warten auf Passagiere, die Weiterfahrt von der Grenze aus ist also relativ unkompliziert. Die Minibusse aus Puerto Barrios halten auf dem Weg zur Grenze bei der guatemaltekischen Einwanderungsbehörde; dort werden eventuell 10 Q für einen Ausreisestempel fällig – das sollte man als eine letzte „Spende" an die guatemaltekische Bürokratie verstehen.

Belize

Nach San Ignacio Von Flores bis Melchor de Mencos an der Grenze zu Belize sind es 100 km. Es bestehen Busverbindungen zur Grenze und es gibt außerdem teurere Verbindungen direkt nach Belize City und Chetumal in Mexiko.

Die Straße Richtung Belize zweigt bei Puente Ixlú (auch El Cruce), 27 km von Flores entfernt, von der Flores–Tikal-Route ab und ist bis etwa 25 km vor der Grenze asphaltiert.

Eigentlich ist die Ausreise aus bzw. die Einreise nach Guatemala kostenlos. Und auch auf belizischer Seite sollten keine Gebühren bei der Einreise anfallen. An der Grenze stehen Geldwechsler parat.

Nach Punta Gorda *Lanchas* (kleine Motorboote) fahren vom Muelle Municipal in Puerto Barrios dreimal täglich nach Punta Gorda (200 Q, 1 Std.). Wer um 10 Uhr losfährt, erreicht den Mittagsbus von Punta Gorda nach Belize City.

Auch ab Lívingston fahren Boote nach Punta Gorda. Bevor man einsteigt, muss man sich im Einreiseamt den Ausreisestempel holen.

Mexiko

Nach Ciudad Cuauhtémoc 4 km liegen zwischen den Einwanderungsposten La Mesilla (Guatemala) und Ciudad Cuauhtémoc (Mexiko), die man mit dem eigenen Wagen bzw. Tuk-Tuk (5 Q), zu Fuß oder als Anhalter zurücklegen kann. Entlang der Straße, die in La Mesilla zur Grenze führt, findet man u. a. eine Polizeiwache und eine Banrural-Filiale.

Die Geldwechsler an der Grenze bieten sehr gute Konditionen, wenn man Dollar gegen ihre Pesos oder Quetzals eintauscht; wer allerdings Dollar haben möchte, muss sich auf miese Kurse einstellen.

Wenn man in La Mesilla strandet, könnte man das sehr schlichte **Hotel Mily's** (☎7773-8665; EZ/DZ 120/160 Q; ❄) ansteuern. Eventuell ist dort Feilschen angesagt. Vom Grenzposten fahren Busse Richtung Osten nach Huehuetenango und Richtung Nordwesten nach Comitán (Mexiko).

Nach Frontera Corozal Die einzige Flussroute, auf der öffentliche Verkehrsmittel nach Mexiko verkehren, geht über Bethel oder La Técnica am östlichen (guatemaltekischen) Ufer des Río Usumacinta in El Petén und Frontera Corozal auf der mexikanischen Seite. Es gibt Busverbindungen nach/ab Bethel und La Técnica und Shuttle-Minibusse bis nach Palenque. Die guatemaltekische Einreisebehörde sitzt in Bethel; Busse legen auf dem Weg nach La Técnica normalerweise einen Stopp ein und warten auf Passagiere, bis diese die Ausreiseformalitäten erledigt haben.

Es ist schneller und günstiger, die Grenze bei La Técnica zu überqueren statt bei Bethel; allerdings muss dann eine längere Busfahrt auf guatemaltekischer Seite in Kauf genommen werden.

Nach Tenosique und Palenque Ein neuer Grenzübergang befindet sich zwischen dem mexikanischen Staat Tabasco und El Ceibo, einem Dorf am Río San Pedro. Es gibt auch Microbusverbindungen ab Flores. Die Büros der Einwanderungsbehörden zu beiden Seiten der Grenze sind zwischen 9 und 17 Uhr geöffnet. Auf mexikanischem Staatsgebiet nehmen Vans und Busse Kurs auf Tenosique in Tabasco. Dort starten bis etwa 19 Uhr Minibusse nach Palenque.

Unterwegs vor Ort

AUTO & MOTORRAD

Auch wenn das nur wenige tun, ist es doch möglich, in Guatemala-Stadt (am Flughafen), Antigua, Cobán, Flores und Quetzaltenango ein Auto zu leihen. In Antigua und San Pedro La Laguna gibt's zudem Motorradverleihe.

BUS

Mit Bussen gelangt man in Guatemala so ziemlich in jede Ecke des Landes – und gibt es einen Ort, den sie nicht ansteuern, kann man stattdessen in Minivans und Trucks einsteigen, die diese Lücke füllen. Tickets sind im Allgemeinen sehr günstig (ca. 15 Q/Std. od. weniger), der Komfort in den Bussen variiert jedoch sehr. Wer keinen weiteren Trip in einem „Hühnerbus" aushält, kann sich erkundigen, ob es auch eine Verbindung mit Pullman-Bussen gibt. Diese größeren Reisebusse sind komfortabler, verkehren zwischen den wichtigeren Zielen und kosten nur ein bisschen mehr als 2.-Klasse-Busse.

Wer mit leichtem Gepäck reist, kann es mit ins Innere des Busses nehmen. Ansonsten muss man es aufs Dach hieven oder ins Gepäckfach stopfen – und es möglichst immer im Auge behalten!

Fernbusse sind nur selten mit einer funktionierenden Toilette ausgestattet, jedoch legen die Fahrer normalerweise eine 20-minütige Pause zur passenden Zeit ein. Wenn nicht, halten die Fahrer auch gerne an, damit man den Straßenrand düngen kann.

FAHRRAD

Radfahren wird in Guatemala immer beliebter. Man kann sich Radtouren anschließen oder die Hügel auf eigene Faust erkunden. In Antigua, Flores, Panajachel und Quetzaltenango kann man Fahrräder ausleihen. Man sollte sich dessen bewusst sein, dass die Größe auf Guatemalas Straßen sehr wohl eine Rolle spielt – um Radfahrer kümmert sich da keiner.

> **ACHTUNG!**
>
> Auch wenn nächtliche Busreisen in Guatemala für alle Traveller selten eine gute Idee sind, raten wir vor allem allein reisenden Frauen dringend davon ab, nachts in einen Bus – egal, ob Pullman oder „Hühnerbus" – zu steigen. Eine Ausnahme sind lediglich die Übernachtbusse, die zwischen Guatemala-Stadt und Flores verkehren; für diese Verbindung wurden bislang noch keine Zwischenfälle berichtet.
>
> Grundsätzlich sollte man es vermeiden, die letzte Person im Bus zu sein, wenn er irgendwo mitten in der Nacht ankommt!

FLUGZEUG

Überall im Land befinden sich Inlandsflughäfen. Die einzigen planmäßig verkehrenden Inlandsflüge, die zum Zeitpunkt der Recherche verfügbar waren, verbanden Guatemala-Stadt mit Flores und wurden von Grupo TACA (S. 110) und TAG (S. 110) angeboten.

NAHVERKEHR

Nahverkehrsbusse (nur in größeren Städten) sind brechend voll, aber günstig. Die wenigsten guatemaltekischen Taxis haben ein Taxameter und die Preise können exorbitant sein. Wer den genannten Preis nicht zahlen will, geht einfach erst einmal weiter – und kommt dann wieder, um zu feilschen, geht notfalls nochmals weiter ... Das Spielchen treibt man so lange, bis ein angemessener Preis ausgehandelt wurde.

Über die Straßen flitzen außerdem Tuk-Tuks, dreirädrige Motorrad-Taxis, die man eigentlich vor allem aus Asien kennt. Eine Fahrt ist normalerweise günstig (unter 10 Q/Pers.) und kann ziemlich haarsträubend sein, besonders wenn der Fahrer noch nicht mal in der Pubertät ist.

SCHIFF/FÄHRE

Die schnellen *lanchas* (kleine Motorboote) werden auf dem Lago de Atitlán und zwischen Puerto Barrios, Lívingston und dem Río Dulce allmählich zum bevorzugten Transportmittel und lösen die größeren und billigeren Fähren ab.

Einige guatemaltekische Naturschutzgebiete und archäologische Stätten sind nur – oder einfacher – über das Wasser zu erreichen.

TRAMPEN

Trampen im westlichen Sinne ist in Guatemala absolut unüblich, da viel zu unsicher. Wo allerdings Busse nur sehr sporadisch oder gar nicht verkehren, dienen Pick-ups und andere Fahrzeuge als öffentliche Transportmittel. Man kann sich an den Straßenrand stellen und einen Arm ausstrecken, um Fahrer anzuhalten. Es wird erwartet, dass man fürs Mitnehmen auch bezahlt – und zwar in etwa so viel wie für eine vergleichbare Busstrecke. Das Prozedere ist ein sicheres, zuverlässiges System, das Einheimische und Traveller gleichermaßen nutzen – man kann sich aber schon mal auf rappelvolle Fahrzeuge einstellen.

Belize

☎ 501 / 312 700 EW.

Inhalt ➡

Gut Essen

- Rumfish (S. 288)
- Nahil Mayab (S. 265)
- Benny's Kitchen (S. 279)
- Ko-Ox Han-Nah (S. 276)
- Habaneros (S. 257)

Schön übernachten

- Coconut Row Guesthouse (S. 284)
- Cool M Farm (S. 277)
- Sea Dreams Hotel (S. 255)
- Howler Monkey Resort (S. 263)

Auf nach Belize

Geografisch wie kulturell genau in der Mitte zwischen dem Spanisch sprechenden Zentralamerika und der Karibik, tanzt die jüngste Nation Zentralamerikas eindeutig nach ihrem eigenen Rhythmus. Eine Küstenlinie von rund 380 km und unzählige Inseln bieten grandiose Schwimm- und Strandplätze und das größte Barriereriff der nördlichen Welthalbkugel ist ein Tauchparadies. Für Furchtlose ist der Dschungel von Belize eine reiche Fundgrube: Überall stehen uralte Bauten aus einer Zeit, als Belize ein kleiner Teil des großen Reichs der Maya war.

Kulturell ist Belize überraschend vielfältig. Die offizielle Landessprache ist zwar Englisch, aber es ist nicht ungewöhnlich, auch Spanisch, Kreolisch, Garifuna und Maya zu hören, gelegentlich vermengt mit ein bisschen Kantonesisch oder mennonitischem Plautdietsch.

Zwar gehört Belize zu den teureren Reisezielen in Zentralamerika. Es hat aber kulinarisch und kulturell so viel zu bieten, dass es die Reise wert ist. Also, warum nicht?

Reisezeit

Belize City

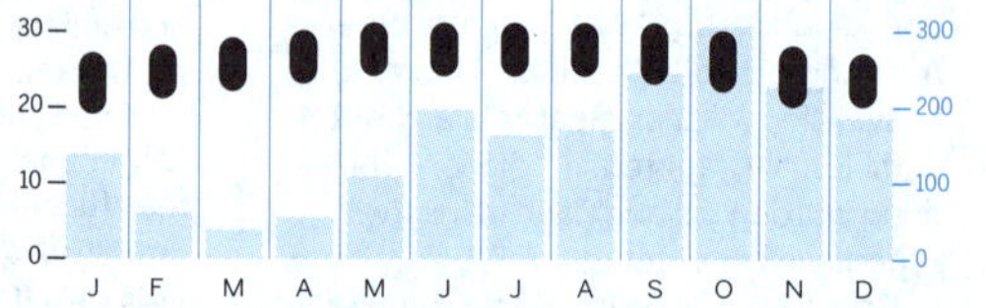

Mitte Dez.–Apr. Höhere Preise, trockeneres Wetter; ideal für Strand, Tauchen und Tierbeobachtungen.	**Mai–Nov.** Preisnachlässe überall; für alle, denen Hitze und heftige Regengüsse nichts ausmachen.	**Sept.** Nationale Feiertage sind der Auftakt für zwei Festwochen mit Musik, Tanz und Straßenumzügen.

Von Land zu Land

Von der mexikanischen Grenzstadt Chetumal gibt es gute Verkehrsverbindungen nach Belize, über Land nach Corozal und übers Meer nach Ambergris und Caye Caulker. Von Tikal kommend kann man über Benque Viejo del Carmen an der guatemaltekischen Grenze nach Belize einreisen. Im Süden wird gerade eine Straße aus dem Toledo District nach Guatemala gebaut, die 2014 fertig werden soll. Weitere Infos s. Praktische Informationen auf S. 301.

BELIZE FÜR EINSTEIGER

Eine Woche

Von Belmopan oder Belize City geht es geradewegs nach **San Ignacio** an der westlichen Grenze. Als erstes steht ein Besuch der Ruinen von **Xunantunich** auf dem Programm, dann die Erkundung der Dschungel-Provinz Cayo. Zum Abschluss geht es zum Schwimmen und Schnorcheln nach **Caye Caulker**, die Insel lockt mit leckeren Meeresfrüchten und faulen Tagen in der Hängematte.

Zwei Wochen

Von Caye Caulker führt die Reise zunächst weiter in die zauberhafte Stadt **Corozal**, bevor es zurück in die Natur geht. Vogelliebhaber fahren nach **Crooked Tree** und wer richtigen Dschungel erleben möchte, schaut sich im **Community Baboon Sanctuary** um. In Marie Sharps Fabrik gibt es zwischendurch eine schnelle Verkostung scharfer Saucen und dann geht's weiter mit **Dangriga** und authentischer Garifuna-Kultur.

Dangriga ist Ausgangspunkt für Abstecher zu den zentralen Inseln von Belize, wie **South Water**, **Tobacco** und **Glover's Reef**. Oder man fährt weiter gen Süden und genießt die Strände von **Hopkins** oder **Placencia**.

Ausgeruht steht dann der Weg in den Süden nach **Punta Gorda** auf dem Programm, wo es aktuelle Informationen zu Übernachtungsmöglichkeiten und Pensionen in Maya-Dörfern gibt. Wer gerne auf die Pauke haut, sollte die Maroon Creole Drum School von Emmeth Young besuchen. Dann geht's weiter nach **San Pedro Columbia**, von wo sich ein Abstecher ins nahe gelegene Lubaantun anbietet. Und schließlich weiter zu den kleinen Maya-Dörfern der Region, mit Stopps zum Wandern und Schwimmen im herrlichen **Río Blanco National Park**.

Essen & Trinken

Auf den Speisekarten von Belize dominieren Reis und Bohnen, meist mit Hühnchen oder Rind serviert (oder auch mit Paka, einer lateinamerikanischen Nagetierart) und mit Gewürzen und Zutaten wie Kokosnussmilch angerichtet.

An der Küste gibt's reichlich Fisch & Meeresfrüchte. Während der Saison (Juni bis Februar) sind sie ausgezeichnet; frittierte Meeresschnecken sollte jeder mal probiert haben. In Dangriga oder Hopkins kann man ein leckeres Hudut kosten, ein beliebtes Gericht der Garifuna.

AUF EINEN BLICK

Währung Belize Dollars (BZ$); US Dollars (US$) werden überall akzeptiert

Sprachen Englisch, Spanisch, Kreolisch, Garifuna

Geld Geldautomaten sind weit verbreitet

Visa Bei Aufenthalten unter 30 Tagen grundsätzlich nicht nötig

Zeit MEZ minus sieben Stunden, keine Sommerzeit

Kurzinfos

- **Fläche** 22 966 km² – etwas kleiner als Mecklenburg-Vorpommern
- **Hauptstadt** Belmopan
- **Notruf** ☎ 911

Preise

- **Budgethotel** in Belize City 25 US$
- **Flasche Bier** 2 US$
- **Mittagstisch** 5 US$
- **Busfahrt (3 Std.)** 6 US$

Infos im Internet

- **Belize Tourism Board** (www.travelbelize.org)
- **Belize Bus & Travel Guide** (http://belizebus.wordpress.com/)
- **Belize by Naturalight** (www.belizenet.com)

Highlights

1 Günstige Unterkünfte, tolles Essen und maritime Vergnügungen im Überfluss auf **Caye Caulker** (S. 253) genießen

2 Die entspannte Strandatmosphäre von **Hopkins** (S. 283) einatmen

3 In Ruhe die einst schwer erreichbare Mayastätte **Caracol** (S. 278) erkunden – ohne Touristenmassen wie in Tikal

4 In der Höhle **Actun Tunichil Muknal** (S. 277) in den Untergrund von Cayo steigen

5 Bei **Cyrila's Maya Belizean Chocolate** (S. 292) einen Crash-Kurs in Schokoladenherstellung belegen

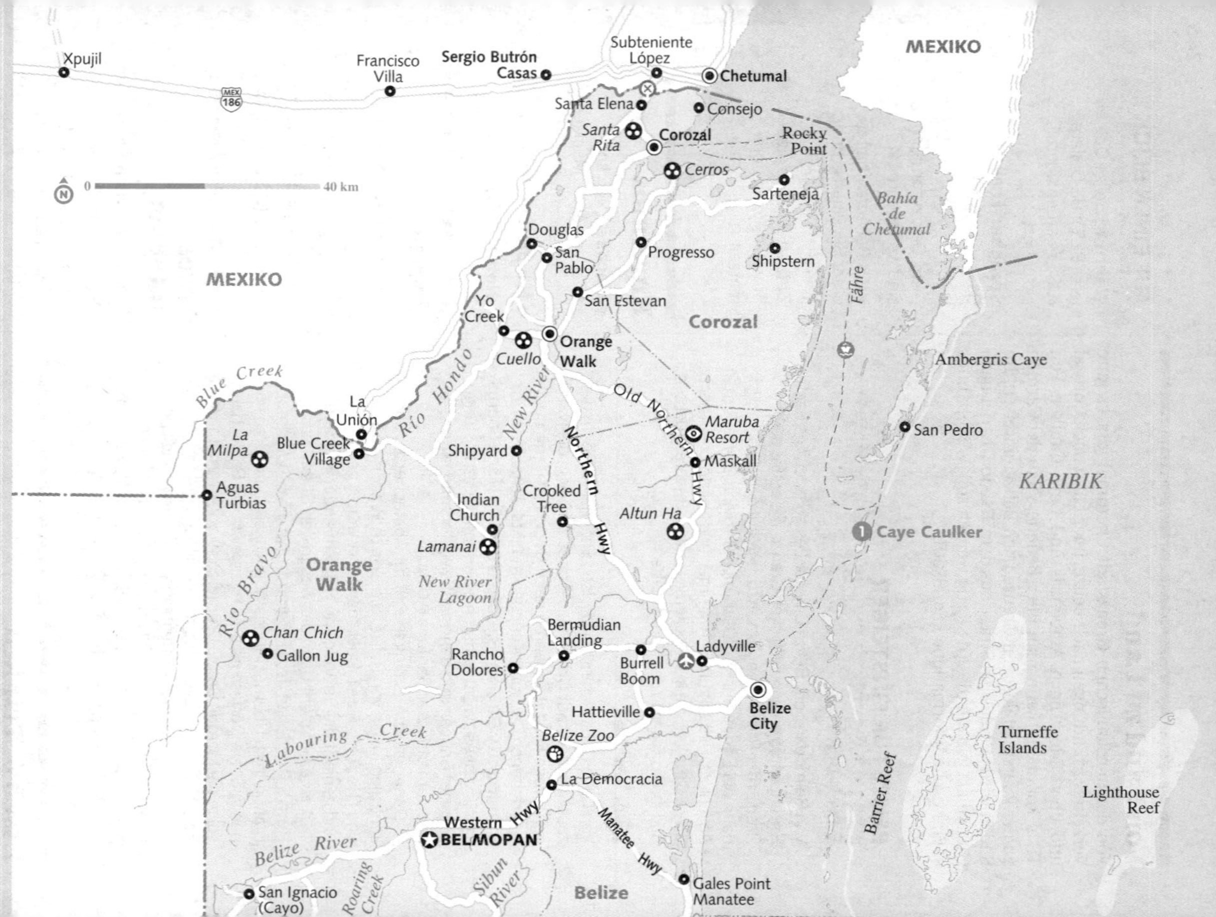

6 In den entlegenen **Maya-** und **Garifuna-Dörfern** im südlichen Toledo District ein Bild von der facettenreichen Kultur Belizes bekommen (S. 292)

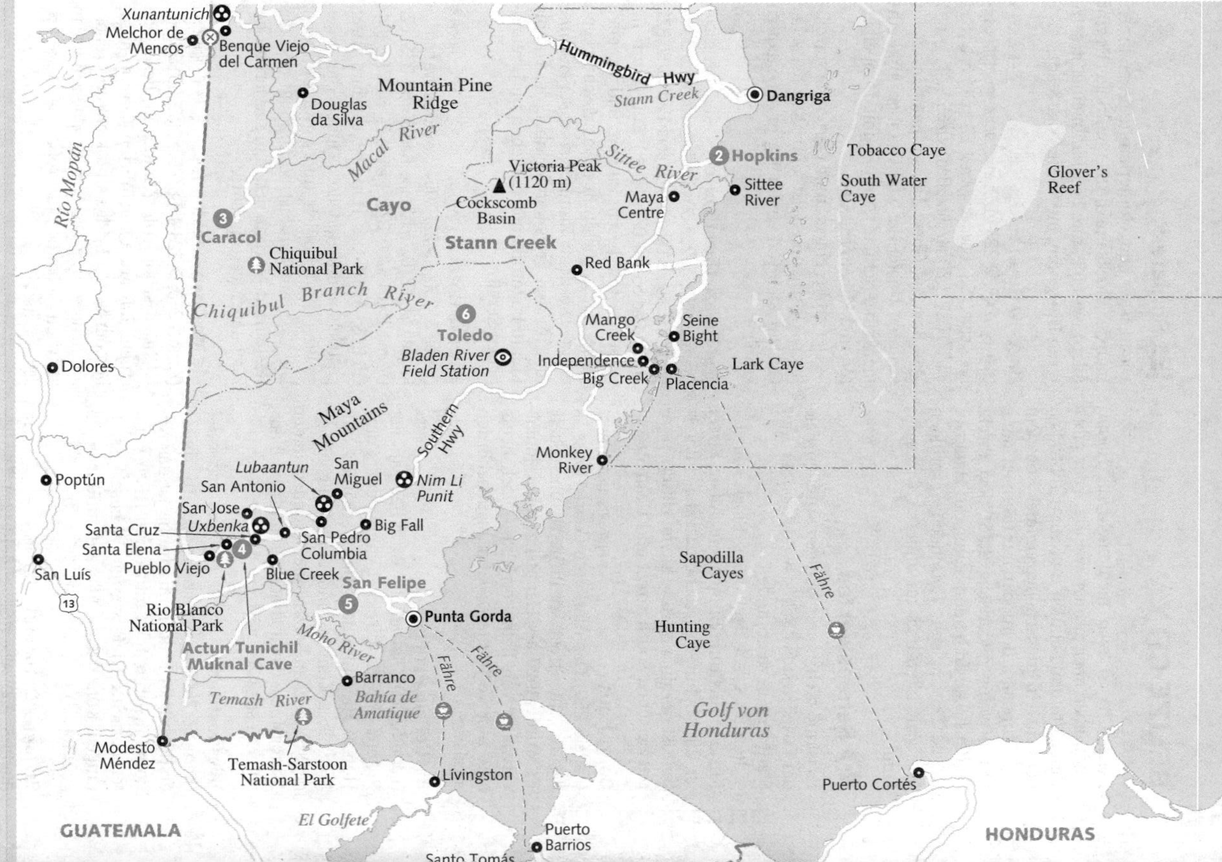

BELIZE CITY

65 000 EW.

Belize City ist zwar nicht mehr die Hauptstadt, aber noch immer wichtig. Hier gibt's Geschäfte und Schulen und auf den Straßen herrscht ein Menschengewimmel, von dem die Hauptstadt Belmopan nur träumen kann.

Die wenig malerische Stadt liegt direkt an der Küste an beiden Seiten des Haulover Creek. Die meisten Reisenden verbringen ihre Zeit allerdings an anderen Orten im Land.

Sehenswertes

Es ist möglich, in nur wenigen Stunden viele der wichtigsten Sehenswürdigkeiten der Stadt zu Fuß zu erkunden.

Regent Street liegt einen Block von der Küste in Richtung Binnenland. Albert Street ist die wichtigste Geschäftsstraße. Interessant ist der unerwartete kleine **Hindu-Tempel** zwischen South Street und Dean Street.

Court House HISTORISCHES GEBÄUDE

(Karte S. 250) Das markante Court House in der Regent Street ist nicht zu übersehen. Es wurde 1926 als Hauptsitz der Kolonialverwalter von Belize errichtet. Noch heute sind hier Verwaltungs- und Justizbehörden ansässig.

Battlefield Park PARK

(Karte S. 250) Battlefield Park liegt an der Regent Street, direkt hinter dem Court House. Hier tummeln sich Verkäufer, Müßiggänger, Künstler und andere Angehörige der städtischen Society, die besonders in der Mittagshitze die angenehm schattigen Plätzchen zu schätzen wissen.

Bliss Institute KULTURHAUS

(Karte S. 250; www.nichbelize.org) In dieser erstklassigen Kultureinrichtung ist das National Institute for Culture and History untergebracht. Hier werden Wechselausstellungen, Konzerte und Theateraufführungen geboten.

St John's Cathedral KIRCHE

(Karte S. 250; Albert St; ⌚6–18 Uhr) Die älteste anglikanische Kirche Mittelamerikas stammt aus dem Jahr 1847.

Yarborough Cemetery FRIEDHOF

(Karte S. 249) Ein Block südwestlich von St. John's Cathedral befindet sich der Yarborough Cemetery. An den Grabsteinen kann man die turbulente Geschichte von Belize bis 1781 zurückverfolgen.

Schlafen

Die meisten Budgetunterkünfte liegen innerhalb der Blocks um die Swing Bridge. Es gibt allerdings eine gute Pension in einer gesetzteren Umgebung im Norden der Stadt.

Bayview Guest House PENSION $

(Karte S. 249; ☎223-4179; www.belize-guesthouse-hotel.com; 58 Baymen Ave; EZ mit/ohne Bad 35/50 BZ$, DZ mit/ohne Bad 50/65 BZ$; ❄📶) Das Bayview Guest House bietet in einem sicheren Gebiet der Stadt saubere und einfach eingerichtete Zimmer mit Doppelbetten und Kabelfernsehen.

Der große, eingezäunte Garten mit unzähligen Obstbäumen ist ein phantastischer Ort, um sich von einem Tag in der Stadt zu erholen.

Sea Breeze Guesthouse PENSION $

(Karte S. 250; ☎203-0043; info@seabreeze-belize.com; 18 Gabourel Lane; EZ/DZ ohne Bad 45/50 BZ$, Zi. mit Bad 55–80 BZ$; ❄📶) Ein Traum für Reisende mit beschränktem Budget, auch wenn der Stacheldraht etwas abschreckend wirkt. Die neun Zimmer sind supersauber und für den Preis komfortabel; die Familie Kalam bietet unaufdringlichen und freundlichen Service.

Belcove Hotel HOTEL $

(Karte S. 250; ☎227-3054; www.belcove.com; 9 Regent St; EZ/DZ mit/ohne Bad 55/69 BZ$, EZ/DZ mit Bad 65/80 BZ$, Deluxe-Zi. DZ/3BZ 104/115 BZ$; ❄📶) Das Haus ist rundum frisch gestrichen und tadellos sauber, die Angestellten sind höflich und zuvorkommend. Die Lage am Fluss ist bezaubernd und das Restaurant Marlin's nebenan serviert ausgezeichnete Meeresfrüchte.

Ma Ma Chen Guesthouse PENSION $

(Karte S. 250; ☎223-4568; 7 Eve St; Zi. 60 BZ$; ❄) Nicht so schön: Die Zimmer in dieser von einem Taiwanesen geführten Pension nördlich der Swing Bridge sind klein und zellenähnlich. Positiv: Die Familie Chen führt im gleichen Gebäude ein großartiges vegetarisches Café.

Chateau Caribbean Hotel HOTEL $$

(Karte S. 250; ☎223-0800; www.chateaucaribbean.com; 6 Marine Parade Blvd; EZ/DZ/3BZ/Suite 158/178/198/218 BZ$; P❄📶) Diese umgebaute Kolonialvilla im Fort George Viertel von Belize City bietet eine großzügige Lobby, Bar und Esszimmer sowie anmutig gestaltete Zimmer mit großen Betten, hohen Fenstern mit weißen Vorhängen und einer

Belize City

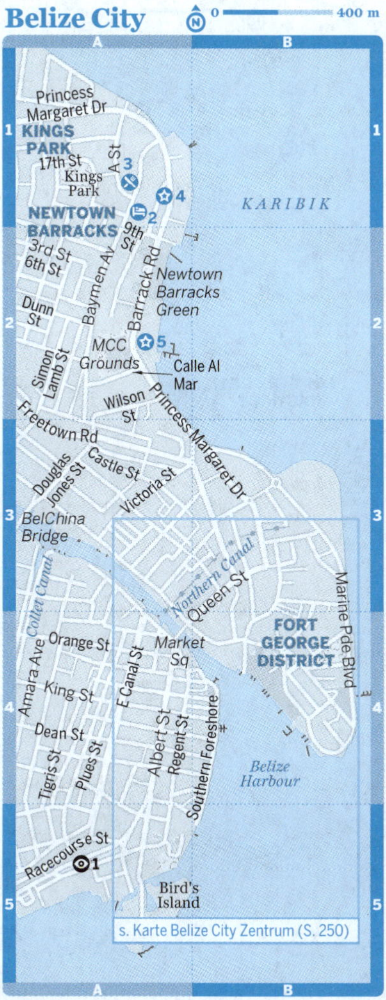

Belize City

Sehenswertes
1 Yarborough Cemetery A5

Schlafen
2 Bayview Guest House A1

Essen
3 Sumathi Indian Restaurant................ A1

Ausgehen & Nachtleben
Vogue Bar & Lounge ....(s. 5)

Unterhaltung
4 Caesar's Palace A1
5 Princess Hotel & Casino A2

Aussicht, wie man sie sich in der Karibik erträumt. Darauf einen Gin Tonic.

Coningsby Inn PENSION $$
(Karte S. 250; ☎227-1566; coningsby_inn@btl.net; 76 Regent St; DZ/3BZ 119/131 BZ$; ❄@📶) Unterkunft mittlerer Preisklasse in guter Stadtlage mit sauberen, sicheren Zimmern. Im Restaurant erhält man leckere, preiswerte Gerichte.

Essen

In den Restaurants von Belize City bekommt man eine gute Einführung in die belizische Küche. Straßenimbisse stehen meist rund um Market Square und verkaufen erstaunlich gutes Essen.

Cenie's Deli CAFETERIA $
(Karte S. 250; Commercial Center, Regent St; Gebäck 3 BZ$, mittags 8–10 BZ$; ⏲morgens & mittags) Mittagessen wird wie in einer Kantine ab 11 Uhr ausgeteilt, bis alle Portionen weg sind. Eins der günstigeren Lokale der Stadt; im Obergeschoss blicken die Gäste auf den Fluss.

Marlin's Seafood SEAFOOD $
(Karte S. 250; Regent St; Hauptgerichte 7–10 BZ$; ⏲Mo–Sa morgens, mittags & abends) Die Auswahl an Spezialitäten aus dem Meer steht auf der Kreidetafel, z. B. Chimole, Fisch- und Muschelsuppe. Gegessen wird an Picknicktischen, Flussblick inklusive.

Dit's Restaurant DINER, BÄCKEREI $
(Karte S. 250; 50 King St; Snacks 3 BZ$, Hauptgerichte 6–12 BZ$; ⏲morgens & mittags) Dit's gehört zu den Lieblingsrestaurants der Einheimischen. Ein nettes Lokal für landestypische Reis- und Bohnen-Gerichte, Sandwiches und mexikanische Speisen, wie *panades* und *salbutes* (Tortillavarianten). Besonders gut sind die Desserts, Kokosnuss- und Zitronenkuchen, Milchshakes und Säfte.

Le Petit Café BÄCKEREI $
(Karte S. 250; Cork St; Gebäck 1–5 BZ$, Sandwiches 11–14 BZ$; ⏲morgens, mittags & abends; 🖉) Das ausgezeichnete kleine Café mit eigener Bäckerei gehört zum Radisson; leckere Muffins, Croissants, Cookies und eine große Auswahl an Kaffeegetränken.

Moon Clusters Coffee House CAFÉ $
(Karte S. 250; ☎203-0139; 25 Daly St; ⏲Mo–Sa morgens & mittags) Das coolste Café der Stadt serviert sechs verschiedene Arten von Espresso, Frappuccino, Donuts und Backwaren.

Belize City – Zentrum

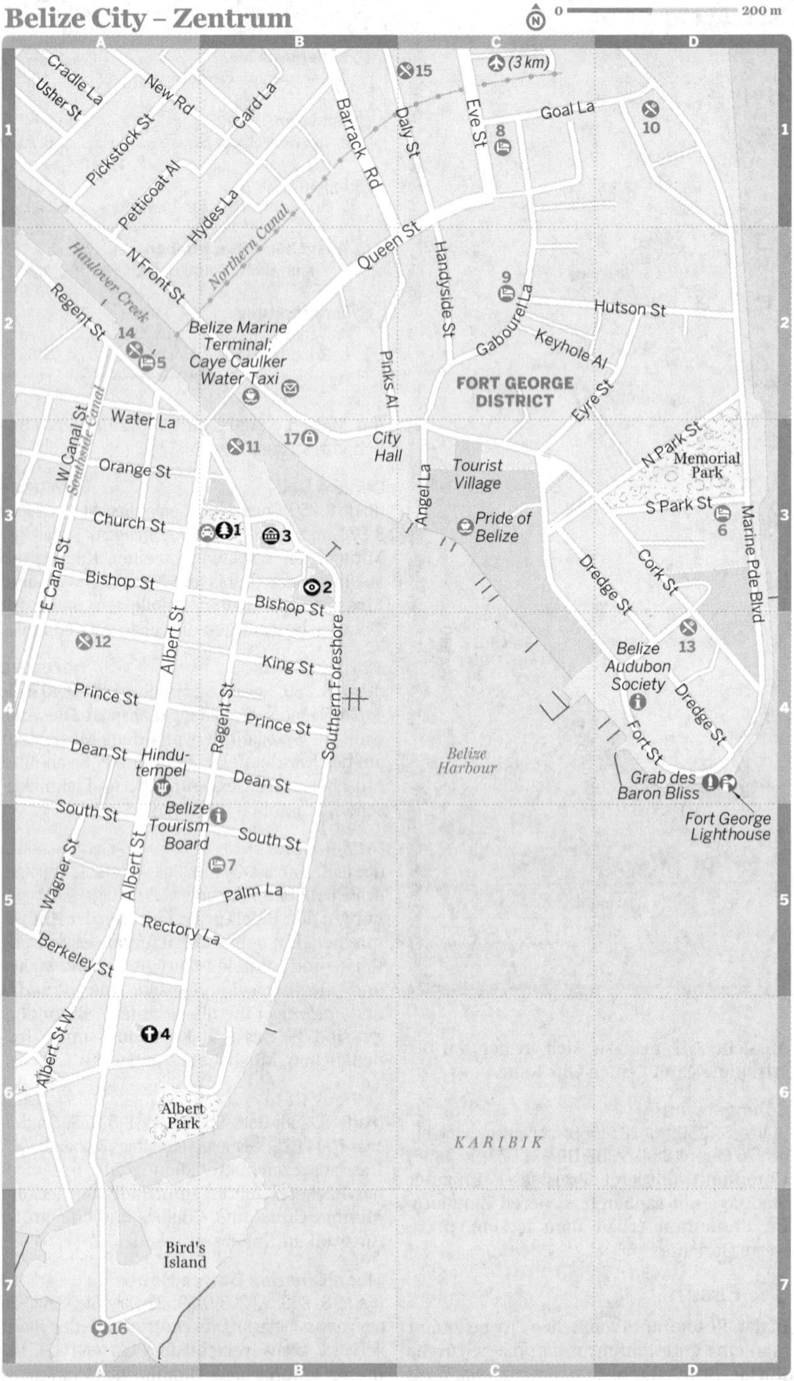

Belize City – Zentrum

Sehenswertes
1 Battlefield Park B3
2 Bliss Institute B3
3 Court House B3
4 St. John's Cathedral A6

Schlafen
5 Belcove Hotel A2
6 Chateau Caribbean Hotel D3
7 Coningsby Inn B5
8 Ma Ma Chen Guesthouse C1
9 Sea Breeze Guesthouse C2

Essen
10 Celebrity Restaurant D1
11 Cenie's Deli B3
12 Dit's Restaurant A4
13 Le Petit Café D4
Ma Ma Chen Restaurant .... (s. 8)
14 Marlin's Seafood A2
15 Moon Clusters Coffee House C1

Ausgehen & Nachtleben
16 Bird's Isle Restaurant A7

Shoppen
17 Image Factory B3

Ma Ma Chen Restaurant TAIWANESISCH, VEGETARISCH $
(Karte S. 250; 7 Eve St; Hauptgerichte ab 5 BZ$; morgens, mittags & abends;) Ausgezeichnete vegetarische Küche mit eindeutig taiwanesischem Touch.

Sumathi Indian Restaurant INDISCH $$
(Karte S. 249; 223-1172; 19 Baymen Ave; Gerichte 18–38 BZ$; Di–So 11–23 Uhr;) Curry- und Tandoorigerichte oder *biryanis* (scharfer Reis mit Fleisch oder Gemüse) mit vielfältigen vegetarischen Alternativen in großzügigen Portionen.

★ **Celebrity Restaurant** INTERNATIONAL $$
(Karte S. 250; 223-7272; www.celebritybelize.com; Ecke Marine Parade Blvd & Goal Lane; Hauptgerichte 20–30 BZ$; 11–23 Uhr) Steaks, Fisch und Meeresfrüchte, Fajitas und Quesadillas, Pastagerichte und mediterrane Überraschungen wie Hummus und Kebab. Die belebte Bar und der Meerblick runden das lockere Ambiente ab.

Ausgehen & Unterhaltung

In Belize City kann man an den Wochenenden am besten einen draufmachen. Im Zentrum gibt's ein paar Lokale, in denen man gut ein Bier trinken kann, aber die wirkliche Action findet 2 km nördlich statt. Ein Taxi in diese Gegend kostet etwa 6 BZ$.

Bird's Isle Restaurant BAR
(Karte S. 250; Bird's Island; Mo–Fr 10.30–14.30 & 17.30 Uhr–open end, Sa 10.30–22 Uhr) Zum offenen *palapa* (einem palmengedeckten Dach) strömen Einheimische und Touristen, um die Meeresbrise, die frisch gepressten Säfte, gutes Essen und kalte Biere zu genießen. Donnerstags gibt es von 20.30 bis 1 Uhr Karaoke; in der Bar wird auch manchmal live aufgespielt.

Vogue Bar & Lounge BAR
(Karte S. 249 www.princessbelize.com; Newton Barracks, Kings Park, Princess Hotel & Casino; So–Mi 12–24, Do–Sa 12–2 Uhr) Die Bar im Princess lebt freitagnachts auf, wenn die jungen Leute das Wochenende einläuten. Donnerstags bis samstags bringt ab 21 Uhr ein DJ ein bisschen Bewegung in den Laden.

Caesar's Palace CLUB
(Karte S. 249; 223-7624; 190 Barrack Rd; Eintritt Männer 5 BZ$, Frauen kostenlos; Fr & Sa 22–4 Uhr) Latino-Musik und eine volle, kleine Tanzfläche. Die Leute kommen ab 22.30 Uhr.

Princess Hotel & Casino KINO, KASINO
(Karte S. 249; Newtown Barracks, Kings Park; 12–4 Uhr) Dies ist das einzige Kino von Belize City; das Programm steht in den Tageszeitungen. In diesem Komplex gibt es außerdem noch eine Bowlingbahn mit Spielhalle, ein paar teure Bars und logischerweise ein Kasino.

Shoppen

Image Factory KUNSTGALERIE
(Karte S. 250; 91 N Front St; Mo–Fr 9–17 Uhr) Diese Kunstgalerie bietet die beste Auswahl an Büchern im Land, einschließlich internationaler Literatur, sowie Titel über die belizischen und karibischen Gesellschaften und ihre Geschichte. In einem Raum werden Malereien und andere Werke einheimischer Künstler ausgestellt.

Orientierung

Der Haulover Creek, ein Seitenarm des Belize River, fließt mitten durch die Stadt und trennt das Geschäftszentrum (das von der Albert, der Regent, der King und der Orange St begrenzt wird) von dem etwas vornehmeren Wohnviertel Fort George im Nordosten. Direkt südlich der Swing Bridge und des Haulover Creek liegt die Altstadt. Da diese Gegend nicht ganz so sicher ist, sollte man sie besser tagsüber erkunden.

Am Nordende der Brücke befindet sich der Belize Marine Terminal. Hier starten die Motorbarkassen zu den Inseln Caye Caulker und Ambergris Caye.

Praktische Informationen

GEFAHREN & ÄRGERNISSE

Klar, auch in Belize City gibt's Kriminalität, aber es ist längst nicht so schlimm, wie Pessimisten behaupten. Man muss nur – wie in jeder anderen Großstadt auch – seinen gesunden Menschenverstand walten lassen. Es ist immer besser, wenn man zu zweit oder in der Gruppe herumläuft und im Zentrum, in Fort George und King's Park auf den Hauptstraßen bleibt. Unbedingt meiden sollte man die Front St südlich und östlich der Swing Bridge, denn hier sind oft Straßenräuber bei der Arbeit.

GELD

Überall in Belize City gibt's Geldautomaten, u.a. neben dem Marine Terminal Building.

Belize Bank (60 Market Sq; Mo–Do 8–13.30, Fr 8–16.30 Uhr)

Scotia Bank (Ecke Albert & Bishop Sts; Mo–Do 8–13.30, Fr 8–16.30 Uhr)

First Caribbean International Bank (21 Albert St; Mo–Do 8–13.30, Fr 8–16.30 Uhr)

INTERNETZUGANG

KGS Internet Café (29 King St; 3 BZ$/Std.; 9–18 Uhr)

Turton Library (156 N Front St; 4 BZ$/Std.; Mo–Fr 9–17, Sa 9–12 Uhr) Billigster Internetzugang der Stadt, schnelle Verbindungen und Klimaanlage.

FAHRT IN DIE STADT

Vom Flughafen

Die Taxifahrt vom/zum Internationalen Flughafen kostet 50 BZ$. Vom Flughafenterminal sind es 3 km bzw. eine halbe Stunde Fußweg auf einer Zugangsstraße zum Northern Highway, wo man in der Regel einen Bus nach Norden oder Süden bekommt.

Vom Busbahnhof

Der Busbahnhof liegt am westlichen Ufer des Kanals, etwa fünf Minuten zu Fuß von der Swing Bridge entfernt. Nach dem Verlassen des Bahnhofs nach links wenden und an der ersten Kreuzung rechts in die Orange Street abbiegen. Es ist eine düstere Gegend; wer nachts ankommt, nimmt besser ein Taxi ins Hotel.

MEDIZINISCHE VERSORGUNG

Karl Heusner Memorial Hospital (223-1548, 223-1564; Princess Margaret Dr; 24 Std. Notdienst) Öffentliches Krankenhaus im Norden der Stadt.

NOTFALL

Notarztwagen (90, Privater Notarztwagen 223-3292)

Notfälle/Polizei (911)

Touristenpolizei (227-6082, 1-800-898-000)

POST

Post (N Front St; Mo–Sa 8–12 & 13–17 Uhr) Gegenüber vom Gebäude des Marine Terminal.

TELEFON

BTL (227-7085; 1 Church St; Mo–Fr 8–18 Uhr) Hier gibt's Telefonkarten und klimatisierte Telefonzellen für Orts- und Ferngespräche (auch ins Ausland).

TOURISTENINFORMATION

Belize Audubon Society (223-5004; www.belizeaudubon.org; 12 Fort St) Infos über Nationalparks und Naturschutzgebiete im ganzen Land.

Belize Tourism Board (BTB; 227-2417, 227-2420; www.travelbelize.org; 64 Regent St; Mo–Do 8–17, Fr 8–16 Uhr) Karten, Magazine und alle möglichen Informationen für Reisen in Belize. Hier wird auch der Kreuzfahrt-Fahrplan ausgehängt, der halbjährlich erneuert wird.

WASCHSALON

G's Laundromat (22 Dean St; Wäscheladung 10 BZ$; 7.30–17.30 Uhr)

North Front Street Laundry (22 N Front St)

An- & Weiterreise

BUS

Alle Straßen führen nach Belize City und fast alle Busse – egal von welchem Anbieter – halten am Hauptbusbahnhof. Man kann ihn gar nicht verfehlen: Das große Gebäude ist in den Rastafarben Rot, Gold und Grün gestrichen. Die Behörden gehen in letzter Zeit dagegen vor, dass Busfahrer zu viele Fahrgäste mitnehmen. Deswegen ist es einfacher, einen Platz am Bahnhof zu ergattern als am Highway.

FLUGZEUG

Der Municipal Airport (TZA) von Belize City liegt 2,5 km nördlich des Zentrums an der Küste. Vom internationalen Flughafen starten auch Inlandsflüge, es ist aber durchweg billiger, wenn man vom Municipal Airport abfliegt.

Maya Island Air (223-1140, 223-1362; www.mayaairways.com) und **Tropic Air** (226-2012; www.tropicair.com) sind die beiden belizischen Fluglinien.

BUSSE AB BELIZE CITY

ZIEL	DAUER (STD.)	PREISE (BZ$)	ABFAHRTEN
Belmopan	1–1¼	Fernverkehrs-/Expressbus 5/10	halbstündl.
Benque Viejo del Carmen	3	Fernverkehrs-/Expressbus 8/12	halbstündl.
Chetumal (Mexico)	3	16	3x tgl.
Corozal	2–3	Fernverkehrs-/Expressbus 10/15	stündl.
Dangriga	3–4	Fernverkehrs-/Expressbus 10/15	regelmäßig
Orange Walk	2	Fernverkehrs-/Expressbus 5/7	stündl.
Placencia	4	Fernverkehrs-/Expressbus 20/26	regelmäßig
Punta Gorda	6–7	Fernverkehrs-/Expressbus 24/28	regelmäßig
San Ignacio	2–3	Fernverkehrs-/Expressbus 7/11	halbstündl.

SCHIFF/FÄHRE

Schnelle Motorbarkassen von **Caye Caulker Water Taxi** (☎223-5752; www.cayecaulkerwatertaxi.com) fahren mehrmals täglich zwischen Belize City, Caye Caulker und Ambergris Caye hin und her. Inzwischen legt auch einmal wöchentlich ein Boot nach Guatemala ab.

Der Belize Marine Terminal am Nordende der Swing Bridge ist der Hauptanleger für Schiffe zu den Inseln im Norden.

ℹ Unterwegs vor Ort

Taxifahrten innerhalb von Belize City (inkl. zum/vom Municipal Airport) kosten 10 BZ$ für ein oder zwei Personen. Nachts werden die Fahrten teurer, dann sollte man feilschen.

DIE NÖRDLICHEN CAYES

Für Wasserratten sind zwei winzige Inselchen nordöstlich von Belize City ein absolutes Muss. Tauchen, Schnorcheln, Windsurfen, Segeln – hier ist wirklich alles möglich. Das unter Naturschutz stehende Seegras an der Küste ist für Schwimmer zwar nicht so angenehm, aber die meisten Leute springen von den bis ins tiefere Wasser reichenden Anleger ins kühle Nass. Wer nur faul am Strand rumliegen will, sollte in die südlich gelegenen Orte wie Hopkins oder Placencia fahren.

Caye Caulker

1300 EW.

Die nur einen Katzensprung von Belize City entfernte Caye Caulker ist noch immer ein Backpacker-Paradies. Die winzige Insel hat man in kaum zwei Stunden umrundet. Betuchtere Reisende fahren für ein paar Tage nach Caulker und dann weiter auf die etwas erschlossenere Ambergris Caye. Ist die Reisekasse magerer, fällt Ambergris besser weg.

Caulker besteht eigentlich aus zwei Inseln, denn der Hurrikan Hattie teilte sie direkt nördlich des Ortes. Der Graben wird einfach Split (oder Cut) genannt. Hier gibt es einen winzigen Strand mit einer recht starken Strömung. Die Gegend nördlich des Split ist vorwiegend unerschlossenes Land, von dem Teile unter Naturschutz stehen.

Hier kann man gut schwimmen, allerdings stört das Seegras. Der angesagte Platz zum Sehen und Gesehenwerden ist der Anleger am Split.

Aktivitäten

Die Wellen brechen sich am Barriereriff. Das kann man besonders gut von der Ostküste der Caye Caulker aus beobachten. Man sollte aber nicht versuchen, dorthin zu schwimmen – die einheimischen Bootsfahrer sind Schwimmern gegenüber sehr rücksichtslos. Also lieber nur in geschützten Bereichen ins Wasser gehen.

Das Riff erreicht man nach einer kurzen Bootsfahrt. Hier gibt's einige der aufregendsten **Schnorchel-**, **Tauch-** und **Angelspots** unseres Planeten (u.a. das Blue Hole, in dem es von Haien nur so wimmelt). Das durch das Riff geschützte, ruhige Wasser, die nahezu konstante Seebrise und die angenehmen Wassertemperaturen machen die Inseln zu einem Paradies für **Kitesurfer**.

Wassersportausrüstung kann man an mehreren Stellen im Ort mieten. Schnorchelausrüstung und allerlei Aufblasbares für den Spaß im Wasser kosten etwa 10 BZ$ pro Tag, Seekajaks 15 BZ$ pro Stunde.

Kitexplorer KITESURFEN
(☎626-4613; www.kitexplorer.com; Front St) Kitexplorer bietet Kurse (ab 260 BZ$) für alle Stufen – vom Anfänger bis zum Könner. Erfahrene Kitesurfer können sich hier auch das erforderliche Material ausleihen.

TAUCHEN IM BLUE HOLE

Wer jemals ein Poster von Belize gesehen hat, weiß wahrscheinlich, wie das Blue Hole aussieht – viele kommen nur nach Belize, um dort zu tauchen. Dieser Cenote mitten im Lighthouse Reef hat überraschend blaues Wasser, ist ca. 122 m tief und 305 m breit.

Nach dem schnellen Abtauchen auf eine Tiefe von 40 m schwimmt man dann unter einem von Stalaktiten übersäten Überhang herum. Hier wimmelt es nur so von verschiedenartigen Riffhaien (Schwarzspitzenhaie, Bullenhaie, Zitronenhaie und manchmal auch Hammer- oder Tigerhaie).

Wer im Besitz eines Open-Water-Tauchscheins ist, kann seinen Tauchgang über fast jeden Tauchladen auf den Inseln organisieren. Ein Tagesausflug (mit drei Tauchgängen) kostet ca. 380 BZ$.

Belize Diving Services TAUCHEN
(☎226-0143; http://belizedivingservices.net) Bei Belize Diving Services kann man seinen Tauchschein machen oder an einer der geführten Tauchtouren zum Turniffe Atoll und zum heimischen Riff teilnehmen.

Geführte Touren

Von Caulker aus kann man viele Ausflüge zu Land und zu Wasser unternehmen.

Anda De Wata Tours ABENTEUER
(☎666-7374; Luciano Reyes St) Auf einem Reifenschlauch hinter einem langsam fahrenden Boot hergezogen werden klingt nach einem traumhaften Abenteuer? Dann sind die 90-minütigen Boat-and-Float-Touren von Anda De Wata (50 BZ$) genau richtig. Außerdem sind auch einige interessante Schnorchelausflüge rund um die örtlichen Riffe im Programm.

Raggamuffin Tours BOAT
(☎226-0348; www.raggamuffintours.com; Front St) Organisiert dreitägige Segeltörns mit zwei Übernachtungen (600 BZ$) und Campingtouren zu den Inseln Tobacco und Rendezvous. Auf dem Weg nach Placencia gibt's reichlich Möglichkeiten zum Schnorcheln und Angeln.

Reef Watersports WASSERSPORT
(☎635-7219; www.reefwatersports.com; Av Hicaco) Dieser gerade eröffnete Laden liegt direkt am Split und vermietet Jet-Skis (140 BZ$/halbe Std.); außerdem verschiedene Pakete mit Wake-Boarden und Wasserski. Details stehen auf der Website.

Tsunami Adventures ABENTEUER
(☎226-0462; www.tsunamiadventures.com; Front St) Ein toller Laden, der so ziemlich alles anbietet. Darunter dreistündige Nachtschnorcheltrips (65 BZ$), eintägige Touren zum Turniffe Atoll (140 BZ$) und zweistündige Bootsfahrten um Caulker (50 BZ$). Die genannten Preise gelten für eine Person. Tsunami verleiht auch Schnorchelausrüstungen (10 BZ$/Tag) und Kanus (50 BZ$/Tag).

Schlafen

Dirty McNasty's Hostel HOSTEL $
(☎636-7512; Crocodile St; B 28 BZ$, DZ 66 BZ$) Welcher Backpacker könnte einer Herberge mit dem Namen Dirty McNasty's widerstehen? Das kürzlich eröffnete Hostel ist weder unhygienisch noch faul, obwohl es eine gewisse anrüchige Piratenschiffatmosphäre ausstrahlt. Die Schlafsäle und Doppelzimmer sind ordentlich, aber sehr einfach gehalten. Alle Zimmer verfügen über Warmwasserduschen, für den Fall, dass es zu schmutzig und/oder anstößig wird.

Yuma's House Belize HOSTEL $
(☎206-0019; www.yumashousebelize.com; Front St; B/EZ/DZ 27/55/62 BZ$; 📶) Das Yuma's kostet seine Lage am Strand voll aus. Es gibt einen Anleger nur für Gäste und Hängematten im grünen Garten. Die beengten Schlafsäle haben einen frischen Anstrich und neue Betten und Matratzen bekommen. Zu den Gemeinschaftsbereichen gehören zwei komplett ausgestattete Küchen und Kaltwasserduschen.

Bella's Hostel HOSTEL $
(☎226-0360; bellas.hostel@yahoo.com; B/DZ 20/50 BZ$, Campingplatz pro Pers. 15 BZ$; 📶) Auf der Rückseite der Insel versteckt sich das Bella's, wo Backpacker auf einem schattigen Grundstück campen oder sich in eins der Betten in der luftigen Baracke verziehen können. Die Traveller hier kochen häufig zusammen, spielen auf dem Balkon miteinander Karten und nutzen die kostenlosen Angebote, wie Kanus und Fahrräder.

Ignacio Beach Cabins HÜTTEN $
(☎226-0175; http://aguallos.com/ignaciobeach; DZ 30–45 BZ$, Suite 110 BZ$; 📶) Einfache Unterkunft am Wasser in verwitterten Pfahlhütten. So weit südlich sind wenige Menschen

unterwegs, deswegen bleibt man hier unter sich. Von den Hütten mit Kaltwasserduschen ist es ein kurzer Weg zum Strand, die teureren Hütten liegen direkt am Wasser.

Daisy's Hotel HOTEL $
(☎226-0150; EZ/DZ/3BZ 25/38/48 BZ$) Hier gibt's die preiswertesten Zimmer der Insel. Sie sind zwar einfach und weder groß noch luftig, aber dennoch nicht schlecht. In den Zimmern oben ist die Durchlüftung besser.

Tropical Oasis HOSTEL $
(☎629-0511; karianne_mokkelbost@hotmail.com; La Posa St; B 25 BZ$, Hütte 50 BZ$) Diese bunte, baufällige Ansammlung von Baracken, Hütten und sogar einem Wohnwagen gehört zu den günstigsten Unterkünften auf Caye Caulker. Es gibt zwei Schlafsäle, einen mit acht Betten, einen mit vier Betten, und zwei kleine Hütten für zwei Personen sowie eine Gemeinschaftsküche.

★ **Sea Dreams Hotel** B&B $$
(☎226-0602; www.seadreamshotel.com; Zi. 210 BZ$, Apt. 310–410 BZ$; ❄📶) Die wundervolle Pension westlich des Split bietet eine seltene Kombination aus guter Erreichbarkeit und herrlicher Ruhe. Tagsüber am Split abhängen und sich dann nur wenige Schritte entfernt in die gemütliche Unterkunft zurückziehen. Gäste genießen grandiose Sonnenuntergänge von einem privaten Anleger oder bei einem Drink auf der Dachterrasse. Frühstück, Fahrrad und Kanunutzung sind inklusive.

Costa Maya Beach Cabanas HÜTTEN $$
(☎226-0432; www.tsunamiadventures.com; Front St; DZ 110–130 BZ$, Apt. 150 BZ$; ❄📶) Sechs zweigeschossige, sechseckige *cabañas* am Strand verteilen sich um einen sandigen Hof. Die etwas teureren Hütten direkt am Strand verfügen über Küchenzeilen, Kabelfernsehen, Klimaanlage und private Veranden mit herrlichem Ausblick. Gäste können kostenlos Fahrräder, Strandstühle, Schwimmanleger und Kanus nutzen. Für Touren bei Tsunami Adventures werden Rabatte gewährt.

Colinda Cabanas CABAÑA $$
(☎226-0383; www.colindacabanas.com; Playa Ascension; Zi. ab 98–278 BZ$; ❄📶) Colins und Lindas hell leuchtendes Domizil in Gelb-Blau südlich des Friedhofs ist eigentlich nicht zu übersehen. Die fünf *cabañas* und fünf Suiten sind hübsch ausgestattet mit kleinen Kühlschränken, Kaffeemaschinen, Warmwasserduschen und bequemen Betten. Die Hängematten auf den Balkonen bieten zusätzliche Gelegenheiten zum entspannen.

Barefoot Beach Belize PENSION $$
(☎226-0205; www.barefootbeachbelize.com; Zi. 138–158 BZ$, Suite 258 BZ$, Hütten 258 BZ$; ❄📶) Das nette, kleine Strandhotel leuchtet in Pink und Türkis. Die Zimmer haben Doppelbetten oder französische Betten, Kühlschränke, Klimaanlagen und eigene Terrassen. Die Suiten bieten zudem eine komplett eingerichtete Küche. In den freistehenden Cottages können bis zu vier Personen übernachten.

Essen

Abends werden am Strand ein halbes Dutzend kleine Grills und Picknicktische aufgestellt und Leute verkaufen von Fahrradanhängern Pasteten und belizische Gerichte wie frittierte Muscheln und Hummer (je nach Saison). Das Essen von solch einem Spontanimbiss schmeckt gut bis exzellent und ist immer sehr günstig.

La Cubana KUBANISCH $
(Front St; Hauptgerichte ab 12 BZ$; ⏲morgens, mittags & abends; 🖉) Im La Cubana gibt es Fisch, Meeresfrüchte, Hühnchen und sogar einige vegetarische Gerichte. Aber die Menschen kommen abends vor allem wegen des Schweinebratens. Am günstigsten ist das All-you-can-eat-Buffet (28 BZ$) mit einer unglaublichen Auswahl an vegetarischen und fleischhaltigen Gerichten, Desserts und natürlich toten Ferkeln.

Amor Y Café FRÜHSTÜCK $
(Front St; Hauptgerichte 8–12 BZ$; ⏲morgens & mittags; 🖉) Frisch gepresste Säfte, Rühreier oder selbst gemachter Joghurt mit Früchten, dazu frisch gebrühter Kaffee. Und Sandwiches für alle, die sich ihr Mittagessen mitnehmen wollen.

Little Kitchen Restaurant BELIZISCH $$
(☎667-2178; Marvin Gainy St; Mahlzeiten ab 6–20 BZ$; ⏲mittags & abends) Dieses Terrassenrestaurant im 3. Stock serviert traditionelle belizische Gerichte, wie Garnelencurry, Roten Schnapper in Kokosnuss, Eintöpfe und hervorragende, frittierte Meeresschnecken. Zum herrlichen Sonnenuntergang gibt es einen Cocktail, gemixt aus belizischem Rum, Ingwerwein oder frischem Saft. Little Kitchen liegt in einem Wohnviertel auf Caye Caulker und ist nicht so leicht zu finden. Nördlich der Flugpiste auf der Ost-West-Straße in westlicher Richtung gehen und

Caye Caulker

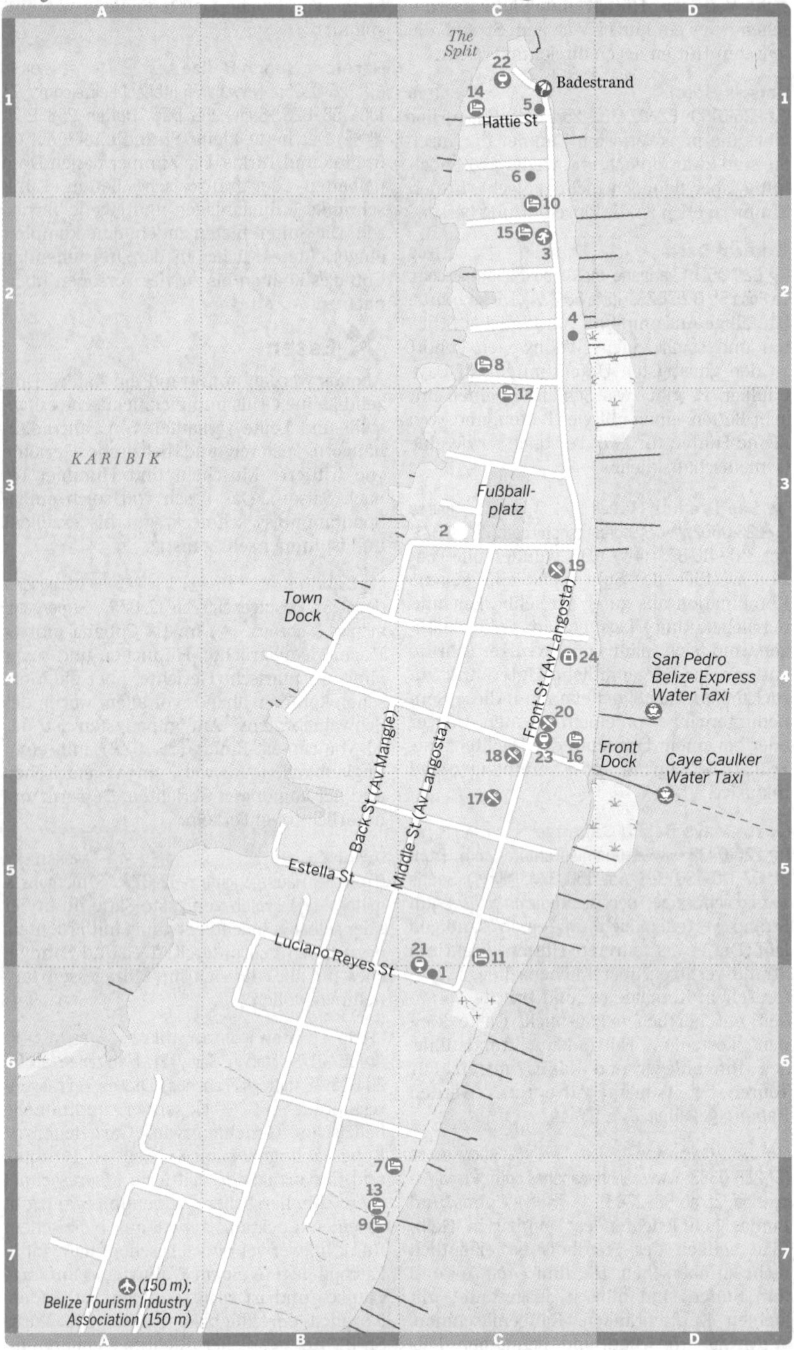

Caye Caulker

Aktivitäten, Kurse & Touren

1 Anda De Wata Tours C6
2 Belize Diving Services C3
3 Kitexplorer C2
4 Raggamuffin Tours C2
5 Reef Watersports C1
6 Tsunami Adventures C1

Schlafen

7 Barefoot Beach Belize B7
8 Bella's Hostel C2
9 Colinda Cabanas B7
10 Costa Maya Beach Cabanas C2
11 Daisy's Hotel C5
12 Dirty McNasty's Hostel C3
13 Ignacio Beach Cabins B7
14 Sea Dreams Hotel C1
15 Tropical Oasis C2
16 Yuma's House Belize C4

Essen

17 Amor Y Café C5
18 Habaneros C4
19 Happy Lobster C3
20 La Cubana C4

Ausgehen & Nachtleben

21 I&I Reggae Bar C5
22 Lazy Lizard C1
23 Sand Box C4

Shoppen

24 Caribbean Colors C4

nach den Schildern Ausschau halten oder fragen.

Happy Lobster SEAFOOD $$

(Front St; Hauptgerichte 18–30 BZ$; Mi–Mo morgens, mittags & abends;) Happy Lobster ist eine Institution auf Caulker und bietet eine große Auswahl an Fisch, Fleisch und vegetarischen Gerichten. Die Frühstückskarte ist besonders beliebt und die Veranda zum Meer ist ein herrlicher Ort, um eine Meeresbrise einzufangen und dem Treiben auf der Front Street zuzusehen.

★ **Habaneros** INTERNATIONAL $$$

(620-4911; habanerosdream@gmail.com; Ecke Front St & „The Dock Street"; Hauptgerichte 25–50 BZ$; Fr–Mi abends) Habaneros serviert internationale Feinschmeckerküche und kombiniert frische Seafood, Fleisch und Gemüse mit unverschämt leckeren Saucen und Aromen. Gäste essen bei Kerzenschein auf der Veranda oder schlürfen in der flippigen Bar fruchtige Cocktails, Wein oder Sangria. Reservierung ist ratsam.

Ausgehen & Nachtleben

Das Nachtleben auf Caye Caulker spielt sich meist spontan am Strand oder am Split ab.

Sand Box BAR

(Front St; 8 Uhr–open end) Mit Plätzen unter freiem Himmel, Blick auf den Anleger und Happy Hour von 15 bis 18 Uhr ist das Sand Box eine echte Institution auf der Insel. Einheimische wie auch Eingewanderte treffen sich hier zum fröhlichen Tratschen und Klatschen. Wer nicht sofort in sein Hotel einchecken kann, sollte als erstes diese Bar ansteuern.

Lazy Lizard STRANDBAR

(The Split; 10–24 Uhr) Ein sonniger Ort für Müßiggänger – und an letzteren herrscht hier wirklich kein Mangel. Der Laden am Split, um gesehen zu werden.

I&I Reggae Bar BAR

(18–24 Uhr) Im Süden der Stadt wird Reggae geboten.

Shoppen

Caribbean Colors KUNST

(www.caribbean-colors.com; Front St; 7–21 Uhr;) Dieses Geschäft im 2. Stock gehört der einheimischen Künstlerin Lee Vanderwalker, die hier ihre eigenen Werke und die von rund einem Dutzend anderer belizischer Künstler ausstellt. Zur Kunstschau gibt es heißen Espresso oder einen kühlen Smoothie.

Praktische Informationen

Südlich des Orts gibt's in der **Belize Tourism Industry Association** (226-2251) Infos darüber, was man auf der Insel sehen und unternehmen kann. Bargeld bekommt man bei der **Atlantic Bank** (Middle Street; Mo–Fr 8–14, Sa 8.30–12 Uhr), allerdings ist der Automat etwas unberechenbar. E-Mails checken kann man bei **Cayeboard Connection** (Front St; 12 BZ$/Std.; 8–21 Uhr). Die Website der Caye Caulker (www.gocayecaulker.com) bietet gute Informationen zur Vorbereitung der Reise.

An- & Weiterreise

Maya Island Air (226-0012; www.mayaairways.com) und **Tropic Air** (226-0040; www.tropicair.com) fliegen regelmäßig von Belize City und Ambergris Caye nach Caye Caulker. Caulker liegt außerdem auf halber Strecke des **Caye Caulker Water Taxi** (226-0992; www.cayecaulkerwatertaxi.com) und des San Pedro Belize Express (S. 262) zwischen Belize City und Ambergris.

Unterwegs vor Ort

Caulker ist so klein, dass man alles zu Fuß erkunden kann. Man kann aber auch ein Fahrrad (20 BZ$/Tag) oder ein Golfmobil (100 BZ$/Tag) mieten. Es gibt Golfmobiltaxis, die einen für ca. 5 BZ$ zu jeder beliebigen Stelle auf der Insel bringen.

Ambergris Caye & San Pedro

8500 EW.

Ambergris ist nicht so locker wie Caye Caulker, besser erschlossen als Placencia und das teuerste Touristenziel von Belize. San Pedro ist mit den vielen Autos, Golfwagen und Touristen eine Miniaturausgabe von Cancún. Allerdings vermitteln die Sandstraßen und Strandbars noch immer den Eindruck eines Tropenparadieses. Die günstigeren Unterkünfte befinden sich im Stadtzentrum.

Außerhalb und vor allem nördlich und südlich der Stadt sprießen mit erschreckender Regelmäßigkeit große Ferienresorts und geschlossene Pensionärsdörfer wie Pilze aus dem Boden.

Der größte Teil der Inselbevölkerung wohnt in der Stadt San Pedro, in der Nähe des südlichen Zipfels. Das Barriereriff liegt nur 800 m östlich von San Pedro.

Aktivitäten

Ambergris ist *der* Ort für Wassersportler: Gerätetauchen, Schnorcheln, Segeln, Kitesurfen, Bootfahren, Surfen, Parasailing, Hochseeangeln, Schwimmen und Sonnenbaden. Viele Hotels auf der Insel haben ihre eigenen Tauchshops, in denen man sich die erforderliche Ausrüstung ausleihen kann und auch eine Einweisung bekommt. Und natürlich werden auch Tauchausflüge organisiert. Eigentlich kann so gut wie jeder Einheimische Wassersporttipps geben.

Alle Strände sind jedem zugänglich. Die meisten Hotels und Resorts am Strand sind an ruhigen Tagen mit der Vergabe ihrer Liegestühle großzügig. Die vielen Sandstrände sind von unter Naturschutz stehendem Seegras gesäumt, sodass es nicht wirklich Spaß macht, direkt vom Strand aus ins Wasser zu gehen. Aber es gibt Stege, von denen man ins kühle Nass springen kann. An den Stränden nördlich von San Pedro ist es am ruhigsten. Der Weg dorthin führt am Ende des Pescador Drive über eine kleine Eisenbrücke über den Fluss (manchmal wird eine Gebühr von 2 BZ$ erhoben). Von dort führt eine unbefestigte, einspurige Straße etwa 25 km nach Norden. Wenn man die Apartmenthäuser und Neubauten auf der anderen Seite der Brücke hinter sich gelassen hat, kommt man an ein paar Traumstrände mit lockeren Restaurants, Bars und Kneipen.

Sailsports Belize WASSERSPORT
(☎ 226-4488; www.sailsportsbelize.com) Verleih von Segelbooten für 44–98 BZ$/Std. oder Surfboards ab 44 BZ$/Std.; außerdem Segel-, Surf- und Kiteunterricht. Sailsports liegt 1,2 km südlich der Stadt am Strand vor dem Caribbean Villas Hotel.

Geführte Touren

Das Glasbodenboot *Reef Runner* am Barrier Reef Drive unternimmt täglich Ausflüge zum Riff (70 BZ$/Pers.). Das Holzsegelboot *Rum Punch II* bietet jeden Tag bei Sonnenuntergang – wie der Name schon sagt – Cocktailtörns für 50 BZ$ an (zu buchen über die Reisebüros in der Stadt). *La Gaviota* ist ein Segelboot; Infos gibt's im Lily's Hotel (Barrier Reef Drive) gegenüber der Belize Bank.

Auch zu den Maya-Ruinen in Altun Ha (180 BZ$) und Lamanai (310 BZ$) gibt's Touren. Weitere Ziele sind der Belize Zoo, Xunantunich, Crooked Tree Wildlife Sanctuary, Community Baboon Sanctuary, Mountain Pine Ridge und Tikal (Guatemala). Hotels, Reisebüros und Tauchshops vermitteln Touren. Man kann sich auch an **Seaduced by Belize** (☎ 226-2254; www.seaducedbybelize.com; Vilma Linda Plaza, Tarpon St) oder den **Bottom Time Dive Shop** (☎ 893-3825; www.sanpedroholiday.com) im Banyan Bay Resort wenden.

Schlafen

Pedro's Hotel HOSTEL, HOTEL $
(☎ 226-3825, 206-2198, Mobil 610-5526; www.pedroshotel.com; Sea Grape Dr; EZ/DZ ohne Bad 30/50 BZ$, Zi. mit Bad & Klimaanlage 120 BZ$, Deluxe-Zi. 130 BZ$; ❄ 📶 🏊) Pedro's ist ein alteingesessenes Partyhotel in San Pedro. Die besten Zimmer liegen im nagelneuen Deluxe-Anbau. Die 12 Zimmer haben Flachbildschirm-TV mit mehr als 110 Kanälen, Klimaanlage und eigene Badezimmer mit Warmwasserduschen. Das etwas ältere Hotel ist ein Schnäppchen mit bezahlbaren, holzvertäfelten Zimmern, Klimaanlage und warmem Wasser. Das ursprüngliche „Hostel" bietet zellenähnliche Zimmer mit dünnen Wänden und Gemeinschaftsbäder mit kaltem Wasser.

Ruby's Beachfront HOTEL $
(☎226-2063; www.ambergriscaye.com/rubys; Barrier Reef Dr; DZ mit/ohne Bad 80/50 BZ$; 📶) Das Beste an diesem altgedienten Backpackerliebling ist das Café im Erdgeschoss, in dem jeden Morgen ein leckeres Frühstück serviert wird. Die ventilatorgekühlten Zimmer sind etwas langweilig, aber immer noch eine gute Wahl angesichts des Preises und der Lage.

Hotel San Pedrano PENSION $
(☎226-2054; sanpedrano@btl.net; Barrier Reef Dr; EZ/DZ/3BZ 76/87/87 BZ$, mit Klimaanlage 96/107/107 BZ$; ❄) Dieses zweistöckige, an der Straße gelegene Gästehaus bietet keine Ausblicke, aber vom Balkon lässt sich das Meer erahnen. Recht geräumige Zimmer mit zwei oder drei Betten.

Thomas Hotel PENSION $
(☎226-2061; Barrier Reef Dr; EZ/DZ mit Ventilator 65/85 BZ$, DZ mit Klimaanlage 93 BZ$; ❄📶) Große, saubere Zimmer mit Kühlschrank, TV und Bad. Ein Schnäppchen bei der Lage mitten in San Pedro.

Conch Shell Inn HOTEL $$
(☎627-5202, 226-2062; www.ambergriscaye.com/conchshell; 11 Foreshore St; Zi Untergeschoss/Obergeschoss 130/152 BZ$; ❄📶) Die zehn hell gefliesten Zimmer wurden kürzlich renoviert und bieten nun neue Betten, Küchenzeilen und Hängematten auf dem gemeinschaftlichen Balkon. Die Zimmer im Erdgeschoss haben keine Kochnische, aber direkten Zugang zum herrlichen Sandstrand, auf dem sich Palmen und bequeme Liegestühle tummeln.

Ak'bol Yoga Retreat RESORT $$
(☎226-2073; www.akbol.com; EZ/DZ 70/100 BZ$, Cabaña 290–330 BZ$; 🏊) Die sieben farbenfrohen *cabañas* im Ak'bol überraschen mit reizenden Details wie geschreinerten Holzmöbeln und Mosaik-Waschbecken mit muschelförmigen Armaturen. Etwas günstiger sind die Betten in den rustikalen Yoga-Baracken mit Gemeinschaftsbad. Für alle gibt es leckeres Essen an der luftigen Strandbar und tägliche Yoga-Stunden in einer Hütte, die vom Meer umgeben ist. Auch für Kinder, einschließlich Yoga-Stunden.

Tio Pil's Hotel PENSION $$
(☎226-2059; www.tiopilshotel.com; Ecke Barrier Reef Dr & Caribeña St; EZ 110–130 BZ$, DZ 130–150 BZ$; ❄📶) Dieser alteingesessene Favorit hat eine erstklassige Lage direkt am Strand. Die langen Holzbalkone bieten den entsprechenden Panoramablick. Die Zimmer sind geräumig und einfach mit wenigen Stilelementen. Diejenigen mit Blick aufs Meer und frischer Brise durch große Fenster haben alles, was man braucht.

Changes in Latitude B&B $$
(☎226-2986, von den USA 317-536-5160; www.ambergriscaye.com/latitudes; 36 Coconut Dr; DZ 230 BZ$; ❄📶🏊) Die Zimmer in dem netten, kleinen, schwulenfreundlichen B&B im Süden der Stadt stehen alle unter einem besonderen Motto.

Sun Breeze Hotel HOTEL $$$
(☎226-2191; www.sunbreezehotel.com; 8 Coconut Dr; DZ Standard/Deluxe/Premier 280/330/390 BZ$; ❄📶) Das Sun Breeze hat wunderbare, saubere und komfortable Zimmer mit zwei Doppelbetten, Klimaanlage und Warmwasserduschen. In den Deluxe-Zimmern verwöhnen Whirlpool und Flachbildschirm-TV mit sämtlichen Kabelkanälen die Gäste; außerdem Ausblicke von hübsch bis absolut herrlich.

★**Victoria House** RESORT $$$
(☎226-2067, in den USA 800-247-5159; www.victoria-house.com; Sea Grape Dr; Zi. ab 370 BZ$, Casitas 596 BZ$, Villen 1190–1810 BZ$; ❄📶🏊) In diesem eleganten Strandresort schwelgen Gäste in reetgedeckten *casitas* im farbenfrohen, karibischen Stil oder in einem Herrenhaus im Kolonialstil, das nur so vor Luxus strotzt. Die Villen sind mit Flachbildschirm-TV und Kabel ausgestattet und bieten luxuriösen Komfort. Victoria House liegt am südlichen Ende der Insel. Kostenlose Fahrräder und ein Busservice bringen Gäste viermal täglich in die Stadt. Die herrlich gestalteten Gärten, weichen Sandstrände und einige hochgelobte Restaurants verführen aber auch zum Bleiben.

Essen

Die vielen kleinen Cafés im Zentrum servieren preiswerte, einfache Gerichte. Am günstigsten isst man an den Buden vor dem Central Park, wo es Schmorhähnchen mit Bohnen und Reis, Grillteller oder andere Leckereien für etwa 6 BZ$ gibt. Pfennigfuchser aufgepasst: Eine kleine Bude in der Ambergris Street zwischen Pescador und der Lagune verkauft täglich frisches Obst, Nüsse und Backwaren.

My Secret Deli BELIZISCH $
(Caribeña St; Mahlzeiten 8–12 BZ$; ⏲morgens & mittags) Dies ist viel zu gut, um es geheim zu halten, vor allem für klamme Reisende,

San Pedro (Ambergris Caye)

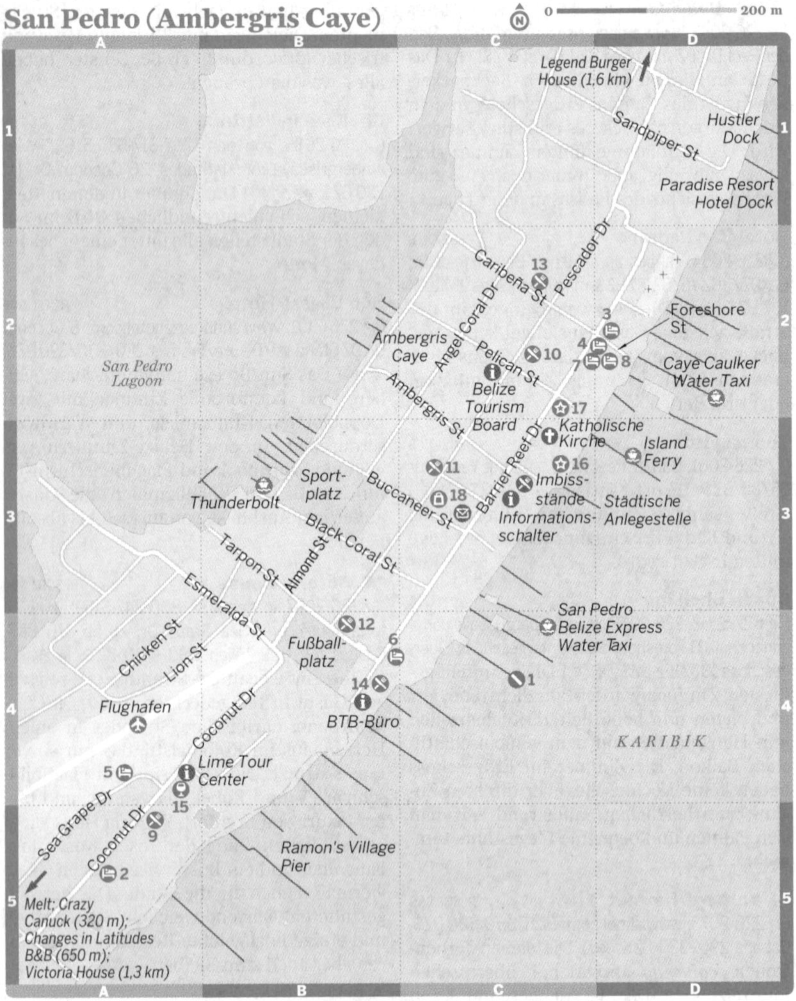

die günstige Essensangebote suchen. Dieser Familienbetrieb tischt belizische Spezialitäten auf, wie geschmortes Hühnchen, Steak und Reis sowie dickflüssige Hühnchen-Gemüsesuppen. Unbedingt Platz für die grandiosen Desserts lassen, z. B. den Zitronenkuchen oder den *tres leches*-Kuchen.

Hummingbird Cafe CAFÉ **$**

(Vilma Linda Plaza, Tarpon St; Burger 8 BZ$) In dem hippen, kleinen Café, das früher Tabu hieß, gibt's gesundes Frühstück, Bagel und Burger. Die vielen hausgemachten Kuchen und der ausgezeichnete Kaffee lassen einem das Wasser im Mund zusammenlaufen.

Dande's EIS **$**

(Pescador Dr) Die einzige Location in San Pedro, in der es Eis, Pudding und Sorbets gibt.

Melt SANDWICHES **$**

(☎633-6831; Exotic Caye Beach Resort; Mahlzeiten ab 12 BZ$; ⊙mittags & abends; ❄📶) Das neueste Restaurant von San Pedro hat sich auf kunstvoll gegrillte Käsesandwiches mit Brot aus der örtlichen Bäckerei spezialisiert. Außerdem gibt es in diesem hübschen Café morgendliche Smoothies, heimischen Kaffee, frische Limonade und Eistee, grüne oder körnige Salate und – ja – glutenfreies

San Pedro (Ambergris Caye)

Brot. Auf der Tafel werden tägliche Specials angekündigt.

Ali Baba ARABISCH $$
(☎226-4042; Coconut Dr; Hauptgerichte 20–30 BZ$; ⏰mittags & abends) Ali Baba serviert gute orientalische und mediterrane Speisen. Hier gibt's sogar ägyptische Wasserpfeifen (20 BZ$).

Wild Mango's INTERNATIONAL $$$
(☎226-2859; 42 Barrier Reef Dr; Hauptgerichte 30–50 BZ$; ⏰mittags & abends; 🖉) Kreative Gerichte, die von einem preisgekrönten Küchenchef aufs Sorgfältigste zubereitet werden. Mittags gibt's Sandwiches, die jeden Gourmet zufriedenstellen. Abends kommt Internationales auf den Tisch: argentinische Steaks, guatemaltekisches Hähnchen und zahlreiche Meeresfrüchtegerichte.

Elvi's Kitchen BELIZISCH $$$
(☎226-2176; Pescador Dr; Hauptgerichte 20–50 BZ$; ⏰mittags & abends; 👪) Ein langjähriger Favorit unter den Restaurants in San Pedro. Das Grand Maya Buffet Dinner (Freitag, 50 BZ$) zum unbegrenzten Schlemmen ist vielleicht beste auf der ganzen Insel.

Ausgehen & Nachtleben

Legends Burger House BAR
(www.legendsburgerhouse.com; Tres Cocos; ⏰12–24 Uhr; 📶) Im Legends gibt es weit mehr als nur Burger, z. B. zweimal in der Woche Livemusik (Di 19, Sa 20 Uhr). Dazu eiskaltes Bier, durchgedrehte Cocktails und manchmal sogar kostenlose Jello Shots (Wackelpudding mit Schuss).

Crazy Canuck's STRANDBAR
(www.belizeisfun.com; Exotic Caye Beach Resort, Coconut Dr) Die Bar steht für eine kühlende Brise vom Meer, freundliche Bedienung und offene Stammgäste. Sonntags geht's hier rund: am Nachmittag mit Wettbewerben im Hufeisenwerfen und abends kommen die Leute wegen der Livemusik. Montagabends gibt es live gespielte Puntamusik und dienstags *pulled pork* und Karaoke mit Livebegleitung.

Lime Bar & Grill BAR
(☎226-4152; Coconut Dr; Drinks ab 5 BZ$; 📶) Der Newcomer in San Pedro hat eine Bar, ein Restaurant und Gratis-WLAN.

Fido's CLUB
(www.fidosbelize.com; 18 Barrier Reef Dr; ⏰11–24 Uhr) In dieser Bar in der Nähe der Pelican Street treffen sich Landratten gern. An den meisten Abenden gibt's Livemusik.

Big Daddy's Disco CLUB
(Barrier Reef Dr) Direkt neben der Kirche von San Pedro. Hippe Location, in der vor allem im Winter oft Livereggae geboten wird.

Shoppen

Rum, Cigar & Coffee House LEBENSMITTEL
(☎226-2020; saul.rums@gmail.com; Pescador Dr; ⏰9–21 Uhr; 📶) Hier bekommt man die drei Grundnahrungsmittel, die einen Urlaub in Belize zum Erfolg werden lassen. Wer will, kann den Kaffee und den Rum auch vorher probieren oder einfach in einem entspannten Ambiente eine Tasse Kaffee genießen und das WLAN nutzen.

Belizean Arts KUNSTHANDWERK
(☎226-3019; Fido's Courtyard, 18 Barrier Reef Dr; ⏰Mo–Sa 9–22 Uhr) Eignet sich ausgezeichnet zum Shoppen. Es gibt Keramikartikel, Holzschnitzereien, Gemälde und erschwinglichen, netten Schnickschnack.

Orientierung

San Pedro hat drei Hauptstraßen, die in Nord-Süd-Richtung verlaufen und früher Front Street (im Osten), Middle Street und Back Street (im Westen) hießen. In neuester Zeit wurden ihnen die Touristennamen Barrier Reef Drive, Pescador Drive und Angel Coral Drive verpasst, was aber viele Einheimische nicht daran hindert, weiterhin die alten Namen zu benutzen.

Praktische Informationen

In der ganzen Stadt findet man am Straßenrand hier und da **Touristeninformationsstände** (⏲10–21 Uhr). Touristeninfos gibt's auch auf der Website der Insel (www.ambergriscaye.com). Das **Lime Tour Center** (⏲226-4152; www.limetours.com; gegenüber Tropic Air) ist ebenfalls nützlich. Hier bekommt man Infos und erfährt, wie man mit anderen Travellern und Einheimischen in Kontakt kommen kann.

Caribbean Connection (Ecke Barrier Reef Dr & Black Coral St; 10 BZ$/Std.; ⏲7–22 Uhr) und **Pelican Internet** (Barrier Reef Dr; 12 BZ$/Std.) bieten Internetzugang, Kaffee und frische Säfte. Waschsalons befinden sich am Südende des Pescador Drive, u. a. **Nellie's Laundromat** (Pescador Dr; ⏲Mo–Sa 7–21 Uhr).

Geldwechseln ist in San Pedro kein Problem. US-Dollar und Reiseschecks werden fast überall akzeptiert. Die **Atlantic Bank** (Barrier Reef Dr; ⏲Mo–Fr 8–14, Sa 8.30–12 Uhr) und die **Belize Bank** (Barrier Reef Dr; ⏲Mo–Do 8–15; Fr bis 16.30 Uhr) haben Geldautomaten, die rund um die Uhr Bares ausspucken.

Medizinische Hilfe bekommt man in der **Lion's Club Medical Clinic** (☎600-9071, 226-4052; Lion St) gegenüber vom Maya Island Air Terminal am Flughafen. In der **San Carlos Medical Clinic** (☎226-2918, Notruf 614-9251; 28 Pescador Dr) werden leichtere Beschwerden behandelt und Blutproben entnommen. Zur Klinik gehören eine Apotheke und ein pathologisches Labor. Es gibt außerdem eine **Überdruckkammer** (☎684-8111, 226-2851; Lion St; ⏲24 Std.) für Tauchunfälle.

An- & Weiterreise

Maya Island Air (☎226-2435; mayaairways.com) und **Tropic Air** (☎226-2338; www.tropicair.com) fliegen mehrmals täglich von San Pedro nach Belize City und zurück. Auch Corozal steht auf dem Flugplan.

Caye Caulker Water Taxi (☎226-4646; www.cayecaulkerwatertaxi.com; Caribeña St) und **San Pedro Belize Express Water Taxi** (☎223-2225; www.belizewatertaxi.com; Black Coral St, reef side) betreiben regelmäßig Boote von Ambergris über Caye Caulker nach Belize City. Das Boot von **Thunderbolt** (☎422-0026; www.ambergriscaye.com/thunderbolt; Buccaneer St, Lagunenseite) fährt täglich von Ambergris nach Corozal und hält auf Bitten auch in Sarteneja. SPBE schickt seine Boote täglich zwischen San Pedro und Chetumal, Mexiko, hin und her.

Unterwegs vor Ort

Vom Flughafen kommt man in zehn Minuten zu Fuß in die Stadt. Von der Anlegestelle aus ist es noch kürzer. Ein Taxi vom Flughafen zu jedem Ort in der Stadt kostet 5 BZ$ oder 10 BZ$ zu den Hotels südlich der Stadt. In fast allen Hotels kann man sich ein Fahrrad leihen.

Joe's Bicycle Rental (☎226-5371; Ecke Pescador Dr & Caribeña St; ⏲8–18 Uhr) verleiht Fahrräder für 20/80 BZ$ pro Tag/Woche.

Polo's Golf Carts (☎226-3542; Barrier Reef Dr) verleiht Golfmobile für 130/500 BZ$ pro Tag/Woche. Man braucht einen gültigen Führerschein.

Wer sich auf witzige Art fortbewegen will, kann bei **Segway of Belize** (☎226-3344; http://www.segwayofbelize.com; Fairdale Plaza, Coconut Dr) einen geländetauglichen Segway mieten (56 BZ$/Std.). Es werden auch geführte Segway-Touren über die Insel (ab 150 BZ$) angeboten.

Fahrten in Großraumtaxis kosten zu jedem beliebigen Punkt 5 BZ$. Die Fahrt wird teurer, wenn das Taxi den Fluss im Norden der Insel überqueren muss, da ist ein Wassertaxi meist günstiger.

Island Ferry (☎226-3231) betreibt ein Wassertaxi, das nur Ziele auf Ambergris ansteuert. Die Boote legen zwischen 7 und 17 Uhr alle zwei Stunden und zwischen 18 und 22 Uhr stündlich von Fido's Dock ab und fahren zu den nördlichen Resorts. Die Fähre fährt außerdem viermal am Tag nach Süden zu Fido's Sandbar (südlich von Victoria House).

NORDBELIZE

Im Norden von Belize geht es sehr viel latinomäßiger zu als im Rest des Landes. Jeder Brocken Spanisch ist hier äußerst nützlich. In der flachen, üppig grünen Gegend wird hauptsächlich Landwirtschaft betrieben. Es gibt aber auch ein paar interessante, leicht zugängliche Naturschutzgebiete.

Hier sind auch einige bedeutende Maya-Stätten zu finden. Lamanai, die bekannteste, erreicht man mit dem Boot. Die Fahrt allein ist schon ein Genuss. Altun Ha, deren Ruinen auf Geldscheinen und Etiketten von Bierflaschen unsterblich geworden sind, ist so etwas wie das Symbol von Belize.

Bermudian Landing

1985 schlossen sich einheimische Landwirte zusammen, um die gefährdeten Schwarzen Brüllaffen und deren Lebensraum zu schützen. Es wird besonders darauf geachtet, dass die Wälder an den Ufern des Belize River nicht zerstört werden. Denn dort fressen, schlafen und heulen die Affen, die es nur in Belize gibt. Es gibt keine Garantie, die Brüllaffen auf der Reise zu sehen, aber wer lange genug in der Gegend bleibt, wird sie ganz sicher hören (meist zwischen Abenddämmerung und Morgengrauen). Ihr Paarungsruf ist laut und unverwechselbar.

Aktivitäten

Community Baboon Sanctuary TIERSCHUTZGEBIET
(CBS; www.howlermonkeys.org; Eintritt 10 BZ$; ⏲8–17 Uhr) Im Community Baboon Sanctuary erfährt man alles über die Schwarzen Brüllaffen, deren surreales Gebrüll die nächtliche Stille unterbricht, und über die mehr als 200 weiteren Tierarten, die hier leben. Ein einstündiger, geführter Spaziergang ist im Eintrittspreis enthalten und wird vom Besucherzentrum organisiert. Reiten kann man für 50 BZ$, ein dreistündiger Ausflug im Kanu kostet 56 BZ$ und eineinhalbstündige Nachtwanderungen 24 BZ$. Abends kann man auch an Krokodilbeobachtungstouren teilnehmen (110 BZ$).

Schlafen & Essen

Im Reservat gibt's rustikale Unterkünfte, die man unbedingt im Voraus buchen sollte. **Privatunterkünfte im Dorf** (DZ mit HP 50 BZ$) können im Besucherzentrum oder durch das Howler Monkey Resort organisiert werden.

★ **Howler Monkey Resort** DSCHUNGELLODGE $$
(☎607-1571; www.howlermonkeyresort.bz; Hütten ab 120–170 BZ$; P❄📶🏊) Im rustikalen Feriendorf von Ed und Melissa Turton brüllen nachts die Affen. Aber es sind auch Vögel zu sehen, Aguti, Leguane und tagsüber auch gelegentlich wandernde Krokodile. Ed und Mel sind hervorragende Wildtier-Führer (und Chefs) und in ihrem Resort gibt es Wege zu erkunden, Kanus zu mieten (80 BZ$/ Tag) und einen kleinen Swimmingpool. Preise werden pro Hütte berechnet (wenn man sich's zu viert oder sechst teilt, wird es ziemlich günstig) und sind inklusive Frühstück und Abendessen für zwei Personen im hauseigenen Restaurant. Weitere Mahlzeiten kosten um 16 BZ$.

An- & Weiterreise

Bermudian Landing liegt 42 km westlich von Belize City und kann von dort oder von den Inseln aus leicht an einem Tag besucht werden.

Wer mit dem Auto dorthin will, muss an der Abzweigung Burrell Boom (Mile 13) vom Northern Highway in Richtung Westen abbiegen. Weiter geht's dann noch 20 km auf einer Schotterstraße bis zum Reservat. Busse fahren in Belize City an der Ecke Amara Avenue und Orange Street ab, Mo–Sa um 12, 12.20, 15.30, 16, 16.30, 17 und 17.30 Uhr. Die Busse fahren den ganzen Tag über wieder zurück.

Altun Ha

Die berühmtesten Maya-Ruinen in Nordbelize sind die von **Altun Ha** (www.nichbelize.org; Eintritt 10 BZ$, Kinder bis 5 J. frei; ⏲7–17 Uhr) 55 km nördlich von Belize City am Old Northern Highway. Sie befinden sich in der Nähe des Orts Rockstone Pond südlich von Maskall.

Altun Ha (Maya-Sprache für „Wasser, das aus dem Felsen kommt") war eine kleine, aber reiche und bedeutende Handelsstadt der Maya, für die Landwirtschaft eine große Rolle spielte. Altun Ha wurde als Gemeinschaft spätestens 600 v. Chr. gegründet, vielleicht aber auch mehrere Jahrhunderte früher. Die Stadt boomte bis zum mysteriösen Ende der klassischen Maya-Zivilisation um 900.

Die Highlights der um die beiden Plazas angeordneten, grasbedeckten Tempel sind der **Temple of the Masonry Altars** (Struktur B-4) an der Plaza B und der **Temple of the Green Tomb** an der Plaza A.

Auf dem Gelände gibt's moderne Toiletten und einen Getränkeshop.

Schlafen & Essen

Campen ist bei den Ruinen zwar nicht wirklich erlaubt, wird aber manchmal toleriert. Fragen kostet ja bekanntlich nichts.

Mayan Wells HÜTTE
(☎225-5505; www.mayanwells.com; Hütten 50 BZ$, Stellplatz 10 BZ$/Pers.) In diesem beliebten Lokal ca. 2 km vor Altun Ha kann man mittags gut eine Kleinigkeit essen oder ein Erfrischungsgetränk genießen. Es gibt auch eine einfache, aber zweckmäßige Hütte. Zelten

ist auf dem Gelände erlaubt, Sanitäranlagen und Duschen sind vorhanden.

An- & Weiterreise

Am einfachsten besichtigt man Altun Ha im Rahmen einer der vielen Touren, die täglich in Belize City starten (Halbtagestour inkl. Eintritt 80 BZ$). Die meisten Reisebüros vermitteln Touren. Mit den öffentlichen Verkehrsmitteln kommt man nicht so einfach nach Altun Ha. Es fährt ein Bus nach Maskall, von dort muss man trampen (s. Sicherheit beim Trampen, S. 303).

Lamanai

Die mit Abstand beeindruckendste Sehenswürdigkeit in diesem Teil des Landes ist Lamanai, eine archäologische Stätte an der New River Lagoon in der Nähe der Ortschaft Indian Church. Obwohl ein großer Teil der Ruinen noch nicht ausgegraben und restauriert ist, lohnt sich der Ausflug nach Lamanai allein schon wegen der Motorbootfahrt auf dem New River – ein echtes Erlebnis.

Mitbringen sollte man auf jeden Fall einen Sonnenhut, Sonnenmilch, Insektenschutzmittel, feste Schuhe (keine Sandalen); und wer auf eigene Faust reist, sollte an Essen und Trinkwasser denken.

Wie alle archäologischen Stätten im Norden von Belize war auch Lamanai (Maya-Sprache für „Untergetauchtes Krokodil") schon 1500 v. Chr. besiedelt. Die ersten Steingebäude entstanden zwischen 800 und 600 v. Chr. Lamanai boomte am Ende der präklassischen Periode und wurde schon lange vor den meisten anderen Maya-Stätten zu einem der Hauptzeremonienzentren mit riesigen Tempeln.

Die meisten Besucher, die hierher kommen, lassen sich die spektakuläre Bootsfahrt auf dem New River nicht entgehen. Die Boote starten an der mautpflichtigen Tower-Hill-Bridge südlich von Orange Walk. Die Bootsfahrt inklusive Tour, Mittagessen, Führer, Obst und Eintritt kostet 90 BZ$ pro Person. Jedes Hotel in Orange Walk kann einen zuverlässigen Führer vermitteln.

Von Orange Walk über Yo Creek und San Felipe erreicht man Lamanai auf dem Landweg (58 km) – die Bootsfahrt ist aber viel bequemer und amüsanter. Es fährt zwar ab und zu auch ein Bus von Orange Walk nach Lamanai, aber als Tagesauflug ist das nicht geeignet. Man kann auch versuchsweise einen der Bauern fragen, ob man mitfahren darf.

ABSTECHER

CROOKED TREE WILDLIFE SANCTUARY

Auf halber Strecke zwischen Belize City und Orange Walk, 5,5 km westlich vom Northern Highway, liegt das Fischer- und Bauerndorf Crooked Tree. 1984 erreichte die Belize Audubon Society, dass rund um das Dorf ein fast 13 km² großes **Schutzgebiet** eingerichtet wurde (Eintritt 8 BZ$; ⌚8–16 Uhr), denn hier gibt es eine sagenhafte Vogelvielfalt. Die beste Zeit um Tiere zu beobachten ist zwischen Januar und Mitte Mai, wenn das Wasser in der Lagune seinen Tiefststand erreicht und die Tiere sich zeigen müssen, um an ihr Futter zu gelangen.

Tagesauflüge nach Crooked Tree sind machbar. Man hat aber mehr davon, wenn man eine Nacht hier verbringt, denn in der Morgendämmerung sind die Vögel am aktivsten. Geführte Touren für vier Personen kosten 160 BZ$ (bei größeren Gruppen ist der Preis pro Person geringer). Organisieren kann man die Touren über das Besucherzentrum oder die Belize Audubon Society (S. 252).

Es gibt einige Pensionen in Crooked Tree. **Tillett's Village Lodge** (☎245-7016, 607-3871; www.tillettvillage.com; Zi. ab 70 BZ$, Hütte am See 200 BZ$; P ❄) hat fünf einfache Zimmer (zwei mit Klimaanlage, die anderen mit Ventilator) mit bequemen Betten, Warmwasserduschen und einer Sammlung heimischer Kunstwerke, die die örtliche Vogelwelt abbilden. Die Lodge liegt an der Hauptstraße, 450 m nördlich des „Welcome to Crooked Tree"-Schildes. Es gibt auch ein paar kleinere Lokale.

Der Ort liegt 5 km westlich des Northern Highway. Jex Bus fährt täglich um 10.50 Uhr von Belize City, Regent Street West, nach Crooked Tree; zurück geht's um 6.00 und um 6.50 Uhr. Wer früh genug in Belize City oder Corozal aufbricht, kann mit dem Bus bis zur Crooked Tree Junction fahren und von dort ins Dorf laufen oder trampen (5,5 km).

Orange Walk

13 400 EW.

Orange Walk liegt in einer Biegung des New River. Es ist eine mittelgroße Stadt, in der sich die Landwirte aus der Umgebung gern auf einen Plausch treffen und natürlich auch, um ihre Produkte zu verkaufen. Hier befindet sich die größte Rumbrennerei des Landes. Abends ist meist eine Menge los. Für viele Touristen ist die Stadt nur der Ausgangspunkt für die Bootstour zu den Ruinen in Lamanai und für Ausflüge in den Urwald rund um Orange Walk.

Die Hauptstraße ist der Northern Highway, der in der Stadt Queen Victoria Avenue heißt. Der schattige Central Park an der Ostseite der Queen Victoria Avenue bildet das Zentrum.

Schlafen

Orchid Palm Inn GASTHAUS $

(☎ 322-0719; www.orchidpalminn.com; 22 Queen Victoria Ave; einfaches EZ/DZ 65/80 BZ$, Deluxe-DZ 110 BZ$; P ❄ @ ☜) Der kleine Orchid Palm Inn bietet an einer geschäftigen Ecke mitten in der Stadt eine winzige Insel der Ruhe. Es gibt acht gut möblierte und hübsch gestaltete Zimmer in unterschiedlichen Größen und Ausstattung, vom Einzelzimmer bis zum Doppelzimmer mit Küchenzeile. Klimaanlage kostet 10 BZ$ extra.

Akihito Hotel HOSTEL, HOTEL $

(☎ 302-0185; Ecke Queen Victoria Ave & Gravel Lane; B 15 BZ$, DZ mit/ohne Bad 45/30 BZ$; ❄ @ ☜) Das Akihito ist das günstigste Haus im Ort und beliebt bei Travellern mit kleiner Reisekasse. Die Zimmer sind entsprechend einfach, aber sehr sauber. Die Familie, die das Hotel betreibt, ist ein wahres Schatzkästchen an Informationen über den Ort und die vom jugendlichen Sohn gezeichnete Karte von Orange Walk ist ein unschätzbares Hilfsmittel für alle, die die Gegend gerne zu Fuß erkunden.

St Christopher's Hotel HOTEL $

(☎ 302-1064; www.stchristophershotelbze.com; 10 Main St; Zi. mit Ventilator/Klimaanlage 66/98 BZ$; P ❄ @ ☜) Die blühenden Gärten und die Lage am Fluss machen dieses sonst unscheinbare Hotel zu einer attraktiven Übernachtungsmöglichkeit. Die Zimmer sind geräumig, aber einfach. Die teureren Zimmer sind mit bunten Kunstwerken und gemusterten Wänden geschmückt.

Lamanai Riverside Retreat PENSION $

(☎ 302-3955; Lamanai Alley; Zi. 80 BZ$; P ❄ @ ☜) Drei rustikale, holzgetäfelte Zimmer mit luftigen Balkonen und Moskitonetzen über dem Bett. Direkt neben der Herberge liegt eines der malerischsten Lokale von Orange Walk. Der Weg lohnt auch für ein Bier, selbst wenn keins der Zimmer frei ist.

Hotel de la Fuente HOTEL $$

(☎ 322-2290; www.hoteldelafuente.com; 14 Main St; Zi. 70–110 BZ$, Suite 150 BZ$; P ❄ @ ☜) Dieser Familienbetrieb liegt mitten im Zentrum von Orange Walk. Die meisten Zimmer befinden sich aber in dem nagelneuen Gebäude, das etwas zurückgesetzt vom Betrieb (und dem Lärm) der Straße liegt. Die sauberen, gemütlichen Zimmer – alle mit Kühlschrank und Kaffeemaschine – gehören wahrscheinlich zu den besten der Stadt. Die Suite hat eine vollständige Küche.

Essen & Ausgehen

In Orange Walk dominieren die Straßenimbisse – mit Buden, Obstständen und mobilen Essenskarren, die eine bunte Mischung von nordbelizischen und mexikanischen Speisen anbieten. Alles ist supergünstig (zwischen 1 und 5 BZ$); auch der Hygienestandard ist meist völlig in Ordnung.

Natural Balance CAFÉ $

(San Antonio Rd; Kaffee & Tee ab 5 BZ$; ⏲ 9–17.30 Uhr; ☜ ✎) Dieses von einem Taiwanesen geführte Café bietet frisch gebrühte Kaffeegetränke (kalt und heiß) sowie die in Asien beliebten (aber in Belize praktisch unbekannten) Bubble Milk Tea. Außerdem auf der Karte: leichte vegetarische Gerichte.

Panificadora La Popular BÄCKEREI $

(Beytias La; Gebäck 2–8 BZ$; ⏲ Mo–Sa 6.30–20, So 7.30–12 & 15–18 Uhr) Wir sind uns sicher: die beste Bäckerei in Belize!

★ **Nahil Mayab** BELIZISCH, MEXIKANISCH $$

(www.nahilmayab.com; Ecke Santa Ana & Guadalupe Sts; mittags 8–20 BZ$, abends 20–30 BZ$; ⏲ Mo nur mittags, Di–Sa mittags & abends; ☜ ✎) Versteckt zwischen tropischem Grünzeug und verziert mit Imitationen von Maya-Zeichnungen erinnern der Speiseraum und der angenehm schattige Hof an die Dschungel der Umgebung. Das Ambiente ist unterhaltend bis kitschig und serviert werden an Yucatan erinnernde Gerichte wie Ke'Ken (gesalzenes Schwein in Tomatensauce) oder Cham Cham (Empanadas). Weniger experimentierfreudige Esser werden sich über die Sandwiches, Burritos und guten alten Reis mit Bohnen freuen.

Paniscea Restaurant & Lounge KONTINENTAL $$
(Mahlzeiten 12–40 BZ$; ⊙Mi–Mo 11–14 & 17–2 Uhr; P) Lokale Lieblingsgerichte wie Krabben *ceviche* (12 BZ$) stehen ebenso auf der Karte wie importiertes Grillsteak (24–40 BZ$) oder geräuchertes Schweinekotelett (24 BZ$). Angeschlossen ist eine Bar mit zwei großen Flachbildschirmen.

Lamanai Riverside Retreat BAR
(Lamanai Alley; Hauptgerichte 12–25 BZ$; ⊙8–22 Uhr) Über die Terrasse weht eine Brise und von den Tischen blickt man über den Fluss – kein Wunder, dass es hier am Wochenende voll wird. Die Karte ist ausgesprochen lang, aber hier geht es vor allem um Geselligkeit und gute Drinks.

Praktische Informationen

Das Krankenhaus von Orange Walk liegt am Stadtrand im Norden und ist westlich des Northern Highway schon von fern zu sehen. Es gibt eine Filiale der **Scotia Bank** (Ecke Main St & Park Lane) an der Main Street einen Block östlich des Central Park. E-Mails kann man bei **Cyberwalk** (☎322-3024; 115 Otre Benque; 4 BZ$/Std.; ⊙Mo–Sa 8–21, So 8–17 Uhr) am Nordende der Stadt checken. Die nach der Urwaldtour schmutzigen Klamotten werden bei **Mary's Laundry** (☎322-3454; Progresso St; 1 BZ$/Pfund) wieder auf Vordermann gebracht.

An- & Weiterreise

Die Busse, die stündlich nach Belize City (5 BZ$, 2 Std.) und Corozal (4 BZ$, 1 Std.) fahren, halten in vielen Orten an der Strecke. Am frühen Morgen fahren zusätzlich Busse in Richtung Süden und am späten Nachmittag gen Norden, sie sind vor allem auf die Bedürfnisse der Schüler und Arbeitnehmer abgestimmt. Einige Busse halten am zentralen Platz der Stadt (beim Markt), während andere an einer vorübergehenden Baustelle westlich des Friedhofs halten.

Corozal

9900 EW.

Corozal ist das Tor nach Mexiko (und zu den Cayes im Norden). Da die Stadt weit genug von der Grenze entfernt ist, hat sie das Beste von beidem zu bieten – einen faszinierenden Mix der Kulturen, der Grenzstädten eigen ist, aber ohne die damit einhergehenden Probleme und Schwierigkeiten.

Corozal ist ein nettes Örtchen mit vielen Parks und Uferpromenaden mit einigen guten Restaurants. Die Stadt ist rund um den zentralen Platz im mexikanischen Stil angelegt und hat viele wunderschöne Häuser (einige völlig verfallen, andere komplett restauriert), die an die spanische Kolonialzeit erinnern. Auch die Ruinen des Maya-Tempels in Santa Rita an der Hauptstraße nördlich von Corozal sind sehenswert.

Sehenswertes

Archäologische Stätte Cerros RUINE
(Eintritt 10 BZ$; ⊙8–17 Uhr) Cerros florierte am Ende der präklassischen Periode als Handelszentrum an der Küste. Im Unterschied zu anderen Maya-Stätten gibt's hier kaum Bauten aus der klassischen und postklassischen Periode, da Cerros um 150 n. Chr. schnell wieder zu einer kleinen, unbedeutenden Ortschaft wurde. So konnten Archäologen einen phantastischen Einblick in die präklassische Maya-Architektur gewinnen. Wer sich die Mühe macht und auf die **Struktur 4**, einen mehr als 20 m hohen Tempel, klettert, wird mit einem spektakulären Rundumblick belohnt.

Diese kleine archäologische Stätte befindet sich auf einer Halbinsel 5,6 km südlich von Corozal auf der anderen Seite der Bucht. Die meisten Leute fahren mit dem Boot hinüber, man kommt aber auch über eine holprige Schotterstraße hin. Die Hotels können geführte Touren (etwa 50 BZ$/Pers. inkl. Führer) organisieren.

Schlafen

★ **Sea Breeze Hotel** PENSION $
(☎Anmeldung 422-3051, Mobil 661-9453; www.theseabreezehotel.com; 23 1st Ave; Zi. 40–70 BZ$; P ❄ @ ☜) Diese Unterkunft erinnert an die preiswerten, netten Hotels in Key West, in denen Ernest Hemingway seine letzten Jahre verbracht haben könnte. Das Hotel bietet einfache, aber komfortable Zimmer mit schmalen Doppelbetten, Tisch, Stuhl und einem eigenen Bad mit Warmwasserdusche. Dem alten Hemingway dürfte vor allem die meist belebte und gut ausgestattete Bar im 2. Stock gefallen haben, mit Sitzgelegenheiten drinnen wie draußen und einem tollen Blick über Corozal Bay. Auf Wunsch werden gutes Essen und starker Kaffee serviert und das Sea-Breeze-Frühstück ist jetzt schon legendär.

Maya World Guest House PENSION $
(☎666-3577; www.aguallos.com/mayaworld; 16 2nd St North; EZ/DZ 45/55 BZ$; @) 🍃 Ungewöhn-

Corozal

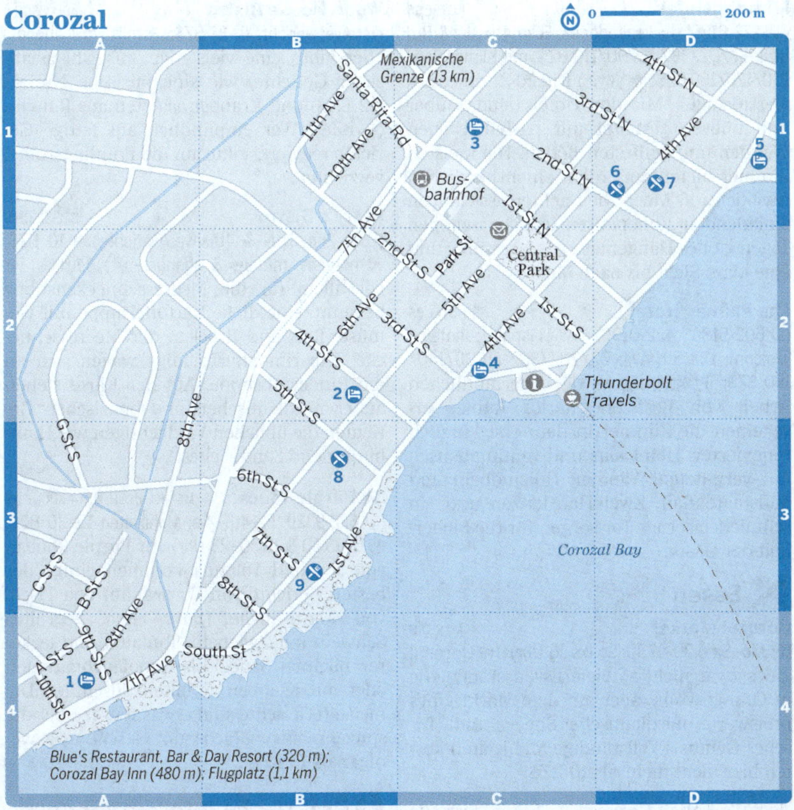

Corozal

Schlafen

1 Hotel Maya & Apartments A4
2 Las Palmas Hotel B2
3 Maya World Guest House C1
4 Mirador Hotel C2
5 Sea Breeze Hotel D1

Essen

6 Patty's Bistro D1
7 Purple Toucan D1
8 Venky's Kabab Corner B3
9 Wood House Bistro B3

liche Pension mit einigem künstlerischem Schnickschnack. Das von Mr. und Mrs. Byron Chu geführte Maya World besteht aus zwei Häusern und hat einen grünen Innenhof. Die Gäste sind im vorderen Haus untergebracht, einem restaurierten Gebäude aus der Kolonialzeit mit Rundumveranda und Hängematten, während die freundlichen Gastgeber im hinteren Gebäude wohnen.

Hotel Maya & Apartments HOTEL **$**
(☎422-2082; www.hotelmaya.net; 7th Ave, South End; EZ/DZ/3BZ/4BZ 68/75/89/89 BZ$, mit Klimaanlage 89/100/100/126 BZ$; ❄📶) Die einnehmende Rosita May führt diese alteingesessene Lieblingsherberge preisbewusster Reisender. Die Zimmer sind sauber und werden mit bunter Bettwäsche und Bildern örtlicher Künstler aufgefrischt.

Corozal Bay Inn RESORTHOTEL **$$**
(☎422-2691; www.corozalbayinn.biz; Almond Dr; Cabañas 110 BZ$; P❄📶🏊) Am südlichen Ende der Stadt stehen zehn gemütliche, farbenfrohe *cabañas* rund um einen großzügigen Sandplatz, der sich zum Meer öffnet. Unter den palmengedeckten Dächern sind die *cabañas* mit allem ausgestattet, was das Herz begehrt (Moskitonetz über dem Bett, Kühlschrank, Kaffeemaschine), und freundlich gestaltet (gefliester Boden, Bambusmöbel). Am besten sind die vier ventilatorgekühlten *cabañas* (50 BZ$).

Mirador Hotel HOTEL $$
(☎422-0189; www.mirador.bz; Ecke 4th Ave & 3rd St S; EZ/DZ/3BZ 70/90/110 BZ$, mit Klimaanlage 100/120/150 BZ$; ❄@📶) Die 20 Zimmer des vierstöckigen Mirador Hotels sind sauber und hübsch gestaltet mit pastellfarbenen Wänden und gefliesten Böden. Die meisten Zimmer bieten außerdem einen herrlichen Ausblick aufs Meer. Die Dachterrasse lädt zu einladenden Ruhepausen ein. An schönen Tagen gibt es Hängematten, Liegestühle und eine klare Sicht bis nach Mexiko.

Las Palmas Hotel HOTEL $$
(☎602-5186, 422-0196; www.laspalmashotelbelize.com; 123 5th Ave; DZ/2BZ/3BZ ab 90/140/160 BZ$; P❄📶) Dank der unermüdlichen Arbeit von Besitzer Charles Rublee erscheinen die Zimmer in dem erst kürzlich renovierten Hotel klar und minimalistisch mit verputzten Wänden, Holzmöbeln und Südstaatenflair. Zwei Hauskatzen und ein schmiedeeisernes Tor sorgen für die Sicherheit der Gäste.

Essen

Corozal Market MARKT $
(🕐Mo–Sa 6.30–17.30, So bis 15 Uhr) In Corozal gibt's zwar nicht so viele Essensstände wie in Orange Walk, aber auf dem Markt gibt's preiswerte mexikanische Snacks und frisches Gemüse. Vollständige Mahlzeiten kosten hier nicht mehr als 10 BZ$.

Venky's Kabab Corner INDISCH $
(☎402-0546; 5th St S; Gerichte 8–15 BZ$; 🕐10.30–21.30 Uhr) Dieses Lokal macht innen nicht viel her, aber die von Küchenchef Venky zubereiteten indischen Gerichte sind hervorragend und sättigend. Zwei Hauptgerichte und ein paar Beilagen reichen dicke für drei Personen.

Blue's Restaurant, Bar & Day Resort PIZZA, BELIZISCH $
(Northern Hwy; Mahlzeiten 12–24 BZ$, Pizza 18–24 BZ$; 🕐So–Do 10–24, Fr & Sa 10–2 Uhr; 🍸) In Blue's Restaurant wird die Pizza im Steinofen unter freiem Himmel gebacken. Es gibt aber auch die landesüblichen Standards wie Reis mit Bohnen, *ceviche*, Salate und Sandwiches. Dazu gibt es Bier und frische Säfte. Eltern aufgepasst: Das Blue's hat auch einen tollen Spielplatz mit Schaukeln, einem Dschungelfitnesspfad und sogar ein gut gepflegtes Trampolin.

Wood House Bistro ASIATISCH $
(1st Ave; Gerichte 8–22 BZ$; 🕐mittags & abends) Hier gibt's eine vielseitige Auswahl asiatischer Gerichte, wie singapurische Nudeln (12 BZ$) und Krabbenpasteten aus Rangun (8 BZ$). Wer empfindlich auf fettige Gerichte reagiert, sollte auf die Frühlingsrollen verzichten.

Patty's Bistro BELIZISCH $
(Ecke 2nd St N & 4th Ave; Gerichte ab 10 BZ$; 🕐morgens, mittags & abends; ❄) Patty's ist vor allem für die Meeresschneckensuppe bekannt, eine dicke Kartoffelsuppe mit Gemüse, Reis und Brocken der Meeresschnecke. Experimentierfreudige wagen sich an die Rinderfußsuppe. Auf der Karte stehen außer mexikanischen und belizischen Gerichten die üblichen Verdächtigen wie Hamburger und Sandwiches.

★ **Purple Toucan** MEXIKANISCH, MAYA-KÜCHE $$
(☎622-9329; 52 4th Ave; Mahlzeiten 15–30 BZ$; 🕐11–15.30 & 16.30–23 Uhr) Im Purple Toucan von Joe und Yolanda kommen einige der besten Gerichte von Corozal auf den Tisch, von Maya-Küche (*pork choc,* gegrilltes Schwein mit Zwiebeln, Tomaten und leckerer, pikanter Sauce) bis Knoblauchgarnelen oder mit Krabben gefülltem Fischfilet. Die meisten Gerichte sind etwas teurer, aber die spitzenmäßigen Tacos gibt es schon für weniger als 10 BZ$.

Praktische Informationen

In Corozal gibt's das übliche Dreiergespann an Banken: die **Belize Bank** (Ecke 5th Ave & 1st St N), die **Scotia Bank** (4th Ave) und die **Atlantic Bank** (Ecke 4th Ave & 3rd St N). Ins Internet kommt man im **Gamma Computer Center** (Ecke 4th Ave & 4th St N).

An- & Weiterreise

Corozal hat seine eigene Start- und Landebahn. Sie befindet sich 1,6 km südlich des Zentrums. Ein Taxi dorthin kostet 10 BZ$. Maya Island Air verfügt seit Kurzem über einen neuen Terminal, vor dem die Taxis bei Ankunft der Flugzeuge warten.

Maya Island Air (☎422-2333; www.mayaairways.com) und **Tropic Air** (☎422-0356; www.tropicair.com) fliegen beide dreimal täglich nach San Pedro auf Ambergris Caye (einfacher Flug 76–100 BZ$, 20 Min.). In San Pedro gibt's Anschlussflüge nach Belize City und zu anderen Städten.

ABSEITS DER ÜBLICHEN PFADE

SARTENEJA

Sarteneja (sar-ten-*eh*-ha) ist ein Fischerdorf am Nordostzipfel von Belize. Dieses versteckt auf dem Festland liegende Juwel ist ein wunderschönes, preiswertes Örtchen, wenn man die traumhafte Wasserwelt und den Urwald erkunden will.

Das Dorf ist nur ein paar Blöcke groß und liegt an einem langen, mit Seegras überwucherten Uferabschnitt. Von hier aus kann man Ausflüge in das **Shipstern Nature Reserve** unternehmen, Vögel beobachten, Schnorcheln und Angeln. Es werden auch Seekuh-Beobachtungstouren vor der grandiosen Küste von Nordbelize angeboten.

In Sarteneja befindet sich auch das **Backpacker's Paradise** (☎423-2016; http://backpackers.bluegreenbelize.com; Bandera Rd, Sarteneja; Campingplatz 7 BZ$, Cabañas mit/ohne Bad 48/28 BZ$, kleines/Familien-Haus 66/88 BZ$, Frühstück 4–8 BZ$, Mittag- & Abendessen 10–18 BZ$; 📶), ein idyllisches 11 ha großes Gelände mit unberührtem Urwald und tropischem Ackerland, wo man die Tage damit zubringt, den Urwald zu erkunden, tropische Früchte zu essen und im nahen Ozean zu schwimmen. Die *cabañas* sind gegen Moskitos geschützte Hütten mit Strohdächern und Kingsize-Betten. Es gibt eine Gemeinschaftsküche, einen Bereich zum Chillen (der natürlich auch gegen Moskitos geschützt ist) und ein kleines Restaurant, in dem beliebte französische und belizische Gerichte serviert werden. Wer will, kann sich auch ein Pferd oder einen Drahtesel mieten.

Die Boote von **Thunderbolt Travels** (☎422-0026, 226-2904; 1st Ave) fahren morgens um 7 Uhr von Corozal nach San Pedro. Die einfache Fahrt kostet 45 BZ$. Thunderbolt legt auf Wunsch in Sarteneja (25 BZ$) einen Zwischenstopp ein.

Zwischen 4 und 19.30 Uhr startet in Corozal mindestens jede Stunde ein Bus nach Süden. Die Fahrt geht über Orange Walk (4 BZ$, 1 Std.) nach Belize City (12 BZ$, 3 Std.). Morgens werden Zusatzbusse eingesetzt.

WESTBELIZE

Während die Küste von Belize zum Sonnenbaden, Surfen, Tauchen und Schnorcheln einlädt, dreht sich in Westbelize alles um Dschungel und Höhlen, ums Erkunden und Suchen. Die Provinz Cayo bietet Höhlen, über 900 m hohe Berge, Wasserfälle und Maya-Stätten.

Auf dem Western Highway nach Westen

Los geht's in Belize City auf der Cemetery Road vorbei am Lords Ridge Cemetery und schon bald ist man auf dem Western Highway. Nach 25 km erreicht man Hattieville. Diese Stadt wurde 1961 gegründet, nachdem der Hurrikan Hattie Belize City fast völlig zerstört hatte. Nach weiteren 21 km ist man dann am Belize Zoo. Mindestens jede Stunde fährt ein Bus den Western Highway lang und hält auf Wunsch überall zwischen Belize City und Belmopan.

Sehenswertes & Aktivitäten

★ **Belize Zoo & Tropical Education Center** ZOO

(☎220-8004; www.belizezoo.org; Western Hwy Mile 29; Erw./Kind 20/10 BZ$; ⏲8.30–17 Uhr, an wichtigen Feiertagen geschl.) „Ein Zoo für Leute, die keine Zoos mögen." So bezeichnen viele den Belize Zoo, der in natürlicher Umgebung viele Tiere beherbergt, die aus den Händen von skrupellosen Sammlern gerettet werden konnten. Auf einem 45- bis 60-minütigen, beschilderten Spaziergang sieht man mehr als 125 einheimische Tierarten u. a. Jaguare, Ozelots, Brüllaffen, Pekaris, Geier, Störche, Krokodile, Tapire und *gibnuts*. Ein Zoobesuch im Dunkeln ist besonders reizvoll, da viele der Zoobewohner nachtaktiv sind. Wer einen Abendspaziergang machen will, muss vor Torschluss beim Zoo anrufen oder vorbeigehen.

Direkt westlich vom Zoo am Western Highway (Km 50) werben Cheers und Amigo's um Kunden. Beide servieren belizische, mexikanische und amerikanische

Westbelize

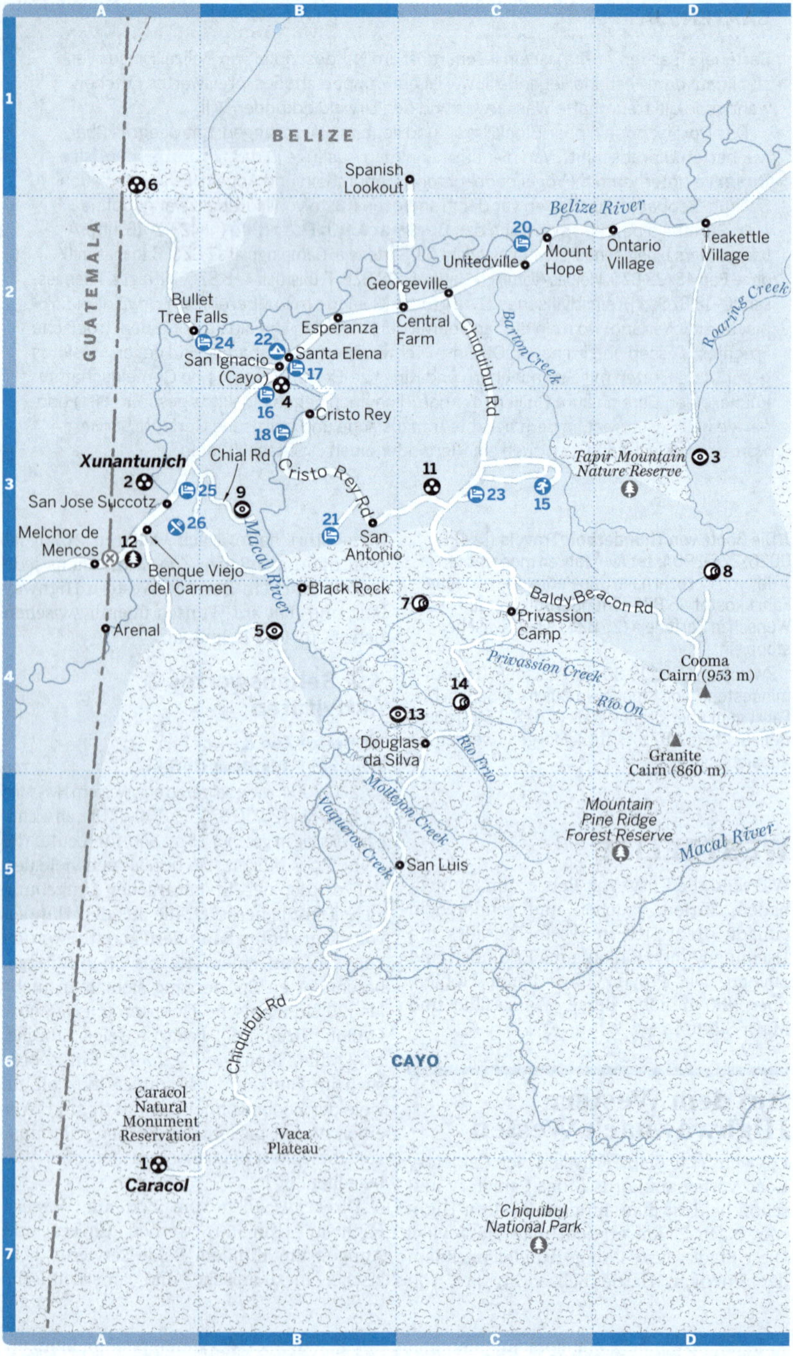
A
B
C
D
1
2
3
4
5
6
7
BELIZE
GUATEMALA
6
Spanish Lookout
Belize River
20
Mount Hope
Ontario Village
Teakettle Village
Unitedville
Georgeville
Roaring Creek
Bullet Tree Falls
24
Esperanza
Central Farm
Chiquibul Rd
Barton Creek
22
Santa Elena
San Ignacio (Cayo)
17
4
16
Cristo Rey
18
Tapir Mountain Nature Reserve
3
Xunantunich
Chial Rd
Cristo Rey Rd
11
2
25
9
23
15
San Jose Succotz
26
Macal River
21
San Antonio
Melchor de Mencos
12
Benque Viejo del Carmen
8
Black Rock
7
Baldy Beacon Rd
Privassion Camp
Arenal
5
Privassion Creek
Cooma Cairn (953 m)
14
Río On
13
Douglas da Silva
Granite Cairn (860 m)
Río Frío
Mollejon Creek
Vaqueros Creek
Mountain Pine Ridge Forest Reserve
San Luis
Macal River
Chiquibul Rd
CAYO
Caracol Natural Monument Reservation
Vaca Plateau
1
Caracol
Chiquibul National Park

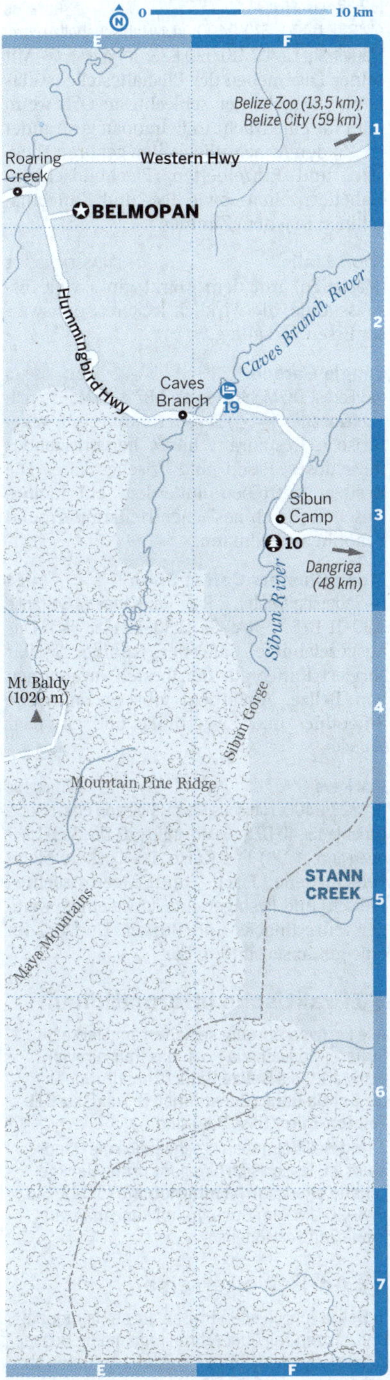

Westbelize

Highlights

1 Caracol A7
2 Xunantunich A3

Sehenswertes

3 Actun Tunichil Muknal D3
4 Cahal Pech B2
5 Che Chem Ha B4
6 El Pilar A1
7 Five Sisters Falls C4
8 Hidden Valley (Thousand Foot) Falls D3
9 Ix Chel Farms B3
10 National Park F3
11 Pacbitun C3
12 Poustinia Land Art Park A3
13 Río Frio Cave C4
14 Río On Pools C4

Aktivitäten, Kurse & Touren

15 Barton Creek Cave C3
Rainforest Medicine Trail .... (s. 9)

Schlafen

16 Cahal Pech Village Resort B3
17 Cool M Farm B2
18 Crystal Paradise Resort B3
19 Ian Anderson's Caves Branch Jungle Lodge F2
20 Lower Dover Field Station & Eco Lodge C2
21 Macaw Bank Jungle Lodge B3
22 Mana Kai Camp & Cabins B2
23 Mountain Equestrian Trails C3
24 Parrot Nest Jungle Lodge B2
25 Trek Stop A3

Essen

26 Benny's Kitchen A3

Gerichte sowie eiskaltes Belikin-Bier zu moderaten Preisen.

Monkey Bay Wildlife Sanctuary TIERSCHUTZGEBIET
(☎822-8032; www.belizestudyabroad.net; Western Hwy Mile 31½) Unterkünfte und Aktivitäten für interessierte Traveller. Wer mehr wissen möchte, kann hier auch ein Praktikum machen. Besucher sollten vorab Kontakt mit dem Reservat aufnehmen, um zu erfahren, welche Aktivitäten zum Zeitpunkt des geplanten Besuchs angeboten werden. Es gibt Kanu- und Höhlenausflüge (70 BZ$/Pers.) und in der Trockenzeit Trips zur ca. 19 km nördlich liegenden Cox Lagoon, an der Jabirus, Hirsche, Tapire, Schwarze Brüllaffen und viele Krokodile leben. Das Schutzgebiet bietet Übernachtungsmöglichkeiten

– auf dem Campingplatz (15 BZ$/Pers.), in Schlafbaracken (35 BZ$/Pers.) und auch in Hütten für zwei Personen (90 BZ$).

Guanacaste National Park PARK
(Eintritt 5 BZ$; ⌚8–16.30 Uhr) Weiter westlich am Highway auf Höhe der Kreuzung mit dem Hummingbird Highway liegt der Guanacaste National Park, ein 21 ha großes Naturreservat am Zusammenfluss des Roaring Creek und des Belize River.

Ein Spaziergang auf den 3 km langen Wanderwegen ist eine gute Einführung in die farbenfrohe Vogelwelt. Nach dem Spaziergang kann man sich dann am Belize River im schönen Schwimmbecken des Parks erfrischen.

Belmopan

16 400 EW.

Traveller, die in der Hauptstadt von Belize ankommen, stellen sich unweigerlich die Frage: Was will ich hier? Aber die Stadt hat zum Glück eine Antwort parat: umsteigen (oder eine Visaverlängerung beantragen). In Belmopan gibt's Botschaften, Regierungsgebäude und alles, was man sonst so brauchen könnte, falls man aus irgendeinem Grund hier festsitzen sollte.

Schlafen & Essen

Die Stadt wurde für Beamte und Diplomaten gebaut. Für Rucksacktouristen gibt es nur wenige günstige Schlaf- und Versorgungsmöglichkeiten.

El-Rey Inn HOTEL $
(☎822-3438; www.belmopanhotels.com; 23 Moho St; Zi. 65–85 BZ$; P❄📶) Eine recht günstige Herberge gleich jenseits der Ringstraße, nordöstlich des Stadtparks. Das Hotel ist nach dem freundlichen Inhaber benannt, Elroy Garbutt. Es gibt 12 einfache, saubere Zimmer mit eigenem Bad und Ventilatoren. Die teureren Zimmer haben eine Klimaanlage.

Bull Frog Inn HOTEL $$
(☎822-2111; www.bullfroginn.com; 25 Half Moon Ave; EZ/DZ 140/170 BZ$; P❄@📶) Am Rande des Parks, innerhalb der Ringstraße, liegt das freundliche und ordentliche Bull Frog Inn. Ein besonderes Flair sucht man in den 25 Zimmern vergebens, aber sie sind geräumig und komfortabel mit Telefon, Kabelfernsehen und starken Warmwasserduschen ausgestattet.

Hibiscus Hotel HOTEL $$
(☎822-0400, 610-0400; www.hibiscusbelize.com; Market Sq; EZ/DZ 110/120 BZ$; P❄📶) Mit seiner Lage neben der Bushaltestelle ist das Hibiscus nicht der schlechteste Ort, wenn man für eine Nacht in Belmopan gestrandet ist. Zu den Annehmlichkeiten gehören Kingsize- und Einzelbetten, Flachbildschirm-Kabelfernsehen sowie Tee- und Kaffeemaschinen in jedem Zimmer.

Food Stalls STRASSENIMBISS $
(Market Sq) Auf dem Markt gibt's viele Essensstände, die wirklich leckeres, preiswertes Essen verkaufen.

Veggie Garden VEGETARISCH $
(43 Forest Dr; Mahlzeiten ab 7 BZ$; ⌚Mo–Sa mittags & abends; ❄🖉) Dieses taiwanesisch-vegetarische Restaurant bietet hervorragendes fleischloses Essen und frische Säfte. Die Besitzer betreiben außerdem ein kleines Geschäft mit chinesischen Heilkräutern und Schönheitsprodukten.

Moon Clusters Coffee Shop CAFÉ $
(4 Shopping Center, E Ring Rd; Kaffee & Getränke 3,30–11 BZ$; ⌚Mo–Sa 11.30–19 Uhr; ❄) Das ausgezeichnete Café der Familie Aguilar serviert Kaffee aus den besten Javabohnen von Belize. Außerdem gibt es zahlreiche Smoothies und Eisgetränke und ein paar Snacks.

Corkers BRITISCH $$
(☎822-0400; Hibiscus Plaza, Melhado Pde; Hauptgerichte 15–40 BZ$; ⌚Mo–Mi 11–20, Do–Sa 11 Uhr–open end; 📶🖉) Die Karte des Corkers bietet verschiedene Fisch- und Meeresfrüchte-, Fleisch- und Pastagerichte sowie einige weniger teure Snacks und Burger. Und es gibt eine gut ausgestattete Bar.

Praktische Informationen

Alle Fernverkehrsbusse halten am Market Square, wo auch die Post, das Polizeirevier, der Markt, die **Belize Bank** (Constitution Dr), die **Scotia Bank** (Constitution Dr) und das **BTL Telefon-Büro** (Bliss Pde) sind.

Und weil Belmopan ja schließlich die Hauptstadt ist, lassen sich hier ganz prima Bankgeschäfte erledigen. Im **Internetcafé** (5 BZ$/Std.; ⌚8–20 Uhr) am Busbahnhof kann man gut seine Zeit vertrödeln.

An- & Weiterreise

In Belize führen alle Straßen durch Belmopan. Den ganzen Tag über fahren regelmäßig Busse zu allen Zielen im Süden, Westen und Osten ab.

Während des Tages muss niemand länger als eine Stunde auf den nächsten Bus warten.

ZIEL	DAUER	PREIS (BZ$)
Belize City	1¼ Std.	6
Benque Viejo del Carmen	1½ Std.	6
Dangriga	2 Std.	6
Punta Gorda	5–6 Std.	Fernverkehrs-/ Expressbus 20/24
San Ignacio	1 Std.	5

San Ignacio (Cayo)

16 677 EW.

San Ignacio liegt ganz im Westen in Grenznähe. In den umliegenden Hügeln der Stadt gibt es zahlreiche Archäologie- und Naturattraktionen. In der Stadt herrscht eine optimistische und fröhliche Stimmung, geschäftig während des Tags und recht lebhaft in der Nacht.

Der **Samstagsmarkt** in San Ignacio ist der größte in Belize. Er lockt Bauern, Handwerker und Händler aus dem ganzen Land an. Los geht's schon, bevor es morgens hell wird, Schluss ist dann irgendwann am Nachmittag. Wer auf der Suche nach Kleidung, Schmuck, Obst, Gemüse und leckerem Essen ist oder einfach nur sehen will, was die belizische Kultur so alles zu bieten hat, ist hier genau richtig.

San Ignacio liegt auf der Westseite und Santa Elena auf der Ostseite des Flusses.

Sehenswertes & Aktivitäten

Viele der Sehenswürdigkeiten von San Ignacio liegen außerhalb der Stadt. Cahal Pech, direkt am Stadtrand, und El Pilar, etwas außerhalb im Nordwesten, sind reizvolle Ausflugsziele. Im Westen, nahe der Grenze zu Guatemala, liegen Che Chem Ha und der Poustinia Land Art Park. Beide lassen sich in einem schönen Tagesausflug verbinden.

Cahal Pech RUINE

(Karte S. 270; ✆824-4236; Eintritt 10 BZ$, 2 Std. Führung 20 BZ$; ⏲6–18 Uhr) Cahal Pech hatte von 900 v. Chr. bis 800 n. Chr. einige Bedeutung. Auf dem 2,4 ha großen Gelände gab es 34 Gebäude, die sich um sieben Plazas gruppierten. **Plaza B**, ca. 150 m vom Museum und vom Parkplatz entfernt, ist die größte und beeindruckendste Plaza hier. Rund um die Plaza stehen einige der bedeutendsten Gebäude. An der Plaza A befindet sich die **Struktur A-1**, die größte Pyramide dieser archäologischen Stätte.

Cahal Pech liegt an der Buena Vista Road, 1,6 km von der Hawkesworth Bridge entfernt. Man kann die Anlage zu Fuß oder mit einem Taxi (ca. 6 BZ$) erreichen.

El Pilar RUINE

(Karte S. 270; Eintritt 20 BZ$; ⏲8–16 Uhr) Etwa 19 km nordwestlich von San Ignacio jenseits der Bullet Tree Falls liegt El Pilar fast 275 m über dem Belize River. Der größte Teil der Stätte ist noch nicht ausgegraben, aber es führen fünf Wanderwege durch die vom Urwald bedeckten Hügel. Wer mit dem Auto unterwegs ist, stößt hier auf einen herrlich entlegenen und lohnenden Ort, den man gut auf eigene Faust erkunden kann. Ein Taxi von Bullet Tree Falls kostet 50 BZ$. Man kann sich aber auch einer Führung anschließen. **Teddy Waight** (✆664-9599; vlteddy@yahoo.com) aus Bullet Tree fährt mit kleinen Gruppen hierher (40 BZ$/Pers., einschl. Transport).

Poustinia Land Art Park PARK

(Karte S. 270; ✆822-3532; www.poustiniaonline.org; Hydro Rd Mile 2½; Eintritt nur n. V. 20 BZ$) Eine der versteckten Perlen von Westbelize ist dieser völlig unerwartete, avantgardistische Skulpturenpark mitten im Dschungel. Gegründet als künstlerisches Umweltprojekt werden die Kunstwerke – z. B. ein Auto, ein Gewächshaus oder eine Parkettdiele – der Natur ausgesetzt, die sie verrottet, korrodiert oder in anderer Form transformiert.

Im Benque Viejo House of Culture, direkt hinter dem Campo Santo Memorial Park, kann ein Termin vereinbart, das Ticket gekauft und auch ein Taxi für die Fahrt nach Poustinia (20 BZ$) bestellt werden. Campen ist gegen einen kleinen Obolus von 10 BZ$/Pers. erlaubt.

Che Chem Ha HÖHLE

(Karte S. 270; Hydro Rd Mile 8; Führung 40 BZ$/Pers.) In Che Chem auf der Farm der Morales Familie ist die wohl größte Sammlung von Maya-Töpfereien zu sehen, die jemals entdeckt wurde. Die Familie organisiert Führung durch die Höhle, bietet Mittagessen und einfache Unterkünfte für Besucher. Die Höhle ist etwa 250 m lang und wurde von den Maya viele Jahrhunderte zur Lagerung von Lebensmitteln und für Rituale genutzt. Nach der Wanderung durch die Höhle empfiehlt sich ein Abstecher zu einem hübschen Wasserfall auf dem Gelände und/oder eine

San Ignacio

San Ignacio

Aktivitäten, Kurse & Touren

1 Mayawalk Tours B3
2 Pacz Tours B2

Schlafen

3 Bella's Backpacker's A2
4 Casa Blanca Guest House C4
5 J&R's Guest House B5
6 Rainforest Haven Inn B5
7 Western Guesthouse B1

Essen

8 Erva's B3
9 Ko-Ox Han-nah C4
10 New French Bakery C2
11 Pop's Restaurant B4
12 Serendib B2

Ausgehen & Nachtleben

13 Bamboo Bar C2

Unterhaltung

14 Soul Project Space for the Creative Arts B5

Shoppen

15 JNC Mall B3

30-minütige Wanderung hinunter zu den Vaca Falls mit einem Bad im Macal River.

Es gibt zurzeit kein Telefon in Che Chem Ha. Die Fahrt kann von San Ignacio oder Benque Viejo del Carmen organisiert werden.

Geführte Touren

Mehrere Veranstalter bieten geführte Touren in die Umgebung, zu den Inseln und nach Tikal in Guatemala an.

Carlos Panti HÖHLENWANDERUNG
(☎669-5552; carlos.caveguide@yahoo.com) Der aus Cayo stammende Carlos Panti hat sich auf kleine Gruppen spezialisiert, mit denen er für 150 BZ$ pro Person spirituell angehauchte Ausflüge in die Höhle Actun Tunichil Muknal unternimmt.

Mayawalk Tours ABENTEUER
(Karte S. 274; ☎824-3070, 610-1129; www.mayawalk.com; 19 Burns Ave) Bietet Ausflüge nach Caracol und Actun Tunichil Muknal (S. 277), nach Tikal (Guatemala) und viele andere Abenteuer für alle Interessen und Spannungsgrade.

Pacz Tours GEFÜHRTE TOUR
(Karte S. 274; ☎824-0536; www.pacztours.net; 30 Burns Ave) Bietet verlässlichen und hervorragenden Service sowie sachkundige Führer auf den Touren nach Actun Tunichil Muknal und Tikal. Pacz vermietet hochwertige Mountainbikes und Straßenräder für 70 BZ$ am Tag; bei mehreren Tagen gibt's Rabatt.

River Rat Expeditions ABENTEUER
(☎824-2166, 605-4480; www.riverratbelize.com) Spezialist für Kajakfahrten, Rivertubing und Höhlenausflüge – vom entspannten Paddeln auf dem Mopan River bei den Clarissa Falls bis zur rasanten Fahrt durch das Wildwasser bei den Paslow Falls. Auch mehrtägige Kajak- und Campingtouren.

Schlafen

Rainforest Haven Inn HOTEL $
(Karte S. 274; ☎674 1984; www.rainforesthavens.com; 2 Victoria St; Zi. 90 BZ$; ❄@📶) Dieses neue dreistöckige Hotel hat hübsche Zimmer mit Minikühlschrank, Kabelfernsehen, Warmwasserduschen und bequemen Betten. Die besten Zimmer sind im 3. Stock, wo es auch eine Küche gibt. Im 2. Stock lädt ein kühler Bereich zum Chillen.

Western Guesthouse PENSION $
(Karte S. 274; ☎824-2572; 54 Burns Ave; EZ/DZ mit Ventilator 60/70 BZ$, mit Klimaanlage 80/90 BZ$, Familiensuite 140 BZ$; P❄📶) Die Pension der Familie Urbina im ruhigen Westen bietet eine familiäre Atmosphäre und eine komplett ausgestattete Küche. Jedes der sechs sauberen und komfortablen Zimmer hat zwei Betten, einen eigenen Fernseher und Warmwasserduschen. Die Familie bietet einen Wäscheservice und unzählige Informationen über die Gegend.

J&R's Guest House PENSION $
(Karte S. 274; ☎626-3604; 20 Far West St; EZ/DZ/3BZ 25/30/35 BZ$) Moderne Unterkunft oben auf einem Hügel an der Hauptstraße mit familiärer Atmosphäre und einer Veranda, auf der man phantastisch frühstücken (im Zimmerpreis enthalten) und die herumschwirrenden Kolibris beobachten kann.

Bella's Backpacker's HOSTEL $
(Karte S. 274; ☎671-2248, 824-2248; bellabackpackers@yahoo.com; 4 Galvez St; B 15 BZ$, Zi. pro Pers. 25 BZ$; 📶) Im Bella's gibt es zwei übersichtliche, mehrstöckige Schlafsäle mit neuen Etagenbetten und Badezimmern mit Duschen. Die Einzelzimmer haben Ventilator, große Fenster mit Sonnenschutz und Badezimmer mit Bruchsteinen in den Wänden. Im 1. Stock gibt es eine Gemeinschaftsküche und auf dem Dach eine luftige Terrasse mit Hängematten und bequemen Sofas zum Entspannen.

Casa Blanca Guest House PENSION $
(Karte S. 274; ☎824-2080; www.casablancaguesthouse.com; 10 Burns Ave; EZ/DZ mit Ventilator 45/55 BZ$, mit Klimaanlage 75/95 BZ$; ❄) Die Zimmer in der familiären Casa Blanca sind gepflegt und gemütlich.

Mana Kai Camp & Cabins CAMPINGPLATZ $
(Karte S. 270; ☎624-6538, 824-2317; Branch Mouth Rd; EZ/DZ 35/45 BZ$, Camping pro Per. 10 BZ$; 📶) Die einfachen Hütten sind einfach und sauber, mit Warmwasserduschen und eigenem Bad.

Cahal Pech Village Resort RESORTHOTEL $$
(Karte S. 270; ☎824-3740; www.cahalpech.com; Cahal Pech Hill; DZ/Familiensuite 158/198 BZ$; P❄@📶🏊) Auf dem Hügel Cahal Pech, 800 m oberhalb des Stadtzentrums, haben die Gäste des eleganten Resorthotels mit 21 hellen, gefliesten Zimmern, neun großzügigen Suiten und 27 komfortablen, strohbedeckten *cabañas* einen tollen Ausblick. Das hauseigene Restaurant serviert gute internationale und belizische Küche sowie Maya-Gerichte (Hauptgerichte 12–20 BZ$), sodass niemand in die Stadt muss, um essen zu gehen.

Essen

Pop's Restaurant DINER $

(Karte S. 274; West St; Frühstück 8–10 BZ$; ⌚ morgens, mittags & abends) Der freundliche und saubere traditionelle Diner mit sechs Sitzecken wird von einem älteren Herren mit einem wallenden, weißen Bart betrieben – Pops. Frühstück gibt's den ganzen Tag und der Kaffee wird endlos nachgeschenkt. Was will man mehr?

Great Mayan Prince BELIZISCH $

(☎ 824-2588; 28 Benque Viejo Rd; morgens & mittags 8–10 BZ$; ⌚ Mo–Do 7–21, Fr & Sa 7–22, So 7–15 Uhr; 📶 ✎) Die kleine Wanderung zum Great Mayan Prince jenseits des touristischen Trubels lohnt sich. Denn hier werden nicht nur die besten Frühstücks-Burritos der Stadt aufgetischt. Vom Restaurant hat man auch einen weit schweifenden Ausblick über Cayo bis nach Guatemala. Das sonntägliche Frühstücksbuffet (15 BZ$) ist auch hervorragend.

New French Bakery BÄCKEREI $

(Karte S. 274; Market Sq; Gebäck ab 2 BZ$; ⌚ Mo–Sa 6.30–18.30 Uhr) Neue Adresse, aber die alten Besitzer und leckere feste Brötchen, Brote, Kaffee und sogar Ziegenkäse.

★ **Ko-Ox Han-nah** MAYA $$

(Karte S. 274; ☎ 824-3014; 5 Burns Ave; Frühstück 8–12 BZ$, belizische Gerichte 10–12 BZ$, indianische Gerichte 15–20 BZ$; ⌚ 6–21; ✎) Han-nah (so wird es genannt) ist zu jeder Tageszeit das beliebteste Lokal der Stadt. Die Lebensmittel, wie Lamm, Schwein und Hühnchen, kommen alle von der Farm des Besitzers im nahe gelegenen Calla Creek. Das Frühstück ist großartig und das Essen am Abend unschlagbar, mit zahlreichen Alternativen für Vegetarier.

Serendib SRI-LANKISCH $$

(Karte S. 274 Burns Ave; Hauptgerichte ab 15 BZ$; ⌚ mittags & abends) Das einzige sri-lankische Restaurant in San Ignacio serviert leckere Currys, scharfes Hühnchentandoori und andere Köstlichkeiten des indischen Subkontinents. Freundliche Besitzer, sensationelles Essen und ein ruhiger Innenhof sind Garanten für Glückseligkeit.

Erva's SEAFOOD, BELIZISCH $$

(Karte S. 274; ☎ 824-2821; 9 Far West St; Hauptgerichte 10–25 BZ$; ⌚ 8–22, So geschl.; ✎) Dieser Dauerbrenner von Cayo hat eine schicke neue Karte mit einer großen Auswahl an Gerichten mit Meeresfrüchten (je nach Saison kreolische Muscheln und Hummerschwanz) und belizischen Spezialitäten, Sandwiches sowie verschiedene frische Säfte. Die Pitaya, eine grell pinke Drachenfrucht, ist besonders erfrischend.

Ausgehen & Unterhaltung

Bamboo Bar BAR

(Karte S. 274; South Side, Pedestrian Sq; ⌚ 9–24 Uhr) An der östlichen Seite der neuen Touristenplaza liegt die Bamboo Bar, der neueste Treffpunkt zum Musik hören, Neuigkeiten erfahren und trinken. Es gibt 50 Sitzplätze, Bier vom Fass und Hochprozentiges, vor dem Belize-Kenner ehrfürchtig den Hut ziehen.

Soul Project Space for the Creative Arts KUNSTCAFÉ

(Karte S. 274; ☎ 653-1855; guanamon@yahoo.com; Buena Vista Rd, gegenüber der Polizei; ⌚ 11–23 Uhr; 📶) 🍃 Kunstraum, Restaurant, Café und Bar – das Soul Project logiert in einem Gebäude im Stil von New Orleans im weitläufigeren, östlichen Teil von San Ignacio. Das Café serviert großartige und gesunde belizische und internationale Küche. Aber das Soul Projekt ist auch Anlaufstelle für örtliche Künstler und Musiker. Die Bar schenkt Bier, Wein, Smoothies und Kaffee aus.

Praktische Informationen

Die **Belize Bank** (16 Burns Ave) und die **Atlantic Bank** haben beide Geldautomaten, die rund um die Uhr in Betrieb sind. Die **Post** (Missiah St) ist im oberen Stockwerk des Government House in der Nähe der Brücke untergebracht.

Bei **Trade Winds Internet** (☎ 824-2396, West Street; 5 BZ$/Std.) kommt man mit neuen Computern ins Internet.

Das San Ignacio Hospital befindet sich auf dem Hügel an der Waight's Avenue westlich des Zentrums. In Santa Elena auf der anderen Flussseite liegt das Hospital La Loma Luz.

An- & Weiterreise

Busse nach Belize City (Fernverkehrs-/Expressbus 10/14 BZ$, 2/3 Std.) und Belmopan (Fernverkehrs-/Expressbus 4/6 BZ$, 1½ Std./45 Min.) starten fast alle 30 Minuten am Market Square von San Ignacio. Von hier gibt es auch Verbindungen nach Benque Viejo del Carmen und weiter nach Guatemala.

Der Taxistand befindet sich am Kreisverkehr gegenüber vom Government House. Die Preise sind selbst für kurze Fahrten überraschend hoch (wenige Kilometer können leicht zwischen 10 und 20 BZ$ kosten).

Mountain Pine Ridge & Umgebung

Südlich des Western Highway zwischen Belmopan und der guatemaltekischen Grenze beginnen die Maya Mountains, die den Cayo District vom Stann Creek District im Osten und dem Toledo District im Süden trennen.

Das Herz des Mountain Pine Ridge Forest Reserve, ein Hochland mit vielen Aras und Jaguaren, Mahagoni- und Mangobäumen, bildet ein 777 km² großer Nadelwald. Für Unternehmungslustige gibt's in diesem Naturschutzgebiet und in der Umgebung unzählige Flüsse, Wasserbecken, Wasserfälle und Höhlen zu entdecken.

Sehenswertes & Aktivitäten

Im Hochland gibt es zwei interessante Maya-Stätten – die kleinere Pacbitun und die riesige Caracol. Wer eine der Höhlen der Gegend besuchen möchte, muss sich einer geführten Tour anschließen. Am besten fragt man im Hotel nach oder wendet sich direkt an einen der vorgeschlagenen Cayo-Führer.

Actun Tunichil Muknal HÖHLE

(Karte S. 270) Eine der unvergesslichsten und abenteuerlichsten Touren von Belize führt sicherlich nach Actun Tunichil Muknal (ATM), tief in die Unterwelt der alten Maya bzw. Xibalba. Der Eingang in die 4,8 km lange Höhle liegt im nördlichen Vorgebirge der Maya Mountains. Die Wanderung ist recht anstrengend.

Vor dem weiten, eieruhrförmigen Eingang zur Höhle wird ein Helm mit Stirnlampe aufgesetzt. Um zum Höhleneingang zu gelangen, müssen die Besucher zunächst durch das eisige Wasser eines tiefen Beckens schwimmen (etwa 4,5 m), sie müssen also unbedingt gute Schwimmer sein. Danach folgt man etwa eine Stunde dem Führer durch die finstere Höhle – gehend, kletternd, sich biegend und drehend – bis zur Hauptkammer der Höhle, wo alle ihre Schuhe ausziehen müssen. Unbedingt Socken tragen; nicht nur, um die Füße vor den scharfen Felsen zu schützen, sondern auch, um die archäologischen Schätze vor der öligen Haut zu schützen.

Von San Ignacio dauert der Ausflug etwa zehn Stunden, einschließlich der jeweils einstündigen Fahrt hin und wieder zurück.

RAUS AUS DER STADT!

Direkt vor den Toren von San Ignacio befinden sich mehrere wunderschöne, preiswerte Campingplätze, Ökoresorts und Privatunterkünfte.

Cool M Farm (Karte S. 270; ☎824-2276; cool.m.farm@gmail.com; Cristo Rey Rd ¼ mile; Cabañas DZ 100 BZ$, jede weitere Pers. 10 BZ$). Einmal auf einer mennonitischen Milchfarm übernachten – auf dem 30 ha großen Gartengrundstück der Lohr-Familie. Es gibt zwei niedliche *cabañas* mit Ventilator, bequemem Doppelbett, Schreibtisch, modernem Bad mit Warmwasserdusche und Veranda mit Blick übers Tal, die Wiesen und (natürlich) den Hof. Das Bio-Frühstück für zwei Personen besteht aus Eiern, Joghurt, Müsli und Brot und ist im Preis enthalten.

Lower Dover Field Station & Eco Lodge (Karte S. 270; ☎834-4200; www.lowerdoverbelize.com; Western Hwy Mile 59; Zelt 20 BZ$, Schlafsaal 30 BZ$/Pers., Hütten mit/ohne Bad inkl. Frühstück 140/100 BZ$, Luxushütte mit Klimaanlage 200 BZ$; P ❄ ᯤ) 40 ha erstklassiger Dschungel mit kristallklaren Bächen, Badestellen und großen, meist nicht erschlossenen Maya-Ruinen. Es gibt sechs Betten im Schlafsaal und jeweils drei in den hübsch möblierten Hütten. Das Lower Dover bietet sich an für Kanutouren auf dem Belize River, zum Schwimmen in einer der sieben Badestellen des Flusses, Angeln oder Vögel beobachten.

Parrot Nest Jungle Lodge (Karte S. 270; ☎669-6068, 660-6336; www.parrot-nest.com; Baumhaus oder Hütte ohne Bad 90 BZ$, 4BZ-Hütten mit Warmwasserduschen & Bad 105 BZ$, Frühstück 8–12 BZ$, Abendessen 24 BZ$; P ᯤ) Neun Hütten – einige auf Pfählen, andere in Bäumen – aus robustem Holz mit Blechdächern und Gemeinschaftsbädern; vier größere Hütten haben ein eigenes Bad und einladende Veranden. Kinder werden es lieben, auf dem dschungelähnlichen Gelände zu spielen, sonst ist es himmlisch, um Tiere zu beobachten, im Fluss zu schwimmen und in der Hängematte zu faulenzen. Gäste können Kajaks, Badeschläuche und Fahrräder kostenlos nutzen.

Einige der Anbieter in San Ignacio bieten die Tour für rund 160 BZ$ pro Person an, inklusive Eintritt, Mittagessen und Ausrüstung. Die Tour muss von einem lizensierten Führer begleitet werden.

★Caracol ARCHÄOLOGISCHE STÄTTE

(Karte S. 270; Eintritt 30 BZ$; ⏲8–16 Uhr) Caracol war einst eine der mächtigsten Städte der gesamten Maya-Welt und liegt heute zugewachsen im dichten Dschungel nahe der Grenze zu Guatemala, 83 km bzw. zwei Stunden Fahrt von San Ignacio entfernt. Die größte Maya-Stätte von Belize liegt auf dem 500 m hohen Vaca Plateau und hat sich wahrscheinlich zu seiner Glanzzeit um 650 v. Chr. über 181 km² erstreckt. Wege von insgesamt gut 65 km Länge ziehen sich vom Zentrum zu den großen am äußeren Rand gelegenen Plazas und Wohnvierteln und verbinden die Stadtteile miteinander. In ihren besten Tagen haben hier wahrscheinlich 150 000 Menschen gelebt, mehr als zweimal so viele wie in Belize City heute.

Am Kartenschalter gibt ein kleines Besucherzentrum einen kleinen Überblick über die Geschichte von Caracol und zeigt ein hilfreiches Miniaturmodell. Außerdem gibt es hier Toiletten, Picknicktische und einen kleinen Souvenirladen. Unbedingt Essen und Trinken mitbringen. Wer mit dem Auto kommt, sollte einen Reservereifen einpacken. Übernachten ist nicht erlaubt.

Ix Chel Farms HEILKRÄUTERFARM

(Karte S. 270; Eintritt 10 BZ$; ⏲8–12 & 13–17 Uhr) Dieses Heilkräuterforschungszentrum liegt 13 km südwestlich von San Ignacio an der Chial Road.

Dr. Eligio Pantí, der 1996 im gesegneten Alter von 103 Jahren starb, war ein Heiler in San Antonio, der traditionelle Maya-Heilmethoden anwendete. Die Amerikanerin Dr. Rosita Arvigo ging bei ihm in die Lehre und lernte alles über Heilpflanzen. Sie rief später mehrere Projekte ins Leben, um das Wissen über traditionelle Heilmethoden zu verbreiten und den Lebensraum im Regenwald zu erhalten, in dem es sage und schreibe 4000 Pflanzenarten gibt.

Eines ihrer Projekte war die Einrichtung des **Rainforest Medicine Trail** (Karte S. 270; ⏲Führungen stündl. 8–17 Uhr), ein mit Infotafeln bestückter Weg durch den Urwald. Führungen kosten 10 BZ$.

Río On Pools WASSERFALL

(Karte S. 270) Kleine Wasserfälle, die mehrere Wasserbecken miteinander verbinden, die der Fluss in die Granitblöcke gewaschen hat. Einige der Wasserfälle können auch als Wasserrutschen benutzt werden.

Río Frio Cave HÖHLE

(Karte S. 270) Die Höhlen von Río Frio gehören zu den meistbesuchten und berühmtesten der Region. Der Fluss gurgelt durch die ansehnliche Höhle und hält sie schön frisch.

Five Sisters Falls WASSERFALL

(Karte S. 270) Die Becken der ruhigeren Five Sisters Falls, zu erreichen über den offenen Fahrstuhl (5 BZ$) der Five Sisters Lodge, sind durch fünf kleinere Wasserfälle miteinander verbunden.

Hidden Valley (Thousand Foot) Falls WASSERFALL

(Karte S. 270) Das nasse Highlight der Gegend sind die Hidden Valley (Thousand Foot) Falls südlich von San Antonio. Es gibt Wanderwege und oben eine Aussichtsplattform mit tollem Blick auf die Mountain Pine Ridge. Die Wasserfälle stürzen etwa 450 m in die Tiefe, aber das ist nur in der Regenzeit spektakulär.

Pacbitun ARCHÄOLOGISCHE STÄTTEN

(Karte S. 270) Die kleine Ruine Pacbitun befindet sich 19 km südlich von San Ignacio an der Cristo Rey Road in der Nähe von San Antonio und war wahrscheinlich von 900 v. Chr. bis 900 n. Chr. ständig bewohnt. Bis heute wurde lediglich die erhabene **Plaza A** freigelegt und teilweise befestigt. Die **Strukturen 1 und 2** an der Ost- und Westseite der Plaza lohnen ebenfalls den Besuch.

Barton Creek Cave HÖHLE

(Karte S. 270) Eines der gefragtesten Ausflugsziele von San Ignacio führt zu dieser Höhle mit gespenstischen Totenköpfen, Knochen und Keramikscherben der alten Maya. Auf dem Weg dorthin muss man sich aber durch den einen oder anderen sehr engen Gang zwängen. Eine ganztätige Tour kostet etwa 130 BZ$/Pers., inklusive Mahlzeiten.

Schlafen

Überall in den Wäldern und Bergen des Gebiets um Mountain Pine Ridge gibt's kleine Gasthäuser, Lodges und Ranches, in denen man übernachten und essen kann. Sie organisieren auch Wanderungen, Ausritte und Höhlentouren und natürlich kann man hier auch schwimmen, Vögel beobachten und ähnliche Outdooraktivitäten unternehmen.

Crystal Paradise Resort RESORTHOTEL $$
(Karte S. 270; ☎820-4014, 834-4016; www.crystalparadise.com; Cristo Rey Rd; Standard EZ/DZ/3BZ 150/210/270 BZ$, Garten/Gartenloft/Talblick-Cabañas EZ/DZ/3BZ 190/250/310 BZ$; P@) Das Resort der Tut-Familie erstreckt sich über gut gepflegte Gärten oberhalb des Macal Rivers und bietet funktionale und komfortable *cabañas*. Viele Gäste haben Pauschalpakete gebucht mit geplanten Aktivitäten, wie Reitausflügen, Kanutrips, Fahrten zu den Maya-Ruinen und anderen Sachen. Frühstück und Abendessen sind inklusive.

Macaw Bank Jungle Lodge LODGE $$$
(Karte S. 270; ☎603-4825; www.macawbankjunglelodge.com; Abfahrt Cristo Rey Rd; kleine/große Cabañas 220/290 BZ$; P) Ein Wildtierwunderland, in dem es nur so von Vögeln und anderen Tieren wimmelt. Auf einem großen Wegenetz wandern, unter einem 900 Jahre alten Baum meditieren, eine nicht erschlossene Maya-Stätte erkunden oder in einem Reifen den Fluss hinuntertreiben. Abends wartet eine rustikale, mit Petroleumlampen beleuchtete Hütte (es gibt inzwischen aber auch Solarstrom) mit handgefertigten Möbeln, hübschen Mosaikfliesen und gewebten Tapeten. Das hauseigene Restaurant tischt vor Ort gezogene und geerntete Früchte, Gemüse und Fleisch auf. Das Essen muss allerdings vorab bestellt werden.

Mountain Equestrian Trails RESORT $$$
(Karte S. 270; ☎669-1124, in USA 800-838-3918; www.metbelize.com; EZ/DZ/3BZ/4BZ 220/264/308/352 BZ$, morgens/mittags/abends 16/22/40 BZ$; P) Nach einem Tag auf dem Pferderücken kann sich der erschöpfte Körper in einer der zehn großzügigen, strohgedeckten *cabañas* mit hübschen Maya-Wandteppichen und grandiosen Blicken in den Wald erholen. Petroleumlampen weisen den Weg (es gibt keinen Strom) und sorgen für Romantik. Gutes, bodenständiges Essen wird in der *cantina* serviert. Zu den mehrtägigen Paketen gehören Reitausflüge, Touren und Unterkunft. Auch ein Fahrdienst ist möglich.

Nach Westen bis Guatemala

Von San Ignacio sind es noch 16 km auf dem Western Highway in Richtung Südwesten bis zur guatemaltekischen Grenze.

San Jose Succotz

Der kleine Ort liegt am Mopan River an der Kreuzung nach Xunantunich. Alljährlich erwacht die Stadt während des **Succotz-Festival**, wenn drei Tage lang mit Tanz, Fußball, Wettbewerben wie dem Erklimmen glitschiger Pfähle oder der Jagd auf eingefettete Schweine, Marimbafonmusik und natürlich typischem Essen aus der Region gefeiert wird. Das Festival findet am Wochenende nach Ostern statt.

Schlafen & Essen

★**Trek Stop** LODGE, CAMPINGPLATZ $
(Karte S. 270; ☎823-2265; www.thetrekstop.com; Western Hwy Mile 71; Stellplatz 10 BZ$/Pers., DZ/3BZ/4BZ mit Bad 83/109/131 BZ$, EZ/DZ/3BZ/4BZ ohne Bad 33/52/83/96 BZ$, Frühstück 7–12 BZ$, Hauptgerichte 10–15 BZ$; ⏲Restaurant 7–20 Uhr; P@) Das Trek Stop bietet die einzigartige Kombination von Ökoherberge und Backpackervorposten, von entlegener Dschungelumgebung und leichter Erreichbarkeit der Sehenswürdigkeiten in der Region. Die handgezimmerten Hütten haben Holzmöbel und eine eigene Veranda. Es gibt viel Platz zum Rumhängen und eine schattige Hängemattenlounge, eine Küche für Selbstversorger und ein bezahlbares Restaurant. Das knapp 9 ha große Grundstück reicht bis in den Dschungel hinein und bietet Platz für Frisbee, Golf, Naturwanderwege und andere Dschungelaktivitäten.

Benny's Kitchen RESTAURANT $$
(Karte S. 270; ☎823-2541; Western Hwy Mile 72; Gerichte 10–20 BZ$; ⏲So–Do 7–22, Fr & Sa bis 24 Uhr) Diese lokale Institution tischt Spezialitäten der Region auf, z. B. scharfe *escabeche* (scharfes Hühnchen mit Limette und Zwiebeln), feuriges Barbecue, Rinderfuß-Suppe und anderes. Am Wochenende stehen die Chancen gut, wechselnde exotische Leckereien zu probieren, wie Paca-Eintopf oder Hirschsteak. Dazu besteht eine große Auswahl an Bieren und Getränken. Benny's hat außerdem einen kleinen Laden, einen Kinderspielplatz und ein klimatisiertes Internetcafé (10–21 Uhr).

Xunantunich

Xunantunich (Karte S. 270; Eintritt 10 BZ$; ⏲7.30–16 Uhr), sprich suh-*nahn*-tuh-niech, ist die am leichtesten erreichbare bedeutende Maya-Stätte in Belize. Zu der Anlage kommt man mit der kostenlosen Fähre, die in San Jose Succotz etwa 12 km westlich von San Ignacio startet. Vom Fähranleger muss man dann noch 2 km den Berg hinauf zu den Ruinen wandern.

Das Hauptbauwerk **El Castillo** (Struktur A-6) ragt 40 m aus dem Dschungel in den Himmel. Die Stufen an der Nordseite, denen man sich vom Hof aus nähert, führen nur bis zum Tempelgebäude. Wer bis ganz nach oben aufs **Dach** klettern will, muss zur Südseite gehen und separate Stufen erklimmen. An der Ostseite des Tempels wurden ein paar Masken, die früher das ganze Gebäude schmückten, restauriert. Struktur A-11 und Plaza A-3 bildeten den Wohn-„Palast" für die herrschende Familie.

Die zwischen San Ignacio und Benque Viejo del Carmen fahrenden Busse halten am Fähranleger. Die Fähre ist von 8 bis 17 Uhr bei Bedarf unterwegs und nimmt Fußgänger und Autos umsonst mit.

SÜDBELIZE

Der von Travellern häufig vernachlässigte südliche Teil von Belize lohnt den Abstecher. Die Städte Dangriga und Hopkins gewähren einen Einblick in die Kultur der Garifuna. Für günstige Inseltrips bieten sich Tobacco Caye und Glover's Reef an, wo man hervorragend tauchen und schnorcheln kann. In Placencia ist nur während der absoluten Hochsaison der Teufel los und Punta Gorda ist das Tor zum Toledo District mit seinen unerschlossenen Ruinen, Naturwundern und traditionellen Dörfern.

Hummingbird Highway

Der Hummingbird Highway verläuft von Belmopan aus 79 km nach Südosten bis zur Kreuzung mit dem Southern Highway und der Abzweigung nach Dangriga. Auch wenn er einer der schönsten Strecken in Belize ist, ist Vorsicht geboten: Für die Belizer ist es nur eine weitere Straße, auf der sie so schnell (und rücksichtslos) wie möglich fahren können.

Blue Hole National Park

Das **Blue Hole**, das dem **Nationalpark** (Karte S. 270; Eintritt 4 US$; 8–16 Uhr) seinen Namen gegeben hat, ist ein Cenote (mit Wasser gefüllter Kalksteinkrater) mit einem Durchmesser von etwa 100 m und einer Tiefe von 33 m. Das Blue Hole wird von den unterirdischen Nebenflüssen des Sibun River gespeist. Hier ist es selbst an den heißesten Tagen angenehm kühl und es ist eine wahre Freude, ins Wasser zu springen.

Das Besucherzentrum des Parks befindet sich ca. 18 km südlich von Belmopan am Hummingbird Highway. Hier beginnt auch der Wanderweg zur **St. Herman's Cave**. Die große Höhle wurde in der klassischen Periode von den Mayas benutzt. Es ist eine der wenigen Höhlen in Belize, die man auf eigene Faust erkunden kann, zumindest die ersten 140 m; weiter drinnen ist ein Führer erforderlich. Außerdem gibt's hier noch ein paar Naturlehrpfade und einen Aussichtsturm.

Schlafen & Essen

Ian Anderson's Caves Branch Jungle Lodge LODGE $$$
(Karte S. 270; in Belize 610-3452, gebührenfrei aus USA & Canada 866-357-2698; www.cavesbranch.com; Hummingbird Hwy Mile 41½; DZ Cabaña & Bungalow 338–492 BZ$, DZ Suite & Baumhaus 588–1182 BZ$, morgens/mittags/abends 16/24/32 BZ$; P) Wie wäre es mit etwas Luxus im Dschungel? Das 233 km² große Dschungelanwesen ist Ausgangspunkt und Nervenzentrum für zahlreiche Dschungelabenteuer wie Reitausflüge, auf Reifen durch die Höhlen treiben, nächtliche Dschungelwanderungen und Höhlenexpeditionen bei Tag und Nacht sowie Dschungel- und Kajaktouren. Das komplette Angebot der Lodge steht auf der Website. Unterkünfte sind im Dschungelstil gestaltet und das Restaurant bietet ausgezeichnete belizische, karibische und internationale Küche.

Dangriga

9100 EW.

Dangriga ist die größte Stadt in Südbelize. Sie ist sehr viel kleiner als Belize City, freundlicher und ruhiger, kurz gesagt, ein toller Ort, um die Garifuna und ihre Kultur kennenzulernen. Am 19. November ist **Garifuna Settlement Day** und es wird bis zum Umfallen getanzt und getrunken, aber vor allem wird das Erbe der Garifuna gefeiert. An den restlichen 364 Tagen des Jahres sind die Menschen etwas ruhiger, aber gleichwohl gastfreundlich.

Sehenswertes

Marie Sharp's Factory WAHRZEICHEN
(532-2087; www.mariesharps-bz.com; Mo–Fr 7–16 Uhr) 13 km nordwestlich der Stadt

in der Melinda Road liegt Marie Sharp's Factory, in der die in Belize heiß geliebte, scharfe Sauce hergestellt wird. Während der Öffnungszeiten werden Fabrikbesichtigungen angeboten, die oft von Marie selbst geführt werden. Es gibt auch einen Souvenirladen. Nach einem Überfall rät die Sharp-Familie davon ab, die Straße entlanggehen und bietet an, ihre Gäste am Highway abzuholen. Natürlich muss man vorher Bescheid sagen.

Gulisi Garifuna Museum MUSEUM
(☎669-0639; www.ngcbelize.org; Stann Creek Valley Rd, Chuluhadiwa Park; Eintritt 10 BZ$; ⊙Mo–Fr 10–17, Sa 8–12 Uhr) Das Gulisi Garifuna Museum gibt anhand von Fotografien, Filmen und Musik einen ausgezeichneten Einblick in die lebhafte Garifuna-Kultur. Workshops und Sprachkurse finden hier ebenfalls statt. Das Museum liegt etwa 2 km vom Busbahnhof entfernt in Richtung Landesinneres. Jeder Bus, der aus der Stadt hinausfährt, lässt einen am Museum raus.

Schlafen

D's Backpacker Hostel HOSTEL $
(☎502-3324; valsbackpackerhostel.com; Ecke Mahogany Rd & Sharp St; B 25 BZ$; @ 📶) Das ehemalige Val's ist einzige Hostel von Dangriga und eine örtliche Institution: mit drei ventilatorgekühlten Schlafsälen mit eigenem Bad und Warmwasserduschen, einer Gemeinschaftsküche mit Filmen, WLAN und Gepäckschränken für die Gäste. Die aus Dangriga stammende Dana (sie ist das „D") ist eine phantastische Informationsquelle über den Ort. D's bietet außerdem die Vermietung von Fahrrädern (10 BZ$/Tag), eine Leihbücherei, frisch gebrühten Kaffee und mehr.

Ruthie's Cabanas PENSION $
(☎502-3184; 31 Southern Foreshore; EZ Cabañas 54 BZ$, weitere Person 10 BZ$) Bei Ruthie's gibt es vier herrliche, strohgedeckte Hütten am Ufer der nördlichen Seite des Havana Creek mit warmem und kaltem Wasser und vielen Schatten spendenden Kokosnussbäumen – ein entspannter und günstiger Ort in „Griga". Für einen Zuschlag serviert Ruthie Hausmannskost.

Wayohan HOTEL $
(☎522-2278; 105 Commerce St; EZ/DZ mit Ventilator 50/65 BZ$, mit Klimaanlage 70/90 BZ$; ❄) Nüchterne Zimmer, Warmwasserduschen, Fernseher und ein Hauch Atmosphäre. Gut und günstig.

Chaleanor Hotel HOTEL $$
(☎522-2587; www.toucantrail.com/chaleanor-hotel.html; 35 Magoon St; EZ/DZ/3BZ mit Bad 76/121/150 BZ$, ohne Bad 27/44/57 BZ$, mit Klimaanlage zusätzlich 30 BZ$; P ❄ 📶) Die Zimmer in diesem familienbetriebenen Hotel sind sauber und gemütlich. Die Zimmer im Obergeschoss bieten außerdem noch eine tolle Aussicht. Die günstigeren Zimmer im Seitenflügel sind schon etwas abgetakelt, aber durchaus in Ordnung für alle, die lieber günstig als komfortabel wohnen. Die Besitzer helfen, Ausflüge und Bootsfahrten zu vermitteln.

Sea Breeze Inn HOTEL $$
(☎522-3766; Southern Foreshore; DZ mit Klimaanlage 90–130 BZ$, mit Ventilator 75 BZ$; ❄ 📶) Der Familienbetrieb bietet saubere und freundliche Zimmer mit Balkon und Doppelbetten jeweils mit Badezimmer und Dusche. Es gibt ein hauseigenes Restaurant mit wechselnder Tageskarte (7–15 BZ$) und eine gut ausgestattete Bar.

Essen

Pomce MEXIKANISCH, BELIZISCH $
(Commerce St; Gerichte ab 1 BZ$; ⊙mittags & abends) Hier gibt es hervorragende und günstige Burritos, Tacos, *salbutes* und *garnaches* (örtliche Variante der Tortilla). Ein Essen sättigt auch diejenigen mit knappem Budget. Auf den lokalen Liebling weist kein Schild hin, die gelb-pinke Hütte mit drei Picknicktischen liegt gegenüber dem Lebensmittelladen Best Buy.

King Burger BELIZISCH $
(Commerce St; Gerichte 4–15 BZ$; ⊙Mo–Sa morgens, mittags & abends) Bewährtes, frisch zubereitetes Frühstück mit Eiern, Bohnen und Fry Jacks (belizisches Brötchen) für 6,50 BZ$ oder Hamburger und gebackene Krabben. Nur löslicher Kaffee, aber die Säfte sind frisch.

Family Restaurant CHINESISCH $$
(Commerce St; Hauptgerichte 8–20 BZ$; ⊙10–23 Uhr) Ein sauberes, lustiges (vor allem auf den schaukelnden Tischen und Stühlen im hinteren Bereich) und gut geführtes chinesisches Restaurant, das chinesisch-belizische Küche für die örtlichen Chinesen kocht, die noch wissen, wie chinesisches Essen schmecken muss. Von den echt chinesischen Gerichten ist das scharfe Familienrezept für Zhe Jiang-Rind (17,50 BZ$) am besten – ein Haus von Sichuan in der Karibik.

Dangriga

N
0
200 m
A
B
C
D
1
2
3
4
5
6
7
(320 m); Pelican Beach Resort (320 m)
Pride of Belize
KARIBIK
Main Channel
Pen Rd
Gumaragu Rd
Sawai St
Yampa St
Front St
Church St
Melinda Rd
Commerce St
Sport-platz
Court House Rd
Ecumenical Dr
Coconut Rd
Plum St
Ramos Rd
Doctor's Alley
Boote zu den zentralen Cayes
N Riverside Dr
North Stann Creek
S Riverside Dr
Chatuye St
Oak St
Bluefield Rd
Alejo Beni Ave
Canal St
Cedar St
Moho Rd
Mahogany Rd
Madre Cacao Rd
St Vincent St
Tubroose St
Magoon St
Sharp St
Salmwood Rd
Yemeri Rd
Mangrove Rd
Havana Creek
Gulisi Garifuna Museum (1,1 km); Marie Sharp's Factory (13 km)
Isla Rd
Havana St
Unity St
Stann Creek Valley Rd
George Price Dr
1
2
3
4
5
6
7
8
9
10
11
12
13

Dangriga

Schlafen
1 Chaleanor Hotel D5
2 D's Backpacker Hostel D5
3 Ruthie's Cabanas D6
4 Sea Breeze Inn D5
5 Wayohan C3

Essen
6 Family Restaurant C4
7 King Burger C4
8 Pomce C3
9 Riverside Café C4

Ausgehen & Nachtleben
10 Local Motion Bar & Pool C3
11 Riverside Tavern C4
12 Wadini Shed C6

Shoppen
13 Dangriga Central Market C3

Riverside Café SEAFOOD $$
(S Riverside Dr; Hauptgerichte 10–25 BZ$; ⏲ morgens, mittags & abends) Das seit Langem allseits beliebte Café gleich östlich der North Stann Creek Bridge bereitet leckere Gerichte zu erschwinglichen Preisen. Da es direkt am Fluss liegt, kann man hier nach Angel- und Schnorcheltrips zu den Inseln oder auch nach Treks durchs Hinterland zu fragen.

Ausgehen

Wadini Shed BAR
(St Vincent St; ⏲16–24 Uhr) Ein strohgedecktes Dach, keine Wände und vor allem einheimische Gäste – der perfekte Ort für ein Bier und eine Portion einheimische Kultur. In der Woche des Garifuna Settlement Day (19. November) platzt der Laden mit Musik und Tanz aus allen Nähten.

Local Motion Bar & Pool BAR
(Commerce St) Laute Musik, kaltes Bier, schräge Typen – was will man mehr?

Riverside Tavern CLUB
(St Vincent St) In diesem Club direkt südlich der Brücke (den die Einheimischen einfach nur „den Club" nennen) gibt's mittwochs Karaoke, dann wird's hier voll. An den Wochenenden geht's dann richtig los.

Pelican Beach Resort BAR
(www.pelicanbeachbelize.com; 1st St) Zur Happy Hour am Freitag zwischen 18 und 20 Uhr zieht es die Leute in diese Resort-Bar am Strand.

Praktische Informationen

Belize Bank (St Vincent St) und **Scotia Bank** (St Vincent St) liegen beide an der Hauptstraße südlich des Flusses.

Bei **Val's Laundry** (Ecke Mahogany Rd & Sharp St; Internet 4 BZ$/Std., Wäsche waschen & trocknen 2 BZ$/Pfund; ⏲7.30–19 Uhr; 📶) kann man seine Kleidung waschen und gleichzeitig E-Mails checken.

An- & Weiterreise

Maya Island Air (☎522-2659) und **Tropic Air** (☎226-2012) fliegen nach Dangriga, Placencia, Punta Gorda und Belize City. Die Landebahn liegt 2 km nördlich vom Zentrum.

Boote zu den Inseln im Süden kann man vor dem Riverside Café anheuern. Die Fähre **Pride of Belize** (s. S. 302) fährt von Dangriga nach Honduras.

Busse nach Belize City (Fernverkehrs-/Expressbus 10/14 BZ$, 3–4 Std.) starten regelmäßig zwischen 5 und 19 Uhr und fahren durch Belmopan, wo man Anschluss nach Cayo hat. Busse nach Punta Gorda (Fernverkehrs-/Expressbus 10/13 BZ$, 4½ Std.) fahren zwischen 5.30 und 18.15 Uhr. Zurzeit gibt es drei Busse täglich nach Hopkins (5 BZ$, 45 Min.). Los geht's um 11.30, 12.30 und um 18.15 Uhr. Nach Placencia fahren täglich zwischen 9 und 18 Uhr fünf Busse (10 BZ$, 2½ Std.). Der Busbahnhof liegt am südlichen Ende der Havana Street.

Southern Highway

Die Gegend südlich von Dangriga bietet ganz ausgezeichnete Möglichkeiten, Belize abseits der Touristenpfade zu erkunden.

Hopkins

1800 EW.

Strände so schön wie die in Placencia (einige behaupten sogar schöner), noch viel mehr Garifuna-Kultur, gutes Essen und viele mittelpreisige (und auch ein paar gute und gleichzeitig günstige) Unterkünfte – welchen Grund gibt es, nicht nach Hopkins zu fahren?

Geführte Touren

Hopkins ist 16 km näher am Barriereriff als Placencia und somit ein guter Ausgangspunkt für Wasserratten mit schmalem Geldbeutel. **See More Adventures** (☎667-6626; seemoreadventures@gmail.com) und **Bullfrog Tours** (☎669-0046; issymcm@yahoo.com) sind freie Tourveranstalter, die Land- und Seetrips in die Umgebung bieten.

Motorbike Rentals & Alternate Adventures ABENTEUER
(☎665-6292; info@alternateadventures.com; South Side) Vermietet Motorräder für 118 BZ$/Tag, inklusive Helm, Handy und Karten, außerdem Camping- und Schnorchelausrüstung, Unterwasserkameras und Elektro-Golfwagen. Hat auch Spezialtouren im Angebot.

Schlafen

Lebeha HÜTTEN $
(☎665-9305; North Side; B 20 BZ$, EZ/DZ Cabañas 30/50 BZ$, Hütten ab 124 BZ$; WLAN) Am nördlichen Ende der Stadt bietet die Garifuna-Trommelschule, die vom einheimischen Schlagzeuger Jabbar Lambey und seiner Frau Dorothy gegründet wurde, auch einen Schlafsaal, zwei Strandhütten und drei *cabañas*. Außerdem gibt es zwei Strandhäuser mit Einzelbetten, Warmwasserduschen und geschützte Veranden mit Hängematten.

Funky Dodo HOSTEL $
(☎667-0558; www.thefunkydodo.com; South Side; B 15 BZ$, DZ/3BZ/4BZ 38/51/68 BZ$; WLAN) Funky Dodo im Zentrum hat 24 Betten in einer rustikalen Holzhütte und vier Zimmer für zwei bis vier Personen. Die Betten sind bequem, die Laken sauber und die Bettwäsche bunt. Gemeinschaftsküche. Ein kurzer Holzsteg führt zu den Waschräumen mit Kaltwasserduschen und die strohgedeckte Bambusterrasse ist wunderbar zum Entspannen und Beobachten des Treibens in Hopkins.

★ **All Seasons Guest House** PENSION $$
(☎523-7209; www.allseasonsbelize.com; South Side; Zi. 86–150 BZ$, Familienhütten 196 BZ$; P ❄ WLAN) Die achteckige, strohgedeckte Veranda und die vier individuell gestalteten Zimmer mit großen Bädern ist wahrscheinlich die hübscheste Pension der Stadt. Alle Zimmer haben Klimaanlage, Kaffeemaschinen und Warmwasserduschen. Vor dem Haus lädt ein großzügiger Garten mit Steingrill und Picknickecke zum Verweilen ein. Gegenüber liegt ein kleiner Laden, der ein gesundes Frühstück (14 BZ$) und Smoothies serviert.

★ **Coconut Row Guesthouse** PENSION $$
(☎670-3000, aus den USA 518-223-9775; www.coconutrowbelize.com; Beachside, südlich von King Cassava; DZ 198 BZ$, Apartments 250–290 BZ$; P ❄ WLAN) Dieses farbenfrohe Hotel hat fünf Zimmer, davon zwei vollständig ausgestattete 2-Zimmer-Apartments, zwei Zimmer mit Doppelbetten und ein Zimmer mit zwei großen Einzelbetten. Die Kopfteile der Betten sind handgeschnitzt, die Keramikwaschbecken haben bunte Mosaikmuster und an den Wänden hängen Werke heimischer Künstler.

Tipple Tree Beya HOTEL $$
(☎533-7006; www.tippletree.com; South Side; Zi. 70–110 BZ$; WLAN) 🍃 Das robuste Holzhotel am Strand verfügt über drei gemütliche, saubere Zimmer mit Ventilator, die sich eine Veranda unterhalb der Wohnung der Besitzer teilen. Die Zimmer haben Kaffeemaschinen und Seeblick; zwei der Zimmer haben ein eigenes Bad mit Warmwasser, das günstigste Zimmer nur eine Kaltwasserdusche.

Essen

In den meisten Restaurants werden gute, preiswerte Meeresfrüchte und typische Gerichte aus Belize angeboten, u. a. *gibnut* für ca. 12 BZ$.

Sandy Beach Women's Cooperative Restaurant GARIFUNA $
(sandybeachhopkins@gmail.com; South Side beachfront; Gerichte 10–15 BZ$; ⌚Mo–Sa 11–21, So 10–15 Uhr) Die bunt gekleideten Ladies der Sandy Beach Women's Cooperative servieren täglich Garifuna-Spezialitäten wie *hudut* (cremige Fischsuppe mit zerdrückter Kochbanane) und geben dem Ganzen ein besonderes Flair. Das kürzlich eröffnete Restaurant kündigt an, bald eine Karte mit lokaler Küche anzubieten, mit Gerichten wie Kochbananenchips, Sandwiches, Quesadillas und Burritos.

King Cassava BELIZISCH $$
(South Side; Hauptgerichte 8–20 BZ$; ⌚11–24 Uhr) Ausgezeichnete Fleisch-, Fisch- und Meeresfrüchtegerichte und natürlich belizische Standardgerichte wie Schmorhähnchen, gebratener Fisch sowie Reis und Bohnen.

Yugadah Café BELIZISCH $$
(South Side; Hauptgerichte 8–25 BZ$; ⌚morgens, mittags & abends) Belizisches, Hamburger, Burritos und mehrere selbst gemachte Saucen, die einfach Weltklasse sind.

Thongs Café CAFÉ $$
(South Side; Hauptgerichte 8–23 BZ$; ⌚Mi–So 8–14, Fr & Sa 18–21 Uhr; WLAN) Dieses farbenfrohe Café bietet eine tolle Auswahl an preisgünstigen Gerichten und den zweifellos besten Kaffee der Stadt. Außerdem: kostenloses WLAN!

ABSTECHER

DIE CAYES VON SÜDBELIZE

Tobacco Caye, South Water Caye und die Resorts auf Glover's Reef kann man von Dangriga, Hopkins und Sittee River mit dem Boot erreichen. Da sie von Belize City ziemlich weit entfernt sind, kommen Besucher nicht mal eben zufällig hierher. So ist das Riff vor touristischer Übernutzung einigermaßen geschützt. Hier bekommt man Delphine, Mantarochen und Seekühe zu sehen, ganz zu schweigen von der unglaublichen Korallenmenge und -vielfalt. Direkt vor den Inseln kann man wunderbar schnorcheln und tauchen.

Tobacco Caye ist eine 2 ha große Insel, die für Traveller mit kleiner und mittlerer Reisekasse genau das Richtige ist. Die Hauptaktivitäten hier sind Tauchen, Angeln, Schnorcheln und in der Hängematte faulenzen. Übernachten kann man z. B. bei **Lana's** (☎520-5036; EZ & DZ inkl. Mahlzeiten 70 BZ$/Pers.). Die Überfahrt nach Tobacco Caye kann man in Dangriga am Fluss in der Nähe des Riverside Café organisieren. Die einfache Fahrt kostet etwa 50 BZ$.

Am meisten bekommt man für sein Geld wahrscheinlich im **Glover's Atoll Resort** (☎520-5016; www.glovers.com.bz; Stellplatz/B/Hütte 198/298/498–598 BZ$ pro Person & Woche;) auf der Northeast Caye des Glover's Reef. Das Resort auf dem 32 km vor dem Festland gelegenen, 3,6 ha großen Atoll bietet Budgetunterkünfte. Die Einrichtungen sind einfach, aber der Rundumblick auf die Karibik ist unschlagbar. Ein echtes Schnäppchen für Budgettraveller, vor allem wenn man rechtzeitig plant und Wasser, Essen und was man sonst so braucht im Gepäck hat (aber keine Angst, man bekommt im Resort für 18 bis 24 BZ$ auch Essbares). Die Leute, die das Resort betreiben, bieten zahlreiche Aktivitäten an, von Schnorcheln über Segeln bis hin zum Tauchen. Näheres steht auf der Website.

Praktische Informationen

An der Hopkins Road am Dorfeingang liegt ein privat betriebener Informationskiosk, ein Lebensmittelladen und ein Geldautomat.

An- & Weiterreise

Von Dangriga fahren montags bis samstags um 10.30 und 17.15 Uhr sowie sonntags um 17.15 Uhr Busse nach Hopkins (5 BZ$/1 Std.).

Busse von Hopkins nach Dangriga starten Montag bis Samstag um 7 und 14 Uhr sowie Sonntag um 14 Uhr.

Jeder Bus auf dem Southern Highway lässt Fahrgäste an der Abfahrt nach Hopkins aussteigen. Von dort ergibt sich meist eine Mitfahrgelegenheit.

Placencia

1200 EW.

Placencia liegt am südlichen Zipfel einer langen, schmalen Halbinsel – die einzige „Caye, die man mit dem Auto erreichen kann". Vor noch nicht allzu langer Zeit kam man vom Festland nur per Boot hierher. Jetzt führt eine Straße über die ganze Halbinsel und direkt nördlich der Stadt gibt's sogar eine Start- und Landebahn für Flugzeuge. Die von Palmen gesäumten Strände an der Ostseite locken Gäste aus aller Herren Länder an, die auf der Suche nach Sonne und Strand sind. Die beliebtesten „Aktivitäten" sind hier Schwimmen, Sonnenbaden und Faulenzen.

Die Hauptsaison beginnt in Placencia in der Woche vor Weihnachten und dauert bis Ende April. In den Vollmondnächten der Monate Mai und Juni lebt der Ort so richtig auf, denn dann laichen Walhaie in den Fluten vor Placencia. In der Nebensaison müssten Schnäppchenjäger eigentlich in der Lage sein, Preisnachlässe auszuhandeln.

Geführte Touren

Ocean Motion Guide Service (☎512-3363, 523-3162) und **Nite Wind Guide Service** (☎609-6845, 523-3487) buhlen um Kunden. Beide haben kleine Büros in der Nähe der Anlegestelle.

Trip & Travel (☎523-3205; Mo–Sa) im Placencia Office Supply organisiert vor allem Touren zum Fliegenfischen am Monkey River. Egbert Cabral ist der Besitzer von **Permit Angling** (☎523-3132; permit@btl.net). Er organisiert Angelausflüge mit seinem Motorboot (600 BZ$).

An einem Pier in der Dorfmitte befindet sich der **Sea Horse Dive Shop** (☎523-3166; www.belizescuba.com), der Tauchkurse (mit Zertifikat) und Tauchgänge für erfahrene Taucher anbietet.

Placencia

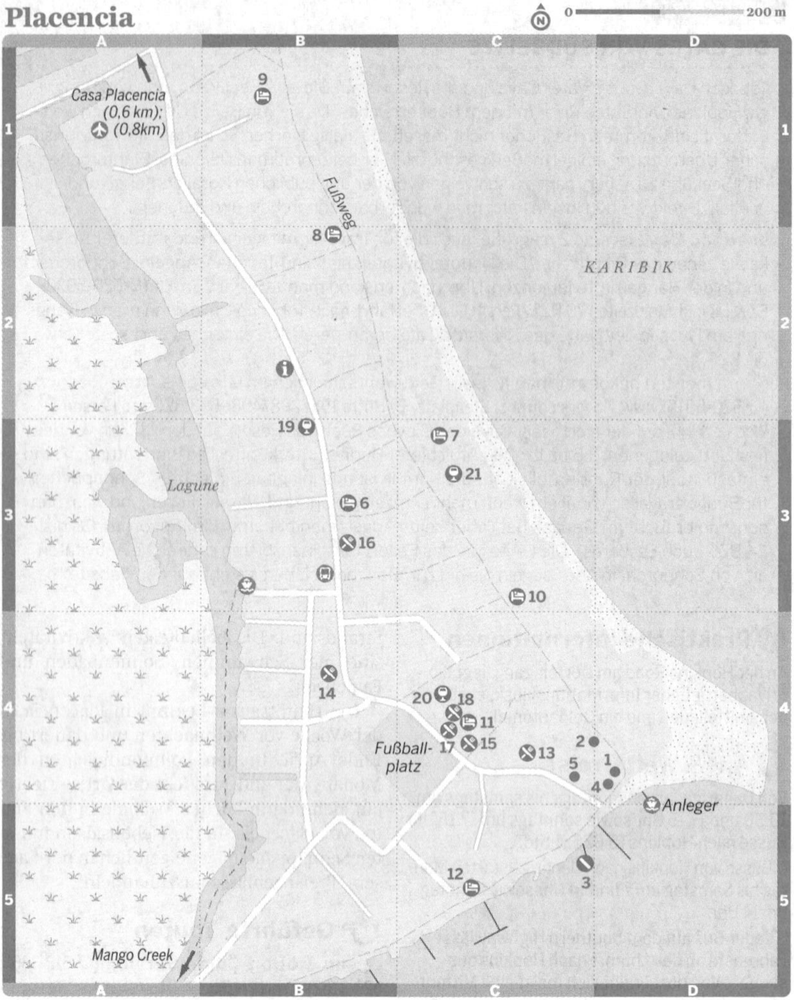

Placencia

Aktivitäten, Kurse & Touren

1 Nite Wind Guide Service D4
2 Ocean Motion Guide Service C4
3 Sea Horse Dive Shop C5
4 Splash Dive Center D4
5 Trip & Travel C4

Schlafen

6 Deb & Dave's Last Resort B3
7 Julia's Guesthouse C3
8 Lydia's Guesthouse B2
9 Manatee Inn B1
10 Omar's Guesthouse C3
11 One World Rentals C4
12 Sea Glass Inn C5

Essen

13 Above Grounds C4
14 Omar's Creole Grub B4
15 Purple Space Monkey Bar & Grill C4
16 Radi's Fine Food B3
17 Rumfish C4
18 Tutti Frutti C4

Ausgehen & Nachtleben

19 Barefoot Bar B3
20 Pickled Parrot C4
21 Tipsy Tuna Sports Bar C3

★ Splash Dive Center TAUCHEN, TOUREN
(☎523-3058; www.splashbelize.com) Es gibt zahlreiche Tauchläden im Dorf, den besten Ruf hat aber dieser hier (er hat auch den wasserscheuen Autor dazu gebracht, es zu versuchen). Das Splash von Patty Ramirez gibt PADI-Kurse für Taucher aller Niveaus und bietet auch Tauch- und Schnorcheltouren zu den Inseln und Riffen der Gegend an. Ihr Ehemann Ralph organisiert außerdem Touren ins Binnenland zu Ruinen, in den Dschungel und anderen Orten überall im Land.

Festivals & Events

Die drei großen Events hier sind das **Hummerfest** am letzten Juniwochenende, der **Mistletoe Ball** Mitte Dezember und das **Placencia Arts Festival** im Februar. Wenn man gerade in der Gegend ist, sollte man sich diese Events nicht entgehen lassen. Mehr Infos gibt's unter www.placencia.com.

Schlafen

Die meisten Übernachtungsmöglichkeiten im Ort Placencia liegen in der mittleren Preisklasse. Hier und dort gibt es auch günstigere Herbergen. Die schicken Ferienresorts liegen alle nördlich des Ortes.

Manatee Inn HOTEL $
(☎523-4083; www.manateeinn.com; EZ/DZ/3BZ 70/80/90 BZ$; P WLAN) Dieser klassische Holzbau ist das ansehnlichste der Budgethäuser. Ein bisschen abseits vom Lärm des Ortszentrums liegt das Manatee nah genug am Strand, um eine ständige Meeresbrise abzubekommen. Die Zusatzleistungen sind so gut wie in anderen günstigen Hotels von Placencia (wenn nicht sogar besser). Die Zimmer sind besonders geräumig, haben hohe Decken, Holzboden, Kühlschränke und eigene Badezimmer mit Warmwasserdusche.

Deb & Dave's Last Resort PENSION $
(☎523-3207; debanddave@btl.net; Zi. mit Bad 50 BZ$; WLAN) D&D gehört zu den günstigeren Herbergen im Ort und bietet kleine Zimmer mit Ventilator, die von einem grünen Garten eingerahmt werden. Es gibt eine überdachte Ecke mit Kaffeemaschine – gut zum Abhängen.

Omar's Guesthouse PENSION $
(☎634-4350; B/EZ/DZ ohne Bad 25/40/45 BZ$, DZ mit Bad 55 BZ$) Klein und bescheiden hat sich Omar zu einem langjährigen Favoriten der Backpackergemeinde und anderer preisbewusster Reisender gemausert. Die Zimmer haben Ventilatoren und Gemeinschaftsbäder mit kalten Duschen. Der Inhaber Omar ist auch Chef von Omar's Creole Grub, wo das beste kreolische Essen der Stadt aufgetischt wird.

Lydia's Guesthouse PENSION $
(☎523-3117; www.lydiasguesthouse.com; Zi. 45 BZ$; WLAN) Kleine, einfache, aber saubere Zimmer in einem ruhigen Teil des Ortes. Eigentlich nichts Besonderes, wäre da nicht der Traumblick vom Balkon im Obergeschoss.

Casa Placencia SUITES $$
(☎630-7811; www.casaplacencia.com; Zi. 90–230 BZ$; P ❄ WLAN) Diese Unterkunft am ruhigen Nordrand der Stadt hat wunderschön eingerichtete Zimmer mit Kochecke, Kabel-TV und WLAN. Es gibt einen herrlichen Biogarten mit Bananen, Mangos und Papayas (zum Verzehr für die Gäste) und eine Chill-out-Ecke mit hübsch gefliestem Grill hinter dem Haus. Gäste können kostenlos Fahrräder ausleihen, auch Langzeitmieten sind möglich.

Julia's Guesthouse PENSION $$
(☎503-3478; Zi. 80–150 BZ$; WLAN) Julia's besteht aus drei Hütten, vier Doppelhäusern und einem Apartment in den Signalfarben Gelb und Orange. Das Preis-Leistungs-Verhältnis ist beim Apartment mit zwei Schlafzimmern, einem Wohn- und einem Esszimmer sowie einer kleinen Küche am besten.

Sea Glass Inn HOTEL $$
(☎523-3098; www.seaglassinnbelize.com; EZ/DZ/3BZ 158/158/188 BZ$, jede weitere Pers. 20 BZ$; ❄ @ WLAN) Das kürzlich renovierte Sea Glass Inn bietet dank seiner Lage direkt an der Südküste von Placencia einen ungehinderten Blick auf den Ozean und endlose Meeresbrisen. Die Zimmer sind mit Kaffeemaschine, Mikrowelle und Kühlschrank ausgestattet. Auf der breiten Holzveranda laden Sessel und Hängematten zum längeren Verweilen ein.

One World Rentals HOTEL $$
(☎620-9975, 523-3103; Studio-Apt. 98 BZ$; P ❄ WLAN) Auf der südlichen Seite des Ortes liegen diese sauberen, pedantisch geführten Studios mit schöner Möblierung und vollständig ausgestatteter Kochnische. Das One World wird von einer großzügigen Schweizerin namens Claudia geführt, die in den vorderen Räumen außerdem einen Souvenirladen, einen Informationsstand und einen Waschsalon führt.

Essen

Radi's Fine Food
BELIZISCH $

(Mittagskarte 10 BZ$; mittags) So sieht's aus: eine Hütte, eine Veranda, eine Küche und drei Tagesgerichte, die vom kreolischen Chefkoch Radiance (alias Radi) gekocht werden. Es gibt auf jeden Fall immer ein Krabbengericht, die beiden anderen Gerichte können alles von Muschelsuppe bis Hackbraten oder Lasagne sein. Es ist immer lecker und die Portionen sind üppig. Das Tagesangebot steht auf dem Schild an der Straße.

Above Grounds
CAFÉ $

(Kaffee ab 3 BZ$; Mo–Sa 7–16, So 8–12 Uhr;) Dieses Café in einer Pfahlhütte bietet großartige Kaffeegetränke, Bagels, Muffins und andere frisch gebackene Köstlichkeiten auf einer hoch gelegenen Holzveranda, von der man über ein Stück Dschungel schaut. Der Kaffee ist bio und der Besitzer Keith kauft die Bohnen direkt vom Bauern.

Tutti Frutti
EIS $

(Do–Di 9–21 Uhr) Wer hier kein amerikanisches Eis mag, wird es nirgendwo mögen. Ganz einfach. Laktoseintolerant? Kein Problem. Das *gelato* ist sogar noch besser.

★ Rumfish
FUSIONSKÜCHE $$

(523-3293; www.rumfishyvino.com; Hauptgerichte 22–36 BZ$; 12–24 Uhr, Küche schließt um 22 Uhr) Eine gastronomische Bar im zentralamerikanischen Stil – so beschreiben John und Pamela ihr Restaurant im 1. Stock. Serviert werden Fischgerichte wie kurz angebratener Patagonien-Schleimfisch mit Bananen-Kokosnuss-Curry auf einem Bett gebratenen Gemüses mit Kartoffelpuffern. Die Rumfish-Tacos – Filets im Bierteigmantel mit Kohlsalat und *pico de gallo* (frische Salsa) – kosten nur 7 BZ$. Zum Dessert dann Schoko-Chili-Cannelloni (12 BZ$), süß auf der Zunge und mit einem kleinen Kick im Abgang.

Omar's Creole Grub
SEAFOOD $$

(Hauptgerichte 16–22 BZ$; morgens, mittags & abends, Fr abends & Sa mittags geschl.) Wie schafft es Omar bloß, das frischeste und preiswerteste Essen von ganz Placencia zu servieren? Nun ja, er macht eben alles selbst. Taschenkrebse, Hummer, Meeresschnecken, Shrimps und alle nur erdenklichen Fische fängt er persönlich und grillt sie perfekt. Frischere Meeresfrüchte bekommt man nur, wenn man sie selbst fängt.

Purple Space Monkey Bar & Grill
FUSIONSKÜCHE $$

(523-3169; 11–24 Uhr;) Dieser jüngste gastronomische Meilenstein von Placencia ist unter neuer Leitung noch internationaler geworden. Auf der Karte stehen Gerichte aus aller Welt, wie gebratener Hummerschwanz (42 BZ$), Fünf-Gewürze-Hühnchenbrust (24 BZ$) und göttliches Sushi (12 BZ$). In der Bar treten gelegentlich Livebands auf.

Ausgehen

Es geht auf Placencia nicht ganz so alkoholisiert zu wie auf Ambergris, aber auf dem Trockenen bleibt hier auch niemand.

Barefoot Bar
BAR

(11–24 Uhr;) Die lebhafteste Bar von Placencia mit Livemusik an fünf Abenden der Woche, Vollmondpartys und mehr. Günstige Magenbitter und Rum zur Happy Hour von 17 bis 18 Uhr.

Pickled Parrot
BAR

(www.pickledparrotbelize.com; 12–24 Uhr und länger) Beliebt bei Einheimischen und Touristen. Das Bier ist günstig (4 BZ$) und das Essen ausgezeichnet, z. B. Teller mit Chicken Wings, Schinken und Kohl oder Philly Cheesesteaks.

Tipsy Tuna Sports Bar
BAR

(So–Mi 19–24, Do–So bis 2 Uhr) Die gewaltige „Sportbar" mit gelegentlicher Livemusik und einer gut besuchten kleinen Strandbar ist meist den Besuch wert.

Orientierung

Die von Norden nach Süden verlaufende „Hauptstraße" des Orts ist eigentlich nur ein schmaler, betonierter Fußweg, der sich zwischen einfachen Holzhäusern (einige davon auf Stelzen) und Strandlodges durchschlängelt. Die meisten Restaurants liegen an der befestigten Straße nach Westen. Jeden Punkt des Dorfs kann man gut zu Fuß erreichen. Der Flughafen liegt etwa 0,8 km vor dem Ort.

Praktische Informationen

Es gibt drei Banken mit Geldautomaten, die die meisten Karten akzeptieren. Bei **Placencia Office Supply** (523-3205; Internet 10 BZ$/Std.; 8.30–19 Uhr) geht's superschnell ins Netz, es gibt CD-Brenner und digitale Chipleser.

An- & Weiterreise

Busse von **Ritchie's** (523-3806; www.ritchiesbusservice.com) fahren dreimal täglich von Placencia nach Dangriga (10 BZ$, 2 Std.). In Placencia starten die Busse um 6.20, 7 und 13 Uhr von der Hauptstraße am Hokey Pokey Water Taxistand. In Dangriga geht's um 11, 14 und 16.30 Uhr an der Bushaltestelle los. Sonntags fährt der früheste Bus nicht.

Maya Island Air (☎523-3475; www.mayaairways.com) und **Tropic Air** (☎523-3410; www.tropicair.com) fliegen täglich von Placencia nach Belize City, nach Dangriga im Norden und Punta Gorda im Süden. Bei Ankunft der Flieger warten Taxis, die ihre Fahrgäste für 5 BZ$ an jeden beliebigen Punkt in der Stadt bringen.

Am schnellsten verlässt man die Stadt mit einem **Hokey Pokey Water Taxi** (☎665-7242), das zwischen 10 und 18 Uhr fünfmal von Placencia nach Mango Creek fährt. In Mango Creek muss man dann fünf Minuten die Hauptstraße entlang gehen, an der Tankstelle nach links abbiegen und vor Sherl's Restaurant warten, bis ein Bus nach Punta Gorda (10 BZ$, 2 Std.) oder Belize City (20 BZ$, 4½ Std.) kommt. Das geschieht etwa jede Stunde.

Punta Gorda

5200 EW.

Diese Stadt im Süden am Meer ist so lässig, dass die meisten Menschen sie nicht mal bei ihrem ganzen Namen nennen – überall in Belize sagt man einfach nur PG. Aufgrund der Erweiterung des Southern Highways nach Guatemala könnten die Tage als verschlafenes Nest aber schon bald gezählt sein. Es lohnt sich, vorher noch vorbeizukommen.

Im Toledo District regnet es unheimlich oft und die Luftfeuchtigkeit ist nirgendwo höher als hier. Dafür ist der Urwald aber auch der üppigste weit und breit. Man sollte sich auf einen kurzen Regenguss pro Tag einstellen, und wenn es mal nicht regnet, dann ist es so richtig schön schwül.

PG wurde für die Garifuna gebaut, die 1832 aus Honduras einwanderten. Der Hauptteil der Bevölkerung besteht zwar noch immer aus Garifuna, aber auch viele andere haben sich hier niedergelassen: Kreolen, Q'eqchi' Mayas, Amerikaner, Briten, Kanadier, Chinesen und Ostinder.

Kurse

Maroon Creole Drum School MUSIC
(☎632-7841, 668-7733; methos_drums@hotmail.com; Joe Taylor Creek) Wenn er nicht gerade durchs Land tourt und auftritt, leitet Emmeth Young (einer der anerkanntesten kreolischen Trommler von Belize) in seinem neuen Sitz am Joe Taylor Creek, 400 m außerhalb von PG, Trommelbauworkshops und Gruppenvorführungen. Die Preise schwanken, aber für etwa 250 BZ$ können Trommelbegeisterte lernen, Instrumente zu bauen und sie zu spielen. Sie fahren mit einer selbst gebauten Trommel nach Hause. Campingplätze an der Schule kosten 10 BZ$.

Geführte Touren

Tide Tours GEFÜHRTE TOUR
(☎722-2129; www.tidetours.org; 41 Front St) Tide bietet umweltfreundliche Touren im Toledo District an.

Schlafen

Tate's Guest House PENSION $
(☎722-0147; tatesguesthouse@yahoo.com; 34 Jose Maria Nunez St; EZ/DZ 38/76 BZ$, jede weitere Person 11 BZ$; ❄@📶) In dem kleinen, fliederfarbenen Gästehaus der Familie Tate gibt es saubere Zimmer mit Kabelfernsehen und Warmwasserduschen. Die teureren Zimmer haben Klimaanlage und Küchenzeilen, die günstigeren einen Ventilator. Rabatt bei Langzeitmiete möglich.

Nature's Way Guest House PENSION $
(☎702-2119; naturesswayguesthouse@hotmail.com; 82 Front St; EZ/DZ/3BZ/4BZ 28/38/48/58 BZ$) Diese Familienpension ist seit vielen Jahren ein Favorit von Backpackern und Studenten (es gibt Gruppenermäßigungen). Einfache, vor Insekten geschützte, von der Meeresbrise gekühlte, holzverkleidete Zimmer liegen im Obergeschoss, darunter gibt es einen großen, luftigen Gemeinschaftsbereich mit TV, Musik und Internet. Es gibt auch einen großen Schlafsaal mit Etagenbetten und Moskitonetzen. Verleih von Kajaks (15 BZ$/Tag).

Blue Belize Guest House B&B $$
(☎722-2678; www.bluebelize.com; 139 Front St; Suite 150 BZ$, Hochzeitssuite 190 BZ$, 2BZ-Suite 270 BZ$; @📶) Die sechs luftigen und hübsch eingerichteten Suiten von BB entsprechen mit ihren gut ausgestatteten Wohnzimmern und Küchenzeilen eher Apartments mit Service als Hotelzimmern. Die Suiten im neuen Anbau haben auch Flachbildschirm-TV. Und von der Veranda des Nordflügels gibt es einen tollen Blick in den Sternenhimmel.

Sea Front Inn HOTEL $$
(☎722-2300; www.seafrontinn.com; 4 Front St; EZ/DZ 130/160 BZ$; P❄📶) Ein Anwärter für das schrulligste Hotel von Belize. Der vierstöckige Bau aus Stein, Holz und Beton mit

Punta Gorda

Punta Gorda

Aktivitäten, Kurse & Touren

1 Tide Tours C3

Schlafen

2 Blue Belize Guest House B5
3 Nature's Way Guest House B4
4 Sea Front Inn D1
5 Tate's Guest House C3

Essen

6 Driftwood Cafe D3
7 Fajina Maya Food C3
8 Gomiers D1
9 Marian's Bayview Restaurant B4
10 Snack Shack C3

Ausgehen & Nachtleben

11 Olympic Bar & Grill B4

Giebeldach bietet großzügige Zimmer mit Klimaanlage (einige mit eigenem Balkon), die alle ein anderes Tier zum Thema haben. Das hintere Gebäude schaut nicht weniger merkwürdig aus und hat drei Apartments für Gäste, die länger bleiben wollen.

Essen & Ausgehen

In Punta Gorda gibt es viele Essensstände und Restaurants, die traditionelle belizische Gerichte servieren. Die meisten Lokale sind in der Hauptstraße rechts und links des Marktplatzes zu finden. Den besten Mittagsimbiss bekommt man an den Ständen am Straßenrand, z. B. gebratenes Hühnerfleisch mit Bohnen und Krautsalat für ca. 5 BZ$. Samstags ist Markttag, dann strömen die Bewohner der umliegenden Dörfer in die Stadt, um hier einzukaufen, zu verkaufen und zu grillen.

Gomiers VEGETARISCH $

(5 Alejandro Vernon St; Gerichte 6–16 BZ$; 11–14 & 17.30–22 Uhr;) In einer Stadt, in der Krautsalat als Gemüse gilt, und in der Essensbuden, die gebratenen Fisch und Schmorhähnchen servieren, die kulinarische Landschaft beherrschen, ist Gomier's so befremdlich wie ein Rastafari bei einem Fundraising-Dinner von Mitt Romney. Die sorgfältig zubereiteten, vegetarischen Gerichte, Kräutersäfte und Energiedrinks auf Algenbasis sind wirklich etwas Besonderes.

Marian's Bayview Restaurant KARIBISCH $

(76 Front St; Hauptgerichte 8–14 BZ$; mittags & abends) Das Freiluftrestaurant im 3. Stock bietet einen atemberaubenden Blick über den Golf von Honduras – allein dafür lohnt der Besuch. Aber Marian tischt auch hervorragende ostindische Küche und einige der heftigsten, selbst gemachten scharfen Saucen südlich des Rio Grande auf. Mittags und abends gibt's Buffet.

Fajina Maya Food MAYA-KÜCHE $

(Front St; Hauptgerichte 5 BZ$; Mo–Sa 6–21 Uhr) Dieses kleine Restaurant im 2. Stock serviert interessante Maya-Suppen und -Eintöpfe mit Gemüse und Hühnchen von Bauernhöfen der entlegenen Gemeinden. Spezialität des Hauses ist *caldo*, eine Hühnersuppe, die mit Annatto, einem heimischen Gemüse, rot eingefärbt wird. Die fehlende Atmosphäre wird durch die Meeresbrise und den Blick auf den Ozean mehr als wettgemacht.

Driftwood Cafe CAFÉ $

(632-7841; 9 Front St; Gerichte ab 8 BZ$; 7–16 Uhr;) Das Driftwood serviert eine einzigartige kulinarische Vielfalt aus heimischen Zutaten, die von nordamerikanischen Traditionen inspiriert ist. Zu den Spezialitäten des Hauses gehören ein 100 % veganes Schokoladen-Chili, grünes Fruchteis (Orangensaft und Callaloo, eine einheimische, grüne Amarantpflanze), Milchshakes aus örtlichem Kakao, Kaffeegetränke aus belizischen Bohnen sowie Tamales und Quesadillas.

Snack Shack CAFÉ $

(Main St; Hauptgerichte 10–20 BZ$; Mo–Sa 7–15 Uhr) Dieses beliebte Restaurant mit einer Holzveranda serviert belizisches Frühstück und den ganzen Tag über gesunde Mittagsgerichte wie Krabbensalat und Sandwiches. Wer mal etwas wirklich Einzigartiges probieren möchte, bestellt einen Sauersack-Slushie (3,50 BZ$).

Olympic Bar & Grill BAR

(Ecke Main & Clements Sts; 7–23 Uhr) Die Ausländer in PG zieht es derzeit hierher. Es gibt eiskaltes Bier, scharfe Chicken Wings, selbst gemachtes Eis und Snacks im Überfluss. Alvan und Yvette Vernon beliefern auch Veranstaltungen und Gruppen mit Snacks, Gebäck und lokalen Köstlichkeiten.

Praktische Informationen

Das **Belize Tourism Board** (227-2420; Front St; Mo–Fr 8–12 & 13–17, Sa bis 12 Uhr) und das **Toledo Visitors' Information Center** (722-2531; Di–Fr 8–12 & 13–17 Uhr, Sa 8–12 Uhr) teilen sich die Büroräume.

Belize Bank (30 Main St) und **Scotia Bank** (1 Main St) haben beide Geldautomaten.

Klamotten können beim **Punta Gorda Laundry Service** (Waschen & Trocknen 2 BZ$/Pfund; Mo–Sa 8.30–17 Uhr) gewaschen werden, Internetzugang gibt's bei **V-Comp** (29 Main St; 8 BZ$/Std.; Mo–Sa 8–20 Uhr).

An- & Weiterreise

Punta Gorda wird täglich von **Maya Island Air** (722-2856; www.mayaairways.com) und **Tropic Air** (722-2008; www.tropicair.com) angeflogen. Tickets gibt's am Flughafen. Flüge nach Belize City kosten zwischen 164 und 204 BZ$.

Requena's Charter Services (722-2070; 12 Front St) und **Memos Boat Service** (630-5889, aus Guatemala 00502-4896-9215; memosboatserviceandtours@yahoo.com; Front St) bieten tägliche Fahrten von Punta Gorda nach Barrios (Guatemala). Abfahrt um 10 und 12.45 Uhr, einfache Fahrt 50 BZ$. Es gibt noch ein paar andere Anbieter, die regelmäßig nach Lívingston (Guatemala) fahren. Weitere Infos bekommt man im Büro der Belize Tourism Industry Asscociation (BTIA).

James Bus Line (☎702-2049, 722-2625; King St) betreibt Busse nach Belize City (Fernverkehrs-/Expressbus 20/22 BZ$, 6/7 Std.) mit Halt in Independence (von dort geht es schnell mit Taxi und Boot nach Placencia), Dangriga und Belmopan (für alle Weiterfahrten nach Westen).

Fernverkehrsbusse verkehren täglich zwischen PG und den Dörfern im Toledo District. Sie starten am Marktplatz. Die Abfahrtzeiten bekommt man über TEA, im Toledo Visitor's Information Center oder online (www.guidetobelize.info; Seite „Travel" und dann auf Bus klicken).

Dörfer in Toledo

San Pedro Columbia

Etwa 32 km nordwestlich von Punta Gorda liegt das Dorf San Pedro Columbia, die größte Gemeinde der Q'eqchi'-Maya außerhalb Guatemalas. In diesem Ort in der Nähe der Quelle des Columbia, einem Nebenarm des Río Grande, gibt's ein paar Geschäfte und Restaurants. In dem herrlichen Fluss kann man wunderbar schwimmen oder sich gemütlich in großen Gummireifen treiben lassen. Hinter dem Dorf auf den Hügeln befindet sich das **Columbia Forest Reserve** mit einem mehrere Quadratkilometer großen Wald, Erdeinbrüchen, Höhlen und Ruinen, die sich in den Tälern verstecken.

Die **Maya Mountain Research Farm** (www.mmrfbz.org) liegt nur ein paar Kilometer flussaufwärts vom Ort. Die 28 ha große Biofarm und eingetragene NGO bietet Praktika für alle, die sich für Bioanbau, Biodiversity und alternative Energien interessieren. Praktikanten zahlen 400 BZ$/Woche oder 1200 BZ$/Monat, alles inklusive.

Columbia ist außerdem in der Nähe von Lubaantun und Nim Li Punit kann man in 20 Minuten mit dem Bus erreichen. Somit ist der Ort ein idealer Ausgangspunkt für alle, die zwei der komplexesten und erstaunlichsten Ruinen der Gegend erkunden wollen.

San Miguel

Dieses Q'eqchi'-Dorf mit 400 Einwohnern liegt in der Nähe der Ruinen von Lubaantun und des Southern Highway. Man kann nach Lubaantun laufen oder eine kleine Expedition zur **Tiger Cave** machen, die man in einem eineinhalbstündigen Fußmarsch erreicht. Zurück geht's dann im Kanu auf dem Río Grande.

Laguna

Etwa 21 km nordwestlich von Punta Gorda ist Laguna. Dieses Dorf ist nur 3 km vom Southern Highway entfernt und schnell und leicht zu erreichen. Hier leben ca. 300 Q'eqchi'-Maya. Die Lagune, die dem Dorf ihren Namen gegeben hat und ungefähr einen zweistündigen Fußmarsch entfernt ist, bildet das Herz des 22 km² großen **Aguacaliente Wildlife Sanctuary**, ein großflächiges Feuchtgebiet.

NICHT VERSÄUMEN

CYRILA'S MAYA BELIZEAN CHOCOLATE

Wer liebt nicht Schokolade? Also, auf zu **Cyrila's Maya Belizean Chocolate** (http://www.cyrilaschocolate.org/; San Felipe; ⏲9–17 Uhr), der herrlichen Kakaofarm und Schokoladenmanufaktur von Juan und Abelina im Maya-Dorf San Felipe. Der gesellige Juan führt durch den gesamten Produktionsprozess der Schokolade – von der Ernte über die Fermentierung, Trocknung und Röstung bis zum Schälen und Mahlen der Bohnen.

Führungen finden täglich statt. Das Ehepaar kocht auch traditionelle Maya-Mittagessen aus Maistortilla, Gemüsereis, Hühnchen mit Schokosauce, Salaten aus Biogemüse direkt vom Feld und natürlich heißer Schokolade. Eine Tagestour mit Mittagessen, Schokoladenherstellung und mehr kostet 60 BZ$. Spontanbesucher sind willkommen und können sich die Schokoladenherstellung für 20 BZ$ anschauen. Fürs Mittagessen müssen sie weitere 10 BZ$ auf den Tisch legen.

Übernachtungen sind in einem kleinen Gästehaus neben der Fabrik möglich. Es gibt zwei Doppelzimmer und zwei Zimmer mit Doppelstockbetten für 40 BZ$ (inklusive Frühstück und Mittagessen).

San Antonio

Die größte Mopan-Maya-Gemeinschaft in Belize (ca. 2500 Ew.) ist San Antonio mit seiner traumhaften **Steinkirche**, die mit wunderschönen, bunten Fenstern verziert ist. Hier findet etwa vom 15. bis 25. August das **Feast of San Luis** statt, ein Erntedankfest, auf dem der berühmte „Deer Dance" (Hirschtanz) gezeigt wird.

Santa Elena

Santa Elena (ca. 300 Ew.) ist ein weiteres Mopan-Dorf 10 km westlich von San Antonio. Gleich östlich von Santa Elena befindet sich der kleine **Río Blanco National Park** mit den spektakulären **Río Blanco Falls** und einem der besten Schwimmlöcher des ganzen Landes.

Pueblo Viejo

5 km hinter Santa Elena liegt Pueblo Viejo, spanisch für „Alte Stadt". Der Name ist wahrhaft passend, denn der Ort war das erste besiedelte Mopan-Dorf in Belize. Heutzutage leben in diesem entlegenen Örtchen ohne Strom etwa 550 Menschen. Ganz in der Nähe gibt's wunderschöne **Wasserfälle**. Wer will, kann auch durch den **Urwald wandern** oder **Reittouren** unternehmen.

San Jose

Das auch als Hawaii (ein Wort der Mopan, sprich ha-wih-ah) bekannte Mopan-Dorf mit 700 Einwohnern in den Ausläufern der Maya Mountains betreibt ökologischen Ackerbau. Der umliegende Regenwald gehört zu den ursprünglichsten im Toledo District. Man kann durch den Urwald zur **Gibnut Cave** und zu einem 60 m großen **Krater** wandern. Um den 19. März eines jeden Jahres ehrt das Dorf seinen Schutzheiligen mit einem dreitägigen Fest, auf dem viel gegessen und nach Marimbafon- und Harfenmusik getanzt wird.

Blue Creek

Mitten durch dieses Dorf mit seinen 250 Einwohnern, die teils den Q'eqchi' und teils den Mopan angehören, fließt tatsächlich ein schöner, blauer Fluss. Im umliegenden, hügeligen Urwald leben Brüllaffen, an dem kleinen Fluss tummeln sich Otter und unzählige Leguane. Blue Creek ist der Ausgangspunkt für Besuche der **Blue Creek Cave** (Hokeb Ha Cave; Eintritt 2 BZ$) und für tolle Wanderungen um einen Hügel namens **Jungle Height**.

Barranco

Es ist wirklich ungewöhnlich, aber die Garifuna-Gemeinde Barranco ist von Maya-Dörfern umgeben. Barranco ist die spirituelle Heimat der Garifuna und eine ausgezeichnete Ausgangsbasis für die Erkundung des **Temash-Sarstoon National Park**, ein sagenhaftes, abgelegenes, 166 km² großes Naturschutzgebiet mit Regenwald, Feuchtgebieten, Meeresarmen und Flüssen, die von gewaltigen Mangroven gesäumt sind. Das Gebiet reicht ganz bis nach Guatemala. In Barranco kann man auch **Trommeln** und **Dorys bauen** (ein *dory* ist ein traditionelles, belizisches Kanu).

Maya-Ruinen von Toledo

Im Toledo District gibt's zwei bedeutende Maya-Ruinen. **Lubaantun** (Eintritt 20 BZ$; ⌚8–17 Uhr), 1,6 km nordwestlich des Dorfs San Pedro Columbia, wurde teilweise freigelegt, aber nicht restauriert. Die vielen Tempel sind größtenteils noch vom Urwald überwuchert, sodass man viel Phantasie braucht, um sich vorzustellen, wie diese phantastische Stadt einmal ausgesehen haben könnte.

In **Nim Li Punit** (Eintritt 20 BZ$; ⌚8–17 Uhr) wurden schon mehr Restaurierungsarbeiten durchgeführt. Der Name ist auf den Kopfschmuck der prächtig bekleideten Figur an der Stele 14 zurückzuführen. Nim Li Punit unterstand möglicherweise dem größeren und mächtigeren Lubaantun.

Beide Ruinen sind im Rahmen eines Tagesausflugs von Punta Gorda aus leicht zu erreichen und zu besichtigen.

BELIZE VERSTEHEN

Belize aktuell

Im Gegensatz zu den zentralamerikanischen Nachbarn gerät das gemäßigte Belize nicht mit Unruhen und Militärputschen in die Schlagzeilen. Aktuelle Themen in den belizischen Tageszeitungen befassen sich durchgehend mit Verbrechen, vom bewaffneten Überfall über Pädophilie bis zum Mord. Die größte Geschichte 2012 war die Flucht des

2008 nach Belize ausgewanderten US-amerikanischen Softwareunternehmers John McAfee vor den heimatlichen Strafverfolgungsbehörden; 2013 stehen die andauernden Spannungen zum Nachbarland Guatemala im Vordergrund. Guatemala beansprucht weite Teile von Belize südlich des Hummingway Highways.

Auch die Verteilung der Öleinnahmen ist ein viel diskutiertes Thema: Das Land ist ein kleiner Ölproduzent und es gibt heftige Kontroversen darüber, ob die Gewinne aus der Ölförderung die Risiken möglicher Umweltschäden wettmachen. Die Debatte wird noch dadurch angeheizt, dass sich einige wenige die Öleinnahmen teilen, die Folgen für die Umwelt aber von allen zu tragen sind.

Drogen sind noch immer ein Problem: Belize ist ein Umschlagplatz des Drogenhandels in Richtung Norden. Drogenkriminalität ist allgegenwärtig – Touristen bleiben davon jedoch weitestgehend unbehelligt.

Geschichte

Belize vor Kolumbus

Belize hat seinen Platz an der Ruta Maya mit Sicherheit verdient – überall sind Ruinen zu finden und vor allem im Südwesten leben noch immer viele Maya. Sie waren die ersten Einwohner von Belize. Eine der frühen Maya-Siedlungen war Cuello in der Nähe der heutigen Stadt Orange Walk. Die Handelsrouten der Maya verliefen durch das ganze Land und der New River, der Río Hondo sowie der Belize River spielten eine wichtige Rolle für den frühen Handel und Kommerz. Aus dieser Zeit stammen auch so bedeutende archäologische Stätten wie Cahal Pech in der Nähe von San Ignacio und Lamanai.

Piratenparadies

Eine wenig tatkräftige Regierung und der Schutz durch das Barriereriff lockten im 17. Jh. viele englische und schottische Piraten vor die Küste von Belize. Sie konnten ihrem Handwerk ohne jede Einschränkung nachgehen und kaperten spanische Galeonen. 1670 konnten die Spanier die britische Regierung davon überzeugen, dass dem Treiben der Piraten rigoros ein Ende gesetzt werden müsse. Die meisten der so arbeitslos gewordenen Piraten wechselten ins Holzgeschäft.

In den 1780er-Jahren unterstützten die Briten die Interessen der Holzfäller aktiv und versicherten dabei den Spaniern ständig, dass Belize spanisch sei, was aber absolut nicht den Tatsachen entsprach. Zu dieser Zeit fühlte sich Belize schon von seiner Tradition und Sympathie her zu England hingezogen. Mit Erleichterung und großer Freude nahmen die Belizer am 10. September 1798 die Nachricht auf, dass die britischen Streitkräfte die spanische Armada vor der Küste von St. George's Caye in die Flucht geschlagen hatten.

Belize im 19. Jh.

Nachdem das Holzgeschäft abgeflaut war, erlebte Belize einen neuen Boom. Jetzt wurden Waffen, Munition und andere Gerätschaften an die Maya-Rebellen in Yucatán geliefert, die Mitte des 19. Jhs. den Kastenkrieg führten. Der Krieg war der Grund dafür, dass unzählige Flüchtlinge von beiden Seiten nach Belize strömten.

1859 unterzeichneten Großbritannien und Guatemala einen Vertrag: Die Briten sollten das Land bekommen und dafür eine Straße von Guatemala an die Karibikküste bauen. Den Vertrag gibt's noch heute, aber der Bau der Straße wurde lange hinausgezögert und hat im Prinzip gerade erst begonnen. Die meisten Karten aus Guatemala zeigen den Teil von Belize südlich des Hummingbird Highway als Teil von Guatemala an.

Die Unabhängigkeit & die Zeit danach

1954 fanden die ersten allgemeinen Wahlen in Belize statt, die von der nach Unabhängigkeit strebenden People's United Party (PUP) unter George Price mit großem Vorsprung gewonnen wurden. Am 21. September 1981 wurde die Kolonie Britisch-Honduras offiziell zum unabhängigen Staat Belize erklärt.

Seit der Unabhängigkeit wechseln die Regierungen von einer Legislaturperiode zur nächsten (die Gegenspielerin der PUP ist die UDP, die United Democratic Party). Korruptionsskandale und Machtkämpfe sind an der Tagesordnung und Wahlversprechen werden nicht gehalten. 2003 wurde die PUP für eine zweite Legislaturperiode erneut gewählt – etwas ganz Neues. 2007 kam dann die UDP wieder an die Macht, sie hatte Hoffnungen geweckt und Änderungen versprochen. Im Zuge der abklingenden Konjunktur konnte sie 2012 die Wahl ein zweites Mal gewinnen.

Die Menschen

Mentalität

Regel Nummer eins in Belize lautet: Wer andere respektiert, wird selbst respektiert. Die Belizer sind von Natur aus freundliche, neugierige Menschen. Oft schauen sie sich ihr Gegenüber aber abwartend an, bevor sie sich entscheiden, wie sie sich verhalten. Hier gilt: Wie man sich verhält, so wird man behandelt.

Die langjährige Verbindung zu Großbritannien hat in Belize einige merkwürdige Spuren hinterlassen. Vielleicht ist das (abgesehen von der Sprache) der Grund dafür, dass Belize mit den USA enger verbunden ist als andere zentralamerikanische Länder.

Viele Belizer identifizieren sich mehr mit der Kultur der Karibikinseln als mit der Zentralamerikas. In Bussen wird man höchstwahrscheinlich mit Reggae und nicht mit Latino-Musik vollgedröhnt, selbst wenn die Fahrt durch Maya-Dörfer an der guatemaltekischen Grenze im Toledo District führt und weit und breit keine Rastalocken in Sicht sind.

Bevölkerung

Man darf sich aber von der allgegenwärtigen Reggaemusik nicht täuschen lassen und denken, der kulturelle Mix in Belize stamme nur aus der Karibik. Die Kreolen – die Nachfahren afrikanischer Sklaven und britischer Piraten – bilden die größte ethnische Gruppe des Landes, ein Drittel der belizischen Bevölkerung sind *mestizos* (Menschen mit europäischen und indigenen zentralamerikanischen Wurzeln), deren Vorfahren im 19. Jh. teilweise aus Yucatán einwanderten.

Die Maya in Belize machen etwa 10 % der Bevölkerung aus und sind in drei Sprachgruppen unterteilt. Die Yucatec leben im Norden nahe der Grenze in Yucatán, die Mopan in Westbelize in der Gegend um die Grenzstadt Benque Viejo del Carmen und die Q'eqchi' im äußersten Süden von Belize und um Punta Gorda. In den letzten Jahren nahm die Zahl der Maya zu, denn es kamen politische Flüchtlinge aus Guatemala und El Salvador hinzu.

Der Süden von Belize ist die Heimat der Garifuna (der Garinagu oder Black Caribs). Die Garifuna stammen von südamerikanischen Ureinwohnern und Afrikanern ab. Sie ähneln mehr den Afrikanern, sprechen eine indigene Sprache und ihre Kultur ist eine Mischung der Kulturen beider Völker.

Weitere ethnische Gruppen in Belize sind Europäer, Nordamerikaner und Inder. Obwohl die mennonitische Gemeinschaft in Belize prozentual nur klein ist, bildet sie doch das Rückgrat der Landwirtschaft. Die meisten Milchprodukte sowie das Obst und Gemüse, das Reisende in Belize bekommen, stammen wohl von mennonitischen Ländereien. In letzter Zeit kommen auch immer mehr Einwanderer aus Taiwan und China ins Land.

Kunst & Kultur

Musik

Musik ist mit Abstand die beliebteste Kunstform in Belize. Auf den Inseln und in den Bussen im ganzen Land dröhnt Reggae aus den Lautsprechern. Der Sound klingt mehr nach Karibik als nach Latinomusik, und wer ein paar Wochen im Land ist, kennt sich mit Sicherheit perfekt mit Calypso, Soca, Steel-Drums und natürlich auch Reggae aus.

Punta-Rock ist der offizielle Musikstil von Belize. Seine Ursprünge liegen in der Musik der Garifuna, die sehr auf Trommeln beruht und viele Call-and-Response-Elemente aufweist. Nach dieser Musik muss man einfach die Hüften schwingen. Der berühmteste *punta*-Rocker ist wohl Pen Cayetano, der auch schon mit verschiedenen anderen Künstlern zusammengearbeitet hat und regelmäßig in Belize auftritt – wenn er nicht gerade irgendwo anders in der Welt auf Tournee ist.

Der Mix aus Garifuna-Rhythmen, Dancehall Reggae und Soca hat eine neue Generation von *punta*-Rockern hervorgebracht, die sich oft von Elektronik statt von Musikern begleiten lassen. Wer diese Musik live hören will, sollte ein Konzert von Super G, den Griga Boyz oder Poots „Titiman" Flores besuchen.

Der *parranda*-Stil hat seine Wurzeln in traditionelleren Garifuna-Songs mit akustischer Gitarre, Trommeln und Rasseln und wird meist mit Künstlern wie Paul Nabor und dem verstorbenen Andy Palacio in Zusammenhang gebracht.

Brukdown ist ein belizischer Musikstil, der von den Kreolen entwickelt wurde, die im 18. und 19. Jh. als Holzarbeiter schufteten. Benutzt werden Akkordeon, Banjo, Mundharmonika und ein Schlaginstrument – traditionell ein Schweinekiefer, dessen Zähne mit einem Stock zum Klingen gebracht werden. Wilfred Peters und seine Boom-and-Chime-Band dürften die bekanntesten *brukdown*-Künstler sein.

Wenn es um Musik geht, haben die Maya in Belize einen ganz eigenen Stil. Am bemerkenswertesten ist die Flötenmusik von Pablo Collado und die traditionelle Marimbafonmusik (gespielt auf großen Holzxylofonen, Kontrabass und Schlagzeug) von Alma Beliceña.

Natur & Umwelt

Geografie

Belize besteht größtenteils aus tropischem Tiefland. Die meiste Zeit des Jahres ist es heiß und feucht. Im Norden regnet es am wenigsten, im Süden am meisten. In den Regenwäldern im Süden beträgt die jährliche Niederschlagsmenge 4 m, somit ist dies die feuchteste Region des Landes.

Eine erfrischende Ausnahme von der Tiefebene mit ihrem heißen, stickigen Klima sind die fast 1000 m hohen Maya Mountains im Südwesten. In diesen Bergen herrscht ein erträglicheres Klima – hier ist es tagsüber angenehm warm und nachts kühlt es sich etwas ab.

Die Küste und die Küstenebene im Norden sind von Mangrovensümpfen überzogen, die die Verbindung zwischen Land und Meer herstellen. Vor der Küste erstrecken sich in etwa 5 m Tiefe Kalksteinfelsen kilometerweit Richtung Osten hinaus in die Karibik. Am östlichen Ende dieses Festlandsockels befindet sich das zweitgrößte Barriereriff der Welt (nach dem Great Barrier Reef).

Tiere & Pflanzen

In den üppigen Tropenwäldern stehen riesige Kapok- und Mahagonibäume sowie Guanacasten und Cohune-Palmen, die von Orchideen, Bromeliengewächsen sowie anderen Epiphyten und Lianen geschmückt sind. Große Teile des Küstenstreifens verstecken sich hinter dichten Mangrovenwäldern – auf den Inseln genauso wie auf dem Festland.

Das Wappentier von Belize ist der Baird-Tapir. *Gibnuts* oder *tepezcuintles* (Pakas), kaninchengroße Nagetiere, gibt's im Überfluss. Auch andere tropische Tiere wie Jaguare, Ozelots, Brüllaffen, Klammeraffen, Nabelschweine, Geier, Störche und Ameisenbären sind hier zu Hause.

60 Schlangenarten tummeln sich in den belizischen Wäldern und Gewässern. Aber nur wenige sind giftig – besonders gefährlich sind die Lanzenschlange, die Korallenschlange und die tropische Klapperschlange.

Belize ist auch die Heimat von zwei Krokodilarten: das Amerikanische Krokodil lebt in Süß- und Salzwasser, das Beulenkrokodil nur in Süßwasser; Menschen stehen nicht auf ihrem Speiseplan.

Die Vogelwelt ist reich und vielfältig. Es gibt Kolibris, Regenbogentukane, Spechte und viele Arten von Papageien und Aras.

Im Meer sind Schildkröten, Hummer, Seekühe und viele Fischarten zu finden.

Nationalparks & Naturschutzgebiete

Fast 40 % der Fläche von Belize stehen unter Naturschutz. Diese Gebiete werden entweder von staatlichen Organisationen oder privaten Trusts verwaltet. Große Teile der Wälder in den Maya Mountains südlich von San Ignacio sind Naturschutzgebiet. Hier befinden sich das Mountain Pine Ridge Forest Reserve und der Chiquibul National Park. Überall im Land gibt's kleinere Parks, Reservate und Marineparks.

Umweltprobleme

Umweltprobleme werden in Belize nicht auf die leichte Schulter genommen, und es wurde viel getan, um vom Aussterben bedrohte Tierarten zu schützen. Zu den gefährdeten Arten gehören die Karettschildkröte, die grüne Meeresschildkröte und die Lederschildkröte, das Amerikanische Krokodil und das Beulenkrokodil, der scharlachrote Ara, der Jabiru und die Seekuh.

Sorge macht auch die Abholzung. Die Wälder weichen dem Ackerland, der natürliche Lebensraum der Tiere wird kleiner. Bodenerosion und Versalzung der Wasserflächen sind die Folge.

Anhaltende Ölbohrungen im Cayo District und die Suche nach neuen Ölquellen im ganzen Land geben Anlass zur Sorge.

PRAKTISCHE INFORMATIONEN

Allgemeine Informationen

AKTIVITÄTEN

Rund um die Cayes gibt's wunderbare Schnorchel- und Tauchmöglichkeiten. Von Ambergris Caye und Caulker Caye aus werden Touren (mit und ohne Übernachtung) zu den besten Tauch- und Schnorchelspots angeboten.

Im Landesinneren kann man Reiten, Kanu und Kajak fahren, Höhlen entdecken, sich in großen Gummireifen treiben lassen, wandern und trekken, Vögel beobachten und sich der Archäologie widmen.

ARBEITEN

Wer in Belize arbeiten möchte, benötigt eine offizielle Aufenthaltsgenehmigung. Auf den Inseln oder in Placencia kann man aber hin und wieder in Bars jobben. Wer eine längerfristige Beschäftigung sucht, sollte sich um ordentliche Papiere kümmern.

BOTSCHAFTEN & KONSULATE

Deutschland (☎222-4369; seni@cisco.com.bz; Western Hwy Mile 3½, Belize City, Honorarkonsulat)

Guatemala (☎223-3150; embbelice@minex.gob.gt; 8 A St, Belize City; ⌚Mo–Fr 8.30–12.30 Uhr)

Honduras (☎224-5889; 114 Bella Vistas, Belize City)

Mexiko (☎223-0193; Ecke Wilson St & Newtown Barracks Rd, Belize City)

Niederlande (☎223-2953; mchulseca@btl.net; Ecke Baymen Av & Calle Al Mar, Belize City, Honorarkonsulat)

Österreich (☎22-77070; 16 Regent St, Belize City, Honorarkonsulat)

Schweiz (☎223-5505; 83 North Front St, Belize City)

USA (☎822-4011; http://belize.usembassy.gov; Floral Park Rd, Belmopan; ⌚Mo–Fr 8–12 & 13–17 Uhr)

BÜCHER

Das Buch *13 Chapters in the History of Belize* des belizischen Historikers Assad Shoman stellt die Geschichte des Landes ausführlich dar. Hier wird nicht versucht, die koloniale Vergangenheit zu verherrlichen, wie dies in einigen anderen Werken der Fall ist.

Warlords and Maize Men: A Guide to the Maya Sites of Belize von Byron Foster ist eine empfehlenswerte Lektüre für alle, die mehr über das Leben der Maya erfahren möchte.

In dem in Belize von Cubola Productions herausgegebenen Buch *Snapshots of Belize: An Anthology of Short Fiction* wird die Vergangenheit und Gegenwart des Landes in Kurzgeschichten beschrieben.

PREISKATEGORIEN ESSEN

Die folgenden Preise beziehen sich auf ein Standardhauptgericht.

$	weniger als 15 BZ$
$$	15–35 BZ$
$$$	mehr als 35 BZ$

FRAUEN UNTERWEGS

Belizische Männer sind recht dreist und manchmal auch aggressiv in ihren Bemerkungen über das Erscheinungsbild von Frauen. Das kann unangenehm und peinlich sein, sollte aber nicht als Bedrohung angesehen werden. Je zurückhaltender die Kleidung, desto weniger Aufmerksamkeit erregt man.

FREIWILLIGENARBEIT

Möglichkeiten für Freiwilligenarbeit gibt's in Belize in großer Zahl. Es überrascht nicht, dass viele Angebote mit der Umwelt zu tun haben. Bei den meisten Programmen müssen die Freiwilligen sich finanziell beteiligen, die Kosten können sehr unterschiedlich sein.

Belize Wildlife & Referral Clinic (www.belizewildlifeclinic.org) Kurze tiermedizinische Praktika von zwei bis sechs Wochen für Studenten; Kosten zwischen 1500 und 2000 BZ$/Woche (inklusive Unterkunft, Frühstück, Fahrt vom/zum Flughafen). Es gibt Stipendien und Austauschprogramme für Studenten mit ernsthaftem Interesse und Vorkenntnissen. Die Klinik ist flexibel und immer interessiert an einem Kontakt zu aufrichtigen potenziellen Praktikanten und langfristigen freiwilligen Helfern.

Help for Progress (www.helpforprogress.interconnection.org) Die regierungsunabhängige Organisation arbeitet mit Basisorganisationen in Bereichen wie Ausbildung, geschlechtsspezifischen Themen, Bürgerbeteiligung und Umwelt zusammen.

Plenty International (www.plenty.org) bietet Möglichkeiten, in Gemeindegruppen und Kooperativen im Toledo District zu arbeiten.

Teachers for a Better Belize (www.tfabb.org) Die in den USA ansässige Organisation schickt Freiwillige in die Schulen im Toledo District, um einheimische Lehrer weiter auszubilden.

GEFAHREN & ÄRGERNISSE

In Belize sind kleine Diebstähle die größte Gefahr für Traveller (und natürlich auch das größte Ärgernis). Man sollte also Wertgegenstände nicht offen mit sich herumtragen, seine Fotoausrüstung immer gut im Blick haben und vor allem keine Wertsachen offen im Auto herumliegen lassen. In Bussen sollte man sein Gepäck möglichst stets im Auge behalten. Belize City hat noch immer einen schlechten Ruf. Dies ist zwar eine Altlast der Vergangenheit, aber dennoch sollte man auch hier die üblichen Vorsichtsmaßnahmen treffen.

Es hat auch schon Überfälle gegeben. Es ist also nicht empfehlenswert, allein auf verlassenen Nebenstraßen rumzuwandern.

Straßenunfälle gehören in Belize zum Alltag. Denn die Highways sind nicht breiter als eine zweispurige Straße ohne befestigten Randstreifen oder Mittellinie. Besondere Aufmerksamkeit ist geboten beim Autofahren in Belize: Anschnallen, auf den Verkehr vor und hinter einem achten und möglichst nicht nachts fahren. Sicherheitsinformationen für Anhalter s. S. 303.

GEFÜHRTE TOUREN

Viele Veranstalter organisieren maßgeschneiderte und thematische Tourpakete für Einzelreisende und Gruppen.

Vitalino Reyes (☎602-8975, 832-2640; http://cavetubing.bz; 65–100 BZ$/Pers., abhängig von der Teilnehmerzahl) Hat sich auf Cave-Tubing und Tourpakete zu beliebten Orten wie Tikal, Altun Ha und den Belize Zoo spezialisiert. Die Touren finden in ganz Belize statt und bieten eine gute Möglichkeit, von einem Zipfel des Landes zum anderen zu gelangen.

Programme for Belize (PFB; ☎227-1020, 227-5616; www.pfbelize.org; 1 Eyre St, Belize City; ⌚Mo–Fr 8–17 Uhr) Das Credo des Ökotourismus war immer, möglichst keine Spuren (oder höchstens leichte) zu hinterlassen und nichts mitzunehmen außer Fotos und Erinnerungen. Das „Programme for Belize" wurde 1988 gegründet und wird von einer gemeinnützigen Organisation organisiert. Einzelne Umweltschützer, Landbesitzer und die belizische Regierung ziehen dabei an einem Strang, um zu demonstrieren, dass der Einsatz zum Schutz der Natur sich langfristig gegenüber den kurzfristigen Gewinnen aus dem Ressourcenabbau auszahlt. PFB organisiert Fahrten zu einigen Orten im schwer erreichbaren Landesinneren von Belize. Informationen stehen auf der Website.

GELD

Ein belizischer Dollar (BZ$) hat 100 Cent. Münzen gibt's im Wert von 1, 5, 10, 25, 50 Cent und 1 Dollar. Die Banknoten sind alle gleich groß, haben aber unterschiedliche Farben. Es gibt sie im Wert von 2, 5, 10, 20, 50 und 100 Dollar. Wer die ausgetretenen Touristenpfade verlässt, sollte unbedingt Kleingeld in der Tasche haben.

Die Preise werden im Allgemeinen in belizischen Dollar in der Form „$30 BZ" angegeben, gelegentlich sieht man aber auch „$15 US". Um Überraschungen vorzubeugen, sollte man sich generell bestätigen lassen, ob es sich um amerikanische oder belizische Dollar handelt.

Geldautomaten

Belize Bank, Scotia Bank und Atlantic Bank haben die zuverlässigsten Geldautomaten. Fast alle akzeptieren internationale Karten und sind rund um die Uhr in Betrieb. In Corozal, Orange Walk, Belize City, Belmopan, San Ignacio, Dangriga, Placencia und Punta Gorda gibt's Banken mit Geldautomaten und in Hopkins gibt es einen Schalter der Belize Bank.

Kreditkarten

Kreditkarten sind sinnvoll, vor allem wenn man Bargeld abheben möchte. Visa und MasterCard sind die gebräuchlichsten. Einige Reisebüros und viele Mittelklasse- und Spitzenklassehotels sowie Restaurants akzeptieren Kreditkarten.

Geldwechsel

Die meisten Geschäfte akzeptieren US-Dollar ohne Probleme. Das Wechselgeld bekommt man dann in belizischen Dollars. Wer darum bittet, erhält es aber auch in US-Dollar. Auch auf US-Dollar ausgestellte Reiseschecks werden problemlos angenommen.

Kanadische Dollar und britische Pfund können auf jeder Bank eingetauscht werden. Nicht auf US-Dollar ausgestellte Reiseschecks werden aber nicht unbedingt von jeder belizischen Bank akzeptiert. Es ist schwierig, wenn nicht gar unmöglich, in Belize andere Währungen einzutauschen.

Geldwechsler an Grenzübergängen wechseln amerikanisches Bargeld ganz legal zu einem Standardkurs von 2 BZ$ für 1 US$. Wenn man Geld oder Reiseschecks auf der Bank tauscht, bekommt man vielleicht für 1 US$ nur 1,97 BZ$; außerdem berechnen sie für Reiseschecks auch noch eine Gebühr von 5 BZ$ (2,50 US$).

Internationale Überweisungen

Der schnellste Weg, sich Geld aus dem Ausland schicken zu lassen, ist über Western Union. Die Firma hat Zweigstellen im ganzen Land; für eine Überweisung von 1000 US$ betragen die Gebühren 85 US$.

INFOS IM INTERNET

Belize Bus & Travel Guide (http://belizebus.wordpress.com/) Eine regelmäßig aktualisierte Seite über Beförderungsmöglichkeiten in Belize. Sehr nützlich!

Belize by Naturalight (www.belizenet.com) enthält so ziemlich alles, was Besucher wissen müssen.

Belize First Magazine (www.belizefirst.com) Interessante Infos für Traveller und in Belize lebende Ausländer. Besonders nützlich sind die Lesertipps über Unterkünfte, Restaurants und Touren.

Belize Forums (www.belizeforum.com/cgi-bin/ultimatebb.cgi) Ausgezeichnete, elektronische Pinnwand mit vorwiegend zuverlässigen Infos.

Belize Tourism Board (BTB; www.travelbelize.org) Umfassende Infos für Besucher des Landes.

INTERNETZUGANG

Außer in winzig kleinen Dörfern gibt's in fast jedem Ort ein Internetcafé und selbst viele Budgetunterkünfte bieten WLAN. Der Internetzugang kostet zwischen 4 und 10 BZ$. Achtung: Belize gehört zu den wenigen Ländern, die nicht nur Skype, sondern auch noch einige andere Chat-Programme blocken.

KARTEN & STADTPLÄNE

Wer sich selbst ans Steuer setzen möchte, sollte sich ein Exemplar von Emory Kings jährlich erscheinendem *Driver's Guide to Beautiful Belize* besorgen, den man in Buch- und Andenkenläden in Belize City bekommt. Er enthält Stadtpläne und detaillierte Routenbeschreibungen – was recht hilfreich ist, da Verkehrsschilder in Belize selten sind und weit auseinander stehen.

Belize im Maßstab 1:350 000, herausgegeben von International Travel Maps and Books of Vancouver, ist im ganzen Land erhältlich.

KLIMA

Die Hauptsaison im Winter dauert von Mitte Dezember bis April, einen zweiten Ansturm gibt's von Juni bis August. Die Trockenzeit (Nov.–Mai) ist die beste Reisezeit (auch wenn die Preise dann höher sind und es schwerer ist, eine Unterkunft zu finden). Wer im Sommer (Juli–Nov.) nach Belize reist, sollte wissen, dass dies die Zeit der Hurrikans ist. Die Hurrikans von 1931, 1961 und 1978 verursachten in Belize City schwere Schäden und kosteten vielen Menschen das Leben.

KURSE

Die Möglichkeiten sich weiterzubilden, sind in Belize so verschiedenartig und relaxt wie die Belizer selbst. Wer lernen will, wie man auf kreolischen Trommeln Musik macht oder wie man sie herstellt, sollte die Maroon Creole Drum School (S. 289) am Joe Taylor Creek (außerhalb von Punta Gorda) besuchen.

Wer mehr daran interessiert ist, etwas über nachhaltige Landwirtschaft und Sonnenenergie zu erfahren, kann auf der wunderschönen Maya Mountain Research Farm (S. 292) in den Bergen westlich von San Pedro Colombia im Toledo District ein mittel- oder langfristiges Praktikum absolvieren.

In Punta Gorda bringt der vegetarische Chefkoch Gomier (S. 291) in seinem Restaurant am Nordrand der Stadt seinen Schülern bei, wie Tofu hergestellt wird und wie man vegetarisch kocht.

DER TOLEDO HOWLER

Der Howler ist eine auf Gemeindeebene herausgegebene Zeitung und enthält alles, was man als Tourist so braucht: Veranstaltungskalender, Aktuelles, Restaurantführer, Karten und Stadtpläne, hilfreiche Infos für Reisen im tiefen Süden. Am besten ist aber, dass es den *Howler* nicht nur als Zeitung gibt, man kann ihn auch als pdf-Datei herunterladen (http://belizenews.com/howler).

MEDIEN

Zeitungen & Zeitschriften

Die meisten Zeitungen in Belize werden von einer der politischen Parteien unterstützt, folglich sind sie voller politischer Tiraden. Die nach links tendierende **Amandala** (www.amandala.com.bz) hat die höchste Auflage. Die **Belize Times** (www.belizetimes.bz) orientiert sich an der PUP und der **Guardian** (www.guardian.bz) an der UDP. Der **Reporter** (www.reporter.bz) scheint mehr oder weniger die neutralste Zeitung zu sein.

Belize News (www.belizenews.com) bietet Links zu den meisten Medien des Landes. Die in San Ignacio herausgegebene **The Review** (www.aguallos.com), eine zweimal im Monat erscheinende Tourismus-Broschüre mit Werbung, ist fast in ganz Belize erhältlich.

Radio

LOVE-FM (www.lovefm.com) auf UKW 95,1 und 98,1 ist der am weitesten verbreitete Rundfunksender in Belize. Er bietet eine wundersame Mischung aus Regionalnachrichten und öffentlichen Bekanntmachungen („Belizer, seid nett zu Touristen!") sowie die besten (und schlechtesten) Lovesongs der Welt. KREM (96,5) bietet eine modernere Musikauswahl.

ÖFFNUNGSZEITEN

Die meisten Restaurants in Belize haben von ca. 8 bis 20 Uhr geöffnet; einige schließen aber auch erst sehr viel später. Restaurants, die vor allem von Arbeitnehmern besucht werden, öffnen früher und bieten nur Frühstück und Mittagessen. Sollte dies der Fall sein, ist das in der jeweiligen Beschreibung angegeben. Die allermeisten Banken sind montags bis donnerstags von 8 bis 13.30 Uhr und freitags von 8 bis 16.30 Uhr geöffnet. Fast alle Banken und viele Büros und Geschäfte sind mittwochnachmittags geschlossen. Geschäfte sind im Allgemeinen montags bis samstags von 8 bis 12 Uhr und montags, dienstags, donnerstags und freitags von 13 bis 16 Uhr geöffnet. Einige Läden haben an diesen Tagen auch noch von 19 bis 21 Uhr auf.

Die meisten Geschäfte, Büros und viele Restaurants sind sonntags geschlossen.

POST

Eine Luftpostkarte nach Europa kostet 0,40 BZ$ und ein Brief 0,80 BZ$. Eine Postkarte nach Kanada oder in die USA kostet 0,30 BZ$, ein Brief 0,60 BZ$. Postlagernde Sendungen (General Delivery) sollten wie folgt adressiert sein: (Name), c/o General Delivery, (Stadt), (Bezirk), Belize, Central America. Beim Abholen einer postlagernden Sendung muss man den Reisepass oder ein anderes Identitätspapier vorlegen. Es wird keine Gebühr erhoben.

Postämter sind montags bis freitags von 8 bis 17 Uhr und samstags von 8 bis 13 Uhr geöffnet. Viele Filialen sind mittags von 12 bis 13 Uhr geschlossen.

REISEN MIT BEHINDERUNG

In Belize gibt es so gut wie keine Infrastruktur für Reisende mit Behinderungen.

SCHWULE & LESBEN UNTERWEGS

In Belize gelten für schwule und lesbische Reisende dieselben Regeln wie in fast allen anderen zentralamerikanischen Ländern. Zurückhaltung ist angesagt, Blickkontakt ja, aber bitte keine Berührungen. Eigentlich ist es ein unglaublich tolerantes Land, aber der Machismo der Latinos in Verbindung mit dem traditionellen, tiefreligiösen Glauben ist der Grund dafür, dass gleichgeschlechtliche Beziehungen in Belize absolut nicht gern gesehen sind.

SPRACHE

Offiziell wird in Belize Englisch gesprochen, und mit Ausnahme der Neuankömmlinge aus Guatemala, Honduras und Mexiko spricht hier jeder fließend Englisch. Die Kreolen sprechen ihren eigenen farbenfrohen Dialekt und karibisches Standardenglisch mit dem dafür typischen Singsang. Im Süden wird Garifuna gesprochen. Im Norden und in einigen Städten im Westen ist Spanisch die Hauptsprache. Weitere Sprachen sind Maya, Chinesisch, mennonitisches Plautdietsch und Hindi.

PREISKATEGORIEN SCHLAFEN

Die folgenden Preise beziehen sich auf Doppelzimmer mit Bad in der Hauptsaison.

$	Weniger als 90 BZ$
$$	90–240 BZ$
$$$	Über 240 BZ$

TELEFON

Belize Telemedia Ltd (www.belizetelemedia.net/; BTL), die ehemals private Telefongesellschaft von Belize wurde 2009 verstaatlicht und untersteht jetzt der belizischen Regierung. BTL hat Filialen in allen größeren Städten. Verbindungen innerhalb des Landes sind im Allgemeinen recht zuverlässig (und preiswert), was bei Ferngesprächen nicht immer der Fall ist. Das BTL-Telefonbuch gibt's auch online.

Ortsgespräche kosten 0,25 BZ$ (0,13 US$). Telefonkarten gibt's für 10, 20 und 50 BZ$. In einigen Geschäften werden auch Zettel mit einer Pin-Nummer ausgedruckt, dann kann man jeden x-beliebigen Betrag angeben.

Wer sein Handy dabei hat, kann sich in jedem BTL-Laden für 50 BZ$ eine Prepaid-SIM-Karte mit belizer Nummer kaufen. Damit kann man innerhalb von Belize telefonieren und Kurzmitteilungen verschicken. Die Prepaid-Karten können in fast jedem Laden aufgeladen werden.

Belize gehört zu den wenigen Ländern, die Skype und auch die meiste VOIP-Software blocken. Einige Internetcafés umgehen das und benutzen ausländische Provider über Satellit.

TOURISTENINFORMATION

Das von der Regierung betriebene Belize Tourism Board (S. 299) unterhält Touristeninformationen in Belize City, Punta Gorda und Corozal. Sie haben im Allgemeinen nur ein kleines Budget, aber die Angestellten sind ausgesprochen freundlich und bemüht, alle Fragen zu beantworten.

UNTERKUNFT

Die Unterkünfte in Belize reichen von einfach über bezaubernd bis hin zu absolut dekadent. Auf den Inseln und in den Badeorten gibt's viele *cabañas* direkt am Strand. Im Süden kann man in Urwaldhütten und in den Städten in Hotels übernachten. Die Skala reicht von grauenvoll bis hochherrschaftlich.

Einige Unterkünfte bieten unterschiedliche Preise für Zimmer mit oder ohne Klimaanlage. Das sind im Allgemeinen die gleichen Zimmer – gegen einen Aufpreis von 15 bis 30 BZ$ bekommt man eine Fernbedienung für die Klimaanlage in die Hand gedrückt. Wenn Hotels diese Möglichkeit nicht bieten, ist das in der jeweiligen Beschreibung angegeben. Raucher sind in fast keinem Hotel gern gesehen.

HI-Unterkünfte (Hostelling International) gibt es in Belize nicht. Aber es werden hin und wieder Schlafsäle angeboten, in denen man für etwa 25 BZ$ übernachten kann. So spart man etwas Geld und trifft ganz nebenbei auch noch Gleichgesinnte.

In der Hauptsaison (Mitte Dezember bis April und Juni bis August) steigen die Preise und es kann schwierig werden, eine Unterkunft zu finden. In der Nebensaison kann man dafür die Preise runterhandeln.

VERANTWORTUNGSBEWUSST REISEN

Viele Leute kommen wegen der Naturschönheiten nach Belize. Die Belizer sind darauf bedacht, ihre Umwelt zu erhalten. Besucher sollten sich entsprechend verhalten.

Korallen und Muscheln gehören ins Meer und sollten dort auch bleiben. Beim Schnorcheln und Tauchen vorsichtig mit den Schwimmflossen sein, denn Korallen sind zerbrechlich und gefährdet. Keine Mitbringsel aus Schildkrötenpanzer oder Korallen kaufen. Auch sollte man nicht mit Seekühen schwimmen und der Versuch, auf den Rücken von Schildkröten zu klettern, ist tabu. Menschen mag das ja Spaß machen, aber die Tiere werden dadurch extrem gestresst.

Auch Maya-Artefakte sollte man nicht kaufen – das ist illegal. Einige sagen sogar, dass man dann verhext wird!

Klimaanlagen nicht übermäßig benutzen. Sie sind teuer und belasten die lokalen Energiereserven ganz erheblich. Man sollte sich einfach langsamer als sonst bewegen und den Ventilator einschalten (oder sich in der Hotellobby aufhalten). Nach ein paar Tagen hat man sich an die Hitze gewöhnt.

Im Urwald bitte auf den Wegen bleiben und darauf achten, dass man nicht auf Pflanzen tritt. Tiere beobachtet man am besten aus einiger Entfernung. Auch sollte man sie niemals füttern, weder auf dem Land noch im Wasser.

VISA & DOKUMENTE

Staatsangehörige der EU und vieler anderer Länder (z. B. auch Kanada, Mexiko, Neuseeland und die USA) brauchen kein Visum, müssen aber im Besitz eines gültigen Reisepasses und eines Tickets für den Rückflug oder Weiterflug sein (Abflug von Belize oder einem der Nachbarländer). An der Grenze oder am Flughafen wird eine 30 Tage gültige Besuchererlaubnis in den Reisepass gestempelt. Die Einreisebehörden in Belize City, Corozal, Orange Walk, Dangriga, Belmopan, Independence und Punta Gorda verlängern die Erlaubnis problemlos um einen Monat. Die Visastellen sind montags bis freitags von 8 bis 12 Uhr und von 13 bis 17 Uhr geöffnet. Die Verlängerung kostet 50 BZ$, nach sechs Monaten 100 BZ$.

Aktuelle Visa-Infos stehen auf der Website der belizischen Regierung (www.belize.gov.bz).

i An- & Weiterreise

FLUGZEUG

Belize City hat zwei Flughäfen. Alle internationalen Flüge starten und landen am Philip SW Goldson International Airport (BZE), 16 km nordwestlich des Zentrums.

Die wichtigsten Fluglinien, die Belize ansteuern, sind u. a. American (von Miami und Dallas), Continental (von Houston), Delta (von Atlanta) und Grupo TACA (von Los Angeles). Die meisten internationalen Flüge nach Belize City gehen über eine dieser Städte. Grupo TACA fliegt auch direkt zwischen Belize City und Guatemala-Stadt (Guatemala), San Salvador (El Salvador), San Pedro Sula (Honduras) und hat Anschlussflüge nach Nicaragua, Costa Rica und Panama.

Maya Island Air (www.mayaairways.com) und **Tropics Air** (☎226-2012; www.tropicair.com) sind die beiden belizischen Fluglinien. Sie bieten zwar vor allem Inlandsflüge an, fliegen aber von Belize City auch nach Tikal und gelegentlich nach Guatemala-Stadt. Tropic Air hat angekündigt, ab Mitte 2013 auch einen Flug von Belize City nach Cancun anzubieten.

Viele Reisende sparen Geld, wenn sie nach Cancún fliegen und von dort den ADO-Bus nach Süden Richtung Chetumal nehmen. Von dort geht es über Land nach Corozal und über See nach San Pedro.

GRENZÜBERGÄNGE

Guatemala

Von San Ignacio fahren Busse nach Benque Viejo del Carmen, der Grenzstadt an der Grenze zu Guatemala. Der Busbahnhof ist 3 km von der Grenze entfernt. Ein Taxi dorthin kostet 10 BZ$.

Zwei **ADO**-Busse (www.ado.com.mx) fahren vom Wassertaxianleger in Belize City nach Flores, Tikal, El Remate und zu anderen Zielen in Guatemala. Der Bus am Morgen fährt um 9.30 Uhr los, der am Nachmittag um 14.30 Uhr.

Man sollte möglichst früh die Grenze überqueren, damit man auch wirklich noch einen Bus für die Weiterreise bekommt. Reisepass (und ge-

ABREISESTEUER

Ausländer, die Belize über den Goldson International Airport in Belize City verlassen wollen, müssen Ausreisesteuern und Flughafengebühren in Höhe von 60 BZ$ (30 US$) bezahlen. Die Ausreisesteuer an den belizischen Grenzübergängen beträgt 30 BZ$ (15 US$). Wer auf dem Wasserweg ausreist, muss genauso viel bezahlen.

Man muss zudem – egal wie man Belize verlässt – weitere 7,50 BZ$ (3,75 US$) PACT (Protected Areas Conservation Tax) zahlen. Die über diese Steuer eingenommenen Gelder werden zur Aufrechterhaltung der vielen Naturschutzgebiete benutzt. Mehr Infos dazu gibt's unter www.pactbelize.org.

gebenenfalls KFZ-Papiere) von den belizischen Beamten abstempeln lassen, bevor man nach Guatemala einreist. Die Grenzstation ist zwar eigentlich rund um die Uhr geöffnet, aber es ist besser, die Grenze bei Tageslicht zu überqueren. Wer ein guatemaltekisches Visum oder eine Touristenkarte benötigt, sollte die Formalitäten bereits vor Grenzübertritt erledigt haben.

Auf jeder Seite der Grenze gibt es eine Bank, bei der man Geld wechseln kann. Die umherziehenden Geldwechsler bieten aber oft einen besseren Kurs – besonders für US$. Der Wechselkurs von belizischen Dollar in guatemaltekische Quetzal und umgekehrt ist manchmal ziemlich schlecht.

Busse von Transportes Pinita und von Transportes Rosalita starten am frühen Morgen in Richtung Westen nach Santa Elena-Flores (Guatemala). Für 12 BZ$ pro Person kommt man manchmal aber in den Genuss einer der bequemeren Minibusse.

Wer weiter nach Tikal will, muss in El Cruce (Puente Ixlú), 36 km östlich von Flores, aussteigen und auf einen anderen Bus, einen Minibus oder einen freundlichen Auto- oder LKW-Fahrer warten, um die letzten 35 km in Richtung Norden bis nach Tikal zu überwinden.

Boote und manchmal auch kleine Fahrgastschiffe verkehren regelmäßig zwischen Punta Gorda in Südbelize und Lívingston sowie Puerto Barrios im Osten Guatemalas, s. S. 291 für weitere Informationen.

Honduras

Einmal in der Woche samstags um 9 Uhr legt die **Pride of Belize** (☎607-9837; http://www.prideofbelize.com; Caye Caulker Wassertaxi-Anleger; einfach 145 BZ$) in Belize City ab und fährt über Dangriga (Ankunft 10.30 Uhr) nach Puerto Cortés in Honduras (Ankunft 14.30 Uhr). Das Schiff startet die Rückreise von Puerto Cortés montags um 10.30 Uhr, mit Halt in Dangriga um 15 Uhr und Ankunft in Belize City um 16.30 Uhr.

Das Boot von **Gulf Cruza** (☎523-4045; einfach 120 BZ$) fährt freitags zwischen Placencia und Honduras; Abfahrt um 9.30 Uhr und Ankunft in Puerto Cortés um 14 Uhr.

Mexiko

Corozal liegt 13 km südlich vom Grenzübergang Santa Elena–Subteniente López. Die meisten der oft zwischen Chetumal (Mexiko) und Belize City fahrenden Busse halten in Corozal. Ansonsten kommt man auch per Anhalter oder im Taxi (20 BZ$) nach Santa Elena. Die Busse, die zwischen Corozal und Chetumal fahren, warten an der Grenze, bis die Formalitäten erledigt sind.

San Pedro Belize Express Water Taxi (☎223-2225; www.belizewatertaxi.com) fährt einmal täglich nach Chetumal, Mexiko (einfach/hin und zurück 80/140 BZ$); Abfahrt Caulker um 7 Uhr, fährt über San Pedro (7.30 Uhr) und erreicht Chetumal um 11 Uhr; die Rückfahrt startet um 15.30 Uhr.

> **BELIZE PER BOOT**
>
> **Caye Caulker Water Taxi Association** (☎226-0992; www.cayecaulkerwatertaxi.com) und **San Pedro Water Taxi** (☎226-2194; www.sanpedrowatertaxi.com) verkehren zwischen Belize City und San Pedro mit Zwischenstopp auf Caye Caulker. Die Boote fahren zwischen 8 und 17.30 Uhr mehr oder weniger stündlich zwischen Belize City nach Caulker (24 BZ$, 40 Min.) und San Pedro (35 BZ$, 45 Min.). Schiffe zwischen Caye Caulker und San Pedro (20 BZ$, 45 Min.) fahren in einem ähnlichen Takt.
>
> Die Boote von **Thunderbolt Travels** (☎422-0026, 226-2904) nach Corozal legen an den meisten Tagen um 15 Uhr in San Pedro ab.

ℹ Unterwegs vor Ort

Belize ist ein relativ kleines Land. Die wichtigsten Schnellstraßen sind jetzt durchgehend befestigt. Busse sind für Belizer das Hauptverkehrsmittel, daher fahren sie oft und es ist nicht wirklich nötig, im Voraus einen Platz zu buchen – es sei denn, es ist ein Feiertag. Die Buslinien sind angehalten, die Busse nicht zu überfüllen. Wer nicht früh genug am Bus ist, um sich einen Platz zu sichern, riskiert, auf den nächsten warten zu müssen.

AUTO & MOTORRAD

Wer in Belize selbst fahren will, braucht einen gültigen Führerschein. Die Zahl der Autovermietungen in Belize steigt langsam an. Um ein Auto zu mieten, muss man mindestens 25 Jahre alt sein und mit Kreditkarte zahlen. Je nach Jahreszeit kann ein Auto bis zu 80 US$ pro Tag kosten; bei längerer Miete gibt es eventuell Rabatt. Informationen zur Sicherheit im Straßenverkehr s. S. 298.

BUS

Zunächst die schlechte Nachricht: Die verwirrende Anzahl von Unternehmen, die Busfahrten in Belize anbieten, kann für alle, die an beständige Fahrpläne gewohnt sind, abschreckend wirken. Und jetzt die gute: Die meisten Belizer fahren mit dem Bus, und auch wenn es chaotisch scheint, ist das Busfahren in Belize ziemlich einfach. Die meisten Busunternehmen tummeln sich um die zentrale Haltestelle oder an Marktplätzen. Eine großartige Website (http://www.guidetobelize.info), auf der die wechselnden Unternehmen, Fahrpläne und Haltestellen (und mehr) für Belize aktuell aufgeführt werden, erleichtert die Orientierung.

Außerhalb von Belize City gibt's keine wirklichen Busstationen. Man kann dem Beifahrer Bescheid sagen, wo man aussteigen will, oder einen Bus per Handzeichen anhalten. Expressbusse stoppen im Allgemeinen nur an bestimmten Haltepunkten.

FLUGZEUG

Maya Island Air (S. 253) und Tropic Air (S. 253) sind die beiden belizischen Inlandsfluglinien. Sie bedienen die beiden Hauptstrecken Belize City–Caye Caulker–San Pedro–Corozal und Belize City–Dangriga–Placencia–Punta Gorda. Sie haben Büros an allen städtischen Flughäfen. Tickets für beide Gesellschaften kann man über Hotels, Reisebüros oder direkt bei den Fluggesellschaften buchen.

Wer nach Belize City fliegt, sollte sich unbedingt vorher informieren, ob man am nationalen oder am internationalen Flughafen ankommt. Wenn man keinen internationalen Anschlussflug hat, kommt man mit dem Inlandsflughafen meist preiswerter weg.

Im Folgenden sind die Preise für einen einfachen Flug und die Flugdauer zum/vom Belize Municipal Airport mit Tropic Air aufgeführt. Beide Fluggesellschaften räumen gelegentlich Rabatt ein, der das Fliegen innerhalb von Belize günstiger machen.

Caye Caulker (95 BZ$, 20 Min.)
Corozal (195 BZ$, 45 Min. über San Pedro)
Dangriga (107 BZ$, 15 Min.)
Placencia (197 BZ$, 35 Min.)
Punta Gorda (260 BZ$, 1 Std.)
San Pedro (95 BZ$, 20 Min.)

SCHIFF/FÄHRE

Schnelle Motorbarkassen fahren mehrmals täglich zwischen Belize City, Caye Caulker und Ambergris Caye hin und her. Noch schnellere Boote sind zwischen Corozal und Ambergris Caye unterwegs. Zwischen Placencia und Mango Creek gibt's einen bequemen Fährservice.

TAXI

Außer in Belize City braucht man eigentlich kein Taxi. Der Festpreis für Fahrten innerhalb der Stadt beträgt tagsüber 10 BZ$. Nachts variiert der Preis (natürlich nach oben).

TRAMPEN

Per Anhalter zu fahren ist niemals ganz sicher und nicht empfehlenswert. Anhalter müssen wissen, dass sie ein Risiko eingehen. Trampen ist allerdings eine übliche Art der Fortbewegung für Belizer, vor allem in Gegenden, wo nur wenig Busse fahren. Wer per Anhalter reisen möchte, sollte dies nicht alleine und nicht nachts tun. Allein reisende Frauen sollten nicht per Anhalter fahren.

El Salvador

503 / 6,3 MIO. EW.

Inhalt ➡

Gut essen

➡ Beto's (S. 319)

➡ R&R (S. 343)

➡ Balompie Cafe (S. 338)

➡ Danilo's (S. 328)

Schön übernachten

➡ La Tortuga Verde (S. 362)

➡ Hotel Mopelia (S. 330)

➡ Los Almendros de San Lorenzo (S. 368)

➡ Casa ILB (S. 315)

Auf nach El Salvador

Wer einmal in El Salvador war, wird durch dessen Energie angetrieben und kann nicht mehr aufhören, davon zu erzählen. Tropische Paradiese, üppig grüne Nationalparks, kolonialzeitlicher Glanz vor der Kulisse unberührter Vulkanseen, grelle Farben und wilde Kreativität begründen den unerschütterlichen Stolz auf das eigene Land. Eine herrliche Küste mit erstklassigen Wellen, eine für Kultur und Nachtleben berühmte Hauptstadt, Kriegstourismus für Hartgesottene und der bezaubernde Charme endlos vieler Kleinstädte erwarten den Besucher.

Die Salvadorianer selbst sind wirklich gastfreundlich. Verließen die Menschen früher in Massen das Land und wurden darum beneidet, so zieht es heute aufgrund der Weltwirtschaftskrise viele wieder in ihre Heimat zurück. Das Gefühl, dass zu Hause doch der richtige Ort für einen Neuanfang ist, wird immer stärker.

Reisezeit

San Salvador

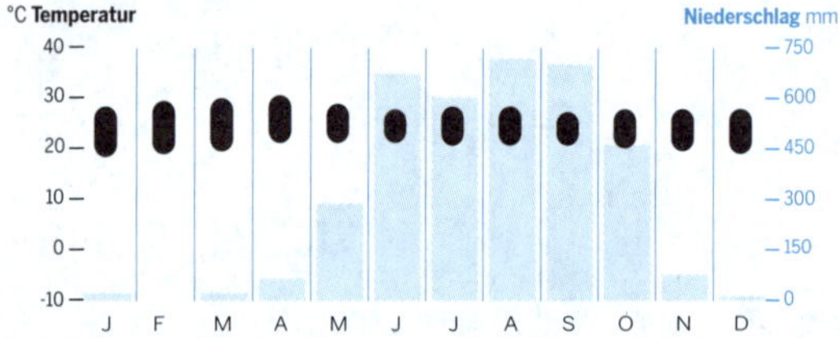

Dez. & Jan. Ende der Regenzeit, saftig grüne Landschaften, perfektes Wetter, entspannte Atmosphäre.

Mai–Aug. Hohe Wellen (und zwar so hoch, dass Surfer wissen sollten, was sie tun).

Juli–Nov. Brutzeit der Meeresschildkröten! Babyschildkröten in ihr neues Zuhause in den Wellen begleiten.

Von Land zu Land

Grenzübergänge: Anguiatú, San Cristóbal und La Hachadura (von Guatemala) bzw. El Poy und El Amatillo (von Honduras) sind die offiziellen Möglichkeiten.

Viele Unternehmen bieten inzwischen Bootstransfers von La Unión in El Salvador nach Potosi in Nicaragua. Die besten Firmen dafür sind La Tortuga Verde in El Cuco und Suchitoto Outfitters in Suchitoto. Dies spart sowohl Zeit als auch Geld auf der Reise durch Zentralamerika. Mehr Infos bieten die Praktischen Informationen auf S. 386.

EL SALVADOR FÜR EINSTEIGER

El Salvador ist so klein, dass in kurzer Zeit ein Großteil des Landes zu entdecken ist; die folgende Route schafft man in einer Woche. In der Hauptstadt **San Salvador** mit ihren hervorragenden Museen und Galerien starten. Am Wochenende in der **Zona Rosa** und der **Colonia Escalon** Party machen.

Danach für ein oder zwei Nächte in **Suchitoto** den Smog abschütteln und dann für ein Bad im **Lago Coatapeque** weiter nach Westen fahren. Entlang der **Ruta de las Flores** Kaffeeplantagen und Wasserfälle besichtigen. Entweder in **Juayúa** oder in **Ataco** übernachten.

Vorläufige Endstation: **Tacuba**. Dann durch den **Parque Nacional El Imposible** bis Barra de Santiago an der Pazifikküste. Die **Costa del Balsamo** entlang und ein oder zwei Nächte in **Playa El Tunco** verbringen, danach weiter nach **El Cuco**, wo Schiffe nach Nicaragua ablegen.

Essen & Trinken

➜ **Was essen?** Ein typisches Frühstück besteht aus Eiern, Bohnen oder *casamiento* (Reis und Bohnen gemischt), gebratenen Kochbananen, Käse, Tortillas und Kaffee oder Saft. Der *almuerzo* (Mittagessen) ist das wichtigste Gericht des Tages und oft auch das teuerste. An den Essensständen in El Salvadors Straßen dreht sich alles um *pupusas,* einen runden Maismehlteig, der mit Käse, Bohnenmus, *chicharrón* (Schweinespeckschwarte) oder mit *revuelta* (allen dreien) gefüllt und gegrillt wird. Oben drauf kommt meist noch *curtido,* eine Mischung aus Gemüse und Sauerkraut. Abends sind auch *panes* sehr beliebt – Baguettes mit Hähnchenfleisch, Salsa, Salat und eingelegtem Gemüse.

➜ **Wohin zum Essen?** In den *panaderías* werden normalerweise Blechkuchen und Kaffee verkauft. Die meisten *pupuserías* beginnen gegen 16 Uhr mit dem Verkauf und können über Jahre hinweg jeden Tag am selben Ort stehen.

➜ **Wohin zum Trinken?** *Licuados* (Fruchtgetränke mit Wasser oder Milch), *horchata* (Reismilch mit Zimt) und *refresco de ensalada* – ein Saft aus gemischtem Obst, auf dem oben, wie bei Sangría, etwas Obstsalat schwimmt; dazu wird ein Löffel gereicht. Achtung: Wer hier ein *refresco* bestellt, was in vielen Ländern Softdrink heißt, bekommt in El Salvador Limonade.

AUF EINEN BLICK

Währung US-Dollar (US$)

Sprachen Spanisch, Nahuatl

Geld 30 bis 35 US$ pro Tag

Visa 10 US$ kostet eine Touristenkarte für die Staatsbürger der meisten Länder

Zeit MEZ minus sieben Stunden, keine Sommerzeit

Kurzinfos

➜ **Fläche** 21 040 km² (kleinstes Land in Zentralamerika)

➜ **Hauptstadt** San Salvador

➜ **Notfall** ☎ 911

Preise

➜ **Budgetunterkunft** 15 US$

➜ **1 Flasche Bier** 1,50 US$

➜ **Eine dreistündige Busfahrt** 1,70 US$

➜ **Purpusa mit Bohnen und Käse** 0,40 US$

➜ **Surfbrettmiete** 10 US$/Tag

Infos im Internet

➜ **El Salvador Travel** (www.elsalvador.travel) Neue Website des ISTU.

➜ **Salva Natura Fundacion Ecologica** (www.salvanatura.org) Infos über Parque Nacional El Imposible und Parque Nacional Los Volcanes sowie Reservierungen.

➜ **Search Beat** (www.search-beat.com/elsalvador.htm) Themenorientierte Listen lokaler Websites.

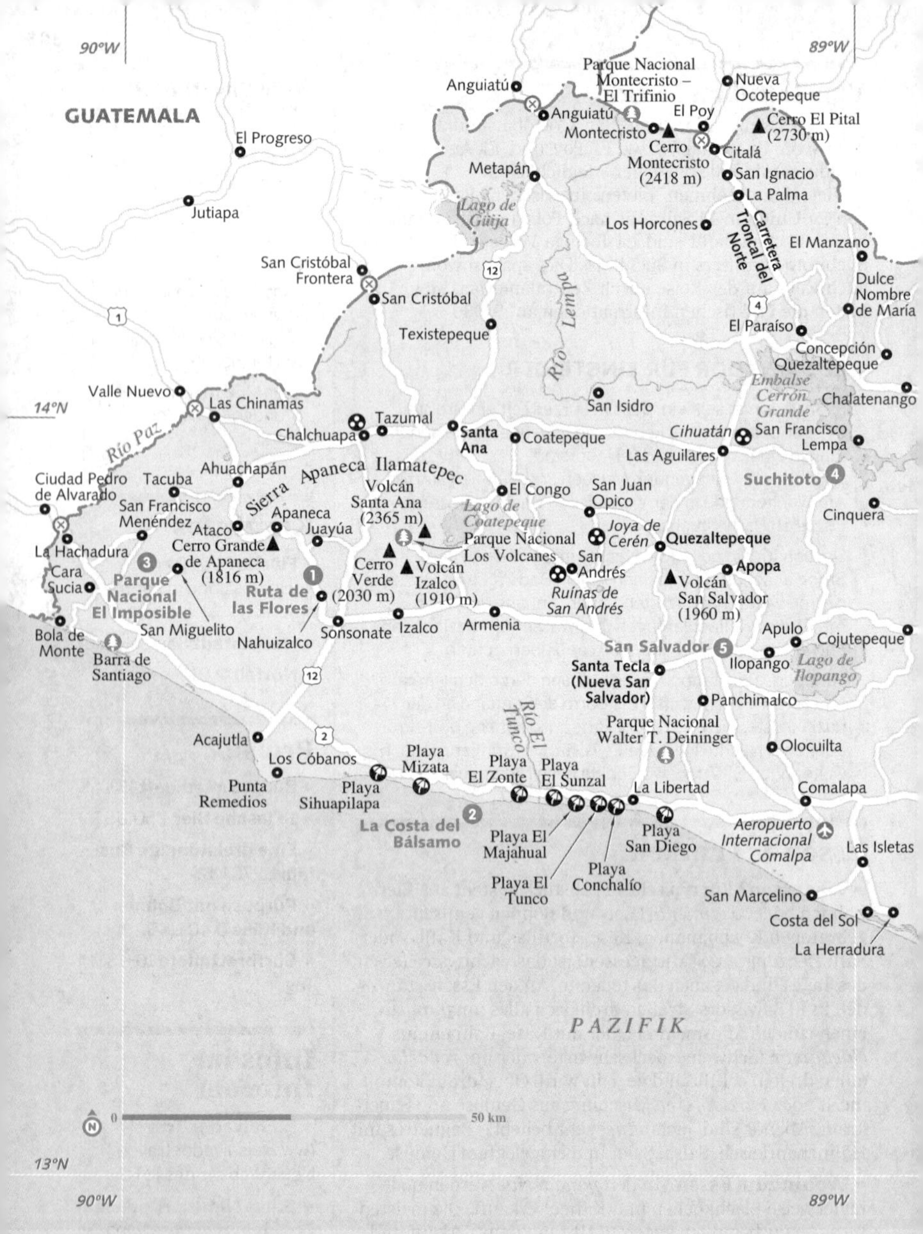

Highlights

1 Das westliche Hochland über die **Ruta de las Flores** (S. 342) in Angriff nehmen, zu Fincas (Plantagen) wandern, in heißen Quellen untertauchen und sich auf den Wochenmärkten den Bauch vollschlagen.

2 Auf großartigen Wellen reiten, eine Hängematte zwischen die Palmen spannen und die lockere Atmosphäre der **Costa del Bálsamo** (S. 329) genießen.

3 Den **Parque Nacional El Imposible** (S. 348) durch den einsamen Hintereingang betreten, auf einer Wanderung von den Bergrücken aus einen atemberaubenden Ausblick genießen und im flachen

Wasser des Flusses planschen gehen.

4 Am Wochenende in El Salvadors inoffizieller Kulturhauptstadt **Suchitoto** (S. 366) die Kunstszene mit den angesagten *capitalinos* ganz genau unter die Lupe nehmen.

5 **San Salvador** (S. 308) Daumen (und Arme) hoch für das beste Nachtleben und die besten Museen Zentralamerikas.

6 Ein Schiff von der **Playa El Cuco** (in der Nähe des berühmten Las Flores) zu den abgelegenen Inseln vor Nicaraguas Küste (S. 360) nehmen.

SAN SALVADOR

1,8 MIO. EW. (GROSSRAUM SAN SALVADOR)

Auf den ersten Blick wirkt San Salvador wie eine ganz normale mittelgroße amerikanische Stadt. Die breiten Boulevards sind fest in der Hand von Handelsketten, benzinfressenden Autos mit Vierradantrieb und endlos vielen Fast-Food-Restaurants. Wer aber über den Smog hinausblickt und die Konsumtempel mal vergisst, der entdeckt einen wunderschönen, grünen Horizont aus Vulkanen, das beste Nachtleben Zentralamerikas, eine dynamische, stark links gerichtete Kunstszene und das gemütliche, von Märkten bestimmte Chaos des *centro*.

Wer die Stadt nicht sofort nach der Ankunft wieder verlässt, wird mit vielen neuen Bekanntschaften belohnt. Die Einheimischen sagen ihre Meinung gerade heraus, arbeiten hart und leben eine einzigartige Mischung aus Versöhnlichkeit, Unerschütterlichkeit und bürgerlichem Stolz. San Salvador ist eine weltoffene Stadt: der Taxifahrer plaudert über die 20 Jahre, die er in Melbourne gelebt hat; der ehemalige Guerillakämpfer ist heute Friseur und ganz verrückt nach *telenovelas;* Dichter, Handwerker und Ingenieure machen bei Heavy Metal, Reggaeton und *cumbia* die Nacht zum Tage und verbringen den ganzen Morgen schwatzend im von Bäumen gesäumten Stadtpark, in einem tollen Museum, auf der Promenade oder im Restaurant. Hier ist genug los, um den Aufenthalt ein, zwei Tage zu verlängern, z.B. für einen Tagesausflug in das fröhliche Pipil-Viertel Panchimalco oder nach El Boqueron. Ganz besonders dann, wenn man sich mit einigen *guanacos* (Spitzname der Salvadorianer) angefreundet hat.

San Salvador ist auch als *la ciudad de las dos caras de la moneda* (die Stadt mit den zwei Seiten einer Medaille) bekannt und die enorme Kluft zwischen Arm und Reich sorgt dafür, dass Kriminalität allgegenwärtig ist. Aber die wirklich harte Gewalt beschränkt sich auf ein paar Viertel im Osten der Stadt, wie beispielsweise Soyopango, das für die meisten Traveller sowieso uninteressant ist. Am besten immer dem Vorbild der Einheimischen folgen und nie planlos umherwandeln. Das wird aber auch nicht schwerfallen, denn der nächste kunterbunte Microbus kommt sicher schon mit Vollgas um die Ecke gedüst.

Geschichte

San Salvador wurde 1525 von dem spanischen Eroberer Pedro de Alvarado etwa 30 km nordöstlich seiner heutigen Lage, in der Nähe von Suchitoto, gegründet. Drei Jahre später verlegte man es an seinen heutigen Standort und 1546 wurde es zur Stadt erklärt. In San Salvador forderte 1811 Pater José Matías Delgado erstmals ein unabhängiges Zentralamerika. Als dieses Ziel schließlich erreicht war, war San Salvador von 1834 bis 1839 Hauptstadt der Zentralamerikanischen Konföderation, bis das Land 1939 seine Eigenständigkeit bekam. Seitdem ist San Salvador die Hauptstadt El Salvadors.

Die Stadt hatte wiederholt mit Naturkatastrophen zu kämpfen, darunter über ein Dutzend schwere Erdbeben (und Hunderte kleinere). San Salvador wurde seit seinem Bestehen schon mehrfach zerstört: 1854 und 1873, als die Erde bebte, 1917 beim Ausbruch des Volcán San Salvador und erneut 1934, als das Land von Überschwemmungen heimgesucht wurde. Das Erdbeben am 10. Oktober 1986 richtete erheblichen Schaden an und auch das jüngste Beben am 13. Januar 2001 ist nicht spurlos an der Stadt vorbeigegangen.

Ob Morde oder Studentenproteste, San Salvador stand in El Salvadors langem Bürgerkrieg immer wieder im Zentrum der Konflikte. Im November 1989 fanden hier im Zuge der „letzten Offensive“ der FMLN erbitterte Straßenkämpfe statt. Um der Lage Herr zu werden, bombardierten Regierungstruppen die Viertel, von denen sie glaubten, dass sich dort Guerillakämpfer und Unterstützer versteckt hielten. Hunderte von Zivilisten und Soldaten auf beiden Seiten verloren ihr Leben. Nachdem die Situation über zwei Jahre lang festgefahren war, wurde 1992 ein Friedensabkommen unterzeichnet.

Heute lebt über ein Viertel der Bevölkerung des Landes im Großraum San Salvador. Obwohl die Hauptstadt fast 65% des BIP erwirtschaftet, sind die Arbeitslosenzahlen weiterhin hoch und die Menschen versuchen mit allen Mitteln, sich über Wasser zu halten. Deshalb sind die Straßen und großen Kreuzungen von Straßenverkäufern jeden Alters gesäumt. Sie bieten wirklich alles zum Kauf an, von Süßigkeiten bis hin zu Handyladegeräten. In den Bussen werden Vitamine und andere Nahrungsergänzungsmittel mit großem Elan und Einfallsreichtum verkauft.

Sehenswertes

Stadtzentrum

El centro mit seinem Stadtlärm, dem dröhnenden Verkehr und den Menschenmassen, die sich durch die vollen Märkte schieben, ist eine Herausforderung für alle Sinne. Die Hauptplaza ist die **Plaza Barrios**. Sie ist auch der Anfangs- oder Endpunkt vieler lokaler Protestaktionen – sofern diese geplant sind. Zwei Blocks in östlicher Richtung befindet sich der **Parque Libertad**, auf dem eine geflügelte Freiheitsstatue die Stellung hält.

Catedral Metropolitana KATHEDRALE

(Karte S. 318) Die mit einem blau-gelben Karomuster verzierte Kuppel zeigt zur Plaza Barrios hin und markiert das Straßenraster des Zentrums der Stadt. 1956 wurde die Kathedrale durch ein Feuer beschädigt, ihre Renovierung wurde 1999 offiziell abgeschlossen. Sie ist die letzte Ruhestätte des Erzbischofs Oscar A. Romero.

★ **Iglesia El Rosario** KIRCHE

(Karte S. 318; 4a Calle Oriente) Wer nur eine Kirche in El Salvador besichtigen kann – und es gibt wahrlich genug davon – sollte sich dieses außergewöhnliche, nicht koloniale Bauwerk vornehmen. Es wartet mit einem riesigen gläsernen Bogen auf, der sich über das Innere wölbt und in allen Farben des Regenbogens glitzert. Unter diesem sich hoch erhebenden Deckengewölbe befindet sich ein einzigartiger, mit Figuren aus Altmetall geschmückter Innenraum. Weitere Stein- und Metallstatuen lassen sich gegenüber dem Ausgang bewundern. Der Vater der Unabhängigkeit Zentralamerikas, Padre Delgado, liegt hier begraben.

Palacio Nacional PALAST

(Karte S. 318) Vor dem Erdbeben von 1986 hatte die Regierung im kunstvoll verzierten Palacio Nacional an der Westseite der Plaza Barrios ihren Sitz. Er wurde Anfang des 20. Jhs. aus italienischem Marmor erbaut und spiegelt den klassischen Stil wider, der zu dieser Zeit gerade in Mode war. Fast alle 105 Räume können in aller Ruhe erkundet werden.

Biblioteca Nacional BIBLIOTHEK

(Karte S. 318; ⏲ Mo–Fr 8–16 Uhr) Die beeindruckende Biblioteca Nacional liegt am südlichen Ende der Plaza Barrios.

Teatro Nacional THEATER

(Karte S. 318) Das Teatro Nacional, östlich der Kathedrale an der Calle Delgado, wurde 1917 erbaut und diente über 50 Jahre lang als Kino, bevor es im Zuge einer aufwendigen Renovierung mit verzierten, goldenen Logen und rotem Samt ausgestattet wurde. Heute ist es die Adresse schlechthin für anspruchsvolle Kultur in der Hauptstadt.

Iglesia El Calvario KIRCHE

(Karte S. 318; 6a Calle Poniente) Geht man vom Theater aus in westliche Richtung, kommen die gotischen Türme der vom Verfall bedrohten Iglesia El Calvario in Sicht.

Zona Rosa

Die Calle Rubén Darío verläuft vom Zentrum aus nach Westen und ändert ihren Namen unterwegs mehrmals. Bus 52 fährt die ganze Straße entlang. Als Alameda Roosevelt passiert sie den schönen **Parque Cuscatlán**, wo Frauen *pupusas* (Maismehlteig gefüllt mit Käse oder Bohnenmus) verkaufen und Kinder Fußball spielen. Ein Stück weiter kommt sie am Nationalstadion **Estadio Flor Blanca** vorbei, wo Fußballspiele und gelegentlich auch Rockkonzerte stattfinden. An der 65a Av befindet sich die **Plaza Las Américas** mit der Statue **El Salvador del Mundo**. Weiter westlich ändert die Straße ihren Namen in Paseo Gral Escalón und führt durch die schicke Colonia Escalón. Noch weiter westlich kommt man zur Plaza Masferrer.

Museo Nacional de Antropología David J Guzmán MUSEUM

(Karte S. 316; Av La Revolución; Eintritt 3 US$; ⏲ Di–So 9.30–17 Uhr) Dieses herausragende Anthropologiemuseum stellt auf zwei Stockwerken gut erhaltene Exponate zur Maya-Geschichte und zur Geschichte, Kunst und Wirtschaft El Salvadors aus. Alle Erklärungen sind auf Spanisch.

Museo de Arte de El Salvador MUSEUM

(MARTE; Karte S. 316; www.marte.org.sv; Eintritt 1,50 US$; ⏲ Di–So 10–18 Uhr) Das Museum für Moderne Kunst gibt einen guten Überblick über die salvadorianische Kunsttheorie. Die Exponate der Wechselausstellung sind immer stark politisiert und beschränken sich vor allem auf lateinamerikanische Künstler. Das Museum befindet sich hinter dem riesigen Monumento a la Revolución auf einem Hügel.

Centro Monseñor Romero MUSEUM

(Karte S. 310, Calle de Mediterraneo; ⏲ Mo–Fr 8–12 & 14–18, Sa 8–11.30 Uhr) GRATIS Das Zentrum, das sich in der Universidad Centroamericana José Simeón Cañas (La UCA) befindet, ist dem Erzbischof gewidmet, der als Märtyrer starb.

San Salvador

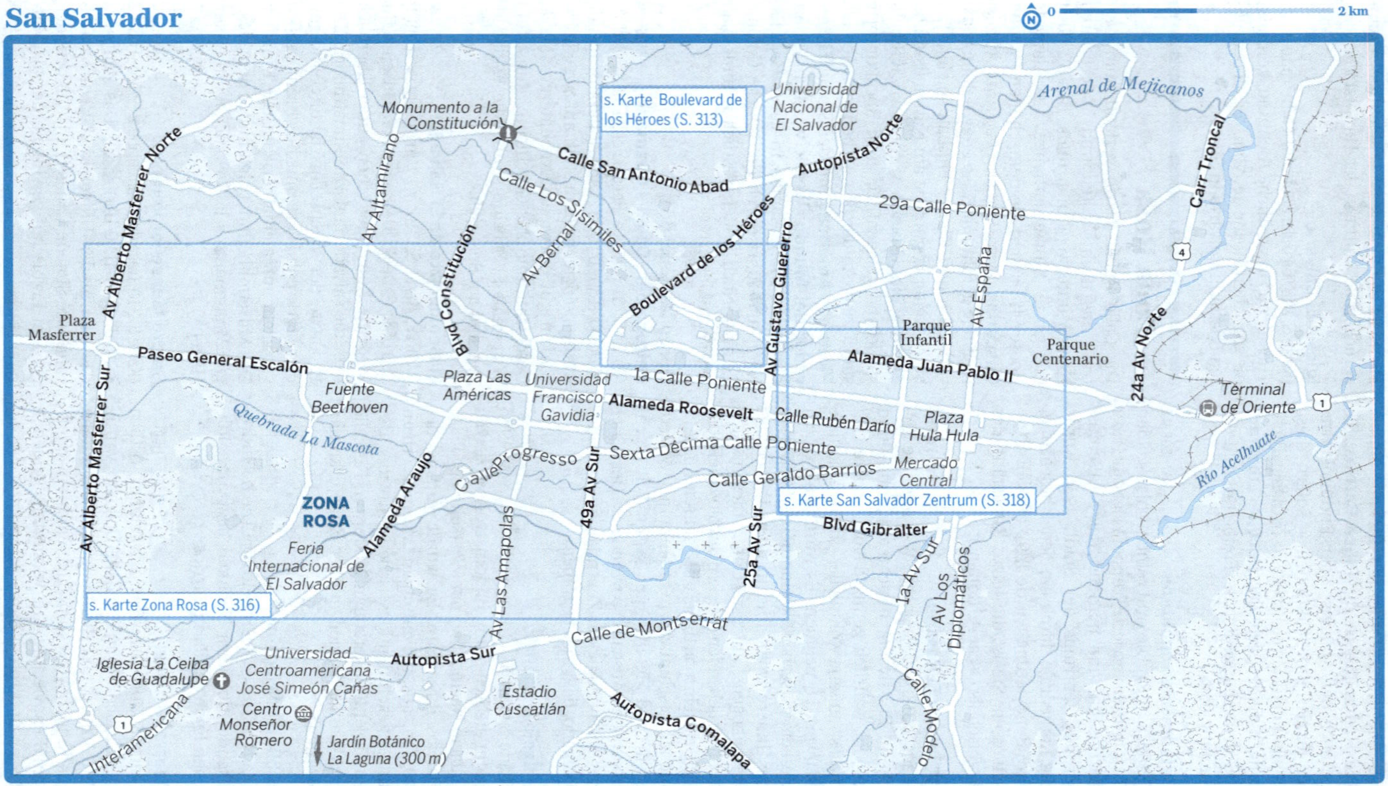

Hospital La Divina Providencia HISTORISCHE STÄTTE
(Karte S. 316; Ecke Av 'B' & Calle Toluca; normalerweise 8–12 & 14–17 Uhr) GRATIS Das auch als El Hospitalito bekannte Krankenhaus war Schauplatz der Ermordung Monseñor Romeros durch Agenten der Regierung. Sie töteten ihn am 24. März 1980, als er gerade in der Kapelle eine Messe abhielt. In seiner bescheidenen Unterkunft sind sein blutgetränktes Hemd und seine Roben ausgestellt.

★ **Jardín Botánico La Laguna** GARTEN
(Eintritt 1 US$; Di–So 9–17.30 Uhr) Dieser botanische Garten inmitten der Stadt ist eine wirkliche Offenbarung. Auch Plan de la Laguna genannt, liegt der Garten am Fuße eines Vulkankraters und ist vom Zentrum aus mit dem Bus 44 zu erreichen - am besten den Fahrer nach der richtigen Haltestelle fragen. Von dort aus ist es bis zum Park noch ein Fußmarsch von 1 km hügelabwärts.

El Arbol de Dios GALERIE
(Karte S. 316; Calle la Mascota; Mo–Sa 9–21.30 Uhr) GRATIS In der Galerie des Künstlers Fernando Llort lässt sich eine große Sammlung seiner Arbeiten in Augenschein nehmen, darunter auch sehr anspruchsvolle Werke, die sich von seinen einfacheren und besser bekannten Holzmalereien deutlich unterscheiden. Südlich der Plaza Masferrer nach vier langen Häuserblocks zu erreichen.

Galería La Pinacoteca GALERIE
(Karte S. 316; 2223-2808; Blvd El Hipódromo 305, Zona Rosa) In der besten unabhängigen Galerie der Stadt werden Werke sowohl aufstrebender als auch bereits etablierter salvadorianischer Maler und Bildhauer ausgestellt. Die Kuratorin, Ana Lynn de Lima, ist eine wahre Powerfrau.

Boulevard de los Héroes

Museo de La Palabra y La Imagen MUSEUM
(Karte S. 316; www.museo.com.sv; 27 Av Norte 1140; Eintritt 1 US$; Mo–Fr 8–12 & 14–17, Sa 8–12 Uhr) Dieses faszinierende Museum im Stadtzentrum dokumentiert anhand von Schwarz-Weiß-Fotografien und modernen Installationen den linken Aktivismus El Salvadors. Hier finden sich auch die Überreste des Pro-Guerrilla-Radiosenders Venceremos.

Museo de Arte Popular MUSEUM
(Karte S. 313; Av. San José 125; Eintritt 2 US$; Di–Sa 10–17 Uhr) Das Museo de Arte Popular ist ein Schmuckstück von einem Museum. Es ist El Salvadors ausgefallener Volkskunst gewidmet. Es werden verschiedene Webtechniken und die Geschichte der *sorpresas* (sie zeigen alltägliche Szenen in Miniaturform, die sich unter Schnitzereien in Form von Eiern oder Früchten verstecken) erläutert. *Cuadros* (Gemälde) zeigen das Dorfleben in all seinen Ausprägungen. Hier kann man sich die Namen und Adressen bekannter Künstler geben lassen, die Besuchern in ihren Dörfern ihre Werkstätten öffnen.

Aktivitiäten

Der in Suchitoto ansässige René Barbon ist einer der besten Anbieter für Abenteuertouren (S. 367) in El Salvador. Sein Büro befindet sich in Suchitoto, Touren können aber auch in San Salvador organisiert werden; online buchen.

Akwaterra ABENTEUERSPORT
(2263-2211; www.akwaterra.com) Die freundlichen Besitzer von Akwaterra, Julio und Gabi Vega, sprechen Spanisch und Englisch und bieten maßgeschneiderte Ökotouren zu Land und zu Wasser an, z. B. Reiten, Mountainbiken, Surfen und Kajakfahren.

El Salvador Divers TAUCHEN
(Karte S. 316; 2264-0961; www.elsalvadordivers.com; 3a Calle Poniente; Mo–Fr 9–18.30, Sa

EIN STÜCK GESCHICHTE

Die Wandmalereien, die viele Städte und Dörfer in El Salvador zieren, dokumentieren den Übergang des Landes in eine stabile Nachkriegszeit. Sie stellen sowohl primäre als auch sekundäre Quellen der neueren geschichtlichen Ereignisse dar und dienen häufig dazu, das Bewusstsein für aktuelle soziale Probleme zu wecken.

Die Zerstörung einer Fassade der Catedral Metropolitana in San Salvador Ende 2012 war ein unerwarteter Schritt der Katholischen Kirche, der Angst um das reiche künstlerische Erbe des Landes auslöste. Der Schock wog umso schwerer, als das Wandgemälde vom nationalen Idol Fernando Llort stammte.

Die Proteste sind seit diesem Ereignis wieder abgeflaut, aber Künstler aus dem ganzen Land haben beschlossen einzuschreiten, wenn nationale Kunstschätze politischer Kraftmeierei zum Opfer fallen sollen.

9–13 Uhr) El Salvador Divers ist ein professioneller Tauchshop, der Tauchgänge im Lago Ilopango und im Pazifik bei Los Cóbanos organisiert. Open-Water-Kurse kosten 365 US$, Tauchausflüge mit zwei Tauchgängen 75 US$.

Freiwilligenarbeit

Centro de Intercambio y Solidaridad FREIWILLIGENARBEIT
(CIS; ☎2235-1330; www.cis-elsalvador.org; Av Bolivar 103, Colonia Libertad) Das Centro de Intercambio y Solidaridad bietet freiwilligen Helfern die Möglichkeit, einkommensschwachen Salvadorianern Englisch beizubringen. Man kann aber auch als Wahlbeobachter helfen (hierfür ist Umgangsspanisch erforderlich). Man muss für mindestens 10 Wochen dabei bleiben und wer Englisch unterrichtet, bekommt als Gegenleistung den Spanischunterricht zum halben Preis. Auch erschwingliche Privatunterkünfte können hier vermittelt werden.

Foundation for International Medical Relief of Children FREIWILLIGENARBEIT
(FIMRC; www.fimrc.org; Las Delicias) Die Foundation for International Medical Relief of Children ist ein US-amerikanisches Mikro-Gesundheitsprojekt, das Menschen in benachteiligten Regionen mit medizinischer Hilfe versorgt. Der Beitrag für eine Woche Freiwilligenarbeit beginnt bei 500 US$. In diesem Betrag sind Verpflegung und Unterkunft in der Posada Del Rey I enthalten.

Schlafen

Die besten Hotels und das beste Nachtleben der Stadt sind in der Zona Rosa und in der Colonia Escalón zu finden. Die Gegend um den Boulevard de los Héroes ist sicher und praktisch gelegen. Hier gibt es Unterkünfte zu angemessen Preisen gleich in der Nähe der Universidad Nacional und einige gute Essensoptionen. Auf den schattigen Straßen rund um die Universidad Tecnológica (südlich des Terminal Puerto Bus) bekommt man leicht ein Shuttle zum Flughafen und auch internationale Buslinien fahren von hier ab.

Unterkünfte im Zentrum sind eigentlich nur dann praktisch, wenn man auf den Markt gehen möchte. Die meisten Zimmer werden hier stundenweise vermietet und nachts trifft man auf ziemlich zwielichtige Gestalten – das *centro* ist bei den Travellern nicht gerade beliebt.

Boulevard de los Héroes

Sehenswertes
1 Museo de Arte Popular A3

Schlafen
2 Casa de Huéspedes Tazumal D1
3 El Torogoz Casa de Huéspedes D1
4 Hostal San José B2
5 International Guest House D1
6 La Almohada C4
7 La Estancia C5
8 Ximena's Guest House B5

Essen
9 El Sopón Típico C6
10 Las Fajitas C2
11 Pupusería La Ceiba B3
12 Salvatore's C1

Unterhaltung
13 Café La T B3
14 Cine Reforma C2
15 CineMark B6
16 Teatro Luis Poma B6

Shoppen
17 La Ceiba Libros B6

Nahe der Universidad Tecnológica

Die Gegend westlich von *el centro* ist sicherer und entspannter als das Stadtzentrum, mit vielen preiswerten Restaurants und Internetcafés. Es liegt praktisch in der Nähe des Terminal Puerto Bus, von dem internationale Buslinien abfahren. Nachts immer ein Taxi nehmen.

La Almohada HOTEL $
(Karte S. 313; ☎2211 8021; la-almohada@hotmail.com; Calle Berlín 220; B/DZ 10/25 US$) Neue Besitzer, frisch renoviert, neue Pacht auf Lebenszeit. Die alte Lieblingsunterkunft verfügt über 16 Betten und eine vollständig ausgestattete Küche. Es gibt einen großen Speisesaal mit langen Holztischen sowie einen gemütlichen Fernsehraum für alle – beides hervorragende Orte, um andere Reisende kennenzulernen. In Sachen Sauberkeit ist das Hotel ganz okay (in den Badezimmern besser Flipflops tragen), immerhin kann man heiß duschen und die Betten sind gut. Unzuverlässiger Service.

Hotel Pasadena II HOTEL $
(Karte S. 318; ☎2221-4786; 3a Calle Poniente 1037; EZ/DZ 13/19 US$) Eine erschwingliche Unterkunft mit freundlichem Service und recht

Boulevard de los Héroes

EL SALVADOR SAN SALVADOR

unterschiedlichen Zimmern: von eng und laut bis groß und ruhig. Es lohnt sich, sich die Zimmer vorher anzuschauen. Das Restaurant zur Straße hin ist ganz okay.

★Hotel Villa Florencia Centro Historico HOTEL $

(Karte S. 318; ☎2221-1706; www.hotelvillaflorencia.com; 3a Calle Poniente 1023; EZ/DZ/3BZ 14/20/25 US$) Das zentralere der beiden Florencia Hotels befindet sich in einem alten Kolonialgebäude (das andere ist in der Zona Rosa); es ist mit Terracottafliesen und einem sonnigen Hof mit antikem Allerlei ausgestattet. Im Restaurant nebenan gibt es günstiges Essen (*carne asada,* Rinderbraten, kostet 2 US$). Abends laufen hier im Fernsehen *telenovelas.* Zwar gibt es in den kleinen, sauberen Zimmern kein Wasser, aber das Personal ist toll.

Arbol de Fuego HOTEL $$

(Karte S. 318; ☎2275-7065; www.arboldefuego.com; Av Antiguo Cuscatlan, Colonia La Sultana; inkl. Frühstück EZ 50–60 US$, DZ 60–70 US$; ❄@) Die über 20 Zimmer des umweltbewussten „Feuerbaums" sind in der ganzen Palette der Pastellfarben angestrichen und mit Bettwäsche aus heimischen Rohstoffen, lokaler Kunst und frischen Blumen ausgestattet. Im beeindruckenden Stadtgarten können Gäste ein leckeres Frühstück genießen. Das Hotel ist sehr beliebt bei Langzeitbesuchern an der Uni.

Boulevard de los Héroes

Von hier aus sind die Bars und Restaurants der Calle San Antonio Abad und des Boulevard Universitario und sogar das Einkaufszentrum Metrocentro problemlos zu Fuß zu erreichen. Alle Busse zu den Busterminals, zur Zona Rosa und ins Zentrum (und von dort zum Flughafen) fahren hier vorbei.

La Estancia BOUTIQUEHOTEL $

(Karte S. 313; ☎2275-3381; Av Cortés 216; B/DZ 12/30 US$; @) Das fliederfarbene Haus ohne Beschilderung ist für Einheimische und Reisende, die chronisch knapp bei Kasse sind, eine gute Wahl; die Gegend, in der es liegt, ist ganz in Ordnung. Die Privatzimmer, die mit TV, Bad und unechter Holzverkleidung ausgestattet sind, bieten ein gutes Preis-Leistungs-Verhältnis. Nummer 5 in der Ecke ist das beste. Schlafsäle gibt es bessere in der Stadt, aber die Gemeinschaftseinrichtungen sind ganz annehmbar.

ABSEITS DER ÜBLICHEN PFADE

COSTA DEL SOL

Wer am Flughafen von San Salvador ankommt, kann als Alternative zu einer Übernachtung in der Stadt auch ein Taxi zum Tummelplatz der Boote an der **Costa del Sol** nehmen. Hier gibt es leere Strände, geschmacklose Resorts und Fischrestaurants. Aber die Costa del Sol ist nur 25 km vom Flughafen entfernt und bietet einen ruhigeren Einstieg in das Land als die Innenstadt von San Salvador.

International Guest House HOTEL $

(Karte S. 313; ☎2226-7343; i_guesthouse@hotmail.com; 35a Av Norte 9 Bis; EZ/DZ 18/25 US$; @ 📶) In dieser Straße gibt's ein paar vernünftige, preisgünstige Unterkünfte. Das International wird aber von der fröhlichsten Familie geleitet und hat das stärkste WLAN. Wenn es voll ist, einfach nach nebenan oder gegenüber gehen.

Ximena's Guest House HOSTEL $

(Karte S. 313; ☎260-2481; www.ximenasguesthouse.com; Calle San Salvador 202; B 10–12 US$, DZ 35 US$; @) Ziemlich umfassende Renovierungen könnten dieses schrullige alte Ungeheuer, in dem früher benebelte Gringos abstiegen, aus seinem Schlummer wecken. Die Lage ist trotz allem hervorragend und die Besitzer sind mit der Traveller-Szene vertraut.

Casa de Huéspedes Tazumal HOTEL $$

(Karte S. 313; ☎2235-0156; www.hoteltazumalhouse.com; 35a Av Norte 3; EZ/DZ ohne Bad 25/32 US$, mit Klimaanlage 27/34 US$, mit Bad 28/33 US$, mit Bad u. Klimaanlage 35/45 US$; @) Tazumal ist das beste in einer Reihe kleiner Hotels in einer ruhigen Straße etwas außerhalb. Die freundliche Hotelleitung weiß sich auch bei spontan hereinschneienden Gästen zu helfen und die Betten sind straff mit schöner Bettwäsche bezogen. Kostenloses Internet, Wasser in Flaschen und Plaudereien im Hof entschädigen ein wenig für den Preis.

El Torogoz Casa de Huéspedes HOTEL $$

(Karte S. 313; ☎2235-4172; eltorogoz@telsal.net; 35a Av Norte 7B; EZ/DZ inkl. Frühstück 28/45 US$; @ 🅿) Entspanntes Familienhotel, das regelmäßig Geschäftsreisende beherbergt.

Hostal San José HOSTEL $$

(Karte S. 313; ☎2235-0156; www.sanjosehostal.com; Blvd Universitario 2212; EZ/DZ 35/45 US$;

@) Das Hostal San José ist unkompliziert und eine tragende Säule für unabhängig Reisende in San Salvador; der Familienbetrieb ist vielleicht ein wenig langweilig, bietet aber soliden Service. Die Bäder sind makellos sauber, das Frühstück einfach köstlich und man wird kostenlos vom Bus abgeholt.

Zona Rosa & Colonia Escalón

Hostal Cumbres del Volcan HOSTEL $$

(☎2207-3705; www.cumbresdelvolcan.com; 85 Av Norte 637; Zi. 35–40 US$; ❄📶) Diese tolle kleine Ergänzung des Viertels Escalón wird von einem ehemaligen Kalifornier geleitet. Die fünf Zimmer sind geräumig, komfortabel und man hat seine Privatsphäre. Kostenloses WLAN, jede Menge Sicherheitsvorkehrungen und in der Küche geht fast alles.

★ Hotel Villa del Angel BOUTIQUEHOTEL $$

(☎2223 7171; www.villadelangelhotel.com; 71 Av Norte 219, Colonia Escalón; DZ inkl. Frühstück 63–69 US$) Das Villa del Angel ist eines der günstigsten Mittelklassehotels in San Salvador; es liegt in einer ruhigen Straße in der Nähe eines der besseren Einkaufszentren. Gemessen am Preis sind die Zimmer riesig, die Betreiber sprechen Englisch und sind sehr gastfreundlich.

★ Casa ILB LUXUSHOTEL $$$

(Karte S. 316; ☎2528-4200; www.casailb.com; Blvd del Hipódromo 605, Colonia San Benito; Suite ab 108 US$; P❄📶) Wenn es auf der Reise mal zu schäbig hergeht und einen das Bedürfnis nach ein wenig Bodenständigkeit überkommt, dann unbedingt im Casa ILB übernachten. Hier wird man die irrwitzigen Pläne, mit wildfremden Menschen in Vulkanseen zu schwimmen, aufgeben und stattdessen lieber in sein leeres Loft zurückkehren und alles in den Griff kriegen. Die fünf besten Suiten in San Salvador (Nr. 1, 2 oder 3 nehmen) werden von einer erstklassigen Gin-Bar, einem Restaurant und hippen Kunstwerken an den Wänden ergänzt.

Hotel Villa Florencia Zona Rosa BOUTIQUEHOTEL $$

(Karte S. 316; ☎2257-0236; www.hotelvillaflorencia.com; Av La Revolución; EZ/DZ/3BZ inkl. Frühstück 43/55/75 US$; P❄@) Erstklassige Lage gleich um die Ecke der schicken Läden der Zona Rosa; das Hotel Villa Florencia ist eher gediegen und erstrahlt in falschem Gold; die Zimmer sind zu klein, aber durch die Schreibtische scheint die Enge einen Sinn zu haben. Im gepflasterten Hof lässt es sich herrlich frühstücken.

Hotel Morrison HOTEL $$

(Karte S. 316; ☎2223-7111; www.hoteldelaescalon.com; 1 Calle Nueva 3999; Zi. ab 45 US$; P❄📶🏊) Das Morrison stellt eine sehr einladende Mischung aus B&B und Businesshotel dar. Der Besitzer hat umfangreiche Erfahrung darin, aus dem Koffer zu leben, und weiß, wie viel erschwingliche Zimmer gepaart mit unerschütterlicher Gastfreundschaft wert sind. Die Zimmer fühlen sich ein wenig an wie das Gästezimmer bei Omi, aber das ist kein Nachteil. Das Frühstück ist wunderbar und die Lage eignet sich für kleine Spaziergänge.

La Posada del Rey I HOTEL $$

(☎2264-5245; www.posadadelreyprimero.com; Pasaje Dordelly, Colonia Escalón; EZ/DZ/3BZ 47/70/93 US$; ❄@🏊) Die Eigentümerin dieses schicken Hotels ist entzückend; die Gegend lädt zum Spazieren ein. Die Zimmer sind mit geschnitzten Möbeln und reich verzierten und bequemen Betten ausgestattet; die Wände sind blau getüncht. Das hübsche Restaurant im Hof ist eher für Tourgruppen geeignet, aber beim Warten aufs Frühstück kann man in den winzigen Swimmingpool springen.

Suites Las Palmas APARTMENTS $$

(Karte S. 316; ☎2250-0800; www.hotelsuiteslaspalmas.com.sv; Blvd El Hipódromo, Colonia San Benito; Zi./Suite inkl. Frühstück 55/75 US$; ❄@🏊) In einem Apartment im Herzen der Zona Rosa zu leben, ist eine großartige Möglichkeit für kleine Gruppen, vor allem für Reisende, die das hervorragende Nachtleben genießen wollen, das gleich auf der anderen Straßenseite stattfindet. Die besten Apartments haben übergroße Betten, einen geräumigen Wohnbereich mit ausklappbaren Sofas und noble Bäder. Der Blick vom Pool

Essen

Zentrum & Umgebung

Unter den vielen Restaurants im Zentrum gibt's nur wenige, die überzeugen.

Comedores am Straßenrand SALVADORIANISCH $

(Karte S. 318; Hauptgerichte 1–3 US$) Wer nur einen schnellen Happen zu essen sucht, sollte die *comedores* am Straßenrand, einen Block

Zona Rosa

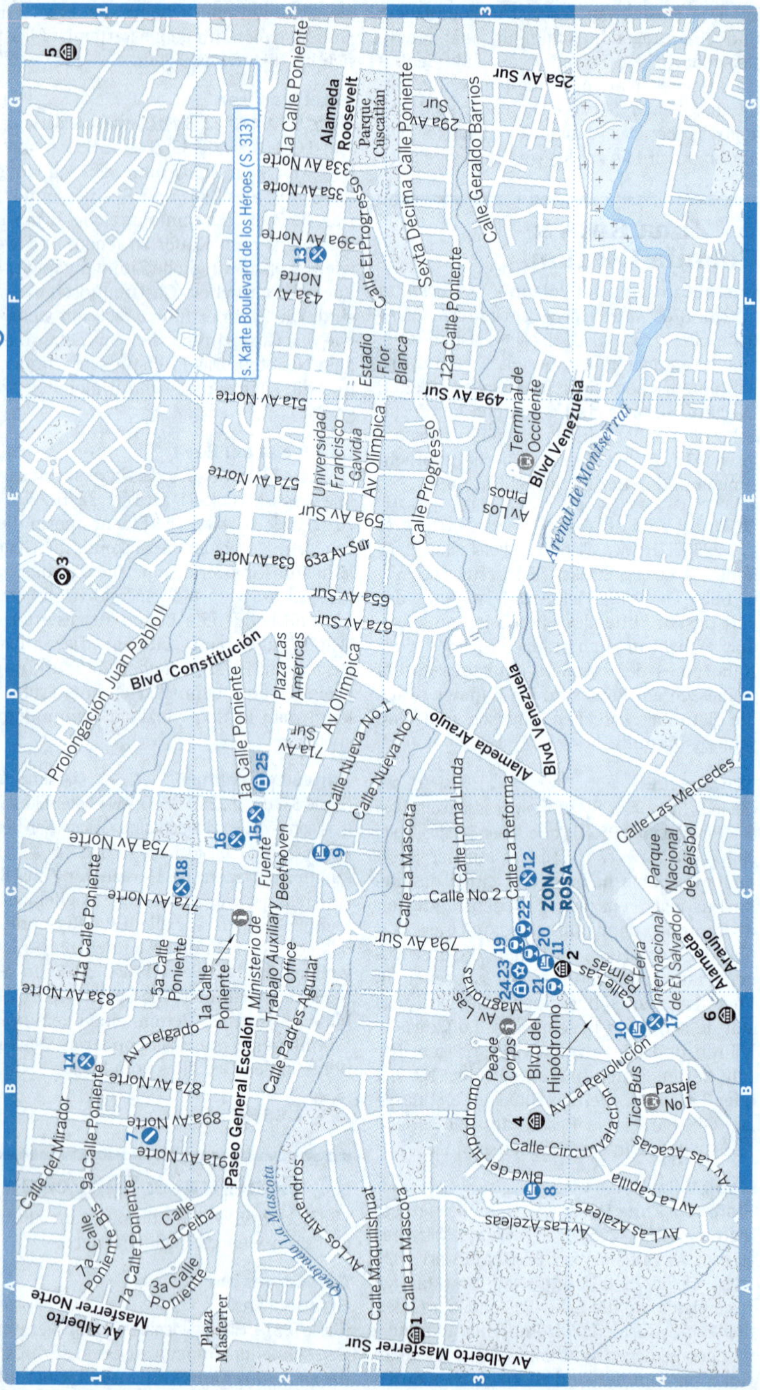

0
1 km
s. Karte Boulevard de los Héroes (S. 313)
Alameda Roosevelt
Parque Cuscatlán
1a Calle Poniente
33a Av Norte
35a Av Norte
39a Av Norte
43a Av Norte
51a Av Norte
57a Av Norte
59a Av Sur
63a Av Norte
63a Av Sur
65a Av Sur
67a Av Sur
71a Av Sur
75a Av Norte
77a Av Norte
79a Av Sur
83a Av Norte
87a Av Norte
89a Av Norte
91a Av Norte
25a Av Sur
29a Av Sur
49a Av Sur
Calle El Progresso
Sexta Décima Calle Poniente
Calle Geraldo Barrios
12a Calle Poniente
Estadio Flor Blanca
Universidad Francisco Gavidia
Av Olímpica
Calle Progresso
Terminal de Occidente
Av Los Pinos
Blvd Venezuela
Arenal de Monserrat
Prolongación Juan Pablo II
Blvd Constitución
Plaza Las Américas
Alameda Araujo
Calle Nueva No 1
Calle Nueva No 2
Calle La Mascota
Calle Loma Linda
Calle La Reforma
Calle No 2
ZONA ROSA
Calle Las Mercedes
Parque Nacional de Béisbol
Feria Internacional de El Salvador
Calle Las Palmas
Alameda Araujo
11a Calle Poniente
5a Calle Poniente
1a Calle Poniente
Ministerio de Trabajo Auxiliary Office
Fuente Beethoven
Paseo General Escalón
Calle Padres Aguilar
Av Delgado
Av Las Magnolias
Peace Corps
Blvd del Hipódromo
Av La Revolución
Tica Bus
Pasaje No 1
Calle Circunvalación
Blvd del Hipódromo
Calle del Mirador
9a Calle Poniente
7a Calle Poniente Bis
7a Calle Poniente
Calle La Ceiba
3a Calle Poniente
Av Alberto Masferrer Norte
Plaza Masferrer
Quebrada La Mascota
Av Los Almendros
Calle Maquilishuat
Calle La Mascota
Av Alberto Masferrer Sur
Av Las Azeleas
Av Las Azaleas
Av La Capilla
Av Las Acacias
1 2 3 4 5 6 7 8 9 10 11 12 13 14 15 16 17 18 19 20 21 22 23 24 25
A B C D E F G

Zona Rosa

westlich der Plaza Barrios, ausprobieren. Hier gibt's *panes de pollo* (riesige Hühnchensandwiches) und *bistec encebollada* (Rindfleisch vom Grill mit Zwiebeln).

Le Croissant PATISSERIE $
(Karte S. 316; 1a Calle Poniente 3883, Colonia Escalón; Gebäck 1–3 US$; ⌚7.30–18.30 Uhr) Eine Patisserie-Kette, bei der ein Besuch immer lohnt.

Café Maquilishuat TÍPICA $
(Karte S. 318; Simáu Centro, EG; Hauptgerichte 2–6 US$; ⌚7.30–19 Uhr) Von allen Optionen im Zentrum ist diese die beste. In diesem hektischen, traditionellen Laden mit *comida típica* ist immer etwas los. Es gibt täglich wechselnde Fleisch- und Nachtischangebote sowie *horchata* (Malzmilch) und *atole* (Reismilch mit Zimt) in riesigen Gläsern.

Típicos Margoth TÍPICA $$
(Karte S. 316; ☎2263-3340; 77a Av Norte, Colonia Escalon; Hauptgerichte 5–8 US$; ⌚7–21.30 Uhr) Das salvadorianische Familienrestaurant mit vier Niederlassungen in der Stadt ist immer voll. Hier macht der erste Kontakt mit der Küche El Salvadors Spaß. Unbedingt probieren: *locrocas, pupusas y arroz, ayote* und das berühmte *pan con pavo* (Truthahnsandwich).

El Cafe de Don Pedro SALVADORIANISCH $$
(Karte S. 316; ☎2260-2011; 39 Av Norte y 2 Calle Oriente; Hauptgerichte 4–8 US$; ⌚7–16 Uhr) Die Niederlassung dieses Familienrestaurants in der Nähe der Alameda Roosevelt ist makellos. Hausgemachte Gerichte wie *libra de lomo rollizo* (gegrillte Rippen) oder köstliche *pinchos* (Fleisch- und Gemüsespieße) kommen schnell und mit vielens Beilagen auf den Tisch. Zum Frühstück den mit Speck bedeckten *aztec* oder die klebrigen *holandes* probieren. Mit einem Glas Bier nachspülen oder etwas vom Süßigkeitenwagen auswählen.

Las Cofradías SALVADORIANISCH $$
(Karte S. 316; ☎2264-6148; Calle de Mirador, Colonia Escalón; Buffet 8 US$; ⌚abends) Neben *tradición del campo* werden hier weitere salvadorianische Spezialitäten aufgetischt.

Shen Zhuan VEGETARISCH $$
(Karte S. 316; ☎2243-0424; 5 Av La Revolucion; Hauptgerichte 5–10 US$; ⌚Di–So 11–22 Uhr; ✎) Ein reizendes älteres thailändisches Ehepaar, das sich auf vegane Kost spezialisiert hat (Eier sind jedoch erhältlich), bringt hier jede Menge Gerichte mit Lotoswurzeln und Fleischersatz auf den Tisch. Und das zu sehr vernünftigen Preisen.

Restaurante Hong Kong CHINESISCH $$
(Karte S. 318; 9a Av Sur; Hauptgerichte 4–9 US$; Ⓜmittags & abends) Klebriger Boden, Sitzplätze für gut 100 Leute, zehn gelangweilte Kellnerinnen und laut aufgedrehte TV-Geräte. Wen das nicht stört, der kann sich hier auf eine traditionsreiche, universelle chinesische Küche ohne viel Schnickschnack freuen. Das Gemüse-Chow-Mein (5 US$) ist recht gut, genauso wie die *licuados* (Fruchtshakes).

Boulevard de los Héroes

Auf der Calle San Antonio Abad isst man am besten, aber auch im und um das Einkaufszentrum Metrocentro sind die Restaurants sauber und günstig.

San Salvador – Zentrum

Pupusería La Ceiba
PUPUSAS $

(Karte S. 313; Calle San Antonio Abad; Hauptgerichte 1–3 US$; ⌚Mo–Sa) Ob nun ein Frühstück mit Tamales, Eiern und Kaffee für einen Dollar oder nur ein paar heiße *pupusas* – dieses Café an der Ecke hat alles zum kleinen Preis.

El Sopón Típico
SALVADORIANISCH $$

(Karte S 313; Ecke Pasajes las Palmeras & los Almendros; Hauptgerichte 5 US$; ⌚10.30–21 Uhr) Die Suppen und *antojitos* (Vorspeisen) sind Grund genug, in dieses gut besuchte Restaurant an der Ecke zu gehen. Sich mit einheimischen Familien um den Grill scharen und den Verkehr beobachten.

Las Fajitas
MEXIKANISCH $$

(Karte S. 313; Blvd Universitario; Hauptgerichte 4–8 US$; ⌚mittags & abends) Beliebter Laden mit Tex-Mex-Gerichten und offener Küche.

Salvatore's
ITALIENISCH $$

(Karte S. 313; 35a Av Norte; Hauptgerichte 4–7 US$; ⌚mittags & abends) Sehr gute Pizza und Pasta.

Rustico Bistro
BURGER $$

(Karte S. 316; ☎2224-5656; 3 Calle Poniente; Burger 10–12 US$) Diese heiße Adresse für Burger lässt sich von weiter nördlich inspirieren. Die Schweinefleischsandwichs mit Tamarindensauce übertrumpfen fast noch die lange Liste der Burger. Fast. Unbedingt noch auf einen Nachtisch bleiben.

Caminito Chocos
ARGENTINISCH $$

(Karte S. 316; ☎2223-6807; Calle La Reforma; Hauptgerichte 7–9 US$) Diese kleine chaotische Bierhalle ist immer voll; hier kommen riesige argentinische Fleischsandwichs auf den Tisch sowie alle möglichen fettigen gegrillten Köstlichkeiten.

La Tour
FRANZÖSISCHE FUSIONSKÜCHE $$

(☎2101-9292; www.latour-bistro.com; Centro Comercial 13G Mascota, Calle La Mascota, Colonia Escalón; Hauptgerichte 8–15 US$) Dieses unaufdringliche französische Bistro ist der Stolz vieler Einheimischer, die auf seine Gerichte und seinen Service schwören. Gepriesen seien

San Salvador – Zentrum

die Crêpes und die *viandes*; am besten einen Krug Hauswein auf die Gesundheit der Einheimischen trinken.

★ Beto's SEAFOOD $$
(85 Av Norte Pasaje Dordello No 4407, Colonia Escalón; Hauptgerichte 7–18 US$) Diese neue Niederlassung des schicken und trotzdem erschwinglichen Seafoodrestaurants in der Colonia Escalón ist großartig, um Leute zu beobachten, sich mit winzigen Fischen den Bauch vollzuschlagen und an einem Bier zu nippen, als wäre es ein exotischer und teurer Cocktail.

Citron FUSIONSKÜCHE $$$
(Karte S. 316; ☎2208-4000; Calle La Reforma 220, Zona Rosa; Hauptgerichte 15–20 US$) Wer auf Reisen etwas zu feiern hat, kann in dieser umgebauten Wohnung in der Zona Rosa sein Geld ausgeben und Zitrusfrüchte-Cocktails, Meeresfrüchte und die Eigenkreationen des Küchenchefs genießen. Viele der verwendeten Produkte stammen aus dem Garten hintendran.

Ausgehen & Nachtleben

Republik BAR
(Karte S. 316; ⌚Mi–So 15–1 Uhr) Bei unserem Besuch war das Republik die bei Weitem heißeste Bar. Die Einrichtung mit Messingknöpfen und Holztäfelung aus Eichenimitat unterstreichen die sexy Basslinien und gefühlvollen Liveauftritte in der zweiten Hälfte der Woche. Dazu gute Mojitos (5 US$).

La Ventana BAR
(☎2264-4885; 83 Av Norte 510; Hauptgerichte 5–12 US$; ⌚Mo–Do 12–24, Fr & Sa 12–1, So 8–22 Uhr) Ein unprätentiöses Restaurant mit Bar für einen Abend mit europäischen Bieren oder ein gepflegtes Abendessen mit Suppen, Crêpes und anderen internationalen Gerichten. Die modernen Skulpturen dort sind ebenso unvorhersehbar wie die Gäste.

Los Rinconcitos BAR
(Karte S. 316; Blvd del Hipódromo 310; ⌚Mi–Sa 18–1 Uhr) Aus der ehemaligen Karaokebar ist eine elegante Partylocation mit harten Drinks und Tapas geworden. An den Wochenenden ist das Los Rinconcitos fest in der Hand des Latin-Rock. Im hinteren Teil geht's nach draußen, wo in trauter Atmosphäre noch mehr Unterhaltung geboten wird.

KUNST ABSEITS DER MUSEEN

Neben den üblichen Museen und Galerien lohnt der Besuch der Kathedrale (S. 309), in der die Madre del Salvador zu sehen ist. Die mehrfarbige Holzskulptur aus dem 17. Jh. war ein Geschenk der spanischen Königin. Außerdem kann man ein außergewöhnliches Tabernakel betrachten, das mit Abbildungen der ersten in Amerika gefertigten Gravuren versehen ist. Wer dem Jardín Botánico La Laguna (S. 311) in Antiguo Cuscatlán einen Besuch abstattet, der sollte auch noch bis zur bezaubernden Dorfplaza gehen. Dort steht eine nette Kirche und es gibt ein paar bekannte *pupuserías*. Die **Sala Nacional de Arte** ist im Parque Cuscatlán zu finden und bietet immer interessante Ausstellungen. Abenteuerlustigen sei zu einem Besuch des **Studios des Bildhauers Guillermo Perdomo** geraten, das sich in der Künstlerenklave Panchimalco befindet, die etwas außerhalb der Stadt an den Hängen des Cerro Chulo liegt. Hier steht auch die Casa Taller Encuentros, das Zuhause des Malers Miguel Angel Ramirez.

Jungle CLUB
(Karte S. 316; ☎2124-7341; Blvd del Hipódromo; ⏲Do–Sa 22–7 Uhr) Wenn es so richtig rau hergehen soll, ist dieser Club genau richtig. Er öffnet spät und schließt erst dann, wenn es Zeit für ein *desayuno* (Frühstück) ist.

La Cueva BAR
(☎2243-7155; Multiplaza, Calle El Pedregal; ⏲19 Uhr–open end) Winzige Bar mit Livemusik am Wochenende, Sitzecken mit Privatsphäre und einem lebhaften Außenbereich.

Scape & Milenio BAR
(Condominios Juan Pablo II; ⏲Do–Sa 21.30–1 Uhr) Zwei Bars bzw. Discos für Schwule und Lesben in einem Gebäude. An der Prolongación Juan Pablo II.

Café La T CAFÉ
(Karte S. 313; Calle San Antonio Abad 2233; ⏲Mo–Mi 10–21.30, Do–Sa 10–23 Uhr) Ein etwas linksgerichtetes Café, in dem freitags gelegentlich Livemusik (Jazz oder Folk; 2 US$) gespielt wird. Mittwochs und donnerstags werden um 19.30 Uhr kostenlos Filme gezeigt. Dazu gibt's leichtes Essen, Bier, Wein und guten Kaffee.

Zanzibar LIVEMUSIK
(Karte S. 316; ☎2279-0833; Centro Commercial Basilea; ⏲11–1 Uhr) Hier läuft vor allem Latin-Fusion.

✩ Unterhaltung

In der *Diario de Hoy*, der beliebtesten Zeitung El Salvadors, werden wöchentlich Konzerte und andere Events aufgelistet.

In den Kinos laufen vor allem Hollywoodstreifen mit spanischen Untertiteln. Einige Bars bieten Filmabende an. Die Spielzeiten sind in allen größeren Tageszeitungen ebenso wie auf www.multicinema.com.sv aufgelistet.

Cine Reforma KINO
(Karte S. 313; ☎2225-9588; Blvd Universitario) An manchen Dienstagen gibt's hier einen Preisnachlass.

CineMark KINO
(Karte S. 313; ☎2261-2001; Blvd de los Héroes, Metrocentro, 3. St.; Eintritt 3 US$) Die beste Adresse, um einen Film zu sehen.

Teatro Luis Poma THEATER
(Karte S. 313; ☎2261-1029; Metrocentro; Eintritt 5 US$) Ein modernes Schauspielhaus mit interessanten Aufführungen, seltsamerweise mitten im Einkaufszentrum.

Shopping

Mercado Ex-Cuartel MARKT
(Karte S. 318; Calle Delgado; ⏲Mo–Sa 7.30–18, So 7.30–14 Uhr) In den ehemaligen Armeebaracken ist heute der Mercado Ex-Cuartel untergebracht, wo *artesaños* aus dem ganzen Land ihre Waren feilbieten. Der große Renner sind Hängematten und bestickte Stoffe.

Mercado Central MARKT
(Karte S. 318; Calle Delgado; ⏲Mo–Sa 7.30–18, So 7.30–14 Uhr) Auf dem Mercado Central kaufen vor allem Einheimische gerne Kleidung und Elektroartikel.

Galerías Escalón EINKAUFSZENTRUM
(Karte S. 316; Paseo General Escalón; ⏲8–20 Uhr) Die Galerías Escalón warten mit exklusiven Klamotten- und Schmuckläden, Elektronikgeschäften, Handyanbietern und Banken auf drei klimatisierten Stockwerken auf. Am besten in einem der schicken Foodcourts Sushi kaufen und im riesigen Cinépolis-Kino einen Film anschauen.

La Gran Vía EINKAUFSZENTRUM
Eine sehr schöne Mall mit guten Clubs und Restaurants.

Bookmarks BÜCHER
(Karte S. 316; www.bookmarks.com.sv; Blvd del Hipódromo, Centro Commercial Basilea) Eine gute Auswahl an englischsprachigen Romanen und Reiseführern (auch Lonely Planet).

Centro de Intercambio y Solidaridad BÜCHER
(CIS; Av Bolivar No 103, Colonia Libertad) Dieses „Zentrum für Frieden und soziale Gerechtigkeit" hat eine gute Bibliothek für Studenten und Freiwillige. Vermittelt auch Privatunterkünfte und Spanischunterricht.

La Ceiba Libros BÜCHER
(Karte S. 313; Blvd de los Héroes, Metrocentro, EG) Hier gibt's jede Menge spanischsprachige Geschichtsbücher und Literatur aus El Salvador.

Orientierung

Wie die meisten zentralamerikanischen Städte ist auch San Salvador nach einem einfachen Rasterschema aufgebaut. Leider sind Schilder mit Straßennamen im Zentrum Mangelware (manchmal stehen die Namen auf den Bordsteinen). Vom Nullpunkt an der Kathedrale verlaufen die Avenida España nach Norden und die Avenida Cuscatlán nach Süden; die Calle Arce zweigt nach Westen ab und die Calle Delgado nach Osten.

Die Avenidas (Avenues) verlaufen von Norden nach Süden und ändern ihre Namen von Sur (Süd) in Norte (Nord), wenn sie die von Osten nach Westen verlaufende Hauptverkehrsader (Calle Arce & Calle Delgado) queren. Ebenso haben die Avenidas gerade oder ungerade Nummern, abhängig davon, ob sie östlich oder westlich der Nord-Süd-Achse (Av Cuscatlán & Av España) verlaufen. Das heißt also, dass beispielsweise die Adresse 5a Avenida Sur südlich der Calle Arce und westlich der Avenida Cuscatlán liegt (weil die Nummerierung ungerade ist). Die Calles (Straßen) sind ähnlich angeordnet, nur werden sie Oriente (Osten; Abk. „Ote") und Poniente (Westen; Abk. „Pun" oder „Pte") genannt. Am Anfang mag das für den Besucher verwirrend sein, man wird aber die Logik dahinter schnell verstehen. Die Sache mit der geraden und ungeraden Nummerierung ist aber gewöhnungsbedürftig, denn 25a Avenida ist z. B. nur einen Häuserblock von 27a Avenida, aber über 25 Blocks von 26a Avenida entfernt!

Die wichtigsten Straßen, die vom Zentrum aus in den wohlhabenderen Westen der Stadt führen, sind die 1a Calle Poniente und die Calle Rubén Darío, die nördlich bzw. südlich der Calle Arce verlaufen.

Praktische Informationen

EINREISE

Einreisebehörde (Direccíon General de Migracíon y Extranjería; ☎2202-9650, 2221-2111; Paseo General Escalón; ⏲Mo–Fr 9–17, Sa 9–13 Uhr) Zuständig für die Verlängerung des Visums und weitere Fragen zur Ein- und Ausreise.

GEFAHREN & ÄRGERNISSE

Kriminalität ist in San Salvador immer noch ein ernst zu nehmendes Problem. Man sollte deshalb nur mit wenig Gepäck reisen, den funkelnden Schmuck und die auffällige Armbanduhr am besten zu Hause lassen und immer gut auf seine Siebensachen aufpassen. Dies gilt vor allem in Bussen, auf dem Markt und bei Menschenaufläufen. Wer überfallen wird, tut gut daran, den Räubern widerstandslos das Geforderte zu übergeben.

Nach 20 Uhr sollte man immer ein Taxi nehmen. Ist man zu Fuß unterwegs, sind sowohl das Zentrum als auch der Parque Cuscatlán nachts absolute No-go-Areas. Auf der Calle San Antonio Abad und dem Boulevard de los Héroes pulsiert

NICHT VERSÄUMNEN

SANTA TECLA

Santa Tecla, auch New San Salvador genannt, ist eigentlich eine Vorstadt, die etwa 15 km von der Hauptstadt entfernt ist. Dank der engagierten Stadtplanung kommen jedoch viele einheimische Besucher hierher, vor allem in die Gegend um **Paseo El Carmen**. An der restaurierten Straße aus der Kolonialzeit reihen sich noble Bars, Restaurants, Cafés und Antiquitätenläden aneinander. San Salvador ist manchmal etwas zu viel des Guten, Kriminalität, die Dichte an Einkaufszentren und das Ausmaß der Zersiedelung können einem abends das Ausgehen vermiesen. Santa Tecla vermittelt das wunderbare Gefühl, als hätten die Einwohner die Straßen zurückerobert. Die einfache Fahrt mit dem Taxi dorthin kostet etwa 15 US$.

INSIDERWISSEN

MUSIK

Livemusik in San Salvador rockt! Derzeit gehören Shaka & Dres (Hip-Hop), Friguey (Pop), Esquina Opuesta (Progressive Rock), Lavanda (Indie-Rock), Anastacio y los de monte (Reggae) und Adhesivo (New Wave Ska) zu den angesagtesten Bands im Land.

Letty, San Salvador

das Nachtleben; trotzdem immer ein Taxi zum Hotel nehmen, auch wenn es nur um die Ecke liegt.

Die Luftverschmutzung ist und bleibt ein hartnäckiges Problem und die Berge, die die Stadt einkesseln, tragen ihren Teil dazu bei. Die hohe Abgas-Konzentration, die vor allem von den Bussen verursacht wird, kann tränende Augen oder sogar ein Kratzen im Hals hervorrufen.

Unfälle zwischen Autos und Fußgängern sind häufig und können sehr schlimm ausgehen. Beim Überqueren der Straße muss man immer ganz besonders vorsichtig sein. Fußgänger haben hier keinen Vorrang und kein Autofahrer wird freiwillig oder aus Höflichkeit auf sein Vorfahrtsrecht verzichten.

GELD

Banken und Geldautomaten, die rund um die Uhr in Betrieb sind, gibt's überall in der Stadt; sie geben US-Dollar aus.

Banco Credomatic Filialen findet man im *centro* und neben dem Super-Selectos-Supermarkt im Centro Comercial San Luis, abseits der Calle San Antonio Abad. Tauscht Reiseschecks und gibt Barvorschuss auf MasterCard.

Citibank Die Geldautomaten in den Einkaufszentren Metrocentro und Galerías akzeptieren alle Karten. In den Filialen können Reiseschecks getauscht werden und es gibt Barvorschuss auf Visa-Karten.

Dispensa de Don Juan Nahe der Plaza Barrios gelegen. Hier gibt's mehrere Geldautomaten und es ist vermutlich der sicherste Ort im Zentrum, um Geld abzuheben.

INTERNETZUGANG

Auf der Calle Arce, nahe der Universidad Tecnológica, gibt es zahlreiche Internetcafés. Am Boulevard de los Héroes befindet sich die **PC Station**.

Ciber Snack (Ecke 2a Av Sur & 4a Calle Oriente; 1 US$/Std.; ⌚Mo–Sa 7.30–18.30 Uhr) Der lässigste Anbieter überhaupt; nicht jeden Tag kann man beim E-Mails-Checken einen tropischen Bananen-*licuado* genießen.

Cybercafé Genus (Av Izalco 102A; 1 US$/Std.; ⌚Mo–Fr 9–23, Sa & So 10–20 Uhr) Eines der wenigen Internetcafés hier, die lange geöffnet haben. CDs Brennen ist möglich.

MEDIZINISCHE VERSORGUNG

Hospital Bloom (☎2225-4114; Ecke Blvd de los Héroes & Av Gustavo Guerrero) Öffentliches Krankenhaus mit langen Warteschlangen. Auf die Behandlung von Kindern spezialisiert.

Hospital Diagnóstico Escalón (☎2264-4422; 3a Calle Poniente) Von der US-Botschaft empfohlen.

NOTFALL

Polizei (☎2261-0630; Calle Berlin; ⌚24 Std.)

POST

Correos Central (Centro Gobierno; ⌚Mo–Fr 7.30–17, Sa 8–12 Uhr) Im Metrocentro ist beim Eingang vom Boulevard de los Héroes eine kleine Filiale.

WÄSCHEREI

Lavapronto (Calle Los Sisimiles 2944; ⌚Mo–Fr 7–18, Sa 7–17 Uhr) Wer möchte, kann die Wäsche noch am selben Tag wieder abholen.

TOURISTENINFORMATION

Corporación Salvadoreña de Turismo (Corsatur; ☎2243-7835; www.elsalvador.travel; Blvd Santa Elena; ⌚8–12.30 & 13.30–17.30 Uhr) Ungünstige Lage außerhalb der Stadt; die ausgezeichnete neue Website (spanisch) ist da praktischer.

Instituto Salvadoreño de Turismo (ISTU; ☎2222-8000; istu@mh.gob.sv; Calle Rubén Darío 619; ⌚Mo–Sa 8.30–12 & 13–16 Uhr) Allgemeine Infos über Nationalparks und *turicentros* in El Salvador.

Ministerio de Trabajo Auxiliary Office (☎2209-3700; Paseo General Escalón 19; ⌚Mo–Fr 8–12.30 & 13.30–16 Uhr) Erteilt Genehmigungen für die Übernachtung in einem der vier von der Regierung verwalteten Urlaubszentren für Arbeiter am Lago de Coatepeque, in El Tamarindo, La Palma und La Libertad. Ein Aufenthalt dort ist von Mittwoch bis Samstag möglich (an anderen Tagen sind die Zentren geschlossen); Arbeiter haben am Wochenende Vorrang.

Peace Corps (☎2208-2911; www.peacecorps.gov; Calle Las Dalias 3; ⌚Mo–Fr 9–16.30 Uhr) Wer sich etwas abseits ausgetretener Pfade halten will, ist bei dieser US-amerikanischen Organisation richtig. Die freiwilligen Helfer sind Besuchern gegenüber sehr aufgeschlossen.

SalvaNatura (☎2279-1515; www.salvanatura.org; 33 Av Sur 640; ⌚Mo–Fr 8–12.30 & 14–17.30 Uhr) Die Angestellten, die den Parque

Nacional El Imposible und den Parque Nacional los Volcanes verwalten, sind freundlich und hilfsbereit. Hier anrufen, bevor man sich in die Parks aufmacht.

Touristenpolizei (☎2298-9983)

An- & Weiterreise

BUS

Internationale Buslinien fahren am **Terminal Puerto Bus** (Ecke Alameda Juan Pablo II & 19a Av Norte) ab. Hin kommt man mit den Stadtbussen 29, 101D, 7C oder 52.

King Quality (☎2271-1361; www.king-qualityca.com) bietet vom Terminal Puerto Bus einen Deluxe-Service nach Guatemala-Stadt an. Enthalten sind Klimaanlage, Filme und ein Essen (40 US$ einfache Strecke, 5 Std.), Abfahrt ist um 6.30 und um 15.30 Uhr. Außerdem fahren täglich um 3 Uhr Busse nach San José (67 US$, 18 Std.). Nach Honduras gibt's Busse mit Klimaanlage, die täglich um 5.30 Uhr nach Tegucigalpa (40 US$, 6 Std.) und um 7 Uhr nach San Pedro Sula (46 US$, 6 Std.) fahren.

Tica Bus (☎2222-4808; www.ticabus.com; ⏱8–16.30 Uhr) bietet Busse, die um 6 und 14 Uhr vom Hotel San Carlos nach Guatemala-Stadt abfahren (18 US$, 5 Std.). Am besten ein bis zwei Tage im Voraus reservieren und eine halbe Stunde vor Abfahrt am San Carlos sein. Tica Bus hat im Hotel ein Büro. Von Guatemala-Stadt fährt der Bus zur mexikanischen Grenze bei Tapachula, Chiapas. Von San Salvador aus dauert die Fahrt 12 Stunden und kostet 37 US$.

Tica Bus fährt um 5 Uhr am Hotel San Carlos los und erreicht Managua, Nicaragua, um 15.30 Uhr (30 US$). Ankunft in San José, Costa Rica, ist einen Tag später zwischen 15 und 16 Uhr (einfache Strecke von San Salvador 56 US$). Von dort geht die Fahrt um 22 Uhr weiter nach Panama (einfache Strecke von San Salvador 96 US$), wo der Bus am dritten Tag zwischen 15 und 16 Uhr ankommt.

Für nationale Langstreckenbusse gibt's in San Salvador drei Hauptterminals.

FLUGZEUG

Der **Aeropuerto Internacional Comalpa** (☎2339-8264) liegt 50 km südöstlich von San Salvador und ist ein wichtiger Verkehrsknotenpunkt Zentralamerikas.

American Airlines (☎2298-0777; Edificio La Centroamericana, Alameda Roosevelt)

Continental Airlines (☎2207-2040; Metrocentro, 1. OG)

Copa Airlines (☎2209-2672; World Trade Center I, Ecke 89a Av Norte & Calle del Mirador)

Delta Airlines (☎2275-9292; World Trade Center I, Ecke 89a Av Norte & Calle del Mirador)

TACA (☎2267-8222; Galerías Escalón, EG)

United Airlines (☎2279-3900; Galerías Escalón, EG)

Unterwegs vor Ort

AUTO & MOTORRAD

Wer mit dem eigenen Fahrzeug unterwegs ist, sollte das Zentrum am besten meiden. Tagsüber staut sich dort der Verkehr und nachts ist die Gegend zu gefährlich. Der schnellste Weg führt über die großen Durchgangsstraßen. Einbahnstraßen sind mit einem auf die Straße aufgemalten Pfeil oder mit Schildern gekennzeichnet.

BUS

San San Salvador hat ein umfangreiches Busnetz – hier ist einiges unterwegs, vom großen, Rauch speienden Monster bis hin zum schnittigen Microbus. Eine Busfahrt kostet zwischen 0,20 und 0,30 US$.

Täglich zwischen 5 und 19.30 Uhr fahren regelmäßig Busse; sonntags ist die Frequenz geringer. Die letzten Busse fahren zwischen 19.30 und 20.30 Uhr; Microbusse sind länger, bis etwa um 21 Uhr, unterwegs. Nach 21 Uhr bleibt einem nur das Taxi.

Wenn man im Zentrum in den Bus steigen will, lohnt es sich, von der Plaza Barrios aus zu Fuß ein paar Blocks zu gehen – das geht schneller. Einige der Routen sind:

Bus 9 Fährt auf der 29a Av Norte an der Universidad de El Salvador entlang. Dann biegt er nach Osten ins Zentrum ab, vorbei an der Kathedrale und auf der Independencia am Terminal de Oriente vorbei.

Bus 26 Passiert auf seinem Weg zum Terminal del Sur die Plaza Barrios und den Parque Zoológico.

Bus 29 Kommt auf seinem Weg zum Terminal de Oriente durch das Zentrum. Die Busse halten zwischen dem Metrocentro und dem MetroSur.

Bus 30 Fährt ins Zentrum und bildet die beste Anbindung an Bus 138 zum Flughafen. Hält hinter dem Metrocentro und am Parque Libertad im Zentrum.

Bus 30B Fährt, vor allem ab dem Boulevard de los Héroes, eine sehr praktische Strecke. Er ist zunächst auf dem Boulevard Universitario nach Osten unterwegs, dann auf dem Boulevard de los Héroes nach Südwesten zum Metrocentro. Dort biegt er nach Westen auf die Alameda Roosevelt ab und dann auf die 79a Avenida nach Süden. Weiter geht's auf dem Boulevard del Hipódromo bis zur Avenida Revolución, dann über die Alameda Araujo, Roosevelt und 49a Avenida Sur zurück zum Metrocentro.

BUSSE AB SAN SALVADOR

Alle Busse, die Ziele im Osten und einige wenige, die Ziele im Norden des Landes anfahren, kommen am **Terminal de Oriente** (Alameda Juan Pablo II) an bzw. fahren von dort ab. Um hierher zu gelangen, nimmt man östlich des Zentrums Bus 9, 29 oder 34; die Busse 29 und 52 fahren vom Boulevard de los Héroes ab; vom Terminal de Occidente fahren die Busse 7C und 34; vom Terminal de Sur ist es Bus 21. Unten sind regelmäßig angefahrene Ziele aufgeführt; Achtung: Nach La Unión und San Miguel gibt es schnellere Sonderverbindungen.

ZIEL	BUS	PREIS (US$)	DAUER
Chalatenango	125	1,10	2 Std.
El Poy (honduranische Grenze)	119	1,75	3 Std.
Ilobasco	111	0,75	1½ Std.
La Palma	119	1,70	2¾ Std.
La Unión	304	3,25	4 Std.
San Miguel	301	1,25–2,50	3 Std.
San Vicente	116	0,95	1½ Std.
Suchitoto	129	0,90	1½ Std.

Alle Busse, die Ziele im Westen des Landes anfahren, darunter auch die Grenze nach Guatemala, kommen am **Terminal de Occidente** (Blvd Venezuela, nahe der 49a Av Sur) an, bzw. fahren von dort ab. Um hierher zu gelangen, nimmt man vom Zentrum aus Bus 34; Bus 44 fährt vom Boulevard de los Héroes ab (am Boulevard Venezuela aussteigen und ein paar Blocks in Richtung Westen zum Terminal gehen); vom Terminal de Oriente fahren die Busse 7C und 34. Regelmäßig angefahrene Ziele:

ZIEL	BUS	PREIS (US$)	DAUER
Ahuachapá	202	1	2¼ Std.
Cerro Verde	Santa-Ana-Bus nach El Congo, danach 246	0,90	40 Min.
Joya de Cerén	108 nach San Juan Opico	0,65	1¾ Std.
La Hachadura	205 nach Sonsonate, danach 259	1,55	3½ Std.
La Libertad	102	0,70	1 Std.
Lago de Coatepeque	Santa-Ana-Bus nach El Congo, danach 248	0,90	40 Min.
Las Chinamas	202 nach Ahuachapán, danach 263	1,60	2½ Std.
Los Cóbanos	205 nach Sonsonate, danach 257	1,30	2½ Std.
Metapán	201A	2,50	1¾ Std.
Ruinas de San Andrés	Santa-Ana-Bus 201	0,80	40 Min.
San Cristóbal	498	1,30	3 Std.
Santa Ana	201	0,90	1¼ Std.
Sonsonate	205	1	1¼ Std.

Im Süden der Stadt liegt der **Terminal de Sur** (Autopista a Comalapa), auch Terminal San Marcos genannt. Von hier werden alle Ziele im Süden und Südosten des Landes angefahren. Um hierher zu gelangen, nimmt man Bus 26 oder den Microbus 11B vom Zentrum aus oder Bus 21 vom Terminal de Oriente. Abfahrszeiten wie unten aufgeführt; Achtung: Nach Usulután gibt es eine schnellere Sonderverbindung.

ZIEL	BUS	PREIS (US$)	DAUER
Costa del Sol	495	1,25	2½ Std.
Puerto El Triunfo	185	1,60	2 Std.
Usulután	302	1,70	2½ Std.

VOM FLUGHAFEN INS ZENTRUM

Die beste Option für Fahrten vom/zum Flughafen sind die von **Taxis Acacya** (☎airport 2339-9282, in der Stadt 2271-4937; Ecke 19a Av Norte & 3a Calle Poniente) angebotenen Shuttles. Eine Fahrt kostet 5 US$ und dauert 45 Minuten. In San Salvador fahren die Shuttles bei Taxis Acacya gleich hinter dem Puerto-Busterminal um 6, 7, 10 und 14 Uhr ab. Am Flughafen starten sie um 9, 13 und 17.30 Uhr.

Der Microbus 138 (0,60 US$, ¾–1 Std., alle 10 Min.) fährt, wenn man den Fahrer daran erinnert, auf seiner Route vom und ins Zentrum auch über den Flughafen. Zusteigen kann man in der Stadt gleich südlich der Plaza Barrios. Am Flughafen muss man erst 75 m über den Parkplatz bis zum Wartehäuschen am Highway gehen. In der Stadt selbst kostet ein Taxi zwischen 5 und 8 US$. Bus 30 fährt zum Metrocentro und zum Boulevard de los Héroes (von der Plaza Barrios aus zwei Blocks nach Norden gehen, nach rechts abbiegen und einen Block bis zum Parque Libertad laufen).

La Libertad ist auch direkt vom Flughafen aus zu erreichen und etwa gleich weit entfernt wie San Salvador. Mit dem Bus 133 einige Minuten bis zum *puente a Comalapa* (Comalapa-Überführung) fahren. Von dort führt ein Fußweg zur Straßenkreuzung, von der es noch 100 m bis zum Ort Comalapa sind. Die Busse 187 und 495 fahren von hier alle 20 Minuten nach La Libertad (0,40 US$).

Ein Taxi von San Salvador oder La Libertad zum Flughafen kostet 25 bis 30 US$.

Bus 34 Ist vom Terminal de Oriente zum Metrocentro, dann hinunter zur Zona Rosa unterwegs und dreht direkt vor dem MARTE (Kunstmuseum) um. Fährt auf dem Rückweg am Terminal de Occidente vorbei.

Bus 42 Von der Kathedrale aus folgt der Bus der Calle Arce in westlicher Richtung und setzt seine Fahrt auf der Alameda Roosevelt fort. An der Statue El Salvador del Mundo biegt er nach Südwesten auf die Alameda Araujo ab und kommt auf seinem Weg am Mercado de Artesanías und dem Museo Nacional de Antropología David J. Guzmán vorbei. Die Route verläuft weiter auf der Carretera Interamericana und passiert La Ceiba de Guadalupe.

Bus 101 Kommt auf seinem Weg von der Plaza Barrios ins Zentrum am Metro Sur, dem Anthropologiemuseum und der Basilika La Ceiba de Guadalupe vorbei und fährt weiter auf die Santa Tecla.

TAXI

Taxis gibt's hier wie Sand am Meer. Sie haben allerdings keine Taxameter, deshalb immer im Voraus einen Preis aushandeln. Tagsüber sollte eine Fahrt innerhalb der Stadt zwischen 5 und 8 US$ kosten. Spät abends und nachts steigen die Preise um ein paar Dollar. Registrierte Taxis sind mit einem „A" am Beginn des Nummernschilds gekennzeichnet und die Fahrer können bei Problemen theoretisch zur Verantwortung gezogen werden. Wenn gerade kein Taxi vorbei kommt, kann man bei **Taxis Acacya** (☎2271-4937) oder **Acontaxis** (☎2270-1176) telefonisch eins bestellen.

RUND UM SAN SALVADOR

Im Umkreis von San Salvador findet man eine profane Mischung aus Slums und uralten Ruinen. Weiter außerhalb bieten die kühlen Städtchen hoch oben auf den Vulkanen Erholung von der Hitze, während La Libertad das Tor zur Küste des Westpazifiks und zu einer Vielzahl von Surfspots der Spitzenklasse bildet.

Cihuatán

Die bescheidenen Ruinen von **Cihuatán** (Eintritt 3 US$; ⌚Di–So 9–16 Uhr) bildeten früher ein ein enormes Stadtgebiet entlang dem Río Guazapa – vielleicht war dies sogar die größte präkolumbische Stadt zwischen Guatemala und Peru. Die Blütezeit der Stadt dauerte mehr als 100 Jahre, bevor sie im 10. Jh. n.Chr. von bisher noch unbekannten Eindringlingen geplündert und niedergebrannt wurde. In ihr lebten vermutlich Mayas, Lenca und andere Völker, die sich in einer instabilen Handelsphase zusammengeschlossen hatten.

Vom Terminal de Oriente in San Salvador aus Bus 119 in Richtung Chalatenango nehmen und etwa 4 km hinter Las Aguilares aussteigen; den Fahrer bitten, bei den Ruinen anzuhalten. Vom Haltepunkt aus sind es noch etwa 900 m bis zu der Stätte.

El Boquerón

Der Quezaltepeque (Volcán San Salvador) hat zwei Gipfel, von denen der höhere, Picacho, 1960 m über dem Meeresspiegel liegt. Der andere, Boquerón (Großer Mund), ist 1893 m hoch und weist innerhalb seiner Kraters einen zweiten Kegel auf – 45 m hoch und perfekt symmetrisch – der 1917 entstand. Eine geteerte Straße führt bis ganz nach oben und so wird man nach einem einfachen Aufstieg mit einem unglaublichen Ausblick belohnt. Wer ganz besonders motiviert ist, bringt eine Tüte mit, um den herumliegenden Müll einzusammeln. **El Boquerón Canopy Tours** (☎2508-0398; Tour zwischen den Baumwipfeln 27 US$; ⌚9–17 Uhr) sorgt für einen nicht ganz billigen Kick.

Es empfiehlt sich, schon früh morgens loszufahren, da der Weg von San Salvador aus mit dem Bus ein paar Stunden in Anspruch nehmen kann. Vom Parque Cuscatlán mit Bus 101A oder B nach Santa Tecla fahren und dort auf der 6a Avenida Sur den Bus 103 bis zum Dorf Boquerón nehmen. Dieser kommt allerdings nur unregelmäßig, aber es gibt kleine Transporter, die ebenfalls dort losfahren. Der Gipfel liegt 1 km hinter dem Dorf.

Ruinas de San Andrés

1977 wurde an dieser **Ausgrabungsstätte** (Eintritt 3 US$; ⌚Di–So 9–17 Uhr), die zwischen 600 und 900 n. Chr. von den Mayas bewohnt wurde, eine steile Pyramide und ein großer Hof mit einem unterirdischen Teilstück ausgegraben. Experten glauben, dass hier einmal bis zu 12 000 Menschen gelebt haben. Die Stadt beherrschte einstmals das Valle de Zapotitán und vielleicht sogar auch das daneben angrenzende Valle de las Hamacas, in dem das heutige San Salvador liegt.

Die friedlichen Ruinen liegen 300 m nördlich des Highways und 33 km westlich von San Salvador im Valle de Zapotitán. Vom Terminal de Occidente in San Salvador den Santa-Ana-Bus 201 nehmen und bei Kilometer 33 aussteigen. Ein kleines, schwarzes Schild weist von dort den Weg zu den Ruinen. Wer diesen Ausflug mit einem Besuch in Joya de Cerén verbinden möchte, sollte Letzteres zuerst anfahren. Von dort kommt man auf dem Highway mit jedem Bus in das nahe gelegene San Andrés.

Joya de Cerén

Das von der Unesco ins Verzeichnis der Welterbestätten aufgenommene **Joya de Cerén** (www.cihuatan.org; Eintritt 3 US$; ⌚Di–So 9–17 Uhr) wird auch das Pompeji Amerikas genannt. Beim Ausbruch des Vulkans Laguna Caldera wurde die kleine Maya-Siedlung im Jahr 595 n. Chr. unter Vulkanasche begraben. Die flüchtenden Bewohner ließen unzählige Alltagsgegenstände zurück, die heute Aufschluss über die Anpflanzung und Aufbewahrung von Lebensmitteln und den Hausbau zur damaligen Zeit geben.

Das umgestaltete Museum bietet den Besuchern eine gute Sammlung von Fundstücken und Miniaturnachbildungen der Dörfer. Ein besonders fesselndes Stück ist ein kleiner Teller, auf dem die Essensreste einer offenbar unterbrochenen Mahlzeit und darin sogar noch Fingerabdrücke zu erkennen sind.

Die Stätte befindet sich 36 km westlich von San Salvador. Am Terminal de Occidente Bus 108 nehmen und aussteigen, sobald dieser die Brücke über den Río Sucio überquert hat.

Los Planes de Renderos

Dieser hügelige Distrikt, 12 km südlich von San Salvador, ist berühmt für seine **Puerta del Diablo** (Teufelstor). Die zwei emporragenden Felsstücke, angeblich ein einzelner Steinblock, der auseinandergebrochen ist, bieten einen tollen Aussichtspunkt und herrliche Ausblicke (von denen einige allerdings von herumliegendem Müll getrübt werden). Während des Krieges wurden hier Hinrichtungen ausgeführt und die Leichen einfach über die Klippen geworfen.

Die Felsen liegen 2 km hinter dem familienfreundlichen **Parque Balboa** (Eintritt 0,80 US$). An der Ostseite des Mercado Central, auf der 12a Calle Poniente, Bus 12 mit der Aufschrift „Mil Cumbres“ nehmen. Mit dem eigenen Fahrzeug die Avenida Cuscatlán hinunterfahren, bis die Felsen ausgeschildert sind.

Panchimalco

Inmitten der grünen Hänge des Cerro Chulo liegt das kleine Örtchen Panchimalco, das für seine religiösen Feste bekannt ist. Besonders eindrucksvoll sind dabei die Feierlichkeiten am Palmsonntag, wenn die Bewohner mit prächtig geschmückten Palmwedeln durch die Straßen ziehen. Anfang Mai findet die **Feria de Cultura de las Flores y las Palmas** mit Palmwedel-Kunst, Volkstanz und Feuerwerk statt. Die von den Pipil abstammende Bevölkerung Panchimalcos hat sich neu definiert und das Dorf zu einer Künstlerenklave gemacht.

Von San Salvador aus kann man Bus 17 nach Panchimalco nehmen. Er fährt an der Avenida 29 de Agosto, an der Südseite des Mercado Central, los.

La Libertad

20 100 EW.

Die ungemütliche Mischung aus Drogen, Kriminalität und Surfkultur ist im berüchtigtsten Hafen El Salvadors zwar weiterhin allgegenwärtig, aber die Zeichen des Wandels liegen in der salzigen Luft. Angefangen beim legendären, stickigen Fischmarkt auf dem Pier bis hin zu den abendlichen Barrel-Wellen an der berühmten Punta Roca: Überall haben die örtlichen Behörden Unmengen von Geld investiert, um diesen schäbigen Teil der ansonsten erstklassigen Baugrundstücke entlang der Küste aufzuwerten. Es wimmelt hier nur so von Polizisten, und coole Cafés, Bars und Restaurants buhlen um die Gunst neuer Gäste. Neben einem Amphitheater und einem Skate-Park gibt ein Kongresszentrum den geschäftlichen und privaten Events den richtigen Rahmen.

Abseits der Strandpromenade ist La Libertad jedoch weiterhin eine muffig-heiße Arbeiterstadt. Sie ist allerdings wesentlich energiegeladener, mit weit mehr frisierten Bussen und lauthals brüllenden Marktschreiern, als man es bei der bescheidenen Größe der Stadt eigentlich erwarten würde. Die meisten Traveller lassen La Libertad links liegen und fahren direkt die entspannten Strände im Westen an. Für Banken und sonstige praktische Adressen ist La Libertad aber einen Stopp wert. Und für die Extraportion Meeresfeeling sowieso.

Sehenswertes & Aktivitäten

Strände

An den Wochenenden zieht es viele Städter nach La Libertad. Der Strand ist steinig und mit großen schwarzen Felsen übersät. Die tückische Strömung und die Abwässer machen das Meer in der Regenzeit von Mai bis Oktober unattraktiv. Wer nur etwas im Wasser herumtollen möchte, geht am besten zur Costa del Bálsamo oder an den 4 km östlich gelegenen Sandstrand der Playa San Diego.

Surfen

Surfen auf Weltklasse-Niveau kann man an der **Punta Roca**, einem Küstenstreifen mit einem schwungvollen Right-Hand-Break gleich vor der Stadt. Szenen aus dem Surf-Klassiker *Tag der Entscheidung* (1978) wurden hier gedreht. Anfänger können sich an der Playa La Paz (Nov.–Feb.), der Playa El Zonte oder der Playa El Sunzal versuchen. Erstklassige Surfspots mit Unterkunft findet man an der Costa Bálsamo.

Der Surfbrett-Doktor Saul hat sein **Hospital de Tablas de Surf** (☎2335-3214; 3a Av Norte 28-7) auf das Nachbargrundstück ausgeweitet und nun noch mehr Platz für Reparaturen, Vermietungen und den Verkauf von Surfbrettern. Ach, und Unterricht gibt er auch noch. Wenn es verlassen aussieht, einfach klopfen.

Tiere & Vögel beobachten

An der Straße nach Comalapa, etwa 4 km nördlich von La Libertad, liegt der **Parque Nacional Walter T Deininger** (Eintritt 1 US$, Guide 12 US$; ⏲7–12 & 13–17 Uhr) , der nach einem deutschen Siedler benannt ist, der das Land stiftete. Zwei Arten von Wald sind hier vertreten: der Laub abwerfende *caducifolio* und der immergrüne *galería*. Ein gut gewarteter, 18 km langer Weg, der aber nur in Begleitung eines Rangers benutzt werden darf, führt um den Park herum. Des Weiteren sind die Wege zum Río Amayo, zur „geheimen Höhle“ und zu einem Aussichtspunkt ausgeschildert. Von dort aus kann man studieren, wie der Wald direkt ins Meer übergeht. Neben Rotwild, Waschbären und dem vom Aussterben bedrohten *tepezcuintle* (Paka) können hier auch viele Vogelarten gesichtet werden, darunter auch der *torogoz* (Blauscheitelmotmot), der Nationalvogel El Salvadors.

Wer den Parque Deininger besuchen möchte, muss sich eigentlich fünf Tage im Voraus bei der ISTU (S. 322) in San Salvador eine Genehmigung besorgen. Einfach am Park auftauchen und dort mit dem Wächter reden ist aber zumindest einen Versuch wert. Der Park liegt mit dem Bus (Bus 187) etwa 15 Minuten von La Libertad entfernt.

Schlafen

Hotel Renacer HOTEL **$**
(☎7027-2899; Calle 4a Poniente 3 Av Sur; mit/ohne Klimaanlage 15/20 US$/Pers.) Dieses neue Hotel im Herzen von La Libertad verfügt über sieben Zimmer mit eigenem Bad sowie ein Restaurant. Was Preis und Service angeht, schlägt es die Konkurrenz um Längen.

Hotel Rick HOTEL **$**
(☎2335-3542; 5a Av Sur; DZ 28 US$; ❄) Das strahlend orangefarbene Rick gibt es schon seit drei Jahrzehnten, renoviert wurde seitdem wenig. Die Zimmer im 1. Stock bekommen mehr Sonne, außerdem wurden dort die Badezimmer neu gestaltet.

Sol Bohemio HOSTEL **$$**
(☎7262-0497; www.solbohemio.com; Playa San Blas; EZ/DZ 25/40 US$; 🏊) Zwischen La Libertad und El Tunco liegt die kleine Playa San Blas. Hier gibt's eine Handvoll Restaurants und dieses nette Gästehaus mit vier hübschen Zimmern mit eigenem Bad. Pool und Restaurant sind auch für Gäste geöffnet, die nicht dort übernachten.

La Hacienda de Don Lito HOTEL **$$**
(☎2335-3166; 5a Av Sur; Zi. 42–57 US$; 🏊) Neue Hotelleitung, ansonsten ist alles beim Alten: große, geräumige Zimmer, ein riesiger Balkon im 2. Stock, ein kleiner Pool mit Blick auf den Strand und eine nette kleine Bar.

Essen

Los Asados JC SALVADORIANISCH/MEXIKANISCH **$**
(3a Av Norte, zw. Calle El Calvario & 2a Calle Poniente; Hauptgerichte 3–4 US$; ⊙17–21.30 Uhr) Lebhafter Laden mit Surfer-Deko und salvadorianisch-mexikanischem Essen. Das Rindfleisch in oder an den *pupusas* schmeckt nach mehr und die Tacos sind herrlich aufgeweicht.

Punta Roca SEAFOOD **$$**
(Ecke 5a Av Sur & 4a Calle Poniente; Hauptgerichte 4–10 US$; ⊙8–20 Uhr, am Wochenende länger) In La Libertad fast schon so etwas wie eine Institution, wird dieses Restaurant von einer aus dem Ausland stammenden Surferfamilie betrieben. Der Koch zaubert exzellente *mariscadas* (Suppe mit Meeresfrüchten) und Krabbencocktails direkt am Strand. Auf keinen Fall den Sonnenuntergang verpassen.

★**Danilo's Bar & Restaurant** MEERESFRÜCHTE-FUSIONSKÜCHE **$$**
(Malecon; Hauptgerichte 6–18 US$) Den ehemaligen Großstadt-Küchenchef Daniel hat es ans Meer gezogen, und das ist gut so: In seinem schicken kleinen Fischrestaurant im Herzen der neuen Uferpromenade Malecon schlugen wir uns mit Sashimi und sagenhaftem Ceviche den Bauch voll. Bei Sonnenuntergang berauschte uns sein berühmt-berüchtigter Pisco Sour, den er mit einem einheimischen Schnaps zubereitet.

Nuevo Altamar SEAFOOD **$$**
(4a Calle Poniente; Hauptgerichte 6–16 US$; ⊙11–23 Uhr) Ein Team flinker Kellner der alten Schule tischt hier eingeweihten Einheimischen köstliche Meeresleckereien auf. Wärmstens zu empfehlen ist die *cazuela* (Suppe mit Meeresfrüchten). Der Top-Tipp unter den Restaurants an dem Weg, der zur Punta Roca führt.

La Dolce Vita ITALIENISCH **$$**
(☎2335-3592; Calle San Diego; Hauptgerichte 9–12 US$; ⊙9–22 Uhr) Die bessere der beiden italienischen Restaurantketten hat ihre Niederlassung an der Abzweigung zur Playa San Diego. Die Pizza und die Pastagerichte, die hier serviert werden, sind recht authentisch.

Super Selectos SUPERMARKT
(El Faro Mall; ⊙7.30–20 Uhr) Selbstversorger können ihre Vorräte bei Super Selectos aufstocken.

Praktische Informationen

Banco Agrícola Filialen befinden sich östlich des Marktes in Barrios und im Einkaufszentrum El Faro. Tauscht Reiseschecks; außerdem hat die Filiale im Einkaufszentrum El Faro einen neuen 24-Stunden-Geldautomaten.

Cyber Fenix (2a Calle Poniente; 1 US$/Std.; ⊙8–20 Uhr)

Post (2a Calle Oriente) Nahe 2a Av Norte.

GEFAHREN & ÄRGERNISSE

La Libertad gilt vor dem Hintergrund jahrelangen Drogenhandels als ein recht gefährliches Pflaster, aber die lokalen Behörden nehmen diese Probleme gerade in Angriff. Trotzdem sollte man nachts die Gegend südöstlich der

MALECON

Die Stadt hat der Kriminalität den Kampf angesagt. Dazu gehören die hohen Investitionen in die Aufwertung von La Libertads Küstenstreifen. Nur 40 Min. von der Hauptstadt entfernt hat sich der Malecon in einen Tummelplatz am Meer verwandelt. An der Uferpromenade sind nun schicke Restaurants, der berühmte Fischmarkt, bis spät in die Nacht geöffnete Bars und Cafés und zwei geschützte Schwimmbereiche zu finden. Gemälde und Skulpturen säumen die Wege, die bewachten Parkplätze sind sicher.

Die Salvadorianer sind begeistert; inzwischen ist die Zeit der Möwen, Betrunkenen und Diebe vorbei, die früher auf diesem 1 km langen Streifen in erstklassiger Immobilienlage am Strand unbehelligt ihr Unwesen trieben.

Plaza meiden (das Nachtleben entlang des Malecon ist ohnehin besser).

Überall an der Küste gibt's sehr starke Strömungen. Rettungsschwimmer tun aber nur am Wochenende in La Libertad und an der Playa San Diego Dienst. Wer weiterhin Strand und Meer genießen will, sollte hier keine Venusmuscheln essen.

An- & Weiterreise

Hier gibt es kein Busterminal. Bus 102 verbindet La Libertad mit San Salvador (0,60 US$, 1 Std.). In San Salvador fährt dieser am Terminal hinter dem Parque Bolivar bzw. am Terminal de Occidente ab. In La Libertad starten die Busse an der Ecke 4a Av Norte und Calle Gerardo Barros.

Um nach Sonsonate zu kommen, von der Bushaltestelle in der 2a Calle Poniente Bus 287 (1,25 US$, 2½Std., nur um 13.45 Uhr) nehmen oder alternativ Bus 192 zur Playa Mizata und dann umsteigen.

Unterwegs vor Ort

Surfbretter können in allen Bussen mitgenommen werden. Bus 80 fährt von La Libertad aus nach Westen zur Playa El Tunco und zur Playa El Sunzal (0,25 US$, 4.30–18 Uhr alle 15 Min.), bzw. nach Osten zur Playa San Diego (0,30 US$, 5.40–18 Uhr alle 15 Min.). Abfahrt der Busse ist von der 4a Av Norte auf der 2a Calle Oriente.

Die Playa El Zonte und Playa Mizata erreicht man mit Bus 192 (0,50 US$, 7–17.30 Uhr alle 30 Min.).

La Costa del Bálsamo

Diese spektakuläre Küste erstreckt sich von La Libertad Richtung Westen bis nach Sihuapilapa. Ihren Namen verdankt die Region dem kostbaren Öl, das hier durch das Verbrennen der Rinde von lebenden Balsambäumen gewonnen wird. Heute gibt es davon nur noch wenige davon.

Die Straße, die von La Libertad nach Westen führt, läuft um felsige Landzungen herum. Dabei kann man immer wieder einen Blick auf geschützte (meist private) Buchten und Sandstrände werfen. Der westliche Abschnitt dieser Straße ist besonders rau und wunderschön. Wer die Massen an den Wochenenden und die Parkplätze an der Playa Conchalío und der Playa El Majahual zu meiden weiß, der wird dafür mit 50 km lückenlosem Strand belohnt.

Bus 80 fährt bis zur Playa El Sunzal. Von dort geht's mit Bus 192 weiter. Dieser fährt seltener.

Playa El Tunco

Die Beliebtheit von El Tunco spricht sich in rasantem Tempo auf der ganzen Welt herum, deshalb sollte man dieses kleine Partydorf am Strand mit Vorsicht genießen.

Schlafen

Sombra HOSTEL $
(✆7729-5628; www.surflibre.com; B/DZ 6/14 US$, B/DZ/3BZ mit Bad 7/14/21 US$;) Der El-Salvador-Profi Jose tut alles, um seinen Gästen hohe Wellen und eine gute Unterkunft zu bescheren – vorzugsweise in dieser Reihenfolge. Man wird kostenlos vom Zona-Rosa-Bus in San Salvador abgeholt. Es gibt einen kleinen Pool mit Außendusche und auf der Terrasse blutet garantiert mindestens ein übereifriger Surfanfänger vor sich hin.

Papaya's Lodge HOSTEL $
(✆2389-6231; www.papayalodge.com; Zi. mit/ohne Bad 22/15 US$) Der einheimische Surfgott Jamie Delgado hat hier in Tunco eine erstklassige Budgetunterkunft auf die Beine gestellt. Von den acht aus Beton gemauerten Zimmern sind einige mit eigenem Badezimmer ausgestattet. Sie grenzen an eine schattige Veranda direkt am Fluss, die von Mangroven eingerahmt wird. Die Atmosphäre ist persönlich und absolut freundlich. Im Surfshop werden Bretter repariert und es wird Surfunterricht angeboten.

★Hotel Mopelia BOUTIQUEHOTEL $
(☎2389-6225; www.hotelmopelia-salvador.com; B 10 US$, Zi. mit/ohne Klimaanlage 30/15 US$; ❄) Das Mopelia hat dank seiner acht hervorragenden Zimmer, die sich über ein überdurchschnittlich großes Grundstück erstrecken, einige seiner schickeren Konkurrenten überflügelt. Hier gibt's einen beliebten Pizzaladen, das Tunco Veloz, und eine unterschätzte Bar, die Bier aus einer Kleinbrauerei ausschenkt. Wöchentlich stattfindende Tischtennisturniere ziehen ein großes Publikum an und der mehrsprachige Besitzer ist einfach großartig.

Eco Del Mar BOUTIQUEHOTEL $$
(☎7852-2124; www.ecosurfelsalvador.com; Zi. 50–55 US$, mit Klimaanlage 60–65 US$; ❄) Die fünf nachhaltig gestalteten Apartments sind aufgrund ihrer Beliebtheit und der relativ ruhigen Aussicht teurer geworden.

Roca Sunzal SURFRESORT $$
(☎2389-6126; www.rocasunzal.com; EZ/DZ 30/60 US$; P❄📶🏊) Das Ronza Sunzal ist bei einheimischen und internationalen Gästen sehr beliebt; seine Lage ist erstklassig und man geht dort auf die Bedürfnisse der Gäste ein wie in einem weit teureren Hotel. Der Pool ist hervorragend, das Essen ist sein Geld wert und die Zimmer sind geräumig und stylish. Nach Last-Minute-Tarifen fragen.

Tekuani Kal BOUTIQUEHOTEL $$
(☎2389-6388; www.tekuanikal.com; EZ/DZ inkl. Frühstück 50/65 US$; ❄🏊) Ultra-stylish, mit künstlich indigenem Flair.

La Guitarra BOUTIQUEHOTEL $$
(☎2389-6388; www.surfingeltunco.com; Zi. 35–45 US$, mit Klimaanlage 65–75 US$; ❄@🏊) Die Standards sind ein wenig abgerutscht in diesem Spitzenklasse-Hostel mit Rock'n'Roll-Motto, erstklassiger Lage und zuverlässiger Strandbar. Die strohgedeckten Zimmer mit eigenem Bad und festen Betten gehen auf einen grasbewachsenen Durchgang hinaus und der Aufenthaltsbereich an der Rezeption ist mit politischer Pop-Art, einem großen Billardtisch und einer TV-Lounge ausgestattet.

Essen & Trinken

Take a Wok NUDELN $
(Hauptgerichte 6–8 US$) Einen Hocker an der Theke besetzen, eine Kombi aus Sauce/Nudeln/Protein aussuchen und dem Typen zuschauen, wie er mit Öl und Feuer hantiert. Echt lecker und immer rappelvoll.

Dare Dare Cafe CAFÉ
(☎7080-0263; Sandwichs 5–7 US$) In diesem elegant dekorierten Feinschmeckercafé gibt's einen genialen Chai Latte (und natürlich auch andere Geschmacksrichtungen), amerikanisches Frühstück und hausgemachte Smoothies; überall stehen Zeitschriftenständer herum und im offenen Holzpavillon direkt an der Flussmündung laden Hängematten zum Verweilen ein.

La Bocana SEAFOOD $$
(Hauptgerichte 6–16 $) Dieses zuverlässig gute Fischrestaurant verwandelt sich abends in ein beliebtes Nachtlokal.

Comedor La Esquina SALVADORIANISCH $
(Hauptgerichte 4–6 US$) Der Liebling „an der Ecke" bei den Einheimischen. Riesige Teller mit Burritos und *típico* zu unglaublich günstigen Preisen kommen hier heiß und schnell auf den Tisch.

Soya Nutribar SAFTBAR $
(☎7887-1596; ⏱8.30–15 Uhr) Super Säfte, Bio-Müslis und nahrhafte Kombinationen, zumeist in flüssiger Form, werden in diesem kleinen, gut ausgeschilderten Laden verkauft, zu dem eine kurze Treppe hinaufführt.

D'Rocas CLUB
(☎2389-6313; ⏱Fr & Sa 12–2 Uhr) Der angesagteste Sommer-Club des Landes steht jetzt in El Tunco. Wer am Wochenende mit Horden von Einheimischen und Ausländern zu erstklassiger House- und Latino-Musik tanzen möchte, sollte ins D'Rocas gehen, einer überraschend stylishen Outdoor-Location mit einheimischem Flair und tollem Personal. Bevor es richtig losgeht, kann man es sich bei einem köstlichen Essen oder in der entspannten Poolumgebung gut gehen lassen.

Brew Revolution KLEINBRAUEREI
(⏱12–18 Uhr) Alles fing in Tunco mit der Brew Bar an. Der kleine Wohnwagen an der Hauptstraße ist das inoffizielle Zuhause von El Salvadors Brauereihandwerk. Wohlschmeckende Biere gehen von hier ins ganze Land, und schon bald wird man das wässrige Golden auf dem Boden zerschmettern und nach einem herzhafteren Getränk verlangen.

Playa El Sunzal

Dieser entspannte Surfspot ist der Strand direkt neben El Tunco.

Sunzal Point Surf Lodge SURFER-LODGE $
(☎2389-6070; www.surfsunzal.com; Carretera Litoral Km 44; B 7 US$, DZ mit/ohne Klimaanlage 30/18 US$; ❄@) El Salvadors originelles Surferdomizil aus den frühen 60-ern wurde in den letzten Jahren von drei Ex-Backpackern wiederbelebt, die sich in den berühmten Sunzal-Break verliebt hatten. Hier geht es sehr freundlich zu, alles ist weitläufig, die Gemeinschaftsbäder sind brandneu und die Küche komplett ausgestattet. Für alle, die nicht surfen wollen, wird eine Reihe von Aktivitäten auf festem Boden angeboten.

El Balsamo HOSTEL $
(☎7404-8117, 2389-6140; www.elbalsamo.com; B 5 US$, EZ/DZ ohne Bad 7/14 US$, mit Bad 20/25 US$) Veronica und Gijs unterhalten ihr Hostel auf einem abgeschiedenen Grundstück mit makellosen Doppelzimmern und Schlafsälen, mitten im Grünen. Wegen der gefliesten Böden und der geschmackvollen Möbel hat man kein schlechtes Gewissen, auch mal drin zu bleiben. Für ganz Eifrige gibt's hier auch eine Skateboardrampe.

Hostal Los Almendros HOSTEL $$
(☎7727-3194; DZ ab 25 US$) Eine alte Villa, die in eine Surferunterkunft umgewandelt wurde. Von den Einheimischen wärmstens empfohlen.

Sharky's TEX-MEX $
(Hauptgerichte 3–6 US$; ⏲7–15 Uhr) Perfektes Gringo-Essen nach dem Surfen dank dem einheimischen Original Richard, einem Ex-Piloten der salvadorianischen Fluggesellschaft TACA. Die Salate und die Hotdogs sind besonders lecker. Zur Zeit der Veröffentlichung dieses Buches sollte das spektakulär gestylte Hostel eröffnet sein.

Playa El Zonte & darüber hinaus

An der Costa del Bálsamo ist dies die ultimative *playa* zum Chillen und Surfen Lernen. Das Leben dieser winzigen Siedlung hat sich gewaltig verändert. Wer nachhaltig reist, zeigt den nötigen Respekt.

Canegue Hostal HOSTEL $
(☎7599-4080; www.caneguehostal.com; Playa El Zonte; Zi. 10 US$, Hängematten/Camping 5 US$) Die einfachste Unterkunft in El Zonte wird von einem freundlichen kanadisch-salvadorianischen Paar geleitet, das ausgiebig surft und überaus anständig ist. Das Hostel gehört zu den festen Institutionen der Surfer-Szene; in der Bar kann es recht ausgelassen zugehen.

Casa Garrobo HOSTEL $
(www.casagarrobo.com; Los Cobanos; EZ/DZ 20/30 US$; P❄≋) Das Garrobo ist eines der wenigen voll funktionstüchtigen Gästehäuser in Los Cobanos, das von ausländischen Gästen besucht wird; es besteht aus drei voneinander getrennten Strandhäusern, die zimmerweise gebucht werden können (auf Wunsch auch komplett als Haus). Über die Website buchen, weil die Besitzer ständig wechseln. Das Caracol hat uns am besten gefallen; alle drei Häuser sind von außen ziemlich vom Wetter verschlissen, verfügen aber über einen kleinen Pool, eine geräumige Veranda mit Hängematten und dunklen Holzmöbeln und hervorragende Schlafräume mit stabilen Betten und qualitativem Bettzeug.

Horizonte Surf Resort HOSTEL $
(☎2355-7337; www.horizontesurfresort.com; Playa El Zonte; B 12 US$, DZ 20–40 US$; P❄≋) Im Zuhause von Paco, dem Leguan, gibt's komfortable Zimmer (besonders oben), einen makellosen Garten und zwei Pools. Außerdem gehört ein annehmbares Restaurant dazu, Gäste können aber auch die saubere Küche benutzen. Surfstunden werden angeboten.

Esencia Nativa BOUTIQUEHOTEL $$
(☎7737-8879; www.esencianativa.com; EZ/DZ/3BZ 15/25/30 US$, Zi. mit Bad und Klimaanlage 35 US$; P❄≋) In dieser erstklassigen Backpacker-Unterkunft, der Seele von El Zonte, ist noch immer Alex der Boss. Oben sind neue Doppelzimmer hinzugekommen – das Beste, was man auf dem kleinen Zonte-Strip kriegen kann. Die Badezimmer sind makellos. Die eigentliche Attraktion in diesem Boutiquehotel ist jedoch das gesellschaftliche Leben am Pool und die Schlemmerhütte, von der man einen erhabenen Blick auf die Hauptbrandung hat.

El Dorado BOUTIQUEHOTEL $$
(☎7226-6166; www.surfeldrado.com; B/EZ/DZ 16/35/58 US$; P❄≋) Das beste unter den Hotels auf der anderen Seite des Flusses, eine frankokanadische Anlaufstelle für Surfer, mit schönen, geräumigen Zimmern, die mit Kunstwerken aus Bambus geschmückt sind.

DER WESTEN EL SALVADORS

El Salvadors Kaffeehochburg bietet eine feurige Mischung aus Abenteuer und altem Geldadel, gastronomischen Genüssen und üppig grünen Nationalparks. Die reizvolle

Ruta de las Flores zieht sich hier durch Dörfer mit Kopfsteinpflasterstraßen und passiert in ihrem Verlauf plätschernde Wasserfälle sowie blubbernde heiße Quellen. Unterwegs einen guten Espresso zu bekommen, ist genauso einfach wie einen lebhaften Markt zu finden. Santa Ana, die Hauptstadt der Provinz, ist eine selbstbewusste Kolonialstadt mit einem faszinierenden See gleich vor der Haustür und einigen großartigen Ruinen im Hinterhof. Der Westen El Salvadors ist aber auch ein Beispiel an Ungleichheit. An den Hängen der Vulkane mühen sich *campesinos* (Landarbeiter) bei brütender Hitze ab und leben dabei weit unterhalb der Armutsgrenze, während die Angehörigen der hiesigen Kaffeedynastien im Land weiterhin ein gutes Leben führen. Sobald El Salvador endlich ebenso als Reiseziel anerkannt wird wie seine Nachbarn, werden die Auswirkungen hier zuallererst spürbar sein.

Parque Nacional Los Volcanes

Dieser **Park** (Eintritt 1 US$; ⌚8–17 Uhr) ist ein natürliches Schmuckstück, mit den drei bedeutenden Vulkanen (Cerro Verde, Volcán Santa Ana und Volcán Izalco) und einer Tausende von Hektar großen Fläche. Er ist zudem ein wichtiges Vogelschutzgebiet, das Jahr für Jahr von vielen Zugvögeln durchflogen wird. Zu den Gästen auf Zeit gehören Laucharassaris, Eichelhäher, Spechte, Motmots und 17 Arten von Kolibris.

Der aktive Volcán Izalco ist der jüngste im Bunde. Sein Kegel formte sich erst ab 1770 aus einem Lava speienden Loch mit schwefelhaltigem Rauch. Heute ragt er 1910 m hoch in die Luft. Der Izalco brach im 20. Jh. mehrmals aus, wobei er Rauch, Felsbrocken, und Flammen spie und den Beinamen „Leuchtturm des Pazifiks" bekam. Heute steht dieser völlig karge, perfekt geformte Kegel inmitten von sonst sehr fruchtbarem Land.

Ohne Izalcos Hang zur Dramatik aber 400 m höher, ist der Santa Ana (auch als Ilamatepec bekannt) der dritthöchste Gipfel El Salvadors. Sein Ausbruch im Oktober 2005 löste Erdrutsche aus, die zwei Kaffeepflücker unter sich begruben und zur Evakuierung von Tausenden Menschen führten. Von seinem kargen, windgepeitschten Gipfel bieten sich spektakuläre Ausblicke: auf der einen Seite auf den Lago de Coatepeque und auf der anderen auf den steil in den Krater abfallenden Abhang.

Entlang der Wege und auf den Gipfeln findet man immer wieder Stationen der Touristenpolizei. Obwohl die Kriminalitätsrate in den letzten Jahren dramatisch zurückgegangen ist, sollte man hier nie alleine unterwegs sein.

Vierstündige geführte Wanderungen zu einem der beiden Vulkane (Izalco 1 US$; Santa Ana 2 US$) beginnen *ausschließlich* um 11 Uhr, deshalb unbedingt pünktlich sein! Das bedeutet auch, dass man beide Gipfel nicht an einem Tag erklimmen kann. Festes Schuhwerk tragen. Eine kürzere Alternative ist eine 40-minütige Natur-Wanderung, in deren Verlauf man einen schönen Blick auf den See und den Volcán Santa Ana erhaschen kann. Alle Wanderungen beginnen auf dem Parkplatz am Eingang des Parks.

Schlafen & Essen

In San Blas liegen, im Schatten des Volcán Santa Ana, gleich zwei Campingkomplexe.

Campo Bello HÜTTE **$$**
(☎2271-0853; 25–60 US$) Campo Bello bietet runde, aus Beton gemauerte Unterkünfte mit Platz für vier Personen.

Casa de Cristal HÜTTE **$$**
(☎2483-4713; 12–18 US$) Die Casa de Cristal has hat rustikale *cabañas*. Vorab anrufen, um nach Preisen, der Möglichkeit zu zelten und der Verfügbarkeit zu fragen.

Campground CAMPINGPLATZ **$$**
(☎2483-4713, 2483-4679; 2 Erw. 35 US$) Eine örtliche Kooperative verwaltet den rustikalen **Campingplatz**, 13 km von San Blas in Richtung Los Andes gelegen. In Los Andes sind Ranger stationiert, die auch als Guides für eine Santa-Ana-Wandertour infrage kommen. Weitere Infos gibt's bei SalvaNatura (S. 322) in San Salvador.

An- & Weiterreise

Spätestens um 11 Uhr da sein, da es nur einmal täglich geführte Wanderungen gibt. Am einfachsten und verlässlichsten ist die Anfahrt von Santa Ana aus. Von dort fährt Bus 248 direkt bis zum Eingang. Der letzte Bus fährt um 17 Uhr zurück; besser aber schon auf der Hinfahrt die Zeiten mit dem Busfahrer abklären.

Wer von San Salvador aus startet, muss früh aufbrechen, um sicher alle Anschlüsse zu erreichen. Einfach einen der Busse nach Santa Ana nehmen und bei El Congo an der Carretera Panamericana aussteigen. Bis zur Überführung hinaufgehen und dort in den Bus 248 steigen. Am besten nachfragen, um sicherzugehen, dass man hier richtig ist.

Mit dem eigenen Fahrzeug erreicht man den Parque Nacional Los Volcanes über Sonsonate (67 km von San Salvador) oder über die landschaftlich schönere Strecke Richtung Santa Ana (77 km von San Salvador).

Lago de Coatepeque

Im Gegensatz zu den bekannteren Seen in Zentralamerika (kleiner Hinweis: Guatemala) kann man im glitzernden Blau dieses 6 km breiten vulkanischen Tümpels sorgenfrei schwimmen, während sich im Hintergrund die dramatischen Gipfel des Cerro Verde, Izalco und Santa Ana erheben. Ah, El Salvador!

Entlang dem Ufer liegen ein paar wenige preiswerte Hotels, die meisten Unterkünfte hier sind aber der Elite San Salvadors vorbehalten – einer der ehemaligen Präsidenten hat hier sogar seine eigene Insel. Für etwa 5 US$ kann man sich am Nordostufer in einem der Hotels mit Zugang zum See entspannen. Für 20 US$ können Boote für ein paar Stunden gemietet werden.

Essen & Schlafen

Hostal Amacuilco HOSTEL $

(☎2441-6239; amacuilcohostal@gmail.com; B/EZ/DZ 9/12/24 US$; ❄@≋) Ein Hostel, für das man die Reiseroute über den Haufen werfen könnte. Die fünf gepflegten Zimmer und der erhöhte Schlafsaal sind hell gestaltet und bieten unterschiedliche Aussichten auf den See. Es gibt einen guten Buchtausch, einen kleinen Pool und eine Sauna, einen Kajak- und Kanuverleih und ein gutes Restaurant am See. In dem herrlichen Garten wird sogar Spanisch unterrichtet.

El Gran Mirador HOTEL $$

(☎7822-4251; Zi. inkl. Frühstück 25 US$) In diesem schicken Fischrestaurant im 1. Stock wird frischer *mojarro*-Fisch aus dem See serviert. Die drei kleinen Zimmer mit Betonwänden blicken auf den See. Auf der Straße von Santa Ana liegt der Gran Mirador auf halber Strecke auf der linken Seite.

Hostal Nantal HOSTEL $$

(☎2319-6792; Carretera al Cerro Verde Km 53,5; DZ inkl. Frühstück 30 US$; ❄@) Dieses von einem Garten umgebene Hostal ist ideal, um sich etwas zurückzuziehen, und auch ein guter Ausgangspunkt, um den Cerro Verde zu erkunden. Die vier Zimmer mit Bad (einige mit Seeblick) wurden erst kürzlich renoviert. Die freundliche Besitzerin Claudia kann Touren arrangieren. Der Santa-Ana-Bus zum Parque Nacional de los Volcanes hält hier.

Rancho Alegre HOTEL $$

(☎7888-0223; Carretera al Cerro Verde Km 53,5; 40 US$ für 4 Leute; ❄) Toller Ort für eine Party am See. Das jüngere Publikum schlägt sich mit *mojara rellena de camarrones* (einheimischem Fisch, mit Garnelen gefüllt) den Bauch voll, während Bands und eigene DJs ihre Musik über das klare blaue Wasser schallen lassen. Etwas zurückgesetzt vom Wasser stehen gepflegte Bungalows, die auch derjenige, der etwas zu tief in seine Pilsener-Flasche geschaut hat, noch erreicht.

Los Trozos Coatapeque LUXUSHOTEL $$$

(☎2415-9879; www.lostrozos.com.sv; DZ 140–300 US$) Ein neues Luxushotel wurde von seinem früheren Standort in den Hügeln von Sonsonate auf die westliche Seite des Sees verlegt (eigentlich wurde es hier wiedereröffnet). Das mit roten Ziegeln bedeckte Dach und die weiß getünchten Mauern wirken bescheiden. Es gibt fünf Zimmer, die im klassischen salvadorianisch-aristokratischen Stil ausgestattet sind. Der Pool am Zufluss des Sees ist herrlich und die Gäste können sich mit allen möglichen Wasseraktivitäten vergnügen.

Comedor Patricar SALVADORIANISCH $

(Hauptgerichte 2–5 US$; ⏲7.30–20 Uhr) In diesem Laden ohne Schnickschnack gibt es *típica* und Meeresfrüchte.

An- & Weiterreise

Die Busse 220 und 242 fahren von Santa Ana aus im Halbstundentakt zum See. Auf ihrem Weg kommen sie durch El Congo und fahren auch ein Stück am Ufer entlang, am Centro de Obreros, an Amacuilco und am Hotel Torremolinos vorbei (in dieser Reihenfolge). Der letzte Bus zurück nach Santa Ana fährt um 18 Uhr.

Santa Ana

178 600 EW.

In den kolonialen Gassen von Santa Ana ist noch der Wohlstand vergangener Zeiten spürbar. Rund um die konservative Großstadt befanden sich lange die landesweit größten Kaffeeplantagen. Nach San Salva-

Santa Ana

dor ist Santa Ana mit einem pulsierenden Nachtleben und einem stolzen Unternehmergeist außerdem die Stadt, die sich den Titel Universitätsstadt am ehesten verdient hat. Die Plaza gehört zu den größten Plätzen in El Salvador und somit ist die Stadt weit mehr als nur idealer Ausgangspunkt zum Lago de Coatepeque, zu den Maya-Ruinen in Tazumal oder zur Ruta de las Flores.

Sehenswertes

Die wichtigste Attraktion Santa Anas ist die große neugotische **Kathedrale**. Kunstvolle Ornamente schmücken ihre Fassade, während die Gänge und Pfeiler im Innern mit blaugrauen und pinkfarbenen Streifen versehen sind (sozusagen ein „Vorschul-Stil" der Neugotik). Auf dem Platz westlich der Kathedrale steht das **Teatro de Santa Ana**, in dessen Innerem man beeindruckende Verzierungen bestaunen kann.

Schlafen

Casa Frolaz B&B $
(☎2440-5302; 29a Calle Poniente; 9 US$/Person) Die Schlafsäle und Doppelzimmer in dieser gemeinschaftlich genutzten Unterkunft sind riesig und staubfrei, jedes davon mit einem eigenen Balkon für Gäste. Man kann die helle Küche und den Aufenthaltsbereich mitbenutzen oder einfach nur im Garten dieses waschechten *salvadoreño* etwas dösen. An der Straße gibt es jede Menge Parkgelegenheiten.

Hotel Livingston HOTEL $
(☎2441-1801; 10a Av Sur; DZ 10 US$, mit Kabel-TV 15 US$; ❄) Das Livingston mit seinen gut gepflegten, wenn auch etwas höhlenartigen Zimmern, ist in einem etwas abseits der Straße gelegenen Betonblock untergebracht. Die Kopfenden der Betten sind verspiegelt und die abenteuerliche Mischung aus Sofas

Santa Ana

Schlafen

Essen

Ausgehen & Nachtleben

Unterhaltung

und Stühlen ist vielleicht als Dekoration ganz witzig. Gut, um schnell zu den Busterminals zu kommen.

★ **Casa Verde** HOSTEL $
(☎7540-4896; hostalverde.wordpress.com; 7a Calle Poniente; EZ/DZ/3BZ inkl. Frühstück 10/18/25 US$; ❄@) Das Grüne Haus bietet ein bescheidenes, aber wahrscheinlich auch unvergessliches Hostel-Erlebnis in der Nähe des historischen Bezirks Santa Ana. Der Schlafsaal umfasst sieben Betten, kann aber für bis zu zwölf Personen aufgestockt werden; die Doppelzimmer sind farbenfrohe Schnäppchen. Küche und Entspannungsbereiche strahlen häusliches Glück aus. Wenn niemand im Haus ist, einfach anrufen, Carlos arbeitet im Baumarkt gegenüber. Wer tatsächlich dort unterkommt, sollte einfach mal auf der Dachterrasse einen Freudenschrei ausstoßen.

Villa Napoli B&B
(☎7808-0831; www.villanapoli.hostel.com; Quinta del Moral Km 62–63; DZ 20–30 US$) Das einladende Gästehaus Napoli wird von Rosa geleitet, deren Mann Franklin das kultige Cafe Expresiones in der Stadt betreibt; es liegt an der Straße zum Lago de Coatapeque. Mit seinem gepflegten Garten, dem gemütlichen Wohnzimmer und dem Zugang zu einer richtigen Küche ist es bei Leuten, die längere Zeit auf Reisen sind, sehr beliebt. Wer möchte, kann sich im Cafe Expresiones abholen lassen. Man freut sich hier so über die Gäste, dass alle Arten von Touren und Dienstleistungen angeboten werden.

Essen

El Sin Rival EIS $
(Av Independencia Sur; Hörnchen 0,50–1 US$; ⏰9–21 Uhr) Die Sorbets aus Naturprodukten, die in dieser beliebten Kette angeboten werden, sind wirklich unerhört lecker. Unbedingt das säuerliche *arrayán* (eine süßsaure, einheimische Frucht) und das *mora* (Brombeere) probieren.

Deli Café CAFÉ $
(Ecke 10a Av Sur & 25a Calle Poniente; Smoothies 1–2 US$; ⏰9–18.30 Uhr) Die grünen Picknicktische und der Blumenschmuck täuschen leicht über die wahren Talente dieses hervorragenden Feinkostcafés hinweg – nämlich die preisverdächtigen Smoothies, Säfte und Kuchen. Zu finden ist das Café zwischen dem Markt und der Casa Frolaz.

Pastelería Ban Ban KONDITOREI $
(Av Independencia Sur; Gebäck 0,50–2,50 US$; ⏰8–19 Uhr) Was Santa Ana so liebenswert macht? Dass am Nachmittag alle Einwohner eine Pause für Kaffee und Kuchen einlegen. In dieser Konditorei treffen sich besonders viele von ihnen, um sich im klimatisierten Raum die einfachen Sandwiches und das Gebäck schmecken zu lassen.

Essensstände FAST-FOOD $
(1a Av Norte; 1–2 US$) Wer sich ins Getümmel rund um die Essensstände auf der Plaza stürzt, wird mit riesigen Hühnchensandwiches auf Toastbrot, Burgern und fettigen Pommes Frites belohnt.

★ **Café Expresiones** CAFÉ $
(Calle 11 Poniente, zw. 6a & 8a Av Sur; Gerichte 3–6 US$; ⏰Mo–Sa) Santa Anas Lieblingscafé ist einfach irre – dort gibt's für die rastlose Jugend und neugierige Reisende Bücher, kleine Sandwiches, großes Frühstück und Kunstwerke. Der Besitzer ist ein kluger Kopf, der Rauchen und Trinken in seinem Laden verbietet. Immer wenn man um eine Ecke biegt, entpuppt sich das Café als noch größer und man entdeckt eine weitere verlorene Seele, die über dem Sinn des Kaffees grübelt. Draußen auf der Straße arbeiten weltoffene Nutten.

El Rincon Tipico del Sopon TÍPICA $
(☎2440-5697; 3a Av Sur; Hauptgerichte 3–5 US$) Lebhaftes Restaurant im Zentrum, in dem an den Wochenenden tolle Marimba-Musik gespielt wird. Die Spezialität des Hauses sind Suppen, aber besonders gut sind die

Salate und die riesigen hausgemachten Softdrinks. Beliebt bei Familien.

Cafe Santaneco SALVADORIANISCH $
(☎2447-8431; Calle Libertad Poniente; Hauptgerichte 2–4 US$; ⊙Frühstück & Mittagessen) Günstige und außergewöhnlich fröhliche Essensoption mitten in der Stadt mit grünen und gelben Wänden und einer Kundschaft aus Kennern, die sich die frisch zubereitete *comida a la vista* schmecken lassen.

Lover's Steak House STEAKHOUSE $$
(☎2484-7511; www.loverssteakhouse.com; 21a Calle Oriente, Barrio San Miguelito; Hauptgerichte 8–20 US$) Der richtige Ort für ein Date in Santa Ana. In mit Petroleumfackeln beleuchtetem Ambiente kommen Meeresfrüchte, Steaks und riesige Teller mit chinesischem Essen auf den Tisch. Nachts kann die Musik ziemlich laut sein.

Taberna de Capitan SEAFOOD $$
(Ecke 4 Av Sur & 17a Calle Poniente; Hauptgerichte 8–14 US$) In einer Gegend, in der es eine ganze Reihe guter Restaurants gibt, sticht dieses mit stampfenden Partyhymnen heraus, die nach den Meeresfrüchten angesagt sind. Nicht so viel Tintenfisch essen, bevor man das Tanzbein schwingt.

Ausgehen & Unterhaltung

Trenchtown Rock CLUB
(Carretera Panamericana desvío a Chalchuapa; ⊙Mi–Sa 19–open end) Bereit für einen spontanen Freudentaumel? Dann nichts wie hin zu diesem Elektro-Rasta-Club gegenüber dem neuen Busbahnhof von Santa Ana.

> **INSIDERWISSEN**
>
> **TRENCHTOWN ROCK**
>
> Die beste Party in El Salvador findet in Chalchuapa statt! Das Trenchtown Rock (s. o.) ist ein mystischer Ort, wo die Schuhe in der Ecke landen und man auf der Tanzfläche die Nacht zum Tag macht. Hier kann man den Rhythmus der besten Reggae- und Skabands El Salvadors fühlen, coole Feuer- und Trommelvorführungen erleben oder sogar seine eigene Show abziehen. Die Folienkartoffeln und die positiven Vibes sind echt der Hit. *Yeah!*
>
> *Rasta Maya Jorge, Chalchuapa*

Los Horcones BAR
(☎2484-7511; 1a Av Norte; ⊙10–2 Uhr) Der perfekte Ort für ein gemütliches Bier mit tollem Blick auf die Kathedrale. Die Pfeiler aus Baumstämmen und die handgefertigten Holzbänke sorgen für ein unkonventionelles und rustikales Flair.

Los Cuñados BAR
(Ecke Calle Libertad Poniente & 10 Av Sur 25; Hauptgerichte 2–10 US$; ⊙8–21.30 Uhr) Diese Kneipe im Zentrum erwartet ihre Gäste mit eiskaltem Bier in großen Gläsern, einem klebrigen Boden und Großbild-TV.

☆ Unterhaltung

Teatro de Santa Ana THEATER
(☎2447-6268; 2a Calle Poniente) Hier gibt's das aktuelle Programm mit Konzerten, Theaterstücken und Tanzaufführungen.

Cinemark KINO
(Ecke Av Independencia & 35a Av Poniente; Eintritt 3 US$) Neben den üblichen Hollywood-Actionfilmen flimmern hier gelegentlich auch Schnulzen über die Kinoleinwand.

Information

Ciberworld (Av Independencia Sur, zw. 9a & 11a Calle Poniente; 1 US$/Std.; ⊙Mo–Sa 8–19.30, So 9–18 Uhr) Freundlicher Service.

Citibank (Ecke Independencia Sur & 3a Calle Oriente) Hat einen Geldautomaten.

Red Cross (☎447-7213, 441-2645; Ecke 1a Av Sur & 3a Calle Oriente; ⊙24 Std.)

Virtu@l Center (Ecke 3a Av Sur & 7a Calle Oriente; 0,60 US$/Std.; ⊙Mo–Fr 8–19 Uhr, Sa 8.30–18 Uhr, So 9–13 Uhr) Internetzugang.

An- & Weiterreise

Vom neuen Busbahnhof in Santa Ana werden inzwischen mehrere Ziele angefahren (s. Kasten S. 337). Wer nach Las Chinamas (an der Grenze zu Guatemala) möchte, kann irgendeinen der Busse nach Ahuachapán nehmen und dort umsteigen.

Zu den Bussen, die an anderen Orten in der Stadt losfahren, gehören der nach Sonsonate (Bus 216; startet am Terminal La Vencedora, einen Block westlich des Parque Colón) und der nach Metapán (Bus 235, 0,90 US$, 1½Std.; fährt an der Ecke Av F Moraga Sur und 13a Calle Poniente ab). Nach Anguiatú (Grenze zu Guatemala) mit Bus 235 nach Metapán fahren und umsteigen.

Bus 248 zum Parque Nacional los Volcanes (Cerro Verde; 0,90 US$; 1¾Std.) fährt um 7, 8, 10.15, 11.20, 12.20, 13.40 und 15.30 Uhr am Terminal La Vencedora ab, einen Block westlich

BUSSE AB SANTA ANA

ZIEL	BUS	PREIS (US$)	DAUER
Ahuachapán	210	0,45	1¼ Std.
Lago de Coatepeque	220, 242	0,40	1¼ Std.
San Cristóbal (Grenze zu Guatemala)	236	0,50	1 Std.
San Salvador *directo*	201	0,80	1½ Std.
San Salvador *especial*	–	1,25	1¼ Std.
Sonsonate	209	0,55	1½ Std.
Tazumal, Chalchuapa	218	0,25	30 Min.

des Parque Colón. Der letzte Bus zurück fährt um 17 Uhr. Abfahrtszeiten prüfen.

Metapán

18 500 EW.

Metapán ist das Tor zum Parque Nacional Montecristo-El Trifinio, dem am schwersten zugänglichen und vielleicht schönsten Nationalpark El Salvadors. Von Mai bis November ist er geschlossen, um die Tiere während der Paarungszeit nicht zu stören. Ist der Park geöffnet, kommt man nur mit einem geländegängigen Fahrzeug dorthin. Metapán ist größtenteils das Paradebeispiel für eine typische Grenzstadt – heiß, hektisch und nach Sonnenuntergang wie ausgestorben – aber die 10 Blocks von der größten Durchgangsstraße entfernte Hauptplaza wurde sorgfältig restauriert und die Altstadt ist immer noch weitgehend intakt.

Sehenswertes & Aktivitäten

An der Grenze zwischen El Salvador und Guatemala liegt der Lago de Güija, ein wunderschönes Feuchtgebiet zum Angeln und zur Vogelbeobachtung. Es gibt hier Ausgrabungsstätten, die während der Trockenzeit zu Fuß erreichbar sind, und entlang der Küste kann man Petroglyphen betrachten. Ob man hier schwimmen kann, hängt von der Ausbreitung der blaugrünen Alge ab, aber lokale Anbieter organisieren Bootsfahrten, z. B. **La Perla de Azacualpa** (☎2415-6490; inkl. Mittagessen 35 US$), wo eine Bootsfahrt zu einem Dorf in Guatemala angeboten wird. Das Feuchtgebiet befindet sich einige Kilometer südlich von Metapán und 30 km nördlich von Santa Ana am CA12. Zu erreichen ist es mit dem Santa-Ana-Bus. Den Fahrer bitten, an der Kreuzung zum See zu halten. Von dort sind es zu Fuß noch 2 km.

Apuzunga Water Park RAFTING
(☎2483-8952; www.apuzunga.com; Eintritt 3 US$, Rafting-Trips 50 US$/Person) Dieser freundliche Anbieter bietet günstige Pakete aus Rafting- und Canopy-Touren im Apuzunga Waterpark außerhalb von Metapán an. Das Hauptbüro befindet sich im Metrocentro in Santa Ana.

Schlafen & Essen

Auf der Hauptplaza befinden sich neben Kirche, Herrenhaus, Grünflächen und Marktständen auch noch einige helle Cafés mit wunderschönen alten Fassaden.

Hotel Christina HOTEL $
(☎2442-0044; 4a Av Sur, zw. Calle 15 de Septiembre & 2a Calle; EZ/DZ 12/15 US$, mit Klimaanlage 18/23 US$; ❄) Wer eine Bleibe in der „Innenstadt" sucht, ist im Hotel Christina unterhalb des Terminals gut aufgehoben. Von der erhöht liegenden Veranda aus kann man prima Leute beobachten; der Gemischtwarenladen im Erdgeschoss ist praktisch zum Einkaufen.

Hostal de Metapan HOSTEL $$
(☎2402-2382; DZ inkl. Frühstück 20 US$; P❄📶) Diese neue Unterkunft direkt in der Stadt ist mit glänzendem unechtem Marmor ausgestattet und von außen sandfarben. In den gut instand gehaltenen Zimmern stehen Flachbildfernseher und klobige Betten. Der Preis ist sehr fair und das Personal ist hocherfreut, Gäste unterzubringen.

Hostal Villa Lemon ÖKO-HOSTEL $$
(☎2442-0149; Hütten 55 US$) 4 km nördlich von Metapán an einer ziemlich zwielichtigen Straße befindet sich das Reserva Ecologica El Limo. Auf dem Weg zum Wasserfall trifft man auf diese drei tollen Hütten, in denen je vier Gäste unterkommen können. Die Aussichten dort beschleunigen zuerst den Puls, dann verlangsamen sie ihn.

★ **Balompie Cafe** CAFÉ $

(☎2402-3567; 3 Av Norte 17; pupusas 1–2 US$; ⌚Mi–So 10–13 Uhr) Amadeo Gonzalez ist enorm erfolgreich mit einem pupusa-Laden in San Francisco und brachte diese Liebe zurück in seine Heimat. Zum besten Restaurant der Stadt führt ein Eingang im Kolonialstil - niemand würde denken, dass sich gleich dahinter das Fußballstadion befindet. Gourmet-Street-Food und einen Drink genießen, während *Los Caleros* die Jungs aus der Stadt in die Zange nehmen.

Kikes Coffee CAFÉ $

(Parque Central; Eiskaffee 1 US$) Kikes Coffee ist das beste Café an der Plaza.

Allgemeine Informationen

Fusión Ciber Café (2 Av Sur at 15 de Septiembre; 0,60 US$/Std.)

Scotiabank (Av Ignacio Gómez) Tauscht Reiseschecks und der Geldautomat ist rund um die Uhr in Betrieb.

An- & Weiterreise

Der Busbahnhof liegt am Highway direkt an der Zufahrtsstraße zur Stadt. Santa Ana wird von Bus 235 (0,90 US$, 1½Std.) und dem *directo* (2,50 US$, 1 Std.) angefahren. Abfahrt nach San Salvador ist siebenmal täglich mit Bus 201A (2,50 US$, 1¾Std.). Bus 235 und einige Microbusse bedienen die guatemaltekische Grenze in Anguiatú (0,50 US$, 30 Min.); letzte Abfahrt ist um 18.30 Uhr. Bus 463 fährt täglich um 5.30 und 12 Uhr die wunderschöne, aber auch haarsträubende Strecke über die Berge nach Citalá (2 US$, 3 Std.) nahe dem honduranischen Grenzübergang in El Poy.

Parque Nacional Montecristo – El Trifinio

Dieser abgelegene, und unberührte Grenzpark wartet mit einem dichten Blätterdach, aus Nebelwald, exotischen Orchideen und einer artenreichen Fauna auf. Die Grenzen von El Salvador, Honduras und Guatemala treffen an seinem höchsten Punkt (2418 m), El Trifinio, aufeinander. Eichen und Lorbeerbäume werden hier 30 m hoch und ihr Blattwerk ist zu einem für das Sonnenlicht undurchdringlichen Baumkronendach verschlungen. Der Waldboden bietet für viele exotische Pflanzen einen hervorragenden Lebensraum, darunter Pilze, Flechten, Moose und Baumfarne, die bis zu 8 m groß werden können. Die Durchschnittstemperaturen liegen bei 10 bis 15 °C und mit 2000 mm Niederschlägen pro Jahr und einer durchschnittlichen relativen Luftfeuchtigkeit von 100 % ist dies die feuchteste Region im Land.

Zu den Tieren, die man hier (wenn auch selten) zu Gesicht bekommt, gehören Klammeraffen, Ameisenbären, Stachelschweine, Flecken- und Haubenskunks, Pumas, rote und graue Eichhörnchen, Wildschweine, Opossums, Coyoten und Agutis (katzengroße Nagetiere). Der Wald ist auch Lebensraum für mindestens 87 Vogelarten, darunter Quetzale, grüne Tukane, Grünarassaris, Spechte, Kolibris, Nachtigallen, Weißgesichttauben und Schreieulen.

Unterkünfte gibt es hier keine, also muss das Zelt aufgeschlagen werden. Der Besitzer des kleinen Ladens vor Ort kann einem sagen, wo die Wege beginnen. Es gibt mehrere Wege hier, von denen allerdings keiner wirklich gut ausgeschildert ist. Los Planes (auf etwa 1900 m), eine mit Gras bewachsene Lichtung am Fuße des Cerro Montecristo, ist der Ausgangspunkt einiger Wanderwege. Zwei der Pfade führen jeweils zu etwa 1 km entfernten hölzernen Aussichtstürmen, von denen man einen guten Blick auf den Park und die Umgebung hat. Die meisten Wanderer werden allerdings nach dem Weg zum Gipfel Ausschau halten. Dieser ist das Highlight des Parks, das erst nach einem harten, 7 km langen Anstieg durch einen dichten und dunstigen Nebelwald erreicht wird. Auf seinem Gipfel markiert eine Plakette den Grenzpunkt zwischen den drei Ländern. Der Ausblick ist schlicht unglaublich und tolle Fotos sind garantiert.

Praktische Informationen

Das Gebiet oberhalb von Los Planes ist während der Paarungszeit der heimischen Fauna (Mai–Nov.) nicht zugänglich. Um den Park bestmöglich zu erkunden, muss man auf jeden Fall die Nacht hier verbringen. In Los Planes ist das Campen kostenlos – Ausrüstung, Wasser und Verpflegung muss man selbst mitbringen. Der Nationalpark- und Naturschutzdienst des **Ministerio de Medio Ambiente** (☎2267-6276, 2267-6259; www.marn.gov.sv; Alameda Araujo/Carretera Santa Tecla Km 5,5; ⌚Mo–Fr 7.30–16.30 Uhr) erteilt im Voraus Genehmigungen. Der Eintritt kostet pro Tag und Ausländer 6 US$. Hinzu kommen 1,15 US$ pro Fahrzeug (auch Taxis).

An- & Weiterreise

Der Weg nach Los Planes ist eine ziemliche Herausforderung – und keine billige. Wer ein geländegängiges Fahrzeug hat, kann selbst

ABSTECHER

CHALCHUAPA

Die meisten Besucher verbringen nur eine Stunde in Chalchuapa und schauen sich die Stadtruinen von Tazumal an (s. u.). Das ist wirklich schade, zumal dieser präkolumbische Ort einen tollen Einblick in das Alltagsleben der Bevölkerung El Salvadors bietet.

Die Laguna Cuzcachapa ist ein natürlicher schwefelhaltiger Tümpel am Stadtrand und in der Kultur der Mayas ein mystischer Ort von großer Bedeutung. Die Einheimischen kommen hierher, wenn schwierige Entscheidungen anstehen. Man sollte sich aber vor der *siguanaba* (einer mystischen Kreatur, die in der Gestalt einer schönen Frau alleinreisende Männer anlockt) in Acht nehmen! Die natürlichen Quellwassertümpel von **El Trapiche** (der Stätte der ersten Maya-Siedlung um 2000 v. Chr.) eignen sich hervorragend zum Schwimmen. Alternativ kann man im **Salto El Espino** unter einem Wasserfall abtauchen.

Kunstliebhaber sollten sich das **Maya Contemporaneo** gegenüber dem Eingang von Tazumal oder das **Arte en Las Manos** gegenüber La Rinconchita anschauen.

Die Jungen und Schönen von Chalchuapa bevölkern das neue Bar-Restaurant **La Rinconchita** (Av 2 de Abril y 6a Calle Poniente; ⏲ Sa 12–22, So 12–18 Uhr), um Cocktails zu trinken, würzige Ceviche zu essen und in einem Mix aus Fin de Siècle und Langeweile zu feiern. Ein lauschigeres Abendessen bei akustischen Melodien gibt's im wärmstens empfohlenen **Los Aldabones** (☎ 7730-1374; 6a Av Norte; ⏲ Mi–So 12–open end).

Das leckerste *chilate*, ein nahrhaftes Maisgetränk, das zu *camote* (Süßkartoffeln) und zuckersüßen *buñuelos* (Maniok) serviert wird, gibt's im **Chilate & Crafts** (5 Av Sur 6). Gegenüber den Ruinen von Tazumal befindet sich eine berühmte *yuqateria*, deren Spezialität *yuka* (Süßkartoffeln) mit Schweinebraten ist – eine typische nationale Köstlichkeit. Ganz in der Nähe wird wunderschöner Jade- und Quarzschmuck zu sehr guten Preisen verkauft.

Wer hier bleiben möchte – es gibt ein gutes Gästehaus, das **Hostal Las Flores** (☎ 2408-1098; Av 2 de Abril; Zi. 25 US$; ❄).

hinfahren (22 km von Metapán entfernt). **Francisco Monterrosa** (☎ 2402-2805) bietet für 55 US$ Tagestrips an bzw. fährt die Naturfreunde für 95 US$ an einem Tag hin und holt sie ein oder zwei Tage später wieder ab. Wenn Francisco gerade keine Zeit hat, findet man in Metapán bei der Abzweigung zum Park weitere Fahrer.

Wer sich früh morgens an die Straße stellt, wird vielleicht von einem Ranger oder den Einwohnern des kleinen Dorfs im Park mitgenommen. Eine Garantie dafür gibt's allerdings nicht und die Rückfahrt bleibt dadurch offen. Man kann zu Fuß bis zum Eingangstor gehen (5 km), weiter geht's aber nur mit Fahrzeug – so sind die Regeln.

Ruinas de Tazumal

Die Maya-Ruinen von **Tazumal** (Eintritt kostet 3 US$; ⏲ Di–So 9–17 Uhr) , die wichtigsten und beeindruckendsten in El Salvador, befinden sich im präkolumbischen Ort **Chalchuapa**, 13 km westlich von Santa Ana, auf dem Weg nach Ahuachapán. In der Quiché-Sprache bedeutet Tazumal „Pyramide, an der die Opfer verbrannt wurden".

Archäologen nehmen an, dass das Gebiet erstmals um 5000 v. Chr. besiedelt wurde. Ein Großteil des 10 km² großen Areals liegt weiterhin unter den einfacheren Behausungen Chalchuapas begraben. Die Plünderung der Ruinen und der Weiterverkauf der wertvollen Artefakte ist ein andauerndes Problem. Die bereits ausgegrabenen Bereiche spiegeln eine Bebauungsgeschichte von über 1000 Jahren wieder. Obwohl diese Ruinen von allergrößter Bedeutung für El Salvador sind, verblassen sie doch im Vergleich zu denen der Nachbarländer. Die Restaurierungsarbeiten haben im Dezember 2006 begonnen und die ursprüngliche Stein-Mörtel-Konstruktion eines Großteils der Ruinen wieder herstellen können. Allzu nahe kommt man allerdings nicht heran – eine Kette hindert Besucher daran, die Pyramiden zu betreten.

Im **Museum** sind Fundstücke ausgestellt, die vom aktiven Handelsaustausch bis nach Panama und Mexiko zeugen; mit ausführlichen Erklärungen auf Englisch. Weitere Funde, darunter auch die Estela de Tazumal, ein 2,65 m hoher Basaltmonolith mit Hieroglyphen-Inschrift, können im Museo

Nacional de Antropología David J Guzmán in San Salvador studiert werden. Auf der anderen Seite des Highway steht die **Casa Blanca** (Eintritt 3 US$; ⏲Di–So 9–17 Uhr), die einige Ruinen aus der Vorklassik und einen Indigo-Workshop beherbergt, in dem man selbst Stoff färben kann.

Aus dem 14 km entfernten Santa Ana fährt Bus 218 (45 Min.) hierher. An der Hauptstraße durch Chalchuapa weist ein Schild den Weg zu den Ruinen. Zu Fuß ist man vom Highway aus fünf Minuten unterwegs. Wer von Santa Ana aus mit dem eigenen Fahrzeug fährt, hält sich an der Gabelung rechts, bleibt auf der Straße nach Ahuachapán und biegt an der Texaco-Tankstelle in Chalchuapa links ab. Die Ruinen liegen am Ende der Straße.

Ahuachapán

38 630 EW.

Ganz egal wie man die Ruta de las Flores bereist: An Ahuachapán, einem hochgelegenen regionalen Zentrum, 16 km von der Grenze zu Guatemala entfernt, führt (fast) kein Weg vorbei. Man mag von der Stadt etwas mehr Aufgewecktheit erwarten – immerhin ist sie ein wichtiger Umschlagplatz für Kaffee aus der Region. Die wahre Action brodelt aber tief im Untergrund von Ahuachapán: Seine geothermische Energie versorgt etwa 15 % des Landes mit Strom.

Die wichtigen Verkehrsknotenpunkte rund um Plaza Concordia und Parque Menéndez liegen fünf Häuserblöcke auseinander und werden von der belebten Hauptgeschäftsstraße Av Menéndez verbunden, die von Norden nach Süden verläuft. Die Straße nach Tacuba ist schlecht ausgeschildert; am besten einen Einheimischen fragen.

Sehenswertes & Aktivitäten

Ahuachapán sprudelt nur so vor geothermischer Aktivität, wovon auch die allgegenwärtigen, dampfenden Schlammgruben zeugen. Vor einem Besuch der **Los Ausoles**, auch bekannt als *los infernillos* (die kleinen Höllen), empfiehlt es sich, den Guide **Carlos Alvarado Martínez** (☎2413-3360) zu kontaktieren.

Plaza Concordia PLAZA
Hier laden Grünflächen und Palmen zum Verweilen ein. Im Pavillon finden gelegentlich Konzerte und kostenlose Veranstaltungen statt.

Nuestra Señora de Asunción KIRCHE
Östlich der Plaza, mit *azuelo*-Böden und einer Jungfrau aus Buntglas.

Schlafen

Es gibt hier mittlerweile fast keine Budgetunterkünfte mehr. Für ein preiswertes Bett sind Tacuba oder die Ruta de Las Flores die richtigen Adressen.

La Casa de Mamapan B&B $$
(☎2413-2507; www.lacasademamapan.com; 2a Ave Sur y Pasaje La Concordia; EZ/DZ 26/52 US$; P❄📶) Das hübsche Boutiquehotel der charmanten Eigentümer Claudia und Roberto liegt gegenüber dem berühmten Parque de Concordia. Es verleiht der kleinstädtischen Tourismusszene die dringend benötigte Eleganz. Die Zimmer sind klassisch gestaltet, Lobby und Flure sind mit interessanten salvadorianischen Antiquitäten und Kunstwerken ausgestattet. Gelegentlich ist das ganze Hotel von Veranstaltungsgruppen gebucht.

Hotel Casa Blanca HOTEL $$
(☎2443-1505; Ecke 2a Av Norte & Calle Barrios; EZ/DZ mit Ventilator 24/34 US$, mit Klimaanlage 35/63 US$; P❄@🏊) Das puppenhausartige Hotel liegt in einer hübschen historischen Straße und wird von einer liebenswürdigen Frau geleitet, die im Umgang mit pingeligen Gästen geschickt ist. Manchen erscheinen die Zimmer wohl ein wenig überladen, anderen sind sie gerade dekadent genug. Die Badezimmer gehören zu den Höhepunkten.

Termales de Santa Teresa THERMALRESORT $
(☎2423-8041; www.termalesdesantateresa.com; Beneficio Bendix, Carretera Hacia Ataco, frente a Ciudadela; Unterkünfte mit spanischer/französischer/japanischer Einrichtung 25/45/50 US$) In diesem bezaubernden Resort mit heißen Quellen außerhalb von Ataco gibt's Quartiere mit spanischem, französischem oder japanischem Flair. Abgerundet wird dieses Erlebnis durch Besichtigungstouren durch Kaffeeplantagen und eine Küche, in der regionale Produkte verwendet werden.

Essen

La Estancia SALVADORIANISCH $
(1a Av Sur zw. Calle Barrios & 1a Calle Oriente; Hauptgerichte 2–4 US$; ⏲Mo–Sa 7–18 Uhr) Die alte Villa Carmen aus der Kolonialzeit beherbergt das beste Restaurant in der Stadt. Hier isst die arbeitende Bevölkerung, es oft hektisch; die Speisekarte ist schlicht, aber es gibt den ganzen Tag *comida típica* im Buffet-Stil.

BUSSE AB AHUACHAPÁN

ZIEL	BUS	PREIS (US$)	DAUER
Las Chinamas	63 oder Ruta 11	0,60	40 Min.
San Salvador	202	1,20	2½ Std.
San Salvador *especial*	–	2	1¼ Std.
Santa Ana	210	0,60	1 Std.
Sonsonate über Apaneca & Juayúa	249	0,90	2 Std.
Sonsonate *directo*	23	1,25	1½ Std.
Tacuba oder Ruta	264 oder Ruta 15	0,70	40 Min.

Restaurant Mixta 'S' SALVADORIANISCH **$**
(Ecke 2a Av Sur & 1a Calle Poniente; Hauptgerichte 4–5 US$; ⏲8–21 Uhr) Auf der Suche nach frischen *mixtas* – Fladenbrot gefüllt mit eingelegtem Gemüse, Salsa und Fleisch oder Käse – sollte man unbedingt in diesem wunderbaren und fröhlichen Imbiss vorbeischauen. Der übervolle leckere *licuado* wird mit einem zusätzlichen Strohhalm zum perfekten Date-Erlebnis.

Praktische Informationen

Die meisten Dienstleistungen und Restaurants sind nahe der Plaza Concordia zu finden.

Ciber Café Cetcomp (Ecke 2a Av Sur & 1a Calle Poniente; 0,60 US$/Std.; ⏲Mo–Fr 9–20, Sa 9.30–20.30, So 10–21 Uhr)

Scotiabank (Ecke 2a Av Sur & 1a Calle Poniente) Tauscht Reiseschecks von American Express und Visa.

An- & Weiterreise

Einen Block nördlich des Parque Central steht auf der von Marktständen praktisch zugepflasterten Avenida Menéndez direkt an der 10a Calle Oriente ein Bus am anderen. Die Busse zur guatemaltekischen Grenze bei Las Chinamas starten von der 8a Calle Poniente, an der nordwestlichen Ecke des Parque Menéndez. Folgende Busse fahren Ahuachapán an (Achtung: Statt dem Santa-Ana-Bus kann man auch den schnelleren Bus in Richtung San Salvador nehmen und am Metrocentro in einen Stadtbus ins Zentrum umsteigen).

Tacuba

1932 fand hier die erste kommunistische Revolution Amerikas statt. Aber sowohl die Zeit als auch die Regierung hat diese ärmliche Außenstelle in den Bergen, am Hintereingang des spektakulären Parque Nacional El Imposible, längst vergessen. Die frisch asphaltierte Straße ließ den Zustrom von Abenteurern, die hier zur Wirtschaft beitragen sollen, von einem Rinnsal zu einem stetigen Fluss anschwellen. Nachhaltiger Tourismus ist fast garantiert und durch Tacubas Lage am Ende der Welt wird man für seinen minimalen Aufwand auch noch maximal belohnt.

Sehenswertes & Aktivitäten

Parque Nacional El Imposible – Nördlicher Eingang NATIONALPARK
Der Parque Nacional El Imposible ist ein tropisches Paradies an der Grenze zu Guatemala und, unverständlicherweise, bei nur wenigen Travellern Teil der Reiseroute. Bei der Vegetation handelt es sich größtenteils um Primärwald mit vielen Flüssen und schönen Wasserfällen.

Geduldige Tierbeobachter haben hier die Chance, Pumas und Prachthaubenadler vor die Linse zu bekommen. Es ist aber vor allem der Blick auf die von Nebelschwaden umgebenen Gipfel und den schillernden Pazifik, der die Aufmerksamkeit der meisten Besucher auf sich zieht.

Im Parque Nacional El Imposible kommt man auch allein zurecht – entweder den nördlichen Eingang benutzen und die Tour am Besucherzentrum beenden oder am Zentrum im Süden anfangen. Mehr Informationen s. S. 348.

Der Park wird von **SalvaNatura** (☎2279-1515; www.salvanatura.org; Eintritt 6 US$) verwaltet.

Imposible Tours TOUREN
(☎2417-4268; www.imposibletours.com; Hostal de Mamá y Papá; Wasserfall-Tour 30 US$, Barria de Santiago 2-Tages-Tour inkl. Essen & Trinken 65 US$, Termas Santa Teresa 20 US$) Wer nach Tacuba kommt, sollte unbedingt eine Imposible Tour unter-

nehmen. Manolo ist ein extrem engagierter und erfahrener Guide, dessen Leidenschaft für seine Umgebung auf die Teilnehmer abfärbt. Seine enorm beliebte Wasserfall-Tour umfasst immer mehr Sprünge in eiskalte Tümpel – entweder man springt selbst oder man wird abgeseilt. Weitere Touren sind z. B. die Mountainbike-Tour zum Pazifik, wo man am höchsten Punkt des Parks, auf dem Cerro Ceballo, zeltet, oder Drei-Tages-Touren hinauf zum Rio Paz an der guatemaltekischen Grenze. Weniger verrückt ist beispielsweise die Wanderung zu den sieben heißen Quellen der Termas Santa Teresa.

Schlafen & Essen

Hostal de Mamá y Papá HOSTEL **$**
(☎2417-4268; www.imposibletours.com; B/DZ 7/14 US$, Gerichte 4 US$) Die tragende Säule der Traveller-Community in Tacuba ist dieser ruhige Familienbetrieb, der in einem üppigen Garten liegt. Mama füttert ihre Gäste, als wären es ihre Kindeskinder, während Papa herumbastelt und seinen Charme versprüht. Die Zimmer sind schlicht, aber sehr sauber und gemütlich. Die Badezimmer sind auch ganz brauchbar. Bis man eingecheckt hat, hat man meist auch schon den energiegeladensten Guide des Landes, Manolo, der auch Englisch spricht, kennengelernt.

Die Zimmer im Erdgeschoss sind groß und haben eigene, warme Duschen. Die Zimmer hinter dem vogelreichen Garten sind etwas abgeschiedener. Vom Chill-Out-Bereich im Obergeschoss hat man einen tollen Ausblick. Vorab telefonisch nach dem Weg und nach dem neuen medizinischen Freiwilligenprojekt fragen.

La Cabaña HÜTTE **$$**
(☎2417-4332; Zi. 30 US$;) Großes Gelände; von der Plaza etwas bergab gehen.

Sol de Media Noche VEGETARISCH **$**
(Hauptgerichte 2–4 US$; ⌚Mo–Sa 6.30–17 Uhr) Soja-Lasagne, üppige Blattsalate und Karotten-*tortas* standen hier zum Zeitpunkt der Recherche gerade auf der Tafel mit den Angeboten. Das vegetarische Café wird von einer salvadorianischen Hindu-Sekte betrieben und bietet täglich wechselnde Menüs. Es liegt zwei Blocks hinter der Plaza.

An- & Weiterreise

Bus 264 und Ruta 15 (0,60 US$, 40 Min., 5.30–19 Uhr) fahren von der Hauptplaza aus Richtung Ahuachapán.

Ruta de las Flores

Das Prachtexemplar des salvadorianischen Tourismus ist eine 36 km lange, kurvenreiche Strecke, die durch bunte Kolonialstädtchen führt und für entspannte, der Gastronomie und Kunst gewidmete Wochenenden steht. Ebenso befriedigt sie aber auch abenteuerlichere Vorlieben wie Ausflüge – mit dem Mountainbike, dem Pferd oder zu Fuß – zu den zahlreichen Wasserfällen, die überall in der wunderbaren Cordillera Apaneca verborgen sind. Die ersten Kaffeeplantagen des Landes entstanden hier, einige der besten indigenen Kunsthandwerker sind in der Region zu Hause und ein weltbekanntes, wöchentlich stattfindendes kulinarisches Fest wird hier veranstaltet. Die „Blumen-Route" ist ein erster Ausblick auf das Wiederaufleben El Salvadors als Reiseziel.

Der Bus 249 fährt regelmäßig zwischen Sonsonate und Ahuachapán und hält unterwegs in allen Ortschaften, darunter auch Juayúa, Apaneca und Ataco.

Juayúa

10 100 EW.

„Chuay-uh-ah" ist bekannt für seine am Wochenende stattfindende **feria gastronómica** (Lebensmittelmesse), auf der viele Menschen aus dem ganzen Land die beste Küche der Region kosten und auf der Plaza zu live gespielter Musik tanzen. Gegrillter Leguan, Meerschweinchen und Frosch-Spieße sind die Highlights der gewagten Speisekarte. Weniger Abenteuerlustige können *riguas de coco* (gebratene Kokosnuss mit Maismehl) und *elote loco* (verrückten Mais), aufgeschäumt mit Parmesan und Senf, probieren.

Unter der Woche kehrt Juayúa zu seinen entspannten Wurzeln zurück und Besucher schlendern über die warmen Kopfsteinpflasterstraßen, dringen auf der Suche nach heißen Quellen oder Wasserfällen in die Berge der Umgebung vor, oder halten beim Anblick des **Cristo Negro**, einer bedeutenden religiösen Statue, die von Quirio Cataño im späten 16. Jh. geschnitzt wurde und in der Kirche aufbewahrt wird, den Atem an.

Die kleinen Gassen und das übliche, symmetrisch aufgebaute Straßennetz Juayúas sind ideal zum Lustwandeln. Die Kirche liegt am Westende der Plaza, dahinter befindet sich der Markt.

Die Vergangenheit Juayúas war allerdings alles andere als friedlich. Die Aufstände der indigenen Bevölkerung der Region waren Auslöser für die Revolutionsbewegung von 1932. Mit der Unterstützung der durch den Kaffeeanbau zu Reichtum gelangten Oberschicht, schlugen die Regierungstruppen den schlecht organisierten Aufstand brutal nieder.

Aktivitäten

Ein Ausflug zu **Los Chorros de Calera**, einer Gruppe von Wasserfällen, die über zerklüftete Abhänge in große, kühle Becken hinabstürzen, ist eine empfehlenswerte Wanderung, mit der Option auf einen Sprung ins kühle Nass. Die **Ruta de las Seite Cascadas** verläuft an sieben malerischen Kaskaden am Río Bebedero entlang. Im Hotel Anáhuac oder der Casa Mazeta nach dem Weg oder einem Guide fragen. Da es gelegentlich zu Diebstählen kommt, ist es bei manchen Aktivitäten besser, sich einen Führer zu nehmen. Weitere geführte Touren sind z. B. Ausflüge zum See, Kaffee-Touren und das Abseilen an einem Wasserfall.

Schlafen

Hotel Anáhuac HOSTEL $

(☎2469-2401; www.tikal.dk/elsalvador; B/EZ/DZ 9/17/25 US$; @) Der Besitzer César hat wirklich etwas übrig für die reisenden Fremden. Das Anáhuac ist so etwas wie eine Institution an der Ruta de las Flores und wer von dort zurückkehrt, schwört auf die preisgünstigen Doppelzimmer, die mit den Arbeiten einheimischer Künstler geschmückt sind. Hinten gibt's einen hübschen grünen Hof, die Atmosphäre ist ruhig und respektvoll. Neben zahlreichen Tourangeboten gibt's ein neues Projekt, bei dem man Weltklasse-Kaffee von der Plantage bis zur Tasse verfolgen kann.

Casa Mazeta Hostal HOSTEL $

(☎2406-3403; www.casamazeta.com; 1 Calle Poniente No 22; B/EZ/DZ 9/20/25 US$; @) Ein altes Wohnhaus wurde hier in eine der besten preisgünstigen Unterkünfte des Landes umgewandelt. Darren und Carlos, die neuen Besitzer, präsentieren ein schönes Gebäude mit durch und durch eklektischem Flair. In den Schlafsälen lässt sich's gut abhängen und es gibt so viel Stauraum, dass man darin auch einen Rucksack mit aufgeschnalltem Banjo schwingen könnte. Das Licht, das auf die gefliesten Böden fällt, verleiht dem Ganzen einen märchenhaften Zauber. Die angebotenen Touren sind sehr zu empfehlen.

Portezuelo Park ABENTEUER-LODGE $$

(☎2265-1111; www.akwaterra.com; Cantón San Juan de Dios; Zi./Suite für 4 Pers. 55/65 US$, DZ im fest installierten Zelt 35 US$, Zeltplatz 5 US$) Dieser Outdoor-Spielplatz wird vom abenteuerlustigen Travel-Team Akwaterra gemanagt und ist eine coole Unterkunftsmöglichkeit. Es werden haufenweise Aktivitäten angeboten, einschließlich Wandern, Hochseilgärten, Mountainbike fahren und Reiten. Besonders schön ist die Tutti-frutti-Ausstattung der Hütten und der tollen Zelte unterm Holzdach. Eine hippe Campingmöglichkeit 6 km von Juayúa selbst entfernt.

Hotel-Posada y Restaurante El Mirador HOTEL $$

(☎2452 2432; 4a Calle Pte 4-4; Zi. 25–30 US$) Ein riesiges Wandgemälde in der Nähe der Hauptplaza heißt Gäste in dieser seltsamen Zusammenstellung von Standardzimmern auf zwei Stockwerken willkommen. Gegen eine geringe Gebühr ist heißes Wasser erhältlich, die Betten sind fest und Kabel-TV gibt es auch. Vom Restaurant auf dem Dach bietet sich eine großartige Aussicht auf Juayúa und die Vulkane.

Essen & Trinken

Tienda San José FAST-FOOD $

(Hauptplaza; Hauptgerichte 2–7 US$; ⌚8.30–23 Uhr) Teils Mini-Markt, teils bis spät in die Nacht geöffnetes Lokal, in dem Reis mit Bohnen sowie Alkohol serviert werden. Jede Menge Spaß auf dem kleinen Platz mit Park.

Taquería la Guadalupana MEXIKANISCH $

(2a Calle Oriente; Hauptgerichte 2–7 US$; ⌚Di–So Mittag- & Abendessen) Topsolides mexikanisches Essen, vor allem die leckeren Tortillasuppen und *nopal*-(Kaktus-)Salate. Im Hof hängt das Jungvolk ab.

R&R SALVADORIANISCHE FUSIONSKÜCHE $$

★(Calle Mercedes Caceres 1-4 Poniente; Hauptgerichte 7–17 US$; ⌚Di–So Mittag- & Abendessen) Mit seiner Mischung aus Yankee- und *guanaco*-Küche überrascht Carlos, der übrigens auch Englisch spricht, seine Gäste, die hungrig aus den Bergen kommen. Steak in all seinen Erscheinungsformen lässt einem das Wasser im Mund zusammenlaufen, aber auch *revolotijo vegetariano*, Salate und

Desserts sind sehr zu empfehlen. Der Service in dem mit Kunstwerken geschmückten Hof ist super.

El Cadejo BAR
(3a Av Norte; Hauptgerichte 4–10 US$; ⌚ Mi–Sa 11–open end) Das Zentrum von Nightlife, Highlife und Lowlife in Juayúa bietet Abende mit akustischer Musik und wechselnde Kunstausstellungen des einheimischen Künstlers und Besitzers Capitan Roca. Der preisgekrönte Barista Alejandro macht den Kaffee genau richtig und die Einheimischen stehen Schlange, um ihn zu probieren. Die Speisekarte besteht aus ziemlich standardmäßiger westlicher Kost.

Tostaduria de Cafe de Juayua KAFFEE
Drüben beim Stadion befindet sich dieses brandneue Kaffeegeschäft, das zum Hotel Anáhuac gehört. Hier kann man seine grünen Bohnen rösten lassen und die verschiedensten Proben von überall aus dem Land bekommen.

Shopping

Canchis Canchis KUNSTHANDWERK
(☎ 2469-2730; Hauptplaza) Die beste *tienda* im Ort ist dieser kunterbunte Laden. Betrieben wird er von den Künstlern Jorge und Veronica, die, von handbemalten Untersetzern bis hin zu hölzernen Fischen und Bleistiftzeichnungen, alles herstellen und verkaufen.

Praktische Informationen

Cyber & Equipment (1a Av Norte; 0,75 US$/Std.; ⌚ 8.30–21 Uhr) Internetzugang. Einen halben Block nördlich der Plaza; manchmal auch bis 23 Uhr geöffnet.

Juayutur (⌚ Sa & So 9–17 Uhr) Die Touristeninformation in Juayúa gibt an ihrem Stand an der östlichen Seite der Plaza Infomaterial über die Stadt und Ausflugsziele in der Umgebung aus.

Scotiabank (Calle Monseñor Óscar Romero) Tauscht Reiseschecks, gibt Barvorschüsse auf Visa-Karten und ist gerade dabei, einen Geldautomaten aufzustellen.

An- & Weiterreise

Bus 249 fährt in Richtung Nordwesten nach Apaneca (0,60 US$, 20 Min.), Ataco (0,70 US$, 30 Min.) und Ahuachapán (0,90 US$, 1 Std.) und ebenso, tagsüber, Richtung Süden nach Sonsonate (0,80 US$, 45 Min.). Alle 15 Minuten fahren Busse vom Park ab oder, an Wochenenden, vier Blocks westlich des Parks. Bus 238 fährt direkt nach Santa Ana (0,75 US$, 40 Min.) und startet sechsmal täglich ein paar Blocks westlich vom Parque Central.

Apaneca

8600 EW.

Dieses ruhige Bergdorf scheint nicht von dieser Welt zu sein. Außerdem liegt ein leichtes Frösteln in der Luft – mit einer Höhe von 1450 m ist Apaneca der am zweithöchsten gelegene Ort in El Salvador. Das erklärt auch, warum der hier angebaute Kaffee so heißbegehrt ist. Mal abgesehen von den Kopfsteinpflasterstraßen, durch die man herrlich und ziellos schlendern kann, und den paar Baumschulen, ist hier nicht viel geboten. Entweder versucht man, ein paar im Ort hergestellte Möbelstücke zu ergattern, oder man tut es den Aktiv-Reisenden gleich und nutzt Apaneca als Ausgangspunkt für körperlich anstrengende Aktivitäten in der rundum gelegenen Sierra Apaneca Ilamatepec.

Die schöne **Iglesia San Andres** war früher eine der ältesten Kirchen des Landes, wurde aber vom Erdbeben 2001 vollständig zerstört. Die Renovierungsarbeiten sind fast abgeschlossen.

Sehenswertes & Aktivitäten

Die Kraterseen **Laguna de las Ninfas** und **Laguna Verde**, nördlich und nordöstlich des Orts gelegen, können zu Fuß erreicht werden. Der erstgenannte ist sumpfig, schilfig und von Seerosenblättern zugewuchert; das Wasser der tiefen Laguna Verde ist kalt. Am **Chichicastepeque** (auch bekannt als Cerro Grande) kann man zelten. Er liegt auf 1816 m Höhe und bietet so einen überragenden Ausblick auf die Umgebung; lediglich die Funkantennen nehmen dem Beobachter die Illusion einer weiten Wildnis. Am Touristenstand gibt's eine Wegbeschreibung und Infos zu Touren mit einem Guide.

Eine Führung durch einen *vivero* (Baumschule) ist ein entspannter Nachmittag mit Erdbeeren, starkem Kaffee und seltenen Pflanzen. Der **Vivero Alejandra** (⌚ Mi–So 7–16 Uhr) liegt nur einen kurzen Fußmarsch vom Zentrum entfernt (in Richtung Juayúa). Weitere *viveros* sind u.a. der **Vivero Santa Clara** gegenüber dem Vivero Alejandra.

Apaneca Canopy Tours TOUREN
(☎ 2433-0554; 30 US$) Mit Apaneca Canopy Tours geht's auf einer 2,5 km langen Seilrutsche mitten durch den Bergwald hindurch.

Die Ausflüge beginnen täglich um 9.30, 11.30, 14 und 16 Uhr.

Apaneca Aventura TOUREN
(☎ 2433-0470, 7136-5851; www.apanecaaventura.com; 4a Avenida Norte; 2-Stunden-Tour für 2 Personen 65 US$) Apaneca Aventura hat mittlerweile auch einige Gelände-Karts angeschafft, mit denen es täglich zur Laguna Verde geht. Eine ganz neue Art, um sich fortzubewegen – und um so richtig schön dreckig zu werden.

Finca Santa Leticia FINCA
(☎ 2433-0357; www.hotelsantaleticia.com; Km 86,5; DZ inkl. Frühstück 150 US$) Die Finca Santa Leticia ist Restaurant und Kaffeefarm in einem. Sie liegt gleich südlich von Apaneca. Das Highlight des kleinen, auf dem Gelände liegenden **Archäologieparks** (Eintritt 5 US$) sind zwei dickbäuchige Figuren, die aus riesigen Basaltbrocken herausgeschlagen wurden und zwischen 6350 und 11000 kg wiegen. Experten nehmen an, dass diese 2000 Jahre alten Pummelchen der frühen Maya-Kultur entstammen und Hochachtung vor den Herrschern ausdrücken sollten. Das Hotel ist teuer, eignet sich aber für Familien und Gruppen.

Schlafen & Essen

In den Urlaubsresorts entlang des Highways bei Apaneca gibt es noch mehr Möglichkeiten. Diese Nobelrestaurants warten mit der unvermeidbaren *buena vista* und einer entspannten Atmosphäre auf, in der man herrlich abschalten kann.

Laguna Verde Guest House HÜTTE $
(☎ 7859-2865, 2102-8575; gpssal@intercom.com.sv; B/DZ 15/35 $) Etwa 3 km von Apaneca entfernt, am Rande der Cuyanausal-Bergkette, liegt dieses ruhige Gästehaus mehr oder weniger am Rand eines Vulkans. Zwei Gebäude stehen zur Auswahl: Eines hat schlafsaalartige Übernachtungsmöglichkeiten, das andere ist eine komfortablere Hütte im schweizerischen Stil mit vier geräumigen Zimmern. Die Ausstattung für Selbstversorger ist hervorragend, nur muss man seine Vorräte von der Ortschaft hierher schleppen. Vorher anrufen, damit man abgeholt wird.

Hostal la Magaña B&B $
(☎ 2433-0268; Av Central zw. 4 & 6 Calles Sur; EZ/DZ 12/24 US$) Eine ruhige und gastfreundliche Unterkunft mit zwei großen Zimmern. An Lackfarbe und Burgunderrot wurde hier wahrhaftig nicht gespart. Die Badezimmer sind makellos sauber und die Gäste können die Küche mitbenutzen. Die weichen Sofas im Wohnzimmer laden zum Entspannen ein.

Hostal Colonial HOSTEL $$
(☎ 2433-0662; hostalcolonial_apaneca@hotmail.com; Ecke 1a Av Sur & 6a Calle Poniente; Zi. 20–30 US$) Die bunten Zimmer blicken auf einen friedlichen Hof. Die Besitzer drängen sich einem ganz und gar nicht auf.

El Jardin de Celeste HÜTTE $$
(☎ 2433-0281; www.eljardindeceleste.com; Hütten 30–50 US$; P ❄ 📶) Etwa 2 km von der Abzweigung nach Apaneca (auf dem Weg nach Ataco) entfernt steht dieser schöne Baumschulkomplex mit erschwinglichen Blockhütten und einem guten Restaurant. Das benachbarte **Las Flores de Eloisa** ist ein tolles Café, das von derselben Familie geleitet wird.

Mercado Saludable MARKT $
(Hauptgerichte 2–3 US$; ⏲ 6.30–20 Uhr) Billige Happen vom Feinsten – das hat dieser Markt gegenüber dem Park zu bieten. Hier gibt es kleine, gute Essensstände die Schinken, Eier mit Bohnen und *atole*, aber auch Hähnchengerichte und *pupusas* auf der Speisekarte stehen haben.

Praktische Informationen

An den Wochenenden ist auf der Plaza ein Touristeninformationsstand geöffnet. Banken gibt es keine.

Cybercafé Apaneca (3a Av Sur; 0,75 US$/Std.; ⏲ 8–23 Uhr) Hinter der ehemaligen Kirche.

An- & Weiterreise

Busse halten auf der Hauptstraße, direkt vor dem Markt. Bus 249 bedient alle 30 Minuten die Strecke zwischen Ahuachapán und Sonsonate mit einem Halt in Apaneca. Der letzte Bus fährt zwischen 19 und 20 Uhr. Sicherheitshalber sollte man aber einen Einheimischen fragen.

Ataco

Hier lebt eine kleine indigene Gemeinschaft und viele der Einheimischen sind in der florierenden Textilbranche tätig – was im pastellfarbenen Ataco für einen großen Besucheransturm sorgt. Dieser wird durch eine Vielzahl von neuen Übernachtungs- und Gastroangeboten gemeistert. Die Atmosphäre hier ist persönlicher als die in Juayúa, und Ataco scheint fest entschlossen zu sein, seinen kolonialen Charme aufrecht zu erhalten – leider kommt dabei der Schutz des Quellwassers etwas zu kurz. Kürzlich erst wurden bei Ausgrabungen in der Umgebung gut erhaltene Ruinen freigelegt.

Der **Touristeninformations-Kiosk** (⌚Sa & So 7–19 Uhr) befindet sich am Ortseingang. Hier gibt's einen praktischen Stadtplan und Informationen zu geführten Ausflügen (5–10 US$/Pers.). Im Angebot sind u.a. eine Tour zum **Salto de Chacala**, einem 50 m hohen Wasserfall am Río Matala, oder zu den **Chorros del Limo**, einer Quelle mit einem weiten Becken, das ideal für einen Sprung ins kühle Nass ist.

Diconte-Axul (Ecke 2a Av Sur & Calle Central; ⌚8–18 Uhr) ist bekannt für seine von Hand hergestellten Textilien, moderne Batiktechnik und handbemalte Gegenstände. Der lebhafte **Markt** (2a Av Sur) lädt zu einem faszinierenden Rundgang ein.

Das nächste Dorf entlang dieser Route ist das von dem präkolumbischen Volk der Pipil gegründete **Salcoatitán**. In seinen Kopfsteinpflasterstraßen finden sich zahlreiche winzige Kunstgalerien.

Schlafen

Villa Santo Domingo HOTEL $

(☎2450-5442; Zi. 25 US$; @) Wunderschöne Gartenanlagen und eine Reihe einheimischer Antiquitäten und Kunstwerke runden das Bild dieses durchweg angenehmen Hotels ab, das sich hinter einer roten Backsteinfassade verbirgt.

Segen Hostel HOSTEL $$

(☎2450-5832; alicanteapaneca@hotmail.com; Calle Poniente 3; EZ/DZ 15/30 US$) Einen Block nördlich der Plaza und noch ein Stück weiter liegt dieses relaxte kleine Hostel mit attraktivem Innenhof und Dachbalkon. Dort planen Traveller ihren nächsten kaffeelastigen Ausflug. Die Duschen sind heiß und das Bier ist kalt. Zur Zeit der Recherche hatten die Betten allerdings schon ein paar Jahre auf dem Buckel.

El Carmen Estate BOUTIQUEHOTEL $$

(☎2243-0304; www.elcarmenestate.com; Zi. für 4 Pers. inkl. Frühstück ab 70 US$; P ❄ ᯤ) Auf der Fahrt durch Kaffeeplantagen überkommt manch einen das dringende Bedürfnis, sich inmitten der Kaffeebohnen schlafen zu legen. Diese Finca ist ihr Geld wert für kleine Gruppen oder Paare, die ein paar Nächte abseits der Touristenwege übernachten wollen. Die Zimmer sind ein wenig mit Möbeln überladen, aber makellos sauber. Das Essen und der Service sind hervorragend.

Essen

La Caretta TÍPICA $

(☎2450-5369; Ecke Av Central & 4a Calle Poniente; Hauptgerichte 3–9 US$) Hier gibt's nicht nur *comida típica* vom Feinsten sondern auch farbenfrohe *artesanías* zu kaufen. Der *gallo en chicha* (Hahn in Maislikör) ist im Ort unübertroffen.

House of Coffee CAFÉ $$

(☎2450-5353; Av Central; Gerichte 2–10 US$; ⌚Mo–Fr 9–19 Uhr, Sa & So 9–22 Uhr) In null Komma nichts landen die Kaffeebohnen von der Plantage in die Tasse im pfiffigen Café Atacos, wo Familien und hippe Paare aus der Stadt auf dunklen Holzbänken sitzen und sich mit Käsekuchen und herzhaften Suppen vollstopfen.

ABSTECHER

LA COCOTERA

La Cocotera (☎2245-3691; www.lacocoteraresort.com; Barra de Santiago; DZ inkl. Mahlzeiten ab 128 US$/Pers.; @ ✉) Eines der wenigen Luxusresorts in El Salvador und das einzige an der wilden Barra de Santiago. Das Etikett „ökologisch" ist mehr als Schall und Rauch; für die Ausstattung werden nur natürliche Materialien verwendet – Palmwedel, von Hand gewebte Stoffe, vor Ort angebaute Weinreben – die hier geerntet und von den Einheimischen verarbeitet werden. Die sechs Zimmer mit übergroßen Betten blicken in Richtung Ozean. Der langgestreckte, menschenleere Strand, an den sie angrenzen, ist von Kokospalmen und Mangobäumen eingerahmt. Die angebotenen Natur-Touren und Ausflüge in das Mündungsgebiet sind ebenso erstklassig, wie die im Preis enthaltenen Mahlzeiten und der gigantische Swimmingpool. Entspannen mit Guatemala im Hintergrund.

Café Tayua CAFÉ $$

(1a Calle Poniente; Gerichte 5–12 US$) Auf Nahuatl als „die Nacht" bekannt, ist das Tayua eine seit langer Zeit bestehende Cafébar, die inoffiziell als Galerie und Touristeninformation fungiert. Die Zimtschnecken (1 US$) oder die Panini (5 US$) probieren.

An- & Weiterreise

Bus 249 hält an der Ecke 2a Calle Oriente und 4a Av Sur. Er fährt alle 15 Minuten Richtung Norden nach Ahuachapán (0,35 US$, 15 Min.) und, ebenso häufig, nach Süden Richtung Apaneca (0,25 US$, 10 Min.), Juayúa (0,45 US$, 30 Min.) und Sonsonate (0,70 US$, 1 Std.).

Sonsonate

65 100 EW.

Das südliche Ende der Ruta de las Flores bildet diese betriebsame, stickige Handelsstadt mit dem Spitznamen „Cincinnati". Hier leben die berüchtigtsten Banden El Salvadors und die Haupteinnahmequellen der Bewohner sind der Kaffee und die Viehzucht. Die Stadt ist außerdem ein wichtiger Verkehrsknotenpunkt, was die Wahrscheinlichkeit erhöht, irgendwann einmal auf dem hiesigen schicken Busterminal zu landen. Eine Sache beherrscht Sonsonate besonders gut, nämlich das Feiern. Die lebhaften Feierlichkeiten rund um die **Semana Santa** sind im ganzen Land bekannt.

Sehenswertes & Aktivitäten

Das Kunsthandwerkerdorf Izalco, 8 km nordöstlich von Sonsonate am Fuße des Volcán Izalco gelegen, war 1932 Schauplatz einer der bedeutendsten indigenen Aufstände. Im nahe gelegenen Atecozol befindet sich ein *turicentro* mit Badestellen, Kiosken und Gartenanlagen. Auf dem Gelände stehen Steinskulpturen von Agustín Estrada – eine davon erinnert an Atonatl, einen tapferen indigenen Krieger, der 1524 mit Pfeil und Bogen auf den Eroberer Pedro de Alvarado schoss.

Die Küste bei Los Cóbanos, einem erstklassigen Tauchspot im Pazifik, ist gut zugänglich, ebenso bei Barra de Santiago, einem Mangroven-Schutzgebiet, in dem man mit Kaimanen schwimmen, mit einheimischen Fischern Kanufahren und an der schlammigen Küste alte Ruinen erkunden kann. Wer eine Nacht am großen, unberührten Strand verbringen und auf den Ozean schauen möchte, der setzt sich mit Ximena's Guest House (S. 314) in San Salvador oder mit dem Hostal de Mamá y Papá (S. 342) in Tacuba in Verbindung.

Schlafen & Essen

Billige und dreckige Hotels finden sich überall in der etwas rauen Gegend rund um das alte Busterminal, wobei das Attribut „dreckig" deutlich überwiegt. Die Unterkünfte in der Stadt sind besser.

Hotel Orbe HOTEL $

(☎ 2451-1517; Ecke 4a Calle Oriente & 2a Av Flavian Muchi; EZ/DZ 14/18 US$, mit Klimaanlage 20/24 US$; ❄) Das Orbe gibt es schon recht lange und es bietet noch immer das beste Preis-Leistungs-Verhältnis im Zentrum. Der Service ist gut und alles andere, was man braucht, ist auch in der Nähe.

Hotel Plaza HOTEL $$

(☎ 2451-6626; Ecke 9a Calle Oriente & 8a Av Norte; EZ/DZ 40/50 US$; P ❄ ≋) In den 1980er-Jahren stehengeblieben? Na und! Die Zimmer des Plaza erinnern an Alaska – sehr cool! Die Betten haben genau die richtige Härte, es gibt Kabel-TV, zur Entspannung der müden Traveller-Knochen wartet ein Pool und das Restaurant ist auch einen Besuch wert.

La Casona PUPUSAS $

(3 Calle Poniente zw. 1 & 3 Av Norte; Hauptgerichte 1,50–4 US$; ⏲ Mo–Sa Frühstück & Mittagessen) Hier gibt's *comida a la vista* und frische brutzelnde und dampfende *pupusas*. Das Restaurant bietet den besten Deal der Stadt und ist in einem altertümlichen Gebäude untergebracht.

Essensstände FAST-FOOD $

(Ecke 7a Calle Oriente & 10a Av Norte; ⏲ 17–22 Uhr) Hier gibt's Junkfood en Masse – Burger, Sandwiches, Pommes Frites und *pupusas* lassen grüßen.

Orientierung

Die wichtigste Nord-Süd-Achse ist die Avenida Morazán/Avenida Rafael Campos. Um sich in der Stadt zurechtzufinden, hilft es zu wissen, dass die Kirche an der Ostseite des Parque Central liegt.

Praktische Informationen

Citibank (Ecke Calle Marroquín & 4a Av Norte) 24-Stunden-Geldautomat.

Post (1a Av Norte, zw. 1 & 3 Calles Poniente)

BUSSE AB SONSONATE

ZIEL	BUS	PREIS (US$)	DAUER
Ahuachapán über Juayúa, Apaneca & Ataco	249	0,95	2 Std.
Barra de Santiago	285	1	1¼ Std., 10.30 & 16.30 Uhr
La Hachadura	259	0,85	1¾ Std.
La Libertad	287	1,25	2½ Std.
La Perla	261	0,80	1½ Std.
Los Cóbanos	257	0,50	40 Min.
San Salvador *directo*	205	0,80	1½ Std.
San Salvador *especial*	205	1,50	1½ Std.
Santa Ana	216	0,65	1¼Std.

An- & Weiterreise

Um vom Park im Zentrum zum Busterminal zu kommen, das 2 km östlich vom Zentrum liegt, nimmt man ein Taxi oder Bus 53C. Busse nach San Salvador fahren vor dem Terminal ab. Vom Terminal aus fahren auch Busse nach Izalco (Bus 53A), Nahuizalco (Bus 53D) und Acajutla (Bus 252). Zum Parque Nacional El Imposible gelangt man mit allen La-Hachadura-Bussen nach Puente Ahuachapío oder Cara Sucia (0,45 US$, 30Min.). Wer nach Barra de Santiago möchte, kann auch Bus 259 bis zur Abzweigung und dann einen Pickup nehmen.

Parque Nacional El Imposible

Der von tropischen Bergwäldern durchzogene Parque Nacional El Imposible verdankt seinen Namen der gefährlichen Schlucht, die schon vielen Bauern und Lasttieren, die Kaffee zum Hafen am Pazifik beförderten, das Leben kostete. Er wurde 1989 zum Nationalpark ernannt und liegt im Höhenzug Apaneca Ilamatepec zwischen 300 und 1450 m Höhe. Zu ihm gehören acht Flüsse, die das Einzugsgebiet der Barra de Santiago und der Mangrovenwälder an der Küste nähren.

Dieser ursprüngliche Wald, der Rest eines bedrohten Ökosystems, bildet noch immer den Lebensraum für eine große Vielfalt von Pflanzen und Tieren, darunter Pumas, Ozelotkatzen, Wildschweine, Königsfalken und Prachthaubenadler. Eine Wanderung hier kann über matschige und steile Pfade führen, der sagenhafte Blick auf die von Nebelschwaden umgebenen Gipfel und den schillernden Pazifischen Ozean entschädigt dafür aber.

Der Haupteingang San Benito befindet sich an der südöstlichen Seite hinter dem kleinen San Miguelito. Der Park wird von **SalvaNatura** (☎2279-1515; www.salvanatura.org; Eintritt 6 US$) verwaltet. Theoretisch muss man die Eintrittsgebühr in deren Büro in San Salvador begleichen und einen geführten Besuch anmelden (der Führer ist kostenlos, ein Trinkgeld von 5 US$ ist aber üblich). Die beste Zeit für einen Ausflug zum Park ist zwischen Oktober und Februar, da das Reisen in der Regenzeit oft nicht oder nur schwer möglich ist.

Das mit Solarenergie versorgte Besucherzentrum bietet ein bescheidenes Museum und einen Aussichtsturm, von dem man einen tollen Blick auf das Meer hat.

Schlafen & Essen

Einen kurzen Fußmarsch vom Besucherzentrum entfernt liegen drei große Campingplätze mit Toiletten und Grillstellen. Um den am weitesten entfernten Platz zu erreichen, ist man zu Fuß 20 Minuten unterwegs – er ist aber auch der ruhigste. Die Campinggebühren sind im Parkeintritt enthalten; im Besucherzenturm wird Ausrüstung verliehen (Zelte 5–7 US$, Bettzeug mitbringen). Kleine Feuer sind erlaubt und es gibt Trinkwasser.

Hostal El Imposible HOTEL **$$**
(☎2411-5484; DZ 30 US$, zusätzl. Pers. 10 US$;) Etwa 1 km vom Parkeingang entfernt liegt dieses pfiffige Öko-Resort mit fünf Nurdach-Hütten. Der Ausblick von den Veranden ist herrlich und im köstlichen Bio-Restaurant Ixcanal gibt's einheimische Gerichte.

Aktivitäten

Im Park gibt es drei Hauptwandertouren.

Cerro El Leon WANDERUNG

Ein anstrengender, 8 km langer Rundweg, der über einen der höchsten Gipfel des Parks (1113 m) führt. Er beginnt in einer üppig grünen, feuchten Schlucht und führt durch dichten Wald nach oben. Während der Wanderung eröffnen sich immer wieder neue grandiose Ausblicke. Vom Besucherzentrum führt der Weg 1 km weit steil hinab zum Río Ixcanal. Nach der Flussüberquerung geht's auf der anderen Seite die sogenannte Montaña de los Águilares hinauf bis zum Gipfel. Der Rückweg verläuft auf einer anderen Route. Diese führt am schmalen Grat zwischen den Tälen des Ixcanal und des Guyapa entlang. Hierfür muss man schon ein paar Stunden einplanen; viel Wasser mitnehmen.

Los Enganches WANDERUNG

Ein 3,5 km langer Weg (einfache Strecke) führt am Mirador El Mulo vorbei, fällt dann steil ab und endet schließlich an einer großen Badestelle. Ein idealer Platz zum Picknicken. Der Weg passiert außerdem den Mirador Madre Cacao, von dem man den südöstlichen Teil des Parks überblicken kann. Nach Agutis und Nasenbären Ausschau halten.

Piedra Sellada WANDERUNG

Auf diesem 4 km langen Weg kommt man zu einer Badestelle und zu einem mit Maya-Inschriften versehenen Stein. Einfach der Los-Enganches-Wanderung folgen und kurz vor deren Ende den Weg nehmen, der flussaufwärts führt und nach 1 km die Piedra Sellada erreicht.

ABSEITS DER ÜBLICHEN PFADE

DER INDIGENE WESTEN EL SALVADORS

Wer abenteuerlustig und daran interessiert ist, wie sich die indigene Kultur im Lauf der Zeit entwickelt hat, sollte hier mal vorbeischauen.

➡ In **Nahuizalco** kann man einheimischen Kunsthandwerkern bei der Herstellung von Körben und Möbelstücken zusehen, das wahre Highlight ist aber der Besuch des Nachtmarktes, auf dem Leckereien aus der indigenen Küche, wie z. B. gegrilltes *garrobo* (Eidechse) und Kaninchen-Tacos angeboten werden. Übernachtungsmöglichkeiten sind hier Fehlanzeige, deshalb muss man einen Tagesausflug von Sonsonate aus planen. Von Juayúa nimmt man Bus 249 (fährt bis zur Abzweigung am Highway, dann sind es noch 500 m), von Sonsonate Bus 53D.

➡ Die sehr alte Nahual-Gemeinde in **Izalco** ist bekannt für ihre religiösen Holzschnitzarbeiten, die sowohl in katholischen als auch in indigenen Bräuchen Verwendung finden. Mit Bus 53A via Sonsonate zu erreichen.

An- & Weiterreise

Von Sonsonate geht es mit Bus 259 Richtung La Hachadura; bei Cara Sucia aussteigen. Von dort fahren ein Bus um 11 Uhr und ein Pickup um 14 Uhr (beide 2 US$, 1 Std.) zum Haupteingang. Die kleinen Transporter fahren jeden Morgen um 5.30 und 7.30 Uhr nach Cara Sucia zurück. Wer Angst hat, die Pickups in Cara Sucia zu verpassen, kann probieren, sie an der Puente Ahuachapío (Brücke), ein paar Kilometer vor Cara Sucia, einzuholen. Sind sie auch dort schon weg, kann man es immer noch per Anhalter probieren (13,5 km).

Der Park kann auch von Norden aus über Tacuba erkundet werden (S. 341).

DER OSTEN EL SALVADORS

Der Osten El Salvadors wartet vielleicht nicht wie der Rest des Landes mit Top-Sehenswürdigkeiten auf. Bergdörfer wie Alegría, in denen die Zeit still zu stehen scheint, die sich tief im Bewusstsein der Leute eingegrabene Geschichte des Krieges rund um Morazán, und die langen, menschenleeren Strände in der Nähe El Cucos werden jedoch selbst die abgeklärtesten Reisenden erkundenswert finden.

Vor dem Krieg sicherte hier lange die Landwirtschaft für den Eigenbedarf das Überleben. Die unvermeidbare Forderung nach einer landesweiten Landreform fand in den ärmeren Gemeinden große Zustimmung und vor allem der Nordosten wurde zu einer hart umkämpften Guerillahochburg. Weit von der Hauptstadt entfernt trugen sich hier schreckliche Gräueltaten zu. Wenn auch keine so schrecklich war wie die von El Mozote, blieb dennoch kaum ein

ABSEITS DER ÜBLICHEN PFADE

AUF DER INTERAMERICANA NACH OSTEN

Die Carretera Interamericana verläuft von San Salvador in östlicher Richtung nach San Miguel, weiter nach La Unión und von dort wieder nach oben bis zur Grenze zwischen El Salvador und Honduras, nach El Amatillo.

An der Interamericana zwischen San Salvador und San Vicente findet man einige sehenswerte Orte. Das 32 km östlich von San Salvador liegende **Cojutepeque** ist eine Kleinstadt, die vor allem für den Cerro las Pavas (Hügel der Truthähne) bekannt ist, auf dem im Freien ein Schrein zu Ehren der Virgen de Fátima steht, der 1949 aus Portugal hierher gebracht wurde. Sonntags und am 13. Mai, dem **El Día de la Virgen**, wird der Ort von vielen religiösen Pilgern besucht. Bus 113 fährt an der Reloj de Flores, gleich westlich des Terminal de Oriente in San Salvador, nach Cojutepeque ab; die Fahrt dauert etwa 45 Minuten.

Weiter auf dem Highway (54 km von San Salvador bzw. 22 km von Cojutepeque entfernt) befindet sich die Abzweigung nach **Ilobasco**, einem Ort, der für die als *sorpresas* bekannten Keramiken berühmt ist. Gleich am Ortseingang säumt eine Reihe von *artesanía*-Läden die Av Carlo Bonilla. Die jährliche **Handarbeitsmesse** findet vom 24.–29. September statt. Vom Terminal de Oriente oder von Cojutepeque aus Bus 111 oder 142 nehmen.

Folgt man der Interamericana weitere 8,5 km in Richtung Osten, erreicht man die Straße nach **San Sebastián**, das für seine gewebten Hängematten und Textilien bekannt und eine echte Besonderheit ist, da die meisten der Weber Männer sind. Die Messe findet hier Ende Januar statt. Entweder Bus 111 nehmen oder in Cojutepeque in einen Bus steigen.

Dorf von den Kämpfen verschont und die Widerstandsfähigkeit der Einwohner wird noch viele Generationen von Besuchern beeindrucken.

Im Ausland arbeitende Verwandte schicken weiterhin große Mengen Geld an die Daheimgebliebenen. Ob dies auf Dauer eine wirtschaftlich sinnvolle Lösung ist, bleibt noch abzuwarten. Fest steht jedoch, dass dieses Geld einer Generation, die vor positiver Energie nur so strotzt, neue Perspektiven eröffnet. Der ins Stocken geratene Bau eines Luxushafens in La Unión erinnert jedenfalls daran, dass die Entwicklung im „Wilden Osten" eben doch seine Zeit braucht.

Weiter im Süden erstrecken sich wunderschöne Sandstrände entlang der Küste, vor allem rund um El Cuco und Las Flores. Richtig viele Leute trifft man hier nie, höchstens den einen oder anderen Einwohner der umliegenden Städte wie z. B. San Miguel, der Hauptstadt der Arbeiterklasse mit einer ausgesprochen ungezwungenen Lebenseinstellung. So richtig abseits der Touristenpfade ist man, wenn man sich am Golfo de Fonseca und in der Bahía de Jiquilisco ins Abenteuer stürzt, wo winzige Fischerdörfer sich von der Welt da draußen nur wenig beeindrucken lassen.

Es gibt zwei Möglichkeiten für die Reise in den Osten: die Carretera Interamericana oder die Carreteradel Litoral (CA2). Letztere führt zu den Stränden, die andere in die nördlichsten Ecken der Region. Die Ruta de La Paz (Friedensstraße) verläuft von San Miguel aus nach Norden.

San Vicente

34 600 EW.

San Vicente liegt im Schatten des spitz zulaufenden Volcán Chichontepec im Jiboatal. Ebenso dramatisch ist der gewaltige Torre Kiosko, ein Glockenturm wie aus einer anderen Welt, der über den Feldern emporragt wie eine Disneyland-Attraktion, die nicht so richtig in ihre Umgebung passt. Hier leben viele Musiker; außerdem ist die Stadt sehr schwulenfreundlich – der jährlich stattfindende Wettbewerb Miss Gay San Vicente zieht die Massen (und massenhaft Teilnehmer!) an.

El Pilar, eine wunderschöne Kolonialkirche aus den 1760er-Jahren, wurde bei einem Erdbeben schwer beschädigt; obwohl sie renoviert wurde, bleibt sie weiterhin geschlossen.

BUSSE AB SAN VICENTE

ZIEL	BUS	PREIS (US$)	DAUER	ABFAHRTEN
Ilobasco	530	0,60	1 Std.	6.50, 11, 16 Uhr
San Miguel	301 an der Abzweigung des Highways	1,50	1½ Std.	letzter Bus 18 Uhr
San Salvador	116	0,85	1½ Std.	letzter Bus 18 Uhr
Zacatecoluca	177	0,60	50 Min.	–

Aktivitäten

Die zwei Gipfel des **Chichontepec** (auch als Volcán San Vicente bekannt) können auf einer Wanderung mit moderater Steigung durch Kaffeeplantagen hindurch erklommen werden. Für den Weg hin und zurück braucht man acht Stunden. Der Weg ist relativ sicher und doch ist es das Beste in einer Gruppe oder mit einer Polizeieskorte aus Nuevo Tepetitán oder San Vicente loszuziehen. Mitzubringen ist gutes Schuhwerk, ein Pulli, viel Wasser und Essen (auch für den Begleitschutz). Bus 191 (0,30 US$, 20 Min.) fährt bis Nuevo Tepetitán, dem Ausgangspunkt der Wanderung. Abfahrt der Busse ist ab 6.30 Uhr jede halbe Stunde an der Ecke Calle Alvaro Quiñonez de Osorio und 9a Av; der letzte Bus fährt um 19.15 Uhr zurück.

Schlafen & Essen

Hotel Central Park HOTEL $
(☎2393-0383; Zi. mit Ventilator/Klimaanlage 10/15 US$; ❄) Ein Besuch lohnt sich wegen der Terrasse im 1. Stock, eine Übernachtung nur, wenn es unbedingt sein muss – das Einzige, was hier einigermaßen frisch oder sauber aussieht, ist die Bettwäsche – aber leider ist es die einzige Unterkunftsmöglichkeit, die hier zu finden ist. Die kleine Bar ist bei der Schwulenszene sehr beliebt und im Restaurant (6.30–22 Uhr) unter dem Hotel gibt's ganz gute *comida típica*. Ab 20 Uhr kommt man nicht mehr ins Hotel.

Comedor Rivolí SALVADORIANISCH $
(1 Av Sur; Hauptgerichte 2–4 US$; ⏲7–20.30 Uhr) Das beliebteste Restaurant der Stadt – und das zu Recht, weil alle Gerichte frisch und hausgemacht ist. Die *comida a la vista* wird in einem picobello sauberen Speisesaal mit Blick auf einen Rosengarten serviert. Unbedingt auch die köstlichen *licuados* für nur einen Dollar probieren.

EcoRestaurant TRADITIONELL $
(Hauptgerichte 3–6 US$) Hier kommt das Essen vom Bauernhof (über die Küche, hoffentlich) direkt auf den Tisch.

Praktische Informationen

Citibank (2a Av Sur) Tauscht Reiseschecks um und ihr Geldautomat ist rund um die Uhr in Betrieb.

Fast Line Ciber Café (2a Calle Oriente; 1 US$/Std.; ⏲9–21 Uhr)

Polizei (☎2303-7300, 2396-3353; Ecke 1a Av Norte & 3a Calle Poniente) Kann Begleitpersonen für den Aufstieg zum Vulkan arrangieren.

An- & Weiterreise

Alle Busse fahren am Parque Central vorbei, nachdem sie das auf dem Hügel gelegene Busterminal in der 6a Calle und 15 Av verlassen haben. Um den Massen, die am Park zusteigen, zuvorzukommen, ohne den ganzen Weg bis zum Terminal gehen zu müssen, am besten an der Ecke 6a Calle und 2a Av zusteigen. Wer nach Alegría will, an der Carretera Interamericana einen Bus in Richtung Osten nehmen und in Villa El Triunfo umsteigen.

Alegría

Alegría ist ein schönes Bergdorf, das wegen der vielen einheimischen Besucher so etwas wie eine Renaissance erlebt. Die erhöhte Lage, die fast makellos sauberen Straßen und die mit Rosensträuchern, Sonnenblumen und Orchideen überwucherten Fensterbänke, lassen den Ort fast schon märchenhaft anmuten – ganz anders als der Rest des Landes. Junge Künstler und neue Geschäftsideen sorgen im ganzen Ort für einiges an Energie. Ein paar entspannte Tage und Nächte mit Wanderungen am See und Spaziergängen auf der Plaza machen den Aufenthalt hier leicht zu einem Reise-Highlight.

Das freundliche **Touristenbüro** (☎2628-1087; 1a Av Norte an der 1a Calle Poniente) erteilt Infos sowohl in einem Gemeindeamt als auch in einem Infostand im Parque Cental. Es bietet außerdem einige lohnenswerte geführte Wanderungen (10–15 US$/halber Tag) zu Kaffeeplantagen, Geothermiekraftwerken und Orten an, die mit dem aus Alegría stammenden Philosophen Alberto Masferrer in Verbindung stehen.

Der malerische Kratersee **La Laguna de Alegría** (Eintritt 0,25 US$) liegt einen 2 km langen, bergab verlaufenden Fußweg vom Ort entfernt. Seinem eisigen Wasser werden heilende Kräfte nachgesagt. Der wunderschöne Blick vom **Mirador de las Cien Grados** lohnt die 100 Stufen hinauf zum Aussichtspunkt. Dazu die Straße nach **Berlín** nehmen, einem weiteren hübschen Bergdorf.

Schlafen

Casa de Huéspedes la Palma B&B $
(☎2628-1131; 1a Av Norte, Nähe Calle Alberto Masferrer; B 10 US$; @) Hinter Blumentöpfen verbirgt sich diese freundliche alte Familienpension, die auch eine sonderbare Sammlung von Fotografien, Schnitzereien und Heiligenfiguren hat. Dazu gehört ein Internetcafé auf der Plaza, in dem auch Kaffee serviert wird. Die Zimmer sind gefliest und schäbig, aber preisgünstig.

Cabanas La Estancia de Daniel HÜTTE $
(☎2628-2030; 10 US$/Pers.) Die Hütten hinter dem Haus des Besitzers sind preisgünstig. Jede hat zwei Betten und ein separates Bad. Im Gemeinschaftsbereich gibt's ein paar Hängematten und willkürlich zusammengestellte Möbel. Das Anwesen liegt einen Block südlich der Plaza.

Entre Piedras Hotel HOTEL $$
(☎2313-2812; entrepiedras.alegria@hotmail.com; Av Camilo Campus; EZ/DZ 16/32 US$; ❄@) Das bei Weitem stilvollste Hotel in Alegría besticht durch seine original erhaltenen Steinfundamente und die geräumigen Zimmer mit durchgängiger Holzvertäfelung. Die guten Betten haben qualitativ hochwertige Bettwäsche und im Hof gibt's ein bezauberndes Café (Panini 5 US$). Hier wird auch Schokolade hergestellt und der Besitzer hat wertvolle Tipps zu Wanderungen in der Gegend zu bieten. Für die Wochenenden im Voraus reservieren.

La Casa Mia HOTEL $$
(☎2634-0608; www.berlinlacasamia.com; 2a Av Norte, Berlín; DZ 33 US$) Das nahe gelegene Berlín ist ein ebenso schnuckeliges Dörfchen. Wer in Alegría kein freies Bett mehr findet oder die authentische Schönheit der Berge genießen will, mietet sich in diesem vor über 70 Jahren eröffneten Familienhotel ein.

Essen & Trinken

El Portal CAFÉ
(⏲11–21 Uhr) Unter den Cafés am Park ist dies das beste für ein abendliches Bier (1 US$).

Merendero Mi Pueblito SALVADORIANISCH $
(Hauptgerichte 1–5 US$; ⏲7–19 Uhr) Den besten Essensdeal Alegrías gibt's in diesem abgenutzten Café, wo Bohnen in gusseisernen Töpfen über offenem Feuer geköchelt werden und die ganze Familie mitmischt. Südlich des Parks.

An- & Weiterreise

Alegría liegt zwischen dem Interamericana und dem Litoral Highway und ist von beiden aus gut zu erreichen. Von der Carretera Interamericana geht es von Villa El Triunfo mit dem Minibus nach Santiago de María (0,30 US$, 15 Min.), von wo stündlich Busse nach Alegría abfahren (0,60 US$, 45 Min.).

Carretera del Litoral

Die Carretera del Litoral (Hwy CA2) verläuft von San Salvador in südöstlicher Richtung durch Zacatecoluca und Usulután, und kreuzt letztlich die Straßen, die nach Norden in Richtung San Miguel und nach Süden in Richtung der Pazifikküste führen.

Der erste Ort von nennenswerter Größe südöstlich von San Salvador ist **Zacatecoluca** (57 km), der in der Nähe des *turicentro* Ichanmichen liegt. Von dort bis zum Río Lempa ist die Litoral eine gut ausgeschilderte, vierspurige Schnellstraße mit Standstreifen. Hinter der Brücke über den Fluss wird die Straße schmaler, ist aber weiterhin in einem guten Zustand. Nach weiteren 27 km in östlicher Richtung erreicht man Usulután, die Hauptstadt des gleichnamigen *departamento*.

Danach führt der Highway an einer zerklüfteten Bergkette entlang nach Süden. Die Abzweigung zu einem der besten Strände El Salvadors, der **Playa El Espino**, liegt gleich hinter El Tránsito, 10 km östlich von Usulután. Die neue, befestigte Straße hat hier die

Fahrzeit um 20 Minuten verkürzt. Weiter östlich liegt die **Laguna El Jocotal**, ein wichtiges Schutzgebiet für Zugvögel, das leider mit jeder Menge Müll verdreckt ist. Die beste Möglichkeit die Lagune zu erkunden ist in einem Kanu mit einheimischem Führer.

Die Straße schraubt sich danach in die Hügel aus Lavagestein hinauf bis zum Kreisverkehr in El Delirio. Von dort aus geht's ohne Umwege in Richtung Norden nach San Miguel oder nach Süden zur Playa El Cuco und den östlich gelegenen Stränden.

Isla Montecristo

Dort, wo der Río Lempa in den Pazifik fließt, befindet sich dieses dunstige und unberührte Schutzgebiet. Die Insel und der Meeresarm bieten Hunderten von Reihern und Pelikanen einen Lebensraum. Im Krieg waren die Insel und ihre Cashewnuss-Plantagen aufgegeben und von der FMLN übernommen worden. Nach 1992 wurde sie von einheimischen Bauern wieder besiedelt, die nach dem Ende des Krieges von dem Programm zur Landübertragung profitieren. Heute bauen dort etwa 25 Familien für den Export bestimmte Bio-Cashewnüsse an.

★ **Hostal Lempa Mar** (☎ 2310-9901; www.gbajolempa.net; La Pita; Zi. 25 US$) Dieses, von einem Verbund für die Entwicklung der Region geführte Hostal, kann nur wärmstens empfohlen werden. Die einfachen Hütten haben mit dem Nötigsten ausgestattete Zimmer mit Gemeinschaftsbädern und einer komfortablen Terrasse. Außerdem bekommt man im Restaurant auch etwas zu essen. Auf **Bootsausflügen** gleitet man auf engen Wasserwegen durch Mangroven hindurch; bei manchen Ausflügen besichtigt man auch die Cashewnuss-Plantagen. Die Fischereigenossenschaft im Estero Jaltepeque kann auch Angelausflüge organisieren und verleiht traditionelle Kanus.

La Pita und Montecristo liegen am Ende einer 22 km langen Straße, die die Küste mit der Carretera Litoral verbindet. Die Straße kann in der Regenzeit schwer zu befahren sein. Den Bus 155 (0,70 US$, 40 Min.) oder einen Pickup von der Texaco-Tankstelle in San Nicolas Lempa nehmen. Diese fahren zwischen 6 und 17.30 Uhr.

Von La Pita aus kann man sich mit *lanchas* (kleine Motorboote; 20 US$ hin & zurück) oder Kanus (4 US$ einfache Strecke) zur Insel bringen lassen.

Usulután

45 300 EW.

In Zelten untergebrachte Marktstände verstopfen die Straßen der chaotischen Hauptstadt des gleichnamigen *departamento* am Fuße des 1450 m hohen Volcán de Usulután. Einwanderer aus dem Nahen Osten haben einen sehr starken Einfluss auf den Handel der Stadt, Traveller werden Usulután aber vermutlich nur als Zwischenstation auf dem Weg nach Bahía de Jiquilisco und zur schönen **Playa El Espino** nutzen. Von hier ist auch das Bergdörfchen Alegría leicht zu erreichen.

Schlafen & Essen

La Posada de Don Quijote HOTEL $
(☎ 2635-9792; Ecke 1a Calle Poniente & 1a Av Sur; EZ/DZ 12/24 US$; ❄) Dieses Hotel in einem kleinen Einkaufszentrum hat große Zimmer mit nagelneuen Matratzen, kochend heißen Duschen und einer angenehmen Terrasse im Erdgeschoss.

Hotel Sevilla HOTEL $$
(☎ 2633-8500; Caretera Litoral 114; Zi 60 US$; P ❄ ≋) Dieses aufpolierte Drei-Sterne-Businesshotel hat schachtelähnliche, aber trotzdem sehr komfortable Zimmer. Das Personal ist freundlich, spricht aber kein Englisch. Das Restaurant ist so ruhig, dass man sich selbst kauen hören kann, und draußen gibt's einen sauberen Pool.

Pastelería Trigo Puro KONDITOREI $
(Calle Dr Penado; Hauptgerichte 2–3 US$; ⏲ Mo–Sa 7–17 Uhr) Aus der Glasvitrine dieser beliebten Bäckerei, die auch *comida típica* im Cafeteria-Stil serviert, lachen einem fette Zimtschnecken, Donuts und Kokoskekse entgegen. Ein Block westlich des Parks.

L'Azteca MEXIKANISCH $
(Ecke Calle Dr Federíco Penado & 1a Av Norte; Hauptgerichte 2–3 US$; ⏲ 10–20 Uhr) Großes mexikanisches Restaurant mit offenen Fenstern, langen Holzbänken und einem brutzelnden Grill. Die *tortas,* die hier draußen gemacht werden, sind einfach köstlich, ebenso wie die ansehnlichen Tacos und die eiskalten *licuados.*

Mercado Central ESSENSSTÄNDE $
(4a Av Norte zw. 2a & 4a Avs Norte) Der Mercado Central ist bei Liebhabern von Straßensnacks der Hit.

BUSSE AB USULUTÁN

ZIEL	BUS	PREIS (US$)	DAUER
Alegría	348	1	1 Std.
Playa El Cuco	373	0,80	2 Std.
Puerto Parada	350	0,30	30 Min.
San Salvador *directo*	302	1,50	2½ Std.
San Salvador *especial*	302	2	1½ Std.
Zacatecoluca	302	0,70	1½ Std.

Praktische Informationen

Citibank (2a Calle Oriente, nahe Av Dr Guandiquil) Liegt am Parque Central und tauscht Reiseschecks; der Geldautomat ist rund um die Uhr in Betrieb.

Cyber Planet (4a Calle Oriente, zw. 2a & 4a Avs Norte; 0,50 US$/Std.; ⌚ Mo–Sa 8.30–18 Uhr, So 8.30–12 Uhr) Internetzugang.

An- & Weiterreise

Usulutáns Hauptbusbahnhof liegt 1,5 km östlich des Parque Central (Taxi 2 US$). Der Terminal San Miguel befindet sich westlich der Stadt, Passagiere können aber auch auf der 1a Calle Oriente zusteigen, einen Block südlich des Parque Central. Bus 373 fährt nach San Miguel (0,80 US$, 1½Std.); mit ihm erreicht man Verbindungen nach La Unión.

Busse nach Alegría, Puerto Triunfo und San Salvador fahren alle auf der 4a Calle in westlicher Richtung durchs Zentrum. Da die meisten Busse diesen Weg durch die Stadt nehmen, muss man nicht unbedingt zum Busbahnhof gehen (außer wenn man einen Sitzplatz haben möchte).

Nach Playa El Espino fahren die Busse 351 & 358 (1,20 US$, 1½Std.) von einer kleinen Haltebucht gegenüber einem Supermarkt und 100 m westlich des Hauptbusbahnhofs ab. Nach Puerto El Triunfo fährt Bus 363 (0,50 US$, 1 Std.) von einer Haltebucht auf dem Highway ab.

Bahía de Jiquilisco

Die Península San Juan del Gozo lockt mit kilometerlangen, von der Brandung umspülten weißen Sandstränden und küstenfernen Mangrovenwäldern vor einer beeindruckenden Kulisse aus Vulkanen. Das Binnenland bietet Graureihern, Pelikanen und anderen Wasservögeln einen Lebensraum. Fischerdörfer sind u.a. **Corral de Mulas** und **Isla Méndez**. Weitere, schwerer zugängliche Strände finden sich an der **Punta San Juan** am östlichen Ende der Halbinsel und auf der **Isla Madre Sal**. Die **Isla Espíritu Santo**, auch Isla Jobal genannt, hat endlos viele Kokoshaine und eine Aufbereitungsanlage für Kokosöl, die Strände sind aber nicht erwähnenswert. Achtung: Die Brandung auf der dem Pazifik zugewandten Seite ist sehr stark und kräftig.

Das verwahrloste **Puerto El Triunfo** ist das Tor zur Bahía de Jiquilisco und kann getrost links liegen gelassen werden. Wenn's nicht anders geht, mietet man sich im Hotel El Jardín ein, wo das Doppelzimmer 12 US$ kostet. In den Restaurants, die den Kai säumen und die Bucht überblicken gibt's frischen Fisch, *pupusas* und *licuados*.

Isla San Sebastian

Die Isla San Sebastian ist die größte Insel der Bahía de Jiquilisco. Zu erreichen ist sie von Usulután aus mit Bus 350 bis Puerto Parada. Die Straße endet an einem Meeresarm; dort gibt's einige günstige Fischrestaurants und ein paar Boote, die auf den Wellen schaukeln (25 US$ hin & zurück). Wen die einsamen Strände der hübschen kleinen Inselgruppe zum Bleiben verführen, der fragt am besten nach **La Familia Flores** (Zi. 15 US$). Man bekommt den Weg zu einem einzigartigen Familienheim gewiesen, das komplett aus Kokosnussschalen errichtet wurde – ein preiswertes Baumaterial mit Potenzial. Eventuell ist man tatsächlich erst der zweite Ausländer, der sich hierher verirrt!

Corral de Mulas & Isla Méndez

Passagierboote zur **Corral de Mulas** (2 US$) legen früh morgens in Puerto El Triunfo am Dock ab. *El Icaco* ist im Vergleich zur *Corral II* die bessere Option. Dort angekommen, geht's auf sandigen, teilweise überfluteten Straßen quer durch die Stadt zum Strand (30 Min.). Das letzte Boot zurück zum Festland legt um 16 Uhr ab. Wer das verpasst hat, fragt in der *alcaldía* nach einer empfehlenswerten Unterkunft.

ABSTECHER

PUERTO BARILLAS

Ein Besuch der abgelegenen und spektakulären Bahía de Jiquilisco könnte zum Highlight einer El-Salvador-Reise werden. Das von der Unesco zum Biosphärenreservat ernannte Gebiet umfasst die größte Flussmündung El Salvadors und zahlreiche Buchten, Kanäle und Sandstrände mit gefährlichen Wellen. Überall zwischendrin sind winzige Fischerdörfer, in denen sich das Leben seit Jahrzehnten nicht geändert hat.

Der aufpolierte Marineclub **Puerto Barillas** (☎ Hauptbüro in San Salvador 2263-3620; www.puertobarillas.com; Baumhaus 118 US$, Apartment 236 US$, halber Preis für Mitglieder, die 600 US$ Jahresbeitrag zahlen) bietet eine wundervolle Gelegenheit, dieses einzigartige Biosphärenreservat zu erleben oder das Land überhaupt von einer eher abgelegenen Ausgangsstation aus zu erkunden. Unterkunft bieten eine Reihe schicker Baumhäuser und Luxusapartments, in denen je vier Personen übernachten können.

Das Hotel arbeitet eng mit Umweltgruppen zusammen, um die Brutplätze der Echten Karettschildkröte zu schützen und die bemerkenswerten Scharen von Zugvögeln zu beobachten. Gäste können eine Kakaoplantage besichtigen, mit Klammeraffenrudeln abhängen (die aus dem Zoo ausgebrochen sind) oder eine Bootstour vorbei an neugierigen Alligatoren machen. Oder die baufällige **Hacienda San Jose de La Carrera** besuchen, in der man sich fühlt, als sei man soeben in die zentralamerikanische Version von *Große Erwartungen* geraten.

Eine ganze Reihe von Würdenträgern hat sich hier schon mit dem Heli herbringen lassen oder ist per Boot gekommen und für alle, die sich zum internationalen Jetset gesellen wollen, gibt es hier sogar eine Einwanderungsstelle. Der Marineclub holt Besucher aus den Hotels in San Salvador oder vom Flughafen ab (35/25 U$S). Wer mit dem Auto kommt, verlässt die Carera Litoral (CA2) bei Km 108,5. Wer mit dem Bus anreist, steigt in Usulutan um oder nimmt sich an der Abzweigung einen Minibus oder ein Taxi (0,50/5 US$).

Einer der Strände der **Isla Méndez** liegt in einer Bucht und hat ruhiges, flaches Wasser. Der andere, dem Ozean zugewandte Strand, ist von Palmen gesäumt und wird von einer tosenden Brandung umspült. Wegen der Abfahrtszeiten der Busse muss man hier auf jeden Fall die Nacht verbringen. Das kann aber durchaus interessant sein, denn der Verbund für die Entwicklung der einheimischen Gemeinden **Adesco** (☎ 7727-3453) kann für 10 US$ die Übernachtung bei einer Familie arrangieren. Ebenso organisiert er Bootsausflüge in der Bucht (35 US$/Gruppe), die durch die Mangroven und den Palacio de las Aves führen, in der Hunderte von Wasservögel beheimatet sind.

Bus 368 (1 US$, 1¼ Std.) fährt um 13 und 14 Uhr von San Marcos Lempa zur Isla Méndez (über die Carretera Litoral 30 km entfernt) und um 5.30 und 6.30 Uhr wieder zurück. Aus San Marcos Lempa fahren regelmäßig Busse nach Puerto El Triunfo (11 km).

Der letzte Bus nach Puerto El Triunfo fährt um 16.40 Uhr los, der letzte zurück nach Usulután um 17.30 Uhr. Von der Abzweigung am Highway Bus 377 nach San Miguel (1,35 US$, 2½Std., letzter Bus um 14.50 Uhr) oder Bus 185 nach San Salvador (1,55 US$, 2 Std., alle 30 Min, letzter Bus um 14.50 Uhr) nehmen.

San Miguel

218 400 EW.

San Miguel ist San Salvadors hässliche Stiefschwester und eine Arbeiterstadt durch und durch, aus deren elenden Straßen eine schwüle Hitze nach oben steigt. Dennoch ist die Stadt gewagt zuversichtlich. Die kommerzielle Energie, die sie versprüht, kann mit der der Hauptstadt mithalten und die Einheimischen genießen das schäbige und aufreizende Nachtleben in vollen Zügen.

Die Stadt wurde 1530 gegründet und lange Zeit lag hier das organisierte Verbrechen mit dem Gesetz im Clinch. Man hofft, mit der neuen Regierung dem Problem endlich entgegentreten zu können. Die unverminderten Ströme von Geldsendungen und eine immer noch hohe Arbeitslosenrate, machen einen Wandel hier allerdings so wahrscheinlich wie den baldigen Ausbruch des hiesigen Wahrzeichens, des Volcano Chaparrastique.

Der Parque Central der Stadt ist der Parque David J. Guzmán; an seiner Ostseite

San Miguel

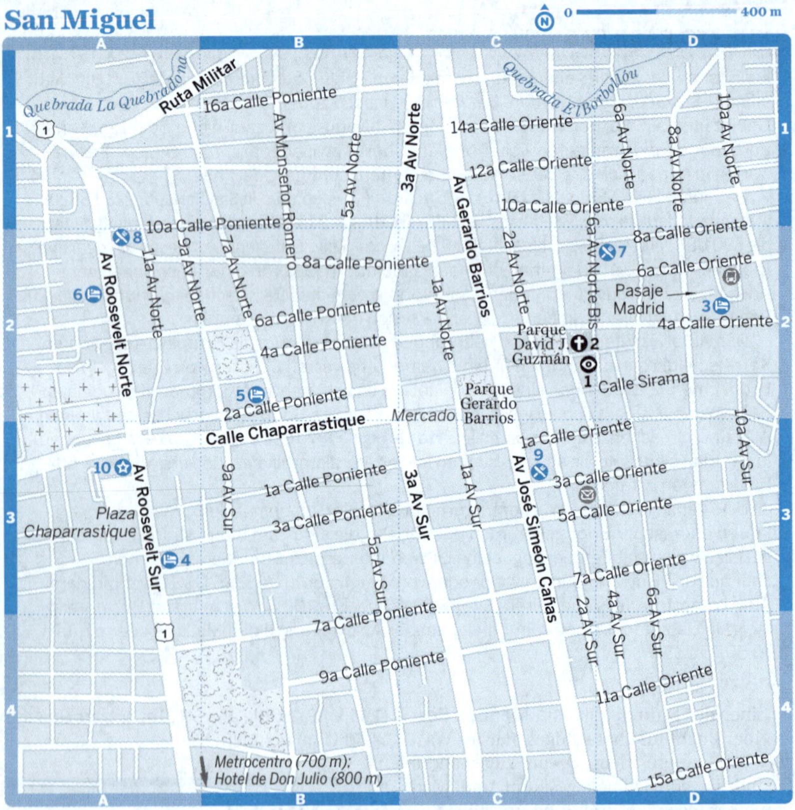

San Miguel

Sehenswertes

1 Antiguo Teatro Nacional C2
2 Catedral Nuestra Señora de la Paz C2
Museo Regional del Oriente .... (s. 1)

Schlafen

3 Hotel Inn El Guanaco D2
4 Hotel Plaza Floresta A3
5 Hotel Posada Real B2
6 Villa San Miguel A2

Essen

7 Comedor Chilita D2
8 Don Taco A2
9 Pastelería Lorena C3

Unterhaltung

10 Melodia A3

befindet sich die Kathedrale. Tagsüber ist hier alles vom Verkehr verstopft, nachts ist das Gebiet recht unsicher. Westlich des Parks geht's ruhiger und sicherer zu. Die Avenida Roosevelt (Carretera Interamericana) begrenzt die Stadt im Südwesten und dort sind auch die meisten Clubs und ein großes Metrocentro-Einkaufszentrum zu finden.

Sehenswertes & Aktivitäten

Catedral Nuestra Señora de la Paz KATHEDRALE
Die Kathedrale steht am Parque David J. Guzmán und stammt aus dem 18. Jh.

Antiguo Teatro Nacional THEATER
(2a Calle Oriente) Ein neoklassizistisches Juwel, das in der Stummfilmzeit als Kino und

später als Hauptsitz der Telecom und als öffentliches Krankenhaus diente.

Museo Regional del Oriente MUSEUM
(2a Calle Oriente) GRATIS Das Museo Regional del Oriente ist im 1. Stock desselben Gebäudes untergebracht wie das Antiguo Teatro Nacional. Die Sammlung von Töpferarbeiten und Fotografien ist zwar recht dürftig, der Eintritt ist aber frei.

Ruinas de Quelepa ARCHÄOLOGISCHE STÄTTE
Archäologiebegeisterte werden die Ruinas de Quelepa, einige Grashügel, die 40 terrassenförmig angelegte und zum größten Teil noch nicht freigelegte Zeremonialplattformen bedecken, zu würdigen wissen. Die Lenca haben diese Stätte zwischen dem 2. und 7. Jh. n. Chr. bewohnt und mit Copán in Honduras und mit Mexiko Handel getrieben. Hier entdeckte Steinskulpturen sind im Museo Regional del Oriente ausgestellt. Die Ruinen liegen abseits der Interamericana, 8 km westlich von San Miguel. Bus 90 fährt an der Kathedrale ab und passiert die Ruinen auf dem Weg nach Moncagua (0,50 US$, 30 Min.).

Volcano Chaparrastique WANDERN
Wer keine Probleme damit hat, sich neun Stunden lang einen steilen Berg hinaufzuquälen, der kann den Aufstieg zum Gipfel des 2130m Volcano Chaparrastique, auch Volcán de San Miguel genannt, wagen. Dessen Kegel überragt die Stadt im Südwesten.

Über die **Chinameca Polizeistation** (☎2665-0074; Fax 2665-1014) einen Polizeibegleitschutz organisieren und dies, wenn möglich, schon zwei Wochen im Voraus ankündigen. Von oben hat man einen umwerfenden Blick auf die Küste und einen Flickenteppich aus hügeligem Ackerland. Der Krater ist Hunderte Meter tief und unten liegt ein Durcheinander aus Steinblöcken.

Zum Vulkan kommt man mit einem Mietwagen oder dem Placitas-Bus ab der Ecke Calle Chaparrastique und 7a Av Sur in San Miguel. Dann geht's mit dem Taxi weiter.

Festivals & Events

Mit den **Fiestas Patronales** wird in San Miguel jeden November die Virgen de la Paz mit Prozessionen und riesigen, bunten Teppichen aus Sägemehl gewürdigt. Das große Finale, den **Carnaval**, sollte man sich nicht entgehen lassen. Hierbei wird am letzten Samstag im November in der gesamten Stadt eine riesige Party gefeiert.

Schlafen

Die preiswertesten Unterkünfte finden sich beim Busbahnhof, einer rauen Gegend, die nach Einbruch der Dunkelheit nicht sicher ist.

Hotel de Don Julio HOTEL $$
(☎2661-4113; 14 Calle Elizabeth; DZ 25 US$; P ❄ @) Modernes Hotel mit sauberen Zimmern. Angenehme Extras sind Kabel-TV, Minibar, ein kleines Fitnessstudio und ein Internetcafé. Es liegt in einer der besseren Wohngegenden von San Miguel.

Hotel Inn El Guanaco HOTEL $$
(☎2261-5029; Ecke 8a Av Norte & Pasaje Madrid; EZ/DZ 20/30 US$; ❄) Klein und einladend, hat das El Guanaco riesige, makellose Zimmer mit heißem Wasser im Bad und Kabel-TV. Wer es ruhig und abgeschieden mag mietet sich im 2. Stock ein. Es gibt einen Billardtisch, und der Duft, der einem vom Restaurant im Erdgeschoss in die Nase steigt, ist vielversprechend.

Hotel Posada Real HOTEL $$
(☎2261-7174; Ecke 7a Av & 2a Calle Poniente; EZ/DZ 23/30 US$; ❄) In der recht sicheren und unauffälligen Wohngegend westlich des Markts befindet sich in einem zweistöckigen, pinkfarbenen Gebäude dieses gut geführte Hotel mit einfachen aber ansprechenden Zimmern mit guten Betten, Klimaanlage und TV. Ein Zimmer im oberen Stockwerk nehmen; die unten sind muffig.

Hotel Plaza Floresta B&B $$
(☎2640-1549; Av Roosevelt 704; 25/50 EZ/DZ US$; P ❄ 📶 🏊) Geleitet wird dieses hübsche, kleine Hotel an der Alameda Roosevelt von der Familie Ignacio Cordova. Die geflieste Lobby ist kühl und einladend; sie öffnet sich zu einem geräumigen Hof und einer Reihe von attraktiven Zimmern auf zwei Stockwerken. Es gibt einen kleinen Pool und einen gepflegten Garten, der Erholung von dem Lärm draußen auf den Straßen bietet.

Villa San Miguel HOTEL $$
(☎2669-6969; www.hotelvillasanmiguel.com; Av Roosevelt 407; EZ/DZ 30/60 US$; P ❄ 📶 🏊) Nach dieser Art von Hotel hat die Stadt praktisch gelechzt: Modern, stylish, erschwinglich, außerdem gilt hier noch der Kunde als

König. In den ruhigen, kühlen Zimmern der Villa San Miguel stehen gute Betten und es gibt Duschen mit heißem Wasser. Zimmerservice gibt's zu sehr moderaten Preisen und Frühstück ist inklusive. Wer einen steifen Hals vom vielen Busfahren hat, kann das im Fitnessraum wieder ausbügeln.

Essen

Das beste Preis-Leistungsverhältnis zum Frühstück oder Mittagessen erhält man bei einer *comida a la vista* in einem *comedor;* früh kommen, um die volle Auswahl an frisch zubereiteten Gerichten zu haben.

Pastelería Lorena KONDITOREI $
(3a Calle Poniente 21; Kuchen 0,20–3 US$; ⏲7–19 Uhr) Die berühmteste Bäckerei El Salvadors nahm hier ihre Anfänge. Ein Glas *horchata* und ein Stück *Maria Luisa* (Marmeladen-Kuchen) sind der absolute Renner.

Comedor Chilita CAFÉ $
(Ecke 8a Calle Oriente & 6a Av Norte Bis; Hauptgerichte 2–3 US$; ⏲7–22 Uhr) In dieser geschäftigen Cafeteria kann man aus einer guten und umfangreichen Speisekarte z. B. gedämpftes Gemüse, Spaghetti oder gebratenes Pfefferhähnchen wählen. Nach 16 Uhr dreht sich hier alles um *pupusas* – den Seiteneingang auf der 8a Calle Oriente benutzen.

Don Taco MEXIKANISCH $
(Av Roosevelt Norte 320; Hauptgerichte 2–3 US$; ⏲12–22 Uhr) Hier kommt gutes und günstiges mexikanisches Essen auf den Tisch.

La Pema SALVADORIANISCH $$
(Hauptgerichte 7–15 US$; ⏲10.30–16.30 Uhr) Dieses kirchenähnliche Bauwerk beherbergt eines der erfreulichsten gastronomischen Erlebnisse des Landes. La Pema liegt etwa 5 km außerhalb an der Straße zur Playa El Cuco und ist für seine cremigen Suppen und ausgedehnten Mittagessen bekannt. Unbedingt die *mariscada* (cremige Suppe mit Meeresfrüchten) probieren, die mit dicken Käsetortillas serviert wird. Das Servicepersonal nimmt seine Arbeit ernst und ist schnell. Die Gäste kommen teilweise von weit her. Die Taxifahrer wissen, wo's hingehen soll.

Ausgehen & Nachtleben

Im bekannten Partydistrikt *el triángulo* (an der Kreuzung von Avenida Roosevelt und den Highways) ist vor 23 Uhr nichts los. Dann versammeln sich die Mariachis an der Tankstelle an der Kreuzung und hoffen darauf, für eine Show angeheuert zu werden. Wer nicht in einem Striplokal landen will, stellt dem Taxifahrer gegenüber klar, dass es in eine *discoteca* und nicht in einen Nachtclub gehen soll. Es gab schon Raubüberfälle durch Männer, die sich vor den Nachtlokalen als Taxifahrer ausgegeben haben.

Melodia CLUB
(Av Roosevelt Sur, Plaza Chaparrastique) Alle *discotecas* sollten so sein wie diese hier: dröhnende Beats, kitschiges Ambiente, hochhackige Schuhe und eine hochgradig hyperdynamische Stimmung. Ein Latino-Pop-Paradies, in dem gut betuchte Studenten gegenseitig um Aufmerksamkeit buhlen. Vor 24 Uhr sind die Getränke am billigsten – vor 1 Uhr ist es aber natürlich noch ziemlich leer.

Praktische Informationen

Banco Cuscatlán (Ecke 4a Calle Oriente & Av Barrios) Tauscht Reiseschecks und ausländische Devisen und hat einen 24-Stunden-Geldautomaten.

Banco Salvadoreño (Ecke Av Barrios & 2a Calle Poniente) Tauscht Reiseschecks, gibt Barvorschuss auf Visa-Karten und der Geldautomat ist rund um die Uhr in Betrieb.

BUSSE AB SAN MIGUEL

ZIEL	BUS	PREIS (US$)	DAUER
El Cuco	320	1	1½Std.
La Unión	324	1	1¼Std.
Marcala, Honduras	426	3,50	5½Std.
Puerto El Triunfo	377	1,60	2 Std.
San Salvador	301	2,20	3 Std.
San Salvador *especial*	301	3,20	2 Std.
Usulután	373	1	1½Std.

Einreisebehörde (Migración; ☎2660-0957; Ecke 15a Calle Oriente & 8a Av Sur; ⏲Mo–Fr 8–16 Uhr)

Post (Ecke 4a Av Sur & 3a Calle Oriente)

GEFAHREN & ÄRGERNISSE

Obwohl die Zahl der Gewalttaten durch Banden aufgrund der neuen Sicherheitsmaßnahmen zurückgegangen ist, ist es dennoch nicht ratsam, sich nach Sonnenuntergang im Zentrum aufzuhalten.

An- & Weiterreise

AUTO

Mietautos gibt's bei **Uno Rent A Car** (☎2661-0344; Av Roosevelt Sur).

BUS

Zwar sind die Busspuren in San Miguels **Busbahnhof** deutlich markiert, nach Fahrplänen muss man allerdings erst mal fragen. Wer hier nachts ankommt, sollte mit dem Taxi zum Hotel fahren.

Bus 330 nach El Amatillo an der Grenze zu Honduras (1,90 US$, 1½ Std.) fährt zwischen 4 und 18 Uhr im Zehn-Minuten-Takt ab. Bus 332 nach Perquín (1,35 US$, 3 Std.) fährt um 6.20, 9.50, 10.20, 12.40 und 15.20 Uhr. Alternativ den Bus 328 zur San Francisco Gotera nehmen und dort in einen Pickup umsteigen. Weitere Busverbindungen s. Tabelle unten.

La Unión

23 600 EW.

Zwar gibt es hier ein paar Ecken, die sich einen salzverkrusteten, kolonialen Charme bewahrt haben, ansonsten ist La Unión aber eine Stadt, die man schnell hinter sich lässt. Hier ist es heiß und ausgesprochen dreckig und es gibt nur wenige Gründe länger zu bleiben – einer davon vielleicht ein verspätetes Boot, das einen über den Golfo bringen soll. Die Hitze hier ist so unerträglich, dass man um die Mittagszeit sogar Hunde winseln hört. Die Einheimischen erhoffen sich vom neuen Tiefseehafen bessere Aussichten, aber auch zwei Jahre nach seiner Fertigstellung ist es hier noch bedenklich ruhig, da der Startschuss durch die Industrie bisher noch ausbleibt. Bis dies geschieht, kann man hier auf getrockneten Tintenfischringen herumkauen und sich auf die Strände der abgelegenen Inseln im Golfo de Fonseca freuen.

Die Strände Playa Las Tunas und Playa Jaguey westlich von La Unión sind ganz gut, während die in der Nähe der Playa El Cuco und El Tamarindo sogar ausgezeichnet sind. Um der Hitze für kurze Zeit zu entkommen und einen Blick über den Golf zu erhaschen empfiehlt sich ein Besuch in **Conchagua** am Fuß des beeindruckenden Vulkans gleichen Namens.

Schlafen & Essen

Ein Abendessen aus Fisch oder Meeresfrüchten isst man am besten östlich des Zentrums am Wasser.

Hotel San Francisco HOTEL **$$**
(☎2604-4159; Calle San Carlos, zw. 9a & 11a Avs Sur; EZ/DZ 32/40 US$; ❄) Von außen ist dieses Hotel im Kolonialstil mit seinem exzentrischen, barfüßigen Besitzer Fernando am beeindruckendsten. In Anbetracht der alten Betten und der lecken Badezimmer sind die Zimmer viel zu teuer, die Lage des Hotels in einer ordentlichen Straße spricht aber für sich. Gäste, die sich zu den Inseln aufmachen, können ihr Gepäck hier deponieren.

Comfort Inn MOTEL **$$$**
(☎2665-6565; Km 2,8 Calle a Playitas Carretera Panamericana; Zi. 75 US$; ❄@≋) Es ist schon traurig, wenn das beste Hotel am Ort zur guten alten Comfort-Inn-Kette gehört. Die Zimmer sind jedoch sehr komfortabel und der Pool ist so groß, dass man beim Bahnenschwimmen schon mal einen Trip zu den Inseln planen kann. Das Frühstück ist genau richtig. Und das Beste von allem: Bis zu vier Leute können zum Zimmerpreis in einem Zimmer unterkommen.

Pupusería Mayra PUPUSAS **$**
(Calle San Carlos; Hauptgerichte 1–2 US$; ⏲17–22 Uhr) Diese öffentliche Einrichtung gegenüber dem San Francisco wird gern von Kirchgängern besucht und ist die beste Option für *panes de pollo* (Hühnchensandwiches) und frische *pupusas*. Man muss schnell sein, sonst geht man leer aus.

Cappucino's CAFÉ **$**
(1a Calle Poniente 2-2; Kaffee 2 US$, Snacks 2–5 US$; ⏲8–19 Uhr) Eine Fata Morgana in der unsteten Wüstenlandschaft der Straßenstände! Das Cappucino's ist ein angesagtes Café mit eiskalter Klimaanlage und vornehmen Lounge-Bereichen aus Vinyl. Der unangefochtene Star im Ring ist der Kaffee, die Frühstückssandwiches (4 US$) sind aber auch nicht ohne.

Oasis Luna BAR
(3a Av Norte, Playa Los Coquitos; ⏲14–2 Uhr) Las Lunas bietet unter seiner mit Schilf überdachten Bar so etwas wie ein Nachtleben:

La Unión

La Unión

Schlafen
1 Hotel San Francisco D3

Essen
2 Cappucino's B2
3 Pupusería Mayra D3

Ausgehen & Nachtleben
4 Oasis Luna C2

mit Karaoke und gelegentlichen Konzerten. Das Restaurant am Wasser ist neu.

Praktische Informationen

Cyber Café (3a Av Norte, zw. 3a & 7a Calles Oriente; 0,70 US$/Std.) Besonders schnelle Verbindung und relativ neue Computer.

Einreisebehörde (☎2604-4375; Ecke Av General Cabañas & 7a Calle Poniente; ⏲Mo–Sa 6–22 Uhr) Neben der Post; auf dem Schild steht *Control Migración*. Wer mit dem Boot von Nicaragua oder Honduras ein- bzw. dorthin ausreist, muss sich hier einen Stempel holen.

Plaza Médica Vida (☎2604-2065; Calle General Menéndez zw. 7a & 9a Avs Sur; ⏲24 Std.) Gutes Krankenhaus in der Nähe des Zentrums.

Scotiabank (3a Calle Oriente zw. 1a Calle Sur & Av General Cabañas) Tauscht Reiseschecks und hat einen 24-Stunden-Geldautomaten.

An- & Weiterreise

Der Busbahnhof liegt an der 3a Calle Poniente zwischen 4a Av Norte und 6a Av Norte. Wer nach El Amatillo an der Grenze zu Honduras möchte, nimmt den Santa-Rosa-de-Lima-Bus 342 (1 US$, 1 Std.) nach San Carlos; an der Abzweigung in Bus 330 umsteigen.

Nur sporadisch fahren Boote von La Unión nach Coyolitos in Honduras oder zum Hafen Potosí in Nicaragua. Hierfür am Pier am besten einen Marineoffizier fragen. Auch von der Isla Meanguera legen Boote ab (s. S. 361). Die Fahrt über Land ist vielleicht nicht gerade aufregend – das ist der Aufenthalt in La Unión aber auch nicht.

Strände rund um La Unión

Diese langen, weiten Streifen goldenen Sands werden von internationalen Strandgängern oft übersehen. An der **Playa Esteron** trifft sich die Elite San Miguels. Dieser Strand ist die beste Option hier, auch wegen seiner sanften und sauberen Brandung und der endlosen Weite und Abgeschiedenheit.

Etwa 3 km westlich von Esteron befindet sich die bekanntere **Playa El Cuco**, die an Wochenenden von Städtern aus San Miguel überrannt wird. Immer an die potenzielle Gefahr von Quallen und Mantarochen denken – beim Hinausgehen den Sand immer ein wenig aufwühlen. Auf dem sandigen Marktplatz gibt's Unmengen von guten und günstigen Fischrestaurants. **Azul Surf Club** (☎ 2612-6820; www.azulsurfclub.com; Playa El Cuco; EZ/DZ 75/85 US$; ❄@≋) ist ein schönes, neues Surf-Resort der Extraklasse, das in der Umgebung beeindruckende Hilfsprojekte betreut. Obwohl sich das Resort vor allem auf Pauschalangebote spezialisiert hat, können auch Traveller auf der Durchreise noch recht gute Deals bekommen.

Das weiter westlich gelegene **Las Flores** ist von Dezember bis Februar ein optimaler Surfspot für Anfänger. Den Rest des Jahres lässt man hier lieber die Profis ran. Mama Cata von **Familia Segovia** (☎ 2619-9173; casacata1@hotmail.com; Playa Las Flores; Zi. 15 US$) nimmt die Einteilung vor. Den berühmten Break an der Punta Mango erreicht man mit dem Boot entweder von Las Flores oder El Cuco aus. Wer ein paar Sterne mehr möchte, kann im **Hotel Miraflores** (☎ 7890-4751; www.elhotelmiraflores.com; Playa Las Flores; EZ/DZ 70/82 US$) absteigen, das einen erhabenen Aussicht über den Ozean bietet.

Die **Playa Jaguey** ist ein breiter Sandstrand mit einer moderaten Brandung zwischen El Tamarindo und El Cuco. Der Strand ist von privaten Häusern gesäumt. Nutzen kann man ihn dennoch, es gibt allerdings keine sanitären Anlagen. Die **Playa Las Tunas** ist auch ganz nett, mit einem weitläufigen, flachen Strand der bis auf 100 m an einen Meeresarm heranreicht. Die Fischrestaurants sind am Wochenende schnell voll.

Von La Unión fährt Bus 383 einen Rundweg nach El Tamarindo und kommt dabei an Las Tunas und Jaguey vorbei. Eine flotte Abkürzung ist die Fahrt mit demselben Bus bis nach Buenavista. Von dort geht's mit einer *lancha* quer über den Meeresarm nach El Tamarindo (0,30 US$), wo Bus 383 wieder erreicht werden kann, um über Jaguey und Las Tunas wieder nach La Unión zurückzufahren.

Inseln im Golfo de Fonseca

Abgeschiedener als hier geht es im winzigen El Salvador nicht. Doch diese üppig grünen Vulkaninseln im Golf von Fonseca sind nicht gerade für die Hochglanzbroschüren der Reiseanbieter geeignet. Im 17. Jh. noch Spielwiese für Piraten sind sie heute von einsamen Fischerdörfern, gelangweilten Einheimischen und von Müll übersäten schwarzen Sandstränden geprägt, die einfach nicht zum Idealbild einer Idylle mit Vogelschutzgebieten, schönen bunten Buchten und allgegenwärtigen, warmen Gewässern passen wollen.

Die am nächsten gelegene Insel, die **Isla Zacatillo**, hat die meisten Einwohner und viele Buchten mit Sandstrand warten darauf, erkundet zu werden. Der Hauptort hat ein paar Läden und Unterkunftsmöglichkeiten in einem Holzverschlag auf der anderen Seite der Bucht. Einsame Strände findet man auf der **Isla Martín Pérez**, gleich südlich von Zacatillo. Die eher bergige **Isla Conchagüita** lädt mit ihren Wanderwegen zum aktiv sein ein. Direkt am Strand vor dem Hauptort sind die Fischerboote in Reih und Glied unter *enramadas* (Lauben oder Vordächern aus Holz oder Ästen) angebunden. Den Einheimischen zufolge findet man auf dem Weg hinaus zur Playa Brava prähistorische Petroglyphen. Der schwarze Sandstrand der Playa liegt zu Fuß eine Stunde vom Dorf entfernt.

Die beste der Inseln liegt am weitesten vom Festland entfernt. Die **Isla Meanguera**

BUSSE AB LA UNIÓN

ZIEL	BUS	PREIS (US$)	DAUER
Conchagua	382A	0,25	15 Min.
El Tamarindo	383	1,05	1¾ Std.
Las Playitas	418	1	1 Std.
San Miguel	324	1	1¼ Std.
San Miguel *especial*	324	1,20	1 Std.
San Salvador	304	3	4 Std.
San Salvador *especial*	304	5	3 Std.
Santa Rosa de Lima	342	0,90	1½ Std.

ABSTECHER

LA TORTUGA VERDE

Die **Grüne Schildkröte** (☎7774-4845; www.latortugaverde.com; Playa Esteron; B/EZ/DZ 10/25/50 US$, Haus 150 US$;) ist unser Lieblingsort in El Salvador – weil es die perfekte Öko-Unterkunft ist und es einfach Spaß macht, dort Zeit zu verbringen. Die Ansammlung von Kokosplantagen am menschenleeren Strand wird von Ex-New-Yorker Tom Pollack geleitet, einem ehemaligen Big-Wave-Surfer, Umweltschützer und seit Neuestem auch salvadorianischem TV-Promi.

Auf dem Hauptgelände gibt's Zimmer der Superlative direkt am Strand, die aus wiederverwertetem Holz und gesammelten Steinen gebaut sind. Alte Käsepressen und Kanupaddel führen zum angelegten Garten und zum Swimmingpool.

Die Schlafsaalzimmer liegen in Hörweite zum Ozean. Gäste können eine voll funktionierende Küche benutzen oder mit dem Personal essen (7 US$/Pers. für Frühstück und Mittagessen) und sich dabei in Spanisch üben. Neben dem Hauptgelände gibt's einen Tages-Strandclub (Eintritt 2 US$) und zwei Ferienhäuser mit jeweils mehreren Zimmern. Eine Wellnessoase bietet stundenlange Gesichtsbehandlungen an (10 US$) und ein Yogazentrum blickt in Richtung untergehende Sonne.

Das Restaurant (Hauptgerichte 5–15 US$) am Sandstrand bringt riesige Teller mit frischen, gesunden, einheimischen Meeresfrüchten, spezielle „Traveller-Wünsche" und jede Menge vegetarische Gerichte auf den Tisch.

Abenteuerliche Tagesausflüge zum Golfo do Fonseca werden angeboten (30 US$/Pers.). Wer nach Nicaragua übersetzen will, wird vom Hotel noch am selben Tag per Boot dorthin gebracht – falls nicht, darf man kostenlos im Hotel bleiben, bis es klappt.

La Tortuga Verde liegt 3 km östlich der Playa El Cuco. In El Cuco angekommen, links abbiegen und der Schotterstraße für ungefähr 3 km folgen. La Tortuga Verde liegt auf der rechten Seite.

war lange Gegenstand von Territorialstreitigkeiten mit Honduras und Nicaragua, bis sie ein internationales Gericht 1992 El Salvador zusprach. Neben einem kleinen, freundlichen Dorf hat die Insel noch die **Playa Majahual** zu bieten, einen atemberaubenden Strand – wenn er denn sauber ist. Von der Fähranlegestelle sind es zu Fuß 45 Minuten; Shuttles (1 US$) gibt's nur dann, wenn sie gerade anderweitig nicht gebraucht werden.

In einer malerischen Bucht liegt das **Hotel La Joya del Golfo** (☎2648-0072; www.hotellajoyadelgolfo.com; Isla Meanguera; DZ 79–89 US$, zusätzl. Pers. 10 US$;), ein wunderschönes Boutiquehotel. Die Zimmer sind groß, haben erstklassige, mit Gold verzierte Bäder, Kabel-TV und einen tollen Blick auf die „Vogelinsel". Die freundliche Besitzerin Rina ist auch noch eine begnadete Köchin, während ihr Mann ein begeisterter Fischer ist, der hervorragende Ausflüge arrangieren kann. Vorab anrufen, spätestens jedoch, um sich vom Anlegesteg abholen zu lassen.

An- & Weiterreise

Vom Landungssteg in La Unión fahren Boote nach Zacatillo (2 US$, 20 Min.) und Meanguera (2,50 US$, 1½Std.). Die Abfahrtszeiten können variieren, meist legen die Boote aber um 10.30 Uhr ab und kehren um 5 Uhr am nächsten Morgen zurück. Wer nur einen Tag bleiben möchte, muss sich selbst um ein Boot für die Abholung kümmern.

Eine private „Express"-*lancha* kostet für den Hin- und Rückweg nach Meanguera 60 US$. Auf jeden Fall vor dem Ablegen einen Preis aushandeln und vorab nur die Hälfte bezahlen, um auch wirklich wieder abgeholt zu werden. Auch von Las Playitas, weiter entlang der Küste, legen Fähren zu den Inseln ab.

Nur sporadisch fahren Boote von den Inseln im Golfo De Fonseca nach Coyolitos, Honduras, und zum Hafen Potosí, Nicaragua. Man kann auch versuchen, telefonisch zu erfragen, ob vom Hotel La Joya del Golfo auf der Isla Meanguera bald ein Boot ablegt. Die Preise unterscheiden sich enorm.

Morazán

Das im Nordosten gelegene *departamento* Morazán ist ein raues und ärmliches, ländliches Gebiet, in dem die Menschen vorwiegend von der Landwirtschaft leben. Dennoch bleibt es aufgrund seines nachhaltigen, von Gemeinden getragenen Natur- und Kriegstourismus nicht unbemerkt. Das

Museum in Perquín und das Denkmal in El Mozote sind eindrucksvolle Beispiele für die Aussöhnungs- und Erinnerungsarbeit, die hier geleistet wird. Das kühle Klima, der sauberste Fluss im Land (Río Sapo) und die zahlreichen Wanderungen zu Wasserfällen und Unterschlüpfen aus Kriegszeiten ziehen immer mehr Großstädter aus anderen Teilen des Landes an.

In den Dörfern rund um San Francisco Gotera, der Hauptstadt des *departamento*, haben die Traditionen der indigenen Bevölkerung überlebt. Im Dorf **Cacaopera** (Bus 337 von San Francisco Gotera aus) zeigt ein kleines ethnografisches **Museum** (Eintritt 1 US$; ⊙Mo–Fr 9–12 & 14–17 Uhr) Fotoausstellungen und Fundstücke zur örtlichen indigenen Gemeinschaft der Kakawira. Miguel Ayala gehört zum Museum und ist ein guter Ansprechpartner. Das Museum organisiert in der Trockenzeit (Dez.–April) auch geführte Wanderungen zu präkolumbischen Petroglyphen (15 US$ je Gruppe). Das Museum unterhält außerdem ein rustikales **Hostel** (☎2651-0251; B 5 US$) ohne Strom und fließendes Wasser. Baden kann man im nahen Río Torola, gekocht wird auf dem Holzofen. Das ist vielleicht nicht gerade bequem, die Erfahrung ist aber zweifelsohne einzigartig.

Die Gemeinde von **Guatajiagua** stellt qualitativ hochwertige schwarze Töpferarbeiten nach alter Lenca-Tradition her. Einen Eindruck davon kann man sich im Kunsthandwerksladen **Cedart** (Calle Principal; ⊙Mo–Fr 8–17, Sa 8–12 Uhr) oder auch in der Werkstatt eines einheimischen Künstlers verschaffen (Kunsthandwerksladen nach Adressen fragen).

Perquín

5500 EW.

Ein Besuch der früheren FMLN-Zentrale im Bergdorf Perquín ist ein wichtiger Schritt, um den brutalen Bürgerkrieg in El Salvador verstehen zu können. Hier, in diesen Hügeln, konnte die Opposition ihre treuesten Gefolgsleute gewinnen und trotz heftiger Bombardierungen gelang es dem Militär nicht, die Guerillakräfte von hier zu vertreiben. Der Ort an sich ist nichts Besonderes, für viele Traveller macht das kühle Bergklima und das ausgezeichnete Kriegsmuseum einen Ausflug hierher jedoch zu einem der Höhepunkte einer Reise nach El Salvador.

Sehenswertes

Museo de la Revolución Salvadoreña MUSEUM
(Calle Los Héroes; Eintritt 1,20 US$; ⊙Di–So 8.30–16.30 Uhr) Wenige Blocks nördlich des Parks illustriert das Museo de la Revolución Salvadoreña die Gründe und den Hergang des bewaffneten Kampfes. Zu den Highlights gehören u.a. Anti-Kriegs-Poster aus der ganzen Welt, schonungslose Farbbilder des Lebens in den Guerillacamps, eine unglaubliche Sammlung sowjetischer Waffen und einige Geschichten über Menschen, die im Kampf fielen. Der Besuch hier ist traurig und ergreifend.

El Campamento Guerrillero Simulado MUSEUM
(Calle Los Héroes; Eintritt 0,50 US$, geführte Touren 20 US$/Gruppe; ⊙Di–So 8.30–16.30 Uhr) El Campamento Guerrillero Simulado ist ein rekonstruiertes Guerillacamp in einem teilweise gerodeten Waldstück, das über Hängebrücken verbunden und von Pfaden durchzogen ist. Hier sind beispielsweise die Überreste des abgeschossenen Helikopters zu sehen, in dem Leutnant Colonel Domingo Monterrosa, der Anführer des berüchtigten Atlacatl-Bataillons, in den Tod stürzte. Außerdem können die Studios des illegalen Radiosenders der FMLN, Radio Venceremos („Wir werden gewinnen") besichtigt werden. Der Sender war in einen ausgeklügelten Plan verwickelt, der dazu führte, dass der Helikopter zerstört wurde – durch einen mit Sprengstoff präparierten Funksender.

Im Museum kann man auch Kontakt zu ehemaligen Guerillakämpfern aufnehmen, die die Besucher auf faszinierenden **geführten Touren** durch die Kriegszone begleiten. Das beliebteste Ziel ist El Mozote.

Aktivitäten

Das von Bergen umgebene Perquín bietet tolle Möglichkeiten zum Wandern und Schwimmen (im Fluss). Dank einer Fülle von Orchideen und Schmetterlingen eignet es sich auch hervorragend zur Vogelbeobachtung – 12 verschiedene Pirol-Arten und der äußerst seltene Rotkopf-Stirnvogel wurden hier bereits beobachtet. Der **Río Sapo** ist einer der drei Flüsse, die sich durch den Wald schlängeln – nach dem Besuch in El Mozote kann man hier prima schwimmen oder zelten. Der Fluss ist zu Fuß in 45 Minuten erreicht – ein Fußmarsch, der sich lohnt. Am oberen Wasserlauf gibt es viele

ABSEITS DER ÜBLICHEN PFADE

RUND UM MORAZÁN

➡ Morazán öffnet sich in letzter Zeit mehr und mehr dem gemeindebasierten Tourismus. Der ehemalige freiwillige Peace-Corps-Helfer Ari Borinsky hat ein paar coole Tipps, was man in dem ihm zugewiesenen Gebiet erleben kann:

➡ Die **aguas termales** (Thermalquellen) in Canton El Progreso besuchen. Dort kann man in einem wunderschönen pila (Bad) – wie geschaffen für zwei Personen – ein schönes heißes Bad nehmen. Nach einer einstündigen Busfahrt von Perquín geht's noch einmal eine Stunde zu Fuß weiter bis zum Rio Araute. Vorbei an der kleinen Schule (nicht vergessen, den Schülern zu winken!) und dann einem alten Schild nach, das den Weg weist.

➡ Der Wasserfall **El Salto** ist nur was für echte aventureros. Der Weg dorthin führt am rutschigen Flussufer des Río Araute entlang. Die einheimischen Guides **Edwin and Carlos** (☎7490-8082, 7219-5750; Touren10–20 US$) sind Brüder und helfen gerne weiter.

➡ In der Nähe von San Fernando liegt, **La Cascada del Chorreron**, einer der beeindruckendsten und am einfachsten zugänglichen Wasserfälle der Region, dessen Wasser einer dauerhaften, natürlichen Quelle entspringt. Der Wasserfall war Schauplatz der Batalla del Moscardon, einer der blutigsten Schlachten des Bürgerkriegs. Von San Fernando aus führt ein 2 km langer Weg durch das einfach zu bewältigende Gelände einer *reserva natural*. Der 40 m hohe Wasserfall plätschert in einen wunderschönen Trichter, der sich perfekt zum Schwimmen eignet.

freundliche Gemeinden, wie z.B. **Cumaro**. Der ortsansässige Fremdenführer Don Santos kann Ausflüge zu einer Badestelle in der Umgebung organisieren und einen sehr willkommenen Gastauftritt in der Dorfschule ermöglichen. Ebenso geben die Bauern vor Ort gern einen Tag lang einen Einblick in ihre Arbeit auf den Kaffee-, Mais- und Zuckerplantagen. Eine empfehlenswerte Übernachtungsmöglichkeit ist die **Cabaña las Veraneras** (s. u).

Die **Quebrada de Perquín** ist ein kleinerer Bach mit ziemlich vielen Felsen, der sich auch gut zum Schwimmen eignet. Der **Cerro de Perquín** ist vom Ort einen 10-minütigen Fußmarsch entfernt, während der Weg zum **Cerro el Pericón** schon etwas länger und beschwerlicher ist. Von beiden Erhebungen hat man einen großartigen Ausblick. Wer einen Führer engagieren möchte, fragt am besten bei Prodetur oder im Museum nach.

Jeden November findet hier ein großes Radrennen, die **Tours Ciclista de Montaña**, statt. Das **Festival de Montaña** ist ein einwöchiges Kulturfestival, das Ende Dezember veranstaltet wird.

Schlafen & Essen

Cabaña las Veraneras HÜTTE $
(☎7733-4493; Caserio Cumaro; Zeltplatz/Zi. 2/6 US$/Pers., Gerichte 1,50 US$) Niña Nildas Gäste werden schnell als Familienmitglieder aufgenommen. Beim Prodetur-Büro in Perquín kann man Reservierungen vornehmen.

La Posada de Don Manuel B&B $
(☎2680-4037; EZ/DZ 9/18 US$; 📶) Die umgebaute Sägemühle ist hier bei Weitem die beste Budgetunterkunft, sie liegt 500 m innerhalb des Ortseingangs etwas versteckt auf der linken Seite. Die aus Beton gebauten Zimmer sind im Sommer kühl, das Wasser ist heiß und das WLAN ist zuverlässig. Manuel ist ein unermüdlicher Guide und seine Frau Corina kocht spitzenmäßig.

Hostal Perquín Real HOSTEL $
(☎2680 4158; EZ/DZ 8/16 US$) Das Cocina de Mama Toya y Mama Juana gehört zu den besseren Restaurants am Ort und vermietet außerdem sechs große Doppelzimmer. Die gemeinsamen Badezimmer sind hübsch herausgeputzt, aber man muss sie mit den Restaurantgästen teilen. Am südlichen Ortseingang.

Eco Albergue Río Sapo HÜTTE $
(☎2680-4087, 2680-4086; Zeltplatz/B 4/7 US$/Pers.) Hier wohnt man in unmittelbarer Nähe einer Badestelle und dem Ausgangspunkt einer ganzen Reihe von Wanderungen. Schon deshalb lohnt sich eine Übernachtung in diesen rustikalen Hütten in der

Area Natural Protegida Río Sapo, die doch stark an einen Schlafsaal erinnern. Hier gibt's keinen Strom und nur begrenzt Wasser; Verpflegung muss man selbst mitbringen und auch die Taschenlampe sollte man nicht vergessen. Zelte (3 US$) und Schlafsäcke (1 US$) können bei Bedarf geliehen werden. Die Eco Albergue wird von Prodetur betrieben.

★ **Hotel Perkin Lenca** HOTEL **$$**
(☎ 2680-4046; www.perkinlenca.com; Zi. inkl. Frühstück 25 US$/Pers., Hütten für 1–4 Pers. inkl. Frühstück 50–74 US$) Der Amerikaner Robert Brennerman hat das Lenca aus Kiefern- und Eichenholz erbaut. Topgepflegt gehört es zu den komfortableren Hotels des Landes. Die Hütten sind wie geschaffen für Familien und die Doppelzimmer bieten ein hervorragendes Preis-Leistungs-Verhältnis; alle haben heißes Wasser. Es können zu jeder Zeit Ausflüge gebucht werden.

La Cocina de Ma'Anita SALVADORIANISCH **$**
(Hotel Perkin Lenca; Hauptgerichte 5–10 US$; ⏲ Frühstück, Mittag- & Abendessen) Der riesige Essbereich unter einem großen Giebel ähnelt eher einer Skihütte als einem Bergbistro, aber die Tische am vorderen Fenster bekommen schönes Morgenlicht; abends sorgen Deckenlampen für angenehmes Licht. Es kommen vor allem Bio-Produkte auf den Tisch und alles ist sehr lecker. Besonders gut sind die Fleischgerichte, das Eis und alles Eingemachte. Anschließend auf einen Drink nach oben in die gemütlichere Bar gehen.

La Cocina de la Abuela SALVADORIANISCH **$**
(Hauptgerichte 2–4 US$) Das beste der preiswerten *comedores* auf der Plaza.

ℹ Praktische Informationen

Cyberspace (1 US$/Std.; ⏲ Sa–Do 8–21, Fr 8–18 Uhr) Internetzugang.

Prodetur (☎ 2680-4086; Parque Central; ⏲ Mo–Fr 8–17, Sa 8–14 Uhr) Perquíns hilfsbereites Ausflugsbüro organisiert geführte Touren und Wanderungen (15 US$). Ein paar Tage vorab anmelden. Anfang August wird hier der Unterzeichnung der Friedensabkommen gedacht; auch hierzu gibt's einige geführte Touren.

ℹ An- & Weiterreise

Die CA7 von San Miguel nach Norden bis zur Grenze nach Honduras ist in gutem Zustand. Bus 332 fährt um 6, 7, 9.50 und 12.40 Uhr von San Miguel nach Perquín (1,50 US$, 2½Std.). Alternativ kann man auch den regelmäßiger verkehrenden Bus 328 nach San Francisco Gotera (0,70 US$, 1½Std.) nehmen und dort in einen Pickup nach Perquín (0,50 US$, 1 Std.) umsteigen. Der letzte Bus zurück nach San Miguel geht um 16 Uhr; der letzte Pickup nach Gotera startet um 17.40 Uhr. Wer aber von dort die letzte Busverbindung nach San Miguel erwischen will, der muss den Pickup schon um 17 Uhr nehmen.

El Mozote

Am 11. Dezember 1981 brachten Soldaten der Regierung Angst und Schrecken über dieses Bergdorf im Norden des Landes und richteten seine Bewohner kaltblütig hin. Schätzungen zufolge starben an diesem Tag 757 Menschen; von den 143 ausgegrabenen Opfern waren 131 Kinder. El Mozote ist heute eine wichtige Stätte, um den Opfern des Massakers zu gedenken. Eine Hommage sind auch die bunten Wandmalereien an der Kirche, die den Ort so zeigen, wie er damals war und wie ihn sich die Kinder auch in Zukunft wünschen. Außerdem ist hier eine Tafel mit den Namen all derer angebracht, die in dem Massaker ihr Leben verloren. Auf dem Massengrab der hingerichteten Kinder ist ein

DREISSIG JAHRE SPÄTER

Die offizielle Anerkennung des Massakers von El Mozote hat lange auf sich warten lassen, aber nach drei Jahrzehnten politischen Widerstand wurde Ende 2011 in dem kleinen Bergdorf eine internationale Feier abgehalten. Neue Straßen hießen die zu Besuch kommenden Würdenträger willkommen und Angehörige von Opfern sprachen darüber, wie dieses Ereignis ihr Leben beeinflusst hat.

Auch ein beeindruckendes **Denkmal** wurde zu Ehren jener gebaut, die in diesem Massaker ums Leben kamen. Es besteht aus den Silhouetten von Kindern und ist von großen Persönlichkeiten des friedlichen Widerstands aus aller Welt umgeben. Es liegt etwa 1 km hinter der Ortschaft selbst. Den Einheimischen soll damit geholfen werden, mit diesem Ereignis abzuschließen, während Außenstehenden, die dem Ort ihre Ehre erweisen wollen, Einblicke in die Geschichte erhalten.

Rosenbeet angelegt. In diesem schlichten Dorf gibt's keine Übernachtungsmöglichkeiten und nur wenige Serviceleistungen.

Besucher sollten der Tragik dieses Ortes respektvoll begegnen – auch wenn sich die Einheimischen an internationale Besucher gewöhnt und sogar Snackbars errichtet haben. Die Kinder trotten hinter den Travellern her und betteln um Almosen. So groß die Versuchung etwas zu geben auch sein mag, am besten platziert man seine Spende direkt in der Box in dem Büro, in dem auch geführte Touren gebucht werden können.

Von Perquín aus kann man entweder zu Fuß gehen oder mit einem Pickup 3 km in südlicher Richtung bis dorthin fahren, wo sich der Highway gabelt. El Mozote liegt 10 km von der befestigen Straße entfernt; die Busse in Richtung Jateca kommen hier morgens um 8 Uhr vorbei. Unterwegs kommt man an Arambala vorbei, wo bei Luftangriffen viele Menschen starben. Derselbe Bus fährt um 12.45 Uhr wieder von El Mozote zurück und lässt Passagiere an der Abzweigung aussteigen. Diesen Ausflug kann man auch mit einer Wanderung zum Río Sapo verbinden, der zu Fuß nur 30 Minuten von El Mozote entfernt liegt.

Prodetur und das Museo de la Revolución Salvadoreña in Perquín können zwar Ausflüge organisieren, aus Respekt sollte man aber direkt in El Mozote einen der einheimischen, Spanisch sprechenden Führer nehmen.

DER NORDEN EL SALVADORS

Das zeitlos bezaubernde Suchitoto – eine mustergültige Kolonialstadt, nur 47 km von San Salvador entfernt – ist der Star des nördlichen El Salvador. In dieser Region wird vor allem Landwirtschaft betrieben und Wanderer freuen sich über das bergige Terrain. Traveller auf der Durchreise nach Honduras fühlen sich hier wie in einer anderen Welt, wenn sie geruhsam die zerklüfteten Hügel und Kiefernwälder durchqueren. Die Zeit verliert an Bedeutung – und die anderen Reisenden scheinen plötzlich unendlich weit weg zu sein.

Wer einen kleinen Umweg wagt, wird reich belohnt. La Palma ist ein einzigartiger Künstler-Treff, wo die *arte naif* auch weiterhin die Phantasie der Welt beflügelt. Eine Wanderung von San Ignacio oder Miramundo aus steht anderen Ausflügen in Zentralamerika in nichts nach. Chalatenango ist der kommerzielle Mittelpunkt der mittlerweile sichersten Region des Landes und wird wirtschaftlich sicher noch weiter wachsen, sollte der neue nationale Highway wie geplant weiter ausgebaut werden.

Das *departamento* Chalatenango hatte am schwersten unter der Taktik der *tierra arrasada* (der verbrannten Erde) zu leiden. Dabei wurden als Teil der Kampfhandlungen Felder abgebrannt und Nutztiere getötet. Chalatenango ist der wichtigste Lieferant für Strom aus Wasserkraft, hat aber angesichts der enormen Abholzung mit schwerwiegenden Umweltproblemen zu kämpfen.

Suchitoto

Das scheinbar einer Erzählung des magischen Realismus entsprungene Suchitoto hat der Last der Vergangenheit standgehalten – oder ist sogar noch an ihr gewachsen. Mit ähnlicher Energie verwandelt sein am Wochenende stattfindendes Kunstfestival die typische Plaza im Ort in eine riesige *guanaco*-Parade. Dies alles ist nicht neu, denn als das Indigo hier noch das Bild des Marktplatzes bestimmte und die wunderschöne spanische Kirche täglich von reuigen Sündern bevölkert wurde, da war Suchitoto noch die unerschrockene Kulturhauptstadt. Diesen Titel verteidigt sie weiterhin problemlos.

Wer Galerien und Bars nicht viel abgewinnen kann – unter der Woche ist sowieso fast nichts offen –, der hat in unmittelbarer Nähe der Stadt unzählige Möglichkeiten, Wasserfälle, Höhlen und den wunderschönen Lago Suchitlán zu Fuß zu erkunden. Suchitoto ist mit seinen 200 Vogelarten aber auch ein wichtiges Gebiet für Zugvögel. Tausende Habichte und Falken bevölkern zum Wechsel der Jahreszeiten die Lüfte und allerlei Vögel bauen in der relativen Sicherheit der Flussinseln ihre Nester.

Man nimmt an, dass sich die Yaqui und Pipil vor etwa 1000 Jahren hier niederließen. Die Hauptstadt El Salvadors wurde Anfang des 16. Jhs. hier ganz in der Nähe gegründet. In der jüngeren Geschichte war Suchitoto der Ort, an dem die ersten Kämpfe des Bürgerkriegs ausgetragen wurden, was viel Zerstörung und Abwanderung mit sich brachte. Heute ist die Stadt im Hochland wieder zurück und ein wichtiges Reiseziel des Landes.

Sehenswertes & Aktivitäten

Eine geologische Kuriosität ist der Wasserfall **Cascada los Tercios**. Er ergießt sich über eine Klippe aus dicht zusammengepressten sechseckigen Basaltsäulen. Die Kaskade an sich ist bei wenig Wasser (was häufig der Fall ist) nicht gerade sehenswert, aber die Felsformationen und der Weg an sich sind schon lohnenswert genug.

Nach einem 1,5 km langen Fußmarsch an der Hauptstraße entlang in Richtung Westen ist man am Ziel angekommen. Dennoch nie alleine losziehen, da es schon zu Überfällen gekommen ist; über das Hostel El Gringo (S. 368) einen Ausflug buchen.

Zum **Salto El Cubo**, einem 15 m hohen Wasserfall, der sich an seinem Fuß in einigen Becken sammelt, führt eine Wanderung von 1 ½ Stunden. Wer möchte, kann, eingeklemmt zwischen Felsen und vom herabfallenden Wasser durchnässt, von einer Ebene auf die nächste klettern. Auf der Calle Francisco Morazán in westlicher Richtung stadtauswärts bis zum felsigen Ende eines Wegs gehen. Ein schmaler Pfad führt steil hinab zum Wasserfall.

Das Gebiet rund um den südwestlich der Stadt gelegenen Volcán Guazapa, dem früheren Versteck der FMLN, ist ein beliebtes Ziel für **Reitausflüge** (6-stündiger Ausritt 30 US$). Die Ausflüge werden von einer unabhängigen Kooperative veranstaltet und Besucher können hier *tatús*, intelligent konzipierte und im Boden eingegrabene Verstecke, Krater und Überreste von Bomben sehen. Touren werden beim Touristenbüro gebucht.

Centro Arte para la Paz KULTURZENTRUM
(☎2335-1080; www.capsuchitoto.org; 2a Calle Poniente 5) Das Centro Arte para la Paz richtet einige kulturelle Aktivitäten aus. Es ist in den Mauern eines alten Dominikanerordens untergebracht. Freitags um 17 Uhr werden kostenlos Filme gezeigt.

★ **Suchitoto Adventure Outfitters** TOUREN
(☎2250-0113, 2250-0800; www.suchitotooutfitters.com) René Barbon ist genau der Richtige für abenteuerliches, sachkundiges Reisen in El Salvador. Zu den hervorragenden maßgeschneiderten Ausflügen gehören, neben den üblichen Suchitoto- und El-Salvador-Touren, auch weniger bekannte Abenteuer, wie z. B. Kajakausflüge zum Pazifik, bewegende Touren ins nahe gelegene Cinquera und unvergessliche Touren nach Nicaragua.

IPES FREIWILLIGENARBEIT
(☎2335-1891; www.permacultura.com.sv; 2a Av Sur 38, Barrio El Cavario) Eine sehr empfehlenswerte Gelegenheit, freiwillige Arbeit in Graswurzel-Permakulturprojekten zu leisten. Die Anlage, in der einheimische Bauern alles über nachhaltige Landwirtschaft lernen können, wurde eigens zu diesem Zweck 15 km außerhalb Suchitotos gebaut. Für 400 US$ pro Monat können freiwillige Helfer vor Ort übernachten und in die einheimische Gesellschaft eintauchen; außerdem stehen ihnen erfahrene Ausbilder zur Seite.

El Tejado SCHWIMMEN
(☎2335-1769; 3a Av Norte 58) Um der Hitze zu entkommen, bietet sich hier für 3 US$ ein Sprung in den riesigen Pool mit Aussicht an. Das Hotel (DZ 65 US$) gehört einer evangelischen Kirche. Außerdem ist es ein schöner Ort, um ein Bier zu trinken.

Kurse

Pajaro Flor Spanish School SPRACHE
(☎2335-1509; www.pajaroflor.com; 4a Calle Poniente 22) Die Pajaro Flor Spanish School bietet für 160 US$ 20 Stunden fundierten Privatunterricht an. Für 4 bis 10 US$ am Tag kann eine Unterbringung in Familien arrangiert werden.

Global Platform SPRACHE
(☎7655-8997; www.globalplatform.org.sv; 2a Calle Poniente 9) Global Platform ist eine dänische NGO, die ebenfalls Spanischunterricht anbietet, wenn man in den selbstorganisierten Entwicklungsprojekten rund um Suchitoto mitarbeitet. Auch Nicht-Dänen können sich gern bewerben; ein Monat kostet etwa 400 US$. Inbegriffen sind eine einfache Unterkunft, Verpflegung und verschiedene Ausflüge.

Schlafen

An den Wochenenden ist die Plaza mit Essensverkäufern übersät, die *riguas* (süße, vor Butter triefende Maistortillas in einer Maishülse eingewickelt) und *fogonazo* (Zuckerrohrsaft), auf Wunsch auch mit einem Schuss Hochprozentigem, verkaufen. Die Restaurants der beiden besten Hotels, **La Posada Suchitatlan** (☎2335-1064; Barrio San José) und **Los Almendros de San Lorenzo**, sind an den Wochenenden meist sehr voll.

Blanca Luna HOSTEL $
(☎2335-1661; 1a Calle Oriente; Zi. 7 US$/Pers.) Diese freundliche Budgetunterkunft mit Gemeinschaftsbalkon befindet sich in reiz-

ABSEITS DER ÜBLICHEN PFADE

CINQUERA

Diese ehemalige FMLN-Hochburg hat sich zu einem erfolgreichen Beispiel für Graswurzeltourismus entwickelt. Die freundliche Dorfgemeinschaft hat eine Reihe von Projekten ins Leben gerufen, die dazu beigetragen haben, die Schrecken des Bürgerkriegs zu bewältigen. In einem neuen **Kriegsmuseum** erzählen Ex-Guerrillakämpfer von ihren eigenen Erfahrungen in diesem Konflikt. In einem tollen kleinen **Regenwaldpark** kann man kurze Wanderungen machen und im Wasserfall schwimmen; Freunde der Kriechtiere können sich die nachhaltige **Leguanfarm** anschauen.

Ein hervorragendes **Hostel** (☎2389-5732; ardmcqr@yahoo.es; Hütten 30 US$), das von der Association for Reconstruction and Municipal Development (ARDM) geleitet wird, sucht freiwillige Helfer für Gemeinde- und Ökotourismusprojekte. Wer Näheres erfahren will, kann im Hostel anrufen.

voller Lage hinter der Kirche. Die sechs Zimmer sind für diesen Preis geschmackvoll eingerichtet und der sonnige Hof ist der ideale Ort, um andere Traveller kennenzulernen.

El Gringo HOSTEL $

(☎2327-2351; www.elgringosuchitoto.com; Calle Francisco Morazan 27; EZ/DZ 12/18 US$, B 7 US$; P❄📶) Der Langzeit-Expat und Reiseveranstalter Robert Broz Morán und seine bezaubernde Frau leiten diese leuchtend rosafarbene Traveller-Unterkunft, die einen kurzen Fußmarsch westlich der Plaza liegt. Die beiden kleinen Zimmer sind hell und komfortabel; der Fünf-Betten-Schlafsaal ist sehr schlicht, aber die Matratzen sind fest und neu. Das eigentliche Highlight ist das leckere Tex-Mex-Restaurant, das 24 Stunden geöffnet ist.

Hostal Vista Lago HOSTEL $

(☎2335-1357; 2a Av Norte 18; Zi. 8 US$/Pers.) Das exzentrische Hostel liegt am Abhang zum See und bietet eine der besten Aussichten der Stadt. Die kleinen, farbenfrohen Zimmer mögen manchen ein wenig beengend vorkommen, aber durch den netten Service und die abenteuerlichen Gäste macht der Aufenthalt hier Spaß.

Las Puertas HOTEL $$$

(☎2393-9200; www.laspuertassuchitoto.com; Ecke 2a Av Norte & Av 15 de Septiembre; Zi. 75–95 US$; ❄@) Das Hotel Las Puertas liegt an der Plaza gegenüber der Kirche; das Preis-Leistungs-Verhältnis stimmt in diesem Spitzenhotel mit großen Zimmern und dem unprätentiösen Charme der Alten Welt. Die großzügigen Zimmer sind mit allerlei handgearbeiteten Kunstwerken geschmückt und bieten nicht nur einen tollen Ausblick auf die Menschen unten auf der Straße, sondern auch auf die Berge oben. Die Atmosphäre in der geselligen Bar im Untergeschoss ist wie die an einem Filmset eines zentralamerikanischen Film Noir.

★Los Almendros de San Lorenzo BOUTIQUEHOTEL $$$

(☎2335-1200; www.hotelsalvador.com; 4a Calle Poniente; DZ/Suite 120/150 US$; ❄@🏊) Zweifellos eine der besten Übernachtungsmöglichkeiten in El Salvador. Ein schickes Boutiquehotel in einem restaurierten, 200 Jahre alten Gebäude, erstklassige salvadorianische Kunst, antikes und modernes Mobiliar, maßgefertigte Türen und mehrere gurgelnde Brunnen bilden den Hintergrund für die sechs makellosen Zimmer, die mit hohen Decken, großen gefliesten Badezimmern und schlichtem, klassischem Dekor ausgestattet sind. Eine der Suiten hat einen eigenen Brunnen, die andere ist auf zwei Stockwerke verteilt – beide sind jeden einzelnen Cent wert.

Außer in den Zimmern, die man nur ungern wieder verlässt, kann man sich in einer luxuriösen Bibliothek, am gepflegten Pool oder im üppigen Garten aufhalten. Ein gutes Restaurant und eine hippe Lounge-Bar runden das Ganze ab.

Essen

★La Lupita del Portal ZEITGEMÄSS $

(☎2335-1429; Hauptgerichte 3–8 US$) Die entzückende Lorena und ihr freundliches Team leiten das Restaurant mit dem besten Preis-Leistungs-Verhältnis der Stadt. Es liegt am südlichen Ende der Plaza und besticht durch seinen flotten, freundlichen Service. Zum Fleisch und zu den vegetarischen Gerichten gibt's frische Salate, Sandwiches und riesige Säfte.

Xela's Pizza PIZZERIA $

(☎2335-1397; Pizza 6–10 US$) Leckere Pizza, die man unter Bäumen genießen kann. Von der Plaza aus den Schildern folgen.

Ausgehen & Nachtleben

El Necio BAR

(4a Calle Oriente No 9; ⏲18–1 Uhr) Flaggen der Revolution dienen in diesem linkgerichteten Laden, der nur unregelmäßig geöffnet ist, als Tischdecken. Geleitet wird er von Jerry, einem liebenswerten Ex-Guerrillero; der Geist der Revolution ist hier so stark wie die Getränke.

Harlequín BAR

(⏲Fr–So 19–1 Uhr) Eklektische Musik erklingt im Harlequín aus einem eingezäunten Garten mit funkelnden Lichtern. Hier hängen regelmäßig Expats ab und gelegentlich gibt's einen Filmabend.

Orientierung

Die Iglesia Santa Lucía erhebt sich an der Ostseite des Parque Centenario, der das Zentrum markiert. Der Weg zum See ist ausgeschildert. Vom Park führt dieser einen Block nach Osten, nach links auf die 3a Av Sur, dann einen steilen Weg hinunter zum Wasser (etwa 1 km). Alternativ kann man der Straße, die den Park an seiner Westseite begrenzt (Av 15 de Septiembre), folgen; einige Blocks später trifft diese auf die 3a Av Sur. Parque San Martin liegt zwei Blocks westlich und zwei Blocks nördlich vom Zentrum.

Praktische Informationen

Am Marktplatz steht ein 24-Stunden-**HSBC-Geldautomat**; in der Filiale der **Banco Pro-Credit** (Ecke 2a Av Norte & 2a Calle Poniente) werden einige Währungen und Reiseschecks getauscht.

An- & Weiterreise

Vom Terminal de Oriente in San Salvador wird Suchitoto von Bus 129 angefahren. Derselbe Bus fährt auf dem Rückweg an der Ecke 1a Calle Poniente und 4a Av Sur, einen Block westlich des Parque Centenario, ab. Mit dem Auto geht's auf der Interamericana zuerst Richtung Cojutepeque; in San Martín dann am Texaco-Schild nach links abbiegen.

Wer nach Norden weiterfährt, nimmt Bus 163 nach Las Aguilares (0,80 US$, 1 Std.), wo Busse in Richtung Chalatenango, Las Palmas und zur Grenze El Salvador–Honduras vorbeifahren. Langsamer aber landschaftlich schöner ist es, wenn man mit dem Boot (6 US$/Pers., 20 Min.) oder mit der Autofähre (1 US$/Pers., 4 US$/Auto) über den Lago de Suchitlán nach San Francisco Lempa und von dort weiter mit dem Bus nach Chalatenango fährt. Der letzte fährt um 15 Uhr ab.

Chalatenango

16 200 EW.

Die Hauptstadt der verschlafenen Provinz Chalatenango und gleichzeitig das Businesszentrum des nördlichen El Salvador ist die gleichnamige Stadt, die jeden Morgen schlagartig zum Leben erwacht: Hupende LKWs, vollgeladen mit Ananas, Zuckerrohr, Indigo und Kaffee, schieben sich durch die engen Straßen, während sich in bunten Bussen freundliche Einheimische drängen, die DVDs, Toilettenartikel und glitzernde, paillettenbesetzte Kleider verkaufen. „Chalate" ist das wirtschaftliche Zentrum für die kleinen umliegenden Bergdörfer, und so ist hier ein großer Kontrast zwischen den ehrgeizigen jungen Menschen zu erkennen, die das Stadtleben lieben, und einer Generation von Bauern mit von der Sonne gegerbter Haut, die sich mit der Landwirtschaft ihren Lebensunterhalt sichern und Geschichten aus der Zeit der FMLN-Herrschaft erzählen. Die große Militärgarnison auf der Plaza wurde zu Kriegszeiten erbaut, um die revolutionären Aktivitäten in dieser FMLN-Hochburg im Zaum zu halten.

Sehenswertes

Iglesia de Chalatenango KIRCHE

Die Iglesia de Chalatenango mit ihrem plumpen Glockenturm und der leuchtend weißen Fassade steht am östlichen Ende des Parque Central, nur einen Steinwurf von der Militärgarnison entfernt.

Turicentro Agua Fría PARK

(Eintritt 0,80 US$; ⏲8–17 Uhr) Vom Parque Central ist nach 20 Minuten das Turicentro Agua Fría mit einem üppig grünen Park mit Picknicktischen erreicht; Hauptanziehungspunkt sind aber die Schwimmbecken mit künstlicher Felseninsel und Wasserrutsche. Trockenzeit heißt auch Wassermangel – also nicht überrascht sein, wenn von der Überdosis Chlor die Augen brennen. In der Cafeteria gibt's Essen und Bier. Hierher kommt man auf der Calle Morazán (nach Osten); nach 400 m am großen Schild links abbiegen.

Cerro La Peña WANDERN

Einen schönen Blick über den Cerrón-Grande-Stausee verspricht eine Wanderung hinauf zum Cerro La Peña. Es ist ein Fußmarsch von etwa 1½ Stunden; der Ausgangspunkt befindet sich kurz vor dem *turicentro*. Viele Wege führen nach oben – am besten Passanten nach dem Weg fragen.

Schlafen & Essen

La Posada del Jefe HOTEL $

(☎ 2335-2450; Calle el Instituto, Barrio El Calvario; EZ/DZ 16/25 US$; ❄) Geht man 10 Blocks hügelaufwärts in Richtung Osten, erreicht man diese annehmbare Unterkunft. Die aus Beton gemauerten Zimmer sind schneeweiß und mit ausgedienten Büromöbeln ausgestattet. Vor der Tür ist ein kleiner Laden. Warum nicht mit einem kleinen, roten Mototaxi (1 US$) hierherkommen? Das macht Spaß!

La Posada de Don Santana HOTEL $$

(☎ 2278-7783; www.laposadadedonsantana.com; Calle La Vega 33; EZ/DZ ab 38/48 US$; P ❄ ☰) Das Don Santana ist ein kleines Berghotel mit fünf Zimmern, die zu einem reizvollen Hof hin gelegen sind. Genau der frische, ruhige Rückzugsort, um eine Hängematte durchzuliegen oder die letzten Kapitel eines Romans zu vollenden.

Cafe Colombia CAFÉ $

(4a Calle Poniente; Kaffee 1 US$) Entspannte Einheimische spielen hier unter einer mit Kaffeesäcken aus ganz Amerika zugepflasterten Decke Schach. Durch das geöffnete Fenster des Fitnessstudios dröhnen Aerobic- und Technoklänge. Gelangweilte Frauen servieren hier leckere Schinkensandwiches.

Comedor Carmary TÍPICA $

(3a Av; Hauptgerichte 2–3 US$; ⏲ Mo–Sa 7–14 Uhr) In dieser sehr sauberen Cafeteria ist immer was los. Die köstliche *comida a la vista* besteht z. B. aus geschmortem Huhn in Tomate, Kochbananen oder den allgegenwärtigen Bohnen mit Reis. Die frisch gepressten Säfte werden in einem riesigen Glas serviert.

Markt MARKT $

(⏲ 5–13 Uhr) Der Markt im Freien ist ein echter Augenschmaus: Gemüse, Obst und Getreide und dazu noch jede Menge Toilettenartikel. Gleich östlich der Avenida Fajardo. Einen lärmenden Markt gibt's dienstags und sonntags auch im Stadtzentrum.

Orientierung

Der Parque Central wird von der 3a Avenida zerschnitten. Die Kirche befindet sich auf der Ostseite (bergan), der Hauptpark im Westen (bergab). Der Markt wird auf der wichtigsten Ost-West-Verbindungsstraße abgehalten, der Calle San Martín–Calle Morazán. Nördlich des Hauptparks steht eine riesige Kaserne. Die meisten Busse halten an der 3a Avenida südlich des Parks, um Fahrgäste ein- oder aussteigen zu lassen. Ausnahme sind die Busse nach Arcatao und Las Vueltas. Diese fahren am oberen Ende der Calle Morazán ab, in der Nähe der Abzweigung zum *turicentro*.

Praktische Informationen

Die **Citibank** (4a Calle Poniente, near 6a Av Sur) hat einen 24-Stunden-Geldautomaten und wechselt Reiseschecks. Internetzugang gibt's z. B. im **Cibercafé@halate Online** (1a Calle Oriente at 5a Av Norte; 0,80 US$/Std.; ⏲ Mo–Sa 8–21.30, So 9–13 Uhr).

An- & Weiterreise

Regelmäßig fährt Bus 125 von San Salvador (0,90 US$, 2 Std.) bis zur 3a Av Sur in Chalatenango, ein paar Blocks südlich der Kirche. Wer nach La Palma oder El Poy möchte, nimmt den Bus 125 in Richtung El Amayo (die Highway-Kreuzung) und steigt dort in den Bus 119 (1½Std.) nach Norden um.

Rund um Chalatenango

Rund um Chalate geht die Landschaft in einen trockenen Wald über, der von spitzen Gipfeln und schroffen, gelbbraunen Hügeln gespickt ist. Die kleinen Dörfer in dieser abgeschiedenen Gegend warten mit einer tollen Landschaft und interessanten Geschichten auf.

Inmitten der entlang der Grenze zu Honduras verlaufenden Berge liegt hinter dem Río Sumpul das wunderschöne Dörfchen **Arcatao**. Im Gemeindebüro erhält man Auskünfte über Touren durch die *tatus* (Höhlenverstecke), die Arcataos wichtige Rolle als FMLN-Hochburg belegen. Der **Jesuitenorden** (☎ 2354-8009; bartolome2408@yahoo.com) im Ort beherbergt auch Gäste und kann eine geführte Tour durch die Gegend arrangieren. Vorab anrufen.

Nordwestlich von Chalate liegt **Concepción Quezaltepeque**, ein Zentrum der Hängemattenherstellung. Am Straßenrand kann man Frauen bei der Arbeit an den Hängematten beobachten. Je nach Größe, Länge, Dicke und Material liegen die Preise zwischen 30 und 150 US$. Entlang der Hauptstraße reiht sich ein Laden an den anderen. Vor dem Kauf empfiehlt es sich, die Qualität in den verschiedenen Shops zu vergleichen.

La Montañona liegt auf 1600 m und ist ein Kiefern-Schutzgebiet. Der Ausblick ist erstklassig und es gibt präkolumbische Petroglyphen zu bewundern. Der Bürgerkrieg hinterließ hier mehrere *tatus*, darunter auch den des illegalen Guerilla-Radiosenders Radio Farabundo und ein unterirdisches Guerillakrankenhaus. In dem kleinen Dorf gibt es auch eine Übernachtungsmöglichkeit – eine rustikale Hütte mit Betten und Gemeinschaftsbad (5 US$/Nacht). Teresa Avilar bereitet einfache Speisen zu. Bevor man sich auf den Weg macht, **Cesar Alas** (☎7723-6283) anrufen; er managt die Unterkunft und fungiert auch als lokaler Fremdenführer.

Eine anstrengende Wanderung bergauf passiert Dulce Nombre de María und verläuft auf Kopfsteinpflasterstraßen durch pastellfarbene Dörfer. Von hier schweift der Blick über breite Täler, in deren Hintergrund sich vereinzelt Vulkane und am Horizont die Berge der Grenze nach Honduras erheben. Nördlich davon befindet sich **El Manzano**, eine Kooperative von ehemaligen FMLN-Kämpfern. Die Pfade verbinden historische Kriegsstätten und Wasserfälle und schlängeln sich durch Wälder und an Kaffeeplantagen vorbei. Erklimmt man El Pilón, so bietet sich einem ein noch unglaublicherer Ausblick. In der *tienda* mitten im Dorf gibt's Infos über Unterkünfte, Essen und Guides.

An- & Weiterreise

Folgende Busse fahren in Chalatenango ab:

Aracatao Bus 508 (1,15 US$, 2 Std.) Abfahrt zw. 7 und 17.30 Uhr stündlich vom oberen Ende der Calle Morazán.

Concepción Quezaltepeque Bus 300B (0,35 US$, 20 Min.) fährt am Terminal auf der 3a Avenida Sur in Chalate ab.

El Manzano Keine direkte Verbindung. Bus 125 bis zum *desvío* (Abzweigung) nach Dulce Nombre de María nehmen; dort in den Bus 124 von San Salvador nach Dulce Nombre de María einsteigen. Von hier geht's mit dem Pickup nach El Manzano weiter.

La Montañona Die Busse 295 und 542 (1 US$, 2 Std.) passieren die Abzweigung nach Montañona und fahren um 11.15 und 0.15 Uhr von der 3a Avenida Sur zwischen 1a und 3a Calles Poniente ab. Von der Abzweigung sind es noch 6 km bis zum Dorf – die sind aber sehr steil. Oft fahren auch Pickups.

La Palma

In La Palma bestimmt die Straßenkunst das Stadtbild. Es scheint eine kollektive Übung zu sein, Wandgemälde am laufenden Band zu produzieren. Sicher gibt es nirgendwo auf der Welt so viele dieser Malereien pro Einwohner wie hier. Dieses coole Städtchen in den Bergen, 84 km nördlich von San Salvador, ist in grell-bunte Farben buchstäblich eingetaucht. An den Straßenschildern und an den Marktständen – überall scheint ein inneres Kind am Werk gewesen zu sein, das den Betrachter in die Sesamstraße der 1970er-Jahre zurückversetzen möchte. Wanderer können sich am Kontrast der in der Umgebung lockenden, grünen Berge und den aprikosen- und malvenfarbenen oder zitronengelben Häusern erfreuen. Die Einheimischen sind sehr erfahren im Umgang mit Besuchern.

Der Maler Fernando Llort zog 1972 hierher und begründete die Naive Kunst, ein Trend, der bis heute überall auf der Welt für die Kunst El Salvadors steht. Diese bunten und primitiven Bilder von Bergdörfern, *campesinos* oder Jesus Christus sind gleichbedeutend mit der Kunstbewegung des modernen El Salvador. Llort brachte den Einheimischen hier bei, dieselben Bilder herzustellen, und gründete so eine erfolgreiche Kooperative. Heute verdienen sich schätzungsweise drei Viertel der Dorfbewohner mit der Massenproduktion dieser grellen Motive ihren Lebensunterhalt.

Wanderer übernachten meist lieber im benachbarten Dorf **San Ignacio**, da dieses näher an den Wanderwegen liegt.

Sehenswertes

Besucher sind herzlich eingeladen, einen Blick in die Werkstätten zu werfen und den Familien beim munteren Malen zuzuschauen.

La Semilla de Dios WERKSTATT

(Ecke 3a Calle Poniente & 5a Av Norte) Die ortsansässige Kooperative La Semilla de Dios wurde 1977 von Fernando Llort selbst gegründet und stellt hinter dem Laden in Werkstätten qualitativ hochwertiges Kunsthandwerk her. Wer freundlich fragt, kann sich in der Werkstatt umsehen und den Malern und Holzarbeitern bei der Arbeit zusehen.

Copapase WERKSTATT

(☎2305-9376; ⏱Mo–Fr 8–17, Sa & So 8–12 Uhr) Copapase ist die etablierteste Werkstatt in der Gegend – sogar ein kleines Museum gehört dazu.

Aktivitäten

Der **Cerro El Pital** (2730 m) ist zwar El Salvadors höchster Gipfel, dank einer Zufahrtsstraße aber auch einer derjenigen, die am einfachsten erklommen werden können.

Aus dem nahegelegenen San Ignacio mit Bus 509 nach Las Pilas bis zum Río Chiquito fahren. Der Bus hält in der Nähe des Wanderwegs. Von dort sind es etwa 1½ Stunden bis zur Spitze des Cerro El Pital, wo den Gipfelstürmer eine wunderbare Aussicht erwartet. Wer daran zweifelt, ob er wirklich schon oben angekommen ist, kann nach dem Betonblock Ausschau halten, der den höchsten Punkt des Landes markiert. Dieser befindet sich auf Privatgelände; 2 US$ für den Eintritt mitbringen.

Wenn man schon mal da ist, lohnt sich auch noch ein Abstecher zur **Piedra Rajada** (nach dem Weg fragen), einem riesigen, gespaltenen Felsen, etwa eine halbe Stunde vom Gipfel entfernt. Der Weg dorthin führt über eine nervenaufreibende Baumstamm-Brücke, die einen 25 m tiefen Abgrund überspannt. Bei feuchtem Wetter sollte man diesen Abstecher daher besser gleich wieder streichen.

Den wirklich schönsten Ausblick über die Wälder gibt's in **Miramundo**, einer kleinen Gemeinde mit aussagekräftigem Namen, die sich an einen steilen Berghang schmiegt. Wieder zurück am Río Chiquito, ist das Örtchen entlang des nach rechts abzweigenden Wegs nach etwa einer Stunde erreicht. Auf der rechten Seite des Wegs liegt direkt am Gebirgskamm das Hostal Miramundo (s. u.).

San Ignacio ist ein hervorragender Ausgangspunkt für Wander-Freaks. Wer einen Führer sucht, der kontaktiert entweder José Samuel Hernández, den Eigentümer des etwas außerhalb von La Palma gelegenen **Comedor y Artesanías El Manzana** (☎ 2305-8379; Carretera La Palma-El Poy km 85), oder **Humberto Regalado** (☎ 2352-9138). Letzterem gehört der Weg zur Peña Cayaguanca und er ist es auch, der ihn instand hält.

Busse nach Las Pilas (via Río Chiquito) fahren in San Ignacio um 7, 9.30, 12.30, 14.30 und 16.30 Uhr ab und fahren zu den gleichen Zeiten auch wieder zurück.

Schlafen

5 km südlich der Stadt findet man im **Centro Obrero Dr Mario Zamora Rivas** umgemodelte Hütten und ein paar Swimmingpools. Wer eine Genehmigung vom Ministerio de Trabajo in San Salvador (S. 322) hat, übernachtet hier kostenlos.

Hotel Posada Real HOTEL $
(☎ 2335-9009; Zi. 9 US$/Pers.) Nette Location und eine süße kleine Snackbar; dafür fehlt es den aus Betonziegeln hochgezogenen Zimmern an Atmosphäre. Dennoch ist der Preis recht gut und es gibt heißes Wasser.

Hotel La Palma HOTEL $
(☎ 2305-9344; www.hotellapalma.com.sv; Zi. 14 US$/Pers.; @ ≋) Das ältere Hotel ist von Bergen umgeben und liegt am Río La Palma. Die 40 Zimmer sind qualitativ unterschiedlich; in dem tollen Restaurant kann man einheimische Gerichte probieren. Moskitos können hier zum Problem werden. Eine kurze Taxifahrt von San Ignacio entfernt.

Hotel de Montaña El Pital HOTEL $$
(☎ 2335-9344; Zi. mit Bad 25–35 US$/Pers.; ❄ ≋) Dank Renovierungen ist dieses L-förmig angelegte Stadthotel gut in Schuss; die neueren Zimmer sind immer noch die besten, die man hier kriegen kann. Am besten eins am riesigen Pool nehmen, von dort hat man Blick auf die Berge. Das Restaurant ist auf Gruppen ausgerichtet.

Hostal Miramundo HOTEL $$
(☎ 2230-0437; www.hostalmiramundo.com; Miramundo; Hütte für 4 Pers. 50 US$) Diese auf einem Gebirgskamm gelegene Unterkunft besteht aus gemütlichen neuen Hütten mit schöner Holzeinrichtung und großartigen Betten. Zu den sehr empfehlenswerten Ausflügen gehört u. a. ein Ausritt zur Casa Grande.

Entre Pinos HOTEL $$$
(☎ 2335-9312; www.entrepinosresortandspa.com.sv; Km 87,5 Troncal de Norte; DZ 75–95 US$, Hütte 130 US$) Dieses 40 ha große Resort mit familiärer Atmosphäre liegt an einem herrlichen Berghang und hält drei Restaurants, zwei Pools und ein Fitnessstudio für seine Gäste bereit. Die schlichten kleinen Zimmer sind kein Grund, hier zu übernachten. Aber das freundliche Personal spricht Englisch und die unzähligen Möglichkeiten, von dieser ruhigen Unterkunft aus die Gegend zu erkunden, entschädigen reichlich dafür, dass es eigentlich einen Stern weniger verdient als angegeben.

Essen

Cafe de Cafe CAFÉ $
(☎ 2335-9190; Calle El Principal;) Mehr City-Atmosphäre wird man in keinem Café in La Palma finden. Mit den Lounge-Bereichen aus Leder, gutem Kaffee (1 US$), leckeren *licuados* (1,50–2 US$) und kostenlosem WLAN ist dieses Café vor allem bei Teenagern sehr beliebt.

Restaurante del Pueblo SALVADORIANISCH $
(Hauptgerichte 1–5 US$; ⌚7–21 Uhr) Hinter der wildesten Wandmalerei am Ort gibt's üppige Rindfleischsandwiches, die nur von der wurst- und steaklastigen *plato típico* (Grillfleisch, Bananen, Bohnen, Käse und Sauerrahm) geschlagen werden.

Cartagena Pizza PIZZERIA $
(☎2305-9475; Barrio el Centro; Pizza 3–12 US$) Die leckere Pizza mit dünnem Boden ist eine willkommene Abwechslung zur herkömmlichen zentralamerikanischen Küche.

Praktische Informationen

Citibank (Ecke Calle Barrios & 1a Calle Poniente) Der Geldautomat an der nordöstlichen Ecke des Parque Centro ist rund um die Uhr in Betrieb.

Palma City Online (Calle Principal; 0,80 US$/Std.; ⌚8–19 Uhr)

Touristenbüro (☎2335-9076; Parque Municipal; ⌚Mo–Fr 8–16, Sa & So 9–13 Uhr) Sehr hilfreich. Allerdings wird hier nur Spanisch gesprochen.

An- & Weiterreise

Bus 119 fährt alle 30 Minuten vom Terminal de Oriente in San Salvador nach El Poy an der Grenze zwischen El Salvador und Honduras ab. In La Palma (1,60 US$, 2¾Std.) wird ein Stopp eingelegt. Einige der Busse fahren die 3 km ins nördlich gelegene San Ignacio hinein, andere halten nur am Ortseingang.

Ein Shuttlebus verkehrt halbstündig zwischen La Palma und San Ignacio (10 Min., 0,25 US$). Von San Ignacio aus fährt ein Bus nach El Pital und in die Umgebung.

EL SALVADOR VERSTEHEN

El Salvador aktuell

Im März 2009 kam es in El Salvador zum politischen Wandel. Erstmals seit ihrer Gründung als Guerillawiderstandsbewegung, kam die linksgerichtete, vom ehemaligen Journalisten Mauricio Funes angeführte Partei Frente Farabundo Martí para la Liberación Nacional (FMLN) an die Macht. Dies war ein bedeutender Sieg für den Demokratisierungsprozess und die Versöhnung innerhalb des Landes. Aber nur die Zeit wird zeigen, ob die Regierung Funes ihr Versprechen, politische Transparenz und tiefgreifende soziale Veränderungen auf den Weg zu bringen, auch wirklich halten kann. Durch die Aufspaltung innerhalb der Oppositionspartei Alianza Republicana Nacionalista (Arena) Ende 2009 scheint die nahe Zukunft der neuen Regierung erst einmal gesichert zu sein. Die offizielle Entschuldigung vom Januar 2010 für die Rolle, die die Regierung bei den Gräueltaten der Vergangenheit gespielt hatte – und die uneingeschränkte Zustimmung zu unabhängigen Untersuchungen – waren ein guter Anfang der fünfjährigen Legislaturperiode. Ein weiterer positiver Schritt ist ein offenbar „geheimes" Abkommen zwischen der Regierung und führenden Köpfen krimineller Banden, wodurch die Kriminalitätsrate erheblich gesunken ist.

El Salvadors Wirtschaft stützt sich immer noch zu sehr auf Überweisungen von Salvadorianern aus dem Ausland (ein Fünftel der gesamten Volkswirtschaft). Steigende Zinssätze haben es schwieriger gemacht, den Amerikanischen Traum hier im Süden nachzubilden. Mikrofinanzinstitute sollen den Salvadorianern in Zukunft Möglichkeiten bieten, ihr im Ausland hart verdientes Geld besser zu investieren. Durch die wachsende Privatisierung von Staatsvermögen beugt sich El Salvador indessen immer mehr der Wirtschaftspolitik Nordamerikas – und wird dadurch verletzlicher, wie manche behaupten.

Seit 2012 geht es in den Medien hauptsächlich um die häufige Waffenruhe zwischen Banden, um die Entwicklung des ländlichen Raums, um linke oder rechte Politik, Fußball, den lateinamerikanischen Papst Franziskus und die Sehnsucht nach Gerechtigkeit bezüglich der vergangenen Verbrechen des Militärs.

Geschichte

Händler & Krieger

Volksstämme von Paläoindianern besiedelten El Salvador schon vor 10 000 Jahren und hinterließen im heutigen Morazán ihre Spuren in Form von Höhlenmalereien. Ihnen folgten um 2000 v. Chr. die Olmeken, die der Nachwelt den Olmeken-Felsen hinterließen, eine riesige Skulptur in Form eines Kopfes, die bei Casa Blanca gefunden wurde und Skulpturen in Mexiko sehr ähnlich ist.

El Salvador war früher ein wichtiges Handelszentrum in der Region. Archäologische Funde weisen auf Einflüsse unterschiedlichster Völker hin; von den Pipil, Teotihuacan und den Mayas im Westen, bis hin zu den Lenca, Chorti und Pok'omama im Osten. Die Ruinen von Stufenpyramiden in Tazumal, San Andrés und Casa Blanca bezeugen, dass die Region schon vor der Kolonialisierung durch die Spanier 3000 Jahre lang fast durchgängig bewohnt wurde.

Als der spanische Eroberer Pedro de Alvarado 1524 seinen Fuß auf diesen Boden setzte, wurde das Land von den Pipils, den Nachkommen der Tolteken und Azteken, dominiert. Diese Völker aus dem Norden (dem heutigen Mexiko) nannten ihre Heimat Cuscatlán, „Land der Juwelen". Ihre Landwirtschaft basierte auf dem Maisanbau und war ertragreich genug, um einige Städte bauen und eine hochentwickelte Kultur fördern zu können, die eine Bilderschrift verwandte und Disziplinen wie Astronomie und Mathematik betrieb. Ihr Dialekt war dem heutigen Nahuatl sehr ähnlich.

Vom Indigoanbau zur Unabhängigkeit

Die spanische Herrschaft begann mit einem ein Jahr lang andauernden Krieg gegen die Pipil. Die Spanier konnten sich letztendlich durchsetzen und beanspruchten das Land für sich. Sie verwandelten es in Baumwoll-, Balsam- und Indigoplantagen. Mit der Indigopflanze als wichtigstem Exportgut boomte die Landwirtschaft in der Region im 18. Jh. geradezu. Eine kleine Gruppe von Europäern, bekannt als die „14 Familien", kontrollierte praktisch das gesamte Vermögen und die Landwirtschaft der Kolonie und ließ das Land von versklavten Indigenas und Afrikanern bearbeiten.

Vor dem Hintergrund einer derartig ungleichen Machtverteilung schwelte schnell ein Konflikt vor sich hin. Eine von Padre (Pater) José Delgado angeführte Revolte gegen die Spanier im Jahr 1811 scheiterte zwar, schürte aber die Unzufriedenheit der Menschen weiter. Zehn Jahre später, am 15. September 1821, gelangte El Salvador seine Unabhängigkeit von Spanien und trat dann der Zentralamerikanischen Konföderation bei.
Anastasio Aquino drängte auf eine Landreform und führte 1833 einen Aufstand der indigenen Bevölkerung an. Obwohl dieser niedergeschlagen und Aquino hingerichtet wurde, wurde er zum Nationalhelden. Nach der Auflösung der Zentralamerikanischen Föderation in den Jahren 1838/1839 sah sich El Salvador noch bis 1841 als Rechtsnachfolger dieses Staatenbunds.

Der Aufstieg des Kaffees

Im späten 19. Jh. lösten synthetische Farbstoffe die aus der Indigopflanze gewonnene Farbe als Färbemittel ab und stattdessen wuchs die Bedeutung des Kaffees. Eine Handvoll reicher Landbesitzer vergrößerte ihren Grundbesitz, indem sie die indigene Bevölkerung vertrieben. Kaffee wurde zur wichtigsten für den Verkauf bestimmten Anbaufrucht und *cafetaleros* (Kaffeebauern) verdienten sich eine goldene Nase, ohne dass der Gewinn besteuert oder ein Teil des Erlöses über gerechte Löhne an die Arbeiter ausbezahlt worden wäre. Im 20. Jh. hingen 95 % der Einkünfte El Salvadors direkt oder indirekt von Kaffeeexporten ab, aber nur 2 % der Salvadorianer kontrollierten diesen Reichtum.

Das 20. Jahrhundert

Die unerbittliche Regierung ging in den 1920er-Jahren mit harter Hand gegen jegliche gewerkschaftliche Vereinigung innerhalb der Kaffeeindustrie vor. Im Januar 1932 führte Augustín Farabundo Martí, einer der Gründer der Zentralamerikanischen Sozialistischen Partei, einen Aufstand der Bauern und der indigenen Bevölkerung an. Das Militär schlug brutal zurück und brachte systematisch jeden um, der indigene Gesichtszüge hatte oder den Aufstand unterstützte. Im Zuge der „La Matanza" (das Massaker) wurden 30 000 Menschen getötet, darunter auch Martí selbst, der von einem Erschießungskommando hingerichtet wurde. Ihm zu Ehren übernahm die Revolutionsarmee FMLN (Frente Farabundo Martí para la Liberación Nacional) später seinen Namen.

In den 1970er-Jahren wurde die Situation der Kleinbauern ohne Landbesitz immer schwerer zu ertragen und Armut, Arbeitslosigkeit und Überbevölkerung wurden zum ernsthaften Problem. Innerhalb der Regierung kämpften die polarisierten linken und rechten Parteien mit Staatsstreichen und Wahlbetrug um die Macht. 1972 ließ sich José Napoleon Duarte, der Mitbegründer der Christlichen Demokratischen Partei (Partido Democrático Cristiano; PDC), als

Präsidentschaftskandidat aufstellen und wurde von einer breiten Koalition aus Reformgruppen unterstützt. Als ihm, unter dem Vorwurf des Wahlbetrugs, der Wahlsieg aberkannt wurde, kam es zu ersten Protesten. Ein Putschversuch wurde vom Militär abgewehrt und die Rechte reagierte mit der Gründung von „Todesschwadronen" auf die wachsende Guerillaaktivität. Tausende Salvadorianer wurden entführt, gefoltert und ermordet.

1979 wurde Präsident Carlos Humberto Romero von einer Junta aus Militär und Zivilisten gestürzt und Reformen wurden versprochen. Als diese ausblieben, schlossen sich die Oppositionsparteien zur Frente Democrático Revolucionario (FDR) zusammen und verbündeten sich mit der FMLN, einer Revolutionsarmee aus fünf Guerillagruppen, für die der bewaffnete Widerstand der einzige Ausweg zu sein schien. Die erfolgreiche Revolution in Nicaragua 1979 ermutigte viele Salvadorianer, selbst Reformen zu fordern. Der Erzbischof Oscar A. Romero war einer von ihnen; ein ehemaliger konservativer Priester, der sich für seine Mitmenschen einsetzte.

Am 24. März 1980 wurde der für seine direkte Art bekannte Romero ermordet, während er in der Krankenhauskapelle des Hospital Divina Providencia in San Salvador die Messe las. Dieser Mord hatte einen bewaffneten Aufstand zur Folge, der noch im selben Jahr in einen Bürgerkrieg mündete.

Bürgerkrieg

Infolge der Vergewaltigung und Ermordung von vier US-amerikanischen Nonnen Ende 1980, die nach El Salvador gekommen waren, um den Bedürftigen zu helfen, stellte die Carter-Regierung jede militärische Unterstützung ein. Aber nachdem 1981 bei den Präsidentschaftswahlen in den USA Ronald Reagan an die Macht gekommen war, pumpte die US-Regierung angesichts der Bedrohung durch die sozialistische Revolution in Nicaragua erneut riesige Summen in das eigentlich bereits dem Untergang geweihte salvadorianische Militär. Diese Finanzspritze von „Uncle Sam" hatte de facto die Verlängerung des Konflikts zur Folge. Als die Guerilla Gebiete Nord- und Ostsalvadors unter ihre Kontrolle brachte, wurde dies vom salvadorianischen Militär mit Angriffen auf Dörfer gerächt. 1981 tötete die in den USA ausgebildete Elitetruppe „Atlacatl Battalion" in El Mozote, Morazán, über 700 Männer, Frauen und Kinder. Bis zu 300 000 Menschen flüchteten daraufhin aus dem Land.

1982 wurde Major Roberto D'Aubisson, der Gründer der extrem-rechten Arena-Partei, Präsident der gesetzgebenden Versammlung und erließ ein Gesetz, das der Legislative Macht über den Präsidenten einräumte. D'Aubisson organisierte die Todesschwadronen, die u.a. auf Gewerkschafter und Befürworter der Agrarreform angesetzt wurden. Im Gegenzug tat die FMLN alles, um der Wirtschaft zu schaden. Sie sprengte Brücken, unterbrach die Stromversorgung, zerstörte Kaffeeplantagen und tötete Viehbestände. Als die Regierung ein Friedensangebot der FMLN ablehnte, verweigerten die Rebellen ihre Teilnahme an den Präsidentschaftswahlen 1984, bei denen Duarte gegen D'Aubisson gewann. In den folgenden Jahren beteiligten sich die PDC und die FMLN immer wieder erfolglos an Friedensgesprächen. Die Todesschwadronen setzten ihre Plünderungen fort und die Guerillas untergruben weiterhin die Macht des Militärs und boykottierten Kommunalwahlen.

DIE SUCHE GEHT WEITER

Wenn die Regierungstruppen während des Bürgerkriegs ganze Dörfer auslöschten, wurden nicht immer alle Einwohner getötet. Einige Kinder, die noch in den Armen ihrer Mütter lagen oder hilflos auf den Schlachtfeldern zurückgelassen wurden, blieben verschont. Diese Überlebenden wurden zur Adoption freigegeben und aus ihrer gewohnten Umgebung gerissen.

Die Organisation Pro-Búsqueda wurde gegründet, um diese Kinder wiederzufinden und den Kontakt zu ihren eigentlichen Familien herzustellen. Mithilfe von DNA-Tests, Beschreibungen der Angehörigen, Adoptionsakten und Zeitungsberichten hat Pro-Búsqueda schon Hunderte von Familien wieder vereint. Durch den Krieg wurden schätzungsweise 5000 Kinder aus ihrer gewohnten Umgebung gerissen, und so arbeitet Pro-Búsqueda noch an vielen weiteren ungelösten Fällen.

Mehr Infos zum Thema gibt es bei **Pro-Búsqueda** (☎ 2235-1039; www.probusqueda.org.sv).

Der Preis des Friedens

Der Frieden rückte 1989 in greifbare Nähe, als die FMLN ihre Wahlteilnahme an die Bedingung knüpfte, die Regierung müsse den Termin aufschieben, um einen demokratischen Urnengang zu ermöglichen. Diese Aufforderung wurde jedoch ignoriert und Alfredo Cristiani, ein reicher Geschäftsmann und Arena-Mitglied, wurde zum Präsidenten gewählt. Die Antwort der FMLN war ein großangelegter Angriff auf die Hauptstadt. Im Gegenzug tötete das Militär geschätzte 4000 „linke Sympathisanten".

Im April 1990 begannen unter Aufsicht der UN Verhandlungen zwischen der Regierung und der FMLN. Unter den ersten Vereinbarungen war ein Menschenrechtsabkommen, das von beiden Parteien unterzeichnet wurde. Dennoch stieg die Mordrate 1991 sogar noch an, obwohl im Rahmen einer UN-Mission Beobachter zur Überwachung der Menschenrechte in das Land entsandt wurden.

Am 16. Januar 1992 wurde endlich ein Kompromiss unterzeichnet. Die FMLN wurde eine Oppositionspartei und die Regierung stimmte einer Reihe von Reformen zu, u.a. der Auflösung der paramilitärischen Gruppierungen und der Todesschwadronen sowie deren Ablösung durch eine nationale zivile Polizei. Das Land sollte unter den Bürgern aufgeteilt und Menschenrechtsverletzungen untersucht werden. Doch stattdessen wurden diejenigen, die die Menschenrechte missachtet hatten, von der Regierung begnadigt.

In den 12 Jahren des Bürgerkriegs wurden etwa 75 000 Menschen getötet.

Jüngste politische Entwicklungen

Die FMLN hat weitgehend bewiesen, ein vorbildliches Beispiel für eine ehemalige Guerillaorganisation auf dem Weg in die reguläre Politik zu sein. Skeptiker hatten damit gerechnet, dass die Salvadorianer eher konservativ wählen würden. 2009 änderte sich dies jedoch, als Mauricio Funes die FMLN bei den Präsidentschaftswahlen zum Sieg führte.

Ein Dauerthema der Funes-Regierung sind noch immer die Aktivitäten der Mara Salvatrucha (*mara* heißt „Bande", *trucha* bedeutet „schlaue Forelle"). Diese Banden, die auch unter den Namen M-13 und M-18 bekannt sind, haben mittlerweile in Zentralamerika geschätzte 100 000 Mitglieder. Gegründet wurde Mara Salvatrucha in den USA, als Antwort auf die konzertierten Angriffe der dortigen mexikanischen Gangs. Zwischen 2000 und 2004 wurden unzählige *maras* aus den USA ausgewiesen und kamen so mit Drogenkartellen, Waffen, Prostitution und illegaler Einwanderung in Kontakt.

Trotz zahlreicher Festnahmen konnte die vorhergehende Regierung mit ihrer Politik keine nachhaltige Wirkung erzielen, was dazu führte, dass die Funes-Regierung bei der Parlamentswahl 2012 die Mehrheit ihrer Sitze an die rechtgerichtete Arena-Partei abtreten musste. Und das obwohl ein Waffenstillstand zwischen rivalisierenden Banden geschlossen wurde und es Hinweise dafür gibt, dass die Gewalt abnimmt.

2012 erklärte die US-Regierung die Banden zu „internationalen kriminellen Gruppierungen" und erweiterte damit die Befugnisse der Exekutivorgane, um die auf amerikanischem Boden vermuteten Aktivitäten einzuschränken.

Die Menschen

Mentalität

Die meisten Traveller, die nach El Salvador kommen, sind vor allem von den Einwohnern begeistert. Die Salvadorianer reden nicht um den heißen Brei herum, sind willensstark und arbeiten hart. Sie sind außerdem extrem hilfsbereit und fast ausnahmslos freundlich (selbst Bandenmitglieder schaffen es in einem Interview, charmant zu wirken).

Salvadorianer haben einen stark ausgeprägten Gerechtigkeitssinn und sagen ihre Meinung frei heraus. Der Bürgerkrieg ist selbstverständlich immer noch tief im Bewusstsein dieser Nation verankert. Nicht nur, weil die Erinnerungen daran zu tief eingebrannt sind, als dass man sie vergessen könnte, sondern auch, weil die ehemaligen Kämpfer (und ihre Anhänger) weiterhin wichtige Machtpositionen innehaben. Gleichzeitig sind die Salvadorianer aber auch aufrichtig bestürzt darüber, dass viele Ausländer so wenig über ihr Land wissen, was über den Krieg hinausgeht. Sie sind sehr gerne bereit, alle Fragen über El Salvador zu beantworten und dem Reisenden helfend zur Seite zu stehen.

Lebensart

Mit ihrer starken Arbeitsmoral haben die Salvadorianer ihr Land schnell aus den Ruinen des Bürgerkriegs wieder aufgebaut und es beinahe an die Spitze der zentralamerikanischen Volkswirtschaften gebracht. Geldsendungen von im Ausland lebenden und arbeitenden Salvadorianern und Salvadorianerinnen, jährlich um die 3 Mrd. US$ (20% des BIP), verleihen dem Land zusätzlich einen gehörigen Auftrieb und wirken sich auf die Arbeits- und Lebensweise der Bevölkerung aus – und zwar trotz des Abwärtstrends durch die geschwächte US-Wirtschaft. Armut und Arbeitslosigkeit sind weiterhin ein Problem und 30% der Bevölkerung leben, vor allem in den ländlichen Gebieten, unterhalb der Armutsgrenze. Und dennoch gilt in El Salvador der höchste Mindestlohn in ganz Zentralamerika (etwa 150 US$/Woche) und das Land ist deutlich wohlhabender als seine Nachbarn.

Bevölkerung

Vom Äußeren her haben Salvadorianer mehr europäische Merkmale als andere Zentralamerikaner, was vor allem auf die brutale Unterdrückung der indigenen Bevölkerung und einen eher geringen afro-karibischen Einfluss zurückzuführen ist. Etwa 94% der Bevölkerung sind *mestizos* (eine Mischung aus spanischer und indigener Bevölkerung), aber helle Haut ist nichts Außergewöhnliches. Die indigene Bevölkerung stammt vom Volk der Pipil ab, das toltekische und aztekische Wurzeln hat. Die Brutalität, mit der die Regierung gegen sie vorgegangen ist, forderte ihren Tribut, und heute gehören nur noch zwischen 1 und 2% der Menschen hier zur indigenen Bevölkerung. Nur noch sehr wenige sprechen Nahuatl und tragen traditionelle Kleidung.

Religion

In El Salvador gibt es, genau wie im Rest Lateinamerikas, eine explosionsartige Zunahme des Evangelikalismus. Die emotionalen Gottesdienste scheinen dem Glauben neue Energie zu geben. Gottesdienste auf öffentlichen Plätzen mit dröhnenden Lautsprechern sind mittlerweile ein typisches Mittel für diese Art der „Verbreitung des Wortes". Protestantisch-evangelikale Kirchen ziehen mittlerweile die Hälfte aller Gläubigen an, was zeigt, wie groß die Frustration gegenüber der traditionellen Katholischen Kirche derzeit ist. Vor und während des Kriegs waren Priester und Missionare oft offene Kritiker staatlicher Repressionen – und viele von ihnen, wie Erzbischof Oscar Romero, bezahlten dafür mit ihrem Lebenrest.

Kunst & Kultur

El Salvadors Kunsthandwerk kann innovativ und qualitativ sehr hochwertig sein. Fernando Llorts Naive Kunst hat Künstler in der Gemeinde La Palma zur Schaffung einer neuen Art bunt bemalten Kunsthandwerks mit kindlichen Motiven inspiriert. In Guatajiagua in Morazán werden einzigartige schwarze Keramikarbeiten hergestellt, die Einflüsse der indigenen Lenca zeigen, und Ilobasco ist bekannt für seine *sorpresas,* aufwendig gearbeitete Minifiguren, die in einer Keramikhülle versteckt sind.

Die Salvadorianer lieben die Dichtung. Der ikonoklastische Dichter Roque Dalton wurde für seine radikale politische Haltung des Landes verwiesen. Er kehrte schließlich in seine Heimat zurück, um die Guerilla in ihrer Sache zu unterstützen, wurde aber von seinen eigenen Leuten unter dem Verdacht, ein CIA-Agent zu sein, hingerichtet. Namhafte Werke sind z.B. *Taberna y otros lugares* (1969), eine politische Vision in Versform, und *Miguel Marmol.* Die progressive Dichterin Claudia Lars verfasste freizügige, gewagt erotische Dichtung und zählt in ihrem Land zur Riege der führenden und fortschrittlichsten Schriftsteller.

Unter dem Künstlernamen Salarrué veröffentlichte der viel gelobte Schriftsteller Salvador Efraín Salazar Arrué 1933 seine *Cuentos de barro* (Erzählungen vom Schlamm), die den Beginn des Genres der modernen Kurzgeschichten in Zentralamerika markieren.

Gleichermaßen gilt Manlio Arguetas *Tage des Alptraums (Un día en la vida,* 1980), eine Erzählung über eine ländliche Familie zu Zeiten des Bürgerkriegs, als moderner Klassiker. Die Bühnenautorin Matilde Elena Lopez schrieb 1978 ein fesselndes Stück, das auf dem Leben des indigenen Anführers Anastasio Aquino basiert.

Einer der interessanteren salvadorianischen Romanautoren der Gegenwart ist Horacio Casellanos Moya. Sein Roman *Insensatez* von 2004 (auf Englisch unter dem Titel

HINTER DEN KULISSEN: NAIVE KUNST

Geschichten aus der Bibel, seltsame Vögel, bunte Regenbogenfarben: Die kindlichen Bilder von Fernando Llort sind, in einem von Kriegen zerrütteten Zentralamerika, Sinnbilder der Hoffnung geworden. Der Unterschied zwischen Llort und Miró oder Picasso besteht in der ernsthaften Bilddeutung und den einfachen, tropischen Farbtönen, die seinen Stil der „primitiven Moderne" ausmachen.

Ironischerweise festigte sich diese starke lateinamerikanische Identität erst, als Llort nach Frankreich ging, um erst Architektur, dann Theologie zu studieren. Religiöse Symbole kehren in seinen Kunstwerken immer wieder; statt Verherrlichungen bevorzugt er das Einfache und Alltägliche.

Als Llort Anfang der 1970er-Jahre nach El Salvador zurückkehrte, erwarteten ihn Spannungen und Gewalt, die letztendlich zum Bürgerkrieg führten. Llort zog sich in das abgelegene Bergdorf La Palma im Norden des Landes zurück. Die offensichtliche Einfachheit des Lebens in Harmonie mit der Natur prägten seinen Stil noch stärker. Er rief La Semilla de Dios (Die Saat Gottes) ins Leben, einen Workshop, in dem er andere Menschen sein Handwerk lehrte und die Kunsthandwerker im Ort professionalisierte.

Mittlerweile lebt Llort in San Salvador und auch immer wieder im Ausland; sein Workshop in seinem ehemaligen Atelier läuft aber weiterhin prächtig. Llorts Werke sind sowohl an der Fassade der Catedral Metropolitana in San Salvador, als auch im Weißen Haus, im Museum of Modern Art in New York und im Vatikan zu bewundern.

Senselessness erschienen) ist eine beißend schwarze Komödie über die von Regierungen unterstützte Gewalt. Weitere Informationen über diese und andere zeitgenössische Schriftsteller gibt es bei **Concultura** (www.dpi.gob.sv), der offiziellen Kunst- und Kulturplattform des Landes, auf der eine Bibliografie salvadorianischer Autoren zu finden ist.

Der 1988 von Ellwood Kieser produzierte Film *Romero* und der Film *Salvador* des Regisseurs Oliver Stone brachten den Bürgerkrieg in El Salvador auf die Kinoleinwand.

Bücher

Die wichtigsten salvadorianischen Schriftsteller sind mittlerweile auch ins Deutsche übersetzt. Joan Didions *Salvador* beispielsweise ist eine bewegende Erzählung aus der Zeit der Kriegsanfänge. Englischsprachige Sachbücher über den Bürgerkrieg sind z. B. *Massacre at El Mozote* von Mark Danner und *Rebel Radio,* eine faszinierende Erzählung aus erster Hand über die illegalen Radiostationen, die die FMLN-Guerilla betrieb. Übersetzt wurde auch das von María López Vigil verfasste Buch *Óscar Romero: ein Porträt aus tausend Bildern* – ein empfehlenswerter Bericht über das Leben des Klerikers und ein politisches Bekenntnis; erzählt von denjenigen, die ihn persönlich kannten. *When the Dogs Ate Candles* von Bill Hutchinson ist eine geschichtliche Anekdote, die den Konflikt auf der Grundlage von mit Flüchtlingen geführten Interviews darstellt. Archäologiebegeisterte können in *Before the Volcano Erupted: The Ancient Ceréen Village in Central America* von Payton Sheets Informationen über das Pompeji Zentralamerikas bekommen.

Natur & Umwelt

Geografie

El Salvador ist das Land der Vulkane, Zwei vulkanische Gebirgsketten, die sich von Osten nach Westen erstrecken, verleihen sowohl der Landschaft als auch dem Leben hier eine gewisse Dramatik. Ein Großteil des Landes ist abgeholzt, die Berge im äußersten Norden sind jedoch von Kiefern- und Eichenwäldern, zerklüfteten Felsen und Nebelwäldern überzogen. Der Río Lempa zieht eine fruchtbare Schneise durch das Land und teilt es in zwei Teile. Während El Salvador das einzige zentralamerikanische Land ist, das nicht an der Karibikküste liegt, besitzt es am Pazifik eine 300 km lange Küste mit Mangroven, Meeresarmen und tropischem Trockenwald. Die Seen und Süßwasserlagunen versorgen das Land mit Trinkwasser und Erholungsmöglichkeiten.

Tiere & Pflanzen

Im Verlauf des 20. Jh. wurden die Wälder in El Salvador radikal abgeholzt. Als Folge davon sind viele Tier- und Pflanzenarten in dem Land ausgestorben; dennoch ist in den Nationalparks und Schutzgebieten noch immer eine große Artenvielfalt vorhanden.

El Salvador hat über 800 Tierarten aufzuweisen. Fast die Hälfte davon sind Schmetterlinge, an zweiter Stelle stehen die Vögel mit 330 hier heimischen Arten (und 170 Zugvögelarten). Zu ihnen gehören Quetzale, Tukane, Reiher, Eisvögel, Braunpelikane, Papageien und Schnepfenvögel. Die Zahl der noch hier lebenden Säugetierarten liegt bei etwa 200, darunter befinden sich Opossums, Ameisenbären, Stachelschweine, Agutis, Ozelote, Klammeraffen und Weißwedelhirsche. Man bekommt sie vor allem in den Naturschutzgebieten zu Gesicht. Insgesamt sind etwa 90 Tierarten vom Aussterben bedroht. Meeresschildkröten, Gürteltiere und über 15 Kolibriarten gehören dazu.

Aufgrund des großen Anteils landwirtschaftlich genutzter Fläche haben nur wenige einheimische Pflanzenarten überlebt. Entlang der Pazifikküste findet man einen kleinen Bestand von Balsambäumen (deshalb wird die Küste auch Costa del Bálsamo genannt) und Mangroven säumen die Meeresarme. Im Bosque Montecristo und im El Imposible gibt es die größte Vielfalt an hier heimischen Pflanzen, die Vegetation im Parque Nacional los Volcanes ist ebenfalls in gutem Zustand. Zu den in diesen Gebieten verbreiteten Pflanzen gehören u.a. Bergkiefern, Eichen, Feigenbäume, Agaven, Farne und Orchideen.

Nationalparks & Naturschutzgebiete

El Salvador hat offiziell nur vier Nationalparks, es gibt aber auch einige lokal oder privat verwaltete Schutzgebiete.

Barra de Santiago Ein abgelegenes Gebiet mit von Mangroven gesäumten Meeresarmen und Stränden entlang der Pazifikküste (S. 346).

Cerro El Pital Der höchste Berg von El Salvador. An seinen mit Kiefern bewachsenen Hängen kann man den *torogoz* (Blauscheitelmotmot) und Quetzale beobachten (S. 371).

Laguna de Alegría (S. 352) Ein smaragdgrüner, von heißen Quellen gespeister See mitten im Krater des schlafenden Volcán de Tecapa. Ozelote und Nasenbären sind unter den wilden Bewohnern des Primärwaldes zu finden, der den See umgibt.

Laguna El Jocotal Die Süßwasserlagune östlich von Usulután ist von Oktober bis März ein wichtiges Schutzgebiet für Zugvögel.

Parque Nacional El Imposible Nahe der westlichen Grenze El Salvadors liegt einer der letzten Überreste des ursprünglichen tropischen Regenwalds mit Wasserfällen, tollen Aussichten und zahlreichen bedrohten Tier- und Pflanzenarten (S. 348).

Parque Nacional Los Volcanes (Cerro Verde; S. 332) Von dem bewaldeten Vulkankrater aus hat man eine beeindruckende Aussicht auf die nahen Vulkane Izalco und Santa Ana. Zu den Highlights gehören die Laucharassaris, Motmots und Kolibris.

Parque Nacional Montecristo–El Trifinio (S. 338) Dieses bergige Nebelwald-Schutzgebiet liegt an der Grenze zwischen El Salvador, Honduras und Guatemala. Zu den hier lebenden wilden Tieren gehören Pumas, Klammeraffen und Agutis. Riesige Farne, Orchideen und Bromelien gibt es in diesem Park in rauen Mengen.

Parque Nacional Walter T Deininger (S. 327) Tropischer Trockenwald am Pazifik, der 87 Vogelarten, Rehen, Hirschen und Pakas Lebensraum bietet.

Umweltprobleme

Überbevölkerung und die Ausbeutung des Bodens zum Anbau von für den Export bestimmten Feldfrüchten (z.B. Kaffee, Zucker oder Baumwolle) treiben die massive Abholzung in El Salvador weiter voran. Die hohe Bevölkerungsdichte ist und bleibt das größte Hindernis für die Regeneration des Ökosystems. Heute sind noch gerade mal 14% des Landes bewaldet und davon wiederum ist nur der verschwindend kleine Anteil von 2 bis 5% Primärwald. Aufgrund dessen sind viele einheimische Arten vom Aussterben bedroht oder existieren bereits nicht mehr. Die Abholzung und das unkontrollierte Wachstum der Städte verstärken die Auswirkungen von Naturkatastrophen weiter. In den letzten Jahren wurde El Salvador in

¿TÍPICA ODER PÍCARA?

Sorpresas (Überraschungen) sind kleine Szenen und Figuren, die in Schalen in der Größe eines Hühnereis versteckt werden. Erfinderin dieser Kunstwerke ist die Volkskünstlerin Dominga Herrera aus Ilobasco. Unter einer weißen Kapelle oder auch in einer bauchigen Papaya sind bezaubernde Szenen aus dem Dorfleben in Miniaturgröße dargestellt – meistens zumindest. Einem der einheimischen Künstler wurde dies offenbar zu langweilig und so stellte er kurzerhand ein Paar beim ausgelassenen Liebesspiel dar. Diese verbotene Kunst wurde vom örtlichen Priester für gottlos erklärt und für kurze Zeit aus den Läden verbannt. Geld scheint aber stärker zu wiegen als Gottesfurcht und so sind die *'pícara'* (sündigen) *sorpresas* nun als Kopulationsszene im Streichholzformat zu haben – mit gleichbleibend hohen Absatzzahlen. Keine Sorge: Sie werden neutral verpackt.

einer fast endlosen Abfolge von Naturkatastrophen wiederholt von der Natur hart getroffen. Erdbeben verursachten im Jahr 2001 Erdrutsche und zerstörten Gebäude. Dabei kamen 1159 Menschen ums Leben und fast 300 000 Wohnhäuser wurden zerstört oder beschädigt.

Der Ausbruch des Vulkans Santa Ana im Oktober 2005 hatte in Verbindung mit den sintflutartigen Regenfällen des Hurrikans Stan eine unüberschaubare Zahl von Erdrutschen zur Folge. In den Gebieten, in denen die Armen ihre Häuser auf steilen Abhängen oder an Flussläufen errichtet hatten, war die Zahl der zu beklagenden Opfer am größten. Außerdem kamen 2009 bei massiven Überschwemmungen 200 Menschen ums Leben und ein Großteil der Felder und unzählige Häuser im Umkreis von 50 km rund um die Hauptstadt wurden verwüstet.

Der Río Lempa, eine der wichtigsten Wasseradern des Landes, ist aufgrund des jahrzehntelangen Einsatzes von Pestiziden stark verschmutzt. Die Ökosysteme rund um den Fluss sind zudem durch die Folgen der globalen Erwärmung gefährdet. Kommunale Führungskräfte haben in den letzten Jahren die Schäden an den geschützten Biosphärenreservaten um die Bahía de Jiquilisco als Umweltkatastrophe eingestuft und Klimaschützer beobachten die Maßnahmen der Regierung mit Argusaugen.

Bedeutende Vulkanaktivitäten vor der Pazifikküste riefen 2012 dem Land ins Gedächtnis, wie vergänglich das Leben am Pazifischen Feuerring ist.

PRAKTISCHE INFORMATIONEN

Allgemeine Informationen

AKTIVITÄTEN

Surfen

El Salvador kann mit menschenleeren, kilometerlangen Right-Hand-Breaks aufwarten, was es für Wassersportler zum Surfziel der Spitzenklasse macht. Die beste Welle des Landes findet man an der Punta Roca. Sie rollt am heruntergekommenen Hafen von La Libertad an Land und ist von San Salvador aus einfach zu erreichen. Westlich von hier liegen sieben weitere Strände mit hervorragenden Wellen und komplett ausgestatteten Surfer-Lodges. Wer Unterricht nehmen will, ist bei Esencia Nativa in Playa El Zonte oder ein paar Anbietern in Playa El Tunco optimal aufgehoben. Hauptsaison ist hier März bis Dezember.

Tauchen

Tauchen in El Salvador ist teurer und zugegebenermaßen auch nicht so gut wie im nahen Honduras oder in Belize. Davon mal abgesehen, gibt es hier eines der wenigen Korallenriffe der amerikanischen Pazifikküste und die Möglichkeit, in einem Kratersee zu tauchen. Die beste Zeit zum Tauchen ist von Oktober bis Februar, Dezember und Januar sind besonders gut. Ein 5-Sterne-Anbieter ist El Salvador Divers (S. 311), der für etwa 350 US$ Open-Water- und weiterführende Zertifizierungskurse anbietet.

Wandern

El Salvador hat, trotz der massiven Abholzung, einige hervorragende Wandertouren zu bieten. Im Parque Nacional El Imposible, nahe der Grenze zu Guatemala, findet man die beste Kombination aus einfacher Erreichbarkeit und lohnenswerter Wanderungen durch Primärwald. Die Ruta de las Flores wartet mit Wandertouren zu Wasserfällen und heißen Quellen auf; Führer dafür kann man in Juayúa anheuern. Weiter im Norden liegt der unberührte und wunderschöne Parque Nacional Montecristo-El Trifinio, der für seine vielfältige Fauna bekannt ist. Er ist nur sehr schwer zu erreichen und in der Paarungszeit (Mai–Nov.) gar nicht geöffnet. Im Parque Nacional los Volcanes gibt es zwei Vulkane, die man beide auch besteigen kann. Der Park ist ein wunderschönes Ausflugsziel, nur leider ist er auch oft sehr überfüllt. Wanderungen rund um die im Nordwesten gelegenen Orte La Palma und San Ignacio werden mit einem atemberaubenden Ausblick belohnt. Von hier aus ist auch der höchste Gipfel El Salvadors (Cerro El Pital, 2730 m) zu erreichen. Das Klima in dem im Nordosten gelegenen *departamento* Morazán, besonders in Perquín, ist kühl und die Wandertouren in der Umgebung sind besonders schön. Als langjährige FMLN-Hochburg gibt es hier auch viele interessante und ernüchternde Orte zu erkunden, auf denen die Erinnerung des Bürgerkriegs lastet.

BOTSCHAFTEN & KONSULATE

Im Folgenden sind die Adressen der Botschaften und Konsulate in San Salvador aufgelistet.

Deutschland (☎ 2247-0000; www.sansalvador.diplo.de; 7a Calle 3972)

Guatemala (☎ 2271-2225; 15a Av Norte zw. Calles Arce & 1a Calle Poniente, Colonia Escalón)

Honduras (☎ 2263-2808; 89a Av Norte zw. 7a & 9a Calle Poniente, Colonia Escalón)

Mexiko (☎ 2243-0445; Ecke Calle Circunvalación & Pasaje 12, Colonia San Benito)

Nicaragua (☎ 2263-8789; Calle El Mirador zw. 93a & 95a Av Norte, Colonia Escalón)

Österreich (☎ 2512-0068; consuladodeaustria.elsalvador@gmail.com; Calle Circunvala ción 150-A, Colonia San Benito)

Schweiz (☎ 22 63-7629 oder -7630; lucerna@navegante.com.sv; Pasteleria Lucerna, Paseo General Escalón 4363)

USA (☎ 2278-4444, ext 2628; www.sansalvador.usembassy.gov; Blvd Santa Elena Final, Antiguo Cuscatlán, La Libertad)

FESTIVALS & EVENTS

Feria Gastronómica Eine wunderbare Lebensmittelmesse, die jedes Wochenende in Juayúa stattfindet.

Festival de El Salvador Hier wird von 1. bis 6. August El Salvadors Schutzheiliger gefeiert; Feierlichkeiten finden in allen Städten statt, die in San Salvador sind aber die größten.

Festival del Invierno Perquíns Musik- und Kunstfestival findet im August statt und ist bei der Bohème und bei Studenten sehr beliebt.

Festival de Maíz Das im August in Suchitoto stattfindende Festival zur Maisernte wird mit religiösen Prozessionen und Straßenfesten gefeiert.

Bolas de Fuego In Erinnerung an den Ausbruch des Volcán San Salvador und die Zerstörung des ursprünglichen Ortes werden am 31. August in Nejapa Feuerbälle in die Luft geworfen und anschließend wird auf den Straßen bis in die frühen Morgenstunden um Lagerfeuer herum getanzt.

Festival de Hamacas Die Straßen von Concepción Quezaltepeque sind während dieses Stra-

DIE FÜNF SCHÖNSTEN SURFSPOTS IN EL SALVADOR

16 Right-Hand-Breaks, 28 °C Wassertemperatur und Scharen von Meeresschildkröten – was will man mehr? Wer eher auf Left-Hand-Breaks steht, hat hier Pech – da bleibt nur die Playa El Tunco. Die besten Strände sind:

Punta Roca Hat nicht umsonst Kultstatus. Die beste Welle Zentralamerikas wird of mit der J-Bay in Südafrika verglichen. Der felsige Untergrund macht die Welle schnell und kraftvoll. Am besten nur mit dem Surfbrett anrücken – auf dem Weg zur Landspitze ist Diebstahl nicht selten.

Las Flores Bei Ebbe ist dieser sandige Pointbreak top. Eine hohle Welle, die an einem schwarzen Sandstrand endet. Ein Ritt von 300 m ist hier gut möglich – herzlich willkommen im Wilden Osten.

Punta Mango Kurz, kräftig, senkrecht: Diesen aggressiven Break à la Hawaii erreicht man am besten per Boot von Las Flores oder mit dem Bus aus El Cuco. Eine ganz schön enge Welle, also besser nicht ins Wasser fallen!

Playa El Sunzal Die beliebteste Welle in El Salvador: macht Spaß und bleibt konstant gleich groß. Zu diesem Righthander zieht es vor allem schon etwas ältere freundliche Einheimische und extra für die Sunzal eingeflogene Surfliebhaber.

„Secret Spot" Surfer lieben ihre Geheimtipps, können sie aber nur selten lange für sich behalten. Manchmal recht temperamentvoll, immer aber schnell und hohl, wenn die Welle bricht. Benannt ist der Spot nach einer Kilometer-Angabe zwischen 58 und 60 km ... Mehr verraten wir aber nicht.

EL SALVADOR UNTER WAFFEN

Wer zum ersten Mal nach El Salvador kommt, wird sich fragen, ob er versehentlich auf einem Treffen der US-amerikanischen National Rifle Association gelandet ist. Banken, Hotels und sogar Bikini-Boutiquen werden von glattrasierten Wachmännern mit Gewehren und 9-mm-Pistolen beschützt. Obwohl der Krieg schon lange vorbei ist, gibt es in diesem von Sicherheit geradezu besessenen Land über 18 000 Sicherheitsbedienstete. Hinzu kommt, dass sich auch zahllose Privatpersonen mit Waffen eingedeckt haben. Diese kann man in den Waffenläden kaufen, die in den Einkaufszentren einfach zwischen den anderen Läden zu finden sind.

Die Zahl der Feuerwaffen in El Salvador wird auf 500 000 geschätzt. Davon sind ca. 60 % illegal. Im Zuge der von Präsident Saca eingeführten „Super Mano Dura" (Super Harte Hand)-Politik wurden zwar mehr Menschen festgenommen, es folgten aber nur wenige Verurteilungen. Sein Nachfolger Mauricio Funes verfolgt eine andere Strategie und erließ z. B. eine landesweite Amnestie für illegale Waffen.

Ende 2012 kam es zu einem Waffenstillstand zwischen rivalisierenden Banden; daraufhin schlugen Beobachter eine Art Handel vor, der von Regierungsbeamten und Kirchendienern vermittelt werden sollte – einer der ersten dieser Art in der Region.

ßenmarkts Mitte November mit Hängematten überfüllt.

FRAUEN UNTERWEGS

Ausländische Frauen erregen zweifellos die Aufmerksamkeit der Einheimischen. Die Männer werden oft durch die Zähne zischen oder pfeifen, für die meisten ist das aber nur ein harmloses, hormonelles Getue, das nicht nur der Passantin sondern auch der männlichen Selbstbestätigung gilt. Fast alle Männer, die man richtig kennenlernt, sind extrem höflich und freundlich. Alleinreisende Frauen, die sich an die üblichen Vorsichtsmaßnahmen halten, werden sich kaum in gefährlichen Situationen wiederfinden. Auf langen Busfahrten kann man nervigen Unterhaltungen à la „Hast du einen Freund?" am besten aus dem Weg gehen, indem man sich neben eine Frau oder Kinder setzt.

FREIWILLIGENARBEIT

In der Nähe des Boulevard de los Héroes bietet das Centro de Intercambio y Solidaridad (S. 321) Spanischunterricht für Touristen und Englischunterricht für wenig verdienende und engagierte Salvadorianer an. Schwerpunkt ist in allen Fällen die progressive Politik. Im CIS wird man sehr viel Gastfreundschaft erfahren und es werden immer Englischlehrer auf Freiwilligenbasis gesucht (min. 10 Std./Woche). Außerdem bekommt man hier Infos über verschiedene NGOs und die Bereiche, in denen sie arbeiten, z. B. in der Entwicklung der Gemeinden, Bandenaktivität, Umwelt und mehr. Das CIS kann zwar keine Freiwilligenarbeit im eigentlichen Sinne vermitteln, dafür aber die richtigen Tipps geben. Für die Parlamentswahlen kann man sich als freiwilliger Helfer bei der angesehenen internationalen Wahlbeobachtungsmission der CIS melden.

Global Platform (S. 367) ist eine dänische NGO, die ihren Sitz in Suchitoto hat und als Gegenleistung für die Mitarbeit an Gemeindeprojekten in der Umgebung Spanischunterricht und Unterkunft anbietet. Mit 400 US$ pro Monat ist alles abgedeckt.

GEFAHREN & ÄRGERNISSE

Kriminalität sollte keinen Traveller vor El Salvador mehr als vor irgendeinem anderen zentralamerikanischen Land zurückschrecken lassen. Obwohl das Land für seine Gewalttätigkeit bekannt ist, sind Touristen davon so gut wie nie betroffen.

Einfache Vorsichtsmaßnahmen beachten: auf Tagesausflüge so wenig wie möglich mitnehmen, im Bus immer ein Auge auf das Gepäck haben und, sofern möglich, keine wertvollen Dinge mit sich herumtragen. Vor Reisebeginn von allen Kreditkarten und wichtigen Dokumenten Kopien anfertigen; eine Ausführung mitnehmen und die andere zu Hause bei jemandem deponieren, der sie im Notfall umgehend per Fax weiterleiten kann. Nach Einbruch der Dunkelheit nimmt man sich am besten ein Taxi, selbst wenn die Tarife dann etwas happig sein können. Dies gilt vor allem für San Salvador, San Miguel, Sonsonate, La Unión und La Libertad.

Wer eine Vulkanbesteigung plant, lässt sich dabei am besten von der Polizei eskortieren. Zum einen ist es sicherer, zum anderen verläuft man sich dann nicht – was angesichts nicht gekennzeichneter, sich gabelnder Wege nicht unwahrscheinlich ist. Dieser Dienst ist kostenlos, man muss ihn aber telefonisch oder persönlich einen Tag im Voraus (wenn möglich noch früher) anfordern. Die Beamten sind freundlich und vertrauenswürdig.

Natürlich gibt's auch Gewalt. Zwei der größten *maras* (Banden) sind in El Salvador aktiv. Es ist aber höchst unwahrscheinlich, dass man als Traveller mit ihnen in Berührung kommt, da sie sich vor allem in Gegenden aufhalten, die für Reisende sowieso nicht von Interesse sind, und da die Polizei in den meisten Touristengebieten patrouilliert. Dennoch sollte man, wenn möglich, nicht bei Nacht reisen. Waffen sind hier sehr verbreitet, bei einem Überfall also niemals Widerstand leisten – das ist es einfach nicht wert.

GELD

Seit Januar 2001 ist in El Salvador der US-Dollar die offizielle Währung. Die zuvor gültige Währung (der Colón) existiert zwar noch, in der Praxis wird man sie aber vermutlich nie zu Gesicht bekommen, vielleicht jedoch ein paar der seltenen Zwei-Dollar-Scheine.

Geldautomaten

In den meisten Städten und Ortschaften, außer in Perquín, gibt's auch Geldautomaten. Citibank, Scotiabank und Banco Atlántida haben das dichteste Netzwerk. Plus/Visa und Cirrus/MasterCard funktionieren meist sehr gut. Zum Abheben empfehlen sich die etwas sichereren Kabinen; wenn möglich nachts kein Bargeld abholen.

Feilschen & Trinkgelder

Feilschen ist hier nicht ganz so verbreitet wie in anderen zentralamerikanischen Ländern. Mit Taxifahrern und Ladenbesitzern muss man schon mal ein bisschen verhandeln, wer es aber übertreibt, wird schnell als unhöflich abgestempelt. In Restaurants sollte man 10 % Trinkgeld geben, Taxifahrer bekommen hingegen in der Regel nichts, den Betrag aufzurunden kommt aber gut an.

Bargeld

US-Dollar mitbringen, am besten in Scheinen zu 20 US$ und kleiner. Da alle Geldautomaten Dollarnoten ausgeben, ist es auch nicht sinnvoll, die alte Währung zu tauschen, dabei zu haben oder zu benutzen. Nur die Banco Cuscatlán tauscht eine andere Währung als den Dollar. An den Grenzübergängen warten auch immer schon Geldwechsler.

Kreditkarten

In den modernen Einkaufszentren, Spitzenklassehotels und Edelboutiquen werden Kreditkarten problemlos akzeptiert. In kleineren Läden muss man mit einem Preisaufschlag von 6 bis 12 % rechnen. Visa-Karten werden am häufigsten angenommen, MasterCard wird immer verbreiteter, American Express hingegen ist eher selten.

Reiseschecks

Die meisten Filialen der Citibank, Scotiabank und Banco Atlántida tauschen Reiseschecks (nur mit Reisepass und Quittung). Die Schecks von American Express kommen am besten an. In den meisten Städten gibt's auch Western Union.

PREISKATEGORIEN ESSEN

Die Preisspannen, die in diesem Kapitel verwendet werden, beziehen sich auf ein Standard-Hauptgericht, einschließlich Steuern, aber ohne Trinkgeld.

$	unter 5 US$
$$	5–12 US$
$$$	über 12 US$

INTERNETZUGANG

Internetzugang findet man im ganzen Land problemlos, die Schnelligkeit der Verbindung kann allerdings variieren. Für eine Stunde Surfen muss man 0,50 bis 1 US$ bezahlen.

KARTEN & STADTPLÄNE

Corsatur und das Tourismusministerium bieten Hochglanzkarten von El Salvador und der Hauptstadt an, die in manchen Hotels und bei Tourveranstaltern ausliegen.

Kartenliebhaber sollten im **Centro Nacional de Registros** (IGN; www.cnr.gob.sv; 1a Calle Poniente, 1. Stock; Mo–Fr 8–12.30 & 14–17 Uhr) hinter dem MetroSur in San Salvador vorbeischauen. Hier bekommt man qualitativ hochwertige Stadtpläne und Landkarten. Einfache Karten mit Wanderwegen sind manchmal in den Touristeninformationen erhältlich.

KLIMA

Der *invierno* (Regenzeit) dauert von Mai bis Oktober, der *verano* (Trockenzeit) von November bis April. Während der Regenzeit regnet es meistens nur nachts.

In San Salvador schwanken die Höchsttemperaturen zwischen 27 °C (Nov.) und 30 °C (März/April); die Tiefsttemperaturen bewegen sich zwischen 16 °C (Jan./Feb.) und 20 °C (März). Die heißeste Region ist das Küstentiefland.

MEDIEN

Die größten Tageszeitungen San Salvadors sind *La Prensa Gráfica* und das konservative *El Diario de Hoy*. Sie haben beide einen nationalen und einen internationalen Teil und außerdem bieten sie eine Auflistung der Unterhaltungsangebote. *El*

Mundo und *El Latino* sind weniger umfangreiche Nachmittagszeitungen.

ÖFFNUNGSZEITEN

Geschäfte haben an Wochentagen normalerweise von 9 bis 18 Uhr geöffnet, Behörden hingegen von 8 bis 16 Uhr. Einige Büros und Läden schließen über die Mittagszeit zwischen 12 und 14 Uhr, was aber immer seltener wird. Banken haben werktags von 8 bis 16 bzw. 17 Uhr und meist auch samstagmorgens geöffnet. Abendessen gibt's in den Restaurants schon relativ früh; 16 Uhr ist *pupusa*-Hour.

POST

Für internationale Sendungen gibt's zwei Tarifkategorien: Luftpost und Express-Sendungen. Briefe, die per Luftpost verschickt werden, brauchen nach Europa (0,65 US$) bis zu 15 Tagen. Express-Briefe sollten in 10 Tagen ankommen (1,20 US$). Große Städte haben auch FedEx- und DHL-Filialen.

RECHTSFRAGEN

Die Gesetzeshüter hier sind streng und effektiv – vom Streifenpolizisten bis zum Grenzbeamten. Die Polizei hat das Recht, Busse anzuhalten und Personen und Taschen zu durchsuchen, wovon sie auch relativ häufig Gebrauch macht. Unterstützung bekommen die Polizisten dabei häufig von Soldaten. Bestechungsgelder werden normalerweise nicht verlangt, helfen jedoch bei kleineren Vergehen. Wer verhaftet wird, sollte kooperieren und mit der Botschaft Kontakt aufnehmen. Im Falle einer Straftat kann aber auch die Botschaft nur wenig unternehmen. Schon kleinste Vergehen werden oft mit Gefängnis bestraft.

REISEN MIT BEHINDERUNGEN

In El Salvador gibt es viele behinderte Menschen – die meisten sind Opfer von Gewalttaten während des Bürgerkriegs – es gibt aber nur wenige Dienstleistungen oder Ausstattungen, die ihnen das Leben erleichtern. Für Sehbehinderte und Hörgeschädigte gibt es ein paar gut gewartete Rampen und Geländer sowie andere Dienste. Reisende mit Behinderung (und alle anderen Traveller) werden bei den Salvadorianern schnell auf sehr große Freundlichkeit und Hilfsbereitschaft stoßen.

SCHWULE & LESBEN UNTERWEGS

Schwule und Lesben dürfen hier nur auf wenig Toleranz hoffen. Einige Hotels weigern sich sogar, Zimmer mit nur einem Bett an zwei Männer zu vermieten; Frauen werden nicht ganz so misstrauisch beäugt. Einige Kulturzentren und Clubs rund um San Salvadors Boulevard de los Héroes sind durch ihre unkonventionellere Klientel schwulen- und lesbenfreundlicher. Die Schwulen- und Lesbenorganisation **Entre Amigos** (☎2225-4213; entreamigos@salnet.net; Av Santa Victoria No 50, nahe dem Blvd de los Héroes) ist die etablierteste ihrer Art im Land und widmet sich vor allem dem Thema HIV/AIDS.

SPRACHE

Die Landessprache in El Salvador ist Spanisch. In ein paar wenigen indigenen Dörfern spricht noch eine Handvoll Menschen Nahuatl, die Sprache der Pipil. Es besteht jedoch ein wissenschaftliches Interesse daran, die Sprache zu erhalten. Viele Salvadorianer lernen beim Arbeiten in den USA, Australien oder sonst wo ein paar Brocken Englisch und Leute mit Englischkenntnissen tauchen an den unglaublichsten Orten auf.

SPRACHKURSE

Sehr viele Möglichkeiten gibt es nicht, einige Englischinstitute bieten aber durchaus auch Spanischkurse an. Am besten ist das **Centro de Intercambio y Solidaridad** (CIS; ☎2226-2623; www.cis-elsalvador.org), dessen Spanischunterricht stark auf progressive Themen ausgerichtet ist. Die Unterbringung bei Familien ist möglich. Suchitoto hat zwei hervorragende neue Schulen.

TELEFON

Die Ländervorwahl von El Salvador ist ☎503. Telefonnummern haben normalerweise acht Ziffern, lokale Vorwahlen gibt es nicht. Die öffentlichen Fernsprecher der Telecom und Telefónica funktionieren mit den entsprechenden Telefonkarten. Diese gibt's in Apotheken und kleinen Läden. Die Guthaben auf den Karten sind 3, 5 und 10 US$. In Telefonzellen hängen Anleitungen für Orts- und Ferngespräche auf Spanisch und Englisch aus. Einige Internetcafés bieten auch Internettelefonie an.

TOURISTENINFORMATION

In El Salvador gibt es nicht allzu viele Touristeninformationen, und die wenigsten von ihnen haben nützliche Infos. Freundliche und kompetente Angestellte findet man in Perquín und Suchitoto. Infostände in Juayúa und Apaneca haben an den Wochenenden geöffnet. Auch freundliche Hotelbesitzer können sehr hilfreich sein. In San Salvador befindet sich das Büro der Corporación Salvadoreña de Turismo (S. 322), das mit Broschüren und Flyern dienen kann. Das Instituto Salvadoreño de Turismo (S. 322) hilft mit sehr allgemeinen Infos über Nationalparks und *turicentros* in El Salvador weiter.

UNTERKUNFT

El Salvador hat recht gute Hotels und eine gute Infrastruktur für Backpacker. Die preiswertesten Übernachtungsmöglichkeiten findet man meist in zwielichtigen Vierteln in der Nähe von

PREISKATEGORIEN SCHLAFEN

Die Preisspannen geben – sofern nicht anders angegeben – die Kosten für ein Doppelzimmer mit eigenem Bad an.

$	unter 25 US$
$$	25–70 US$
$$$	über 70 US$

Busbahnhöfen; da lohnt es sich, für seine persönliche Sicherheit etwas mehr zu bezahlen. In diesem Band wurde versucht, die zuverlässigsten und sichersten Optionen für Traveller aufzuführen.

Rund um die beliebten Outdoor-Ziele gibt's immer mehr Campingplätze und *eco-albergues* (Öko-Herbergen; einfache Gemeinschaftshütten, von denen einige auch einfache Kücheneinrichtungen haben). Campingausrüstung sollte man am besten selbst mitbringen, da die Auswahl sehr mager ist.

Eine weitere Möglichkeit ist eine kostenlose Übernachtung in einem der *centros de obreros* (staatliche Arbeiterzentren), riesige Anlagen, die Arbeitern und ihren Familien die Möglichkeit geben sollen, am Wochenende auszuspannen. Die wichtigsten von ihnen befinden sich am Lago de Coatepeque, in El Tamarindo, La Palma und etwas außerhalb von La Libertad. Sie müssen im Voraus beim entsprechenden Büro in San Salvador reserviert werden.

Die Zimmerpreise sind das ganze Jahr über gleich; eine Ausnahme bilden die Sommerferien (erste Aug.-Woche), wenn in beliebten Städten die Hotels schnell ausgebucht sind. Der Durchschnittspreis für ein Bett in einem Schlafsaal liegt bei etwa 10 US$, ein Doppelzimmer kostet 25 US$.

VERANTWORTUNGSBEWUSST REISEN

Viele Reisende haben sich schon vor ihrer Ankunft in El Salvador Gedanken darüber gemacht, welche „Seite" sie im Bürgerkrieg unterstützt hätten bzw. haben (meist die FMLN). Tatsächliche haben beide Seiten schreckliche Gräueltaten begangen und in 12 Jahren Krieg hat es keine Partei geschafft, die Ideale der salvadorianischen Mehrheit vollständig zu repräsentieren (oder zu verraten). Das Thema Krieg kann durchaus angesprochen werden, man sollte aber die persönliche Erfahrung jedes Salvadorianers respektieren.

Allmählich macht sich der Tourismus in El Salvador bemerkbar, doch seine Einwohner sind Backpackern gegenüber noch nicht so abweisend wie anderswo. Heftiges Feilschen ist weder bei Taxifahrten noch auf dem Markt an der Tagesordnung. Auch wenn es schwer sein wird, sein Misstrauen angesichts der lästigen Gaunerei in Guatemala und anderen Orten abzulegen – in El Salvador sind ein ehrlicher Preis und eine freundliche Umgehensweise immer noch der Normalfall.

VISA & DOKUMENTE

Eu-Bürger und Schweizer Staatsbürger brauchen für El Salvador kein Visum, müssen aber an der Grenze für 10 US$ eine Touristenkarte für die einmalige Einreise erwerben. Die normale Aufenthaltsdauer beträgt 30 Tage; wer länger bleiben will, kann bis zu 90 Tage bekommen. Dies muss man beim Grenzbeamten anfragen, bevor dieser seinen Stempel in den Pass setzt – also schnell reagieren. Wer innerhalb der genehmigten Zeit das Land verlässt, kann mit derselben Touristenkarte wieder einreisen.

Das Einreiseabkommen zwischen den vier zentralamerikanischen Staaten (CA-4) ermöglicht das Überqueren der Grenzen zwischen Guatemala, Honduras, El Salvador und Nicaragua ohne die Einreisegebühr mehrmals bezahlen zu müssen. Auch der Reisepass wird nur einmal abgestempelt (auf jeden Fall die 90 Tage beantragen). Bei Einreise auf dem Landweg sollte man an diese abgeänderte Vorschrift denken; manchmal muss man die Grenzbeamten auch daran „erinnern", dass es dieses Abkommen überhaupt gibt.

Aktuelle Visainformationen finden sich auf www.lonelyplanet.com/el-salvador/practical-information/visas.

Für die Einreise sind keine besonderen Impfungen erforderlich; Reisende, die aus einem Gelbfiebergebiet einreisen, müssen allerdings eine Schutzimpfung vorweisen (einige Impfungen werden dennoch empfohlen).

ZOLL

Die Grenzbeamten in El Salvador gehören zu den strengsten in der Region. Die eingetragenen Ein- und Ausreisestempel werden äußerst genau unter die Lupe genommen. Wer mit einem internationalen Bus einreist, muss damit rechnen, dass das Gepäck durchsucht wird. In den Grenzregionen sollte man den Reisepass immer dabei haben, ganz egal, ob man ausreisen will oder nicht. Dort gibt es eine Vielzahl von Kontrollpunkten der Polizei (die bei einer Kontrolle meist auf der Suche nach Drogen ist).

ℹ An- & Weiterreise

El Salvadors strenge Grenzbeamten nehmen jeden Einreise- und Ausreisestempel genauestens unter die Lupe. Deshalb sollte die angegebene Aufenthaltsdauer auch nicht überschritten werden. Wer 90 Tage im Land bleiben will, sollte sich das entsprechende Visum bereits vorab besorgen; vor Ort an der Grenze ist die Aufenthaltsdauer, die man bewilligt bekommt, eventuell kürzer.

AUTO & MOTORRAD

Wer mit dem eigenen Fahrzeug nach El Salvador einreist, muss einen Führerschein vorweisen können (der internationale Führerschein wird anerkannt) und beweisen, dass er oder sie der Besitzer des Fahrzeugs ist. Außerdem muss eine Reihe umfangreicher Formulare ausgefüllt werden. Eine Autoversicherung ist möglich und ratsam, aber nicht vorgeschrieben. Fahrzeuge dürfen 30 Tage lang in El Salvador bleiben. Wer länger bleiben will, reist am besten mit dem Fahrzeug aus und wieder ein. Das ist immer noch besser, als zu versuchen, sich mit dem Verkehrsministerium herumzuschlagen.

FLUGZEUG

Der Aeropuerto Internacional Comalpa (S. 323) befindet sich 44 km südlich von San Salvador. Als wichtiger Verkehrsknotenpunkt in Lateinamerika ist er auch das Tor zu vielen Städten in Nordamerika.

TACA, American Airlines, United Airlines, Continental, Delta Air Lines und Copa Airlines gehören zu den Fluglinien, die Flüge nach El Salvador anbieten; Einzelheiten s. S. 323.

GRENZÜBERGÄNGE

Costa Rica & Nicaragua

Von/Nach San Miguel King Quality unterhält eine Busverbindung nach Managua (www.king-qualityca.com; 27 US$, 9 Std.) , die von dort weiter nach San José, Costa Rica (47 US$, 19 Std.) führt. Der Bus hält gegen 7.30 und 13.30 Uhr an der Esso-Tankstelle (Ecke Av Roosevelt und Ruta Militar) in San Miguel.

Von El Amatillo fahren zwischen 5.30 und 17 Uhr Microbusse über die Südspitze Honduras' zur nicaraguanischen Grenzstadt Guasaule (abhängig von der Zahl der Fahrgäste 5 US$, 2 Std.). Um die Busverbindungen nach León and Managua zu erreichen, muss man einen 200 m langen Fußweg zurücklegen.

Guatamala

Von/Nach Santa Ana Der Grenzübergang San Cristóbal–El Progreso ist rund um die Uhr geöffnet, man sollte aber nur bei Tageslicht ein- bzw. ausreisen. Von Santa Ana aus Bus 236 nach San Cristóbal nehmen (0,50 US$, 1 Std., 5.30–21 Uhr; alle 20 Min.). Die Busse auf der anderen Seite der Grenze fahren nach El Progreso. Der letzte Bus von San Cristóbal fährt um 18 Uhr zurück.

Von/Nach Metapán Agencia Puerto Bus (☎2440-1608; 25a Calle Poniente) bietet einen normalen und einen *especial*-Service nach Guatemala-Stadt über Las Chinamas–Valle Nuevo an. Normale Busse (9 US$, 4 Std.) fahren stündlich von 5 bis 16 Uhr, außer um 7 Uhr. Die *especial*-Busse (11,50 US$, die sich lohnen, 3½Std.) starten um 7 und 17.30 Uhr. Eine weitere Möglichkeit ist der 1.-Klasse-Bus, der in in Las Chinamas abfährt.

Von Metapán fahren halbstündlich Microbusse zum Grenzübergang Anguiatú–Chiquimula (24 Std. geöffnet; am zuverlässigsten von 6–19 Uhr). Auf der guatemaltekischen Seite fahren regelmäßig Busse nach Chiquimula (1 Std., letzter Bus um 17.30 Uhr) und weiter nach Guatemala-Stadt (3 Std., letzter Bus ab Chiquimula um 15.30 Uhr). Dies ist der schnellste Weg nach
Nuevo Ocotopeque oder Copán Ruínas in Honduras. Auf salvadorianischer Seite fährt der letzte Bus nach Metapán um 18.30 Uhr ab.

Von/Nach Ahuachapán Der Grenzübergang Las Chinamas–Valle Nuevo ist rund um die Uhr geöffnet, man sollte aber besser bei Tageslicht ein- bzw. ausreisen. Busse zur guatemaltekischen Grenze fahren in Ahuachapán alle 15 Minuten (0,50 US$, 5–19.30 Uhr) vom Parque Menéndez ab. An der Haltestelle 300 m hinter dem Grenzübergang fahren Busse nach Guatemala-Stadt (via Cuilapa) ab. Alle 30 Minuten kommt hier ein Tica-Bus (3 US$) vorbei. Diese sind sicherer als die 2.-Klasse-Busse. Der letzte Bus von der Grenze nach Ahuachapán startet hier um 17.45 Uhr.

Von/Nach Sonsonate Der Grenzübergang La Hachadura–Ciudad Pedro de Alvarado ist rund um die Uhr geöffnet, man sollte aber besser bei Tageslicht ein- bzw. ausreisen. Bus 259 aus Sonsonate hält an der Grenze an; die Einwanderungsstellen sowohl El Salvadors als auch Guatemalas befinden sich am anderen Ende des Komplexes. Die Haltestelle in Guatemala ist 1 km entfernt. Ein Fahrrad-Taxi kostet 0,50 US$. Busse nach Guatemala-Stadt (5 US$, 4 Std.) fahren halbstündlich und halten in Chiquimulilla und Escuintla. Der letzte Bus von La Hachadura nach Sonsonate startet um 18 Uhr.

EIN- & AUSREISESTEUER

Die Staatsangehörigen mancher Länder müssen bei der Einreise am Flughafen in El Salvador 10 US$ für eine Touristenkarte bezahlen. Das Einreiseabkommen zwischen den vier zentralamerikanischen Staaten (CA-4) ermöglicht das Reisen zwischen Guatemala, Honduras, El Salvador und Nicaragua ohne die Einreisegebühr jedes Mal entrichten zu müssen.

Honduras

Von/Nach San Miguel Tegucigalpa (27 US$, 5 Std.) wird von den 1.-Klasse-Bussen von King Quality angefahren, die täglich um etwa 8 und 15.30 Uhr von der Esso-Tankstelle in San Miguel (Ecke Av Roosevelt und Ruta Militar) starten. Pünktlich sein! Tickets gibt's an der Tankstelle – am besten am Tag vorher kaufen.

Alternativ hält Bus 330 50 m von El Amatillo entfernt an der salvadorianischen Grenze, wo eine Brücke hinüber nach Honduras führt. Von dort fahren die honduranischen Busse weiter nach Choluteca (2,10 US$, 1½Std.) und von dort weiter nach Tegucigalpa (2 US$, 3½Std.); der letzte Bus zu diesen beiden Zielen fährt um 17.30 Uhr ab. Der letzte Bus von El Amatillo nach San Miguel startet um 18.30 Uhr.

Von/Nach La Palma Der Bus aus La Palma hält etwa 100 m vor dem Grenzübergang nach Honduras (rund um die Uhr geöffnet), wo 2 US$ für die Einreise nach Honduras bezahlt werden müssen. Von El Poy geht's mit dem Bus oder dem *colectivo*-Taxi weiter nach Nueva Ocotepeque in Honduras. Von dort fahren stündlich Busse nach San Pedro Sula. Wer nach Copán Ruinas möchte, muss in La Entrada umsteigen.

Der letzte Bus von La Palma nach El Poy (Bus 119, 0,50 US$, 30 Min.) startet um 19 Uhr. Die letzte Abfahrt in Richtung Süden, von El Poy nach San Salvador, ist um 16.15 Uhr.

SCHIFF/FÄHRE

El Salvador grenzt, genau wie Honduras und Nicaragua, an den Golfo de Fonseca. Gelegentlich sind Fähren zwischen La Unión (El Salvador), Coyolito, Amapala und San Lorenzo (Honduras) und Potosí (Nicaragua) unterwegs. Zeit spart man auf diese Weise kaum, da es keine Passagierboote mit festen Abfahrtszeiten gibt und die Grenzübergänge an Land relativ nah sind.

Unterwegs vor Ort

AUTO & MOTORRAD

Zwar sind die meisten Straßen in El Salvador befestigt, überschaubar ist der Verkehr aber nur schwer und die Ausschilderung ist nicht besonders gut. Die Spritpreise sind auch nicht ohne. Mittlerweile kostet eine Gallone bleifreies Normalbenzin 4,20 US$.

Die Polizei richtet, insbesondere auf Straßen in der Nähe von Grenzübergängen, oft Kontrollpunkte ein. Autodiebstähle sind ebenso verbreitet wie das Abmontieren von Teilen an geparkten Fahrzeugen. In Gegenden, die für hohe Kriminalität bekannt sind, sollte man nie alleine mit dem Auto unterwegs sein und immer sichere Parkplätze wählen. Obwohl es nicht zwingend notwendig ist, ist es empfehlenswert, eine Autoversicherung abzuschließen.

In San Salvador und San Miguel können Autos gemietet werden, die auch woanders zurückgegeben werden können. Die folgenden Anbieter sitzen in San Salvador:

Alamo Uno Rent a Car (☎ 2211-2111; Blvd del Hipódromo 426)

Avis (☎ 2261-1212, airport 2339-9268; www.avis.com.sv; 43a Av Sur 127; 40 US$/Tag)

Budget (☎ 2260-4333; www.budget.com.sv; 1a Calle Poniente 2765; 35 US$/Tag)

Quick Rent a Car (☎ 2229-6959; www.quickrentacar.com.sv) Bietet Bringservice vom/zum Hotel oder Flughafen.

BUS

Kunterbunt gestrichene amerikanische Schulbusse fahren regelmäßig und sehr günstig (0,40–5 US$) Ziele im ganzen Land an. Am Wochenende können die Tickets um bis zu 25 % teurer werden. Die Fahrtrouten zu einigen Zielen im Osten sind in verschiedene Kategorien aufgeteilt: *ordinario, especial* und *super especial*. Die letzten beiden Optionen sind zwar teurer, dafür aber auch schneller und komfortabler. Die meisten Überlandbusse fahren ab 4 oder 5 Uhr morgens und bis 18 oder 19 Uhr abends.

SCHIFF/FÄHRE

Wer in der Bahía de Jiquilisco im Osten El Salvadors herumkommen oder irgendwelche Ausflüge im Golfo de Fonseca in der Nähe von La Unión unternehmen will, muss zu Wasser reisen. Ansonsten ist der Seeweg eher selten.

TRAMPEN

Busse oder Sammel-Pickups bringen einen praktisch an jedes nur vorstellbare Ziel, so dass es normalerweise nicht notwendig ist zu trampen. Normalerweise schwingen sich hier sowohl Männer als auch Frauen auf die Ladeflächen der Pickups. Sind auf einem Fahrzeug aber mal nur Männer unterwegs, sollte eine Frau vielleicht lieber passen. Trampen ist nie hundertprozentig sicher und deshalb nicht unbedingt empfehlenswert. Wer trampt, sollte wissen, dass er oder sie dabei ein kleines, aber möglicherweise folgenschweres Risiko eingeht.

Honduras

☎ 504 / BEVÖLKERUNG: 8,45 MIO.

Inhalt ➡

Schön übernachten

- ➡ D&D Brewery (S. 407)
- ➡ La Hamaca (S. 409)
- ➡ Buena Onda (S. 449)
- ➡ La Casa de Café (S. 415)
- ➡ Hotel Guancascos (S. 426)

Toll ausgehen

- ➡ Sol de Copán (S. 417)
- ➡ Tito Aguacate (S. 397)
- ➡ Kandil (S. 426)
- ➡ Babalu (S. 459)
- ➡ Skid Row (S. 460)

Auf nach Honduras

Jeder hat wohl schon mal vom Bösewicht in Zentralamerika gehört. Allein beim Überfliegen von Schlagzeilen wird klar, dass Honduras und Zoff untrennbar zusammengehören. Aber wie sieht es wirklich aus? Nun, trotz des schlechten Rufs von Honduras genießt die überwältigende Mehrheit der Reisenden ihren Aufenthalt im Land, denn es steckt voller Attraktionen: die sagenhaften Bay Islands (ein Tauch- und Partymekka), die magischen Maya-Ruinen von Copán, die verführerische Schönheit des Lenca-Hochlands, die tierreichen Dschungelreservate in La Moskitia. Zudem ist das Land unglaublich preiswert: Alle Abenteuersportarten, die Costa Rica berühmt machten, gibt es hier zu Backpacker-Preisen. Die honduranischen Landschaften sind außergewöhnlich, die kulturellen Sehenswürdigkeiten faszinierend und die Menschen offen. Klar, etwas mehr Vorsicht ist schon geboten, besonders in den Großstädten ... Aber es lohnt sich, einfach loszuziehen und Honduras selbst zu entdecken.

Reisezeit

Tegucigalpa

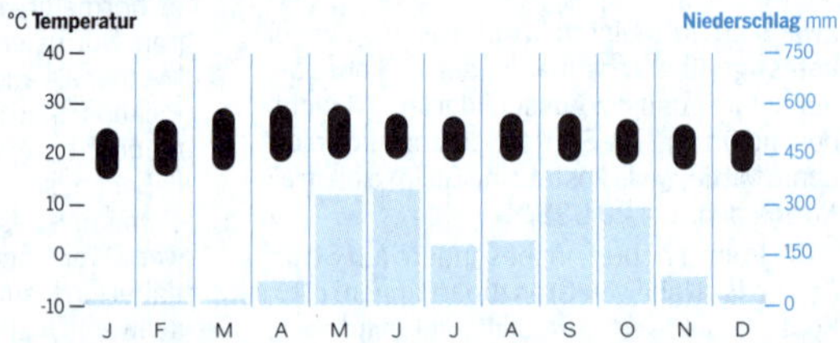

Okt.–Feb. Regenzeit an der Nordküste und auf den Inseln, aber trocken im Binnenland.

März–April Heiß und trocken überall, mit hohen Temperaturen im Landesinneren.

Juni–Sept. Hochsaison zum Sichten von Walhaien in Utila.

Von Land zu Land

Grenzübergänge sind u. a. Corinto und El Florido (Guatemala), El Amatillo und El Poy (El Salvador) sowie Guasaule und Las Manos (Nicaragua). Von Puerto Cortés fährt einmal wöchentlich eine Fähre nach Belize. Genauere Informationen s. Praktische Informationen S. 471.

HONDURAS FÜR EINSTEIGER

Diese Reiseroute dauert etwa zwei Wochen. Nach der Einreise in Honduras über den Grenzübergang El Florido lockt sofort eine der Hauptattraktionen: die großartigen Ruinen von **Copán**. Mindestens zwei Tage sollten für die Tempel und die Sehenswürdigkeiten der Umgebung eingeplant werden. Danach geht es zu einer kurzen Fahrt nach Westen in die stimmungsvolle Hochlandstadt **Gracias** mit ihren heißen Quellen und Lenca-Dörfern.

Es folgt ein langer Tag unterwegs zur Küstenstadt **La Ceiba**. Von hier geht's weiter mit dem Boot nach **Roatán** oder **Utila** an den Strand zum Schnorcheln oder Tauchen im Riff und um es sich schlichtweg gut gehen zu lassen.

Zurück auf dem Festland steht eine Floßtour auf dem großartigen **Río Cangrejal** an, dann geht's nach Süden zum **Lago de Yojoa** zu ein paar Bierchen aus Hausbrauereien, zum Wandern oder zu Bootsausflügen.

Den Abschluss bildet eine Übernachtung entweder im kolonialen, stillen **Comayagua** oder in der quirligen Hauptstadt **Tegucigalpa**.

Essen & Trinken

- **Wohin zum Essen** Am preisgünstigsten sind die *comedores* (einfache Lokale), wo ein Essen mit zwei oder drei Gängen garantiert nur unter 3 US$ kostet. Snacks gibt es in *panaderías* (Bäckereien) und auf Märkten. Cafés und Restaurants in Touristenorten servieren reichlich internationale Gerichte, auch vegetarische.
- **Was essen** Probieren sollte jeder unbedingt das Nationalgericht von Honduras, die *baleada* (ein Fladenbrot mit unendlichen Füllungen, meist zusammen mit Bohnenmus und Salat), die es von Straßenhändlern für 1 oder 2 US$ gibt. Gutes Grillfleisch ist im Landesinneren zu finden, darunter jede Menge *pinchos* (Kebabs). Hervorragend sind die Meeresfrüchte an der Küste: *tapado* ist eine legendäre Fischsuppe der Garifuna mit Kokosnuss und Gewürzen; *bando* auf den Bay Islands ist ganz ähnlich. Frische Säfte gibt es überall in Honduras und sie sind meist hervorragend und noch dazu erschwinglich. In allen größeren Ortschaften gibt es zudem Kaffeebars mit Espresso.

AUF EINEN BLICK

Währung Lempira (HNL)

Sprache Spanisch (und etwas Englisch)

Geld Geldautomaten sind weit verbreitet

Visa Kostenlos bei der Einreise

Zeit MEZ minus sieben Stunden; MESZ minus acht Stunden

Kurzinfos

- **Fläche** 112 090 km²
- **Hauptstadt** Tegucigalpa
- **Notfall** ☎ 199

Preise

- **Hostelbett** 95–285 HNL
- **Abendessen** 57–342 HNL
- **Einstündige Busfahrt** 19–133 HNL

Infos im Internet

- **Honduras Tips** www.hondurastips.hn
- **Honduras Weekly** www.hondurasweekly.com
- **Honduras** www.honduras.com
- **Bay Islands Voice** www.bayislandsvoice.com

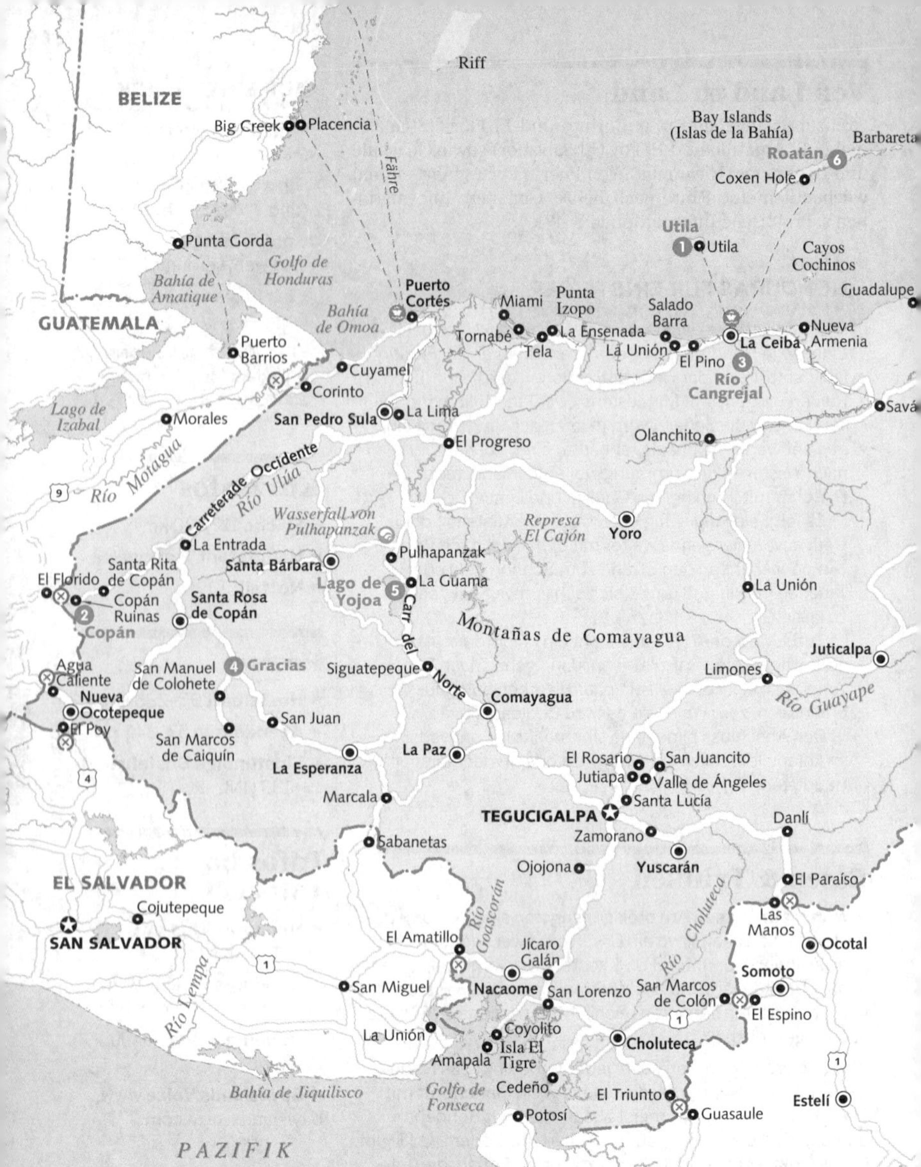

Highlights

1 Im Taucherparadies **Utila** (S. 454) mit günstigen Preisen und dramatischen Riffs an der Nordküste abhängen.

2 Die kunstvollen Steinmetzarbeiten und gewaltigen alten Maya-Bauten der außergewöhnlichen **Ruinen von Copán** (S. 419) bewundern.

3 Per Floß den spektakulären **Río Cangrejal** (S. 438) hinuntertreiben und danach in einer Dschungel-Lodge relaxen.

4 Die reizende einstige Hauptstadt Zentralamerikas **Gracias** (S. 425) mit ihrem Kopfsteinpflaster erkunden.

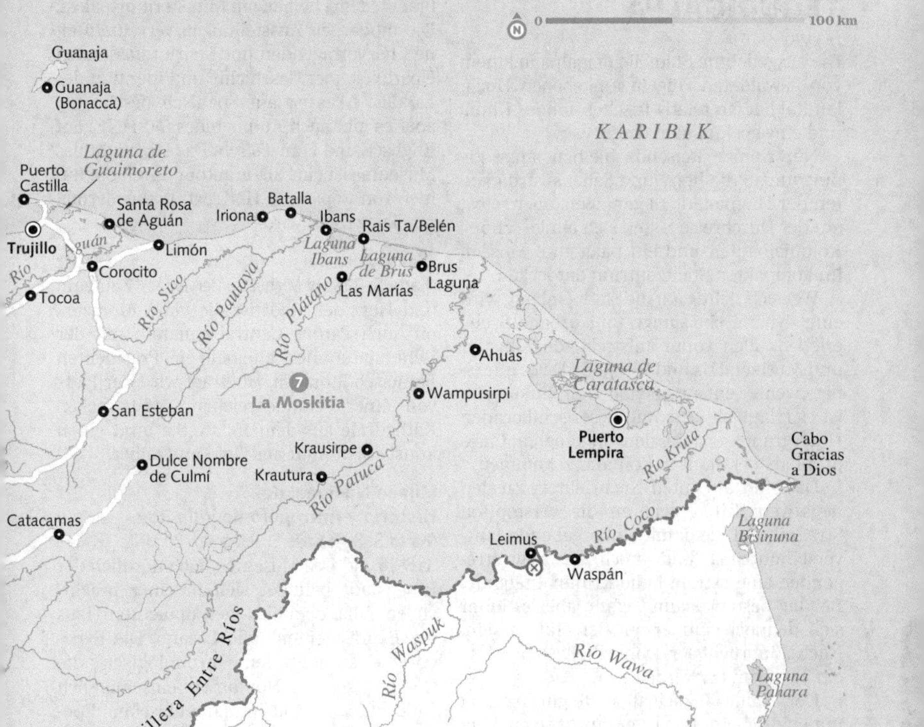

5 Einen Quetzal im Nebelwald aufspüren, der sich über den kobaltblauen **Lago de Yojoa** (S. 407) erhebt, und anschließend ein hausgebrautes Bier probieren.

6 Zwischen Wracks und Riffen schnorcheln und dann den äußersten Ostens der faszinierenden Insel **Roatán** (S. 447) erkunden.

7 Eine Abenteuertour flussaufwärts nach **La Moskitia** (S. 461) unternehmen, in die letzte unberührte Wildnis Zentralamerikas.

TEGUCIGALPA

1,13 MIO. / 975 M

Die ausgedehnte Stadt Tegucigalpa in einem von bewaldeten Hügeln umgebenen Hochlandtal hat ein relativ frisches, mildes Klima und eine spektakuläre Lage.

Nur wenige Reisende bleiben lange genug, um all die Reize und Sehenswürdigkeiten der Hauptstadt zu genießen, aber selbst auf der Durchreise lassen sich einige schöne Kolonialbauten und ein paar gute Museen im kompakten Stadtzentrum entdecken.

Wer sich richtig auf die Stadt einlässt, wird eine dynamische, junge und urbane Szene erleben, allen voran aufstrebende Künstler und Musiker, DJs und Designer. Da es nur einige wenige entsprechende Treffpunkte gibt, ist es relativ einfach, mit dieser schillernden Untergrundszene in den angesagten Cafés und Bars der Stadt in Kontakt zu kommen.

Das sind die guten Nachrichten. Zu den negativen Seiten gehören die verstopften Straßen und die damit einhergehende Luftverschmutzung und, noch besorgniserregender, eine extrem hohe Kriminalitätsrate. Bei Tag besteht kaum Gefahr, aber es lohnt sich dennoch, immer auf der Hut zu sein. Nach Einbruch der Dunkelheit sollte stets ein Taxi benutzt werden.

Der Name Tegucigalpa (Te-guthi-*gal*-pa mit englischem „th") ist gar nicht so einfach, weswegen viele Honduraner die Stadt kurz Tegus nennen. Auf der anderen Seite des Flusses von Tegucigalpa liegt die ärmere und schmutzigere Schwesterstadt Comayagüela, die einen ziemlich schlechten Ruf hat. Viele Busse haben hier ihren Busbahnhof, ansonsten gibt es keinen Grund, diesen Ort aufzusuchen.

Sehenswertes

Die Innenstadt von Tegus ist das vernachlässigte Herz des Landes, eine Ansammlung einst eleganter, aber mittlerweile verblichener Straßen, wo Läden für *ropa americana* (gebrauchte Kleidung) die Kaufhäuser ersetzt haben. Ein Bummel über die (verkehrsfreie) Calle Peotonal und ein Imbiss auf dem Markt vermitteln ein Gefühl für die Stadt.

★ Museo para la Identidad Nacional — MUSEUM

(MIN; Karte S. 398; www.min.hn; Av Miguel Paz Barahona; 60 HNL; ⌚Di–Sa 9–17, So 10.30–16 Uhr) Wer nur eine Sehenswürdigkeit besuchen will, sollte diese wählen. Das beste Museum der Hauptstadt ist in einem gekonnt renovierten Bauwerk aus dem 19. Jh. untergebracht, dem ehemaligen Ministeriumspalast. Die modernen Ausstellungen vermitteln einen hervorragenden und sehr umfassenden Überblick über Geschichte und Identität des Landes. Alles ist auf Spanisch beschriftet, aber es gibt auch Audioguides (50 HNL) auf Englisch und Französisch. Das Highlight des Museums ist eine 3D-Filmtour durch die Ruinen von Copán (30 HNL extra), die viermal pro Tag gezeigt wird.

Plaza Morazán — PLATZ

(Karte S. 398; Av Miguel de Cervantes) Zentrum und Herz der Stadt ist die Plaza Morazán, oft auch Parque Central genannt, mit der Reiterstatue des ehemaligen Präsidenten Francisco Morazán. Überragt wird der Platz von einer schmuckreichen, spätbarocken Kathedrale aus dem 18. Jh. Sie birgt einen kunstvollen Altar aus Gold und Silber.

Museo Nacional de Historia y Antropología Villa Roy — MUSEUM

(Karte S. 394; Calle El Telégrafo; 20 HNL; ⌚Mo–Sa 8–16 Uhr) Das Museum gleich nördlich der Innenstadt befindet sich in einer prachtvollen Villa, dem einstigen opulenten Haus des Expräsidenten Julio Lozano. Die Exponate dokumentieren chronologisch die Geschichte von Honduras, einschließlich frühzeitlicher und präkolumbischer Epochen, sowie den Aufstieg der einflussreichen Obstkonzerne.

Galería Nacional de Arte — MUSEUM

(Karte S. 398; Calle Bolívar; 30 HNL; ⌚Mo–Sa 9–16, So 9–13 Uhr) Die hervorragende Nationalgalerie zeigt die Werke der besten Künstler von Honduras von der Kolonialzeit bis zur Moderne sowie einige gut erhaltene sakrale Artefakte. Das Gebäude (ursprünglich ein Konvent) stammt von 1654 und ist mit seinen Lehmziegel-Mauern selbst schon faszinierend. Gleich daneben steht die **Iglesia La Merced** aus dem 18. Jh.

Centro de la Cultura Garinagu de Honduras — KULTURZENTRUM

(Karte S. 398; ☎2222-0511; Plaza Morazán; ⌚Mo–Sa 8–17 Uhr) GRATIS Ein Besuch in dem Kulturzentrum direkt am Parque Morazán lohnt sich. Dort gibt es Kunsthandwerk, eine Bibliothek, Verkauf von CDs und Schmuck sowie Informationen über das Volk der Garifuna. Am besten ist ein Besuch, wenn eine der einstündigen Tanzvorstellungen stattfinden, meist montags bis donnerstags ab 10 Uhr – sie gehören zu den akrobatischsten, sinnlichsten Tänzen der Welt.

Museo del Hombre MUSEUM

(Karte S. 398; www.museodelhombre.com; Av Miguel de Cervantes; 20 HNL; ⏲ Mo–Fr 9–15 Uhr) Das Museo del Hombre in einem schönen Kolonialgebäude zeigt überwiegend zeitgenössische honduranische Kunst. Es ist auch Schauplatz einiger innovativer Modenschauen und Gigs.

Iglesia Los Dolores KIRCHE

(Karte S. 398; Av Máximo Jeréz) Die auffallende Kirche mit einem riesigen Vorplatz besitzt einige schöne sakrale Kunstwerke. Die Fassade ist mit Figuren geschmückt, die das Leiden Christi darstellen – seinem Kreuzigungsgewand, dem Hahn, der dreimal krähte – alles gekrönt vom hiesigen Sonnensymbol.

Palacio Legislativo GEBÄUDE

(Karte S. 398; Calle Bolívar) Das ungewöhnliche moderne Gebäude auf Pfeilern neben dem Parque La Merced ist der Palacio Legislativo, in dem der Kongress tagt. Dieser stimmte hier im Dezember 2009 gegen die Wiedereinsetzung des abgesetzten Präsidenten Manuel Zelaya.

Schlafen

Die Innenstadt von Tegucigalpa ist tagsüber halbwegs sicher, nachts ist allerdings Vorsicht geboten. Comayagüela ist ein zwielichtigerer Stadtteil: Weder tagsüber noch abends empfiehlt sich ein Bummel durch dieses Viertel. Colonia Palmira gilt als guter Stadtteil, aber die Unterkünfte sind hier teuer.

Nuevo Hotel Boston HOTEL $

(Karte S. 398; ☎ 2238-0510; nuevohotelboston@yahoo.es; Av Máximo Jérez 321; EZ/DZ mit Frühstück ab 375/400 HNL; @) Das Innenstadthotel hat eine elegante Seite, die sich z. B. in einer phantastischen Gästelounge zeigt. Zur Wahl stehen Zimmer zur Straße, die unglaublich groß sind, aber etwas unter Straßenlärm leiden, oder die billigeren, aber viel kleineren Zimmer nach hinten. Manche Matratzen sind *sehr* weich – am besten umschauen, bis eine akzeptable gefunden ist. Tee und Kaffee gibt's umsonst.

Hotel Granada No 2 HOTEL $

(Karte S. 398; ☎ 2237-7079; Subida Casamata 1326; EZ/DZ/3BZ 400/480/580 HNL; @ WLAN) Komfortables Bett? Ja! Sicher? Ja! Sauber? Ja! Kostenloses gereinigtes Wasser und Kaffee? Ja! Schicke Extras sollte man in diesem Betonklotz aus den 1970er-Jahren jedoch nicht erwarten. Die Zimmer haben TVs und Deckenventilatoren und das Personal ist hilfsbereit; WLAN gibt es nur in der Lobby. In der Gegend befinden sich noch drei weitere (sehr ähnliche) Granada-Hotels.

Hotel Iberia PENSION $

(Karte S. 398; ☎ 2237-9267; Calle Los Dolores; EZ/3BZ ohne Bad 180/360 HNL, DZ mit/ohne Bad 280/250 HNL) Die Zimmer sind ganz akzeptabel, auch wenn sie sehr einfach sind und auf Flure rausgehen, also kein natürliches Licht haben. Das Bettzeug ist uralt. Vorzüge sind die hervorragende Lage dicht an der Calle Peatonal und die kleine Lounge als Treffpunkt. Heißwasser gibt es nur von 6 bis 8 Uhr.

Hotel Palace HOTEL $

(Karte S. 394; ☎ 2237-6660; hotelpalace504@yahoo.com; 12a Calle, zwischen 8a & 9a Avs, Comayagüela; Zi. mit Ventilator/Klimaanlage ab 500/650 HNL; ❄ WLAN) Das Fort Knox unter den Hotels in Tegucigalpa: Das sicherheitsbesessene Haus besteht ganz aus Eisengittern und vergitterten Fenstern, was aber in diesem Viertel eigentlich ein Vorteil ist. Die Zimmer auf den vier Etagen sind in Ordnung, frisch gestrichen und haben Kabel-TV, sind aber sehr einfach und funktional für den Preis. Das Personal jedoch ist freundlich und das Haus liegt nur einen kurzen Weg von den Busbahnhöfen entfernt.

Hotel Unión HOTEL $

(Karte S. 394; ☎ 2237-4313; 8a Av, zwischen 12a & 13a Calles, Comayagüela; EZ/DZ/3BZ 250/350/400 HNL; WLAN) Das spartanische Hotel mit kleinen, schlichten Zimmern mit Ventilatoren und Sprungfedermatratzen ist gerade mal gut genug, wenn man eben mit dem Bus angekommen ist und wenig Geld hat. Vom Empfangschef ist nicht mehr als ein Brummen zu erwarten, aber wenigstens wird Reinlichkeit ernst genommen – es riecht nach Putzmittel.

Hotel MacArthur HOTEL $$

(Karte S. 398; ☎ 2237-9839; www.hotelmacarthur.com; Av Lempira 454; EZ/DZ mit Ventilator 777/976 HNL, mit Klimaanlage 976/1176 HNL; ❄ WLAN Pool) Das Hotel ist typisch honduranisch, hat eine wunderbare altmodische Lobby und eine große Auswahl an geräumigen Zimmern an langen Fluren. Die Einrichtung mag für manchen Geschmack etwas altbacken sein, aber die Möbel aus dunklem Holz haben ein gewisses Etwas. In der preisgünstigen Cafeteria wird Frühstück und Abendessen serviert.

Tegucigalpa

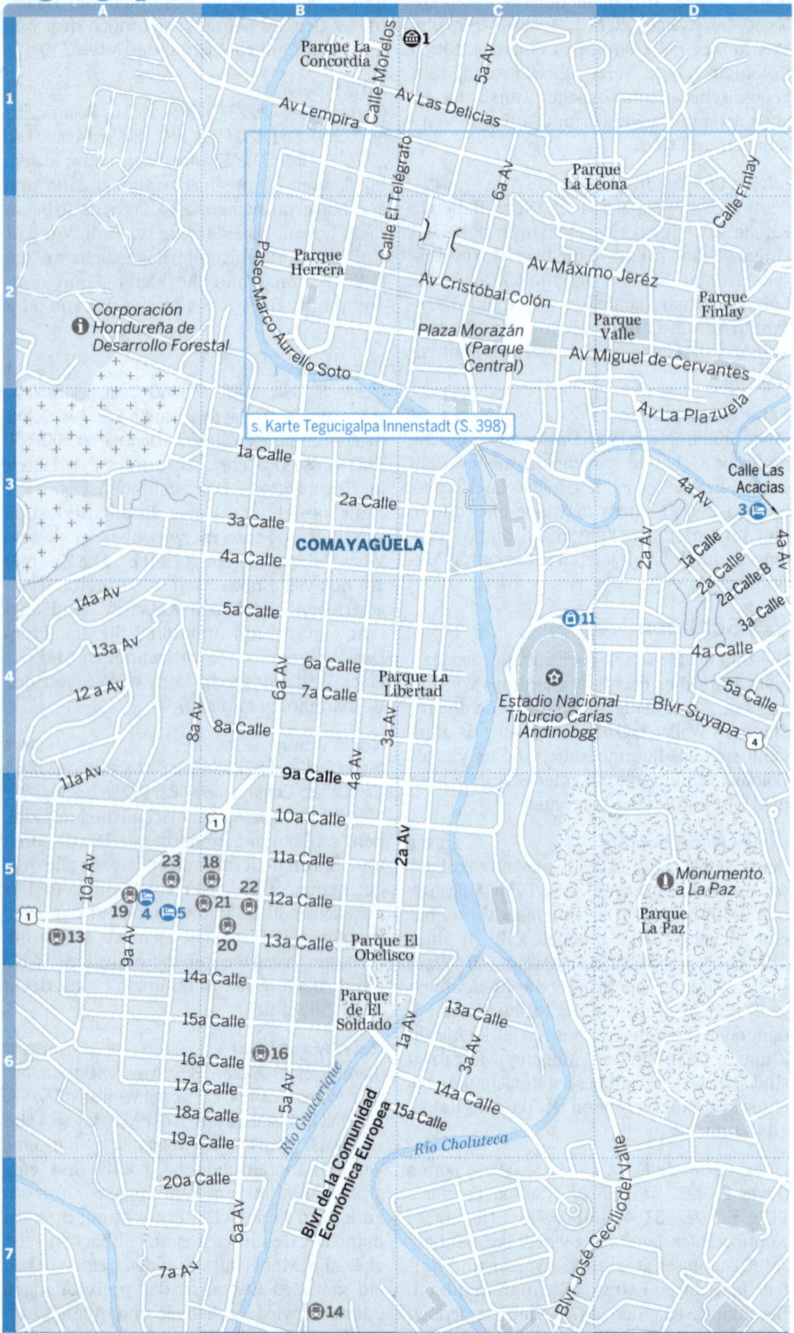

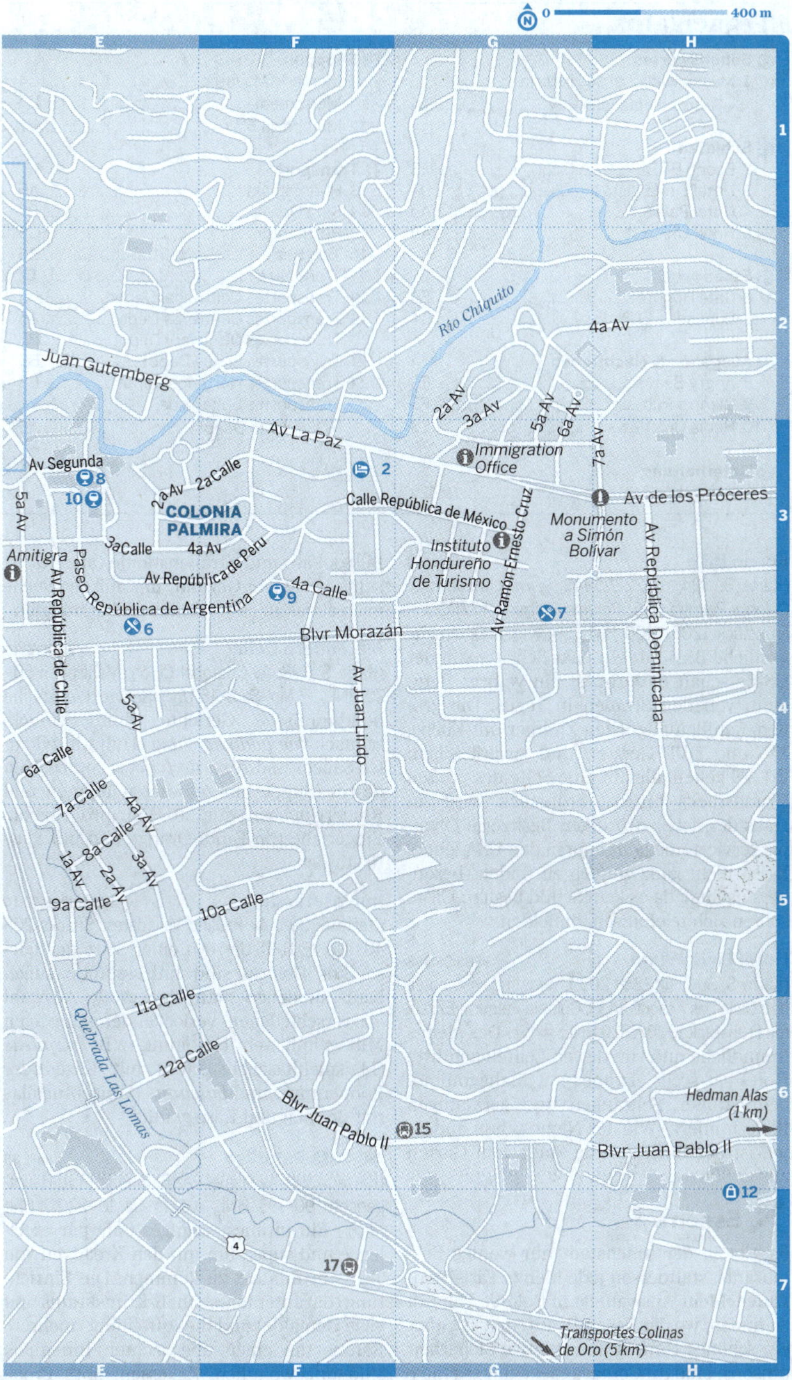
0
400 m
E
F
G
H
1
2
3
4
5
6
7
Río Chiquito
4a Av
Juan Gutemberg
2a Av
3a Av
5a Av
6a Av
7a Av
Av La Paz
Immigration Office
Av Segunda
8
10
2
2a Av
2a Calle
COLONIA PALMIRA
Calle República de México
Av de los Próceres
Monumento a Simón Bolívar
5a Av
3aCalle
4a Av
Amitigra
Instituto Hondureño de Turismo
Av Ramón Ernesto Cruz
Av República de Peru
Paseo República de Argentina
4a Calle
9
Av República de Chile
6
7
Av República Dominicana
Blvr Morazán
Av Juan Lindo
5a Av
6a Calle
7a Calle
4a Av
8a Calle
1a Av
2a Av
3a Av
9a Calle
10a Calle
11a Calle
12a Calle
Quebrada Las Lomas
Blvr Juan Pablo II
15
Hedman Alas (1 km)
Blvr Juan Pablo II
12
4
17
Transportes Colinas de Oro (5 km)

Tegucigalpa

Econo B&B B&B $$$
(Karte S. 394; ☎2221-5949; www.econobb.com; Colonia Palmira 555, Colonia Palmira; EZ/DZ mit Frühstück 1200/1400 HNL; ❄📶🏊) Das sehr gastliche B&B nur ein paar Schritte von der US-Botschaft entfernt ist ein wahres Refugium von den Straßen in Tegus. Die großen, familientauglichen Zimmer mit Küche, TV- und DVD-Geräten und zuverlässigem WLAN gehen alle auf eine Seite des großen Grundstücks hinaus. Frühstück wird im Haus der liebenswürdigen Besitzerin Olympia serviert (die jahrelang in den USA lebte). Es ist nicht ganz einfach zu finden (besonders nachts), da es kein Schild besitzt: Gäste sollten sich telefonisch anmelden.

Hotel Linda Vista PENSION $$$
(Karte S. 394; ☎2238-2099; www.lindavistahotel.net; Calle Las Acacias 1438, Colonia Palmira; EZ/DZ mit Frühstück 1000/1320 HNL; ❄📶) Das kleine, freundliche und von netten Leuten geführte Hotel hat sechs Zimmer mit Mahagonimöbeln, großen Schränken und geräumigen Badezimmern. Wie der Name schon andeutet, ist der Blick auf die Stadt vom Garten aus großartig.

Essen

Es gibt in der Innenstadt nur wenige Restaurants, stattdessen jede Menge Fast-Food-Läden. Mehr Auswahl ist in Colonia Palmira zu finden, wo das Essen zwar teurer ist, aber ein schönes Umfeld und relative Sicherheit umsonst sind. In Comayagüela gibt es einige Billiglokale und Straßenstände, aber es ist keine geeignete Gegend, um auf der Suche nach etwas zu essen ziellos umherzulaufen.

Merendero Delia COMEDOR $
(Karte S. 398; Av Cristóbal Colón; Mahlzeiten 50–70 HNL; ⏲Mo–Sa 8–16 Uhr) Serviert einfache honduranische Gerichte ohne Schnickschnack wie *pollo en salsa* (Huhn in pikanter Sauce) und *sopa de frijoles con costilla de res* (Suppe mit schwarzen Bohnen und Rinderrippchen) für 50 HNL pro Portion. Eingerichtet in Fanta-Orange und mit Plastikstühlen.

Imbissstände HONDURANISCH $
(Karte S. 398; Av Paulino Valladares; Snacks 20–40 HNL; ⏲11–15 Uhr) An einer Seite der Iglesia Los Dolores sind Imbissstände aufgebaut, an denen man eine große Auswahl an verschiedenen verlockenden günstigen Mittagsimbissen bekommt, z. B. *pupusas* (Maismehltaschen gefüllt mit Käse oder Bohnenmus) und *baleadas* (Weizentortillas mit Bohnen und Käse gefüllt).

★ **Café Paradiso** CAFÉ $$
(Karte S. 398; Av Miguel Paz Barahona 1351; Hauptgerichte 90–195 HNL; ⏲Mo–Sa 10–22.30 Uhr; 📶🖉) Ein intimes, szeniges Café par excellence und super, um mit den Kreativen von Tegus in Kontakt zu kommen. Die Einrichtung (darunter massenhaft Krimskrams und viele Gemälde) und die Aufteilung (mehrere Räume um einen überdachten Innenhof) sind ungewöhnlich. Zu essen gibt's Crois-

sants für nur 25 HNL oder ein Filet Mignon für 195 HNL. Dienstags um 18.30 Uhr werden Autorenfilme gezeigt, donnerstags um 18.30 Uhr gibt es Dichterlesungen.

Café.Tienda 1331 CAFÉ $$
(Karte S. 398; Av Miguel de Cervantes; Mahlzeiten 70–95 HNL; ⌚Mo–Fr 10–19, Sa 10–17 Uhr; 📶) Das stilvolle kleine Lokal (lindgrüne Wände und Schwarz-Weiß-Fotos) serviert exzellente Salate und Sandwiches sowie ein Mittagsbüfett (12–15 Uhr). Beliebt bei Künstlern und der jungen Szene von Tegus.

Restaurante Duncan Maya HONDURANISCH $$
(Karte S. 398; Ecke Av Cristóbal Colón & Calle Salvador Corleto; Mahlzeiten 65–160 HNL; ⌚Mo–Sa 8–22, So bis 21.30 Uhr) Angenehmes, atmosphärisches Lokal in einem überdachten Hinterhof mit originalen Bodenfliesen, kolossalen Holzsäulen und einer gut gefüllten Bar, einschließlich vieler Importbiere. Es ist exzellent und preisgünstig für ein Frühstück (65 HNL) oder Mittagsmenü (67 HNL). Das Abendessen (wie *carne asada de res* – gegrilltes Rindfleisch oder *camarones empanadas* – Garnelen in der Teigtasche) ist mit 150 HNL sehr viel teurer.

Pupusería El Patio HONDURANISCH $
(Karte S. 394; Blvr Morazán, Colonia Palmira; Pupusas 23–28 HNL; ⌚11–1.30 Uhr) An Wochenenden geht es in dieser Bierhalle hoch her, die Tische sind mit Flaschen vollgestellt und Familien schmettern Karaoke. Auf der Speisekarte stehen hauptsächlich Tacos und typische honduranische Gerichte. Toll für Gruppen ist der *Plato de Variedad* (188 HNL) mit allen honduranischen Spezialitäten für drei bis vier Personen.

Café Honoré INTERNATIONAL, DELI $$$
(Karte S. 394; Paseo República de Argentina 1941, Colonia Palmira; Sandwiches/Hauptgerichte ab 130/220 HNL; ⌚Mo–Sa 8.30–21.30, So bis 18 Uhr; 📶) Ein Mekka für die honduranische Elite, aber wem nach Feinschmeckerkost gelüstet, ist hier richtig. Die Delikatessenabteilung verkauft Parmaschinken und französischen Käse und die große Straßenterrasse in modern asiatischem Design ist super, um mit einem haarsträubend teuren Gourmetsandwich die Reisekasse zu sprengen.

🍷 Ausgehen & Nachtleben

Das Nachtleben findet überwiegend in Colonia Palmira statt. Es gibt dort mehrere Bars am Bulevar Morazán und um die Plaza San Martín. Aber bis zum Morgengrauen wird in dieser Stadt nicht gefeiert, um 2 Uhr ist Sperrstunde.

★ Tito Aguacate BAR
(Karte S. 398; Av Cristóbal Colón; ⌚11–21 Uhr) In der legendären, heruntergekommenen Kaschemme in der Innenstadt – abblätternde gelbe Wandfarbe und Neonröhren – treffen sich linke Intellektuelle und harte Trinker. Die Bar existiert schon seit 1945, aber Frauen sind erst seit Kurzem erlaubt. Zu jedem Drink gibt es eine Tapa und jeder sollte mal das Katerheilmittel *calambre* probieren (Gin, Apfelwein, Zucker und Limone). Das Schild draußen besagt „New Bar", aber das wird ignoriert – alle nennen die Kneipe „Tito's".

Había Una Vez BAR, CLUB
(Karte S. 394; Plaza San Martín 501, Colonia Palmira; ⌚Di–Do 18–24, Fr & Sa bis 2 Uhr) Angesagte Bar, perfekt für dezente Partys und mit cooler, sexy und betuchter Kundschaft. An Wochenenden legen DJs Deep House und Lounge auf. Werktags ist die Bar gut für einen geselligen Drink.

Angry Beaver KNEIPE
(Karte S. 394; Plaza Villa Real; ⌚18–1 Uhr; 📶) Eine atmosphärische neue Kneipe, die von einem honduranisch-kanadischen Paar geführt wird und eine gute Bierauswahl (darunter Newcastle Brown Ale) und nette Angestellte hat. Ausgestattet ist sie mit einer tollen Jukebox und gedämpftem Licht (aber mit zu vielen kitschigen Postern).

Glenn's Pub KNEIPE
(Karte S. 394; Colonia Palmira; ⌚Mo–Sa 18–2 Uhr; 📶) In der intimen, sehr geselligen Bar – ein alter „Geheimtipp" unter *capitalinos* – verkehrt eine Mischung aus freigeistigen Twens und hartgesottenen Trinkern. Am Wochenende drängen sich die Leute bis auf den Bürgersteig. Der Besitzer ist ein Hard-Rock-Fan, im Hintergrund dudeln also den ganzen Abend endlose Gitarrensolos.

☆ Unterhaltung

Auf www.agendartehonduras.com steht ein Überblick über alle kulturellen Veranstaltungen in der Hauptstadt.

Café Paradiso KINO
(Karte S. 398; www.paradisoblog.wordpress.com; Av Miguel Paz Barahona 1351; ⌚Mo–Sa 10–22.30 Uhr) Zeigt jeden Dienstag um 18.30 Uhr Autorenfilme und veranstaltet donnerstags um 18.30 Uhr Dichterlesungen.

Tegucigalpa – Innenstadt

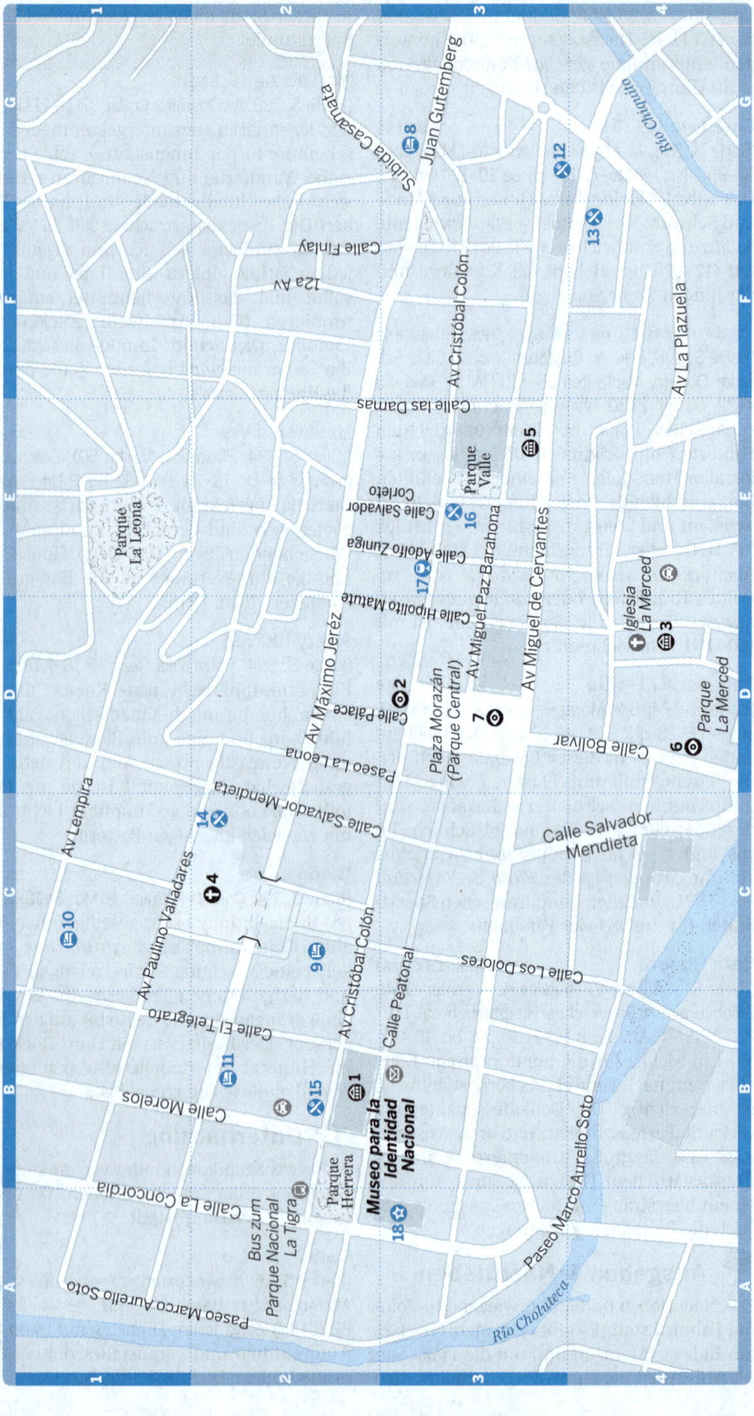

Tegucigalpa – Innenstadt

Teatro Nacional Manuel Bonilla
THEATER, DARSTELLENDE KUNST

(Karte S. 398; ☎2222-4366; Av Miguel Paz Barahona) Zeigt vielfältige Bühnenkunst, darunter Theater und Konzerte.

Cinemark
KINO

(Karte S. 394; ☎2231-2044; Blvr Juan Pablo II, Multiplaza Mall; Tickets ab 70 HNL) Moderner Kinokomplex mit mehreren Sälen. Zeigt hauptsächlich Hollywoodfilme.

Shoppen

Honduranisches Kunsthandwerk wird in kleinen Läden in der Avenida Miguel de Cervantes östlich der Plaza Morazán verkauft.

Mercado Mayoreo
MARKT

(Karte S. 394; ⏰Fr 8–17, Sa 6–15 Uhr) Jeden Freitag und Samstag wird dieser bunte Markt in der Nähe des Estadio Nacional aufgebaut. Die Auswahl an Obst und Gemüse und Ständen, an denen alles von Vogelkäfigen bis hin zu Gemüse verkauft wird, ist gewaltig. Außerdem gibt es ein paar tolle kleine *pupusa*-Cafés.

Multiplaza Mall
EINKAUFSZENTRUM

(Karte S. 394; Blvr Juan Pablo II; ⏰Mo–Sa 10–20, So 12–18 Uhr) Der für Reisende am besten gelegene Einkaufskomplex liegt südwestlich von Colonia Palmira und bietet Geldautomaten, Buchläden, Internet und ein Kino.

Metromedia
BÜCHER

(Karte S. 394; Blvr Juan Pablo II, Multiplaza Mall) Verkauft englischsprachige Bücher und Magazine und hat auch ein Café.

Praktische Informationen

GEFAHREN & ÄRGERNISSE

Wie die meisten zentralamerikanischen Städte hat auch Tegucigalpa eine sehr hohe Kriminalitätsrate. Mit etwas Vorsicht kann jedoch jeder die Stadt genießen, ohne sich in übermäßig große Gefahr zu begeben. Tagsüber ist es meist kein Problem, in der Innenstadt von Tegucigalpa und in Colonia Palmira herumzulaufen – aber Vorsicht vor Taschendieben. Ganz besondere Wachsamkeit ist in und um die Busbahnhöfe in Comayagüela geboten – die Gegend ist berüchtigt für ihre hohe Kriminalität.

Stadtbusse sollten am besten gemieden werden (in ihnen verlangen Bandenmitglieder oft eine „Gebühr"). Nachts sind Taxis angesagt.

GELD

Geldautomaten gibt es überall in der Stadt: auf dem Flughafen, an der Nordost-Ecke des Parque Central, im Busbahnhof Hedman Alas und in den Einkaufszentren.

Banco Atlántida (Parque Central; ⏰Mo–Fr 9–16, Sa 9–14 Uhr) Hat einen 24-Stunden-Geldautomaten.

Citibank (Blvr Morazán, Centro Comercial Plaza Criolla; ⏰Mo–Fr 8–16, Sa 9–13 Uhr) Eine von mehreren Banken.

HSBC (Blvr Morazán; ⏰Mo–Fr 8–17, Sa 9–13.30 Uhr) Mit Geldautomat.

INTERNETZUGANG & TELEFON

Multinet (Calle Peatonal; pro Std. 20 HNL; ⏰9–21 Uhr) Zuverlässiges Internetcafé und Telefonzentrale.

NOTFALL & MEDIZINISCHE VERSORGUNG

Honduras Medical Center (☎2280-1500; www.hmc.com.hn; Av Juan Lindo; ⏰24 Std.) Eine der besten Privatkliniken des Landes.

Krankenwagen (☎195; ⏰24 Std.) Rotes Kreuz.

Polizei (☎199, 2222-8736; 5a Av; ⏰24 Std.)

POST

Post in der Innenstadt (Ecke Av Miguel Paz Barahona & Calle El Telégrafo; ⏰Mo–Fr 8–17, Sa 8–13 Uhr)

REISEBÜROS

Es gibt mehrere verlässliche Reisebüros um das Hotel Honduras Maya. Achtung: Manche Reisebüros stellen die *cotización* (Preisangaben für eine Reiseroute) in Rechnung!

Mundirama Travel (☎2232-3909; www.mundiramatravel.com; Edificio Cicsa, Ecke Avs República de Panamá & República de Chile; ⏲Mo–Fr 8–17, Sa 8–12 Uhr) Gut für Flugbuchungen. Auch Vertretung von American Express.

TOURISTENINFORMATION

Amitigra (☎2231-3641; www.amitigra.org; 2a Calle Nunciatura Apostolica 210, Colonia Palmira; ⏲Mo–Fr 8–17 Uhr) Verwaltet den Parque Nacional La Tigra und hat Infomaterial.

Corporación Hondureña de Desarrollo Forestal (Cohdefor; ☎2223-4346; Colonia El Carrizal; ⏲Mo–Fr 8–15.30 Uhr) Die überregionale Verwaltung liegt 4 km westlich vom Zentrum. Sie hat Informationen zu den Nationalparks und Naturschutzgebieten von Honduras.

Einreisebehörde (☎2238-5613, 2245-6491; www.migracion.gob.hn; Anillo Periférico, nahe der Universidad Technólogica de Honduras; ⏲Mo–Fr 8.30–16.30 Uhr) Verlängert Visa (20 US$ für 30 Tage) und kümmert sich um Einreisefragen.

Instituto Hondureño de Turismo (IHT; ☎2222-2124; www.letsgohonduras.com; Ecke Av Ramón Ernesto Cruz & Calle República de México; ⏲Mo–Fr 9–17 Uhr) Hilfreiche Touristeninformation mit guten allgemeinen Infos und jeder Menge Hochglanzbroschüren. Viele praktische Informationen sind jedoch nicht zu erwarten.

ℹ An- & Weiterreise

BUS

In Tegus gibt es keinen zentralen Busbahnhof. Jede Busgesellschaft hat ihren eigenen Bahnhof und leider sind die meisten in Comayagüela. Abfahrtszeiten s. Tabellen unten und auf S. 401. In diesem Teil der Stadt ist unbedingt aufs Gepäck zu achten.

Internationale & Fernbusse

Es gibt fünf Unternehmen für internationale Busse:

Hedman Alas (Karte S. 394; ☎2239-1764; www.hedmanalas.com; Blvr Suyapa, Edif Florencia Plaza) Verbindet Tegus mit San Salvador und Guatemala-Stadt. Zwei Stationen: eine in Comayagüela und eine weitaus nettere hinter der Multiplaza Mall im Südosten der Stadt.

INTERNATIONALE BUSSE AB TEGUCIGALPA

ZIEL	PREIS (HNL)	DAUER (EINFACH)	BUSLINIE	TELEFON	ABFAHRTEN
Guatemala-Stadt (Guatemala)	580–1694	22 Std. (mit Übernachtung in San Salvador)	Tica Bus	2220-0579	1-mal tgl.
	–	15 Std. (mit Zwischenstopp in San Salvador)	King Quality	2225-5415	1-mal tgl.
	–	14 Std.	Hedman Alas	2237-7143	2-mal tgl.
	1294–1952	11 Std.	Pullmantur	2232-0216	1-mal tgl.
Managua (Nicaragua)	380–724	8 Std.	Tica Bus	2220-0579	1-mal tgl.
	–	7–8 Std.	King Quality	2225-5415	2-mal tgl.
	597	7 Std.	Trans Nica	2239-7933	1-mal tgl.
San José (Costa Rica)	760	2 Tage (mit Übernachtung in Managua)	Tica Bus	2220-0579	1-mal tgl.
	996	16 Std.	Trans Nica	2239-7933	1-mal tgl.
San Salvador (El Salvador)	285–952	6½ Std.	Tica Bus	2220-0579	1-mal tgl.
	–	6–7 Std.	King Quality	2225-5415	2-mal tgl.
	796–1095	6½ Std.	Pullmantur	2232-0216	1-mal tgl.
Tapachula (Mexiko)	855	40 Std. (Übernachtung in San Salvador, Umsteigen in Guatemala-Stadt)	Tica Bus	2220-0579	1-mal tgl.

King Quality (Karte S. 394; ☎2225-5415; www.king-qualityca.com; Blvr de la Comunidad Económica Europea, nahe 6a Av, Comayagüela) Fährt nach El Salvador, Guatemala, Nicaragua und Costa Rica.

Pullmantur (Karte S. 394; ☎2232-0216; www.pullmantur.com; Blvr Juan Pablo II, Hotel Marriott) Verbindet Tegus mit San Salvador und Guatemala-Stadt.

Tica Bus (Karte S. 394; ☎2220-0579; 16a Calle, zwischen 5a & 6a Avs, Comayagüela) Fährt nach El Salvador, Guatemala, Nicaragua und an die mexikanische Grenze und hat Anschluss nach Costa Rica und Panama.

Trans Nica (Karte S. 394; ☎2239-7933; www.transnica.com; Blvr Suyapa, Hotel Alameda) Fährt nach Managua und weiter nach San José. Bei jeder internationalen Busfahrt sollten Reisende 45 Minuten vor Abfahrt eintreffen.

Hedman Alas und **Viana** (☎2225-6583; www.vianatransportes.com; Blvr Fuerzas Armadas) setzen auf inländischen Strecken sehr komfortable, aber auch sehr teure Busse ein. Nach San Pedro Sula, Copán Ruinas oder in die Nordküstenorte Tela und La Ceiba gibt es billigere Alternativen.

FLUGZEUG

Der Flugplatz liegt 6,5 km südlich von Tegucigalpa.

ZIEL	PREIS (HNL)
La Ceiba	1494
Roatán (über La Ceiba)	1952
Utila (über La Ceiba)	2631

Aerolíneas Sosa (☎2233-5107, Flughafen 2234-0137; www.aerolineasosa.com; Blvr Morazán, Centro Comercial Gallerias Maya; ⌚Mo–Fr 8–17, Sa 8–12 Uhr)

American Airlines (☎2216-4800, gebührenfrei 800 220-1414; Edif Palmira; ⌚Mo–Fr 8–17.30, Sa 9–12 Uhr) Gegenüber vom Hotel Honduras Maya.

TACA/Isleña (☎2234-2422; www.taca.com; Blvr Morazán; ⌚Mo–Sa 8–17, So 9–14 Uhr)

Unterwegs vor Ort

AUTO & MOTORRAD

Bevor man ein Auto mietet, sollte man nach der Höhe der Selbstbeteiligung im Falle eines Unfalls fragen. Sie kann bei bis zu 40 000 HNL liegen. Mietwagen kosten ab 520 HNL pro Tag.

Econo Rent-a-Car (☎2235-2105, Flughafen 2291-0108; www.econorentacarhn.com; Calle

FERNBUSSE AB TEGUCIGALPA

ZIEL	PREIS (HNL)	DAUER	BUSLINIE	TELEFON	ABFAHRTEN
Agua Caliente	322	9–10 Std.	Sultana de Occidente	2237-8101	stündl. bis 13.30 Uhr
Catacamas	93–137	3½–4 Std.	Discovery	2222-4256	9-mal tgl.
Choluteca	47–60	3 Std.	Mi Esperanza	2225-2901	stündl. 6–16 Uhr
Comayagua	55	2 Std.	Contreras Express	2238-8984	12-mal tgl.
Copán Ruinas	732–886	7 Std.	Hedman Alas	2237-7143	2-mal tgl.
El Paraíso	66	2 Std.	Colinas de Oro	9523-1637	stündl. 6–18, So bis 16 Uhr
Juticalpa	86	2½–3½ Std.	Discovery	2222-4256	9-mal tgl.
La Ceiba	830–1365	7½ Std.	Viana	2225-6583	3-mal tgl.
	262	8 Std.	Cristina	2225-1446	8-mal tgl.
La Entrada	226	6 Std.	Sultana de Occdentei	2237-8101	stündl. bis 13.30 Uhr
Las Manos*	78	2½ Std.	Colinas de Oro	9523-1637	3-mal tgl.
San Pedro Sula	178	4 Std.	El Rey Express	2237-8561	10-mal tgl.
	545–930	4 Std.	Viana	2225-6583	5-mal tgl.
Santa Rosa de Copán	248	7 Std.	Sultana de Occidente	2237-8101	stündl. 6–13.30 Uhr
Tela	227	5½ Std.	Cristina	2225-1446	8-mal tgl.
Trujillo	280	10 Std.	Contraibel	2237-1666	2-mal tgl.

*Nicaraguanische Grenze; der letzte Bus von der Grenze nach Ocotal (Nicaragua) fährt um 16 Uhr

ABSTECHER

PARQUE NACIONAL LA TIGRA

Der **Parque Nacional La Tigra** (200 HNL; ⌚8–16 Uhr, letzter Eintritt 14 Uhr), ein herrlicher Nationalpark nur ein kurzes Stück von der Hauptstadt entfernt, besteht aus einem Nebelwald und hat acht Wanderwege. Dort gibt es zahlreiche (scheue) Wildtiere – von Pumas bis zu Pekaris –, hohe Bäume, Flechten, große Farne, Bromelien und Orchideen. Es kann hier oben kühl werden, also entsprechende Kleidung mitnehmen.

Amitigra (S. 400) in Tegus hat Infomaterial und ist für Übernachtungen im Park zuständig. La Tigra hat zwei Zugänge, **Jutiapa** und **El Rosario** – an beiden gibt es gute Besucherzentren mit Unterkunft (300 HNL pro Pers.) und *comedores* (einfache Restaurants). Karten sind ebenfalls erhältlich; Führer werden nicht unbedingt gebraucht, solange Besucher auf den Hauptwegen bleiben. Eine ganz besondere Unterkunft ist die **Cabaña Mirador El Rosario** (☎2767-2141; Zi. 650 HNL) mit zwei Zimmern, hinreißenden Aussichten und köstlichem, hausgemachtem Essen. Die deutschen Besitzer Jorge und Monika holen ihre Gäste auf Anfrage auch ab.

Der Jutiapa-Eingang liegt am nächsten zur Hauptstadt, nämlich 22 km nordöstlich. In Tegus fahren Busse (23 HNL, 1 Std.) vom Parque Herrera (Mo–Fr 7, 9, 14, 16, 17, Sa & So 8, 10, 12, 13, 15 Uhr) nach Aldea El Chaparro, von wo es noch 15 Minuten zu Fuß bis zum Besucherzentrum sind. Zurück ab El Chaparro fahren die Busse um 5.30, 5.45, 6, 7, 9, 11, 12 und 15 Uhr.

Principle, Col El Trapiche; ⌚Mo–Fr 7–19, Sa & So 7–17 Uhr)

National/Alamo (☎2250-1362, Flughafen 2233-4962; Av Segunga, Residencia Modelo; ⌚Mo–Sa 8–18 Uhr)

BUS

Stadtbusse sind billig (3 HNL), laut, dreckig und teilweise gefährlich. Diebstähle kommen regelmäßig vor und oft sind die Busse Angriffsziel von Banden. Besser sind Taxis.

ZUM/VOM FLUGHAFEN

Der Aeropuerto Internacional Toncontín liegt staureiche 6,5 km südlich des Zentrums von Tegucigalpa. Stadtbusse mit der Aufschrift „Loarque" (7 HNL) fahren zwar vom Flughafen nach Comayagüela, aber wegen der Sicherheitsbedenken in den Stadtbussen ist es sicherer, ein Taxi zu nehmen (s. u.). Eine andere Möglichkeit ist ein *colectivo*, ein Sammelkleinbus (12 HNL), der vom und zum Flughafen fährt und in der Calle Morelos, fünf Häuserblocks westlich des Parque Central, hält.

Cotatyh (☎2238-4985) Taxis zum/vom Flughafen kosten 200 HNL.

TAXI

Taxis fahren durch das ganze Stadtgebiet; eine Fahrt kostet je nach Strecke 60 bis 120 HNL.

In der Innenstadt gibt es ein paar nützliche *colectivo*-Haltestellen; die in der Calle Morelos ist besonders günstig für Fahrten zum Flughafen. Eine weitere befindet sich zwischen dem Parque Valle und dem Parque La Mercad, von wo die Sammeltaxis zum Busbahnhof Mercado Jacaleapa fahren (für Busse nach El Paraíso und Danlí). Sie kosten 12 HNK.

Rund um Tegucigalpa

Die riesige, gotische **Basílica de Suyapa** (🚌6a Av & 9 Calle in Comayagüela), die bedeutendste Kirche in Honduras, dominiert den Berghang südlich von Tegucigalpa. Sie stammt von 1954 und ist berühmt für ihre großen, leuchtenden Buntglasfenster. La Virgen de Suyapa (die Schutzheilige ganz Zentralamerikas) ist innen durch eine winzige, bemalte Holzstatue repräsentiert, die nur 6 cm hoch ist. Die Basilika liegt 7 km südöstlich des Stadtzentrums; Busse (3 HNL, 30 Min.) fahren ab der Ecke 6a Avenida und 7 Calle in Comayagüela dorthin.

Auf kiefernbewachsenen Hügeln liegt **Santa Lucía**, eine charmante alte Bergbaustadt aus der Kolonialzeit mit einem spektakulären Blick über die Hauptstadt 14 km im Osten. Zu erkunden sind dort eine bemerkenswerte *iglesia* (Kirche) aus dem 18. Jh. und historische Straßen. Die Busse (9 HNL, 45 Min.) nach Santa Lucía fahren an der Esso-Tankstelle an der Avenida la Paz in Tegucigalpa ab.

WESTLICHES HONDURAS

Die bergige, bewaldete Region ist das Kernland von Honduras und umfasst eine ganze Liste der herausragenden Sehenswürdigkeiten des Landes. Die Hauptattraktion sind natürlich die großartigen Maya-Ruinen von

Copán, dicht gefolgt vom zeitlosen Kolonialcharme von Gracias, dem Tor zu einer Reihe wunderbarer traditioneller Dörfer, der Ruta de Lenca. Die historischen Städte Comayagua und Santa Rosa de Copán sind ebenfalls bedeutende kulturelle Zentren.

Wanderer werden von den spektakulären Wanderwegen im Nebelwald der Montaña de Celaque begeistert sein und um den idyllischen Lago de Yojoa, der sich immer mehr zum Anziehungspunkt für Reisende entwickelt, warten eine umwerfende Vogelwelt und Landschaft.

Das große, boomende San Pedro Sula ist das Wirtschaftszentrum des Landes und ein Verkehrsknotenpunkt. Aber da es eine gesichtslose, von Kriminalität geplagte Stadt ist, halten sich nur wenige Reisende hier auf.

Die Hauptstrecken werden von schnellen, regelmäßigen Bussen befahren.

Comayagua

80 800 EW.

Comayagua liegt 84 km nordwestlich von Tegucigalpa, war die erste Hauptstadt Honduras' und über 300 Jahre lang das religiöse und politische Zentrum des Landes, bis die Hauptstadt 1880 nach Tegucigalpa verlegt wurde. Die koloniale Vergangenheit der Stadt ist unverkennbar: Es gibt mehrere schöne alte Kirchen, eine beeindruckende Kathedrale und Plätze im Kolonialstil. Die sehr katholische Stadt ist der beste Ort in Honduras, um die Osterfeierlichkeiten zu erleben.

Am Stadtrand befindet sich ein großer Luftwaffenstützpunkt der US-Armee, La Palmerola (oder Soto Cano) genannt. Er war die Basis der US-Streitkräfte in den 1980er-Jahren, als in Nicaragua der Contra-Krieg wütete. Heute sind hier etwa 1000 Soldaten stationiert.

Sehenswertes

Die Sehenswürdigkeiten befinden sich alle um den schönen Parque Central.

Kathedrale KIRCHE

(Parque Central; 7–20 Uhr) Die Kathedrale von Comayagua im Herzen der Stadt ist das größte Gotteshaus aus der Kolonialzeit in Honduras. Sie wurde zwischen 1685 und 1715 gebaut und ist mit aufwändigen Holzschnitzereien und vergoldeten Altären geschmückt.

Die interessanteste Besonderheit der Kathedrale ist ihre alte maurische **Uhr**, die von etwa 1100 n. Chr. stammt und sich ursprünglich in der Alhambra im spanischen Granada befand. 1620 schenkte König Philipp III. von Spanien sie der Stadt. Bemerkenswert ist übrigens die ältere römische Zahl IIII (statt der jüngeren IV) auf dem Ziffernblatt der Turmuhr. Jemand aus der Touristeninformation begleitet Interessierte auf Anfrage den Glockenturm hinauf, um sie aus der Nähe anzuschauen: Die Uhr schlägt alle 15 Minuten.

Museo Regional de Arqueología MUSEUM

(6a Calle NO; L80; 8.30–16 Uhr) Das schöne Museum ist in einem ehemaligen Präsidentenpalast untergebracht, was zu seinem Reiz beiträgt. Ausgestellt werden einige Artefakte der Lenca, wie eine Stele, mehrfarbige Keramiken, Jadeschmuck und Petroglyphen. Die Beschreibungen sind nur auf Spanisch.

Museo Colonial de Arte Religioso MUSEUM

(Av 2a de Julio, nahe 3a Calle NE; L25; Di–So 8–12 & 14–16.30 Uhr) Das Museum war zur Zeit der Recherche wegen Renovierung geschlossen, die Wiedereröffnung ist für 2014 geplant. Es liegt auf dem Gelände der ersten Universität Zentralamerikas, die 1632 gegründet wurde, und enthält eine eindrucksvolle Sammlung sakraler Kunst und Requisiten.

ABSEITS DER ÜBLICHEN PFADE

HOCHLANDWANDERUNGEN

Im **Parque Nacional Montaña de Comayagua** (Panacoma; L35) mit einer Fläche von über 300 km² Primär- und Sekundärwald führen zwei Hauptwege durch den Nebelwald. Einer startet nahe der kleinen Ortschaft Río Negro 42 km nördlich von Comayagua und führt zu Wasserfällen (Baden verboten!). Ecosimco (S. 404) verwaltet den Park.

Der erste Weg führt zur **Cascada de los Ensueños**, einem 75 m hohen Wasserfall, zu dem man eine Stunde vorwiegend durch Primärwald unterwegs ist. Der zweite Pfad zweigt kurz vor Los Ensueños vom ersten ab und führt zu einem weiteren Wasserfall, dem **El Gavilán**.

Einfache **Unterkünfte** (2990-0802; B 70–140 HNL) sind im Haus von Don Velásquez in Río Negro verfügbar. In Río Negro kann man einen Führer mieten (empfohlen). Kleintransporter nach Río Negro (35 HNL, 2 Std., 4-mal tgl.) fahren an der Südseite des Markts in Comayagua ab.

Nuestra Señora de la Caridad KIRCHE
(Ecke 7a Calle NO & 3a Av NO; ⌚7–20 Uhr) Die oft umgebaute Nuestra Señora de la Caridad wurde Ende des 16. Jh. gebaut und diente als Gotteshaus für die eingeborene Bevölkerung.

La Merced KIRCHE
(1a Av NE) La Merced war Comayaguas erste *iglesia*. Das Gebäude wurde ab 1550 gebaut und 1561 als Kathedrale geweiht. Der Platz davor ist sehr hübsch.

Schlafen

Hotel Norimax Colonial HOTEL $
(☎2772-1703; Calle Manuel Bonilla s/n; Zi. mit Ventilator/Klimaanlage 300/350 HNL; ❄) Das altrosa Gebäude am Südrand des Zentrums hat saubere, einladende Zimmer mit schönen Holzbetten, Schränken und Kabel-TV. Es gibt noch ein (nicht so schönes) Schwesterhotel, das Norimax, am westlichen Ende der Calle Manuel Bonilla.

Hotel America Inc HOTEL $
(☎2772-0530; www.hotelamericainc.com; Ecke 1a Av NO & 1a Calle NO; Zi. mit Ventilator/Klimaanlage ab 475/535 HNL; ❄📶🏊) Das einladende Haus am Markt hat eine schicke (wenn auch altmodische) Lobby und eine vielfältige Zimmerauswahl. Die billigeren Zimmer sind schlicht, aber zweckdienlich, die besseren haben modernisierte *baños* (Badezimmer) und gute Möbel, kosten aber sehr viel mehr. Der Pool ist winzig (etwa 8 m lang).

Essen & Ausgehen

La Casa de Sandwich CAFÉ $
(2a Av NE; Sandwiches 28–60 HNL; ⌚Mo–Sa 9–21, So 11–18 Uhr; 📶) Ein exzellentes Café in honduranisch/puerto-ricanischem Besitz, wo eine Art Baguette selbst gebacken wird. An klobigen Holztischen essen die Gäste Sandwiches mit Salami oder *bistek* (Steak) für etwa 50 HNL und trinken *jugo* (Saft; 12 HNL). Das Café liegt ein paar Straßenblocks östlich des Parque Central.

★ **Restaurante Plaza Colonial** HONDURANISCH, INTERNATIONAL $$
(Parque Central; Hauptgerichte 70–230 HNL; ⌚7.30–21 Uhr) Das stilvolle Restaurant an der Ostseite des Parque Central bietet von seinen Terrassentischen den schönsten Blick auf die Stadt und hat mehrere Speiseräume voller Kuriositäten und Charakter. Es ist sehr elegant (und teuer), aber das Mittagsmenü (70 HNL) ist recht preisgünstig. Zudem sind die Salate, Snacks, Meeresfrüchte und gegrillten Fleischgerichte gut zubereitet und sehr schmackhaft.

La Gota de Limón BAR, CAFÉ
(5a Calle NO; Mahlzeiten 60–150 HNL; ⌚So–Mi 10.30–19, Do–Sa bis 2 Uhr) Eine gehobene Lounge-Bar, die tagsüber als (wenig genutztes) Café dient. Am Wochenende wird sie abends zu einer der besten Bars der Stadt, wo sich schicke Gäste tummeln und DJs eine Mischung aus Salsa, Merengue und lateinamerikanischen Hits auflegen. Meist kostet es keinen Eintritt.

Orientierung

Ab der Straße von San Pedro Sula nach Tegucigalpa Richtung Norden geht es nach 750 m über den Markt, dann nach weiteren 250 m zum Parque Central.

Die Straßen sind nach den Himmelsrichtungen benannt: NO für *noroeste* (Nordwesten), NE für *noreste* (Nordosten), SO für *suroeste* (Südwesten) und SE für *sureste* (Südosten).

Praktische Informationen

Banco Atlántida (Parque Central; ⌚Mo–Fr 8–17, Sa 9–13.30 Uhr) Hat einen Geldautomaten.

Ecosimco (Ecosistema Montaña de Comayagua; ☎2772-4681; ecosimco@hondutel.hn; Camara de Comercio; ⌚Mo–Fr 9–12 & 13–17 Uhr) Verwaltet den Montaña de Comayagua National Park. Das Büro liegt 500 m nördlich der Stadt – zu erkennen am großen grünen Tor.

L@Red (Parque Central; pro Std. 25 HNL; ⌚9–19 Uhr)

Polizei (☎2772-0080)

Post (1a Av NE zwischen 4a & 5a Calles NO; ⌚Mo–Fr 8–16, Sa bis 12 Uhr)

An- & Weiterreise

Zwischen Comayagua und Tegucigalpa (50 HNL, 2 Std., alle 20 Min.) gibt es eine sehr regelmäßige Busverbindung, auch mit Bussen von **Transportes Catrachos** (☎2772-0260; Ecke 1a Calle SO & 1a Av NO), **Transportes Contreras** (☎2772-4618; Av 3 SO) und **Transportes El Rey**; die Busse von Transportes El Rey halten an der Fernstraße an der Südseite der Stadt.

Busse von Transportes Catrachos und Transportes El Rey fahren auch nach San Pedro Sula (78 HNL, 3 Std., alle 30 Min.). Die Busse nach Marcala (50 HNL, 1½ Std.) fahren stündlich von

6 bis 13 Uhr und nochmals um 15 Uhr vor dem Busbahnhof Rivera ab.

La Esperanza

22 000 EW. / 1770 M

Das gemächliche La Esperanza oben im Hochland ist für seine Märkte bekannt. Der Einfluss der indigenen Bevölkerung ist deutlich zu spüren: Viele Frauen tragen den charakteristischen, bunten Lenca-Kopfschmuck. Daher - nicht wegen der matschigen Straßen - ist die Stadt ein interessanterer Zwischenstopp als Marcala. In der höchstgelegenen Stadt Honduras' kann es ziemlich kühl werden.

In der **Casa de Cultura** (Av Morazán; ⏲Mo–Fr 12–16 Uhr) GRATIS zwei Straßenblocks westlich des hübschen Parque Central sind ein paar Räume den Lenca gewidmet und zeigen u. a. einige hervorragende Keramiken und Webarbeiten. Von hier weiter den Berg hoch geht es zu **La Gruta**, einer kleinen Höhle, die heute eine Kapelle ist.

Schlafen & Essen

Empfehlenswert sind lokale Gerichte mit *choros* (Wildpilzen).

Hotel & Comedor Martiner PENSION, COMEDOR $

(☎2783-0931; martiner10@yahoo.com; Av España; EZ/DZ 225/325 HNL, Mahlzeiten 35–50 HNL) Das einladende Budgethotel anderthalb Straßenblocks vom *parque* hat preiswerte, große und saubere Zimmer mit Kabel-TV. Es gibt hier auch einen kleinen *comedor* mit sättigendem und preiswertem Essen. Tagsüber findet man auf der Dachterrasse ein cooles Plätzchen zum Faulenzen mit Aussicht.

Hotel Mejía Batres HOTEL $

(☎2783-4189; EZ ohne Bad 170 HNL, EZ/DZ/3BZ mit Bad 320/470/550 HNL; 📶) Hat eine sehr günstige zentrale Lage (einen Straßenblock westlich des Parque Central). Die Zimmer sind zwar etwas altmodisch, aber recht komfortabel und gut eingerichtet. Die Badezimmer sind allerdings etwas eng.

El Fogón INTERNATIONAL, HONDURANISCH $$

(Hauptgerichte 70–160 HNL; ⏲So–Do 9–21.30, Fr & Sa bis 0.30 Uhr) Das atmosphärische Bar-Restaurant einen Straßenblock westlich des Parque Central ist das angesagteste Lokal im Ort und hat gutes Essen. Geboten werden wohlschmeckendes Grillfleisch, Margarita und auch *cerveza*. Nach dem Essen wird bis spät in die Nacht abgetanzt (nur am Wochenende).

Praktische Informationen

Polizei und Post befinden sich am Parque Central. Bargeld gibt's in der **Banco Atlántida** (Av Los Proceres) einen Straßenblock nördlich des Parque Central. E-Mails können im **Explored** (Plaza María; pro Std. 20 HNL; ⏲9–23 Uhr) gegenüber vom Hotel Mejía Batres gecheckt werden.

An- & Weiterreise

Sich mit den Bussen zurechtzufinden, ist in La Esperanza nicht ganz leicht. Der größte „Busbahnhof" für Busse nach Tegucigalpa, San Pedro Sula und Santa Rosa de Cópan (über Gracias) liegt 800 m östlich des Zentrums hinter der Brücke. Andere, meist regionale Busse (auch die nach Marcala) fahren um den *mercado quemado* (verbrannter Markt) ab, der sich ein paar Straßenblocks nordöstlich des Parque Central befindet.

Die Straße zwischen Gracias und La Esperanza ist mittlerweile überwiegend asphaltiert und wird von sehr regelmäßigen Minibussen

VERKEHRSVERBINDUNGEN AB LA ESPERANZA

ZIEL	PREIS (HNL)	DAUER (STD.	ABFAHRTEN
Gracias	70	2½	7-mal tgl.
San Juan	35	1¼	stündl.
San Pedro Sula	110	4	alle 40 Min.
Santa Rosa de Copán	85	3½	1-mal tgl.
Marcala	40	1½	4- bis 5-mal tgl.
Tegucigalpa	110	4	alle 40 Min.

befahren (unter Umständen ist Umsteigen in San Juan erforderlich).

Marcala

15 300 EW.

Marcala ist eine Stadt im Hochland mit viel indigenem Erbe. Sie liegt am südlichen Ende der honduranischen Ruta Lenca – einer Ansammlung von Lenca-Dörfern und Hochburg des Lenca-Volks. Die Stadt selbst ist beschaulich und unscheinbar, aber liegt hübsch in einem erstklassigen Kaffeeanbaugebiet. Im gesamten Umkreis kann man sehen, wie die beliebteste Bohne der Welt geerntet und verarbeitet wird. Zahlreiche Wanderungen im Umkreis führen zu malerischen Wasserfällen und Höhlen.

Aktivitäten

Die Wanderung zu **La Estanzuela** – einem hübschen Wasserfall und Badeteich – über die beeinduckende Höhle **La Cueva del Gigante** ist ein beliebter Ausflug. Die Touristeninformation hat eine gute Broschüre mit genauer Wegbeschreibung, auch zu anderen Wanderwegen.

Cooperativa RAOS FÜHRUNG
(2764-5181; cooperativaraos@yahoo.com; Mo–Fr 8–16, Sa 8–12 Uhr) Die Cooperativa RAOS an der Straße Richtung La Esperanza ist Honduras' erste Ökokaffee-Kooperative. Sie vertritt über 200 Kleinbauern. Auf einer Fincaführung (pro Pers. 100–300 HNL) lernen Besucher viel über ökologischen Kaffeeanbau und können mit den Bauern reden.

Schlafen & Essen

Hotel y Cafetería Roxana HOTEL $
(2764-5866; EZ/DZ ab 220/250 HNL, Hauptgerichte 45 HNL) Das unattraktive, grün-cremefarbene Betonhotel wird wohl kaum einen Architekturpreis gewinnen, aber die Zimmer sind preiswert, haben alle ein Bad mit Heißwasser, Kabel-TV und einige einen Balkon. Unten im *comedor* gibt es auch Essen. Das Hotel liegt gegenüber der Post in der Nähe des Marktes.

Hotel La Nueva Jerusalén HOTEL $
(2764-5909; EZ/DZ 220/270 HNL;) Die motelartige Unterkunft hat zwei Reihen Zimmer mit Ventilator und Heißwasserbädern zum betonierten Parkplatz raus. Es liegt vom Parque Central einen Straßenblock nach Norden und zwei nach Osten.

Casa Gloria HONDURANISCH $$
(Parque Central; Hauptgerichte 60–150 HNL; 8–21 Uhr;) Attraktives Lokal im Kolonialstil, das tagsüber ein Büfett (*pollo asada* – Grillhuhn oder *bistek* – Steak und ein paar vegetarische Gerichte) und freundlichen Service bietet. Das Haus (das an Antigua Guatemala erinnert) ist mit schöner Lenca-Keramik und -Kunst ausgestattet.

Praktische Informationen

Bargeld gibt's bei der **Banco Atlántida** (Mo–Fr 8–16.30, Sa 8–12 Uhr) am Ortseingang, die auch einen Geldautomaten hat.

Die **Cooperativa RAOS** (2764-5181; cooperativaraos@yahoo.com; Mo–Fr 8–16, Sa 8–12 Uhr) und die offizielle **Touristeninformation** (2764-5858; Parque Central; 9–18 Uhr, Mi geschl.) haben sehr gute Infos für Touristen.

Internet bietet **TIC** (2764-4132; pro Std. 20 HNL; Mo–Sa 8–21, So bis 19 Uhr) zwei Straßenblocks westlich und einen halben nördlich des Basketballplatzes.

An- & Weiterreise

Busse fahren an zahlreichen Stellen ab. Alle passieren die Texaco-Tankstelle am östlichen Ende der Hauptstraße in die und aus der Stadt.

Ausländer dürfen am nahen Grenzübergang Sabanetas nicht nach El Salvador einreisen. Honduraner dürfen noch durch, aber alle andere sollten sich die frustrierende Fahrt sparen und andere Grenzübergänge benutzen.

VERKEHRSVERBINDUNGEN AB MARCALA

ZIEL	PREIS (HNL)	DAUER (STD.)	ABFAHRTEN
Comayagua	55	2½	8-mal tgl.
La Esperanza	40	1	5-mal tgl.
San Pedro Sula	115	5	1-mal tgl.
Tegucigalpa	78-100	3½	stündl.

Cuevas de Taulabé

Die **Cuevas de Taulabé** (CA-5 Hwy Km 140; 40 HNL; ⌚8–17 Uhr) liegen an der Fernstraße 20 km südlich des Lago de Yojoa. Sie bestehen aus einem Netz unterirdischer Höhlen (über 12 km lang) mit ungewöhnlichen Stalaktiten und Stalagmiten. Im Eintrittspreis ist ein Führer enthalten.

Im ersten Abschnitt der Höhlen gibt es Licht und einen Zementweg. Da der Weg rutschig sein kann, empfiehlt sich angemessenes Schuhwerk.

Lago de Yojoa

Der weitgehend unerschlossene und von dichtem tropischem Wald umgebene Lago de Yojoa ist außerordentlich malerisch. Dank des unermüdlichen Einsatzes eines lokalen Kleinbrauereibesitzers, die Region zu promoten, ist der See nun der beliebteste Zwischenstopp zwischen den Bay Islands und Nicaragua.

Die Vogelwelt des Lago de Yojoa ist spitzenmäßig: Die jüngste Artenzählung ergab 485 – über die Hälfte der Gesamtzahl in Honduras –, einschließlich des scheuen Quetzals. Besucher können hier auch zu abgelegenen Wasserfällen und zum Gipfel des Santa Bárbara wandern, Kaffeefincas besuchen, auf Reifenschläuchen übers Wasser und an Seilrutschen durch die Luft flitzen oder auf dem See selbst paddeln. Da der *lago* sehr flach und am Ufer von viel Schilf umgeben ist, ist er zum Schwimmen nicht besonders geeignet.

Der kleine Ort Peña Blanca ist eine Art Verkehrsknotenpunkt für den See. Es gibt dort einen Geldautomaten und einige billige Hotels, aber nahezu alle Reisenden nächtigen in der D&D Brewery.

Schlafen & Essen

★ D&D Brewery LODGE $

(☎9994-9719; www.ddbrewery.com; Los Naranjos; Camping/B pro Pers. 60/120 HNL, EZ/DZ/Hütte 200/300/600 HNL; ❄📶🏊) Die großartige Lodge, die den See mehr und mehr zum Backpacker-Mekka macht, wurde vom US-Amerikaner Bobby Durrette aus Virginia, der erstmals mit dem Friedenskorps nach Honduras kam, umgestaltet. Die Unterkünfte sind komfortabel und preiswert, aber die Trumpfkarte des D&D ist die Kleinbrauerei mit mehreren hervorragenden Bieren vom Fass (darunter ein Porter und Biere mit Obstgeschmack). Das Essen ist exzellent (z. B. die Blaubeerpfannkuchen) und der einheimische Kaffee ist wunderbar süffig. Die Lodge hat keinen Seeblick, ist aber eine großartige Basis für alle möglichen Ausflüge, von harten Wandertouren bis zum gemütlichen Vogelbeobachten.

El Cortijo del Lago HOTEL $

(☎2608-5527; www.elcortijodellago.com; am See; B/Zi. 150/500 HNL, Mahlzeiten ab 80 HNL; ❄@📶) Das Haus hat eine herrliche Lage direkt am See, aber die abgewohnten Zimmer könnten besser sein. Es eignet sich am besten als Zwischenstopp für ein kaltes Bier mit Aussicht oder einen Happen zu essen. Es liegt 2 km vom Abzweig nach La Guama entfernt.

Pollo Rico's HONDURANISCH $

(Straßenbude, Pulhapanzak; Mahlzeiten 60 HNL; ⌚6–21 Uhr) Die offene Bude direkt am Abzweig zum Wasserfall Pulhapanzak hat echt leckere Grillhähnchen. Also einen Hocker schnappen, ein kaltes Bier bestellen und dann mit den einheimischen *vaqueros* (Cowboys) reinhauen.

ℹ An- & Weiterreise

Vom Hauptbusbahnhof in San Pedro Sula geht es mit einem der bunten Busse Richtung El Mochito über Peña Blanca (50 HNL, 1½ Std., alle 30 Min.) zum Dorf Los Naranjos. Der Bus hält etwa 300 m vom D&D entfernt.

Von Tegucigalpa geht es mit dem Bus nach San Pedro Sula bis nach La Guama (3 Std., über 20-mal tgl.). Von dort fährt ein weiterer Bus nach Peña Blanca (10 HNL, 15 Min., alle 15 Min.), von wo es mit Bus oder *mototaxi* noch 6 km bis nach Los Naranjos sind.

San Pedro Sula

717 000 EW. / VERKEHRSKNOTENPUNKT

2012 erhielt San Pedro Sula den Titel als gefährlichste Stadt der Welt – ein Ruf, der ihr vorauseilt. Mal ehrlich – nur wenige Reisende würden sich hier länger aufhalten wollen: Es gibt keine Sehenswürdigkeiten, kaum Kultur und das schwüle Klima kann beklemmend sein.

Bei der Kriminalität in der Stadt handelt es sich tatsächlich meist um Bandenkriege und Touristen werden sehr selten zum Opfer. Ist San Pedro Sula also wirklich gefährlicher

ABSTECHER

TOUREN RUND UM DEN LAGO DE YOJOA

Wer die freie Natur liebt, wird in der hinreißenden Gegend um den Lago de Yojoa tagelang beschäftigt sein. **D&D Adventures** (☎9994-9719; www.ddadventures.com; Los Naranjos, D&D Brewery; Tagestouren ab 460 HNL) führt zu allen folgenden Plätzen:

➡ Der **Pulhapanzak** (www.letsgopulha.com; 60 HNL; ⏲6–18 Uhr) ist ein prachtvoller, 43 m hoher Wasserfall auf dem Río Lindo, nur 17 km nördlich des Sees (und auch ein einfacher Tagesausflug von San Pedro Sula). An dem schönen und von dichtem, gut erhaltenem Wald umgebenen Fleckchen in Privatbesitz werden Besucher von Führern über einen Pfad direkt hinter den Wasserfall geleitet. Auf der anderen Seite des Wasserfalls gibt es einen Badeteich und Seilrutschen (500 HNL). Wer die Höhlentour mitmacht, sollte trockene Kleidung mitbringen. Am Wochenende und an Feiertagen kann es hier ziemlich voll werden. Zu erreichen ist der Ort ab San Pedro mit dem Bus nach El Mochito (45 HNL, 1 Std.) mit Ausstieg in San Buenaventura, von wo es noch 15 Minuten zu Fuß über einen gut markierten Weg sind. Die weniger häufigen Pulhapanzak-Express-Busse fahren direkt zum Eingang. Der letzte Bus zurück fährt gegen 16 Uhr durch San Buenaventura.

➡ **Bootstouren** auf dem See sind ein einmaliges Erlebnis, das aber früh startet (6 Uhr). Die weniger erschlossene Westseite des Sees eignet sich am besten zum Beobachten der herausragenden Vogelwelt (darunter Tukans und Fischadler) sowie von großen Leguanen und Affen. Eine zweistündige Tour im Ruderboot kostet 250 HNL pro Person.

➡ Der **Parque Eco-Arqueológico Los Naranjos** (☎9654-0040; L114; ⏲8–16 Uhr) nordwestlich des Sees wurde gegen 1300 v. Chr. erstmals besiedelt und gilt als größte archäologische Lenca-Stätte der vorklassischen Zeit. Im Park führen Wege an halb freigelegten Ruinen vorbei. Es gibt viel zu sehen für Pflanzen- und Wildtierbeobachter, vor allem für Vogelfreunde.

➡ Der **Parque Nacional Cerro Azul Meambar** (☎9865-9082; www.paghonduras.org/panacamlodge.html; L20) östlich des Sees ist ein gut ausgestatteter Park mit kilometerlangen Wanderwegen, die zu Wasserfällen, Höhlen und unberührtem Nebelwald führen. Außerdem gibt es hier ein **Besucherzentrum** (☎2608-5510, in Tegucigalpa 2773-2027), eine Lodge und ein Restaurant. Der Eingang ist von La Guama über eine Abfahrt von der Fernstraße CA-5 zu erreichen. Nach Santa Elena fahren regelmäßig Kleintransporter. Von dort ist es eine Stunde zu Fuß zur PANACAM Lodge im Park.

➡ Der **Parque Nacional Santa Bárbara** ist ein abgelegener Nationalpark mit dem zweithöchsten Berg von Honduras, der Montaña de Santa Bárbara (2744 m), und einem ausgedehnten Nebelwald voller Orchideen und Epiphyten. Es ist ein anstrengender Marsch bis zum Gipfel, aber es besteht eine gute Chance, Quetzals auf dem Berg zu sehen. Ein Bus fährt täglich um 10.30 Uhr von Peña Blanca nach San Luis Planes, wo man im Gemeindeverband einen Führer anheuern kann (notwendig). Auch zurück fährt täglich ein Bus nach Peña Blanca, und zwar um 6 Uhr.

➡ Die **Drei-Wasserfälle-Wanderung** führt über die Bergausläufer des Parque Nacional Santa Bárbara – eine herrliche Tageswanderung über Kaffeeplantagen und durch traditionelle Dörfer. Die Hauptattraktion ist ein hinreißender gestufter Wasserfall, den hier La Escalada de los Gigantes (Riesentreppe) heißt, von wo sich ein weiter Blick öffnet. D&D Adventures verlangt 460 HNL für diese Wanderung, einschließlich Transport.

als Orte wie Damaskus oder Mogadischu? Nun ja, in manchen Stadtgebieten herrscht ganz offensichtlich viel Gewalt, aber sie stehen wohl ohnehin kaum auf dem Touristenprogramm: Es ist nach wie vor möglich, die Stadt als Reisender für ein oder zwei Tage zu besuchen.

San Pedro ist die Geschäfts- und Industriehauptstadt von Honduras und der Motor des Landes. Sie erwirtschaftet fast zwei Drittel des Bruttoinlandsprodukts und beschäftigt Tausende Menschen in riesigen *maquila*-Fabriken (Stoffwebereien). Die Restaurants und das Nachtleben der Stadt überflügeln sicherlich jene der Hauptstadt.

Und da San Pedros internationaler Flughafen das wichtigste Tor nach Honduras ist und der Busbahnhof ein wesentlicher

Verkehrsknotenpunkt für Reisende, werden die meisten wohl hier durchkommen. Siehe Sicherheitshinweise auf S. 473.

Sehenswertes

Das Zentrum der Stadt um den Parque Central ist heruntergekommen, aber voller Leben.

Kathedrale KIRCHE
(Parque Central) San Pedros Kathedrale ist ein pseudokoloniales Bauwerk, das tatsächlich von 1949 stammt. Sie steht gegenüber dem einst majestätischen (heute baufälligen) Palacio Municipal, einem Art-déco-Palast, auf der anderen Seite des Platzes.

Museo de Antropología e Historia de San Pedro Sula MUSEUM
(☎2557-1874; Ecke 3a Av NO & 4a Calle NO; Erw./Kind 40/20 HNL; ⌚Mo & Mi–Sa 9–16, So 9–15 Uhr) Das gute Museum führt Besucher durch die Geschichte des Valle de Sula von der präkolumbischen Zeit bis heute.

Schlafen

Ältliche Budgethotels befinden sich meist in der Innenstadt südlich des Parque Central, einer Gegend, die nach Einbruch der Dunkelheit ziemlich zwielichtig ist. Hostels und Pensionen liegen eher dichter am Busbahnhof im Norden der Stadt. Die meisten billigen Unterkünfte haben kein Heißwasser.

★ **La Hamaca** HOSTEL $
(☎9590-5401, 3191-0847; www.lahamacahostel.com; Ecke 9a Av & 12a Calle, Colonia Trejo; B/Zi. 280/640 HNL; ❄📶) Das exzellente Hostel ist die beste Wahl für Backpacker und liegt mit dem Taxi fünf Minuten vom Busbahnhof entfernt. Es wird von dynamischen, jungen Honduranern geführt, die alle fließend Englisch sprechen und genau wissen, was Reisende brauchen. Die Zimmer und Schlafsäle sind geräumig und es gibt eine tolle Lounge, ein Spielezimmer, eine große Küche und hinten einen Garten mit einem voll ausgestatteten Fitnessraum (der Besitzer Juan Carlos ist Fitnesstrainer). Die Reisetipps sind super, das Viertel ist sicher und es gibt nur ein kurzes Stück zu Fuß entfernt ein Einkaufszentrum.

Dos Molinos HOTEL $
(☎2550-5926; www.dosmolinos.hostel.com; Ecke 13a Calle & 8a Av, Barrio Paz Barahona; EZ/DZ/3BZ mit Ventilator 400/500/720 HNL, DZ mit Klimaanlage 600 HNL; ❄📶) Ein bestens gepflegtes Haus in Familienbesitz mit sechs sehr sauberen Zimmern (alle mit Kleiderschrank, TV und Bad mit Kaltwasser). Geführt wird es von Blanca und Luis, die sich prima um ihre Gäste kümmern, aber nur wenig Englisch sprechen. Transport zum Busbahnhof zu jeder Tageszeit ist im Preis enthalten, ebenso wie Frühstück und Trinkwasser.

Hotel Terraza HOTEL $
(☎2550-3108; 6a Av SO zwischen 4a & 5a Calles SO; EZ/DZ mit Ventilator 300/350 HNL, mit Klimaanlage 400/450 HNL; ❄📶) Keine schlechte Billigbleibe in der Innenstadt, besonders wenn man orangefarbene Fliesen, orangefarbene Wandfarbe und, jau, orangefarbene Vorhänge mag. Alle Zimmer haben ein Bad mit Heißwasser, Kabel-TV, einen klapprigen alten Schreibtisch und einen wackeligen Stuhl.

★ **La Posada** B&B $$
(☎2566-3312; www.laposadahn.com; 21 Calle A zwischen 9 und 11 Avs, Colonia Universidad casa 172; EZ/DZ/3BZ 800/900/1000 HNL; ❄📶🏊) Für Reisende, die ihre allererste Nacht in Honduras verbringen, gibt es keinen besseren Einstieg für die Reise als ein Zimmer im La Posada. Es ist nicht billig, aber angesichts der Qualität des eleganten Hauses, der Sauberkeit, der schönen Zimmer und der sehr gastlichen und hilfsbereiten Besitzer ist es das Geld wirklich wert. Das Haus hat eine Gästeküche und einen Garten und liegt vier Straßenblocks von einem Einkaufszentrum und Restaurants in einem grünen, wohlhabenden Stadtteil.

Essen

San Pedro Sula hat ein breites Angebot an kulinarischen Adressen. Feinere Restaurants und auch amerikanische Fast-Food-Ketten liegen meist in der Circunvalación. Es gibt auch eine Menge gute und günstige *comedores* auf dem Mercado Guimilito.

Plaza Típica HONDURANISCH $
(3a Av NO; Mahlzeiten 45–80 HNL; ⌚6–16.30 Uhr) Eine preiswerte Mahlzeit ist tagsüber in dem offenen Gastronomiebereich gleich nördlich des Parque Central zu bekommen. Etwa 25 Stände verkaufen hier köstliches *carne asada* (Grillfleisch), *tapado* (Meeresfrüchtesuppe mit Kokosnuss) und wunderbare tropische Fruchtsäfte.

Cafetería Pamplona HONDURANISCH $
(Parque Central; Mahlzeiten 34–120 HNL; ⌚Mo–Sa 7–19, So 8–14 Uhr) Ein nettes Café mit Fotos von Stierrennen an den Wänden und

Gruppen von ernsten Intellektuellen in der Ecke, die honduranische Politik diskutieren. Prima für ein Frühstück, ein Mittagsmenü oder ein Club-Sandwich.

Café Skandia CAFETERIA, INTERNATIONAL **$$**
(Gran Hotel Sula, Parque Central; Snacks/Hauptgerichte ab 30/90 HNL; ⌚6–24 Uhr; 📶) Das klassische Café im Stil der 1950er-Jahre ist eine absolute Institution im Stadtzentrum. Es würde mit seinen blauen Farben und den alten Sitzen aus Chrom und weißem Leder perfekt auf einen Ozeandampfer passen.

Durch ein großes Fenster ist der palmengesäumte Pool des Hotels zu sehen. Alle möglichen Gestalten kommen hierher: zweitrangige Diplomaten, Sugar-Daddys mit „Begleitung" und sogar Backpacker auf der Suche nach einem klimatisierten Raum. Zu essen gibt es Steaks, Burger, Salate und Sandwiches sowie Milchshakes und jede Menge Süßkram.

Ausgehen & Nachtleben

In der Zona Viva in der Circunvalación zwischen 7a Calle SO und 11a Calle SO sind die meisten Bars und Clubs der Stadt ansässig.

Doghouse KNEIPE
(Jardines del Valle; ⌚Mo–Fr 16–23, Sa bis 1 Uhr; 📶) Die intime Bar im lebhaften Stadtteil Jardines del Valle sieht wie ein Blockhaus aus. Sie ist bei Gringos sehr beliebt, da das Bier billig ist (20 HNL für ein SalvaVida) und sie auf der YouTube-Jukebox Musik wählen können. Pubquiz gibt's donnerstags um 20 Uhr.

Praktische Informationen

Die kleineren Einkaufszentren der Stadt haben Banken mit Geldautomaten.

BAC/Bamer (5a Av NO zwischen 1a & 2a Calles NO; ⌚Mo–Fr 9–17, Sa 9–12 Uhr) Mit Geldautomat.

Banco Atlántida (Parque Central; ⌚Mo–Fr 8.30–17, Sa 9–13 Uhr) Mit Geldautomat.

Canaturh (☎2521-3814; www.canaturh.org; 12a Av NO zwischen 2a & 3a Calle NO; ⌚Mo–Fr 8–16 Uhr) Es gibt hier einige touristische Informationen, aber aktuellere Infos bieten Hostels wie La Hamaca.

Diosita.net (Parque Central; pro Std. 25 HNL; ⌚7–17 Uhr) Internetzugang.

Mesoamérica Travel (☎2557-8447; www.mesoamerica-travel.com; Ecke 8a Calle & 32a Avenida NO) Professionelle Reiseagentur mit interessanten, hochwertigen Touren, darunter auch in die Nationalparks.

Post (Ecke 9a Calle & 3a Av SO; ⌚Mo–Fr 7.30–17, Sa 8–12 Uhr)

Touristenpolizei (☎2550-0001; Ecke 12a Av NO & Blvr Morazan; ⌚24 Std.) Hier spricht niemand Englisch!

GEFAHREN & ÄRGERNISSE

Die Kriminalitätsrate von San Pedro Sula ist die höchste der Welt. Meist handelt es sich um Banden- und Drogenkriege, Reisende geraten also selten in größere Schwierigkeiten. Dennoch ist ganz besondere Vorsicht geboten. Wertsachen sollten nicht zu offen gezeigt werden und die Kleidung sollte zurückhaltend sein (Shorts sind für den Strand). Nach Einbruch der Dunkelheit ist die Innenstadt gefährlich. Wer unterwegs ist, sollte ein Taxi nehmen – und sich nicht in die Stadtbusse wagen.

An-& Weiterreise

BUS

Alle Busse fahren vom modernen, gut organisierten **Terminal Gran Central Metropolitana** (☎2516-1616; Av Circunvalación) ab, der 6 km südlich des Parque Central liegt. Die Busse benutzen festgelegte Buchten und es gibt hier ein großes Einkaufszentrum mit Gastronomiebereich. Am Eingang des Busbahnhofs hängt eine praktische Übersicht; die Busse von Hedman Alas haben ihren eigenen Bahnhof am hinteren Ende. Im Magazin *Honduras Tips* stehen auch Businformationen; die Website www.horariodebuses.com ist eine exzellente Infoquelle im Internet. Taxis sollten vom offiziellen Taxistand genommen werden, nicht von freischaffenden Fahrern.

FLUGZEUG

Aeropuerto Internacional Ramón Villeda Morales (☎6689-3261) San Pedro Sulas moderner Aeropuerto Internacional Ramón Villeda Morales hat tägliche Direktverbindungen mit größeren Städten in Zentralamerika und mehreren Städten in den USA. Inlandsverbindungen gibt es mit Tegucigalpa, La Ceiba, Puerto Lempira und den Bay Islands (meist über La Ceiba). Der Flughafen liegt am SPS-Tela Highway CA-13, etwa 12 km südöstlich des Stadtzentrums.

Internationale Fluglinien

American Airlines (☎2553-3506, Flughafen 2668-3244; www.aa.com; Ecke Av Circunvalación & 5a Calle SO, Edificio Banco Ficohsa) Fliegt von/nach Miami.

Maya Island Air (☎2668-0569; www.mayaislandair.com) Fliegt nach Belize und Guatemala-Stadt.

United/Copa (☎2552-9770, Flughafen 2668-3212; www.continental.com; 4a Av NO zwischen 1a & 2a Calles NO) Fliegt von/nach Houston und Newark.

TACA (☎2550-8222; www.taca.com; Av Circunvalación, Colonia Trejo, Edif Yude Canahuati)

BUSSE AB SAN PEDRO SULA

Internationale Busse

ZIEL	PREIS (HNL)	DAUER	BUSLINIE	TELEFON	ABFAHRTEN
Antigua, Guatemala	1233–1695	9 Std.	Hedman Alas	2516-2273	1-mal tgl.
Guatemala-Stadt, Guatemala	560	8 Std.	Rutas Orientales	2553-1174	1-mal tgl.
	670	8 Std.	Fuente del Norte	9843-0507	1-mal tgl.
	1117–1695	8 Std.	Hedman Alas	2516-2273	2-mal tgl.
	1320	8 Std.	King Quality	2516-2167	1-mal tgl.
Santa Elena (Flores), Guatemala	825	13 Std.	Fuente del Norte	9843-0507	1-mal tgl.
Managua, Nicaragua	640	12 Std.	Tica Bus	2220-0579	1-mal tgl.
Panama-Stadt, Panama	2260–2540	3 Tage	Tica Bus	2220-0579	1-mal tgl.
San Jose, Costa Rica	1160–1440	2 Tage	Tica Bus	2220-0579	1-mal tgl.
San Salvador, El Salvador	422	7 Std.	Sultana	2662-0940	1-mal tgl.
	800	7 Std.	King Quality	2553-4547	1-mal tgl.

Fernbusse

ZIEL	PREIS (HNL)	DAUER	BUSLINIE	TELEFON	ABFAHRTEN
Agua Caliente	175–233	5 Std.	Congolón	2553-1174	alle 2 Std.
Comayagua	74	2½ Std.	Diaz	2505-9955	8-mal tgl.
Copán Ruinas	110	3 Std.	Casasola	2516-2031	7-mal tgl.
	540–760	2 Std.	Hedman Alas	2516-2273	2-mal tgl.
El Mochito	52	2 Std.	Tima	2659-3161	alle 30 Min.
La Ceiba	98–500	3–4 Std.	7 Buslinien inkl. Hedman Alas, Viana, Diana Express		alle 15–30 Min.
Puerto Cortés	48	1–1½ Std.	Impala	2665-0606	alle 15 Min.
Pulhapanzak & Lago de Yojoa	46	2 Std.	Etul	2516-2011	alle 20 Min.
	36	2 Std.	Pulhapanzak Express		9-mal tgl.
Santa Rosa de Copán	89	3 Std.	Toritos y Copanaecos	2516-2045	alle 30 Min.
	121	3 Std.	Sultana	2237-8101	5-mal tgl.
Tegucigalpa	142–545	4–4½ Std.	6 Buslinien inkl. El Rey Express, Hedman Alas, Sultana, Viana		alle 15–30 Min.
Tela	78–382	1½ Std.	7 Buslinien inkl. Hedman Alas, Mirna, Tela Express		alle 15–30 Min.
Trujillo	195	7 Std.	Cotuc	2520-7497	8-mal tgl.
	210	6½ Std.	6½ Std.	9908-1509	9-mal tgl.

Verbindet San Pedro mit Guatemala-Stadt, Miami, New York, San José und San Salvador.

Inländische Fluglinien

Aerolíneas Sosa (☎2550-6545, Flughafen 2668-3128; www.aerolineasosa.com; 1a Calle SO zwischen 7a & 8a Av SO)

CM Airlines (☎2547-2425; www.cmairlines.com)

Isleña (☎2550-8222; www.taca.com; Av Circunvalación, Colonia Trejo, Edif Yude Canahuati)

Unterwegs vor Ort

AUTO & MOTORRAD

Autovermietungen in San Pedro Sula mit Vertretung am Flughafen:

Econo Rent-A-Car (☎2668-1881; www.econorentacarhn.com)

Thrifty (☎2668-2427; www.thrifty.com)

BUS

Die Stadtbusse sollten besser nicht benutzt werden, da sie oft überfallen werden und Banden „Abgaben" verlangen.

ZUM/VOM FLUGHAFEN

San Pedros Aeropuerto Internacional Ramón Villeda Morales liegt etwa 14 km östlich der Stadt. **Hedman Alas** (☎2516-2273; www.hedmanalas.com; Terminal Gran Central Metropolitana) hat die einzige direkte Busverbindung (120–280 HNL, 4-mal tgl.) zum/vom Busbahnhof in San Pedro Sula und außerdem nützliche Direktbusse vom Flughafen nach Tela, La Ceiba, Tegucigalpa und zu den Copán Ruinas. Wer wirklich knapp bei Kasse ist, kann die 2,5 km vom Flughafen zur Hauptstraße laufen und mit einem lokalen Bus in die Stadt fahren. Taxis kosten 250 bis 300 HNL.

TAXI

Die durchschnittlichen Preise für Stadtfahrten liegen bei 50 bis 100 HNL. Vom Busbahnhof ins Zentrum kostet es etwa 80 HNL, zum Flughafen um 250 bis 300 HNL. Nach 21 Uhr erhöhen sich die Preise gewaltig.

Parque Nacional Cusuco

Der **Parque Nacional Cusuco** (190 HNL; ⏲8–16.30 Uhr), der ein gutes Stück des spektakulären Merendón-Gebirges im Westen von San Pedro einnimmt, ist ein Ökoparadies mit großartiger Artenvielfalt, unberührten Nebelwäldern und einzigartigen Zwergwäldern. Der höchste Gipfel ist der **Cerro Jilinco** (2242 m). Es gibt hier hervorragende Wanderwege und der grüne Kontrast zu San Pedro Sula ist schon toll.

Große Baumfarne – bis zu 20 m hoch, die höchsten in ganz Zentralamerika – vermitteln das Gefühl, sich in einem Biotop von *Jurassic Park* zu befinden. Von März bis Mai ist einer der typischen Laute im Nationalpark Cusuco der monotone Ruf des prächtigen Quetzals, des heiligen Vogels der Azteken und Mayas. Tapire, Brüllaffen und der *cusuco* (Gürteltier) leben im Herzen des Parks, lassen sich aber sehr selten sehen.

Nicht nur die Natur macht den Charme von Cusuco aus, sondern auch das ruhige und harmonische Leben in den 38 umliegenden Kaffeedörfern. Eines davon, **Buenos Aires**, nur ein paar Kilometer vor dem Parkeingang, hat ein Tourismusamt und Besucherzentrum mit Karten und Informationen über Wildtiere und Pflanzenarten. Sechs markierte Wanderwege (2–5 km) führen von hier in den Wald.

Es gibt keine öffentlichen Verkehrsmittel zum Park und da die Zufahrtsstraße in einem schlechten Zustand ist, kann sie meist nur mit Vierradantrieb befahren werden. Eine organisierte Tour ist hier wirklich sehr sinnvoll. **JungleXpedition** (☎9762-6620; www.junglexpedition.org) ist der lokale Experte für den Cusuco. Der Besitzer Juan Carlos legt im Nationalpark Wanderwege an, hat Kontakte in allen Gemeinden und plant die Eröffnung einer Touristenunterkunft im Cusuco. Zweitägige Ausflüge kosten 800 HNL pro Person (mindestens drei Teilnehmer), einschließlich Transport im Allradfahrzeug und aller Mahlzeiten.

Copán Ruinas

8200 EW.

Die schöne, ruhige kleine Stadt Copán Ruinas, oft einfach Copán genannt, ist die am stärksten auf Reisende eingestellte und freundlichste Stadt in Honduras. Sie liegt nur ein kurzes Stück von den berühmten Maya-Ruinen desselben Namens entfernt. Abschüssige Kopfsteinstraßen, weiße Adobe-Häuser mit rot gedeckten Dächern und eine schöne Kirche aus der Kolonialzeit verleihen dem Ort eine idyllische, stille Atmosphäre. Die meisten Reisenden kommen nur wegen der Ruinen nach Copán, aber das ist unklug: Copáns zahlreiche hervorragende Restaurants und Bars, schöne Sehenswürdigkeiten in der umliegenden Landschaft und die freundlichen Bewohner machen einen Stopp zu einem lohnenswerten Aufenthalt.

Copán Ruinas

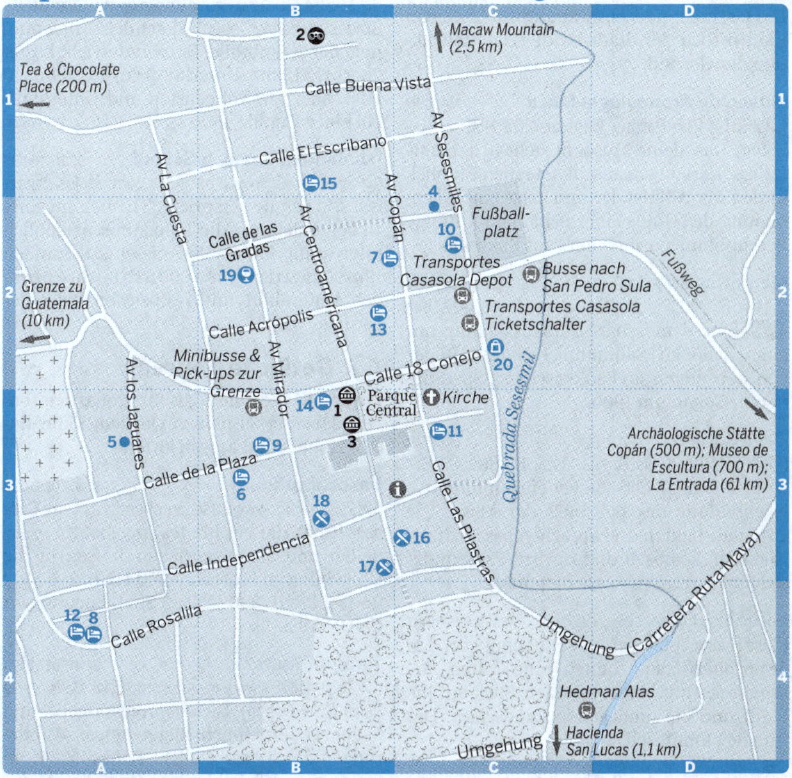

Copán Ruinas

Sehenswertes
Casa K'inich .... (s. 2)
1 Memorias Frágiles B3
2 Mirador El Cuartel B1
3 Museo de Arqueología Maya B3

Aktivitäten, Kurse & Touren
Basecamp Tours .... (s. 6)
4 Guacamaya Spanish Academy C2
5 Ixbalanque Spanish School A3
Yaragua Tours .... (s. 11)

Schlafen
6 Café ViaVia B3
7 Hostal Berekah B2
8 Hostel Iguana Azul A4
9 Hotel Don Moises B3
10 Hotel Mary C2
11 Hotel Yaragua C3
12 La Casa de Café B&B A4
13 La Posada de Belssy B2
14 Lauro's Hotel B3
15 Terramaya B1

Essen
16 Café San Rafael C3
Café ViaVia .... (s. 6)
17 Carnitas Nia Lola B3
Comedor Mary .... (s. 10)
La Casa de Todo .... (s. 20)
18 Twisted Tanya's B3

Ausgehen & Nachtleben
19 Sol de Copán B2

Shoppen
20 La Casa de Todo C2

Sehenswertes

Die faszinierende Ausgrabungsstätte Copán 1 km östlich der Stadt ist die Hauptattraktion der Gegend.

Museo de Arqueología Maya MUSEUM
(☎2651-4437; Parque Central; 285 HNL; ⊙9–17 Uhr) Das kleine Museum stellt u. a. mehrfarbige Keramiken aus, bietet einen Einblick in den Maya-Kalender und zeigt eine Nachbildung des Grabs einer Schamanin. Einige Beschreibungen sind auch auf Englisch.

Memorias Frágiles GALERIE
(☎2651-3900; Parque Central; ⊙Mo–Fr 8–17 Uhr) GRATIS Eine wunderbare Fotoausstellung mit einer schönen Sammlung seltener Bilder von den ersten archäologischen Expeditionen in Copán um 1900.

Casa K'inich MUSEUM
(☎2651-4105; Calle Buena Vista; 20 HNL; ⊙Di–So 8–12 & 13–17 Uhr) Bietet eine interaktive Nachbildung des Ballspiels der Maya. Die Exponate sind in drei Sprachen beschriftet – Englisch, Spanisch und Ch'orti'. Es befindet sich am *mirador* (Aussichtspunkt).

Mirador El Cuartel AUSSICHTSPUNKT
(Calle Buena Vista) Ein Aussichtspunkt an den atmosphärischen Ruinen eines alten Gefängnisses mit einem schönen Blick auf die Stadt und die umliegende Landschaft. Der Aufstieg lohnt sich.

Festivals & Events

Der **Jahrmarkt von Copán Ruinas** findet vom 15. bis 20. März statt.

Aktivitäten

Hacienda San Lucas REITEN
(☎2651-4495; www.haciendasanlucas.com; 3-Std.-Ausritt 500 HNL) Bietet hervorragende, professionell geführte Reitausflüge in den herrlichen östlichen Hügeln des Copán-Tals. Gebucht werden muss einen Tag im Voraus.

Finca El Cisne BAUERNHOF, REITEN
(☎2651-4695; www.fincaelcisne.com; Reitausflug inkl. Unterkunft, 3 Mahlzeiten & Thermalbadeintritt ab 1900 HNL) Reittouren durch wunderschöne Landschaften, meist im Rahmen eines Tages- oder 2-Tages-Ausflugs.

Kurse

Die Spanischschulen in Copán sind hoch angesehen und bieten Einzelunterricht sowie Gruppenaktivitäten und geführte Exkursionen an.

Guacamaya Spanish Academy SPRACHKURS
(☎2651-4360; www.guacamaya.com; Calle de las Gradas, an der Av Copán) Bietet drei Kursoptionen, der 20-stündige Einzelunterricht kostet 2800 HNL, mit Unterkunft im Hostel 3520 HNL oder mit Vollpension und Unterkunft bei einer Familie 4500 HNL.

Ixbalanque Spanish School SPRACHKURS
(☎2651-4432; www.ixbalanque.com; Av los Jaguares) Die Schule verspricht, Themen im Kurs zu behandeln, die die Teilnehmer persönlich interessant finden. Sie bietet 20 Stunden Einzelunterricht für 5000 HNL, einschließlich Unterkunft mit Vollpension bei einer Familie.

Geführte Touren

Copán ist eine tolle Basis für großartige Touren, darunter zu heißen Quellen, Kaffeefincas, Höhlen und Maya-Dörfern.

Basecamp Tours ABENTEUERTOUR
(☎2651-4695; www.basecamphonduras.com; Calle de la Plaza) Hat ein breites Angebot an originellen und abenteuerlichen Touren in die Umgebung zu Fuß (200–900 HNL, 2–6 Std.) und zu Pferd (300 HNL, 3 Std.). Buchung im Café ViaVia.

Yaragua Tours ABENTEUERTOUR
(☎2651-4147; www.yaragua.com; Ecke Calle de la Plaza & Av Copán) Dieses professionelle und lokale Unternehmen bietet neben Wanderungen zum Wasserfall El Rubi auch Höhlentouren und Exkursionen zu den Maya-Ruinen El Puente.

Schlafen

★ **Hotel Mary** HOTEL $
(☎2651-4673; www.comedormary.com; Calle Sesesmiles; DZ/2BZ 500/900 HNL; 📶) Das schön ausgestattete, neue Haus, eines der besten Angebote im Ort, hat sieben Zimmer um einen hübschen Garten, alle mit attraktiver Bettwäsche, einem Deckenventilator und handgeschnitztem Möbeln – die Besitzer stellen netterweise manchmal sogar frische Blumen rein. Das (berühmte) *comedor* nebenan wird von den gleichen Leuten geführt.

Hostel Iguana Azul HOSTEL $
(☎2651-4620; www.iguanaazulcopan.com; Calle Rosalila; B/EZ/DZ 150/270/320 HNL; 📶) Das kleine, sehr schön eingerichtete Haus hält einen hohen Standard und ist wirklich preiswert. Die stilvollen Zimmer haben hochwertige Matratzen und frische Bettwäsche, hohe Decken, Nachttische, vergitterte Fenster,

verlässlich heißes Wasser und Schränke. Es gibt jede Menge guter Infos zu Verkehrsverbindungen, Touren, Sehenswürdigkeiten und Restaurants. Das Haus liegt sieben Minuten zu Fuß vom *parque* entfernt.

Hostal Berekah HOSTEL $
(☎9951-4288; http://hotelberakah.wordpress.com; Av Copán; B/DZ 120/300 JNL; 📶) Das bescheidene Hostel mit gutem Feedback von Lesern hat kleine, aber nette Zimmer, einen Schlafsaal mit fünf Betten, eine Küche und Gemeinschaftsbäder mit Heißwasser. Der obere Balkon ist super zum Quatschen oder Faulenzen in einer Hängematte. Als wir dort waren, zeigte sich die Rezeption völlig uninteressiert, aber der Besitzer ist sehr viel kundenfreundlicher.

La Posada de Belssy HOTEL $
(☎2651-4680; www.laposadadebelssy.com; Calle Acrópolis; EZ/DZ mit Ventilator 300/350 JNL, Zi. mit Klimaanlage 500–600 HNL; 📶🏊) Die einladende kleine Pesion ist eine exzellente Budgetunterkunft. Sie hat adrette Zimmer mit einem frischen Flair, TV und gegen einen kleinen Aufpreis mit Klimaanlage. Der winzige Pool auf dem Dach ist eher zum Erfrischen als zum Schwimmen geeignet. Die Besitzer sind freundlich und bieten auch Frühstück (50 HNL) an, aber es gibt auch eine Gästeküche.

Café ViaVia HOTEL $
(☎2651-4652; www.viaviacafe.com; Calle de la Plaza; EZ/DZ ab 240/320 HNL; 📶) Die netten Zimmer im hinteren Teil eines sehr beliebten Bar-Restaurants haben jeweils eigene Duschen und große Betten (2 m lang). Wer in Zentrumsnähe sein will, ist hier richtig (an Wochenenden kann das Nachtleben nebenan allerdings sehr laut werden – Ohrstöpsel nicht vergessen).

Lauro's Hotel HOTEL $
(☎2651-4068; www.lauroshotel.com; Calle 18 Conejo; EZ/DZ mit Ventilator 400/500 HNL, Zi. mit Klimaanlage 800 HNL; 📶) Das gut geführte Hotel einen halben Straßenblock vom *parque* vermietet blitzblanke Zimmer, einige mit Klimaanlage. Die Besitzer haben es mit dem beigefarbenen Farbschema etwas übertrieben, aber was soll's ... Die Zimmer in den oberen Etagen sind etwas teurer und haben einen Blick über die Stadt.

Hotel Yaragua HOTEL $
(☎2651-4147; www.yaragua.com; Ecke Av Copán & Calle de la Plaza; EZ/DZ 500/600 HNL; 📶) Der leuchtend gelbe Anstrich und der dschungelartige Innenhof verleihen dem Haus ein fröhliches Flair. Die Zimmer sind eher klein, aber komfortabel und die zentrale Lage ist unschlagbar.

Hotel Don Moises PENSION $
(☎9867-8593; Calle La Plaza; B/EZ/DZ 120/250/350 HNL; 📶) Die familiengeführte Pension in zentraler Lage und mit quirliger, freundlicher Atmosphäre bietet vor allem Lokalkolorit. Die Schlafsäle und Zimmer sind vielleicht ein bisschen chaotisch, aber der Besitzer ist hilfsbereit und sorgt auch auf Wunsch für Shuttlebusse und Wäschedienst.

★ La Casa de Café B&B B&B $$
(☎2651-4620; www.casadecafecopan.com; Calle Rosalila; EZ/DZ mit Frühstück 895/1150 HNL; ❄📶) Ein makellos eingerichtetes B&B mit unglaublich geschmackvollen Zimmern, die mit Holzschnitztüren und guatemaltekischen Masken eingerichtet sind. Die Lage ist umwerfend – morgens steigt Dunst um die guatemaltekischen Berge im Westen auf. Das Frühstück mit Kaffee aus der Region und Eiern nach Wunsch ist spitzenmäßig und wird im Garten serviert.

Terramaya BOUTIQUEHOTEL $$$
(☎2651-4623; www.terramayacopan.com; Av Centroamericana; EZ/DZ mit Frühstück 1700/1890 HNL; ❄📶) Eine wunderbare Unterkunft, wo die kleinen Details (elegante, moderne Möbel und schickes mediterranes Design) einfach perfekt sind. Es gibt einen idyllischen Garten, eine Terrasse mit Kerzenlicht und einen überwältigenden Bergblick. Sollte man sich mal gönnen: angesichts von so viel Stil, Atmosphäre und Komfort ist es eigentlich recht preiswert.

Hacienda San Lucas HISTORISCHES HOTEL $$$
(☎2651-4495; www.haciendasanlucas.com; Zi. ab 2830 HNL; 📶) 🌿 Ein magisches Hotel auf dem Land, 3 km südlich der Stadt. Es ist wunderschön restauriert, absolut einzigartig und hat fabelhafte Aussichten übers Tal, die Stadt und die archäologische Stätte – einfach unglaublich toll. Die jüngst restaurierte Adobe-Hacienda ist solarbetrieben, aber die Zimmer werden abends mit Kerzen beleuchtet, was zur friedvollen Atmosphäre beiträgt. Das Essen wird hoch gelobt, viele Leute kommen nur zum Abendessen hierher. Die archäologische Stätte Los Sapos befindet sich auf dem hauseigenen Gelände. Buchung über Telefon oder im Büro in Copán Ruinas.

Essen

★ Café San Rafael CAFÉ, DELI $$
(Av Centroamericana; Mahlzeiten 100–200 HNL; ⌚9–19.30 Uhr; 📶) Das elegante Café hat Tische an der Seite eines Hofgartens. Die Frühstücksauswahl enthält u. a. *croque madame, omelette du fromage* und tolle Kartoffelpuffer, die Sandwiches (ab 99 HNL) sind hingegen teuer, aber erste Güte, wie das *clásico*. Serviert wird Ökokaffee von der Finca des Besitzers und die Delikatessenabteilung verkauft exzellenten, im Haus hergestellten Käse (Manchego, Camembert) – eine Käseplatte kostet 199 HNL. Happy Hour mit Wein ist von 15–18 Uhr.

Comedor Mary COMEDOR $$
(Av Sesesmiles; Hauptgerichte 70–250 HNL; ⌚7–21 Uhr) Das hervorragende *comedor* mit neuer Adresse bietet authentische und schmackhafte hondurische Küche, z. B. hervorragendes *típico copaneco* (Frühstück, 82 HNL), vielerlei Suppen und erstklassiges Rindfleisch wie *entraña*. Die Bedienung ist flink und freundlich und die Atmosphäre abends lebhaft.

Café ViaVia INTERNATIONAL $$
(www.viaviacafe.com/en/copan; Calle de la Plaza; Frühstück 60–80 HNL, Hauptgerichte 80–140 HNL; ⌚7–22 Uhr; 📶🖉) Das große Bar-Restaurant ist super und bietet alles: einen attraktiven Innenhof, eine gesellige Bar und eine Terrasse vorne zum Leutegucken. Spezialitäten sind verschiedene Fleischgerichte, vegetarisch angehauchte internationale und lokale Küche, wie Nachos, Burger und üppiges Frühstück. Filme, Konzerte und Tanz tragen zur abendlichen Stimmung bei.

La Casa de Todo HONDURANISCH, INTERNATIONAL $$
(www.casadetodo.com; Av Sesesmiles; Hauptgerichte 80–150 HNL; ⌚7–20 Uhr; 📶🖉) Das Lokal im Kolonialstil bietet Copán-Spezialitäten wie *shepes* (mit Huhn, Bohnen und Kräutern gedünstete Tamales) und eine große Frühstücksauswahl, Salate und *licuados* (Obstsaft; lecker sind Mango und Erdbeere). Die Tische stehen in einem Hofgarten. Es gibt hier auch einen Buchladen, eine Wäscherei und einen Souvenirladen.

Carnitas Nia Lola HONDURANISCH $$$
(Av Centroamericana; Hauptgerichte 140–355 HNL; ⌚7–22 Uhr; 📶) Das blockhüttenartige Bar-Restaurant ist so etwas wie eine Institution in Copán. Innen ist es ein Albtraum für Minimalisten – vollgestopft mit diversem Krimskrams wie wahllos zusammengewürfelten Nummernschildern, Schallplatten, einer Gürteltierschale und nachgemachten Maya-Artefakte. Die über feurigen Kohlen erhitzten *anafres* (Vorspeisen aus Bohnen und Käse; mit Hauptmahlzeit umsonst) sind hier eine feine Sache. Bekannt ist das

ABSTECHER

TEE & SCHOKOLADE

Der US-Bürger David Sedat lebt praktisch schon sein ganzes Leben in Zentralamerika. Der prominente Archäologe und sein Team entdeckten 1995 das Grab von Yax K'uk Mo', dem Begründer der herrschenden Dynastie Copáns. Davids andere Leidenschaft ist die Umwelt, ein Anliegen, das er und seine Familie über ihre Copán 2012 Botanical Research Station unterstützen, die sich der Aufforstung und nachhaltigen Kultivierung von Obstbäumen und Heilpflanzen an den steilen Hängen oberhalb Copáns widmet.

Besucher können die Forschungsstation besichtigen, die einst ausgelaugtes und erodiertes Agrarland war, aber heute ein schattiges, blühendes Biotop ist. Einheimische Pflanzen, wie Agaven, Yucca, Maya-Baumwolle und Luftkartoffeln werden neben Erdnüssen, Yam, Ingwer, Macadamiabäumen, Drachenfrucht, Zitronengras und anderen exotischen Gattungen angebaut. Davids wahre Liebe gehört der Noni-Frucht, der unzählige Heil- und Gesundheitseigenschaften nachgesagt werden; sie wächst massenhaft auf der Station.

Besucher sind in seinem Haus, passend **The Tea & Chocolate Place** benannt, willkommen (werktags 16–18 Uhr) und können dort Noni-Tee, -Saft oder -Cremes probieren und kaufen. Die Familie (seine Tochter Carolina spricht fließend Englisch) redet gern über Copán und seine Sozial- und Umweltprobleme.

The Tea & Chocolate Place liegt etwa zehn Miuten zu Fuß nordwestlich des Parque Central – die meisten Motorradtaxifahrer kennen es. Der Besuch sollte vorher telefonisch vereinbart werden.

Restaurant für Grillfleisch, das vor den Gästen auf einer *parrilla* zubereitet wird – die Rippchen sind empfehlenswert.

Twisted Tanya's INTERNATIONAL $$$
(☎2651-4182; www.twistedtanyas.com; Calle Independencia; 2-/3-Gänge-Menüs 380/420 HNL; ⌚Mo–Sa 14–22 Uhr) Das angenehme, von einem legendären britischen Charakterkopf geführte Bar-Restaurant hat ein ambitioniertes (vielleicht etwas zu aufwändiges) Speisenangebot, wie Tequila-Garnelen mit Linguine und Jalapeño-Filet-Mignon. Die Cocktailkarte ist sehr umfassend. Backpacker-Gerichte (120–200 HNL) mit drei Gängen werden von 15 bis 18 Uhr serviert.

Ausgehen & Unterhaltung

★ **Sol de Copán** BAR, BRAUEREI
(Av Mirador; ⌚13–23 Uhr) Tolle Kleinbrauerei in einem großen Keller nordwestlich des *parque*. Tomas, der freundliche deutsche Besitzer, ist sehr aufmerksam und sorgt dafür, dass alle genügend Weizenbier, Pilsner oder Schwarzbier haben. Zu essen gibt's köstliche deutsche Würstchen und an manchen Abenden wird auch Livemusik geboten.

Cafe ViaVia BAR, KINO
(www.viaviacafe.com/en/copan; Calle de la Plaza; ⌚7–22 Uhr) Die Bar ist die lebhafteste der Stadt, hat eine sehr gesellige Atmosphäre, Drink-Specials, gelegentliche Gigs und DJs, die am Wochenende lateinamerikanische und westliche Musik auflegen. Sonntags, montags und dienstags werden oben auf einer Terrasse um 19 Uhr Filme gezeigt.

Shoppen

Lohnenswert sind hier Lederwaren, Textilien, Zigarren und Rum. **La Casa de Todo** (☎2651-4185; www.casadetodo.com; Av Sesesmiles; ⌚7–21 Uhr), das „Haus für alles", führt so ziemlich, nun ja, alles. Es hat eine unglaubliche Auswahl an Büchern, Lenca-Keramiken, Schmuck und Souvenirs.

Orientierung

Copán ist eigentlich sehr klein, das Zentrum ist der Parque Central. Die Ruinen liegen 1 km östlich der Stadt, ein angenehmer, 20-minütiger Spaziergang über einen Fußweg auf einer Seite der Straße.

Praktische Informationen

BAC/Bamer (Parque Central; ⌚Mo–Fr 8–17, Sa 8.30–13 Uhr) Mit Geldautomat.

Banco Atlántida (Ecke Calle Independencia & Av Copán) Wechselt US-Dollar und hat einen Geldautomaten.

Polizei (☎2651-4060; Calle de la Plaza; ⌚24 Std.) Befindet sich 300 m westlich des *parque*.

Touristeninformation (☎2651-3829; www.copanhonduras.org; Calle Independencia; ⌚Mo–Fr 8–17, Sa 8–12 Uhr) Hat eine ganze Liste mit Aktivitäten. Bei unserem letzten Besuch sprach hier niemand Englisch.

La Casa de Todo (Av Sesesmiles; ⌚7–21 Uhr) Essen, Internet (pro Std. 20 HNL) und Wäscherei (Waschen, Trocknen und Falten pro Pfund 20 HNL).

An- & Weiterreise

Minibusse zur/von der guatemaltekischen Grenze (20 HNL, 20 Min., alle 20 Min.) fahren von 6 bis 17 Uhr von einem kleinen Busbahnhof in der Calle 18 Conejo ab. Auf der guatemaltekischen Seite fahren die Busse nach Esquipulas und Chiquimula ab der Grenze regelmäßig bis etwa 17 Uhr los.

Basecamp Tours (S. 414) und andere Anbieter haben Shuttlebusse zwischen Copán Ruinas und Antigua (400 HNL, 6 Std., 2-mal tgl.) über Guatemala-Stadt (5 Std.).

Shuttlebusse fahren auch täglich um 4 Uhr (montags, mittwochs und freitags auch um

BUSSE AB COPÁN RUINAS

ZIEL	PREIS (HNL)	DAUER (STD.)	BUSLINIE	TELEFON	ABFAHRTEN
Antigua	790–1252	5	Hedman Alas	2651-4037	1-mal tgl.
Guatemala	674–1252	6	Hedman Alas	2651-4037	2-mal tgl.
La Ceiba	674–828	7	Hedman Alas	2651-4037	2-mal tgl.
San Pedro Sula	125	3	Transportes Casasola	2651-4078	7-mal tgl.
	366–520	3	Hedman Alas	2651-4037	2-mal tgl.
Santa Rosa de Copán	88	2½	Transportes Casasola	2651-4078	1-mal tgl.

13 Uhr) nach El Salvador mit Stopps in Santa Ana (560 HNL, 4½ Std.), San Salvador (720 HNL, 5 Std.) und an Stränden wie dem El Tunco und El Zonte (jeweils 720 HNL, 6 Std.); Fahrkarten gibt's über Basecamp oder andere Reiseagenturen.

Es gibt auch *busitos* (Minibusse) ostwärts nach La Entrada (28 HNL, 1¼ Std., alle 30 Min.) für Umsteigeverbindungen in Honduras.

Transportes Casasola (☎ 2651-4078) hat billige, meist volle Busse, die an einer Haltestelle in der Calle Acrópolis abfahren.

Hedman Alas (☎ 2651-4037; Km 62 Carretera a San Lucas; ⏲ 6–18.30 Uhr) hat einen modernen Busbahnhof gleich südlich der Stadt, wo im Voraus gebucht werden kann. Für internationale Ziele sollten Fahrgäste mindestens 40 Minuten vor Abfahrt eintreffen.

Unterwegs vor Ort

Dreirädrige Motorradtaxis flitzen über die gepflasterten Straßen: Eine kurze Fahrt kostet etwa 20 HNL und zu Sehenswürdigkeiten außerhalb der Stadt, wie der Hacienda San Lucas oder dem Vogelpark, 60 bis 80 HNL. Zu den Ruinen kostet die Fahrt etwa 60 HNL.

Rund um Copán Ruinas

Macaw Mountain

Macaw Mountain (☎ 2651-4245; www.macawmountain.com; 200 HNL; ⏲ 9–17 Uhr) ist ein wunderschön gestaltetes Vogelreservat mit Aufzuchtstation etwa 3 km nordöstlich des Stadtzentrums. In dem herrlichen Gelände gibt es gute Wanderwege durch dicht bewaldete Täler und über einen plätschernden Fluss. Zu den hier lebenden geretteten, verwaisten und gefährdeten Vögeln zählen fünf Ara-Arten (darunter zahlreiche Hellrote Aras, die in Copán beheimatet sind), Papageien, Tukans, Zweibindenbussarde und Virginia-Uhus.

Einige Vögel dürfen zur Futterzeit ihre Käfige verlassen und krächzen und interagieren dann mit den Besuchern. Die Vogelgehege sind sehr gepflegt und es gibt eine tolle neue Dauerausstellung über die Beziehung zwischen den alten Mayas und dem Hellroten Ara. Hinzu kommen ein gutes Restaurant und ein Café. Die Eintrittskarte ist drei Tage gültig. Ein Motorradtaxi von der Stadt kostet etwa 50 HNL und zu Fuß dauert der Weg ungefähr 30 Minuten.

Finca El Cisne

Ein Besuch der Hochlandkaffee- und Kardamomplantage Finca El Cisne (S. 414) 24 km nördlich von Copán Ruinas ist eher eine privilegierte Einladung auf eine Hacienda als eine Tour. Die Finca wurde in den 1920er-Jahren gegründet und züchtet Vieh und baut Kaffee und Kardamom an, außerdem Mais, Avocados, Brotfrucht, Kochbananen, Bohnen, Orangen und Sternfrucht.

Zu den Tagestouren gehören ein Ritt durch die Wälder und über Weideland, ein Bad in heißen Quellen und ein Besuch der Kaffee- und Kardamomfelder sowie der Verarbeitungsanlagen. Carlos Castejón, der freundliche, Englisch sprechende Besitzer (und in den USA ausgebildete Agrarwissenschaftler) führt die meisten Touren. Zu den Tagestouren (pro Pers. 1500 HNL) gehören Transport von und nach Copán Ruinas und

DIE RÜCKKEHR DES ARA

Die bildliche Darstellung und Verehrung des **Hellroten Ara**, der den alten Mayas heilig war, ist überall in der archäologischen Stätte von Copán zu erleben. Riesige Ara-Skulpturen schmücken die Seiten des großen Ballspielplatzes, seine Federn zieren den Kopfputz der Könige und der Begründer der Herrscherdynastie hieß Yax K'uk Mo' (Erster Quetzal-Ara). Besucher der Ruinen werden mit Sicherheit von einem leuchtenden Aufblitzen aus Rot, Blau und Gelb und einem Krächzen von (halb-gezähmten, aber frei fliegenden) Hellroten Aras begrüßt, die in der Nähe des Eingangstors leben.

Bedauerlicherweise geht die Population des Nationalvogels von Honduras seit Jahrzehnten stark zurück. 2011 gelang es in gemeinsamer Anstrengung des Vogelreservats Macaw Mountain, des World Parrot Trusts, der einheimischen gemeinnützigen Gesellschaft Asociación Copan und der honduranischen Regierung, dass mehrere Vögel aus der Gefangenschaft ins Copán Valley freigelassen werden konnten. Im Vogelreservat vermehren sich die Aras und man hofft, dass Aufklärung und sein geschützter Status dafür sorgen, dass er sich weiterhin verbreiten kann. In der Copán-Region gibt es nun über 20 frei fliegende Vögel und mehrere Ara-Paare ziehen Junge auf.

ein tolles Mittagessen. Übernachten ist ebenfalls möglich, Pauschalangebote kosten ab 1900 HNL.

Aguas Termales

Etwa 24 km nördlich von Copán Ruinas befinden sich einige heiße Quellen, die **Aguas Termales** (200 HNL; ⏲10–22 Uhr) – eine schöne, einstündige Autofahrt durch fruchtbare Berge und Kaffeeplantagen. Auf der einen Seite des Flusses gibt es billigere, weniger erschlossene Quellen, auf der anderen das „Spa", eine sehr viel teurere Anlage. Reiseveranstalter bieten Touren zu den Quellen an, die aber auch mit dem Bus ab Copán Ruinas zu erreichen sind (21 HNL, 1 Std., alle 30 Min.).

Archäologische Stätte Copán

Eine der wichtigsten aller Maya-Zivilisationen lebte, gedieh und verschwand dann auf mysteriöse Weise rund um die **Archäologische Stätte Copán** (☎2651-4108; allgemeiner Eintritt 300 HNL, Museum 140 HNL, Tunnel 300 HNL; ⏲8–17 Uhr, letzter Eintritt 15.30 Uhr), heute eine Unesco-Welterbestätte. Während der Klassik (250–900 n. Chr.) dominierte die Stadt beim heutigen Copán Ruinas die Region kulturell. Die Architektur ist nicht so großartig wie die in Tikal, es entstanden aber bemerkenswerte Skulpturen und Hieroglyphen.

Die Ruinen liegen einen schönen, 1 km langen Fußmarsch außerhalb von Copán. Am Haupteingang befinden sich ein Besucherzentrum, ein exzellentes Skulpturenmuseum sowie ein Café und ein Geschenkeladen. Die Führer der **Asociación Guís Copán** (☎2651-4108; www.asociacionguiascopan.com; 2-Std.-Tour für 1–9 Pers. 500 HNL) kennen sich wirklich aus und lohnen die Ausgabe.

Die Broschüre *History Carved in Stone: A Guide to the Archaeological Park of the Ruins of Copán* von William L. Fash und Ricardo Agurcia Fasquelle ist in der Regel erhältlich. Weiteren Lesestoff bietet *Scribes, Warriors and Kings* von William Fash (2001), ein umfassender Überblick über Copán.

Geschichte

Präkolumbische Geschichte

Nach Funden von Töpferwaren in der Gegend nehmen Wissenschaftler an, dass Menschen für über 2000 Jahre das Copán-Tal bevölkert haben – mindestens ab 1200 v. Chr. Handwerk und Handel scheinen von Beginn an floriert zu haben: Zutage geförderte Ausgrabungsstücke zeugen von Einflüssen, die teilweise aus Zentralmexiko stammen.

Gegen 426 n. Chr. regierte eine Königsfamilie in Copán, angeführt von einem mysteriösen König namens K'inich Yax K'uk' Mó (Großer Sonnenherrscher Quetzal-Ara). Man verband ihn mit dem riesigen Stadtstaat in Mexiko, dem heutigen Teotihuacán. Archäologische Fundstücke deuten darauf hin, dass er ein großer Schamane und Krieger war. 16 spätere Könige verehrten ihn als halbgöttlichen Gründer der Stadt. Seine Dynastie regierte während des gesamten Goldenen Zeitalters von Copán.

Über die frühen Könige (435–628) weiß man ausgesprochen wenig – nur ein paar Namen sind ans Licht gekommen: K'inich Popol Hol, der zweite König, Ku Ix, der vierte, Wasserlilie-Jaguar, der siebte, Mond-Jaguar, der zehnte, und Butz' Chan, der elfte.

Unter Rauch-Imix (Rauch-Jaguar), dem zwölften König, wuchs Copáns Militär- und Handelsmacht. Über 50 Jahre lang (628–695) festigte und vergrößerte Rauch-Imix seine Macht und die Stadt wuchs. Vielleicht hat er sogar das nahe gelegene Fürstentum Quiriguá übernommen, da eine der berühmten Stelen dort seinen Namen und sein Bild trägt. Unter seiner Herrschaft entstanden einige der prächtigsten Tempel und Bauwerke der Stadt.

Der kriegerische 13. König Waxaklajuun Ub'aah K'awiil (auch bekannt als 18 Kaninchen) regierte ab 695. Unter seiner Herrschaft gediehen die geschickten, künstlerischen Handwerker und Bildhauer, für die die Stadt berühmt wurde. 18 Kaninchen, zweifellos der größte Kunstmäzen der Maya, strebte auch nach weiteren militärischen Eroberungen – was ihm am Ende schadete. In einer Schlacht mit den Streitkräften des benachbarten Quirigua 738 nahm 18 Kaninchens Leben ein grausiges Ende, als er gefangen genommen und geköpft wurde. Sein grauenhaftes Ableben stellte vielleicht das Ende der Blütezeit von Copán dar. Sein Nachfolger K'ak' Joplaj Chan K'awiil (Rauch-Affe), der 14. König (738–749), hinterließ nur wenige Spuren in Copán.

Vermutlich in der Absicht, den alten Glanz der Stadt wieder aufleben zu lassen, gab Rauch-Affes Sohn K'ak' Yipyaj Chan K'awiil (Rauch-Muschel; 749–763) den Bau einiger der berühmtesten Gebäude Copáns

Archäologische Stätte Copán

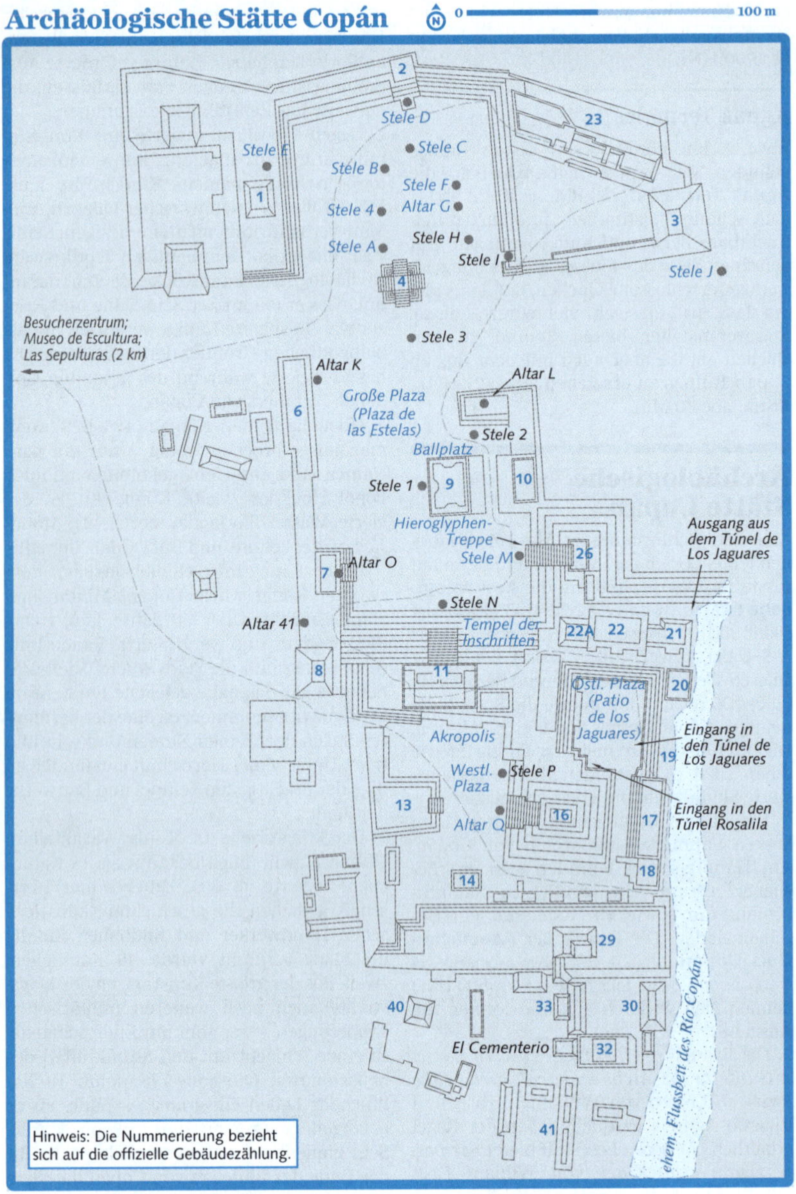

in Auftrag und vervollständigte das wichtigste Bauwerk der Stadt, die prächtige Hieroglyphen-Treppe. Sie macht die Errungenschaften der Dynastie von ihrer Gründung bis zum Jahr 755, als die Treppe eingeweiht wurde, unsterblich. Die Treppe trägt die längste antike Inschrift, die jemals in der Maya-Region gefunden wurde.

Yax Pasaj (Sonnenaufgang oder Erstes Morgendämmern; 763–820), der Nachfolger von Rauch-Muschel und 16. König Copáns, setzte während seiner Regierungszeit den

Ausbau und die Renovierung fort. Einige Maya-Forscher vermuten, dass die Stätte ein wichtiges Pilgerzentrum während der klassischen Maya-Zeit war – Häuptlinge pilgerten nach Copán, um königliche Insignien für ihre Führungsschicht zu erhalten. Ende des 8. Jhs. lebten im Tal von Copán mindestens 20 000 Menschen.

Klar ist jedoch, dass zu Beginn des 9. Jhs. die Macht der damals herrschenden Dynastie schwand und ihre Untertanen schwere Zeiten durchlebten. Die Herrschaft des letzten Königs, U Cit Tok', fand mysteriöserweise ein jähes Ende – vielleicht nach einer militärischen Niederlage.

Archäologen sind immer noch dabei, herauszufinden, was zum Ende der Klassik mit den Mayas geschah. Der derzeit beste Hinweis deutet auf eine Reihe von schweren Dürreperioden, von denen sich die Zivilisation niemals erholte und die möglicherweise zum Zorn der Bevölkerung gegen königliche Herrschaft führte.

Entdeckung durch die Europäer

Der erste bekannte Europäer, der 1576 die Ruinen entdeckte, war der Spanier Diego García de Palacio. Die Entdeckung wurde nicht weiter verfolgt und es vergingen beinahe 300 Jahre, bis ein weiterer Spanier, Oberst Juan Galindo, die Ruinen besuchte und die erste Karte von ihnen anfertigte.

Galindos Bericht regte die Amerikaner John L. Stephens und Frederick Catherwood an, auf ihrer Zentralamerikareise 1830 nach Copán zu kommen. Als Stephens 1841 das von Catherwood illustrierte Buch *Incidents of Travel in Central America, Chiapas, and Yucatán* veröffentlichte, wurden die Ruinen erstmals weltweit bekannt.

Heute

Die Geschichte der Ruinen ist bis heute nicht entschlüsselt, die Stätte wird nach wie vor von Archäologen untersucht. Um die Hauptgruppe wurden die Überreste von Tausenden Bauwerken gefunden.

Fünf separate Bauphasen wurden in der Stätte ausgemacht. Was man heute sieht, ist die letzte Phase (650–820 n. Chr.). Begraben unter den sichtbaren Ruinen liegen weitere Bauwerke in mehreren Schichten, die Archäologen über unterirdische Tunnel untersuchen. So wurde auch der Rosalila-Tempel gefunden, von dem ein Nachbau heute im Skulpturenmuseum steht. Unterhalb des Rosalila-Tempels liegen weitere frühere Tempel wie der Margarita- und der sogar noch ältere Hunal-Tempel, der das Grab des Gründers der Dynastie Yax K'uk' Mos beherbergt.

Sehenswertes

Museo de Escultura MUSEUM

(Skulpturenmuseum; 140 HNL) Copán ist wegen seiner erstaunlichen Skulpturen einzigartig in der Maya-Welt. Einige der schönsten Stücke werden in diesem Museum ausgestellt, das im August 1996 eröffnet hat. Allein das Gebäude zu betreten, ist ein Erlebnis. Man geht durch den Mund einer Schlange und windet sich durch das Innere der Bestie, bevor man plötzlich in einer phantastischen Welt aus Skulpturen und Licht landet.

Das Highlight des Museums ist eine maßstabsgetreue Nachbildung des Rosalila-Tempels, der 1989 in nahezu unversehrtem Zustand von Archäologen entdeckt wurde, nachdem sie einen Tunnel ins Gebäude 16 gegraben hatten, das zentrale Gebäude der Akropolis. Rosalila, 571 n. Chr. von Copáns zehntem Herrscher Mond-Jaguar eingeweiht, war scheinbar so heilig, dass Rosalila nicht zerstört, sondern innerhalb des neueren Bauwerks komplett intakt belassen wurde, als das Gebäude 16 darüber entstand.

Die Hauptgruppe

Die Hauptgruppe besteht aus einer Ansammlung von Ruinen etwa 400 m hinter dem Besucherzentrum und ist über eine schattige Allee zu erreichen. Schöne (aber teilweise zahme) Aras begrüßen Besucher beim Eintritt in die Stätte.

Stelen der Großen Plaza ARCHÄOLOGISCHE STÄTTE

Die großen, kunstvoll gemeißelten **Steinstelen**, die die Herrscher von Copán darstellen, sind mittlerweile Symbole der gesamten Stätte und ihrer **Großen Plaza** (Plaza de las Estelas). Die meisten der schönsten Stelen stammen aus den Jahren 613 bis 738 n. Chr., vor allem aus der Regierungszeit von Rauch-Imix (628–95) und 18 Kaninchen (695–738). Alle scheinen ursprünglich bemalt gewesen zu sein; Überreste von roter Farbe sind noch an Stele C zu erkennen. Viele Stelen hatten Vertiefungen unter oder neben sich, in denen Opfergaben niedergelegt werden konnten.

Viele der Stelen an der Großen Plaza stellen König 18 Kaninchen dar, darunter auch die Stelen A, B, C, D, F, H und 4, und sind in der Maya-Gegend bemerkenswert, weil sie in Hochreliefs gearbeitet wurden. Einige

WASSERWELT

Einige Archäologen, darunter David Sedat (Projektleiter des Early Copán Archaeological Project), glauben, dass die alten Maya der Klassikperiode die West-Plaza regelmäßig fluteten (sie entdeckten die Eingangskanäle), um dem geheiligten Platz an wichtigen Tagen im Maya-Kalender ein wahrhaft himmlisches Aussehen zu verleihen. Dadurch hätte sich ein künstlicher, von Tempeln umgebener See gebildet, der in ihrer Weltsicht das Urwasser repräsentierte. Alte Texte, die im guatemaltekischen Hochland gefunden wurden, berichten von Wallfahrten zu einer „großen Stadt im Osten" und es wird vermutet, dass Copáns alter Name Hao' Ha (Gewässer) gelautet haben könnte. Bei genauerem Hinsehen sind auf der Fassade des Tempels Nr. 11 Muschelschalen zu entdecken, die eine Wasserwelt symbolisieren.

sind (erstaunliche) Kopien, die Originale stehen im Museum.

Die doppelköpfige **Stele C**, vielleicht das prächtigste Monument, stellt 18 Kaninchen als jungen Herrscher auf der einen Seite und als alten Mann samt Bart auf der anderen Seite dar. Die ebenfalls phantastische **Stele A** (731) trägt die Namensglyphen von vier der mächtigsten Städte der Klassik (Calakmul, Copán, Tikal und Palenque). **Stele 4** (731) und **Stele B** (731) in der Nähe stellen 18 Kaninchen bei seiner Thronbesteigung dar. Die **Stele D** (736) repräsentiert ebenfalls König 18 Kaninchen: Auf der Rückseite befinden sich zwei Glyphenspalten und am Fuß ein Altar mit furchterregenden Darstellungen des Regengotts Chac.

Die **Stele F** (721) an der Ostseite der Plaza ist verspielter gestaltet: Das Gewand von 18 Kaninchen wallt bis zur anderen Seite des Steins, die mit Glyphen geschmückt ist. Die **Stele J** weiter östlich und vermutlich die älteste der Stelen von 18 Kaninchen ist mit Glyphen bedeckt, die ein faszinierendes Mattenmuster bilden, das Symbol für königliche Herrschaft.

Stele E (614), erbaut auf Gebäude 1 an der Westseite der Großen Plaza, ist eine der ältesten Stelen. **Altar G** (800) wurde von Yax Pasaj in Auftrag gegeben und zeigt zwei identische Schlangenköpfe. Er ist eines der letzten in Copán angefertigten Monumente.

Ballspielplatz & Hieroglyphentreppe
ARCHÄOLOGISCHE STÄTTE

Südlich der Großen Plaza und gegenüber der Zentralen Plaza befindet sich der **Ballspielplatz** (731), der zweitgrößte in Zentralamerika. Es wird vermutet, dass die Spieler einen harten Gummiball mit Schenkeln und Hüften (aber nicht mit den Händen) in der Luft hielten. Dieser Ballspielplatz ist der dritte oder vierte an dieser Stelle, die beiden anderen kleineren wurden bei seinem Bau zerstört. Bemerkenswert sind die gemeißelten Ara-Köpfe oben auf den abgeschrägten Mauern. Die zentrale Markierung im Hof stammt von König 18 Kaninchen.

Südlich des Ballplatzes steht Copáns berühmtestes Bauwerk, die **Hieroglyphentreppe**, ebenfalls unter 18 Kaninchen entstanden. Heute schützt sie eine riesige Plane vor Wind und Wetter. Die Treppe aus 63 Stufen erzählt eine Geschichte in Form von mehreren Tausend Glyphen, und zwar die des Königshauses von Copán. Rampen, die mit weiteren Reliefs und Glyphen übersät sind, fassen die Stufen ein. Die in die Stufen eingeschriebene Geschichte beginnt an der Innenseite der Treppe mit dem Tod und der Beerdigung des zwölften Königs. Dann folgt eine Diskussion über die spätere Dynastie, die noch nicht komplett entziffert ist, da die Treppe teilweise zerstört wurde und die Steine durcheinandergeraten sind.

Am Fuß der Hieroglyphentreppe steht **Stele M** (756 n. Chr.), auf der eine Figur (vermutlich König Rauch-Muschel) in einem Federumhang zu sehen ist. Glyphen berichten von der Sonnenfinsternis in jenem Jahr. Auf dem Altar davor sieht man eine federgeschmückte Schlange, aus deren Maul ein Menschenkopf herausschaut.

Akropolis
ARCHÄOLOGISCHE STÄTTE

Die imposante Freitreppe südlich der Hieroglyphentreppe wird **Tempel der Inschriften** genannt. Die Wände oben an der Treppe sind mit Hieroglyphengruppen verziert. Südlich der Treppe liegen die abgeschiedensten Bereiche der Akropolis. Sie werden in zwei Plazas unterteilt.

Die sehr atmosphärische **West-Plaza** wird im Norden vom Tempel 11 und an der Ostseite vom Tempel 16 (mit sechs Schädeln an der Fassade) begrenzt, der von Yax Pasaj errichtet wurde. Am Fuß des Tempels 16 steht eine Replik von Yax Pasajs berühmtem **Altar Q** (776 n. Chr.). In hervorragenden Reliefarbeiten sind rund um den Altar die 16 großen Könige von Copán dargestellt, der letzte davon ist der Erschaffer des Altars, Yax Pasaj. Unterhalb des Altars lag ein Opfergewölbe, in dem Archäologen die Knochen von 15 geopferten Jaguaren und mehreren Aras fanden. Manche Maya-Forscher glauben, dass die Mayas die West-Plaza regelmäßig geflutet haben könnten (Kasten S. 422).

An der Nordseite der **Ost-Plaza** (Patio de los Jaguares) steht das Throngebäude von 18 Kaninchen mit einer Türöffnung in Form eines Schlangenmauls und einer Skulptur im Inneren.

Túnel Rosalila & Túnel de los Jaguares ARCHÄOLOGISCHE STÄTTE

(300 HNL) 1999 machten Archäologen die zwei Tunnel der Öffentlichkeit zugänglich, damit Besucher einen Blick auf die älteren Bauwerke unterhalb der heute sichtbaren Bauwerke werfen können. Der sehr kurze erste Tunnel ist der **Rosalila**, in den jeweils nur ein paar Besucher gleichzeitig dürfen. Der berühmte Tempel ist nur teilweise zu sehen und liegt hinter einer dicken Glasscheibe. Der andere Tunnel, **Los Jaguares**, war ursprünglich 700 m lang, doch ein langer Abschnitt wurde geschlossen, sodass er nur noch ca. 80 m misst. Er läuft entlang der Fundamente von Tempel 22. Das ist zwar faszinierend, aber kaum die 300 HNL Aufpreis wert.

Las Sepulturas

Die Ausgrabungen an der kleinen Stätte Las Sepulturas, die von Besuchern oft übersehen wird, ergaben sehr aufschlussreiche Erkenntnisse über das Alltagsleben der Mayas von Copán während des goldenen Zeitalters der Stadt.

Las Sepulturas war vermutlich der Wohnbereich der reichen, mächtigen Adligen und der religiösen Führer. Ein riesiger luxuriöser Komplex beherbergte früher anscheinend rund 250 Personen in 40 oder 50 Gebäuden, die rund um elf Höfe lagen. Das Hauptgebäude namens „Haus der Bakabs“ (Amtspersonen) hatte Außenwände, in die zehn lebensgroße Männer mit Federkopfschmuck eingemeißelt waren. Im Inneren stand eine riesige, mit Hieroglyphen verzierte Bank.

Ein schöner, 1 km langer Pfad verbindet Las Sepulturas mit den Ruinen von Copán.

Santa Rosa de Copán

47 000 EW.

Santa Rosa de Copán ist eine kühle Bergstadt mit Kopfsteinpflasterstraßen und schönen restaurierten Kolonialgebäuden. Es ist sehr viel weniger beschaulich als Gracias, aber dafür hat es mehr zu bieten, auch einige tolle Cafés und Restaurants. Sehenswürdigkeiten von Weltrang wie bei Copán Ruinas gibt es hier allerdings nicht, sodass auch nicht ganz so viele Touristen unterwegs sind – und gerade das macht auch einen Teil des Charmes aus.

Der jährliche **Festtag** ist der 30. August. Und die Stadt ist für ihre bunten Feierlichkeiten zur **Semana Santa** bekannt.

Geführte Touren

Zigarrenfabrik La Flor de Copán FÜHRUNG

(☎ 2662-0185; Touren 40 HNL; ⏲ Touren auf Englisch Mo–Fr 10 & 14 Uhr) Die Zigarrenfabrik La Flor de Copán, 2 km außerhalb der Stadt, zeigt Besuchern, wie handgerollte Zigarren hergestellt werden. Wer sie einfach nur mal eine rauchen will, kann sie in einem Laden in der Calle Real Centenario nahe 3a Avenida NO kaufen; eine Kiste mit 25 Zigarren kostet ab 1280 HNL.

ABSTECHER

BELÉN GUALCHO

Belén Gualcho ist ein äußerst malerischer Kolonialort an einem Berghang in 1600 m Höhe auf der Gracias abgewandten Seite des Parque Nacional Montaña de Celaque. Erreichbar ist er über eine Holperpiste von Santa Rosa de Copán. Zu den Sehenswürdigkeiten zählen eine interessante *iglesia* und ein hervorragender **Lenca-Markt** am Sonntag. Hier befindet sich ein Eingang zum Parque Nacional Celaque und ein holpriger Weg führt nach San Manuel Colohete, allerdings gibt es weder einen Kontrollpunkt noch Serviceleistungen.

Ein paar Busse verkehren täglich zwischen hier und Santa Rosa. Es gibt ein paar schlichte Unterkünfte und Lokale.

BUSSE AB SANTA ROSA DE COPÁN

ZIEL	PREIS (HNL)	DAUER (STD.)	ABFAHRTEN
Agua Caliente (Guatemala)	90	2½	15-mal tgl.
Copán Ruinas	82	3	1-mal tgl.
Gracias	48	1½	alle 30 Min.
La Entrada	38	1¼	alle 30 Min.
Nueva Ocotepeque	70	2	15-mal tgl.
San Pedro Sula	82–108	3–3½	alle 30 Min.
Tegucigalpa	198	7	5-mal tgl.

Lenca Land Trails GEFÜHRTE TOUREN
(☎9997-5340; lencatours@gmail.com; Calle Real Centenario, Hotel Elvir, nahe 3a Av NO; ⏰8–12 Uhr) Max Elvir, ein bekannter einheimischer Führer, bietet exzellente Touren zu den Lenca-Dörfern und durch den Parque Nacional Montaña de Celaque. Er spricht englisch.

Schlafen

Hotel Karolina Boutique HOTEL $
(☎2662-2210; hotelkarolinaboutique@hotmail.com; 2a Calle SO; EZ/DZ/2BZ mit Frühstück 400/500/650 HNL; ❄📶) In dem frisch renovierten Hotel hat jemand einen sehr guten Blick für Design – die Lobby hat viele modern asiatische Einflüsse und reichlich rote Farbe. Das Motiv setzt sich in den zwölf eher kleinen Zimmern fort, die alle mit großem LCD-TVs und stilvollen Betten ausgestattet sind. Die schlichten, engen Badezimmer wurden jedoch nicht renoviert. Das Haus liegt zwei Straßenblocks südlich des Parque Central

Hotel Santa Eduviges HOTEL $
(☎2662-0380; 1a Calle NO; Zi. 350–400 HNL) Das grüne Bauwerk im Kolonialstil ist ein bisschen altmodisch, wird aber von der gewissenhaften Besitzerin adrett und sauber gehalten. Es gibt Decken, ein wenig gefederte Matratzen und alle Zimmer haben Kabel-TV und ein eigenes Bad.

Posada de Carlos y Blanca PENSION $$
(☎2662-1028; www.posadacarlosyblanca.com; Calle Real Centenario, nahe 4a Av SO; EZ/DZ mit Frühstück 500/700 HNL; 📶) Das behagliche, umgebaute Einfamilienhaus mit hellen, komfortablen Zimmern hat eine warme Familienatmosphäre. Die Englisch sprechende Tochter Astrid hilft abends aus und das Frühstück ist wunderbar.

Essen

★ **Ten Napel Café** CAFÉ $
(www.tennapelcafe.com; 1a Calle NO zwischen 2a & 3a Avs NO; Snacks & Mahlzeiten 18–85 HNL; ⏰Mo–Sa 8–12 & 14–19 Uhr; 📶) Das schöne Café im Besitz eines honduranisch-niederländischen Paares ist wunderbar für ein Sandwich, Croissant oder Panini (alle selbst gebacken), ein Stück Kuchen, eine Crêpe, *tartaleta* oder einfach für eine Tasse vollmundigen Kaffee oder ein Glas Wein. Serviert wird auch im Garten hinter dem Haus.

Café Honor CAFÉ $
(Parque Central; Snacks & Mahlzeiten 40–80 HNL; ⏰7.30–17.30 Uhr) Das Café Honor im verschnörkelten Musikpavillon inmitten der zentralen Plaza bietet vom oberen Balkon den schönsten Blick der Stadt. Es gibt tollen Kaffee (auch Öko- und Plantagenkaffee) sowie preiswerte Frühstücksangebote (40 HNL), zu denen stets auch ein Cappuccino und eine Waffel oder ein Sandwich gehören.

Lenca Maya HONDURANISCH $$
(☎2662-6477; 2a Calle SE; Mahlzeiten 90–200 HNL) Das atmosphärische Restaurant mit Tischen um einen kolonialen Innenhof liegt fünf Minuten zu Fuß vom *parque* und ist einfach klasse. Zum Angebot gehören *anafre* (Bohnen und Käse im Lehmtopf gegart), Meeresfrüchte, Grillfleisch, *sopa de gallina* (Hühnersuppe) und ein Mittagsmenü für 90 HNL.

Praktische Informationen

Banet/Unibanc ATM (1a Calle)
Polizei (☎2662-0214)
Post (Parque Central; ⏰Mo–Fr 8–16.30, Sa 8–12 Uhr)

Touristeninformation (☎2662-2232; www.visitesantarosedecopan.org; Parque Central; ⏰7–17 Uhr; @) In einem Kiosk auf der zentralen Plaza, mit hilfsbereitem (aber nicht Englisch sprechendem) Personal gibt es ein paar gute Stadtpläne (10–20 HNL) und Tipps zur kulturellen Bedeutung und historischen Gebäuden der Stadt. Internetzugang kostet 15 HNL pro Stunde.

An- & Weiterreise

Die meisten Busse benutzen den Busbahnhof an der Landstraße 1,5 km nordwestlich des Zentrums; ein *colectivo* in die Stadt kostet ab hier 15 HNL. Die Busse der **Sultana** (☎2662-0940) nach Tegucigalpa, San Pedro Sula, Nueva Ocotepeque und Agua Caliente (Guatemala) fahren von einem gesonderten Busbahnhof nebenan ab. **Congolón** (☎2662-3834) hat einen Busbahnhof an der Landstraße näher an der Stadt. Von dort fahren Busse nach San Pedro Sula und Nueva Ocotepeque.

Gracias

12 800 EW.

Gracias ist ein Schmuckstück - eine kleine, beschauliche Stadt mit Kopfsteinpflaster 47 km südöstlich von Santa Rosa de Copán entfernt und einer der hübschesten und historischsten Orte in Honduras. Eine kurze Zeit lang war Gracias im 16. Jh. die Hauptstadt des gesamten durch die Spanier eroberten Zentralamerikas. Spuren ihrer alten Pracht sieht man noch an den jahrhundertealten Gebäuden, Kolonialkirchen und der eindrucksvollen Festung. Noch heute verläuft das Leben hier selten schneller als im Schritttempo.

Gracias wurde 1526 vom spanischen Kapitän Juan de Chavez gegründet. Der ursprüngliche Name der Stadt lautete Gracias a Dios („Dank sei Gott"). Antigua (Guatemala) und Comayagua stellten die Bedeutung der Stadt schließlich in den Schatten.

Die Gegend um Gracias, darunter der Parque Nacional Montaña de Celaque, ist bergig, wunderschön und weitgehend bewaldet.

Sehenswertes & Aktivitäten

Gracias hat mehrere Kirchen aus der Kolonialzeit: **Las Mercedes**, **San Sebastián** und **San Marcos** am Parque Central. Merkwürdigerweise blickt die vordere Fassade der letzteren Kirche nicht auf die Plaza.

Die meisten anderen Attraktionen der Gegend, darunter ein paar schöne heiße Quellen, liegen wenige Kilometer außerhalb der Stadt.

Castillo San Cristóbal FESTUNG
(⏰7–17 Uhr) GRATIS Die kleine Festung hoch auf einem Hügel westlich des Zentrums bietet von ihren weiß gestrichenen Mauern wunderbare Aussichten über die Stadt. Sie stammt aus dem 19. Jh. Innen gibt es kaum etwas zu sehen, aber auf dem Festungsgelände stehen ein paar moderne Skulpturen.

Museo Casa Galeano MUSEUM
(☎2625-5407; 30 HNL; ⏰9–18 Uhr) Das Museum ist in einem sehr schönen restaurierten Kolonialhaus mit großem Garten untergebracht, aber sein Inhalt (eine versteinerte Schildkröte, alte Münzen) sind ziemlich mittelprächtig und nur auf Spanisch beschrieben.

Geführte Touren

Marco Aurelio (☎2656-0627; guiamarcolencas@yahoo.com), der Besitzer der Cafetería Artesenías El Jarrón, organisiert bzw. führt Wanderungen im Celaque (350–1000 HNL), Ausflüge nach La Campa (ab 800 HNL), Reittouren, und verleiht Fahrräder (pro Std. 30 HNL) und Zelte (pro Nacht 70–80 HNL).

Ganz gute Touren werden auch vom Hotel Guanacasos angeboten.

Schlafen

Als Marktstadt ist Gracias hauptsächlich auf durchreisende Gewerbetreibende ausgerichtet. Die meisten Budgethotels sind sehr schlicht und nicht besonders touristenorientiert.

BUSSE AB GRACIAS

ZIEL	PREIS (HNL)	DAUER (STD.)	ABFAHRTEN
La Esperanza	72	2½	5-mal tgl.
San Juan	36	1	8-mal tgl.
San Pedro Sula	122	4	4-mal tgl.
Santa Rosa de Copán	48	1½	alle 30 Min.

★ Hotel Guancascos HOTEL $

(☎2656-1219; www.guancascos.com; EZ/DZ/3BZ ab 520/570/710 HNL; @ 📶) Eine unvergessliche Unterkunft mit makellos sauberen und preisgünstigen Zimmern an schattigen Pfaden, die sich über das grüne Hanggelände des Hotels 400 m südwestlich des Parque Central schlängeln. Alle Pflanzen sind beschriftet, oft sind auch Spechte und Kolibris zu sehen. Das hauseigene Restaurant ist eines der besten der Stadt, die Infos für Touristen sind hervorragend, Touren werden angeboten und das Hotel ist umweltfreundlich orientiert.

Casa Mio HOTEL $

(☎2656-0349; EZ/DZ 400/450 HNL; ❄ 📶) Das neue Hotel gleich südlich des Marktes und 200 m südwstlich des Parque Central hat sehr gut eingerichtete und geräumige moderne Zimmer, alle mit neuer Bettwäsche, Klimaanlage, schönen Möbeln und ein paar Bildern an den Wänden. Es gibt kostenloses Trinkwasser und zuverlässiges WLAN.

Hotelito Josue PENSION $

(☎2656 0076; Zi. mit/ohne TV 250/200 HNL) Ein einfaches Haus mit funktionalen, eher kleinen Doppel- und 2-Bett-Zimmern an einem langen, schmalen Hinterhof, alle mit Kaltwasserbädern. Die Besitzerfamilie ist freundlich und betreibt hier auch eine *lavandería* (Wäscherei). Die Pension liegt im Marktviertel, ein paar Straßenblocks westlich des Parque Central.

Hotel Erick PENSION $

(☎2656-1066; Zi. 200–250 HNL) Das Haus ist seit Jahren eine Anlaufstelle für Backpacker, aber die Besitzer könnten sich mehr Mühe geben: keine Belüftung in den Zimmern, durchgelegene Betten und eine heruntergekommene Atmosphäre. Es gibt kein Schild – jemand aus dem Laden nebenan wird auf Anfrage den Weg weisen. Die Pension liegt ein paar Straßenblocks nordwestlich des Parque Central.

Essen & Ausgehen

Cafetería Artesenías El Jarrón HONDURANISCH $

(Parque Central; Hauptgerichte 50–90 HNL; ⌚7–20 Uhr) Ein quirliges, atmosphärisches Lokal, das besonders mittags gut besucht ist: Das Büfett (70–90 HNL) mit vielen vegetarischen Gerichten ist ein Superschnäppchen. Die Gäste sitzen an polierten Holztischen oder hinten auf der Gartenveranda. Hier werden auch Kunsthandwerk und Keramiken der Lenca verkauft und Touren organisiert.

Ensaladas Dulces Lorendiana HONDURANISCH $

(pro Stück ab 25 HNL) Der kleine Laden ist eine tolle Entdeckung: Die Regale sind vom Boden bis zur Decke vollgestopft mit Hunderten (Tausenden?) Gläsern mit eingelegtem Gemüse, Chutneys und Obstwein, alles selbst gemacht vom Besitzer. Eine Portion zum Mitnehmen kostet 25 HNL. Der Laden liegt 250 m südwestlich des Parque Central.

El Señor de la Sierra CAFÉ $

(Parque Central; Getränke & Snacks 15–35 HNL; ⌚8–22 Uhr) Das Café im oberen Stock des verschnörkelten Musikpavillons auf der zentralen Plaza ist der schönste Ort der Stadt für einen Espresso, Cappuccino, aromatisierten Kaffee oder eine *granita* (Obstsaft mit Eis) und einen Doughnut. Der Besitzer Nelson quatscht gerne über Fußball.

Restaurante Guancascos INTERNATIONAL, HONDURANISCH $$

(Hotel Guancascos; Mahlzeiten 55–130 HNL; ⌚7–21 Uhr; 📶) Ein wunderbares Terrassenrestaurant im Hotel Guancascos (S. 426) mit Blick über die Terrakottadächer von Gracias und das Lenca-Hochland. Toll zum Frühstück (70–90 HNL), ein sättigendes Sandwich, ein vegetarisches Gericht oder gebratenen Fisch. Die Bedienung ist effizient und es gibt frische Säfte und glasweise Wein.

Rinconcito Graciano HONDURANISCH $$

(Mahlzeiten 60–120 HNL; ⌚7–21 Uhr) Die Besitzerin Lizeth Perdomo serviert interessante traditionelle Gerichte der Lenca (und die gängigen zentralamerikanischen Speisen) in einem szenigen Ambiente. Obwohl hier selten viel los ist, sollte man vorher vorbeischauen und vorbestellen. Das Lokal liegt 300 m südwestlich des Parque Central.

★ Kandil BAR, CAFÉ

(⌚Di–So 11.30–22 Uhr; 📶) Das Kandil, Vorreiter zeitgenössischer Ästhetik in den ländlichen Lenca-Bergen, ist ein sehr schön gestaltetes Lokal, das modische Einrichtung mit traditionell kolonialem Stil kombiniert. Es ist berühmt für seine gefrorenen Mojitos und serviert gute Pizza und Bruschetta – aber das eigentliche Vergnügen ist die Gesellschaft der szenig-künstlerischen Gäste, die hier abhängen. Aufgelegt wird hauptsächlich Electronic und Indie. Die Bar liegt zwei Straßenblocks nördlich des Parque Central.

ABSTECHER

TOUREN RUND UM GRACIAS

Ein Bad in den öffentlichen **Aguas Termales Presidente** (25 HNL; ⌚6–23.30 Uhr) ist unvergesslich. Zwar sind die Bäder eine gnadenlose Touristenattraktion, aber die Lage praktisch mitten im Wald machen sie zu etwas Besonderem – wo sonst kann man Rauchschwaden aus natürlichen Thermalquellen aufsteigen sehen, während über dem Kopf grüne Blätter rascheln? Die heißen Quellen etwa 6 km südöstlich der Stadt bestehen aus mehreren Pools mit verschiedenen Temperaturen. Auf dem Gelände gibt es ein Restaurant, eine Bar und schmuddelige Umkleidekabinen. Die Bäder sind in etwa einer Stunde zu Fuß oder mit dem Motorradtaxi für 50 HNL zu erreichen. An Wochenenden und Feiertagen kann es an den Quellen recht voll werden; besser sind dann die privaten **Termas del Río** (☎2656-1304; 60 HNL; ⌚7.30–21 Uhr) 7 km nördlich von Gracias. Sie sind genauso schön, besser gepflegt und weniger voll. Zu erreichen sind sie mit den Bussen Richtung Santa Rosa.

Auch mehrere kleine Ortschaften in der Nähe von Gracias lohnen einen Besuch. **La Campa** ist ein hübsches traditionelles Dörfchen 16 km südlich der Stadt: Mit seiner Lage zu Füßen hoher Berge und am Rand einer dramatischen Schlucht ist es wohl eines der malerischsten in Honduras. Es gibt hier mehrere tolle Töpfereien und man kann auf den Gipfel des Camapara wandern (6 Std. hin & zurück; im Hostal JB werden Führer vermittelt). **Canopy Extremo** (☎2608-3817; 500 HNL) ist eine wirklich spektakuläre neue Attraktion mit sechs Seilrutschen über der Schlucht – eine der wohl dramatischsten Zipline-Rutschen Zentralamerikas. Es gibt in La Campa zwei exzellente Hotels, das **Vista Hermosa** (☎2625-4770; Zi. 300–400 HNL) und das **Hostal JB** (☎9925-6042; hostal_jb@yahoo.com; Zi. 300–450 HNL), das auch ein tolles Restaurant (Mahlzeiten 75 HNL) und einen Garten hat.

San Manuel Colohete 16 km hinter La Campa ist eine weitere schöne kleine Bergstadt mit einer reizvollen, kürzlich restaurierten Kirche aus der Kolonialzeit, die berühmt ist für ihre 400 Jahre alten Fresken. In der Stadt gibt es ein Hotel.

Von Gracias gibt es Busse nach La Campa (20 HNL, 5-mal tgl.), einige fahren noch eine Stunde weiter nach San Manuel Colohete.

Gute Infos über die Region stehen auf der Website www.colosuca.com.

Praktische Informationen

Banco de Occidente (Parque Central) Mit Geldautomat.

Touristeninformation (Kiosk im Parque Central; ⌚Mo–Fr 8–12 & 13.30–16.30 Uhr) Hat einige brauchbare Ordner mit Infos, aber ist unregelmäßig geöffnet. Es wird nur Spanisch gesprochen.

An- & Weiterreise

Die meisten Busse fahren von ein paar Haltestellen nordwestlich des Markts ab, außer jenen nach La Esperanza und San Juan, die einen Busbahnhof südlich des Parque Central benutzen. Es gibt keine Direktverbindung nach Copán Ruinas, nur über die Busse nach San Pedro Sula mit Umsteigen in La Entrada.

Parque Nacional Montaña de Celaque

Celaque (was seltsamerweise im hiesigen Lenca-Dialekt „Schachtel mit Wasser" bedeutet) ist einer der beeindruckendsten Nationalparks Honduras'. Hier liegt **El Cerro de las Minas**, mit 2849 m der höchste Berg des Landes und bedeckt von dichten Wäldern. Im Park entspringen mehrere Flüsse, es gibt einen majestätischen Wasserfall, der vom gesamten Tal aus sichtbar ist, und sehr steile Hänge, auch einige vertikale Felswände.

Das Tier- und Pflanzenleben im Park ist sehr vielfältig. Hier leben Pumas, Ozelote und Quetzale, die man aber selten sieht. Häufiger vertreten sind schöne Schmetterlinge, Affen, schwarze Eichhörnchen und Reptilien, man muss allerdings sehr leise und sehr früh auf den Beinen sein, um wilde Tiere zu sichten.

Aktivitäten

Im Parque Nacional Montaña de Celaque gibt es fünf ausgewiesene **Wanderwege**. Zwei kurze Wege sind in etwa einer Stunde zu bewältigen, der Mirador de la Cascada dauert etwa vier Stunden und der Sendero El Gallo fünf bis sechs Stunden. Zum Gipfel selbst ist es ein strammer Zweitagesmarsch (für den ein Führer, ein Zelt, warme Kleidung und Wanderschuhe nötig sind). Wegen der Wolken und des dichten Baumbewuchses ist von dort oben meist nicht viel zu sehen, aber der Nebelwald ist magisch.

Die drei längeren Wege sind an manchen Stellen nicht klar zu erkennen – darum auf die bunten Bänder achten. Die Wege sollten nicht verlassen werden, da der Wald so dicht ist, dass es schwer oder unmöglich ist, den Weg wiederzufinden.

Führer können im Dorf kurz vor dem Eingang angeheuert werden oder in Gracias, wo Marco Aurelio (S. 425) empfehlenswert ist. Ein Führer verlangt etwa 300 HNL für eine Halbtagswanderung und 500 HNL pro Tag für Touren mit Übernachtung.

Praktische Informationen

Ein **Besucherzentrum** (mit Toiletten, Informationsschalter und Grillplätzen) markiert den Eingang zum Park. Hier muss auch der Eintritt (50 HNL) bezahlt werden; Zelten kostet pro Person 50 HNL zusätzlich. Informationen zu Wanderungen im Park gibt es im Hotel Guancascos in Gracias oder in der Touristeninformation (S. 427) am Parque Central in Gracias.

An- & Weiterreise

Der Haupteingang zum Park liegt 8 km oberhalb von Gracias. Eine holperige Fahrt mit dem Motorradtaxi zum Eingang kostet etwa 150 HNL.

San Juan

Das winzige, traditionelle Bergstädtchen lohnt auf jeden Fall einen Besuch, wenn Interesse an Leben und Kultur der Lenca besteht.

Einheimische Führer können über die hiesige Tourismuskooperative organisiert werden – die Vorsitzende **Gladys Nolasco** (☎2754-7150), die den Laden Docucentro Israel besitzt, ist die Ansprechpartnerin. Ausflugsmöglichkeiten sind u.a. eine Wanderung zu **La Cascada de los Duendes**, die durch Nebelwald und vorbei an Wasserfällen führt und mit einer Tour durch eine Kaffeefinca endet, oder **El Cañon Encantado**, eine Führung zu schönen Orten der Gegend. Reiten, ein Besuch bei traditionellen Kunsthandwerkern, Kaffeerösten und Verkostung können ebenfalls organisiert werden.

Es gibt sehr regelmäßige Verkehrsverbindungen zwischen San Juan und Gracias und La Esperanza. Wer übernachten will, kann im guten, neuen **Hotel Junior** (☎9962-2587; Zi. mit Heißwasserbad 180–240 HNL) einchecken.

Nueva Ocotepeque

19 100 EW. / VERKEHRSKNOTENPUNKT

Das staubige Nueva Ocotepeque ist ein Knotenpunkt mit viel Verkehr zu den nahen Grenzübergängen Agua Caliente (Guatemala) und El Poy (El Salvador). Nur wenige Reisende übernachten hier, aber es gibt genügend Hotels, darunter das preisgünstige **Hotel Turista** (☎2653-3639; Av General Francisco Morazán; DZ ohne Bad 260 HNL, EZ/DZ 280/380 HNL; P). Restaurants, Hotels und Geldautomaten befinden sich in oder um die Durchgangsstraße Calle Intermedio.

An- & Weiterreise

Zwei Fernbusgesellschaften fahren von und nach Nueva Ocotepeque: **Congolón** (☎2653-3064) liegt einen halben Straßenblock südlich des Parque Central, **Sultana** (☎2653-2405) zwei Straßenblocks nördlich des *parque*. Busse nach Agua Caliente und El Poy fahren am Busbahnhof Transportes San José zwei Straßenblocks nördlich des *parque* ab. Nach Tegucigalpa geht es mit dem Bus nach San Pedro Sula (dort umsteigen) und nach Santa Rosa de Copán mit allen Bussen nach San Pedro Sula.

NÖRDLICHES HONDURAS

Die üppige, tropische Nordregion von Honduras hat Besucher schon seit Jahrhunderten mit ihren Naturschönheiten und der

BUSSE AB NUEVA OCOTEPEQUE

ZIEL	PREIS (HNL)	DAUER	ABFAHRTEN
Agua Caliente	22	30 Min.	alle 30 Min. bis 18 Uhr
El Poy (salvadorianische Grenze)	15	15 Min.	alle 20 Min. bis 19 Uhr
San Pedro Sula	160–195	5 Std.	14 tgl.
Santa Rosa de Copán	78–92	2 Std.	14 tgl.

LERN DEN BEAT: DIE GARIFUNA-TÄNZE

Zur Livemusik der Garifuna zu tanzen, ist ein Highlight an der Nordküste. Musiker erzeugen mit großen Trommeln, dem Panzer einer Schildkröte, Maracas und einer großen Muschelschale einen stampfenden, schlichten Rhythmus. Worte werden gesungen, die Zuhörer antworten und die Tänzer fangen an, wie wild ihre Hüften zur *punta*, einem traditionellen Tanz der Garifuna, kreisen zu lassen.

Jedes Jahr Mitte Juli findet das **Nationale Garifuna-Tanzfest** in der kleinen Stadt Baja Mar nahe Puerto Cortés statt. Alle Städte und Dörfer haben ihre jährlichen Fiestas und das ganze Jahr über gibt es Kulturveranstaltungen und Versammlungen aller Art. Am **Garifuna-Tag** (⏲12. April), einem wichtigen Feiertag für alle Garifuna-Gemeinden, wird des Tages im Jahr 1797 gedacht, als die Garifuna in Honduras anlandeten.

Die Städte Santa Fe und Santa Rosa de Aguán in der Nähe von Trujillo haben ihre eigenen Feste, jeweils vom 15. bis 30. Juli und vom 22. bis 29. August. An den letzten drei Tagen ist die Stimmung in der Regel am ausgelassensten.

lässigen karibischen Atmosphäre verführt. Zwischen den Stränden liegen Mangrovensümpfe und Dschungelreservate – mit Seekühen in Cuero y Salado und Brüllaffen im idyllischen Parque Nacional Jeannette Kawas –, die geradezu zur Erkundung auffordern. Raftingtouren auf dem Wildwasser des Río Cangrejal ist der absolute Hit, aber es gibt auch schöne Wanderwege im Pico Bonito und das einzigartige Flair und die Rhythmen der afrokaribischen Garifuna-Dörfer an der Küste.

All diese Naturreize stehen jedoch in starkem Kontrast zur Agrarindustrie, die Wirtschaft und Landschaft dominiert: Bananen- und Ölpalmplantagen bedecken die schmale Küstenebene. In den größeren Städten der Region ist der Verfall nicht zu übersehen. Tela genügt als Basis für ein oder zwei Tage und Trujillo hat einen schönen Hauch historischen Charme, aber das ist es dann auch schon – in La Ceiba oder Puerto Cortés will sich wohl niemand länger aufhalten.

Zur **Semana Santa** (Karwoche vor Ostern) verdoppeln sich die Preise, wenn einheimische Touristen an die Küste strömen. Aber außerhalb dieser Zeit ist hier meist nichts los.

ℹ Praktische Informationen

GEFAHREN & ÄRGERNISSE

In La Ceiba und Tela ist die Kriminalitätsrate immens.Tagsüber herrscht kaum Gefahr, aber nach Einbruch der Dunkelheit sind Raubüberfälle üblich. Reisende wurden auch an Stränden außerhalb von La Ceiba, Tela (besonders dort) und Trujillo belästigt und ausgeraubt. Niemand sollte ohne Begleitung an diesen Stränden entlanglaufen, und niemals bei Dunkelheit.

Puerto Cortés

116 000 EW. / VERKEHRSKNOTENPUKT

Honduras' wichtigste Hafenstadt ist durch und durch deprimierend und hässlich – ab hier kann für Neuankömmlinge aus Guatemala oder Belize alles nur besser werden. Außer der Fähre nach Belize gibt es für Reisende hier nichts Interessantes. Omoa in der Nähe ist eine weitaus attraktivere Basis.

Das Unterkunftsangebot ist sehr beschränkt und dürftig: Das **Hotel El Centro** (☎2665-1160; 3a Av zwischen 2a & 3a Calles E; Zi. mit Ventilator/Klimaanlage ab 359/494 HNL; P ❄ 📶) ist ein sicheres Haus im Zentrum, das **Prince Wilson Hotel** (☎2665-6512; EZ/DZ mit Klimaanlage 450/600 HNL) liegt neben dem Fähranleger nach Belize. Geldautomaten und billige *comedores* befinden sich um den Parque Central.

ℹ An- & Weiterreise

BUS

Busse nach San Pedro Sula (44 HNL, 1 Std., alle 15 Min.) fahren bis 17.30 Uhr vom Busbahnhof in der 4a Avenida zwischen 3a und 4a Calle ab. Die Busse zur guatemaltekischen Grenze in Corinto verkehren ungefähr stündlich (55–70 HNL, 2 Std.) über Omoa (16 HNL, 30Min.); der letzte Bus fährt um 17.20 Uhr.

SCHIFF/FÄHRE

Zwei Fähren von zwei verschiedenen Unternehmen fahren wöchentlich nach Belize. Beide legen seltsamerweise exakt zur gleichen Zeit (11 Uhr) am gleichen Tag (Montag) ab und auch vom gleichen Kai neben dem Restaurant El Delfin in Barra la Laguna 3 km südöstlich des Zentrums.

Die **D-Express** (☎9991-0778; www.belizeferry.com) fährt nach Big Creek und Placencia (jeweils

1200 HNL). Die **Pride of Belize** (☎8897-4448; www.prideofbelize.com) legt in Dangriga (1100 HNL) und Belize City (1375 HNL) an. Passagiere müssen am Tag der Abreise um 10 Uhr am Kai sein, um sich anzumelden. Zum Kai gelangt man mit allen Bussen zwischen San Pedro und Puerto Cortés, die Ausstiegshaltestelle ist La Laguna, von wo Schilder zum Restaurant El Delfin weisen. Am Kai kann auch Geld gewechselt werden.

Eine Überfahrt nach Belize ist übrigens meist billiger und einfacher ab der guatemaltekischen Hafenstadt Puerto Barrios.

Omoa

6200 EW.

Das gemächliche Omoa, 18 km westlich von Puerto Cortés, ist ein hübscher kleiner Badeort an einer breiten, gebogenen Bucht, die einen tollen Sonnenuntergang bietet. Wegen der Küstenerosion ist der braune Strand eher schmal, aber es ist dennoch ein entspannter und netter Ort für ein paar Tage Aufenthalt. Es gibt eine historische Festung und am Ufer ein paar Fischrestaurants.

In Omoa sind keine Geldautomaten vorhanden, also Bargeld mitbringen.

Sehenswertes

Fortaleza de San Fernando de Omoa FESTUNG

(80 HNL; Mo–Fr 8–16, Sa & So 9–17 Uhr) Berühmt ist Omoa wegen der riesigen spanischen Festung, der Fortaleza de San Fernando de Omoa. Sie wurde zwischen 1759 und 1777 (aus Ziegeln und Korallen) im Auftrag von König Ferdinand VII. von Spanien gebaut, um die Küste vor der Piratenplage zu schützen. 1779 wurde die Festung von den Briten eingenommen. Sie ist heute in hervorragendem Zustand und das schöne neue Besucherzentrum und das Museum präsentieren einen überzeugenden Einblick in die Geschichte.

Schlafen & Essen

Roli's Place HOSTEL $

(☎2658-9082; www.omoa.net/roli.html; Zeltplatz/Hängematte/B pro Pers. 60/60/80 HNL, EZ/DZ ohne Bad 150/180 HNL, EZ/DZ ohne Klimaanlage 220/250 HNL, DZ/3BZ mit Klimaanlage 330/380 HNL;) Ein ganz hervorragendes Hostel in Schweizer Besitz auf einem großen Rasengelände – wunderbar zum Abhängen und nur ein kurzes Stück zu Fuß vom Strand.

Die gut eingerichteten Doppelzimmer mit LCD-TV samt internationalen Kanälen sind ein Schnäppchen. Außerdem gibt es einen ganz guten Schlafsaal und einen schattigen Campingplatz. Umsonst sind die meerestauglichen Kajaks, Fahrräder und Trinkwasser.

Roli's Place ist übrigens kein Party-Hostel und es gibt zahlreiche Regeln, die mancher für übertrieben halten mag, zum Beispiel kein Lärm nach 22 Uhr.

Hotel Michelle HOTEL $

(☎2658-9104; www.hotelmichelle.ca; Zi. mit Ventilator/Klimaanlage 300/450 HNL;) Das Hotel in honduranisch-kanadischem Besitz liegt direkt am Strand und ist mit seinen fünf adretten, sehr preisgünstigen Zimmern und einem kleinen Pool sein Geld wert. Es hat auch eine Bar und Essen gibt es auf Anfrage.

Burgers & Mariscos HONDURANISCH, SEAFOOD $$

(Carretera a Guatemala; Hauptgerichte 60–160 HNL; 8–21 Uhr) Es ist zwar zu Fuß ganz schön weit hierher (etwa 15 Minuten von Roli's), aber das exzellente Lokal an der Fernstraße hat gutes und günstiges Essen, z. B. hervorragende Burger, frische Meeresfrüchte und leckeren *tamarindo*-Saft.

An- & Weiterreise

Der Strand liegt von der Fernstraße etwa 1,5 km entfernt. Es gibt stündliche Busverbindungen (16 HNL, 30 Min.) mit Puerto Cortés; einige Busse zweigen von der Fernstraße ab und lassen Fahrgäste am Strand aussteigen.

Roli's Place bietet auf Anfrage einen Shuttleservice nach La Ceiba oder nach Puerto Barrios in Guatemala.

Tela

37 400 EW.

Der Badeort Tela hat eine hinreißende Küste mit hellen, von Kokospalmen gesäumten Sandstränden und faszinierenden Garifuna-Dörfern. Warum also kommen nur wenige Reisende hierher? Nun ja, Realität ist, dass das Stadtzentrum Telas mittlerweile ziemlich verkommen ist und die schönen Strände sauberer sein könnten.

Trotzdem lohnen sich ein oder zwei Übernachtungen hier, da die beiden Naturreservate – Jeannette Kawas und Punta Izopo –, die in der Nähe liegen, wirklich etwas Besonderes sind.

Während der **Semana Santa** (Karwoche vor Ostern) ist Tela voll mit honduranischen Urlaubern, aber im übrigen Jahr ist hier alles ziemlich *tranquilo*.

Sehenswertes & Aktivitäten

Telas Hauptattraktion sind die **Strände**, die sich kilometerlang um die Bucht erstrecken. Die meisten sind vermüllt, aber westlich der Stadt ist vor dem Hotel Villas Telamar ein heller, pudriger Abschnitt, der makellos sauber gehalten wird. Auch Nichtgäste können hier Strandliegen mieten, aber nur, wenn die Auslastung des Resorthotels gering ist. Die entfernter liegenden Strände sind zwar viel sauberer, aber auch gefährlicher.

Geführte Touren

Garifuna Tours TOUREN
(☎2448-2904; www.garifunatours.com; 9a Calle NE nahe 5a Av NE; ⏲Mo–Sa 7.30–18, So bis 17 Uhr) Eine professionelle, alteingesessene Agentur, die Touren anbietet, darunter Bootsfahrten in den Parque Nacional Jeannette Kawas (ab 680 HNL), Kajaktrips im Punta Izopo (620 HNL) und Ausflüge zu den Cayos Cochinos (980 HNL). Alle Preise beruhen auf einer Mindestteilnehmerzahl von sechs Personen.

Schlafen

Hotel Bertha PENSION $
(☎2448-1009; 8a Calle NE zwischen 8a & 9a Avs NE; Zi. mit Ventilator/Klimaanlage ab 250/350 HNL; ❄) Eine klassische Pension der alten Schule in einer ruhigen Lage. Toll an ihr ist, dass die freundliche Besitzerfamilie keinen Schnickschnack bietet, aber sehr anständige, saubere Zimmer mit Bad (Kaltwasser) zu erschwinglichen Preisen vermietet. Sie liegt fünf Minuten zu Fuß landeinwärts vom Strand.

César Mariscos Anexo HOTEL $
(☎2448-2083; www.hotelcesarmariscos.com; Ecke 9a Calle NE & 1a Av NE; EZ/DZ 450/550 HNL; ❄📶🏊) Das Haus ist ein billigeres Schwesterhotel zum (viel teureren) Strandhotel. Es hat große Zimmer mit unverputzten Ziegelwänden, gute Matratzen, Kabel-TV und moderne Badezimmer. Es liegt fünf Minuten zu Fuß von der Küste entfernt.

M@ngo Hotel HOTEL $
(☎2448-0388; www.mangocafe.net; Ecke 5a Av & 8a Calle NE; EZ/DZ/3BZ mit Venitalor 372/440/555 HNL, mit Klimaanlage 511/627/766 HNL; ❄) Da hier viele Backpacker nächtigen, ist das Hotel kein schlechter Ort, um Leute zu treffen. Die Preise wurden jedoch jüngst erhöht, was das Angebot nicht rechtfertigt – die Zimmer sind ziemlich einfach und kriegen die volle akustische Ladung von kitschigem Merengue und wildem Reggaetón aus dem Laden gegenüber ab.

Maya Vista Hotel y Restaurante HOTEL $$
(☎2448-1497; www.mayavista.com; Barrio Lempira; EZ/DZ mit Ventilator 570/680 HNL, mit Klimaanlage ab 1040/1160 HNL; ❄@) Das wunderbare Haus lohnt vielleicht mal eine Mehrausgabe: Es hat eine schöne Auswahl an Zimmern mit geschmackvoller Einrichtung, die meisten mit weitem Blick über die Bucht von Tela. Die billigsten Zimmer mit Ventilator stehen nicht auf der Website. Im Haus befindet sich auch ein sehr gutes Restaurant. Es liegt zehn Minuten zu Fuß vom Zentrum entfernt.

Essen

Meeresfrüchte sind in Tela reichlich vorhanden, köstlich und billig. Meeresfrüchtesuppen sind eine lokale Delikatesse: Fisch, Garnelen, Hummer und *caracoles* (Meeresschnecken) werden in vielen Restaurants angeboten. Eine weitere Spezialität ist *pan de coco* (Kokosbrot). Für Selbstversorger gibt es eine **Despensa Familiar** (Parque Central; ⏲Mo–Sa 7–19, So bis 18 Uhr) auf dem Hauptplatz.

Auto Pollo Al Carbón FAST FOOD $
(11a Calle NE an der 2a Av NE; halbes Huhn 79 HNL; ⏲7–23 Uhr) Brathühnchen unter einem Wellblechdach in einer offenen Bude nur einen Steinwurf von der Karibik entfernt. Ein Viertel Hühnchen und ein Salat kosten nur 47 HNL.

Los Manajares HONDURANISCH $
(4a Av NE; Mahlzeiten 60–100 HNL; ⏲11–17 Uhr) Büffetartiges Lokal, das immer vier frisch zubereitete Tagesgerichte anbietet. Zur Auswahl stehen deftige Gerichte wie *costilla en coco* (Rippchen in Kokosnusssauce) oder *pollo horneado* (Brathuhn). Interessant sind hier die Fotos vom alten Bahnhof Telas.

Luces del Norte INTERNATIONAL $$
(Ecke 11a Calle NE & 5a Av NE; Hauptgerichte 60–250 HNL; ⏲7–22 Uhr; 📶) Das beliebte Restaurant ist ein hübsches karibisches Holzhaus. Bekannt ist es für seine Meeresfrüchte, darunter Paella (180 HNL für 2 Pers.; vorher bestellen), Pasta, Omelettes und üppiges Frühstück (um 100 HNL).

Pizzería Bella Italia ITALIENISCH $$
(☎2448-1055; Ecke 4a Av NE & Calle Peatonal; Hauptgerichte ab 90 HNL; ⏲Di–So 12–21 Uhr; 📶) Die Pizza hier ist klasse – von Einzel-

portionen bis zu 16-teiligen *gigantes* (extra groß). Spezialität des Hauses sind jedoch die *panzerotti*, eine Calzone-Variante mit einer Füllung aus Salami, Schinken, Pilzen und weiteren Zutaten.

Praktische Informationen

Banco de Occidente (Parque Central; Mo–Fr 8–17.30, Sa 8.30–13 Uhr) Mit Geldautomat.

Fundación Prolansate (2448-2042; www.prolansate.org; Ecke 7a Av & 8a Calle NE; Mo–Do 8–17.30, Fr bis 16.30 Uhr) Fördert den Ökotourismus in Tela, hat Infos zum Lancetilla Jardín Botánico oder Punta Sal. Organisiert auch Bildungsbesichtigungen.

Milton.net (Ecke 10a Calle & 9a Av NE; pro Std. 10 HNL; Mo–Sa 8–21 Uhr; @) Marodes kleines Internetcafé und Telefoncenter.

Post (4a Av; Mo–Fr 8–16, Sa 8–12 Uhr)

Touristenpolizei (9713-6731; Ecke 11a Calle NE & 4a Av NE; 24 Std.)

GEFAHREN & ÄRGERNISSE

In Tela kann eine angespannte Atmosphäre herrschen. Nach 20 Uhr ist hier meist nichts mehr los (außer an Feiertagswochenenden). Nach Einbruch der Dunkelheit sind alle dunklen Gassen und der Strand zu meiden. Vorsicht: in den Bars am Strand nördlich des Markts kann es nachts recht ruppig zugehen.

Wertsachen sollten auf keinen Fall an den Strand mitgenommen werden. Ohne Begleitung sind alle Ecken hinter dem Hotel Villas Telamar (westliches Strandende) und dem Anleger des La Ensenada Beach Resort (östliches Strandende) auch tagsüber absolut tabu.

Die meisten Besucher, die nach Tela kommen genießen ihren Aufenthalt hier und haben keine Probleme.

An- & Weiterreise

Langsame Busse nach La Ceiba (52 HNL, 2½ Std., 4–18 Uhr) fahren alle 20 Minuten vom Fernbusbahnhof in Tela an der Ecke 9a Calle NE und 9a Avenida NE ab. Schnellere Direktbusse nach La Ceiba und San Pedro Sula halten an der Tankstelle an der Fernstraße. Sie ist mit dem Taxi zu erreichen.

Vom Busbahnhof der **Transportes Tela Express** (2a Av NE) fahren täglich neun (sonntags sieben) Direktbusse nach San Pedro Sula (76 HNL, 2 Std.). **Hedman Alas** (2448-3075; Hotel Villa Telemar; 8–17 Uhr) hat einmal täglich eine Verbindung nach San Pedro Sula (212–347 HNL, 2 Std.) und nach La Ceiba (232–386 HNL, 2 Std.).

Regionalbusse zu den Garifuna-Dörfern bei Tela fahren von einem unasphaltierten Platz an der Ecke 11a Calle und 8a Avenida ab.

Unterwegs vor Ort

Telas zahlreiche Taxis bedienen neben dem Stadtgebiet (20 HNL) auch Triunfo de la Cruz, La Ensenada oder Tornabé (jeweils ca. 100–120 HNL). Mountainbikes verleiht das M@ngo Hotel (S. 431) für 100 HNL pro Tag.

Rund um Tela

Lancetilla Jardín Botánico

Der **Botanische Garten & Forschungszentrum Lancetilla** (2408-7806; www.esnacifor.hn; 154 HNL; 7–16 Uhr) gilt als zweitgrößter tropischer Garten der Welt. Er wurde 1926 von der United Fruit Company angelegt und ist noch heute ein wissenschaftliches Forschungszentrum. Ein Besuch der Gärten ist eine wahre Freude – sie sind ein tropisches Wunderland mit Pflanzenarten aus aller Welt. Hier wachsen 636 Arten asiatischer Obstbäume, darunter viele Sorten Lychee, Mango, Durian, Mangostane und Jackfrucht. Die Wege sind gut markiert.

Auch die Vogelwelt gedeiht in Lancetilla – Hunderte Arten wurden entdeckt. Jedes Jahr findet hier am 14. und 15. Dezember die 24-stündige Vogelzählung der Audubon Society statt; wer dann gerade vor Ort ist, kann daran teilnehmen. Zugvögel lassen sich hier von November bis Februar nieder.

Im **Besucherzentrum** (2408-8806; 7–16 Uhr) ist eine Karte mit Beschreibungen erhältlich (10 HNL) oder es können Führer angeheuert werden (pro Std. 100 HNL). Bei vorheriger Anmeldung werden auch Vogelbeobachtungstouren organisiert (pro Std. 100 HNL) – sie beginnen aber sehr früh am Morgen. Einige Informationen gibt es auch bei der Fundación Prolansate (s. oben).

Unterkünfte sind ebenfalls vorhanden, darunter auch **Hütten** (500 HNL; ❄) mit drei Einzelbetten und eigenen Bädern; sie werden über das Besucherzentrum gebucht.

An- & Weiterreise

Lancetilla liegt 6 km südwestlich von Telas Zentrum und ist prima per Fahrrad (in Tela ausleihbar) zu erreichen. In 4 km Entfernung zur Stadt führt eine Abzweigung von der Schnellstraße zu den Hauptgärten. Taxis kosten 100 HNL (einfache Fahrt).

Parque Nacional Jeannette Kawas

Der lange Buchtbogen vor Telas Strand erstreckt sich westwärts bis zu einer fast genau gegenüberliegenden Landspitze namens **Punta Sal**. Sie ist Teil des Parque Nacional Jeannette Kawas.

Zu den diversen weißen Sandstränden des Parks zählt z. B. die hübsche **Playa Cocalito**. Die Korallenriffe vor der Küste bieten halbwegs gute **Schnorchelmöglichkeiten**, während Brüllaffen, Königsboas und Tukane im Wald leben. Der einstige Parque Nacional Marino Punta Sal ist jetzt nach Jeannette Kawas benannt. Die Umweltaktivistin wurde 1995 ermordet, nachdem sie den Park unermüdlich vor Erschließungsmaßnahmen bewahrt hatte. Der Eintritt kostet 95 HNL.

In den Mangrovenwäldern der **Laguna de los Micos** (Affenlagune) auf der östlichen Parkseite tummeln sich Hunderte Vogelarten – vor allem, wenn Zugvögel dort Station machen (Nov.–Feb.).

Auf Tagesausflügen kann man wandern, schnorcheln und an der Playa Cocalito faulenzen. Garifuna Tours (S. 431) in Tela und **Eco di Mare Tours** (☎ 9932 3552, 2439 0110; www.ecodimaretours.com; Ecke 4a Av NE & 10 Calle NE, vor dem Parkplatz der Bank Atlántida; ⏲ Büro 7–17.30 Uhr) bieten Touren an.

ℹ An- & Weiterreise

Abgesehen von Tagesausflügen mit den Tourveranstaltern in Tela lassen sich auch Trips mit privaten Booten vereinbaren, die unter der Hauptbrücke gleich westlich der Stadt ankern. Die Ausflüge sind ebenfalls vom Dorf Miami aus möglich.

Refugio de Vida Punta Izopo

Wer von Telas Strand gen Osten blickt, entdeckt die Landzunge **Punta Izopo**, die zum Refugio de Vida Punta Izopo gehört. In dieses Naturschutzgebiet strömen Flüsse und bilden ein Kanallabyrinth im dichten Mangrovenwald. Darin leben Affen, Schildkröten, viele Vogelarten und sogar Krokodile.

Tourunternehmen in Tela bieten Kajakausflüge zur Punta Izopo an. Beim lautlosen Gleiten durch die Mangrovenkanäle sind Tiere oft aus der Nähe zu sehen. Boots- oder Kajaktouren können auch auf eigene Faust im Dorf El Triunfo de la Cruz organisiert werden. Der Eintritt kostet 60 HNL.

Garifuna-Dörfer

Von Tela aus sind mehrere Garifuna-Dörfer gut zu erreichen: rustikale Häuser, Fischerkanus auf dem Strand und das tiefe Blau der Karibik im Hintergrund. Sie sind zwar auch zu Fuß von Tela am Ufer entlang erreichbar, aber das kann wegen gelegentlicher Überfälle gefährlich sein. Eine geführte Tour oder öffentliche Verkehrsmittel sind da sicherer.

In allen Dörfern gibt es Unterkünfte und zumindest ein paar Restaurants am Strand, die Meeresfrüchte und Fisch in Kokosnuss servieren.

Das nächstgelegene Dorf ist das hübsche kleine **La Ensenada** kurz vor der Landspitze 3 km östlich von Tela den Strand entlang. Das nur 100 m vom Strand gelegene **Hotel Laguna Mar** (☎ 9811-5558; DZ 600 HNL; P ❄) hat penibel gepflegte Gärten und adrette kleine Zimmer. Meeresfrüchterestaurants in La Ensenada sind meist nur am Wochenende geöffnet.

Das größere **El Triunfo de la Cruz** ist mit regulären Bussen zu erreichen, die in der Nähe des Markts in Tela abfahren. Es ist das am meisten erschlossene Garifuna-Dorf und hat daher nicht das beschauliche Flair der anderen Dörfer. Die **Cabañas y Restaurante Colón** (☎ 9989-5622; Zi. 280–480 HNL; P ❄) bestehen aus einer Gruppe rusikaler *cabañas* ein paar Schritte vom Strand und einem Fischrestaurant (Hauptgerichte 70–220 HNL). La Ensenada und Triunfo de la Cruz sind beide über eine Asphaltstraße zu erreichen.

8 km westlich von Tela liegt das große Garifuna-Dorf **Tornabé**, wo Bootstouren vereinbart werden können. Hinter Tornabé erstreckt sich der Strand noch mehrere Kilometer bis nach **Miami**, einem wunderschönen Dorf aus Hütten mit *palapa*-Dächern auf einer schmalen Sandbank. Hier werden Boote für Ausflüge in den Parque Nacional Jeannette Kawas vermietet (1700 HNL für bis zu 7 Pers.). Die Gegend ändert sich rasant, da das neue Golfhotel Los Micos bald fertiggestellt ist.

ℹ An- & Weiterreise

Von Tela aus sind alle Dörfer theoretisch per Strandwanderung erreichbar. Man sollte aber niemals allein oder bei Dunkelheit laufen, da stets ein gewisses Sicherheitsrisiko besteht.

Ab Telas Regionalbusbahnhof rollen Busse über zwei Routen in ca. 30 bis 45 Minuten zu den Garifuna-Dörfern: In Richtung Westen fahren sie nach Tornabé, gen Osten nach Triunfo de la Cruz (jeweils 12–17 HNL, Mo–Sa ca. 7–17 Uhr, stündl.).

Von Tela nach Tornabé kommen Auto- und Fahrradfahrer über die westwärtige Strandstraße. Vorsicht beim Überqueren der Sandbank an der Laguna de los Micos zwischen San Juan und Tornabé – hier bleiben Fahrzeuge re-

GUIFITI: GEHALT- UND GEHEIMNISVOLL

An der honduranischen Nordküste produzieren Schwarzbrenner ein geheimnisvolles Gebräu: Guifiti (alias Gifiti oder Güfiti) ist der Legende nach ein natürliches Aphrodisiakum. Fans zufolge soll es auch gegen alle möglichen Krankheiten von Diabetes bis Arterienverstopfung helfen. Das genaue Rezept variiert je nach Hersteller, während die meisten Varianten auf *aguardiente* (starker einheimischer Schnaps) sowie einem Mix aus Kräutern und Gewürzen basieren. Allerdings kursiert das Gerücht, dass nicht alle Zutaten immer ganz legal sind.

Vielleicht gibt's Guifiti deshalb nicht einfach im Supermarktregal. Mittels diskreter Nachfrage kann man in den meisten Nordküstenstädten und -dörfern dennoch recht fix ein Schlückchen probieren – sogar in überraschend noblen Ecken. Da das Getränk recht heftig ist, will es langsam und maßvoll genossen werden. Wer auch zu Hause gern vor Liebe sprühen möchte, kann sich auf dem Mercado Guamilito in San Pedro Sula ein paar Flaschen zulegen.

gelmäßig stecken. Für Trips von Tornabé nach Miami benötigt man eventuell Allradantrieb. Alternativ ist Tornabé von der Landstraße aus zugänglich: An der Abzweigung 5 km westlich von Tela weist ein Schild den Weg zu „The Last Resort". Um von Tela aus nach La Ensenada oder Triunfo de la Cruz zu fahren, der Landstraße über 5 km ostwärts bis zur Abzweigung nach Triunfo de la Cruz folgen. Sie gabelt sich nach 1 km: Links geht's nach La Ensenada, rechts nach Triunfo de la Cruz.

La Ceiba

191 000 EW.

La Ceiba ist die Partystadt von Honduras. Hier heißt es: Tegucigalpa denkt, San Pedro Sula arbeitet und La Ceiba amüsiert sich. Das quirlige Nachtleben macht diese Hafenstadt auf jeden Fall zu einem Mekka für feierwütige Honduraner. Das Barrio La Isla, die *zona viva* der Stadt jenseits der Flussmündung, ist das Vergnügungsviertel.

Mehr hat Ceiba selbst kaum zu bieten: Die stadtnahen Strände sind verschmutzt und unsicher und die Innenstadt wirkt verfallen und vernachlässigt. Für die meisten Reisenden ist Ceiba daher lediglich Ausgangspunkt zu den Bay Islands oder den großartigen Stromschnellen des Río Cangrejal.

Hier herrschen glühende Hitze und erschlagende Luftfeuchtigkeit – es ist eine absolut tropische Stadt. Sicherheit ist ein akutes Problem: Besucher sollten stets wachsam sein und nachts nur mit dem Taxi fahren.

Sehenswertes

Schmetterlings- & Insektenmuseum (Museo de Mariposas) MUSEUM
(Calle Escuela Internacional G-12, Colonia El Sauce; Erw./Kind 80/40 HL; Mo–Sa 8–16 Uhr) Eine bemerkenswerte Sammlung von mehr als 13 000 Schmetterlingen, Motten und anderen Insekten (meist aus Honduras), alle in Glaskästen ausgestellt. Zu den Highlights zählen die weltgrößte Motte mit 30 cm Flügelspannweite und ein gigantischer, etwa 120 g schwerer Käfer.

Parque Swinford PLAZA
(Av La República zwischen 7a & 8a Calles) Der Parque Swinford ist eine üppig bewachsene Tropenoase im Herzen La Ceibas, in der ein restaurierter Waggon von den glorreichen Eisenbahntagen der Gegend zeugt.

Festivals & Events

Karneval KULTUR
(Ende Mai) Mit dem Karneval erlebt die Stadt ihren betriebsamen Gute-Laune-Höhepunkt, wenn sich hier die Feiernden drängen. Am Samstag geht es mit Paraden, Kostümen, Musik und Straßenfesten am höchsten her.

Geführte Touren

Jungle River Tours ABENTEUERTOUR
(2440-1282, 2440-1268; www.jungleriverlodge.com; Av La República) Das Unternehmen im Banana Republic Guest House organisiert Wildwasserfahrten und Baumkronentouren (872 HNL), Mountainbike- (436 HNL) und andere Trips.

La Moskitia Ecoaventuras ABENTEUERTOUR
(2441-3279; www.lamoskitia.hn; Colonia El Toronjal 2, 504) Jorge Salaverri ist Pionier bei Touren nach La Moskitia (S. 461). Er bietet von seiner Pension aus auch Wanderungen (855 HNL), Meereskajaktouren (800 HNL) und Wildwasserfahrten auf dem Río Cangrejal an. Kunden können bei jeder Tourbuchung

in seiner Pension in La Ceiba nahe der Mall Megaplaza umsonst übernachten.

Tourist Options GEFÜHRTE TOUREN
(☎9982-7534, 2440-0265; www.hondurastouristoptions.com; Blvr 15 de Septiembre) Ausflüge zu Garifuna-Dörfern, in den Pico Bonito, den Cuero y Salado und zu den Cayos Cochinos (um 1400 HNL pro Pers.). Im Reisebüro Viajes Atlántida.

Schlafen

Die Unterkünfte in La Ceiba sind wenig reizvoll. Im Zentrum zu übernachten ist praktisch, aber es ist nachts (wenn ohnehin niemand mehr rumlaufen sollte) auf unheimliche Weise ruhig. Außerhalb der Stadt im tropischen Dschungel am Río Cangrejal gibt es weitaus bessere Angebote.

★ **Hotel El Estadio** HOSTEL $
(☎3192-2474, 9730-5690; www.hotelelestadio.com; Calle Estadio; B/EZ/DZ 220/360/520 HNL;) Das Hostel, das für Reisende gut eingerichtet ist, gehört Peter, der ursprünglich aus Roatán stammt, aber jahrelang in Boston lebte. Die zwei Schlafsäle (mit je vier Betten) sind klein, haben aber gute Matratzen und frische Handtücher. Die privaten Zimmer sind größer, auch Hängematten (100 HNL) stehen zur Verfügung. Touren in der Mosquitia und zu den Cayos Cochinos (800 HNL im Schnellboot) werden organisiert, ebenso wie Transport (auch zum Flughafen von San Pedro Sula). Die Umgebung ist nachts etwas zwielichtig, weshalb ein Taxi sinnvoll ist.

Moskitia Ecoaventuras Hotel HOSTEL $
(☎2441-3279; www.lamoskitia.hn; Colonia El Toronjal 2, 504; B/DZ 160/320 HNL;) Das Hostel in der Nähe des größten Einkaufszentrums von Ceiba hat Travellern alles zu bieten: gute Reiseinfos, eine Pinnwand, Bücherbörse, Wäschedienst, Kaffee und Internet umsonst, Gepäckaufbewahrung und Schließfächer. Hier befindet sich auch das Büro des Veranstalters La Moskitia Ecoaventuras, der hervorragende Touren im nördlichen Honduras organisiert.

Hotel Catracho HOTEL $
(☎2440-2312; www.hotelcatracho.com; 12a Calle, Barrio El Iman; EZ mit Ventilator/Klimaanlage 350/450 HNL, DZ mit Ventilator/Klimaanlage 450/600 HNL;) Abgesehen von der etwas gleichgültigen Haltung an der Rezeption sind die funktionalen, gefliesten Zimmer mit frischer Bettwäsche gar nicht so schlecht; allerdings haben die Zimmer mit Ventilatoren nur Kaltwasserbäder. Das Hotel liegt in einem ruhigen Viertel und es gibt ein kleines Café mit billigem Essen (ab 55 HNL). WLAN ist ziemlich schwach in den Zimmern.

Banana Republic Guest House HOSTEL $
(☎2440-1268; www.jungleriverlodge.com; Av La República; B 160 HNL, Zi. mit/ohne Bad 340/285 HNL;) Das knarrende alte Holzhaus präsentiert sich als Backpackerzentrale, aber bei unserem letzten Besuch sah es ziemlich heruntergekommen aus und die kahlen Zimmer könnten sicherlich etwas hübscher sein. Abgesehen davon gibt's hier gute Reiseinfos, eine Waschmaschine und eine Gästeküche. Das Hostel arbeitet mit Jungle River Tours zusammen.

Hotel Iberia HOTEL $$
(☎2443-0401; www.hoteliberia.com; Av San Isidro zwischen 5a & 6a Calles; EZ/DZ 580/696 HNL;) Das zentrale Hotel hat einen merkwürdigen Standort, nämlich in den oberen Stockwerken eines heruntergekommenen Betoneinkaufszentrums aus den 1960er-Jahren. Die Zimmer könnten zwar eine Renovierung vertragen, sind aber sehr groß und halbwegs preiswert.

Essen

Cafetería Cobel COMEDOR $
(Ecke 7a Calle & Av Atlántida; Tagesgerichte 60 HNL; ⌚Mo–Sa 6.30–18 Uhr) Stets volles kleines Lokal, das *plato del días* (Tagesgerichte) serviert. Da hier viel los ist, kann es eine Weile dauern, bis die Kellnerinnen in ihren rosa Uniformen reagieren. Das Hinterzimmer hat eine Klimaanlage.

Pupusaría Universitaria HONDURANISCH $
(1a Calle, nahe Av 14 de Julio; Pupusas 16 HNL, Hauptgerichte 85–90 HNL; ⌚10–23 Uhr) Ein prima Billiglokal in einem aus Holzschindeln und Bambus bestehenden Gebäude, das leckere Gerichte zu moderaten Preisen serviert: *pupusas*, Tacos und köstliche *pinchos* (Kebabs).

Jugos Chapala SAFTBAR $
(Av San Isidro; Gentränke 33–55 HNL; ⌚7.30–19 Uhr) Tolle Saftbar mit einer nahezu allumfassenden Auswahl an Säften und Shakes, die alle mit unzähligen Extras (Haferflocken, Cornflakes und Ballaststoffe) angeboten werden. Verkauft auch leckere Obstsalate. Sehr sauber und gleich südlich des *parque* gelegen.

★ **Ki'boc Café** HONDURANISCH, INTERNATIONAL $$
(4a Av zwischen Calle 8a & 9a; Frühstück/Mittagessen ab 60/100 HNL; ⌚Mo–Fr 7–19, Sa 8–19, So 8–12 Uhr;) Ein kultiviertes, künstleri-

La Ceiba

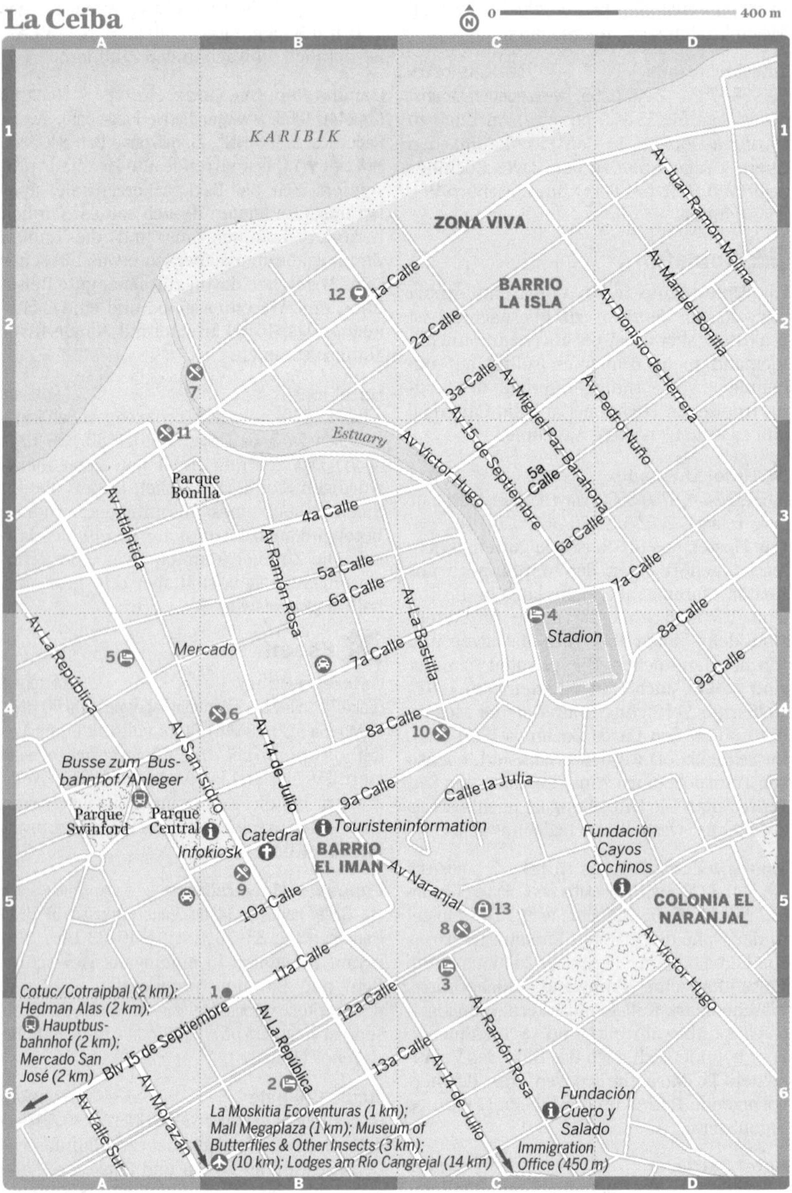

sches Café mit sehr freundlichem Personal, Ökokaffee und dem besten Frühstück der Stadt (die westlich zubereiteten *chilaquiles* sind echt lecker). Es gibt hier eine gute Bücherbörse, eine kleine Terrasse und innen eine Klimaanlage, Gemälde und eine zusammengewürfelte Einrichtung.

Expatriates Bar & Grill INTERNATIONAL **$$**
(12a Calle, Barrio El Imán; Hauptgerichte 120–270 HNL; ⏲Mo–Do 16–24, Fr 16–2, Sa 11–2, So 11–23 Uhr; 📶) Klassische (fast schon klischeehafte) Kneipe für Nordamerikaner mit US-Sport im Fernseher und einem vertrauten Angebot an Grillfleisch und ein paar ve-

La Ceiba

Aktivitäten, Kurse & Touren

Jungle River Tours (s. 2)
1 Tourist Options B5

Schlafen

2 Banana Republic Guest House B6
3 Hotel Catracho C5
4 Hotel El Estadio C4
5 Hotel Iberia A4

Essen

6 Cafetería Cobel B4
7 Chef Guity A2
8 Expatriates Bar & Grill C5
9 Jugos Chapala B5
10 Ki'boc Café C4
11 Pupusaría Universitaria A3

Ausgehen & Nachtleben

12 La Palapa B2

Shoppen

13 Souvenirs El Buen Amigo C5

getarischen Gerichten. Praktisch jeden Tag gibt es irgendwelche Sonderangebote für Drinks und Essen.

Chef Guity SEAFOOD $$$
(an der 1a Calle; Hauptgerichte 110–300 HNL; ⌚Di–So 11–22 Uhr) Das Restaurant im Garifuna-Stil in der *zona viva* ist berühmt für seine Meeresfrüchte, wie Muscheln, Fisch, Hummer und Krebs, aber besonders für sein *tapado* (ein Fischeintopf in Kokossauce).

Ausgehen & Nachtleben

La Ceibas Nachtleben konzentriert sich vor allem auf den Bereich der 1a Calle im Barrio La Isla alias *zona viva*.

La Palapa BAR, CLUB
(Av 15 de Septiembre; ⌚So–Mi 11–23, Do–Sa 11–2 Uhr) Das große und noble zweistöckige Bar-Restaurant mit Strohdach liegt direkt hinter dem Strand und zieht eine reiche, spaßbetonte und partyfröhliche Kundschaft an. Die Einheimischen essen hier erst Meeresfrüchte und tanzen dann zur Salsa auf der Tanzfläche in der Mitte die Kalorien wieder ab.

Shoppen

Mall Megaplaza EINKAUFSZENTRUM
(Carretera a Muelle Cabotaje; ⌚10–21 Uhr) Modernes Einkaufszentrum mit Kino, Gastrobereich, Internetcafés, Bankfilialen und Geldautomaten.

Souvenirs El Buen Amigo KUNSTHANDWERK
(Av Naranjal s/n, Barrio El Iman; ⌚Mo–Sa 8–18.30 Uhr) Honduranische *artesanías*, wie Töpferwaren der Lenca, Holzschnitzereien und Hängematten.

Praktische Informationen

Tourunternehmen sind am besten für Reisebuchungen geeignet. Alle Banken in der Mall Megaplaza haben Geldautomaten.

Banco Atlántida (Av San Isidro) Mit Geldautomat.

Einwanderungsbehörde (☎2442-0638; 1a Calle, nahe Av 14 de Julio; ⌚7.30–15.30 Uhr)

Europanet (Parque Central; pro Std. 20 HNL; ⌚Mo–Sa 8–18 Uhr; @) Internetzugang.

Fundación Cuero y Salado (☎2443-0329; cuero_salado@yahoo.com; Ecke Av Ramón Rosa & 15a Calle; ⌚Mo–Fr 8–17, Sa 8–11 Uhr) Verwaltet das Wildreservat Cuero y Salado.

Hospital Eurohonduras (☎2440-0927; Av Atlántida; ⌚24 Std.) Zwischen der 1a Calle und dem Strand.

Post (Ecke Av Morazán & 14a Calle; ⌚Mo–Fr 8–16, Sa 8–12 Uhr) Ein ganzes Stück weg vom Zentrum.

Touristeninformation (☎2440-3044; 9a Calle; ⌚Mo–Fr 8–16.30 Uhr) Hat jede Menge Broschüren und einen Stadtplan. Es gibt auch einen Kiosk (☎440-1562; Parque Central; ⌚Mo–Sa 8–18 Uhr) am Parque Central und einen Schalter im Flughafen.

Touristenpolizei (☎2441-0860; Residencial El Toronjal; ⌚24 Std.) Drei Straßenblocks südlich der Carretera a Tela.

An- & Weiterreise

Der Aeropuerto Golosón liegt 10 km westlich von La Ceibas Zentrum. Dort starten regelmäßig Flüge nach San Pedro Sula, Tegucigalpa, La Moskitia und zu den Bay Islands.

BUS

Die meisten normalen Busse benutzen den Hauptbusbahnhof am Mercado San José etwa 1,5 km westlich des Zentrums von La Ceiba – **Diana Express** (☎2441-6460), **Catisa-Tupsa** (☎2441-2539) und **Kamaldy** (☎2441-2028; www.transporteskamaldy.com) haben hier ihre Büros – aber es gibt einige wichtige Ausnahmen. Der Busbahnhof der **Viana** (☎2441-2230; www.vianatransportes.com) liegt 500 m weiter westlich über die gleiche Straße; noch ein Stück weiter halten die Busse von **Cotuc** (☎2441-2199) und **Cotraibal** nach Trujillo. Die Busse von **San Miguel Plus** (☎2441-2280; transportesanmiguel.com) fahren ebenfalls von einem Busbahnhof an dieser Straße ab. **Hedman Alas** (☎2441-5347; www.hedmanalas.com) hat seinen eigenen Busbahnhof auf der Hauptstraße gleich östlich des Zentrums. Nach San Pedro Sula fahren drei weitere Busgesellschaften vom Hauptbusbahnhof los.

FLUGZEUG

AeroCaribe (☎2442-2569; www.aerocaribehn.com) Fliegt nach Guanaja (2-mal tgl.) und zu mehreren Orten in La Mosquitia, z. B. nach Puerto Lempira, Palacios und Brus Laguna.

Aerolíneas Sosa (☎2443-1399, Flughafen 2440-0692; www.aerolineasosa.com; Av San Isidro zwischen 8a & 9a Calles) Regelmäßige Verbindungen mit Roatán, Utila und Puerto Lempira. Einmal wöchentlich geht auch ein Flug nach Grand Cayman (176 US$).

Lanhsa (☎2442-1283; www.lanhsa.com) Verbindet Ceiba mit Roatán, Puerto Lempira und Tegucigalpa.

TACA/Isleña (☎2441-3191, Flughafen 2443-2683; www.flyislena.com; 22a Calle an der Av Morazán, Mall Megaplaza, Erdgeschoss) Von/Nach Roatán, San Pedro Sula und Tegucigalpa

Flugverbindungen von La Ceiba

ZIEL	PREIS (HNL)
Guanaja	1100–1450
Puerto Lempira	2200–2670
Roatán	1020–1485
San Pedro Sula	1450–3600
Tegucigalpa	1450–1450
Utila	1110–1320

SCHIFF/FÄHRE

Fähren zu den Bay Islands legen vom Muelle de Cabotaje etwa 8 km östlich der Stadt ab.

Die moderne, komfortable **Galaxy Wave** (☎La Ceiba 2414-5739, Roatán 2445-1795; www.roatanferry.com) schippert zweimal täglich, um 9.30 und um 16.30 Uhr, nach Roatán (1./normale Klasse 674/574 HNL, 1¾ Std.). Die klapprige **Utila Princess II** (☎La Ceiba 2408-5163; www.utilaprincess.com; ⏲Ticketbüro 7–16 Uhr) fährt zweimal täglich um 9.30 und 16 Uhr los (472 HNL, 1 Std.).

Seekrank können Passagiere auf beiden Schiffen werden – also entsprechend vorsorgen.

ℹ Unterwegs vor Ort

AUTO

Es gibt in La Ceiba zahlreiche Autovermietungen.

Avis (☎2441-2802; www.avis.com.hn; Entrada Principal a La Ceiba; ⏲7.30–18 Uhr)

Econo Rent-A-Car (☎2442-8686; www.econorentacarhn.com; Carretera a Tela; ⏲8–17 Uhr) Nahe der Mall Megaplaza.

ZUM/VOM BUSBAHNHOF

Der Hauptbusbahnhof befindet sich am Mercado San José, etwa 1,5 km westlich des Zentrums von La Ceiba. Stadtbusse verkehren zwischen diesem Busbahnhof und dem zentralen Platz (5 HNL), ebenso *colectivo*-Taxis (20 HNL). Busse mit der Angabe „Terminal" fahren von der Haltestelle Avenida La República zwischen 7a Calle und 8a Calle zum Busbahnhof (6 HNL).

ZUM/VOM FLUGHAFEN

Der Flughafen von La Ceiba liegt 10 km westlich der Stadt an der Straße nach Tela. Alle Nicht-Expressbusse, die vom Hauptbusbahnhof nach Westen fahren, lassen Fahrgäste hier aussteigen. *Colectivo*-Taxis vom Parque Central fahren ebenfalls am Flughafen vorbei (20 HNL); allerdings fahren sie erst los, wenn sie voll sind. Ein normales Taxi kostet ca. 120 HNL.

Vom Flughafen selbst verlangenTaxis am offiziellen Taxistand etwa 200 HNL für die Fahrt in die Stadt. Wer an der Hauptstraße ein *colectivo* anhält, zahlt nur 20 HNL pro Person.

ZUM/VOM HAFEN

Die Fähren zu den Bay Islands legen vom Muelle de Cabotaje etwa 8 km (20 Min.) östlich der Stadt ab. Vom Busbahnhof oder von der Stadt kostet ein Taxi ca. 80 bis 100 HNL. *Colectivos* (20 HNL) fahren in der 7a Calle im Stadtzentrum ab; zurück fahren keine *colectivos*.

TAXI

Colectivo-Taxis in La Ceiba kosten einheitlich 20 HNL pro Person, nach 20 Uhr etwas mehr.

Rund um La Ceiba

Río Cangrejal

Der türkisfarbene Río Cangrejal, der durch den Dschungel braust, ist zu Recht als Zentralamerikas führender Fluss für Wildwasserfahrten bekannt. Selbst dann, wenn nicht die geringste Lust besteht, durch die reißenden Wasser zu paddeln, ist die Region eine hinreißende Basis für alle möglichen Abenteuersportarten, zum Vögelbeobachten oder zum Faulenzen am Fluss. Die Landschaft ist spektakulär, die Luft frisch und es gibt ein paar tolle Unterkünfte am Flussufer.

Aktivitäten

Die meisten Besucher wollen hier auf dem Cangrejal Raften oder Kajakfahren, aber es gibt auch Mountainbike- und Reitausflüge, Schwimmen und tolle Wanderungen im Regenwald.

BUSSE AB LA CEIBA

ORT	PREIS (HNL)	DAUER	BUSLINIE	TELEFON	ABFAHRTEN
Copán Ruinas	674–828	7 Std.	Hedman Alas	2441-5347	2-mal tgl.
El Porvenir	12	45 Min.	Hauptbusbahnhof	kein Tel.	Mo–Sa alle 45 Min., So stündl.
La Unión-Cuero y Salado	28	1½ Std.	Hauptbusbahnhof	kein Tel.	Mo–Sa alle 45 Min., So stündl.
Nueva Armenia	28	1½ Std.	Hauptbusbahnhof	kein Tel.	6- bis 7-mal tgl.
Sambo Creek/ Corazal	17	1 Std.	Hauptbusbahnhof	kein Tel.	alle 35 Min.
San Pedro Sula	115	3½ Std.	Diana Express	2449-0388	6-mal tgl.
	108	3½ Std.	Catisa-Tupsa	2441-9539	5–18 Uhr stündl.
	345–501	3 Std.	Hedman Alas	2441-5347	4-mal tgl. (über Flughafen San Pedro Sula)
	345–556	3 Std.	Viana	2441-2330	3- bis 4-mal tgl.
Tegucigalpa	242	7 Std.	Kalmaldy	2441-2028	4-mal tgl.
	672–1145	6½ Std.	Viana	2441-2330	3- bis 4-mal tgl.
	559–713	6½ Std.	Hedman Alas	2441-5347	3-mal tgl.
	400–600	6½ Std.	San Miguel Plus	2441-2280	3-mal tgl.
Tela	66	2 Std.	Kamaldy	2441-2028	4-mal tgl.
	42	2 Std.	Hauptbusbahnhof	kein Tel.	alle 25 Min.
	200–300	1½ Std.	San Miguel Plus	2441-2280	3-mal tgl.
Trujillo	110	3 Std.	Cotuc/ Cotraipbal	2441-2129	stündl.
Yaruca/Río Cangrejal	17	30 Min.	Hauptbusbahnhof	kein Tel.	5-mal tgl., oder jeder Bus nach Las Mangas

Guaruma Servicios GEFÜHRTE TOUREN
(☎2442-2673; www.guaruma.org) Das empfehlenswerte Unternehmen im Nest Las Mangas am Río Cangrejal fördert die örtliche Gemeinde gezielt über den Ökotourismus.

Wildwasserfahrten & Kajakfahren

Der Río Cangrejal bietet grandiose **Wildwasserfahrten**. Die Landschaft ist überwältigend: Der Fluss strömt durch Regenwald, der zum Parque Nacional Pico Bonito gehört und wo häufig Reiher, Eisvögel und Tukane zu sehen sind.

Der Cangrejal ist in zwei Hauptabschnitte aufgeteilt: Der **obere** Teil ist knochenhart und bietet Stromschnellen und echten Nervenkitzelder Klasse IV und V. Nach starken Regenfällen ist er meist nicht mehr befahrbar. Auf dem **unteren** Abschnitt, wo der Fluss um riesige Felsbrocken rauscht, sind das ganze Jahr über Wildwasserfahrten der Klasse III möglich.

Für beide Abschnitte ist ein erfahrener und kompetenter Führer nötig – im oberen Teil des Cangrejal kam es nach heftigen Regenfällen zu Unfällen, da dann die Zustände besonders tückisch sind. Die aktuelle Lage sollte erst beim Touranbieter erfragt werden. Jungle River Tours (S. 434; ab 700 HNL) und La Moskitia Ecoaventuras (S. 434; ab 800 HNL) haben günstige Preise. **Omega Tours** (☎9631-0295; www.omegatours.info; Omega Lodge, Straße nach Yaruca Km 9) verlangt mehr (ab 1300 HNL), aber deren Touren werden besser beurteilt.

Wandern & Reiten

Ein Stück bergauf von der Jungle River Lodge, direkt am Centro de Visitantes, überspannt eine Seilbrücke den Cangrejal, von wo **Wanderwege** ins Zentrum des Parque Nacional Pico Bonito führen. Die Omega Lodge hat auch mehrere gut markierte Wanderwege auf dem eigenen Gelände.

Reitausflüge werden von der Omega Lodge für 1500 HNL pro halben Tag angeboten. Alle Pferde gehören zur Lodge und werden sehr gut versorgt.

Baumwipfeltouren

Jungle River Tours (S. 434) hat einen Parcour mit acht Seilrutschen. Die Tour dauert zwei Stunden und beinhaltet eine 200 m lange Seilrutsche über den Fluss (pro Pers. 700 HNL).

Schlafen & Essen

Die folgenden Unterkünfte liegen 14 bis 16 km von La Ceiba. Alle, mit Ausnahme des Guaruma, bieten eine kostenlose Übernachtung im Schlafsaal oder einen ermäßigten Preis für ein privates Zimmer für Leute, die eine Tour gebucht haben.

★ **Omega Lodge** LODGE $
(9631-0295; www.omegatours.info; Straße nach Yaruca Km 9; EZ/DZ ohne Bad 200/400 HNL, Hütten 2000 HNL;) Die Ökolodge ist wunderschön konzipiert und gebaut, hat aber keinen Ausblick. Die gesamte Anlage (in deutschem Besitz) erfüllt mit Sonnenenergie, einem chemiefreien Pool und umweltfreundlicher Abfallentsorgung effizient alle ökologischen Grundsätze. Das Essen ist schlichtweg herausragend: es gibt gesunde, hausgemachte Gerichte mit großer vegetarischer Auswahl (Frühstück 45–90 HNL, Hauptgerichte 90–220 HNL). Die Besitzer waren die ersten, die Wildwasserfahrten auf dem Fluss unternahmen, und bieten viele exzellente Trips an. Allerdings ist auf der Schlussrechnung auf zusätzliche Steuern zu achten.

Jungle River Lodge LODGE $
(2440-1268; www.jungleriverlodge.com; Straße nach Yaruca Km 7; B/DZ mit Bad 220/800 HNL, Mahlzeiten ab 70 HNL;) Die Lodge von Jungle River Tours hockt auf einem Felsvorsprung mit schlichtweg prachtvollem Blick auf das Tal des Río Cangrejal – das Terrassenrestaurant hier hat wohl eine der großartigsten Aussichten in Honduras. Die Unterkunft ist weitaus nüchterner mit einem Spektrum von funktionalen Schlafsälen bis zu hübschen Zimmern, einige samt eigenem Bad mit Heißwasser. Unten gibt es natürliche Schwimmbecken und es können alle möglichen Touren gebucht werden (Baumwipfeltouren, Wanderungen und Wildwasserfahrten). Das Banana Republic Guest House in La Ceiba sorgt für kostenlosen Transport hierher.

La Moskitia Adventuras Lodge LODGE $
(2441-3279; www.lamoskitia.hn; Straße nach Yaruca Km 9; B/DZ 160/320 HNL;) Die eindrucksvolle neue Lodge am Fluss hat eine hinreißende Lage mit Blick auf den tosenden Cangrejal – der Blick ist einfach faszinierend. Die Preise für Unterkunft und das Essen im Restaurant sind auf Backpacker abgestimmt. Es werden auch professionell organisierte Wildwasserfahrten, Wanderungen und Ziplinetouren angeboten. Das Schwesterhostel in La Ceiba bietet Transport hierher an.

Guaruma Community Lodge HÜTTEN $
(9917-5325; www.guaruma.org; Straße nach Yaruca Km 12; DZ/3BZ/4BZ 350/400/450 HNL) Die Einnahmen aus den gut gebauten, sauberen Hütten im Dorf Las Mangas fließen zurück an die Gemeinde. Es gibt preiswerte Mahlzeiten (80–90 HNL), Fahrräder (pro Tag 100 HNL) und Führer. Zu erreichen mit dem Bus nach Yaruca.

Parque Nacional Pico Bonito

Der dicht bewaldete Berg Pico Bonito hoch über La Ceiba ist einer der bekanntesten Nationalparks in Honduras. Er birgt eine reiche Tierwelt, darunter Jaguare, Gürteltiere und Affen.

Es gibt zwei Eingänge. Der eine befindet sich im Dorf **El Pino** etwa 15 km westlich von La Ceiba an der Schnellstraße nach Tela. Hier vermietet das **Centro Ecoturístico Natural View** (2368-8343; Zi. 300 HNL) rustikale Hütten. Für die mittelschwere dreistündige Wanderung zum Wasserfall **Cascada Zacate** (pro Pers. inkl. Führer, Transport & Parkeintritt 210 HNL) können hier Touren und Führer gebucht werden.

Der andere Eingang ist am **Río Cangrejal**, wo ein neues **Besucherzentrum** (Straße nach Yaruca; 7–16 Uhr) und eine Hängebrücke über den tosenden Fluss gebaut wurden (Zugang für Fotos 20 HNL). Praktischerweise liegt der Eingang an der gleichen Straße wie die Lodges am Río Cangrejal. Vom Besucherzentrum führt ein wunderbarer Wanderweg (3 Std. hin & zurück) durch dichten Bergwald zum **Wasserfall El Bejuco**.

Tourunternehmen in La Ceiba bieten Touren über den Pico Bonito an. Weitere Informationen zum Park hat die **Fundación Parque Nacional Pico Bonito** (Funapib; 2442-3044; www.picobonito.org; Carretera a Tela, Colonia Palmira, La Ceiba; Mo–Fr 8–16 Uhr).

Der Eintritt in den Nationalpark Pico Bonito kostet 133 HNL.

An- & Weiterreise

Alle Busse Richtung Tela oder San Pedro Sula halten in El Pino (18 HNL, 30 Min.).

Zum Río Cangrejal fahren ab dem Hauptbusbahnhof in La Ceiba Busse Richtung Yaruca oder Las Mangas.

Cayos Cochinos

Die idyllischen weißen Sandstrände der **Cayos Cochinos** (Schweineinseln), nur 17 km vom Festland entfernt, können von der Region um La Ceiba aus als Tagesausflug besucht werden. Von Nueva Armenia oder Sambo Creek östlich von La Ceiba setzen Motorkanus über. Der Zutritt zu den Cayos Cochinos kostet 200 HNL.

Die zwei Schweineinseln, 13 winzige Koralleninselchen und die umgebenden Gewässer bilden ein **Meeresschutzgebiet** – das kommerzielles Fischen und Ankern auf den Riffen streng verbietet. Letztere sind dementsprechend unberührt und fischreich. Schwarzkorallen, Steilwände, Höhlen, Tiefseeberge und ein Flugzeugwrack machen die Unterwasserwelt um die Inseln zu einem super Tauch- und Schnorchelrevier. Die Inseln sind auch bekannt für ihre Kaiserboas und die ausgeprägte Garifuna-Kultur.

Man kann sie zwar auf eigene Faust besuchen, spart dabei aber kaum Geld. Zudem haben die meisten lokalen Bootsbetreiber weder Funkgeräte noch Schwimmwesten an Bord. Tagesausflüge ab Sambo Creek kosten 700 HNL pro Person (Mindestteilnehmer 5 Pers.). Zahlreiche Tourunternehmen in La Ceiba bieten Touren zu den Inseln an: Tourist Options (S. 435) hat einen guten Ruf und stellt Schnorchelausrüstung zur Verfügung.

Wer ein paar Tage Robinson Crusoe spielen möchte, kann sich für 100 bis 400 HNL eine der rustikalen *cabañas* auf dem Karibikinselchen Chachauate oder eine der zwei komfortablen Hütten mit Bad in **Laru Beya** (☎9489-6058; www.cayoscochinoshonduras.webs.com; EZ/DZ 250/400 HNL) im Osten der Hauptinsel mieten.

Mehr Informationen zu den Inseln oder zur Freiwilligenarbeit gibt es bei der **Fundación Cayos Cochinos** (☎2442-2670; www.cayoscochinos.org; Ecke Av Victor Hugo & 13a Calle 1175, Barrio Colonia El Naranjal, La Ceiba).

Sambo Creek

Sambo Creek, etwa 21 km östlich von La Ceiba, ist ein florierendes Garifuna-Fischerdorf – ein etwas vergammelter, aber faszinierender Ort, wo Frauen in auffallender Kleidung und traditionellem Kopfputz zu sehen sind. Ein *punta*-Fest (traditioneller Garifuna-Tanz) steht hier öfters an. Der wunderbare Sandstrand ist die meiste Zeit des Jahres ziemlich sauber, aber nach Stürmen ist er von Müll überschwemmt.

Ein Erlebnis ist das **Sambo Creek Canopy Tour & Spa** (☎3355-6481; Baumwipfeltour & Thermalbad 855 HNL) mit seiner über einstündigen Seilrutschentour durch die Baumwipfel, die an spektakulären Thermalquellen am Berg inmitten des Regenwalds endet. Der Abzweig von der Straße nach Trujillo ist 500 m östlich von Sambo Creek.

Das **Centro Turístico Sambo Creek** (☎9587-0874; mauricioelvir@yahoo.com; pro Pers. 180 HNL) direkt am Meer gehört den Tourist Options in La Ceiba und vermietet fünf ziemlich abgewohnte, aber große Zimmer. Zudem hat es eine Terrasse mit Hängematten und ein Restaurant (nur Do–So geöffnet). Hier fahren auch die Boote zu den Cayos Cochinos ab; die Überfahrt kostet 700 HNL (mindestens 5 Pers.). Ein kurzes Stück zu Fuß östlich von Sambo Creek gibt es ein paar Mittelklassepensionen. Die **Villa Helen's** (☎2441-2017; www.villahelens.com; Zi. 800–900 HNL, Hütten ab 1000 HNL; P❄@≋) ist die preiswerteste und hat üppige Gärten und zwei Swimmingpools. Die Zimmer im **Paradise Found** (☎9861-1335; www.paradisefoundlaceiba.com; Zi. 1200 HNL; P❄@) sind überteuert, aber die Küche ist toll (Mahlzeiten ab 130 HNL). Gutes Essen gibt's ebenfalls in **Kay's Place** (Mahlzeiten ab 150 HNL; ⏲9.30–22 Uhr), einem Strandrestaurant mit Bar in Sambo Creek; dort wird auch oft Garifuna-Livemusik geboten.

Refugio de Vida Silvestre Cuero y Salado

Das Feuchtlandreservat an der Küste etwa 30 km westlich von La Ceiba schützt viele verschiedene Tierarten: Die Seekühe (Manatis) sind am berühmtesten, werden aber am seltensten gesichtet. Doch es gibt auch Brüllaffen, Weißschulterkapuziner, Faultiere, Agutis (kaninchengroße Nager), Leguane, Kaimane und Hunderte Vogelarten.

Das Städtchen **La Unión** ist das Tor zum Cuero y Salado. Von dort fährt ein Zug zu einem **Besucherzentrum** (☎2443-0329), wo das Eintrittsgeld von 200 HNL bezahlt wird und Touren angeboten werden. Kanutouren (130 HNL für 2 Pers., plus 210 HNL pro Führer für eine 2-Std.-Tour) sind bei Weitem die beste Art, das Reservat zu erkunden.

Ein kurzes Stück zu Fuß entfernt liegt eine gepflegte **Schlafsaalunterkunft** (pro Pers. 160 HNL), einfache Mahlzeiten gibt es im Café des Besucherzentrums.

Weitere Informationen hat die **Fundación Cuero y Salado** (☎2443-0329; www.cueroysalado.org; Ecke 19 Av & Av 14 de Julio, La Ceiba; ⏲Mo–Fr 8–11.30 & 13–17.30 Uhr) in La Ceiba.

An- & Weiterreise

Das Reservat ist vom Hauptbusbahnhof in La Ceiba mit dem Bus nach La Unión zu erreichen (20 HNL, 1 Std., alle 30 Min.). Von La Unión fährt ein *trencito* (Schienenbus) 9,5 km auf der alten Bananenbahnlinie zum Besucherzentrum (1–2 Pers. 250 HNL, ab 3 Pers. 125 HNL pro Pers., 45 Min., 7–14 Uhr stündl.). Der letzte Schienenbus fährt vom Besucherzentrum um 14.30 Uhr zurück, der letzte Bus von La Unión nach La Ceiba um 16 Uhr. Es ist zwar machbar, in 1½ Stunden über die Bahnlinie zum Reservat zu laufen, aber es ist sicherer, es nicht zu tun, da dies ein einsamer Teil des Landes ist.

Trujillo

33 000 EW.

Das verschlafene, tropische Trujillo liegt oberhalb der weit geschwungenen Bahía de Trujillo. Die Bucht hat bereits die Segel von Kolumbus und vieler berühmter Piraten gesehen. Bei schönem Wetter leuchtet sie in heiterem Kristallblau. Da hier in gewisser Weise der Hund begraben ist, kommen nur wenige Reisende nach Trujillo und wenn, dann gezielt. Ein Ort, um sich eine Weile treiben zu lassen? Vielleicht.

Seit Jahren schon wird die Stadt als das neueste Touristenziel angepriesen, ohne dass sich das tatsächlich bemerkbar macht. Aber mit den neuen Resorthotels um die Bucht und einem fast fertigen Kreuzfahrtschiff-Hafen könnte es diesmal vielleicht wahr werden. Vielleicht.

Geschichte

Für eine Kleinstadt spielt Trujillo eine wichtige Rolle in der Geschichte Zentralamerikas: In der Nähe betrat Kolumbus am 14. August 1402 erstmals das amerikanische Festland und hier fand der erste katholische Gottesdienst auf dem Kontinent statt.

Trujillo wurde am 18. Mai 1525 gegründet und war eine der ersten spanischen Niederlassungen in Zentralamerika. Bis 1537 war es Provinzhauptstadt.

Über Trujillos Hafen verschifften die Spanier Gold und Silber aus dem Inneren von Honduras. Zwangsläufig zog dies bald Freibeuter wie Henry Morgan an: Bei Piratenangriffen auf die Stadt wurde die Bahía de Trujillo mehrfach zum Schauplatz großer Schlachten.

Die Spanier errichteten mehrere Festungen – die Ruine der Festung Santa Bárbara kann noch besichtigt werden. Doch trotz dieser Verteidigungsanlagen gewannen die Seeräuber schließlich die Oberhand: Nach der Plünderung durch holländische Piraten (1643) lag Trujillo bis zu seiner Wiederbesiedlung (1787) über 100 Jahre lang in Trümmern. Später versuchte der amerikanische Abenteurer William Walker vergeblich, von Trujillo aus die Kontrolle über Zentralamerika zu erlangen. Er wurde gefangen genommen und 1860 durch Erschießen hingerichtet. Sein Grab befindet sich gleich außerhalb des Stadtzentrums.

Sehenswertes

Die turbulente Geschichte Trujillos lässt sich bei einem kleinen Bummel im historischen Zentrum mit seinen Kopfsteinpflasterstraßen erahnen. Viele schöne karibische Holzhäuser sind noch erhalten. Die Festung lohnt auf jeden Fall einen Besuch.

Trujillo hat auch eine schöne Küste, allerdings wird eine Menge Müll an die Strände geschwemmt.

★ **Fortaleza Santa Bárbara de Trujillo** FESTUNG

(Eintritt 60 HNL; ⏲9–17 Uhr) Die spanische Festung aus dem 17. Jh. könnte keine bedeutungsvollere Lage haben: Sie blickt hoch über dem Meer über die Karibik in Richtung des europäischen Mutterlands. Die verfallenen Überreste sind zwar nicht unbedingt ein eindrucksvoller Anblick, aber es ist dennoch ein Ort, der zum Nachdenken über die Mächte und Personen anregt, die die Geschichte des amerikanischen Kontinents geprägt haben.

15 Kanonen sind aufs Meer gerichtet und eine Plakette markiert die Stelle, an der der nordamerikanische Möchtegern-Eroberer William Walker hingerichtet wurde. Das Festungsmuseum zeigt Artefakte aus der Kolonialzeit und der Garifuna.

Grab von William Walker FRIEDHOF

GRATIS Der Stadtfriedhof liegt gleich westlich des Ortes, wo der Río Cristales ins Meer mündet. Hier befindet sich das Grab von

Trujillo

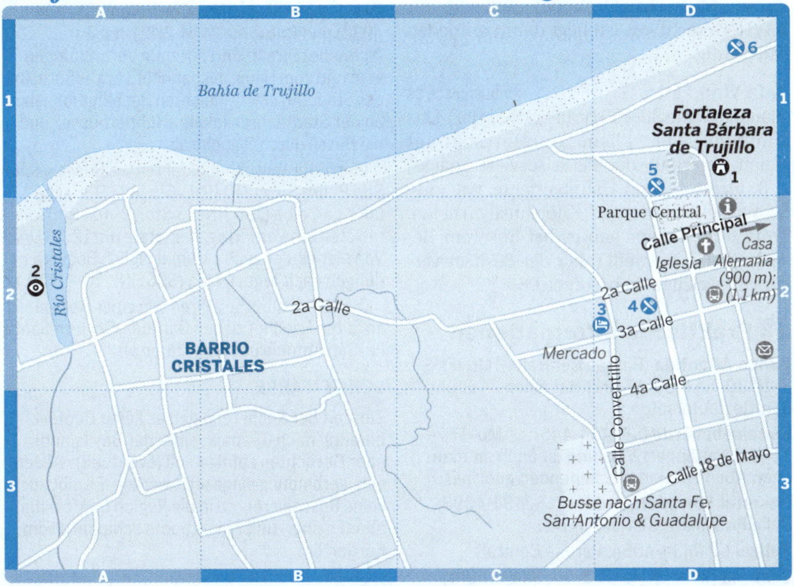

William Walker, der nach seiner misslungenen Eroberung Zentralamerikas in Trujillo starb.

Schlafen

Casa Alemania HOTEL $

(☎2434-4466; DZ ab 350 HNL; ❄📶🏊) Das nette Hotel des fröhlichen deutschen Besitzers Gunter Wassmus liegt am Strand gleich östlich des Zentrums von Trujillo. Die Zimmer sind modern, gut ausgestattet und preiswert und haben Bettzeug und Matratzen in guter Qualität. Im Hotelrestaurant werden gewaltige Portionen serviert (Mahlzeiten ab 80 HNL). Am Pool lässt es sich prima Faulenzen und es gibt einen kleinen Fitnessraum.

Hotel Emperador PENSION $

(☎2434-4446; Zi. mit/ohne Klimaanlage 500/250 HNL; ❄📶) Das Hotel gehört einem (etwas exzentrischen) einheimischen Historiker. Es hat zehn funktionale Zimmer an der Seite eines bemerkenswerten karibischen Gebäudes von 1787. Im angrenzenden Café scheint die Zeit stehen geblieben zu sein.

Essen

Billiges Essen gibt's im Stadtzentrum, feinere Restaurants am Strand.

Trujillo

Highlights
1 Fortaleza Santa Bárbara de Trujillo D1

Sehenswertes
2 Grab von William Walker A2

Schlafen
3 Hotel Emperador D2

Essen
4 Café & Sabores D2
5 Cafe Vino Tinto D1
6 Playa Dorada D1

Café & Sabores HONDURANISCH $

(Calle Principal; Hauptgerichte 60–80 HNL; ⏲Mo–Sa 6–20 Uhr; ❄) Auf nette Art altmodisches Diner-artiges Café mit gutem Frühstück (70 HNL) und stets fünf oder sechs Mittagsgerichten. Die exzellenten *licuados* kosten 20 bis 30 HNL. Hinten befindet sich ein Raum mit Klimaanlage.

Playa Dorada SEAFOOD $$

(Hauptgerichte 60–420 HNL; ⏲8–22 Uhr; 📶) Das große Strandlokal wird oft als bestes Fischrestaurant der Stadt gepriesen, aber tatsächlich sind die Speisen mal so mal so.

Wer sich an die herausragende *sopa de mariscos* (Meeresfrüchtesuppe) hält, die für 160 HNL recht gut ist, liegt damit auf jeden Fall richtig.

Café Vino Tinto HONDURANISCH $$
(Hauptgerichte 80–150 HNL; ⏲11–21 Uhr) Das stimmungsvolle kleine Gartenrestaurant gleich unterhalb der Plaza serviert Snacks, z. B. *pupusas*, und Hauptgerichte, wie gute Schweinekoteletts und Knoblauchgarnelen. Trotz des Namens gab es bei unserem Besuch keinen Rotwein (aber der Besitzer versprach, welchen zu besorgen).

Praktische Informationen

Banco Atlántida (Parque Central; ⏲Mo–Fr 8–16.30, Sa 8.30–12 Uhr) Hat einen 24-Stunden-Geldautomaten.

Einreisebehörde (☎2434-4451; ⏲Mo–Fr 7–17 Uhr) Verlängert Visa und ist auch an manchen Abenden und Wochenenden geöffnet.

Hospital Salvador Paredes (☎2434-4093; Calle Principal; ⏲24 Std.)

Polizei (☎2434-4054; Parque Central)

Post (4a Calle; ⏲Mo–Fr 8–16, Sa 8–11 Uhr)

SCL (3a Calle; pro Std. 20 HNL; ⏲Mo–Sa 7–17 Uhr; @) Ein paar Straßenblocks südlich des *parque*.

Touristeninformation (☎2434-3140; Parque Central; ⏲Mo–Fr 8–16 Uhr) Englisch sprechendes Personal (darunter das örtliche Original Nelson) ist hier behilflich.

An- & Weiterreise

Bitte beachten, dass die Straße zwischen Trujillo und La Ceiba Teil einer berüchtigten Drogenschmugglerroute nach La Moskitia ist. Es gibt hier daher viele Polizeikontrollpunkte.

ABSTECHER

LAGUNA DE GUAIMORETO

Das Wildreservat um eine große Lagune etwa 5 km östlich von Trujillo besteht aus einem verschachtelten Gewirr aus Wasserläufen und Mangrovenwäldern, ein Refugium für unzählige Vögel, Pflanzen und Tiere (darunter scheue Seekühe). Tausende von Zugvögeln machen hier zwischen November und Februar Station.

An der alten Brücke zwischen Trujillo und Puerto Castilla werden **Ruderboote** und **Kanus** verliehen (und sogar Leute, die sie paddeln). Ein zweistündiger Ausflug kostet etwa 250 HNL.

BUS

Zwei Busgesellschaften, **Contraibal** (☎2434-4932) und **Cotuc** (☎2444-2181), haben (schnelle) Direkt- und normale Verbindungen vom und zum Hauptbusbahnhof 1 km außerhalb der Stadt. An einem kleineren Busbahnhof näher an der Stadt fahren lokale „Hühnerbusse" und die Busse durch Olancho ab.

Vom Hauptbusbahnhof fahren die Busse nach San Pedro Sula (210 HNL, 6½ Std., 9-mal tgl.) über La Ceiba (130 HNL, 3 Std., 9-mal tgl.), die meisten am Vormittag, der letzte um 12.30 Uhr. Von hier gibt es auch zweimal täglich Busverbindungen nach Tegucigalpa (336 HNL, 10–11 Std.).

Die Regionalbusse fahren von einer Haltestelle am alten Friedhof zu den Garifuna-Dörfern Santa Fe, San Antonio und Guadalupe ab.

SCHIFF/FÄHRE

Zur Zeit der Recherche gab es keine Bootsverbindung nach Guanaja, einer der Bay Islands, aber Gerüchten zufolge soll (eventuell) wieder eine Verbindung eingesetzt werden. Es gibt auch keine Passagierboote in die Region La Moskitia, aber Fischer- und Frachtboote schippern vom Kai dorthin.

Unterwegs vor Ort

Eine Taxifahrt innerhalb der Stadt kostet 20 HNL.

Rund um Trujillo

Santa Rosa de Aguán

Das Tropennest taucht in Paul Theroux' Roman *Die Moskitoküste* auf, der später mit Harrison Ford in der Hauptrolle verfilmt wurde. Santa Rosa de Aguán liegt nur 40 km von Trujillo entfernt und vermittelt einen guten Eindruck von La Moskitia, wenn nicht genug Zeit oder Geld für das gesamte Gebiet vorhanden ist. Der Ort wurde 1988 vom Hurrikan Mitch schwer beschädigt, 44 Menschen ertranken. Obwohl sich das Dorf davon immer noch nicht ganz erholt hat, hat seine reizvolle Atmosphäre bis heute etwas von Zivilisationsgrenze. Wer von hier aus per Mietboot den Río Aguán hinauffährt, bekommt eventuell 3 m lange Alligatoren zu Gesicht.

Jedes Jahr findet ein **Garifuna-Festival** (22.–29. Aug.) statt. Zwei spartanische Hotels verlangen jeweils ca. 70 HNL. Täglich fahren fünf Busse von Trujillos Tankstellen-Terminal nach Santa Rosa de Aguán (36 HNL; 6.45, 10, 13, 15 & 16.45 Uhr). In der Gegenrichtung gibt's vier Verbindungen (5, 6, 10 & 15 Uhr).

BAY ISLANDS

Großartige Tauch- und Schnorchelmöglichkeiten locken Besucher aus aller Welt zu den drei Bay Islands (Islas de la Bahía) – **Roatán**, **Utila** und **Guanaja** – zwischen 25 und 50 km vor der honduranischen Nordküste. Ihre Riffe gehören weltweit zum zweitgrößten Wallriff nach dem australischen Great Barrier Reef und werden von Fischen, Korallen, Schwämmen, Rochen, Meeresschildkröten und sogar Walhaien bevölkert.

Die Inselbewohner haben afrikanische, karibische, europäische und andere Wurzeln. Hier wird hauptsächlich Englisch gesprochen, Spanisch ist die zweite Sprache. Auf Utila leben noch immer Nachfahren der ersten britischen Siedler (mit Namen wie Cooper und Thompson); auf Roatán gibt es das Garifuna-Dorf Punta Gorda. Hier trifft man auch viele Ausländer, die in Tauchläden und anderen touristischen Einrichtungen arbeiten.

Die Wirtschaft der Insel beruht überwiegend auf Tourismus, Fischerei, Krabben- und Hummerfang. Tauchen ist hier sehr erschwinglich, aber Unterkunft und Essen sind auf den Inseln teurer als auf dem Festland. Utila ist die preisgünstigste Insel (beliebt bei Backpackern), während Roatán schönere Strände und ein wunderschön bewaldetes Binnenland hat. Tauchangebote sind auch auf Guanaja gut, allerdings sind die Preise für die meisten Reisenden unerschwinglich. Wer sparen will, sollte nach kostenlosem WLAN suchen (die Preise in Internetcafés sind gepfeffert) und sich an Imbissbuden gewöhnen (Restaurants können sehr teuer sein). Und wer noch immer knapp bei Kasse ist, sollte sich Schnorchel und Maske leihen – das Riff selbst ist umsonst.

Regenzeit ist hier von Oktober oder November bis Februar. März und August sind die heißesten Monate; zu anderen Zeiten mildern Meeresbrisen die Hitze.

Geschichte

Die Bay Islands haben eine fesselnde Geschichte: Eroberung, Piraterie, koloniale Kabbeleien zwischen Spanien und Großbritannien und in jüngerer Zeit Einwanderung aus der Karibik und dem zentralamerikanischen Festland.

Ruinen auf allen drei Bay Islands deuten darauf hin, dass sie lange vor dem Eintreffen der Europäer besiedelt waren. Nachweise gibt es für Siedlungen der Maya, Pech (Paya) und Nahuatl sprechenden Menschen.

Christoph Kolumbus landete 1502 in Guanaja und versklavte viele Insulaner. Später nutzten Piraten, darunter Henry Morgan,

Bay Islands

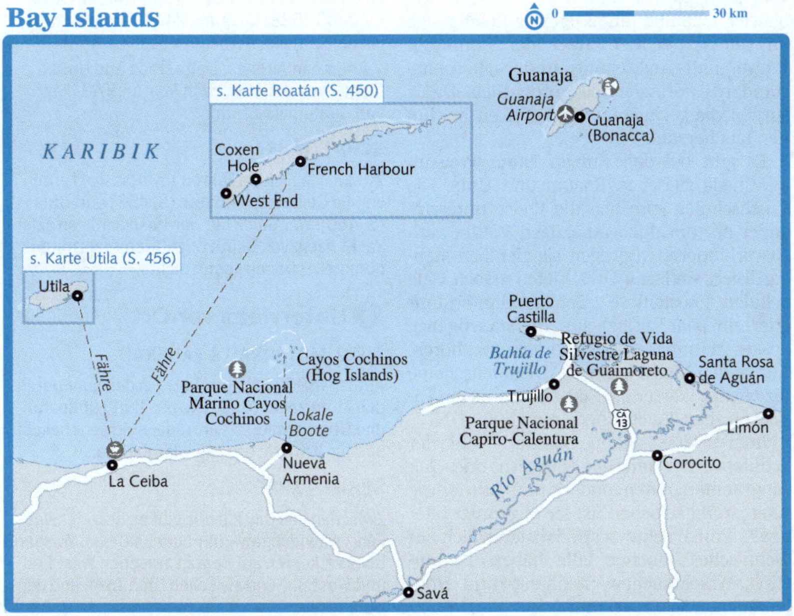

die Bay Islands als Stützpunkt für Überfälle auf goldbeladene spanische Schiffe.

1797 setzten die Briten Tausende schwarze Kariben auf Roatán aus. Sie ließen sich in Punta Gorda nieder, überlebten und mischten sich mit den Einheimischen. Einige Gruppierungen zogen aufs Festland und gründeten an der Küste Dörfer. So entstanden die Garifuna.

Im 19. Jh. trafen englischsprachige Siedler auf den Bay Islands ein, viele davon Schildkrötenjäger von den Cayman Islands. Die Inseln gehörten zur britischen Krone, bis sie 1859 durch einen Vertrag an Honduras abgetreten wurden. Doch erst in den letzten paar Jahrzehnten hat Tegucigalpa Schulbildung auf Spanisch durchgesetzt. Englisch, mit breitem karibischem Akzent, ist aber noch immer die bevorzugte Sprache der alteingesessenen Insulaner.

Kulturell sind die Inseln jedoch in vielerlei Hinsicht weitaus mehr an der Karibik und den USA als an Honduras orientiert.

Tauchen

Kurse für Tauchscheine gehören auf den Bay Islands zu den billigsten der Welt. Tauchschulen bieten neben Anfängerunterricht (Grundlagen plus ein paar Tauchgänge) auch komplette PADI-Kurse inklusive weltweit gültigem Schein an. Auch NAWI- und SSI-Kurse können absolviert werden. Die Tauchscheinkurse dauern in der Regel drei bis vier Tage und umfassen vier Tauchgänge im offenen Wasser. Trotz der günstigen Preise sind Ausrüstung und Sicherheitsstandards normalerweise ordentlich. Dafür spricht die geringe Unfallhäufigkeit bei hoher Taucherzahl.

Es gibt bei den Kursen kaum Preisunterschiede zwischen Roatán und Utila. Die Tauchschulen sprechen die Preise untereinander ab, um unbarmherzigen Wettbewerb zu verhindern, weswegen sie ziemlich standardisiert sind. Auf Utila bieten jedoch viele Schulen kostenlose Schlafsaalunterkunft oder ein paar zusätzliche Gratistauchgänge an – es ist immer gut, sich vorher umzuhören. Auf beiden Inseln kosten PADI-Tauchscheine für offenes Wasser um 5600 HNL und ein Paket von zehn Tauchgängen etwa 5000 HNL.

Interessierte sollten bei der Wahl der Schule vorher mit den Lehrern und den Angestellten reden und darum bitten, die Ausrüstung zu sehen (ist sie abgenutzt oder neu?). Einige Schulen spezialisieren sich auf technisches Tauchen, alle haben Tieftauchen, Wracktauchen, Steilhang- und Höhlentauchen im Programm.

Beide Inseln bieten eine wunderbare Meereswelt. Die flachen Korallen um Roatán sind in der Regel in besserem Zustand als um Utila. Aber Utila hat eine außergewöhnliche Trumpfkarte: Nordöstlich der Insel befindet sich ein unterseeischer Berg, der zu den besten Revieren gehört, um Walhaie zu entdecken.

Praktische Informationen

GEFAHREN & ÄRGERNISSE

Die Inseln sind im Allgemeinen sicherer als das Festland, allerdings ist die Kriminalität auf Roatán in den vergangenen Jahren gestiegen. Reisende sollten nicht vergessen, dass Honduras eines der ärmsten Länder der westlichen Hemisphäre ist und ein Smartphone oder Laptop für viele Leute hier eine Menge Geld – Zurückhaltung mit schicken Geräten ist also angesagt.

Moskitos und Sandmücken sind eine Plage, besonders in der Regenzeit. Reichlich Insektenschutzmittel und auch Medikamente gegen Malaria sind sinnvoll – die Krankheit ist auf Roatán ziemlich häufig. Auch Dengue-Fieber kommt vor.

An- & Weiterreise

FLUGZEUG

La Ceiba ist das Tor zu den Bay Islands. Es gibt von dort mehrmals täglich Direktflüge nach Roatán und Utila. Wer von San Pedro Sula fliegt, muss meistens in Ceiba umsteigen. Die Fluglinien sind Aerocaribe (S. 438), **Isleña/TACA** (☎2445-1088, Buchung 2443-0179; www.flyislena.com) und Aerolineas Sosa (S. 453).

American Airlines, Delta, Taca und United fliegen von den USA nach Roatán; TAG fliegt von Guatemala-Stadt.

SCHIFF/FÄHRE

Zweimal täglich verkehren zuverlässige Fähren von La Ceiba nach Roatán (S. 453) und Utila (S. 460). Wer Glück hat, wird vielleicht von einer Yacht nach/von Belize oder Guatemala mitgenommen – fragen kostet nichts.

Unterwegs vor Ort

AUTO, MOTORRAD & FAHRRAD

Autos (ab 900 HNL pro Tag) werden auf Roatán und Motorräder (600 HNL pro Tag) auf Roatán und Utila vermietet. Fahrräder sind sehr beliebt und für 100 HNL pro Tag billig in Utila.

SCHIFF/FÄHRE

Zwischen den Bay Islands gibt es derzeit keine Fährverbindungen – nur über La Ceiba. Wassertaxis verkehren auf Roatán zwischen West End und West Bay und zwischen Utila Town und den Utila-Inseln.

TAXI

Taxis verkehren überall auf Roatán. Die Preise für *colectivos* sind vertretbar (30–70 HNL), aber die für normale Taxis sind hoch (120–200 HNL). Auf Utila ist fast alles zu Fuß zu erreichen.

Roatán

53 200 EW.

Roatán ist die größte und erschlossenste der Bay Islands. Die Insel ist lang und schmal (50 km lang und nur 2 bis 4 km breit) und ein wahres Tauch- und Schnorchelmekka – praktisch die gesamte Küste ist von erstaunlich vielfältigen Korallenriffen voller tropischer Fische gesäumt.

Aber Roatán hat weitaus mehr zu bieten als sein Riff. Herrliche weiße Sandstrände wie in West Bay, ein bergiges Binnenland aus kiefernbewaldeten Hügeln und der abgeschiedene wilde Osten der Insel (einst ein wichtiges Piratennest) warten auf Erkundung.

Kein Wunder, dass auch Bauunternehmer und Touranbieter diese Naturschönheit entdeckt haben. Eine Menge schicker Resorthotels, ein neues Einkaufszentrum sowie ein Kreuzfahrtschiff-Hafen sind in den vergangenen Jahren entstanden.

Die überwiegende Mehrheit der Backpacker kommt in West End unter.

West End

West End ist ein idyllisches (wenn auch touristisches) Dorf nahe der Westspitze der Insel, das sich um zwei kleine, türkisfarbene Buchten erstreckt und von Kokospalmen gesäumt ist. Es ist der einzige Ort auf Roatán, wo nicht Pauschaltouristen, sondern unabhängige Reisende in der Mehrheit sind. Seine eigenwillige „Hauptstraße" ist gesäumt von Restaurants mit Meerblick, Boutiquen, die Sarongs und Schmuck verkaufen, Reggae-Bars und natürlich Tauchschulen.

Zwar sind die meisten Unterkünfte und Restaurants eher im mittelpreisigen Segment, aber es gibt auch einige gute Budgetoptionen und vor allem immer eine Gemeinschaft von Backpackern, um Kontakte zu knüpfen.

Sehenswertes

Roatán Marine Park WILDRESERVAT

(☎ 2445-4206; www.roatanmarinepark.com)

Die gemeinnützige Organisation Roatán Marine Park wurde 2005 zum Schutz der Riffe um West End und Sandy Bay gegründet, aber umfasst heute die gesamte Insel. Roatáns Riffe sind stark belastet, sowohl von Neubauten als auch von der schieren Masse der Besucher, und die Organisation setzt sich massiv dafür ein, die Meeresumwelt zu erhalten.

Vier Boote patroullieren an der Küste. Leute, die beim illegalen Fischen erwischt werden (Netze, Harpunen und Fallen sind verboten), erhalten Gefängnisstrafen. Zudem besuchen Beauftragte die einheimischen Schulen, um über das Riff und dessen Erhalt zu reden und Kinder zum Schnorcheln einzuladen.

Was Besucher tun können:

- Sie sollten mit einem Anbieter tauchen, der mit dem Marine Park verbunden ist. Die meisten Tauchschulen unterstützen die Organisation und verlangen freiwillig von allen Tauchern eine Meeresparkgebühr (100 HNL). Auf der Website des Marine Park steht ein Verzeichnis der Mitglieder.
- Sie sollten keine Fische oder Meeresfrüchte essen, die als gefährdet gelten. Die meisten ozeanischen Fische sind kein Problem, wohl aber Rifffische, Meeresschnecken und kleine Hummer. Einen fiesen Eindringling hingegen sollte jeder *unbedingt* mal im Restaurant probieren, nämlich den Feuerfisch, eine Fischart, die aus Asien eingedrungen ist (Kasten S. 452).
- Sie sollten unter Wasser niemals Korallen berühren.
- Sie sollten Schnorchelausrüstung oder landwirtschaftliche Produkte vom Hauptquartier des Roatán Marine Park in West End kaufen.

Strände & Schnorcheln

Die **Half Moon Bay**, die den nördlichen Teil von West End bildet, ist eine wunderbare, geschützte Sandbucht mit flachem Wasser. Die Schnorchelbedingungen sind hier gut, aber das Riff ist ein ganzes Stück von der Küste entfernt und es gibt eine Menge Bootsverkehr. Andere Plätze, wie das nahe West Bay, sind daher besser.

Verleiher von **Schnorchelausrüstungen** (100 HNL pro Tag) gibt es in West End reichlich: Wir empfehlen das Büro des Marine Park, da das Geld dort zum Schutz des Riffs beiträgt.

Aktivitäten

Tauchen

Roatáns gesamte Küste (vor allem die Westspitze) bietet Dutzende Tauchreviere, die oft nur ein paar Meter vom Ufer entfernt liegen.

ROATÁNS BESTE TAUCHSTELLEN

➡ **Green Outhouse** – Toll für den ersten Tieftauchgang des Tages mit vielen Meerestieren. Zwei Wände: Nach der ersten Wand (4,5–15 m) kommt die Hauptwand ab 18 m.

➡ **West End Wall** – Spektakuläre Steilwand, die ab 6 m senkrecht abfällt. Schöne Unterwasserwelt mit gesunden Gorgonien und vielen Kreolen-Lippfischen.

➡ **Texas** – Mächtige Fass- bzw. Vasenschwämme und Tiefsee-Gorgonien. Normalerwise starke Strömung sowie viele Barrakudas, Zackenbarsche und andere Meeresbewohner.

➡ **Mary's Place** – Viele tiefe Passagen und ein toller Hauptriss in der Wand, verursacht durch einen weggebrochenen Korallenvorsprung. Großartige Korallen und Schwärme von Atlantischen Spatenfischen im Riss.

➡ **Aguilar Wreck** – Etwas für jedermann: Riff, Sandboden, Röhrenaale, viele Blaue Papageienfische, gewaltige Zackenbarsche und eine Muräne. Der Tauchgang endet am artenreichen Flachriff.

Stellen wie Hole-in-the-Wall und Sponge Emporium machen Roatán zu einem echten Taucherparadies mit unendlicher Vielfalt und fast perfekten Bedingungen. Im Vergleich zu Utila sind die Tauchklassen hier kleiner und Roatáns flaches Riff ist in etwas besserem Zustand. Da sich die meisten Tauchreviere in Küstennähe befinden, bieten Roatáns Tauchläden meistens drei bis vier einmalige Tauchgänge pro Tag an. Auf Utila sind zwei zweimalige Tauchgänge die Regel. Zwischen den Shops bestehen kaum Preisunterschiede:

Ausbildung und Kurse im **Freitauchen** (ohne Geräte) werden jetzt auch in West End angeboten.

Native Sons TAUCHEN
(☎2445-4003; www.nativesonsroatan.com) Kurse beim einheimischen Lehrer Alvin Jackson mit 30 Jahren Erfahrung. Sehr beliebt bei Backpackern.

InnerSea TAUCHEN
(☎9561-0306; walidapnea@yahoo.fr; Splash Inn, West End) Spezialist für Freitauchen. Zu den 1-/3-Tages-Kursen für 2000/5000 HNL gehören Entspannungs- und Atemtechniken.

Ocean Connections TAUCHEN
(☎2327-0935; www.ocean-connections.com) Kleine Klassen; hat auch einen Tauchladen in West Bay.

Roatán Divers TAUCHEN
(☎9803-9389; dive@roatandiver.com) Die kleine Schule hat neue Ausrüstungen und eine freundliche Atmosphäre. Sie gehört Reno, einem Inselbewohner mit über 5000 Tauchgängen auf dem Buckel.

Reef Gliders TAUCHEN
(☎8413-5099; www.reefgliders.com; neben dem Purple Turtle) Schule unter US-amerikanischer Leitung, die sehr auf Sicherheit und Naturschutz achtet.

Tyll's Dive TAUCHEN
(☎9698-0416; www.tyllsdive.com) Ein lässiger, freundlicher Tauchladen an der Hauptstraße.

West End Divers TAUCHEN
(☎2445-4289; www.westenddivers.com) Der stets beliebte Tauchladen richtet sich eher an jüngere Leute.

Tiefsee-U-Boot

Roatán Institute of Deep Sea Exploration ABENTEUERTOUR
(☎3359-2887; www.stanleysubmarines.com; 2-Pers.-Tauchgang ab 17 800 HNL) Karl Stanley leitet das grandios benannte Roatán Institute of Deep Sea Exploration und bietet eine von Roatáns ungewöhnlichsten Aktivitäten an. Der höchst erfindungsreiche, engagierte Stanley ist seit seinem neunten Lebensjahr von U-Booten fasziniert. Inzwischen verdient er Geld mit seiner Leidenschaft bzw. seinem selbst entworfenen und gebauten Tiefsee-Tauchboot. Er ist Protagonist des Dokumentarfilms *A View from Below* (www.aviewfrombelow.com).

Stanley bringt Passagiere in seinem kleinen gelben U-Boot in Tiefen, in die kein Licht mehr vordringt (bis zu 300, 450 oder 600 m). Wagemutige sehen dort unten außerordentliche Meereslebewesen – beispielsweise den geheimnisvollen Sechskiemerhai. Stanley gibt freimütig zu, dass man den Trip auf eigene Gefahr unternimmt. Doch keine

Sorge: Seine über 1400 Tauchfahrten sind bislang völlig unfallfrei verlaufen.

Reiten

Roatáns überraschend grünes, sanft gewelltes Innere lässt sich gut hoch zu Ross erkunden.

El Rancho Barrio Dorcas REITEN

(☎9687-1067; www.barriodorcasranch.com) Gut organisierte Ausritte am Strand kosten 800 HNL pro Person. Auch Ausritte bei Vollmond (1000 HNL pro Pers.) sind möglich.

Schlafen

Budgetunterkünfte gibt es nur wenige in West End. Einige preisgünstige Unterkünfte sind an Tauchschulen gebunden. Wer also einen Kurs bucht, erhält ein Zimmer zu ermäßigtem Preis.

★ **Buena Onda** HOSTEL $

(☎9770-0158; www.hbuenaonda.com; B/DZ 200/300 HNL; 📶) Das hervorragende neue Hostel eines freundlichen, weltläufigen spanischen Globetrotters hat stilvolle Schlafsäle mit wunderbaren Bambusbetten, guten Matratzen, Schließfächern und riesigen Gemälden. Das Herzstück des Hostels ist eine tolle Wohnküche mit Poolbilliard und Sofas – klasse, um in Kontakt zu kommen. Jeden Samstag wird gegrillt, es gibt Leihfahrräder, Heißwasser rund um die Uhr, eine Sonnenterrasse, Aktivitäten wie Yoga und tolle Reiseinfos.

Chillies HOSTEL $

(☎2445-4003; www.nativesonsroatan.com/chillies.htm; Half Moon Bay; B/DZ 200/440 HNL, Hütten mit/ohne Bad 640/520 HNL; 📶) Das Hostel wird von einer liebenswerten, freundlichen Familie betrieben (der auch die Tauchschule Native Sons gehört) und war schon immer sehr beliebt, aus gutem Grund. Die preisgünstigen Zimmer und Schlafsäle im Haupthaus sind beengt, aber sauber und ordentlich. Wer etwas mehr ausgeben mag, kann sich eine der hübschen Hütten hinten auf dem Gelände mieten – ideal für Paare. Es gibt auch eine Gästeküche. Die Schlafsaalbetten und billigeren Zimmer können übrigens nicht reserviert werden.

Georphi's Tropical Hideaway HÜTTEN $

(☎2445-4205; www.roatangeorphis.com; B 200–300 HNL, Zi. mit/ohne Bad 700/500 HNL, Hütten ab 800 HNL; ❄@📶) Die sechseckigen Holzhütten auf einem schattigen, ausgedehnten Gelände liegen gleich hinter dem Restaurant Rudy's.

Alle abgeschirmten Hütten sind robust, aber einfach – einige mit Küche – und alle haben eine eigene Veranda mit Hängematten. Die Gemeinschaftsküchen sind winzig, aber funktional, Heißwasser gibt's rund um die Uhr. Ein großes Plus ist das unbegrenzte (und recht schnelle) Internet.

Casa del Sol HOTEL $$

(☎2445-4218; www.casadelsolroatan.com; Zi. 800–1000 HNL, Studio mit Küche 1300 HNL; ❄@📶) Das Haus direkt am Eingang von West End vermietet verschiedene Zimmer in mexikanischen Farben und mit handbemalten Porzellanwaschbecken. Die Studios haben Platz für vier Personen und sind mit großen Badewannen ausgestattet. Klimaanlage gibt es für 100 HNL zusätzlich.

Posada Arco Iris HOTEL $$

(☎2445-4264; www.roatanposada.com; EZ/DZ/3BZ mit Ventilator 840/960/1080 HNL, Apt. ab 1320 HNL; ❄@📶) Das schöne, von Argentiniern geführte Hotel auf einem schattigen Grundstück hinter der Half Moon Bay hat sehr schön ausgestattete Zimmer und Apartments mit Küchen, die alle mit Webarbeiten und folkloristischer Kunst aufgehübscht sind.

Für Gruppen kann es halbwegs preisgünstig werden; mit Klimaanlage und Meerblick wird es teurer. Gäste können Kajaks umsonst benutzen. In der Nebensaison sinken die Preise um 20 %.

Land's End Resort HOTEL $$

(☎9817-8994; www.landsendroatan.com; EZ/DZ mit Frühstück & Klimaanlage 1040/1200 HNL, mit Meerblick ab 1600 HNL; ❄📶🏊) Das wunderbare, anspruchsvolle Hotel zur Meerseite hat auch ein paar billigere Zimmer ohne Meerblick, die aber immer noch gut für den Preis sind.

Gäste haben Zugang zum Meerwasser-Infinity-Pool, zum Bar-Restaurant und zum Riff – und sind dennoch nur zehn Minuten zu Fuß vom Geschehen in West End entfernt.

Posada Las Orquideas HOTEL $$

(☎2445-4387; www.posadalasorquideas.com; EZ/DZ mit Ventilator 840/960 HNL, mit Küche 1311/1425 HNL; P❄@) Steht unter derselben Leitung wie die Posada Arco Iris und entspricht ihr in puncto Ausstattung, Preisstruktur und geschmackvollem Dekor. Allerdings liegt das Haus im Vergleich dazu einsamer und hat

Roatán

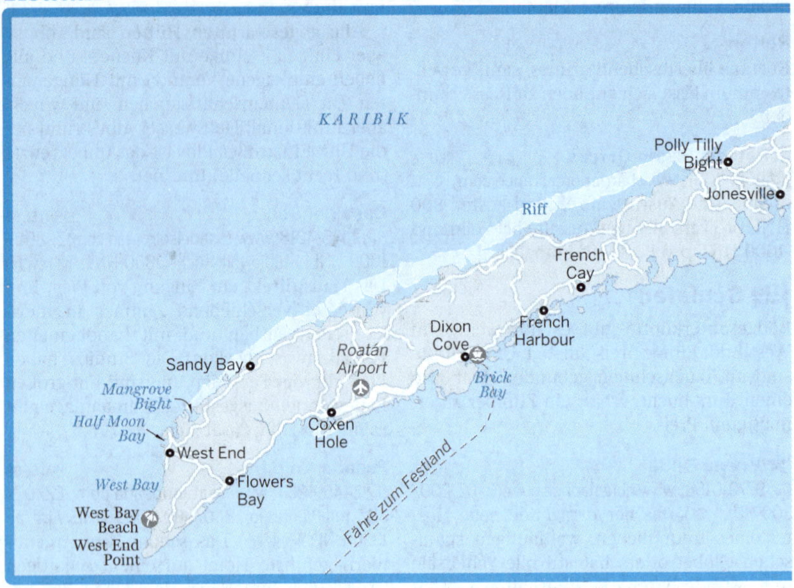

einen Anlegesteg ausschließlich für Gäste, der in die hübsche Gibson Bay hineinragt.

Es liegt fünf Minuten zu Fuß nördlich der Half Moon Bay.

Essen

Essen ist in West End teuer. Vor allem bei Gruppen lassen sich die Verpflegungskosten über Unterkünfte, die mit einer Küche ausgestattet sind, senken.

Gute Imbissläden sind u. a. **Keith's BBQ** (Hauptgerichte 100 HNL; ⌚ Do & So 7–18 Uhr) am Strand der Half Moon Bay, der Grillfleisch und -fisch serviert (auch Wahoo), **Tacos Al Pastor** (Hauptgerichte 100 HNL; ⌚ Mo–Do 18–24, Fr & Sa bis 3 Uhr) gegenüber der Baptistenkirche und am billigsten von allen sind die **Baleada Ladies**, die an verschiedenen Stellen an der Hauptstraße Weizenmehl-Tortillas für 20 bis 40 HNL pro Stück verkaufen.

Earth Mama's CAFÉ, INTERNATIONAL **$$**
(www.earthmamasroatan.com; Mahlzeiten 120–170 HNL; ⌚ Di–So 8–16 Uhr) Das Café, das wie ein versteckter Garten etwas abgelegen liegt, bietet einfallsreiche Gerichte, wie herzhafte Crêpes mit Räucherspeck zum Frühstück und Limonengarnelen mit Tomaten und Koriander zum Mittagessen. Eine unglaubliche Smoothieauswahl gibt es ebenfalls. Die Preise sind happig (auf zusätzliche Steuern für Essen, Getränke und Verkauf achten), dafür ist die Qualität aber auch hoch und das Ambiente ist wunderbar (Papageien hocken oft oben in den hohen Bäumen).

Creole's Rotisserie Chicken HONDURANISCH **$$**
(Hauptgerichte 100–190 HNL; ⌚ 15–22 Uhr) Eine einfache Inselinstitution, die bei hier lebenden Gringos und auch Einheimischen beliebt ist und exzellente Grillhühnchen nach Inselart (ein Viertel kostet 120 HNL) sowie Garnelen und Fischgerichte serviert. Zur Wahl stehen acht verschiedene Beilagen (z. B. Kokosnussreis und Möhrensalat) zum Hauptgericht. Mit einem Stück Rumkuchen zum Nachtisch ist dann alles paletti. Viel Platz ist hier nicht: Gegessen wird auf einer offenen Veranda zum Strand raus.

Cindy's Place HONDURANISCH **$$**
(Snacks/Mahlzeiten ab 70/100 HNL; ⌚ 8–17 Uhr) Das gute honduranische Lokal ist freundlich und billig mit einem verlockenden Speisenangebot und einer erstklassigen Lage an der Hauptstraße mit Blick aufs Meer. Das Sandwich mit Schinkenspeck und Ei ist ein ungemein beliebtes Schnellfrühstück für Taucher.

Cannibal Café MEXIKANISCH, INTERNATIONAL **$$**
(Hauptgerichte 70–230 HNL; ⌚ Mo–Sa 10–22.30 Uhr; 🖉) Die Spezialität des lässigen

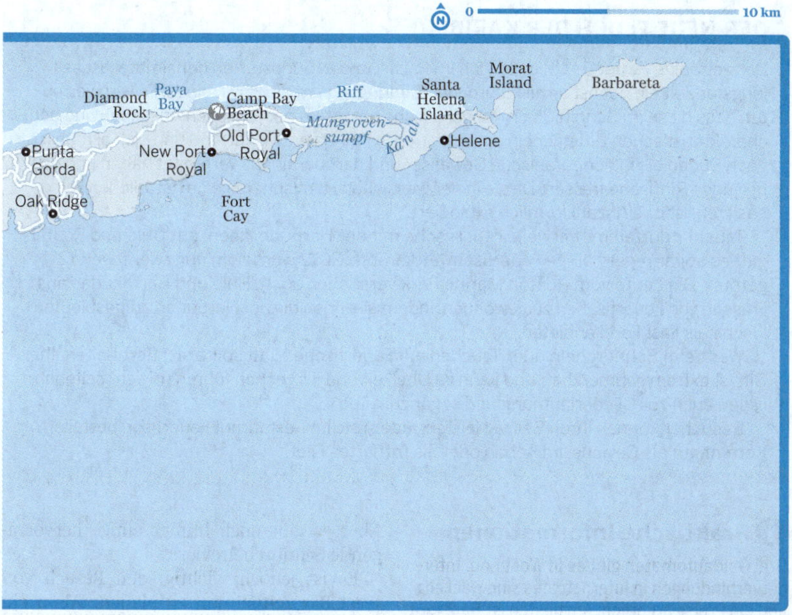

mexikanischen Lokals sind echt große Tacos. Alles auf der Speisekarte gibt's auf Wunsch auch in der vegetarischen Variante. Wein wird ebenfalls angeboten, ob glas- oder flaschenweise.

Rudy's HONDURANISCH, INTERNATIONAL $$
(www.roatangeorphis.com/restaurant; Mahlzeiten 80–230 HNL; ⌚So–Fr 6–17 Uhr; 📶) Berühmt für das Frühstücksangebot mit viel Obst, Müsli und Pfannkuchen und schöne Aussichten auf die Wellen gibt's auch.

Lighthouse Restaurant SEAFOOD, INTERNATIONAL $$$
(Hauptgerichte 115–330 HNL; ⌚7.30–22 Uhr) Das Restaurant in einem traditionellen karibischen Holzhaus, das in die Bucht hineinragt, ist das perfekte Ambiente für ein unvergessliches Essen mit Meerblick zu drei Seiten. Spezialität sind Meeresfrüchte wie gegrillter Fisch, Garnelen und Hummer. Zum Frühstück und Mittagessen werden billigere Gerichte angeboten.

Ausgehen & Unterhaltung

In der Hauptstraße von West End gibt es reichlich Bars mit Livemusik oder DJs. Foster's, das in die Bucht hinausragt, hat bei Weitem die beste Lage, aber die Besitzer wechseln dauernd.

Blue Marlin BAR
(www.bluemarlinroatan.com; ⌚Mo–Do 12–24, Fr & Sa bis 2, So bis 22 Uhr) Sehr geselliges und freundliches Bar-Restaurant mit herrlichem Blick auf den Sonnenuntergang von der hinteren Veranda. Eine gute Gästemischung aus Einheimischen, Expats und Besuchern. Freitags wird Livemusik und donnerstags Karaoke (oh, nein!) geboten. Zur Happy Hour (16–18 Uhr) gibt es zwei Cocktails zum Preis von einem.

Cafe Escondido CAFÉ, BAR
(⌚Do–Sa & Mo 7.45–15, So 7.45–20 Uhr) Die nette Café-Bar Escondido über dem West End Divers hat eine wunderbare, luftige Balkonveranda mit schönem Hafenblick, Zeitschriften zum Blättern und Sofas zum Faulenzen. Tagsüber ist es hier nett für einen Espresso oder ein Bier zum Relaxen. Am Sonntagabend gibt es Livemusik (Funk/Reggae/Acoustic).

Sundowners BAR
(⌚11–21.30 Uhr) Die offene Strandbar ist *der* Expat-Treff in Roatán, wo sich ab mittags immer ein paar grauhaarige alte Gestalten auf den Barhockern breitmachen. Auch für Backpacker ist die Bar ein Treffpunkt, trotz der altmodischen Musik. Und deftige Bargerichte werden ebenfalls serviert.

DER NEUE FLUCH DER KARIBIK

Der gefräßige **Feuerfisch**, eigentlich im Pazifik und in Südostasien beheimatet, ist seit jüngster Zeit ein höchst unwillkommener Eindringling um die Bay Islands. Es wird vermutet, dass diese im Schnitt 35 cm langen Fische mit ihrem bedrohlichen Aussehen und den charakteristischen Giftstacheln aus Aquarien in Florida entwischt sind und sich allmählich nach Süden bis in honduranische Gewässer und darüberhinaus verbreitet haben und dabei junge Rifffische fressen. Da sie in der westlichen Hemisphäre keine natürlichen Feinde besitzen, ist ihre Anzahl förmlich explodiert.

Taucher dürfen mittlerweile Feuerfische mit der Harpune jagen; auf Utila und Roatán gibt es sogar regelmäßige Feuerfischwettkämpfe. 2012 wurden in nur zwei Tagen 1211 getötet. Die Leute vom Roatán Marine Park versuchen auch, Haie und Barrakudas ans Fressen von Feuerfischen zu gewöhnen, indem sie ihnen die auf Harpunen aufgespießten Fische als Fast Food anbieten.

Wer beim Schnorcheln oder Tauchen auf Feuerfische trifft, sollte sich fernhalten. Ihr Gift ist extrem schmerzhaft und kann zu Übelkeit und Erbrechen führen (in sehr seltenen Fällen auch zur Gliederlähmung und sogar zum Tod).

Besucher können ihren Beitrag leisten, indem sie im Restaurant Feuerfisch bestellen: Kommt gut als Ceviche, im Kebab oder als frittiertes Filet.

Praktische Informationen

Drei Geldautomaten gibt es in West End. Internetverbindungen in Internetcafés sind wackelig und die Preise ärgerlich: Am besten ist **Barefoot Charlie's** (gegenüber Foster's Bar; ⏲9–21 Uhr), das auch eine Bücherbörse hat. Zum Glück verbreitet sich immer mehr kostenloses WLAN. Die beste Arztpraxis in der Gegend befindet sich im Anthony's Key Resort in Sandy Bay.

West Bay

Man stelle sich einen karibischen Traum vor: ein paradiesischer Strand aus weißem, pudrigem Sand, gesäumt von Kokosnusspalmen und mit einem himmelblauen Meer bis zum Horizont. West Bay ist dieses Traumbild (aber bitte die Warnung vor Kreuzfahrtschiffen weiter unten beachten).

Vor zwanzig Jahren war dies tatsächlich noch ein unberührter Strand, wo Backpacker in der absolut ursprünglichen und majestätischen Natur schwelgten. Doch die Zeiten haben sich geändert und eine Reihe von (ziemlich langweiligen) Resorthotels lauern nun hinter den Palmen und Küstenkiefern. Aber wer zum südlichsten Ende des kilometerlangen Strands nahe den vulkanischen Felsen marschiert, in denen sich große, schwarze Leguane verbergen, wird kaum einen schöneren Ort in Honduras finden, um wahres Strandleben zu genießen.

Der herrliche **Korallengarten** vor der Küste ist in den vergangenen Jahren in Mitleidenschaft gezogen worden, da unerfahrene Schnorchler über die Korallen stapften. Aber es gibt noch immer einige hervorragende Schnorchelreviere.

Es ist jedoch wichtig, den Besuch von West Bay zeitlich gut zu planen: Wenn ein **Kreuzfahrtschiff** die Insel ansteuert, können bis zu 5000 Menschen auf das arme West Bay losgelassen werden. Für Sonnenliegen, die sonst 100 HNL kosten, werden dann 500 HNL verlangt.

Am Strand gibt es keine Restaurants mit backpackerfreundlichen Preisen. Am besten bringt jeder sein eigenes Essen mit oder deckt sich in den Läden hinter dem Strand ein. **Java Vine** (Sandwiches ab 110 HNL, Wein ab 105 HNL; ⏲Mo–Fr 7.30–14, Sa & So 7.30–14 & 17–20 Uhr) z. B. hat gute Sandwiches, Kuchen, Kaffee und Wein.

West Bay ist von West End zu Fuß zu erreichen. Da es aber gelegentliche Überfälle gegeben hat, ist es besser, ein *colectivo*-Wassertaxi (pro Pers. & Strecke 50 HNL, 10 Min.) zu nehmen, die den ganzen Tag über regelmäßig verkehren.

Sandy Bay

Sandy Bay, etwa 4 km nordöstlich von West End, ist ein ruhiges kleines Dorf, das bei Expats beliebt ist. Hier befinden sich auf einem naturgeschützten Hang die **Carambola Botanical Gardens** (☎2445-3117; www.carambolagardens.com; 200 HNL; ⏲8–17 Uhr). Der botanische Garten hat mehrere Naturwanderwege voller Orchideen, Gewürzpflanzen, eine „Leguanwand" und zahlreiche umherwandernde Agutis (eine Nagetiergattung).

Das **Tranquil Seas** (www.tranquilseas.com; Sandy Bay; Mahlzeiten 180–350 HNL; ⌚7.30–22 Uhr) am Meer gehört einem britisch-spanischen Paar und lohnt einen Besuch, falls man gerade in der Gegend ist. Dienstags gibt es hier authentische „Tapas und Musik" und ansonsten exzellentes, wenn auch teures Essen.

Coxen Hole

Coxen Hole ist der größte Ort auf Roatán, mit Behörden, Banken und der Post. Der Flughafen liegt gleich außerhalb der Stadt, aber ansonsten ist er für Reisende kaum interessant.

French Harbour

French Harbour ist eine wichtige Hafenstadt mit einer großen Fisch-, Krabben- und Hummerfangflotte, hat aber ansonsten nichts zu bieten, außer dem kuriosen Reiz der **Arch's Iguana Farm** (☎2455-7743; www.archsiguanaandmarinepark.com; Eintritt 160 HNL; ⌚9–16 Uhr) in French Cay gleich außerhalb der Stadt. Es ist weniger eine Farm, sondern mehr das Haus eines echten Leguanliebhabers: Wohin man auch schaut, sind Leguane zu sehen, um die 4000 insgesamt – auf der Einfahrt, in den Bäumen, überall.

Oak Ridge

Oak Ridge ist eine weitere vernachlässigte Hafenstadt an der Ostseite von Roatán. Sie schmiegt sich an einen geschützten natürlichen Hafen, wo hölzerne Pfahlbauten das Wasser säumen. Wassertaxis bieten Touren durch die Mangrovenkanäle nach **Jonesville** an, einem kleinen Ort in einer benachbarten Bucht. Eine einstündige Bootstour kostet 500 HNL (für bis zu 8 Pers.).

Far East

Östlich von Oak Ridge führt eine unbefestigte Straße durch eine irrsinnig schöne Landschaft, wo der bewaldete Rücken der Insel sich über einige abgelegene Buchten, Strände und Mangroven erhebt. Es gibt Abzweigungen zur Garifuna-Siedlung **Punta Gorda** und dem alten Piratennest **Port Royal**, aber die Hauptattraktion ist der hinreißende **Camp Bay Beach** an der Nordküste – ein wunderbarer, praktisch unerschlossener Streifen aus hellem Sand. Hier befindet sich **La Sirena** (Camp Bay; Mahlzeiten 150–300 HNL; ⌚11–20 Uhr), eine einsame Hütte auf Pfählen, in der es so ziemlich die besten Meeresfrüchte der Insel gibt.

Ein kleines Stück weiter nach Osten folgt der dichte Kiefernwald des **Port Royal National Park**, wo das **Lost Moose** (☎3342-6094; www.lostmooseguesthouse.com; Port Royal; DZ 1100 HNL; 📶) hoch oben auf einem Hügel mit Blick auf die Südküste eine herrlich abgeschiedene Unterkunft bietet. Es hat WLAN und serviert hervorragendes hausgemachtes Essen.

Busse fahren regelmäßig bis nach Oak Ridge, von wo es zu Fuß weiter nach Osten geht.

ℹ Praktische Informationen

GEFAHREN & ÄRGERNISSE

Roatán ist im Allgemeinen ziemlich sicher. Es kam jedoch gelegentlich am Strandweg zwischen West End und West Bay zu Überfällen. Coxen Hole ist bei Nacht keine gute Gegend, auch sollte niemand an den Hauptstraßen außerhalb der Stadt nach Einbruch der Dunkelheit trampen oder auf ein Taxi warten – Raubüberfälle sind nicht unüblich.

ℹ An- & Weiterreise

FLUGZEUG

Roatáns **Aeropuerto Juan Ramón Galvez** (☎2445-1880) liegt nur ein kurzes Stück östlich von Coxen Hole.

Isleña/TACA (☎2445-1088; www.flyislena.com), **Aerolineas Sosa** (☎2445-1154; www.aerolineassosa.com) und AeroCaribe (S. 438) haben Schalter auf dem Flughafen von Roatán; sie fliegen täglich zwischen Roatán und La Ceiba (1020–1485 HNL pro Strecke). **CM Airlines** (☎9522-5304; www.cmairlines.com) fliegt von Tegucigalpa (1380–2014 HNL).

Es gibt mehrere internationale Flugverbindungen mit Roatán: American Airlines fliegt nach Miami, Delta nach Atlanta, Taca nach Miami, United nach Houston und Newark. In der Saison verkehren Charterflüge von Sunwing von Montreal und Toronto in Kanada. TAG fliegt von Guatemala-Stadt.

SCHIFF/FÄHRE

Die **Galaxy Wave** (☎2445-2265; www.roatanferry.com; einfach normal/1. Klasse 574/674 HNL; ⌚Ticketbüro 5.30–15.30 Uhr) ist ein schnittiger, komfortabler Katamaran, der zwischen Roatán und La Ceiba verkehrt. Er fährt vom Anleger in Dixon Cove um 7 und 14 Uhr ab und kehrt von La Ceiba um 9.30 und 16.30 Uhr zurück. Es gibt keine direkte Verbindung von Roatán nach Utila.

ANREISE NACH WEST END

Zum/Vom Flughafen

Taxis verlangen 350 HNL nach West End. Wer ein Stück zu Fuß bis zur Hauptstraße geht, findet billigere Verkehrsmittel: *colectivos* kosten 35 HNL nach Coxen Hole, von dort weiter nach West End 20 HNL.

Zum/Vom Dixon Cove Pier

Es gibt keine Direktverbindung per *colectivo* zwischen Dixon Cove und West End. Von der Fähre sind es 150 m zu Fuß bis zur Hauptstraße, wo *colectivos* nach Coxen Hole (40 HNL), dann weitere nach West End (20 HNL) fahren. Offizielle Taxis vom Fährhafen kosten 500 HNL nach West End.

Unterwegs vor Ort

AUTO & MOTORRAD

Captain Van's (s. unten) in West End verleiht Motorroller (780 HNL pro Tag), Motorräder (1100–1200 HNL) und Autos (ab 1100 HNL).

BUS

Roatán hat zwei Buslinien, beide fahren in Coxen Hole nahe dem Supermarkt HB Warren ab. Eine Linie fährt nach Westen und verbindet Coxen Hole mit Sandy Bay (15 HNL, 20 Min.) und West End (20 HNL, 30 Min.). Die zweite Linie fährt von Coxen Hole nach Osten über den Flughafen, Dixon Cove, French Harbour bis nach Oak Ridge (40 HNL, 1 Std.).

Die Busse verkehren von 6 bis 17.30 Uhr alle 20 bis 30 Minuten.

FAHRRAD

Captain Van's (☎2445-4076; www.captainvans.com; West End; ⌚8–16 Uhr) in West End verleiht Fahrräder für 200 HNL pro Tag.

SCHIFF/FÄHRE

In West End fahren ab der Hauptstraße *colectivo*-Boote nach West Bay (pro Pers. 50 HNL, das letzte in jeder Richtung fährt gegen 17 Uhr), allerdings erst, wenn sie voll sind.

TAXI

Taxis fahren auf der ganzen Insel. Wie überall in Honduras sollte der Preis vor der Fahrt vereinbart werden. Viele Taxis sind tagsüber *colectivos* mit sehr annehmbaren Preisen – von West End zum Flug- oder Fährhafen kosten sie 45 bis 55 HNL pro Person. Wichtig ist, dass der erste Passagier mitteilt, dass er *colectivo* fahren will.

Utila

3100 EW.

Utila ist in der Backpackerwelt berühmt als der beste Ort Lateinamerikas, um Tauchen zu lernen. Die sehr eigenwillige Insel besitzt ein einzigartiges Erbe: Bewohner britischer und afrikanischer Abstammung und direkte kulturelle Einflüsse aus Jamaika und dem zentralamerikanischen Festland.

Beim Bummel über die Hauptstraße der Insel sind aus den Tanzlokalen irrsinnige Reggaebässe zu hören, ältere, englisch aussehende Paare genießen in ihren Schaukelstühlen die Abendbrise und Dominospieler fechten die härtesten Wettkämpfe diesseits von Kingston aus.

Utila ist klein – etwa 13 km lang und 5 km breit – und abgesehen von einem kleinen Hügel flach. Praktisch die gesamte Bevölkerung lebt in einem einzigen Ort, in Utila Town an einer gebogenen Bucht mit nur zwei kleinen Stränden und ein paar winzigen Inselchen vor der Südwestküste.

Heute lebt Utila vom Riff. Über ein Dutzend Tauchschulen sind hier angesiedelt und es gibt diverse Tauchreviere rund um die Küste. Walhaie lassen sich regelmäßig um die ganze Insel blicken und sind eine große Attraktion.

Utila ist ein bisschen rustikal, kein geschniegeltes karibisches Paradies. Für eine solch kleine Insel hat Utila jedoch ein nervendes Verkehrsproblem: Eine ständige Flut aus Motorrädern, Quads, Motorradtaxis und Pick-ups wälzt sich über die zwei Straßen der Insel. Und ein weiteres großes Problem ist der Müll.

Sehenswertes

Iguana Research & Breeding Station TIERZUCHTSTATION
(www.utila-iguana.de; Eintritt 60 HNL; ⌚Mo–Fr 9.30–12 & 13.30–17 Uhr) Das Zentrum östlich der Mamey Lane erforscht und schützt den hoch gefährdeten Utila-Leguan (Schwarzleguan), der in den Mangrovenwäldern lebt. Besucher bekommen hier viele dieser faszinierenden, stachelschwänzigen Viecher zu Gesicht. Auch Freiwilligenarbeit ist jederzeit möglich und es werden vier Touren über die Insel angeboten (u. a. zu Fledermaushöhlen – s. Naturführungen S. 456).

Utila Art Space KULTURZENTRUM
(Cola de Mico Rd; ⌚Mo–Fr 14–18 Uhr GRATIS Die Einheimischen nennen das erstaunliche Gaudíeske Gebäude (vom Besitzer der Bar Tree-

tanic entworfen) ein „Museum“, aber es ist eigentlich ein Kulturzentrum mit Aktivitäten für die Insulaner und besonders für Kinder. Besucher und Freiwillige sind herzlich dazu eingeladen, bei den Workshops für Kunst, Bildhauerei und Musik auszuhelfen. Auch gibt es hin und wieder Veranstaltungen.

Strände & Inseln

Die meisten Leute kommen zum Tauchen nach Utila, aber wen es nur zum Strand zieht, kann sich zum **Chepes Beach** aufmachen, einer netten, wenn auch kleinen Bucht mit Palmen, weißem Sand sowie einigen Strandbars und Imbissbuden. Sie liegt am westlichsten Ende der Hauptstraße. Ein Stück weiter draußen kann man auch ganz gut schnorcheln.

Mehrere Inseln vor der Südwestküste Utilas eignen sich gut für einen netten Tagesausflug. Auf **Jewel Cay** und **Pigeon Cay**, die durch eine kleine Brücke miteinander verbunden sind, befindet sich ein reizendes Dörfchen mit den besten Fischburgern von Honduras und einem Kajakverleih. **Water Cay** ist ein schönes, unbewohntes Inselchen mit Kokospalmen und einem guten Schnorchelrevier vor der Südostecke. Hier findet jeden August Utilas Sun Jam mit DJs aus der ganzen Welt statt, die dann für 1500 Leute auf einer wilden Party House und Techno auflegen. Ansonsten ist die Insel aber herrlich beschaulich.

Ausflüge zu den Inseln kosten zur Jewel und Pigeon Cay um die 600 HNL (hin & zurück) und zur Water Cay um die 1000 HNL für bis zu vier Personen.

Aktivitäten

Tauchen

Utila hat einige erstklassige **Tauchreviere**. Vor der Nordküste gibt es eine spektakuläre Steilwand und reichlich Meeresgetier wie Rochen und Haie sowie meist eine exzellente Sichtweite. Es ist hier super zum Strömungs- und Tieftauchen.

Die Reviere an der Südseite sind mit ihrem flacheren Wasser eher für Anfänger geeignet, aber die Korallen sind nicht in so unberührtem Zustand. Um den Unterwasserberg gibt es oft die meisten Meerestiere, z. B. Schwärme von Pferdemakrelen. Das Wrack der *Halliburton 211* ist ein Kick für Tieftaucher.

Utila ist zu Recht berühmt für die prachtvollen **Walhaie**, die sich hier das ganze Jahr über aufhalten (Kasten S. 458).

Die meisten Tauchläden beginnen jeden oder jeden zweiten Tag einen Kurs, viele auch in verschiedenen Sprachen. Die Preise unterscheiden sich kaum, daher empfiehlt es sich, vor der Anmeldung mit den Tauchlehrern zu reden. Sicherheit und Naturschutz sind am wichtigsten – daher sind Tauchschulen, die Mitglied im UDSEC (Utila Dive Safety & Environment Council) sind, am besten. Die meisten Schulen bieten kostenlose oder ermäßigte Unterkunft für Kursteilnehmer.

PADI-Kurse im offenen Meer dauern drei oder auch vier Tage und kosten von 5360 bis 6180 HNL, einschließlich einer Riffgebühr von 58 HNL pro Tag, die zur Pflege der Bojen und Korallen dient. Ein Paket aus zehn Tauchgängen kostet 5000 HNL.

Kurse und Training im (gerätelosen) **Apnoetauchen** werden in Utila in Gunter's Dive Shop angeboten.

Utila Dive Centre TAUCHEN
(UDC; ☎2425-3326; www.utiladivecentre.com) Das UDC ist die größte Tauchschule in Utila und nimmt Sicherheit und Professionalität äußerst ernst. Sie hat fünf Tauchboote und bietet jede Menge Kurse und Anleitungen für technisches Tauchen und Kreislauf-Tauchgeräte. Schüler und zertifizierte Taucher bleiben getrennt und die Unterkunft im Mango Inn (S. 458) ist hervorragend.

Underwater Vision TAUCHEN
(☎2425 3103; www.utilascubadiving.com; Main St E) Freundliche und ungezwungene Tauchschule mit professionellem Unterricht auf Englisch, Spanisch, Deutsch, Französisch, Schwedisch und Italienisch. Die ermäßigte Unterkunft ist in großen Schlafsälen (pro Pers. 100 HNL) im feinen Hotel Trudy's (S. 458).

Gunter's Dive Shop TAUCHEN
(☎2425-3350; www.ecomarineutila.com) Der älteste Tauchladen der Insel liegt zehn Minuten zu Fuß westlich des Kais. Er ist einfach und bescheiden und hat kleine Klassen und solide PADI-Kurse. Apnoetauchkurse werden ebenfalls angeboten (ab 3400 HNL). Kursteilnehmer kommen umsonst in der Backpackerunterkunft gegenüber unter.

Alton's Dive Center TAUCHEN
(☎2425-3704; www.diveinutila.com) Freundliche und einladende PADI-Tauchschule mit hochmodernen Geräten und billiger Unterkunft direkt am Kai. Zieht eher jüngere Backpacker an. Sie liegt 300 m östlich der Kreuzung.

Utila

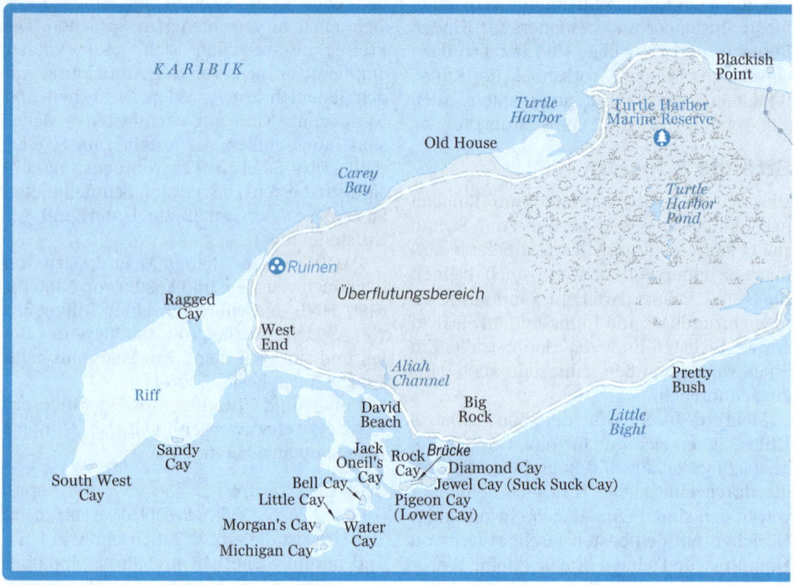

Captain Morgan's Dive Centre TAUCHEN
(☎2425-3349; www.divingutila.com) Captain Morgan's direkt gegenüber vom Kai bietet mehr Ausflüge zur Nordküste an als alle anderen Tauchzentren. Unterkunft ist in einem guten, neuen Hotel, dem Pirate's Bay Inn, ein kurzes Stück zu Fuß entfernt.

Bay Islands College of Diving TAUCHEN
(BICD; ☎2425-3291; www.dive-utila.com) Gefragte, fundierte Schule mit eigenem Pool, kostenloser Unterkunft, Fitnessraum und kleinen Gruppen. Sie besitzt die einzige Dekompressionskammer auf der Insel und liegt westlich des Kais.

Cross Creek TAUCHEN
(☎2425-3397; www.crosscreekutila.com; Main St E) Freundliches, mehrsprachiges Personal und professioneller Unterricht. Die Zimmer im angrenzenden Hotel sind klein und sauber, werden aber in der Sonne sehr heiß (die Hütten sind besser).

Utila Water Sports TAUCHEN
(☎2425-3264; www.utilawatersports.com) Kleine Gruppen und neue Ausrüstung sind die wichtigsten Punkte in dieser professionellen Schule im feinen Palms Hotel östlich der Kreuzung. Die meisten Kurse sind keine PADI-, sondern SSI-Kurse.

Schnorcheln

Utila hat exzellente Schnorchelbedingungen, allerdings muss man einige Mühen auf sich nehmen, um ein wirklich gutes Riff zu erreichen. Viele Tauchläden hier verleihen Schnorchelausrüstung (um 150 HNL pro Tag). Die meisten Tauchschulen lassen Schnorchler gegen eine kleine Gebühr (um 100 HNL) auch auf den Tauchbooten mitfahren. Ein gutes Tauchrevier gibt es ansonsten am **Chepes Beach** am westlichen Ende der Main Street, aber das Wasser ist hier in Küstennähe sehr flach – Schnorchler müssen sich schon vorsichtig über den Sandboden vortasten, um in tieferes Wasser zu gelangen.

Naturführungen

Nur wenige Besucher kommen über Utila Town und die Riffe vor der Küste hinaus, aber das sumpfige Inselinnere ist ebenso faszinierend.

Kanahua (☎8737-5334; www.kanahua.com) ist eine hiesige Naturschutzorganisation mit Sitz in Pumpkin Hill. Besucher können gerne die Wissenschaftler auf Studienfahrten begleiten (500 HNL, 5–6 Std.), um Tiere zu sichten, so z. B. Agutis, den höchst gefährdeten Utila-Leguan, Fledermäuse und Eidechsen.

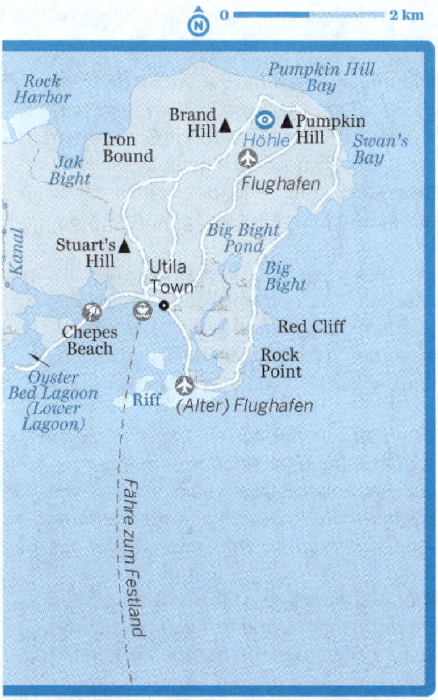

Die Iguana Research & Breeding Station (S. 454) bietet Touren (240–400 HNL) zu Fledermaushöhlen und einer abgestorbenen Lagune sowie Kajakfahrten durch die Mangroven an.

Kajak-, Kanufahren & Paddle Boarding

Eine Paddeltour von Utila Town zum **Rock Harbour** ist ein wunderbarer Tagesausflug. Die Strecke führt über die Oyster Bed Lagoon, die Lower Lagoon und über einen Mangrovenkanal. Am Rock Harbour gibt es einen guten und sehr abgeschiedenen Strand. Viele Tauchschulen bieten ihren Schülern kostenlose Kajaks an, andernfalls können sie in Gunter's Dive Shop ausgeliehen werden. Paddle Boards vermietet Rico's Café östlich des Kais.

Höchst empfehlenswert sind die geführten Touren von **Kayak Utila** (☎3389-4113; www.kayakutila.com; Halbtagstouren ab 800 HNL) zu den vorgelagerten Inseln oder zur Nordküste. Auch mehrtägige Touren sind möglich.

Bootausflüge

In den Fenstern vieler einheimischer Fischer werben Schilder für Bootsausflüge – beispielsweise zur Water Cay, über die Lagune oder zum Rock Harbour über den Mangrovenkanal. Sie kosten ab 1000 HNL pro Boot.

Schlafen

Am Kai wartet bereits ein Haufen von Schleppern mit Broschüren, die Neuankömmlinge bedrängen.

Viele Tauchschulen, darunter Underwater Vision, Captain Morgan's Dive Centre und Utila Dive Center, haben gute, billige (oder kostenlose) Unterkünfte für Kursteilnehmer.

★ Rubi's Inn HOTEL $
(☎2425-3240; rubisinn@yahoo.com; Main St E; EZ/DZ/3BZ ab 400/500/600 HNL; ❄📶) Das kleine Hotel gehört dem charmanten Paar Tony und Rosa, die zwölf saubere, große Zimmer mit gebohnerten Böden und frischer Bettwäsche in einem Holzhaus am Wasser vermieten (die oberen Zimmer haben Meerblick). Es gibt einen privaten Bootsanleger zum Schwimmen und Sonnenbaden, Hängematten zum Ausspannen und eine Gästeküche. Klimanlage wird gestellt, kostet aber sehr viel mehr. Reservierung per Telefon.

Bayview Hotel PENSION $
(☎2425-3114; bayviewinternet@yahoo.com; Main St W; DZ mit Ventilator 500–580 HNL, mit Klimaanlage 900 HNL; ❄📶) Die traditionelle Pension einer freundlichen einheimischen Familie mit Verwandten in den USA hat eine beneidenswerte Lage am Wasser (mit privatem Bootsanleger zum Relaxen) an der Straße zum Chepes Beach. Die preisgünstigen Zimmer sind schlicht, aber groß und haben feste Matratzen – alle verfügen über ein Bad mit Heißwasser, einige auch über einen Kühlschrank.

Hotel Bird of Paradise PENSION $
(☎2425-3387; Cola de Mico; Zi. mit Ventilator 300-400 HNL; 📶) Die recht gute, neue Pension in einem eleganten kleinen Holzhaus nur ein paar Schritte vom Kai entfernt hat acht adrette, saubere Zimmer mit entweder zwei oder drei Betten. Die Badezimmer werden gemeinschaftlich genutzt. Das Management ist freundlich (Englisch wurde bei unserem Besuch aber kaum gesprochen). Im Untergeschoss gibt es eine große Wohnküche für Gäste. Das Haus liegt absolut zentral.

Hotel Sea Side Inn HOTEL $
(☎2425-3150; www.hotelseaside.net; Main St W; DZ mit Bad 400 HNL; ❄📶) Das gepflegte Haus, nur zehn Minuten zu Fuß westlich des Kais,

DER GRÖSSTE FISCH DER WELT

Der Nervenkitzel bei der Jagd ist enorm. Die Teilnehmer in einem Tauchboot auf dem offenen Meer vor der Nordküste Utilas suchen den Horizont ab. Das erste Zeichen zeigt sich am Himmel: Seevögel stürzen ins Meer und picken kleine Fische aus großen Schwärmen. Als nächstes „kocht" das Meer, weil sich Schwarzflossen-Thunfische ebenfalls wie wild über kleine Fische hermachen. Und dann, mit etwas Glück, ruft der Kapitän die Sichtung eines Walhais aus, der kurz unter der Wasseroberfläche dahingleitet und gewaltige Massen von fisch- und planktonreichem Meerwasser aufsaugt.

Walhaie sind die größten Fische der Welt und tummeln sich das ganze Jahr über in den Gewässern um Utila, werden aber meist zwischen März und April und von Juni bis September gesichtet. Sie sind in der Regel nur auf dem offenen Meer, nicht in den Korallenriffen zu sehen. Strömungen, die um Unterwasserberge zusammentreffen, erzeugen einen Auftrieb von Plankton und kleinen Fischen, die von den Walhaien gefressen werden.

Wer das Glück hat, einem Walhai zu begegnen, erhält vom Kapitän ein Signal und dann geht's ab in die Tiefe mit Maske und Schnorchel. Oft taucht der Hai aus dem Meer auf, um in vertikaler Position zu fressen – ein erstaunlicher Anblick: Durch sein riesiges, weit geöffnetes Maul saugt er kleine Fische und Meerwasser ein, das durch eine Kiemenreuse gefiltert und dann durch jeweils fünf riesige Kiemenspalten auf beiden Seiten wieder ausgeschieden wird.

Die Haie haben einen breiten, abgeflachten Kopf und die obere Hälfte ihres Körpers ist von weißen Flecken und quadratischen, schachbrettartigen Markierungen gezeichnet. Aufgrund von Fotos von den verschachtelten Mustern hinter den Kiemenspalten können einzelne Haie wiedererkannt werden.

Das **Whale Shark & Oceanic Research Center** (☎2425-3760; www.wsorc.com; West Main St; ⏲Mo–Sa 9–16 Uhr) GRATIS auf Utila erstellt eine Datenbank von Sichtungen, hält Vorträge und zeigt Videos über diesen Meeresriesen. Die Anzahl soll um Utila stabil sein, allerdings wird die Spezies von der International Union for Conservation of Nature als „gefährdet" eingestuft.

Aufzeichnungen zeigen, dass Walhaie bis zu 12 m lang und 21 t schwer werden können. Wer aber bei einer Flasche Rum mit einem Utila-Fischer spricht, hört Gerüchte von weitaus größeren Haien, auch von „Old Tom", der angeblich über 20 m sein soll (oder mehr, je nachdem wer die nächste Flasche kauft).

liegt beschaulich nahe dem Chepes Beach. Die Zimmer haben zwei Doppelbetten und Klimaanlage, es gibt eine Gästeküche und vom gemeinschaftlichen Balkon reicht der Blick weit über die Karibik.

Tony's Place PENSION $
(☎2425-3376; an der Cola de Mico; EZ/DZ 130/200 HNL) Acht einfache, aber saubere Zimmer in zwei Stockwerken auf demselben Grundstück wie das Haus des Besitzers. Es handelt sich um das weiß-grüne Gebäude schräg gegenüber vom Mango Inn.

Trudy's HOTEL $$
(☎2425 3103; www.utilascubadiving.com; Main St E; B 160 HNL, Zi./Suite mit Klimaanlage 700/1100 HNL; 📶) Das Hotel in Besitz von Einheimischen, aber von Westlern geführt, ist eine wundervolle Unterkunft: Es liegt auf einem absolut hinreißenden Grundstück am Meer mit einem Beachvolleyball-Platz, Anleger mit Sonnenterrasse zum Schwimmen und einem Café, das zum entspannenden und geselligen Aufenthalt beiträgt. Die Schlafsäle sind klein, aber perfekt eingerichtet, haben vier Betten, Holzböden und Meerblick vom gemeinschaftlichen Balkon. Die Gemeinschaftsbäder haben Heißwasser. Gebucht wird über Underwater Vision (S. 455); Taucher zahlen ermäßigte Preise.

Mango Inn HOTEL $$
(☎2425-3326; www.mango-inn.com; Cola de Mico; B 200 HNL, DZ/Hütte ab 1100/1500 HNL; ❄📶🏊) Das hervorragende Haus gehört zum Utila Dive Center und liegt gleich hügelaufwärts vom Kai. Die gut gebauten Holzunterkünfte, meist im mittleren Preisbereich, liegen in einem von Mangobäumen überschatteteten Garten. Der Pool und das Café sind absolut klasse. Die Schlafsäle für Backpacker (die nicht reserviert werden können) sind wirk-

lich sehr gut und die Gemeinschaftsbäder besser als der Durchschnitt.

Essen

Utila Town hat für einen so kleinen Ort eine gute Restaurantauswahl. Mehrere Unterkünfte haben auch Küchen für Selbstversorger. In der Main Street befinden sich einige Lebensmittelläden.

Bush's Supermarket SUPERMARKT $
(Main St E; Mo–Sa 6.30–18, So 6.30–10.30 Uhr) Öffnet so früh, dass man sich hier noch vor dem Sprung aufs Taucherboot mit Lebensmitteln eindecken kann. Carmela führt die dazugehörige Cafeteria, die für ihre Zimtschnecken berühmt ist.

Zanzibar HONDURANISCH, CAFÉ $
(Main St E; Mahlzeiten 50–110 HNL; 7–16 Uhr) Freundliches, preiswertes Café mit einem breiten Frühstücksangebot, wie Cornflakes, Omelettes, Pfannkuchen und reichhaltige *super baleadas* (50 HNL). Es ist das blassgrün-weiße Holzhaus gegenüber der Bar Babalu.

Mango Café PIZZA, INTERNATIONAL $$
(Mango Inn, Cola de Mico; Pizza 100–300 HNL; 6–14 & 17–22 Uhr;) Das Lokal gehört Andrea, einem Italiener, der seit den 1990er-Jahren auf Utila lebt. Spezialität sind die authentischen, dünnkrustigen Pizzas aus einem speziell gebauten Ziegelofen. Es gibt stets ein Tagesgericht und tolle Salate, Sandwiches, Espresso und Getränke. Wer hier isst, darf den Pool und die Sonnenliegen des Hotels benutzen.

Munchies INTERNATIONAL $$
(Main St W; Hauptgerichte 70–140 HNL; 7.30–21 Uhr;) Die Veranda des Restaurants in einem charakteristischen Utila-Gebäude (das Holzhaus stammt von 1864) ist der beste Platz, um Leute zu beobachten. Der Service ist freundlich, es gibt eine gute vegetarische Auswahl, großes Frühstück und Espresso. Hinten befindet sich ein Leguangarten (die Schwarzleguane lassen sich aber kaum blicken).

Che Pancho CAFÉ $$
(Main St E; Mahlzeiten 60–120 HNL; 8–18 Uhr;) Das kleine, effizient geführte Café im Kino von Utila serviert hervorragende Salate (der *de la casa* für 75 HNL ist gut), panierte Fleischgerichte, Hot Dogs, Omelettes und leckere Smoothies und Säfte.

El Picante MEXIKANISCH $$
(Main St E; Hauptgerichte 125–280 HNL; So–Do 11–22, Fr 11–17, Sa 17–22 Uhr;) Das Restaurant in einem umwerfenden, restaurierten, karibischen Haus an der Küste bietet von der oberen Terrasse einen Blick übers Meer. Es serviert alle möglichen mexikanischen Klassiker. Montags gibt's zwei Margaritas zum Preis von einer.

Ausgehen & Nachtleben

In Utila ist mächtig was los, was manchmal so wirkt, als wäre es eine coole Studentenstadt mit einer kleinen Tauchuniversität. Leider haben in den vergangenen Jahren die meisten einzigartigen (wenn auch wilden) Tanzschuppen dichtgemacht. Aber gelegentlich gibt's noch Partys in der Casino-Bar in der Main Street.

★ **Babalu** BAR
(Main St E; 17–23 Uhr) Tolle Bar am Ufer, die sich rühmt, „Wir stehen nicht im Lonely Planet". Ähm ... das tut uns jetzt aber wirklich leid. Sie gehört Dado, einem Italiener, der wohl so ziemlich der weltgewandteste Mann der Welt ist. Hinten ist eine Bootssteg-Terrasse mit Loch im Boden, das bei nächtlicher Beleuchtung zum „Aquarium" wird, da es dann unzählige Rifffische und Krebse

INSEL ZU VERMIETEN

Man hat nicht jeden Tag die Chance, aus der Haustür zu treten und den Sand seiner eigenen Karibikinsel zwischen den Zehen zu spüren. Doch genau das ist gleich vor Utila für überraschend wenig Geld möglich. Umgeben von kristallklarem Wasser liegen dort zwei verschiedene Inselchen mit Hütten und kompletter Ausstattung. Für Gruppen kann es sogar halbwegs günstig sein. **Sandy Cay** kostet 2600 HNL pro Nacht (zwei Nächte minimum). Die Hütte mit zwei Schlafzimmern hat Solarstrom und eine Küche und Platz für maximal 14 Personen (zusätzliche Matratzen stehen zur Verfügung). Das ein wenig luxuriösere und größere Haus auf **Little Cay** kostet 2900 HNL pro Nacht. Es hat vier Schlafzimmer, einen Generator und Platz für maximal 16 Personen. Buchung und Informationen über **Barry Jackson** (2408-3100; cayosutila@hotmail.com).

anlockt. Das Bier ist billig (28 HNL) und die Musik ist cool (Jazz, Funk).

Skid Row BAR

(Main St W; ⌚10–23 Uhr) Alles, was eine gute Säuferbar braucht: ein undichtes Blechdach, Betonboden, Poolbilliard, Dartscheibe, ein Haufen verhutzelter Gestalten und ein langmütiger Wirt. Frauen werden herzlich eingeladen, beim „Giufity Challenge" mitzumachen – dem Kippen von schwarz gebranntem, mit Kräutern versetztem Garifuna-Schnaps. Kneipengerichte wie Tex-Mex und Burger gibt's auch.

Treetanic BAR

(Cola de Mico; ⌚20–24, Mi & Fr bis 1 Uhr) Die psychedelische Baumhausbar auf einem Mangobaum gehört dem exzentrischen US-amerikanischen Künstler Neil. Man muss sie einfach gesehen haben, auch wenn das Gaudí-artige Ambiente heutzutage etwas sonderbar wirkt. Hier hängt immer eine Truppe einheimischer Charaktere rum.

La Cueva BAR

(Main St W; ⌚11–24 Uhr) Eine Kneipe voll mit einer merkwürdigen Mischung aus lokalen Gestalten, Säufern und internationalen Globetrottern. Der Bananenrum ist nicht schlecht.

Tranquila Bar BAR

(Main St W; ⌚So–Do 16–1, Fr & Sa bis 3 Uhr) Die eher langweilige Bar, die übers Wasser in die Bucht rausragt, ist dennoch ein wichtiger Bestandteil des Nachtlebens, eher wegen der Superlage als wegen der grauenvollen Musik (Hard Rock, langweiliger Top-40-Kram), über die sich alle beklagen.

✩ Unterhaltung

Reef Video & Cinema KINO

(☎2425-3754; Main St E; ⌚Mo–Sa 9.30–19 Uhr) Hier laufen jeden Abend verschiedene Filme (50 HNL, 19.30 Uhr) in einem netten kleinen Obergeschosskino mit 60 Plätzen. Hinzu kommt ein DVD-Verleih (40 HNL).

Shoppen

Gunter's Driftwood Gallery GALERIE

(☎2425-3113; westlich der Cola de Mico; ⌚wechselnde Öffnungszeiten) Ein paar Blocks landeinwärts liegt die schräge Werkstatt des namensgebenden Gunters, der dort Treibholzskulpturen (z.B. viele Haie) schnitzt und ausstellt. Interessenten laufen kurz vor dem Mango Inn nach links und achten dann auf das Schild zur Rechten. Außer sonntags hat Gunter tendenziell jeden Nachmittag geöffnet.

ℹ Praktische Informationen

Die Websites www.aboututila.com und www.utilaguide.com bieten beide gute allgemeine Informationen und Neuigkeiten über Utila. Es gibt zwei Geldautomaten in der Nähe vom Hauptkai: Bush's Supermarket gibt einen Barvorschuss (7 % Gebühr), wenn die Geldautomaten nicht funktionieren. Das Postamt und die Einreisebehörde liegen direkt am Kai. In Utila gibt es mehrere Internetcafés, kostenloses (aber langsames) WLAN ist weit verbreitet.

Captain Morgan's Dive Centre (☎2425-3349; www.divingutila.com; Main St; ⌚8–19 Uhr) Gegenüber vom Pier gibt's hier präzise Touristeninfos und -tipps. Bewahrt sogar Rucksäcke während der Hotelsuche auf.

Caye Caulker Cyber Café (Main St E; pro Std. 40 HNL; ⌚8–20 Uhr) Preiswerte Verbindungen und billige internationale Ferngespräche.

Morgan's Travel (☎2425-3161; www.utilamorganstravel.com; ⌚Mo–Sa 8–12 & 14–17.30 Uhr) Bucht Flüge von der Insel und Taxis vom und zum Flughafen. Liegt neben dem Kai.

Polizei (☎2425-3145)

Utila Community Clinic (☎2425-3137; Main St W; ⌚Mo–Fr 10–15.30 Uhr) Wird vom angesehenen US-Arzt Dr. John McVay betrieben und hat eine eigene Apotheke.

ℹ An- & Weiterreise

FLUGZEUG

Da die Fährüberfahrt nur eine Stunde dauert, fliegen heutzutage nur noch wenige Reisende. Jedenfalls verbinden zwei Fluggesellschaften Utila und La Ceiba: **Aerolíneas Sosa** (☎2452-3161; www.aerolineassosa.com) fliegt dreimal wöchentlich von La Ceiba nach Utila, CM Airlines (S. 453) fliegt nur samstags. Die Flüge kosten um 1100 HNL und dauern etwa 15 Minuten.

SCHIFF/FÄHRE

Die **Utila Princess II** (☎2425-3390; ⌚Ticketbüro 8–11 & 14–16.30 Uhr), ein hässliches, umgebautes Frachtschiff, fährt um 9.30 und 16 Uhr von La Ceiba nach Utila. Die Überfahrt dauert ein Stunde. Das Boot kehrt um 6.20 und 14 Uhr von Utila nach La Ceiba zurück. Tickets kosten 472 HNL nach Utila und 448 HNL nach La Ceiba; Passagiere müssen eine halbe Stunde vor Ablegen eintreffen.

Zwischen Utila und Roatán gibt es keine planmäßige Schiffsverbindung.

ℹ Unterwegs vor Ort

Zu Fuß ist die gesamte Main Street von Utila in 20 Minuten zu schaffen.

Fahrräder werden an vielen Stellen verliehen und kosten pro Stunde/Tag/Woche 25/100/500 HNL.

LA MOSKITIA

La Moskitia, jener riesige Teil auf den Landkarten von Honduras mit sehr wenigen Straßen, ist eines der letzten Gebiete ungezähmter Wildnis in Zentralamerika. Riesige Flächen sind praktisch unberührter Dschungel und zusammen mit den herrlichen Feuchtgebieten und Savannen ist es kein Wunder, dass Moskitia oft als das Amazonasbecken Zentralamerikas bezeichnet wird. Der Vergleich ist in vielerlei Hinsicht passend, da beide von Holzfällern, Viehzüchtern und landhungrigen *campesinos* (Kleinbauern) bedroht sind.

Bis heute gedeihen hier Seekühe, Tapire und Jaguare, die aufgrund erlernter Vorsicht gegenüber Menschen aber eventuell nur schwer zu beobachten sind. Krokodile bevölkern die Gewässer und die Vogelwelt, darunter Aras und Fischadler, ist herausragend.

Die Kulturenmischung von La Moskitia ist einzigartig. Historisch waren die Einwohner mit den Briten gegen die Spanier verbündet. Noch heute nehmen viele Leute ein englisches Erbe in Anspruch. Erst seit den 1950er-Jahren versuchte Tegucigalpa, die Region zu beherrschen. Hier leben fünf verschiedene ethnische Gruppen, im Landesinneren isolierte Gemeinden der Pech und Tawahka, daneben Mískito, Garifuna und *ladinos*.

Ein Besuch der Region ist nichts für Zartbesaitete. Die Anreise ist schwierig (außer mit dem Flugzeug) und die Bedingungen sind bestenfalls rustikal. Leider treiben sich hier massenhaft Drogenschmuggler herum und in einigen Orten herrscht eine spürbar zwielichtige Atmosphäre.

Vernünftigerweise besuchen viele Reisende La Moskitia auf einer Tour. Wegen der Abgeschiedenheit La Moskitias sind die Preise merklich höher als anderswo – wer unabhängig reist, sollte mit erheblichen Mehrausgaben rechnen.

Gleitet man jedoch in einem Kanu auf einem Fluss durch den Dschungel, vorbei an Stroh- und Lehmhäusern, zankenden Tukans in den Bäumen und Krokodilen in den Untiefen, gibt es in ganz Honduras nichts Schöneres.

Geführte Touren

Mehrere Reiseveranstalter bieten hervorragende Touren durch La Moskitia an, was einen einfacheren (und nicht unbedingt teureren) Eindruck von der Gegend vermittelt. Weitere empfehlenswerte Veranstalter sind Basecamp Tours (S. 414) in Copán Ruinas und **Omega Tours** (☎9631-0295; www.omegatours.info; Omega Jungle Lodge, Calle a Yaruca Km 9) in La Ceiba.

La Moskitia Ecoaventuras ABENTEUERTOUR
(☎2441-3279; www.lamoskitia.hn; Colonia El Toronjal, La Ceiba) Das Unternehmen hat seit Jahrzehnten Erfahrung in La Moskitia, zudem stammt der Besitzer Jorge Carranza aus der Region. Geboten werden eine fünftägige Tour nach Brus Laguna und Las Marias (240 US$ ohne Flugpreis) und eine zehntägige Raftingtour auf dem Río Plátano (1467 US$), was wirklich ein Abenteuer ist. Die Preise gelten für eine Mindestteilnehmerzahl von vier Personen.

Laguna de Ibans

Die kleinen, traditionellen Küstendörfer um die Laguna de Ibans sind vermutlich der erste Übernachtungsstopp auf der Landroute. Die Dörfchen **Cocobila**, **Raista** und **Belén** haben alle gute Budgetunterkünfte und liegen nur ein kurzes Stück voneinander entfernt.

Das ruhige Mískito-Dorf **Raista** ist vermutlich das netteste der drei. Es besteht aus hölzernen Pfahlbauten und es gibt die wunderbare, freundliche **Raista Eco Lodge** (☎8926-5635, 2433-8220; pro Pers. 200 HNL) mit rustikalen, aber komfortablen Zimmern, Moskitonetzen und guten hausgemachten Mahlzeiten (um 80 HNL). Möglich sind hier Strandspaziergänge (obwohl Müll die Szenerie ruiniert) und es können Naturwanderungen organisiert werden, um nistende Meeresschildkröten und Krokodile in der Lagune zu sehen (auf keinen Fall hier baden!). Wenn möglich, lohnt auch ein Besuch von **Plaplaya**, einem hübschen traditionellen Garifuna-Dorf nur eine kurze Bootsfahrt von Raista entfernt, wo riesige Lederschildkröten nisten und zwischen April und Juli von Freiwilligen ins Meer entlassen werden.

In Belén gibt es eine Landepiste, von wo AeroCaribe (S. 476) neunmal pro Woche nach/von Trujillo fliegt (2165 HNL). *Colectivo*-Boote nach Batalla (250 HNL, 2 Std.) zur Busverbindung nach Trujillo halten in allen drei Dörfern zu unmöglichen Zeiten, nämlich zwischen 3 und 3.30 Uhr morgens. Für Fahrten ins Landesinnere können Verbindungen nach Las Marías (hin & zurück 4500 HNL, 5–6 Std.) organisiert werden. Zur Weiterfahrt nach Westen fahren *colectivo*-Boote frühmorgens nach Palacios mit direktem Anschluss an das erste Schnellboot nach Iriona.

Reserva de la Biosfera del Río Plátano

Das herrliche Biosphärenreservat Río Plátano gehört seit 1980 zum Weltnaturerbe. Seine weite, unberührte und ursprüngliche Wildnis mit außergewöhnlicher Tierwelt beheimatet auch ein paar bedrohte Arten. Beste Besuchszeit ist von November bis Juli. Vogelbeobachter kommen idealerweise im Februar und März hierher, wenn viele Zugvögel das Naturschutzgebiet bevölkern.

Las Marías ist einer der besten Orte, um geführte Touren zu organisieren. Das Dorf mit ca. 100 Familien der Miskito und Pech liegt mitten im Reservat. Es hat einige Generatoren, aber kein Strom- oder Wasserleitungsnetz. Mehrere einfache Unterkünfte servieren hier auch schlichte Gerichte. Gut ist z. B. das saubere, luftige **Hospedaje Doña Justa** (☎9966-9234; Zi. ohne Bad pro Pers. 100 HNL, Mahlzeiten 50 HNL) im Dorfzentrum.

Es gibt um das Dorf ein paar kurze Wanderwege für Vogelbeobachter, aber für längere Ausflüge ist es wichtig, einen Führer zu mieten und für Campingausrüstung und Essen zu sorgen. Pro Gruppe wird eine Koordinierungsgebühr von 100 HNL erhoben, leitende Führer kosten 250 bis 300 HNL pro Tag, Hilfsführer 180 HNL. Weder Preise noch Anzahl der Führer sind verhandelbar. Die Führer werden vom koordinierenden Führer im Rotationsverfahren eingesetzt und sind höchst unterschiedlich; keiner spricht Englisch. Vorherige Buchungen sind kompliziert zu organisieren und nicht wirklich nötig. Teilnehmern wird vor Ort einfach ein Führer zugeteilt.

Zu den beliebten Kurztouren gehören eine Krokodilwanderung bei Dämmerung (800 HNL für 2 Pers.) und ein Tagesausflug per Boot zu einigen Felszeichnungen. Anstrengende längere Touren in den Regenurwald bestehen aus zweitägigen Wanderungen auf den tierreichen **Cerro Baltimore** und eine dreitägigen Expedition zum Gipfel des **Pico Dama** (840 m). Für beide sind mehrere Führer nötig.

Der Nachteil ist, dass es keine planmäßigen *colectivos* nach Las Marías gibt, aber wer lange genug bleibt, mag vermutlich Glück haben und zahlt dann 700 HNL pro Person (einfache Strecke). Ein *expreso* von Raista hin und zurück kostet um 4500 HNL für bis zu drei Personen (5–6 Std.); der Bootsführer wartet dann zwei Nächte in Las Marías für die Fahrt zurück. Es ist auch möglich, Touren mit dem Einbaum und Wanderungen zwischen der Küste und Las Marías zu vereinbaren (Ansprechpartner ist Alberto Tinglas in Cocobila).

Palacios

Palacios ist ein brenzliger, ziemlich gesetzloser Ort, der als Drogenschmugglernest bekannt ist. Wer den Bootsanschluss verpasst, wird hier hängen bleiben. In dem Fall empfiehlt sich das etwas kolonial anmutende **Hotel Moskitia** (☎9996-5648; www.hotelmoskitia.com; Zi. 500 HNL) mit modernen Zimmern samt Seeblick und Balkons.

Colectivo-Kanus fahren Passagiere von Batalla dorthin (60 HNL, 5 Min.).

Brus Laguna

7100 EW.

Brus Laguna an der gleichnamigen Lagune ist ein gut erreichbares Tor nach La Moskitia, da es hier einen Flughafen gibt, von wo aus es nach Raista oder sogar direkt nach Las Marías geht. Zum Übernachten eignet sich die **Villa Biosfera** (☎9919-9925; EZ/DZ ohne Bad 180/350 HNL), ein hölzerner Pfahlbau auf der Lagune, in der die Zimmer mit Ventilatoren und Moskitonetzen ausgestattet sind. Es gibt auch ein paar Internetcafés, aber keine Bank. Wegen der zunehmenden Rauschgiftaktivitäten sind in der Gegend jetzt übrigens verstärkt die US-amerikanische DEA (Drogenbehörde) und das honduranische Militär vertreten.

AeroCaribe (S. 476) verbindet La Ceiba mit Brus Laguna neunmal pro Woche (2267 HNL). Von Batalla aus fahren *colectivos* zwischen 15 und 17 Uhr direkt nach Brus Laguna (400 HNL, 4 Std.).

Puerto Lempira & Umgebung

8900 EW.

Puerto Lempira ist zwar nicht mehr als ein übergroßes Dorf, aber die größte Stadt in Moskitia. Sie liegt auf der Landseite der

Laguna de Caratasca und ist nicht gerade interessant, aber sie hat gute Flugverbindungen, den einzigen Geldautomaten in Moskitia, ein Krankenhaus und ein Internetcafé. Eine gute Unterkunft ist die **Backpackers Lodge** (☎9912-7991; hemarmat@yahoo.com; gegenüber der Municipalidad; pro Pers. 200 HNL), wo der Englisch sprechende Besitzer Junior gute Infos hat und preisgünstige Touren und Leihfahrräder anbietet. Das **Hotel Yu Baiwan** (☎2433-6348, 9568-2142; EZ/DZ 550/650 HNL; ❄) ist eine teurere Alternative.

Als Tagestour von Puerto Lempira bietet sich das beschauliche Mískito-Dorf **Mistruk** an, das 18 km südlich der Stadt am Ufer der Laguna de Tansing liegt und mit dem Fahrrad zu ereichen ist.

Flüge von und nach La Ceiba gibt es mehrmals pro Woche (Genaueres s. An- & Weiterreise unten). Auch der Landweg (und Wasserweg) ist zwischen Brus Laguna und Puerto Lempira möglich, aber die Strecke führt über eine der wichtigsten Kokain-Schmuggelrouten Amerikas. Wir raten absolut davon ab.

Ausländer dürfen den nahen Grenzübergang Leimus nach Nicaragua nicht übertreten.

ℹ Praktische Informationen

GEFAHREN & ÄRGERNISSE

Diese wilde Region verlangt angemessenen Respekt. Grundsätzlich niemals ohne Führer in den Regenwald hineingehen! Auf den schlecht erkennbaren, überwucherten Pfaden können sich Wanderer schnell hoffnungslos verirren.

Wegen Malariagefahr heißt es Insektenspray mitbringen und über entsprechende Prophylaxepillen nachdenken. Ebenso empfehlenswert ist ein Wasserreinigungsset (Filter oder Jodtabletten). Die meisten Unterkünfte verfügen über Moskitonetze.

Bootsfahrer sollten größere Lagunen möglichst nicht später am Tag überqueren, da Nachmittagswinde teilweise hohe Wellen verursachen. Von November bis März besteht ganztägiges Kenterrisiko durch plötzliche Böen.

La Moskitia ist einer der wichtigsten Drogenkorridore Zentralamerikas, weswegen hier das honduranische Militär und die US-amerikanische DEA (Drogenbehörde) massiv im Einsatz sind. Die Gefahr, als Tourist davon betroffen zu sein, ist zwar gering, aber besser ist es, sich umzuhören, um nicht ins Kreuzfeuer zu geraten.

ℹ An- & Weiterreise

FLUGZEUG

Alle Flüge nach La Moskitia starten in La Ceiba, aber Flugpläne ändern sich ständig und können kurzfristig ganz annulliert werden. **AeroCaribe** (S. 476) fliegt neunmal pro Woche zwischen La Ceiba und Palacios, Belén, Brus Laguna und Puerto Lempira (2200 HNL). **Aerolineas Sosa** (☎2433-6558; www.aerolineasosa.com; ⏲Mo–Fr 8.30–17.30, Sa & So bis 12 Uhr) fliegt nach Puerto Lempira (2600 HNL).

AUF DEM LANDWEG

Der Landweg über die Nordküste ist eine harte und komplizierte (aber billige) Route nach La Moskitia. Allerdings ist zu beachten, dass diese einsame Strecke von Drogenschmugglern benutzt wird und daher mit vielen militärischen Straßensperren zu rechnen ist, besonders um Tocoa.

Um an einem Tag von La Ceiba nach Raista zu reisen, ist ein früher Start nötig. Am besten geht es mit dem Bus RichtungTrujillo (6 Uhr oder besser noch früher) bis nach Tocoa (95 HNL, 2½ Std.), von wo überbesetzte *pailas* (Kleintransporter) zwischen 9 und 10 Uhr zum Garifuna-Dorf Batalla abfahren (550 HNL, 4–6 Std.). Von Batalla geht es weiter mit *colectivo*-Booten nach Raista (200 HNL, 2 Std.). Je nach Wetter und Straßenzustand ist man dann vor Einbruch der Dunkelheit in Belén und Raista. Bei Anfahrt von Trujillo geht es mit dem Bus Richtung La Ceiba bis Tocoa und dann weiter wie oben.

Von Belén, Raista oder Cocobila fährt das Boot zwischen 3 und 4 Uhr (250 HNL, 2 Std.) zurück nach Batalla, um den Kleintransporter nach Tocoa zwischen 5 und 6 Uhr zu erreichen. Ab Tocoa gibt es Busverbindungen nach La Ceiba und Trujillo (ungefähr stündl. bis 16 Uhr).

ℹ Unterwegs vor Ort

Je nach Jahreszeit unterliegt der Transport vor Ort verschiedenen Herausforderungen. In der Regenzeit (Nov.–Jan.) sind Trips durch La Moskitia am schwierigsten.

AeroCaribe (S. 476) fliegt neunmal pro Woche zwischen Palacios, Belén, Brus Laguna und Puerto Lempira; die Flüge kosten einfach 1000 bis 1400 HNL.

Die häufigsten Verkehrsmittel in Moskitia sind **Boote**. Ein *cayuco* ist ein Motorboot für längere Fahrten, entweder als *expreso* (Charter) oder als billigeres *colectivo*. Das üblichste Boot am Oberlauf des Flusses sind *pipantes*, Einbäume.

Kleintransporter tuckern unregelmäßig über die einspurige Piste an der Laguna de Ibans entlang und halten in Cocobila, Raista und Belén.

SÜDLICHES HONDURAS

Honduras stößt am Golfo de Fonseca mit einer 124 km langen Küste an den Pazifik. Diese ständig (oft höllisch) heiße Küstenebene ist von Agrarindustrie geprägt: Zuckerrohr, Ölpalmplantagen und Krabbenzucht.

Es ist eine viel bereiste Region (die Interamericana führt hier durch Honduras), aber für Reisende ist sie nicht besonders interessant – mit Ausnahme von vielleicht der Isla de Tigre, die einige Reize hat. Wer lediglich durchfährt, braucht nur knapp drei Stunden mit dem Bus zwischen den Grenzen von El Salvador und Nicaragua. Auf dem Weg ostwärts nach Nicaragua geht es auf jeden Fall durch die Großstadt **Choluteca**, die als Verkehrsknotenpunkt dient, ansonsten aber wenig Spannendes bietet, allerdings viele Banken und Dienstleistungen hat.

Isla El Tigre

Südlich der wichtigen Kreuzung des Jícaro Galán auf der Interamericana ist es nur ein kurzes Stück zu dem kleinen Hafenort Coyolito, von dem Boote (20 HNL, alle 15 Min., 15 Min.) zur erloschenen Vulkaninsel Isla El Tigre übersetzen. Der Hauptort **Amapala** ist ein marodes Fischerdorf mit malerischen, bröckelnden Schindelhäusern und einer **Touristeninformation** (☎ 2795-8555; ⌚ Mo–Fr 8–17, Sa 8–12 Uhr) am Kai, die ein Unterkunftsverzeichnis hat. Es gibt nur wenige Budgetunterkünfte, aber an der herrlichen Playa Grande, 4 km südlich von Amapala, befindet sich das preisgünstige **Hotel Y Restaurante Dignita** (☎ 2795-8707; EZ/DZ 500/650 HNL) mit einem tollen Fischrestaurant. Die schwarzsandige **Playa Negra** im Norden der Insel ist zweifellos der schönste Strand der Insel. Minibusse (10 HNL) ab Amapala fahren um die Hälfte der Insel herum zu den Stränden, andernfalls bietet sich ein Motorradtaxi an.

HONDURAS VERSTEHEN

Honduras aktuell

Honduras, die ursprüngliche Bananenrepublik, wurde seit Bestehen meist ignoriert oder herumgestoßen. Doch 2012 geriet die Nation endlich in die Schlagzeilen und die Honduraner scherzten mit Galgenhumor, dass sie schließlich doch etwas erreicht hätten – die Vereinten Nationen erklärten das Land zur Weltspitze im Hinblick auf die Mordrate. Es ist kein Wunder, dass die hohe Kriminalität und die damit eng verbundenen Aktivitäten von Banden und Drogenkartellen mittlerweile das kollektive Unterbewusstsein des Landes beherrschen.

Statistiken mögen lügen, aber die Verbrechensrate ist nicht gerade berauschend, wie auch immer sie interpretiert wird. 2012 gab es 91,6 Morde pro 100 000 Einwohner (mehr als viermal so hoch wie in Mexiko und mehr als 20-mal so hoch wie in den USA). Dabei wird in den meisten Fällen kaum ermittelt – die Straffreiheit liegt bei 90 %.

Aber es ist nicht nur die alltägliche Gefahr von Überfällen oder Raub, mit der die Honduraner beim Einkaufen, Auto- oder Busfahren leben müssen. Räuberische Erpressung oder „Kriegsbesteuerung“ durch Banden in armen Stadtvierteln treiben die Kosten für die ganze Nation in die Höhe: Straßenhändler müssen für ihren Standplatz zahlen, Transportunternehmen für die Durchfahrt ihrer Busse durch bandenkontrolliertes Territorium. Die hohen Kriminalitätsraten bremsen ausländische Direktinvestitionen, da mögliche Arbeitgeber Honduras wegen der hohen Sicherheitskosten meiden. Bewaffnete Wächter stehen vor fast jedem Gebäude. Darunter leidet auch der Tourismus und viele Hoteliers auf den Bay Islands fragen sich, ob es jemals wieder eine Hochsaison gibt. Selbst das Friedenskorps, das seinen größten Einsatz in Honduras hatte, zog sich 2012 zurück. Das Image des Landes ist am absoluten Tiefpunkt angekommen.

Angesichts der aktuellen Lage stimmten viele Honduraner mit den Füßen ab und suchten ein neues Leben in den USA oder anderswo. Schätzungsweise eine Million Honduraner leben nördlich der Grenze; laut der Zeitung *La Prensa* betrugen ihre Geldüberweisungen 2012 etwa 3,2 Mrd. US$, etwa 18 % der honduranischen Wirtschaft. Es gibt im ganzen Land kaum eine Familie, die nicht ein Mitglied in *El Norte* hat.

Aber dennoch wurschtelt sich das Land irgendwie durch. Solide Exporte von Kaffee, Kleidung, Bananen und Zucker trugen 2012 zum Wirtschaftswachstum von respektablen 3,3 % bei. Kaffee ist besonders erfolgreich, da die Produktion von hauptsächlich hochwertigen Arabica-Bohnen steigt; Honduras war laut Zahlen der International Coffee Organization im Januar 2013 der viertgrößte Exporteur der Welt. Die umstrittenen *maquilas* (hauptsächlich Textilnähereien) expandierten ebenfalls: Unzählige Fabriken mit 125 000 Angestellten säumen nun San Pedro Sula und andere Städte im Norden. Kritiker behaupten jedoch, dass von den Einkünften nur wenig ins Land zurückfließt, da sich die Fabriken in steuerfreien Sonderzonen befinden.

MEL & PEPE

Honduras scheint in vielerlei Hinsicht dauernd am Rand des Abgrunds zu stehen. Aber das Leben war für Honduraner schon immer mühsam und Krisen scheinen der Nation im Blut zu liegen. 2009 wurde Präsident Manuel „Mel" Zelaya (ein Rancher im Cowboyhut aus Olancho) in einer dramatischen Aktion im Morgengrauen in seinem Haus überfallen und gewaltsam aus dem Land getrieben – was von den internationalen Medien als Militärputsch bezeichnet wurde. Da Zelaya jedoch versucht hatte, die Verfassung umzuschreiben (die meisten Beobachter sahen das als einen kaum verhüllten Vorstoß, seine Amtszeit zu verlängern) und das Militär auf Anweisung des Verfassungsgerichts handelte, war es vielleicht eher eine Zwangsräumung eines widerborstigen Mieters statt einer Machtübernahme der Generäle. Es folgten demokratische Wahlen und gewählt wurde der Kandidat der Nationalen Partei Porfirio „Pepe" Lobo, ein Mitte-Rechts-Konservativer mit starker Unterstützung der honduranischen Oligarchie. Pepe, ebenfalls ein Rancher aus Olancho, ließ zwar seinen Sombrero auf der Ranch zurück, aber das Chaos setzte sich fort.

Unter Lobos Präsidentschaft häufte das Land Auslandsschulden in Höhe von über 5 Mrd. US$ an. Staatsangestellte, wie Lehrer und Militär, erhielten kein Gehalt mehr und Ärzte klagten, sie hätten nicht mehr ausreichend Medikamente zur Versorgung ihrer Patienten. Im Dezember kam es zur nächsten Krise, als der Kongress für die Absetzung von vier Verfassungsrichtern stimmte, die wiederholt neue Gesetze als verfassungswidrig erklärt hatten. Ihre Nachfolger waren da kooperativer. Währenddessen schätzte die Drug Enforcement Agency (Drogenbehörde) der USA, dass jeden Monat 25 bis 30 t Kokain durch Honduras flossen, da das Land sich zum wichtigsten Transferland Zentralamerikas entwickelt hatte.

So sehr Honduras auch in Schwierigkeiten steckt, das Land ist ein Überlebenskünstler.

Gewalt, Banden & Drogen

Malcolm McLaren, einst Manager der Sex Pistols, behauptete, „Jede Werbung ist gute Werbung". Aber er war wohl nie in Honduras – ein „gescheiterter Staat" laut dem *Economist* – oder schaute mal in San Pedro Sula vorbei, das laut UN die höchste Mordrate der Welt hat. Die Leute von der honduranischen Tourismusbehörde können einem leidtun ...

Honduras hat gewaltige Probleme. Es war schon immer ein armes Land, dazu mit unruhigen Nachbarn. Da sich Zentralamerika zur wichtigen Transitregion für Kokain entwickelt hat, wurden Honduras' abgelegene Regionen und die lange Karibikküste zum Ziel der Drogenschmuggler. Beamte der US-amerikanischen DEA schätzen, dass 79 % aller illegalen Kokainflüge aus Südamerika in Honduras landen, von wo es schnell in die USA geht. Schnellboote voller Koks verlagerten die Wirtschaft der Region La Moskitia vom Hummerfang zum Drogenschmuggel.

Eine gnadenlose Allianz aus Straßenbanden und mexikanischen Drogenkartellen ließen die Gewalttaten in Honduras in die Höhe schießen, wobei eine systembedingt korrupte Polizei tief verwickelt sein soll. Der frühere Sicherheitsminister von Honduras, Oscar Alvárez, sagte 2011 öffentlich, dass die Polizei im Prinzip als Fluglotsen für Drogenflüge agiert.

Für Reisende ist diese Gewalt meistens kaum wahrnehmbar, denn honduranische Städte scheinen keine Kriegszonen zu sein – sie sehen wie jede andere zentralamerikanische oder mexikanische Stadt aus. Auf den Straßen gibt es zwar viele bewaffnete Wächter und in den Vorstädten entstehen *barrios seguros* (bewachte Wohnanlagen), aber die Menschen laufen tagsüber noch immer durch die Innenstädte (nach Einbruch der Dunkelheit weniger). Die Banden und Drogenschmuggler sind normalerweise an Touristen nicht wirklich interessiert. Trotzdem muss man selbst, wie überall, das Risiko einschränken, ein Opfer des Verbrechens zu werden. Bitte unbedingt auf die Hinweise im Abschnitt Sicherheit (S. 473) achten.

Geschichte

Honduras hatte es nicht leicht über die Jahrhunderte. Der Anfang war mit dem Auftauchen der Mayas in Copán zwar glanzvoll, aber dann kamen die Spanier und trampelten im gesamten Land herum. Im 17. Jh. kamen noch plündernde Piraten hinzu.

Die Unabhängigkeit brachte eine kurze Ruhepause mit sich. Aber fast im ganzen 20. Jh. wurde Honduras von ausländischen Mächten dominiert, wie den großen US-amerikanischen Obstkonzernen und später dem US-Militär, das sich im Land einnistete.

Frühgeschichte

Die ersten Menschen kamen vermutlich um 9000 v. Chr. nach Honduras. Allerdings ist über sie nichts bekannt, außer dass sie Jäger und Sammler waren. Um 2000 v. Chr. entstanden im ganzen Land Siedlungen.

Es dauerte noch Jahrtausende, bevor die Maya-Stadt bei Copán Ruinas zu erblühen begann und Bildhauer in der Mayawelt einmalige Steinstelen schufen, Soldaten erfolgreiche Feldzüge führten und Mathematiker und Astronomen unheimlich präzise Kalender und die Bewegungen der Planeten berechneten. Über Hunderte Jahre, während eines nicht geringen Teils der Klassischen Mayazeit (250–900 n. Chr.), dominierte die Stadt die Region kulturell – bis zu ihrem Verfall im 9. Jh. n. Chr.

Spanische Kolonialisierung

Auf seiner vierten und letzten Reise landete Kolumbus 1502 an der tropischen Küste in der Nähe des heutigen Trujillo. Wegen der tiefen Wasser vor der Nordküste nannte er das neu entdeckte Land Honduras (Spanisch: „Tiefen").

Er gründete 1525 eine Stadt (Trujillo), die erste Hauptstadt von Honduras. Doch der Glanz des Silbers lockte die Eroberer ins Binnenland: 1537 wurde Comayagua, auf halbem Weg zwischen dem Pazifik und der Karibikküste, ihre neue Hauptstadt.

Die Eingeborenen leisteten heftigen Widerstand gegen die Invasoren, doch der schwächte sich ab, da sie anfällig für Krankheiten waren, die von den Europäern eingeschleppt wurden. Am unerbittlichsten widersetzte sich Lempira (Häuptling der Lenca und heutiger Nationalheld), der mit 30 000 Mann gegen die Spanier kämpfte, bevor er ermordet wurde. 1539 war jeglicher Widerstand weitgehend niedergeschlagen.

Der Einfluss der Briten

Anfang des 17. Jhs. wurden die spanischen Kolonialisten regelmäßig von Truppen rivalisierender Imperien angegriffen – vor allem von britischen. Kaufleute aus Großbritannien, angelockt vom Mahagoni und Hartholz der honduranischen Karibikküste, errichteten Siedlungen vor Ort und auf den Bay Islands.

1786 überließ Großbritannien schließlich den Spaniern die Herrschaft über die Karibikküste, übte aber immer noch Einfluss in der Region aus. 1797 rebellierten Sklaven auf der Karibikinsel St. Vincent. Die Briten verschleppten Tausende auf die Insel Roatán, wo sie sich mit den Eingeborenen vermischten. Ihre Nachkommen, die Garifuna, kamen schließlich aufs Festland und gründeten Siedlungen an der Küste.

Unabhängigkeit

Nachdem Honduras 1821 die Unabhängigkeit von Spanien erlangt hatte, gehörte es für kurze Zeit zum unabhängigen Mexiko und wurde dann Mitglied der Zentralamerikanischen Konföderation. 1830 wurde der honduranische Freiheitsheld General Francisco Morazán zum Präsidenten gewählt. Die Union hatte jedoch nicht lange Bestand: Am 5. November 1838 erklärte sich Honduras zu einer eigenständigen, unabhängigen Nation.

Liberale und Konservative rangen um die Macht, sodass Honduras immer wieder mal eine Zivil-, mal eine Militärregierung hatte – die Verfassung des Landes wurde zwischen 1821 und 1982 17-mal umgeschrieben. Zudem erlebte Honduras seit der Unabhängigkeit buchstäblich Hunderte Putsche, Rebellionen und Machtergreifungen.

Die „Bananenrepublik"

Gegen Ende des 19. Jhs. staunten US-Händler über das schnelle Wachstum von Bananen an der fruchtbaren Nordküste des Landes, die nur eine kurze Schiffsfahrt vom Süden der USA entfernt liegt. US-Unternehmer kauften Land zum Anbau von Bananen, drei Unternehmen, darunter die Standard Fruit Company (die spätere Dole Food Company), erwarben riesige Ländereien.

1892 machten Bananen 11 % des Exportgeschäfts von Honduras aus, 1903 42 % und 1913 66 %. Der Erfolg der Industrie verhalf den Bananenunternehmen zu extrem großer Macht in Honduras, die Politik und Politiker wurden von ihren Interessen beherrscht.

Die Politik des 20. Jhs.

Die USA nahmen immer stärker Einfluss auf die Geschehnisse in Honduras. 1911 und 1912 wurden US-Marines in das Land entsandt, um „US-Investitionen zu schützen".

Ein zweimonatiger Streik im Jahr 1954, an dem über 25 000 Arbeiter der Bananenindustrie und Sympathisanten teilnahmen, ist nach wie vor ein bahnbrechender Moment in der honduranischen Arbeitergeschichte. Gewerkschaften wurden anerkannt und Arbeiter erhielten Rechte, von denen man in den zentralamerikanischen Nachbarländern noch nicht einmal gehört hatte.

Ende der 1950er-Jahre spielte das Militär durch Putsche und politischen Druck eine immer wichtigere Rolle in der Landesregierung. In den 1960er- und 1970er-Jahren wechselten sich lange Zeiträume der Militärherrschaft mit zivilen Präsidenten ab. Dieser Kreislauf endete schließlich 1981 mit demokratischen Präsidentschaftswahlen.

Die 1980er-Jahre

In den 1980er-Jahren war Honduras von Revolutionen und Konflikten umgeben. Im Juli 1979 stürzte die revolutionäre Sandinista-Bewegung in Nicaragua die Diktatur von Somoza und Somozas Nationalgardisten flohen nach Honduras. 1980 brach in El Salvador ein Bürgerkrieg aus und interne Konflikte in Guatemala spitzten sich zu.

Honduras rückte in den Fokus der US-Politik und strategischer Operationen in Zentralamerika mit Unterstützung von General Gustavo Álvarez, der eine zunehmende US-Militärpräsenz befürwortete. Unter dem US-Präsidenten Ronald Reagan flossen gewaltige Geldsummen nach Honduras und Tausende von US-Truppen wurden ins Land geschickt. Flüchtlingslager von Nicaraguanern in Honduras wurden als Stützpunkte für einen von den USA finanzierten Geheimkrieg gegen die nicaraguanische Sandinista-Regierung genutzt, der als Contra-Krieg bekannt wurde.

Die Besorgnis in der Bevölkerung wuchs, als Hunderte Linke in Honduras „verschwanden" und sich die US-Militärpräsenz in Honduras verstärkte. 1984 wurde General Álvarez von seinen Offizieren ins Exil geschickt und die honduranische Regierung verbot die Ausbildung des salvadorianischen Militärs durch die USA auf honduranischem Boden.

In Washington kämpfte die Regierung unter Reagan gegen die Anschuldigung, sie habe illegalerweise Gelder aus Waffenverkäufen in den Iran genutzt, um die antisandinistischen Contras zu unterstützen. Es folgten große Demonstrationen in Teguci-

DER FUSSBALLKRIEG

Der legendäre Fußballmanager Bill Shankly sagte einst: „Manche Menschen meinen, beim Fußball ginge es um Leben und Tod ... doch es ist viel wichtiger als das." Sogar Mr. Shankly hätte sich vielleicht gegen die sportlichen Rivalitäten zwischen Honduras und El Salvador gesperrt, die ihren Höhepunkt auf dem Spielfeld im Jahr 1969 in der Guerra de Fútbol fanden, dem berüchtigten Fußballkrieg.

Die Spannungen auf den Tribünen brachen nicht unvorhergesehen aus. In den 1950er- und 1960er-Jahren zwang die erlahmende Wirtschaft 300 000 Bewohner El Salvadors, ihr Glück in Honduras zu versuchen. Die honduranische Wirtschaft kränkelte allerdings selbst und die Salvadorianer wurden zum Sündenbock gemacht. Im Juni 1969 begannen die honduranischen Behörden, Immigranten aus Salvador aus dem Land zu werfen. Es folgte ein Strom von Flüchtlingen aus Salvador, die Honduras der Brutalität beschuldigten.

Im gleichen Monat spielten die beiden Länder im Qualifikationsspiel der Weltmeisterschaft gegeneinander. Während des Spiels in San Salvador griffen die Salvadorianer honduranische Fans an, schändeten die honduranische Flagge und verspotteten die Hymne. Jenseits der Grenze gingen wütende Honduraner auf salvadorianische Einwanderer los. Die Gemüter erhitzten sich noch weiter und am 14. Juli marschierte die salvadorianische Armee in Honduras ein und besetzte Nueva Ocotepeque. Honduras konterte mit Luftangriffen. Nach nur sechs Tagen wurde der Waffenstillstand ausgerufen, aber 2000 Honduraner hatten ihr Leben gelassen und Tausende Salvadorianer flohen zurück in ihr Heimatland.

galpa und im November 1988 weigerte sich die honduranische Regierung, ein neues Militärabkommen mit den USA zu unterzeichnen. Mit Violeta Chamorros Wahl zur Präsidentin von Nicaragua im Jahr 1990 endete der Contra-Krieg.

Moderne Entwicklungen & „Putsche"

Während der Regierungszeit von Rafael Leonardo Callejas Romero (1990–94) und Carlos Roberto Reina Idiaquez (1994–98) hatte Honduras wirtschaftlich zu kämpfen. 1998 erlitt Honduras einen verheerenden Schlag, als Hurrikan Mitch Tausende Menschen tötete und gewaltige Verwüstungen verursachte (geschätzter Schaden: 3 Mrd. US$) und somit die Wirtschaft um Jahre zurückwarf.

2001 wurde Ricardo Maduro von der Nationalen Partei zum Präsidenten gewählt, vor allem aufgrund seines Wahlversprechens, die Kriminalität zu reduzieren. Doch obwohl er große Summen in die Lösung des Problems steckte, stieg die Kriminalität unerbittlich weiter. Im Januar 2006 wurde José Manuel Zelaya Rosales, ein Rancher mit Cowboy-Hut aus Olancho, zum Präsidenten gewählt. Er schloss sich eng an andere lateinamerikanische linke Regierungschefs an (wie Hugo Chávez). Aber sein Versuch, 2009 die Verfassung zu ändern, um für eine zweite Amtszeit wählbar zu werden, führte zur Krise. Das Verfassungsgericht ordnete die Absetzung von Zelaya an und trotz weltweiter Empörung (manche betrachteten seine Vertreibung als Putsch) wurde er ins Exil in die Dominikanische Republik geschickt.

Demokratische Wahlen im November 2009 bestätigten das Mitglied der Nationale Partei Porfirio „Pepe" Lobo als Präsidenten.

Die Menschen

Mentalität

Bei einem Land mit so verschiedenen Kulturen, wie sie in Honduras leben, kann und sollte man nicht verallgemeinern. Der *ladino*-Geschäftsmann (gemischte indigene und europäische Abstammung) hat eine ganz andere Mentalität als ein Garifuna-Fischer, der wiederum nicht viel mit einem Kleinbauern aus Lenca gemein hat. Die Honduraner unter einen Hut zu bringen, ist zumindest historisch gesehen deutlich schwieriger als bei ihren Nachbarn.

Die gelassene Natur der Honduraner macht vermutlich mehr als alles andere die nationale Mentalität aus. Andere Zentralamerikaner, besonders jene aus El Salvador, betrachten das oft als Faulheit, was ein bisschen harsch ist. Für westliche Besucher kann dieser Mangel an Dringlichkeit manchmal frustrierend sein, aber es ist wichtig, sich vor Augen zu führen, dass die Einstellung zur Dienstleistung eine ganz andere ist als beispielsweise in den USA oder Europa. Honduraner gehen die Dinge gemächlich und gelassen an. Auch wird oft eine gewisse Zurückhaltung geübt – nur wenige Honduraner sind unverblümt laut und bestimmt.

Lebensart

Die Lebensarten in Honduras sind genauso vielfältig wie die erschreckende soziale Ungleichheit des Landes. Die glückliche wirtschaftliche Elite führt oftmals einen amerikanisierten Lebensstil, fährt SUVs und shoppt in klimatisierten Einkaufszentren. Die deutliche Mehrheit der Honduraner allerdings muss sich mühsam ihren Lebensunterhalt verdienen. Am gravierendsten ist die Not wohl in den armen Stadtteilen, wo eine dauerhafte Bedrohung durch Gewalt herrscht.

Die Chancenlosigkeit hat viele der Menschen gezwungen, in den USA Arbeit zu suchen, wo schätzungsweise 1 Mio. Honduraner leben, davon 60 % illegal.

Honduraner sind sehr familienorientiert. Meist haben sie ein größeres familiäres Netzwerk als viele Europäer oder Nordamerikaner – Tanten, Onkel, Großeltern, Cousins und Cousinen und sogar entferntere Verwandte spielen oft eine wichtige Rolle im Familienleben.

Ebenfalls auffällig in der honduranischen Gesellschaft ist der Machismo. Frauen werden häufig noch wie Menschen zweiter Klasse behandelt. Ihr Gehalt ist deutlich niedriger (Frauen verdienen etwa ein Drittel des Durchschnittsgehalts von Männern, wie ein Bericht eines UN-Entwicklungsprogramms ergab) und es gibt erschreckend viele Fälle von Gewalt in der Ehe.

Die gleichen Macho-Tendenzen führen dazu, dass Homosexualität ein Tabuthema ist und das Land zu den gefährlichsten Orten der Welt für Schwule und Lesben gehört. Der Schwulenaktivist José Pepe Palacios schätzt, dass seit dem Putsch von 2009 mindestens 89 Menschen aus der LGBT-Szene ermordet wurden, darunter viele Kämpfer für Schwulenrechte.

Bevölkerung

Etwa 90 % der Honduraner sind *mestizos,* eine Mischung aus spanischer, eingeborener und afrikanischer Herkunft.

Eine der ethnisch vielfältigsten Regionen von Honduras ist La Moskitia, in der die Mískito und die Pech sowie eine winzige Anzahl Tawahka (weniger als 3000) um den Río Patuca beheimatet sind.

Über 50 000 Garinagu (afro-karibische Garifuna) leben an der Nordküste von Honduras zwischen La Moskitia und der guatemaltekischen Grenze. Tausende andere Menschen afrikanischer Herkunft leben ebenfalls an der Nordküste und auf den Bay Islands.

Die eingeborenen Tolupanes (auch Jicaque oder Xicaque genannt) leben in kleinen Dörfern in den Verwaltungsbezirken Yoro und Francisco Morazán. Um Copán Ruinas gibt es noch etwa 38 000 Ch'orti'-Mayas, während die große Gruppe der Lenca (bis zu 300 000) den Südwesten von Honduras bewohnt.

Die Elite des Landes ist zum großen Teil weißer (spanischer oder kontinentaleuropäischer) Abstammung, aber auf den Bay Islands gibt es auch eine kleine Anzahl, deren (entfernte) Wurzeln bis nach England zurückführen.

In Honduras gibt es auch etwa 100 000 Menschen arabischer Herkunft, hauptsächlich katholische und orthodoxe Christen, die ursprünglich aus Palästina und der Levante kamen.

Religion

Honduras war traditionell in allererster Linie immer ein römisch-katholisches Land, aber das hat sich in den letzten Jahrzehnten mit dem Vordringen des Protestantismus erheblich gewandelt. Genaue Zahlen liegen nicht vor, aber eine Umfrage der CID-Gallup von 2007 ergab, dass 47 % der Befragten sich als römisch-katholisch und 36 % als evangelisch-protestantisch bezeichneten.

Anders als im benachbarten Guatemala wurden nur wenige Bräuche und Glaubensvorstellungen der indigenen Bevölkerung in das Christentum eingebunden. Es gibt darüber hinaus auch eine kleine Anzahl an orthodoxen Christen, Juden und Muslims. In Tegucigalpa und in San Pedro Sula gibt es jeweils Synagogen und Moscheen.

Kunst & Kultur

Honduras hat eine kleine, aber spannende zeitgenössische Kulturszene und ein faszinierendes künstlerisches Erbe.

BÜCHER ÜBER HONDURAS

Mehr Hintergrund bieten die folgenden Bücher:

- *Enrique's Journey* von Sonia Nazario. Ein Ausreißer aus Tegucigalpa sucht seine Mutter in den USA.
- *Bananas: How the United Fruit Company Shaped the World* von Peter Chapman. Großartiger Einblick in den Einfluss des Bananengiganten auf Zentralamerika.
- *Moskito-Küste* von Paul Theroux. Ein anschaulicher fiktionaler Bericht über das Leben im Dschungel.
- *Honduras: A Country Guide* von Tom Barry und Kent Norsworthy. Solider, wenn auch veralteter historischer Hintergrund.
- *The United States, Honduras, and the Crisis in Central America* von Donald E. Schulz und Deborah Sundloff Schulz. Diskutiert die Rolle der USA in Zentralamerika während der turbulenten Bürgerkriege.
- *Prisión Verde* von Ramón Amaya-Amador. Leben auf einer Bananenplantage von einem Politautoren beschrieben.
- *El Humano y la Diosa* (Der Mensch und die Göttin), *Los Barcos* und *The Big Banana* von Roberto Quesada. Einer der führenden Schriftsteller Honduras'.
- Juan Ramón Molina (1875–1908) – der wohl meistgeliebte Dichter des Landes.

Der Musiker und Politiker Aurelio Martínez (er war vier Jahre lang Kongressabgeordneter in Honduras) ist der Star der *punta*-Szene (traditionelle Garifuna-Musik und -Tänze). Seine Alben *Garifuna Soul* und *Laru Beya* erhielten in der ganzen Welt glänzende Kritiken.

Zu den neuen Nachwuchsmusikern zählen Bands wie Simón (www.bandasimon.com), die Folk, Punk und lateinamerikanische Klänge verbindet, sowie Ytterbium (www.ytterbium.bandcamp.com) mit ihrer Kombination aus Grunge und Alternative Rock. Fernando Rey ist ein sehr talentierter junger Liedermacher. Außerdem trägt Honduras auch mit Musikern wie Raggamofin Killas erheblich zur Reggaetón-Bewegung bei.

Auch die bildende Kunst floriert hier. Julio Visquerra malt in einem Stil, der „magischer Realismus" genannt wird. José Antonio Velásquez (1906–83) war ein bekannter primitiver Maler. Urban Maeztro ist ein Straßenkünstler, der provokante, Banksy-artige Werke malt. Fans von Comicromanen sollten einen Blick auf Honduran Independent Comics (www.hiccomics.com) werfen.

Die Garifuna sind für ihre unglaublichen Tänze bekannt. Wer die Chance hat, eine der Vorstellungen des Ballet Folklórico Garífuna zu sehen, sollte es nicht versäumen.

In Honduras gibt es einige talentierte Filmemacher. Unabhängige Spiel- und Dokumentarfilme werden auf dem alljährlichen Cor Fest (www.cor3fest.com) auf Roatán gezeigt.

Natur & Umwelt

Die natürliche Schönheit des Landes mit seinen unzähligen Vogel-, Säugetier-, Reptilien- und Pflanzenarten ist atemberaubend. Die Vielfalt ist allerdings durch illegales Holzfällen, unterbesetzte Behörden und Bauprojekte gefährdet. Zwar hat die Umwelt zahlreiche Verteidiger, sie müssen jedoch gegen Bauunternehmer, Korruption und pure Ignoranz ankämpfen.

Das Land

Die Länder Zentralamerikas sind allgemein nicht besonders groß. Aber Honduras ist mit einer Fläche von 112 090 km² das zweitgrößte Land nach Nicaragua. Seine Küste besteht aus 644 km an der Karibik und 124 km am Pazifik. Hinzu kommen die Bay Islands und andere Inselchen. Der fruchtbare Norden ist bei Weitem am erschlossensten – die dortigen Bananenplantagen sind seit Langem ein Standbein der Wirtschaft.

Ein Großteil des honduranischen Binnenlandes ist bergig mit bis zu 2849 m hohen Gipfeln. Es gibt dort viele fruchtbare Hochlandtäler, aber keine aktiven Vulkane. Weitläufige Feuchtgebiete, Sümpfe und Mangrovenwälder erstrecken sich an der Nordküste.

VÖGEL IN HONDURAS

Über 700 Vogelarten wurden in Honduras verzeichnet. Der Lago de Yojoa (S. 407) ist ein Mekka für Vogelbeobachter; und Nationalparks und Naturschutzgebiete bieten exzellente Gelegenheiten, Tukane, Papageien und Raubvögel zu sichten. Quetzale gibt es in den Nebelwäldern, z. B. in den Nationalparks Cusuco, Celaque und La Tigra.

Von November bis Februar versammeln sich Zugvögel in den Feuchtgebieten und Lagunen an der Nordküste. Durch ein erfolgreiches Zucht- und Auswilderungsprogramm konnte der Hellrote Ara (der Nationalvogel von Honduras) wieder im Copán-Tal angesiedelt werden, wo es auch einen hervorragenden Vogelpark gibt (S. 418).

Flora & Fauna

Honduras hat eine einmalig vielfältige Flora und Fauna. Jaguare, Tapire, Krokodile und der gewaltige Kapokbaum (Ceiba) sind in den tropischen Zonen beheimatet, in den Nebelwäldern flattern seltene Schmetterlinge zwischen Orchideen und prachtvollen Kiefern. Und in den türkisfarbenen karibischen Gewässern gleiten Walhaie und Meeresschildkröten.

Allein die schiere Vielfalt an verschiedenen Lebensräumen erlaubt eine dermaßen große Artenvielfalt. In Honduras gibt es Mangroven, Süßwasserseen, Meere, Lagunen, Nebel-, Kiefern- und tropische Regenwälder (deutlich mehr als in Costa Rica).

Große Teile der Lebensräume sind von der Abholzung bedroht. Zu den gefährdeten Tierarten gehören u. a. der Hellrote Ara (der Nationalvogel), der Utila-Leguan, die Seekuh, der Quetzal, Jaguar und Tapir. Ihre Zukunft hängt davon ab, wie viel Schutz Honduras' sogenannte Naturschutzgebiete wirklich bieten können.

Nationalparks & Naturschutzgebiete

Nahezu ein Fünftel des honduranischen Territoriums ist offiziell als Nationalpark oder Reservat geschützt, aber allzu oft fehlt es der Regierung an finanziellen Mitteln oder am politischen Interesse, Bauvorhaben und Abholzung zu stoppen.

Die wichtigsten Natur- und Meeresschutzgebiete:

➡ **Lancetilla Jardín Botánico** In dem botanischen Garten befinden sich über 1200 Pflanzen- und Hunderte Vogelarten. Bei Tela (S. 430).

➡ **Parque Nacional Cusuco** Ein Nebelwald mit einer großen Quetzal-Population. Bei San Pedro Sula (S. 407).

➡ **Parque Nacional Jeanette Kawas** Zu den Biotopen zählen Mangrovensümpfe, ein kleiner Tropenwald, Strände und Riffe vor der Küste. Bei Tela (S. 430).

➡ **Parque Nacional Montaña de Celaque** Ein Hochplateau mit dem höchsten Gipfel von Honduras. Bei Gracias (S. 425).

➡ **Parque Nacional Pico Bonito** Große Artenvielfalt, dichte Wälder und viele Wasserfälle. Bei La Ceiba (S. 434).

➡ **Refugio de Vida Punta Izopo** Tropischer Feuchtwald, Mangroven und Feuchtgebiete. Bei Tela (S, 430).

➡ **Refugio de Vida Silvestre Cuero y Salado** Das größte Seekuhreservat in Zentralamerika. Auch zahlreiche Affen und Vögel leben hier. Bei La Ceiba (S. 434).

➡ **Reserva de la Biosfera del Río Plátano** Das Biosphärenresrvat Río Plátano, ein Weltnaturerbe, besteht aus 5251 km² tropischem Regenwald. In La Moskitia (S. 461).

➡ **Roatán Marine Park** Schützt die gesamte Küste der Insel Roatán samt einigen herausragenden Korallenformationen (S. 447).

➡ **Biosphärenreservat Tawahka Asangni** Tropischer Regenwald im angestammten Gebiet der Tawahka. In La Moskitia.

➡ **Turtle Harbor Marine Reserve** Umfasst die Nordküste von Utila.

Umweltprobleme

Entwaldung ist heute das gravierendste Umweltproblem in Honduras. Das Land ist zwar das am dichtesten bewaldete in Zentralamerika, aber die Wälder verschwinden rasch – rund 2 % gehen jedes Jahr verloren. Im Januar 2013 beschlossen die EU und Honduras ein Voluntary Partnership Agreement, ein freiwilliges Partnerschaftsabkommen für den Export von ausschließlich legal gefälltem Holz nach Europa. Illegale Holzexporte in die USA und auf die Karibischen Inseln gehen jedoch weiter.

Aktivisten, die Holzfäller, Bauunternehmer und Rancher bekämpfen, werden regelmäßig bedroht und sogar getötet. Das Reservat Punta Sal bei Tela ist heute der Parque Nacional Jeanette Kawas, benannt nach der Aktivistin, die jahrelang Baupläne bekämpfte und 1995 ermordet wurde. Zwei Aktivisten in Olancho, die sich gegen Holzfäller stellten, wurden 2006 (von Polizisten) umgebracht.

Daneben gibt es gibt unzählige andere Umweltprobleme: Zwischen 1980 und 2003 verlor Honduras zwei Drittel aller Mangrovenwälder, meist für Krabbenzuchtbetriebe. Bergbau verseucht den Lago de Yojoa (das größte Süßwasserreservor des Landes) mit Schwermetallen und riesige Ölpalmplantagen dehnen sich an der Nordküste aus, eine Monokultur, die Wildtieren kaum Lebensraum bietet.

PRAKTISCHE INFORMATIONEN

ⓘ Allgemeine Informationen

AKTIVITÄTEN

Wer auf Outdoor-Aktivitäten steht, ist hier richtig: Wandern, Canopying, Reiten, Vogelbeobachtung sowie herausragendes Wildwasserrafting und Kajakfahren sind hier möglich. Die Bay Islands gehören zu den besten Schnorchel- und Tauchrevieren der westlichen Hemisphäre.

BOTSCHAFTEN & KONSULATE

Die meisten Botschaften befinden sich in Tegucigalpa.

Belize (☎2238-4614; consuladobelice@yahoo.com; Av República de Chile, Centro Comercial Hotel Honduras Maya)

Deutschland (☎2232-3161; www.tegucigalpa.diplo.de; Av República Dominicana 925)

El Salvador (☎2239-7017; www.embajadahonduras.rree.gob.sv; Diagonal Aguán 2952)

Guatemala (☎2232-5018; embhonduras@minex.gob; Calle Alfonso XIII 3716, Colonia Lomas del Guijaro)

Nicaragua (☎2239-5225; embanic@amnettgu.com; Av Choluteca, Bloque M-1, No 1130, Colonia Lomas de Tepeyac)
Österreich (☎2238 0680; consaustria@gmail.com; Edificio Plaza del Sol, 2do piso, Av La Paz 2326)
Schweiz (☎2236-9098; www.eda.admin.ch/guatemala; Colonia Palmira, Av República de México, Casa No. 2402)
USA (☎2236-9320; http://honduras.usembassy.gov; Av La Paz)

ESSEN & TRINKEN

Die honduranische Küche mag zwar nicht weltbekannt sein, aber sie hat einige charakteristische Gerichte: Auf S. 389 sind ein paar beschrieben und auch welche Arten von Restaurants es gibt. Zwei Spezialitäten der Garifuna an der Nordküste sind *pan de coco* (Kokosnussbrot) und *casabe* (ein knuspriges Fladenbrot).

In den Preisen der meisten einfachen Restaurants ist die **Steuer** enthalten, aber ab der mittleren Preiskategorie aufwärts ist sie oft nicht aufgeführt. **Trinkgelder** sind in billigen Lokalen nicht üblich, aber gern gesehen; gehobene Restaurants setzen automatisch 10 % auf die Rechnung.

Honduras hat mehrere **Biere** – SalvaVida und Port Royal sind unter Reisenden am beliebtesten, gefolgt vom faderen Imperial. Sie stammen alle aus derselben Brauerei, der Cerveceria Hondureña. Alle sind billig, in Bars ab 20 HNL. Hervorragendes hausgebrautes Bier haben die D&D Brewery (S. 407) in Lago de Yojoa oder Sol de Copán (S. 417) in Copán Ruinas.

Der **Rum** Flor de Caña ist überall erhältlich und exzellent.

FEIERTAGE

Neujahr 1. Januar
Tag der amerikanischen Länder 14. April
Semana Santa (Karwoche) Donnerstag, Freitag und Samstag vor Ostersonntag
Tag der Arbeit 1. Mai
Unabhängigkeitstag 15. September
Geburtstag von Francisco Morazán 3. Oktober

PREISKATEGORIEN ESSEN

Die folgenden Preiskategorien beziehen sich auf eine durchschnittliche Mahlzeit ohne Getränke und Steuern.

$	unter 75 HNL
$$	75–150 HNL
$$$	über 150 HNL

Día de la Raza (Kolumbus-Tag) 12. Oktober
Tag der bewaffneten Truppen 21. Oktober
Weihnachten 25. Dezember

FESTIVALS & EVENTS

So ziemlich jede Stadt und jedes Dorf in Honduras hat einen Schutzheiligen und feiert ihn mit einem Fest um seinen Namenstag.

Der **12. April**, der Jahrestag der Ankunft der Garifuna in Honduras im Jahr 1797, ist ein fröhliches Ereignis, das in allen Garifuna-Gemeinden gefeiert wird. Das jährliche **Sun Jam** (www.sunjam.com) von Utila ist eine Strandparty auf einer einsamen Insel Anfang August mit DJs. Weitere größere Feste:

Feria de Suyapa Der Namenstag des nationalen Schutzheiligen (3. Feb.) wird ca. vom 2. bis 11. Februar in Suyapa bei Tegucigalpa gefeiert.
Karneval in La Ceiba Während der dritten Maiwoche (vor allem samstags) wird in den Straßen kräftig mit Paraden, Kostümen und Musik gefeiert.

FRAUEN UNTERWEGS

Honduras ist noch immer eine männerdominierte Gesellschaft. Persönliche Sicherheit ist für weibliche Reisende daher die größte Sorge. Die meisten Frauen fühlen sich als Alleinreisende in Honduras nicht bedroht, aber es zahlt sich auf jeden Fall aus, selbstbewusst aufzutreten.

Wie überall erregen Frauen weniger Aufmerksamkeit, wenn sie moderat gekleidet sind. Auf den Bay Islands mit ihren zahlreichen ausländischen Touristen geht es lockerer zu, aber Baden „oben ohne" ist absolut nicht angezeigt. Es empfiehlt sich, Clubs und Bars nur in männlicher Begleitung oder in einer Gruppe zu besuchen.

FREIWILLIGENARBEIT

Etliche Organisationen bieten in Honduras Freiwilligenarbeit für Projekte an, die von Hausbau bis (für Englischsprachler) Englischunterricht reichen.

Die Website www.travel-to-honduras.com hat ein langes Verzeichnis von Gruppen mit Freiwilligenprogramm, von großen Organisationen wie Casa Alianza bis zum kleinen Utila Iguana Conservation Project.

GELD

Die Währungseinheit von Honduras ist der Lempira (HNL), der in 100 *centavos* aufgeteilt ist. In den letzten zehn Jahren ist der Lempira beständig gegen den US-Dollar abgefallen; Wechselkurse s. S. 805

Bargeld

Banken tauschen neben US-Dollar gelegentlich auch Euro um. Wechselwillige sollten sich morgens auf den Weg machen und ihren Reisepass mitnehmen. Hotels akzeptieren eventuell US-Dollar (lohnt sich, um die Schlangen in der Bank zu vermeiden) oder tauschen sie für Gäste um, was auch manche Einrichtungen in touristischeren Gegenden anbieten.

Geldautomaten

In den Städten im ganzen Land sind Geldautomaten vorhanden. Ausländische Karten werden akzeptiert (mit vierziffrigen PINs).

Kreditkarten

Visa- und MasterCard werden in den meisten Mittelklassehotels und größeren Supermärkten akzeptiert, aber Kreditkarten können nicht so einfach wie in Europa für alle Gelegenheiten benutzt werden. In manchen Hotels und Restaurants wird eine Kreditkartengebühr von 5 bis 10 % verlangt.

Bargeldauszahlung auf Kreditkarten ist in Notfällen in den meisten Banken möglich.

Reiseschecks

Reiseschecks sind überall in Honduras extrem schwierig einzulösen oder zu benutzen. Die meisten Banken, Hotels und Einzelhändler wollen damit nichts zu tun haben.

INTERNETZUGANG

Jede Großstadt und die meisten Kleinstädte und Dörfer haben mindestens ein **Internetcafé**. Die Verbindungen sind meist langsam und kosten 15 bis 20 HNL pro Stunde – weitaus mehr auf den Bay Islands (um 100 HNL pro Std.).

Viele Unterkünfte, Cafés und Restaurants haben kostenloses **WLAN**, allerdings bricht die Verbindung oft zusammen und ist sehr langsam.

KLIMA

Es gibt verwirrenderweise zwei Regenzeiten in Honduras. An der Nordküste regnet es das ganze Jahr, aber die regenreichste Zeit ist von September bis Februar. In diesen Monaten kann es zu Überflutungen kommen, die den Verkehr behindern und gelegentlich schwere Schäden anrichten. Der Süden und Westen des Landes hat eine andere, ausgeprägtere Regenzeit zwischen Mai und Oktober.

Das bergige Binnenland ist viel kühler als das feuchte Küstengebiet. Die Höhenlage beeinflusst die Temperaturen enorm: In Orten wie Tegucigalpa (975 m) und Gracias (803 m) wird die Hitze selten drückend.

Die Hurrikansaison ist von Juni bis November.

ÖFFNUNGSZEITEN

In der Regel gelten folgende Öffnungszeiten:

- **Banken** Mo–Fr 8.30–16.30 & Sa 8.30–12 Uhr
- **Restaurants** tgl. 7 oder 8–21 Uhr
- **Läden** tgl. 9–18 Uhr

RECHTSFRAGEN

Auch honduranische Polizisten sind teilweise korrupt. Potenzielle Mietwagennutzer sollten z. B. bedenken, dass die Verkehrspolizei eventuell absichtlich nach Verstößen sucht, um etwas Benzingeld abzustauben.

In Städten wie San Pedro Sula und Tela gibt es eine Touristenpolizei, aber da nur wenige Beamte Englisch sprechen, ist nicht mit viel Hilfe zu rechnen.

REISEN MIT BEHINDERUNG

Abgesehen von gehobenen Hotels und Resorts hat Honduras keine behindertengerechte Einrichtungen. Schlechte Bürgersteige und Kopfsteinpflaster erschweren Rollstuhlfahrern die Bewegung in Ortschaften. Öffentliche Verkehrsmittel sind nicht für behinderte Reisende eingerichtet, die Fähren nach Roatán sind jedoch barrierefrei.

SCHWULE & LESBEN UNTERWEGS

Das legale Mündigkeitsalter ist 15 Jahre. Homosexualität in Honduras wird aber verborgen und offen gezeigte Zuneigung zwischen schwulen oder lesbischen Paaren kann zu Beschimpfungen führen. Angriffe auf Schwule (auch Mord) sind in jüngster Zeit angestiegen. Organisationen für Schwule, Lesben und Transexuelle sind die **Asociación LGTB Arcoiris de Honduras** (☎2206-2408; arcoirisghn@yahoo.com) und die **Colectiva Violeta** (☎2237-4905; colectivo_violeta@yahoo.com).

SICHERHEIT

Die meisten Reisenden genießen ihren Trip durch Honduras ohne unangenehme Zwischenfälle. Dennoch hat dieses Land ein sehr ernstes Kriminalitätsproblem. Vor Reiseantritt sollten daher auf jeden Fall genaue Informationen zur aktuellen Lage eingeholt und die Hinweise des Auswärtigen Amtes konsultiert werden.

Die Honduraner hegen eine tief verwurzelte Leidenschaft für Feuerwaffen. Obwohl das Besucher eventuell verängstigt, wird man weitaus eher einfach bestohlen als mit einer Schusswaffe überfallen. In Großstädten ist stets Vorsicht (nicht Paranoia!) angebracht. Dies gilt vor allem für die Städte San Pedro Sula und Tegucigalpa, die jeweils ein Bandenproblem haben. Touristen sind davon aber kaum betroffen. Tagsüber kann man normalerweise sicher durchs Zentrum laufen, solange Wertsachen bzw. Besitztümer nicht offen sichtbar sind. Nachts sollte immer ein Taxi benutzt werden.

Generell sind kleine Städte wesentlich sicherer als große. Vorsicht an der Nordküste und besonders am Strand. An den Stadtstränden in Tela oder La Ceiba sollte niemand allein herumlaufen, egal ob bei Tag oder bei Nacht, da es zu Diebstählen, Raubüberfällen und sogar Vergewalti-

PREISKATEGORIEN SCHLAFEN

Die folgenden Preiskategorien beziehen sich auf Doppelzimmer mit Bad. Wenn nicht anders angegeben, ist die Steuer im Preis enthalten.

$	unter 600 HNL
$$	600–1200 HNL
$$$	über 1200 HNL

gungen kam. Nachts sind die Strände auf jeden Fall zu meiden.

Reisen (besonders Autofahrten) sollten nachts vermieden werden, da dann Banditen und Drogenschmuggler ihr Unwesen treiben.

In Honduras gibt es Malaria und Dengue-Fieber. Die feuchte Nordküste, die Bay Islands und Moskitia sind gefährdete Gebiete. Auch beißende Sandmücken können sehr nervig sein.

Vorsicht vor Giftschlangen, besonders vor der Lanzenotter (in Honduras *barba amarilla* genannt); auch Korallenschlangen kommen vor. Krokodile und Kaimane leben in den Wasserläufen von La Moskitia. In Honduras gibt es auch Skorpione (nicht tödlich), Schwarze Witwen, Wespen und andere stechende Insekten. Die meisten Reisenden bekommen kein einziges gefährliches Tier zu Gesicht, aber es gibt sie.

SPRACHKURSE

Copán Ruinas ist ein wunderbarer Ort, um Spanisch zu lernen und hat zwei gute Sprachschulen (S. 414).

TELEFON

Die Landesvorwahl für Honduras lautet ☎ 504. Es gibt keine Ortsvorwahlen.

Wer kein Handy hat, kann in Internetcafés kostengünstig telefonieren, entweder mit Skype oder der hausinternen Anlage. Die Telefonzentren der staatlichen Telefongesellschaft **Hondutel** (www.hondutel.hn) sind notorisch unpraktisch und teuer und sollten nur als Notlösung benutzt werden.

Handys

In Honduras gibt es eine umfassende Netzabdeckung. Claro und Tigo sind die beiden größten Anbieter.

Die meisten nordamerikanischen Handys funktionieren in Honduras gut, europäische hingegen oftmals gar nicht.

Einheimische Handys kosten hier ab 350 HNL, SIM-Karten um 100 HNL, aber diese müssen erst in einer Filiale angemeldet werden, was umständlich sein kann.

Guthaben *(saldo)* können vielerorts aufgeladen werden, auch in kleinen Läden. An gewissen Tagen gibt es *doble*- oder sogar *quadruple*-Guthaben, also zwei- bis viermal so viel. In die USA zu telefonieren ist ziemlich billig, besonders mit einem *quadruple*-Guthaben (um 2 HNL pro Min.), aber nach Europa wird es sehr viel teurer.

TOURISTENINFORMATION

Es gibt nur sehr wenige Touristeninformationen in Honduras und die wenigen existierenden bieten nur eingeschränkt praktische Tipps. Die landesweite Information ist das Instituto Hondureño de Turismo (S. 400) in Tegucigalpa.

UNTERKUNFT

Die Hotels in Honduras sind je nach Ort höchst unterschiedlich. In den meisten Ortschaften sind ordentliche, funktionale und saubere Zimmer mit Bad und Ventilator für etwa 250 bis 350 HNL zu haben. In den großen Städten ist es sehr wichtig, ein Hotel in einem möglichst sicheren Stadtviertel auszusuchen, was dann aber oft mehr kostet (350–500 HNL), ebenso wie die Unterkünfte auf den Bay Islands.

Hostels mit Schlafsälen gibt es dort, wo sich Reisende aufhalten, wie in Copán Ruinas, Utila, Roatán, La Ceiba und San Pedro Sula. Die Preise schwanken gewaltig, von 150 bis 300 HNL pro Bett.

Wie überall in Zentralamerika ist auch hier eine *sencilla* (EZ) meist ein Zimmer mit Doppelbett, während ein *doble* (DZ) zwei Betten hat – wer sich mit einem guten Freund ein Bett teilt, spart Geld.

In Ferienorten wie den Bay Islands steigen die Preise um Weihnachten und Neujahr und während der Semana Santa (Karwoche).

Klimaanlagen sind ein teurer Luxus, besonders auf den Bay Islands. Kostenloses WLAN ist in vielen Unterkünften mehr und mehr erhältlich.

Es gibt keine organisierten Campingplätze in Honduras, das Zelt kann also zu Hause bleiben.

VISA & REISEDOKUMENTE

EU-Bürger und Schweizer mit gültigem Reisepass erhalten bei der Einreise normalerweise eine kostenlose Touristenkarte, die 90 Tage lang gültig ist. Diese gilt auch für alle Staaten, die das CA-4-Grenzabkommen unterzeichnet haben, nämlich Guatemala, Nicaragua, Honduras und El Salvador.

In Honduras selbst kann bei der Einreisebehörde in Tegucigalpa (Reisende haben von Problemen mit der Verlängerung in anderen Büros berichtet) eine einmalige 30-tägige Verlängerung beantragt werden (400 HNL). Möglich ist auch ein mindestens dreitägiger Trip außerhalb der CA-4-Staaten (Belize und Costa Rica liegen am nächsten). Dann gibt es bei der Wiedereinreise nach Honduras ein neues 90-Tage-Visum. Diese Praxis wird allerdings nicht mehr überall toleriert.

An- & Weiterreise

Flüge, Touren und Bahnfahrkarten können online über www.lonelyplanet.com/bookings gebucht werden.

FLUGZEUG

Es gibt häufige Flugverbindungen mit anderen zentralamerikanischen Hauptstädten und Orten in den USA, aber keine Direktflüge von und nach Europa.

Der verkehrsreichste und größte Flughafen ist in San Pedro Sula, gefolgt von Tegucigalpa. Es gibt auch einige Direktflüge zwischen Atlanta, Houston und Miami in den USA und Roatán.

LANDWEG

Bus

Es gibt fünf große internationale Busgesellschaften der Luxusklasse, die nach Honduras fahren: King Quality, Pullmantur, Tica Bus, Hedman Alas und Trans Nica. Drei weitere Gesellschaften (Rutas Orientales, Fuente del Norte und Sultana) sind weniger teuer.

Die zwei Verkehrsknotenpunkte für internationale Busfahrten sind San Pedro Sula und Tegucigalpa. Von diesen beiden Städten fahren Busse nach San Salvador (El Salvador), Guatemala-Stadt, Antigua, Santa Elena/Flores (Guatemala), Managua (Nicaragua), San José (Costa Rica) und Panama-Stadt.

Es ist auch möglich, mit Regionalbussen zu fahren, die Grenze zu Fuß zu überschreiten und auf der anderen Seite einen anderen Bus zu besteigen.

SCHIFF/FÄHRE

Die einzigen planmäßigen internationalen Passagierschiffe nach und von Honduras sind zwei kleine Boote, die wöchentlich (am gleichen Tag!) von Puerto Cortés nach Belize fahren.

Wer übers Meer nach oder von Honduras reist, sollte sich umgehend in der Einreisebehörde in Puerto Cortés um alle Formalitäten kümmern (nach Bedarf Ein- und Ausreisestempel).

GRENZÜBERGÄNGE

Guatemala

Die wichtigsten Grenzübergänge nach Guatemala sind in El Florido, Agua Caliente und Corinto. Es gibt keine offizielle Gebühr für die Ausreise aus Honduras oder die Einreise nach Guatemala, aber Grenzbeamte verlangen oft ein oder zwei Dollar.

Die rund um die Uhr geöffnete Grenze in **Agua Caliente** ist eine halbe Stunde mit dem Bus von Nueva Ocotepeque entfernt (22 HNL, 30 Min., alle 30 Min. bis 18 Uhr). Zwischen den honduranischen und guatemaltekischen Grenzposten, die 2 km voneinander entfernt sind, verkehren Busse (Q10). Auf der guatemaltekischen Seite fahren Busse nach **Esquipulas** mit Anschluss nach **Guatemala-Stadt** oder **Flores**.

Die rund um die Uhr geöffnete Grenze in **El Florido** liegt 9 km westlich von Copán Ruinas und wird von sehr regelmäßigen Minibussen angefahren (20 HNL, 20 Min., alle 20 Min.). Wer mit einem grenzüberschreitenden oder Shuttelbus reist, muss aussteigen und jeweils an beiden Seiten der Grenze die Einreiseformalitäten erledigen. Geldwechsler sprechen Reisende an und bieten meist gute Wechselkurse. Auf der guatemaltekischen Seite gibt es auch eine Bank.

Die guatemaltekische Grenze in **Corinto** (6–21 Uhr) liegt 51 km südwestlich von Omoa (40 HNL, 1½ Std., stündl.). Die Busse zur Grenze fahren von der Fernstraße ab und halten an einer Reihe *comedores*. Von dort geht es zu Fuß über die Grenze. Kleinbusse warten auf der guatemaltekischen Seite zur Weiterfahrt nach **Puerto Barrios**.

El Salvador

Die Hauptgrenzübergänge nach El Salvador sind El Poy und El Amatillo; der Übergang in Sabanetas bei Marcala ist für Ausländer nicht gestattet.

Die salvadorianische Grenze in **El Poy** (24 Std.) ist nur eine kurze Busfahrt von Nueva Ocotepeque entfernt (15 HNL, 15 Min., alle 20 Min. bis 19 Uhr). Auf beiden Seiten hält der Bus etwa 100 m vor dem jeweiligen Grenzübergang, der zu Fuß bis zum anderen Bus überschritten wird. Auf der salvadorianischen Seite fahren Busse häufig nach **San Salvador** und **La Palma**.

Von Choluteca im Süden von Honduras gibt es auch Busverbindungen zur salvadorianischen Grenze in **El Amatillo** (52 HNL, 2 Std., alle 20 Min. bis 18.30 Uhr).

Nicaragua

Grenzübergänge nach Nicaragua sind in Guasaule, El Espino und Las Manos.

Von Choluteca im südlichen Honduras fahren Busse zur nicaraguanischen Grenze in **Guasaule** (28 HNL, 45 Min., alle 20 Min. 6–18 Uhr).

Zur Grenze in **El Espino** geht es ab San Marcos de Colón, von wo es sehr regelmäßige Verkehrsverbindungen gibt (15 HNl, 15 Min.).

> **AUSREISEGEBÜHR**
>
> Wer Honduras mit dem Flugzeug verlässt, muss am Flughafen eine Ausreisegebühr von 760 HNL (38 US$) zahlen. Die inländische Gebühr beträgt 40 HNL (2 US$).

Nach **Las Manos** fahren Busse ab Tegucigalpa (78 HNL, 2½ Std., 3-mal tgl.).

Unterwegs vor Ort

AUTO & MOTORRAD

Fahrten auf den Fernstraßen in Honduras sind wie das nächste Level in einem Videospiel. Viele Einheimische rasen in einer Wahnsinnsgeschwindigkeit (um die vermeintliche Gefahr des Autoraubs zu vermeiden).

Die wichtigsten Straßen sind asphaltiert und meist in vernünftigem Zustand. Die kleineren Landstraßen sind oftmals Pisten: Je nach Regenmengen und Jahreszeit können dort die Verhältnisse von akzeptabel bis unpassierbar schwanken.

Mietwagen gibt es in Tegucigalpa, San Pedro Sula, La Ceiba und auf Roatán. Ein einfacher Pkw kostet ab 550 HNL pro Tag mit heftiger Selbstbebeteiligung.

BUS

Busse sind in Honduras ein günstiges und unkompliziertes Verkehrsmittel, auch gibt es einige sehr schicke (und teure) Buslinien. Die ersten starten oft frühmorgens, die letzten in der Regel am späten Nachmittag. Busse auf den großen Fernstraßen fahren später.

Für die größeren Busstrecken besteht oft die Wahl zwischen einem *directo* (Direktbus) oder einem *parando* („Bummelbus" mit vielen Haltestellen). Mikrobusse oder *rapiditos* sind minivanähnliche Busse.

Stadtbusse sind aus Sicherheitsgründen nicht empfehlenswert – Banden „besteuern" Verkehrsgesellschaften und überfallen gelegentlich die Fahrer.

FLUGZEUG

Inlandsflüge sind in Honduras relativ preisgünstig und der Sicherheitsstandard ist im Allgemeinen gut. Verbindungen gibt es von La Ceiba, Tegucigalpa und San Pedro Sula nach Utila und Roatán sowie zwischen den drei großen Städten.

Flüge machen auch La Moskitia zugänglich, allerdings sind sie ziemlich teuer.

AeroCaribe (☎2442-1085; www.aerocaribehn.com)

Aerolíneas Sosa (☎La Ceiba 2443-1894, Roatán 2445-1658, San Pedro Sula 2550-6545, Tegucigalpa 2233-5107; www.aerolineasosa.com)

TACA/Isleña (☎La Ceiba 2441-3191, Roatán 2445-1088, San Pedro Sula 2516-1061, Tegucigalpa 2236-8222; www.taca.com)

SCHIFF/FÄHRE

Zwei Passagierfähren, der Luxuskatamaran *Galaxy Wave* und die klapprige *Utila Princess II*, verkehren zwischen La Ceiba und den Bay Islands. Zwischen den beiden Inseln gibt es keine Fährverbindung.

In La Moskitia laufen fast alle Verkehrswege übers Wasser. Wassertaxis fahren außerdem auf Roatán von West End nach West Bay sowie von Coyolito durch den Golfo de Fonseca hinüber zur Isla del Tigre.

TAXI

Taxis gibt es in honduranischen Städten überall. In vielen Orten ist es üblich, sich eine Fahrt zu teilen, jeder Fahrgast zahlt dann um die 20 HNL. Wer eines allein für sich haben will, zahlt etwa ab 60 HNL. Nachts wird es teurer.

In den größeren Städten befahren *colectivos* (Gemeinschaftstaxis) etliche festgelegte Strecken. Sie kosten um 15 bis 25 HNL pro Fahrgast.

Dreirädrige *mototaxis* (Motorradtaxis) sind in kleinen Städten und Dörfern üblich, dürfen aber nicht im Zentrum von Großstädten fahren. Sie kosten etwa die Hälfte dessen, was fürs normale Taxi gezahlt werden müsste.

Nicaragua

☎ 505 / 5 869 859 EW.

Inhalt ➡

Gut essen

➡ Tercer Ojo (S. 485)

➡ Cevicheria El Chino (S. 546)

➡ Café-Arte Tipiscayán (S. 537)

Schön übernachten

➡ Surfing Turtle Lodge (S. 532)

➡ Playa Hermosa Beach Hotel (S. 523)

➡ Hotel Los Arcos (S. 535)

Auf nach Nicaragua

Nicaragua hat einfach alles zu bieten, was man sich von einem Tropenparadies erhoffen kann. Lust auf phantastische Wellen und faule Tage an einsamen Stränden? Kein Problem: Entlang der beiden langen Küstenstreifen erstrecken sich entspannte Surfcamps, Hippie-Enklaven und abgeschiedene Fischerdörfer, die erst nach und nach von den Touristen entdeckt werden.

Neugier auf Geschichte, Kolonialstädtchen und ein unvergleichliches kulturelles Erbe? In León und Granada kann man Einblicke in die Vergangenheit gewinnen. Wer sich mehr für den heutigen Alltag der Bewohner dieser bunten, stolzen und optimistischen Nation interessiert, sollte die Fischerorte entlang der Karibikküste besuchen.

Fernab von Meer und Strand warten Vulkane darauf, erklommen oder „besurft“ zu werden, und an Lagunen und auf Inseln werden Robinson-Crusoe-Abenteuer Wirklichkeit. Die freundlichen Einheimischen sind immer gern bereit, Reisende zu den schönsten Ecken zu führen.

Reisezeit

Managua

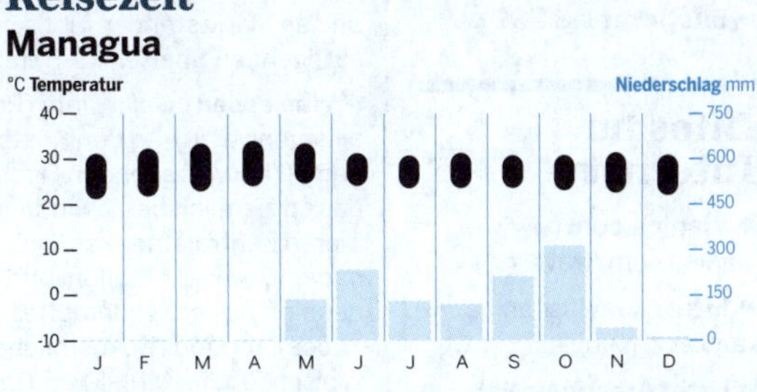

Nov.–Mai In der Hauptsaison ist es trocken und die Tage sind sonnig, es ist allerdings auch mehr los.

März–Nov. Regnerisch, aber grün. An der Pazifikküste bieten gewaltige Brecher spektakuläre Surfabenteuer.

Sept.–Nov. Hotels sind günstiger, doch die letzten Hurrikans wirbeln schon mal die Pläne durcheinander.

AUF EINEN BLICK

Nicaragua ist eine der sichersten Nationen Lateinamerikas. Fast überall wird Spanisch gesprochen. An der Karibikküste wird mehr Englisch gesprochen als im Rest des Landes. Pro Tag muss man ein Budget von 20–30 US$ einkalkulieren. Die meisten Nationalitäten erhalten bei bis zu dreimonatigen Aufenthalten problemlos ein Visum. In Nicaragua gibt es keine Sommerzeit. Die Zeitzone ist MEZ minus sieben Stunden.

Kurzinfos

- **Fläche** 129 494 km^2 (entspricht der Größe Griechenlands)
- **Hauptstadt** Managua
- **Notrufnummern** ☎ 115 (Feuerwehr), ☎ 118 (Polizei), von Mobiltelefonen ☎ 911

Preise

- **Hostelbett** 8–20 US$
- **Abendessen** 2–5 US$
- **Busticket** 1–3 US$

Infos im Internet

- **Vianica.com** (www.vianica.com/traveling)
- **Intur** (www.visitanicaragua.com/ingles)
- **Latin American Network Information Center** (www.lanic.utexas.edu/la/ca/nicaragua)

Von Land zu Land

Die Grenze nach Honduras kann in Las Manos, El Espino und El Guasaule überquert werden. Die Einreise aus Costa Rica auf dem Landweg erfolgt via Peñas Blancas, auf dem Seeweg via Los Chiles. In Potosí kann man an Bord eines kleinen Boots nach El Salvador gelangen. Mehr Infos bieten die Praktischen Informationen auf S. 567.

NICARAGUA FÜR EINSTEIGER

Zum ersten Mal hier? Dann verspricht ein Trip durch den Südwesten großes Kino bei vergleichsweise wenig Fahrtzeit im Bus. Ein toller Ausgangspunkt ist **Granada**. Man sollte drei Übernachtungen einplanen, um die hübschen Straßen entlangzuspazieren und Museen und Kirchen zu besichtigen. Außerdem besteht die Möglichkeit, Tagestouren (auch mit Übernachtung) zum Kratersee **Laguna de Apoyo**, den als **Pueblos Blancos** (weiße Dörfer) bekannten Künstlerkommunen, zu den Vulkanen **Mombacho** und **Masaya** und in Naturschutzgebiete zu unternehmen.

Als nächstes geht's den Highway hinunter nach San Jorge. Dort legt die Fähre zur unwirklich schönen **Isla de Ometepe** mit ihren zwei Vulkanen ab. Die Möglichkeiten für Outdoor-Aktivitäten sind endlos. Auf der anderen Seite des Isthmus liegen die **südpazifischen Strände**. Für viele Reisende ist das internationale Dorf **San Juan del Sur** Ausgangs- und Endpunkt ihres Strandabenteuers, man sollte aber unbedingt ein oder zwei Nächte an den Surfstränden nördlich und südlich von hier verbringen. Auf dem Weg nach Norden ist **León** ein obligatorischer Stopp.

Essen & Trinken

- **Wohin zum Essen?** In *comedores* oder *cafetínes*, *fritangas* und an Marktständen gibt's eine überschaubare Auswahl an sättigenden Speisen (2–5 US$).
- **Was essen?** *Gallo pinto* (Reis und Bohnen gemischt) ist allgegenwärtig. An den Küsten bekommt man erwartungsgemäß hervorragenden Fisch und Meeresfrüchte, im Inland das so ziemlich beste Rindfleisch von mit Gras gefütterten Tieren Zentralamerikas. Unbedingt lokale Spezialitäten wie *nacatamales* (Maismehl und andere Leckereien im Bananenblatt), *baho* (gedämpftes Rindfleisch, Kochbananen und Yucca), *rondón* (Kokosmilcheintopf mit Meeresfrüchten, typisch für die Karibik) und *quesillo* (eine Tortilla mit Mozzarella und Zwiebeln und einer Sour-Cream-Haube) probieren.
- **Was trinken?** Der nationale Rum heißt Flor de Caña, hiesige Biere sind z. B. Toña und Victoria, zwei leichte Pilsorten.

MANAGUA

1 028 800 EW.

Managua ist ein heilloses Durcheinander, chaotisch und am Boden, poetisch und faszinierend – und das alles gleichzeitig.

Viele Reisende lassen die Hauptstadt einfach komplett aus und organisieren schnelle Flughafentransfers ab Granada, doch wer ein oder zwei Tage bleibt, wird sehen, dass das große, böse Managua gar nicht so schlimm ist wie sein Ruf. Vielmehr ist es der Kleister, der das nationale Bewusstsein, die Kultur und den Handel zusammenhält.

Abgesehen davon, dass man in einen wuseligen Bienenstock aus hupenden Autos, Märkten, Abfällen und Krach eintaucht, ist Managua, jene Stadt mit niedrigen Häusern und unerwartet vielen Bäumen, bemerkenswerter Street Art und Denkmälern, auch ein bequemer Ausgangspunkt für Trips zu Lagunen, den Naturschutzgebieten Montebelli und Chocoyero-El Brujo, einer ganzen Reihe von tollen Stränden wie Pochomil und den heißen Quellen von El Trapiche.

Geschichte

Zur Zeit der Eroberung durch die Spanier war Managua eine am Seeufer gelegene Siedlung indigener Einwohner, die von Ackerbau, Jagd und Fischfang lebten. Diese frühen Managuaner leisteten den Spaniern starken Widerstand, die daraufhin die Stadt zerstörten. In der Folge blieb Managua bis in die Mitte des 19. Jhs. ein Dorf.

Erst 1852 tauchte die Stadt aus der Vergessenheit wieder auf, als die wiederholten Konflikte zwischen dem konservativen Granada und dem liberalen León zum Bürgerkrieg ausarteten. Als Kompromiss wurde das zwischen den beiden gelegene Managua zur Hauptstadt ernannt.

Seitdem wurde die Stadt immer wieder von Naturkatastrophen heimgesucht. Im März 1931 vernichtete ein Erdbeben und ein anschließendes Feuer das anmutige alte Zentrum. Nur fünf Jahre später ereignete sich erneut ein verheerender Brand. Nach dem kompletten Wiederaufbau war die Stadt eine der am meisten entwickelten in der Region – bis 1972 ein noch stärkeres Erdbeben sie nahezu auslöschte.

Als Geologen unter dem Gebiet der Innenstadt eine Reihe von Verwerfungen entdeckten, fiel die Entscheidung, die Gegend aufzugeben. Präsident Somoza und seine Kumpanen witterten die Chance, aus dem Desaster Profit zu schlagen, und kauften für den Bau von neuen Wohnsiedlungen am Stadtrand große Flächen Land auf. Dies ist auch der Grund dafür, dass Managua heute derart ausgedehnt ist.

Sehenswertes & Aktivitäten

Plaza de la Revolución & Malecón

Diese Ansammlung von Denkmälern, Parks, Museen und Regierungsbüros aus der Zeit vor dem Erdbeben und nach der Revolution war einst das Herz Managuas. Am *malecón* (der Uferpromenade) stehen heute ein paar verfallene Restaurants. Nach dem Erdbeben von 1972 und zwei Jahrzehnten des Kriegs und der Entbehrungen liegt das Zentrum verlassen da. Immerhin sind noch vereinzelte Wiederaufbaumaßnahmen im Gange.

★ Plaza de la Revolución PARK

(Karte S. 488) General José Santos Zelaya, der antiamerikanisch eingestellte Nationalheld, weihte die offene Plaza 1899 ein. Sie war Schauplatz zahlloser Proteste, Paraden, Romanzen u. v. m. An der nordöstlichen Ecke des Platzes befindet sich das **Grab** (Karte S. 488) des Sandinistenkommandanten Carlos Fonseca. Richtung See stößt man auf das **Rubén-Darío-Denkmal** (Karte S. 488). Darío ist der berühmteste Dichter des Landes.

Antigua Catedral KATHEDRALE

(Karte S. 488) Die alte Kathedrale wurde 1929 errichtet, bei dem Erdbeben von 1972 zerstört und entgegen den Versprechungen nie restauriert.

Palacio de la Cultura y Biblioteca Nacional MUSEUM

(Karte S. 488; Eintritt 2 US$; Mo–Fr 8–17, Sa & So 9–16 Uhr) Der Palast (erb. 1935) neben der Antigua Catedral beherbergt das **Museo Nacional** (Karte S. 488; Eintritt 2 US$; 8–17 Uhr). Die Zeitleiste beginnt vor gerade mal 500 Millionen Jahren, denn Nicaragua ist einer der jüngsten Flecken der Erde. Exponate beleuchten die spanische Kolonialzeit, die Sandino- und die Sandinistenära.

Centro Cultural Managua KULTURZENTRUM

(Karte S. 488; Plaza de la Revolución, 1 c S) In dem, was vom Gran Hotel übrig ist, finden wechselnde Kunstausstellungen, Konzerte und Tänze statt sowie Handwerkermärkte am ersten Samstag im Monat.

Highlights

1. Die Gipfel auf der bildschönen, grünen **Isla de Ometepe** (S. 512) erklimmen, um den herrlichen Ausblick genießen zu können.
2. Vor den entlegenen **Corn Islands** (S. 549) im kristallklaren Wasser der Karibik planschen.
3. **Granadas** (S. 496) koloniale Schätze, die schönen Straßen und mystischen Kirchen erkunden.
4. In den alternativen Bars des Kolonialstädtchens **León** (S. 524) ergründen, warum die Revolution dort nicht im Fernsehen übertragen wurde.
5. Sich in den extrem gechillten Surfstädtchen an der **südlichen Pazifikküste** (S. 518) mit großen Wellen „anlegen".
6. Mehrere Tage in den ruhigen Gefilden der **Reserva Natural Laguna de Apoyo** (S. 506) ausspannen – Zen pur.
7. Mit einem Boot auf dem **Río San Juan** (S. 556) fahren, den ungeheuren Vogelreichtum und – ganz unerwartet – eine Festung entdecken.
8. Nach **Matagalpa** (S. 542), ins Herz des bäuerlichen Hochlands, reisen.
9. Mit Fischern verhandeln, damit sie einen auf ihren Booten in die faszinierende Mískito-Region rund um die **Pearl Lagoon** (S. 547) bringen.

85°W
84°W
Cabo Gracias a Dios
Laguna Bismuna
Río Coco (Segovia)
Río Patuca
Leimus
Waspám
Bismuna Tara
La Troquera
Cordillera Entre Ríos
Río Wawa
Luciana
Dákura
San Andres
Río Waspuk
Atlántico Norte
Sisin
Laguna Pahara
Reserva de Biosfera Bosawás
Yulú
BILWI (PUERTO CABEZAS)
Kukalaya
Lamlaya
Río Bocay
Rosita
Costa de Miskitos
Laguna Karatá
14°N
Jinotega
Siuna
El Empalme
Laguna Wounta
El Ocote
Wiwili
El Cuá
Valle Kuikuinita
Río Prinzapolka
Cordillera Isabelia
Yaoska
Kangrina
Río Tuma
Matagalpa
Río Grande de Matagalpa
13°N
Barrera
Karawala
San José
Barra de Río Grande
San Ramón
Matiguás
Chamarro
Río Kurinwas
Tortuguero
Tasbapauni
Atlántico Sur
Orinoco
Boaco
BOACO
El Ayote
Laguna de Perlas
Pearl Keys
Río Kama
Camoapa
Chontales
Pearl Lagoon
El Alto
Río Escondido
El Rama
San Lorenzo
Corn Islands
(Islas del Maíz)
JUIGALPA
Isla El Muerto
BLUEFIELDS
12°N
7
Río Rama
Río Ojecuapa
San Ubaldo
Bahía de Bluefields
KARIBIK
Isla Zapatera
Lago de Nicaragua
Río Tepenaguasapa
Morrito
Altagracia
Monkey Point
Volcán Concepción (1610 m)
Río Punta Gorda
San Jorge
Punta Gorda
San Miguelito
Río San Juan
La Virgen
Isla de Ometepe
Archipiélago de Solentiname
Río Maíz
Bahía Punta Gorda
Sapoá
Peñas Blancas
SAN CARLOS
Boca de Sábalos
El Ostional
La Cruz
Los Chiles
El Castillo
11°N
San Juan del Norte (Greytown)
1
COSTA RICA
Río Frío
Río San Juan
Barra del Colorado
85°W
84°W

Concha Acústica DENKMAL

(Karte S. 488) Die schräg aussehende „Akustikmuschel" überblickt die **Plaza de la Fé Juan Pablo II**. In der Nähe stehen noch mehr Denkmäler, z. B. eine Statue des lateinamerikanischen Befreiungshelden **Simón Bolívar**, aber auch die leicht zugewachsene **Plaza de la Cultura de Guatemala** und die unverfroren politische und verstörend fehlproportionierte **Estatua al Soldado** (Statue für den namenlosen Guerrillasoldaten) an der Westseite der Av Bolívar, an der Ecke diagonal gegenüber vom Centro Cultural Managua. Einen Block weiter steht das **Monumento al Trabajador Nicaragüense** zu Ehren der nicaraguanischen Arbeiter.

★ **Parque de la Paz** PARK

(Karte S. 488) Hier wurden die Waffen aus dem Bürgerkrieg in den 1980er-Jahren eingesammelt, zerstört und vergraben. Noch immer sieht man an manchen Stellen der rund um einen ausgebrannten Panzer errichteten Betonmauer verbogene Gewehrläufe herausragen. Ironischerweise ist der Friedenspark ein berüchtigtes Gebiet für Raubüberfälle; deshalb schnurstracks zum Sicherheitsbüro gehen, von wo einen die Wachleute gegen ein kleines Trinkgeld gern beim Rundgang durch den Park begleiten.

Puerto Salvador Allende BOOTSFAHRT

(Karte S. 488; ☎2222-2745; www.epn.com.ni) Im relativ modernen Hafen werden dienstags bis sonntags 45-minütige Bootsfahrten zur Isla del Amor angeboten (11, 13, 15 und 17 Uhr; 3–5 US$). Freitags bis sonntags um 10 und 13 Uhr starten zweistündige Touren zu dem kleinen Dorf San Francisco Libre (8 US$).

Barrio Martha Quezada & Umgebung

★ **Parque Historico Nacional Loma de Tiscapa** PARK

(Karte S. 488; ⏲ Di–So 8–20 Uhr) Im landesgeschichtlichen Park Loma de Tiscapa steht Managuas auffälligstes Wahrzeichen, eine düstere Statue von Sandino. Einst erhob sich hier die Casa Presidencial, in der der Guerillaführer und seine Männer 1934 hingerichtet wurden. Den Aufstieg am Hotel Crowne Plaza beginnen und am **Monumento Roosevelt** (1939) mit dem schönen Blick auf den See vorbeilaufen.

Oben angekommen steht man dann am Rande des bildhübschen kleinen Tiscapa-Kratersees und hat eine geniale Aussicht über die Stadt, die Kathedralen, den Volcán Momotombo und Canopy Tiscapa; dort besteht die Möglichkeit, eine kurze, aber witzige Seilrutschpartie durch die Baumkronen zu unternehmen (3 Plattformen, 1,2 km, 25 Min.). Nicht vergessen: Der radikalen Kampagne zur Verbesserung der Wasserqualität zum Trotz ist der See immer noch mit ungeklärten Abwässern belastet.

Arboretum Nacional GARTEN

(Nationales Arboretum; Karte S. 488; Eintritt 0,30 US$; ⏲ Mo–Fr 8–17 Uhr) In dem bescheidenen Garten wachsen mehr als 200 Pflanzenarten, unterteilt nach den fünf großen Landschaftstypen Nicaraguas.

Weitere Viertel

★ **Huellas de Acahualinca** ARCHÄOLOGISCHE STÄTTE

(Karte S. 484; ☎2266-5774; Eintritt 4 US$, Foto-Erlaubnis 1 US$; ⏲ 9–16 Uhr) Diese uralten Fußabdrücke sind Managuas faszinierendste Attraktion. Die 4 m tief unter kompaktem Vulkanstein vergrabenen Fußspuren wurden 1874 von Steinbruch-Arbeitern entdeckt und bieten einen Blick auf eine längst vergangene Zeit der menschlichen Besiedlung. Deutlich erkennbar sind zehn Paar Fußspuren von Menschen (von Männern, Frauen und Kindern), die in die Richtung des Sees führen und wissenschaftlichen Datierungen zufolge rund 6000 Jahre alt sind. Sichtbar sind auch Spuren von Hirschen und *mapache* (einer Art Waschbär). 1978 wurde eine weitere Fläche freigelegt, auf der die Spuren weiterführen, und es wird angenommen, dass es in der Gegend noch viele andere gibt. Im Eintritt ist eine optionale spanischsprachige Führung inbegriffen.

Das Viertel, in dem die Anlage liegt, ist etwas zweifelhaft; insofern ist es ratsam, mit einem Taxi bis zum Eingang zu fahren.

Nueva Catedral KATHEDRALE

(Karte S. 488; ☎2278-4232) Südlich des Tiscapa-Hügels an der Straße zur Rotonda Rubén Darío befindet sich ein weiteres Wahrzeichen. Die neue Kathedrale wurde 1993 eingeweiht und sieht mit ihren Dutzenden von Kuppeln recht eigentümlich aus. Diese sorgen jedoch angesichts der Erdbebengefahr für eine bessere Statik und repräsentieren die 63 Kirchen der Diözese Managua.

Kurse

Viva Spanish School SPRACHKURSE
(Karte S. 488; ☎2270-2339; www.vivaspanishschool.com; Edificio FNI, 2 c S) Diese Sprachschule bietet Spanisch-Intensivkurse für 175 US$ pro Woche (225 US$ für 2 Pers.) und kann eine flexible Unterbringung bei Familien arrangieren. Gleich östlich des Einkaufszentrums Metrocentro.

Alianza Francesa SPRACHKURSE
(Karte S. 488; ☎2267-2811; www.alianzafrancesa.org.ni; Planes de Altamira, de la Embajada de México ½ c N) Das Programm umfasst Mal- und Zeichenunterricht, Französisch-, Deutsch- und Portugiesischkurse sowie gelegentliche Kunstausstellungen und Lesungen.

Festivals & Events

In Managua werden neben allen wichtigen nationalen Festen auch ein paar lokaltypische gefeiert.

Jährlicher Taxi-Grand-Prix EVENT
(⌚letzte Woche im März) Die Fahrer „tunen" die Auspuffanlage ihrer registrierten Taxis und machen sich dann zur Rennstrecke an der alten Kathedrale auf.

Tag der Revolution NATIONALFEIERTAG
(⌚19. Juli) Warum die Menschen Daniel Ortega lieben, wird offensichtlich, wenn man ihn im Umgang mit 100 000 treuen Anhängern sieht, die die rot-schwarze Flagge schwenken.

Santo Domingo de Guzman RELIGIÖSES FEST
(⌚1.–10. August) Die *fiestas patronales* (Feierlichkeiten zu Ehren des Schutzheiligen) dauern mehr als eine Woche an. Zum Programm gehören ein Karneval, Sportveranstaltungen, *hípicos* (Pferdeparaden) und eine Prozession von *diablitos*, die Santo Domingo zu seinem Schrein in den Sierritas de Managua geleiten, gefolgt von Musik und Feuerwerk.

Schlafen

Das Barrio Martha Quezada, den *taxistas* (Taxifahrern) eher als „Tica Bus" ein Begriff, ist ein kompaktes Wohnviertel westlich des Hotel Crowne Plaza. Dort haben sich zahlreiche günstige Pensionen und Restaurants angesiedelt. Nachts ist Vorsicht geboten (dann ist schon mal zwielichtiges Volk unterwegs). An der Carretera a Masaya befindet sich nur eine Budgetbleibe, dafür ist dies die beste Ausgehadresse der Stadt. Eine weitere Anlaufstelle mit einer netten Pension, Bars & Co. ist die Rotonda Bello Horizonte.

Managua Backpackers Inn HOSTEL $
(Karte S. 488; ☎2267-0006; www.managuahostel.com; El Muelle, 75 m S, Carretera a Masaya; B mit Ventilator/Klimaanlage 10/14 US$, EZ/DZ ohne Bad 23/29 US$, DZ mit Klimaanlage 34 US$; [P] [Klimaanlage] [Internet] [WLAN] [Pool]) Das beste Hostel von Managua ist nur wenige Minuten vom Einkaufszentrum Metrocentro entfernt. Ringsum sind zig Bars und Restaurants angesiedelt. Die Zimmer sind einfach, aber schön luftig, geräumig und komfortabel und es gibt alles, was ein Hostel zu einem guten Hostel macht: ein DVD-Zimmer, einen Pool, eine gut ausgestattete Küche und jede Menge Infos für Touristen.

Hotel Los Felipe HOTEL $
(Karte S. 488; ☎2222-6501; www.hotellosfelipe.net.ni; Tica Bus, 1½ c O; EZ/DZ mit Ventilator 15/20 US$, mit Klimaanlage 25/30 US$; [P] [Klimaanlage] [WLAN] [Pool]) Wer sich nicht nur zum Schlafen im Hotel aufhalten möchte, ist hier an der richtigen Adresse, denn die Zimmer haben eine vernünftige Größe, sind makellos sauber und liegen an einem schön grünen Garten mit vergleichsweise großem Pool. Bei mehr als drei Übernachtungen gibt's einen kleinen, bei einem einmonatigen Aufenthalt einen recht ordentlichen Preisnachlass.

Casa Vanegas HOTEL $
(Karte S. 488; ☎2222-4043; casavanegas1@hotmail.com; Tica Bus, 1 c O; EZ/DZ 12/20 US$, EZ ohne Bad 12 US$; [WLAN]) Der nette Familienbetrieb ist sauber und sicher. Die Gäste werden in ausreichend großen, aber unspektakulären Zimmern untergebracht, die einen kleinen Patio umgeben. Eine gute Option mit Hängematten, geräumigem Aufenthaltsbereich, Kabel-TV und einer Gemeinschaftsküche.

Hostal Dulce Sueño HOTEL $
(Karte S. 488; ☎2228-4195; www.hostaldulcesueno.com; Tica Bus, 70 m E; EZ/DZ 10/16 US$; [WLAN]) Eine einfache Unterkunft mit sauberen, schmucklosen Zimmern und einem zentralen Patio mit TV und Gästeküche. Bis zum Terminal Tica Bus sind es nur wenige Schritte, diese Ecke ist allerdings abends nicht ganz ungefährlich.

Jardín de Italia HOTEL $
(Karte S. 488; ☎2222-7967; www.jardindeitalia.com; Tica Bus, 1 c E, ½ c N; Zi. 10 US$ pro Pers.;

Managua

@📶) Die Zimmer gehen auf einen hübschen Garten hinaus, haben ein niedliches, anheimelndes Dekor und sind in Ordnung, die Mitarbeiter sind allerdings etwas … nun … eigen.

Casa de Huéspedes Santos HOTEL **$**
(Karte S. 488; ☎2222-3713; www.casadehuespedessantos.com.ni; Tica Bus, 1 c N, 1½ O; Zi. 7 US$ pro Pers.; P📶) Ein weitläufiger Klassiker mit verschiedenen Zimmertypen. Die Unterkünfte liegen an ein paar überdachten Innenhöfen. Die Wandbilder, der Grundriss und die Atmosphäre schwanken irgendwo zwischen bohémien, schräg und schäbig. Wer ein paar Dollar mehr anlegt, kann sehr viel schöner übernachten.

Hotel y Apartamento Los Cisneros HOTEL **$$**
(Karte S. 488; ☎2222-3235; www.hotelloscisneros.com; Tica Bus, 1 c N, 1½ O; EZ/DZ mit Ventilator 30/40 US$, mit Klimaanlage 46/56 US$, Apt. ab 40 US$; P❄@📶) Ausgefallen, bunt und relativ luxuriös, ausgestattet mit warmem Wasser, Telefonen, Kunst und jeder Menge Topfpflanzen.

Nicaragua Guest House PENSION **$$**
(Karte S. 484; ☎2249-8963; www.3dp.ch/nicaragua; Rotonda de La Virgen, 2 c S, 2½ c O; EZ/DZ mit Ventilator 15/20 US$, mit Klimaanlage 28/35 US$; ❄📶) Einfache, aber komfortable Zimmer in Bello Horizonte, etwas vom Schuss. Einziger Haken: die Sperrstunde (23 Uhr).

Essen

Das Barrio Martha Quezada eignet sich hervorragend, um die nicaraguanische Küche kennenzulernen, denn hier drängen sich jede Menge günstige Restaurants für die Angestellten aus der Umgebung. Viele der beliebtesten Adressen säumen die Carretera a Masaya südlich vom Metrocentro.

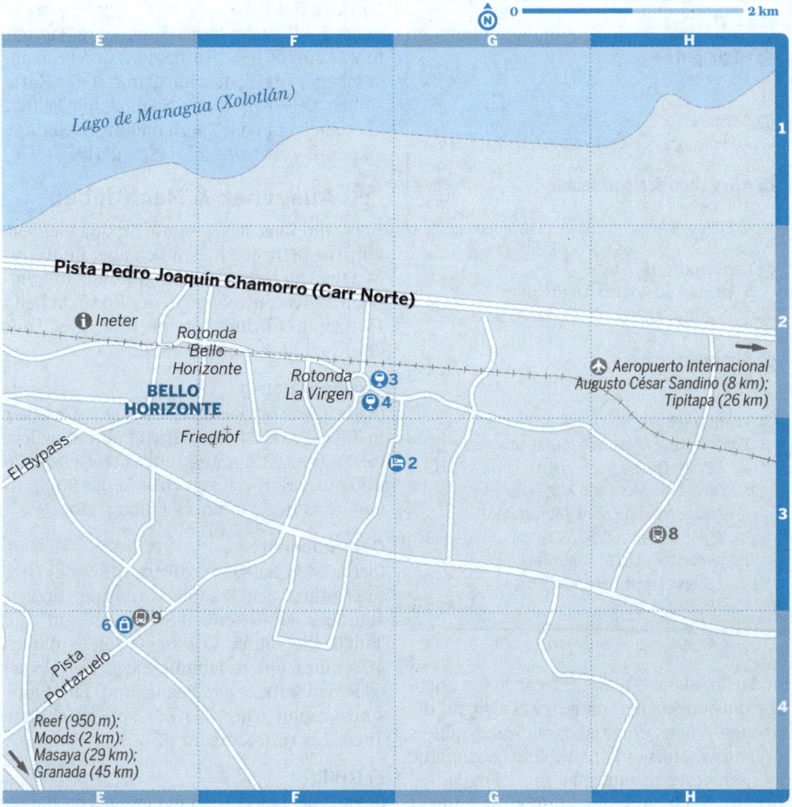

★Doña Pilar NICARAGUANISCH **$**
(Karte S. 488; Tica Bus, 1 c O, ½ c N; Gerichte 2–4 US$; ⌚Mo–Sa 18–21 Uhr) In dieser *fritanga* (Grillrestaurant) wird einem garantiert das Wasser im Munde zusammenlaufen. Das Hühnchen-, Rind- oder Schweinefleisch wird mit *gallo pinto,* gehacktem eingelegtem Kohl und Bananenchips serviert. Für Vegetarier gibt's gebratenen Käse, Kartoffelkuchen und *manuelitas* (herzhafte Pfannkuchen mit Käse und Zimt).

Cafetín Tonalli NICARAGUANISCH **$**
(Karte S. 488; Tica Bus, 2 c E, ½ c S; Gerichte 2–6 US$; ⌚Mo–Sa morgens & mittags) Heißhunger auf *pan integral* (Vollkornbrot)? Dann ist das Tonalli *die* Adresse. Das Frühstück sorgt manchmal für enttäuschte Minen, aber das hausgemachte Mittagsmenü ist großartig. Gegessen wird in dem baumbestandenen Garten hinten. In der Bäckerei kann man sich mit frischen Backwaren eindecken. Das Café wird von einer Frauenkooperative betrieben.

Licuados Ananda VEGETARISCH **$**
(Karte S. 488; frente Estatua de Montoya; Hauptgerichte 1–4 US$, Mittagsbuffet 2,50 US$; ✎) Vegetarische Leckerbissen und mehr als 50 Sorten *licuados* (Obst- und Gemüsesäfte, 1 US$) werden auf der geräumigen Terrasse mit Blick auf den Garten serviert. Am Mittagsbuffet kann man sich von 11 bis 15 Uhr bedienen.

Cafetín Mirna NICARAGUANISCH **$**
(Karte S. 488; Tica Bus, 1 c O, 1 c S; Gerichte 2–5 US$) Alle lieben das riesige Frühstück mit wunderbar lockeren Pfannkuchen und frisch gepressten Säften. Das Mittagsbuffet ist aber auch gut.

Tercer Ojo FUSIONSKÜCHE **$$**
(Karte S. 488; Seminole Plaza, 3½ c S; Hauptgerichte 5–14 US$; ☏) Managuas bestes Restaurant

Managua

Highlights
1 Huellas de Acahualinca B1

Schlafen
2 Nicaragua Guest House G3

Ausgehen & Nachtleben
3 Charlie's Bar F2
4 El Puerto.. F2

Unterhaltung
5 La Sala de Teatro Justo Rufino Garay B2

Shoppen
6 Mercado Roberto Huembes E4

Transport
7 Haltestelle Mercado Israel Lewites (Bóer; Busse nach León)..................B3
8 Haltestelle Mercado Mayoreo (Busse nach Estelí, Matagalpa, Ocotal, Rama & San Carlos H3
9 Mercado Roberto Huembes (Busse nach Granada, Masaya, Rivas & Sapoá) E4

für Fusionsküche fabriziert gar keine „richtige" Fusionsküche, sondern hat sich auf die Aromen Asiens eingeschossen – das gibt es nirgendwo sonst im Land (mit Ausnahme des Schwesterrestaurants in Granada natürlich). Noch ein schlagkräftiges Argument für einen Besuch ist der breite Balkon, ideal zum Leute Beobachten.

La Casa del Café CAFÉ **$$**
(Karte S. 488; www.casadelcafe.com.ni; Lacmiel, 1 c E, ½ c S; Sandwiches 6 US$; ⌚8–19 Uhr) Mit seinem luftigen Balkon im Obergeschoss, dem WLAN-Zugang und allen erdenklichen Koffein-Getränken ist das gehobene Café der perfekte Ort, dem Chaos der Stadt zu entkommen. Das Essen ist überteuert, aber es meckert auch niemand, wenn man den ganzen Tag nur Frozen Mochaccino schlürft.

Cocina Doña Haydee NICARAGUANISCH **$$**
(Karte S. 488; lacocina.com.ni; Pharaoh's Casino, 1 c O; Hauptgerichte 3–8 US$; ⌚morgens, mittags & abends) Rustikale Küche, aber so richtig – und zwar bis hin zu traditionellen Kostümen und einer Speisekarte voller Klassiker wie *gallo pinto*, *guiso de chilote* (Käsesuppe mit Jungmais) und Steak mit allem, was dazugehört.

La Hora del Taco MEXIKANISCH **$$**
(Karte S. 488; Monte de los Olivos, 1 c N; Hauptgerichte 4,50–7,50 US$; ⌚mittags & abends) Ein angesehener Mexikaner mit Bar. Auf der Karte stehen Leibspeisen wie Nachos und Fajitas, aber auch ein paar Spezialitäten aus Südmexiko, z. B. *cochinita pibil* (Spanferkel).

Ausgehen & Nachtleben

Bars sind über das gesamte Stadtgebiet verteilt, die nettesten haben sich aber im Barrio Martha Quezada, rund um das Einkaufszentrum Metrocentro und an der Rotonda Bello Horizonte niedergelassen. Unbedingt mit dem Taxi nach Hause fahren!

Shannon Bar IRISH PUB
(Karte S. 488; Tica Bus, 1 c E, ½ c S) Der Klassiker in der Gegend ist dieses Irish Pub, ein beliebter Treffpunkt der ausländischen Gemeinde und einer der wenigen Orte in der Stadt, in dem es kaltes „Guinness Tallboy" gibt.

Caramanchel BAR
(Karte S. 488; Hotel Crowne Plaza, 1 c S, ½ c E) Hier präsentiert sich Bolonia von seiner bodenständigsten Bohémien-Seite. Ab auf die Tanzfläche dieser Eckkneipe, die größtenteils unter freiem Himmel liegt! Der Dresscode ist sehr leger: Jeans und Flip-Flops sind absolut okay. Die DJs spielen chillige Tunes bis zum Morgen.

El Grillito BAR
(Karte S. 488; Intur, ½ c N) In der Gegend haben sich ein paar Outdoor-Kneipen angesiedelt. Diese hier ist immer recht voll. Neben Snacks werden auch ein paar substanziellere Mahlzeiten zubereitet und man muss nicht gegen die Musik anbrüllen.

Zona Hippo's BAR
(Karte S. 488; Seminole Plaza, 1 c S; ⌚12–2 Uhr) Hippo's Grill & Taverne hat neun verschiedene Burger im Angebot, in Woody's Sports Bar gleich nebenan (gehört dazu) gibt's fünfzehn verschiedene Sorten Chicken Wings. Caesar-Salate bekommt man hier wie dort. Die beiden Läden haben Flair und gut bestückte Bars. Es wird unaufdringlicher Rock gespielt.

El Puerto BAR
(Karte S. 484; Rotonda Bello Horizonte, 80 m E) Die Disko hinten kann man getrost überspringen (es gibt weit bessere in der Gegend), dafür kann man aber auf der Terrasse vorn ein Bierchen trinken und Leute beobachten,

bevor man drinnen ein paar Partien Billard spielt – die Tische sind überraschend gut.

Reef LOUNGE
(Galeria Santo Domingo) Die beliebteste Bar in der aufstrebenden *zona viva* (die „lebendige Zone", sprich: ein Ausgehviertel) hinter dem Einkaufszentrum Santo Domingo. Hier wärmen sich Szenekenner vorm Tanzen auf.

Moods TANZEN
(www.moodsclubmanagua.com; Galeria Santo Domingo; Eintritt 3–10 US$) Dies ist so ziemlich *der* Club. Kleiderordnung, europäisches Styling, internationale DJs, Trockeneis, poliertes Chrom, Laser ... reicht das, um sich ein Bild zu machen? Das Moods befindet sich südlich der Stadt.

Zona Latino TANZEN
(Karte S. 488; Rotonda Rubén Darío, 600 m N) Die richtige Adresse für Latin Music wie Salsa, Merengue und *cumbia* (kommt aus Kolumbien). Der große Club liegt eigenartig weit ab vom Schuss.

Charlie's Bar TANZEN
(Karte S. 484; Rotonda Bello Horizonte, 60 m E; Eintritt 1 US$) Das Original und unverändert einer der besten Clubs in Managua. Der gute Mix aus aktuellen Hits und Klassikern sorgt für konstantes Gedränge auf der Tanzfläche. Viel karibisches Flair.

Tabú SCHWULE
(Karte S. 488; Intur, 100 m S) Eine der wenigen Schwulenbars, die sich schon länger hält. An den Wochenenden geht auf der Tanzfläche die Post ab.

☆ Unterhaltung

Livemusik

Bar La Cavanga LIVEMUSIK
(Karte S. 488; Centro Cultural Managua; Eintritt 4 US$; ⏲ Do–Sa) Ein Kleinod aus den 1950er-Jahren, in dem Livefolk und Jazz gespielt werden. Ein Taxi nehmen; das La Cavanga befindet sich in dem etwas zwielichtigen Viertel nahe der Antigua Catedral.

La Casa de los Mejía Godoy LIVEMUSIK
(Karte S. 488; ☎ 2222-6110; www.losmejiagodoy.com; frente Hotel Crowne Plaza; Eintritt 8–15 US$; ⏲ Öffnungszeiten variieren) Die lebenden Legenden Carlos und Luis Enrique Mejía Godoy erfassen mit ihrer Folkmusik die nicaraguanische Seele. Sie komponieren seit den 1960er-Jahren; ihre Lieder sind zu Kirchen- und Revolutionshymnen geworden. Jetzt haben die beiden ihre alte kleine Konzertlocation hinter sich gelassen und sind in ein größeres Lokal mit Restaurant umgezogen. Wer die Brüder spielen sehen möchte, muss reservieren.

Bar Art Café LIVEMUSIK
(Estatua de Montoya, 3 c O, 50 m N; ⏲ Mi–Sa) Das kleine Bohémien-Café vorm Parque Las Palmas ist immer einen Abstecher wert, denn mittwochs finden Lesungen und open.mike-Veranstaltungen statt, donnerstags legen DJs Electronica auf und den Rest der

ABSTECHER

TAGESTOUREN AB MANAGUA

➡ **Die Lagunen De Xiloá & Apoyeque** In der Nähe von Managua befindet sich ein halbes Dutzend Kraterseen. Zum Schwimmen am besten geeignet ist die Laguna de Xiloá auf der Península de Chiltepe, ca. 20 km nordwestlich von Managua (abseits der Straße nach León). Von der Laguna de Xiloá aus erreicht man nach einer (steilen) 30-minütigen Wanderung die noch ein wenig malerischere Laguna de Apoyeque. Sie erstreckt sich tief unten in einem Krater. Mit Buslinie 110 von der UCA nach Ciudad Sandino fahren und dort einen weiteren Bus zu den Lagunen nehmen.

➡ **Mateare** Auf dem Weg nach Norden rechts vom Haupt-Highway abbiegen, um in das verschlafene, kleine Fischerdorf an den Ufern des Lago de Managua zu gelangen. Boote setzen zur Isla Momotombo über (ca. 80 US$ für bis zu 7 Pers.). Achtung: Schlangen! Busse machen sich zwischen 6 und 18 Uhr alle zwei Stunden vom Parque Central aus auf den Weg zum Mercado Israel Lewites in Managua (40 Min.; 0,35 US$).

➡ **El Trapiche** Die Heilbäder des **Centro Turístico El Trapiche** (Eintritt 0,25 US$; ⏲ 7–18 Uhr), 22 km von Managua in der Stadt Tipitapa gelegen, sind von Gärten und Restaurants umgeben. Die Tipitapa-Busse fahren am Mercado Roberto Huembes ab.

Managua – Zentrum

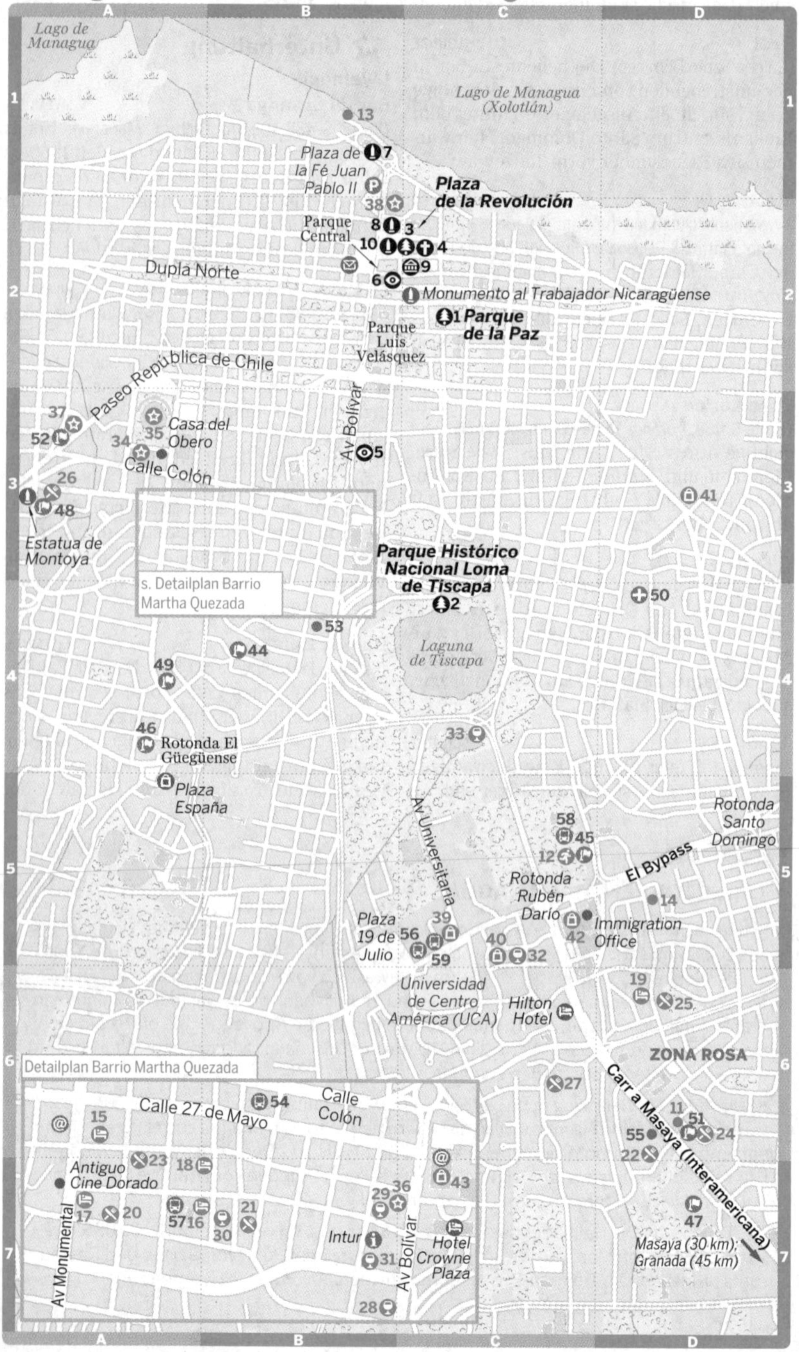

Managua – Zentrum

Highlights
1 Parque de la Paz ... C2
2 Parque Histórico Nacional Loma de Tiscapa ... C4
3 Plaza de la Revolución ... C2

Sehenswertes
4 Antigua Catedral ... C2
5 Arboretum Nacional ... B3
6 Centro Cultural Managua ... B2
7 Concha Acústica ... B1
8 Monumento a Rubén Darío ... B2
Museo Nacional ... (s. 9)
9 Palacio de la Cultura y Biblioteca Nacional ... C2
10 Grab von Carlos Fonseca ... B2

Aktivitäten, Kurse & Touren
11 Alianza Francesa ... D6
12 Nueva Catedral ... C5
13 Puerto Salvador Allende ... B1
14 Viva Spanish School ... D5

Schlafen
15 Casa de Huéspedes Santos ... A6
16 Casa Vanegas ... B7
Hostal Dulce Sueño ... (s. 16)
17 Hotel Los Felipe ... A7
Hotel y Apartamento Los Cisneros ... (s. 15)
18 Jardín de Italia ... B7
19 Managua Backpackers Inn ... D6

Essen
20 Cafetín Mirna ... A7
21 Cafetín Tonalli ... B7
22 Cocina Doña Haydee ... D6
23 Doña Pilar ... A7
24 La Casa del Café ... D6
25 La Hora del Taco ... D6
26 Licuados Ananda ... A3
27 Tercer Ojo ... C6

Ausgehen & Nachtleben
28 Caramanchel ... B7
29 El Grillito ... B7
30 Shannon Bar ... B7
31 Tabú ... B7
32 Zona Hippo's ... C5
33 Zona Latino ... C4

Unterhaltung
Bar La Cavanga ... (s. 6)
34 Estadio Cranshaw ... A3
35 Estadio Denis Martínez ... A3
36 La Casa de los Mejía Godoy ... C7
37 Ruta Maya ... A3
38 Teatro Nacional Rubén Darío ... B2

Shoppen
39 El Parnaso ... C5
40 Librería Hispamer ... C5
41 Mercado Oriental ... D3
42 Metrocentro ... C5
43 Plaza Inter ... C7

Information
44 Kanadische Botschaft ... B4
45 Konsulat von Costa Rica ... C5
46 Dänische Botschaft ... A4
47 Niederländische Botschaft ... D7
48 Französische Botschaft ... A3
49 Deutsche Botschaft ... A4
50 Hospital Bautista ... D4
51 Mexikanische Botschaft ... D6
52 Panamaische Botschaft ... A3

Transport
53 Alamo ... B4
54 Central Line ... B6
55 Easy Rent-a-car ... D6
King Quality ... (s. 36)
56 Microbusse nach Masaya, Granada & León (UCA) ... C5
57 Tica Bus ... A7
58 Transnica ... C5
59 UCA Minivans ... C5

Woche gibt's Neues aus der Underground-Szene.

Ruta Maya LIVEMUSIK
(Karte S. 488; ☎2268-0698; www.rutamaya.com.ni; Estatua de Montoya, 150 m E; Eintritt 1–5 US$) Auf den Flyern (oder auf der Webseite) ist nachzulesen, welche Veranstaltungen in dem Laden mit dem Strohdach anstehen.

Theater & Kino

In jedem Einkaufszentrum gibt es ein Kino, in dem die aktuellen Kassenschlager gezeigt werden.

Teatro Nacional Rubén Darío THEATER
(Karte S. 488; ☎2266-3630; www.tnrubendario.gob.ni; Área Monumental) Beeindruckendes Theater mit einem erstklassigen Aufgebot an Stücken, Konzerten und Ausstellungen nationaler und internationaler Künstler.

La Sala de Teatro Justo Rufino Garay THEATER
(Karte S. 484; ☎2266-3714; www.rufinos.org; Estatua de Montoya, 3 c O, 20 m N; Karten 2 US$) Experimentalfilme immer mittwochs um 19 Uhr.

INCH DARSTELLENDE KÜNSTE
(Instituto Nicaragüense de Cultura Hispanica; ☎2276-0733; nichispanica@gmail.com; Av del Campo 40–42, Las Colinas; ⏱Mo–Fr 9–15 Uhr) Das nicaraguanische Institut für hispanische Kultur liegt in dem schicken Vorort Las Colinas südlich von Managua. Dort werden mit die besten Kulturevents der Stadt geboten.

Sport

Managuas Baseballmannschaft Bóer spielt in der nationalen Profiliga und empfängt seine Gegner in der Saison (Okt.–Jan.) im **Estadio Denis Martínez** (Karte S. 488) nordwestlich des Barrio Martha Quezada. Die Spieltermine sind unter www.lnbp.com.ni zu finden. Dass Fußball in Nicaragua weniger Anhänger hat, sieht man am recht bescheidenen **Estadio Cranshaw** (Karte S. 488) im Schatten des „großen Bruders", ein Stück weiter südlich.

Shoppen

Mercado Oriental MARKT
(Karte S. 488) Mehrere Bargeldbündel an verschiedenen „geheimen" Stellen verstecken – in den Socken oder im BH beispielsweise – und sich dann mit einem ortskundigen Guide ins Getümmel stürzen. Der Mercado Oriental ist der größte Markt Zentralamerikas, ein geradezu schockierendes Einkaufserlebnis!

Mercado Roberto Huembes KUNSTHANDWERK
(Karte S. 484) Dies ist mehr als das Busterminal für Reiseziele im Süden, denn hier bekommt man die beste Souvenirauswahl Managuas. Die Waren stammen aus dem ganzen Land.

Librería Hispamer BÜCHER
(Karte S. 488; www.hispamer.com.ni; UCA, 1 c E, 1 c N) Kein anderer Buchladen in Nicaragua hat ein ähnlich vielfältiges Sortiment an nicaraguanischer und lateinamerikanischer Literatur, Geschichtsbüchern und Gedichtbänden sowie Lokalzeitungen und Kunstmagazinen.

El Parnaso BÜCHER
(Karte S. 488; Rotonda Rubén Darío, 300 m O) Linksgerichteter Buchhandel gegenüber von der UCA. Großes Zeitschriftensortiment.

Metrocentro EINKAUFSZENTRUM
(Karte S. 488) Edles Einkaufszentrum mit Restaurants, Kinos und mehr.

Galeria Santo Domingo EINKAUFSZENTRUM
(Carretera a Masaya, Km 8) Sehen und gesehen werden ist das Motto in den Diskos, Restaurants und Geschäften der teuersten Shoppingmall der Stadt.

Plaza Inter EINKAUFSZENTRUM
(Karte S. 488) Günstig gelegen neben dem Barrio Martha Quezada. In der Plaza Inter gibt's ein Kino (OmU-Filme), jede Menge Billigläden, ein paar Warenhäuser und einen ganz guten Restaurantbereich.

Orientierung

Managuas weit verstreute *barrios* liegen südlich des Lago de Managua (Xolotlán). Das frühere Zentrum am Seeufer wurde nach dem Erdbeben von 1972 aufgegeben und ist heute bis auf einige Besucherattraktionen weitgehend verlassen. Südlich davon befindet sich das größte Wahrzeichen der Stadt, der Vulkan Tiscapa mit einem Kratersee. Westlich davon findet man das pyramidenförmige Hotel Crowne Plaza und den Barrio Martha Quezada mit vielen Budgetunterkünften und im Süden eine florierende Geschäftsmeile an der wichtigsten Durchfahrtsstraße Managuas, der Carretera a Masaya.

Managuas zentraler Markt, der Mercado Roberto Huembes, liegt 2 km südöstlich von Metrocentro. Weitere große Märkte (und Busbahnhöfe) befinden sich am westlichen (Bóer), nördlichen (verwirrenderweise: Oriental) und östlichen (Mayoreo) Stadtende.

Praktische Informationen

EINWANDERUNG

Einwanderungsbehörde (www.migracion.gob.ni; Metrocentro; ⏱Mo–Fr 10–18, Sa & So 10–13 Uhr) Die Hauptniederlassung befindet sich in der Ciudad Jardín-Gegend, dieses Büro liegt allerdings günstiger im Einkaufszentrum Metrocentro.

GEFAHREN & ÄRGERNISSE

Managua ist nicht annähernd so gefährlich, wie es scheint, und der Großteil aller Besuche hier verläuft ohne Zwischenfälle. Allerdings ist in den letzten Jahren die Kriminalität angestiegen, und wie in jeder größeren Stadt der Region sollte man ein paar einfache Vorsichtsregeln beachten. Fotoapparat und iPod nicht offen herumtragen, vor dem Verlassen der Unterkunft einen Blick auf die Karte werfen, und nur so viel Bargeld wie nötig dabeihaben. Abgesehen von besseren Gegenden nach Einbruch der Dunkelheit immer ein Taxi nehmen und zur Área Monumental auch tagsüber. Im Barrio Martha Quezada kommt es häufig zu Vorfällen aller Art, meistens am nördlichen Rand des Viertels und

STRASSEN OHNE NAMEN – ORIENTIERUNG IN MANAGUA

Wie in anderen nicaraguanischen Städten und Ortschaften gibt es auch in Managua nur wenige Straßenschilder, und nur die Hauptstraßen haben Namen. Insofern dienen große Gebäude, *rotondas* (Verkehrskreisel) und Ampeln als Orientierungspunkte. Zur Umschreibung eines Ortes gibt man die Richtung und Entfernung zu diesen Orientierungspunkten an, und zwar meistens in *cuadras* (Blocks). Und als wäre das noch nicht kompliziert genug, gibt es inzwischen viele dieser Orientierungspunkte nicht mehr, sodass man bei Adressangaben oft etwas von der Art „*de donde fue Sandy's*" (da, wo früher das Sandy's stand ...) zu hören bekommt.

Hinzu kommt, dass sich in Managua ein spezielles System zur Bezeichnung der Himmelsrichtungen etabliert hat: Da bedeutet *al lago* (zum See) „nach Norden", *arriba* (nach oben) „nach Osten" und *abajo* (nach unten) „nach Westen", wobei die letzten beiden sich am Lauf der Sonne orientieren. „Nach Süden" heißt einfach nur *sur*. Wenn man also hört: „*del antiguo Cine Dorado, una cuadra al lago, dos cuadras arriba*", bedeutet das: „Vom alten Kino Dorado einen Block nach Norden, dann zwei Blocks nach Osten."

Verwirrt? Man gewöhnt sich dran. Die Adressen in Managua sind auf Spanisch angegeben; allerdings haben wir die üblichen Himmelsrichtungsbezeichnungen verwendet – N (*norte* für Norden), S (*sur* für Süden), E (*este* für Osten) und O (*oeste* für Westen) –, sodass man Einheimische fragen oder einfach auch den Taxifahrer damit zurechtkommen lassen kann. *Cuadra* (Block) ist in den Adressangaben mit „c" abgekürzt.

zwischen ihm und der Plaza Inter; hier lieber ein Taxi nehmen, selbst wenn es nur für ein paar Blocks ist. Mehr Infos zum Thema sicher Taxi fahren, s. Kasten S. 573.

GELD

In Managua gibt es reichlich Banken und Geldautomaten (gewöhnlich können Visa-Plus-Karten gelesen werden). BAC (hat Automaten im Metrocentro, am internationalen Flughafen und an der Plaza España) nimmt MasterCard/Cirrus und gibt US-Dollar und Córdobas aus. Alle Banken wechseln US-Dollar.

INTERNETZUGANG

In allen großen Einkaufszentren hat man kostenlosen WLAN-Internetzugang. Es gibt allerdings auch zahlreiche Internetcafés. Hier ein paar:

Kafe Internet (Av Monumental; 0,70 US$ pro Std.)

Plaza Inter (2 US$ pro Std.) Im Restaurantbereich.

MEDIZINISCHE VERSORGUNG

Apotheken gibt's überall in Managua. In der Regel sind sie bis 22 Uhr geöffnet.

Hospital Alemán-Nicaragüense (☎2249-3368; Carretera Norte, Km 6) Moderne Ausstattung, deutschsprachige Mitarbeiter.

Hospital Bautista (Karte S. 488; ☎2264-9020; www.hospitalbautistanicaragua.com; Casa Ricardo Morales Aviles, 2 c S, 1½ c E, Barrio Largaespada) Professionelle Notaufnahme und Ambulanz mit vernünftigen Preisen. Manche Angestellte sprechen auch Englisch.

Hospital Metropolitano Vivian Pellas (☎2255-6900; www.metropolitano.com.ni; Carretera a Masaya, Km 9,75) Hochmodernes Krankenhaus.

NOTFALL

Feuerwehr (☎115)

Krankenwagen (☎128; Rotes Kreuz)

Polizei (☎118)

POST & TELEFON

Die meisten Reisenden nutzen inzwischen VoIP-Verbindungen für internationale Telefongespräche.

Palacio de Correos (Plaza de la Revolución, 2 c O) Die Hauptpost (im früheren Enitel-Gebäude) lagert Sendungen bis zu 45 Tage.

TOURISTENINFORMATION

Ben Linder House (☎2266-4363; www.casabenlinder.org; de donde fue el Banco Popular, 2 c N, 2 c E, Monseñor Lezcano) Das Kulturzentrum wird vor allem von der englischsprachigen Freiwilligengemeinde frequentiert.

Intur (Nicaraguanisches Tourismusinstitut; ☎2222-3333; www.visitanicaragua.com; Hotel Crowne Plaza, 1 c S, 1 c O) Hat hilfreiche Karten und empfiehlt Hotels und Sehenswürdigkeiten in Managua und Umgebung. Eine zweite Filiale befindet sich am Flughafen.

Marena Central (Ministerium für den Schutz der Umwelt & der natürlichen Ressourcen; ☎2263-2830; www.marena.gob.ni; Carretera Norte, Km 12,5) Den Ausweis einstecken, um Zugang zu Karten, Flyern und Verwaltungsplänen zu fast allen der 82 Naturschutzgebiete Nicaraguas zu bekommen. Der Hauptsitz von Marena Central liegt ziemlich ungünstig (noch hinter dem Flughafen, 8 US$ mit dem Taxi).

An- & Weiterreise

BUS

Managua ist der wichtigste Verkehrsknotenpunkt des Landes. Es gibt insgesamt vier große nationale Bus- und Transporterterminals sowie eine Handvoll internationaler Buslinien. Die meisten Busse fahren im Barrio Martha Quezada ab.

Internationale Buslinien

Tica Bus (Karte S. 488; www.ticabus.com) befindet sich in einem frisch umgebauten Terminal im Herzen des Barrio Martha Quezada. **King Quality** (Karte S. 488; ✆2222-2075; www.king-qualityca.com; Calle 27 de Mayo, frente Plaza Inter) bietet Verpflegung während der Fahrt und die Klimaanlage ist nicht ganz so hoch aufgedreht. Die Büros von **Transnica** (Karte S. 488; www.transnica.com) sind auf der anderen Seite der Lagune.

Neben den unten aufgeführten Optionen gibt es noch **Del Sol Bus** (www.busesdelsol.com) und **Central Line** (Karte S. 488; ✆2254-5431; www.transportescentralline.com; Calle 27 de Mayo, 4½ c O, Esso). Del Sol Bus bietet täglich um 4 Uhr morgens eine Verbindung nach San Salvador (45 US$) und weiter nach Guatemala-Stadt (70 US$). Busse von Central Line fahren nach San José in Costa Rica (23 US$, 8 Std., 10 Uhr) und halten unterwegs in Masaya und Liberia.

Verbindungen mit Tica Bus:

Costa Rica (29–40 US$, 10 Std., 6-mal tgl.) Nach Liberia und San José.

Guatemala (55 US$, 30 Std., 2-mal tgl.) Mit Umsteigeverbindung nach Tapachula in Mexiko (69 US$, 48 Std.).

Honduras (23 US$, 7 Std., 5 Uhr) Mit Umsteigeverbindung in Tegucigalpa nach San Pedro Sula (31 US$, 11 Std.).

Panama-Stadt (92 US$, 34 Std.) Via San Jose.

San Salvador (34–49 US$, 11 Std., 2-mal tgl.)

Verbindungen mit King Quality:

Costa Rica (44 US$, 8 Std., 13.30 Uhr)

Guatemala (75 US$, 32 Std., 3 Uhr) Nach Guatemala-Stadt.

El Salvador (53 US$, 10 Std., 3 Uhr) Nach San Salvador.

Honduras (44 US$, 10 Std., 3 Uhr) Nach Tegucigalpa.

NATIONALE BUSSE AB MANAGUA

ZIEL	PREIS (US$)	DAUER	ABFAHRTEN	ABFAHRTSORT
Boaco	2	3 Std.	alle 15 Min.	Mayoreo
Carazo (mit Stopps in Diriamba & Jinotepe)	1	1 Std.	alle 20 Min.	Bóer
Chinandega/El Viejo	2,50	2½ Std.	alle 30 Min.	Bóer
Chinandega-Minibus	3	2 Std.	wenn voll besetzt	Bóer
El Rama *expreso*	7,50	5 Std.	3-mal tgl.	Mayoreo
El Rama *ordinario*	7,50	5 Std.	5-mal tgl.	Mayoreo
El Sauce	3	3 Std.	3-mal tgl.	Bóer
Esquipulas	3	4 Std.	6-mal tgl.	Mayoreo
Estelí	3	2 Std.	stündl.	Mayoreo
Granada	0,75	1 Std.	alle 15 Min.	Huembes
Granada-Minibus	1,25	1 Std.	wenn voll besetzt	UCA
Jinotega	3,50	4 Std.	stündl.	Mayoreo
Jinotepe-Minibus	1,15	1 Std.	wenn voll besetzt	UCA
Juigalpa	2	4 Std.	alle 20 Min.	Mayoreo
La Paz Centro	0,90	1½ Std.	alle 30 Min.	Bóer
León *expreso* über den neuen Highway & La Paz Centro)	1,85	1½ Std.	alle 2 Std.	Bóer
León *ordinario* über den alten Highway	1,50	2 Std.	alle 20 Min.	Bóer

Verbindungen mit Transnica:

Costa Rica (23 US$, 9 Std., 3-mal tgl.) Ein luxuriöser Bus (35 US$) um 12 Uhr nach San José.

Honduras (29 US$, 10 Std., 5 Uhr) Nach Tegucigalpa.

Nationale Bus- & Minitransporterverbindungen

Es gibt drei Hauptabfahrtsorte: den **Mercado Roberto Huembes** (Karte S. 484) für Verbindungen nach Granada, Masaya und in den Südwesten, den **Mercado Israel Lewites** (Karte S. 484), kurz Bóer genannt, für Fahrten nach León und in die nördliche Pazifikregion und den **Mercado Mayoreo** (Karte S. 484) für Fahrten an die Karibikküste und ins nördliche Hochland. Manche Busse fahren auch am Mercado Oriental ab; von dort aus geht's vor allem in ländliche Gegenden, die nicht hier aufgeführt sind. Schneller, komfortabler und auch ein bisschen teurer sind die Minivans, die an der **UCA** (Karte S. 488) („Uka" gesprochen) abfahren, sowie die *expreso*-Busse gegenüber den *ordinario*-Bussen.

Shuttlebusse

Da die öffentlichen Minibusse häufig León, Granada und andere beliebte Ziele ansteuern und günstig sind, ist der Markt für Shuttlebusse in Managua nicht besonders groß. Die schlagenden Argumente sind das Thema Sicherheit und die Abfahrt direkt am Flughafen, sprich: Man spart sich den Weg in die Stadt, um dort in einen Bus umzusteigen.

Managua Backpackers bietet Shuttleverbindungen nach San Juan del Sur (70 US$), León (50 US$) und Granada (35 US$) für eine bis vier Personen. **Paxeos** (☎2552-8291; www.paxeos.com) bedient die Strecke nach Granada (US$40) und León (70 US$) für bis zu drei Passagiere, **Adelante Express** (☎8850-6070; www.adelanteexpress.com) fährt täglich um 13 Uhr nach San Juan del Sur (45 US$ pro Pers., 3 Std., Abfahrt am Flughafen von Managua).

FLUGZEUG

Der **Managua International Airport** (MGA; www.eaai.com.ni; Carretera Norte, Km 13) ist ein kleiner, übersichtlicher Flughafen. Bis zu den meisten Hotels sind es 30 bis 45 Fahrtminuten. **Intur** (⏰8–22 Uhr) unterhält ein Büro im internationalen Terminal, neben dem Gepäckband im Ankunftsbereich. Die Angestellten sprechen Englisch und empfehlen Hotels, bestätigen Flüge und geben Flyer aus.

Das kleinere, chaotischere Inlandsterminal befindet sich neben dem Hauptgebäude.

Die internationale Fluggesellschaft **La Costeña** (☎2263-2142; www.lacostena.com.ni;

ZIEL	PREIS (US$)	DAUER	ABFAHRTEN	ABFAHRTSORT
León-Minibus	2,75	1½ Std.	wenn voll besetzt	Bóer
León-Minibus	2,75	1½ Std.	wenn voll besetzt	UCA
Masatepe-Minibus	1,10	1 Std.	alle 20 Min.	Huembes
Masaya	0,50	1 Std.	alle 30 Min.	Huembes
Masaya-Minibus	0,75	½ Std.	wenn voll besetzt	UCA
Matagalpa	2,10	2¾ Std.	stündl.	Mayoreo
Mateare	0,30	40 Min.	alle 2 Std.	Bóer
Nagarote	0,70	1 Std.	alle 30 Min.	Bóer
Naindame	1	1½ Std.	alle 20 Min.	Huembes
Ocotal	4,25	3½ Std.	stündl.	Mayoreo
Peñas Blancas	3,50	3 Std.	2-mal tgl.	Huembes
Pochomil/Masachapa	1,10	2 Std.	alle 20 Min.	Bóer
Río Blanco	5	4 Std.	stündl.	Mayoreo
Rivas (*expreso*)	3,25	1½ Std.	alle 30 Min.	Huembes
Rivas (*ordinario*)	2	2 Std.	alle 30 Min.	Huembes
San Carlos	7,50	9 Std.	6-mal tgl.	Mayoreo
San Juan del Sur	3,25	2½ Std.	2-mal tgl.	Huembes
San Marcos-Minibus	1	1 Std.	wenn voll besetzt	Huembes
Siuna	9	10–12 Std.	3-mal tgl.	Mayoreo
Somoto	4	4 Std.	8-mal tgl.	Mayoreo
Ticuantepe-Minibus	0,35	40 Min.	wenn voll besetzt	Huembes

Managua International Airport) bietet regelmäßige Verbindungen nach Bluefields, zu den Corn Islands, nach Las Minas, Puerto Cabezas und Waspán.

Unterwegs vor Ort

AUTO

Autofahren in Managua ist absoluter Wahnsinn! Sobald man die Stadt hinter sich gelassen hat, wird man aber problemlos vorankommen (Spanischkenntnisse sind von Vorteil). Am Flughafen haben sich internationale und ein paar lokale Autovermietungen niedergelassen.

Alamo (Karte S. 488; ☎2277-1117; www.alamonicaragua.com; Hospital Militar, 100 m E)

Easy Rent-a-car (Karte S. 488; ☎2270-0654; www.easyrentacar.com.ni; Carretera a Masaya, Km 7,5)

BUS

Die Nahverkehrsbusse fahren sehr regelmäßig und sind immer voll – Vorsicht: Taschendiebe! Sie sind wahre Meister ihres Fachs, aber wer auf der Hut ist, muss sich keine Sorgen machen. Die Busse fahren zwischen 4.45 und 18 Uhr im 10-Minuten-Takt und von 18 bis 22 Uhr alle 15 Minuten. Man kann sie nicht immer mitten auf der Straße anhalten, also besser zur nächsten regulären Haltestelle laufen. Eine Fahrt kostet 0,15 US$. Hier ein paar nützliche Buslinien:

Nr. 101 Linda Vista bis Mercado Mayoreo via Rotonda Bello Horizonte.

Nr. 109 Plaza de la República via Plaza Inter bis Mercado Roberto Huembes.

Nr. 110 Mercado Israel Lewites (Bóer) bis Mercado Mayoreo via UCA, Metrocentro, Rotonda de Centroamérica, Mercado Roberto Huembes und Mercado Iván Montenegro.

Nr. 116 Estatua de Montoya, Plaza Inter, Mercado Oriental und Rotonda Bello Horizonte.

Nr. 118 Fährt vom Parque Las Piedrecitas über die Carretera Sur, dann nach Osten am Mercado Israel Lewites (Bóer), der Rotonda El Güegüense (Plaza España), der Plaza Inter und dem Mercado Oriental vorbei bis zum Mercado Mayoreo.

Nr. 119 Von Linda Vista zum Mercado Roberto Huembes. Hält unterwegs an der Rotonda El Güegüense und der UCA.

VOM/ZUM FLUGHAFEN

Der Flughafen liegt 11 km außerhalb der Stadt. Dort fahren spezielle, teurere Taxis ab (gewöhnlich 15–20 US$ zu Zielen in Managua), die unterwegs keine weiteren Fahrgäste aufsammeln. Nachts ist das sicher keine schlechte Idee, tagsüber kann man aber auch einfach die stark befahrene Carretera Norte überqueren und zur Bushaltestelle laufen, an der *colectivo*-Taxis bereitstehen (Fahrten in die Stadt 5 US$). Noch günstiger (und nur am helllichten Tage zu empfehlen) sind die normalen Busse. Die komplette Strecke bis zum Mercado Roberto Huembes kostet gerade mal 0,20 US$. Nach Schildern mit der Aufschrift „Huembes" Ausschau halten.

TAXI

In Managua handelt es sich bei den meisten Taxis um *colectivos*, die während der Fahrt immer neue Fahrgäste aufnehmen. Es gibt auch teurere, sicherere Privattaxis am Flughafen und an den Einkaufszentren, dem Mercado Roberto Huembes etc. Die „normalen" Taxis sind aber auch immer in der Nähe zu finden. Die offiziellen Wagen erkennt man an den roten Schildern. Außerdem ist die Fahrerlizenz sichtbar angebracht – sollte sie fehlen, hat man sich in ein Piratentaxi gesetzt. Das ist soweit in Ordnung, man sollte sich allerdings nicht an einem Geldautomaten absetzen lassen. Oberstes Gebot, ganz gleich, in welcher Art Taxi, ist wachsam bleiben. Nachts ausschließlich offizielle Taxis nehmen, denn unlängst wurden vermehrt Überfälle durch Taxifahrer nach Einbruch der Dunkelheit zur Anzeige gebracht. Mehr Infos im Kasten auf S. 573.

Fahrten innerhalb der Stadt kosten 1 bis 4 US$ pro Person. Vom Barrio Martha Quezada fahren Taxis zum Flughafen (6/8/12 US$ für 1/2/3 Pers.), Mercado Roberto Huembes (2/3 US$ für 1/2 Pers.), Mercado Israel Lewites (1,50/2 US$), Mercado Mayoreo (4/5 US$), zur Zona Rosa (2/3 US$) und zu den Huellas de Acahualinca (2/3 US$). Nachts sind die Tarife höher.

Rund um Managua

Masachapa & Pochomil

Die beiden Städte Masachapa und Pochomil an der Pazifikküste gehen förmlich ineinander über. Zunächst erreicht man Masachapa, einen kleinen Fischerort mit einer Handvoll Bars, Hotels und Restaurants am Strand.

Busse und Fahrradrikschas legen die 2 km Strecke zwischen Masachapa und dem vom Staat betriebenen **Touristenzentrum Pochomil** (Auto/Fußgänger 1 US$/frei) zurück. Die heruntergekommene Touristenenklave verfügt über ca. 30 Geschäfte, vor allem Restaurants und Bars. Die meisten haben *palapa*-(Stroh-)Dächer und liegen an einem absolut umwerfenden Strand.

Ausreichend Bargeld mitbringen! In keinem der beiden Orte gibt es einen Geldautomaten.

Aktivitäten

Die Gegend ist super zum Surfen geeignet. Gleich nördlich von Montelimar ist ein toller Spot (Lefthander, Point Break) und südlich gibt's einen Righthander (Reef Break).

Managua – Umgebung

Der Beach Break von Quizala liegt näher an Masachapa. Südlich, Richtung Pochomil, findet man jede Menge kleinerer, vorhersehbarer Wellen – prima für Anfänger.

Der Fluss zwischen Masachapa und Pochomil ist überraschend sauber – nichts wie rein!

Masachapa Surf and Sportfishing SURFEN
(☎ 8984-2464; www.sanjuandelsursurf.com; 200 m östlich des Strands an der Hauptstraße, Masachapa) Kleiner Laden mit Leihsurfbrettern (20 US$ pro Tag), der Bootsfahrten bei Sonnenuntergang (25 US$ pro Pers.) sowie Surf-/Angeltouren organisiert (285/420 US$ halber/ganzer Tag). Anfänger können hier einen Tag lang Surfunterricht nehmen (40 US$ inkl. Leihboard).

Schlafen

Hotel Alta Mar HOTEL $
(☎ 2269-9204; Centro Turístico Pochomil; Zi. ohne Bad 10 US$, Zi. mit Klimaanlage 40 US$; P ❄) Dieses Hotel bietet das mit Abstand beste Preis-Leistungs-Verhältnis in Pochomil und ist tatsächlich die einzige brauchbare Unterkunft im Touristenzentrum. Das Restaurant mit nettem Meerblick ist in Ordnung, die Zimmer sind klein, aber makellos sauber.

Hospedaje Flipper HOTEL $
(☎ 2269-6509; Masachapa; Zi. 17 US$) Am Ortseingang von Masachapa steht die preiswerteste Bleibe vor Ort. Die Betonzimmer sind okay und verfügen über recht saubere private Bäder. Die meisten Gäste sind Pärchen auf Strandurlaub.

An- & Weiterreise

Die Busse halten zuerst in Masachapa. Wer hier übernachten möchte, sollte am *empalme* (die T-Kreuzung) aussteigen.

Von Pochomil und Masachapa gibt's Verbindungen bis zum Mercado Israel Lewites in Managua (1,10 US$, 2 Std.). Die Busse fahren zwischen 8 und 18 Uhr im 20-Minuten-Takt.

GRANADA & DIE REGION MASAYA

Das geografisch vielfältige Gebiet bietet einige der bekanntesten Sehenswürdigkeiten Nicaraguas, darunter die faszinierende Kolonialstadt Granada und das Kunsthandwerkszentrum Masaya. Das Gebiet hat auch eine reiche Artenvielfalt. Viele Wildtiere leben auf den Hängen des Volcán Mombacho, einem der am besten zu bewundernden aktiven Vulkane des Landes, mit dem Parque Nacional Volcán Masaya. Üppiger tropischer Regenwald umgibt die Ufer der kristallklaren Laguna de Apoyo und die Isletas de Granada im Lago de Nicaragua sind ebenfalls ideal zum Baden.

Gleich westlich von Granada liegen in einer hochgelegenen Region, in der Kaffee angebaut wird und viele präkolumbische Traditionen fortleben, die Pueblos Blancos (Weißen Dörfer). In diesen charmanten Ortschaften kann man bei der Herstellung von Kunsthandwerk zusehen, das zu dem schönsten in Nicaragua gehört.

Granada

123 000 EW.

Granada ist ein sehr fotogener Ort. An so ziemlich jeder Ecke wird es einem im Auslöserzeigefinger jucken. Da verwundert es kaum, dass viele Reisende Granada als Basis nutzen und mindestens einen Tag damit verbringen, auf Kopfsteinpflaster von Kirche zu Kirche zu spazieren, um dann Ausflüge in die Umgebung zu unternehmen.

Tolle Halbtagestouren führen zum Beispiel zu der verzauberten Wasserwelt des Archipels Las Isletas und zu den schönen Stränden der Peninsula de Asese. Der Volcán Mombacho lädt zum Wandern ein. Außerdem kann man ein Schmetterlingsschutzgebiet besichtigen, eine Seilrutschpartie unternehmen oder in einer der heißen Quellen in den Vorbergen ausspannen.

Wer sich für die nicaraguanische Kultur interessiert, könnte sich Gemeindetourismusprojekte wie Nicaragua Libre in nahe gelegenen Dörfern ansehen oder zum Parque Nacional Archipiélago Zapatera fahren, in dem eine beeindruckende Sammlung von Petroglyphen und Statuen zu sehen ist.

Geschichte

Granada trägt in Anspielung auf die maurisch geprägte andalusische Metropole gleichen Namens den Spitznamen „Große Sultanin“ und ist die älteste Kolonialstadt in Nicaragua. Die 1524 von Francisco Hernández de Córdoba gegründete Stadt steht am Fuß des Volcán Mombacho am Nordwestufer des Lago de Nicaragua. Weil Granada über den See und den Río San Juan Zugang zum Karibischen Meer hat, wurde der Ort zu einem reichen und wichtigen Handelszentrum und behielt diese Stellung bis ins 19. Jh. hinein. Jedoch machte der Meereszugang die Stadt auch zu einem leichten Ziel für englische und französische Freibeuter, die sie zwischen ihrer Gründung und 1685 insgesamt dreimal plünderten.

Das konservative Granada stand immer in einer scharfen Rivalität zum liberalen León, die in den 1850er-Jahren schließlich in einen regelrechten Bürgerkrieg ausartete. Um die Oberhand zu gewinnen, verpflichteten die Liberalen aus León den US-amerikanischen Abenteurer und Söldner William Walker, der Granada eroberte und von dort aus herrschte. Als er im Jahr 1856 fliehen musste, ließ er die Stadt niederbrennen und hinterließ nur ein Schild mit der Aufschrift: „Hier stand Granada“. In neuerer Zeit hat ein umfassendes Restaurierungsprogramm dem kolonialen Flair neuen Glanz verliehen.

Sehenswertes

★Convento y Museo San Francisco KIRCHE

(☎2552-5535; Eintritt 2 US$; ⏲Mo–Fr 8.30–17.30, Sa & So 9–16 Uhr) Die älteste Kirche Zentralamerikas und das auffälligste Gebäude von Granada ist die Iglesia San Francisco mit ihrer hellblauen Fassade. Sie ist zugleich Sitz eines der besten Museen der Region. Der Originalbau von 1585 wurde erst von Räubern und später von William Walker abgefackelt, aber 1868 wieder aufgebaut und 1989 restauriert.

Zum Museum gelangt man durch eine kleine Tür zur Linken. Guides (manche sprechen Englisch) führen durch die Sammlung (Trinkgeld erbeten!) aus phantastisch erhaltener primitiver Kunst, einem maßstabsgetreuen Modell der Stadt und einer Gruppe Pappmascheefiguren beim Kochen, in der Hängematte Baumeln und Schaukeln auf einem *comelazatoazte*, einer Art 360-Grad-Wippe.

★Iglesia de La Merced KIRCHE

(Calle Real Xalteva; Glockenturm Eintritt 1 US$) Dies ist die wohl schönste Kirche der Stadt. Auf der Plaza davor tummeln sich oft turtelnde Pärchen. Der Hausmeister begleitet Besucher um 11 Uhr in den **Glockenturm**

ABSTECHER

MIT DEM BOOT NACH LAS ISLETAS

Lust auf einen kleinen Ausflug am Vor- oder Nachmittag? Von Granada aus setzen Boote zu diesem Miniarchipel mit 365 winzigen Tropeninseln (gut, vielleicht sind es auch ein paar weniger) über. Dort sind Fischadler, Eisvögel, Kaimane und Brüllaffen heimisch.

Das **Castillo San Pablo**, eine spanische Festung, stammt von 1784 und gewährt einen schönen Blick auf Granada und den Volcán Mombacho. In der Nähe befindet sich eine Badestelle.

Die meisten Touren führen auch zur **Isla de los Monos** (Affeninsel). Ihre Bewohner, Spinnen- und Kapuzineräffchen, hat ein Tierarzt, der auf einer Nachbarinsel wohnt, hier eingeführt. Sie sind gutmütig, aber verfressen und haben sich schon mit dem einen oder anderen Picknickproviant aus dem Staube gemacht.

Fast alle Reisebüros organisieren Touren nach Las Isletas. Wer mag, kann sich auch einer geführten Kajaktour (ab 10 US$ pro Std.) von **Inuit Kayaks** (☎2552-6695; marielo_q75@hotmail.com; Centro Turístico, 1,5 km S) anschließen, ca. 1 km vom Eingang des Centro Turístico entfernt. Sobald man das Centro Turístico betritt, werden sich die Schlepper förmlich auf einen stürzen; wer allein oder zu zweit unterwegs ist, sollte abwarten, bis sich eine größere Gruppe gebildet hat; dann gibt's Sitzplätze zu Schleuderpreisen, damit die Boote voll werden (allein zahlt man ca. 20 US$ für 1 Std.). Wer Vögel beobachten will, sollte die Tour am Vortag organisieren, damit man bei Sonnenaufgang aufbrechen kann. Fahrten bei Sonnenuntergang sind auch sehr nett, aber kürzer. Außerdem werden nicht so viele entlegenere Ecken der Inselgruppe angesteuert. Mit Verhandlungsgeschick ist vielleicht ein kurzer abendlicher Trip zum Castillo San Pedro für ca. 5 US$ pro Boot drin.

Wer der Abzweigung gleich rechts hinter Inuit Kayaks folgt (bei dem Schild zur „Marina Cocibolca"), gelangt zur anderen Seite der Peninsula de Asese, zum **Puerto Asese**. Auch dort können Boote zu den *isletas* gechartert werden. Dorthin zu radeln macht Spaß, allerdings nur in Begleitung. Hier haben sich ein paar Überfälle ereignet.

Auf den Inseln gibt's zahlreiche Restaurants – den Bootsführer darum bitten, an einem davon Halt zu machen. Eine große Mahlzeit mit frischem Fisch kostet ca. 7,50 US$.

hinauf, ist aber gewöhnlich auch zu anderen Zeiten dazu bereit.

Das Bauwerk wurde 1539 fertiggestellt, aber 1655 von Plünderern zerstört. Die Barockfassade stammt aus der Zeit des Wiederaufbaus zwischen 1781 und 1783. 1854 kam Walker mit seinen Mannen. Die aus seinem Auftritt resultierenden Schäden an der Kirche wurden 1862 behoben – und gleich noch die bildschöne Innenausstattung ergänzt.

Casa de los Leones & Fundación Casa de los Tres Mundos — KULTURZENTRUM

(Parque Central, 50 m N; Kind/Erw. 0,25/0,40 US$; ⌚Mo–Fr 8–19, Sa & So 8–18 Uhr) Ernesto Cardenal gründete die Fundación Casa de los Tres Mundos im Jahre 1986. Seit 1992 nimmt sie die elegante Casa de los Leones (erb. 1720) ein. An einem Brett am Eingang kann man sich über anstehende Veranstaltungen informieren, z. B. Dichterlesungen, klassisches Ballett, Folkloretänze und kostenlose Filmvorführungen. Während der Öffnungszeiten verleiht einem das Eintrittsgeld Zugang zu ein paar Kunstausstellungen – und natürlich zu dem bildschönen Prachtbau.

Schmetterlingsfarm — PARK

(☎8895-3012; www.backyardnature.net/nbr; Eintritt 7 US$; ⌚Mo–Sa 8–16 Uhr) Folgt man der unbefestigten Straße zwischen dem Friedhof und der Laguna de Apoyo ca. 4 km, gelangt man zu diesem *mariposario* (Schmetterlingsfarm) und kann dort an spannenden Führungen teilnehmen. Die Wanderung dauert 45 Minuten; die Calle de las Comedias zweigt rechts vom Friedhof am Westrand der Stadt ab.

Mi Museo — MUSEUM

(☎2552-7614; Calle Atravesada, Cine Karawala, ½ c N; ⌚8–17 Uhr) GRATIS Die Privatsammlung von Keramikwaren aus der Zeit von mindestens 2000 v. Chr. bis heute ist unglaublich! Hunderte bildschön gearbeiteter Stücke wurden auf Basis der künstlerischen Ästhetik und ihrer archäologischen Bedeutung ausgewählt und in dem mindestens genauso ansehnlichen alten Adobebau arrangiert. Es lohnt sich, eine Führung mitzumachen.

Granada

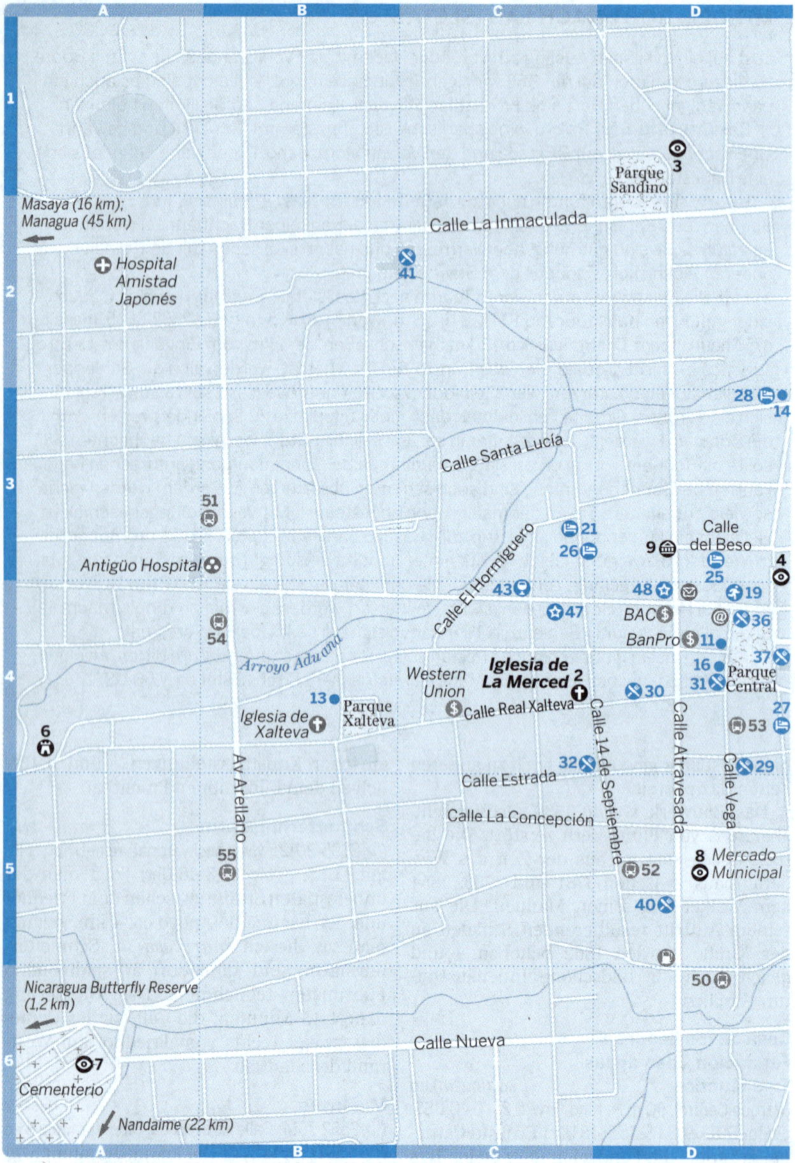

Fortaleza La Polvora FESTUNG

(Spenden sind erbeten; ⌚8–17 Uhr) Als die Fortaleza La Polvora 1748 erbaut wurde, nannte man die mit zahlreichen Türmchen bewehrte spanische Festung noch Fortaleza de Armas. Hier oben eröffnet sich der schönste Blick auf die Stadt, über die uralten, verwitterten Kuppeln der Kirchen hinweg bis zum Lago de Nicaragua. Außerdem sind ein paar Gemälde und Artefakte ausgestellt. Bei Redaktionsschluss wurde gerade renoviert.

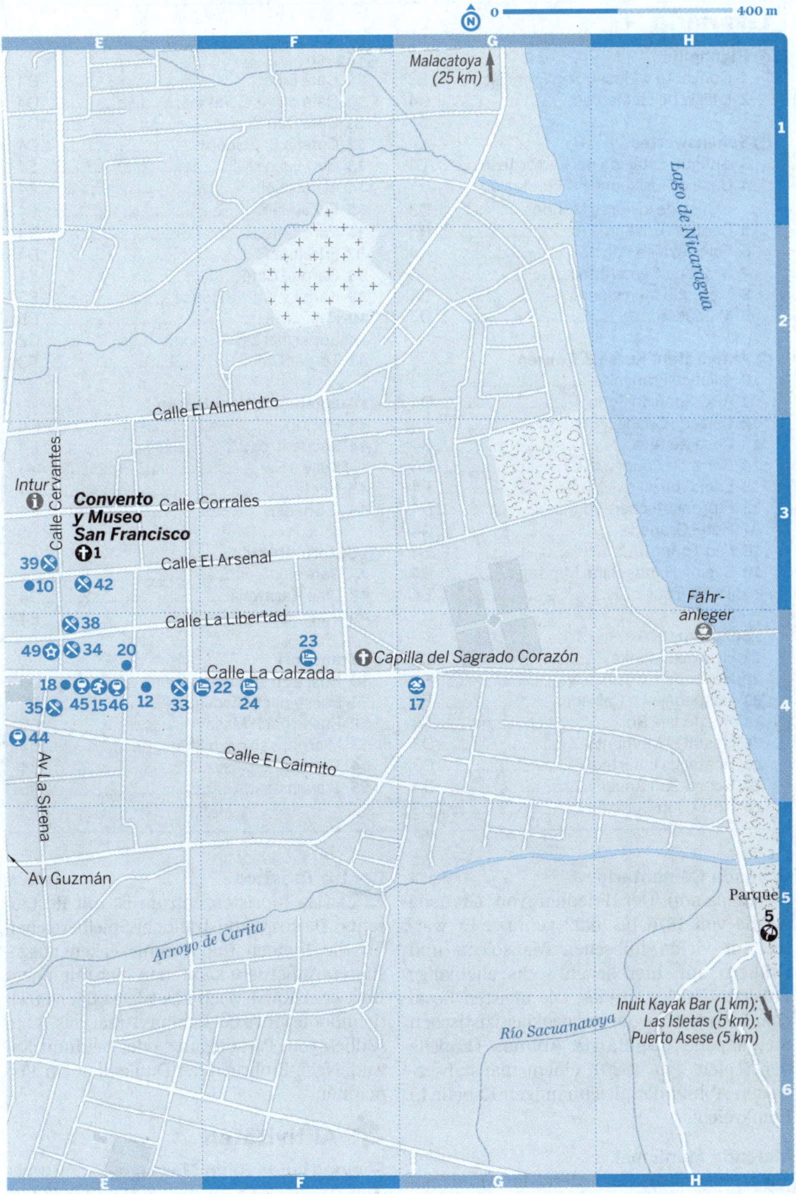

Antigüa Estación del Ferrocarril WAHRZEICHEN

(Alter Bahnhof) Neun Häuserblocks vom Zentrum der Stadt entfernt (ein ganz schön langes Stück Weg auf der Calle Atravesada) befindet sich der alte Bahnhof unmittelbar neben dem Parque Sandino. Dort sind gut erhaltene alte Eisenbahnwaggons zu sehen. Vor dem Bahnhofsgebäude erstreckt sich der Parque de los Poetas, der den literarischen Schwergewichten des Landes gewidmet ist.

Granada

Highlights

1 Convento y Museo San Francisco E3
2 Iglesia de La Merced C4

Sehenswertes

3 Antigüa Estación del Ferrocarril D1
4 Casa de los Leones & Fundación Casa de los Tres Mundos D3
5 Centro Turístico H5
6 Fortaleza La Polvora A4
7 Granada Cementario A6
8 Mercado Municipal D5
9 Mi Museo D3

Aktivitäten, Kurse & Touren

10 Alliance Française E3
11 APC Spanish School D4
12 Calzada Spanish School E4
13 Casa Xalteva B4
14 Corazón Tours D3
15 Erick Tours E4
16 Pferdekutschen-Tour D4
17 Hotel Granada G4
18 Leo Tours E4
19 Seeing Hands Blind Massage D4
20 Tierra Tour E4

Schlafen

21 Bearded Monkey C3
22 Hospedaje Cocibolca F4
23 Hospedaje La Calzada F4
24 Hospedaje Ruiz F4
25 Hostal El Momento D3
26 Hostal La Libertad C3
27 Hostal San Angel D4
28 Hotel Con Corazón D3

Essen

29 Café Blue D4
30 Café de las Sonrisas D4
31 Café Don Simon D4
32 Cafetín El Volcán C4
33 Don Luca's E4
34 El Pizzaiol E4
35 El Zaguán E4
36 Euro Café D4
37 Fritangas D4
38 Garden Café E4
39 Kathy's Waffle House E3
40 Palí D5
41 Supermercado Colonia C2
42 Tercer Ojo E3

Ausgehen & Nachtleben

43 El Club C4
44 Encuentros E4
Kelly's Bar .... (s. 44)
45 Nectar E4
46 O'Sheas E4

Unterhaltung

47 Café Nuit C4
48 Cine Karawala D4
49 Imagine E4

Transport

50 Busse zu südlichen Zielen D6
51 Busse nach Managua B3
52 Busse nach Masaya D5
53 Microbusse nach Managua D4
54 Tica Bus B4
55 Transnica B5

Granada Cementario FRIEDHOF
(Nandaime s/n) Der Friedhof von Granada wurde von 1876 bis 1922 genutzt. Er wartet mit vielen hübschen Mausoleen und Gräbern auf; hier liegen sechs ehemalige Präsidenten des Landes. Die meisten Besucher kommen wegen der neoklassizistischen Steinkapelle **Capilla de Animas** (Kapelle der Seelen, erb. 1880), einem maßstabsgetreuen Abbild der gleichnamigen Kapelle in Frankreich.

Mercado Municipal MARKT
(Calle Atravesada) Der Mercado Municipal platzt aus allen Nähten und hat einen hohen Unterhaltungswert, ist aber nicht unbedingt das am besten geeigneteste Terrain für Souvenirjäger. Er nimmt ein neoklassizistisches Gebäude von 1892 ein. Es ist wahrscheinlich ziemlich hübsch – vielleicht erbarmt sich ja mal jemand und schrubbt die Fassade gründlich!

Centro Turístico STRAND
GRATIS Das Touristenzentrum ist mit Restaurants, Diskos, Sandstränden, Spielbereichen für die Kleinen und Picknickecken ausgestattet. Außerdem kann man hier mit einem Boot oder Kajak nach Las Isletas übersetzen (Leihboote gibt's bei Cabinas Amarillas, 3 km südlich vom Parkeingang, oder bei Inuit Kayak). Nach Einbruch der Dunkelheit ein Taxi nehmen.

Aktivitäten

Seeing Hands Blind Massage MASSAGE
(Euro Café, Calle La Libertad; Mo–Sa 9–18 Uhr;) Eine gemeinnützige Organisation steht hinter diesem Projekt, das sehbehinderten Menschen ein Einkommen beschert. Die Massagen kosten 3 bis 10 US$.

Hotel Granada SCHWIMMEN
(2552-2974; www.hotelgranadanicaragua.com; Calle La Calzada, frente Iglesia de Guadalupe; Ein-

tritt zum Pool (Tagesticket) 7 US$) Geld für eine Übernachtung in diesem Hotel auszugeben, lohnt sich zwar nicht, aber der Pool ist super: groß und genau richtig für heiße Tage.

Kurse

Viele Reisende belegen einen Sprachkurs in Granada. Entsprechend ist das Angebot an namhaften Schulen und Privatlehrern groß.

APC Spanish School SPRACHKURSE
(☎2552-4203; www.spanishgranada.com; frente Parque Central; 20 Std. mit/ohne Übernachtung in einer Gastfamilie 185/100 US$) Einzelunterricht in einem atmosphärischen alten Herrenhaus direkt frente Parque Central.

Casa Xalteva SPRACHKURSE
(☎2552-2436; www.casaxalteva.com; Calle Real Xalteva, Iglesia Xalteva, 25 m N; 20 Std. (ohne Gastfamilie) 135 US$) Gemeinnützige Spanischschule.

Alliance Française SPRACHKURSE
(www.alianzafrancesa.org.ni; Calle El Arsenal s/n) Französisch- und Spanischkurse sowie französische Kulturveranstaltungen.

Calzada Spanish School SPRACHKURSE
(☎8402-7820; www.spanishonlinenicaragua.com; Galería Calzada, Calle La Calzada) Einzel- oder Online-Unterricht für 5,50 bis 7 US$ die Stunde.

Touren

Bei der klassischen Granada-Tour geht's mit der **Pferdekutsche** (15 US$ für bis zu 5 Pers.) vom Parque Central eine Stunde lang an Kirchen, dem Friedhof, dem *malecón* und anderen Sehenswürdigkeiten vorbei – alles in Begleitung eines (Spanisch sprechenden) Guides. Dieser wird übrigens warten, während man an der anderen klassischen Granada-Tour teilnimmt: einer Bootsfahrt zum Archipel Las Isletas.

In Granada können Touren in alle Teile des Landes arrangiert werden. Sehr zu empfehlen sind neben der Stadttour (20–25 US$ pro Pers.) die Ausflüge in das Naturreservat Volcán Mombacho (mit/ohne Canopy Tour 70/35 US$), zum Kunsthandwerkermarkt von Masaya (30 US$) und zum Volcán Masaya (25–40 US$ inkl. Catarina).

Die meisten Anbieter verleihen auch Fahrräder (1 US$ pro Std.) und Kajaks (9 US$ pro Std.) und organisieren Trips zur Inselgruppe Las Isletas.

Größere Gruppen zahlen weniger, deshalb sollten sich Alleinreisende gegebenenfalls anderen Reisenden anschließen (in den Reisebüros oder im Hostel nachfragen).

Corazón Tours TOUREN
(www.hotelconcorazon.com; Calle Cervantes, Parque Central 3 c N) Gemeinnütziger Veranstalter im Hotel Con Corazón. Die Ausflüge sind gut durchorganisiert.

Leo Tours TOUREN
(☎8422-7905; www.leotourscomunitarios.com; Parque Central, 1½ c E) Engagiertes Unternehmen mit ortsansässigen Besitzern, das neben den üblichen Optionen einige interessante Besuche bei Gemeinden in der Umgebung im Programm hat.

Tierra Tour TOUREN
(☎2552-8723; www.tierratour.com; Calle La Calzada, Catedral, 2 c E) Etwas noblerer (und teurerer) Anbieter.

Festivals & Events

Internationales Poesiefestival KULTURFESTIVAL
(www.festivalpoesianicaragua.com; ⏲Feb.) Bei diesem Event haben einheimische und internationale Dichter das Wort. Darüber hinaus geben die besten Musiker Nicaraguas Konzerte.

Fiestas de Agosto RELIGIÖSES FEST
(⏲3. Augustwoche) Granada feiert Mariä Himmelfahrt mit Feuerwerk, Konzerten, Rodeos und Pferdeparaden am See.

Inmaculada Concepción RELIGIÖSES FEST
(Purísimas; ⏲28. Nov.–7. Dez.) Zu Ehren der Schutzpatronin von Granada, der Virgen Concepción de María, ziehen reich verzierte Umzugswagen durch die Straßen.

Schlafen

Die im Folgenden angegebenen Preise gelten in der Hauptsaison (Dezember bis Mai). In der Nebensaison sinken die Tarife in den teureren Hotels um bis zu 15 %. Immer reservieren und darauf vorbereitet sein, dass Übernachtungen an Weihnachten, in der Semana Santa (Karwoche), zu den *fiestas* Mitte August und zum Unabhängigkeitsfest (15. September) etwas mehr kosten.

Bearded Monkey HOSTEL $
(☎2552-4028; bearded@yahoomail.com; Calle 14 de Septiembre, Parque Central, 2 c O, ½ c N; B/DZ/3BZ ohne Bad 5/15/18 US$; @📶) Sehr beliebt bei Backpackern und eine echte Institution in Granada ist der „bärtige Affe", ein

weitläufiger Riese von einem Gebäude aus der Kolonialzeit. Es wurde teilweise renoviert und hat jenen typischen Stil (so heruntergekommen, dass es fast schon wieder schick ist), mit dem Budgetreisende bereits vertraut sein sollten. In der Bar des Partyhostels geht immer etwas. Die Mehrbettzimmer mit vernünftigen Matratzen sind eine Spur größer als die der benachbarten Bleiben. Außerdem: Hängematten, Gemeinschaftsküche, Büchertausch und mehr.

Hostal El Momento HOSTEL $
(☎2552-7811; www.hostelgranadanicaragua.com; Calle del Beso; B/EZ/DZ/3BZ/4BZ 8/14/18/34/40 US$; @ 📶) Die hippe, neue Unterkunft richtet sich an eine „reifere" Backpacker-Klientel mit tollen Bereichen zum Abhängen und Nichtstun, iPads in der Lobby, einem Büchertausch und einer Gemeinschaftsküche. Im Schlafsaal mit 11 Betten und Schließfächern liegt man auf festen Matratzen. Oropax mitbringen! Auch die Privatzimmer sind prima; manche verströmen ein historisches Flair wie das Gebäude.

Hostal La Libertad HOSTEL $
(www.hostallalibertad.com.ni; Calle 14 de Septiembre; EZ/DZ 15/20 US$, B/EZ/DZ ohne Bad 5/10/12 US$; @ 📶) Hier quartiert sich vornehmlich jüngeres Partyvolk ein. Die Mehrbettzimmer sind riesig (16 Betten), es gibt eine Gemeinschaftsküche und im Hof baumeln Hängematten. Die Zimmer sind sauber, die Matratzen allerdings zum Teil etwas schäbig. Es gibt ein Mehrbettzimmer nur für Frauen.

Hospedaje Ruiz HOTEL $
(☎2552-2346; hospedajeycaferuiz@gmail.com; Calle La Calzada s/n; EZ/DZ 18/22 US$, DZ mit Klimaanlage 35 US$; 📶) Einfach durch das Restaurant der netten Besitzerfamilie hindurchlaufen, dann gelangt man zu dieser tollen kleinen Budgetunterkunft. Geschlafen wird in frisch gestrichenen, einfachen, aber geräumigen Zimmern mit stabilen Betten und guten Matratzen. Die Bäder sind eher klein, aber sehr sauber und wurden kürzlich neu gemacht.

Hostal San Angel HOTEL $
(☎2552-6373; mariacampos118@hotmail.com; Av Guzmán s/n; EZ/DZ 12/22 US$; 📶) Günstig gelegen, nur einen halben Häuserblock vom Parque Central entfernt, ist dieses preiswerte Hotel im Kolonialstil. Es bietet eine supernette, familiäre Atmosphäre, leicht beengte Zimmer mit festen Matratzen, eine Gästeküche und Kaltwasserduschen.

Hospedaje La Calzada PENSION $
(☎961-7128; Calle La Calzada, Parque Central, 3½ c E; EZ/DZ 11/17 US$, ohne Bad 7/13 US$) „Back to basic" lautet das Motto in diesem Budgethotel. Die Zimmer sind ziemlich klein und die Betten schon etwas durchgelegen, aber der Preis stimmt (größtenteils) und die Lage ist genial.

Hospedaje Cocibolca PENSION $
(☎2552-7223; hospedaje_@hotmail.com; Calle La Calzada, Parque Central, 3 c E; EZ/DZ mit Ventilator 16/19 US$, mit Klimaanlage 35/40 US$; ❄ @ 📶) Für diesen Preis bekommt man sicher auch etwas Besseres, aber die niedlichen Kopfteile mit eingelegten Spiegeln im Stil der 1980er-Jahre haben es uns angetan. Außerdem ist das Cocibolca eine zentral gelegene, brauchbare Budgetunterkunft, wobei die Wassertanks in den Gemeinschaftsbereichen nicht gerade ein Augenschmaus sind.

★ **Hotel Con Corazón** HOTEL $$$
(☎2552-8852; www.hotelconcorazon.com; Calle Cervantes, Parque Central, 3 c N; EZ/DZ/3BZ/4BZ 62/73/94/121 US$; ❄ @ 📶 ≋) 🍃 Ein elegantes gemeinnütziges Hotel; die Einnahmen fließen in die Entwicklung lokaler Bildungsprogramme. Die Zimmer sind schlicht, aber schön und recht geräumig.

Montagsabends findet öffentlicher Salsa-Unterricht statt.

Essen

Ein typisches Essen in Granada sieht folgendermaßen aus: Man entspannt bei einer leichten Mahlzeit an einem schattigen Plätzchen des Parque Central. In den vier niedlichen **Kiosken** an den Ecken der Plaza wird *vigorón* (zerstampfte Yucca mit Krautsalat und knuspriger Schweinehaut) serviert. Dazu passt eine *chicha* (Fruchtsaft gemischt mit Zucker und Wasser oder Milch).

Außerdem gibt es vor Ort zwei Supermärkte: den **Supermercado Colonia** (Calle La Inmaculada, Parque Sandino, 4 c O) und **Palí** (Calle Atravesada, frente Mercado Municipal).

Auch das Essen auf der Straße ist hervorragend. Morgens kann man zwischen dem Parque Central und dem Mercado Municipal (S. 500) Obstsalat in kleinen Tüten (mit Gabel 0,30 US$) und andere Leckereien kaufen. Kurz vor Sonnenuntergang öffnen die **Fritangas** (Grillbuden am Straßenrand; Snacks 1–3 US$) im Parque Central und entlang der Calle La Calzada. Dort werden Grillfleisch, *gallo pinto* und andere gebratene Snacks auf Bananenblätter gehäuft – guten Appetit!

Garden Café SANDWICHES $

(Calle La Libertad, Parque Central, 1 c E; Sandwiches 4–5 US$; ⌚7–21 Uhr;) In dem ruhigen kleinen Café gibt's die besten Salate und Sandwiches der Stadt, sehr guten Kaffee und verschiedene Frühstücksangebote.

Don Luca's PIZZERIA $

(Calle La Calzada s/n; Pizza 2,50–4 US$, Hauptgerichte 5–10 US$) Die Pizza ist zwar eher durchschnittlich, doch dafür eignet sich das nette Outdoor-Restaurant wunderbar zum Leute Beobachten. Auf der Karte stehen noch viele andere italienische Klassiker.

Café de las Sonrisas NICARAGUANISCH $

(www.tioantonio.org; Calle Real Xalteva; Gerichte 2,50–4 US$; ⌚Mo–Fr 7–17, Sa & So 7–14 Uhr) In dem gemeinnützigen Café arbeiten Schwerhörige, die einfache, aber schön herzhafte und gesunde nicaraguanische Küche servieren. Bestellt wird mithilfe von Bilderspeisekarten und Symboltabellen. Darüber hinaus stehen Hängematten zum Verkauf, die von Blinden gemacht wurden.

Euro Café CAFÉ $

(Calle La Libertad, Parque Central, 10 m O; Gerichte 3–4 US$) Eins der besseren Cafés in der Stadt. Die Auswahl an Kaffee (heiß oder kalt), Säften, Sandwiches, Bagels, Wraps und mehr ist riesig. Man sitzt in einem Hof voller Pflanzen.

Café Don Simon SANDWICHES $

(Parque Central, costado O; Frühstück & Sandwiches 2,50–5 US$) Angesichts der tollen Lage mit Tischen an der Plaza ist das Don Simon überraschend preiswert. Die Frühstücksauswahl (inkl. Bagels) ist sehr umfassend, genauso wie das Angebot an heißen und kalten Getränken.

Kathy's Waffle House FRÜHSTÜCK $

(Calle El Arsenal, frente Convento San Francisco; Gerichte 3–5 US$; ⌚7–14 Uhr) Jeder, der die erquickende Wirkung von *gallo pinto* und Eiern mit Speck bezweifelt, muss sich, übel verkatert nach durchzechter Nacht, unbedingt dieses niedliche kleine Café ansehen. Der Schädel hört in Nullkommanix auf zu brummen, wenn man sich ein paar Waffeln, Snacks oder Pfannkuchen zu Gemüte geführt hat, und der Kaffee ist so stark, dass man nicht auf den Tassenboden gucken kann. Der Balkon vorn gewährt einen netten Blick auf den Konvent.

Cafetín El Volcán NICARAGUANISCH $

(Calle 14 de Septiembre, Iglesia de La Merced, 1 c S; Quesillos 0,50–2 US$) Einer der Trümpfe ist sicher das preisgünstige Mittagsmenü (3 US$), doch so ziemlich alle Einheimischen sind sich einig, dass das eigentliche Highlight die *quesillos* sind – ein Gedicht! Darüber hinaus bekommt man eine Reihe traditioneller Getränke wie *tiste* (besteht aus geröstetem Mais; 0,50 US$), *grama* (aus Weizengras) und Möhrensaft.

Café Blue SNACKS $

(Calle Vega, Parque Central, 1 c S; Gerichte 2–4 US$; P) Ein erfrischend schlichtes kleines Café, in dem leckeres amerikanisches oder nicaraguanisches Frühstück, würzige *huevos rancheros*, Pfannkuchen und verschiedene Sandwiches unter einem Dach aus Rohrgeflecht zubereitet werden.

★ **Tercer Ojo** FUSIONSKÜCHE $$

(☎2552 6451; Calle El Arsenal, frente Convento San Francisco; Gerichte 5–14 US$; ⌚11–23 Uhr;) Die hiesige Spezialität ist asiatische Küche, tatsächlich decken die umfangreiche Speise- und Weinkarte aber mindestens drei Viertel der gesamten Erde ab! Das „dritte Auge" ist die Adresse, wenn man Lust auf Tofu, indische oder thailändische Küche oder Sushi hat.

El Pizzaiol ITALIENISCH $$

(Calle La Libertad s/n; Hauptgerichte 7–12,50 US$; ⌚12–22 Uhr) Das Ambiente dieser italienischen Trattoria muss man einfach lieben und das Essen ist mit Ausnahme von ein paar regionalen Variationen ziemlich authentisch – die Desserts sind förmlich zum Dahinschmelzen. Ein Highlight ist sicher die Pizza mit dem dünnen Boden, aber die Pasta- und Fleischgerichte sind ebenfalls verlässlich gut.

El Zaguán STEAKHAUS $$

(☎2552-2522; Av La Sirena s/n; Gerichte 7–13 US$; ⌚12–23 Uhr;) Trotz seiner Größe wirkt dieses Steakhaus gleich hinter der Kathedrale gemütlich und wird immer wieder für „das beste Steak der Stadt" gerühmt. Das zarte Fleisch stammt von in der Region aufgezogenen Rindern und wird vor den Augen der Gäste gegrillt. Gerichte mit Hühnchen und Fisch und eine gute Weinauswahl runden das Angebot ab. In der Hauptsaison unbedingt reservieren.

Ausgehen & Nachtleben

Eine beliebte Art, den Abend zu beginnen, ist der Besuch einer der Bars in der Calle La Calzada. Am See gibt's ein paar *discotecas*, in denen sich am Wochenende junge Leute aus der Stadt drängeln, und ein paar Tanzlokale, die hauptsächlich von älteren Menschen besucht werden. Diese Läden sind zwar recht lustig, kommen und gehen aber schnell. Um abends hierher zu fahren, auf alle Fälle ein Taxi nehmen.

O'Sheas IRISH PUB
(Calle La Calzada s/n) Eine der beliebtesten Kneipen an der Fußgängerstraße Calle La Calzada. Nette Angestellte, leckere Pub-Gerichte.

Encuentros LOUNGE
(Calle El Caimito s/n; Gerichte 7–12 US$; ⏲17–2 Uhr) Das Lounge-Restaurant hat eine extrem coole Bebop-Atmosphäre, die noch dadurch unterstrichen wird, dass die Kellner Filzhüte tragen. Im Hintergrund läuft Acid Jazz und auf der Karte steht moderne Küche mit Gerichten wie Hühnchen in Pflaumensauce und verschiedene Tapas.

Nectar LOUNGE
(Calle La Calzada, Parque Central, 1½ c E; Gerichte 4–6 US$) Verführerische kleine Lounge-Bar mit einer guten Cocktailauswahl und gemütlichen Sitzbereichen. In der Hauptsaison treten häufig DJs und Livebands auf. Die kleine, aber kreative Speisenauswahl umfasst köstliche leichte Mahlzeiten und Snacks.

El Club LOUNGE
(☎2552 4245; www.elclub-nicaragua.com; Calle La Libertad, Parque Central, 3 c O; Eintritt 2–5 US$; ⏲Do–Sa) Auch diese stilvoll-kultivierte Lounge bekommt häufig Besuch von umherreisenden DJs. Sie scheint so etwas wie die Lieblingsadresse der A-Promis aus Managua zu sein - besser in Schale werfen! An manchen Abenden heißt es All-you-can-drink für 8 US$.

Kelly's Bar IRISH PUB
(Ecke Av La Serena & Calle El Caimito) Belfast trifft Granada in diesem netten Pub mit toller Terrasse hinten. Sportübertragungen, fröhliche Stimmung, Spaß.

☆ Unterhaltung

Im Bearded Monkey (S. 501), dem erklärten Lieblingshostel der Backpackergemeinde, werden jeden Abend um 18 und 20 Uhr Independent-Filme und ausländische Produktionen gezeigt.

Café Nuit LIVEMUSIK
(Calle La Libertad, Parque Central, 2½ c O; Eintritt Sa & So 0,50 US$; ⏲Di–Sa) Eine der stimmungsvollsten Adressen für Livemusik in der Stadt nimmt einen begrünten Hof ein. Auf der kleinen Tanzfläche vor der Bühne wird es voll, sobald die Bands zu spielen beginnen.

Imagine LIVEMUSIK
(Calle La Libertad s/n) Ganz nach John Lennons Geschmack (bevor Yoko auf der Bildfläche auftauchte) wäre diese Bar mit dem chilligen Flair, in der fast jeden Abend Bands auftreten. Das dazu gehörende Restaurant ist ganz schön überteuert.

Cine Karawala KINO
(Calle Atravesada; Tickets 1,50 US$) Hier laufen an den Wochenenden (halbwegs) neue Filme.

ℹ Praktische Informationen

GEFAHREN & ÄRGERNISSE

Ein paar Überfälle auf der Straße zum See und weiter südlich ins Centro Turístico sind zur Anzeige gebracht worden, daher sollte man nach Einbruch der Dunkelheit ein Taxi nehmen. Auch bei Radtouren zur Peninsula de Asese ist es zu Übergriffen gekommen; wer unangenehme Zwischenfälle dieser Art ausschließen will, sollte sich einer Tour anschließen.

GELD

BAC (Calle La Libertad, Parque Central, 1 c O)

BanPro (Calle Consulado, Parque Central, 1 c O)

Western Union (Calle Real Xalteva) Für internationale Geldtransfers.

INTERNETZUGANG

Internetcafés sind über die gesamte Stadt verteilt. Gewöhnlich zahlt man 0,70 bis 1 US$ pro Stunde.

Alhambra Internet C@fe (Calle La Libertad, frente Hotel Colonial; 0,80 US$ pro Std.) Hoch aufgedrehte Klimaanlage, mit die schnellsten Computer der Stadt.

MEDIZINISCHE VERSORGUNG

Hospital Amistad Japonés (☎2552-2719; Calle La Inmaculada, Esso-Tankstelle, 2 km O) An der Straße nach Managua.

POST

Postamt (Calle Atravesada, BanCentro, ½ c S) Gegenüber vom Cine Karawala.

TOURISTENINFORMATION

Intur (☎2552-6858; www.visitanicaragua.com/ingles; Calle Corrales) Brandaktuelle Infos, passable Stadtpläne und massenweise Flyer.

UCA (Union landwirtschaftlicher Kooperativen; www.ucatierrayagua.org) Organisiert von den

Kommunen unterstützte Touren zu Dörfern auf dem Land.

WÄSCHEREIEN

Fernanda's Laundry Service (Galeria La Calzada, Calle La Calzada; 3,75 US$ für 1–2 kg Wäsche) Schnell, netter Service.

Waschsalon (Calle Consulado, Parque Central, 1½ c O; 0,75 US$ für 450 g) Liegt günstig, wenn man im Westen der Stadt übernachtet.

An- & Weiterreise

BUS

Busse von **Transnica** (☎2522-6619; www.transnica.com; Calle El Tamarindo, Iglesia Xalteva, 1 c O, 1½ c S) machen sich um 6, 8 (Expressservice nach San José) und 11 Uhr auf den Weg nach Costa Rica (29 US$, 8 Std.). Mit **Tica Bus** (☎2552-8535; www.ticabus.com; Av Arellano, Antigüo Hospital, ½ c S) geht's um 7 und 13 Uhr nach San José (29–40 US$, 8 Std.). Wer andere internationale Ziele erreichen will, muss erst nach Rivas oder Managua reisen.

In Granada gibt es kein zentrales Busterminal. Die **Busse nach Managua** (0,75 US$, 1 Std., 4–19 Uhr, alle 20 Min.) kommen am Mercado Roberto Huembesan an und fahren auf dem Gelände gleich nördlich des alten Krankenhauses am westlichen Stadtrand ab. **Mikrobusse nach Managua** (1 US$, 1 Std., 5–19.30 Uhr, alle 15 Min.) kommen an der UCA an und fahren von dem (praktischer gelegenen) Platz südlich des Parque Central (Calle Vega) ab. Der Abfahrtsort der **Busse nach Masaya** (0,50 US$, 30 Min., 5–18 Uhr, alle 20 Min.) ist zwei Blöcke westlich vom Markt, um die Ecke vom Palí-Supermarkt.

Busse mit Zielen südlich von Granada fahren einen Block südlich des Markts ab, frente Shell-Tankstelle.

Carazo (0,70 US$, 50 Min., alle 20 Min.) Nach San Marcos, Diriamba (mit Umsteigeverbindungen an die Carazo-Strände) und Jinotepe.

Catarina & San Juan de Oriente (0,50 US$, 30 Min., alle 20 Min.) Fährt auch nach Niquinohomo.

Nandaime (Reserva Natural Volcán Mombacho; 0,45 US$, 20 Min., halbstündl.)

Pueblos Blancos/Carazo (0,40–0,70 US$, 4-mal tgl.) Nach Diriomo, Diría, Catarina, Niquinohomo, Masatepe, San Marcos und Jinotepe.

Rivas (1,25 US$, 1½ Std., fast stündl.) Wer den Bus um 13.30 Uhr nimmt, erwischt das letzte Boot zur Isla de Ometepe.

Shuttlebus

Managua ist gerade mal eine Stunde entfernt (Minibus; 1 US$), die Busse nach León fahren da ab, wo man ankommt, und andere Ziele sind ähnlich leicht zu erreichen. Da verwundert es kaum, dass Shuttlebusse in Granada kaum gebraucht werden. **Erick Tours** (☎8974-5575; ericktour@

ABSTECHER

TAGESAUSFLÜGE AB GRANADA

Von Granada aus können ein paar tolle Tagesausflüge abseits ausgetretener Pfade unternommen werden:

Nicaragua Libre, La Granadilla und La Nanda Ländlicher Tourismus wie aus dem Bilderbuch. Die UCA (S. 504) erteilt genauere Auskunft.

Aguas Termales La Calera (☎2552-6330; osorio@invernic.com) GRATIS Die heißen Quellen sind ganz in der Nähe.

Reserva Silvestre Privada Domitila (☎8881-1786; www.domitila.org; Zi. inkl. 3 Mahlzeiten 90 US$ pro Pers.) Die Tour in das Tierschutzgebiet ist teuer. Die Anbieter in Granada nehmen ca. 30 US$.

Parque Nacional Archipiélago Zapatera (Lodge B inkl. 3 Mahlzeiten 15 US$, Tour 60–80 US$ pro Pers.) Die Isla Zapatera ist ein erloschener Vulkan (629 m), der aus dem seichten Wasser des Lago de Nicaragua aufragt. Er ist eine alte Zeremonienstätte der Chorotega und das männliche Gegenstück zur „dralleren" Isla de Ometepe, deren rauchenden Kegel man vom Gipfel des Vulkans (3 Std. Wanderung) erblickt. Die 45 km² Zapatera-Insel und der umgebende Archipel mit 13 Inseln gehören zum Parque Nacional Archipiélago Zapatera. Das Reservat wurde eingerichtet, um die feuchten und trockenen tropischen Primärwälder und die unvergleichlichen Petroglyphen und Statuen zu schützen. Letztere sind zwischen 500 und 1500 Jahren alt. Wer zelten möchte, zahlt 3 US$ pro Person. Boote der Gemeinde (einfache Fahrt 5 US$) legen dienstags, freitags und sonntags in Puerto Asese ab. Alternativ fährt man mit einem privaten Boot (einfache Fahrt/hin & zurück 38/75 US$). Mehr Infos bei der UCA in Granada.

hotmail.com; Calle La Calzada s/n) bietet Flughafentransfers (35 US$ für 2 Pers.).

Das Hostel **Bearded Monkey** schickt montags, mittwochs und freitags um 10.30 Uhr Shuttles zur Laguna de Apoyo (4/10 US$ für Gäste/Nichtgäste der Monkey Hut).

Die Shuttles der **Casa San Francisco** fahren dienstags bis sonntags um 8 Uhr zur Laguna de Apoyo (hin & zurück 10 US$).

FÄHRE

Fähren legen montags und donnerstags um 14 Uhr vom **Fährterminal** (☎2552-2966; Calle La Calzada, final; ⏲8–13.30 Uhr) ab und halten in Altagracia (Isla de Ometepe; unteres/oberes Deck 2/5 US$, 3 Std.), San Miguelito (unteres/oberes Deck 3/7,50 US$, 9 Std.) und San Carlos (unteres/oberes Deck 4/9 US$, 14 Std.). Die Sitzplätze erster Klasse auf dem oberen Deck sind gepolstert und man kann fernsehen (der Fernseher läuft die ganze Nacht). Den Schlafplatz möglichst früh belegen und nicht vergessen, Medikamente gegen Seekrankheit einzustecken! Wer die Granada–Altagracia-Strecke nur in eine Richtung zurücklegen möchte, geht am besten in Granada an Bord – die Fähre fährt tagsüber, sodass man etwas sehen kann und am späten Nachmittag in Altagracia ankommt. In die andere Richtung, von Altagracia nach Granada, ist man nachts unterwegs und erreicht Granada in den frühen Morgenstunden.

Vom **Puerto Asese** (☎2552-2269), ca. 2 km südöstlich der Stadt, setzen Boote nach Las Isletas und in den Parque Nacional Archipiélago Zapatera über.

TAXI

In Granada gibt's Taxis en masse. Den Preis mit dem Fahrer immer aushandeln, bevor man einsteigt (tagsüber sind 0,50 US$ pro Person, abends 0,70 US$ pro Person normal). Wer von den Strandbars ins Zentrum fahren will, sollte immer ein Taxi nehmen.

Auch andere Reiseziele sind recht günstig zu erreichen. Die Tarife hängen von den aktuellen Benzinpreisen und dem individuellen Verhandlungsgeschick ab. Hier ein paar Beispiele: Masaya (12/17 US$ Markt/Vulkan), Laguna de Apoyo (12 US$), Rivas (24 US$), San Juan del Sur (30 US$) und Managua (24 US$).

Rund um Granada

Reserva Natural Volcán Mombacho

Es ist schon ein paar Jahrzehnte her, seit der 1345 m hohe **Vulkan** (☎2552-5858; www.mombacho.org; Parkeintritt 15 US$, mariposario (Schmetterlingsfarm) Erw. 1 US$; ⏲Do–So 8–17 Uhr), das auffälligste Wahrzeichen von Granada, zum letzten Mal aufgemuckt hat. Der friedliche Schein trügt jedoch: Der Mombacho ist unverändert aktiv und stößt weiter regelmäßig Aschewölkchen aus, um die Einheimischen nicht zur Ruhe kommen zu lassen. Die Wanderung zum Rand des Nebelwalds ist einfach. Dort wird man Fumarolen und andere Produkte der vulkanischen Aktivität im Schatten nebelverhangener Schlingpflanzen und Orchideen erspähen.

Ein kurzer Fußweg führt über das Gelände der **Biokaffeefarm**. Außerdem gibt es ein **mariposario** (eine Schmetterlingsfarm) und einen **Orchideengarten** in der Nähe des Parkplatzes.

Die Hauptaufgabe des Parks ist der Schutz der Flora und Fauna. Unter dem Dschungeldach leben z. B. 3 Affen- und 168 Vogelarten, man kann mehr als 100 verschiedene Orchideen bewundern und einem von drei Wanderwegen folgen.

Übernachtungen für 30 US$ pro Person sind in der **biologischen Station** möglich (10 Betten wie im Hostel, Toiletten draußen). Reservieren!

Verschiedene Veranstalter in Granada organisieren Ausflüge zum Mombacho. Dort gibt's auch zwei Baumwipfeltouren mit mehr als 1,5 km Seilen und Plattformen (jeweils 28,75 US$ pro Pers.).

Reserva Natural Laguna de Apoyo

Der in einem malerischen Tal voller wilder Tiere und Pflanzen gelegene, wunderschöne Apoyo-Kratersee ist ein weiteres der vielen Naturwunder in Nicaragua. In dem tropischen Trockenwald an den umliegenden Hängen herrscht eine große Artenvielfalt – man findet hier u.a. Brüllaffen und viele Fledermausspezies. Die Hauptattraktion ist aber das unberührte Wasser des Kratersees, eines großen, mineralreichen Gewässers, das landesweit die besten Möglichkeiten zum Schwimmen bietet.

Aktivitäten

Am unteren Ende der Straße liegt ein **Strand** (kostenlos); gleich rechts von der T-Kreuzung befindet sich ein Pfad. Alternativ kann man auch ein paar Dollar in den Hotels zahlen, um an deren Anlegestellen faulenzen zu können.

Apoyo Dive Center TAUCHEN
(☎8631-1890; Triangulo, 500 m N; 40 US$ pro Flasche) Die Tauchschule im Hotel Selva Sur bietet PADI-Kurse an.

Estación Biológica TAUCHEN
(☎8882-3992; www.gaianicaragua.org; Triangulo 1 km N; 60 US$ pro Flasche) Wissenschaftler kommen in der ökologischen Forschungsstation unter, um die endemische Fischpopulation zu erforschen. Davon abgesehen können Leute mit PADI-Lizenz tauchen gehen.

Sprachkurse

Spanische Sprachschule Laguna de Apoyo SPRACHKURSE
(☎8882-3992; www.gaianicaragua.org; Triangulo, 1 km N) In der Sprachschule an der Estación Biológica (biologische Station) kosten 20 Stunden Unterricht plus Übernachtung und Verpflegung 240 US$.

Schlafen & Essen

50 m nördlich der T-Kreuzung gibt es einen einfachen Laden. Die meisten Hotels haben ein hauseigenes Restaurant.

Monkey Hut HOSTEL $
(☎8887-3546; www.themonkeyhut.net; Triangulo, 450 m N; B/DZ/Hütte 14/34/56 US$; P, WLAN) Das Monkey Hut hat dieselben Betreiber wie das beliebte Hostel Bearded Monkey in Granada. Es liegt direkt am Wasser; der Anlegesteg ist bildschön.

Paradiso Hotel HOSTEL $
(www.paradisolaguna.com; Triangulo, 550 m N; B 10 US$, Zi. mit/ohne Bad 40/25 US$; P, Klimaanlage, Internet, WLAN) Tolle Adresse für Reisende mit knappem Budget. Von dem großen Schlafsaal (12 Betten) blickt man aufs Wasser.

Pucha's Inn GASTHAUS $
(☎2522 5505; Triangulo, 1,5 km N; Zi. 20 US$) Liegt ein Stück den Hang hinauf und hat einfache, günstige Zimmer. Vorher anrufen, denn die Rezeption ist häufig verwaist.

★ **San Simian** BUNGALOW $$$
(☎8850-8101; www.sansimian.com; Triangulo, 3 km S; Hütten inkl. Frühstück 55 US$; P, WLAN) Hübsche kleine Hütten sind über den dschungelbewachsenen Hang verteilt. Die meisten verfügen über Bäder mit Steinwänden unter freiem Himmel. Panoramafenster, Moskitonetze über den Betten und viel Licht und Luft sind Standard.

An- & Weiterreise

Man kann zu Fuß von Granada zum Naturschutzgebiet laufen. Im Hostel nach einer Wegbeschreibung fragen.

Der Haupteingang liegt an einer Straße, die bei Km 37,5 von der Carretera a Masaya abzweigt. Busse pendeln im Halbstundentakt zwischen dem Kraterrand und Masaya (0,30 US$, 6–18 Uhr). Nur drei Busse (mit der Aufschrift „El Valle de la Laguna") legen die komplette Strecke bis zum Wasser zurück (0,70 US$). Der Abstieg (2 km, 30 Min.) ist ganz nett, aber der Weg zurück bergauf ist ganz schön anstrengend.

Viele Leute fahren per Anhalter, denn auf der Strecke sind kaum Taxis unterwegs (Ausnahme: sonntags). Ab Granada zahlt man 10 US$, ab Masaya 6 US$ – und vielleicht etwas weniger, wenn man sich oben absetzen lässt. Das Hostel Bearded Monkey (S. 501) bietet Shuttleverbindungen ab Granada.

Pueblos Blancos

Die charmante Bergregion unweit von Masaya und Granada bietet ein erfrischendes Klima und viele hübsche Dörfer, die für ihre geschickten Kunsthandwerker und bunten Traditionen bekannt sind. Die nach den weiß getünchten Wohnhäusern, die früher hier vorherrschten, benannten Pueblos Blancos (weißen Dörfer) stehen sehr eng beieinander, ja gehen praktisch ineinander über, sodass man sie gut im Rahmen eines wenig anstrengenden Tagesausflugs besuchen kann.

Das prächtige Dorf **Catarina** ist für seinen **Mirador** (Aussichtspunkt; Eintritt 1 US$) bekannt, von dem aus man einen weiten Blick über die Laguna de Apoyo, den Lago de Nicaragua und Granada hat. Wer mag, kann ein Pferd mieten (5 US$/Std.) und den steilen Weg zur *laguna* hinunterreiten; dieser Trip dauert hin und zurück mindestens zwei Stunden.

Im nahe gelegenen, verschlafenen **San Juan de Oriente** leben vielleicht nicht einmal 3000 Menschen, aber das Dorf ist das wichtigste Töpfereizentrum in Nicaragua. Überall im Ort gibt's Werkstätten, in denen man den Kunsthandwerkern bei der Arbeit zusehen kann. Auch ein Besuch im Centro de Artesania Nabotiva, einem von einer Kooperative geführten Markt, lohnt sich.

Das freundliche Dorf **Diria** wird von Touristen eher selten besucht. Von hier gelangt man zum Mirador el Boquete, einem weiteren Aussichtspunkt auf die Laguna de Apoyo.

In Granada fahren einen Block südlich vom Markt regelmäßig Busse zu diesen Dörfern (1–1,20 US$, 30 Min., alle 20 Min. bis 17 Uhr).

Carazo

Südwestlich der Pueblos Blancos liegen im Verwaltungsbezirk Carazo **San Marcos** und die „Geschwisterstädte" **Jinotepe** und **Diriamba** inmitten eines Gebiets, in dem Kaffee und Zitrusfrüchte angebaut werden. Die drei Städte feiern ein eigenwilliges religiös-folkloristisches Ritual, den „Toro Guaco", in dem die Niquirano-Siedlung Jinotepe sowie Diriamba, der von Chorotegas bewohnte Rivale aus der Zeit vor der Eroberung durch die Europäer, ihres gegenseitigen Verhältnisses gedenken. Jinotepes Schutzheiliger ist Santiago (St. Jakobus), dessen Tag der 25. Juli ist, Diriambas Schutzheiliger ist San Sebastián (20. Jan.). Dieses beiden Städte machen sich zusammen mit San Marcos gegenseitig zeremonielle Besuche, bei denen in Tänzen, Scheingefechten und Spielen, die die spanischen Eindringlinge verspotten, auffällige Kostüme und Masken gezeigt werden. Die Pantomimenfigur des „El Güegüense" ist ein Symbol der nicaraguanischen Identität.

Busse nach Diriamba, Jinotepe und San Marcos fahren in Granada einen Block südlich vom Markt ab (0,75 US$, 45 Min., bis 18 Uhr stündl.). Auch von Masaya und Managua fahren sehr häufig Busse.

Masaya

166 500 EW.

Reisenden, die zuvor in Granada waren, wird Masaya ein wenig schäbig vorkommen. Dies ist eine ganz alltägliche Kleinstadt, mit Ausnahme von zwei Dingen. Zum einen wäre da der bildschöne, alte *malecón* (Ufermauer), zum anderen der berühmte Kunsthandwerkermarkt, Mercado Artesanías, auf dem man sich mit genug Geburtstags-, Weihnachts- und Jahrestagsgeschenken für den Rest des Lebens eindecken kann. Nicaraguanische Touristen timen ihren Besuch übrigens immer mit einem der vielen spektakulären Stadtfeste. Jeden Donnerstagabend finden kulturelle Ausstellungen und Tänze statt.

Masaya liegt 29 km südöstlich von Managua und 16 km nordwestlich von Granada am Rande der Laguna de Masaya. Hinter dem See erhebt sich der Volcán Masaya. Ausflüge zu dem Vulkan können auch von Granada aus unternommen werden.

Masaya

Sehenswertes & Aktivitäten

Wer die Stadt kennenlernen will, setzt sich am besten in eine **Pferdekutsche**. Die „große Runde" kostet ca. 2,50 US$ pro Person. Von Donnerstag bis Sonntag fährt auch der niedliche **Touristenzug** (2 US$). Abfahrt ist am Hotel Madera's Inn. Die geführte Stadttour dauert 40 Minuten.

★ Mercado Artesanías — MARKT

Die größte Fülle an *artesanías* bietet der ursprüngliche Markt, der fabelhafte Mercado Artesanías, der nach der Zerstörung während der Revolution im alten Glanz wiederauferstanden ist. Donnerstagsabends gibt's Livemusik.

★ Museo del Folklore — MUSEUM

(Mercado Artesanías; Eintritt 2 US$; ⌚ Fr–Mi 8–17, Do 8–19 Uhr) In dem neuen Museum im Mercado Artesanías stehen Tänze, lokale Legenden und Masayas Kulturtraditionen im Mittelpunkt.

Malecón & Laguna de Masaya — UFERPROMENADE

Sieben Blocks westlich des Parque Central eröffnet sich ein besonders schöner Ausblick auf den See.

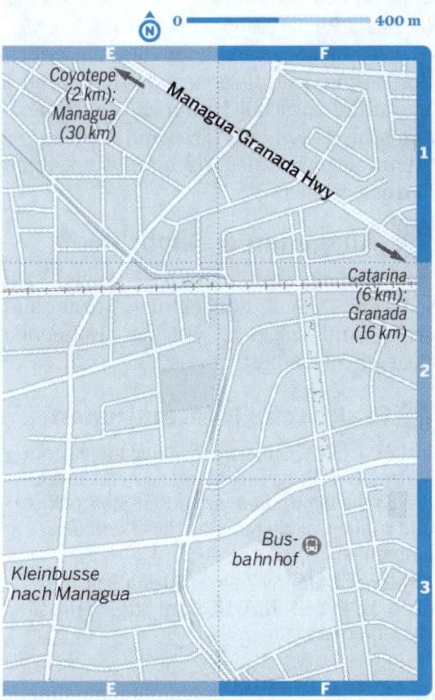

Fortaleza De Coyotepe — FESTUNG

(Eintritt 0,70 US$; ⌚ 8–18 Uhr) Die unheimlich anmutende Festung (erb. 1893) auf dem Cerro de los Coyotes war Schauplatz des letzten Gefechts von Benjamín Zeledón, dem Helden des Widerstands gegen die US-amerikanische Intervention 1912. Entweder läuft man auf der Interamericana (Panamerikanischer Highway) 2 km nach Norden oder – noch besser – nimmt einen Bus Richtung Managua (0,30 US$) bzw. ein Taxi (1 US$), denn der Verkehr ist Angst einflößend.

Kirchen

Masaya besteht aus 12 Hauptvierteln, die früher eigenständig waren und eine eigene Kirche, Plaza und Identität haben. Sie heißen Monimbó, San Jerónimo, Santa Teresa, Villa Bosco Monge, Aserrio, Santa Susana, Las Malvinas, El Palomar, La Ceibita, Cerro Fortaleza de Coyotepe, Sylvio Renazco und Cerro la Barranca.

Herzstück ist die **Parroquia de la Asunción** von 1750, eine spätbarocke Schönheit mit deutlichen Alterserscheinungen. Die spanische Regierung hat sich anerboten, die Restaurierung zu unterstützen. Das Gotteshaus wacht über den Parque Central, der früher als **Parque 17 de Octubre** bekannt war.

Monimbó ist das berühmteste Viertel von Masaya. Die **Iglesia San Sebastián** (Ecke Av Real de Monimbó & Calle Las Cuatro Esquinas) von 1935 kennzeichnet das historische Zentrum. Sozusagen das weibliche Gegenstück zur San-Sebastián-Kirche und

Masaya

Highlights

1	Mercado Artesanías	D3
2	Museo del Folklore	D3
3	Parroquia de La Asunción	C3

Sehenswertes

4	Iglesia de San Jerónimo	C2
5	Malecón & Laguna de Masaya	A3

Aktivitäten, Kurse & Touren

	Masaya Tours	(s. 1)
	Tourist Train	(s. 6)

Schlafen

	Hostal Mi Casa	(s. 7)
6	Hotel Madera's Inn	C2

Essen

7	Fruti Fruti	C2
8	Taquería La Jarochita	D2

vielleicht noch eine Spur wichtiger ist die **Iglesia María Magdalena** (Av Magdalena), denn sie ist Ausgangs- bzw. Endpunkt vieler bedeutender Festivitäten.

Das große Erdbeben zerstörte etwa 80 Wohnhäuser und weitere wichtige Gebäude. Mit am schlimmsten erwischt hat es die **Iglesia de San Jerónimo** (Ecke Av San Jerónimo & Calle Palo Blanco) von 1928, das religiöse Zentrum Masayas und eins der Bauwerke mit dem größten Wiederkennungswert.

Geführte Touren

Masaya Tours TOUREN
(☎8666-7754; vor dem Museo del Folklore) Nicaraguanischer Veranstalter, der Ausflüge in die nahe gelegenen Pueblos (Dörfer; 25 US$ pro Pers.), zum Volcán Masaya (35 US$) etc. organisiert.

Festivals & Events

Masaya ist eine „Partymaus". Im Museo del Folklore (S. 509) erfährt man, wann die nächste Fete steigt.

San Lázaro RELIGIÖSES FEST
(während der Woche vor dem Palmsonntag) Echt Schräg: der Umzug mit kostümierten Hunden.

San Jerónimo RELIGIÖSES FEST
(30. September) Offiziell dauert es eigentlich nur acht Tage, aber die Einheimischen haben das berühmteste Fest des Landes kurzerhand auf drei ganze Monate gestreckt! Feuerwerk, Marimbas, Umzüge, Transvestiten und mehr stehen auf dem Programm – San Jéronimo vergisst man mit Sicherheit nicht so schnell.

Noche de Agüizotes KULTURELLES FEST
(letzter Freitag im Oktober) Nicht zu verwechseln mit Halloween oder dem Tag der Toten. Bei diesem gruseligen Ereignis geht es um die Geister der Toten und Legenden werden Wirklichkeit.

Schlafen

Hostal Mi Casa HOSTEL $
(☎2522-2500; mantonabermudez@hotmail.com; Av Zelaya; B/Zi. 7/20 US$, Zi. mit Klimaanlage 25 US$; P ❄ ≋) Mi Casa bietet kleine Mehrbettzimmer (für 3 Pers.) inkl. eigener Bäder, man übernachtet also um einiges gediegener als in Standardhostels. In dem netten Garten zwitschern die Vögel.

Hotel Madera's Inn HOTEL $
(☎2522-5825; www.hotelmaderasinn.com; Av Zelaya, Iglesia San Jerónimo, 1 c E, ½ c N; B/DZ 5/15 US$, 3BZ mit Klimaanlage 45 US$; ❄ ≋) Hier riecht es ein wenig verraucht, dennoch ist das einfache Hotel eine der besten Adressen in Masaya mit angenehm festen Matratzen und freundlichem Service. Am nettesten sind die Zimmer im Obergeschoss. In dem dazu gehörenden Gebäude gegenüber sind die Mehrbettzimmer für 4 Personen untergebracht; sie sind etwas beengt und mit nur einem Ventilator ausgestattet.

Essen

Günstige *comedores* (einfache Restaurants) reihen sich an der Außenseite des Mercado Municipal Ernesto Fernández aneinander, direkt außerhalb des Busbahnhofs. Plastiktütchen mit *vigorón,* Obstsalat und *gallo pinto* kosten weniger als 1 US$. Snackstände findet man auch im Parque 17 de Octubre und dem Mercado Artesanías.

Fruti Fruti SANDWICHES $
(Av Zelaya, Parque Central, 3 c N; Snacks 2–6 US$; 7–22 Uhr) Direkt im Bereich der Budgetunterkünfte liegt dieser erfrischende Laden, dessen wirklich gute Smoothies bei der Hitze genau das Richtige sind.

Taquería La Jarochita MEXIKANISCH $$
(Av Zelaya, Parque Central, 1 c N; Gerichte 7–12 US$; 11.30 Uhr–open end) Einen Block nördlich des Parque Central serviert das farbenfrohe und stimmungsvolle La Jarochita gute mexikanische Speisen wie Tacos und *enchiladas.* Wenn möglich, einen Tisch auf der kleinen Terrasse wählen.

Ausgehen & Nachtleben

Am Eingang zum *malecón* drängen sich mehrere Diskos. Einfach der Musik lauschen und schauen, welcher dröhnende Beat einem am besten passt!

Praktische Informationen

Intur (☎2522-7615; www.visitanicaragua.com/ingles; Av El Progreso, Mercado Artesanías, ½ c S) Die Mitarbeiter verkaufen Stadtpläne und können lokale Kunsthandwerkerläden empfehlen.

Kablenet Café (Av Zelaya, Iglesia San Jerónimo, 1 c E, 1 c S; 0,70 US$ pro Std.) Verlässlicher Internetzugang.

BUSSE AB MASAYA

ZIEL	PREIS (US$)	DAUER	ABFAHRTEN
Carazo (San Marcos, Diriamba und Jinotepe)	0,30–0,50	1¼ Std.	alle 20 Min.
Catarina, Diriomo und Diriá	0,30–0,50	40 Min.	alle 20 Min.
Catarina, San Juan de Oriente, Niquinohomo, Masatepe und San Marcos	0,50	1¼ Std.	alle 20 Min.
Granada	0,50	40 Min.	alle 20 Min.
Laguna de Apoyo (Eingang)	0,35	20 Min.	alle 20 Min.
Managua	0,50	1 Std.	alle 20 Min.
Matagalpa	3	3 Std.	2-mal tgl.
Ticuantepe	0,50	45 Min.	alle 20 Min.

ℹ An- & Weiterreise

Taxis und Pferdekutschen berechnen jeweils um die 0,75 US$ für eine Fahrt durch die Stadt.

Minitransporter nach Managua (Universidad Centro America; 0,80 US$, 30 Min.) fahren am Park vor der Iglesia de San Miguel ab, wenn alle Sitzplätze besetzt sind. Weitere Busse und Transporter nutzen das **Busterminal** an der Ostseite des Mercado Municipal (s. Tabelle oben).

Parque Nacional Volcán Masaya

Der **Volcán Masaya** (☎2528-1444; Eintritt 4 US$, Guide 15 US$ für 3 Std.; ⏱9–16.45 Uhr) ist der aktivste Vulkan des Landes und wenn die Dinge in Nicaragua weniger laissez-faire wären, dürften Besucher wohl kaum mit dem Wagen bis zum Rande des extrem launischen Santiago-Kraters fahren.

Darin blubbert die Lava immer fröhlich vor sich hin (man wird sie aber wahrscheinlich nicht sehen), gekrönt von einer Säule aus schwefelhaltigen Gasen.

Wenn möglich sollte man am Nachmittag ankommen, wenn die *chocoyos* (Sittiche) – und zwar Tausende von ihnen! – in ihre Nester in der Kraterwand zurückkehren. Die giftigen Gase scheinen ihnen nichts auszumachen.

In der Gegend verlaufen mehr als 20 km Wanderwege. Die kürzeren, besser erreichbaren Treks dürfen nur mit einem **Guide** (0,70–2 US$ pro Gruppe; im Eintrittsgeld enthalten) abgelaufen werden. Wer Spanisch spricht, kann ihn bitten, den **Schmetterlingsgarten** sowie das nette **Museum** (Eintritt frei) im Besucherzentrum in die Führung einzubauen. Letzteres wartet mit tollen Darstellungen zur Naturgeschichte und hübschen Wandgemälden auf.

Der Parkeingang liegt 7 km nördlich von Masaya. 5 km Pflasterstraße führen zum Krater und zur **Plaza de Oviedo**, die an jenen unerschrockenen Priester erinnert, der in den Vulkan hinabstieg, um herauszufinden, ob es sich bei der Lava nicht doch um (so seine Vermutung) pures Gold handelte. Die Parkmitarbeiter werden Besucher nach gerade mal fünf Minuten weiterschicken. Auf dem **Pferd** (4 US$) geht's von hier aus Richtung Gipfel. Diese Treks werden von der lokalen Gemeinde organisiert.

Bei der Nachtwanderung (10 US$ pro Pers., 17–19 Uhr) wird man beobachten, wie Millionen von Fledermäusen eine nahe gelegene Höhle verlassen ... unheimlich!

ℹ An- & Weiterreise

Sämtliche Busse von Masaya oder Granada nach Managua halten auf Wunsch am Eingang, das Stück zum Krater ist allerdings steil und sehr anstrengend (falls möglich per Anhalter fahren). Eine Alternative wäre die Hin- und Rückfahrt mit dem Taxi ab Masaya (8 US$) oder Granada (15 US$) inkl. einer Stunde Wartezeit oben am Krater. Die meisten Reisebüros in Granada bieten den Ausflug zum Vulkan im Rahmen einer Tagestour nach Masaya an. Der Besuch der Märkte und des Aussichtspunkts Catarina gehören ebenfalls dazu (ca. 15 US$ pro Pers.).

SÜDWESTLICHES NICARAGUA

Attraktionen en masse, traumhafte Aussichtspunkte und Abenteuer bietet der Südwesten des Landes. Seit vielen Jahren kommen Surfer an diesen wenig überlaufenen Küstenabschnitt, denn nördlich und südlich von San Juan del Sur locken perfekte Wellen und entspannte Surferkommunen. Ein absolutes Muss sind ein paar Tage auf der Isla de Ometepe.

Isla de Ometepe & Umgebung

Um von dieser Seite des Festlands zur Isla de Ometepe zu gelangen, muss man zunächst Rivas passieren und dann ein Boot in San Jorge nehmen.

Rivas

50 600 EW.

Rivas hat durchaus seine Fans. Diese loben die Stadt als authentisch und lebendig und heben die hübschen Gebäude im Zentrum hervor. Die meisten Reisenden bleiben aber nicht lange genug hier, um sich wirklich davon überzeugen zu können, denn die Strände, der See und die Ometepe-Insel sind einfach attraktiver.

Sehenswertes

Iglesia Parroquial de San Pedro KIRCHE
(Parque Central) Die Kirche an der Ostseite des Parque Central (erb. 1863) hat eine hübsche Fassade.

Museo de Antropología MUSEUM
(Mercado, 1 c S, 1 c E; Eintritt 1 US$; ⌚8.30–12 & 14–17 Uhr) Das Anthropologiemuseum nimmt ein prächtiges historisches Gebäude ein.

Schlafen & Essen

In Rivas gibt es jede Menge günstige Restaurants. Die billigsten Snacks bekommt man gleich außerhalb des chaotischen Markts. Der größte Supermarkt ist **Palí** (Parque Central, 1½ c O).

Hospedaje Lidia PENSION $
(☎2563-3477; Uno, ½ c O; EZ/DZ 15/22 US$, ohne Bad 10/18 US$; 📶) Gegenüber von Intur bietet dieser freundliche Familienbetrieb die beste Budgetunterkunft in der Stadt. Die Zimmer sind sauber und gepflegt.

Rosti-Pizza PARRILLA $$
(Parque Central, costado S; Gerichte 5–10 US$) Dies ist eins der besseren Restaurants in der Stadt. Es hat ein nettes Ambiente. Die Steaks und Burger sind anständig und können an einem der Tische am Parque Central verspeist werden. Dort sind immer Himmel und Menschen unterwegs.

Praktische Informationen

BAC (frente Hotel Cacique Nicarao) Der Geldautomat akzeptiert sämtliche Karten.

Intur (☎2563-4914; rivas@intur.gob.ni; Texaco-Tankstelle, ½ c O; ⌚Mo–Fr)

Anfahrt & Unterwegs vor Ort

Rivas ist das wichtigste Transportdrehkreuz in der Region. **Transnica** (☎2563-5397; www.transnica.com; Uno, ½ c N) und **Tica Bus** (☎8877-1407; www.ticabus.com; Uno, 1½ c N) unterhalten Büros in der Stadt und bieten tägliche Fahrten nach San José in Costa Rica (29–40 US$). Wer in den Norden reisen möchte, muss via Managua fahren.

Das **Busterminal** (☎8669-0330) grenzt an den Markt an (ca. 10 Blocks westlich der Interamericana). Komfortablere Langstreckenbusse (die meisten fahren nach Managua, nicht nach Granada) fahren an der Bushaltestelle gleich nördlich von der Ausfahrt nach San Jorge ab. Hier ein paar Verbindungen:

Granada (1,25 US$, 1½ Std., stündl.) Alternativ kann man einen Bus nach Managua nehmen und in Nandaime umsteigen.

Managua (2 US$, 2½ Std., alle 25 Min.)

Refugio de Vida Silvestre La Flor & El Ostional (1,80 US$, 2–3 Std., 3-mal tgl.)

Salinas & Tola-Strände (1,70 US$, 2 Std., 5.30, 6 und 8.30 Uhr) Abfahrt in die Gegenrichtung um 12 und 14 Uhr.

San Jorge (0,30 US$, 20 Min., alle 30 Min.)

San Juan del Sur (0,75 US$, 45 Min., alle 30 Min.) Anschlussverbindungen nach La Flor und El Ostional um 11.30, 15 und manchmal auch 16 Uhr.

Sapoá/Peñas Blancas, Costa Rica (0,75 US$, 45 Min., alle 30 Min.)

Südliche Strände (2,50 US$, 2–3 Std., 3-mal tgl.) Verbindungen nach San Juan del Sur, Playa el Coco, La Flor und El Ostional.

San Jorge

Von diesem entspannten Ort 6 km östlich von Rivas setzen die meisten Traveller zur Isla de Ometepe über. Das Zentrum des Ortes liegt 1 km von der Fähranlegestelle entfernt.

Isla de Ometepe

29 800 EW.

Ometepe beeindruckt – immer! Die beiden Vulkane, der fruchtbare Boden, sauberes Wasser, breite Strände, eine reiche Fauna, archäologische Stätten und eine spektakuläre Topographie sorgen dafür, dass sich die Insel auf der Liste der Topreiseziele langsam hocharbeitet.

Ometepe ist wahrlich eine Abenteuerinsel wie aus dem Fantasyroman. Hier sind schon über 1700 Petroglyphen entdeckt worden!

In Altagracia und Moyogalpa, den beiden größten Siedlungen auf der Insel, gibt es Unterkünfte und Restaurants. Um aber den wahren Reiz von Ometepe zu entdecken, sollte man noch etwas weiter hinausfahren: Charco Verde, die Playa Santo Domingo, Balgüe und Mérida bieten eine reizvolle Lage und die Möglichkeit, die Insel und ihre Artenvielfalt kennenzulernen.

Die Geldautomaten in Moyogalpa und Altagracia sind nicht sehr zuverlässig; ausreichend Bargeld mitbringen!

Aktivitäten

Ometepe ist ein wunderbarer Ort zum Wandern, Erkunden und Schwimmen. Allerdings ist das Gelände schwierig, die Ausschilderung schlecht, und die Wege sind kaum auszumachen. Da einige Besucher die Orientierung verloren und beim Aufstieg auf die Vulkane ihr Leben ließen, schreiben die örtlichen Behörden nun für diese Touren Guides zwingend vor. Führer kann man über Tourveranstalter in Moyogalpa und Altagracia oder über die Hotels engagieren.

Beide Vulkane sind eine Herausforderung: Leichter zugänglich ist der **Volcán Maderas**. Aber auch zu dessen Krater, in dem sich ein grünlicher See befindet, führt nur ein schwieriger, sumpfiger Weg durch den Nebelwald. Hin & zurück benötigt man ungefähr acht Stunden. Es gibt mehrere Routen zum Gipfel; am häufigsten benutzt werden die Wege, die von der Finca Magdalena, von Mérida und von El Porvenir ausgehen.

Der Aufstieg auf den **Volcán Concepción** ist eine schwere, 10- bis 12-stündige Wanderung, deren letzter, steiler Abschnitt über loses Vulkangeröll führt. Man muss auf starke Hitze (die Sonnenglut, nicht die Lava), aber oben auf dem Gipfel auch auf Kälte vorbereitet sein. Die beiden wichtigsten Wanderwege beginnen an Punkten in der Nähe von Altagracia und Moyogalpa.

An den Hängen des Maderas führen mehrere Wege zu Petroglyphen. Die **Petroglyphen** nahe dem Hotel von El Porvenir erreicht man im Rahmen eines 45-minütigen Ausritts von Santo Domingo aus; das Hotelpersonal nach einer Wegbeschreibung fragen! Weitere Felsritzungen finden sich bei El Socorro, nahe der Finca Magdalena und El Corozal. Am Südhang des Maderas befindet sich ein eindrucksvoller, 35 m hoher **Wasserfall**, den man im Rahmen einer mehrstündigen Wanderung oberhalb von San Ramón erreicht.

Tolle Strände und Stellen zum **Schwimmen** gibt's überall auf der Insel; besonders zu empfehlen sind die Punta Jesús María, die Playa Venecia und die Isla de Quiste, ein wunderschönes Inselchen unweit von Charco Verde. Der beliebteste Strand, die Playa Santo Domingo, liegt auf der Landbrücke, die die beiden Vulkane verbindet. Hier gibt's viele Unterkünfte und Restaurants.

In vielen Unterkünften kann man zu vernünftigen Preisen Pferde, Fahrräder oder Kajaks leihen. Immer mehr Farmen schließen sich dem **Agrotourismusprogramm Fincas Verdes** (www.fincasverdes.com) an und bieten Übernachtungen auf den Höfen. Interesse an Freiwilligenarbeit? Eine Anlaufstelle ist die **Fundación Entre Volcánes** (☎2569-4118; www.fundacionentrevolcanes.org; frente Enitel).

EINE FEURIGE VERGANGENHEIT

Der Legende zufolge warfen die Einwohner des Gebiets in präkolumbischer Zeit junge Frauen in die brodelnde Lava am Grund des Kraters, um Chaciutique, die Göttin des Feuers, zu besänftigen.

Das Kreuz über dem Cráter Santiago ist die Nachbildung jenes Kreuzes, das die Spanier hier im 16. Jh. aufstellten, um damit die im Innern hausenden Dämonen auszutreiben.

Geführte Touren

Ortskundige Führer kann man für wenig Geld anheuern – und das sollte man bei Wanderungen auch unbedingt immer tun, aus Sicherheitsgründen einerseits, aber auch, weil man so bessere Chancen hat, Tiere zu erspähen und mehr über die Kultur der Insel erfährt. Da die Guides im Grunde von den Trinkgeldern leben, sollte man großzügig sein. Alle Hotels können den Kontakt zu Touristenführern herstellen.

Isla de Ometepe

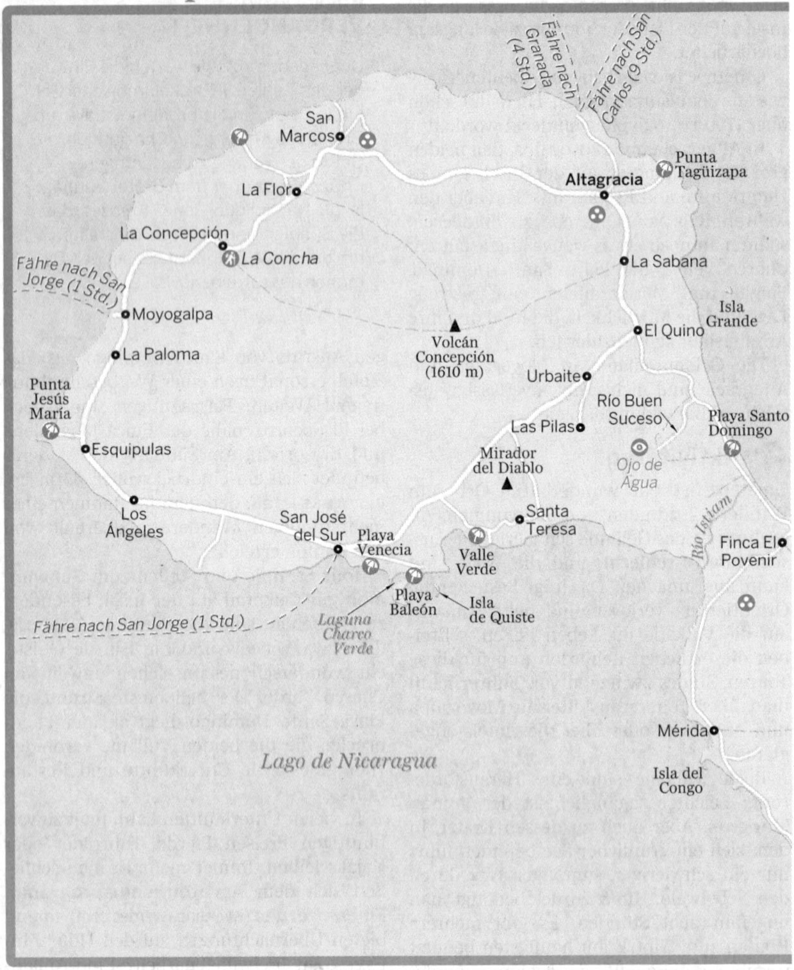

Moyogalpa

10 000 EW.

In Moyogalpa befindet sich das Fährterminal; dort legen stündlich Boote vom Festland an. Außerdem ist die Stadt das Zentrum der noch jungen Tourismusindustrie von Ometepe mit ein paar Hotels und Restaurants und dem Großteil der Reisebüros auf der Insel. Weiterhin landen hier alle, die den Volcán Concepción besteigen wollen. Der Ort ist eine ziemliche Touristenfalle – unter Garantie nichts für einen entspannten Inselurlaub.

Die **Sala Arqueológica Ometepe** (☎2569-4225; Muelle, 4½ c E; Eintritt 1 US$; ⏲8–21 Uhr) lohnt einen Besuch. Das kleine Museum zeigt eine sehr ordentliche kleine Sammlung präkolumbischer Stücke. In demselben Block hat die Banco Pro Credit einen Geldautomaten, der Visa-Plus-Karten annimmt.

Rund 5 km südlich von Moyogalpa liegt die mit dem Fahrrad leicht erreichbare, bemerkenswerte **Punta Jesús María**, eine schmale, in den See hinausragende Sandbank, die ein natürliches Pier bildet, das zum Schwimmen und Picknicken ideal ist.

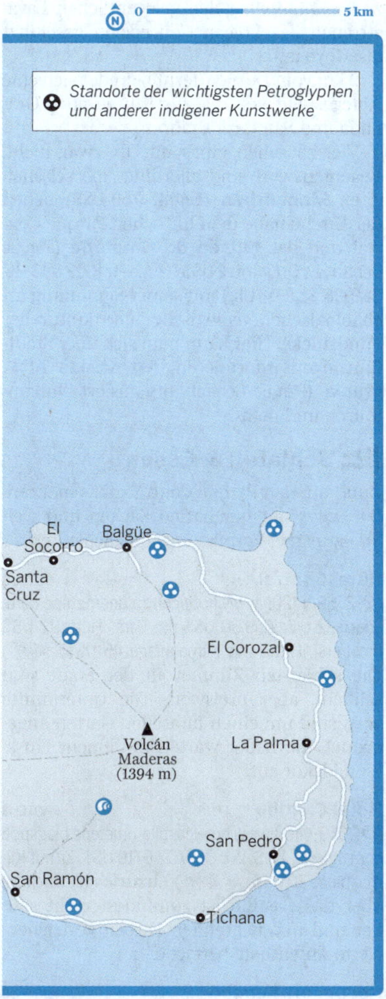

Schlafen

Hotel Escuela Teosintal HOTEL $
(☎2569-4105; Muelle, 2 c E, 1½ c S; EZ/DZ 12/18 US$; 📶) Eine landwirtschaftliche Kooperative betreibt die Unterkunft mit einem hübschen, kleinen Garten hinten und den mit Abstand nettesten Zimmern in dieser Preiskategorie. Sie sind geräumig und makellos sauber, haben Kabel-TV und moderne Bäder.

Hospedaje Central HOTEL $
(El Indio Viejo; ☎2569-4262; www.hostelometepe.com; Muelle, 3 c E, 1 c S; B 5,50–7,50 US$, Zi. 10,50 US$, DZ mit Klimaanlage 25 US$; ❄📶) Viel mehr Hippie-Flair geht fast nicht. Die Wände zieren jede Menge Malereien und überall baumeln Hängematten. Die Zimmer sind sehr schlicht, aber okay für den Preis.

Hotelito Aly HOTEL $
(☎2569-4196; www.hotelitoaly.com; Muelle, 2½ c E; Zi. 10 US$ pro Pers., ohne Bad 7 US$; ❄📶) Das Restaurant unten ist ganz nett, die Unterkünfte hingegen wird der eine oder andere eher trostlos finden. Treppauf verbessert sich die Situation ein wenig. Dort sind geräumigere, luftige Zimmer mit guten Betten zu finden.

Essen & Ausgehen

Pizzeria Buon Appetito PIZZERIA $$
(Muelle, 100 m E; Hauptgerichte 6–12 US$; 🖉) Die beste Pizzeria auf der Insel. An den Tischen vorn hat man die Geschehnisse auf der Hauptstraße bestens im Blick.

Café Bistro Cocibolca NICARAGUANISCH $
(Muelle, 3 c E, 1 c S; Gerichte 2–4 US$) Hier gibt's eine große Auswahl an internationalen Gerichten und wirklich leckere Sandwiches. Die Musik ist den Großteil der Woche chillig; an den Wochenenden macht das Cocibolca dann eine wundersame Verwandlung durch und wird zur größten Disko der Stadt.

Yogi's Bar BURGER $
(Hospedaje Central, ½ c S; Burger 4 US$) Yogi's Bar wartet mit amerikanischen Burgern und Sandwiches, leckeren selbst gebackenen Brownies und umfangreichem Frühstück auf. Jeden Abend werden Filme auf einer großen Leinwand gezeigt.

Timbo al Tambo BAR
(Muelle, 2½ c E; ⏲Di–Sa 15 Uhr–open end) In dieser gemütlichen Bar ist eigentlich jeden Abend etwas los. Auf dem Großbildschirm laufen Sportereignisse und oben gibt's eine schweißtreibende Disko, wo junge Einheimische zu Reggaetón-Hits abtanzen.

Von Moyogalpa nach Altagracia

In Esquipulas, etwa einen Kilometer von der Abzweigung nach Punta Jesús María entfernt, ist die **Galería de Arte Carlos Vargas** (⏲Mo–Sa 9–18, So 9–12 Uhr) zu finden. Vargas ist der produktivste Künstler und Fotograf von Ometepe. Ein Stück außerhalb der Stadt, hinterm Friedhof, befindet sich die Abzweigung zur **Finca Samaria** (☎8695-5215; http://samariahotelrestaurante.wordpress.

com; Zi. 7 US$ pro Pers., Frühstück 2 US$). Auf der bildschönen, kleinen Farm am Ende einer 500 m langen, unbefestigten Straße kann man wunderbar übernachten. Kurz bevor man ans Wasser gelangt, links abbiegen.

Auf halber Strecke zwischen Esquipulas und San José del Sur führt eine 2 km lange schattige Straße zu den **Museos el Ceibo** (☎ 8874-8706; www.elceibomuseos.com; Eintritt 3 US$ pro Museum; ⏲ 8–17 Uhr), die archäologische Artefakte und Münzen beherbergen.

Ca. 10 km von Moyogalpa entfernt an der Straße nach Altagracia liegt das **Reserva Charco Verde** (www.fincasverdes.com; Eintritt 0,75 US$). Ein Wanderweg führt durch die Wälder, in denen man Affen und viele Vögel sehen wird. An der hübschen Playa Bancón blickt man hinüber zur zum Schwimmen geeigneten **Isla de Quiste**, einem wunderbaren Ort zum Campen. Wegen einer Überfahrt per Boot sollte man sich bei den Hotels erkundigen.

In dem Gebiet gibt's drei Unterkünfte, die von derselben Familie betrieben werden – oft muss man reservieren. Das **Hotel Finca Playa Venecia** (☎ 8887-0191; www.fincavenecia.com; Hütten mit Ventilator/Klimaanlage 30/45 US$; P ❄ ᯤ) ist eine der besseren Adressen in diesem Teil der Insel. Die 20 Hütten und vier einfachen Zimmer sind nicht weit vom Strand entfernt. Einen grasbewachsenen Spielbereich gibt's auch. Leider gewähren nur wenige Hütten einen Blick auf den See. Sie sind manchmal etwas muffig, lassen sich aber gut durchlüften.

Ein paar Hundert Meter weiter östlich wartet das **Hotel Charco Verde** (☎ 8887-9302; www.charcoverde.com.ni; Hütten 60 US$; ❄ ᯤ) mit modernen Hütten (nach einer mit Blick auf den See fragen) und altmodischen Zimmern mit viel Persönlichkeit auf – oben schlafen!

Ein paar Kilometer entfernt liegt das völlig abgeschiedene **Hotel Tesoro del Pirata** (☎ 8927-2831; tesorodelpirata@gmail.com; DZ 35 US$; ❄ ≋) mit nüchternen, funktionalen Beton-*cabañas* (Hütten) zwischen den Bäumen an einem netten, geschützten Strand. Die Anlage befindet sich 1 km abseits der asphaltierten Straße und ungefähr 14 km von Moyogalpa entfernt.

Altagracia

7000 EW.

Altagracia ist die ursprüngliche indigene Hauptstadt von Ometepe und unverändert die wichtigste Siedlung auf der Insel. Sie ist zudem besser vor den gelegentlichen Lavaströmen des Volcán Concepción geschützt als Moyogalpa.

2 km vom Dorf entfernt befindet sich eine Anlegestelle, von der aus Fähren nach Granada und San Carlos fahren.

Viel zu sehen gibt's im Ort zwar nicht. Beachtenswert sind allerdings die schönen alten **Monolithen** (Eintritt 0,50 US$) neben der Kirche nahe dem hübschen Parque Central und das **Museo de Ometepe** (Parque Central, 1 c O; Eintritt 2 US$; ⏲ Mo–Fr 8–12 & 13–16, Sa 9–15, So 9–13 Uhr) mit seiner Sammlung archäologischer, geologischer und kultureller Fundstücke. Hier kann man sich über Stadtführungen informieren. **Artesanías Altagracia** (Parque Central) organisiert Vulkantouren und mehr.

Schlafen & Essen

Rund um den Parque Central gibt's mehrere *fritangas* mit herzhaften Sachen und weitere günstige Verpflegungsmöglichkeiten.

Hotel Central HOTEL $

(☎ 2569-4420; www.hotelcentraldeometepe.com; Iglesia, 2 c S; Zi. 9,30 US$ pro Pers., Hütte 12 US$ pro Pers., Hütte mit Klimaanlage 45 US$; ❄ ᯤ) Die schönsten Zimmer in der Stadt sind schlicht, aber preiswert. Die Unterkünfte vorn sind um einen hübschen Garten angeordnet, die Bäder warten mit einem Flusskieseldekor auf.

Hotel Castillo HOTEL $

(☎ 2569-4403; www.hotelcastillo-ometepe.blogspot.com; Iglesia, 1 c S, ½ c O; B/DZ 6/10 US$, Zi. mit Klimaanlage 20 US$; ❄ @ ᯤ) Luxuriös ist anders, aber das Castillo ist zumindest recht sauber und in leuchtenden Farben gestrichen. Nette Aufenthaltsbereiche.

Hospedaje Kencho HOTEL $

(☎ 8944-4087; www.hotelkencho.com; Iglesia, ½ c S; Zi. ohne Bad 3 US$ pro Pers., EZ/DZ mit Ventilator 5/7 US$, Zi. mit Klimaanlage 30 US$; ❄) Ein Budgettipp mit etwas heruntergekommenen Zimmern im Kellergeschoss, die aber sauber sind. Freundliche Besitzer.

Playa Santo Domingo

Vom Winde verwehte (mitunter auch windgepeitschte) Strände und die schönsten Zimmer der Insel findet man südöstlich von Altagracia an dem langen, hübschen Lavaisthmus mit der Playa Santo Domingo.

Hier kann man einiges unternehmen. Ein gut gekennzeichneter Weg führt zur **Presa**

Ojo de Agua (Eintritt 2 US$; ⏲ comedor tagsüber), einem schattigen Badeloch ca. 1,5 km nördlich der Playa Santo Domingo. Mit dem Kajak geht's auf den **Río Istiam** oder zu Fuß nördlich aus der Stadt hinaus zum **Sendero Peña Inculta** (Eintritt 2,50 US$). Ebenfalls nett ist der **Canopy Sendero Los Monos**, eine 500 m lange Zipline gegenüber vom Hotel Finca Santo Domingo.

Schlafen & Eating

Hospedaje Buena Vista HOTEL $
(☎2569-4864; EZ/DZ 15/20 US$; 📶) Die beste (nun ja, auch die einzige) Budgetunterkunft in der Gegend hat einen ordentlichen Garten und schöne Aufenthaltsbereiche. Unten am Wasser kann man in Hängematten faulenzen. Das schönste Zimmer ist die Nr. 1.

Hotel Finca Santo Domingo RESORT $$
(☎2569-4862; www.hotelfincasantodomingo.org; EZ/DZ 25/30 US$, Hütte 45–55 US$; P ❄ 📶) Die Finca Santo Domingo hat mehr von einem Resort als alle anderen Unterkünfte auf der Insel. Die tolle Anlage erstreckt sich am Strand. Die Zimmer oben haben ein nettes Seemannsflair, nur leider sind die Betten ziemlich durchgelegen. Den schönsten Blick gewähren die Zimmer 3 und 4.

Natural Restaurant Vegetariano VEGETARISCH $
(Säfte 2 US$, Gerichte 3–4 US$; 🖉) Am nördlichen Anfang von Santo Domingo gibt's leckere vegetarische Küche in dieser kleinen Strandschönheit von einem Restaurant.

Von Santo Domingo nach Balgüe

Hinter Santo Domingo gabelt sich bei Santa Cruz die Straße; die linke Abzweigung führt nach Balgüe, die rechte nach Mérida.

Schlafen & Essen

In den meisten Hotels gibt's auch warme Küche.

Casa Istiam HOTEL $
(☎2569-4879; Zi. mit Ventilator/Klimaanlage 15/30 US$) Genau zwischen der Playa Santo Domingo und Santa Cruz kann man in einfachen, niedlichen, bunt gestrichenen Zimmern mit Steinfußböden übernachten.

Hostal Espirales HOSTEL $
(☎8573-4998; www.hostalespirales.com; B/EZ/DZ 7/15/20 US$, Zi. mit Klimaanlage 25 US$) Gegenüber vom Strand auf dem Weg nach Balgüe stößt man auf dieses Bauernhof-Hotel mit einfachen Zimmern und einem schlichten Schlafsaal.

El Zopilote Finca Ecológica HOSTEL $
(☎8961-8742; www.ometepezopilote.com; von der Straße aus 200 m den Weg hoch; Hängematten 3 US$, Zelte 3 US$ pro Pers., B 6 US$, Hütten 14–18 US$; 📶) 🍃 Die mit Abstand entspannteste Bleibe auf der Insel befindet sich auf einem recht großen Biobauernhof. Sie hat ein erklärtes Hippy-Flair und bietet verschiedene Schlafgelegenheiten an einem dicht bewachsenen Hang.

Finca Magdalena HOSTEL $
(☎8498-1683; www.fincamagdalena.com; Hängematte oder Stellplatz fürs Zelt 3 US$ pro Pers., B/3BZ/4BZ 3,50/15/24 US$, Hütten 40 US$; @) 🍃 Die Finca Magdalena ist eine Kaffeeplantage und ein klassisches Backpackerhostel. Sie liegt an den Hängen des Volcán Maderas. Ein wackelig anmutendes Bauernhaus aus Holz beherbergt die Privat- und Mehrbettzimmer.

Hospedaje Así es Mi Tierra PENSION $
(☎8493-0506; www.mitierraometepe.com; Zi. 18 US$, ohne Bad 12 US$) Am südlichen Ende von Balgüe steht dieser niedliche kleine Familienbetrieb mit einfachen, aber funktionellen Zimmern. Das Beste daran ist sicher der 50 m lange Dschungelpfad, der zu einem Kieselstrand hinabführt.

Café Campestre HOSTEL $
(☎8571-5930; fincacampestre@gmail.com; B 10 US$; 📶) Ein Hostel mit netter Atmosphäre und einfachen Mehrbettzimmern, in denen Moskitonetze gespannt sind.

Café Isabel NICARAGUANISCH $
(Gerichte 3–4,50 US$) Im Norden von Balgüe drängen sich ein paar Cafés, u. a. dieses hier, in dem man sich über eine Platte mit Fleisch nach Wahl und frischen *nacatamales* (Weizenmehl, Fleisch, Gemüse und Kräuter, eingewickelt in ein Bananenblatt; 1,50 US$) hermachen kann.

Mérida & San Ramón

An der anderen Seite des Maderas liegt die schöne, vom Wind zerzauste Küste von Mérida, einer Streusiedlung mit ein paar tausend Einwohnern. Weiter südlich liegt das einfache Bauerndorf San Ramón, das für diese Seite der Insel typisch ist. Jenseits des Dorfes wird die Straße immer schlechter und führt durch einige freundliche, faszinierend abgelegene Siedlungen von Bananenbauern, ehe sie schließlich Balgüe erreicht.

Ein Muss ist die Wanderung von der Estación Biológica de Ometepe zum 40 m hohen Wasserfall **Cascada San Ramón** (Eintritt 3 US$).

Schlafen & Essen

★Hacienda Mérida HOTEL $
(☎8868-8973; www.hmerida.com; Stellplatz oder Hängematte 3 US$ pro Pers., B 7 US$, Zi. unten/oben 23/32 US$; P @) Die mit Abstand luxuriöseste Budgetunterkunft in der Gegend (mit ein paar sehr netten mittelteuren Zimmern) befindet sich im Norden von Mérida. Hier wird so ziemlich jede Aktivität angeboten, die man sich vorstellen kann.

Albergue Ecológico El Porvenir LODGE $
(☎2569-4420; www.hotelkabanas.com/bienvenidosporvenir.html; Zi. 8 US$ pro Pers.; P) Ein paar Kilometer hinter der Weggabelung liegt der Eingang zu dieser sonnenverwöhnten Lodge auf dem Hügel. Sie hat einfach alles: einen tollen Blick auf den Vulkan, Petroglyphen umgeben von einem hübschen Garten, ein Restaurant, in dem preiswertes Essen serviert wird, und tolle, geräumige Zimmer. Wer mag, kann sich hier über Wandermöglichkeiten in der Gegend erkundigen.

Caballito's Mar HOSTEL $
(☎8842-6120; www.caballitosmar.com; B 5 US$) Ca. 1 km vor Mérida weist ein Schild den Weg zu einem schlichten Hostel direkt am Strand, das von einem spanisch-nicaraguanischen Gespann geleitet wird. Im Bar-Restaurant eröffnet sich ein schöner Seeblick. Dies ist die beste Adresse für eine **Kajaktour** auf dem Río Istiam (15 US$ pro Pers.) oder Ausflüge zur nahen Isla del Congo.

An- & Weiterreise

Wer ganz entspannt zur Isla de Ometepe gelangen möchte, nimmt am besten ein Boot von San Jorge nach Moyogalpa oder San José del Sur (1 Std., 17 km). **Hacienda Mérida** (☎8868-8973; www.hmerida.com) organisiert Segelboottouren und Transfers. Für Gruppen von mindestens vier (und höchstens sechs) Personen gelten folgende Preise: San Jorge (25 US$ pro Pers., 1 Std.), San Carlos (80 US$ pro Pers., 9–11 Std.) und Granada (60 US$ pro Pers., 8–9 Std.).

Fähren überqueren den See zwischen Granada und San Carlos zweimal wöchentlich und halten in Altagracia (Ausnahme: das Wetter ist richtig mies). Die einfache Fahrt von San Jorge nach Moyogalpa kostet 3 US$. Außerdem wird eine „Anlegegebühr" von 0,40 US$ erhoben. Die Fahrpläne ändern sich laufend:

Moyogalpa nach San Jorge 6, 7.45, 11, 12.30, 16, 17.30 Uhr
San Jorge nach Moyogalpa 7, 7.45, 10.30, 12, 14.30, 16, 17.30 Uhr
Altagracia nach Granada (4,25 US$, 4 Std., Di 15 Uhr)
Altagracia nach San Carlos (6 US$, 9 Std., Mo & Do 18 Uhr) Fährt auch nach San Miguelito.
Granada nach Altagracia (4,25 US$, 4 Std., Mo 14.30, Do 14 Uhr)
San Carlos nach Altagracia (6 US$, 9 Std., Di & Fr 14 Uhr)

Unterwegs vor Ort

Der Verkehr ist so spärlich, dass per Anhalter Fahren nicht immer ganz leicht ist (wobei man unter Garantie mitgenommen wird, wenn mal ein Transporter vorbeikommt). Nette Alternativen sind Leihfahrräder (5 US$ pro Tag) und -motorräder (25 US$ pro Tag).

Es fahren zwar regelmäßig Busse, aber die Straßen im Süden der Insel sind so schlecht, dass sie den Vehikeln übel zusetzen. Die Fahrpläne ändern sich ständig. Sonntags bestehen weniger Verbindungen. Zwischen Moyogalpa und Altagracia fahren stündlich Busse. Die Busse von Moyogalpa zur Maderas-Seite der Insel halten ca. eine Stunde später in Altagracia, bevor sie sich auf den Weg zur Playa Santo Domingo machen.

In Santa Cruz halten sich die Busse rechts (Richtung Süden) nach Mérida und San Ramón bzw. links (Richtung Osten) nach Balgüe – eventuell zur Weiterfahrt nach La Palma. Im südöstlichen Teil der Insel, zwischen San Ramón und La Palma, fahren überhaupt keine Busse.

Verbindungen ab Moyagalpa:
Altagracia (0,75 US$, 1 Std., stündl.)
Balgüe (1,10 US$, 2 Std., 14.40 Uhr)
Mérida (1,25 US$, 2½ Std., 3-mal tgl.)
San Ramón (1,10 US$, 3 Std., 2-mal tgl.)

SÜDLICHE PAZIFIKKÜSTE

Um zu den Tola-Stränden zu gelangen (von El Astillero bis Playa Gigante), muss man durch Rivas und Tola hindurch zur Küste fahren. San Juan del Sur ist das Tor zu den Stränden zwischen der Playa Marsella im Norden bis hinunter nach El Ostional.

San Juan del Sur

15 500 EW.

San Juan del Sur ist der Dreh- und Angelpunkt zwischen den südlichen Pazifikstränden. In dem einst verschlafenen Fischerdorf selbst gibt es zwar keinen Traumstrand (man muss entweder 30 Min. nach Norden oder Süden fahren), aber dafür die besten Restaurants und das beste Nachtleben in der Umgebung.

San Juan ist ein nettes Städtchen voller schindelgedeckter viktorianischer Häuser und ständig kommen neue junge internationale Reisende an. Der halbmondförmige Strand sieht aus wie mit Rohrzucker bestreut und an einem benachbarten Hang ragt eine Christusstatue auf, romantische Sonnenuntergänge sind garantiert. Was braucht es mehr für ein traumhaftes Abenteuer im Paradies?

Aktivitäten

Die besten Surfbedingungen herrschen im Allgemeinen von April bis Dezember, aber dafür muss man sich die Wellen in der Nebensaison natürlich mit weniger Leuten teilen. Am nördlichen Ende des Strands ist ein **Beach Break**, die meisten Surfer lassen sich jedoch mit dem Boot zu den Stränden weiter nördlich oder südlich fahren (bzw. übernachten gleich dort). Das Casa Oro Hostel betreibt täglich ein Shuttle zur Playa Maderas. Schwimmer sollten hier immer ein Auge auf die Boote haben.

Gleich außerhalb des Orts locken nette Wanderungen. Die **Hospedaje Elizabeth** (☎ 458-2270) verleiht Mountainbikes (6 US$ pro Tag).

Arena Caliente SURFEN
(☎ 8815-3247; www.arenacaliente.com; Mercado, ½ c N) Hier gibt's alles, was das Surferherz begehrt.

Good Times Surf Shop SURFEN
(☎ 8980-2951; Gato Negro, 100 m S) Das entspannte Surfzentrum ist auf Trips zu weniger überfüllten Stränden spezialisiert.

Neptune Watersports TAUCHEN
(www.neptunewsn.com; Mercado 1 c O, 10 m N; Tauchgang (2 Gasflaschen) 85 US$) Tauchausflüge und Bootstouren.

Kurse

Casa de Cultura KURSE
(Av del Mar s/n) In dem Kulturzentrum werden Kurse, Kunstausstellungen und mehr geboten.

Escuela Español San Juan del Sur SPRACHKURSE
(☎ 8639-7377; int Casa de Cultura; 20 Std. mit/ohne Gastfamilienunterkunft 165/100 US$) Für zusätzliche 30 US$ pro Woche können Strandausflüge und Touren nach Ometepe, Granada und Rivas organisiert werden. Die Stadtführungen, Tanz- und Kochkurse sind kostenlos.

Geführte Touren

In San Juan del Sur werden nicht nur Surf- und Angeltouren angeboten.

ABSTECHER

DIE TOLA-STRÄNDE

Die Pazifikstrände von Tola haben sich etwas von dem Flair eines Paradieses bewahrt, bieten erstklassige Surfwellen und viel Atmosphäre.

➜ **Playa Gigante** Die Surfstadt liegt an einem halbmondförmigen weißen Strand. Dort findet man teure Surfcamps und ein paar Budgetunterkünfte in Wassernähe. Die netteste Adresse ist das Hostel Camino del Gigante.

➜ **Playa Popoyo** Große Wellen und eine sehr entspannte Surferszene mit guten günstigen Hotels wie dem Sunset Villas Hostel, Hotel Magnific Rock und Casa Maur.

➜ **Anfahrt** Es gibt keine Banken und „richtigen" Supermärkte, das Mobilfunknetz ist nicht sehr gut ausgebaut und auch Internetverbindungen sind eher rar, deshalb: alles Wichtige in dieser Richtung vor der Ankunft regeln! Busse fahren regelmäßig, die Fahrt ist aber ungemütlich. Immerhin wird der Komfort zunehmend besser, genau wie die Straßen. Die Route bis Tola ist asphaltiert. Derzeit wird auch das Stück zwischen Tola und Playa Gigante befestigt. Busse von Rivas nach Las Salinas fahren um 5.30, 6 und 8.30 Uhr los und machen sich um 12 und 14 Uhr auf den Rückweg. Achtung: Bis Playa Gigante sind es von der Bushaltestelle aus noch 7 km Fußweg. Eine mögliche Alternative ist ein Taxi ab Rivas (s. S. 512).

San Juan del Sur

Casa Oro Hostel TOUR
(☎2568-2415; www.casaeloro.com; Av del Cine, Parque Central, 1 c O, 50 m N) Organisiert günstige Ausflüge, beispielsweise Segeln und Angeln, „Schildkrötentouren" und mehr.

Da Flying Frog SEILRUTSCHEN
(☎8613-4460; daflyingfrog@hotmail.com; 30 US$ pro Pers.; ⏲Mo–Sa 8–16 Uhr) Bei dieser Tour geht's über 17 Plattformen insgesamt 2,5 km an Seilrutschen durch einige bewaldete Hügel am Rand der Stadt. Im Hotel telefonisch eine Abholung vereinbaren lassen!

Rana Tours BOOTSFAHRT
(☎2568-2066; ranatours@gmail.com; Av del Mar s/n) Wassertaxis fahren zu den Stränden Majagual, Maderas, Marcella und Hermosa (15–20 US$ pro Pers.).

Schlafen

San Juan del Sur ist einer der wenigen Orte in Nicaragua, an denen es ausgeprägte saisonale Preisunterschiede gibt. Zu Ostern und zu anderen nicaraguanischen Fest- und Ferienzeiten sind die im Folgenden genannten Preise bis zu doppelt so hoch.

Casa Oro Hostel HOSTEL $
(☎2568-2415; www.casaeloro.com; Av del Cine, Parque Central, 1 c O, 50 m N; B 8–9 US$, DZ mit Ventilator/Klimaanlage 28/35 US$, alle inkl. Frühstück; ❄@📶) Backpacker-Bastion mit allem Pipapo (Infozentrum, günstiges Internet, Küche, Aufenthaltsbereiche). In der Dachbar ist bis 23 Uhr Party angesagt, die Stimmung ist aber rund um die Uhr gut.

Hostel Esperanza HOSTEL $
(☎8754-6816; www.hostelesperanza.com; Av del Mar s/n; B 8–9 US$, DZ 25 US$, ohne Bad 18 US$; 📶) Aufstrebender Stern am Hostelhimmel mit toller Lage an der Straße gegenüber vom Strand. Die Zimmer sind einfach, aber sauber, es gibt eine Gästeküche und einen schönen zentralen Gartenbereich. Die Schlafsäle

San Juan del Sur

Aktivitäten, Kurse & Touren
1 Arena Caliente ... C2
2 Casa de Cultura ... B4
Casa Oro Hostel ... (s. 7)
Escuela Español San Juan del Sur ... (s. 2)
3 Good Times Surf Shop ... B2
4 Hospedaje Elizabeth ... C2
5 Neptune Watersports ... C2
6 Rana Tours ... B3

Schlafen
7 Casa Oro Hostel ... C3
8 El Coco Azul ... B3
9 Hostel Esperanza ... B3
10 Hotel Estrella ... B3
11 Posada Puesto del Sol ... C3

Essen
12 Big Wave Dave's ... B2
13 El Colibrí ... D3
14 El Gato Negro ... B2
15 Mercado ... C2
16 Mesón Español ... B1
17 Pan de Vida ... C2
18 Super Frutto ... B3

Ausgehen & Nachtleben
19 Traditional Irish Bar ... C2

sind ziemlich groß (14 bzw. 9 Betten) – Ohrstöpsel mitbringen.

Posada Puesto del Sol PENSION $
(☎2568-2532; lalacard98@yahoo.com; Calle Iglesia, Iglesia, 1½ c O; Zi. 10 US$ pro Pers.; 📶) Kleine, aber mit sehr viel Liebe dekorierte Zimmer in einem Wohnhaus. Es kann ganz schön heiß werden und mitunter wird ein Bad von zwei Gästeparteien genutzt. Man kann ruhig fragen, ob man sich erst mal umschauen darf.

Hotel Estrella HOTEL $
(☎2568-2210; infosanjuan10@gmail.com; Av del Mar, Mercado, 2 c O; Zi. ohne Bad 8–10 US$ pro Pers.) 100 Jahre altes Wahrzeichen mit hohen Decken. Die schlichte, atavistische Schönheit beherbergt heruntergekommene Zimmer mit hübschen Balkons (der Blick ist phantastisch). Die Bäder befinden sich unten, im Hinterhof.

El Coco Azul HOTEL $$
(☎2568-2697; www.elcocoazul.com; Calle Iglesia s/n; DZ 58 US$, ohne Bad 46 US$; 📶) Junges, erschwingliches Boutiquehotel mit modernem Ambiente, detailverliebtem Service, bunten Aufenthaltsbereichen und sauberen, luftigen Zimmern. Nur 30 m vom Strand entfernt.

Essen

Das günstigste Essen bietet der saubere **Mercado** (Gerichte 2–4 US$).

★ **Super Frutto** EISCREME $
(Calle Central s/n; Eiscreme 2–3 US$) Eine der Lieblingsadressen nach dem Abendessen. Hier gibt's das beste Eis von ganz Nicaragua! Tipp: In dieser Affenhitze ist Eis in der Waffel keine so gute Idee.

El Gato Negro SANDWICHES $
(Texaco-Tankstelle, 2 c O; Sandwiches & leichte Mahlzeiten 4–6 US$) Das coolste Café in der Gegend bietet eine große Auswahl an Espresso-Getränken, dazu gibt es hier leckere Kuchen und gemütliche Sitzgelegenheiten. Außerdem werden neue und gebrauchte Bücher verkauft.

Pan de Vida BÄCKEREI $
(Entrance Rd; Backwaren 1–3 US$; ⏲8–18 Uhr) Die besten Brote der Stadt.

El Colibrí INTERNATIONALE KÜCHE $$
(Texaco-Tankstelle, 5 c S; Gerichte 7–10 US$; ⏲Di–So abends; 🖉) Das entspannte mediterrane Restaurant mit Außen- und Innenbereich wartet mit einer besonders umfangreichen Auswahl auf. Die regulären Speisen sind gut und bei den Tagesangeboten sind immer jede Menge Leibgerichte dabei.

Mesón Español SPANISCH $$
(Av del Mar s/n; Hauptgerichte 6–13 US$; ⏲11–22.30 Uhr) Eine der nobleren Adressen am Strand ist diese Tapasbar, in der es auch leckere Gerichte mit Rind und Meeresfrüchten gibt.

Big Wave Dave's BURGER $$
(Texaco-Tankstelle, 2½ c O; Gerichte 5–8 US$; ⏲Di–So) Seit Langem ein erklärter Liebling der ausländischen Community. Dave serviert alle Arten von Wohlfühlessen, darunter exzellente Burger und großes Frühstück.

Ausgehen & Nachtleben

Die meisten Restaurants am Strand dienen gleichzeitig als Bar oder Lounge.

Crazy Crab Disco TANZEN
(final, Av del Mar; ⏲Fr–So) Die „Ur-Disko" von SJDS. Ab 21 Uhr drehen sich die Diskokugeln und bunten Spots, die „In-Crowd" steht aber nie vor 23 Uhr auf der Matte. Dafür wird dann aber auch die ganze Nacht durch-

getanzt. Die Gegend ist ziemlich verlassen; besser mit dem Taxi nach Hause fahren.

Traditional Irish Bar IRISH PUB
(Av del Mercado s/n) So ein Irish Pub gibt es in Dublin sicher nicht, aber man bemüht sich wirklich um Authentizität.

ℹ Praktische Informationen

In den meisten Hostels gibt's WLAN und Gästecomputer. Sonst kann man z. B. auch bei **Cyber Leo's** (Av del Cine, Gato Negro, ½ c S; 1 US$ per Std.) günstig ins Netz gehen.

BAC (Av del Mar, Hotel Casa Blanca)

Intur (☎2568-3022; Calle Iglesia, frente Parque Central) Hat reichlich Broschüren vorrätig und die Angestellten sind eifrig bemüht (wenn auch nicht immer in der Lage), Fragen zur Stadt und Umgebung zu beantworten.

Santini Lavandería (Calle Iglesia s/n) Pi-mal-Daumen-Preise (das Gewicht der Wäsche wird geschätzt).

Polizei (☎8453-3732, 2453-3732; final, Av del Mar)

Post

San Juan del Sur Info (www.sanjuandelsur.org.ni) Auf Traveller zurechtgeschnittene, englischsprachige Webseite.

GEFAHREN & ÄRGERNISSE

Nachts nicht allein am Strand entlangspazieren! Für den Rückweg von der Bar: entweder mit mehreren Leuten gehen oder ein Taxi nehmen.

ℹ Anreise & Unterwegs vor Ort

Die Fahrt zu den Stränden im Norden oder Süden der Stadt kann teuer sein. In den Booten der Surfladenbetreiber ist manchmal noch etwas frei; einfach nachfragen. Das Strandshuttle der Casa Oro Hostel fährt um 8.15, 10.45, 13 und 17 Uhr zur Playa Maderas (hin & zurück 5 US$).

Um 7 Uhr fahren die Shuttles von Big Wave Dave's nach Managua, Granada und Masaya ab (25 US$). Die des Casa Oro Hostel machen sich auf den Weg nach Granada (15 US$), Rivas (5 US$), Managua (30 US$) und San Jorge (7 US$). All diese Verbindungen weit im Voraus buchen!

Bald soll an der Straße südlich von El Ostional ein internationaler Grenzübergang nach Costa Rica eröffnet werden – Ohren offenhalten.

BUS

Tica Bus (☎2568-2427; www.ticabus.com; Calle Central s/n) unterhält ein Büro, in dem Fahrkarten für den Trip von Rivas nach Costa Rica verkauft werden.

Die Busverbindungen zu den Stränden hängen stark von den Straßenbedingungen ab. In der Regenzeit sind oft viel weniger Busse unterwegs (und manche Fahrten werden komplett gestrichen). An der Bushaltestelle vor dem Markt fahren regelmäßig **Busse** mit folgenden Zielen ab:

Managua (*expreso* 3,30 US$, 3 Std., 4.30, 5, 5.30, 6 und 7 Uhr; *ordinario* 2,50 US$, 4 Std., mind. 1-mal stündl.)

Nördliche Strände (1 US$, 2 Std., 2-mal tgl.) Toro Mixcal, Nacascolo, Marsella, Playa Maderas (Los Playones), Majagual, Ocotal und Rivas.

Rivas (1 US$, 40 Min., alle 25 Min.)

Südliche Strände (1 US$, 2 Std., 13.10, 15 und 16.30 Uhr) Empalme de Remanso, Playa El Coco, Refugio de Vida Silvestre La Flor und El Ostional; Rückfahrt ab El Ostional um 5, 6 und 16 Uhr.

TAXI

Die Taxi-Kooperative von San Juan del Sur hat für Fahrten innerhalb der Stadt 0,70 US$ festgelegt und 1,50 US$ für die *colectivo*-Taxis nach Rivas. Jeder Fahrer hat eine Liste mit Fixpreisen für weitere Strecken wie Morgan's Rock (20 US$), Playa El Coco oder Reserva La Flor (40 US$), El Ostional (50 US$), zur Grenze nach Costa Rica (25 US$), Masaya oder Granada (50 US$) und Managua (80 US$). Viele Taxis stehen in der Nähe des Markts bereit.

Die Strände nördlich von San Juan del Sur

Wer mit dem Bus zu diesen Stränden fährt, muss bedenken, dass es von der Bushaltestelle bis zum Wasser noch mindestens 2 km sind. Viele Leute fahren per Anhalter, es sind allerdings kaum Autos unterwegs. Alternativ lässt man ein Leihrad oben auf den Bus schnallen. Die **Playa Marsella**, ein prima Badestrand mit günstigen Hotels, liegt 9 km nördlich von SJDS.

Playa Maderas

Die hübsche Playa Maderas ist ein beliebter Treffpunkt von Backpackern und Surfern mit einem der besten Beach Breaks des Landes. Zwischen den felsigen Ecken kann man wunderbar im seichten Wasser plantschen und dann sind da wieder breite Sandstreifen zum Sonnenbaden …

Die berühmte Surfwelle wird manchmal Los Playones genannt; sie ist langsam und befindet sich in ziemlich tiefem Wasser (2 m), sehr günstig für Anfänger. Sie besteht aus zwei Right und zwei Left Breaks (bei Flut bilden sich surfbare Tubes).

Ein schnellerer Reef Break für Fortgeschrittene namens Panga Drops findet man zwischen Madera und Majagual. Es ist nur mit dem Boot zu erreichen; viele Surfläden und Hostels in San Juan del Sur bieten Shuttles dorthin an.

Nördlich liegen die hübschen Strände Bahía Majahual – Übernachtungsmöglichkeiten bei **Matilda's** (☎8456-3461; bereits aufgebaute Zelte 6–7 US$ pro Pers., EZ/DZ 15/25 US$) – und Playa Ocotal mit der Pension **Morgan's Rock** (☎2254-7989; www.morgansrock.com; EZ/DZ ab 224/360 US$).

Schlafen

Casa Maderas Ecolodge LODGE $

(☎8786-4897; www.casamaderas.com; B/DZ/3BZ/4BZ/Suite 13,50/39/49/60/69 US$;) Inmitten 3 ha dichten Dschungels und terrassenförmig angelegter Permakultur steht die Casa Maderas, in der das Konzept rustikal-modern formvollendet umgesetzt wird. Die Schlafsäle mit sechs Betten sind geräumig. Weitere Pluspunkte gibt's für die Moskitonetze und schicken Bäder, die Gemeinschaftsküche, den Yogaunterricht und das kostenlose Strandshuttle.

Hotel 3 Hermanos HOSTEL $

(☎8879-5272; los3hermanosarena@hotmail.com; Strand; B 10 US$) Surfer mit geringem Budget lieben diese Kreuzung aus Rastafari-Bar-Restaurant und Hostel. Eine der besten Wellen Nicaraguas ist nur wenige Schritte entfernt.

Café Revolución ZELTPLATZ $

(100 m landeinwärts vom Strand; Stellplätze 2 US$ pro Pers.;) Das Café Revolución schlägt gleich mehrere Fliegen mit einer Klappe: Es ist ein Restaurant mit WLAN (2 US$), bietet Yogaunterricht (10 US$) und Pizzas (6–10 US$) sowie günstige Stellplätze für Zelte. Die Camper dürfen die Restauranttoilette nutzen.

Die Strände südlich von San Juan del Sur

Südlich von San Juan gelangt man zunächst zur **Playa Remanso** mit einem eher kleinen Beach Break (ideal für Anfänger). Hier sind Höhlen und Gezeitentümpel zu entdecken. Die **Playa Tamarindo** ist einen halbstündigen Spaziergang von der Playa Remanso entfernt. Surfer kommen zeitgleich mit der Flut, um auf der langgezogenen Welle mit Right und Left Breaks zu reiten. In der Nähe liegen die extrem gechillten Strandorte Playa Hermosa, Playa El Coco und El Ostional.

Playa Hermosa

Dieser Strand (Eintritt 3 US$) mit eigenem Surfercamp trumpft mit ein paar phänomenalen Wellen auf (gleich fünf Stück am Strand selbst) und hat das coole Flair eines echten Südseeparadieses. Kein Wunder, dass hier so viele durchtrainierte Surfertypen unterwegs sind!

Das beste Strandhostel an der südlichen Pazifikküste Nicaraguas ist das rustikale **Playa Hermosa Beach Hotel** (☎8671-3327; www.playahermosabeachhotel.com; B/DZ inkl. Frühstück 21/52 US$) mit einem relaxten Restaurant unter freiem Himmel. Die offenen Schlafsäle mit sechs Betten sind nachts angenehm kühl. In den Privatzimmern oben wurden riesige Moskitonetze angebracht (nach dem Zimmer zum Meer fragen!). Die Atmosphäre ist super, genau wie die hiesige Surfergemeinde.

Der Transfer ab/nach San Juan del Sur ist im Preis inbegriffen. Außerdem können Surfbretter geliehen (10 US$) und Ausritte unternommen werden (12 US$).

Playa El Coco

Die Playe El Coco ist ein Traum, ein spektakulärer Streifen funkelnden Sandes, durchsetzt von Felsen, die so bildschön sind, dass sie die Buchdeckel der Hälfte aller Nicaragua-Reiseführer zieren.

Die schönste Schlafgelegenheit vor Ort ist **Lug's Place**, (☎8381-6976; www.lugsplace.com; Zi. ohne Bad 25 US$, mit Klimaanlage 75 US$;) am südlichen Teil des Strands. Die Zimmer sind sehr schlicht: Steinwände, ein Ventilator an der Decke, saubere Bettwäsche. Derzeit werden aber zwei neue elegantere Unterkünfte gebaut. Immer gut für einen Drink ist die Bar-Lounge, in der auch (recht) günstige internationale Küche serviert wird (6–18 US$). Hier kann man sich über Miethäuser und Campingmöglichkeiten informieren.

Refugio de Vida Silvestre La Flor

Dieses **Tierschutzgebiet** (☎8419-1014; Eintritt 8 US$, Stellplatz 20 US$ pro Zelt) 20 km südlich von San Juan del Sur ist einer der Hauptlegeplätze der bedrohten Oliv-Bastardschildkröte und der Lederschildkröte. Wer mag, kann eine geführte Tour ab San Juan del Sur hierhin unternehmen oder gleich auf dem schönen Zeltplatz übernachten. Die Parkwächter verkaufen Wasser und

Softdrinks, Proviant und Insektenschutzmittel muss man aber selbst mitbringen.

Die Schildkröten legen ihre Eier von Juli bis Januar ab (Hauptlegezeit ist im September und Oktober), meist zwischen 21 und 2 Uhr. Die Lederschildkröten kommen gewöhnlich allein, Oliv-Bastardschildkröten hingegen haben für gewöhnlch *arribadas* (Kolonien) im Schlepptau. Manchmal bevölkern mehr als 3000 Tiere die Strände gleichzeitig. Einer Theorie zufolge ist ihr Legerhythmus auf den Mondzyklus abgestimmt, aber letztlich hat man nie Gewissheit, wann die Damen denn nun auftauchen werden; am besten vorher bei der Rangerstation anrufen.

Selbst ohne Schildkröten ist der Park sehenswert, denn hier leben ein paar Affen und es gibt einen netten, unberührten Strand mit einigen kurzen Wanderwegen. Der Beach Break (Right und Left Break) am nördlichen Ende ist Sperrgebiet während der Brutzeit.

El Ostional

Nur einen Steinwurf von der costa-ricanischen Grenze entfernt liegt dieses Fischerdorf mit dem schönen braunen Sandstrand und einem bekannten Point Break namens Los Senos („die Brüste"). Schlafgelegenheiten und Touren organisiert **Coopertur** (☎8353-7091; communitytours@yahoo.es; nördliches Strandende; Übernachtung bei Einheimischen 10 US$ pro Pers. und Nacht).

Manta Raya (☎8353-7091; nördliches Strandende; EZ/DZ/3BZ 15/25/35 US$) hat ziemlich einfache Zimmer (mit Bett, Ventilator und Lampe), manche gewähren jedoch einen Blick aufs Meer (und eine leichte Brise).

Täglich machen sich drei Busse vom Parque Central aus auf den Weg nach San Juan del Sur (1,50 US$, 1 Std.).

LEÓN & NORDWESTLICHES NICARAGUA

Dies ist der leidenschaftlichste und temperamentvollste Teil von Nicaragua. Die regionale Hauptstadt León ist die Wiege des Intellektualismus und des Unabhängigkeitsstrebens und wird es auf ewig bleiben. Gleich außerhalb von León wartet mehr als ein Dutzend Vulkane darauf, erklommen (oder hinuntergesurft) zu werden. Gleichzeitig findet man hier die so ziemlich schönsten Strandunterkünfte und eins der Top-Surfreviere des Landes. Ein absolutes Muss ist das unberührte Feuchtgebiet Reserva Natural Isla Juan Venado. Ein Stück entfernt erstrecken sich der größte Mangrovenwald Zentralamerikas und das Naturschutzgebiet Reserva Natural Volcán Cosigüina voller Ehrfurcht gebietender Schönheit und in den kleinen Städten ringsum gewinnt man unvergleichliche Einblicke in den nicaraguanischen Alltag.

León

201 100 EW.

León ist unglaublich politisch, brummt förmlich vor Energie, ist stellenweise so bildschön, dass es einem den Atem raubt (sofern man verfallene Kolonialbauten mag), und in vielerlei Hinsicht so, wie Managua sein sollte: eine Stadt voller umwerfender Kirchen, herausragender Kunstsammlungen, verblüffender Straßenlandschaften, einer weltmännischen Restaurant- und feurigen Intellektuellenszene, gekrönt von einem Nachtleben, das einem keinen einzigen Tag Verschnaufpause gönnt. Viele Reisende verlieben sich in Granada, ihr Herz verlieren sie aber in León.

Geschichte

León wurde ursprünglich 1524 von Francisco Hernández de Córdoba nahe dem Fuß des Volcán Momotombo gegründet. Nach einer Serie von Naturkatastrophen gaben die Spanier 1610 die Stätte auf und verlegten die Stadt in die Nähe der wichtigen indigenen Siedlung Subtiava, wo sie heute noch zu finden ist.

Fast die gesamte Kolonialzeit hindurch bildete León die Hauptstadt des Landes und war darüber hinaus das wichtigste kirchliche Zentrum der ganzen Region, wie noch heute das eindrucksvolle Erbe an vielen schönen Kirchen und kolonialzeitlichen Gebäuden verrät. Die Universidad Autónoma de Nicaragua (UNAN), Nicaraguas erste Universität, wurde 1912 in der Stadt gegründet.

Traditionell war León schon immer die politisch progressivste aller nicaraguanischen Städte. Während der Revolution kämpfte praktisch die gesamte Stadt gegen den Diktator Somoza. Dramatische Wandgemälde erinnern hier überall an jene Zeit, und auch heute noch ist León eine Hochburg der Sandinisten.

Sehenswertes

Sehenswerte Kolonialkirchen sind die **Iglesia de San Francisco**, **Nuestra Señora de Guadalupe**, **Capilla San Juan de Dios** (1 a Calle SO), **Iglesia de La Merced** und **Iglesia San Juan** (3 a Av SE).

★ Museo de Arte Fundación Ortiz-Guardián — MUSEUM

(3a Av SO, Iglesia San Francisco, ½ c S; Eintritt 0,80 US$; ⌚Di–Sa 10–18, So 8–16 Uhr) Die Sammlung Ortiz-Guardián ist die wohl beste Gegenwartskunstsammlung Zentralamerikas.

Der Rundgang startet mit dem luxuriösen Realismus der Renaissance und der kargen Schönheit der Kolonialzeit, dann geht es weiter mit der Romantik, dem Modernismus, Postmodernismus und modernen Stücken kubanischer, peruanischer und anderer lateinamerikanischer Schulen. Rubens, Picasso, Chagall und andere berühmte Namen sind ebenfalls vertreten, es sind aber vor allem die Lateinamerikaner, die die Sammlung ausmachen: Diego Rivera, Rufino Tamayo, Fernando Botero, Roberto Matta und viele mehr. Spanisch sprechende Guides nehmen 1,25 US$ (das ist gut angelegtes Geld!).

★ Catedral — KATHEDRALE

(Dachführung Eintritt 1 US$; ⌚Dachbesteigungen Mo–Sa 8–12 & 14–16 Uhr) Die Kathedrale von León, offiziell als Basílica de la Asunción bekannt, ist die größte Kathedrale Zentralamerikas. Der aufwendige Bauplan wurde im weit wichtigeren Lima in Peru abgenickt.

Die Stadtherren von León hatten ursprünglich einen bescheideneren Plan eingereicht, es handelte sich aber nur um einen „Alibientwurf". Daraufhin sprach der Architekt Diego José de Porres Esquivel, der Generaloberst von Guatemala (er ist auch für den Bau der Kirchen San Juan Bautista de Subtiava, La Recolección, La Merced und anderen verantwortlich) ein Machtwort und ließ diese Schönheit errichten.

Dies ist bereits die vierte Reinkarnation der Kirche: Das Original von 1610 wurde 1624 durch ein Bauwerk aus Holz und Adobe ersetzt, welches der Freibeuter William Dampier 1685 niederbrannte. Danach entstand ein weiteres Adobegebäude, das bis 1747 genutzt wurde, als der Bau dieses gewaltigen „Antigüeño" begann, einem Meisterwerk der zentralamerikanischen barocken Baukunst. Es waren vor allem indigene Arbeiter aus Subtiava und Posoltega, die hier schufteten, und das insgesamt länger als ein Jahrhundert.

Die Kathedrale ist eine Art Pantheon der nicaraguanischen Kultur. Das Grab von Rubén Darío, dem berühmtesten Sohn der Stadt, liegt auf einer Seite des Altars. Hier wurden aber auch die weniger bekannten Dichter Alfonso Cortés, Salomón de la Selva und Miguel Larreynaga beigesetzt.

An großartiger Kunst mangelt es ebenfalls nicht. Als Meisterwerke gelten die Stationen des Leidenswegs Christi von Antonio Sarria und *El Cristo Negro de Pedrarias* ist wahrscheinlich das älteste katholische Bildnis auf dem amerikanischen Kontinent.

Bei gutem Wetter lohnt sich die Dachbesteigung; oben hat man einen tollen Blick auf die Stadt und die rauchenden Vulkane im Hintergrund. Die Renovierungsarbeiten an der Kathedrale sollten inzwischen abgeschlossen sein. Falls nicht ist sie dennoch weiterhin zugänglich.

Museo de Leyendas y Tradiciones — MUSEUM

(4 a Calle SO, frente Ruinas San Sebastián; Eintritt 2 US$; ⌚8–12 & 13–17 Uhr) Das unterhaltsamste und vielseitigste Museum von León ist in La XXI (die 21. Garnison) umgezogen. Auf der einen Seite sind schrullige lebensgroße Pappmaschee-Figuren zu sehen, Persönlichkeiten aus der Stadtgeschichte und lokale Sagenhelden, die die Gründerin des Museums, Señora Toruña, selbst gemacht hat. Auf der anderen Seite zeigen Wandbilder sehr anschaulich die Foltermethoden der Guardia Nacional (Nationalgarde). Es ist gerade der Kontrast zwischen den Exponaten, der das Museum der Legenden & Traditionen so attraktiv macht.

Museo-Archivo Rubén Darío — MUSEUM

(Ecke Calle Central Rubén Darío & 4 a Av SO; Eintritt 1 US$; ⌚Di–Sa 8–12 & 14–17, So 8–12 Uhr) Das Haus, in dem der berühmteste Dichter Nicaraguas bis ins Teenageralter wohnte, ist eine einzige große Ausstellung. Die Alltagsgegenstände geben Aufschluss über die Oberschicht Nicaraguas Ende des 19. Jhs. und man kann sich handschriftliche Manuskripte von Daríos bekanntesten Werken ansehen.

★ Iglesia de la Recolección — KIRCHE

(1 a Av NE) Drei Blocks nördlich der Kathedrale zeigt die aus dem 18. Jh. stammende Iglesia de La Recolección eine prachtvolle gelbe Barockfassade mit aus dem Stein geschlagenen Weinranken, die sich um Steinpfeiler winden, und als Basreliefs ausgeführte Medaillons mit Symbolen, die das Leben Christi nachzeichnen.

León

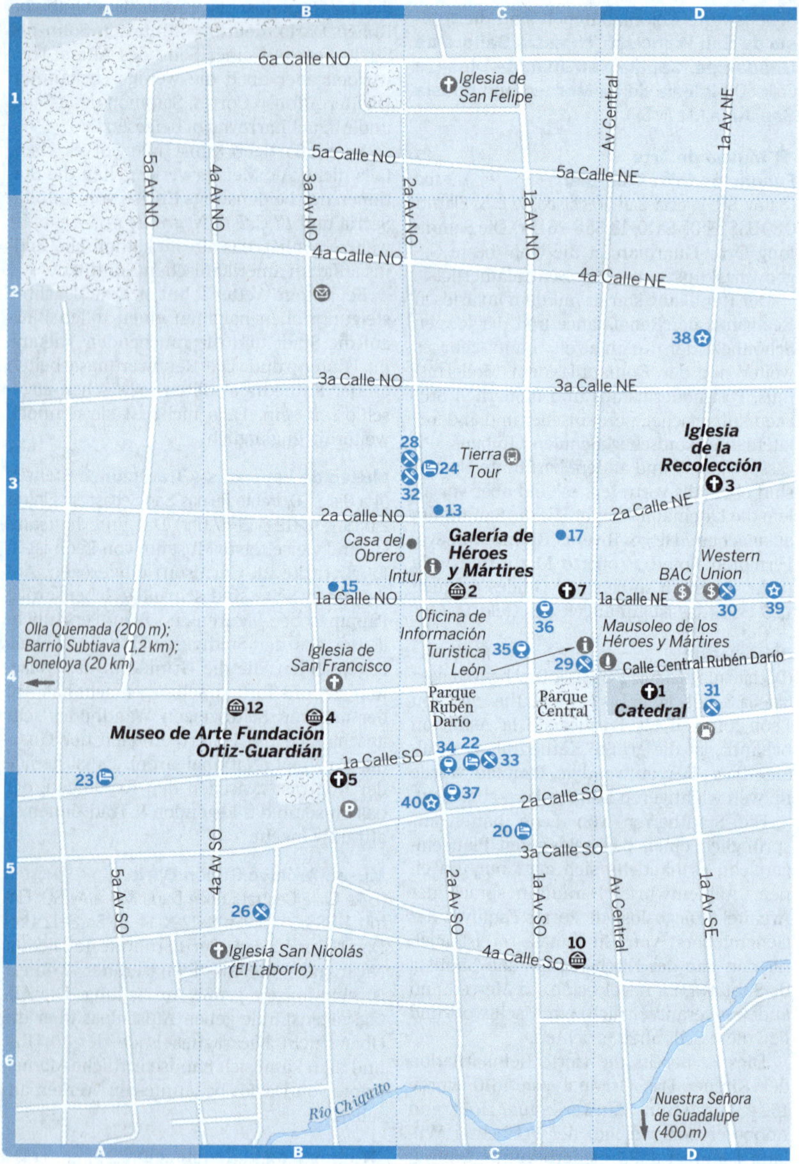

Iglesia Dulce Nombre de Jesús el Calvario KIRCHE
(Calle Central Rubén Darío) Die Kirche aus dem 18. Jh. ist ein Gemisch aus Neoklassizismus und Barock. Die Inneneinrichtung ist toll und erwartungsgemäß prunkvoll. Die Statuen von Jesus und den beiden Dieben am Kreuz sind lebensgroß, die eigentlichen Hingucker sind aber die schön gestrichene Fassade und die Glockentürme aus roten Ziegelsteinen.

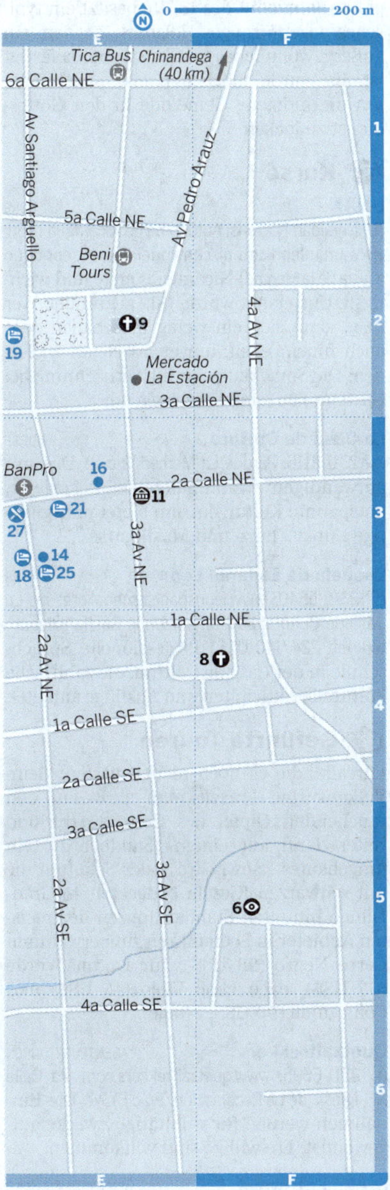

León

Highlights

1 Catedral D4
2 Galería de Héroes y Mártires C4
3 Iglesia de la Recolección D3
4 Museo de Arte Fundación Ortiz-Guardián B4

Sehenswertes

5 Capilla San Juan de Dios B5
6 Cimac F5
7 Iglesia de La Merced C4
8 Iglesia Dulce Nombre de Jesús el Calvario F4
9 Iglesia San Juan E2
10 Museo de Leyendas y Tradiciones C5
11 Museo Entomológico E3
12 Museo-Archivo Rubén Darío B4

Aktivitäten, Kurse & Touren

13 Eco-Camp Expeditions C3
Escuela de Español León .... (s. 15)
14 Green Pathways E3
15 La Casa de Cultura B4
16 Quetzaltrekkers E3
17 UNAN C3

Schlafen

18 Bigfoot Hostel E3
19 Casona Colonial E2
20 Hostel La Clínica C5
21 Hotel Real E3
22 La Siesta Perdida C4
23 La Tortuga Booluda A5
24 Lazybones Hostel C3
25 Vía Vía E3

Essen

26 CocinArte B5
27 Comedor Lucia E3
28 El Mediterraneo C3
29 El Sesteo C4
30 La Unión Supermercado D4
31 Mercado Central D4
32 Mesón Real C3
33 Taquezal C4

Ausgehen & Nachtleben

34 Bar Baro C4
35 Disco Bohemios C4
36 Don Señor C4
Oxygene .... (s. 34)
37 Solero C5

Unterhaltung

38 Alianza Francesa D2
39 Plaza Siglo Nuevo D4
40 Teatro Municipal José de la Cruz Mena C5

El Fortín de Acososco FESTUNG

Einen großartigen Blick über die Stadt hat man von dem Hügel am südlichen Stadtrand, auf dem das Fortín de Acososco, eine frühere Kaserne der Nationalgarde, steht.

Das Bauwerk befindet sich in einem etwas zwielichtigen Viertel neben der städtischen Müllkippe; man sollte also seine Wertsachen im Hotel lassen und sich nur in einer Gruppe auf den Weg hierher machen.

★ **Galería de Héroes y Mártires** MUSEUM
(1 a Calle NO, Iglesia de la Merced, ½ c O; Spende 1 US$; ⏲10–17 Uhr) Eine Hommage an Leóns jüngere Geschichte ist die „Galerie der Helden und Märtyrer". Sie wird von den Müttern von FSLN-Veteranen (Frente Sandinista de Liberación Nacional) und gefallenen Widerstandskämpfern geführt.

Museo Entomológico MUSEUM
(☎2311-6586; www.bio-nica.info; Ecke 3 a Av NE & 2 a Calle NE; Eintritt 0,50 US$; ⏲9–12 & 14–16 Uhr) Im Entomologiemuseum ist alles, was da kreucht und fleucht und zur Kategorie Insekt bzw. Spinnentiere gehört, untergebracht: Krabbeltierchen, Schmetterlinge, Skorpione & Co.

Cimac GARTEN
(☎2311-0752; Puente Martín, ½ c E, 1 c N; Eintritt 1 US$; ⏲8–12 & 14–17 Uhr) Toller botanischer Garten (9 km^2 groß) am Rande der Innenstadt.

Barrio Subtiava

Ein Nachmittag in diesem traditionsreichen Viertel im Westen von León lohnt sich. Ein paar der hiesigen Highlights sind das **Museo de Arte Sacre** (☎2311-8288; frente Iglesia Parroquial de San Juan Bautista de Subtiava; Eintritt 0,70 US$; ⏲Mo–Fr 8–12 & 14–17, Sa 8–12 Uhr), das **Museo Adiáct** (Iglesia Parroquial de San Juan Bautista de Subtiava, 2 c N, Calle Central Rubén Darío; Eintritt 0,70 US$; ⏲Mo–Fr 8–12 & 14–17, Sa 8–12 Uhr), das **Museo Insurreccional Luís Manuel Toruño** (Casa El Buzón; Iglesia Parroquial de San Juan Bautista de Subtiava, 2 c E, 1½ c S; ⏲Sa) und **El Tamarindón** (Iglesia Parroquial de San Juan Bautista de Subtiava, 3 c S, 2 c O), der Baum, an dem Adiáct, der Häuptling des Subtiava-Stamms, während der Eroberung gehängt wurde.

Von der Kathedrale aus läuft man 20 Minuten hierhin, ein Taxi kostet 0,70 US$. Die Fahrer der überdachten Transporter nehmen 0,18 US$.

Iglesia Parroquial de San Juan Bautista de Subtiava KIRCHE
(13 Av SO) In Subtiava steht auch die kürzlich restaurierte Iglesia de San Juan Bautista de Subtiava, die älteste noch vollständig erhaltene Kirche in der Stadt. Die Kirche aus dem ersten Jahrzehnt des 18. Jh. besitzt ein typisches bogenförmiges Holzdach, an dem ein außergewöhnliches Sonnensymbol befestigt ist. Es wurde möglicherweise angebracht, um die indigene Gemeinde in den Gottesdienst zu locken.

Kurse

UNAN KURS
(Universidad Nacional Autónoma de Nicaragua León; www.unanleon.edu.ni/centrodeidiomas; contiguo Iglesia de la Merced) Nicaraguas erste und wichtigste Universität wurde 1812 gegründet. Wer mag, kann sich ein wenig umschauen oder auch hineingehen, um etwas Neues zu lernen: Die Sprachkurse (mit Übernachtung bei Gastfamilien) sind hervorragend.

La Casa de Cultura KURSE
(☎2311-2116; Parque La Merced, 2 c O) Das mit aufwendigen Wandmalereien dekorierte, entspannte Kulturzentrum bietet preisgünstige Kunst-, Tanz- und Musikkurse.

Escuela de Español León KURS
(☎2315-5540; www.leonspanishschool.org; int La Casa de Cultura; 20 Std. mit/ohne Gastfamilienunterkunft 224/140 US$) Professionelle Sprachschule in der Casa de Cultura, die zahlreiche kulturelle Aktivitäten und Ausflüge anbietet.

Geführte Touren

Für alle, die es noch nicht wussten: Beim Vulkansurfen kraxelt man z. B. auf den rauchenden Gipfel des Cerro Negro und reitet dann auf einem „Sandboard" (ein umgebautes Snowboard) oder Schlitten die mit schwarzen Kieseln bedeckten 45-Grad-Hänge hinunter. Standardtouren der meisten Anbieter in León führen zum erwähnten Cerro Negro (28 US$), zur Laguna Verde (65 US$), nach León Viejo (45 US$) und Consigüina (90 US$, 2 Tage).

Quetzaltrekkers ABENTEUERTOUREN
(☎2311-6695; www.quetzaltrekkers.com; 2a Calle NE, Iglesia de La Recolección, 1½ c E) Die Einnahmen werden für wohltätige Zwecke aufgewendet. Freiwillige sind willkommen.

Green Pathways ABENTEUERTOUREN
(☎2315-0964; www.greenpathways.com; frente Bigfoot Hostel) Sozial engagierter Tourveranstalter. Der Fokus liegt auf ländlichem Tourismus.

Eco-Camp Expeditions ABENTEUERTOUREN
(☎2311-1828; www.ecocampexpeditions.com; Parque Rubén Darío 2 c N, 10 m E) Solider Anbieter

für Campingtrips und Abenteueraktivitäten rund um León.

Festivals & Events

Jeden Samstag sprüht der Parque Central vom frühen Nachmittag bis Mitternacht vor Leben, wenn die Tertulia Leónesa steigt und jeder dazu angehalten ist, mit anderen zu essen, zu trinken und zu tanzen.

La Gritería Chiquita HISTORISCHES FEST
(14. August) Das Fest geht auf das Jahr 1947 zurück, als ein Ausbruch des Cerro Negro die Stadt unter einem Ascheregen zu begraben drohte. Der hörte plötzlich auf, als ein örtlicher Priester gelobte, eine ähnliche *gritería* (Aufschrei) zu starten wie am Día de la Purísima im Dezember, nur dass die Antwort hier ¡La asunción de María! („Die Himmelfahrt Mariä!") lautet.

Día de la Virgen de Merced RELIGIÖSES FEST
(24. September) Leóns Schutzpatronin wird mit Prozessionen durch die Straßen der Stadt geehrt. Am Vortag geht's heftiger zu: Feierlustige legen ein mit Feuerwerkskörpern besetztes Bullenkostüm, den sogenannten *toro encohetado,* an und gehen auf die in Panik versetzten Zuschauer los, während die Raketen fliegen.

Día de la Purísima Concepción RELIGIÖSES FEST
(7. Dezember) Die „Warmlaufphase" zum Día de la Concepción de María (Mariä Empfängnis, 8. Dez.) wird in ganz Nicaragua gefeiert.

Schlafen

★ **La Tortuga Booluda** HOSTEL $
(2311-4653; www.tortugabooluda.com; Catedral, 4½ c O; B 6 US$, EZ/DZ ab 17/24 US$; @) Die „müßige Schildkröte" ist ein ruhiges, aber geselliges Haus mit tollen Extras wie einem kostenlosen Pfannkuchen-Frühstück, einer prima ausgestatteten Küche und dem besten Büchertausch der Stadt. Hier fühlt man sich gleich wie zu Hause. Die Zimmer sind einfach, aber stilvoll, und es gibt einen entspannenden Loungebereich.

Lazybones Hostel HOSTEL $
(2311-3472; www.lazyboneshostelnicaragua.com; 2a Av NO, Parque Rubén Darío, 2½ c N; B 8 US$, Zi. 30 US$, ohne Bad 20 US$; P @) Das Lazybones gehört zu einem neuen Schwung Hostels. Es ist ruhig und nicht so feierwütig, hat eine sehr entspannte Atmosphäre und steht auf einem gepflegten Grundstück. Die Zimmer und Schlafsäle sind sehr schön.

Bigfoot Hostel HOSTEL $
(8505-1284; www.bigfootnicaragua.com; 2 Av NE; B 6 US$, Zi. ohne Bad 18 US$, 4BZ 33 US$;) Da es eine Gästeküche, einen Minipool und selbst gemachte Mojitos gibt, wäre es beinahe egal, wie die Zimmer aussehen, aber sie sind in Ordnung. Spaß macht auch die gesellige Stimmung. Dieses Partyhostel gelobt übrigens, dass um 22 Uhr Schluss ist mit Feiern.

Vía Vía HOSTEL $
(2311-6142; www.viaviacafe.com; 2a Av NE, Iglesia de La Recolección, 1 c E, ½ c S; B/EZ/DZ 7/19/29 US$;) Filialen der Vía-Vía-Hostelkette findet man von Kathmandu bis Buenos Aires und sie sind immer klasse. Dieser Ableger bildet keine Ausnahme. Die Zimmer im Kolonialstil sind bildschön und haben tolle Bäder. Selbst die geräumigen Schlafsäle (6 Betten) verfügen über ein eigenes Bad!

Hostel La Clínica HOSTEL $
(2311-2031; 1a Av SO, Parque Central, 1½ c S; B 5 US$, Zi. 12 US$, ohne Bad 8 US$;) Die tolle Lage und die netten Besitzer entschädigen einen ein Stück weit für die (eher) kleinen Zimmer, die Sponge-Bob-weichen Betten und die ziemlich einfachen Bäder, die rund um einen ungepflegten Hof angeordnet sind.

La Siesta Perdida HOSTEL $
(2311-2289; www.siestaperdida.com; Parque Central, 50 m O; B/DZ 5/12 US$;) Die Bar vorn ist eine der beliebtesten in der ganzen Stadt, daher ist es ziemlich wahrscheinlich, dass man hier ein kleines Schlafdefizit anhäufen wird. Dennoch: eine spaßige Unterkunft mit großer Bücherbörse und einer Gemeinschaftsküche.

Casona Colonial HISTORISCHES HOTEL $$
(2311-3178; www.casonacolonialguest.com; 4a Calle NE, Parque San Juan, ½ c O; EZ/DZ mit Ventilator 17/22 US$, Zi. mit Klimaanlage 42 US$;) Die Casona Colonial hat mehr Persönlichkeit als andere Hotels dieser Preisklasse. Die mittelgroßen Zimmer verströmen viel koloniales Flair, und das ganz ohne die ganzen kleinen teuren Extras.

Hotel Real HOTEL $$
(2311-2606; www.hotelrealdeleon.net; 2a Calle NE, Iglesia de La Recolección, 1½ c E; EZ/DZ inkl. Frühstück 38/48 US$;) In dem „königli-

chen Hotel" fühlt man sich wie in einer alten *casona* (historisches Herrenhaus). Vorn gibt es einen altmodischen Sitzbereich, die Zimmer sind aber ziemlich modern (Flachbildfernseher, schön feste Matratzen usw.).

Essen

Die beste Adresse für eine günstige Mahlzeit oder wenn man sich mit frischem Gemüse eindecken möchte, ist der bildschöne, saubere **Mercado Central** (6–17 Uhr). In mehreren preiswerten Restaurants werden *comidas corrientes* (Menüs) serviert. Wenn der Markt zumacht, öffnen gleich davor zwei der besten *fritangas* der Stadt (an der Straße hinter der Kathedrale). Dort kostet eine ordentliche Portion Essen um die 2 US$. Der beste Supermarkt ist **La Unión Supermercado** (1a Calle NE).

Ein Großteil der Hotels und Hostels verfügt über ein annehmbares Restaurant, eine Bar oder ein Café.

Comedor Lucia NICARAGUANISCH **$**
(2a Av NE, Bigfoot Hostel, 10 m N; Hauptgerichte 2–4 US$; Mo–Sa) In der „Backpackerstraße". Hier tummelt sich eine Mischung aus Einheimischen und Reisenden.

El Mediterraneo MEDITERRAN **$$**
(8895-9392; 2a Av NO, Parque Rubén Darío, 2½ c N; Gerichte 6–10 US$; Abendessen) Auf der Suche nach einer romantischen Location für ein Date? Dies ist die am häufigsten empfohlene Adresse in Sachen „schick essen gehen".

CocinArte VEGETARISCH **$$**
(4a Calle SO, gegenüber El Laborío; Hauptgerichte 4–7 US$;) Niedliches kleines Restaurant, in dem Gerichte aus aller Welt ohne Fleisch zubereitet werden. Chillige Atmosphäre, Künstlerflair.

Taquezal NICARAGUANISCH **$$**
(1a Calle SO, Parque Central, ½ c O; Gerichte 4–7 US$; 16 Uhr–open end) Eins der stimmungsvollsten Restaurants in León. Die Batterie Ventilatoren an der hohen Decke hält den prächtigen Speisesaal schön kühl.

El Sesteo NICARAGUANISCH **$$**
(Calle Central Rubén Darío, frente Parque Central; Gerichte 5–13 US$; 11–22 Uhr) Die Location dieses netten Cafés an der Plaza ist unschlagbar (die Preise hingegen schon).

★ **Mesón Real** MODERN **$$$**
(www.elmesonreal.com; Parque Rubén Dario, 220 m N; Hauptgerichte 6–15 US$; Mo–Sa abends, Fr–Sa mittags) Hier kann man eine kulinarische Reise unternehmen und sich durch das Tapassortiment essen. Die Krebs-Bisque (eine Suppe) ist ein Gedicht, es gibt Stierhoden und Muscheln in Knoblauchsauce, lecker ist aber auch der gegrillte Zackenbarsch.

Ausgehen

Die meisten Nächte beginnen auf der 1a Calle westlich vom Park oder in den Hostels Bigfoot, La Siesta Perdida oder Vía Vía. An der Umgehungsstraße gleich außerhalb der Stadt haben sich ein paar versnobte Diskos angesiedelt.

Bar Baro BAR
(Ecke 1 Calle SO & 2 Av SO) Die Eckkneipe ist ein beliebter Treffpunkt für ein paar Drinks. Außerdem gibt es eine große Auswahl an internationalen Gerichten.

Olla Quemada BAR
(Calle Central Rubén Darío, Iglesia de San Francisco, 3 c O) Abende mit Latin Music und die ganze Woche über ein verlässlich guter Mix aus Einheimischen und Reisenden.

Solero BAR
(2a Av SO, frente Teatro; 19 Uhr–open end) Das Publikum ist eine Spur älter.

Oxygene TANZEN
(1a Calle SE, Parque Central, ½ c O; Mi–Sa 20 Uhr–open end) Der angesagteste Club im Stadtzentrum, sehr schick und modern durchgestylt. Auf der Tanzfläche tummeln sich junge, schöne Menschen, manchmal treten Bands auf und es gibt einen Billardtisch.

Don Señor TANZEN
(1a Calle NO, frente Iglesia de La Merced; Eintritt 1–3 US$) Oben ist eine Disko, unten eine Bar mit Tanzfläche und relaxter Atmosphäre und das Restaurant-Pub El Alamo ist gleich um die Ecke.

Disco Bohemios TANZEN
(1a Av NO, Parque Central, ½ c N; Fr & Sa 20 Uhr–open end) In dem nicht beschilderten orangefarbenen Gebäude vor dem Basketballspielfeld ist eine urtypische Latinodisko untergebracht.

Unterhaltung

In der Casa de Cultura finden häufig Veranstaltungen statt, z. B. Konzerte mit volkstümlicher Musik. In der **Plaza Siglo Nuevo** (1a Calle NE, La Unión, 20 m E; Karten 3 US$), dem Kino von León, werden vor allem amerikanische Kassenschlager gezeigt. Auch die **Alianza Francesa** (☎2311-0126; 1a Av NE, Iglesia de la Recolección, 1½ c N; ⏱Mo–Fr 8–12 & 14–17 Uhr) richtet immer mal wieder Kulturveranstaltungen aus; einfach dort vorbeischauen und nach dem aktuellen Programm fragen.

Teatro Municipal José de la Cruz Mena DARSTELLENDE KÜNSTE
(2a Av SO, Parque Central, 1 c O, 1 c S) Das hübsche Theater von 1885 wurde aufwendig renoviert. An dem Brett vorn steht, was gerade so läuft. Für weniger als 2 US$ wird alles Mögliche geboten, von Rockbands aus El Salvador bis zu Kunstfilmen.

ℹ Praktische Informationen

Die meisten Budgetunterkünfte bieten WLAN und einen Wäscheservice.

BAC (1a Calle NE, La Unión, 10 m E)

BanPro (Bigfoot Hostel, 20 m N)

Clean Express Lavandería (Ecke Av Central & 4a Calle NE; ⏱7–19 Uhr)

Intur (☎2311-3382; www.intur.gob.ni; 2a Av NO, Parque Rubén Darío, 1½ c N) Die emsigen Angestellten vermitteln Kontakte zu lokalen Guides, gehen aber nicht wirklich auf die Bedürfnisse von Reisenden ein.

León Online (www.leononline.net) Nützliches Infoportal auf Spanisch.

Ministerium für den Schutz der Umwelt & der natürlichen Ressourcen (Marena; ☎2311-3776; mareleon@ibw.com) Das Marena-Büro gegenüber der Shell-Tankstelle an der südlichen Auffahrt zur Umgehungsstraße von León verwaltet die nationalen (vulkanischen) Schutzgebiete Telica-Rota, Pilas-El Hoyo und Momotombo sowie die (nicht vulkanische) Isla Juan Venado (am besten zur Rangerstation Isla Juan Venado in Las Peñitas gehen oder eine private Tour buchen).

Oficina de Información Turistica León (☎2311-3528; Av Central, Parque Central, 25 m N; ⏱Mo–Fr 8.30–12 & 14–18, Sa & So 9–17 Uhr) Die Touristeninformation ist häufig geschlossen, aber wenn sie denn mal offen ist, erhält man hier eine Fülle an Infos.

Post (3 Av NO)

Western Union (1 Calle NE)

NATIONALE BUSSE AB LEÓN

Ein Großteil der Busse fährt am chaotischen **Hauptbusbahnhof** (☎2311-3909; 6a Calle NE, Palí, 1½ km E) ab. In der Nähe ist ein spaßiger Marktbereich; gut auf das Portemonnaie achten!

Man beachte, dass es von Rota (Cerro Negro) noch 5 km bis zum Fuß des Vulkans sind. In San Isidro hat man viele Umsteigemöglichkeiten nach Matagalpa und Estelí.

REISEZIEL	PREIS (US$)	DAUER	ABFAHRTEN
Chinandega-Bus	1	1½ Std.	alle 20 Min.
Chinandega-Microbus	1,25	50 Min.	wenn voll besetzt
El Corinto	1,25	1½ Std.	alle 30 Min.
El Sauce	2,50	2½ Std.	stündl.
Estelí	2,50	2½ Std.	4-mal tgl.
Granada-Microbus	3	2–3 Std.	stündl.
Hervideros de San Jacinto	0,75	40 Min.	alle 30 Min.
La Paz Centro	0,75	40 Min.	alle 45 Min.
Managua-Microbus	2	1¼ Std.	wenn voll besetzt
Managua *expreso* (Carr Nueva, via La Paz Centro)	1,70	1¼ Std.	fast stündl.
Managua *ordinario* (Carr Vieja, via Puerto Sandino)	1,50	1¾ Std.	alle 20 Min.
Masaya	2,75	2½ Std.	stündl.
Matagalpa	3	2½ Std.	3-mal tgl.
Nagarote	1	1 Std.	alle 45 Min.
Rota (Cerro Negro)	0,75	2¼ Std.	3-mal tgl.
Salinas Grandes	0,80	2 Std.	4-mal tgl.
San Isidro	2,25	2½ Std.	alle 30 Min.

Anfahrt & Unterwegs vor Ort

Abends und nachts immer mit dem **Taxi** (tagsüber/nachts 0,70/1 US$ pro Pers.) fahren. Leihfahrräder für ca. 5 US$ pro Tag gibt's im Bigfoot Hostel, Lazybones Hostel und La Tortuga Booluda.

BUS

Die Busse, die nach Süden fahren, halten zuerst in Managua; dort wird oft eine lange Pause eingelegt, bevor es weitergeht. Am besten fährt man erst mal direkt nach Managua und sucht sich dort eine Umsteigeverbindung für die Weiterfahrt.

Manche Hostels betreiben Shuttles, die früh gebucht werden müssen. Sie fahren meist erst ab vier Fahrgästen.

Mit **Tierra Tour** (☎2315-4278; www.tierratour.com; 1a Av NO, Iglesia de La Merced, 1½ c N) geht's nach Granada und Managua. Die Shuttles des Bigfoot Hostel fahren fast jeden Tag nach Antigua in Guatemala (75 US$), Managua (10 US$), Granada (15 US$), San Juan del Sur (25 US$) und Poneloya (2 US$).

Tica Bus (☎2311-6153; www.ticabus.com; 6a Calle NE, Palí, 1 c O) Internationale Verbindungen nach Guatemala-Stadt (70 US$), San Salvador in El Salvador (50 US$), Tegucigalpa in Honduras (23 US$) und Tapachula in Mexiko (92 US$).

Beni Tours (☎2315-2349; 3a Av NE, Iglesia de San Juan, 25 m N) Hier sind Fahrkarten für die Transnica-Busse nach San José in Costa Rica (35 US$) und Tegucigalpa in Honduras (35 US$) erhältlich. Außerdem fahren Schulbusse täglich um 10 Uhr nach San Salvador (30 US$) und Guatemala-Stadt (40 US$).

Poneloya & Las Peñitas

Bis zu diesen beiden Stränden braucht man mit dem Bus vom Mercadito Subtiava in León gerade mal 20 Minuten. An der Küste gabelt sich die Straße; rechts liegt Poneloya, links befinden sich Las Peñitas (hat eine bessere Infrastruktur als Poneloya) und das Naturschutzgebiet Isla Juan Venado.

Die Reserva Natural Isla Juan Venado ist eine 18 km lange Sandbank mit jeder Menge Badelöchern. Sie ist an manchen Stellen gerade mal 300 m breit, bietet aber vielen Tieren, darunter Schildkröten und Mücken, einen Lebensraum.

Die unberührteren Strände weiter südlich sind nicht so leicht zu erreichen. Salinas Grandes wird von Bussen aus León angesteuert; hier hat man Zugang zur Reserva Natural Isla Juan Venado.

Im La Bocanita in Poneloya können private *pangas* (kleine Motorboote) für bis zu vier Personen (70–100 US$) gechartert werden, die nach El Corinto, zur Surfing Turtle Lodge auf der benachbarten Isla Brasiles (0,75 US$) oder auch einfach nur die Küste hoch und wieder hinunter fahren.

Im Hotelito Oasis kann man sich nach Touren zur Isla Juan Venado (15 US$), Surfunterricht (15 US$) und Leihbrettern (halber/ganzer Tag 5/9 US$) erkundigen.

Schlafen

Olazul HOSTEL $

(☎8435-7936; www.hotelolazul.com; empalme, 1 km S; B 10 US$, Zi. mit Ventilator/Klimaanlage 45/50 US$; P❄≋) An einem breiten, offenen Strandabschnitt findet man die beste Unterkunft in der Gegend. Hinten stehen fünf süße kleine Hütten, es gibt einen Schlafsaal für sechs Personen, einen (schmutzigen) Pool und ein Restaurant mit Blick auf die Wellen.

Hotelito Oasis HOSTEL $

(☎8839-5344; www.oasislaspenitas.com; empalme, 3 km S; B/EZ/DZ 7/18/20 US$; ⓦ) Das Oasis ist seit Langem eine der Lieblingsadressen der Surfergemeinde. Es hat jenes faulentspannte Backpacker-Flair; dazu trägt sicher auch die Lage direkt am Strand bei. Die Zimmer sind groß und schlicht. Der Vierschlafsaal hingegen ist etwas dunkel und beengt.

★**Surfing Turtle Lodge** LODGE $$

(☎8640-0644; www.surfingturtlelodge.com; Isla los Brasiles, von La Bocanita aus auf der anderen Seite des Meeresarms; Zelt 5 US$, B 10–12 US$, Zi. ohne Bad 32 US$, Hütte mit Bad 40–60 US$; ⓦ) Schon die Fahrt zu diesem unwirklich paradiesischen Strandrefugium ist ein Abenteuer. Von La Bocanita in Poneloya aus nimmt man eine kleine Barkasse (0,75 US$ pro Strecke), dann läuft man 15 Minuten (oder zahlt 0,50 US$ für eine Pferdekutsche) bis zu dieser Strandlodge und Hippieenklave auf der 7 km langen Isla los Brasiles. Direkt vor der Haustür locken ein paar tolle Wellen (in erster Linie Left Breaks), nachts werden Lagerfeuer angezündet und die Wahrscheinlichkeit ist groß, dass man einfach hier bleibt … für immer!

Das Mehrbettzimmer im 2. Stock muss einer der schönsten Orte in ganz Zentralamerika sein: Der Blick aufs Meer ist einfach gigantisch. Der Strom wird um 18 Uhr eingeschaltet und es gibt ein hauseigenes Restaurant. Interessant ist das Schutzprogramm für Schildkröten. Besucher sind willkommen, genauso wie Reisende, die eine Weile Freiwilligenarbeit leisten wollen.

Playa Roca HOTEL **$$**
(☎8428-8903; www.playaroca.com; empalme, 2 km S; Zi. 35 US$, ohne Bad 25 US$; 📶) Die Lage ist wirklich malerisch: Man blickt auf eine Felsformation und zu beiden Seiten erstreckt sich ein hübscher Sandstrand. Die Zimmer, groß und spartanisch, sind okay (schöne Fliesenböden!).

ℹ An- & Weiterreise

An den Restaurant-Bars gleich nördlich vom Barco de Oro fahren Busse nach León ab (0,75 US$, alle 50 Min.). Wer mag, kann ein privates Boot nach Salinas Grandes chartern (mind. 4 Pers., 60 US$, 3 Std.); eine Tour durchs Naturschutzgebiet ist inklusive.

Die Strände an der Halbinsel Cosigüina

Die Halbinsel Cosigüina ist auf dem besten Wege, eine Insel zu werden: Zwei hübsche Ästuare knabbern auf beiden Seiten an ihr. Cosigüina hat einen Saum aus Sandstränden von Perlengrau (Jiquilillo) bis Kohlschwarz (Playa Carbón).

Playa Aserradores

Die hoppelige Fahrt ab der gut ausgeschilderten Ausfahrt am Chinandega-Potosí-Highway bis zu diesem langen Strand wird mit hervorragenden Wellen belohnt. Chancletas bietet Angel- (120 US$, 4 Std.) und Kajaktouren (30 US$, 6 Std.) an, verleiht Surfbretter (15 US$), Pferde (20 US$) und Räder (6 US$).

Die Surferunterkunft **Hotel Chancletas** (☎8868-5036; www.hotelchancletas.com; Asseradores; Zi. ohne Bad mit Ventilator 35 US$, Zi. mit Bad und Klimaanlage 80 US$; P❄📶) liegt an einem grasbewachsenen Hang mit Blick auf den legendären Boom-wavos Break. Auf dem Bettzeug in den Schlafsälen wurden schon mal mysteriöse tierische „Hinterlassenschaften" gefunden ... Die teureren Zimmer sind nett.

Busse machen sich in Chinandega um 14.30 und 16 Uhr auf den Weg hierhin. In die Gegenrichtung fahren sie um 5 Uhr und 7.45 Uhr (1 US$, 1½ Std.).

Playa Jiquilillo

Playa Jiquilillo ist ein Fischerdorf wie aus dem Bilderbuch. Es liegt an einer felsigen Landzunge; die Surfbedingungen sind hervorragend. Auf dem Gelände der **Reserva**

ABSEITS DER ÜBLICHEN PFADE

VULKANE & STRÄNDE IM NORDWESTEN

Im Nordwesten von Nicaragua gibt es viel zu erkunden:

- **San Jacinto** bietet Thermalquellen und kochende Schlammlöcher und ist der Ausgangspunkt für die Besteigung der drei Vulkane Telica, Rota und Santa Clara.
- Der **Volcán Momotombo** liegt 35 km südlich von León. Der Aufstieg zum Gipfel ist schweißtreibend und dauert einen ganzen Tag. Am praktischsten ist es, sich einer Tour ab León anzuschließen.
- **León Viejo** liegt am Fuß des Volcán Momotombo. Das 1524 gegründete alte León wurde nach noch nicht einmal 100 Jahren aufgegeben, nachdem die Stadt von einer Serie von Erdbeben verwüstet worden war. Die alte Siedlung versank vollständig unter der Asche des Momotombo. In León werden Ausflüge nach León Viejo angeboten, man kommt aber auch allein problemlos dorthin. Erst geht's mit dem Bus nach La Paz Centro (0,80 US$, 45 Min.), dann mit einem Anschlussbus nach Puerto Momotombo (0,50 US$), das weniger als 1 km von Alt-León entfernt ist.
- In der **Reserva Natural Pilas-El Hoyo** erhebt sich der Vulkan Cerro Negro, den die meisten Besucher hinuntersurfen wollen.
- **Puerto Sandino** ist eine typische Hafenstadt mit geradezu hawaiianisch großen Wellen.
- **El Transito** liegt ziemlich weit im Süden an der Pazifikküste. Die dortigen Wellen eignen sich prima für Anfänger.
- Auf dem **Volcán Cosigüina** eröffnet sich ein grandioser Blick über den Golfo de Fonseca nach Honduras und El Salvador.

Natural Estero Padre Ramos erstreckt sich der größte Mangrovenwald Zentralamerikas. In Los Zorros, neben der Finca Ecológica Trinchera, befindet sich ein **Besucherzentrum** (Los Zorros, 500 m E der Y-Kreuzung). Die Hostels Finca Ecológica Trinchera und Jiquilillo bieten Bootsfahrten (35–40 US$), zweistündige Vogelbeobachtungen (10 US$) und eine interessante nächtliche „Krabbentour" (10–20 US$) an, bei denen Einheimische den Besuchern die kommerzielle und ökologische Seite des Reservats zeigen.

Busse nach Chinandega (1 US$, 1½ Std.) fahren um 6, 7.30, 9.30, 13.15 und 15.30 Uhr ab und kehren um 6.30, 10, 11.30, 15 und 16.30 Uhr vom Mercadito Chinandega zurück.

Schlafen

★ Rancho Tranquilo HOSTEL $
(☎ 8968-2290; www.rancho-tranquilo-nicaragua.com; B 7 US$, Hütten ohne Bad 20 US$; Ⓟ) Die beste Budgetunterkunft vor Ort besteht aus ein paar Bungalows und einem kleinen Schlafsaal an einem Privatstrand. Die Bar und die Aufenthaltsbereiche sind klasse und es gibt vegetarisches Abendessen (3–5 US$).

Hospedaje Rancho Esperanza PENSION $
(☎ 8879-1795; www.rancho-esperanza.com; B 6 US$, Cabañas EZ/DZ 10/16 US$) Die einfachen Bambushütten sind über eine Rasenfläche ein Stück abseits vom Strand verteilt. Man sollte die Mitarbeiter wissen lassen, dass man auf dem Weg zu ihnen ist.

Finca Ecológica Trinchera PLANTAGE $
(☎ 8382-8560; www.fincatrinchera.com; Los Zorros, 500 m E der Y-Kreuzung; B 8 US$, Zi. ohne Bad 12 US$ pro Pers.) Keine Lust auf Strand? Eine Alternative landeinwärts ist diese 2 ha große Obstplantage.

Monty's Surf Camp LODGE $$
(☎ 8949-1952; www.nicaraguasurfbeach.com; B 20 US$, EZ/DZ 65/70 US$, ohne Bad 35/40 US$; @) Die nobelste Bleibe ist diese Mischung aus Hotel und Surfercamp direkt am Wasser. Die Lounge und die Gemeinschaftsbereiche sind hübsch. Sie vermitteln ein Paradies-Feeling vom Feinsten.

NÖRDLICHES NICARAGUA

Nun hat man den zentralamerikanischen „Backpacker-Highway" ganz offiziell hinter sich gelassen und ist in einer Gegend gelandet, in der quietschbunte Quetzals in Nebelwäldern nisten und der beste Kaffee und Tabak Nicaraguas mit kapitalistischem Eifer und Gemeinschaftssinn angebaut werden. Mit etwas Zeit und Hingabe wird man alte Kathedralen und zahllose Wasserfälle zu sehen bekommen, Schluchten erkunden und den Freibeutern, Kolonialherren, Revolutionären, Künstlern und Dichtern Tribut zollen können, die sich von diesen fruchtbaren Bergen inspirieren ließen und mit den bescheidenen, offenen Menschen in Kontakt kamen, die hier schon seit Generationen leben.

Estelí

122 900 EW.

Estelí hat viele Gesichter. Die Universitätsstadt ist eine Sandinisten-Hochburg und ein wichtiges Handelszentrum für die Tausenden von Bauern aus den umliegenden Hügeln. Unter der Woche beginnt der Tag vielleicht mit einer Runde Yoga bei Sonnenaufgang vor dem Spanischunterricht, samstags mischt man sich dann auf dem riesigen Lebensmittelmarkt unters Volk und trifft die Händler später, gegen Mitternacht, auf der Tanzfläche einer *ranchero*-Bar wieder. Ebenfalls bemerkenswert sind natürlich die hervorragenden Zigarren und der Feuereifer, mit dem die tief im Sozialismus verwurzelte Stadt sich auf die „neumodischen" Spielautomaten gestürzt hat! Man muss wahrlich kein Che-Guevara-Anhänger sein, um Estelí zu verfallen.

Wegen der strategischen Lage am panamerikanischen Highway in der Nähe der Grenze zu Honduras war Estelí während der Revolution heftig umkämpft und spielte auch im Contra-Krieg eine wichtige Rolle, kein Wunder also, dass die Sandinisten hier nach wie vor sehr viele Anhänger haben. Davon zeugen Wandmalereien und man wird wahrscheinlich auch ein paar politische Kundgebungen miterleben. Sehr sehenswert sind die Kollektiv-Farmen in den umliegenden Nebelwäldern.

Sehenswertes

Die Topattraktionen liegen zwar außerhalb, doch es gibt auch ein paar Sehenswürdigkeiten in der Stadt, z. B. die **Kathedrale** (erb. 1823) mit der bildschönen Fassade oder die allgegenwärtigen **Wandmalereien**. Viele davon stammen von Teilnehmern des **Funarte-Wandmalerei-Workshops** (www.funarte.org.ni) für Kinder.

★ **Galería de Héroes y Mártires** MUSEUM
(☎2714-0942, 8419-3519; galleryofheroesandmartyrs.blogspot.com; Av 1a NE, Calle Transversal, ½ c N; Spenden erbeten; ⏲Di–Fr 9.30–16 Uhr) Ein Muss ist diese bewegende Galerie mit verblichenen Fotos, Kleidungsstücken und Waffen, die den Männern und Frauen gewidmet ist, die ihr Leben in der Revolution ließen.

Museo de Historia y Arqueología MUSEUM
(☎2713-3753; Catedral, 2 c E, 3 c N; ⏲Mo–Fr 8–12 & 14–17 Uhr) In einer großen Betonpyramide im Norden der Stadt ist eine kleine, aber interessante Sammlung aus Tonwaren und Petroglyphen lokaler prähispanischer Kulturen ausgestellt.

Casa de Cultura Leonel Rugama KULTURZENTRUM
(☎2713-3021; Ecke Av 1a NE & Calle Transversal; ⏲8–20 Uhr) Kunst-, Tanz- und Musikunterricht werden in der Casa de Cultura angeboten. Bei den „Narben" in der Fassade des früheren Wohnhauses eines hochrangigen Somoza-Beamten handelt es sich um Einschusslöcher.

Kurse

Escuela de Héroes y Mártires SPRACHKURSE
(☎8419-3519; in der Galería de Héroes y Mártires; mit/ohne Gastfamilienunterkunft 180/100 US$ pro Woche) Spanischkurse mitten in der Stadt.

CENAC Spanish School SPRACHKURSE
(☎2713-5437; www.spanishschoolcenac.com; Panamericana, zw. Calle 5a SE & Calle 6a SE; mit/ohne Gastfamilienunterkunft 180/110 US$ pro Woche) Professionell geführte Spanischschule, Unterricht für alle Stufen.

Geführte Touren

★ **Tree Huggers** TOUREN
(☎8496-7449; treehuggersnicaragua.wordpress.com; Av 2a NE & Calle 3a NE; ⏲8–20 Uhr) Der nette, dynamische Reiseveranstalter ist der Spezialist für Ausflüge nach Miraflor, hat aber noch weitere interessante Gemeindetourismusprojekte im Programm. Super: die Zigarrentour.

Tabacalera Cubanica ZIGARRENTOUR
(☎2713-2383; Panamericana & Calle 7a SE) Der Pionier. In dieser Fabrik werden Padrón-Zigarren hergestellt, die prestigeträchtigste (und teuerste) Marke Nicaraguas.

Drew Estate ZIGARRENTOUR
(www.cigarsafari.com; Barrio Oscar Gamez 2) Der innovativste Zigarrenhersteller von Estelí.

Plasencia Cigars ZIGARRENTOUR
(☎2713-4074; Escuela Normal, 200 m N) Ein riesiges Unternehmen, das mehr als 30 Sorten *puros* produziert, auch Bio-Zigarren.

Schlafen

Hotel Nicarao PENSION $
(☎2713-2490; hotelnicarao79@yahoo.es; Av Central, Calle Transversal, ½ c S; Zi. 19 US$ pro Pers., ohne Bad 12 US$; 📶) Von außen pfui, von innen hui. Eine charmante Pension mit Garten und netten Zimmern rund um einen großen Hof voller Sofas und Schaukelstühle. Hervorragendes Preis-Leistungs-Verhältnis.

Hostal Miraflor PENSION $
(☎2713-2003; Av Central, Calle 2a NE, ½ c N; EZ/DZ/3BZ 12/17/25 US$; 📶) Netter Familienbetrieb mit bescheidenen Zimmern, die gefliesten Bäder sind aber ganz neu und Warmwasser gibt's auch. Gut, die Matratzen biegen sich durch und die Wände sind feucht, doch die Preise sind günstig, auch für das Essen.

★ **Hotel Los Arcos** HOTEL $$
(☎2713-3830; hotelosarcos@hotmail.com; Ecke Av 1a NE & Calle 3a NE; EZ/DZ mit Ventilator 45/50 US$, mit Klimaanlage 55/60 US$, alle inkl. Frühstück; P ❄) Eine gemeinnützige Organisation betreibt das Los Arcos, unverändert die Nr. 1 in der Stadt, auch wegen der genialen Lage einen Block nördlich der Kathedrale. Von der Dachterrasse überblickt man die Berge und die Stadt. Die makellos sauberen Zimmer warten mit weichem Bettzeug, spanischen Fliesen und hohen Decken auf.

Hospedaje Luna HOSTEL $$
(☎8441-8466; www.cafeluzyluna.com; Ecke Av 2a NE & Calle 3a NE; B/EZ/DZ/3BZ 7/15/25/30 US$; 📶) Zentrale Lage, saubere Zimmer, ein Hof zum gemeinschaftlichen Chillen und eine Fülle an Infos zu Estelí und Umgebung … Dieses gemeinnützige Hostel ist der erklärte Backpackerfavorit.

Sonati HOSTEL $$
(☎2713-6043; sonati.esteli@gmail.com; Catedral, 3½ c E; B 6–7 US$, EZ/DZ/3BZ 15/25/40 US$; 📶) Wie in einer großen WG fühlt man sich in diesem entspannten Hostel. Es gibt reichlich Aufenthaltsbereiche, eine große Gemeinschaftsküche und einen schönen Garten.

Essen

Eine solide Adresse für Selbstversorger ist der **Supermercado Las Segovias** (Ecke Calle 4a SO & Av 1a NO). Dort gibt's oft Gourmetkaffee im Angebot. Der städtische **Markt**

Estelí

0
400 m
UCA Miraflor
Museo de Historia y Arqueología (70 m)
Río Estelí
Av 1a NO
Av Central
Av 1a NE
Av 2a NE
Av 3a NE
Av 5a
Calle 4a NE
Calle 3a NE
Calle 2a NE
Calle 1a NE
Calle Transversal
Rathaus
Intur
BanPro
BAC
Galería de Héroes y Mártires
Calle 1a SE
Calle 2a SE
Calle 3a SE
Calle 4a SE
Calle 5a SE
Calle 6a SE
Calle 7a SE
Calle 8a SE
Calle 9a SE
Calle 10a SE
Calle 11a SE
Calle 1a SO
Calle 2a SO
Calle 3a SO
Calle 4a SO
Calle 5a SO
Calle 6a SO
Calle 7a SO
Calle 8a SO
Calle 9a SO
Calle 10a SO
Calle 11a SO
Calle 12a SO
Calle 13a SO
Calle 14a SO
Spielplatz
Panamericana
Cotran Norte
Cotran Sur
Los Pipitos (500 m); Semaforo Rancho Bar (750 m); La Casita (1 km)

Estelí

Highlights
1 Galería de Héroes y Mártires B2

Sehenswertes
2 Casa de Cultura Leonel Rugama B2
3 Catedral B2

Aktivitäten, Kurse & Touren
4 CENAC Spanish School C7
Escuela de Héroes y Mártires ....(s. 1)
5 Tabacalera Cubanica C5
6 Tree Huggers B1

Schlafen
7 Hospedaje Luna B1
8 Hostal Miraflor B1
9 Hotel Los Arcos B1
10 Hotel Nicarao B2
11 Sonati C2

Essen
12 Buffet Castillo A3
13 Café-Arte Tipiscayán C1
14 El Quesito C2
15 Bauernmarkt B2
16 Koma Rico B2
17 Mercado B7
18 Supermercado Las Segovias A4

Ausgehen & Nachtleben
19 Mocha Nana Café C2

Unterhaltung
20 Cinema Estelí B2

Shoppen
21 Artesanías La Esquina B1

(Ecke Calle 12a SO & Av 1a SO) bietet eine tolle Auswahl an unfassbar frischen Lebensmitteln. Im Parque Central findet jeden Freitagmorgen ein **Bauernmarkt** (Parque Central; 7–12 Uhr) statt.

Buffet Castillo NICARAGUANISCH $
(2713-0337; Parque Central, 4 c S, ½ c O; Gerichte 2–3,50 US$; Mo–Sa 7–15 Uhr) Der nette Diner bietet restaurantwürdige Gerichte wie Rippchen, Bratfisch oder Jalapeño Chicken zu Tiefstpreisen und ist mittags oft überfüllt.

El Quesito NICARAGUANISCH $
(Ecke Calle 2a NE & Av 4a NE, Del Asoganor, 1 c N; Snacks 1–2 US$, Gerichte 3–4 US$; 6.30–20 Uhr) Rustikaler Imbiss mit selbst gezimmerten Holzstühlen, in dem es hausgemachten Joghurt mit Früchten aus der Gegend, *quesillos* und *leche agria* (Dickmilch) gibt ... Ebenfalls lecker: das (fettarme) nicaraguanische Frühstück und die Menüs.

La Casita CAFÉ $
(Panamericana; Snacks 1–2 US$; Di–So 9–19 Uhr) Ca. 1 km südlich der Stadt (1 US$ mit dem Taxi) liegt La Casita versteckt in einem Garten mit plätscherndem Bach. Dort kann man genüsslich einen Kaffee oder Chai trinken, Müsli mit selbst gemachtem Joghurt knuspern oder rustikales dunkles Brot mit verschiedenen Aufstrichen oder Käse verzehren.

Koma Rico NICARAGUANISCH $
(Cinema Estelí, 2 c E; Gerichte 2–3 US$; 18–22 Uhr, Fr geschl.) In der beliebten *fritanga*, die nach dem Prinzip „getestet und für gut befunden" schmackhaftes Grillfleisch und eiskaltes Bier serviert, sollte man sich den Teller turmhoch füllen.

★ **Café-Arte Tipiscayán** NICARAGUANISCH $$
(2713-7303; Calle 4a NE, Av 4a NE, 10 m E; Snacks 2–4 US$, Hauptgerichte 6–8 US$; Do–Di 12–22 Uhr) Die Familie des Specksteinkünstlers Freddy Moreno aus San Juan de Limay verwöhnt die Gäste mit höchst traditioneller Küche. Es gibt *güirílas* (Maispfannkuchen) und Quark, *montucas* (nicaraguanische *tamales*), gegrilltes Fleisch und ausgezeichneten Kaffee.

Ausgehen & Nachtleben

Die meisten Bars und Clubs liegen an der Panamericana.

★ **Semaforo's Ranchon Bar** BAR, RESTAURANT
(Panamericana, Hospital 300 m S; Do–So 20–5 Uhr) Diese Bar mit Innen- und Außenbereich, *palapa*-Dach und Pavillon versorgt das Publikum mit erstklassiger Livemusik. Mit Stiefeln und Cowboyhut wird getanzt, was das Zeug hält.

Cigarszone CLUB
(Panamericana) Großer Club mit viel funkelndem Billigschmuck und einer Hightech-Beleuchtung.

Mocha Nana Café CAFÉ
(2713-3164; Calle Transversal, Av 4a SE, ½ c E; Getränke 1,50 US$; 11–21 Uhr) Hier treffen sich die Intellektuellen, um bei einer Tasse Kaffee und leckeren Waffeln über Politik und Kultur zu diskutieren. Gewöhnlich sorgen lokale Bands freitagabends für musikalische Unterhaltung (Eintritt 1,50 US$).

Unterhaltung

Cinema Estelí KINO
(Calle 1a NE; Karten um 2,25 US$) Ein Kino aus den guten alten Zeiten.

Shoppen

Maßgeschneiderte Cowboyboots (ca. 80 US$) und andere Lederwaren werden in den Werkstätten südlich des Supermercado Las Segovias an der Av 1a SO hergestellt.

Artesanías La Esquina KUNSTHANDWERK
(☎2713-3239; Ecke Av 1a NE & Calle 3a NE; ⊙8–12 & 14–18 Uhr) Bildschöne Töpferwaren aus der Region.

Praktische Informationen

BAC (Ecke Calle Transversal & Av 1a NO) Der Geldautomat nimmt MasterCard/Cirrus- und Visa-Plus-Karten.

BanPro (Ecke Calle Transversal & Av 1a NO) Verlässlicher Geldautomat.

Lavanderia Express (☎2714-1297; Av 3a SE, Calle 1a SE, 30 m S, Migracion, ½ c N; 1 US$ pro 0,5 kg Wäsche; ⊙9–17 Uhr) Günstig Wäsche waschen und trocknen.

Intur (☎2713-6799; Plaza Plator, Parque Central, ½ c O; ⊙8–13 Uhr) Offizielle Touristeninformation mit einer Vielzahl von regionalen Broschüren, die Angestellten sind aber nicht sehr fit.

Polizei (☎118; Panamericana)

UCA Miraflor (Union landwirtschaftlicher Kooperativen Miraflor; ☎2713-2971; www.ucamiraflor.com; Ecke Av 4a NE & Calle 4a NE; ⊙Mo–Sa 8–12 & 12.30–17.30 Uhr) Infos und Buchungen fürs Reserva Natural Miraflor.

An- & Weiterreise

In Estelí gibt es zwei Busbahnhöfe: den bodenständigen **Cotran Norte** (☎2713-2529) samt einarmigen Banditen und Soft-Rock-Beschallung und den etwas gediegeneren **Cotran Sur** (☎2713-6162). Beide Terminals befinden sich am südlichen Stadtrand an der Panamericana.

Vom Cotran Norte geht's z. B. nach

Jalapa (3,50 US$, 2¾ Std., 2-mal tgl.)

Jinotega (via Concordia, San Rafael) (1,80 US$, 2½ Std., 6-mal tgl.)

León (2,80 US$, 2½ Std., 15.10 Uhr; Microbus 3 US$, 2 Std., Abfahrt wenn voll besetzt) Eine mögliche Alternative: den Matagalpa-Bus nehmen und in San Isidro umsteigen.

Managua (*expreso* 3 US$, 2½ Std., 4-mal tgl.) Die ersten drei Busse fahren sonntags nicht.

Masaya (3 US$, 3 Std., 2-mal tgl.)

Ocotal (1,25 US$, 1½ Std., stündl.) Zwischen 6 und 11 Uhr.

San Juan de Limay (1,80 US$, 2 Std., 7-mal tgl.)

Somoto (1,15 US$, 1½ Std., stündl.)

Reiseziele ab dem Cotran Sur:

León (2,80 US$, 2½ Std., 5, 5.45, 6.45 Uhr) Die ersten beiden Busse fahren sonntags nicht.

Managua (*expreso* 3 US$, 2½ Std., stündl.; *ordinario* 2,25 US$, 3½ Std., alle 30 Min.) Die ersten beiden Expressbusse fahren sonntags nicht.

Matagalpa (*ordinario* 1,25 US$, 1¾ Std., alle 30 Min.)

Área Protegida Miraflor

Das verlockende Miraflor liegt etwa 30 km nordöstlich von Estelí. Es ist ein riesiges Gebiet, das als Privatland unter der Leitung der Gemeinde steht und zum Naturschutzgebiet erklärt wurde. Es besteht vor allem aus Ackerland und umfasst in einer Höhe von 800 bis 1450 m drei Klimazonen von trocken bis feucht.

Miraflor ist ein großartiges Refugium, wo man weit weg von allem ist. Hier kann man ganz im Lebensstil der traditionellen Kaffeeanbau-Gemeinden aufgehen, entspannt wandern, Vögel beobachten oder reiten. Es gibt auch mehrere Freiwilligenprojekte, an denen man teilnehmen kann. Ein eigentliches Zentrum existiert nicht, aber in dem ganzen Gebiet liegen verstreut Fincas (Landgüter) und rundherum mehrere kleine Ortschaften.

Die UCA Miraflor (s. o.) in Estelí verwaltet das Naturschutzgebiet und kann bei der Planung eines Besuchs behilflich sein, einen englischsprachigen Guide vermitteln und Übernachtungen bei Familien organisieren. Tree Huggers (S. 535) liefert detaillierte Infos zur Reiseplanung und nimmt ebenfalls Reservierungen vor.

Sehenswertes & Aktivitäten

Preisgünstige lokale **Guides** (15 US$ pro Tag, Pferde 10 US$ pro Pers.) warten gewöhnlich an der Bushaltestelle auf Neuankömmlinge. Sie kennen die besten Wanderungen und helfen Ortsfremden dabei, Einblicke in Miraflors Geschichte und Alltag zu gewinnen.

In der Saison finden Spezialtouren zum Thema Kaffee (mit/ohne Probe 70/30 US$, bis zu 10 Teilnehmer), Orchideen (30 US$, bis zu 10 Teilnehmer) und Vögel (60 US$, bis zu 6 Teilnehmer) statt; sie sollten vorab über UCA Miraflor reserviert werden.

Manche Grundstücksbesitzer verlangen Eintritt zu den Sehenswürdigkeiten bzw. dafür, dass man ihr Land betreten darf, deshalb: ausreichend Kleingeld mitbringen.

Die meisten Besucher wollen die örtlichen Gemeinden kennenlernen. **Coyolito** bietet einen schönen Aussichtspunkt und Wasserfälle, **Cebollal** hat eine touristische

Infrastruktur und gewährt Zugang zu **Los Volcancitos**, einem Stück unberührtem Nebelwald. **Sontule** ist top, wenn man etwas über Kaffee lernen möchte. In der Nähe von **La Perla** befindet sich eine Lagune und bei **La Pita** ist ein Badeloch zu finden.

Schlafen & Essen

In dem Naturschutzgebiet gibt es eine Reihe von Übernachtungsmöglichkeiten, die allesamt bei der UCA Miraflor oder bei Tree Huggers in Estelí gebucht werden sollten.

Die **Zimmer in den Bauernhäusern** (mit/ohne Mahlzeiten 19/8 US$ pro Pers.) ermöglichen den direktesten Kontakt zu einheimischen Familien, in den **cabañas** (mit/ohne Mahlzeiten 24/10 US$ pro Pers.) hat man dafür mehr Privatsphäre. Beide Optionen (z. T. mit Plumpsklos) sind sehr rustikal.

Wer wert auf Komfort legt, sollte sich in der **Finca Neblina del Bosque** (☎8701-1460; www.visitamiraflor.com; Cebollal; B mit/ohne Mahlzeiten 7/19 US$, cabañas inkl. Mahlzeiten 25–38 US$ pro Pers.) einquartieren, die von einem nicaraguanisch-deutschen Paar betrieben wird. Es ist die luxuriöseste Unterkunft in Miraflor, hat dafür aber auch erheblich weniger ländliches Flair.

Man beachte, dass das gesamte Schutzgebiet „trocken" ist, sprich: Es werden keine alkoholischen Getränke verkauft.

An- & Weiterreise

Am Cotran Norte in Estelí fahren Busse in verschiedene Teile des Schutzgebiets ab (jeweils ca. 0,70 US$ für alle Ziele). Die Busse nach El Coyolito (1 Std.), im unteren südwestlichen Teil, und nach La Pita fahren von der Pulperia Miraflor am nördlichen Stadtrand von Estelí ab. In Estelí kann man bei der UCA Miraflor die beste Busverbindung für sein Ziel heraussuchen.

Área Protegida Cerro Tisey-Estanzuela

Dieses Schutzgebiet nur 10 km südlich von Estelí ist kleiner, trockener und weniger dicht besiedelt als die Área Protegida Miraflor, aber mindestens genauso bildschön. Wer mag, kann einen Tagesausflug ab Estelí unternehmen, allerdings liegen die Attraktionen über das 9344 ha große Gelände verteilt und es fahren nur wenige öffentliche Verkehrsmittel. Mehr sehen wird man also, wenn man über Nacht bleibt.

Eine unbefestigte Straße neben dem Krankenhaus San Juan de Dios in Estelí führt zum Haupteingang. In den niedrigen Höhenlagen des Parks, gerade mal 5 km von Estelí entfernt, stürzt sich der hübsche **Salto Estanzuela** (Eintritt 1 US$) über eine mit Bromelien bewachsene Klippe 36 m in die Tiefe. Unlängst sind mehrere Überfälle auf dem Pfad von der Tisey-Hauptstraße zum Wasserfall gemeldet worden, deshalb besser in Begleitung gehen und Wertgegenstände im Hotel lassen.

Hinter den Wasserfällen steigt die Straße an und führt immer weiter hinauf in die Berge zur Eco-Posada. Dort warten ein paar spanischsprachige Guides auf Kundschaft (20–25 US$ pro Tag). Der nahe gelegene 2 km lange **Wanderweg Mirador de Tisey** ist absolut umwerfend. Ein Stück weiter die Straße hinunter gelangt man zu Alberto Gutiérrez' einzigartiger **Galería del Arte el Jalacate** (Spende statt Eintritt).

Weitere 3 km hinter der *galería* liegt das niedliche Dörfchen **La Garnacha**. In der Kapelle hielten sich Flüchtlinge einer Contra-Invasion während des Kriegs versteckt. Die **Milchhofkooperative** (☎8658-1054; garnachaturistica@yahoo.es; Comunidad La Garnacha) stellt Ziegenkäse nach italienischem Vorbild her und organisiert verschiedene Aktivitäten. In La Garnacha findet man übrigens auch die besten Schlafgelegenheiten von Tisey.

Schlafen & Eating

In dem *comedor* von La Garnacha werden hervorragende Mahlzeiten (3–5 US$) aus regionalen Biozutaten zubereitet.

Cabañas La Garnacha LODGE $
(☎8658-1054; garnchaturistica@yahoo.es; La Garnacha; Zi. 15 US$, cabañas 20–40 US$) Die von der Gemeinde betriebenen Hütten mit Blick auf einen kleinen See haben Warmwasser und eignen sich für zwei bis zehn Personen. Hier kann man sich auch einfache Zimmer (3 US$) in Gastfamilien organisieren.

Eco-Posada LODGE $
(☎8386-1427, 2713-6213; Zi. 6 US$ pro Pers., cabañas 14 US$) Die Gäste übernachten in komfortablen Hütten mit modernen Toiletten (also mit Spülung) und auf den Veranden vorn kann man in Hängematten mit Blick auf den Bach faulenzen.

An- & Weiterreise

Täglich fahren zwei Busse nach Tisey (1 US$, 1½ Std.). Sie sind mit „La Tejera" beschildert und verlassen das Terminal Cotran Sur in Estelí um 6.30 und 13.30 Uhr. Sie passieren den Salto

Estanzuela und die Eco-Posada, bevor sie an der Abzweigung nach La Garnacha halten; von dort sind es noch 1,5 km bis ins Dorf. An derselben Abzweigung fahren um 8.30 und 15.30 Uhr Busse zurück nach Estelí. Achtung: Mittwochs keine Verbindungen!

In der Trockenzeit könnte man in Estelí einen Taxifahrer für einen Tag anheuern (ca. 40–50 US$ für 5 bis 6 Std.).

Der Salto Estanzuela ist zu Fuß ca. 90 Minuten, mit dem Rad 40 Minuten vom Krankenhaus in Estelí entfernt. Eine Taxifahrt kostet zwischen 8 und 10 US$.

Somoto

37 000 EW.

Das kleine Somoto stand früher noch nicht auf der To-do-Liste von Besuchern im Norden Nicaraguas. Bis 2003 war dies tatsächlich nur eine weitere verschlafene Kolonialstadt im Schatten von Honduras und bekannt für die vielen Esel und *rosquillas* (Maiskuchen). Doch dann stolperten zwei tschechische Wissenschaftler über eine Spalte in der unebenen Tonerde außerhalb der Stadt und „entdeckten" die Granitlandschaft des Cañon de Somoto (Somoto-Schlucht) gerade mal 75 Millionen Jahre nach seiner Entstehung; hier entspringt der Río Coco.

„Entdeckung" steht in Anführungsstrichen, weil die Einheimischen natürlich schon immer von der Existenz der Schlucht gewusst haben. Sie nannten sie La Estrechura. Den Chorotegas, den Ureinwohnern, war die Region hingegen als Tepezonate (Wasserberg) bekannt.

Sehenswertes

Monumento Nacional Cañon de Somoto PARK

(Eintritt 2 US$) Ein Ausflug in diese Schlucht ist eins jener Erlebnisse, die man auf keinen Fall verpassen darf! Drei Routen führen durch den Cañon. Der 12 km lange Rundweg (6 Std.) macht einen Schlenker zu zwei Fledermaushöhlen weit über der Schluchtkante, bevor es zum Fluss hinunter geht, wo man von Fels zu Fels hüpft, durch (kleine) Stromschnellen schwimmt und von 8 m hohen Felsen in tiefe Wasserlöcher springt.

Besonders beliebt ist der 6 km lange Rundweg (4 Std.), der direkt in der Schlucht beginnt, in der Schwimmen, Wandern und Hüpfen im Schatten der Schieferwände und zackigen Gipfel angesagt ist.

Keine Lust auf körperliche Betätigung? Dann ist die 3-stündige „Light"-Version genau das Richtige. Die Teilnehmer werden in einem kleinen Boot den Fluss hinaufgepaddelt und lassen sich dann in aufblasbaren Reifen gemütlich zurücktreiben.

Wer sich nur den Unterlauf ansehen möchte, benötigt keine Guides, ihr Know-How ist aber absolut unerlässlich, wenn man sich weiter in die Schlucht vorwagen will (halber/ganzer Tag für bis zu 5 Pers. 15–20 US$). Die Guides aus der Gemeinde Sonis am Eingang zum Schutzgebiet haben sich zu einer **Kooperative** (☎ 8676-5883; Carretera Somoto–El Espino, Km 229,5) zusammengeschlossen und arbeiten nach einem Rotationsprinzip. Sie haben ein tolles Angebot ausgearbeitet: Es umfasst die Taxifahrt ab Somoto, eine Schwimmweste und Wasserschuhe, einen verschließbaren Beutel für Wertgegenstände, den Eintritt, einen Guide und eine Bootsfahrt für 25 US$ pro Person. Darüber hinaus können Ausritte in die Berge ringsum unternommen und Übernachtungen bei Einheimischen organisiert werden, damit man noch mehr Zeit zum Wandern und Entdecken hat. Eine mögliche Alternative ist ein Ausflug hierhin mit einem der professionellen Guides von **Cosermuturma** (☎ 2722-2340, 8630-0704; reymen2008@hotmail.com; Enitel, 7½ c S) in Somoto.

Wer nur nach Somoto gekommen ist, um sich die Schlucht anzusehen, kann bei einer der Familien vor Ort übernachten; das ist Teil des Gemeindetourismusprojekts in dem Dorf **Sonis**, gleich neben dem Eingang zur Schlucht (5–7 US$ pro Nacht). Zimmer über **Henry Soriano** (☎ 8610-7642; Carretera Somoto–El Espino, Km 229,5) reservieren.

Mit den Bussen nach El Espino (0,40 US$, 30 Min.) geht's vom Busbahnhof zum Startpunkt des Wanderwegs zur Schlucht bei Km 231 (nahe Sonis). Eine Taxifahrt kostet ca. 5 US$. Von dort aus sind es 3 km Fußmarsch, u. a. über den Fluss hinweg, der mehr als 1 m tief sein kann. Der letzte Bus zurück nach Somoto kommt gegen 17.30 Uhr vorbei.

Im Oktober ist die Schlucht oft gesperrt, weil der Fluss dann zu viel Wasser führt. Am besten die Guides kontaktieren.

Jinotega

46 000 EW. / 995 M

In einem winzigen Tal liegt die „Stadt der Nebel", eingeschlossen von Bergen, die in Nebelwälder gehüllt und von tiefen Schluchten zerfurcht sind. Granitkämme krönen die Gipfel.

Während in Matagalpa der Kaffeetourismus boomt, verspricht Jinotega Abenteuer und hat eine vielversprechende Zukunft, bislang sind die Entwicklungshelfer den Urlaubern allerdings noch zahlenmäßig überlegen. Man kann auf altem Kopfsteinpflaster wandeln, den nahe gelegenen Lago de Apanás besuchen und in die nebelverhangenen Berge wandern, um dort mit Einheimischen Kaffeebohnen zu ernten und durch Primärwald zu schlendern. Man sollte den Cerro La Cruz unbedingt bei klarem Wetter erklimmen, um das Tal in all seiner jadegrünen Pracht bewundern zu können.

Jinotegas Spitzname kommt übrigens nicht von ungefähr. Die Durchschnittstemperatur liegt bei gerade mal 20 °C und manchmal fallen um die 2600 mm Regen pro Jahr, deshalb sollte man Regenkleidung und ein warmes Fleece für kalte Abende mitbringen.

Sehenswertes & Aktivitäten

Der schönste Teil der **Catedral San Juan** (erb. 1805) ist der Altarraum mit den weißen Bogen, den himmlischen Heiligenskulpturen und dem vergoldeten Kastanienholzaltar. Gegenüber der Kathedrale liegt der charmante **Parque Central**, in dem Palmen und riesige Lorbeerbäume Schatten spenden.

★ Cerro La Cruz RELIGIÖSES WAHRZEICHEN

Vom Friedhof aus geht es auf einem steilen Weg eine Stunde lang zum Stadtkreuz hinauf. Es steht auf einem felsigen Grat und wurde 1703 von dem Franziskanermönch Fray Margíl de Jesús aufgestellt.

La Biosfera FARM

(☎ 8698-1439, 8427-8414; www.hijuela.com/labiosferaretreat; Carretera vieja Matagalpa) Dieser von Amerikanern betriebene Permakulturbetrieb liegt nur 3 km außerhalb der Stadt und bietet einen phantastischen Ausblick und 7 ha Wald. Freiwillige Helfer sind willkommen; sie zahlen weniger für ihre Unterbringung.

Geführte Touren

Cuculmeca KULTURELLE TOUR

(☎ 2782-3579; www.cuculmeca.org; Barrio Daniel Teller, Salida al Guayacán; ⌚ Mo–Fr 9–17 Uhr) Eine engagierte NRO, die Unterkünfte und Guides für Besuche auf Farmen und bei nachhaltigen Tourismusprojekten in der Reserva Natural Cerro Datanlí–El Diablo und rund um San Rafael del Norte vermittelt.

Schlafen

Hotel Primavera PENSION $

(☎ 2782-2400; Parque Central, 5 c N, 1 c E; EZ/DZ 8,50/12,50 US$, ohne Bad 5/10 US$) Die sonnigste und sauberste Budgetunterkunft ist frisch gefliest und auf den Betten liegen anständige Matratzen. Die goldige Besitzerfamilie ist in der Lobby anzutreffen. Punkt 22 Uhr wird die Tür abgeschlossen; wer sich länger „herumtreiben" will, sollte das vorher kundtun.

Hotel Bosawás HOTEL $

(☎ 2782-6689; Parque Central, 4 c N; EZ/DZ 10,50/14,50 US$, ohne Bad 6,50/8,50 US$; 📶) Eine Top-Budgetunterkunft mit erstklassigem Preis-Leistungs-Verhältnis. Durch die helle Lobby gelangt man zu den bescheidenen Zimmern; die im vorderen Teil bieten Gemeinschaftsbäder, haben Fenster zur Straße und sind tatsächlich netter als die teureren mit den En-suite-Bädern hinten.

Hotel Central HOTEL $$

(☎ 2782-2063; Parque Central, 1 c E, ½ c N; EZ/DZ/3BZ 10,50/19/25,20 US$; P) Nette Angestellte und komfortable Zimmer mit Warmwasser und Kabel-TV, die Wände sind allerdings ziemlich dünn. Mehr Licht bieten die Zimmer an der Nordseite.

Essen & Ausgehen

Rund um den Park gibt's ein paar Straßenimbisse und abends tauchen überall in der Stadt *fritangas* auf.

★ La Casa de Don Colocho BÄCKEREI $

(☎ 2782-2584; Parque Central, 3 c E, 3 c S; Gebäck 0,60–1,10 US$; ⌚ 7–20 Uhr; 👪) Jede Stadt würde sich über eine Bäckerei wie diese freuen. Die Zimtröllchen sind schwer und zuckrig, die Ananasteilchen haben Suchtfaktor.

Soda El Tico NICARAGUANISCH $

(☎ 2782-2059; Parque Central, 1 c E, ½ c S; Buffetgerichte 4 US$, Hauptgerichte 6 US$; ⌚ 7.30–22 Uhr) Das mit Abstand leckerste Essen gibt's hier: Soda El Tico ist ein klassisches Buffet-Restaurant.

Asados Gloria GRILLRESTAURANT $

(Hospital, ½ c O; Mahlzeiten 2–2,50 US$; ⌚ 12–21 Uhr) Na, endlich! Eine günstige *fritanga* mit nettem Ambiente und „richtigem" Salat.

La Terraza CAFÉ $$
(contiguo Banco Procredit; Hauptgerichte 6–7 US$; 12–22 Uhr) Schickes neues Café-Restaurant über dem Soda El Tico. Es wirkt mit den eleganten schmiedeeisernen Tischen eine Spur zu schick für das hart arbeitende, bodenständige Jinotega.

Café Flor de Jinotega CAFÉ
(2782-2617; www.soppexcca.org; Cotran Norte, 1½ c N; Espresso-Getränke 0,50–0,75 US$; 8–18 Uhr) Hier gibt's schlicht und ergreifend den besten Kaffee der Stadt (und möglicherweise auch der gesamten Ruta de Café).

Bar Jinocuba BAR
(Alcaldía, 5 c N; 12–0 Uhr, Di geschl.) Ein grooviger, alternativer Rockschuppen.

La Taverna BAR
(Parque Central, 2 c O; 12–0 Uhr) Die coolste Bar im nördlichen Hochland.

An- & Weiterreise

Es gibt zwei Busbahnhöfe. Das **Cotran Norte** liegt an dem Highway östlich der Stadt, das **Cotran Sur** befindet sich nahe dem südlichen Ortseingang.

Vom Cotran Norte geht's nach

Estelí (2 US$, 1¾ Std., 6-mal tgl.)
Pantasma (San Gabriel) (1,80 US$, 1½ Std., stündl.)
Pantasma (Asturias) (2 US$, 1½ Std., stündl.)
San Rafael del Norte (*ordinario* 0,80 US$, 40 Min.; *expreso* 1 US$, 30 Min.; alle 30 Min.)
Yalí (2 US$, 2 Std., 5-mal tgl.)

Reiseziele ab dem Cotran Sur:

Managua (3,40 US$, 3½ Std., 4–16 Uhr, 10-mal tgl.) Über die neue Straße; fährt nicht nach Matagalpa hinein.
Matagalpa (1 US$, 1¼ Std., alle 30 Min.)

Matagalpa

89 100 EW. / 902 M

Wer Kaffee, Berge und die Zivilisation liebt, sollte einen Zwischenstopp in Matagalpa einlegen. Seit Jahrzehnten sitzen hier bei Stadtfesten und auf dem Markt zunehmend mehr liberale Kaffeepatriarchen und sandinistische Subsistenzbauern Seite an Seite.

Wenn man dann keine Lust mehr auf Stadt hat, spaziert man einfach in Richtung der Hügel, läuft durch Primärwald zu rauschenden Wasserfällen, pflückt Kaffeebohnen, erkundet Minenschächte und lauscht *ranchero*-Troubadouren beim Improvisieren.

Sehenswertes

★ Casa Museo Comandante Carlos Fonseca MUSEUM
(Parque Rubén Darío, 1 c E; Spenden erbeten; 9–17 Uhr) Carlos Fonseca ist so etwas wie der sandinistische Malcolm X. Er wuchs in diesem bescheidenen Adobehaus in furchtbar ärmlichen Verhältnissen auf, gemeinsam mit seiner alleinerziehenden Mutter und vier Geschwistern. Heute beherbergt das Haus ein winziges, fesselndes Museum, in dem sein Lebensweg bis zu seinem Tode als Comandante nachgezeichnet wird.

Iglesia Catedral San Pedro KIRCHE
(Parque Morazán) Die weiß getünchte neoklassizistische Kathedrale von 1874 ist lichtdurchflutet.

Museo de Café MUSEUM
(Av José Beníto Escobar, Parque Morazán, 1 c S; Mo–Fr 8–12.30 & 14–17 Uhr) GRATIS Das faszinierende Museum wurde kürzlich renoviert. Die großen Hochglanzdarstellungen auf Spanisch und Englisch widmen sich den Wurzeln der regionalen Kaffeesorten und der modernen Kaffeeproduktion.

Iglesia San José KIRCHE
Die ursprünglich 1751 errichtete Kirche diente Ende des 19. Jhs. als Gefängnis für rebellische indígenos. Sie wurde 1917 wieder aufgebaut.

Aktivitäten

Reserva Natural Cerro Apante PARK
(Eintritt 1,50 US$) Der beliebteste Wanderweg von Matagalpa führt in dieses Reservat. Bis zum *mirador* läuft man hin und zurück zwei Stunden. Ausgangspunkt ist die Finca San Luis südlich vom Parque Dario (zu Fuß 20 Min. oder für 1 US$ mit dem Taxi).

Café Girasol WANDERN
(2772-6030; www.familiasespeciales.org; 6.30–22 Uhr) Ein karitatives Unternehmen, das Freiwilligenjobs anbietet und detaillierte Broschüren (1 US$) für einige Wanderungen in der Gegend von Matagalpa verkauft, die jeweils vier bis acht Stunden dauern.

Geführte Touren

★ Matagalpa Tours ABENTEUERTOUREN
(2772-0108, 8647-4680; www.matagalpatours.com; Mo–Fr 8–12.30 & 14–18, Sa 8–16 Uhr) Ein professionell aufgezogener Touranbieter mit englischsprachigen Angestellten, der eine

ABSEITS DER ÜBLICHEN PFADE

BOSAWÁS

Für Traveller, die gern mal abtauchen, ist das **Reserva de Biosfera Bosawás** genau das Richtige. Der nach dem Amazonas zweitgrößte Regenwald auf dem amerikanischen Kontinent ist ein magischer Ort spektakulärer, bewaldeter Gipfel und schnell fließender Flüsse, die durch kleine indigene Dörfer brausen. Hier gibt es weder Straßen, noch Hotels oder Strom, sodass ein Besuch hier eine Menge Abenteuer verspricht.

In das Reservat kommt man am einfachsten über den Ort **Wiwili** am Río Coco im Norden des Verwaltungsbezirks Jinotega. Auf dem Fluss verkehren keine öffentlichen Verkehrsmittel, aber wer keine Eile hat, kann auf den Booten örtlicher Händler oder Kooperativen die ganze Strecke bis zum Karibischen Meer mitfahren.

Man kann aber auch von Jinotega zum Dorf **Ayapal** fahren, wo in unregelmäßigen Abständen Boote den schmalen Río Bocay hinab an den mysteriösen Höhlen Tunawalan vorbei zum Mískito-Dorf San Andrés am Río Coco fahren.

Beim eigentlichen Reservat angekommen, kann man nur in den Dörfern der indigenen Mayanga und Mískito übernachten. Dort kann man sich irgendeine Art Unterkunft organisieren. Nachts wird es hier oft ziemlich kalt; also sollte man warme Kleidung sowie ausreichend Verpflegung, Wasserreinigungstabletten und Taschenlampe mitbringen.

Vielzahl von Ausflügen in Matagalpa und den umliegenden Hügeln arrangiert.

Kurse

Escuela de Español Matagalpa SPRACHKURSE
(☎2772-0108; www.matagalpa.info) Hat dieselben Betreiber wie Matagalpa Tours.

Schlafen

Hotel El Castillo HOTEL $
(☎2772-0034; hotelelcastillomt@gmail.com; Parque Morazán, 3 c E; EZ/DZ/3BZ 15/17/24 US$; 📶) Preiswertes, neues Hotel an einem Hang mit toller Aussicht, nur drei Häuserblocks vom Park entfernt.

Hotel Central HOTEL $
(☎2712-3140; Av José Benito Escobar, Parque Rubén Darío, 2½ c N; EZ/DZ/3BZ 11,50/15,50/21 US$; 📶) Schwankt je nach Zimmer irgendwo zwischen muffig und freundlich. Kabelfernsehen, dicke Kissen und neue Federkernmatratzen sind Standard.

Hospedaje Vic Pal PENSION $
(☎2772-6735; Parque Morazán, 3½ c N; Zi. 8 US$, EZ/DZ ohne Bad 3/6 US$) Extrem günstig und einfach, dabei aber sauber, ruhig und freundlich.

Luna International Hostel HOSTEL $
(☎8496-3408; www.cafeluzyluna.com; Gasolinera Uno, 3½ c E; B/Zi. 7/20 US$) 🍃 Wir waren kurz nach der Eröffnung dieser Filiale der beliebten Hostelkette aus Estelí zu Besuch. Die Zimmer sind sauber und geräumig, es gibt eine große Küche und reichlich Infos für Reisende.

La Buena Onda HOSTEL $$
(☎2772-2135; www.hostelmatagalpa.com; cancha Brigadista, 2½ c E; B/EZ/DZ 8/25/30 US$; 📶) Sauber, zentral gelegen und mit einem entspannten Flair präsentiert sich dieses feine Hostel, ein gemütliches Gebäude mit gut ausgestatteten Zimmern und geräumigen Schlafsälen inkl. Privatbädern und großen Schließfächern. Es bietet alles, was das Backpackerherz begehrt.

Essen

In den qualmenden Buden, die pünktlich zum Sonnenuntergang nördlich vom Supermarkt Palí und der Kathedrale öffnen, gibt's die hiesige Spezialität, *güirilas*. Sie werden aus frischer Mais-*masa* gemacht und sind süßer und dicker als die Durchschnitts-Tortilla.

Repostería Gutiérrez CAFÉ $
(☎2772-2502; Parque Morazán, ½ c S; Gebäck 0,50–1,50 US$; ⏲7–20 Uhr) Das leckere frische Gebäck und der hervorragende regionale Kaffee haben viele treue Fans.

El Mexicano MEXIKANISCH $
(Parque Morazon, 1 c N, 2½ c E; Hauptgerichte 3 US$; ⏲12–22 Uhr; 📝) Sieht von außen ziemlich schick aus, doch der Speisesaal drinnen ist eine informelle Angelegenheit. Der Besitzer und Koch stammt aus Guadalajara und bereitet günstige, authentische Küche aus seinem Heimatland zu.

ABSTECHER

KOFFEINHALTIGE ABENTEUER

Wer einen Einblick in das schwere Leben der *campesinos* (Bauern) im nördlichen Hochland Nicaraguas erhalten will, sollte in den kleinen Ort **San Ramón** fahren, 12 km östlich von Matagalpa. Dort hat die Landwirtschaftskooperative **UCA San Ramon** (☎2772-5247; www.agroecoturismorural.com; Guides 15 US$ pro Tag) ein einladendes Programm ins Leben gerufen, das phantastische Aktivitäten in den nahe gelegenen Dörfern La Pita, La Reina, La Corona und El Roblar bietet. Schwerpunkte der Touren sind nachhaltige Landwirtschaft, die Kultur und Küche auf dem Lande, die Kaffeeernte (in der Saison) und Aktivitäten wie Reiten und Tiere Beobachten. Busse nach San Ramón (0,45 US$) fahren alle 30 Minuten am Cotran Norte in Matagalpa ab, schneller kommt man aber mit einem Gemeinschaftstaxi ans Ziel (1,20 US$). Von San Ramón aus geht's zu Fuß oder mit dem Rad (10 US$ pro Tag) zu den Dörfern.

Maná de Cielo NICARAGUANISCH **$**
(Av Martínez, Parque Morazán, 3 c S; Gerichte 3–5 US$; ⏱7–21 Uhr) Das beliebteste Buffet-Restaurant von Matagalpa.

★ **La Vita é Bella** ITALIENISCH **$$**
(☎2772-5476; Parque Morazán, 2½ c E, 1½ c N; Pasta 3–4 US$, Hauptgerichte 5–8 US$; ⏱12–22 Uhr; ✎) Eine lokale Institution. Die Gäste genießen den Geschmack der günstigen, authentischen Speisen in einer relaxten Bistro-Atmosphäre. Hier bekommt man die so ziemlich beste Pizza (mit dünnem Boden) Nicaraguas!

Ausgehen

Artesanos BAR
(☎2772-2444; www.artesanoscafebar.blogspot.com; Parque Morazán, 1 c S, ½ c E; ⏱9–0 Uhr) Das coolste Bar-Café der Stadt.

Unterhaltung

Centro Cultural Guanuca KULTURELLES ZENTRUM
(☎2772-3562; Guadalupe, 1½ c S; ⏱10–22 Uhr) Eine gemeinnützige Frauenorganisation betreibt dieses tolle Kulturzentrum. Auf dem Progamm stehen Experimentalfilme und Konzerte.

Orientierung

Das im Westen vom Fluss eingegrenzte Zentrum Matagalpas konzentriert sich um zwei Einbahnstraßen, die die zwei wichtigsten Plätze, den Parque Morazán im Norden und den Parque Rubén Darío im Süden, miteinander verbinden. Die Stadtkathedrale steht am Parque Morazán, die Budgetunterkünfte liegen rund um den Parque Darío.

Praktische Informationen

BAC (Parque Morazán, ½ c S)

Correos de Nicaragua (Parque Morazán, 1 c S; ⏱8–13 Uhr)

Intur (☎2772-7060; Av Martínez, Parque Morazán, 3 c S; ⏱8–14 Uhr) Die Flyer sind ganz nützlich, das war es allerdings auch schon.

An- & Weiterreise

In Matagalpa gibt es zwei Hauptbusterminals: Am sauberen, gut durchorganisierten **Cotran Sur** (☎2772-4659) ca. 800 m westlich des Parque Rubén Darío fahren Busse nach Managua und zu anderen Reisezielen im Süden ab.

Hier ein paar Verbindungen:

Chinandega (3,40 US$, 3½ Std., 2-mal tgl.)
Ciudad Darío (0,85 US$, 1 Std., 6-mal tgl.)
Estelí (1,20 US$, 2¼ Std., alle 30 Min.)
Jinotega (1 US$, 1½ Std., alle 30 Min.)
León (3 US$, 2½ Std., 4-mal tgl.)
Managua (*ordinario* 2,10 US$, 2¾ Std., alle 30 Min.; *expreso* 3 US$, 2¼ Std., stündl.)
Masaya (3 US$, 3 Std., 2-mal tgl.)

Im Vergleich zum Cotran Sur ist das **Cotran Norte** (Cotramusun) chaotisch und verwirrend. Die Busse steuern folgende Orte an:

El Cuá (3,20 US$, 4 Std., 6-mal tgl.)
Esquipulas (1,75 US$, 1½ Std., 9-mal tgl.)
San Ramón (0,45 US$, 30 Min., alle 30 Min.)

KARIBIKKÜSTE

Die Karibikküste ist der perfekte Schauplatz für einen epischen Roman. Die Kulisse würde z. B. aus breiten, schlammigen Flüssen in dichtem Dschungel bestehen. Weitere Kapitel könnten in einer faszinierenden tropischen Hafenstadt spielen oder in indigenen Fischerdörfern in Mangrovenwäldern, ganz zu schweigen von den unberührten Inseln vor der Küste, deren weiße Sandstrände von türkisfarbenen Wellen umspült werden.

Die Charaktere wären gleichsam toughe und einfühlsame Bewohner englischsprachiger Kreolenstädte und indigener Mískito-, Mayangna-, Rama- und Garifuna-Gemeinden. Natürlich würde auch jede Menge Action geboten: Tauchen, lange Treks durch den Regenwald, Streifzüge am Strand und Angeln in den Mangrovensümpfen.

Die Küste ist in zwei autonome Regionen unterteilt. Im Norden erstreckt sich die Región Autónoma del Atlántico Norte (RAAN), im Süden die Región Autónoma del Atlántico Sur (RAAS).

Bluefields

54 800 EW.

Backsteinstraßen führen über eine Reihe jadegrüner Halbinseln und die Stadt Bluefields erstreckt sich wie die Finger einer Hand in die gleichnamige Bucht. Dazwischen liegen mehrere Docks, schwimmende Restaurants, Schiffswracks und Fisch- und Lebensmittelmärkte. Einst verströmte die Stadt viktorianischen Charme, doch dann kam Juana: Der Hurrikan der Kategorie 4 fegte Bluefields 1988 förmlich von der Landkarte.

Heutzutage dominieren neue Betonklötze das Stadtbild, insbesondere in dem Geflecht aus Straßen im Zentrum, das schließlich in ärmliche Wellblechhüttensiedlungen übergeht. Diese bedecken die nahe gelegenen Hänge und erstrecken sich entlang brackiger Bäche landeinwärts.

Die Hauptstadt von RAAS ist das Herz der kreolischen Kultur und berühmt für ihre Musik, bunte Tänze und die köstliche Küche. Dennoch wird man sich hier wahrscheinlich nicht allzu lange aufhalten, schließlich ist man nur eine kurze Bootsfahrt von der Pearl Lagoon, den spektakulären Pearl Keys und den umwerfenden Corn Islands entfernt.

Sehenswertes & Aktivitäten

Moravian Church (Kirche der Herrnhuter Brüdergemeinde) KIRCHE

Das auffälligste Gebäude der Stadt ist die Kirche der Herrnhuter Brüdergemeinde, ein hübsches Bauwerk mit auffälligen Buntglas-

ANREISE & SICHERHEIT

Man kann zwar auf dem Landweg von Managua an die Karibikküste gelangen, die meisten Touristen buchen aber einen günstigen Flug mit La Costeña (S. 547). Landebahnen befinden sich in Bilwi, Waspám, Bluefields, auf Great Corn Island und in zwei der drei Las-Minas-Städte. Wer aber viel Zeit hat und gern langsam reist, hat die Wahl zwischen zwei Überlandrouten.

Passagierboote verkehren unregelmäßig zwischen Bluefields und Bilwi (via Great Corn Island), auf diese sollte man sich aber nicht verlassen, wenn der Zeitplan straff ist.

➡ **Über Land: Las Minas–Bilwi** Schönrederei ist zwecklos: Die Fahrt in dem klapprigen, hoffnungslos überfüllten Bus ist zermürbend. Zum Auftakt geht's in 10 bis 12 Stunden von Managua nach Siuna in Las Minas. Dort hat man Zugang zur Reserva de Biosfera Bosawás. Von Siuna sind es weitere 10 bis 12 Stunden auf einer grauenhaften Straße bis Bilwi. Waspám und der Río Coco liegen (vergleichsweise entspannte) sechs Stunden nördlich.

➡ **Über Land: Boaco–Juigalpa–El Rama–Bluefields** Besser (und zwar erheblich!) ist die Fahrt auf der asphaltierten Straße nach El Rama. Man kann nette Abstecher in die Bergstädte Boaco und Juigalpa unternehmen. Die Busfahrt von El Rama nach Pearl Lagoon ist allerdings eine Nervenprobe (5 Std.). Bequemer ist die Schnellbootalternative (2 Std.). Auf dem Río Escondido geht's nach Bluefields. Dort legen zweimal wöchentlich Boote zu den Corn Islands ab und täglich nehmen Schnellboote Kurs auf Pearl Lagoon.

➡ **Sicherheit** Die Kokainschmugglerroute von Südamerika in die Vereinigten Staaten führt durch diese Region, deshalb: wachsam bleiben und Finger weg von dem weißen Zeug!

TANZ UM DEN MAIBAUM

Bluefields lässt am Wochenende immer gern eine Party steigen, aber nie geht es so ausgelassen zu wie beim jährlichen Maifest, dem **Palo de Mayo** (Maibaumfest; ⌚Mai). Das Fest beruht zum Teil auf britischen Maibaum-Traditionen und ist eine wilde Party, die die Fruchtbarkeit feiert (vielfach auch praktisch).

Den ganzen Monat über veranstalten die *barrios* von Bluefields Nachbarschaftsfeste mit Konzerten, traditionellen Spielen und Tänzen. Aber richtig wild wird es am Monatsende, wenn der Karneval in den Straßen tobt.

fenstern. Die ursprüngliche Kirche stammte von 1849 und wurde durch den Hurrikan Juana (Jeanne) zerstört; der heutige Nachbau ist aus Beton.

Parque Reyes PARK
Ein beliebter Treffpunkt mit beeindruckenden 25 m hohen Bäumen und einem Denkmal zu Ehren der sechs indigenen Bevölkerungsgruppen in der Region.

El Bluff HAFEN, STRAND
Auf der anderen Seite der Bucht liegt El Bluff mit einem langen Strand. Der ist zwar nicht besonders hübsch, aber der einzige Ort in der Gegend, an dem man schwimmen gehen kann. Regelmäßig setzen Boote von der Anlegestelle am Markt nach El Bluff über (1,40 US$).

Rama Cay INSEL
(☎Tel., Info 628-1112; castrofrancis@hotmail.com) Ca. 15 km südlich der Stadt im südlichen Teil der Bahía de Bluefields liegt die winzige Insel Rama Cay, die inoffizielle Hauptstadt der indigenen Rama, auf der mehr als die Hälfte der noch lebenden Rama wohnen. Die Insel ist dicht mit Holzhäusern bebaut, die sich unter den Obstbäumen drängen.

Der eigentliche Grund für einen Besuch ist das Hotel Surpise Dream. Es ist Unterkunft und Ökotourismusprojekt in einem und wird von den Rama und der BICU gemeinsam betrieben. Derzeit besteht keine regelmäßige Bootsverbindung nach Rama Cay. Reisende können entweder ein (teures) privates *panga* nehmen oder versuchen, mit einem Rama-Fischer „per Anhalter" mitzufahren. Nicht alle Fischer sprechen Spanisch.

Reserva Silvestre Greenfields NATURSCHUTZGEBIET
(☎2779-0589; www.greenfields.com.ni; Zi. inkl. 2 Mahlzeiten 100 US$, Tageseintritt 1–2 Besucher 30 US$; ⌚nach vorheriger Anmeldung) Das private 284 ha großen Naturschutzgebiet nahe Kukra Hill besteht aus Mangrovenwäldern und Dschungel.

Schlafen

Die preiswerten Unterkünfte rund um den Markt und die Anlegestelle sollte man meiden; sie werden hauptsächlich von Prostituierten und ihren Kunden besucht.

Hostal Doña Vero PENSION $
(☎2572-2166; Galileo, ½ c N; Zi. 14 US$, ohne Bad 11,50 US$; 📶) Eine tolle, zentral gelegene Budgetunterkunft mit sauberen, komfortablen Zimmern inklusive En-suite-Bädern. Am Kaffee und dem gefilterten Wasser dürfen sich die Gäste unbegrenzt bedienen.

Guesthouse Campbell PENSION $
(☎8827-2221; Galileo, 2½ c S; Zi. mit/ohne Klimaanlage 11/20 US$) Diese von einer Familie geführte Pension ist etwas abgelegen, bietet aber ein sehr gutes Preis-Leistungs-Verhältnis, saubere, komfortable Zimmer mit eigenem Bad und Kabel-TV.

Los Pipitos PENSION $
(☎2572-1590; Mercado, 1½ c S; Zi. mit/ohne Klimaanlage 20/15 US$) Durch den Imbiss gelangt man zu einfachen, ruhigen Zimmern, die um einen kleinen Hof angeordnet sind. Partymäuse erhalten einen Schlüssel zum Seiteneingang, damit sie niemanden aufwecken, wenn sie früh morgens heimkehren.

Hotel Caribbean Dream HOTEL $$
(☎2572-0107; Mercado, 1 c O, ½ c S; Zi. 27–32 US$; ❄📶) In dem niedlichen Hotel im Zentrum stimmt das Verhältnis zwischen Preis und Ausstattung.

Essen

Der Lieblingssnack in Bluefields heißt *paty*. Überall in der Stadt bieten Verkäufer die herzhaft gewürzten Fleischpasteten für 0,25 US$ feil.

★ **Cevicheria El Chino** SEAFOOD $
(frente Colegio Bautista; Ceviche 1,80 US$; ⌚7–21 Uhr) Man darf Bluefields nicht verlassen, ohne von El Chinos phantastischem Ceviche gekostet zu haben, das täglich frisch zube-

reitet und in diesem unauffälligen Lebensmittelgeschäft in kleinen Styroporbechern serviert wird.

Maranatha Vineyard Bakery BÄCKEREI $
(Snacks 0,25–1 US$; ⏲8–19 Uhr) Traditionelle kreolische Bäckerei des lokalen Predigers und Politikers Rayfield Hodgson.

Comedor de Las Platas NICARAGUANISCH $
(neben Galileo; Mahlzeiten 2,50 US$; ⏲12–20 Uhr) In dem ruhigen *comedor* gibt's tagsüber preiswerte Mittagsgerichte. Abends verwandelt sich die örtliche Institution in die beste *fritanga* der Stadt.

Pesca Frito NICARAGUANISCH $$
(Mercado, 1 c O; Hauptgerichte 4–7,50 US$; ⏲11–22 Uhr) Wer kein Problem mit lauter Reggaemusik und Dominostein-Geklacker hat, kann sich in der lebendigen Bar über preiswerte Meeresfrüchtegerichte hermachen.

Ausgehen & Nachtleben

★ **Four Brothers** CLUB
(Parque Reyes, 6 c S; ⏲Do–So 20–4 Uhr) Tanzen zu Dancehall-Reggae, Country und normalem Reggae. Am besten in einer Gruppe auflaufen, zu vorgerückter Stunde geht es hier schon mal etwas rauer zu.

Midnight Dream (LaLa's) BAR
(Iglesia, 2 c N; ⏲11–0 Uhr) Mit einer Freiluftterrasse, die auf der Bucht zu schweben scheint, und unfassbar lauter Reggaemusik.

Cima Club CLUB
(☎2572-1410; Mercado, 2 c O, 1 c N; ⏲20 Uhr–open end) Beliebter, riesiger Tanzclub, bis früh morgens geöffnet.

Orientierung

Die meisten Läden, *hospedajes* (Pensionen) und Restaurants Bluefields liegen in den Blocks zwischen dem Parque Reyes und der Bucht. Internetcafés gibt's überall im Zentrum, die meisten bieten auch preisgünstige Auslandsgespräche an. Der Flughafen liegt ca. 3 km südlich der Stadt.

Praktische Informationen

BanPro (frente Iglesia) Verlässlicher Geldautomat, akzeptiert Visa und MasterCard.

Correos de Nicaragua (Postamt; Moravian College, 1 c O; ⏲Mo–Sa 8–14 Uhr)

Intur (☎2572-0221; Iglesia, 2 c S; ⏲Mo–Fr 8–14 Uhr) Einen Block westlich der Herrnhuter Kirche.

Polizei (☎2572-2448; Barrio Punta Fria)

An- & Weiterreise

Taxis fahren zum Flughafen von Bluefields (0,50 US$). Von dort fliegt **La Costeña** (☎2572-2500, 2572-2750; Aeropuerto; ⏲6–17 Uhr) täglich nach Managua und nach Great Corn Island. Nach Bilwi geht's an drei Tagen pro Woche:

Bilwi (einfache Strecke/hin & zurück 96/148 US$, 50 Min., Mo, Mi & Fr 10.10 Uhr)

Corn Island (einfache Strecke/hin & zurück 64/99 US$, 20 Min., 7.25 und 15.10 Uhr)

Managua (einfache Strecke/hin & zurück 82/127 US$, 70 Min., 8.35, 10.10 und 16.20 Uhr)

Mehrere Boote setzen nach Corn Island über. Den verlässlichsten Fahrplan hat die staatliche *Rio Escondido* (10 US$, 5 Std.). Abfahrt ist mittwochs um 9 Uhr am Muelle Municipal (städtische Mole). Größer und komfortabler, aber etwas langsamer ist die **Captain D** (☎8850-2767; Sitzplatz/Koje 10/12 US$). Die Abfahrt ist eine Stunde später und manchmal geht's anschließend noch weiter nach Bilwi. Die **Island Express** (☎8847-5137; 10 US$ pro Sitzplatz) fährt freitags zwischen 3 und 5 Uhr in El Bluff los; um dieses Boot zu erwischen, muss man am Abend zuvor mit einer *panga* von Bluefields aus übersetzen. Davon abgesehen unternehmen eine Reihe Frachtschiffe die Fahrt, allerdings unregelmäßig.

Gemeinschafts-*pangas* von **Transporte Vargas** (☎2572-0724, 2572-1510; Muelle Municipal; ⏲5–16 Uhr) nehmen Kurs auf El Rama (10 US$, 1¾ Std., 5.30, 13 und 15 Uhr) und Pearl Lagoon (7 US$, 1 Std., 7, 11 und 15 Uhr). Die Boote nach El Bluff (1,60 US$, 30 Min.) fahren los, sobald sie voll sind. **Transporte Jipe** (☎2572-1871; contiguo Mercado; ⏲5–16 Uhr) neben dem Markt betreibt ebenfalls *pangas* nach El Rama (10 US$, 1¾ Std., 6 und 15 Uhr).

Pearl Lagoon

Endlich ist man „so richtig" in der Karibik angekommen. Die Straßen sind unbefestigt, Palmen wiegen sich im Wind und Reggaemusik liegt in der Luft. Die englischsprachige Kreolengemeinde lebt vom Krabben-, Fisch- und Hummerfang und bezeichnet die spanischsprachigen Nicaraguaner als „Spanier". Da es keine Banken in Pearl Lagoon gibt, sollte man ausreichend Bargeld mitbringen und auch für den Fall vorsorgen, dass der Aufenthalt länger wird als geplant. In Notfällen sind Bargeldtransfers via **Western Union** (frente Muelle); ⏲Mo–Fr 9–17 Uhr) möglich. Internetzugang bietet **Taylor's Cyber** (contiguo Muelle; 0,80 US$ pro Std.; ⏲8–20 Uhr).

Sehenswertes & Aktivitäten

Wer am Wochenende hier ist, sollte sich unbedingt ein Baseballspiel im eindrucksvollen **Stadion** anschauen. Nach einer halbstündigen Wanderung durch das Feuchtgebiet hinter dem Ort erreicht man **Awas**, ein Mískitodorf, in dem es den besten Badestrand der Gegend gibt.

Eine kurze Bootsfahrt von Awas über die Lagune führt in das entspannte Dorf **Kakabila**, eine der traditionellsten Siedlungen der Mískitos in der Region. Die Bootsfahrt zu den unfassbar schönen **Pearl Keys** kostet 200 bis 300 US$. Am besten tut man sich mit anderen zusammen.

Weiter nördlich folgt **Orinoco**, das Zentrum der Garifuna in Nicaragua. Diese Ethnie ähnelt zwar in der Erscheinung den übrigen dunkelhäutigen Bewohnern der Küste, hat aber eine ganz andere Geschichte und Kultur. Die Garifuna sind die Nachkommen entflohener afrikanischer Sklaven und indigener Kariben, die ursprünglich von den Karibikinseln Dominica und San Vincent stammen. Sie haben viele ihrer indigenen Traditionen bewahrt, darunter ihre einmalige Musik und ihre Tänze.

Tours

★ Captain Sodlan McCoy BOOTSFAHRT

So ziemlich jeder Bootsinhaber kann einen in die Pearl Keys mitnehmen, aber nur wenige kennen das Areal auch nur halb so gut wie Captain Sodlan McCoy. Bei Fry Fish nach ihm fragen.

Queen Lobster Tours BOOTSFAHRT

(☎8662-3393, 8499-4403; www.queenlobster.com; Muelle, 200 m N) Ausflüge zu den Pearl Keys und innovative Aktivitäten in der Stadt, z. B. traditioneller Kochunterricht. Außerdem: Leihfahrräder für 1 US$ pro Stunde.

Schlafen

Comfort Zone PENSION $

(Muelle, 2 c S, ½ c E; Zi. 12,50–14,50 US$) Neben dem Laden der Familie wird in brandneuen, gefliesten Zimmern mit Flachbildfernsehern, kleinen Schreibtischen, Ventilatoren und eigenen Bädern übernachtet. Das beste Preis-Leistungs-Verhältnis in Pearl Lagoon.

Green Lodge HOTEL $

(☎2572-0507; Front Rd, Muelle 75 m S; EZ/DZ mit Klimaanlage 30/35 US$, Zi. ohne Bad 10–14 US$) Einen halben Block von der Anlegestelle entfernt steht dieses alteingesessene Hotel, eine gute Option. Die günstigeren Zimmer im Obergeschoss des Wohnhauses der Familie sind etwas beengt, doch die im neuen Flügel sind sauber, geräumig und komfortabel.

Slilma Guesthouse PENSION $

(☎2572-0523; slilma_gh1@yahoo.com; Enitel, 1 c S, 1 c E; Zi. mit/ohne Klimaanlage 30/20 US$, Zi. ohne Bad 10 US$) Hinter dem Mobilfunkmast bei der ersten Gelegenheit links abbiegen. Diese Budgetunterkunft bietet kleine, aber sehr saubere Zimmer.

Casa Blanca HOTEL $$

(☎2572-0508; Enitel, 250 m O; EZ/DZ mit Klimaanlage 35/40 US$, EZ/DZ/3BZ ohne Bad 20/25/35 US$) Niedliches weißes Gebäude mit Holzböden und Möbeln, die in der angrenzenden Werkstatt hergestellt werden.

Essen & Ausgehen

Coconut Delight BÄCKEREI $

(Miss Betty's; Muelle, 30 m S; ⏲7–20.30 Uhr) Immer der Nase nach! Der süße Duft führt einen zu dieser pinkfarbenen Hütte, in der es karibische Backkunst vom Feinsten gibt.

★ Casa Ulrich INTERNATIONALE KÜCHE $$

(Up Point, Muelle 350 m N; Hauptgerichte 5,50–12,50 US$; ⏲7–22 Uhr) Sämtliche Gerichte auf der Speisekarte sind erste Sahne, unsere Favoriten sind aber die zarten Filetsteaks und die feine Krabbenpasta.

Queen Lobster SEAFOOD $$

(☎8662-3393; www.queenlobster.com; Front Rd, Muelle, 200 m N; Hauptgerichte 3,50–8,50 US$; ⏲12–0 Uhr) Mit die leckersten Meeresfrüchte der Stadt gibt's in diesem unglaublich malerisch gelegenen Speisesaal mit dem Strohdach, der in die Lagune hinausragt.

Fry Fish BAR

(Point View; ☎8410-5197; Up Point; ⏲11–21 Uhr) Wer der Straße von der Anlegestelle immer weiter nach Norden folgt, gelangt zu einer luftigen Bar mit Strohdach und Eckkneipencharme. Dort gibt's kaltes Bier und super Reggaemusik.

An- & Weiterreise

Um 6.30 und 13 Uhr machen sich Boote auf den Weg nach Bluefields (7 US$). Wer die frühe Verbindung nehmen will, sollte am Tag vorher reservieren.

Immer montags, mittwochs, donnerstags und samstags macht sich eine *panga* in Bluefields auf den Weg nach Orinoco via Pearl Lagoon (12 US$, 2 Std., 9 Uhr); jeweils am Folgetag kehrt sie via Pearl Lagoon zurück nach Bluefields. Täglich (bis auf sonntags) fahren *pangas* von Bluefields nach Tasbapauni (12 US$, 2½ Std., 11 Uhr), die auch in Pearl Lagoon Halt machen. Die Fahrtzeiten sind saisonal unterschiedlich; an der Anlegestelle nachfragen.

Täglich um 5 Uhr macht sich ein Bus (6,30 US$, 5 Std.) in Pearl Lagoon auf den Weg nach El Rama.

Corn Islands

Die größte Touristenattraktion der Karibikseite von Nicaragua liegt tatsächlich 70 km vor der Küste. Dort befinden sich zwei zauberhafte Inseln mit hufeisenförmigen Buchten, kristallklarem Wasser und Unterwasserhöhlen. Great Corn Island ist größer. Die kreolische Bevölkerung lebt in bunten Holzhäusern. Viele davon stehen an der Hauptstraße, die einmal rund um die Insel führt. Der Tourismus ist der zweitwichtigste Pfeiler der lokalen Wirtschaft (nach dem Hummerfang), dennoch ist die Insel nicht verbaut. Little Corn Island ist ein winziges, dschungelbestandenes und autofreies Schmuckstückchen. Hier sind tatsächlich mehr Urlauber unterwegs, die sich vor allem in den ausgefallenen, kreativ gestalteten *cabañas* am Strand einquartieren. Sie liefern das ideale Setting für ein modernes Robinson-Crusoe-Abenteuer (quasi Robinso Crusoe 2.0). Little Corn bietet abwechslungsreichere Tauchgründe, der Dschungel ist dicht und das Essen unverschämt lecker. Einen Nachteil gibt es jedoch: In der Hauptsaison sind hier zuweilen mehr Ausländer als Einheimische unterwegs.

Gefahren & Ärgernisse

Die laxe Strafverfolgung und die wachsende Tourismusbranche begünstigen die Kleinkriminalität; vor allem aus Hotelzimmern wird häufig geklaut. Überfälle sind eher ungewöhnlich, auf Great Corn wird aber davon abgeraten, am Bluff Point ohne einheimische Begleitung spazieren zu gehen.

Great Corn Island

7100 EW.

Great Corn ist in der engeren Auswahl für die authentischste Karibikinsel überhaupt. Hier läuft man barfuß in die Bars, spielt Baseball am Strand, schaut bei den Fischerwerften vorbei, winkt jungen Hummerfischern, die den Tagesfang in der Hand halten, und nickt der Armada älterer Herrschaften zu, die in Schaukelstühlen auf wackligen Veranden sitzen. Malerische Landzungen trennen die hübschen unberührten Strände voneinander und Reggae- und Country-Musik führen eine friedliche Koexistenz. Willkommen in einer Gegend, in der frischer Hummer ein Grundnahrungsmittel ist und kein Luxus. Je länger man sich hier aufhält, desto schwerer fällt der Abschied.

Sehenswertes & Aktivitäten

An der **Long Bay** ist der schönste (goldene) Sandstrand der Insel zu finden, aber auch die **Southwest Bay** wartet mit einem tollen, breiten Sandstreifen auf.

Hinter dem Sunrise Hotel in South End führt ein Pfad an Bananenhainen vorbei auf den **Mount Pleasant**. Dort hat man einen herrlichen Panoramablick, wenn die Sonne abends im karibischen Meer versinkt. Eine andere Alternative ist der **Quinn Hill**.

Neben dem Stadion befindet sich das nicht ganz so sehenswerte **Kulturhaus-Museum** (☎8702-8519; Mount Pleasant, contiguo Alcaldía; ⌚Mo–Fr 8–20 Uhr).

Die **Touristeninformation** (☎2575-5091; shereleeivel@gmail.com; contiguo Estadio; ⌚Mo–Fr 8–16 Uhr) kann Guides (20–50 US$) für Wanderungen über die gesamte Insel vermitteln, auch zum rauen **Bluff Point**.

Das Riff vor der **Sally-Peachie-Küste** eignet sich hervorragend zum Schnorcheln. Herr Dorseys (von Yellow Tail, s. S. 550) geführte Schnorcheltouren sind sehr zu empfehlen. **El Paraiso** (☎2575-5111; www.paraisoclub.com; Waula Point) verleiht Schnorchelausrüstung (halber Tag 10 US$), arrangiert Schnorcheltouren (30 US$ pro Pers.) und Angelausflüge (40 US$ pro Pers.).

Nautilus Dive Center TAUCHEN
(☎2575-5077; www.nautilus-dive-nicaragua.com; Brig Bay, Muelle, 150 m N; ⌚8–18 Uhr) Das einzige Taucherzentrum auf Great Corn Island.

Schlafen

Mayflower PENSION **$**
(Brig Bay, Pasenic, 600 m S; Zi./2BZ 15/25 US$) Das relaxte Mayflower ist von der Stadt aus zu Fuß zu erreichen. Es liegt an einem netten, ruhigen Strandabschnitt. Die Gäste übernachten in einer Handvoll hübsch gestrichener, sauberer Zimmer nur einen Steinwurf vom Wasser entfernt.

Casa Blanca PENSION $
(☎8629-4529; Brig Bay, Pasenic, 250 m S; Zi. 10 US$) Ein Familienbetrieb. Die günstige, einfache *hospedaje* am Strand von Brig Bay steht hoch im Kurs bei Budgetreisenden. Die sechs kleinen Zimmer sind in einem Holzhaus untergebracht.

Hotel Morgan HOTEL $
(☎2575-5502; North End; Zi. mit/ohne Klimaanlage 25/15 US$, cabañas 40 US$; ❄) Effizient geführtes Hotel mit verschiedenen Unterbringungsmöglichkeiten. Am besten sind die Häuschen mit den Maisonettegeschossen.

Yellow Tail PENSION $$
(☎8659-3634; Zi. 25 US$) Gleich östlich vom Restaurant Seva's liegt diese entspannte Unterkunft mit gerade einmal zwei Hütten mit Kühlschrank, Kochgelegenheit und eigenem Bad in einem hübschen Teil der Insel.

Lodge at Long Bay PENSION $$
(☎8660-6785, 8339-7745; lodgeatlongbay@gmail.com; Long Bay; Zi. 45–50 US$) Das beste Preis-Leistungs-Verhältnis bieten die beiden kleinen, komfortabel eingerichteten Apartments am schönsten Strand der Insel.

Essen

South End Pulpería BÄCKEREI $
(South End; Snacks 0,50–1 US$; ⌚8–21 Uhr) Frisch gebackenes Kokosnussbrot und Kuchen.

Doña Lola SEAFOOD $$
(☎8519-4332; zw. South End & Sally Peachie; Hauptgerichte 6–12,50 US$; ⌚12–22 Uhr) Das farbenfrohe, luftige Restaurant steht auf einer einsamen Landspitze an der Ostseite der Insel. Das Essen ist hervorragend. Es gibt lokaltypische Küche wie *mofongo* (zerstampfte Kochbananen mit Knoblauch und Meeresfrüchten).

Comedería Mari SEAFOOD $$
(☎8650-6811; Sally Peachie; Hauptgerichte 7,50–10,50 US$; ⌚12–21 Uhr) Essen wie bei Mama. Man sitzt im Schatten der Palmen vor dem Haus der Köchin und speist in Tomatensauce geschmorten Königsdorsch, in Knoblauch sautierte Krabben und Hummer *al gusto*, begleitet von der Serenade der Grillen.

Fisher's Cave SEAFOOD $$
(☎2575-1191; contiguo Muelle, Brig Bay; Hauptgerichte 5–16 US$; ⌚7–23 Uhr) Das Lieblingsfischrestaurant der Inselbewohner.

Seva's SEAFOOD $$
(Sally Peachie; Gerichte 6,50–10.50 US$; ⌚7–22 Uhr) Hummer, Krabben und Fisch landen gegrillt, in Knoblauch geschwenkt, gebraten oder in Tomatensauce „ertränkt" auf dem Teller. Das Essen bekommt von uns nur ein okay, aber das Ambiente macht das wieder wett.

Ausgehen & Nachtleben

★**Nico's** BAR
(South End; ⌚Do–So 12–2 Uhr) Teils Hummerkooperative, teils Bar, in der die Post abgeht. Bei Nico's lässt sich die Insel herrlich authentisch erleben.

Bambule CLUB
(South End; ⌚Do–So 21–3 Uhr) Die angesagteste Disko auf Great Corn hat einen Innen- und Außenbereich und liegt direkt am Wasser, am Ende einer dunklen, holprigen Straße (Taxi nehmen!) in South End.

Island Style BAR
(Long Bay; ⌚10–22 Uhr) Das einzige Bar-Restaurant an der Long Bay gehört zu jener Sorte mit barfüßigen Gästen und strohgedecktem Dach.

An- & Weiterreise

La Costeña fliegt um 8 und 16.10 Uhr von Great Corns kleinem Flughafen nach Bluefields (einfach/hin & zurück 64/99 US$, 20 Min.) und anschließend weiter nach Managua (einfach/hin & zurück 107/164 US$, 70 Min.).

Mehrere Boote unternehmen die fünf- bis sechsstündige Fahrt nach Bluefields (via El Bluff). Die staatliche *Rio Escondido* (10 US$) fährt donnerstags um 9 Uhr. Komfortabler ist die *Captain D* (Sitzplatz/Koje 10/12 US$), ein großes Frachtschiff. Abfahrt ist samstags um 23 Uhr. Einmal im Monat nimmt es auch Kurs auf Bilwi (22 US$, 10 Std.), meist donnerstags abends.

Little Corn Island

500 EW.

Die jadegrüne *islita* (Inselchen) ist ein traumhaftes Refugium mit kreativ gestalteten Bungalowanlagen an sonst völlig jungfräulichen Stränden. Die Einheimischen wohnen, feiern, essen, tanzen und spielen Billard im Village (Dorf), das an einem Hafen liegt, geschützt vor den Nordwinden.

Sehenswertes & Aktivitäten

Die schönsten und malerischsten Strände erstrecken sich an den entgegensetzten Enden der Insel. Von der Casa Iguana kann man an der windseitigen Küste entlang nach Süden spazieren und über Felsen kraxeln, um zum **Big Fowl House Beach** und dann zum **Jimmy Lever Beach** zu gelangen. 20 Minuten nördlich vom Village befindet sich der **Otto Beach** und wenn man der zerklüfteten Nordküste eine Weile folgt, stößt man schließlich auf den spektakulären **Goat Beach**, der von zwei Landzungen begrenzt wird.

Auf dem Rückweg unbedingt den **Leuchtturm** besuchen! Die Stahlkonstruktion (6 m hoch) gewährt einen Blick über die Mangobäume.

Prima zum Schnorcheln sind die Ost- und Nordseite der Insel. Viele der hiesigen Hotels und die Tauchzentren verleihen Schnorchelausrüstung. Lust auf ortskundige Begleitung? **Alfonso** (☎8434-2520; Escuela, 300 m N) nimmt Touristen in seinem Boot mit (20 US$ pro Pers.) und organisiert Angelausflüge (40 US$ pro Pers.). Im Dorf nach ihm fragen.

Dolphin Dive TAUCHEN
(☎8917-9717; www.dolphindivelittlecorn.com; 1/10 Tauchgänge 35/280 US$; ⏲8–18 Uhr) Gute Ausrüstung, erfahrene Tauchlehrer. Einheimische betreiben diese professionelle und dabei sehr entspannte Tauchschule.

Dive Little Corn TAUCHEN
(☎8856-5888; www.divelittlecorn.net; Village; 1/10 Tauchgänge 35/280 US$; ⏲8–18 Uhr) Dies war die erste Tauchschule auf Little Corn. Sie gehört zur Casa Iguana.

ABSEITS DER ÜBLICHEN PFADE

KARIBISCHE ABENTEUER

➡ **Miskito Keys** Vielleicht kann man einen hiesigen Fischer überreden, einen zu diesem Schutzgebiet mitzunehmen, das aus phantastischen Inseln, Korallenriffen und Stelzenhäusern besteht. Es ist 50 km von Bilwi (Puerto Cabezas) entfernt.

➡ **Río Coco** Dieser Fluss führt durch das Herz des Miskito-Gebiets an der honduranischen Grenze. Die Hauptsiedlung Waspám ist per Flugzeug von Managua und per Bus von Bilwi aus zu erreichen.

➡ **Monkey Point** In der Nähe der kleinen Kreolengemeinde 60 km südlich von Bluefields befinden sich ein paar unfassbar schöne Flecken zum Schwimmengehen.

Kite Little Corn KITESURFEN
(www.kitelittlecorn.com; im Dolphin Dive; ⏲8–18 Uhr) Nach einem zweitägigen Intensivkurs (270 US$) über das türkisfarbene Wasser vor Little Corn Island brausen ... Gruppenunterricht wird ebenfalls angeboten (30 US$ pro Std.). Der Betreiber der neuen Kitesurfing-Schule heißt Nacho.

Schlafen

Reisende können sich entweder im Village einquartieren, was in puncto Restaurant- und Ausgehoptionen sicher am bequemsten ist, oder eins der abgeschiedeneren Stücke vom Paradies für sich erobern. Die meisten Unterkünfte, Geschäfte etc. sind ausgeschildert.

Three Brothers PENSION $
(☎8658-8736; Escuela, 50 m S; EZ/DZ/3BZ 12/15/25 US$, Zi. ohne Bad 10 US$) Backpacker lieben diese Pension mitten im Dorf. Sie hat eine gesellige Atmosphäre und der Betreiber, Randy, ist ein extrem entspannter Zeitgenosse.

Lobster Inn HOTEL $
(☎8847-1736; Zi. mit/ohne TV 20/15 US$) In diesem niedlichen Hotel kann man in einem Schaukelstuhl auf dem Balkon den Blick aufs Meer genießen und darf versichert sein, dass man eine der besten Unterkünfte auf der Insel gefunden hat.

Hotel Los Delfines HOTEL $$
(☎8892-0186; EZ/DZ/3BZ 40/50/60 US$; ❄) Umgeben von Zitrusbäumen stehen ein paar geflieste Bungalows, die eine Generalüberholung vertragen könnten, aber sie sind mit Klimaanlagen und Kabel-TV ausgestattet. Warmwasser gibt's auch.

Ensueños BUNGALOW $$
(www.ensuenos-littlecornisland.com; cabañas ohne Bad 25 US$, casas 45–70 US$) Drei rustikale *cabañas* mit Kerzenbeleuchtung, aus Steinen und Treibholz gezimmert, und drei *casas* mit kleinen Küchen, die mit Wind- und Sonnenenergie versorgt werden, stehen an einem halbmondförmigen goldenen Sandstreifen, umgeben von Wäldern und Obsthainen. Das Wasser in der geschützten Bucht leuchtet türkis.

Elsa's Place STRANDHÜTTE $$
(☎2575-5014, 8437-5210; Zi. 25–40 US$, Zi. ohne Bad 12–20 US$) Fräulein Elsa hält sich an eine Erfolg versprechende Formel. Sie vermietet günstige, komfortable Zimmer gleich am Wasser.

Cool Spot STRANDHÜTTE $$
(Grace's Place; ☎8617-4491; Zi. 25 US$, ohne Bad 10 US$) Ein Feuer wütete kurz nach unserem Besuch in dieser coolen Backpackerunterkunft, bei Redaktionsschluss hatten die Wiederaufbauarbeiten aber bereits begonnen.

Sunrise Paradise STRANDHÜTTE $$
(Carlito's Place; ☎2570-0432, 8461-7395; www.carlitosplacelittlecorn.com; Hütten 30–40 US$, Apt. 60–80 US$) Das Sunrise Paradise (oder auch Carlito's) ist etwas ruhiger als seine Nachbarn. Die spartanisch eingerichteten Hütten am Wasser haben kleine Veranden, die Matratzen sind schön fest und durch die Fenster zum Meer dringt kühle Luft hinein.

Essen & Ausgehen

Sweet Oasis NICARAGUANISCH $$
(Snacks 1,80–4,20 US$, Gerichte 6–8,50 US$; ⌚7–22 Uhr; 📶) Die Gäste sitzen in kleinen Buden oder an der Bar und greifen ordentlich zu, wenn die leckeren (und etwas fettigen) Gerichte mit Hummer, Fisch, Krabben und Hühnchen aufgetischt werden. Eine beliebte Adresse.

Comedor Bridget NICARAGUANISCH $$
(☎8437-7295; Gerichte 7–8,50 US$; ⌚7–22 Uhr) Ein Einheimischenlokal hinter dem Tauchzentrum Dive Little Corn. Der Geheimtipp ist der mit Salz bestäubte, kurz gebratene Fisch.

Rose's NICARAGUANISCH, VEGETARISCH $$
(Gerichte 4–8,50 US$; ⌚6.30–21.30 Uhr) Bescheidener *comedor* an dem Weg ins Dorf. Zu essen gibt's vegetarische Nudelgerichte und Kokosmilch-Currys.

★**Habana Libre** KUBANISCH $$$
(☎2572-9086; Hauptgerichte 10–14 US$; ⌚12–22 Uhr) Das Habana Libre gilt seit Langem als das beste Restaurant auf den Corn Islands. Auf der mondänen Terrasse werden hervorragender Fisch, Krabben, Schweinebraten und *ropa vieja* (eine kubanische Spezialität mit geschnetzeltem Rindfleisch) serviert, der Hummer in Jalapeño-Sauce stiehlt ihnen allerdings die Show.

Aguila's BAR
(⌚11–1 Uhr) Die beliebteste Anlaufstelle zu vorgerückter Stunde.

Tranquilo Cafe CAFÉ
(⌚8 Uhr–open end; 📶) Heimweh? Dann ist dieses hippe Open-Air-Café genau das Richtige. Zu Independent Rock werden tolle Burger, scharf gewürzte Hähnchenflügel und Bruschetta serviert.

Anreise & Unterwegs vor Ort

Little Corn ist gerade mal 1,5 km² groß. In einer Stunde kann man von einem Ende der Insel zum anderen laufen.

Gemeinschafts-*pangas* nach Little Corn (6 US$, 40 Min.) legen um 10 und 16.30 Uhr von dem Dock auf Great Corn Island ab. Wer am nördlichen Ende von Little Corn übernachten will, sollte die frühere Verbindung nehmen. Auf Little Corn fahren Boote um 7 und 13.30 Uhr an der Hauptpier ab. Wer mit der Morgenmaschine nach Managua fliegen will, muss sich am Tag zuvor auf den Weg nach Great Corn machen. Die Überfahrt kann ziemlich rau sein; unter Umständen kommt man klitschnass auf der anderen Seite an. Besser ein paar Müllsäcke mitnehmen und das Gepäck darin einwickeln. Weniger holprig sind die Fahrten an Bord der großen Frachtschiffe (2–3 US$, 1¼ Std.), die aber nur ein paar Mal pro Woche fahren.

Bilwi (Puerto Cabezas)

48 500 EW.

Die verarmte Hafenstadt Bilwi, ein ethnischer Schmelztiegel, erstreckt sich entlang der Küste und landeinwärts in struppige Kiefernwälder. Sie ist von festgetretenen Pfaden aus roter Erde und breiten Ziegelstraßen voller Musik durchzogen, in denen es von Menschen wimmelt, die einem breit zulächeln – oder verstohlene Seitenblicke zuwerfen. Ohne Frage, Bilwi hat Probleme (Armut, Verfall, Kriminalität etc.) und es ist selten ein gutes Zeichen, wenn internationale Hilfsgelder die Haupteinnahmequelle einer Stadt sind. Vielleicht muss man sie einfach wie einen etwas dubiosen neuen Freund betrachten … und leckerer Fisch und Meeresfrüchte, preiswerte historische Unterkünfte und indigene Gemeinden in nächster Nähe haben doch durchaus ihren Reiz, oder?

Sehenswertes

Die Strände rund um Bilwi haben wenig mit dem allgemeinen paradiesisch anmutenden Bild von der Karibik zu tun. **La Bocana**, ein alter Piratentreffpunkt an der Flussmündung nördlich der Stadt, bietet einen ganz netten Strand, hier treibt sich aber nach wie vor recht zwielichtiges Volk herum. Besser in Begleitung eines Einheimischen herkommen.

Intur (☎2792-1564; puertocabezas@intur.gob.ni; Parque Central, 2 c N; ⌚8–14 Uhr) hält Infos zu Attraktionen in der Gegend bereit.

★ Casa Museo Judith Kain MUSEUM
(☎2792-2225; Parque Central, 4 c N, 1 c O; ⏲Mo–Fr 8–15 Uhr) GRATIS Das frühere Wohnhaus einer produktiven Malerin aus der Gegend beherbergt ein Museum, das eine Vorstellung davon vermittelt, wie der Alltag in Bilwi in den guten, alten Zeiten ausgesehen hat.

Muelle Viejo HAFEN
Auf dem historischen Muelle Viejo (Alte Pier) erhielten sowohl Sandinisten als auch Contras geschmuggelte Waffen aus dem Ausland.

Mercado Municipal MARKT
(⏲7–15 Uhr) Eine beliebte Anlaufstelle am Morgen: An den wackeligen Ständen werden reifes Obst und Gemüse, traditionelles Frühstück mit gebratenem Fisch und *rondón* (ein dickflüssiger Eintopf) feilgeboten.

Geführte Touren

Amica KULTURELLE TOUREN
(Vereinigung indigener Frauen an der Atlantikküste; ☎2792-2219; asociacionamica@yahoo; Parque Central, 3 c S; ⏲Mo & Sa 8–12, Mo–Fr 14–17.30 Uhr) Amica ist gewissermaßen die Eintrittskarte zu den Naturschutzgebieten und indigenen Gemeinden in der Gegend.

Schlafen

Casa Museo Judith Kain HOTEL $
(☎2792-2225; casamuseojudithkain@hotmail.com; Parque Central, 4 c N, 1 c O; EZ/DZ/3BZ mit Ventilator 12/15/20 US$, mit Klimaanlage 23/27/30; US$P❄📶) In Bilwi gibt es jede Menge preisgünstige, tolle Unterkünfte, doch diese hier ist möglicherweise die Nummer 1. Die ansprechenden Zimmer sind auf zwei alte Gebäude, wahre Meisterwerke der Handwerkskunst, verteilt und sehr sauber.

Hospedaje Rivera PENSION $
(☎2792-2471; Parque Central, 1½ c S; Zi. 11 US$) Das schöne, zentral gelegene Familienwohnhaus ist eine hervorragende Option für Budgetreisende. Die sauberen Zimmer befinden sich im 2. Stock.

Hotel Liwa Mairin HOTEL $
(☎2792-2315; Parque Central, 2 c E, 1 c S; EZ/DZ 15/20 US$, mit Klimaanlage 25/30 US$; ❄) Ebenfalls im Zentrum und gleich am Meer übernachtet man auf festen Matratzen in großen, klimatisierten Zimmern mit hohen Decken.

El Cortijo II PENSION $$
(☎2792-2340; cortijoarguello@yahoo.com; Parque Central, 3 c N, 1 c E; EZ/DZ/3BZ 22/26,50/29 US$) Wenn man eine Oma in der Karibik hätte, würde sie wohl hier wohnen. Das 60 Jahre alte Schmuckstück von einem Gebäude verfügt über makellos saubere Zimmer mit abgelaufenen Holzböden und hohen Decken.

Essen & Ausgehen

Comedor Alka NICARAGUANISCH $
(frente Parque Central; Gerichte 2,75–3 US$; ⏲11–21 Uhr) Für einen Boxenstopp mit herzhaften, günstigen Gerichten. Hier gibt's gegrilltes Rindfleisch und Huhn mit dem gewissen Extra.

Restaurante Faramhi SEAFOOD $$
(☎2792-1611; frente Aeropuerto; Hauptgerichte 7,50 US$; ⏲11–22 Uhr) In diesem beliebten Restaurant beim Flughafen werden die so ziemlich besten Fisch- und Meeresfrüchtegerichte der Stadt serviert.

Kabu Payaska SEAFOOD $$
(Parque Central, 1,5 km N; Meeresfrüchtegerichte 7,50–8,50 US$; ⏲12–22 Uhr) Das am innigsten geliebte Fischrestaurant von Bilwi nimmt eine große Betonterrasse mit Blick auf den Ozean ein.

Bar Titi BAR
(⏲12 Uhr–open end) Klingt ein bisschen nach Stripschuppen, tatsächlich ist dies aber eine der chilligsten Bars der Stadt.

Kabu Yula BAR
(Parque Central, 5 c S; ⏲14–2 Uhr) Die zweigeschossige Bar mit *palapa*-Dach gewährt einen ungehinderten Blick aufs Meer.

Karibbean Sol CLUB
(⏲20–3 Uhr) Früher oder später landen alle Nachtschwärmer in diesem rustikalen Club einen halben Block vom Parque Central entfernt. Er ist ein bisschen dubios, hat aber viel Atmosphäre.

An- & Weiterreise

La Costeña (☎2792-2282; Aeropuerto; ⏲8–12 & 15–18 Uhr) fliegt nach Managua und Bluefields. Tickets im Voraus buchen! Die Abflugsteuer liegt bei 2 US$.

Bluefields (einfach/hin & zurück 96/148 US$, 50 Min., Mo, Mi, Fr 11.20 Uhr)

Managua (einfach/hin & zurück 97/149 US$, 1½ Std., Mo–Sa 7.40, 12 und 15.40 Uhr, So 7.40 und 12 Uhr)

Busse fahren am Busterminal 2 km westlich der Stadt ab. Sie steuern folgende Ziele an:

Managua (25,20 US$, 20–24 Std., 2-mal tgl.)
Rosita (7,50 US$, 6–10 Std., 2-mal tgl.)

Siuna (10 US$, 8–12 Std., 7 Uhr)
Waspám (6 US$, 6 Std., 2-mal tgl.)

Das einzige Boot, das regelmäßig nach/ab Bilwi fährt, ist die **Captain D** (☎ 8850-2767). Sie verkehrt je nach Bedarf etwa einmal im Monat zwischen Corn Island und Bilwi (22 US$, 10–12 Std.). Den Fahrplan telefonisch erfragen.

San Carlos & Umgebung

Die schwülwarme Uferstadt San Carlos ist ein wichtiger Knotenpunkt für den Transport auf dem Fluss und das Tor zu einer Reihe sehr interessanter Sehenswürdigkeiten, darunter der Archipiélago de Solentiname, mehrere Naturschutzgebiete und die sagenhafte spanische Festung El Castillo.

San Carlos

12 100 EW.

Die Hauptstadt des Verwaltungsbezirks Río San Juan ist das Tor zu einer der schönsten Landschaften Nicaraguas, leidet jedoch an einer Art Identitätskrise. San Carlos ist ein bisschen seltsam: Tagsüber geht es hektisch und ausgesprochen international zu, wenn hier hordenweise Touristen einen Zwischenstopp einlegen. Das erklärt auch die zahlreichen Restaurants am quirligen *malecón* (Uferpromenade). Doch abends verschwindet all der Glanz zusammen mit der untergehenden Sonne und zurückbleibt eine eher öde Kleinstadt, in der die Hauptform von Unterhaltung Klatsch und Tratsch ist.

Das **Centro Cultural Jose Coronel Urtecho** befindet sich auf dem Gelände der **Fortaleza de San Carlos** (Eintritt frei; ⏲ 9–17 Uhr), erb. 1724, die schon bessere Tage gesehen hat. Mit El Castillo kann die Festung nicht mithalten, aber die Aussicht auf den See und den Río San Juan ist genial. Es gibt noch einen alten **spanischen Beobachtungsposten** inkl. Kanone am Restaurant Mirador.

Intur (☎ 2583-0301; riosanjuan@intur.gob.ni; contiguo a Migración; ⏲ 8–13 Uhr) informiert über Touren.

Schlafen & Essen

Das günstigste Essen in der Stadt bekommt man in den *comedores* am Busbahnhof. Unser Favorit ist der **Comedor Alondra** (Gerichte 2,50 US$).

Hospedaje Peña PENSION $
(☎ 2583-0298; Parque Central, 1 c S; Zi. ohne Bad 3 US$ pro Pers.) Schnickschnack (und Toilettensitze)? Fehlanzeige! Dafür ist diese urtypische San-Carlos-Absteige günstig und nur einen Block vom *malecón entfernt.*

Gran Lago Hotel HOTEL $$
(☎ 2583-0075; Parque Central, 1 c O, 1 c S; EZ/DZ inkl. Frühstück 35/40 US$; ❄ 📶) Die vier klimatisierten Zimmer sind sauber und komfortabel, es wird aber leider nichts aus der tollen Lage am See gemacht.

Hotel Carelhys HOTEL $$
(☎ 2583-0389; Parque Central, ½ c S; Zi. mit/ohne Klimaanlage 30/15 US$) Die beliebte Budgetunterkunft ist einen halben Block vom Parque Central entfernt. Die Zimmer sind leicht ranzig, aber mit eigenen Bädern und Kabel-TV ausgestattet.

Soda La Fortaleza CAFÉ $
(Malecón; Gerichte 2–6 US$; ⏲ 6–22 Uhr) Café mit lebendiger Atmosphäre direkt am See. Das Frühstück macht satt und die nicaraguanischen Gerichte sind günstig und lecker.

Restaurante Kaoma NICARAGUANISCH $$
(☎ 2583-0293; Parque Central, 1½ c S; Hauptgerichte 7–11 US$; ⏲ 8–0 Uhr) Bildschönes Terrassenrestaurant mit alten Holzböden, Balkendecken und umwerfendem Blick auf den See.

An- & Weiterreise

Der Flughafen von San Carlos ist 3 km vom Stadtzentrum entfernt (1 US$ mit dem Taxi). Kleine Maschinen (12 Sitzplätze) machen sich um 14 Uhr auf den Weg nach Managua (einfach/hin & zurück 76/116 US$, 45 Min.).

Am Busbahnhof fahren Busse mit folgenden Fahrtzielen ab:

El Rama (6,50 US$, 7 Std., 9 Uhr)
Juigalpa (4 US$, 4 Std., 4-mal tgl.)
Managua (6,50 US$, 6 Std., 8-mal tgl.)
San Miguelito (2 US$, 2–4 Std.) Direktbusse fahren um 12.20 und 13 Uhr, man kann aber auch einfach einen beliebigen Managua- oder Juigalpa-Bus nehmen und an der Abzweigung nach San Miguelito aussteigen.

Passagierboote nach Boca de Sábalos (3,10 US$, 2¼ Std.) und El Castillo (3,40 US$, 3½ Std.) fahren am **Muelle Municipal** (städtische Anlegestelle) einen halben Block westlich vom Markt ab (Mo–Sa 8, 12, 14.30 und 15.30 Uhr, So 8 und 13.30 Uhr). Die Abfahrtszeiten der Expressboote nach Sábalos (4,75 US$, 1 Std.) und El Castillo (5,70 US$, 1½ Std.) sind 6.30 und 10 Uhr.

Die staatliche Fähre macht sich dienstags und freitags um 14 Uhr auf den Weg nach San Miguelito (3 US$, 2–3 Std.), Altagracia (Isla de Ometepe; 6,50 US$, 9 Std.) und Granada (9,50 US$,

ABSTECHER

FEUCHTGEBIETE

Ein tolles Ausflugsziel nahe San Carlos ist das **Refugio de Vida Silvestre los Guatuzos**, ein sagenhaftes Feuchtgebiet an der Grenze zu Costa Rica, das früher vermint war (heute aber sicher ist).

Am Río Papaturro liegen zwei hervorragende Unterkünfte, in denen die Natur im Fokus steht, die **Cabañas Caiman** (☎506-8704-3880, 8676-2958; aillenm@hotmail.com; Zi. inkl. Frühstück 14 US$ pro Pers.) und das **Centro Ecológico los Guatuzos** (☎2270-3561, 8877-5096; www.losguatuzos.com; Zi. mit/ohne Bad 13/11 US$ pro Pers.), eine professionelle Forschungsstation. Touristen sind willkommen! Neben geführten Wanderungen werden auch Alligatortouren bei Mondlicht angeboten (45 US$ pro Pers.). Außerdem sind Leihkajaks vorhanden.

Langsame Passagierboote fahren dienstags, mittwochs und freitags um 9 Uhr von San Carlos nach Papaturro (4 US$, 4 Std.). Sie kehren montags, dienstags und donnerstags um 8 Uhr nach San Carlos zurück. Die einfache/Hin- und Rückfahrt mit einer privaten *panga* ab San Carlos kostet ca. 130/240 US$. Günstiger ist es, ein Boot in Solentiname zu mieten (hin & zurück Boot/*panga* 70/100 US$).

Am Río Frio erstreckt sich die **Reserva Esperanza Verde** (☎2583-0459; Zi. inkl. 3 Mahlzeiten 50 US$ pro Pers.), ein 5000 ha großes, feucht-tropisches Waldgebiet. In San Carlos werden Tagesausflüge angeboten (30 US$ pro Pers., mind. 2 Pers.).

12–14 Std.). Man sollte sich möglichst schnell einen Schlafplatz reservieren, etwas Warmes und natürlich eine Hängematte einpacken, sonst bleibt einem am Ende nur der kalte, harte Boden.

In die Gegenrichtung fährt die Fähre montags und donnerstags um 14 Uhr in Granada ab. Sie hält an denselben Häfen und erreicht San Carlos bei Sonnenaufgang.

Islas Solentiname

Der abgelegene Archipiélago de Solentiname (Solentiname-Archipel) im südlichen Teil des Lago de Nicaragua ist eine traditionelle Anlaufstelle für Künstler und ein faszinierendes Ziel für einen Besuch. Ernesto Cardenal, der umtriebige Künstler, Dichter und Mönch, der in der Zeit der Sandinisten Kulturminister war, gründete hier eine Genossenschaft von Kunsthandwerkern, Dichtern und Malern, die auf den Prinzipien der Befreiungstheologie beruhte. Aus diesen Werkstätten der Revolutionszeit entstand eine eigene, farbenfrohe Schule der naiven Malerei, die weltberühmt wurde.

Der Solentiname-Archipel besteht aus 36 Inseln, deren größte Mancarrón, San Fernando (auch Isla Elvis Chavarría) und Venada (Isla Donald Guevara) sind. Die meisten Einrichtungen für Traveller befinden sich auf den beiden erstgenannten Inseln. Auf **Mancarrón** steht auch die berühmteste Sehenswürdigkeit der Inseln: die einfache, aber schöne, aus Lehmziegeln errichtete **Kirche**, die das geistliche und das Verwaltungszentrum von Cardenals Gemeinschaft bildete. In der Nähe gibt es auch eine interessante archäologische Ausstellung. Ein kurzes Stück weiter liegt **El Refugio**, die größte Siedlung der Insel, in der man inmitten der Wohnhäuser herumspazieren und örtlichen Künstlern bei der Arbeit an bunt bemalten Schnitzereien aus Balsaholz zuschauen kann. Die Preise für die fertigen Stücke liegen je nach Größe und Detailgenauigkeit zwischen 30 und 1000 C$. **San Fernando** hat ein ausgezeichnetes Museum mit informativen Ausstellungen zu den präkolumbischen Bewohnern des Archipels sowie eine Galerie, die Werke von einigen der besten Künstlern der Inseln zeigt. Über die Inseln verstreut findet man viele **Petroglyphen**, die schöne Ziele für Wanderungen sind – auf der **Isla Venada** gibt's auch Höhlen zu erkunden. Außerdem kann man hier gut angeln und auf der **Isla Zapote** wunderbar Vögel beobachten. Und davon abgesehen sind die Inseln einfach wunderbar zum Entspannen.

Schlafen & Essen

Hostal Buen Amigo PENSION $
(☎8869-6619; hostalbuenamigo@gmail.com; El Refugio; Zi. mit/ohne Bad 10/6 US$ pro Pers.) Auf der Insel Mancarrón steht diese ansprechende Budgetunterkunft mit komfortablen, farbenfrohen Zimmern und örtlichen Künstlern, die draußen schnitzen.

★ Hotel La Comunidad PENSION $$
(☎8966-7056, 2277-3495; contiguo Muelle; Zi. mit/ohne Verpflegung 35/15 US$ pro Pers.) Die beste Bleibe auf Mancarrón liegt gleich neben der Pier. Die beiden Holzhäuser mit Blick auf die Bucht sind solarbetrieben.

Hospedaje Mire Estrellas PENSION $$
(☎8561-4943; Zi. mit/ohne Bad 12/10 US$ pro Pers.) Auf der Isla San Fernando bietet die Hospedaje Mire Estrellas bei der Anlegestelle direkt am Wasser kleine Zimmer in Holzbauten. Wer hier wohnen will, muss sich aus San Carlos Vorräte mitbringen oder in einem der größeren Hotels auf der Insel Mahlzeiten vereinbaren.

Anreise & Unterwegs vor Ort

Transol (☎8828-3243, 8555-4739; www.transol.com.ni; ⌚24 Std.) betreibt eine Schnellbootverbindung (10 US$, 90 Min.) zwischen San Carlos und den Inseln. Abfahrt in San Carlos ist um 15 Uhr, in die Gegenrichtung um 9 Uhr.

Sollte diese Verbindung gestrichen werden (das könnte durchaus passieren), benötigt man Zeit (oder Geld), um sich im Archipel fortzubewegen. Langsame öffentliche Boote (4 US$, 2–3 Std.) fahren zweimal wöchentlich. In San Carlos legen sie immer dienstags und freitags um 13 Uhr ab. Zuerst halten sie auf San Fernando, dann auf Mancarrón (4 US$). Dienstags und freitags um 4.30 Uhr verlassen sie Mancarrón und halten ca. 30 Minuten später auf San Fernando (US$4). Natürlich kann man auch immer ein privates Boot für die Fahrt von San Carlos zu den Inseln chartern (mind. 6 Pers.). Das kostet 120 bis 150 US$.

Die meisten Besucher nutzen Privat-*pangas*, um von Insel zu Insel zu gelangen. Von San Fernando nach Mancarrón zahlt man mindestens 20 US$ (hin & zurück). Günstiger und abenteuerlicher ist es, durch den Archipel zu paddeln: Leihkajaks und -kanus gibt's sowohl auf Mancarrón als auch auf San Fernando.

Río San Juan

Der Fluss, der die Herzen der Nicaraguaner mit Stolz erfüllt, fließt vom Lago de Nicaragua über 199 km bis ins Karibische Meer. Auf dem größten Teil der Strecke bildet er die Grenze zwischen Nicaragua und Costa Rica und war häufig die Ursache von Spannungen zwischen den beiden Staaten.

Ein Trip auf dem San Juan ist ein sagenhaftes Erlebnis: Der Fluss ist ein Paradies für Vogelbeobachter, und man kann auch Krokodilkaimane sehen, die sich auf Baumstämmen sonnen. Diese Echsen würden sicher aussterben, falls Nicaragua irgendwann einmal die hochfliegenden Pläne eines Kanals durch den Isthmus verwirklichen würde.

BOCA DE SÁBALOS

Es scheint so, als wäre der Dschungel drauf und dran, sich den Platz, den ihm diese schlammige, staubige Stadt am Zusammenfluss des Río San Juan und Río Sábalos (Tarpun-Fluss) abgerungen hat, wieder zurückzuerobern.

Der Río Sábalos teilt die Stadt in zwei Hälften. In der einen befinden sich günstige *hospedajes* und die Hauptstraße, in der anderen hat sich eine kleinere Gemeinde angesiedelt, in der ein schmaler Fußweg an rustikalen Häusern und Gärten vorüberführt. Für zwei Córdobas (0,10 US$) kann man den Kanal mit einem Kanu überqueren.

Die 90 ha große **Reserva Privada El Quebracho** (☎2583-0035; www.fundaciondelrio.org; Eintritt 5 US$) grenzt an die Reserva Biológica Indio-Maíz. Mit dem Taxi geht's bis Buena Vista, die letzte Stunde bis zum Reservat legt man dann zu Fuß zurück.

Die jungen Guides der **Asociación de Guías Jacamar** (☎8970-0007, 8441-5958; asociacionguiasjacamar@yahoo.com; frente Muelle; ⌚8–17 Uhr) helfen dabei, das Meiste aus dem Dschungelabenteuer herauszuholen.

Schlafen

Hospedaje y Comedor Clarissa PENSION $
(☎8364-3588; Muelle, ½ c N; EZ/DZ ohne Bad 4/8 US$, Zi. 10 US$; ❄) Die Zimmer in dem netten Holzhaus sind schlicht, aber sauber.

★ Sábalos Lodge LODGE $$
(☎2583-0046; www.sabaloslodge.com; Muelle, 1 km E; DZ 35–60 US$) Für alle, die sich immer schon mal wie Robinson Crusoe fühlen wollten. Die strohgedeckten Bungalows stehen auf Stelzen in einer Reihe am Flussufer.

An- & Weiterreise

Die Bootsverbindungen ab Boca de Sábalos:

El Castillo (0,55 US$, 1 Std., Mo–Sa 10, 14, 16.30 und 17.30 Uhr, So 10 und 14.30 Uhr; Express 1 US$, 30 Min., 7.30 und 11 Uhr)

San Carlos (3,50 US$, 2½ Std., Mo–Sa 6, 7, 8 und 15 Uhr, So 6 und 15 Uhr; Express 4,75 US$, 1 Std., 6 und 12 Uhr)

EL CASTILLO

1000 EW.

El Castillo ist eine Festung, die die Spanier 1675 an einer strategischen Flussbiegung errichteten, um die Piraten aufzuhalten, die

ABSEITS DER ÜBLICHEN PFADE

AUF ENTDECKUNGSTOUR IM INDIO-MAÍZ

Naturliebhaber frohlocket: Die **Reserva Biológica Río Indio-Maíz** mit einem der beeindruckendsten Regenwälder Zentralamerikas beginnt ein paar Kilometer stromabwärts von El Castillo und erstreckt sich bis zum Karibischen Meer. Touren ins Schutzgebiet ab El Castillo kosten 120 US$ pro Gruppe (höchstens 4 Teilnehmer), Transport und ein Guide sind inkl. Wer es sich mal so richtig gut gehen lassen möchte, sollte sich im **Refugio Bartola** (☎8376-6979, 8885-7386; www.refugiobartola.com; Zi. inkl. Mahlzeiten 50 US$ pro Pers., Tagesgebühr 5 US$, Guides 20 US$ pro Tag), einquartieren, einer rustikalen Lodge mit privatem Reservat am Zusammenfluss des Río San Juan und Río Bartola.

Weiter Richtung Osten wird der Wald auf der nicaraguanischen Seite des Río San Juan zu einem undurchdringlichen Dschungel (am costa-ricanischen Ufer ist er durch Abholzung leider weitgehend verloren gegangen), bis man schließlich die isolierte Gemeinde **San Juan del Norte** erreicht. Diese Ortschaft ist von magischen, versteckten Lagunen, dichtem Regenwald und karibischen Stränden umgeben und hat den wenigen Besuchern viel zu bieten. Von hier aus lassen sich mehrtägige Bootstouren zu indigenen Gemeinden im Herzen des Schutzgebiets organisieren, die über den spektakulären Río Indio führen, oder die Ruinen von Greytown erkunden, einem einst blühenden britischen Vorposten jenseits der Bucht, der inzwischen vollständig vom Dschungel zurückerobert wurde. In San Juan gibt's ein paar ordentliche Unterkünfte, darunter das **Hostal Familiar** (☎8446-2096; Muelle, 300 m S; Zi. mit/ohne Flussblick 20/14 US$).

Langsame Boote unternehmen den Trip von San Carlos nach San Juan del Norte (14 US$, 9–12 Std., Di, Do & Fr 6 Uhr). Sie halten um 9.15 Uhr in Boca de Sábalos und um 10 Uhr in El Castillo. Die Schnellboote von San Carlos nach San Juan del Norte (25 US$, 6 Std.) fahren dienstags und freitags um 6 Uhr, mittwochs und sonntags um 10 Uhr. Sie sind eine Stunde später in Boca de Sábalos bzw. 90 Minuten später in El Castillo.

Die langsamen Boote kehren donnerstags, samstags und sonntags um 5 Uhr aus San Juan del Norte zurück, die Schnellboote immer donnerstags und sonntags um 5.30 Uhr, montags und freitags um 8.30 Uhr.

angezogen vom sagenhaften Gold Granadas hier durchfahren wollten. Der Ort mit seinem Festungsungetüm, das über die munteren Stromschnellen aufragt, ist eindeutig sehenswert.

Um El Castillo tobten früher heftige Schlachten, in denen sich die Spanier gegen angreifende Flotillen zur Wehr setzten. 1762 griffen die Briten zusammen mit den mit ihnen verbündeten Miskito die Festung an, aber den spanischen Verteidigern, die von der Tochter des gefallenen Kommandanten angeführt wurden, gelang es, die Eindringlinge zurückzuschlagen. Von der **Festung** (Eintritt 2 US$, Kamera 1 US$; ⌚8–12 & 13–16.30 Uhr) hat man eine tolle Aussicht. In der Anlage gibt's ordentliche, spanisch beschriftete Ausstellungsstücke zur turbulenten Geschichte des Forts. Im Eintritt inbegriffen ist eine sehr informative Führung.

Gleich gegenüber der Anlegestelle bietet eine **Touristeninformation** (⌚8–12 & 14–17 Uhr) eine Reihe von gut organisierten geführten Exkursionen in die Umgebung an, darunter Ausritte, nächtliche Kaimanbeobachtungstouren und Besuche in der Reserva Biológica Río Indio Maíz. Ähnliche Touren kann man auch mit privaten Veranstaltern unternehmen. Sehr zu empfehlen ist z. B. **Nena Tour** (☎8821-2135; www.nenalodge.com) stromabwärts an der Hauptstraße.

Schlafen & Essen

Nahe der Anlegestelle haben sich viele einfache Unterkünfte am Ufer angesiedelt. Unbedingt *camarones* (Flusskrabben) kosten!

★ **Hotel Tropical** HOTEL $$
(☎8447-8213, 8699-8886; Muelle 130 m E; Zi. mit/ohne Klimaanlage inkl. Frühstück 30/25 US$; ❄) Entspannt zurücklehnen und dem Gurgeln des Wassers vorm Fenster lauschen … Dieses kleine Hotel über dem Restaurant Vanessa ist einfach klasse.

Casa de Huesped Chinandegano PENSION $$
(☎2583-3011; Muelle, 240 m E; Zi. 9 US$ pro Pers., ohne Bad 7 US$; 📶) Es knirscht und knackt im Gebälk dieses Holzgebäudes, in dem allerlei tropische Topfpflanzen herumstehen. Die beste Billigbleibe in der Stadt verfügt über einen Speisesaal im Shabby-Chic-Stil.

★**Borders Coffee** CAFÉ $$
(☎8408-7688; detrás Base Militar; Mahlzeiten 3,50–13 US$; ⌚7–22 Uhr; ✎) Mittlerweile sollte dieses freundliche Café seinen großen, neuen Standort unter freiem Himmel hinter dem Militärstützpunkt bezogen haben. Auf der Speisekarte stehen Burger, Pastagerichte, Flusskrabben und diverse vegetarische Gerichte.

ℹ Anreise & Unterwegs vor Ort

Um 5, 6, 7 und 14 Uhr machen sich Boote in El Castillo via Boca de Sábalos (0,50 US$, 30 Min.) auf den Weg nach San Carlos (3,50 US$, 3 Std.). Sonntags gibt es nur zwei Verbindungen (um 5 und 14 Uhr).

Schnelle *pangas* nach San Carlos (5,70 US$, 1½ Std.) via Boca de Sábalos (1 US$, 15 Min.) legen um 6 und 10 Uhr ab.

NICARAGUA VERSTEHEN

Nicaragua aktuell

Man mag ihn lieben oder verteufeln, doch Präsident Daniel Ortega hat Nicaragua mit seiner Wiederwahl 2011 beschert, woran es dem Land über viele Jahre gemangelt hat: ein Gefühl von Stabilität. Vorbei sind die Transportstreiks, Stromrationierungen und unberechenbaren Protestkundgebungen. Der Bürgerkrieg hat verheerende Schäden angerichtet, doch die Wirtschaft und die Infrastruktur erholen sich langsam wieder.

Noch ist Nicaragua aber eins der ärmsten Länder Lateinamerikas und im In- wie im Ausland fragt man sich weiterhin, wie weit es mit der Demokratie her ist, seit die sandinistische nationale Befreiungsfront (auf Spanisch FSLN) das Ruder übernommen hat.

FSLN-Befürworter begrüßen die Programme zur Beseitigung des Hungers, zur Schaffung neuen Wohnraums etc., die fehlende Transparenz bezüglich der Finanzierung dieser Initiativen hat jedoch zu Kontroversen geführt.

Viele Experten sind der Meinung, dass die nicaraguanische Wirtschaft zu sehr von der Unterstützung Venezuelas abhängig ist. Seit dem Tod von Hugo Chávez 2013 steuern Nicaragua und andere Mitglieder der Bolivarianischen Allianz einer ungewissen Zukunft entgegen.

Darüber hinaus streiten sich Nicaragua und Costa Rica weiter um den Río San Juan. Ende 2010 eskalierte die Situation einmal mehr, als die Regierung in Managua Baggerarbeiten im Bett des Grenzflusses anordnete. Mittlerweile hat sich sogar der Internationale Gerichtshof eingeschaltet.

Geschichte

Frühgeschichte

Die frühesten Zeugnisse einer menschlichen Besiedlung Nicaraguas sind rund 6000 Jahre alte Fußspuren, die nahe dem Ufer des Managuasees auf dem Gebiet der heutigen Hauptstadt entdeckt wurden.

In Nicaragua lebten verschiedene indigene Völker, darunter die Vorfahren der heutigen Rama an der karibischen Küste sowie am Pazifik die Chorotegas und Niquiranos. Letztere sprachen eine Form des Nahuatl, der Sprache der Azteken. Viele Orte in Nicaragua tragen auch heute noch ihre alten Nahuatl-Namen.

Die Ankunft der Europäer

Zum ersten Kontakt zwischen Einheimischen und Europäern kam es im Jahre 1502, als Kolumbus die nicaraguanische Karibikküste hinab segelte.

Die nächste Erkundungsmission kam 1522 unter der Führung von Gil González de Ávila aus der spanischen Siedlung Panama im Süden. Sie traf am Südufer des Nicaraguasees auf den Kaziken Nicarao, der dort über die Niquiranos herrschte. Die Spanier benannten das Gebiet nach diesem Häuptling und seinem Stamm.

Zwei Jahre später kehrten die Spanier als Kolonisatoren zurück. Unter der Führung von Francisco Hernández de Córdoba wurden 1524 die Städte Granada und León gegründet. Beide Städte lagen in der Nähe indigener Siedlungen, deren Bewohner versklavt und als Zwangsarbeiter eingesetzt wurden. Gegen die Versuche, eine ähnliche Stadt in der Nähe des heutigen Managua zu gründen, regte sich Widerstand. Daraufhin wurde die vorhandene indigene Siedlung von den Spaniern zur Strafe zerstört.

Die Kolonialzeit

Das Gold, das die Spanier ursprünglich ins Land gelockt hatte, ging schnell zur Neige, aber Granada und León blieben bestehen. Granada, das über den Lago de Nicaragua eine direkte Verbindung zum Karibischen Meer und nach Europa besaß, wurde zu einem vergleichsweise reichen kolonialen Handelszentrum. Die reichen Geschäftsleute der Stadt waren naturgemäß konservativ und unterstützten die Monarchie und die Kirche.

Das ursprünglich am Lago de Managua gelegene León wurde zum Zentrum radikaler Priester und Intellektueller, die die Liberale Partei gründeten, welche ein vereinigtes Mittelamerika und Reformen nach dem Vorbild der Französischen und der Amerikanischen Revolution anstrebte.

Die Unterschiede im Wohlstand und die politische Vorherrschaft Leóns führten zu Konflikten zwischen den beiden Städten, die bis in die 1850er-Jahre anhielten und zuweilen in regelrechte Bürgerkriege ausarteten. Die fortgesetzten Streitigkeiten hörten erst auf, als die Hauptstadt in das neutrale Managua verlegt wurde.

Während sich die Spanier im Tiefland an der Pazifikküste ansiedelten, spielten die Engländer an der karibischen Küste Nicaraguas die dominierende Rolle. Englische, französische und niederländische Piraten aus der Karibik gründeten im 17. Jh. hier Siedlungen und griffen die Ostküste an. Gelegentlich drangen sie dabei über den Río San Juan bis nach Granada vor.

Die Anfänge der Unabhängigkeit

Mit dem Rest Mittelamerikas erlangte auch Nicaragua 1821 seine Unabhängigkeit von Spanien. Zunächst war es kurzzeitig ein Teil Mexikos, dann Bestandteil der neuen Zentralamerikanischen Konföderation und wurde schließlich 1838 zu einem unabhängigen Staat. Die Rivalität der beiden Städte León und Granada setzte sich weiter fort.

Nach der Unabhängigkeit konkurrierten allerdings nicht nur die Liberalen und die Konservativen um die Herrschaft. Nachdem die Spanier abgetreten waren, regte sich bei Großbritannien und den USA wegen der strategisch bedeutsamen Passage über den Lago de Nicaragua zum Karibischen Meer ein Interesse am Besitz des Landes. Beide Länder wollten in Mittelamerika einen Kanal vom Pazifik zum Atlantik schaffen und dafür schienen die geografischen Bedingungen in Nicaragua besonders günstig.

Das späte 19. Jh.

1857 verloren die Liberalen, die durch die Einladung an den Söldnerführer William Walker in Ungnade gefallen waren, die Macht an die Konservativen und konnten sie 36 Jahre lang auch nicht zurückgewinnen. Die neue Regierung bezog in Managua Quartier, das, kaum mehr als ein Dorf, 1852 zur Hauptstadt erklärt worden war, um die Rivalität zwischen Granada und León zu dämpfen.

1860 unterzeichneten die Briten einen Vertrag, in dem sie die Karibikregion an die unabhängigen Staaten Honduras und Nicaragua abtraten. Der an Nicaragua fallende Teil blieb bis in die 1890er-Jahre eine autonome Region innerhalb des Landes.

Zelayas Staatsstreich & die US-Intervention

1893 setzte ein liberaler General namens José Santos Zelaya den konservativen Präsidenten ab und übernahm selbst die Präsidentschaft. Zelaya brachte schnell die USA gegen sich auf, indem er versuchte, mit Deutschland und Japan zu einer Vereinbarung über den Bau eines Kanals zu kommen. Mit Unterstützung Washingtons, das seinerseits durch den Bau des Panamakanals das Monopol über den Seeweg erlangen wollte, rebellierten 1909 die Konservativen. Nachdem Zelaya die Exekution zweier US-Söldner befohlen hatte, die beschuldigt wurden, im Auftrag der Konservativen zu arbeiten, erzwang die US-amerikanische Regierung die Abdankung des Präsidenten. 1912 reagierten die USA auf eine weitere Rebellion, die sich dieses Mal gegen die korrupte konservative Regierung richtete, mit der Entsendung von 2500 Marines nach Nicaragua.

Fast zwei Jahrzehnte lang beherrschten nun die USA die nicaraguanische Politik und setzten unter dem Druck ihrer Marines willfährige Präsidenten ein und widerspenstige ab. 1914 wurde der Bryan-Chamorro-Vertrag unterzeichnet, der den USA das exklusive Recht zum Kanalbau in Nicaragua zugestand. Die USA hatten aber nie die Absicht, einen solchen Kanal zu bauen, sondern wollten nur sicherstellen, dass niemand sonst einen derartigen Plan in Angriff nahm.

Sandino & die Somoza-Ära

Gegen das konservative Regime wandte sich eine Gruppe liberaler Rebellen, darunter Augusto César Sandino, der schließlich zum Anführer eines langjährigen Guerillakampfes gegen die US-amerikanische Einmischung wurde. Die Marines wurden 1933 abgezogen, nachdem sie die militärische Macht an die von den USA ausgebildete

DIE IRRWEGE DES WILLIAM WALKER

Lateinamerikas turbulente Geschichte ist reich an schillernden Charakteren, aber kaum einer hatte wohl einen derart großen Messias-Komplex wie William Walker, ein US-amerikanischer Abenteurer, der fast drei Jahrhunderte, nachdem Cortés die Neue Welt im Sturm erobert hatte, meinte, diese Sache noch einmal durchziehen zu müssen. Er begann seine Ein-Mann-Eroberung 1853, als er mit einer kleinen Söldnergruppe in Mexiko einfiel und sich zum Präsidenten einer „unabhängigen Republik Sonora" ausrief, dann aber mit Schimpf und Schande verjagt wurde.

1855 riefen Leóns Liberale Walker ins Land, um mit seiner Hilfe Granadas Konservativen die Macht zu entreißen. Walker kam mit 56 Söldnern nach Nicaragua, griff Granada an und siegte. Aber statt seinen Auftraggebern die Stadt zu übergeben, ließ er sich (bestimmt in „freien und fairen Wahlen") zum Präsidenten ernennen und erlangte die Anerkennung seines Regimes durch die USA. Er führte die Sklaverei wieder ein, erklärte Englisch zur offiziellen Landessprache, verwendete das gesamte Land, um seine Privatgeschäfte zu finanzieren und fiel in Costa Rica ein, wobei er verkündete, die Herrschaft über ganz Zentralamerika anzustreben. Damit ging er einen Schritt zu weit: Die betroffenen Nationen taten sich zusammen, um ihn zu vertreiben. Walker floh aus Granada, nachdem er die Stadt hatte in Brand stecken lassen, und musste die Rückkehr in die USA antreten.

Davon ließ er sich aber nicht entmutigen, sondern landete sechs Monate später mit einer kleinen Schar in Greytown, wurde aber sofort verhaftet und von der US-Marine außer Landes verfrachtet. 1860 versuchte er es erneut, doch dieses Mal nahm ihn die britische Marine gefangen, die ihn an Honduras auslieferte, wo ein Erschießungskommando seinem Unwesen ein Ende machte. Sein Grab befindet sich auf dem alten Friedhof von Trujillo.

Guardia Nacional unter der Führung von Anastasio Somoza Garciá übergeben hatten.

Im Februar 1934 ließ Somoza Sandino ermorden. Nachdem man Sandino unter dem Vorwand, Gespräche über die Entwaffnung führen zu wollen, zu einem Abendessen in den Präsidentenpalast gelockt hatte, wurde er dort entführt und anschließend erschossen. Als Somoza seinen gefährlichsten Widersacher beseitigt hatte, strebte er die alleinige Macht an. Einige Jahre später stürzte er den liberalen Präsidenten Sacasa und machte sich 1937 selber zum Präsidenten. Damit begründete er eine Dynastie, die das Land fast vier Jahrzehnte beherrschte.

Nach der Schaffung einer neuen Verfassung, die ihm uneingeschränkte Macht gab, regierte Somoza Garciá Nicaragua die nächsten 20 Jahre als ein international berüchtigter Diktator, manchmal als Präsident, manchmal als starker Mann hinter einer als Präsident eingesetzten Marionette. Dank der Korruption verschaffte er sich einen riesigen Privatbesitz (seine Ländereien beliefen sich insgesamt auf die Größe El Salvadors). Die Mehrheit der Nicaraguaner lebte in bitterster Armut.

Somoza unterstützte die USA (die CIA durften Nicaragua 1954 als Basis für den Sturz des guatemaltekischen Präsidenten Jacobo Arbenz Guzmán und 1961 für die gescheiterte Invasion Kubas benutzen), dafür unterstützte die US-Regierung ihrerseits den nicaraguanischen Gewaltherrscher.

Nachdem der Diktator 1956 in León einem Attentat zum Opfer fiel, trat sein ältester Sohn Luis Somoza Debayle die Herrschaft an.

Wachsende Opposition

1961 taten sich Carlos Fonseca Amador, ein prominentes Mitglied der Studentenbewegung, die in den 1950er-Jahren gegen das Somoza-Regime opponiert hatte, Colonel Santos López (ein alter Kampfgefährte Sandinos) und weitere Aktivisten zusammen und gründeten die Frente Sandinista de Liberación Nacional (Sandinistische Nationale Befreiungsfront, kurz FSLN).

Gegen Mitternacht am 23. Dezember 1972 verwüstete ein Erdbeben Managua. Ein Gebiet von mehr als 250 Wohnblocks wurde völlig zerstört, 6000 Menschen starben und 300 000 wurden obdachlos. Als internationale Hilfsgelder eintrafen, wurden diese in die Taschen von Anastasio Somoza und seiner Kumpane umgeleitet, während die Menschen, denen es zugutekommen sollte, litten und starben. Dieser schreiende Missbrauch führte in allen Schichten der Gesellschaft zu einem dramatischen Anstieg des Widerstands gegen das Willkürregime. Auch wohlhabende Geschäftsleute wandten sich nun gegen Somoza, weil sie ihre Unternehmen von dem korrupten Monopol des Familienclans bedroht sahen.

1974 war die Opposition weit verbreitet. Zwei Gruppen standen dabei im Vordergrund: die FSLN (Sandinisten) unter Führung von Carlos Fonseca und die Unión Democrática de Liberación unter Führung von Pedro Joaquín Chamorro, dem populären Besitzer und Herausgeber der in Managua erscheinenden Zeitung La Prensa, die schon seit Langem Artikel druckte, die das Somoza-Regime kritisierten.

Im Dezember 1974 entführte die FSLN mehrere prominente Vertreter des Somoza-Regimes, forderte Lösegeld und die Entlassung politischer Gefangener für die Freilassung der Geiseln. Das Regime reagierte in den folgenden 2½ Jahren mit systematischen Morden. Fonseca wurde 1976 bei einem Scharmützel getötet.

Die Revolution & die FSLN

Der letzte Tropfen, der das Fass schließlich zum Überlaufen brachte, war die Ermordung Chamorros im Januar 1978. Offene Gewalt brach aus und der Generalstreik wurde erklärt. Geschäftsleute und moderate Kräfte in der Frente Amplio Opositor (FAO; Breiten Oppositionsfront) versuchten vergeblich, auf dem Verhandlungsweg ein Ende der Somoza-Diktatur zu erreichen.

Im August 1978 besetzte die FSLN den Palacio Nacional, nahm mehr als 2000 Geiseln und forderte die Freilassung von 60 eingekerkerten Sandinisten. Die Regierung gab nach und die Geiseln wurden freigelassen. Der Aufruhr breitete sich aber weiter aus, in vielen größeren Städten kam es zu spontanen Aufständen. Die Guardia Nacional reagierte schnell und brutal: Die Städte wurden unter Granatfeuer genommen und Tausende hingeschlachtet.

Nachdem die FAO das Scheitern ihrer Verhandlungsbemühungen eingesehen hatte, schloss sie sich den Sandinisten an, in denen sie nun die einzige Kraft sah, die in der Lage sein konnte, die Diktatur zu stürzen. Diese breite Allianz bildete eine Revolutionsregierung, die ihren provisorischen Sitz in San José, Costa Rica, bezog. Diese Exilregierung wurde von einigen lateinamerikanischen und europäischen Staaten anerkannt und erhielt auch militärische Unterstützung in Form von Waffenlieferungen. So war die FSLN gut vorbereitet, als sie im Juni 1979 in die Offensive ging. Die revolutionären Streitkräfte eroberten Stadt auf Stadt, wobei sie von Tausenden Zivilisten unterstützt wurden. Als die Sandinisten am 17. Juli vor den Toren Managuas standen, trat Somoza endlich zurück und floh außer Landes. (Ein Jahr später wurde er von sandinistischen Agenten in Asunción, Paraguay, getötet.) Am 19. Juli 1979 marschierten die Sandinisten als Sieger in Managua ein.

Sie erbten einen Trümmerhaufen: Armut, Obdachlosigkeit. Analphabetismus und eine erbärmliche Gesundheitsversorgung waren nur einige der gewaltigen Probleme. Nach Schätzungen waren während des Revolutionskriegs rund 50 000 Menschen ums Leben gekommen und weitere 150 000 obdachlos geworden.

Die FSLN und prominente gemäßigte Somoza-Gegner (darunter Violeta Barrios de Chamorro, die Witwe des ermordeten Pedro Joaquín Chamorro) bildeten eine fünfköpfige Junta, die das Land regieren sollte. Die Verfassung wurde suspendiert, die Nationalversammlung aufgelöst und die Guardia Nacional durch die Sandinistische Volksarmee ersetzt. Die Allianz zwischen der FSLN und den Gemäßigten war aber nicht von Dauer. Im April 1980 traten Chamorro und das zweite gemäßigte Mitglied aus der herrschenden Junta aus, als deutlich wurde, dass die FSLN den Staatsrat, der als provisorisches Gesetzgebungsorgan fungierte, unter ihre Kontrolle zu bringen versuchte. Die Junta bestand nunmehr nur noch aus drei Köpfen, mit dem Revolutionskommandanten Daniel Ortega Saavedra als ernanntem Koordinator.

Im Versuch, so viel wie möglich von ihrem früheren Einfluss zu retten, stellte die US-Regierung unter Präsident Jimmy Carter der von den Sandinisten geführten Regierung 75 Mio. US$ als Soforthilfe zur Verfügung. Doch schon Ende 1980 regte sich in Washington die Sorge über die wachsende Zahl sowjetischer und kubanischer Berater in Nicaragua und Beschuldigungen wurden laut, dass die Sandinisten die linksgerichteten Rebellen in El Salvador mit Waffen belieferten.

Der Contra-Krieg

Nachdem Ronald Reagan im Januar 1981 Präsident der USA geworden war, verschlechterten sich die Beziehungen zwischen Nicaragua und den USA weiter. Reagan fror alle

Hilfsgelder für Nicaragua ein und begann, konterrevolutionäre Milizen, die sogenannten Contras, finanziell zu unterstützen, die von Honduras und später auch von Costa Rica aus operierten. Die meisten der ursprünglichen Contras waren ehemalige Soldaten aus Somozas Guardia Nacional, doch im Lauf der Zeit schlossen sich ihnen auch enttäuschte Menschen aus der örtlichen Bevölkerung an.

Im Verlauf der 1980er-Jahre eskalierte der Contra-Krieg. Mit dem Geld, das aus den USA kam, wuchs die Zahl der Contra-Kämpfer auf über 15 000 Mann an. Honduras wurde stark aufgerüstet und große US-amerikanisch-honduranische Manöver ließen eine Invasion in Nicaragua befürchten. Die Sandinisten reagierten mit der Einführung der Wehrpflicht und bauten eine Armee auf, der schließlich 95 000 Soldaten angehörten. Die Militär- und Wirtschaftshilfe aus der Sowjetunion und Kuba erreichte 1987 schließlich eine Höhe von 700 Mio. US$. 1984 wurde ein CIA-Komplott zur Verminung der nicaraguanischen Häfen aufgedeckt; wegen dieses Verstoßes gegen das Völkerrecht wurden die USA schließlich vom Internationalen Gerichtshof in Den Haag verurteilt.

Die Wahlen im November 1984 wurden von führenden Nicht-Sandinisten boykottiert, da sie der Regierung die umfassende Kontrolle der FSLN über die Medien des Landes vorwarfen. Daniel Ortega wurde mit 63 % der Stimmen zum Präsidenten gewählt und die FSLN erhielt 61 von 96 Sitzen in der neu geschaffenen Nationalversammlung.

Im Mai 1985 verhängten die USA ein Handelsembargo gegen Nicaragua und übten Druck auf andere Länder aus, sich anzuschließen. Das Embargo blieb die nächsten fünf Jahre in Kraft und fügte der nicaraguanischen Wirtschaft schweren Schaden zu.

Nachdem der US-Kongress 1985 weitere Militärhilfen für die Contras verweigert hatte, finanzierte sie die Reagan-Regierung heimlich über einen Plan, bei dem die CIA illegal Waffen an den Iran lieferte und die Gelder aus dem Waffenverkauf an die Contras umleitete. Als Details durchsickerten, flog die „Iran-Contra-Affäre" auf und sorgte für einen politischen Skandal.

Nach vielen gescheiterten Friedensinitiativen erzielte Oscar Arias Sánchez, der Präsident Costa Ricas, schließlich eine Übereinkunft, die im August 1987 von den Staatschefs Costa Ricas, El Salvadors, Nicaraguas, Guatemalas und Honduras' unterzeichnet wurde. Trotz dieses großen Durchbruchs (für den Arias den Friedensnobelpreis erhielt), erwies sich die Umsetzung der Vereinbarung als schwierig, da die beteiligten Länder nicht alle Zusagen einhielten und die USA gleichzeitig Schritte unternahmen, die bewusst darauf abzuzielen schienen, den Friedensprozess zu untergraben.

Die Wahlen von 1990

Ende der 1980er-Jahre befand sich die nicaraguanische Wirtschaft in einem verzweifelten Zustand. Der Bürgerkrieg, das US-Handelsembargo sowie die Ineffizienz einer zentralen Planwirtschaft sowjetischen Stils sorgten für eine galoppierende Inflation, sinkende Produktion und steigende Massenarbeitslosigkeit. Als klar wurde, dass der US-Kongress sich anschickte, den Contras weitere Hilfen zu gewähren, setzte Daniel Ortega Wahlen an, die nach seiner Meinung die Unterstützung des Volkes für die Politik der Sandinisten bestätigen sollten.

Die FSLN hatte jedoch die Enttäuschung und auch die Müdigkeit der nicaraguanischen Bevölkerung unterschätzt. Angesichts der Wirtschaftsprobleme und der alltäglichen Schinderei fielen die eindrucksvollen Errungenschaften der frühen Jahre der sandinistischen Herrschaft – die Verteilung der Ländereien des Somoza-Clans an kleine Bauernkooperativen, die Reduzierung der Analphabetenrate von 50 auf 13 %, die Ausrottung der Kinderlähmung durch ein großes Impfprogramm und die Senkung der Kindersterblichkeitsrate um ein Drittel – nicht mehr ins Gewicht.

1989 bildete sich die Unión Nacional Opositora (UNO), eine breite Koalition aus 14 Parteien, die die Herrschaft der Sandinisten ablehnten. Violeta Barrios de Chamorro, die Präsidentschaftskandidatin der UNO, erhielt Unterstützung und finanzielle Hilfe aus den USA, die versprachen, das Embargo aufzuheben und Hunderte Millionen US$ Wirtschaftshilfe bereitzustellen, falls die UNO an die Regierung käme. Angesichts solcher Versprechungen fiel es der UNO leicht, die Wahlen vom 25. Februar 1990 zu gewinnen: Das Bündnis erzielte 55 % der Stimmen in der Präsidentschaftswahl und gewann 51 von 110 Sitzen in der Nationalversammlung, während die FSLN nur auf 39 kam. Ortega hatte gute Gründe, diese Wahl anzufechten, es spricht aber für ihn, dass er schließlich in Ruhe abtrat und so weitere Konflikte verhinderte.

Die Politik in den 1990er-Jahren

Chamorro trat das Amt im April 1990 an. In einem symbolischen, von den Medien stark beachteten Akt legten die Contras Ende Juni ihre Waffen nieder. Das US-Handelsembargo wurde aufgehoben und US-amerikanische und weitere ausländische Hilfsgelder begannen ins Land zu strömen.

Die Präsidentin stand vor einem schwierigen Balanceakt, wenn sie das Land einen und dabei allen Interessen entgegenkommen wollte. Die versprochene wirtschaftliche Erholung kam nur langsam in Gang, das Wachstum blieb schwach und die Arbeitslosigkeit unverändert hoch. Trotzdem versagten die Wähler beim nächsten Urnengang im Jahr 1996 dem FSLN-Kandidaten Ortega die Unterstützung und wählten stattdessen den früheren Bürgermeister von Managua, Arnoldo Alemán, zum Präsidenten – er war der Kandidat des liberalen Mitte-rechts-Bündnisses PLC.

Zu Alemáns Leistungen gehörten ein starker Ausbau der Infrastruktur und die Verminderung der Truppenstärke der nicaraguanischen Armee um 10 %. Doch davon abgesehen war seine Regierung ein Skandal. Die Korruption erreichte neue Höhen und Alemán stahl sich ein riesiges Privatvermögen aus Staatsgeldern zusammen. Unterdessen hatten aber auch die Sandinisten Imageprobleme, weil deren ewiger Vorsitzender Ortega von seiner Stieftochter des sexuellen Missbrauchs bezichtigt wurde. In einem Akt des gegenseitigen Selbstschutzes schlossen Ortega und Alemán eine Vereinbarung, die unter dem Namen *el pacto* Berühmtheit erlangte. Das Ziel war, jede Opposition zu unterbinden, den Kampf gegen die Korruption zu behindern und Alemán Immunität vor Strafverfolgung zu gewähren.

Am Anfang des 21. Jhs.

Nachdem Sandinistenchef Daniel Ortega drei Wahlen hintereinander verloren hatte, zog er im November 2006 doch noch mit seiner Partei in Managua ein. Ihm hatten zwei Umstände in die Hände gespielt: das Scheitern der neoliberalen Politik, welche die Wirtschaft hatte ankurbeln sollen, und *el pacto*, ein Gesetz, demzufolge 35 % der Stimmen im ersten Wahlgang eine Stichwahl im zweiten Wahlgang obsolet machten (Ortega hatte im ersten Wahlgang 38 % der Stimmen auf sich vereint).

Bei seiner Amtsübernahme im Januar 2007 proklamierte der neue Präsident eine neue Einheit der lateinamerikanischen Linken, was die USA und einige ausländische Investoren etwas nervös machte. Die ersten Tage seiner Amtszeit waren von einer emsigen Betriebsamkeit gekennzeichnet. Ortega beendete die Energiekrise in Nicaragua (so schien es zumindest) durch einen Deal mit Venezuelas Staatschef Hugo Chávez, gelobte aber, die guten Beziehungen zu den USA weiter zu pflegen. Gleichzeitig näherte er sich dem Erzrivalen der Vereinigten Staaten an, Iran.

Doch auch nachdem die FSLN-Regierung in den Alltag gefunden hatte, blieben die Landreformen und Verstaatlichungen aus, die der Wirtschaftssektor befürchtet und radikale Sandinisten herbeigesehnt hatten. Ortega verfolgte in weiten Teilen den Wirtschaftskurs, den die Vorgängerregierung ausgearbeitet hatte, und sorgte dafür, dass Nicaragua seinen internationalen finanziellen Verpflichtungen nachkam.

Bei den landesweiten Kommunalwahlen 2008 wurde erstmalig geprüft, wie weit es mit der Demokratie unter der neuen Regierung her war. Die FSLN ging in mehr als 70 % der Gemeinden siegreich aus den Wahlen hervor. Die Opposition sprach von groß angelegtem Wahlbetrug, *La Prensa* gar von den „betrügerischsten Wahlen in der Geschichte Nicaraguas".

Dennoch, Ortega hat den Sturm überstanden und konnte zum Ende seiner ersten Amtsperiode u. a. ein solides Wirtschaftswachstum und die Wiedereinführung eines kostenlosen Gesundheitswesens und Bildungssystems vorweisen.

Die Menschen

Mentalität

Nicaragua hat ein ausgeprägtes Kulturbewusstsein. Es gibt „hausgemachte" Literatur, Tänze, Kunst, Musik und eine eigene kulinarische Szene. Die intellektuelle Unabhängigkeit ist ein Überbleibsel aus den Zeiten der Revolution und des Contra-Kriegs, reicht aber eigentlich sogar noch weiter zurück, bis in die spanische Kolonialzeit, als die indigenen Völker sich eine Teilautonomie erkämpften, wobei die menschlichen Verluste horrend waren.

Nicaragua leidet darüber hinaus unverändert an einer Art posttraumatischer

BASEBALLFIEBER

Wenn jemand von „El Presidente" spricht, meint er vielleicht gar nicht das Staatsoberhaupt des Landes, sondern Denis Martínez, den früheren Werfer der Montreal Expos, eine nicaraguanische Legende des Nationalsports *beisbol*, hinter dem Fußball weit abgeschlagen auf dem zweiten Platz rangiert. Erste Wettkämpfe gab es in Bluefields im späten 19. Jh., aber erst mit der Ankunft der US-Marines ein paar Jahrzehnte später setzte sich Baseball richtig durch. Seither sind die Nicaraguaner fanatische Anhänger dieses Sports, der überall ausgeübt wird – auf staubigen Plätzen in der Stadt genauso wie auf Viehweiden. Es gibt auch eine Profiliga und in Managua kommen 20 000 oder mehr Fans zusammen, um das örtliche Team der Bóer gegen die drei anderen Teams der Liga anzufeuern: Granada, León und Chinandega (welches Team in der Liga mitspielt, hängt weitgehend davon ab, wer gerade die jährliche Registrierungsgebühr aufbringt). Aktuelle Infos gibt's unter www.lnpb.com.ni.

Störung. Wer Spanisch versteht, wird viele Geschichten über Panzer, Explosionen und Luftangriffe hören. Mittlerweile arbeiten und feiern ehemalige Sandinisten und Contras aber wieder zusammen und sitzen nebeneinander in der Kirchenbank. Wer mit Spannungen gerechnet hat, wird stattdessen den Eindruck erlangen, dass sämtliche Probleme aufgearbeitet und aus der Welt geschafft worden sind.

Die Einstellungen sind natürlich nicht überall gleich. Nur wenige Bewohner der Atlantikküste, die Englisch oder Mískito sprechen, fühlen sich als Nicaraguaner. Lieber würden sie wieder zum Britischen Weltreich gehören, als weiter der Diskriminierung durch die „Spanier" auf der anderen Seite des Landes ausgesetzt zu sein. Die Viehbauern im zentralen Hochland lassen sich nichts von der Bundesregierung sagen und Kaffeepflücker aus Matagalpa und Studenten aus León sind jederzeit bereit, sich nach Managua aufzumachen und sich bei der politischen Führung zu beschweren, wenn sie das Gefühl haben, ungerecht behandelt zu werden.

Lebensart

Nicaragua ist eine Nation in Bewegung: Einer von fünf Nicaraguanern lebt im Ausland. Innerhalb der Landesgrenzen sind die jungen Frauen für den Großteil der Migration zuständig; die meisten von ihnen ziehen nach Managua. Männer folgen tendenziell den Erntezeiten in den ländlichen Gebieten oder in den Nachbarländern. Reguläre Jobs sind rar. Mehr als die Hälfte der Erwerbstätigen sind dem informellen Sektor zuzurechnen. Sie arbeiten als Straßenhändler, Dienstmädchen oder Künstler ohne Versicherungsleistungen und Arbeitsplatzsicherheit.

Obwohl Nicaragua ein katholisches Land ist, leben viele Pärchen, auch mit Kindern, ohne Trauschein zusammen, insbesondere in den größeren Städten. Schwule und Lesben sind weitestgehend akzeptiert, eine vollständige Gleichstellung vor dem Gesetz ist aber noch nicht erreicht.

Der Wohlstand ist ungleich verteilt. Reiche Nicaraguaner leben nicht viel anders als Topverdiener in Miami oder anderswo auf der Welt. Die große Mehrheit der Bevölkerung muss jedoch Tag für Tag darum kämpfen, die Familie zu ernähren. 46 % aller Nicaraguaner leben unterhalb der Armutsgrenze und ungefähr ein Drittel muss mit zwei Mahlzeiten oder weniger pro Tag auskommen.

Bevölkerung

In Nicaragua leben 6,1 Mio. Menschen auf 130 000 km², damit ist es das am zweitdünnsten besiedelte Land Zentralamerikas (nach Belize). Dem World Factbook der CIA zufolge sind 69 % der Bevölkerung *mestizos* (Menschen mit indigenen und weißen Vorfahren), 17 % weiß, 9 % schwarz und 5 % gehören indigenen Völkern an. Bei den jüngsten Volkszählungen stellte sich heraus, dass sich gerade mal 440 000 Menschen als indigen bezeichnen würden. Die Mískito (121 000), Mayangna/Sumo (9800) und Garifuna (3300) haben afrikanische Wurzeln und leben an der Karibikküste, gemeinsam mit den Rama (4200). Die Cacaopoeras und Matagalpas (15 200) im zentalen und nördlichen Hochland gehen vielleicht auf die Mayas zurück, die Chorotegas (46 000), Subtiavas (20 000) und Nahoas (11 100) haben gewisse Ähnlichkeiten mit den Azteken.

Auch die Europäer haben reichlich Spuren hinterlassen. Die Spanier besiedelten die

Pazifikküste, während eine Einwandererwelle aus Deutschland im 19. Jh. dazu beigetragen hat, dass das nördliche Hochland überraschend *chele* (weiß, von Span. *leche*, die Milch) ist. Und die vielen blauen Augen, die man an der Atlantikküste sehen wird, sind dem „Wirken" britischer, französischer und niederländischer Piraten geschuldet.

Die ersten afrikanischen Einwanderer waren havarierte, entflohene und befreite Sklaven. Sie kamen kurz nach den Spaniern an. Ein weiterer Schwung Kreolen und Kariben siedelte sich im späten 19. Jh. in Nicaragua an, um auf den Bananen- und Kakaoplantagen im Osten zu arbeiten.

Religion

Die Religion mit den meisten Anhängern ist der Katholizismus. Ca. 59 % der Bevölkerung bekennen sich zu diesem Glauben, der in Nicaragua allerdings auch viele indigene Elemente aufweist. Auch die Befreiungstheologie hat ihre Spuren hinterlassen. Anfang des 19. Jhs. kamen die ersten Herrnhuter Missionare aus Deutschland an die Atlantikküste. Heute sind ihre rot-weißen Holzkirchen die Mittelpunkte vieler Kreolen- und Mískito-Städte. In jüngerer Zeit sind mindestens 21 % der Bevölkerung mehr als 100 verschiedenen protestantischen Sekten beigetreten (viele von ihnen kommen aus den USA und werden unter den Sammelbegriff *evangelistas* zusammengefasst). Am interessantesten ist vielleicht, dass fast 16 % der Nicaraguaner sich als Atheisten oder Agnostiker bezeichnen, was wirklich ungewöhnlich ist für Lateinamerika – und eine große Erleichterung für alle reisenden Konfessionslosen!

Kunst & Kultur

Nicaragua ist ein leuchtender Stern am Himmel der lateinamerikanischen Literatur, und die Poesie steht dabei ganz obenan. Rubén Darío (1867–1916), der Dichter aus León, ist einer der bedeutendsten spanischsprachigen Autoren; seine Schriften haben Literaturbewegungen in der gesamten lateinamerikanischen Welt inspiriert und Trends gesetzt.

Drei bedeutende Autoren traten bald nach Darío auf, und ihre Werke sind immer noch populär: Azarías Pallais (1884–1954), Salomón de la Selva (1893–1959) und Alfonso Cortés (1893–1969). In den 1930er-Jahren machte die experimentelle Bewegung „Vanguardia" von sich reden, deren bedeutendste Vertreter José Coronel Urtecho, Pablo Antonio Cuadra, Joaquín Cuadra Pasos und Manolo Cuadra waren. Eine Reihe führender Sandinisten, darunter Sergio Ramírez, Rosario Murillo und Ernesto Cardenal, betätigten sich nicht nur politisch, sondern auch literarisch.

Cardenal begründete einen fundamental neuen Stil der nicaraguanischen Kunst, als er die Menschen des Solentiname-Archipels ermutigte, ihre Talente zu entfalten. Diese auffällige, bunte und naive Malerei erlangte weltweiten Ruhm.

Die karibische Küste besitzt mit ihrer eigenständigen Kultur auch eigenständige Kunstformen. In Bluefields ist der vom Calypso beeinflusste *palo de mayo* („Maibaum") eine sehr populäre Musikrichtung.

Natur & Umwelt

Geografie

Nicaragua ist mit 129 494 km² das größte Land Zentralamerikas. Es grenzt im Norden an Honduras, im Süden an Costa Rica, im Osten an das Karibische Meer und im Westen an den Pazifik.

Das Land besteht aus drei verschiedenen geografischen Regionen.

PAZIFISCHES TIEFLAND

Die westliche Küstenregion ist eine breite, heiße und fruchtbare Tiefebene, aus der sich elf größere Vulkane erheben. Zu den höchsten zählen der San Cristóbal (1745 m) nordöstlich von Chinandega, der Concepción (1610 m) auf der Isla de Ometepe im Lago de Nicaragua und der Mombacho (1345 m) in der Nähe von Granada.

Dank der überaus fruchtbaren Vulkanerde und dem heißen Klima mit ausgeprägten Regen- und Trockenzeiten ist die Region die landwirtschaftlich ertragreichste des ganzen Landes. Kein Wunder also, dass sich hier auch die größten Bevölkerungszentren befinden.

In dieser Region liegen auch der Lago de Nicaragua (oder nach dem indigenen Namen Lago de Cocibolca), der größte See Zentralamerikas mit über 400 Inseln, und der kleinere Lago de Managua (oder Xolotlán).

NÖRDLICH-ZENTRALE GEBIRGSREGION

Die nördlich-zentrale Region mit ihren hohen Bergen und Tälern ist kühler als das pazifische Tiefland, aber ebenfalls sehr fruchtbar. Fast 25 % der Landwirtschaft des Landes konzentriert sich hier, u. a. wird hier der überwiegende Anteil der nicaraguanischen Kaffeeernte eingebracht. Der höchste Gipfel des Landes, der Pico Mogotón (2438 m), liegt in der Nähe der honduranischen Grenze in der Gegend um Ocotal.

KARIBIKKÜSTE

Die karibische oder atlantische Region umfasst nahezu die Hälfte Nicaraguas. An der 541 km langen Küste finden sich viele große Lagunen und Deltas. Aus den Bergen im Landesinneren strömen 23 Flüsse ins Karibische Meer, darunter der Río Coco (685 km), Nicaraguas längster Fluss, und der Río San Juan (199 km), der dem Lago de Nicaragua entspringt. Diese beiden Flüsse markieren mehr oder weniger die Grenzen nach Honduras beziehungsweise Costa Rica. In der karibischen Region regnet es viel. Sie ist dünn besiedelt und von tropischem Regenwald bedeckt. Die größten Städte hier sind die beiden Küstenhäfen Bluefields und Bilwi (Puerto Cabezas). Mehrere kleine, von Korallenriffen umgebene Inseln, darunter die vielbesuchten Islas del Maíz (Corn Islands), liegen vor der karibischen Küste.

Flora & Fauna

Nicaragua besitzt einige der größten Waldreservate in der Region und hat gleichzeitig eine für dieses Gebiet sehr niedrige Bevölkerungsdichte. Die unglaubliche Artenvielfalt des Landes wissen Biologen und Touristen gleichermaßen zu schätzen.

TIERE

Drei Arten von Meeresschildkröten legen jährlich ihre Eier an den weitgehend unberührten Stränden der nicaraguanischen Pazifikküste und auf den Inseln vor der Karibikküste ab. Zu den weiteren Reptilien und Amphibien, die in Nicaragua vorkommen, gehören Grüne Leguane, Schwarzleguane und zahlreiche Eidechsen- und Kaiman-Arten.

Das Land hat eine reiche Vogelwelt, von tropischen Spezies in den unterschiedlichen Waldhabitaten über Wasservögel an den Seen und Flüssen bis hin zu Zugvögeln, die zwischen Nord- und Südamerika wandern. Urracas (Langschwanzhäher) findet man im ganzen Land, aber Scherenschwanz-Königstyrannen, Hellrote Aras und der farbenprächtige Guardabarranco (Blauscheitelmotmot) lassen sich nicht so leicht erspähen.

Von allen Primaten Nicaraguas sind sicher die Mantelbrüllaffen am einfachsten zu entdecken, da sie sich durch ihr mächtiges Gebrüll verraten. Verbreitet sind aber auch Geoffroy-Klammeraffen und Weißschulterkapuziner.

Zu den sonderbareren Wasserbewohnern gehören die Haie des Lago de Nicaragua. Die hier lebenden, zur Familie der Bullenhaie *(Carcharhinus leucas)* gehörende Haie, sind die einzigen Haie weltweit, die in der Lage sind, zwischen Salz- und Süßwasser zu wechseln. Einst lebten sie in großer Menge im See, heute sind sie aufgrund von massiver Überfischung selten geworden.

PFLANZEN

Nicaraguas Flora ist mindestens genauso vielfältig wie seine Fauna. Die verschiedenen Ökosysteme – von tropischem Trockenwald über Nebelwald bis hin zu tropischem Regenwald – laden zu botanischen Erkundungstouren ein. An Bäumen findet man u.a. Tamarindenbäume, Kapokbäume, Frangipani und *palo de sal,* die sich an die stark salzhaltige Umwelt der Küste angepasst haben, indem sie Salzkristalle ausscheiden. Orchideen, darunter die nächtlich blühenden *huele de noche,* gedeihen in den Nebelwäldern an den Hängen des Mombacho und Miraflor.

Nationalparks & Naturschutzgebiete

Etwa 18,2 % der Gesamtfläche Nicaraguas stehen unter Naturschutz. Es gibt 76 Nationalparks und Reservate.

Nicaraguas Naturschutzgebiete unterscheiden sich insofern von denen vieler anderer Länder, als es so gut wie keine Einrichtungen für Touristen gibt.

Auch die Schlafmöglichkeiten in den Parks sind rar. Noch seltener sind ausgezeichnete Campingbereiche.

Es gibt kaum markierte Wanderwege und verlässliches Kartenmaterial ist schwer zu bekommen, weshalb man einen Guide aus der Gegend engagieren sollte.

Marena verwaltet einen Großteil der Schutzgebiete, oftmals durch andere öffentliche oder private Organisationen.

Umweltprobleme

Die Wirtschaft strauchelt, die Infrastruktur ist mangelhaft, die Ressourcen sind knapp ... Nicaragua stellt sich die Mammutaufgabe, die Umwelt zu schützen und gleichzeitig die Bevölkerung aus der Armut zu holen.

NATURSCHUTZGEBIETE IN NICARAGUA

NATIONALPARK BZW. NATURSCHUTZGEBIET	HIGHLIGHTS	AKTIVITÄTEN
Parque Nacional Volcán Masaya	Der aktivste Vulkan Zentralamerikas, vielleicht das Tor zur Hölle ... Lavatunnels, Sittiche	Zum Rand eines aktiven Vulkans fahren, Vögel beobachten, wandern
Reserva Natural Volcán Concepción & Parque Nacional Volcán Maderas	1 Insel, 2 Vulkane. Der sanft qualmende Concepción & der erloschene Maderas, gekrönt von Nebelwäldern.	Wandern, Petroglyphen aufspüren, schwimmen, Kajak fahren
Reserva Biológica Indio-Maíz	Epische Flussbootfahrten, Makaken, Baumkronenwanderungen, Frösche	Kanu und Kajak fahren, wandern
Monumento Nacional Cañon de Somoto	Die Geburtsstätte des Río Coco in Nicaraguas Version des „Grand Canyon"	Wandern, über Felsen kraxeln, eiskaltes Wasser
Refugio de Vida Silvestre La Flor	Schildkröten, tropischer trockener Primärwald, Strände	Surfen, campen, Schildkröten beobachten
Reserva Natural Volcán Mombacho	Ausblick auf Granada & den Cocibolca, ein Nebelwald, 100 Orchideenarten, Fumerolen, Schmetterlingsfarm	Wandern, zelten, mit Militärfahrzeugen fahren

Wie alle seine Nachbarn am Zentralamerikanischen Isthmus hat auch Nicaragua mit erheblichen Umweltproblemen zu kämpfen. Ganz oben auf der Liste stehen der schnelle Verlust der Wälder, der Verlust an Bodenqualität und das Verschwinden von Arten. Hinzu kommen die Pestizide, die auf den Äckern eingesetzt werden. Sie gelangen nicht nur in das Grundwasser, sondern auch in die Nahrungskette. Auch die beiden großen Süßwasserseen Nicaraguas sind stark verschmutzt, besonders hoch ist der toxische Gehalt im Lago de Managua.

Es gibt aber Hoffnung, denn das nationale Umweltbewusstsein wächst. Die Regierung hat den Schutz der Umwelt zur Chefsache erklärt, messbare Erfolge bei der Bekämpfung der Abholzung erzielt und andere wichtige Themen angepackt. Mittlerweile gibt es in jedem Verwaltungsbezirk eine Behörde, die sich mit dem Schutz der natürlichen Ressourcen befasst.

PRAKTISCHE INFORMATIONEN

Allgemeine Informationen

AKTIVITÄTEN

Die Möglichkeiten für Outdoor-Aktivitäten sind nahezu unbegrenzt, aber es gibt nur wenige Läden, in denen Ausrüstung gekauft oder gemietet werden kann. Man sollte entsprechend vorsorgen. Verbreitete Sportarten sind Kanu und Kajak fahren, Tauchen und Schnorcheln, Wandern, Angeln und Surfen. Sehr vielversprechend (wenn erst einmal genug Geld investiert wird) sind auch Windsurfen, Parasailing und Kitesurfen.

Surfen

Surfen ist heute in Nicaragua sehr beliebt. Es gibt erstklassige Stellen an der Pazifikküste, von denen viele nur mit dem Boot erreichbar sind. San Juan del Sur bildet den Ausgangspunkt zu mehreren ordentlichen Stränden. Surfcamps entstehen überall – einfach Augen und Ohren aufsperren. Selbst abgelegene Stellen verzeichnen immer mehr Besucher, deshalb sollte auf die Einheimischen besonders viel Rücksicht genommen werden.

Tauchen & Schnorcheln

Die Riffe voller Meereslebewesen nahe den Corn Islands bieten ausgezeichnete Möglichkeiten für Schnorchler und Taucher (auf beiden Inseln gibt's Veranstalter, die Ausrüstung vermieten und geführte Tauchgänge anbieten). Tauchen kann man auch in der Laguna de Apoyo und in San Juan del Sur.

Wandern

Tolle Wanderwege gibt es rund um den Volcán Mombacho, den Cañon de Somoto sowie im Hochland um Matagalpa. Wer gut zu Fuß ist, kann sich an die vielen Vulkane des Landes wagen, etwa an die beiden auf der Isla de Ometepe oder an einen der vielen Vulkane im Nordwesten des Landes.

BOTSCHAFTEN & KONSULATE

Die meisten Botschaften sind in Managua. Zusätzliche Informationen findet man unter www.cancilleria.gob.ni/acreditados.

Costa Rica (Karte S. 488; ☎2251-0429; consuladocrmanagua@yahoo.com; Rotonda Rubén Darío, 2 c E, 500 m N; ⌚8–15 Uhr)

Deutschland (Karte S. 488; ☎2266-7500; Rotonda El Güegüense, 1½ c N)

El Salvador (☎2276-2132; Av del Campo 142, Las Colinas)

Guatemala (☎2279-9606; Carretera a Masaya, Km 11,5)

Honduras (☎2276-2406; Av del Campo 298, Las Colinas; ⌚Mo–Fr 9–17 Uhr)

Mexiko (Karte S. 488; ☎2278-1859; http://embamex.sre.gob.mx/nicaragua; Altamira d'Este, frente Claro)

Panama (Karte S. 488; ☎2266-8633; Cuartel General de Bomberos, 1 c E)

Schweizer Botschaft (☎2266–3010; Rotonda Jean Paul Genie, 900 m O, 150 m N)

ESSEN & TRINKEN

Essen

In Managua, León, Granada und San Juan del Sur gibt's eine ganze Reihe von Restaurants, die internationale und vegetarische Gerichte anbieten, aber die typischsten und preisgünstigsten Gerichte findet man in der Regel an Straßenständen, auf den Märkten und in den *comedores* (einfachen Speiselokalen). Zu den beliebtesten Gerichten gehören *gallo pinto* (eine Mischung aus Reis und Bohnen, die oft mit Eiern als Frühstück serviert wird), *nacatamales* (Maismehl, Schweinefleisch, Gemüse und Kräuter in einem Bananenblatt – ein traditionelles Wochenendgericht), *quesillos* (weicher Käse und Zwiebeln in einer Tortilla) und *vigorón* (gedämpfte Yucca, belegt mit *chicharrón* – gebratener Schweinekruste – und Krautsalat). An den Abenden öffnen an den Straßenecken, in Hauseingängen und rund um die zentralen Plätze *fritangas*, die mit Grillfleisch und gebratenen Beilagen schwere Kost anbieten.

Getränke

Viele Restaurants gibt's frische *jugos* (Säfte) und *refrescos naturales*, die aus regionalen Früchten, Kräutern und Samen zubereitet, mit Wasser und Zucker verdünnt und mit zerstoßenem Eis serviert werden. Das Ganze ist dann entweder köstlich erfrischend oder einfach nur süß, je nachdem, wie gut das Getränk gemacht ist. Man findet auch ungewöhnliche Geschmacksrichtungen wie *pithaya* (eine purpurrote Kaktusfrucht), Tamarinde oder *chía* (ein schleimiger Samen, der meist mit Zitrone vermischt wird). *Tiste* ist ein traditionelles Getränk aus Kakaobohnen und Mais.

Obwohl Nicaragua ein wichtiges Kaffeeanbaugebiet ist, erhält man außerhalb der Touristengebiete in der Regel nur löslichen Kaffee. Es gibt zwei wichtige nicaraguanische Biermarken. Die meisten Einheimischen bevorzugen das erfrischende, aber ziemlich fade Toña, während viele Besucher das etwas würzigere Victoria vorziehen.

PREISKATEGORIEN ESSEN

Die Preisangaben in diesem Buch beziehen sich auf einen typischen Hauptgang.

$	weniger als 5 US$
$$	5–10 US$
$$$	mehr als 10 US$

FRAUEN UNTERWEGS

Besondere Gefahren drohen weiblichen Travellern in Nicaragua nicht, es gelten aber die gleichen Empfehlungen bezüglich Kleidung, anzüglichen Bemerkungen usw. wie in allen Staaten Zentralamerikas. Unter Berücksichtigung der normalen Vorsichtsmaßnahmen empfinden viele Frauen Nicaragua als ein überraschend angenehmes Reiseland. An der Karibikküste ist jedoch für allein reisende Frauen deutlich größere Vorsicht geboten.

FREIWILLIGENARBEIT

Die Freiwilligenkultur in Nicaragua ist stark ausgeprägt, was wohl auch mit dem stetigen Zustrom von „Sandalistas" (junge Freiwillige aus dem Ausland) während der Revolution zu tun hat. In vielen Hostels und Spanischschulen kann man sich über entsprechende Organisationen informieren. Weitere gute Anlaufstellen sind **Volunteer South America** (www.volunteersouthamerica.net) und **Go Abroad** (www.goabroad.com).

Auch hier werden gern Freiwillige aus dem Ausland genommen:

Building New Hope (www.buildingnewhope.org) Viele Einsatzmöglichkeiten in Granada, nur mit fortgeschrittenen Spanischkenntnissen.

Quetzaltrekkers (☎2311-6695; www.quetzaltrekkers.com; 2 a Calle NE, Iglesia de La Recolección, 1½ c E, León) Wandergruppen führen und Straßenkindern helfen.

GELD

Die Landeswährung ist der Córdoba (C$), den die Einheimischen manchmal auch „Peso" oder „Real" nennen. Münzen gibt es im Nennwert von 0,25, 0,50, 1, 5 und 10, Geldscheine im Wert von 10, 20, 50, 100, 200 und 500. Die Geldscheine sind dünn und zerreißen leicht. Da Wechselgeld rar ist, kann es schwierig werden, 100er-, 200er- und 500er-Noten an den Mann zu bringen; man könnte es an Tankstellen versuchen.

Fast überall kann mit US-Dollar bezahlt werden, allerdings nur, wenn die Scheine tiptop in

Ordnung sind. Córdobas sind gewöhnlich das „einfachere" Zahlungsmittel, vor allem in kleineren Geschäften und außerhalb der Touristenzentren. Tipp: immer mindestens 200 Córdobas dabei haben, am besten in kleinen Scheinen.

Der Córdoba wird schrittweise nach einem festen Plan gegenüber dem US-Dollar abgewertet. In diesem Buch sind die Preise durchweg in US-Dollar (US$) angegeben, da der Córdoba stärkeren Wechselkursschwankungen ausgesetzt ist.

Geldautomaten & Kreditkarten

Wer schnell und einfach an Bargeld kommen möchte, geht am besten zum Geldautomaten *(cajero automatíco)*. Man findet sie in den meisten größeren Städten und Touristenzentren. Oft wird eine Transaktionsgebühr von ca. 2,50 US$ pro Abhebung fällig (zusätzlich zu der Gebühr, die die Bank zu Hause für Auslandsabhebungen erhebt). In vielen Banken werden Barvorschüsse gewährt (Cash Advance). Reiseschecks können nur vereinzelt und gegen hohe Gebühren eingelöst werden, sie eignen sich aber als „Notgroschen".

Folgende Banken haben verlässliche Geldautomaten:

BAC Visa-Plus-Karten und MasterCard/Cirrus.

Bancentro Visa-Plus-Karten.

BanPro Visa-Plus-Karten und MasterCard/Cirrus.

Banco ProCredit Visa-Plus-Karten.

Schwarzmarkt

Geldwechsler auf den Straßen, sogenannte *coyotes*, tauschen Devisen zu ungefähr dem gleichen Kurs wie die Banken, aber ohne die langen Warteschlangen. Diese Händler sind meist ehrlich, aber man sollte schon den Wechselkurs kennen und selber mitrechnen, bevor man das Geschäft abschließt.

INTERNETZUGANG

An der Pazifikküste sind Internetverbindungen schnell und günstig (0,70–1 US$ pro Std.) und auch in kleinen Orten verfügbar. Auf der Karibikseite gibt es weniger Internetcafés, das Surfen ist etwas langsamer und dabei teurer, dafür bieten aber viele Hotels und Restaurants WLAN.

KARTEN

In Nicaragua an detaillierte Karten zu kommen, ist schwierig. Wer in entlegenere Gegenden reisen möchte, bringt am besten Material von zu Hause mit.

Intur (www.intur.gob.ni) Gibt regionale Karten und Stadtpläne für Touristen aus.

Ineter (Nicaraguanisches Institut für territoriale Studien; www.ineter.gob.ni; frente Dirección de Migración y Extranjeria, Managua) Hat die größte Kartenauswahl des Landes. USB-Stick oder externe Festplatte mitbringen, dann kann man sich die Dateien runterladen.

International Travel Maps & Books (www.itmb.ca) Herausgeber einer detaillierten Straßenkarte (12,95 US$), bei den Nebenstraßen ist sie allerdings nicht zu 100 % akkurat.

Mapas Naturismo (www.mapas-naturismo.com) Gibt die derzeit aktuellste Straßenkarte heraus (9 US$).

ÖFFNUNGSZEITEN

Die allgemeinen Öffnungszeiten sind montags bis freitags von 9 bis 17 Uhr und an Wochenenden von 9 bis 12 Uhr. Viele Büros, die meisten Museen und einige Geschäfte machen von 12 bis 14 Uhr Mittagspause.

POST

In Anbetracht der Tatsache, dass es in Nicaragua keine richtigen Adressen gibt, ist die Post erstaunlich zuverlässig! Für einen Standardbrief oder eine Postkarte nach Europa zahlt man ca. 1 US$. Man kann sich in jedes Postamt postlagernde Sendungen schicken lassen. Die Adresse lautet: *(eigener Name)*, Lista de Correo, Correo Central, *(Name der Ortschaft)*, Nicaragua. Zur Abholung den Pass mitbringen und nicht länger als zwei Wochen damit warten.

ADRESSANGABEN IN NICARAGUA

Nur ein paar Straßen haben Namen und noch weniger Häuser sind nummeriert. Die Nicaraguaner benutzen ein einmaliges System für die Angabe von Adressen. Sie wählen einen auffälligen Bezugspunkt und geben dann die Entfernung von diesem in Blocks und der jeweiligen Himmelsrichtung an, z. B. bedeutet Catedral, 2 c N also zwei Blocks nördlich von der Kathedrale.

Hier die verwendeten Abkürzungen:

c	*cuadra*	Block
E	*Este*	Osten
N	*Norte*	Norden
O	*Oeste*	Westen
S	*Sur*	Süden

Weitere auf Wahrzeichen Bezug nehmende Adressen wie *frente* catedral (gegenüber/vor der Kathedrale) wurden im Text spanisch belassen, damit man den Text Einheimischen zeigen und sich von ihnen den Weg weisen lassen kann.

DIE BESTEN SURFSPOTS

Die folgenden Surfspots sind geografisch von Nordosten nach Südwesten geordnet. Sie alle befinden sich an der Pazifikküste. **Surf Maps** (www.surfmaps.com) gibt eine umfassende Karte mit den besten Breaks aus (8 US$).

Playa Aserradores Dieser Strand nordöstlich von Chinandega wird auch Boom-wavos genannt, wegen des „Lärms", den der gewaltige Beach Break verursacht. Ein weiterer Left Break befindet sich fünf Minuten von der Küste entfernt – und das waren längst nicht alle Wellen.

El Corinto Eine der besten Wellen im Land wird kaum geritten, weil sie hinter der Playa Paso Caballos liegt und nur mit dem Boot erreicht werden kann. Gleich nördlich befindet sich ein Break an der Flussmündung mit Peaks, die Linkswellen bilden.

Poneloya und Las Peñitas „Nur" okay zum Surfen, aber sehr einfach zu erreichen, an der nördlichen Pazifikküste gerade mal 20 km von León entfernt.

Puerto Sandino An dem Abschnitt zwischen Puerto Sandino und El Velero befinden sich ein halbes Dutzend Reef und Beach Breaks mit felsigem Untergrund, darunter ein phantastischer Left Break.

Playa Huehuete Genialer Flussmündungs-, Point und Beach Break an einem hübschen Strand gleich südlich von Casares.

Popoyo Diese Ansammlung von sandigen Lodges ist wahrscheinlich das nächste Top-Surfercamp Nicaraguas. Vier Wellen (mindestens!) wurden getauft: Popoyo ist ein Point Break (mit Links- und Rechtswellen), Bus Stop ist aggressiv, Cobra schnell (mit felsigem Untergrund) und dann wäre da noch die beste Welle in der Region, Emergencias, mit einem Left Break für lange Bretter und einem Right Break für kürzere. Am besten von Tola aus anreisen.

Playa Gigante Auch an diesem bildschönen Strand entstehen immer mehr Surferunterkünfte. Man hat Zugang zu einer Handvoll bekannter Wellen (meist mit dem Boot). Anreise via Tola.

Playa Maderas Wird manchmal Los Playones genannt. Ein exzellenter Surfspot, leicht zu erreichen ab San Juan del Sur, mit einer langsamen Welle (zwei Right und zwei Left Breaks), ideal für Anfänger.

RECHTSFRAGEN

Die meisten Polizisten in Nicaragua sind professionell und umgänglich für zentralamerikanische Verhältnisse. Manche Reisende raten, dass man Verkehrspolizisten bei kleineren Vergehen einen 100-Córdoba-Schein (4 US$) zusammen mit dem Ausweis in die Hand drücken sollte, der Schuss kann aber auch nach hinten losgehen. Wer mit Drogen erwischt wird oder sich eines anderen Verbrechens schuldig macht, wird sich nicht so leicht aus der Affäre ziehen können.

REISENDE MIT BEHINDERUNG

Nicaraguaner haben gewöhnlich keine Berührungsängste gegenüber körperlich eingeschränkten Menschen und helfen gern. Die Kopfsteinpflasterstraßen, aufgeplatzten Bürgersteige und Treppen in so ziemlich jedem Gebäude können einem das Leben allerdings wirklich schwer machen.

Es gibt nur wenige behindertengerechte Transportmittel, deshalb wendet man sich am besten gleich an einen Tourveranstalter. **Kool Tour** (cmejia@kool-tour.com; Ciudad Jardin q-12, Managua) ist auf Reisen für Menschen mit Behinderung spezialisiert.

Es gibt nur sehr wenige rollstuhlgerechte Toiletten und Waschräume in Nicaragua – Toilettenaufsatz und ähnliche Hilfsmittel besser von zu Hause mitbringen. Allgemeine Infos für körperlich eingeschränkte Reisende stehen unter www.able-travel.com.

SCHWULE & LESBEN UNTERWEGS

Einvernehmlicher Sex zwischen Homosexuellen ist inzwischen nicht mehr strafbar, doch es mag noch etwas dauern, bis Homosexualität vorbehaltlos akzeptiert wird. Für ganz Lateinamerika gilt, dass Homosexuelle es einfacher haben werden, wenn sie sich öffentliche Zuneigungsbekundungen verkneifen und im Hotel nach zwei

Betten fragen (die man dann zusammenschieben kann). Tatsächlich gehen aber viele Nicaraguaner sehr offen mit ihrer Homosexualität um – die „Szene" ist also nicht geheim.

Eine gute Webseite für den Anfang ist www.gaynicaragua.org. In Managua gibt es ein paar Bars und Clubs für Schwule und Lesben und auch Granada ist relativ tolerant, davon abgesehen präsentiert sich Nicaragua nach außen ziemlich hetero.

SICHERHEIT

Nicaragua hat eine der niedrigsten Kriminalitätsraten Zentralamerikas, doch als „reicher Ausländer" ist man zumindest ein potenzielles Ziel für Trickbetrüger und Diebe, deshalb muss man immer auf der Hut sein. Einige Gegenden gelten als gefährlich. Dazu gehören z. B. Managua mit den typischen Großstadtproblemen, San Juan del Sur mit den typischen Problemen einer Touristenenklave und ein Großteil der Karibikküste, an der der Drogenhandel Sicherheitsrisiken mit sich bringt.

Besondere Vorsicht ist in ländlichen Teilen der Karibikküste geboten, in einsamen Naturschutzgebieten und überall dort, wo es wenig Infrastruktur gibt und die Kommunikationsmöglichkeiten eingeschränkt sind.

Wer gern „off-road" wandern geht, sei gewarnt: Zwar gilt Nicaragua offiziell als minenfrei, doch es gibt keine Garantie dafür, dass in abgeschiedenen Regionen nicht doch noch ein paar Blindgänger herumliegen, vor allem entlang der honduranischen Grenze im nördlichen Hochland und in der RAAN (Región Autónoma del Atlántico Norte). Am besten einen einheimischen Guide anheuern.

SPRACHKURSE

In den meisten Städten gibt's eine Casa de Cultura (Kulturzentrum), in der alle Arten von Kursen angeboten werden, z. B. Malen, volkstümlicher Tanz, Schminken und Haarpflege. Sie sind superbillig (oft weniger als 1 US$ pro Std. bzw. 6 US$ pro Monat).

Auch für einen Spanischkurs ist Nicaragua nicht schlecht, wenn auch ein bisschen teurer als Guatemala (dort lernen die meisten Backpacker Spanisch). 20 Stunden in einer namhaften Schule kosten 100 bis 120 US$. Unterrichtsmaterialien und Ausflüge sind gewöhnlich inbegriffen. Die Unterbringung in einer Gastfamilie (tgl. 3 Mahlzeiten) kostet 80 US$ pro Woche.

NICA-SPRECH

Das spanische Vokabular in Lateinamerika kennt viele regionale Varianten. Wer mit seiner Kenntnis des regionalen Slangs protzen will, kann etwa folgende Wörter benutzen:

bacanal – Party

Chele – ein Weißer/eine Weiße

chunche – Ding, kleine Sache

Nicas – die Nicaraguaner

palmado – pleite

tuani – cool

tuanis – stimmt genau

TELEFON

Die Ländervorwahl von Nicaragua ist die ☎505. Ortsvorwahlen gibt es nicht. Viele Haus- und Ladenbesitzer „vermieten" ihre Telefone für Inlandsgespräche (Festnetz und Handy) gegen eine Gebühr (gewöhnlich ca. 0,25 US$ pro Min.).

Auslandsgespräche sind teuer. In den Internetcafés kommt man auf jeden Fall billiger davon.

Viele Reisende kaufen sich einfach ein Telefon bei der Ankunft. Bereits am Flughafen befinden sich ein paar Telefonläden. Die billigsten gibt's schon für 15 US$. Man kann natürlich auch eine SIM-Karte kaufen (ca. 3,50 US$) und in entsperrte Handys einsetzen. Die beiden nationalen Netzbetreiber sind Claro (bessere Netzabdeckung) und Movistar. Guthaben zum Aufladen ist in *pulperías* (Tante-Emma-Läden) und an Tankstellen erhältlich.

TOURISTENINFORMATION

Die Tourismusbehörde **Intur** (www.intur.gob.ni) unterhält Büros in fast jeder größeren Stadt. Dort findet man in der Regel viele Broschüren und mit etwas Glück auch eine Landkarte oder einen Stadtplan. Einige dieser Büros sind hervorragend und bieten detaillierte Informationen zu Hotels, Verkehrsmitteln und örtlichen Führern, in den meisten sitzen allerdings Beamte herum, die sich kaum wirklich für die örtlichen Sehenswürdigkeiten interessieren.

Backpackerhostels, die vielfach auch Informationszentren haben, sind eine bessere Quelle für praktische Informationen.

Das Umweltschutzministerium **Marena** (www.marena.gob.ni) unterhält ebenfalls überall im Land Büros, die Infos zu Nationalparks geben und manchmal sogar einen örtlichen Führer vermitteln können.

In kleinen Städten ist häufig die örtliche *alcalía*, die Bürgermeisterei, der beste Ort, um etwas über nahe gelegene Sehenswürdigkeit zu erfahren.

UNTERKUNFT

Die Budgethotels, manchmal *hospedajes* genannt, sind günstiger als im restlichen Zentralamerika. Ein sauberes privates Zimmer mit Fenster und Gemeinschaftsbad kostet selten

PREISKATEGORIEN SCHLAFEN

Die Preisangaben in diesem Kapitel beziehen sich auf Übernachtungen in Doppelzimmern (Standardausstattung) mit eigenem Bad.

$	weniger als 20 US$
$$	20–50 US$
$$$	mehr als 50 US$

mehr als 6 US$ pro Person und Nacht. Für das Doppelte bekommt man ein größeres Zimmer mit eigenem Bad, wobei erklärte Touristenziele natürlich teurer sind. Dort gibt es aber immer auch Unterkünfte mit günstigen Schlafsälen (8–10 US$). In ländlicheren Gegenden muss man sich in dieser Preisklasse oft auf Plumpsklos und Eimerduschen einstellen. Budgetreisende sollten immer Kerzen und eine Taschenlampe dabeihaben. Wenn kein Moskitonetz im Zimmer ist, ruhig danach fragen.

VISA

Besucher aus den meisten Ländern können sich bis zu 90 Tage ohne ein Visum in Nicaragua aufhalten, solange ihr Pass noch mindestens sechs Monate gültig ist, sie über ausreichende finanzielle Mittel verfügen (200 US$ oder eine Kreditkarte) und ein Ticket zur Aus-/Weiterreise vorweisen können (wird selten kontrolliert).

Bürger mancher osteuropäischer und lateinamerikanischer Nationen und vieler afrikanischer und asiatischer Länder benötigen derweil ein Visum für die Einreise. Eine vollständige Übersicht findet man auf der Seite des nicaraguanischen Außenministeriums www.cancilleria.gob.ni/servicios/visas.shtml.

Nicaragua hat gemeinsam mit Honduras, El Salvador und Guatemala die CA-4-Grenzkontrollenvereinbarung unterzeichnet. Offiziell darf man sich nicht mehr als 90 Tage innerhalb dieses Staatenverbunds aufhalten. Einmal kann eine Verlängerung um weitere 90 Tage bei der **Einwanderungsbehörde** (Dirección de Migración y Extranjeria; ☎2244-3989; www.migracion.gob.ni; ⏰Mo–Fr 8–11.30 & 13.30–15 Uhr) in Managua beantragt werden. Das kostet ca. 10 US$ pro Monat. Nach Ablauf dieser weiteren 90 Tage muss man sich 72 Stunden außerhalb der CA-4-Nationen aufhalten (sprich: für drei Tage nach Costa Rica fahren). Bei der Wiedereinreise nach Nicaragua (oder in die anderen CA-4-Länder) bekommt man dann wieder 90 Tage.

Man sollte sich nicht allzu sehr darauf verlassen, aber wer zwischen den CA-4-Ländern hin und her fliegt, erhält ebenfalls eine „frische“ 90-Tage-Aufenthaltserlaubnis nach der Landung. Die Beamten an den Landesgrenzen sind strenger.

ℹ An- & Weiterreise

Nicaragua hat einen internationalen Flughafen (in Managua), fünf große Grenzübergänge nach Honduras und Costa Rica und es gibt eine internationale Seeroute zwischen El Salvador und Potosí.

Auto & Motorrad

Nicaraguas Landesgrenzen kann man auch mit dem Auto oder dem Motorrad passieren. Man braucht allerdings einen auf den eigenen Namen ausgestellten Fahrzeugschein, Versicherung, Pass und Führerschein. An der Grenze erhält man eine Aufenthaltsgenehmigung für 30 Tage und einen speziellen Stempel im Pass. Wer dann allerdings ohne Fahrzeug wieder ausreist, muss eine heftige Einfuhrsteuer zahlen. Der im Heimatland ausgestellte Führerschein gilt nach Einreise in Nicaragua 90 Tage. Nach Ablauf dieser Zeit müsste man eigentlich einen nicaraguanischen Führerschein beantragen; tatsächlich ist das aber eher selten der Fall.

Bus

Die internationalen Busse sind mit Liegesitzen, Klimaanlagen, TVs und Toiletten ausgestattet. Manchmal wird sogar Essen serviert. Für Reisende mit (viel) Gepäck sind sie ein sicherer Transportmodus. Die Grenzüberquerung verläuft im Allgemeinen reibungslos. Oft wird ein Helfer das Abstempeln des Passes übernehmen und die fälligen Ein- und Ausreisegebühren von den Fahrgästen kassieren. Wenn man wieder in den Bus einsteigt, erhält man die Reisedokumente dann zurück. Am Grenzübergang Peñas Blancas (Costa Rica) müssen sich die Reisenden allerdings persönlich um die Ein-/Ausreiseformalitäten kümmern.

Direktbusse (ohne Buswechsel) fahren nach Costa Rica, Honduras, El Salvador und Guatemala. Es bestehen Umsteigeverbindungen nach Panama und Mexiko.

FLUGZEUG

Vom **Managua International Airport** (MGA; www.eaai.com.ni; Carretera Norte, Km 13) gehen Maschinen nach Miami, Fort Lauderdale, Atlanta und Houston in den USA und in mehrere lateinamerikanische Großstädte. Es lohnt sich, die Flugpreise mit denen von Costa Rica aus zu vergleichen, die z. T. erheblich günstiger sind.

GRENZÜBERGÄNGE

Costa Rica

Wer einen internationalen Bus ab Rivas oder Managua gebucht hat, kann sich entspannt zurücklehnen. Die Grenzüberquerung zwischen Sapoá, Nicaragua, und Peñas Blancas, Costa Rica, ist ein Klacks. In der Hauptsaison unbedingt vorab reservieren. Häufig kommt man aber billiger davon, wenn man Nahverkehrsbusse nimmt und die Grenze auf eigene Faust passiert.

Der 1 km lange Grenzbereich ist übersichtlich, wobei der plötzliche „Überfall" freundlicher Helfer ziemlich einschüchternd sein kann (das ist alles Strategie!). Fahrradrikschas (1 US$) sind ein wirksames Mittel gegen den Ansturm. In dem schlecht ausgeschilderten, großen Betonbau gleich östlich der Hauptstraße auf nicaraguanischer Seite werden die Pässe an einem Fenster abgestempelt. Die Einreise kostet 5 US$, die Ausreise aus Nicaragua 2 US$. Der Betrag muss in Córdobas gezahlt werden. Die Stadt Sapoá verlangt 1 US$ fürs Betreten und Verlassen der Grenzzone.

Die Ein-/Ausreise nach/aus Costa Rica ist kostenlos, aber theoretisch müssen frisch Angekommene ein Ticket zur Ausreise vorweisen können (theoretisch; praktisch wird nur selten danach gefragt). Pechvögel können sich bei Dendu Transport oder Transnica gleich außerhalb des Grenzpostens ein Busticket von San José nach Managua kaufen (10 US$).

In Sapoá fährt zwischen 6 und 17.30 Uhr mindestens einmal stündlich ein Bus nach Rivas (10 US$, 1 Std.). Dort gibt's Verbindungen in alle Teile Nicaraguas. Die *taxistas* (Taxifahrer) erzählen vielleicht, dass die nicaraguanischen Busse nicht fahren oder unsicher sind, das stimmt aber nicht.

Um 5.15, 7.30, 9 (direkt), 10.45, 12, 13.30, 15.30 und 18 Uhr machen sich Transnica-Busse auf den Weg von Peñas Blancas nach San José (10 US$, 5 Std.). Pulmitan de Liberia steuert Liberia (2 US$, 2 Std.) um 6.30, 8.30, 9.30, 12.30, 14.30 und 17.30 Uhr an.

SICHER MIT DEM TAXI

In Managua, aber auch in Granada, Masaya, San Juan del Sur und San Jorge werden immer häufiger Blitzentführungen gemeldet, bei denen Taxifahrer ihre Passagiere mit dem Messer bedrohen und dann am nächsten Geldautomaten Bargeld abheben lassen, bis das Konto leer geräumt ist. Deshalb sollte man ein Radiotaxi nehmen. Die mit dem Schild auf dem Dach und/oder roten Schildern gelten als sicherer. Außerdem sollte ein Namensschild mit Infos zum Fahrer am Armaturenbrett angebracht sein. Im Hotel immer das Personal bitten, ein Taxi zu rufen, und stets auf der Hut sein: Manche Leute wurden entführt, nachdem ihnen ein netter Fremder dabei geholfen hatte, ein Taxi anzuhalten.

Ein Taxi ist immer schneller und unkomplizierter. Auf costa-ricanischer Seite ist das ein teures Vergnügen (50 US$ bis Liberia), auf nicaraguanischer Seite sind die Preise humaner: 12 US$ von Sapoá bis Rivas, 15 US$ bis San Jorge, 20 US$ bis San Juan del Sur und 50 US$ bis Granada.

Achtung: Die Pazifikküstenstraße von El Ostional nach Costa Rica soll asphaltiert werden. Dann wird es einen neuen Grenzübergang geben, das dauert allerdings noch ein paar Jahre.

Wer mag, kann auf dem Seeweg nach Costa Rica reisen. In San Carlos legen kleine Boote ab, die an den dschungelbewachsenen Ufern des Río Frio vorbei zur Grenze nach Costa Rica in Los Chiles fahren (10 US$, 1 Std.). Die Boote legen an der Einreisestelle in San Carlos einen Block westlich des Kais montags bis samstags um 10.30, 13.30 und 16 Uhr sowie sonntags um 12 und um 16 Uhr ab. Man muss eine halbe Stunde vorab zur Stelle sein, um sich den Einreisestempel abzuholen (2 US$).

El Salvador

Ein Fährhafen in Potosí ist geplant (es heißt, dass er schon 2015 eingeweiht werden soll), um Transfers nach La Unión in El Salvador und vielleicht auch Honduras zu ermöglichen. Bis dahin muss man ein Boot von **Ecodetur** (☎8320-3481; www.ecodetour.com; Ortseingang Potosí) für 35 US$ pro Person nehmen (1½ Std., mind. 6 Pers.). Passkontrollstellen gibt's sowohl in Potosí als auch in La Unión (tgl. 8–17.30 Uhr).

Honduras

Die beliebteste Überlandroute nach Honduras führt durch den Norden Nicaraguas in die Stast Ocotal. Das Busterminal liegt an der Panamericana, 1 km südlich der Central Plaza. Busse (0,40 US$, 1 Std.) fahren stündlich zum Grenzübergang in Las Manos. Von dort aus sind es noch 132 km (mit dem Bus 2½ Std.) bis Tegucigalpa. Las Manos ist ein großer Grenzübergang und rund um die Uhr geöffnet, die Busse fahren allerdings nur zwischen 5 und 16.30 Uhr. Weitere Routen:

Von Somoto nach Choluteca, Honduras
Ein Grenzübergang in luftigen Höhen, Granitschlucht inkl. Busse nach El Espino (0,40 US$, 30 Min.) fahren von 4.15 bis 17.15 Uhr stündlich am Busterminal in Somoto ab. Die Grenze ist täglich von 8 bis ca. 17 Uhr geöffnet.

Von El Guasaule nach Choluteca, Honduras
Die schnellste Route von Nicaragua nach Honduras. El Guasaule liegt eine entspannte Fahrtstrecke nördlich von León. Der Grenzübergang ist hektisch und chaotisch – und heiß ist es auch.

EINREISEGEBÜHR & FLUGHAFENSTEUER

Bei der Einreise müssen Besucher eine Touristenkarte für 10 US$ kaufen und eine Bearbeitungsgebühr von 2 US$ zahlen. Bei der Ausreise mit dem Flugzeug zahlt jeder eine internationale Flughafensteuer von 32 US$, die in der Regel im Ticketpreis enthalten ist. Die Flughafensteuer für Inlandsflüge beträgt 2 US$.

Unterwegs vor Ort

AUTO & MOTORRAD

Die Straßen zwischen den größeren Städten im Westen Nicaraguas sind in aller Regel gut (idealerweise spricht man ein bisschen Spanisch, denn die Beschilderung ist wirklich bescheiden). Sobald man aber die Hauptstraßen verlässt, verschlechtert sich die Qualität erheblich. Es gelten die üblichen Verkehrsregeln. Wer in Managua Auto fahren will, braucht starke Nerven!

Sich in Nicaragua ein Fahrzeug zu mieten, ist weder kompliziert noch übermäßig teuer und bietet die ausgezeichnete Gelegenheit, auch abgelegene Teile des Landes zu sehen. Es gibt mehrere Autovermietungen in Managua.

BOOT

Viele Reiseziele können nur (oder am einfachsten) mit dem Boot erreicht werden. Die öffentlichen *pangas* (kleine Motorboote) mit Außenbordmotoren sind viel teurer als Busse & Co. Im Allgemeinen kostet eine Stunde Fahrtzeit 6 bis 8 US$. In Gegenden ohne regelmäßige Bootsverbindungen wird man eine *panga* für sich allein mieten müssen. Die Preise schwanken stark. Als Richtwert: Eine Stunde Fahrt für vier bis sechs Personen kostet 50 bis 100 US$. Reiseveranstalter finden gewöhnlich günstigere Optionen.

Hier die wichtigsten Häfen mit regelmäßigen Bootsverbindungen:

Bluefields Nach Pearl Lagoon, El Rama und Corn Island. Regelmäßige Bootsverbindungen zwischen Great Corn und Little Corn.

El Rama Nach Bluefields.

Granada Zur Isla de Ometepe und nach San Carlos.

San Carlos Nach Granada, zu den Islas Solentiname, nach Río San Juan, zu dem malerischen Grenzübergang zwischen Nicaragua und nach Costa Rica und in einige Naturschutzgebiete.

Waspám Das Tor zum Río Coco.

BUS

Nicaraguas Busnetzwerk ist hervorragend ausgebaut (wenn die Vehikel auch einfach sind). Den öffentlichen Nahverkehr bestreiten meist alte Bluebird-Schulbusse (keine Gepäckfächer). Wenn möglich sollte das Gepäck nicht aufs Dach geschnallt, sondern mit in den Bus genommen werden; im hinteren Teil Platz nehmen und den Rucksack bei den Reis- und Bohnensäcken verstauen.

Gezahlt wird, wenn sich der Bus in Bewegung gesetzt hat. Bei längeren Strecken bekommt man vielleicht ein Papier-„Ticket". Gut aufbewahren, sonst darf man noch mal zahlen. An manchen Terminals können Tickets im Voraus gekauft werden, was theoretisch der Garant für einen Sitzplatz ist. Die Busse drehen oft noch eine Runde durch die Stadt, bevor sie losfaren, aber wer sitzen möchte, sollte am Busbahnhof einsteigen.

Die Busterminals sind oft riesige, chaotische Plätze neben Märkten, auf denen man sich verlaufen kann, insbesondere, wenn man nicht viel Spanisch spricht. Aber keine Bange. Wer den Namen des Zielorts aussprechen kann, muss sich nur an die brüllenden Busmitarbeiter wenden. Wichtig: *Expreso*-Verbindungen nehmen, keine *ordinarios*, sonst dauert die Fahrt um einiges länger.

FLUGZEUG

La Costeña (☎2263-2142; www.lacostena.com.ni; Managua International Airport) bietet regelmäßige Inlandsflüge von Managua nach Bluefields, zu den Corn Islands, Las Minas, San Carlos, San Juan del Norte (Greytown), Bilwi und Waspám an. Bei vielen Maschinen handelt es sich um winzige Propellerflugzeuge, bei denen das Gewicht eine große Rolle spielt und manches Gepäckstück zurückgelassen werden muss. Alles Wichtige ins Handgepäck packen!

La Costeña ist eine der wenigen Fluggesellschaften, bei denen es tatsächlich teurer ist, online zu buchen (15 US$ Aufschlag).

TAXI

Fast alle Taxis in Nicaragua sind *colectivos*, Gemeinschaftstaxis, die auf dem Weg zum Fahrtziel weitere Passagiere aufnehmen.

Die Taxis in Managua sind nicht mit Taxametern ausgestattet und die Fahrer berüchtigt dafür, Touristen abzuziehen. Auch an den Grenzübergängen wird häufig mehr genommen, als angemessen ist, wenn sich die Gelegenheit ergibt. Die meisten Stadttaxis berechnen fixe Preise für Fahrten im Stadtgebiet (gewöhnlich 0,50–0,70 US$, abends etwas mehr). Am besten einen Einheimischen fragen, wie viel er/sie für eine Fahrt zahlen würde, bevor man ein Taxi nimmt.

Wer eine etwas größere Urlaubskasse hat, könnte mit einem Taxi von Stadt zu Stadt fahren, eine durchaus komfortable Option. Die Preise variieren stark. 10 US$ pro 20 km sind realistisch.

TRAMPEN

In Nicaragua wird viel getrampt. Männlein wie Weiblein halten den Daumen raus und los geht's. Allein reisende Ausländerinnen mit Gepäck sollten allerdings noch mal in sich gehen, bevor sie allein per Anhalter fahren. Wichtig: Niemals per Anhalter nach oder aus Managua hinaustrampen.

In ländlichen Gegenden, in denen kaum Busse fahren, werden Pickup-Fahrer nahezu garantiert Tramper mitnehmen. Einfach auf die Ladefläche klettern (falls man nicht explizit aufgefordert wird, vorn Platz zu nehmen) und ein paar Mal aufs Dach klopfen, wenn man aussteigen will.

Wichtig: Immer anbieten, für die Fahrt zu bezahlen. Normalerweise lehnen die Fahrer das ab.

TUK TUKS UND FAHRRADRIKSCHAS

In kleineren Städten sind weniger Taxis und dafür mehr *tuk tuks* (motorisierte dreirädrige Gefährte) und *triciclos* (Fahrradrikschas) unterwegs. Sie sind günstig (ca. 0,50 US$ pro Pers. für alle Fahrten im Stadtgebiet) und machen Spaß (wobei der *triciclo*-Fahrer, der mit einem „Ich liebe meinen Job"-T-Shirt durch Rivas gestrampelt ist, wahrscheinlich ein bisschen übertrieben hat).

Costa Rica

☎506 / 4,7 MIO. EW.

Inhalt ➡

Gut essen

- Bread & Chocolate (S. 620)
- Café Caburé (S. 629)
- Restaurant Mary (S. 656)
- Taco Bar (S. 659)
- Café Milagro (S. 660)

Schön schlafen

- Hotel Pura Vida (S. 618)
- Arenal Hostel Resort (S. 632)
- Chilamate Rainforest Eco Retreat (S. 635)
- Luna Llena (S. 653)
- Casa Mariposa (S. 667)

Auf nach Costa Rica

Das Schreien der Brüllaffen hallt über die Baumwipfel. Hoch darüber ziehen prächtige Fregattvögel ihre Kreise, während sich lautstark zwei Hellrote Aras ankündigen.

Ähnliche Szenen spielen sich in ganz Costa Rica ab, vom trockenen Tropenwald an der Pazifikküste bis zum Nebelwald in höheren Lagen. Ein Drittel des Landes steht unter Naturschutz – ein echtes Wildnis-Wunderland.

Doch das ist nur ein Teil der Faszination, die Costa Rica jährlich auf mehr als eine Million Besucher ausübt. Ob beim Surfen, Wandern auf einem Vulkan oder anderen Aktivitäten, es gibt viele Wege, sich diesem Paradies zu nähern.

Es ist nie einfach, das Gleichgewicht zwischen der Bewahrung der Natur und ihrer wirtschaftlichen Nutzung zu finden, aber die Costa-Ricaner, die Ticos, geben sich jede nur erdenkliche Mühe. Sie teilen mit großer Freude die grandiose Natur, die riesige Artenvielfalt und die vollkommene Ausgeglichenheit der *pura vida,* des „reinen Lebens", in Costa Rica.

Reisezeit

San José

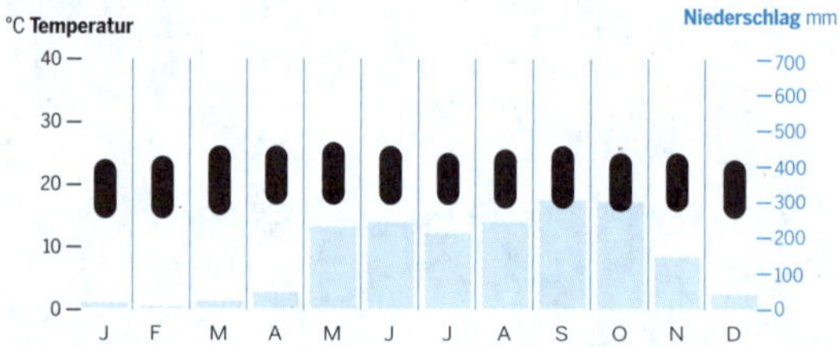

Jan.–April
Die „Trockenzeit" ist geprägt durch durchgehend hohe Temperaturen und blauen Himmel.

Mai–Juli
Zu Beginn der „grünen" Regenzeit fallen Besucherzahlen und Preise.

Dez.
Zu den Feiertagen erreichen die Preise für Unterkünfte astronomische Höhen.

Von Land zu Land

Auf dem Landweg kann man von Nicaragua (Peñas Blancas oder Los Chiles) und von Panama (Sixaola, Paso Canoas oder Río Sereno) aus nach Costa Rica einreisen. Weitere Informationen s. S. 689.

COSTA RICA FÜR EINSTEIGER

Eine Woche

Von San José geht's in den Norden nach **La Fortuna** zu einer Wanderung auf den Hängen des **Volcán Arenal** und zu einem Bad in den warmen Quellen der Region. Anschließend bringt einen ein Boot über die Laguna de Arenal und ein Bus nach **Monteverde**, wo sich in der **Reserva Biológica Bosque Nuboso Monteverde** vielleicht ein Quetzal zeigt. Weiter geht's Richtung Süden nach Quepos, wo man im **Parque Nacional Manuel Antonio** den Regenwald erkundet und sich der Sonne erfreut.

Zwei Wochen

Anschließend geht's weiter in den wenig besuchten Südteil des Landes. Im **Parque Nacional Chirripó** lässt sich der höchste Gipfel des Landes (3820 m) erklimmen oder man bahnt sich im **Parque Nacional Corcovado** den Weg durch den unberührten Regenwald. Den Endpunkt der Reise bildet die kulturell einzigartige Karibikküste; hier lädt um **Tortuguero** herum ein Labyrinth aus Kanälen zum Paddeln ein und **Puerto Viejo de Talamanca** lockt mit Surfwellen, Sonne und Partys.

Essen & Trinken

- Das Standardgericht in Costa Rica ist Reis mit Bohnen – oder, wenn's mal was anderes sein soll, Bohnen mit Reis.
- Zum Frühstück gibt's gewöhnlich *gallo pinto* (wörtlich „gefleckter Hahn"), ein Pfannengericht aus Reis und Bohnen, in der Regel serviert mit Eiern, Käse oder *natilla* (Schmand).
- Die meisten Restaurants bieten mittags und abends ein *casado* genanntes Menü, ein „Ehemänner"-Essen mit Fleisch, Bohnen, Reis und Salat. Sehr beliebt ist *arroz con pollo*, Huhn mit Reis.
- Die reichhaltig vorhandenen Meeresfrüchte in Costa Rica sind frisch und köstlich. *Ceviche* ist zwar kein traditionelles Tico-Gericht, man findet es aber auf den meisten Speisekarten (roher Fisch oder rohe Garnelen, in Limettensaft mariniert und gekühlt serviert).
- An der Karibikküste verrät die Küche ihre karibischen Wurzeln. Probieren sollte man auf jeden Fall *rondón*, einen würzigen Meeresfrüchtetopf.

AUF EINEN BLICK

Währung Costa-ricanischer Colón; auch US-Dollar (US$) werden akzeptiert

Sprache Spanisch & Englisch

Geld Geldautomaten sind weit verbreitet; Kredit- und Bankkarten werden vielerorts angenommen

Visa Für Aufenthalte bis zu 90 Tagen in der Regel nicht erforderlich

Zeit MEZ minus sieben Stunden; keine Sommerzeit

Kurzinfos

- **Fläche** 51 100 km²
- **Hauptstadt** San José
- **Notruf** 911

Preise

- **Bett im Mehrbettzimmer** 12–16 US$
- **Casado** 3–6 US$
- **Busfahrt** 3–10 US$
- **Nationalparkeintritt** 10 US$
- **Canopy-Tour** 40–60 US$

Infos im Internet

- **Tico Times** (www.ticotimes.net)
- **Costa Rica Tourism Board** (www.visitcostarica.com)
- **Lonely Planet** (www.lonelyplanet.com)

Highlights

1. Mitten unter Brüllaffen, Faultieren, Krokodilen und Manatis auf den Kanälen des **Parque Nacional Tortuguero** (S. 606) herumpaddeln
2. Sich in **Puerto Viejo de Talamanca** (S. 616) dem Reggae-Rhythmus hingeben und einen pikanten *rondón* genießen
3. Ein Bad in den Thermalquellen von **La Fortuna** (S. 631) nehmen
4. In den Naturschutzgebieten um **Monteverde und Santa Elena** (S. 622) mit dem Kopf in den Wolken in ein zauberhaftes Ambiente eintauchen
5. An den windgepeitschten Stränden von **Mal País** (S. 656) surfen und sich in der Sonne aalen
6. Beim **Envision Festival** (S. 664) in Dominical alternative Musik, Kunst und Lebensweisen erkunden
7. Im **Parque Nacional Chirripó** (S. 669) Costa Ricas höchsten Gipfel (3820 m) bezwingen – der Blick von oben reicht vom Atlantik bis zum Pazifik
8. Durch den unberührten Regenwald des **Parque Nacional Corcovado** (S. 673) wandern, um Affen, Aras und anderen Regenwaldbewohnern zu begegnen

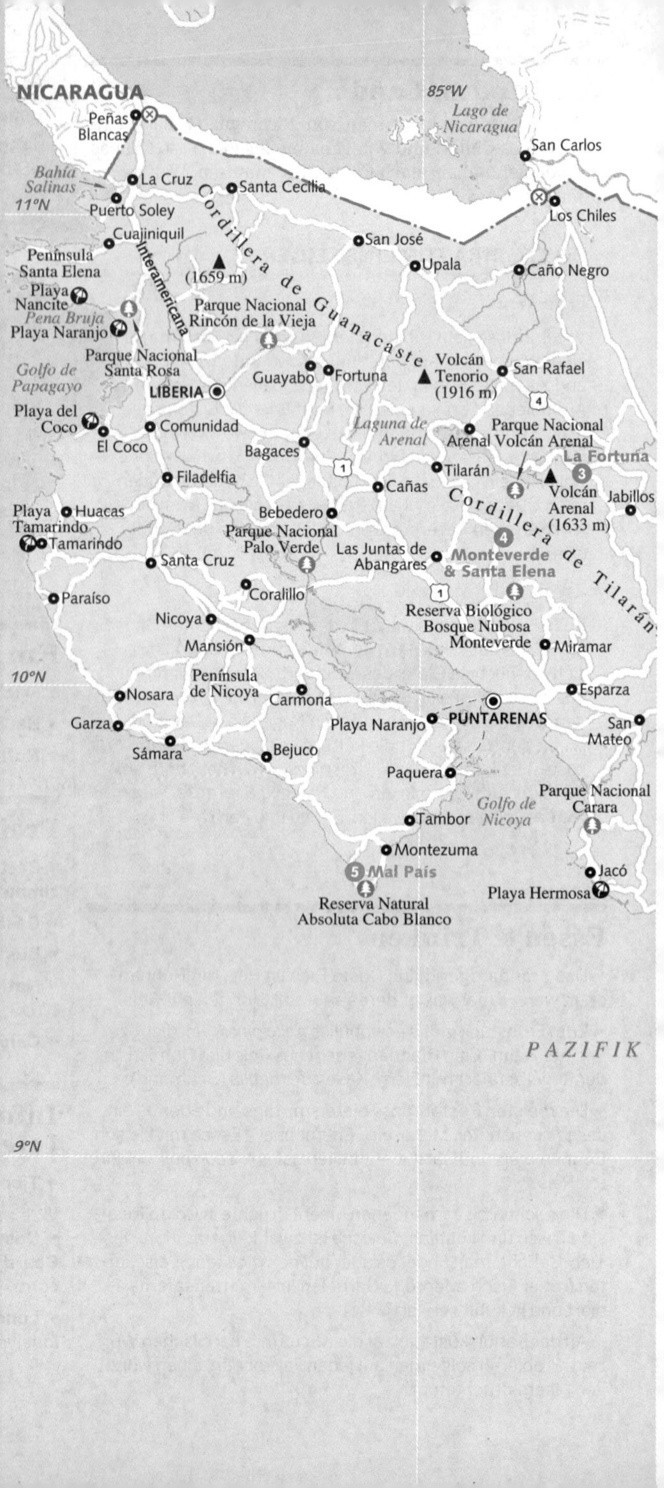

84°W
NICARAGUA
0
50 km
11°N
10°N
9°N
83°W
KARIBIK
Río San Juan
Río Colorado
Barra del Colorado
Trinidad
Río San Carlos
Boca Tapada
Río Chirripó
Puerto Lindo
Río Toro
Río Sarapiquí
Tortuguero
1
Parque Nacional Tortuguero
Pital
Puerto Viejo de Sarapiquí
Aguas Zarcas
La Virgen
Cariari
4
Ciudad Quesada (San Carlos)
San Miguel
Parque Nacional Braulio Carrillo
Cordillera Central
Guápiles
Guácimo
Zarcero
Volcán Poás (2704 m)
Volcán Barva (2906 m)
Río Reventazón
San Ramón
1
Siquirres
Volcá n Irazu
10
32
Matina
ALAJUELA
HEREDIA
Moín
PUERTO LIMÓN
Monumento Nacional Archaeológico Guayabo
Río Tárcoles
Ciudad Colón
SAN JOSÉ
Turrialba
CARTAGO
Santiago de Puriscal
Paraíso
Moravia
Puerto Viejo de Talamanca
San Ignacio de Acosta
Tapantí
San Marcos de Tarrazú
Pandora
Cahuita
Cerro de la Muerte (3491 m)
2
Punta Uva
Santa Maria de Dota
Bribrí
Manzanillo
Parque Nacional Chirripó
Río Teliré
Shiroles
Amubri
Parrita
San Gerardo de Dota
Cordillera de Talamanca
Sixaola
Guabito
7
Reserva Indígena Cocles/Kéköldi
Isla Damas
Herradura
Quepos
San Gerardo de Rivas
Manuel Antonio
San Isidro de El General
Parque Nacional Manuel Antonio
Dominical
6
2
Ujarrás
Río General
Uvita
Buenas Aires
Playa Bahía Isla Ballena
Tortuga Abajo
Paso Real
Potrero Grande
Ciudad Cortés
Palmar Norte
Santa Elena
Bahía de Coronado
Palmar Sur
Las Mellizas
Sierpe
Sabalito
San Vito
Río Sereno
Chacarita
Agua Buena
Bahía Drake
Rincón
Isla del Caño
2
Río Claro
Golfito
Neily
Parque Nacional Corcovado
Golfo Dulce
PANAMA
Coto 47
8
Puerto Jiménez
Zancudo
Paso Canoas
Península de Osa
David (Panama)
Carate
Pavones

SAN JOSÉ

1 188 000 EW.

San José ist mit all den gesichtslosen Betonbauten, den verstopften Fußgängerzonen und den Fastfood-Monstrositäten, die das Stadtbild beherrschen, keine schöne Stadt. Und wie angenehm kann eine Stadt wirklich sein, in der man ständig auf der Flucht vor mörderischen Autofahrern ist und versucht, den Taschendieben aus dem Weg zu gehen und den Lärm aus Hupen und ohrenbetäubend lautem Reggaetón auszublenden?

Aber wer sich erst einmal eingewöhnt hat, dem offenbart Chepe, wie San José liebevoll genannt wird, schnell seinen Reiz. In den historischen Vierteln sind alte Kolonialhäuser in moderne Kunstgalerien, edle Restaurants und Boutiquehotels verwandelt worden. An vielen Ecken tauchen unerwartet interessante Wandgemälde auf oder geben hippe Straßenmusiker ihr Bestes. Und in den Gold-, Jade- und Geschichtsmuseen sind alle Ausprägungen des indigenen Erbes, der kolonialen Vergangenheit und der Geistesgrößen zu besichtigen, die Costa Rica zu dem Umweltchampion und militärfreien Land gemacht haben, das wir heute so lieben.

Sehenswertes

★ Plaza de la Cultura — PLAZA

(Av Central & 2 zw. Calle 3 & 5) Für viele Ticos beginnt Costa Rica genau hier. Auf dieser architektonisch unscheinbaren Beton-Plaza im Herzen der Innenstadt tummeln sich gewöhnlich die Einheimischen, schlecken ein Eis und lassen die Straßenszenerie auf sich wirken: jonglierende Clowns, Straßenhändler und herumschlendernde Teenager. Dies ist vielleicht einer der sichersten Orte in der Stadt: An einer Ecke steht ein Polizeiturm.

Museo de Oro Precolombino y Numismática — MUSEUM

(☎2243-4202; www.museosdelbancocentral.org; Plaza de la Cultura, Av Central & 2 zw. Calle 3 & 5; Erw./Stud./Kind 11/8 US$/frei; ⏲9.15–17 Uhr) Dieses Museum zeigt drei Ausstellungen in einem Haus: eine glanzvolle Sammlung präkolumbischer Goldartefakte, eine kleine Ausstellung zur Geschichte der costa-ricanischen Währung und Wechselausstellungen regionaler Kunst. Es herrschen strenge Sicherheitsbestimmungen: Alle Taschen müssen am Eingang deponiert werden.

Teatro Nacional — GEBÄUDE

(☎2221-5341; www.teatronacional.go.cr; Av 2 zw. Calle 3 & 5; Eintritt 7 US$; ⏲Di–So 9–16 Uhr) Das Nationaltheater ist das eindrucksvollste öffentliche Gebäude der Stadt. Es wurde 1897 errichtet und besitzt eine neoklassizistische Fassade mit Säulen. An den Seiten stehen eine Statue Beethovens und eine des spanischen Dramatikers Calderón de la Barca, der im 17. Jh. lebte. Das prächtige Foyer und der Saal sind mit Gemälden geschmückt, die das Leben im 19. Jh. veranschaulichen. Das berühmteste Bild heißt *Alegoría al café y el banano* und zeigt in einer idyllischen Szene die Kaffee- und Bananenernte. Geschaffen wurde es von einem italienischen Künstler, der wohl nichts vom Ernten verstand – schon wie die Arbeiter die Bananenbündel halten …

Parque Nacional — PARK

(Av 1 & 3 zw. Calle 15 & 19) Der schattige Parque Nacional zählt zu den schönsten Parks in San José. Hier sitzen Rentner, um Zeitung zu lesen, und Pärchen kuscheln sich verstohlen auf Betonbänken. In der Mitte des Parks befindet sich das dramatische Monumento Nacional von 1953, das die zentralamerikanischen Nationen bei der Vertreibung des US-amerikanischen Söldnerführers William Walker zeigt.

Museo Nacional de Costa Rica — MUSEUM

(☎2257-1433; www.museocostarica.go.cr; Calle 17 zw. Av Central & 2; Erw./Kind 8/4 US$; ⏲Di–Sa 8.30–16.30, So 9–16.30 Uhr) In dem im Bellavista-Fort untergebrachten Museo Nacional können Besucher sich einen schnellen Überblick über die Geschichte Costa Ricas verschaffen. Hier sind eine große Auswahl präkolumbischer Artefakte sowie zahlreiche kolonialzeitliche Objekte und religiöse Kunstgegenstände ausgestellt. Der naturkundliche Flügel zeigt Exponate zu Fauna und Flora sowie Mineralien und Fossilien.

Parque España — PARK

(Av 3 & 7 zw. Calle 9 & 11) Im zwischen MADC und dem Museo de Jade eingezwängten Parque España hört man abends eine Unzahl von Vögeln zwitschern, die hier ihre Schlafplätze haben. Der Park ist nicht nur ein gutes schattiges Plätzchen für eine Pause, hier steht auch eine reicht verzierte Statue von Christoph Kolumbus, die seine Nachfahren 2002 den Einwohnern Costa Ricas schenkten, um dem 500. Jahrestag seiner Landung in Puerto Limón zu gedenken.

Museo de Arte y Diseño Contemporáneo — MUSEUM

(☎2257-7202; www.madc.cr; Av 3 zw. Calle 13 & 15; Eintritt 3 US$, Mo frei; ⏲Mo–Sa 9.30–17 Uhr) Das gewöhnlich als MADC abgekürzte Museum für zeitgenössische Kunst und Design ist in dem historischen, 1856 errichteten Gebäude der National Liquor Factory untergebracht. Das größte und wichtigste Museum für Gegenwartskunst in der gesamten Region zeigt Werke zeitgenössischer Künstlern aus Costa Rica, Zentral- und Südamerika sowie manchmal Sonderausstellungen zu Raumgestaltung, Mode und grafischer Kunst.

★ Museo de Jade MUSEUM
(☎ 2287-6034; www.ins-cr.com; 1. Stock, Edificio INS, Av 7 zw. Calle 9 & 11; Erw./Kind 9 US$/frei; ⏲ Mo–Fr 8.30–15.30, Sa 10–14 Uhr) San Josés berühmtestes Museum befindet sich im Instituto Nacional de Seguros (Nationales Versicherungsinstitut). Es besitzt die weltgrößte Sammlung amerikanischer Jade. Archäologische Fundstücke aus Keramik und Stein vermitteln einen Einblick in die präkolumbischen Kulturen Costa Ricas.

Parque La Sabana PARK
Im beliebten Parque La Sabana am westlichen Ende des Paseo Colón kann man sich von dem Lärm und Schmutz der Stadt erholen. Hier gibt es zwei Museen, einen Springbrunnen sowie eine Vielzahl von Sportstätten, darunter das Estadio Nacional, in dem Fußballländerspiele und Spiele der Primera División ausgetragen werden. Tagsüber kann man hier prima spazieren gehen, picknicken oder joggen. Bei Dunkelheit sollte man die Gegend meiden, da hier Raubüberfälle vorkommen.

Museo de Arte Costarricense MUSEUM
(☎ 2256-1281; www.musarco.go.cr; am Osteingang des Parque La Sabana; ⏲ Di–So 9–16 Uhr; 👪) GRATIS Am Osteingang des Parque La Sabana befindet sich in einem Gebäude im spanischen Stil, das bis 1955 als wichtigstes Flughafenterminal von San José diente, das Museo de Arte Costarricense. Das kürzlich umgestaltete Museum zeigt u. a. regionale Kunst. Mit dem dazugehörigen Skulpturengarten und dem freien Eintritt ist das Museum ein schönes Ziel für Familien mit Kindern.

Catedral Metropolitana KIRCHE
(Av 2 & 4 zw. Calle Central & 1) Östlich des Parque Central erhebt sich die 1871 im Stil der Renaissance errichtete Catedral Metropolitana, eine Wallfahrtsstätte für gläubige Ticos. Das Innere der Kirche ist neoklassizistisch gehalten, mit farbenfrohen spanischen Fliesenböden, Buntglasfenstern und einer Christusfigur, die Ende des 17. Jhs. von einer Werkstatt in Guatemala gefertigt wurde.

Kurse

In und um San José gibt es gute Spanischschulen, von denen viele auch Unterkünfte bei Gastfamilien anbieten. Die meisten können auch Freiwilligenjobs vermitteln, sodass man die Sprache lernen und gleichzeitig denen etwas zurückgeben kann, die dringend auf Hilfe angewiesen sind.

Amerispan Study Abroad SPRACHKURSE
(☎ in den USA & Kanada 800-879-6640, weltweit 215-531-7917; www.amerispan.com) Diese Schule 300 m südlich von Radio Columbia in Zapote hat diverse Bildungsangebote, Freiwilligenjobs und lehrt Spanisch für Mediziner.

Costa Rican Language Academy SPRACHKURSE
(☎ 2280-1685, in den USA 866-230-6361; www.learn-spanish.com; Calle Ronda, Barrio Dent) Die Schule 175 m westlich der San Pedro Mall bietet neben Spanischkursen auch Koch- und Tanzunterricht an.

Institute for Central American Development Studies SPRACHKURSE
(ICADS; ☎ 2225-0508; www.icads.org; Montes de Oca, San Pedro) Einmonatige Kurse mit oder ohne Unterbringung bei Gastfamilien, verbunden mit Vorträgen und Aktivitäten in den Bereichen Politik und Umwelt. ICADS ist in San Pedro, etwa 3 km östlich des Zentrums von San José.

Personalized Spanish SPRACHKURSE
(☎ 2278-3254; www.personalizedspanish.com; Tres Ríos) Bietet, wie der Name schon sagt, auf persönliche Bedürfnisse zugeschnittenen Privatunterricht, u. a. für Angestellte des Gesundheitswesens, Kinder, Geschäftsleute und Juristen. Rund 15 km östlich von San José im Vorort Tres Ríos.

Geführte Touren

San José ist klein und überschaubar. Hier einige Empfehlungen für die, die einen geführten Stadtspaziergang zu den wichtigsten Sehenswürdigkeiten unternehmen wollen:

Barrio Bird Walking Tours SPAZIERGÄNGE
(☎ 8926-9867; www.toursanjosecostarica.com; Touren 18–30 US$) Die sehr sachkundige und einnehmende Stacey Corrales zeigt Besuchern San Josés bekannte und nicht so bekannte Sehenswürdigkeiten und erläutert die Architektur der Stadt, die Wandbilder und die

San José

A
B
C
D
1
2
3
4
5
6
7
BARRIO MÉXICO
Interamericana (2 km); Aeropuerto Internacional Juan Santamaria (17 km); Alajuela (18 km)
Plaza
Iglesia Barrio México
Av 13
Calle 10
Gran Terminal del Caribe
Av 11
Transportes Blanco
Transportes Deldú
Calle 8
Calle 12
Av 9
Terminal San Carlos
Calle 18
Calle 16
Av 7
Av 13
Av 11
Av 9
Av 5
Calle 14
Empresas Alfaro
Busse nach Heredia
Av 7
16
Av 5
Transportes Bocatoreños
Panaline
King Quality
Av 5
Calle 6
Calle 4
Calle 2
Calle Central
Calle 1
Calle 3
Av 3
Av 3
Av 3
Terminal Coca-Cola
Machu Picchu (750 m); Kabata Hostel (900 m)
Av 1
Av 1
34
Paseo Colón
Club Vertigo (1 km); Museo de Arte Costarricense (1,2 km); La Sabana (1,2 km)
Av Central
Busse nach Alajuela, Volcán Poás & Flughafen (Tuasa)
Plaza de la Cultura
2
Av 2
30
Parque La Merced
Hospital San Juan de Dios
Parque Central
3
Busse zum Volcán Irazú
Av 4
Av 6
Av 8
Calle 16
Calle 14
Calle 12
Calle 10
Calle 8
Av 10
Calle 6
Calle 4
Calle 2
Calle Central
Calle 1
29
Calle 3
Calle 5
Empresarios Unidos
Av 12
Av 12
Av 14
27
Av 16
Calle 16
Terminal Tracopa (300 m); Green House Hostel (350 m); Transportes Musoc (600 m)

0
400 m
E
F
G
H
1
2
3
4
5
6
7
BARRIO TOURNON
Plaza
Centro Comercial El Pueblo
25
108
9
Río Torres
BARRIO ARANJUEZ
BARRIO AMÓN
BARRIO OTOYA
Restaurant Whapin (475 m)
20
18
22
Av 11
19
Calle 15
Calle 3 Bis
14
Av 11
Av 9
Calle 9
Calle 13
Av 9
Calle 7
Museo de Jade
Calle 11
1
Calle 5
Av 7 Bis
Calle 17
Calle 19
32
Av 7
4
Av 7
7
Parque Morazán
28
Av 3
Central Nacional de la Cultura (Cenac)
Av 3
Av 3
Estación del Ferrocarril de Costa Rica
8
15
21
Av 1
31
Calle 23
5
26
BARRIO LA CALIFORNIA
Plaza de la Democracia
Av Central
Calle 13
33
6
Hostel Toruma (200 m); Giacomin (600 m); Los Yoses (600 m); Veggie House (1,1 km); San Pedro (1,6 km)
Av 2
Tica Bus
Av 4
Calle 15
Calle 17
Calle 19
Calle 21
Busse nach Cartago
11
Av 6
Busse nach Turrialba
12
Oberster Gerichtshof
23
10
Av 8
17
Hostel Bekuo (700 m); Casa Yoses (800 m)
Calle 7
Calle 9
Calle 11
Av 10
24
Av 10
Calle 13
Av 12
Av 14
Av 12
13

urbane Kunst. Außerdem gibt's Touren für Gourmets, Fotografen und Kneipengänger.

Costa Rica Art Tour TOUR
(☎8359-5571, 2288-0896; www.costaricaarttour.com; 95 US$/Pers.) Das kleine, von Molly Keeler geführte Unternehmen veranstaltet eine empfehlenswerte Tagestour zu fünf Künstlerateliers, wo man sich die Werke örtlicher Maler, Bildhauer, Drucker, Keramiker und Juweliere anschauen (und auch kaufen) kann. Im Preis sind ein Mittagessen und die Abholung vom Hotel inbegriffen. Mindestens eine Woche im Voraus reservieren!

Swiss Travel Service SPAZIERGÄNGE
(☎2282-4898; www.swisstravelcr.com) Das langgediente Unternehmen bietet einen dreistündigen Stadtspaziergang zu allen wichtigen Sehenswürdigkeiten San Josés an.

Festivals & Events

Las Fiestas de Zapote FESTIVAL
(Ende Dez.) Eine Woche lang wird in Zapote südöstlich von San José alles Costaricanische gefeiert, mit Rodeos, Cowboys, Fahrgeschäften, Frittiertem und vielen Getränken.

Schlafen

Zentrum

Die meisten Unterkünfte der Innenstadt finden sich östlich der Calle Central. Viele sind in historischen Stadthäusern im viktorianischen oder Art-déco-Stil untergebracht. Weniger Unterkünfte gibt es im westlichen Teil der Innenstadt. Allerdings ist das ein Geschäftsviertel, und auch Kriminalität ist hier ein Thema, vor allem in den Straßen rund um den Coca-Cola-Busterminal.

★ **Hostel Casa del Parque** HOSTEL $
(☎2233-3437; www.hostelcasadelparque.com; Ecke Calle 19 & Av 3; B 13 US$, DZ mit/ohne Bad 44/34 US$;) Diese ruhige Herberge am Nordostrand des Parque Nacional ist in einem Art-déco-Haus von 1936 untergebracht. Die fünf großen, einfachen Zimmer (eins mit Bad) sowie der Schlafsaal haben Parkettböden und sind mit schlichten Möbeln ausgestattet. Die Gemeinschaftsbereiche sind mit Fotos und Familienerbstücken geschmückt. Ein einladender Rückzugsort ist der Patio voller Pflanzen.

Hostel Shakti

HOSTEL $

(www.hostelshakti.com; Ecke Av 8 & Calle 13; B 16 US$, EZ 27 US$, DZ 40–45 US$; P ❄ @ ☎) Die reizende kleine Pension schafft mit kräftigen Farben und natürlichen Materialien inmitten des Chaos von San José eine Oase der Ruhe und Behaglichkeit. Die drei Schlafsäle und vier Privatzimmer sind mit zusammengewürfeltem Mobiliar und bunten Bettdecken ausgestattet. Dazu gibt's eine komplett eingerichtete Küche – aber die braucht man vielleicht gar nicht, da das angeschlossene Restaurant gesunde und frische Kost anbietet (das Frühstück kostet nur 3 US$).

Costa Rica Backpackers

HOSTEL $

(☎ 2221-6191, 2223-2406; www.costaricabackpackers.com; Av 6 nahe Calle 21; B 13 US$, DZ ohne Bad 32 US$; P @ ☎ ≋) Östlich der Innenstadtzone stellt dieses sehr beliebte Hostel 15 Schlafsäle und 13 Doppelzimmer in mehreren Gebäuden rund um einen hübschen Garten mit Hängematten und einem unregelmäßig geformten Pool zur Verfügung. Die Zimmer und Gemeinschaftsbäder sind einfach, aber sauber und mit tropischen Wandmalereien dekoriert.

Hostel Pangea

HOSTEL $

(☎ 2221-1992; www.hostelpangea.com; Av 7 zw. Calle 3 & 3bis, Barrio Amón; B 14 US$, DZ mit/ohne Bad 45/34 US$, Suite 60–70 US$; P @ ☎ ≋) Das stark frequentierte Hostel mit 25 Schlafsälen und 25 Zimmern, das in Besitz von Einheimischen ist, gilt schon seit Jahren als beliebte Herberge für Backpacker über 20 Jahren. Warum? Es liegt mitten in der Stadt und bietet einen Pool, ein Dachterrassenrestaurant mit Lounge und erstklassiger Aussicht sowie ein Zwischending aus Bar und Kino samt Sitzsäcken und einer Stange für Stripshows. Logisch, dass hier die Party abgeht!

Casa Ridgway

PENSION $

(☎ 2222-1400, 2233-2693; www.casaridgwayhostel.com; Ecke Calle 15 & Av 6bis; B 15 US$, EZ/DZ 25/38 US$, ohne Bad 22/34 US$; P ⊖ ☎) Die kleine, einladende Pension in einer ruhigen Seitenstraße östlich des Zentrums in der Nähe des Gerichtsgebäudes wird von der Quäker-Organisation *Amigos para la paz* geführt, die gleich nebenan ihren Sitz hat und sich für soziale Gerechtigkeit und Menschenrechte einsetzt. Die Zimmer, die Gemeinschaftsduschen und die Gemeinschaftsküche sind makellos, die Stimmung ist friedlich.

Green House Hostel

HOSTEL

(☎ 2258-0102; www.greenhousehostel.altervista.org; zw. Av 14 & 18; B mit Bad 15 US$, EZ/DZ/3BZ 27/37/42 US$; P ☎) Das hübsche Hostel in einem grün gestrichenen Gebäude ist mit Hängepflanzen, historischen Fotos und Antiquitäten dekoriert. Die Zimmer sind eher sparsam eingerichtet, haben dafür aber alle ein eigenes Bad (selbst die Schlafsäle).

Costa Rica Guesthouse

PENSION $

(☎ 2223-7034; www.costa-rica-guesthouse.com; Av 6 nahe Calle 21; B 16 US$, DZ mit/ohne Bad ab 39/32 US$, jeweils mit Frühstück; P @ ☎) Diese Pension von 1904 wartet mit einfachen, anmutigen Zimmern mit geräumigen Bädern auf, die Korridore sind von spanischen Fliesen gesäumt. Mit knarrenden Betten muss gerechnet werden, aber die Pension ist freundlich und ideal für Paare. Es gibt eine kleine Internet-Lounge und einen Patio mit Hängepflanzen.

★ Hotel Aranjuez

HOTEL $$

(☎ 2256-1825; www.hotelaranjuez.com; Calle 19 zw. Av 11 & 13; EZ/DZ ab 32/49 US$, ohne Bad 25/30 US$, jeweils mit Frühstück; P @ ☎) Das weitläufige Hotel im Barrio Aranjuez besteht aus mehreren gepflegten alten Familienhäusern, die über zusammenhängende Gärten verbunden sind. Die 35 tadellosen Zimmer sind

ANFAHRT ZUM HOTEL

Es ist ratsam, bei seiner Unterkunft die Abholung vom Flughafen oder Busbahnhof zu buchen – die meisten Hotels und Hostels bieten diesen Service für wenig Geld an. Wenn nicht, sollte man folgende Hinweise beherzigen:

- Am besten ein offizielles Taxi nehmen.
- Dem Fahrer nicht glauben, wenn er behauptet, das entsprechende Hotel sei geschlossen, voll oder sonstwie nicht verfügbar.
- Ein Telefon dabeihaben, damit man das Hotel oder Hostel anrufen kann, um nach dem Weg zu fragen und/oder sich die Buchung bestätigen zu lassen.
- Nicht den Taxifahrer für sich anrufen lassen.
- Wer hinsichtlich des Hotels irgendwelche Bedenken hat, sollte sich ein Zimmer zeigen lassen, bevor er bezahlt.

ganz unterschiedlich gestaltet, in manchen gibt's sogar Schließfächer und Kabel-TV. Das Schönste am Hotel ist jedoch die üppige Gartenterrasse, auf der jeden Morgen ein tolles Frühstück serviert wird.

Kaps Place PENSION $$

(☎2221-1169, 8647-7190; www.kapsplace.com; Calle 19 zw. Av 11 & 13; EZ 25–50 US$, DZ 45–60 US$, 3BZ 55–70 US$, Apt. 85–125 US$; P @ 📶) Die bunte kleine Pension umfasst zwei Gebäude in einer Anwohnerstraße im Barrio Aranjuez. Die 24 kleinen, heimeligen Zimmer sind unterschiedlich geschnitten. Die von Karla Arias geführte Unterkunft ist ein Ort für die ganze Familie: Kinder können in dem Hof voller Yuccapalmen spielen oder Trampolin springen. Die Küche ist makellos, über die Terrassen sind Hängematten gespannt und die Gemeinschaftsbereiche sind wunderschön mit bunten Mosaiken verziert.

Hemingway Inn HOTEL $$

(☎2221-1804, 2257-8630; www.hemingwayinn.com; Ecke Calle 9 & Av 9; EZ 35–60 US$, DZ 60–75 US$, jeweils mit Frühstück; 📶) Das flippige kleine Hotel im Barrio Amón bietet in einem weitläufigen *cafetalero*-Haus aus den 1920er-Jahren 17 Zimmer. Mit seinem Garten, der Gemeinschaftsküche und den Wandgemälden versprüht es eine entspannte und freundliche Atmosphäre. In jedem Zimmer gibt's einen Safe (3 US$/Tag) und alle Räume sind einfach, gemütlich und einzigartig.

La Sabana & Umgebung

Etwa 4 km westlich der Plaza de la Cultura wird das verstopfte Zentrum von Wohnhäusern, Einkaufszonen und dem großen Parque Metropolitano La Sabana abgelöst. Im ruhigen Viertel um den Park herum stehen einige ausgezeichnete Hostels.

Mi Casa Hostel HOSTEL $

(☎2231-4700; www.micasahostel.com; Sabana Norte; B 13 US$, Zi. mit/ohne Bad ab 32/25 US$, jeweils mit Frühstück; P @ 📶) Das umgewandelte moderne Wohnhaus in La Sabana hat Parkettböden, traditionelle Möblierung und ein halbes Dutzend unterschiedlich gestalteter Gästezimmer (darunter zwei Schlafsäle). In dem netten Garten gibt's eine kleine Bar, wo Gästen kaltes Bier ausgeschenkt wird. Zum Service gehören außerdem ein Billardtisch, kostenloser Internetzugang und ein Wäschedienst. Das Hostel liegt 50 m westlich und 150 m nördlich vom ICE-Gebäude auf der Nordseite des Parks.

Galileo Hostel HOSTEL $

(☎2248-2094; www.hostelgalileo.com; Ecke Calle 40 & Av 2; B 9–11 US$, Zi. ohne Bad 24–30 US$; @ 📶) Das in einem alten Haus östlich des Parque La Sabana untergebrachte schmucke, kleine Hostel stellt mehrere Schlafsäle und eine Handvoll Zimmer mit Gemeinschaftsbad zur Verfügung. Die frisch gestrichenen Schlafsäle sind klein, hier steht Stockbett an Stockbett, aber Betreiber und Personal sind freundlich und günstiger kann man in der Stadt kaum übernachten.

Gaudy's HOSTEL $

(☎2248-0086; www.backpacker.co.cr; Casa 3636, Av 5 zw. Calle 36 & 38; B 12 US$, DZ mit/ohne Bad 36/22 US$; P @ 📶) Dieses gemütliche Hostel befindet sich in einem weitläufigen modernistischen Haus in einem Wohnviertel östlich des Parque La Sabana. Die seit Jahren bei Budgettravellern beliebte Herberge besitzt 13 Zimmer und zwei Schlafsäle. Die Betreiber setzen auf schlichte Gestaltung und ruhige Atmosphäre. Doch zur Ausstattung gehören auch eine Fernsehlounge, ein Billardtisch, ein Tischfußballspiel und ein Innenhof voller Hängematten.

Kabata Hostel HOSTEL $

(☎2283-2000, 2255-0355; www.kabatahostel.com; Calle 36 zw. Av 1 & 3; B 13 US$, DZ ohne Bad 40–46 US$; ❄) Das von einer Tico-Familie geführte moderne, schnörkellose Hostel ist an einen neuen Standort ein paar Straßen östlich des Parque La Sabana umgezogen. Die Zimmer sind einfach, aber sauber, und man ist stolz auf den persönlichen Service und die gebotene Gastfreundschaft – hier erhalten Gäste jede Menge Tipps zum Herumreisen im Land.

Los Yoses & San Pedro

Die Unterkünfte in diesen beiden Vorstädten sind eine verlockende (und komfortable) Alternative zum Wohnen im Zentrum. Es handelt sich um sichere und lebendige Vororte mit guten Restaurants und tollem Nachtleben in unmittelbarer Nähe. Ins Zentrum ist es ein 20-minütiger Spaziergang oder eine fünfminütige Busfahrt.

★ **Hostel Bekuo** HOSTEL $

(☎2234-1091; www.hostelbekuo.com; Av 8 zw. Calle 39 & 41, Los Yoses; B 13 US$, DZ mit/ohne Bad 38/32 US$, DZ mit Bad & TV 45 US$, jeweils mit

Frühstück; P @ ; San Pedro, Taxi) In diesem ruhigen Hostel wähnt man sich eher in einer normalen Wohnung. Die luftige modernistische Anlage in Los Yoses im Herzen des Universitätsviertels hat neun Zimmer (darunter vier Schlafsäle, von denen einer für Frauen reserviert ist), große, geflieste Bäder, eine TV-Lounge mit Sitzsäcken und einen Innenhof zu bieten, dessen Mitte eine präkolumbische Granitkugel ziert.

Stolas Hostel HOSTEL $

(2225-5185; www.hostelstolas.com; Calle 35, Los Yoses; B/EZ/DZ mit Frühstück 12/20/30 US$; P @ ; Zapote-Corte) Ein Neuzugang in Los Yoses ist dieses lustige, flippige Hostel, in dem die Gastgeber alles daran setzen, dass sich die Gäste wie zu Hause fühlen. Die Zimmer sind recht sauber und gemütlich, aber eigentlich sollen die Gäste sich in den Gemeinschaftsbereichen entspannen, die mit bequemen Sesseln, einem großen Fernseher, Filmen und Wii ausgestattet sind.

Hostel Toruma HOSTEL $

(2234-8186; www.hosteltoruma.com; Av Central zw. Calle 29 & 33, Los Yoses; B 13 US$, Zi. ohne Bad 38 US$, EZ/DZ/3BZ mit Bad 38/52/64 US$; P @) Das anmutige neoklassizistische Wohnhaus gehörte einst einem costa-ricanischen Präsidenten und beherbergt jetzt ein „Luxus-Hostel". Bei einer kürzlich durchgeführten umfassenden Renovierung hat man die spanischen Fliesenböden und die dekorativen Friese an der Fassade erhalten und den Wohnbereich in vier Schlafsäle und 17 große Privatzimmer verwandelt. Dazu gibt's eine Internetlounge mit Sitzsäcken und ein kleines Restaurant mit Bar am Pool.

Casa Yoses HOSTEL $

(2234-5486; www.casayoses.com; Av 8, Los Yoses; B 11–14 US$, Zi. mit/ohne Bad 20/17 US$ pro Pers., jeweils mit Frühstück; P @ ; San Pedro) Ebenfalls ruhig wohnt man in diesem im Kolonialstil errichteten Haus, das auf einem Hügel thront. Vom Vorgarten aus hat man einen schönen Blick ins Tal.

Die familienfreundliche Unterkunft bietet Schlafsäle (darunter einen nur für Frauen) sowie beengte Einzelzimmer und größere Doppel- und Vierbettzimmer. Die Zimmer unterscheiden sich in Dekor und Stil, aber alle sind makellos und haben Holzböden. Dazu gibt's TV, Billard und Tischfußball.

Hotel Milvia PENSION $$

(2225-4543; www.hotelmilvia.com; San Pedro; EZ/DZ/3BZ mit Frühstück 69/80/87 US$) Das hübsche Pflanzerhaus im karibischen Stil wurde einst von Ricardo Fernández Peralta bewohnt, einem Oberst des Heeres, der im costa-ricanischen Bürgerkrieg von 1948 eine Rolle spielte. Heute betreiben ein Brite und seine costa-ricanische Frau hier ein Hotel und eine Kunstgalerie. Die neun verschieden gestalteten Zimmer, die um einen hübschen Hof mit einem Springbrunnen angelegt sind, haben teils Teppich-, teils Parkettböden und sind alle mit farbenfrohen Kunstwerken geschmückt.

Essen

Zentrum

Mercado Central MARKT $

(Av Central & 1 zw. Calle 6 & 8; Mo–Sa 6.30–18 Uhr) Einer der Orte, an denen man am günstigsten zu Mittag essen kann, ist der Markt, wo eine Reihe von Restaurants und *sodas* (Imbisse) u.a. *casados*, Tamales und Meeresfrüchte serviert.

Café de los Deseos CAFÉ $

(2222-0496; www.cafedelosdeseos.com; Calle 15 zw. Av 9 & 11, Barrio Otoya; Hauptgerichte 4–10 US$; Di–Sa 14–22 Uhr) Das bunte Café, ein Tummelplatz junger Künstlertypen, serviert köstliche *bocas* (Vorspeisen) wie Salate und besondere Pizzas. Abgerundet wird das Angebot durch Smoothies, Desserts, Cocktails und weitere Versuchungen. Die Wände des gemütlichen Cafés sind mit Arbeiten örtlicher Künstler geschmückt, die Räumlichkeiten mit Perlenvorhängen, Ästen mit Lichterketten und handbemalten Tischen.

Restaurante Shakti VEGETARISCH $

(2222-4475; Ecke Av 8 & Calle 13; Hauptgerichte 5–9 US$; Mo–Fr 7.30–19, Sa 8–18 Uhr;) Das zwanglose Lokal, das zum gleichnamigen Hotel gehört, hat gesundes Essen, einfache Biogerichte und frische Backwaren im Angebot. Besonders gut sind die Gemüseburger und Fischgerichte, aber die meisten Leute kommen für den *casado* des Tages, der immer vegetarisch ist.

★ **Jardín del Parque** VEGETARISCH $$

(2248-4979; Calle 19 zw. Av 1 & 3; Mahlzeiten 7–12 US$; Mo–Fr 8–17 Uhr;) Diese vegetarische Oase zaubert aus vorwiegend regionalen Biozutaten herzhaftes Frühstück, knusprige Pizza und köstliche Sandwiches mit hausgemachtem Brot. Es gibt z. B. drei verschiedene Gemüseburger und auch ein Tagesgericht. Das Ganze wird auf einer hübschen schattigen Terrasse am Parque Nacional serviert.

Restaurante Tin-Jo ASIATISCH $$
(☎2221-7605; www.tinjo.com; Calle 11 zw. Av 6 & 8; Hauptgerichte 10–18 US$; ⊙Mo–Do 11.30–15 & 17.30–22, Fr & Sa 11.30–15 & 17.30–23, So 11.30–22 Uhr; ✎) Dieses beliebte asiatische Restaurant ist drinnen ein buntes panasiatisches Allerlei – genauso wie die Karte. Hier gibt's Gerichte aus allen Ecken des Kontinents, von *kung-pao*-Garnelen über pikante Thunfisch-*maki* bis zu *pad thai,* sowie ein umfassendes vegetarisches Angebot. Es werden auch Kreditkarten akzeptiert.

Kalú Café & Food Shop CAFÉ $$
(☎2221-2081; www.kalu.co.cr; Ecke Calle 7 & Av 11, Barrio Amón; Hauptgerichte 11–18 US$; ⊙Mo 12–18, Di–Sa 12–21.30 Uhr; ✎) Diese stilvolle Café, das sich die schicken Räumlichkeiten mit dem Designerladen Kiosco SJO (S. 590) teilt, wird vom bekannten Koch Camille Ratton geführt. Die Karte bietet moderne globale Kost aus Salaten, Sandwiches, Pastagerichten und Tapas. Auf jeden Fall Platz für eines der himmlischen Desserts lassen!

La Sabana & Umgebung

Soda Tapia FASTFOOD $
(☎2222-6734; www.sodatapia.com; Ecke Av 2 & Calle 42; Hauptgerichte 5–7 US$, Desserts 3–4 US$; ⊙Mo–Do 6–2 Uhr, Fr & Sa 24 Std., So 6–24 Uhr; P 🚼) Der schlichte Diner im Stil der 1950er-Jahre ist immer gut besucht. Paare und Familien laben sich hier an gegrillten Sandwiches und großzügig bemessenen *casados*. Das vielleicht ein bisschen zu teure Essen ist reichhaltig und die Atmosphäre nett.

Machu Picchu PERUANISCH $$
(☎2222-7384, 2255-1717; www.restaurantemachupicchu.com; Calle 32 zw. Av 1 & 3; Hauptgerichte 8–22 US$, Kindergerichte 6–9 US$; ⊙Mo–Sa 10–22, So 11–18 Uhr; P 📶 🚼) Das angesehene peruanische Restaurant hat Speisen aus den Anden auf der Karte. Hier isst man sonntags gern ausgedehnt zu Mittag. Angeboten werden leckere, typisch peruanische Gerichte wie *pulpo al olivo* (Tintenfisch in Olivensauce), *ají de gallina* (ein pikanter Hühnereintopf) und *causa* (gekühlter Kartoffelauflauf mit Shrimps und Avocado).

Los Yoses & San Pedro

Veggie House VEGETARISCH $$
(☎2280-9949; www.restaurantveggiehouse.com; Blvd Los Yoses; Hauptgerichte 6–10 US$; ⊙Mo–Fr 7.30–19.30, Sa 8–17 Uhr; ✎) Bei einem Namen wie Veggie House weiß man, dass hier, westlich des Einkaufszentrums San Pedro, die Fleischverächter auf ihre Kosten kommen. Aber das Essen ist so göttlich und sättigend, dass auch Nichtvegetarier ihre Freude daran haben. Neben Salaten und Smoothies gibt's auch Gehaltvolleres wie Burger, Lasagne u. v. m. Und zum Abschluss locken verschiedene Kaffeevarianten und dekadente Desserts.

Giacomin BÄCKEREI $
(☎2224-3463; www.pasteleriagiacomin.com; Av Central, Los Yoses; Backwaren ab 1,30 US$; ⊙Mo–Sa 8–12 & 14–19 Uhr) Die hinter einem Parkplatz östlich des Automercado und der Calle 37 versteckte Konditorei ist nach Ansicht der *josefinos* die beste der Stadt. Aber hier gibt's neben Pralinen, Kuchen und Keksen auch köstliche Pizza, herzhafte Pasteten und Quiche.

Comida Para Sentir VEGETARISCH $
(☎2224-1163; Calle Central, San Pedro; casados 3–7 US$; ⊙Mo–Fr 10–18 Uhr; ✎) Der zwanglose, gut besuchte Studententreff bietet internationale vegetarische Gerichte, z. B. Reiscurry mit Cashewkernen, Gemüse-*casado* und Vollkornsandwiches. Zu empfehlen sind auf jeden Fall die *tardes de maíz* (Maisnachmittage) von 15 bis 18 Uhr: Dann werden köstliche Mais-Spezialitäten aufgetischt wie Tamales und *pupusas* (mit Käse oder Bohnen gefüllte Maistaschen). Das Lokal befindet sich 100 m nördlich des Parque de San Pedro.

★ **Restaurant Whapin** KARIBISCH $$
(☎2283-1480; www.whapincr.com; Ecke Calle 35 & Av 13, Barrio Escalante; Hauptgerichte 13–21 US$; ⊙Mo–Fr 8–23, Sa 11.30–23 Uhr) Wer es nicht in die Karibik schafft, sollte einmal in diesem intimen Ecklokal speisen, das in den Rastafarben rot, gelb und grün gestrichen ist. Hier kommen spektakulär köstliche Gerichte auf den Tisch, z. B. *rondón* (Meeresfrüchte in Kokosmilch), Reis mit roten Bohnen oder in einer scharfen Kokossauce gedämpfter Fisch.

Ausgehen & Nightlife

Ob nun Imperial-Bier, *guaro* oder sanfter *batido* mit einem Schuss Rum auf der persönlichen Hitliste ganz oben steht – in San José finden sich „Versorgungsstationen" en masse. Der Preis für ein Bier hängt vom jeweiligen Lokal ab, liegt aber fast nirgendwo unter 2,50 US$. Immer den Personalausweis oder Pass dabeihaben, sonst kommt man vielerorts gar nicht erst rein.

SAN JOSÉ FÜR SCHWULE & LESBEN

In der Stadt tummelt sich eine – zumindest für zentralamerikanische Verhältnisse – sehr lebendige Schwulen- und Lesbenszene. Wie in anderen Locations schwanken auch hier die Eintrittspreise je nach Lage und Veranstaltung (gewöhnlich 4–10 US$). Die kleineren Clubs kommen und gehen, aber es gibt auch ein paar alteingesessene Läden. Die aufgeführten Treffs liegen alle im Süden der Stadt, wo es nach Einbruch der Dunkelheit deutlich sicherer ist, ein Taxi zu nehmen.

La Avispa (☎2223-5343; www.laavispa.co.cr; Calle 1 zw. Av 8 & 10; ⌚Fr & Sa 20–1, So 17–21 Uhr) Dieser etablierte Schwulentreff lockt ein stilvolles Publikum an, das sich hier trinkend und tanzend vergnügt. Zweimal im Monat gibt's Abende nur für Frauen. Ansonsten ist der Laden in der Regel voll mit gut gekleideten Männern, die Billard spielen oder tanzen.

Bochinche (☎2221-0500; Calle 11 zw. Av 10 & 12; ⌚Mi–Sa 20–5 Uhr) In diesem Club läuft alles von klassischer Diskomusik bis Electronica; außerdem gibt's spezielle Themenabende.

Club Oh! (☎2221-9341; Calle 2 zw. Av 14 & 16; ⌚Fr & Sa ab 21 Uhr) Der große Tanzclub mit angeschlossener Lounge lockt ein gemischtes Publikum aus Schwulen, Lesben und aufgeschlossenen Heteros an. Man trinkt und tanzt. Freitags um Mitternacht gibt's Travestieshows.

Calle La Amargura KNEIPENSTRASSE
(Calle 3, San Pedro, nördlich der Av Central) Die Calle 3, nördlich der Av Central in San Pedro, ist als Calle La Amargura (Sorgenstraße) bekannt, sollte aber besser Calle de la Cruda (Katerstraße) heißen, weil sie stadtweit die höchste Konzentration von Bars aufweist. In vielen drücken sich schon tagsüber viele Gäste (hauptsächlich Studenten) herum. Die Bars kommen und gehen; alteingesessene Treffs für Feierlustige sind das **Terra U** (☎2283-7728; www.terrau.com; Calle La Amargura, San Pedro; ⌚Mo–Sa 10–2.30, So 15–2.30 Uhr), 50 m nördlich der Av Central, und auch das **Caccio's** (www.caccios.com; Calle de la Amargura, San Pedro), 150 m nördlich der Av Central). In den frühen Morgenstunden geht's hier recht rau zu – Vorsicht vor Betrunkenen und Taschendieben!

Centro Comercial El Pueblo BARS
(☎2221-9434; www.centrocomercialelpueblo.com; Barrio Tournon; ⌚unterschiedlich) Das spanisch-mediterrane Einkaufsviertel Centro Comercial El Pueblo hat viele Bars, Clubs und Musiktreffs. Da alles dicht beieinander liegt, kann man hier gut eine Kneipentour machen, zumal die Anlage streng überwacht wird und deshalb – außer vielleicht in den frühen Morgenstunden – sicher ist. Richtig los geht es meist gegen 21 Uhr, geschlossen wird um 3 Uhr.

El Morazán BAR
(☎2256-5110; Ecke Calle 9 & Av 3; Cocktails 5–7 US$; ⌚12–24 Uhr) Auf der Ostseite des Parque Morazán liegt diese unverputzte Location mit Fliesen im spanischen Stil, die von 1904 stammt. Hier sind schon alle möglichen historischen Figuren eingekehrt, angeblich auch Che Guevara. Dank Bier, Cocktails und Livemusik ist der Treff bei Chepes jungen Künstlern beliebt.

Chelle's BAR
(☎2221-1369; Ecke Av Central & Calle 9; ⌚24 Std.) Wer die Nacht mit Ticos durchzecht hat, könnte sich um 4 Uhr morgens mit zerzausten Haaren bei einem kalten Bier hier wiederfinden und dabei ertappen, wie er Leuten, die er gerade erst kennengelernt hat, vorlallt, dass er sie liebt. Wer sich in einer schön altmodischen Spelunke wohlfühlt, ist hier genau richtig.

Club Vertigo CLUB
(☎2257-8424; www.vertigocr.com; Paseo Colón zw. Calle 38 & 40; Eintritt 6–10 US$; ⌚22 Uhr bis Sonnenaufgang) Dieser Laden im Erdgeschoss eines nichtssagenden Büroturms ist der wichtigste Club der Stadt, wo die Hippsten und Schönsten Chepes zu einem Mix aus House, Trance und Electronica abtanzen. Unten gibt es eine saunaähnliche Tanzfläche für bis zu 850 Personen, oben eine Lounge mit roten Sofas zum Chillen. Hierher kommt man im besten Hemd! Wenn Gast-DJs auflegen, kann der Eintrittspreis kräftig in die Höhe schießen.

☆ Unterhaltung

Eine komplette Liste der Kulturveranstaltungen und des Nachtlebens der kommenden Woche (auf Spanisch) enthält die

Donnerstagsausgabe von *La Nación*. Ein Eventkalender in englischer Sprache ist in der „Weekend"-Rubrik der *Tico Times* zu finden. Die von *El Financiero* herausgegebene und in der Touristeninformation erhältliche *Guía de Ciudad* berichtet über örtliche Events. Mehr aktuelle Infos zu Kinos, Bars und Clubs im gesamten Gebiet von San José findet man unter www.entretenimiento.co.cr.

Teatro Nacional THEATER
(☎2221-5341; www.teatronacional.go.cr; Calle 3 & 5 zw. Av Central & 2) Im angesehensten Theater des Landes stehen von März bis November Schauspiel, Tanz, Sinfoniekonzerte und lateinamerikanische Musik auf dem Programm. Hauptsaison ist von März bis November, aber es finden das ganze Jahr über Veranstaltungen statt.

Jazz Café LIVEMUSIK
(☎2253-8933; www.jazzcafecostarica.com; Av Central, San Pedro; Eintritt 6–10 US$; ⊙18–2 Uhr) Das Jazz Café ist der angesagte Livemusiktreff in San José, mit Musik von traditioneller Salsa bis zu Jazz-Fusion. Schon zahllose Künstler standen hier auf der Bühne, darunter der legendäre kubanische Bandleader Chucho Valdés und der kolumbianische Popstar Juanes. Das Café befindet sich 50 m östlich der Antiguo Banco Popular in San Pedro.

Shoppen

★**Galería Namu** KUNSTHANDWERK
(☎2256 3412; www.galerianamu.com; Av 7 zw. Calle 5 & 7; ⊙Mo–Sa 9–18.30 Uhr, Jan.–April auch So 13–17 Uhr) Einen schnellen Einblick in indigene Kulturen vermittelt die Galería Namu, die Kunst und Kunsthandwerk verschiedener regionaler Ethnien anbietet. Das Personal kann auch dabei helfen, Besuche in abgelegenen indigenen Territorien in verschiedenen Teilen Costa Ricas zu organisieren.

Mercado Central MARKT
(Av Central & 1 zw. Calle 6 & 8; ⊙Mo–Sa 6–18 Uhr) Gerüstet mit legerer Kleidung und ein paar Scheinchen extra in den Socken sollte man sich auf den schmuddeligen Mercado Central begeben. Er ist nämlich der beste Ort, um sich mit Hängematten *hecho en* (made in) Nicaragua und *Pura-Vida*-Tee (aus China) einzudecken. Kaffeebohnen in Exportqualität gibt's hier zu einem Bruchteil des Ladenpreises.

Mercado Artesanal MARKT
(Kunstgewerbemarkt; Plaza de la Democracia, Av Central & 2 zw. Calle 13 & 15; ⊙vormittags bis Sonnenuntergang) Eine der besten Shopping-Adressen der Stadt ist der Mercado Artesanal, wo an 100 Ständen unter freiem Himmel handgearbeiteter Schmuck, aufwändige Schnitzereien, guatemaltekische Sarongs und kubanische Zigarren verkauft werden.

Kiosco SJO KUNST & KUNSTHANDWERK
(☎2258-1829; www.kioscosjo.com; Ecke Av 11 & Calle 7, Barrio Amón; ⊙Mo 11–18, Di–Sa 11–22 Uhr) Das schicke Geschäft ist auf nachhaltige Designs von lateinamerikanischen Kunsthandwerkern spezialisiert. Im Sortiment finden sich handgemachter Schmuck, handgefertigte Stiefel und Taschen, Originalfotos, handgefertigte Pralinen, Mode und moderne Heimaccessoires von etablierten Designern der Region. Teuer, aber von außergewöhnlicher Qualität.

7th Street Books BÜCHER
(☎2256-8251; Calle 7 zw. Av Central & 1; ⊙Mo–Sa 9–18, So 10–17 Uhr) Romane, Reiseführer und Kinderbücher, dazu Bücher zur Flora und Fauna und zur Naturgeschichte Costa Ricas, alles auf Englisch. Außerdem gibt's hier Landkarten.

Orientierung

Das Stadtzentrum von San José ist rasterförmig angelegt; die *avenidas* verlaufen in Ost-West- und die *calles* in Nord-Süd-Richtung. Die Av Central, das Herz der Stadt, ist zwischen den Calles 6 und 9 eine Fußgängerzone. Westlich der Calle 14 setzt sie sich als Paseo Colón fort.

Das Stadtzentrum besteht aus mehreren nicht klar voneinander abgegrenzten *barrios* (Vierteln). Das Zentrum ist ein Geschäftsviertel mit Busbahnhöfen und kulturellen Sehenswürdigkeiten. Der für Besucher wohl interessanteste Teil der Stadt ist der Barrio Amón nördlich der Av 5 und östlich der Calle 1. Hier konzentrieren sich eindrucksvolle Stadthäuser, die überwiegend in Hotels oder edle Restaurants umgewandelt wurden. Gleich westlich des Zentrums liegt das Viertel La Sabana, benannt nach dem gleichnamigen Park.

Rund 2 km östlich des Zentrums von San José finden sich in den noblen Wohnvierteln Los Yoses und San Pedro verschiedene Botschaften sowie die angesehenste Universität des Landes, die Universidad de Costa Rica (UCR). In diesem Gebiet konzentriert sich auch das Nachtleben für die unter 30-jährigen *josefinos*: mit trendigen Bars, Restaurants und Nachtclubs.

In diesem Führer sind Adressen nach Avenidas und Calles angegeben, aber die meisten Einheimischen orientieren sich an bestimmten Wahrzeichen.

Praktische Informationen

GEFAHREN & ÄRGERNISSE

Obwohl Costa Rica die niedrigste Verbrechensrate aller zentralamerikanischen Länder hat, ist die Kriminalität in städtischen Zentren wie San José ein Problem. Dass Diebstähle den höchsten Anteil der Verbrechen ausmachen, kann in einer Stadt, in der jeder Fünfte unterhalb der Armutsgrenze lebt, nicht überraschen. Leser berichten von Taschendieben, dass ihnen Wertgegenstände entrissen wurden, aber auch von Raubüberfällen.

In San José findet man an den wichtigsten Touristen-Hotspots Beamte der Touristenpolizei *(policía turística)*, erkennbar an ihren weißen Polohemden. In Notfällen sind sie hilfreich, weil die meisten von ihnen zumindest ein bisschen Englisch sprechen.

Die in diesem Führer vorgestellten Viertel sind tagsüber im Allgemeinen sicher, allerdings ist, besonders nachts, im Bereich um den Coca-Cola-Busterminal sowie im Rotlichtviertel südlich des Parque Central besondere Vorsicht geboten. Wer bei Dunkelheit längere Strecken zurücklegen möchte, sollte dafür auf jeden Fall ein offizielles Taxi nehmen.

GELD

Alle Banken tauschen ausländische Währungen in Colones um, aber mit US-Dollar geht das Wechseln am leichtesten. Geldautomaten gibt es überall in der Stadt.

INTERNETZUGANG

E-Mails kann man in San José problemlos checken, denn hier gibt es mehr Internetcafés als Obsthändler. Die Preise liegen allgemein bei unter 1 US$ pro Stunde, außerdem bieten heute die meisten Hotels (sogar Budgethostels) kostenlosen Internetzugang, meist per WLAN.

MEDIZINISCHE VERSORGUNG

Clínica Bíblica (☎2522-1000, Notaufnahme 2522-1030; www.clinicabiblica.com; Av 14 zw. Calle Central & 1) Die beste Privatklinik im Innenstadtbereich. Die Ärzte sprechen Englisch, Deutsch und Französisch. Es gibt sogar eine rund um die Uhr geöffnete Notaufnahme.

Hospital La Católica (☎2246-3000; www.hospitallacatolica.com; Guadalupe) Teure Privatklinik nordöstlich des Zentrums. 2009 wurde gleich nebenan ein Hotel mit 34 Betten eröffnet, das auf Patienten ausgerichtet ist, die zu Behandlungen aus dem Ausland anreisen.

Hospital San Juan de Dios (☎2257-6282; Ecke Paseo Colón & Calle 14) Das öffentliche Hospital mit kostenloser Versorgung ist zugleich das älteste und stammt von 1845. Es bietet verschiedene medizinische Dienste und hat eine Kinderabteilung. Wartezeit einplanen!

NOTFALL

Organismo de Investigacíon Judicial (☎2222-1365, 2221-5337; Calle 17 zw. Av 6 & 8; ⊙Mo–Fr 9–17 Uhr) Wer Opfer eines Verbrechens wird, muss hier im Gebäude des Obersten Gerichtshofs persönlich Anzeige erstatten.

Rotes Kreuz (Cruz Roja Costariccense; ☎128, in San José 2542-5000; www.cruzroja.or.cr; Av 8 zw. Calle 14 & 16)

Verkehrspolizei (Policía de Tránsito; ☎2222-9330, 2222-9245; www.transito.go.cr)

POST

Correo Central (Hauptpost; ☎2223-9766; www.correos.go.cr; Calle 2 zw. Av 1 & 3; ⊙Mo–Fr 7.30–17.30, Sa 7.30–12 Uhr) Die tüchtigste Filiale in Costa Rica, wenn es um das Abschicken und Empfangen von Postsendungen geht.

TELEFON

Es gibt viele öffentliche Fernsprecher; von den meisten sind Orts- und Auslandsgespräche möglich. Chip- und Colibrí-Telefonkarten werden in Souvenirläden, an Zeitungskiosken und in den Más-X-Menos-Supermärkten verkauft. In den Lobbys der Hotels gibt es in der Regel Telefone.

TOURISTENINFORMATION

Instituto Costarricense de Turismo (ICT, Costa-ricanisches Tourimusbüro; ☎2299-5800; www.visitcostarica.com; Plaza de la Cultura, Calle 5 zw. Av Central & 2; ⊙Mo–Fr 9–17 Uhr mit flexibler Mittagspause) Im Büro der staatlichen Tourismusbehörde sind ein umfassender Busfahrplan (der nicht unbedingt aktuell sein muss) sowie praktische kostenlose Stadtpläne/Karten von San José und Costa Rica erhältlich.

An- & Weiterreise

BUS

Der Fernbusverkehr ab San José kann sehr verwirrend sein. Ein staatliches Busnetz gibt es nicht und auch keinen zentralen Busbahnhof. Stattdessen betreiben Dutzende von Busunternehmen Busse von Halteplätzen in der ganzen Stadt. Viele Busgesellschaften verfügen nur über eine einfache Haltestelle – in diesem Fall zahlt man beim Fahrer –, andere unterhalten an der Straße ein kleines Büro mit einem Verkaufsfenster, einige haben auch ein richtiges Terminal. Einige Busunternehmen:

Pulmitan (☎2666-0458; Calle 24 zw. Av 5 & 7)

Transportes Deldú (☎2256-9072; www.transportesdeldu.com; Av 9 zw. Calle 10 & 12)

Empresas Alfaro (☎2222-2666; Av 5 zw. Calle 14 & 16)

Tralapa (Calle 20 zw. Av 3 & 5)

Transportes Jacó (☎2290-2922; Terminal Coca-Cola, Av 1 zw. Calle 16 & 18)

INTERNATIONALE BUSSE AB SAN JOSÉ

ZIEL	UNTERNEHMEN	PREIS (US$)	DAUER (STD.)	ABFAHRTEN (TGL.)
Bocas del Toro, Panama	Transportes Bocatoreños	10	6	9 oder 10 Uhr
David, Panama	Tracopa	25	9	2-mal
Managua, Nicaragua	King Quality	44	9	3 Uhr
	Tica Bus	27–40	9	4-mal
	TransNica	27–38	9	4-mal
Panama-Stadt, Panama	Panaline	25	15	13 Uhr
	Tica Bus	42–58	15	2-mal
San Salvador, El Salvador	King Quality	62	19	3 Uhr
Tegucigalpa, Honduras	King Quality	65	17	3 Uhr
	TransNica	50	18½	4 Uhr

Empresarios Unidos (☎2222-8231; Ecke Av 12 & Calle 16)

Transportes Blanco (☎2257-4121; Calle 12 zw. Av 9 & 11)

Transportes Musoc (Calle Central zw. Av 22 & 24)

Die größeren Busbahnhöfe decken ganze Regionen ab.

Gran Terminal del Caribe (Calle Central, nördlich der Av 13) Busse an die Karibikküste.

Terminal Coca-Cola (Av 1 zw. Calle 16 & 18) Ein bekanntes, labyrinthisches Wahrzeichen. Unzählige Busse fahren hier zu Zielen im ganzen Land ab, u. a. ins Valle Central und an die Karibikküste. Hier wird viel gestohlen, also Augen auf!

Terminal San Carlos (Terminal del Atlántico Norte; Ecke Av 9 & Calle 12) Busse zu Zielen im Norden, u. a. nach Monteverde, La Fortuna und Sarapiquí, aber auch zu einigen Orten auf der Península de Nicoya.

Tracopa (☎2221-4214; www.tracopacr.com; Calle 5 zw. Av 18 & 20) Busse nach San Isidro de El General und zu Zielen im Süden.

Am Freitagabend und am Samstagmorgen sind die Busse in der Regel voll – vor allem gilt das rund um die Oster- und Weihnachtszeit. Die Busfahrpläne ändern sich regelmäßig, und die Fahrpreise schwanken abhängig von den Benzinpreisen. Einen umfassenden Busfahrplan bekommt man im ICT-Büro oder online unter www.visitcostarica.com.

Internationale Busse

Busse ins Ausland sind schnell ausgebucht, deshalb das Ticket im Vorverkauf besorgen und den Pass nicht vergessen! Die folgenden Unternehmen bieten Busverbindungen ab San José:

Transportes Bocatoreños (☎2227-5923; Ecke Av 5 & Calle 16)

Tracopa (s.o.)

King Quality (☎2258-8834; www.king-qualityca.com; Calle 12 zw. Av 3 & 5)

Tica Bus (☎2221-0006; www.ticabus.com; Ecke Calle 9 & Av 4)

TransNica (☎2223-4123; www.transnica.com; Calle 22 zw. Av 3 & 5)

Panaline (☎2256-8721; Ecke Av 5 & Calle 16)

Shuttle-Bus

Mehrere Unternehmen befördern Passagiere in klimatisierten Kleinbussen von San José zu den beliebtesten Zielen in ganz Costa Rica. Die Fahrten sind zwar teurer als mit normalen Bussen, aber durch den Haustürservice und die kürzere Fahrzeit trotzdem eine Option. Und man kann online buchen!

Grayline's Fantasy Bus (☎2220-2126; www.graylinecostarica.com; 33–89 US$) Ziele auf der Nicoya-Halbinsel und an der Karibikküste, dazu einige im hohen Norden und tiefen Süden. Bietet auch Wochenpässe für unbegrenztes Reisen auf den fahrplanmäßigen Strecken.

Interbus (☎2283-5573; www.interbusonline.com; 37–57 US$) Bietet auch praktische Flughafentransfers (15 US$) sowie einen Flexipass für drei Fahrten.

FLUGZEUG

Im Haupttterminal des Aeropuerto Internacional Juan Santamaría (SJO) werden Auslandsflüge abgefertigt. Von dem kleinen blauen Gebäude nördlich vom Hauptterminal aus fliegt **Sansa** (☎2290-4100; www.flysansa.com), eine der beiden Inlandsfluglinien Costa Ricas.

NatureAir (☎2299-6000; www.natureair.com), die zweite Inlandsfluglinie Costa Ricas, nutzt den in Pavas, einer Vorstadt von San José, gelegenen Aeropuerto Tobías Bolaños (SYQ).

REGIONALE BUSSE AB SAN JOSÉ

ZIEL	ABFAHRTSORT / UNTERNEHMEN	PREIS (US$)	DAUER (STD.)	ABFAHRTEN (TGL.)
Richtung Valle Central				
Alajuela	Av 2 zw. Calles 12 & 14	1.50	35 Min.	alle 10 Min. 4–22 Uhr
Turrialba	Calle 13 zw. Avs 6 & 8	2.50	2	stdl. 5–21 Uhr
Richtung nordwestliches Costa Rica				
La Fortuna	Terminal San Carlos	6	4	3-mal
Liberia	Pulmitan	5	4½	stdl. 6–20 Uhr
Monteverde/Sana Elena	Terminal San Carlos	5	5	2-mal
Peñas Blancas, nicaraguanische Grenze	Transportes Deldú	9	6	21 (Direktbus 4:30 Uhr & 7Uhr)
Richtung Península de Nicoya				
Montezuma & Mal País	Terminal San Carlos	14	6	2-mal
Playa del Coco	Pulmitan	7	5	3-mal
Sámara	Empresas Alfaro	8	5	12 Uhr
Tamarindo	Empresas Alfaro	9	5½	2-mal
Tamarindo	Tralapa	9	5½	2-mal
Richtung zentrale Pazifikküste				
Dominical & Uvita	Tracopa	5	7	2-mal
Jacó	Transportes Jacó	4	2½	8-mal
Puntarenas	Empresarios Unidos	3.50	2½	stdl. 6–17 Uhr
Quepos/Manuel Antonio	Tracopa	8	4	12-mal
Richtung südliches Costa Rica & Península de Osa				
Golfito	Tracopa	10	8	2-mal
Paso Canoas, Panama border crossing	Tracopa	10	6	7-mal
Puerto Jiménez	Transportes Blanco	12	8	2-mal
San Isidro de El General	Tracopa	5	3	stdl. 5–18:30 Uhr
San Isidro de El General	Transportes Musoc	5	3	stdl. 5:30 Uhr–17:30 Uhr
Richtung Karibikküste				
Cariari, zur Weiterfahrt nach Tortuguero	Gran Terminal del Caribe	3.25	2¼	9-mal
Puerto Limón	Gran Terminal del Caribe	5	3	alle 30 Min. 5–19 Uhr
Puerto Viejo de Talamanca	Gran Terminal del Caribe	9	4½	4-mal
Sixaola, panamaische Grenze	Gran Terminal del Caribe	11	6	4-mal
Richtung nördliches Tiefland				
Los Chiles, nicaraguanische Grenze	Terminal San Carlos	4.50	5	2-mal
Puerto Viejo de Sarapiquí	Gran Terminal del Caribe	3.20	2	10-mal

Unterwegs vor Ort

VOM/ZUM FLUGHAFEN

Taxifahrten mit **Taxi Aeropuerto** (☎2221-6865) können vorbestellt werden. Das Unternehmen fährt zu einem Festpreis zwischen 21 und 30 US$ ab den bzw. in die meisten Teile San Josés. (Diese Taxis sind leuchtend orange.) Man kann auch einfach ein Taxi von der Straße heranwinken, aber die Preise schwanken hier stark. Darauf achten, dass der Fahrer den Taxameter anstellt!

Interbus (S. 592) betreibt einen Flughafenshuttle, der einen am Hotel abholt (15 US$/Pers.) – ein günstiges Angebot, wenn man alleine reist.

Die billigste Option sind die regulären Busse:

➜ Zum Aeropuerto Internacional Juan Santamaría nimmt man den roten Bus von **Tuasa** (Av 2 zw. Calle 12 & 14; ☎2442-6900) Richtung Alajuela, der alle 10 Minuten von der Av 2 zwischen Calle 12 und Calle 14 abfährt. Dem Fahrer unbedingt mitteilen, dass man am Flughafen aussteigen will!

➜ Busse zum Flughafen Tobías Bolaños fahren halbstündlich von der Av 1, 250 m westlich des Terminal Coca-Cola.

VON/ZU DEN BUSBAHNHÖFEN

Fernbusse kommen an verschiedenen internationalen Busbahnhöfen im westlichen und südlichen Zentrum an. Die Entfernungen sind gut zu Fuß zu bewältigen, sofern man nicht allzu viel Gepäck zu schleppen hat. Wer bei Dunkelheit ankommt, sollte ein Taxi zu seinem Hotel nehmen, da die meisten Busbahnhöfe in zwielichtigen Gegenden liegen.

Viele Taxifahrer in San José erhalten von Hotels Provisionen, wenn sie ihnen Gäste bringen, und die Hotelszene ist so hart umkämpft, dass die Taxifahrer alles Erdenkliche behaupten, um Reisende in das von ihnen repräsentierte Hotel zu lotsen. Im Kasten auf S. 585 steht, wie man ins Hotel seiner Wahl gelangt.

BUS

Mit den Nahverkehrsbussen sind die Vororte und die umliegenden Dörfer oder auch der Flughafen gut zu erreichen. Die meisten Busse verkehren von 5 bis 22 Uhr und kosten etwa 0,50–1 US$.

➜ Vom Parque La Sabana fahren die Busse über den Paseo Colón in die Stadt und wechseln dann am Krankenhaus San Juan de Dios auf die Av 2. Von dort geht es auf verschiedenen Strecken weiter durch die Stadt, ehe die Busse nach La Sabana zurückkehren. Diese Busse haben die Fahrzielangabe Sabana-Estadio, Sabana-Cementerio oder Cementerio-Estadio und sind perfekt für eine günstige Stadtrundfahrt.

➜ Die Busse in östlicher Richtung nach Los Yoses und San Pedro fahren über die Av 2 und wechseln an der Calle 29 auf die Av Central (man erkennt sie leicht an dem großen Schild „Mall San Pedro" an der Frontscheibe). Diese Busse starten an der Kreuzung Av 2 und Calle 7, nahe dem Restaurante El Pollo Campesino.

TAXI

Die roten Taxis können Tag und Nacht an der Straße herangewunken werden, bei Bedarf kann man sich aber natürlich auch von seinem Hotel eines rufen lassen.

Marías (Taxameter) werden grundsätzlich benutzt, aber einige Fahrer behaupten schon mal, das Taxameter sei kaputt, um insbesondere Fahrgästen, die kein Spanisch können, einen höheren Preis abzuknöpfen (ohne Taxameter zu fahren, ist aber verboten). Beim Einsteigen sollte man also sicherstellen, dass die *maría* funktioniert, oder ansonsten vorab den Preis aushandeln. Kurze Fahrten im Zentrum kosten zwischen 2 und 4 US$. Nach 22 Uhr wird ein Aufschlag von 20 % erhoben, der nicht auf dem Taxameter angezeigt sein muss.

VALLE CENTRAL & HOCHLAND

Die Seele Costa Ricas findet man in den von Kaffeesträuchern gesäumten Hügeln des Valle Central. Dies ist nicht nur das geografische Zentrum des Landes, sondern hier schlägt auch sein kulturelles und spirituelles Herz. Hier ließen sich die ersten spanischen Siedler nieder, hier erwuchs aus dem Kaffeeanbau ein wohlhabendes Land und finden in malerischen Hochlanddörfern noch immer jahrhundertealte Feste statt. In dieser Region lernt man auch die echte costa-ricanische Landküche kennen, mit handgefertigtem Käse, dampfenden Maiskuchen und frisch gefangenen Forellen.

Kurvige Bergstraßen und Viehverkehr auf den Straßen entschleunigen das Reisen. Urige bis schrullige landwirtschaftlich geprägte Orte machen Lust auf gemächliche Abstecher zu Bauernmärkten und Kirchenprozessionen – ein wunderbarer Gegensatz zum Pauschaltourismus an den Küsten. Aber hier gibt's nicht nur Kühe und Kaffee – erstklassige Stromschnellen, prächtige Quetzals und aktive Vulkane zeugen allesamt von der vielfältigen Landschaft, die Costa Rica ausmachen.

Alajuela

47 900 EW.

Ein Touristenziel ist Alajuela jedenfalls nicht: Die allermeisten Gebäude sind unscheinbar, die Straßen oft verstopft und es gibt auch kaum etwas zu sehen. Dennoch ist

Alajuela ein einladender Ort mit einer fröhlichen Atmosphäre, die in der Hauptstadt San José so gut wie fehlt. Dabei ist die Stadt im besten Sinne unverkennbar provinziell: Die von Mangobäumen gesäumte Plaza, altmodische Geschäfte und die hochragende, alabasterweiße Kathedrale prägen das Zentrum.

Dank der Nähe des Aeropuerto Internacional Juan Santamaría, der nur 3 km außerhalb der Stadt liegt, bietet sich Alajuela als praktischer Transitort für Reisende an, die gerade im Land eingetroffen sind oder es verlassen wollen. Außerdem ist es eine angenehme Basis für Fahrten zum Volcán Poás im Norden.

Sehenswertes

Museo Juan Santamaría MUSEUM
(2441-4775; Av 1 zw. Calle Central & 2; Di–So 10–17.30 Uhr) GRATIS Die zweitgrößte Stadt Costa Ricas ist auch die Heimat einer der berühmtesten Persönlichkeiten des Landes: Juan Santamaría war ein junger Trommler, der zum Helden wurde, als er in der Schlacht von Rivas im Jahre 1856 gegen den Söldnerführer William Walker fiel. Dieser wollte Zentralamerika in ein Gebiet der Sklaverei verwandeln. In dem einstigen Gefängnis der Stadt, nordwestlich des Parque Central, sind heute Landkarten, Gemälde und historische Zeugnisse ausgestellt.

Festivals & Events

Día de Juan Santamaría FESTIVAL
(Alajuela; 11. April) Diese einwöchige Feier zum Gedenken an Costa Ricas Nationalhelden wartet mit Umzügen, Konzerten und Tanzveranstaltungen auf.

Schlafen

Hotel Cortéz Azul HOSTEL $
(2443-6145; www.hotelcortezazul.com; Av 5 zw. Calle 2 & 4; B 12 US$, DZ mit/ohne Bad 35/30 US$; P) Eigentümer Eduardo Rodríguez ist ein Künstler, der das ganze Anwesen mit Wandgemälden und weiteren einzigartigen Kunstwerken geschmückt hat. Das Hotel verfügt über zehn geräumige, saubere Zimmer mit polierten Holzböden, einen Innenhof voller Pflanzen und eine Freiluftküche. Besonders das freundliche und hilfsbereite Personal wird immer wieder von Gästen gelobt.

Hotel Trotamundos HOSTEL $
(2430-5832; www.hoteltrotamundos.com; Av 5 zw. Calle 2 & 4; B 12 US$, DZ mit/ohne Bad 35/30 US$, jeweils mit Frühstück; @) Das einfache Hostel bietet saubere Zimmer und sehr freundlichen Service. In dem zweistöckigen Haus mit winzigem Innenhof gibt es drei Schlafsäle und sieben Zimmer. Extrapunkte gibt's für das tolle costa-ricanische Frühstück.

Hostel Maleku HOSTEL $
(2430-4304; www.malekuhostel.com; B 15 US$, EZ/DZ ohne Bad mit Frühstück 25/38 US$; @) Die niedliche kleine Backpackerherberge am südlichen Stadtrand 50 m westlich vom Hospital San Rafael hat kleine, blitzsaubere Zimmer in einem historischen Haus, das an einer ruhigen Straße liegt. Die Atmosphäre ist schön beschaulich und das Personal sehr hilfsbereit.

Vida Tropical B&B B&B $$
(2443-9576; www.vidatropical.com; Calle 3 nördlich der Av 11; EZ/DZ ohne Bad mit Frühstück 45/60 US$; P@) Das kolumbianisch-amerikanisch geführte Haus in einer ruhigen Wohngegend bietet fünf kleine, einfache Zimmer voller bunter Wandgemälde; vier davon teilen sich ein Gemeinschaftsbad. Wer mag, kann sich im gepflegten Hinterhof in einer Hängematte des Sonnenscheins erfreuen, und es gibt auch einen Wäscheservice. Im Preis inbegriffen ist der Transfer vom/zum Flughafen.

Hotel Los Volcanes PENSION $$
(2441-0525; www.hotellosvolcanes.com; Av 3 zw. Calle Central & 2; DZ mit/ohne Bad mit Frühstück ab 60/46 US$; P@) Das umgebaute Haus aus den 1920er-Jahren hat 15 Zimmer, von alten mit Holzböden, Möbeln im historischen Stil und sauberen Gemeinschaftsbädern bis zu modernen Zimmern mit Flachbild-TV und Safe. Hinterm Haus befindet sich außerdem ein netter Garten mit gurgelndem Brunnen.

Villa Pacandé PENSION $$
(6077-7565; www.villapacande.com; an der Straße nach Volcán Poás; DZ/3BZ/4BZ mit Frühstück ab 40/50/60 US$; P@) Das Haus im spanischen Stil, 3 km nördlich des Zentrums von Alajuela, steht auf einem wunderbaren Grundstück voller Blüten und Kolibris. Die neun Zimmer sind einfach und gemütlich und bieten einen hübschen Blick in den Garten. Eine perfekte Unterkunft für die erste oder letzte Nacht, falls man kein Interesse hat, die Reize Alajuelas zu erkunden.

Alajuela Backpackers Boutique Hostel HOTEL $$
(2441-7149; www.alajuelabackpackers.com; Ecke Av 4 & Calle 4; B/Zi./Suite 17/55/70 US$; @)

Valle Central & Hochland

COSTA RICA VALLE CENTRAL & HOCHLAND

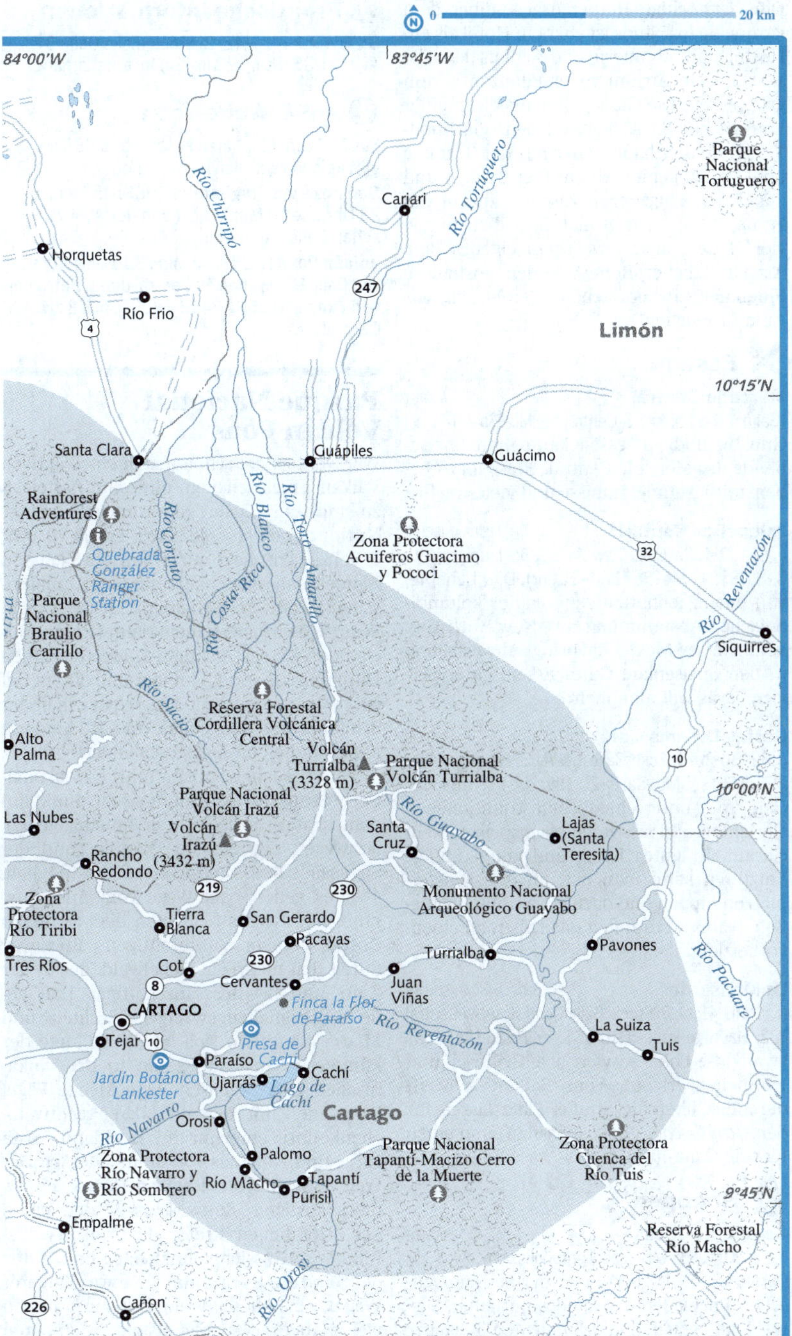

0
20 km
84°00'W
83°45'W
Parque Nacional Tortuguero
Río Chirripó
Cariari
Río Tortuguero
Horquetas
247
Río Frio
4
Limón
10°15'N
Santa Clara
Guápiles
Guácimo
Rainforest Adventures
Río Corinto
Río Blanco
Río Toro Amarillo
Zona Protectora Acuiferos Guacimo y Pococi
Quebrada González Ranger Station
Río Costa Rica
32
Río Reventazón
Parque Nacional Braulio Carrillo
Siquirres
Río Sucio
Reserva Forestal Cordillera Volcánica Central
Alto Palma
Volcán Turrialba (3328 m)
Parque Nacional Volcán Turrialba
10
Parque Nacional Volcán Irazú
10°00'N
Las Nubes
Volcán Irazú (3432 m)
Río Guayabo
Santa Cruz
Lajas (Santa Teresita)
Rancho Redondo
219
230
Monumento Nacional Arqueológico Guayabo
Zona Protectora Río Tiribi
Tierra Blanca
San Gerardo
Pacayas
Tres Ríos
Cot
230
Turrialba
Pavones
Río Pacuare
8
Cervantes
Juan Viñas
Finca la Flor de Paraíso
CARTAGO
Río Reventazón
Tejar
10
Presa de Cachí
La Suiza
Tuis
Paraíso
Jardín Botánico Lankester
Ujarrás
Cachí
Lago de Cachí
Cartago
Río Navarro
Orosi
Zona Protectora Río Navarro y Río Sombrero
Palomo
Parque Nacional Tapantí-Macizo Cerro de la Muerte
Zona Protectora Cuenca del Río Tuis
Río Macho
Tapantí
Purisil
9°45'N
Empalme
Reserva Forestal Río Macho
226
Cañon
Río Orosi
83°45'W

Die vierstöckige Herberge gegenüber dem Parque de los Niños ist eher ein Hotel als ein Hostel, mit Zimmern und Schlafsälen, die sich um ein Atrium voller Pflanzen herum gruppieren. Die Gäste können sich in einer Lounge mit Sitzsäcken auf dem Flachbild-TV Filme anschauen oder auf der Terrasse im 4. Stock gemütlich ein Bier trinken und dabei den Flugzeugen zusehen, die in der Ferne starten. Die Schlafsäle haben nur je vier Betten, aber jeweils ein eigenes Bad. Als zusätzlicher Bonus werden kostenlose Flughafentransfers geboten (einen Tag vor Ankunft buchen!).

Essen

Mercado Central MARKT
(Calle 4 & 6 zw. Av 1 & Central; Mo–Sa 7–18 Uhr) Günstig und gut essen kann man im Gebäude des Mercado Central. Hier gibt es Lebensmittelstände, Imbisse und vieles mehr.

Jalepeños Central MEXIKANISCH $
(2430-4027; Calle 1 zw. Av 3 & 5; Hauptgerichte 3–8 US$; Mo–Sa 11.30–21 Uhr) Das beliebte, von einem lebhaften Amerikaner kolumbianischer Abstammung aus New York City geführte Tex-Mex-Lokal bringt Abwechslung in den Speiseplan. Gutes Essen, guter Service – was will man mehr?

Coffee Dreams Café CAFÉ $
(2430-3970; Ecke Calle 1 & Av 3; Hauptgerichte 2–9 US$; Mo–Sa 8–20 Uhr;) Hübsches Café mit unterschiedlichen traditionellen Gerichten und schweren Nachspeisen – ein Garant für gutes Essen und guten Kaffee. Letzteren kann man nett an den Fensterplätzen nippen und dazu etwas Süßes genießen, während draußen das Leben an einem vorbeizieht.

La Mansarda COSTA-RICANISCH $$
(2441-4390; 2. Stock, Calle Central zw. Av Central & 2; Hauptgerichte 5–16 US$; 11–23 Uhr) Das zwanglose Lokal serviert u. a. Grillfisch und Hühnchengerichte. Vom Balkon schweift der Blick über die Straße. Platz lassen für den *flan de coco* (Kokosnussflan) und einen Flor-de-Caña-Rum.

Shoppen

Goodlight Books BÜCHER
(2430-4083; www.goodlightbooks.com; Av 3 zw. Calle 1 & 3; 9–18 Uhr) Einer der besten englischen Buchläden des Landes mit guter Auswahl an neuen und gebrauchten Büchern, auch zu Costa Rica und der gesamten Region.

Praktische Informationen

BYTE (2441-1142; 2. Stock, Ecke Calle 3 & Av 1; 1 US$/Std.; Mo–Sa) Internetzugang.

An- & Weiterreise

Ein Taxi zum Flughafen kostet ca. 8 US$. Es gibt keinen zentralen Busbahnhof.

San José via Flughafen (1 US$, 45 Min., 5–23 Uhr alle 10 Min.) Fährt von der Av 4 zwischen Calle 2 und 4.

Volcán Poás (7 US$, 45 Min., 9.15 Uhr) Abfahrt von Calle 8 zwischen Av Central und 1. Betrieben von **Tuasa West** (2442-6900; Calle 8 zw. Av Central & 1).

Parque Nacional Volcán Poás

Wer wollte nicht schon mal in einen aktiven Vulkan hineinschauen, ohne ihn besteigen zu müssen? Costa Ricas meistbesuchter **Nationalpark** (2482-2165; Eintritt 10 US$; 8–15.30 Uhr) liegt nur 37 km nördlich von Alajuela an einer kurvenreichen, malerischen Straße. Sein Highlight ist der Volcán Poás (2704 m) mit seinem dampfenden, fauchenden Kessel. Aus dem Krater, der einen Durchmesser von 1,3 km hat und 300 m tief ist, werden gelegentlich schwefelhaltiger Schlamm und kochendes Wasser Hunderte Meter in die Luft hochgeschleudert.

Vom Besucherzentrum führt eine asphaltierte Straße direkt zum Aussichtspunkt auf dem Krater. In den Krater hineinzugehen, ist wegen der giftigen Dämpfe (und der Sicherheitsbestimmungen) nicht möglich, aber es gehen zwei Wege vom Aussichtspunkt ab. Rechts folgt man dem **Sendero Botos**, einem 30-minütigen Rundweg durch den niedrigen Nebelwald, der in der Kälte und bei der säurehaltigen Luft gedeiht. Bromeliengewächse, Flechten und Moose klammern sich an die Stämme der kümmerlichen Bäume, die in der vulkanischen Erde wachsen. Jede Menge Vögel leben hier, u.a. der auffällige Prachtweibchenkolibri, eine nur im Hochland Costa Ricas und Panamas vorkommende Art. Der Weg endet an der **Laguna Botos**, einem merkwürdigen Kaltwassersee, der einen der erloschenen Krater des Vulkans ausfüllt. Vom Aussichtspunkt nach links führt der **Sendero Escalonia**, ein etwas längerer Weg durch höheren Wald. Dorthin kommen viel weniger Besucher als in die anderen Teile des Parks.

Ein Nebelschleier verhüllt täglich ab ungefähr 10 Uhr den Berg. Selbst bei klarem Wetter sollte man also früh kommen, sonst ist nicht viel zu sehen. Die beste Zeit für einen Besuch ist ein Werktag (weil da weniger los ist) während der Trockenzeit. Der Park ist auch für Rollstuhlfahrer geeignet.

In San José (7 US$, 1½ Std.) fahren Busse von Tuasa täglich um 8.30 Uhr an der Av 2 (zwischen Calle 12 und 14) ab, die auch gegen 9.15 Uhr in Alajuela halten und um 14.30 Uhr zurückfahren. Die meisten dieser Busse legen unterwegs an einem der Restaurants an der Straße eine Rast ein.

Heredia

21 500 EW.

Im 19. Jh. war La Ciudad de las Flores (die Stadt der Blumen) Heimat der Kaffeeplantagen-Aristokratie, die sich mit dem Export der besten Bohnen des Landes eine goldene Nase verdiente. Von diesem Flair der „guten Familien" ist auch heute noch etwas im Stadtzentrum zu spüren, mit schattigem Hauptplatz und niedrigen Häusern im spanischen Kolonialstil.

Obwohl nur 11 km von San José entfernt, wirkt Heredia dem Schmutz und Lärm der Hauptstadt weit entrückt. Ihr kosmopolitisches Lebensgefühl verdankt die Stadt den multinationalen Hightech-Unternehmen, die hier inmitten der Kaffeegüter ihre Zentralamerika-Zentralen haben. Weiteres Boheme-Flair trägt die Landesuniversität bei, die Universidad Nacional: Nachmittags sind die Kneipen und Cafés randvoll mit jungen Leuten, die es sich dort gutgehen lassen.

Sehenswertes

Parque Central PARK

Das geografische und kulturelle Herz von Heredia ist der Parque Central, in dem sich Senioren im Schach messen. Der Platz ist von einigen Wahrzeichen aus der Kolonialzeit umgeben, wie der 1798 errichteten Kirche **La Inmaculada Concepción** und dem 1867 erbauten Wachturm **El Fortín**, dem letzten Überbleibsel einer spanischen Festung.

Casa de la Cultura MUSEUM

(☎2261-4485; Ecke Calle Central & Av Central; ⌚unterschiedlich) GRATIS Die Casa de la Cultura ist eine gepflegte frühere Präsidentenresidenz aus dem 18. Jh. und zeigt heute historische Zeugnisse und Kunstausstellungen.

Kurse

Diese Universitätsstadt eignet sich bestens zum Spanischlernen. Im Kursprogramm eingeschlossen ist oft die Unterkunft bei Gastfamilien.

Centro Panamericano de Idiomas SPRACHKURSE

(☎2265 6306; www.cpi-edu.com; 5 Tage Unterricht mit/ohne Unterkunft in einer Gastfamilie 525/375 US$) Schule in San Joaquín de la Flores, gleich außerhalb von Heredia. Im Preis inbegriffen sind zwei Mahlzeiten pro Tag.

Intercultura SPRACHKURSE

(☎2260-8480, in den USA & Kanada 866-978-6668; www.interculturacostarica.com; Ecke Calle 10 & Av 4; 5 Tage Unterricht mit/ohne Unterkunft in einer Gastfamilie 483/315 US$) Die Schule in Heredia vermittelt auch Freiwilligenjobs und veranstaltet neben Sprachkursen auch Koch- und Tanzkurse. Im Preis für den Sprachunterricht sind zwei Mahlzeiten pro Tag inbegriffen.

Schlafen & Essen

Hotel Las Flores HOTEL $

(☎2261 8147; www.hotel-lasflores.com; Av 12 zw. Calle 12 & 14; EZ/DZ/3BZ 16/30/42 US$; P 📶) Am südlichen Stadtrand, ein gutes Stück außerhalb des Zentrums, bietet dieses makellose, von einer Familie geführte Haus 29 in Zitrusfarben gestrichene Zimmer. Die Möblierung ist einfach, aber die Matratzen sind dick, und alle Zimmer haben Fernseher und eigene Bäder mit Warmwasser.

Hotel América HOTEL $$

(☎2260-9292; www.hotelamericacr.com; Calle Central zw. Av 2 & 4; EZ/DZ/3BZ mit Frühstück 60/70/80 US$; @📶) Von den vier Hotels dieser Kette ist dieses Haus das empfehlenswerteste. Es liegt zentral gleich südlich der Kirche und bietet zwar kein spektakuläres Design, ist aber sauber und gemütlich. Die Zimmer sind mit gefliesten Böden ausgestattet und verfügen über Kabel-TV, Safe und Ventilator.

Espigas COSTA-RICANISCH $

(☎2237-3275; Ecke Av 2 & Calle 2; Frühstück 7 US$, Hauptgerichte 4–8 US$; ⌚7–21 Uhr) Espigas ist *das* Café für köstliches Frühstück und sättigendes Mittagessen. Wer möchte, kann am Tresen Mahlzeiten bestellen und diese vor Ort verzehren, oder man holt sich am Verkaufsfenster frische *batidos* (Fruchtshakes) oder schaut sich das verlockende Angebot an Backwaren an.

Vishnu Mango Verde VEGETARISCH $
(☎2237-2526; Calle 7 zw. Av Central & 1; Gerichte 3–7 US$; ⊙Mo–Sa 8–19 Uhr; ☑) Diese Filiale einer Kette aus San José ist das beste Lokal der Stadt für vegetarisches Essen wie bunte Salate und billige, sättigende *casados*.

Cowboy Steakhouse STEAKHAUS $$
(☎2237-8719; Calle 9 zw. Av 3 & 5; Gerichte 5–15 US$; ⊙Mo–Sa 17–23 Uhr) Dieses Restaurant ist in gelb und rot gehalten und hat zwei Bars, Sitzplätze im Hof und die besten Rindersteaks der Stadt.

ℹ An- & Weiterreise

Einen Busbahnhof gibt's nicht, die Busse starten von mehreren Haltepunkten im Süden der Stadt.

Alajuela (1 US$, 20 Min., 6–22 Uhr alle 15 Min.) Abfahrt an der Ecke Av Central und Calle 9.

San José (0,90 US$, 20 Min., 4.40–23 Uhr alle 20–30 Min.) Abfahrt an der Av 8 zwischen Calle Central und 1.

Parque Nacional Braulio Carrillo

Dichter unberührter Wald, tosende Wasserfälle, rauschende Flüsse und tiefe Schluchten – beim Wandern durch diesen wenig besuchten Nationalpark mag man kaum glauben, dass man sich nur 30 Minuten nördlich von San José befindet. Die außerordentliche Artenvielfalt des Braulio Carrillo ist den großen Höhendifferenzen geschuldet: Er erstreckt sich vom dunstigen Nebelwald des Volcán Barva bis hinunter in das üppige, feuchte Tiefland an der Karibikküste.

Der 1978 gegründete Park schützt urtümliche Wälder, die in Gefahr gerieten, als der Highway zwischen San José und Puerto Limón gebaut wurde. Bei der Fahrt durch den Park gewinnt man eine Vorstellung davon, wie Costa Rica vor 1950 ausgesehen hat: Rauschende Flüsse und sanfte, mit Regenwald bedeckte Hügel bestimmen das Bild.

Mehrere Flüsse durchqueren den Park, z. B. der Río Sucio (Schmutziger Fluss), dessen gelbes Wasser vulkanische Mineralien mit sich führt, und der kristallklare Río Hondura. Sie treffen in der Nähe der wichtigsten Fernstraße aufeinander; der Kontrast der Farben ist faszinierend. Der Volcán Barva erhebt sich in der südwestlichen Ecke des Parks.

Leider gibt es immer wieder Berichte über Diebstähle aus an den Eingängen geparkten Autos und über bewaffnete Raubüberfälle im Park selbst. Auf keinen Fall sollte man sein Auto irgendwo an der Fernstraße stehen lassen. Und man sollte sich vor einer Wanderung auf jeden Fall immer bei einer Rangerstation registrieren.

Sektor Quebrada González

Das beliebteste Wandergebiet erreicht man vom Nordende des Parks und der Rangerstation **Quebrada González** (☎2261-2619; Eintritt 10 US$; ⊙7–16 Uhr) aus, 22 km hinter dem Zurquí-Tunnel östlich des Highways von San José nach Limón. Hier beginnt der 2,8 km lange **Sendero La Botella** (ca. 90 Min.), der an ein paar Wasserfällen vorbei in den Patria-Canyon führt. An der Rangerstation gibt es einen bewachten Parkplatz, Toiletten und gut markierte Wege.

Busse verkehren stündlich vom Gran Terminal del Caribe in San José Richtung Guápiles (2 US$, 50 Min.). Sie halten auf Wunsch am Eingang, aber man muss 2 km am Highway entlang bis zu dem Restaurant zurücklaufen, an dem die zurückfahrenden Busse halten. Achtung: An dieser Strecke wurden schon Raubüberfälle gemeldet.

Sektor Barva

Der Aufstieg auf den Volcán Barva samt Rückweg auf einem gepflegten Weg dauert fünf Stunden. Er beginnt an der Westseite

NICHT VERSÄUMEN

LA NEGRITA

La Negrita (Die schwarze Madonna) heißt die Statuette einer indigenen Jungfrau Maria, die am 2. August 1635 an der Stelle gefunden wurde, wo heute die Basílica de Nuestra Señora de Los Ángeles steht. Der Legende nach nahm die Finderin das Figürchen zweimal mit nach Hause, doch es verschwand jedes Mal und kehrte an den Fundort zurück. Als dieses Wunder bekannt wurde, erbauten die Einwohner der Stadt an dieser Stelle eine Kirche um sie herum. 1824 wurde *La Negrita* zur Schutzpatronin Costa Ricas erklärt. Heute residiert sie auf einer goldenen, mit Juwelen besetzten Plattform am Hauptaltar der Kirche. Alljährlich pilgern am Jahrestag der Entdeckung der Statuette Gläubige in der glühenden Sommerhitze 22 km von San José zur Basilika in Cartago, die letzte Strecke auf den Knien.

des Parks an der Rangerstation des **Sektors Barva** (☎ 2266-1883; Eintritt 8 US$; ⏲ 7–16 Uhr) beim Dorf Sacramento nördlich von Heredia. Von dort klettert ein ausgeschilderter Weg zu zwei Seen am Gipfel des Vulkans, und mehrere Nebenwege führen unterwegs zu Wasserfällen und anderen reizvollen Plätzen. Die Wege sind oft matschig und man muss zu jeder Jahreszeit auf Regen eingestellt sein.

Auf zwei einfachen **Zeltplätzen** (3 US$/Pers.) bei der Rangerstation darf gezeltet werden – Trinkwasser mitnehmen!

Von Heredia (Calle 1, zw. Av 4 & 6) fahren drei Busse täglich (1 US$, 2 Std.) nach Paso Llano. Von dort ist es ein 5 km langer Marsch bis Sacramento, dann folgen noch weitere 3 km bis zum Parkeingang.

Rainforest Adventures

An den Nationalpark grenzt dieses 486 ha große **private Naturreservat** (☎ 2257-5961; www.rainforestadventure.com; Hwy 32, zw. San José & Guápiles) mit einer ähnlichen Ökologie und leichtem Zugang von San José. Der Park bietet eine Reihe verschiedener Abenteuertouren, auf denen die Teilnehmer den Regenwald erkunden können, u. a. die Rainforest Aerial Tram (Erw./Kind 60/30 US$), die Besucher in Gondeln auf Höhe der Baumwipfel transportiert. Die 2,6 km lange Fahrt dauert pro Strecke 40 Minuten und unterwegs kann man ungewöhnliche Pflanzen und Vögel bestaunen. Außerdem gibt's geführte Vogelbeobachtungstouren und Wanderungen (128–132 US$), eine Canopy-Tour (Erw./Kind 50/35 US$) und einen Schmetterlings- und Froschgarten (10 US$).

Die stündlich zwischen San José und Guápiles verkehrenden Busse können Fahrgäste am Eingang des Schutzgebietes absetzen. Oder man lässt sich für 30 US$ von einem Shuttlebus von Rainforest Adventures am Hotel abholen.

Cartago

24 900 EW.

In Cartago herrscht Frieden: Auf der zentralen Plaza stören nur lästige Tauben und die Rufe einer Losverkäuferin die Stille. Die Pracht der kolonialen Hauptstadt wurde vom Zahn der Zeit angenagt, aber der Ort hat immer noch große religiöse Bedeutung und einen gewissen konservativen Charme. Auf die meisten Besucher wirkt Cartago entspannend, denn es ist eine geruhsame, moderne Stadt mit Attraktionen in der Nähe.

Sehenswertes

Basílica de Nuestra Señora de Los Ángeles KIRCHE

(Ecke Av 2 & Calle 16) Die Basilika, die heiligste Stätte im Land, verströmt mit ihren schönen Buntglasfenstern, handbemalten Wänden und reich verzierten Seitenkapellen byzantinische Anmut. Obwohl das Bauwerk seit 1635 oft umgebaut wurde, weilt die Reliquie, die es schützt, die verehrte La Negrita, nach wie vor unbeschädigt im Innern.

Las Ruinas de la Parroquia RUINE

(Iglesia del Convento; Ecke Av 2 & Calle 2) Die Iglesia del Convento wurde 1575 als dem Apostel Jakobus geweihtes Gotteshaus erbaut. Nachdem die Kirche im 19. und 20. Jh. wiederholt durch Erdbeben beschädigt worden war, wurde ihre Hülle als stimmungsvolles historisches Wahrzeichen bewahrt. Heute gedeiht innerhalb der Mauern ein üppiger Garten.

Jardín Botánico Lankester BOTANISCHER GARTEN

(☎ 2552-3247; www.jbl.ucr.ac.cr; Erw./Stud. 7,50/5 US$; ⏲ 8.30–16.30 Uhr) Die Universität von Costa Rica betreibt den außerordentlichen Jardín Botánico Lankester, der von einem britischen Orchideenliebhaber gegründet wurde. Die Orchideen sind das große Highlight: Die 800 Arten stehen von Februar bis April in schönster Blütenpracht. Der Weg durch den verzweigten Garten führt in einen tropischen Wald voller Bromeliengewächse, Palmen und Helikonien. Der Garten befindet sich 6 km östlich von Cartago; man erreicht ihn mit den Bussen Richtung Paraíso, indem man den Fahrer bittet, einen an der Abzweigung abzusetzen; von dort sind es noch 750 m bis zum Eingang.

Festivals & Events

Unabhängigkeitstag FEIERTAG

Costa Ricas Unabhängigkeit wird im ganzen Land mit zahllosen Veranstaltungen gefeiert. Im Mittelpunkt des Geschehens steht ein Staffellauf von Guatemala nach Costa Rica, bei dem eine „Friedensfackel" weitergereicht wird. Die Fackel kommt am Abend des 14. September in Cartago an – dann stimmt die ganze Nation die Nationalhymne an.

Schlafen & Essen

Los Ángeles Lodge B&B $$

(☎ 2591-4169, 2551-0957; Av 4 zw. Calle 14 & 16; EZ/DZ mit Frühstück 35/50 US$; P ❄ 📶) Mit Balkonen hin zur Plaza de la Basílica ragt die Los Ángeles Lodge aus der Konkurrenz heraus.

Die Zimmer sind geräumig und komfortabel und haben Warmwasserduschen. Das Frühstück bereiten die freundlichen Betreiber nach Wunsch.

La Puerta del Sol COSTA-RICANISCH **$$**
(☎ 2551-0615; Av 4 zw. Calle 14 & 16; Hauptgerichte 6–10 US$; ⏲ So–Do 8–22, Fr & Sa 8–24 Uhr) Im Erdgeschoss der Los Ángeles Lodge befindet sich das La Puerta del Sol, ein nettes Restaurant, das seit 1957 besteht und unzählige costa-ricanische Spezialitäten, Burger und Sandwiches serviert. Die historischen Fotos an den Wänden, die das alte Cartago zeigen, sollte man sich unbedingt anschauen.

ℹ Anreise & Unterwegs vor Ort

Die meisten Busse kommen über die Av 2 und fahren bis zur Basílica de Nuestra Señora de los Ángeles, ehe sie zum Hauptbusbahnhof in der Av 4 zurückkehren.

Orosi (0,80 US$, 40 Min., Mo–Sa 5.30–22 Uhr stündl.) Abfahrt an der Ecke Calle 4 und Av 1.

Paraíso und Botanischer Garten (0,50 US$, 40 Min., 7–22 Uhr stündl.) Ecke Calle 4 und Av 1.

San José (1 US$, 45 Min., alle 5 Min.) Ecke Calle 2 und Av 6, nördlich des Parque Central.

Turrialba (1,40 US$, 1½ Std., unter der Woche alle 45 Min., Sa & So 5-mal tgl.) Av 3 zwischen Calle 8 und 1, vor den Tribunales de Justicia.

Valle del Río Orosi

Prächtiger Blick auf die Berge, verfallene Kirchen und entspannende Thermalquellen machen den Reiz dieses Tals voller Kaffeeplantagen südöstlich von Cartago aus.

8 km südlich von Paraíso liegt das nette Dorf **Orosi**, das nach einem Huetar-Kaziken des 16. Jhs. benannt ist. Von Orosi verläuft eine Straße parallel zum Río Orosi Richtung Norden und führt anschließend um den künstlichen **Lago de Cachí** herum. Hinter dem Dorf Ujarrás geht die Straße noch ein paar Kilometer weiter, um schließlich wieder in **Paraíso** anzukommen.

Öffentliche Verkehrsmittel fahren im Tal kaum. Unregelmäßig verkehrende Kleinbusse bringen einen für ein paar Hundert Colones pro Fahrt von Dorf zu Dorf.

👁 Sehenswertes & Aktivitäten

Iglesia de San José Orosi KIRCHE
Orosi ist einer der wenigen Orte aus der Kolonialzeit, die Costa Ricas häufige Erdbeben überstanden haben; diese haben glücklicherweise auch die fotogene Dorfkirche verschont. Die weiß getünchte, 1743 errichtete Iglesia de San José ist die älteste Kirche des Landes, in der noch die Messe gelesen wird.

Parque Nacional Tapantí-Macizo Cerro de la Muerte PARK
(Eintritt 10 US$; ⏲ 8–16 Uhr) Dieser 580 km² große Nationalpark ist mit fast 8000 mm Niederschlag der feuchteste des Landes. Dichte Wälder, Wasserfälle und mehr als 200 Vogelarten prägen das üppige, zerklüftete Terrain. Der Eingang zum Tapantí liegt rund 3 km südlich von Purisil.

Thermalquellen BADEN
Als Vulkanregion verfügt Orosi auch über Thermalquellen. Die hiesigen Quellen sind zwar nicht mit denen bei Fortuna zu vergleichen, jedoch wartet Orosi mit ein paar Becken mit warmem Wasser auf. **Los Balnearios** (☎ 2533-2156; Eintritt 3,60 US$; ⏲ Mi–Mo 7.30–16 Uhr), 25 m von der Orosi Lodge, bietet direkt im Ort mehrere davon. **Los Patios** (☎ 2533-3009; Eintritt 4 US$; ⏲ Di–So 8–16 Uhr) ist ein größerer Komplex 1,5 km südlich von Orosi.

Aventuras Orosi RAFTING
(☎ 2533-4000; www.aventurasorosicr.com; Motel Río; Touren 75 US$; ⏲ 9–16 Uhr) Dieser kleine Anbieter nördlich der Hängebrücke bietet Rafting-Expeditionen in der Umgebung und Baumwipfeltouren mit Wasserfallbesuchen. Im Preis inbegriffen ist der Transfer von San José.

🛏 Schlafen & Essen

Montaña Linda HOSTEL **$**
(☎ 2533-3640; www.montanalinda.com; B 8,50 US$, DZ 30 US$, EZ/DZ/3BZ ohne Bad 15/22/30 US$, Pension EZ/DZ mit Bad 30/35 US$; P @) Dieses tolle, coole Hostel südwestlich der Bushaltestelle bietet saubere Schlafsäle und mit bunten Akzenten aufgefrischte Zimmer um eine nette Terrasse herum. Das Hostel betreibt außerdem eine der preisgünstigsten Spanischschulen des Landes.

★ **Orosi Lodge** PENSION **$$**
(☎ 2533-3578; www.orosilodge.com; DZ/3BZ 66/77 US$, DZ im Chalet 107 US$; P 📶) Aufwachen und sich den Kaffeeduft um die Nase wehen lassen! Dieses ruhige, von einem freundlichen deutschen Paar geführte Paradies bietet acht helle Zimmer mit Holzbalkendecken und gefliesten Böden sowie Kaffeekochern und kostenlosem Bio-Kaffee. Das köstliche gesunde Frühstück und die hausgemachten

Backwaren lohnen einen Stopp, selbst wenn man hier nicht nächtigt. Südlich des Nationalparks, beim Eingang zu Los Balnearios.

Parque Nacional Volcán Irazú

Der von den Einheimischen Donnerspitze *(ara-tzu)* genannte hoch aufragende Irazú ist mit 3432 m Costa Ricas höchster aktiver Vulkan. Einer der denkwürdigsten Ausbrüche fand am 19. März 1963 statt, als der Vulkan während des Staatsbesuchs des US-Präsidenten John F. Kennedy eine Decke aus heißer Vulkanasche über fast das gesamte Valle Central ausbreitete. In den vergangenen Jahren hat sich die Aktivität auf ein paar zischende Fumarolen und gelegentliche Erderschütterungen beschränkt.

Im Park gibt es ein kleines **Besucherzentrum** (☎2551-9398, 2200-5025; Parkeintritt 10 US$; ⌚8–15.30 Uhr) und ein einfaches Café, aber keine Unterkünfte oder Campingplätze. Eine asphaltierte Straße führt zum Gipfel. Vom Parkplatz aus führt ein 1 km langer Weg zu einem Aussichtspunkt, von dem aus man auf die kahle, von Kratern und Asche geprägte Landschaft gucken kann. Wenn sich die Wolken auflösen, hat man einen super Blick auf den Pazifik und das Karibische Meer, aber an den meisten Tagen muss die Phantasie einspringen.

Der Park liegt 19 km nördlich von Cartago. Die meisten Besucher kommen im Rahmen einer organisierten Tour oder mit eigenen Transportmitteln. Der einzige öffentliche Bus zum Irazú verlässt San José (Abfahrt an der Av 2 zwischen Calle 1 und 3; 6 US$) um 8 Uhr, nimmt gegen 8.30 Uhr in Cartago weitere Fahrgäste auf und erreicht den Berg gegen 10 Uhr. Die Rückfahrt vom Irazú beginnt um 12.30 Uhr.

Turrialba

31 100 EW.

Nicht weit von Turrialba fräst der Río Reventazón auf einer Höhe von 650 m eine Schneise durch die Cordillera Central. Durch diese rollte in den 1880er-Jahren die „Dschungelbahn" über die Berge, und das Bergdorf Turrialba erlangte durch den Kaffeehandel einen gewissen Wohlstand. Am Ende des folgenden Jahrhunderts änderte sich dies jedoch, als mit dem Hwy 32 eine Umgehungsstraße gebaut wurde und ein Erdbeben dem Bahnverkehr ein für alle Mal ein Ende bereitete. Plötzlich lag Turrialba abseits der wichtigen Route.

Und genau das ist es, was den Ort heute so ansprechend macht. Das Gebiet ist bekannt für seine schöne Bergluft, für starken Kaffee und das beste Wildwasserrafting in Zentralamerika.

ABSTECHER

MONUMENTO NACIONAL ARQUEOLÓGICO GUAYABO

Dies ist die größte und wichtigste **archäologische Stätte** (☎2559-1220; Eintritt 6 US$; ⌚8–15.30 Uhr) Costa Ricas. Sie liegt nur 19 km nördlich von Turrialba. Das Gebiet war schon um etwa 1000 v. Chr. besiedelt; zur Blütezeit lebten hier einst um die 10 000 Menschen. Entdeckt wurden gepflasterte Straßen, ein Aquädukt und dekorative Goldarbeiten. Man glaubt, dass es sich um ein altes zeremonielles Zentrum handelt; die genaue Bedeutung des Ortes und den Grund, warum er um 1400 n. Chr. aufgegeben wurde, kennen die Archäologen jedoch noch nicht.

Mit den Mayastätten im nördlichen Zentralamerika kann sich diese Stätte zwar nicht messen, aber es wurden eine hoch entwickelte Infrastruktur und geheimnisvolle Petroglyphen freigelegt. Der eindrucksvollste Fund ist (besonders angesichts der sanitären Verhältnisse in manchen heutigen Küstenstädten) der immer noch funktionierende **Aquädukt**. Vor Ort gibt es ein Informations- und **Ausstellungszentrum**, aber viele der besten Funde sind heute im Museo Nacional in San José ausgestellt.

Guayabo ist außerdem ein ausgezeichneter Ort für die Vogelbeobachtung. Campen (5 US$/Pers.) ist erlaubt, Plumpsklos und fließendes Wasser sind vorhanden.

Von Turrialba fahren Busse (1 US$, 1 Std., 3-mal tgl.); wenn man nicht vor Ort übernachten möchte, ist der einzige praktische Bus Mo–Sa um 11.15 Uhr bzw. So um 9 Uhr. Rückfahrt ist um 12.30 oder 16 Uhr.

WILDWASSERRAFTING IN DER REGION TURRIALBA

Es gibt zwei größere Flüsse in der Turrialba-Region, die bei Raftern beliebt sind: den Río Reventazón und den Río Pacuare. Hier ein kurzer Überblick über die Vor- und Nachteile beider Strecken:

Río Reventazón

Dieser von Felsen gesäumte Fluss mit viel Gefälle beginnt 1000 m über dem Meeresspiegel am Lago de Cachí, einem künstlichen Stausee, der durch den gleichnamigen Staudamm entstand, und tost dann an den Osthängen der Cordilleras ins Karibische Tiefland hinab. Das ist eine der schwierigsten, nervenaufreibendsten Raftingstrecken im Land: Es gibt mehr als 65 km Stromschnellen – da werden auch sehr Erfahrene ihren Spaß haben.

Die Tourveranstalter teilen den Fluss zwischen dem Damm und dem Zielpunkt in Siquirres in vier Bereiche. **Las Máquinas** (Das Kraftwerk) ist eine Fahrt mit dem Schwierigkeitsgrad II–III und ideal für Familien, während **Florida**, der besonders beliebte Schlussabschnitt, eine malerische Grad-III-Fahrt ist, bei der das etwas stärkere Wildwasser die Sache interessanter macht. Im Abschnitt **Pascua** gibt es 15 Stromschnellen des Schwierigkeitsgrads IV mit Namen wie „Abgrund" – dieser Teil gilt als die klassische Wildwasserstrecke. Am schwierigsten ist der Abschnitt **Peralta** mit Stromschnellen des Schwierigkeitsgrads V – aus Sicherheitsgründen nehmen ihn nicht alle Touren mit.

Der Wasserspiegel bleibt das ganze Jahr über relativ konstant, weil Wasser aus dem Stausee abgelassen wird. Am Sonntag allerdings wird kein Wasser abgelassen. Obwohl der Fluss trotzdem befahrbar ist, gilt dieser Wochentag deshalb als der schlechteste fürs Rafting.

Río Pacuare

Der Río Pacuare fließt im nächsten größeren Tal östlich des Río Reventazón und bietet die malerischsten Raftingtouren in Costa Rica, ja vielleicht in ganz Zentralamerika. Das Wasser schießt durch eine Reihe spektakulärer, von urtümlichen Wald bedeckter Schluchten und in wilden Stromschnellen ins karibische Tiefland hinab. Zwischendurch gibt es auch ruhigere Abschnitte, während denen man die fast vertikal ansteigenden, bewaldeten Wände der Schlucht bewundern kann, die Hunderte Meter in die Höhe ragen.

Der **Untere Pacuare** (Schwierigkeitsgrad III–IV) ist der zugänglichere Streckenabschnitt. Er führt über 28 km durch Felsschluchten und abgelegene Canyons, vorbei an einem Dorf der *indígenas*, ungezähmtem Urwald und vielen Wildtieren, die neugierig ausspähen, weshalb hier so gebrüllt wird. Der **Obere Pacuare** hat ebenfalls den Schwierigkeitsgrad III–IV; in einigen Abschnitten wird, je nach Bedingungen, auch Schwierigkeitsgrad V erreicht. Man muss zwei Stunden fahren, um zum Startpunkt zu kommen, aber die Mühe lohnt sich, weil man die schönste Strecke durch den Urwald praktisch ganz für sich allein hat.

Der Pacuare kann das ganze Jahr hindurch befahren werden, am besten jedoch zwischen Juni und Oktober. Der höchste Wasserstand herrscht von Oktober bis Dezember, dann fließt der Fluss schnell und ist sehr lebendig. Den niedrigsten Wasserstand hat der Fluss im März und April, aber auch dann ist die Tour immer noch eine Herausforderung.

Sehenswertes

Catie GARTEN

(Centro Agronómico Tropical de Investigación; Studienzentrum für tropische Landwirtschaft; ☎2556-2700; www.catie.ac.cr/jardinbotanico; Eintritt 10 US$, Führung 25–50 US$; ⏲Mo–Fr 7–16, Sa & So 8–16 Uhr) Im Catie, 3 km östlich von Turrialba, wird auf einer Fläche von 1000 ha tropische Landwirtschaft erforscht und vermittelt. Bei Agrarwissenschaftlern auf der ganzen Welt gilt dieses Zentrum als eines der bedeutendsten seiner Art in den Tropen. Für die Führungen durch die Labors, Gewächshäuser, eine Samenbank, über Versuchsflächen und durch eine der umfassendsten Bibliotheken zu tropischem Landbau weltweit muss man Plätze vorausbuchen. Wer mag, kann sich stattdessen mit einer Karte ausstatten und den Rundgang in eigener Regie unternehmen.

Aktivitäten

Rafting ist die Hauptaktivität in der Gegend, die aber auch tolle Möglichkeiten zur Vogelbeobachtung, zum Mountainbiken, Kajakfahren und Canyoning bietet. Ein Tagesausflug kostet in der Regel zwischen 80 und 120 US$. Die folgenden Veranstalter bieten Touren zu den Vulkanen der Region, zu Kaffeeplantagen und zu präkolumbischen Ruinen an.

Explornatura RAFTING
(☎2556-2070, in den USA & Kanada 866-571-2443; www.explornatura.com; Av 4 zw. Calle 2 & 4)

Río Locos RAFTING
(☎2556-6035; www.whiteh2o.com)

Tico's River Adventures RAFTING
(☎2556-1231; www.ticoriver.com)

Schlafen

★**Casa de Lis Hostel** HOSTEL $
(☎2556-4933; www.hostelcasadelis.com; Av Central nahe Calle 2; B 10 US$, DZ/3BZ/4BZ 40/45/50 US$, ohne Bad 25/35/40 US$; 📶) Genau das fehlte bisher in Turrialba: ein freundliches Hostel direkt im Ortszentrum. Diese Unterkunft mit vier Zimmern ist sauber, hat eine komplett ausgestattete Küche, einen kleinen Garten und eine Dachterrasse mit Vulkanblick. Preiswertes Frühstück (bis 4 US$) und Wäscheservice.

Hotel Interamericano HOTEL $
(☎2556-0142; www.hotelinteramericano.com; Av 1 nahe Calle 1; EZ/DZ/3BZ 25/35/45 US$, ohne Bad 15/20/30 US$; P📶) Südlich der alten Bahnstrecke liegt dieses einfache Hotel, das der angesagte Rafter-Treff in Turrialba ist. Die Duschen sind makellos (und heiß!), die 22 gefliesten Zimmer hell und die Lounge im 2. Stock ist ideal, um gemütlich ein Bier zu trinken. Das Personal hält jede Menge gute Infos bereit.

Turrialba B&B B&B $$
(☎386-246-2184; www.turrialbabedandbreakfast.com; Calle 1 nördlich der Av 6; EZ/DZ/3BZ 40/60/80 US$; ❄📶) Die charmante, ruhige Unterkunft hat saubere, helle und gut ausgestattete Zimmer, einen behaglichen Gemeinschaftsbereich und einen hübschen Garten mit Hängematten. Die Bibliothek des Hauses ist vollgestopft mit Reiseführern. Sehr empfehlenswert ist auch das Frühstück (nicht inbegriffen).

Essen

Panadería La Castellana BÄCKEREI $
(☎2556-9090; www.lacastellanacr.com; Ecke Calle 2 & Av 4; Frühstück 2,50–5 US$, Pizza 8–13 US$; ⏲24 Std.) Ob Pizzastücke, *gallo pinto* (Reis mit Bohnen) und Eier oder Kaffee mit Gebäck – das alles ist gut hier und gibt's zu jeder Tages- und Nachtzeit. Wer nicht so viel Hunger hat, kann auch eine kleine Portion bestellen. Alles auch zum Mitnehmen als Proviant für unterwegs.

Restaurant Betico Mata GRILL $
(☎2556-8640; Hwy 10; gallos 2 US$; ⏲11–24 Uhr, Sa & So länger) Dieses Paradies für Fleischliebhaber ist auf *gallos* (Tacos auf Mais-Tortillas) spezialisiert, auf die saftiges, frisches Grillfleisch (Rind, Hähnchen, Schweinefleisch oder Würstchen) gehäuft ist, das mit der Spezialwürze des Hauses mariniert wurde. Dazu passt ein eiskaltes Bier.

La Feria COSTA-RICANISCH
(☎2556-5550; Calle 6 nördlich der Av 4; casados 5 US$, Hauptgerichte 4–11 US$; ⏲Mi–Mo 11–22, Di 11–14 Uhr; 🖉) In dem unscheinbar wirkenden Lokal wird man freundlich bedient und isst ausgezeichnete, günstige Hausmannskost.

Praktische Informationen

Es gibt keine offizielle Touristeninformation, aber die meisten Hotels und Raftinganbieter können Touren, Unterkünfte und Transport in der gesamten Region vermitteln.

Banco de Costa Rica (Ecke Av Central & Calle 3; ⏲Mo–Fr 9–16 Uhr) Rund um die Uhr zugänglicher Geldautomat.

Cafe Internet (☎2556-4575; Ecke Av 2 & Calle 4; 0,80 US$/Std.; ⏲8–20 Uhr)

An- & Weiterreise

Der moderne Busbahnhof befindet sich am westlichen Stadtrand beim Hwy 10.

Monumento Nacional Arqueológico Guayabo (1 US$, 1 Std., Mo–Sa 4-mal, So 2-mal)

San José (2,75 US$, 2 Std., 5–18.30 Uhr alle 30–60 Min.) Via Paraíso und Cartago.

Siquirres (2,25 US$, 1¾ Std., 6-mal tgl.) Mit Anschluss nach Puerto Limón.

KARIBIKKÜSTE

Die ersten spanischen Siedler, die sich hier im 16. Jh. niederließen, mussten sich der regenreichen, malariaverseuchten Wildnis der Karibikküste geschlagen geben, und die Region blieb jahrhundertelang isoliert.

Infolgedessen unterscheidet sich die hiesige Kultur – beeinflusst von indigenen Völkern und Einwanderern von den Westindischen Inseln – deutlich von der Kultur des restlichen Costa Rica. Diesen Unterschied schmeckt man z. B. im *rondón* (einem würzigen Meeresfrüchte-Eintopf), man hört ihn in der Sprache und sieht ihn an den wenig besuchten Stränden mit schwarzem Sand.

Tortuguero

Das geschäftige, stark afrokaribisch geprägte kleine Dorf innerhalb des Parque Nacional Tortuguero ist nur aus der Luft oder über das Wasser erreichbar und vor allem dafür bekannt, dass sich hier Scharen von Meeresschildkröten (der Name Tortuguero bedeutet „Ort der Schildkröten") und Scharen von Travellern versammeln, die die Tiere sehen wollen. Der Höhepunkt der Schildkrötensaison sind die Monate Juli und August, aber der Park und das Dorf locken dank der üppigen Kanäle mit ihren vielen Vögeln, Affen, Seekühen, Faultieren und Krokodilen das ganze Jahr über Besucher an.

Sehenswertes & Aktivitäten

Parque Nacional Tortuguero PARK

Der nebelverhangene grüne Küstenpark nimmt eine weite, von vielen Kanälen durchschnittene Überflutungsebene ein. Den als „Mini-Amazonasbecken" bezeichneten Parque Nacional Tortuguero kennzeichnet eine hohe Artenvielfalt, zu der mehr als 400 Vogelarten, 60 bekannte Froschspezies, 30 Süßwasserfischarten, drei Affenspezies und der gefährdete Karibik-Manati gehören. Kaimane und Krokodile sonnen sich an den Flussufern und auf Baumstämmen sitzen Süßwasserschildkröten.

Mehr als 50000 Besucher kommen pro Jahr, um auf den Kanälen Boot zu fahren und sich die Tiere anzuschauen, insbesondere die Meeresschildkröten bei der Eiablage. Der Park ist das wichtigste karibische Nistgebiet der Suppenschildkröte. In jeder Saison kommen 40000 Tiere, um hier ihre Eier abzulegen. Auch Lederschildkröten und Echte und Unechte Karettschildkröten nisten hier. Diverse Freiwilligenorganisationen gehen mit Schildkrötenpatrouillen gegen Wilderei vor.

Die Parkverwaltung hat ihren Sitz bei **Cuatro Esquinas** (☎2709-8086; Parkeintritt 10 US$; ⏱5.30–18 Uhr, mit Frühstücks- & Mittagspause) gleich nördlich vom Dorf Tortuguero.

Weil es hier Haie und starke Strömungen gibt, sind die Strände hier zum Baden ungeeignet.

Boots- & Kanutouren

Am schönsten erlebt man den Park und seine Bewohner auf einer Bootstour (S. 607) über die Kanäle.

Vier Wasserwege winden sich durch den Parque Nacional Tortuguero. Der **Río Tortuguero** dient als Zugang zu diesem Wasserwegenetz. Der breite, ruhige Fluss ist oft mit Seerosen bedeckt. Außerdem erspäht man auf ihm und in seiner Nähe Wasservögel wie Reiher und Eisvögel sowie Pfauen.

Der **Caño Chiquero** ist ein dicht von Vegetation – insbesondere von Artischockengewächsen und roten Guacimobäumen – umwachsener Wasserweg, in dessen Nähe man schwarze Schildkröten und Grüne Leguane erblickt. Vom Caño Chiquero gelangt man auch in die schmalen **Caño Mora** und **Caño Harold**, wo sich Helmbasilisken und Kaimane tummeln.

Schildkröten beobachten

Besucher dürfen die Nistgründe der Suppenschildkröten von März bis Oktober (die besten Beobachtungsmöglichkeiten hat man von Ende Juli bis Ende August) nachts aufsuchen und zuschauen, wie die Tiere die Eier ablegen und vergraben. Wie eine 180 kg schwere Schildkröte sich auf den Strand wälzt, eine Grube gräbt, dann 120 Eier von Tischtennisballgröße legt und schließlich erschöpft wieder zurück ins Meer watschelt, ist schon ein eindrucksvolles Schauspiel. Natürlich gibt es keine Garantie, dass man Schildkröten zu Gesicht bekommt.

Besuche sind nur in Begleitung eines Führers möglich. Taschenlampen und Blitzlicht zu benutzen, ist streng verboten, weil das die Tiere bei der Eiablage stört.

Wenn die Hauptnistsaison der Suppenschildkröten nicht in die eigene Urlaubszeit fällt, ist die nächstbeste Alternative ein Besuch in den Monaten Februar bis Juli, wenn ein paar Lederschildkröten ihre Eier ablegen (vor allem zwischen Mitte April und Mitte Mai). Echte Karettschildkröten legen

> **PSSSST!**
>
> Bei der Beobachtung von Tieren im Tortuguero stören laute Motoren nur – am besten sind geführte Kanutouren durch die Kanäle und Daryl Loths leises elektrisches Motorboot (S. 607).

zwischen März und Oktober gelegentlich Eier am Strand, und ab und an lassen sich auch mal Unechte Karettschildkröten blicken. Die Führungen kosten 20 US$ (ein vom Dorf festgelegter Fixpreis), worin der Kauf eines Stickers für 4 US$ enthalten ist, der zur Bezahlung der Patrouillen dient, die die Nistplätze gegen Nesträuber und -plünderer schützen.

Wandern

Hinter der Station Cuatro Esquinas beginnt **El Gavilan**, der einzige öffentliche Landweg im Park. Der schlammige, 2 km lange Rundkurs führt durch Regenwald und ein Stück am Strand entlang. Unterwegs sieht man oft grüne Sittiche und verschiedene Affenarten. Der Weg ist gut markiert; einen Führer braucht man nicht.

Geführte Touren

Überall im Ort werben Schilder für geführte Bootstouren auf den Kanälen und Führungen zu den Schildkröten. Eine zwei- oder dreistündige Tour zu den Schildkröten kostet etwa 20 US$ pro Person.

Castor Hunter Thomas BOOTSTOUR
(☎8870-8634; castorhunter.blogspot.com; Soda Doña María) Der Einheimische, der schon seit 20 Jahren als Guide arbeitet, führt (in der Saison) Schildkrötentouren, Wanderungen und wunderbare Kanutouren.

Daryl Loth BOOTSTOUR
(☎8833-0827, 2709-8011; safari@racsa.co.cr) Der umgängliche gebürtige Kanadier war früher bei der Umweltorganistion Coterc beschäftigt. Heute leitet er ausgezeichnete Bootstouren in einem sehr geräuscharmen Elektromotorboot, außerdem (in der Saison) geführte Schildkrötentouren sowie Wanderungen.

Tinamon Tours BOOTSTOUR
(☎2709-8004, 8842-6561; www.tinamontours.de) Barbara Hartung veranstaltet Wanderungen, Kanu- und Schildkrötentouren in deutscher, englischer, französischer oder spanischer Sprache. Sie macht auch eine einzigartige Tour zur Geschichte, Kultur und den Heilpflanzen im Tortuguero.

Schlafen

El Icaco HOTEL $
(☎2709-8044; www.hotelelicaco.com; EZ/DZ/3BZ/4BZ mit Frühstück 25/35/50/60 US$; WLAN) Die einfache Unterkunft am Meer wartet mit sauberen, farbenfroh gestalteten Zimmern und freundlichem Service auf. Die Lage am Strand ist ideal und lässt sich in den zahlreich vorhandenen Hängematten genießen. Wer vorausbucht, wird bei der Ankunft am Bootsanleger abgeholt.

Cabinas Balcon del Mar CABINAS $
(☎2709-8124, 2767-7412; 8–12 US$/Pers.) Die Unterkunft am Strand ist dank der Lage am Ortsrand und gleich beim Nationalpark sehr, sehr ruhig. Hier gibt's außerdem komfortable Betten, warme Duschen, eine saubere Gemeinschaftsküche und zahlreiche Hängematten.

La Casona CABINAS $
(☎2709-8047, 2709-8092; EZ/DZ 18/25 US$, DZ mit kleiner Küche 35 US$; WLAN) In dieser von einer Familie geführten Unterkunft an der Nordseite des Fußballplatzes stehen Gästen zehn getünchte, rustikal gehaltene Betonräume rund um einen Garten zur Verfügung. Drei der Wohneinheiten haben Kochnischen mit Kochplatten. Jenny und ihre Söhne vermieten zudem Kanus und veranstalten Kanutouren zu einer Farm am Caño Harold.

Cabinas Tortuguero CABINAS $
(☎2709-8114, 8622-8137; cabinas_tortuguero@yahoo.com; EZ/DZ ohne Bad 10/16 US$, EZ/DZ/3BZ 20/25/30 US$) Gegenüber vom Lebensmittelladen Tienda Bambú stößt man auf diese beliebte Budgetunterkunft mit elf bunt gestrichenen Bungalows in einem gepflegten Garten. Die Zimmer sind sauber, und es gibt Hängematten zum Ausruhen.

Cabinas Miss Miriam II CABINAS $
(☎2709-8107, 8873-2671; EZ/DZ 20/30 US$; WLAN) Dieser Strandableger von Miss Miriams Budget-*cabinas* hat saubere geflieste Zimmer, feste Matratzen und warmes Wasser. Die Zimmer säumen einen kleinen Hof und auf dem Gelände gibt's eine *soda* und kostenloses WLAN. Südlich des Fußballplatzes, 25 m östlich der Adventistenkirche.

★ **Casa Marbella** B&B $$
(☎8833-0827, 2709-8011; casamarbella.tripod.com; EZ 35–60 US$, DZ 40–65 US$, zusätzl. Person 10 US$, jeweils mit Frühstück; @WLAN) Das charmante B&B gegenüber der katholischen Kirche ist wunderbar ruhig und trotzdem im Zentrum des Geschehens. Die zehn einfachen, geweißten Zimmer sind gut belichtet und haben Deckenventilatoren sowie supersaubere Badezimmer mit elektrisch beheizten Duschen. Das herzhafte Frühstück (z. B. frische Pfannkuchen mit tropischen Früchten) wird auf der Außenterrasse mit Blick auf den Kanal serviert.

Hotel Miss Junie CABINAS $$

(☎2709-8102; www.iguanaverdetours.com; EZ/DZ Standard 45/50 US$, superior 55/60 US$, jeweils mit Frühstück) Miss Junies Unterkunft befindet sich auf einem großen Grundstück, dem Palmen Schatten spenden, unter denen man es sich in Hängematten und hölzernen Stühlen gemütlich machen kann. Die sauberen, holzvertäfelten Zimmer in einem gepflegten Haus im tropischen Plantagenstil sind mit Holzakzenten und bunten Bettdecken dezent und geschmackvoll eingerichtet. Die Zimmer oben teilen sich einen luftigen Balkon mit Blick auf den Kanal. Kreditkarten werden akzeptiert. Am Nordende der Hauptstraße.

La Baula Lodge LODGE $$

(☎2709-8041, 8951-8951; www.labaulalodge.com; EZ/DZ/3BZ 40/70/75 US$, jeweils mit Frühstück; @ 🛜 ❄) Die relaxte, alteingesessene Lodge bietet rustikale, in bunten Karibikfarben gestrichene *cabinas*. Die holzgetäfelten Zimmer haben warmes Wasser, Ventilatoren und Gartenblick. Es gibt auch ein Restaurant, manchmal mit Livemusik. Nördlich des Dorfs (mit dem Boot erreichbar), also den Bootsführer bitten, dass er einen hier absetzt.

Essen

Budda Cafe EUROPÄISCH $

(Pizza 7–9 US$, Gerichte 7–18 US$; ⌚11–21 Uhr; 🍸) Das Lokal am Flussufer sorgt mit Ambient-Club-Musik aus der Stereoanlage und fast überall angebrachten buddhistischen „Om"-Symbolen für eine hippe Stimmung. In dem netten Lokal kommen ausgezeichnete Pizzas, aromatischer Kaffee und leckere (süße oder herzhafte) Crêpes auf den Tisch.

Soda Doña María COSTA-RICANISCH $

(☎8870-8634; Gerichte 3–6 US$; ⌚7–20 Uhr) Diese am Fluss gelegene *soda* sorgt mit frischen *jugos* (Säften), Burgern und herzhaften Fisch-*casados* für Erfrischung nach einer Wanderung im Nationalpark. Das Lokal liegt rund 200 m nördlich vom Parkeingang.

La Casona ITALIENISCH $

(casados 6 US$, Hauptgerichte 6–12 US$; ⌚7.30–11 & 13.30–20.30 Uhr; 🍸) Das La Casona serviert italienische Spezialitäten, darunter eine gute Lasagne mit Palmenherzen. Es liegt nördlich vom Fußballplatz.

Miss Miriam's KARIBISCH $$

(Hauptgerichte 4–16 US$; ⌚8–20 Uhr) Das kleine Restaurant nördlich des Fußballplatzes serviert große Portionen geschmacksintensiver lokaler Speisen wie kräftig gewürztes karibisches Hähnchen. Das umfangreiche Angebot ist über der Küche angeschlagen – nach den Preisen muss man fragen.

Wild Ginger FUSIONSKÜCHE $$

(Hauptgerichte 10–30 US$; ⌚12–21 Uhr) Dieses tolle Lokal am Strand ist eine phantastische Ergänzung zum kulinarischen Angebot im Dorf. Die gut ausgewogene Fusionsküche nutzt frische Zutaten und wartet mit Spezialitäten wie Filet Mignon mit Tamarindensauce, knusprigen goldenen Shrimps und dem sehr empfehlenswerten Wild-Ginger-Burger auf. Platz lassen fürs Dessert! 150 m nördlich der Grundschule.

ℹ Praktische Informationen

Im Dorf gibt es keine Banken oder Geldautomaten, und nur ein paar Geschäfte akzeptieren Kreditkarten – also ausreichend Bargeld mitbringen! Ob das Internet funktioniert, ist Glückssache.

Beyetty Internet (Cabinas Beyetty; 4 US$/Std.; ⌚8.30–21 Uhr) Zwei Uraltcomputer und ein freundlicher Betreiber.

Tortuguero Info Center (☎2709-8055; tortuguero_info@racsa.co.cr; Internet 4 US$/Std.; ⌚8–19 Uhr) Das unabhängige Informationszentrum verkauft auch Sansa-Flugtickets und bietet Internetzugang. In der Nebensaison u. U. geschlossen. Gegenüber der katholischen Kirche.

Tortuguero Village (www.tortuguerovillage.com) Gute Informationsquelle mit Verzeichnis ortsansässiger Geschäfte und umfassenden Hinweisen zur Anreise nach Tortuguero.

ℹ An- & Weiterreise

Auf eigene Faust anzureisen ist nicht schwer (s. Kasten S. 609). Die folgenden Pauschaltourveranstalter kümmern sich aber um alles, sobald man am Flughafen von San José angekommen ist. Die Preise unterscheiden sich stark und hängen von den gewählten Unterkünften und Verkehrsmitteln ab.

Exploradores Outdoors (☎2222-6262; www.exploradoresoutdoors.com)

Jungle Tom Safaris (☎2221-7878; www.jungletomsafaris.com) Organisiert empfehlenswerte Tagestouren (92 US$), Touren mit einer (ab 120 US$) oder zwei (ab 152 US$) Übernachtungen sowie auch nur den Hin- und Rücktransport (45 US$) – nützlich für eigenständige Traveller, die sich bei der Ankunft nicht weiter binden möchten.

Riverboat Francesca Nature Tours (☎2226-0986; www.tortuguerocanals.com)

UNTERWEGS NACH TORTUGUERO – AUF EIGENE FAUST

Man kommt auch auf eigene Faust zum Nationalpark Tortuguero. Folgende Möglichkeiten gibt es:

Von San José nach Cariari

Vom Gran Terminal del Caribe in San José den Bus nach Cariari (3,25 US$, 2 Std., 6.30, 9 & 10.30 Uhr) nehmen. In Cariari kommt man an einem Busbahnhof *(estación nueva)* am südlichen Stadtrand an. Von hier aus geht es zu Fuß oder per Taxi zur 500 m weiter nördlich gelegenen *estación vieja* (dem alten Busbahnhof), die auch als Terminal Caribeño bezeichnet wird.

Öffentliche Verkehrsmittel ab Cariari

Die preisgünstigste Option ist der ÖPNV von **Clic Clic** (☎2709-8155, 8844-0463) oder **Coopetraca** (☎2767-7590), die beide für die Bus-und-Bootsfahrt von der *estación vieja* bis nach Tortuguero 5 US$ verlangen. Beide Anbieter benutzen die gleichen Busse, anschließend geht es aber jeweils mit einem anderen Boot weiter. Die Busse verlassen Cariari um 6, 11.30 und 15 Uhr.

Bei Clic Clic kauft man zunächst nur die Busfahrkarte nach La Pavona (2 US$), bei Coopetraca gleich ein Bus-und-Boot-Kombiticket (5 US$). Nach der Fahrt durch Bananenplantagen kommt man am Río Suerte an, wo eine Reihe von Bootsunternehmern am Kai warten (und einen zum Einsteigen überreden wollen). Wenn man mit Clic Clic unterwegs ist, bekommt dann der Bootsführer den restlichen Teil des Fahrpreises (3 US$). Die Boote fahren täglich um 7.30, 13 und 16.30 Uhr. Die Boote fahren zur öffentlichen Anlegestelle in Tortuguero.

Private Transportmittel ab Cariari

Weniger komplizierte, aber teurere Privatfahrten bietet Viajes Bananero an, das ein Büro am San-José-Busbahnhof in Cariari hat. Dort kauft man ein Bootsticket (10 US$/Pers.), anschließend fährt man mit einem Bus (1,20 US$/Pers., 11.30 & 14 Uhr) von dort zum firmeneigenen Bootskai. Man zahlt direkt beim Fahrer. Kleingeld parat haben! Die Bootsfahrt endet am firmeneigenen Kai am südlichen Ortsrand von Tortuguero.

Private Transportmittel ab Moín

Theoretisch bietet die Asociación de Boteros de los Canales de Tortuguero (S. 611) täglich um 10 Uhr einen regelmäßigen Service von Moín (bei Puerto Limón) nach Tortuguero. Dies ist jedoch in erster Linie eine Touristenstrecke, sodass die Verbindung nicht sonderlich zuverlässig ist, besonders in der Nebensaison. **Tropical Wind** (☎2798-6059, 8327-0317, 8313-7164; einfache Strecke 30 US$/Pers.) und **Viajes Bananero** (☎2709-8005; einfache Strecke 35 US$/Pers.) sind zwei Agenturen in Tortuguero, die diese Verbindung regelmäßig anbieten.

Puerto Limón

58 500 EW.

Die größte Stadt an der costa-ricanischen Karibikküste, Geburtsstätte von United Fruit und Hauptstadt der Provinz Limón, liegt abgeschieden vom Rest des Landes. Hier dreht sich alles um Lkw-Ladungen voller Früchte, nicht um Busladungen voller Touristen.

Limón ist nicht gerade in Würde gealtert. Es präsentiert sich als Ansammlung verfallener Gebäude, überwucherter Parks und Bürgersteige voller Straßenhändler. Die Kriminalitätsrate ist hoch, auch wenn Touristen meist nicht betroffen sind. Die meisten Reisenden passieren die Stadt auf der Fahrt Richtung Norden oder Süden, jedoch kann Limón durchaus ein lohnendes Ziel für Stadtabenteurer sein.

⊙ Sehenswertes & Aktivitäten

Parque Vargas PARK

Die Hauptattraktion der Stadt ist der am Ufer gelegene Parque Vargas, ein Wirrwarr aus von Sitzbänken gesäumten Wegen inmitten eines kleinen Urwalds aus hohen Palmen und tropischen Blumen. Im Mittelpunkt steht ein verfallender Konzertpavillon. Von hier aus führt die Av 2 vom Ufer weg. Sie ist eine **Fußgängerzone**, die auf die mit Kreuzfahrtschiffen kommenden Besucher ausgelegt ist.

Vom Park aus führt ein netter Weg an der **Kaimauer** entlang nach Norden – hier kann man den Anblick des felsigen Vorgebirges genießen und dem beständigen Schlagen der Wellen gegen den Betonkai lauschen. Nach Einbruch der Dunkelheit knutschen hier Pärchen. Vor Raubüberfällen ist man hier allerdings nicht sicher.

Playa Bonita STRAND

Limón selbst hat keinen Strand, aber die Playa Bonita 4 km nordwestlich der Stadt ist ein netter Sandstrand mit guten Bedingungen zum Schwimmen. Auch Surfer zieht es hierher, obwohl die Bedingungen zuweilen gefährlich sein können. Alle Busse auf der Strecke Limón–Moín können einen hier absetzen.

Schlafen

Die Budgethotels in Limón sind recht düster: Immer erst ein Zimmer zeigen lassen und die Sicherheitsbedingungen überprüfen!

Hotel Miami HOTEL $

(☎2758-0490; hmiamilimon@yahoo.com; Av 2 zw. Calle 4 & 5; EZ/DZ 26/35 US$, mit Klimaanlage 35/48 US$; P ❄ @) Angesichts der Lage an der Hauptstraße sind die sauberen, minzgrün gestrichenen Zimmer recht ruhig, vor allem diejenigen nach hinten raus. Alle 34 ordentlichen Zimmer sind mit Kabel-TV und Ventilator ausgestattet. Die Zimmer mit Klimaanlage haben auch warmes Wasser. Dazu kommen freundliches Personal, Gemeinschaftsbalkone zur Straße raus und die nötige Sicherheit – der beste Deal der Stadt.

Oasys del Caribe BUNGALOWS $

(☎2795-0024; oasysdelcaribe@ice.co.cr; EZ/DZ/Fam. 35/40/60 US$, ohne Klimaanlage 30/35/50 US$; P ❄ ≋) Wer lieber nicht in Limón übernachten möchte, kann sich auf der Strecke zur Playa Bonita und nach Moín zu dieser 3 km nördlich gelegenen Unterkunft begeben – praktisch für alle, die auf dem Weg nach Tortuguero sind. Die gemütlichen rosafarbenen Bungalows umgeben einen kleinen Pool; einen Strandzugang gibt es nicht. Am Meer selbst findet man auch teurere Unterkünfte.

Hotel Palace HOTEL $

(☎2758-1068; 2. Stock, Calle 2 zw. Av 2 & 3; DZ 20 US$) Für hartgesottene Budgettraveller ist dieses von einer Frau geführte Haus eine recht sichere Alternative, obwohl Spuren des Zerfalls deutlich zu erkennen sind. Die sechs Zimmer liegen um einen Innenhof und haben in eine Ecke eingebaute Nasszellen mit Kaltwasseranschluss.

Park Hotel HOTEL $$

(☎2798-0555; www.parkhotellimon.com; Av 3 zw. Calle 1 & 2; EZ/DZ Standard 52/72 US$, superior 58/82 US$, deluxe 70/98 US$; P ⊖ ❄ @) Das schönste Hotel im Zentrum von Limón wartet in einem pfirsichfarbenen Gebäude am Meer mit 32 Zimmern auf. Die gefliesten Zimmer sind ordentlich und verfügen über saubere Bäder mit Warmwasser. Zum Hotel gehört auch ein einigermaßen schickes Restaurant. Kreditkarten werden akzeptiert.

Essen

★ **Caribbean Kalisi Coffee Shop** KARIBISCH $

(☎2758-3249; Calle 6 zw. Av 3 & 4; Hauptgerichte ab 5 US$; ⌚Mo–Fr 7.30–19.30, Sa 8–19.30, So 8–17 Uhr) Gutes freundliches Lokal im Cafeteriastil – hier gibt's Kokosreis, rote Bohnen und dazu die Zutaten des Tages, gewöhnlich fabelhafte karibische Fleisch- und vegetarische Gerichte.

Fruit & Veggie Land VEGETARISCH $

(☎2758-4142; Calle 7 zw. Av 2 & 3; Smoothies ab 2 US$; ⌚8–20 Uhr; ✎) Tolles Frühstücks- und Mittagslokal mit frisch gepressten Frucht-Smoothies aller möglicher Farben und Aromen.

Taquería y Antojería Yenori MEXIKANISCH $

(☎2758-8294; Calle 7 zw. Av 3 & 4; Hauptgerichte 4–10 US$; ⌚9–21 Uhr) Das hübsche, kleine mexikanische Lokal serviert Tacos (1,20 US$) und *casados* (4 US$). Man muss an der Tür klingeln, damit jemand den Türöffner drückt. Drinnen gibt's saubere Tische, kühle Limo und eine lärmende Klimaanlage.

Zentralmarkt MARKT

(Av 2 zw. Calle 3 & 4; ⌚Mo–Sa 6–20 Uhr) Am billigsten kann man sich auf dem zentralen Markt verpflegen, wo es mehrere *sodas* und viele Lebensmittelhändler gibt.

Praktische Informationen

Traveller auf dem Weg nach Tortuguero haben in Limón die letzte Gelegenheit, Bargeld abzuheben.

Banco de Costa Rica (☎2758-3166; Ecke Av 2 & Calle 1)

Hospital Tony Facio (☎2758-2222) An der Küste am nördlichen Stadtrand; Krankenhaus für die gesamte Provinz.

Scotiabank (Ecke Av 3 & Calle 2; ⏲Mo–Fr 9–17, Sa 9–13 Uhr)

GEFAHREN & ÄRGERNISSE

Diebstahl ist hier ein größeres Problem. Bei Tag sollte man sich insbesondere auf dem Markt und entlang der Kaimauer vor Taschendieben in Acht nehmen. Nachts sind schlecht beleuchtete Nebenstraßen zu meiden.

An- & Weiterreise

BUS

Die Busse von/nach San José, Guápiles und Moín benutzen den **Terminal Caribeño** (Av 2 zw. Calle 7 & 8) westlich des Baseballstadions. Die Busse zu Zielen im Süden fahren alle vom Terminal der **Autotransportes Mepe** (☎2758-1572; Calle 6 zw. Av 1 & 2) auf der Ostseite des Stadions ab.

Guápiles (4 US$, 2 Std., 5–18 Uhr stündl.) Mit Anschluss nach Turrialba.

Moín (0,60 US$, 20 Min., 5.30–18.30 Uhr stündl.) Zu den Booten nach Tortuguero.

Puerto Viejo de Talamanca (3,20 US$, 1½ Std., 5–19 Uhr stündl.) Via Cahuita.

San José (5,50 US$, 3 Std., 5–19 Uhr stündl.)

SCHIFF/FÄHRE

Boote nach Tortuguero fahren vom Hauptanleger 7 km nördlich der Stadt in Moín ab. Wer sein Glück probieren möchte, kann morgens einfach in Moín auflaufen und versuchen, einen Platz auf einem der Tourboote zu ergattern. Besser ist es jedoch, im Voraus zu reservieren, besonders in der Nebensaison, wenn nicht unbedingt jeden Tag Boote fahren. Die einfache Fahrt nach Tortuguero kostet gewöhnlich 35–40 US$.

Asociación de Boteros de los Canales de Tortuguero (Abacat; ☎8360-7325) Regelmäßige Verbindungen nach Tortuguero, Abfahrt in Moín gewöhnlich um 10 Uhr.

Tortuguero Wildlife Tours & Transportation (William Guerrero, TUCA; ☎2798-7027, 8371-2323; www.tortuguero-wildlife.com) Betrieben vom Meister im Faultieraufspüren William Guerrero und seiner Frau und ideal für gemächliche Fahrten nach Tortuguero.

Tropical Wind (☎8327-0317, 8313-7164, 2798-6059) In der Hauptsaison fast tägliche Shuttleboote.

Viajes Bananero (☎8833-1066, in San José 2222-8973) Regelmäßige (jedoch nicht tägliche) Fahrten nach Tortuguero.

Cahuita

600 EW.

Obwohl sich der Tourismus an der südlichen Karibikküste Costa Ricas stark ausgebreitet hat, herrscht in Cahuita immer noch ein entspanntes karibisches Flair. Die Straßen sind unbefestigte Pisten, viele der älteren Häuser stehen auf Stelzen und die Nachbarn unterhalten sich immer noch in Mekatelyu (einer Kreolsprache auf Basis des Englischen). Der schöne Strand mit schwarzem Sand und das lässige Verhalten der Leute erinnern immer noch an die nicht so ferne Vergangenheit, als es in dem Gebiet nur wenig mehr als ein paar Kakao-Farmen gab.

Cahuita rühmt sich, die Heimat des ersten afrokaribischen Dauersiedlers in der Gegend gewesen zu sein, eines Schildkrötenjägers namens William Smith, der 1828 mit seiner Familie nach Punta Cahuita kam. Heute betreiben seine Nachfahren und die der vielen anderen westindischen Einwanderer Hinterhoflokale mit leckerem Essen oder vermieten die bunten Bungalows an diesem idyllischen Küstenstreifen.

Sehenswertes & Aktivitäten

★**Parque Nacional Cahuita** PARK

Der kleine, aber schöne Parque Nacional Cahuita gehört zu den meistbesuchten Nationalparks des Landes. Die Feuchtigkeit sorgt für ein dichtes tropisches Blätterdach aus Kokospalmen, Mangobäumen und Seetrauben. Der Wald schirmt weiße Sandstrände an einer ruhigen Bucht ab. Der leicht erreichbare Park lockt haufenweise Besucher an, die in der seichten Brandung baden, auf den Wegen nach Faultieren und Affen Ausschau halten oder am Korallenriff schnorcheln (Schnorcheln ist allerdings nur mit einem autorisierten Guide erlaubt).

Am Ostende von Cahuita befindet sich an der Playa Blanca, die sich 2 km nach Osten erstreckt, die **Rangerstation Kelly Creek** (☎2755-0461; Eintritt per Spende; ⏲6–17 Uhr). Auf den ersten 500 m warnen Schilder vor dem Baden, aber dahinter sind die Wellen sanft. Auf die felsige Punta Cahuita folgen die Playa Vargas und die **Rangerstation Puerto Vargas** (☎2755-0302; Eintritt 10 US$; ⏲Mo–Fr 8–16, Sa & So 7–17 Uhr). Ein gut gehbarer, 7 km langer Küstenweg führt vom Río Suárez (Kelly Creek) durch den Urwald nach Puerto Vargas. Achtung: Der Río Perezoso nahe dem Ende des ersten Strands kann bei

Cahuita

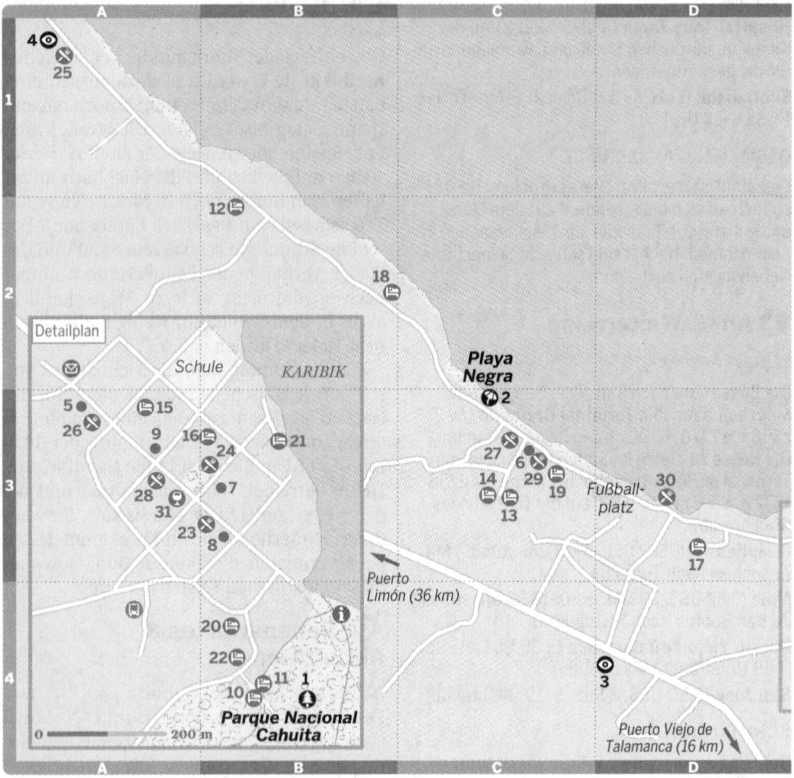

Flut Hüfthöhe erreichen; bei Regen kann das Durchwaten sogar gefährlich sein.

Campen ist an der Playa Vargas in weniger als 1 km Entfernung von der Rangerstation Puerto Vargas erlaubt. Traveller finden hier Außenduschen mit Kaltwasser, Plumpsklos sowie Trinkwasser vor. Man sollte vorsorglich nichts unbewacht herumliegen lassen! Insbesondere nicht verstaute Nahrungsmittel werden schnell zur Beute diebischer Affen.

Tree of Life GARTEN
(☎8610-0490, 2755-0014; www.treeoflifecostarica.com; Erw./Kind 12/6 US$, Führung 15 US$; ⊙Nov.–Mitte April Di–So 9–15 Uhr, Führung Juli & Aug. tgl. 11 Uhr, Mitte April–Juni & Sept.–Okt. geschl.) Dieses schöne Tierschutzzentrum samt botanischem Garten liegt 2 km nordwestlich des Orts an der Straße zur Playa Negra. Hier werden Tiere gerettet und gepflegt und es wird gleichzeitig für den Naturschutz geworben. Zu den hier residierenden Geschöpfen zählen ein Honigbär, zwei Nabelschweine, Faultiere und Affen.

Mariposario de Cahuita GARTEN
(☎2755-0361; Eintritt 10 US$; ⊙Mo–Fr 8.30–15.30, Sa bis 12 Uhr; 👪) Am Highway an der Einfahrt zur Stadt liegt dieser wunderbare Park, in dem viele Schmetterlinge herumflattern – ein großer Spaß für Kids. Wer ein bisschen auf dem mit Springbrunnen verzierten Gelände herumschlendert, lernt die Bewohner des Parks näher kennen, z. B. viele hübsche Raupen. Es gibt erklärende Beschriftungen in mehreren Sprachen und auch Führungen.

★ Playa Negra STRAND
Am nordwestlichen Ende von Cahuita liegt die Playa Negra, ein langer Strand mit schwarzem Strand, an dem die *bandera azul ecológica* aufgezogen ist, eine Flagge, die anzeigt, dass der Strand höchsten ökologischen Standards genügt. Dieses Gelände

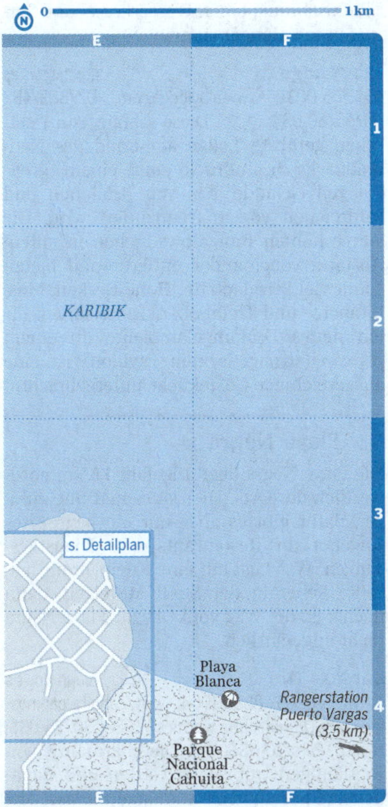

Cahuita

Highlights
1 Parque Nacional Cahuita B4
2 Playa Negra C3

Sehenswertes
3 Mariposario de Cahuita D4
4 Tree of Life A1

Aktivitäten, Kurse & Touren
5 Cahuita Tours A3
6 Centro Turístico Brigitte C3
7 Mister Big J's B3
8 Roberto's Tours B3
9 Willie's Tours A3

Schlafen
10 Alby Lodge B4
11 Bungalows Aché B4
12 Cabinas Algebra B2
13 Cabinas Iguana C3
14 Cabinas Nirvana C3
15 Cabinas Smith 1 .... A3
16 Cabinas Smith 2 .... B3
17 Cabinas Tito D3
Centro Turístico Brigitte .... (s. 6)
18 La Piscina Natural B2
19 Playa Negra Guesthouse C3
20 Secret Garden B4
21 Spencer Seaside Lodging B3
22 Villa Delmar B4

Essen
23 Cafe Chocolatte 100% Natural B3
24 Café del Parquecito B3
25 Caribbean Coconut A1
26 Cha Cha Cha A3
27 Chao's Paradise C3
28 Cocoricó A3
29 Reggae Restaurant C3
30 Sobre Las Olas D3

Ausgehen & Nachtleben
31 Coco's Bar A3

ist zweifellos Cahuitas bester Badestrand. Und das Wichtigste: Er ist eigentlich nie überfüllt. Bei starkem Wellengang gibt es hier auch klasse Brecher. Der Strand steht aber nicht auf der regulären costa-ricanischen Surferagenda, man hat die Wellen also fast für sich allein.

Geführte Touren

Zu den Standardangeboten gehören Schnorchelausflüge, Ausritte, Schokoladentouren und Besuche in nahen *indígena*-Territorien:

Cahuita Tours TOUREN
(☎2755-0101, 2755-0000; www.cahuitatours.com) Dieser Veranstalter gehört zu den etabliertesten vor Ort, besonders für Schnorcheltouren (50 US$) und Trips zu Nationalparks und Naturreservaten in der Gegend.

Centro Turístico Brigitte REITEN
(☎2755-0053; www.brigittecahuita.com; Playa Negra) Brigitte ist auf Ausritte am Strand oder zu den Wasserfällen im Urwald spezialisiert (1/3/5 Std. pro Pers. 35/60/85 US$).

Roberto's Tours ANGELN
(☎2755-0117, 8396-9864) Spezialisiert auf Angeltouren – der Fang wird danach im eigenen Restaurant für die Tourteilnehmer zubereitet.

Willie's Tours TOUREN
(☎2755-1024, 8917-6982; www.willies-costarica-tours.com; ⏲Mo–Sa 8–12 & 15–19 Uhr) Eine Reiseagentur mit komplettem Angebot, kann auch Touren und Transport zu weiter entfernten Zielen organisieren.

Schlafen

Es gibt zwei Viertel mit Unterkünften in Cahuita: das Ortszentrum (wo es etwas laut zugehen kann, wenn man in der Nähe der Coco's Bar absteigt) und die Gegend nördlich des Orts an der Playa Negra.

Zentrum

Secret Garden CABINAS $
(☎2755-0581, 8772-1846; koosiecostarica@live.nl; B 9 US$, EZ/DZ 15/25 US$;) Zu der kleinen Anlage, die von einem freundlichen Niederländer geführt wird, gehören ein üppiger, ruhiger Garten sowie fünf geräumige geflieste Zimmer mit Ventilatoren, Moskitonetzen und Warmwasserduschen. Die Zimmer sind makellos sauber, die Gemeinschaftsküche ist es leider nicht.

Spencer Seaside Lodging CABINAS $
(☎2755-0027; EZ/DZ unten 16/26 US$, oben 20/30 US$; P) Die einzige Unterkunft in der Stadt *und* am Strand. Die Zimmer sind einfach, aber groß. Jene im Obergeschoss bieten Meerblick und sind luftiger, außerdem haben sie eine Gemeinschaftsterrasse mit Hängematten.

Villa Delmar CABINAS $
(☎2755-0375, 2755-0392; www.villadelmarcr.com; DZ 19–25 US$; P) Das Villa Delmar an einer abgelegenen Stelle nahe dem Nationalpark ist seinen Preis wert. Die zehn abgewohnten *cabinas* sind sehr unterschiedlich, haben aber alle Zugang zu einer Gemeinschaftsküche. Außerdem gibt's einen Wäscheservice.

Cabinas Smith 1 CABINAS $
(☎2755-0068; ältere EZ/DZ/3BZ 12/16/21 US$, neuere EZ/DZ/3BZ/4BZ 25/31/36/46 US$; P) Insgesamt elf Zimmer verschiedenen Zuschnitts verteilen sich auf zwei Grundstücke (Cabinas Smith 1 und **Cabinas Smith 2**), die in einem ruhigen Teil der Stadt rechtwinklig zueinander liegen. Die neueren Zimmer sind mit gefliesten Keramikböden, Kabel-TV, kleinen Kühlschränken und bunten Spiegelmosaiken ausgestattet; die billigeren und älteren sind wesentlich einfacher.

★ **Bungalows Aché** BUNGALOWS $$
(☎2755-0119; www.bungalowsache.com; Bungalows 50–55 US$; P) In Nigeria bedeutet *Aché* „Amen" – und das sagen die Traveller, wenn sie diese makellosen achteckigen Bungalows auf einem friedvollen Grundstück gleich beim Nationalpark erblicken. Die drei charmanten Hütten mit Holzparkett verfügen über rot-weiße Bettwäsche, Schließfach, Minikühlschrank, einen Wasserkessel und Terrassen mit Hängematten.

Alby Lodge BUNGALOWS $$
(☎2755-0031; www.albylodge.com; DZ/3BZ/4BZ 50/55/60 US$; P) Diese schöne, von Deutschen geführte Lodge am Rand des Nationalparks beeindruckt mit einem großzügigen Gelände, das von Brüllaffen und zahlreichen Vögeln frequentiert wird. Die vier erhöhten Bungalows stehen in gutem Abstand voneinander entfernt und bieten somit viel Privatsphäre. Hohe Decken, Moskitonetze und Treibholz-Akzente sorgen für ein nettes Dschungelambiente. In einem *rancho* (strohgedeckten Pavillon) ist eine ausgezeichnete Gästeküche untergebracht.

Playa Negra

Die Playa Negra liegt ungefähr 1,5 km nordwestlich des Orts. Hier ist es nett und ruhiger, dafür gibt es aber nur ein begrenztes Angebot an Restaurants und Dienstleistungen. Wer Lust auf eine Kneipentour hat, sollte lieber in der Stadt absteigen, denn nachts ist der Weg vom Ort zur Playa Negra nicht ungefährlich.

Cabinas Tito BUNGALOWS $
(☎2755-0286, 8880-1904; www.cahuita-cabinas-tito.com; DZ mit/ohne warmes Wasser 30/25 US$, zusätzl. Pers. 10 US$; P) Die charmante, von weitläufigen tropischen Gärten und Bananenstauden umgebene Anlage umfasst sieben saubere, bunt gestrichene Hütten. Die Zimmer sind mit Korbmöbeln, Moskitonetzen und Urwalddekor ausgestattet.

Cabinas Algebra BUNGALOWS $
(☎2755-0057; www.cabinasalgebra.com; Bungalows 20–35 US$; P) In dieser Anlage stehen Gästen vier Hütten zur Verfügung, in denen man sich wie im *Schweizerischen Robinson* fühlt. Die Hütten sind aus Holz; und Hängematten gibt's auch. Praktisch ist auch das angeschlossene Restaurant, denn in die Stadt sind es 2 km.

Centro Turístico Brigitte CABINAS $
(☎2755-0053; www.brigittecahuita.com; EZ/DZ/3BZ 35/40/50 US$, EZ ohne Bad 15 US$; P@) Die bunt angemalten Holz-*cabinas* haben alle eine eigene Terrasse mit Blick auf den Garten – natürlich mit Hängematte. Wer eigene Ausrüstung dabei hat, kann auf dem Grundstück auch zelten (3 US$/Pers.). Zum Frühstück (5 US$) werden wundervolle Bananen-Pfannkuchen serviert. Extrapunkte gibt's für die Nähe zum Strand.

La Piscina Natural CABINAS $$
(2755-0146; piscinanatural@cahuita.cr; DZ/3BZ 40/50 US$; P) Dieses Schmuckstück, geführt von den beiden einheimischen Originalen Walter und Patty, liegt rund 1 km nordwestlich des Fußballplatzes. Das Besondere an der kleinen Anlage sind das üppig bewachsene Grundstück und der zum Baden einladende natürliche, von Felsen eingefasste Teich. Es gibt eine große Gemeinschaftsküche, einen Relaxbereich im Freien mit netten Treibholzskulpturen und jede Menge kaltes Bier.

Cabinas Nirvana CABINAS $$
(2755-0110; DZ 35–60 US$, zusätzl. Pers. 10 US$;) Sieben hübsche *cabinas* umgeben einen Pool inmitten eines üppigen Gartens. Affen, Tukane und sogar Faultiere sind häufige Besucher auf dem Dschungelgelände. Ein Frühstück mit viel frischem Obst ist extra erhältlich. Der freundliche Besitzer Alex unternimmt alles, um seine Gäste zufrieden zu stellen, und holt sie z. B. kostenlos vom Busbahnhof ab.

Cabinas Iguana CABINAS $$
(2755-0005; www.cabinas-iguana.com; DZ-Bungalow 45–55 US$, DZ ohne Bad 25 US$; P) Auf dem üppig bewaldeten Gelände an der Strandstraße stehen mehrere Bungalows. Diese einfachen Holzhütten unterschiedlicher Größe – in einem kommen bis zu sechs Personen unter – verfügen über Fliesenböden und Betten mit Moskitonetzen. Es werden auch Fahrräder vermietet.

Playa Negra Guesthouse BUNGALOWS $$
(2755-0127; www.playanegra.cr; EZ/DZ 60/75 US$, Cottage 95–140 US$; P) Das wunderschöne karibische Pflanzerhaus, zu dem mehrere freistehende hübsche Häuschen (mit voll ausgestatteten Küchen) gehören, ist liebevoll dekoriert und gepflegt. Die Gästezimmer sind in Bonbonfarben gehalten und haben einen charmanten tropischen Touch, z. B. bunte Mosaike in den Badezimmern und bequeme Korbstühle auf eigenen Terrassen.

Essen

Zentrum

Cafe Chocolatte 100% Natural INTERNATIONAL $
(Gerichte 3–11 US$; Mo–Fr 6.30–14 Uhr) Das beste Lokal, um den Morgen mit einer Tasse Kaffee zu begrüßen oder sich am Nachmittag bei einem erfrischenden *jugo* zu entspannen. Die herzhaften Sandwiches mit selbstgebackenem Brot sind perfekt für ein Strandpicknick im Nationalpark.

Cocoricó PIZZA $
(Pizza 4–13 US$; Mo–Do 16–22, Sa & So 12–22 Uhr) Nettes Plätzchen für eine Pizza und einen Film (jeden Abend).

Café del Parquecito COSTA-RICANISCH $
(Frühstück 4–6 US$; 6–15 & 18 Uhr bis spät) Mit Tropenfrüchten gefüllte Crêpes.

★ **Cha Cha Cha** INTERNATIONAL $$
(8394-4153; Hauptgerichte 9–20 US$; Di–So 12–22 Uhr;) Dieses attraktive, bei Auswanderern beliebte Lokal auf einer Eckveranda eines alten Hauses ist mit der Kunst des Küchenchefs geschmückt und serviert raffinierte Weltküche. Exquisite Saucen kennzeichnen Gerichte von Filet Mignon mit Waldpilzen und Trüffelöl bis zu Muscheln in Dijon-Sauce. Das Mahl läutet man wunderbar mit einem schön benannten Cocktail wie Dulce Amor (süße Liebe) mit Sternfrucht und *guaro* ein.

Playa Negra

Reggae Restaurant KARIBISCH $
(Hauptgerichte 4–10 US$; 7–11 & 12–21 Uhr) Diese *soda* mit freundlicher, entspannter Atmosphäre bringt karibische Standardgerichte auf den Tisch.

Caribbean Coconut ITALIENISCH $$
(2755-0483; www.caribbeancoconut.net; Playa Grande; Hauptgerichte 7–20 US$;) Selbst wenn man im Ort nächtigt – der 3 km lange Spaziergang Richtung Norden zur Playa Grande lohnt sich, denn hier erwartet einen ein italienisches Fest. Am besten ist das Spezialgericht des Küchenmeisters, die Hummer-Penne, aber auch das sonstige Angebot an Meeresfrüchten, Steaks, Pizza und Pasta hat es in sich. Dazu passt ein italienischer Roter, mit Blick aufs Blau der Karibik. Kreditkarten werden angenommen.

Sobre Las Olas SEAFOOD $$
(2755-0109; Pasta 12–15 US$, Hauptgerichte 12–25 US$; Mi–Mo 12–22 Uhr;) In diesem stimmungsvollen Restaurant „über den Wellen" am Strand kocht ein costa-ricanisch-italienisches Ehepaar mediterrane Spezialitäten.

Chao's Paradise KARIBISCH $$
(2755-0480; Seafood-Hauptgerichte 8–15 US$; 11–23 Uhr) Der Geruch nach Knoblauch

und blubbernden Saucen weist den Weg zu diesem sehr empfehlenswerten Restaurant an der Playa Negra. Es gibt frisch gefangenen Fisch in würziger „Chao"-Sauce.

Ausgehen & Nightlife

Coco's Bar BAR
(⌚12 Uhr bis der Letzte geht) In der sonst so ruhigen Ortschaft gibt es eine Partyhöhle: Coco's Bar. Der Laden an der Hauptkreuzung ist unübersehbar in den Rastafarben Rot, Gelb und Grün gestrichen, und der Reggaetón dröhnt bis 23 Uhr. An einigen Abenden, in der Regel am Wochenende, gibt es Livemusik. Wem seine Trommelfelle lieb sind, der sollte sich in eine der ruhigeren Bars gleich gegenüber setzen.

Praktische Informationen

Banco de Costa Rica (⌚Mo–Fr 9–16 Uhr) Am Busbahnhof.

Cahuita.cr (www.cahuita.cr) Website mit jeder Menge Informationen über Restaurants und Unterkünfte im Ort.

Centro Turístico Brigitte (☎2755-0053; www.brigittecahuita.com; 2 US$/Std.; ⌚7–18 Uhr) Internetzugang. Bietet auch geführte Touren.

Internet Palmer (2 US$/Std.; ⌚9–20 Uhr)

An- & Weiterreise

Alle öffentlichen Busse kommen am Busbahnhof rund 200 m südwestlich des Parque Central an und fahren dort ab.

Puerto Limón (3,20 US$, 1½ Std., 5-mal tgl.) Zum Busbahnhof von Autotransportes Mepe.

Puerto Viejo de Talamanca (2 US$, 30–60 Min., 5-mal tgl.)

San José (8 US$, 4 Std., 5-mal tgl.)

Sixaola (3,50 US$; 2 Std., 6–19 Uhr stündl.)

Unterwegs vor Ort

Am besten kommt man in Cahuita – vor allem, wenn man draußen an der Playa Negra wohnt – mit dem Fahrrad herum. Im Ort vermietet **Mister Big J's** (☎2755-0353, 8887-4695; ⌚7–18 Uhr) Fahrräder; außerdem hat der Laden Bodyboards und bietet geführte Touren.

Puerto Viejo de Talamanca

Lange vorbei sind die Tage, als Surfer die einzigen Besucher waren, die sich hier durch die staubigen Straßen schleppten. Heute ist die boomende karibische Partystadt voller Leben: Straßenhändler verhökern kitschigen Krimskrams und T-Shirts, aus Bambus-Bars dröhnen Dancehall und Reggaetón, und schicke Restaurants servieren internationale Fusionsküche. Auch trifft man hier auf eine offen hedonistische Szene mit entschlossenen Partypeople, die gekommen sind, um ausgiebig dem Haschisch und dem *guaro* zu frönen.

Trotzdem hat sich Puerto Viejo seinen Charme bewahrt. Nur ein paar Blocks abseits der Hauptstraße mit dem Kommerztrubel stößt man auf unbefestigte, verschlafene Gassen und isst in der Gesellschaft einheimischer Familien würzigen karibischen Eintopf. In der Nähe finden sich Obstplantagen im Regenwald, wo Vögel keckern und Frösche quaken, und weitläufige Strände, an denen Surfen und Schlafen den Tagesrhythmus bestimmen.

Wer relaxen, ein bisschen feiern und gut essen will, ist hier also genau richtig.

Sehenswertes & Aktivitäten

Jaguar Centro de Rescate TIERSCHUTZZENTRUM
(☎2750-0710; www.jaguarrescue.com; Eintritt 15 US$; ⌚Führungen Mo–Sa 9.30 & 11.30 Uhr) Das nach seinem ursprünglichen Bewohner benannte Tierschutzzentrum konzentriert sich jetzt vor allem auf Faultiere und Affen. Es kümmert sich um verwaiste, verletzte und gerettete Tiere, um sie später wenn möglich wieder auszuwildern. Gegründet wurde das Zentrum vom spanischen Zoologen Encar und seinem Partner Sandro, einem italienischen Herpetologen. Nahe der Playa Chiquita unmittelbar östlich von Puerto Viejo.

Finca La Isla GARTEN
(☎2750-0046, 8829-4929; www.costaricacaribbean.com; ohne/mit Führer 5/10 US$; ⌚Fr–Mo 10–16 Uhr) Die Finca La Isla westlich der Stadt ist eine tropische Farm und ein botanischer Garten. Hier kann man gut Vögel und Landtiere beobachten – nach Faultieren und den giftigen Baumsteigerfröschen Ausschau halten!

Radfahren

Die Straße durch den Wald nach **Manzanillo** (13 km) bietet sich für eine malerische Radtour an. Badesachen mitnehmen! Unterwegs lassen sich Brüllaffen und Schmetterlinge beobachten.

Schwimmen

Gleich nordwestlich der Stadt liegt die **Playa Negra**, der sicherste Badestrand der

SURFEN AUF DER SALSA BRAVA

Einer der größten Brecher in Costa Rica, die **Salsa Brava**, verdankt ihren Namen der Tatsache, dass sie das scharfe, flache Riff gewissermaßen mit einem mächtigen Schwall scharfer Sauce überschüttet und dabei Tribut in Form von Schürfwunden, Brüchen und kaputten Surfbrettern fordert. Die Welle tritt regelmäßig und mit dramatischer Wirkung immer dann auf, wenn von Osten heftige Wogen als Wasserwand gegen das Riff branden und dort einen starken und mächtigen Wirbel bilden. Diese Welle baut sich nicht schrittweise auf: Der Übergang von der Strömung zur Wellenbildung erfolgt innerhalb von Sekunden. Wer es schafft, auf der Welle zu reiten, fühlt sich wie ein König; wer nicht, stürzt kopfüber aufs Riff. In seinem Buch *In Search of Captain Zero* beschreibt der Surfer und Drehbuchautor Allen Weisbecker die Welle als „tückisch", einige Einheimische nennen sie sarkastisch die „Käsereibe".

Interessanterweise hat ausgerechnet diese verrufene Welle Puerto Viejo zum Reiseziel gemacht. Vor 30 Jahren war der Ort nahezu unzugänglich. Doch eingefleischte Surfer ließen sich von der Aussicht auf Fahrten mit klapprigen Bussen und altersschwachen Kanus nicht schrecken und nahmen die einwöchige Anreise von San José auf sich. Sie zelteten am Strand, nisteten sich bei Einheimischen ein und tankten in billigen *sodas* auf. In dieser Zeit kamen auch andere unerschrockene Entdecker: Biologen, Freiwillige des Friedenscorps und desillusionierte US-Veteranen, die den Folgen des Vietnamkriegs entkommen wollten. So wurden die leuchtenden Sonnenuntergänge, üppigen Regenwälder und Monsterwellen, die hier zu finden sind, nach und nach bekannt. Heute verfügt Puerto Viejo über eine gute asphaltierte Straße, internationale Restaurants und WLAN. Aber die Salsa Brava ist wild und gewaltig wie eh und je.

Gegend, der auch prima Bedingungen zum Bodyboarding bietet. Südöstlich des Orts reicht der Urwald an der **Playa Cocles** bis zum Meer, und die Wellen sind ideal zum Schwimmen und Bodysurfen.

Heftige Strömungen und Strudel bergen allerdings Gefahrenpotenzial. Deshalb sollte man sich in seinem Hotel oder bei örtlichen Tourveranstaltern nach den aktuellen Bedingungen erkundigen.

Surfen

Auf dem Riff vor dem Dorf bricht die berühmte **Salsa Brava**, ein seichter Break, der zu den berüchtigtsten Wellen des Landes zählt. Für Anfänger eignet sich sicher besser der Strandbreak an der **Playa Cocles** – wo die Wellen fast so eindrucksvoll sind, man aber eine sanftere Landung hinlegen kann. Cocles ist rund 2 km östlich der Stadt. Tagsüber, bevor der Wind auffrischt, sind die Bedingungen in der Regel am besten.

Die besten Wellen findet man in der Gegend gewöhnlich von November bis März, und dann gibt's noch eine Minisaison im Juni und Juli. Von Ende März bis Mai und im September und Oktober ist das Meer am ruhigsten.

Mehrere Surfschulen im Ort verlangen für zwei Stunden Unterricht rund 50 US$. An Ständen im ganzen Ort werden Bretter vermietet (ab etwa 20 US$ pro Tag). Zu empfehlen sind die **Totem Surf School** (☎2750-0758; totemsurfschool.blogspot.com; Playa Cocles) und ATEC (S. 618).

Tauchen & Schnorcheln

Die beiden einzigen lebenden Riffsysteme in Costa Rica erstrecken sich als natürlicher Schutzraum von Cahuita nach Manzanillo. Hier leben 35 Korallenarten und mehr als 400 Fischspezies. Auch Delphine, Haie und gelegentlich Wale lassen sich hier blicken. Die beste Sicht unter Wasser hat man, wenn das Meer ruhig ist. Schlechte Surfbedingungen sind also gute Bedingungen zum Schnorcheln.

Eine prima Stelle zum Schnorcheln liegt gleich südlich von **Punta Uva** (vor dem Restaurant Arrecife); hier finden sich beeindruckende Exemplare verschiedener Korallenarten. Auch das Riff bei Manzanillo ist leicht zugänglich. Ausrüstung lässt sich bei Aquamor Talamanca Adventures (S. 621) in Manzanillo mieten. Tourveranstalter bieten geführte Trips ab ungefähr 45 US$ pro Person an.

Zu den Tauchveranstaltern zählen **Reef Runner Divers** (☎2750-0480; www.reefrunnerdivers.net; Tauchgang mit 1/2 Flaschen 65/90 US$; ⏲8–18 Uhr) und Aquamor Talamanca Adventures in Manzanillo.

Puerto Viejo de Talamanca

Geführte Touren

ATEC WANDERN
(Asociación Talamanqueña de Ecoturismo y Conservación; 2750-0191, 2750-0398; www.ateccr.org; 8–21 Uhr) Diese hoch angesehene gemeinnützige Organisation fördert durch die Zusammenarbeit mit einheimischen Guides und hiesigen Gemeinden einen umweltbewussten Tourismus. Bei den Wanderungen, Ausritten und Kanutrips stehen Vogelbeobachtungen und der Besuch von *indígena*-Territorien und örtlichen Farmen auf dem Programm. Je nach angebotener Aktivität kosten Halbtagestouren ab ungefähr 25 US$ und Touren mit Übernachtung bis zu 80 US$. Empfehlenswert.

Schlafen

★ **Hotel Pura Vida** HOTEL $
(2750-0002; www.hotel-puravida.com; EZ/DZ/3BZ 34/38/48 US$, EZ/DZ/3BZ ohne Bad 28/32/42 US$; P) Man bezahlt in dieser gemütlichen Herberge an einer ruhigen Straße nur Budgetpreise, aber Atmosphäre wie Ausstattung entsprechen der eines soliden Mittelklassehotels. Die zehn flotten, makellosen Gästezimmer sind mit poliertem Holz verkleidet und haben geflieste Böden und farbenfrohe Bettwäsche.

An einem liebevoll gepflegten Garten befinden sich eine stille Lounge mit Sesseln und Hängematten.

Hostel Pagalú HOSTEL $
(2750-1930; www.pagalu.com; B 12 US$, DZ mit/ohne Bad 32/26 US$; P) Das brandneue Hostel an einer ruhigen Straße ist eine Erholung von Puerto Viejos Partyszene. Die supersauberen, luftigen Schlafsäle und das halbe Dutzend Doppelzimmer sind weiß gestrichen und hie und da mit poliertem Holz akzentuiert. Extras sind die großen Schließfächer, Ladegeräte für MP3-Player und Leselampen über jeder Schlafstelle.

Rocking J's HOSTEL $
(2750-0657; www.rockingjs.com; Camping 6–8 US$/Pers., Hängematte 7 US$, B 11 US$, DZ 26 US$, 3- bis 4-Pers.-Suite 60–70 US$; P) Puerto Viejos schrägstes Hostel und „Hängematten-Hotel" gehört dem charismatischen, spitzbübischen „J", der bei Vollmond Togapartys und Trinkspiele veranstaltet. Wer Spaß sucht, wird ihn hier finden und dazu eine Menge neuer Kumpels. Die Unterkünfte sind einfach. Zu den eng gestellten Zeltreihen, den Hängematten, gemütlichen Schlafsälen und Doppelzimmern gehören klapprige Duschen, die in einem Beton-

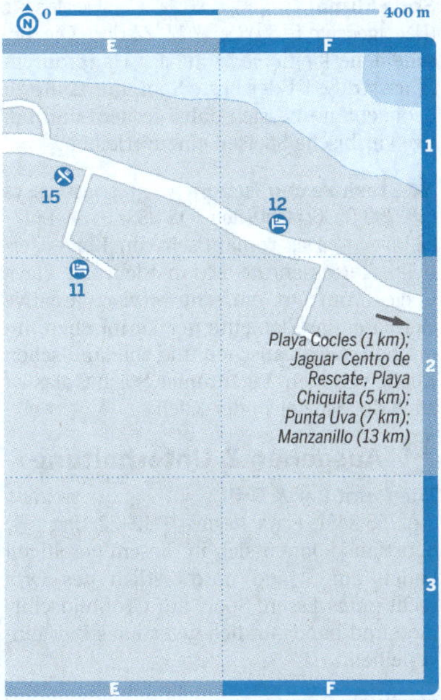

Puerto Viejo de Talamanca

Highlights
1 Playa Negra B3
2 Salsa Brava D1

Aktivitäten, Kurse & Touren
3 ATEC C2
4 Reef Runner Divers B1

Schlafen
5 Cabinas Guaraná C2
6 Cabinas Tropical D2
7 Coco Loco Lodge C3
8 Hostel Pagalú C3
9 Hotel Pura Vida C3
10 Kaya's Place A3
11 Monte Sol E2
12 Rocking J's F1

Essen
13 Bread & Chocolate C2
14 Sel & Sucre C2
Soda Mirna .... (s. 3)
15 Stashu's con Fusion E1
16 Veronica's Place B2
17 Zion Cafe B2

Unterhaltung
18 Johnny's Place B1
19 Maritza's Bar B2

Shoppen
20 Ökomarkt C2
21 Super El Buen Precio B2

bau untergebracht sind, den psychedelisch bunte Mosaiken aufhübschen.

Monte Sol CABINAS $

(☎2750-0098; www.montesol.net; DZ mit/ohne Bad 33/27 US$, DZ/4BZ-Bungalows mit Küche 47/67 US$; P @ ☜) Die sauberen, einfachen *cabinas* in ruhiger Lage östlich der Stadt haben geflieste Böden, Moskitonetze und Hängematten. Vor allem aber sind sie sauber. Die Gäste haben Zugang zu einem einladenden Loungebereich im Schatten eines Mandelbaums.

Kaya's Place PENSION $

(☎2750-0690; www.kayasplace.com; EZ/DZ ohne Bad 20/30 US$, DZ mit/ohne Meerblick 45/35 US$; P ☜) Diese superfreundliche Herberge gleich westlich der Ortschaft bietet 17 gemütliche, einfache Zimmer und Apartments (teilweise mit Gemeinschafts-Kaltwasserduschen). Die billigsten Zimmer sind ziemlich düster, aber die mit Hängematten versehene Lounge im 2. Stock eröffnet erstklassige Blicke auf die Playa Negra.

★ **Cabinas Guaraná** CABINAS $$

(☎2750-0244; www.hotelguarana.com; EZ/DZ/3BZ/4BZ 35/43/53/60 US$; P @ ☜) Die zehn bunt bemalten *cabinas* inmitten eines wuchernden tropischen Gartens sind mit Holzmöbeln und farbenfrohen Wandbehängen ausgestattet, und zu jedem gehört eine kleine Terrasse mit Hängematte. Außerdem gibt's eine große Gästeküche und ein Baumhaus mit spektakulären Ausblicken aufs Meer. Ausgezeichnetes Preis-Leistungs-Verhältnis; Kreditkarten willkommen.

Cabinas Tropical CABINAS $$

(☎2750-0283; www.cabinastropical.com; EZ/DZ 38/42 US$, DZ mit Klimaanlage 48 US$; P ❄ ☜) Die zehn großen Zimmer – eingerichtet mit lackiertem Holz und glänzenden Fliesen – umgeben einen gepflegten Garten am Ostrand des Orts. Aber die gemütlichen Zimmer sind nur ein Teil dessen, was den Reiz der Unterkunft ausmacht: Betreiber und Biologe Rolfe Blancke führt bei Tagesanbruch hervorragende Vogelbeobachtungs-Wanderungen (60 US$/Pers., mind. 3 Pers., inkl. Frühstück).

Coco Loco Lodge BUNGALOWS $$
(☎2750-0281; www.cocolocolodge.com; DZ 57 US$, DZ-Bungalow 63–75 US$; P @) Das ruhige, von Österreichern geführte Hotel wartet mit unterschiedlichen Unterkünften auf. Am reizvollsten sind die palmblattgedeckten Bungalows mit glänzenden Holzböden, kleinem Kühlschrank und Kaffeekocher. Alle verfügen über eigene Terrassen mit Hängematten und blicken in den großen Garten. Ermäßigungen bei Barzahlung.

Essen

Lebensmittel bekommt man bei **Super El Buen Precio** (6.30–20.30 Uhr) oder auf dem wöchentlichen **Biomarkt** (Sa 6–18 Uhr), wo es neben frischem Gemüse auch für die Region typische Snacks gibt.

★**Bread & Chocolate** FRÜHSTÜCK $
(☎2750-0723; Mahlzeiten 4–10 US$; Di–Sa 6.30–18.30, So bis 14.30 Uhr;) In dem traumhaften Café im Ortszentrum wird der Kaffee in kleinen Stempelkannen serviert; den Mocha mischt man sich aus hausgemachter Schokolade, heißer Milch und Kaffee selbst. Und auch alles andere, vom Gazpacho bis zum Müsli, wird kunstfertig und liebevoll vor Ort gefertigt.

Veronica's Place VEGETARISCH $
(☎2750-0263; www.veronicasplacepv.com; Gerichte 4–7 US$; So–Do 10–20, Fr bis 16 Uhr;) Das nette vegetarische Café serviert frische, gesunde Variationen karibischer Gerichte aus frischem Obst und Gemüse sowie Sojaprodukten.

Sel & Sucre FRANZÖSISCH $
(☎2750-0636; Mahlzeiten 4–10 US$;) Starker Kaffee und Smoothies aus frischen Früchten bilden eine schöne Ergänzung zu den sowohl herzhaften als auch süßen Crêpes. Diese Leckereien werden alle von einem einzigen Franzosen gezaubert, sodass man vielleicht etwas warten muss, aber es lohnt sich!

Zion Cafe VEGETARISCH $
(☎2750-2083; Frühstück 4–6 US$, Mittagessen 6–8 US$;) Das coole moderne Café ist der perfekte Ort, um sich von den Partystrapazen zu erholen. An einem der Tische draußen auf dem Bürgersteig oder oben auf der Dachterrasse lässt man sich den karibischen Wind um die Nase wehen und erfreut sich an gesunden Salaten, Wraps und köstlichen vegetarischen Speisen.

Soda Mirna KARIBISCH $
(Hauptgerichte 5–8 US$; 12–22 Uhr) Die bescheidene kleine *soda* an der Hauptdurchfahrtsstraße ist der beste Spot, um Leute zu beobachten und sich dabei leckere und billige karibische Speisen einzuverleiben.

★**Stashu's con Fusion** FUSIONSKÜCHE $$
(☎2750-0530; Mahlzeiten 7–18 US$; Do–Di 17–22 Uhr;) Das romantisch von Kerzen erhellte Terrassencafé 250 m Richtung Playa Cocles vom Ort entfernt serviert kreative Gerichte, die Elemente der karibischen, indischen, mexikanischen und thailändischen Küche vereinen. Eigentümer Stash Golas ist auch der Magier in der Küche.

Ausgehen & Unterhaltung

The Point Bar & Grill SPORTBAR
(☎2756-8491; Playa Negra; 10–22 Uhr;) Sportfans können sich in diesem geselligen Laden am Strand nordwestlich des Orts recht gutes Essen, Sport auf Großbildschirmen und handwerklich gefertigtes Bier einverleiben.

Maritza's Bar LIVEMUSIK
(☎2750-0003) In der schnörkellosen Bar spielen regelmäßig Livebands und legen DJs Reggae, Rock, Salsa etc. auf.

Johnny's Place MUSIK
(13–3 Uhr) Dieser Schuppen ist eine Institution in Puerto Viejo. Einheimische und Traveller gehen auf der Tanzfläche zu Reggaetón, Hip-Hop und Salsa ab und versammeln sich nachts um die draußen entzündeten Lagerfeuer.

Praktische Informationen

ATEC (Asociación Talamanqueña de Ecoturismo y Conservación; ☎2750-0191, 2750-0398; www.ateccr.org; 2,50 US$/Std.; 8–21 Uhr) Internetzugang; außerdem verlässliche Informationsquelle zu Touren und Aktivitäten in der Umgebung.

Banco de Costa Rica (Mo–Fr 9–16 Uhr) Visa- und Visa-Plus-Geldautomat – manchmal wird am Wochenende allerdings das Bargeld knapp.

Green Coast (www.greencoast.com) Ein Netz von Hotels und Tourveranstaltern, die an der südlichen Karibikküste nachhaltigen Tourismus fördern wollen.

Jungle Internet (☎2750-2003, 2750-2086; www.junglec.com; 3 US$/Std.; 8–23 Uhr) Hat ordentliche Laptops und WLAN.

Puerto Viejo Satellite (www.puertoviejosatellite.com) Alles über Puerto Viejo.

GEFAHREN & ÄRGERNISSE

In Puerto Viejo haben sich einige Drogenhändler niedergelassen, die recht aggressiv werden können. Man sollte sich nicht weichklopfen lassen und immer daran denken, dass der Gebrauch von Marihuana in Puerto Vieja zwar verbreitet sein mag, aber dennoch illegal ist.

An- & Weiterreise

BUS

Alle öffentlichen Busse nutzen den Busbahnhof, der sich einen halben Block südwestlich von Maritza's Bar befindet.

Bribrí/Sixaola (3 US$, 30/90 Min., 6.30–19.30 Uhr stündl.)

Cahuita/Puerto Limón (3,50 US$, 30/90 Min., 5.30–19.30 Uhr stündl.)

Manzanillo (1 US$, 30 Min., 5-mal tgl.)

San José (9,50 US$, 5 Std., 4-mal tgl.)

SHUTTLE-BUS

Zusätzlich zu den anderen Shuttlebusfirmen, die größere Städte in Costa Rica ansteuern, bietet **Gandoca Tours** (☎8762-8848, 6075-1720; www.gandocawildlifetours.com) täglich um 8.30 Uhr eine Verbindung nach Bocas del Toro in Panama (25 US$).

Unterwegs vor Ort

Mit dem Fahrrad kommt man prima im Ort herum, und eine Radtour zu anderen Stränden östlich von Puerto Viejo ist eines der Highlights in diesem Teil Costa Ricas. Fahrradvermieter gibt es überall im Ort, und auch viele Hotels leihen Räder aus.

Manzanillo

Die 13 km lange Straße nach Manzanillo führt an Sandstränden und dichtem Wald vorbei, durch Stranddörfer und die Reserva Indígena Cocles/Kekõldi und endet schließlich beim Refugio Nacional de Vida Silvestre Gandoca-Manzanillo. Die Straße ist mit einem normalen Auto befahrbar, da sie asphaltiert ist. Man darf sich aber nicht zu sehr von der Tierwelt ablenken lassen, denn die Schlaglöcher sind nicht von Pappe! Die Ortschaft Manzanillo selbst gehört zum **Refugio Nacional de Vida Silvestre Gandoca-Manzanillo**, einem unberührten Rest jener Wildnis, die sich einst entlang der Karibikküste bis nach Panama zog.

Der atemberaubende Gandoca-Manzanillo-Küstenweg führt über 5,5 km durch Regenwald und an verlassenen Stränden vorbei nach Punta Mona. Neben Affen und Tukanen findet man hier auch die seltene Harpyie, eine Greifvogelart. Das 200 m vor der Küste liegende Korallenriff ist zehnmal so groß wie das bei Cahuita und besitzt das klarste Wasser und die größte Vielfalt von Meereslebewesen in Costa Rica. Die beste Informationsquelle zum Gebiet ist die seit Langem im Gebiet ansässige Familie Larkin bei **Aquamor Talamanca Adventures** (☎8835-6041, 2759-9012; www.greencoast.com/aquamor.htm), das 100 m westlich von Maxi's Cabinas zu finden ist. Das Unternehmen betreibt eine Tauchschule, die PADI-Zertifikate vergibt, vermietet Schnorchelausrüstung (4 US$/Std.) und bietet Delphintouren unter der Führung qualifizierter Naturwissenschaftler.

ABSTECHER

PUNTA MONA

Übernachten kann man 5 km südlich von Manzanillo auf der **Punta Mona** (☎8321-8788; www.puntamona.org; Zeltstellplätze 35 US$/Pers., Zi. 65 US$/Pers., jeweils mit 3 Bio-Mahlzeiten; @), einer Biofarm mit Erholungszentrum. Das Zentrum bietet z. B. Yoga und Permakultur-Design. Um einen Aufenthalt und den Transport zu arrangieren, schickt man eine E-Mail oder besucht das Büro der Farm in Puerto Viejo, das sich hinter dem ATEC befindet.

Schlafen & Essen

Cabinas Manzanillo CABINAS $

(☎8839-8386, 2759-9033; Zi. 35 US$; P) Die acht *cabinas* am Westrand des Orts, geführt von den stets hilfsbereiten Sandra Castillo und Pablo Bustamante, sind so sauber, dass man von den Bodenfliesen essen könnte. Die freundlichen Zimmer haben große Betten, robuste Deckenventilatoren und große Bäder. Dazu kommt noch eine Gästeküche.

An- & Weiterreise

Fünfmal am Tag fahren Busse über Puerto Viejo und Cahuita nach Puerto Limón (3,20 US$, 2½ Std.).

Sixaola

Hier endet die Straße und das Land: Eine holprige Teerpiste führt zu einer alten Eisenbahnbrücke über den Río Sixaola, die als Grenzübergang nach Panama dient. Wie die meisten Grenzstädte ist Sixaola mit seinen Spelunken und Straßenständen, an denen Gummistiefel verkauft werden, nicht gerade liebreizend.

Für eine Übernachtung hier gibt's eigentlich keinen Grund; wer doch hier strandet, findet in den ruhigen, sauberen **Cabinas Sanchez** (☎2754-2105; Zi. 15 US$) ein Bett, etwa 200 m von der Grenze entfernt an der unteren Straße.

Der Busbahnhof liegt einen Block nördlich des Grenzübergangs auf der Ostseite der Hauptstraße. Die Busse nach San José (11,60 US$, 6 Std., 4-mal tgl.) und Puerto Limón (3,30 US$, 3 Std., 5–18 Uhr stündl.) halten alle in Bribrí und Cahuita.

Informationen zur Weiterreise nach Guabito und Bocas del Toro in Panama auf S. 690.

NÖRDLICHES ZENTRAL-COSTA-RICA

Die Abenteuerlust lockt Traveller in diesen Landesteil – um im Nebelwald bei Monteverde durch die Baumwipfel zu rutschen und in den vulkanischen Thermalquellen am Volcán Arenal zu baden. Eine sehr beliebte Rundtour führt von Santa Elena in einer Fahrt per Jeep, Boot über die Laguna de Arenal und wieder Jeep nach La Fortuna. Reisende mit mehr Zeit können die ausgetretenen Pfade verlassen und die Landschaft dort erkunden, wo die Vulkane einem flachen, tropischen Tiefland weichen, das sich bis zur Grenze mit Nicaragua erstreckt.

Monteverde & Santa Elena

Der im dunstigen Grüngürtel zweier Nebelwaldreservate gelegene schmale Korridor mit menschlicher Besiedlung besteht aus dem costa-ricanischen Dorf Santa Elena und der Quäkersiedlung Monteverde. Das Gebiet wurde in den 1930er-Jahren von Holzfällern und Farmern besiedelt; 1951 kamen dann US-amerikanische Quäker, die sich nicht für den Koreakrieg einziehen lassen wollten. Um die lebenswichtige Wasserscheide zu schützen, richtete die Quäkergemeinde ein privates Schutzgebiet ein, die heutige Reserva Biológica Bosque Nuboso Monteverde.

1983 wurde die einmalige Landschaft in einer Reportage der Zeitschrift *National Geographic* vorgestellt. Es wurde auch gesagt, dass man in diesem Gebiet die besten Chancen habe, den berühmtesten Vogel Zentralamerikas, den prächtigen Quetzal, zu erspähen. Plötzlich machten sich Horden von Touristen mit Stativ und Kamera mit Teleobjektiv über die berüchtigt schlechten Zugangsstraßen nach Monteverde auf den Weg; seither ist der Tourismus aus der Gegend nicht mehr wegzudenken.

Die Nebelwälder bei Monteverde und Santa Elena sind einige der wichtigsten Ziele in Costa Rica für die gesamte Besucherpalette von Backpackern bis zu wohlhabenden Rentnern. Manchmal hat man das Gefühl, als wären sie alle auf einmal hier. Aber die örtlichen Gemeinden bemühen sich sehr darum, das fragile Gleichgewicht zwischen Natur und Kommerz zu bewahren.

Sehenswertes

Hinein in die Regenkleidung und die Gummistiefel – das ist quasi das Initiationsritual für die Besucher auf der Suche nach Quetzals, Kolibris, Brüllaffen, Faultieren und Schlangen. Aber nicht vergessen, dass sich die wilden Tiere gern im Nebel verbergen – allzu große Erwartungen sind fehl am Platz!

★Reserva Biológica Bosque Nuboso Monteverde WILDTIERRESERVAT
(Bioreservat Nebelwald Monteverde; ☎2645 5122; www.cct.or.cr; Erw./erm. 17/8,50 US$; ⌚7–16 Uhr) Als die ersten Quäker-Siedler ankamen, beschlossen sie, ein Drittel ihres Gebiets unberührt zu lassen, um die Wasserscheide oberhalb von Monteverde zu erhalten. Mit Hilfe der Nature Conservancy und des World Wildlife Fund wurden Landbesetzer verdrängt und das eingerichtet, was heute eines der wichtigsten Schutzgebiete im Land ist.

Die Wanderwege im Reservat sind klar markiert. Der **Sendero Bosque Nuboso** ist ein hübscher, 2 km langer Weg, der durch den Regenwald bis zur Kontinentalen Wasserscheide führt. Von dort kann man über den breiten **Sendero El Camino** zurücklaufen, der in Richtung einer 25 m hohen Hängebrücke abzweigt. Der gesamte Rundweg dauert zwei bis drei Stunden. Halbtägige Führungen (17 US$ plus Eintritt) auf Englisch beginnen um 7.30 Uhr. Wer einen Platz reservieren oder eine Nachtwanderung bzw. Vogelbeobachtungstour vereinbaren will, ruft vorher an. Beim Eingang befindet sich ein Besucherzentrum mit Andenkenladen und Restaurant.

Einige der Wanderwege sind sehr matschig, und selbst in der Trockenzeit ist es im Nebelwald feucht. Zum Schutz des empfindlichen Ökosystems dürfen immer nur höchstens 160 Personen im Schutzgebiet unterwegs sein – also entweder früh da sein oder nicht in der Hauptsaison kommen.

Das Reservat liegt 6 km südlich des Dorfes Santa Elena. Öffentliche Busse (1,20 US$, 30 Min.) fahren dreimal täglich von der Banco Nacional.

★ Bosque Eterno de los Niños WILDTIERRESERVAT
(Ewiger Wald der Kinder; ☎2645-5003; www.acmcr.org; Erw./Stud. 12/8 US$; ⏲7.30–17.30 Uhr) Der Bosque Eterno de los Niños wurde von Schulkindern gegründet, die den verschwenderischen Umgang mit den natürlichen Resourcen satt hatten. Er ist ein 220 km² großes Schutzgebiet für die örtlichen Wildtiere, die im Urwald und auf dem Gelände leben, das früher landwirtschaftlich genutzt wurde und nun nach und nach wieder vom Wald überwuchert wird. Das Schutzgebiet ist größtenteils unzugänglich, außer dem Abschnitt **Bajo del Tigre**, wo sich 4 km an Wegen durch eine einzigartige prämontane Landschaft winden. Empfehlenswert sind die täglichen Wanderungen zur Vogelbeobachtung (28 US$, 5.30 Uhr) und die Abendwanderungen (20 US$, 17.30 Uhr), die vorgebucht werden sollten.

El Jardín de las Mariposas ZOO
(Schmetterlingsgarten; ☎2645-5512; www.montever debutterflygarden.com; Erw./Stud./Kind bis 12 J. 9/7/3 US$; ⏲9.30–16 Uhr) Alles, was man je über Schmetterlinge wissen wollte – in vier Gärten werden verschiedene Habitate und über 50 Schmetterlingsarten vorgestellt. Dank der Beobachtungskästen können Besucher miterleben, wie aus Puppen Schmetterlinge schlüpfen. Zu den anderen hier vorhandenen Tierchen zählt die fleißige Blattschneiderameise. Man kann hier alleine herumlaufen oder sich einem der fachkundigen Führer anschließen.

Ranario ZOO
(Froschteich; ☎2645-6320; ranariomv@racsa.co.cr; Erw./Stud. & Kind 13/10 US$; ⏲9–20.30 Uhr) In den durchsichtigen Gehegen, die die gewundenen Dschungelpfade säumen, residieren rund 25 Frosch- und Krötenarten. Es werden Führungen auf Spanisch und Englisch angeboten, bei denen die Guides mit Taschenlampen auf Frösche, Eier und Kaulquappen hinweisen. Viele der Amphibien sind nachts aktiver als tagsüber, sodass man am besten abends noch einmal zurückkommt (im Eintrittspreis enthalten).

Bat Jungle ZOO
(☎2645-7701; www.batjungle.com; Erw./Kind 11/9 US$; ⏲9.30–19.30 Uhr) Hier können Besu-

ABSTECHER

RESERVA SANTA ELENA

Obwohl die Reisenden sich fast ausschließlich auf Monteverde stürzen, hat auch die nebelige **Reserva Santa Elena** (☎2645-7107, 2645-5390; www.reservasantaelena.org; Erw./Stud. 14/7 US$; ⏲7–16 Uhr) einiges zu bieten.

Während der Nebelwald von Monteverde jedes Jahr mit 200 000 Besuchern fertig werden muss, kommen nach Santa Elena nicht einmal 20 000 Touristen im Jahr, sodass die feuchten Wege durch den geheimnisvoll verhangenen Wald gewöhnlich erheblich leerer sind. Hier kann man den mit Aufsitzerpflanzen überwucherten Wald praktisch hören, seinen feuchten Atem und das Tropfen des Wassers auf die abgefallenen Blätter und den Schlamm. Das Zwitschern der Vögel wird nur vom gelegentlichen Ruf eines Hämmerlings oder dem tiefen Crescendo eines Brüllaffen unterbrochen.

Dieses Schutzgebiet liegt etwas höher als Monteverde, und da es sich bei einem Teil des Waldes um Sekundärwald handelt, gibt es hier sonnigere Plätze zum Beobachten von Vögeln und anderen Tieren wie Affen und Faultieren. Für Unkundige sieht der Primärwald in Santa Elena so ähnlich aus wie der in Monteverde, aber da es hier an den Wegen keine Betonblöcke gibt, hat man ein authentischeres (und schlammigeres) Wandererlebnis.

Mit seinen 310 ha ist Santa Elena erheblich kleiner als der Monteverde. Wanderern stehen mehr als 12 km an Wegen offen, darunter vier Rundwege unterschiedlicher Länge und Schwierigkeit. Geführte Wanderungen (15 US$ plus Eintritt) beginnen täglich um 7.30 und 11.30 Uhr am Besucherzentrum.

Das Reservat liegt rund 6 km nordöstlich des Dorfes Santa Elena. Ein Bus (2 US$, 30 Min., 4-mal tgl.) fährt von der Banco Nacional im Ort hierher.

Monteverde & Santa Elena

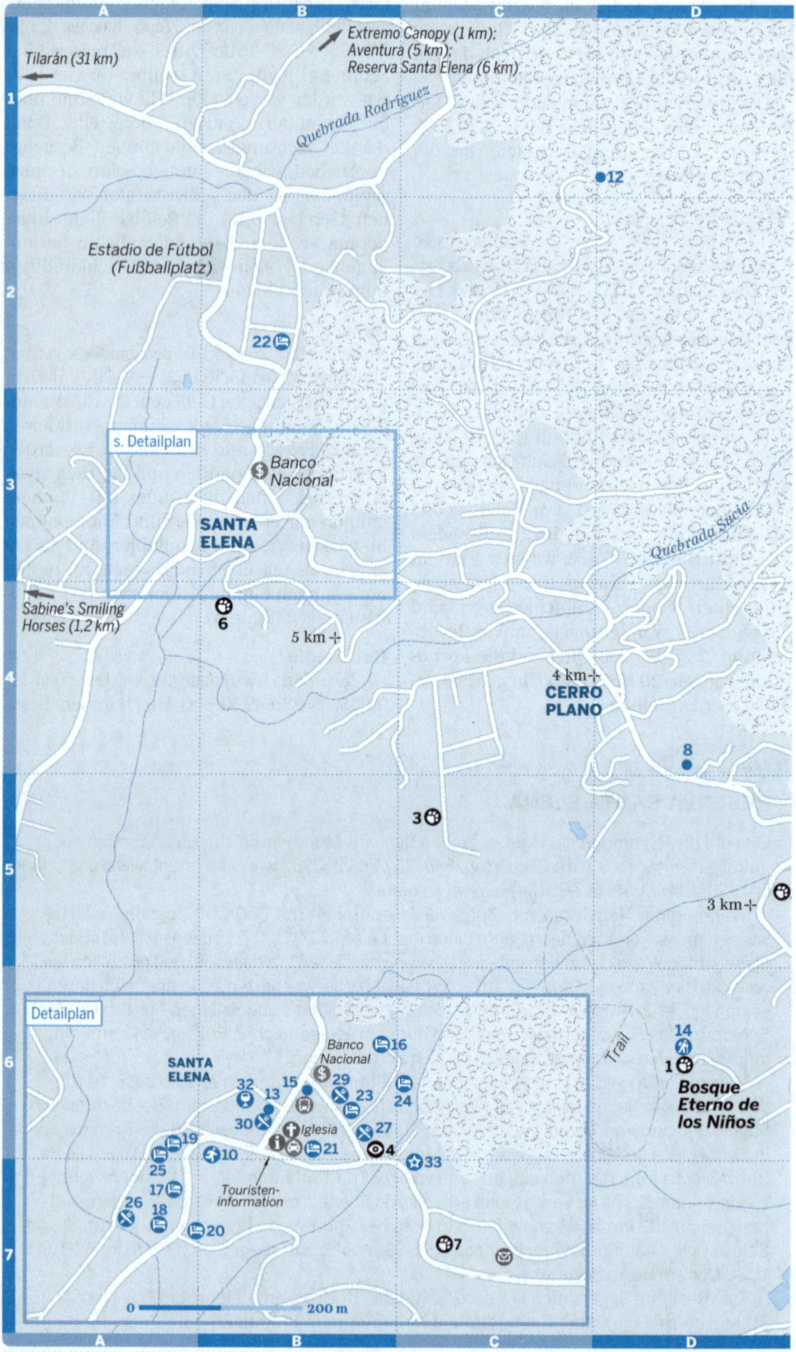

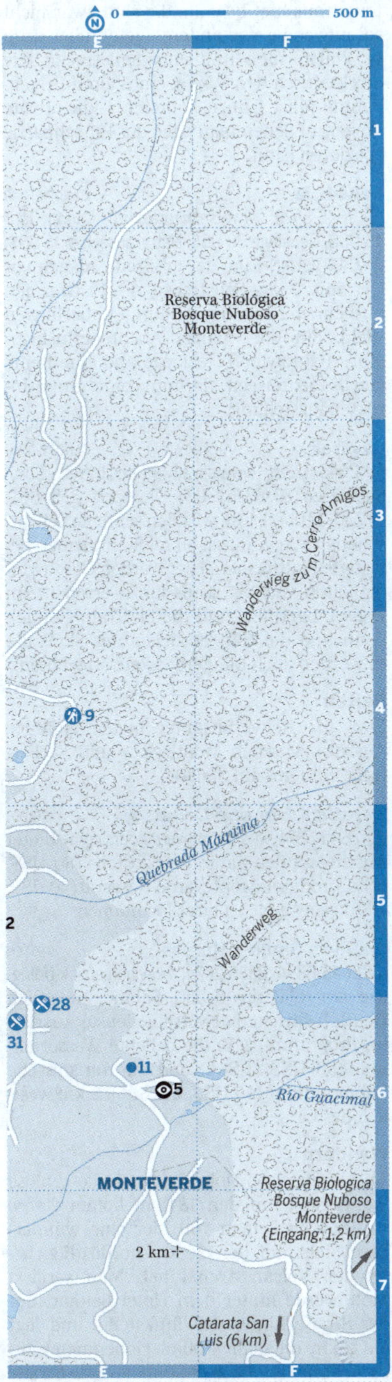

Monteverde & Santa Elena

Highlights

1 Bosque Eterno de los Niños D6

Sehenswertes

2 Bat Jungle D5
3 El Jardín de las Mariposas C5
4 Jardín de Orquídeas B6
5 Käserei Monteverde E6
6 Ranario B4
7 Serpentario C7

Aktivitäten, Kurse & Touren

8 Centro Panamericano de Idiomas.. D4
9 Cerro Amigos E4
10 Desafío Adventure Company...B6
11 Monteverde Institute E6
12 Original Canopy Tour D1
13 Selvatura B6
14 Sendero Bajo del Tigre (Jaguar Canyon Trail) D6
15 SkyTrek B6

Schlafen

16 Arco Iris Ecolodge...............................B6
17 Cabinas & Hotel Vista al Golfo..A7
18 Cabinas Eddy......................................A7
19 Cabinas El Pueblo A6
20 Casa Tranquilo A7
21 Hotel El Sueño B6
22 Mar Inn B&B B2
23 Pensión Santa Elena B6
24 Quetzal Inn... C6
25 Sloth Backpackers.............................. A6

Essen

Café Caburé... (s. 2)
26 La Carambola Art Cafe A7
27 Morpho's Restaurant B6
28 Stella's Bakery.....................................E6
29 Taco Taco B6
30 Tree House Restaurant & Café..B6
31 Whole Foods Market E6

Ausgehen & Nachtleben

32 Bar Amigos B6

Unterhaltung

33 Green Park C7

Shoppen

Casem ....(s. 31)

cher etwas über Echolotung, die Aerodynamik von Fledermausflügeln und andere interessante Dinge über fliegende Säugetiere lernen. Der „Fledermausdschungel" ist klein, aber faszinierend, mit guten zweisprachigen Erläuterungstafeln und einem Habitat mit fast 100 Fledermäusen.

Serpentario ZOO
(Serpentarium; ☎2645-6002; 9 US$/Pers.; ⌚9–20 Uhr) Das Serpentarium beherbergt über 40 Arten Schlangen, Echsen, Schildkröten und andere Kaltblüter. Teuer, aber interessant – wenn man sich für solches Getier erwärmen kann.

Jardín de Orquídeas GARTEN
(Orchideengarten; ☎2645-5308; www.monteverdeorchidgarden.com; Erw./Kind unter 12 J. 10 US$/frei; ⌚8–17 Uhr) Die schattigen Wege des süßlich duftenden Orchideengartens winden sich an mehr als 400 Orchideenarten vorbei, die nach Taxonomie geordnet sind.

Aktivitäten

Canopy-Touren

Alle Anbieter von Canopy-Touren bieten Transfers vom Hotel in Santa Elena oder Monteverde (kostenlos, sofern nicht anders angegeben). Neben Seilrutschen verfügen die meisten Einrichtungen zudem über Hängebrücken – auf ihnen kann man die Baumwipfel in gemächlicherer Geschwindigkeit inspizieren.

Aventura CANOPY-TOUR
(☎2645-6388; www.monteverdeadventure.com; Erw./Kind 45/35 US$; ⌚7–16 Uhr) Aventura hat 19 Plattformen und zusätzlich ein Schwungseil und eine 15 m lange Abseilstrecke. Dazu kommt noch eine Superman-Seilrutsche, bei der man wirklich das Gefühl hat zu fliegen.

Extremo Canopy CANOPY-TOUR
(☎2645-6058; www.monteverdeextremo.com; Canopy-Tour 40 US$, Superkabel 30 US$, Bungy 60 US$, Schwungseil 35 US$; ⌚8–16 Uhr) Wenn sie „extremo" sagen, dann meinen sie das auch. Zusätzlich zur normalen Canopy-Tour gibt's ein 1 km langes „Superkabel", das höchste und spannendste Schwungseil in der Gegend und einen Bungysprung. Auf die eine oder andere Art werden hier jedem Schreie entlockt!

Original Canopy Tour CANOPY-TOUR
(☎2645-5243; www.canopytour.com; Erw./Stud./Kind 45/35/25 US$; ⌚7.30–16 Uhr) Auf dem Gelände der Cloud Forest Lodge befinden sich die Seilrutschen, mit denen der Abenteuertourismus hier begann. Sie sind zwar nicht so aufwendig wie andere, bieten aber doch 14 Plattformen und eine Seilstrecke, die direkt durch den Wipfel eines alten Feigenbaums führt. Hinzu kommen 5 km private Wege, auf denen man nach der Rutschpartie spazieren kann.

Selvatura CANOPY-TOUR
(☎2645-5929; www.selvatura.com; Canopy-Tour 45 US$, Gehstege 30 US$, Naturmuseen je 15 US$; ⌚7.30–16 Uhr) Eine der größten Anlagen vor Ort mit 3 km Seilstrecke, 18 Plattformen und einem Schwungseil durch unberührten Wald. Für die weniger Abenteuerlustigen gibt's Baumwipfel-Gehstege und eine Reihe von Naturmuseen, darunter eine große Insektenausstellung.

SkyTrek CANOPY-TOUR
(☎2645-5238; www.skyadventures.travel; Erw./Stud./Kind 83/63/53 US$, Transport 3–5 US$; ⌚7.30–17 Uhr) Diese wirklich schnelle Seilrutschenstrecke umfasst elf an Stahltürmen befestigte Plattformen. Hier werden Geschwindigkeiten von bis zu 64 km/h erreicht. Im Preis inbegriffen sind die SkyTram-Gondelbahn und die Hängebrücken des SkyWalk; es werden auch billigere Pakete angeboten.

Reiten

Fast alle Reitveranstalter bieten geführte Ausritte zwischen Monteverde und La Fortuna. Näheres auf S. 630.

Desafío Adventure Company REITEN
(☎2645-5874; www.monteverdetours.com) Bietet Ausritte zu den Cataratas San Luis (80 US$, 6 Std.) und zum Monteverde-Reservat (50 US$, 4 Std.) sowie Mehrtagesexpeditionen.

Sabine's Smiling Horses REITEN
(☎2645-6894, 8385-2424; www.horseback-riding-tour.com; ⌚Beginn 8 Uhr) Sabine, die auch Deutsch spricht, hat verschiedenste Ausritte im Programm, z. B. die beliebte Wasserfalltour (50 US$, 3 Std.) und die romantische Vollmondtour (50 US$, 2½ Std.). 2 km westlich des Orts.

Wandern

An klaren Tagen lohnt sich die kostenlose Wanderung auf den 1842 m hohen **Cerro Amigos**, weil man von hier eine wunderbare Sicht auf den 20 km nordöstlich gelegenen Volcán Arenal hat. Man verlässt Monteverde hinter dem Hotel Belmar (auf der Straße hinter der Tankstelle) und legt auf 3 km ungefähr 300 m Höhenmeter zurück. Vom Hotel aus die unbefestigte Straße bergab und dann die nächste nach links nehmen!

Die anstrengende Wanderung zum **San-Luis-Wasserfall** etwa 7 km südlich von Monteverde wird mit einem Blick auf einen prächtigen Fluss belohnt, der sich aus dem Nebelwald kaskadenartig in mehrere Becken ergießt, an deren Ufern es sich prima picknicken lässt. Der Weg ist zwar nur ein paar Kilometer lang, aber steil. Das felsige, schlammige Gelände kann sehr glitschig sein. Die Taxifahrt aus dem Ort kostet ca. 12 US$.

Kurse

Centro Panamericano de Idiomas SPRACHKURSE
(CPI; ☎2265-6306; www.cpi-edu.com; Kurse mit/ohne Unterbringung in Gastfamilie 525/375 US$; ⌚8–17 Uhr) Spezialisiert auf Spanischunterricht. Einige Kurse sind auf Jugendliche, Mediziner oder Sozialarbeiter ausgerichtet.

Monteverde Institute KURSE
(☎2645-5053; www.monteverde-institute.org; Kurse/Unterbringung in Gastfamilie 320/140 US$ pro Woche) Die 1986 gegründete, gemeinnützige Bildungseinrichtung veranstaltet u.a. interdisziplinäre Kurse in tropischer Biologie, Umweltschutz, nachhaltiger Entwicklung, Frauenforschung und spanischer Sprache. Praktika und Freiwilligenjobs sind ebenfalls verfügbar.

Schlafen

Es gibt so viele Hotels hier, dass die folgende Liste nur eine Auswahl sein kann. Die meisten der genannten Häuser verfügen über Warmwasserduschen. Klimaanlagen sind der Höhe wegen entbehrlich.

★**Pensión Santa Elena** HOSTEL $
(☎2645-5051, 2645-6240; www.pensionsantaelena.com; Camping 7 US$/Pers., B 12 US$, EZ/DZ/3BZ 19/29/36 US$, EZ/DZ/3BZ ohne Bad 16/24/36 US$, Cabinas 47–65 US$; P @ ᯤ) Das Hostel mit vollem Service direkt im Zentrum von Santa Elena ist schon seit Urzeiten beliebt. Es bietet Budgettravellern erstklassigen Service und *pura-vida*-Gastlichkeit. Alle Zimmer unterscheiden sich, sodass für jedes Budget etwas vorhanden ist.

Casa Tranquilo B&B $
(☎2645-6782; www.casatranquilohostel.com; B 7 US$, DZ mit Frühstück mit/ohne Bad 25/20 US$; P @ ᯤ) Ein weiteres Beispiel für wunderbare costa-ricanische Gastfreundschaft. Das kenntnisreiche Personal leitet kostenlose geführte Wanderungen. Die Zimmer sind einfach, aber makellos sauber, einige mit Dachfenstern und Blick auf den Golf. Draußen schmücken bunte Wandbilder das Gebäude, sodass sich gleich das Gefühl einstellt, dass man hier richtig ist.

Cabinas El Pueblo CABINAS $
(☎2645-6192; www.cabinaselpueblo.com; DZ mit Frühstück mit/ohne Bad 35/25 US$; P @ ᯤ) Das von einem aufmerksamen costa-ricanischen Ehepaar geführte nette Hostel gehört zu den Unterkünften mit dem besten Preis-Leistungs-Verhältnis vor Ort. Marlenny und Freddy kümmern sich um ihre Gäste, holen sie vom Busbahnhof ab, buchen Touren und servieren reichhaltiges Frühstück. Außerdem verfügt das nette Haus über eine voll ausgestattete Küche, einen Balkon, einen Garten und Hängematten.

Cabinas Eddy CABINAS $
(☎2645-6635; www.cabinas-eddy.com; DZ 35–50 US$, ohne Bad 30 US$; P @) Diese von Lesern empfohlene Budgetunterkunft wird immer wieder für das reizende Personal und den Marimba spielenden Eigentümer und Manager gelobt. Die Zimmer sind von unterschiedlicher Qualität, der Service ist aber durchgehend freundlich.

Sloth Backpackers HOSTEL $
(☎2645-5793; www.monteverdeslothbackpackers.com; DZ/3BZ 20/30 US$) Das bunte Hostel aus Wellblech und Betonschalstein bietet gute Preise, ein freundliches Management und

ABSTECHER

KÄSEREI MONTEVERDE

Bis zum Aufschwung des Ökotourismus war diese **Käserei** (La Lechería; ☎2645-7090; www.monteverdecheesefactory.com; Erw./Kind 12/10 US$; ⌚Führungen Mo–Sa 9 & 14 Uhr, Geschäft Mo–Sa 7.30–17, So 7.30–16 Uhr) der wichtigste Arbeitgeber in Monteverde. Sie wurde 1953 von den Quäker-Siedlern Monteverdes gegründet und produziert heute alles von milden Gouda bis zu köstlichem würzigem weißem Cheddar sowie anderen Milchprodukten – vor allem Eiscreme. Wer an den zweistündigen Führungen teilnehmen will, muss vorausbuchen; im Geschäft kann man aber natürlich auch unangemeldet vorbeischauen.

eine friedvolle Lage in einer Nebenstraße. Mit Gemeinschaftsbädern.

Cabinas & Hotel Vista al Golfo CABINAS $
(☎2645-6321; www.cabinasvistaalgolfo.com; B 7 US$, EZ/DZ/3BZ 20/25/36 US$, ohne Bad 15/20/30 US$; P 📶) Die sehr gemütliche Anlage wird von einer herzlichen costa-ricanischen Familie geführt. Die Zimmer sind gepflegt, die Duschen heiß, und die Betreiber sorgen dafür, dass man sich hier gleich wohl fühlt. Die Balkonzimmer im Obergeschoss (zzgl. 5 US$) bieten einen wunderbaren Ausblick auf den Regenwald und an klaren Tagen über den Golfo de Nicoya. Das Hostel befindet sich getrennt von den Cabinas an der Hauptstraße und wartet mit Vierbettdorms und einem tollen Gemeinschaftsbereich auf.

Arco Iris Ecolodge LODGE $$
(☎2645-5067; www.arcoirislodge.com; EZ Economy/Standard 30/65 US$, DZ Economy/Standard/Superior 40/85/110 US$; P @) Die Anlage mit hübschen Hütten liegt auf einem kleinen Hügel über Santa Elena und den umliegenden Wäldern und bietet die Ungestörtheit und Intimität einer Berghütte. Um die Lodge winden sich verzweigte Privatwege über das Grundstück. Einer davon führt zu einem Aussichtspunkt, von dem aus man an klaren Tagen den Pazifik sieht. Die Zimmer sind in Größe und Stil unterschiedlich und bewegen sich zwischen rustikal und schick.

Mar Inn B&B B&B $$
(☎2645-5279; www.monteverdemarinn.com; EZ/DZ/3BZ mit Frühstück 45/62/68 US$; P @ 📶) Das familiengeführte B&B auf einem Hügel rund 50 m nördlich der Sekundarschule ist eine tolle Option mit freundlichem Management und sättigendem Frühstück. Die holzgetäfelten Zimmer sind rustikal und luftig, und dank der ruhigen Lage genießen Gäste hier eine ungestörte Nacht. Mit Gemeinschaftsküche und -balkon, auf dem die Schaukelstühle zum Beobachten der reizvollen Sonnenuntergänge einladen.

Quetzal Inn LODGE $$
(☎2645-6076; www.quetzalinn.com; DZ mit/ohne Balkon 50/40 US$; P @) Diese hübsche kleine Lodge in einer ruhigen Gasse ist zentral gelegen, lockt aber trotzdem Vögel, Affen und andere Tiere an. Mit Plankenwänden, schrägen Decken und der grünen Umgebung ist diese von einer Familie geführte Herberge die perfekte Kombination aus überlegt gestalteten Unterkünften und sympathisch-gastlichem Ambiente.

Finca Terra Viva LODGE $$
(☎2645-5454; www.terravivacr.com; DZ/4BZ mit Frühstück 50/80 US$, weitere Person 10 US$; P @) 🍃 Das 135 ha große Grundstück der *finca*, das ungefähr 3,5 km außerhalb der Ortschaft an der Straße zur Reserva Santa Elena liegt, wird schrittweise wieder in Wald zurückverwandelt; rund 60 % sind bereits wieder bewaldet. In der Zwischenzeit kann man hier zwischen Rindern, Schweinen, Ziegen, Pferden und Hühnern Costa Rica von seiner ländlichen Seite kennenlernen. Es gibt sechs rustikale Holzunterkünfte sowie ein paar freistehende *casitas* (Hütten) mit kleinen Küchen.

Hotel El Sueño HOTEL $$
(☎2645-5021; www.hotelelsuenocr.com; DZ mit Frühstück 40–60 US$; P 📶) Dieses freundliche Hotel besitzt große, holzverkleidete Zimmer und ein gutes Restaurant. Es liegt mitten im Ortszentrum; falls man kein Zimmer nach hinten raus hat, kann es laut werden. Vom Balkon eröffnet sich ein weiter Ausblick.

Essen

Neben den großen Supermärkten der Stadt hat der winzige **Whole Foods Market** (⏲7.30–17.30 Uhr) in Cerro Plano ein kleines Sortiment an Lebensmitteln für Selbstversorger im Angebot. Die Gewinne fließen in die Gemeinde zurück – der Laden gehört zur Casem-Kooperative.

La Carambola Art Cafe CAFÉ $
(☎2645-5465; lacarambolacafe@gmail.com; Hauptgerichte 6–12 US$; ⏲11–21 Uhr; 📶 🖉) Das hübsche Bohèmecafé serviert mal etwas anderes als die üblichen Standardgerichte: echte Frucht-Smoothies und frisch zubereitete Hummus-Pita-Sandwiches mit indischem oder thailändischem würzigem Hühnchen; dazu kommen noch zahlreiche vegetarische Speisen. Und es wird Wein und Bier serviert – prost!

Taco Taco MEXIKANISCH $
(Hauptgerichte 5–8 US$; ⏲12–20 Uhr; 📶) Diese schnelle und freundliche *taquería* (Tacostand) wartet mit leckeren Tex-Mex-Tacos, Burritos und Quesadillas mit Huhn, langsam gerösteter falscher Rippe, Schweinefleisch *al pastor* (am Spieß gekocht), gegrilltem Gemüse und Goldmakrele im Teigmantel auf.

Stella's Bakery BÄCKEREI $
(☎2645-5560; Hauptgerichte 4–8 US$; ⏲6–22 Uhr) Das Sandwich aus köstlichem hausgebackenem Brot bestellt man hier bequem über

einen Bestellzettel (auf einer Seite in englischer Sprache). Die vegetarischen Gerichte sind einen Versuch wert, für sie wird überwiegend Biogemüse aus der Region verwendet. Für Vogelfreunde: Zur Futterstelle hinterm Haus kommt regelmäßig ein Laucharassari.

★ Café Caburé CAFÉ $$
(☎ 2645-5020; www.cabure.net; Hauptgerichte 10–12 US$; ⏲ Mo–Sa 9–20 Uhr; P 📶) Das argentinische Café über dem Bat Jungle ist auf kreative und köstliche Speisen aller Art spezialisiert, von Sandwiches mit hausgemachtem Brot und frischen Salaten bis zu magenfüllenderen Gerichten wie Tortillas, gefüllt mit Hähnchen mit *mole* (scharfer Sauce), mit Chipotle mariniertem Steak, Curry-Kartoffeln oder Zitronen-Shrimps. Platz lassen für ein Dessert – die Schokoladen-Spezialitäten sind hohe Kochkunst!

Morpho's Restaurant INTERNATIONAL $$
(☎ 2645-5607; Hauptgerichte 7–20 US$; ⏲ 11–21 Uhr; P 📶 🖉) In dem romantischen Restaurant im Zentrum können die Gäste inmitten gurgelnder Wasserfälle und hübscher Schmetterlinge speisen. Auf der anspruchsvollen Karte stehen Gerichte mit Gourmetflair aus örtlichen Zutaten – sehr köstlich!

Tree House Restaurant & Café CAFÉ $$
(☎ 2645-5751; Hauptgerichte 7–18 US$; ⏲ 11–22 Uhr; 📶) Das hippe Café um einen 50 Jahre alten Feigenbaum herum serviert in einzigartigem Ambiente recht gutes, aber zu teures Essen. Ein munteres Plätzchen für einen Imbiss oder ein Glas Wein, und zuweilen ertönt auch Livemusik.

Ausgehen & Unterhaltung

★ Bar Amigos BAR
(☎ 2645-5071; www.baramigos.com; ⏲ 12–3 Uhr) Hier legen DJs auf und es gibt Karaoke, Sport aus den USA und unten einen Billardraum. Richtig in Schwung kommt der Laden ab etwa 23 Uhr.

Green Park LIVEMUSIK
(La Taberna; ☎ 2645-5883; ⏲ 20–1 Uhr) Diese Kneipe hat in den vergangenen Jahren mehrfach den Namen gewechselt, ist aber allen als La Taberna geläufig. Hier gibt's eine freundliche Freiluftbar, Getränke-Specials, Kneipenessen und Livemusik.

Shoppen

Casem KUNSTHANDWERK
(Cooperativa de Artesanía Santa Elena Monteverde; ☎ 2645-5190; www.casemcoop.org; ⏲ Mo–Sa 8–17 Uhr, Dez.–April auch So 10–16 Uhr) Die Kunsthandwerkerinnenkooperative Casem verkauft Souvenirs und Kunsthandwerk; der Erlös geht an die Gemeinde.

Orientierung

Die Gemeinde Monteverde liegt im Nebelwald in einer Höhe zwischen 1200 und 1600 m an der Straße zum Schutzgebiet. Die meisten Budgethotels und Restaurants befinden sich im Dorf Santa Elena, die teureren Unterkünfte an der Straße. Das Monteverde-Schutzgebiet befindet sich 6 km südöstlich von Santa Elena, das Santa-Elena-Schutzgebiet 5 km nordöstlich von Santa Elena.

Praktische Informationen

Libreria Chunches (☎ 2645-5147) Reise- und Naturkundebücher, US-Zeitungen, Wäscheservice und Snacks.

Pensión Santa Elena (www.pensionsantaelena.com) Objektivere Informationen als in der Touristeninformation der Handelskammer.

Rotes Kreuz (☎ 2645-6128; ⏲ 24 Std.) Krankenhaus unmittelbar nördlich von Santa Elena.

Touristeninformation (☎ 2645-6565; www.monteverdecr.com; ⏲ 8–20 Uhr) Betrieben von der örtlichen Handelskammer.

BUSSE AB MONTEVERDE & SANTA ELENA

ZIEL	ABFAHRTSORT	PREIS (US$)	DAUER (STD.)	ABFAHRTEN
Puntarenas	Banco Nacional	3	3	3-mal tgl.
Reserva Biológica Bosque Nuboso Monteverde	Banco Nacional	1,20	30 Min.	3-mal tgl.
Reserva Santa Elena	Banco Nacional	2	30 Min.	4-mal tgl.
San José	Busbahnhof	5	5	2-mal tgl.
Tilarán, mit Anschluss nach La Fortuna	Busbahnhof	3	7	6 Uhr

An- & Weiterreise

BUS

Alle Busse halten am **Busbahnhof** (☎2645-5159; ⌚Mo–Fr 5.45–11 & 13.30–17, Sa & So bis 15 Uhr) in Santa Elena. Im Bus das Gepäck im Auge behalten!

Übrigens: Die Fahrt nach La Fortuna dauert länger, als zu erwarten wäre, weil man in Tilarán zwei Stunden Aufenthalt hat. Wer nicht gerade sehr knapp bei Kasse ist, sollte für die Tour nach La Fortuna lieber die Kombination aus Jeep, Boot und Jeep nutzen.

JEEP-BOOT-JEEP

Die schnellste Verbindung zwischen Monteverde bzw. Santa Elena und La Fortuna ist die Kombifahrt mit Jeep, Boot und Jeep (ca. 25–30 US$, 3 Std.), die fast jedes Hotel und jeder Tourveranstalter in den Orten arrangieren kann. Ein geländegängiger Kleinbus bringt einen zum Río Chiquito, wo man in ein Boot umsteigt, das die Laguna de Arenal durchquert. Drüben geht die Fahrt mit einem anderen Taxi nach La Fortuna weiter. Diese Fahrt wird zunehmend zur wichtigsten Transportverbindung zwischen La Fortuna und Monteverde, weil sie wunderschön und recht preisgünstig ist und man einen halben Tag Reisezeit spart, den man sonst sehr unbequem im Bus verbringt. Einen Jeep sucht man bei der ganzen Angelegenheit allerdings vergeblich!

PFERD

Einige Veranstalter bieten die Weiterreise nach La Fortuna per Pferd (65–185 US$/Pers., 5–6 Std.), gewöhnlich in Kombination mit Jeepfahrten. Dabei werden hauptsächlich drei Wege benutzt: der Lake Trail (ganzjährig sicher), der Chiquito Trail (die meiste Zeit des Jahres sicher) und der wunderbare, aber berüchtigte Castillo Trail (nur in der Trockenzeit von erfahrenen Reitern passierbar). Der beste Reitanbieter ist Informierten zufolge die Desafio Adventure Company (S. 632).

Tilarán

8100 EW.

Das boomende Bauernstädtchen an den Hängen der Cordillera de Tilarán am Westende der Laguna de Arenal eignet sich für einen gemütlichen Zwischenstopp für Traveller. Das freundliche Tilarán, das an den Wilden Westen erinnert, zeigt seine Begeisterung für Bullen am letzten Aprilwochenende mit einem Rodeo und am 13. Juni mit einem San Antonio gewidmeten Stierkampf (in Costa Rica werden die Stiere beim Kampf nicht getötet). Ansonsten ist es eher ein stiller Ort.

Während der Wartezeit auf den Bus kann man im **Cybercafé Tilarán** (☎2695-9010; 1,20 US$/Std.; ⌚Mo–Sa 9–22 Uhr), das schnelle Verbindungen hat, mal eben seine E-Mails checken.

Schlafen & Essen

Hotel Guadalupe HOTEL $

(☎2695-5943; www.hotelguadalupe.co.cr; Zi. ab 30 US$; P❄📶) Dieses moderne Hotel zieht mit seinen einfachen Zimmern in Juwelentönen und mit gefliesten Böden vor allem Geschäftsreisende an. Der Service ist freundlich und effizient, und es gibt ein recht gutes Restaurant.

Hotel Tilarán HOTEL $

(☎2695-5043; Zi. mit/ohne Bad 11/7 US$; P) Die solide Budgetunterkunft an der Westseite des Parque Central hat winzige, zumeist saubere Zimmer. Die nach hinten raus sind zudem auch ruhig.

Hotel Cielo Azul HOTEL $$

(☎2695-4000; www.cieloazulresort.com; EZ/DZ/3BZ 40/60/75 US$; P❄📶🏊) Dieses Anwesen an einem Hang 500 m außerhalb des Orts wartet mit neun schicken Zimmern mit Blick auf einen Parkplatz, einem hübschen Pool und den Tilarán-Bergen auf. Da hier eine Reihe von Touren angeboten werden, ist das Cielo Azul keine schlechte Basis für die Erkundung der Umgebung.

An- & Weiterreise

Die Busse fahren ab dem Busbahnhof gleich westlich vom Parque Central. Die Route von Tilarán nach San José führt über die Interamericana, nicht über La Fortuna.

BUSSE AB TILARÁN

ZIEL	PREIS (US$)	DAUER (STD.)	ABFAHRTEN
Cañas	1	30 Min.	7-mal tgl.
La Fortuna	5	3	3-mal tgl.
Puntarenas	4	2	2-mal tgl.
San José	7	4	5-mal tgl.
Santa Elena/Monteverde	3	2½	12.30 Uhr

La Fortuna & Volcán Arenal

10 000 EW.

Bis 1968 war La Fortuna ein schläfriges bäuerliches geprägtes Städtchen, 6 km von der Basis des Cerro Arenal entfernt. Am Morgen des 29. Juli 1968 jedoch brach der Arenal nach 400 Jahren Inaktivität mit aller Wucht aus und begrub ein paar nahe Dörfer unter sich. Plötzlich kamen Touristen aus aller Welt nach La Fortuna, um sich feurige Abendhimmel anzuschauen und unscharfe Fotos von fließender Lava zu schießen.

Seitdem ist La Fortuna als Tor zum Volcán Arenal nach wie vor eines der beliebtesten Reiseziele in Costa Rica. Der gewaltige Berg jedoch speit heute nichts mehr, und es fließt auch keine Lava. Aber der herrliche Berg stellt mit seinen mächtigen Wasserfällen, steilen Wanderwegen und luxuriösen Thermalbädern eine grandiose Spielwiese dar.

Die schnelle touristische Erschließung hatte aber auch ihren Preis: Wer den Bus verlässt, muss sich umgehend der Tourenanbieter erwehren. Aber ist das Quartier erst einmal bezogen, lassen sie einen in Ruhe und man kann ausspannen und die vielen Naturschönheiten genießen – und das ist auch gut so, weil sich der Volcán Arenal nicht oft von seiner Wolkendecke befreit.

Sehenswertes & Aktivitäten

Parque Nacional Volcán Arenal PARK

(☎2461-8499; Eintritt 10 US$) Nach dem Ausbruch von 1968 brachte der Vulkan auch weiterhin fast täglich Aschesäulen, Explosionen und rote Magmaflüsse hervor. Das alles endete recht abrupt im Jahr 2010 – ein gewaltiger Schock für die hiesige Tourismusbranche. Das abendliche Spektakel fließender glühender Lava ist zwar vorbei, doch der Bergriese lohnt mit seinen tollen Wanderwegen und seiner phantastischen Flora und Fauna noch immer einen Besuch.

Der Parkeingang befindet sich rund 15 km westlich von La Fortuna. Auf eigene Faust gelangt man mit dem Bus, der um 8 Uhr nach Tilarán fährt (den Fahrer bitten, einen am Park aussteigen zu lassen), zum Park. Vom Nationalparkschild an der Hauptstraße führt eine 2 km lange unbefestigte Straße zum Park. In der Rangerstation gibt's Wegkarten. Besucher haben die Qual der Wahl, ob sie über alte Lavaströme, durch tropischen Regenwald oder lieber zum See wandern möchten.

La Catarata de la Fortuna WASSERFALL

(Eintritt 10 US$; ⌚8–17 Uhr) Ein Band kalten, klaren Wassers, die Catarata de la Fortuna, verläuft durch eine dicht mit Bromeliengewächsen und Farnen bewachsene Schlucht. Zwar ist es gefährlich, unter dem 70 m hohen donnernden Wasserfall zu tauchen, doch in den herrlichen Badebecken kann man gut schwimmen (sollte aber seinen Rucksack im Auge behalten). Man kann hierher laufen oder sich ein Fahrrad ausleihen. Von La Fortuna ist es ein 7 km langer, immer bergauf führender Marsch durch Weideland und vorbei an Papayabäumen. Dies ist auch der Ausgangspunkt für den anstrengenden fünfstündigen Aufstieg zum Kratersee des Cerro Chato.

Arenal 1968 WANDERN

(☎2462-1212; www.arenal1968.com; 10 US$/Pers.; ⌚7–22 Uhr) Dieses private Wegenetz in der Nähe der Abzweigung von der Fernstraße zum Park ist am ursprünglichen Lavastrom von 1968 mit Aussichtspunkten versehen. Der Eingang befindet sich 1,2 km von der Abzweigung entfernt kurz vor der Rangerstation.

Thermalquellen

Thermalquellen sind ein prima Trostpflaster, wenn der Vulkan kein Gestein und keine Lava spuckt. Hier gibt's mehrere kostenlose öffentliche Thermalquellen, zu denen einem Einheimische den Weg weisen können. Wer's lieber etwas komfortabler mag, kann eines der Thermalbäder der Gegend ansteuern. Sie liegen allesamt an der Straße zwischen La Fortuna und der Abzweigung zum Park.

Eco-Termales THERMALQUELLEN

(☎2479-8484; www.anywherecostarica.com; Erw./Kind 34/24 US$, mit Abendessen 51/38 US$; ⌚10, 13 & 17 Uhr; 👪) Dezent luxuriös. Pro Einlasszeit werden gerade einmal 100 Besucher hereingelassen; man muss vorab reservieren.

Springs Resort & Spa THERMALQUELLEN

(☎2401-3313, in den USA 954-727-8333; www.thespringscostarica.com; Eintritt für 2 Tage 50 US$; P 👪) 18 Becken mit unterschiedlicher Temperatur, Vulkanblick, Gartenanlage, Wasserfälle, Wasserrutschen und Schwimmbars – teuer, aber am nächsten Tag kann man kostenlos noch einmal kommen.

Baldi Hot Springs THERMALQUELLEN

(☎2479-9917; www.baldihotsprings.cr; mit/ohne Buffet 51/31 US$; ⌚10–22 Uhr; P 👪) Ein Club mit Wasser, mit drei Schwimmbars, lauter Musik und alkoholischen Getränken.

Tabacón Hot Springs THERMALQUELLEN
(☎2519-1900; www.tabacon.com; Tagespass inkl. Mittag- oder Abendessen Erw./Kind 85/30 US$, Tagespass ohne Mahlzeit 60/10 US$, Abendpass ohne Mahlzeit 45 US$; ⏲10–22 Uhr; P) Durch Palmen, seltene Orchideen und andere Tropenblüten gelangt man zu einem Wasserfall, dessen 40 °C warmes Wasser von einer künstlichen Klippe stürzt, während sich Horden überhitzter Touristen auf den Felsen lümmeln.

Geführte Touren

Canoa Aventura KANUFAHREN
(☎2479-8200; www.canoa-aventura.com; Tagestrip nach Caño Negro mit Frühstück & Mittagessen 131 US$; ⏲6.30–21.30 Uhr) Canoa Aventura, ca. 1,5 km westlich der Stadt, ist auf Kanu- und Floßtrips spezialisiert, die von zweisprachigen Naturkundlern geführt werden. Zu den beliebtesten Touren zählt der Tagesausflug nach Caño Negro.

Aventuras Arenal TOUREN
(☎2479-9133; www.arenaladventures.com; Av Central; ⏲7–20 Uhr) Veranstaltet seit mehr als 15 Jahren eintägige Rad- und Bootstouren sowie Ausritte in die Gegend.

Desafío Adventure Company TOUREN
(☎2479-0020; www.desafiocostarica.com; Calle 2; Ritte zw. Monteverde & Arenal 65 US$; ⏲6.30–21 Uhr) Das sehr empfehlenswerte Unternehmen bietet eine Vielzahl von Touren, darunter Raftingtouren, Ausritte, Mountainbike- und Höhlentouren.

Eagle Tours TOUREN
(☎2479-9091; www.eagletours.net; ⏲6.30–21 Uhr) Budgettraveller loben diesen professionellen Veranstalter, dessen Büro sich rund 150 m westlich der Kirche befindet.

Jacamar Tours WANDERN
(☎2479-9767; www.arenaltours.com; Av Central; ⏲7–21 Uhr) Empfehlenswert wegen der unglaublichen Vielfalt von Wanderungen in die Natur.

Sunset Tours TOUREN
(☎2479-9800; www.sunsettourcr.com; Calle 2; ⏲6.30–21 Uhr) La Fortunas etabliertester Tourveranstalter hat sehr gute, empfehlenswerte Touren mit zweisprachigen Guides im Angebot.

Canopy-Touren

Ecoglide CANOPY-TOUR
(☎2479-7120; www.arenalecoglide.com; Erw./Stud. & Kind 55/45 US$; ⏲7–16 Uhr; 👪) Das 2008 eröffnete Baumwipfeltourenareal von Ecoglide ist das größte der Gegend, mit 13 Seilrutschen, 15 Plattformen und einem Schwungseil. 3,5 km westlich von La Fortuna.

Arenal Paraíso Canopy Tours CANOPY-TOUR
(☎2479-1100; www.arenalparaiso.com; 45 US$; ⏲8–17 Uhr) Die 12 Seilrutschen dieses Resorts etwa 5 km westlich von La Fortuna bieten Ausblicke auf die Schlucht des Flusses Arenal und auf Wasserfälle.

Canopy Los Cañones CANOPY-TOUR
(☎2479-1000; www.canopyloscanones.com; 45 US$) Canopy Los Cañones beim Hotel Los Lagos hat 15 Regenwald-Seilrutschen von 50 bis 500 m Länge. Danach kann man gratis in den Thermalbecken des Hotels entspannen.

Schlafen

★ **Arenal Hostel Resort** HOSTEL $
(☎2479-9222; www.arenalhostelresort.com; Av Central; B/EZ/DZ/3BZ/4BZ 16/48/58/75/88 US$; P ❄ 📶 🏊) Diese einladende Unterkunft in einem schön angelegten Garten mit Hängematten, Pool und Vulkanblick bietet das Beste aus Hostel und Resort. Alle Zimmer sind sauber, geräumig und mit Klimaanlage versehen, und der Service ist erstklassig. Mitten im Zentrum.

Sleeping Indian Hostel HOSTEL $
(☎8843-7101, 2479-8431; Av Fort; EZ/DZ 25/30 US$; 📶) Freundliches Hostel gleich nördlich der Kirche mit sechs gefliesten Zimmern mit Ventilatoren und Holzbetten. Geführt wird es von einem entspannten Einheimischen, der jede Menge Gemeinschaftsbereiche eingerichtet hat, mit Trommeln, Kunsthandwerk und einladenden Hängematten.

ABSEITS DER ÜBLICHEN PFADE

WASSERFÄLLE VIENTO FRESCO

Wer mit eigenem Fahrzeug durch Tilarán kommt, kann einen Abstecher zu den **Viento-Fresco-Fällen** (☎2695-3434; www.vientofresco.net; Erw./Stud./Kind 15/12/10 US$; ⏲7.30–17 Uhr; 👪) unternehmen. Zu den fünf Fällen gehört z. B. der Arco Iris (Regenbogenfall), der sich 75 m tief in ein erfrischendes, seichtes Becken stürzt. Unter den Fällen bieten sich jede Menge Gelegenheiten zum Baden und „Duschen". Die Fälle liegen 11 km südlich von Tilarán an der Straße nach Santa Elena und Monteverde.

La Fortuna Backpackers HOSTEL $
(☎ 2479-9700; www.fortunabackpackers.com; Ecke Calle 5 & Ave Fort; B/DZ 10/25 US$; P @ ≋) In einer bescheidenen, pfirsichfarbenen *casa* (Haus) zwei Straßen östlich des Parque Central verbirgt sich ein überraschend gutes Hostel mit makellos sauberen Zimmern und einer modernisierten Küche. Der Service ist freundlich, das Frühstück köstlich und die Preise zählen zu den günstigsten am Ort.

La Choza Inn PENSION $
(☎ 2479-9361; www.lachozainnhostel.com; Av Fort zw. Calle 2 & 4; B 10 US$, EZ/DZ 30/45 US$, jeweils mit Frühstück; P @ ≋) Diese beliebte Budgetunterkunft 100 m westlich des Parque Central hat düstere Dorms und nettere Doppelzimmer, eine gut ausgestattete Gemeinschaftsküche, eine zuverlässige Reiseagentur und umgängliches Personal.

Arenal Backpackers Resort HOSTEL $
(☎ 2479-7000; www.arenalbackpackersresort.com; Av Central; B 15–16 US$, Zelte EZ/DZ 25/35 US$, DZ mit/ohne Bad 56/45 US$; P ❄ @ ≋ ≈) Das selbsternannte „Fünf-Sterne-Hostel" mit Blick auf den Vulkan liegt zwei Straßen westlich der Kirche. Die Schlafsäle besitzen eigene Bäder mit Warmwasser, und auf den dicken, rückenfreundlichen Matratzen schläft es sich gut. Eine andere preiswerte Option sind die eingerichteten Zelte. Der wirkliche Trumpf der Anlage ist jedoch der hübsch gestaltete Pool mit Schwimmbar.

Hotel Cerro Azul BUNGALOWS $$
(☎ 2479-7360; www.ranchocerroazul.com; DZ/3BZ/4BZ 64/76/90 US$; P ❄ ≋) Nichts Superschickes, nur vier hübsche Hütten mit Terrassen, von denen man auf die Bäume, den Fluss und den Vulkan dahinter blickt. Einfach, natürlich, schön, gemütlich. Südlich von La Fortuna an der Straße zum Wasserfall.

Hotel Las Colinas HOTEL $$
(☎ 2479-9305; www.lascolinasarenal.com; Calle 1 zw. Av Central & Arenal; EZ/DZ/3BZ mit Frühstück ab 68/75/96 US$; P ❄ @ ≋) Die modernen, luftigen Zimmer haben Kabel-TV und mit Sonnenenergie erwärmtes Wasser. Von der Terrasse im 2. Stock hat man einen wunderbaren Blick auf den Vulkan.

Essen & Ausgehen

Rainforest Café CAFÉ $
(☎ 2479-7239; Calle 1 zw. Av Central & Arenal; Backwaren 1–5 US$; ⏲ 7–20.30 Uhr; ≋) Erstklassiger Kaffee und kostenloses WLAN, kombiniert mit einer Spritze Industrieschick und städtischer Café-Atmosphäre. Dafür sorgen z. B. Kaffeesäcke auf dem Boden und Kaffeebohnen unter den gläsernen Tischplatten. Zum Kaffee gibt's Gebackenes und Sandwiches.

Flying Tomato Cafe VEGETARISCH $
(☎ 2479-9913; www.lostresgatos.com; Ecke Calle 5 & Av Volcan; Hauptgerichte 5–10 US$; ⏲ 8–21 Uhr; ✎) Hier gibt's nur Vegetarisches, und zwar in Form von Pasta, Gemüseburgern, Pfannengerichten und Suppen. Vielleicht das einzige Café in La Fortuna, wo man seinen Kaffee und seine *batidos* (Fruchtshakes) mit Sojamilch genießen kann.

Soda Viquez SODA $
(☎ 2479-7133; Ecke Calle 1 & Av Arenal; Hauptgerichte 6–10 US$; ⏲ 7–22 Uhr) Bei Travellern extrem beliebter, freundlicher Imbiss mit leicht aufgepeppten Standardgerichten. Vernünftige Preise, große Portionen.

Soda la Hormiga SODA $
(Av Arenal; Hauptgerichte 3–5 US$; ⏲ 6–20 Uhr) Das beliebte Freiluftlokal neben dem Busbahnhof ist eine der urigsten und günstigsten *sodas* der Stadt. Serviert werden *casados*, reichhaltiges Frühstück und Burger.

La Cascada RESTAURANT $$
(☎ 2479-9145; Ecke Av Fort & Calle 1; Hauptgerichte 6–26 US$; ⏲ 11 Uhr bis spät) Diese strohgedeckte Institution gibt's schon so lange, dass das *palapa*-Dach schon fast so ein Wahrzeichen ist wie der Vulkan, den es imitiert. In der kleinen Bar treffen sich abends Durstige, aber die Touristen kommen auch zum Mittag- und Abendessen her. Neben dem kompletten Angebot an Fleischgerichten ist auch Vegetarisches erhältlich.

Rockoco BAR
(Av Central; ⏲ 17–3 Uhr) Westlich der Stadt, nicht zu übersehen dank der psychedelischen Fassade. Drinnen wird das Surfbrett-Dekor durch Porträts von Marilyn Monroe, Mona Lisa und Frido Kahlo aufgelockert. An der gebogenen, breiten und freundlichen Bambustheke gibt's Burger, Cocktails und Bier.

Praktische Informationen

Arenal Rocks Internet (☎ 8854-2898; Av Central; 1,20 US$/Std.; ⏲ 8–23 Uhr) Unter dem Hotel Arenal Carmella.

Expediciones (☎ 2479-9101; Ecke Av Central & Calle 1; 30/60 Min. 0,80/1,20 US$; ⏲ Mo–Sa 7–21 Uhr) Die meisten Tourveranstalter am Ort bieten auch Internetzugang, aber wer sich keine Verkaufsgespräche anhören will: Hier wird man in Ruhe gelassen.

ABSTECHER

CAÑO NEGRO

Der abgelegene, 102 km² große **Refugio Nacional de Vida Silvestre Caño Negro** (☎2471-1309; ⏰8–16 Uhr) lockt schon seit Langem Angler an, die es auf den scheuen, 18 kg schweren Snook abgesehen haben, sowie Vogelfreunde, die hoffen, seltene Wasservögel zu erspähen. Während der Trockenzeit fällt der Wasserspiegel, sodass sich Vögel und Fische auf recht kleinem Raum drängen. Von Januar bis März, wenn jede Menge Zugvögel Station machen, herrscht hier eine wirklich einmalige Vogeldichte.

Die Landschaft prägt der Río Frío – südlich des Hauptanlegers von Caño Negro findet man eine flache, sumpfige Fläche mit Marschen und Lagunen. Nördlich des Orts ist der Río Frío ein schmaler Fluss, der sich durch hoch aufragenden Wald windet.

Tourveranstalter bieten ab La Fortuna und San José Tierbeobachtungstrips nach Caño Negro. Ein praktischerer Ausgangsort ist Los Chiles, da man von hier früher auf den Fluss kommt. Am Bootsanleger sind Halbtagestouren für 45 US$ pro Person erhältlich, oder man begibt sich ins Dorf Caño Negro, wo die örtliche Tourguide-Kooperative **Real Tour** (☎2471-1621; real.tour@hotmail.com; 1-stündige Tour 40 US$, 2–3-stündige Tour 60 US$, 4-stündige Tour 70 US$; ⏰8–16 Uhr) verschiedene Tourangebote bereithält.

Von Los Chiles fahren dreimal am Tag Busse nach Caño Negro.

ℹ An- & Weiterreise

BUS

Alle Inlandsbusse halten am Busbahnhof **Centro Comercial Adifort** (Av Arenal).

Ciudad Quesada mit Anschluss nach San José (1,60 US$, 1 Std., 5–19 Uhr 15-mal tgl.)

San José direkt (4,25 US$, 4½ Std., 12.45 & 14.45 Uhr)

Tilarán mit Anschluss nach Monteverde (3,60 US$, 6–8 Std., 8 Uhr)

Der Tica Bus nach Nicaragua (27 US$) passiert täglich zwischen 6.30 und 7 Uhr El Tanque; wer mit ihm fahren will, muss ein frühes Taxi nach El Tanque (15 Min., 12 US$) nehmen.

JEEP-BOOT-JEEP

Die schnellste Verbindung zwischen La Fortuna und Monteverde-Santa Elena ist eine Kombifahrt per Jeep, Boot und wiederum Jeep (ca. 25–30 US$, 3 Std.), die über alle Tourveranstalter gebucht werden kann.

PFERD

Mehrere Veranstalter bieten Ritte zwischen La Fortuna und Monteverde. Der Trip, eine Kombination aus Pferd und Taxi oder Boot, dauert 5–7 Std. und kostet etwa 85 US$, inkl. separatem Gepäcktransport. Ein empfehlenswerter Anbieter ist die Desafío Adventure Company (S. 632).

Los Chiles

Das drückend heiße, verschlafene Los Chiles liegt drei holprige Kilometer südlich von Nicaragua. Ursprünglich von Kaufleuten und Fischern bewohnt, war der Ort in den 1980er-Jahren eine wichtige Versorgungsbasis der nicaraguanischen Contras mit starker US-amerikanischer Militärpräsenz. Heute sind die einzigen Gringos hier die Traveller, die den malerischen Wasserweg nach Caño Negro erkunden oder die Flussroute nach Nicaragua nehmen wollen, eine ein- bis zweistündige Bootsfahrt. Traveller, die auf diesem Weg ausreisen wollen, müssen die Formalitäten in Los Chiles erledigen.

Die Banco Nacional im Ort hat einen Geldautomaten und tauscht Bargeld.

Schlafen & Essen

Hotel y Cabinas Carolina CABINAS $

(☎2471-1151; Zi. ab 30 US$; ❄📶) Keine übliche Grenzstadt-Unterkunft: Die freundliche, von einer Familie geführte Unterkunft wird hoch gelobt wegen des aufmerksamen, englischsprechenden Personals, der makellos sauberen Zimmer und des ausgezeichneten Essens. Weiter vom Bootsanleger entfernt als die anderen Unterkünfte, den Weg aber wert.

Hotel Wilson Tulipán HOTEL $

(☎2471-1414; www.hoteleswilson.com; Ecke Ave 0 & Calle 4; EZ/DZ/3BZ mit Frühstück 30/48/60 US$; P⊖❄@📶) Nagelneue Zimmer in einem merkwürdigen Motel nicht weit vom Bootsanleger. Außerdem gibt's im Hauptgebäude ältere, aber trotzdem noch gemütliche Zimmer. Jedoch leiden diese unter dem abendlichen Lärm aus der munteren Bar und dem Restaurant mit köstlichen Seafoodgerichten (Hauptgerichte 5–8 US$) und Gästen mit schlechtem Benehmen.

An- & Weiterreise

Der regelmäßige Bootsverkehr beschränkt sich auf die schnellen Shuttles, die um 12.30 und 15.30 Uhr über die nicaraguanische Grenze nach San Carlos (12 US$) fahren. Früh da sein, da der Platz auf den Booten begrenzt ist und die Schlangen bei der Ausreisekontrolle lang sind. Näheres auf S. 689.

Alle Busse fahren vom bzw. zum Busbahnhof hinter der Soda Pamela, nahe der Kreuzung mit dem Hwy 35. Die Fahrpläne verändern sich gerne mal, darum besser vor Ort nachfragen.

Ciudad Quesada (2,25 US$, 2 Std., 4.30–18 Uhr alle 45 Min.) Mit Anschluss nach La Fortuna.

San José (6 US$, 5 Std., 5–15 Uhr)

Upala (4 US$, 2½ Std., 3-mal tgl.) Via Caño Negro.

La Virgen

La Virgen am Ufer des wilden und malerischen Río Sarapiquí florierte in der Blütezeit des Bananenhandels. Heute ist La Virgen ein kaum bekanntes Ziel für erstklassige Kajak- und Raftingtouren – die besten Bedingungen dafür herrschen im Dezember. Alle Busse zwischen San José und Puerto Viejo de Sarapiquí halten in La Virgen.

Aktivitäten

Sarapiquí Outdoor Center RAFTING

(☎8322-5597, 2761-1123; www.costaricaraft.com; 2-/4-stündige Raftingtrips 65/110 US$, geführte Kajaktouren 120–150 US$) Die örtliche Paddel-Autorität. Neben den eigenen Rafting-Expeditionen werden hier auch Leihkajaks (45 US$/Tag) und Unterricht sowie Informationen über die Bedingungen vor Ort geboten.

Hacienda Pozo Azul Adventures ABENTEUERSPORT

(☎2761-1360, in den USA & Kanada 877-810-6903; www.pozoazul.com; Touren 38–55 US$;) Spezialisiert auf Abenteueraktivitäten wie Reiten, Canopy-Touren über üppigen Dschungel und einen Fluss, Seilabstiege und alle möglichen Flusstouren.

Schlafen & Essen

Rancho Leona LODGE $

(☎2761-1019, 2761-0048; www.rancholeona.com; Zi. ohne Bad 12 US$/Pers.;) In dieser schattigen Unterkunft am Fluss treffen sich Kajaker, um die Geschichten von ihren Wildwasserabenteuern auszutauschen. Die einfachen, makellos sauberen Zimmer in der Lodge teilen sich allesamt Gemeinschaftsbäder mit Warmwasser. Das superfreundliche Personal organisiert nicht nur Flusstouren, sondern bereitet manchmal auch Abendessen zu.

Tirimbina Lodge LODGE $$

(☎2761-1579; www.tirimbina.org; Tirimbina Rainforest Center; EZ/DZ/3BZ ab 45/56/68 US$) Die rustikale Lodge in einem 345 ha großen privaten Naturreservat bietet zu erschwinglichen Preisen ein echtes Regenwalderlebnis. Die Unterkünfte sind nicht gerade schick, aber die ausgezeichneten geführten Touren und die 9 km an Wegen bieten jede Menge Möglichkeiten zur Tierbeobachtung. Das gemeinnützige Regenwaldzentrum investiert seine Gewinne in die Naturforschung und -bildung.

Puerto Viejo de Sarapiquí

7100 EW.

Das am Zusammenfluss zweier schöner Flüsse gelegene Puerto Viejo de Sarapiquí war einst der wichtigste Hafen in Costa Rica; hier legten mit Obst, Kaffee und anderen Exportwaren beladene Schiffe ab. Heute ist es nur noch ein einfacher Marktflecken, jedoch bieten sich hier hervorragende Möglichkeiten zur Vogelbeobachtung und zum Raften, Kajakfahren und Wandern.

Wer von Puerto Viejo mit dem Boot nach Trinidad am Zusammenfluss von Río Sarapiquí und Río San Juan fährt, hat jede Menge Chancen, am schlammigen Ufer Krokodile, Faultiere, Vögel, Affen und Leguane zu sehen. Das Flusssystem liegt immer noch abseits der Touristenpfade und wartet mit Regenwald und Bauernhöfen, Tieren und alten Kriegsschauplätzen, Weideland und geschütztem Wald auf.

Wer nicht ganz bis nach Trinidad fahren möchte, kann mit der **Associacion de Turismo Rural** (☎2766-5858; Tour 20 US$/Pers.; ⌚8–15 Uhr) eine kürzere Flussfahrt (90 Min.) auf der Ruta Los Heroes unternehmen.

Schlafen & Essen

Cabinas Laura CABINAS $

(☎2766-6316; EZ/DZ 20/24 US$;) Eine saubere, ruhige Unterkunft an der Straße zum Anleger. Die einfachen Zimmer sind neu gefliest und verfügen über eine Holzeinrichtung und Kabel-TV.

★ **Chilamate Rainforest Eco Retreat** LODGE $$

(☎2766-6949; www.chilamaterainforest.com; B 30 US$, EZ/DZ mit Frühstück 76/96 US$) Die fünf mit Solarstrom versorgten Hütten auf

NAMENSVETTERN

Bitte nicht Puerto Viejo de Sarapiquí mit dem *anderen* Puerto Viejo (de Talamanca) an der Karibikküste verwechseln!

einem 20 ha großen Sekundärwaldstück sind zwar einfach, haben aber viel Flair, u. a. dank dem von Hand gefertigten Mobiliar. Außerdem gibt es eine Schlafbaracke mit zwölf Dormbetten, mit Gemeinschaftsbad und Küche. Hinter der Lodge schlängeln sich Wege von insgesamt 6 km Länge durch den Dschungel, wo man vielleicht auf Faultiere, Affen, Tukane, Frösche, Schlangen usw. trifft. Das Resort liegt 6 km westlich des Orts an der Straße nach La Virgen.

Posada Andrea Cristina B&B CABINAS **$$**
(☎ 2766-6265; www.andreacristina.com; EZ/DZ mit Frühstück 32/52 US$; P 📶) Das empfehlenswerte B&B rund 1 km westlich des Zentrums bietet acht urige, bunte Hütten mit hohen Balkendecken, warmem Wasser und Tischen und Stühlen im Freien. Wegen seiner Lage am Rande des Regenwalds kann man hier hervorragend Vögel beobachten.

An- & Weiterreise

Vom kleinen Hafen verkehren regelmäßig Boote zum Außenposten Trinidad am Río San Juan gegenüber von Nicaragua. Die Boote nach Trinidad fahren um 14 Uhr ab, fahren am nächsten Morgen um 5 Uhr zurück und kosten 10 US$ pro Person.

Im **Busbahnhof** (☎ 2233-4242; ⌚ 5–19 Uhr) direkt gegenüber vom Park werden Fahrkarten zu folgenden Zielen verkauft:

Guápiles (2 US$, 1 Std., 10-mal tgl.) Busse von Empresarios Guapileños.

La Virgen (1 US$, 30 Min., 6–20 Uhr stündl.)

San José (2,50 US$, 2 Std., 9-mal tgl.) Busse von Autotransportes Sarapiquí und Empresarios Guapileños.

GUANACASTE

Genauso wie der landesweit verehrte Schatten spendende, knorrige Baum, nach dem die Region benannt wurde, hat Guanacaste etwas Einzigartiges und Störrisches. Man könnte die Region auch den Segen der Provinz nennen: Hier geht's gemächlich zu, die Leute sind entspannt und freundlich, und die Straßen führen ins Nirgendwo.

Im Hintergrund, hinter den Cowboy-Ebenen, lockt Mutter Natur mit Vulkanen, Thermalquellen und Reittouren die Traveller an. Seltene tropische Trockenwälder reichen bis an unberührte Strände am Pazifik, wo Schildkröten ihre Eier ablegen und herrliche Surfwellen ans Ufer branden. Und dank eines neuen Flughafenterminals lässt sich der tolle Nordwesten des Landes nun einfacher erkunden denn je.

Cañas

25 500 EW.

Heiße, staubige Straßen, frisierte Pickups und berittene Sabaneros (Cowboys) sind der Beweis: Das hier ist Cañas, eine typisch ländliche lateinamerikanische Stadt, in der es geruhsam zugeht und die Geschäfte über die Mittagszeit schließen. Auf jeden Fall anschauen sollte man sich die auffallende **katholische Kirche**, die mit Mosaiken des berühmten, aus Cañas stammenden Künstlers Otto Apuy geschmückt ist.

Das an der Kreuzung der Interamericana und der östlichen Straße nach Monteverde gelegene Cañas ist aber auch eine Ausgangsbasis für Raftingtrips auf dem nahen Río Corobicí. Die Touren lassen sich bei **Safaris Corobicí** (☎ 2669-6091; www.safaricorobici.com; Interamericana Km 193; 2-stündige Tour 52 US$, 3-stündige Vogelbeobachtungstour 60 US$; ⌚ Abfahrt 7–15 Uhr; 👪) buchen, im Büro an der Interamericana, 4 km nördlich von Cañas.

Schlafen & Essen

Hotel Cañas HOTEL **$**
(☎ 2669-5118; www.hotelcanascr.com; Ecke Calle 2 & Av 3; EZ/DZ 24/32 US$; P ❄ 📶) Das professionell geführte Hotel ist ruhig und supersauber, aber die künstlichen Seidenpflanzen gaukeln die Natur nur vor.

Caña Brava Inn HOTEL **$$**
(☎ 2669-1294; www.canabravainn.com; Ecke Interamericana & Av 5; EZ/DZ 45/60 US$; P ❄ 📶 🏊) Das recht neue und komfortable Hotel bietet alle modernen Annehmlichkeiten wie gut isolierte Zimmer mit Flachbild-TV, riesige, bequeme Betten und eine zeitgenössische Einrichtung mit viel dunklem Holz.

Rincón Corobicí COSTA-RICANISCH **$$**
(☎ 2669-1234; www.rinconcorobici.com; Hauptgerichte 6–12 US$; ⌚ 8–18 Uhr) Das nette Restaurant unter Schweizer Führung liegt 4 km nördlich von Cañas am Ufer des Río Corobicí. Von einer Terrasse hat man Blick auf

den Fluss und den Garten, und ein kurzer Weg folgt dem Ufer des Flusses, der sich nach dem Mittagessen für ein abkühlendes Bad anbietet. Außerdem kann man beim Restaurant Raftingtrips buchen.

An- & Weiterreise

Der Busbahnhof Cañas befindet sich am nördlichen Ortsrand.

Liberia (3 US$, 1½ Std., 4.30–17.30 Uhr 10-mal tgl.)

Puntarenas (3 US$, 2 Std., 6–16.30 Uhr 7-mal tgl.)

San José (5 US$, 3½ Std., 4–17.30 Uhr 9-mal tgl.)

Tilarán (1 US$, 45 Min., 6–17.45 Uhr 8-mal tgl.)

Parque Nacional Palo Verde

Der 184 km² große **Parque Nacional Palo Verde** (☎2524-0628; www.ots.ac.cr; Erw./Kind 10/1 US$; ⏲8–16 Uhr) ist ein Feuchtland-Schutzgebiet in der trockensten Provinz Costa Ricas. Mit mehr als 300 Vogelarten weist der Nationalpark Palo Verde die größte Konzentration von Wasservögeln in Zentralamerika auf. Man kann hier Reiher (u.a. den seltenen Nachtreiher), Störche, Löffler und Hellrote Aras sichten. Zu Beginn der Trockenzeit im Dezember, wenn die Bäume ihre Blätter verlieren, kann man die vielen Vögel in den Seen und Sümpfen am besten beobachten.

Gute Quartiere und Infos findet man in der **Hacienda Palo Verde Research Station** (☎2524-0607; www.ots.ac.cr; Zi. mit Frühstück 72 US$/Pers.; P 📶), die von der Organization of Tropical Studies (OTS) betrieben wird und auch empfehlenswerte, von Naturkundlern geführte **Wander-** (24 US$/Pers.) und **Vogelbeobachtungstouren** (36 US$/Pers.) anbietet. Beginn der Touren ist am OTS-Hauptquartier um 8 und 15 Uhr.

Palo Verde liegt 30 km westlich von Cañas; die Abzweigung befindet sich in Bagaces. Zwischen Cañas und Liberia fahren Busse, die einen am ACT-Büro in Bagaces absetzen. Wenn man dem Büro im Vorfeld telefonisch Bescheid gibt, können Ranger einen vielleicht sogar von hier die restlichen 22 km zum Park fahren.

Liberia

63 000 EW. / VERKEHRSKNOTENPUNKT

Die sonnige, ländliche Hauptstadt von Guanacaste dient schon seit Langem als Verkehrsknotenpunkt zwischen Costa Rica und Nicaragua und ist außerdem ein Aushängeschild für die *sabanero*-Kultur des Landes. Inzwischen hat sich der Tourismus hier zu einem wichtigen Erwerbszweig entwickelt. Liberia ist mit seinem expandierenden internationalen Flughafen ein sicheres und überraschend cooles Tor nach Costa Rica und eignet sich zudem gut als Ausgangspunkt für Erkundungstouren in den Nationalpark Rincon de la Valle und zu den Stränden der Península de Nicoya.

Schlafen

La Posada del Tope PENSION $

(☎2666-3876; hotelposadadeltope@gmail.com; Calle Real zw. Av 2 & 4; Zi. mit/ohne Bad 30/20 US$; P @ 📶) Diese Pension in einem herrlichen Garten und mit einer bunten Sammlung an Kunst und Antiquitäten beeindruckt für eine Budgetunterkunft mit jeder Menge Flair. Die Zimmer sind sehr einfach, aber der Preis stimmt. Der zweisprachige Eigentümer Denís ist eine hervorragende Informationsquelle.

Hotel Liberia HOTEL $

(☎2666-0161; www.hotelliberiacr.com; Calle Real zw. Av Central & 2; B 10 US$, EZ/DZ ab 20/32 US$; P) Die Zimmer in diesem weitläufigen, 100 Jahre alten Haus säumen eine Freiluftlounge im Innenhof, die mit Fernseher und Hängematten ausgestattet ist. Die Atmosphäre ist sehr lebendig, aber die Zimmer sind verwohnt.

Hotel La Casona HOTEL $

(☎2666-2971; casona@racsa.co.cr; Ecke Calle Real & Av 6; DZ 36 US$; P ❄ 📶) Das rosafarbene Holzhaus hat passable Zimmer und ein freundliches Management. Die Preise sind oft verhandelbar.

★**Casa del Papel** B&B $$

(Posada de la Calle Real; ☎2666-0626; posadadelacallereal@gmail.com; Ecke Calle Real & Av 4; EZ 20–55 US$, DZ 30–75 US$, jeweils mit Frühstück; P ❄ 📶) Das historische Gebäude ist kunstvoll in eine exquisite Pension umgewandelt worden, die leicht an ihrer Zeitungsfassade erkennbar ist. Die Zimmer sind einfach, aber geschmackvoll eingerichtet und haben zumeist kein eigenes Bad. Die Lounge ist mit Originalkunst und antiken Möbeln ausgestattet, und den Gästen stehen außerdem ein wundervoller Garten, ein Pool mit Whirlpool und Hängematten zur Verfügung.

El Punto Hotel HOTEL $$$

(☎2665-2986; www.elpuntohotel.com; Ecke Interamericana & Av 4; Zi. ab 100 US$; P ❄ @ 📶) Die

Liberia

ehemalige Grundschule wurde zu einem schicken, modernen Hotel umgebaut. Die Loft-Apartments mit ihren satten tropischen Farben sind mit Kochnischen, Hängematten und bunter moderner Kunst ausgestattet. Die junge zweisprachige Betreiberin Mariana ist der Liebreiz in Person.

Essen & Ausgehen

Los Comales COSTA-RICANISCH $

(☎2666-0105; Calle Central zw. Av 7 & 5; Gerichte 3–8 US$; ⌚6.30–21 Uhr) Das von einem Frauenkollektiv geführte fröhliche, beliebte Lokal serviert Spezialitäten aus Guanacaste und costa-ricanische Standardgerichte. Die Spezialität des Hauses ist Hähnchen mit Salsa, aber auch die *casados* sind lecker.

Pan y Miel BÄCKEREI $

(☎2666-0718; Calle 2 zw. Av 3 & 5; Hauptgerichte 2–6 US$; ⌚6–18 Uhr) In dieser Bäckerei bekommt man zum Frühstück hervorragendes Brot als Sandwich oder French Toast serviert. Außerdem gibt's ein Buffet mit *casado*, Gebäck und frischem Obst.

Mariajuana CAFÉ

(Calle 1 zw. Av 2 & 4; Hauptgerichte 2–6 US$; ⌚Mo–Sa 11.30–22 Uhr; 📶👪) Diese einladende alternative bunte Freiluftbar ist prima für Burritos, Grillgerichte und frische Obst-*batidos*.

★Café Liberia NATURKOST $$

(☎2665-1660; Calle Real zw. Av 2 & 4; Hauptgerichte 8–12 US$; ⌚Mo–Sa 7–22 Uhr; ❄📶🥬) Das schön restaurierte Kolonialgebäude schafft mit schweren Holzmöbeln und einer bemalten Decke ein romantisches Ambiente für tollen Kaffee und Gourmetspeisen. Außerdem finden in den stimmungsvollen Räumlichkeiten zuweilen Konzerte und andere Veranstaltungen statt.

Jauja RESTAURANT $$

(☎2665-2061; Ecke Av 25 de Julio & Calle 10; Hauptgerichte 8–18 US$; ⌚11–1 Uhr; 🅿📶) Diese stilvolle Bar mit Innen- und Außenbereich

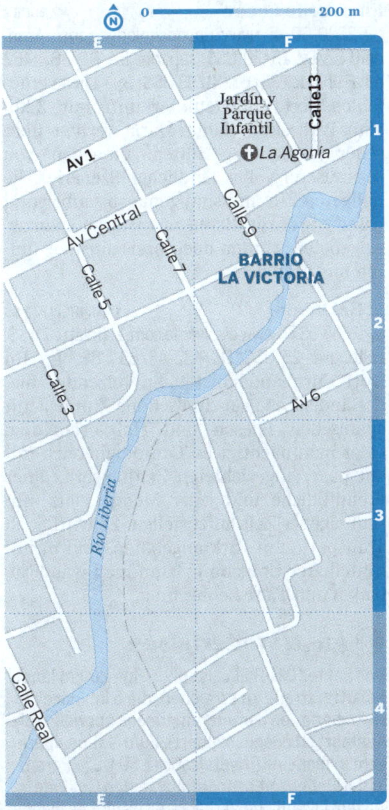

Liberia

Schlafen

1 Casa del Papel D3
2 El Punto Hotel A4
3 Hotel La Casona D3
4 Hotel Liberia D2
5 La Posada del Tope D3

Essen

6 Café Liberia D3
7 Jauja B3
8 Los Comales C1
9 Pan y Miel C1
10 Pizza Pronto D3

Ausgehen & Nachtleben

11 Mariajuana D3

serviert Holzofenpizza, zarte Steaks und Burger mit hausgemachten Brötchen. Ein solides neues Lokal mit einem jungen einheimischen Küchenchef.

Pizza Pronto ITALIENISCH **$$**
(☎2666-2098; Ecke Av 4 & Calle 1; Hauptgerichte 8–17 US$; ⏲11–23 Uhr) Diese niedliche, altmodische Pizzeria, in der das Holz neben dem rauchenden Ofen im Hof gestapelt wird, präsentiert sich romantisch und einfach – mit nur Pizza, Pasta und Salaten. Den Belag für die Holzofenpizza kann man aus einer langen Liste selbst auswählen, z. B. frische Meeresfrüchte oder Ananas.

Praktische Informationen

Cyberm@nia (☎2666-7240; Av 1 zw. Calle 2 & Central; 1,20 US$/Std.; ⏲8–22 Uhr) Absolut freundliche Angestellte. Von hier kann man auch gut billige Ferngespräche führen.

Hospital Dr. Enrique Baltodano Briceño (☎2666-0011, Notaufnahme 2666-0318) Das Krankenhaus liegt hinter dem Stadion am nordöstlichen Stadtrand.

Planet Internet (☎2665-3737; Calle Real zw. Av Central & 2; 1 US$/Std.; ⏲9–21 Uhr) Schnelle Computer, eingerichtet für Internettelefonate.

An- & Weiterreise

BUS

Die Busse kommen am **Terminal Liberia** (Av 7 zw. Calle 12 & 14) und am **Terminal Pulmitan** (Av 5 zw. Calle 10 & 12) an. Der TransNica-Bus nach Managua hält am Liberia Cruce, der Ampelkreuzung an der Interamericana.

Shuttle-Bus

Zur Península de Nicoya gibt's zahlreiche Shuttle-Services, u. a. **Tropical Tour Shuttles** (☎2640-1900; www.tropicaltourshuttles.com).

FLUGZEUG

Der 1993 eröffnete Aeropuerto Internacional Daniel Oduber Quirós (S. 689) liegt 12 km westlich von Liberia und ist der zweite internationale Flughafen des Landes. Von hier aus kommt man leicht zu all den schönen Stränden, ohne den ganzen Ärger mit dem Chaos von San José zu haben. Im Januar 2012 wurde ein schickes neues, 35 Mio. US$ teures Flughafenterminal eingeweiht, sodass jetzt noch mehr Ziele bedient werden können.

Die meisten Flüge aus dem Ausland kommen immer noch aus den USA und Kanada. Dazu gesellen sich ein paar Regionalverbindungen von Copa Air (Panama) und Taca (Guatemala). Das wichtigste Inlandsziel ist San José.

Der Flughafen bietet private und Sammel-Shuttles zu vielen Zielen auf der Nicoya-Halbinsel und im nördlichen Costa Rica. Dafür sind Vorausbuchungen notwendig. Ins Zentrum von Liberia fährt ein öffentlicher Bus (1,20 US$, 30 Min., stündl.), oder man nimmt ein Taxi (20 US$).

Parque Nacional Rincón de la Vieja

Die größte Attraktion in der Region ist der aktive, rauchende Volcán Rincón de la Vieja (1895 m), aber es gibt hier auch unzählige Fumarolen, lauwarme Quellen und dampfende, blubbernde Schlammlöcher sowie einen jungen und temperamentvollen *volcancito* (kleinen Vulkan). Ein Großteil des Parks ist auf teils steilen, aber gut unterhaltenen Wegen zugänglich. Der Krater selbst ist seit einer Reihe von Ausbrüchen Anfang 2012 tabu.

In dem Nationalpark gibt es 300 Vogelarten, Morphofalter, Tapire, Affen und Pumas. Der Park wartet außerdem mit der größten Dichte an Costa Ricas Nationalblume auf, der zunehmend seltenen *Cattleya skinneri*, einer purpurfarbenen Orchidee, die hier als *guaria morada* bekannt ist. Achtung: Zecken leben hier auch – vor allem in grasbewachsenen Gebieten! Auf jeden Fall feste Schuhe und lange Hosen tragen!

Die meisten Besucher betreten den Park im **Sektor Las Pailas** (☎2661-8139; www.acguanacaste.ac.cr; Erw./Kind 10/1 US$; ⊙7–15 Uhr, Mo geschl.) an der Westseite. Östlich der Rangerstation führt ein Rundweg (ca. 3 km) vorbei an blubbernden Schlammbecken, **Las Pailas** (die Kessel), schwefelhaltigen Fumarolen und einem Mini-Vulkan. Westlich der Rangerstation führt der Sendero Cangreja nach 5 km zur **Catarata La Cangreja**, die sich von einer hohen Klippe in eine blaue Lagune ergießt, wo man hervorragend baden kann.

Von der **Rangerstation Santa María** (☎2661-8139; www.acguanacaste.ac.cr; Erw./Kind 10/1 US$; ⊙8–17 Uhr) kann man einem 2,8 km langen Weg zu schwefelhaltigen **Thermalquellen** folgen. Außerdem gibt's noch einen 1,1 km langen Weg zur Catarata Bosque Encantado, dem besten Wasserfall im Sektor Santa María.

Schlafen

Zelten ist nur bei der Rangerstation Santa María erlaubt (2 US$/Pers.). Der Zeltplatz verfügt über Wasser, Plumpsklos, Duschen, Tische und Grillstellen, aber ansonsten muss man alles selbst mitbringen. Am besten zeltet man in den trockenen Monaten Dezember, März und April, jedoch muss man hier das ganze Jahr über mit kaltem und nebeligem Wetter rechnen.

Rinconcito Lodge LODGE $
(☎2200-0074; www.rinconcitolodge.com; Standard EZ/DZ 25/39 US$, superior EZ/DZ/3BZ/4BZ mit Frühstück 36/63/81/93 US$; P) Diese empfehlenswerte Budgetunterkunft nur 3 km vom Parksektor Santa María verfügt über schöne, rustikale Hütten, umgeben von überaus reizvoller ländlicher Szenerie. Die billigeren Zimmer sind genauso sauber und frisch wie die größeren, aber sie sind winzig. Angeboten werden auch preisgünstige Touren und Transfers.

El Sol Verde CAMPINGPLATZ $$
(☎2665-5357; www.elsolverde.com; Zeltplätze 7 US$, Zelthäuser 25 US$, DZ/4BZ 48/69 US$; P) Im Dorf Curubandé bietet ein reizendes niederländisches Paar drei schöne Zimmer mit spanischen Fliesen und Holzvertäfelung. Oder man nächtigt im Campingbereich mit ein paar eingerichteten Zelthäusern, einer Freiluftküche und jeder Menge Platz, um sein eigenes Zelt aufzustellen. Es wird auch Transport zum Park angeboten, und in unmittelbarer Umgebung kann man wandern, baden und Tiere beobachten.

An- & Weiterreise

Der Sektor Las Pailas ist über eine 20 km lange Schotterstraße zu erreichen, die 5 km nördlich von Liberia von der Interamericana abzweigt (die Ausfahrt ist ausgeschildert). Zum Nationalpark geht's über eine Privatstraße (1,50 US$/Pers.). In der Regenzeit braucht man einen Geländewagen. Öffentliche Verkehrsmittel gibt es nicht, aber die Hotels und Lodges in Liberia können den Transport ab Liberia organisieren (einfache Strecke ca. 30 US$/Pers.).

Die Rangerstation Santa María ist über eine holprigere Straße zu erreichen, die im Barrio La Victoria in Liberia beginnt. Busse gibt es nicht. Eine Taxifahrt kostet ungefähr 45 US$ pro Strecke.

Santa Rosa

Der **Sektor Santa Rosa** (2666-5051; Eintritt 10 US$), ein Teil der Area de Conservacion Guanacaste, wurde vor allem aus historischen und patriotischen Gründen eingerichtet, ist aber auch von botanischem und biologischem Interesse. Im seltenen tropischen Trockenwald wachsen urzeitliche Dornenbäume und hohes *jaragua*-Gras sowie Kakteen und Bromelien. Die Playa Nancite ist berühmt für die *arribadas* (das massenhafte Ankommen zum Eierablegen) von Oliv-Bastardschildkröten – bis zu 8000

BUSSE AB LIBERIA

ZIEL	ABFAHRTSORT	PREIS (US$)	DAUER (STD.)	ABFAHRTEN
Cañas	Terminal Liberia	2	2	5–21.30 Uhr alle 30 Min. (oder man nimmt den Bus nach San José und steigt in Cañas aus)
La Cruz/ Peñas Blancas	Terminal Liberia	2,50	1½–2	5–18.30 Uhr stündl.
Managua, Nicaragua	Liberia Cruce	30	5	4-mal tgl.
Playa del Coco	Terminal Pulmitan	1,20	1	5–19 Uhr stündl.
Playa Tamarindo	Terminal Liberia	2,75	1½–2	4–18 Uhr stündl.
Puntarenas	Terminal Liberia	3	3	9-mal (oder man nimmt den Bus nach San José und steigt in Puntarenas aus)
San José	Terminal Pulmitan	6	4½	11-mal tgl.

gleichzeitig! Die meisten Reisenden kommen jedoch aus einem anderen Grund hierher: Sie wollen an der Playa Naranjo und am Ollie's Point surfen.

Wer in dem einfachen Schlafsaal der **Forschungsstation** (☎2666-5051; www.acguanacaste.ac.cr; B 15 US$, Mahlzeiten 6–7 US$) des Parks übernachten möchte, sollte ein Bett reservieren; hier ist auch eine billige Cafeteria. In der Nähe des Parkbüros gibt es außerdem einen schattigen **Campingplatz** (2 US$/Pers.) mit Picknickbänken, Grillstellen, Spültoiletten und Kaltwasserduschen. Auch an der Playa Naranjo wird gern gezeltet, es gibt dort jedoch kein Trinkwasser.

Sehenswertes & Aktivitäten

La Casona HISTORISCHES GEBÄUDE
(☎2666-5051; www.acguanacaste.ac.cr; ⌚8–11.30 & 13–16 Uhr) Dieses rekonstruierte Gebäude steht auf dem Gelände der alten Hacienda Santa Rosa, wo 1856 eine Schlacht ausgefochten wurde. Es beherbergt ein gutes Museum mit Ausstellungen zu den Kämpfen sowie zur Naturgeschichte der Region. Zur Zeit der Recherche war das Museum zwecks Renovierung geschlossen, wird aber sicher bald wieder geöffnet sein. Hinter dem Museum beginnen zwei Wanderwege; einer davon führt zum **Monumento a Los Héroes**.

Playa Naranjo STRAND
Die Playa Naranjo bietet erstklassige Surfbedingungen, besonders in der Nähe des **Witch's Rock**, der berühmt ist für seine schnellen und hohlen, 3 m hohen rechtsbrechenden Wellen (wenn die Brandung nicht so hoch ist, gibt's auch nette Lefthander). Die Wellen brechen zwar am Strand, aber nahe der Flussmündung liegen Felsbrocken im Wasser. Besonders vorsichtig müssen Surfer im Gebiet des Flussdeltas sein, da sich hier während des Gezeitenwechsels viele Krokodile auf der Suche nach Nahrung aufhalten. Ebenso legendär ist es, vor der Playa Portero Grande bei **Ollie's Point** zu surfen, wo es die besten Righthander in Costa Rica gibt. Der abgelegene Strand ist allerdings nur per Boot von der Playa del Coco oder Tamarindo zu erreichen.

Playa Nancite STRAND
Der beste Schildkrötenstrand ist die Playa Nancite im Süden. Im September und Oktober sieht man hier bis zu 8000 Oliv-Bastardschildkröten auf einmal. Nancite ist zwar ein Sperrgebiet, aber um sich das Spektakel anzuschauen, kann man sich von der Parkverwaltung eine Genehmigung ausstellen lassen. Verboten sind Taschenlampen, das Fotografieren mit Blitzlicht sowie Angeln und Jagen.

An- & Weiterreise

Der Parkeingang befindet sich 35 km nördlich von Liberia an der Westseite der Interamericana. Man nimmt irgendeinen Bus, der zwischen Liberia und der nicaraguanischen Grenze bei Peñas Blancas fährt, und bittet den Fahrer, einen am Parkeingang abzusetzen. Wer will, kann sich in Liberia auch ein eigenes Transportmittel organisieren (hin & zurück ca. 20 US$/Pers.).

Von der Straße geht es zu Fuß 7 km bis zur Rangerstation, wo ein Infozentrum, ein Campingplatz, ein Museum, eine Forschungsstation und ein Naturlehrpfad warten. Ein 12 km langer Pfad führt hinunter zur Küste und zur Playa Naranjo. Autofahrer brauchen einen Geländewagen mit viel Bodenfreiheit, mit dem auch Flüsse durchquert werden können. Mit Infos zum Straßenzustand können die Ranger weiterhelfen.

La Cruz

4800 EW.

La Cruz ist der Ort, der dem Grenzübergang Peñas Blancas nach Nicaragua am nächsten liegt, und er ist das Haupttor zur **Bahía Salinas**, dem wichtigsten Kitesurferziel Costa Ricas. La Cruz selbst ist ein recht raues und verschlafenes Provinznest auf einem Bergplateau, das von fast allen Ecken einen wundervollen Blick auf die windgepeitschte Bahía Salinas bietet.

Schlafen & Essen

Hotel La Mirada HOTEL $

(☎2679-9702; www.hotellamirada.com; EZ/DZ 27/40 US$; P❄📶) Trotz des Namens kann das Hotel kaum mit Ausblicken aufwarten, aber der Familienbetrieb ist liebevoll gepflegt. Die Zimmer haben einen etwas merkwürdigen Grundriss, aber sie sind supersauber und verfügen über Balkendecken, Kabel-TV und Loft-Schlafplätze für die Kinder.

Amalia's Inn PENSION $

(☎2679-9618; EZ/DZ 20/30 US$; P❄≋) Von den Gemeinschaftsterrassen des weißen Gipsputzhauses auf einer Klippe bieten sich umwerfende Ausblicke auf die Bucht. Die Wände des weitläufigen Hauses zieren modernistische Gemälde von Amalias verstorbenem Ehemann – insgesamt eine recht gute Unterkunft.

Hotel Bella Vista HOTEL $

(☎2679-8050; Zi. mit/ohne Bad 16/12 US$; P❄≋) Das von Holländern geführte Hotel mit einem Pool mit hübschem Mosaikboden und einem luftigen Restaurant an der Spitze des Hügels bietet muffige, aber einigermaßen saubere Zimmer. Die im zweiten Stock bekommen mehr Tageslicht ab und warten mit tollen Ausblicken auf.

An- & Weiterreise

Die meisten Busse fahren vom Busbahnhof drei Blocks westlich der Interamericana, gegenüber vom Haus der Gemeindeverwaltung.

Transportes Deldú (www.transportesdeldu.com; ⏱7.30–12.30 & 13.30–18 Uhr) am Busbahnhof verkauft Fahrkarten und hat eine Gepäckaufbewahrung. Wer mit dem TransNica-Bus nach Peñas Blancas fahren will, muss ihn an der Interamericana heranwinken.

Liberia (2,50 US$, 1½ Std., 8-mal tgl.)

Peñas Blancas (1,50 US$, 45 Min., 10-mal tgl.)

San José (7 US$, 5 Std., 5.30–17.30 Uhr stündl.) Via Liberia.

PENÍNSULA DE NICOYA

Der Reiz der Península de Nicoya erklärt sich quasi von selbst. Vielleicht locken einen die strahlend blauen Gewässer, deren Wellen sich an der gesamten Küste zu perfekten Barrels formen. Und wer nicht surft, will vielleicht tauchen, schnorcheln, angeln oder auf dem wunderbaren Pazifik paddeln. Man kann Tage und Abende am Strand verbringen, Lederschildkröten beobachten oder über raue Straßen holpern, Flüsse durchwaten und Bergkämme mit weiten Ausblicken über die Küste erklimmen.

Auf jeden Fall herrscht hier kein Mangel an netten Bleiben, Yogastudios und geschmackvollen Restaurants für die Zeit zwischen den Abenteuern. Ob man nun Tage oder Wochen bleibt – Langeweile kommt hier sicher keine auf.

Playa del Coco

Die Playa del Coco liegt 37 km westlich von Liberia und ist wegen der guten Straße nach San José der am leichtesten zu erreichende Strand der Halbinsel. Der Name leitet sich von dem kakaofarbenen Sand zwischen den beiden felsigen Landzungen ab. Hier dreht sich alles ums Sportangeln, und zur Happy Hour – die recht früh beginnt – mischen sich die Traveller unter die amerikanischen Angler.

Sehenswertes & Aktivitäten

Die nördliche Halbinsel ist eines der besten und am leichtesten zu erreichenden Tauchreviere im ganzen Land. Getaucht wird vor der **Isla Santa Catalina** (ca. 20 km südwestlich) und der **Isla Murciélago** (40 km nordwestlich). Hier sind jede Menge Schildkröten und andere Ozeanbewohner wie Mantarochen, Haie und Wale unterwegs, und Taucher verschwinden in riesigen Schwärmen kleinerer tropischer Fische.

Der bevorzugte Schnorchel- und Badestrand ist die **Playa Ocotal** 4 km südlich des Orts. Der Strand ist gleichzeitig Ausgangspunkt fürs Surfen am Witch's Rock und Ollie's Point in Santa Rosa. Die Surfläden im Ort bieten die nötige Ausrüstung.

Rich Coast Diving TAUCHEN
(☎2670-0176, in den USA & Kanada 800-434-8464; www.richcoastdiving.com; 2 Tauchgänge 100 US$/Pers., Open Water Course 450 US$) Der von Niederländern geführte Tauchshop ist der größte der Gegend.

Summer Salt TAUCHEN
(☎2670-0308; www.summer-salt.com; 2 Tauchgänge 100–120 US$/Pers.) Der freundliche, von Schweizern geführte Tauchshop hat professionelles, zweisprachiges Personal. An der Hauptstraße, 100 m südlich der Plaza.

Festivals & Events

Fiesta de La Virgen del Mar FESTIVAL
(Fest der Jungfrau des Meeres; ⏲Mitte Juli) In Puntarenas und Playa del Coco, mit bunten Regatten und Bootsparaden.

Schlafen

Die Budgetunterkünfte – zumeist nur mit Kaltwasser – sind überwiegend auf costaricanische Wochenendbesucher eingestellt. Einige der besten liegen an der Straße La Chorrera, die parallel zum Strand verläuft, von der Hauptstraße Richtung Nordosten.

Pure Vibes Backpackers Resort HOSTEL $
(☎2670-0273; www.purevibesesorts.com; La Chorrera; B 12–19 US$, DZ 60–70 US$;) Alles, was man in einem Hostel erwartet: saubere Zimmer unterschiedlicher Größe (inkl. Frauendorms) mit Bad, einen großen Pool und jede Menge Hängematten, ein freundliches Management und Spaß bis zum Umfallen. Superbonus: Das Hostel zahlt die Taxifahrt von der Bushaltestelle.

Cabinas Coco Azul CABINAS $
(☎2670-0431; cabinascocoazul_cr@yahoo.com; DZ ab 25 US$;) Das weiße Backsteingebäude ist die beste von mehreren Budget-*cabinas* in einem ruhigen, abgeschlossenen Komplex hinter der Kirche. Die Zimmer sind blitzblank und komfortabel.

Hotel Mar & Mar HOTEL $$
(☎2670-1212; EZ/DZ 20/40 US$;) Romantische Strand-Hacienda mit ventilatorgekühlten Zimmern mit Keramikfliesenböden. Saubere aber beengte Einzelzimmer, die Doppelzimmer den höheren Preis allemal wert.

Laura's House B&B B&B $$
(☎2670-0157; www.laurashousecr.com; La Chorrera; EZ/DZ/3BZ/4BZ mit Frühstück 50/62/74/85 US$;) Lauras heimeliges B&B, in erstklassiger Lage einen Block vom Strand entfernt, bietet eine freundlich-familiäre Atmosphäre. Die acht Zimmer sind spartanisch eingerichtet, aber geräumig, der schattige Innenhof ist mit Hängematten und Stühlen ausgerüstet.

Pato Loco Inn PENSION $$
(☎2670-0145; www.patolocoinn.com; DZ/3BZ 58/68 US$, Gerichte im Restaurant 4–10 US$;) Bunte Bettwäsche und Wandgemälde verleihen den Zimmern in dieser netten und erschwinglichen Pension Frische. Den Tag läuten die Gäste mit einem tollen, sättigenden Frühstück ein. Am Abend kann man sich im Pool abkühlen, Billard spielen oder sich in der Bar ein Bier gönnen. An der Hauptstraße, rund 1,5 km südlich des Strands.

Essen & Ausgehen

Selbstversorger können sich im **Coco Palms Supermercado** (☎2670-0367; ⏲24 Std.), einen Block westlich der Hauptstraße Richtung südlichem Ortsrand, oder im riesigen **Auto Mercado** (☎2670-2232; ⏲8–20, Fr & Sa 8–21 Uhr) im neuen Einkaufszentrum Pacifico Plaza nahe der Ortseinfahrt eindecken.

★ **La Vida Loca** AMERIKANISCH $
(☎2670-0181; Hauptgerichte 4–9 US$; ⏲11–23 Uhr) Dieser beliebte Gringo-Laden am Südende des Strands, zu erreichen über eine wackelige Holzbrücke, ist auf US-amerikanische Hausmannskost spezialisiert. Gleichzeitig ist dies die beste Kneipe am Ort, und manchmal gibt's auch Livemusik.

Pure Vibes Cafe KARIBISCH $
(www.purevibesresorts.com; La Chorrera; Hauptgerichte 8–10 US$;) Auf der Karte steht alles Mögliche von Burgern über Salate bis zu *casados,* aber das Highlight ist sicher die scharfe karibische Kost wie jamaikanisches *jerk chicken* und *shrimp creole;* dazu kommen noch Tagesgerichte. Für Vegetarier gibt's eine eigene Karte mit Wraps, Burgern, Currys u. Ä. Auf dem hübschen Gelände des Backpacker-Resorts.

Las Olas SEAFOOD $$
(☎2670-2003; Hauptgerichte 7–16 US$; ⏲11–22 Uhr) Diese mit Tischdecken und Bambusdekor rausgeputze *soda* unmittelbar südlich des kommerziellen Zentrums an der Haupt-

Península de Nicoya

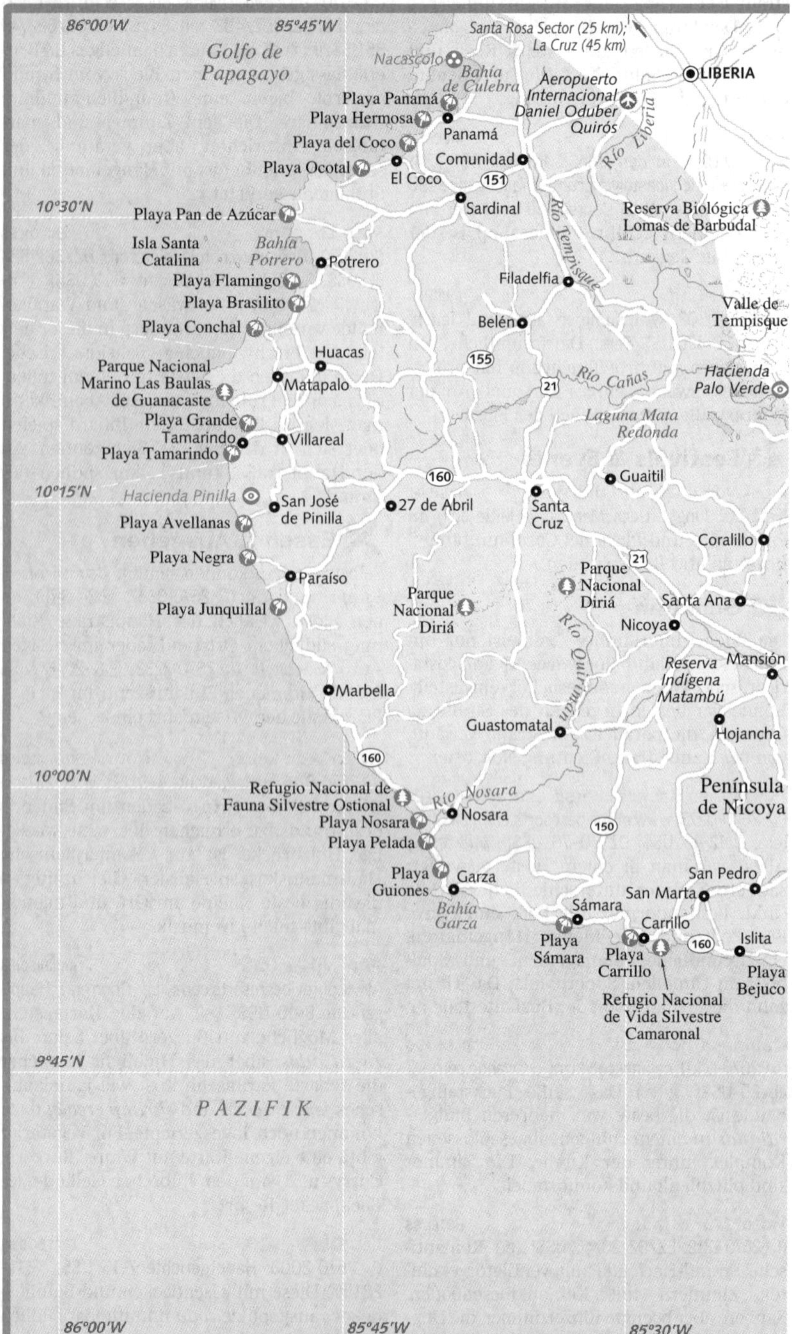

0
20 km
85°15'W
85°00'W
84°45'W
Fortuna
Miravalles Protection Zone
Volcán Tenorio (1916 m)
San Rafael de Guatuso
Reserva Indígena Guatuso
Parque Nacional Volcán Tenorio
Río Cote
Guanacaste
Río Tenorio
Tierras Morenas
Alajuela
Venado
Arenal
Pijije
Laguna de Arenal
Bagaces
Río Corobicí
Tronadora
Unión
10°30'N
1
Tilarán
La Fortuna (15 km)
Río Chiquito
Quebrada Grande
Cañas
Parque Nacional Volcán Arenal
Cordillera de Tilarán
Reserva Santa Elena
Parque Nacional Palo Verde
Bebedero
Reserva Biológica Bosque Nuboso Monteverde
Reserva Taboga
Río Bebedero
Río Tempisque
Puerto Humo
Santa Elena
Monteverde
Las Juntas de Abangares
Refugio de Vida Silvestre Cipanci
10°15'N
Parque Nacional Barra Honda
Puente La Amistad
Río Lagarto
Quebrada Honda
18
Barra Honda
Isla Chira
Rancho Grande
Reserva Biológica de los Pájaros
Río Grande
Golfo de Nicoya
Isla Caballo
Carmona
160
Chacarita
Barranca
Fähre
Lepanto
Jicaral
21
17
PUNTARENAS
Río Ora
Isla San Lucas
Mata de Limón
Cangrejal
Playa Naranjo
Reserva Biológica Isla Guayabo
Río Juan de Leon
Río Blanco
Bahía Gigante
Fähre
Quebrada Seca
Bejuco
Isla Gigante
Playa San Miguel
Jabilla
San Francisco de Coyote
Paquera
Reserva Biológica Islas Negritos
Curú
Refugio Nacional de Vida Silvestre Curú
Playa Coyote
Puntarenas
Isla Tortuga
Río Bongo
9°45'N
Playa Caletas
Pochote
Playa Tambor
Bajos de Arió
Tambor
Bahía Ballena
Playa Manzanillo
Río Negro
Cóbano
Montezuma
Reserva Absoluta Nicolás Wessburg
Playa Santa Teresa
Personenfähre Montezuma-Jacó
Mal País
Cabuya
Reserva Natural Absoluta Cabo Blanco

straße wartet mit frischem Seafood auf. Ein cooler Loungebereich bietet Kerzen, Ventilatoren und einen gurgelnden Brunnen.

Beach Bums BAR
(☎2670-0110; ⊙11–24 Uhr; 📶) Die riesige, zum Sand und Meer hin offene Strandscheune ist mit Graffiti-Wandbildern verziert und bietet an der Surfbrettheke das kälteste Bier vor Ort. Mittwoch- bis sonntagabends gibt's Livemusik.

Praktische Informationen

Die Polizei und ein kleines **Postamt** befinden sich südöstlich der Plaza in Strandnähe. Einen rund um die Uhr zugänglichen Geldautomaten hat die **BAC Bank** (Pacífico Plaza) an der aus der Stadt herausführenden Hauptstraße.

An- & Weiterreise

Alle Busse starten an der Haupthaltestelle an der Plaza gegenüber der Polizeiwache und kommen da auch an.

Liberia (1,50 US$, 1 Std., 8-mal tgl.)
San José (8 US$, 5 Std., 3-mal tgl.)

Playa Tamarindo

Dank seinem seit Jahren etablierten Ruf als beste Surf- und Partydestination Costa Ricas ist „Tamagringo" für zahllose Traveller das erste und letzte Ziel im Land. Kein Wunder also, dass dies auch der am besten erschlossene Strand der Halbinsel ist, mit Hotels, Kneipen und Restaurants ohne Ende.

Aber trotz des Rufs als Partymeile hat Tamarindo noch einiges mehr als Surfen und Alkohol zu bieten: Es ist nicht weit bis zur Playa Grande, einem wichtigen Nistplatz für Lederschildkröten. Außerdem sind im Ort einige der besten Restaurants des Landes ansässig. Und dank seiner zentralen Lage bietet sich Tamarindo als Ausgangspunkt für die Erkundung der Wildnis der nördlichen Halbinsel an.

Sehenswertes

★Parque Nacional Marino Las Baulas de Guanacaste PARK, STRAND
(Playa Grande; ☎2653 0470; Eintritt inkl. Tour 25 US$; ⊙8–12, 13–17 Uhr, Schildkrötentour 18–2 Uhr) Das Meeresschutzgebiet gleich nördlich des Dorfes Tamarindo umfasst auch die **Playa Grande**, ein beliebtes Surferziel und einer der wichtigsten Eiablageplätze der *baulas* (Lederschildkröten). Die Mangrovensümpfe des Parks bilden einen idealen Lebensraum für Kaimane und Krokodile sowie zahlreiche Vogelarten, darunter den schönen Rosalöffler. Heimisch sind hier außerdem Brüllaffen, Waschbären, Nasenbären, Otter und verschiedene Krebse. Hauptattraktion ist jedoch die Eiablage der weltgrößten Schildkröten, die ein Gewicht von mehr als 400 kg erreichen können. Die Hauptnistzeit ist von Oktober bis März, und zudem sieht man hier recht häufig Lederschildkröten und Grüne Meeresschildkröten.

Tagsüber ist der Strand jedermann frei zugänglich – und das ist gut so, denn vor der Playa Grande erfreuen schnelle, steile und beständige Wellen das Surferherz. Man kann vom Nordende des Dorfs Tamarindo nahe dem Parkbüro (☎2653-1687) mit dem Boot (2 US$, 7–16 Uhr) hierher kommen. Abends lässt sich der Strand nur im Rahmen einer Führung besuchen, die vorgebucht werden sollte (im Parkbüro oder im Hotel). Die Touren kosten inklusive Transport etwa 45 US$.

Aktivitäten

Surfen

Die beliebtesten Wellen in Tamarindo sind die mittelgroßen Righthander, die direkt vor dem Diriá Hotel brechen. Im Wasser hier wimmelt es nur so von Anfängern. Es gibt auch eine gute Stelle mit links brechenden Wellen an der Flussmündung, wo es aber bei Flutbeginn (zur besten Surfzeit) von Krokodilen wimmelt. Die Einheimischen kennen noch ein paar andere Stellen in der Umgebung – am besten einfach herumfragen.

Surfstunden kosten ungefähr 40 US$ für eineinhalb bis zwei Stunden, und die meisten Veranstalter überlassen einem auch danach noch für ein paar Stunden das Brett.

Kelly's Surf Shop SURFEN
(☎2653-1355; www.kellysurfshop.com; Leihbrett 20/120 US$ pro Tag/Woche; ⊙9–18 Uhr) Einer der besten Surfshops der Gegend mit toller Auswahl an recht neuen Boards, die man tage- oder wochenweise mieten kann.

Matos Surf Shop SURFEN
(☎2653-0845, 2653-0734; www.matossurfshop.com; Sunrise Commercial Center; ⊙8–20 Uhr, Unterricht 9–11 & 14–16 Uhr) Der älteste der hiesigen Surfshops wird von einem DJ und Fotounternehmer aus Uruguay geführt. Er bietet Unterricht und Brettverleih zu den günstigsten Preisen im Ort.

Witch's Rock Surf Camp SURFEN
(☎2653 0239; www.witchsrocksurfcamp.com; ⊙8–20 Uhr) Surfbrettverleih, Surf-Camps,

Surfunterricht und regelmäßige Surfausflüge nach Witch's Rock und Ollie's Point. Die Teilnehmer der mehrtägigen Surftouren können in Unterkünften am Strand übernachten.

Andere Aktivitäten

Agua Rica Diving Center TAUCHEN
(☎2653-0094, 2653-2023; www.aguarica.net; 2 Tauchgänge 80–105 US$) Die Profis des von Italienern geführten Agua Rica Diving Center bieten Schorchel- und verschiedenste Tauchtrips um die Datalina-Inseln herum, darunter Tauchkurse und Fahrten zu den Cocos-Inseln.

Blue Trailz RADFAHREN, SURFEN
(☎2653-1705; www.bluetrailz.com; Leihräder 25 US$/Tag, Radtouren 55–75 US$, B/Zi. 14/59 US$; ⏲Mo–Sa 7–19 Uhr) Surfbrett- und Mountainbike-Verleih sowie Mountainbiketouren in der Umgebung.

Papagayo Excursions BOOTSTOUR
(☎2653-0254; tamarindobeach.net/papagayo) Der bereits am längsten bestehende Ausrüster im Ort organisiert verschiedene Touren, z. B. den Besuch von schwer zu erreichenden Nationalparks und nahen Eiablagestellen der Schildkröten.

Kurse

Es gibt mehrere Sprachschulen in Tamarindo, die für einen einwöchigen Intensivkurs inklusive Unterbringung bei einer costaricanischen Gastfamilie 420 bis 440 US$ verlangen. Interessant sind auch die „Spanisch & Surfen"-Pakete mit Surfunterricht und Leihbrett.

Coastal Spanish Institute SPRACHKURSE
(☎2653-2673; www.coastalspanish.com)

Wayra SPRACHKURSE
(☎2653-0359; www.spanish-wayra.co.cr)

Schlafen

★ **La Oveja Negra** HOSTEL $
(☎2653-0005; www.laovejanegrahostel.com; B/DZ 15/35 US$; P@📶) Das hippste Hotel am Ort zieht ein internationales Publikum an. Die einigermaßen sauberen Zimmer sind gefliest und teilen sich Gemeinschaftsbäder, die Wände sind mit unkonventioneller Kunst geschmückt, und in den Gemeinschaftsbereichen gibt's neben originellen Möbeln auch eine offene Küche. Geboten werden außerdem Surfbrettverleih und Surfunterricht (Gruppe/einzeln 30/45 US$).

Blue Trailz Hostel HOSTEL $
(☎2653-1705; B 14 US$, Zi. 59 US$; ❄@📶) Das makellos saubere kleine Hostel an der Strandstraße ist bei Surfern und anderen Partyfreunden beliebt. Das sehr aufmerksame Personal gibt sich jede Mühe, um die Gäste zufrieden zu stellen. Die beiden Schlafsäle haben Klimaanlagen, neu geflieste Böden und kleine Küchen; in den identischen Privatzimmern ist Platz für bis zu sechs Personen. Gäste erhalten Ermäßigungen auf Leihbretter, Leihräder, Unterricht und Touren.

Tamarindo Backpackers HOSTEL $
(☎2653-4545; www.tamarindobackpackers.com; B 16 US$, DZ ab 40 US$; P❄@📶🏊) Diese kleine Backpackerunterkunft residiert in einer wundervollen gelben Hacienda an einer stillen Sackgasse in einiger Entfernung vom Strand. Die Doppelzimmer mit Bad sind mit ihren gefliesten Böden, Balkendecken und Flachbild-TVs fast luxuriös. Die Schlafsäle sind recht sauber, aber ansonsten unspektakulär. Draußen können sich Gäste über einen hübschen tropischen Garten, einen kleinen Pool und Hängematten freuen, und im Wald drum herum sind Brüllaffen zu vernehmen.

Pura Vida Hostel HOSTEL $
(☎8747-8780; www.puravidahostel.com; B 12–15 US$, EZ/DZ 35/45 US$; ⊖❄@📶) Der schattige Komplex beherbergt Dorms und Zimmer mit handgemalten Verzierungen und Spiegelmosaiken. Kein echtes Partyhostel, aber mit freundlicher und chilliger Atmosphäre, besonders im Gemeinschafts-*rancho* mit Hängematten und Schaukelstühlen.

La Botella de Leche HOSTEL $
(☎2653-0189; www.labotelladeleche.com; B 13–16 US$, EZ/DZ 30/38 US$; P❄@📶🏊) Die empfehlenswerte Unterkunft mit entspannter Atmosphäre und Kuh-Tick hat aufmerksame Angestellte, klimatisierte Zimmer und Schlafsäle mit eigenem Bad sowie eine ruhige Lage am östlichen Ortsrand. Es gibt auch eine düstere Gemeinschaftsküche, Regale für die Surfbretter, Hängematten und ein Fernsehzimmer.

Villas Macondo HOTEL $$
(☎2653-0812; www.villasmacondo.com; EZ/DZ/3BZ 40/50/60 US$, mit Klimaanlage 65/65/85 US$, Apt. 110–150 US$; P❄@📶🏊) Die Anlage mit sehr gutem Preis-Leistungs-Verhältnis ist zwar nur 200 m vom Strand entfernt, trotzdem aber in dem ansonsten hektischen Ort

Playa Tamarindo

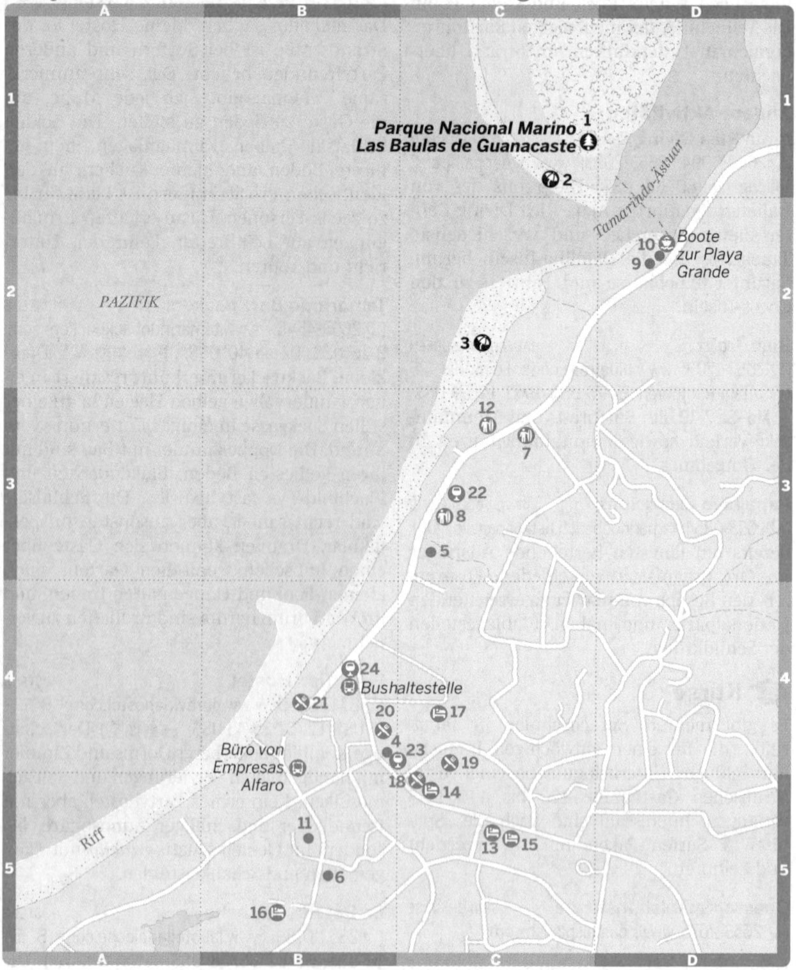

eine Oase der Ruhe. Die hübschen, modernen Villen mit Warmwasserduschen und Patio samt Hängematte liegen rund um einen tropischen Garten mit solarbeheiztem Pool.

Essen

Longboards AMERIKANISCH $
(☎2653-0027; Hauptgerichte 4–11 US$; ⊙Do–Di 11–22 Uhr) Bei vor Ort lebenden Ausländern beliebtes Barbecue-Lokal im amerikanischen Stil mit ausgezeichnetem gezupftem Schweinefleisch, Rippchen und Rinderbrust. Also ran an die surfbrettförmigen Tische!

Falafel Bar MEDITERRAN $
(☎2653-1268; Hauptgerichte 5–8 US$; ⊙9–23 Uhr) Dieses mediterrane Café serviert alle Favoriten vom Mittelmeer wie Schawarma, Falafel, Tabouleh, Hummus und Kebabs. Manchmal bis in die frühen Morgenstunden geöffnet.

Nogui's SEAFOOD $$
(☎2653-0029; Hauptgerichte 8–22 US$; ⊙11–23 Uhr) Dieses romantische Juwel, ein Fischschuppen mit mediterranem Charme, ist auf örtlichen Fisch spezialisiert. Wer keinen Hun-

Playa Tamarindo

Highlights

1 Parque Nacional Marino Las Baulas de Guanacaste C1

Sehenswertes

2 Playa Grande C1
3 Playa Tamarindo C2

Aktivitäten, Kurse & Touren

4 Agua Rica Diving Center B4
5 Blue Trailz C3
6 Coastal Spanish Institute B5
7 Kelly's Surf Shop C3
8 Matos Surf Shop C3
9 Papagayo Excursions D2
10 Parkbüro des Parque Nacional Marina Las Baulas de Guanacaste D2
11 Wayra B5
12 Witch's Rock Surf Camp C3

Schlafen

Blue Trailz Hostel .... (s. 5)
13 La Botella de Leche C5
14 La Oveja Negra C5
15 Pura Vida Hostel C5
16 Tamarindo Backpackers B5
17 Villas Macondo C4

Essen

18 Falafel Bar C5
19 La Baula C4
20 Longboards B4
21 Nogui's B4

Ausgehen & Nachtleben

22 Aqua Disco C3
23 Bar 1 .... C4
Eat@Joe's .... (s. 12)
24 Le Beach Club B4

ger hat, kann sich auch an der Bar zusammen mit den zuweilen etwas lauten Stammgästen einen Drink gönnen.

La Baula PIZZERIA $$
(☎2653-1450; Hauptgerichte 9–13 US$; ⊙5.30–23 Uhr; 👪) Das lockere Freiluftrestaurant bietet echte Holzofenpizza, Pastagerichte und anderes Italienisches. Außerdem ist es eines der familienfreundlichsten Lokale im Ort: Es verügt über einen Spielplatz für die Kleinen.

Ausgehen & Nightlife

Am Wochenende braucht man nur der Meute zu folgen. Schon auf der Hauptstraße herrscht eine Party-Atmosphäre wie zu Karneval. Fast alle Bars haben eine Ladies' Night.

Bar 1 SUSHIBAR
(☎2653-2586; ⊙Do–Di 18.30–2 Uhr) Von der schicken Freiluftbar im 3. Stock an der Plaza Tamarindo lassen sich wunderbar Leute beobachten. Wer Hunger hat: Das Sushi ist empfehlenswert, aber es gibt auch Cocktails mit frischem Obst, Billardtische und DJs, die die Ohren zum Schwingen bringen.

Eat@Joe's AMERIKANISCH
(☎2653-1262; ⊙7–22 Uhr) Die beste Happy Hour im Ort hat diese Bar im Witch's Rock Surf Camp. Hier bekommt man riesige Portionen Nachos und kann zum Sonnenuntergang am Strand ein kühles Blondes trinken. Unschlagbar!

Aqua Disco CLUB
(☎2653-2782; www.aquadiscoteque.com) Die Aqua Disco ist der einzige echte Club in Tamarindo. Die besten Abende sind Montag (Ladies' Night) und Samstag – dann gibt's für 4 US$ Eintritt zwei Stunden lang eine offene Bar.

Le Beach Club CLUB
(☎2653-0178; ⊙11 Uhr bis spät) Hier gibt's Liegen und Hängematten am Strand und samstags DJs. Auch zur Abenddämmerung versammeln sich hier zu dröhnenden Bässen zahlreiche Leute, um der Sonne dabei zuzusehen, wie sie im Meer versinkt.

Praktische Informationen

Coastal Emergency Medical Service (☎2653-0611, 2653-1974; ⊙24 Std.) Macht auch Hausbesuche.

Internet Bakanos (2,50 US$/Std.; ⊙8–22 Uhr) Im 2. Stock über einem italienischen Feinkostladen. Schnelles Internet und Auslandstelefonate.

Tamarindo News (www.tamarindonews.com) Über anstehende Events informiert diese englischsprachige Zeitung.

GEFAHREN & ÄRGERNISSE

In Tamarindo nehmen Drogenhandel und Prostitution zu; an der Rotunde an der Hauptstraße bieten Händler offen ihre Waren an. Auch Diebstahl ist ein Problem. Wertsachen sollten nicht am Strand oder im Auto gelassen werden – immer Safes oder Schließfächer im Hotel benutzen!

Achtsamkeit ist Trumpf: Wer sich allein auf den Weg macht, sollte jemandem sagen, wo er hingeht. Und niemand sollte sich derart betrinken, dass er zu einem leichten Opfer für Kriminelle wird. Einfach den gesunden Menschenverstand walten lassen!

ℹ An- & Weiterreise

Busse nach San José fahren am Büro von **Empresas Alfaro** hinter der Bar Babylon ab, weitere Busse gegenüber vom Zullymar Hostel.

Liberia (3 US$, 2½ Std., 4.30–18.30 Uhr stündl.)

San José (11 US$, 6 Std., 2-mal tgl.) Oder man fährt mit dem Bus nach Liberia: Von dort aus fahren häufig Busse in die Hauptstadt.

Playa Avellanas & Playa Negra

An diesen beiden beliebten Surfstränden rund 15 km südlich von Tamarindo brechen sich ein paar der besten und beständigsten Wellen des Gebiets, das durch den Film *Endless Summer II* berühmt geworden ist. Avellanas ist ein langer, weißer Sandstrand mit Mangroven als Kulisse. Negra, ein paar Kilometer weiter südlich, ist ein hie und da von Felsen unterbrochener dunklerer, karamellfarbener Strand.

In Avellanas freuen sich Surfer bei mittlerem Gezeitenstand an **Little Hawaii**, einem kraftvollen Right-Hand-Break, und bei Ebbe am **Beach Break** (Surfen macht hier aber zu jeder Tageszeit Spaß). Negra hat erstklassige Right-Hand-Breaks, vor allem bei mäßigem Wind vor der Küste. Dazwischen liegt die Siedlung **Playa Lagartillo** mit ein paar *cabinas* und *sodas* an der Straße.

Die empfehlenswerte **Avellanas Surf School** (☎2653-4484; avellanas-surf-school.com; ⌚8–17 Uhr) gibt Surfunterricht (50 US$) und verleiht Bretter. Das **Café Playa Negra** (☎2652-9351; www.playanegracafe.com; ⌚7–21 Uhr) bietet einen Wäschedienst und Internetzugang. Es gibt keinen Geldautomaten und Kreditkarten werden nicht überall akzeptiert, daher vorsichtshalber genügend Bargeld mitbringen.

Schlafen & Essen

Playa Avellanas

Casa Surf PENSION $

(☎2652-9075; www.casa-surf.com; 10 US$/Pers., Zi. mit HP 30 US$/Pers.; P) Gegenüber von Cabinas Las Olas nach dem Schild „Casa Surf" Ausschau halten. Das ruhige und saubere Haus hat fünf einfache Zimmer mit Gemeinschaftsbad und eine voll ausgestattete Küche. Geboten werden auch sehr preisgünstige Übernachtungspakete mit Halbpension und Leihsurfbrett.

Lola's on the Beach CAFÉ $$

(☎2652-9097; Mahlzeiten 8–13 US$; ⌚Di–So 10–17 Uhr) Wenn das Wasser mal spiegelglatt ist, kann man es sich in dem Strandlokal auf den stilvollen Holzstühlen im Sand unter Strohschirmen richtig gemütlich machen, und von der Baumstumpfbar blickt man auf eine tolle offene Küche. Diese zaubert z. B. ein episches Thunfisch-*poke*, ein reich mit würzigem Grillhühnchen gefülltes Pitabrot, Papayasalat und klassische holländische Fritten. Klasse sind auch die Smoothies.

Playa Negra

Kontiki HOSTEL $

(☎2652-9117; www.kontikiplayanegra.com; Zi. mit/ohne Bad 25/15 US$/Pers.; P ≈) Die weitläufige Anlage an der von Avellanas kommenden Straße verfügt über mehrere bei Surfern (und Brüllaffen) beliebte Baumhäuser auf Stelzen. In der Mitte des Geländes steht ein Pavillon, in dem Gäste in Hängematten abhängen und Pizza mampfen.

Hotel Rocky Point CABINAS $

(Cabinas Playa Negra; ☎2652-9270; www.cabinasplayanegra.com; EZ/DZ/3BZ/4BZ 35/40/50/60 US$, EZ/DZ ohne Bad 20/30 US$, jeweils mit Frühstück; ❄ ≈ 🏊) Die urigen *cabinas* des Rocky Point stehen in einem herrlichen tropischen Garten voller Kolibris, Schmetterlinge und Sittiche. Die einfachen Zimmer sind künstlerisch angehaucht. Im angeschlossenen Jalapeño Taco Grill gibt's frische und köstliche Speisen.

Café Playa Negra HOTEL $$

(☎2653-4360, 8818-9092; www.cafeplayanegra.com; EZ/DZ/3BZ/4BZ 35/55/70/80 US$, Klimaanlage 10 US$ extra; P ❄ @ ≈ 🏊) Das kleine Hotel über einem reizenden Café hat stilvolle, minimalistische Zimmer mit glänzenden Betonböden und erhöhten Betten mit farbenfrohen Decken. Gechillt wird auf einer schicken Gemeinschaftsterrasse. Das Café unten (Mi–Mo 7–21 Uhr) bietet neben internationalen Standardgerichten leckere peruanische Fusionsküche.

ℹ An- & Weiterreise

Es gibt keine öffentlichen Verkehrsmittel von/nach Playa Tamarindo. Die Surfcamps können die Anreise aber oft organisieren. Die einzigen Busse fahren über Santa Cruz (1,50 US$, 1½ Std., 2-mal tgl.) ins Landesinnere.

Playa Sámara

Ist Sámara das Tor zum Glück? Jedenfalls sind hier schon viele Urlauber für immer hängen geblieben. Oberflächlich betrachtet ist es nur ein übersichtlicher, relaxter Strandort mit einem halbmondförmigen hellgrauen Sandstrand zwischen zwei felsigen Landzungen. Nicht spektakulär, lediglich sicher, ruhig und in vernünftigem Maße erschlossen und mit öffentlichen Verkehrsmitteln gut zu erreichen. Aber Vorsicht: Je länger man bleibt, desto geringer die Chance, dass man je wieder wegkommt!

Aktivitäten

Erfahrene Surfer langweilt der unregelmäßige Wellengang von Sámara wohl eher, aber Anfänger haben hier großen Spaß.

C&C Surf School SURFEN
(☎2656-0590; cncsurfsamara.webs.com; Leihbrett 16 US$/Tag, halbprivater/privater Unterricht 30/40 US$; ⏲8–20 Uhr) Die tolle Surfschule bietet neben Einzelunterricht auch halbprivaten Unterricht. Im Preis inbegriffen ist jeweils eine Stunde Brettmiete nach dem Kurs. Außerdem werden hier Kajaks und Surfbretter verliehen und alle möglichen Touren in ganz Costa Rica organisiert.

Wing Nuts CANOPY-TOUR
(☎2656-0153; www.wingnutscanopy.com; Erw./Kind 60/40 US$; ⏲Touren 7, 10.30 & 14 Uhr) Eine findige Familie hatte eine gute Idee zur Erhaltung ihres schönen wilden Stücks trockenen Tropenwalds: eine Baumwipfeltour im kleinen Rahmen. Dieser professionell geführte Familienbetrieb bietet zehn Plattformen und zeichnet sich besonders durch seine persönliche Betreuung aus: Die Gruppen umfassen hier maximal zehn Teilnehmer. Im Preis inbegriffen ist der Transfer von Unterkünften in Sámara.

Kurse

Centro de Idiomas Intercultura SPRACHKURSE
(☎2260-8480, 2656-0127; www.samaralanguageschool.com; Unterricht pro Woche mit/ohne Unterbringung in einer Gastfamilie 483/315 US$) Das Centro de Idiomas Intercultura sagt von sich, die einzige Spanischsprachschule direkt am Strand zu sein – ein nettes Plätzchen zum Lernen, aber nicht immer produktiv!

Schlafen

Hotel Matilori HOSTEL $
(☎2656-0291; posadamatilori@racsa.co.cr; B/Zi. 15/45 US$; P ❄ 📶) Dieses farbenfrohe Hostel bietet mit seinen makellos sauberen Vierbettdorms und den Privatzimmern mit Gemeinschaftsbädern ein tolles Preis-Leistungs-Verhältnis. Die Gästeküche ist sauber und voll ausgestattet, und die reizenden Betreiber tun alles, damit sich die Gäste wohlfühlen. Und schließlich: Das Hostel ist nur wenige Schritte vom Strand entfernt.

Hostel Mariposas HOSTEL $
(☎8703-3625; www.hostelmariposas.com; Zeltplatz 8 US$, B 16 US$, DZ ohne Bad 36 US$; 📶) Das funkige Hostel mit hohem Spaßfaktor liegt an der unbefestigten Straße nahe der Sprachschule, nur 60 m vom Strand. Es bietet eine superchillige Atmosphäre, Hängematten, eine große Küche und zwei Haushunde. Punktabzug gibt's wegen des Lärms, der zu wenigen Badezimmer, mangelnder Sicherheit und der zwei Haushunde!

Entre Dos Aguas PENSION $$
(☎2656-0998; www.hoteldosaguas.com; DZ 45–50 US$, 3BZ/4BZ 59/66 US$, Suite 85–98 US$; P @ 🏊) Die phantastische kleine Pension versprüht das Flair und die künstlerisch angehauchte Atmosphäre eines Boutiquehotels – das aber zum Preis eines einfachen Motels. Es gibt sieben bunt gestrichene Zimmer mit eigenen Warmwasserduschen aus Naturstein, schöne Bettwäsche und heimelige Extras. Alle Gäste können einen einladenden Innenhof und einen üppigen Garten nutzen. Unmittelbar nördlich der Hauptkreuzung an der Straße nach Nicoya.

Sámara Palm Lodge PENSION $$
(☎22656-1169; www.samarapalmlodge.com; DZ 60 US$; P ❄ 📶 🏊) Einladende kleine Lodge am westlichen Ortsrand, 250 m von der Hauptkreuzung entfernt. Die acht makellosen Zimmer sind tropisch mit Holzmöbeln, gefliesten Böden und Kunst in kräftigen Farben eingerichtet. Dazu gibt's einen üppigen Garten und einen netten Pool. Und auch die Gastgeber Brigitte und Lothar sind reizend.

Essen & Ausgehen

Lo Que Hay MEXIKANISCH $
(☎2656-0811; Tacos 2 US$, Mahlzeiten ab 6 US$; ⏲7 Uhr bis spät) Diese beliebte Strand-*taquería* bietet vier köstliche Taco-Füllungen (Fisch, Huhn, Rind und Schwein) sowie Hauptgerichte wie scharf gegrillten Fisch,

langsam geröstetes Schweinefleisch und Rindfleisch-Fajitas. Lecker sind auch die mit *pico de gallo* gefüllten Avocados. Und an der Bar gibt's bis in die frühen Morgenstunden was zum Süffeln.

★ **Ahora Si** VEGETARISCH $$
(☎2656-0741; Hauptgerichte 5–11 US$; P 📶 ✍) Das vegetarische Restaurant samt Cocktailbar bietet Smoothies mit Kokosmilch, Gnocchi mit Muskatnuss, Salbei und Räucherkäse, Sojaburger mit Yucca-Fritten, Wokgerichte and dünnkrustige Pizza. Und alles wird auf einer liebevoll gefliesten Terrasse serviert.

Casa Esmeralda SODA $$
(☎2656-0489; Hauptgerichte 6–17 US$; ⏰Mo–Sa 12–21.30 Uhr) Das bei den Einheimischen sehr beliebte Lokal hat sich mit Tischdecken und Pseudo-Lehmwänden aufgehübscht. Auf der Karte stehen köstliche Salate, Pasta-, Fleisch- und Fischgerichte. Tipp: Fisch in Avocado-Sauce.

Al Manglar ITALIENISCH $$
(☎2656-0096; Hauptgerichte 8–18 US$; ⏰5–22 Uhr; P ✍) Das strohgedeckte offene Lokal serviert Gnocchi und Ravioli sowie perfekte Pizza.

La Vela Latina BAR
(☎2656-2286; ⏰12–1.30 Uhr; 📶) Hier kann man es sich in bequemen Stühlen am Strand gemütlich machen und kaltes Bier oder einen perfekt gemischten Cocktail ordern. Außerdem stehen edle *bocas* sowie Sushi auf der Karte.

Bar Olas BAR
(⏰12 Uhr bis spät) Diese typische Strandkneipe am nördlichen Ende des Strands braucht sich nicht groß anzustrengen: Sie macht früh auf, schließt spät, und die Getränke sind billig.

ℹ Praktische Informationen

Internet Sámara (☎2656-1102; 2 US$/Std.; ⏰9–13 & 15–21 Uhr) An der Hauptstraße neben der Bar Arriba.

Sámara Beach (www.samarabeach.com) Infos über Sámara mit Links zu Hotels, Restaurants, Aktivitäten und mehr.

Sky Net Tours (Sámara Adventure Company; ☎2656-0920; www.samara-tours.com; 2 US$/Std.; ⏰9–21 Uhr) Dieses extrem hilfsbereite Reisebüro (früher das Samara Travel Center) unterhält ein Internetcafé, und man kann Bus- und Flugtickets buchen und Touren organisieren.

ℹ An- & Weiterreise

Von der Hauptkreuzung gleich südlich der Pension Entre Dos Aquas fahren täglich zwei Busse nach San José (8 US$, 5 Std.). Tickets sind im nahen Alfaro-Büro erhältlich.

Nach Liberia nimmt man zunächst ab der *pulpería* am Fußballfeld einen Bus nach Nicoya (2,50 US$, 2 Std., stündl.) und steigt dort um.

Playa Naranjo

Zu diesem kleinen Hafen an der Ostseite der Halbinsel (nicht mit dem gleichnamigen Strand an der Westküste der Halbinsel verwechseln!) gehört weder ein Strand, noch gibt's hier Orangen. Eigentlich ist er nur der Hafen der Autofähre nach Puntarenas, und es gibt keinen Grund, hier länger zu verweilen – und weil die Fähren meist pünktlich ablegen, muss man das auch nicht.

Alle Transportmittel sind abgestimmt auf die Ankunft und Abfahrt der Puntarenas-Fähre. Die **Coonatramar-Fähre** (☎2661-1069; www.coonatramar.com; Erw./Kind/Fahrrad/Motorrad/Pkw 2/1/4/6/18 US$) nach Puntarenas legt täglich um 8, 12.30, 17.30 und 21 Uhr ab und braucht für die Überfahrt eineinhalb Stunden. Tickets kaufen, bevor es an Bord geht! Bei Ankunft der Fähre stehen Busse bereit, die Fahrgäste nach Nocoya (3 US$, 3 Std.) mit Anschluss nach Playa Sámara bringen.

Paquera

Das winzige Dorf Paquera ist ungefähr 25 km von Playa Naranjo und 4 km vom Fährhafen entfernt. Hier leben zwar ein paar mehr Leute als in Playa Naranjo, aber länger bleiben muss man trotzdem nicht.

Alle Verkehrsmittel sind auf die Ankunft und Abfahrt der Puntarenas-Fähre abgestimmt. Falls die Fähre sich verspätet, wartet alles andere. Die **Naviera-Tambor-Fähre** (☎2661-2084; www.navieratambor.com; Erw./Kind/Fahrrad/Motorrad/Pkw 1,65/1/4,50/7/23 US$) legt täglich um 6, 9, 11, 14, 17 und 20 Uhr ab; die Überfahrt dauert eine Stunde.

Am Fährhafen warten Busse, die die ankommenden Passagiere nach Montezuma (3 US$, 2 Std.) bringen. Oder man steigt in Cóbano aus, um nach Mal País (2 US$, 45 Min.) weiterzufahren. Der Bus kann sehr voll sein; um einen Sitzplatz zu erwischen, darf man beim Umsteigen nicht bummeln.

Viele Taxifahrer wollen Travellern weismachen, dass der Bus nicht kommt. Das stimmt aber nicht. Allerdings lohnt es sich, mit anderen Travellern zusammen ein Taxi zu nehmen, denn die Taxifahrt dauert nur halb so lange wie die Busfahrt.

Montezuma

Der reizende Strandort Montezuma lädt zum Bummeln, Baden und Surfen ein. Der warme, wilde Ozean und die Reste des stets vernehmbaren Dschungels haben es diesem felsigen Winkel ermöglicht, sich ein freundliches Künstlerflair zu bewahren. Zwar gibt's hier auch den normalen Tourismus, aber man findet auch eine bohèmehafte, hippiemäßige Strandkultur mit Yogazentren, Freiwilligenarbeit, Festen, vegetarischen Lokalen und Neo-Rastafaris, die erbauliche Kräuter verhökern. Kein Wunder, dass die Einheimischen ihrem Dorf den Spitznamen „Montefuma" verpasst haben.

Sehenswertes & Aktivitäten

★ Montezuma Waterfalls WASSERFALL

Nach einer etwa 20-minütigen Wanderung (500 m) am Fluss entlang gelangt man zu einem Wasserfall mit einem wunderbaren Badeloch. Weiter den Pfad entlang lädt eine weitere Reihe von Fällen zu einem tollen 10-m-Sprung ins tiefe Wasser ein. Die „Tauchplattform" ist vom Weg aus zu erreichen – nicht versuchen, über die glitschigen Felsen zu klettern! Zahllose Traveller haben sich hier schon dem kleinen Sprungabenteuer hingegeben, aber es sind dabei auch schon einige zu Tode gekommen – man macht das Ganze also auf eigene Gefahr!

Schwimmen & Schnorcheln

Entlang der Küste erstrecken sich malerische weiße Sandstrände, die durch kleine Felsen voneinander getrennt sind. Hier lässt es sich prima herumschlendern, die Gezeiten beobachten und baden. Die Strände vor dem Ort sind zwar auch schön, aber je weiter man nordostwärts läuft, desto abgeschiedener und unberührter werden sie. Bei Ebbe kann man am besten in den Gezeitenbecken und 1 km südlich vom Ortszentrum an der **Playa Las Manchas** schnorcheln.

Surfen

Wer sich nicht scheut, 7 km die Küste entlang bis zur **Playa Grande** zu laufen, findet dort tolle Stellen zum Surfen; ebenso an der **Playa Cedros**, rund 3 km in südlicher Richtung.

Montezuma Surf School with Chris Johnson SURFEN

(☎ 2642-1256; www.montezumasurf.com; Unterricht 40 US$, Surfsafari 60 US$) Diese Schule möchte Anfänger in nur zwei Stunden zu Surfjunkies machen. Organisiert auch „Surfsafaris" zu den besten Wellen an der Halbinsel.

Young Vision Surf School SURFEN

(☎ 8669-6835; youngvisionsurf@gmail.com; Unterricht ab 40 US$) Manny und Alvaro werden immer wieder in den höchsten Tönen gelobt für ihr Wissen, ihren Enthusiasmus und ihre Geduld mit Anfängern aller Altersstufen. Zum täglich angebotenen Unterricht gehören zwei Stunden Einweisung, die Nutzung von Surfbrett und Rashguard sowie frisches Obst.

Geführte Touren

Montezuma Bike Tours RADFAHREN

(☎ 8871-1540; www.montezumabiketours.com; 38–60 US$/Pers., Leihräder halber/ganzer Tag 18/25 US$) Die Touren unterscheiden sich nach Terrain und Schwierigkeit, dauern bis zu vier Stunden und führen zu versteckten Stränden, Wasserfällen und über zerklüftetes Bergterrain.

Sun Trails CANOPY-TOUR

(☎ 2642-0808; www.montezumatraveladventures.com; Tour 40 US$; ⌚ 9–15 Uhr) Nach neun Seilrutschen endet diese 2,5-stündige Canopy-Tour mit einer Wanderung hinunter zu den Wasserfällen – Badesachen mitnehmen!

Zuma Tours TOUREN

(☎ 2642-0024; www.zumatours.net) Schnorcheltrips zur Isla Tortuga, Reiten in Cabo Blanco und mehr. Und hier gibt's den einzigen Internetzugang im Ort.

Schlafen

Diebstähle aus Hotelzimmern sind in Montezuma keine Seltenheit – also gut auf die eigenen Siebensachen achten!

★ Luna Llena HOSTEL $

(☎ 2642-0390; www.lunallenahotel.com; B 10 US$, EZ 25 US$, DZ 35–50 US$; P WLAN) Diese herrliche Budgetunterkunft auf einem Hügel am nördlichen Ortsrand mit Blick auf die Bucht hat zwölf unterschiedliche Zimmer, alle sind blitzsauber und zumeist mit Balkon und Gemeinschaftsbad. In der Nachbarschaft tummeln sich jede Menge Tiere – das Essen sollte man in der Gemeinschaftsküche aufbewahren!

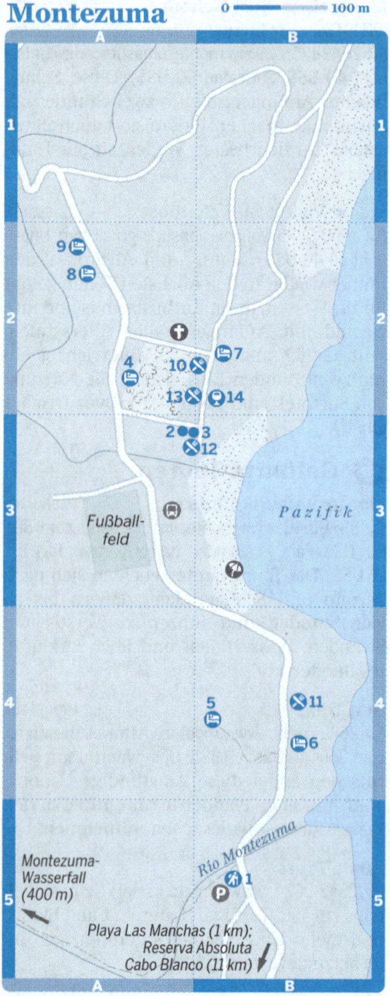

Montezuma

Aktivitäten, Kurse & Touren
1 Startpunkt Wanderweg zum Montezuma-Wasserfall B5
2 Sun Trails A3
3 Zuma Tours A3

Schlafen
4 Hotel La Aurora A2
5 Hotel Los Mangos B4
6 Hotel Lucy B4
7 Hotel Pargo Feliz B2
8 Luna Llena A2
9 Luz en el Cielo A2

Essen
10 Orgánico B2
11 Playa de los Artistas B4
12 Soda Monte Sol A3
13 Vaca Loca A2

Ausgehen & Nachtleben
14 Chico's Bar B2

Luz en el Cielo
HOSTEL, B&B $

(☎2642-0030, 8811-3700; www.luzenelcielo.com; B 15–27 US$, EZ/DZ/3BZ/4BZ 54/78/98/112 US$, jeweils mit Frühstück; P WLAN) Das heimelige Hostel und B&B im Dschungel, aber nur zwei Minuten vom Ort entfernt, ist ein netter Rückzugsort. Die engen Schlafsäle sind supersauber und bieten stabile Holzmöbel und Schließfächer. Größer sind die neuen „Luxusdorms", die auch über Fernseher und eigene Balkone und Bäder verfügen. Wunderbar sind auch die Baumwipfel-*cabinas*. Tolles Frühstück, einladende Hängematten und sehr freundliches Personal.

Hotel Pargo Feliz
CABINAS $

(☎2642-0064; DZ 30–45 US$; WLAN) Die Strand-*cabinas* haben eine unschlagbare Lage im Herzen Montezumas. Die einfachen, aber sauberen Zimmer sind mit Ventilator ausgestattet. Auf dem Gemeinschaftsbalkon und der Gartenterrasse gibt's zum Relaxen Hängematten mit Meerblick, und nachts wiegt einen das Rauschen der Wellen in den Schlaf.

Hotel Lucy
PENSION $

(☎2642-0273; B/DZ 15/35 US$; P) Diese *pensión* am Strand ist dank der Hängematten auf den Gemeinschaftsterrassen mit Blick auf einen felsigen Strand besonders bei kostenbewussten Travellern beliebt. Die Zimmer sind trist und der Service lustlos, aber die Ausblicke von der Terrasse oben sind umwerfend.

Hotel La Aurora
HOTEL $$

(☎2642-0051; www.hotelaurora-montezuma.com; Zi. ab 40 US$, Klimaanlage 10 US$ extra; P ❄ WLAN) Das von Lesern empfohlene Hotel ist in einem hübschen, mit Wein bewachsenen gelben Gebäude an der Plaza untergebracht. Die 15 Zimmer sind schmucklos, aber gemütlich, mit Warmwasserduschen, orthopädischen Betten und Balkonen. Es gibt auch eine Gemeinschaftsküche und Hängematten zum Relaxen. Nicht die reizvollste oder interessanteste Unterkunft, aber für den Preis recht gut.

Hotel Los Mangos HOTEL $$
(☎2642-0076; www.hotellosmangos.com; DZ mit/ohne Bad 65/35 US$, 3BZ-Bungalows 95 US$; P❄📶🏊) Dieses originelle Hotel in einem Garten mit Mangobäumen wartet mit einfachen, hellen Zimmern im Hauptgebäude sowie hübschen, wenn auch dunklen achteckigen Bungalows auf, die mehr Privatsphäre bieten. In den Mangobäumen tummeln sich Affen, und in einem wunderbaren Pavillon mit Meerblick findet Yoga-Unterricht statt.

Essen & Ausgehen

Soda Monte Sol COSTA-RICANISCH $
(☎8849-4962; Hauptgerichte 5–14 US$; ⏰7–21 Uhr) Dieses bunte, winzige Lokal bietet authentische, köstliche und erschwingliche *casados,* Nudelgerichte, Burger, Säfte und Smoothies. Toll zum Leute beobachten.

Vaca Loca CAFÉ $
(Hauptgerichte 6–9 US$; ⏰Mo–Fr 7–18, Sa 7–22, So 8–18 Uhr) Niedliches Café mit langer, eingebauter umlaufender Sitzbank und Rinderwahn-Motto. Die Karte ist sehr vielfältig und verzeichnet u. a. tolles Frühstück, einzigartige Sandwiches und köstliche Fisch-Tacos.

★ **Orgánico** NATURKOST $$
(www.montezumabeach.com/cafe-organico; Hauptgerichte 7–11 US$; ⏰8–21 Uhr; 🌿) Hier wird „liebevoll zubereitetes, reines Essen" angepriesen, und das ist wörtlich gemeint. Das Café bietet neun vegetarische Gerichte wie etwa würzige Thai-Burger, eine *sopa azteca* mit Tofu, Burritos, Falafel, Smoothies und andere fleischlose und gesunde Leckereien. Aber es gibt auch Fleischgerichte wie Spaghetti bolognese – schließlich sind die Betreiber Italiener. Fast allabendlich wird Livemusik präsentiert, und montagabends ist offene Bühne.

Playa de los Artistas INTERNATIONAL $$
(☎2642-0920; www.playamontezuma.net/playadelosartistas; Hauptgerichte 9–13 US$; ⏰Mo–Sa 12–21 Uhr) Der kunstvoll eingerichtete Laden am Strand ist das romantischste Restaurant am Ort. Die mediterrane Karte wechselt je nach verfügbaren Zutaten aus der Gegend täglich, aber immer gibt's frische Meeresfrüchte, im Holzofen geröstet und tadellos angerichtet.

Chico's Bar BAR
(⏰11–2 Uhr) Ein weitläufiges Gelände mit Bars, Tischen, Strandliegen und einer großen Tanzfläche. Hier kann es laut werden, vor allem donnerstags, wenn Reggae-Nacht ist. Wer draußen einen Tisch ergattert, kann vielleicht sogar romantische Gefühle entwickeln.

ℹ Praktische Informationen

Der einzige Geldautomat befindet sich gegenüber von Chico's Bar, und er ist an geschäftigen Wochenenden regelmäßig leer. Internetzugang bietet Zuma Tours (S. 653).

El Parque (☎2642-0164; Wäsche 2 US$/kg, Fahrräder/Motorroller/Allradfahrzeuge 10/40/75 US$/Tag; ⏰7–20 Uhr) Waschsalon sowie Fahrrad- und Motorroller-Verleih.

Librería Topsy (☎2642-0576; Mo–Fr 8–16, Sa 8–12 Uhr) Hat US-amerikanische Zeitungen und Zeitschriften und eine große Leihbücherei mit fremdsprachigen Büchern. Dient inoffiziell auch als Post.

ℹ An- & Weiterreise

BUS

Die Busse fahren in Montezuma von einem sandigen Parkplatz am Strand gegenüber vom Fußballplatz ab. Fahrkarten kauft man direkt beim Busfahrer. Wer nach Mal País oder Santa Teresa will, fährt am besten nach Cóbano und steigt dort um.

Cabo Blanco (1 US$, 45 Min., 2-mal tgl.)
Cóbano (1 US$, 30 Min., 8–20 Uhr alle 2 Std.)
Paquera (3 US$, 2 Std., 6-mal tgl.)
San José (14 US$, 6 Std., 2-mal tgl.)

SCHIFF/FÄHRE

Zuma Tours (S. 653) betreibt ein Wassertaxi von Montezuma nach Jacó (40 US$, 1 Std., Abfahrt tgl. 9.30 Uhr). Im Preis inbegriffen ist der Transfer mit Kleinbussen vom Strand zum Busbahnhof in Jacó. Angemessene Kleidung anziehen – es könnte ziemlich nass werden!

Bei den Touranbietern kann man außerdem eine Boot- und Minibus-Verbindung nach San José, Manuel Antonio und Dominical buchen.

SHUTTLE-BUS

Montezuma Expeditions (www.montezumaexpeditions.com) Betreibt Privatshuttles nach San José (45 US$), La Fortuna (50 US$), Playa Tamarindo (45 US$) und Sámara (45 US$). Fahrgäste werden von ihrer Unterkunft abgeholt.

Reserva Natural Absoluta Cabo Blanco

Am südwestlichen Zipfel der Península de Nicoya befindet sich das älteste Naturschutzgebiet Costa Ricas. Es wurde von Umweltschutzpionieren ins Leben gerufen und umfasst immergrüne Wälder, unberührte weiße Sandstrände und Inseln vor der Küste. Das Gebiet liegt 11 km südlich von Montezuma, zu erreichen über eine unbefestigte Straße.

Cabo Blanco nennt sich ein „absolutes" Naturschutzgebiet, weil bis Ende der 1980er-Jahre keinerlei Besuche gestattet waren. Inzwischen gibt es eine kleine Zahl von Wanderwegen, die für Besucher zugänglich sind. Allerdings ist das Schutzgebiet montags und dienstags geschlossen, um die Auswirkungen des Publikumsverkehrs auf die Natur aufs Unvermeidbare zu beschränken.

Von der **Rangerstation** (☎2642-0093; Erw./Kind bis 12 J. 10/1 US$; ⏲Mi–So 8–16 Uhr) führt der **Sendero Sueco** (schwedische Weg) 4,5 km hinab zu einem wilden Strand an der Spitze der Halbinsel. Der **Sendero Danes** (dänische Weg) zweigt vom Sendero Sueco ab, um nach 1 km wieder auf ihn zu stoßen. Achtung: An manchen Stellen können die Wege ziemlich schlammig sein (vor allem in der Regenzeit), und teilweise sind sie auch sehr steil, sodass man auf dem längeren Weg pro Strecke ungefähr zwei Stunden einplanen muss. Am Ende des Weges belohnt ein großartiger weiter, sandiger Kieselstrand für die Mühen.

Vom Parkeingang fahren Busse nach Montezuma (1,50 US$, 45 Min., 9 & 16 Uhr). Ein Taxi von Montezuma zum Park kostet rund 16 US$.

Mal País & Santa Teresa

Tolle Wellen, kreatives Essen und Mädels in Surfershorts und Bikinis – diese beiden Orte haben sich gemeinsam zu einem der wunderbarsten Ziele in Costa Rica entwickelt. Hier ist das Meer in puncto Form, Farbe und Temperatur so gut wie perfekt. Die Hügel sind mit stilvollen Boutique-Unterkünften und überraschend vielfältigen Esslokalen gespickt. Das gesamte Gebiet breitet sich einer einzigen Küstenstraße aus, die von Santa Teresa im Norden über Playa El Carmen bis zum authentischen costa-ricanischen Fischerort Mal País führt.

Die meisten Besucher kommen zum Surfen nach Mal País, und überall stolpert man über Surfshops und -schulen, die einem auch verraten, wo die besten Wellen zu finden sind. Und wer ausnahmsweise genug davon hat, auf dem Brett zu stehen, kann in vielen Unterkünften Reittouren und Angeltrips buchen.

Schlafen & Essen

Malpaís Surf Camp & Resort LODGE $
(☎2640-0357; www.malpaissurfcamp.com; Mal País; Camp 11 US$, B 17 US$, DZ mit/ohne Bad 73/40 US$; P ❄ @ ≋) Hier gibt's gemütliche private *cabanas* wie auch luxuriösere Bleiben, aber den besten Deal in dieser Surferlodge bietet der Freiluft-*rancho* mit Blechdach und Kieselboden, den man sich mit drei anderen Surfern teilen kann. Ein tropisches Gelände, ein üppiger Pool, eine Freiluftlounge mit kaltem Bier – da kommt gute Laune auf!

Casa Zen PENSION $
(☎2640-0523; www.zencostarica.com; Santa Teresa; B 15 US$, DZ/3BZ/4BZ 34/42/40 US$, jeweils mit Frühstück; P @) Die empfohlene, asiatisch inspirierte Pension wartet mit himmlischen Wandbildern und fröhlichen Buddhastatuen auf. Bäder, die eindrucksvolle Gästeküche und der schöne geflieste *rancho* werden allesamt gemeinschaftlich genutzt. In einem Freiluftstudio wird zweimal täglich Yoga-Unterricht abgehalten.

Cuesta Arriba HOSTEL $
(☎2640-0607; www.cuestaarribahostel.com; Santa Teresa; B/DZ mit Frühstück 15/50 US$; P ❄ ≋) Dieses Hostel für Intellektuelle zieht ein etwas älteres Publikum an. Die bunten, loftähnlichen Dorms haben jeweils sechs Betten, ein eigenes Bad und phantasievolle Fliesendekorationen.

Schön sind auch die privaten Zimmer. Zu den Gemeinschaftsbereichen zählen eine große, gut ausgestattete Küche, eine luftige Terrasse oben und ein Garten mit Hängematten. In der Nähe der Buslinie in Santa Teresa.

★**Restaurant Mary** INTERNATIONAL, NATURKOST $$
(☎2640-0153; Mal País; Hauptgerichte 7–17 US$; ⏲Do–Di 17.30–22 Uhr) Das charmante Restaurant im Dorf Mal País verzeichnet auf seiner Schiefertafel köstliche Pizzas, leckere Standard-Hauptgerichte und saisonale Specials, alle zubereitet mit Biozutaten aus der Umgebung.

An- & Weiterreise

Alle Busse starten und halten am Ginger Café, 100 m südlich vom Hostel Cuesta Arriba. Überall entlang der Strecke kann man den Bus heranwinken. Er folgt der Straße hinauf zu Frank's Place, biegt dort links ab und fährt weiter ins Landesinnere Richtung Cóbano.

Um 6 und 14 Uhr fährt ein Direktbus über die Paquera-Fähre nach San José (13 US$, 6 Std.). Wer nach Montezuma möchte, nimmt einen Bus nach Cóbano (2 US$, 45 Min., 2-mal tgl.) und steigt dort um.

Montezuma Expeditions (S. 655) betreibt Privatshuttles nach San José (50 US$), La Fortuna, Liberia und Monteverde (55 US$) und bedient zudem weitere Ziele auf der Península de Nicoya (50 US$) und an der zentralen Pazifikküste.

ZENTRALE PAZIFIKKÜSTE

Die zentrale Pazifikküste zwischen dem rauen Hafen Puntarenas und dem Örtchen Uvita beherbergt neben sonnigen Sandstränden sowohl trockene als auch feuchte tropische Regenwälder und knausert auch nicht mit der Tierwelt. An der Küste bieten Nationalparks gefährdeten Totenkopfäffchen und Hellroten Aras ein sicheres Zuhause, und in den Gewässern vor der Küste tummeln sich wandernde Wale und Schulen von Delphinen. Angesichts einer solch großen Artenvielfalt auf so engem Raum ist es kein Wunder, dass diese Küste oft als ein Costa Rica im Miniaturformat gilt.

Puntarenas

70 600 EW.

Die „Perle des Pazifiks" ist eine schäbige Hafenstadt an der Spitze einer sandigen Halbinsel, die 8 km lang, aber nur 100 m bis 600 m breit ist. Die lebhafte Provinzhauptstadt mit dem heißen Wetter war im 19. Jh. ein wichtiger Hafen für Kaffee. In der Trockenzeit stürmen Tico-Urlauber die hiesigen Strände. Ansonsten finden sich hier Hafenarbeiter und Matrosen neben älteren Damen, die die Gehwege vor ihren Häusern kehren und die Bougainvilleen pflegen.

Die meisten Traveller kommen nur hierher, um mit der Fähre weiter zur Halbinsel Nicoya zu fahren. Wer hier strandet, findet im **Hotel Cabezas** (☎2661-1045; Av 1 zw. Calle 2 & 4; EZ/DZ ab 25/30 US$; P) und in den **Cabinas Joyce** (☎2661-4290, 8706-9101; Ecke Calle 4 & Av 2; EZ 20 US$, DZ 40–60 US$;) ein Bett für die Nacht.

ℹ An- & Weiterreise

BUS

Die Busse nach San José fahren von dem großen marineblauen Gebäude an der nördlichen Ecke Calle 2 und Paseo de los Turistas ab. Busse zu anderen Zielen fahren von der anderen Straßenseite (Strandseite des Paseo) ab.

Jacó (2 US$, 1½ Std., 4.30–17.30 Uhr 7-mal tgl.)
Santa Elena (3 US$, 3 Std., 7.50–14.15 Uhr 3-mal tgl.)
Quepos (4 US$, 3 Std., 5–17.30 Uhr 8-mal tgl.)
San José (3 US$, 2½ Std., 4–19 Uhr stündl.)

SCHIFF/FÄHRE

Von der **nordwestlichen Anlegestelle** (Av 3 zw. Calle 31 & 33) fahren Auto- und Passagierfähren nach Paquera und Playa Naranjo. Fahrkarten vor dem Einsteigen kaufen!

Coonatramar (☎2661-1069; www.coonatramar.com; Erw. 1,75 US$, Fahrrad/Auto 4/18 US$) betreibt Fähren nach Playa Naranjo (2 Std., 6.30, 10, 14.30 & 19.30 Uhr), wo man Anschluss nach Nicoya und zu anderen Zielen im Westen hat. Weitere Informationen auf S. 652.

Naviera Tambor (☎2661-2084; www.navieratambor.com; Erw./Kind 1,60/1 US$) fährt nach Paquera (1½ Std., 5–20.30 Uhr 6-mal tgl.). Dort gibt's Anschluss nach Montezuma und Mal País.

Parque Nacional Carara

Der 52 km² große Nationalpark an der Mündung des Río Tárcoles ist der nördlichste tropische Regenwald an der Pazifikküste und während der Trockenzeit eine grüne Oase. Darüber hinaus ist er ein wichtiger Lebensraum für viele Tiere, z. B. für die seltener werdenden Hellroten Aras, für Faultiere, Eichhörnchen und Krokodile. Die beste Zeit für einen Besuch ist die Trockenzeit (Dez.–April). Besucher können eine Wanderung auf dem **Sendero Laguna Meándrica** machen, der tief ins Schutzgebiet hineinführt. Wer von der Brücke über den Río Tárcoles 3 km nach Süden läuft, erreicht die **Rangerstation Carara** (Eintritt 10 US$; 7–16 Uhr), wo es Infos über den Park gibt. Nicht alleine gehen und keine Wertsachen mitnehmen – gelegentlich kommt es zu Raubüberfällen!

Der Parque Nacional Carara liegt 50 km südöstlich von Puntarenas. Einfach irgendeinen Bus Richtung Jacó oder Quepos nehmen. Achtung: Die Busse sind am Wochenende randvoll, was für die Rückfahrt ein Problem sein kann.

Jacó

9500 EW.

Nur wenige Orte in Costa Rica sind so umstritten und von so krassen Gegensätzen geprägt wie der Badeort Jacó. Feiernde Surfreaks, nordamerikanische Rentner und Bau-

NICHT VERSÄUMEN

KROKODILBRÜCKE

Wer mit einem eigenen fahrbaren Untersatz zwischen Puntarenas und Jacó unterwegs ist, sollte kurz an der Brücke über den Río Tárcoles halten – der sogenannten „Krokodilbrücke". Hier sonnen sich auf den Sandbänken unter der Brücke manchmal bis zu 30 Prachtexemplare gleichzeitig. Zwar sind die Riesenechsen das ganze Jahr über zu sehen, am besten jedoch bei Ebbe in der trockenen Jahreszeit von Dezember bis April. Ein Fernglas dabeizuhaben ist hier nicht schlecht.

unternehmer aus dem Ausland loben Jacó für seine Nach-mir-die-Sintflut-Atmosphäre, die vollen Straßen und die tollen Möglichkeiten zu Immobiliengeschäften. Besorgte Ökotouristen, an den Rand gedrängte Ticos und Anhänger des „alten Costa Rica" hassen den Ort aus genau denselben Gründen. Jacós maroder Charme ist nicht jedermanns Sache, aber die Bedingungen zum Surfen sind optimal, die Restaurants und Kneipen weltoffen und das Nachtleben ist ein Abenteuer.

Aktivitäten

Surfen

Zwar gilt die Regenzeit als beste Zeit zum Surfen an der Pazifikküste, aber in Jacó gibt es das ganzjährig gute Wellen. Fortgeschrittenere Surfer zieht es an die **Playa Hermosa**, aber auch vor Jacó sind die Wellen stark und beständig. Im **Carton Surf Shop** (☎2643-3762; www.cartonsurfboards.com; Calle Madrigal) am Südende der Hauptstraße kann man Surfbretter leihen und Unterricht nehmen.

Wandern

Der Wanderweg hinauf zum **Miros** windet sich durch primäre und sekundäre Regenwälder und offenbart eine spektakuläre Aussicht auf Jacó und Playa Hermosa. Er beginnt nahe dem Eingang zur Seilrutsch-Anlage, ist aber nicht ausgeschildert – einfach einen Einheimischen fragen.

Geführte Touren

Fast jeder Laden, jedes Hotel und jedes Restaurant im Ort vermittelt Touren, weil ganz Jacó in ein auf Provisionszahlung basierendes Geschäftssystem verwickelt ist. Die Canopy-Touren in dieser Gegend sind teurer als in anderen Teilen des Landes.

Discovery Horseback Tours REITEN
(☎8838-7550; www.horseridecostarica.com; Ausritte ab 75 US$) Dieser empfohlene Veranstalter bietet bei seinen Strand- und Regenwaldritten Service und Professionalität auf sehr hohem Niveau.

Kayak Jacó Costa Rica Outriggers KAJAKFAHREN
(☎8869-7074, 2643-1233; www.kayakjaco.com; Touren ab 70 US$) Das zuverlässige Unternehmen bietet Kajak- und Seekanutrips mit Schnorchelexpeditionen zu tropischen Inseln.

Schlafen

Beds on Bohio HOSTEL $
(☎2643-5251; www.bedsonbohio.com; Calle Bohío; B mit/ohne Klimaanlage 14/12 US$, Zi. ab 40 US$; ❄📶) Ein toller Neuzugang in der Surferszene von Jacó, nur wenige Schritte vom Strand entfernt und total cool. Pluspunkte: ein Hof voller Hängematten, billiger Surfbrettverleih und ein hervorragendes Restaurant. Die Calle Bohio liegt einen Block südöstlich der Brücke.

Hotel de Haan HOSTEL $
(☎2643-1795; www.hoteldehaan.com; Calle Bohío; B 10 US$, DZ mit/ohne Klimaanlage 36/30 US$; P@📶🏊) Dieser Außenposten ist eines der besten Budgethotels vor Ort und seit Langem bei Backpackern aus der ganzen Welt beliebt. Die neu gefliesten Zimmer (mit dampfenden Warmwasserduschen) sind sauber und sicher. Auf dem Balkon im Obergeschoss kann man sich mit anderen Travellern treffen und bis in die Morgenstunden Reisestorys austauschen. Einen Block südöstlich der Brücke.

Las Camas Hostel HOTEL $
(☎8533-7619, 8639-4241; www.lascamashostel.com; Dorado Sol; B mit/ohne Klimaanlage 13/11 US$, Zi. 30–45 US$; P❄@📶🏊) Dieses lockere Hostel bietet einfachste Einrichtungen und nur ein Minimum an Sauberkeit, hat jedoch Flair. Die ungarischen Betreiber sind stolz darauf, dass es hier keine Verbote gibt – das heißt, man kann, wenn es einem danach gelüstet, auch um 4 Uhr morgens von den Wasserfällen in den Pool springen. Eine Partyherberge, aber es gibt im Nebengebäude auf der anderen Straßenseite auch ruhigere Privatzimmer.

Camping El Hicaco CAMPINGPLATZ $
(☎2643-3004; Calle Hicaco; Zeltplatz 5 US$/Pers.; P) Der einzige wirkliche Campingplatz im Ort, am östlichen Ortsrand. Es gibt Picknicktische, sanitäre Anlagen und Schließfächer

für die Ausrüstung. Allerdings liegen auch die Bars und Clubs in der Nähe, sodass man nachts mitunter kein Auge zubekommt. Wertsachen immer im Auge behalten, hier wird oft geklaut.

★ Buddha House PENSION $$
(☎2643-1111; www.hostelbuddhahouse.com; Av Pastor Diaz; DZ mit/ohne Bad 65/35 US$; P ❄ 📶 🏊 🐾) Eine Oase der Ruhe im trubeligen Jacó. Kräftige Farben und moderne Kunst schaffen in diesem „Boutiquehostel" eine künstlerisch angehauchte Atmosphäre. Zu den Gemeinschaftsbereichen zählen eine luftige Terrasse und eine tadellos saubere Küche. Es können auch Surfbretter gemietet werden, und es werden Wellnessanwendungen geboten. An der Hauptstraße, gleich östlich vom Fluss.

Essen

★ Taco Bar MEXIKANISCH $
(Calle Pops; Mahlzeiten 6–12 US$, Frühstück 3 US$; ⏲8–18 Uhr; 🖉) Hier gibt's mexikanisches Essen, Meeresfrüchte, Salate und Smoothies sowie billiges, sättigendes Frühstück. Echt umwerfend: die „Killer Fish Tacos".

Wok CHINESISCH $
(☎2643-6168; Av Pastor Díaz; Hauptgerichte 4–8 US$; ⏲Mo–Sa 11.30–22 Uhr; 🖉) Das Wok wartet mit einem zuverlässig guten Angebot auf – besonders die Wokgerichte und die Rippchen (nur mittwochs) können sich sehen lassen. Von den Tischen an der Hauptstraße von Jacó lässt sich außerdem wunderbar dem Trubel zuschauen.

Tsunami Sushi JAPANISCH $$
(☎2643-3678; Av Pastor Díaz; Mahlzeiten 7–15 US$; ⏲So–Do 17–22, Fr bis 1 Uhr) Das moderne, lebendige Restaurant nördlich der Calle Pops serviert ausgezeichnete Sushi, Sashimi und California Rolls. Am frischesten kommen Goldmakrele, Thunfisch und Wahoo aus dem Pazifik.

Ausgehen & Unterhaltung

Es gibt zahlreiche Bars und Tanzclubs für feierwütige Traveller und die hier lebenden Ausländer. Aber Achtung: In vielen Nachtclubs von Jacó blüht die Prostitution.

Surf Dogs BAR
(☎2643-3342; www.surfdogsbar.com; Av Pastor Diaz; ⏲Di–So 10 Uhr bis spät) An Tischen, die aus Surfbrettern gefertigt wurden, kann man bei Kneipenkost, eiskaltem Bier und dekadenten Daiquiris wunderbar chillen. Definitiv eine Surferkneipe, mit Tischfußball und Dartscheibe, aber auch eine Daiquiri-Bar mit mindestens 18 verschiedenen Sorten auf der Karte. Eine angenehme Überraschung ist das Essen.

Le Loft DJ-BAR
(Av Pastor Díaz) Das Schickste, was Jacó an Nachtleben zu bieten hat. Während DJs live auflegen, tun die Schicki-Micki-Gäste ihr Bestes, um gut auszusehen und noch besser rüberzukommen. Hier fängt die Party spät an und endet früh.

Praktische Informationen

GEFAHREN & ÄRGERNISSE

Abgesehen von Taschendiebstahl und Diebstählen aus Autos ist Jacó kein gefährliches Pflaster. Jedoch hat sich aufgrund der Anwesenheit vieler wohlhabender Ausländer eine blühende Sex- und Drogenszene entwickelt. Reisende sollten sich an die üblichen Vorsichtsregeln halten, also Wertsachen sicher aufbewahren und nachts lieber das Taxi zurück ins Hotel nehmen.

An- & Weiterreise

BUS

Die Busse nach San José halten am Einkaufszentrum Plaza Jacó, nördlich vom Zentrum. Die Haltestelle für Busse zu anderen Zielen liegt gegenüber vom Supermarkt Más X Menos. Wer nach Norden will, wartet vor dem Supermarkt auf den Bus, und wer nach Süden will, auf der anderen Straßenseite. Sämtliche Busse kommen aus Puntarenas bzw. Quepos.

Puntarenas (1,75 US$, 1½ Std., 8-mal tgl.)
Quepos (1,75 US$, 1½ Std., 6-mal tgl.)
San José (4 US$, 3 Std., 7-mal tgl.)

SCHIFF/FÄHRE

Zur Península de Nicoya bietet Zuma Tours (S. 653) täglich ein Wassertaxi von Jacó nach Montezuma (40 US$, 1 Std., Abfahrt 11 Uhr). Das Jetboot fährt von der Playa Herradura, 2 km nördlich der Stadt. Reservieren kann man bei den meisten Tourveranstaltern im Ort. Angelegt wird am Strand – also passende Schuhe anziehen!

Quepos

12 900 EW.

Die Kleinstadt Quepos dient als Tor zum Nationalpark Manuel Antonio, dessen Eingang nur 7 km entfernt liegt. Für Traveller, die ihre Vorräte aufstocken und Tipps einholen wollen, ist Quepos ein guter Anlaufpunkt. Auch wenn sich die Region Manuel Antonio aufgrund des Ökotourismusbooms schnell und irreversibel verändert hat, ist das zurückhaltende Quepos in weiten Teilen noch immer eine authentische Tico-Stadt. Es hat den traditionellen lateinamerikanischen Charme und ist damit eine Alternative zu den von Touristen zertrampelten Pfaden nicht weit von hier.

Aktivitäten

Die Strände des kleinen Städtchens sind verschmutzt und daher zum Baden nicht zu empfehlen. Die folgenden Anbieter befinden sich an der Hauptstraße von Quepos beim Fußballplatz.

H2O Adventures ABENTEUERTOUREN
(Rios Tropicales; ☎2777-4092; www.h2ocr.com) Das Unternehmen ist teils auch unter dem Namen Rios Tropicales bekannt. Es bietet neben Wildwasserrafting auf dem Río Naranjo (Schwierigkeitsgrad III–IV) auch Kajaktouren zur Isla Damas und Tubing auf dem Río Savegre.

Iguana Tours ABENTEUERTOUREN
(☎2777-2052; www.iguanatours.com) Organisiert Rafting-, Seekajak-, Reit-, Mangroven- und Delphinbeobachtungstouren an der gesamten zentralen Pazifikküste und genießt einen guten Ruf.

Oceans Unlimited TAUCHEN, SCHNORCHELN
(☎2777-3171; www.scubadivingcostarica.com) Bietet Tauchgänge vor Ort sowie Fahrten Richtung Süden zur Bahía Drake (2 Std. mit dem Bus).

Schlafen

Wide Mouth Frog Backpackers HOSTEL $
(☎2777-2798; www.widemouthfrog.org; B 12 US$, Zi. mit/ohne Bad 50/35 US$, jeweils mit Frühstück; @ WLAN Pool) Die bunt gefliesten Zimmer liegen rund um einen einladenden Pool mit vielen Liegestühlen. Alle wichtigen Einrichtungen sind vorhanden, wie eine Gästeküche, eine TV-Lounge mit DVD-Sammlung und ein paar faule Hunde, die hier umherwatscheln – überall herrscht hier gute Stimmung. Nordwestlich vom Fußballplatz.

Pura Vida Hostel HOSTEL $
(☎2777-2321; www.puravidahostelmanuelantonio.com; B 10–15 US$, Zi. 15–20 US$/Pers., jeweils mit Frühstück; ⏲7–22 Uhr; Klimaanlage @ WLAN) Von der Regenbogenfassade bis zu den Wandmalereien innen – hier geht's bunt zu. Die Zimmer haben Wände in tropischen Farben, helle Bettwäsche, geflieste Böden und Schließfächer. Von den großen Gemeinschaftsbalkonen blickt man auf den dschungelbewachsenen Hügel, wo man vielleicht Totenkopfäffchen entdeckt. Am südlichen Stadtrand an der Straße nach Manuel Antonio.

Essen

★**Café Milagro** CAFÉ $
(www.cafemilagro.com; Mahlzeiten 5–8 US$; ⏲6–22 Uhr; WLAN) Das urige Café ist berühmt für seine Kaffeevariationen aus den besten costa-ricanischen Bohnen, die man übrigens im Laden nebenan kaufen kann. Aber auch das Essen ist hervorragend, besonders das dekadente Frühstück. Kostenloses WLAN und englischsprachige Zeitungen laden zum Verweilen ein.

Bohemia Café CAFÉ $
(☎2774-0109; Mahlzeiten 5–10 US$; ⏲Mo–Sa 9–21 Uhr; WLAN) Das mit wilden Farben und Tatzenabdrücken geschmückte Café zieht eine angenehm bunte Traveller-Kundschaft an, die auf ihren Tastaturen herumklimpert, exzellente Burritos verschlingt und an Smoothies aus frischem Obst nippt. Dazu gibt's auch reichhaltigere, kreative internationale Gerichte mit tropischem Flair.

Monchados KARIBISCH $$
(Gerichte 8–15 US$; ⏲17–24 Uhr) Das alteingesessene mexikanisch-karibische Lokal ist eine Institution in Quepos. Hier ist abends immer eine Menge los. Wer Appetit auf traditionelle Spezialitäten aus Limón oder Mexiko hat, stellt sich einfach an der langen Schlange an.

Mercado Central MARKT
(Zentralmarkt; ⏲unterschiedlich) Wer sich unter die Einheimischen mischen will, sollte einen Bummel über den *mercado central* machen. In dem riesigen Komplex im Ortszentrum gibt's neben den Obst- und Gemüseständen viele preisgünstige *sodas* und Cafés.

Ausgehen & Unterhaltung

Dos Locos BAR
(☎2777-1526; ⏲Mo–Sa 7–23, So 11–22 Uhr) Wenn die hier lebenden Ausländer einen trinken gehen wollen, kommen sie regelmäßig in dieses beliebte mexikanische Restaurant, in dem auch manchmal Livebands auftreten.

Republik Club CLUB
(Eintritt für Männer 3 US$; ⏲18.30–2.30 Uhr) Der Republik Club ist die verlässlichste Partylocation im Zentrum von Quepos. Je später

der Abend, desto lauter die Musik und teurer die Drinks, und irgendwann läuft alles aus dem Ruder.

An- & Weiterreise

Abfahrt und Ankunft aller Busse ist am Busbahnhof im Ortszentrum. Fahrkarten nach San José sollte man rechtzeitig im Voraus im **Fahrkartenbüro von Transportes Morales** (☎2777-0263; ⊙Mo–Sa 7–11 & 13–17, So 7–13 Uhr) im Busbahnhof kaufen.

Jacó (1,50 US$, 1½ Std., 4-mal tgl.)

Puntarenas (4,25 US$, 3½ Std., 7-mal tgl.)

San Isidro de El General (4 US$, 3 Std., 3-mal tgl.) Via Dominical.

San José (8 US$, 4 Std., 5-mal tgl.)

Manuel Antonio

Vom Hafen in Quepos windet sich die Straße 7 km ins Landesinnere, bevor sie die Strände des Ortes Manuel Antonio und den Eingang des Nationalparks erreicht. Die kurvenreiche Strecke führt über einige Hügel mit malerischer Aussicht auf bewaldete Hänge, die zur von Palmen gesäumten Küste hinabführen. Diese Gegend ist unglaublich teuer, aber es gibt's auch eine Handvoll preisgünstiger Hostels und Lokale.

Sehenswertes & Aktivitäten

★**Parque Nacional Manuel Antonio** PARK

(☎2777-0644; Parkeintritt 10 US$, Parken 3 US$; ⊙Di–So 7–16 Uhr) Der mit 16 km² kleinste Nationalpark des Landes verkörpert mit seinen sich im Wind wiegenden Palmen und verspielten Affen, dem glitzernden blauen Wasser und den lauten tropischen Vögeln costa-ricanische Postkartenidylle. Leider suchen unzählige Besucher dieses kleine Fleckchen heim. Wer den Massen ausweichen will, kommt frühmorgens, unter der Woche und/oder in der Nebensaison.

Zum Parkeingang gelangt man, indem man durch das schmale Mündungsbecken watet oder sich für etwa 1 US$ übersetzen lässt. Am Eingang bieten Naturkundler ihre Dienste als Führer (25 US$/Pers.) an; alle sind von der offiziellen Agentur Aguila autorisiert.

Im Park winden sich klar gekennzeichnete Wege entlang der Strände durch Regenwald und über felsige Landspitzen. Hier erspäht man höchstwahrscheinlich Leguane, Brüllaffen, Kapuzineraffen, Nasenbären, Faultiere und vielleicht auch die scheuen Totenkopfäffchen. Wer einen Guide anheuert, scheint wirklich sehr gute Chancen zu haben, Tiere zu erblicken.

Vom Parkeingang ist es eine halbe Stunde zu Fuß zu den idyllischen Stränden des Parks, der **Playa Espadilla Sur** und der **Playa Manuel Antonio**. Die beiden Strände sind durch eine felsige Halbinsel mit dichtem Baumbewuchs voneinander getrennt. Ein Wanderweg führt rund um die Halbinsel zur **Punta Catedral** und gewährt einen tollen Blick auf den Pazifik und die felsigen, von Weißbauchtölpeln und Pelikanen bewohnten Inselchen. Im nahen Besucherzentrum gibt es Trinkwasser, Toiletten und Strandduschen.

Hinter der Playa Manuel Antonio gabelt sich der Weg. Der steile untere Trail führt hinab zur ruhigen **Playa Puerto Escondido**, der obere Trail dagegen hinauf zu einem umwerfenden Aussichtspunkt auf einer Klippe. Die Ranger achten darauf, dass nur eine begrenzte Zahl von Wanderern diesen Weg nutzt.

Busse fahren in der Nähe des Parkeingangs ab und halten an der Straße nach Quepos, wenn man sie heranwinkt.

Playa Espadilla STRAND

An diesem schönen Strand in der Nähe des Parkeingangs ist Vorsicht geboten: Hier gibt's Brandungsrückströme! Dies ist der einzige Strand der Gegend, der von Rettungsschwimmern überwacht wird.

La Playita STRAND

Am westlichen Ende der Playa Espadilla liegt hinter einem Felsvorsprung La Playita, ein schwulenfreundlicher Strand, wo es überwiegend junge Männer hinzieht. Einst war dies ein Nacktbadestrand, aber die Behörden haben diesem Treiben einen Riegel vorgeschoben. Den Reisepass mitnehmen, um unnötige Probleme zu vermeiden.

Schlafen

★**Vista Serena Hostel** HOSTEL $

(☎2777-5162; www.vistaserena.com; B 10–16 US$, Bungalows ohne Bad 45–60 US$, jeweils mit Frühstück; P @) Das schön an einem stillen Hang gelegene Hostel beeindruckt mit spektakulären Sonnenuntergängen über dem Meer, zu beobachten von einer Terrasse voller Hängematten. Ein kurzer Pfad führt über Ackerland zu einem abgeschiedenen Wildnisstrand. Die weiß gefliesten Zimmer sind blitzsauber, jedoch scheint es ein wenig an Badezimmern zu mangeln.

Rund um Manuel Antonio

0 — 1 km

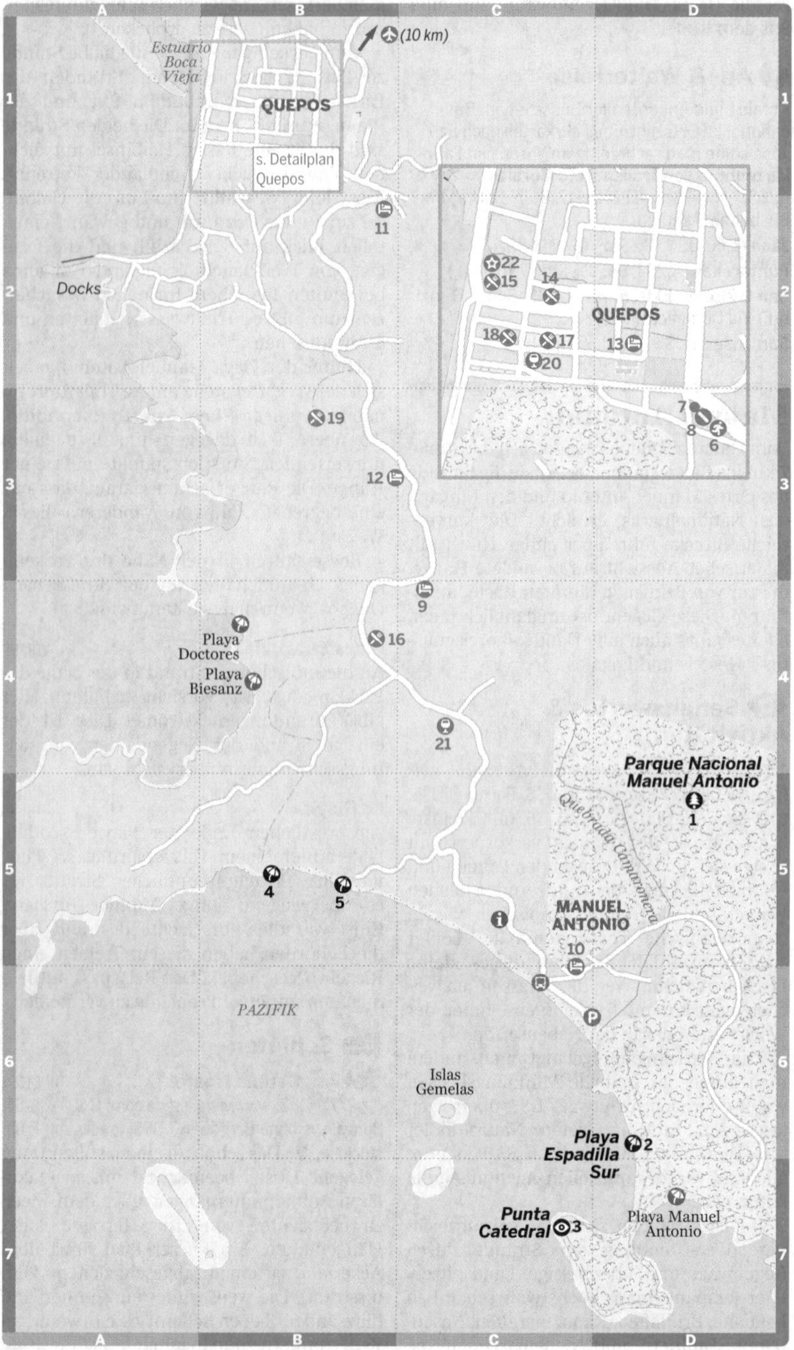

Rund um Manuel Antonio

Highlights
1 Parque Nacional Manuel Antonio D5
2 Playa Espadilla Sur D6
3 Punta Catedral C7

Sehenswertes
4 La Playita B5
5 Playa Espadilla B5

Aktivitäten, Kurse & Touren
6 H2O Adventures D3
7 Iguana Tours D3
8 Oceans Unlimited D3

Schlafen
9 Backpackers Manuel Antonio C4
10 Backpackers Paradise Costa Linda C6
11 Pura Vida Hostel B2
12 Vista Serena Hostel B3
13 Wide Mouth Frog Backpackers D2

Essen
14 Bohemia Café C2
15 Café Milagro C2
16 El Patio de Café Milagro B4
17 Mercado Central C2
18 Monchados C2
19 Ronny's Place B3

Ausgehen & Nachtleben
20 Dos Locos C2
21 El Avión C4

Unterhaltung
22 Republik Club C2

Backpackers Manuel Antonio HOSTEL $
(2777-2507; www.backpackersmanuelantonio.com; B/DZ mit Frühstück 12/35 US$; P @) Das vor dem Fußballplatz 2,5 km vom Park entfernt liegende Hostel bietet recht gute Einrichtungen und eine gesellige Stimmung. Die weiß getünchten Zimmer haben hölzerne Herbergsbetten und Schließfächer, dazu gibt's geflieste Bäder, eine Gemeinschaftsküche und ein Fernsehzimmer. Von einem luftigen Balkon blickt man auf den dschungelbewachsenen Hang, wo es hinunter zum Pool geht.

Backpackers Paradise Costa Linda HOSTEL $
(2777-0304; www.costalinda-backpackers.com; Zi. ab 10 US$/Pers.; P @) Die günstige Absteige spielt dank heruntergekommener Zimmer zwar mit Sicherheit nicht in derselben Liga wie ihre Konkurrenten, aber angesichts der Niedrigstpreise und der Nähe zum Strand kann man hier schon mal ein oder zwei Nächte bleiben. Nur Gemeinschaftsbäder. Im dazugehörigen Gartencafé wird ausgezeichnetes Essen serviert.

Essen & Ausgehen

El Patio de Café Milagro FUSIONSKÜCHE $$
(2777-2272; www.cafemilagro.com) Das Café besticht durch seinen exzellenten Kaffee, das dekadente Frühstück (z. B. Bananenpfannkuchen mit Macadamianüssen), wundervolle Sandwiches und raffinierte Interpretationen traditioneller Tico-Speisen. Herrliches Ambiente mit schöner Terrasse, umgeben von einem tropischen Garten; man kann sich aber auch Proviant für den Park mitnehmen.

Ronny's Place BURGER, SEAFOOD $$
(2777-5120; www.ronnysplace.com; Hauptgerichte 6–14 US$; 12–22 Uhr; P) Einfach von der Hauptstraße über die ausgeschilderte, nicht asphaltierte, aber gute Straße 800 m westwärts fahren – die Tour lohnt sich, denn die Aussicht auf zwei unberührte Buchten und den urzeitlichen Dschungel drumherum ist grandios. Ein phantastisches Ambiente zum Verspeisen großer Burger und frischer Meeresfrüchte, zu denen süßer, erfrischender Sangria gereicht wird.

El Avión BAR
(2777-3378; Hauptgerichte 6–14 US$;) Das unvergleichliche Bar-Restaurant ist in dem umgebauten Rumpf einer Fairchild C-123 von 1954 untergebracht. Das Flugzeug wurde ursprünglich in den 1980er-Jahren für die nicaraguanischen Contras gekauft, hat es aber nie aus seinem Hangar hinausgeschafft, weil in den USA die Iran-Contra-Affäre aufgedeckt wurde. Heute ist das Flugzeug eine tolle Bar, in der während der Trockenzeit regelmäßig Livemusik gespielt wird – perfekt für ein Bier, eine Guacamole und den Sonnenuntergang über dem Pazifik. Das Flugzeug ist an der Hauptstraße nicht zu übersehen, etwa 2 km nördlich des Parkeingangs.

Praktische Informationen

La Buena Nota (2777-1002; buennota@racsa.co.cr) am Nordende von Manuel Antonio fungiert als inoffizielles Informationszentrum und verkauft Karten, Reiseführer, fremdsprachige Bücher, englischsprachige Zeitungen, Strandutensilien sowie Souvenirs.

An- & Weiterreise

Intercity-Busse nach San José und zu anderen Zielen fahren vom Busbahnhof in Quepos.

Zwischen Quepos und Manuel Antonio verkehren zwischen 6 und 19.30 Uhr ungefähr alle 30 Min., danach seltener Nahverkehrsbusse (0,35 US$). Der letzte Bus ab Manuel Antonio fährt um 22.25 Uhr.

Die Sammeltaxis zwischen Quepos und Manuel Antonio lesen für ein paar hundert Colones (rund einen halben Dollar) gewöhnlich zusätzliche Fahrgäste auf. Eine Taxifahrt zum Park kostet etwa 15 US$.

Dominical

Dominical hat bei Travellern ein echtes Stein im Brett: Sie marschieren mit ihrem Surfbrett unterm Arm die unbefestigte Straße des Orts entlang und geben sich ansonsten alle Mühe, zwischen dem intensiven Erlebnis, die perfekten Wellen zu reiten, und dem Abhängen in schwingenden Hängematten die richtige Balance zu finden. Dominical erinnert an das sagenumwobene „alte Costa Rica", als die Küste von verschlafenen kleinen Orten gesäumt war, die ein buntes Völkchen aus Surfern, Backpackern und leutseligen Nichtstuern anlockten. Dominical wartet nicht mit bedeutenden Sehenswürdigkeiten auf, hat keine asphaltierten Straßen und keine Kettenrestaurants. Wer nicht surfen oder sich in der Hängematte dem süßen Nichtstun hingeben will, ist hier vielleicht falsch aufgehoben.

Aktivitäten

Dominical verdankt seinen Ruhm den heftigen Point und Beach Breaks. Allerdings sind die Surfbedingungen hier wechselhaft. Anfänger sollten lieber auf den nahe gelegenen ruhigeren Strand **Dominicalito** ausweichen. Der Surfunterricht hier zählt übrigens zum Besten und Erschwinglichsten im ganzen Land.

Costa Rica Surf Camp SURFEN
(☎8812-3625, 2787-0393; www.crsurfschool.com; Hotel Diu Wak; Einzelunterricht ab 40 US$, All-inclusive-Pakete ab 1050 US$/Woche)

Sunset Surf SURFEN
(☎8917-3143; www.sunsetsurfdominical.com) 50 m landeinwärts vom Strand von Dominical in Domilocos.

Festivals & Events

Envision Festival FESTIVAL
(www.envisionfestival.com) Ein Festival mit New-Age-Einschlag in der ersten Märzwoche, mit Feuertänzern, Yoga und Jam-Bands.

Schlafen

Die meisten empfohlenen Unterkünfte liegen am südlichen Ortsrand.

Piramys Beachfront Hostel HOSTEL $
(☎8353-6428, 8353-6538; www.hosteldominical.com; B 8–14 US$, DZ 28 US$; @) Aus der Lage am Strand wird hier das Beste gemacht: Das Piramys verfügt über einen offenen Schlafsaal mit Einzel- und Doppelbetten, die sich unter Moskitonetzen verstecken. Dazu kommen eine große Lounge mit Hängematten und TV, eine Küche und ein komplett ausgestatteter Fitnessraum. Wer's lieber etwas privater mag, kann sich ein wandbildverziertes Zimmer nehmen – dann hat man allerdings keinen Zugang zu den anderen Gemeinschaftseinrichtungen. Mit tollem Burgerladen. 100 m hinter dem Restaurant El Coco.

Montañas de Agua HOTEL $
(☎2787-0200; www.montanasdeagua.com; DZ mit/ohne Klimaanlage 50/30 US$, Apt. 75 US$; P) Diese ausgezeichnete Unterkunft versteckt sich unter der dichten Vegetation in einer kleinen Nebenstraße östlich der Hauptstraße. Sogar die billigsten Zimmer haben geflieste Böden, Plankendecken, Warmwasserduschen und kleine Veranden mit Hängematten. Schönes Gelände nicht weit vom Strand.

Antorchas Camping CAMPINGPLATZ $
(☎2787-0307; Zeltplatz 5 US$/Pers., B 10 US$; P) Nur ein paar Meter vom Strand entfernt liegt dieser Campingplatz. Er ist einer der sichersten im Ort, trotzdem sollte man seine Wertsachen unbedingt in den zur Verfügung gestellten Schließfächern lagern. Für Camper gibt's einfache Einrichtungen wie Kaltwasserduschen und Gemeinschaftsküche. Wer nicht gern zeltet, der bekommt für ein paar Dollar mehr pro Nacht ein Bett in den spartanischen Schlafsälen.

Domilocos HOTEL $$
(☎2787-0244; www.domilocos.com; Zi. 75 US$; P @) Das von einem Italiener geführte Domilocos ist eine gute, wenn auch überteuerte Mittelklasseunterkunft auf einem medi-

terran gestalteten Anwesen mit einem der besten Restaurants des Orts. Die recht einfachen Zimmer mit quietschenden Betten und Bambusmöbeln sind nichts Besonderes, aber wesentlich komfortabler als die in den meisten anderen Budgetunterkünften des Orts.

Essen & Ausgehen

Chapy's Healthy Subs & Wraps FEINKOST **$**
(☎2787-0283; Mahlzeiten 5–10 US$; ⏲Mo–Sa 9–15 Uhr;) Chapy's ist mit seinen knusprigen Wraps und dicken, gegrillten Sandwiches mit hausgemachter Focaccia ein echter Traum für Vegetarier. Die Sandwiches sind genauso gesund wie köstlich und können mit scharfem Hummus und hausgemachten Saucen aufgepeppt werden. Wer ein Mittagsmahl zum Mitnehmen braucht – hier gibt's dafür die beste Auswahl im Ort.

San Clemente Bar & Grill FRÜHSTÜCK **$**
(Mahlzeiten 5–12 US$; ⏲9–24 Uhr) Diese alteingesessene Dominical-Kneipe mit zerbrochenen Surfbrettern an den Wänden serviert ein großes Frühstück und Tex-Mex-Gerichte.

Maracutú VEGETARISCH, NATURKOST **$$**
(☎2787-0091; http://maracatucostarica.com; Mahlzeiten 6–12 US$; ⏲11–1 Uhr;) Die funkige selbsternannte Weltmusikbar serviert eine bunte Auswahl, deren Krönung köstliche Meeresfrüchte sowie vegetarische und vegane Gerichte sind. Abends verwandelt sich der Laden in einen hippen Club mit Tanzpartys, Livemusik und einem jungen, coolen Publikum.

Tortilla Flats BAR
Die Strandbar Tortilla Flats hat sich zum Hauptziel für Surfer entwickelt, die sich nach einer morgendlichen Session im Wasser mit Bier und Tacos stärken. Es hat eine nette Freiluft-Atmosphäre, auf dem Fernseher laufen nonstop Surfvideos, und das Personal ist freundlich. Wer hier übernachten möchte: Es gibt auch ein paar *cabinas*.

Praktische Informationen

Es gibt keine Banken und Geldautomaten im Ort – der einzige Geldautomat befindet sich an der Fernstraße –, aber das Lokal San Clemente Bar & Grill wechselt Reiseschecks. Im selben kleinen Einkaufszentrum ist oben eine Post.

Dominical Internet (2 US$/Std.; ⏲Mo–Sa 9.30–19 Uhr) Über der San Clemente Bar & Grill.

GEFAHREN & ÄRGERNISSE

Wellen, Strömung und Brandung in Dominical sind sehr stark und haben bereits Leute mit sich gerissen. Vor dem Baden sollte man immer nachschauen, welche Flagge gehisst ist – die rote Flagge steht für heftige Strömungen. Den Anweisungen auf den Schildern ist Folge zu leisten. Nur an den von Rettungsschwimmern bewachten Stränden baden!

An- & Weiterreise

Auf der Hauptstraße in Dominical fahren Busse; überall entlang der Strecke kann man ein- und aussteigen. Sechs Busse fahren täglich nach Quepos (6 US$, 3 Std.) und vier nach Uvita (1,20 US$, 1 Std.). Busse nach San Isidro de El General und San José kommen aus Uvita und erreichen Dominical etwa eine Stunde später.

Uvita

Das Dorf 17 km südlich von Dominical besteht aus ein paar verstreuten Bauernhöfen an Nebenstraßen, die im hohen Gras fast verschwinden. Hier wird deutlich, wie die Küste Costa Ricas vor dem Tourismusboom einmal ausgesehen hat. Abends kann man in Uvita zwar kaum mehr machen, als die Sterne anzugucken, dafür gibt's hier aber phantastische flache Sandstrände, die zum **Parque Nacional Marino Ballena** gehören.

Der wundervolle Meerespark (☎2743-8236; Eintritt 7 US$) schützt die Korallen- und Felsriffe um die **Isla Ballena** herum. Das Gebiet ist zwar klein, aber dafür umso bedeutender: mit Kolonien von Seevögeln, Schulen von Delphinen, nistenden Meeresschildkröten (Mai bis November) und **vorbeiziehenden Buckelwalen** (August bis Oktober und Dezember bis April). Die Strände beeindrucken durch ihre Mischung aus goldenem Sand und glänzendem Fels. Alle sind mehr oder weniger verlassen und perfekt für ungestörtes Baden und Sonnenbaden. Von der Rangerstation kann man zur **Punta Uvita** gehen und schnorcheln (am besten bei Ebbe). Oder man mietet an der Playa Bahía Uvita ein Boot (45 US$/Pers.) für einen zweistündigen **Schnorcheltrip** zur Isla Ballena.

Schlafen & Essen

Flutterby House HOSTEL **$**
(☎8341-2730; www.flutterbyhouse.com; Zeltplätze 5 US$, B 12–15 US$, DZ 30–60 US$;) Diese Ansammlung von bunten Baum-

häusern und Schlafsälen bietet freundliche und fröhliche Unterkunft in Fußweite zum Strand. Die Liste der Pluspunkte ist lang: Leihbretter und -räder, billiges Bier, eine ordentliche, offene Gemeinschaftsküche und ein köstliches abendliches Dinner mit einheimischem Essen. Beim Südeingang zum Park.

Tucan Hotel HOSTEL, CAMPINGPLATZ **$**

(☎2743-8140; www.tucanhotel.com; Zeltplätze, Hängematten & B 6 US$, DZ ab 25 US$; P ❄ @ 📶) Das selbsternannte „Traveller-Refugium" 150 m östlich der Fernstraße ist eine fröhliche und flippige Unterkunft, in der sich die Gäste wie zu Hause fühlen, gleich ob sie in einer Hängematte oder in einem eigenen Zimmer nächtigen. Die Küche ist nur mit dem Nötigsten ausgestattet, aber das angeschlossene Restaurant ist hervorragend. Ein Superbonus sind die kostenlosen Shuttles zum Strand.

Cascada Verde HOSTEL **$**

(☎2743-8191; www.cascadaverde.org; Gemeinschaftsloft 12 US$/Pers., B/DZ 12/45 US$; P) Von Uvita aus ungefähr 2 km im Landesinneren befindet sich diese Permakultur-Farm mit biologischem Anbau. Sie ist zugleich ein ganzheitliches Refugium, das Heerscharen von Leuten anzieht, die sich dem alternativen Lebensstil verschrieben haben und hier auf der Suche nach Naturverbundenheit sind. Die Unterkünfte sind einfach und ein wenig den Elementen ausgesetzt, aber draußen gibt's reichlich Platz, wo alle Yoga machen und meditieren können. Im dazugehörigen Restaurant kommt vegetarisches Essen und Rohkost auf den Tisch.

An- & Weiterreise

Die meisten Busse fahren von den beiden überdachten Haltestellen an der Costanera im Hauptdorf ab.

San Isidro de El General (1,25 US$, 2 Std., 4-mal tgl.)

San José (5 US$, 7 Std., 2-mal tgl.)

SÜDLICHES COSTA RICA & PENÍNSULA DE OSA

Das wilde, weite und zum großen Teil unerforschte südliche Costa Rica wird in der Mitte von der zerklüfteten Cordillera de Talamanca durchzogen und endet im Süden mit der von einer großen Artenvielfalt geprägten Osa-Halbinsel. Die nebelverhangene Gebirgskette wird von klaren, reißenden Flüssen durchzogen, die sich ihren Weg ins Tiefland bahnen. Die unberührten Strände der Halbinsel grenzen an den Regenwald.

Abenteurern hat das südliche Costa Rica einiges zu bieten, z. B. den höchsten Berg des Landes und die vielfältigste Fauna. Von den Hängen der Talamanca bis zu den Stränden der Osa lockt diese Region Reisende mit jungem Herzen, unerschrockenem Geist und dem Wunsch, ein Stück ungezähmte Wildnis zu erleben.

San Isidro de El General

62 500 EW.

„El General" ist die größte Stadt der Region und ein wichtiger Verkehrsknotenpunkt. Wer die südlichen Pazifikstrände oder Chirripó ansteuert, muss hier einen kurzen Stopp einlegen, jedoch gibt's kaum Grund, länger zu verweilen.

Schlafen & Essen

Hotel Chirripó HOTEL **$**

(☎2771-0529; www.hotelchirripo.com; Av 2 zw. Calle Central & 1; EZ/DZ ab 16/24 US$; P 📶) Das Hotel am Parque Central ist vor allem bei anspruchsvollen Budgettravellern beliebt. Die Gäste wohnen hier in kahlen, weiß getünchten Zimmern, die aber absolut sauber sind. Blühende Pflanzen und ein fröhliches Wandbild in der Lobby hellen das sonst schlichte Umfeld auf.

Hotel Los Crestones HOTEL **$$**

(☎2770-1200, 2770-1500; www.hotelloscrestones.com; Ecke Calle Central & Av 14; EZ/DZ ab 40/50 US$; P ❄ 📶) Das elegante Motel südlich vom Fußballplatz ist außen mit Blumenkästen und Weinranken bedeckt – ein willkommener Anblick für reisemüde Traveller. Drinnen finden sich funktionale Zimmer mit moderner Möblierung. Die Angestellten sind aufmerksam und flott.

Kafe de la Casa CAFÉ **$**

(☎2770-4816; Av 3 zw. Calle 2 & 4; Mahlzeiten 6–13 US$; ⏰7–20 Uhr) Das Boheme-Café ist in einem alten Tico-Haus eine Straße westlich der Interamericana untergebracht und mit bunt zusammengewürfelter Kunst dekoriert. Es besitzt eine offene Küche und einen luftigen Garten zum Draußensitzen. Auf der Speisekarte findet man ausgezeichnete Gerichte fürs Frühstück, leichte Speisen zu Mittag, Feinschmecker-Abendessen und viel Kaffee.

BUSSE AB SAN ISIDRO DE EL GENERAL

ZIEL	ABFAHRTSORT	PREIS (US$)	DAUER (STD.)	ABFAHRTEN
Dominical	Terminal Quepos	3,80	2	3-mal tgl.
Neily	Terminal Tracopa	7	6	4-mal tgl.
Palmar Norte	Terminal Tracopa	4	2½	10-mal tgl.
Paso Canoas	Terminal Tracopa	6	5	6-mal tgl.
Puerto Jiménez via Palmar Norte	Terminal Quepos	6	5	2-mal tgl.
Quepos	Terminal Quepos	4	3	3-mal tgl.
San Gerardo de Rivas (zum Parque Nacional Chirripó)	Local Terminal	1,60	1½	3-mal tgl.
San José	Terminal Tracopa	4,25	3	5–20.30 Uhr stündl.
Uvita	Terminal Quepos	1,60	1½	2-mal tgl.

Praktische Informationen

Parkverwaltungsbüro **Minae** (Sinac; ☎2771-5116, 2742-5083; aclap@sinac.go.cr; Calle 2 zw. Av 2 & 4; ⊙Mo–Fr 8–12 & 13–16 Uhr) Wer auf den Chirripó wandert, kann versuchen, hier ein Bett im Gipfelhostel zu reservieren. Zur Sicherung der Reservierung ist eine Kaution erforderlich.

An- & Weiterreise

BUS

Fernbusse fahren von verschiedenen Punkten an der Interamericana ab; Tickets frühzeitig besorgen!

Busse nach San José und ins südliche Costa Rica starten am **Terminal Tracopa** (☎2771-0468) an der Interamericana, unmittelbar südlich der Av Central. An der Nebenstraße südlich vom Terminal Tracopa ist der **Terminal Quepos** (☎2771-2550), auch Transportes Blanco genannt; von hier fahren Busse zur Pazifikküste. Siehe Tabelle oben.

San Gerardo de Rivas

Wer vorhat, den Gipfel des Chirripó zu erklimmen, ist hier richtig, denn das winzige, ruhige San Gerardo de Rivas ist quasi der Eingang zum Nationalpark. Von hier lassen sich Unterkünfte im Park reservieren, letzte Besorgungen vor dem Aufbruch machen, und man kann – was wohl das Wichtigste ist – noch einmal richtig gut schlafen. Im Dorf gibt es übrigens keinen Geldautomaten!

Auch wenn man vielleicht einen oder zwei Tage warten muss, kommt keine Langeweile auf. Wer will, kann in der geheimnisvollen **Cloudbridge Nature Reserve** (☎in den USA 212-362-9391; www.cloudbridge.org; Eintritt per Spende; ⊙Sonnenauf- bis Sonnenuntergang) zu Wasserfällen wandern oder bei den **Aguas Termales Gevi** (☎2742-5210; Herradura; Eintritt 6 US$; ⊙7–17 Uhr) im nahen Herradura in warmen Quellen baden.

Schlafen & Essen

★Casa Mariposa HOSTEL $
(☎2742-5037; www.hotelcasamariposa.net; B 14 US$, DZ 36–56 US$; P@) In dem freundlichen und einladenden Backpackerhostel hat man ausgesprochen gute Möglichkeiten, mit anderen Travellern zusammenzukommen und für den Trip zum Chirripó ein paar Mitstreiter zu gewinnen. Das in den Berghang am Beginn des Weges gebaute Haus hat kleine, aber dafür gemütliche Zimmer mit Steinwänden, die verspielt mit bunten Wandteppichen ausgestattet sind, und Gemeinschaftsbädern. Das hübsche Gesamtbild wird durch einen Garten voller Vögel, eine Gästeküche und gut platzierte Hängematten abgerundet.

Cabinas Roca Dura CABINAS $
(☎2262-7218; Zeltplätze 5 US$, Zi. 15–35 US$; P) Die bequem im Ortszentrum gleich gegenüber vom Fußballplatz gelegene hippe Herberge wurde direkt in den gigantischen Felshang gebaut, was ihr ein Familie-Feuerstein-Flair verleiht. Wandmalereien schmücken noch die kleinsten Steinzimmer. Die teureren Zimmer verfügen außer über die aus Baumstämmen gefertigten Möbel und Einbauten auch über Waldblick. Die freundliche Bar lädt zu einem Drink oder einer Mahlzeit ein.

Península de Osa & Golfo Dulce

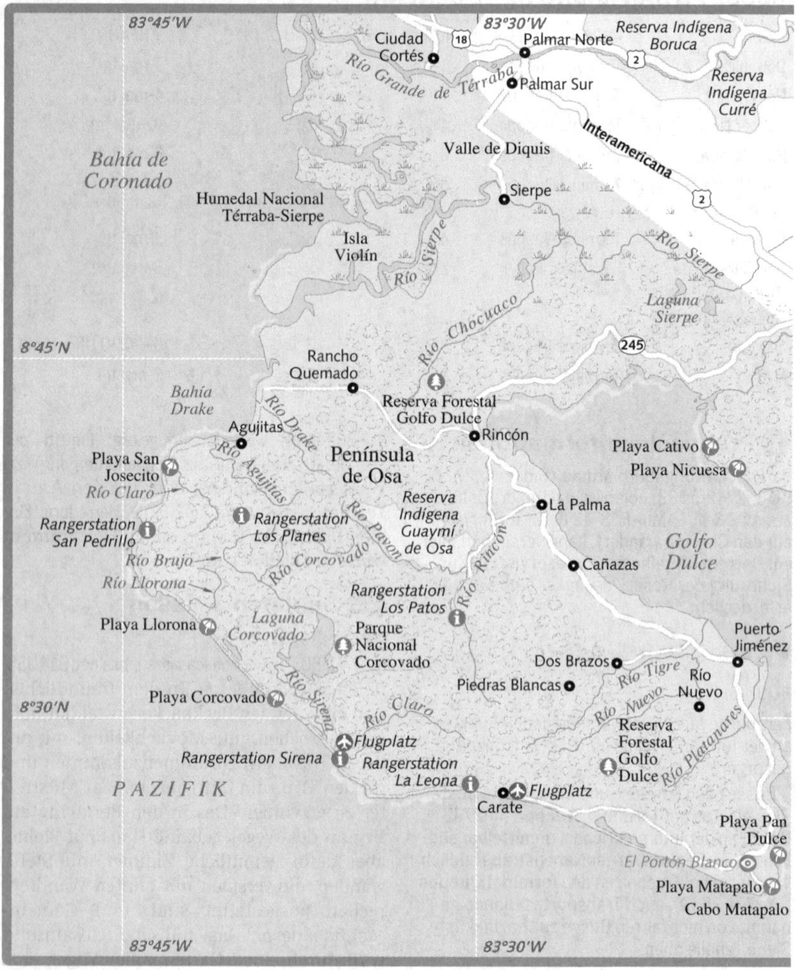

El Urán Hotel y Restaurante HOSTEL $
(☎2742-5003; www.hoteluran.com; B/DZ/3BZ 13/40/60 US$; P 📶) Nur 50 m unterhalb des Wanderweganfangs ist diese schlichte Jugendherberge eine Institution für Wanderer, die auf dem Weg zum/vom Chirripó sind. Die günstigen Zimmer verschiedener Größe und Form sind perfekt für ein erholsames Schläfchen. In der Anlage gibt es auch ein Restaurant, einen Lebensmittelladen und eine Waschküche – alles für wenig Geld.

Hotel de Montaña El Pelícano HOTEL $$
(☎8382-3000; www.hotelpelicano.net; Zi. mit/ohne Bad 66/30 US$, Hütten ab 72 US$; P @ 📶 🏊) Etwa 300 m unterhalb der Rangerstation bietet die simple, funktionale Lodge gemütliche Zimmer mit Blick aufs Flusstal. Das Highlight der Anlage ist die Kunstgalerie des Inhabers, der im Alter seine künstlerische Ader entdeckt hat und skurrile Holzskulpturen schnitzt.

ℹ Praktische Informationen

Die Rangerstation Chirripó liegt ca. 1 km unterhalb des Fußballplatzes an der Straße aus San Isidro. Einfach vorbeischauen (je früher, desto besser), um sich über die Verfügbarkeit von Betten in der Crestones Base Lodge (S. 669) zu informieren und die Gebühren zu zahlen, bevor

man sich auf den Weg in den Park macht. In der Base Lodge können zehn Betten nur am Tag vor der Ankunft reserviert werden.

An- & Weiterreise

Die Busse nach San Isidro (1,60 US$, 1½–2 Std.) fahren um 5.15, 11.30 und 16 Uhr vom Fußballfeld ab.

Parque Nacional Chirripó

Der Cerro Chirripó ist mit 3820 m der höchste Berg Costa Ricas und das Herz eines prächtigen Nationalparks in der zerklüfteten Cordillera de Talamanca. Die Landschaft ist von üppigem Nebelwald, Gebirgsseen und nacktem *paramó* (für die südliche Zone typische Hochland-Vegetationsform mit Sträuchern und Tussockgras) geprägt. Der steile Aufstieg führt durch eine sich ständig verändernde Landschaft mit üppiger Vegetation. Zu den hier lebenden Tieren gehören Harpyien und Quetzals (zu sehen März–Mai).

Der 16 km lange Weg zum Gipfel ist gut markiert. Früh losmarschieren – das Haupttor ist von 4 bis 10 Uhr geöffnet. Man braucht sechs bis acht Stunden bis zum Hostel und sollte für unterwegs reichlich Wasser und Verpflegung mitbringen. Der Aufstieg zur Crestones Base Lodge ist der mühsamste Teil. Ab da wird das Gelände flacher, und bis zum Gipfel ist es nur noch eine zweistündige Wanderung.

Alle Wanderer müssen sich vor der Wanderung in der **Rangerstation** (Sinac; ☎2200-5348; ⌚6.30–12 & 13–16.30 Uhr) in San Gerardo de Rivas registrieren, die Unterkunft buchen und den Parkeintritt (2 Tage 15 US$, jeder weitere Tag 10 US$) zahlen. Gute Karten gibt es ebenfalls. Hier kann man sogar Träger engagieren (bis zu 15 kg ca. 35 US$) oder für die Dauer der Wanderung Sachen deponieren.

In den letzten beiden Maiwochen und im gesamten Oktober ist der Parque Nacional Chirripó für Instandhaltungsmaßnahmen geschlossen.

Schlafen

Crestones Base Lodge LODGE $

(Centro Ambientalista el Parámo; B 10 US$) In der Lodge kommen bis zu 60 Personen in den mit Etagenbetten bestückten Schlafsälen unter. Ein Sonnenkollektor liefert den Strom für die Beleuchtung von 18 bis 20 Uhr. Schlafsäcke, Kocher und Decken können in San Gerardo de Rivas geliehen werden. Trinkwasser ist in der Lodge vorhanden, aber es gibt kein Essen.

Es ist wichtig, einen Schlafplatz in der Lodge zu reservieren, bevor man sich auf den Weg macht. Zwar ist es schwierig, Betten länger im Voraus zu reservieren, aber es werden immer zehn Betten freigehalten für Traveller, die in San Gerardo auftauchen und am nächsten Tag den Berg erklimmen wollen.

An- & Weiterreise

Von San Gerardo de Rivas geht ein kostenloser Shuttle bis zum Anfang des Wanderwegs; Abfahrt ist um 5 Uhr gegenüber der Rangerstation.

Auch mehrere Hotels bieten ihren Gästen am frühen Morgen den Transport zum Weg an.

Palmar

4900 EW.

Mitten durch diesen heißen, staubigen Ort im Bananengürtel fließt der Río Grande de Térraba. Für Traveller ist Palmar das nördliche Tor zur Osa-Halbinsel. Banken, Busse und Hotels sind im Zentrum von Palmar Norte zu finden; in Palmar Sur gibt's einen kleinen Flugplatz. Wer auf dem Weg nach Bahía Drake ist: Hier besteht die letzte Möglichkeit, sich Bargeld zu beschaffen. Man kann sich hier auch die von präkolumbischen Kulturen hinterlassenen **Granitsteinkugeln** ansehen; manche haben einen Durchmesser von bis zu 2 m.

Ansonsten gibt es kaum einen Grund, hier mehr Zeit zu verbringen, als man fürs Umsteigen von einem in den anderen Bus braucht. Wer übernachten muss, bettet sein Haupt am besten im bescheidenen, von einer Familie geführten **Hotel Vista al Cerro** (☎2786-6663; www.vistaalcerro.com; DZ ab 30 US$, Apt. Preis verhandelbar; P ❄ @) am westlichen Ortsrand oder in einem der sonnigen Bungalows der **Brunka Lodge** (☎2786-7489; Zi. ab 60 US$; ❄ @ 📶 🏊) an der Interamericana gleich östlich der Kreuzung mit der 34.

An- & Weiterreise

Busfahrkarten gibt's in der Panadería Palenquito.

Neily (1,60 US$, 1½ Std., 8-mal tgl.) Abfahrt am Supermercado Térraba.

San Isidro de El General (4 US$, 3 Std., 4-mal tgl.) Abfahrt an der Ostseite der Interamericana.

San José (5,75 US$, 6 Std., 7-mal tgl.) Abfahrt an der Ostseite der Interamericana.

Sierpe (1,40 US$, 40 Min., 7-mal tgl.) Abfahrt an der Panadería Palenquito.

Sierpe

Das Dörfchen am Río Sierpe ist das Tor nach Bahía Drake. Wer in einer der Urwald-Lodges weiter unten an der Küste reserviert hat, wird hier per Boot abgeholt. Ansonsten gibt's keinen Grund, Sierpe länger als nötig zu beehren.

Alle Touristeninfos erhält man neben der Bootsanlegestelle im **Centro Turístico Las Vegas** (⏲6–22 Uhr), das auch eine große Auswahl von Karten und Broschüren hat. Auf Anschluss wartende Traveller finden hier auch Internetzugang und etwas zu essen.

Das Personal der Unterkünfte organisiert den Bootstransfer. Falls irgendetwas schieflaufen sollte, gibt's zur Not jede Menge Wassertaxis. Vor der Pulpería Fenix fahren Busse nach Palmar Norte (1,40 US$, 40 Min., 5.30–18 Uhr).

Bahía Drake

Dieses Gebiet wirkt wie ein Ableger des Parque Nacional Corcovado (S. 673), da hier in den Baumwipfel jede Menge Aras, Affen und anderes Getier herumspringen und sich vor der Küste Delphine tummeln. Bahía Drake ist abgeschieden und teuer, aber Traveller mit kleiner Börse finden im Dorf Agujitas zwischen dem wilden Nationalpark und der blauen Bucht ein paar Budgetunterkünfte. In Bahía Drake gibt's weder Bank noch Geldautomaten, also muss man genügend Bares mitbringen.

Aktivitäten

Kajak- & Kanufahren

Der idyllische **Río Agujitas** ergießt sich in die Bucht, die von versteckten Höhlen und Sandstränden umgeben ist – ideal zum Kajakfahren auf dem Meer. Wer die Paddeltour bei Flut unternimmt, kann ein größeres Territorium erkunden. Die meisten Unterkünfte hier vermieten günstig Kajaks und Kanus.

Schwimmen & Schnorcheln

Die Lodges bieten Schnorchelausflüge zur **Isla del Caño** rund 20 km westlich von Agujitas. Am Küstenstreifen zwischen Agujitas und Corcovado gibt es weitere Möglichkeiten zum Schnorcheln. An der **Playa San Josecito** verstecken sich unzählige bunte Meerestiere in den Korallen- und Felsriffen. Zu empfehlen ist auch die **Playa Cocalito**, ein kleiner, hübscher Strand in der Nähe von Agujitas, an dem man gut schwimmen und sonnenbaden kann.

Wandern

Von Agujitas bis zum Corcovado folgt ein öffentlicher Weg der spektakulären Küste; für die gesamte Strecke benötigt man etwa vier bis sechs Stunden. Unterwegs lassen sich wunderbar Tiere beobachten: kreischende Hellrote Aras und heulende Goldkehltukane sowie Weißgesicht-Kapuzineraffen und Brüllaffen, Honigbären und Faultiere. Die gesamte Strecke ist von reizvollen kleinen Buchten gesäumt, jede mit einem wilden, windgepeitschten Strand.

Alle Unterkünfte bieten Touren zum Parque Nacional Corcovado an. Dabei handelt es sich meistens um Ganztagsausflüge zur Rangerstation San Pedrillo (75–150 US$/Pers.), inklusive Bootstransport, Mittagessen und geführter Wanderung. Manche Traveller sind danach allerdings enttäuscht: Die Wege rund um die San-Pedrillo-Rangerstation ziehen viele Wandergruppen an; außerdem kommt man bei den meisten Touren erst geraume Zeit nach Sonnenaufgang im Park an, wenn im Regenwald schon viel weniger los ist.

Geführte Touren

Nachtwanderung TOUREN

(☎8701-7356; www.thenighttour.com; Eintritt 35 US$; ⏲19.30–22 Uhr) Tracie, die „Bug Lady", hat sich mit ihren faszinierenden Nachtwanderungen durch den Urwald einen Namen gemacht. Sie ist in puncto Insekten ein wandelndes Lexikon, ohne einen mit wissenschaftlichen Details zu langweilen – eines ihrer Forschungsgebiete ist die militärische Nutzung von Insekten.

Corcovado Expeditions TOUREN

(☎8846-4734; www.corcovadoexpeditions.net) Bietet preisgünstige Touren zum Corcovado und zur Isla del Caño sowie eine umfassende Palette an Wanderungen zu bestimmten Themen, darunter einzigartige Exkursionen auf der Suche nach seltenen tropischen Vögeln und nach Pfeilgiftfröschen. Das Büro befindet sich zwischen dem Ärztezentrum und der Schule.

Original Canopy Tour CANOPY-TOUR

(☎8371-1598; jinetesdeosa.com/canopy_tour.htm; Eintritt 35 US$; ⏲8–16 Uhr) Die Original Canopy Tour beim Hotel Jinetes de Osa bietet neun Plattformen, sechs Seilrutschen und eine 20 m hohe Beobachtungsplattform, von der man aus ganz neuer Perspektive auf den Regenwald blickt. Die Touren dauern zwei bis drei Stunden.

Schlafen & Essen

Pura Vida Drake Bay CABINAS $

(☎8720-0801; www.puravidadrakebay.com; EZ/DZ ab 20/30 US$; 📶) Die günstige Unterkunft im Ortszentrum hat ein paar einfache Zimmer mit Ventilatoren, eine Gästeküche und jede Menge Infos über den Corcovado im Angebot. Die dazugehörige *soda* ist eine der besten Speisemöglichkeiten im Ort.

★ **Finca Maresia** BUNGALOWS $$

(☎2775-0279, 8888-1625; www.fincamaresia.com; Camino a Los Planes; Budget-EZ/DZ 30/40 US$, Standard-EZ/DZ 50/60 US$, superior EZ/DZ 75/90 US$, jeweils mit Frühstück) Auf einer weitläufigen *finca*, die sich über mehrere Hügel erstreckt, lockt diese Unterkunft mit niedrigen Preisen, viel Leistung und guter Gestaltung. Von allen acht Zimmern blickt man auf die üppige Natur. Auch die Einrichtung, von den Eigentümern auf Reisen zusammengetragen, ist bezaubernd: Beim Gang von Zimmer zu Zimmer erwarten einen modernistische Glaswände genauso wie japanische Schiebetüren aus Reispapier. Die *finca* liegt 2 km von Agujitas an der Straße nach Los Planes.

Casita Corcovado B&B $$

(☎2775-0627; www.casitacorcovado.com; EZ/DZ mit Frühstück 45/80 US$; 🚭❄📶) Das hübsche kleine Haus mit Meerblick am Ende der Straße in Agujitas hat drei Zimmer, jedes sorgsam eingerichtet mit gefliesten Böden und Holzmöbeln; alle teilen sich ein Bad. Die Gäste können zwei luftige Patios und jede Menge Hängematten nutzen. Die Läden des Dorfes liegen gleich vor der Haustür. Erhältlich sind außerdem köstliche, selbst zubereitete Mahlzeiten.

Cabinas Murillo CABINAS $$

(☎2256-2748, 8892-7702; www.drakecorcovadocabins.com; Zi. EZ/DZ 30/40 US$, Hütten EZ/DZ 40/50 US$; 🅿📶) Die familiengeführte Unterkunft wartet mit einfachen, sauberen Zimmern mitten in Agujitas auf. Noch besser sind die Hütten am Hang: Für ein paar Dollar mehr kann man von einem Balkon den Blick über die ganze Bucht genießen – perfekt zum Wale beobachten.

Cabinas El Mirador Lodge CABINAS $$

(☎8836-9415; www.miradordrakebay.com; mit Mahlzeiten ab 50 US$/Pers.; 🅿📶) Hoch auf einem Hügel am nördlichen Ende von Agujitas befindet sich El Mirador (der Aussichtspunkt). Es gibt acht gemütliche Hütten, von denen aus man einen spektakulären Blick auf die Bucht hat – damit wird die Anlage ihrem Namen voll gerecht. Die gastfreundliche Familie Vargas bereitet allen Gästen neben dem warmherzigen Empfang pro Tag drei ordentliche Mahlzeiten in herzhafter costaricanischer Küche zu. Bei E-Mail-Buchung und Barzahlung gibt's Ermäßigungen.

An- & Weiterreise

Alle Hotels organisieren die Überfahrt per Boot zwischen Sierpe und Bahía Drake. Wer sich im Vorfeld nicht darum gekümmert hat, kann in Sierpe eines der privaten Wassertaxis nehmen (der Preis ist Verhandlungssache).

Von Agujitas wandert man vier bis sechs Stunden über einen 16 km langen Strandweg bis zur Rangerstation San Pedrillo am Nordende des Corcovado. Wer eine Wanderung im Nationalpark machen und an den Rangerstationen übernachten will, muss vorher reserviert haben.

Puerto Jiménez

3000 EW.

Port Jim, wie die Gringos es nennen, war früher ein Goldgräberzentrum und hat sich die Atmosphäre eines Außenpostens erhalten. Hier kommt es nicht selten vor, dass man beim Gang durch die staubigen Straßen Papageien auf dem Fußballplatz oder Weißschulterkapuziner in den Baumwipfeln neben der Hauptstraße sieht. Dass es in Puerto Jiménez so viele Tiere gibt, liegt daran, dass es am Rand des Parque Nacional Corcovado gelegen ist. Es ist auch der bevorzugte Ausgangspunkt zur Rangerstation Sirena (berühmt für die vielen Tierbeobachtungsmöglichkeiten); man kann hier seine Expedition organisieren, die Vorräte aufstocken und noch einmal gut essen und schlafen.

An der abgeschiedenen und oft verlassenen **Playa Platanares** etwa 5 km östlich des Städtchens kann man wunderbar baden, sich in der Sonne rekeln und sich von den vielen Abenteuern erholen. Die nahen Mangroven des **Río Platanares** sind ein herrliches Revier für Kajaker und Vogelfreunde.

Geführte Touren

Osa Wild ÖKOTOUREN
(www.osawildtravel.com; Ruta 245, im Zentrum von Puerto Jimenez; Tages-Ökotouren ab 17 US$) Diese neuartige Einrichtung ist eine tolle Informationsquelle für gemeindebasierten Tourismus wie Privatunterkünfte, Bauernhoftouren und nachhaltigen Kulturaustausch im kleinen Rahmen.

Aventuras Tropicales ABENTEUERTOUREN
(2735-5195; www.aventurastropicales.com) Der Veranstalter bietet alle möglichen tropischen Abenteuer an wie Schnorcheln, Kajakfahren und Angeln.

Schlafen

Cabinas Back Packers HOTEL $
(2735-5181; DZ mit/ohne Klimaanlage 32/20 US$;) Puerto Jiménez hat viele billige Unterkünfte im Angebot, aber diese gehört zu den besten: Sie ist blitzsauber, recht ruhig und liegt direkt an der Haltestelle der *colectivos* (Sammel-Pkws und -Lkws) in den Park. Die verschiedenen Zimmer sind einfach und sauber, genau wie die gut ausgestattete Küche.

Cabinas the Corner HOSTEL $
(2735-5328; www.jimenezhotels.com/cabinasthecorner; B/DZ 10/12 US$;) Die superbillige Absteige hat zwar nicht mehr zu bieten als ein Bett in einem ventilatorgekühlten Zimmer, ist aber absolut sauber und sicher und findet daher immer mehr Fans. Wie in jeder anderen Unterkunft trifft man auch hier leicht auf potenzielle Mitwanderer und bekommt unbezahlbare Tipps. Einen halben Block vom Restaurant Carolina.

Cacao Monkeys CABINAS $$
(2735-5248; www.cacaomonkeys.com; EZ/DZ mit Frühstück ab 40/60 US$;) Die Kakaoplantage am südwestlichen Ortsrand wartet mit fünf hell gestrichenen Holz-*cabinas* auf, jede einzigartig designt und alle mit glänzenden Holzböden und Veranden. In dem 3,5 ha großen Sekundärwald gibt es außerdem Wanderwege und ein tolles Café am Fluss (Mahlzeiten 8 US$) – und jede Menge Tiere.

Cabinas Tropicales CABINAS $$
(2735-5298, 8997-1445; www.cabinas-tropicales.com; EZ/DZ ab 35/40 US$;) Die sauberen Unterkünfte der Cabinas Tropicales reichen von einfachen Standardhütten bis zu geräumigen Lofts und einer Luxussuite. Jede *cabina* ist einzigartig, alle verfügen über robustes Mobiliar, Klimaanlage und Zugang zum herrlichen Garten und zur gut ausgerüsteten offenen Küche. Gastgeber Mark ist umgänglich und kennt sich gut aus in der Gegend. Eine der Unterkünfte mit dem besten Preis-Leistungs-Verhältnis im Ort. Beim Flugfeld.

Cabinas Jiménez CABINAS $$
(2735-5090; www.cabinasjimenez.com; DZ ab 50 US$;) Diese schon lange bestehende Hüttenanlage liegt erstklassig am nördlichen Ortsrand mit Blick auf den Golf. Die Zimmer verfügen über Unterwasser-Wandgemälde in den Bädern, beschnitzte Holzmöbel und gewebte Textilien. Von den teureren Zimmern bieten sich phantastische Ausblicke auf die Lagune.

Cabinas Marcelina HOTEL $$
(☎2755-5286; www.jimenezhotels.com/cabinasmarcelina; DZ mit/ohne Klimaanlage 50/45 US$; P ❄) Diese Unterkunft ist schon seit Langem ein Favorit bei kostenbewussten Travellern. Das lachsrosa Betongebäude nahe der katholischen Kirche ist von blühenden Bäumen umstellt, was ihm eine heimelige Atmosphäre verleiht. Gut sind auch die modernen Möbel, die weichen Handtücher und die gefliesten Bäder.

Essen & Ausgehen

Restaurant Carolina COSTA-RICANISCH $
(Gerichte 3–8 US$) Hier trifft sich alles zum Essen und Trinken: ortsansässige Ausländer, naturkundige Führer, Touristen und Einheimische. Außerdem werden hier zellenartige Zimmer mit Klimaanlage vermietet. An der Hauptstraße einen Block südlich vom Fußballplatz.

Pizzamail.it PIZZERIA $$
(Pizza 9–18 US$; ⏲16–22.30 Uhr; 📶) Wenn ein Restaurant nach einer Website benannt ist, ist das nicht gerade ermutigend. Doch alle Bedenken sind grundlos, denn hier gibt's dünnkrustige Holzofenpizza – ein echtes Stück Italien mitten im Dschungel. Gegenüber vom Fußballplatz.

Juanita's BAR
(www.juanitasmexican.com; ⏲17–2 Uhr) Das Essen ist okay, aber eigentlich locken die Margaritas hierher. Eine Straße südlich vom Fußballplatz, unmittelbar östlich der Ruta 245.

Praktische Informationen

Banco Nacional de Costa Rica (⏲Mo–Fr 8.30–15.45 Uhr) Aufgrund von undurchschaubaren bürokratischen Regelungen müssen Zahlungsanweisungen für den Park hier bei der Banco Nacional de Costa Rica gegenüber der Kirche gekauft werden.

Cafenet El Sol (☎2735-5719; www.soldeosa.com; 1 US$/Std.; ⏲7–22 Uhr)

Oficina de Área de Conservación Osa (Büro des Naturschutzgebiets Osa; ☎2735-5580; ⏲Mo–Fr 8–12 & 13–16 Uhr) Hier kann man Zeltstellplätze im Corcovado reservieren. Östlich der Ortsmitte gegenüber vom Flugfeld.

An- & Weiterreise

BUS

Die meisten Busse halten am Busbahnhof im Westen des Orts. Alle fahren über La Palma (23 km entfernt) zum Osteingang des Nationalparks Corcovado. Fahrkarten für Busse nach San José im Voraus kaufen!

Neily (5 US$, 3 Std., 2-mal tgl.)

San Isidro de El General (7 US$, 5 Std., 3-mal tgl.)

San José (12 US$, 8 Std., 2-mal tgl.)

SCHIFF/FÄHRE

Es gibt zwei Passagierfähren nach Golfito (6 US$, 1½ Std., 2- bis 3-mal tgl.). Wer nicht auf die Fähre will, kann sich für die Überfahrt über die Bucht ein Wassertaxi nehmen.

TAXI

Colectivo Transportation (☎8832-8680, 8837-3120; Soda Deya) betreibt Jeeptaxis nach Carate (3 Std., 10 US$) an der Südspitze des Nationalparks. Sie fahren um 6 und 13.30 Uhr von der Soda Deya ab und um 8.30 und 16 Uhr von dort zurück.

Ansonsten kann man telefonisch bei **Taxi 348** (☎8849-5228; taxicorcovado@racsa.co.cr) oder beim **Central Taxi Center** (☎2735-5481) ein Jeeptaxi bestellen. Die Taxifahrt nach Carate kostet bis zu 80 US$, die nach Drake mehr als 100 US$.

Parque Nacional Corcovado

Dieser **Nationalpark** ist das letzte große Stück original tropischen Regenwalds im pazifischen Zentralamerika. Diese Bastion biologischer Vielfalt ist Lebensraum für Costa Ricas größte Population Hellroter Aras. Hier leben auch unzählige andere gefährdete Arten, darunter der Zentralamerikanische Tapir, der Große Ameisenbär und der weltweit größte Raubvogel, die Harpyie. Die unglaubliche Artenvielfalt lockt schon seit Langem massenweise Besucher an, die aus Bahía Drake und Puerto Jiménez kommen, um die entlegene Gegend zu erkunden und einige der vielen Tiere in freier Natur zu beobachten.

Am besten kann man Tiere bei der Rangerstation Sirena beobachten, aber auch die Küstenwege sind ideal für Vögel- und Affensichtungen. Der Weg Los Patos ist berühmt für seine aggressiven Nabelschweine – im Notfall auf einen Baum klettern!

Aktivitäten

Wandern

Wandern in Corcovado ist eine echte Herausforderung: Die Wege sind primitiv und schwierig, und die Luft ist schwül und voller Insekten. Dafür ist man aber von Tieren in freier Natur umgeben. Die wichtigsten Wege durch den Parque Nacional Corcovado sind gut gekennzeichnet, sodass man auch auf eigene Faust losziehen kann. Allerdings sind mit einem Führer die Chancen auf Tiersichtungen größer, und man kann sich auch nicht verlaufen. Ein paar Hinweise:

- Die beste Zeit für Wanderungen ist die Trockenzeit (Dez.–April).
- Ausreichend Proviant, Wasser, Sonnen- und Insektenschutz mitnehmen.
- Vor dem Aufbruch immer die Route von den Rangern absegnen lassen.

Von La Leona über Sirena nach Los Patos

Die beliebteste Strecke führt von La Leona quer durch den Nationalpark zur Sirena-Rangerstation und weiter bis zum Ausgang bei Los Patos (oder umgekehrt). So können Traveller ihren Ausflug in oder in der Nähe von Puerto Jiménez, von wo man leicht nach La Leona und Los Patos kommt, beginnen bzw. beenden. Vom Parkeingang Carate aus wandert man eine Stunde (3,5 km) bis zur Rangerstation La Leona; wer möchte, kann hier zelten. Von dort geht die Wanderung durch Küstenwälder und vorbei an einsamen Stränden an der Küste entlang bis Sirena (6–7 Std., 16 km); unterwegs ist eine größere Flussüberquerung fällig.

Von Sirena braucht man landeinwärts durch das Herz des Corcovado sechs Stunden für die 18 km bis zur Rangerstation Los Patos. Unterwegs müssen zwei Flüsse überquert werden, und auf den letzten 6 km muss man an einigen Stellen steil nach oben klettern (vielleicht ein Grund, die Wanderung in umgekehrter Richtung zu unternehmen). Entweder zeltet man dann in Los Patos oder geht weitere vier Stunden (14 km) bis nach La Palma. Ab da fahren Busse nach Puerto Jiménez.

Von Sirena nach San Pedrillo & Los Planes

Die Wanderung von Sirena nach San Pedrillo (oder zur neuen Rangerstation Los Planes) ist sowohl physisch als auch logistisch eine Herausforderung. Der Strandweg ist von April bis November gesperrt, weil dann die Meeresarme überflutet sind. Zur Zeit der Recherche war der Weg aus Sicherheitsgründen ganzjährig gesperrt – und vielleicht ist das auch weiterhin der Fall.

Wenn der Weg geöffnet ist, sind drei Flussüberquerungen erforderlich, die bei hohem Wasserstand unmöglich sind, sodass man seine Wanderung an den Gezeiten ausrichten muss. Die 23 km lange Wanderung nach San Pedrillo dauert zehn bis zwölf Stunden. Unterwegs bezaubern atemberaubende Strandlandschaften – was allerdings auch lockeren Sand und wenig Schatten bedeutet. Erfahrene Guides raten dazu, den ersten Teil der Wanderung abends zu vollenden, um die heiße Sonne zu vermeiden.

Nach einer Übernachtung im Zelt bei der Rangerstation San Pedrillo geht's am nächsten Tag weiter nach Drake (15 km, ca. 5–7 Std.). Ansonsten ist es auch oft möglich, bei einem der Touranbieter, die eine Tageswanderung unternehmen, eine Mitfahrgelegenheit nach Drake zu ergattern.

Schlafen & Essen

Bei den Rangerstationen (4 US$/Pers.) kann gezeltet werden; hier gibt's Trinkwasser und Latrinen. Ansonsten ist Campen verboten.

Die Rangerstation Sirena verfügt über einfache Schlafsäle (12 US$/Pers.), und es sind ausgezeichnete Mahlzeiten (Frühstück 20 US$, Abendessen 25 US$) erhältlich. Übernachtung und Essen müssen über die Oficina de Área de Conservación Osa (S. 673) in Puerto Jiménez vorgebucht werden.

Ansonsten muss man seinen gesamten Proviant selbst mitbringen. Ein Problem für die Rangerstationen ist die Müllentsorgung; alle Besucher müssen ihren Müll wieder mit aus dem Park herausnehmen.

Praktische Informationen & Orientierung

Eine ausgezeichnete Informationsquelle ist der **Corcovado Guide** (www.corcovadoguide.com).

Wer im Park zelten oder eine der Einrichtungen der Rangerstation Sirena nutzen möchte, muss ein paar Tage zuvor in der Oficina de Área de Conservación Osa (S. 673) in Puerto Jiménez Reservierungen vornehmen.

Die Parkverwaltung befindet sich in der Sirena-Rangerstation an der Küste mitten im Nationalpark. Im Park gibt's noch andere Rangerstationen: San Pedrillo an der Küste im Nordwesten, die neue Rangerstation Los Planes am Nordrand (nahe dem gleichnamigen Dorf), La Leona in der südöstlichen Ecke an der Küste (nahe Carate) und Los Patos in der Nordostecke (beim Dorf La Palma.)

An- & Weiterreise

VON BAHÍA DRAKE

Von Bahía Drake aus kann man über den 16 km langen Küstenweg bis zu der ungefähr vier Stunden von Agujitas entfernten Rangerstation San Pedrillo laufen. Es ist aber auch möglich, über die Corcovado-Touren hierher zu kommen, die alle Unterkünfte regelmäßig anbieten. Wer will, kann auch landeinwärts zur Los-Planes-Rangerstation gehen; das ist aber eine längere Strecke durch tiefen Wald.

Mit einem gecharterten Boot kommt man ebenfalls nach San Pedrillo (80–125 US$) oder Sirena (125–165 US$).

VON LA PALMA

Im Norden ist La Palma der nächste Ort. Alle Busse von/nach Puerto Jiménez kommen durch La Palma.

Wer nach Los Patos will, findet vielleicht für einen Teil der Strecke ein Taxi. Allerdings ist die Straße nur mit Geländewagen passierbar (und auch das nicht immer). Man sollte also darauf vorbereitet sein, die 14 km lange Strecke bis zur Rangerstation zu wandern.

VON CARATE

Der nächstgelegene Ort im Südosten ist Carate. Von dort ist es eine einstündige Wanderung (3,5 km) Richtung Westen am Strand entlang bis zur La-Leona-Rangerstation.

Carate ist über eine 45 km lange, schlechte und ungepflasterte Straße von Puerto Jiménez aus erreichbar. Auf dieser Strecke verkehrt ein Sammel-Jeeptaxi (10 US$, 1½ Std.); Abfahrt täglich um 8.30 und 15.30 Uhr an der *pulpería* in Carate.

Golfito

7600 EW.

Golfito ist ein raubeiniger kleiner Hafenort am Golfo Dulce mit einer langen und schmutzigen Geschichte. Die Costa-Ricaner kaufen hier gern zollfrei ein, aber für Traveller ist der Ort nur ein Sprungbrett nach Puerto Jiménez oder Pavones. Wer seinen Bus verpasst, kann in den **Cabinas Princesa de Golfito** (☎2775-0442; EZ/DZ 15/25 US$; P ❄ WLAN) übernachten, einer einladenden, sicheren Unterkunft gleich nördlich des Busdepots.

Es gibt zwei Passagierfähren (6 US$, 1½ Std., 2- bis 3-mal tgl.) vom Muellecito (kleine Anlegestelle) nach Puerto Jiménez. An der kleineren Anlegestelle nördlich des Muelle Bananero können auch private Wassertaxis gechartert werden.

Die meisten Busse halten am Depot vor dem Muellecito.

Neily (1.30 US$, 1½ Std., 6–19 Uhr stündl.)

Pavones (5 US$, 3 Std., 2-mal tgl.) Abhängig von Straßen- und Wetterbedingungen, vor allem in der Regenzeit.

San José (11 US$, 8 Std., 2-mal tgl.) Via San Isidro de El General. Abfahrt vom Busbahnhof nahe Muelle Bananero.

Pavones

2700 EW.

Pavones mit dem angeblich längsten Lefthander auf dem Planeten ist für Surfer auf der ganzen Welt ein legendäres Ziel. Dies ist der südlichste Punkt Costa Ricas, und es ist nicht ganz leicht, hierher zu gelangen. Das ist einer der Gründe, warum die palmengesäumten Straßen noch immer nicht asphaltiert sind, das Leben einen geruhsamen Gang nimmt und es hier allgemein eher ruhig ist.

Die Busse halten zuerst in Pavones und fahren dann südwärts weiter nach Punta Banco, wo die Straße endet und ein Urwald beginnt, der sich bis nach Panama erstreckt. Zwischen Pavones und Punta Banco fahren nur wenige Verkehrsmittel, aber es ist ein hübscher, wenn auch langer Spaziergang. In Pavones gibt's weder eine Bank noch eine Tankstelle – also vorher ausreichend Bargeld und Benzin besorgen!

Schlafen

Rancho Burica LODGE $

(☎2776-2223; www.ranchoburica.com; Zi. 15–35 US$/Pers.; P) Backpacker schwärmen von diesem freundlichen, von Niederländern geführten Außenposten, der buchstäblich am Ende der Straße in Punta Banco liegt. Alle Zimmer sind mit Bad und Ventilator ausgestattet, die teureren sogar mit Moskitonetzen über dem Bett und ansprechenden Holzmöbeln. Ausgezeichnete und sättigende Mahlzeiten (7–10 US$) bieten ausgehungerten Surfern Stärkung. Dank der überall auf dem Anwesen verteilten Hängematten kann man prima relaxen. Und die Wellen sind natürlich direkt vor der Haustür!

Cabinas Mira Olas CABINAS $

(☎2776-2006; www.miraolas.com; DZ/3BZ ab 35/45 US$; P WLAN) Diese 4,5 ha große Farm ist voller Wildtiere und Obstbäume. Die sauberen, gemütlichen Hütten haben alle Ventilatoren, warme Duschen und breite Veranden mit Hängematten und Blick auf den Obstgarten. Um hinzukommen, den steilen Hügel rauf den Schildern folgen. Es lohnt sich!

★ Yoga Farm LODGE $$$
(www.yogafarmcostarica.org; B/EZ/DZ mit Mahlzeiten & Yoga 43/50/90 US$) Vom Rancho Burica sind es 15 stramme Minuten zu Fuß den Berg hinauf zu dieser Unterkunft. Aber oben angelangt, erwartet einen ein wunderbares Beispiel für bewusstes, nachhaltiges und gesundes Leben. Die Unterkünfte sind einfach und sauber, mit hölzernen Herbergsbetten; in den Bädern gibt's Kompostklos. Die vegetarischen Mahlzeiten werden mit Zutaten aus dem eigenen Biogarten zubereitet. In einem offenen Studio findet täglich Yoga-Unterricht statt, natürlich mit Blick aufs Meer. Namaste!

Ausgehen & Nightlife

Esquina del Mar Cantina BAR
Eine Institution in Pavones! Nach dem Surfen geht's auf einen Drink hierher, denn vom Lokal hat man Blick auf die Lefthander.

An- & Weiterreise

Zwei Busse pro Tag fahren nach Golfito (3 US$, 3 Std.): Der erste startet um 5 Uhr am Ende der Straße beim Rancho Burica (man kann auch im Ort einsteigen), der zweite um 12.30 Uhr an der Esquina del Mar Cantina.

Neily

11 100 EW. / VERKEHRSKNOTENPUNKT

Neily ist zwar die zweitgrößte „Stadt" im Süden Costa Ricas, hat sich aber wie das benachbarte Palmar die freundliche Atmosphäre eines ländlichen Orts erhalten. Das schwülheiße Neily liegt nur 50 m über dem Meeresspiegel. Für Traveller ist es zwar wenig reizvoll, dient aber als regionaler Verkehrsknotenpunkt und landwirtschaftliches Zentrum. Die **Banco Coopealianza** (Mo–Fr 8–15 Uhr) südwestlich vom *mercado* hat einen rund um die Uhr zugänglichen Cirrus-Geldautomaten.

Nur wenige finden einen Grund, sich im Ort länger umzuschauen. Wer will, bekommt aber im **Hotel Andrea** (2783-3784, 2783-3715; www.hotelandreacr.com; DZ ohne/mit Klimaanlage 37/46 US$; P) gegenüber vom zentralen Markt ein sauberes Zimmer und warmes Essen. Das sichere und recht preiswerte Hotel verfügt über eines der besten Restaurants am Ort.

Die Busse fahren vom Hauptbusbahnhof im Ostteil des Orts ab.

Paso Canoas

Der wichtigste Grenzübergang zwischen Costa Rica und Panama ist hektisch, schmuddelig und charmefrei. Deshalb nehmen sich die meisten Traveller bei der Ein- oder Ausreise in Paso Canoas nur Zeit, einen flüchtigen Blick auf den Stempel in ihrem Pass zu werfen.

Die **Báncredito** (8–16.30 Uhr) in der Nähe der **costa-ricanischen Einwanderungs- und Zollstelle** (6–23 Uhr) löst Reiseschecks ein, und nahe der Grenze gibt's auch einen Geldautomaten. An der Grenze werden Colones noch akzeptiert, aber weiter in Panama wird man sie schwer los.

Tracopa betreibt vom **Tracopa-Busbahnhof** (2732-2201) nördlich des Grenzpostens auf der Ostseite der Hauptstraße Busse nach San José (12 US$, 6 Std., 4-mal tgl.). Die Busse am Sonntagnachmittag sind oft voller Leute, die auf Einkaufstour in Panama waren – Fahrkarten so früh wie möglich kaufen! Die Busse nach Neily (0,75 US$, 30 Min., 6–18 Uhr mind. 1-mal stündl.) fahren ab der Post.

Informationen über die Weiterreise nach David in Panama s. S. 689.

BUSSE AB NEILY

ZIEL	PREIS (US$)	DAUER (STD.)	ABFAHRTEN (TGL.)
Dominical	4	3	3-mal
Golfito	1,65	1½	6–19.30 Uhr stündl.
Palmar	1,65	1½	7-mal
Paso Canoas	0,75	30 Min.	6–18 Uhr mind. stündl.
Puerto Jiménez	4	3	2-mal
San Isido de El General	7	6	4-mal
San José	11	8	5-mal

COSTA RICA VERSTEHEN

Costa Rica aktuell

Gemessen am wirtschaftlichen Chaos, das die Welt in den vergangenen Jahren beherrschte, ist die Wirtschaft Costa Ricas recht stabil geblieben, vor allem dank der weiter steigenden Einnahmen aus dem Tourismus.

Der Tourismus bildet noch vor Landwirtschaft und Industrie die wichtigste Einnahmequelle des Landes. Der Erfolg der „grünen Revolution" hat den Blick dafür geöffnet, dass ein *nachhaltiger* Tourismus geboten ist. Mit den steigenden Besucherzahlen kamen auch immer mehr Hotels, mehr Verkehr und eine verbesserte Infrastruktur. Die vom Tourismus angetriebene Vereinnahmung natürlicher Flächen birgt Gefahren gerade für die fragilen Ökosysteme, deretwegen die Touristen ins Land strömen.

Die Armut wird im Großen und Ganzen durch großzügige Wohlfahrtsprogramme in Schach gehalten. Jedoch hat sich der Anteil der Ticos, die unter der Armutsgrenze leben, auf 21 % erhöht. Nach wie vor kommen viele Menschen aus Nicaragua ins Land; eine halbe Million Nicaraguaner leben bereits in Costa Rica. Oft werden die Immigranten – zu Recht oder zu Unrecht – für den Anstieg der Kriminalität verantwortlich gemacht, was die ohnehin schon bestehende Feindseligkeit zwischen den Nicas und den Ticos weiter anfacht.

Ein anderes Problem, das aus den Nachbarländern ins Land geschwappt ist, ist der Drogenhandel und die damit verbundene Gewalt. Früher war Costa Rica lediglich eine Brücke im Drogenverkehr zwischen Süd- und Nordamerika, heute jedoch entwickelt sich das Land für die Drogenkartelle immer mehr zu einem Lager- und Umschlagzentrum. Zwischen 2009 und 2012 wurden über 90 t Kokain beschlagnahmt. Nach langen Jahren am Spielfeldrand befindet sich Costa Rica nunmehr inmitten des Geschehens.

Geschichte

Die verlorene Zivilisation

Vor 500 Jahren, am Vorabend der Entdeckung durch die Europäer, lebten nicht weniger als 400 000 Menschen im heutigen Costa Rica. Im Valle Central wohnten rund 20 kleine Stämme, an deren Spitze Häuptlinge standen. Der *cacique* (Häuptling) gebot über eine hierarchisch gegliederte Gemeinde, zu der Schamanen, Krieger, Arbeiter und Sklaven gehörten. Im Osten beherrschten die kriegerischen Kariben das Tiefland an der Atlantikküste. Als geübte Seefahrer betrieben sie Handel mit dem südamerikanischen Festland.

Die indigenen Stämme, die im Nordwesten siedelten, bauten Mais an und standen in Kontakt zu den großen mesoamerikanischen Kulturen. Auf der Península de Nicoya finden sich Zeugnisse aztekischer Religionspraktiken und von Jade und Kunsthandwerk der Maya, während Quetzalfedern und goldener Schmuck aus Costa Rica in Mexiko gefunden wurden. Die drei Fürstentümer im Südwesten Costa Ricas standen unter dem Einfluss indigener Andenkulturen, hier waren Cocablätter, Yuccas und Süßkartoffeln verbreitet.

Kolumbus' Erben

Auf seiner vierten und letzten Reise in die Neue Welt (1502) musste Christoph Kolumbus in der Gegend des heutigen Puerto Limón vor Anker gehen, nachdem ein Hurrikan sein Schiff beschädigt hatte. Während das Schiff ausgebessert wurde, drang Kolumbus in den üppigen Urwald vor und tauschte mit freundlichen Einheimischen Geschenke aus. Nach dem Zusammentreffen behauptete er, „in zwei Tagen mehr Gold gesehen zu haben als in vier Jahren in Spanien". Um die reiche Beute nicht zu verlieren, beanspruchte er von der spanischen Krone die Einsetzung als Gouverneur. Doch bei seiner Rückkehr nach Sevilla lag Königin Isabella, seine Gönnerin, auf dem Totenbett, und König Ferdinand sprach das begehrte Amt jemand anderem zu. Kolumbus kehrte nicht mehr in die Neue Welt zurück, sondern starb 1506, zermürbt von Krankheiten und den Intrigen bei Hofe.

Zur Enttäuschung der Konquistadoren, die sein Erbe antraten, erwies sich die Region allerdings gar nicht als besonders goldhaltig, und auch die Einwohner gaben sich nicht besonders sanftmütig. Die gefährlichen Sümpfe, Vulkangipfel und undurchdringlichen Urwälder ließen Kolumbus' Paradies eher wie eine Hölle erscheinen.

Nachdem Balboa 1513 die Meerenge von Panama durchquert hatte, besaßen die Spanier einen Landekopf im Westen, von dem aus sie Costa Rica angreifen konnten, und wandten sich gegen die indigenen Völker, die nahe dem Golfo de Nicoya lebten. Für beide Seiten unbekannte Krankheitserreger verursachten Seuchen bei den Indigenas wie den Spaniern. Da es in Costa Rica an Bodenschätzen und einer größeren Zahl einheimischer Arbeitskräfte mangelte, galt die Region bald als die ärmste und elendste in ganz Amerika.

Erst 1560 gründeten die Spanier mit Cartago eine Kolonie im Land. Die kleine Siedlergemeinde bestellte den reichen Vulkanboden des Valle Central.

Sonntag im Valle Central

Zentralamerika bildete eine Kolonie mit schwach ausgeprägter Verwaltung. Die politisch-militärische Zentrale befand sich in Guatemala, der nächste Bischof residierte in Nicaragua. Da Costa Rica weder ausbeutbare Bodenschätze noch strategische Bedeutung besaß, war es ein kleiner provinzieller Vorposten.

Costa Ricas Kolonialgeschichte unterschied sich beträchtlich von dem sonst in den spanischen Kolonien herrschenden Muster, weil sich hier niemals eine mächtige Großgrundbesitzerelite und eine auf Sklavenausbeutung beruhende Wirtschaft entwickeln konnte. Statt großer Grundbesitze, Bergwerke und Küstenstädte entstanden nur kleinere Bauerndörfer im Binnenland des Valle Central. Die Bauern arbeiteten sechs Tage pro Woche hart, die Sonntage aber waren ausschließlich dem Gebet und der Ruhe gewidmet. Es gab zwar mehrere miteinander verwandte Familien, die ihre Abstammung auf die Gründer der Kolonie zurückführten, aber jeder konnte durch Landwirtschaft und Handel zu einem gewissen Wohlstand kommen. In der nationalen Geschichtsschreibung wird diese vergleichsweise egalitäre Gesellschaft als „bäuerliche Demokratie" verherrlicht.

Das Leben in der Kolonie basierte auf der Landwirtschaft. Als Grundnahrungsmittel wurden Mais, Bohnen und Kochbananen angebaut, für den Export produzierte man Zucker, Kakao und Tabak. Doch Angriffe durch indigene Gruppen und Piraten hielten die Siedler in Atem. Als Cartago 1723 beim Ausbruch des Volcán Irazú dem Erdboden gleich gemacht wurde, gründeten die Siedler neue Gemeinden in Heredia, San José und Alajuela. Zum Ausgang des 18. Jhs. war die Bevölkerung auf über 50 000 Menschen angewachsen.

Während die spanische Besiedlung sich ausdehnte, schrumpfte die einheimische Bevölkerung. War sie zu Zeiten von Kolumbus noch 400 000 Menschen groß, waren 100 Jahre später nur noch 20 000 und weitere 100 Jahre später nur noch 8000 Indigenas übrig. Krankheiten waren die Hauptursache des dramatischen Bevölkerungsrückgangs, aber auch die rücksichtslose Ausbeutung als Sklavenarbeiter durch die spanischen Herren. Außerhalb des Tals konnten mehrere Stämme im Schutz des Regenwalds länger überleben und wagten sogar gelegentliche Überfälle, doch auch sie wurden schließlich in Feldzügen geschlagen.

Der Kampf um die Unabhängigkeit

Im Jahr 1821 erlangten die spanischen Kolonien die endgültige Unabhängigkeit vom Mutterland. Zunächst bestand die Frage, ob die befreiten Kolonien einen einheitlichen Staat bilden oder eigene Wege gehen sollten. Aber der neu geschaffenen Zentralamerikanischen Konföderation (Confederación de Centroamérica) fehlte es an Gewaltenteilung, einem geordneten Steuerwesen und der Möglichkeit zur Selbstverteidigung. Costa Rica schied formell 1838 aus diesem Staatenverbund aus.

Ein unabhängiges Costa Rica begann schon zuvor unter Juan Mora Fernández, dem ersten Präsidenten (1824–1833), Gestalt anzunehmen. 1824 spaltete sich die Provinz Nicoya-Guanacaste von Nicaragua ab und schloss sich dem ruhigeren südlichen Nachbarstaat an. Damit hatten die territorialen Grenzen ihren heutigen Zustand erreicht. 1852 nahmen die USA und Großbritannien als erste diplomatische Kontakte mit Costa Rica auf.

Mit dem Niedergang des einen Imperiums erlebte ein neues seinen Aufstieg. Im 19. Jh. expandierten die USA, und das ehemalige Spanisch-Amerika schien eine leichte Beute zu sein. 1856 landete der Glücksritter William Walker in Nicaragua mit der Absicht, ganz Zentralamerika zu erobern, die Sklaverei wieder einzuführen und einen Kanal vom Atlantik zum Pazifik zu bauen. Als Walker nach Costa Rica einmarschierte, stellte sich eine hastig mobilisierte Freiwilligenarmee aus 9000 Zivilisten den Yankee-Söldnern bei Santa Rosa entgegen und trieb sie nach Nicaragua zurück. Bei der Schlacht kam ein junger Trommler aus Alajuela namens Juan Santamaría ums Leben, als er das Feuer auf

Walkers Stellung eröffnete. Die Schlacht wurde zu einer nationalen Legende, und der junge Santamaría zu einem Nationalhelden (nach dem u.a. ein Flughafen benannt ist).

Kaffee Rica

Im 19. Jh. machte die Einführung der koffeinhaltigen Bohne das verarmte Costa Rica zum wohlhabendsten Land in der Region.

Als ein Exportmarkt entstand, förderte die Regierung den Kaffeeanbau, indem sie den Bauern kostenlos Setzlinge zur Verfügung stellte. In den 1840er-Jahren erweiterten die einheimischen Kaufleute ihren Markt in Übersee, indem sie den Kapitän der HMS *Monarch* überredeten, mehrere hundert Sack costa-ricanischen Kaffee nach London zu transportieren; das war der Beginn einer wunderbaren Freundschaft.

Die Kinder der 1940er-Jahre lernten mit einem Text lesen, dessen erste Worte lauteten: „Kaffee ist gut für mich. Ich trinke jeden Morgen Kaffee." Die schnelle Zubereitung machte das Getränk bei den Industriearbeitern im Norden beliebt. Geschäftstüchtige deutsche Einwanderer sorgten für technische und rationalisierende Verbesserungen des Kaffeegeschäfts. Am Ende des Jahrhunderts wurde auf mehr als einem Drittel der Fläche des Valle Central Kaffee angebaut; der Kaffee erbrachte mehr als 90% der Exporterlöse Costa Ricas.

Eine Elite von Kaffeebaronen monopolisierte die Verarbeitung und Vermarktung des Kaffees und die Finanzierung des Geschäfts mit ihm, aber ihr fehlten Land und Arbeitskräfte, um auch das Monopol über die Bohnen selbst zu erlangen. Daher beruhte die Kaffeewirtschaft in Costa Rica auf einem umfangreichen Netz von Großhändlern und kleinen Kaffeebauern, während es in den anderen Ländern Zentralamerikas eine kleine Schicht von Großgrundbesitzern gab, die ihre Ländereien von Landarbeitern bewirtschaften ließen. Da aber drei Viertel der Kaffeebarone aus nur zwei alten Kolonialfamilien stammten, wurden die wirtschaftlichen Interessen dieser Schicht zu einem bestimmenden Element in der Politik des Landes. Heute gibt es in Costa Rica schätzungsweise 130 000 Kaffeeplantagen.

Der Bananenboom

Der Kaffeehandel löste nebenbei auch Costa Ricas nächsten Exportboom aus: den um die Banane. Um den Kaffee auf die Weltmärkte zu bringen, bedurfte es einer Bahnlinie aus dem zentralen Hochland zur Küste, zum ideal gelegenen Hochseehafen Puerto Limón. Das Hinterland Limóns bestand jedoch aus dichtem Urwald und unwegsamen, gefährlichen Sümpfen. 1871 übertrug die Regierung den Eisenbahnbau Minor Keith, dem Neffen eines US-amerikanischen Eisenbahntycoons.

Das Projekt war eine Katastrophe: Malariaepidemien und Unfälle sorgten dafür, dass ständig neue Arbeiter rekrutiert werden mussten. An die Stelle angeworbener einheimischer Kräfte traten US-Sträflinge, chinesische Kulis, die in Schuldknechtschaft gehalten wurden, und schließlich ehemalige Sklaven aus Jamaika. Die beiden Brüder von Keith starben in den aufreibenden ersten zehn Jahren des Eisenbahnbaus, in denen 100 km Schienen verlegt wurden. Die Regierung geriet in Zahlungsverzug, und die Baukosten sprengten das Budget. Um Keith einen Anreiz zur Weiterführung des Projekts zu geben, übereignete ihm die Regierung 3240 km² Land entlang der Strecke und verpachtete ihm die Betriebsrechte der Bahn auf 99 Jahre. 1890 war die Strecke schließlich fertiggestellt und wurde unter Verlust betrieben.

Bananen wurden zunächst als billiges Nahrungsmittel für die Arbeiter an der Strecke angebaut. Im verzweifelten Versuch, seine Investitionen irgendwie zu amortisieren, ließ Keith einige Ladungen der Früchte nach New Orleans verschiffen. Die Kunden reagierten begeistert. *Fincas* (Plantagen) traten im Tiefland an die Stelle der Wälder, und Anfang des 20. Jhs. hatten die Bananen den Kaffee als lukrativsten Exportartikel Costa Ricas abgelöst. Costa Rica war die führende Bananenexportnation geworden, aber die Profite aus diesem Handel wanderten ins Ausland.

Mit einem weiteren US-amerikanischen Importeur gründete Keith die berüchtigte United Fruit Company, die schnell zum größten Arbeitgeber in Zentralamerika wurde. Der von den Einheimischen als *el pulpo* (der Krake) bezeichnete Konzern besaß weite Strecken des fruchtbaren Tieflands und einen großen Teil des Kommunikations- und Transportwesens und befehligte Heerscharen von Angestellten. Ein Heer von Wanderarbeitern aus Jamaika kam ins Land, was die demografische Zusammensetzung in Costa Rica veränderte und ethnische Spannungen auslöste.

1913 wurden viele Plantagen am Karibischen Meer infolge der „Panamakrankheit“, einer Pilzerkrankung der Bananenstauden, geschlossen. Die Produktion verlagerte sich an den Pazifik, und schließlich verlor die United Fruit Company auch ihr Bananenmonopol.

Die Demokratie ohne Waffen

Anfangs herrschten in Costa Rican wie im übrigen Zentralamerika Gewalt und Diktatur. Im 19. Jh. kämpften ein paar begünstigte Aristokraten um die Vormacht im Staat. Die Militärs, die Kirche und vor allem die Kaffeebarone waren die wichtigsten politischen Akteure. Präsidenten wurden häufiger durch Revolten gestürzt als in Wahlen abgelöst.

Aber zu Beginn des 20. Jhs. gestaltete sich die Politik in Costa Rica zunehmend gerechter. Der Anteil der Wahlberechtigten hatte sich von 2% auf 10% der erwachsenen männlichen Bevölkerung erhöht. Die Kaffeebarone mussten höhere Steuern zahlen, um Sozialreformen zu finanzieren, und das Land verfügte über ein kostenloses öffentliches Schulwesen, einen garantierten Mindestlohn und Gesetze zum Schutz der Kinder. Gruppen, denen das Recht zur Beteiligung versagt blieb, machten ihrem Unmut bei Demonstrationen Luft und erzwangen den Rücktritt mindestens eines Präsidenten.

In den 1940er-Jahren nahmen die Spannungen zu, da sich Aktivisten für die Rechte der Arbeiter und Armen starkmachten. Nach einer umstrittenen Wahl brach 1948 ein Bürgerkrieg aus, bei dem bewaffnete Arbeiter unter Führung des Kaffeeproduzenten und utopischen Demokraten José Figueres Ferrer gegen die Streitkräfte aufbegehrten und in den schließlich nicaraguanische und US-amerikanische Truppen eingriffen. Nach weniger als zwei Monaten war der Frieden wiederhergestellt. Rund 2000 Menschen waren ums Leben gekommen.

Figueres wurde Vorsitzender einer provisorischen Junta. Deren neue, 1949 eingeführte Verfassung gab Frauen, Schwarzen, indigenen Gruppen und Chinesen das volle Bürgerrecht. Figueres' zahlreiche Dekrete führten zu einer stärkeren Besteuerung der Wohlhabenden, zur Verstaatlichung der Banken und zum Aufbau eines modernen Wohlfahrtsstaats. Seine außerordentlichste Tat war die Abschaffung der Armee, die er als eine Bedrohung für die Demokratie betrachtete. Mit all diesen Maßnahmen wurden die Grundlagen für die einzigartige waffenlose Demokratie in Costa Rica gelegt.

Der Contra-Konflikt

Allerdings blieb die Souveränität der kleinen Staaten Zentralamerikas immer von den USA, dem übermächtigen Nachbarn im Norden, bedroht. In den USA herrschte eine antikommunistische Hysterie. In den 1970er-Jahren zwangen radikale linksgerichtete Gruppen die Militärdiktaturen in Guatemala, El Salvador und Nicaragua in die Defensive. Als 1979 in Nicaragua das brutale, von den USA unterstützte Somoza-Regime gestürzt wurde, beschloss US-Präsident Ronald Reagan einzugreifen. Der Kalte Krieg erreichte Mittelamerika.

Unter dem starken Druck der USA wurde das politisch gemäßigte Costa Rica gegen seinen Willen in den Konflikt hineingezogen. Die nicaraguanischen Contras setzten sich in Costa Rica fest, von wo aus sie Guerillaangriffe tätigten und wo sie sogar ein Flugfeld im Urwald einrichteten, über das sie Waffen und Nachschub ins Nachbarland schmuggelten. Costa-ricanische Beamte wurden bestochen, damit sie stillhielten. Daraufhin verschlechterten sich die diplomatischen Beziehungen zwischen Costa Rica und Nicaragua, und es kam zu blutigen Konflikten an der Grenze.

Der Krieg polarisierte Costa Rica. Die Konservativen drängten auf eine Wiedereinführung der Armee und eine Teilnahme am antikommunistischen Kreuzzug. Die Gegenseite marschierte im Mai 1984 mit mehr als 20 000 Demonstranten durch San José und forderte Frieden. Der Streit erreichte seinen Höhepunkt mit der Präsidentschaftswahl von 1986. Aus ihr ging der 44-jährige Oscar Arias Sánchez, ein intellektueller Reformer in der Tradition von Figueres, als Sieger hervor.

Kaum ins Amt gekommen, bekräftigte Arias sein Engagement für eine Verhandlungslösung und die nationale Eigenständigkeit Costa Ricas. Er gelobte, Neutralität zu wahren, und warf die Contra-Banden aus dem Land. Nach kurzer Zeit verließ der US-Botschafter Costa Rica, und die hiesigen Schulkinder pflanzten Bäume auf dem Flugfeld der CIA. Vor allem aber wurde Arias zur treibenden Kraft in dem Bemühen, alle zentralamerikanischen Länder auf einen Plan zur Beendigung des Krieges in Nicaragua einzuschwören. 1987 bekam er den Friedensnobelpreis.

Das entdeckte Paradies

500 Jahre nachdem die Konquistadoren den dichten Regenwald verflucht hatten, enthüllte er, welche Möglichkeiten er bereithielt: den Ökotourismus.

Ein Überangebot führte in den 1970er-Jahren zu einem Einbruch der Kaffeepreise. Die Schwäche des Marktes führte zu einer ungewöhnlichen Allianz zwischen der Geschäftswelt und Umweltschützern. Wenn sich der Wohlstand des Landes nicht mehr über Exporte absichern ließ, wie stand es dann um den Import – von Touristen? Costa Rica ließ sich auf eine grüne Revolution ein. Schon 1995 gab es über 125 staatliche Schutzgebiete. Fast ein Drittel der Gesamtfläche steht heute unter Schutz.

Der Erfolg ermunterte private Grundbesitzer, ebenfalls Reservate einzurichten. Das Vorhaben begann bescheiden: In das Monteverde-Reservat kamen 1975 gerade einmal 500 Touristen, doch 20 Jahre später waren es mehr als 50 000. Durch den Tourismus wurden 1995 mehr als 750 Mio. US$ erwirtschaftet; damit übertraf diese Industrie den Kaffee und die Bananen als Hauptdevisenbringer.

Moderne Strömungen

Aus den Präsidentschaftswahlen des Jahres 2010 ging die ehemalige Vizepräsidentin Laura Chinchilla als Siegerin hervor. Chinchilla führte ihren Wahlkampf mit einem ähnlichen Wirtschaftsprogramm wie ihr politischer Mentor Oscar Arias Sánchez: Sie wollte den freien Handel fördern und einen besseren Zugang zu den US-Märkten erreichen. Im Gegensatz zu Arias ist Präsidentin Chinchilla gesellschaftlich eher konservativ eingestellt; sie ist Abtreibungsgegnerin und wendet sich gegen gleichgeschlechtliche Ehen und die Pille danach.

Chinchilla hat einen großen Teil ihrer Amtszeit darauf verwandt, mit den Spannungen an der nicaraguanischen Grenze und dem Haushaltsdefizit fertig zu werden. Infolgedessen sind ihre Zustimmungswerte niedrig: Die Wähler möchten, dass sie sich auf die Bekämpfung der Kriminalität konzentriert. Sie hat sich darum bemüht, für den Kampf des Landes gegen den Drogenhandel internationale Aufmerksamkeit zu wecken, und 2013 auch Präsident Obama empfangen, um die Zusammenarbeit beider Länder auf diesem Gebiet zu stärken.

Die Menschen

Bevölkerung

Die meisten Einwohner Costa Ricas sind *mestizos* (Menschen mit spanischen sowie indigenen und/oder afrikanischen Wurzeln). Indigene Volksgruppen stellen nur 1% der Bevölkerung; zu ihnen gehören die Bribrí und Cabécar, die Brunka, die Guaymí und die Maleku.

Weniger als 3% der Bevölkerung sind Schwarze. Sie leben hauptsächlich an der Karibikküste. Sie sehen ihre Wurzeln in den Einwanderern aus Jamaika, die im 19. Jh.

PURA VIDA

Pura vida – das reine Leben – ist mehr als ein Slogan, den die Ticos gedankenlos von sich geben und den man auf allen möglichen Souvenirs findet: Dieser Ausdruck ist ein echtes Mantra für einen costa-ricanischen Lebensstil. Vielleicht lässt sich das Wesen des reinen Lebens besser leben als erklären, aber wenn man *„pura vida"* bei der Reise durch dieses wunderschöne Land immer wieder hört – ob als Gruß, als Verabschiedungsformel oder als Ausdruck des Danks –, dann wird deutlich, dass diese Idee tief in der DNA des Landes verwurzelt ist.

Das Leben hier scheint vor allem dann „rein" zu sein, wenn man es mit dem in den zentralamerikanischen Nachbarländern Costa Ricas vergleicht. Hier gibt es wenig Armut, Analphabetismus und politisches Chaos. Das Land ist mit natürlichen Schätzen gesegnet und bietet einen hohen Lebensstandard. Und Costa Rica gedieh in den letzten 60 Jahren ohne eine Armee.

Daher ist dieses Land insgesamt eine Oase des Friedens in einer von Krieg und Gewalt geprägten Region. Und obwohl die Costa-Ricaner mit Recht stolz sind, erhält man auf ein Kompliment an das Land als Antwort oft nur ein geheimnisvolles Lächeln und zwei Wörter: *pura vida*.

für den Eisenbahnbau ins Land kamen, und sprechen Mecatelyu, eine Kreolsprache, die auf dem Englischen, Spanischen und jamaikanischen Englisch basiert.

Auch Chinesen (1% der Bevölkerung) kamen zunächst als Arbeiter beim Bahnbau, doch auch später gab es Einwanderungswellen von Asiaten, insbesondere aus Taiwan.

Lebensart

Da es keinen Krieg gibt, die Lebenserwartung hoch und die Wirtschaft relativ stabil ist, genießt Costa Rica den höchsten Lebensstandard in Zentralamerika. Und Costa Rica geht aus Umfragen immer wieder als eines der „glücklichsten" Länder der Welt hervor.

Die Lebenserwartung in Costa Rica ist fast genauso hoch wie die in den USA. Das verdankt das Land vor allem einem umfassenden öffentlichen Gesundheitswesen und guten sanitären Einrichtungen.

Doch die Kluft zwischen Arm und Reich klafft auch hier weit auseinander. Die Angehörigen der Mittel- und Oberschicht wohnen zumeist in San José und anderen größeren Städten. Für die überwiegende Mehrheit der *campesinos* (Bauern) und *indígenas* (Menschen indigener Abstammung) ist das Leben härter, der Anteil an Armen ist höher, und ihr Lebensstandard ist niedriger. Das gilt besonders für die Karibikküste, wo die Nachfahren der jamaikanischen Einwanderer schon lange unter der Vernachlässigung durch die Bundesregierung leiden.

Wie auch im Rest der Welt wirkt sich die Globalisierung tiefgreifend auf das Leben der Bevölkerung aus. Die Costa-Ricaner werden immer mobiler, weltgewandter und sind immer stärker mit der Weltwirtschaft verzahnt – mit allen Vor- und Nachteilen, die das mit sich bringt.

Natur & Umwelt

Geografie

Im kleinen Costa Rica – mit einer Fläche von 51 100 km² ist es kleiner als Bayern, aber größer als die Schweiz – finden sich einige höchst unterschiedliche Landschaftsformen. An die zerklüftete Westküste tost ständig die Brandung des Pazifiks; tropisches Tiefland und Sümpfe prägen dagegen die nur 119 km entfernte Karibikküste im Osten. Dazwischen liegen aktive Vulkane, himmelwärts ragende Berggipfel und Gebirgswälder. Nur wenige Länder der Erde können mit einer ähnlich spektakulären natürlichen, geologischen und klimatischen Vielfalt aufwarten.

Heute gibt es in Costa Rica 35 Nationalparks, die 11% der Landesfläche einnehmen. Unzählige weitere Schutzzonen, darunter Feuchtgebiete und Mangrovenwälder, stehen unter Schutz. Darüber hinaus existieren noch eine ganze Menge privater Reservate. Aus diesem Grund können die Behörden Costa Ricas behaupten, dass ein Drittel des Landes unter Naturschutz steht. Leider ist ein Teil des Landes dennoch in Gefahr – zum Teil liegt das daran, dass dem Staat das Geld und die Infrastruktur fehlen, um seine Naturschutzmaßnahmen auch wirklich umzusetzen.

BEDROHTE ARTEN

Die größte Gefahr geht für die meisten bedrohten Arten in Costa Rica von der Zerstörung ihres Lebensraums aus, gefolgt von der Jagd und Fallenstellerei.

➡ Der legendäre Quetzal steht bei allen Naturfreunden ganz oben auf der Liste der Vögel, die sie sehen wollen, doch durch die fortschreitende Abholzung der Wälder ist er extrem gefährdet.

➡ Der boomende Tierhandel hat die Bestände der großen, kreischenden Hellroten Aras stark dezimiert.

➡ Die Meeresschildkröten leiden unter der Zerstörung der Strände, was ihre Möglichkeiten zur Fortpflanzung stark einschränkt, sowie unter der Jagd und dem Sammeln ihrer Eier.

Flora & Fauna

TIERE

Baumsteigerfrösche, Vogelspinnen und Klammeraffen prägen unsere Vorstellungen der tropischen Tierwelt. In Wirklichkeit werden nur wenige Länder diesen Erwartungen gerecht – doch Costa Rica gehört dazu. Das Land ist ein Paradies der Artenvielfalt – hier kommen mehr als 615 Arten auf 10 000 km²; in den USA sind es nur 104.

Vogelkundler haben in Costa Rica mehr als 850 Vogelarten registriert. Mehr als 200 Zugvogelspezies kommen aus so fernen Gegenden wie Alaska oder Australien hierher und können Seite an Seite mit Trogonen und

Tukanen bewundert werden. Da viele Vögel in Costa Rica nur eine geringe Reichweite haben, finden sich überall unterschiedliche Arten.

Als Reisender sieht man in Costa Rica mit ziemlicher Sicherheit mindestens eine der vier Affen- und zwei Faultierarten des Landes, doch es gibt noch 230 weitere Säugetierarten. Exotischere Tiere, die man vielleicht erblickt, sind etwa Vieraugenbeutelratten, Zwergameisenbären, scheue Tapire oder gerissene Wieselkatzen (Jaguarundi).

PFLANZEN

Die Vielfalt der Pflanzenwelt ist atemberaubend: Fast 12 000 Gefäßpflanzenspezies wurden in Costa Rica beschrieben und jedes Jahr kommen weitere hinzu. Man findet hier allein etwa 1400 Orchideenarten!

Die Vielfalt der Lebensräume, die diesen Artenreichtum hervorbrachte, ist ein echtes Naturwunder – an einem Tag paddelt man durch einen schwülen Mangrovensumpf, am nächsten Tag linst man in einem Bergnebelwald durch eiskalten Nebel nach Orchideen. Natürlich sind auch die Strände des Landes schön, aber wer sich nicht wenigstens einige der verschiedenen Lebensräume wie Mangrovensümpfe und Regen-, Nebel- und Trockenwälder anschaut, der versäumt einen großen Teil dessen, was das Land ausmacht.

PRAKTISCHE INFORMATIONEN

Allgemeine Informationen

ARBEITEN

Für Ausländer ist es schwer, in Costa Rica Arbeit zu finden, da in den Arbeitsgesetzen die Bevorzugung von Costa-Ricanern festgeschrieben ist. Grundsätzlich können Ausländer nur legal in Costa Rica arbeiten, wenn sie das für das eigene Unternehmen tun, Fähigkeiten besitzen, die im Land Mangelware sind, oder für Unternehmen arbeiten, die besondere Vereinbarungen mit dem Staat getroffen haben.

Für einen legalen Job braucht man eine Arbeitserlaubnis – die zu beschaffen, ist zeitaufwändig und schwierig. Die besten Chancen hat man noch als Englischlehrer in einer der Sprachschulen oder in der Gastronomie- bzw. Hotelbranche. Naturwissenschaftler oder Bootstourenguides können Jobs bei privaten Lodges oder Abenteuertourveranstaltern finden – doch der Verdienst wird gerade mal zum Überleben reichen.

BOTSCHAFTEN & KONSULATE

Die folgenden Vertretungen sind in San José.

Deutschland (☎2290-9091; www.san-jose.diplo.de; 8. Stock, Torre La Sabana, Sabana Norte) Im 8. Stock des Torre La Sabana an der Sabana Norte, 300 m westlich des ICE-Baus.

El Salvador (☎2257-7855; Ecke Calle 38 & Av 9)

Guatemala (☎2291-6172, 2220-1297; www.minex.gob.gt; Sabana Sur) Etwa 100 m südlich und 50 m westlich vom Gimnasio Fitsimons.

Honduras (☎2231-1642; Blvd Rohrmoser) Abseits der Calle Humboldt, ca. 50 m südlich und 75 m östlich des Parque la Amistad.

Mexiko (☎2257-0633; embamex.sre.gob.mx/costarica; Av 7 zw. Calle 13 & 15) Rund 250 m südlich vom Autohaus Subaru.

Nicaragua (☎2221-2284; Av Central 2540 zw. Calle 25 & 27, Barrio La California)

Panama (☎2281-2442; San Pedro) 200 m südlich und 25 m östlich vom *antiguo higuerón* (alten Feigenbaum).

Schweiz (☎2221-3229; Edificio Centro Colón, 10. Stock, Paseo Colón zw. Calle 38 & 40)

ESSEN & TRINKEN

Die beliebteste Art von Esslokal in Costa Rica ist die *soda*, ein kleiner, informeller Imbiss. Billiges Essen bieten auch die überall präsenten Brat- und Grillhühnchenstände. Ein reguläres *restaurante* verlangt in der Regel höhere Preise und verfügt über etwas mehr Atmosphäre.

In *pastelerías* und *panaderías* werden Backwaren und Brot verkauft. Viele Kneipen bieten auch Snacks an, die *bocas*, kleinere Versionen von Hauptgerichten.

Die wichtigste Mahlzeit des Tages ist gewöhnlich das Mittagessen, das meist etwa um 12 Uhr auf den Tisch kommt. Das Abendessen ist in der Regel eine leichtere Version des Mittagessens und wird gegen 19 Uhr eingenommen.

FEIERTAGE

Días feriados (Feiertage) werden in Costa Rica ernst genommen. Banken, Ämter und viele Geschäfte bleiben geschlossen, und öffentliche Verkehrsmittel fahren vielleicht nur beschränkt.

PREISKATEGORIEN ESSEN

Die folgenden Preiskategorien gelten für ein Standard-Hauptgericht (inklusive Steuern, sofern nicht anders angegeben).

**$** bis 9 US$

**$$** 9–15 US$

**$$$** über 15 US$

ERMÄßIGUNGSKARTEN

Ermäßigungskarten werden nicht in allen Museen und Naturschutzgebieten angenommen.

KARTE	ERMÄSSIGUNGEN	VORAUS-SETZUNGEN	PREIS	BEZUG
Costa Rica Card	Rabatte in beteiligten Hotels & Restaurants	Im Land selbst erhältlich, Ausweis mit Foto erforderlich	Einzelperson/ Paar/Familie 30/40/60 US$	www.costaricacard.org
Student Identity Card (ISIC)	Ermäßigungen in Museen & bei Touren	Für alle Vollzeitstudenten	20–30 US$ je nach Land	www.isic.org
International Student Exchange (ISE)	Ermäßigungen in Museen & bei Touren	Schüler & Vollzeitstudenten zw. 12 & 26 J.	25 US$	www.isecard.com

Neujahr (1. Januar)

Semana Santa (Karwoche; März oder April) Gründonnerstag und Karfreitag sind offizielle Feiertage, aber die meisten Geschäfte schließen für die ganze Woche.

Día de Juan Santamaría (11. April)

Tag der Arbeit (1. Mai)

Día de la Madre (Muttertag; 15. August) Fällt zusammen mit Mariä Himmelfahrt.

Unabhängigkeitstag (15. September)

Día de la Raza (Kolumbustag; 12. Oktober)

Weihnachten (25. Dezember) Auch Heiligabend ist ein inoffizieller Feiertag.

Letzte Dezemberwoche Viele Geschäfte haben auch in der Woche zwischen Weihnachten und Neujahr geschlossen, Touristenattraktionen sind jedoch geöffnet.

FREIWILLIGENARBEIT

In Costa Rica gibt's jede Menge Freiwilligenjobs. Bei den meisten müssen die Volunteers jedoch für ihre Anreise und Lebenshaltungskosten selbst aufkommen. Oft können die entsprechenden Organisationen eine Unterbringung in Gastfamilien oder anderen preisgünstigen Unterkünften arrangieren. Bei fast allen Freiwilligenjobs muss man sich für mindestens zwei Wochen verpflichten.

Bio-Bauernhöfe

Finca La Flor de Paraíso (www.la-flor.org) Bietet Programme in verschiedenen Disziplinen – von Tierhaltung bis zum Anbau von Heilkräutern.

Punta Mona (www.puntamona.org) Auf Bio-Permakultur und Nachhaltigkeit basierender Bio-Bauernhof mit Erholungszentrum.

Rancho Margot (www.ranchomargot.org) Diese selbsternannte Lebenskompetenzen-Universität bietet Umweltbildung mit Schwerpunkt auf ökologischem Landbau und Tierzucht.

Reserva Biológica Dúrika (www.durika.org) Auf Nachhaltigkeit ausgerichtete Gemeinde mitten in einem 75 km² großen biologischen Schutzgebiet.

WWOOF Costa Rica (www.wwoofcostarica.org) Dieses lose Netz von Bauernhöfen ist Teil des großen internationalen Netzwerks Willing Workers on Organic Farms (WWOOF).

Forstwirtschaft

Im Bosque Eterno de los Niños (S. 623) werden Freiwillige für die Verwaltung des großen Regenwald-Schutzgebiets benötigt, z. B. im Empfang oder in den Rangerstationen.

Cloudbridge Nature Reserve (www.cloudbridge.org) Zur Arbeit der Freiwilligen gehören hier z. B. das Anlegen von Wegen, das Pflanzen von Bäumen und die Beteiligung an Baumaßnahmen.

Tropical Science Center (www.cct.or.cr) Diese schon lange bestehende NGO bietet Freiwilligenjobs im Nebelwaldreservat Monteverde, z. B. beim Anlegen von Wegen und bei Instandhaltungsarbeiten.

Gemeinnützige Arbeit

Fundación Corcovado (www.corcovadofoundation.org) Vielfältiges Angebot an Jobs z. B. in der Umweltbildung, beim Schutz von Meeresschildkröten und bei den Informationsdiensten der Nationalparks.

Monteverde Institute (www.monteverde-institute.org) Ein gemeinnütziges Bildungsinstitut, das Schulungen in tropischer Biologie, Umweltschutz und nachhaltiger Entwicklung anbietet.

Sustainable Horizon (www.sustainablehorizon.com) Organisiert zehntägige Touren mit fünf Tagen Arbeit in einem Dienstleistungsprojekt.

Naturschutz

Canadian Organization for Tropical Education & Rainforest Conservation (Coterc; ☎2709-8052, in Kanada 905-831-8809; www.coterc.org; 200 US$/Woche) Renommierte kanadische gemeinnützige Organisation mit verschiedensten Freiwilligenjobs auf ihrer Forschungsstation in Tortuguero.

CCC (www.cccturtle.org) Hier helfen Freiwillige Wissenschaftlern bei der Kennzeichnung und Untersuchung von Lederschildkröten und Suppenschildkröten.

Earthwatch (www.earthwatch.org) Freiwillige nehmen hier an Expeditionen teil, bei denen der Zusammenhang zwischen Klimawandel und Raupen untersucht wird, arbeiten in Gemeindeprojekten mit Kaffeeproduzenten zusammen und helfen beim Schutz von Delphinen und Meeresschildkröten.

Profelis (www.grafischer.com/profelis) Ein Umweltschutzprogramm, das sich um beschlagnahmte große und kleine Wildkatzen kümmert.

Sea Turtle Conservancy (www.conservetur tles.org) Von März bis Oktober bietet diese Organisation in Puerto Límon „Öko-Freiwilligen-Abenteuer" bei der Arbeit mit Meeresschildkröten und Vögeln. Weitere Jobs gibt es bei der Forschungsstation in Tortuguero.

GEFAHREN & ÄRGERNISSE

Diebstahl & Überfälle

Die größte Gefahr für Reisende ist Diebstahl. Costa Rica hat mit ziemlich viel Kleinkriminalität zu kämpfen, besonders in Bussen, am Strand und in Hotels. Die Augen aufhalten und Sicherheitsmaßnahmen ergreifen!

Im Meer

In costa-ricanischen Gewässern ertrinken jedes Jahr ungefähr 200 Menschen; 90 % der Todesfälle sind auf Brandungsrückströme zurückzuführen, starke Strömungen, die Badende ins Meer hinausziehen. Wer in einen Brandungsrückstrom gerät, sollte nicht dagegen ankämpfen, sondern sich einfach bis hinter die Brandung treiben lassen – hier verläuft sich die Strömung. Dann schwimmt man parallel zum Strand, um sich schließlich von der Brandung zurück zum Strand tragen zu lassen.

Wandern

Wer in die Wildnis aufbricht, sollte entsprechend vorbereitet sein:

- Sich der eigenen Grenzen bewusst sein und keine Wanderungen in Angriff nehmen, die einen höchstwahrscheinlich überfordern.
- Immer jede Menge Wasser mitnehmen, sogar auf kürzeren Wanderungen. Außerdem sollten Karten, Proviant und ein Kompass im Gepäck sein.
- Jemanden davon unterrichten, wohin man geht, sodass im Notfall der Suchbereich eingegrenzt werden kann. Nicht von den Wegen abweichen.
- Daran denken, dass die Tiere Costa Ricas für Wanderer eine Bedrohung darstellen können, besonders im Corcovado-Nationalpark (S. 673).

GELD

Bargeld

- Die costa-ricanische Landeswährung ist der Colón (Plural Colones), benannt nach Cristóbal Colón (Christoph Kolumbus).
- Es gibt Banknoten zu 500, 1000, 5000, 10 000, 20 000 und 50 000 Colones und Münzen zu 5, 10, 20, 25, 50 und 100 Colones.
- Weit verbreitet sind auch US-Dollar, mit denen man besonders in Hotels und für Touren bezahlt. In Restaurants, Nahverkehrs- und Fernbussen, Taxis und bei kleineren Einkäufen zahlt man mit Colones.
- Neuere US-Dollar (mit den größeren Köpfen) werden lieber angenommen als alte.

Geldautomaten

- Geldautomaten, *cajeros automáticos*, gibt es in ganz Costa Rica außer in den kleinsten Orten.
- Die meisten Geldautomaten geben sowohl US-Dollar als auch costa-ricanische Colones heraus.

Geld wechseln

Auch Hotels und Reisebüros tauschen Geld um; viele nehmen dafür aber eine heftige Gebühr. Vom Geldtausch bei Straßenhändlern ist abzuraten (außer vielleicht an der Grenze).

Kreditkarten

- In besseren Hotels und Restaurants sowie in manchen Reisebüros werden Kreditkarten angenommen.
- Alle Autovermietungen verlangen die Vorlage einer Kreditkarte.
- Auf alle Auslandsumsätze fallen Transaktionsgebühren an.
- Kredit- und EC-Karteninhaber können in manchen Banken Colones abheben; dafür wird aber eine hohe Gebühr fällig.

Reiseschecks

Dank der Beliebtheit von Geldautomaten und Kreditkarten werden Reiseschecks in Costa Rica immer seltener. Sie können bei Banken umgetauscht werden, normalerweise nur gegen US-Dollar und costa-ricanische Colones.

Trinkgeld

Hotelpage/ Gepäckträger	1–5 US$ pro Service
Reinigungskräfte	1–2 US$ pro Tag
Kellner	0–10 % (ist vielleicht schon im Rechnungsbetrag enthalten)
Taxifahrer	nichts
Reiseleiter	5–15 US$
Tourbusfahrer	2–6 US$

INTERNETZUGANG

- Costa Rica hat jede Menge Internetcafés und viele Einrichtungen bieten WLAN.
- In San José und den Touristenorten zahlt man etwa 1–2 US$ pro Stunde.
- In Mittelklasse- und gehobenen Hotels ist üblicherweise WLAN vorhanden.

KARTEN & STADTPLÄNE

Detaillierte Karten sind in Costa Rica schwer zu bekommen. Hervorragend ist die von International Travel Map herausgegebene wasserfeste Costa-Rica-Karte im Maßstab 1:330 000, die auch einen Stadtplan von San José enthält.

- Einige Buchläden im Land verkaufen die von der **Fundación Neotrópica** (www.neotropica.org) herausgegebene Karte zu den Nationalparks und Naturschutzgebieten im Maßstab 1:500 000.
- Das Instituto Costarricense de Turismo (ICT) gibt eine Landkarte von Costa Rica im Maßstab 1:700 000 heraus, auf deren Rückseite ein Stadtplan der Innenstadt von San José im Maßstab 1:12 500 abgedruckt ist. Die Karte ist in ICT-Büros in San José kostenlos erhältlich.
- Online findet man auf der Website von **Maptak** (www.maptak.com) Karten von den sieben Provinzen Costa Ricas und deren Hauptstädten.
- Nur wenige Nationalparksbüros und Rangerstation haben Karten für Wanderer vorrätig. Topografische Karten können beim **Instituto Geográfico Nacional** (IGN; ☎2257-7798; Calle 9 zw. Av 20 & 22; ⏲Mo–Fr 7.30–12 & 13–15 Uhr) in San José erworben werden.

KINDER

Freche Affen und dampfende Vulkane, geheimnisvolle Regenwälder und palmengesäumnte Strände – Costa Rica ist eine sichere, wunderbare tropische Spielwiese, die auf junge Traveller einen großen Eindruck macht. Für Kinder jeden Alters sind passende Abenteueraktivitäten vorhanden, und in der familienfreundlichen Kultur des Landes sind die Kleinen immer willkommen. Vom praktischen (also elterlichen) Standpunkt aus gesehen ist Costa Rica sicher das beste Reiseziel mit Kindern in Zentralamerika, es wartet mit einer passablen Verkehrsinfrastruktur, geringer Kriminalität und einem erstklassigen Gesundheitswesen auf. Umfassendere Informationen über das Reisen mit Kindern enthält der Lonely Planet Band *Travel with Children*.

Praktische Hinweise

- Babynahrung, Babymilch und Einwegwindeln sind in den meisten Orten problemlos erhältlich; wer sich jedoch in abgelegene Gebiete begibt, sollte sich vorher entsprechend eindecken.
- Leitungswasser kann im ganzen Land problemlos getrunken werden.
- Die meisten Restaurants haben keine eigenen Kinderkarten, aber das costa-ricanische Essen ist einfach und herzhaft und schmeckt auch eher wählerischen jungen Essern.
- Kinderstühle sind in Restaurants gewöhnlich nicht vorhanden. Selten sind auch spezielle Einrichtungen zum Windelwechseln.
- Die meisten Lodges und Hotels sind auch auf Familien mit Kindern eingestellt, jedoch muss man für die Kleinen wahrscheinlich ein eigenes Reise-Kinderbett mitbringen. Für Kinder unter 12 Jahren gelten oft günstigere Übernachtungspreise.
- Kinder zahlen auf Fähren, in Touristenbussen und auf Inlandsflügen geringere Preise.
- Autovermietungen haben vielleicht Kindersitze vorrätig, aber diese sind oft in schlechtem Zustand, sodass es wohl besser ist, einen eigenen mitzubringen.
- Babysitting-Agenturen gibt es nicht, aber die meisten Hotels sind gern bei der Suche nach einem Babysitter behilflich.

WAS IST DAS DENN FÜR EINE ADRESSE?

Manche größeren Städte haben zwar ordentlich mit Namen gekennzeichnete Straßen, ansonsten sind Straßen in Costa Rica aber kaum beschildert. Und einen Tico zu finden, der weiß, wie die Straße heißt, an der man gerade steht, ist noch seltener. Hier nutzen alle bestimmte Orientierungspunkte, um Richtungen und Adressen anzugeben, z. B. 200 m südlich und 150 m östlich der Kirche („*cien metros*" – eigentlich 100 m – steht für einen Block; „250 *metros al sur*" bedeutet also zweieinhalb Blocks südlich, unabhängig von der wirklichen Entfernung).

Als Orientierungspunkte dienen meistens Kirchen, Parks, Bürogebäude, Fastfood-Filialen und Autohäuser – aber all das sagt Travellern wohl kaum was, weil sie keine Ahnung haben, wo z. B. das Subaru-Autohaus ist. Noch schlimmer ist, das Ticos häufig auch Orientierungspunkte benutzen, die es längst nicht mehr gibt. In San Pedro beispielsweise, außerhalb von San José, nutzen die Einheimischen noch immer einen alten Feigenbaum (*el antiguo higuerón)* zur Richtungsangabe.

Verwirrt? Was bleibt einem anderes übrig, als sich daran zu gewöhnen?

- Es gibt viele Aktivitäten, die besonders für Kinder geeignet sind, wie Surfunterricht, Sprachkurse oder Reiten.

ÖFFNUNGSZEITEN

Restaurants Öffnen gewöhnlich ab 7 Uhr und servieren bis 21 Uhr Abendessen; manche gehobenen Etablissements haben nur abends geöffnet. In abgelegenen Gegenden öffnen sogar kleine *sodas* (Imbisse) nur zu den Essenszeiten.

Ämter Gewöhnlich Mo–Fr 8–17 Uhr geöffnet, mit einer Mittagspause zwischen 11.30 und 13.30 Uhr.

Banken Die Öffnungszeiten schwanken, aber die meisten haben mindestens Mo–Fr 9–15 Uhr geöffnet.

Geschäfte Die meisten sind Mo–Sa 8–18 Uhr geöffnet.

Wenn nicht anders angegeben, sollten Sehenswürdigkeiten, Aktivitäten und Restaurants täglich geöffnet sein.

RECHTSFRAGEN

- Wer verhaftet wird, kann nicht auf die Hilfe der eigenen Botschaft hoffen. Sie wird keine Kaution zahlen. Außerdem hat man sich hier den costa-ricanischen Gesetzen zu fügen, nicht den heimatlichen.
- Autofahrer müssen ihren Pass und ihren Führerschein immer bei sich haben. Bei einem Unfall das Fahrzeug an der Unfallstelle stehen lassen und sofort die Polizei verständigen, um den Unfall anzuzeigen.
- Prostitution ist für Frauen ab 18 Jahren legal. Sex mit Minderjährigen ist in Costa Rica streng verboten, und die Strafen sind hart.
- Marihuana und auch alle anderen Drogen sind illegal.
- Reisende können unter Umständen auch in ihrem eigenen Land wegen in Costa Rica begangener sexueller Vergehen angeklagt werden.

REISEN MIT BEHINDERUNG

Unabhängiges Reisen ist für Menschen mit eingeschränkter Mobilität in Costa Rica schwierig. Zwar gibt es in Costa Rica ein Gesetz zur Gleichstellung von Behinderten, aber die Regelungen betreffen nur neue oder kürzlich umgebaute Einrichtungen und werden nur unzureichend durchgesetzt. Nur wenige Hotels und Restaurants sind rollstuhlgerecht ausgestattet. Viele haben keine Rollstuhlrampen, und Zimmer- und Badezimmertüren sind selten breit genug für Rollstühle.

Straßen und Bürgersteige weisen zahlreiche Schlaglöcher auf und sind schlecht asphaltiert, sodass sich die Benutzung eines Rollstuhls sehr schwierig gestaltet. Öffentliche Busse haben keine Vorrichtungen für den Transport von Rollstühlen, und die meisten Nationalparks und Outdoor-Attraktionen verfügen über keine rollstuhlgerechten Wege. Löbliche Ausnahmen bilden der Volcán Poás (S. 598) und die **Rainforest Aerial Tram** (☎ 2257-5961; www.rainforestrams.com; Erw./Stud. & Kind 55/28 US$, Ganztagestour mit Mittagessen & geführter Wanderung 99/56 US$; 👪).

SCHWULE & LESBEN UNTERWEGS

Schwule und lesbische Traveller haben es in Costa Rica etwas einfacher als in den meisten anderen zentralamerikanischen Ländern. Einvernehmlicher Sex unter gleichgeschlechtlichen Erwachsenen (mind. 18 Jahre alt) ist zwar nicht verboten, aber die meisten Costa-Ricaner tolerieren solcherlei nur insofern, als sie es ignorieren und auch nichts davon mitbekommen wollen. Es ist eher unwahrscheinlich, dass gleichgeschlechtliche Paare irgendwie drangsaliert werden, jedoch kann der Austausch von Zärtlichkeiten in der Öffentlichkeit unliebsame Aufmerksamkeit erregen.

Ein beliebter Urlaubsort für Schwule ist Manuel Antonio an der Pazifikküste. In San José gibt's eine recht gute Auswahl an Nachtclubs und Kneipen.

CIPAC (Zentrum zum Studium & zur Förderung der Menschenrechte in Zentralamerika; ☎ 2280-7821; www.cipacdh.org) Die führende Schwulenorganisation in Costa Rica.

Gente 10 (www.gente10.net) Diese Schwulenzeitschrift wird in Bars und Clubs in San José verteilt.

International Gay & Lesbian Travel Association (IGLTA; ☎ 954-630-1637; www.iglta.org) Hat eine Liste mit Hunderten von Reisebüros und Tourveranstaltern weltweit.

Travel Costa Rica Now (www.travelcostaricanow.com) Maßgeschneiderte Ferien und jede Menge Informationen über das Reisen für Schwule in Costa Rica, darunter Verzeichnisse schwulenfreundlicher Unterkünfte.

TELEFON

- Das Mobilfunknetz deckt inzwischen fast alle für Touristen zugänglichen Teile des Landes ab.
- Überall in Costa Rica finden sich öffentliche Telefone. Telefonkarten von Chip oder Colibrí erhält man zu 1000, 2000 und 3000 Colones.
- Die Chipkarten steckt man ins Telefon, wo sie gescannt werden. Am verbreitetsten sind die Telefonkarten von Colibrí, mit denen man zunächst eine gebührenfreie Nummer (199) wählt und dann einen Zugangscode eingibt. Die Anleitung gibt es auf Englisch und Spanisch.
- Ins Ausland telefoniert man am billigsten mit einer Telefonkarte. Um ins Ausland zu telefonieren, wählt man zuerst die „00" und die entsprechende Landesvorwahl sowie schließlich die Nummer des Anschlusses.

- In Internetcafés und Unterkünften stehen auch oft Skype und andere VoIP-Services zur Verfügung.
- Öffentliche Telefone können keine Auslandsgespräche empfangen.
- Für Anrufe aus dem Ausland nach Costa Rica wählt man die Landesvorwahl (506) und dann die achtstellige Telefonnummer.

TOILETTEN

- Öffentliche Toiletten sind kaum vorhanden. Aber man kann, manchmal gegen eine kleine Gebühr (nie mehr als 500 Colones), meistens die Toiletten von Restaurants und Cafés benutzen.
- Kostenpflichtige Toiletten gibt's an Busbahnhöfen und in anderen öffentlichen Gebäuden.

* Das Papier nach Gebrauch nicht in die Toilette werfen und hinunterspülen, da der Abfluss leicht verstopfen kann – der Wasserdruck ist oft nur sehr schwach.

- Das Papier in den Abfalleimer werfen, den es in jeder Toilette gibt.

TOURISTENINFORMATION

Die staatliche Tourismusbehörde Instituto Costarricense de Turismo (ICT) hat ein Informationsbüro an der Plaza de la Cultura in San José (S. 580). Das ICT kann einen mit kostenlosen Karten, einem allgemeinen Busfahrplan und Infos zum Zustand der Straßen im Landesinneren versorgen. Die Leute sprechen auch Englisch.

UNTERKUNFT

Unterkünfte gibt es in Costa Rica auf jedem Preis- und Qualitätsniveau, und gewöhnlich ist immer zumindest eine ausgezeichnete Budgetunterkunft vorhanden. Da das Angebot so groß ist, muss man in der Regel nicht unbedingt vorausbuchen, es sei denn, man möchte unbedingt eine bestimmte Unterkunft ansteuerm.

In touristischen Orten gibt es jede Menge *cabinas*. Das ist ein dehnbarer Begriff für eine Unterkunft der Budget- bis Mittelklasse. Im Allgemeinen kosten Dormbetten zwischen 12 und 15 US$, ein Doppelzimmer der Budgetkategorie bis zu 40 US$. Die billigeren Unterkünfte haben in der Regel ein Gemeinschaftsbad, aber in manchen Orten ist es auch möglich, ein Doppelzimmer mit eigenem Bad für 25 US$ zu bekommen.

Die in diesem Reiseführer genannten Preise beziehen sich auf die Hauptsaison (Dez.–April); viele Lodges senken ihre Preise in der Nebensaison (Mai–Nov.). Während der Semana Santa (Osterwoche) und zwischen Weihnachten und Neujahr steigen die Hotelpreise rasant in die Höhe. Die Preise verstehen sich inklusive Steuern und sind in US-Dollar angegeben, der für die Angabe von Preisen bevorzugten Währung in Costa Rica.

An den meisten Zielen gibt es auch mindestens einen Campingplatz, der in der Regel mit Toiletten und Kaltwasserduschen ausgestattet ist. Campingplätze wurden auch in vielen Nationalparks angelegt; Insektenschutzmittel, Verpflegung und Vorräte sind selbst mitzubringen. Die hier angeführten Preise für einen Stellplatz gelten in der Regel jeweils pro Person und Nacht.

Wer aus einem anderen Teil Zentralamerikas kommt, wird feststellen, dass die Preise in Costa Rica deutlich höher als überall sonst in der Region sind.

PREISKATEGORIEN SCHLAFEN

Die angegebenen Preiskategorien gelten für ein Doppelzimmer mit Bad in der Hauptsaison (Dez.–April), inklusive Steuern.

$	bis 40 US$
$$	40–80 US$
$$$	über 80 US$

VISA

Staatsbürger Deutschlands, Österreichs und der Schweiz dürfen sich ohne Visum 90 Tage lang im Land aufhalten.

Verlängerung

- Wer länger als die erlaubten 90 Tage im Land bleiben möchte, den erwartet ein zeitaufwändiger Spießrutenlauf. Am einfachsten ist es, Costa Rica für 72 Stunden zu verlassen und dann noch einmal einzureisen.
- Zuständig für Visumsverlängerungen ist die **Migración** (Einreisebehörde; ☎2220-0355; ⏲8–16 Uhr) in San José, gegenüber von Channel 6, ungefähr 4 km nördlich des Parque La Sabana.
- Die Bestimmungen zur Visaverlängerung ändern sich andauernd, und Traveller müssen mit mehreren Tagen Bearbeitungszeit rechnen.

ZEIT

Costa Rica ist (genau wie Nicaragua) sieben Stunden hinter der MEZ und eine Stunde hinter Panama. Eine Sommerzeit gibt es nicht.

ZOLL

Alle Traveller, die mindestens 18 Jahre alt sind, dürfen bei der Einreise nach Costa Rica 5 l Wein oder Spirituosen und 500 g verarbeiteten Tabak (in Form von 400 Zigaretten oder 50 Zigarren) im Gepäck haben. Fotozubehör, Ferngläser, Camping-, Schnorchel- und ähnliche Sportausrüstung dürfen in unbeschränkter Menge mit ins Land gebracht werden.

An- & Weiterreise

FLUGZEUG

Flughäfen & Fluglinien

Costa Rica ist auf dem Luftweg gut mit anderen mittel- und südamerikanischen Ländern und den USA verbunden. Der US Federal Aviation Administration zufolge erfüllen die costa-ricanischen Flugbehörden die üblichen Sicherheitsstandards.

Aeropuerto Internacional Juan Santamaría (☎2437-2400; www.sanjose-costaricaairport.com) Auf diesem Flughafen in Alajuela 17 km nordwestlich von San José kommen die meisten Auslandsflüge an.

Aeropuerto Internacional Daniel Oduber Quirós (LIR; www.liberiacostaricaairport.net) Dieser kleinere Flughafen in Liberia wird ebenfalls von den USA und Kanada aus sowie von Charterflügen angesteuert. Nach der Eröffnung des neuen Terminals 2012 werden die internationalen Verbindungen zu diesem Flughafen wohl ausgebaut.

GRENZÜBERGÄNGE

Costa Rica besitzt gemeinsame Grenzen mit Nicaragua und Panama. Viele Traveller reisen per Bus ein, weil die mittelamerikanischen Hauptstädte über ein umfassendes Busnetz miteinander verbunden sind und die Busfahrten erheblich weniger kosten als Flüge. Es kann zwar etwas teurer werden, wenn man einen Bus nimmt, der die Grenze überquert, statt mit dem einen Bus bis zur Grenze und von dort mit einem anderen weiterzufahren, aber die Ausgabe lohnt sich, weil Direktbusse bequemer und schneller sind und man normalerweise auch schneller ins jeweils andere Land kommt.

Nicaragua

Von Peñas Blancas Das nördliche Ende der Interamericana in Costa Rica ist ein viel genutzter Grenzübergang, der täglich von 6 bis 20 Uhr geöffnet ist. Bei der Ein- oder Ausreise wird auf costa-ricanischer Seite keine Gebühr fällig, in Nicaragua in beiden Fällen jedoch 10 US$. Außerdem kostet die Einreise nach Rivas 1 US$. Auf beiden Seiten der Grenze wechseln Banken Colones und Córdobas in US-Dollar, jedoch leider nicht in die jeweils andere Währung. Das machen jedoch unabhängige Geldwechsler, wobei sie den Kurs recht willkürlich festsetzen.

Die Grenzposten liegen 1 km auseinander. Jede Menge Schlepper möchten Reisende durch den einfachen Grenzübertritt „leiten“. Wer möchte, kann sich das Gepäck tragen lassen, sollte aber vorher den Preis aushandeln.

Von Sapoá auf der nicaraguanischen Seite sind es 37 km mit dem Bus nach Rivas (1 US$, 45 Min., alle 30 Min.). Ein Taxi kostet rund 30 US$, wenn man hartnäckig feilscht.

> **AUSREISESTEUER**
>
> Bei allen Flügen ins Ausland wird eine Flughafensteuer in Höhe von 26 US$ erhoben, die bar oder mit Kreditkarte zu bezahlen ist. Die Banco de Costa Rica hat einen Geldautomaten gleich neben der Zahlstelle.

Von Los Chiles Zwischen Los Chiles und dem nicaraguanischen San Carlos existiert zwar eine 14 km lange, unbefestigte Straße, aber um diesen Grenzübergang nutzen zu dürfen, braucht man eine Sondergenehmigung, die in der Regel nur Beamte bekommen. Die meisten anderen Leute überqueren die Grenze per Boot über den Río Frío; die Überfahrt lässt sich in Los Chiles leicht arrangieren.

Zuvor muss man sich jedoch bei der **Migración** (Einreisebehörde; Calle 4 & Av 0; ⏲8–12 & 13.30–16 Uhr) einen Ausreisestempel in den Pass geben lassen. Diese liegt rund 100 m östlich der Anlegestelle auf der anderen Straßenseite gegenüber dem Hotel Tulipán. Auch Einreisende aus Nicaragua müssen sich zuerst hier melden.

Regelmäßig legen Boote (10–12 US$, 1½ Std.) in Los Chiles ab – täglich um 12.30 und 15.30 Uhr und bei Bedarf öfter. In San Carlos gibt es um 10.30 und 16 Uhr Boote nach Los Chiles. Der Grenzverkehr zwischen Nicaragua und Costa Rica ist nicht gerade für seine Zuverlässigkeit bekannt; deshalb vor dem Aufbruch unbedingt diese Zeiten nachprüfen!

Nicaragua erhebt eine Einreisegebühr in Höhe von 7 US$ und eine Ausreisegebühr von 2 US$. Los Chiles erhebt eine Einreise- und Ausreisegebühr von 1,10 US$. Nachdem man in der Einreisebehörde den Ausreisestempel erhalten hat, geht man hinunter zu den Kais und zahlt die Ausreisegebühr im gelb gestrichenen Recaudador-Büro. Für die Einreise aus Nicaragua gilt es, die Prozedur in umgekehrter Reihenfolge abzuarbeiten.

Das Boot legt auf halber Strecke bei der tatsächlichen Grenze einen Halt ein; die freundlichen, maschinenpistolenbewehrten nicaraguanischen Grenzer sind in dem Gebäude mit der psychedelischen „Tarn“-Farbe untergebracht.

Panama

Von Paso Canoas Der Grenzübergang am südlichen Ende der Interamericana in Costa Rica ist von 6 bis 23 Uhr geöffnet; hier geht es hinüber nach David in Panama. Am Übergang herrscht ein verwirrendes Gedränge, besonders zur Ferienzeit, wenn hier jede Menge Leute mit ihren Einkäufen unterwegs sind.

TICKETS FÜR DIE WEITERREISE

Offiziell müssen Traveller über ein Ticket für die Weiterreise von Costa Rica verfügen, wenn sie ins Land einreisen wollen. Dies wird jedoch nur sehr selten und sehr unregelmäßig kontrolliert. Um auf der sicheren Seite zu sein, können Reisende, die kein Ticket für die Ausreise aus Costa Rica haben, bei den internationalen Busunternehmen in Managua (Nicaragua) oder Panama-Stadt eine solche Fahrkarte erwerben.

Die costa-ricanische Einreisebehörde (6–23 Uhr) befindet sich auf der östlichen Seite der Straße nördlich des Tracopa-Busbahnhofs. An diesem Grenzübergang werden keine Ein- oder Ausreisegebühren erhoben.

Etwa 400 m weiter östlich müssen alle Reisenden am panamaischen Grenzposten eine Touristenkarte (5 US$) für die Einreise nach Panama kaufen. Möglicherweise muss man ein Weiterreiseticket vorweisen und seine Zahlungsfähigkeit (durch eine Kreditkarte) belegen.

Von der panamaischen Seite der Grenze fahren ständig Minibusse nach David (2 US$, 1½ Std.).

Von Sixaola Eine alte Eisenbahnbrücke über den Río Sixaola verbindet Sixaola in Costa Rica mit Guabito in Panama. Von dort steuern die meisten Reisenden Bocas del Toro an, einen malerischen Archipel von Dschungelinseln.

Die Grenze ist von 7 bis 17 Uhr (8 bis 18 Uhr in Guabito, welches eine Stunde weiter ist als Costa Rica) geöffnet, jedoch kann es sein, dass eine oder beide Seiten gegen 13 Uhr für eine Mittagspause schließen. Man muss an den beiden Brückenenden bei den Grenzposten halten. Zur Einreise nach Panama muss man für 5 US$ eine Touristenkarte erwerben. Wer kein Ticket für die Weiterreise von Panama besitzt, muss eventuell ein Busticket kaufen, das praktischerweise an der Straße unterhalb erhältlich ist.

In Guabito gibt es keine Hotels oder Banken, aber zur Not kann man Colones auf dem Markt auf der anderen Straßenseite tauschen.

- Von der Grenze fahren Busse (1 US$, 1 Std., halbstündl.) zum Terminal Piquera in Changuinola, wo man in einen der häufig verkehrenden Busse nach Almirante (1,50 US$, 45 Min.) umsteigen kann, wo wiederum Wassertaxis abfahren.
- Oder man nimmt in Guabito ein Sammeltaxi (10 US$/Pers., 1 Std.) direkt nach Almirante.
- Von Almirante verkehren von 6.30 bis 19 Uhr stündlich Wassertaxis (5 US$, 25 Min.) nach Bocas del Toro.

Unterwegs vor Ort

AUTO & MOTORRAD

- Autofahrer müssen in Costa Rica über einen gültigen Führerschein aus dem Heimatland oder einen Internationalen Führerschein verfügen.
- Benzin und Diesel sind überall erhältlich. In abgelegenen Gegenden wird Kraftstoff vielleicht an der *pulpería* (Dorfladen) verkauft.
- Der Zustand der Straßen schwankt und reicht von der recht gut asphaltierten, wenn auch kurvenreichen Interamericana bis zu kaum passierbaren Straßen im Hinterland. Es ist immer ratsam (und teils auch notwendig), ein Allradfahrzeug zu mieten.
- Oft sind Straßen von Erdrutschen, Überflutungen und Nebel betroffen. Vor der Fahrt sollte man sich immer nach den Straßenbedingungen erkundigen.
- Die Geschwindigkeit ist auf 100 km/h oder weniger auf Hauptstraßen und 60 km/h oder weniger auf allen anderen Straßen begrenzt. Das Anlegen der Sicherheitsgurte ist Pflicht.
- Mietwagen sind vielerorts erhältlich. Um ein Auto zu mieten, muss man einen gültigen Führerschein besitzen und eine gängige Kreditkarte sowie seinen Pass vorweisen. Eine costa-ricanische Versicherung ist Pflicht, selbst wenn man im Heimatland versichert ist.
- Mietwagen sind leicht als solche zu erkennen, und Diebstähle aus ihnen sind weit verbreitet. Wertsachen niemals sichtbar im Auto zurücklassen und nachts möglichst einen bewachten Parkplatz nutzen!

BUS

Inlandsbusse

- Am billigsten und zuverlässigsten kommt man in Costa Rica mit Bussen herum. Die längste Inlandsfahrt ab San José kostet noch nicht einmal 20 US$.
- San José ist der Verkehrsknotenpunkt des Landes, aber so etwas wie einen zentralen Busbahnhof gibt es nicht.
- Normalerweise ist Platz für alle Fahrgäste in den Bussen, auch wenn es manchmal sehr eng wird. Von Gründonnerstag bis einschließlich Ostersamstag ruht der Busverkehr.
- Es gibt zwei Arten von Bussen: *directo* und *colectivo*. *Directos* sind teurer und halten theoretisch an weniger Stellen; *colectivos* halten öfter, und man kommt nur sehr langsam voran.
- Bei Fahrten, die länger als vier Stunden dauern, wird in der Regel unterwegs eine Pause eingelegt, da es in den Bussen keine Toiletten gibt.
- Es kommt recht häufig vor, dass Dinge aus den Gepäckablagen geklaut werden.

- Die Busfahrpläne ändern sich oft, daher beim Kauf des Tickets immer die Abfahrtzeit prüfen und rechtzeitig vor der Abfahrt am Bus sein!
- Einen Generalbusfahrplan gibt's beim Instituto Costarricense de Turismo (S. 591).

Shuttle-Busse

Die Touristen-Minibusse (auch als Gringo-Busse bekannt) sind eine Alternative zu den normalen Fernbussen. Plätze in den Bussen können im Internet reserviert werden, und die Shuttles bieten einen Service von Tür zu Tür. Sie sind außerdem kleiner, kühler und bequemer, jedoch auch erheblich teurer als normale Busse. Die folgenden Unternehmen bieten Kleinbusse zu einer Vielzahl von Zielen:

Grayline's Fantasy Bus (☎2220-2126; www.graylinecostarica.com)

Interbus (www.interbusonline.com)

Montezuma Expeditions (☎2642-0919; www.montezumaexpeditions.com; Centro Comercial Playa El Carmen)

Tropical Tours (☎2640-1900, 8849-8569; www.tropicaltourshuttles.com)

FAHRRAD

Da das Straßennetz Costa Ricas immer weiter ausgebaut wird, entwickelt sich das Land langsam zu einem der besten Reiseziele in Zentralamerika für Radler. Mountainbikes und Strandräder gibt's in Touristenorten (10–15 US$/Tag). Einige Anbieter organisieren Radtouren durch Costa Rica.

FLUGZEUG

- Die costa-ricanischen Inlandsfluglinien sind **Nature Air** (☎2220-3054; www.natureair.com) und **Sansa** (☎2290-4100; www.flysansa.com). Sansa gehört zur Grupo TACA.
- Beide Fluggesellschaften betreiben kleine Passagierflugzeuge, in denen das Höchstgewicht des Gepäcks auf nur 12 kg beschränkt ist.
- In der Trockenzeit ist die Nachfrage nach den recht wenigen Tickets hoch, also sollte man rechtzeitig buchen.
- Alle Inlandsflüge kommen aus oder gehen nach San José. Ziele sind u. a. Golfito, Liberia, Neily, Palmar Sur, Playa Sámara, Playa Tamarindo, Puerto Jiménez, Quepos und Tortuguero.

SCHIFF/FÄHRE

Karibikküste & Nördliches Tiefland

- An der Karibikküste gibt es zwischen Cariari und Tortuguero mehrere Verbindungen mit Bus und Boot.
- Boote verkehren auch auf den Kanälen entlang der Küste zwischen Moín und Tortuguero, jedoch gibt es keine regulären Verbindungen.
- Jeden Tag verbindet ein Wassertaxi Puerto Viejo de Sarapiquí mit Trinidad am Río San Juan. Der San Juan fließt auf nicaraguanischem Territorium, also Pass mitnehmen!

Península de Nicoya

Fähren kreuzen über den Golfo de Nicoya und verbinden die zentrale Pazifikküste mit der Südspitze der Península de Nicoya.

- Die Coonatramar-Fähre (S. 652) verbindet 4-mal tgl. Puntarenas mit Playa Naranjo.
- Naviera Tambor (S. 652) fährt 6-mal tgl. zwischen Puntarenas und Paquera; von dort hat man mit Bussen Anschluss nach Montezuma.
- Zuma Tours (S. 653) betreiben ein täglich verkehrendes Wassertaxi zwischen Montezuma und Jacó.

Península de Osa

- Über den Golfo Dulce verbinden zwei Fähren 2- bis 3-mal tgl. Golfito mit Puerto Jiménez (die Fahrpläne sind jedoch nicht verlässlich).
- Auf der anderen Seite der Península de Osa verbinden Wassertaxis Bahía Drake mit Sierpe.

TAXI

Taxis gelten in abgelegenen Gegenden ohne gutes öffentliches Verkehrsnetz als eine Art öffentliches Transportmittel. Sie können für eine Stunde oder einen halben oder ganzen Tag gemietet werden, oder man kann sich auf einen Pauschalpreis für eine Fahrt einigen. Auf längeren Strecken werden keine Taxameter benutzt, sodass man den Fahrpreis vorher aushandeln muss. Wenn der Straßenzustand oder das Wetter bei Fahrten zu schwer erreichbaren Orten schlechter ist als erwartet, kann der Fahrpreis steigen.

TRAMPEN

Tramper reisen sicherer, wenn sie zu zweit unterwegs sind und bei jemandem eine Nachricht hinterlassen, wohin sie fahren wollen. Trampen ist aber niemals völlig sicher, und Lonely Planet rät grundsätzlich davon ab.

An Hauptstraßen, auf denen häufig Busse verkehren, ist Trampen in Costa Rica unüblich. Auf ländlichen Nebenstraßen kommt es eher mal vor. Um mitgenommen zu werden, winken Einheimische die Autos in der Regel freundlich heran. Bei der Ankunft sollten Tramper mit den Worten: *¿Cuanto le debo?* (Was bin ich schuldig?) eine Bezahlung anbieten. Die meisten Fahrer werden abwinken, wissen das höfliche Angebot aber trotzdem zu schätzen.

Panama

507 / 3,4 MIO. EW.

Inhalt ➡

Gut essen

- Anachoreo (S. 726)
- Cuatro (S. 728)
- Mercado de Mariscos (S. 706)
- La Rosa Mexicano (S. 707)
- Raw (S. 747)

Schön übernachten

- Eco Venao (S. 723)
- Magnolia Inn (S. 703)
- Hibiscus Garden (S. 725)
- Lost & Found Lodge (S. 740)
- Al Natural Resort (S. 753)

Auf nach Panama

Panama ist ein Land für Entdecker: Hier können Reisende an der karibischen Küste die Ruinen spanischer Festungen erkunden oder mit dem Einbaum tief in die Gebiete der Ureinwohner schippern. Es gibt ein riesiges Angebot an Stränden – von einsamen Inseln über entspannte karibische Strände zum Abhängen bis hin zu solchen mit der Brandung des Pazifiks. Panama-Stadt ist von kultureller Vielfalt geprägt; die hektische Metropole hat ihre Ecken und Kanten, ist aber dennoch mondän und gehört zu Lateinamerikas lebhaftesten und weltoffensten Hauptstädten, wo Englisch weit verbreitet ist. Im letzten Jahrhundert wurde Panama über den Kanal definiert; das nächste Jahrhundert steht womöglich ganz im Zeichen seines Ausbaus, der Wachstum und noch mehr Glamour verheißt. Aber vorerst kann man sich noch ein einsames Inselchen schnappen und die Seele baumeln lassen.

Reisezeit

Panama-Stadt

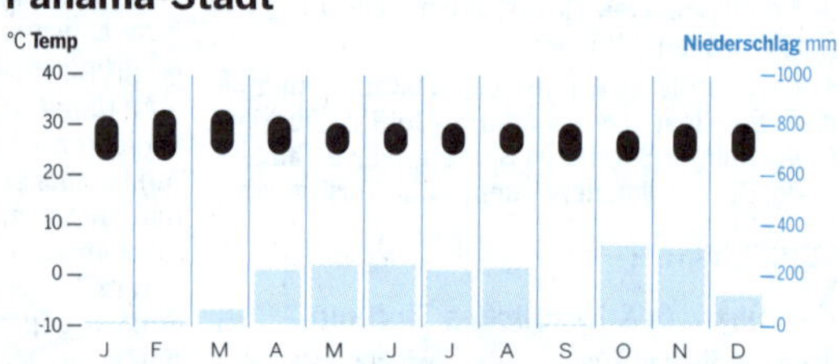

Dez.–April Hochsaison an der Pazifikküste ist die Trockenzeit, perfekt zum Wandern und Tauchen.

Mai–Nov. In der Regensaison gibt's für Reisende Nebensaison-Preise.

Aug.–Okt. Wanderung der Buckelwale im Pazifik; Zwischensaison in Bocas.

Von Land zu Land

Der Hauptgrenzübergang nach Costa Rica befindet sich an der Interamericana bei Paso Canoas. Guabito auf der Karibikseite und Río Sereno im Hochland sind weniger chaotisch. Nähere Informationen s. Praktische Informationen auf S. 711.

PANAMA FÜR EINSTEIGER

Diese einwöchige Reiseroute führt in die Hauptstadt, hält ein Abenteuer im Regenwald bereit und wird mit einem Ausflug in die Karibik abgerundet.

Startpunkt ist **Panama-Stadt** mit ihrem Getümmel: ein Besuch in **Panamá Viejo**, das bei einem heftigen Piratenüberfall zerstört wurde, und in **Casco Viejo**, einem Viertel mit Kopfsteinpflasterstraßen, in dem es Cafés auf der Plaza und Bars auf dem Dach gibt.

Auf dem anschließenden Ausflug zu den nahen **Miraflores-Schleusen** kann man zuschauen, wie sich gigantische Schiffe durch den Kanal zwängen. Im nahe gelegenen **Parque Nacional Soberanía** lädt ein Canopy-Turm zum Klettern ein, Tukane und Faultiere lassen sich blicken und auf dem **Lago Gatún** ist Kajakfahren dran – vorbei an Brüllaffen und sich sonnenden Krokodilen.

In **Bocas del Toro** und bei karibischen Vibes ist chillen angesagt und schnorcheln im türkisblauen Wasser, wo es tropische Fische und Korallenriffe zu entdecken gibt und mit dem Cruiser-Fahrrad die Isla Colón erkundet werden kann. Alternative: Auf die **Isla Bastimentos** mit ihren schilfgedeckten Resorts und Dschungel-Lodges entfliehen. Wer eine Schokoladentour auf dem Festland macht oder indigene Gruppen auf anderen Inseln im Rahmen von Gemeindetourismus-Initiativen besucht, bekommt eine Dosis Kultur ab.

Noch eine zweite Woche gefällig? Wer möchte, kann über den trennenden Kanal ins Hochland von **Boquete** fahren, um Kaffeeplantagen und Nebelwälder zu erkunden, danach die tollen Strände an der **Pazifikküste** genießen und wieder in die Hauptstadt zurückreisen.

Essen & Trinken

- **Wo essen?** *Cafeterías* (einfache Restaurants), *panaderías* (Bäckereien), Marktstände und andere Stände sind preisgünstige Optionen, die eine breite Palette an sättigenden Gerichten und Menüs zwischen 3 US$ und 6 US$ verkaufen.
- **Was essen?** Reis und Bohnen sind Grundnahrungsmittel in Panama und werden meist mit *patacones* (gebackenen Kochbananen), Krautsalat und Fleisch serviert. Meeresfrüchte sind preisgünstig und allgegenwärtig; auf Fischmärkten gibt's *ceviche* (marinierten rohen Fisch). Probierenswert ist auch *pulpo al carbon* (gegrillter Tintenfisch). Frische tropische Säfte und Kokoswasser (*pipa* genannt) werden auf den Straßen verkauft. Regionale Spezialitäten wie *tortilla de maíz* (frittierte Maisteigfladen), karibischen Kokosnussreis und die scharfe, Pfeffersauce von D'Elidas sollte sich niemand entgehen lassen.

AUF EINEN BLICK

Währung US-Dollar (US$)

Sprache Spanisch

Geld Geldautomaten sind weit verbreitet. In manchen Gegenden werden Kreditkarten genommen.

Visa In der Regel für Aufenthalte bis zu 90 Tagen nicht notwendig.

Zeit MEZ minus sechs Stunden, MESZ minus sieben Stunden.

Kurzinfos

- **Fläche** 78 200 km²
- **Hauptstadt** Panama-Stadt
- **Polizei** ☎ 104

Preise

Ab 35 US$/Tag:

- Bett im Schlafsaal mit Klimaanlage: 13 US$
- Abendessen am Imbisswagen oder Selbstversorgung: 5 US$; in einem Mittelklasserestaurant: 18 US$
- Vierstündige Busfahrt: 9 US$

Infos im Internet

- **ATP/Visit Panama** (www.atp.gob.pa; www.visitpanama.com) Offizielle Tourismuswebsite.
- **The Panama News** (www.thepanamanews.com) Englische Zeitung.
- **Panama Info** (www.panamainfo.com) Gute Reise-Infos.
- **Casco Viejo** (www.cascoviejo.org) Infos über Panama-Stadt.

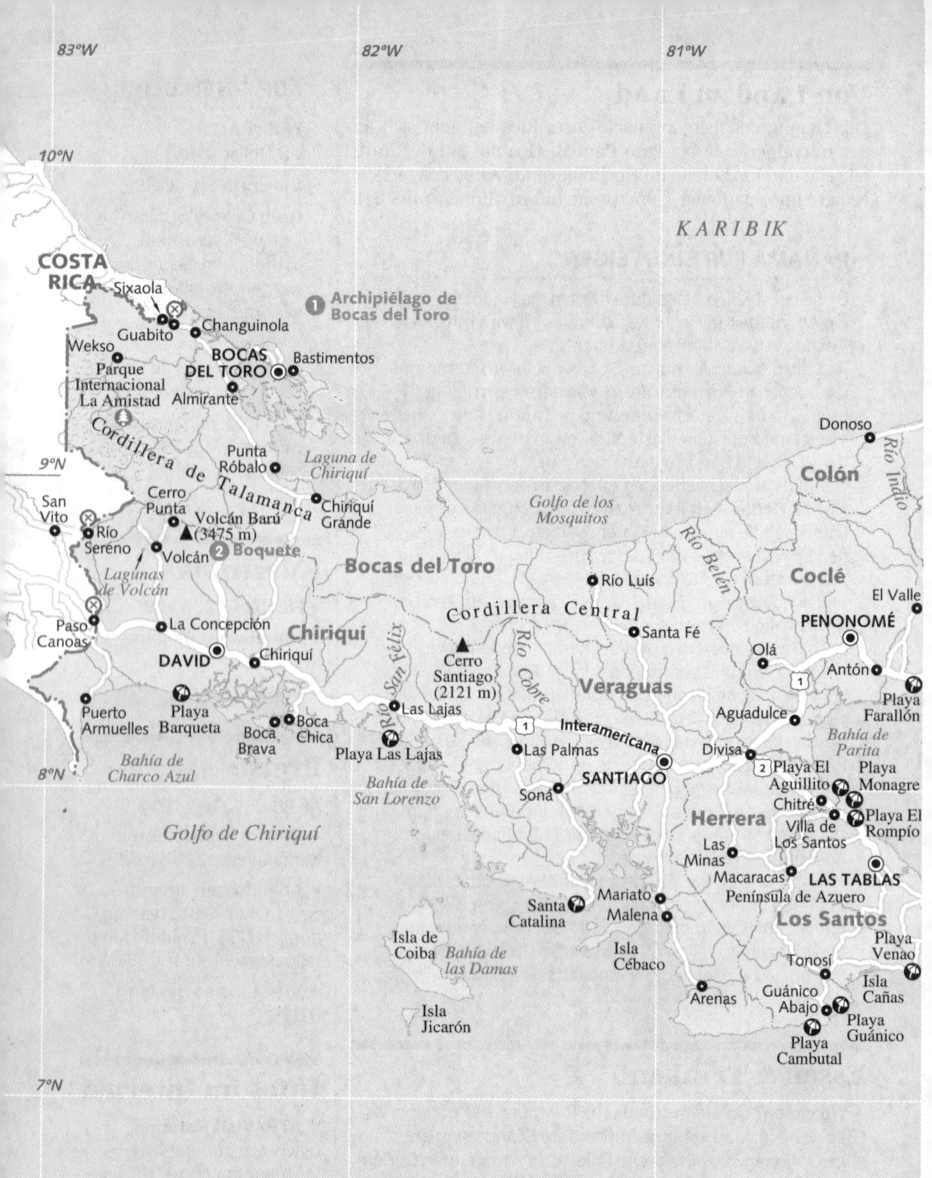

Highlights

1 In entspannten Resorts im **Archipiélago de Bocas del Toro** an Kokosnüssen nippen, schnorcheln und die Seele baumeln lassen (S. 739)

2 Einheimischen Kaffee aus den Bergen trinken und sich zu Abenteuern im Hochland von **Boquete** aufmachen, der Stadt des ewigen Frühlings (S. 731)

3 In **Panama-Stadt** den Tag damit verbringen, den verblichenen Glanz der Altstadt (S. 696) zu bewundern und dann in der Calle Uruguay

(S. 707) bis zum Sonnenaufgang zu feiern

4 In der **Comarca de Kuna Yala** (S. 760) zwischen Inselchen mit weißem Sand herumkreuzen, im klaren Wasser schwimmen und den Sonnenaufgang auf einem Segelboot genießen

5 Den beeindruckenden **Panamakanal** (S. 714) sehen, ein Wunder des Ingenieurwesens, das mitten im Ausbau steckt

PANAMA-STADT

699 500 EW.

Die kosmopolitischste Hauptstadt Zentralamerikas, Panama-Stadt, ist nicht nur eine lebhafte Metropole, sondern auch das Tor zu vielen tropischen Rückzugsorten. Sie befindet sich praktisch immer im Erneuerungsprozess – die Bauarbeiten für eine neue U-Bahn sind im Gange, der gigantische Kanalausbau muss vollendet und das Museum für Artenvielfalt eröffnet werden. Aber es sind eher die Details – die schlichten Galerien, eine unterirdische, mit Graffiti verschönerte Bar und die aufregende tropische Küche –, die sie einzigartig machen. Wer mit dem Fahrrad die Grünflächen an der Küste abklappert, das historische Casco erkundet oder sich eine Avantgarde-Performance ansieht, wird schnell merken, dass sich in dieser Hauptstadt nicht alles um Salsa dreht – die macht hier nur den Backbeat aus.

Geschichte

Panama-Stadt wurde 1519 von dem spanischen Gouverneur Pedro Arias de Ávila (Pedrarias) gegründet, nicht lange nachdem Balboa erstmals den Pazifik gesehen hatte. Die spanische Siedlung entwickelte sich rasch zu einem wichtigen Regierungszentrum und zum Sitz der Kirchenoberhäupter. 1671 wurde die Stadt von dem walisischen Piraten Henry Morgan geplündert und zerstört. Seine Mannen hinterließen nur die Steinruinen von Panamá Viejo.

Drei Jahre später wurde die Stadt auf der Halbinsel von Casco Viejo wieder aufgebaut. Nach der Zerstörung des Karibikhafens Portobelo im Jahr 1746 zerfiel die spanische Überlandhandelsroute. Panama-Stadt verlor daraufhin an Einfluss, gewann aber in den 1850er-Jahren von Neuem an Ruhm, als Goldgräber auf dem Weg nach Kalifornien in Scharen mit der Panama Railroad über die Landenge zogen.

Panama-Stadt

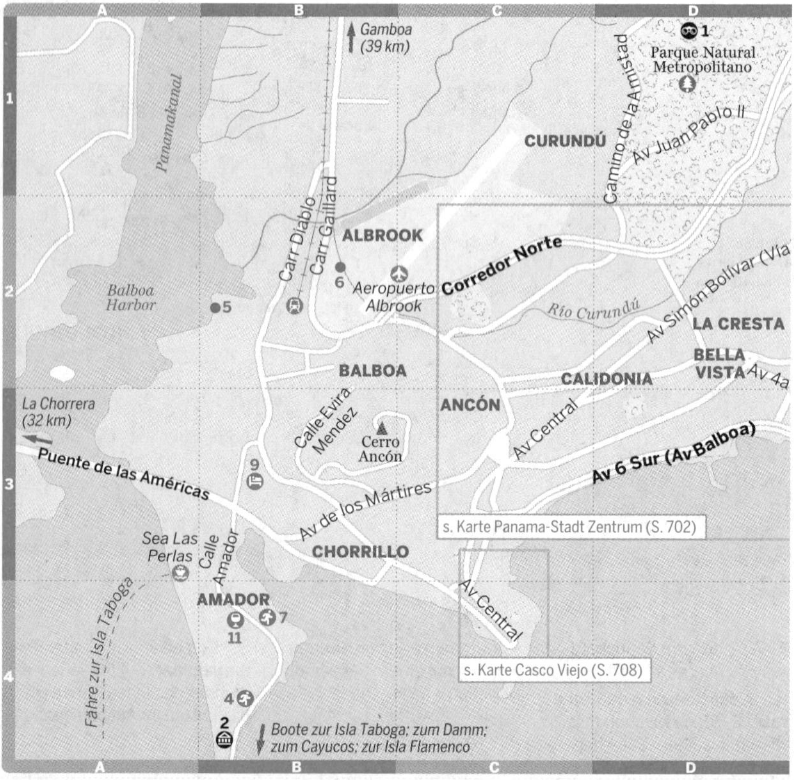

Nachdem Panama am 3. November 1903 seine Unabhängigkeit von Kolumbien erklärt hatte, wurde Panama-Stadt zur festen Hauptstadt ernannt. Durch den 1914 fertiggestellten Panamakanal wurde die Stadt zum Drehkreuz internationaler Geschäfte und des internationalen Handels.

Der Kanal ist der Hauptgrund dafür, dass Panama-Stadt heute bei Weitem die reichste Stadt in Zentralamerika ist. Zwar mögen die Investitionen aus dem Ausland seit der Finanzkrise von 2009 schwinden, doch der Ausbau des Panamakanals, der 2015 beendet werden soll, signalisiert eine mögliche Konjunkturerholung in der Zukunft.

Sehenswertes

★ Museo de Arte Contemporáneo MUSEUM
(Karte S. 701; ☎262-3380; www.macpanama.org; Av de los Mártires, Ancón; Eintritt 3 US$; ⏲Mo–Fr 9–16 Uhr, Sa bis 12, So bis 15 Uhr) Dieses wunderbare Museum in Privatbesitz präsentiert die beste Sammlung panamaischer Kunst überhaupt, eine hervorragende Kollektion aus Arbeiten auf Papier von lateinamerikanischen Künstlern; gelegentlich Sonderausstellungen ausländischer oder panamaischer Künstler.

Museo Afro-Antilleano MUSEUM
(Karte S. 702; ☎262-5348; Ecke Av Justo Arosemena & Calle 24 Este; Eintritt 1 US$; ⏲Di–Sa 8.30–16.30 Uhr) Das kleine afro-antillische Museum beherbergt Ausstellungsstücke zur Geschichte der westindischen Gemeinde Panamas, besonders über die Arbeit dieser Gemeinde an der Eisenbahn und später am Kanal.

Museo de Ciencias Naturales MUSEUM
(Karte S. 702; ☎Info 225 0645; Av Cuba zw. Calles 29 Este & 30 Este; Eintritt 1 US$; ⏲Di–Sa 9–15.45 Uhr) Das Museum zeigt Exponate zu Naturwissenschaften, Flora, Fauna, Geologie und Paläontologie Panamas.

Panama-Stadt

Sehenswertes
- Mercado Nacional de Artesanías .... (s. 3)
- 1 Mirador D1
- 2 Museo de la Biodiversidad B4
- Museo de Sitio Panamá Viejo .... (s. 3)
- 3 Panamá Viejo Ruins G2

Aktivitäten, Kurse & Touren
- 4 Bikes n More B4
- 5 Canal Bay & Tours B2
- 6 Ecocircuitos B2
- 7 Moses B4
- 8 Scubapanama F2

Schlafen
- 9 Hostal Amador Familiar B3
- 10 Hostal Casa Margarita F2

Ausgehen & Nachtleben
- 11 Zona Viva B4

Shoppen
- Mercado Nacional de Artesanías .... (s. 3)

Baha'i House of Worship — TEMPEL

(☎231-1137; ⌚10–18 Uhr) Am Rand von Panama-Stadt steht das Baha'i House of Worship, das für ganz Lateinamerika zuständig ist. Wie ein riesiges Ei thront der schöne, luftige Tempel mit seiner weißen Kuppel auf dem Gipfel eines Hügels.

Sonntags um 10 Uhr finden Lesungen aus den Baha'i-Schriften (auf Englisch und Spanisch) statt. Jeder Bus nach Colón kann Fahrgäste an der Schnellstraße absetzen, aber es ist ein langer Marsch den Hügel hinauf. Der Tempel liegt 11 km nordöstlich des Stadtzentrums an der Vía Transístmica.

Casco Viejo

Nach der Zerstörung der ursprünglichen Stadt durch Henry Morgan im Jahr 1671 bauten die Spanier ihre Stadt 8 km weiter südwestlich auf einer felsigen Halbinsel am Fuß des Cerro Ancón wieder auf. Die neue Lage erleichterte die Verteidigung, da das Riff die Schiffe davon abhielt, sich der Stadt zu nähern – außer bei Flut. Die neue Stadt war auch deswegen leichter zu verteidigen, weil sie von einer gewaltigen Mauer umgeben war. So erhielt Casco Viejo auch seinen Namen: Alter Schutzwall.

Zu Baubeginn des Panamakanals 1904 bestand Panama-Stadt nur aus dem heutigen Casco Viejo. Als die wachsende Bevölkerung und Neubauten die Stadtgrenzen weiter Richtung Osten schoben, verließ die Oberschicht der Stadt das Gebiet und das Viertel verfiel schnell zu einem städtischen Ghetto.

Heute ist Casco Viejo halb verfallen und halb modernisiert. Durch die renovierten Gebäude bekommt man einen Eindruck davon, wie herrlich die Gegend in vergangenen Zeiten ausgesehen haben muss. Die Restaurationen sind immer noch in vollem Gang; Traveller sollten also mit offenen Augen durch die Gegend schlendern und vorsichtig sein, wenn sie dieses faszinierende Viertel erkunden.

Das Gebiet wurde 2003 zum Unesco-Welterbe erklärt und findet deshalb internationale Beachtung. Der Bau eines umstrittenen Küsten-Highways, der um die Halbinsel verlaufen soll, bringt Denkmalschützer auf die Barrikaden.

Plaza de la Independencia — PLAZA

(Karte S. 708) Diese Plaza ist das Herz von Casco Antiguo. Hier erklärte Panama am 3. November 1903 seine Unabhängigkeit von Kolumbien.

Iglesia de San José — KIRCHE

(Karte S. 708; Av A) In dieser Kirche befindet sich der bekannte Altar de Oro (Goldener Altar), der gerettet werden konnte, als Henry Morgan Panamá Viejo plünderte.

Der Legende zufolge malte ein Priester den Altar schwarz an, um ihn zu verstecken, als er Gerüchte über den bevorstehenden Angriff des Piraten hörte. Der Priester erzählte Morgan, dass der berühmte Altar bereits von einem anderen Piraten gestohlen worden war, und überzeugte ihn geschickt davon, für einen Ersatz zu spenden. Morgan soll zu dem Priester gesagt haben: „Ich weiß nicht warum, aber ich glaube, du bist ein schlimmerer Pirat, als ich es bin." Was auch immer nun die Wahrheit war: Der barocke Altar wurde später aus der Altstadt zu seiner heutigen Stätte gebracht.

Teatro Nacional — THEATER

(Karte S. 708; ☎262-3525; Av B) Der Innenraum des kunstvollen Theaters von 1907 wurde vollständig renoviert und ist mit rotem und goldenem Dekor, einem einst prächtigen Deckengemälde von Roberto Lewis und einem herrlichen Kristallkronleuchter geschmückt. Hier finden immer noch Aufführungen statt. Wegen Infos oder eines Rundgangs wendet man sich am besten an das Büro neben dem Gebäude.

Plaza de Francia PLAZA
(Karte S. 708) Die Plaza an der Südspitze von Casco Viejo würdigt die Rolle Frankreichs beim Bau des Kanals. Die großen Steintafeln und Statuen sind den 22 000 Arbeitern gewidmet, die beim Bau des Kanals ihr Leben ließen.

Paseo las Bóvedas WAHRZEICHEN
(Karte S. 708) Diese Promenade führt auf der Strandmauer entlang, die von den Spaniern errichtet wurde, um die Stadt zu schützen. Von hier aus ist der Puente de las Américas (die Brücke zwischen Nord- und Südamerika) zu sehen, der sich über den Kanal wölbt, und die vielen Schiffe, die darauf warten, den Kanal befahren zu können.

Palacio de las Garzas HISTORISCHES GEBÄUDE
(Präsidentenpalast; Karte S. 708; Av Alfaro) Der Präsidentenpalast wurde nach den schönen, weißen Fischreihern benannt, die hier leben. Der Präsident von Panama wohnt im oberen Stockwerk.

Museo de Arte Religioso Colonial MUSEUM
(Museum für religiöse Kunst der Kolonialzeit; Karte S. 708; ☎228-2897; Ecke Av A & Calle 3a Este; Eintritt 1 US$; ⌚Di–Sa 8–16 Uhr) Neben den Ruinen der Iglesia y Convento de Santo Domingo befindet sich dieses Kunstmuseum mit einer Sammlung von religiösen Artefakten aus der Kolonialzeit; einige davon stammen aus dem 16. Jh.

Der Arco Chato am Eingang zu den Ruinen, ein langer Bogen, stand hier jahrhundertelang – ohne Stütze. Er spielte angeblich eine große Rolle bei der Entscheidung für Panama und gegen Nicaragua als Stätte für den Kanal: Dass er die Zeit überdauert hatte, wurde als Beweis dafür gesehen, dass es in der Gegend keine Erdbeben gab. 2003 brach der Bogen plötzlich zusammen.

Museo del Canal Interoceánico MUSEUM
(Panamakanal-Museum; Karte S. 708; ☎211-1649; www.museodelcanal.com; Calle 6a Oeste; Eintritt 5 US$; ⌚Di–So 9–17 Uhr) Dieses beeindruckende Museum ist im ehemaligen Hauptquartier des ursprünglichen französischen Kanalbauunternehmens untergebracht. Es zeigt ausgezeichnete Ausstellungen zu dem berühmten Kanal, eingebettet in den historischen und politischen Kontext. Die Beschilderungen sind auf Spanisch, aber es gibt mehrsprachige Führer und Audio-Touren.

Museo de Historia de Panamá MUSEUM
(Karte S. 708; ☎501-4128; Calle 6a Oeste, Palacio Municipal; ⌚Mo–Fr 8–16 Uhr) GRATIS Das bescheidene Museum verfügt über eine kleine Sammlung von Ausstellungsgegenständen, anhand welcher die Geschichte Panamas von der Kolonialzeit bis zur Moderne erläutert wird.

Panamá Viejo

Mehr als 150 Jahre lang war die 1519 gegründete Stadt Panamá die Metropole des Pazifiks. Die Reichtümer der Stadt waren bei Piraten auf der ganzen Welt sehr begehrt. Nicht nur hatte man über sie Zugang zu den Reichtümern Perus, sie war auch ein großer Umschlagplatz für orientalische Seide und Gewürze.

Als Panamá 1671 in die Hände von Henry Morgan fiel, gab es in der Stadt eine prächtige Kathedrale, mehrere wunderschöne Kirchen, Tausende Kolonialhäuser und Hunderte Lagerhallen voller ausländischer Waren. Nach den Plünderungen bestand Panamá Viejo nur noch aus Balken und Steinblöcken.

Bis 1950 blieben die Ruinen so, wie sie waren. Die Ausdehnung der Stadt führte dazu, dass sich die Umgebung in ein Elendsviertel verwandelte. Die Regierung erklärte die Ruinen 1976 zwar zu einer geschützten Stätte (1997 folgte die Unesco dem Beispiel), doch ein Großteil der Altstadt war da bereits verfallen.

Heute liegen weite Teile von Panamá Viejo unter einem Armenwohnviertel begraben. Trotzdem sind die Ruinen einen Besuch wert, und sei es, um einfach mal auf dem geheiligten Boden einer der wichtigsten Kolonialstädte Nordamerikas zu stehen.

Ruinen von Panamá Viejo RUINEN
(Karte S. 696) Die Ruinen von Panamá Viejo breiten sich über ein großes Gelände aus und man kann immer noch die Kathedrale mit ihrem Steinturm, den Platz daneben, das Kloster von Santo Domingo, die Iglesia de San José, das Krankenhaus San Juan de Dios und das Rathaus besichtigen.

Mercado Nacional de Artesanías MARKT
(Kunsthandwerkermarkt; Karte S. 696; Av 6 Sur; ⌚Mo–Sa 9–16, So 9–13 Uhr) Die Panamá-Viejo-Busse fahren hinter den ersten Ruinen aus Richtung Panama-Stadt zu diesem Kunsthandwerker-Markt ab.

Museo de Sitio Panamá Viejo MUSEUM
(Karte S. 696; ☎226-8915; www.panamaviejo.org; Av 6 Sur; Eintritt 3 US$; ⌚Di–So 9–17 Uhr) In diesem Museum steht ein sehr beeindrucken-

des maßstabsgetreues Modell von Panamá Viejo aus der Zeit vor 1671. Außerdem beherbergt das Haus ein paar Artefakte aus der Kolonialzeit. Alle Erläuterungen sind auf Spanisch, es gibt aber eine Broschüre und einen Audio Guide über die Geschichte der Stätte auf Englisch.

Der Damm

An der Pazifikseite des Panamakanals verbindet ein 2 km langer, von Palmen gesäumter *calzada* (Damm) die vier kleinen Inseln Naos, Culebra, Perico und Flamenco mit dem Festland. Die Dammstraße ist vor allem am frühen Morgen und am späten Nachmittag ein beliebter Aufenthaltsort, wenn die Bewohner der Stadt hier spazieren gehen, joggen, skaten, Rad fahren oder einfach nur vor dem Lärm und dem Schmutz der Stadt flüchten. Der Damm bietet auch eine atemberaubende Aussicht auf die Skyline und die Altstadt. Braunpelikane tauchen hier ins Meer.

Auf der Isla Flamenco gibt's ein Einkaufszentrum mit Restaurants im Freien, exklusiven Bars und Clubs.

Am einfachsten ist der Damm mit dem Taxi (4–8 US$) zu erreichen. **Bikes n More** (Karte S. 696; ab 4 US$/Std.; ⌚ Sa & So 8–18 Uhr) hat einen Stand auf dem Damm, der Fahrräder verleiht.

Centro de Exhibiciones Marinas MUSEUM
(Centro Natural Punta Culebra, CEM; ☎ 212-8000; Erw./Kind 5/1 US$; ⌚ Di–Fr 1–17, Sa & So 10–18 Uhr) Das interessante Marinezentrum, das vom Smithsonian Tropical Research Institute geführt wird, beherbergt ein informatives Meeresmuseum mit Erläuterungen auf Englisch und Spanisch, zwei kleine Aquarien und einen Naturlehrpfad durch ein Stück Trockenwald mit Faultieren und Leguanen.

Museo de la Biodiversidad MUSEUM
(Museum für Artenvielfalt; Karte S. 696; www.biomuseopanama.org) Das neue Wahrzeichen unter Panamas Museen verfügt über einen weitläufigen botanischen Garten. Das kontrovers diskutierte Design mit den wie gefaltet wirkenden bunten Formen entsprang der Feder des weltbekannten Architekten Frank Gehry. Das Museum befindet sich an der Spitze des Damms und soll 2013 eröffnet werden.

Parque Natural Metropolitano

Dieser 2,65 km² große Nationalpark nördlich der Innenstadt schützt ein ursprüngliches Gebiet mit tropischem Regenwald innerhalb der Stadtgrenzen. Die beiden Hauptwanderwege, der **Nature Trail** und der **Tití Monkey Trail**, schließen sich zu einem langen Rundweg zusammen. Der 150 m hohe **mirador** (Aussichtspunkt; Karte S. 696) bietet Ausblick auf Panama-Stadt, die Bucht und den Kanal bis hin zu den Miraflores-Schleusen.

Zu den Säugetieren dort gehören Springaffen, Ameisenbären, Faultiere und Weiß-

JAZZ IST DIE LÖSUNG FÜR CASCO VIEJO

Für dieses einst heruntergekommene Viertel der Stadt beginnt ein neues Kapitel. Casco Viejo hat einen großen Sprung in Richtung Wiederbelebung gemacht; mittlerweile gibt es hier Dutzende neuer Restaurants, Cafés, Geschäfte und renovierter historischer Gebäude. Zusätzlich zur architektonischen Revitalisierung muss ein weiteres, weniger konkretes Problem gelöst werden: Auch die panamaische Gesellschaft könnte eine Wiederbelebung vertragen.

Der großartige, aus Panama stammende Jazzmusiker Danilo Perez kehrte in sein Heimatland zurück, um die **Fundación Danilo Perez** (Karte S. 708; ☎ 211-0272; www.fundaciondaniloperez.com; Av A 1069) zu gründen, eine Musikstiftung, die mehr als 1 Mio. US$ in Stipendien gesteckt hat, viele davon für unterprivilegierte Jugendliche. Perez sagt: „Durch die Disziplin, die Musik erfordert, können wir wichtige Führungskräfte und gute Bürger heranziehen. So lassen sich viele Probleme der Gesellschaft lösen."

Die Stiftung sponsert auch das Panama Jazz Festival (S. 701), ein sehr beliebtes Event in der ganzen Stadt mit Künstlern aus aller Welt. Das einwöchige Festival findet jeden Januar statt und gipfelt in einem kostenlosen Konzert auf der Plaza de la Independencia im Casco Viejo. Die Stiftung selbst befindet sich ebenfalls im Casco Viejo, sie beherbergt eine Bibliothek und ein Musikmuseum und ist für die Öffentlichkeit zugänglich.

wedelhirsche. Darüber hinaus gibt's Leguane sowie Wasser- und Landschildkröten. Außerdem wurden hier bereits über 250 Vogelarten gesichtet.

Während der amerikanischen Invasion fand im Park ein wichtiger Kampf zur Vertreibung Noriegas statt. Die Betonbauten direkt hinter dem Parkeingang dienten im Zweiten Weltkrieg als Test- und Montageanlage für Flugzeugmotoren.

Im Westen und Norden wird der Park vom Camino de la Amistad begrenzt. Die Avenida Juan Pablo II. verläuft direkt durch den Park. Für eine Parkbesichtigung auf eigene Faust gibt es in der **Touristeninformation** (☎ 232-5516; www.parquemetropolitano.org; Eintritt 1 US$; ⏰ Mo–Fr 8–17, Sa 8–13 Uhr) 40 m nördlich vom Parkeingang eine Broschüre auf Spanisch oder Englisch.

Kurse

Casco Antiguo Spanish School SPRACHKURS
(Karte S. 708; ☎ 228-3258; www.cascospanish.com; Calle 4a Oeste, Casco Viejo; 20-stündiger Intensivkurs ab 195 US$/Woche) Diese neue Spanischschule liegt im Herzen von Casco. Neben Einzel- und Gruppenunterricht bietet sie auch Unterkünfte und Aktivitäten an.

Institute for Spanish Language Studies SPRACHKURS
(ILERI; ☎ 260-4424; www.isls.com/panama; Camino de la Amistad, El Dorado) Dieses Institut im Vorort El Dorado bietet an fünf Tagen der Woche je vier Stunden Einzelunterricht an. Los geht's ab 275 US$ für die erste Woche; möglich ist auch die Unterkunft in einer Familie (175 US$/Woche).

Geführte Touren

Barefoot Panama TOUREN
(☎ 6780-3010; www.barefootpanama.com; Städtetour 79 US$/Pers.) Pünktlich und professionell ist diese kleine Agentur mit US-amerikanischer Leitung; sie bietet eine großartige Städtetour in Panama an, die von der Geschichte bis hin zu Flora und Fauna alles umfasst. Es gibt auch Tagesausflüge nach San Lorenzo und Gamboa mit Besuch eines Dorfes der indigenen Wounaan.

City Sightseeing Panama BUSTOUR
(Karte S. 696; ☎ 392-6000; www.citysightseeingpty.com; Av Justo Arosemena & Calle 29 Este; 24-Std.-Ticket Erw./Kind 29/24 US$) Die roten Doppeldeckerbusse drehen ihre Runden in der Stadt und bieten eine gute Möglichkeit, sich zu orientieren. Sie halten u. a. an der Multicentro Mall, in der Calle Uruguay, im Casco Viejo und am Amador-Damm. Einfach ein- und aussteigen, wie es gerade passt, und die Sehenswürdigkeiten besichtigen, die einen interessieren. Die Busse fahren stündlich zwischen 9 und 16 Uhr. Eine Nachttour gibt es auch. Die Tickets gelten 24 bzw. 48 Stunden. Darüber hinaus wird auch eine Tour durch die Kanalzone angeboten.

Festivals & Events

In der Rubrik Kunst der Sonntagsausgabe von *La Prensa* und auf den hinteren Seiten der *Panama News* sind die lokalen Events aufgelistet.

Karneval FESTIVAL
An den Tagen vor Aschermittwoch wird in Panama-Stadt wild und ausgelassen gefeiert. Von Samstag bis zum darauffolgenden Dienstag ruht die Arbeit; Masken, Kostüme und Konfetti werden herausgeholt und für 96 Stunden geht fast alles.

Panama Jazz Festival FESTIVAL
(www.panamajazzfestival.com) Das Panama Jazz Festival ist einfach sensationell und entwickelt eine Eigendynamik als eines der größten Musik-Events in Panama; das einwöchige Festival lockt Hunderttausende von Zuschauern an. Open-Air-Veranstaltungen sind normalerweise kostenlos, während für Publikumsmagneten, die im Theater auftreten, Tickets verkauft werden. Das Festival findet in der ganzen Stadt statt.

Schlafen

Casco Viejo

Da Casco Viejo gründlich renoviert wird, ist das charmante alte Viertel in Zukunft sicher eine prima Gegend zum Übernachten. Von Vorteil sind z. B. die vielen Restaurants und Cafés und die Tatsache, dass alles zu Fuß zu erreichen ist.

★ **Luna's Castle** HOSTEL $
(Karte S. 708; ☎ 262-1540; www.lunascastlehostel.com; Calle 9a Este; B/DZ/3BZ mit Frühstück 13/30/39 US$; @ 📶) Luna's Castle ist in einer knarrenden alten Villa untergebracht und vermischt meisterhaft spanische Kolonialarchitektur mit flippigem, lässigem Backpacker-Flair und großartigem Service. Alles ist hier ein bisschen verrückt, aber sehr freundlich – genau die Art von Hostel, von dem

Panama-Stadt – Zentrum

die Leute auch noch lange nach ihrer Reise erzählen. Seit Neuestem ist eine Person für Aktivitäten zuständig, die bei allem weiterhelfen kann, egal ob es um die Planung eines Segeltörns geht oder um die Frage, wo es den besten Mojito gibt.

Panamericana Hostel HOSTEL **$**
(Karte S. 708; ☎202-0851; www.panamericanahostel.com; Calle 10 & Av A, Plaza Herrera; B/DZ mit Gemeinschaftsbad, mit Frühstück 13/28 US$, DZ mit Frühstück 38 US$; @ 📶) Der als „Design-Hostel" ausgewiesene, vierstöckige Newcomer bietet eine gute Dosis Pop-Art und Verspieltheit. Für ein panamaisches Hostel erscheint es groß mit seinen 29 Zimmern; in vielen von ihnen sind panamaische Slangwörter mit Schablonen auf die Wände gemalt, einige haben tolle Ausblicke. Wandbilder und schwarze Lampen setzen Akzente in den überwiegend weißen Räumen. Auf dem Dach soll bald eine Bar aufmachen, die zwar einen faszinierenden Panoramablick haben, sich jedoch möglicherweise schädlich auf Ruhe und Erholung auswirken wird.

Hospedaje Casco Viejo HOSTEL **$**
(Karte S. 708; ☎211-2027; www.hospedajecascoviejo.com; Calle 8a Oeste; B/DZ mit Gemeinschaftsbad, mit Frühstück 11/22 US$, DZ 25 US$; P @ 📶)

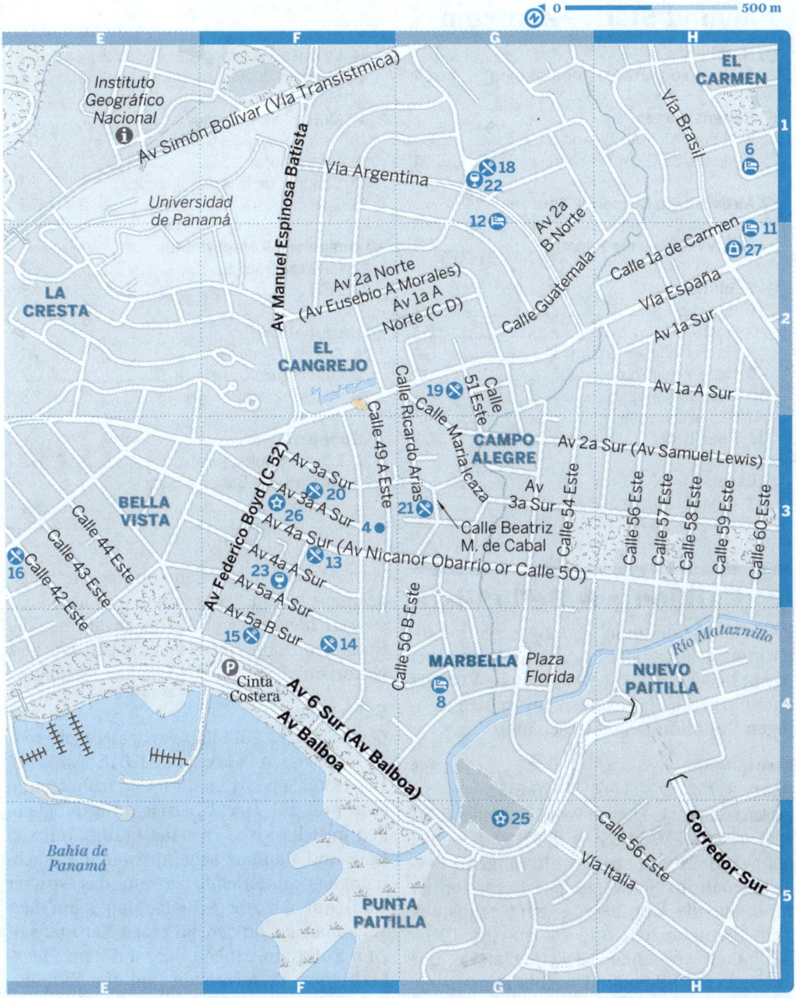

Jedem Zentimeter in diesem alten Hostel – dessen Renovierung ansteht – sieht man das Abgewohnte an, aber bei diesem Preis darf man eben nicht kleinlich sein. Das beste Zimmer ist der Schlafsaal mit den großen Einzelbetten. Zu den Vorteilen gehören eine Gemeinschaftsküche und ein Innenhof unter freiem Himmel. Das Hostel liegt in einer ruhigen Seitenstraße neben der Iglesia de San José.

★ Magnolia Inn GASTHAUS $$

(Karte S. 708; ✆ 6551-9217, 202-0827; www.magnoliapanama.com; Calle Boquete bei Calle 8a Este; B 15 US$, Zi. 80–135 US$; ❄📶) Jedes kleine Detail spricht dafür, dass dieses coole Gasthaus gut durchdacht ist; es befindet sich in einem restaurierten, dreistöckigen Gebäude aus der Kolonialzeit und wird von amerikanischen Expats geleitet. Die klimatisierten Schlafsäle sind mit orthopädischen Matratzen, dem qualitativ hochwertigen Bettzeug, den Lampen an jedem Bett und den zahlreichen Steckdosen sehr erwachsenenfreundlich. Die Gemeinschaftsbäder und die Küche sind makellos und der Service ist erstklassig. Die geräumigen Doppelzimmer mit Blick auf die Stadt sind mit Mini-Kühlschrank, Flachbild-TV und Kaffeemaschine ausgestattet.

Panama-Stadt – Zentrum

Highlights
1 Museo de Arte Contemporáneo A4

Sehenswertes
2 Museo Afro-Antilleano B4
3 Museo de Ciencias Naturales C4

Aktivitäten, Kursen & Touren
4 Ancon Expeditions F3
5 City Sightseeing Panama C4

Schlafen
6 Baru Lodge H1
7 Hostal Balboa Bay D3
8 Hostel Villa Vento Surf G4
9 Hotel Andino C3
10 Mamallena D3
11 Panama House H2
12 Saba Hotel G1

Essen
13 Athens F3
14 La Rosa Mexicano F4
15 Market F4
16 Masala Indian Cuisine E3
17 Mercado de Mariscos B5
18 New York Bagel Café G1
19 Niko's Café G2
20 Sabores de la India F3
21 Sukhi G3

Ausgehen & Nachtleben
22 La Rana Dorada G1
23 S6is F3

Unterhaltung
24 Albrook Cinemark A1
25 Multicentro Cinemark G5
26 Restaurante-Bar Tinajas F3

Shoppen
27 Exedra Books H2
28 Mercado de Buhonerías y Artesanías B4

Calidonia & Bella Vista

Das Viertel Calidonia liegt zwar zentral, allerdings geht es dort etwas ruppig zu – bei Nacht lieber ein Taxi nehmen. Bella Vista ist eher bürgerlich bis exklusiv mit seinen trendigen Restaurants und Geschäften.

Mamallena HOSTEL $

(Karte S. 702; ☎393-6611, 6676-6163; www.mamallena.com; Calle Primera Perejil, Calidonia; B/DZ mit Frühstück 13/33 US$; ❄@📶) Das kleine, heimelige Hostel trifft mit seinem Service genau ins Schwarze. Die Rezeption ist rund um die Uhr besetzt, zum Frühstück gibt's Pfannkuchen und es ist eine DVD-Bibliothek vorhanden. Die Schlafsäle mit den hohen Decken sind nachts klimatisiert und die netten Doppelzimmer im Motelstil bieten absolute Privatsphäre. Das dazugehörige Reisebüro arrangiert Segelbootausflüge nach San Blás und beliebte Tagestrips. Renovierungen sind geplant, bei denen weitere Doppelzimmer und ein Swimmingpool entstehen sollen.

Hostal Balboa Bay GÄSTEHAUS $

(Karte S. 702; ☎227-6182; Calle 39 Este No 21, Bella Vista; B mit Frühstück 13 US$, EZ/DZ 35/50 US$; ❄@) Obwohl es ruhig und sauber ist, variiert die Qualität der Zimmer beträchtlich und auch der Service kann unregelmäßig sein. Derzeit wird das Hostel renoviert – besser nachfragen, ob sich die Preise geändert haben. Trotz seiner zentralen Lage steigen hier weniger Leute ab als bei der Konkurrenz. Im Viertel ist es nachts wie ausgestorben, deshalb lieber ein Taxi nehmen.

Saba Hotel HOTEL $$

(Karte S. 702; ☎201-6100; www.thesabahotel.com; Vía Argentina s/n, Bella Vista; DZ 120 US$; ❄@📶) Das Hotel Saba ist modern und fröhlich und eine preisgünstige Übernachtungsmöglichkeit in Bella Vista. Die Ausstattung mit viel Glas und Bambus scheint zwar auf Nachhaltigkeit ausgerichtet zu sein, das ist aber wohl nur äußerer Schein. Man kann hier Yoga machen, an der Bar einen Karottensaft zum Entgiften trinken oder auf dem Flachbildschirm-TV fernsehen und den Zimmerservice bestellen. Der Service ist toll und ein Restaurant gehört auch zum Hotel.

Hotel Andino HOTEL $$

(Karte S. 702; ☎225-1162; www.hotelandino.net; Calle 35 Este, Calidonia; EZ/DZ 49/55 US$; P❄📶) Die Zimmer im Andino haben nicht besonders viel Charme, aber sie sind groß, sauber und ausgestattet wie kleine Apartments. Wer ein King-Size-Zimmer verlangt, kriegt eines mit Herd, auf dem er selbst kochen kann. Und wer das Hotel nicht verlassen möchte, für den machen eine Bar und ein Restaurant das Warten auf den nächsten Bus sehr gemütlich.

El Cangrejo & San Francisco

Das moderne Bankenviertel El Cangrejo liegt zentral, aber nicht gerade ruhig. San Francisco ist ein vornehmeres Viertel, besteht aber überwiegend aus Wohnhäusern, es gibt nicht viele Möglichkeiten zum Ausgehen.

Panama House B&B $

(Karte S. 702; ☎ 263-4366; www.panamahousebb.com; Calle 1a de Carmen 32, El Carmen; B/EZ/DZ mit Gemeinschaftsbad, mit Frühstück 15/35/45 US$, EZ/DZ mit Frühstück 55/65 US$; P ❄ @ ☜) Das sympathische Hotel ist in einem gemütlichen Kolonialgebäude in der Nähe der Vía Brasil untergebracht und verfügt über nette Zimmer mit hohen Decken. Gäste jeden Alters kommen in der Gemeinschaftsküche, im Wohnraum oder auf der großartigen Veranda mit Hängematten zusammen. Die Besitzer wissen jede Menge über die Stadt und die Landschaft. Auf jeden Fall im Voraus reservieren.

Hostel Villa Vento Surf HOSTEL $

(Karte S. 702; ☎ 397-6001, 6101-4841; hostelvillaventosurf.com; Calle 47 No 7, Marbella; B/EZ/DZ/3BZ mit Frühstück 15/35/40/45 US$; ❄ @ ☜ ≋) Dieser entspannte Newcomer befindet sich in einem vorstadtmäßigen Haus, gleich um die Ecke von der Ausgehmeile Calle Uruguay. Junge Leute aus aller Welt kommen wegen des Swimmingpools und des unkomplizierten Zutritts zu den Partys hierher. Es ist hier ziemlich ruhig (alle sind mit ihren Laptops beschäftigt), das Personal ist freundlich und alles ist ein wenig unordentlich. Die größeren Schlafsäle sind mit Stockbetten überfüllt, aber durch die Klimaanlage ist es dort trotzdem kühl. Zum Frühstück gibt's Pfannkuchen und Kaffee.

Baru Lodge B&B $$

(Karte S. 702; ☎ 393-2340; www.barulodge.com; Calle 2nda Norte H-7, El Carmen; EZ/DZ mit Frühstück 60/70 US$; ❄ @ ☜) Diese unauffällige Pension wirkt geschmackvoll und begrüßt Gäste herzlich. Sie befindet sich in einer Anliegerstraße nicht weit entfernt vom Trubel. Die Zimmer sind sauber, modern und dezent beleuchtet. Der Besitzer spricht Englisch und man fühlt sich hier gleich zu Hause. Kabel-TV, schnelles WLAN und Luftreiniger gehören zu den Annehmlichkeiten. Auf der Veranda im Garten stehen Korbmöbel. Hier wird auch das kontinentale Frühstück serviert.

Hostal Casa Margarita B&B $$

(Karte S. 696; ☎ 394-5557; www.hostalcasamargarita.com; Casa 97, Calle Los Claveles; EZ/DZ/3BZ mit Frühstück 75/88/115 US$; P ❄ @) Dieses Hotel ist unwiderstehlich gemütlich und schick. Die Zimmer in dem stuckverzierten Haus sind elegant, schlicht und mit bunten Elementen, Flachbild-TV und Minikühlschränken versehen. Ein großer Garten und eine Veranda bieten jede Menge Platz zum Faulenzen oder für ein gemütliches, ausgiebiges Frühstück mit frischem Obst. Gäste können auch die Küche benutzen, aber das Beste an dem Hotel sind die herzlichen Gastgeber.

Kanalgebiet

Wer es ruhig mag, der kommt am besten hierher. Das Viertel Balboa befindet sich direkt vor dem Damm und Clayton liegt etwas weiter draußen neben den Miraflores-Schleusen. Man ist nur eine kurze Taxifahrt von der Innenstadt entfernt, aber damit auch von Lärm und Verkehr in Panama-Stadt.

Hostal de Clayton HOSTEL $

(☎ 317-1634; www.hostaldeclayton.com; Edificio 605B, Calle Guanabana, Clayton; B 15 US$, DZ mit/ohne Bad 45/38 US$; P ❄ @ ☜) Dieses gastfreundliche Hostel erinnert an eine Kaserne und befindet sich neben dem ehemaligen Armeestützpunkt der Amerikaner in Clayton, einer betuchten Wohngegend. Die Zimmer und Einrichtungen sind perfekt auf Backpacker abgestimmt, aber wer kein Mietauto und kein Geld für ein Taxi hat, der ist in diesem Vorort ein bisschen verloren.

Hostal Amador Familiar GASTHAUS $

(Karte S. 696; ☎ 314-1251; www.hostalamadorfamiliar.com; Casa 1519, Calle Akee, Balboa; B mit Frühstück 15 US$, DZ mit Ventilator/Klimaanlage 30/35 US$; P ❄ @ ☜) Das Hostal Amador Familiar, ein großes gelbes Haus, hat luftige Schlafzimmer mit hohen Decken und einen eigenen Garten mit Freiluftküche. Zum Frühstück gibt es Müsli oder Eier, Toast und Kaffee. In den gefliesten Zimmern mit Metallgestängebetten und Flügelfenstern knarzt und quietscht es – wie es sich für ein altes Gebäude gehört. Aber der Schlafsaal ist überfüllt und unbeliebt. Das Hotel liegt direkt am Damm. Eine Taxifahrt in die Innenstadt kostet 3 US$.

★Dos Palmitos B&B $$

(☎391-0994; www.dospalmitos.com; Guayacan Terrace 0532B, Ancon Hill; EZ/DZ mit Frühstück 75/88 US$; ❄@📶) Wen an Panama eher das Wildlife als das Nightlife reizt, der sollte in diesem versteckten B&B in einem Haus am Kanal absteigen. Hier gibt's nur vier Zimmer, die mit *molas* (handbestickten Stoffen des indigenen Volkes der Kuna) und alten Zeitungsausschnitten dekoriert und mit makellosen Holzböden, übergroßen Betten und Korbmöbeln ausgestattet sind. Auf der Terrasse nach hinten können Gäste Vögel beobachten und ein üppiges Frühstück mit hausgemachtem Brot und frisch gepresstem Saft genießen. Angelina, die Gastgeberin, bietet auch Fahrdienste und Ausflüge an.

Essen

Casco Viejo

★Mercado de Mariscos MARKT $

(Karte S. 702; Av Balboa; Hauptgerichte 2,50–14 US$; ⏲Mo–Sa mittags) Dieses unscheinbare Restaurant über einem geschäftigen Fischmarkt ist der Ort für Meeresfrüchtegerichte. Zur Mittagszeit ist es hier voll, deshalb lieber früh da sein und einen ganzen gebratenen Fisch und eine tiefe Schüssel „Get Up Lazarus"-Suppe (hilft garantiert gegen einen Kater) essen. Draußen an den Ständen gibt's köstliches *ceviche* in Plastikbechern für 2,50 US$ -Variationen sind *ceviche* im mediterranen Stil (mit Oliven) und *ceviche* mit Curry.

La Petite Bretagne CREPERIE $

(Karte S. 708; Av Central; Hauptgerichte 8 US$; ⏲Di–Fr 10–17, Sa 10–22, So 10–15 Uhr) Authentische Buchweizen-Crêpes aus der Bretagne, frische Salate und Tartes – z. B. mit herzhaften karamellisierten Zwiebeln –, die so lecker sind, dass sie förmlich im Mund schmelzen. Auch der Espresso und die Desserts sind hier gut, vor allem das samtige Schokoladen-Fondant, das Glückshormone ausschüttet.

Café Per Due ITALIENISCH $

(Karte S. 708; ☎6512-9311; Av A; Pizza 5–12 US$; ⏲Di–So 9–22 Uhr; 🖉) Das lässige, von Italienern betriebene Lokal eignet sich bestens, um einen schnellen Imbiss zu sich zu nehmen. Das Personal serviert leckere Pizzas mit dünnem Boden. Probierenswert ist die Pizza mit Speck und Blauschimmelkäse oder die mit frischen Tomaten, Basilikum und Knoblauch. Mit Mozzarella wird hier nicht gegeizt. Wer Privatsphäre braucht, setzt sich an einen der wenigen Tische im kleinen Ziegelinnenhof.

Granclement EIS $

(Karte S. 708; Av Central; Eis 2,80–4,20 US$; ⏲13–15 & 16–19 Uhr) Genuss pur: Hier bekommt man Eis aus tropischen Früchten, aber auch in intensiven, cremigen Geschmacksrichtungen wie Basilikum, Orange-Schokolade und Ingwer. Ein paar Kugeln dieser exquisiten französischen Kreationen versüßen jeden Spaziergang durch Casco.

Café Coca Cola PANAMAISCH $

(Karte S. 708; Av Central; Gerichte 3–6 US$; ⏲7.30–23 Uhr; ❄) Dieser altmodische Diner ist eine echte Institution in dem Viertel und serviert herzhafte Portionen Reis mit Bohnen und dem Fleisch des Tages – und das alles in klimatisierten Räumlichkeiten.

Super Gourmet FEINKOST $

(Karte S. 708; Av A; Hauptgerichte 5–9 US$; ⏲Mo–Sa 7–19, So 10–15 Uhr) Hier gibt es feine Leckereien von Wein bis Wasabi-Erbsen: Das Super Gourmet ist ideal, um für ein Picknick einzukaufen. Es gibt auch Suppen oder Baguette-Sandwiches. Eine halbe Portion reicht wahrscheinlich aus. Zum Frühstück schmecken Eier auf englischen Muffins oder *arepas* (herzhafte Maiskuchen).

Diablo Rosso CAFÉ $

(Karte S. 708; ☎262-1957; www.diablorosso.com; Ecke Calle 6a Oste & Av A; Hauptgerichte 4–10 US$; ⏲Di–Sa 11–19 Uhr; 📶) Dieses Kunstcafé ist mit bissiger Sozialkritik und schrulliger Volkskunst dekoriert und würde perfekt in den Stadtteil Palermo von Buenos Aires passen. Man genießt hier cremige Cappuccinos, käselastige *arepas* mit jeder Menge Ei, herzhafte vegetarische Suppen oder Spinat-Quesadillas. Manchmal finden hier Vernissagen statt und dienstags werden Autorenfilme gezeigt.

Manolo Caracol PANAMAISCH $$$

(Karte S. 708; ☎228-4640; www.manolocaracol.net; Av Central; Degustationsmenü 36 US$; ⏲Mo–Fr 12–15 & 19–22.30, Sa 19–23 Uhr) Das Manolo Caracol badet seine Gäste geradezu in tropischen Aromen. Winzige Portionen von verschiedenen Gängen vereinen Gegensätzliches. Es gibt Rinderzunge bestreut mit Meersalz, über dem Feuer gegrillten Hummer in Olivenöl und sauren Mangosalat mit knackigem Gemüse. Nicht jedes Gericht ist ein Gedicht, aber das Wichtigste ist der

Spaß, den man beim Entdecken der Aromen in liebevoller Kolonialatmosphäre hat. Getränke kosten extra.

El Cangrejo & Bella Vista

New York Bagel Café CAFÉ $
(Karte S. 702 Plaza Cabeza de Einstein nahe Vía Argentina, El Cangrejo; Hauptgerichte 3–9 US$; ⌚Mo–Fr 7–20, Sa 8–20, So 8–15 Uhr; ❄📶) Dieses durch und durch amerikanische Café würde zwar eher nach San Francisco passen als nach Brooklyn, aber frisch gebackene Bagels, Räucherlachs und überdimensionales Frühstück locken trotzdem viele Auswanderer an. Tolle Burger gibt's hier auch. Bei Jazz chillen hier Computerfreaks auf weichen Sofas.

Sabores de la India INDISCH $
(Karte S. 702; Calle 51, Bella Vista; Hauptgerichte 3–10 US$; 🌿) Während im Fernsehen Bollywood-Filme laufen, bringen die Köche in diesem bescheidenen Restaurant würzige Gerichte rasch auf den Tisch. Auch Vegetarisches (mit Tofu) gibt es reichlich, aber auch eine leckere Chicken-Tikka, Naanbrot mit Knoblauch und würzige Dal-Gerichte. Wer großen Hunger hat, sollte sich das Mittagsbüfett für 10 US$ nicht entgehen lassen.

Niko's Café CAFETERIA $
(Karte S. 702; Calle 51 Este, El Cangrejo; Hauptgerichte 3–8 US$; ⌚24 Std.) Ein griechischer Einwanderer, der einst von einem Wagen aus Essen verkauft hat, besitzt heute eine der erfolgreichsten Ketten in Panama-Stadt. Die immer zahlreicher werdenden Cafés servieren rund um die Uhr herzhafte Portionen preiswerter Speisen, von individuell zusammengestelltem Frühstück über panamaische Gerichte bis hin zu Desserts. In der Nähe der Vía España.

Athens GRIECHISCH $
(Karte S. 702; Calle 50, Bella Vista; Hauptgerichte 5 US$; ⌚Do–Di 11–23.30 Uhr) Frisch und lässig: Dieses griechische Restaurant serviert warme Pitas mit Hummus, große griechische Salate, Gyros und Pizza. Wegen der langen Öffnungszeiten und jeder Menge Sitzmöglichkeiten drinnen und draußen ist es ideal für Familien und größere Gruppen.

★ El Caribe JAMAIKANISCH $$
(☎214-6207; Vía Argentina, El Cangrejo; Hauptgerichte 7–12 US$; ⌚Mo–Do 11.30–21.30, Fr–So 11.30–22.30 Uhr) Autenthischer als dieses jamaikanische Restaurant mit New Yorker Einschlag geht's nicht; ein Mittagsmenü kostet hier 8,50 US$. Die Gerichte mit Meeresfrüchten und Knoblauch und das jamaikanische Jerk Chicken (nach Wunsch auch scharf) sind frisch und sehr lecker. Am letzten Samstag im Monat wird hier Jazz gespielt.

Sukhi THAILÄNDISCH $$
(Karte S. 702; ☎395-6081; Calle Beatriz M. de Cabal, Bella Vista; Hauptgerichte 8–13 US$; ⌚Mo–Sa 11.30–22 Uhr) In einem heiteren Café bietet dieser lässige Newcomer köstliches, wenn auch nicht allzu authentisches südostasiatisches Essen an. Der gebackene Tintenfisch mit Ingwer-Koriander-Dip ist ein guter Starter. Das grünen Thai-Curry mit grünen Bohnen ist eine Geschmacksexplosion und das Ladna wird mit duftender Rinderbrühe und Stängelkohl serviert. Der Service ist gut und der Preis angemessen.

Masala Indian Cuisine INDISCH $$
(Karte S. 702; ☎225-0105; Av Justo Arosemena, Bella Vista; Hauptgerichte 8–18 US$; ⌚12–23 Uhr) Ein feurig-scharfes indisches Curry und ein eiskaltes Kingfisher-Lager passen zum tropischen Klima wie die Faust aufs Auge. Das Masala ist mit Kissen auf dem Fußboden und bunten Stoffen gemütlich eingerichtet und bietet jede Menge traditionelle Gerichte an – von Tikka Masala bis Lamm-Vindaloo (plus eine große Auswahl für Vegetarier).

★ La Rosa Mexicano MEXIKANISCH $$$
(Karte S. 702; ☎301-0488; Av 5a B Sur, Bella Vista; Hauptgerichte 10–28 US$) Hier sind die Burritos nicht durchgeweicht. Dieser schicke Laden bietet modernes mexikanisches Essen vor einer Cirque-du-Soleil Kulisse. Als Vorspeise Guacamole bestellen, die direkt am Tisch zubereitet wird. Die Wassermelonen-Margarita – mit einem Zweig Rosmarin garniert – ist der absolute Renner. Zu den Höhepunkten gehören hier der Nördliche Schnapper, Salat mit Jicama und gerösteten Kürbiskernen und als Nachtisch schwindelerregend gutes *cajeta* (Karamell) mit Meersalz. Der Service ist erstklassig. In der Nähe der Calle Aquilino de la Guardia.

Market INTERNATIONAL $$$
(Karte S. 702; www.marketpanama.com; Ecke Calles Uruguay & 47, Bella Vista; Hauptgerichte 9–28 US$) Mit den Tagesangeboten auf der Tafel, den Ziegelsteinen und all der Hektik passt dieses Bistro eher nach Manhattan als in die Calle Uruguay. Die Salate werden in gigantischen Schüsseln serviert und die Gäste können

Casco Viejo

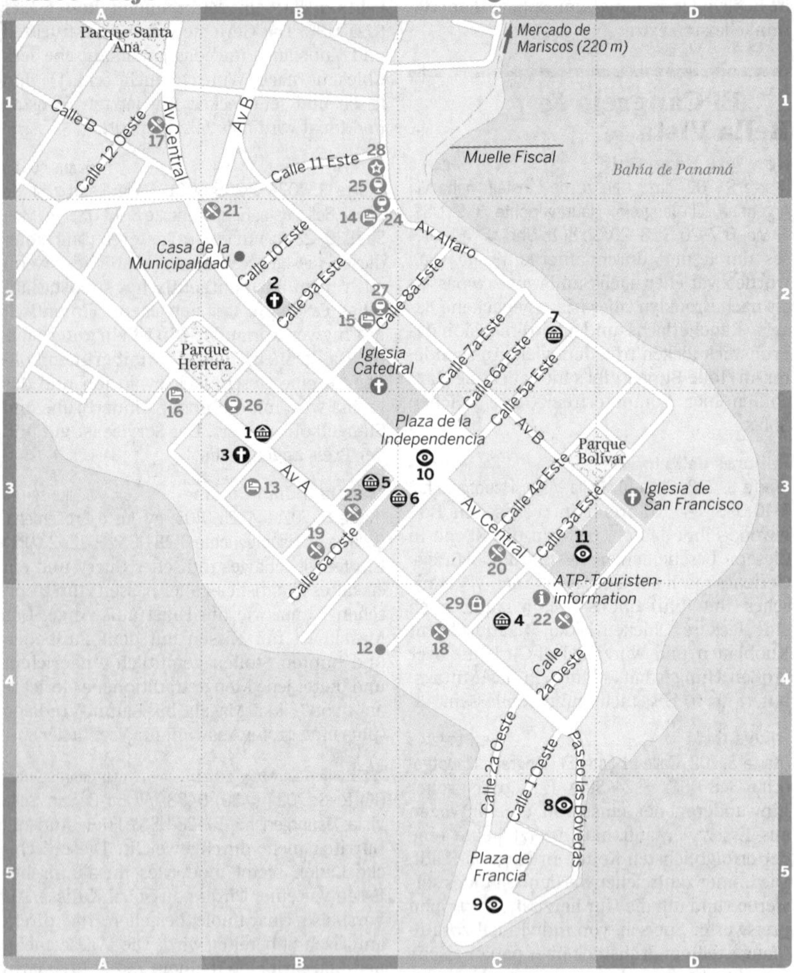

zu ihrem Fleisch vom Angusrind interessante Beilagen wie Rahmspinat oder grüne Bohnen mit Speck bestellen. Das Lokal ist vor allem für seinen Wochenendbrunch bekannt.

Ausgehen & Nachtleben

Bars und Clubs schießen in Panama-Stadt wie Pilze aus dem Boden, schließen aber auch genauso schnell wieder. Das Nachtleben ist hier stilvoll, kultiviert und ziemlich teuer. Die betuchten Stammgäste lieben es, eine Show abzuziehen, es lohnt sich also, sich herauszuputzen, nette Klamotten anzuziehen und sich mit ein bisschen Kohle bewaffnet ins Nachtleben zu stürzen. Am Morgen tut es einem vielleicht leid, sein ganzes Geld auf den Kopf gehauen zu haben, aber das ist eben der Preis, wenn man mit den Reichen und Schönen feiern möchte.

In Casco Viejo, Bella Vista und am Damm ist das Nachtleben besonders lebendig. Auch die Vía Argentina ist eine vielversprechende Anlaufstelle – in dieser eleganten Straße kann man immer wieder nach neuen Bars und Clubs Ausschau halten. Im Viertel Bella Vista liegt die Calle Uruguay, eine Straße mit angesagten Bars und Clubs, die an South

Casco Viejo

Sehenswertes

1	Fundación Danilo Perez	B3
2	Iglesia de La Merced	B2
3	Iglesia de San José	B3
4	Museo de Arte Religioso Colonial	C4
5	Museo de Historia de Panamá	B3
6	Museo del Canal Interoceánico	C3
7	Palacio de las Garzas	C2
8	Paseo las Bóvedas	C5
9	Plaza de Francia	C5
10	Plaza de la Independencia	C3
11	Teatro Nacional	C3

Aktivitäten, Kurse & Touren

12	Casco Antiguo Spanish School	B4

Schlafen

13	Hospedaje Casco Viejo	B3
14	Luna's Castle	B2
15	Magnolia Inn	B2
16	Panamericana Hostel	A3

Essen

17	Café Coca Cola	A1
18	Café Per Due	C4
19	Diablo Rosso	B3
20	Granclement	C3
21	La Petite Bretagne	B2
22	Manolo Caracol	C4
23	Super Gourmet	B3

Ausgehen & Nachtleben

24	Bar Relic	B2
25	La Rana Dorada	B1
26	Mojito sin Mojito	B3
27	Tántalo Bar	B2

Unterhaltung

28	Havana Panamá	B1
	Teatro Nacional	(s. 11)

Shoppen

29	Karavan	C4

Beach in Miami erinnert. Die Szene ist sehr jung und man muss davon ausgehen, hier viel Geld zu lassen. Außerdem wechseln die Clubs in diesem Viertel schnell ihre Besitzer, es empfiehlt sich also, die Einheimischen nach den neuesten und besten Locations zu fragen.

Die Broschüre **La Prensa** (www.prensa.com) informiert Traveller darüber, was in der Stadt so los ist. Die Wochenendveranstaltungen sind in der Donnerstags- und Freitagsausgabe aufgelistet und auf der Website unter „De Noche“ zu finden. Die lebhafteste Homosexuellenszene in Panama-Stadt findet man meist nicht in speziellen Einrichtungen für Schwule, sondern in den angesagtesten Bars und Clubs der Stadt.

Auch wenn es am meisten Spaß macht, beim Feiern in Panama-Stadt selbst einen Geheimtipp zu entdecken, kommen hier schon einmal ein paar Bars und Clubs, in denen man den Abend einläuten kann.

Bar Relic BAR

(Karte S. 708; www.relicbar.com; Calle 9a Este, Casco Viejo; Di–Sa 21–2 Uhr) In dieser höhlenartigen Hostel-Bar ist der Service freundlich und neue Gäste (sowohl Traveller als auch panamaische Hipster) mischen sich in dem großen Innenhof einfach unter die Leute. Hungrig? Es lohnt sich, die Schweinefleisch-Sandwiches zu probieren. Man feiert nicht nur draußen (eine Seltenheit in Panama-Stadt), sondern auch noch direkt neben der historischen Stadtmauer.

Mojito sin Mojito BAR

(Karte S. 708; Ecke Av A & Calle 9a Este, Casco Viejo) Diese sehr einheimische Bar ohne Schnickschnack ähnelt einer Lagerhalle; hier sind Flipflops ebenso willkommen wie Stöckelschuhe. Ein guter Ort für ein frisch gezapftes Bier und einen Burger (vegetarisch oder mit Fleisch). Ganz Schlaue können mit dem Bartender plaudern, der viel Wissenswertes auf Lager hat.

Tántalo Bar COCKTAILBAR

(Karte S. 708; Ecke Calle 8a Este & Av B, Casco Viejo; Eintritt 5–10 US$; Dachterrasse 17–2 Uhr) Auch wenn hier Mittagessen zu angemessenen Preisen serviert wird, ist diese ultrahippe Cafébar vor allem für die Happy Hour zum Sonnenuntergang auf der Dachterrasse bekannt. Zum Cocktail ein paar leckere Tapas bestellen. Ab 22 Uhr kostet es Eintritt, aber um einen Platz auf der kleinen Dachterrasse zu bekommen, muss man ohnehin schon gegen 19 Uhr hier auftauchen.

Cayucos CAFÉ

Diese Restaurant-Bar im Freien befindet sich auf dem Damm – über dem Wasser – und bietet einen tollen Blick über die Stadt. Das Cayucos ist zwar eher ein Restaurant als eine Bar, aber es ist ideal für das erste kalte Bier des Abends.

S6is CLUB

(Karte S. 702; Calle Uruguay, Bella Vista; Do–Sa ab 21 Uhr) Der „seis“ (wie die Zahl „sechs“) ausgesprochene Club ist für *miembros del club,* d. h. für die Schönen und Reichen. Dort wird eine erlesene Auswahl an elektronischer Musik gespielt wie in der Megaclub-Szene, aber die Atmosphäre ist persönlicher, eher wie in einer Lounge.

La Rana Dorada BRAUEREI
(Karte S. 708; Av Alfaro, Casco Viejo) Der erste Brauerei-Pub von Panama-Stadt, in dem handwerklich gebraute Biere ausgeschenkt werden, ist in der After-Work-Happy-Hour rappelvoll. Neben dem Bier ist die Pizza hier sehr beliebt. Eine zweite Niederlassung gibt's in der **Vía Argentina** (Karte S. 702).

Zona Viva CLUB
(Karte S. 696; Damm) Das Zona Viva ist auf dem Damm und ähnelt einem Einkaufszentrum – ein geschlossenes Gelände mit mehreren Locations, von überfüllten Clubs bis hin zu unauffälligeren Kneipen.

Unterhaltung

Wer nicht darauf aus ist, sich abzuschießen, dem bieten sich noch viele andere Möglichkeiten, eine Nacht bei Mondschein (oder Regen) in der Stadt zu verbringen. Eine gute Orientierungshilfe sind die Kunstrubrik in der Sonntagsausgabe von *La Prensa* oder die letzten Seiten der *Panama News*.

★ **Havana Panamá** LIVEMUSIK
(Karte S. 708; Av Alfaro, Casco Viejo; Eintritt 10 US$; Do–Sa) Diese Salsabar mit Musikpavillon und Leder-Séparées ist so richtig schön altmodisch. Gäste sollten ihre besten Klamotten anziehen (Dresscode!), damit sie an dem rauschenden Samtvorhang vorbeikommen. Eine Salsaband sorgt für Stimmung.

Restaurante-Bar Tinajas TRADITIONELLER TANZ
(Karte S. 702; 263-7890; www.tinajaspanama.com; Av 3a A Sur, Bella Vista; Eintritt 5 US$; Mo–Sa) Hier gibt's guten traditionellen panamaischen Volkstanz zu sehen; die panamaische Dinnershow ist ein Klassiker. Natürlich ist das Ganze sehr touristisch, aber gleichzeitig auch nett gemacht. Die Shows finden mittwoch- bis samstagabends um 21 Uhr statt und jeder Gast muss mindestens 12 US$ für Essen und Getränke ausgeben. Am besten reservieren. In der Nähe der Avenida Frederico Boyd.

Teatro Nacional THEATER
(Karte S. 708; 262-3525; Av B, Casco Viejo) Etwas Kultur wird auch im Teatro Nacional geboten. Hier kommen Tanz-, Musik- und Liveaufführungen auf die Bühne, aber es kann auch sehr schön sein, einfach nur in dem historischen Theater zu sitzen.

Multicentro Cinemark KINO
(Karte S. 702; Multicentro Mall) Mainstream-Kino mit einigen synchronisierten oder untertitelten Filmen. In der Nähe der Punta Paitilla.

Albrook Cinemark KINO
(Karte S. 702; Albrook Mall) Neben dem Busbahnhof Albrook. Eine weitere Niederlassung gibt's in der Multiplaza Mall.

Shopping

★ **Karavan** KUNST
(Karte S. 708; 228-7177; www.karavan-gallery.com; Calle 3a Oeste, Casco Viejo; Mo–Fr 9.30–17, Sa 10–17, So 12–17 Uhr) Ein toller Ort für original Kuna-Stickereien mit modernem Design und Congo-Kunst aus Portobelo; die Künstler arbeiten vor Ort. Das Karavan vergibt Aufträge an einheimische Künstler und unterstützt neue Talente.

Mercado de Buhonerías y Artesanías MARKT
(Karte S. 702; Av Central España; Mo–Sa 9–17 Uhr) Ein belebter Markt im Freien, auf dem authentisches Handwerk zu finden ist.

Mercado Nacional de Artesanías MARKT
(Künstlermarkt; Karte S. 696; Panamá Viejo; Mo–Sa 9–16, So 9–13 Uhr) Auf diesem Kunsthandwerker-Markt in der Nähe der Ruinen von Panamá Viejo gibt's unvergessliche Souvenirs.

Exedra Books BÜCHER
(Karte S. 702; 264-4252; Ecke Vías España & Brasil; Mo–Sa 9.30–21.30, So 11–20.30 Uhr) Gehört zu den besten Buchläden Zentralamerikas.

Orientierung

Panama-Stadt zieht sich über 20 km an der Pazifikküste entlang, vom Panamakanal im Westen bis zu den Ruinen von Panamá Viejo im Osten. Die Straßen der Stadt können unterschiedliche Namen haben; im Taxi am besten Wahrzeichen angeben, damit der Fahrer Bescheid weiß.

In der Nähe des Kanals befinden sich der Aeropuerto Albrook, der Fuerte-Amador-Damm und die wohlhabenden Vororte Balboa und Ancón, die ursprünglich für die amerikanischen Kanalbauarbeiter und das Militär angelegt worden sind. Der Puente de las Américas (die Brücke zwischen Nord- und Südamerika) überspannt anmutig den Kanal.

Die koloniale Halbinsel Casco Viejo (auch Casco Antiguo genannt) ragt im Südwesten der Stadt ins Meer hinein. Von hier aus führen zwei große Straßen Richtung Osten durch die Stadt.

Die Hauptstraße ist die Avenida Central, die an der Kathedrale in Casco Viejo vorbeiführt. An einer Weggabelung weiter östlich wird die Straße zur Avenida Central España. Der Abschnitt, der durch das Geschäfts- und Bankenviertel El Cangrejo führt, heißt Vía España. Der andere Teil der Gabelung wird erst zur Avenida 1 Norte (José D. Espinar), dann zur Avenida Simón Bolívar und schließlich zur Vía Transístmica, wenn sie aus der Stadt hinaus über die Landenge Richtung Colón führt.

An der Avenida Balboa liegt die Cinta Costera, eine Grünfläche am Wasser mit Wander- und Radwegen, die sich vom Zentrum bis nach Casco Viejo erstreckt.

Normalerweise verlaufen *avenidas* (Alleen) von Osten nach Westen, während *calles* (Straßen) von Norden nach Süden führen. Die Avenida Central und die Vía España bilden die Grenzen – die *avenidas* südlich der Vía España sind mit dem Zusatz *sur* (Süden) versehen, die *calles* östlich der Vía España tragen das Wort *este* (Osten) im Namen.

KARTEN & STADTPLÄNE

Abseits der Avenida Simón Bolívar, gegenüber der Universidad de Panamá, verkauft das **Instituto Geográfico Nacional** (Tommy Guardia; ☎236-2444; Transistmica, nahe Av Arturo del Valle; ⏲Mo–Fr 8–16 Uhr) verschiedene ausgezeichnete Landkarten.

ℹ Praktische Informationen

GEFAHREN & ÄRGERNISSE

Casco Viejo steht im Mittelpunkt eines ehrgeizigen Stadterneuerungsprogramms, allerdings sind die Arbeiten noch voll im Gange. Allgemein lässt sich sagen, dass die Spitze der Halbinsel südöstlich der Iglesia de la Merced für Traveller sicher ist, in der Gegend fahren jede Menge Polizisten Streife.

Weiter Richtung Binnenland gibt es dicht besiedelte Slums, in denen schon viele Traveller Opfer von Verbrechen wurden. Andere Gebiete, in denen die Kriminalitätsrate sehr hoch ist, sind Curundú, El Chorrillo, Santa Ana, San Miguelito und Río Abajo.

Die Calle Uruguay, die Partymeile der Stadt, zieht ebenfalls Kriminelle an. In der Nacht sollte man nie sein gesamtes Geld dabei haben. Es soll schon passiert sein, dass sich Frauen männlichen Touristen an den Hals geworfen und dabei deren Brieftaschen geklaut haben.

Wer durch die Straßen der Stadt läuft, muss sich im Klaren darüber sein, dass Autofahrer nicht auf Fußgänger achten. Man sollte auf fehlende Windabdeckungen und Kanaldeckel, herabhängende Kabel und hohe Bordsteinkanten achten.

GELD

In der ganzen Stadt finden sich jede Menge rund um die Uhr zugängliche Geldautomaten.

HSBC (Vía España) Wechselt Amex-Reiseschecks ohne Gebühr; wer andere Schecks einlösen möchte, zahlt 5 US$ Wechselgebühr.

Panacambios (☎223-1800; Vía España, EG, Plaza Regency Bldg; ⏲Mo–Fr 8–17 Uhr) Kauft und verkauft internationale Währungen.

INTERNETZUGANG

Die meisten Unterkünfte verfügen über WLAN-Zugang und es gibt jede Menge Internetcafés, vor allem im Bankenviertel El Cangrejo.

MEDIZINISCHE VERSORGUNG

Centro Médico Paitilla (☎265-8800, 265-8883; Ecke Calle 53 & Av Balboa) Gut ausgebildete Ärzte, die Spanisch und Englisch sprechen.

Centro Metropolitano de Salud (☎512-6600; Corosel Los Ríos; ⏲Mo–Fr 7.30–12 & 13–15 Uhr) Bietet für eine geringe Gebühr international zertifizierte Gelbfieberimpfungen an (benötigen Reisende, die nach Kolumbien fahren und danach wieder nach Panama zurückkehren wollen).

NOTFALL

Polizei (☎104)

POST

Viele Hotels verkaufen Briefmarken. Einige versenden auch die Briefe ihrer Gäste.

Hauptpost (Av Balboa zw. Calles 30 & 31; ⏲Mo–Fr 7–17.45, Sa 7–16.45 Uhr) Bewahrt postlagernde Sendungen 30 Tage lang auf.

Post (Plaza las Americas; ⏲Mo–Fr 7–17.45, Sa 7–16.45 Uhr) Die einzige Post, die für Paketversand zuständig ist.

TELEFON

Tarjetas (Telefonkarten) im Wert von 3, 5 und 10 US$ für Orts- und Regionalgespräche können in Apotheken gekauft und an jedem Kartentelefon benutzt werden.

TOURISTENINFORMATION

ATP (Autoridad de Turismo Panama; ☎226-7000; www.atp.gob.pa; Vía Israel, San Francisco; ⏲Mo–Fr 8.30–16.30 Uhr) Panamas Tourismusbehörde hat ihren Hauptsitz beim Centro Atlapain im Viertel San Francisco. Die ATP-Büros bieten kostenlose Karten und Stadtpläne an, aber nur wenige Angestellte sprechen Englisch. Der Eingang befindet sich auf der Rückseite des großen Gebäudes. Informationsschalter gibt es außerdem in Panamá Viejo und Casco Viejo.

BUSSE AB PANAMA-STADT

ZIEL	PREIS (US$)	DAUER (STD.)	ABFAHRTEN
Changuinola	28	10	tgl.
Chitré	9	4	stündl.
Colón	3,50	2	alle 20 Min.
David	15–19	7–8	15-mal tgl.
El Valle	4,25	2½	stündl.
Las Tablas	10	4½	stündl.
Penonomé	5,25	2½	48-mal tgl.
Pesé	9,65	4½	6-mal tgl.
San José, Costa Rica	40	16	2-mal tgl.
Santiago	9	4	20-mal tgl.
Soná (nach Santa Catalina)	10	6	6-mal tgl.
Villa de Los Santos	9	4	18-mal tgl.
Yaviza	14	6–8	8-mal tgl.

ANAM (Autoridad Nacional del Ambiente; ☎315-0855, 500-0855; www.anam.gob.pa; Gebäude 804, Albrook; ⌚8–16 Uhr) ANAM bietet gelegentlich Karten und Informationen zu Nationalparks an, aber ansonsten erhalten Reisende dort nicht besonders viel Hilfe.

ℹ An- & Weiterreise

AUTO & MOTORRAD

Die Tagessätze für die sparsamsten Autos beginnen bei 35 US$ einschließlich Versicherung und unbegrenzter Kilometerzahl. Folgende Autovermietungsfirmen haben Niederlassungen an den Flughäfen Albrook und Tocumen.

Avis (☎238-4056; www.avis.com.pa)

Budget (☎Tocumen 238-4069; www.budgetpanama.com)

Hertz (☎238-3751; www.hertz.com.pa)

National (☎238-4144; www.nationalpanama.com)

BUS

Der Albrook-Busterminal ist ein günstiger und moderner Busbahnhof für die meisten Busse, die Panama-Stadt verlassen. Im Busbahnhofsgebäude gibt es Imbissstände, Banken, Geschäfte, eine Sportbar, eine Gepäckaufbewahrung, Toiletten und Duschen. Im Einkaufszentrum nebenan befinden sich ein Supermarkt und ein Kino.

Panaline (☎227-8648; www.viajeros.com/panaline) und **Tica Bus** (☎262-2084; www.ticabus.com) bieten Verbindungen nach San José und Costa Rica an; auf ihren Websites finden sich die Öffnungszeiten.

Kanalgebietsbusse fahren alle 45 Minuten vom Albrook-Busterminal nach Balboa und Clayton, zu den Miraflores-Schleusen und nach Gamboa. Noch sind diese Busse in der Übergangsphase, aber demnächst werden sie von Metrobus mit dem gleichen Kartensystem verwaltet.

Albrook Bus Terminal (☎303-3030; www.grantnt.com) Der wichtigste Busbahnhof der Stadt. Passagiere müssen eine Mehrfahrtenkarte oder *tarjeta* kaufen, um die 0,10 US$ Terminalsteuer zu zahlen, bevor sie den Busbereich durch ein Drehkreuz betreten können (die Karte muss auch durchgezogen werden, wenn man die Toiletten des Busbahnhofs benutzen will). Diese Unannehmlichkeit lässt sich nur umgehen, indem man jemanden in der Schlange findet, der seine Karte für einen durchzieht und dem man das Geld erstattet. Hilfe bietet ein Informationsschalter an.

Metrobus (www.tarjetametrobus.com; Fahrpreis 0,25–1,25 US$) Alle lokalen Busse gehören zum neuen Metrobus-System mit festgelegten Bushaltestellen und sauberen, neuen Bussen. Bargeld wird nicht angenommen. Aufladbare orangefarbene Karten oder *tarjetas* am dafür vorgesehenen Schalter im Albrook-Busterminal, den festgelegten Bushaltestellen oder an den auf der Website aufgelisteten Kiosken kaufen. Wer keine Karte hat, kann einen anderen Passagier bitten, seine Karte durchzuziehen, und ihm das Geld zurückzahlen.

FLUGZEUG

Internationale Flüge kommen am **Tocumen International Airport** (☎238-4322, 238-4160; www.tocumenpanama.aero) an, 35 km nordöstlich vom Stadtzentrum.

Die einzige Fluglinie für Inlandsflüge ist derzeit **Air Panama** (☎316-9000; www.flyairpanama.com). Inlandsflüge starten vom **Aeropuerto Albrook** (Aeropuerto Marcos A. Gelabert; ☎315-0403) in der Nähe des Busbahnhofs.

Alle Flüge innerhalb Panamas dauern weniger als eine Stunde; die Preise unterscheiden sich je nach Saison und Verfügbarkeit. Preisbeispiele für einen einfachen Flug sind Bocas del Toro (116 US$), David (117 US$), Achutupu in San Blás (80 US$), Isla Contadora (70 US$) und Sambú in der Provinz Darién (48 US$).

SCHIFF/FÄHRE

Barcos Calypso (☎314-1730; Hin- & Rückfahrt 12 US$) Fähren von Panama-Stadt zur Isla Taboga legen montags und freitags um 8.30 und 15 Uhr, dienstags, mittwochs und donnerstags um 8.30 Uhr und an den Wochenenden um 8, 10.30 und 16 Uhr ab.

National Tours (☎6617-0450, 6615-1392; Hin- & Rückfahrt 14 US$) Diese schnelle Fähre zur Isla Taboga (weniger als 30 Min.) ist recht klein. Sie startet täglich um 8.30 und 15 Uhr vom Balboa Yacht Club in Panama-Stadt. Es gibt keine Sitzgelegenheiten drinnen, deshalb ist sie bei schlechtem Wetter nicht ideal. Der Telefonservice ist dürftig, Tickets deshalb vor Ort kaufen.

Sea Las Perlas (☎391-1424; www.sealasperlas.com; Erw./Kind einfache Fahrt 45/35 US$) Katamaran-Fährservice; Abfahrt täglich um 8 Uhr (1 Std. 40 Min.) vom Balboa Yacht Club nach Contadora Island; Rückfahrt um 15 Uhr. Sonntags gibt's eine zusätzliche Hinfahrt um 11 Uhr.

ZUG

Achtung: Der Endbahnhof Panama-Stadt liegt eigentlich in der Ortschaft Corazal, eine 15-minütige Taxifahrt von der Hauptstadt entfernt.

Panama Railway Company (PCRC; ☎317-6070; www.panarail.com; Carretera Gaillard; einfache Fahrt Erw./Kind 25/15 US$) Ein Luxuspassagierzug mit Glasdach fährt täglich um 7.15 Uhr von Panama-Stadt nach Colón und um 17.15 Uhr wieder zurück. Der Zug fährt am Kanal entlang und ist an manchen Stellen nur von dichtem Urwald mit Weinreben umgeben. Wer die Glanzzeit der Luxuszugfahrten wieder zum Leben erwecken möchte, für den ist das auf jeden Fall die beste Möglichkeit.

ℹ Unterwegs vor Ort

BUS

Panama-Stadt hat fast alle seine *diablos rojos* („rote Teufel") aus dem Verkehr gezogen und Metrobus (S. 712) hat sie durch moderne, sichere, klimatisierte Busse ersetzt. Fahrten kosten zwischen 0,25 und 1,25 US$, *corredor*-Strecken sind teurer.

Die Busse fahren die drei Hauptrouten von Westen nach Osten ab: Avenida Central–Vía España, Avenida Balboa–Vía Israel und Avenida Simón Bolívar–Vía Transístmica. Die Strecke Avenida Central–Vía España ist Richtung Westen größtenteils eine Einbahnstraße, die Busse Richtung Osten fahren über die Avenida Perú und die Avenida 4 Sur. Diese Busse steuern das Bankenviertel El Cangrejo an. Auch auf der Avenida Ricardo J. Alfaro (bekannt als Tumba Muerto) fahren Busse.

Die Metrobusse halten an offiziellen Bushaltestellen und am Albrook-Busterminal in der Nähe des Flughafens Albrook.

FAHRRAD

Der einzige Ort in Panama-Stadt, an dem man Fahrräder mieten kann, befindet sich am Beginn des Damms. **Moses** (Karte S. 696; ☎221-3671; ⏲Sa & So 9–19 Uhr) und Bikes n More (S. 700) verleihen ab 4 US$ pro Stunde Mountainbikes. Tandems und Rikschas sind ebenfalls zu haben.

ℹ IN DIE STADT

Vom Flughafen

Der Aeropuerto Internacional Tocumen liegt 35 km in nordöstlicher Richtung vom Stadtzentrum entfernt. Am günstigsten kommt man in die Stadt, wenn man den Terminal verlässt, über die Straße geht (zur Bushaltestelle) und mit einem Bus Richtung Stadt fährt. Schneller, aber auch teurer sind Taxis (ab 27 US$), die am Schalter von Transportes Turísticos am Flughafenausgang neben der Preistafel gerufen werden können.

Vom Terminal Albrook fahren alle 15 Minuten Airport-Busse (1,25 US$, 1–1½ Std.) mit der Aufschrift „Tocumen Corredor" ab. Es gibt auch Taxis.

Der Aeropuerto Albrook nördlich von Cerro Ancón wickelt sämtliche Inlandsflüge ab. Am einfachsten kommt man mit dem Taxi vom bzw. zum Flughafen; die Fahrt sollte zwischen 3 und 5 US$ kosten.

Vom Busbahnhof

Alle Langstreckenbusse kommen am Albrook-Busbahnhof an. Von dort gibt es Verbindungen in die Stadt. Die Fahrtrichtung (z. B. Vía España, Panamá Viejo) wird im Frontfenster angezeigt und eine Fahrt kostet 0,25 US$. Wer nach Einbruch der Dunkelheit ankommt, sollte mit dem Taxi (3–5 US$) zu seinem Ziel fahren.

TAXI

Es gibt jede Menge Taxis, aber sie sind nicht ganz unproblematisch. Manche Fahrer fahren nicht durch die ganze Stadt (manche Fahrer kennen nicht einmal die ganze Stadt). Also nicht überrascht sein, wenn einen der Taxifahrer am Straßenrand stehen lässt, sobald er das Fahrziel hört.

In den Taxis gibt es keine Taxameter, aber es existiert eine Liste mit Standardpreisen, die der Fahrer je nach Zone erheben muss. Eine Fahrt kostet mindestens 2 US$ pro Zone. Für Fahrten ins Kanalgebiet zahlt man bis zu 6 US$. Eine durchschnittliche Fahrt durch mehrere Zonen kostet zwischen 3 und 4 US$, bei zusätzlichen Fahrgästen oder spät in der Nacht wird es teurer. Der Fahrpreis sollte immer vor Beginn der Fahrt ausgehandelt werden. Noch besser ist es, das Personal im Hotel zu bitten, den Preis zum anvisierten Ziel abzuschätzen; dann kann man dem Fahrer bei der Ankunft die passende Summe geben. Taxis können auch stundenweise gemietet werden.

Vorsicht vor nicht gekennzeichneten riesigen US-Modellen, die den Hotels als Taxis dienen. Sie sind bis zu viermal so teuer wie reguläre Straßentaxis. Angesehene Taxiunternehmen sind beispielsweise **America** (☎223-7694), **America Libre** (☎223-7342) und **Latino** (☎224-0677).

RUND UM PANAMA-STADT

Ein Aufenthalt in Panama-Stadt wäre nicht komplett ohne einen Tagesausflug zu dem berühmten Kanal. Man sollte aber nicht vergessen, dass das Kanalgebiet viel, viel mehr zu bieten hat als nur den Kanal selbst. Der Regenwald rund um den Kanal ist leicht zugänglich und gehört zu den Orten, an denen man am besten viele verschiedene zentralamerikanische Tiere und Pflanzen beobachten kann.

Panamakanal

Der Kanal ist wirklich eines der Bauwunder der Welt. Er erstreckt sich über 80 km von Panama-Stadt am Pazifik bis nach Colón am Atlantik und führt direkt durch die nordamerikanische kontinentale Wasserscheide. Fast 13 000 Schiffe fahren jedes Jahr durch den Kanal. Beim Schiffsbau wird weltweit darauf geachtet, dass die Containerriesen durch die Schleusen (305 m lang und 33,5 m breit) des Panamakanals passen. 2010 betrugen die Einnahmen durch den Kanal zwei Milliarden US-Dollar.

Die Durchfahrtsgebühr richtet sich nach dem Gewicht der Schiffe. Im Durchschnitt werden 30 000 US$ fällig, der höchste Preis von ca. 376 000 US$ musste 2010 für das Kreuzfahrtschiff *Norwegian Pearl* gezahlt werden. Am wenigsten blechte übrigens Richard Halliburton, der 1928 für 0,36 US$ durch den Kanal schwamm.

Vor dem Ausbau verfügte der Kanal über drei Doppelschleusen (sogenannte „Locks"): die Miraflores- und Pedro-Miguel-Schleusen am Pazifik und die Gatún-Schleusen am Atlantik. Zwischen den Schleusen fahren die Schiffe über einen riesigen, künstlich angelegten See, den Lago Gatún. Er entstand durch den Gatún-Damm im Río Chagres (zur Zeit der Entstehung war dies der größte Damm bzw. der größte künstliche See der Welt). Außerdem passieren die Schiffe den Gaillard Cut, einen 14 km langen Spalt durch die Felsen und das Schiefergestein der Berge auf der Landenge. Mit jeder Durchfahrt eines Schiffes werden erstaunliche 236 Mio. l Süßwasser in den Ozean gespült.

2006 stimmten die Panamaer für den Ausbau des Kanals. Das Vorhaben wird 5,25 Milliarden US-Dollar verschlingen und soll die bereits existierenden schiffbaren Kanäle verbreitern und vertiefen; außerdem soll dadurch der Bau zweier neuer Schleusen ermöglicht werden. Die Eröffnung sollte ursprünglich zum 100-jährigen Jubiläum des Kanals stattfinden, so wie es jetzt aussieht, wird der Ausbau aber erst 2015 fertig werden.

Sehenswertes

Wer den Kanal besichtigen möchte, sollte ins Miraflores-Besucherzentrum etwas außerhalb von Panama-Stadt gehen; das ist die einfachste und beste Methode. Auch das neue Zentrum zur Beobachtung des Kanalausbaus (S. 757) ist einen Besuch wert. Ein Ausflug zu den Gatún-Schleusen kann von Colón aus unternommen werden.

Miraflores-Schleusen KANAL

(☎276-8325; www.pancanal.com; Aussichtsplattform/kompletter Zugang 5/8 US$; ⌚9–17 Uhr) Hier gibt's Aussichtsplattformen mit Schatten, ein Besucherzentrum mit vierstöckigem Museum und einem hervorragenden Restaurant mit Aussicht auf die Schleusen. Die besten Zeiten, um große Kreuzfahrtschiffe bei der Durchfahrt zu beobachten, sind zwischen 9 und 11 Uhr und von 15 bis 17 Uhr. Jeder Paraíso- oder Gamboa-Bus (0,35 US$) fährt hierher; vom Schild sind es noch 15

Panamakanal

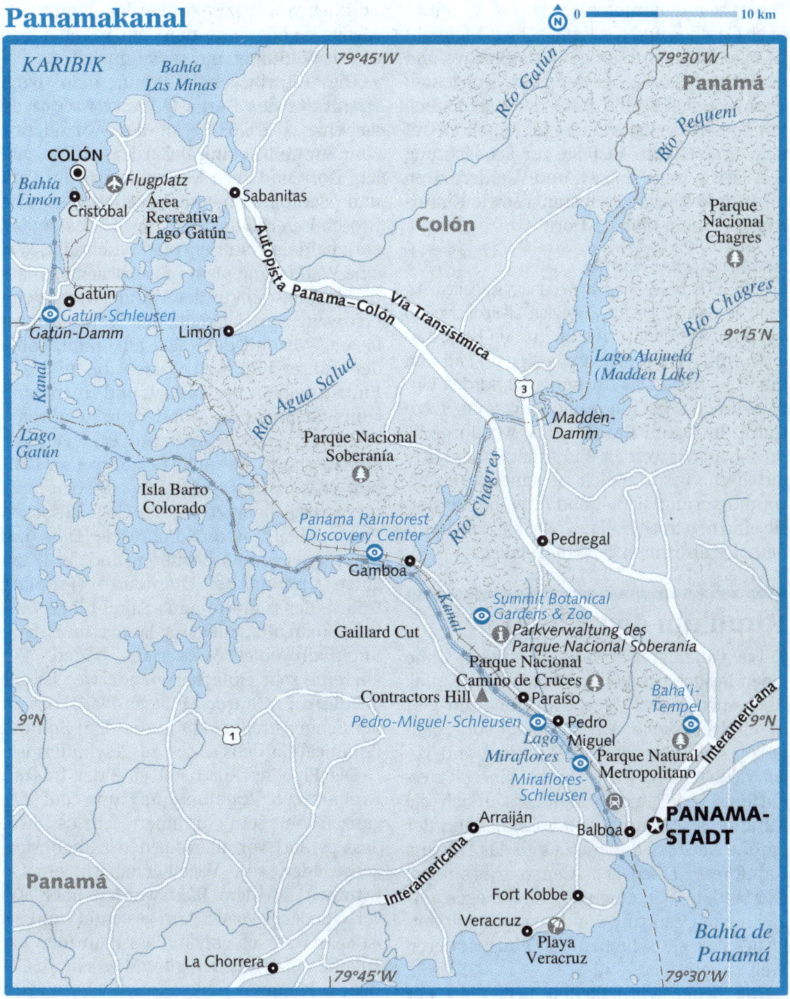

Minuten zu Fuß. Die Hin- und Rückfahrt mit dem Taxi kostet etwa 20 US$.

Pedro-Miguel-Schleusen KANAL

GRATIS Nördlich der Miraflores-Schleusen befinden sich die Pedro-Miguel-Schleusen. Auf der Straße nach Gamboa kommt man an ihnen vorbei. Man kann sie nur von einem Parkplatz aus einsehen.

Aktivitäten

Canal Bay & Tours BOOTSFAHRTEN

(Karte S. 696; ✆ 314-1339; www.canalandbaytours.com; Fahrt auf dem Kanal 115 US$) Bietet jeden Samstagmorgen Fahrten auf dem Kanal an. Die Boote tuckern vom Muelle (Pier) 19 in Balboa los, einem westlichen Vorort von Panama-Stadt. Dann fahren sie durch die Miraflores-Schleusen zum Lago Miraflores und wieder zurück. Bitte vorher reservieren. An einem Samstag pro Monat bietet das Unternehmen auch komplette Durchfahrten an.

★ **Yala Tours** ABENTEUERTOUREN

(✆ 232-0215, 6641-6676; www.yalatourspanama.com) Dieser kleine, von Schweizern geleitete Betrieb bietet Spezialausflüge in ganz

Panama an, darunter auch Tagesausflüge nach Gamboa und das Kanalgebiet. Highlight ist eine Kajakfahrt auf dem Río Chagres und dem Lago Gatún, bei der man beobachten kann, wie sich Schiffe durch den Kanal arbeiten. Außerdem gibt's auch eine Kanaltour auf dem Lago Gatún, Ausflüge zur Beobachtung von Tieren und Pflanzen und Wandertouren im Parque Nacional Soberanía sowie Kulturtrips zu einem Emberá-Dorf.

Panama Canal Fishing ANGELN

(☎ 315-1905, 6678-2653; www.panamacanalfishing.com; Tagesausflüge für 2 Angler, all-inklusive, ab 445 US$) Wer einen wirklich großen Fang machen will, wendet sich am besten an Panama Canal Fishing. Das Aushängeschild des Unternehmens ist die Angeltour zum Lago Gatún und zum Río Chagres, wo Buntbarsche geangelt werden. Ein Amerikaner hatte die Fische ursprünglich zu seinem Freizeitvergnügen angesiedelt und mittlerweile sind sie eine regelrechte Plage. Wer sie angelt, tut dem See also einen großen Gefallen.

Rund um den Kanal

Keine Panamareise wäre vollständig ohne einen Besuch bei dem weltbekannten Kanal. Aber auch in der Gegend drumherum gibt es eindrucksvolle Attraktionen. Vor allem lassen sich hier sehr gut Wildtiere und Vögel beobachten. Im Rahmen eines Tagesausflugs von Panama-Stadt lassen sich die Miraflores-Schleusen und anschließend der Parque Nacional Soberanía und das Panamá Rainforest Discovery Center verbinden. Die beiden letztgenannten Ziele liegen nur 25 km vom Zentrum von Panama-Stadt entfernt, aber sie scheinen Teil einer anderen Welt zu sein.

Die Sehenswürdigkeiten liegen an der Schnellstraße von Panama-Stadt nach Gamboa; beim kleinen Gamboa fließt der Río Chagres in den Lago Gatún. Der Gamboa-Bus fährt vom Albrook-Busterminal zu den Sehenswürdigkeiten (S. 712).

Parque Nacional Soberanía

Einige Kilometer hinter dem Summit Botanical Gardens & Zoo , gegenüber der Grenze zur Provinz Colón, liegt der 221 km² große **Parque Nacional Soberanía** (Eintritt 5 US$). Der Park ist eines der zugänglichsten Gebiete mit tropischem Regenwald in Panama. Er umfasst den Großteil der Landenge und erstreckt sich von Limón am Lago Gatún bis nördlich von Paraíso. Außerdem hat er jede Menge Wanderwege zu bieten, neben denen es von Wildtieren nur so wimmelt.

Die Eintrittsgebühr kann man beim **Hauptsitz des Parks** (Autoridad Nacional del Ambiente; ☎ 276-6370) an der Abzweigung zum Summit Botanical Gardens & Zoo zahlen. Dort sind auch Karten, Infos zum Park und Campinggenehmigungen sowie eine Broschüre erhältlich, die einen Spaziergang entlang dem Naturlehrpfad beschreibt. Wer eine Wanderung plant, muss beachten, dass die Anfangspunkte der Wanderwege ziemlich weit vom Hauptsitz des Parks entfernt liegen. Wer mit dem Taxi ankommt, sollte den Fahrer bitten zu warten, bis man die Eintrittsgebühr bezahlt hat, und einen dann zum Startpunkt der Wanderung zu fahren.

Zu den Wanderwegen im Park gehören ein Abschnitt des alten **Sendero Las Cruces** (Las-Cruces-Pfad), der von den Spaniern dazu benutzt wurde, Gold zwischen Panama-Stadt und Nombre de Dios mit Maultieren zu transportieren, und der 17 km lange **Camino del Oleoducto (Pipeline Road)**, der zum Río Agua Salud führt. Dort kann man flussaufwärts laufen und dann unterhalb eines Wasserfalls baden. Ein kürzerer, sehr einfacher Wanderweg ist der **Sendero El Charco** (Pfützen-Pfad), der an der Schnellstraße 3 km hinter dem Summit Botanical Gardens & Zoo ausgeschildert ist.

Die Pipeline Road soll eine der **besten Stellen zur Vogelbeobachtung** auf der ganzen Welt sein – da überrascht es nicht, dass es dort vor allem in den frühen Morgenstunden von Vogelliebhabern nur so wimmelt. An dem Pfad wurden über 500 verschiedene Vogelarten gesichtet und es ist sehr wahrscheinlich, dass man hier von Tukanen bis Trogonen alles Mögliche zu Gesicht bekommt.

Der Río Chagres, der durch den Park fließt und das meiste Wasser für den Panamakanal liefert, ist der Lebensraum mehrerer **Emberá-Stämme**. Zwar ist der Darién die Urheimat der Emberá, doch in den 1950er-Jahren gab es eine Migrationswelle zu den Ufern des Río Chagres. Der Emberá-Stamm von **Ella Puru** (☎ 6537-7223) und der Wounaan-Stamm von **San Antonio** (☎ 6637-9503) empfangen regelmäßig Besucher. Wer seine Stippvisite im Voraus ankündigt, wird von den Schleusen in Gamboa abgeholt. Es sind alle möglichen Ausflüge im Angebot, von geführten Wanderungen durch den Regenwald bis hin zu Vorführungen traditioneller Tänze.

Panama Rainforest Discovery Center

Dieses neue **Center** (☎ 6588-0697; www.pipelineroad.org; Erw./Kind 20/4 US$; ⏰ 6–16 Uhr) ist auf Ökotourismus und Bildung in Sachen Umwelt ausgerichtet und eine ausgezeichnete Einrichtung für Vogelbeobachter und Naturliebhaber. Wer es frühmorgens aus dem Bett schafft, wird dafür belohnt – diejenigen, die erst nach 10 Uhr kommen, zahlen sogar 5 US$ weniger Eintritt, ein sicheres Zeichen dafür, dass es später nicht mehr so viel zu sehen gibt. Während der besten Zeiten ist nur 25 Besuchern der Zutritt gestattet, damit die Tier- und Pflanzenwelt so wenig wie möglich gestört wird. Der 32 m hohe Aussichtsturm eignet sich hervorragend, um den Nördlichen Prachtkotinga und Tukane zu beobachten. Das mit Augenmerk auf Nachhaltigkeit errichtete Besucherzentrum ist eine gute Informationsquelle und beherbergt 13 Arten von Kolibris, die in der Nähe Nahrung suchen.

Das Zentrum ist auch die richtige Anlaufstelle für alle, die bei Zählungen der Zugvögel mitmachen möchten. Diese Zählungen werden von der gemeinnützigen **Fundación Avifauna Eugene Eisenmann** (☎ 264-6266; www.avifauna.org.pa) durchgeführt, deren Ziel es ist, die Vogelfauna und die Lebensräume in Panamas Regenwald zu schützen.

Zum Park fahren keine Busse. Am besten kommt man mit einem Taxi, mietet sich ein Auto oder nimmt an einer organisierten Tour teil. Das Zentrum liegt 1,6 km von der Zufahrt zur Pipeline Road entfernt. Einfach durch den Ort Gamboa durchfahren und am Ende der Gaillard Road den Schildern folgen.

Monumento Nacional Isla Barro Colorado

Diese üppig bewachsene Insel in der Mitte des Lago Gatún ist die am besten erkundete Gegend der Neotropis. Die Isla Barro Colorado (BCI) entstand bei der Eindämmung des Río Chagres und der Bildung des Sees und wurde 1923 eines der ersten biologischen Schutzgebiete in der Neuen Welt. Auf der Insel wurden 1316 Pflanzen-, 381 Vogel- und 120 Säugetierarten registriert. Außerdem gibt es hier ein 59 km langes Netz von markierten und geschützten Pfaden. Die Insel wird vom Smithsonian Tropical Research Institute (STRI) verwaltet, das hier eine weltberühmte Forschungsanstalt betreibt.

Die 15 km² große Insel war einst nur Wissenschaftlern vorbehalten, aber mittlerweile dürfen im Rahmen einer geführten Tour auch Besucher herkommen. Zu der Tour gehört eine Bootsfahrt des STRI auf einem hübschen Abschnitt des Kanals von Gamboa über den See zur Insel. Für die Touren muss unbedingt reserviert werden – so weit im Voraus buchen wie möglich! Reservierungen nimmt das Büro des Besucherzentrums von Panama-Stadt, das **STRI** (☎ 212-8000; www.stri.org; Av Roosevelt, Tupper Bldg, Ancón; Erw. 70 US$; ⏰ Mo–Fr 8.30–16.30 Uhr) vor.

Die 45-minütigen Bootsfahrten beginnen wochentags um 7.15 Uhr und am Wochenende um 8 Uhr am Pier in Gamboa. Die Wanderungen sind anspruchsvoll und dauern zwei bis drei Stunden. Der gesamte Ausflug geht vier bis sechs Stunden, je nach Gruppengröße und Wetter. Ein Mittagsbüfett (auch mit vegetarischen Speisen) ist inklusive. Für weitere Infos kann man ein kostenloses PDF von der Website des STRI runterladen.

Isla Taboga

Die Isla Taboga ist eine tropische Insel mit nur einer Straße und keinerlei Verkehr. Sie liegt nur 20 km vor der Küste entfernt und ist ein wunderbarer Ort, um dem Trubel von Panama-Stadt zu entfliehen.

Geschichte

Taboga gehört zu einer einst von *indígenas* besiedelten Inselkette. Die Menschen wohnten in Strohhütten und lebten von den Schätzen des Meeres. 1515 gaben sich die Spanier hier ihr Stelldichein, töteten oder versklavten die Inselbewohner und gründeten eine kleine Kolonie. Mehrere Piraten – darunter auch Henry Morgan und Francis Drake – suchten die Insel immer wieder auf und nutzten sie als Ausgangspunkt für Angriffe auf spanische Schiffe und Städte. Abgesehen von ein paar Patronen, die von der US-Marine während der Schießübungen im Zweiten Weltkrieg abgefeuert wurden, war es aber seitdem friedlich.

Sehenswertes & Aktivitäten

Vom Fähranleger aus gibt's in beide Richtungen schöne **Strände**. Viele Besucher wenden sich nach rechts, zum beliebtesten

Strand der Insel, der sich in einem Bogen zwischen Taboga und der winzigen Isla El Morro erstreckt.

An den Wochenenden fahren Fischer mit Besuchern vom Pier aus um die Insel zu guten **Schnorchelstellen** und zu Höhlen an der Westseite, in denen angeblich Piratenschätze verborgen sind. An Werktagen kann man rund um die Isla El Morro schnorcheln. Da gibt es zwar keine Korallen, dafür aber ein paar größere Fische.

Links vom Pier geht es ins Dorf. Nach einer Gabelung führt die Straße hinauf zu einer bescheidenen **Kirche** an einem einfachen Platz. Sie wurde 1550 gegründet und ist die zweitälteste Kirche auf dem amerikanischen Kontinent. Im Innern befinden sich ein schöner Altar und entzückende Kunstwerke. Wer der Straße weiter folgt, findet sich in einem wunderschönen **Park** mit der Statue der Schutzherrin der Insel, Nuestra Señora del Carmen, wieder.

Im **Refugio de Vida Silvestre Isla Taboga y Urabá** lebt und brütet eine der größten Braunpelikankolonien der Welt. Die Pelikane lassen sich von Januar bis Juni blicken, nisten aber vor allem im Mai.

Im August, September und Oktober kommen manchmal Buckel- und Seiwale auf ihrer Wanderung hier vorbei – ein spektakuläres Schauspiel. Auf der Fähre die Augen offen halten.

Festivals & Events

Nuestra Señora del Carmen — FESTIVAL

Zu Ehren der Schutzherrin der Insel, Nuestra Señora del Carmen, wird am 16. Juli eine Meeresprozession veranstaltet. So gut wie alle machen mit bei den Spielen, beim Feuerschlucken und bei den Tänzen.

Fiesta del Mar — FESTIVAL

(www.fiestadelmarpanama.com) Mit dem 2012 ins Leben gerufenen Festival wird die einheimische Kultur mit panamaischem Live-Calypso, Tanz, einem Festzug und gutem Essen gefeiert. Es findet Ende Januar statt und lockt rund 4000 Gäste auf die kleine Insel.

Schlafen & Essen

Die meisten Besucher kommen im Rahmen eines Tagesausflugs von Panama-Stadt auf die Isla Taboga. Es gibt hier aber auch ein paar erschwingliche Unterkünfte.

Zoraida's Cool — GÄSTEHAUS $

(☎6471-1123, 6566-9250; EZ/DZ/3BZ 35/45/50 US$) Das türkisfarbene Haus mit Blick auf die Bucht wird von Rafael, dem Witwer von Zoraida betrieben. Die Zimmer sind klein und die Matratzen in Plastik eingehüllt, aber es ist die preisgünstigste Unterkunft hier. Die Terrasse mit Hängematte eignet sich hervorragend für ein Päuschen mit Blick auf den Pazifik. Vom Pier aus geht es nach links und nach ein paar Minuten kommt ein Schild in Sicht, das den Hügel hinaufzeigt.

Cerrito Tropical — B&B $$

(☎390-8999; www.cerritotropicalpanama.com; DZ mit Frühstück 88 US$, Apt. für 2 Pers. 110–220 US$; ❄📶) Dieses elegante, von Kanadiern geführte B&B versteckt sich in einer ruhigen Nische am Ende einer steilen Straße. Die Zimmer sind stilvoll, manche davon klein, und bieten Zugang zu einer großen, schattigen Terrasse. Es gibt einige Extras, vom Spanischunterricht über Barbecues bis hin zum Mittagessen im Freien. Am Ende der Calle Francisco Pizarro geht es bergauf.

Vereda Tropical Hotel — HOTEL $$

(☎250-2154; www.hotelveredatropical.com; DZ mit Ventilator/Klimaanlage mit Frühstück 72/83 US$; ❄📶) Auf einem Hügel mit eindrucksvoller Aussicht (es geht etwa 100 m einen kurvigen Pfad hinauf) besticht dieses Boutiquehotel mit tropischem Flair, Mosaikfliesen und schmiedeeisernen Geländern. Von der Veranda genießen Gäste beim Essen eine atemberaubende Aussicht, während Julio Iglesias aus den Boxen trällert. Leider ist der Service lasch.

Donde Pope Si Hay — PANAMAISCH $

(Hauptgerichte 4–7 US$; ⊙8–20 Uhr) Das Lokal ist ein einfacher Betonkasten, der frischen Fisch, Kokoswasser und *patacones* (gebackene Kochbananen) serviert.

Praktische Informationen

Mehr Infos über die Insel gibt's auf der ausgezeichneten englischsprachigen Website www.taboga.panamanow.com.

An- & Weiterreise

Vom Damm in Panama-Stadt aus bieten **Barcos Calypso** (☎314-1730; Hin- & Rückfahrt 12 US$) und National Tours (S. 713) Fährverbindungen an; die Fähren verkehren zweimal täglich, am Wochenende dreimal.

PAZIFIKKÜSTE & HOCHLAND

Die Regionen Veraguas, Península de Azuero und Coclé, die sich im Landesinneren zwischen Chiriquí und Panama-Stadt befinden, standen schon immer im Schatten der glanzvollen Hauptstadt, des kühlen Berglands und der verlockenden Karibikstrände. Aber vielleicht lernt man hier noch am ehesten das wahre Panama kennen.

Zu den freundlichen, landwirtschaftlich geprägten Provinzen gehören entspannte Kolonialstädte, Farmen und am Hang gelegene Dörfer. Sie wurden vor vier Jahrhunderten von den Spaniern gegründet und die Traditionen leben hier in Form von ursprünglicher Kolonialarchitektur, schillernden Festivals und erlesener Handarbeit weiter.

Zu den Höhepunkten gehört Santa Catalina, einer der besten Surfspots in ganz Zentralamerika. Landschaftlich äußerst reizvoll sind die malerischen Bergdörfer Santa Fé und El Valle. Die aufstrebende Pedasí-Küste schließlich punktet mit Stränden und Surfspots, die abseits der ausgetretenen Pfade liegen.

ABSTECHER

ARCHIPIÉLAGO DE LAS PERLAS

Mit Hunderten Eilanden, weißen Sandstränden und türkisfarbenem Wasser entsprechen die „Perleninseln" jedermanns Vorstellung vom Paradies. Anders als in der TV-Serie *Survivor*, die hier gefilmt wurde, kann man ohne Mehrheitsbeschluss auf den Inseln bleiben. Es gibt jede Menge Möglichkeiten zum Schnorcheln, Tauchen und Sonnenbaden, allerdings sind die Preise für Unterkünfte und Essen eher happig. Eine gute Unterkunft ist **Perla Real** (☎250-4095, 6513-9064; www.perlareal.com; DZ/Suite/Villa mit Frühstück 95/125/185 US$; ❄📶), ein komfortables Gasthaus, das nur einen zehnminütigen Fußmarsch von den Stränden der Isla Contadora entfernt liegt. Schnorchel- und Tauchausflüge organisiert **Coral Dreams** (☎6536-1776; www.coral-dreams.com). Von Panama-Stadt fliegen täglich Flugzeuge direkt hierher; auch eine Fährverbindung gibt es.

El Valle

5700 EW.

Das malerische Städtchen El Valle de Antón liegt im Krater eines gigantischen erloschenen Vulkans, der vor 3 Mio. Jahren entstanden ist. El Valle ist ein beliebtes Wochenendziel der Städter, die sich nach frischer Luft und landschaftlicher Schönheit sehnen.

Sehenswertes & Aktivitäten

In den Bergen rund um El Valle kann man herrlich wandern und reiten. **Residencial El Valle** vermietet sowohl Fahrräder als auch Pferde. Die Wege sind gut markiert, da sie häufig von den Einheimischen benutzt werden. Einige der schönsten Wanderwege soll es in der Gegend um **Piedra El Sapo** (Krötenstein), westlich von El Valle in der Nähe von **La India Dormida** (einem Gebirgskamm, der wie ein schlafendes indigenes Mädchen aussieht), geben. Nicht weit davon, im Stadtteil La Pintada, sind uralte, sehr ungewöhnliche **Felszeichnungen** zu bewundern, die Menschen, Tiere und andere Figuren darstellen.

El Valle Amphibian Conservation Center WILDSCHUTZGEBIET
(EVACC; www.fightforthefrogs.com/valle.html) Das ausgezeichnete El Valle Amphibian Conservation Center versucht, Amphibien vor dem tödlichen Chytrid-Pilz zu schützen, der Amphibien auf der ganzen Welt bedroht. In dem Schutzzentrum sind viele in Panama heimische Amphibienarten zu sehen, so auch der Panama-Stummelfußfrosch. Das Zentrum befindet sich auf dem Gelände des Zoos El Níspero, 1 km nördlich der Avenida Central.

Quadratische Bäume OUTDOOR
(Calle Club Campestre; vorgeschlagene Spende 2 US$) Die ungewöhnlichen *arboles cuadrados* (quadratische Bäume), für die El Valle berühmt ist, stehen in einem Dickicht entlang einem Wanderweg, der hinter dem Hotel Campestre durch den Osten und Norden des Stadtzentrums verläuft.

Pozos Termales THERMALQUELLEN
(Thermalquellen; Calle los Pozos; Eintritt 2,25 US$; ⌚8–17 Uhr) Im Westen der Stadt plätschern die (gut ausgeschilderten) Pozos Termales in denen man einen Nachmittag lang abtauchen kann. Zu dem erst vor Kurzem re-

novierten Komplex, der in einem abgeschiedenen Waldgebiet liegt, gehört eine Reihe unterschiedlich warmer Quellbecken. Das Wasser soll eine heilende Wirkung haben.

Chorro El Macho WASSERFALL
(„Männlicher Wasserfall"; Eintritt 3,60 US$; ⌚ Sonnenaufgang–Sonnenuntergang) Der berühmteste Wasserfall von El Valle ist der 85 m hohe Chorro El Macho. Zu dem Wasserfall, der sich 2 km nordwestlich der Stadt befindet, fährt der Bus nach La Mesa (0,35 US$). Von der Straße führt dann ein kurzer Weg zu den Wassermassen, die in ein hübsches Becken mitten im Regenwald hinabstürzen – Badesachen nicht vergessen!

Schlafen & Essen

La Casa de Juan GÄSTEHAUS $
(☎6453-9775, 6807-1651; www.lacasadejuanpanama.blogspot.com; Calle Cocorron No 4; Zeltplatz 10 US$ pro Zelt, B/EZ/DZ 10/15/20 US$; 📶) Vor der rustikalen Kulisse einer richtigen Männerwirtschaft stehen jede Menge Geländewagen, Wagenräder und Gerätschaften zum Gewichtheben im Freien herum. Das ebenfalls ziemlich heruntergekommene Haus ist überraschend sauber, und der sehr gesellige, gastfreundliche Señor Juan bietet auch geführte Wanderungen an.

Santa Librada GÄSTEHAUS $
(☎6591-9135; Av Central; DZ 20–35 US$) Von dem beliebten Restaurant gleichen Namens führt ein Durchgang zu drei einfachen, aber sauberen und günstigen Doppelzimmern, die ideal für Pärchen sind.

Residencial El Valle HOTEL $$
(☎983-6536; www.hotelresidencialelvalle.com; Av Central; DZ/3BZ/4BZ 55/66/83 US$; P 📶) Das alteingesessene Hotel im Motelstil bietet Service auf höchstem Niveau. Die Zimmer sind sauber und schnörkellos. Das Hotel verfügt über eine schöne Dachterrasse und vermietet Fahrräder. Das hoteleigene Restaurant ist sehr beliebt.

Buon Appetito PIZZERIA $
(☎6401-6301; Hauptgerichte 6–9 US$; ⌚ Do 18–21, Fr & Sa 12–21, So 12–20 Uhr) Die Einheimischen sagen, diese von einem Paar aus Mailand geführte Pizzeria sei das einzig Wahre; hier kommen Pasta, Lasagne, Focaccia und Pizza auf den Tisch – sehr italienisch! Das Tagesgericht mit Nachtisch probieren. Die Pizzeria wird von zu Hause aus betrieben. Es gibt keine richtige Straßenadresse; sie liegt in der „calle de la Panadería Cano".

Restaurante Santa Librada PANAMAISCH $
(Av Central; Hauptgerichte 3–5 US$) Das günstige und freundliche Restaurant serviert nicht nur herzhafte Portionen typisch panamaischer Gerichte wie *bistec picao* (gut gewürztes Rindergeschnetzeltes), sondern auch Sandwiches und Frühstück.

Shopping

Mercado de Artesanía MARKT
(Av Central; ⌚ 8–18 Uhr) Eine der Hauptattraktionen ist der sonntägliche Kunsthandwerkermarkt, auf dem die Ngöbe-Buglé, Kuna, Emberá und Wounaan qualitativ hochwertige Körbe, Holzarbeiten, Keramik, Arbeiten aus Speckstein, Blumen und Pflanzen (auch Orchideen) sowie jede Menge frische Erzeugnisse verkaufen. Eine kleinere Version des Marktes ist täglich geöffnet.

An- & Weiterreise

Von 7 bis 19 Uhr fahren in Panama-Stadt stündlich Busse nach El Valle (4,25 US$, 2½ Std.) ab.

Die Innenstadt von El Valle ist klein, aber die meisten Sehenswürdigkeiten sind ziemlich weit davon entfernt. Eine Taxifahrt innerhalb der Stadt kostet 2 bis 3 US$. Die Busse nach La Mesa (0,50 US$) fahren am Wasserfall von Chorro El Macho vorbei und die Hauptstraße von El Valle entlang.

Chitré

41 600 EW.

Die freundliche, cowboymäßige Hauptstadt der Provinz Herrera ist für viele das Tor zur hübschen Península de Azuero.

Schlafen & Essen

Hotel Santa Rita HOTEL $
(☎996-4610; Ecke Calle Manuel Maria Correa & Av Herrera; DZ mit/ohne Klimaanlage 29/23 US$; P ❄ 📶) Das Hotel war einst eines der ersten der Stadt, ist aber mittlerweile auf der Beliebtheitsskala gesunken – einziger Vorteil ist der Preis. In den Zimmern mit den hohen Decken riecht es muffig, in den Badezimmern nach Desinfektionsmittel. Einige der Zimmer haben einen eigenen Balkon. Der Service ist sehr freundlich und es gibt Kabel-TV.

Hotel Rex HOTEL $$
(☎996-4310; Calle Melitón Martín s/n; DZ/3BZ 55/72 US$; P ❄ 📶) Mit der erstklassigen Lage am Parque Union und einem guten Restaurant im Erdgeschoss ist das Rex ein ordentliches Mittelklassehotel. In den sauberen Zimmern

mit Fliesenfußboden und Backsteinwänden gibt es frische Handtücher, Thermosflaschen und Fernseher. Zwei Computer mit Internetanschluss stehen ebenso zu Verfügung wie WLAN im ganzen Haus.

Restaurante El Meson PANAMAISCH **$$**
(☎996-4310; Calle Melitón Martín s/n; Hauptgerichte 4–12 US$; ⏱7.15–22 Uhr; 📶) Auf der langen Speisekarte steht alles Mögliche vom Sandwich über Fleischgerichte bis hin zu Meeresfrüchten. Die Hühnchen-Tacos z. B. sind mehr als ausreichend für den kleinen Hunger. Zum traditionellen Frühstück gehören gebratene Yucca oder *Tortillas e maíz* mit Eiern und Kaffee. Die Einrichtung besteht aus Glastischen und hohen Holzstühlen.

ℹ An- & Weiterreise

Chitré ist ein Knotenpunkt des regionalen Busverkehrs. Ankunft und Abfahrt der Busse ist am **Terminal de Transportes de Herrera** (☎996-6426), 1 km südlich der Innenstadt. Die Busse fahren nach Las Tablas (1,50 US$, 40 Min., alle 20 Min.) und weiter nach Pedasí (3,25 US$, 1 Std., stündl.) sowie in andere Orte auf der Halbinsel. Zum Busbahnhof kommt man entweder mit **Radio Taxi** (☎996-4442), was 1 bis 2 US$ kostet, oder mit dem „Terminal"-Bus (0,35 US$), der an der Kreuzung der Calle Aminta Burgos de Amado mit der Avenida Herrera abfährt.

Um von Chitré nach David oder Panama-Stadt zu kommen, nimmt man einen Bus nach Divisa, von wo *directo*-Busse (Direktbusse) in die jeweilige Stadt fahren (8 US$, 4 Std.). Die Busse starten alle 30 Minuten bei der Delta-Tankstelle an der Kreuzung zwischen Interamericana und Carretera Nacional.

Pedasí

1700 EW.

Jahrelang erwachte der verschlafene Ort nur während Festen zum Leben. Doch nun entdecken immer mehr Besucher den Reiz des Lebens in der Kleinstadt und die wundervoll wilden Strände. So steht Pedasí praktisch ohne Vorwarnung plötzlich im Mittelpunkt hochfliegender Pläne zur Entwicklung der Südwestküste nach dem Vorbild der Toskana oder Kaliforniens.

Sehenswertes & Aktivitäten

Pedasí ist das Einfallstor zur Küste von Azuero. Die nächstgelegenen Strände sind die **Playa El Toro** und **La Garita**, die beide über eine 2 km lange Straße (zu Fuß oder mit dem Taxi für 6 bis 8 US$) zu erreichen sind.

Isla de Cañas NATURSCHUTZGEBIET
(Eintritt 10 US$) Jahr für Jahr kommen Tausende von Oliv-Bastardschildkröten zur Eiablage auf die Isla de Cañas. Öffentliche Verkehrsmittel fahren nicht zu der Insel, aber über das ATP-Büro können Touren dorthin organisiert werden.

Refugio de Vida Silvestre Isla Iguana PARK
(Eintritt 10 US$) Ein 50 ha großes Wildtierreservat vor der Halbinsel. Trotz der verheerenden Schäden durch El Niño sind die überlebenden Korallen immer noch ziemlich spektakulär und das Wasser ist seicht genug zum Schnorcheln. Außerdem bevölkern von Juni bis November Buckelwale die umgebenden Gewässer. Die ATP führt eine Liste mit Booten, die dorthin fahren (etwa 60 US$/Gruppe).

NICHT VERSÄUMEN

LAS FIESTAS DE AZUERO

Die traditionellen Feste, die die spanischen Siedler einst nach Azuero brachten, sind heute in ganz Panama bekannt. Nur wenige Ausländer sehen diese wilde Seite des Landes. Auch wenn man dafür ein oder zwei Tage lang heftigste Kopfschmerzen riskiert – diese Partys sind einfach unvergesslich. Hier einige der besten:

Karneval An den vier Tagen vor Aschermittwoch (Februar/März) wird in Chitré, Parita, Las Tablas und Villa de Los Santos gefeiert.

Semana Santa Im März/April in Pesé und Villa de Los Santos.

Feria de Azuero Ende April/Anfang Mai in Villa de los Santos.

Fiesta de Corpus Christi 40 Tage nach Ostern in Villa de Los Santos.

Patronales de San Pablo & San Pedro 29. Juni in Pedasí und La Arena.

Feria de la Mejorana, Festival de la Virgen de las Mercedes 23.–27. Sept. in Guararé.

Pedasí Sports Club TAUCHEN

(995-2894; www.pedasisportsclub.biz; Calle Central s/n) Der PADI-zertifizierte Pedasí Sports Club bietet Tauchgänge mit zwei Flaschen (ab 95 US$) vor der Isla Frailes und der Isla Iguana an. Zu den Tauchausflügen nach Iguana werden auch Schnorchler mitgenommen (65 US$). Außerdem hat die Tauchschule eine Flussfahrt mit dem Kajak im Programm (65 US$), organisiert Angeltouren (180 US$), Schildkrötenbeobachtung (65 US$) und Reitausflüge (65 US$). Das Personal spricht Englisch.

Schlafen

Peak Hostel HOSTEL $

(6258-1875, 995-2776; peakhostel@gmail.com; B/EZ/DZ/3BZ 10/45/55/65 US$;) Das erste Hotel in Pedasí verfügt über eine erstklassige Lage an der Plaza und einen herrlichen Garten im Hinterhof. Die attraktiven Zimmer aus Betonplatten mit Wandmalereien könnten mal ausgebessert werden (nach Lecks Ausschau halten), aber einige davon sind in Ordnung. In der Dusche gibt's heißes Wasser. Die Schlafsäle hingegen sind muffig und mit Stockbetten vollgestopft.

Dim's Hostal GÄSTEHAUS $

(995-2303; mirely@iname.com; Av Central s/n; EZ/DZ mit Frühstück 33/49 US$; P) Dim's Hostal vermittelt eine familiäre Atmosphäre und hat nach hinten raus einen heiß begehrten Innenhof mit Tischen fürs Frühstück, Hängematten und einem Mangobaum. Die Zimmer sind qualitativ unterschiedlich (in manchen hängt das Bett durch), aber die Besitzer reizend und sehr serviceorientiert. Ein Highlight ist das umfangreiche Frühstück, zu dem es auf Bestellung auch gekochte Eier und *tortillas de maíz* gibt.

Hostal Doña María HOTEL $$

(995-2916; www.hostaldonamaria.com; Av Central s/n; EZ/DZ/3BZ mit Frühstück 40/55/70 US$; P) Mit seinen Doppelbetten und der ruhigen Atmosphäre ist dieser fürsorgliche Familienbetrieb ideal für Paare; in den guten, gefliesten Zimmern stehen feste Betten mit edlen gesteppten Überwürfen. Oben auf der Veranda stehen weiche Sofas mit Blick zur Straße und ein Stapel Zeitschriften zum Blättern. In den Duschen gibt es heißes Wasser; Gäste können die Küche im Freien benutzen. Wer ein Zimmer mit Kabel-TV oder ein übergroßes Bett möchte, muss einen Aufpreis von 5 US$ bezahlen.

Essen

★ Fonda Mama Fefa PANAMAISCH $

(Calle Los Estudiantes s/n; Menü 2,25 US$; Mo–Sa 5–14 Uhr) Der Matriarchin der kreolischen Küche, Mama Fefa, geht um die Mittagszeit regelmäßig das Essen aus (man kann sich dort auch länger aufhalten). Die riesigen *platos típicos,* zu denen Fleisch oder Fisch, Reis, Salat und ein Getränk gehören, sind preisgünstig und machen Spaß. Ihre Fans teilen den Platz an den wenigen Tischen draußen gern.

Bakery CAFÉ $

(995-2878; www.thebakerypedasi.com; Av Central s/n; Hauptgerichte 4–7 US$; 7–22 Uhr) Die Geschäfte laufen gut in dem von Israelis betriebenen Bäckerei-Café, das für sein vorzügliches Frühstück mit hausgemachten Weizen- und Sauerteigbroten und Bio-Kaffee berühmt ist. Außerdem gibt es hier in einem Brotlaib servierte Suppe und Sandwiches (auch vegetarisch). Die schattige Veranda geht auf die Hauptstraße hinaus.

Maudy's Café CAFÉ $

(Av Central s/n; Hauptgerichte 3–6 US$; Mo–Sa 8–17 Uhr;) Ananas-Pfefferminze oder Banane-Rote-Beete mit Karotten und Orangensaft sind erfrischende Vitaminbomben in dieser anständigen Saftbar. Außerdem gibt's Obstsalat, Baguette-Sandwiches oder Früchtesorbet an den Tischen draußen, wo auch Papageien zu sehen sind, die hier leben. September bis einschließlich Oktober geschlossen.

Pasta e Vino ITALIENISCH $

(6695-2689; Hauptgerichte 5 US$; Di–So 18.30–22 Uhr) Dieses von Italienern geleitete Restaurant ist ein Ausbund an Schlichtheit; mit Kreide wird jeden Abend auf drei Tafeln festgehalten, was es so gibt: Pasta, eine Weinliste und Salat. Das Essen ist einfach, aber authentisch, z. B. das Pesto mit schwarzen Oliven und frischem Käse. Guter Service ist hier alles (immerhin sitzt man praktisch im Wohnzimmer von Danilo und Elena). Das gelbe Haus steht drei Blocks hinter der Plaza, an der Straße zur Playa El Toro.

Praktische Informationen

ANAM (Mo–Fr 8–16 Uhr) Das Büro von ANAM liegt im Süden der Ortschaft; der Service dort ist extrem miserabel (und es gibt kein Telefon), aber theoretisch gibt's hier Informationen über die Isla Iguana und die Isla de Cañas.

ATP (☎995-2339; ⊙9.30–17.30 Uhr) Das hilfsbereite, aber langsame Büro von ATP liegt einen Block hinter der Hauptstraße im Norden der Ortschaft. Dort gibt's eine Liste mit Booten, die zur Isla de Cañas fahren.

Banco Nacional de Panama (Av Central s/n) Hier gibt's einen Geldautomaten (einer von zweien, hier an der Avenida Central); am Ortseingang.

An- & Weiterreise

Neben dem Centro Comercial fahren zwischen 6 und 16 Uhr alle 45 Minuten Busse nach Las Tablas (3 US$, 1 Std.). Busse nach Playa Venado (2 US$, 30 Min.) fahren um 7, 12 und 14 Uhr. Busse nach Cañas (2 US$, 45 Min.) fahren um 7 Uhr.

Mit privaten Fahrzeugen oder einem **Taxi** (☎995-2275) ist die Küste schnell erreicht; der Taxistand ist auf der Avenida Central. Die einfache Fahrt kostet nach Playa El Toro 3,50 US$, nach Playa La Garita 5 US$ und nach Playa Venado 24 US$.

Playa Venao

Hinter Pedasí verwandelt sich der lange, unter Naturschutz stehende Strand von Playa Venao allmählich in einen richtigen Touristenort, in den vor allem die Surfer strömen und sich an den konstanten Left- und Right-Hand-Breaks erfreuen.

Vom **La Choza** (www.playavenaohostel.com; Zeltplatz 7 US$/Pers., B 15 US$, DZ mit/ohne Klimaanlage 55/40 US$; ❄📶) aus ist es nicht mehr weit bis zu den Wellen; außerdem ist es eine perfekte Unterkunft für Traveller. Die ziemlich vollgestopften Schlafsäle haben polierte Betonböden, Ventilatoren, bequeme Betten und heiße Duschen. In manchen der separaten Zimmer stehen Stockbetten; alle Zimmer haben Gemeinschaftsbäder. Es gibt eine Küche für Gäste, einen Minimarkt in der Nähe und nicht weit entfernt ein protziges Restaurant im Freien, direkt am Strand.

Auf der Urwaldseite der Hauptzufahrtsstraße bietet das **Eco Venao** (☎832-0530; www.venao.com; Zeltplatz 5,50 US$/Pers., B/DZ mit Gemeinschaftsbad 11/28 US$, Hütte für 2 Pers. 44 US$, Haus für 6 Pers. 275 US$; P❄📶👪) Unterkünfte im kühlen Bergklima zu angenehmen Preisen. Der Schlafsaal mit acht Betten ist einfach, aber gemütlich (Reservierungen werden nicht akzeptiert). Es gibt Moskitonetze, eine Küche und eine schattige Veranda voller Hängematten.

Die modernen Gästehäuser im Kolonialstil sind einfach nur schön. Man kann reiten (10 US$), ein Surfbrett (15 US$/Tag) oder Kajak (25 US$/Tag) mieten und Yoga am Strand machen. „Eco" bedeutet hier nicht nur Mülltrennung und Wertstoffrecycling, sondern auch, dass die Infrastruktur nur minimal ausgebaut ist. Deshalb führen nur schmale Pfade zum Strand.

Dazu gehört auch ein vernünftiges Restaurant, in dem es Spezialangebote für Backpacker gibt. Nach dem Surfen kann

ABSEITS DER ÜBLICHEN PFADE

DER WESTEN VON AZUERO

Die meisten Traveller reisen über Chitré nach Azuero, dabei hat die Westküste der Halbinsel, die ein paar Stunden südlich von Santiago liegt, einen ganz eigenen Reiz – abseits der ausgetretenen Pfade.

Von Dezember bis Februar legen drei Arten von Meeresschildkröten ihre Eier an den Stränden von Malena ab. Um sie zu schützen, können Freiwillige bei der **Malena Beach Conservation Association** (Asociación Conservacionista de Playa Malena; www.playamalena.org; Touren ab 10 US$/Pers., Übernachtung mit Frühstück 10 US$/Pers.) mitarbeiten. Voraussetzung sind Grundkenntnisse der spanischen Sprache. Die Naturschutzorganisation hat auch Ausritte, Bootstouren und Spaziergänge in der Natur im Programm.

Im nahe gelegenen Palmilla bietet das **Hotel Heliconia** (Tanager Tourism; ☎6676-0220; http://hotelheliconiapanama.com; überdachte Rancho EZ/DZ 18/30 US$, EZ/DZ mit Frühstück 50/75 US$; ❄) von Mitte Dezember bis Mitte Mai Luxus-Camping, Mahlzeiten und schicke Zimmer an. Der hervorragende Rückzugsort wurde von niederländischen Biologen, die auch sehr empfehlenswerte Ausflüge in die Umgebung anbieten, sorgfältig entworfen. Darüber hinaus arbeiten sie mit der einheimischen Bevölkerung an nachhaltigen Tourismusprojekten. Von Santiago aus fahren stündlich Coaster-Busse nach Mariato und von dort aus nach Palmilla (4 US$, 1½ Std.).

man noch zu einem Wasserfall wandern (15 Min. zu Fuß).

Die Straße nach Playa Venao zweigt 33 km südwestlich von Pedasí ab. Der Bus von Cañas nach Las Tablas (2 US$) kommt hier morgens zwischen 8 und 9 Uhr und abends in der Gegenrichtung vorbei. Die genauen Zeiten weiß man im Hotel. Wer will, kann auch mit dem Taxi von Pedasí hierher fahren (30 US).

Santa Catalina

Das Geheimnis um einen der besten zentralamerikanischen Surforte ist gelüftet. Die Left- und Right-Hand-Breaks von Santa Catalina sind an guten Tagen mit dem Sunset Beach auf O'ahu zu vergleichen. In dem Fischerdorf herrscht eine lockere Atmosphäre, es gibt eine Handvoll strohgedeckter Restaurants und sonst nicht viel in puncto Nachtleben.

Seit vor Kurzem die Zugangsstraße gepflastert wurde, boomen ausländische Investitionen. Mittlerweile gibt es zwar Handy-Dienste, aber noch immer keine Banken und Kreditkarten werden nur an wenigen Orten genommen. Wer hierher kommt, sollte Bargeld mitbringen. Allgemeine Informationen und Vorhersagen für Surfer s. www.santacatalinabeach.com.

Aktivitäten

Die besten Wellen gibt's im Allgemeinen von Dezember bis April, aber surfen kann man hier das ganze Jahr. Anders als die Karibik ist der Pazifik in dieser Hinsicht einigermaßen beständig, aber ein guter Wellengang gibt der Surfszene hier wirklich Auftrieb. Achtung: Viele der Breaks in dieser Gegend verlaufen über Felsen; dabei kann das Surfbrett leicht zu Bruch gehen, wenn der Surfer nicht weiß, was er tut. Die meisten Unterkünfte hier vermieten Surfbretter und bieten Surfunterricht an.

★ Panama Dive Center TAUCHEN
(☎6665-7879; www.panamadivecenter.com; ⏲7–19 Uhr) Das freundliche, professionelle Tauchzentrum ist PADI-zertifiziert und bietet Schnorcheln (60 US$), ganztägige Tauchausflüge mit zwei Sauerstoffflaschen (130 US$) und Kurse an. Es liegt an der Hauptstraße zum Strand.

Santa Catalina Surf Shop SURFEN
(☎6963-0831; www.santacatalinasurfshop.com; ⏲8–15 Uhr) Der von einem freundlichen Südkalifornier geleitete Surfshop ist darauf spezialisiert, Travellern, die zusätzliches Gepäck satthaben, gute Ausrüstung zu bieten. Er vermietet, kauft und verkauft Qualitätsbretter und Zubehör. Liegt an der Hauptstraße und öffnet auch auf Vereinbarung.

Surf & Shake SURFEN
(www.surfandshake.com; ⏲9–18 Uhr) An der Straße zum Strand, nur 150 m von der Hauptstraße entfernt, vermietet Surf & Shake Surfbretter und verkauft Leashes, Boards und Surfkleidung. Die beiden deutschen Surfer, die den Laden führen, sprechen Deutsch und Englisch und öffnen auch außerhalb der Öffnungszeiten. Einfach vorbeischauen und anklopfen.

Schlafen

Wer am Wasser übernachten will, folgt den Schildern an der Straße, die aus dem Ort hinausführt – sie verweisen auf entsprechende Unterkünfte. Die meisten befinden sich auf überwiegend flachem Gelände ohne Schatten, gut 1 km entfernt von der Ortsmitte.

Cabañas Rolo HÜTTE $
(☎6494-3916; www.rolocabins.net; B 11 US$, DZ mit/ohne Bad 55/20 US$, 3BZ mit/ohne Bad 65/30 US$; P) Die rustikalen Hütten sind bei jungen Surfern aus der ganzen Welt äußerst beliebt. In jeder Cabaña stehen ein bis drei Betten unter einem Ventilator. Im Gemeinschaftsbad gibt's nur kaltes Wasser, dafür ist aber jede Menge los. Der Morgenkaffee in Raststättenqualität ist kostenlos. Gästen steht auch eine Freiluftküche zur Verfügung. Der Besitzer Rolo Ortega spricht Spanisch und Englisch, bietet Surfunterricht an und organisiert Surfausflüge zur Isla Cébaco (200 US$/Gruppe).

Blue Zone HOSTEL $
(☎6458-5305; www.bluezonepanama.com; Zeltplatz 5 US$/Zelt, B/EZ/DZ 10/18/20 US$; P @) Dieses attraktive Hostel aus Lehmstein verfügt über einige dunkle Zimmer aus Beton, die im Kreis angeordnet sind. Es gibt einen Campingplatz und gesonderte Preise für Langzeitaufenthalte, darüber hinaus heiße Duschen, kostenlosen Kaffee und hausgemachte Leckereien.

Surfer's Paradise HOSTEL $
(☎6709-1037; surfcatalina@hotmail.com; Zeltplatz 8 US$/Pers., B 13 US$, EZ/DZ/3BZ 36/48/55 US$; P ❄) Die Gäste des Campingplatzes in den Bergen können den ganzen Tag über von einem Logenplatz aus beobachten, wie sich

die Wellen am Strand brechen. Der Standort ist erstklassig, die Zimmer sind einfach nur lange Betonquader mit Ventilatoren und Einzelbetten. Auch ein strohgedecktes Restaurant mit guter Aussicht gehört dazu. Gäste können Surfunterricht nehmen und Surfbretter mieten. Klimaanlage kostet extra.

★ Hibiscus Garden LODGE $
(☎6615-6097; www.hibiscusgarden.com; Playa La Gartero; B 10 US$, EZ mit/ohne Bad 25/18 US$, DZ mit/ohne Bad 40/30 US$; P ❄ @ 📶) Das freundliche Hotel unter deutscher Leitung befindet sich an der Playa La Gartero, 10 km vor Santa Catalina. Es ist eine Mischung aus modern und rustikal, stilvoll eingerichtet und minimalistisch schlicht. Überall gibt es verspielte Mosaiken. Die Betten bestehen aus wiederverwertetem Treibholz und jedes Zimmer hat eine eigene Terrasse mit Hängematte. Es gibt einen luftigen Open-Air-Schlafsaal mit guter Aussicht. Anders als die Strände in Santa Catalina ist dieser Strand am Golf von Chiriquí ruhig, abgeschieden und gut zum Baden geeignet. Manchen wird der Hibiskusgarten zu weit abgelegen sein, aber es gibt einen Shuttle-Dienst in die Stadt (Hin- & Rückfahrt 5 US$). Hier wird es nie langweilig, denn man kann reiten (20 US$/3 Std.), wakeboarden, surfen lernen und angeln. Kinder unter 14 Jahren übernachten kostenlos. Im Restaurant (Hauptgerichte 6,50–15 US$) gibt's Salate, Sandwiches aus hausgemachtem deutschem Brot und ein Tagesessen; Gäste können aber auch die Gemeinschaftsküche benutzen.

La Buena Vida HÜTTE $$
(☎6572-0664; www.labuenavida.biz; Hütten ab 66 US$; P ❄ 📶) Die drei freundlichen Hütten zieren Meeresmosaiken und bunte Fliesen, die von den amerikanischen Eigentümern selbst entworfen wurden. Die ganze Anlage wurde von dem Paar mit Perfektion geschweißt, gefliest und gestrichen. Die beiden kümmern sich um jede Kleinigkeit, geben Tipps und Empfehlungen zur Gegend und versorgen ihre Gäste mit Lunchpaketen. Es wird kompostiert und recycelt; auch Yoga wird angeboten. An der Hauptstraße.

Oasis Surf Camp HÜTTE $$
(☎6588-7077; www.oasissurfcamp.com; Zeltplatz 10 US$/Pers., DZ mit Ventilator/Klimaanlage 40/50 US$, Suite 150 US$; P ❄ 📶) Das Surferlager unter italienischer Leitung ist eine Institution in Santa Catalina. Kein Wunder, denn die Lage direkt am Strand ist unschlagbar! Die Hütten am schwarzen Sandstrand sind einfach, aber angemessen eingerichtet, haben Kaltwasserduschen und große Hängematten. Zum Essen bietet sich das Outdoor-Restaurant an. Außerdem werden verschiedene Surfboards vermietet. Das Camp befindet sich an der Playa Estero in der Nähe der Flussmündung, 2 km entfernt von der Hauptstraße Santa Catalinas.

Essen

La Panaderia BÄCKEREI $
(Die Bäckerei; ☎6549-7464; ⊙6.30–16 Uhr) Diese winzige Bäckerei an der Hauptstraße wird von einem französisch-spanischen Paar geführt und ist so etwas wie eine Institution hier. Vor 9.30 Uhr kommen, sonst ist das Brot ausverkauft und es dauert länger, bis das Frühstück (Omlettes, Pfannkuchen) serviert wird. Großartig sind auch der Kaffee, die Lunchbox zum Mitnehmen, die Kuchen und die leckeren Muffins.

Pizzeria Jamming PIZZERIA $
(Pizza 5–8 US$; ⊙ab 18.30 Uhr) Heißgeliebte Institution an der Straße, die zu den Hotels am Strand führt. Die köstlichen Pizzas mit dünnem, knusprigem Boden werden mit frischen Zutaten belegt. Die Freiluft-*rancho* (kleines Haus) ist zudem der lebhafteste Treffpunkt in Santa Catalina.

La Buena Vida AMERIKANISCH $
(www.labuenavida.biz; Hauptgerichte ab 5 US$; ⊙6–14 Uhr) Große Klasse sind die Frühstücks-Burritos oder das griechische Rührei aus Feta, Oliven, Tomaten und Eiern in diesem flippigen gefliesten Café über der Hauptstraße. Hier gibt's auch frische Fruchtdrinks und um die Mittagszeit eine Auswahl an Salaten, Tacos und Sandwiches aus hausgemachtem Brot.

Los Pibes ARGENTINISCH $
(Hauptgerichte 5–12 US$; ⊙Do–Di 18.30–22 Uhr) Das argentinische Lokal mit den guten Schwingungen ist ein Original – angefangen von der Speisekarte, auf der Nachos, Steak und kleine Empanadas im argentinischen Stil stehen, bis hin zu den Margaritas und Mojitos mit haufenweise zerstoßenem Eis. Surfer können sich den Bauch mit riesigen Burgern mit Speck oder Eiern vollschlagen; 1 km von der Stadt entfernt.

ℹ An- & Weiterreise

Von Panama-Stadt nach Santa Catalina fahren Busse, wobei mehrmaliges Umsteigen erforderlich ist: zuerst einen Bus nach Santiago (S. 713) nehmen, danach einen anderen nach Soná, von

ABSTECHER

ISLA DE COIBA

Mit Ausnahme der Galápagos-Inseln und der Isla de Coco ist kaum ein Reiseziel in Lateinamerika so exotisch (und schwierig zu erreichen) wie diese Insel. Sie ist Teil des Meeresschutzgebiets Parque Nacional Coiba im Golf von Chiriquí, nur 20 km von der Küste entfernt.

Coiba ist wirklich eine Welt für sich, mit einem im Ursprungszustand belassenen Ökosystem und einer einzigartigen Fauna. Abgesehen von einer berühmt-berüchtigten Strafkolonie an der Küste war die Insel die letzten 100 Jahre sich selbst überlassen. So haben unerschrockene Traveller heute die Chance, auf dem Pazifik zu paddeln, durch ursprünglichen Regenwald zu wandern, im Meeresschutzgebiet zu schnorcheln und zu tauchen und auf immer seltener werdende Wildtiere zu treffen. Allerdings kommt man nur mit einer geführten Tour auf die Insel, denn es gibt dort praktisch keine touristischen Einrichtungen. Wer eine Tour unternehmen möchte, die Wandern und Schnorcheln umfasst, sollte den empfehlenswerten einheimischen Guide **Javier Elizondo** (☎6544-1806; www.birdcoiba.com; ganztägige Tour 110–250 US$/Pers.) kontaktieren. Je mehr Teilnehmer, desto geringer der Preis, deshalb lohnt es sich, eine Gruppe zusammenzutrommeln.

wo aus um 5, 11, 14 und 16.30 Uhr Busse nach Santa Catalina (4,65 US$, 1½ Std.) fahren. Oder ein Taxi von Soná nach Santa Catalina (ab 60 US$) nehmen. Alle zwei Stunden fährt ein Direktbus von Panama-Stadt nach Soná.

Von Santa Catalina fahren täglich drei Busse nach Soná, und zwar um 7, 8.20 und 13.15 Uhr. In Santa Catalina hält der Bus an der Abzweigung der Straße zum Strand. Wer außerhalb des Zentrums übernachtet, erreicht die meisten Unterkünfte zu Fuß, etwa 1 km über flaches Terrain. Achtung: Taxis sind nur in der Stadt, wenn jemand aus Soná ankommt.

Von der Bushaltestelle zu den Surfhotels am Meer führt der Feldweg auf der linken Seite der Straße, die nach Santa Catalina hineinführt, kurz bevor die Straße endet. Jedes Hotel zeigt durch ein eigenes Schild an, wo man abbiegen muss.

Santa Fé

Im Schatten der kontinentalen Wasserscheide liegt dieses kleine Bergstädtchen, ein perfektes Ziel für geistig unabhängige Wanderer und Vogelbeobachter, die den Menschenmassen entfliehen wollen.

Eine Reihe herrlicher Wasserfälle, einsame Gebirgsbäche und zugängliche Badestellen liegen in Gehweite von der Stadt. 20 Fußminuten vom Dorf entfernt weitet sich der **Río Bulava** zu einem hübschen Badebecken. Geht man an der Gabelung am Südende des Ortes nach rechts und danach den zweiten Weg wieder rechts, kommt man zu einigen schönen Badestellen. Eine halbtägige Wanderung führt zum erfrischend sprudelnden Wasserfall der **Cascada de Bermejo**. Eine genaue Beschreibung des Weges bekommt man in seiner Unterkunft hier.

Die gastfreundlichen *campesinos* **Chong & María** (☎6525-4832; halbtägige Tour 5 US$/Pers.) zeigen Besuchern gerne den kleinen Biobauernhof, den sie mit ihrer Familie betreiben. Unbedingt vorher reservieren. **Aventuras Cesamo** (☎6972-0571, 954-0807; www.aventurascesamo.blogspot.com) bietet Ausritte und Wanderungen zu Wasserfällen mit einem angesehenen einheimischen Guide an.

Ideales Basislager für die Erkundung der Gegend ist das **Hostal La Qhia** (☎954-0903, 6592-5589; www.panamamountainhouse.com; B 11 US$, DZ & 3BZ mit/ohne Bad 39/33 US$; P). Diese Oase in der Wildnis hat nicht nur einen hübschen Garten und bequeme Betten. Die Besitzer sind auch eine ausgezeichnete Informationsquelle, stellen Karten bereit und geben ausführliche Beschreibungen bezüglich Wanderungen und Bootsfahrten. Eine weitere gute Übernachtungsmöglichkeit ist das **Hotel Anachoreo** (☎6053-4310; www.anachoreo.com; EZ/DZ/3BZ/4BZ mit Frühstück 33/44/56/68 US$), ein Gästehaus mit Panoramablick. Das dazughörige Restaurant **Anachoreo** (☎6911-4848; Hauptgerichte 7–10 US$; ⏲Mi–So 17–21 Uhr) hat nur ein paar Tische, serviert aber köstlichen gedünsteten, in Bananenblätter gewickelten Fisch, üppige Salate aus dem Biogarten hinter dem Haus und Gaumenfreuden aus der Heimat des kambodschanischen Kochs.

Das von einem Argentinier geführte **La Matera** (☎6053-4310; Calle Principal; Pizza 9 US$; ⏲Do & Fr 17–20.30, Sa & So 11–20.30 Uhr; 📶) serviert Pizzas mit dünnen Krusten in einem sehr modernen Café mit Gesellschaftsspielen und Wein. Wer einfache Gerichte will, ist im **Restaurante de la Terminal** (Busbahnhof; Hauptgerichte 3 US$; ⏲11–19.30 Uhr) genau richtig; hier am Busbahnhof gibt's gute *comida típica* (regionale Spezialitäten).

Zwischen 5 und 18 Uhr fahren im Halbstundentakt Busse von Santiago nach Santa Fé (2,90 US$, 1½ Std.). Von Santiago aus kann man mit einem der häufig verkehrenden Busse nach David (9 US$, 3 Std.) und Panama-Stadt (9,50 US$, 4 Std.) fahren.

PROVINZ CHIRIQUÍ

Chiricanos behaupten, einfach alles zu haben, und darin liegt mehr als nur ein Körnchen Wahrheit: Panamas größte Berge, längste Flüsse und fruchtbarste Täler befinden sich in Chiriquí. Dort liegen spektakuläre Hochlandregenwälder sowie die produktivsten Landwirtschafts- und Viehzuchtregionen des Landes. Es dürfte also wenig verwundern, dass viele *Chiricanos* von einer unabhängigen República de Chiriquí träumen.

Mit der Grenze zu Costa Rica im Westen ist Chiriquí oft die erste Provinz Panamas, die Traveller, die über Land reisen, betreten. Hier bekommt man auch eine angemessene Einführung in die Schönheit Panamas. Zwar werden die nebelverhangenen Berge in der Nähe von Boquete langsam von nordamerikanischen und europäischen Rentnern bevölkert, aber der Ort ist immer noch gut als Ausgangspunkt geeignet, wenn man die Flanken des hoch aufragenden Volcán Barú erkunden möchte. Er ist Panamas einziger Vulkan und bildet den höchsten Punkt des Landes (3475 m). In der Region befindet sich auch der Parque Internacional La Amistad, ein grenzübergreifender Nationalpark, den sich Costa Rica und Panama teilen und in dem es üppige Regenwälder und kaum Touristenmassen gibt.

David

104 500 EW.

Panamas zweitgrößte Stadt ist die Hauptstadt der Provinz Chiriquí und ein wichtiges landwirtschaftliches Zentrum. David besitzt Großstadtflair, wird aber nur deswegen wohlhabender und bedeutender, weil Rentner aus aller Welt ausländisches Kapital hierherbringen. Dieser Trend hat sich in letzter Zeit allerdings etwas stabilisiert.

Für die meisten ist David ein wichtiger Verkehrsknotenpunkt, wenn Costa Rica, das Chiriquí-Hochland, der Golfo de Chiriquí, Panama-Stadt oder Bocas del Toro auf dem Reiseplan stehen. Die Stadt selbst hat zwar nicht allzu viele Attraktionen zu bieten, ist aber dennoch ein angenehmer Ort zum Verweilen, denn in der Umgebung gibt es eine ganze Menge interessanter Dinge zu sehen und zu tun. Tagesausflüge mit Wildwasser-Rafting auf dem Río Chiriquí oder dem Río Chiriquí Viejo bieten sich hier an; die Touren starten in Boquete, aber auch in David werden noch Passagiere aufgenommen (S. 734).

Festivals & Events

Feria de San José de David FESTIVAL

Dieser große Jahrmarkt findet jeden März statt und dauert zehn Tage; die exakten Daten teilt das ATP-Touristenbüro mit, sie ändern sich jedes Jahr.

Schlafen

Bambú HOSTEL $

(☎730-2961; www.bambuhostel.com; Calle de la Virgencita, San Mateo Abajo; B 10–12 US$, DZ mit/ohne Bad 30/25 US$; P ❄ ☏ ≋) Dieses entspannte kleine Hostel wird von einem freundlichen Musiker aus New York geleitet, der auch Kantonesisch spricht. Es gibt einen normalen Schlafsaal und einen im Stil der Provinz Darién (eine strohgedeckte Hütte auf Pfählen) mit Moskitonetzen dahinter. Die Badezimmer sind so lala, aber es gibt elektrische Heißwasserduschen. In den Doppelzimmern gibt's Kabelfernsehen und Klimaanlage. Die Highlights sind der weitläufige Garten mit Swimmingpool, die Bar (bis 23 Uhr geöffnet) und die obligatorischen Hängematten.

Purple House HOSTEL $

(☎774-4059; www.purplehousehostel.com; Ecke Calle C. Sur & Av 6 Oeste; B 8 US$, DZ mit/ohne Bad 27/25 US$; P ❄ @ ☏) Gäste können eine Gemeinschaftsküche benutzen, es gibt Kabelfernsehen, DVD-Verleih und zum Abkühlen geht's in den Garten mit Wasserspielen. Die gefliesten Schlafsäle sind sauber, lila und ordentlich. In den Doppelzimmern gibt es auf Wunsch Extras wie Klimaanlage und Kabelfernsehen. Das Haus wird von der herzlichen Friedenscorps-Veteranin Andrea geleitet. Hier wird recycelt. Außerdem wird hier Kunsthandwerk der Ngöbe-Buglé ohne Provisionsaufschlag verkauft.

Hotel Castilla HOTEL $$

(☎774-5260; www.hotelcastillapanama.com; Calle A Norte; EZ/DZ/Suite 61/72/77 US$; P ❄ @) Professionell und supersauber: Dieses Hotel besitzt freundliche Zimmer, in denen Betten und Schreibtische im selben Stil gehalten sind. Jedes Zimmer verfügt über Annehm-

David

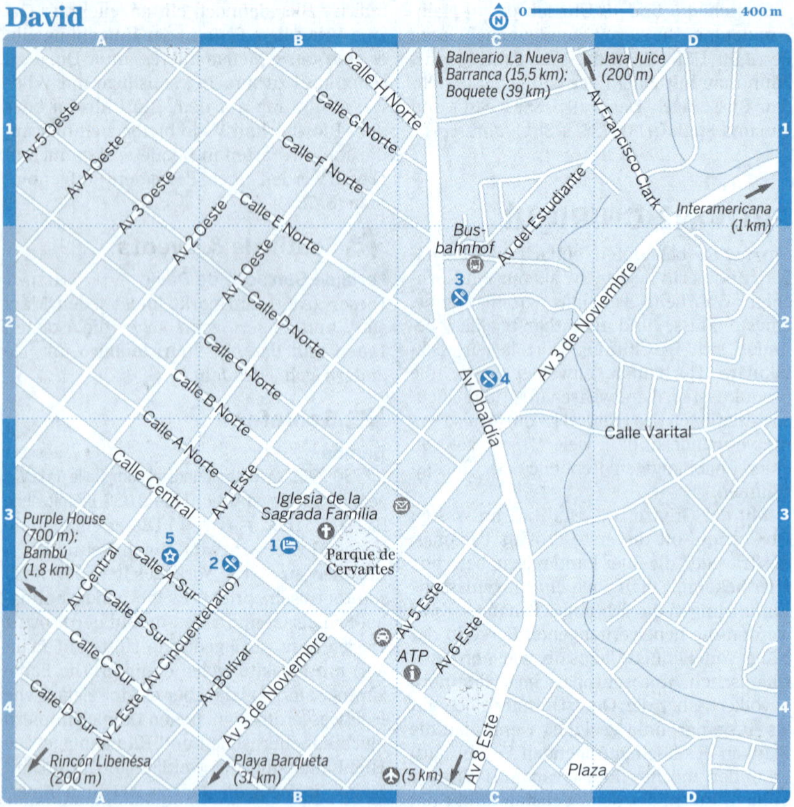

lichkeiten wie eine Dusche mit Warmwasseranschluss, Telefon und Kabel-TV.

Essen & Trinken

Wer günstig einkaufen will, für den ist der quirlige **mercado** (Ecke Avs Bolívar & Obaldía) die richtige Anlaufstelle.

Casa Vegetariana CAFETERIA $

(Av 2 Este; Gerichte 2 US$; ⏲7–16 Uhr; 🖉) Diese freundliche kleine Cafeteria im chinesischen Stil lockt die Kundschaft mit preiswertem sautiertem Gemüse, Auberginen und gebratenem Reis mit Bohnen an. Die Speisen kommen auf schlichten Metalltellern auf die Tische.

Java Juice CAFÉ $

(Interamericana; Hauptgerichte 2,50–6 US$; 🖉) Eiskaffee, Smoothies aus frischem Obst, gesunde Salate und gegrillte Burger sind die Stars in diesem charmanten Straßencafé nordöstlich des Busbahnhofs.

David

Schlafen

1 Hotel Castilla ... B3

Essen

2 Casa Vegetariana ... B3
3 Cuatro ... C2
4 Mercado ... C2

Unterhaltung

5 Cine Gran Nacional ... A3

★ Cuatro PANAMAISCH $$

(☎730-5638; Ecke Avs Obaldía & del Estudiante; Hauptgerichte 12–16 US$; ⏲Mo–Sa 12–15 & 18.30–22.30 Uhr) Es gibt in David nur einen Ort, an dem es großartiges einheimisches Essen gibt – und zwar mit Raffinesse und netten Überraschungen. Klassische panamaische Standardgerichte – wie *cassava*, *tamales* und frischer Mais – werden vom

Chefkoch aufgemotzt. Nach den heißen Mais-Blinis mit Marmelade aus roten Zwiebeln zum Einstieg schmecken die mit Honig glasierten Schweinerippen zart und zum Fisch gibt's exquisite Saucen. Chefkoch Luis Mendizábal hat seine Fähigkeiten in erstklassigen Restaurants in Europa und Panama-Stadt vervollkommnet.

Rincón Libenésa NAHÖSTLICH **$$**
(☎774-2700; Calle F Sur; Hauptgerichte 4–12 US$) Hummus, Tabouleh und *baba ghanoush*, alles hausgemacht in diesem authentischen libanesischen Restaurant, sind eine willkommene Abwechslung zu der eintönigen Kost aus Reis und Bohnen. Das Restaurant befindet sich drei Straßen hinter dem McDonald's an der Interamericana.

☆ Unterhaltung

Cine Gran Nacional KINO
(Av 1 Este) Davids kleines Kino zeigt überwiegend neue amerikanische Filme.

Orientierung

David liegt auf halbem Weg zwischen San José (Costa Rica) und Panama-Stadt – es sind jeweils sieben Stunden Fahrt bis zu diesen Zielen. Die Interamericana führt nicht durch die Stadt, sondern an der Nord- und Westseite entlang. Das Herz der Stadt ist der schöne Hauptplatz Parque de Cervantes, der sich 1,5 km südwestlich von der Schnellstraße befindet.

Praktische Informationen

ANAM (☎775-7840; Fax 774-6671; ⌚Mo–Fr 8–16 Uhr) Bietet Informationen für Touristen und erteilt Campinggenehmigungen für die Nationalparks; ist in der Nähe vom Flughafen zu finden.

ATP (☎775-2839; Calle Central; ⌚Mo–Fr 8.30–16.30 Uhr) Hat Infos über die Provinz Chiriquí.

Chiriquí Hospital (☎777-8814; Ecke Calle Central & Av 3 Oeste) Eines der besten Krankenhäuser des Landes.

HSBC (Av Central) Hat Filialen in der Calle C Norte in der Nähe des Parks und in der Avenida Obaldía nördlich vom Busbahnhof.

Post (Calle C Norte; ⌚Mo–Fr 7–18, Sa 7–16.30 Uhr)

An- & Weiterreise

BUS

Die **Bushaltestelle** von David (Av del Estudiante) liegt 600 m nordöstlich vom Hauptplatz. Die meisten Busse fahren ab 7 Uhr morgens. Abfahrtsinformationen s. Tabelle unten.

Reisende, die nach Guadalupe wollen, können einen Cerro-Punta-Bus nehmen, der dorthin weiterfährt; wer nach Volcán möchte, nimmt ebenfalls den Cerro-Punta-Bus, muss aber früher aussteigen. Nach Las Lajas mit dem Taxi weiterfahren bis zum Strand (6 US$).

Tracopa (☎775-0585; www.tracopacr.com) Direktbusse zwischen David und San José, Costa Rica (21 US$, 8 Std.), tgl. 8.30 und 12 Uhr vom Busbahnhof in David.

FLUGZEUG

Davids Flughafen, der **Aeropuerto Enrique Malek** (☎721-1072), liegt 5 km außerhalb der Stadt. Da zum Flughafen keine Busse fahren, muss die Fahrt im Taxi (5 US$) oder Sammeltaxi (2 US$) zurückgelegt werden.

Air Panama (☎721-0841; www.flyairpanama.com) Fliegt mehrmals täglich von Panama-Stadt nach David (117 US$, 45 Min.).

Golfo de Chiriquí

Das unangefochtene Highlight in der Tiefebene von Chiriquí ist der **Parque Nacional Marino Golfo de Chiriquí**, ein Meeres-

ABSTECHER

TAGESAUSFLÜGE VON DAVID

Mit diesen Ausflügen lässt sich ein Aufenthalt in der Region ein bisschen aufpeppen:

➡ Mit dem Bus in den Ort **Caldera** fahren. Nach einer 45-minütigen Wanderung auf einer Schotterstraße gelangt man zu Los Pozos de Caldera.

➡ Eine private Führung durch die **Carta Vieja Rum Factory** am Stadtrand von David machen.

➡ Mit einem Bus Richtung Boquete oder Concepción fahren und in **Balneario La Nueva Barranca**, einem beliebten einheimischen Badeort, aussteigen.

➡ Einfach ein paar Freunde schnappen, mit einem Taxi von David zu dem wunderschönen schwarzen Sandstrand **Playa Barqueta** fahren und dort einen lustigen Tag in der Sonne verbringen.

BUSSE AB DAVID

ZIEL	PREIS (US$)	DAUER	ABFAHRTEN
Boquete	1,75	1 Std.	alle 20 Min. bis 21.30 Uhr
Caldera	2,40	45 Min.	stündl. bis 19.30 Uhr
Cerro Punta	3,50	2¼ Std.	alle 20 Min. bis 20 Uhr
Changuinola	9,70	4½ Std.	stündl. bis 18.30 Uhr
Guadalupe	3,50	2½ Std.	alle 20 Min. bis 20 Uhr
Horconcitos	2	45 Min.	11 & 17 Uhr
Las Lajas	5	1½ Std.	4-mal tgl.
Panama-Stadt	15–18	7–8 Std.	alle 45min, 6.45–20 Uhr
Paso Canoas	2,10	1½ Std.	alle 10 Min. bis 21.30 Uhr
Puerto Armuelles	3	2½ Std.	alle 15 Min. bis 21 Uhr
Río Sereno	5,10	2½ Std.	alle 30 Min. bis 17 Uhr
Santiago	9	3 Std.	stündl. bis 21 Uhr
Volcán	3	1½ Std.	alle 20 Min. bis 20 Uhr

schutzgebiet mit einer Fläche von 147 km². 25 Inseln, 19 Korallenriffe und jede Menge Wildtiere und Pflanzen sind dort geschützt. Zu dem Meeresschutzgebiet gehört auch die 30 km² große **Isla Boca Brava** (die über das Festland von Boca Chica zu erreichen ist), eine reizende kleine Insel, die mit Wanderwegen überzogen ist und Affen, Wasserschildkröten und 280 Vogelarten beheimatet. Egal ob man am Strand liegen, im klaren Wasser schnorcheln oder unter dem Blätterdach des Regenwalds Tiere beobachten möchte, auf dieser vom Tourismus verschonten Insel ist für jeden etwas dabei.

Das **Hotel Boca Brava** (☎851-0017; www.hotelbocabrava.com; Isla Boca Brava; Hängematte/B 8/11 US$, DZ mit/ohne Bad 50/39 US$, Suite 94 US$; ❄) ist ideal, um andere Traveller kennenzulernen; die angebotenen Zimmer reichen von rustikal bis deluxe. Weniger gut betuchte Reisende entscheiden sich am besten für den Hängemattenraum, der sich über dem zu warmen Schlafsaal befindet. Die Doppelzimmer sind gemütlich; zu empfehlen ist die „Hostel"-Option mit Gemeinschaftsbad. Das Hotel kann alle möglichen Ausflüge organisieren, egal ob Schnorcheln, Walbbeobachtung oder einfach nur Faulenzen auf einer unbewohnten Insel. Nur einige der Zimmer sind mit Klimaanlage ausgestattet. Das dazugehörige **Restaurante Bar Boca Brava** (Gerichte ab 7 US$) liegt auf einer kühlen, vorspringenden Veranda mit weitem Blick über das Wasser. Die perfekte Umgebung für einen Cocktail zum Sonnenuntergang, z. B. eine Brava Colada. Die Preise sind angemessen und die Gerichte reichen von frischem Fisch bis hin zu Burgern.

Um nach Boca Chica zu gelangen, fährt man erst mit einem Bus von David zur Abzweigung nach Horconcitos (2 US$), die 39 km Richtung Osten liegt. Traveller können auch einfach in jeden vorbeifahrenden Bus von David nach Panama-Stadt einsteigen und den Fahrer bitten, sie an der Abzweigung nach Horconcitos rauszulassen.

Von dieser Abzweigung fährt viermal täglich ein Bus nach Boca Chica (3,50 US$, 50 Min.); oder man nimmt ein Taxi (20 US$). Den genauen Busfahrplan kann man bei **Jimi** (☎6857-2094) erfragen. Am Pier von Boca Chica fahren Wassertaxis (3 US$/Pers.) die 200 m zur Insel Boca Brava und legen am Pier beim Restaurante Boca Brava an.

Punta Burica

Diese üppig grüne Halbinsel , die in den Pazifik hineinragt, zeigt die Schönheit des Regenwaldes und der Küste aufs Herrlichste.

Eine sehr abgelegene, rustikale Unterkunft bietet das **Mono Feliz** (☎6595-0388; monofeliz@gmail.com; Zeltplatz/Hütte 8/25 US$/Pers.; 3 Mahlzeiten 25 US$; P ≋); die Hütten sind mit Moskitonetzen ausgestattet, es gibt einen Süßwasserpool, an dem sich Affen tummeln, sowie eine Freiluftküche, die die Gäste benutzen dürfen. Am Strand kann mit der eigenen Ausrüstung gezeltet und Pool und Badezimmer dürfen mitbenutzt werden. Zu den Aktivitäten hier gehören Naturwanderungen (Highlight ist der Ausflug bei Ebbe zur Isla Burica), Angeln, Surfen, Vogelbeobachtung und Reiten. Sprache ist Englisch.

Am besten frühmorgens mit einem Bus von David nach Puerto Armuelles (3 US$,

2½ Std.) fahren. Der Bus lässt seine Passagiere am *mercao municipal* in Puerto Armuelles raus und von dort geht es mit dem Truck nach Bella Vista. Von da aus ist es noch eine Stunde Fußmarsch bergab. Oder in El Medio aussteigen, der letzten Haltestelle an der Küste, und eine Stunde am Strand entlanggehen. Das Mono Feliz liegt direkt vor der Isla Burica.

Wer von Puerto Armuelles abgeholt werden möchte, der wendet sich an den Spanisch sprechenden **Tonio** (☎6595-0388; einfache Fahrt 10 US$/Pers.) oder **Eric** (☎6652-9930; 35 US$), der vom Yachthafen aus einen Boot-Shuttle betreibt, wenn es das Wetter erlaubt. Mit einem Auto mit Vierradantrieb gelangt man auch in der Trockensaison (Mitte Dez.–Mitte April) dorthin.

Von Puerto Armuelles geht's an der Küste entlang weiter nach Süden in Richtung Costa Rica. Dazu geht die Fahrt durch das Petroterminal und direkt auf den Strand zu (nur bei Ebbe versuchen), dann weiter bis zu einer unbefestigten Straße mit einem „Mono-Feliz"-Schild, etwa 30 Minuten später.

Playa Las Lajas

Die Playa Las Lajas ist einer der längsten Strände Zentralamerikas; der 20 km lange, von Palmen gesäumte Streifen scheint endlos zu sein. Unterkünfte schießen hier wie Pilze aus dem Boden; dadurch verbessern sich die Möglichkeiten für Traveller und immer mehr Besucher bleiben inzwischen auch über Nacht hier. An den Wochenenden lockt der Strand die Massen an, aber unter der Woche hat jeder genügend Platz für sich allein.

Das von einem jungen italienischen Paar geleitete **Casa Laguna B&B** (☎6896-0882; www.casalagunapanama.com; DZ mit/ohne Bad mit Frühstück 100/70 US$; ❄📶🏊) ist bei Paaren eine beliebte Unterkunft. Die Zimmer sind geräumig und kühl. Auf dem Gelände gibt es auch Open-Air-Ranchos zum Entspannen und zu Fuß sind es drei Minuten bis zum Strand. Zum üppigen Frühstück gehören Joghurt, Früchte und Pfannkuchen; auf Anfrage sind auch andere Mahlzeiten erhältlich. Der Pool ist Klein und über ein Podest zu besteigen.

Mit Open-Air-Ranchos und attraktiver, naturverbundener Bebauung ist das von Italienern betriebene **La Spiaza** (☎6620-6431; www.laspiazapanama.com; B 8 US$, DZ 20–30 US$; 📶) der beste Deal für Unterkunft und Pizza am Strand. Es liegt auf der anderen Seite der Straße auf einem Gelände ohne Schatten.

Um nach Las Lajas zu kommen, nimmt man einen Bus, der von David (2,70 US$, 1½ Std.) auf der Interamericana bis zur Abzweigung nach Las Lajas fährt. Von dort fahren Taxis (6 US$) weiter bis zu der Stelle, an der die Straße das Meer erreicht.

Boquete

6000 EW.

Boquete ist nicht nur für seinen guten Kaffee bekannt: Das stets kühle, erfrischende Klima und die unberührte Berglandschaft werden von allen Panamaern geschätzt. In dem fruchtbaren Hochland gedeihen Kaffee, Blumen, Gemüse und Zitrusfrüchte gleichermaßen gut. Die überwältigende Freundlichkeit der Menschen von Boquete scheint auf die Besucher abzufärben.

Eigentlich war man in Boquete fest entschlossen, ein kleines Dorf zu bleiben, aber der Ort wurde von einer unkontrollierbaren Entwicklung überrollt: Die Generation der Babyboomer kommt allmählich ins Rentenalter. Nachdem die Zeitschrift *Modern Maturity* der American Association for Retired Persons (AARP) vor zehn Jahren Boquete zu einem der vier besten Altersruhesitze weltweit erkoren hatte, sicherten sich Massen von ausländischen Pensionären ihr Berggrundstück. Heute beherrschen bewachte Wohnanlagen die Berghänge von Boquete und das Gesicht des Dorfes verändert sich zusehends.

Für Traveller ist Boquete aber nach wie vor eines der Topreiseziele. Outdoor-Freaks können hier wandern, klettern, raften oder sich durch die Baumwipfel schwingen. Außerdem kann man Kaffeeplantagen besuchen, in Thermalquellen baden und Spanisch lernen. Für einen guten Start in den Tag sorgt ein Glas frisch gepresster Orangensaft oder ein starker Kaffee aus hiesigem Anbau.

Sehenswertes

Mi Jardín es Su Jardín GÄRTEN
(🕒Sonnenaufgang–Sonnenuntergang) GRATIS Ein zauberhafter Park rund um einen luxuriösen Landsitz. Das Haus ist in Privatbesitz und kann nicht besichtigt werden, aber der Park steht Besuchern offen.

El Explorador GÄRTEN
(☎775-2643; Calle Jaramillo Alto; Erw./Kind 5/2 US$; 🕒Mitte Dez.–Mitte April tgl. 10–18 Uhr, Mitte April–Mitte Dez. nur Sa & So) Ein privater Garten in einer hügeligen Landschaft, etwa

Boquete

0
200 m
A
B
C
D
1
2
3
4
5
6
7
Volcán Barú (8 km); Sendero Los Quetzales (8 km)
El Explorador (1,5 km); Sendero El Pianista (4 km)
Río Caldera
Calle 2 Norte
Av A Oeste
Calle Central
Urbano-Bushaltestelle
Parque de las Madres
Calle 1a Sur
Calle 2a Sur
Haupt-busbahnhof
Calle 3a Sur
Festplatz
Calle 4a Sur
Av B Oeste
Busse nach David
Calle 5a Sur
Quebrada Grande
Av Central
Calle 6 Sur
Av Belisario Porras
Calle 7a Sur
Quebrada Agustín
ATP (1,2 km); Spanish by the River (6 km); Los Pozos de Caldera (15 km); Caldera (18 km); David (39 km)
1
2
3
4
5
6
7
8
9
10
11
12
13
14
15
16
17
18
19

Boquete

Sehenswertes
1 Mi Jardín es Su Jardín B1

Aktivitäten, Kurse & Touren
Boquete Outdoor Adventures .... (s. 3)
Boquete Tree Trek .... (s. 3)
2 Café Ruíz B1
3 Habla Ya Language Center C5

Schlafen
4 Hostal Nomba B4
5 Hotel Ladera D1
6 Isla Verde B5
7 La Casa de La Abuela C2
8 Mamallena C5
9 Pensión Marilós C5
10 Pensión Topas C6
11 Refugio del Río B5

Essen
12 Big Daddy's Grill C5
13 Café de Encuentro C5
14 El Sabrosón C4
15 Mike's Global Grill C6
16 Sugar & Spice C6
17 Supermercado Romero C4

Ausgehen & Nachtleben
18 La Cabaña D3
19 Zanzibar C3

45 Gehminuten vom Stadtzentrum entfernt. Mit jeder Menge bizarren Hinguckern und schrägen Ausstellungsstücken erinnert er stark an *Alice im Wunderland.*

Aktivitäten

Wandern

Der atemberaubende Blick auf nebelverhangene Berge und Urwald macht Boquete zu einem der schönsten Wandergebiete Panamas. Mehrere gut befestigte Straßen führen aus der Stadt in die Berge der Umgebung, vorbei an Kaffeeplantagen, Feldern und Farmen, Gärten, Parks und Urwald.

Manch einer gibt sich mit dem idyllischen Weg entlang dem Fluss zufrieden, ehrgeizige Wanderer besteigen auch den **Volcán Barú**, Panamas höchsten Gipfel und einzigen Vulkan. Es gibt mehrere Eingänge in den gleichnamigen Nationalpark, aber der einfachste Weg auf den Gipfel beginnt in der Nähe von Boquete.

Von Boquete aus kann man auch den Sendero Los Quetzales (S. 737) nehmen, doch der Wanderweg führt hier steil bergauf und es ist einfacher, ihn in Cerro Punta zu beginnen.

Für eine schöne Tageswanderung eignet sich der **Sendero El Pianista** (Pianistenweg), der sich durch grünes Weideland in den feuchten Nebelwald hineinschlängelt. Für den Einstieg in den Wanderweg verlässt man Boquete in Richtung Norden, nimmt die erste Abzweigung nach rechts und überquert zwei Brücken. Direkt vor der dritten Brücke, die sich etwa 4 km außerhalb der Stadt befindet, geht links ein Pfad zwischen ein paar Gebäuden ab. Nach 200 m muss man durch einen kleinen Fluss waten, aber danach geht es 2 km lang bequem weiter und nur ganz leicht bergauf, bevor der Weg wieder steiler und enger wird. Er führt jetzt immer tiefer in den Wald hinein, aber man kann jederzeit umdrehen und zurückgehen.

Wildwasserrafting

Eine zweistündige Autofahrt von Boquete entfernt gibt es hervorragende Möglichkeiten für Wildwasserrafting. Der Río Chiriquí und der Río Chiriquí Viejo fließen beide von den fruchtbaren Hängen des Volcán Barú herunter. An manchen Stellen stürzen Wasserfälle in die Tiefe. Beide Flüsse haben sich ihren Weg durch enge Canyons mit gigantischen, senkrecht aufragenden Felswänden gegraben.

Der Río Chiriquí wird meist von Mai bis Dezember, der Chiriquí Viejo in den restlichen Monaten des Jahres befahren. Die Touren dauern jeweils vier bis fünf Stunden. Je nach Leistungsniveau der Gruppe werden sensationelle Stromschnellen der Schwierigkeitsgrade III und IV oder aber die wirklich harten der Stufe V in Angriff genommen.

Boquete Outdoor Adventures ABENTEUERSPORT
(☎720-2284; www.boqueteoutdooradventures.com; Av Central, Plaza Los Establos) Dieser zuverlässige Ausstatter bietet erstklassige Raftingausflüge (90 US$) und maßgeschneiderte Ferien an, die ideal für Familien sind. Die Angelabenteuer auf dem Golfo de Chiriquí sind ihr Geld wert (600–800 US$/4 Passagiere). Die Guides sind zweisprachig und der Betrieb nutzt einheimische Dienstleister.

Thermalquellen

Los Pozos de Caldera THERMALQUELLEN
(Eintritt 1 US$; ⏲Sonnenaufgang–Sonnenuntergang) Die unerschlossenen Thermalquelle soll heilende Wirkung haben. Es kann ein

Ausflug (25 US$), zu dem auch eine Stätte mit Felszeichnungen gehört, oder ein Taxi gebucht werden (Hin- & Rückfahrt 40 US$) – allerdings ist dann das letzte Stück über eine grobe, unbefestigte Straße zu Fuß zu bewältigen, was ungefähr eine Stunde in Anspruch nimmt. Alle zwei Stunden fährt ein Bus von Boquete nach Caldera (1,50 US$).

Geführte Touren

Cafe de la Luna GEFÜHRTE TOUREN
(☎ 6677-7748; 15–30 US$/Pers.) Wer etwas darüber erfahren möchte, wie biologischer Kaffee in einem Kleinbetrieb produziert wird, sollte diese ausgiebige Tour mitmachen, zu der auch Rösten und Verkosten gehören. Die Besichtigungstour dauert 1½ bis 2½ Stunden; der Preis richtet sich nach der Anzahl der Teilnehmer.

Café Ruíz GEFÜHRTE TOUREN
(☎ 720-1392; www.caferuiz.com; 3-stündige Tour 30 US$; ⌚ Mo–Sa 9 Uhr) Das berühmteste Kaffeeunternehmen Panamas stellt u.a. den preisgekrönten Gesha-Kaffee her. Besichtigungstouren beginnen täglich außer an Sonn- und Feiertagen um 9 Uhr; unbedingt vorher reservieren. An der Hauptstraße, etwa 600 m nördlich des Stadtzentrums.

Kotowa Coffee Estate GEFÜHRTE TOUREN
(☎ 720-3852) Produziert Kaffee für Feinschmecker und bietet die umfassendste Kaffeetour in der Gegend an. Besucher müssen sich einen Tag im Voraus bei der Plantage anmelden. Kotowa-Kaffee schenkt auch die Touristeninformation der ATP aus.

Boquete Tree Trek ABENTEUERTOUR
(☎ 720-1635, 6450-2599; www.aventurist.com; Av Central, Plaza Los Establos; Canopy-Tour 65 US$; ⌚ 7.30–13 & 14–16.30 Uhr) Sehr beliebt bei Travellern ist die dreistündige Tour in wiederaufgeforstetem Wald, zu der zwölfmal Seilrutschen, einmal Abseilen und ein Schwung an Tarzans Liane gehören. An den Seilrutschen kann man ganz schön Karacho draufkriegen – so mancher wird versucht sein, die Handbremse zu ziehen. Die Firma bietet auch noch andere Ausflüge an sowie schöne Übernachtungen in ländlichen Hütten inklusive Abholservice vom Zentrum.

Kurse

Beide der folgenden Sprachschulen organisieren Ausflüge und locken Reisende mit Aufenthalten in einer Familie und der Möglichkeit, in der Umgebung Freiwilligenarbeit zu leisten.

Habla Ya Language Center SPRACHKURS
(☎ 720-1294; www.hablayapanama.com; Av Central, Plaza Los Establos; ⌚ Mo–Fr 8–18, Sa 9–12 Uhr) Habla Ya Language Center bietet sowohl Gruppen- als auch Einzelunterricht an. Eine Woche Gruppenunterricht ab 175 US$.

Spanish by the River SPRACHKURS
(☎ 720-3456; www.spanishatlocations.com) Die Schwesterschule der beliebten Spanischschule in Bocas del Toro liegt 5 km südlich von Boquete in der Nähe der Abzweigung nach Palmira. Standard-/Intensivkurse kosten 185/275 US$ pro Woche. Wer länger bleibt, bekommt Rabatt.

Festivals & Events

Feria de las Flores y del Café EVENT
(Blumen- & Kaffeefest) Jedes Jahr im Januar gibt es hier einen Jahrmarkt, die Feria, die zehn Tage dauert. Obwohl das Event den Kaffee im Namen führt, fehlt er seltsamerweise bei der Ausstellung; dafür fließt der Rum in Strömen und es gibt Fahrgeschäfte für Kinder.

Feria de Las Orquídeas EVENT
(Orchideenfest) Auf dem Orchideenfest in Boquete sind über 150 Arten zu sehen; es findet jedes Jahr im April statt. Aber es geht nicht nur um Pflanzen – nach Sonnenuntergang gibt's Rockkonzerte und Tanz. Die genauen Termine teilt die ATP mit.

Schlafen

Wegen der kühlen Temperaturen haben praktischerweise alle Unterkünfte in Boquete Duschen mit Warmwasseranschluss.

Refugio del Río HOSTEL $
(☎ 720-2088; www.refugiodelrio.com; Av B Oeste; B 11 US$, DZ mit/ohne Bad 33/28 US$, Hütte 35 US$; P @ ᯤ) Die große, gut geführte Budgetunterkunft mit gemütlicher Atmosphäre verfügt über eine große Küche für Gäste und hat eine gute Lage. Die weitläufigen Räume sind angenehm und gut möbliert, könnten aber etwas ordentlicher sein. In den Schlafsälen stehen Einzelbetten mit kuscheligen Überwürfen, aber durchgelegenen Matratzen. Die coole Baumhaushütte, die auf einen plätschernden Bach hinausgeht, muss vorher reserviert werden.

Mamallena HOSTEL $
(☎ 730-8342; www.mamallenaboquete.com; Av Central; B 11 US$, DZ mit/ohne Bad 28/25 US$, 3BZ mit/ohne Bad 37/33 US$, 4BZ 47 US$; P ᯤ) Die ehemalige Pension auf der Plaza ist zu einer

Zentrale für Backpacker geworden; es gibt eine Küche, eine Münzwäscherei und kostenlose Pfannkuchen zum Frühstück. Dafür, dass es so groß ist, wirkt es ziemlich gemütlich. Die 4-Bett-Zimmer sind mit orthopädischen Matratzen ausgestattet. Raucher können sich in den überdachten Hof zurückziehen. Das Hostel ist sehr serviceorientiert, es bietet über die dazugehörige Agentur Ausflüge und Shuttles an (nach Bocas und Volcán) sowie jede Menge Informationen über die Umgebung.

Pensión Topas GÄSTEHAUS $

(☎720-1005; www.coffeeadventures.net/topas.html; Av Belisario Porras; EZ/DZ 25/35 US$; P) Angenehmes Haus unter deutscher Leitung, das rund um einen biologisch bewirtschafteten Garten mit Swimmingpool angelegt wurde. Die Zimmer sind sauber, die Wände schmücken die Comic-Figuren Tim und Struppi. Der schattige Innenhof bietet einen großzügigen Gemeinschaftsbereich; es gibt eine Slackline, Tischfußball und Volleyball. Die Gastgeber können unerwartet laut werden, was bei den Gästen nicht immer gut ankommt.

Hostal Nomba HOSTEL $

(☎720-2864, 6497-5672; www.nombapanama.com; Av A Oeste; B/DZ ohne Bad 10/24 US$; P) Dieses abgespeckte, relaxte Hostel wirkt recht steril, ist aber gut für's Budget (für kleinere Zimmer gibt's einen kleinen Nachlass). Eine Bar, Darts und Tischfußball beleben das Ganze. Der dazugehörige Veranstalter bietet regelmäßig Ausflüge an und vermietet Fahrräder.

Pensión Marilós GÄSTEHAUS $

(☎720-1380; marilos66@hotmail.com; Ecke Av A Este & Calle 6 Sur; EZ mit/ohne Bad 15/10 US$, DZ mit/ohne Bad 20/14 US$; P) Die Pension mit dem Charme eines verwohnten Familienhauses bietet ein bißchen Ruhe und Frieden zum günstigen Preis. Die Zimmer sind mit allerlei Schnickschnack und Krimskrams eingerichtet und erinnern schwer an das Gästezimmer bei Oma. Es gibt sogar einen friedliebenden Hund zum Streicheln und Frank, der Besitzer, kann dazu beitragen, das Beste aus einem Aufenthalt in Boquete zu machen.

La Casa de La Abuela HOTEL $$

(☎730-9484; www.lacasadeabuela.com; Av Central s/n; EZ/DZ mit Frühstück 80/112 US$;) Dieses neue Hotel aus Backstein hat Boquete noch gefehlt. Die 18 in Erdtönen gehaltenen Zimmer, einige mit Balkon, sind mit gefliesten Böden, Flachbild-TV sowie heißen Duschen ausgestattet und modern eingerichtet. Im Hof lässt es sich gut draußen sitzen, aber durch die Lage an der Straße kann es auch mal laut werden.

★**Isla Verde** HÜTTE $$

(☎720-2533; islaverde@cwpanama.net; Av B Oeste; DZ Apt. 150 US$, Hütte ab 90 US$; P@) Die hübschen, zweistöckigen „Alpen"-Hütten, die in einem herrlich üppigen Garten mit Buddha-Statuen direkt am Fluss stehen, haben luxuriöse Matratzen, gewölbte Decken, voll ausgestattete Küchen und geräumige Badezimmer. Sie sind vermutlich die besten Quartiere der Stadt, denn auch der Service ist schnell. Außerdem kann man sich von qualifizierten Masseuren durchkneten lassen. Pro zusätzliche Person kommen 20 US$ (10 US$/Kind) zum Hüttenpreis dazu. Unbedingt das mit Spannung erwartete Restaurant ausprobieren, das demnächst hier eröffnet soll.

Hotel Ladera HOTEL $$$

(☎730-9000; www.hotel-ladera.com; Camino a Palo Alto; EZ/DZ mit Frühstück 98/119 US$; P) Dieses gehobene Hotel an der Straße bietet ein gutes Preis-Leistungs-Verhältnis; sein ultramoderner Stil wirkt ansprechend und das Personal an der Rezeption ist sehr aufmerksam. Zu den Zimmern, die mit zwei übergroßen Betten mit Kopfenden aus Korb ausgestattet sind, gehören jeweils eine Terrasse oder ein Balkon. Man kann hier auch zu Abend essen und es gibt einen Zimmerservice. Im Hotel finden häufig Events und Kunstaustellungen statt.

Essen & Ausgehen

★**Big Daddy's Grill** SEAFOOD $

(☎6683-3354; Av Central; Hauptgericht 5–10 US$; ⏲Di–Sa 12–21, So 12–20 Uhr) Das freundliche Lokal serviert die riesigsten und leckersten Fisch-Tacos überhaupt. Larry (Big Daddy) und Elizabeth, beide aus Florida, verwenden dafür frischen Fisch, den sie vor der Küste von Chiriquí fangen. Außerdem gibt's herrliche Salate, Margaritas mit Chili-Salz-Rand und (wenn das wirklich sein muss) auch Corn Dogs. Der Hof nach hinten bietet Privatsphäre und eine schönere Atmosphäre.

Sugar & Spice BÄCKEREI, FEINKOST $

(Av Central & Calle 7a Sur; Sandwiches 4 US$; ⏲Do–Sa & Mo–Di 8–18, So 8–16 Uhr) Backstube mit ein paar Tischen im Hof, wo es Sandwiches im amerikanischen Stil, Bio-Salate und ach-so-leckere Brownies gibt. Frisches Brot, u. a. Vollkornbrot und Ciabatta, gibt's auch zum Mitnehmen.

Café de Encuentro CAFÉ $
(Calle 6 Sur; Hauptgerichte 3–7 US$; ⏲7–12 Uhr) Das kleine Familienrestaurant, das sich in einem umgebauten Carport mit Garten befindet, ist ein echter Geheimtipp. Für die gefühlsbetonte Olga sind alle Gäste *mi amor*; sie bereitet Frühstück zu wie sonst keiner. Das Angebot reicht von panamaischen Gerichten bis hin zu Pfannkuchen mit Schinkenspeck. Mit Warteschlangen muss gerechnet werden.

El Sabrosón CAFETERIA $
(Av Central; Hauptgerichte 2–5 US$; ⏲tgl. 7–12 Uhr) Diese extrem beliebte lokale Institution im Stil einer Cafeteria serviert günstige, sättigende panamaische Küche.

Supermercado Romero SUPERMARKT $
(Av A Este; 24 Std.) Der Supermarkt befindet sich einen Block östlich der Plaza und hat hier das beste Lebensmittelsortiment.

★ **Il Pianista** ITALIENISCH $$
(Palo Alto; Hauptgerichte 5–15 US$) Der Mann kocht, die Frau serviert in diesem sizilianischen Restaurant am Fluss; die Wände bestehen aus Flusssteinen und es gibt nur ein paar Tische. Eine Flasche Wein und eine Pizza oder Calzone ergeben ein perfektes gemütliches Mittagsmahl. Eilige sind hier allerdings fehl am Platz: Die Bedienung arbeitet im Schneckentempo. Die Regionalbusse, die im Hügelland verkehren, fahren hier eine Schleife.

Mike's Global Grill INTERNATIONAL $$
(☎730-9360; Av Central Oeste; Hauptgerichte 6–12 US$; ⏲Mi–Mo 11–22 Uhr) Das Restaurant ist das „Baby" eines Paares, das sich am Südpol kennengelernt hat. Um das Thema Wanderlust noch weiterzuführen, reichen die Gerichte von asiatischer Fusionsküche über amerikanisches Chili bis hin zu Falafel und Holzofenpizza. Die Atmosphäre ist freundlich und entspannt, es gibt eine lange Bar, Sofas und stapelweise Zeitschriften. Abends ist das Lokal bei Expats beliebt, ab und zu gibt's Livemusik.

La Cabaña CLUB
(Calle de la Feria; Eintritt 2 US$; ⏲Fr & Sa 19–2 Uhr) Die einzige Disko in Boquete befindet sich direkt am Fluss und bietet das Übliche: DJs, Reggaetón, junges Publikum und jede Menge Cola-Rum.

Zanzibar BAR
(Av Central; ⏲ Mo–Sa 18–23.30 Uhr) Einfache Jazzkneipe, in der Traveller und Einheimische gemeinsam die Sorgen vergessen. Am Wochenende ist die Chance, Livemusik zu hören, am größten. Bis 19 Uhr ist Happy Hour.

ℹ Praktische Informationen

ATP (☎720-4060; ⏲8–17.30 Uhr) Das Büro befindet sich etwa 1,5 km südlich von Boquete auf einem Felsvorsprung hoch über der Stadt. Hier gibt's guten Kotowa-Kaffee, Karten, Broschüren und Informationen über die Sehenswürdigkeiten der Region. Eine Ausstellung im 1. Stock erläutert die Geschichte der Gegend (auf Spanisch).

Banco Nacional de Panama (Av Central) Der Geldautomat steht rund um die Uhr zur Verfügung.

Centro Medico San Juan Bautista (☎720-1881; Calle 2 Norte) Medizinische Versorgung.

Global Bank (Av Central) Mit Geldautomat.

Post (Av Belisario Porras s/n; ⏲Mo–Fr 7–18, Sa 7–17 Uhr)

ℹ Anreise & Unterwegs vor Ort

Von 6 bis 21.30 Uhr starten vom Busbahnhof in David regelmäßig Busse nach Boquete (1,75 US$, 1 Std., alle 30 Min.). In Boquete fahren die Busse nach David zwischen 5 und 18.30 Uhr alle 30 Minuten am südlichen Ende der Plaza ab.

Im kleinen Ort Boquete ist alles gut zu Fuß zu erkunden. Die Fahrt mit einem der Stadtbusse *(urbano)*, die sich die Berge hochquälen, kostet 0,50 US$. Sie fahren an der Hauptstraße ab, einen Block nördlich der Plaza. Eine Taxifahrt zu den meisten Zielen in der Stadt kostet zwischen 2 und 3 US$.

Motorroller oder Fahrräder können in einheimischen Hostels (ca. 3 US$/Std.) ausgeliehen werden.

Parque Nacional Volcán Barú

Der 143 km² große **Nationalpark** (Eintritt 5 US$) breitet sich rund um den Volcán Barú aus, den einzigen Vulkan Panamas, der zugleich das geografische Wahrzeichen der Provinz Chiriquí ist. Der Vulkan ist nicht mehr aktiv – zumindest wurden schon lange keine Ausbrüche mehr registriert. Dabei hat er nicht nur einen, sondern gleich sieben Krater. Mit 3475 m ist er zudem die höchste Erhebung Panamas. An klaren Tagen kann man von seinem Gipfel die Küsten des Pazifiks und der Karibik sehen.

Im Nationalpark verläuft auch der Sendero Los Quetzales, einer der landschaftlich reizvollsten Wanderwege im ganzen Land. Er führt durch den Lebensraum des namensgebenden Quetzal und von mehr als 250 weiteren Vogelarten sowie von Pumas, Tapiren und dem *conejo pintado*, einem gefleckten, waschbärähnlichen Tierchen.

Erdrutsche können dazu führen, dass der Weg gesperrt wird, aber kürzlich wurde eine Brücke gebaut, die den Durchgang erleichtern sollte. Vor dem Start die Parkwächter nach dem Zustand des Weges fragen.

Aktivitäten

Wandern am Volcán Barú

Da man vom Gipfel des Vulkans beide Ozeane sehen kann, ist es das Ziel vieler Besucher, ihn zu besteigen. Bei schlechtem Wetter lohnt sich der Aufstieg möglicherweise nicht, weil er uneben und anstrengend ist. Außerdem ist bei bewölktem Himmel nur wenig zu sehen. Östlich und westlich des Vulkans gibt es Eingänge zum Nationalpark. Zum östlichen Zugang, auch „El Salto" genannt, führt eine Fahrt durch einen schönen Wald.

Der Aufstieg ab Boquete im Osten ist am einfachsten, aber auch er ist eine anstrengende, 14 km lange Bergwanderung, die direkt beim Parkeingang, 8 km nordwestlich des Stadtzentrums von Boquete, beginnt. Bis zur Ranger-Station und noch 2 km darüber hinaus ist der Weg gepflastert. Wenn man mit einem Taxi oder eigenen Auto so weit wie möglich hinauffährt und den Rest des Weges zu Fuß geht, dauert es vom Parkeingang bis zum Gipfel etwa fünf oder sechs Stunden. Für den Fußmarsch von Boquete aus sollte man nochmals zwei bis drei Stunden – für die einfache Strecke – rechnen.

Wenn man diese Route nimmt, ist es am besten, mindestens einmal auf dem Berg zu übernachten – allerdings mit der entsprechenden Ausrüstung gegen die Kälte. Das hat auch noch den zusätzlichen Vorteil, dass man morgens den überwältigenden Blick vom Gipfel genießen kann.

Der zweite Parkeingang befindet sich am Ortsende von Volcán, an der Straße nach Cerro Punta. Kurz hinter der Hauptstraße zweigt eine holperige, nur mit Allradantrieb befahrbare Straße ab, die zum Fuß des Vulkans führt. Von diesem Parkeingang hat man einen grandiosen Blick auf die Krater und die umliegenden Gipfel. Ein schöner Rundwanderweg führt sowohl durch wieder aufgeforsteten als auch ursprünglich belassenen Urwald. Der Aufstieg von dieser Seite ist sehr steil und anspruchsvoll.

Wandern auf dem Sendero Los Quetzales

Der am besten ausgebaute Wanderweg im Nationalpark ist der landschaftlich äußerst reizvolle **Sendero Los Quetzales** (Quetzal-Trail). Der 8 km lange Weg von Cerro Punta nach Boquete, der immer wieder den Rió Caldera kreuzt, ist einer der schönsten Wanderwege in ganz Panama. Der Weg kann in beiden Richtungen abgelaufen werden, ist aber einfacher von Westen in Richtung Osten, denn Cerro Punta liegt fast 1000 m höher als Boquete, sodass es hier zum größten Teil bergab geht.

Aufgrund eines Erdrutsches ist der Weg aber teilweise nur schwer passierbar. An der Wiederherstellung wird zwar gearbeitet, doch bis alles wieder so ist, wie es sein soll, wird es wohl noch eine Weile dauern. Bevor man losläuft, sollte man sich unbedingt über den Zustand des Weges informieren und fragen, ob ein Führer erforderlich ist.

Im „Normalzustand" kann der Weg von Westen nach Osten in vier bis fünf Stunden bewältigt werden. Allerdings dauert es noch einmal ein paar Stunden, zum jeweiligen Start- und Endpunkt des Weges zu kommen. Die Fahrt mit einem Allradtaxi zum Startpunkt des Weges in Cerro Punta kostet 12 US$. Die Taxifahrer kennen die Gegend übrigens unter dem Namen „Respingo". Der Weg beginnt 5 km oberhalb der Hauptstraße und 2 km nach Ende der letzten befestigten Straße. Nach dem Endpunkt des Wanderweges sind es noch 8 km bis nach Boquete. Diese Strecke kann auch mit einem Taxi zurückgelegt werden.

Insgesamt ist der Weg etwa 23 km lang, sodass die gesamte Begehung auf jeden Fall gut geplant sein sollte.

In Boquete angekommen, übernachtet man entweder direkt im Ort oder fährt mit dem Bus nach David und weiter nach Cerro Punta. Allerdings fährt der letzte Bus nach Cerro Punta bereits um 18 Uhr in David ab. Wer nicht sein ganzes Gepäck mitschleppen will, lässt es in einem Hotel in David und nimmt nur das unbedingt Notwendige für die Wanderung mit, einschließlich etwas Bargeld, um in Boquete essen und eventuell übernachten zu können.

Schlafen

Parque Nacional Volcán Barú Camping CAMPINGPLATZ $

(Zeltplatz 5 US$) Campen ist im Park und entlang dem Weg zum Vulkangipfel von Boquete aus möglich, ebenso am Sendero

Los Quetzales oder in der Rangerstation am Ausgangspunkt des Sendero Los Quetzales bei Cerro Punta.

Praktische Informationen

Der Eintritt zum Park (5 US$) ist entweder an den Startpunkten der Wanderwege, die auf den Gipfel des Vulkans hinaufführen, oder in der Rangerstation am Ausgangspunkt des Sendero Los Quetzales in Cerro Punta zu bezahlen.

Die beste Zeit für einen Besuch des Nationalparks ist die Trockenzeit und dann frühmorgens, wenn die Tiere am aktivsten sind.

Nachts können die Temperaturen unter den Gefrierpunkt absinken, tagsüber und insbesondere morgens ist es oft recht kalt und windig – also warm anziehen!

An- & Weiterreise

Der Startpunkt des Wanderwegs, der auf den Gipfel des Volcán Barú führt, ist am besten von Boquete aus zu erreichen, der Sendero Los Quetzales am besten von Cerro Punta aus.

Cerro Punta

Die kleine Stadt auf 1800 m Höhe liegt inmitten einer landschaftlich reizvollen und äußerst fruchtbaren Region. Der Blick über das landwirtschaftlich genutzte Tal bis hin zu den Gipfeln des Parque Internacional La Amistad ist spektakulär. Doch die atemberaubende Landschaft allein ist nicht der Grund, warum so viele Reisende nach Cerro Punta kommen: Der Ort ist Ausgangspunkt des Sendero Los Quetzales und Zugang zum Parque Internacional La Amistad.

Das schlichte **Hotel Cerro Punta** (☎771-2020; http://hotelcerropunta.zxq.net; EZ/DZ/3BZ 24/ 30/36 US$; P ᯤ) bietet eine Reihe ziemlich heruntergekommener Zimmer mit giftgrünen Betonwänden. Wer auf dem Weg in einen der Nationalparks ist, sollte noch einmal eine heiße Dusche im eigenen Bad genießen – es wird für eine ganze Weile die letzte sein.

Von David fahren Busse nach Cerro Punta (3.50 US$, 2¼ Std., alle 20 Min.). Wer aus Costa Rica kommt, nimmt diesen Bus ab der Abzweigung von der Interamericana bei Concepción.

Parque Internacional La Amistad

Der 4070 km² große **Nationalpark** (Eintritt 5 US$, Zeltplatz 5 US$; ⌚8–16 Uhr) wurde von Panama und Costa Rica zusammen eingerichtet – daher der Name La Amistad (Freundschaft). In Panama erstreckt er sich über Teile der Provinzen Chiriquí und Bocas del Toro. Hier leben drei indigene Volksgruppen: die Teribe, die Bribrí und die Ngöbe-Buglé.

Außerdem ist der dichte Regenwald des grenzübergreifenden Parks auch nachweislich der Lebensraum von 90 Arten von Säugetieren wie dem Jaguar und dem Puma sowie von mehr als 300 Vogelarten, unter denen der farbenprächtige Quetzal und die Harpyie sind. Der größte Teil des Parks liegt hoch oben in der unzugänglichen Cordillera de Talamanca, aber für unerschrockene Traveller gibt es genügend Wanderwege und Campingmöglichkeiten.

Den Eintritt in den Park bezahlt man an einem der beiden Eingänge auf panamaischer Seite: Der eine ist in Las Nubes in der Nähe von Cerro Punta in Chiriquí, der andere bei Wekso in der Nähe von Changuinola in der Provinz Bocas del Toro. Zum Campen im Park braucht man eine Genehmigung, die in der Rangerstation ausgestellt wird.

Las Nubes

Die Rangerstation von Las Nubes ist Ausgangspunkt für drei große Rundwanderwege: Der 3,4 km lange **Sendero La Cascada** (Wasserfall-Trail) führt an drei *miradores* (Aussichtspunkten) vorbei zu einem 45 m hohen Wasserfall mit hübschem Badebecken. Der **Sendero El Retoño** (Weg der Wiedergeburt) windet sich über 2,1 km durch wiederaufgeforsteten Urwald mit kleinen Bambuswäldchen und überquert dabei eine Reihe alter Brücken. Der anstrengende, 8 km lange **Vereda La Montaña** (Bergweg) führt über den Gipfel des Cerro Picacho.

Die Rangerstation in Las Nubes verfügt über einen **Schlafsaal** (B 12 US$) mit Stockbetten. Da diese Schlafplätze sehr beliebt sind, müssen sie im Voraus im Büro der ANAM (S. 729) in David reserviert werden. Den Gästen steht auch eine Küche zur Verfügung. Einkaufen muss man in Cerro Punta. Auch Bettzeug muss mitgebracht werden sowie warme Kleidung; da dieser Teil des Nationalparks auf 2280 m Höhe liegt, ist es immer sehr kühl: Die Tagestemperatur beträgt normalerweise um die 24 °C, nachts zeigt die Quecksilbersäule aber oft nur noch 3 °C an.

Der Parkeingang von Las Nubes ist etwa 7 km entfernt von Cerro Punta, wo ein

Schild an der Hauptstraße die Abzweigung markiert. Die Straße ist zunächst befestigt, wird aber in der Nähe des Parks zu einer ausgefahrenen Lehmpiste, die nur noch mit Allradantrieb zu bewältigen ist. Ein Taxi ab Cerro Punta kostet 6 US$ für zwei Personen.

Wekso

Nach Wekso gelangt man über einen von Regenwald verdeckten Fluss, vorbei an unzähligen Wasserfällen, im Hintergrund die grandiose Cordillera de Talamanca. Nach gut 45 Minuten auf dem Fluss zeigt ein Schild am rechten Ufer, dass man in Wekso angekommen ist. Das Dorf liegt zwar außerhalb des Nationalparks, steht aber auch unter Naturschutz. Durch den Sekundär- und Primärwald, der ein wahres Paradies für Vogelbeobachter ist, führt ein 3,5 km langer Rundwanderweg. Im Fluss kann man baden, denn die Strömung ist zu stark für Krokodile. Das heißt aber wiederum auch, dass man besser in der Nähe des Ufers bleiben sollte, wenn man nicht mitgerissen werden möchte.

In Wekso gibt es ein von Naso-Indianern geführtes **Gästehaus** (☎6574-9874; http://odesen.bocas.com; Übernachtung 20 US$/Pers., 3 Mahlzeiten 14 US$). Die Erlöse, die die Mitglieder dieser Gemeinschaft erwirtschaften, kommen der ganzen Volksgruppe zugute. Die Zimmer sind sehr einfach, aber es gibt eine immer funktionierende Wasserversorgung, Toiletten mit Wasserspülung und eine Außendusche. Die Mitarbeiter bereiten auf Wunsch auch Mahlzeiten für die Gäste zu oder führen sie durch den Urwald und geben bereitwillig Auskunft über die Kultur und Geschichte der Naso-Indianer. In fünf Stunden kann man von Wekso in den Parque Internacional La Amistad wandern.

Verwaltet wird Wekso von **Odesen** (Organization for the Sustainable Development of Naso Ecotourism; ☎6569-3869; http://odesen.bocas.com), einer Entwicklungsorganisation der örtlichen Gemeinde zur Förderung des Ökotourismus im Nationalpark bei gleichzeitiger Bewahrung der Kultur der Naso. Ansprechpartner der Organisation ist Raul Quintero.

Um nach Wekso zu kommen, fährt man mit dem Bus zunächst von Changuinola in das Dörfchen El Silencio (0,80 US$, 40 Min.) und tuckert dann mit einem Boot den Rió Teribe hinauf (45 Min.). Ein solches Boot für fünf Personen zu mieten, kostet etwa 60 bis 75 US$. Das ANAM-Büro in Changuinola kann den geplanten Besuch beim Bootsverleiher in El Silencio per Funk ankündigen, damit die Gäste am Flussufer in Empfang genommen werden.

PROVINZ BOCAS DEL TORO

Wo der Regenwald in Bananenplantagen übergeht und kleine Inseln im tiefblauen karibischen Meer liegen, erstreckt sich die Provinz Bocas del Toro, die all das hat, was man sich unter Tropen und Karibik so vorstellt. Der nur 32 km von der Grenze nach Costa Rica entfernte Archipiélago de Bocas del Toro besteht aus sechs dicht bewaldeten größeren Inseln, unzähligen, unbewohnten Inselchen und dem ältesten Meeresnationalpark Panamas, dem Parque Nacional Marino Isla Bastimentos. Die herrliche Landschaft und die teilweise noch vorhandene Ursprünglichkeit machen Bocas del Toro zu einem der bedeutendsten Touristenziele Panamas – insbesondere für diejenigen, die von Sonne und Meer nie genug bekommen. Die Isla Colón, auf der auch die Hauptstadt von Bocas del Toro liegt, ist das Hauptziel der Reisenden. Andere Inseln bieten resortartige Unterkünfte und indigene Gemeinschaften.

Von hier werden aber auch die Chiquita-Bananen verschifft. Auf dem Festland erstreckt sich die panamaische Hälfte des grenzübergreifenden Parque Internacional La Amistad, durch den Großwildtiere wie der scheue Jaguar schleichen. Neben den Völkern der Ngöbe und Buglé leben tief im Urwald die letzten Naso, die als einer der wenigen amerikanischen Volksstämme bis heute von einem Monarchen geführt werden.

Eigentlich kann kein Traveller von der perfekten Mischung aus Wasserspaß und Luxus unter Palmen enttäuscht sein. Leider ist das alles kein Geheimtipp mehr und die touristische Erschließung schreitet zügig voran. Mit dem Bauboom kamen die Bulldozer und knallharte Geschäftsinteressen, sodass sich die Einheimischen mittlerweile fragen, ob es sich lohnt, den Tourismus immer weiter auszubauen, solange die dafür erforderliche Infrastruktur fehlt.

Isla Colón

So entspannt die Isla Colón ist, so rasant entwickelt sie sich gleichzeitig auch. Seit Mitte der 1990er-Jahre kaufen ausländische Inves-

ABSTECHER

LOST & FOUND LODGE

Auf dem Weg in die Provinz Bocas del Toro in der Cordillera de Talamanca wirkt diese originelle Unterkunft im Nebelwald wie eine Utopie vom Dschungelleben. Die nur zu Fuß erreichbare **Lost & Found Lodge** (☎ 6432-8182; www.lostandfoundlodge.com; B/DZ/3BZ ohne Bad 14/33/48 US$) ist ein Backpacker-Paradies, das an einem steilen Berghang klebt, von wo aus sich ein atemberaubender Panoramablick bietet.

Die Eigentümer aus Kanada haben alles bis ins Detail geplant und organisieren Tischfußballturniere und knifflige Schatzsuchen, bei denen sie ihre Gäste auf der Jagd nach einer Flasche billigem Wein durch Flüsse und Labyrinthe scheuchen. Die Stockbetten sind hoch, doch es gibt auch Zimmer, die sehr einfach, aber sauber sind. Die Gemeinschaftsbäder, die wie Verkaufsbuden aussehen, sind in gutem Zustand.

Die Küche im Freien bietet alles Notwendige (Nudeln, Eier, Saucen und Gemüse) zum Verkauf an, aber man kann auch Gerichte bestellen. Weitab von den Schlafplätzen gibt's sogar einen Mini-Pub.

Die angebotenen Aktivitäten sind vielseitig und preisgünstig. Ein Highlight stellt die Lost World Tour dar, die die Wanderer zu einem beeindruckenden Wasserfall und einer indigenen Gemeinschaft führt. Außerdem können die Teilnehmer einen einheimischen Kaffeehersteller besuchen oder die Wanderwege erkunden.

Neben Rocky, dem hauseigenen Wickelbär, der in der Wildnis nicht mehr überleben könnte, fressen sich auch andere Tiere an den gelegentlich für sie ausgelegten Bananen satt. Diese Art der Wildtierfütterung, die leider im ganzen Land zu beobachten ist, sollte keinesfalls unterstützt werden.

In Anbetracht der abgeschiedenen Lage der Lodge ist es unbedingt erforderlich, einen Tag im Voraus per Telefon oder E-Mail zu buchen. Die Lodge unterhält einen Shuttle-Service nach David (30 US$), es ist aber auch möglich, mit dem öffentlichen Bus zu fahren (3,50 US$). Nach einer Stunde Fahrzeit gelangt der Bus bei Km 42 zu einem Schild zur Lodge. Von hier aus sind es dann noch 15 Minuten zu Fuß. Wer von der Provinz Bocas aus anreisen möchte, nimmt einen Bus ab Changuinola oder Almirante (um die 8 US$).

Wer länger bleibt, erhält einen Rabatt. Die Lodge bietet außerdem gute Shuttle-Touren zwischen Bocas und Boquete an, mit kurzen Aufenthalten an sehenswerten Orten.

toren wie verrückt Land, um darauf Hotels, Restaurants und Eigentumswohnungen zu bauen. Dem typischen Karibikflair konnte das zum Glück noch nicht viel anhaben und die Tatsache, dass es direkt am Strand keinen Pizza Hut gibt, beweist, dass die Entwicklung immer noch Jahre entfernt ist von der Situation, in der sich vergleichbare Ziele im benachbarten Costa Rica befinden.

Aktivitäten

Tauchen & Schnorcheln

Das Wasser des Archipels von Bocas del Toro ist bekanntermaßen recht trübe, denn fast 40 Flüsse laden ihren Treibsand darin ab. Im günstigsten Fall beträgt die Sichtweite etwa 15 m. Wenn es aber einige Tage lang kräftig geregnet hat, sieht man vielleicht nur noch 3 m weit. Erfahrene Taucher, die das kristallklare Wasser der Karibik gewöhnt sind, dürften von Bocas enttäuscht sein, aber die Inselgruppe hat dennoch einiges zu bieten.

Im smaragdgrünen Wasser des Archipels tummeln sich Barrakudas, Stachelrochen, Delphine und Ammenhaie. Lohnende Tauchstellen in der Nähe sind das **Dark Wood Reef** (Karte S. 742) nordwestlich der Insel Bastimentos, **Hospital Point**, eine gut 15 m hohe Wand vor Cayo Nancy, und die Gegend um die Boje von **Punta Juan** (Karte S. 742) im Norden der Isla Cristóbal.

Bootsausflüge

Zu den beliebtesten Touren in der Gegend gehören ganztägige Schnorchelausflüge. Sie sind bestens geeignet für alle, die nicht tauchen, aber trotzdem etwas von der artenreichen Unterwasserwelt sehen wollen. Bei einer solchen Tour, die 20 US$ pro Person kostet, schnorchelt man in der Dolphin Bay, vor Cayo Crawl, Red Frog Beach (Eintritt 2 US$) oder Hospital Point. Die Fahrt zu den weiter entfernten Cayos Zapatillas kostet 25 US$ zuzüglich 10 US$ für den Eintritt in den Meeresnationalpark. Dafür sind das Mittagessen, ein Sonnenbad am Strand und eine kurze Urwaldwanderung auf Cayo Zapatilla Sur im Preis inbegriffen.

Vieles, was sich „Tour“ schimpft, ist in Wirklichkeit nicht viel mehr als die Bootsfahrt zu einem schönen Platz zum Schnorcheln. Wer eine eigene oder geliehene Schnorchelausrüstung mitbringt, kann sich auch von den einheimischen Bootsbesitzern in ihren kleinen, motorisierten Kanus herumschippern lassen. Immer vor der Abfahrt den Preis aushandeln.

Surfen

Bocas del Toro entwickelt sich nur langsam zu einem international bekannten Surfspot. Dabei gibt es hier eine ausgezeichnete Mischung aus sanften Wellen für Anfänger, tollen Reefbreaks und einigen ernstzunehmenden Mörderwellen!

Für Surfanfänger, die sich in Riffwellen üben wollen, eignet sich die **Playa Punch** mit ihrer Mischung aus Right- und Lefthandern sehr gut. Natürlich kann es auch hier große, schwer zu reitende Brecher geben, aber im Allgemeinen gehören die Wellen an diesem Strand zu den einfachsten der Gegend.

Direkt hinter der Playa Punch, an der Straße zur Playa Bluff, brechen sich am Strand tolle Reefbreaks, die **Dumps** genannt werden. Da sich die nach links laufenden Wellen bis zu 3 m hoch auftürmen können, sollten sie nur von erfahrenen Surfern geritten werden – die Gefahr, auf das Riff geschleudert zu werden, ist sehr groß. Es gibt auch einen Inner Break, den sogenannten **Inner Dumps**, der ebenfalls nach links verläuft, aber nicht ganz so gnadenlos ist wie der Bruder außen.

Achtung: Nicht aufs Riff treten, denn es ist scharfkantig und voller Seeigel! Neoprenschuhe anziehen! Passiert doch einmal etwas, muss die Wunde sofort gründlich desinfiziert werden.

Der bekannteste Surfspot der Insel ist **Playa Bluff**, wo kraftvolle, hohl brechende Wellen ins seichte Wasser entlang des Strandes krachen. Immer mal wieder splittert hier ein Brett. Auch wenn die Wellen schnell brechen, sind die Tubes einfach klasse, besonders bei starker Dünung.

Kajakfahren

Auch wenn der starke Bootsverkehr und der manchmal hohe Wellengang höchste Aufmerksamkeit erfordern, ist es eine tolle Sache, mit dem Seekajak zwischen den Inseln herumzupaddeln. Tauchläden vermieten Kajaks für 5 US$ pro Stunde.

Radfahren

Mit einem Fahrrad ist man gleich viel mobiler, sei es nach Boca del Drago über die befestigte Straße oder zur Playa Bluff. Allerdings ist die Fahrradtour nach Boca del Drago ganz schön anstrengend, vor allem wenn die Sonne brennt. Weniger anstrengend ist der Weg nach Punta Bluff (auch wenn es keinen Schatten gibt). Nach stärkerem Regen kann die Straße allerdings überflutet sein. Einige Hostels sowie **Ixa's Bike World** (Karte S. 744; Av H; ⏲ 8–16 Uhr) in Bocas-Stadt verleihen Fahrräder.

Wandern

Wer sich abseits der ausgetretenen Pfade bewegen möchte, findet ein dichtes Netz unmarkierter Pfade vor, die die ganze Insel überziehen. Einer der bekannteren Wege beginnt am Ende der Küstenstraße in Mimbi Timbi und führt die Küste entlang bis nach Boca del Drago. Die Wanderung dauert etwa sechs Stunden; man sollte vor Einbruch der Dunkelheit am Ziel sein. Unbedingt ausreichend Trinkwasser mitnehmen! Der Weg windet sich an kleinen und großen Höhlen vorbei durch einen dichten Urwald voller Schlingpflanzen. Mit einem Fahrrad geht's etwas schneller, auch wenn man es über manche Strecken tragen muss, vor allem wenn es kurz zuvor geregnet hat.

Angeln

Am günstigsten kommen ehrgeizige Angler weg, wenn sie sich mit einem Wassertaxi zum Küstenangeln fahren lassen. Die Angelschnur ist zunächst etwas schwierig zu handhaben, aber man gewöhnt sich daran. Am besten fährt man frühmorgens raus, damit die Fische anbeißen. Die Preise sind Verhandlungssache.

Bocas del Toro

Auf der größten und am besten erschlossenen Insel des Archipels befindet sich die Provinzhauptstadt Bocas del Toro: eine farbenprächtige Stadt aus Holzhäusern, die Anfang des 20. Jhs. von der United Fruit Company erbaut wurden. Die heutigen Einwohner von Bocas sind eine lässig-entspannte Gemeinschaft von Karibikbewohnern, Latinos und Nordamerikanern, die sich hier niedergelassen haben. Die Stadt ist eine gute Ausgangsbasis, um den Meeresnationalpark zu erkunden; *taxis marinos* (Wassertaxis) bringen einen zu abgeschiedenen Stränden und Schnorchelplätzen.

Archipiélago de Bocas del Toro

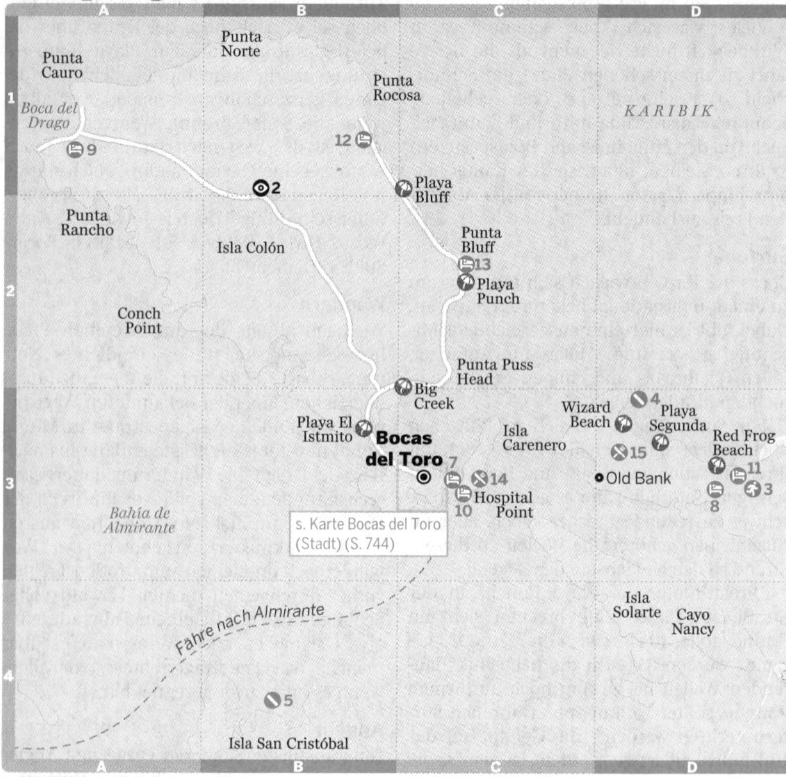

In Bocas regnet es sehr viel, auch in der Trockenzeit kann es über längere Zeit hinweg immer wieder regnen.

Sehenswertes

Boca del Drago STRAND

Der Strand an der Westseite der Isla Colón gehört zu den besten der Insel; hier lässt es sich gut schwimmen und schnorcheln, vor allem wenn das Meer ruhig ist. Da es hier keine Wellen gibt, ist dies für Nicht-Surfer der sicherste Ort des Archipels. Von Bocas-Stadt fahren regelmäßig Busse und Wassertaxis hierher.

Playa Bluff STRAND

Ein abgeschiedener, unberührter Strand mit hohen, starken Wellen. Ohne Surfbrett wagt man sich hier zwar kaum ins Wasser, aber der Sand unter den Palmen ist weich und hellgelb. Von Mai bis September dient die Playa Bluff Meeresschildkröten zur Eiablage. Der Strand ist 8 km von Bocas-Stadt entfernt, gleich an der Straße, nachdem man die Punta Bluff umrundet hat.

La Gruta HÖHLE

(Die Höhle; Karte S. 742; Eintritt 1 US$; ⏲ Sonnenaufgang–Sonnenuntergang) Abenteurer werden diese Fledermaushöhle in der indigenen Communidad Bahía Honda lieben. Man muss durchs hüfthohe Wasser waten, um sie zu erreichen, und an der Decke der Höhle schlafen Tausende von Fledermäusen. Der Höhleneingang, vor dem eine Marienstatue steht, befindet sich 8 km von Bocas entfernt an der Straße nach Boca del Drago. Im Dorf gibt es auch ein kleines Restaurant.

Bocas Butterfly Farm GÄRTEN

(Karte S. 744; ☎757-9008; Erw./Kind 5/2 US$; ⏲ Mo–Sa 9–15, So 9–12 Uhr) Ein Besuch der herrlichen Bocas Butterfly Farm ist von Bocas aus gut an einem Vormittag zu schaffen; hier gibt es Schmetterlingsarten aus allen Ecken Panamas. Auf dem Landweg ist die

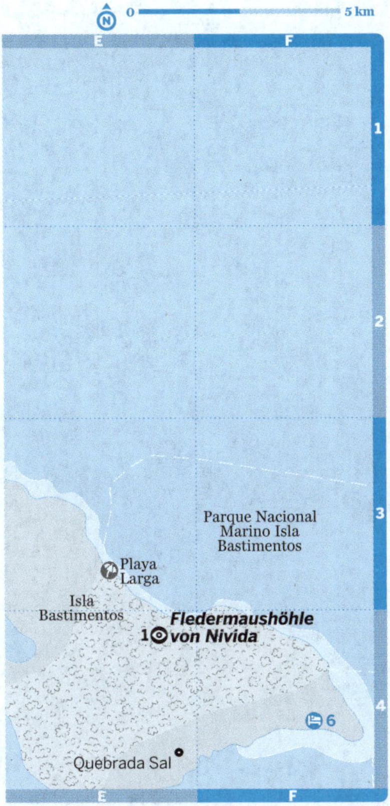

Archipiélago de Bocas del Toro

Highlights
1 Fledermaushöhle von Nivida E4

Sehenswertes
2 La Gruta B1

Aktivitäten, Kurse & Touren
3 Bastimentos Sky D3
4 Dark Wood Reef D3
5 Punta Juan Buov B4

Schlafen
6 Al Natural Resort F4
7 Aqua Lounge C3
8 Bocas Bound Hostel D3
9 Cabañas Estefany A1
10 Casa Acuario C3
Gran Kahuna Hostel .... (s. 10)
11 Palmar Tent Lodge D3
12 Playa Bluff Lodge B1
13 Tesoro Escondido C2

Essen
14 Pickled Parrot C3
15 Up In the Hill D3

Farm nicht zu erreichen, wohl aber mit einem Wassertaxi für 1 US$ (einfache Fahrt).

Playa El Istmito STRAND

Der Strand, auch Playa La Cabaña genannt, ist der Stadt am nächsten; allerdings liegt er an der Sand Fly Bay und die *chitras* (Sandfliegen), die hier leben, sorgen für juckende Stiche. Insgesamt nicht gerade der attraktivste Strand und wer nicht zu Fuß unterwegs ist, fährt besser noch ein Stück nach Norden.

Playa Punch STRAND

Weiter oben an der Küste liegt die Playa Punch, die gefährlich für Schwimmer, aber gut für Surfer ist.

Aktivitäten

★ **Anaboca** TOUR

(La Asociación Natural Bocas Carey; ☎6843-7244, 6529-7153; www.anaboca.org; Wander-/Schildkrötentour 10/15 US$/Pers.) Die gemeinnützige Organisation wird von der einheimischen Gemeinde geleitet und kümmert sich um den Erhalt der Meeresschildkröte. In der Brutsaison bieten zertifizierte Guides nächtliche Touren zur Playa Bluff an, auf denen man Schildkröten schlüpfen sehen kann. Es gibt auch Gemeinschaftsunterkünfte (Verpflegung und Unterkunft 45 US$), die eine gute Idee sind, wenn man in aller Herrgottsfrühe den Schildkröten beim Schlüpfen zusehen will.

Starfleet Eco Adventures TAUCHEN

(Karte S. 744; ☎757-9630; www.starfleetscuba.com; Calle 1) PADI-zertifizierte Tauchkurse im offenen Meer und Kurse für Fortgeschrittene; der Unterricht wird auch auf Englisch angeboten. Starfleet hat unter Einheimischen und Travellern einen sehr guten Ruf.

La Buga TAUCHEN

(Karte S. 744; ☎757-9534; www.labugapanama.com; Calle 3; ⏲8–20 Uhr) Ein hochgeschätzter Tauchladen, zu dessen Highlights nächtliche Tauchgänge und Besuche in den Höhlen vor Bastimentos (70 US$) gehören. Außerdem verleiht er Surfzubehör, Stand-up-Paddles (20 US$/Tag) und Kajaks und bietet Surfunterricht an.

Bocas Water Sports TAUCHEN

(Karte S. 744; ☎757-9541; www.bocaswatersports.com; Calle 3) Das PADI-zertifizierte Tauchzentrum in Bocas besteht schon seit langer Zeit.

Bocas del Toro (Stadt)

Bocas del Toro (Stadt)

Sehenswertes
1 Bocas Butterfly Farm A4

Aktivitäten, Kurse & Touren
2 Bocas Water Sports D2
3 Catamaran Sailing Adventures D3
4 Habla Ya B1
5 Ixa's Bike World C1
6 La Buga D3
7 Spanish by the Sea C4
Starfleet Eco Adventures .... (s. 6)
Transparente Tours .... (s. 3)
8 Tropix Surf D2

Schlafen
9 Cocomo C1
10 Hostal Hansi D3
11 Hostel Heike D2
12 Hotel Cala Luna C2
13 Hotel del Parque D2
14 Hotel Dos Palmas C4
15 Lula's C1
16 Lula's Hostel C1
17 Mondo Taitú C1

Essen
Alberto's Pizzeria .... (s. 12)
18 Buena Vista Bar & Grill D3
19 El Chitré D3
20 La Casbah C1
21 Lilli's Cafe D3
22 Om Café D2
23 Panadería & Dulceria Alemana D2
24 Raw D3
25 Super Gourmet D4
26 Tom's D1

Ausgehen & Nachtleben
27 Barco Hundido D2
Mondo Taitú Bar .... (s. 17)
28 Riptide C1

Transparente Tours TOUR
(Karte S. 744; ☎6583-0351, 757-9915; transparentetours@hotmail.com; Calle 3; ⌚9.30–17.30 Uhr) Das empfohlene Tourunternehmen bietet Guides, Ausrüstung, Getränke und Funkgeräte für Exkursionen an.

Tropix Surf SURFEN
(Karte S. 744; ☎757-9727; Calle 3; ⌚9–19 Uhr) Tropix Surf verleiht Surfbretter. Wer zur Isla Bastimentos rausfahren möchte, muss das Surfbrett vorher buchen.

Catamaran Sailing Adventures SEGELN
(Karte S. 744; ☎757-7048; www.bocassailing.com; Av Sur; Schnorcheltour 45 US$; ⌚8.30–11 & 16–20 Uhr) Catamaran Sailing Adventures bietet erschwingliche Abenteuer mit Übernachtung und der Möglichkeit zum Schnorcheln, Angeln und Delphinebeobachten. Die Touren auf dem knapp 13 m langen Katamaran sind sehr beliebt und auch für Kinder geeignet.

Kurse

Habla Ya SPRACHKURS
(Karte S. 744; ☎757-7352, 730-8344; www.hablayapanama.com; Av G & Calle 9 Sur; ⌚8–17.30 Uhr) Die spanische Schule mit dem hervorragenden Ruf bietet Spanisch-Intensivkurse für Reisende an. Die Klassenzimmer sind klimatisiert und es gibt Spezialpreise auf Ausflüge und Unterkunft in den Schlafsälen und Privatzimmern der Schule.

Spanish by the Sea SPRACHKURS
(Karte S. 744; ☎757-9518; www.spanishbythesea.com; Calle 4) Der Gruppenunterricht in entspannter Umgebung kostet hier 185 US$ pro Woche (20 Std.). Übernachtung in einer Familie (18 US$/Nacht) oder in einem der sauberen, gemütlichen Schlafsäle (10 US$) oder Privatzimmer (25 US$).

Festivals & Events

In Bocas werden neben den in ganz Panama begangenen Feiertagen auch einige lokale Festtage gefeiert.

1. Mai EVENT
Am Maifeiertag tanzen die Mädchen aus dem Ort um den Maibaum.

Día de la Virgen del Carmen FESTIVAL
Am dritten Sonntag im Juli pilgern die *Bocatoreños* zur Höhle von La Gruta, wo eine Messe zu Ehren der Virgen del Carmen gefeiert wird.

Feria del Mar FESTIVAL
Vom 28. September bis zum 2. Oktober wird an der Playa El Istmito gefeiert, ein paar Kilometer nördlich von Bocas.

Fundación de la Provincia de Bocas del Toro EVENT
Am 16. November wird mit großem Aufwand, Paraden und vielen Veranstaltungen die Gründung der Provinz 1904 gefeiert.

Día de Bastimentos EVENT
Der Bastimentos-Tag wird am 23. November mit einer großen Parade und Musikumzügen gefeiert.

Schlafen

Von Dezember bis April und für nationale Feiertage sowie für Zeiträume mit lokalen Festen unbedingt im Voraus reservieren.

BOCAS-STADT

★**Hostel Heike** HOSTEL $
(Karte S. 744; ☎757-9708; www.hostelheike.com; Calle 3; B mit/ohne Klimaanlage 12/10 US$, Zi. 11 US$/Pers.; ❄@📶) Farbenfrohe Wandgemälde und Echtholz sorgen für entspanntes Karibikflair. Das Hostel wird von einer freundlichen Panamaerin hervorragend geführt; im Preis inbegriffen sind gereinigtes Wasser, heiße Getränke und der tägliche Spanischgrundkurs um 14 Uhr. Es gibt auch nichts Besseres, als sich auf der weitläufigen

INSIDERWISSEN

NACHHALTIGER TOURISMUS AUF BOCAS

Der Massentourismus bringt für Bocas enorme Probleme mit sich. Deshalb sollten Touristen ihren Aufenthalt nachhaltig gestalten: Nicht die kleinen Wasserflaschen aus Kunststoff verwenden! Den nachhaltigen Tourismus z. B. durch einen Besuch des von Ngöbe geführten Restaurants in Communidad Bahía Honda unterstützen. Außerdem darauf achten, dass bei der Delphinbeobachtung das Boot genügend Abstand zu den Tieren hält. Und bei Bootsfahrten grundsätzlich die Dienste der Genossenschaft der örtlichen Bootsbesitzer in Anspruch nehmen – sie nehmen mehr Rücksicht auf die Natur.

Daniel Suman, Professor für Umweltrecht

NICHT VERSÄUMEN

OREBA SCHOKO-TOUR

Die von Travellern viel gepriesene geführte **Tour** (☎6649-1457; quintero2380@gmail.com; 25 US$/Pers.) führt zu einer Bio-Schokoladenfarm, die von der indigenen Gemeinde der Ngöbe geleitet wird. Laut Schweizer Experten enthält die Schokolade einen der hochwertigsten Kakaos der Welt. Es spricht also alles dafür, die Farm zu besichtigen, Faultiere zu sehen, Schokolade zu probieren und ein traditionelles Mittagessen zu genießen. Der Ausflug (mind. 4 Pers.) wird in spanischer und englischer Sprache angeboten.

Obwohl die Farm auf dem Festland in der Nähe von Almirante liegt, buchen die meisten Besucher die Tour über ihr Hostel in Bocas oder über Super Gourmet (S. 748). Im Preis nicht enthalten ist die Bootsfahrt von Bocas (Hin- & Rückfahrt 7 US$).

Dachterrasse mit Hängematten in ein gutes Buch zu vertiefen und dabei ein kühles Bierchen zu genießen. In den Zimmern stehen Stockbetten, keine Doppelbetten.

Hostal Hansi GÄSTEHAUS $

(Karte S. 744; ☎757-9085; http://hostalhansi.bocas.com; Ecke Av D & Calle 2; EZ ohne Bad 13 US$, EZ/DZ/3BZ 15/25/30 US$; @) Familienfreundlichkeit steht hier im Vordergrund; das von Deutschen geleitete Gästehaus rühmt sich seiner Ruhe und der heißen Duschen. Die Zimmer sind mit Ventilatoren ausgestattet und im Allgemeinen makellos und komfortabel. Die Doppelzimmer haben einen eigenen Balkon. Die Gäste können in der großen Küche kochen, wo der Platz im Kühlschrank exakt nach Zimmernummer vergeben ist – die Art und Weise, wie das Hostel geleitet wird, ist geradezu UN-würdig.

Mondo Taitú HOSTEL $

(Karte S. 744; ☎757-9425; www.mondotaitu.com; Av G; B mit/ohne Klimaanlage 12/10 US$, DZ ohne Bad 24 US$; @) *Das* Backpackerhostel von Bocas sieht aus, als ob es beim nächsten Windstoß einstürzen würde. Aber es herrscht eine gute, entspannte Atmosphäre, die üblichen Annehmlichkeiten sind vorhanden und abends ist Party angesagt. Es gibt eine Gemeinschaftsküche, einen Aufenthaltsraum, Waschmaschinen, kostenlose Fahrräder und Surfbretter.

Hotel Dos Palmas HOTEL $

(Karte S. 744; ☎757-9906; residencialdospalmas@yahoo.com; Av Sur; DZ/3BZ 28/35 US$;) Das Hotel, das stolz darauf ist, „100 % Bocatoreñó" zu sein, hat einfache, mit Holz verkleidete, altmodisch eingerichtete Zimmer. Das Haus wird von einer freundlichen Matrone geführt und ist alles andere als nullachtfünfzehn. Manche werden es vielleicht etwas muffig finden. Es liegt über dem Meer und der Blick auf die Bucht ist sensationell.

Lula's Hostel HOSTEL $$

(Karte S. 744; ☎757-9057; www.lulabb.com/hostel-lulas; Av H; B/DZ ohne Bad 20/60 US$;) Nicht jedes Hostel verfügt über einen eigenen Schwimmsteg. Dieses supersüße, mintgrüne Häuschen bietet große, solide Stockbetten und wurde erst kürzlich renoviert. Der Besitzer wohnt nicht im Haus, deshalb hinterlegen Gäste eine Kaution für die Schlüssel und haben das Haus dann für sich allein. Für 10 US$ pro halben Tag können Kajaks ausgeliehen werden.

Lula's B&B $$

(Karte S. 744; ☎757-9057; www.lulabb.com; Av Norte; DZ/3BZ/4BZ mit Frühstück 55/77/88 US$; @) Mit seinen Schaukelstühlen auf der Veranda ist dieses B&B einfach nur herrlich. Die makellos sauberen Zimmer mit Warmwasserdusche sind richtig kuschelig eingerichtet. Der Service der amerikanischen Besitzer ist erstklassig, ebenso das reichhaltige Frühstück nach Art der Südstaaten.

Cocomo B&B $$

(Karte S. 744; ☎757-9259; www.cocomoonthesea.com; Ecke Av Norte & Calle 6A; EZ/DZ/3BZ mit Frühstück 60/80/90 US$;) Das niedliche Holzhaus mit tropischem Garten und Terrasse am Strand, auf der die Hängematten schaukeln, lässt keine Wünsche offen. Ein herrlicher Ort, um sich bei schlechtem Wetter zu verkriechen. In allen Zimmern gibt's Warmwasser. Zum Frühstück (All-you-can-eat) gehört frisches Gebäck, Obst, Joghurt und Omelett. Außerdem werden Kajaks vermietet (10 US$) und man kann direkt vom Bootssteg losschwimmen.

Hotel del Parque HOTEL $$

(Karte S. 744; ☎757-9008; www.hdelparque.webs.com; Calle 2; EZ/DZ/3BZ 37/45/50 US$;) Ruhige, günstige Unterkunft in der Art eines B&B, die in einem klassisch karibischen Haus direkt an der Plaza untergebracht ist. Die geräumigen Zimmer haben große Fenster, einen kühlen Betonfußboden und angenehm harte Betten mit frischer Bettwäsche. Von der Terrasse kann man das Treiben auf der Plaza beobachten, sofern man nicht gerade ein Nickerchen in der Hängematte macht.

Hotel Cala Luna HOTEL **$$**
(Karte S. 744; ☎ 757-9066; www.calalunabocas.com; Calle 5; EZ/DZ/3BZ 55/65/80 US$; ❄ @) Das Hotel über der legendären Pizzeria Alberto hat italienische Besitzer und wartet mit kathedralenartigen Glasfenstern, geschmackvollen Ausstattungsdetails in Echtholz und frischen, funktionalen Zimmern auf. Außerdem können Gäste von zwei Aussichtspunkten auf dem Dach die Flugzeuge beobachten, die nur 30 m über ihren Köpfen zur Landung ansetzen.

RUND UM DIE INSEL

Cabañas Estefany HÜTTE **$**
(Karte S. 742; ☎ 6956-4525; gilbertosanchez-25@hotmail.com; B 12 US$, DZ mit Küche 35 US$, Hütte für 6 Pers. 75 US$; @) Die *cabañas* aus Holz in Boca del Drago sind sehr einfach – einige davon besitzen keine Ventilatoren und haben nur Kaltwasserduschen. Besser gleich eine mit Ventilator sichern, weil hier jede Menge Insekten herumschwirren. Da die Hütten auch gern von Wissenschaftlern gebucht werden, empfiehlt es sich, vor der Anreise anzurufen.

★ **Tesoro Escondido** HÜTTE **$$**
(Karte S. 742; ☎ 6782-0512; www.tesoroescondido.info; DZ/3BZ ab 35/50 US$, Hütten für 2/3/4 Pers. 65/80/95 US$) Die strohgedeckten Hütten am Wasser verströmen einen sehr schlichten Charme und einen ganz eigenen Zauber. Sie sind nicht jedermanns Sache – aus dem wuchernden Regenwald können eventuell Besucher kommen. Durch Mosaiktische und Kunstwerke aus Recycling-Flaschen hat es etwas von Bohème, das Bemerkenswerteste ist jedoch die schweizerische Küche. Wer kann schon von sich sagen, dass er die beste Schokolade der Welt schon probiert hat? Gäste bekommen zum Abendessen feste Menüs (10–14 US$) mit fabelhaften Desserts serviert.

Schnorchelausrüstung wird hier kostenlos verliehen. Auf der rechten Seite, kurz vor der Playa Bluff.

Playa Bluff Lodge LODGE **$$**
(Karte S. 742; ☎ 6798-8507; www.playablufflodge.com; DZ mit Frühstück 110 US$; ≋) Diese sehr empfehlenswerte Hütte wird von einer herzlichen niederländischen Familie geleitet. Moderne, ansprechende Zimmer, die sich in den Regenwald schmiegen, Wasserlilienteiche und riesige Bäume, in denen sich das eine oder andere Faultier verbirgt. Eine gute Familienunterkunft – in dem lockeren Bar-Restaurant (auch für Nicht-Gäste offen), das dazu gehört, gibt's einen Billardtisch und einen Kinderbereich. Außerdem gibt es einen Pool, ein Diorama mit exotischen Fröschen und Dschungeltreks (45 US$).

Die Hütte liegt buchstäblich am Ende der Straße, 8 km von Bocas entfernt, gegenüber dem Strand. Bei einem Aufenthalt von mindestens drei Nächten gibt's einen Bringservice.

Essen

An mobilen Imbissständen werden Brathähnchen, frische Smoothies und Fruchtsäfte verkauft; wer ein *batido* (Fruchtshake gemischt mit Milch oder Wasser) trinkt, sollte unbedingt darum bitten, dass dafür Mineralwasser aus Flaschen verwendet wird.

★ **Raw** SUSHI **$**
(Karte S. 744; ☎ 6938-8473; Calle 2; Hauptgerichte 8–10 US$) Nur ein kleines Restaurant auf Planken über dem Wasser, aber was es dort gibt, ist goldrichtig. Zu frischen Tofu-Frühlingsrollen und herrlichen Tacos mit Thunfisch-Tatar und eingelegten Zwiebeln gibt es Sake in Karaffen. Die Salate sind köstlich und die Bedienung ist aufmerksam. Abends werden Kerzen angezündet und die Bar, die auf Original-Martinis spezialisiert ist, füllt sich allmählich.

Tom's PANAMAISCH **$**
(Karte S. 744; ☎ 6776-9280; Av H; Hauptgerichte 6–10 US$; ⏲ Mo–Sa 10–17 Uhr) Einheimische jeglicher Couleur bestätigen, dass das Tom's genau der richtige Ort für ein leckeres Mittagessen ist, für das man sich nicht finanziell zu ruinieren braucht. Es befindet sich oben in einem Marktgebäude aus Beton, auf der schattigen Terrasse im 1. Stock mit Blick auf's Wasser. Meeresfrüchte und Huhn werden normalerweise mit Reis oder Pommes serviert. Es gibt auch einen Lieferservice.

Lilli's Cafe CAFÉ **$**
(Karte S. 744; Calle 1; Gerichte 5–8 US$) Egal ob die Wahl auf die Eier Benedict mit Krabben oder einen übergroßen Burger fällt – auf keinen Fall die hausgemachte „Killin' Me Man"-Pfeffersauce verpassen. Nichts gehört so zur Karibik wie ein Blick auf den Ozean und ein brennender Gaumen.

Panadería & Dulceria Alemana BÄCKEREI $
(Karte S. 744; Calle 2; Snacks 1–5 US$; ⌚Mo–Sa 7–20, So 8–16 Uhr) Die deutsche Bäckerei ist bekannt für den besten echten Kaffee auf der Insel, für ihr Vollkornbrot und den saftigen Karottenkuchen.

El Chitré PANAMAISCH $
(Karte S. 744; Calle 3; Gerichte 2–4 US$; ⌚Mo–Sa 8–22 Uhr) Die bei Einheimischen und Touristen gleichermaßen beliebte, einfache Cafeteria ist die beste Adresse in der Stadt, um gut und günstig zu essen.

Super Gourmet SUPERMARKT $
(Karte S. 744; Calle 3; ⌚Mo–Sa 9–19 Uhr) Große Auswahl an Spezialitäten wie einheimische Bio-Schokolade, mexikanisches Essen, Wein und gefrorene Bagels.

Alberto's Pizzeria PIZZERIA $
(Karte S. 744; Calle 5; Pizza 10 US$; ⌚Mo–Sa 12–22 Uhr) In dem Lieblingslokal der Einheimischen, dessen Besitzer aus Sardinien stammen, wird Tischtennis gespielt, bis das Essen fertig ist. Die frisch gebackenen Pizzas mit Artischocken, Kalamata-Oliven und Gorgonzola stillen selbst den größten Hunger.

La Casbah MEDITERRAN $$
(Karte S. 744; ☎6477-4227; Av H; Hauptgerichte 8–15 US$; ⌚Di–Sa 18–22 Uhr) Das bei Einheimischen und Touristen gleichermaßen beliebte Restaurant serviert mediterrane Gerichte wie Gazpacho, Ziegenkäsesalat, Meeresfrüchte und lecker zubereitetes Fleisch. Der Fisch des Tages schwimmt in Gurken- und Kokosnusssauce. Für Vegetarier gibt's im Ofen gebackenes Gemüse. Unbedingt reservieren!

Om Café INDISCH $$
(Karte S. 744; Ecke Av E & Calle 2; Hauptgerichte 6,50–15 US$; ⌚Fr–Di 8–12 & 18–22 Uhr) In dem freundlichen indischen Lokal werden klassische und Vindaloo-Currys serviert, die einen garantiert ins Schwitzen bringen. Dazu gibt's warmes, knuspriges Naan-Brot. Da der Service etwas lahm ist, überbrückt man die Wartezeit am besten mit einem Cocktail, z. B. einem Tipsy Turban mit Maracuja, Rum und Zucker.

Buena Vista Bar & Grill AMERIKANISCH $$
(Karte S. 744; Calle 1; Hauptgerichte 7–13 US$; ⌚Mi–Mo 8–22 Uhr) In dem Restaurant am Wasser lassen sich vor allem Ausländer die Nachos, Cheeseburger mit Schinkenspeck und Brownies mit Eis schmecken. Abends wird noch eins draufgelegt: Dann gibt's Meeresfrüchte und Fischgerichte.

Ausgehen & Nachtleben

Mondo Taitú Bar BAR
(Karte S. 744; Av G; ⌚19 Uhr–open end) Hier ist immer was los. Dienstags und freitags unterhalten die partybegeisterten Eigentümer ihre Gäste mit Themenabenden, aber die außergewöhnlich interessante Cocktailkarte und die rauchenden Wasserpfeifen sorgen jeden Abend für gute Stimmung. Wer mutig ist bestellt einen „Tequila Suicide": eine Prise Salz in die Nase, einen Spritzer Zitronensaft in die Augen und ein Glas des schlechtesten Tequilas, der aufzutreiben ist – aber alles kostenlos!

Barco Hundido BAR
(Karte S. 744; Calle 1; ⌚20–24 Uhr) Die meisten Nächte in Bocas enden in dieser Freiluftbar mit dem Spitznamen „Wreck Deck" – wegen des davor gesunkenen Bananenboots, das im klaren Wasser der Karibik gut zu erkennen ist. Von der Bar führt ein kurzer Holzsteg zu einer Insel, auf der man herrlich sitzen und Sterne gucken kann.

Riptide BAR
(Karte S. 744; Av H; ⌚9–24 Uhr) Wer nicht das nötige Kleingeld hat, um sich mit Kumpels auf einer privaten Yacht volllaufen zu lassen, für den ist diese verwitterte Bootsbar die zweitbeste Lösung. Der Gringo-Magnet ist ein guter Ort, um sich an der hufeisenförmigen Bar zu versammeln und einfach zu quatschen. Es gibt ein Tagesessen – manche schwören auf das Brathähnchen, aber die Meinungen darüber gehen sehr auseinander.

Orientierung

Bocas del Toro ist schachbrettartig angelegt. Die meisten Hotels und Restaurants befinden sich in der Calle 3. Der Flughafen liegt an der Avenida E, vier Blocks von der Calle 3 entfernt.

Es verwirrt ein bisschen, dass die Stadt, die Provinz und der Archipel alle den Namen Bocas del Toro tragen. Noch verwirrender: Die Isla Colón und die Stadt Bocas del Toro werden auch als Bocas Isla bezeichnet.

Praktische Informationen

Weitere Informationen über die Inseln gibt's auf der sehr nützlichen englischsprachigen Website www.bocas.com, auf der Seite von **National Geographic** (www.gobluecentralamerica.org) über Bocas oder im monatlich erscheinenden, zweisprachigen Inselmagazin **The Bocas Breeze** (www.thebocasbreeze.com).

ANAM (Autoridad Nacional de Ambiente; ☎757-9442; Calle 1) Eigentlich nicht als Touristeninformation gedacht, aber das Personal kann Fragen zum Nationalpark und anderen Schutzgebieten beantworten. Wer in einem der Schutzgebiete campen will, muss sich im Büro der ANAM eine Erlaubnis besorgen.

Touristeninformation der ATP (Autoridad de Turismo Panama; ☎757-9642; ⏲Mo–Fr 8.30–15.30 Uhr) Im Centro de Facilidades Turísticas e Interpretación (Cefati) an der östlichen Strandpromenade. Den Stadtplan in Farbe gibt's auf Englisch und Spanisch.

Banco Nacional de Panamá (Ecke Calle 4 & Av E; ⏲Mo–Fr 8–14, Sa 8–12 Uhr) Löst Reiseschecks ein und hat einen rund um die Uhr zugänglichen Geldautomaten.

Bocas Sustainable Tourism Alliance (☎6956-9520; www.discoverbocasdeltoro.com) Englischsprachiges Personal und gutes, nützliches Informationsmaterial für Traveller. Es gibt kein Büro, aber online oder per Telefon sind Informationen über nachhaltige Touren zu haben. Arrangiert Besuche in einem Kunsthandwerksbetrieb der Ngöbe auf der Isla San Cristóbal.

Cable & Wireless (Calle 1) Von hier kann man ins Ausland telefonieren.

Krankenhaus (☎757-9201; Av G; ⏲24 Std.) Das einzige Krankenhaus der Insel hat eine rund um die Uhr geöffnete Notaufnahme.

Post (Calle 3, Governmental Bldg)

GEFAHREN & ÄRGERNISSE

An manchen Stränden kann die Brandung recht gefährlich sein, denn es gibt häufig starke Brandungsrückströmungen. Beim Baden also entsprechend vorsichtig sein! Wer von einer solchen Strömung erwischt wird, sollte parallel zur Küste schwimmen und nicht in Panik geraten.

Das Leitungswasser in Bocas del Toro ist nicht genießbar. Trinkwasserflaschen werden von der Bocas Sustainable Tourism Alliance aufgefüllt.

Bocas del Toro ist recht konservativ: Oben ohne in der Öffentlichkeit ist sowohl für Männlein als auch für Weiblein per Gesetz verboten. Selbst wenn man auf dem Weg zum Strand ist, muss der Oberkörper bedeckt sein. Andernfalls kann es passieren, dass man von der Polizei ins Hotel zurückgeschickt wird.

NICHT VERSÄUMEN

PERLEN DES ARCHIPELS

Um den Massen zu entkommen, einfach ein Boot ausleihen und die folgenden Ziele erkunden:

Cayo Crawl Wasserlabyrinth mit Mangrovenwäldchen, in der Nähe der Isla Bastimentos.

Cayos Zapatillas Strahlend weiße Sandstrände und unberührter Urwald.

Dolphin Bay Stark frequentierte Kinderstube von Delphinen, die hier übermütig herumtollen.

Swan Cay Auf dem winzigen Inselchen in der Nähe der Isla de Los Pájaros tropische Vögel mit leuchtend roten Schnäbeln und Weißkopftauben beobachten.

An- & Weiterreise

FLUGZEUG

Air Panama (☎757-9841; www.flyairpanama.com) Fliegt nach Panama-Stadt (116 US$, 1 Std., 1- bis 2-mal tgl.). Büro am Flughafen.

Nature Air (☎in USA 800-235-9272; www.natureair.com) Fliegt mehrmals pro Woche frühmorgens von San José, Costa Rica (135 US$, 1½ Std.), nach Bocas.

SCHIFF/FÄHRE

Als Alternative zur Anreise per Flugzeug kann man mit einem Wassertaxi (4 US$) von Almirante auf dem Festland nach Bocas übersetzen. **Taxi 25** legt von 6 bis 18.30 Uhr alle 30 Minuten ab. Die Fahrt dauert 30 Minuten.

Caribe Shuttle (☎757-7048; www.caribeshuttle.com) Bietet zweimal täglich eine kombinierte Boot-Bus-Fahrt (32 US$) nach Puerto Viejo in Costa Rica an. Es gibt auch die Möglichkeit, nach Cahuita (38 US$) oder San Jose (70 US$) weiterzufahren. Passagiere werden im Hotel abgeholt, müssen aber einen Tag im Voraus buchen.

Unterwegs vor Ort

Ein Bus fährt von der Plaza in Bocas quer über die Insel nach Bocas del Drago (2,40 US$, 1 Std., 6-mal tgl. zwischen 5.30 und 20.30 Uhr). Der neueste Fahrplan steht im *Bocas Breeze*.

Fahrten mit einem Motorboot oder Kanu zu den anderen Inseln des Archipels bieten die Bootsbesitzer im Hafen von Bocas an. Im Allgemeinen wird der Preis vor der Abfahrt ausgehandelt, und es muss eindeutig geklärt sein, ob er nur für die einfache Strecke oder für Hin- und Rückfahrt gilt. Immer auf der Rückfahrt zahlen, damit die Abholung auch wirklich gesichert ist, aber die meisten Bootsbesitzer wollen etwas Geld im Voraus für Benzin. Die Preise sind sehr unterschiedlich. Günstiger wird es, wenn man Spanisch spricht, in der Gruppe unterwegs ist oder wenn man auch gleich die Abholung vereinbart.

Nach Aussage der Einheimischen hat **Boteros Bocatoreños Unidos** (☎6022-9554; Calle 3; ⏲6.30–18.30 Uhr) immer faire Preise und schult sein Personal speziell in sicherem Umgang mit dem Boot und umweltfreundlichem Verhalten.

Isla Carenero

Die wenig beachtete Isla Carenero liegt nur wenige Hundert Meter von der Isla Colón entfernt. In ihrem Namen kommt das spanische Wort für „kielholen" vor, was Seemannssprache ist für „ein Schiff auf die Seite legen, um es reinigen und reparieren zu können". Tatsächlich ließ Kolumbus im Oktober 1502 seine Schiffe hier kielholen, während er selbst eine Magenverstimmung auskurierte.

Mittlerweile schwappt die Welle der Entwicklung, die die Nachbarinsel so dramatisch verändert hat, auch auf die Isla Carenero über. Aber noch ist sie eine ruhige Alternative zur touristischen Isla Colón.

Aktivitäten

Erfahrene Surfer können sich an den enormen Right-Hand-Tubes der Silverbacks versuchen, die sich bis zu 5 m hoch über dem Riff auftürmen. Die Breaks der Spitzenklasse stehen der legendären North Shore von Hawaii in nichts nach. Der Strand ist mit einem Wassertaxi zu erreichen.

Escuela de Mar SURFEN
(☎6785-7984, 757-9137; www.bocasbuccaneerresort.com/surfing-school; ⏲8–18 Uhr) Die Surfschule des Argentiniers Luis steht für qualitativ hochwertigen Surfunterricht (45 US$/3 Std.); außerdem werden hier Kajaks (10 US$/3 Std.), Stand-up-Paddles (30 US$30/Tag) und Surfbretter (15 US$/Tag) verliehen. Die Surfschule liegt am Strand des Buccaneer Resort. Möglichst vorher anrufen.

Schlafen & Essen

Auch wenn die Isla Carenero lange nicht so bekannt ist wie ihre großen Schwestern Colón und Bastimentos, bietet sich hier die einmalige Chance, die Inseln von einer ganz anderen Seite kennenzulernen.

★ **Gran Kahuna Hostel** HOSTEL $
(Karte S. 742; ☎757-9551; www.grankahunabocas.com; B/DZ 12/45 US$; ❄@📶) Der neue Standort dieser herrlichen Surferunterkunft ist total beliebt; sie bietet gelbe Betonhütten, helle Zimmer und einen Lattenzaun. Außerdem gibt's einen riesigen Flachbildfernseher und hauseigene Gitarren. Die Sauberkeit ist beeindruckend, der Service war dies zur Zeit der Recherche allerdings nicht. Es gibt eine Küche und eine Bar.

Aqua Lounge HOSTEL $
(Karte S. 742; ☎757-9042; www.bocasaqualounge.info; B/DZ/3BZ mit Frühstück 11/25/36 US$; 📶🏊) Das Backpacker-Paradies, das eher wie ein hölzerner Carport aussieht, befindet sich direkt an der Bootsanlegestelle gegenüber von Bocas. Entweder liebt man es oder man hasst es, auf jeden Fall wird immer kräftig gefeiert. Die Bar des Hostels ist ungemein beliebt, denn dort steht das Wassertrampolin …

Casa Acuario GÄSTEHAUS $$
(Karte S. 742; ☎757-9565; www.casaacuario.com; DZ 88–102 US$; ❄📶) Das tropische Gästehaus steht verträumt über dem glasklaren Wasser, in dem es von tropischen Fischen nur so wimmelt. Die makellos eingerichteten Zimmer sind mit zweckmäßigen Einbauten und rustikalem Kunsthandwerk ausgestattet und verfügen über eine eigene Terrasse. Das Abendessen wird unterm Sternenhimmel serviert.

Pickled Parrot INTERNATIONAL $
(Karte S. 742; ☎757-9093; Hauptgerichte 5,50–10 US$; ⏲11–21 Uhr) Den Einheimischen nach wird hier auf der Terrasse am Meer das beste Essen der Insel serviert. Burger mit Blauschimmelkäse, gefüllte Chilis, scharfe Shrimps im Teigmantel und *ceviche* werden vom übellaunigen Koch liebevoll zubereitet. Und zu trinken gibt's auch etwas.

Orientierung

Die Wassertaxis legen im kleinen Bootshafen an der Inselspitze an. Von dort führt ein Weg in die noch junge Stadt der Insel und weiter über das ganze Eiland.

An- & Weiterreise

Die Bootsfahrt von der Stadt Bocas del Toro zur Isla Carenero dauert nur wenige Minuten und kostet 1 US$.

Isla Bastimentos

Obwohl sie nur eine zehnminütige Bootsfahrt von Bocas del Toro entfernt ist, fühlt man sich auf der Isla Bastimentos wie in einer anderen Welt. An der Nordküste erstrecken sich von Palmen gesäumte, unberührte, wilde Strände, auf denen die Meeresschildkröten ihre Eier ablegen. Der Süden ist geprägt von Mangrovenwäldern und Korallenriffen, die zum Meeresschutzgebiet des Parque Nacional Marino Isla Bastimentos gehören. Der Hauptort der Insel ist die geschichtsträchtige, westindische Stadt Old Bank, die eng mit der Bananenindustrie verbunden ist. Im Süden, der durch ein riesiges Urwaldgebiet von Old Bank getrennt ist, befindet sich das Ngöbe-Buglé-Dorf Quebrada Sal („Salzfluss").

Bastimentos war lange eine Hochburg der afrokaribischen Kultur von Bocas, doch das ändert sich allmählich. Ein Grund dafür ist das Entwicklungsprojekt Red Frog Beach.

Sehenswertes

Auf Bastimentos gibt es phantastische Strände, die aber mit Vorsicht zu genießen sind: Die Wellen an der Nordküste können sehr hoch und stark werden.

Der schönste Strand der Insel ist der **Wizard Beach** (auch Playa Primera genannt), dessen feiner, gelber Sand sich vor einer Kulisse aus dichtem Urwald voller Schlingpflanzen ausbreitet. Der Fußmarsch von Old Bank durch die Wildnis zum Wizard Beach dauert normalerweise 30 Minuten, wird aber zur Tagestour durch den Schlamm, wenn es stark geregnet hat.

Wenn das Wetter mitspielt, kann man weiter an der Küste entlang zur **Playa Segunda** (Zweiter Strand) und zum **Red Frog Beach** gehen. Außerdem fahren auch von einem kleinen Bootsanleger im Süden der Insel Wassertaxis zum Red Frog Beach. Der Zutritt zum Strand kostet 3 US$. Am Red Frog Beach sieht man vielleicht noch einen der namensgebenden *ranas rojas* (Erdbeerfrösche), die es wohl nicht mehr lange auf der Insel geben wird.

Hinter dem Red Frog Beach führt der Weg weiter zur **Playa Larga** (Langer Strand), wo die Meeresschildkröten von April bis August ihre Eier ablegen. Die Playa Larga gehört wie der größte Teil der Ostküste zum Meeresschutzgebiet des Parque Nacional Marino Isla Bastimentos.

Old Bank ORTSCHAFT

Der sehr arme und irgendwie deprimierende Ort Old Bank hat trotz allem mehr karibisches Flair als die Stadt Bocas. Es geht entspannt und lässig zu. Viele Menschen sprechen Guari-Guari, eine Kreolsprache basierend auf dem Spanischen und dem Englischen.

Parque Nacional Marino Isla Bastimentos PARK

(Eintritt 10 US$) Der erste Meeresnationalpark Panamas, der 1988 geschaffen wurde, um-

ABSEITS DER ÜBLICHEN PFADE

ISLA SAN CRISTÓBAL

Anderthalb Stunden von Bocas-Stadt entfernt liegt eine andere Welt – die Gemeinschaft der Ngöbe auf der Isla San Cristóbal. Diesen auf Selbstversorgung ausgerichteten Bauern und Fischern ist ihre Ngöbe-Identität sehr wichtig, obwohl sie überwiegend in schwierigem Lebensbedingungen leben.

Auf einem Tagesausflug lässt sich miterleben, wie die Ngöbe Fasern für *chacara*-Taschen vorbereiten und färben, man kann Heilpflanzengärten besichtigen und eine traditionelle, über einem Holzfeuer gekochte Mahlzeit genießen. Die Eintrittsgelder (Tagesausflüge mit Mittagessen 20 US$/Pers.) kommen der einheimischen Gemeinde zugute.

Das Peace Corps hat zur Entstehung des **Isla San Cristóbal Hostel** (☎6832-9118; www.keteka.com/destinations/latin-america/panama/isla-san-cristobal; Touren, Mahlzeiten und 2 Übernachtungen 75 US$), beigetragen; die von der Gemeinde geleitete Öko-Unterkunft bietet schlichte Betten mit Moskitonetzen, aus dem Regenwasserbehälter gespeiste Duschen und Komposttoiletten. Wassertaxis (Hin- & Rückfahrt 60 US$) werden pro Boot bezahlt, nicht pro Person. Auch Bocas Sustainable Tourism Alliance (S. 749) arrangiert Touren.

Ebenfalls auf der Insel liegt das reizende und viel gepriesene Gästehaus **Dolphin Bay Hideaway** (☎6417-7351, 6772-9917; www.dolphinbayhideaway.com; DZ inkl. 2 Mahlzeiten 120–160 US$; 📶) 🍃 geleitet wird es von Erika aus Transsylvanien und ihrem Mann, der von der Insel stammt. Das hübsche zweistöckige Haus in den Mangroven bietet eine große Holzveranda, Stege mit Hängematten und einen Seerosenteich. Die Zimmer sind romantisch und mit Himmelbetten und Wasserkrügen gut eingerichtet; außerdem darf jeder „so viele Kokosnüsse trinken, wie er kann". Die Eigentümer bieten auch Ausflüge in die Umgebung an.

fasst verschiedene Bereiche des Archipels von Bocas del Toro mit Teilen der Isla Bastimentos und der Cayos Zapatillas; hier leben unzählige Arten von karibischen Tieren und Pflanzen. Wer hier zelten möchte, braucht eine Genehmigung des ANAM-Büros in Bocas del Toro (S. 749).

★ Nivida Bat Cave HÖHLE
(Bahía Honda; Karte S. 742) In der riesigen Höhle hausen Schwärme von nektartrinkenden Fledermäusen und es gibt einen unterirdischen See, der auch zum Schwimmen geeignet ist. Der halbe Spaß ist schon die Fahrt mit dem Motorboot durch einen von üppiger Vegetation gesäumten Wasserlauf. Nur mit einem zuverlässigen Guide hierherkommen (ca. 25 US$/Pers.).

Quebrada Sal DORF
Ganz im Südosten von Bastimentos befindet sich am Ende eines langen Kanals, der einen Mangrovenwald durchquert, das Dorf Quebrada Sal der Ngöbe-Buglé. Es besteht aus etwa 60 Palm- und Bambushütten, einer Grundschule, einem Kunstgewerbegeschäft, einem Tante-Emma-Laden und einem Fußballplatz. Besucher bezahlen eine Eintrittsgebühr von 1 US$ und tragen sich ins Gästebuch ein. Wassertaxis fahren hierher.

Laguna de Bastimentos SEE
Die Wanderung zu diesem von dichtem Pflanzenwuchs umgebenen Dschungelsee ist anstrengend. Der breite Streifen Regenwald, der sich quer über die Insel erstreckt, gehört zum Festlandteil des Parque Nacional Marino Isla Bastimentos, und sollte nur mit einem zuverlässigen Guide erkundet werden.

Aktivitäten

Die Wellen am Wizard und am Red Frog Beach sind stabile, recht gleichmäßige Left- und Righthand-Beachbreaks, die für Surfneulinge und fortgeschrittene Anfänger bestens geeignet sind. In der Dünung am Wizard Beach türmen sich die Wellen manchmal zu riesigen Tubes auf, die aber schnell brechen.

Bastimentos Sky SEILRUTSCHE
(Karte S. 742; ☎757-8001, 6507-4646; www.redfrogbeach.com/bocas-del-toro-zipline.html; 55 US$/Pers.) Sieben Seilrutschen, eine schaukelnde Brücke und vertikales Abseilen sind nur einige der Highlights dieser neuen Attraktion, die die Entwicklung des Red Frog Beach mit sich gebracht hat; gestaltet wurde das Ganze von einem bekannten Seilrutschen-Designer aus Costa Rica. Die Tour dauert zwei Stunden, es werden Höhen von 45 m erreicht.

Uwe SCHNORCHELN
(☎6741-1535; 3-stündige Tour 15 US$) Uwe ist ein herausragender Guide für Schnorcheltouren (nicht umsonst nennt man ihn den „Fischflüsterer"), er spricht mehrere Sprachen und führt seine Tourgruppen auch zu weniger bekannten Zielen, z. B. in herrliche Mangrovengebiete, die von Schwämmen bedeckt sind. Mindestens vier Teilnehmer pro Gruppe.

Señora Kony Gonzales TOUR
(☎6092-7259; Quebrada Sal) Englischsprachige Führungen in Quebrada Sal; Ausflüge zur Gemeinschaft der Ngöbe-Buglé (2 US$), zu einer Fledermaushöhle (12 US$) und zur Playa Larga (12 US$). Beobachtung von Affen und Faultieren.

Schlafen

Hostel Bastimentos HOSTEL $
(☎757-9053; Old Bank; B 6 US$, DZ 12–18 US$, DZ mit Klimaanlage 30 US$; @☜) Das weitläufige gelbe Schindelhaus mit 28 Zimmern steht auf einem Hügel oberhalb der Hauptstraße. Auf den Terrassen schaukeln Hängematten. Es quietscht und knarrt überall, aber die Einrichtungen sind zweckmäßig und auf die Bedürfnisse von Backpackern zugeschnitten. Beispielsweise gibt es zwei Küchen und einen Gemeinschaftsraum mit Bar, TV und Dartscheibe. Über das Ganze wacht der superfreundliche Besitzer Dixon.

Pension Tío Tom GÄSTEHAUS $
(☎757-9831; tiotomscabin@gmail.com; Old Bank; DZ 22–27 US$, Bungalow für 2 Pers. 34 US$; ☜) Die Pension bietet schon seit Jahren günstige, saubere und schlichte Zimmer in einem Holzhaus mit Palmdach. Die Zimmer besitzen alle eigene Bäder. Auf der Terrasse am Wasser schaukeln Hängematten. Die deutschen Besitzer servieren auch herzhafte Mahlzeiten (Abendessen 7 US$), organisieren Touren und vermieten Kajaks.

Bocas Bound Hostel HOSTEL $
(Karte S. 742; ☎757-8012; www.bocasbound.com; B 13 US$, DZ mit/ohne Bad 50/30 US$; ❄☜) Von der öffentlichen Anlegestelle sind es zu Fuß etwa fünf Minuten bis zu diesem neuen Hostel aus Beton, das ursprünglich Teil eines erstklassigen Resorts hätte werden sollen. Die großen Betongebäude verfügen über lange, schmale Schlafsäle; eine Küche

ABSEITS DER ÜBLICHEN PFADE

ABENTEUER IM LAND DER NASO

An der Grenze zwischen dem Parque Internacional La Amistad und dem geplanten Naso-Reservat liegt diese einzigartige Dschungelunterkunft mit einem Veranstalter für nachhaltige Touren, für die es sich lohnt, von den ausgetretenen Gringo-Pfaden abzuweichen. Im **Soposo Rainforest Adventures** (☎6631-2222; www.soposo.com; Tagesausflug 90 US$/Pers., 2-Tages-Tour mit Ausflügen, Übernachtung & Mahlzeiten 140 US$) wohnen die Gäste in strohgedeckten Pfahlbauten, essen traditionelle Gerichte und tauchen in die Kultur der Naso ein.

Das von einer ehemaligen Peace-Corps-Volontärin und ihrem Naso-Ehemann initiierte Projekt wird in Travellerkreisen hoch gelobt. Es wurde ins Leben gerufen, um dem Volk der Naso eine alternative Einkommensquelle zu verschaffen, das kulturelle Selbstwertgefühl zu stärken und angesichts eines riesigen Wasserkraftprojekts, das das Antlitz der ganzen Gegend verändern wird, die natürlichen Ressourcen zu schützen. Das Highlight ist ein dreitägiger Ausflug den Río Teribe hinauf zum Dorf des Naso-Monarchen. Darüber hinaus werden Touren ins Feuchtgebiet San-San Pond Sak angeboten, wo man vielleicht Seekühe und schlüpfende Schildkröten sehen kann.

Eine Taxifahrt von Changuinola in das Dorf El Silencio dauert 30 Minuten; von dort geht's über den Fluss zur Unterkunft.

im Freien gibt's auch. Alles ist sauber und ordentlich. Es gibt ein separates Restaurant (Hauptgerichte 6–17 US$) und einen Kramladen. Der Charme kommt hier ein wenig zu kurz, dafür ist alles sehr zweckmäßig.

Zu Fuß dauert es von hier noch 15 Minuten bis zum Red Frog Beach.

Palmar Tent Lodge LUXUS-CAMPING **$$**

(Karte S. 742; ☎6880-8640; www.palmartentlodge.com; B im Zelt 15 US$, DZ/3BZ im Zelt ab 50/60 US$) An der Grenze zwischen Dschungel und dem berühmten Red Frog Beach führt das Palmar Luxus-Camping in Bocas ein; die Unterkünfte befinden sich in solarbetriebenen runden Zelten, einige davon mit eigener Außendusche. In der strohgedeckten Lounge kann man im Freien essen und Leute kennenlernen. Wer sich hier einmietet, muss schon ein wenig locker sein, denn es gibt keine Möglichkeit, seine Sachen einzuschließen, und es gibt Skorpione. Den meisten Gästen gefällt es hier trotzdem.

Die Fahrt von der Isla Colón hierher kostet 10 US$ (hin und zurück), dazu kommen 3 US$ Eintritt für den Strand.

★**Al Natural Resort** RESORT **$$$**

(Karte S. 742; ☎757-9004; www.alnaturalresort.com; DZ mit 3 Mahlzeiten ab 260 US$) Diese Einsame-Insel-Unterkunft verleiht „all-inclusive" einen Hauch von Bohème. Die runden Bungalows aus Holz und Palmwedeln basieren auf der traditionellen Architektur der Ngöbe-Buglé; sie sind offen angelegt und haben Blick aufs Meer. Den Elementen ausgesetzt zu sein, ist nicht jedermanns Sache, vor allem nicht bei Regen und Wind. Aber die Betreiber sind freundlich und die Mahlzeiten (inklusive Wein) sind gut zubereitet.

Das Resort ist ideal für Surfer und Taucher. Kajaks können ausgeliehen werden, um zu Schnorchelstellen zu paddeln. Nach der ersten Nacht fallen die Preise um 80 US$.

Essen & Ausgehen

★**Up In the Hill** CAFÉ **$**

(Karte S. 742; www.upinthehill.com; Schokolade ab 2 US$) Schokolade und Kaffee aus biologischem Anbau sind Grund genug, um die Wanderung zu diesem bezaubernden Außenposten auf Bastimentos auf sich zu nehmen. Von der Bootsanlegestelle in Old Banks nach rechts auf die Hauptstraße gehen und den Schildern folgen. Zu Fuß etwa 15 Minuten.

Roots KARIBISCH **$**

(Old Bank; Hauptgerichte 4–15 US$; ⊙Mi–Mo 11.30–21 Uhr) Die Terrassenbar mit Bootsanleger ist eine lokale Institution und bekannt für Fleisch und Meeresgetier aus der Region, die mit frischer Kokosmilch verfeinert werden. Der sympathische Miteigentümer Oscar Powell hat einen scharfsinnigen Humor und setzt sich engagiert zum Wohl der Isla Bastimentos ein.

Orientierung

In dem kleinen Örtchen Old Bank gibt es keine Straßen, sondern nur einen breiten, betonierten Fußweg, der beiderseits von farbenprächtigen Holzhäusern gesäumt wird. Vom Dorf führt ein Pfad quer über die Insel zum Wizard Beach und Red Frog Beach. Bei Regen verschwindet der Pfad allerdings unter schlammigem Morast.

Im Südosten der Insel befindet sich Quebrada Sal, das abgeschiedene Dorf der Ngöbe-Buglé. Tropischer Regenwald bedeckt die Inselmitte. Ihn sollte niemand ohne Führer erkunden, um sich nicht hoffnungslos zu verirren.

Praktische Informationen

Lonely-Planet-Leser berichteten von Raubüberfällen am helllichten Tag auf dem Weg von Old Town zum Wizard Beach (ein alternativer Wanderweg). Daher sollten Reisende niemals nach Einbruch der Dunkelheit auf einem Wanderweg und generell nicht allein unterwegs sein. Keine Wertsachen an den Strand mitnehmen, auch keine Kamera.

An- & Weiterreise

Von Bocas del Toro-Stadt zur Isla Bastimentos lässt man sich am besten unten am Wasser von einem der Bootsführer übersetzen. Die Fahrt nach Old Bank oder zum öffentlichen Anleger am Red Frog Beach (der Strand selbst ist zu Fuß in etwa 20 Min. über einen Pfad zu erreichen) kostet ungefähr 4 US$.

Almirante

Das verwahrloste Dorf, das aus einer Ansammlung von Pfahlbauten über dem Wasser besteht, hat schon bessere Tage gesehen. Von Almirante fahren Wassertaxis oder Wasser-Shuttles von Taxi 25 (4 US$, 30 Min.) nach Bocas del Toro. Sobald die einheimischen Taxifahrer orientierungslose Traveller erspähen, bieten sie ihnen an, sie für 5 US$ vom Busbahnhof zum Bootsanleger zu bringen. Dabei sind es zu Fuß gerade einmal fünf Minuten.

Nach Changuinola fährt von 6 bis 20 Uhr alle 15 Minuten ein klimatisierter Bus (1,50 US$). Der Preis für eine Taxifahrt nach Changuinola (20 US$) ist reine Verhandlungssache und sinkt mit jedem Schritt vom Bootsanleger zum Busbahnhof.

Changuinola

32 600 EW.

Die staubige Stadt ist rundum von Bananenplantagen umgeben. Kein Wunder, denn hier ist die Zentrale der Chiriquí Land Company, des Produzenten der Chiquita-Bananen! Für Traveller ist Changuinola meist nur ein Halt auf dem Weg von Costa Rica zur Isla Colón.

Changuinola dient außerdem als Zugang zum nahe gelegenen Wekso-Eingang des Parque Internacional La Amistad. Im Büro von **ANAM** (☎758-6603, 767-9485; ⏲Mo–Fr 8–16 Uhr) in der Nähe des Stadtzentrums sind Infos zum Nationalpark erhältlich.

Schlafen & Essen

Hotel Hawaii HOTEL $
(☎758-6025; Av 17 de Abril; EZ/DZ/3BZ 24/26/33 US$; ❄@📶) Die großen, schlichten Zimmer haben eigene, saubere Bäder mit Dusche. Die Bettwäsche ist strahlend weiß. In der Eingangshalle gibt's ein Internetcafé.

Resto Cotty's PANAMAISCH $
(Av 17 de Abril; Gerichte 2,50 US$; ⏲24 Std.) Das saubere Restaurant im Stil einer Cafeteria befindet sich direkt in der Hauptstraße. Auf den Tisch kommt anständiges panamaisches Essen, z. B. Curryhühnchen mit Reis. Bedient wird recht flott.

BUSSE AB CHANGUINOLA

ZIEL	PREIS (US$)	DAUER	ABFAHRTEN
Almirante (mit Schiffsverbindung zur Isla Colón)	1,50	45 Min.	alle 30 Min.
David	10	4¾ Std.	alle 45 Min.
El Silencio (Parque Internacional La Amistad)	0,80	30 Min.	alle 20 Min.
Guabito–Sixaola	1	30 Min.	alle 30 Min.
Las Tablas (Las Delicias)	2	1¾ Std.	stündl.
Panama-Stadt	29	12 Std.	tgl. 7 Uhr
San José (Costa Rica)	12	6 Std.	tgl. 10 Uhr

An- & Weiterreise

Busse fahren in der Nähe des Stadtzentrums bei einigen Restaurants, Bars, Märkten und Hotels ab. Busse nach Costa Rica fahren neben der Shell-Tankstelle ab. Weitere Busse starten zwischen 6 und 19 Uhr am **Terminal Urrica** (758-8115).

PROVINZ COLÓN

Colón ist selten einmal auf dem Reiseplan von Travellern zu finden, denn die Stadt ist vor allem für ihre hohe Verbrechensrate bekannt. Aber die gleichnamige Provinz am karibischen Meer besteht ja nicht nur aus ihrer vernachlässigten Hauptstadt. Die größtenteils unerschlossene und praktisch unzugängliche Provinz Colón erstreckt sich über mehr als 200 km von der Provinz Veraguas im Westen bis zur Inselgruppe der Comarca de Kuna Yala im Osten. Zu ihr gehören auch die spanische Kolonialstadt Portobelo, der einst bedeutendste Hafen der Karibik, und das berühmte tropische Inselparadies der Isla Grande.

So verrucht die Stadt Colón auch sein mag – in der Provinz sieht es ganz anders aus: unberührte Strände und flaches, von Regenwald bedecktes Land, prachtvolle Kolonialbauten und moderne Wunder der Technik. Die aufblühende Kunst- und Musikszene in Portobelo ist vor allem vom temperamentvollen Congo geprägt. Und der Luxus-Express zwischen Panama-Stadt und Colón ist und bleibt eine der großartigsten Eisenbahnstrecken Amerikas.

Colón

134 000 EW.

Längst verfallene koloniale Pracht, ganze Stadtteile, die vernachlässigt werden: Das historische Colón ist die vergessene Stadt Panamas, trotz der umfangreichen Renovierungsarbeiten, die unternommen werden, um die Schiffe auf Karibikkreuzfahrt gebührend empfangen zu können. Bis 1869 war die Eisenbahnverbindung zwischen Panama-Stadt und Colón die schnellste Möglichkeit, den amerikanischen Kontinent zu überqueren. Doch mit dem Bau der transkontinentalen Eisenbahnlinie in den USA versank Colón praktisch über Nacht in der Bedeutungslosigkeit. Einen letzten Anflug von Aufschwung erlebte die Stadt, als der Panamakanal gebaut wurde.

In dem Bestreben, die Stadt wiederzubeleben, wurde 1948 mit der Zona Libre ein Freihandelshafen errichtet, der heute die größte Freihandelszone des amerikanischen Kontinents ist. Leider scheint nur wenig von den 10 Mrd. US$, die jedes Jahr hier umgesetzt werden, den Einheimischen zugute zu kommen.

Die neuesten Verbesserungen im Hinblick auf die Sicherheit in der Stadt wurden durch strengere Kontrolle der Banden erreicht und durch ein Waffen-gegen-Essen-Programm, durch das jetzt weit weniger Waffen im Umlauf sind.

Geschichte

Colón wurde 1850 als Endstation der Panama Canal Railroad an der Karibikküste gegründet, doch schon 20 Jahre später war die Stadt fast vergessen. Am Tiefpunkt des wirtschaftlichen Niedergangs erschienen 1881 die Franzosen in Colón und begannen, einen Verbindungskanal zwischen Atlantik und Pazifik zu bauen. Vier Jahre später brannte die Stadt bis auf die Grundmauern nieder. Ein Kolumbianer hatte das Feuer gelegt, um eine Revolution zu entfachen. In den folgenden Jahren wurde Colón komplett im französischen Kolonialstil wiederaufgebaut und erlebte ein zweites goldenes Zeitalter. An Schönheit und Wohlstand konnte die Stadt es durchaus mit Panama-Stadt aufnehmen. Das Leben am oberen Ende der Kanalzone war angenehm und äußerst profitabel. Das ging gut, bis 1914 der wirtschaftliche Ruin kam. Seitdem versinkt die Stadt immer tiefer in Gewalt und Verderben. Der Großteil der kolonialen Altstadt ist zwar noch erhalten, aber die Gebäude stehen kurz vor dem Zusammenbruch.

Sehenswertes

Zona Libre EINKAUFSZENTRUM

(Freihandelszone) In Bezug auf Geschäftsumfang nur von Hongkong in den Schatten gestellt, ähnelt Colóns Freihandelszone einer riesigen Festung von Großhändlern, die zollfreie Waren nur in großen Mengen verscherbeln. Sie sind nicht darauf erpicht, einzelne Artikel an Privatpersonen zu verkaufen. Einzelkäufe gehen zum Tocumen International Airport in Panama-Stadt, wo der Besucher sie bei seinem Abflug abholen kann. Vor Betreten der Zona Libre müssen Besucher sich beim Sicherheitsdienst ausweisen.

Colón 2000 VIERTEL

Das sterile Einkaufs- und Vergnügungsviertel im Osten von Colón wurde vor zehn Jahren gebaut; Geschäfte und ein Casino sollen die Passagiere der Kreuzfahrtschiffe in die Stadt locken.

Schlafen & Essen

In Colón mangelt es nicht an Hotels. Allerdings befinden sich die meisten in zwielichtigen Gegenden und das bedeutet: gefährliches Pflaster.

Meryland Hotel HOTEL **$$**

(441-7055; www.hotelmeryland.com; Ecke Calle 7 & Av Santa Isabel; EZ/DZ 44/55 US$;) Das Businesshotel in einem wuchtigen Steinbau liegt einem hübschen Stadtpark gegenüber. Die kleinen Zimmer mit Fliesenböden sind in goldgelben Farbtönen gehalten und mit Eisenmöbeln eingerichtet. Alle haben Klimaanlagen, Kabel-TV und eigene Bäder mit Warmwasseranschluss. Das Teure hier ist nicht der Luxus, sondern der 24-Stunden-Sicherheitsdienst. Abends kann man im hoteleigenen Restaurant essen, muss das Hotel also nicht mehr verlassen.

Radisson HOTEL **$$**

(446-2000; www.radisson.com; Colón 2000; DZ/Suite 119/169 US$;) Natürlich ist es nicht typisch panamaisch, aber das luxuriöse Kettenhotel hat die besten Zimmer und das freundlichste Personal in ganz Colón. Die Zimmer mit Minibar und Flachbild-TV sind gemütlich und stilvoll. Außerhalb der Saison gibt's richtig gute Sonderangebote, die auf der Homepage zu finden sind. 24-Stunden-Sicherheitsdienst.

Arrecifes SEAFOOD **$$**

(info 441 9308; Ecke Calle 3 & Paseo Gorgas; Hauptgerichte 10–12 US$; Mo–Sa 12–20 Uhr) Einheimische Geschäftsinhaber essen in diesem unscheinbaren Gebäude im bewachten Hafenbereich zu Mittag; hier kommen köstliche panamaische Meeresfrüchte-Gerichte auf den Tisch. Es gibt keinen Schnickschnack und keine Aussicht aufs Meer, aber großzügige Portionen Seafood im *criollo*-Stil (kreolischen Stil) in Zwiebeln, Paprika und Tomaten gedünstet sowie ganze gebratene Schnapper.

Orientierung

Zwei große Hauptstraßen führen von Süden in die Stadt hinein. Am Ortseingang werden sie zur Avenida Amador Guerrero und Avenida Bolivar und verlaufen gerade durch die schachbrettartig angelegte Innenstadt. Beide enden kurz vor der Küste im Norden von Colón.

Im rechten Winkel zu diesen *avenidas* verlaufen die von Norden nach Süden durchnummerierten Straßen. Das beginnt mit der Calle 1 am nördlichen Stadtrand und endet mit der Calle 16 im Süden, an der Zufahrt zur Stadt. Die Freihandelszone breitet sich im Südosten aus, nördlich davon befindet sich Colón 2000, der Hafen für die Kreuzfahrtschiffe.

Praktische Informationen

Abgesehen vom Hafen für Kreuzfahrtschiffe im Osten der Stadt und der geschäftigen Zona Libre hat Colón den Ruf, eine gefährliche Stadt zu sein. Gewaltverbrechen haben zwar abgenommen, Besucher sollten aber trotzdem vorsichtig sein, wenn sie in der Stadt unterwegs sind, auch tagsüber. Am Tage recht sicher sind der Paseo de Washington, die sanierte Uferpromenade und die große Avenida Bolivár. Nachts immer ein Taxi nehmen.

Angesichts der Kriminalität in der Stadt sollte man sich Geld nur am Geldautomaten der Banco Nacional de Panama besorgen, der sich im Hafen Colón 2000 befindet.

An- & Weiterreise

In Planung ist eine Nachtfähre nach Cartagena, die dann Panamas einzige direkte Bootsverbindung nach Kolumbien wäre, die außerhalb der Provinz Darién verkehrt.

BUS

Vom Busterminal Albrook in Panama-Stadt fahren regelmäßig Busse nach Colón (3,50 US$, 1–1½ Std., alle 30 Min.).

Das *terminal de buses* (der Busbahnhof) in Colón befindet sich an der Kreuzung Calle Terminal und Avenida Bolívar. Stündlich fahren von hier Busse nach La Guayra (3 US$, 2 Std.; von dort fahren Boote zur Isla Grande), nach Nombre de Dios (3,80 US$, 2½ Std.) und Portobelo (1,60 US$, 1½ Std.).

Wer von Panama-Stadt kommt und ein Reiseziel östlich von Colón hat, kann in Sabanitas an der Abzweigung nach Portobelo in einen dieser Bus einsteigen und damit eine Fahrt nach Colón vermeiden. Achtung: Vor allem an den Wochenenden gibt es in vielen Bussen nur noch Stehplätze.

ZUG

Wer aus Panama-Stadt (S. 712) mit dem Zug ankommt, kann den Busbahnhof zu Fuß erreichen.

Unterwegs vor Ort

Generell ist davon abzuraten, in Colón zu Fuß unterwegs zu sein. Zum Glück ist es kein Problem, am Bahnhof, Busbahnhof oder in der Zona Libre ein Taxi zu bekommen. Fahrten innerhalb der Stadt kosten in der Regel weniger als 2 US$.

Rund um Colón

Sehenswertes

Canal Expansion Observation Center AUSSICHTSPUNKT

(Centro de Observación de la Ampliación del Canal; ☎276-8325; www.micanaldepanama.com; Erw./Kind 15/10 US$; ⌚8.30–15.30 Uhr) Das neue, kostspielige Aussichtszentrum ist noch in Arbeit, es bietet einen exklusiven Ausblick auf die Erweiterung des Panamakanals, die 2015 fertig werden soll. Der Besuch dort dauert etwas über eine Stunde. Überdachte Aussichtsplattformen bieten einen Blick auf den Lago Gatún und die Schleusen. Außerdem gibt's Filmvorführungen auf Englisch, Ausstellungen, ein Café und einen Souvenirladen. Auf einem kurzen Wanderweg durch den Regenwald sind Faultiere und Affen zu sehen.

Die Abzweigung zu dem neuen Aussichtszentrum ist gleich hinter den Bahnschienen link; wer zu den Schleusen will, fährt an der Abzweigung geradeaus weiter. Das Zentrum ist auch für Reisende mit Behinderung zugänglich.

Gatún-Schleusen KANAL

(Erw./Kind 5 US$/freier Eintritt; ⌚8–16 Uhr) In den Gatún-Schleusen werden die auf der Karibik nach Süden fahrenden Schiffe um 29,5 m auf das Niveau des Lago Gatún angehoben. Danach fahren die Schiffe 37 km weiter bis zu den Pedro-Miguel-Schleusen, wo sie wieder um 9,3 m abgesenkt werden, um auf das Niveau des kleinen Lago Miraflores zu kommen, der sich zwischen den beiden Pazifik-Schleusen befindet. Schließlich werden die Schiffe in den Miraflores-Schleusen wieder auf Meereshöhe abgesenkt.

Die Gatún-Schleusen sind nicht nur die größten der drei derzeitigen Schleusenanlagen – ihre Größe ist schlichtweg irrsinnig. Die Arbeiter verbrauchten die Rekordmenge von 1 820 000 m³ Beton für den Bau der Schleusen, der vier Jahre dauerte.

Von einer Aussichtsplattform gegenüber dem Kontrollturm lässt sich wunderbar beobachten, wie die Schleusen funktionieren. Eine Broschüre auf Englisch beschreibt den zweistündigen Prozess recht gut.

Die Schleusen liegen 10 km südlich von Colón. Am dortigen Busbahnhof fahren stündlich Busse zu den Gatún-Schleusen ab (1,25 US$, 20 Min.). Die Fahrt von Colón zu den Schleusen, zum Damm und zurück sollte etwa 60 US$ pro Taxi kosten. Den Preis unbedingt vor der Fahrt vereinbaren!

Parque Nacional San Lorenzo PARK

(www.sanlorenzo.org.pa) Der 97 km² große Nationalpark erstreckt sich rund um die Ruinen der verfallenden spanischen Festung Fuerte San Lorenzo und bis hinunter zur Mündung des Río Chagres. Auf diesem Fluss segelte 1671 der walisische Pirat Henry Morgan ins Landesinnere, um die Vorgängerin der heutigen Hauptstadt zu plündern.

Die Festung San Lorenzo wurde aus behauenen Korallenblöcken gebaut und mit schweren Kanonen bestückt, die heute noch zu sehen sind. Dabei ist zwischen den vielen spanischen Kanonen auch eine britische zu entdecken – ein Überbleibsel aus der Zeit, als britische Piraten das Fort einnahmen. Das Fort mit Schutzgraben, Kanonen und gewölbten Decken in den Räumen ist größtenteils noch gut erhalten.

Von Colón aus fahren keine öffentlichen Verkehrsmittel zum Fuerte San Lorenzo. Ausflüge von Panama-Stadt sind preisgünstig verglichen damit, dass die Hin- und Rückfahrt von Colón aus mit dem Taxi etwa 60 US$ kostet.

Portobelo

4100 EW.

Kaum zu glauben, aber wahr: Das träge, lässig entspannte karibische Fischerdorf war einmal der größte spanische Hafen in ganz Zentralamerika. Maultiere transportierten das Gold aus Peru und die Schätze des Ori-

TOP FIVE: ABSCHALTEN IN PORTOBELO

- Mit einem Wassertaxi nach Puerto Francés fahren, am einsamen Strand schwimmen und durch den Urwald wandern.
- Im Korallenriff über versunkenen, spanischen Kanonen schnorcheln.
- Mit dem Kajak auf dem friedlichen Río Claro paddeln.
- Vom Fuerte de San Fernando aus den Sonnenuntergang beobachten.
- Im heißen Congo-Workshop zu coolen afrikanischen Trommelrhythmen tanzen.

ents an den Festungen von Portobelo vorbei über die Landenge zur anderen Küste. Obwohl zahlreiche dieser Forts im Laufe der Zeit immer wieder von englischen Freibeutern zerstört wurden, sind doch erstaunlich viele heute noch zu sehen. Die Überreste sind im ganzen Dorf verteilt, dazwischen stehen Wohnhäuser – sehr stimmungsvoll.

Kulturelle Konkurrenz bekommt die koloniale Atmosphäre derzeit vom afrokaribischen Congo, das gerade in Portobelo einen enormen Aufschwung erlebt. Besucher können außerdem die weitläufigen Ruinenfelder besichtigen, mit dem Boot zu abgelegenen Stränden fahren oder unter Wasser nach Sehenswertem tauchen.

Geschichte

Portobelo, der „schöne Hafen", erhielt seinen Namen 1502 von Kolumbus, als dieser auf seiner vierten Reise in die Neue Welt hier einen Zwischenstopp einlegte. In den folgenden 200 Jahren war Portobelo der bedeutendste spanische Hafen der Karibik.

In dem Bestreben, den Transport der spanischen Schätze zu unterbinden, zerstörte der britische Admiral Edward Vernon 1739 die Hafenstadt. Die entmutigten Spanier gaben den Weg über die Landenge von Panama tatsächlich auf und begannen stattdessen, das Gold und andere Schätze auf dem langen Weg rund um Kap Hoorn von der und an die Westküste Südamerikas zu transportieren.

Obwohl Portobelo 1751 wieder aufgebaut wurde, erreichte es nie wieder seine frühere Bedeutung und wurde mit der Zeit eine echte Ruinenstadt. Das äußere Fort wurde abgetragen, um mit dem Material den Panamakanal zu bauen, wobei die größten Steine für den Bau der Gatún-Schleusen verwendet wurden. Ein erstaunlich großer Teil der Stadt ist dennoch gut erhalten und steht mittlerweile unter Denkmalschutz. Außerdem wurde ein Nationalpark eingerichtet.

Sehenswertes

In den Überresten des **Fuerte Santiago**, 500 m westlich vom Zentrum Portobelos, sind noch Unterkünfte der Offiziere, der Geschützstand, ein Wachhäuschen, die Kaserne und Kanonen zu sehen. Wer wenig Zeit hat, sollte sich lieber San Jerónimo anschauen, die Festung ist vollständiger erhalten und eignet sich besser für einen Besuch als Fuerte Santiago. Die Ruinen des **Fuerte San Fernando** erheben sich auf einer Grasfläche auf der gegenüberliegenden Seite der Bucht.

Fuerte San Jerónimo — FESTUNG

Das Fuerte San Jerónimo liegt näher am Zentrum von Portobelo und war die größte Festung, die je zum Schutz der Bucht gebaut wurde. 18 Schießscharten für Kanonen blicken auf die Bucht hinaus; einige davon stehen noch genau so, wie die spanischen Soldaten sie 1821 – dem Jahr, in dem Panama seine Unabhängigkeit erklärte – zurückgelassen haben. Hinter dem beeindruckenden Tor von San Jerónimo liegen die Überreste der Offiziersunterkünfte, Kasernen und Wachlokale.

Real Aduana de Portobelo — HISTORISCHES GEBÄUDE

(Eintritt 1 US$; ⏲ 8–16 Uhr) Das restaurierte koloniale Zollhaus, auch *contaduría* genannt, beherbergt eine interessante Ausstellung über Portobelos Geschichte sowie ein dreidimensionales Modell der gesamten Gegend.

Iglesia de San Félipe — ARCHITEKTUR

In der großen, 1776 erbauten Kirche steht eine lebensgroße Statue des Schwarzen Christus, der angeblich Wunder vollbringen kann.

Aktivitäten

Das Wasser hier ist nicht ganz so spektakulär klar wie anderswo. Dennoch genießt Portobelo einen guten Ruf als Tauchgebiet. Grund dafür sind vor allem die Wracks eines 33 m langen Frachters und eines zweimotorigen Kleinflugzeugs.

Wassertaxis fahren am Fuerte Santiago ab. Co-op Santiago de La Gloria fährt mit mindestens zwei Personen zur Playa La Huerta (30 US$), zur Playa Blanca (45 US$) und zum Strand von Puerto Francés (35 US$); alle Preise für Hin- und Rückfahrt.

Scubaportobelo — TAUCHEN

(☎ 261-3841; www.scubapanama.com) Scubaportobelo bietet All-inclusive-Pakete in Sachen Gerätetauchen mit Unterkunft am Wasser. Die Firma liegt links an der Straße, die in die Stadt führt.

Festivals & Events

Festival de Cristo Negro — FESTIVAL

(Fest des Schwarzen Christus) Jedes Jahr am 21. Oktober nehmen Pilger aus ganz Panama an diesem Festival zu Ehren der wundertätigen Statue des Schwarzen Christus teil, die in der Iglesia de San Félipe steht. Nach Sonnenuntergang wird die Statue durch die Straßen getragen, während die Pilger in purpurnen Gewändern und Dornenkronen bis in die frühen Morgenstunden tanzen und trinken.

Festival de Diablos y Congos FESTIVAL
Das faszinierendste Fest in Portobelo ist das Festival de Diablos y Congos, bei dem das Aufbegehren gegen die spanischen Kolonialherren gefeiert wird, die dabei hemmungslos verhöhnt werden. Bei dem Fest schlüpfen schwarze Dorfbewohner in die Rolle der geflohenen Sklaven und machen „Gefangene". In manchen Jahren fällt das Fest, das zwei Wochen nach Karneval stattfindet, mit der Feier zu Ehren des Schutzheiligen von Portobelo am 20. März zusammen.

Schlafen & Essen

Captain Jack's HOSTEL $
(☎448-2009; www.captainjackvoyages.com; B 13 US$; @ 📶) Das mininalistische Hostel (mit Plastik bezogene Matratzen und kuriose Duschen) wird von einem Segelbootkapitän aus New Jersey geleitet; nichtsdestotrotz steht hier Partymachen im Mittelpunkt. Das Highlight des Hostels ist wohl die Restaurant-Bar auf der oberen Terrasse, wo es zwischen 11 bis 22 Uhr ordentlich was zu essen gibt (7–26 US$). Leider steht in den Sternen, ob der vietnamesische Koch, der *pho* und Frühlingsrollen gezaubert hat, noch da ist.

★ **Casa de la Bruja** GÄSTEHAUS $$
(☎226-2035, 6764-0725; sandraeleta@gmail.com; DZ 50 US$, Loft für 4 Pers. 80 US$, Haus mit 2 Schlafzimmern 175 US$; P ❄) Die ziemlich außergewöhnliche Herberge war einmal das kühle Wohnhaus eines Fotografen. Eigentlich besteht es aus zwei schönen, großen Häusern, die nebeneinander auf einer Rasenfläche mit Blick aufs Meer stehen. In den hellen, offenen Räumen sind Fotografien und einheimische Congo-Kunst zu sehen. Die Gäste können in der schönen Küche selbst kochen oder sich gegen Bezahlung bekochen lassen. Vor Ort werden Schnorchel- und Besichtigungsausflüge angeboten. Oder man lernt karibisch kochen im Workshop von Doña Cecelia (15 US$/Pers.).

Casa Rayo Verde GÄSTEHAUS $$
(☎202-0111; info.rayoverde@gmail.com; DZ 60 US$; ❄ 📶) Dieses neue, attraktive Gästehaus mit vier Zimmern wird von Gästen empfohlen. Es blickt aufs Wasser hinaus und die idyllischen Zimmer sind mit Minikühlschränken und eigenem Bad ausgestattet. Die Gäste können auf der Gemeinschaftsterrasse ausspannen. Die einheimischen Gemeinden bekommen von dem Gästehaus finanzielle Unterstützung für Kunst-, Musik- und Tischlerei-Initiativen.

Coco Plum Eco Lodge HOTEL $$
(☎448-2102; www.cocoplum-panama.com; EZ/DZ/3BZ 45/55/65 US$; P ❄) Das hübsche, einladende Hotel im Motelstil gibt es schon seit Jahren. Als wir hier recherchierten, gab es im zugehörigen Tauchladen gerade einen Besitzerwechsel. Das Haus an der Küste ist mit Meereskitsch – Netze, Muscheln, Pastellfarben – dekoriert, was aber gemütlich wirkt. Im Gemeinschaftszimmer gibt's einen Fernseher und ein paar Spiele. Das hoteleigene Restaurant mit Bar (Hauptgerichte 6–15 US$) ist bei Travellern sehr beliebt. Unbedingt probieren: Oktopus in Kokosmilch oder Meeresfrüchteeintopf.

Orientierung

Das 43 km von Colón entfernte Portobelo besteht aus gut 15 Blocks von Häusern und Geschäften, die eine befestigte zweispurige Straße säumen. In Richtung Westen trifft diese Straße in Sabanitas, 33 km von Portobelo entfernt, auf die Verbindungsstraße zwischen Panama-Stadt und Colón.

In Richtung Osten gabelt sich die Straße nach 9 km. Die linke Abzweigung führt nach 11 km in das Dorf La Guayra, wo die Boote zur Isla Grande ablegen.

Praktische Informationen

ATP (☎448-2200, 6485-7028; ⏲Di–Fr & So 9.30–17.30 Uhr) In der Nähe der Hauptstraße. Mireya Jimenez erteilt Auskünfte zu Congo-Tanz-Workshops und zu Freiwilligenarbeit an der örtlichen Schule. Es wird nur Spanisch gesprochen.

An- & Weiterreise

Die Busse nach Portobelo (1,60 US$, 1½ Std., alle 30 Min.) fahren von 6.30 bis 18 Uhr am Busbahnhof in Colón ab.

Von Panama-Stadt den Bus in Richtung Colón nehmen und beim Supermarkt El Rey in Sabanitas, 10 km vor Colón, aussteigen. Dann fährt man mit dem nächsten Bus aus Colón, der in Sabanitas hält, weiter nach Portobelo (1,25 US$, 1¼ Std.). Da dieser Bus meistens voll ist, sollte man möglichst wenig Gepäck mitnehmen.

Isla Grande

Palmen am weißen Sandstrand sind das Kennzeichen der traumhaften Insel, 15 km nordöstlich von Portobelo. Kein Wunder, dass sie ein beliebter Zufluchtsort für die Städter aus Panama-Stadt ist! Hier kann man herrlich schnorcheln, tauchen oder einfach die entspannte Stimmung der Insel genießen. Etwa 300 Menschen afrikanischer Abstammung wohnen ständig auf der Insel, wo sie mehr schlecht als recht vom Fischfang und von Kokosnüssen leben. Beides werden Traveller kosten dürfen, wenn sie die ausgezeichnete Inselküche probieren.

Aktivitäten

Die schönen **Strände** im Norden der Insel sind per Boot (die Wassertaxis legen an der Pier vor den Cabañas Super Jackson ab) oder per pedes (es gibt einen Rundweg, der an der Küste der 5 km langen und 1,5 km breiten Insel verläuft, sowie einen rutschigen Pfad quer durchs Landesinnere) zu erreichen.

Gut **surfen** kann man vor La Guayra, wo sich tolle Reefbreaks nach links und rechts brechen. Ein Wassertaxi übernimmt den Transport.

Die Bootsbesitzer an der Anlegestelle vor den Cabañas Super Jackson nehmen Traveller für etwa 50 US$ auf halbtägige Abenteuertouren mit. Die Angebote sind ziemlich verlockend: Touren in die Mangrovenwälder im Osten der Isla Grande oder schnorcheln vor den Küsten der Inselchen in der Umgebung ….

Festivals & Events

Alljährlich am 24. Juni wird das **Festival von Johannes dem Täufer** mit Schwimm- und Kanuwettbewerben gefeiert. Am 16. Juli wird die **Virgen del Carmen** mit Prozessionen zu Land und zu Wasser sowie mit Taufen und Gottesdiensten geehrt.

Karneval wird hier nicht so ausgelassen gefeiert. Zu den traditionellen Tänzen kommen satirische Lieder zu aktuellen Ereignissen. Außerdem wird in der Tradition des karibischen Calypso gescherzt.

Schlafen & Essen

Cabañas Super Jackson HÜTTE $

(☎448-2311; DZ/3BZ/4BZ 30/40/50 US$; ❄) Das direkt am Hauptpier gelegene Wahrzeichen der Isla Grande hat eine Handvoll günstiger, freundlicher Zimmer mit eigenem Bad. Es gibt sicher gemütlichere Unterkünfte auf der Insel, aber der Preis, die günstige Lage und der witzige Name sind einfach unschlagbar.

Sister Moon Eco Lodge HÜTTE $$

(☎6948-1990; www.hotelsistermoon.com; B 25 US$, EZ/DZ/3BZ/4BZ 40/69/89/109 US$; ≋) Das beste Preis-Leistungs-Verhältnis bietet diese Ansammlung von Hütten am Hang, umgeben von schwingenden Palmen und Brandung. Die fabelhafte Aussicht lässt sich am besten von einer Hängematte auf der Veranda aus genießen. „Eco lodge" bedeutet hier, dass es kein heißes Wasser und keine Klimaanlage gibt. Im Hotelrestaurant mit Bar, das hoch über dem Meer thront, gibt's die mit Kokosnussmilch zubereiteten Meeresfrüchte, für die die Insel so bekannt ist. Tagespässe kosten 20 US$.

Bananas Village Resort RESORT $$$

(☎263-9510; www.bananasresort.com; DZ mit Frühstück ab 153 US$, Suite mit Meerblick ab 203 US$; P ❄ @ ≋) Das gehobenste Urlaubsdomizil hier liegt an der Nordseite der Insel und ist nur per Boot oder über einen Wanderweg erreichbar. Die Unterkunft besteht aus zweistöckigen Nurdach-Dschungelhütten direkt am Meer. Die Gäste können Kajak fahren, Volleyball spielen und Schnorchelausrüstungen benutzen, ohne extra zu zahlen. An den Wochenenden sind die Preise um einiges höher. Tagesausflügler zahlen 35 US$ und dürfen dafür die Einrichtungen benutzen, werden mit einem Cocktail begrüßt und bekommen Mittagessen. Eine etwa zehnminütige Bootsfahrt von der Insel entfernt gibt's gute Stellen zum Schnorcheln und Tauchen.

An- & Weiterreise

Von Colón fahren stündlich Busse nach La Guayra (3 US$, 1½ Std.). Die zehnminütige Bootsfahrt von La Guayra zur Isla Grande kostet zwischen 3 und 5 US$ pro Person. Die Parkgebühren liegen bei 3,50 US$ pro Tag.

COMARCA DE KUNA YALA

Herrlich: türkisblaues Wasser und eine Insel für jeden Tag des Jahres! Mit den weißen Sandstränden und den sich im Wind wiegenden Palmen ist dieser Archipel wirklich das reinste Paradies. Die Comarca de Kuna Yala ist die Heimat der Kuna, der ersten Gemeinschaft in Lateinamerika, die als indigenes Volk Autonomie erlangte. Obwohl sie schon seit Kolumbus 1502 auf diesen

Gewässern segelte Kontakt zu Europäern haben, bedeutet ihnen die ethnische Identität alles und viele von ihnen halten sehr hartnäckig daran fest, ihre traditionelle Lebensweise zu erhalten.

2009 wurde die Straße nach Cartí fertiggestellt, wodurch die Region zugänglicher wurde denn je. Der schmale, 226 km lange Streifen an der Karibikküste, der noch immer abseits der touristischen Trampelpfade liegt, ersteckt sich vom Golfo de San Blás bis zur kolumbianischen Grenze.

Die Kuna leben auf winzigen Inselchen voller Bambushütten, Menschen und Nutztiere. Besucher bevorzugen die etwas abgelegeneren äußeren Inseln, auf denen nur wenige Menschen leben. Für die meisten Gegenden muss man „Eintritt" bezahlen.

Geschichte

Seit mindestens zwei Jahrhunderten leben die Kuna im Osten Panamas. Über ihre Ursprünge wird in Expertenkreisen heftig gestritten. Ähnlichkeiten mit der Sprache eines Volkes, das einst ein paar Hundert Kilometer weiter westlich lebte, deuten darauf hin, dass die Kuna von West nach Ost gewandert sind. Laut mündlicher Überlieferung sind die Kuna aber irgendwann nach 1600 von Kolumbien nach San Blás eingewandert, nachdem sie von anderen Stämmen wiederholt mit Giftpfeilen aus Blasrohren attackiert worden waren.

Alle Experten stimmen aber darin überein, dass das Volk noch nicht allzu lange auf den Inseln lebt. Noch Ende des 18. Jhs. notierten Historiker, dass zu jener Zeit auf

VERANTWORTUNGSBEWUSST REISEN IN KUNA YALA

Wer die Comarca de Kuna Yala besucht, sollte sich über die Auswirkungen eines solchen Besuchs auf die Gemeinschaft im Klaren sein. Die Einnahmen aus dem Tourismus spielen eine wichtige Rolle in der Entwicklung dieser Region, besonders für Kunsthandwerker und Guides der Kuna. Aber der Tourismus kann für die indigene Bevölkerung auch Ausbeutung bedeuten. Westliche Interessen haben der Region bereits unumkehrbare Schäden zugefügt. Verantwortungsvolle Reisende sind sich daher ihrer Umgebung bewusst und achten auf die Spuren, die sie hinterlassen.

Ein Blick auf die paradiesische Natur, die Regenbogenflagge und die einzigartige Kleidung der Kuna genügen, um sich in ein Hochglanzmagazin wie *National Geographic* versetzt zu fühlen. Aber das ist nicht das ganze Bild. Wer die Kuna unfreundlich findet, sollte sich einmal in ihre Lage versetzen. Wenn ein Kreuzfahrtschiff anlegt, kann sich die Einwohnerzahl der sowieso dicht besiedelten Inseln locker verdreifachen. Dann verfolgen zwei Drittel der Menschen (nämlich die Touristen) als Paparazzi das restliche Drittel, die Kuna. Und dieses unappetitliche Schauspiel wiederholt sich Tag für Tag.

Ein anderes Problem auf den Inseln ist der Müll, der nicht richtig beseitigt werden kann. Überall liegt der Abfall herum und immer wieder werden große Haufen Plastikmüll verbrannt. Die Entsorgung auf dem Festland ist zu teuer für die Kuna, aber auf den Inseln gibt es weder ausgewiesene Deponien noch eine „Kultur" der Müllentsorgung. Schließlich gab es vor der modernen Beeinflussung von außen praktisch nur unschädliche, biologisch abbaubare Abfälle. Da es in absehbarer Zeit keine Lösung für dieses Problem geben wird, nehmen verantwortungsbewusste Traveller ihren Müll möglichst wieder mit und bevorzugen frische, so wenig wie möglich verpackte Produkte (z. B. Kokoswasser statt Getränke in Flaschen).

Was man anzieht (oder nicht) ist ebenfalls zu bedenken. Die Männer der Kuna tragen immer ein Oberteil, die Frauen kleiden sich sehr konservativ, d. h. Dekolleté, Bauch und der größte Teil ihrer Beine sind immer bedeckt. Der Besuch eines Kuna-Dorfes im Bikini oder mit nacktem Oberkörper wird daher mit ziemlicher Sicherheit als Respektlosigkeit betrachtet. Ganz allgemein sollte man es nicht darauf anlegen, die Gefühle der Einheimischen zu verletzen.

Um Herr der Lage zu bleiben, lassen sich die Kuna für Fotos von sich bezahlen und verlangen auch Eintritt für jede Insel. Hier ist eben alles ganz anders als zu Hause in Europa. Die Inseln gehören den Kuna – folglich gelten dort ihre Regeln. Wer sich die Fotogebühr nicht leisten kann, packt die Kamera einfach ein und versucht stattdessen, mit ihnen ins Gespräch zu kommen.

den Inseln von San Blás nur Piraten, Spanier und der eine oder andere Entdecker lebten.

Heute gibt es schätzungsweise 70 000 Kuna, von denen 32 000 auf den Inseln des autonomen Gebiets leben. 8000 Kuna wohnen auf Stammesland entlang der Küste und die restlichen 30 000 außerhalb der Comarca. Die auf den Inseln ansässigen Kuna sind so gemeinschaftsbewusst, dass sie nur 40 der 400 Inselchen besiedeln, der Rest bleibt dem Anbau von Kokospalmen sowie Meeresschildkröten und Leguanen vorbehalten. Auf den bewohnten Inseln stehen traditionelle Bambushütten mit Palmblattdächern dicht an dicht. Die sanitären Einrichtungen sind oft unzureichend.

Früher ernährten sich die Kuna von frisch gefangenem Fisch, Hummer, Garnelen, Königskrabben, Oktopus und sonstigen Meeresfrüchten. Dazu gab es Getreide, Reis und Feldfrüchte wie Süßkartoffeln, Yucca, Bananen und Ananas, die auf dem Festland angebaut wurden. Heute wird diese traditionelle Ernährung durch Lebensmittel ergänzt, die bei vorbeikommenden kolumbianischen Schiffen gegen Kokosnüsse eingetauscht werden.

Aktivitäten

Die meisten Unterkünfte bieten Komplettpakete an. Darin enthalten sind das Zimmer, drei Mahlzeiten am Tag und Bootsfahrten zum Schwimmen, Schnorcheln oder Faulenzen an die Strände der Nachbarinseln. Wer in einer Dorfgemeinschaft leben will, besucht eine der dichter besiedelten Inseln. Bevor man sich allerdings von einer solchen dicht besiedelten Insel aus in die Fluten stürzt, sollte man einen Blick auf die aufs Meer hinausgebauten Klohäuschen werfen – der eine oder andere wird sich den Sprung ins kühle Nass dann noch einmal überlegen.

Es gibt gute Schnorchelgründe, aber die Korallenriffe der Gegend sind stark beschädigt. Die Hotels vermieten oft Schnorchelausrüstungen, aber echte Schnorchler bringen ihre eigene mit. Darüber hinaus bieten sie Ausflüge mit Guide in die Urwälder des Festlandes an. All diese Aktivitäten sind gut und schön, aber die meisten Traveller kommen nach Kuna Yala, um die karibische Sonne zu genießen und ihren Hängemattenschwung zu perfektionieren.

Schlafen & Essen

Um ihre Kultur zu schützen und zu bewahren, erließ die Regierung der Kuna vor einigen Jahren ein Gesetz, das es Außenstehenden verbietet, Land in der Comarca zu erwerben. Daher sind die Hotels in der Comarca zu 100 % im Besitz einheimischer Familien.

Da es keine Restaurants gibt, bereitet jedes Hotel Mahlzeiten für seine Gäste zu. Ganz oben auf dem Speiseplan stehen Meeresfrüchte. Die Qualität ist sehr unterschiedlich, weil die Bestände durch Überfischung stark zurückgegangen sind. Dafür gibt es immer reichlich frische Kokosnüsse. Es empfiehlt sich, zur Sicherheit ein paar abgepackte Snacks mitzubringen.

Cabañas Tigre HÜTTE **$**

(☎6099-2738; Zi. 10 US$/Pers., Kind 5 US$; Gerichte ab 4 US$) Die Bambushütten mit Strohdach, die am ruhigen Ende einer hübschen Gemeindeinsel stehen, haben Betonfußböden und Gemeinschaftsbäder. Gästen steht reichlich Platz zur Verfügung, überall hängen Hängematten und es gibt einen guten Strand. Aber sie bekommen auch viel vom typischen Dorfleben mit. Zurzeit werden drei neue, strohgedeckte Bambushütten gebaut, die teurer sein werden, weil sie mit eigenen Bädern ausgestattet sind. Nach Corazón de Jesus fliegen.

Cabañas Franklin HÜTTE **$**

(Tuba Senika; ☎6902-2863; B 26 US$, Hütte 30 US$/Pers.) Franklin ist so etwas wie eine Persönlichkeit unter den Kuna: ein blauäugiger älterer Herr, der fließend Englisch spricht und in dessen strohgedecktem Büro hebräische Schriftzeichen zu entdecken sind. Seine Unterkünfte erfreuen sich anhaltender Beliebtheit; die Hütten liegen unter Palmen, die Badkabinen bestehen aus Beton und sind gefliest und der Sand wird regelmäßig geharkt.

Gäste spielen Volleyball im Wasser und können an Schnorchelausflügen (6 US$) teilnehmen. Transfers kosten extra (20 US$ für Hin- & Rückfahrt).

Robinson's Cabins HÜTTE **$**

(☎6721-9885; Zi. mit 3 Mahlzeiten & Touren 30 US$/Pers.) Reisende mit geringem Budget, die nur ein Strohdach über dem Kopf und Sand zwischen den Zehen wollen, sind hier genau richtig. Der charismatische Robinson ist immer für eine verrückte Unterhaltung gut – er hat in den USA studiert und jede Menge zu erzählen. Hier gibt es wenig zu unternehmen, aber beim Essen am Picknicktisch im Freien kann man sich herrlich mit anderen Travellern austauschen.

In der Nebensaison gibt's Preisnachlässe. Der Transfer nach Cartí kostet immer extra (15 US$). Wenn alles besetzt ist, ist das Hotel von Robinsons Cousine Ina nebenan eine Alternative – hier gibt's die gleichen Leistungen zum selben Preis.

Cartí Homestay HOSTEL $
(☎6734-3454, 6517-9850; www.cartihomestaykunayala.blogspot.com; Zi. mit 3 Mahlzeiten & Ausflug 35 US$/Pers.; @) Das beliebte, auf Backpacker eingerichtete Hostel ist sicher der beste Ort, um mit jungen Kuna ins Gespräch zu kommen. Die aufblasbare Jägermeister-Flasche in der Ecke ist allerdings ein Hinweis darauf, welche Art von kultureller Interaktion hier zu erwarten ist. Internet gibt es per Stick-Modem für 1 US$ pro Stunde. Für Reisende, die nach Kolumbien wollen, können die Besitzer auch Fahrten mit dem Schnellboot nach Puerto Obaldía arrangieren.

★ **Cabañas Kuanidup** HÜTTE $$
(☎6635-6737, 6742-7656; www.kuanidup.com; Zi. mit 3 Mahlzeiten & Touren 90 US$/Pers.) Die Bambushütten mit Strohdach und feinsandigem Fußboden werden über Sonnenkollektoren mit Energie versorgt und besitzen eigene Bäder. Zu den Ausflügen im Angebot gehören Wanderungen zu einem Wasserfall und ein Besuch der preisgekrönten Cayos Holandeses oder der Nudisteninsel nebenan. Das Highlight hier ist der tolle Strand. Es gibt Billardtische und Volleyball, aber die meisten Gäste verbringen ihre Zeit damit, in der Hängematte zu schaukeln und zum Geräusch plätschernder Wellen zu meditieren.

Ein paar der Hütten haben Planen unter dem Strohdach, was das Flair ein wenig beeinträchtigt. Aber die Leitung der Unterkunft ist gut – sichere Boote, eine Klärgrube, gefiltertes Trinkwasser und regionaler Transfer sind inbegriffen.

BESUCH BEI DEN KUNA

Die Preise für eine Übernachtung auf den Inseln der Comarca sind nicht mit denen auf dem Festland zu vergleichen. Eine Nacht in einer strohgedeckten Hütte mit feinsandigem Fußboden kann zwischen 30 und 130 US$ kosten. Wie kommt das?

Meistens sind der Zugang, die Umgebung und die Organisation ausschlaggebend. Auf den dicht besiedelten Inseln der Gemeinschaft findet man eher eine günstige Unterkunft, die jedoch nicht wirklich der allgemeinen Vorstellung von einem tropischen Paradies entspricht. Ferieninseln sind im Allgemeinen teurer und bieten nicht die Möglichkeit, mit den Einheimischen in Kontakt zu kommen. Bei der Planung der Reise sollte man sich also über die eigenen Beweggründe im Klaren sein und Folgendes beachten:

Umgebung Gibt es auf der Insel Schatten? Einsame Abgeschiedenheit? Gibt es schöne Badestrände oder muss man immer mit dem Boot zum Baden oder Schnorcheln fahren?

Zugang Ist die Insel so weit entfernt, dass man immer teure Transportmittel braucht, um etwas zu unternehmen?

Gastfreundschaft Am besten andere Traveller nach ihren Erfahrungen fragen.

Wasser Ist es trinkbar? Eventuell einen Wasserfilter mitnehmen.

Badezimmer Gibt es moderne sanitäre Einrichtungen oder ist die Toilette ein Plumpsklo am Ende des Bootsanlegers?

Sicherheit Sind die Ausflugsboote mit Rettungswesten und guten Motoren ausgestattet?

Im Übernachtungspreis sind im Allgemeinen drei Mahlzeiten (ohne Getränke) enthalten sowie ein Ausflug pro Tag (z. B. Schnorcheln, Besuch eines Dorfes) sowie normalerweise der Transfer vom und zum Flughafen oder nach Cartí. Das sollte man sich im Voraus bestätigen lassen. Gebühren für den Besuch von Inseln der Kuna und für Trinkwasser können noch dazukommen. Es empfiehlt sich in jedem Fall, etwas zu essen, Insektenschutz, ein Erste-Hilfe-Set und eine Taschenlampe mitzunehmen. Von April bis November sind die Preise im Allgemeinen niedriger.

Bei der Buchung sollte man bedenken, dass es kaum Internetanschlüsse gibt und eine Handynummer nichts mehr wert ist, wenn das Telefon aus Versehen ins Meer gefallen ist. Begegnet man den Gastgebern mit guter Laune und Geduld, werden sie das hundertfach zurückgeben.

Hotel Corbiski HOTEL $$
(☎6708-5254; www.corbiski.com; Zi. ohne Bad mit 3 Mahlzeiten & Tour 65 US$/Pers.) Neues Hotel mit Bambuswänden und Laminatfußboden auf einer geschäftigen Insel der Kuna-Gemeinschaft. Die Zimmer sind sauber und geräumig; die ebenso sauberen Gemeinschaftsbäder befinden sich in Betonkabinen. Im Preis enthalten sind gefiltertes Wasser und der Transfer von und nach Cartí oder Porvenir. Eigentümer Elias Pérez spricht Englisch, kann Ausflüge in die Umgebung organisieren und bei der Vermittlung von Freiwilligenarbeit an der Schule behilflich sein.

Yandup Lodge HÜTTE $$$
(☎261-7229; www.yandupisland.com; Hütte mit EZ/DZ mit 3 Mahlzeiten & Touren 160/230 US$) Das winzige Inselchen Yandup, das nur eine fünfminütige Bootsfahrt von Playón Chico entfernt ist, wird von einer sehr aufmerksamen, spanisch-kunaischen Familie verwaltet. Die achteckigen Hütten mit Strohdach haben eigene Bäder, Solarlicht und sauberes Wasser. Auf Wunsch werden die Gäste auch vegetarisch bekocht. Ebenso individuell werden die Ausflüge zusammengestellt, die neben den üblichen Schnorchel- und Wandertouren auch den Besuch kultureller Sehenswürdigkeiten beinhalten. Die grünen Wiesen und feinsandigen Strände sind Grund genug, die Insel so schnell nicht wieder zu verlassen.

Shoppen

Molas (Motivbilder) sind die bekanntesten Erzeugnisse des traditionellen Kunsthandwerks in Panama. Die farbenprächtigen *molas*, die aus bunten Baumwollstoffquadraten zusammengenäht werden, zeigen Landschaften mit Vögeln, Meeresschildkröten und Fischen, die meist von einem Labyrinth aus geometrischen Mustern umgeben sind. Die handwerkliche Qualität der einzelnen *molas* ist sehr unterschiedlich, ebenso sind es die Preise, die von zehn bis zu mehreren Hundert Dollar reichen können. *Molas* sind überall auf den Inseln zu finden (bzw. die *mola*-Verkäufer finden die Traveller).

Orientierung

Inzwischen gibt es eine befestigte Straße von Panama-Stadt nach Cartí, früher war das nicht der Fall. Von hier geht es mit Booten weiter zu den Inseln, auf denen sich einfache Hotels befinden. Wer auf einer der weiter entfernten Inseln bleiben möchte, kann auch bis Río Sidra oder Playón Chico fliegen.

Praktische Informationen

Auch wenn ein Abstecher zum Archipiélago de San Blás ein großes Loch in die Reisekasse reißt, lohnt es sich wirklich, diese karibischen Inseln mit ihrer großartigen Kultur zu erkunden. Die Preise sind sehr unterschiedlich, aber wer sich auf günstige Hotels beschränkt, kann mit etwa 45 US$ pro Tag auskommen. Darin enthalten sind Unterkunft, Verpflegung und ein Bootsausflug pro Tag. Die Unterkunft unbedingt im Voraus reservieren.

Geldautomaten gibt's hier keine, deshalb unbedingt einen aufsuchen, bevor man auf die Inseln fährt.

Die Kuna achten sehr darauf, was Ausländer auf ihren Inseln so treiben. Traveller müssen sich registrieren lassen und auf den Hauptinseln eine Besuchergebühr bezahlen (3–12 US$). Auf den kleineren Inseln in Privatbesitz müssen Traveller den Besitzer ausfindig machen, sich eine Erlaubnis ausstellen lassen und eine Gebühr bezahlen (etwa 5 US$).

Wer jemanden fotografieren möchte, muss vorher um Erlaubnis fragen und damit rechnen, dafür zu bezahlen (1 US$ pro Foto oder Motiv). Fotografiert man den Kunsthandwerker, bei dem man gerade etwas gekauft hat, kostet das normalerweise nichts, das kommt aber natürlich auf das jeweilige Motiv an. Auf einigen Inseln müssen Besucher schon für das Mitführen einer Videokamera 50 US$ bezahlen.

An- & Weiterreise

AUTO & MOTORRAD

Die Straße zwischen El Llano und Cartí ist die einzige, die direkt in die Comarca hineinführt. Sie verbindet die Stadt El Llano an der Carretera Interamericana, 70 km östlich von Panama-Stadt, mit dem Küstendorf Cartí in San Blás. Die Straße beginnt in der Nähe von El Llano, an der Abzweigung nach Nusagandi.

Am besten mietet man sich mit anderen Travellern zusammen ein Auto. Wichtig ist, dass dieses über Allradantrieb, einen starken Motor, eine Winde und gute Reifen verfügt. Bei der Organisation der Fahrt sind die Hostels in Panama-Stadt behilflich. **Kuna Yala Expeditions** (☎6708-5254) und der Fahrer **Germain Perez** (☎6734-3454; www.cartihomestaykunayala.blogspot.com; 25 US$/Pers.) bieten Hin- und Rückfahrt für 50 US$ pro Person an.

FLUGZEUG

Da die Nachfrage das Angebot an Flügen weit übersteigt, sollte man möglichst lange im Voraus buchen. Außerdem ist zu beachten, dass die Flugzeuge auch auf den anderen Inseln des Archipels landen, um dort Passagiere oder Fracht zu entladen und aufzunehmen, bevor sie dann zu ihrem eigentlichen Ziel weiterfliegen.

ABSEITS DER ÜBLICHEN PFADE

SEGELTÖRN VON KUNA YALA NACH KOLUMBIEN

Lust auf ein stürmisches Abenteuer? Zum Preis eines Flugtickets kann man auch auf einem kleinen Segelboot über den Archipiélago de San Blás nach Kolumbien schippern. Hierbei handelt es sich allerdings nicht um offizielle Charterboote. Die Passagiere müssen an Bord mithelfen, bekommen dafür aber eine preiswerte Überfahrt, ein paar Tage lang Sonne und Strand auf den Inseln von San Blás und einen oder zwei Schnorchelausflüge. Etwa die Hälfte der Strecke nimmt die Passage nach Cartagena ein, wobei es ganz schön stürmisch werden kann. Vor der Buchung sollten folgende Punkte geklärt sein:

- Schlafen die Passagiere in einer Kabine oder auf dem Boden?
- Wie groß ist das Boot und wie viele Passagiere sind an Bord?
- Gibt es ordentliche Rettungsboote und Rettungswesten für alle Passagiere?
- Sind angemessene Sicherheitseinrichtungen und ein funktionsfähiges Funkgerät vorhanden?
- Hat der Kapitän eine Charterlizenz?
- Was gibt's zu essen? (Auf manchen Booten gibt's dreimal täglich Reis mit Bohnen.)

Die Berichte von Reisenden sind meist recht positiv, einige beklagten allerdings, dass das Essen an Bord zu knapp war, die Boote überfüllt und auch bei schlechtem Wetter gefahren wären. Es empfiehlt sich also, etwas zu essen mitzunehmen und vorher zu fragen, ob auf dem Boot frische Lebensmittel vorhanden sind (denn die Boote sind oft tagelang auf offener See unterwegs). Bevor man sich einem Boot anvertraut, sollte man umfangreiche Nachforschungen anstellen und die Referenzen des Bootes und des Kapitäns mit den Aussagen von Hotelbesitzern und anderen Travellern vergleichen. Wer die Reise nur wegen des Segelns unternehmen will, für den mag sich ein Törn innerhalb des Archipels eher lohnen.

Über die planmäßigen Abfahrtszeiten der Boote wissen die Jugendherbergen in Panama-Stadt am besten Bescheid. Ein normaler fünftägiger Segeltörn kostet inklusive Essen und Aktivitäten, aber ohne Eintritt zu den Inseln etwa 500 US$. Eine Alternative ist der von San Blas Adventures (s. u.) angebotene Motorboottrip mit Camping-Stopps an Stränden.

Alle Flüge starten auf dem Inlandsflughafen Albrook Airport in Panama-Stadt und dauern etwa 30 bis 60 Minuten. Ein Flugticket für die einfache Strecke zu diesen Inseln kostet zwischen 40 und 80 US$, der Preis richtet sich aber nach Saison und Verfügbarkeit.

Air Panama (☎316-9000; www.airpanama.com) Tägliche Flüge nach Achutupu, Cartí, Corazón de Jesús, Playón Chico und Río Sidra.

SCHIFF/FÄHRE

Segelboote nach Kolumbien passieren den Archipel, aber die meisten schiffen in der Provinz Colón ein. Unterkünfte in Panama-Stadt bieten mehr Infos über diese privat veranstalteten Fahrten.

San Blas Adventures (The Darién Gapster; www.sanblasadventures.com; all-inclusive 350 US$/Pers.) Der beliebte neue 4-Tages-Service ist eher eine Tour als nur ein Transferservice. Backpacker werden von Cartí nach La Miel (an der kolumbischen Grenze) gebracht und umgekehrt; unterwegs besuchen sie Kuna-Gemeinden, zelten am Strand und machen Schnorcheltouren. Die Glasfaserboote werden von Außenbordmotoren betrieben. Eine gute Alternative zu einer Fahrt auf dem Segelboot (mit beengtem Nachtquartier) auf rauer See. Auf der Website finden sich nützliche Planungsdetails.

PROVINZ DARIÉN

Eines der reichsten Ökosysteme der Welt ist der 5760 km² große Parque Nacional Darién, in dem die Urwelt auf die Gegenwart trifft, denn diese Landschaft hat sich in Millionen von Jahren kaum verändert. Die Volksgruppen der Emberá und Wounaan leben noch weitgehend nach ihren Traditionen und bewahren so das uralte Wissen über den Regenwald. Ironischerweise ist die Provinz Darién wegen ihres schlechten Rufs so wild und ursprünglich geblieben.

Doch während der Süden von Darién mit Panamas spektakulärstem Regenwald be-

Provinz Darién

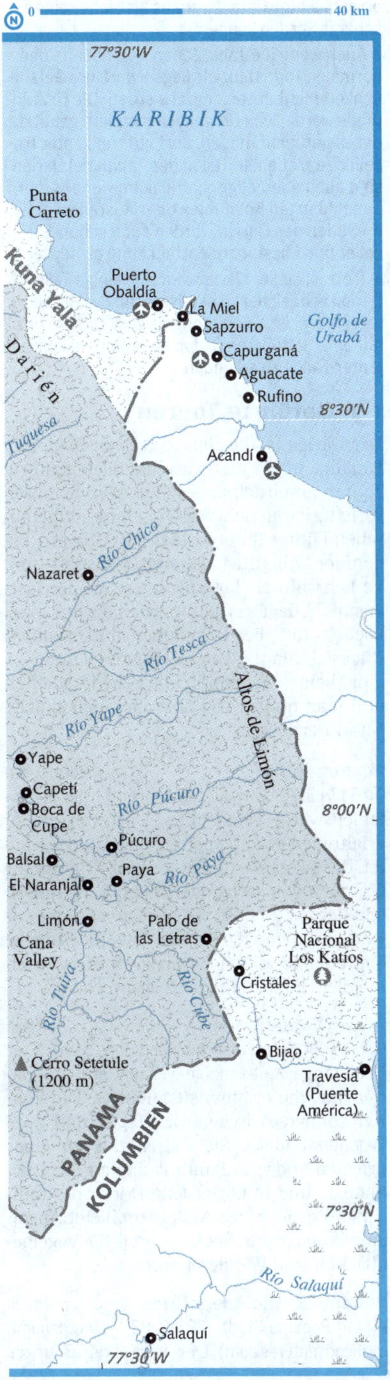

deckt ist, wurden im Norden ganze Biotope für immer zerstört. Die Sicherheit gibt hier Anlass zu echter Sorge, doch die regionalen Probleme sind komplex und müssen gut durchdacht werden. Die Provinz Darién ist nicht jedermanns Sache, aber mit sorgfältiger Planung und den richtigen Reisezielen bietet sie kühnen Reisenden, die sich nach echten Abenteuern sehnen, spektakuläre Möglichkeiten.

Wer über Yaviza hinaus reisen möchte, braucht eine vorherige Genehmigung des Servicio Nacional de Fronteras (SENAFRONT) in Panama-Stadt.

Geschichte

Die indigenen Volksgruppen, die heute im Darién leben, wanderten vor Tausenden von Jahren aus der Provinz Chocó in Kolumbien ein. Anthropologen unterscheiden zwei Sprachgruppen unter den Einwanderern, die Emberá und die Wounaan. Mit Ausnahme der Sprache ist die Kultur der beiden Volksgruppen praktisch identisch, aber sie selbst betrachten sich als zwei eigenständige Völker.

Bevor die Spanier moderne Schusswaffen ins Land brachten, schossen die Emberá und Wounaan mit *boroqueras* (Blasrohren) und brachten es darin zu wahrer Meisterschaft. Ihre Pfeile tränkten sie mit dem tödlichen Gift bestimmter Frösche und der tropischen Riesenameise. Viele Wissenschaftler glauben, dass diese Völker die Kuna aus der Region Darién an die Karibikküste vertrieben haben.

Während der amerikanischen Besatzung wandten sich die Luftstreitkräfte der USA an die Emberá und Wounaan, um von ihnen das Überleben im Urwald zu lernen. Da beide Volksgruppen in der tropischen Wildnis zu Hause waren, wurden viele von ihnen für das Ausbildungskorps in Fort Sherman in der Nähe von Colón rekrutiert, in dem die US-Astronauten und Luftwaffenpiloten für den Einsatz im Urwald trainiert wurden.

Heute lebt die Mehrheit der 8000 panamaischen Emberá und Wounaan in den Tiefen des Regenwalds von Darién, vor allem entlang der Flüsse Sambú, Jaqué, Chico, Tuquesa, Membrillo, Tuira, Yape und Tucutí. Ihr Einkommen bestreiten sie aus dem Anbau landwirtschaftlicher Erzeugnisse für den eigenen Bedarf, der Jagd, Fischerei und Geflügelzucht. Daneben arbeiten sie auch auf den kommerziellen Reisfeldern und Maisplantagen der Gegend.

Orientierung

Die Interamericana endet in der Grenzstadt Yaviza, dahinter erstreckt sich die riesige Wildnis der Region Darién. Die Schnellstraße beginnt erst wieder nach 150 km, nun schon jenseits der Grenze in Kolumbien. Diese Lücke in der Straßenverbindung zwischen Mittel- und Südamerika wird als *Tapón del Darién* (Darién-Hindernis) bezeichnet – hier ist buchstäblich Ende Gelände.

Praktische Informationen

Gedruckte Informationen über die Provinz Darién können extrem schnell veralten. Reisende sollten immer versuchen, die aktuellsten Informationen zu bekommen. Die beste Quelle für solche Infos sind die Führer, die häufig mit Tourengruppen in der Gegend unterwegs sind.

In den örtlichen ANAM-Büros in Städten wie Yaviza oder La Palma ist Informationsmaterial über den Nationalpark erhältlich. Die Büros können auch bei der Suche nach geeigneten Führern – meistens machen das Parkaufseher in ihrer Freizeit – behilflich sein. Traveller müssen sich bei der Polizei in diesen Städten registrieren, bevor sie in den Urwald entschwinden.

Beim Instituto Geográfico Nacional (S. 711) in Panama-Stadt sind meistens auch topografische Karten für einige Gebiete des Darién erhältlich.

GEFAHREN & ÄRGERNISSE

Die größte Gefahr in der Region Darién geht von der schwer zugänglichen Flora und Fauna aus. Wanderwege – wenn sie denn überhaupt existieren – sind meist kaum erkennbar und grundsätzlich nicht markiert. Von den großen Flüssen, die das Rückgrat des Verkehrsnetzes im Darién bilden, gehen weitere Gefahren aus. Jede Art von Hilfe, insbesondere medizinische Versorgung, ist meilenweit entfernt.

Bevor es losgeht, am besten den Arzt nach notwendigen Medikamenten fragen und sich zusätzlich so vollständig wie möglich bedecken, vor allem in der Morgen- und Abenddämmerung. Denguefieber und Malaria sind ernsthafte Gefahren. Einige Gebiete des Parque Nacional Darién sind auch der bevorzugte Lebensraum der extrem giftigen Terciopelo-Lanzenotter. Die Gefahr, von so einer Schlange gebissen zu werden, ist relativ gering, aber man sollte dennoch vorsichtig sein und im Urwald immer Stiefel tragen. Schließlich sind auch Zecken allgegenwärtig im Darién. Auch wenn sie keine Borreliose übertragen, sind sie äußerst lästig. Deshalb eine gute Zeckenzange und Streichholzbriefchen mitnehmen, um sie zu entfernen!

Sowohl die deutschen als auch die österreichischen und die schweizerischen Behörden warnen vor Reisen in die Provinz Darién. Leider schließt diese pauschale Reisewarnung auch den gesamten Parque Nacional Darién mit ein, obwohl einige Orte durchaus als sicher eingeschätzt werden können.

Auch wenn die Tabu-Zonen weit abseits der normalen Touristenziele liegen, darf ihre Gefährlichkeit nicht unterschätzt werden. Die Urwaldpfade werden von Drogenschmugglern genutzt, die es gar nicht mögen, dort auf trekkende Traveller zu treffen. In Teilen des Tapón del Darién sind auch ehemalige Guerillakämpfer aus dem benachbarten Kolumbien oder Ausreißer aktiv. Im Süden des Darién wurden auch schon Traveller und Missionare entführt und ermordet.

Trotz all dieser Warnungen sind einige Teile des Darién sehr sicher zu bereisen. Um das Risiko zu verringern, ist es empfehlenswert, die Provinz mit einer geführten Gruppe oder einem kompetenten Guide zu erkunden.

Geführte Touren

Der Darién ist die einzige größere Region in Panama, in der man ausschließlich geführte Touren unternehmen sollte. Wer Spanisch spricht, kann sich vor Ort einen einheimischen Führer für etwa 15 bis 30 US$ pro Tag nehmen. Allerdings können Transport- und Verkehrsmittel kostspielig sein. Tourveranstalter dagegen kümmern sich um alles, kochen für die Teilnehmer und nehmen Rücksicht auf wundgelaufene Füße. Es gibt keine Verständigungsschwierigkeiten und man erfährt viel über die unglaubliche Natur der Region.

★ Jungle Treks ABENTEUERTOUREN
(☎6438-3130; www.jungletreks.com) Der empfehlenswerte Veranstalter wird von einem erfahrenen Naturexperten und Guide geleitet, der sich auf expeditionsartige Touren für Gruppen von sechs oder mehr Teilnehmern spezialisiert hat. Zu den Zielen gehören der Río Sambú und die Pazifikküste. Individuelle Touren sind ab einer Dauer von drei Tagen möglich. Es wird Englisch gesprochen.

Ancon Expeditions TOUREN
(☎269-9415; www.anconexpeditions.com) Der über lange Zeit einzige Veranstalter im Darién hat die erfahrensten Führer. Die Touren können zwischen vier Tagen und zwei Wochen dauern. Sie führen u.a. zu einer privaten Lodge in Punta Patiño an der Pazifikküste und in abgelegene Dörfer der indigenen Bevölkerung. Außerdem bietet Ancon empfehlenswerte Spezialtouren für Vogelbeobachter und Wanderer an.

Panama Exotic Adventures TOUR
(☎in Panama-Stadt 223-9283; www.panamaexoticadventures.com) Der Veranstalter unter

französischer Leitung verfügt über eine Öko-Lodge in Metetí. Während der 3- bis 8-tägigen Touren werden – unter aktiver Beteiligung der Teilnehmer – indigene Gemeinschaften besucht, Kajakfahrten gemacht und andere Ausflüge in die Natur unternommen.

An- & Weiterreise

Die Interamericana führt über 266 km von Panama-Stadt nach Yaviza. Auf dieser Strecke fahren täglich zwischen 3.30 und 7 Uhr morgens acht Busse von Panama-Stadt nach Yaviza (16 US$, 4½ Std.). Da es auf dieser Strecke oft Polizeikontrollen gibt, sollten Passagiere ihre Reisepässe bereithalten und darauf vorbereitet sein, ihre Reisepläne zu diskutieren. Gelegentlich belehrt einen auch ein Soldat über die Gefahren in Grenznähe – ihr Job besteht nämlich darin, dorthin zu fahren, wenn etwas passiert.

Unterschiedlich häufig fliegt **Air Panama** (☎ 316-9000; www.flyairpanama.com) nach Jaqué, El Real Sambú und Puerto Obaldia. Außerdem gibt es eine Fähre von Panama-Stadt nach La Palma.

Unterwegs vor Ort

Im riesigen Urwald von Darién sind die Flüsse oft die einzige Möglichkeit, von einem Ort zum anderen zu kommen. Als Verkehrsmittel dienen *piraguas* (Einbäume). In La Palma kann man ein Motorboot für 175 bis 200 US$ pro Tag mieten und damit zum Río Mogué oder Río Sambú fahren. Von beiden Flüssen aus geht es dann in den *piraguas* der indigenen Dorfbewohner (von Mogué bzw. La Chunga) weiter flussaufwärts. Man kann auch ein Boot in Río Jaqué mieten, doch davon ist angesichts der gefährlichen Aktivitäten der Guerillagruppen dort dringend abzuraten. Eine kürzere (und damit preisgünstigere) Bootsfahrt führt von Puerto Quimba nach La Palma.

Metetí

Durch Metetí rauscht der Durchgangsverkehr nach Yaviza. Der Ort ist aber auch Ausgangspunkt für eine idyllische Bootsfahrt nach La Palma und die Unterkünfte sind hier besser als in Yaviza. In dem recht großen Lebensmittelladen kann man sich noch schnell mit allem Notwendigen eindecken.

Zu den ganz ordentlichen Hotels der Stadt gehört das **Hotel Felicidad** (☎ 299-6544; DZ 23 US$; ❄) Hier riecht es zwar nach Desinfektionsmitteln, aber die Zimmer aus Beton sind sauber. Im **Restaurante Johana** (Hauptgerichte 3,50 US$) nebenan werden Fleisch mit Reis und Kochbananen sowie frische Fruchtsäfte (aber kein Bier) serviert.

Die vom Tourveranstalter Panama Exotic Adventures geführte Öko-Lodge **Filo de Tallo** (☎ 6673-5381, in Panama 223-9283; www.panamadarien.com; 4-Tage-Komplettpaket ab 1050 US$/Pers.) scheint die elegante Kulisse für den nächsten Urwaldfilm zu sein. Die drei geräumigen Hütten mit Strohdach sind mit Betten samt Moskitonetzen ausgestattet und besitzen eigene, mit der Hütte verbundene Bäder, die hübsch mit pastellfarbenen Flusssteinen gefliest sind. Zu den angebotenen Aktivitäten gehören Krabbenfischen in den Mangroven, Kajakfahren und der Besuch eines Wounaan-Dorfes. Obwohl sich die Lodge auf einem gerodeten Waldstück am Rand der Provinz Darién befindet, ist sie eine der besten Unterkünfte der Region. Von Forest Finance wurde die Lodge als CO_2-neutral zertifiziert. Im angebotenen Komplettpaket sind alle Mahlzeiten und Aktivitäten sowie der Transport von und nach Panama-Stadt enthalten.

Die Bootsfahrt von Puerto Quimba nach La Palma ist eine tolle Alternative zum Direktflug von Panama-Stadt. Die 30-minütige, landschaftlich reizvolle Fahrt führt durch tropischen Urwald und dichte Mangrovenwälder – und man trifft viele interessante Menschen an Bord.

Zur Anlegestelle des Bootes nach La Palma führt die 20 km lange Straße zur Hafenstadt Puerto Quimba am Río Iglesias. Zwischen Metetí und Puerto Quimba verkehrt zwischen 6 und 21 Uhr (3 US$) alle 30 Minuten ein Pickup-Laster, außerdem fahren Taxis (10 US$).

Für die Boote nach La Palma (3 US$) gibt es keinen Fahrplan. Sie legen mehrmals täglich zwischen 7.30 und 18.30 Uhr (5 US$) in Puerto Quimba ab. Zurück von La Palma geht es im Allgemeinen zwischen 5.30 und 17 Uhr. Oder man chartert ein Boot für die Überfahrt (einfache Strecke 40 US$).

Yaviza

3300 EW.

In der hässlichen Betonstadt Yaviza endet die Interamericana – und der berühmt-berüchtigte Tapón del Darién beginnt. Die lieblose, unförmige Siedlung taugt kaum als Feriendomizil. Die meisten Traveller legen hier nur einen kurzen Zwischenstopp ein, um sich für einen Besuch im Parque Nacional Darién ordnungsgemäß anzumelden.

Das Büro der **ANAM** (☎299-4495), das für den Parque Nacional Darién zuständig ist, bietet aktuelle Informationen zu den Wanderwegen und zum Thema Sicherheit. Hier muss man sich anmelden und den Parkeintritt bezahlen (Ausländer 15 US$). Achtung: Vorher muss die Genehmigung von **SENAFRONT** (Servicio Nacional de Fronteras; ☎in Panama-Stadt 527-1000; www.senafront.gob.pa) in Panama-Stadt eingeholt werden, um hier weiterzukommen. Das Büro kann auch einheimische Führer empfehlen (10–20 US$/Tag). Wer keinen einheimischen Führer braucht, sollte sich bereits im ANAM-Büro in Panama-Stadt (S. 712) anmelden, falls man mit dem Boot von Puerto Quimba nach La Palma fährt.

Wer notgedrungen die Nacht unbedingt in Yaviza verbringen muss, übernachtet am besten im **Ya Darien** (☎294-4334; DZ 25 US$; ❄). Die sauberen Zimmer haben Kaltwasserduschen. Die Hausangestellten bewegen sich allerdings im Schneckentempo. Das **Hotel 3Americas** (☎299-4439; Zi. ab 25 US$) verfügt über abgenutzte, einfache Zimmer.

Zwischen Panama-Stadt und Yaviza verkehren täglich acht Busse (16 US$, 4½ Std.). Wer mit einem Privatboot nach El Real (3 Pers. 70 US$) fahren will, wendet sich an Chicho Bristan (S. 771) in El Real. Er holt seine Gäste in Yaviza ab.

El Real

El Real wurde von den ersten Konquistadoren gegründet, die am Río Tuira ein Fort errichteten, um zu verhindern, dass Piraten flussaufwärts segeln und die Siedlung Santa María angreifen konnten. In Santa María lagerten die Spanier Gold, bis es sich lohnte, eine Flotte schwer bewaffneter Schiffe zusammenzustellen und die wertvolle Fracht nach Panama-Stadt zu bringen. Heute gehört El Real zwar zu den größten Städten in der Provinz Darién, es ist aber immer noch ein rückständiges Provinznest.

Allerdings ist El Real der letzte größere Ort vor dem Eingang zum Nationalpark. Zur Parkstation Rancho Frío kommt man nur mit einem einheimischen Führer oder im Rahmen einer geführten Tour – die ANAM erlaubt keine Besuche auf eigene Faust. Vor der Ankunft muss man sich bei SENAFRONT in Panama-Stadt und der ANAM in Yaviza oder Panama-Stadt angemeldet haben, wo man auch die Eintrittsgebühr (Ausländer 15 US$) bezahlen kann.

Da es hier kaum Möglichkeiten gibt, sich mit Lebensmitteln zu versorgen, ist es besser, sich schon im Voraus für die Wanderung

UNTERWEGS NACH KOLUMBIEN

Da die Interamericana in Yaviza endet, bleibt nur noch der Landweg zu Fuß durch den Tapón del Darién, was nicht empfehlenswert ist.

Die Fahrt über das Karibische Meer von Puerto Obaldía in Panama nach Capurganá in Kolumbien ist inzwischen besser als früher. Air Panama fliegt nach Puerto Obaldía. Von dort gibt es keine Busse, aber es geht mit dem Boot oder per pedes weiter in das kolumbianische Dorf Sapzurro. Zu Fuß dauert es etwa 2½ Stunden, aber der Pfad ist an manchen Stellen schwer zu erkennen und hin und wieder kann es gefährlich werden, deshalb ist die Bootsfahrt die bessere Option. In dem panamaischen Dorf La Miel direkt an der Grenze wird gerade ein Hostel gebaut; außerdem gibt's hier einen herrlichen Strand (20 Min. zu Fuß bis Sapzurro).

Von Sapzurro fahren Fähren nach Capurganá; zu Fuß dauert es zwei Stunden. Da sich die Sicherheitslage ständig ändert, sollte sich jeder, der die Strecke zu Fuß gehen will, vorher gründlich informieren, wie es aktuell um die Sicherheit bestellt ist.

Abgesehen vom Fliegen ist es bei Weitem am sichersten, mit dem Segelboot oder Schiff nach Kolumbien zu reisen.

San Blas Adventures (Darien Gapster; ☎6731-2530, 6696-1554; www.thedariengapster.com; 4-Tage-Tour 350 US$) Eher eine Tour als einfach nur Transport bietet dieser beliebte Service, der Backpacker von Panama über die Provinz Darién und die Inseln von San Blás nach Kolumbien bringt und umgekehrt; unterwegs wird gezeltet und geschnorchelt. Auf panamaischer Seite beginnt die Tour in Portobelo oder Cartí; in Sapzurro, Kolumbien, endet sie.

Gereist wird auf einem überdachten Boot mit Außenbordmotor. Es gibt regelmäßige, feste Abfahrtszeiten und die Website bietet nützliche Details für die Planung.

einzudecken. Wer zu spät in der Stadt ankommt und nicht gleich weiter zur Rancho Frío wandern kann, verbringt die Nacht in einer rustikalen *pensión* (Gästehaus). Bei **Fonda Doña Lola** (Gerichte 3 US$) kann man sich mit einer ordentlichen Portion Reis und Hühnchen stärken.

Derzeit ist El Real nur mit dem Boot oder Flugzeug zu erreichen. Der alte Bootsmann **Chicho Bristan** (☎ 299-6566, 6539-2007) bietet Bootsfahrten von Yaviza aus an. Eigentlich darf man mit dem Auto gar nicht in den Park hineinfahren, aber Chicho kann ein Allradfahrzeug (30 US$) organisieren, das die Besucher bis zur Station Pirre 1 bringt. Von dort sind es dann noch eineinhalb Stunden Fußmarsch bis zur Rancho Frio.

Rancho Frío

Folgt man dem Flug der Gelbbrauentangare, erreicht man 13 km südlich von El Real das Gelände der Rancho Frío im Parque Nacional Darién. Hier befindet sich mit der **Station Pirre** das am besten zugängliche Gebiet des Nationalparks, das über zwei gute Wanderwege erschlossen ist. Während der zweitägigen Besteigung des Cerro Pirre schläft man im selbst mitgebrachten Zelt und ist absoluter Selbstversorger. Der zweite Weg windet sich durch den Urwald zu einer Reihe von Wasserfällen, die nach etwa einer Stunde Fußmarsch erreicht werden. Keine Wanderung sollte ohne einen Parkaufseher oder einen einheimischen Führer unternommen werden, denn die Wege sind kaum markiert und wer sich hier verirrt, ist wirklich hoffnungslos verloren.

Die Station Pirre verfügt über **kasernenähnliche Unterkünfte** (15 US$/Pers.) mit ausklappbaren Feldbetten, einer einfachen Küche mit Essbereich, kalten Duschen in einem Verschlag und Plumpsklo. Es gibt auch einen schattigen **Campingplatz** (6 US$/Pers.), auf dem Traveller entweder ein Zelt aufstellen oder eine Hängematte aufspannen können. Strom kommt aus Batterien und sollte so sparsam wie möglich verwendet werden.

Essen und gereinigtes Trinkwasser müssen Besucher selbst mitbringen. Der Brennstoff zum Kochen ist knapp, deshalb sollte man das Kochen den Parkaufsehern überlassen (die die 10 US$ pro Tag dankend entgegennehmen).

Die Station Pirre ist nur zu Fuß, im Rahmen einer Wanderung mit Bootsfahrt oder aber mit einem Allradfahrzeug zu erreichen. Auf der vierstündigen Wanderung läuft man die „Straße" von El Real zur Rancho Frío entlang, die aber kaum als solche zu erkennen und praktisch nicht ohne Führer zu gehen ist (auch in der Station Pirre 1 kann noch ein Führer angeheuert werden).

La Palma

1400 EW.

Wo der breite Río Tuira in den Golfo de San Miguel mündet, befindet sich La Palma, die Hauptstadt der Provinz Darién, die nur aus wenig mehr als einer Straße besteht. Pastellfarbene Häuser stehen auf Pfählen am schlammigen Ufer. Es wimmelt hier nur so von Lädchen, Bars und Wanderpredigern.

Für die meisten Traveller ist La Palma nur das Sprungbrett zu anderen Reisezielen wie dem Naturschutzgebiet von Punta Patiño oder den Emberá-Dörfern an den Ufern des Río Sambú, die jeweils nur mit dem Boot zu erreichen sind.

Alles, was für Traveller interessant sein könnte, ist entlang eben jener Hauptstraße der Stadt zu finden. In La Palma befindet sich auch die einzige Bank der Provinz Darién, eine Filiale der Banco Nacional de Panamá.

Das **Hotel Biaquira Bagara** (☎ 299-6224; DZ mit/ohne Bad 25/17 US$; ❄) ist schlicht und nett; es ist mit Holzveranden, Korbmöbeln und stabilen Betten ausgestattet. In dem einfachen Geschäft im Untergeschoss kann man sich mit den notwendigen Lebensmitteln eindecken, bevor man mit dem Boot flussaufwärts fährt.

In der Stadt finden sich jede Menge günstiger und recht freundlicher Restaurants. Im **La Unción** (☎ 299-6372; Hauptgerichte 2–5 US$) werden zu den ganz ordentlichen *comida criollo* (lateinamerikanische Standardessen) gepfefferte Predigten via Satellitenfernsehen serviert.

Zur Zeit der Recherche gab es keine regelmäßigen Flüge von Panama-Stadt hierher. Wer ein Boot mit Führer mieten möchte, sucht sich in der Nähe der Anlegestelle einen verantwortungsbewussten Kapitän mit einem seetüchtigen Motorboot (120–300 US$/Tag inkl. Benzin).

Reserva Natural Punta Patiño

25 km südlich von La Palma erstreckt sich das private **Naturschutzgebiet** Punta Patiño, das im Besitz der staatlichen Umwelt-

ÜBERLEBEN IN DER PROVINZ DARIÉN

Der Parque Nacional Darién ist der ökologisch vielfältigste Nationalpark zu Land in ganz Zentralamerika – und der am wenigsten besuchte. Das verdankt er seinem schlechten Ruf: Gefahren aller Art und giftige Schlangen sind nicht jedermanns Sache. Dabei ist der Park absolut faszinierend, vorausgesetzt, man trifft die nötigen Sicherheitsvorkehrungen und bereitet sich gut vor.

Sicherheit

Bei der Planung ist zunächst das Reiseziel festzulegen. Zum eigenen Schutz und aus gesetzlichen Gründen sind nur ausgewiesene Routen zu empfehlen. Die Polizei ist bekannt dafür, Traveller, die auf nicht genehmigten Wegen unterwegs sind, festzunehmen und zu zu befragen, selbst wenn sie einen Führer dabei haben.

Schutz

Auch wer schon ganz Zentralamerika allein mit dem Bus bereist hat, sollte hier nicht ohne Begleitung unterwegs sein. Die Wege sind nicht markiert, sodass man sich eigentlich nur verirren kann. Kaum jemand kommt vorbei, um zu helfen. Und giftige Schlangen und Skorpione können der Reise (und auch dem Leben) jederzeit ein jähes Ende bereiten.

Vorbereitungen

Trotz ihrer Abgeschiedenheit ist die Provinz Darién recht teuer, vor allem bei den Spritkosten. Traveller sollten ihr Budget sorgfältig planen. Wer mit einem einheimischen Führer loszieht, sollte unbedingt Spanisch sprechen, um auftretende Probleme lösen zu können.

Automotoren können kaputtgehen, Flüge abgesagt werden – solche Verzögerungen sind im Darién an der Tagesordnung. Deshalb immer zusätzliches Essen und Bargeld, eine Taschenlampe und Streichhölzer mitnehmen! Eine gute persönliche Ausrüstung darf ebensowenig fehlen wie viel Spielraum im Zeitplan.

Führer

Wer mehr bezahlt, bekommt mehr. Ein Naturkundler hat andere Fähigkeiten als ein *guía local*. Folgendes müssen Führer auf jeden Fall mitbringen:

- Erfahrung in der Region.
- Umfangreiche Kontakte vor Ort und die Fähigkeit, Probleme zu lösen.
- Genaue Planung der Route mit realistischen Etappenzielen und organisierten Verkehrsmitteln.
- Gute Ausrüstung (Zelt etc.), sofern keine eigene vorhanden ist.
- Alle erforderlichen Genehmigungen.

Diese Voraussetzungen sind bei Führern wünschenswert:

- Die Fähigkeit, Tiere aufzuspüren.
- Kenntnisse der regionalen Geschichte und einheimischen Tier- und Pflanzenwelt.
- Kenntnisse im Englischen (oder einer anderen Fremdsprache).
- Verbandskasten und Erste-Hilfe-Kenntnisse.
- Tragbares Funkgerät und/oder Handy für Gegenden mit Empfang.

Erfahrungen anderer Traveller können eine gute Referenz sein, doch ist es unverzichtbar, einen Führer persönlich kennenzulernen, vor allem wenn man allein mit ihm unterwegs sein wird. Bevor man im Darién einen Führer bucht, sollte man mit Einheimischen sprechen und sich eine vertrauenswürdige Person suchen, die einen empfehlen kann.

Es muss auch rechtzeitig geklärt sein, ob Benzin, Transport, Essen und etwaige Gebühren im Preis inbegriffen sind. Vielleicht das wichtigste Kriterium bei der Auswahl sind viele Kontaktpersonen in der Region, die bei der Logistik helfen. Außerdem muss der Guide das jeweilige Gebiet wirklich gut kennen. Es ist nämlich nicht so, dass die einheimischen Führer zwangsläufig erfahren sind – manche haben noch nie einen Fuß in den Nationalpark gesetzt. Die staatliche ANAM ist eine gute Anlaufstelle für Infos.

schutzorganisation Ancon ist. Das 263 km² große Reservat ist mit artenreichem Primär- und Sekundärwald bedeckt. Vor allem Harpyien und noch viele andere Vogelarten können hier prima beobachtet werden, aber auch viele andere Tiere wie Dreifinger-Faultiere, Brüllaffen und Krokodile. Das Wildreservat ist nur per Boot oder Flugzeug zu erreichen.

Im Komplettpaket von Ancon Expeditions (S. 768) sind der Hin- und Rückflug von Panama-Stadt nach Punta Patiño sowie Unterkunft, Verpflegung und der Besuch des Reservats enthalten. Die Unterkunft im Reservat kann auch ohne geführte Tour gebucht werden, die Ankunft muss dann aber vorher angekündigt werden.

Sambú

Das am gleichnamigen Fluss gelegene Sambú ist einen Zwischenstopp wert, denn hier leben sowohl indigene Emberá als auch *Cimarrones*, deren Vorfahren entflohene Sklaven waren, die im Urwald überlebt haben. Für Darién-Verhältnisse ist Sambú eine richtige Stadt, komplett mit Flugfeld, Krankenhaus und Münztelefon. Wegen der guten Flugverbindung ist es ein guter Ausgangspunkt, wenn man die Emberá- und Wounaan-Dörfer entlang des Flusses besuchen und sich dem gemächlichen Rhythmus des Lebens im Urwald hingeben möchte.

Von Sambú aus lässt sich auch ein Ausflug nach **Puerto Indio** planen. Dafür ist eine Genehmigung der Emberá und Wounaan erforderlich, aber wer die hat, kann die Felsenmalereien dort besichtigen oder die Mangrovenwälder erkunden. In der Lagune **Bocaca Verano** leben Krokodile und eine Menge Vögel. Während der Trockenzeit organisiert der einheimische Führer Lupicinio, der vor dem Sambú House zu finden ist, Wanderungen mit dem Ziel, Harpyien zu beobachten (15 US$/Pers.), sowie Touren in die Lagune. Juan Murillo fährt mit Besuchern in seinem 75 PS starken Motorboot zum **Angeln** (4 Pers. 120 US$) in den Golfo de San Miguel hinaus. Beide Führer können durch Nachfragen ausfindig gemacht werden.

Das **Sambú House** (☎268-6905, 6687-4177; www.sambuhausedarienpanama.com; EZ/DZ inkl. Mahlzeiten 75/125 US$) ist das einzige B&B im Urwald. Das hübsche, gelbe Schindelhaus wird von der freundlichen Mabel geführt. Es ist einfach, aber gemütlich und vermutlich das einzige Fleckchen im Darién, an dem man zum Frühstück Pfannkuchen bekommt. Auch Kulturtrips können organisiert werden. In der Nähe des Flugfelds bietet das **Mi Lindo Sueño** einfache Zimmer aus Beton an. Günstig und gut essen kann man im **Comidas Benedicta** (Gerichte 2,50 US$). Hier speiste auch Starkoch Anthony Bourdain, als er in Sambú war.

Air Panama (☎316-9000; www.flyairpanama.com) fliegt zweimal wöchentlich von Panama-Stadt nach Sambú (Hin- & Rückflug 150 US$, 1 Std.). Der Rückflug muss immer im Voraus bestätigt werden. Wenn die Fluglinie den Flieger nicht füllen kann, kann der Flug auf unbestimmte Zeit verschoben werden. Das Gleiche gilt für Flüge von Sambú aus.

Das *panga* (kleines Motorboot) nach Puerto Quimba (20 US$) legt dreimal wöchentlich ab und macht einen Zwischenstopp in La Palma. Die Abfahrtszeiten werden kurz vorher bekanntgegeben; man muss in der Stadt herumfragen und versuchen, auch den Termin für die Rückfahrt bestätigt zu bekommen.

PANAMA VERSTEHEN

Panama aktuell

Panama hatte in den vergangenen Jahren die am schnellsten wachsende Wirtschaft Lateinamerikas. Sein Reichtum ist vor allem dem Panamakanal zu verdanken, der schon jetzt jährlich 2 Mrd. US-Dollar einbringt. Durch den 5 Mrd. US-Dollar teuren Ausbau wird dies noch erhöht. Der Kanalausbau, der zu den größten Verkehrsprojekten der Welt gehört, wird den Verkehr auf dem Kanal verdreifachen. Dieser wird tiefer ausgebaggert, um größere Schiffe aufnehmen zu können, und eine dritte „Spur" wird hinzugefügt. Außerdem wird erwartet, dass sich die Handelsmuster ändern und der Erfolg der Häfen an der US-amerikanischen Westküste beeinträchtigt wird.

Und doch bleibt dieser Reichtum wohl nur oberflächlich. Die Armut ist im vergangenen Jahrzehnt zwar um 10 % gesunken, aber Panama hat noch immer die zweitschlechteste Einkommensverteilung Lateinamerikas. Der Mangel an Möglichkeiten in den Provinzen hat viele Menschen dazu bewogen, in die Hauptstadt abzuwandern. Die Stadtbewohner geben diesem neuen Zuzug die Schuld an der Zunahme von Verkehr, Umweltverschmutzung und Kriminalität.

Die Weltwirtschaftskrise von 2009 hat Panamas Wachstumsspurt der Mega-Entwicklungsprojekte und Immobilienspekulationen zwar ein wenig gedämpft, aber heute lassen wiederaufflackernde Möglichkeiten die Investoren allmählich zurückkommen. Die Investition der Regierung in ein neues U-Bahnsystem und andere Infrastrukturmaßnahmen in Höhe von 20 Mrd. Dollar machen die Bürger nervös, weil sie genau wissen, dass sie dafür später noch zur Kasse gebeten werden.

Es gibt Hoffnung, dass sich diese Investitionen auszahlen. Doch selbst der Mittelstand hat von der zunehmenden politischen Vetternwirtschaft die Nase voll. Immer mehr verärgerte Bürger protestieren gegen die Privatisierung öffentlicher Ressourcen und tragen diesen Protest auch auf die Straße. Für Panama wird es Zeit, sich auf das Wesentliche zu konzentrieren.

Geschichte

An der schmalen Landenge, auf der Panama liegt, treffen Süd- und Nordamerika aufeinander; daher hat Panama schon immer eine zentrale und auch strategisch wichtige Rolle in der Geschichte der westlichen Hemisphäre gespielt: vom regen Austausch von Tier- und Pflanzenarten bis hin zur Begegnung – und zu Zusammenstößen – zwischen zahlreichen Kulturen. Früher führte hier ein Handelsweg durch, der die großen Kulturen des alten Peru und des alten Mexiko miteinander verband; in der Eroberungsphase nach Kolumbus wurde er zur Überlandstrecke, über die die Schätze der Inka fortgeschleppt wurden. Transit ist hier ein Dauerthema, v. a. weil hier zwei Ozeane so dicht beieinander liegen. Die Panama Railroad brachte während des Goldrauschs einst Goldgräber nach Kalifornien, heute ist der Panamakanal der dröhnende Motor des globalen Handels.

Verlorenes Panama

Die Küstengebiete und Regenwälder Panamas werden seit mindestens 11 000 Jahren von Menschen bewohnt. Einheimische Stämme wie die Kuna, die Ngöbe-Buglé, die Emberá, die Wounaan, die Bribrí und die Naso lebten schon vor der Ankunft der Spanier auf der Landenge. Die historische Tragödie Panamas besteht darin, dass es hier trotz der reichen Kulturgeschichte des Landes so gut wie keine gegenständlichen Überreste dieser großartigen Zivilisationen gibt.

Über das präkolumbische Panama weiß man, dass die frühen Bewohner an einer weitläufigen Handelszone mitarbeiteten, die sich im Süden bis nach Peru und im Norden bis nach Mexiko erstreckte. Archäologen haben herrliche Goldornamente, ungewöhnliche lebensgroße Steinstatuen mit menschlichen Figuren und spezielle Sorten von Tonwaren und *metates* (Steinplatten, die zum Mahlen von Getreide verwendet wurden) entdeckt.

Die ersten Bewohner Panamas lebten an beiden Ozeanen und angelten an Mangrovensümpfen, Flussmündungen und Korallenriffen. In Anbetracht des enormen Einflusses, den die Fischerei auf das Leben der Bewohner der Landenge hatte, scheint es mehr als passend, dass der Landesname sich von einem Wort der *indígenas* ableitet, das so viel bedeutet wie „Fische in Hülle und Fülle".

Eine neue Weltordnung

Die Entdeckung Panamas durch den spanischen Forscher Rodrigo de Bastidas im Jahr 1501 stellte den Beginn des Zeitalters von Eroberung und Kolonisierung auf der Landenge dar. Es war allerdings sein erster Matrose Vasco Núñez de Balboa, der es zu ewigem Ruhm brachte, nachdem dieser zwölf Jahre später den Pazifik entdeckte.

1502 ging Christoph Kolumbus auf seiner vierten und letzten Reise in die Neue Welt im heutigen Costa Rica an Land, wo er eigenen Aussagen zufolge in zwei Tagen mehr Gold gesehen hatte als in Spanien in vier Jahren. Obwohl der heftige Widerstand der Einheimischen 1503 seine Pläne, eine Kolonie an der Mündung des Río Belén zu gründen, durchkreuzte, ersuchte Kolumbus die Spanische Krone, ihn zum Gouverneur von Veraguas zu machen, dem Küstenabschnitt zwischen Honduras und Panama.

Nach Kolumbus' Tod beauftragte König Ferdinand Diego de Nicuesa, das neu eroberte Land zu besiedeln. Verschiedene Versuche endeten kläglich. Sehr zur Enttäuschung der Eroberer gab es in Panama nicht viel Gold. Dazu kamen noch Tropenkrankheiten, unwirtliches Gelände und überaus unfreundliche Einheimische – es ist also kein Wunder, dass die frühen spanischen Kolonien es schwer hatten und oft zum Scheitern verurteilt waren.

1513 hörte Balboa Gerüchte über ein großes Meer und eine wohlhabende, Gold produzierende Zivilisation auf der anderen Seite der Berge – wahrscheinlich war das Reich der Inka in Peru gemeint. Von Ehrgeiz und Habgier getrieben erklomm Balboa am 26. September 1513 die Kontinentale Wasserscheide und erblickte als erster Europäer den Pazifik. Er erklärte den Ozean und alles Land, an das er uferte, zum Besitz des spanischen Königs.

Das Reich expandiert

1519 gründete der brutale und sehr rachsüchtige Spanier Pedro Arias de Ávila (seinerzeit Pedrarias genannt) die Stadt Panamá auf der Pazifikseite ganz in der Nähe des heutigen Panama-Stadt. Der Gouverneur befahl 1517, Balboa zu köpfen, weil dieser angeblich Hochverrat begangen haben sollte. Pedrarias war auch bekannt für grausame Angriffe auf Einheimische, die er bei lebendigem Leib verbrannte oder den Hunden zum Fraß vorwarf.

Trotz seiner grausigen Taten machte Pedrarias Panamá zu einer wichtigen spanischen Siedlung, zum Handelszentrum und zum Ausgangsort für weitere Expansionen, z. B. für die Eroberung Perus. Von Panamá aus wurden jede Menge peruanisches Gold und orientalische Gewürze zu Fuß über die Landenge transportiert. Auf dieser bekannten Handelsroute, die Sendero Las Cruces (Las-Cruces-Pfad) genannt wird, kann auch heute noch gewandert werden.

Als die Spanier sich am Reichtum der geplünderten Zivilisationen „sattgefressen“ hatten, begann die Welt, auf die florierende Kolonie aufmerksam zu werden – besonders die britischen Freibeuter, die in den Küstengewässern lauerten. 1573 zerstörte Sir Francis Drake die Siedlung Nombre de Dios und segelte mit einer Galeone, beladen mit spanischem Gold, zurück nach England.

Daraufhin errichteten die Spanier riesige Steinfestungen bei San Lorenzo und Portobelo. Diese Festungen konnten den walisischen Seeräuber Sir Henry Morgan allerdings nicht davon abhalten, 1671 Fuerte San Lorenzo zu stürmen und den Río Chagres hinaufzusegeln. Nachdem er am Ende der Landenge angekommen war, zerstörte Morgan die Stadt Panamá, indem er sie bis auf die Grundmauern niederbrannte, und kehrte mit 200 Maultieren, beladen mit spanischer Kriegsbeute, an die Karibikküste zurück.

Ein paar Jahre später errichteten die Spanier die Stadt Panamá auf einem Kap neu, das sich einige Kilometer westlich vom ursprünglichen Standort befand. Die Ruinen der alten Siedlung, die heute Panamá Viejo heißt, und die Kolonialstadt Casco Viejo liegen innerhalb der Stadtgrenzen der heutigen Metropole.

Die britische Freibeuterei endete damit nicht. Nachdem Admiral Edward Vernon 1739 die Festung von Portobelo zerstört hatte, gaben die Spanier die Durchquerung Panamas auf und segelten stattdessen den langen Weg um das Kap Horn zur Westküste Südamerikas.

Das Ende des Reiches

Am 27. Oktober 1807 wurde zwischen Spanien und Frankreich der Vertrag von Fontainebleau geschlossen, in dem die Besetzung Portugals verfügt wurde. Es folgte ein Akt des Verrats, der gleichzeitig ein Geniestreich war: Napoleon fiel unter dem Deckmantel der Unterstützung für die französisch-spanische Armee, die Portugal besetzte, mit Zehntausenden Truppen in Spanien ein. Dann befahl er seinen Truppen, die wichtigsten Festungen der Spanier einzunehmen.

Der daraus entstehende Napoleonische Krieg auf der Iberischen Halbinsel schadete beiden Ländern schwer. Durch diesen Konflikt und das darauffolgende Machtvakuum sowie durch jahrzehntelange Unruhen im eigenen Land verlor Spanien im ersten Drittel dieses Jahrhunderts fast alle seine Kolonien.

Panama erlangte 1821 die Unabhängigkeit von Spanien und trat sofort Gran Colombia bei, einem Staatenbund aus den heutigen Ländern Kolumbien, Bolivien, Ecuador, Peru und Venezuela. Diese vereinte lateinamerikanische Nation war lange der Traum von Simón Bolívar. Innere Konflikte führten allerdings 1831 zur Abschaffung von Gran Colombia. Neuling Panama blieb jedoch eine Provinz von Kolumbien.

Die Geburt einer Nation

Das Schicksal Panamas wandelte sich für immer, als die Weltmächte erkannten, dass die Landenge der schmalste Streifen zwischen dem Atlantik und dem Pazifik war. 1846 unterschrieb Kolumbien ein Abkommen, in dem es den USA erlaubte, eine Eisenbahnlinie über die Landenge zu bauen, sich aber selbst das Recht vorbehielt, die Strecke kostenlos zu nutzen und sie militärisch zu schützen. Auf dem Höhepunkt des Goldrauschs in Kalifornien 1849 reisten Zehntausende von der Ostküste der USA über Panama an die Westküste, um den feindseligen Stämmen zu entgehen, die in der Mitte der Staaten lebten. Die Eisenbahnstrecke machte Kolumbien und Panama reich und es gab erstmals Gespräche über einen Kanal durch Zentralamerika.

Die Idee, einen Kanal durch die Landenge zu ziehen, kam 1524 auf, als Karl V. von Spanien eine Begutachtung anordnete. Diese sollte zeigen, ob ein Wasserweg hier möglich war. Später dachte Kaiser Napoleon III. von Frankreich ebenfalls über diese Idee nach. Letztendlich wurde 1878 der französische Baumeister Ferdinand de Lesseps, der sich noch im Glanz des kürzlich errichteten Sueskanals sonnte, von Kolumbien damit beauftragt, den Kanal zu bauen. 1881 kam er mit seinen Leuten nach Panama. Genau wie Napoleon unterschätzte Lesseps die Aufgabe und mehr als 22 000 Arbeiter starben in weniger als zehn Jahren an Gelbfieber und Malaria. 1889 trieben unüberwindbare bauliche Probleme und finanzielles Missmanagement das Unternehmen in den Ruin.

Die USA betrachteten das Versagen der Franzosen als Möglichkeit, ein Geschäft zu machen. 1903 stimmte Philippe Bunau-Varilla, einer von Lesseps' Chefkonstrukteuren, zu, den USA die Rechte am Bau zu verkaufen, was die kolumbianische Regierung verweigerte. Bunau-Varilla legte der amerikanischen Regierung nahe, Panama zu unterstützen, wenn es sich von Kolumbien lossagte.

Am 3. November 1903 erklärte eine revolutionäre Junta Panama für unabhängig und die USA erkannten die Souveränität sofort an – das war der erste von einer ganzen Reihe von Eingriffen Amerikas in Panama. Obwohl Kolumbien Flotten schickte, um die Herrschaft wiederzuerlangen, hielten die amerikanischen Schlachtschiffe sie davon ab, an Land zu gehen. Kolumbien erkannte Panama erst 1921 als legitimes eigenständiges Land an, als die USA eine Entschädigung von 25 Mio. US$ an Kolumbien zahlten.

Die USA & der Kanal

Nachdem Panama unabhängig geworden war, wurde Bunau-Varilla zum Botschafter für die USA ernannt, und als erste Amtshandlung ebnete er den Weg für weitere amerikanische Interventionen. Bunau-Varilla kam in der Hoffnung nach Washington, D.C., vom Verkauf der Kanalbaurechte an die USA zu profitieren, bevor Panama eine Delegation bilden konnte. Am 18. November 1903 unterschrieben Bunau-Varilla und der amerikanische Außenminister John Hay den Hay-Bunau-Varilla-Vertrag, der den USA weit mehr zusprach als im ursprünglichen Vertrag vorgesehen. Zusätzlich zu den Kanalbaurechten wurden den USA Rechte zur Intervention in die Angelegenheiten Panamas und die „Hoheitsrechte über die Kanalzone für alle Zeiten" zugesprochen. Diese Zone umfasste 8 km auf jeder Seite des Kanals.

Trotz der späten Proteste der panamaischen Delegation und der weiterhin offenen Frage, ob er überhaupt rechtens war, trat der Vertrag in Kraft. Das läutete eine Ära der Spannungen zwischen den USA und Panama ein. 1904 wurde mit den Bauarbeiten am Kanal wieder begonnen und trotz Krankheiten, Erdrutschen und rauen Wetters konnte das größte Bauwunder der Welt innerhalb eines Jahrzehnts fertiggestellt werden. Das erste Schiff durchfuhr den Kanal am 15. August 1914.

In den darauffolgenden Jahren mischte sich das US-Militär immer wieder in politische Angelegenheiten ein. Als Antwort auf die zunehmende Ernüchterung der Panamaer wurde der Hay-Bunau-Varilla-Vertrag 1936 durch den Hull-Alfar-Vertrag ersetzt. Die USA verzichteten auf ihre Rechte, außerhalb der Kanalzone Truppen einzusetzen und Land für den Kanal zu beschlagnahmen. Außerdem wurde die Summe, die für die Benutzung der Kanalzone jährlich an Panama gezahlt wurde, erhöht. Trotzdem gab es immer mehr Besatzungsgegner unter den Panamaern. Die Spannungen erreichten 1964 ihren Höhepunkt, als während eines Studentenprotests 27 Panamaer starben und 500 verletzt wurden. Heute wird dieses Ereignisses mit dem Día de los Mártires (Tag der Märtyrer) gedacht.

Als der Einfluss der Amerikaner schwand, wurde die Armee von Panama mächtiger. 1968 setzte die Guardia Nacional den gewählten Präsidenten ab und übernahm die Kontrolle über das Parlament. Bald danach wurde die Verfassung aufgehoben und die Nationalversammlung aufgelöst, die Presse wurde zensiert und der General der Guardia, Omar Torrijos Herrera, wurde zum neuen Anführer ernannt. Torrijos stürzte Panama zwar mit einer Menge öffentlicher Bauvorhaben in die Schulden, überzeugte aber auch den amerikanischen Präsidenten

Jimmy Carter davon, die Kontrolle über den Kanal abzugeben. Die daraus hervorgehenden Torrijos-Carter-Verträge vom 7. September 1977 und schließlich vom 31. Dezember 1999 garantierten Panama die volle Kontrolle über den Kanal sowie den kompletten Abzug des amerikanischen Militärs.

Aufstieg & Untergang Noriegas

1981 freute sich Panama immer noch an den Auswirkungen des neuesten Vertrags, als Torrijos bei einem Flugzeugabsturz ums Leben kam. Gerüchte über ein Verbrechen machten im Land die Runde. 1983 übernahm Colonel Manuel Antonio Noriega die Guardia Nacional, ernannte sich selbst zum General und machte sich somit zum eigentlichen Herrscher von Panama. Noriega, ehemaliger Vorsitzender der Geheimpolizei Panamas und Agent der CIA sowie Absolvent der School of the Americas, begann schnell, seine Macht zu festigen. Er vergrößerte die Guardia Nacional, erweiterte ihre Autorität erheblich und nannte sie von nun an Las Fuerzas de Defensa Panameñas. Er richtete auch in jeder Stadt, jedem Ort und jedem Dorf ein paramilitärisches Dignity Battalion ein, dessen Mitglieder bewaffnet waren und jeden ihrer Nachbarn verpfiffen, der sich dem Noriega-Regime gegenüber nicht vollkommen loyal zeigte.

1987 verschlimmerte sich die Situation sogar noch, als Noriega öffentlich beschuldigt wurde, in den Drogenhandel mit kolumbianischen Drogenkartellen verwickelt zu sein, seine Gegner ermorden zu lassen und Wahlen zu manipulieren. Viele Einwohner Panamas traten mit Generalstreiks und Straßendemonstrationen für Noriegas Rücktritt ein. Diese endeten in brutalen Zusammenstößen mit den Fuerzas de Defensa Panameñas. Im Februar 1988 versuchte der panamaische Präsident Eric Arturo Delvalle, Noriega zu entlassen, aber er wurde gezwungen, aus Panama zu fliehen. Daraufhin ernannte Noriega einen Präsidenten, der ihm besser gesinnt war.

Noriegas Regime wurde international geächtet. Im März 1988 erhoben die USA wirtschaftliche Sanktionen gegen Panama, beendeten damit eine vorrangige Handelsvereinbarung, froren panamaisches Anlagevermögen bei US-Banken ein und verweigerten die Zahlung von Kanalgebühren. Einige Tage nachdem die Sanktionen erhoben worden waren, veranlasste ein erfolgloser Militärputsch Noriega dazu, die brutale Unterdrückung seiner Kritiker zu verstärken. Als Noriegas Kandidat die Präsidentschaftswahlen im Mai 1989 verloren hatte, erklärte der General die Wahlen für ungültig. Guillermo Endara, der Siegerkandidat, und seine beiden Vizekandidaten wurden von Noriegas Schlägern brutal vermöbelt. Die blutige Tat wurde von einem Kamerateam gefilmt und auf der ganzen Welt gesendet. Im Oktober 1989 scheiterte ein zweiter Putschversuch und zog noch schlimmere Unterdrückungsmaßnahmen nach sich.

Am 15. Dezember 1989 wurde Noriega von seiner Legislative zum Präsidenten ernannt und seine erste Amtshandlung war es, den USA den Krieg zu erklären. Am folgenden Tag wurde ein unbewaffneter US-Marinesoldat in Zivil von panamaischen Soldaten ermordet, als er aus einem Restaurant in Panama-Stadt kam.

Die USA reagierten schnell und unerbittlich. In den ersten Stunden des 20. Dezember 1989 wurde Panama-Stadt von Flugzeugen, Panzern und 26 000 Mann starken US-Truppen angegriffen. Der Einmarsch, der eigentlich dazu führen sollte, Noriega vor Gericht zu bringen und eine Demokratie zu schaffen, die den amerikanischen Interessen besser entsprach, hatte über 2000 tote Zivilisten und Zehntausende Obdachlose zur Folge und zerstörte ganze Gebiete von Panama-Stadt.

An Weihnachten bat Noriega bei der Botschaft des Vatikans um Asyl. Amerikanische Truppen umstellten die Botschaft und zwangen den Vatikan, Noriega freizugeben: Sie beschallten das Gebäude mit dröhnender Rockmusik. Daraufhin umstellte ein Haufen wütender Panamaer die Botschaft und forderte die Absetzung Noriegas.

Nach zehn Tagen psychologischer Kriegsführung überzeugte die Botschaft des Vatikans Noriega davon, sich zu stellen, indem sie ihm drohte, das Asyl aufzuheben. Noriega ergab sich am 3. Januar den amerikanischen Truppen und wurde nach Miami gebracht, wo er wegen Herstellung und Verteilung von Kokain verurteilt wurde.

Nach Ende seiner Gefängnisstrafe in den USA 2007 wurde Noriega im April 2010 an Frankreich ausgeliefert. In einem Wiederaufnahmeverfahren wurde er schuldig gesprochen und zu weiteren sieben Jahren Haft verurteilt, allerdings wurde er unter der Bedingung überstellt, 20 Jahre in Panama abzusitzen, wo er seit Dezember 2011 inhaftiert ist.

Die Differenzen von heute

Nach Noriegas unfreiwilligem Rücktritt wurde Guillermo Endara, der legitime Gewinner der Wahlen von 1989, als Präsident vereidigt und Panama versuchte, wieder auf die Beine zu kommen. Das Image und die Wirtschaft des Landes waren zerstört und die Hauptstadt hatte sowohl durch die Invasion als auch durch die ausgedehnten Plünderungen, die darauf folgten, großen Schaden erlitten. Leider stellte sich Endara als erfolgloser Präsident heraus, dessen Politik Arbeitsplätze zerstörte und seine Regierung die anfängliche Beliebtheit kostete. 1994 wurde er mit fast 100% der Stimmen abgewählt.

Ernesto Pérez Balladares war der nächste Präsident. Unter seiner Regie führte die Regierung von Panama ein Privatisierungsprogramm ein, das sich auf die Verbesserungen der Infrastruktur, des Gesundheitswesens und der Bildung konzentrierte. Pérez Balladares stellte zwar noch nie dagewesene Finanzmittel für Panamas Entwicklung bereit, doch 2010 wurde wegen Korruption gegen ihn ermittelt.

1999 übernahm Mireya Moscoso das Präsidentschaftsamt, die Witwe des beliebten ehemaligen Präsidenten Arnulfo Arias, Panamas erste weibliche Führerin und der Kopf der konservativen Arnulfista-Partei (PA). Moscosos ehrgeizige Pläne konnten nie verwirklicht werden. Als Panama 2003 sein Jubiläum feierte, lag die Arbeitslosenquote bei 18% und in großen Teilen des Landes hatten die Menschen nichts zu essen. Trotzdem gab Moscoso 10 Mio. US$ dafür aus, den Schönheitswettbewerb „Miss Universe" nach Panama zu bringen. Ihr wurde auch vorgeworfen, einfach weggesehen zu haben, als das kolumbianische Militär in die Provinz Darién einfiel.

Martín Torrijos, Mitglied der Partido Revolucionario Democrático (PRD) und Sohn des ehemaligen Oberhaupts Omar Torrijos, wurde 2004 zum Präsidenten gewählt. Zwar gibt es immer noch Diskussionen über den Erfolg seiner Amtsführung, doch er setzte dringend notwendige Steuerreformen in die Tat um, darunter auch eine Überholung des Sozialversicherungssystems des Landes. Zudem wurde sein Vorschlag, den Panamakanal zu erweitern, bei einem nationalen Volksentscheid mit großer Mehrheit angenommen.

Aktuelles politisches Klima

Am 3. Mai 2009 verhielt sich Panama gegenläufig zum derzeitigen lateinamerikanischen Linkstrend, indem der konservative Supermarktmagnat Ricardo Martinelli zum Präsidenten gewählt wurde. Martinelli gehört der konservativen Partei Cambio Democratico (CD) an und war deshalb eine wirtschaftsfreundliche Wahl; er erwies sich als noch ehrgeiziger in seinen politschen Vorhaben und Entwicklungsplänen, als die Wählerschaft zunächst angenommen hatte. 2012 schloss sich die Bevölkerung zu massiven Protesten zusammen, als die Regierung plante, die Freihandelszone in Colón zu privatisieren.

Nach der Weltwirtschaftskrise hielt die hohe Inflationsrate ausländische Investoren fern. Aber Anzeichen für wiederkehrenden Wohlstand könnten ein Comeback des Goldrauschgefühls ankündigen, das Panama vor der Wahl Martinellis die höchste Wachstumsrate des amerikanschen Kontinents beschert hatte. Da Martinellis Regierung an Sympathiewerten verliert und 2014 in Panama gewählt wird, ist die Zukunft ungewiss.

Die Menschen

Mentalität

Die Landenge von Panama bildet nicht nur eine Brücke zwischen Nord- und Südamerika, das Land vereint auch zwei völlig unterschiedliche Modelle panamaischer Kultur und Gesellschaft. Während der eine Teil Panamas an den Traditionen der Vergangenheit festhält, freut sich der andere über die modernen Einflüsse der wachsenden Wirtschaft.

In mancher Hinsicht sind diese Gegensätze nur natürlich, wenn man bedenkt, wie viele Jahre lang sich andere Länder in die Angelegenheiten Panamas eingemischt haben. Von der durch die USA unterstützten Unabhängigkeit 1903 bis zur Entmachtung Noriegas 1989 mit Waffengewalt und zu einem halben Dutzend anderer Einmischungen in der Zeit dazwischen – die USA haben ein gewaltiges Vermächtnis im Land hinterlassen. Fast jeder Panamaer hat Verwandte oder Bekannte in den USA. Teile des Landes scheinen geradezu besessen von Einkaufsmalls und dem Konsumgedanken, der aus Nordamerika kommt.

In anderen Teilen sind die Menschen nicht so gewillt, die Kultur der Amerikaner anzunehmen. Indigene Stämme wie die der Emberá und Kuna kämpfen erbittert darum, ihre Traditionen aufrechtzuerhalten, da immer mehr Jugendliche in den Sog der westlichen Lebensart in der Großstadt geraten.

Angesichts dieser Kluft zwischen Alt und Neu ist es überraschend, dass das Land nicht unter einem schweren Fall von kognitiver Dissonanz leidet. Irgendwie arrangieren sich die außergewöhnlich toleranten Panamaer mit vielen Gegensätzen – mit dem Alten und dem Neuen, der enormen Ungleichheit zwischen Arm und Reich sowie der atemberaubenden Natur und ihrer schnellen Zerstörung.

Lebensart

Auch wenn die wohlhabenderen Viertel von Panama-Stadt vor Wolkenkratzern und schicken Restaurants nur so strotzen, lebt fast ein Drittel der Bewohner Panamas in Armut. Fast 250 000 Panamaer müssen darum kämpfen, überhaupt an Grundnahrungsmittel zu kommen. Die Ärmsten leben meist in dünn besiedelten Provinzen: Darién, Bocas del Toro, Veraguas, Los Santos und Colón. Auch in den Slums von Panama-Stadt, wo ungefähr 20% der städtischen Bevölkerung wohnen, herrscht schlimme Armut. Landesweit vegetieren 9% der Bevölkerung in *barriaos* (Elendsviertel) dahin.

Für *campesinos* (Bauern) ist das Leben hart. Ein Bauer im Landesinnern, der nur für den Eigenbedarf produziert, verdient nur 8 US$ pro Tag und liegt damit weit unter dem nationalen Durchschnittseinkommen von 12 770 US$ pro Kopf. In den Dörfern der Emberá in der Provinz Darién geht das traditionelle Leben weiter wie vor Hunderten von Jahren. Dort lebt man in strohgedeckten Hütten und ernährt sich von Landwirtschaft, Jagd, Fischerei und Weidewirtschaft. Die Lebenserwartung in diesen Grenzdörfern liegt etwa zehn Jahre unter dem Landesdurchschnitt. Den meisten der Emberá- und Wounaan-Gemeinden stehen weder sauberes Wasser noch die einfachsten hygienischen Einrichtungen zur Verfügung.

Die Menschen der Mittel- und Oberschicht leben größtenteils in und rund um Panama-Stadt. Ihr Lebensstandard entspricht ungefähr dem ihres Pendants in Europa und den USA. Sie leben in großen Häusern oder Wohnungen, haben eine Putzfrau, ein oder zwei Autos und ein paar wenige Glückliche unter ihnen sogar einen Zweitwohnsitz am Strand oder in den Bergen. Handys sind selbstverständlich. Ihren Urlaub verbringen sie oft in Europa oder in den USA. Die meisten Erwachsenen der Mittelschicht sprechen etwas Englisch und ihre Kinder gehen normalerweise auf Schulen, in denen Englisch die Unterrichtssprache ist.

Bevölkerung

Die meisten Panamaer (70%) sind *mestizo*, haben also indigene und spanische Wurzeln. Es werden auch viele nicht schwarze Einwanderer zu dieser Kategorie gezählt, z.B. der recht große chinesische Bevölkerungsanteil. Manche gehen davon aus, dass ganze 10% der Bevölkerung chinesische Wurzeln haben. Es leben aber noch viele andere große Gruppen in dem Land: Etwa 14% der Panamaer haben afrikanische, 10% spanische Vorfahren, 5% haben sowohl Afrikaner als auch Spanier als Vorfahren und 6% sind *indígenas*. Schwarze Panamaer sind meist Nachkommen der englischsprachigen Bevölkerung der Karibischen Inseln (Jamaika, Trinidad), die ursprünglich als Arbeiter nach Panama gebracht worden sind.

Von den zahlreichen einheimischen Stämmen, die bei der Ankunft der Spanier in Panama existierten, sind nur noch wenige übrig. Die Kuna leben auf Inseln an der Karibikküste in dem autonomen Gebiet Comarca de Kuna Yala. Sie bilden den politisch am besten organisierten Stamm und senden regelmäßig Volksvertreter in die nationale Legislative. Die Emberá und die Wounaan leben im Osten Panamas und im Darién. Panamas größter Stamm, der der Ngöbe-Buglé, ist in Chiriquí, Veraguas und Bocas del Toro angesiedelt. Die Teribe bevölkern die Provinz Bocas del Toro und die Bribrí leben entlang dem Talamanca-Schutzgebiet. Trotz der modernen Einflüsse hat jede indigene Gruppe Panamas ihre eigene Sprache und Kultur erhalten.

Religion

In Panama-Stadt gibt es etliche katholische Kirchen, anglikanische Kirchen für die Einwanderer von den Karibischen Inseln, Synagogen, Moscheen, eine herrliche griechisch-orthodoxe Kirche, einen beeindruckenden Hindutempel und einen surrealistischen Baha'i-Schrein (der Hauptsitz für Lateinamerika).

Religionsfreiheit wird in Panama von der Verfassung garantiert, auch wenn die Vormachtstellung der römisch-katholischen Kirche durchaus offiziell anerkannt wird – fast 85% der Menschen hängen diesem Glauben an. In der Schule haben Kinder die Möglichkeit, Religion als Fach zu belegen, auch wenn es nicht verpflichtend ist. Protestanten machen 12% der Bevölkerung aus, Muslime 4,4% und Baha'i 1,2%. Außerdem leben im Land noch ungefähr 3000 Juden (viele von ihnen sind erst kürzlich aus Israel eingewandert), 24000 Buddhisten und 9000 Hindus.

Zusätzlich zu den großen Weltreligionen gibt es noch die unterschiedlichen Glaubensrichtungen der verschiedenen indigenen Stämme. Allerdings werden diese Religionen zusehends vom Einfluss der christlichen Missionare ausgemerzt. Genau wie in anderen Teilen Lateinamerikas spielt auch hier die evangelikale Bewegung eine wichtige Rolle.

Auch wenn die Katholiken in der Mehrheit sind, gehen nur ca. 20% von ihnen regelmäßig in die Kirche. Die religiösen Regeln sind in Panama auch nicht besonders streng. Nur 25% der katholischen Geistlichen sind Panamaer, der Rest sind ausländische Missionare.

Kunst & Kultur

Zur bunten Musikszene Panamas gehören Salsa, amerikanischer und Latin-Jazz, traditionelle Musik aus der Landesmitte, Reggae, Reggaetón und lateinamerikanischer, britischer und amerikanischer Rock. Der größte Exportschlager des Landes ist der bekannte Salsasänger Rubén Blades, der sich 1994 sogar als Präsidentschaftskandidat zur Wahl stellte und Dritter wurde. Der Jazz-Komponist und Pianist Danilo Pérez ist bei Kritikern angesehen und Los Rabanes machen klassischen panamaischen Rock. Panamaische Volksmusik (*típico* genannt) wird durch Victorio Vergara und Samy und Sandra Sandoval vertreten, die auf dem Akkordeon Spitzenklasse sind. Heute setzt sich Reggaetón (auch bekannt als *punta*) in allen sozialen Schichten Panamas durch; zu den Stars zählen Flex und der mittlerweile verstorbene Danger Man.

Viele der besten panamaischen Romane wurden um die Mitte des 20. Jhs. geschrieben. *El ahogao*, ein Roman von Tristán Solarte aus dem Jahr 1937, vermischt Elemente aus Krimi, Gruselgeschichte und Psychothriller mit bekannter einheimischer Mythologie. Der Roman *El esván*, 1954 von Ramón H. Jurado geschrieben, lotet die emotionalen Grenzen des Menschen aus. In dem Roman *Gamboa Roa Gang* von Joaquín Beleño geht es um die politischen und sozialen Ereignisse rund um den Panamakanal. Zu den nennenswerten Autoren der Gegenwart zählen die Dichterin und Schriftstellerin Giovanna Benedetti, die historische Romanautorin Gloria Guardia und die Volksautorin Rosa María Britton.

Der erste prominente Künstler Panamas war Roberto Lewis (1874–1949), ein Anhänger der französischen Schule. Er malte allegorische Bilder in öffentlichen Gebäuden, z. B. die im Palacio de las Garzas in Panama-Stadt. 1913 wurde Lewis Leiter der ersten Kunstakademie Panamas, wo er und sein Nachfolger Humberto Ivaldi (1909–1947) eine Generation von Künstlern ausbildeten. Zu den Schülern der Akademie zählten Juan Manuel Cedeño und Isaac Benítez sowie Maler der Mitte des 20. Jhs.: Alfredo Sinclair, Guillermo Trujillo und Eudoro Silvera. Zeitgenössischere Künstler sind u. a. Olga Sinclair und Brooke Alfaro.

Sport

Wegen des starken amerikanischen Vermächtnisses ist Baseball die Lieblingsfreizeitbeschäftigung im Land. Es gibt zwar keine Profiteams, aber in Stadien im ganzen Land spielen Amateurmannschaften. Der in der Oberliga der USA spielende Mariano Rivera, der panamaische Rekordwerfer der New York Yankees, ist ein Nationalheld. Der Batter-Champion Rod Carew, ein weiterer Star aus Panama, wurde 1991 in die Hall of Fame aufgenommen. Auch an den ehemaligen NY Yankee Roberto Kelly erinnert man sich gern.

Boxen ist ein weiterer beliebter Zuschauersport und eine Quelle für Lokalstolz, seit der aus Panama-Stadt kommende Roberto Durán 1972 den Weltmeistertitel im Leichtgewicht gewonnen hat. Er wurde zur Legende, als er den Titel auch in jeder anderen Kategorie gewann: im Weltergewicht (1980) und Halbmittelgewicht (1983) genauso wie im Mittelgewicht (1989). Derzeit hat Panama außerdem drei amtierende Boxweltmeister.

Das erste olympische Gold für Panama gewann Irving Saladino 2008 in Peking im Weitsprung.

Natur & Umwelt

Geografie

Panama ist sowohl das schmalste als auch das südlichste Land Zentralamerikas. Die lange, S-förmige Landenge grenzt im Westen an Costa Rica und im Osten an Kolumbien. Die nördliche karibische Küstenlinie ist 1160 km lang, die Küstenlinie im Süden grenzt an den Pazifik und ist 1690 km lang. Die Gesamtfläche des Landes beträgt 78 056 km^2. Nur zum Vergleich: Panama ist ein bisschen größer als Irland, aber kleiner als Österreich.

Der Panamakanal unterteilt das Land in einen östlichen und einen westlichen Teil. Zwei Bergketten durchziehen Panama küstenparallel im Osten und Westen. Der höchste Punkt des Landes, Chiriquís Volcán Barú, ist gleichzeitig der einzige Vulkan in Panama.

Wie in allen zentralamerikanischen Ländern gibt es in Panama weites Küstenflachland mit riesigen Bananenplantagen. Durch Panama fließen ca. 480 Flüsse und vor den Küsten liegen 1518 Inseln. Die beiden Hauptinselgruppen sind die Archipele San Blás und Bocas del Toro auf der karibischen Seite, zahlenmäßig liegen jedoch die meisten Inseln auf der Pazifikseite.

Tiere & Pflanzen

Seiner Lage als schmale Landbrücke zwischen zwei riesigen Kontinenten verdankt Panama eine bemerkenswerte Vielfalt von Pflanzen und Tieren. Tierspezies, die zwischen den Kontinenten wandern, versammeln sich in Panama, was bedeutet, dass man neben nordamerikanischen Tapiren, Jaguaren und Hirschen südamerikanische Gürteltiere, Ameisenbären und Faultiere beobachten kann. Durch die große Vielfalt einheimischer Arten und Zugvögel ist Panama einer der besten Orte der Welt, um Vögel zu beobachten.

In Panama gibt es über 940 verschiedene Vogelarten und mehr als 10 000 Pflanzenspezies, dazu kommen 125 Tierarten, die nur hier leben. Zu den 105 seltenen und bedrohten Tierarten des Landes gehören der Hellrote Ara, die Harpyie (der Nationalvogel Panamas), der Panama-Stummelfußfrosch, Jaguare und fünf verschiedene Arten von Meeresschildkröten. In Panama lässt sich mit großer Wahrscheinlichkeit auch ein Quetzal sichten und zu den heimischen Primaten gehören Kapuzineräffchen, Tamarine sowie Totenkopf-, Klammer- und Brüllaffen.

Rund um den Kanal, entlang der karibischen Küste und im Großteil der Osthälfte des Landes ist tropischer Regenwald die vorherrschende Vegetation. Im Parque Nacional Darién wird der überwiegende Teil von Panamas größtem tropischem Regenwaldgebiet geschützt. Andere Vegetationszonen sind Graslandschaften an der Pazifikküste, Bergwälder im Hochland, Nebelwald auf den höchsten Gipfeln und Mangrovenwälder an beiden Küsten.

Nationalparks & Naturschutzgebiete

In Panama gibt es zwölf Nationalparks und über zwei Dutzend offizielle Naturschutzgebiete. Etwa ein Viertel von Panamas Fläche steht unter Naturschutz und 40 % des Landes sind mit Wäldern bedeckt. In Panama wird mehr Land zum Schutzgebiet für verschiedenste Lebensräume erklärt als in jedem anderen zentralamerikanischen Land. Und in den Wäldern lebt die größte Tiervielfalt von allen Ländern der Neuen Welt nördlich von Kolumbien. Diese Statistiken geben allerdings nicht die Tatsache wieder, dass die Naturreservate Panamas oft nicht in ausreichendem Maß geschützt werden.

In vielen der Nationalparks und Naturschutzgebiete befinden sich Dörfer von *indigenas* und Mestizen. In einigen Fällen arbeiten diese Gemeinden am Schutz und an der Erhaltung der Parks und der Tierwelt mit. Die panamaische Umweltbehörde ANAM (S. 712) verwaltet das Nationalparksystem. Den Eintrittspreis von 5 US$ (bei Wasserschutzgebieten 20 US$) zahlen Besucher entweder im ANAM-Hauptquartier in Panama-Stadt, in einer örtlichen ANAM-Filiale oder bei einer der Stationen der Parkwächter. Campinggenehmigungen oder die Erlaubnis zum Übernachten in einer ANAM-Rangerstation (5–10 US$) sind jeweils an denselben Stellen zu bekommen.

Zu den schönsten Parks Panamas gehören die Folgenden:

Parque Internacional La Amistad Hier leben mehrere indigene Stämme, es gibt unberührten Regenwald und jede Menge wilder Tiere und Pflanzen (S. 738).

Parque Nacional Darién Unesco-Welterbestätte mit 576 000 ha erstklassigem Regenwald, in dem eine Vielzahl Tiere und Pflanzen leben (S. 765).

Parque Nacional Isla de Coiba Schließt die 493 km^2 große Isla de Coiba ein, die von Wissenschaftlern als Hotspot für die Artenvielfalt betrachtet wird (S. 726).

Parque Nacional Marino Golfo de Chiriquí Schützt 25 Inseln und zahlreiche Korallenriffe.

Parque Nacional Marino Isla Bastimentos Ein wichtiges Naturschutzgebiet für viele Arten von in der Karibik heimischen Tieren, darunter Meeresschildkröten (S. 751).

Parque Nacional Soberanía Ein Paradies für Vogelbeobachter im üppigen Regenwald (S. 716).

Parque Nacional Volcán Barú Umgibt Panamas einzigen Vulkan und höchsten Gipfel, den 3475 m hohen Volcán Barú (S. 736).

Parque Natural Metropolitano Tropischer, halbimmergrüner Wald innerhalb der Stadtgrenzen (S. 700).

Umweltprobleme

Leider gehört die Abholzung der Wälder zu den schwersten Umweltproblemen des Landes. Und da das Personal in den panamaischen Nationalparks hoffnungslos unterbesetzt ist, wird auch innerhalb der Parks illegal gejagt, gesiedelt und abgeholzt.

Ein weiteres großes Problem ist der Bergbau. In ungefähr 26 % des Landes wird Bergbau betrieben oder es liegt eine Förderkonzession vor; zu befürchten ist eine Verschmutzung der Wasserressourcen und die Zerstörung von Waldgebieten und menschlichem Lebensraum. Trotz des Widerstands bedeutender Umweltgruppen hat die Regierung groß angelegte Bergbauprojekte genehmigt und vorangetrieben, allen voran ein 6,2-Mrd.-Projekt zum Abbau von Gold und Kupfer – eine Investition die größer ist als der derzeitige Ausbau des Panamakanals.

Einen wichtigen Sieg stellte 2012 die Verabschiedung von Gesetz 415 dar. Danach ist Bergbau auf dem Territorium indigener Volksgruppen verboten und Wasserkraftprojekten muss dort erst zugestimmt werden. Die Gesetzesänderung erfolgte, als Anfang Februar 2012 bei der Beendigung der Proteste der Ngöbe-Bugle zwei Menschen ums Leben kamen.

PRAKTISCHE INFORMATIONEN

Allgemeine Informationen

AKTIVITÄTEN

Angeln

Bei 1518 Inseln, 2988 km Küstenlinie und 480 Flüssen sollte es kein Problem sein, in Panama ein Plätzchen zum Angeln zu finden. Dabei hat man die Qual der Wahl zwischen Hochseeangeln, Barschangeln im **Lago Gatún** am Panamakanal, Forellenangeln in den Flüssen des **Volcán Barú** und Küstenangeln an den Stränden des Pazifik oder des Karibischen Meeres.

Rafting & Kajakfahren

Egal ob mit dem Floß oder dem Kajak – auf Panamas Flüssen lässt sich bestens paddeln. Die berühmtesten Wildwasserflüsse des Landes sind der Río Chiriquí und der Río Chiriquí Viejo. In den Provinzen Bocas del Toro und Chiriquí kann man auch gut auf dem Meer Kajak fahren.

Die inoffizielle Rafting-Hauptstadt Panamas aber ist das im Hochland gelegene Boquete, das in der Nähe des Río Chiriquí und des Río Chiriquí Viejo liegt. Auch in der Regenzeit (April –Nov.) sind Kajakfahrten auf dem Fluss möglich.

Surfen

Die besten Surfmöglichkeiten des Landes gibt's eindeutig im Archipel von **Bocas del Toro** im Karibischen Meer, wo sich vor allem im Winter Surfer aus aller Welt in die hohen, kräftigen Wellen stürzen. Vor dem noch recht unerschlossenen **Santa Catalina** an der Pazifikküste brechen sich einige der anspruchsvollsten Wellen Zentralamerikas. Auch rund um die entspannte Karibikinsel **Isla Grande** und an der **Playa Venao** auf der Península de Azuero ist Surfen abseits der Massen noch möglich.

Tauchen & Schnorcheln

Panama verfügt über zahlreiche Inseln, vor denen man prima schnorcheln und tauchen kann. Die besten Spots im Karibischen Meer sind **Bocas del Toro** und der **Archipiélago de San Blás**. Tauchschulen in Bocas del Toro verleihen Schnorchel- und Tauchausrüstungen und bieten auch PADI-Tauchkurse an, während man beim Schnorcheln vor San Blás eher auf sich selbst angewiesen ist. Gut tauchen und schnorcheln kann man auch vor

Portobelo; dort gibt's auch ein paar anständige Tauchschulen.

An der Pazifikküste sind vor allem der **Golfo de Chiriquí** und der **Archipiélago de las Perlas** für Schnorchler interessant. Die Korallenriffe im Pazifik mögen nicht ganz so prachtvoll sein wie die in der Karibik, doch hier bekommt man auch recht große Fische und einiges Hochseegetier zu Gesicht.

An den meisten Orten werden zwar Ausrüstungen verliehen, aber echte Schnorchler sollten ihre eigene mitbringen. Die in Panama-Stadt ansässige Tauchschule Scubapanama (S. 785) bietet Tauchgänge im ganzen Land an.

Vogelbeobachtung

Bei mehr als 900 Vogelarten, die in Panama heimisch sind, muss man sich eigentlich nur mit einem guten Fernglas auf einen der Wanderwege begeben, um die gefiederten Tierchen zu beobachten. Zwei der beliebtesten Orte zur Vogelbeobachtung sind die **Pipeline Road** (Camino del Oleoducto) im Parque Nacional Soberanía und der **Parque Nacional Volcán Barú**, wo der prächtige Quetzal, der Paradiesvogel der Maya, lebt.

Noch besser, weil artenreicher, ist das legendäre Cana-Tal, das sogar als eines der besten Vogelbeachtungsgebiete der ganzen Welt gilt. In dieses einzigartige Naturschutzgebiet kommt man allerdings nur im Rahmen einer geführten Tour von Ancon Expeditions (S. 768).

Die **Panama Audubon Society** (☎232-5977; www.audubonpanama.org) in Panama-Stadt organisiert nicht nur die alljährliche Weihnachtsvogelzählung an der Pipeline Road, sondern führt auch Vogelbeobachtungstouren im ganzen Land durch.

Wandern

Wandern kann man ohne Ende in Panama. Als ultimativ bester Wanderweg des Landes gilt der **Sendero Los Quetzales**, der sich im Hochland von Chiriquí durch den Parque Nacional Volcán Barú windet. Vor dem Loslaufen sollte man aber unbedingt immer seinen aktuellen Zustand erfragen! Der **Parque Internacional La Amistad** ist von schönen, kurzen Wanderwegen durchzogen, die in der Nähe des Eingangs von Cerro Punta beginnen.

Von Boquete aus kann man gut den **Volcán Barú** besteigen, Panamas höchsten Gipfel und einzigen Vulkan. Das in einem malerischen Tal gelegene **El Valle** ist ideal für Traveller, die eher weniger anstrengende Wanderungen bevorzugen.

Durch den **Parque Nacional Soberanía** an der Kanalküste in der Nähe von Panama-Stadt führt ein Teil des alten Sendero Las Cruces, auf dem die Spanier einst das Land von Küste zu Küste durchquerten. Von den guten Wanderwegen im **Parque Natural Metropolitano** in den Außenbezirken von Panama-Stadt aus hat man einen schönen Panoramablick auf die Stadt.

Oder man begibt sich in den üppigen Regenwald im **Parque Nacional Darién**, allerdings sollten diese Trekkingtouren wegen der Gefahren dieser Region nur mit einem anerkannten Führer unternommen werden.

ARBEITEN IN PANAMA

In Panama Arbeit zu finden, ist für Ausländer sehr schwierig, denn die Regierung mag es überhaupt nicht, wenn Fremde den Einheimischen die Jobs wegnehmen. Diese Vorbehalte sind auch im panamaischen Arbeitsrecht verankert. Die wenigen legal beschäftigten Ausländer sind entweder selbstständig, verfügen über Fähigkeiten, die in Panama nicht verfügbar sind, oder arbeiten für Unternehmen, die besondere Vereinbarungen mit der Regierung getroffen haben.

BOTSCHAFTEN & KONSULATE

Mehr als 50 Länder unterhalten Botschaften oder Konsulate in Panama-Stadt. Sie sind in den Weißen Seiten von Panama unter „Embajada de" aufgeführt, gefolgt vom Namen des jeweiligen Landes auf Spanisch. Viele Botschaften erscheinen in den Gelben Seiten unter „Embajadas" oder „Consulados". Mit Ausnahme von den USA und Frankreich befinden sich die meisten Botschaften im Stadtteil Marbella.

Costa Rica David (☎264-2980; www.embajadacostaricaenpanama.com; Av Samuel Lewis, Edificio Omega, 2. St., Obarrio; ⏲Mo–Fr 9–13 Uhr); Panama-Stadt (☎264-2980; Fax 264-4057; Av Samuel Lewis)

Deutschland (☎263-7733; www.panama.diplo.de; Calle 53 Este, Piso PH, World Trade Center, Marbella)

Kanada (☎294-2500; www.canada-international.gc.ca/panama; Piso 11, Tower A, Torre de las Americas, Punta Pacifica)

Kolumbien (☎264-9266; Calle 53 Este, World Trade Center, Marbella)

Österreich (☎260 45 25; austriacon@cableonda.net; Calle Sevilla Casa F 7b, Villa de las Fuentes Nr. 1, Honorargeneralkonsulat)

Schweiz (☎395 99 22;panama@honrep.ch; Edificio Casa Blanca, planta baja, Bella Vista,

PREISKATEGORIEN ESSEN

Die folgenden Preiskategorien beziehen sich auf ein Hauptgericht.

$	Unter 10 US$
$$	10–16 US$
$$$	Über 16 US$

Calle 44 y Avenida Justo Arosemena, Generalkonsulat)

USA (☎207-7000; www.panama.usembassy.gov; Av Demetrio Basillo Lakas 783, Clayton)

ELEKTRIZITÄT

Elektrischer Strom kommt in Panama-Stadt mit einer Spannung von 120 Volt aus der Steckdose, anderswo mit 110 Volt, 60Hz. Die Stecker haben zwei flache Stifte wie in den USA und Kanada.

ESSEN & TRINKEN

Essen

Panamas Nationalgericht ist *sancocho*, ein Gemüseeintopf mit Fleisch. Ein anderes Standardgericht ist *ropa vieja* (wörtlich „Altkleider"), gut gewürztes Rindergeschnetzeltes, das auf einem Reisberg serviert wird. Reis ist in Panama ein Grundnahrungsmittel.

Zum Frühstück und als Snack gibt's *tortillas e maíz* (dicke, gebratene Maisteigfladen) und *hojalras* (frittierte Teigmasse, die mit Zucker bestreut und heiß serviert wird). Zum Mittagessen werden einfache, preiswerte *comida corriente* serviert, die normalerweise aus Rindfleisch, Hühnchen oder Fisch mit Reis, schwarzen Bohnen, gebratenen Kochbananen, fein geschnittenem Kohl und eventuell einem Ei oder einer Avocado bestehen.

Zu den Spezialitäten gehört *carimañola*, eine mit Hackfleisch und gebratenem Ei gefüllte Yucca-Rolle. Als Snack sehr beliebt sind *empanadas* (mit Hackfleisch und Käse gefüllte gebratene Teigtaschen) und *tamales* (Hühner- oder Schweinefleisch in gewürztem Maismehlteig, der in Bananenblätter gewickelt und gekocht wird). Reichlich im Angebot sind auch Meeresfrüchte wie Garnelen, Königskrabben, Tintenfisch und *corvina* (Seebarsch). Der karibische Einfluss an der Karibikküste schlägt sich in Kokosnussreis und Kokosbrot oder Meeresfrüchten in Kokosmilch nieder.

In Panama-Stadt schieben Verkäufer ihre Karren durch die Straßen und verkaufen *raspados*, geraspeltes Blockeis in Waffeltüten, das mit Fruchtsirup und gesüßter Kondensmilch übergossen wird.

Getränke

Bei den äußerst beliebten *chichas* handelt es sich um frische Fruchtsäfte, die mit Zucker gesüßt und mit Wasser oder Milch vermischt werden. Nicht verwechseln darf man sie mit *chicheme*, einem Gebräu aus Milch, Zuckermais, Zimt und Vanille.

Der panamaische Kaffee ist in der Regel ziemlich stark und wird mit Sahne oder Kondensmilch serviert. Milch kann bedenkenlos getrunken werden, denn sie ist pasteurisiert. Espresso gibt's nur in großen Städten und Touristenorten.

Das alkoholische Nationalgetränk Nr. 1 wird aus *seco*, Milch und Eis gemixt. *Seco* wird zwar genau wie Rum aus Zuckerrohr destilliert, schmeckt aber überhaupt nicht wie der Rum, den wir kennen. *Seco* ist das Getränk der *campesinos* (Bauern). In den zentralen Provinzen sehr beliebt ist *vino e palma*, der vergorene Saft, der aus dem Stamm der Stachelpalme *(palma de corozo)* gewonnen wird. Aber das bei Weitem beliebteste alkoholische Getränk in ganz Panama ist *cerveza* (Bier).

FEIERTAGE

Neujahr 1. Januar
Tag der Märtyrer 9. Januar
Karneval Februar/März
Semana Santa März/April
Tag der Arbeit 1. Mai
Gründung des alten Panama 15. August
Allerseelen 2. November
Unabhängigkeit von Kolmbien 3. November
Erster Aufruf zur Unabhängigkeit 10. November
Unabhängigkeit von Spanien 28. November
Muttertag 8. Dezember
Weihnachten 25. Dezember

FRAUEN UNTERWEGS

Obwohl Panama ein typisch lateinamerikanisches Land ist, lernen weibliche Traveller es im Allgemeinen als sicher kennen. Einige wenige Panamaer werden anzügliche Bemerkungen machen, pfeifen, hupen oder Frauen anstarren, selbst wenn sie in männlicher Begleitung sind. Aber das sollte kein Problem darstellen. Bei diesem hormongesteuerten Getue geht es eher um männliches Imponiergehabe als um die Frau, die da gerade vorbeikommt. Die beste Antwort darauf ist, dem Vorbild der Panamaerinnen zu folgen: solchen Männern aus dem Weg gehen, ihre Bemerkungen überhören und wegschauen.

Auch wenn einheimische Frauen knappe, eng anliegende Kleidung tragen, sind ausländische Frauen mit konservativerem Outfit besser beraten, weil unauffälliger. Wer außerhalb der Strandzone in Shorts herumläuft, wird schon von Weitem als Touristin erkannt. Im Landesinneren ist der Dresscode noch formeller – hier sind Rock und Sandaletten angesagt. Auch in Badeorten sollten Frauen die Badebekleidung nur am Strand tragen.

Zudem erregen alleinreisende Frauen mehr Aufmerksamkeit, als wenn sie mit Partner oder in einer Gruppe unterwegs sind. Sexuelle Belästigungen und Vergewaltigungen von ausländischen Touristinnen sind sehr selten, dennoch sollten Frauen gefährliche Situationen vermeiden. Frauen sollten generell nicht allein in einsamen Gegenden unterwegs sein, nicht trampen und ihre Umgebung immer sehr aufmerksam beobachten.

Auf langen Busfahrten sollten Frauen sich nebeneinander setzen oder zu einer Familie, wenn die Anmache Nervosität auslöst. Auch bei Taxifahrten ist Vorsicht geboten: Es ist normal, gemeinsam mit anderen (unbekannten) Fahrgästen ein Taxi zu mieten, doch sollten Frauen nicht einsteigen, wenn mehr als ein Mann mitfährt. Wenn der Taxifahrer unterwegs einen weiteren Fahrgast aufnehmen möchte, kann die Frau anbieten, mehr zu bezahlen, um weiter allein im Taxi zu sein.

GEFÜHRTE TOUREN

Es wird zwar immer einfacher, Panama individuell zu bereisen, aber besondere Umstände wie das komplizierte Transportwesen, eine stark eingeschränkte Zugänglichkeit vieler Gebiete und die riesige Wildnis sprechen eher für organisierte Touren. Ohne Führer praktisch überhaupt nicht zugänglich ist der gesamte Darién. Hier einige gute Tourveranstalter:

Ancon Expeditions (Karte S. 702; ☎269-9415; www.anconexpeditions.com; Calle 49 A Este, El Dorado Bldg, Panama-Stadt) Der in ganz Panama aktive Veranstalter beschäftigt landesweit die besten Führer für Wanderungen in der Natur. Als einziger Veranstalter organisiert Ancon u. a. Touren zur weltberühmten Vogelbeobachtungsstation von Cana und zur Lodge von Punta Patiño, ebenfalls in der Provinz Darién.

Ecocircuitos (Karte S. 696; ☎314-0068; www.ecocircuitos.com; Albrook Plaza, 1. OG, No 31, Ancón, Panama-Stadt) Der Veranstalter, der sich dem nachhaltigen Tourismus verschrieben hat, bietet eine breite Auswahl von Aktivitäten im ganzen Land an, z. B. Touren zur Tier- und Pflanzenbeobachtung, Kajakfahrten in der Comarca de Kuna Yala oder Freiwilligenarbeit in der Provinz Darién.

Jungle Treks (☎6438-3130; www.jungletreks.com) Die neue Firma, die von einem zweisprachigen Naturforscher und Guide gegründet wurde, bietet eine Reihe einzigartiger, empfehlenswerter Touren an. Zu den Zielen gehören die Provinz Darién, das Hochland von Chiriquí, Veraguas und die Panamakanal-Wasserscheide. Die Touren können individuell zugeschnitten werden; dies erfordert jedoch mindestens sechs Teilnehmer und eine Tourdauer von mindestens drei Tagen.

Scubapanama (Karte S. 696; ☎261-3841; www.scubapanama.com) Das im Bezirk El Carmen in Panama-Stadt ansässige Unternehmen ist die älteste Tauchschule des Landes; sie hat eine große Auswahl von Tauchgängen im Angebot.

Sendero Panama (☎393-0747; www.senderopanama.com) Ein angesehener Veranstalter, der eine Vielzahl privater Touren rund um Panama anbietet sowie Tagesausflüge von Panama-Stadt. Angeboten werden u. a. Wandern, Vogelbeobachtung, Familienausflüge und Aktivitäten mit mehreren Sportarten. Man spricht Englisch und der Veranstalter ist Mitglied der **APTSO** (Asociación Panameña de Turismo Sostenible, Panamaischer Verband für nachhaltigen Tourismus).

DER TRANSPANAMA-TRAIL

Dieser **Überland-Rundwanderweg** (www.transpanama.org) führt durch die spektakulärsten Landschaften Panamas – an die Küsten, in die Regenwälder und in die Bergregionen. Der Weg ist erst zu 60 % fertiggestellt und führt derzeit von der costa-ricanischen Grenze bis nach Panama-Stadt. Der Camino Real, der traditionelle Landweg von einer Küste zur anderen, den der Panamakanal später überflüssig machte, ist ein Teil davon.

Der Weg kann in kurze Abschnitte unterteilt werden, die in drei bis vier Tagen zu bewältigen sind und gut mit öffentlichen Verkehrsmitteln erreicht werden können. Zu den Highlights gehören die Abschnitte zwischen Boquete und Costa Rica, dem Parque Nacional Campana und El Valle (3–4 Tage) sowie die Cocle-Veraguas-Verbindung zwischen Huacas el Quise und der Laguna de La Yeguada. Ausführliche Infos gibt's auf der Website des Transpanama-Trail, wo auch kostenlose GPS-Tracks heruntergeladen werden können.

GELD

Panamas Währung ist der US-Dollar. Die offizielle Bezeichnung lautet zwar „Balboa", aber es handelt sich um exakt dieselben Banknoten, die in der Praxis sowohl *dólar* als auch „Balboa" genannt werden. Die Münzen haben den gleichen Wert, die gleiche Größe und sind aus dem gleichen Metall geprägt wie die US-Münzen. Beide Münzsorten sind gleichermaßen im Umlauf. Es gibt Geldstücke zu 1, 5, 10, 25 und 50 *centavos* (oder *centésimos*). 100 *centavos* sind ein Balboa. Zu beachten ist, dass die meisten Geschäfte keine 50- oder 100-Dollar-Scheine wechseln. Nimmt ein Geschäft dennoch einen solchen Geldschein an, wird es sehr wahrscheinlich die Vorlage des Reisepasses verlangen.

Geldautomaten

Außer in den ganz abgelegenen Regionen stehen überall in Panama reichlich Geldautomaten zur Verfügung. Rote Schilder mit der Aufschrift *sistema clave* weisen den Weg zum Geld. Die

Automaten akzeptieren die Karten der meisten Debit-Systeme (Plus, Cirrus, MasterCard, Visa und Amex).

An den folgenden Stellen gibt es keine Banken und der Weg zum nächsten Geldautomat ist sehr weit: Santa Catalina, Santa Fé, Boca Brava, Isla Contadora, Isla Grande, Portobelo, Isla de Coiba und im Darién.

Kreditkarten

Mit der Kreditkarte zu bezahlen ist außerhalb von Reisebüros, besseren Hotels und vielen Restaurants kaum möglich. Mit anderen Worten: Immer genügend Bargeld bei sich haben, um sich bis zur nächsten Bank oder zum nächsten Geldautomaten durchschlagen zu können.

Reiseschecks

Einige wenige Banken lösen Reiseschecks ein, in den Geschäften werden sie nur selten akzeptiert. Reiseschecks, die auf eine andere Währung als US-Dollar ausgestellt sind, werden grundsätzlich nicht angenommen. Manche Banken nehmen auch nur die Reiseschecks von American Express an. Löst eine Bank Reiseschecks ein, so verlangt sie dafür in der Regel eine Gebühr in Höhe von 1% des Scheckbetrags.

Steuern

Auf den Zimmerpreis im Hotel wird eine Steuer von 10 % erhoben. Deshalb immer nachfragen, ob diese Steuer im genannten Preis enthalten ist oder nicht! Auf alle Waren außer auf Lebensmittel wird eine Verkaufssteuer in Höhe von 5 % erhoben.

Trinkgeld

In Panama werden in der Regel 10 % des Rechnungsbetrages als Trinkgeld gegeben. In kleinen Cafés und zwangloseren Lokalen ist kein Trinkgeld üblich. Auch Taxifahrer erwarten kein Trinkgeld.

GESUNDHEIT

Impfungen sind für Panama nicht vorgeschrieben, aber empfohlen werden diejenigen gegen Gelbfieber, Typhus, Tollwut sowie Hepatitis A und B. Reisende sollten früh genug den Hausarzt aufsuchen, da es bei den meisten Impfungen mindestens zwei Wochen dauert bis zur Immunität, und einen internationalen Impfausweis (das gelbe Büchlein) verlangen; er ist obligatorisch für Länder, in denen eine Gelbfieberimpfung nachgewiesen werden muss.

Leitungswasser ist in Panama im Allgemeinen trinkbar, außer in Bocas del Toro und Comarca de Kuna Yala. Neuankömmlinge sollten am Anfang lieber Wasser aus Flaschen trinken und so wenig Leitungswasser wie möglich.

Die **World Health Organization** (www.who.int/ith) stellt ein hervorragendes Buch mit dem Titel *International Travel and Health* kostenlos im Internet zur Verfügung, das jährlich überarbeitet wird. Eine weitere interessante Website ist **MD Travel Health** (www.mdtravelhealth.com); sie bietet für jedes Land vollständige Empfehlungen zur Reisegesundheit, wird täglich aktualisiert und ist ebenfalls kostenlos.

In Panama-Stadt und auch David gibt es weitgehend gute medizinische Versorgung; viele kommen sogar extra deswegen hierher – der medizinische Tourismus floriert. Anderswo ist die medizinische Versorgung eher eingeschränkt. Die meisten Ärzte und Krankenhäuser verlangen Barzahlung, egal ob eine Reisekrankenversicherung vorgewiesen werden kann oder nicht.

INTERNETZUGANG

In den meisten Städten und Ortschaften Panamas gibt's preisgünstige Internetcafés. An Bushaltestellen, auf Plazas, in Bibliotheken und Restaurants gibt's zunehmend auch öffentliches WLAN. Hotels und Hostels in Gegenden, die auf Touristen eingerichtet sind, bieten meistens sowohl Internet als auch WLAN an. Ausnahmen sind die Regionen Kuna Yala und Darién.

KARTEN & STADTPLÄNE

Beim Instituto Geográfico Nacional (S. 711) in Panama-Stadt kann man sich mit topografischen Karten von ausgewählten Städten und Regionen eindecken. Kostenlose Karten und Stadtpläne sind in vielen Broschüren für Traveller enthalten, die in ganz Panama verteilt werden.

KLIMA

Die beste Zeit für eine Panamareise ist die Trockenzeit (Mitte Dez.–Mitte April). Das gilt allerdings nur für die Pazifikseite, denn in der Karibik kann es das ganze Jahr über regnen. Während der Regenzeit kann es im Flachland sehr heiß und drückend schwül werden. Allerdings regnet es dann nicht ständig, sondern nach den kurzen, heftigen Regengüssen, die für frischere Luft sorgen, scheint gleich wieder die Sonne. Trotzdem ist die Trockenzeit angenehmer und besser geeignet, um lange, anstrengende Wanderungen zu unternehmen.

ÖFFNUNGSZEITEN

- **Banken** Werktags 8.30 bis 13 oder 15 Uhr; manche sind auch samstags geöffnet.
- **Bars** Von etwa 12 Uhr mittags bis 22 Uhr; freitag- und samstagabends auch länger (in der Regel bis 2 Uhr).
- **Staatsämter** Werktags 8 bis 16 Uhr, ohne Mittagspause.
- **Supermärkte** 8 bis ca. 20 oder 21 Uhr; die Supermarktkette El Rey hat 24 Stunden geöffnet.
- **Clubs** In Panama-Stadt von 22 oder 23 bis 3 oder 4 Uhr.
- **Post** Werktags 7 bis 18 Uhr; samstags bis 16.30 Uhr.

- **Restaurants** Frühstück 7 bis 10 Uhr, Mittagessen 12 bis 15 Uhr und Abendessen von 18 bis 22 Uhr. Sonntags sind viele Restaurants geschlossen. In Panama-Stadt und David sind freitags und samstags die Restaurants bis 23 oder 24 Uhr geöffnet.
- **Geschäfte & Apotheken** Montag bis Samstag ca. 9 oder 10 bis 18 oder 19 Uhr.
- **Reisebüros & Tourveranstalter** Werktags 8 bis 12 und 13.30 bis 17 Uhr; samstags 8 bis 12 Uhr.

POST

Für die Post in Panama ist Correos de Panama zuständig. In Panama-Stadt können Pakete nur von der Post auf der Plaza de las Americas verschickt werden. Das Verpackungsmaterial muss man selbst mitbringen.

RECHTSFRAGEN

Jede Person muss sich von Rechts wegen jederzeit ausweisen können, vorzugsweise durch einen Reisepass. Dies mag zwar lästig erscheinen, aber es gab schon Fälle, in denen Traveller eine Nacht im Gefängnis verbringen mussten, weil sie sich nicht ordentlich ausweisen konnten.

Weder Männern noch Frauen ist es erlaubt, sich oben ohne zu zeigen, auch nicht auf dem Weg zum Strand. In Bocas del Toro werden Verstöße gegen dieses Gesetz konsequent geahndet; wer sich ganz entblößt, muss mit einem unangenehmen Gespräch bei der Polizei rechnen.

Alkohol ist in Panama ab 18 Jahren erlaubt.

Die Strafen für den Besitz auch geringer Mengen illegaler Drogen sind viel höher als in den USA, in Europa und fast überall sonst. Man muss beispielsweise mit einer Gefängnisstrafe rechnen, wenn in dem Auto, in dem man sitzt, illegale Drogen gefunden werden, selbst wenn sie einem gar nicht gehören. Die meisten Anwälte übernehmen Drogenfälle erst gar nicht, weil es mit an Sicherheit grenzender Wahrscheinlichkeit zu einer Verurteilung kommt. Die Angeklagten verbringen oft Jahre im Gefängnis, bevor sie vor Gericht gestellt werden, und wenn sie verurteilt werden (was meistens der Fall ist), müssen sie mit einer Strafe rechnen.

Wer in Panama eines Schwerverbrechens angeklagt wird, kommt ins Gefängnis, wahrscheinlich für mehrere Monate, bevor der Fall vor den Richter kommt.

Wer im Gefängnis landet, dem kann seine Botschaft nur in begrenztem Umfang helfen. Vielleicht schickt sie jemanden, der sich vergewissern soll, dass die Menschenrechte nicht verletzt wurden, nimmt Kontakt mit der Familie des Inhaftierten auf und besorgt ihm einen Rechtsanwalt (den er selbst bezahlen muss). Botschaftsbedienstete holen einen nicht durch Kaution aus dem Gefängnis.

REISEN MIT BEHINDERUNG

Das von der Regierung gegründete **Instituto Panameño de Habilitación Especial** (IPHE, Panamaisches Institut für spezielle Rehabilitation; ☎261-0500; www.iphe.gob.pa; Camino Real, Betania, Panama-Stadt; ⏲7–16 Uhr) unterstützt nicht nur behinderte Menschen in ganz Panama, sondern auch ausländische Touristen. Allerdings gibt es keine gesetzliche Bestimmung, derzufolge ausländischen Touristen mit Behinderung Preisnachlässe zu gewähren sind, und so tun es die Einrichtungen in Panama auch nicht.

Abgesehen von einigen wenigen Rollstuhlrampen vor besseren Hotels, Behindertenparkplätzen und ein paar rollstuhlgerechten Badezimmern ist das Land überhaupt nicht behindertengerecht ausgestattet. Spezielle Zimmer für körperlich behinderte Menschen gibt es selbst in Spitzenhotels so gut wie nicht. Das internationale **Travelin' Talk Network** (TTN; ☎in USA 303-232-2979; www.travelintalk.net; Mitgliedschaft 20 US$) ist eine private Organisation, die für ihre Mitgliedern mit den verschiedensten Behinderungen ein Informationsnetzwerk zum Thema Reisen unterhält.

SCHWULE & LESBEN UNTERWEGS

Schwule und lesbische Panamaer bekennen sich heute offener zu ihrer Homosexualität als noch vor ein paar Jahren, wobei diese Tendenz in der Hauptstadt wesentlich stärker ist als im übrigen Land. Auch wenn in der Gesellschaft noch immer die unausgesprochene Devise „Nicht fragen, nichts sagen" gilt, trifft man in Panama eher auf offen homosexuelle Einheimische als in den anderen Ländern Zentralamerikas.

In Panama-Stadt gibt es ein paar Clubs für Schwule und Lesben, für die aber nur online Werbung gemacht wird. Außerhalb der Hauptstadt sind kaum Schwulenbars zu finden und Homosexuelle werden immer noch stark diskriminiert. Also mischen sich Schwule und Lesben meist unter die heterosexuelle Menge in den hipperen Lokalen und vermeiden Bierhallen und andere traditionelle Hochburgen der Schwulenhasser.

Die panamaische Website www.farraurbana.com informiert über bevorstehende Events und Parties für Schwule und Lesben, die Eröffnung neuer Clubs und die politischen Diskussionen zu diesem Thema in Panama-Stadt. Man muss allerdings schon ein bisschen Spanisch beherrschen, um sich auf der Seite zurechtzufinden.

AUF PANAMEÑO

Seine Anerkennung drückt man mit *chévere* („cool") aus, *buena leche* bedeutet „Viel Glück", *un pinta* ist ein Bier und *vaina* heißt einfach nur „Ding".

SICHERHEIT

Auch wenn in bestimmten Teilen von Panama-Stadt Kriminalität durchaus ein Problem darstellt, ist es in den besseren Stadtvierteln doch sicherer als in vielen anderen Hauptstädten dieser Welt. Das sieht man daran, dass es Restaurants gibt, die die ganze Nacht geöffnet haben, und daran, dass auf den Straßen nachts etwas los ist. Andererseits ist es in den Außenbezirken von Casco Viejo nicht ungefährlich, nachts herumzulaufen – sogar tagsüber ist in den Seitenstraßen des Viertels Vorsicht geboten. Generell sollte man sich nur an gut beleuchteten Orten aufhalten, an denen viele Menschen unterwegs sind.

Colón ist allgemein berüchtigt für die hohe Verbrechensrate in seinen Straßen. Die Hotels geben Auskunft über die zu meidenden Stadtteile.

In der Provinz Darién sind bestimmte Gegenden im Grenzgebiet zu Kolumbien extrem gefährlich. Eigentlich haben Traveller keinen Grund, sich dort aufzuhalten, denn in der Gegend treiben seit Langem Verbrecher, Menschenhändler sowie paramilitärische Kräfte und Guerilleros aus Kolumbien ihr Unwesen. Besonders heimtückisch ist die Gegend um den traditionellen Pfad durch den Tapón del Darién, der jenseits von Boca de Cupe nach Kolumbien führt.

Auf den vielen kolumbianischen Booten, die zwischen der Zona Libre in Colón und Cartagena in Kolumbien im karibischen Archipiélago de San Blás verkehren, werden immer wieder Drogen in Richtung Norden geschmuggelt. Diese Tatsache sollte man bedenken, bevor man an Bord eines dieser langsamen Frachter geht. Aber auch an der Pazifikküste gab es schon Vorfälle dieser Art.

Polizei

Das Problem der Polizeikorruption ist in Panama nicht so ausgeprägt wie in einigen anderen lateinamerikanischen Ländern. Aber es kommt schon vor, dass ein panamaischer Polizeibeamter einen Fahrer ohne ersichtlichen Grund anhält, ihn beschuldigt, ein Gesetz gebrochen zu haben und eine Strafe verhängt, die auf der Stelle gezahlt werden soll. Wenn noch andere Leute anwesend sind, wird der Polizist manchmal nervös und lässt einen gehen, wenn man eine Riesenszene macht. Meistens wird man jedoch zum unfreiwilligen Teilnehmer eines Geduldspiels.

Wer das nicht bis zum Ende durchziehen will, handelt am besten den Geldbetrag herunter. Wer überhaupt nichts zahlt, kann im Gefängnis landen, weil der Polizist dann darauf beharrt, dass tatsächlich gegen irgendein Gesetz verstoßen wurde.

In einigen Städten Panamas gibt es eine Touristenpolizei – eine Abteilung, die sich speziell mit den Belangen von Reisenden befasst. Diese Beamten sind unter Umständen hilfreicher; sie sind an den Armbinden zu erkennen, die sie über der Uniform tragen.

Schwimmen

In den vergangenen Jahren kam es zu einigen Todesfällen – etwa 80 % davon waren auf Brandungsrückströmung zurückzuführen, eine starke Strömung die den Schwimmer aufs offene Meer hinauszieht. Sie entsteht, wenn zwei Strömungen aufeinandertreffen, die sich parallel zum Ufer bewegen; die entgegenkommenden Wassermassen wählen den Weg des geringsten Widerstandes, also aufs Meer hinaus. Hierbei ist es am wichtigsten, daran zu denken, dass Brandungsrückströmungen einen zwar hinaus, aber nicht nach unten ziehen.

Wer sich in einer Brandungsrückströmung wiederfindet, sollte unbedingt Ruhe bewahren und parallel zum Ufer schwimmen, um wieder herauszukommen – Brandungsrückströmungen lösen sich rasch wieder auf. Wenn dies geschehen ist, in einem 45°-Winkel zurück zum Ufer schwimmen, um zu vermeiden, erneut erfasst zu werden. Nicht versuchen, direkt zurückzuschwimmen, um nicht direkt gegen die Brandungsrückströmung anzukämpfen und sich auszupowern.

Wer beim Hineinwaten eine Brandungsrückströmung spürt, sollte versuchen, seitwärts zurückzukommen, um der Strömung weniger Körperoberfläche zu bieten. Wer dabei nicht vorankommt, sollte parallel zum Strand weiterlaufen, um der Brandungsrückströmung zu entkommen.

Wandern

Obwohl das Land in den Tropen liegt, hat Panama von eisig kalt bis drückend heiß die ganze Bandbreite an Temperaturen zu bieten. Das macht das Wandern nicht gerade einfach; man muss auf jedes Wetter gefasst sein. Vor dem Start sollte man sich bei den örtlichen Veranstaltern oder Rangern immer nach dem Zustand der Wege erkundigen. Selbst für kurze Wanderungen immer genügend Trinkwasser mitnehmen, außerdem Lebensmittel, Streichhölzer und angemessene Kleidung! Auch im Urwald wird es nachts kühler, vor allem in den höheren Bergregionen.

Es kommt immer wieder vor, dass sich Wanderer selbst in dem scheinbar „übersichtlicheren" Regenwald des Parque Nacional Volcán Barú und auf dem Sendero Los Quetzales verirren. Erdrutsche, Stürme und die alles überwuchernde Vegetation können Wanderwege unpassierbar machen. Manchmal sind schon die Zufahrtstraßen so schlecht, dass Wanderer das Zubringerfahrzeug kilometerweit vor dem eigentlichen Startpunkt verlassen müssen. So ist der Urwald eben. Wenn Wanderer sich verirren, was immer wieder passiert, kommt ihnen keine offizielle Rettungsorganisation zu Hilfe. Wer wirklich ohne Führer losläuft, sollte auf jeden Fall das Hotelpersonal über die Wanderung und deren geplante Dauer informieren.

Niemals in einem Regenwald wandern, in dem keine Wege markiert sind. Der Transport zum und vom Ausgangspunkt der Wanderung muss im Voraus organisiert werden: Entweder weiß man, wo wann der letzte Bus abfährt, oder man lässt sich einen verantwortungsbewussten Taxifahrer empfehlen und vereinbart mit ihm einen Abholtermin.

TELEFON

Die Landesvorwahl von Panama ist die ☎507. Wer vom Ausland aus anruft, muss diese Nummer vor der siebenstelligen Rufnummer des Teilnehmers in Panama wählen. Ortsvorwahlen gibt es in Panama nicht. Handynummern haben acht Zahlen und beginnen mit ☎6.

Von Telefonzellen kann mit Kleingeld oder Telefonkarten (in Apotheken erhältlich) ins Ausland telefoniert werden, aber sie sind extrem selten. Viele Internetcafés bieten Kopfhörer für Internettelefonie an.

Wer länger unterwegs ist und ein Handy ohne Vertragsbindung hat, kann sich eine panamaische SIM-Card zulegen. In Einkaufszentren verkaufen Kioske ansonsten Pay-Per-Use-Handys, die schon ab 20 US$ zu haben sind; viele davon sind mit Freiminuten ausgestattet. Ein Telefon zu haben kann unbezahlbar sein, wenn man in letzter Minute reservieren möchte oder eine Wegbeschreibung braucht.

TOURISTENINFORMATION

Die **Autoridad de Turismo Panamá** (ATP, Panama Tourism Authority; ☎226-7000; www.atp.gob.pa; Vía Israel, Centro Atlapa, San Francisco; ⏲Mo–Fr 8.30–16.30 Uhr) ist die nationale Touristeninformation. Neben der Zentrale in Panama-Stadt unterhält die ATP auch Büros in Bocas del Toro, Boquete, Colón, David, Paso Canoas, Penonomé, Portobelo, Santiago, Villa de Los Santos, Las Tablas, El Valle und Pedasí. Kleinere Informationsschalter gibt's bei den Ruinen von Panamá Viejo und in Casco Viejo sowie in den beiden Flughäfen Aeropuerto Internacional de Tocumen und Aeropuerto Albrook.

PREISKATEGORIEN SCHLAFEN

Die folgenen Preiskategorien beziehen sich auf ein Doppelzimmer mit Bad in der Hochsaison. Soweit nicht anders angegeben, ist die Steuer im Preis enthalten.

$	Unter 48 US$
$$	48–120 US$
$$$	Über 120 US$

Die ATP gibt zwar einige sehr nützliche Karten und Broschüren heraus, die aber oft nicht vorrätig sind. Die meisten Mitarbeiter sprechen nur Spanisch. Kundenfreundlichkeit und Hilfsbereitschaft des jeweiligen Büros sind einzig und allein von der Person hinter dem Tresen abhängig.

UNTERKUNFT

Die angegebenen Preise gelten in der Hauptsaison und beinhalten die in Panama erhobene Steuer auf Hotelzimmer in Höhe von 10 %. Die Hauptsaison dauert von Mitte Dezember bis Mitte April. An Ostern und zwischen Weihnachten und Neujahr können die Preise um bis zu 50 % nach oben klettern, in der Nebensaison sind sie im Allgemeinen um 15 % niedriger.

Unterkünfte sind in Panama eigentlich reichlich vorhanden, nur in der Ferienzeit und zu besonderen Festen und Ereignissen, die außerhalb von Panama-Stadt stattfinden, empfiehlt es sich, die Übernachtungsmöglichkeit im Voraus zu reservieren.

VERSICHERUNG

Eine gute Idee ist es, vor der Reise eine Reiseversicherung abzuschließen, die Diebstahl, Verlust und medizinische Versorgung abdeckt. Achtung: Manche davon schließen gefährliche Aktivitäten ausdrücklich aus; dazu können Tauchen, Motorradfahren und sogar Trekking gehören.

Zu bevorzugen ist eine Versicherung, die Ärzte und Krankenhäuser direkt bezahlt, anstatt dass man den Betrag vorstrecken und später einfordern muss. Wer den Betrag später zurückfordern muss, sollte unbedingt alle Dokumente aufbewahren.

Achtung: Die Versicherung sollte Krankenwagentransporte und einen Notfall-Rückflug nach Hause beinhalten.

VISA

Alle Besucher benötigen für die Einreise nach Panama generell einen gültigen Reisepass und ein Rück- bzw. Weiterreiseticket. Weitere Einreisebestimmungen richten sich nach der jeweiligen Staatsangehörigkeit der Besucher und ändern sich von Zeit zu Zeit.

Vor Antritt einer Panama-Reise sollten Reisende sich daher online über die aktuellen Bestimmungen informieren. Auch die Verkaufsstellen von Flugtickets nach Panama sowie Veranstalter von Gruppenreisen können Auskunft erteilen.

Wer in Panama einreist, bekommt in der Regel einen 90-Tage-Stempel in den Pass. Das bedeutet, dass man sich 90 Tage ohne weitere Genehmigung der Behörden in Panama aufhalten darf. Nach 90 Tagen können Visa und Touristenkarten in *migración*-Büros (Einwanderungsbüros) verlängert werden.

Touristenkarten sind im Flugticketpreis inbegriffen.

Zur Zeit der Recherche brauchten Reisende aus folgenden Ländern bei der Einreise in Panama nur ihren Reisepass vorzuzeigen: Argentinien, Belgien, Chile, Costa Rica, Dänemark, Deutschland, El Salvador, Finnland, Frankreich, Griechenland, Großbritannien, Guatemala, Honduras, Irland, Israel, Italien, Kolumbien, Luxemburg, Niederlande, Österreich, Paraguay, Polen, Portugal, Schweden, Schweiz, Singapur, Spanien, Südkorea, Tschechische Republik, Ungarn und Uruguay.

Wer aus den folgenden Ländern einreist, braucht einen Reisepass und eine Touristenkarte: Antigua und Barbuda, Australien, Bahamas, Barbados, Belize, Dominikanische Republik, Granada, Guyana, Jamaika, Japan, Kanada, Neuseeland, Taiwan, Thailand, Tobago, Trinidad, USA und Venezuela.

Staatsangehörige von Ländern, die nicht auf der Liste oben aufgeführt sind, brauchen ein Visum, das in panamaischen Botschaften oder Konsulaten erhältlich ist. Mit der nächsten davon Kontakt aufnehmen oder Migración y Naturalización (Einwanderungsbehörde) in Panama-Stadt anrufen.

Wer auf dem Landweg in Panama einreist, wird vermutlich gefragt werden, ob er oder sie über ein Ticket zur Weiterreise verfügt und genügend Geld (500 US$) oder eine Kreditkarte dabeihat.

Wer während seines Aufenthalts in Panama seinen Pass verliert, muss nachweisen, wann er eingereist ist, um wieder ausreisen zu können. Dafür zum Hauptbüro der Fluggesellschaft in Panama-Stadt gehen und sich dort das Einreisedatum bescheinigen lassen *(certificación de vuelo)*. Das kostet keine Gebühren, aber wahrscheinlich muss man am nächsten Tag wiederkommen, um die Bescheinigung abzuholen. Beim Verlassen des Landes die *certificación de vuelo* zusammen mit dem neuen Pass (von der Botschaft des jeweiligen Landes in Panama-Stadt) einem Einwanderungsbeamten zeigen.

ZOLLBESTIMMUNGEN

Steuerfrei ist die Einfuhr von bis zu zehn Stangen Zigaretten und fünf Flaschen Spirituosen. Wer versucht, Panama mit Produkten zu verlassen, die aus vom Aussterben bedrohten Arten bestehen – z. B. aus Jaguarzähnen, Ozelotfell und Schildkrötenpanzer – muss mit einer schweren Strafe und einem Gefängnisaufenthalt rechnen.

FLUGHAFENSTEUER

Panama erhebt eine Flughafensteuer von 40 US$ für ausreisende Passagiere auf internationalen Flügen. Sie ist im Flugpreis enthalten.

An- & Weiterreise

Flugzeugpassagiere werden bei der Einreise nach Panama weniger streng kontrolliert, als wenn sie auf dem Landweg hierher kommen. Bei der Landung müssen die Passagiere je nach Herkunftsland eventuell eine Touristenkarte ausfüllen, die Gebühr dafür ist im Ticketpreis enthalten.

Die beliebteste Route über Land ist die Einreis von Costa Rica über den Grenzübergang Paso Canoas. Hier werden Reisende unter Umständen aufgefordert, ein Weiterreiseticket vorzuzeigen – ein Busticket für die Rückfahrt nach Costa Rica reicht aus – sowie eine Kreditkarte oder 500 US$. Nicht empfehlenswert ist es, auf dem Landweg nach Kolumbien zu reisen; Traveller brauchen eine Genehmigung von SENAFRONT, um dieses Gebiet überhaupt betreten zu dürfen; viele Reisende haben sich jedoch erfolgreich mit dem Boot übersetzen lassen. Weitere Informationen auf S. 770.

AUTO & MOTORRAD

Zwar ist es durchaus möglich, mit dem eigenen Auto von Nordamerika nach Panama hinunterzufahren, aber die Kosten für die Versicherung, das Benzin, diverse Grenzübergänge, Essen und Unterkünfte sind viel höher als die für ein Flugticket. Deshalb fliegen die meisten Traveller nach Panama und mieten sich ein Auto, wenn sie in Panama-Stadt ankommen.

Wer sich dazu entschließt, mit dem Auto nach Panama zu fahren, sollte versichert sein, seine sämtlichen Papiere dabeihaben und das Auto nie unbeaufsichtigt lassen. Amerikanische Nummernschilder sind bei einigen Dieben sehr beliebt, es empfiehlt sich also, sie im Innern des Autos anzubringen.

Wer mit dem Auto nach Panama kommt, muss einen Pass, einen gültigen Führerschein sowie Fahrzeug- und Versicherungsschein vorweisen können. Ausführliche Informationen gibt es auf der Website der Regierung: www.ana.gob.pa/portal/index.php/regimenes-aduaneros/120-vehiculos-de-turistas.html.

FLUGZEUG

In Panama gibt es zwei internationale Flughäfen. Auf dem **Tocumen International Airport**, 35 km vom Zentrum von Panama-Stadt entfernt, kommen die meisten internationalen Flieger an. Der **Aeropuerto Enrique Malek**, der zum Ort David gehört, liegt 75 km südöstlich der Grenze zu Costa Rica. Von hier aus gehen regelmäßige Flüge nach und von San José in Costa Rica.

Panamas nationale Fluglinie **COPA** (☎200-2100; www.copaair.com) kann mit internationalen Flugzeugstandards mithalten. Es werden Flüge aus den USA, zahlreichen Ländern in Latein- und Südamerika und aus der Karibik angeboten.

Panama-Stadt ist ein beliebtes Reiseziel bei Travellern, die mit einem Gabelflugticket in die Gegend kommen und dann weiterfliegen.

GRENZÜBERGÄNGE

An allen drei Grenzübergängen zu Costa Rica kann man auf beiden Seiten mit Regionalbussen zur Grenze fahren, sie überqueren, in einen anderen Regionalbus einsteigen und seine Reise fortsetzen. Die letzten Busse fahren an den Grenzübergängen bei Guabito und Río Sereno um 19 Uhr ab. Von Paso Canoas fährt der letzte Bus um 21.30 Uhr nach Panama-Stadt. Achtung: In Costa Rica ist es eine Stunde früher als in Panama – die Öffnungs- und Schließzeiten sind in panamaischer Zeit angegeben.

Panaline (☎227-8648; www.viajeros.com/panaline) und **Tica Bus** (☎262-2084; www.ticabus.com) bieten täglich direkte Verbindungen mit Bussen zwischen San José in Costa Rica und Panama-Stadt; sie fahren am Albrook-Busbahnhof ab. Man sollte seinen Platz einige Tage im Voraus reservieren.

Costa Rica

Der am stärksten frequentierte Grenzübergang zwischen Panama und Costa Rica ist der bei **Paso Canoas** (⏲24 Std.), 53 km westlich von David an der Interamericana. Man muss auf beiden Seiten mindestens ein bis zwei Stunden Zeit einplanen, um alle Formalitäten zu klären. Busse fahren zwischen 4.30 und 21.30 Uhr alle 30 Minuten von David zur Grenze (2,75 US$, 1½ Std.). Auf der costa-ricanischen Seite der Grenze fahren regelmäßig Busse nach San José oder in andere Teile des Landes. Von David aus fahren auch Taxis nach Paso Canoas (40–50 US$).

Der Grenzübergang, an dem es am ruhigsten ist, ist der bei **Río Sereno** (Mo–Sa 9–17, So 9–15 Uhr). Er liegt 47 km westlich von Volcán. Busse zur Grenze fahren alle halbe Stunde in David ab und passieren La Concepción, Volcán und Santa Clara (6,50 US$, 3 Std.). Auf der costa-ricanischen Seite geht es mit einem Bus oder Taxi in 15 Minuten nach San Vito, von wo aus Busse zu weiteren regionalen Zielen fahren. Ein Taxi von David nach Río Sereno kostet 70 US$.

Der Grenzposten **Guabito–Sixaola** (8–17 Uhr), nördlich von Changuinola, ist ein unkomplizierter, wenig benutzter Übergang – die meisten Traveller finden ihn völlig problemlos. Von Changuinola fahren zwischen 6 und 19 Uhr alle halbe Stunde Busse zur Grenze (1,80 US$, 30 Min.). Auf der costa-ricanischen Seite fahren regelmäßig Busse weiter nach Puerto Limón und San José sowie zu anderen regionalen Zielen. Von Changuinola kann man auch ein Taxi zur costa-ricanischen Grenze in Guabito nehmen (3 US$/Pers., 15 Min.).

Kolumbien

Es ist möglich, mit dem Boot nach Kolumbien überzusetzen, aber die Überfahrt kann rau sein. Von der Provinz Colón oder Comarca de Kuna Yala aus dauert die Fahrt auf dem Motor- oder Segelboot mehrere Tage.

ℹ Unterwegs vor Ort

AUTO & MOTORRAD

Wer nicht unbedingt an die allerentlegensten Orte fahren will, für den ist es nicht nötig, in Panama ein Auto zu mieten. Busse und Taxis sind überall verfügbar und die Fahrt mit ihnen ist günstig. Wer dennoch ein Fahrzeug mieten möchte, findet Autovermietungen in Panama-Stadt, David und Chitré. Einige Anbieter haben auch Filialen am Aeropuerto Internacional Tocumen in der Hauptstadt.

Um in Panama ein Fahrzeug zu mieten, muss man mindestens 25 Jahre alt sein und Pass und Führerschein vorweisen können. Wenn sie höflich fragen, höhere Versicherungskosten in Kauf nehmen und eine gängige Kreditkarte vorweisen können, verleihen einige Autovermietungen ihre Fahrzeuge auch an 21-Jährige.

Pro Tag kostet ein normales Mietauto in Panama ab 35 US$, ein Auto mit Allradantrieb *(cuatro por cuatro)* gibt es ab 115 US$ pro Tag. Bevor man das Auto entgegennimmt, sollte man es auf kleine Beulen und Kratzer, fehlende Radioantennen und Radkappen sowie auf den Ersatzreifen überprüfen. Solche Schäden *müssen* im Mietvertrag vermerkt werden, ansonsten kann man bei Rückgabe des Fahrzeugs dafür belangt werden.

Es wurden schon viele Mietautos gestohlen. Also Wertsachen und Gepäck nie unbeaufsichtigt im Fahrzeug lassen! Viele Hotels verfügen über Gästeparkplätze.

BUS

Busse fahren in Panama so ziemlich zu jeder Gemeinde, zu der eine Straße führt. Einige davon sind große, neue Mercedes-Benz-Busse mit Klimaanlage, Fernseher und Liegesitzen. Diese erstklassigen Busse fahren normalerweise lange Strecken auf den Autobahnen.

In den häufiger genutzten Toyota-Coaster-Bussen haben 28 Personen Platz. Die Fahrzeuge werden liebevoll *chivas* genannt und fahren für wenig Geld ins Landesinnere und entlang der Interamericana.

Panama-Stadt mustert gerade die umgebauten Schulbusse, auch *diablos rojos* (rote Teufel) genannt, aus. Ersetzt werden sie durch das Metrobus-System. Passagiere erhalten Magnetkarten dafür am Busbahnhof Albrook oder anderen wichtigen Bushaltestellen. Die offiziellen

Bushaltestellen werden benutzt und die Busse sind klimatisiert.

FAHRRAD

Mit dem Fahrrad kommt man ganz einfach durch Panama, aber in den größeren Städten – besonders in Panama-Stadt – ist es nicht wirklich klug, Rad zu fahren. Die Straßen sind eng, es gibt keine Radwege, die Autofahrer fahren aggressiv und häufige Regenfälle schränken die Sicht ein.

Außerhalb der Städte sind die meisten Straßen in gutem Zustand, auch wenn Teile der Interamericana schmal sind und wenig Platz bieten, um Autos auszuweichen. Unterkünfte sind selten mehr als eine Tagestour voneinander entfernt.

FLUGZEUG

Panamas derzeit einzige Inlandsfluggesellschaft ist **Air Panama** (www.flyairpanama.com). Inlandsflüge aus Panama-Stadt starten vom Aeropuerto Albrook zu Zielen im ganzen Land. Bei den meisten Flügen ist es klug, so weit wie möglich im Voraus zu buchen.

Auch wer wenig Moneten hat, kann sich meist einen einfachen Inlandsflug leisten, der höchstens 80 US$ kostet, und manchmal lässt sich eine ein- oder zweitägige Bus-/Schiffsreise durch einen 45-minütigen Flug ersetzen.

SCHIFF/FÄHRE

In einigen Regionen sind Schiffe die Haupttransportmittel, vor allem im Darién, auf dem Archipiélago de Las Perlas und zwischen den Inselketten San Blás und Bocas del Toro. Zwar hat schon mindestens ein Verrückter den ganzen Panamakanal durchschwommen, aber ein Schiff erleichtert die Reise erheblich.

Das Backpacker-Mekka Bocas del Toro auf der Isla Colón ist mit dem Schnellboot oder einem preiswerten Wassertaxi von Almirante aus erreichbar.

Kolumbianische und Kuna-Handelsschiffe transportieren Fracht und Passagiere an der Küste von San Blás zwischen Colón und Puerto Obaldía. Sie halten an bis zu 48 Inseln, um die Passagiere und die Fracht ein- und auszuladen. Diese Schiffe werden aber auch gelegentlich für den Rauschgifthandel genutzt und sind oft gefährlich überladen. Einen einheimischen Bootsmann zu engagieren, ist die klügere Variante und oft schon im Unterkunftspreis inklusive.

Da es im Osten der Provinz Darién nicht viele Straßen gibt, ist die Fahrt mit dem Schiff oft die beste Möglichkeit, von einem Ort zum anderen zu kommen – vor allem während der Regenzeit. Hierfür wird vorzugsweise ein *piragua* (langes Kanu) benutzt, das aus den Stämmen riesiger Ceiba-Bäume geschnitzt wurde. Mit ihrem flachen Rumpf können diese Kanus auf den vielen Flüssen Ostpanamas gut fahren. Viele von ihnen sind motorisiert.

TAXI

Taxis haben in Panama keine Taxameter, aber manchmal gibt es Festpreise. Taxifahrten sind billig und meistens stehen Taxis zuhauf zur Verfügung. Spät in der Nacht, kurz vor und während der hiesigen Ferien kann es allerdings schwieriger werden, eines zu bekommen. Zu diesen Zeiten ruft man am besten ein Funktaxi. Auflistungen der verlässlichen Funktaxis finden sich in den Gelben Seiten der Telefonbücher in ganz Panama unter der Überschrift „Taxis".

Teurere „Taxilimousinen" fahren vor gehobenen Hotels und Einkaufszentren ab. Hier zahlt man mindestens doppelt so viel, wie wenn man ein Taxi ruft.

TRAMPEN

Trampen ist in keinem Land vollkommen ungefährlich und es ist in Panama nicht so verbreitet wie im Rest Zentralamerikas, aber in entlegenen Gegenden kommt es durchaus häufiger vor. Die meisten Panamaer fahren mit dem Bus und Reisende tun es ihnen am besten gleich. Eine Ausnahme sind die Wochenenden, wenn die Busse völlig überfüllt sind und Trampen die einzige Möglichkeit ist, vom Fleck zu kommen. Wenn einen jemand mitnimmt, sollte man vor der Ankunft anbieten, dafür zu zahlen. Höflich fragt man dann: *„¿Cuanto le debo?"* („Wie viel schulde ich Ihnen?").

U-BAHN

Panama-Stadt baut ein neues U-Bahnsystem, das auch Metro genannt wird. Die erste Phase soll 2014 abgeschlossen sein, die Linie soll Albrook mit der Vía Transitsmica, der Vía España und Calidonia verbinden. Geplant ist der weitere Ausbau bis zum Flughafen Tocumen. Der Endbahnhof, der sich zur Zeit der Recherche gerade im Bau befand, ist gegenüber dem Busbahnhof Albrook. Tickets werden mit denselben Karten bezahlt wie das Metrobus-System.

ZUG

Die Zugfahrt zwischen Panama-Stadt und Colón ist sehr malerisch.

Praktische Informationen

Allgemeine Informationen

Arbeiten

In allen zentralamerikanischen Ländern benötigt man eine Arbeitserlaubnis, um legal arbeiten zu dürfen, Schwarzarbeit gibt es allerdings auch – oder aber ein Arbeitgeber findet ein bürokratisches Schlupfloch, um einen passenden Bewerber anstellen zu können. Deshalb arbeiten z. B. viele Reisende für kurze Zeit in Restaurants, Hostels oder Bars mit internationalem Publikum. Bevor man so einer Tätigkeit nachgeht, die auch von Einheimischen ausgeübt werden könnte, sollte man aber vielleicht lieber Freiwilligenarbeit in Erwägung ziehen.

Viele Touristen unterrichten Englisch. Die Löhne entsprechen allerdings nicht dem internationalen Standard. Die meisten Schulen befinden sich in Großstädten. Dort ist auch der Bedarf an Privatlehrern am größten. In vielen Schulen muss man anerkannte Zeugnisse vorlegen, z. B. das TEFL-Zertifikat (Teaching English as a Foreign Language).

Einige internationale Organisationen helfen Reisenden bei der Jobsuche.

Das Online-Magazin **Transitions Abroad** (www.transitionsabroad.com) bietet viele nützliche Links rund ums Arbeiten und Studieren im Ausland.

Aktivitäten

Aktivitäten am und im Meer sind eine der Hauptattraktionen Zentralamerikas: Surfer zieht es an den Pazifik, während die ruhigere Karibik zum Tauchen einlädt. Ein Großteil der Region ist von Gebirgszügen, tropischem Regenwald und Vulkanen geprägt, was umwerfende (und oft auch anstrengende) Trips für Wanderer und Fahrradfahrer verspricht.

Baumwipfeltouren (Canopying)

Seilbahnfahrten durch Baumkronen sind überall in Zentralamerika äußerst beliebt, im Hochland ebenso wie am Strand oder im Regenwald. Es ist ratsam, sich vorab über die Sicherheitsstandards der Anbieter zu informieren. Eine Fahrt kostet zwischen 25 und 45 US$.

Fahrradfahren

In vielen Läden können Fahrräder zur Erkundung der näheren Umgebung ausgeliehen werden. Manchmal stehen auch geführte Touren auf dem Programm, z. B. von San Cristóbal de las Casas in Mexiko (S. 75) zu Mayadörfern oder von Antigua in Guatemala zu Kaffeeplantagen bzw. an Gebirgskämmen entlang. Das Rad ist optimal für eine Tour durch mehrere Länder. Wer viel radeln will, bringt am besten seinen eigenen Drahtesel von zuhause mit (und einen Beleg dafür, dass er einem auch wirklich gehört!).

Surfen

Dieser Sport wird zunehmend beliebter in Zentralamerika. Vielerorts werden Surfbretter verliehen (ab 10 US$), auf denen man dann „die perfekte Welle" suchen kann. Costa Rica hat die am besten ausgebildete Szene, doch viele Surfer schwören auf unbekanntere Strände in El Salvador und Nicaragua. Wer noch nie auf einem Brett gestanden hat, kann günstig Unterricht nehmen. Besonders gute Bedingungen herrschen an der Balsamküste in El Salvador, in San Juan del Sur in Nicaragua und im immer populäreren Mal País auf der Península de Nicoya in Costa Rica.

Tauchen & Schnorcheln

Einige der schönsten Tauch- und Schnorchelgebiete Lateinamerikas (und der ganzen Welt) erstrecken sich entlang der Barriereriffe vor den zentralamerikanischen Karibikstränden. Die Küste hinauf und hinunter – von Mexiko bis Panama – findet man einen unglaublichen Reichtum an Meeresbewohnern, Schiffswracks und tiefe Höhlen unter der Was-

SICHERHEITSRICHTLINIEN FÜR TAUCHER

Wer tauchen geht – mit oder ohne Atemgerät –, sollte folgende Punkte beachten. Die persönliche Sicherheit ist Grundvoraussetzung dafür, dass der Tauchgang oder Schnorcheltrip Spaß macht:

- Für Tauchgänge mit Atemgerät (Scuba) benötigt man eine aktuelle Lizenz einer anerkannten Tauchschule.
- Nur dann tauchen, wenn man gesund ist und sich fit und sicher fühlt.
- Vor dem Tauchgang Informationen über die Umgebungsbedingungen im Tauchgebiet einholen (z. B. in einer namhaften Tauchschule vor Ort nachfragen).
- Man sollte sich mit den lokal geltenden Bestimmungen und Gesetzen zum Thema Meeres- und Umweltschutz vertraut machen.
- Tauchgebiete wählen, die den persönlichen Fähigkeiten entsprechen. Falls möglich in Begleitung eines kompetenten, professionell ausgebildeten Tauchlehrers oder erfahrenen Amateurs tauchen gehen.
- Nicht vergessen: Die Bedingungen unter Wasser variieren stark je nach Land, Jahreszeit und Tauchgebiet.

seroberfläche. Ein paar der berühmtesten Tauchgebiete befinden sich rund um die Bay Islands in Honduras, um das mexikanische Cozumel, in den Riffzonen vor den nördlichen Inseln Belizes und rund um die weniger überlaufenen Corn Islands in Nicaragua.

Die Bay Islands in Honduras sind bekannt für preiswerte Tauchgänge und -kurse. Für den viertägigen Open-Water-Kurs der Professional Association of Diving Instructors (PADI) zahlt man dort ca. 275 US$. Auch Apnoetauchen wird immer beliebter, in Honduras kosten Tageskurse ab 50 US$. Eine andere gute und günstige Tauchregion ist Panama.

Ganztägige Schnorchelausflüge zu verschiedenen Riffen können in der ganzen Region organisiert werden und kosten zwischen 5 und 45 US$. Für Tauchgänge zahlt man ab 36 US$ in Honduras und ab 80 US$ in Mexiko. In den meisten Tauchläden wird Ausrüstung vermietet, die vor dem Einsatz gründlich auf ihre Funktionstüchtigkeit überprüft werden muss. Wer tauchen gehen möchte, sollte unbedingt seine Lizenz bzw. eine entsprechende Bescheinigung mitbringen.

Man kann auch im Pazifik tauchen, das Wasser kann dort allerdings trüber sein. Im Pazifik herrschen die besten Tauchbedingungen von Oktober bis Februar. In Nicaragua sind die Kraterseen der Laguna de Apoyo eine gute Tauchgegend und in San Juan del Sur gibt es einen Tauchladen (S. 519).

In Mexiko bieten die *cenotes* (mit Süßwasser gefüllte Kalksteinlöcher) ein Taucherlebnis vom anderen Stern. Einige können von **Tulum** (☎871-2953; www.xibalbadivecenter.com; Andromeda 7; 1-/2-Gasflaschen-Cenote-Tauchgang 940/1500 M$, Schnorcheln 390–585 M$) aus erreicht werden.

Eine gute Lektüre zum Thema ist *Diving & Snorkeling Cozumel* von Lonely Planet.

Tiere beobachten

Das unverhoffte Auftauchen eines Tukans, Brüllaffen, Faultiers, Krokodils, Leguans, Delphins oder Pumas wird unter Garantie eins der absoluten Highlights der Reise sein. Überall in Zentralamerika hat man erstklassige Chancen, ein paar Säugetiere oder Vögel in freier Wildbahn zu erleben: In den diversen Nationalparks, Tierschutzgebieten und Biosphärenreservaten kann man auch allein auf Beobachtungstour gehen. Selbst in unmittelbarer Nähe zur Zivilisation, z. B. im Hotelgarten auf dem Lande, wird man mit etwas Glück jede Menge Vögel, Insekten, Reptilien und sogar Affen zu Gesicht bekommen.

Generell ist die Wahrscheinlichkeit, Tiere zu erspähen, am frühen Morgen oder späten Nachmittag am größten.

Die meisten wild lebenden Tiere gibt's in Costa Rica, wo es auch ein gut entwickeltes Tourangebot gibt. Dort befinden sich phantastische Schutzgebiete wie der Parque Nacional Corcovado (S. 673) und viele mehr. Auch in Panama gibt es einige hervorragende Möglichkeiten, Tiere zu beobachten.

Auch der scheue Quetzal und weitere Schwärme unverständlich bunter Vögel können am Lago de Yojoa in Honduras und am Volcán Barú im panamaischen Chiriquí-Hochland beobachtet werden. Passionierte Ornithologen sollten einen Besuch des Crooked Tree Wildlife Sanctuary (s. Kasten S. 264) in Belize in Erwägung ziehen. Morgendliche Vogelbeobachtungstouren in Tikal, Guatemala (S. 219), sind eine tolle Möglichkeit, sich auf die Besichtigung der Ruinen einzustimmen.

Brüllaffen (der Name geht auf ihr angsteinflößendes

Gebrüll zurück, das an Tiger denken lässt) bevölkern die Baumwipfel in der ganzen Region. Man wird sie bei der unvergesslichen Wanderung vorbei an den Mayaruinen von Yaxchilán (S. 87), in ganz Panama und an der mexikanisch-guatemaltekischen Grenze antreffen. Schwarze Brüllaffen gibt es nur in Belize; ein guter Ort, sie zu sehen, ist das Bermudian Landing Community Baboon Sanctuary.

Wer Meeresschildkröten sehen möchte, sollte den Parque Nacional Tortuguero (S. 606) in Costa Rica, die Isla de Cañas (S. 721) in Panama oder das Refugio de Vida Silvestre La Flor (S. 523) in Nicaragua ansteuern. Sie tummeln sich häufig auch an Korallenriffen. Dort wird man vielleicht auch Stachelrochen, Haie und Unmengen kleinerer, noch viel farbenfroherer Geschöpfe erspähen.

Wandern

Zentralamerika bietet eine atemberaubend schöne Natur mit Vulkanen und einer beeindruckenden Artenvielfalt; Wanderer werden voll auf ihre Kosten kommen. Sie haben die Wahl zwischen Nebel- und Regenwäldern sowie Flachlandurwald und können Flussläufen oder von Palmen gesäumten Stränden folgen.

Treks durch den Urwald sind teils sehr anstrengend. Man sollte gut vorbereitet sein. Wer zelten möchte, bringt am besten die eigene Ausrüstung von zuhause mit.

Beliebte Wandergebiete sind z. B. die Vulkanregionen rund um Antigua in Guatemala (S. 118) oder die tropischen Gebirgswälder im Parque Nacional El Imposible in El Salvador, der Lago de Yojoa (S. 407) in Honduras oder die Isla de Ometepe (S. 513) in Nicaragua mit ihren prähistorischen Petroglyphen, und im Chiriquí-Hochland (S. 737) erhebt sich der von Kaffeepflanzungen umgebene Volcán Barú, der einzige Vulkan Panamas.

Die Krönung ist vermutlich der Trek nach El Mirador (60 km; S. 223), Guatemala. El Mirador ist eine weitläufige, noch größtenteils unberührte Mayastadt im Urwald von El Petén. Die Wanderung dorthin ist schweißtreibend und dauert mehrere Tage. Weniger anstrengend, aber nicht kürzer ist der Weg von Nebaj (S. 151) nach Todos Santos Cuchumatán, ebenfalls in Guatemala, der durch moderne Mayadörfer führt.

Wildwasser-Rafting

Dieser Sport ist in ganz Lateinamerika auf dem Vormarsch, und wer gern einmal in den Tropen raften möchte, ist in Zentralamerika an der richtigen Adresse: In Guatemala, Honduras und Panama wird das Rafting-Angebot zunehmend ausgebaut. Dort findet man eine Reihe von Flüssen mit den unterschiedlichsten Schwierigkeitsgraden (von schäumenden Wassermassen der Klasse IV bis zu „gemütlichen" Abschnitten der Klasse II). In puncto Flussabenteuer hat Costa Rica die Nase vorn (S. 603).

DIE BESTEN SURFGEBIETE

Costa Rica Salsa Brava (nur für Könner!) bei Puerto Viejo de Talamanca oder Pavones – drei Minuten auf einer Linkswelle.

El Salvador Punta Roca bei La Libertad.

Guatemala Sipacate.

Nicaragua Las Salinas (westlich von Rivas).

Panama Die Wellen von Santa Catalina und das Archipiélago de Bocas del Toro.

Botschaften & Konsulate

Adressen und Telefonnummern von Botschaften und Konsulaten stehen im Abschnitt Allgemeine Informationen der einzelnen Länderkapitel.

Wer Zentralamerika bereist, sollte sich vorab darüber im Klaren sein, dass die jeweilige Botschaft nur beschränkte Handlungsmöglichkeiten hat. Ganz allgemein kann man davon ausgehen, dass sie bei Notfällen, die man auch nur ansatzweise selbst verschuldet hat, nicht einschreiten wird. Reisende dürfen nie vergessen, dass für sie die Rechtsprechung des Landes gilt, in dem sie sich gerade aufhalten. Die Botschaftsangestellten werden kaum Mitleid haben, wenn ein Bürger wegen eines Vergehens im Gefängnis landet – auch dann nicht, wenn die Tat im jeweiligen Herkunftsland nicht als Straftat gilt.

In echten Notsituationen, wenn alle anderen Möglichkeiten ausgeschöpft sind, bekommt man vielleicht ein wenig Unterstützung, z. B. wenn sämtliches Geld und alle Ausweispapiere gestohlen wurden. Dann wird sich die Botschaft um die Ausstellung eines neuen Passes kümmern; den Gedanken, sich Geld zur Fortsetzung der Reise zu leihen, kann man aber gleich wieder vergessen.

Ermäßigungen

Mit einer Karte von Hostelling International (HI) kommt man in Zentralamerika nicht besonders weit. Die Ausnahmen sind Mexiko und Costa

Rica; dort gibt's ein paar Hostels, in denen HI-Mitgliedern minimale Preisnachlässe eingeräumt werden. Anders sieht es aus, wenn neben Zentral- auch noch Südamerika auf dem Reiseplan steht, denn dort findet man weit mehr HI-Hostels (mehr Infos gibt's auf www.iyhf.org).

Inhaber der International Student Identity Card (ISIC) bekommen mitunter sehr gute Rabatte bei Reiseversicherungen und vergünstigte Flugtickets. Weitere Infos hat die Website www.isic.org.

Fotografie & Video

Bevor man jemanden fotografiert, immer erst um Erlaubnis bitten, insbesondere wenn *indígenas* abgelichtet werden sollen. Menschen für ein Foto zu bezahlen, ist eine persönliche Entscheidung. Manchmal nennen sie ohne Umschweife einen Betrag für die Erlaubnis, sie zu fotografieren. Bei manchen Sehenswürdigkeiten ist eine Extragebühr für den Fotoapparat oder die Videokamera zu entrichten. Auf keinen Fall Militäreinrichtungen oder Soldaten fotografieren; in einigen Gegenden ist das sogar illegal. Auch in Kirchen ist das Fotografieren oder die Benutzung eines Blitzes häufig verboten.

Frauen unterwegs

Frauen, die Zentralamerika allein bereisen, stellen oft fest, dass die Länder allgemein als gefährlicher dargestellt werden, als sie tatsächlich sind. Man sollte die üblichen Vorsichtsmaßnahmen ergreifen, die immer dann ratsam sind, wenn man sich auf unbekanntem Terrain bzw. in Großstädten befindet. Besonders gewöhnungsbedürftig sind die Aufmerksamkeitsbekundungen der männlichen Bevölkerung: Es wird gerufen, gezischelt und gepfiffen. Einfach nicht darauf eingehen, dann sollte das Interesse von selbst abebben. Einige Bars und *cantinas* sind regelrechte Männertreffpunkte – wenn keine Frauen zu sehen sind, ist es eventuell besser, ein anderes Lokal zu suchen.

Schlau ist es, sich am Kleidungsstil der einheimischen Frauen zu orientieren (häufig heißt das, Shorts zu meiden). Die Lokalbevölkerung weiß natürlich am besten, um welche Gegenden man einen Bogen machen sollte. In manchen Bars oder bei Fußballspielen ist die Atmosphäre extrem testosterongeschwängert, und weibliche Gesellschaft wird gewiss nicht unkommentiert gelassen.

Einheimische, besonders Familien, werden häufig ihr Möglichstes tun, um allein reisenden Frauen behilflich zu sein. Dabei ist wichtig zu wissen, dass lateinamerikanische Frauen üblicherweise die Gesellschaft anderer Frauen bevorzugen. In den eher konservativen Staaten Zentralamerikas sind Freundschaften zwischen Mann und Frau selten. Viele Männer denken, dass frau eigentlich mehr von ihnen will. Entsprechend ist es wohl keine gute Idee, sich mit einem verheirateten Mann anzufreunden. Das kann im schlimmsten Fall jede Menge Unfrieden stiften.

Bei einer Vergewaltigung ist es am sinnvollsten, einen Arzt aufzusuchen und sich an die Botschaft zu wenden.

Freiwilligenarbeit

In Anbetracht der Tatsache, dass mehr als die Hälfte der Bevölkerung von Staaten wie Nicaragua und Guatemala unterhalb der Armutsgrenze lebt, ist Freiwilligenarbeit wirklich sinnvoll und bietet zudem die Möglichkeit, mehr aus seiner Reise zu machen. Die Programme umfassen Unterricht für all jene, die sich keinen Unterricht leisten können, Bauprojekte, Umweltschutzmaßnahmen und Tätigkeiten in medizinischen Einrichtungen weit ab vom Schuss (z. B. in Bergdörfern). Viele Freiwillige bleiben am Ende viel länger als geplant und berichten oft, dass die Arbeit das Beste an der gesamten Reise war. Freiwilligenarbeit ist in den meisten Fällen ziemlich hart; manchmal ist man auf sich gestellt und muss jeden Tag „ran". Eine Möglichkeit, indirekt zu helfen, besteht darin, Spanischunterricht an einer Schule zu nehmen, die die lokale Gemeinde unterstützt.

Freiwilligenarbeit kann man vor Ort, in Zentralamerika, arrangieren (die günstigere Methode) oder aber man wendet sich vor der Abreise an eine internationale Organisation. Achtung: Manchmal wird erwartet, dass sich Freiwillige für eine bestimmte Zeit verpflichten. Einige Unternehmen sehen es lieber, wenn potenzielle Freiwillige vorab einen Termin bei ihnen ausmachen, statt spontan aufzutauchen.

Mehr Infos zum Thema Freiwilligenarbeit liefert z. B. *Volunteer: A Traveller's Guide to Making a Difference Around the World* von Lonely Planet.

Internationale Organisationen

Häufig können internationale Organisationen ein Freiwilligenprogramm passend zu bestimmten Arbeits- bzw. Unianforderungen ausarbeiten, sodass man es sich sogar anrechnen lassen kann. Fast alle Projekte kosten Geld (gewöhnlich etwas mehr, als wenn man „einfach nur umherreisen" würde). Manche Freiwillige lassen sich von der Schule, Uni oder privat sponsern. Spanischkenntnisse sind nicht immer erforderlich. Häufig hat man vor dem eigentlichen Beginn der Freiwilligentätigkeit ein paar Wochen Spanischunterricht. Das größte Angebot für

Freiwillige hat Costa Rica (z. B. in Monteverde), doch auch Guatemala und Mexiko sind gute Anlaufstellen.

Darüber hinaus vermitteln Reiseagenturen wie **STA Travel** (www.statravel.com) Freiwilligenprojekte. Ein paar der Organisationen, die verschiedene Programme in ganz Lateinamerika anbieten, haben wir im Folgenden aufgelistet (der Preis für das Flugticket/den Transport zum Einsatzort ist nicht enthalten, falls nicht anders angegeben).

AmeriSpan (www.amerispan.com) Die Organisation koordiniert unterschiedliche Freiwilligenprojekte in Costa Rica, Guatemala und auf der Halbinsel Yucatán (z. B. Häuserbau, Schulunterricht, Arbeit mit Tieren).

Amigos de las Américas (www.amigoslink.org) Sommerprogramme für Jugendliche (inkl. Hin- und Rückflug nach USA) in Honduras, Costa Rica und Mexiko. Man wird in Nationalparks eingesetzt, arbeitet in den Gemeinden o. Ä.

Habitat for Humanity (www.habitat.org) Der Schwerpunkt liegt generell auf der Bereitstellung von Geldmitteln und weniger auf dem Einsatz vor Ort, zum Zeitpunkt der Recherche wurden jedoch ein paar Tätigkeiten in Costa Rica angeboten.

i-to-i (www.i-to-i.com) Organisiert vier- bis 24-wöchige Freiwilligenprogramme in Guatemala, Honduras, Costa Rica und Mexiko. Spanischkenntnisse werden nicht vorausgesetzt.

Idealist.org (www.idealist.org) Hunderte von Links zum Thema Freiwilligenarbeit weltweit.

International Volunteer Programs Association (www.volunteerinternational.org) Viele Programme in Lateinamerika.

ResponsibleTravel (www.responsibletravel.com) Öko-Reiseveranstalter mit Sitz in Großbritannien, der zahlreiche Freiwilligenreisen arrangiert.

Transitions Abroad (www.transitionsabroad.com) Jede Menge Links für Freiwillige (unter „Volunteer abroad" auf „Central America" klicken).

Geld

Preise werden meist in der jeweiligen Landeswährung angegeben. In den Kapiteln zu El Salvador und Panama, wo der US-Dollar offizielle Währung ist, und zu Costa Rica und Nicaragua, wo er fast überall akzeptiert wird, werden die Preise in US-Dollar aufgeführt.

Bargeld

Es ist schlau, immer ein paar Dollarscheine dabeizuhaben – genug, um ein Zimmer, etwas zu essen oder eine Taxifahrt bezahlen zu können –, denn sie können eigentlich überall getauscht werden. Besonders praktisch ist ein Dollarvorrat, wenn man frisch die Grenze überquert hat oder der nächstgelegene Geldautomat außer Betrieb ist. Viele zentralamerikanische Währungen sind nur im jeweiligen Herkunftsland von Nutzen, dafür kann man überall mit US-Dollar bezahlen. In entlegene Regionen sollte man immer ausreichend Bargeld mitnehmen.

Ein weiteres Problem ist die Sache mit dem Wechselgeld. Mit „großen Scheinen" zu zahlen, kann in Stress ausarten. Manchmal sind bereits 20 US$ zu viel und können nicht gewechselt werden.

Feilschen

Feilschen ist eine Kunst, und Übung macht den Meister. Auf den Märkten in Zentralamerika bieten sich jede Menge Möglichkeiten, sich im Feilschen um Souvenirs und Kunsthandwerk zu versuchen. Unterkunftspreise sind dagegen im Normalfall nicht verhandelbar, doch wenn man einen längeren Aufenthalt an einem Ort plant (oder gerade Nebensaison ist), kann es nicht schaden, nach einem Rabatt zu fragen. In Supermärkten u. Ä. sind die Preise normalerweise fix. In Taxis kann man eventuell ein wenig handeln. Wer feilschen möchte, sollte mit Geduld und Humor an die Sache gehen; so einigt man sich häufig auf einen Preis, mit dem beide Seiten zufrieden sind.

Geldautomaten

Man sollte eine Bank- oder Kreditkarte mitbringen, denn in den meisten Städten und größeren Ortschaften gibt es Geldautomaten. Bequemer, sicherer und günstiger kann man eigentlich kaum an Bargeld kommen. Die Automaten sind häufig an das MasterCard/Cirrus- oder Visa/Plus-Geldsystem angeschlossen. Vor der Abreise sollte die eigene Bank über die Reisepläne informiert werden, damit die Karte nicht für Auslandsabhebungen gesperrt ist. Die Wechselkurse an den *cajeros* sind meist genauso gut (oder sogar besser) wie in Banken oder offiziellen Wechselstuben.

Geldwechsel

- Reiseschecks oder Bargeld sollten in einer Bankfiliale oder *casa de cambio* (Wechselstube) getauscht werden.
- Die Kurse sind häufig ähnlich, doch in den *casas de cambio* ist der Service oft schneller und weniger bürokratisch. Außerdem sind die Öffnungszeiten kundenfreundlicher (auch abends und an Wochenenden). Geldwechsler auf der Straße (nicht immer legal) akzeptieren ausschließlich Bargeld.
- Manchmal kann Geld auch (inoffiziell) in Hotels oder Geschäften, die Importwaren vertreiben (z. B. Elektroläden), getauscht werden.
- Es ist keine dumme Idee, vorab mehrere Wechselkurse und Gebühren miteinander zu vergleichen. In den Groß-

städten sind die Wechselkurse häufig besser.

➡ Geldscheine mit Rissen sollte man ablehnen, denn Geschäftsinhaber etc. akzeptieren sie häufig nicht als Zahlungsmittel.

Kreditkarten

American Express, Visa und MasterCard sind die Kreditkarten, mit denen man in Zentralamerika am Weitesten kommt. Manchmal wird allerdings eine Gebühr für den Auslandseinsatz fällig (normalerweise um die 2–10 % des Gegenstandswerts). Einige Banken zahlen auf die wichtigsten Kreditkarten Bargeld aus.

Reiseschecks

Reiseschecks sind nicht ganz so praktisch wie Bankkarten. Sie lassen sich auch nicht immer eintauschen – selbst in Banken nicht. Wenn es nicht anders geht, sollten nur angesehene Marken wie American Express, Visa, Thomas Cook und Citibank benutzt werden. Um bei einem Verlust schnell an neue Schecks zu kommen, sollten die Schecknummern notiert und der Originalkaufbeleg an einem sicheren Ort aufbewahrt werden.

In ein paar Ländern ist es nahezu unmöglich, Schecks gegen Bargeld zu tauschen (z. B. in Honduras), und in Banken und *casas de cambio* werden hohe Gebühren berechnet. Man sollte in Erfahrung bringen, ob es eine fixe Transaktionsgebühr gibt oder ob sie sich am Wert des Schecks orientiert (normalerweise 3–10 %).

Schwarzmarkt

Der Schwarzmarkt *(mercado negro)*, auch *mercado paralelo* (Parallelmarkt) genannt, ist auf die Grenzübergänge beschränkt; die Geldwechser arbeiten teils legal, teils illegal und sind dafür bekannt, Touristen zerrissene Geldscheine unterzujubeln oder die eine oder andere Banknote zu unterschlagen. Dafür wechseln sie manchmal auch Währungen, die man in einer Bank nicht loswerden würde. Die Schwarzmarktkurse für US-Dollar können niedriger sein als die offiziellen Bankkurse.

Trinkgeld

Auch wenn einfachere Cafés und Bars meist kein Trinkgeld erwarten, sollte man in etwas steiferen Restaurants ein Trinkgeld von etwa 10 % des Rechnungsbetrags geben. In manchen Lokalen wird eine Servicegebühr von 10–20 % aufgeschlagen. Wer auf Nummer sicher gehen möchte, sollte fragen: *La cuenta incluye el servicio?* (Ist die Bedienung im Rechnungsbetrag inbegriffen?).

Taxifahrer oder das Reinigungspersonal im Hotel bekommen normalerweise kein Trinkgeld, werden sich aber natürlich über ein paar Münzen extra freuen.

Gesundheit

Es gibt keine vorgeschriebenen Impfungen für Zentralamerika – es sei denn, man reist aus einem vom Gelbfieber betroffenen Land aus Afrika oder Südamerika ein. Dann muss man eine Gelbfieberimpfung nachweisen. Empfohlen werden Impfungen gegen Typhus, Tollwut und Hepatitis (A und B). Der Arzt sollte frühzeitig vor der Reise aufgesucht werden, denn bei den meisten Impfungen dauert es bis zu zwei Wochen, bis sie wirken. Am besten bittet man den Arzt um einen internationalen Impfpass (das gelbe Büchlein), in dem alle erhaltenen Impfungen aufgelistet werden sollten. Man benötigt ihn für die Einreise in Länder, in denen eine Gelbfieberimpfung nachgewiesen werden muss.

Ein Blick auf die offiziellen Reiseinformationen des Auswärtigen Amts (www.auswaertiges-amt.de/DE/Laenderinformationen/LaenderReiseinformationen_node.html) lohnt sich immer. Die **Weltgesundheitsorganisation** (www.who.int/ith) gibt jährlich ein hervorragendes englischsprachiges Buch mit dem Titel *International Travel and Health* heraus, das man kostenlos über ihre Website herunterladen kann. Dort werden aktuelle Risiken aufgezeigt und man erfährt, welche Impfungen man bei der Einreise in welches Land vorweisen können muss. Eine andere nützliche Website ist die von MD Travel Health (www.mdtravelhealth.com), auf der medizinische Reiseempfehlungen für alle Länder stehen. Die kostenlosen Infos werden täglich aktualisiert.

Falls die normale Krankenversicherung im Ausland keinen ausreichenden Schutz bietet, sollte über eine entsprechende Auslandsversicherung nachgedacht werden.

Internetzugang

Das Internet ist so ziemlich überall zugänglich. Viele Hotels haben Gästecomputer und WLAN wird immer gängiger, auch in nobleren Cafés und Restaurants. Dafür nimmt die Zahl der Internetcafés ab. Die Kosten reichen von 0,50 US$ in Städten und Touristenorten bis zu 6 US$ in entlegeneren Gegenden. Auf spanischen Tastaturen wird das @-Symbol durch die Tastenkombinationen Alt + 64 oder Alt-Gr +2 erzeugt.

Karten & Stadtpläne

Die beste Zentralamerika-Karte ist die faltbare (Maßstab 1 : 1 100 000 in Farbe) *Central America Travel Reference Map* (13 US$), die von International Travel Maps & Books (www.itmb.com) in Kanada herausgegeben wird. ITMB hat darüber hinaus Karten der einzelnen zentral- und südamerikanischen Staaten sowie mexikanischen Regionen im Sortiment.

Klima

Informationen zum Klima der Region stehen auf S. 18 und in den einzelnen Länderkapiteln.

Öffnungszeiten

Die Standardöffnungszeiten sind für jedes Land im jeweiligen Kapitel Allgemeine Informationen aufgeführt.

Post

Die Gebühren für Briefe und Postkarten ins Ausland können ziemlich hoch sein. Generell sollten wichtige Unterlagen und Päckchen versichert verschickt werden, um die Gefahr eines Verlusts zu mindern. Päckchen werden oft von einem Zollbeamten inspiziert, bevor sie an den Postbeamten weitergegeben werden. Sie sollten deshalb erst nach der Zollinspektion zugeklebt werden. Achtung: Päckchen nach Übersee müssen häufig an einem anderen Ort aufgegeben werden als dem Hauptpostamt.

In ein paar Ländern sind UPS, FedEx, DHL und andere Versand- und Kurierdienste vertreten. Sie stellen eine effiziente, aber auch recht teure Alternative zur regulären Post dar.

Reisen mit Behinderung

Ganz allgemein sind behindertengerechte Einrichtungen (Telefone, Toiletten, Hinweisschilder in Braille-Schrift) in Lateinamerika sehr selten bzw. überhaupt nicht vorhanden. In teureren internationalen Hotels wird der Service für Menschen mit Behinderung tendenziell besser sein als in günstigen Absteigen. Außerdem ist es schlauer, sich mit dem Flugzeug bzw. in einem vorab gebuchten Verkehrsmittel von A nach B zu bewegen, als spontan in einen öffentlichen Bus zu steigen. Wer entlegenere Gebiete bereisen möchte, muss sorgfältig planen und für optimale Kommunikationsmöglichkeiten sorgen (an Informationen zu gelangen, ist manchmal gar nicht so einfach).

Wer eine Behinderung hat und sich mit anderen Behinderten kurzschließen möchte, die Zentralamerika bereist haben, könnte Mitglied beim **Travelin' Talk Network** (TTN; www.travelintalk.net; Mitgliedschaftsbeitrag 20 US$) werden. Über diese Organisation können Mitglieder mit den unterschiedlichsten Behinderungen weltweit Kontakt suchen und sich über Reiseerfahrungen austauschen.

In Deutschland kann man sich z. B. an die **Nationale Koordinierungsstelle Tourismus für Alle e. V.** (Natko; ☎0211-3368-001; www.natko.de; Fleher Str. 317 a, 40223 Düsseldorf) wenden.

Auch folgende Organisationen erteilen allgemein gültige, nützliche Reisetipps:

Mobility International Schweiz (☎062-212-6740; www.mis-ch.ch; Amthausquai 21, 4600 Olten)

MyHandicap Deutschland (☎089-7677-6970; www.myhandicap.de; Steinheilstr. 6, 85737 München-Ismaning)

MyHandicap Schweiz (☎071-911-4949; www.myhandicap.ch; Werstrasse 1, 9500 St. Gallen)

Schwule & Lesben unterwegs

Insgesamt betrachtet empfängt Zentralamerika Schwule und Lesben nicht unbedingt mit offenen Armen. Eine besondere Ausnahme stellt Mexiko dar. Dort ist die Heirat zwischen gleichgeschlechtlichen Partnern seit 2009 legal. Fürsprecher der Homoehe sind darum bemüht, die notwendigen Gesetze auch in anderen zentralamerikanischen Staaten durchzuboxen.

In Nicaragua wurde einvernehmlicher schwuler Sex entkriminalisiert. Es kann aber überall in Zentralamerika zu offiziellen Diskriminierungen kommen. In Honduras gehört Gewalt (und selbst Mord) gegen Schwule zum Alltag.

Öffentliche Zuneigungsbekundungen zwischen homosexuellen Pärchen werden nicht akzeptiert, und Männer (eventuell auch Frauen) müssen damit rechnen, das Ziel verbaler, möglicherweise sogar körperlicher Attacken zu werden.

Diskretes Verhalten ist der Schlüssel, insbesondere in ländlichen Gebieten. Lesben werden üblicherweise eher toleriert als Schwule, und Frauen, die zu zweit oder in Gruppen unterwegs sind, werden für gewöhnlich in Ruhe gelassen.

Eine nützliche Website mit mehr Informationen ist www.gaymexico.com.mx.

Gute Adressen für Lesben & Schwule

In den Großstädten gibt's normalerweise mindestens eine Schwulenbar. Einige der etwas „öffentlicheren" Schwulen- und Lesbenszenen sind:

Costa Rica Die bunte, lebendige Szene von San José; der Strandtreffpunkt Manuel Antonio.

El Salvador Das „rosa Viertel" von San Salvador um den Blvd de los Héroes; das Bergstädtchen San Vicente.

Guatemala Bars in Guatemala-Stadt.

Mexiko Die Bars in Cancún; die Clubs von Playa del Carmen.

Panama Schwulenumzugswagen beim **Karneval** in Panama-Stadt.

REISEHINWEISE

Die folgenden Regierungs-Websites bieten aktuelle Reise- und Sicherheitshinweise:

- **Auswärtiges Amt** (www.auswaertiges-amt.de/DE/Laenderinformationen/LaenderReiseinformationen_node.html)
- **Außenministerium von Österreich** (www.bmeia.gv.at/aussenministerium/buergerservice/reisewarnungen.html)
- **Eidgenössisches Departement für auswärtige Angelegenheiten** (www.eda.admin.ch/eda/de/home/travad/travel.html)

Sicherheit

Einige Teile von Zentralamerika sind bekannt für ihre hohe Kriminalitätsrate und Gangaktivitäten. Vieles davon betrifft ausländische Besucher nicht unmittelbar. Es gab jedoch schon Fälle, in denen Reisende bestohlen, überfallen, vergewaltigt oder ermordet wurden. Auch Autodiebstähle kommen vor. In den Hauptstädten ist die Kriminalitätsrate tendenziell am höchsten. Die meisten sexuellen Übergriffe ereignen sich an einsamen Stränden.

Nachtfahrten mit dem Bus sollte man vermeiden, da sich Überfälle hauptsächlich nachts ereignen (in Mexiko und Panama ist das Überfallrisiko eher gering). Im kargen Norden Nicaraguas findet man nach wie vor Landminen aus den 1980er-Jahren. Einige Teile der Darién-Provinz, die an Kolumbien angrenzt, sind nur beschränkt zugänglich.

Trotz der aktuellen Drogenkonflikte in Mexiko gilt die Yucatán-Region für Touristen als sicher.

Es ist ratsam, sich bei anderen Reisenden, in Touristeninformationen, bei der Polizei, in den Unterkünften oder im Forum **Thorn Tree** (www.lonelyplanet.com/thorntree) von Lonely Planet über die aktuelle Lage zu informieren.

Drogen

Es ist ziemlich einfach, an Marihuana und Kokain zu kommen; diese Drogen sind aber in ganz Zentralamerika illegal und die Strafen für Drogenbesitz und -konsum sind hart. Man sollte sich tunlichst von Leuten, die Drogen anbieten, fernhalten. Wer sich in einer Gegend aufhält, in der Drogenhandel an der Tagesordnung ist, ignoriert die „Szene" am besten (auf keinen Fall Interesse zeigen!). Manchmal versuchen Dealer nämlich, Ausländer mittels ihrer Ware in eine Falle zu locken und zu erpressen. In Mexiko erlaubt ein relativ neues Gesetz den Drogenbesitz für den persönlichen Gebrauch. Übrigens: Selbst gedrehte Zigaretten und Zigarettenpapier rufen mitunter argwöhnische Blicke hervor.

Naturkatastrophen

In Zentralamerika sind Naturkatastrophen wie Erdbeben, Wirbelstürme, Überschwemmungen und Vulkanausbrüche keine Seltenheit. Allgemeine Infos zum richtigen Verhalten im Falle eines Falles findet man z. B. auf der Seite der **US Federal Emergency Management Agency** (www.fema.gov).

Polizei & Militär

Korrupte Polizisten sind in ganz Lateinamerika ein ernstzunehmendes Problem. Die Beamten beziehen häufig miese Gehälter und werden kaum kontrolliert. In vielen Ländern kann es deshalb vorkommen, dass sie nichts Böses ahnenden Reisenden Drogen unterjubeln oder ihnen irgendwelche kleinere Vergehen zuschreiben, um ein paar *coimas* (Bestechungsgelder) einheimsen zu können.

Wer von angeblichen Polizisten in Zivil angehalten wird, darf auf keinen Fall mit ihnen in einen Wagen steigen. Weiterhin sollte man keinesfalls seine Papiere aushändigen oder den Portemonnaieinhalt zeigen und sie auch nicht zu seiner Unterkunft führen. Und wenn die Beamten echt wirken, sollte man einfach darauf bestehen, zu Fuß zur nächsten Polizeiwache zu gehen.

Kontrollpunkte sind keine Seltenheit in Gegenden wie Chiapas, der Darién-Provinz oder in El Salvador – häufig werfen die Soldaten einen routinemäßigen Blick auf die Pässe Reisender.

Englisch sprechende Dolmetscher sind in Polizeistationen eher eine Seltenheit. In einigen Städten gibt es eine Touristenpolizei, die hilfreicher sein kann.

Raub & Diebstahl

Diebstähle geschehen vor allem in den größeren Städten und an belebten, öffentlichen Orten wie Busbahnhöfen. Meistens schlagen geschickte Taschendiebe unbemerkt zu oder aber jemand entreißt einem ein Gepäckstück und rennt schnell davon. Vorsicht ist geboten, wenn einem Fremde in Bussen, Zügen oder Bars Lebensmittel, Getränke, Süßigkeiten oder Zigaretten schenken wollen – sie könnten Betäubungsmittel enthalten.

Um sich zu schützen, sollte man folgende Ratschläge beherzigen:

- iPhone oder Laptop nicht in der Öffentlichkeit benutzen: Diebe werden davon magisch angezogen.

➡ Größere Geldbündel und den Pass in einem Geldgürtel verstecken und einzelne Geldscheine und Münzen greifbar in den Hosentaschen aufbewahren; praktisch sind Reißverschlusstaschen.

➡ Geldbeutel und Taschen können leicht abgeschnitten und gegriffen werden. Für den Rundgang durch Städte am besten eine billige und unauffällige Tasche mitnehmen.

➡ Vorsicht ist geboten, wenn man auf einen Fleck auf der Kleidung hingewiesen wird (Senf, Hundekot etc.). Dies ist ein beliebter Trick versierter Taschendiebe: Während eine Person dabei hilft, den fiesen Fleck zu entfernen, „kümmert" sich ein anderer um die Wertgegenstände des ahnungslosen Opfers.

➡ Nachtbusse vermeiden.

➡ Nach Einbruch der Dunkelheit immer mit dem Taxi fahren, vor allem in Großstädten. Für alle, die allein unterwegs sind: Einsame Straßen und verlassene Gegenden wenn möglich meiden.

➡ Wenn es möglich ist, Wertgegenstände im Hotelsafe einschließen lassen.

➡ Sicher gehen, dass die Schlösser an Türen und Fenstern funktionieren. Abschließen nicht vergessen!

➡ Nicht irgendwo am Strand oder auf dem Land zelten, wenn man nicht 100%ig davon überzeugt ist, dass es sicher ist.

➡ Erkundigungen, Tipps und Ratschläge einholen – bei Pensionsbesitzern, in Touristeninformationen oder bei anderen Reisenden.

➡ Nicht wehren. Viele Diebe sind bewaffnet.

Wer ausgeraubt wurde und ein Dokument zur Vorlage bei der Versicherung zuhause benötigt, muss den Vorfall der Polizei melden (auf Spanisch sagt man: *Quiero poner una acta de un robo* – Ich möchte einen Diebstahl melden). Eventuell wird man den Bericht selbst schreiben müssen; er wird anschließend abgestempelt und unterschrieben.

Um im Falle eines Verlusts schnell an neue Dokumente zu kommen, haben sich Fotokopien oder Fotos von Pass, Visa und Flugtickets und die sichere Aufbewahrung von Kreditkartennummern bewährt. Anträge zur Ausstellung eines neuen Passes gehen meist in das Heimatland. Es ist deshalb ratsam, zu Hause jemanden zu haben, der eine Kopie des Passes besitzt.

Risiken beim Schwimmen

Jedes Jahr ertrinken Hunderte Menschen an den Stränden Zentralamerikas. Bei 80 % der Ertrunkenen sind starke Brandungsrückströmungen die Ursache. Sie zerren Badende, die teilweise nur bis zur Hüfte im Wasser stehen, vom Ufer weg ins Meer hinaus. Unser Tipp: Vor dem Schwimmen nach den jeweiligen Gegebenheiten fragen. Wird der Strand als gefährlich beschrieben, lieber nur den großen Zeh hineinhalten!

Sprachkurse

Spanische Sprachkurse werden in vielen zentralamerikanischen Städten angeboten. Zu den drei Orten mit dem besten und günstigsten Angebot gehören Antigua und Quetzaltenango in Guatemala und Estelí in Nicaragua.

Strom

Die meisten Länder in Zentralamerika benutzen Stecker vom Typ A oder B, die auch in den USA üblich sind. Nur Belize verwendet Typ-G-Stecker. Die elektrische Spannung variiert zwischen 110V und 220V.

Weitere Informationen stehen auf www.electricaloutlet.org.

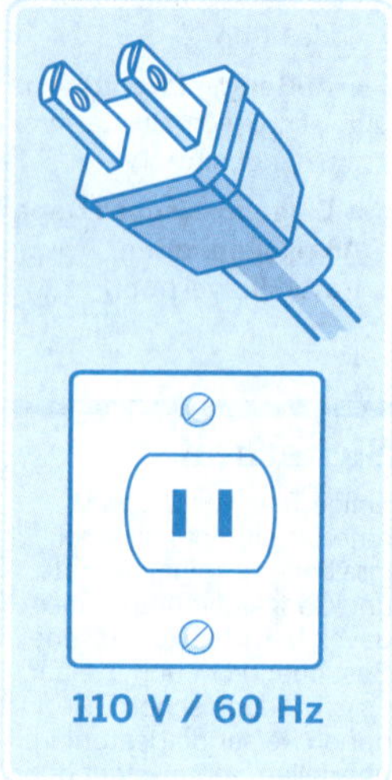

Telefon

Internetcafés mit Voice-over-IP-Diensten bieten die günstigste Gelegenheit für

Auslandstelefonate. Bei Anrufen in die USA und nach Europa schwanken die Gebühren zwischen 0,10 und 0,50 US$/Min.

Auf traditionellem Wege sind Ferngespräche mit Telefonkarten von Kiosks oder Läden erschwinglich. Eventuell sind auch Direktwahlnummern günstig, die über eine spezielle Nummer mit einem Telefonvertrag zu Hause verbunden sind. Und es ist mitunter billiger, ein Kreditkarten- oder R-Gespräch nach Europa oder Nordamerika zu führen, als die vor Ort verlangten Minutenpreise zu zahlen.

In vielen Städten gibt es Telefonzentren, von denen Orts- und Ferngespräche geführt werden können, allerdings oft zu hohen Gebühren. Um die Kreditkartentelefone in Mexiko und die schwarzen Telefone in Guatemala sollte man einen Bogen machen; die Gebühren sind exorbitant.

Mobiltelefone

Mobiltelefone sind in den größeren Städten Zentralamerikas weit verbreitet. Es ist aber meist wesentlich teurer, eine Mobilnummer anzurufen als eine Festnetznummer.

Wer sein eigenes Handy mitnehmen möchte, sollte ein GSM Tri- oder Quadband-Telefon besitzen. Bei einem kompatiblen GSM-Handy ohne gesperrte SIM-Karte kann man sich eine landeseigene Prepaid-SIM-Karte kaufen. An Straßenkiosks werden billige Handys für rund 20 US$ verkauft.

Toiletten

An der zentralamerikanischen Toilette als solcher ist absolut nichts auszusetzen, das eigentliche Problem sind die Abflussrohre. Auf keinen Fall sollte man Toilettenpapier, Hygieneartikel oder sonst irgendetwas runterspülen, sondern sollte sie in den bereitstehenden Mülleimern entsorgen.

Manchmal kostet die Nutzung öffentlicher Toiletten etwas (0,10 US$). Dafür versorgt einen das Personal mit Toilettenpapier (für den Fall der Fälle sollte man aber immer ein bisschen Extra-Klopapier dabeihaben).

Touristeninformation

In allen Hauptstädten der Region gibt's offizielle Touristeninformationen, häufig findet man aber auch in kleineren Orten Büros. Studenten können sich an die Studenten-Reisebüros in den Hauptstädten Costa Ricas und Panamas sowie in Cancún, Mexiko, wenden.

Unter www.visitcentroamerica.com (spanisch) findet man Standardinfos zu den einzelnen Ländern.

Unterkunft

Die Übernachtungsmöglichkeiten sind in der von uns favorisierten Rangordnung aufgeführt. Für alle, die mal für ein paar Nächte eine Pause von Gemeinschaftsduschen und dünnen Matratzen brauchen, tauchen auch ein paar mittelpreisige Herbergen und einige Luxusschuppen in der Liste auf.

Die Preise für Übernachtungen unterscheiden sich von Land zu Land. Nicaragua, Honduras und Guatemala sind die günstigsten Länder in Zentralamerika, Mexiko und Belize (und viele Strandorte) die teuersten Flecken. Extras wie ein eigenes Bad, Warmwasser oder eine Klimaanlage treiben die Übernachtungspreise in die Höhe.

In Touristengebieten sind Reservierungen zur Hauptsaison erforderlich; vor allem während der Semana Santa (Karwoche) und in der Woche zwischen Weihnachten und Neujahr werden die beliebtesten Reiseziele nämlich auch von zahllosen Einheimischen frequentiert.

Preise verändern sich; die Preislisten im Buch dienen nur als Anhaltspunkt.

Camping

Wer zelten gehen möchte, sollte seine eigene Ausrüstung mitbringen. Offizielle Campingplätze sind in Zentralamerika die Ausnahme und die Ausstattung ist von Campingplatz zu Campingplatz unterschiedlich. Nur manchmal gibt's Feuerstellen, einfache Toiletten und fließendes Wasser. Eine Alternative sind *refugios* (Hütten), die meist in Nationalparks zu finden sind.

Manche Hostels reservieren Bereiche speziell für Reisende mit Zelt und auch in einigen Nationalparks und Naturschutzgebieten (vor allem in Costa Rica) findet man simple Einrichtungen, bei den Anlagen kann man allerdings Glück und Pech haben: Manchmal ist die Hölle los und der Lärm unerträglich. Die Preise beginnen bei 7 US$ pro Person und Nacht. Hin und wieder kann man auch Privatleute fragen, ob man auf ihrem Grundstück zelten darf.

UNTERKÜNFTE ONLINE BUCHEN

Weitere Unterkunftstipps von Lonely Planet Autoren gibt's unter www.lonelyplanet.com/central-america/hotels. Hier stehen unabhängige Bewertungen und Empfehlungen zu den besten Adressen. Und es kann online gebucht werden.

Hängematten & Hütten

In einer Hängematte zu schlafen, ist manchmal angenehmer als in einem stickig-heißen Zimmer. In vielen Strandorten werden Hängemattenzimmer oder offene Schlafbereiche zu demselben Preis wie ein Mehrbettzimmer angeboten. Auch eine Nacht in einer Strand- oder Urwald-*cabaña* (oder *cabina*) ist sicher unvergesslich. Die Ausstattung ist sehr unterschiedlich; meist sind es einfache, strohgedeckte Hütten mit Sand- oder Lehmboden.

Homestays

In Städten, in denen es viele Spanisch-Sprachschulen gibt, organisieren diese Aufenthalte bei Gastfamilien, wie z. B. in Antigua oder Quetzaltenango in Guatemala, Granada in Nicaragua, Copán, Honduras oder Bocas del Toro, Panama. Ähnlich funktioniert *turismo rural* – kommunale Tourismusinitiativen vermitteln Unterkünfte auf Bauernhöfen.

Hostels

Hostels gibt es überall in Zentralamerika und die meisten nehmen Personen jeden Al-ters auf. Die Preise schwanken meist zwischen 7 und 15 US$ für ein Bett. Eine Mitgliedskarte von Hostelling International (HI) ist nur in Mexiko und Costa Rica von Nutzen, da die meisten Hostels privat geführt sind.

Pensionen & Hotels

Pensionen sind in der Regel kleine Familienbetriebe. Die meisten Zimmer sind mit Ventilatoren ausgestattet, das Bad teilt man sich mit anderen Gästen. Extras wie Handtücher und Seife sind eher die Ausnahme. Manche haben hübsche Zimmer mit Gemeinschaftsbad, aber es gibt auch Herbergen mit durchgelegenen Matratzen, zerdrückten Moskitos an den Wänden und stinkenden Duschen oder tropfenden Wasserhähnen am Ende des Flurs.

In Hotels kosten Zimmer mit Klimaanlage und TV meist mindestens doppelt so viel wie ein Zimmer mit Ventilator. Das Frühstück ist normalerweise nicht im Preis enthalten.

„Warmwasser" ist teilweise nur lauwarm und nur zu bestimmten Tageszeiten verfügbar. Wenn das Wasser kalt ist, muss manchmal einfach nur der Warmwasserbereiter eingeschaltet werden. Vorsicht heißt es bei den Elektro-Duschen (Kaltwasserduschköpfe, an denen Heizelemente befestigt sind): Auf keinen Fall den Duschkopf bzw. Metallgegenstände anfassen, solange man im Wasser steht!

Benutztes Toilettenpapier wird in den Mülleimer geworfen, nicht in die Toilette.

Wir haben uns bemüht, nur Unterkünfte zu nennen, die nicht als Stundenhotels genutzt werden. Sollte man dennoch ein paar Prostituierte in einem der hier aufgeführten Hotels antreffen, bitte an Lonely Planet schreiben!

VIVA EL CA-4!

Das „CA-4-Grenzkontrollabkommen" zwischen Guatemala, Honduras, El Salvador und Nicaragua ermöglicht es Bürgern dieser Länder und Besuchern aus den USA, Kanada sowie Europa inklusive der Schweiz, sich 90 Tage lang frei innerhalb dieser Region zu bewegen. Theoretisch muss die Einreisegebühr nur einmal gezahlt werden und gilt dann für alle vier Länder. Dennoch versuchen viele Grenzbeamte, ein paar Dollar extra zu verdienen (für den „Verwaltungsaufwand"). Man hat dann kaum eine andere Wahl.

Versicherung

Eine Reiseversicherung abzuschließen, die Diebstähle, Unfälle und Krankheiten im Ausland abdeckt, ist auf jeden Fall eine gute Idee. Manche Versicherungen ersetzen Reisenden sogar verlorenes bzw. an den falschen Ort geliefertes Gepäck. Wichtig ist, dass sie auch in den schlimmsten Notfällen zahlen, sprich: bei Krankentransporten, Evakuierungen und medizinisch notwendigen Rückflügen nach Hause. Achtung: Manchmal wird in den Versicherungsbedingungen ausdrücklich darauf hingewiesen, dass „risikoreiche Aktivitäten" nicht abgedeckt sind. Dazu können Tauchen, Motorradfahren oder sogar Wanderungen zählen. Das Kleingedruckte aufmerksam lesen!

Es gibt eine Vielzahl unterschiedlicher Versicherungen. Das Reisebüro informiert über die Vor- und Nachteile. Versicherungen von Studentenorganisationen haben normalerweise preiswerte, qualitativ gute Angebote. Günstigere Tarife mit Selbstbehalt sind ebenfalls eine Option für Zentralamerika, da die Kosten für medizinische Behandlungen hier vergleichsweise gering sind.

Wer eine Gepäckversicherung hat und in Anspruch nehmen muss, muss der Versicherung eventuell mit einem offiziellen Dokument „beweisen", dass das verlorene Gut tatsächlich aus dem eigenen Besitz stammt. Normalerweise muss der Verlust bzw. Diebstahl binnen 24 Stunden bei einer lokalen Polizeiwache zur

Anzeige gebracht werden. Vorher sollte man alle vermissten Gegenstände samt Wert auflisten. Bei der Polizei verfasst man dann die *denuncia* (Anzeige) und erhält eine Kopie, die man bei der Versicherung einreichen kann.

Eine weltweit geltende Reiseversicherung gibt es auch auf www.lonelyplanet.com/travel_services.

Visa & andere Dokumente

Ausreichende Geldmittel & Belege für die Aus-/Weiterreise

Bei der Einreise kontrollieren die Grenzbeamten den Pass, manchmal wird man auch nach seinen finanziellen Mitteln befragt. Wer nicht nachweisen kann, dass er über ausreichende Geldmittel verfügt, dem verkürzen die Beamten eventuell den zulässigen Aufenthaltszeitraum. 370 € (500 US$) pro Monat gelten generell als genug; Reiseschecks, manchmal auch Kreditkarten, sollten als Belege akzeptiert werden.

In einigen zentralamerikanischen Ländern muss zudem ein Rück-/Weiterreiseticket vorgelegt werden.

Visa

Bürger aus Deutschland, Österreich und der Schweiz benötigen derzeit kein Visum, um in die zentralamerikanischen Staaten bzw. nach Mexiko einreisen zu können. Zur Sicherheit sollte man sich aber vor der Abreise daheim noch einmal nach dem aktuellen Stand der Dinge erkundigen.

In vielen Ländern wird bei der Einreise eine Tou- risten-)Gebühr fällig (5–20 US$).

Wechselkurse

Belize

Euro	1 €	2,61 BZ$
Guatemala	1 Q	0,24 BZ$
Mexiko	1 Peso	0,15 BZ$
Schweiz	1 SFr	2,14 BZ$
USA	1 US$	1,93 BZ$

Costa Rica, El Salvador, Nicaragua & Panama

US-Dollar werden in Costa Rica und Nicaragua weitgehend akzeptiert.

Die Preise für viele Übernachtungen und Aktivitäten in diesen Ländern werden eher in US-Dollar als in der Landeswährung angegeben, weswegen hier auf die Landeswährungen verzichtet wird.

Euro	1 €	1,33 US$
Schweiz	1 SFr	1,10 US$

Guatemala

Euro	1 €	10,53 Q
Schweiz	1 SFr	8,61 Q
USA	1 US$	7,79 Q

Honduras

Euro	€1	27,15 L
Schweiz	1 SFr	22,21 L
USA	1 US$	20,01 L

Mexiko

Euro	1 €	17,81 M$
Schweiz	1 SFr	14,56 M$
USA	1 US$	13,18 M$

Aktuelle Wechselkurse gibt's auf www.xe.com.

Zoll

Alle Besucher, die nach Zentralamerika einreisen bzw. Zentralamerika verlassen, müssen den Zoll passieren. Man sollte sich darauf einstellen, dass Taschen am Flughafen und an Landesgrenzen immer einer kurzen Inspektion unterzogen werden. Häufig werfen die Beamten nur pro forma einen schnellen Blick auf das Gepäck, manchmal gehen sie aber auch gründlicher vor. Es kann nicht schaden, immer höflich zu den Beamten zu sein.

Verkehrsmittel & -wege

AN- & WEITERREISE

Die meisten Besucher kommen mit dem Flugzeug oder im Rahmen einer größeren Tour auf dem Landweg aus Mexiko nach Zentralamerika. Flüge, Touren und Bahntickets kann man online auch unter www.lonelyplanet.com/bookings buchen.

Einreise nach Zentralamerika

Der Pass sollte noch mindestens sechs Monate über das vorgesehene Abreisedatum hinaus gültig sein und für die stempelfreudigen Beamten über mehrere leere Seiten verfügen. Unterwegs sollte man den Pass immer bei sich tragen.

Auf dem Landweg

Grenzübergänge

Es gibt zahlreiche Grenzübergänge in Zentralamerika, sodass man meist keine großen Umwege machen muss, um das nächste Ziel zu erreichen. Die meisten Grenzübergänge liegen an einer Straße (oder Brücke). Es gibt aber auch einige, die eine Bootsfahrt erfordern.

Mit dem Anstieg des Tourismus in der Region haben sich die Grenzbeamten an den Anblick von Backpackern gewöhnt. Dennoch ist der Grenzübertritt immer einfacher, wenn man einigermaßen ordentlich aussieht, die Beamten respektvoll behandelt und versucht, etwas Spanisch zu sprechen.

Bevor man die Grenze erreicht, sollte man sich über die aktuellsten Visabestimmungen informieren.

Aus Mexiko

AUTO & MOTORRAD

Die meisten Traveller, die mit dem Auto nach Zentralamerika einreisen, kommen aus den USA. Wer erst in Zentralamerika ein Auto kaufen will, muss sich auch in Mexiko auf ein kompliziertes Prozedere einstellen – Selbstfahrer werden *kein* Geld sparen, aber eine tolle Reise erleben. Es erwarten einen viele Gebühren, Papierkram, Bürokratie, Mautgebühren und Ärger beim Parken. An militärischen Kontrollpunkten werden Ausweiskontrollen durchgeführt. Und auch Überfälle auf der Schnellstraße sind nicht unüblich. Nicht nachts reisen!

Wer mit einem eigenen Fahrzeug unterwegs ist, brauch für dieses eine Haftpflichtversicherung, die in vielen Grenzstädten erhältlich ist. **Sanborn's Insurance** (☎800-222-0158; www.sanbornsinsurance.com) in Texas verkauft Policen, die nur in Mexiko und Zentralamerika Gültigkeit besitzen. Es gibt Policen mit tageweiser oder halbjährlicher Gültigkeit; in Zentralamerika sind Belize und Nicaragua leider von der Haftung ausgeschlossen. Man kann sie telefonisch oder im Internet abschließen.

Was man vor der Fahrt bedenken sollte:

- Man braucht eine gültige Fahrerlaubnis aus dem Heimatland.
- Bleifreies Benzin/Diesel erhält man mittlerweile in ganz Zentralamerika.
- Sicherstellen, dass die Stoßdämpfer und die Federung den holprigen Straßen angepasst sind.
- Ein separater Kraftstofffilter und andere Ersatzteile können von unschätzbarem Wert sein.
- Im Vorfeld bei einem nationalen Tourismusverband oder Konsulat erkundigen,

AUSREISESTEUER

Die Flugsteuern in den zentralamerikanischen Ländern variieren. Diese Steuern sind in der Regel sowohl im Ausland als auch in Zentralamerika in den Flugpreisen von Reisebüros inbegriffen (jedoch nicht, wenn man übers Internet bucht).

BESTIMMUNGEN FÜR EIN ANSCHLUSSTICKET

Wer vorhat, in ein Land ein- und aus einem anderen Land auszureisen, sollte Folgendes beachten: Einreisebeamte können von Travellern einen Nachweis darüber fordern, dass sie ihre Reise fortsetzen. So soll vermieden werden, dass Touristen die Aufenthaltsgenehmigung unerlaubt ausdehnen.

In den meisten Fällen genügt es, wenn man dem Beamten plausibel erklären kann, wie, wann und wohin man das Land wieder verlassen wird. Die meisten Traveller werden aber gar nicht erst gefragt. Wer auf Nummer sicher gehen will, sollte sich bei den Fluglinien erkundigen. Ihnen können Strafen auferlegt werden, wenn sie Passagiere ohne die nötigen Dokumente ins Land einreisen lassen. Es kann auch hilfreich sein, eine „Busreservierung" zum Verlassen des Landes vorzuzeigen.

Dies kann auch an Grenzübergängen im Inland erforderlich sein. Reist man z. B. nach Costa Rica ein, muss man manchmal an der Grenze ein Busticket zum Verlassen des Landes kaufen, auch wenn man dies nie benutzen wird. Wer mit einem eigenen Auto einreist, braucht kein Ticket zur Weiterreise, allerdings die entsprechenden Papiere für das Auto.

Wer nach Südamerika weiterreist, sollte sich nach ähnlichen Auflagen in diesen Ländern erkundigen.

ob sich die Bestimmungen hinsichtlich der Einreise mit Auto nach Mexiko oder Zentralamerika geändert haben.

BUS

Mit dem Bus kann man von den USA aus nach Mexiko oder direkt nach Zentralamerika reisen. Die drei günstigsten Grenzübergänge zwischen Mexiko und Zentralamerika sind: zwischen Chetumal in Quintana Roo (Yucatán Halbinsel) und Corozal (Belize), Ciudad Cuauhtémoc und La Mesilla (Guatemala) sowie Ciudad Hidalgo in Chiapas (ca. 38 km südlich von Tapachula) und Ciudad Tecún Umán (Guatemala).

Eine ebenfalls beliebte Variante ist die Überquerung des Río Usumacinta; mit der Fähre geht's von Frontera Corozal südlich von Palenque nach Bethel (Guatemala).

Aus Südamerika

Zwischen Süd- und Zentralamerika gibt es keine Straßenverbindung. Die instabile Lage in der Grenzregion zwischen Panama und Kolumbien und die Schwierigkeiten einer dortigen Reise haben die Wanderung über den Tapón de Darién („Darien-Hindernis") unmöglich gemacht. Wer den Darién dennoch besuchen will, muss sich bei der Polizei registrieren, die die Durchquerung der Region zu Fuß derzeit verbietet.

Flugzeug

Alle zentralamerikanischen Länder haben internationale Flughäfen. Die größten sind Cancún in Mexiko (IATA-Flughafencode CUN), Guatemala-Stadt (GUA), Belize City (BZE), San Salvador (SAL), San Pedro Sula (SAP) und Tegucigalpa (TGU) in Honduras, Managua in Nicaragua (MGA), San José in Costa Rica (SJO) und Panama-Stadt (PAC). Einige wenige internationale Flieger steuern außerdem Flores in Guatemala (FRS), Roatán in Honduras (RTB) und David in Panama (DAV) an. Sofern man nicht von Südamerika aus nach Zentralamerika fliegt, wird man in den meisten Fällen einen Zwischenstopp in den USA einlegen (in Houston, Miami oder am JFK-Airport in New York); seltener wechselt man in Mexico City das Flugzeug. Es gibt aber auch einige Direktflüge aus Europa, insbesondere ab Madrid. Cancún wird auch von deutschen Ferienfliegern angesteuert.

Tickets

Da Zentralamerika auf einer verhältnismäßig schmalen Landbrücke liegt, ist es eine attraktive Option, die Rundreise nicht in der gleichen Stadt zu beenden, in der sie auch begonnen hat (man fliegt also z. B. nach Cancún oder Guatemala-Stadt und von Panama-Stadt aus zurück in die Heimat). Oft ist dies nicht viel teurer als ein Hin- und Rückflug. Wer in puncto Start- und Endpunkt der Reise flexibel ist, wird viele Schnäppchenangebote finden.

Es ist nicht gesagt, dass ein Flug zu einem Verkehrsknotenpunkt (z. B nach San Salvador mit der slavadorianischen TACA) unbedingt günstiger ist; teilweise sind diese Flüge sogar teurer. So kann ein Flug von Los Angeles über San Salvador nach Belize City günstiger sein als ein Hin- und Rückflugticket nach San Salvador. Der Grund dafür ist in der verwirrenden Welt der Flugpreise zu suchen – und in dieser wollen die Fluglinien besonders mit Direktflügen punkten. Es heißt also, genau die Preise zu vergleichen.

TIPPS ZUR GRENZÜBERQUERUNG

Die Überquerung einer Grenze irgendwo zwischen Mexiko und Panama kann hektisch und verwirrend sein. Selbst vor Abzocke ist man nicht gefeit. Mit ein wenig Planung ist das Ganze aber in der Regel kein Problem. Hier ein paar Tipps:

- Bevor man in ein anderes Land reist, sollte man sich über die Einreisebestimmungen informieren.
- Niemals ein Land verlassen, ohne sich bei der Einreisebehörde den Pass stempeln zu lassen, auch wenn einen niemand dazu auffordert.
- Oftmals steigt man an der Grenze in einen anderen Bus um, läuft vielleicht ein paar hundert Meter auf die andere Seite der Grenze oder nimmt ein *colectivo* (Sammeltaxi oder Minibus-Taxi) zum nächsten Busbahnhof. Nicht alle Grenzen sind rund um die Uhr geöffnet, Busse richten aber ihre Fahrzeiten in der Regel nach den Öffnungszeiten.
- Viele Reisebüros bieten organisierte Fahrten über die Grenze an. Viele Traveller schätzen diesen Service – sollten Probleme auftauchen, gibt es jemanden, an den man sich wenden kann (z. B. der Busfahrer).
- An fast allen Grenzposten gehen Geldwechsler ihren Geschäften nach. Meistens ist der Kurs fair. Manche schwarze Schafe geben aber zu wenig Geld raus – also stets genau nachzählen! Man sollte bedenken, dass auf der anderen Seite der Grenze oft nur die jeweilige Landeswährung akzeptiert wird, und gegebenenfalls noch vor der Grenzüberquerung Geld umtauschen.
- Es gibt ein offizielles Grenzabkommen zwischen Guatemala, Honduras, El Salvador und Nicaragua, das es Besuchern erlaubt, 90 Tage innerhalb der vier Länder zu reisen. Folglich sollte man eigentlich für die Überquerung einer Grenze nichts bezahlen müssen.

Normalerweise sind Flüge über die USA nach Panama-Stadt teurer als nach Guatemala-Stadt. Andererseits gibt es keine Faustregel, nach der Flüge in eine bestimmte zentralamerikanische Stadt dauerhaft günstiger sind als andere.

In der Hauptsaison (grundsätzlich Juli & August; Weihnachten bis Neujahr und rund um die Semana Santa) können Flüge erheblich teurer sein.

Studentische Reisebüros wie **STA Travel** (www.statravel.de, www.statravel.at, www.statravel.ch) bieten vergünstigte Tarife für Studenten unter 26 Jahren.

ROUND-THE-WORLD-TICKETS

Round-The-World (RTW)-Tickets sind eine weitere Option. Allerdings gibt es keine Flüge zwischen Australasien und Zentralamerika; man wird bei einer Weltumrundung also über die USA weiterreisen müssen.

Weiterreise nach Südamerika

Die Fluglinien TACA und COPA verbinden mittelamerikanische Städte mit Venezuela, Kolumbien, Ecuador, Peru, Chile und Argentinien, ebenso LAN, mit Standorten in Chile, Peru und Argentinien. Auch einige US-Airlines wie American Airlines haben ein paar Flüge nach Südamerika im Programm.

Übers Meer

Sofern man keine Jacht besitzt oder eine Kreuzfahrt macht, sind die Möglichkeiten, mit dem Schiff nach Zentralamerika zu reisen oder es zu verlassen, sehr begrenzt und sehr teuer. Eine hübsche Tour ist ein Törn mit einem gecharterten Segelboot vom Archipélago de San Blas in Panama nach Cartagena in Kolumbien (500 US$/Pers.) oder nach La Miel (Motorboot 350 US$). Während der fünftägigen Reise hat man in der Regel ein paar Tage Aufenthalt auf den Inseln; die Fahrt ab/nach Kolumbien selbst dauert zwei Tage.

In Cartagena kann man sich in der **Casa Viena** (☎05-664-6242; www.casaviena.com) nach den Abfahrtszeiten erkundigen. Lastschiffe sind eine riskante Sache, da Schmuggel auf der Strecke Colón–Cartagena an der Tagesordnung ist.

UNTERWEGS VOR ORT

Gerne mit dem Bus unterwegs? Dann ist man in Zentralamerika goldrichtig. Busse sind das günstigste und am häufigsten verbreitete Verkehrsmittel in Zentralamerika, vor allem entlang der Panamericana bzw. Interamericana (Panamerican Highway), die mit Ausnahme von Belize alle Länder Zentralamerikas durchquert.

In Honduras haben die meisten Fernverkehrsbusse

ihre eigenen, privaten Bahnhöfe.

Vor allem auf längeren Strecken kann es sich durchaus lohnen, einen Flug zu buchen – man spart einiges an Zeit, wenn auch nicht an Geld. Mit diversen Schiffen erreicht man Inseln sowie einige Grenzübergänge.

Auto & Motorrad

Führerschein

Wer Zentralamerika mit dem Auto erkunden will, sollte sich vor der Abreise vergewissern, dass der Führerschein aus dem Heimatland in allen Ländern gilt, die auf dem Programm stehen. Unter Umständen benötigt man einen internationalen Führerschein, der bei Straßenverkehrsämtern erhältlich ist.

Man sollte stets auf Polizeikontrollen vorbereitet sein – immer anhalten und die Papiere griffbereit haben!

Mieten & Versicherung

Zentralamerika kann man recht unproblematisch mit einem eigenen Fahrzeug erkunden. Es würden sich weit mehr Traveller für diese Variante entscheiden, wären die Kosten (Mietgebühr & Sprit) und die Scherereien geringer. Für ein Mietauto zahlt man zwischen 15 US$ pro Tag in Nicaragua und 80 US$ pro Tag in Belize. Doch auch wenn ein Mietwagen bei einem knappen Budget ein echter Luxus ist, kann er einen unschätzbaren Vorteil mit sich bringen: Man sieht Ecken des Landes, die man ansonsten vermutlich nicht besuchen würde (z. B. abgelegene Strände südlich von Tulum in Mexiko und rund um die Península de Nicoya in Costa Rica).

In der Regel darf man mit dem Mietwagen nicht das Land verlassen (bei Budget ist dies möglich, sofern man das Auto in Nicaragua oder Guatemala mietet).

In vielen Fällen ist es günstiger, Fahrzeuge (sogar noch für den selben Tag) über die Websites der großen Autovermieter zu buchen: Bei unserer Recherchen in Tulum sparten wir 50 % des ortsüblichen Mietpreises, indem wir in ein Internetcafé um die Ecke gingen und online buchten!

Fahrzeuge mit Allradantrieb sind teurer (im Allgemeinen 80–100 US$/Woche), Benzin kostet 1,25–2,50 US$ pro Liter.

Man benötigt eine extra Versicherung, da die Policen aus der Heimat in Zentralamerika nutzlos sind. Es empfiehlt sich, zumindest eine Haftpflichtversicherung abzuschließen.

Um ein Auto zu mieten, benötigt man einen Pass und einen Führerschein. Manche Agenturen vermieten Autos an Fahrer ab 21 Jahren, andere schreiben ein Mindestalter von 25 Jahren vor. In ganz Zentralamerika wird auf der rechten Straßenseite gefahren.

Roller und größere Motorräder sind mancherorts erhältlich, letztgenannte kosten in der Regel etwa so viel wie ein Kleinwagen.

Trampen

Trampen *(tomar un jalón)* ist in keinem Land der Welt restlos sicher und wird von Lonely Planet daher nicht empfohlen. Tramper sollten sich bewusst sein, dass sie ein Risiko eingehen. Dennoch ist es in Teilen Zentralamerikas gang und gäbe. Wer trampt, sollte dies besser in einer Gruppe tun. Man sollte stets anbieten, sich an den Spritkosten zu beteiligen.

Bus

Viele Reiseerinnerungen werden sich um die Streckenkilometer drehen, die man in Bussen zurückgelegt hat. Das Busnetz ist in der gesamten Region gut ausgebaut, der Komfort bleibt aber nicht selten auf der Strecke. Manche Busse haben eine Klimaanlage und Liegesitze mit Reservierungsmöglichkeit. Dafür wird man aber auch das eine oder andere Mal mit einem der berühmt-berüchtigten „Hühnerbusse" (englisch: *chicken buses*, spanisch: *camioneta*) fahren. Die Fahrer der oft kunterbunt bemalten ausrangierten US-Schulbusse vertreten eine liberale „Alles darf an Bord"-Haltung – selbst das liebe Federvieh.

Nachtbusse meidet man am besten, da sie auf der Schnellstraße öfter überfal-

KLIMAWANDEL & REISEN

Jede Form des Reisens, die auf Brennstoff auf Kohlenstoffbasis beruht, erzeugt CO_2, das für den von Menschen verursachten Klimawandel hauptverantwortlich ist. Modernes Reisen ist von Flugzeugen abhängig, die zwar pro Kilometer und Person weniger Kraftstoff als die meisten Autos verbrauchen, aber sehr viel weitere Strecken zurücklegen. Auch die hohen Luftschichten, in die Flugzeuge Treibhausgase (darunter CO_2) und Schadstoffe ausstoßen, verstärken ihren Einfluss auf den Klimawandel. Viele Websites bieten „Emissionsrechner", mit denen Reisende die CO_2-Emissionen ihrer Reise ausrechnen und die Auswirkung dieser Treibhausgase mit einem Beitrag für klimafreundliche Projekte in der ganzen Welt ausgleichen können. Lonely Planet gleicht die CO_2-Bilanz aller Reisen der Mitarbeiter und Autoren aus.

FAHRTZEITEN

Notwendiges Umsteigen und die Formalitäten an Grenzposten können die Reise noch weiter in die Länge ziehen.

START	ZIEL	DAUER (STD.)
Cancún, Mexiko	Belize City	9–10
Flores, Guatemala	Guatemala-Stadt	8–10
Guatemala-Stadt	Copán Ruinas, Honduras	5
Managua, Nicaragua	San José	9
San Cristóbal de las Casas, Mexiko	Antigua, Guatemala	11
San José, Costa Rica	Panama-Stadt	14
San Salvador, El Salvador	Tegucigalpa	8
Tegucigalpa, Honduras	Managua	8

len werden (nur in Mexiko und Panama ist das Risiko gering).

Busse der 1. und einige Busse der 2. Klasse fahren nach Fahrplan an einem *terminal de autobuses* (Fernbusbahnhof) ab. Die restlichen starten von Busbahnhöfen auf Parkplätzen, wenn sie voll sind; unterwegs halten sie, um noch mehr Fahrgäste einzuladen. Falls nötig, gabeln sie einen vermutlich auch am Highway auf. In den meisten Städten gibt es mehr als einen Busbahnhof. Manche Busgesellschaften unterhalten eigene Terminals. Die Häufigkeit der Abfahrten variiert.

Gepäck kann in einem Fach oder auf dem Dach des Busses verstaut werden. Nach Möglichkeit sollte man es im Auge behalten, besonders wenn man es in einem leicht zugänglichen Gepäckfach in einem vollgestopften Bus untergebracht hat. Wertsachen immer am Körper tragen. In vollen Bussen und an Busbahnhöfen auf Taschendiebe Acht geben.

Mancherorts betreiben Reisebüros zu beliebten Zielen Shuttlebusse (meistens klimatisierte Vans). Sie sind komfortabler und teurer.

Colectivos & Minibusse

Verschiedenste Minibusse (*rapidito* in Honduras, *chiva* in Panama, *colectivo* in Costa Rica und Mexiko) bedienen Kurzstrecken zwischen großen Städten mit wichtigen Verkehrsanbindungen und kleinen Städten. Sie sind günstiger als Busse der 1. Klasse und fahren regelmäßig. Der Haken: Sie halten an jeder Ecke und der Fahrer kennt das Wort „voll" nicht.

Fahrrad

Da nur wenige Autofahrer daran gewöhnt sind, die engen Straßen und zweispurigen Schnellstraßen (oft ohne Bürgersteige) mit Radfahrern zu teilen, ist es nicht ungefährlich, lange Überlandstrecken mit dem Fahrrad zurückzulegen. Allerdings ist der Drahtesel im Kommen – Touren in die Berge und zu Kaffeeplantagen (inkl. Führer & Rad) werden in ganz Zentralamerika angeboten.

Fahrräder kann man in mehreren Städten und an Traveller-Hotspots leihen, so z. B. in San Cristóbal de las Casas (Mexiko), Flores (Guatemala), Granada (Nicaragua) und Panama-Stadt. Es werden viele Mountainbike-Touren angeboten, vor allem in kühleren Orten wie dem Hochland von Guatemala und San Cristóbal de las Casas. Passionierte Radfahrer sollten die Reisezeit mit Bedacht auswählen: In der Trockenzeit (ca. Dez.–April) sollten einem Regengüsse normalerweise erspart bleiben.

Wer mit dem Rad von Land zu Land reisen will, sollte Grenzbeamten mit einem entsprechenden Dokument den rechtmäßigen Besitz seines Gefährts nachweisen können.

Auf der Website www.downtheroad.org kann man die aktuelle Fahrradodyssee von Tim und Cyndie Travis verfolgen. Die Einträge u. a. zu Zentralamerika sind vollgepackt mit nützlichen Details. Die Mutter aller Radführer für die Region ist – wenn auch nicht mehr brandaktuell – *Latin America by Bike: A Complete Touring Guide* (1993) von Walter Sienko. *Cycle Central America* von Ian Benford und Peter Hodkinson behandelt das südliche Mexiko, Belize, Guatemala und Honduras.

Flugzeug

Viele internationale und nationale Fluglinien sind in der Region unterwegs. Auch einige kleinere regionale Fluglinien bieten Flüge an. Gelegentlich muss man in der Stadt umsteigen, in der die Fluglinie ihr Drehkreuz hat (bei einem Flug von Managua nach Panama-Stadt z. B. im nördlichen San Salvador).

Der Haken: Die Flugpreise belasten das Budget. Selbst auf kurzen Strecken können

Flüge innerhalb Zentralamerikas sehr teuer sein, ganz unabhängig davon, ob die Tickets im Ausland oder vor Ort gekauft werden. Oft kosten einfache Tickets nicht viel weniger als Hin- und Rückflugtickets.

- Manchmal werden Flüge überbucht, deshalb vor der Ankunft am Flughafen noch einmal den Flug bestätigen lassen.
- Ticketpreise können je nach Aufenthaltsdauer, Jahreszeit und Sonderangeboten extrem schwanken. Die Hauptsaisonpreise dienen also nur als grober Anhaltspunkt, um potenzielle Strecken herauszusuchen.
- Die beliebtesten Knotenpunkte sind San Salvador und San José. Mitunter sind Hin- und Rückflüge sogar günstiger als einfache Flüge.
- Eine praktische Inlandsverbindung ist z. B. die Route von Managua zu den Islas de Maíz (Maisinseln; hin & zurück ca. 99 US$); wer sich für den Flieger entscheidet, spart pro Weg eine zweitägige Bus- und Schiffstour. Ähnlich günstig sind Flüge innerhalb von Panama.

Schiff/Fähre

Einige Wasserwege verbinden zentralamerikanische Länder. Traveller auf dem Weg von Palenque in Mexiko nach Flores in Guatemala oder umgekehrt überqueren den Río Usumacinta nahe Frontera Corozal (Mexiko) bzw. Bethel (Guatemala). Nützlich ist auch die Fahrt über das Karibische Meer zwischen Punta Gorda in Belize und Puerto Barrios (manchmal Lívingston) in Guatemala. Ein eher abgelegener Grenzübergang über den Río Frío verbindet San Carlos in Nicaragua mit Los Chiles, Costa Rica.

Eine der beliebtesten Reiserouten übers Wasser ist die Fahrt den Río Escondidas hinab nach Bluefields in Nicaragua und dann zu den Islas de Maíz in der Karibik. Auch eine Tour auf Guatemalas Río Dulce hat ihre Reize. Weitere per Schiff zu erreichende Karibikinseln sind u. a. die zu Honduras gehörenden Bay Islands, die belizische Caye Caulker und die mexikanischen Inseln Cozumel und Isla Mujeres.

Der Panamakanal ist einer der wichtigsten Wasserwege der Welt. Er verbindet die Karibik und den Pazifik.

Zug

Die einzige Zugverbindung in der Region verläuft landschaftlich reizvoll parallel zum Panama-Kanal. Es handelt sich um einen Luxuszug mit Glasdach von Panama-Stadt nach Colón in Panama.

Sprache

Lateinamerikanisches Spanisch ist die am weitesten verbreitete Sprache in Zentralamerika. Amtssprache in Belize ist Englisch, doch wird weithin auch Spanisch oder ein kreolischer Dialekt gesprochen. Maya und Náhuatl sind unter der Reihe einheimischer Sprachen und Dialekte, die in der gesamten Region gesprochen werden, am stärksten vertreten. Die Aussprache des lateinamerikanischen Spanisch ist leicht, denn die meisten verwendeten Laute gibt es auch im Deutschen. Zu beachten ist, dass ch wie „tsch" (im deutschen Wort Tschechien) ausgesprochen wird, v und b leicht zu verwechseln sind (beide werden weich ausgesprochen und klingen wie ein Zwischending zwischen „b" und „w"') und das r genüsslich gerollt wird. Der Buchstabe „h" ist im Spanischen stumm. J ist ein gutturaler Laut wie „ch" in „ach".

Es gibt in Zentralamerika auch einige Varianten des gesprochenen Spanisch. Besonders zu erwähnen ist hier die Aussprache der Buchstabenfolge *ll*. In einigen Ecken der Region wird sie wie „lj" (wie in „Million") ausgesprochen, doch im überwiegenden Teil von Zentralamerika klingt sie wie „j" (wie in „ja"), und so wird es auch hier in der Lautschrift gehandhabt.

Die Form eines Adjektivs kann variieren, je nachdem, ob sich dieses auf ein männliches oder weibliches Substantiv bezieht. Im Folgenden sind, durch einen Schrägstrich getrennt, beide Formen angegeben, z. B. „Ich bin krank": *Estoy enfermo* (sagt ein Mann), *estoy enferma* (sagt eine Frau).

NOCH MEHR SPANISCH?

Zusätzliche Informationen zur Sprache und nützliche Wendungen für diejenigen, die fit in Englisch sind, bieten die Phrasebooks von Lonely Planet. Sie können online auf **shop.lonelyplanet.com** oder als Lonely Planet iPhone Phrasebook im Apple App Store erworben werden.

KONVERSATION

Hallo.	*Hola.*	o·la
Auf Wiedersehen.	*Adiós.*	a·*djos*
Wie geht's?	*¿Qué tal?*	ke tal
Gut, danke.	*Bien, gracias.*	bjen *gra*·sjas
Entschuldigung.	*Perdón.*	per·*don*
Tut mir Leid.	*Lo siento.*	lo *sjen*·to
Bitte.	*Por favor.*	por fa·*wor*
Danke.	*Gracias.*	*gra*·sjas
Gern geschehen.	*De nada.*	de *na*·da
Ja.	*Sí.*	si
Nein.	*No.*	no

Ich heiße ... *Me llamo ...* — me *ja*·mo ...

Wie heißen Sie?
¿Cómo se llama Usted? — *ko*·mo se *ja*·ma u·*ste*

Wie heißt du?
¿Cómo te llamas? — *ko*·mo te *ja*·mas

Sprechen Sie/sprichst du Deutsch/Englisch?
¿Habla alemán/inglés? — *a*·bla a·le·*man*/in·*gles*
¿Hablas alemán/inglés? — *a*·blas a·le·*man*/in·*gles*

Ich verstehe nicht.
Yo no entiendo. — jo no en·*tjen*·do

UNTERKUNFT

Ich möchte ein EZ/DZ.
Quisiera una habitación individual/doble. — ki·*sjera u*·na a·bi·ta·*sjon* in·di·wi·du·*al*/*do*·ble

Wie viel kostet es pro Nacht/Person?
¿Cuánto cuesta por noche/persona? — *kuan*·to *kues*·ta por *no*·tsche/per·*so*·na

Ist das Frühstück inbegriffen?
¿Incluye el desayuno? — in·*klu*·je el de·sa·*ju*·no

Klimaanlage
aire acondicionado — *ai*·re a·kon·di·sio·*na*·do

Bad	*baño*	ba·njo
Bett	*cama*	ka·ma
Campingplatz	*terreno de cámping*	te·re·no de kam·ping
Pension	*pensión*	pen·sjon
Hotel	*hotel*	o·tel
Jugendherberge	*albergue juvenil*	al·ber·ge chu·we·nil
Fenster	*ventana*	wen·ta·na

WEGWEISER

Wo ist ...?
¿Dónde está ...? don·de es·ta ...

Wie lautet die Adresse?
¿Cuál es la dirección? kual es la di·rek·sjon

Könnten Sie sie bitte aufschreiben?
¿Puede escribirlo, por favor? pue·de es·kri·bir·lo por fa·wor

Könnten Sie mir das (auf der Karte) zeigen?
¿Me lo puede indicar (en el mapa)? me lo pue·de in·di·kar (en el ma·pa)

an der Ecke	*en la esquina*	en la es·ki·na
an der Ampel	*en el semáforo*	en el se·ma·fo·ro
hinter ...	*detrás de ...*	de·tras de ...
vor ...	*enfrente de ...*	en·fren·te de ...
links	*izquierda*	is·kjer·da
neben ...	*al lado de ...*	al la·do de ...
gegenüber ...	*frente a ...*	fren·te a ...
rechts	*derecha*	de·re·tscha
geradeaus	*todo recto*	to·do rek·to

ESSEN & TRINKEN

Kann ich bitte die Speisekarte haben?
¿Puedo ver el menú, por favor? pue·do wer el me·nu por fa·wor

Was würden Sie empfehlen?
¿Qué recomienda? ke re·ko·mjen·da

Haben Sie vegetarisches Essen?
¿Tienen comida vegetariana? tie·nen ko·mi·da ve·che·ta·ria·na

Ich esse kein/keine (rotes Fleisch).
No como (carne roja). no ko·mo (kar·ne ro·cha)

Es war lecker!
¡Estaba buenísimo! es·ta·ba bue·ni·si·mo

Zum Wohl!
¡Salud! sa·lu

Die Rechnung, bitte.
La cuenta, por favor. la kuen·ta por fa·wor

Ich möchte einen Tisch für ...	*Quisiera una mesa para ...*	ki·sje·ra u·na me·sa pa·ra ...
(acht) Uhr	*las (ocho)*	las (o·tscho)
(zwei) Personen	*(dos) personas*	(dos) per·so·nas

MINISPRACHFÜHRER

Für die Verständigung auf Spanisch einfach Wörter nach Wahl in diese kurzen Sätze einbauen:

Wann (geht der nächste Flug)?
¿Cuándo sale (el próximo vuelo)? kuan·do sa·le (el prok·si·mo wue·lo)

Wo ist (der Bahnhof)?
¿Dónde está (la estación)? don·de es·ta (la es·ta·sjon)

Wo kann ich (ein Ticket kaufen)?
¿Dónde puedo (comprar un billete)? don·de pue·do (kom·prar un bi·je·te)

Haben Sie (eine Karte, einen Stadtplan)?
¿Tiene (un mapa)? tie·ne (un ma·pa)

Gibt es (eine Toilette)?
¿Hay (servicios)? ai (ser·wi·sjos)

Ich möchte (einen Kaffee).
Quisiera (un café). ki·sje·ra (un ka·fe)

Ich möchte (ein Auto mieten).
Quisiera (alquilar un coche). ki·sje·ra (al·ki·lar un ko·tsche)

Darf ich (eintreten)?
¿Se puede (entrar)? se pue·de (en·trar)

Könnten Sie mir bitte (helfen)?
¿Puede (ayudarme), por favor? pue·de (a·ju·dar·me) por fa·wor

Benötige ich (ein Visum)?
¿Necesito (obtener un visado)? ne·se·si·to (ob·te·ner un wi·sa·do)

Nützliche Begriffe

Aperitiv	*aperitivos*	a·pe·ri·ti·wos
Flasche	*botella*	bo·te·ja
Schüssel	*bol*	bol
Frühstück	*desayuno*	de·sa·ju·no
Kinder menü	*menú infantil*	me·nu in·fan·til
(zu) kalt	*(muy) frío*	(mui) fri·o
Abendessen	*cena*	se·na
Mahlzeit	*comida*	ko·mi·da
Gabel	*tenedor*	te·ne·dor

Glas	*vaso*	va·so
heiß (warm)	*caliente*	kal·jen·te
Messer	*cuchillo*	ku·tschi·jo
Mittagessen	*comida*	ko·mi·da
Hauptspeise	*segundo plato*	se·gun·do pla·to
Teller	*plato*	pla·to
Restaurant	*restaurante*	res·tau·ran·te
Löffel	*cuchara*	ku·tscha·ra
mit	*con*	kon
ohne	*sin*	sin

Fleisch & Fisch

Ente	*pato*	pa·to
Garnelen	*camarones*	ka·ma·ro·nes
Hühnchen	*pollo*	po·jo
Hummer	*langosta*	lan·gos·ta
Kalbfleisch	*ternera*	ter·ne·ra
Lamm	*cordero*	kor·de·ro
Pute/Truthahn	*pavo*	pa·wo
Rindfleisch	*carne de res*	kar·ne de res
Schweinefleisch	*cerdo*	ser·do
Tunfisch	*atún*	a·tun

Obst & Gemüse

Ananas	*piña*	pi·nja
Apfel	*manzana*	man·sa·na
Aprikose	*albaricoque*	al·ba·ri·ko·ke
Artischocke	*alcachofa*	al·ka·tscho·fa
Banane	*plátano*	pla·ta·no
Bohnen (grüne)	*judías*	chu·di·as
Champignon	*champiñón*	tscham·pi·njon
Erbsen	*guisantes*	gi·san·tes
Erdbeeren	*fresas*	fre·sas
Gurke	*pepino*	pe·pi·no
Karotte	*zanahoria*	sa·na·o·ria
Kartoffel	*patata*	pa·ta·ta
Kirsche	*cereza*	se·re·sa
Kohl	*col*	kol
Kopfsalat	*lechuga*	le·tschu·ga
Kürbis	*calabaza*	ka·la·ba·sa
Limone	*limón*	li·mon
Linsen	*lentejas*	len·te·chas
Mais	*maíz*	ma·is
Nüsse	*nueces*	nue·ses
Orange	*naranja*	na·ran·cha
Pfirsich	*melocotón*	me·lo·ko·ton
Paprika (Schote)	*pimiento*	pi·mjen·to
Pflaume	*ciruela*	si·ru·e·la
Rote Bete	*remolacha*	re·mo·la·tscha
Sellerie	*apio*	a·pio
Spargel	*espárragos*	es·pa·ra·gos
Spinat	*espinacas*	es·pi·na·kas
Tomate	*tomate*	to·ma·te
Trauben	*uvas*	u·was
Wassermelone	*sandía*	san·di·a
Zwiebel	*cebolla*	se·bo·ja

Noch mehr (Lebensmittel)

Brot	*pan*	pan
Butter	*mantequilla*	man·te·ki·ja
Ei	*huevo*	ue·wo
Essig	*vinagre*	wi·na·gre
Käse	*queso*	ke·so
Honig	*miel*	mjel
Marmelade	*mermelada*	mer·me·la·da
Öl	*aceite*	a·sey·te
Pasta	*pasta*	pas·ta
Pfeffer	*pimienta*	pi·mjen·ta
Reis	*arroz*	a·ros
Salz	*sal*	sal
Zucker	*azúcar*	a·su·kar

Getränke

Bier	*cerveza*	ser·we·sa
Kaffee	*café*	ka·fe
(Orangen) saft	*zumo (de naranja)*	su·mo (de na·ran·cha)
Milch	*leche*	le·tsche
Rotwein	*vino tinto*	wi·no tin·to
Tee	*té*	te

Schilder

Abierto	Geöffnet
Cerrado	Geschlossen
Entrada	Eingang
Hombres/Varones	Herren
Mujeres/Damas	Damen
Prohibido	Verboten
Salida	Ausgang, Ausfahrt
Servicios/Baños	Toiletten

(Mineral) wasser	*agua (mineral)*	a·gua (mi·ne·ral)
Weißwein	*vino blanco*	wi·no blan·ko

NOTFÄLLE

Hilfe!	*¡Socorro!*	so·ko·ro
Geh weg!	*¡Vete!*	we·te

Rufen Sie ...!	*¡Llame a ...!*	ja·me a ...
einen Arzt	*un médico*	un me·di·ko
die Polizei	*la policía*	la po·li·si·a

Ich habe mich verlaufen.
Estoy perdido/a. es·toi per·di·do/a (m/f)

Wo sind die Toiletten?
¿Dónde están los baños? don·de es·tan los ba·njos

Ich bin krank.
Estoy enfermo/a. es·toi en·fer·mo/a (m/f)

Ich bin allergisch gegen (Antibiotica).
Soy alérgico/a a (los antibióticos). soi a·ler·chi·ko/a a (los an·ti·bio·ti·kos) (m/f)

EINKAUFEN & SERVICES

Um wieviel Uhr wird geöffnet/geschlossen?
¿A qué hora abre/ cierra? a ke o·ra a·bre/ sje·ra

Ich möchte gern ... kaufen ...
Quisiera comprar ... ki·sje·ra kom·prar ...

Ich sehe mich nur um.
Sólo estoy mirando. so·lo es·toi mi·ran·do

Darf ich es mir ansehen?
¿Puedo verlo? pue·do wer·lo

Es gefällt mir nicht.
No me gusta. no me gus·ta

Was kostet es?
¿Cuánto cuesta? kuan·to kues·ta

Das ist zu teuer.
Es muy caro. es mui ka·ro

Fragewörter

Wie?	*¿Cómo?*	ko·mo
Was?	*¿Qué?*	ke
Wann?	*¿Cuándo?*	kuan·do
Wo?	*¿Dónde?*	don·de
Welche/r/s?	*¿Cuál?* (sg) *¿Cuáles?* (pl)	kual kua·les
Wer?	*¿Quién?*	kjen
Warum?	*¿Por qué?*	por ke

Können Sie im Preis heruntergehen?
¿Podría bajar un poco el precio? po·dri·a ba·char un po·ko el pre·sio

Auf der Rechnung ist ein Fehler.
Hay un error en la cuenta. ai un e·ror en la kuen·ta

Geldautomat	*cajero automático*	ka·che·ro au·to·ma·ti·ko
Markt(halle)	*mercado*	mer·ka·do
Postamt	*correos*	ko·re·os
Touristeninformation	*oficina de turismo*	o·fi·si·na de tu·ris·mo

UHRZEIT & DATUM

Wie spät ist es?
¿Qué hora es? ke o·ra es

Es ist (10) Uhr.
Son (las diez). son (las djes)

Es ist halb (zwei).
Es (la una) y media. es (la u·na) i me·dia

Vormittag	*mañana*	man·ja·na
Nachmittag	*tarde*	tar·de
Abend	*noche*	no·tsche
gestern	*ayer*	a·jer
heute	*hoy*	oi
morgen	*mañana*	man·ja·na

Montag	*lunes*	lu·nes
Dienstag	*martes*	mar·tes
Mittwoch	*miércoles*	mjer·ko·les
Donnerstag	*jueves*	chue·ves
Freitag	*viernes*	vjer·nes
Samstag	*sábado*	sa·ba·do
Sonntag	*domingo*	do·min·go

Januar	*enero*	e·ne·ro
Februar	*febrero*	fe·bre·ro
März	*marzo*	mar·so
April	*abril*	a·bril
Mai	*mayo*	ma·jo
Juni	*junio*	chun·jo
Juli	*julio*	chul·jo
August	*agosto*	a·gos·to
September	*septiembre*	se·tjem·bre
Oktober	*octubre*	ok·tu·bre
November	*noviembre*	no·vjem·bre
Dezember	*diciembre*	di·sjem·bre

VERKEHRSMITTEL & -WEGE

Öffentliche Verkehrsmittel

Schiff	*barco*	bar·ko
Bus	*autobús*	au·to·bus
Flugzeug	*avión*	aw·jon
Zug	*tren*	tren
erster/erstes	*primero*	pri·me·ro
letzter/letztes	*último*	ul·ti·mo
nächster/s	*próximo*	prok·si·mo

Flughafen	*aeropuerto*	a·e·ro·puer·to
Gangplatz	*asiento de pasillo*	a·sjen·to de pa·si·jo
Bushaltestelle	*parada de autobuses*	pa·ra·da de au·to·bu·ses
gestrichen	*cancelado*	kan·se·la·do
verspätet	*retrasado*	re·tra·sa·do
Kartenschalter	*taquilla*	ta·ki·ja
Fahrplan	*horario*	o·ra·rio
Bahnhof	*estación de trenes*	es·ta·sion de tre·nes
Fensterplatz	*asiento junto a la ventana*	a·sjen·to chun·to a la wen·ta·na
Ein ... Ticket, bitte.	*Un billete de ..., por favor.*	un bi·je·te de ... por fa·wor
Klasse	*primera clase*	pri·me·ra kla·se
Klasse	*segunda clase*	se·gun·da kla·se
einfach	*ida*	i·da
hin und zurück	*ida y vuelta*	i·da i wuel·ta

Um wieviel Uhr fährt/kommt?
¿A qué hora llega/sale? a ke o·ra je·ga/sa·le

Hält er in ...?
¿Para en ...? pa·ra en ...

Welche Haltestelle ist das?
¿Cuál es esta parada? kual es es·ta pa·ra·da

Könnten Sie mir Bescheid sagen, wenn wir in ... ankommen ...?
¿Puede avisarme cuando lleguemos a ...? pue·de a·wi·sar·me kuan·do je·ge·mos a ...

Hier möchte ich aussteigen.
Quiero bajarme aquí. kje·ro ba·char·me a·ki

Wieviel kostet es bis (zum Flughafen)?
¿Cuánto cuesta ir (al aeropuerto)? kuan·to kues·ta ir (al a·e·ro·puer·to)

Bringen Sie mich bitte zu (dieser Adresse).
Por favor, lléveme a (esta dirección). por fa·wor je·ve·me a (es·ta di·rek·sjon)

Auto- & Radfahren

Ich möchte	*Quisiera alquilar ...*	ki·sje·ra ... al·ki·lar ...
4WD	*un todo-terreno*	un to·do·te·re·no
Fahrrad	*una bicicleta*	u·na bi·si·kle·ta
Auto	*un coche*	un ko·tsche
Motorrad	*una moto*	u·na mo·to

Kindersitz	*asiento de seguridad para niños*	a·sjen·to de se·gu·ri·da pa·ra nin·jos
Diesel	*petróleo*	pe·tro·le·o
Helm	*casco*	kas·ko
Mechaniker	*mecánico*	me·ka·ni·ko
Benzin	*gasolina*	ga·so·li·na
Tankstelle	*gasolinera*	ga·so·li·ne·ra
Lastwagen	*camion*	ka·mjon

Ist das die Straße nach ...?
¿Se va a ... por esta carretera? se wa a ... por es·ta ka·re·te·ra

Darf ich hier parken?
¿Puedo aparcar aquí? pue·do a·par·kar a·ki

Zahlen

1	*uno*	u·no
2	*dos*	dos
3	*tres*	tres
4	*cuatro*	kua·tro
5	*cinco*	sin·ko
6	*seis*	seys
7	*siete*	sje·te
8	*ocho*	o·tscho
9	*nueve*	nue·we
10	*diez*	djes
20	*veinte*	weyn·te
30	*treinta*	treyn·ta
40	*cuarenta*	kua·ren·ta
50	*cincuenta*	sin·kuen·ta
60	*sesenta*	se·sen·ta
70	*setenta*	se·ten·ta
80	*ochenta*	o·tschen·ta
90	*noventa*	no·wen·ta
100	*cien*	sjen
1000	*mil*	mil

Das Auto ist liegengeblieben.
El coche se ha averiado. el *ko*·tsche se a a·we·*ria* do

Ich hatte einen Unfall.
He tenido un accidente. e te·*ni*·do un ak·si·*den*·te

Das Benzin ist ausgegangen.
Me he quedado sin gasolina. me e ke·*da*·do sin ga·so·*li*·na

Ich habe einen Platten.
Se me pinchó una rueda. se me pin·*tscho* u·na *rue*·da

GLOSSAR

alcaldía – Rathaus
apartado – Briefkastennummer
artesanía – Kunsthandwerk; -gewerbe, Handarbeit
Av – Abk. für avenida (Straße)
ayuntamiento – Stadtverwaltung

bahía – Bucht
bajareque – traditionelle indianische Pfostenhausbauweise, bei der eine Grundmauer aus Steinen mit Bambus- oder anderem Holz befestigt und anschließend mit Zement oder Lehm überzogen wird
balneario – öffentliche Badestelle; Badeort (am Meer)
barrio – Bezirk; Stadtviertel
Black Caribs – s. *Garifuna*

caballeros – wörtlich „Pferdemänner", entspricht aber dem englischen „Gentlemen"; erscheint als Hinweis auf WC-Türen
cabaña – Hütte oder Bungalow
cabina – s. *cabaña*; in Costa Rica auch Bezeichnung für eine billige Unterkunft (in Hütten oder Bungalows, manchmal aber auch nur in einem preiswerten Hotelzimmer)
cajero automático – Geldautomat
calle – Straße
callejón – Gasse
calzada – Dammweg
camión – Lkw; Bus
camioneta – Pickup
campesino – Bauer
Carretera Interamericana – (auch: Panamericana); Fernstraße, die von Alaska fast durchgehend bis Chile führt (mit einer Unterbrechung beim sog. Darién Gap in Panama)
casa de cambio – Wechselstube
casa de huéspedes – Gästehaus, Pension
cascada – Wasserfall
catedral – Kathedrale
cay – kleine Sand- oder Koralleninsel; auch caye, cayo
cayuco – Kanu
cenote – großer, natürlicher Wassergraben in Kalksteinboden, dient als Wasserspeicher oder Zeremonialstätte
cerro – Hügel, Berg
cerveza – Bier
Chac – Regengott der Maya; sein Bildnis ziert viele Tempelruinen
chac-mool – Opfersteinskulptur der Maya
chamarra – dicke, schwere Wolldecke (Guatemala)
chapín – Bewohner von Guatemala; guatemaltekisch
chicken bus – ausgedienter US-Schulbus, der als Nahverkehrsbus dient
cine – Kino
ciudad – Stadt
cofradía – religiöse Bruderschaft der Maya, v. a. im Hochland von Guatemala
colectivo – Sammeltaxi oder Minibus, der auf einer bestimmten Strecke verkehrt, an der Passagiere jederzeit ein- und aussteigen können
colón – Landeswährung von Costa Rica
comedor – schlichtes, billiges Esslokal mit zumeist begrenzter Auswahl
conquistador – jeder der spanischen Entdecker/Eroberer Lateinamerikas
Contras – konterrevolutionäre, bewaffnete Gruppen, die in den 1980ern in Nicaragua die regierenden Sandinisten bekämpften
cordillera – Gebirgszug
córdoba – Landeswährung von Nicaragua
corte –7x 10 m langes Stück Stoff, das als Wickelrock getragen wird
costa – Küste
criollo – kreolisch; in Lateinamerika geborener Nachkomme spanischer Eltern; an der Karibikküste Bezeichnung für Menschen gemischter afrikanischer und europäischer Herkunft; s. auch *mestizo* und *ladino*
cuadra – Straßenzeile
cueva – Höhle

damas – Damen; steht normalerweise auf der WC-Tür
edificio – Gebäude
entrada – Eingang
expreso – schneller Bus

faja – Hüftschärpe, die die Kleidung zusammenhält und in die Sachen gesteckt werden, die sonst in Hosen-/Rocktaschen aufbewahrt werden
finca – Bauernhof; Plantage; Ranch
fritanga – Straßen-Grillrestaurant, typisch für Nicaragua
fuerte – Festung

Garifuna – Nachkommen westafrikanischer Sklaven und karibischer Indianer, die Ende des 18. Jhs. von der Insel St. Vincent an die Karibikküste Zentralamerikas gebracht wurden, auch *Black Caribs* genannt
Garinagu – s. *Garifuna*
gibnut – kleines, braungeflecktes Nagetier ähnlich einem Meerschweinchen; auch *paca* genannt
golfo – Golf
gringo/a – leicht herablassende Bezeichnung in Latein-

amerika für Ausländer beiderlei Geschlechts, insbesondere aus Nordamerika; wird oft auch für Europäer gebraucht
gruta – Höhle

hacienda – Landgut oder Plantage; Staatskasse wie in Departamento de Hacienda (Finanzministerium)
hospedaje – Unterkunft
huipil – lange, gewobene, ärmellose weiße Tunika mit komplizierter, farbenfroher Stickerei (Maya-Regionen)

iglesia – Kirche
indígena – einheimisch, eingeboren, Ureinwohner/in
Interamericana – s. *Carretera Interamericana*
invierno – Winter; in Zentralamerika die Regenzeit, etwa von April bis Mitte-Dezember
isla – Insel
IVA – *impuesto al valor agregado*; Mehrwertsteuer
ladino – gemischtrassiger Nachkomme von indigenen und europäischen Eltern, wird oft als Bezeichnung für einen spanischsprachigen *mestizo* gebraucht; s. auch *mestizo* und *criollo*
lago – See
laguna – Lagune, See
lancha – kleines Motorboot
lempira – Landeswährung von Honduras

malecón – Hafen, Uferpromenade
mar – Meer
marimba – Xylophon-artiges Instrument
mercado – Markt
Mesoamerica – geografische Region, die von Zentralmexiko bis ins nordwestliche Costa Rica reicht
mestizo – Nachfahre gemischtrassiger Herkunft, zumeist von Spaniern und Indianern; s. auch *criollo* und *ladino*
metate – flacher Stein, auf dem Getreide/Mais gemahlen wird
migración – Immigration; Einwanderungsbehörde
milpa – Getreidefeld
mirador – Aussichtspunkt
mola – bunte Handstickerei der Kuna-Frauen
muelle – Pier
municipalidad – Rathaus
museo – Museum

Navidad – Weihnachten

oficina de correos – Postamt
ordinario –langsamer Bus

paca – s. *gibnut*
PADI – Professional Association of Diving Instructors (Tauchlehrerverband)
palacio de gobierno – Regierungs-/Präsidentenpalast
palacio municipal – Rathaus; Sitz des Gemeinde-/Stadtrats
palapa – mit Palmblättern gedeckte und an den Seiten offene Strohhütte
Panamericana – s. Carretera Interamericana
panga – kleines Motorboot
parada – Bushaltestelle
parque – Park; bezeichnet manchmal auch die (eine) Plaza
parque nacional – Nationalpark
peña – Folklorekneipe; ein Abend mit Musik, Gesang und Tanz
pensión – Gästehaus, Pension
petén – Insel
playa – Strand
pozo – Quelle
propina – Trinkgeld; kleines Geldgeschenk
pueblo – Kleinstadt oder Dorf
puente – Brücke
puerta – Tor; Tür
puerto – Hafen
pulpería – Krämerladen; Minimarkt
punta – Punkt, (Land-)Spitze; traditioneller Garífuna-Tanz mit viel Hüftschwung

quebrada – Schlucht; Flusstal
quetzal – Landeswährung von Guatemala, nach dem gleichnamigen tropischen Vogel
rancho – Esslokal mit Strohdach
río – Fluss
Ruta Maya – Maya-Route, Reiseroute auf den Spuren der Maya durch Mexiko, Guatemala und Belize (in erster Linie), aber auch durch El Salvador und Honduras
sacbé (pl **sacbeob**) –traditioneller Kalksteinpfad zwischen verschiedenen Maya-Städten
salida – Ausgang, Ausfahrt
santo – Heiliger
Semana Santa – „Heilige Woche": die Karwoche (vor Ostern)
sendero – Pfad oder Weg
sierra – Gebirgszug; Säge
stela, stelae – altes Maya-Denkmal: eine (normalerweise behauene) Steinsäule
supermercado – Supermarkt; alles, vom Krämerladen bis zum riesigen Supermarkt nach westlicher Art

templo – Tempel, Kirche
terminal de autobus – Busbahnhof
Tico/a – Einwohner/in von Costa Rica
tienda – Tante-Emma-Laden
típica – s. típico
típico – typisch oder charakteristisch für eine Region, v. a. im gastronomischen Bereich; auch ein Genre panamaischer Folkloremusik
traje – traditionelle, handgefertigte Kleidung
turicentro – wörtlich: „Touristenzentrum"; Outdoor-Freizeitcenter mit Bademöglichkeiten, Restaurants und Campingeinrichtungen (El Salvador)

venado – Wild; Rotwild
verano – Sommer; in Zentralamerika die Trockenzeit, ungefähr von Mitte-Dezember bis April
volcán – Vulkan

Zapatistas – Mitglieder der linksgerichteten Gruppierung Ejército Zapatista de Liberación Nacional (EZLN), die in Chiapas, Mexiko, für die Rechte der Indigenen kämpft

KULINARISCHES GLOSSAR

aguardiente – klarer, kräftiger Schnaps aus Zuckerrohr; auch als *caña* bezeichnet

aguas de frutas – Fruchtsaftgetränk mit Wasser

batido – Wasser- oder Milchshake mit frischen Früchten

bocas – herzhafte Beilagen oder Appetithäppchen

bolitas de carne – Snack aus mäßig scharfen Fleischbällchen

cafetería – zwangloses Restaurant mit Bedienung

cafetín – kleine *cafetería*

caña – siehe *aguardiente*

carne ahumada – geräuchertes, getrocknetes Fleisch

ceviche – roher Fisch oder Meeresfrüchte, in Zitronen- oder Limettensaft, Knoblauch und Gewürzen mariniert

chicha – stark gesüßte, frische Fruchtsaftgetränke

chicharrón – Schweinekruste

cocina – wörtlich „Küche", kleines, einfaches Restaurant oder Garküche, meist in oder in der Nähe von Markthallen

comedor – günstiges, einfaches Lokal mit begrenztem Angebot

comida corriente oder **corrida**; **casado** – Tagesgericht aus Reis, Bohnen, Kochbananen und einem Stück Fleisch oder Fisch

comida típica – typisches einheimisches Gericht

empanada – Teigtasche, gefüllt mit Fleisch oder Käse, gebacken oder frittiert, manchmal mit Obstfüllung als Dessert

fritanga – Straßengrill, in Nicaragua weit verbreitet

gallo pinto – verbreitetes Gericht aus Reis und Bohnen

garnaches – gebackene Maistortillas mit Huhn, Fisch, oder Rind, gehobeltem Kohl und manchmal Käse, offen oder gerollt serviert

gaseosa – Softdrink

guacamole – Dip aus pürierten oder gehackten Avocados

guaro – lokales Feuerwasser aus Zuckerrohr (Costa Rica)

horchata – süßes Reismilchgetränk mit Zimt

huevos fritos/revueltos – Spiegel-/Rühreier

licuado – frisches Fruchtmixgetränk, mit Milch oder Wasser gemixt

menú del día – Tagesmenü

mondongo – Kuttelsuppe

pan de coco – Kokosbrot

panadería – Bäckerei

patacones – frittierte grüne Kochbananen, in dünne Scheiben geschnitten, gesalzen, gepresst und nochmals frittiert

plato del día – Tagesteller oder -gericht

pico de gallo – frische Salsa

pipa – Kokoswasser, direkt in der Schale serviert

plátano maduro – reife Kochbananen, mit Butter, Rohrzucker und Zimt gebacken oder gegrillt; heiß serviert

plato típico – für einen Ort oder eine Region typisches Gericht

pupusa – Maismehltasche, gefüllt mit Käse oder Bohnenmus oder einer Mischung aus beiden (El Salvador)

raspados – Shaved Ice mit Fruchtsaft

refresco – Softdrink; in Costa Rica ein Getränk aus heimischen Früchten

rellenitos – Kochbananenklöße, gefüllt mit schwarzem Bohnenmus

ropa vieja – wörtlich „alte Kleider"; würziges Geschnetzeltes vom Rind

rotisería – Grillrestaurant

salbutes – siehe *garnaches*

sancocho – würziger Eintopf, meist mit Hühnchen

seco – alkoholisches Getränk aus Zuckerrohr

soda – Imbiss; Softdrink (Panama)

tamales – würziger Maisteig mit Huhn oder Schweinefleisch, in Bananenblättern gegart

tapado – reichhaltiger Garifuna-Eintopf mit Fisch, Garnelen, Muscheln, Kokosmilch und Kochbananen und Koriander

tortilla de maíz – gebackener Maismehlfladen

vegetariano/a – Vegetarier/Vegetarierin

MAHLZEITEN

desayuno	Frühstück
almuerzo	Mittagessen
cena	Abendessen

OBST & GEMÜSE

aguacate	Avocado
ensalada	Salat
fresa	Erdbeere
guanábana	Sauersack
manzana	Apfel
maracuya	Passionsfrucht
naranja	Orange
piña	Ananas
zanahoria	Karotte

FISCH & MEERESFRÜCHTE

camarón	Garnele
langosta	Hummer
langostino	Riesengarnele
pescado	Fisch
pulpo	Tintenfisch

FLEISCH

bistec	Steak
carne	Fleisch
chuleta	Kotelett
hamburguesa	Hamburger
salchicha	Würstchen

GETRÄNKE

agua	Wasser
bebida	Getränk
café	Kaffee
cerveza	Bier
leche	Milch
ron	Rum
vino	Wein

Hinter den Kulissen

WIR FREUEN UNS ÜBER EIN FEEDBACK

Post von Travellern zu bekommen, ist für uns ungemein hilfreich – Kritik und Anregungen halten uns auf dem Laufenden und helfen, unsere Bücher zu verbessern. Unser reiseerfahrenes Team liest alle Zuschriften genau durch, um zu erfahren, was an unseren Reiseführern gut und was schlecht ist. Wir können solche Post zwar nicht individuell beantworten, aber jedes Feedback wird garantiert schnurstracks an die jeweiligen Autoren weitergeleitet, rechtzeitig vor der nächsten Auflage.

Wer uns schreiben will, erreicht uns über **www.lonelyplanet.de/kontakt**.

Hinweis: Da wir Beiträge möglicherweise in Lonely Planet Produkten (Reiseführer, Websites, digitale Medien) veröffentlichen, ggf. auch in gekürzter Form, bitten wir um Mitteilung, falls ein Kommentar nicht veröffentlicht oder ein Name nicht genannt werden soll. Wer Näheres über unsere Datenschutzpolitik wissen will, erfährt das unter www.lonelyplanet.com/privacy.

DANK VON LONELY PLANET

Vielen Dank an folgende Leser, die mit unserer letzten Auflage unterwegs waren und uns nützliche Hinweise und interessante Anekdoten geschickt haben:

A Amir Sagiv, Andrew Stiffman, Andreas Stephan, Andrew Robarts, Anna Kronborg Haar, Ask Gudmundsen **B** Brenda Dragonne, Brodie Kurczynski **C** Carolein Kuijpers, Caroline Cotton, Celine Vincent, Chelsey Anglin, Craig Murphy **D** Darren Francis, David Taylor **F** Farsan Ghassim, Frans Smit **G** Gabriel Trainer, Gijs de Reeper, Guy Raven **H** Haley White, Harald Wilmersdorf, Helen Bonser **I** Inge Yarzagaray, Isabel von Au **J** Jackie Deverall, Jacqueline Ramos, Jane Wilks, Jason White, Johan Lahti, Johanna Norin, John Munday, Juliette Giannesini **L** Laura Hughes, Liam Hanlon **M** Marek Tretera, Marleen Kaag, Mary O'Sullivan, Meagan Simpson **N** Nadya Waziri, Navin Kaicker, Nolan Shulak **O** Olga Gomez **P** Paolo Votino, Paul Griffin, Paulo Martins **R** Ricky Feigin **S** Sam Hathaway, Sara Koch, Sarah Bolt, Sarah Hundt, Simon Sagewka, Steve Bogaerts, Steve Genner, Susan Cherry **T** Teck Ree Law, Tom De bock, Troels Kolln **W** Wolfgang Seel **Z** Zsofia Ujpal

DANK DER AUTOREN

Carolyn McCarthy

Ich bin vielen Einheimischen, Experten und Reisenden zu Dank verpflichtet, die ihre Version des Paradieses mit mir teilten. Ignacio und Judit waren karibische Traumkapitäne. Herzlichen Dank an Ruth Metzel, Rainald, Carla Rankin, Jim Omer, Andrew, Andrea, Obedin und Koby, Alexandra Dennis, Daniel Smetana, Bobby und Katrina, Cherie and Reggie, Taxi Karloz, KC, Douglas und Igua. Annie, Jennie, Iker, David und Rachel verschafften mir Erholung und Unterstützung. Danke Leute. *Hasta la proxima!*

Greg Benchwick

Danke an Cat und die Crew von Lonely Planet, an meine koordinierende Autorin, an Pipo in Managua und meine unerschrockene und einzigartige Reisepartnerin Violeta Benchwick.

Joshua Samuel Brown

Am Ende des vierten Monats meiner vierten Reise durch Belize möchte ich zu allererst der gesamten Nation danken und jedem, der hier zuhause ist, vom nördlichen Ende von Corozal bis zu den abgelegensten Dschungeln und entferntesten Ruinen von Toledo. Was Einzelpersonen angeht, die diese Reise besonders wertvoll gemacht haben, ohne bestimmte Reihenfolge: mein verrückter Spießgeselle des ersten Monats Dave Narby; Christopher und Celini in Toledo; Demian und Nicole in Belize

City; David und Nikki in Dangriga; Jacki, Nick, John und Pam in Placencia; Matthew; Yosiah und Linda in Cayo und Gwyn in Corozal.

Besonderen Dank an Misty für den letzten und an Bill K. und Aimee dafür, dass sie Teil einer anderen, langen, seltsamen Reise sind.

John Hecht

Vielen Dank an all die lieben Leute in Yucatán, die dabei geholfen haben, diese wunderbare Reise zu ermöglichen. Besonderer Dank an die verantwortliche Redakteurin Cat Craddock-Carrillo, die koordinierende Autorin Carolyn McCarthy, Mexiko-Koautorin Sandra Bao, die aktuellen und bisherigen Verfasser dieses Buchs Raul LiCausi, Pepe Treviño und meinen treuen Begleiter, *el campeon*. Und last but not least, all meine Liebe an meine Frau Laura und eine dicke Umarmung für Carlos, die tapferste Person, die ich kenne.

Tom Spurling

Dank an Cat Craddock-Carrillo, die mich wieder losgeschickt hat. High fives an Luis und Jorge, die wie echte Profis abgehangen haben. An Rene, danke für deine guten Ratschläge, freundliche Begleitung und diese Strandhütte. An Muzza und Matpat, eine Riesenanstrengung, an Bord zu kommen. Und schließlich an Lucy, Oliver und Poppy, die meine Abwesenheit während der letzten 10 Bücher ertragen haben, ich liebe euch alle wie *loco.*

Iain Stewart

Ich hatte unglaubliche Unterstützung in Honduras. In San Pedro waren Juan Carlos und Tesla ausgezeichnete Gesellschaft, und das Buch wäre so viel ärmer ohne die Bemühungen und die Freundschaft von Bobby am See, Julián in La Moskitia, David Sedat und Howard in Copán, Maria, Sandy Pereira und Kumpel in Tegus, Adi in Roatán, UDC in Utila und das Instituto Hondureño de Turismo.

Lucas Vidgen

Dank zu allererst an die Guatemalteken, dafür, dass sie meine Wahlheimat zu einem so phantastischen Land zum Leben, Reisen und Arbeiten machen. An all die Reisenden und Tourismusleute unterwegs, besonders Brenda Orantes in Guate, Thomas Ansems in Lanquín und Geert Van Vaeck in Copán. Und in LP-Land, danke an Jonathan Ricketson für alle Geduld, die er noch mit mir hat und an all die Experten im Autorenpool – es war ein ziemlicher Ritt und die Unterstützung war sehr willkommen.

Mara Vorhees

Muchas gracias an die vielen charmanten Ticos, die unterwegs behilflich waren, besonders Jose und die Großfamilie Caldo im Natural Paradise in Turrialba, und die Wierniks in Villa Yerbabuena in Monteverde. Der schwierigste Teil des Reiseführerschreibens ist es, ein Gleichgewicht zwischen Arbeits- und Familienleben zu erreichen. Deshalb geht mein innigster Dank an meine eigene Familie, dafür, dass sie dieses Abenteuer nicht nur toleriert und mich dazu ermutigt, sondern sogar daran teilgenommen hat.

QUELLENNACHWEIS

Die Daten für die Klimakarte stammen aus Peel MC, Finlayson BL & McMahon TA (2007) „Updated World Map of the Köppen-Geiger Climate Classification", *Hydrology and Earth System Sciences*, 11, 163344.

Illustrationen auf S. 54–55, S. 216–217 von Michael Weldon.

Coverfotos: Wasserfall bei San Miguel in Costa Rica, Giovanni Simeone/4Corners; Fischertukan, Belize, Frans Lanting/Corbis; Granada, Nicaragua, Regula Heeb-Zweifel/Corbis; Emberá-Mädchen, Panama, Bruno Morandi/Corbis.

ÜBER DIESES BUCH

Dies ist die 2. deutsche Auflage des Lonely Planet Reiseführers *Zentralamerika für wenig Geld*, basierend auf der 8. Auflage der englischen Ausgabe von Carolyn McCarthy (koordinierende Autorin, Panama und praktische Kapitel), Greg Benchwick (Nicaragua), Joshua Samuel Brown (Belize), John Hecht (Mexiko: Yucatán & Chiapas), Tom Spurling (El Salvador), Iain Stewart (Honduras), Lucas Vidgen (Guatemala) und Mara Vorhees (Costa Rica). Alex Egertons Arbeit an der 3. Auflage von *Nicaragua* floss in das Nicaraguakapitel dieses Buchs ein, Daniel C. Schechters Arbeit an der 5. Auflage von *Guatemala* floss in das Guatemala-Kapitel ein, Mara Vorhees' Arbeit an der 5. Auflage von *Belize* floss in das Belize-Kapitel ein und Sandra Baos Arbeit an der 6. Auflage von *Cancún, Cozumel & the Yucatán* floss in das Yucatán & Chiapas-Kapitel ein. Die vorige Auflage wurde von Carolyn McCarthy (koordinierende Autorin), Greg Benchwick, Joshua Samuel Brown, Alex Egerton, Matthew D. Firestone, Kevin Raub, Tom Spurling und Lucas Vidgen recherchiert und verfasst. Diesen Reiseführer beauftragte das Lonely Planet Büro in Oakland, an der Produktion waren folgende Personen beteiligt:

Verantwortliche Redakteurin Catherine Craddock-Carrillo

Koordinierende Redakteurin Lorna Parkes

Leitende Kartografen Mark Griffiths, Alison Lyall

Koordinierende Layoutdesignerin Wendy Wright

Leitende Redakteurin Sasha Baskett, Bruce Evans

Leitende Layoutdesignerin Jane Hart

Redaktionsassistenz Laura Gibb, Carly Hall, Paul Harding, Lauren Hunt, Gabrielle Innes, Kate James, Bella Li, Rosie Nicholson, Kristin Odijk, Charles Rawlings-Way, Fionnuala Twomey, Simon Williamson

Kartografieassistenz Jeff Cameron, Corey Hutchison, Valentina Kremenchutskaya

Assisting Layout Designer Carol Jackson

Bildredaktion Umschlag Brendan Dempsey

Redaktion Sprachführer Branislava Vladisavljevic

Dank an Anita Banh, David Carroll, Ryan Evans, Larissa Frost, Chris Girdler, Genesys India, Jouve India, Trent Paton, Kerrianne Southway, Gerard Walker

Register

000 Kartenverweise
000 Fotoverweise

000 Kartenverweise
000 Fotoverweise

F

G

M

N

000 Kartenverweise
000 Fotoverweise

000 Kartenverweise
000 Fotoverweise

Q

R

000 Kartenverweise
000 Fotoverweise

REGISTER V-Z

000 Kartenverweise
000 Fotoverweise

Kartenlegende

Sehenswertes

- Strand
- Vogelschutzgebiet
- buddhistisch
- Burg/Palast
- christlich
- konfuzianisch
- hinduistisch
- islamisch
- jainistisch
- jüdisch
- Denkmal
- Museum/Galerie/hist. Gebäude
- Ruine
- Sento/Onsen
- shintoistisch
- Sikh
- taoististisch
- Weingut/Weinberg
- Zoo/Naturschutzgebiet
- Sehenswürdigkeit

Aktivitäten, Kurse & Touren

- bodysurfen
- tauchen/schnorcheln
- Kanu/Kajak fahren
- Kurse/Touren
- Ski fahren
- schnorcheln
- surfen
- schwimmen/Pool
- wandern
- windsurfen
- sonstige Aktivitäten

Schlafen

- Hotel/Hostel
- Camping

Essen

- Restaurant

Ausgehen & Nachtleben

- Bar, Kneipe
- Café

Unterhaltung

- Unterhaltung

Shoppen

- Shoppen

Praktisches

- Bank
- Botschaft/Konsulat
- Krankenhaus/Arzt
- Internet
- Polizei
- Post
- Telefon
- Toilette
- Touristeninformation
- sonstige Informationen

Geografie

- Strand
- Hütte/Unterstand
- Leuchtturm
- Aussichtspunkt
- Berg/Vulkan
- Oase
- Park
- Pass
- Rastplatz
- Wasserfall

Städte

- Hauptstadt (Staat)
- Hauptstadt (Bundesstaat/Provinz)
- Großstadt
- Stadt/Ort

Transport

- Flughafen
- Grenzübergang
- Bus
- Seilbahn/Standseilbahn
- Radweg
- Fähre
- Metro-Station
- Schwebebahn
- Parkplatz
- Tankstelle
- Subway-Station
- Taxi
- Bahnhof/Bahnlinie
- Straßenbahn
- U-Bahnstation
- sonstiger Transport

Hinweis: Nicht alle in der Legende aufgeführten Symbole sind Bestandteil der Karten dieses Buches

Verkehrswege

- Mautstraße
- Autobahn
- Hauptstraße
- Landstraße
- Verbindungsstraße
- sonstige Straße
- unbefestigte Straße
- Straße im Bau
- Platz/Promenade
- Treppe
- Tunnel
- Fußgängerbrücke
- Spaziergang
- Abstecher von der Route
- Pfad/Wanderweg

Grenzen

- Staatsgrenze
- Provinzgrenze
- umstrittene Grenze
- Regional-/Bezirksgrenze
- Meeresschutzgebiet
- Klippen
- Mauer

Gewässer

- Fluss, Bach
- periodischer Fluss
- Kanal
- Gewässer
- Salzsee/trockener/periodischer See
- Riff

Gebietsform

- Flughafen/Landepiste
- Strand/Wüste
- christlicher Friedhof
- sonstiger Friedhof
- Gletscher
- Watt
- Park/Wald
- Sehenswertes (Gebäude)
- Sportplatz
- Sumpf/Mangroven

DIE LONELY PLANET STORY

Ein ziemlich mitgenommenes, altes Auto, ein paar Dollar in der Tasche und Abenteuerlust – 1972 war das alles, was Tony und Maureen Wheeler für die Reise ihres Lebens brauchten, die sie durch Europa und Asien bis nach Australien führte. Die Tour dauerte einige Monate, und am Ende saßen die beiden – erschöpft, aber voller Inspiration – an ihrem Küchentisch und schrieben ihren ersten Reiseführer *Across Asia on the Cheap*. Innerhalb einer Woche hatten sie 1500 Exemplare verkauft. Lonely Planet war geboren.

Heute hat der Verlag Büros in Melbourne, London und Oakland mit mehr als 600 Mitarbeitern und Autoren. Und alle teilen Tonys Überzeugung, dass ein guter Reiseführer drei Dinge erfüllen sollte: informieren, bilden und unterhalten.

DIE AUTOREN

Carolyn McCarthy

Koordinierende Autorin, Panama Carolyn McCarthy hat bereits 20 Reiseführer verfasst und schreibt seit 1998 über Nord-, Zentral- und Südamerika. Bei ihrem dritten Besuch in Panama segelte sie auf der Karibik, saß Ausschreitungen in Panama-Stadt aus, wurde Gegenstand einer Kuna-Versammlung und schaffte es, den Kanal entlangzupaddeln, ohne einem Krokodil zu begegnen. Sie trank sogar das Wasser. Sie hat zweimal den Lonely Planet *Panama* verfasst und schreibt für diverse Zeitschriften. Carolyn übernahm auch die Kapitel Reiseplanung, Allgemeine Informationen und Verkehrsmittel & -wege.

Greg Benchwick

Nicaragua Greg reiste erstmals 1995 mit einem leeren Notizbuch und einem Rucksack voller Träume durch Nicaragua. Seither hat er Dutzende von Reiseführern über verschiedene Länder in Lateinamerika geschrieben, UNO-Einsätze in Nicaragua und darüber hinaus unterstützt und einsame Strände und neue Geschichten aufgespürt.

Mehr über Greg auf:
lonelyplanet.com/members/gbenchwick

Joshua Samuel Brown

Belize Geboren und aufgewachsen in New York, lebte Joshua Samuel Brown in Taiwan, Hong Kong, Beijing, Kunming, Singapur, Kanada und Belize. Er ist Autor von *Vignettes of Taiwan* (2005), Koautor von 10 Lonely Planet-Reiseführern und seine Reportagen sind in diversen Publikationen erschienen. Sein Travelblog heißt Snarky Tofu (http://josambro.blogspot.com). Wenn er nicht für Lonely Planet unterwegs ist, schreibt Joshua Sketche, Kurzgeschichten und Drehbücher.

John Hecht

Mexiko: Yucatán & Chiapas John machte sich vor über zwanzig Jahren auf den Weg nach Mexiko und ist, zum Leidwesen seiner Mutter, immer noch dort. Die ersten Jahre verbrachte er in Guadalajara, verließ dann aber die Hauptstadt der Mariachi, um einen Reporterjob bei einer englischsprachigen Zeitung in Mexiko-Stadt anzunehmen. Heute arbeitet er freiberuflich und hat für Lonely Planet über die Yucatán-Halbinsel geschrieben, u. a. in der letzten Ausgabe von *Cancún, Cozumel & the Yucatán* und den letzten beiden Auflagen des Lonely Planet *Mexiko*. Zudem hat eine Serie kurzer Videos für Lonely Planet TV gedreht.

Mehr über John auf:
lonelyplanet.com/members/johnhecht

Tom Spurling

El Salvador Tom Spurling hat für Lonely Planet 10 Reiseführer auf fünf Kontinenten geschrieben. Er lebt mit seiner Frau und zwei Kindern in Westaustralien und bringt ausländischen Studenten bei, wie man im Leben den kürzesten Weg einschlägt. Für dieses Buch kehrte er nach El Salvador zurück, wo seine Erinnerungen an einem Vulkan verdunsteten. Er schmuggelte grüne Kaffeebohnen in seinem Koffer und Bakterien aus einer Meereshöhle in einer Fußwunde nach Hause. Toms bester Reisetipp ist, rechtzeitig nach Hause zurückzukehren.

Iain Stewart

Honduras Iain reist seit zwanzig Jahren durch Mittelamerika und besuchte Honduras erstmals 1993 (als Roatán sich wirklich wie ein Piratennest anfühlte). Auf seiner Reise genoss er dank der Freundlichkeit der kreativen Honduraner, die er traf, seine Zeit in den großen Städten, aber ganz besonders fand er es, im Lenca-Hochland Ruhe zu finden, in Yojoa and Copán Kleinbrauerei-Biere zu probieren und neue Routen durch die tollen Nationalparks des Landes zu entdecken.

Lucas Vidgen

Guatemala Lucas lebt seit fast 10 Jahren in Quetzaltenango, Guatemala. Er kam damals für einen zweiwöchigen Spanischkurs und der Rest ist Geschichte. Lucas hat an diversen Lonely Planet-Reiseführern mitgearbeitet, meist für Ziele in Mittel- und Südamerika. Wenn er gerade nicht für LP schreibt, teilt er seine Zeit zwischen anderen Schreibprojekten und der Arbeit für zwei NGOs in Quetzaltenango auf, EntreMundos und Solidaridad y Desarrollo.

Mara Vorhees

Costa Rica In 17 Jahren Reisen nach Costa Rica hat Mara 143 Vogelarten, alle vier Neuweltaffen, Ameisenbären, Faultiere, Tapire und ein Jaguarundi erspäht. Diese Reise erweiterte ihren Blickwinkel, denn sie reiste mit ihren zweijährigen Zwillingen. Mara hat viele Reiseführer für Lonely Planet geschrieben, darunter *Costa Rica* und *Belize*. Wenn sie keine Faultiere beobachtet, lebt sie mit Mann, zwei Kindern und zwei Kätzchen in Somerville, Massachusetts. Ihre Abenteuer sind unter www.havetwinswilltravel.com verfolgen. Maras Arbeit an der 5. Auflage von *Belize* trug zum Belize-Kapitel dieses Buchs bei.

Mehr über Mara auf:
lonelyplanet.com/members/mvorhees

Mit Beiträgen von

Sandra Bao Sandra, eine in Argentinien geborene chinesische Amerikanerin, hat fast 60 Länder auf sechs Kontinenten bereist. 1990 fuhr sie mit ihrem zukünftigen Mann Ben Greensfelder nach Mexiko und verliebte sich in das Land. Seither ist sie kreuz und quer durch Mexiko und besonders Yucatán gereist und immer wieder überrascht, was diese wunderschöne Region alles zu bieten hat. In den letzten zwölf Jahren hat Sandra an ein paar Dutzend Lonely Planet-Titeln mitgearbeitet und u. a. in Argentinien, Venezuela, Mexiko und den USA recherchiert. Sandras Arbeit an der 6. Auflage von *Cancún, Cozumel & the Yucatán* trug zum Kapitel Yucatán & Chiapas dieses Buchs bei.

Alex Egerton Alex ist Journalist von Beruf und lebt seit fast zehn Jahren in Nicaragua, während er als Reiseautor in ganz Lateinamerika arbeitet. Nachdem er die Dörfer, Naturschutzgebiete und Nebenstraßen von Nueva Segovia bis Río San Juan erkundet hatte, zog Alex an die Karibik, kaufte ein Boot und ließ sich in Laguna de Perlas nieder, wo das lückenhafte Internet durch die frische Brise und phantastisches Essen kompensiert wird. Wenn er gerade nicht schreibend unterwegs ist, erkundet er Nicaraguas Naturschutzgebiete zu Fuß und per Kajak. Alex' Arbeit an der 3. Auflage des Lonely Planet *Nicaragua* trug zum Nicaragua-Kapitel dieses Buchs bei.

Daniel C Schechter Als gebürtiger New Yorker lebte Daniel über zehn Jahre lang in Mexiko. In dieser Zeit erkundete er in diversen Streifzügen von der Hauptstadt aus die Welt der Maya, schrieb über Orte wie Campeche, Calakmul und Tikal und entwickelte ein nachhaltiges Interesse an der Geschichte der alten Maya. Zur Zeit lebt Daniel in den Niederlanden. Daniels Arbeit an der 5. Auflage von *Guatemala* trug zum Guatemala-Kapitel dieses Buchs bei.

Lonely Planet Publications
Locked Bag 1, Footscray
Melbourne, Victoria 3011
Australia

Obwohl die Autoren und Lonely Planet alle Anstrengungen bei der Recherche und bei der Produktion dieses Reiseführers unternommen haben, können wir keine Garantie für die Richtigkeit und Vollständigkeit dieses Inhalts geben. Deswegen können wir auch keine Haftung für eventuell entstandenen Schaden übernehmen.

Verlag der deutschen Ausgabe:
MAIRDUMONT, Marco-Polo-Str. 1, 73760 Ostfildern,
www.lonelyplanet.de, lonelyplanet@mairdumont.com

Chefredakteurin deutsche Ausgabe: Birgit Borowski

Redaktion: Bintang Buchservice GmbH, www.bintang-berlin.de
Übersetzung: Petra Dubilski, Sonja Häußler, Valeska Henze, Silvia Mayer, Gunter Mühl, Julia Rickers, Katja Weber
An früheren Auflagen haben außerdem mitgewirkt: Anne Cappel, Berna Ercan, Tobias Ewert, Karen Gerwig, Marion Gref-Timm, Christina Kagerer, Laura Leibold, Marion Matthäus, Ute Perchtold, Dr. Christian Rochow
Lektorat: Kirsten Gleinig, Jan Haas, Katja Rasmus
Satz: Anja Krapat

Zentralamerika
2. deutsche Auflage Februar 2014,
übersetzt von *Zentralamerika, 8th edition*, Oktober 2013
Lonely Planet Publications Pty
Deutsche Ausgabe © Lonely Planet Publications Pty, Februar 2014
Fotos © wie angegeben

FSC www.fsc.org
MIX
Paper from responsible sources
FSC® C021256

Printed in China